Festschrift für Jens Ekkenga
zum 70. Geburtstag

Festschrift für Jens Ekkenga

Zum 70. Geburtstag

Herausgegeben
von
Udo Becker
Thilo Kuntz
Carsten Schirrmacher

Carl Heymanns Verlag 2026

Bibliographische Informationen der Deutschen Nationalbibliothek
Die Deutsche Nationalbibliothek verzeichnet diese Publikation in der Deutschen Nationalbibliografie; detaillierte bibliografische Daten sind im Internet über http://dnb.d-nb.de abrufbar.

ISBN 978-3-452-30619-7

www.wolterskluwer.com

Umschlagkonzeption: Martina Busch, Grafikdesign, Homburg Kirrberg
Satz: Newgen KnowledgeWorks (Ltd), Chennai
Druck und Weiterverarbeitung: Wydawnictwo Diecezjalne i Drukarnia w Sandomierzu

Gedruckt auf säurefreiem, alterungsbeständigem und chlorfreiem Papier.

Vorwort

Am 28.3.2026 feiert Jens Ekkenga seinen 70. Geburtstag. Wir nehmen dies gerne zum Anlass, ihn gemeinsam mit Freunden, Wegbegleitern und Kollegen mit einer Festschrift zu ehren.

Als Ostfriese geboren und im Herzen geblieben, hat Jens Ekkenga ab dem Studium in Frankfurt am Main eine zweite Heimat gefunden, privat wie beruflich. Er war vom Beginn seiner wissenschaftlichen Karriere an ein Grenzgänger, der wissenschaftliche Tiefe und Grundlagenorientierung mit einem erheblichen Interesse an der Beratungspraxis und Gestaltungsfragen verbindet. Auf die Zulassung als Rechtsanwalt folgte wenige Jahre später 1989 die Promotion mit einer viel beachteten Arbeit zur Inhaltskontrolle von Franchiseverträgen. An die Zulassung als vereidigter Buchprüfer 1991 schloss sich 1995 die Habilitation mit einer bis heute Maßstäbe setzenden Schrift zu Anlegerschutz, Rechnungslegung und Kapitalmarkt. Mit der Berufung auf den Lehrstuhl für Bürgerliches Recht, Handels- und Wirtschaftsrecht sowie Rechtsvergleichung an der Justus-Liebig-Universität Gießen übernahm er das akademische Amt, das er bis zu seiner Pensionierung bekleidete. Zusätzlich war er als Counsel in verschiedenen international ausgerichteten Wirtschaftskanzleien tätig. Das Ausscheiden aus dem aktiven Dienst als Beamter führte ihn 2024 zurück in die aktive Anwaltstätigkeit, als Partner einer deutschen Beratungspraxis.

Jens Ekkenga war und ist intensiv mit Gestaltungsfragen befasst, insbesondere solchen, die Unternehmensfinanzierung berühren. Hinzu kommen Probleme der Rechnungslegung und des Kapitalmarktrechts. In all diesen Gebieten nimmt er nicht nur durch grundlegende Aufsätze, sondern auch durch umfangreiche Kommentierungen an Debatten teil – und wird gehört. Seine Bearbeitung der Vorschriften zur Ergebnisverwendung und zur Kapitalerhaltung in der GmbH haben ebenso Gewicht wie seine Kommentierung zur Rechnungslegung und Kapitalerhöhung in der AG. Hinzu kommen u.a. der von ihm mitherausgegebene Kommentar zum WpÜG und, last, but not least, seine tiefschürfende Durchdringung des Effektengeschäfts. Er hat stets Wert darauf gelegt, dass seine Schüler bei maßgeblicher Mitarbeit nach außen in Erscheinung treten. Das gilt etwa für eine gemeinsam mit seinem Doktoranden Heyo Maas verfasste und nach wie vor zitierte Monographie zu Börsengängen, für Udo Becker und das von ihm mitverfasste Kapitel zur Sanierungsfinanzierung im Handbuch AG-Finanzierung, für Carsten Schirrmacher als Co-Autor im WpÜG-Kommentar sowie für die gemeinsam mit Thilo Kuntz verantworteten stark beachteten Kommentierungen der §§ 249–254, 275 BGB. Er ist nie stehengeblieben, sondern hat sich neuen Herausforderungen und Entwicklungen gestellt, zuletzt mit viel beachteten Beiträgen zu Sustainable Finance.

Auf all diesen Gebieten kombinierte Jens Ekkenga sein akademisches Interesse mit seinen tiefen Einblicken in die Praxis, um theoretischen wie praktischen

Erkenntnisgewinn zu schaffen. In der Praxis hängt vieles mit vielem zusammen, und diese Zusammenhänge durchdringt Jens Ekkenga wie nur wenige Wissenschaftler. Ihm geht es darum, insoweit ein *legal realist* im besten Sinne, das relevante Phänomen als Ganzes zu erfassen. Traditionelle Grenzen zwischen Rechtsgebieten stören dabei nur, weil das Ende der dogmatischen Kategorie bekanntlich häufig nicht mit dem Ende der tatsächlichen Fragestellung zusammenfällt. Wo Jens Ekkenga es für nötig hält, äußert er sich deswegen auch zum Insolvenz-, Kartell- und Steuerrecht, stets mit starker Resonanz.

Tatkräftig hat sich Jens Ekkenga zu friedlicheren Zeiten um Kontakte nach Russland bemüht und eine Partnerschaft mit der Universität Kazan aufgebaut. Hier haben die geopolitischen Entwicklungen leider dem Austausch ein jähes und trauriges Ende bereitet.

Seine Neigung, Fragen in der Tiefe nachzugehen, hat uns als Schüler ebenso beeinflusst wie sein Interesse an wirtschaftlichen Zusammenhängen und die durch seine Arbeit im Bilanzrecht erprobte Offenheit für die Auseinandersetzung mit ökonomischem wissenschaftlichem Denken. Für die eigenen Arbeiten war dies, gepaart mit einem hohen Anspruch des akademischen Lehrers, ein fruchtbarer Boden, als Schüler Ideen und ein eigenes Profil zu entwickeln.

Die in dieser fast 1000 Seiten starken Festschrift veröffentlichen Beiträge spiegeln nicht nur die Anerkennung des Jubilars in Wissenschaft und Praxis wider, sondern reflektieren auch die Themen, mit denen er sich in den vergangenen Jahrzehnten immer wieder befasst hat. Uns bleibt an dieser Stelle nur zu wünschen, dass Jens Ekkenga die wissenschaftliche Diskussion weiterhin begleitet.

Udo Becker　　Thilo Kuntz　　Carsten Schirrmacher

Inhaltsverzeichnis

Unternehmensverträge in der Insolvenz

Holger Altmeppen

Die Insolvenz der Partei eines Unternehmensvertrages berührt ungeklärte Fragen des Gesellschafts- und des Insolvenzrechts. In beiden Rechtsgebieten ist der Jubilar Experte. Der Beitrag könnte deshalb sein Interesse finden.

I. Gesetzeslage und historische Entwicklung

Der kombinierte Beherrschungs- und Gewinnabführungsvertrag ist unter der Bezeichnung »Organschaftsvertrag« seit Beginn des 20. Jahrhunderts bekannt. Er ist eine Schöpfung des Steuerrechts und der Kautelarjurisprudenz. Es ging darum, rechtlich selbstständige Gesellschaften steuerrechtlich zu einer wirtschaftlichen Einheit zusammenzufassen. Körperschaftsteuerrechtlich ist die Organschaft denn auch seit 1969 (ursprünglich als § 7a KStG) normiert.[1]

§ 14 Abs. 1 Nr. 3 S. 3 KStG regelt die Beendigung der körperschaftsteuerrechtlichen Organschaft, ohne den Insolvenzfall direkt zu erfassen. Entsprechendes gilt für die gesellschaftsrechtlichen Regelungen zur Beendigung von Beherrschungs- und Gewinnabführungsverträgen (§§ 296, 297 AktG 1965). Aus dem Referentenentwurf und der Regierungsbegründung zu §§ 296, 297 AktG 1965 ergibt sich denn auch, dass man sich seinerzeit noch keine Gedanken zur praktisch relevanten Frage gemacht hat, wie sich der Konkurs auf Beherrschungs- und Gewinnabführungsverträge auswirken soll.[2]

Die Konkursordnung von 1877 kannte schon deswegen keine Regelungen zur Insolvenz im Vertragskonzern, weil der »Konzern« als eigenständiges Rechtsproblem noch nicht bekannt war.

Die am 1. Januar 1999 in Kraft getretene InsO behandelt das Problem des Vertragskonzerns in der Insolvenz ebenfalls nicht ausdrücklich. Die InsO kennt nur Sonderregelungen zum allgemeinen Leistungsstörungsrecht bei gegenseitigen Verträgen in der Insolvenz einer der Vertragsparteien (§§ 103 ff. InsO; §§ 17 ff. KO). Beherrschungs- und Gewinnabführungsverträge werden als besondere Vertragstypen in den §§ 104 ff InsO nicht genannt.

Immerhin hat sich die vom BMJ im Jahre 1978 eingesetzte Insolvenzrechtskommission in ihrem ersten Bericht aus dem Jahre 1985 für den Fortbestand des Vertragskonzerns sowohl in der Insolvenz der Tochter als auch der Mutter ausgesprochen.[3]

1 Eingehend Berthold, Unternehmensverträge in der Insolvenz, 2004, Rn. 7 ff.
2 S. zu den Gesetzesmaterialien Kropff, AktG 1965, S. 385 ff.
3 Erster Bericht der Kommission für Insolvenzrecht, 1985, LS 2.4.9.13 (S. 290).

Doch sind die Erwägungen der Insolvenzrechtskommission teilweise überholt und zugleich unschlüssig.[4]

II. Meinungsstand zu Beherrschungs- und Gewinnabführungsverträgen

1. *Rechtsprechung*

Seit Inkrafttreten der Insolvenzordnung im Jahre 1999 hatte die höchstrichterliche Rechtsprechung noch keine Gelegenheit, sich mit der Insolvenzproblematik bei Beherrschungs- und Gewinnabführungsverträgen zu befassen. Im Eröffnungsbeschluss des Insolvenzverfahrens im Fall »Babcock-Borsig« geht das Amtsgericht Duisburg allerdings in obiter dicta davon aus, ein Beherrschungsvertrag überdauere die Insolvenzeröffnung.[5] Für die Ausübung von Konzernleitungsmacht sei aber während der Verfahrensdauer kein Raum.[6] Ebenso argumentiert das OLG Düsseldorf, jedenfalls in der Eigenverwaltung (§§ 270 ff. InsO) sei eine Suspendierung der Vertragspflichten, ggf. das Recht zur außerordentlicher Kündigung, der automatischen Beendigung des Unternehmensvertrages vorzuziehen.[7]

In seiner Entscheidung »Familienheim« aus dem Jahre 1987[8] hat der BGH demgegenüber entschieden, ein Beherrschungsvertrag erlösche im Konkurs einer der beiden Vertragsparteien automatisch. Das folge zwar weder aus dem Gesetz (§§ 291 ff. AktG) noch aus dem Vertrag, aber aus einer an der vertraglichen Zielsetzung orientierten ergänzenden Auslegung des Unternehmensvertrages.[9] Vorausgegangen war der Konkurs des herrschenden Unternehmens. Hinsichtlich des Konkurses der abhängigen Gesellschaft bewendet es mit obiter dicta.[10] Das OLG Schleswig als Vorinstanz[11] hat unter Berufung auf BFHE 90, 370[12] argumentiert, ab Eröffnung des Konkurses über

4 Der Gesetzgeber des Jahres 1992 erkannte insbesondere kein öffentliches Interesse an der Perpetuierung insolvenzreifer Unternehmensträger, s. RegBegr. InsO, BT-Drucks. 12/2443, S. 76. Die Vorschläge der Insolvenzrechtskommission sind aufgrund der Veränderung des politischen Klimas seit 1982 insoweit nicht Gesetz geworden. Zudem soll die Einleitung des Liquidationsverfahrens die betroffene Gesellschaft auch nach Ansicht der Insolvenzrechtskommission auflösen (Erster Bericht der Kommission für Insolvenzrecht, 1985, LS 1.2.10 Abs. 6, S. 118).

5 AG Duisburg, 1.9.2002, 62 IN 167/02, ZIP 2002, 1636, LS 5: »In der Insolvenz eines herrschenden oder abhängigen Konzernunternehmens ruhen für die Dauer des Insolvenzverfahrens auch bei Anordnung der Eigenverwaltung alle konzernrechtlichen Weisungsbefugnisse.«

6 AG Duisburg, 1.9.2002, 62 IN 167/02, ZIP 2002, 1636, 1640.

7 OLG Düsseldorf, 19.7.2021, I-3 Wx 152/20, 3 Wx 152/20, NZG 2022, 127, 128.

8 BGH, 14.12.1987, II ZR 170/87, BGHZ 103, 1.

9 BGH, 14.12.1987, II ZR 170/87, BGHZ 103, 1, 6.

10 BGH, 14.12.1987, II ZR 170/87, BGHZ 103, 1, 7.

11 OLG Schleswig, 3.4.1987, 1 U 71/85, ZIP 1987, 1448.

12 BFH 18.10.1967, I 262/63, BFHE 90, 370.

das Vermögen der abhängigen Gesellschaft müsse der Organschaftsvertrag enden, weil für die Organträgerin keine Beherrschungs- und Gewinnbezugsrechte mehr in Betracht kämen, sondern allein noch die Verpflichtung zum Verlustausgleich.

Im Übrigen gibt es nur noch eine Entscheidung des BayObLG aus dem Jahre 1998.[13] Das BayObLG hat unter Bezugnahme auf BGHZ 103, 1 ausgeführt, mit der Auflösung einer AG durch Eröffnung des Konkursverfahrens (§ 262 Abs. 1 Nr. 3 AktG) ende der Unternehmensvertrag automatisch.

2. *Schrifttum*

a) Die heute herrschende Lehre

Nach heute verbreiteter Auffassung im Schrifttum sollen Beherrschungs- und Gewinnabführungsverträge bei Insolvenzeröffnung über das Vermögen einer der Vertragsparteien fortbestehen, allenfalls außerordentlich kündbar sein (§ 297 Abs. 1.S. 2 AktG).[14] Weisungsrecht, Gewinnabführungs- und Verlustausgleichspflicht (§§ 301, 302, 308 AktG) seien gegebenenfalls suspendiert. Gerade die Möglichkeit der Eigenverwaltung (§§ 270 ff InsO) bestätige aber, dass der Vertrag fortgesetzt werden könne. Auch ein Insolvenzplan dürfe nicht daran scheitern, dass ein Unternehmensvertrag neu abgeschlossen werden müsse.

b) Leitungsmacht und Verlustausgleichspflicht

Dem Insolvenzverwalter soll die Weisungsbefugnis jedenfalls insoweit zustehen, als sie dazu diene, das Unternehmen der Obergesellschaft mit Zustimmung der Gläubiger

13 BayObLG, 29.9.1998, 3Z BR 159/94, ZIP 1998, 1872 (»Merz/EKU«).

14 S. Bous, Die Konzernleitungsmacht im Insolvenzverfahren konzernverbundener Kapitalgesellschaften, 2001, S. 149 ff.; Häsemeyer, Insolvenzrecht, 4. Aufl. 2007, Rn. 32,09; Tintelnot in Kübler/Prütting/Bork, InsO, Stand 2025, § 103, Rn. 201; Noack, Gesellschaftsrecht, Sonderband 1 zu Kübler/Pütting, InsO, 1999, Rn. 726; K. Schmidt, Gesellschaftsrecht, 4. Aufl. 2002, § 31 III 5; Tschernig, Haftungsrechtliche Probleme der Konzerninsolvenz, 1995, S. 99 ff.; Trendelenburg, NJW 2002, 647, 649; Hirte in Uhlenbruck, InsO, 15. Aufl. 2015, § 11, Rn. 398; Wiedemann/Hirte in Festschrift 50 Jahre BGH, 2000, S. 337, 376; Zeidler, NZG 1999, 692, 697; sympathisierend Haas in Gottwald/Haas, Insolvenzrechts-Handbuch, 6. Aufl. 2020, § 92, Rn. 319; ebenso zum Konkursrecht bereits Acher, Vertragskonzern und Insolvenz, 1987, S. 122; Heesing, Bestandsschutz des Beherrschungs- und Gewinnabführungsvertrages in der Unternehmenskrise und im Konkurs, 1988, S. 132 ff.; K. Schmidt, Wege zum Insolvenzrecht der Unternehmen, 1990, S. 227 f.; zur Insolvenz der Tochter nach altem Recht s. bereits Acher, Vertragskonzern und Insolvenz, 1987, S. 98 ff.; Baumbach/Hueck, AktG, 13. Aufl. 1968, § 296 Rn. 1; Kraft in KK-AktG, 2. Aufl. 1996, Vorb. § 262, Rn. 21; Rümker, WM 1974, 990, 995; Meister, WM 1976, 1182, 1188 f.; Tschernig, Haftungsrechtliche Probleme der Konzerninsolvenz, 1995, S. 93 f. jeweils m.w.N.

einstweilen fortzuführen, § 157 InsO.[15] Soweit Leitungsmacht, Gewinnabführung und Verlustausgleich suspendiert seien, sollen diese Elemente des Vertragskonzerns jedenfalls bei Übergang der Fremd- in Eigenverwaltung wiederaufleben.[16]

c) Kündigungsmöglichkeit

Streitig ist, ob der Unternehmensvertrag jedenfalls ab der Liquidation automatisch beendet sei[17]. Auch zum Kündigungsrecht werden verschiedene Ansichten vertreten: Mehrheitlich befürwortet man ein beiderseitiges Kündigungsrecht.[18] Etliche Stimmen im Schrifttum wollen die Kündigungsmöglichkeiten aber in verschiedener Hinsicht einschränken. Das Meinungsbild ist recht diffus. Es reicht vom einseitigen Kündigungsrecht der Tochter[19] bis zu einem Kündigungsausschluss für beide Parteien[20]. Dazwischen liegen die Auffassungen, die nur dem insolventen Vertragsteil[21] oder umgekehrt nur dem Vertragspartner der insolventen Gesellschaft ein einseitiges Kündigungsrecht zubilligen wollen.[22] Teilweise bejaht man ein Kündigungsrecht der Mutter bzw. der Tochter nur bei Liquidation oder eigener Existenzgefährdung.[23]

d) Lehre vom gescheiterten Beherrschungs- und Gewinnabführungsvertrag

Die früher überwiegend vertretene, auch unter Geltung der InsO noch relevante Gegenansicht befürwortet die automatische Beendigung von Beherrschungs- und Gewinnabführungsverträgen bei Eröffnung des Insolvenzverfahrens.[24] Denn die

15 Vgl. Häsemeyer, Insolvenzrecht, 4. Aufl. 2007, Rn. 32.09; Tintelnot in Kübler/Prütting/Bork, InsO, Stand 2025, § 103, Rn. 202; Zeidler, NZG 1999, 692, 697; weitergehend Bous, Die Konzernleitungsmacht im Insolvenzverfahren konzernverbundener Kapitalgesellschaften, 2001, S. 172 ff.

16 Noack, Gesellschaftsrecht, Sonderband 1 zu Kübler/Pütting, InsO, 1999, Rn. 726; Trendelenburg, NJW 2002, 647, 648 f.; Tschernig, Haftungsrechtliche Probleme der Konzerninsolvenz, 1995, S. 99 ff.; Hirte in Uhlenbruck, InsO, 15. Aufl. 2015, § 11, Rn. 398.

17 Bejahend Noack, Gesellschaftsrecht, Sonderband 1 zu Kübler/Pütting, InsO, 1999, Rn. 726; Baur/Stürner, Zwangsvollstreckungs-, Konkurs- und Vergleichsrecht, Bd. II: Insolvenzrecht, 12. Aufl. 1990, Rn. 35.22; verneinend Tschernig, Haftungsrechtliche Probleme der Konzerninsolvenz, 1995, S. 100; Hirte in Uhlenbruck InsO, 15. Aufl. 2015, § 11, Rn. 398 jeweils m.w.N.

18 Häsemeyer, Insolvenzrecht, 4. Aufl. 2007, Rn. 32.09; Noack, Gesellschaftsrecht, Sonderband 1 zu Kübler/Pütting, InsO, 1999, Rn. 726; Hirte in Uhlenbruck InsO, 15. Aufl. 2015, § 11, Rn. 398.

19 Trendelenburg, NJW 2002, 647, 650.

20 Heesing, Bestandsschutz des Beherrschungs- und Gewinnabführungsvertrages in der Unternehmenskrise und im Konkurs, 1988, S. 252, 254.

21 Tschernig, Haftungsrechtliche Probleme der Konzerninsolvenz, 1995, S. 100, 104 f.

22 Zeidler, NZG 1999, 692, 697 f.

23 Bous, Die Konzernleitungsmacht im Insolvenzverfahren konzernverbundener Kapitalgesellschaften, 2001, S. 271 ff., 275 ff.

24 Altmeppen in MünchKommAktG, 6. Aufl. 2023, § 297, Rn. 106 ff.; Paulus, ZIP 1996, 2141, 2144; Raiser, Kapitalgesellschaftsrecht, 3. Aufl. 2001, § 54, Rn. 119; differenzierend Emmerich in Emmerich/Habersack, Aktien- und GmbH-Konzernrecht, 10. Aufl. 2022,

Eröffnung des Insolvenzverfahrens über das Vermögen einer Vertragspartei ändere deren Zweck in einer Weise, die einem Beherrschungs-und Gewinnabführungsvertrag zwingend entgegenstehe. Als Gründe werden genannt:

Ein in Abwicklung befindliches herrschendes Unternehmen könne nicht mehr zur Leitung der abhängigen Gesellschaft zuständig bleiben.[25]

Der Insolvenzverwalter des herrschenden Unternehmens habe lediglich die Konkursmasse im Interesse der Gläubiger bestmöglich und gleichmäßig zu verwerten, nicht aber einen Konzern zu leiten.[26]

Der Insolvenzverwalter der abhängigen Gesellschaft könne nicht an Weisungen des herrschenden Unternehmens gebunden sein, da er die Insolvenzabwicklung des abhängigen Unternehmens unter eigener Verantwortung durchzuführen habe (§ 60 InsO/§ 82 KO). Er sei allen Beteiligten und damit jedem Insolvenzgläubiger verantwortlich (§ 60 InsO), er habe ausschließlich der Gläubigerversammlung über die Verwaltung und Verwertung der Masse Rechnung zu legen (§§ 66, 79 InsO/§§ 86, 132 KO), was sich mit einem Weisungsrecht des herrschenden Unternehmens nicht vertrage.[27]

e) Der Beherrschungs- und Gewinnabführungsvertrag im Eröffnungsverfahren

Nur vereinzelt findet man Stellungnahmen zur Frage, welches rechtliche Schicksal Beherrschungs- und Gewinnabführungsverträge während des insolvenzrechtlichen Eröffnungsverfahrens, also in der Zeitspanne zwischen Insolvenzantrag und Verfahrenseröffnung bzw. Ablehnung mangels Masse (§§ 26 f. InsO) erleiden. Einer Auffassung zufolge soll offenbar auch dann, wenn ein vorläufiger Insolvenzverwalter bestellt wird, weder eine Suspension der Vertragspflichten eintreten noch die Möglichkeit zur Kündigung bestehen. Offenbar soll der vorläufige Insolvenzverwalter das Weisungsrecht ausüben dürfen.[28] Die Gegenansicht spricht sich zwar ebenfalls für den Fortbestand des Vertrages aus, gewährt der Tochtergesellschaft aber ein Kündigungsrecht. Zudem soll das Weisungsrecht suspendiert sein.[29]

§ 297 AktG, Rn. 52 ff: Grundsätzlich automatische Beendigung, Suspension nur bei Anordnung von Eigenverwaltung; ausführlich Berthold, Unternehmensverträge in der Insolvenz, 2004, Rn. 213 ff. S. zum Recht unter Geltung der KO statt vieler Emmerich/Sonnenschein, Konzernrecht, 6. Aufl. 1997, § 15 IV 6 d; Emmerich in Emmerich/Habersack, Aktienkonzernrecht, 1998, § 297 AktG, Rn. 46 f.; Hüffer, AktG, 3. Aufl.,1997, § 297, Rn. 22; Raiser, Kapitalgesellschaftsrecht, 2. Aufl. 1992, § 54, Rn. 77; Hengeler/Hoffmann-Becking in Festschrift für Hefermehl, 1976, S. 283, 285 jeweils m.w.N.

25 Vgl. Würdinger in GroßkommAktG, 3. Aufl. 1975, § 297, Anm. 7 a.

26 Bley/Mohrbutter, VglO, 4. Aufl. 1981, § 108, Rn. 8c; Jaeger/Weber, KO, 8. Aufl. 1973, §§ 207, 208, Anm. 11; K. Schmidt, ZGR 1983, 513, 527; Würdinger in GroßkommAktG, 3. Aufl. 1975, § 297, Anm. 7 a.

27 Hengeler/Hoffmann-Becking in Festschrift für Hefermehl, 1976, S. 283, 284 ff.; Krieger in Festschrift für Metzeler, 2003, S. 139, 149.

28 Bous, Die Konzernleitungsmacht im Insolvenzverfahren konzernverbundener Kapitalgesellschaften, S. 281 ff., 309.

29 Berthold, Unternehmensverträge in der Insolvenz, 2004, Rn. 370 ff.

III. Stellungnahme zu Beherrschungs- und Gewinnabführungsverträgen

1. Insolvenz der Tochter

These: Die Insolvenz der Tochtergesellschaft als Vertragspartnerin eines Beherrschungs- und Gewinnabführungsvertrages scheidet aus, solange die Mutter solvent ist.[30]

Diese Lösung ergibt sich daraus, dass der Beherrschungs- und Gewinnabführungsvertrag eine Sonderform des bürgerlichrechtlichen Auftrages i.S.v. § 662 BGB ist. Aus dem Auftragsrecht folgt aber, dass der Auftrag für den Auftragnehmer bei solventem Auftraggeber nie wirtschaftlich nachteilig sein kann, weil der Auftragnehmer Anspruch auf Aufwendungsersatz nach § 670 BGB hat.[31] Bei Beherrschungs- und Gewinnabführungsverträgen tritt § 302 AktG an die Stelle des § 670 BGB. Dementsprechend verhindert ein werthaltiger Anspruch aus § 302 AktG stets die Überschuldung der Tochtergesellschaft, und zwar von Vertragsbeginn bis zum Vertragsende. Das bedeutet im Einzelnen:

Der Verlustausgleichsanspruch hängt insbesondere nicht davon ab, dass der Geschäftsleiter einen Abschluss aufstellt, sei es nach Ablauf des Geschäftsjahres oder nach Bildung eines Rumpfgeschäftsjahres während des laufenden Geschäftsjahres.[32]

Bei mangelnder Überlebensfähigkeit der Tochtergesellschaft nach Vertragsbeendigung entfällt die Gefahr der Überschuldung am Stichtag der Vertragsbeendigung, weil der letzte Verlustausgleichsanspruch zu Zerschlagungswerten angesetzt werden muss (§ 252 Abs. 1 Nr. 2 HGB).[33]

Aus der Verlustausgleichspflicht i.S.d. § 302 AktG ergibt sich zugleich die Pflicht der Muttergesellschaft, den Insolvenzgrund der Zahlungsunfähigkeit bei der Tochtergesellschaft zu beseitigen.[34]

Wegen der Verlustausgleichspflicht kann sich die Tochtergesellschaft stets am Kapitalmarkt Liquidität verschaffen, denn sie ist bei Solvenz der Mutter zwangsläufig eine solvente Schuldnerin.

30 Eingehend Altmeppen in MünchKommAktG, 6. Aufl. 2023, § 297, Rn. 116 ff.; § 291, Rn. 63 ff.; § 302 Rn. 27 ff.; § 308, Rn. 115 ff. jeweils m.w.N.

31 Vgl. auch schon von Tuhr, Actio de in rem verso, Neudruck 1970, S. 19:»:....der Mandatar hatte zwar versprochen, das fremde Geschäft zu besorgen, aber nicht versprochen, es auf eigene Kosten zu besorgen«.

32 Altmeppen, DB 1999, 2453, 2455; s. auch BGH, 11.10.1999, II ZR 120/98, BGHZ 142, 382, 385 f.

33 Altmeppen in MünchKommAktG, 6. Aufl. 2023, § 291, Rn. 68 ff.; § 302, Rn. 39 m.w.N.

34 Altmeppen in MünchKommAktG, 6. Aufl. 2023, § 302, Rn. 36, 71; Altmeppen, GmbHG, 11. Aufl. 2023, Anh. § 13, Rn. 60; Emmerich in Aktien- und GmbH-Konzernrecht, 10. Aufl. 2022, § 302 AktG, Rn. 41; s. auch Heesing, Bestandsschutz des Beherrschungs- und Gewinnabführungsvertrages in der Unternehmenskrise und im Konkurs, 1988, S. 106; Hommelhoff, Die Konzernleitungspflicht, 1982, S. 151; Hommelhoff, WM 1984, 1105, 1112; ausführlich Berthold, Unternehmensverträge in der Insolvenz, 2004, Rn. 130 ff.

Aus der Verlustausgleichspflicht folgt letztlich eine umfassende Existenzgarantie für die Tochtergesellschaft. Dieser umfassende Schutz ergibt sich zwar nicht in allen Einzelheiten aus dem Wortlaut von § 302 AktG, aber aus einer schutzzweckorientierten Auslegung. Man muss sich vor Augen halten, dass die Verlustausgleichspflicht nur eine besondere Ausprägung des auftragsrechtlichen Aufwendungsersatzes ist.[35]

Aus der Erkenntnis, dass die Tochtergesellschaft während des Vertrages nur insolvent werden kann, wenn und weil die Muttergesellschaft insolvent wird, ergibt sich, dass die Insolvenz der Mutter der einzig denkbare Fall für die Vertragsbeendigung wegen Insolvenz ist, der im Folgenden näherer Betrachtung bedarf.

2. *Insolvenz der Mutter*

a) Die neue Situation unter Geltung der InsO

Die veränderte Konzeption der InsO ist der Hauptgrund für die Verschiebung im Meinungsbild, die man seit Inkrafttreten der InsO beobachtet. Die heute überwiegende Ansicht ist die Lehre vom Fortbestehen des Beherrschungs- und Gewinnabführungsvertrages in der Insolvenz (auch) der Muttergesellschaft.[36] Dafür spricht, dass Liquidation und Sanierung unter Geltung der InsO – anders als nach der liquidationslastigen Konkursordnung – gleichberechtigte Wege der Gläubigerbefriedigung (§ 1 S. 1 InsO) sind.[37] Die Entscheidung, zu sanieren oder zu liquidieren, fällt nicht schon mit der Verfahrenswahl, sondern erst nach eingehender Prüfung der Sanierungsfähigkeit des betroffenen Unternehmens und unter erweitertem Mitspracherecht der Gläubiger (§ 157 InsO). Die Entscheidung über das Verfahrensziel (Sanierung oder Liquidierung) wird mithin erst im Laufe des Verfahrens getroffen und

35 Eingehend zum Ganzen Berthold, Unternehmensverträge in der Insolvenz, 2004, Rn. 95 ff.

36 Bous, Die Konzernleitungsmacht im Insolvenzverfahren konzernverbundener Kapitalgesellschaften, 2001, S. 149 ff.; Häsemeyer, Insolvenzrecht, 4. Aufl. 2007, Rn. 32,09; Tintelnot in Kübler/Prütting/Bork, InsO, Stand 2025, § 103, Rn. 201; Noack, Gesellschaftsrecht, Sonderband 1 zu Kübler/Pütting, InsO, 1999, Rn. 726; K. Schmidt, Gesellschaftsrecht, 4. Aufl. 2002, § 31 III 5; Tschernig, Haftungsrechtliche Probleme der Konzerninsolvenz, 1995, S. 99 ff.; Trendelenburg, NJW 2002, 647, 649; Hirte in Uhlenbruck, InsO, 15. Aufl. 2015, § 11, Rn. 398; Wiedemann/Hirte in Festschrift 50 Jahre BGH, 2000, S. 337, 376; Zeidler, NZG 1999, 692, 697; sympathisierend Haas in Gottwald/Haas, Insolvenzrechts-Handbuch, 6. Aufl. 2020, § 92, Rn. 319; ebenso zum Konkursrecht bereits Acher, Vertragskonzern und Insolvenz, 1987, S. 122; Heesing, Bestandsschutz des Beherrschungs- und Gewinnabführungsvertrages in der Unternehmenskrise und im Konkurs, 1988, S. 132 ff.; K. Schmidt, Wege zum Insolvenzrecht der Unternehmen, 1990, S. 227 f.; zur Insolvenz der Tochter nach altem Recht s. bereits Acher, Vertragskonzern und Insolvenz, 1987, S. 98 ff.; Baumbach/Hueck, AktG, 13. Aufl. 1968, § 296 Rn. 1; Kraft in KK-AktG, 2. Aufl. 1996, Vorb. § 262, Rn. 21; Rümker, WM 1974, 990, 995; Meister, WM 1976, 1182, 1188 f.; Tschernig, Haftungsrechtliche Probleme der Konzerninsolvenz, 1995, S. 93 f. jeweils m.w.N.

37 Prütting in Kübler/Prütting/Bork, InsO, Stand 2025, § 1, Rn. 23.

gegebenenfalls auch wieder revidiert (§ 157 S. 3 InsO). Für die Erhaltung und Sanierung sanierungsfähiger Unternehmen stellt die InsO namentlich den Insolvenzplan (§§ 217 ff. InsO) zur Verfügung, der das Vergleichsverfahren abgelöst hat. Darüber hinaus kann dem Unternehmen im Insolvenzverfahren das Recht der Eigenverwaltung unter Aufsicht eines Sachwalters belassen werden (§ 270 InsO).

In Wirklichkeit kommt es darauf aber überhaupt nicht an, denn die Lösung ergibt sich aus der entsprechenden Anwendung einer inhaltlich unveränderten Vorschrift der InsO.

b) Thesen

Erste These: Beherrschungs- und Gewinnabführungsverträge erlöschen analog § 115 InsO mit der Eröffnung des Insolvenzverfahrens.

Die Begründung für diesen Analogieschluss lautet folgendermaßen:

Beherrschungs- und Gewinnabführungsverträge sind organisationsrechtliche Verträge, die ihre Wurzeln im Auftragsrecht (negotiorum gestio) haben.[38] Die abhängige Gesellschaft wirtschaftet – wie ein Beauftragter – nur noch im Fremdinteresse, nämlich demjenigen des herrschenden Unternehmens.

Die Verlustausgleichspflicht nach § 302 AktG ist danach besondere Ausprägung des auftragsrechtlichen Grundsatzes »cuius est commodum eius et periculum esse debet«.[39]

Die im Auftragsrecht typische Interessenfusion findet nach § 115 InsO mit der Insolvenzeröffnung ihr Ende.[40] Die Einheit der Interessen des Auftraggebers und des Beauftragten bricht mit Insolvenzeröffnung auseinander, ab jetzt gibt es nur noch die wirtschaftlichen Interessen des Auftraggebers auf der einen und diejenigen des Beauftragten auf der anderen Seite. Namentlich muss die Masse des Auftraggebers vor finanziellen Belastungen geschützt werden, die sich aus dem Fortbestand des Auftrags ergeben könnten.[41]

38 Treffend schon Hamburger in Gedächtnisschrift für Seckel, 1927, S. 261, 272 f., 300 ff.; Rasch, Deutsches Konzernrecht, 1944, S. 92 f.; Altmeppen in MünchKommAktG, 6. Aufl. 2023, § 302, Rn. 12; s. auch Altmeppen, Abschied vom »qualifiziert faktischen« Konzern, 1991, S. 74 ff.

39 Inst. 3, 23, 3 a.E. S. zu Beherrschungs- und Gewinnabführungsverträgen als Tatbestände einer wirtschaftlichen Fusion näher Altmeppen in MünchKommAktG, 6. Aufl. 2023, § 297, Rn. 106 ff.; § 308, Rn. 118 ff. m.w.N.

40 Zur analogen Anwendung des § 115 InsO bei Insolvenz im Vertragskonzern s. bereits Altmeppen in MünchKommAktG, 3. Aufl. 2004, § 297, Rn. 106 im Anschluss an Berthold, Unternehmensverträge in der Insolvenz, 2004, S. 121 ff.

41 S. statt aller Ott in MünchKomm InsO, 2002, § 115, Rn. 1 m.w.N. Selbstverständlich »erlischt« nach § 115 InsO (§ 23 KO) nicht das Auftragsverhältnis im Sinne der vertraglichen Grundlage. § 115 InsO beendet die im Auftragsverhältnis enthaltene Ermächtigung zur Geschäftsbesorgung im Fremdinteresse, also die Ermächtigung »zum Weitermachen« (treffend Marotzke in Festschrift für Henckel, 1995, S. 579, 586).

Nach § 115 InsO dient die Auftragsbeendigung auch dazu, dass das Auftragsverhältnis abgerechnet und der am Stichtag der Insolvenzeröffnung bestehende Aufwendungsersatzanspruch des Beauftragten als Insolvenzforderung geltend gemacht wird.[42] Dieses Abrechnungsinteresse besteht im Vertragskonzern in besonderem Maße, weil die abhängige Gesellschaft ihren letzten Verlustausgleichsanspruch geltend machen und gegebenenfalls auf der Basis von Zerschlagungswerten berechnen muss, wenn sie selbst am Markt nicht mehr überlebensfähig ist. Dieser Anspruch ist eine im Insolvenzverfahren zu berücksichtigende Forderung. Gleiches gilt für den Sicherungsanspruch der Gläubiger nach § 303 AktG.[43]

Eine »Suspendierung« des Verlustausgleichsanspruchs und des Sicherungsanspruchs der Gläubiger (§§ 302, 303 AktG) kommt gar nicht in Betracht. Aufgrund der wirtschaftlichen Verschmelzung im Vertragskonzern sind Verlustausgleich und Gläubigersicherung als besondere Ausprägungen des auftragsrechtlichen Prinzips des Aufwendungsersatzes (§§ 683, 670 BGB) allein vom Vertragsschluss abhängig.[44]

Nachdem nun die Frage nach dem Schicksal des Beherrschungs- und Gewinnabführungsvertrages bei Insolvenzeröffnung beantwortet wurde, muss man sich den vorhergehenden Phasen der Krise und dem Eröffnungsverfahren zuwenden. Für diese Zeitspanne gilt die

zweite These: Sämtliche Pflichten der abhängigen Gesellschaft aus dem Unternehmensvertrag ruhen automatisch, sobald die Solvenz des herrschenden Unternehmens in Zweifel gerät. Zugleich hat die abhängige Gesellschaft ein Kündigungsrecht gemäß § 297 Abs. 1 S. 2 AktG.

Zu begründen ist sie wie folgt:

Beherrschungs- und Gewinnabführungsverträge sind wirtschaftliche Verschmelzungen, kraft derer eine Existenzgefährdung der abhängigen Gesellschaft, die nur noch im Fremdinteresse wirtschaftet – Solvenz des herrschenden Unternehmens vorausgesetzt – ausgeschlossen ist.[45]

Daraus folgt umgekehrt, dass kein Weisungsrecht mehr existieren kann, wenn das herrschende Unternehmen nicht mehr solvent ist oder wenn insoweit Zweifel bestehen. Eine Folgepflicht kann nur gelten, wenn die damit verbundene Aufgabe des Eigeninteresses der abhängigen Gesellschaft unter dem Schutz der Existenzgarantie erfolgt. Das verlangt unbedingte Solvenz des herrschenden Unternehmens.

Die Umsetzung der dargelegten Folgen für das Weisungsrecht setzt selbstverständlich voraus, dass das herrschende Unternehmen das abhängige über etwaige finanzielle Schwierigkeiten auf seiner Seite informiert. Weil die Aufgabe der wirtschaftlichen

42 § 115 InsO setzt entgegen Marotzke in Festschrift für Henckel, 1995, S. 588 als selbstverständlich voraus, dass der Beauftragte weitere Aufwendungsersatzansprüche gegen die Masse haben müsste, wenn er »weitermachen« dürfte (s. nur Ott in MünchKomm InsO, 2002, § 115, Rn. 1). Mit Insolvenzeröffnung kann es aber keinen Geschäftsbesorger mehr geben, der gegen Aufwendungsersatz im Interesse der Masse wirtschaftet (§ 80 InsO).

43 S. Altmeppen in MünchKommAktG, 6. Aufl. 2023, § 297, Rn. 110.

44 S. Altmeppen in MünchKommAktG, 6. Aufl. 2023, § 302, Rn. 12.

45 Näher II 1.

Eigenständigkeit der Tochter nur aufgrund der Existenzgarantie durch die Mutter erfolgt, ist Letztere verpflichtet, darüber aufzuklären, wenn diese Garantie nicht mehr gewährleistet ist.[46]

Die Organwalter der am Vertrag beteiligten Gesellschaften geraten in persönliche Haftung nach §§ 309, 310 AktG, wenn sie den Beherrschungsvertrag ungeachtet der Solvenzprobleme des herrschenden Unternehmens praktizieren und die abhängige Gesellschaft benachteiligen. Das Kündigungsrecht der abhängigen Gesellschaft ist in diesem Fall selbstverständlich (§ 297 Abs. 1 S. 2 AktG). Das herrschende Unternehmen hat grundsätzlich kein Kündigungsrecht.[47]

IV. Andere Unternehmensverträge

1. *Meinungsstand*

Wenig ergiebig ist das Schrifttum hinsichtlich der Unternehmensverträge des § 292 AktG im Insolvenzfall. Man behandelt diese Vertragstypen meist nicht gesondert.[48] Sowohl die Gewinngemeinschaft i.S.v.§ 292 Abs. 1 Nr. 2 AktG als auch der Teilgewinnabführungsvertrag i.S.d. § 292 Abs. 1 Nr. 2 AktG sollen wegen Sinnlosigkeit in der Insolvenz eines Vertragsteils automatisch erlöschen.[49] Anderes soll dagegen für Betriebspacht- und Betriebsüberlassungsverträge i.S.v. § 292 Abs. 1 Nr. 3 AktG gelten. Bei diesen Verträgen handelt es sich um reine Austauschverträge. Sie sollen bei Insolvenz einer Vertragspartei nicht ipso iure erlöschen. Vielmehr soll es mit einem außerordentlichen Kündigungsrecht beider Vertragsparteien sein Bewenden haben.[50]

2. *Stellungnahme*

Allerdings ist zwischen den verschiedenen Verträgen des § 292 AktG zu differenzieren. Es handelt sich nämlich um ganz unterschiedliche Vertragstypen, die der Gesetzgeber lediglich zur Abgrenzung zu den Verträgen des § 291 AktG in einer Norm geregelt hat. Eine Gruppe bilden die Gewinngemeinschaft und der Teilgewinnabführungsvertrag, die andere der Betriebspacht- und Betriebsüberlassungsvertrag. Zur ersten Gruppe lautet die *These* wie folgt:

46 S. Altmeppen in MünchKommAktG, 6. Aufl. 2023, § 297, Rn. 35.

47 Letzteres str., vgl. die Nachw. bei Altmeppen in MünchKommAktG, 6. Aufl. 2023, § 297, Rn. 34 ff.; Berthold, Unternehmensverträge in der Insolvenz, 2004, Rn. 347 f.

48 Anders Berthold, Unternehmensverträge in der Insolvenz, 2004, Rn. 419 ff.

49 Altmeppen in MünchKommAktG, 6. Aufl. 2023, § 297, Rn. 123; Emmerich in Aktien- und GmbH-Konzernrecht, 10. Aufl. 2022, § 297 AktG, Rn. 52 ff.; im Ergebnis ebenso Berthold, Unternehmensverträge in der Insolvenz, 2004, Rn. 419 ff.

50 Altmeppen in MünchKommAktG, 6. Aufl. 2023, § 297, Rn. 114; Emmerich in Aktien- und GmbH-Konzernrecht, 10. Aufl. 2022, § 297 AktG, Rn. 52 ff.,52b; Emmerich/Habersack, Konzernrecht, 11. Aufl. 2020, § 19 IX.

Gewinngemeinschaft und Teilgewinnabführungsvertrag enden bei Insolvenzeröffnung über das Vermögen einer Vertragspartnerin automatisch.

Bei Gewinngemeinschaft und Teilgewinnabführungsvertrag handelt es sich um Gesellschaften des bürgerlichen Rechts, und zwar in der Form der Innengesellschaft.[51] Das Schicksal des Vertrages in der Insolvenz eines Vertragsteiles richtet sich dann nach den allgemeinen Vorschriften über die BGB-Gesellschaft. Für die Eröffnung des Insolvenzverfahrens über das Vermögen einer Vertragspartei gilt § 723 Abs. 1 Nr. 3 BGB. Der insolvente Gesellschafter scheidet aus, und im Fall einer Innengesellschaft mit zwei Gesellschaftern führt der Wegfall eines Gesellschafters zum Erlöschen der Innengesellschaft.

Ein ganz anderer Vertragstyp ist hingegen der Betriebspacht- bzw. Betriebsüberlassungsvertrag. Daher gilt im Insolvenzfall die *These*:

Der Betriebspachtvertrag wird durch Insolvenz eines Vertragspartners zwar nicht automatisch beendet, der Insolvenzverwalter hat aber das Wahlrecht nach § 103 InsO.

Betriebspacht- und Betriebsüberlassungsverträge sind besondere Austauschverträge. Die Insolvenz einer Vertragspartei lässt die Möglichkeit der Fortsetzung der Verträge unberührt. Der Gesetzgeber der InsO hat aber in bewusstem Gegensatz zur KO Miet- und Pachtverträge über bewegliche Gegenstände und Rechte dem Wahlrecht des Verwalters nach § 103 InsO unterstellt.[52] Der Unternehmenspachtvertrag ist Rechtspacht.[53]

Das Wahlrecht nach § 103 InsO ist auch im Verhältnis zur Anwendung der §§ 108 ff. InsO die bessere Lösung. Jedenfalls bei den im Rahmen des § 292 AktG im Vordergrund stehenden Verpachtungen eines Industrie- oder Dienstleistungsunternehmens ist die Raumüberlassung nachrangig.[54] Bei Insolvenz einer Vertragspartei kann der Insolvenzverwalter also entscheiden, ob er den Betriebspacht- oder Betriebsüberlassungsvertrag fortsetzen will oder die Vertragserfüllung ablehnt.[55]

V. Ergebnisse

1. Eine früher verbreitete, dogmatisch nicht näher vertiefte Meinung in Rechtsprechung und Lehre ging davon aus, dass Beherrschungs- und Gewinnabführungsverträge bei Insolvenz eines Vertragspartners automatisch erlöschen. Nach der heute herrschenden Meinung soll es umgekehrt sein. Die Verträge sollen Bestand haben, bei Suspendierung der Vertragspflichten und ggf. einem Kündigungsrecht.

2. Erkennt man, dass die Tochter bei Solvenz der Mutter im Beherrschungs- und Gewinnabführungsvertrag gar nicht insolvent sein kann, geht es nur um die Insolvenz

51 Altmeppen in MünchKommAktG, 6. Aufl. 2023, § 292, Rn. 12, 47, 65 ff.
52 BT-Drucks. 12/2443, S. 144.
53 BGH, 29.6.1953, VI ZR 216/52, NJW 1953, 1391.
54 S. Eckert in MünchKomm InsO, 2002, § 108, Rn. 44; s. auch Marotzke in Heidelberger Kommentar zur InsO, 2. Aufl. 2001, § 108, Rn. 4.
55 Differenzierend Berthold, Unternehmensverträge in der Insolvenz, 2004, Rn. 451 ff.

der Mutter. Erkennt man weiter, dass Beherrschungs- und Gewinnabführungsverträge ihre Wurzeln im Auftragsrecht haben, ist § 115 InsO analog heranzuziehen: Die Verträge erlöschen im Zeitpunkt der Eröffnung des Insolvenzverfahrens. Die im Auftragsrecht typische Interessenfusion endet nach § 115 InsO mit Insolvenzeröffnung, weil beide Vertragsparteien nur noch im Eigeninteresse wirtschaften dürfen.

3. Bei den Verträgen im Sinne des § 292 AktG ist zu differenzieren: Gewinngemeinschaft und Teilgewinnabführungsvertrag sind Innengesellschaften bürgerlichen Rechts. Der insolvente Gesellschafter scheidet aus (§ 723 Abs. 1 Nr. 3 BGB), und damit endet die Innengesellschaft. Bei Betriebspacht- und Betriebsüberlassungsverträgen gilt § 103 InsO: Der Insolvenzverwalter hat das Wahlrecht.

Und immer wieder die Legalitätspflicht

Michael Arnold

I. Grundsatz der Legalitätspflicht

Vorstandsmitglieder einer Aktiengesellschaft haben bei ihrer Geschäftsführung nach § 93 Abs. 1 S. 1 AktG die Sorgfalt eines ordentlichen und gewissenhaften Geschäftsleiters anzuwenden. Die Sorgfaltspflicht schließt die Pflicht der Vorstandsmitglieder ein, sich bei ihrer Amtsführung gesetzestreu zu verhalten (Legalitätspflicht). Die Legalitätspflicht wird auch als Kardinalpflicht mit dem Rang eines 1. Gebots bezeichnet.[1] Vorstandsmitglieder haben bei ihrer Geschäftsführung alle im Innen- und Außenverhältnis geltenden Rechtsvorschriften zu beachten.[2] Die interne Pflichtenbindung der Vorstandsmitglieder umfasst die im Verhältnis zur Gesellschaft bestehenden Pflichten aus dem Aktiengesetz, der Satzung sowie der Geschäftsordnung.[3] Die externe Pflichtenbindung erfasst sämtliche Rechtsvorschriften, die das Unternehmen als Rechtssubjekt treffen.[4] Hierbei gewinnen insbesondere die Vorschriften aus dem Zivil- und Wirtschaftsrecht, Bilanz-, Kartell- und Wettbewerbsrecht, Arbeits- und Sozialrecht sowie aus dem Strafrecht an Bedeutung. Ein nach außen rechtswidriges Verhalten des Vorstandsmitglieds stellt nach überwiegender Auffassung zugleich eine Pflichtverletzung gegenüber der Aktiengesellschaft dar.[5] So hat erst vor kurzem wieder der BGH entschieden, dass die Beteiligung eines Geschäftsleiters an einer kartellrechtswidrigen Absprache eine organschaftliche Pflichtverletzung gegenüber der Gesellschaft begründet.[6] Die Frage nach dem Bußgeldregress hat der BGH allerdings davon abhängig gemacht, ob die Organhaftungsvorschriften wegen vorrangigen Unionsrechts eingeschränkt ausgelegt werden müssen und dies dem EuGH zur Vorabentscheidung vorgelegt.[7] Mit einer Entscheidung des EuGH dürfte jedoch nicht vor 2026 zu rechnen sein.

1 Habersack in FS für Uwe H. Schneider, 2011, S. 429, 431.
2 Bicker, AG 2014, 8.
3 Hoffmann/Schieffer, NZG 2017, 401, 402; Bicker, AG 2014, 8. Eine ausführliche Auflistung wesentlicher Pflichtaufgaben des Vorstands enthält Arnold in Kubis/Tödtmann, Arbeitshandbuch für Vorstandsmitglieder, 3. Aufl. 2022, § 7, Rn. 9.
4 Fleischer in BeckOGK AktG, Stand 1.10.2024, § 93, Rn. 28; Fleischer, NZG 2014, 321, 322.
5 Fleischer in BeckOGK AktG, § 93, Rn. 28; Fleischer, NZG 2014, 321, 322.
6 BGH, Beschluss v. 11.2.2025 – KZR 74/23, Rn. 10 f.; Arnold/Linsmeier/Weiß/Unmuth, CCZ 2025, 131, 133.
7 BGH, Beschluss v. 11.2.2025 – KZR 74/23; Arnold/Linsmeier/Weiß/Unmuth, CCZ 2025, 131 ff.

Die Legalitätspflicht des Vorstands einer Aktiengesellschaft besteht nur gegenüber der Gesellschaft selbst, nicht jedoch im Verhältnis zu außenstehenden Dritten.[8] Außerdem trifft den Vorstand eine Legalitätskontrollpflicht. Die Legalitätspflicht des Vorstands beschränkt sich nicht darauf, eigene Gesetzesverstöße zu unterlassen, sondern fordert von ihm auch, aktiv Vorkehrungen gegen Verstöße von Unternehmensangehörigen zu treffen.[9]

Die Legalitätspflicht stellt die äußerste Grenze eines rechtmäßigen Vorstandshandelns dar und darf nicht überschritten werden.[10] Sie spielt regelmäßig bei der Organhaftung der Vorstandsmitglieder nach § 93 Abs. 2 S. 1 AktG eine Rolle. So ist vor allem das Verhältnis zu der, durch das UMAG im Anschluss an die ARAG/Garmenbeck-Rechtsprechung kodifizierten, Business Judgment Rule gemäß § 93 Abs. 1 S. 2 AktG von Bedeutung. Die für die Vorstandsmitglieder relevante Business Judgment Rule findet nur insoweit Anwendung, als ein rechtlich zulässiges Handeln des Vorstandsmitglieds gegeben ist. Eine unternehmerische Entscheidung liegt nur vor, soweit keine gebundene Entscheidung vorliegt.[11] Eine gebundene Entscheidung ist immer dann gegeben, wenn keine rechtlich zulässige Handlungsalternative in Bezug auf das Vorstandshandeln vorliegt. Gesetzliche Pflichten werden damit grundsätzlich nicht vom safe harbor des § 93 Abs. 1 S. 2 AktG erfasst.[12] Der Ansatz, wonach es für illegales Verhalten keinen sicheren Hafen gibt, ist bereits im UMAG verankert und hat sich als herrschende Ansicht in der Lehre etabliert.[13]

1. *Dogmatische Herleitung der Legalitätspflicht*

Das Bestehen der Legalitätspflicht ist zwar allgemein anerkannt, ihre dogmatische Grundlage ist jedoch nach wie vor ungeklärt.[14] Gemäß § 76 Abs. 1 AktG ist der Vorstand verpflichtet, die Gesellschaft unter eigener Verantwortung zu leiten. Die konkreten Verhaltensanforderungen, die der Vorstand zu beachten hat, sind in § 93 Abs. 1 S. 1 AktG normiert. Hiernach ist der Vorstand verpflichtet, die Sorgfalt eines ordentlichen und gewissenhaften Geschäftsleiters anzuwenden. Ob sich hieraus bereits die Pflicht des Vorstands ergibt, sich gesetzestreu zu verhalten, oder ob die

8 Ritter in Schüppen/Schaub, Münchener Anwaltshandbuch Aktienrecht, 4. Aufl. 2024, § 22, Rn. 74.

9 Arnold/Geiger, BB 2018, 2306; Arnold, ZGR 2014, 76, 79; Hoffmann/Schieffer, NZG 2017, 401, 402.

10 Grigoleit/Tomasic in Grigoleit, AktG, 2. Aufl. 2020, § 93, Rn. 12.

11 U. Schmidt in Heidel, Aktienrecht und Kapitalmarktrecht, 6. Aufl. 2024, § 93, Rn. 83.

12 Spindler in MüKo AktG, 6. Aufl. 2023, § 93, Rn. 52. So auch Arnold in Kubis/Tödtmann, Arbeitshandbuch für Vorstandsmitglieder, § 7, Rn. 29.

13 Entwurf eines Gesetzes zur Unternehmensintegrität und Modernisierung des Anfechtungsrechts (UMAG), BT-Drs. 15/5092, 11. Vgl. Kuschnereit, Die aktienrechtliche Legalitätspflicht: Vorstandspflichten zwischen Unternehmens- und Drittinteressen, S. 52 f.

14 Grigoleit in FS für K. Schmidt, 2019, S. 367, 368.

Legalitätspflicht aus einer anderen Rechtsnorm abgeleitet wird, ist im weiteren Verlauf zu untersuchen.

Im Gegensatz zu bestimmten ausländischen Rechtsordnungen gibt es im deutschen Recht keine Norm, die die Leitungsorgane im Binnenverhältnis explizit auffordert, externe Gesetzesbindungen zu beachten.[15] Die §§ 9, 130 OWiG binden die Leitungsorgane lediglich im Außenverhältnis an die Pflichten der eigenen Gesellschaft.[16] § 82 Abs. 2 AktG bindet den Vorstand nur an die Beschränkung in der Satzung.[17] Der Deutsche Corporate Governance Kodex enthält Grundsatz 5, nach dem der Vorstand für die Einhaltung der gesetzlichen Bestimmungen und der internen Richtlinien zu sorgen und auf deren Beachtung im Unternehmen hinzuwirken hat (Compliance).[18] Die Regelungen des DCGK entfalten aber zum einen keine unmittelbare Rechtswirkung; zum anderen geben die Grundsätze des DCGK nur geltendes Recht wieder. Der Grundsatz 5 des DCGK kann daher keine Rechtsgrundlage für die Legalitätspflicht darstellen, sondern setzt eine solche voraus.[19]

Vereinzelt wird die Legalitätspflicht aus der allgemeinen Schadensabwendungspflicht abgeleitet.[20] Der Vorstand muss die Gesellschaft vor Schäden bewahren. Die Herleitung der Legalitätspflicht des Vorstands aus der allgemeinen Schadensabwendungspflicht überzeugt im Ergebnis nicht.[21] Ein Rückschluss des Schadens auf die Pflichtverletzung ist dogmatisch ungenau und endet in einem Zirkelschluss.[22] Die vorrangig zu prüfende Pflichtverletzung kann nicht durch einen nachträglich kausal entstandenen Schaden begründet werden.

Die Legalitätspflicht der Vorstandsmitglieder leitet sich nach der überzeugenden herrschenden Auffassung direkt aus der in § 93 Abs. 1 S. 1 AktG geregelten Sorgfaltspflicht ab.[23] Ein ordentlicher und gewissenhafter Geschäftsleiter verhält sich stets gesetzestreu. Als Treuhänder fremder Interessen befolgt er sowohl die internen, sich aus dem Aktiengesetz, der Satzung und der Geschäftsordnung ergebenden Pflichten gegenüber der Gesellschaft als auch alle weiteren einschlägigen Rechtsnormen, die

15 Holle, Legalitätskontrolle im Kapitalgesellschafts- und Konzernrecht, S. 46.
16 Holle, Legalitätskontrolle im Kapitalgesellschafts- und Konzernrecht, S. 46.
17 Holle, Legalitätskontrolle im Kapitalgesellschafts- und Konzernrecht, S. 46.
18 Deutscher Corporate Governance Kodex v. 28.04.2022. Vgl. Hölters/Hölters in Hölters/Weber, Aktiengesetz, 4. Aufl. 2022, § 93, Rn. 53; Holle, Legalitätskontrolle im Kapitalgesellschafts- und Konzernrecht, S. 9; Arnold in Kubis/Tödtmann, Arbeitshandbuch für Vorstandsmitglieder, § 7, Rn. 7.
19 Arnold/Rudzio, KSzW 2016, 231, 232.
20 Vgl. Breitenfeld, Die organschaftliche Binnenhaftung der Vorstandsmitglieder für gesetzwidriges Verhalten, S. 51. Die Vermischung der Legalitätspflicht mit der Schadensabwendungspflicht ablehnend Thole, ZHR 2009, 504, 517 ff.
21 Vgl. Holle, Legalitätskontrolle im Kapitalgesellschafts- und Konzernrecht, S. 47.
22 Holle, Legalitätskontrolle im Kapitalgesellschafts- und Konzernrecht, S. 47.
23 Ritter in Schüppen/Schaub, Münchener Anwaltshandbuch Aktienrecht, § 22, Rn. 73; Koch in AktG, 18. Aufl. 2024, § 93, Rn. 9; Hopt/Roth in Großkommentar AktG, 5. Aufl. 2014, § 93, Rn. 58; U. Schmidt in Heidel, Aktienrecht und Kapitalmarktrecht, § 93, Rn. 73, 75; Holle, Legalitätskontrolle im Kapitalgesellschafts- und Konzernrecht, S. 38.

ihn als Organwalter im Verhältnis der Gesellschaft zu Dritten binden.[24] Die Sorgfaltspflicht als Verhaltensmaßstab knüpft an die Leitungsaufgabe des Vorstands an: Aus der Pflicht, die Gesellschaft unter eigener Verantwortung zu leiten, folgt auch die Pflicht, die Gesellschaft unter Beachtung von Gesetz und Satzung zu führen.[25]

2. *Nützliche Pflichtverletzungen*

Die absolute Gesetzesbindung bzw. strikte Legalitätspflicht des Vorstands spiegelt sich auch im Rahmen der Diskussion um sogenannte nützliche Pflichtverletzungen wider. Seit geraumer Zeit wird diskutiert, ob die Pflicht der Geschäftsleitung zur Rechtstreue absolut gilt, oder ob die Geschäftsleitung Nützlichkeitserwägungen im Unternehmensinteresse anstellen darf. Hierbei unterscheidet sich die Legalitätspflicht von der allgemeinen Schadensabwendungspflicht.[26] Der Gedanke des effizienten Rechtsbruchs (efficient breach of public law) ist dem deutschen Recht grundsätzlich fremd.[27] Die Geschäftsleitung kann sich nach herrschender Ansicht im Innenverhältnis nicht darauf berufen, der Gesetzesverstoß sei im Interesse der Gesellschaft erfolgt.[28] Ein unternehmerischer Handlungsspielraum in Bezug auf profitable Pflichtverletzungen ist ausgeschlossen.[29] Die Gesetzesbindung der Geschäftsleitung wirkt absolut und gilt damit uneingeschränkt.

Das deutsche Recht vertritt die strenge Law-as-Limit-Theorie, wonach der Geschäftsleiter die Grenzen, die ihm durch das geltende Recht gesetzt werden, ohne weiteres zu beachten hat.[30] Nützliche Pflichtverletzungen erkennt die deutsche Rechtsordnung damit nicht an.[31] Den Gegensatz hierzu bildet die Law-as-Price-Theorie.[32] Hiernach sind Gesetzesverstöße als Kosten oder Nachteile zu sehen, die im Rahmen einer Abwägung zu gewichten sind. Die Rechtsprechung lehnt ein unternehmerisches Ermessen des Geschäftsleiters in Bezug auf die Begehung solcher nützlichen Gesetzesverstöße ab.[33] Die Legalitätspflicht stellt die absolute Grenze unternehmerischen Handelns dar. Diese absolute Grenze geht zwar nicht unmittelbar aus der allgemeinen Sorgfaltspflicht hervor, sie wird aber aus der Gesetzesbegründung des

24 BGH, 10.7.2012 – VI ZR 341/10, NJW 2012, 3439, 3441; Bicker, AG 2014, 8; Hoffmann/Schieffer, NZG 2017, 401, 402; Fleischer, ZIP 2005, 141, 142.

25 Arnold in Marsch-Barner/Schäfer, Handbuch börsennotierte AG, 6. Aufl. 2025, § 21 Rn. 30, Arnold/Geiger, BB 2018, 2306; Bunting, ZIP 2012, 1542, 1543.

26 Holle, AR 2015, 10.

27 Spindler in MüKo AktG, § 93, Rn. 52; Fleischer in MüKo GmbHG, 4. Aufl. 2023, § 43, Rn. 55; Fleischer in BeckOGK AktG, § 93, Rn. 52.

28 Fleischer in BeckOGK AktG, § 93, Rn. 52; Hölters/Hölters in Hölters/Weber, Aktiengesetz, § 93, Rn. 74; Graewe/Freiherr von Harder, BB 2017, 707; Arnold in Kubis/Tödtmann, Arbeitshandbuch für Vorstandsmitglieder, § 7, Rn. 18.

29 Fleischer in BeckOGK AktG, § 93, Rn. 53; Für ein beschränktes Auswahlermessen hinsichtlich der Art und Weise des Abstellungsvorgangs Seibt/Koldehofe, AG 2025, 793, 798 f.

30 Bunz, CCZ 2021, 81, 82.

31 Arnold in Kubis/Tödtmann, Arbeitshandbuch für Vorstandsmitglieder, § 7, Rn. 18.

32 Fleischer in BeckOGK AktG, § 93, Rn. 53; Bunz, CCZ 2021, 81, 83.

33 LAG Düsseldorf, 20.01.2015 – 16 Sa 459/14; OLG Karlsruhe, 31.07.2013 – 7 U 184/12.

UMAG im Zuge der Einführung der Business Judgment Rule abgeleitet. Hiernach besteht für illegales Verhalten kein »sicherer Hafen«, sodass rechtswidriges Verhalten der Vorstandsmitglieder von Gesetzes wegen nicht geduldet wird. Nützliche Pflichtverletzungen bzw. eine unternehmerische Ermessensentscheidung diesbezüglich sind aus dogmatischer Sicht abzulehnen.

Diskutiert wird außerdem, ob die Missachtung reiner Ordnungsvorschriften im Unternehmensinteresse gerechtfertigt sein kann.[34] Unter die Legalitätspflicht fallen jedoch nach zutreffender Auffassung auch reine Ordnungsvorschriften und Bagatellverstöße.[35] Die Abstufung der Vorschriften zu »Rechtsnormen zweiter Klasse« würde zu erheblichen Schwierigkeiten in der Praxis führen, da Abgrenzungsschwierigkeiten zwischen Normen erster und zweiter Klasse vorprogrammiert wären.[36] Den Bereich der Ordnungswidrigkeiten durchgängig von der Legalitätspflicht auszunehmen, erscheint nicht vertretbar, da auch sie im öffentlichen Interesse erlassen wurden und zum Schutz ihrer Normbegünstigten uneingeschränkte Beachtung beanspruchen.[37]

3. *Erfüllung vertraglicher Pflichten*

Die Erfüllung vertraglicher Pflichten fällt grundsätzlich nicht in den Anwendungsbereich der Legalitätspflicht.[38] Die Entscheidung, ob das Unternehmen im konkreten Fall eine vertragliche Pflicht erfüllen sollte oder nicht, stellt eine unternehmerische Entscheidung dar und fällt damit in den Anwendungsbereich der Business Judgment Rule. Dem Vorstand steht ein Ermessensspielraum zu. Werden die Chancen und Risiken der Vertragsverletzung sorgfältig abgewogen, darf der Vorstand es gegebenenfalls auf einen etwaigen Schadensersatzanspruch ankommen lassen.[39] Es kann aus unternehmerischen Gesichtspunkten unter Umständen sinnvoll sein, Ansprüche erst zu einem späteren Zeitpunkt zu erfüllen und damit Vertragsstrafen oder andere Sanktionen in Kauf zu nehmen.

Erfüllt ein Unternehmen seine vertraglichen Pflichten nicht, besteht ein Prozessrisiko, aus dem sich für das Unternehmen nachteilhafte gerichtliche Entscheidungen ergeben können. Beispielsweise kann das Gericht gegen die Gesellschaft bestehende Ansprüche gerichtlich feststellen sowie einstweilige Verfügungen und Zwangsgeldandrohungen erlassen. An diesem Punkt stellt sich nun die Frage, ob die Befolgung rechtskräftiger Urteile oder Anordnungen einem Vorstandsermessen entzogen ist und nun die Legalitätspflicht eingreift. Die Befolgungspflicht des Vorstands nach Erlass eines rechtskräftigen Urteils lässt sich insbesondere mit gesetzlichen Vorschriften, beispielsweise den Regelungen in der ZPO, begründen. An diese

34 Bicker, AG 2014, 8, 11.
35 Arnold in Kubis/Tödtmann, Arbeitshandbuch für Vorstandsmitglieder, § 7, Rn. 18.
36 Bicker, AG 2014, 8, 11.
37 Fleischer, ZIP 2005, 141, 149; Werner, CCZ 2010, 143, 144.
38 Arnold in Kubis/Tödtmann, Arbeitshandbuch für Vorstandsmitglieder, § 7, Rn. 19.
39 Arnold in Kubis/Tödtmann, Arbeitshandbuch für Vorstandsmitglieder, § 7, Rn. 19.

Rechtsvorschriften hat sich der Vorstand wiederum aufgrund seiner Legalitätspflicht zu halten. Er ist damit an das rechtskräftige gerichtliche Urteil und die daraus resultierenden Rechtsfolgen gebunden. Befolgt der Vorstand gerichtliche Anordnungen nicht, können sich hieraus weitere Schäden (Zwangsgeld, Beugehaft etc.) entwickeln. Letztlich ist festzuhalten, dass auf erster Stufe eine Erfüllung der vertraglichen Pflichten nicht unter die Legalitätspflicht subsumiert werden kann, auf zweiter Stufe dann aber im Fall einer rechtskräftigen gerichtlichen Entscheidung eine Befolgungspflicht des Vorstands aufgrund seiner Legalitätspflicht zu bejahen ist. Die Judikative wird damit der Legislativen im Fall rechtskräftiger Urteile gleichgestellt. Dasselbe gilt für bestandskräftige Bußgeldbescheide. Auch an dieser Stelle hat der Vorstand keinen Ermessensspielraum und letztlich die bestandskräftigen Bußgeldbescheide zu begleichen. Anderenfalls setzt er sich selbst einem Haftungsrisiko aus.

II. Die Legalitätspflicht im internationalen Kontext

Die Legalitätspflicht spielt auch im internationalen Kontext eine herausragende Rolle.[40] So können nicht nur nationale Vorschriften das Handeln der Geschäftsleitung einschränken, sondern auch internationale Vorschriften die Legalitätspflicht konkretisieren.[41] Hieraus können weitreichende Unsicherheiten sowie ein erhöhter Prüfungsaufwand für die jeweilige Geschäftsleitung entstehen.[42]

1. Ausländische Rechtsvorschriften

Grundsätzlich ist die Durchsetzung ausländischen Rechts nicht Aufgabe der deutschen Rechtsordnung.[43] Begreift man die Legalitätspflicht jedoch als eine umfassende Vorstandspflicht, erscheint es nur logisch, auch ausländische Rechtsvorschriften in ihren Anwendungsbereich einzubeziehen. Die Legalitätspflicht erfasst nach der heutigen Rechtsprechung und herrschenden Ansicht in der Literatur auch die Beachtung ausländischer Rechtsnormen, soweit das Handeln der jeweiligen Aktiengesellschaft dem ausländischen Recht unterworfen ist.[44] Ob das jeweilige Recht anwendbar ist, ist vorab unter Zugrundelegung des internationalen Privatrechts sowie des öffentlich-rechtlichen Kollisionsrechts zu prüfen.[45] Der Vorstand unterliegt der Einhaltung

40 Vgl. hierzu Arnold in Kubis/Tödtmann, Arbeitshandbuch für Vorstandsmitglieder, § 7, Rn. 16; Lieberknecht, Die internationale Legalitätspflicht, S. 3, 145 ff.

41 Vgl. König, NZG 2022, 1186, 1191.

42 Bicker, AG 2014, 8, 12.

43 Koch in AktG, 19. Aufl. 2025, § 93, Rn. 14.

44 Ritter in Schüppen/Schaub, Münchener Anwaltshandbuch Aktienrecht, § 22, Rn. 75; Hölters/Hölters in Hölters/Weber, Aktiengesetz, § 93, Rn. 70; Kuschnereit, Die aktienrechtliche Legalitätspflicht: Vorstandspflichten zwischen Unternehmens- und Drittinteressen, S. 173. Vgl. Grigoleit in FS für K. Schmidt, 2019, S. 367, 376.

45 Hölters/Hölters in Hölters/Weber, Aktiengesetz, § 93, Rn. 70; Arnold in Kubis/Tödtmann, Arbeitshandbuch für Vorstandsmitglieder, § 7, Rn. 17.

ausländischer Pflichten, soweit das maßgebliche (deutsche) Kollisionsrecht das ausländische Recht für anwendbar erklärt.[46] Die Befolgung ausländischer Vorschriften erscheint zudem dann geboten, wenn Verstöße gegen das ausländische Recht gravierende Rechtsfolgen, wie beispielsweise Reputationsschäden oder Strafzahlungen, nach sich ziehen.[47] Hier wird in der Regel bereits die Schadensabwendungspflicht den Vorstand dazu veranlassen, das fremde Recht zu achten.[48]

2. *Kollision ausländischen Rechts mit deutschem Recht*

Bezieht man mit der herrschenden Ansicht ausländisches Recht in den Anwendungsbereich der Legalitätspflicht mit ein, ist dennoch unklar, wie im Fall einer Kollision ausländischen Rechts mit deutschem Recht zu verfahren ist. Welches Recht genießt in einem solchen Fall Anwendungsvorrang? In Betracht kommt, den Normenkonflikt als Rechtfertigungsgrund für die Nichterfüllung einer gesetzlichen Vorgabe anzuerkennen. In Deutschland ist dies unter dem Grundsatz der rechtfertigenden Pflichtenkollision bekannt.[49] Es wäre jedoch verfehlt und zu eng, dem deutschen Recht pauschal den Vorrang zu gewähren.[50] Vielmehr ist eine umfassende Abwägungsentscheidung vorzunehmen.[51] Der Vorstand hat eine am Unternehmenswohl orientierte Interessenabwägung vorzunehmen und zu entscheiden, welche der beiden konfligierenden Vorgaben er erfüllt.[52] Ausländische Rechtsnormen sollten dabei jedoch nicht zur Anwendung gelangen, soweit sie gegen wesentliche Grundsätze der deutschen Rechtsordnung verstoßen.[53]

III. Handeln bei unklarer Rechtslage

Der Vorstand einer Aktiengesellschaft hat die aktuelle Rechtslage in Ausübung seiner Vorstandstätigkeit stets zu beachten. Der Vorstand hat in einigen Fällen jedoch keine gesicherte Kenntnis von der Rechtslage. Er hat sich dann fachkundiger und unabhängiger Hilfe zu bedienen.[54] Bleibt die Rechtslage auch nach Einholung eines

46 Spindler in MüKo AktG, § 93, Rn. 115; Bayer/Scholz in Melot de Beauregard/Lieder/Liersch, Managerhaftung, 1. Aufl. 2022, § 3, Rn. 37; Cichy/Cziupka, BB 2014, 1482, 1483.
47 Arnold in Kubis/Tödtmann, Arbeitshandbuch für Vorstandsmitglieder, § 7, Rn. 17.
48 W. Goette in Goette/Arnold, Handbuch Aufsichtsrat, 2. Aufl. 2024, § 4, Rn. 2373; Bachmann/Goette in Gesellschaftsrechtliche Vereinigung, Reformbedarf im Aktienrecht, § 11, Rn. 11.14; Spindler in MüKo AktG, § 93, Rn. 115.
49 Verse in Scholz, GmbHG, § 43 Rn. 116.
50 Bunz, CCZ 2021, 81 (87); Verse in Scholz, GmbHG, § 43 Rn. 116. A.A.: Cahn in KK zum AktG, 4. Aufl. 2023, § 93, Rn. 89.
51 Bunz, CCZ 2021, 81 (87).
52 Verse in Scholz, GmbHG, § 43 Rn. 116.
53 Arnold in Marsch-Barner/Schäfer, Handbuch börsennotierte AG, § 24, Rn. 24.16.
54 Arnold in Kubis/Tödtmann, Arbeitshandbuch für Vorstandsmitglieder, § 7, Rn. 14.

Rechtsrats unklar (odds opinion), hat der Vorstand dennoch eine Entscheidung unter den verschiedenen Handlungsoptionen zu treffen. Das Vorstandshandeln bei unklarer Rechtslage gehört zu den umstrittensten Themen im Zusammenhang mit der Legalitätspflicht.[55] Im Fall einer rechtlich unsicheren Vorstandsentscheidung droht ein Verstoß gegen die Legalitätspflicht und damit ein Haftungsrisiko für die Vorstandsmitglieder.

Der BGH hat im ISION-Urteil die Haftungsfrage im Fall einer eindeutigen Rechtslage entschieden.[56] Wie sich der Vorstand im Fall einer unklaren Rechtslage konkret zu verhalten hat, ist höchstrichterlich noch nicht entschieden und wird in der Literatur uneinheitlich beantwortet.[57] Es haben sich hierzu verschiedene Lösungsansätze entwickelt, die das Problem dogmatisch unterschiedlich verorten.

1. Anwendung der ISION-Rechtsprechung

Das ISION-Urteil des BGH aus dem Jahr 2011 setzt sich mit dem Fall auseinander, dass der Vorstand auf Grundlage einer gegenteiligen rechtlichen Beratung eine eindeutig rechtswidrige Handlung vornimmt, die nachträglich durch ein Gericht für rechtswidrig erklärt wird.[58] In diesem Fall hat der BGH die Voraussetzungen für einen entschuldigenden Rechtsirrtum in Bezug auf ein Vorstandshandeln entwickelt.[59] Unter gewissen Umständen darf der Vorstand auf den erteilten Rechtsrat eines Beraters vertrauen, ohne nachträglich in Anspruch genommen zu werden.[60] Der BGH legt jedoch strenge Maßstäbe an das Vorliegen eines unverschuldeten Rechtsirrtums an.[61] Ein Schuldner muss hiernach die Rechtslage sorgfältig prüfen, soweit erforderlich Rechtsrat einholen und die höchstrichterliche Rechtsprechung sorgfältig beachten.[62] Die Vorstandsmitglieder müssen ihre Entscheidungen auf der Grundlage angemessener Information treffen.[63] Erforderlich ist demnach eine gewisse Sachkunde der Vorstandsmitglieder.[64] Diese Sachkunde kann das Vorstandsmitglied durch Einholung eines Rechtsrats erlangen. Der Vorstand hat sich unter umfassender Darstellung

55 Bingel/Link, AG 2024, 177; Arnold in Kubis/Tödtmann, Arbeitshandbuch für Vorstandsmitglieder, § 7, Rn. 15; Kuschnereit, Die aktienrechtliche Legalitätspflicht: Vorstandspflichten zwischen Unternehmens- und Drittinteressen, S. 179.

56 BGH, 20.09.2011 – 2 ZR 234/09 = NZG 2011, 1271 = AG 2011, 876.

57 Bingel/Link, AG 2024, 177; Arnold in Kubis/Tödtmann, Arbeitshandbuch für Vorstandsmitglieder, § 7, Rn. 15; Holle, AG 2016, 270, 271; Spindler in MüKo zum AktG, § 93, Rn. 92; Koch in AktG, § 93, Rn. 84.

58 BGH, 20.09.2011 – 2 ZR 234/09 = NZG 2011, 1271 = AG 2011, 876.

59 Graewe/Freiherr von Harder, BB 2017, 707.

60 Bingel/Link, AG 2024, 177 f.; Arnold in Kubis/Tödtmann, Arbeitshandbuch für Vorstandsmitglieder, § 7, Rn. 14.

61 BGH, 20.09.2011 – 2 ZR 234/09, Rn. 16. Vgl. Holle, AG 2016, 270, 278; Dauner-Lieb in Henssler/Strohn, GesR, 93, Rn. 32a.

62 BGH, 20.09.2011 – 2 ZR 234/09, Rn. 16. Vgl. Holle, AG 2016, 270, 278.

63 W. Goette in Goette/Arnold, Handbuch Aufsichtsrat, § 4, Rn. 2398.

64 W. Goette in Goette/Arnold, Handbuch Aufsichtsrat, § 4, Rn. 2398.

der Verhältnisse der Gesellschaft und Offenlegung der erforderlichen Unterlagen von einem unabhängigen, für die zu klärende Frage fachlich qualifizierten Berufsträger beraten zu lassen und die erteilte Rechtsauskunft einer sorgfältigen Plausibilitätskontrolle zu unterziehen.[65] Es müssen demnach vier Voraussetzungen eingehalten werden: (1) Umfassende Information des Beraters, (2) Unabhängigkeit des Beraters, (3) Fachliche Qualifikation des Beraters, (4) Sorgfältige Plausibilitätskontrolle.[66]

Die Rechtsvergewisserungspflicht hat der Vorstand auch im Fall einer unklaren Rechtslage zu beachten.[67] Stellt sich jedoch heraus, dass dem Vorstand selbst nach einer rechtlichen Prüfung der Sachlage verschiedene Handlungsoptionen zur Verfügung stehen, hilft ihm die ISION-Entscheidung samt ihrer entwickelten Grundsätze nur bedingt weiter. Inwieweit sich der Vorstand nun für eine Handlungsoption entscheiden kann, ohne der Gefahr ausgesetzt zu sein, im Nachgang rechtlich belangt zu werden, wird in der Literatur unterschiedlich beurteilt.

2. *Ermessensspielraum des Vorstands*

Streitig ist insbesondere, ob dem Vorstand im Fall einer unklaren Rechtslage ein Entscheidungsspielraum zusteht oder er die Handlung bei unklarer Rechtslage zu unterlassen hat.

Die Risikotheorie vertritt die Auffassung, dass der Vorstand im Fall einer unklaren Rechtslage die geplante Handlung nicht vornehmen dürfe.[68] Ein Entscheidungsspielraum bei unklarer Rechtslage wird von dieser Ansicht vollständig abgelehnt.[69] Das Vorstandsmitglied kann sich hiernach nicht auf einen Rechtsirrtum berufen und soll für seine Fehleinschätzungen haften. Die Risikotheorie stellt damit eine Parallele zur Außenhaftung der Gesellschaft dar.[70] Die Haftung des Vorstands im Innenverhältnis wird an die Haftung der Gesellschaft im Außenverhältnis angepasst.[71] Die Risikotheorie begründet ihre Auffassung mit der strikten Bindung des Geschäftsleiters an Gesetz und Satzung.[72] Eine gegenteilige Auffassung lüde den Geschäftsleiter dazu ein, die Vertretbarkeitsgrenzen auszutesten.[73]

65 BGH, 20.09.2011 – 2 ZR 234/09, Rn. 18; W. Goette in Goette/Arnold, Handbuch Aufsichtsrat, § 4, Rn. 2398 ff.; Arnold in Kubis/Tödtmann, Arbeitshandbuch für Vorstandsmitglieder, § 7, Rn. 14.
66 BGH, 20.09.2011 – 2 ZR 234/09, Rn. 18; Dauner-Lieb in Henssler/Strohn, GesR, § 93, Rn. 32a; Bingel/Link, AG 2024, 178; U. Schmidt in Heidel, AktG, § 93, Rn. 105.
67 Fleischer in BeckOGK AktG, § 93, Rn. 39; Bingel/Link, AG 2024, 177, 178; Graewe/Freiherr von Harder, BB 2017, 707, 709; Sailer-Coceani in K.Schmidt/Lutter, AktG, 5. Aufl. 2024, § 93, Rn. 16.
68 Müller, DB 2014, 1301, 1306; vgl. Buck-Heeb, BB 2013, 2247, 2250; vgl. hierzu Bingel/Link, AG 2024, 177, 179.
69 Müller, DB 2014, 1301, 1306.
70 Buck-Heeb, BB 2013, 2247, 2250.
71 Bingel/Link, AG 2024, 177, 179.
72 Müller, DB 2014, 1301, 1306.
73 Müller, DB 2014, 1301, 1306.

Die Gegenauffassung, die sich inzwischen als herrschende Ansicht der Lehre etabliert hat, gesteht dem Vorstand im vorliegenden Fall einen Entscheidungsspielraum zu.[74] Sie grenzt die Innenhaftung des Vorstands von der Außenhaftung ab und legt diesbezüglich einen differenzierten Maßstab an.[75] Inwieweit dieser Entscheidungsspielraum im konkreten Fall ausgestaltet ist, ist jedoch nach wie vor umstritten.

Mit der Optimierungstheorie ist die Maßnahme zu wählen, die der am besten vertretbaren Rechtsansicht entspricht.[76] Ein wesentlicher Nachteil dieser Theorie ist, dass in der Praxis die am besten vertretbare Ansicht oftmals nicht konkret vorhergesagt werden kann. Ob diese Theorie damit eine praxistaugliche Lösung darstellt, ist zu bezweifeln.[77]

Ein überwiegender Teil der Literatur legt die Vertretbarkeitstheorie zugrunde.[78] Demnach soll es ausreichen, wenn der Vorstand eine noch vertretbare Rechtsansicht wählt und hiernach entscheidet. Der Vorstand kann sich bei zweifelhafter Rechtslage nach der für die Aktiengesellschaft günstigsten Rechtsauffassung richten.[79]

Sowohl *Fleischer* als auch *Verse* haben verschiedene Kriterien entwickelt, die im Rahmen der Abwägungsentscheidung des Vorstands heranzuziehen sind.[80] Diese von *Koch* als Kompromissformel bezeichnete Abwägungsentscheidung des Vorstands orientiert sich an verschiedenen Aspekten.[81] Der Vorstand hat hiernach (1) im Lichte der Wahrscheinlichkeit der Rechtmäßigkeit aus ex-ante-Sicht, (2) dem Gewicht der Nachteile, die der Aktiengesellschaft bei Verzicht auf die fragliche Handlung drohen, sowie (3) der Schwere der drohenden Rechtsgutsverletzung, wenn sich der Rechtsstandpunkt als fehlerhaft erweist, eine Abwägungsentscheidung zu treffen.[82]

Bingel und Link vertreten die Auffassung, dass der Vorstand auf erster Stufe für eine den ISION-Grundsätzen entsprechende Informationsgrundlage zu sorgen hat.[83] Auf zweiter Stufe hat der Vorstand eine der Business Judgment Rule vergleichbare Abwägungsentscheidung zu treffen.[84] Hierbei hat er z.B. das Gewicht entgangener Chancen bei Verzicht der fraglichen Handlung und die Schwere der Rechtsgutsverletzung bei abweichender Gerichtsentscheidung zu berücksichtigen.[85]

74 Grigoleit/Tomasic in Grigoleit, AktG, § 93, Rn. 21. Vgl. Bingel/Link, AG 2024, 177, 179.
75 Bingel/Link, AG 2024, 177, 179; Verse, ZGR 2017, 174, 186.
76 Langenbucher, ZBB 2013, 16, 22 f.; vgl. Müller, DB 2014, 1301, 1306.
77 Graewe/Freiherr von Harder, BB 2017, 707, 710.
78 Hölters/Hölters in Hölters/Weber, AktG, § 93, Rn. 75. So wohl auch Cahn in KK zum AktG, § 93, Rn. 91; Sailer-Coceani in GK AktG, 5. Aufl. 2024, § 93, Rn. 16; Arnold in Kubis/Tödtmann, Arbeitshandbuch für Vorstandsmitglieder, § 7, Rn. 15.
79 Cahn in KK zum AktG, § 93, Rn. 91.
80 Verse, ZGR 2017, 174, 181 ff.; Fleischer in BeckOGK AktG, § 93, Rn. 40.
81 Koch in AktG, § 93, Rn. 84; Verse, ZGR 2017, 174, 181 ff.; Fleischer in BeckOGK AktG, § 93, Rn. 40.
82 Verse, ZGR 2017, 174, 181 ff.; Koch in AktG, § 93, Rn. 84.
83 Bingel/Link, AG 2024, 177, 183.
84 Bingel/Link, AG 2024, 177, 183.
85 Bingel/Link, AG 2024, 177, 183.

Die Auffassung von Bingel und Link überzeugt. Es erscheint aufgrund der erheblichen Rechtsunsicherheit nahezu notwendig, den Vorstandsmitgliedern einen gewissen Ermessensspielraum zu gewähren, mit dessen Hilfe sie einen vertretbaren Rechtsstandpunkt wählen können. Hierbei haben die Vorstandsmitglieder eine Abwägungsentscheidung zu treffen, wobei die höchstrichterliche Rechtsprechung und herrschende Auffassung in der Lehre zu beachten sind.[86]

Die dogmatische Verortung dieser Diskussion rund um das Vorstandshandeln bei unklarer Rechtslage wirft weitere Fragen auf. Während ein Teil der Literatur den Streit bezüglich des Vorstandshandelns bei unklarer Rechtslage auf Pflichtenebene aufwirft, diskutieren andere dieses Problem mithilfe der Figur des Rechtsirrtums auf Verschuldensebene.[87] Die Vertreter, die das Problem auf Pflichtenebene verorten, wenden an dieser Stelle vermehrt die Figur der Legal Judgment Rule an und konstruieren damit eine der Business Judgment Rule ähnelnde Anwendung eines Ermessensspielraums für rechtlich unsichere Entscheidungen.[88] Die Verortung des Problems auf Pflichtenebene lockert die Legalitätsbindung dahin auf, dass das Pflichtenprogramm des Vorstands verhaltens- und nicht erfolgsbezogen zu verstehen ist.[89] Vertreter der dogmatischen Verortung auf Verschuldensebene ziehen als Argument die Orientierung an der ISION-Rechtsprechung sowie den Gleichlauf mit der Behandlung von Rechtsirrtümern im allgemeinen Haftungsrecht heran.[90] Letztlich spielt die dogmatische Verortung in der Praxis nur eine untergeordnete Rolle, da eine Organhaftung sowohl bei fehlender Pflichtverletzung als auch bei fehlendem Verschulden entfällt.[91] Dennoch ist eine Berufung auf einen schuldausschließenden Rechtsirrtum, angelehnt an die bisherige Rechtsprechung im ISION-Urteil, der elegantere Weg.

IV. Einsatz von KI im Rahmen der Legalitätspflicht

In der heutigen Zeit erlangt der Einsatz von Künstlicher Intelligenz (KI) immer größere Bedeutung. Es findet eine zunehmende Integration von KI in etliche Unternehmensprozesse statt.[92] Die KI kann jedoch auch im Rahmen der Legalitätspflicht des Vorstands eine Rolle spielen. So kann die KI den Vorstand bei der Untersuchung rechtlicher Fragestellungen sowie bei der Entscheidungsfindung im konkreten Fall

86 Arnold in Kubis/Tödtmann, Arbeitshandbuch für Vorstandsmitglieder, § 7, Rn. 15.

87 Vgl. Spindler in MüKo zum AktG, § 93, Rn. 92; Fleischer in BeckOGK AktG, § 93, Rn. 41; Holle, AG 2016, 270, 271.

88 Grigoleit/Tomasic in Grigoleit, AktG, § 93, Rn. 21 ff. Vgl. U. Schmidt in Heidel, AktG, 6. Aufl. 2024, § 93, Rn. 83. Die Einführung einer Legal Judgment Rule im Ergebnis ablehnend Koch in AktG, § 93, Rn. 84 sowie Fleischer in BeckOGK AktG, § 93, Rn. 44.

89 Vgl. Holle, AG 2016, 270, 271; Spindler in MüKo zum AktG, § 93, Rn. 92.

90 Dauner-Lieb in Henssler/Strohn, GesR, § 93, Rn. 32a; Binder, AG 2012, 885. 888. Vgl. Holle, AG 2016, 270, 271. Eine Verortung auf Verschuldensebene ebenfalls bejahend: U. Schmidt in Heidel, AktG, § 93, Rn. 83.

91 So Bingel/Link, AG 2024, 177, 183.

92 Pellmann/Hajek Gross/Mandler, CB 2025, 45 f.

unterstützen. Inwieweit sich der Vorstand auf die KI verlassen und sich auf ihre Ergebnisse berufen kann, ist nicht abschließend geklärt. Grundsätzlich trägt jedoch der Anwender der KI die Verantwortung für den Einsatz der KI.[93] Der Vorstand muss sich beim Einsatz von KI selbst rechtmäßig verhalten.[94] KI darf nur im Rahmen des geltenden Rechts eingesetzt werden.[95] Insbesondere haben die KI-Systeme und deren Nutzung den datenschutzrechtlichen Anforderungen zu genügen.[96] Diskutiert wird, ob den Vorstand im Rahmen seiner Legalitätskontrollpflicht auch eine Nutzpflicht in Bezug auf die KI treffen kann.[97] Als Argument hierfür dient die Tatsache, dass der Vorstand die allgemeine Sorgfaltspflicht zu beachten hat und die Informationsverantwortung trägt.[98] Diese beiden Grundsätze können eine Nutzpflicht der KI-Systeme im Ergebnis begründen. Der Vorstand kann aufgrund der ihn treffenden Informationsverantwortung verpflichtet sein, KI einzusetzen, um eine angemessene Informationsgrundlage in Bezug auf seine unternehmerischen Entscheidungen zu schaffen.[99] Eine grundsätzliche Nutzungspflicht im Hinblick auf leitungsunterstützende KI–Systeme besteht insbesondere, sofern die Gesellschaft ohnehin über solche Systeme verfügt und es keinen Grund gibt, von diesen Systemen keinen Gebrauch zu machen.[100]

V. Compliance als Teil der Legalitätspflicht

Der Vorstand einer Aktiengesellschaft trägt die Compliance-Verantwortung. Er muss über seine eigene Rechtstreue hinaus, sogenannte Legalitätspflicht im engeren Sinne, auch auf den nachgeordneten Unternehmensebenen für regelkonformes Verhalten sorgen (Legalitätskontrollpflicht).[101] Compliance ist demnach die Pflicht des Vorstands sicherzustellen, dass das Unternehmen samt Organmitglieder und Mitarbeiter alle gesetzlichen und regulatorischen Anforderungen einhält. Der Vorstand muss

93 Pellmann/Hajek Gross/Mandler, CB 2025, 45, 46.
94 Langheld/Haagen, NZG 2023, 1535, 1536; Bürgers in Bürger/Lieder, AktG, 6. Aufl. 2024, § 93, Rn. 7; Telle, Einsatz Künstlicher Intelligenz zur vorbereitenden Unterstützung von Leitungsentscheidungen des Vorstands einer AG, 2022, S. 34.
95 Pellmann/Hajek Gross/Mandler, CB 2025, Heft 3, Beilage, 45, 46.
96 Spindler/Seidel in Hommelhoff/Hopt/Leyens, Unternehmensführung durch Vorstand und Aufsichtsrat, § 13, Rn. 22; Schoch/Mayer/Ahmad, CB 2025, 52, 54.
97 Spindler/Seidel in Hommelhoff/Hopt/Leyens, Unternehmensführung durch Vorstand und Aufsichtsrat, § 13, Rn. 51.
98 Spindler/Seidel in Hommelhoff/Hopt/Leyens, Unternehmensführung durch Vorstand und Aufsichtsrat, § 13, Rn. 52.
99 Langheld/Haagen, NZG 2023, 1535, 1537.
100 Spindler/Seidel in Hommelhoff/Hopt/Leyens, Unternehmensführung durch Vorstand und Aufsichtsrat, § 13, Rn. 52.
101 Arnold in Kubis/Tödtmann, Arbeitshandbuch für Vorstandsmitglieder, § 7, Rn. 57; Fleischer in BeckOGK AktG, § 91, Rn. 62.

organisatorische Maßnahmen treffen, um rechtskonformes Verhalten zu ermöglichen und sämtliche Rechtsverletzungen zu vermeiden.[102]

Das Thema Compliance wird die Unternehmen auch in Zukunft intensiv beschäftigen. Die Vielzahl an neuen EU- Regulierungen und Vorgaben stellt eine für die Unternehmen kaum mehr zu bewältigende Herausforderung dar.[103] Regelungen wie z.B. die EU-Lieferkettenrichtlinie, EU-Entwaldungsverordnung, EU-Batterieverordnung, EU-Ökodesign-Verordnung, EU-Richtlinie zur Nachhaltigkeitsberichterstattung, EU-Produktsicherheitsverordnung sowie EU-Produkthaftungsrichtlinie belasten die Unternehmen und ihre Geschäftsleitung und führen zu einem unermesslichen Bürokratieaufwand.[104]

Auch im Bereich der Compliance kann KI als unterstützendes Tool zum Einsatz kommen. Die KI stellt für die Compliance jedoch nicht nur ein Unterstützungstool dar, sie beeinflusst die Compliance auch auf andere Weise.[105] Für den Vorstand erwächst in Bezug auf die Compliance eine zusätzliche Überprüfungs- und Überwachungspflicht im Fall des Einsatzes von KI.[106] Der Vorstand hat die rechtmäßige Anwendung der KI in seinen Unternehmensabläufen zu überwachen.[107]

VII. Fazit

1. Die Legalitätspflicht ist eine der wesentlichen Vorstandspflichten. Sie ist derzeit sowohl altbekannten Problemen als auch neuen Fragen ausgesetzt. Insbesondere die zunehmende Digitalisierung, beispielsweise der Einsatz von KI und die hieraus erwachsenden Unklarheiten, sowie die immer weiter fortschreitende Regulierung im Bereich der ESG wirken sich auf die Legalitätspflicht aus. Auch die seit Jahren diskutierten, altbekannten Themen rund um die Legalitätspflicht, beispielsweise die Zulässigkeit nützlicher Pflichtverletzungen sowie das Vorstandshandeln bei unklarer Rechtslage, beschäftigen nach wie vor die juristische Lehre.

2. Die Anerkennung sogenannter »Nützlicher Pflichtverletzungen« überzeugt nicht. Die Legalitätspflicht ist als absolute Grenze des Vorstandshandelns ausgestaltet und sollte keiner Nützlichkeitsabwägung zugezogen werden.

3. Grundsätzlich fällt die Erfüllung vertraglicher Pflichten nicht in den Anwendungsbereich der Legalitätspflicht. Im Fall einer gerichtlichen Entscheidung ist aber eine Befolgungspflicht des Vorstands aufgrund seiner Legalitätspflicht zu bejahen. Ein Ermessen steht dem Vorstand an dieser Stelle nicht mehr zu.

102 Arnold, ZGR 2014, 76, 79 Schulz/Galster in Bürkle/Hauschka/Schieffer, Der Compliance Officer, 2. Aufl. 2024, § 3, Rn. 23.
103 Passarge, CB 2025, 45, 47.
104 Passarge, CB 2025, 45, 47.
105 Passarge, CB 2025, 45, 48; Schoch/Mayer/Ahmad, CB 2025, 52, 54.
106 Passarge, CB 2025, 45, 48; Schoch/Mayer/Ahmad, CB 2025, 52, 54.
107 Vgl. Dilling/Musiol, CCZ 2024, 257.

4. Die Legalitätspflicht kann nicht losgelöst von ausländischen Rechtsvorschriften betrachtet werden. Sollte ausländisches Recht Anwendung finden, müssen auch die Rechtsvorschriften der fremden Rechtsordnung in die Legalitätspflicht des Vorstands einbezogen werden.

5. Im Fall des Handelns bei unklarer Rechtslage ist dem Vorstand ein Ermessensspielraum zu gewähren, mit dessen Hilfe er im konkreten Fall eine Abwägungsentscheidung zu treffen hat. Die dogmatische Verortung dieses Problems spielt in der Praxis nur eine untergeordnete Rolle.

ESG vs. BJR – Brauchen wir eine Social Judgement Rule?

Gregor Bachmann

I. Noch eine Judgement-Rule

Im Jahr 2005 wurde in Deutschland die sog. Business Judgement Rule (BJR) kodifiziert. Die zuvor ungeschriebene Regel[1] soll dem Vorstand einen Haftungsfreiraum bei unternehmerischen Entscheidungen sichern und ihn dadurch ermuntern, Risiken einzugehen. Dies ist volkswirtschaftlich erwünscht, weil – verkürzt gesagt – Innovation die Wohlfahrt fördert und Innovation nicht ohne das Eingehen unternehmerischer Risiken zu haben ist.

Die kodifizierte Fassung der deutschen BJR (§ 93 Abs. 1 S. 2 AktG) lautet:

> *»Eine Pflichtverletzung liegt nicht vor, wenn das Vorstandsmitglied bei einer unternehmerischen Entscheidung vernünftigerweise annehmen durfte, auf der Grundlage angemessener Information zum Wohle der Gesellschaft zu handeln«.*[2]

Der Haftungsfreiraum verbirgt sich dabei in der Wendung »vernünftigerweise annehmen durfte«.[3] Sie gewährleistet, dass ein Vorstandsmitglied nur bei evidentem Überschreiten der Grenzen seines unternehmerischen Spielraums zum Zeitpunkt der Entscheidungsfindung seine Pflichten verletzt. Soweit der Aufsichtsrat unternehmerische Entscheidungen trifft, gelangen auch dessen Mitglieder in den Genuss der BJR (vgl. § 116 S. 1 AktG).

Seither wurden immer wieder Forderungen laut, einen entsprechenden Haftungsfreiraum auch für andere Entscheidungen oder Entscheidungsträger zu schaffen. Diskutiert bzw. gefordert wird das etwa für rechtliche Entscheidungen (»Legal Judgement Rule«),[4] Bilanzierungsentscheidungen (»Accounting Judgement Rule«),[5]

1 Vgl. BGH, 21.04.1997, II ZR 175/95, BGHZ 135, 244.

2 Eine ähnliche Formulierung wurde 2016 in das österreichische Aktiengesetz eingefügt, s. § 84 Abs. 1a öAktG: »Ein Vorstandsmitglied handelt jedenfalls im Einklang mit der Sorgfalt eines ordentlichen und gewissenhaften Geschäftsleiters, wenn er (sic!) sich bei einer unternehmerischen Entscheidung nicht von sachfremden Interessen leiten lässt und auf der Grundlage angemessener Information annehmen darf, zum Wohle der Gesellschaft zu handeln«.

3 Näher Bachmann in Festschrift für Stilz, 2017, S. 25, 28 ff.

4 Dazu zuletzt Sagan in Festschrift für Dauner-Lieb, 2025, S. 1219.

5 Vgl. Merkt, Der Konzern 2017, 353, 355 ff.; ders., NJW 2022, 574, 575; der Sache nach auch Pöschke, ZGR 2018, 647, 654 ff.; dagegen Koch, 19. Aufl. 2025, AktG, § 93 Rn. 41.

Prüferentscheidungen (»Audit Judgement Rule«)[6] oder Entscheidungen des Insolvenzverwalters (»Insolvency Judgement Rule«).[7] Keine dieser Judgement-Rules vermochte sich bisher durchzusetzen, geschweige denn den Weg ins Gesetzblatt zu finden.

Jüngste Frucht ist der Vorschlag, eine »Social Judgement Rule« (SJR) zu etablieren.[8] Sie soll dem Vorstand die Berücksichtigung von Allgemeinwohlbelangen gestatten und so zur Beseitigung von Rechtsunsicherheit beitragen. Hintergrund ist die Überlegung, dass steigende ESG-Anforderungen das Haftungsprivileg der BJR erodieren lassen und den Vorstand, der einerseits Gewinne erwirtschaften, andererseits ESG-konform agieren soll, in eine haftungsträchtige Zwickmühle bringen.

Dieser Vorschlag soll nachfolgend vorgestellt und diskutiert werden. Dabei ist er einerseits abzugrenzen von Vorschlägen, welche die BJR im Interesse von ESG verschärfen wollen, andererseits von solchen zu trennen, welche auf ein ähnliches Ergebnis wie die Verengung der BJR zielen, indem sie für eine Kodifizierung des »Unternehmensinteresses« werben.

II. Unternehmerische Entscheidungen unter der ESG-Ägide

Das Schlagwort ESG (Environment, Social, Governance) hat in den letzten Jahren erheblichen Auftrieb erfahren.[9] Nicht alles, was dazu gesagt und geschrieben wird, ist originell. Dass Umwelt- und Sozialbelange sowie eine »gute« Corporate Governance für die Reputation und den Erfolg einer Unternehmung von Bedeutung sind (und deshalb Eingang in Managemententscheidungen finden müssen), ist eine Binsenweisheit (und eine alte noch dazu). Wenn neuere Berichts- und Bemühenspflichten ESG-Belange vermehrt ins Blickfeld von Entscheidern rücken, verschafft es jenen mehr Aufmerksamkeit und diesen mehr Arbeit, ändert am Pflichtengefüge der Organmitglieder jedoch zunächst einmal nichts.

Die aus gesellschaftsrechtlicher Sicht relevante Frage lautet, ob aus dem in der ein oder anderen Norm zum Ausdruck gelangten Wunsch, ESG-Belange bei unternehmerischen Entscheidungen zu berücksichtigen, Handlungsmaximen für Unternehmensorgane folgen, deren Missachtung rechtliche Sanktionen nach sich zieht. Sie wird gerne bejaht, ohne dass über die Frage wirklich nachgedacht wird. Das ist hier nachzuholen, bevor die Notwendigkeit einer Social Judgement Rule diskutiert werden kann. Die Leitmarken der Überlegung bilden die Legalitätspflicht auf der einen und das Ermessen auf der anderen Seite. Zuvor ist das vielbemühte Gegensatzpaar von Stakeholder- und Shareholder-Ansatz ins rechte Licht zu rücken.

6 Dafür Ebke, ZGR 2024, 1, 39, 53; ders. in Festschrift für Reichert, 2026 (im Erscheinen); Merkt in Hopt, 44. Aufl. 2025, HGB, § 323 Rn. 1; dagegen Weber in Staub, Bd. 7, 6. Aufl. 2023, HGB, § 323 Rn. 30.

7 Etwa Berger/Frege, ZIP 2008, 204; dagegen Jungmann, NZI 2009, 80; ablehnend auch BGH, 12.03.2020, IX ZR 125/17, BGHZ 225, 90.

8 Fink/Oswald, ZJS 2025, 15, 35 ff.

9 Nachzeichnung der Entwicklung aus aktienrechtlicher Sicht bei Koch, AG 2023, 553 ff.

1. *Die Stakeholder/Shareholder-Debatte: Ein Scheingefecht*

Kaum ein Beitrag zur ESG-Debatte kommt ohne Hinweis auf die altbekannte Kontroverse aus, ob die Aktiengesellschaft im Interesse der Anteilseigner (sog. Shareholder-Ansatz) oder in demjenigen aller vom Wirken der Korporation Betroffenen (sog. Stakeholder-Ansatz) geführt werden sollte.[10] Aus juristischer Sicht ist diese Debatte ein Scheingefecht. Zum einen ist sie für die deutsche Aktiengesellschaft längst entschieden, denn diese ist nach der unverändert maßgeblichen Vorstellung des historischen Gesetzgebers einer interessenpluralistischen Zielkonzeption und damit dem Stakeholder-Ansatz verpflichtet.[11] Die sprachliche Abbreviatur dafür lautet »Unternehmensinteresse«. Es hat zwar keinen Eingang in das AktG gefunden, bildet jedoch nach allgemeiner Ansicht die Leitschnur für das Organhandeln.[12]

Dass der sich in verschiedenen Rechtsnormen niederschlagende Zeitgeist in den neunziger Jahren Richtung Shareholder-Value ausschlug,[13] sich das Wetterfähnchen sodann unter den Schlagworten CSR (Corporate Social Responsibility) und ESG wieder mehr in die Stakeholder-Richtung drehte, um zuletzt, allfälligem ökonomischem und (geo-)politischem (Gegen-)Wind folgend, in umgekehrte Richtung zu flattern, ändert an der stakeholderbezogenen Grundausrichtung des deutschen AktG nichts.[14] Dabei ist der Vorstand nicht nur, wie vielfach dargestellt, *berechtigt*, die Belange der sog. Stakeholder zu berücksichtigen, sondern, wie die Gesetzesbegründung zu § 76 AktG unmissverständlich zum Ausdruck bringt, dazu verpflichtet.[15] Andernfalls könnte von einer »interessenpluralistischen« Ausrichtung, wie sie in den Erläuterungen zu § 76 AktG allenthalben beschrieben wird, keine Rede sein. Wenn Autoren, die sich für eine stärkere Stakeholder-Orientierung engagieren, das Gegenteil vertreten, offenbaren sie nur Angst vor der eigenen Courage.[16]

10 Siehe die Darstellung bei Fleischer in Fleischer/Koch/Schmolke, Gesellschaftsrecht im Spiegel großer Debatten, 2024, S. 71 ff. Auf ein Zitat der übrigen, zumeist eklektischen Beiträge kann hier verzichtet werden.

11 Zutreffend Koch, AktG § 76 Rn. 67 u. 73; v. Werder in Kremer/Bachmann/Favoccia/v. Werder, 9. Aufl. 2023, DCGK Präambel Rn. 20 ff.; s. dazu den Rechtsausschussbericht bei Kropff, AktG, 1965, S. 98: Jede Aktiengesellschaft, auch wenn ihre Tätigkeit auf die Erzielung eines Gewinns gerichtet sei, müsse sich in die Gesamtwirtschaft und in die Interessen der Allgemeinheit einfügen.

12 Vgl. nur Koch, AktG § 76 Rn. 66 u. 113; umfassende Nachweise bei Fest, AG 2023, 713, 718. Dass das Unternehmensinteresse nicht am Anfang der Debatte über die Zielfunktion der AG steht, sondern deren »Endpunkt« bildet (so J. Vetter, ZGR 2018, 338, 348), ist richtig, doch ist dieser Endpunkt eben erreicht.

13 Zum Ausdruck gelangt in § 71 Abs. 1 Nr. 8 AktG (Aktienrückerwerb) u. § 192 Abs. 2 Nr. 3 AktG (Stock Options), die manche als Beleg für eine Shareholder-Value-Orientierung des AktG bemühen.

14 Richtig Koch, AktG § 76 Rn. 72 ff.

15 Begr. des RegE zu § 76, Kropff, AktG 1965, S. 97: Vorstand »hat« die Belange der Arbeitnehmer und der Allgemeinheit zu berücksichtigen.

16 Exemplarisch J. Vetter, ZGR 2018, 338; die Inkonsequenz erkennend Harbarth, AG 2022, 633, 636: »mag inkonsequent anmuten«. Dass sich Shareholder- und Stakeholder-Ansatz

Zum Spiegelgefecht gerät die Debatte auch und vor allem deshalb, weil sie ohne Blick auf die Rechtsfolgen geführt wird. Wenn Vorstand oder Aufsichtsrat das Interesse der Anteilseigner oder dasjenige der sog. Stakeholder über Gebühr hintanstellen, hat das *soziale* und *ökonomische* Konsequenzen: Der Umsatz mag sich vergrößern oder verringern, der Aktienkurs sinken oder steigen, die Reputation beeinträchtigt oder gefördert werden, Arbeitsplätze geschaffen oder vernichtet werden etc. Diejenigen, die ermächtigt sind, daraus rechtliche Konsequenzen zu ziehen, sind allein die Shareholder. Nur Aktionäre können den Vorstand auf der Hauptversammlung kritisch befragen (vgl. § 131 AktG), Vorstandsmitgliedern das Vertrauen entziehen (vgl. § 84 Abs. 4 S. 2 AktG), Aufsichtsratsmitglieder abberufen (§ 103 Abs. 1 u. 2 AktG),[17] Vorstands- und Aufsichtsratsmitglieder entlasten bzw. ihnen die Entlastung versagen (vgl. § 120 AktG) oder Ansprüche gegen sie prüfen lassen (vgl. § 142 AktG) und ggfs. durchsetzen (vgl. §§ 147 f. AktG). Auch auf den Aktienkurs können unmittelbar allein die Aktionäre einwirken, indem sie Aktien kaufen oder verkaufen. Ob die Satzung ESG-freundlich ausgestaltet, Bilanzgewinn ausgeschüttet oder einbehalten, die Gesellschaft liquidiert oder das Vergütungssystem gebilligt wird – auch darüber entscheiden am Ende einzig und allein die Aktionäre.

Begrenzt ist diese »Shareholder-Only«-Struktur des deutschen AktG in zweierlei Hinsicht: In der Insolvenz entscheiden nicht (allein) die Aktionäre, sondern (auch) der Insolvenzverwalter über die Fortführung des Unternehmens und die Durchsetzung von Organhaftungsansprüchen (vgl. § 93 Abs. 5 AktG).[18] Die Frage: »Stakeholder- oder Shareholder-Ansatz?« wird dann obsolet, weil Bezugspunkt des Verwalter- und Geschäftsleiterhandelns das Gläubigerinteresse ist (vgl. § 43 Abs. 1 StaRUG). Mitspracherechte haben ferner die Arbeitnehmer, wenn die Gesellschaft der Mitbestimmung unterworfen ist. Solche Mitspracherechte fehlen anderen Stakeholdern, weshalb die entscheidende Frage nicht lautet, ob der Vorstand der werbenden Gesellschaft ihre Interessen einbeziehen darf oder muss, sondern ob Stakeholdern die zur Durchsetzung ihrer Belange erforderlichen Instrumente an die Hand zu geben sind.[19]

2. *Die engen Maschen der Legalitätspflicht*

Wer betont, dass es in Zeiten der ESG-Ägide für Unternehmensleiter nicht mehr ausreicht, lediglich die Gesetze einzuhalten, der übersieht, dass es jedenfalls in Deutschland und der EU ein dichtgewebtes Netz zwingender Normen gibt, das

im Gesetz »vermischen« (Harbarth ebd.), mag sein, taugt aber nicht als Argument, den Vorstand nicht zur Beachtung von Stakeholderbelangen für verpflichtet zu halten.

17 Die Befugnis des Gerichts, AR-Mitglieder abzuberufen (§ 103 Abs. 3 AktG), sei hier außen vor gelassen – den Antrag dazu können jedenfalls keine Stakeholder, sondern nur AR-Mitglieder stellen. Zur Mitbestimmung der Arbeitnehmer sogleich im Text.

18 Näher zur Verfassung der insolventen AG Bachmann in BeckOGK-AktG, Stand: 1.10.2025, § 264 Rn. 17 ff.

19 Bachmann, ZHR 187 (2023), 166, 178 f., 192 ff. (zur Möglichkeit einer institutionalisierten Stakeholder-Beteiligung); vertiefend Hoppmann in Soldo/Tokić/Ewerz, Markt als Paradigma, 2025, S. 327 ff.

ESG-Belangen ihre Beachtung sichert. Gelingt es dem Vorstand, das Unternehmen so zu organisieren, dass sämtliche dieser Normen stets und von allen befolgt werden (was keine leichte, vielleicht sogar eine unmögliche Aufgabe ist), ist für ESG vermutlich mehr getan als mit wohlfeilen Bekenntnissen zum Stakeholder-Engagement. Es ist hier nicht der Raum, diese Normen, deren Einhaltung durch ausdifferenzierte Sanktionsdrohungen und behördliche Überwachung abgestützt wird, aufzuführen. Einen guten, auch physischen Eindruck liefern Gesetzessammlungen aus den Bereichen E (Umweltschutz) und S (Soziales), die das »Ziegelstein«-Volumen bekannter Loseblattsammlungen mühelos erreichen oder sogar überschreiten.[20]

Nicht minder durchreguliert ist die Governance, die beileibe nicht nur durch die Vorgaben des AktG, sondern durch zahlreiche weitere (halb-)staatliche und private Regelwerke determiniert ist. Genannt seien neben dem DCGK und den praktisch mindestens ebenso wichtigen Richtlinien der Stimmrechtsberater die komplexen Regeln zur betrieblichen und unternehmerischen Mitbestimmung, die Regularien zu Daten- und Wettbewerbsschutz und zur Geldwäschebekämpfung, die stetig expandierenden Reporting-Pflichten, die kapitalmarktrechtlichen Anforderungen sowie, je nach Branche, die Vorgaben des jeweils einschlägigen Aufsichtsrechts. Da große Gesellschaften regelmäßig auf auswärtigen Märkten aktiv und/oder gelistet sind, kommt das Verständnis und ggfs. die Beachtung ausländischer und internationaler Normen hinzu.

Besondere Bedeutung hat in neuerer Zeit die Pflicht zur Einrichtung von Risikomanagementsystemen erlangt. Diese beschränken sich längst nicht mehr nur auf die Erkennung und Vermeidung von Risiken, welche den Bestand des Unternehmens gefährden können (sog. Frühwarnsystem, § 91 Abs. 2 AktG), sondern greifen bei börsennotierten Unternehmen und in »gefährlichen« Branchen weit darüber hinaus, indem sie die Implementierung umfassender Kontrollsysteme verlangen (vgl. nur § 91 Abs. 3 AktG sowie Grundsätze 4 u. 5 DCGK).

3. *Das Reich der Ermessensentscheidungen*

Jenseits der Legalitätspflicht beginnt der Ermessensbereich. Er schrumpft in dem Maße, in dem unternehmerisches Handeln verrechtlicht wird. Die philosophische Frage, wieviel »Kolonialisierung von Lebenswelten« (Habermas) wünschenswert ist, kann hier nicht diskutiert werden.[21] Klar ist, dass Verrechtlichung ein zweischneidiges Schwert ist: Sie verschafft Rechtssicherheit (wenn die Regeln klar sind und ihre Einhaltung planbar ist) und schützt Interessen, die mangels (Markt-)Macht ihrer Träger andernfalls nicht zum Tragen kämen. Kehrseite sind die Einengung von Handlungsspielräumen und die allseits beklagte Bürokratie, die sich volkswirtschaftlich in teils erheblichen Transaktions- bzw. Opportunitätskosten niederschlägt.

20 Etwa die roten Loseblattsammlungen »Umweltschutz« (Hrsg. Kloepfer) und »Arbeitsrecht« (Hrsg. C.H. Beck).
21 Angeschnitten bei Bachmann, Private Ordnung, 2006, S. 45 m.w.N.

Was den verbleibenden Entscheidungsraum betrifft, wird dieser vielfach undifferenziert der BJR zugeschlagen. Das ist zu grob. Die BJR schützt lediglich »unternehmerische« Entscheidungen, also solche, bei denen es ökonomisch erwünscht ist, dass der Entscheider ins Risiko geht. Sonstige Entscheidungen, die nicht rechtlich vorbestimmt sind, können ebenfalls die Ausübung schutzwürdigen Ermessens beinhalten, doch ist dieser Spielraum jenseits der BJR anzusiedeln und je nach Sachlage enger oder weiter zu fassen.[22] Fehler bei der Rechtsanwendung sind im Rahmen des Verschuldens zu würdigen.[23]

III. Vorschläge zur Berücksichtigung von ESG im Aktienrecht

Im Rahmen der ESG-Debatte wurden in den letzten Jahren verschiedentlich Vorschläge unterbreitet, die Vorstand und Aufsichtsrat dazu verpflichten wollen, bei ihren Entscheidungen nicht nur das Wohl der Gesellschaft, sondern auch Umwelt- und Gemeinwohlbelange einzubeziehen.[24] Bewirkt werden soll das durch eine Verschärfung der BJR und/oder durch Kodifizierung des »Unternehmensinteresses«.

1. Verschärfung der BJR

a) Die Vorschläge

Der Sustainable Finance Beirat (SFB) der vorigen Bundesregierung unterbreitete »im Hinblick auf Nachhaltigkeitsaspekte und Stakeholder-Erwartungen« den Vorschlag, § 93 Abs. 1 S. 2 AktG dergestalt zu ergänzen, dass der Vorstand »nur nach angemessener Identifizierung und Abschätzung ökologischer und sozialer Nachhaltigkeitsrisiken« in den Schutz des sicheren Hafens der BJR gelangen soll.[25] Nach der Vorstellung des SFB handelt es sich dabei um eine »Klarstellung«.

In eine ähnliche Richtung zielt ein von der VGR-Arbeitsgruppe zur Aktienrechtsreform diskutierter Vorschlag.[26] Er möchte die Pflichtenbindung des Vorstands bei

22 Vgl. nur Bachmann, WM 2015, 105, 107.

23 Koch, AktG § 93 Rn. 79; a.A. (BJR) Sagan in Festschrift für Dauner-Lieb, 2025, S. 1219, 1233.

24 Ausgeblendet bleibt hier die bereits Gesetz gewordene Vorgabe, bei börsennotierten AGs die Vergütungsstruktur »auf eine nachhaltige und langfristige Entwicklung der Gesellschaft auszurichten« (§ 87 Abs. 1 S. 2 AktG).

25 Sustainable Finance Beirat, Shifting the Trillions, 2021, S. 96.

26 Habersack/J. Vetter/Bergmann in VGR, Reformbedarf im Aktienrecht, 2024, Rn. 2.16 ff.; ähnlich Fest, AG 2023, 713 Rn. 25: »Eine Pflichtverletzung liegt nicht vor, wenn das Vorstandsmitglied bei einer unternehmerischen Entscheidung *die kurz-, mittel- und langfristigen Folgen für Nachhaltigkeitsaspekte berücksichtigt hat und* vernünftigerweise annehmen durfte, auf Grundlage angemessener Informationen zum Wohle der Gesellschaft zu handeln«.

der Vorbereitung unternehmerischer Entscheidungen durch folgende Ergänzung von § 93 Abs. 1 S. 2 AktG »präzisieren« (Ergänzung kursiv): »Eine Pflichtverletzung liegt nicht vor, wenn das Vorstandsmitglied bei einer unternehmerischen Entscheidung vernünftigerweise annehmen durfte, auf der Grundlage angemessener Informationen, *die auch die Auswirkungen der Entscheidungsoptionen auf Umwelt- und sonstige Gemeinwohlbelange umfassen*, zum Wohle der Gesellschaft zu handeln.«

Die Proponenten des VGR-Vorschlags begründen die Ergänzung damit, dass der Vorstand zwar nicht verpflichtet sei, Gemeinwohlbelange zu verfolgen, sehr wohl aber die Auswirkungen seiner Entscheidungen auf Gemeinwohlbelange, insbesondere die Auswirkungen auf Klima- und sonstige Umweltbelange, im Rahmen seines Entscheidungsprozesses mitbedenken müsse. Dies erfordere, dass er bei der Vorbereitung seiner Entscheidung auch diese Belange analysiere. § 93 Abs. 1 Satz 2 AktG beschränke sich nicht auf eine Haftungsprivilegierung, sondern stelle zugleich die Kriterien für gute Entscheidungsfindungen auf. Um insoweit die Qualität aktienrechtlicher Entscheidungsfindungen zu verbessern und dem Vorstand seine Aufgabe klar vor Augen zu führen, biete sich eine entsprechende Präzisierung in § 93 Abs. 1 Satz 2 AktG an.

b) Stellungnahme

Der Vorschlag des SFB wurde weder von der alten noch von der neuen Bundesregierung aufgegriffen. Der Deutsche Juristentag (DJT) sprach sich 2024 explizit gegen eine entsprechende Ergänzung von § 93 Abs. 1 S. 2 AktG aus.[27] Auch der innerhalb der VGR diskutierte Vorschlag fand in der Arbeitsgruppe am Ende keine Mehrheit.[28]

Die Ablehnung des Vorschlags überzeugt.[29] Er soll nach dem Willen der Vorschlagenden nur eine »Präzisierung« bzw. »Klarstellung« bewirken. Insoweit ist die Ergänzung von § 93 Abs. 1 S. 2 AktG überflüssig. Dass der Vorstand alle – also auch ökologische und soziale – Risiken in sein wirtschaftliches Kalkül einzubeziehen hat, ist eine Selbstverständlichkeit und muss nicht ins Gesetz geschrieben werden. Eine derartige Formulierung würde allenfalls Missverständnisse (insbes. in Gestalt falscher Umkehrschlüsse) provozieren. Es bestünde die Gefahr, dass die Pflicht zur angemessenen Mitberücksichtigung zu einem Vorrang von Gemeinwohlbelangen gegenüber berechtigten wirtschaftlichen Unternehmensbelangen führt. Diese Sorge veranlasste den Gesetzgeber von 1965, von einer expliziten Verpflichtung des Vorstands zur

27 Die (negative) Beschlussvorlage lautete: »§§ 76 Abs. 1 und 93 Abs. 1 S. 2 AktG sollten nicht um prozedurale Pflichten zur (ergebnisoffenen) Berücksichtigung von Klimabelangen (und sonstigen Umwelt und Gemeinwohlbelangen) ergänzt werden«. Sie wurde mit 75:18:8 Stimmen angenommen.

28 Vgl. Habersack/J. Vetter/Bergmann in VGR, Reformbedarf im Aktienrecht, 2024, Rn. 2.20; explizit ablehnend Bachmann/Goette, ebd., Rn. 11.9.

29 Bachmann, ZHR 187 (2023), 166, 200 f.; Koch, AktG § 76 Rn. 85; vom Standpunkt eines Shareholder-Value-Ansatzes auch Beneke/Heidel/Lochner, AG 2024, 528, 529 f.

Berücksichtigung von Gemeinwohlbelangen Abstand zu nehmen.[30] Daran hat sich seither nichts geändert.

Abgesehen davon besteht die Funktion des § 93 Abs. 1 S. 2 AktG entgegen einer verbreiteten Lesart nicht darin, Grundsätze guter Entscheidungsfindung vorzugeben (diese bestehen auch außerhalb der BJR), sondern darin, dem Vorstand einen besonderen Handlungsfreiraum zu sichern. Schließlich und entscheidend ist ein einklagbarer Schaden der Gesellschaft bei einer Vernachlässigung von Gemeinbelangen praktisch kaum darstellbar.[31] Die Regelung liefe damit ohnehin ins Leere.

2. *Kodifizierung des Unternehmensinteresses*

a) Die Vorschläge

In ESG-Zeiten (wieder) in Mode gekommen ist das sog. Unternehmensinteresse. Verschiedene Autoren und Gruppen haben sich dafür stark gemacht, es als Leitschnur des Organhandelns im AktG zu verankern, um so den Gedanken der sozialen und ökologischen Verantwortung zu stärken.[32] Vom Wortlaut her variieren die Vorschläge,[33] doch zielen sie in dieselbe Richtung und wirken ähnlich wie die Ergänzung der BJR: Weil das Unternehmensinteresse die Leitschnur für das Handeln der Organmitglieder bildet, würden Vorstand und Aufsichtsrat bei einer entsprechenden Normierung explizit dazu angehalten, ökologische und soziale Kriterien bei ihrer Entscheidungsfindung mit zu berücksichtigen; umgekehrt könnte ihnen eine solche Berücksichtigung nicht zum Nachteil gereichen.

b) Stellungnahme

Auf den ersten Blick wirken die Vorschläge sympathisch: Warum nicht ein Leitbild in das Gesetz schreiben, das ungeschrieben bereits gilt, und so dem Vorstand Anreiz geben, losgelöst vom erbarmungslosen Gewinnstreben und frei von Haftungssorgen

30 Vgl. Kropff, AktG, 1965, S. 97.

31 Vgl. Fest, AG 2023, 713 Rn. 26 f.

32 So etwa Habersack/J. Vetter/Bergmann in VGR, Reformbedarf im Aktienrecht, 2024, Rn. 2.15; SFB, Shifting the Trillions, 2021, S. 96; Schubert, Das Unternehmensinteresse, 2020, S. 210 ff., 220 (These 24); Mittwoch, Nachhaltigkeit im Unternehmensrecht, 2022, S. 360 (im Anschluss an Sjåfjell, 18 ECFR (2021) 190, 210 ff.); aus internationaler Perspektive Sjåfjell/Mähönen, 11 ECL (2014) 58; unspezifisch Hübner/Habrich/Weller, NZG 2022, 644, 650: Gesetzgeber müsse sich mit dem Unternehmensinteresse »näher beschäftigen«.

33 Vgl. etwa Habersack/J. Vetter/Bergmann in VGR, Reformbedarf im Aktienrecht, 2024, Rn. 2.15: »im langfristigen Interesse des Unternehmens unter angemessener Berücksichtigung von Umwelt- und Gemeinwohlbelangen«; SFB S. 96: »im langfristigen Interesse des Unternehmens unter angemessener Berücksichtigung von Nachhaltigkeitszielen«; Mittwoch, Nachhaltigkeit im Unternehmensrecht, S. 381: »auf eine nachhaltige Wertschöpfung innerhalb der planetaren Grenzen ausgerichtet«.

Gemeinwohlinteressen Beachtung zu schenken? Näheres Hinsehen zeigt, dass die Vorschläge keine Gefolgschaft verdienen.[34]

Zunächst offenbaren die Vorschläge eine gewisse (Rechts-)Geschichtsvergessenheit. In der Vergangenheit hatte sich bereits einmal eine Expertenkommission intensiv mit dem »Unternehmensinteresse« und der Frage, ob dieses in das AktG aufgenommen werden sollte, beschäftigt. Es war die 1972 vom Bundesministerium der Justiz eingesetzte »Unternehmensrechtskommission«, der – im Unterschied zum »Sustainable Finance Beirat« unserer Tage – namhafte Experten des Aktienrechts angehörten.[35] Die Kommission sah von einem entsprechenden Vorschlag ab, weil über die Frage, was unter dem »Unternehmensinteresse« zu verstehen und wie seine Wirkweise sei, kein Einvernehmen erzielt werden konnte. Dabei wurden nicht weniger als sieben (!) verschiedene Modelle eines »Unternehmensinteresses« diskutiert.[36] Mahnt allein dies schon zur Zurückhaltung, so muss die damalige Debatte jedenfalls sorgfältig rekapituliert werden, bevor unreflektiert Vorschläge zur Kodifizierung des »Unternehmensinteresses« in die politische Arena geworfen werden.

Die damalige Diskussion, die im Banne der Mitbestimmungsdebatte stand (und vom Erlass des MitbestG 1976 teilweise überholt wurde), fokussierte auf Arbeitnehmerbelange. Das »S« (Social) hat sich seither zur Berücksichtigung von Menschenrechten verschoben und das »E« (Environment) ist in Gestalt des Klimaschutzes in den Vordergrund gerückt. Das Grundproblem ist jedoch dasselbe geblieben: Die Figur des Unternehmensinteresses ist viel zu unscharf, als dass sich damit juristisch operieren ließe.[37] Daran ändert der Versuch einer nachhaltigkeitsorientierten Definition nichts. Dass der Vorstand einer AG sich um eine »nachhaltige Wertschöpfung« zu bemühen hat, muss Vorständen, Investoren und Richtern nicht vor Augen geführt werden. Es steht in jedem AktG-Kommentar, entspricht Erwartungen institutioneller

34 Bachmann in VGR, Reformbedarf im Aktienrecht, 2024, Rn. 7.8. Ablehnend auch M. Weller, Gutachten F für den 74. DJT, F 92 f.; Bachmann, NJW 2024, 2734; hierzu und zum Nachfolgenden i.Ü. schon Bachmann, ZHR 187 (2023), 166, 181 ff.; nachfolgend Fleischer, DB 2024, 2410, 2413; Schockenhoff, AG 2024, 597 Rn. 8; Koch, AktG § 76 Rn. 76: »bringt neue juristische Fallstricke und in jedem Fall zusätzlichen Beratungsbedarf mit sich«.

35 Etwa die Professoren Lutter und Th. Raiser sowie der seinerzeitige Vizepräsident des BGH Stimpel (Auflistung aller Mitglieder in BMJ, Bericht über die Verhandlungen der Unternehmensrechtskommission, 1980 (nachfolgend: URK-Bericht), Rdn. 39 ff.).

36 Vgl. URK-Bericht (Fn. 35), Rn. 132 ff. Siehe auch die seinerzeit entstandenen Dissertationen von Großmann, Unternehmensziele im Aktienrecht, 1981; Brinkmann, Unternehmensinteresse und Unternehmensrechtsstruktur, 1982 und Jürgenmeyer, Das Unternehmensinteresse, 1984 und dazu die Rezension von Teubner, ZHR 148 (1985), 470. Aus neuerer Zeit Krämer, Das Unternehmensinteresse als Verhaltensmaxime der Leitungsorgane einer Aktiengesellschaft im Rahmen der Organhaftung, 2002; zuletzt Ph. Haubold, Die Normierung der Unternehmensziele der Aktiengesellschaft im Lichte der Nachhaltigkeit, 2024.

37 Deutlich bereits Birke, Das Formalziel der Aktiengesellschaft, 2005, S. 198, der von einer »Leerformel« bzw. einem »Phantom« spricht; s. auch Ekkenga/Schirrmacher/Schneider, NJW 2021, 1509 Rn. 14: »nichtjustiziabel – und damit haftungsfrei«.

Investoren und Stimmrechtsberater und ergibt sich obendrein aus dem DCGK (vgl. Präambel Abs. 1).

Entscheidend ist, was oben bereits zum Stakeholder-Ansatz ausgeführt wurde: Ohne Sanktionen (Haftung, Verlust von Boni, Abberufung, Versagung der Entlastung etc.) wegen Verfehlung bestimmter Ziele ist keine verhaltenssteuernde Wirkung zu erwarten. Wer wirklich dafür sorgen will, dass die Belange Dritter (Stakeholder) von den Entscheidungsträgern in der AG berücksichtigt werden, muss diesen »voice« in Gestalt einklagbarer (Mitgliedschafts-)Rechte verschaffen. So weit geht jedoch niemand, weil befürchtet wird, damit die »Büchse der Pandora« zu öffnen.[38] Einzig den Arbeitnehmern billigt das (deutsche) Mitbestimmungsrecht Partizipationsmöglichkeiten zu, und selbst dies stößt international auf wenig Gegenliebe.

Wer mehr bewegen will, muss also entweder beim Außenrecht ansetzen (Muster: LkSG), dessen Anforderungen per Bußgeld oder behördliche Auflage auch dann durchgesetzt werden können, wenn der Gesellschaft (wie zumeist im ESG-Bereich) kein bezifferbarer Schaden entstanden ist bzw. kein Gesellschafter gegen die Leitung vorgeht. Oder Stakeholder-Interessen müssen rechtlich internalisiert werden, wobei in Kauf zu nehmen ist, dass damit Sand in das Getriebe der Korporation gestreut und so ihre Funktion als Risikokapitalpumpe gestört wird. Mit frommen Appellen, sie mögen innerhalb oder außerhalb des AktG erhoben werden, ist Stakeholdern jedenfalls nicht gedient.

IV. Brauchen wir eine Social Judgement Rule?

Während die bis hierhin diskutierten Vorschläge den Spielraum für Unternehmensleiter verengen wollen, möchten die nunmehr zu erörternden Anregungen ihn erweitern. Was ist davon zu halten?

1. *Die Vorschläge zur Erweiterung von § 93 Abs. 1 S. 2 AktG*

a) Der Vorschlag von Bündnis 90/Die Grünen

Ein heute z.T. wieder aufgegriffener Vorschlag, § 93 Abs. 1 AktG um einen dritten, ESG-bezogenen Satz zu ergänzen, wurde im Jahr 2012 von der Bundestagsfraktion Bündnis 90/Die Grünen unterbreitet.[39] Der einzufügende Satz sollte lauten:

> *»Eine Pflichtverletzung liegt zudem nicht vor, wenn das Vorstandsmitglied eine unternehmerische Entscheidung auf Grundlage menschenrechtlicher, sozialer oder ökologischer Standards getroffen hat, zu deren Einhaltung sich die Bundesrepublik Deutschland völkerrechtlich verpflichtet hat«.*

38 Vgl. Fleischer in Fleischer/Kalss/Vogt, Corporate Social Responsibility, 2018, S. 1, 12. Siehe jetzt aber Hoppmann in Soldo/Tokić/Ewerz, Markt als Paradigma, 2025, S. 327 ff.

39 BT-Drucks. 17/11686 (Hervorhebung hinzugefügt); in jüngerer Zeit u.a. referiert bei Mittwoch, Nachhaltigkeit im Unternehmensrecht, 2022, S. 355 f.

Dabei sollte es genügen, wenn das Vorstandsmitglied »vernünftigerweise annehmen konnte«, dass sich durch sein Handeln Verbesserungen der menschenrechtlichen, sozialen oder ökologischen Gesamtsituation im Umfeld des Unternehmens, »auch seiner Zulieferbetriebe«, ergeben.[40]

Der Vorschlag sollte den Vorstand zur Berücksichtigung von ESG-Belangen ermuntern. Getragen war dies von der Überlegung, dass eine ethisch ausgerichtete Entscheidung eines Vorstandsmitgliedes positive Auswirkungen auf das Gesellschaftsvermögen zur Folge haben müsse, »andernfalls könnte sich daraus eine Haftung gemäß § 93 Absatz 2 Satz 1 AktG ergeben«.[41] Dies laufe den Bestrebungen für ein nachhaltiges, also an menschenrechtlichen, sozialen und ökologischen Standards ausgerichtetem Wirtschaften zuwider. Rechte der Menschen, die auf unterschiedlichen Ebenen – »auch in der Zulieferkette« – weltweit für die Aktiengesellschaft tätig sind, müssten geschützt und diese Tendenz, dafür im Unternehmen einzutreten, durch eine klarstellende Ergänzung des § 93 Absatz 1 AktG deutlich gemacht werden.

b) Der Vorschlag von Fink/Oswald

An diese Überlegungen knüpft der 2025 von Fink und Oswald unterbreitete Vorschlag einer sog. Social Judgement Rule an. Wie Bündnis 90/Die Grünen wollen die Autoren erreichen, »dass der Handlungsspielraum der Unternehmensleitung erweitert und nicht beschränkt wird«.[42] Durch die partielle Entkoppelung vom Ziel der Gewinnverfolgung soll der Vorstand ermuntert werden, sich für ESG-Belange einzusetzen, ohne das Schwert der Organhaftung fürchten zu müssen. Die vorgeschlagene Ergänzung von § 93 Abs. 1 AktG um einen neuen Satz lautet (Hervorhebung von mir):

»Eine Pflichtverletzung liegt auch dann nicht vor, wenn bei einer unternehmerischen Entscheidung das Vorstandsmitglied davon ausgehen durfte, *angemessen zur Achtung und Förderung sozialer Anliegen, insbesondere der Wahrung von Menschenrechten, der ethischen Nutzung von Technologien oder dem Erhalt der Umwelt und des Klimas, beizutragen*, und die dauerhafte Rentabilität des Unternehmens durch diese Entscheidung nicht beeinträchtigt wird«.

2. *Stellungnahme*

Sowohl Bündnis 90/Die Grünen als auch Fink/Oswald begreifen ihren Vorschlag als »Klarstellung«.[43] Das ist insofern überraschend, als jedenfalls der Grünen-Vorschlag davon ausgeht, dass der Vorstand ohne eine entsprechende Ergänzung gar nicht befugt sei, ethische Belange zu Lasten des wirtschaftlichen Ertrags zu fördern. Das

40 BT-Drucks. 17/11686, S. 5.
41 BT-Drucks. 17/11686, S. 4.
42 Fink/Oswald, ZJS 2025, 15, 36.
43 Vgl. BT-Drucks. 17/11686, S. 5; Fink/Oswald, ZJS 2025, 15, 34.

»Unternehmensinteresse« als weithin akzeptierte Richtschnur des Organhandelns erlaubt es aber, wie oben gezeigt, Gemeinwohlinteressen auch dann zu beherzigen, wenn dies zur Gewinnschmälerung führt. Selbstverständliche Grenze ist die »dauerhafte Rentabilität« des Unternehmens (soweit die Satzung nichts anderes vorgibt), was der Vorschlag von Fink und Oswald explizit ausspricht, stillschweigend aber auch dem Grünen-Vorschlag zugrunde liegt.

Die eigentliche Wirkung der Ergänzung besteht nach alledem nicht darin, dem Vorstand etwas zu erlauben, was er nicht jetzt schon dürfte, sondern darin, ihm bei der Berücksichtigung von Allgemeinwohlbelangen Rechtssicherheit zu verschaffen und ihn so anzureizen, mutiger für ESG-Belange einzutreten.[44]

a) Die vermeintliche Schwächung der BJR

Der Vorschlag einer SJR ist vor dem Hintergrund der – in der Debatte um das europäische Lieferkettenregime (CSDDD) wiederholt artikulierten – Sorge zu würdigen, dass zunehmende ESG-Anforderungen zu einer Verengung der BJR und damit zu einer Haftungsverschärfung für Organmitglieder führten. Die vom Vorstand im Rahmen der BJR zu leistende Abwägung, so liest man, würde an Komplexität »deutlich zunehmen«,[45] ja zur »schier unlösbaren Aufgabe« werden.[46] Für die Anwendung der haftungsbefreienden BJR bleibe dabei »nicht mehr viel Platz«.[47]

Was beim ersten Lesen plausibel klingt, erweist sich auf den zweiten Blick als wenig fundiert.[48] Dass der Vorstand Stakeholder-Belange und die damit für das Unternehmen verbundenen Risiken (z.B. Reputationsverluste) in seine Entscheidungsfindung einzubeziehen hat, ist nichts Neues und wird durch CSR-bezogene Berichtspflichten nicht begründet, sondern nur bestätigt.[49] Zwar mag es sein, dass diese Abwägung aufgrund des gewandelten normativen Umfelds und neuer Berichtspflichten arbeitsintensiver geworden ist. Ihre Struktur ist jedoch unverändert geblieben: Chancen und Risiken einer unternehmerischen Entscheidung (z.B. sich für »braunen« oder »grünen« Strom, für oder gegen Plastikverpackungen etc. zu entscheiden) sind zu

44 Fink/Oswald, ZJS 2025, 15, 35 ff.; mit gleicher Stoßrichtung (»Sicherheitspolster für den Vorstand«) J. Vetter, ZGR 2018, 338, 346 ff.

45 Dörrwächter, NZG 2022, 1083, 1092; Birkholz, DB 2022, 1306, 1313.

46 Schmidt, NZG 2022, 481.

47 Birkholz, DB 2022, 1306, 1313; ähnlich Siepelt in Festschrift für Dauner-Lieb, 2025, S. 497 (»Luft für eine freie Entscheidungsfindung wird buchstäblich dünner«); Burchardi, NZG 2022, 1467, 1473; Bauer/Blach/Mayer/Morschhäuser, ZIP 2022, 1740, 1744 (»engt den aus der BJR stammenden Handlungsspielraum und den damit einhergehenden Haftungsfreiraum ein«); »Haftungspotenzial« erkennend auch Ruttloff/Rothenburg/Hahn, DB 2022, 1116, 1123. Nur referierend Poelzig in Festschrift für Dauner-Lieb, 2025, S. 1181, 1194 (»abwarten, wie sich die Debatte weiter entwickeln wird«).

48 Zum Folgenden schon Bachmann, ZHR 187 (2023), 166, 199 ff.; ferner König, NZG 2022, 1181, 1191, 1192; Steuer, ZIP 2023, 13, 25: praktische Konsequenzen »halten sich doch eher in Grenzen«.

49 Besorgter Ekkenga, ZHR 187 (2023), 228, 244 ff., der einen Zug zur Planwirtschaft sieht.

ermitteln und gegeneinander abzuwägen, wobei der Vorstand unverändert einen großen Entscheidungsspielraum genießt.[50] Organhaftung setzt zudem einen Schaden der Gesellschaft voraus.[51] Bei unternehmerischen Entscheidungen greift sie deshalb nur, wenn die offensichtlich (!) falsche Gewichtung von ESG-Belangen nachweisbar (!) die Verringerung des AG-Vermögens verursacht hat. Ein solcher Fall ist in Deutschland bisher weder vorgekommen noch zu erwarten.

Ungeachtet dessen wird im jüngeren Schrifttum eine ESG-induzierte Schwächung der BJR diagnostiziert. Dafür werden drei Ursachen genannt: Zum ersten neue Rechtspflichten zur Achtung von ESG-Belangen, namentlich in Gestalt des LkSG, zum zweiten verschärfte Compliance- und Überwachungsanforderungen, insbesondere mit Bezug auf bestandsgefährdende Risiken, und schließlich erhöhte Rechtfertigungsanforderungen, die aus Selbstverpflichtungen der Unternehmen zur Beachtung von ESG-Belangen resultierten.[52]

Hierzu ist Folgendes zu sagen: In der Tat schrumpft das Reich der BJR in dem Maße, in dem Rechtspflichten ausgeweitet werden. Dies ist aber keine ESG-Besonderheit, sondern logische Konsequenz des Umstandes, dass die BJR im Bereich der Legalitätspflicht keine Anwendung findet. Soweit neue Rechtspflichten (namentlich des LkSG) den Vorstand nicht zwingen, das Gesellschaftswohl dem Wohl Dritter oder der Allgemeinheit unterzuordnen (was nicht der Fall ist), bleibt ihm der unternehmerische Spielraum, den die BJR absichert, erhalten. Die Pflicht zum Risikomanagement und zur Compliance wächst in dem Maße, in dem sich ESG-Kriterien zum Risiko für das Geschäftsmodell entwickeln. Dass der Vorstand gehalten ist, Risikomanagement und Compliance zu betreiben und dabei auch solche Risiken in den Blick zu nehmen, die mittelbar (Bußgelder, Nachfragerückgang) das Unternehmen bedrohen, ist wiederum nicht neu (vgl. § 91 Abs. 2 u. 3 AktG). ESG-freundliche Selbstverpflichtungen mögen moralischen Rechtfertigungsdruck auslösen, verändern aber nicht die Parameter der BJR.[53]

Auch veränderte Markterwartungen (Kunden, Investoren), die vermeintlich auf »mehr ESG« zielen, verengen nicht den Spielraum der BJR.[54] Markterwartungen muss der Vorstand seit eh und je »einpreisen«. Wenn Kunden lieber »grüne« statt »schmutzige« Produkte kaufen, ist das im Kern nichts anderes, als wenn sie grüne statt braun lackierte Fahrzeuge wünschen – der Vorstand hat das Angebot entsprechend

50 Vgl. zuletzt Redeke, AG 2025, 257 (gegen ein »Optimierungsgebot«).

51 Betont BGH, 10.07.2018, II ZR 24/17, BGHZ 219, 193 Rn. 44: Organhaftung habe keine Straffunktion.

52 Kuntz in Kuntz, Research Handbook on Environmental, Social and Corporate Governance, 2024, S. 67, 77 ff.

53 Dies zugestehend Kuntz in Kuntz, Research Handbook on Environmental, Social and Corporate Governance, 2024, S. 67, 87: Vorstand könne Shareholder-Interessen vor ESG-Selbstverpflichtung stellen, »without violating the BJR«. Wenn Kuntz eine Verletzung des good-faith-requirements der BJR andeutet, passt das jedenfalls nicht für Deutschland, denn »Gutgläubigkeit« ist (trotz gegenteiliger Behauptungen im Schrifttum) für die Anwendung von § 93 Abs. 1 S. 2 AktG bedeutungslos.

54 So aber Harbarth in Festschrift für Ebke, 2021, S. 307, 323.

anzupassen. Dabei genießt er großen Freiraum, darf insbesondere einbeziehen, dass Kundenwünsche volatil sind und am Ende womöglich doch der Geldbeutel oder die Rendite entscheidet.[55] Die einzuholenden Informationen mögen umfangreich sein, wenn es um die Transformation des Geschäftsmodells geht.[56] Auch das war aber immer schon so.

Insgesamt stellt »ESG« den Vorstand also nicht vor völlig neue Herausforderungen, sondern ist nur Teil der sich wandelnden rechtlichen und marktlichen Rahmenbedingungen, die seit eh und je bei unternehmerischen Entscheidungen zu würdigen sind. ESG mag dem Vorstand mehr Arbeit bescheren – neue Pflichten kreiert es aus sich heraus nicht.

b) Kein Bedarf für eine Social Judgement Rule

Es bleibt die Frage, ob gleichwohl eine SJR geschaffen werden sollte, um den Vorstand zu mehr ESG-Aktivitäten anzureizen. Der Grünen-Vorschlag ist insoweit überholt, als er darauf zielte, eine Art Lieferkettensorgfalt durch die Hintertür zu installieren, denn Aktiengesellschaften (und mittelbar Vorstände) werden heute durch das LkSG (und möglicherweise künftig durch eine CSDDD) direkt zur menschenrechts- und umweltfreundlichen Organisation angehalten.

Der Vorstand einer deutschen AG muss auch nicht befürchten, ohne SJR in die Haftung genommen zu werden, weil eine ESG-dienliche unternehmerische Entscheidung den Gewinn schmälert. Erstens wird eine entsprechende Vermögenseinbuße praktisch nicht messbar, jedenfalls aber leicht durch Reputationsgewinne aufzuwiegen sein. Zweitens wird ein ESG-freundlicher Vorstand mit oder ohne SJR niemals die Gewinnerwartungen der Anleger aus den Augen verlieren, weil diese am Ende über sein Wohlergehen (Entlastung, Vergütung, Wiederbestellung, Lob oder Tadel auf der HV) und über die (Re-)Finanzierungsfähigkeit der Gesellschaft befinden. Und schließlich schützt schon der bestehende § 93 Abs. 1 S. 2 AktG vor einer Pflichtverletzung, wenn der Vorstand seine Entscheidung nur vernünftig begründet, wofür ihm der Berichtskatalog des § 289c HGB die nötige Rückendeckung liefert.[57] So

55 Kritisch zur vermeintlich »grünen« Präferenz institutioneller Anleger deshalb Jochmann, Institutionelle Investoren und Nachhaltigkeit, Diss. HU Berlin 2025 (mit empirischer und ökonomischer Analyse). Aktienrechtliche Kritik am Einfluss institutioneller Investoren als vermeintliche »Heilsbringer des Gemeinwohls« bei Ekkenga in Festschrift für Cahn, 2024, S. 71, 81 ff.

56 Ekkenga in Festschrift für Cahn, 2024, S. 71, 82; Harbarth in Festschrift für Ebke, 2021, S. 307, 323.

57 Vgl. Harbarth, ZGR 2018, 379, 391: »Was unter § 289c HGB subsumiert werden kann, dürfte damit zugleich einen legitimen Gemeinwohlaspekt darstellen, der seinerseits wieder in die Feststellung des spezifischen Unternehmensinteresses einer AG einfließen kann«; Weißhaupt, BB 2024, Heft 38, I (»verschafft einen wohl dokumentierten Fundus von Abwägungsaspekten«).

gesehen wird der Spielraum der BJR durch ESG-Belange nicht verengt, sondern eher erweitert.[58]

Wegen der reputationsfördernden Wirkung gemeinwohlfördernder Maßnahmen sind am Ende nur solche Fälle problematisch, wo der Vorstand die Gewinninteressen so radikal zurückstellt (z.B. dauerhaftes Fortführen eines hochdefizitären, sanierungsunfähigen Betriebs), dass sie auch durch Reputationsgewinne nicht aufgewogen werden können, oder wo er die Maßnahme nicht publik macht (z.B. heimliche Beihilfe für schwer erkrankten Arbeitnehmer).[59] Ersteres dürfte aus dem genannten Grund (Investorendruck) nicht vorkommen, letzteres sich auf singuläre Situationen beschränken, die keinen Kläger auf den Plan rufen, jedenfalls kein deutsches Gericht zu einer Verurteilung motivieren werden.

Erwärmt man sich dennoch für den Vorschlag einer SJR, sollte in deren Tatbestand auf das Wort »angemessen« verzichtet werden. Es nimmt der Regel eben jene Rechtssicherheit, für die sie eigentlich sorgen soll. Wann nämlich eine gewinnschmälernde Maßnahme zur »angemessenen« Wahrung von Menschenrechten, zur ethischen Nutzung von Technologien oder zum Erhalt der Umwelt und des Klimas beiträgt, darüber lässt sich füglich streiten. Zweifellos »angemessen« ist sie, wenn damit gesetzliche Vorgaben (z.B. des LkSG oder der KI-Verordnung) erfüllt werden – doch dann ist sie kraft Legalitätspflicht ohnehin geboten.

Am Ende demonstriert das Merkmal »angemessen« das Dilemma einer SJR: Nimmt man nur »angemessene« ESG-Entscheidungen unter ihren Schirm, muss der Vorstand fürchten, am Ende »zu viel« ESG betrieben zu haben und doch verantwortlich gemacht zu werden. Verzichtet man auf das Merkmal, öffnen sich die Schleusen, und ein benevolenter Vorstand kann nach Belieben Wohltätigkeit auf Kosten anderer betreiben. Insgesamt erscheint es vorzugswürdig, von einer SJR abzusehen und stattdessen die BJR so zu lesen, dass das dort erwähnte »Wohl der Gesellschaft« das Wohl ihrer Stakeholder einbezieht.

V. Fazit: Die Grenzen des Gesellschaftsrechts

In den Wogen, die ESG aufwühlt, hat sich der Jubilar als Fels in der Brandung erwiesen. Gegen Stimmen, die mit Verve für ein »grünes« Unternehmensrecht streiten, stellt er die nüchterne, juristisch-ökonomische Analyse. Wer Kapital in nachhaltige Unternehmen lenken möchte, möge nach der Maxime verfahren: »Innehalten, Rechtstatsachen erheben, weitere (rechts-)empirische Forschungen abwarten und vor allem: handwerklich und methodologisch einwandfreie Regelwerke schaffen, die es dem fachkundigen Juristen erlauben, das Reglement auch praktisch handhabbar zu

58 Weißhaupt, BB 2024, Heft 38, I; ders., ZHR 185 (2021), 91, 120; kritisch Ekkenga/Schirrmacher/Schneider, NJW 2021, 1509 Rn. 14 u. 16: »konturlose Aufweichung des Managementfreiraums«; Ekkenga, WM 2020, 1664, 1666.

59 Zweites Beispiel nach J. Vetter, ZGR 2018, 338, 346.

machen«.[60] Formeln, die nur das festschreiben, was ohnehin gilt, aber nicht justiziabel ist (»Unternehmensinteresse«), oder die das in Transformationszeiten dringender denn je gefragte unternehmerische Ermessen (BJR) beschneiden wollen, werden dieser Maxime nicht gerecht. Ernsthafter zu erwägen ist eine Social Judgement Rule, die das Ermessen des Vorstands nicht begrenzt, sondern erweitert. Weil auch diese am Ende mehr Fragen aufwirft, als sie Nutzen stiftet, lautet das hiesige Plädoyer, auch darauf besser zu verzichten.

60 Ekkenga/Schirrmacher/Schneider, NJW 2021, 1509, 1513.

Windenergieanlagen an Land: Gestattungsverträge und Ausschreibung

Theodor Baums

I. Einführung

Mit dem Klimaschutzgesetz hat sich Deutschland zum Ziel gesetzt, Treibhausgasneutralität bereits im Jahr 2045 zu erreichen.[1]

Windenergie und Photovoltaik sind die zentralen Stützen der Energiewende. 2024 betrug der Anteil erneuerbarer Energien an der öffentlichen Nettostromerzeugung in Deutschland 62,7 Prozent.[2] Dabei war die Windkraft auch 2024 wieder die wichtigste Stromquelle; sie trug 33 % zur öffentlichen Stromerzeugung bei. Der Ausbau der Windenergie blieb allerdings weiterhin deutlich hinter dem Plan zurück. Im Jahr 2045 soll der Anteil der Windenergie an der Stromerzeugung 60 % und der Anteil des Photovoltaik-Stroms 30 % betragen. Um dieses Ziel zu erreichen, haben die Bundesländer nach dem Windenergieflächenbedarfsgesetz bis zum 31. Dezember 2032 sicherzustellen, dass mindestens 2 Prozent der Fläche des Bundesgebiets rechtlich für die Nutzung der Windenergie an Land gesichert sind.[3] Die Bundesländer kommen dem durch Festlegungen in landesweiten oder regionalen Raumordnungsplänen oder durch Vorgaben für regionale oder kommunale Teilflächen für die Nutzung durch Windenergieanlagen (im Folgenden: WEA) nach. Die Kommunen selbst sollen den Bau von WEA bis auf Weiteres nicht mehr durch Festlegungen im Flächennutzungsplan auf Konzentrationszonen beschränken und dadurch den Bau von Windenergieanlagen an anderen Orten ausschließen können.[4] Im Gegenzug sollen Betreiber von WEA, um die Akzeptanz in der Bevölkerung zu erhöhen und lokale Widerstände zu minimieren, die betroffenen Kommunen an den Erträgen der WEA beteiligen.[5]

Zivilrechtlich werden WEA an Land in der Regel auf der Grundlage sog. Gestattungsverträge (oder auch »Nutzungsverträge«) mit dem Eigentümer eines Grundstücks im baulichen Außenbereich erbaut und betrieben. Dabei können Bau und Betrieb der Anlagen in der Hand eines hierauf spezialisierten Anlagenbauers und

1 § 3 Abs. 2 KSG; letzte Fassung BGBl. I, 2024, Nr. 235.

2 Angaben auch zum folgenden Text aus Fraunhofer ISE, https://www.ise.fraunhofer.de/de/daten-zu-erneuerbaren-energien.html (Abruf am 10. 02. 2025).

3 § 3 Abs. 1 WindBG i. V. m. der Anlage; letzte Fassung BGBl. I, 2024, Nr. 151.

4 § 249 Abs. 1 BauGB schließt für den Bau von Windenergieanlagen im Außenbereich die Anwendung des § 35 Abs. 3 Satz 3 BauGB aus.

5 § 6 des Gesetzes für den Ausbau erneuerbarer Energien/EEG; letzte Fassung BGBl. I, 2024, Nr. 327.

-betreibers liegen. Nicht selten werden der Bau oder der Betrieb aber auch ausgelagert, sei es auf eine zum Konzernverbund des den Gestattungsvertrag schließenden Unternehmens gehörende Gesellschaft, sei es auf ein außenstehendes Unternehmen. Gehören die Grundstücke, auf denen jeweils eine WEA oder ein Windpark errichtet werden soll, der öffentlichen Hand, etwa mehreren Kommunen, finden sich auch alternative Betreibermodelle. So können sich z. B. mehrere Kommunen zu einer Anstalt des öffentlichen Rechts zusammenschließen,[6] die dann selbst oder durch eine kommunale Betreibergesellschaft den Windpark errichten und betreiben lässt.

Aus der Vielzahl der sich in diesem Zusammenhang stellenden Fragen können im Folgenden nur einige typische Gestaltungsprobleme im Zusammenhang mit Gestattungsverträgen zwischen einem Grundstückseigentümer und einem von ihm unabhängigen Unternehmen erörtert werden, das die WEA in eigener Regie errichten und betreiben soll (II.). In einem weiteren Schritt ist dann auf die Frage einzugehen, ob der Bau und der Betrieb von WEA nach Maßgabe der §§ 97 ff. GWB auszuschreiben sind, wenn Kommunen auf ihnen gehörenden Grundstücken WEA bauen und betreiben lassen (unten III.).

II. Der Gestattungsvertrag

1. *Formularvertrag; AGB-Kontrolle*

(a) Im Internet finden sich zahlreiche Beispiele und Muster für Gestattungsverträge zwischen den Eigentümern der Grundstücke und den Betreibern der WEA. In der Regel handelt es sich dabei um einen von dem jeweiligen Betreiber entwickelten und dem Grundstückseigentümer unterbreiteten Formularvertrag, dessen Bedingungen, soweit sie nicht einzeln ausgehandelt sind, der Inhaltskontrolle nach §§ 307 ff. BGB unterliegen. Ausgeschlossen wäre eine AGB-Kontrolle nur dann, wenn es sich bei dem Gestattungsvertrag um einen Gesellschaftsvertrag handeln würde (§ 310 Abs. 4 Satz 1 BGB). Das ist zwar denkbar, bei den anzutreffenden Gestattungsverträgen durchweg aber nicht der Fall. Darauf ist zurückzukommen.[7]

Ist der Grundstückseigentümer eine natürliche Person, so ist der Gestattungsvertrag zugleich ein Vertrag mit einem Verbraucher im Sinne des § 13 BGB, dies auch dann, wenn das Grundstück bisher oder auch im Übrigen land- oder forstwirtschaftlich genutzt wird. Denn die Vermietung eines Grundstücks an den Betreiber von WEA stellt kein Neben- oder Hilfsgeschäft des land- oder forstwirtschaftlichen Betriebs, sondern ein grundsätzlich der Privatsphäre des Grundstückseigentümers

6 S. nur für Hessen § 29a des Gesetzes über kommunale Gemeinschaftsarbeit, GVBl. (Hessen) I, 1969, 307; für Rheinland-Pfalz § 14a des Landesgesetzes über die kommunale Zusammenarbeit, GVBl. (Rheinland-Pfalz) 1982, 476.

7 Unten 2. a).

zuzuordnendes Geschäft der Vermögensverwaltung dar.[8] Bedeutung hat dies etwa für die Einbeziehungsfiktion gemäß § 310 Abs. 3 Nr. 1 BGB.

Eine nach Maßgabe des § 310 Abs. 1 Satz 1 BGB eingeschränkte Inhaltskontrolle findet statt, wenn die Bedingungen sich in einem Vertrag mit einer Kommune als Grundstückseigentümerin, also einer juristischen Person des öffentlichen Rechts, finden (§ 310 Abs. 1 Satz 1 BGB).

(b) Die im Gestattungsvertrag vorgesehene Vergütungsregelung sieht in der Regel keine feste Gegenleistung für die Überlassung des Grundstücks vor, sondern bis zur Aufnahme des Betriebs der WEA eine Reservierungsgebühr (Bereitstellungsentgelt) und ab der Betriebsaufnahme eine Beteiligung am Nettoerlös, den der Betreiber für die mit der WEA produzierte und veräußerte Strommenge erzielt hat. Häufig findet sich hier eine Kombination aus einem festen oder variablen Sockelbetrag und einer umsatzabhängigen Vergütung. Hinzu kommen Beträge für weitere Versiegelungsflächen, Zuwegungen und die Inanspruchnahme des Grundstücks für Bodenkabel. Die im Vertrag festgelegten Parameter für die Berechnung der Gegenleistung sind durchweg komplex, abhängig von künftigen, zur Zeit des Vertragsschlusses nicht zu beurteilenden Entwicklungen des Strommarkts. Sie sind daher in besonderem Maße auf Klarheit und Verständlichkeit angewiesen und gegebenenfalls auf ihre Transparenz zu überprüfen (§ 307 Abs. 3 Satz 2 i. V. m. § 307 Abs. 1 Satz 2 BGB). Auch wenn der Gestattungsvertrag dies nicht vorsieht, kann dem Vertragspartner des Betreibers nach Treu und Glauben ein Auskunftsanspruch wegen der erzielten Erlöse zustehen, um seine eigene Vergütung berechnen und überprüfen zu können.[9]

2. *Vertragstyp*

Abgesehen von der Überprüfung der Transparenz der Vergütungsregelung ist die Inhaltskontrolle von Gestattungsverträgen insbesondere darauf zu richten, ob einzelne Vertragsbedingungen mit »wesentlichen Grundgedanken der gesetzlichen Regelung, von der abgewichen wird, nicht zu vereinbaren« sind (§ 307 Abs. 2 Nr. 1 BGB). Damit stellt sich die Frage nach der Natur des Gestattungsvertrages und den für diesen Vertragstyp vorgesehenen Rechtsnormen, von denen abgewichen wird.

a) Stille Gesellschaft

Es wurde bereits erwähnt, dass die Beziehungen zwischen Grundstückseigentümern und Betreibern in ganz unterschiedlicher Weise ausgestaltet werden können. So kommt in Betracht, dass der oder die Grundstückseigentümer die Errichtung und den Betrieb eines Windparks in die eigene Hand nehmen und z. B. eine von ihrem Zusammenschluss abhängige Betreibergesellschaft gründen.

8 Zur Abgrenzung etwa Ellenberger in Grüneberg, BGB, 83. Aufl. 2024, § 13 Rn. 3; § 14 Rn. 2 m. w. N.

9 Grüneberg in ders., § 260 Rn. 4 ff.

Grundstückseigentümer und selbständige Betreibergesellschaft können sich ferner auch in der Form einer stillen Gesellschaft zusammenschließen. Der Grundstückseigentümer stellt in diesem Fall das Grundstück *quoad usum* zur Verfügung, und der Betreiber tritt im eigenen Namen am Markt auf. Der Erlös wird nach Maßgabe der gesellschaftsvertraglichen Bestimmung hierüber geteilt. Der Umstand, dass der Grundstückseigentümer nach Beendigung des Vertrages sein Grundstück zurückerhalten, und er keinen Verlustanteil ausgleichen soll, steht der Vereinbarung einer stillen Gesellschaft nicht entgegen (vgl. § 231 Abs. 2 HGB). Die Beteiligung des Stillen am Gewinn kann dagegen nicht ausgeschlossen werden (§ 231 Abs. 2, 2. Hs. HGB). Allerdings spricht eine Erlösbeteiligung allein nicht zwingend dafür, dass es sich bei dem Gestattungsvertrag um einen Gesellschaftsvertrag handelt. Denn auch bei Miet- und Pachtverträgen kann eine Umsatzmiete bzw. Umsatzpacht vereinbart werden.[10]

Eine stille Gesellschaft setzt aber voraus, dass die Beteiligten einen »gemeinsamen Zweck« verfolgen (§ 705 Abs. 1 BGB). Dieser gemeinsame Zweck beschränkt sich bei der stillen Gesellschaft im Begründen und Durchführen einer Ertragsgemeinschaft; ein gemeinsames Handelsgewerbe wird nicht betrieben. Da die Parteien wählen können, ob sie für die Regelung ihrer Beziehungen einen schuldrechtlichen Austauschvertrag oder einen Gesellschaftsvertrag verwenden wollen, kommt es maßgeblich auf die Wortwahl im Vertrag selbst an. In der Regel heißt es in den Gestattungsverträgen, dass ein Vermieter- oder Verpächterpfandrecht ausgeschlossen sein soll. Ferner fehlen für Gesellschaftsverträge typische Regelungen wie z. B. über Abstimmungen oder die Auseinandersetzung nach Vertragsende. Dies spricht dafür, dass ein Miet- oder Pachtvertrag, kein Gesellschaftsvertrag gewollt ist, sofern für einen Gesellschaftsvertrag keine weiteren Indizien vorliegen. Dies bedeutet auch, dass § 310 Abs. 4 Satz 1 BGB einer AGB-Kontrolle nicht entgegensteht.

b) Miet- oder Pachtvertrag?

Ob ein Vertrag, mit dem eine Partei der anderen ein Grundstück zur Nutzung überlässt, als Mietvertrag oder als Pachtvertrag einzustufen ist, hängt nach § 581 BGB davon ab, ob dem Nutzer neben dem Gebrauch des Grundstücks auch der Genuss der Früchte (§ 99 BGB) zusteht, soweit sie nach den Regeln einer ordnungsmäßigen Wirtschaft als Ertrag anzusehen sind. Bei der Überlassung eines Grundstücks zum Zweck der Errichtung und des Betriebs einer WEA kommt die Annahme einer Rechtsfrucht im Sinne des § 99 Abs. 2 BGB oder eines Falls der mittelbaren Fruchtziehung (§ 99 Abs. 3 BGB) nicht in Betracht.

Aber auch § 99 Abs. 1 BGB greift nicht ein, weil es sich bei der Elektrizität, die mittels der vom Nutzungsberechtigten selbst zu errichtenden Windenergieanlage gewonnen werden soll, nicht um eine unmittelbare Sachfrucht des Grundstücks im Sinne des § 99 Abs. 1 BGB handelt. Die mit der WEA zu produzierende

10 S. nur Weidenkaff in Grüneberg, § 535 Rn. 74 und § 581 Rn. 10; aus der Rspr. BGH, 04. 04. 1979, VIII ZR 118/7, NJW 1979, 2351.

Elektrizität soll nicht aus der Substanz des Grundstücks gewonnen werden, sondern mit Hilfe des Windes, der das Grundstück des Vertragspartners ebenso wie die davor liegenden Grundstücke überstreicht. Die Vergütung wird vielmehr allein für den Gebrauch des Grundstücks gezahlt, der darin besteht, dass dort die Energieerzeugungsanlagen aufgestellt und betrieben werden dürfen. Mithin handelt es sich bei den Gestattungs- oder Nutzungsverträgen im typischen Fall um Mietverträge, nicht um Pachtverträge.[11]

Allerdings ist zu beachten, dass Gegenstand des Gestattungsvertrags nicht lediglich die schlichte Überlassung des Grundstücks an einen Mieter ist, damit dieser es für seine betrieblichen Zwecke nach seinem Belieben nutzen kann. Bei dem Bau der WEA und der Erzeugung und Einspeisung elektrischer Energie handelt es sich nicht nur um ein einseitiges, den Mieter nicht bindendes Motiv seines Vertragspartners. Sondern gerade diese besondere Nutzung des Grundstücks bildet den Zweck des Vertrages. Die Bedingungen der Gestattungsverträge sind darauf ausgerichtet und davon bestimmt, dass der zulässige Gebrauch der vermieteten Grundstücke ausschließlich im Aufbau und Betrieb von WEA durch den Betreiber besteht. Diese besondere Zwecksetzung des Vertrags ist sowohl bei seiner Auslegung wie bei der Wahl der Kriterien, nach denen die Angemessenheit der allgemeinen Geschäftsbedingungen zu beurteilen ist, zu berücksichtigen. Auch für die Ausschreibungspflicht kommt es entscheidend hierauf an (dazu unten III.).

3. *Sicherheiten zugunsten des Grundstückseigentümers*

Aus der Fülle der Klauselgestaltungen eines Gestattungsvertrags und den damit verbundenen Fragen nach ihrer Wirksamkeit sollen hier zwei besonders bedeutsame Themen herausgegriffen und betrachtet werden. Für Grundstückseigentümer ergeben sich bei Abschluss von Gestattungsverträgen zwecks Bau und Betrieb von WEA mehrere Risiken, für die in Gestattungsverträgen gesonderte Vorkehrungen getroffen werden müssen: Das Risiko der Nichtzahlung des Nutzungsentgelts (»Zahlungsrisiko«) sowie das Risiko, dass das Vertragsgrundstück nach einer Beendigung des Betriebs nicht wieder in den vorigen Zustand zurückversetzt wird (»Rückbaurisiko«).[12]

11 So auch BGH, 07. 03. 2018, XII ZR 129/16, BGHZ 218, 70 für den über die Errichtung und den Betrieb einer Photovoltaikanlage geschlossenen Grundstücks-Nutzungsvertrag; a. A. Frey NVwZ 2016, 1200: Sonderform des Pachtvertrags.

12 Hinzu kommt das Betriebsrisiko, das darin besteht, dass wegen sinkender Stromvergütungen die Anlage nicht mehr wirtschaftlich betrieben werden kann. Dieses Betriebsrisiko wird nicht selten in den Gestattungsverträgen auch den Grundstückseigentümern aufgebürdet, wenn diese keinen festen Sockelbetrag, sondern ausschließlich eine umsatzabhängige Vergütung erhalten und der Betreiber überdies berechtigt ist, den Gestattungsvertrag bei nachhaltiger Unterdeckung der Gesamtkosten der WEA zu kündigen. Die Vergütungsregelung unterliegt lediglich einer Kontrolle auf ihre Transparenz, nicht auf ihre Angemessenheit (vgl. oben 1. (b); die Kündigungsklausel ist ggfs. auf ihre Vereinbarkeit mit § 543 BGB zu überprüfen.

a) Zahlungsrisiko

Was das Zahlungsrisiko angeht, räumen die Gestattungsverträge dem Grundstückseigentümer ein Kündigungsrecht bei Zahlungsverzug mit den jährlich im Nachhinein fälligen Nutzungsvergütungen von z. B. mehr als 3 Monaten ein. In den vergangenen Jahren ist bekanntlich eine Reihe von Betreibern von WEA in eine Insolvenz geraten oder musste wegen erheblicher Zahlungsprobleme restrukturiert werden. Bei Insolvenz können rückständige Nutzungsvergütungen nur als einfache Insolvenzforderungen zur Insolvenztabelle angemeldet werden (§ 38 InsO); nennenswerte Zahlungen sind in einem solchen Fall hierauf dann erfahrungsgemäß nicht mehr zu erwarten.

Die Gestattungsverträge sehen regelmäßig keine Sicherheiten zugunsten der Grundstückseigentümer vor, um diese gegen Zahlungsausfälle während der Laufzeit des Vertrages (durchweg mindestens 20 Jahre, häufig mit einer Verlängerungsoption) abzusichern. Die WEA gehen mit dem Aufbau auf den Vertragsgrundstücken nicht etwa gemäß §§ 946, 94 BGB in das Eigentum des Grundstückseigentümers über, denn sie werden nur zu einem vorübergehenden Zweck mit den Grundstücken verbunden (§ 95 BGB).[13] Nach den Gestattungsverträgen verzichten die Grundstückseigentümer ferner von vorneherein unwiderruflich gegenüber dem Betreiber und der finanzierenden Bank auf ihr Vermieterpfandrecht (§ 562 BGB) an den WEA. Die Frage ist, ob dieser in den AGB vorgesehene Verzicht eine unangemessene und damit unwirksame Benachteiligung der Grundstückseigentümer darstellt, weil er mit wesentlichen Grundgedanken der gesetzlichen Regelung, von der abgewichen wird,[14] nicht zu vereinbaren ist (§ 307 Abs. 2 Nr. 1 BGB).

Für den Verzicht auf das Vermieterpfandrecht sprechen allerdings nachvollziehbare Gründe und Interessen beider Parteien. Ist der Bau der WEA ganz oder zu einem wesentlichen Teil fremdfinanziert, besteht ein Interesse des Betreibers daran, der Finanzierungsbank die WEA als Sicherheit anbieten zu können. In diesem Fall können die Bauteile bereits vor ihrem Verbringen auf das fragliche Grundstück der Bank sicherungsübereignet werden, so dass ohnedies kein Pfandrecht des Grundstückseigentümers entstehen würde, da die WEA beim Transport auf das Grundstück nicht dem Mieter, also dem Betreiber, gehören (vgl. § 562 Abs. 1 Satz 1 BGB). Der Grundstückseigentümer ist ferner durch ein Vermieterpfandrecht dann nicht geschützt, wenn die WEA von einem dritten Hersteller unter Eigentumsvorbehalt gekauft worden sind, solange dieser seinen Kaufpreis nicht vollständig erhalten hat. Auch dem Grundstückseigentümer selbst dürfte bei Zahlungsausfällen mutmaßlich nicht an einer Pfandverwertung von WEA auf seinem Grundstück durch öffentliche Versteigerung (§§ 1257, 1228 Abs. 2 BGB) gelegen sein.

13 Aus der Rspr. BGH, 07. 04. 2017, V ZR 52/16, NJW 2017, 2099.

14 Zur Abdingbarkeit des § 562 BGB durch Individualvereinbarung Weidenkaff in Grüneberg, § 562 Rn. 4.

Das nachvollziehbare Interesse daran, von der dispositiven Regelung des § 562 BGB abzuweichen und das Vermieterpfandrecht an den WEA auszuschließen, rechtfertigt aber nicht, das durch diese Norm anerkannte berechtigte Interesse des Grundstückseigentümers an einer angemessenen Absicherung seiner Zahlungsansprüche ganz außer Acht zu lassen. Vielmehr muss der durch das dispositive Recht intendierte Schutz des Vertragspartners eines Klauselverwenders gegebenenfalls auf andere Weise sichergestellt werden.[15]

Als eine ausreichende und gleichwertige Sicherheit kann dabei nicht anerkannt werden, dass die Gestattungsverträge regelmäßig dem Betreiber das Recht vorbehalten, die Verbindlichkeiten aus dem Vertrag ohne weitere Zustimmung des Grundstückseigentümers auf die Finanzierungsbank oder auch auf einen Dritten übertragen zu können. Zunächst einmal ist der Betreiber zur Übertragung des Vertrags oder der Verbindlichkeiten hieraus auf einen solventen Dritten nicht verpflichtet. Sodann ist dem Grundstückseigentümer, der bereits durch den Abschluss des Gestattungsvertrags seine Zustimmung zu einer solchen späteren privativen Schuldübernahme oder einer Vertragsübernahme erteilt, die Bonität, die Kreditwürdigkeit und Kreditfähigkeit, dieses Dritten naturgemäß unbekannt, so dass diese Möglichkeit der Schuldnerersetzung ihm keine in jedem Fall wirksame, angemessene Absicherung seines Zahlungsrisikos bietet. Vielmehr stellt sich insoweit umgekehrt die weitere Frage, ob die Erteilung der Zustimmung zu einer Vertrags- oder Schuldübernahme bereits durch den Abschluss des Gestattungsvertrags ohne Sicherheitsleistung sich ihrerseits als unwirksame Klausel darstellt.

Jedenfalls ist der Ausschluss des Vermieterpfandrechts ohne angemessene alternative Absicherung des Zahlungsrisikos des Vermieters gemäß § 307 Abs. 1 Satz 2 i. V. m. Abs. 2 Nr. 1 BGB unwirksam. Als naheliegende, angemessene alternative Absicherung kommt die Stellung eines tauglichen Bürgen im Sinne der §§ 232 Abs. 2, 239 BGB in Betracht, der hinreichendes Vermögen und seinen Geschäftssitz im Inland hat. Taugliche Bürgen sind insbesondere eine deutsche Großbank oder eine Sparkasse oder eine Volksbank.[16] Die Bürgschaft muss selbstschuldnerisch sein, also den Verzicht auf die Einrede der Vorausklage enthalten (§§ 239 Abs. 2, 771 BGB). Eine solche Bürgschaft soll nicht nur der Zahlungsunfähigkeit des Schuldners, sondern auch der Gefahr vorbeugen, dass ein Dritter, der die Verbindlichkeiten des Betreibers später übernimmt, seinen Geschäftssitz und sein haftendes Vermögen im fernen Ausland hat oder im Nachhinein dorthin verlegt. Was die Höhe der Bürgschaft anbelangt, ist zu bedenken, dass sich der Grundstückseigentümer in der Regel bei längerem Verzug bereits mit einer Jahresrate vom Vertrag durch Kündigung lösen, sich also hierdurch gegen einen Ausfall mit weiteren Mietraten durch Ausüben seines Kündigungsrechts schützen kann.

15 Vgl. auch Grüneberg in ders., § 307 Rn. 28 m. w. N. zur Rspr.
16 Ellenberger in Grüneberg, § 239 Rn. 1.

b) Rückbaurisiko

Nach § 546 Abs. 1 BGB ist der Mieter verpflichtet, die Mietsache nach Beendigung des Mietverhältnisses in vertragsgemäßem Zustand zurückzugeben. Bei einem Grundstück, das mit einer WEA bebaut ist, bedeutet dies, dass die WEA abzubauen, die Bodenversiegelungen zu beseitigen und je nach Lage der Dinge die genutzten Flächen zu renaturieren sind. Da der Rückbau mit erheblichen Kosten verbunden ist, besteht auch insoweit ein berechtigtes Interesse des Grundstückseigentümers daran, dass der Rückbau erfolgt und der Betreiber oder dessen Rechtsnachfolger hierzu auch finanziell imstande ist. Die Gestattungsverträge sehen aber auch insoweit häufig keine Sicherheitenbestellungen zugunsten der Grundstückseigentümer vor.

Hier trifft allerdings das öffentliche Recht Vorkehrungen dagegen, dass nach Ablauf der Vertragsdauer oder bei Untauglichkeit der WEA zum weiteren Betrieb entsprechende Wracks und Versiegelungsflächen auf dem Grundstück verbleiben. Nach § 35 Abs. 5 Satz 2 BauGB ist für Bauvorhaben im Außenbereich, die die Nutzung von Windenergie bezwecken, als Zulässigkeitsvoraussetzung eine Verpflichtungserklärung abzugeben, das Vorhaben nach dauerhafter Aufgabe der zulässigen Nutzung zurückzubauen und Bodenversiegelungen zu beseitigen. Die Baugenehmigungsbehörde soll durch eine nach Landesrecht vorgesehene Baulast oder in anderer Weise das Einhalten dieser Verpflichtung sicherstellen.[17] Diese öffentlich-rechtlichen Verpflichtungserklärungen und der dadurch sichergestellte Rückbau sind bei der Prüfung, ob der Verzicht auf eine Sicherheit für die zivilrechtliche Rückbauverpflichtung der AGB-Kontrolle standhält, zu berücksichtigen.

III. Ausschreibungspflichten

Ist Grundstückseigentümerin eine Stadt- oder Dorfgemeinde, stellt sich die Frage, ob Bau und Betrieb von WEA auf den gemeindeeigenen Grundstücken ausgeschrieben werden müssen. Hier ist zunächst wieder zu berücksichtigen, dass gerade beim Bau und Betrieb von WEA auf kommunalen Grundstücken unterschiedliche Gestaltungen in Betracht kommen und anzutreffen sind, so dass auch die Frage nach einer Ausschreibungspflicht differenziert zu beantworten ist.

17 S. dazu etwa für Rheinland-Pfalz Rundschreiben des Ministeriums der Finanzen vom 19. 04. 2024 »Umsetzung der bauplanungsrechtlichen Anforderungen zur Rückbauverpflichtung und Sicherheitsleistung nach § 35 Abs. 5 Satz 2 und 3 BauGB bei der Genehmigung von Windenergieanlagen im Außenbereich« (https://fm.rlp.de/fileadmin/04/Themen/Baurecht_und_Bautechnik/Bauvorschriften/Bauplanungsrecht/Rundschreiben_FM_Rueckbau_von_WEA_in_RLP_vom_19._April_2024.pdf; Abruf am 13. 2. 2025).

1. Ausschreibungen gemäß § 103 GWB

Betreibt ein öffentlicher Auftraggeber im Sinne des § 99 Abs. 1 Nr. 1 GWB, also z. B. eine Stadtgemeinde, selbst eine WEA oder einen Windpark, und lässt er nur die Errichtung der Anlage durch ein privates Bauunternehmen erledigen, so ist der Bauauftrag nach § 103 GWB auszuschreiben, wenn der hierfür maßgebliche Auftragswert gemäß § 106 Abs. 2 Nr. 1 GWB i. V. m. der jeweils geltenden Fassung der einschlägigen EU-Richtlinie[18] erreicht oder überschritten wird. Hat ein Zusammenschluss mehrerer Gemeinden für den Betrieb eines Windparks einen gesonderten Rechtsträger, z. B. in Form einer Anstalt des öffentlichen Rechts, errichtet, und erteilt diese den Bauauftrag, so kommt es für die Ausschreibungspflicht darauf an, ob dieser gesonderte Rechtsträger im Sinne des § 99 Abs. 1 Nr. 2 GWB »im Allgemeininteresse liegende Aufgaben nichtgewerblicher Art« zu erfüllen hat; dem ist hier nicht näher nachzugehen.[19]

Wird der Betrieb der WEA für Rechnung des kommunalen Auftraggebers an einen selbständigen Dienstleister vergeben, der hierfür eine feste Vergütung erhält und selbst kein Betriebsrisiko trägt, kommt hierfür eine Ausschreibungspflicht nach § 103 Abs. 4 GWB (Dienstleistungsauftrag[20]) in Betracht. Wird der Schwellenwert durch eine ausschreibungspflichtige Maßnahme nicht erreicht, sind gleichwohl die Grundfreiheiten und das Diskriminierungsverbot des EU-Rechts zu beachten.[21] Überdies bestehen für diesen Fall haushaltsrechtliche und vergaberechtliche Vorgaben des Bundes und der Länder; darauf kann an dieser Stelle nur hingewiesen werden.

2. Gestattungsverträge als ausschreibungspflichtige Konzessionen (§ 105 GWB)?

Im Folgenden ist näher lediglich der praktisch häufige Fall zu betrachten, dass eine Gebietskörperschaft (eine Stadt- oder Dorfgemeinde) oder ein Zusammenschluss von Gemeinden auf der Grundlage eines Gestattungsvertrags in ihrem Eigentum stehende Grundstücke an eine rechtlich selbständige, unabhängige Betreibergesellschaft vermietet, um diese zur Errichtung einer oder mehrerer WEA auf dem oder den Grundstücken zu veranlassen. Der Betreiber übernimmt keine explizite Bauverpflichtung. Der erzeugte Strom wird frei vermarktet; es soll also nicht nur elektrische Energie zur Versorgung der Gemeindeeinwohner erzeugt werden. Die Gemeinden

18 Art. 4 der Richtlinie 2014/24/EU, derzeit in der Fassung der Delegierten VO (EU) 2023/2495 der Kommission vom 15. 11. 2023, ABl. EU L 2023/2495.

19 S. dazu insbesondere die Kommentierung bei Dreher in Immenga/Mestmäcker, Wettbewerbsrecht, Bd. 4, 6. Aufl. 2021, § 99 GWB Rn. 33 ff., 39 ff., 60 ff.

20 Zu den hiervon zu unterscheidenden Bau- und Dienstleistungskonzessionen sogleich unter c).

21 Einzelheiten dazu etwa bei Dreher in Immenga/Mestmäcker, Vor §§ 97 ff. GWB Rn. 98 ff., 105.

erhalten als Vergütung einen prozentualen Anteil an den Nettoumsatzerlösen der WEA; ein fester Mietzins oder Sockelbetrag wird nicht vereinbart.

a) Die Ausnahme für Miet- und Pachtverträge (§ 107 GWB)

In der Literatur wird die Ansicht vertreten, dass in einem solchen Fall eine Ausschreibungspflicht schon wegen § 107 Abs. 1 Nr. 2 GWB nicht bestehe.[22] Nach diesem Ausnahmetatbestand sind die Vorschriften des GWB über die Vergabe öffentlicher Aufträge und Konzessionen (§§ 97 – 184 GWB) nicht anzuwenden auf »… den Erwerb, die Miete oder die Pacht von Grundstücken …«. Der erwähnten Ansicht ist nicht zuzustimmen. Wie schon der Wortlaut des § 107 GWB zeigt, ist nicht jeder »Kaufvertrag« über ein Grundstück, den ein öffentlicher Auftraggeber tätigt, von der Ausschreibungspflicht befreit, sondern nur der »Erwerb«, also die Beschaffung, nicht dagegen die Veräußerung eines Grundstücks.

Ebenso nimmt § 107 GWB nicht jeden Mietvertrag oder Pachtvertrag über Grundstücke von der Ausschreibungspflicht aus, sondern nur die Anmietung oder Anpachtung durch den öffentlichen Auftraggeber, nicht dagegen die Vermietung oder Verpachtung ihm gehörender Grundstücke. Nur beim Erwerb, der Anmietung und der Anpachtung eines Grundstücks scheidet der mit der Ausschreibung bezweckte Bieterwettbewerb naturgemäß aus, wenn es der Gemeinde um ein bestimmtes Grundstück geht. Selbst wenn auch ein anderes Grundstück für die Zwecke des öffentlichen Auftraggebers in Betracht käme, lässt »die situative Einmaligkeit und beschränkte Verfügbarkeit von Immobilien ... ein Vergabeverfahren als unangemessen erscheinen …«.[23]

Bei der Vermietung und Verpachtung dem öffentlichen Auftraggeber gehörender Grundstücke liegen die Dinge anders; hier kommt durchaus ein Bieterwettbewerb in Betracht. In einem solchen Fall ist daher zu prüfen, ob im Sinne des § 103 GWB ein öffentlicher Auftrag oder im Sinne des § 105 GWB eine Konzession vergeben wird, also die Tatbestandsmerkmale einer dieser die Ausschreibungspflicht begründenden Normen erfüllt sind.

b) Keine Ausschreibungspflicht gemäß § 103 GWB

Bei der geschilderten Fallgestaltung liegt jedenfalls kein ausschreibungspflichtiger Vorgang gemäß § 103 GWB vor. Mittels des Gestattungsvertrags beschafft sich ein öffentlicher Auftraggeber keine Leistung (Lieferung von Waren, Bauleistungen,

22 S. nur Willenbruch in ders./Wiedekind, Vergaberecht, 4. Aufl. 2017, § 107 Rn. 9; Franßen/Ockenfels in Byok/Jaeger, Vergaberecht, 4. Aufl. 2018, § 107 Rn. 10, 11; in diesem Sinne auch Frey NVwZ 2016, 1200, 1202; anders aber Dreher in Immenga/Mestmäcker, § 107 GWB Rn. 12, der überzeugend nicht pauschal Miet- und Pachtverträge dem Ausnahmetatbestand des § 107 GWB unterstellt, sondern nur »Anmietungen und Anpachtungen«, also Verträge, in denen der öffentliche Auftraggeber als Mieter oder Pächter auftritt.

23 Dreher in Immenga/Mestmäcker, § 107 GWB Rn. 10 unter Hinweis auf die Motive.

Dienstleistungen) im Sinne dieser Vorschrift. Wie sich aus § 105 Abs. 2 GWB ergibt, ist für die öffentlichen Aufträge nach § 103 GWB charakteristisch, dass »das Betriebsrisiko für die Nutzung des [sc. in Auftrag gegebenen] Bauwerks oder für die Verwertung der Dienstleistungen« nicht auf den Auftragnehmer übergeht, sondern beim öffentlichen Auftraggeber verbleibt. Das setzt voraus, dass in den Fällen des § 103 GWB die Nutzung der in Auftrag gegebenen Leistungen (Bauwerk; Dienstleistungen; Waren) dem öffentlichen Auftraggeber zusteht, der sie sich durch den Auftrag verschafft. Die Aufwendungen des Auftragnehmers für das Bauwerk, für die Erbringung der in Auftrag gegebenen Dienstleistungen oder für die von ihm gelieferten Waren werden durch die vom Auftraggeber hierfür zu zahlende Vergütung gedeckt.

In dem hier betrachteten Fall des Baus und Betriebs von WEA durch einen von der Gebietskörperschaft unabhängigen Betreiber nutzt aber nicht der Auftraggeber die durch den Auftragnehmer erstellten WEA. Sondern der Auftragnehmer errichtet und betreibt sie im eigenen Namen für eigene Rechnung. Er erhält für seine Aufwendungen keine Vergütung vom Auftraggeber, die seine Aufwendungen deckt, sondern er hat im Gegenteil einen Teil der von ihm erzielten Erlöse an diesen abzuführen.

c) Die Voraussetzungen des § 105 GWB

Demnach kommt in den hier betrachteten Fällen eine Ausschreibungspflicht nur aufgrund des § 105 GWB (Vergabe einer Konzession) in Frage. Öffentliche Auftraggeber, z. B. eine Kommune, können Konzessionsgeber im Sinne des § 105 GWB sein (§ 101 Abs. 1 Nr. 1 GWB).

Konzessionen im Sinne des Vergaberechts sind entgeltliche Verträge, mit denen ein Konzessionsgeber ein Unternehmen mit Bauleistungen oder dem Erbringen und Verwalten sonstiger Dienstleistungen betraut. In beiden Fällen besteht die dem Konzessionsnehmer hierfür bewilligte Gegenleistung entweder allein in dem Recht zur Nutzung des Bauwerks bzw. zur Verwertung der Dienstleistungen oder in diesem Nutzungs- bzw. Verwertungsrecht zuzüglich einer Zahlung. Das Betriebsrisiko für die Nutzung des Bauwerks bzw. für die Verwertung der Dienstleistungen geht dabei auf den Konzessionsnehmer über, wobei ein Teil des Betriebsrisikos auch bei dem öffentlichen Auftraggeber verbleiben kann.[24] Dagegen ist nicht erforderlich, dass der Auftraggeber das Eigentum an dem vom Auftragnehmer errichteten Bauwerk auf den Auftraggeber erwirbt.[25]

(a) Dass es sich bei der hier betrachteten Gestaltung um eine Konzession handelt, könnte man schon mit der Begründung bestreiten, dass der Betreiber der WEA weder mit dem Bau der WEA noch mit deren Betrieb vertraglich beauftragt werde. Der Gestattungsvertrag räume als Mietvertrag dem Betreiber lediglich das Recht ein, das gemeindeeigene Grundstück dafür zu gebrauchen, darauf die WEA zu errichten und

24 Erwägungsgrund (18) der Richtlinie 2014/23/EU vom 26. 02. 2014, Abl. L 94/3.

25 Erwägungsgrund (11) der Richtlinie 2014/23/EU vom 26. 02. 2014, Abl. L 94/3; zum Eigentumsrecht an WEA auf fremden Grundstücken oben II. 3. a).

zu betreiben. Die Gemeinde mache dem Betreiber aber keine Vorgaben für den Bau und den Betrieb der WEA; insbesondere sei dieser nicht vertraglich zum Bau der WEA und zur Einspeisung der gewonnenen Elektrizität verpflichtet. Die Gemeinde beschränke sich auf eine schlichte Gebrauchsüberlassung des Grundstücks; die Vereinnahmung des Mietzinses hierfür sei aber kein vergaberechtlich relevanter Beschaffungsvorgang.[26]

Anders als in den Fällen des § 103 GWB geht es bei § 105 GWB nicht darum, dass der öffentliche Auftraggeber sich durch den Vertrag ein Bauwerk, eine Ware oder Dienstleistung zur eigenen Nutzung oder Verwertung beschafft. Überzeugend ist aber, dass die schlichte Vermietung oder Verpachtung eines gemeindeeigenen Grundstücks an ein Unternehmen, das darauf z. B. ein Bauwerk nach eigenen Vorstellungen für eigene Zwecke errichten will und hierfür einen festen Miet- oder Pachtzins zahlen soll, keine ausschreibungspflichtige Konzession im Sinne des § 105 GWB darstellt. § 105 GWB fordert vielmehr im Fall der Vermietung eines Grundstücks über die Gestattung des Gebrauchs des Grundstücks hinaus, dass der Mieter mit dem Errichten eines Bauwerks oder mit dem Erbringen und Verwalten von Dienstleistungen *betraut* wird. Das zielt darauf ab, dass das Unternehmen das erstellte Bauwerk in der Folge nutzt bzw. Dienstleistungen anbietet und erbringt, und der öffentliche Auftraggeber gerade hieran ein besonderes öffentliches Interesse, einen Nutzen hiervon hat.[27]

Man könnte nun eine solche »Betrauung« im vorliegenden Fall schon deshalb bezweifeln, weil der Betreiber durch den Gestattungsvertrag nicht, jedenfalls nicht ausdrücklich, dazu verpflichtet wird, die WEA auf den gemeindeeigenen Grundstücken zu errichten und zu betreiben.[28] Im Regelfall besteht für den Mieter einer Immobilie keine Gebrauchs- und Betriebspflicht, auch dann nicht, wenn eine Umsatzmiete vereinbart ist.[29] Hier muss allerdings gesehen werden, dass die Gestattungsverträge auf lange Frist, auf mindestens 20 Jahre, geschlossen werden, und dass der Mieter auch im Fall einer Umsatzmiete von seiner Zahlungspflicht nicht dadurch befreit wird, dass er von der Mietsache auf Grund eigener willentlicher Entscheidung keinen Gebrauch macht oder durch einen in seiner Person liegenden Grund an der Ausübung seines Gebrauchsrechts gehindert wird (§ 537 Abs. 1 Satz 1 BGB).[30] Daher begründet ein Gestattungsvertrag jedenfalls faktisch einen Zwang für den Betreiber, die WEA auch zu errichten, elektrische Energie zu erzeugen und ins Stromnetz einzuspeisen, wenn nicht äußere, von ihm nicht zu vertretende, zur außerordentlichen Kündigung berechtigende Umstände ihn hiervon abhalten. Auch der Wortlaut des § 105 GWB sieht nicht vor, dass das Unternehmen durch die Konzession zum Erbringen

26 So Frey NVwZ 2016, 1200, 1202.

27 S. Erwägungsgrund (11) der Richtlinie 2014/23/EU vom 26. 02. 2014, Abl. L 94/3: bei Konzessionen stehe den öffentlichen Auftraggebern der Nutzen (nicht: die Nutzung) der betreffenden Bau- oder Dienstleistungen zu.

28 In diesem Sinne Frey NVwZ 2016, 1200, 1202.

29 BGH, 04. 04. 1979, VIII ZR 118/7, NJW 1979, 2351 (Miete einer Apotheke. Aus der Vereinbarung einer Umsatzmiete ergibt sich keine Betriebspflicht).

30 BGH, 04. 04. 1979, VIII ZR 118/7, NJW 1979, 2351.

von Bauleistungen oder Dienstleistungen *rechtlich erzwingbar verpflichtet* wird; ein »*Betrauen*« mit diesen Aufgaben genügt.[31]

Jedenfalls für Baukonzessionen spricht sich allerdings die Literatur übereinstimmend unter Berufung auf die Entscheidung des EuGH im Fall »Helmut Müller« dafür aus, dass die »Bauleistung« in § 105 GWB auf einer einklagbaren Verpflichtung des Konzessionsnehmers beruhen müsse.[32] In dieser Entscheidung hat sich der EuGH allerdings nicht zu Konzessionsverträgen im Sinne des § 105 GWB, sondern zu »öffentlichen Bauaufträgen« (im Sinne der Vorgängervorschrift zu § 103 GWB) geäußert.[33] Der EuGH führt dort aus, dass »... der öffentliche Bauauftrag in Art. 1 Abs. 2 Buchst. a der Richtlinie 2004/18 als ein entgeltlicher Vertrag definiert [ist]. Diesem Begriff liegt der Gedanke zugrunde, dass sich der Auftragnehmer verpflichtet, die Leistung, die Gegenstand des Vertrags ist, gegen eine Gegenleistung zu erbringen. Mit dem Vertragsschluss im Rahmen eines öffentlichen Bauauftrags verpflichtet sich der Auftragnehmer somit, die Bauleistungen, die dessen Gegenstand bilden, durchzuführen oder durchführen zu lassen.«

An einem »entgeltlichen Vertrag« fehlt es in dem hier betrachteten Fall der Gestattungsverträge aber nicht; es fehlt lediglich an einer erzwingbaren Verpflichtung des Betreibers, die mit dem Gestattungsvertrag bezweckten Leistungen – Aufbau und Betrieb von WEA – auszuführen. In Anbetracht des dargestellten faktischen Zwangs zum Aufbau und Betrieb von WEA, nachdem der Gestattungsvertrag einmal geschlossen ist, kann es für die Frage der Ausschreibungspflicht nicht darauf ankommen, ob der den Zweck des Gestattungsvertrags bildende Aufbau und Betrieb von WEA durch den Auftragnehmer auch rechtlich erzwingbar ist oder nicht.

Gegenstand des Gestattungsvertrags ist nicht lediglich die schlichte Überlassung des gemeindeeigenen Grundstücks an den Mieter, damit dieser es für seinen betrieblichen Bedarf nach seinem Belieben nutzen kann. Bei dem Bau der WEA und der Erzeugung und Einspeisung elektrischer Energie handelt es sich nicht nur um ein einseitiges, den Mieter nicht verpflichtendes Motiv seines Vertragspartners. Sondern gerade diese besondere Nutzung des Grundstücks bildet den mit der Überlassung des Grundstücks verknüpften Zweck des Vertrages, wie sich insbesondere an der umsatzabhängigen Vergütung für die Gemeinde zeigt. Die Bedingungen der Gestattungsverträge zwischen einer Gemeinde als Grundstückseigentümerin und dem Betreiber von WEA sind darauf ausgerichtet und davon bestimmt, dem Betreiber

31 Die Ausführungen in Erwägungsgrund (14) der Richtlinie 2014/23/EU vom 26. 02. 2014, Abl. L 94/3, die dem zu widersprechen scheinen, sind als Abgrenzung der Konzessionen gemäß § 105 GWB, die durch entgeltliche Verträge zwischen Konzessionsgeber und -nehmer gekennzeichnet sind (vgl. sogleich im Text), zu Genehmigungen oder Lizenzen im Sinne der Dienstleistungsrichtlinie zu verstehen.

32 S. Kling in Immenga/Mestmäcker, § 107 GWB Rn. 42 m. w. N.

33 »Öffentliche Bauaufträge« im Sinne von Art. 1 Abs. 2 Buchst. b der Richtlinie 2004/18, ABl. L 134 vom 30. 04. 2004, S. 114; vgl. EuGH, 25. 03. 2010, Rechtssache C-451/08 ECLI:EU:C:2010:168 = NZBau 2010, 321 »Helmut Müller GmbH/Bundesanstalt für Immobilienaufgaben«.

den Gebrauch der vermieteten Grundstücke für den Aufbau von WEA und die Erzeugung und Vermarktung elektrischer Energie nicht nur zu gestatten, sondern ihn hierzu auch anzuhalten.

(b) Für das Vorliegen einer Konzession im Sinne des § 105 GWB genügt nach der Rechtsprechung des EuGH ferner nicht, dass der Vertrag zwischen einer Kommune und ihrem Vertragspartner nur allgemeine Bedingungen festlegt, unter denen dieser ein gemeindliches Grundstück nutzen kann.[34] Das trifft bei den hier betrachteten Gestattungsverträgen aber nicht zu. Sie legen nicht lediglich allgemeine Nutzungsbedingungen für den Gebrauch der gemeindlichen Grundstücke durch den Betreiber der WEA fest, sondern zielen auf den Bau von WEA zwecks Erzeugung und Einspeisung elektrischer Energie ab. Hieran besteht ein besonderes öffentliches Interesse (näher unten (c).

Allerdings ist für das Vorliegen einer Konzession im Sinne des § 105 GWB nicht zu fordern, dass der öffentliche Auftraggeber dem Mieter des Grundstücks im Gestattungsvertrag detaillierte Vorgaben für den Bau und den Betrieb der WEA macht. Die gemeindeeigenen Grundstücke werden typischerweise gerade deshalb an private Betreiber von WEA vergeben, weil die Errichtung und der Betrieb dieser Anlagen Spezialkenntnisse erfordern, die sich die Gemeinde durch den Gestattungsvertrag zunutze machen will. Sie selbst könnte wohl nur in Ausnahmefällen mit eigenen Kenntnissen und Mitteln den Aufbau und den Betrieb der Anlagen bewerkstelligen.

(c) »Betrauen« mit dem Erbringen von Bauleistungen auf dem gemeindeeigenen Grundstück oder mit dem Erbringen und Verwalten von Dienstleistungen heißt vor allem, dass der öffentliche Auftraggeber ein besonderes öffentliches Interesse an der im Vertrag vorgesehenen Nutzung des Bauwerks bzw. am Erbringen der Dienstleistung durch den Auftragnehmer haben muss, das über das wirtschaftliche Interesse am Erzielen eines Miet- oder Pachtzinses hinausgeht. Der öffentliche Auftraggeber muss seinerseits einen entsprechenden Nutzen davon haben, dass der Betreiber die im Vertrag vorgesehenen Bauten errichtet und nutzt bzw. die in Auftrag gegebenen Dienstleistungen anbietet.[35]

Dieses weiterreichende öffentliche Interesse ist zu bejahen, wenn es bei der Nutzung des im Vertrag vorgesehenen Bauwerks bzw. beim Angebot der Dienstleistung durch das damit betraute Unternehmen um die Erfüllung einer der Gemeinde obliegenden öffentlichen Aufgabe geht, während das schlichte fiskalische Interesse am Erzielen einer angemessenen Vergütung durch einen Miet- oder Pachtvertrag nicht genügt.[36] Anders gewendet kommt eine Ausschreibungspflicht gemäß § 105 GWB nur in Betracht, wenn der Vertrag nicht lediglich einen mit der Nutzung von Grundstücken Privater vergleichbaren entgeltlichen Gebrauch der gemeindeeigenen

34 EuGH, 14. 07. 2016 – verb. Rechtssachen C-458/14 und C-67/15 ECLI:EU:2016:558 Rn. 47, 48 = NZBau 2016, 775 »Promoimpresa«.

35 Vgl. Erwägungsgrund (11) der Richtlinie 2014/23/EU vom 26. 02. 2014, Abl. L 94/3.

36 KG, 22. 01. 2015, 2 U 14/14, NZBau 2015, 323, 324; Kling in Immenga/Mestmäcker, § 107 GWB Rn. 34.

Grundstücke gestattet, sondern sich dies darüber hinaus als Wahrnehmung spezifischer öffentlicher Belange und Aufgaben darstellt. Nur die Vergabe von Aufträgen zwecks Wahrnehmung besonderer staatlicher oder gemeindlicher Aufgaben erfordert die Beachtung der hierfür geltenden Normen, darunter der Pflicht zur Ausschreibung nach Maßgabe der §§ 97 ff. GWB, die für die Auftragsvergabe Privater grundsätzlich nicht gelten.

Nach § 13 Abs. 1 des Bundes-Klimaschutzgesetzes (KSG) haben die Träger öffentlicher Aufgaben bei ihren Planungen und Entscheidungen den Zweck dieses Gesetzes und die zu seiner Erfüllung festgelegten Ziele zu berücksichtigen. Zweck dieses Gesetzes ist es, zum Schutz vor den Auswirkungen des weltweiten Klimawandels die Erfüllung der nationalen Klimaschutzziele sowie die Einhaltung der europäischen Zielvorgaben zu gewährleisten (§ 1 KSG). Die Bundesländer haben die Vorgaben des KSG in eigene Gesetze und Klimaschutzpläne übernommen, weiter detailliert und z. T. eigene, anspruchsvollere Vorgaben formuliert.[37] In der Regel betonen die Klimaschutzgesetze und -pläne der Bundesländer die Vorbildfunktion der Träger öffentlicher Gewalt in ihrem jeweiligen Organisationsbereich. Diese Vorbildfunktion erstreckt sich auf die Schonung natürlicher Ressourcen, die Energieeinsparung, die Erhöhung der Energieeffizienz öffentlicher Gebäude und Fahrzeuge sowie die Nutzung erneuerbarer Energieträger. Danach sind die Belange des Klimaschutzes bei allem Handeln öffentlicher Stellen zu berücksichtigen und insbesondere bei öffentlichen Planungen und bei Zulassungsverfahren für Vorhaben zur Errichtung von Anlagen zur Geltung zu bringen.

Die Klimaschutzgesetze und -pläne gehen zwar nicht soweit, die Gebietskörperschaften zu verpflichten, eigene Grundstücke für die Erzeugung erneuerbarer Energien zur Verfügung zu stellen. Gleichwohl erfüllen die Gebietskörperschaften eine ihnen gesetzlich aufgetragene öffentliche Aufgabe, wenn sie auf den in ihrem Eigentum stehenden Grundstücken WEA oder Photovoltaikanlagen errichten lassen, um alternative elektrische Energie zu erzeugen und die Einwohner oder die Allgemeinheit hiermit zu versorgen.

(d) Auch die Voraussetzungen des § 105 Abs. 2 GWB sind in den hier erörterten Fällen erfüllt. Nach dieser Vorschrift geht, anders als bei der Vergabe öffentlicher Aufträge gemäß § 103 GWB, bei der Vergabe einer Bau- oder Dienstleistungskonzession das Betriebsrisiko für die Nutzung des Bauwerks oder für die Verwertung der Dienstleistungen auf den Konzessionsnehmer über. Dies ist der Fall, wenn unter normalen Betriebsbedingungen nicht ohne Weiteres gewährleistet ist, dass die Investitionsaufwendungen oder die Kosten für den Betrieb des Bauwerks oder die Erbringung der Dienstleistungen wieder erwirtschaftet werden können, und der Konzessionsnehmer den Unwägbarkeiten des Marktes tatsächlich ausgesetzt ist, so dass potenzielle Verluste des Konzessionsnehmers nicht vernachlässigbar sind.

37 S. nur für Bayern Bayerisches Klimaschutzgesetz vom 23. 11. 2020, GVBl. (Bayern) S. 598, 656; für NRW Gesetz zur Neufassung des Klimaschutzgesetzes Nordrhein-Westfalen vom 16. 07. 2021 GV (NRW) S. 908.

Bei der hier betrachteten Fallgestaltung erbaut der unabhängige Betreiber der WEA diese und erzeugt hiermit die elektrische Energie für eigene Rechnung. Es ist nicht durch Zahlungen der Gemeinde oder durch die Einspeisevergütung nach dem EEG[38] sichergestellt, dass die Investitionsaufwendungen und die Kosten des Betriebs wieder erwirtschaftet werden können. Der Betreiber ist vielmehr den Unwägbarkeiten des Strommarktes und der Preisentwicklung für elektrische Energie ausgesetzt. Dass die Betreiber durch die Gestaltung der Nutzungsvergütungen (Umsatzmiete[39]) und eines Kündigungsrechts bei nachhaltiger Unwirtschaftlichkeit des Betriebs[40] versuchen, dieses Betriebsrisiko zu begrenzen, ändert daran nichts. Auch dass der öffentliche Auftraggeber einen Teil des Betriebsrisikos trägt (hier: umsatzabhängige Nutzungsvergütung; Vertragskündigung bei Unwirtschaftlichkeit), spricht nicht gegen eine Konzession im Sinne des § 105 GWB.[41]

d) Fazit

Zusammenfassend ist festzuhalten: Gemeinden, die einem unabhängigen Betreiber von WEA durch einen Gestattungsvertrag gemeindeeigene Grundstücke für den Aufbau und Betrieb von WEA zur Verfügung stellen, wählen damit nicht lediglich eine andere Form der Bewirtschaftung der gemeindeeigenen Grundstücke als bisher, indem sie einen Mietvertrag über die Überlassung des Grundstücks an einen Gewerbetrieb zu einem beliebigen betrieblichen Zweck schließen. Mit dem Abschluss eines solchen Vertrags verfolgen die Gemeinden nicht ausschließlich ein fiskalisches Interesse am Erzielen einer angemessenen Grundstücksmiete. Gegenstand dieser Verträge ist vielmehr die Gestattung des Baus und Betriebs von WEA zwecks Erzeugung und Vermarktung alternativer elektrischer Energie. Hieran nehmen die Gemeinden durch die Überlassung der ihnen gehörenden Grundstücke zu diesem Zweck und durch die Gestaltung der Nutzungsvergütung, die von Menge und Preis des erzeugten und vermarkteten Stroms abhängt, teil.

Gerade mit der Gestattung des Baus und Betriebs eines Windparks und der Einspeisung von elektrischer Energie erfüllen die Gemeinden neben dem Ziel des wirtschaftlichen Einsatzes des Gemeindevermögens auch die ihnen auferlegte besondere öffentliche Aufgabe des Klimaschutzes. Hierfür bedienen sie sich eines privaten Betreibers. Damit erteilen sie aber im Sinne des § 105 GWB eine Konzession, die nach Maßgabe der §§ 106 ff. GWB und der Vorschriften der Konzessionsvergabeverordnung[42] ausschreibepflichtig ist.

38 Vgl. oben Fn. 5.
39 S. oben Text zu Fn. 9.
40 Vgl. oben Fn. 12.
41 Erwägungsgrund (18) der Richtlinie 2014/23/EU vom 26. 02. 2014, Abl. L 94/3.
42 Verordnung über die Vergabe von Konzessionen (Konzessionsvergabeverordnung – KonzVgV) vom 12. 04. 2016, letzte Fassung BGBl. I, 2023, Nr. 222.

Der Schutz des Minderheitsgesellschafters einer GmbH vor übermäßiger Gewinnthesaurierung

Walter Bayer

I. Einführung und Problematik

Nach § 46 Nr. 1 GmbHG entscheiden die Gesellschafter über die Feststellung des Jahresabschlusses und die Verwendung des Ergebnisses. Dabei ist § 29 GmbHG zu beachten, der in Abs. 1 bestimmt, dass Gesellschafter einen Anspruch haben auf den Jahresüberschuss zuzüglich eines Gewinnvortrags, soweit der sich ergebende Betrag nicht nach Gesetz oder Gesellschaftsvertrag oder »durch Beschluss nach Absatz 2 [...] von der Verteilung unter die Gesellschafter ausgeschlossen ist«. Nach § 29 Abs. 2 GmbHG können die Gesellschafter im Beschluss über die Verwendung des Ergebnisses, wenn der Gesellschaftsvertrag nichts anderes bestimmt, »Beträge in Gewinnrücklagen einstellen oder als Gewinn vortragen«. Dies bedeutet: Die Gesellschafter haben die Kompetenz, den von der Geschäftsführung aufgestellten Jahresabschluss[1] (vgl. § 264 Abs. 1 S. 2 HGB) festzustellen. Sie haben weiterhin die Kompetenz, über die Verwendung des im Jahresabschluss ausgewiesenen Ergebnisses zu beschließen, mithin darüber, ob ein festgestellter Gewinn an die Gesellschafter verteilt oder in der GmbH einbehalten werden soll.[2]

Es ist nachvollziehbar, dass die Entscheidung der Gesellschaftermehrheit für eine Einbehaltung der Gewinne und gegen eine Ausschüttung für die Gesellschafterminderheit problematisch und sogar nachteilig sein kann.[3] Unbestritten ist daher, dass die Minderheit vor einer übermäßigen Thesaurierung geschützt werden muss.[4] Allerdings wird im Schrifttum konstatiert, dass sich »zum Minderheitenschutz bei der Gewinnthesaurierung in vielen Einzelpunkten bisher keine einvernehmlichen Antworten abzeichnen«.[5] Die Problematik ist daher in der Praxis sehr streitbehaftet.

1 Zur Aufgabe der Geschäftsführung, den Jahresabschluss aufzustellen, vgl. nur Ekkenga in MünchKommGmbHG 5. Aufl. 2025 § 29 Rn 43; ausf. Schockenhoff ZGR 2023, 1, 8 ff.

2 Bayer in Lutter/Hommelhoff GmbHG 21. Aufl. 2023 § 46 Rn 6; Hommelhoff in Lutter/Hommelhoff GmbHG 2023 § 29 Rn 1, 19; Pentz in Rowedder/Pentz GmbHG 7. Aufl. 2022 § 29 Rn 102.

3 Kersting in Noack/Servatius/Haas GmbHG 24. Aufl. 2025 § 29 Rn 31.; v. Selle in Henssler/Strohn GesR 6. Aufl. 2024 § 29 GmbHG Rn 44.

4 So nachdrücklich OLG Brandenburg ZIP 2009, 1955, 1958: »Dass ein Minderheitenschutz stattfinden muss, ist in Rechtsprechung und Literatur anerkannt [...]«.

5 So Fleischer/Trinks NZG 2015, 289, 290; vgl. weiter OLG Brandenburg ZIP 2009, 1955, 1958 (»Einzelheiten umstritten«); Möller/Heiser in MünchHdBGmbH 6. Aufl. 2023 § 57 Rn 60 (»gehen die Ansichten freilich auseinander«); Kersting in Noack/Servatius/Haas

Jens Ekkenga bearbeitet den § 29 GmbHG im Münchener Kommentar nun schon über fünf Auflagen. Der »Schutz der Anteilsminderheit vor überhöhter Gewinnthesaurierung« wird dort in 13 Randnummern ausführlich erörtert.[6] Dabei folgt er im Ausgangspunkt einer von *Peter Hommelhoff* begründeten (Minderheits-)Ansicht,[7] um auf diese Weise sein mit der hM weitgehend übereinstimmendes Ergebnis dogmatisch überzeugender – so unser *Jubilar* – zu begründen.[8] Es erscheint daher reizvoll, die Problematik in dieser Festschrift zu erörtern, wobei insbesondere auch die einschlägige Rechtsprechung näher in den Blick genommen werden soll.

II. Rechtspolitischer Hintergrund der heutigen gesetzlichen Regelung

Die heutige gesetzliche Regelung beruht auf dem Bilanz-Richtlinien-Gesetz (BiRiLiG) vom 19.12.1985.[9] Sie war im Vorfeld rechtspolitisch nicht unumstritten. So hat insbesondere *Hommelhoff* darauf aufmerksam gemacht, dass die Neuregelung »in hohem Maße das Gewinnbezugsinteresse der Gesellschafter-Minderheit (gefährdet)«.[10] Die im Gesetzesentwurf in Anlehnung an § 254 AktG ursprünglich vorgesehene »Mindest-Dividende« von 4 % des gezeichneten Kapitals,[11] durch welche die Minderheit vor nicht notwendigen Rücklagen geschützt werden sollte,[12] wurde gleichfalls als völlig unzureichend kritisiert[13] und im Rahmen der Gesetzesberatungen »aus ordnungspolitischen Gründen« wieder gestrichen.[14]

Im Schrifttum besteht indes weitgehende Einigkeit, dass die Nichtfestschreibung eines bestimmten Gewinnanspruchs der Minderheitsgesellschafter im Gesetz[15] nicht dahin interpretiert werden darf, »der Gesetzgeber hätte es der Gesellschaftermehrheit

GmbHG 2025 § 29 Rn 32 (»Konkretisierung iE problematisch und str.«); Altmeppen GmbHG 11. Aufl. 2023 § 29 Rn 30 (»evidende Schwierigkeit«); v. Selle in Henssler/Strohn GesR 2024 § 29 GmbHG Rn 44 (»Streit besteht, wie dieser Schutz zu bewerkstelligen ist«).

6 Siehe aktuell Ekkenga in MünchKommGmbHG 2025 Rn 163 – 176.

7 Näher unten III. 2. a).

8 Siehe Ekkenga in MünchKommGmbHG 2025 Rn 168 iVm Rn 78 ff.

9 BiRiLiG v. 19.12.1985, BGBl I S. 2355; hierzu jüngst wieder Schockenhoff ZGR 2023, 1, 2 ff.

10 Siehe nur Hommelhoff BB 1981, 944, 952 im Anschluss an Hommelhoff GmbHR 1979, 102, 106.

11 Dazu näher Verse in Scholz GmbHG 13. Aufl. 2024 § 29 Rn 6 (mit Präzisierungen).

12 Vgl. BegrRegE BT-Drs 10/317 S. 112.

13 So Hommelhoff BB 1981, 944, 952 f; ähnlich Vollmer DB 1983, 93, 94 (»völlig unzureichend«).

14 Siehe Bericht Rechtsausschuss BT-Drs 10/4268 S. 131 im Anschluss an Centrale für GmbH, GmbHR 1985, 317, 319.

15 Rechtspolitische Kritik am Schweigen des Gesetzgebers bei Joost in FS 100 Jahre GmbHG 1992 S. 289, 305 (»wenig überzeugend«); Emmerich FS Seuß 1987 S. 137 ff (»Rückschritt«); allgemein die Neuregelung des § 29 GmbHG als »Fall verfehlter Gesetzgebung« kritisierend Martens FS 100 Jahre GmbHG 1992 S. 607, 619.

bis zur Missbrauchsgrenze freistellen wollen, der Minderheit Dividendenzahlungen vorzuenthalten«.[16] Vielmehr lässt sich den Gesetzesmaterialien der Wille des Gesetzgebers entnehmen, dass die Rechtsprechung anhand allgemeiner Rechtsgrundsätze flexible Schranken entwickeln solle.[17]

III. Schutz der Minderheit

1. *Rechtsmissbrauch*

Unbestritten ist, dass »Strategien der Gesellschaftermehrheit, die bewusst darauf zielen, die Minderheit 'auszuhungern', [...] vor dem Recht keinen Bestand haben«.[18] Verboten ist nach allgemeiner Ansicht, die Gewinnthesaurierung allein oder vornehmlich zu dem Zweck einzusetzen, »die Minderheit ‚auszuhungern' und so zu einer Veräußerung ihres Anteils oder sonstigen Zugeständnissen zu bewegen«.[19] Dies ist insbesondere dann naheliegend, wenn der unter Druck gesetzte Gesellschafter seinen Anteil nach Maßgabe des Gesellschaftsvertrages unter dem wahren Wert an Mitgesellschafter veräußern muss.[20] Bei einer solchermaßen motivierten übermäßigen Gewinnthesaurierung handelt es sich um einen speziellen Fall eines Missbrauchs der Mehrheitsmacht.[21]

2. *Verletzung der Treuepflicht*

a) Grundlagen

Unterhalb der Schwelle des Rechtsmissbrauchs kann der Gewinnverwendungsbeschluss wegen Verstoßes gegen die mitgliedschaftliche Treuepflicht rechtswidrig und damit anfechtbar sein.[22] Zu Recht keine Gefolgschaft gefunden hat eine nur vereinzelt

16 So nachdrücklich bereits Hommelhoff ZGR 1986, 418, 424; vgl. weiter Altmeppen GmbHG 2023 § 29 Rn 31 ff; Möller/Heiser in MünchHdBGmbH 2023 § 57 Rn 59; Mock in Michalski/Heidinger/Leible/Schmidt GmbHG 4. Aufl. 2023 § 29 Rn 180; Liebscher in MünchKommGmbHG 4. Aufl. 2023 § 46 Rn 52.

17 Hommelhoff in Lutter/Hommelhoff GmbHG 2023 § 29 Rn 22; Verse in Scholz GmbHG 2024 § 29 Rn 7 mwN.

18 So zu Recht Leuschner in Habersack/Casper/Löbbe GmbHG 3. Aufl. 2020 § 29 Rn 125; gleichsinnig Kersting in Noack/Servatius/Haas GmbHG 2025 § 29 Rn 31 (»klarer Rechtsmissbrauch«); Ekkenga in MünchKommGmbHG 2025 § 29 Rn 164 (»unstreitig«).

19 So Verse in Scholz GmbHG 2024 § 29 Rn 54; ebenso Liebs DB 1986, 2421, 2422; Hommelhoff GmbHR 2010, 1328, 1329; Altmeppen GmbHG 2023 § 29 Rn 31 (»unzweifelhaft treuwidrig«); Pentz in Rowedder/Pentz GmbHG 2022 § 29 Rn 85 (§ 826 BGB).

20 So ausdrücklich Liebs DB 1986, 2421, 2422.

21 So explizit Strohn in MünchKommGmbHG 4. Aufl. 2022 § 34 Rn 200; übereinstimmend OLG Köln NZG 1999, 1222, 1223 (dazu noch unten IV. 1. (4)); vgl. auch schon Liebs DB 1986, 2421, 2422.

22 Zur Anfechtung näher unten V. 6.

vertretene restriktive Ansicht, nach der eine Verletzung der Treuepflicht nur im Falle von Rechtsmissbrauch (»Aushungern«) in Betracht komme.[23] Sie ist heute überholt, da anerkannt wird, dass eine reine Missbrauchskontrolle keinen qualitativ eigenständigen Minderheitenschutz verwirklichen kann.[24] Die heute ganz hM beschränkt sich von daher nicht auf eine mehr oder weniger weitreichende Missbrauchskontrolle, sondern nimmt den Standpunkt ein, dass eine Verletzung der Treuepflicht auch schon unterhalb dieser Schwelle vorliegen kann, nämlich dann, wenn die anzustellende Interessenabwägung ergibt, dass das Ausschüttungsinteresse der Minderheit das Thesaurierungsinteresse überwiegt.[25]

Dogmatisch begründet die hM dieses Ergebnis damit, dass die mitgliedschaftliche Treuepflicht gegenüber übermäßigen Thesaurierungen im Einzelfall als flexible Schranke in Stellung gebracht werden kann.[26] Dieser Ansatz überzeugt indes Jens Ekkenga nicht. Um der Kritik[27] »den Wind aus den Segeln zu nehmen«[28] präferiert er im Anschluss an Peter Hommelhoff[29] einen abweichenden dogmatischen Ansatz: Bereits mit dem Feststellungsbeschluss sei darüber entschieden, dass das Ausschüttungspotential im Zweifeln den Gesellschaftern zusteht; die Gesellschafter müssen zwar nicht ausschütten, sondern können auch einen abweichenden Verwendungsbeschluss treffen, doch müsse dieser – weil er die zuvor begründete mitgliedschaftliche Gewinnzuordnung eingreift – inhaltlich sachlich gerechtfertigt sein, andernfalls ist der Beschluss treuwidrig und damit anfechtbar.[30] Im Ergebnis gelangt auch dieser Ansatz unseres Jubilars zur Anfechtbarkeit des Verwendungsbeschlusses, wenn dieser treuwidrig ist.[31]

Im Einzelnen bedeutet dies: Die Entscheidung über Gewinnausschüttung oder -thesaurierung steht zwar im pflichtgemäßen Ermessen der (einfachen) Gesellschaftermehrheit, ist jedoch nicht schrankenlos. Vielmehr hat die Mehrheit aufgrund der mitgliedschaftlichen Treuepflicht, die auch im Verhältnis der Gesellschafter

23 So früher Liebs DB 1986, 2421, 2422; tendenziell auch Kallmeyer GmbHR 1992, 788 ff.
24 Siehe stellvertretend eine solche Beschränkung strikt abl. etwa Hommelhoff in Lutter/Hommelhoff GmbHG 2023 § 29 Rn 23 (»verwirklicht keinen qualitativ eigenständigen Minderheitenschutz«).
25 Siehe Hommelhoff in Lutter/Hommelhoff GmbHG 2023 § 29 Rn 21; Verse in Scholz GmbHG 2024 § 29 Rn 54; Pentz in Rowedder/Pentz GmbHG 2022 § 29 Rn 86; Ekkenga in MünchKommGmbHG 2025 § 29 Rn 168; Fleischer/Trinks NZG 2015, 292; Heusel/M. Goette GmbHR 2017, 385, 389.
26 Siehe nur Verse in Scholz GmbHG 2024 § 29 Rn 7, 53 ff; Kersting in Noack/Servatius/Haas GmbHG 2025 § 29 Rn 32; Möller/Heiser in MünchHdBGmbH 2023 § 57 Rn 59; Anzinger in BeckOGKGmbH 2024 § 29 Rn 480.
27 Siehe etwa Heusel/M. Goette GmbHR 2017, 385 ff.
28 Siehe in diesem Sinne Ekkenga in MünchKommGmbHG 2025 § 29 Rn 168.
29 Grundlegend Hommelhoff FS Rowedder 1994 S. 171, 174; vgl. weiter Hommelhoff in Lutter/Hommelhoff GmbHG 2023 § 29 Rn 4, 17; ebenso Schockenhoff ZGR 2023, 1, 21, 26 f.
30 Ausf. Ekkenga in MünchKommGmbHG 2025 § 29 Rn 76 ff, 78 ff.
31 Ekkenga in MünchKommGmbHG 2025 § 29 Rn 168.

zueinander Anwendung findet,[32] auf die Ausschüttungsinteressen der Minderheit angemessen Rücksicht zu nehmen.[33] *Martin Schockenhoff* bezeichnet den Umfang des der Gesellschaftermehrheit eingeräumten Ermessens als »das Kernproblem des Minderheitenschutzes bei der GmbH«.[34] Die Problematik soll daher an dieser Stelle näher aufgefächert werden:

b) Abwägungsparameter

Teilweise wird einem grundsätzlichen Vorrang der Gewinnausschüttung vor einer Gewinnthesaurierung das Wort geredet.[35] In diese Richtung geht auch die Ansicht, nach der es in erster Linie auf die schützenswerte Erwartungshaltung der Minderheitsgesellschafter ankommt.[36]

Andere Autoren betonen dagegen unspezifisch einen recht weiten unternehmerischen Ermessensspielraum.[37] Ihr Argument lautet: Wer sich als Minderheitsgesellschafter an einer GmbH beteiligt, könne »im Hinblick auf die klar gesetzlich geregelte Möglichkeit eines mit einfacher Stimmenmehrheit gefassten Gewinnverwendungsbeschlusses Gewinnausschüttungen gerade nicht verlässlich erwarten«.[38]

Die ganz überwiegende Ansicht plädiert für eine sinngemäße bzw. analoge Anwendung des in § 254 Abs. 1 AktG zum Ausdruck kommenden Grundgedankens oder betrachtet die aktienrechtliche Regelung jedenfalls als Anhaltspunkt für eine Konkretisierung der treuegebundenen Abwägung.[39] Dies gelte insbesondere für den in der aktienrechtlichen Vorschrift genannten Maßstab der Erforderlichkeit der Gewinnthesaurierung:[40] Eine Gewinnausschüttung darf nach dem Wortlaut von § 254

32 Unstreitig; vgl. nur BGH GmbHR 2019, 460 Rn 17; Bayer in Lutter/Hommelhoff GmbHG 2023 § 14 Rn 30 (»horizontale Treuepflicht«); Lieder in Michalski/Heidinger/Leible/Schmidt GmbHG 2023 § 13 Rn 141 ff. mwN.

33 Verse in Scholz GmbHG 2024 § 29 Rn 53; Ekkenga in MünchKommGmbHG 2025 § 29 Rn 167 f; Schockenhoff ZGR 2023, 1, 12 ff.

34 Schockenhoff ZGR 2023, 1, 7.

35 So Bork/Oepen ZGR 2002, 241, 266 (»Vollausschüttung die Regel«); tendenziell Altmeppen GmbHG 2023 § 29 Rn 33; Ehlke DB 1987, 671, 677 ff.

36 Näher Mock in Michalski/Heidinger/Leible/Schmidt GmbHG 2023 § 29 Rn 185, 188, 195.

37 Siehe etwa Möller/Heiser in MünchHdBGmbH 2023 § 57 Rn 62.

38 So Möller/Heiser in MünchHdBGmbH 2023 § 57 Rn 62; ähnlich Wertenbruch in MünchKommGmbHG 2023 Anh § 47 Rn 233 ff.

39 So etwa Kersting in Noack/Servatius/Haas GmbHG 2025 § 29 Rn 32; Leuschner in Habersack/Casper/Löbbe GmbHG 2020 § 29 Rn 130 ff; Verse in Scholz GmbHG 2024 § 29 Rn 55 ff; Ekkenga in MünchKommGmbHG 2025 § 29 Rn 170; Pentz in Rowedder/Pentz GmbHG 2022 § 29 Rn 86; v. Selle in Henssler/Strohn GesR 2024 § 29 GmbHG Rn 44; Anzinger in BeckOGKGmbH 2024 § 29 Rn 485 ff; vgl. weiter K. Schmidt/Bochmann in Scholz GmbHG 2024 § 46 Rn 44; Römermann in Michalski/Heidinger/Leible/Schmidt GmbHG 2023 Anh § 47 Rn 349.

40 Nachdrücklich Leuschner in Habersack/Casper/Löbbe GmbHG 2020 § 29 Rn 132; Verse in Scholz GmbHG 2024 § 29 Rn 57; Ekkenga in MünchKommGmbHG 2025 § 29 Rn 172; Pentz in Rowedder/Pentz GmbHG 2022 § 29 Rn 86.

Abs. 1 AktG dann nicht völlig verweigert werden, wenn dies »bei vernünftiger kaufmännischer Beurteilung nicht notwendig ist, um die Lebens- und Widerstandsfähigkeit der Gesellschaft für einen hinsichtlich der wirtschaftlichen und finanziellen Notwendigkeiten übersehbaren Zeitraum zu sichern«. Zu Recht wird diese Regelung als Ausdruck des auch in der GmbH zu beachtenden Verhältnismäßigkeitsprinzips gesehen.[41] So sei grundsätzlich zu prüfen, »ob ein notwendiger Investitions- oder Refinanzierungsbedarf statt durch Rücklagenbildung durch eine andere, wirtschaftlich gleichwertige, die (Minderheits-)Gesellschafter aber weniger belastende Alternative gedeckt werden kann.«[42] Gleichfalls kein anerkennenswerter Grund für die Einbehaltung von Gewinnen sei – so überzeugend unser *Jubilar* – die »Schaffung finanzieller Polster für künftige, nicht konkret verfestigte Investitionsvorhaben oder als präventive ‚Refinanzierung für alle Fälle'«.[43]

Überwiegend abgelehnt wird hingegen – auch von *Jens Ekkenga*[44] – die in § 254 Abs. 1 AktG genannte starre 4 %-Regel; diese sei auf die GmbH nicht ohne Weiteres übertragbar.[45] Dies bedeutet zum einen, dass im Recht der GmbH eine Treuepflichtverletzung nicht bereits dann ausscheidet, wenn eine 4 %-Dividende gezahlt wird. Umgekehrt soll hier jedoch auch ein weniger dringliches Thesaurierungsinteresse genügen können.[46]

Einen pauschalierenden Ansatz (abwägungsfreier Sockelbetrag) hat *Peter Hommelhoff* entwickelt: So sollen stets 60 % des Jahresergebnisses so lange ohne besondere Abwägung für eine Thesaurierung verwendet werden können, bis die Gewinnrücklage die Höhe des Stammkapitals erreicht. Sind diese als »Richtwerte« zu verstehenden Grenzen überschritten, so sei eine weitere Thesaurierung nur zulässig, »wenn das Thesaurierungsinteresse der Gesellschaft die sorgfältig dagegen abzuwägenden Ausschüttungsinteressen jedes Gesellschafters übersteigt«.[47] Auch dieser Ansatz ist im Schrifttum nur vereinzelt[48] aufgegriffen,[49] überwiegend indes – auch von unserem Jubilar – dezidiert abgelehnt worden.[50]

41 Leuschner in Habersack/Casper/Löbbe GmbHG 2020 § 29 Rn 132; ähnlich Kersting in Noack/Servatius/Haas GmbHG 23. Aufl. 2022 § 29 Rn 32.
42 Leuschner in Habersack/Casper/Löbbe GmbHG 2020 § 29 Rn 132; Ekkenga in MünchKommGmbHG 2025 § 29 Rn 172.
43 So Ekkenga in MünchKommGmbHG 2025 § 29 Rn 171.
44 Ekkenga in MünchKommGmbHG 2025 § 29 Rn 166.
45 Siehe Verse in Scholz GmbHG 2024 § 29 Rn 26; Mock in Michalski/Heidinger/Leible/Schmidt GmbHG 2023 § 29 Rn 186; Pentz in Rowedder/Pentz GmbHG 2022 § 29 Rn 86; v. Selle in Henssler/Strohn GesR 2024 § 29 GmbHG Rn 44; Anzinger in BeckOGKGmbH 2024 § 29 Rn 482.
46 So Verse in Scholz GmbHG 2024 § 29 Rn 57.
47 Siehe Hommelhoff in Lutter/Hommelhoff GmbHG 2023 § 29 Rn 25 im Anschluss an Hommelhoff ZGR 1986, 418, 431 f.
48 Sympathisierend Altmeppen GmbHG 2023 § 29 Rn 33.
49 Siehe nur Verse in Scholz GmbHG 2024 § 29 Rn 57; Leuschner in Habersack/Casper/Löbbe GmbHG 2020 § 29 Rn 129.
50 Siehe Ekkenga in MünchKommGmbHG 2025 § 29 Rn 166 mwN (»reine Fiktionslösungen«); ebenso Kersting in Noack/Servatius/Haas GmbHG 2025 § 29 Rn 33; Pentz in

IV. Aussagen in der Rechtsprechung

Die Rechtsprechung folgt im Wesentlichen der herrschenden Lehre, wenngleich nicht ganz einheitlich:

1. Überblick über die einzelnen Entscheidungen

(1) Der BGH hat – allerdings für das Recht der KG – im Jahre 1996 entschieden,[51] dass im Rahmen der Ergebnisverwendungsentscheidung »die Ausschüttungsinteressen der einzelnen Gesellschafter gegenüber den Bedürfnissen der Selbstfinanzierung und Zukunftssicherung der Gesellschaft abzuwägen (sind)«.[52] Der II. Zivilsenat hat weiter festgestellt, dass ein »allgemeiner Vorrang der Thesaurierungsinteressen der Gesellschaft vor den Ausschüttungs- und Entnahmeinteressen der Gesellschafter (nicht) besteht«.[53]

(2) Das OLG München hat in seiner Entscheidung v. 9.6.1989[54] die Klage einer Minderheitsgesellschafterin, die aus wichtigem Grund aus einer personalistisch zusammengesetzten Familiengesellschaft (ohne Mehrheitsgesellschafter) austreten wollte, abgewiesen, weil die Klägerin »keine wirtschaftliche Zwangslage« und auch keinen »akuten Geldbedarf« geltend gemacht hatte, sondern allein mit der im Verhältnis zur Lage der GmbH niedrigen Gewinnausschüttung (»Mindestdividende«) nicht einverstanden war. Der Senat stellte dabei fest, dass unentschieden bleiben könne, ob »die Rücklagenpolitik [...] wirtschaftlich sinnvoll ist oder nicht«, weil auch eine wirtschaftlich nicht sinnvolle Rücklagenpolitik nicht zum Austritt aus wichtigem Grund berechtige, vielmehr es für sie zumutbar sei, die Gewinnverwendungsbeschlüsse anzufechten.[55]

(3) Das Urteil des OLG Hamm v. 3.7.1991[56] betrifft eine GmbH mit zwei Gesellschaftergruppen, wobei eine Gruppe eine knappe Mehrheit hält. Der Gesellschaftsvertrag sieht eine Mindestausschüttung von 25 % vor; die übrigen 75 % können thesauriert werden, »wenn dies erforderlich ist«. Während in den Vorjahren jeweils 50 % des Gewinns ausgeschüttet worden waren, beschloss die Mehrheit für das streitgegenständliche Geschäftsjahr eine Ausschüttung iHv 35 % des Jahresgewinns und einer Zuführung von 65 % in die Rücklage. Die Minderheit begehrte die Auszahlung

Rowedder/Pentz GmbHG 2022 § 29 Rn 86; v. Selle in Henssler/Strohn GesR 2024 § 29 GmbHG Rn 44; K. Schmidt/Bochmann in Scholz GmbHG 2024 § 46 Rn 31

51 BGH v. 29.3.1996 – II R 263/94, BGHZ 132, 263 (Portland Zementwerk) = DB 1996, 926 = GmbHR 1996, 456.

52 BGHZ 132, 263, 276.

53 BGHZ 132, 263, 276.

54 OLG München v. 9.6.1989 -23 U 6437/88, BB 1990, 368 f = GmbHR 1990, 221. Revision wurde abgelehnt.

55 OLG München GmbHR 1990, 221, 222.

56 OLG Hamm v. 3.7.1991 – 8 U 11/91, GmbHR 1992, 458.

von 100 % mit der Abrede, davon 50 % der GmbH als langfristiges Darlehen zur Verfügung zu stellen.

Die Anfechtungsklage gegen den Verwendungsbeschluss wurde allein wegen Versäumnis der Anfechtungsfrist abgewiesen. Im Übrigen stellt der Senat fest, dass der Beschluss »nicht mit dem materiellen Recht in Einklang (steht)«. Die Gesellschafter hätten aufgrund der Treuepflicht »insbesondere Minderheitsinteressen zu berücksichtigen«. So sei »das Interesse der Gesellschaft an der Rücklagenbildung gegen ein berechtigtes Interesse der Gesellschafter [...] an einer hohen Ausschüttung gegeneinander abzuwägen, wobei die gesamten wirtschaftlichen und finanziellen Verhältnisse der betroffenen Gesellschaft zu berücksichtigen sind«.[57]

Eine Rücklagenbildung ist nach Auffassung des Senats »nur dann zulässig, wenn sie nach verständiger kaufmännischer Beurteilung erforderlich ist«. Im Rahmen der Ermessensausübung könnten Reserven dann »großzügiger bedient werden, wenn trotzdem eine hohe Gewinnverteilung möglich ist«. Im konkreten Fall wurde vom Senat angesichts der wirtschaftlichen Situation der GmbH die Rücklagenbildung iHv 65 % als unangemessen hoch betrachtet; die klagenden Gesellschafter hätten ein berechtigtes Interesse, »an dem guten Jahresergebnis [...] durch eine entsprechend hohe Ausschüttung beteiligt zu werden«.[58]

(4) Das OLG Köln gewährt in seinem Urteil v. 26.3.1999[59] dem Minderheitsgesellschafter, der durch den Mehrheitsgesellschafter »ausgehungert« wird, ein Austrittsrecht aus wichtigem Grund. Denn es bedeute einen eindeutigen Missbrauch der Mehrheitsmacht, wenn die Mehrheit »ohne Rücksicht auf die vermögensrechtlichen Belange (der Minderheit) ihre eigenen Interessen durchsetzt, indem sie [...] ohne wirtschaftliche Notwendigkeit [...] durch Thesaurierungsbeschlüsse versucht«, den Minderheitsgesellschafter »auszuhungern«.[60]

(5) Das Urteil des OLG Frankfurt a. M. v. 30.1.2002[61] betrifft eine Familien-GmbH, die zum 31.12.1996 einen Bilanzgewinn iHv ca 3,3 Mio DM ausgewiesen hat; die Gesellschaftermehrheit hat hiervon nur 400.000 DM ausgeschüttet, hingegen 88 % des Jahresüberschusses in die Gewinnrücklage eingestellt. Auch in den Vorjahren sind keine Gewinne ausgezahlt worden. Die Minderheitsgesellschafterin hat geltend gemacht, sie solle aus der GmbH hinausgedrängt werden, ohne dass der wahre Anteilswert gezahlt werden solle. Der Senat stellt fest, dass die Neuregelung des § 29 GmbHG nicht als »Freibrief« für die Mehrheit verstanden werden dürfe, »berechtigte Interessen des Minderheitsgesellschafters zu negieren«.[62] Treuwidrig sei nicht nur »das in der Literatur häufig erörterte gezielte ‚Aushungern' durch jahrelanges Vorenthalten einer angemessenen Dividende«, vielmehr handelt die Mehrheit bereits dann rechtsmissbräuchlich, »wenn durch den Gewinnverwendungsbeschluss

57 OLG Hamm GmbHR 1992, 458, 459.
58 OLG Hamm GmbHR 1992, 458, 459.
59 OLG Köln v. 26.3.1999 – 19 U 198/96, NZG 1999, 1222.
60 So OLG Köln v. 26.3.1999 – 19 U 198/96, NZG 1999, 1222, 1223.
61 OLG Frankfurt a. M. v. 30.1.2002 – 13 U 99/98, OLGR 2002, 154.
62 OLG Frankfurt a. M. OLGR 2002, 154 Rn 45.

nachhaltig berechtigte Belange des Minderheitsgesellschafters [...] missachtet werden«.[63] In Kenntnis und Betonung der Problematik gerichtlicher Kontrolle unternehmerischer Entscheidungen folgt der Senat hier der Vorinstanz, wonach das Gewinnbezugsrecht »unangemessen [...] verkürzt« werde, wenn 88 % des ausgewiesenen Bilanzgewinns in die Rücklage eingestellt werden.

(6) Das Kerbnägel-Urteil des OLG Nürnberg[64] betrifft eine Familien-GmbH, deren Streitigkeiten schon mehrfach auch den BGH beschäftigt haben. Die Kläger sind in ungeteilter Erbengemeinschaft zu 48 %, ihre Tante zu 52 % beteiligt. Im streitgegenständlichen Geschäftsjahr betrug das Stammkapital knapp 0,5 Mio Euro, das durch Gewinnvorträge aus den Vorjahren iHv 26 Mio kontinuierlich aufgebaute gesamte Eigenkapital gut 32 Mio Euro und der Jahresüberschuss etwas mehr als 4 Mio Euro. Mehrheitlich wurde beschlossen, davon 1 Mio Euro auszukehren und den Rest auf neue Rechnung vorzutragen. Außerdem wurden 25 Mio Euro in die Gewinnrücklage eingestellt. Die Kläger hatten eine hälftige Ausschüttung iHv etwas mehr als 2 Mio Euro beantragt, obwohl kurze Zeit zuvor aus früheren Gewinnen 4 Mio Euro ausgeschüttet worden waren. Die Klage wurde insoweit abgewiesen.[65]

Der Senat stellt fest, dass bei der Entscheidung über die Gewinnverwendung »die berechtigten Interessen der einzelnen Gesellschafter an einer hohen Ausschüttung gegenüber dem Interesse der Gesellschaft an einer Rücklagenbildung, den Bedürfnissen der Selbstfinanzierung und Zukunftssicherung der Gesellschaft abzuwägen (sind)«.[66] Allerdings dürfe der Senat die Abwägungsentscheidung »nur äußerst restriktiv« daraufhin überprüfen, »ob sie gegen gesetzliche Schranken [...] verstößt oder ob sich das Abstimmungsverhalten einzelner Gesellschafter [...] als Verstoß gegen die Treuepflicht erweist«.[67]

Der Senat hält fest, dass auf Seiten der klagenden Gesellschafter »ein legitimes Interesse an einer Gewinnausschüttung besteht, insbesondere unter Berücksichtigung des Umstands, dass die Kläger in den vorangegangenen Jahren weitgehend am jeweils erzielten Gesellschaftsgewinn nicht beteiligt würden«. Angesichts der ausbezahlten Gewinne iHv 4 Mio verneint der Senat indes die Absicht eines »Aushungerns« und sieht auch nicht, dass die Kläger »aus wirtschaftlichen oder finanziellen Gründen die Ausschüttung weiterer Gewinne [...] dringend bedurft hätten«.[68]

Der Senat berücksichtigt ausdrücklich, die »ausgesprochen gut(e)« wirtschaftliche Lage der GmbH mit Jahresüberschüssen »in Millionenhöhe« bei »relativ geringe(n)

63 So OLG Frankfurt a. M. OLGR 2002, 154 Rn 45 mit Bezugnahme auf OLG München (bei (2)) und OLG Hamm (bei (3)).

64 OLG Nürnberg v. 9.7.2008 – 12 U 690/07, DB 2008, 2415. Besprechung durch Hommelhoff GmbHR 2010, 1328 ff.

65 Die (erfolgreiche) Klage gegen die Zuführung von 25 Mio Euro in die Gewinnrücklage bleibt hier außer Betracht; dazu näher OLG Nürnberg DB 2008, 2415, 2420 sowie Hommelhoff GmbHR 2010, 1328, 1330 ff.

66 OLG Nürnberg DB 2008, 2415, 2417.

67 OLG Nürnberg DB 2008, 2415, 2418.

68 OLG Nürnberg DB 2008, 2415, 2418.

Bankverbindlichkeiten« und »durchaus erfreulich(en)« Zukunftsprognosen. Die hohe Rücklagenbildung für erhebliche Investitionen (die im Einzelnen streitig blieben) überzeugte den Senat gleichfalls nicht, so dass »insgesamt die Abwägung zugunsten der Kläger ausfällt«.[69] Überraschend kommt der Senat dann aber zu dem Ergebnis, dass er dennoch einen Verstoß gegen die Treuepflicht nicht feststellen könne, weil die Entscheidung »nicht derart fehlerhaft« sei, »dass ein gerichtlicher Eingriff in den Kernbereich unternehmerischer Autonomie zulässig erscheint«. Der Beschluss berücksichtige zwar die gegenseitigen Interessen »nicht völlig ausgewogen« und verstoße wohl auch »gegen vernünftiges kaufmännisches Ermessen«, erscheine aber »nicht derart sachfremd und einseitig, dass die allenfalls zu überprüfenden äußersten Schranken hier schon verletzt wären«.[70]

Nach der zutreffenden Einschätzung von *Jens Ekkenga* ist die Entscheidung des OLG Nürnberg im Ergebnis nicht überzeugend.[71] Der Senat hat die gerichtliche Kontrolldichte zu restriktiv beschnitten.[72] Das Unbehagen war dem Senat anzumerken; den Ausschlag hat möglicherweise die umfängliche vorjährige Gewinnausschüttung gegeben.

(7) Das Urteil des OLG Brandenburg v. 31.3.2009[73] betrifft eine GmbH mit einem Minderheitsgesellschafter, der früher bei der Gesellschaft als Leiter der Buchhaltung beschäftigt war, im Jahre 2002 dann aber Anteile eines vormaligen Gesellschafters erwarb. Zur Finanzierung des Kaufpreises iHv 378.972 Euro für den Erwerb des Gesellschaftsanteils von 4,99 % wurde ein Kredit aufgenommen. Als nunmehriger Gesellschafter-Geschäftsführer verdiente er etwa 103.000 Euro brutto. Seit mehreren Jahren werden alle Gewinne thesauriert. Nach einem Gesellschafterbeschluss von 2004 sollten gewinnabhängige Vergütungen bezahlt werden. 2005 wurde er als Geschäftsführer abberufen und sein Dienstvertrag gekündigt. Die verbliebenen Gesellschafter-Geschäftsführer zahlen an sich hohe Tantiemen und nutzen teure von der GmbH geleaste Kfz (Porsche Cayenne). Der Klage auf Darlehensrückzahlung seitens der GmbH hielt das OLG Brandenburg den Einwand der Treuwidrigkeit entgegen: Der beklagte Minderheitsgesellschafter werde durch die »permanente Thesaurierung der Gewinne« einseitig benachteiligt, wodurch die Gesellschaftermehrheit gegen ihre Treupflicht verstoße.[74]

Dabei folgt der Senat der Ansicht, dass eine Thesaurierung der Gewinne in dem Umfang zulässig ist, »wie dies für eine sinnvolle wirtschaftliche Entwicklung der Gesellschaft erforderlich ist«.[75] Der darlegungs- und beweispflichtige

69 OLG Nürnberg DB 2008, 2415, 2419.
70 OLG Nürnberg DB 2008, 2415, 2419.
71 Ekkenga in MünchKommGmbHG 2025 § 29 Rn 167; ebenso Kersting in Noack/Servatius/Haas GmbHG 2025 § 29 Rn 36 Fn 57.
72 Dazu näher unten (10).
73 OLG Brandenburg ZIP 2009, 1955 = GmbHR 2009, 825 m. zust. Anm. Schodder EWiR 2009, § 29 GmbHG 1/09.
74 OLG Brandenburg ZIP 2009, 1955, 1957.
75 OLG Brandenburg ZIP 2009, 1955, 1958.

Minderheitsgesellschafter habe überzeugend nachgewiesen, dass die wirtschaftliche Entwicklung der GmbH keinesfalls eine derart hohe und permanente Thesaurierung erfordere (hier: Vollthesaurierung über 7 Jahre in einer das Stammkapital um mehr als das Doppelte übersteigenden Höhe). Dem Minderheitsgesellschafter wurden auf diese Weise Gewinnausschüttungen iHv mehr als 200.000 Euro vorenthalten. Der Vortrag der GmbH zu den Gründen für die Thesaurierung sei »unzureichend«.[76]

(8) Das OLG Koblenz formuliert im Urteil v. 1.2.2018[77] zur Anfechtungsklage der Hauptgesellschafterin (34 %) gegen einen von ihren Mitgesellschaftern (2 x 25,5 % und 15 %) getroffenen Gewinnverwendungsbeschluss, dass es bei der Prüfung der Treuwidrigkeit der nach Maßgabe von § 254 Abs. 1 AktG zu treffenden Abwägungsentscheidung darauf ankomme, ob diese »auf der Grundlage einer objektivierten kaufmännischen Beurteilung unter den Gesichtspunkten der Erforderlichkeit und Verhältnismäßigkeit« ergangen sei. Sei dies nicht eindeutig festzustellen, so müsse die unternehmerische Entscheidungsfreiheit der Mehrheit respektiert werden. Ein Fall des »systematischen ‚Aushungerns' des Minderheitsgesellschafters« liege hier nicht vor, da aus dem Jahresüberschuss iHv etwa 470.000 Euro ein Teilbetrag von 100.000 Euro ausgeschüttet worden war (anteilig auf die Klägerin 34.000 Euro).[78] Die wechselseitigen Sachverhaltsdarstellungen zur Notwendigkeit der Thesaurierung (hier: Errichtung eines MVZ und möglicherweise verschlechterte Ertragsaussichten) seien jeweils nachvollziehbar, der Vortrag der GmbH für die Notwendigkeit der Thesaurierung mithin nicht unplausibel und damit die Abwägungsentscheidung nicht unvertretbar.[79]

(9) Das soweit ersichtlich letzte einschlägige Urteil stammt vom OLG Zweibrücken v. 28.5.2019.[80] Der Senat folgt der Abwägungsmaxime des OLG Koblenz[81] und formuliert, dass die Weigerung der Gesellschaftermehrheit, »überhaupt (irgendwelche) Gewinne auszuzahlen«, treuwidrig sei.[82] Die bekl. GmbH habe keine plausiblen Argumente für eine Vollthesaurierung vorgebracht. Auch wenn grundsätzlich ein treuwidriger Gewinnverwendungsbeschluss zunächst angefochten und nur damit verbunden eine positive Leistungsklage erhoben werden könne,[83] wurde hier ausnahmsweise dem Minderheitsgesellschafter ein direkter Anspruch auf Auszahlung des anteiligen vollständigen Gewinns eingeräumt.[84] Denn das Gesetz sehe »die Gewinnausschüttung als den Regelfall« an und eine hiervon abweichende Thesaurierungsentscheidung müsse überzeugend begründet sein.

76 OLG Brandenburg ZIP 2009, 1955, 1958.
77 OLG Koblenz GmbHR 2018, 1016.
78 OLG Koblenz GmbHR 2018, 1016, 1018 f.
79 OLG Koblenz GmbHR 2018, 1016, 1019.
80 OLG Zweibrücken v. 28.5.2019 – 5 U 89/18, BeckRS 2019, 28187. Der Rechtsstreit wurde in der Revisionsinstanz außergerichtlich verglichen; vgl. BGH v. 22.10.2019 – II ZR 136/19, BeckRS 2019, 28186. Zur Problematik näher Trinks NZG 2021, 587 ff.
81 Siehe (8).
82 OLG Zweibrücken BeckRS 2019, 28187 Rn 31.
83 Siehe OLG Zweibrücken BeckRS 2019, 28187 Rn 35 ff.
84 OLG Zweibrücken BeckRS 2019, 28187 Rn 29.

2. *Zusammenfassende Betrachtung*

Festhalten lässt sich, dass in der Rechtsprechung einheitlich eine interessenorientierte Abwägungsentscheidung gefordert wird. Das anerkannte unternehmerische Ermessen der Mehrheit wird regelmäßig auf Abwägungsfehler überprüft. Unterschiedlich entscheiden die Gerichte im Hinblick auf ihre Kontrolldichte: Teilweise wird auf Plausibilität, teilweise auf kaufmännische Sinnhaftigkeit, teilweise auf Vertretbarkeit abgestellt. Als Ausreißer stellt sich die restriktive Sichtweise des OLG Nürnberg[85] dar.[86]

V. Zwischenergebnis und weitere Einzelheiten

1. *Abwägungsentscheidung*

Ausgangspunkt für die Pflichtenlage der Mehrheit gegenüber der Minderheit ist nach ganz hM die Schrankenfunktion der Treuebindung: Mitgliedschaftliche Interessen der Mitgesellschafter dürfen nach allgemeinen Grundsätzen nur beeinträchtigt werden, wenn und soweit dies im Gesellschaftsinteresse erforderlich ist. Dabei ist von mehreren Möglichkeiten die schonendste zu wählen; es gilt mithin der Grundsatz der Verhältnismäßigkeit.[87] Eine Gewinnthesaurierung ist damit unzulässig, wenn sie bei vernünftiger kaufmännischer Beurteilung nicht notwendig ist, um die Lebens- und Widerstandsfähigkeit der Gesellschaft für einen überschaubaren Zeitraum zu sichern.[88] Dies bedeutet: Eine in der Gesamtwürdigung kaufmännisch nicht gerechtfertigte Reservenbildung ist nur dann zulässig, wenn alle Gesellschafter zustimmen,[89] andernfalls ist der Ergebnisverwendungsbeschluss treuwidrig.[90] Es spricht nichts dagegen, sich bei der Interessenabwägung an dem in § 254 Abs. 1 AktG ausformulierten Maßstab zu orientieren.[91] Im konkreten Ergebnis sollte es indes keinen Unterschied machen, ob die Wahrung der Interessen der Gesellschafterminderheit allein

85 Siehe oben (6).

86 Wie hier Kersting in Noack/Servatius/Haas GmbHG 2025 § 29 Rn 36 Fn 57; kritisch auch Ekkenga in MünchKommGmbHG 2025 § 29 Rn 167; zur vermeintlich abweichenden Position von Hommelhoff noch unten V. 4.

87 Richtig Kersting in Noack/Servatius/Haas GmbHG 2025 § 29 Rn 34 mit Bezugnahme auf Beurskens ebd. § 13 Rn 64; ebenso Leuschner in Habersack/Casper/Löbbe GmbHG 2020 § 29 Rn 132; Ekkenga in MünchKommGmbHG 2025 § 29 Rn 172.

88 Wie hier OLG Brandenburg ZIP 2009, 1955 = GmbHR 2009, 825; OLG Nürnberg DB 2008, 2415, 2418; ähnlich OLG Hamm GmbHR 1992, 458.

89 So auch Verse in Scholz GmbHG 2024 § 29 Rn 66; explizit auch OLG Hamm GmbHR 1992, 458, 459.

90 Wie hier Kersting in Noack/Servatius/Haas GmbHG 2025 § 29 Rn 36; nachdrücklich auch OLG Hamm GmbHR 1992, 458, 459.

91 Wie hier Verse in Scholz GmbHG 2024 § 29 Rn 55 ff; Leuschner in Habersack/Casper/Löbbe GmbHG 2020 § 29 Rn 130 ff; Kersting in Noack/Servatius/Haas GmbHG 2025 § 29 Rn 32; Heusel/M. Goette GmbHR 2017, 385, 390; OLG Koblenz GmbHR 2018, 1016.

auf die Treuepflicht gestützt wird oder ergänzend der tatbestandliche Maßstab des § 254 Abs. 1 AktG (ohne die starre 4 %-Grenze) mitherangezogen wird.[92]

2. *Abwägungskriterien für die Ermessensentscheidung über die Gewinnverwendung*

In die Abwägung sind auf *Seiten der GmbH* sämtliche für die Beurteilung des Eigenkapitalbedarfs relevanten Umstände einzubeziehen.[93] Dies gilt zunächst für die zur Verfolgung des Gesellschaftszwecks erforderlichen Mittel einschließlich einer angemessenen Investitionsplanung für die weitere Entwicklung,[94] die Vermögens-, Finanz- und Ertragslage der Gesellschaft, vor allem die bereits vorhandene Eigenkapitalausstattung,[95] ferner Kreditfähigkeit und Grad der Ausschöpfung bereits vorhandener Kreditrahmen,[96] allgemeine Wirtschaftslage und Marktsituation.[97]

Dem Finanzierungsinteresse der GmbH ist auf *Seiten des Minderheitsgesellschafters* dessen legitimes Ausschüttungsinteresse[98] gegenüberzustellen, namentlich sein Interesse an einer angemessenen Rendite für den Kapitaleinsatz,[99] ferner sein Interesse mit der Beteiligung zusammenhängende Steuerlasten in Grenzen zu halten[100] (insbesondere drohende Erbschaft- bzw. Schenkungssteuer bei Wertzuwachs des Anteils infolge von permanenten Thesaurierungen).[101] Zu berücksichtigen ist dabei das Ausmaß früherer Gewinnausschüttungen.[102]

Die persönlichen Bedürfnisse bzw. die Ausgabenplanung des Minderheitsgesellschafters spielen hingegen grundsätzlich keine Rolle;[103] denn das Dividendeninteresse

92 In diesem Sinne bereits Bayer in Lutter/Hommelhoff GmbHG 2023 Anh § 47 Rn 58; Römermann in Michalski/Heidinger/Leible/Schmidt GmbHG 2023 Anh § 47 Rn 349.

93 Siehe auch umfangreiche Auflistung bei OLG Nürnberg DB 2008, 2415, 2418; vgl. weiter Hommelhoff GmbHR 2010, 1328, 1329 f.; OLG Brandenburg ZIP 2009, 1955, 1958.

94 Verse in Scholz GmbHG 2024 § 29 Rn 58; Kersting in Noack/Servatius/Haas GmbHG 2025 § 29 Rn 34; Anzinger in BeckOGKGmbH 2024 § 29 Rn 485 ff.

95 Verse in Scholz GmbHG 2024 § 29 Rn 58; Kersting in Noack/Servatius/Haas GmbHG 2025 § 29 Rn 34; Möller/Heiser in MünchHdBGmbH 2023 § 57 Rn 63.

96 Verse in Scholz GmbHG 2024 § 29 Rn 58; Kersting in Noack/Servatius/Haas GmbHG 2025 § 29 Rn 34; Anzinger in BeckOGKGmbH 2024 § 29 Rn 487.

97 Verse in Scholz GmbHG 2024 § 29 Rn 58; Kersting in Noack/Servatius/Haas GmbHG 2025 § 29 Rn 34; Anzinger in BeckOGKGmbH 2024 § 29 Rn 487.

98 Betont von Ekkenga in MünchKommGmbHG 2025 § 29 Rn 169.

99 Wie hier Verse in Scholz GmbHG 2024 § 29 Rn 59.

100 Betont von Liebs DB 1986, 2421, 2422; Anzinger in BeckOGKGmbH 2024 § 29 Rn 489.

101 Verse in Scholz GmbHG 2024 § 29 Rn 59 im Anschluss an Hommelhoff GmbHR 2010, 1328, 1330.

102 Leuschner in Habersack/Casper/Löbbe GmbHG 2020 § 29 Rn 133; Verse in Scholz GmbHG 2024 § 29 Rn 59; Anzinger in BeckOGKGmbH 2024 § 29 Rn 489; OLG Nürnberg DB 2008, 2415, 2418.

103 Leuschner in Habersack/Casper/Löbbe GmbHG 2020 § 29 Rn 133; Verse in Scholz GmbHG 2024 § 29 Rn 59; Ekkenga in MünchKommGmbHG 2025 § 29 Rn 169; Hommelhoff ZGR 1986, 418, 432; aA Einhaus/Selter GmbHR 2016, 1177, 1184.

als solches, mithin das Interesse auf angemessene Gewinnverteilung, betrifft das Gewinnbezugsrecht des Gesellschafters als Mitglied der GmbH und ist daher unmittelbar gesellschaftsbezogen, während die persönliche Ausgabenplanung reine Privatsache ist.[104] Eine andere Beurteilung kommt in Betracht, wenn die Gewinnausschüttung – auch ohne Anhalt im Gesellschaftsvertrag – generell zum Lebensunterhalt der Gesellschafter bestimmt sein soll.[105]

3. *Beurteilungsspielraum*

Die hM billigt der Gesellschaftermehrheit im Hinblick auf die Entscheidung, ob der behauptete Eigenkapitalbedarf bei vernünftiger kaufmännischer Beurteilung gegeben ist,[106] grundsätzlich einen weiten Beurteilungsspielraum im Sinne einer Einschätzungsprärogative[107] zu.[108] Es handelt sich im Kern um eine »unternehmerische Entscheidung«.[109] Zweifelhaft ist allerdings die vielfach vertretene[110] Parallele zu der für das Handeln von Vorständen und Geschäftsleitern entwickelten und speziell die Haftung konkretisierende Business Judgment Rule entsprechend § 93 Abs. 1 S. 2 AktG.[111] Überzeugender ist es vielmehr, die aus der Treuebindung abzuleitende Ermessensentscheidung als Pflichtaufgabe zu qualifizieren, mit der Konsequenz, dass sich der Beurteilungsspielraum enger am legislatorischen Ziel eines verhältnismäßigen Ausgleichs der divergierenden Interessen zu orientieren hat.[112] Dies liegt insbesondere dann nahe, wenn man – wofür mit der hM viel spricht[113] – der Ermessensentscheidung die tatbestandlichen Maßstäbe des § 254 Abs. 1 AktG als Anhaltspunkte zugrunde legt. Jedenfalls ist diese Sichtweise im Interesse eines effektiven

104 So nachdrücklich Kersting in Noack/Servatius/Haas GmbHG 2025 § 29 Rn 35.

105 Verse in Scholz GmbHG 2024 § 29 Rn 59; Kersting in Noack/Servatius/Haas GmbHG 2025 § 29 Rn 35.

106 Siehe nochmals Ekkenga in MünchKommGmbHG 2025 § 29 Rn 172.

107 So ausdrücklich Leuschner in Habersack/Casper/Löbbe GmbHG 2020 § 29 Rn 132; vgl. weiter Möller/Heiser in MünchHdBGmbH 2023 § 57 Rn 63.

108 Siehe Verse in Scholz GmbHG 2024 § 29 Rn 58; Kersting in Noack/Servatius/Haas GmbHG 2025 § 29 Rn 36; v. Selle in Henssler/Strohn GesR 2024 § 29 GmbHG Rn 44; aus der Rspr nochmals OLG Hamm GmbHR 1992, 458, 459; OLG Nürnberg DB 2008, 2415, 2420; OLG Koblenz GmbHR 2018, 1016, 1018; strenger indes OLG Brandenburg ZIP 2009, 1955, 1957 f.

109 Hommelhoff GmbHR 2010, 1328, 1329.

110 Siehe nur Verse in Scholz GmbHG 2024 § 29 Rn 58; Leuschner in Habersack/Casper/Löbbe GmbHG 2020 § 29 Rn 134; Kersting in Noack/Servatius/Haas GmbHG 2025 § 29 Rn 36; Hommelhoff GmbHR 2010, 1328, 1329.

111 Wie hier kritisch auch Altmeppen GmbHG 2023 § 29 Rn 30 (»nicht viel gewonnen«); Trinks NZG 2021, 587, 590; Einhaus/Selter GmbHR 2016, 1177, 1183; Schockenhoff ZGR 2023, 1, 29; abl. auch die hM im Aktienrecht, vgl. LG Frankfurt v. 15.12.2016 – 3-5 O 154/16, juris Rn 92 ff; Arnold in KölnKommAktG 3. Aufl. § 254 Rn 17; ausf. J. Koch FS Heidel 2021 S. 849, 866 ff.

112 Siehe überzeugend Koch AktG 19. Aufl. 2025 § 254 Rn 7b.

113 Siehe oben III. 2. b) cc).

Minderheitenschutzes geboten.[114] Die Unternehmenstätigkeit der wirtschaftlich ausgerichteten GmbH ist kein Selbstzweck, sondern dient letztendlich der Gewinnerzielung der Gesellschafter. Der vom OLG Brandenburg benutzten Formulierung, dass die »Gewinnausschüttung [...] der Normalfall in einer GmbH (ist)«,[115] ist daher uneingeschränkt zuzustimmen. Eine Thesaurierung erwirtschafteter Gewinne ist mithin nur dann zulässig und nicht treuwidrig, wenn die Stärkung der Eigenkapitalbasis im Interesse der GmbH erforderlich ist.[116] Eine kaufmännisch nicht mehr vertretbare Reservenbildung ist hingegen treuwidrig.[117]

4. Gerichtlicher Kontrollmaßstab

Wie ausgeführt, muss die Ermessensentscheidung einer vernünftigen kaufmännischen Beurteilung entsprechen (vgl. § 254 Abs. 1 AktG). Daraus ist abzuleiten, dass die Abwägungsentscheidung für das Gericht[118] nachvollziehbar und plausibel begründet ist.[119] Zu eng wäre es, die gerichtliche Kontrolldichte darauf zu beschränken, ob die Ermessensentscheidung »evident unvertretbar« ist; das Gericht hat vielmehr sehr sorgfältig nachzuprüfen, »ob die Thesaurierungsentscheidung die Grenzen des Vertretbaren überschreitet«.[120] Diese Grenze ist überschritten, wenn die Mehrheitsentscheidung sich nicht mehr »als sinnvolle Ausübung des kaufmännischen Ermessens« darstellt.[121]

Diesen Anforderungen ist das OLG Nürnberg[122] nicht gerecht geworden, sondern hat sich zu Lasten des Minderheitenschutzes zu weit zurückgenommen.[123] Es hat insbesondere den Zusammenhang verkannt, den die Autoren aufstellen, wenn sie ausführen, dass die Ermessensentscheidung vom Gericht nur dann aufgehoben werden

114 So auch (im Aktienrecht) LG Frankfurt v. 15.12.2016 – 3–5 O 154/16, juris Rn 92 ff; ausf. J. Koch FS Heidel 2021 S. 849, 866 ff.

115 Siehe OLG Brandenburg ZIP 2009, 1955 = GmbHR 2009, 825; dazu bereits oben IV. 1. (7).

116 Die Erforderlichkeit betonend auch v. Selle in Henssler/Strohn GesR 2024 § 29 GmbHG Rn 44; Ekkenga in MünchKommGmbHG 2025 § 29 Rn 169, 172; OLG Hamm GmbHR 1992, 458, 459.

117 So dezidiert Heusel/M. Goette GmbHR 2017, 385, 390; idS auch schon Röhricht FS Kellermann 1991 S. 361, 382; zu restriktiv hingegen Einhaus/Selter GmbHR 2016, 1177, 1183.

118 Zur Darlegungs- und Beweislast sogleich unter 5.

119 Wie hier Leuschner in Habersack/Casper/Löbbe GmbHG 2020 § 29 Rn 132; Pentz in Rowedder/Pentz GmbHG 2022 § 29 Rn 86.

120 So zu Recht Leuschner in Habersack/Casper/Löbbe GmbHG 2020 § 29 Rn 130, 132; insoweit folgend auch Möller/Heiser in MünchHdBGmbH 2023 § 57 Rn 63.

121 So dezidiert Schön in 5. Hachenburg-Gedächtnisvorlesung 2002 S. 17, 38.

122 Näher oben IV. 1. (6).

123 Wie hier auch Kersting in Noack/Servatius/Haas GmbHG 2025 § 29 Rn 36 Fn 57; Ekkenga in MünchKommGmbHG 2025 § 29 Rn 167.

könne, wenn das Abwägungsergebnis »evident unvertretbar« sei.[124] Denn diese Beschränkung hat zur Voraussetzung, dass der Entscheidungsprozess die strukturellen Leitlinien der Business Judgment Rule strikt beachtet hat, nämlich (1) die Sammlung der notwendigen Informationen im Entscheidungsprozess, (2) die Ausrichtung der Entscheidung auf das Gesellschaftsinteresse, mithin nicht (!) auf das Interesse der Gesellschaftermehrheit, (3) die sorgfältige Abwägung aller relevanten Gesichtspunkte und möglicherweise widerstreitender Interessen einschließlich derjenigen der Gesellschafterminderheit.[125] Werden diese Kriterien nicht beachtet – wie im Fall des OLG Nürnberg –, so ist auch nach dieser Ansicht »die Prüfdichte zu erhöhen«, so dass an die Stelle des Maßstabs der evidenten Unvertretbarkeit eine »engmaschigere Vertretbarkeitskontrolle« tritt.[126]

Wie bereits ausgeführt, ist der Parallelziehung zur Business Judgment Rule jedoch bereits vom Ansatz her nicht zu folgen,[127] weil es dort um haftungsprivilegiertes Managementhandeln geht, während hier ein Mehrheits-Minderheits-Konflikt zu entscheiden ist und regelmäßig ein Interessenkonflikt vorliegt, der die Anwendung der Business Judgment Rule[128] von vornherein ausschließt.[129]

Im Ergebnis werden im Rahmen einer Abwägungsentscheidung über die Gewinnverwendung die Kriterien der Business Judgment Rule regelmäßig nicht erfüllt sein (können), so dass die unterschiedlichen Ansätze regelmäßig nicht zu unterschiedlichen Kontrolldichten führen. Es bleibt daher bei der Feststellung, dass das Gericht regelmäßig sehr sorgfältig nachzuprüfen hat, »ob die Thesaurierungsentscheidung die Grenzen des Vertretbaren überschreitet«.[130] Dies gilt insbesondere in »einer geschlossenen Gesellschaft mit stabilen Mehrheitsverhältnissen«: Hier kommt mit gutem Grund »eine volle Inhaltskontrolle des Beschlusses« in Betracht.[131]

124 So Hommelhoff GmbHR 2010, 1328, 1329; folgend Verse in Scholz GmbHG 2024 § 29 Rn 58.

125 So nachdrücklich Hommelhoff GmbHR 2010, 1328, 1329; vgl. weiter Verse in Scholz GmbHG 2024 § 29 Rn 58.

126 So nachdrücklich auch Verse in Scholz GmbHG 2024 § 29 Rn 58; ausf. auch Harnos, Gerichtliche Kontrolldichte im Gesellschaftsrecht, 2021 S. 660 ff.

127 Siehe oben 4.

128 Zum Fehlen eines Interessenkonflikts als ungeschriebene Voraussetzung der Business Jugdment Rule vgl. nur Koch AktG 18. Aufl. 2024 § 93 Rn 55 ff; zur GmbH etwa Verse in Scholz GmbHG 2024 § 43 Rn 91 ff; Bayer/Ceesay in BeckOGKGmbHG 1.9.2024 § 43 Rn 167 mwN.

129 Konzediert von Verse in Scholz GmbHG 2024 § 29 Rn 58; so deutlich auch Harnos, Gerichtliche Kontrolldichte im Gesellschaftsrecht, 2021 S. 660 f.

130 Siehe nochmals Leuschner in Habersack/Casper/Löbbe GmbHG 2020 § 29 Rn 130, 132; Möller/Heiser in MünchHdBGmbH 2023 § 57 Rn 63; in diese Richtung auch Renkl DB 1986, 1108, 1109 (»sachgerechte Interessenabwägung«).

131 So explizit Harnos, Gerichtliche Kontrolldichte im Gesellschaftsrecht, 2021 S. 661. So auch zu § 254 AktG Austmann in MünchHdBAG 6. Aufl. 2024 § 42 Rn 190: »Diese an sich unternehmerische Entscheidung wird zur vollen Überprüfung des Gerichts gestellt«.

5. *Darlegungs- und Beweislast*

Ebenso wie im Aktienrecht für die tatbestandlichen Voraussetzungen des § 254 Abs. 1 AktG[132] trägt auch die Gesellschaftermehrheit – im Prozess die GmbH – die Darlegungs- und Beweislast für den Grund der Thesaurierung.[133] Sie muss Inhalt und Umfang des ausgeübten kaufmännischen Ermessens präzise darlegen und den Tatsachen- und Erwägungsstoff so plausibel und substantiiert vortragen, dass dem Gericht eine Überprüfung der Ermessensentscheidung überhaupt erst ermöglicht wird.[134] Dem *Minderheitsgesellschafter* obliegt es dann, darzulegen und zu beweisen, dass die Gesellschaft aufgrund der vorliegenden Tatsachen kein schutzwürdiges Thesaurierungsinteresse ableiten kann bzw. das Ausschüttungsinteresse des Minderheitsgesellschafters überwiegt.[135] Dies gilt nach der zutreffenden Einschätzung unseres *Jubilars* auch für die Behauptung, dass die GmbH den Eingriff in das Mitgliedschaftsrecht durch eine Kreditfinanzierung hätte vermeiden können.[136]

6. *Rechtsfolgen*

Ist ein Gewinnverwendungsbeschluss *rechtsmissbräuchlich*[137] oder verstößt er gegen die *mitgliedschaftliche Treuepflicht*, so ist er nach allgemeiner Ansicht anfechtbar.[138] Ein rechtswidriger Gewinnverwendungsbeschluss wird (rückwirkend) für nichtig erklärt.[139] Anfechtbar ist der Verwendungsbeschluss stets auch dann, wenn überhaupt keine Abwägung zwischen dem Interesse der GmbH und dem Ausschüttungsinteresse des Minderheitsgesellschafters stattgefunden hat.[140] Im Anfechtungsprozess ist eine Nachholung der Abwägung nicht mehr möglich.[141]

132 Siehe nur Koch AktG 2025 § 254 Rn 7c; Arnold in KölnKommAktG § 254 Rn 17; Drescher in Henssler/Strohn GesR 2024 § 254 AktG Rn 5.

133 Für alle: Verse in Scholz GmbHG 2024 § 29 Rn 60; Ekkenga in MünchKommGmbHG 2025 § 29 Rn 173; Einhaus/Selter GmbHR 2016, 1177, 1184 f.; Schockenhoff ZGR 2023, 1, 34.

134 Verse in Scholz GmbHG 2024 § 29 Rn 60; Ekkenga in MünchKommGmbHG 2025 § 29 Rn 173; Fleischer/Trinks NZG 2015, 289, 292; OLG Brandenburg ZIP 2009, 1955, 1958.

135 Verse in Scholz GmbHG 2024 § 29 Rn 60; Ekkenga in MünchKommGmbHG 2025 § 29 Rn 173; Leuschner in Habersack/Casper/Löbbe GmbHG 2020 § 29 Rn 135; Fleischer/Trinks NZG 2015, 289, 292; Trinks NZG 2021, 587, 589; OLG Brandenburg ZIP 2009, 1955, 1958; zu streng hingegen Einhaus/Selter GmbHR 2016, 1177, 1185.

136 So Ekkenga in MünchKommGmbHG 2025 § 29 Rn 173 gegen Leuschner in Habersack/Casper/Löbbe GmbHG 2020 § 29 Rn 134.

137 Speziell dazu Ekkenga in MünchKommGmbHG 2025 § 29 Rn 174.

138 Für alle: Hommelhoff in Lutter/Hommelhoff GmbHG 2023 § 29 Rn 28; Verse in Scholz GmbHG 2024 § 29 Rn 66; Ekkenga in MünchKommGmbHG 2025 § 29 Rn 173; vgl. weiter Bayer in Lutter/Hommelhoff GmbHG 2023 Anh § 47 Rn 58.

139 Verse in Scholz GmbHG 2024 § 29 Rn 66; Schockenhoff ZGR 2023, 1, 36.

140 OLG Frankfurt a. M. OLGR 2002, 154 Rn 45; OLG Nürnberg DB 2008, 2415, 2420; Hommelhoff GmbHR 2010, 1328, 1329; Mock in Michalski/Heidinger/Leible/Schmidt GmbHG 2023 § 29 Rn 195.

141 Hommelhoff in Lutter/Hommelhoff GmbHG 2023 § 29 Rn 24.

Weiterhin kommt ein *Schadensersatzanspruch* des Minderheitsgesellschafters wegen unterlassener bzw. verspäteter Gewinnausschüttung in Betracht[142], in besonders gravierenden Fällen auch ein *Austritt aus wichtigem Grund*.[143]

Umstritten ist die dogmatische Herleitung und technische Ausgestaltung, wenn der Minderheitsgesellschafter seinen *Anspruch auf Gewinnauszahlung durchsetzen* will.[144] Nach ganz hM ist eine Klage auf Fassung des Ausschüttungsbeschlusses sowie ggf. eine anschließende Klage auf Auszahlung erforderlich.[145] Aus prozessökonomischen Gründen ist eine Verbindung der Klagen sinnvoll und zulässig.[146] Diese können gleichfalls mit der Anfechtungsklage verbunden werden.[147]

Materieller Ausgangspunkt für die Klage auf Fassung eines die Ausschüttungsinteressen des Minderheitsgesellschafters wahrenden Verwendungsbeschlusses ist ein aus dem mitgliedschaftlichen Gewinnbezugsrecht abgeleiteter Anspruch eines jeden Gesellschafters.[148] Dabei wird zum einen vertreten, dass der Anspruch gegen die Mitgesellschafter auf Fassung *irgendeines* rechtmäßigen Verwendungsbeschlusses gerichtet ist, der dann (nur) auf dem schwierigen Weg des § 888 ZPO vollstreckt werden kann,[149] während nach anderer Ansicht der Minderheitsgesellschafter auf Fassung eines Verwendungsbeschlusses nach billigem Ermessen des Gerichts klagen kann, wobei sich die Vollstreckung nach § 894 ZPO richtet.[150] Vorzugswürdig ist jedoch die im Vordringen befindliche Ansicht, die jedem Gesellschafter einen nach Ablauf der Frist des § 42a Abs. 2 GmbHG fälligen Anspruch auf Fassung eines Beschlusses gibt, der auf Ausschüttung des gesamten ausschüttungsfähigen Jahresergebnisses, also auf Vollausschüttung, gerichtet ist;[151] dieser Anspruch ist richtigerweise im Wege

142 Hommelhoff in Lutter/Hommelhoff GmbHG 2023 § 29 Rn 26a; Verse in Scholz GmbHG 2024 § 29 Rn 63, 67; Leuschner in Habersack/Casper/Löbbe GmbHG 2020 § 29 Rn 123; ausf. Trinks NZG 2021, 593 ff.

143 So Goette DStR 2001, 533, 541 mit Bezugnahme auf den Sachverhalt bei BGH DStR 1997, 1336 (dort nicht entschieden); Verse in Scholz GmbHG 2024 § 29 Rn 60a; vgl. weiter Fleischer/Trinks NZG 2015, 294, 298; vgl. auch OLG Köln v. 26.3.1999 – 19 U 108/96, NZG 1999, 1222.

144 Leuschner in Habersack/Casper/Löbbe GmbHG 2020 § 29 Rn 140; Verse in Scholz GmbHG 2024 § 29 Rn 67; Möller/Heiser in MünchHdBGmbH 2023 § 57 Rn 72.

145 Leuschner in Habersack/Casper/Löbbe GmbHG 2020 § 29 Rn 140; Verse in Scholz GmbHG 2024 § 29 Rn 69.

146 Leuschner in Habersack/Casper/Löbbe GmbHG 2020 § 29 Rn 140; Verse in Scholz GmbHG 2024 § 29 Rn 69; v. Selle in Henssler/Strohn GesR 2024 § 29 GmbHG Rn 46.

147 Grunewald ZIP 2023, 885, 891; Schockenhoff ZGR 2023, 1, 35 f mwN.

148 Hommelhoff in Lutter/Hommelhoff GmbHG 2023 § 29 Rn 32; Verse in Scholz GmbHG 2024 § 29 Rn 62; Pentz in Rowedder/Pentz GmbHG 2022 § 29 Rn 67; obiter auch BGHZ 139, 299, 303 = NZG 1998, 985 = GmbHR 1998, 1177.

149 So OLG Düsseldorf NZG 2001, 1085, 1086; Heusel/M. Goette GmbHR 2017, 385, 389; dies entspricht auch der bislang hM im Aktienrecht; vgl. nur BGHZ 124, 111, 123 = NJW 1994, 520; Bayer in MünchKommAktG 6. Aufl. 2024 § 58 Rn 100 mwN.

150 So Pentz in Rowedder/Pentz GmbHG 2022 § 29 Rn 68 im Anschluss an Zöllner ZGR 1988, 392, 416 ff; v. Selle in Henssler/Strohn GesR 2024 § 29 GmbHG Rn 15.

151 Strikt abl. indes Heusel/M. Goette GmbHR 2017, 385, 389.

der Leistungsklage geltend zu machen und gleichfalls gem. § 894 ZPO vollsteckbar, mithin mit Rechtskraft des Urteils.[152] Sie vermeidet, dass das Gericht sein Ermessen anstelle des unternehmerischen Ermessens der Gesellschafter ausübt, wirkt gleichzeitig aber auch einer Verhinderungs- und Verzögerungstaktik der Mehrheit entgegen und gewährleistet somit einen effektiven Minderheitenschutz. Dem noch weitergehenden Ansatz unseres *Jubilars,* dass jedem Gesellschafter bereits mit Feststellung des Jahresabschlusses ein Gewinnanspruch zusteht, der bis zur Fassung des Ergebnisverwendungsbeschlusses lediglich in seiner Durchsetzbarkeit gehemmt ist,[153] so dass dieser Anspruch mit Ablauf der Frist des § 42a Abs. 2 GmbHG direkt durch Leistungsklage geltend gemacht werden könne,[154] steht entgegen, dass nach ganz hM erst durch einen Gewinnverwendungsbeschluss bzw. dessen Ersetzung durch rechtskräftiges Urteil (§ 894 ZPO) ein konkreter Gewinnanspruch entstehen kann.[155]

152 Hierfür Bork/Oepen ZGR 2002, 241, 266 ff; Trinks NZG 2021, 587, 588; Altmeppen GmbHG 2023 § 29 Rn 43; Leuschner in Habersack/Casper/Löbbe GmbHG 2020 § 29 Rn 123; Kersting in Noack/Servatius/Haas GmbHG 2025 § 29 Rn 43; v. Selle in Henssler/Strohn GesR 2024 § 29 GmbHG Rn 43, 46; Verse in Scholz GmbHG 2024 § 29 Rn 62 mwN; grundlegend G. Hueck FS Steindorff S. 45, 54; vgl. zur AG auch Schüppen FS Röhricht 2005 S. 571, 575 ff; Cahn/v. Spannenberg in Spindler/Stilz AktG 5. Aufl. 2022 § 58 Rn 97; Lieder in Bürgers/Lieder AktG 6. Aufl. 2025 § 58 Rn 34; sympathisierend Fleischer in K. Schmidt/Lutter AktG 5. Aufl. 2024 § 58 Rn 44; vgl. auch noch Bayer in MünchKommAktG 2024 § 58 Rn 100 mwN.

153 Siehe oben III. 2. a).

154 Siehe Ekkenga in MünchKommGmbHG 2025 § 29 Rn 78 ff.; grundlegend hierzu Hommelhoff FS Rowedder 1994 S. 171, 176 ff; vgl. auch noch aktuell Hommelhoff in Lutter/Hommelhoff GmbHG 2023 § 29 Rn 3 ff, 32 f.; jüngst wieder Schockenhoff ZGR 2023, 1, 36.

155 Siehe nur BGH NJW-RR 2004, 1343, 1344; BGHZ 139, 299, 302 = NJW 1998, 3646; BGHZ 137, 378, 381 = NJW 1998, 1559 (Tomberger); Verse in Scholz GmbHG 2024 § 29 Rn 78 ff; Hüffer/Schäfer in Habersack/Casper/Löbbe GmbHG 2020 § 46 Rn 22; Kersting in Noack/Servatius/Haas GmbHG 2025 § 29 Rn 44; Bork/Oepen ZGR 2002, 241, 270 (»unverzichtbar«); vgl. zur AG auch Bayer in MünchKommAktG 2024 § 58 Rn 98 mwN.

Spannungsverhältnis zwischen Gesellschaftsrecht und StaRUG? Eine kritische Betrachtung des asymmetrischen Bezugsrechtsausschlusses in Restrukturierungsplänen

Udo Becker

Der Jubilar hat sich umfassend mit dem Recht der Kapitalmaßnahmen auseinandergesetzt und eine wegweisende Neukommentierung der Thematik im Kölner Kommentar zum Aktiengesetz vorgenommen, welche auch die letzten Winkel dieses weiten Feldes ausleuchtet.[1] Die Ausführungen sind auch geeignet Licht ins Dunkel eines neu hinzugekommenen Teilgebiets zu bringen, nämlich in das Recht der Kapitalmaßnahmen in einem Restrukturierungsplan nach dem Gesetz über den Stabilisierungs- und Restrukturierungsrahmen für Unternehmen (Unternehmensstabilisierungs- und -restrukturierungsgesetz – StaRUG). Dies soll der folgende dem Jubilar gewidmete Beitrag zeigen.

I. Das StaRUG und seine problematische Anwendung im Einzelfall

Das auf die Restrukturierungsrichtlinie (RL EU 2019/1023) zurückgehende StaRUG ist seit dem 01.01.2021 in Kraft. Es soll Unternehmen eine außerinsolvenzliche Sanierung bereits bei nur drohender Zahlungsunfähigkeit ermöglichen.[2] Hierzu besteht die Möglichkeit, anstelle eines Insolvenzverfahrens ein Restrukturierungsverfahren einzuleiten. Dieses hält letztlich ähnliche Sanierungsinstrumente bereit wie ein Insolvenzplanverfahren, insbesondere auch die Möglichkeit der Vornahme von Kapitalmaßnahmen und Bezugsrechtsausschlüssen, § 7 Abs. 4 StaRUG. Diese Maßnahmen können mit Hilfe einer taktischen Gruppenbildung, § 9 StaRUG,[3] einer Vorauswahl

1 Ekkenga in KK-AktG, 3. Aufl. 2016, §§ 182–191; Ekkenga in KK-AktG, 3. Aufl. 2020, §§ 222–240; ergänzend im hier interessierenden Kontext Ekkenga in Handbuch der AG-Finanzierung, 2. Aufl. 2019, Kap. 15, Rn. 79 ff.

2 Zu der sehr eingeschränkten Möglichkeit der Kontrolle des tatsächlichen Vorliegens der drohenden Zahlungsunfähigkeit ausführlich Kramer in BeckOK StaRUG, 01.04.2025, § 29, Rn. 28 ff. und noch ausführlich unten IV., 3., c), V., 2., b), cc).

3 Zu den Missbrauchsgefahren Ekkenga/U. Becker in Handbuch der AG-Finanzierung, Kap. 16, Rn. 47, 62 ff. m.w.N.; vgl. auch die umfassende und zum großen Teil berechtigte Kritik bei Zündorf, Die Sanierungsentscheidung, 2025, S. 299 ff., 457 ff.; Beispiel für einen Missbrauch bei geplanter Formung einer Gruppe zustimmender und einer Gruppe ablehnender Beteiligter AG München, 15.02.2023, 1507 RES 3229/22, BeckRS 2023, 4140.

von Planbetroffenen, § 8 StaRUG,[4] und des Obstruktionsverbotes, § 26 StaRUG, unter anderem gegen opponierende Anteilsinhaber durchgesetzt werden.

In den Fokus der jüngeren Diskussion sind Fälle gerückt, in welchen diese Instrumente auf börsennotierte Aktiengesellschaften angewandt wurden.[5] Wirtschaftliches Ergebnis war der abfindungslose Ausschluss potentiell sanierungswilliger Gesellschafter aus der Gesellschaft,[6] sowie reine Umstrukturierungen des Eigenkapitals ohne Beeinträchtigung von Gläubigerrechten.[7] Bisweilen sind die Pläne nicht von einer (qualifizierten) Mehrheit der Gesellschafter getragen, sondern »nur« von einem Zusammenwirken zwischen Minderheitsgesellschafter, Verwaltung und Gläubigern.[8]

Kritik an diesem Vorgehen erfolgt nicht nur aus der Wissenschaft,[9] sondern auch von Anlegerschützern.[10] Letztere wird gerade von Insolvenzverwaltern und deren Verbänden oftmals als Lobbyarbeit abgetan.[11] Das Ziel der Sanierung der Gesellschaft sei höher zu gewichten als der durch das Gesellschaftsrecht verbürgte Schutz der (Klein-)Anleger.[12]

Dies wirft die Frage auf, ob die Prämisse dieser Meinungsgruppe, nämlich das Bestehen eines Konflikts zwischen Gesellschafterinteressen und Sanierungsziel, in diesen Fällen tatsächlich zutrifft. Es wird im Folgenden zu zeigen sein, dass dies bei richtigem Verständnis des StaRUG nicht der Fall ist.

4 Exemplarisch AG Dresden, 27.11.2023, 572 RES 1/23, BeckRS 2023, 39347, »Softline-AG«.

5 Das wohl jüngste Beispiel bildet die Voxeljet AG, vgl. Mitteilung vom 30.04.2025 – https://s26.q4cdn.com/298067288/files/doc_news/voxeljet-AG-Announces-Financial-Restructuring-With-StaRUG-Procedure-After-General-Meeting-Rejects-Approval-of-the-Sale-of-the-Busines-V69J5.pdf zuletzt abgerufen am 20.07.2025.

6 LG Stuttgart, 21.01.2025, 1 T 12/24, ZRI 2025, 208, »Varta AG«, jedenfalls wurde deren Investitionsbereitschaft nicht abgefragt, vgl. B., II., 4., d), e); eine der nachfolgenden Verfassungsbeschwerden wurde als unzulässig verworfen, BVerfG, 28.02.2025, 1 BvR 418/25, NZI 2025, 371.

7 AG Dresden, 27.11.2023, 572 RES 1/23, BeckRS 2023, 39347, »Softline-AG«; AG München, 15.02.2023, 1507 RES 3229/22, BeckRS 2023, 4140.

8 AG Nürnberg, 21.06.2023, RES 397/23, NZI 2023, 881, »Leoni AG«.

9 Mock, NZG 2024, 769 ff.; ders. ZRI 2024, 1026 ff.; tendenziell zustimmend Lieder in MüKo GmbHG, 5. Aufl. 2025, § 55, Rn. 89.

10 Die neben der zwischenzeitlich ohne inhaltliche Auseinandersetzung als unzulässig verworfene Verfassungsbeschwerde Az. 1 BvR 418/25 weiter erhobene Verfassungsbeschwerde Az. 2 BvR 1531/24 wurde von der SdK Schutzgemeinschaft der Kapitalanleger e.V. München und der DSW – Deutsche Schutzvereinigung für Wertpapierbesitz e.V. Düsseldorf unterstützt.

11 Vgl. exemplarisch die Wiedergabe der Stellungnahme des Gesetzgebungsausschusses Insolvenzrecht im DAV von Christoph Morgen auf dem Deutschen Insolvenzrechtstag in Berlin, die Kritik sei »Stimmungsmache«, INDat Report 2025, 50 (50).

12 Fridgen in BeckOK StaRUG, § 7, Rn. 73 m.w.N.

II. Eine ökonomische Annäherung: Wem »gehört« ein drohend zahlungsunfähiges Unternehmen und wie ist dieser wirtschaftliche Eigentümer ausfindig zu machen?

Der oben skizzierte Konflikt zwischen Gesellschafterinteressen und Sanierungsziel würde von vorneherein nicht bestehen, wenn die genannten Restrukturierungspläne nicht in Gesellschafterinteressen eingreifen würden. Im Falle eines insolventen (ökonomisch)[13] überschuldeten Unternehmens ist dies definitionsgemäß nicht der Fall: Neuer wirtschaftlicher Eigentümer sind nicht mehr die Gesellschafter, sondern diejenigen Gläubiger, zu deren vollständiger Befriedigung das schuldnerische Vermögen nicht mehr ausreicht.[14] Die Gesellschafter sind in diesem Fall als interessenlos in Bezug auf ihre Anteile anzusehen, sie sind »aus dem Geld«[15]. Bei nur drohender Zahlungsunfähigkeit, also der Eingangsvoraussetzung zum StaRUG, ist die Bestimmung des wirtschaftlichen Eigentümers bedeutend schwieriger: Der Anteil kann wertlos sein, muss es aber nicht.[16] Diese Abgrenzung wäre unproblematisch, wenn der »tipping point« präzise bestimmt werden könnte.[17]

1. *Klassische Annäherung: Unternehmensbewertung durch Gutachter*

Eine Methode zur Bestimmung des Residualberechtigten ist die Unternehmensbewertung durch einen Gutachter. Hintergrund ist, dass der Wert des Unternehmens zwischen den Beteiligten oftmals streitig sein wird. Angenommen in einem Unternehmen sind drei Klassen von Beteiligten vorhanden: vier Gesellschafter G1-G4, die mit je 25 % am Unternehmen beteiligt sind, vier Insolvenzgläubiger I1-I4 mit jeweils einer Forderung von 100 und je vier gesicherte Gläubiger S1-S4 mit jeweils einer Forderung von 100. Geht man davon aus, dass kein Beteiligter des insolventen Unternehmens mehr bekommen soll, als ihm außerhalb der Insolvenz zustünde, so wird um den Unternehmenswert quasi zwangsläufig gestritten werden: Die Gesellschafter werden für einen möglichst hohen Unternehmenswert argumentieren, da ihre Stimme in diesem Fall ein höheres Gewicht hätte, denn die Schwelle zum Eingreifen des Obstruktionsverbotes, § 26 Abs. 1 Nr. 1 StaRUG, wäre höher. Auch wäre eine an sie zu zahlende Abfindung, § 7 Abs. 4 S. 2 StaRUG, höher zu bemessen. Aus

13 Steffek in K/P/B InsO, 103. EL 03/2025, § 19, Rn. 25; Drukarczyk/Schüler in MüKo InsO, 4. Aufl. 2020, § 245, Rn. 79.

14 Vertiefend U. Becker, Insolvenzverwalterhaftung bei Unternehmensfortführung, S. 15 f.

15 Ekkenga/U. Becker in Handbuch der AG-Finanzierung, Kap. 16, Rn. 13.

16 Kuntz, ZIP 2021, 597, 602; Schlöder, Shift of Fiduciary Duties 2024, S. 14 ff.,136 ff; Fridgen in BeckOK StaRUG, § 7, Rn. 57; a.A. offenbar Streit/Bürk in Uhlenbruck, InsO, 16. Aufl. 2023, § 7 StaRUG, Rn. 104; Kürth, NZI 2025, 249, 250; natürlich *kann* der Anteil auf Grundlage einer Unternehmensbewertung wertlos sein.

17 Dies ist nicht der Fall, vgl. ausführlich Jackson, The logic and limits of bankruptcy law, 1986, S. 197 ff.

den spiegelbildlichen Gründen werden die Insolvenzgläubiger für einen niedrigeren Unternehmenswert argumentieren. Dieser Konflikt besteht letztlich zwischen jedem Rang, also auch zwischen Insolvenzgläubigern und Massegläubigern (§ 210a InsO).

Ließe sich der Fortführungswert des Unternehmens zweifelsfrei durch einen Gutachter feststellen, so wäre dies nicht weiter problematisch, der Residualberechtigte könnte »gefunden« werden. Allerdings wird die Bewertung des Unternehmens von den Beteiligten aufgrund der oben genannten Interessenlage in Frage gestellt werden, was zu zeit- und kostenaufwändigen Streitigkeiten führen kann.[18] Diese und andere Probleme kann man in Kauf nehmen und eine Unternehmensbewertung als zwar nicht »perfekt«, aber eben doch »gut genug« für die Sanierungspraxis akzeptieren.[19]

2. *Alternatives Modell: Unternehmensbewertung durch die Beteiligten durch eingeräumte Optionen*

Eine andere Methode zur Bestimmung des wirtschaftlichen Eigentümers eines Unternehmens wurde für das US-amerikanische Insolvenzrecht von Bebchuk im Jahre 1988 vorgeschlagen[20] und später von diversen Autoren verfeinert bzw. modifiziert[21]: Der Unternehmenswert »X« wird als unbekannt und nicht objektiv bestimmbar akzeptiert. Eine objektive Bestimmung ist jedoch nicht notwendig, da letztlich allein entscheidend ist, welchen Wert die Beteiligten dem Unternehmen beimessen. Diese subjektive Werteinschätzung gilt es abzufragen. Hierzu wird der Unternehmenswert in einem ersten Schritt den vorrangigen Gläubigern zugeordnet, im Beispiel also S1-S4 zu je einem Viertel.[22] Allerdings haben die relativ zu ihnen gesehen nachrangigen Insolvenzgläubiger I1-I4 die Option, diese »Anteile« zu erwerben, nämlich indem sie S1-S4 ihre vorinsolvenzliche Position auszahlen, im Beispiel also je 100 (im Folgenden: »Optionsrecht A«). Dies werden sie immer dann tun, wenn der Unternehmenswert »X« aus ihrer Perspektive höher als 400 ist. Schließlich haben die »nach-nachrangigen« Gesellschafter G1-G4 die Möglichkeit die »Anteile« zu erwerben, nämlich indem sie sowohl S1-S4 als auch I1-I4 ihre vorinsolvenzliche Position ausbezahlen (im Folgenden: »Optionsrecht B«). Dies werden sie immer dann tun, wenn »X« größer als 800 ist. Für dieses Modell spricht insbesondere der Verzicht

18 Weustenfeld, Eigenmächtige Sanierung, 2023, S. 28 ff.

19 Zündorf, Die Sanierungsentscheidung, 2025, S. 375; immerhin ist eine sachverständige Bewertung angemessener als eine gerichtliche Prüfung, so zutreffend Frind, ZRI 2025, 445, 451.

20 Bebchuk, Harv. L. R. Vol. 101 1988, 775, 785 ff.

21 Ausführlich zur Entwicklung Eidenmüller, Unternehmensfinanzierung zwischen Markt und Gesetz, 1996, S. 109 ff.

22 Die Besonderheiten gesicherter Gläubiger (vgl. Drukarczyk/Schüler in MüKo InsO, § 245, Rn. 130), sollen hier ausgeklammert werden; für das vorliegende Beispiel ist es ausreichend, sich S1-S4 als im Verhältnis zu I1-I4 vorrangige Gläubiger zu denken.

auf eine Unternehmensbewertung.[23] Die Kritik richtet sich eher gegen die praktische Umsetzbarkeit des Modells.[24]

3. Eingriff in die Gesellschafterrechte abhängig vom gefundenen Unternehmenswert

Hier ist nicht der Ort, um die Vorzüge der einen oder anderen Methode darzustellen oder gar die Anwendung einer bestimmten Methode als die »bessere« herauszuarbeiten. Beide Ansätze unterscheiden sich in praktischer Hinsicht wesentlich, da nur bei einer Unternehmensbewertung schon vom Ansatz her überhaupt versucht wird einen konsensfähigen Unternehmenswert zu finden. Die genannten Optionsmodelle überlassen diese Bewertung hingegen der individuellen Entscheidung der Beteiligten.

Allerdings können beide Ansätze auch zu vergleichbaren Ergebnissen kommen, nämlich dann, wenn der Unternehmenswert durch ein Gutachten festgestellt wurde und alle Beteiligten diese Einschätzung subjektiv teilen. In diesem Fall werden beide Ansätze (idealtypisch gedacht) zu einer vergleichbaren Wertedistribution gelangen. Da das Optionsmodell außerdem mit den gegenwärtigen Instrumenten von Insolvenzplan und Restrukturierungsplan kompatibel ist, kann es im Folgenden als Schablone benutzt werden, um den Blick dafür zu schärfen, zu was das StaRUG potentiell benutzt werden kann: Einzelne Gesellschafter lassen sich durch den Restrukturierungsplan eine Erwerbsoption auf die Anteile ihrer Mitgesellschafter gegen deren Willen einräumen; sie erhalten auf diese Weise potentiell mehr als ihre vorinsolvenzliche Position.

III. Konstruktion einer Erwerbsoption zulasten der Mitgesellschafter durch einen Restrukturierungsplan mit Kapitalschnitt

In Abhängigkeit vom Wert des schuldnerischen Unternehmens kann der Restrukturierungsplan durchaus in die Interessen der Gesellschafter eingreifen, denn gerade im Stadium der (nur) drohenden Zahlungsunfähigkeit ist es nicht sicher, welche Forderungen der Beteiligten durch ihn abgedeckt werden. Es ist also keineswegs gesagt, ob die Gesellschafter »aus dem Geld« sind. In diese unklare Situation tritt nun ein im StaRUG ausdrücklich vorgesehenes Instrument: Eine Kapitalherabsetzung auf »0« und eine anschließende Kapitalerhöhung mit Bezugsrechtsausschluss.

23 Drukarczyk/Schüler in MüKo InsO, § 245, Rn. 129 ff.; Eidenmüller in Effiziente Verhaltenssteuerung und Kooperation im Zivilrecht, 1997, S. 168.

24 Madaus in BeckOK InsO, § 1, Rn. 22.5; inhaltliche Kritik etwa bei Dilger, Eur. J. Law Econ Vol. 21 2006, 79 ff.

1. Erster Schritt: Kapitalherabsetzung auf »0«

In einem ersten Schritt wird das gezeichnete Kapital der Gesellschaft unter den Mindestnennbetrag auf »0« herabgesetzt, § 7 Abs. 4 S. 3 Var. 1 StaRUG, §§ 222 ff., 228 AktG, §§ 58 ff., 58a Abs. 4 GmbHG. Die Anteile der betroffenen Gesellschafter gehen damit grundsätzlich ersatzlos unter. Ein noch verbleibender Wert des Gesellschaftsanteils wird damit entzogen. Im Optionsmodell von Bebchuk würde dies bedeuten, dass den Gesellschaftern G1-G4 ihre »B-Option« entzogen wird, also das Recht I1-I4 und S1-S4 ihre vorinsolvenzliche Position zu ersetzen.

2. Zweiter Schritt: Kapitalerhöhung

Den durch die Kapitalherabsetzung auf »0« geschaffenen Zustand gänzlich fehlender Anteile akzeptiert das Gesellschaftsrecht jedoch nicht, vielmehr muss gleichzeitig mit der Kapitalherabsetzung unter den Mindestnennbetrag eine Kapitalerhöhung ohne Sacheinlagen auf den Mindestnennbetrag vorgenommen werden, § 228 Abs. 1 AktG, § 58a Abs. 4 GmbHG. Die Vernichtung der alten Anteile durch die Kapitalherabsetzung auf »0« würde die Gesellschafterstruktur nun grundsätzlich nicht verändern, denn die Altgesellschafter hätten ein Bezugsrecht auf die neuen Anteile, § 7 Abs. 4 S. 3 Var. 2 StaRUG, §§ 182 ff. AktG, §§ 55 ff. GmbHG. Diese Bezugsrechtszuteilung knüpft gerade an die Altaktionärsstellung an und nicht etwa an die Stellung als bloßer Investor.[25] Das Bezugsrecht steht ihnen in genau der Höhe zu, wie es ihrer vorherigen Beteiligung entsprach. Im Beispiel hätten also G1-G4 jeweils die Möglichkeit ihre Beteiligung von je 25 % durch die Zeichnung der neuen Anteile zu erhalten.

Nach dem Modell von Bebchuk würden G1-G4 bei Zahlung des Bezugspreises ihre »B-Option« wieder eingeräumt werden. In einer gewissen Weise wird durch die Zeichnung der neuen Aktien die »B-Option« sogar ausgeübt, denn der an die Gesellschaft zu zahlende Ausgabebetrag kann genutzt werden, um die Forderungen von I1-I4 und S1-S4 zu befriedigen. Aus diesem Grund werden die Altgesellschafter von ihrem Bezugsrecht nur dann Gebrauch machen, wenn sie den Unternehmenswert »X« höher einschätzen als die vorinsolvenzlichen Positionen aller vorrangigen Gläubiger (ggf. soweit diese nach dem Restrukturierungsplan erhalten bleiben) und gleichzeitig der Ausgabebetrag der Aktien kleiner als »X« ist. Das Bezugsrecht stellt damit eine Option zum Erwerb der »B-Option« dar und wirkt damit insgesamt ähnlich wie diese.

25 Diesen Zusammenhang verkennend Fridgen in BeckOK StaRUG, § 7, Rn. 73 und auch AG München, 15.02.2023, 1507 RES 3229/22, BeckRS 2023, 4140: Der bezugsberechtigte Gesellschafter bekommt nicht (nur) etwas Neues eingeräumt, sondern er »behält« auch etwas im Sinne von § 27 Abs. 2 Nr. 2 StaRUG, nämlich sein aus dem alten Anteil fließendes Bezugsrecht.

3. *Dritter Schritt: Bezugsrechtsausschluss*

a) Problem des Bezugsrechtsausschlusses an sich

In einem dritten Schritt sehen die einschlägigen Restrukturierungspläne nun vor, dass das Bezugsrecht der Altaktionäre ausgeschlossen wird. Ist ein solcher Ausschluss erfolgreich und trifft er alle Gesellschafter, so wird ihnen ihr Recht zum Erwerb der »B-Option« genommen. In der Situation der Überschuldung ist dies unproblematisch: Die Gesellschafter werden ohnehin kein Interesse daran haben das Bezugsrecht auszuüben, da der Unternehmenswert »X« mit den vorrangigen Rechten der Gläubiger belastet ist. Anders als die Gläubiger haben die Gesellschafter auch keine Währung in Form von Forderungen, mit denen sie die neuen Anteile im Wege eines Debt-Equity-Swaps erwerben können.[26] Ähnliches gilt unter Zugrundelegung des Modells von Bebchuk: Da die Gesellschafter G1-G4 die Überschuldungssituation erkennen und den Unternehmenswert »X« geringer schätzen würden als die vorrangigen Rechte der Gläubiger, hätten sie kein Interesse daran ihre »B-Option« zu erhalten. Anders liegen die Dinge jedoch im Fall der nur drohenden Zahlungsunfähigkeit, also bei Unklarheit über den Unternehmenswert »X«. Hier besteht durchaus die Möglichkeit, dass die Gesellschafter grundsätzlich gewillt wären, das Bezugsrecht auszuüben.

b) Problem des asymmetrischen Bezugsrechtsausschlusses

Verschärft wird das Problem nun dadurch, dass in den einschlägigen Restrukturierungsplänen das Bezugsrecht nicht vollständig ausgeschlossen wird, sondern faktisch nur zulasten bestimmter Gesellschafter.[27] Typischerweise werden die Gesellschafter in zwei Gruppen eingeteilt: Der übernahmewillige Gesellschafter wird alleine zum Bezug der neuen Aktien zugelassen und ihm wird damit faktisch ein Bezugsrecht auf alle Anteile eingeräumt; er bildet die erste Gruppe (im Folgenden exemplarisch G1 und G2). Die übrigen Gesellschafter bekommen ihr Bezugsrecht entzogen und werden auch nicht zur Übernahme der neuen Aktien zugelassen; sie bilden die zweite Gruppe (im Folgenden G3 und G4).

Anders als beim vollständigen Bezugsrechtausschluss weiß man in dieser Situation, dass bestimmte Gesellschafter den Unternehmenswert »X« höher schätzen als die vorrangigen Rechte der Gläubiger. Im Ergebnis ist damit (nur) die Einschätzung von G1 und G2 zum Unternehmenswert relevant: Schätzen sie den Unternehmenswert »X« höher ein als die vorinsolvenzlichen Positionen aller vorrangigen Gläubiger und gleichzeitig den Ausgabebetrag der Aktien kleiner als »X«, so werden sie sich auf die Zeichnung der neuen Aktien einlassen.

26 Erwägungsgrund 96 der Restrukturierungsrichtlinie hat wohl eher den Fall der Gläubiger vor Augen.
27 So insbesondere in den Fällen »Varta« und »Leoni«.

Die Einschätzung des Unternehmenswerts »X« von G3 und G4 ist hingegen irrelevant: Sie haben keine Option zur Zeichnung der neuen Aktien.

Wirtschaftlich betrachtet wird G1 und G2 damit eine Option eingeräumt, die Aktien von G3 und G4 gegen deren Willen zu erwerben, denn anders als bei eingeräumtem Bezugsrecht haben G1 und G2 nicht nur die Möglichkeit ihre bisherige Beteiligung von je 25 % durch die Zeichnung neuer Aktien zu erhalten, sondern auch die Beteiligung von G3 und G4 von je 25 % zu erwerben und damit den gesamten Unternehmenswert »X« abzüglich der Positionen von I1-I4 und S1-S4 zu vereinnahmen.

Dass hierbei im Ergebnis G3 und G4 ein Vermögenswert entzogen wird, kann kaum zweifelhaft sein, denn G1 und G2 werden die Aktien nicht zeichnen und damit wirtschaftlich betrachtet ihre Erwerbsoption nicht ausüben, wenn sie »X« abzüglich der Positionen von I1-I4 und S1-S4 nicht höher einschätzen als den Ausgabebetrag der Aktien.[28] Es spricht damit mindestens ein starkes Indiz dafür, dass »X« dieser Wert auch objektiv zukommt. Noch verstärkt wird diese Annahme dadurch, dass es sich beim Übernahmewilligen oft um den Mehrheitsgesellschafter oder einen Ankeraktionär handelt, welcher den Wert des Unternehmens aufgrund von exklusiven (privaten) Informationen besser einschätzen kann als beispielsweise der Streubesitz. Völlig ohne Not wird hier eine marktgängige Bewertung des Initiativrechts zur Fortführung durch den Markt verhindert;[29] mutmaßlich ist diese durch die Planersteller auch nicht gewünscht. Ohne das Hinzutreten weitere Umstände wird hiermit kein common pool-Problem gelöst,[30] sondern es findet eine schlichte Umverteilung statt.[31]

Noch deutlicher wird dies unter Zugrundelegung des Optionsmodells nach Bebchuk, wenn man den zeitlichen Ablauf verändert: Angenommen man würde G1-G4 zunächst darüber befinden lassen, ob sie ihre »B-Option«, also das Recht zur Ablösung der vorrangig Berechtigten, ausüben. In diesem Fall wären die alten Gesellschafter die neuen Gesellschafter. In diesem Fall würde kein Zweifel daran bestehen, dass G1 und G2 durch die Übernahme der Anteile von G3 und G4 in deren Rechte eingreifen und stattdessen auf einen Ankauf von deren Anteilen, also einen Marktmechanismus, verwiesen werden müssten. Nichts anderes würde sich ergeben, falls man alle Gesellschafter nur einer Abstimmungsgruppe zuordnen würde; nach § 10

28 Bei Investitionsbereitschaft von G1 und G2, spätestens aber bei abgefragter Investitionsbereitschaft von G3 und G4, kommt dem Bezugsrecht selbstverständlich ein Vermögenswert zu; a.A. Kührt, NZI 2025, 249, 254 unter unzutreffender Berufung auf BT-Drucks. 12/2443, S. 209.

29 Zu dieser Bewertung und zu den Gefahren bei ihrem Ausbleiben Drukarczyk/Schüler in MüKo InsO, § 245, Rn. 94, 97; explizit gegen ein vorheriges Befragen aller Altaktionäre AG Berlin-Charlottenburg, 04.01.2024, 36s RES 6525/23, NZI 2024, 225, Rn. 31; AG Köln, 03.03.2021, 83 RES 1/21, Tz. 35; Madaus, NZI 2024, 193, 194.

30 Zu dieser Zielsetzung ausführlich m.w.N. Eidenmüller, ZIP 2016, 145 ff.

31 Frind, ZRI 2025, 445, 451.; a.A. offenbar Thole, ZRI 2024, 1006, 1009, der im StaRUG offenbar ein geeignetes Instrument sieht, um Gesellschafterstreitigkeiten jenseits der gesellschaftsrechtlichen Bindungen aufzulösen.

StaRUG wäre jedem Gesellschafter die gleiche rechtliche Behandlung anzubieten, eine Abweichung wäre zu rechtfertigen.[32]

IV. Versuche der Rechtfertigung dieser Umverteilung zulasten der ausgeschlossenen Gesellschafter: Vorrang der Sanierung?

Es wird vielfach versucht, den soeben herausgearbeiteten möglichen Eingriff in die Vermögenspositionen der ausgeschlossenen Gesellschafter zu rechtfertigen. Das Hauptargument lautet, dass das Ziel der Sanierung des Unternehmens Vorrang haben muss vor dem Bestandsschutz der ausgeschlossenen Altgesellschafter.[33] Dies ist kritisch zu hinterfragen.

1. *Kein Konflikt zwischen verschiedenen Rangklassen von Berechtigten, sondern innerhalb einer Rangklasse*

Schon auf erste Sicht spricht gegen diesen Rechtfertigungsversuch, dass das Handeln der zur Zeichnung der neuen Anteile zugelassenen Gesellschafter G1 und G2 zulasten der ausgeschlossenen Gesellschafter G3 und G4 keinen Konflikt zwischen unterschiedlich Berechtigten darstellt. Vielmehr haben G3 und G4 im Ausgangspunkt genau das gleiche Anrecht auf den Unternehmenswert »X« wie G1 und G2. Mit einem Vorrang der Sanierung des Unternehmens hat dies grundsätzlich nichts zu tun; ohne das Hinzutreten weiterer Umstände sind die vorrangig Berechtigten I1-I4 und S1-S4 indifferent gegenüber der Frage, wer von den Gesellschaftern den der Höhe nach gleichen Sanierungsbeitrag leistet[34]. Aus diesem Grund kann auch nicht mit Erwägungsgrund 96 der Restrukturierungsrichtlinie argumentiert werden, der Ausnahmen vom Bezugsrecht »...in dem Umfang und für den Zeitraum, wie dies notwendig ist, um sicherzustellen, dass die Aktionäre Restrukturierungsmaßnahmen nicht in missbräuchlicher Ausübung ihrer Rechte [...] vereiteln. Ein solcher Missbrauch ist hier nicht erkennbar. Auch die us-amerikanische Rechtsprechung für vergleichbare Planbestätigungen unter dem Chapter 11 Verfahren fordert unter Berufung auf 11 U.S. Code § 1129 (b), (1) eine Rechtfertigung für solche Ungleichbehandlungen ein.[35]

32 Fridgen in BeckOK StaRUG, § 10, Rn. 5.

33 Tresselt in Morgen, StaRUG, 2. Aufl. 2022, § 2, Rn. 109; Fridgen in BeckOK StaRUG, § 7, Rn. 73; Kührt, NZI 2025, 249, 254.

34 Vgl. Eidenmüller, Unternehmensfinanzierung zwischen Markt und Gesetz, 1999, S. 114, Fn. 140.

35 Sogenannter »Markell Test« und vergleichbare Vorgehensweisen, vgl. Markell, 72 Am. Bankr. L. J., S. 227 ff. (1998); ein Beispiel für die Anwendung auf zwei unterschiedlich behandelte Gesellschaftergruppen bildet etwa In re Lapeer Aviation, Inc., 2022 WL 5303484, 71 Bankr. Ct. Dec. (CRR) 266 (Bankr. E.D. Mich. 12.10, 2022); im konkreten Fall wurde sogar eine Abfindung an den benachteiligten Gesellschafter gezahlt, anders als bei den einschlägigen deutschen Fällen.

2. *Kein vernachlässigbarer Lästigkeitswert der ausgeschiedenen Gesellschafter*

Diesem Befund könnte man entgegenhalten, dass die Gläubiger nicht indifferent hinsichtlich des neuen Gesellschafters sind, da sie nur dem Übernahmewilligen zutrauen, die Gesellschaft aus der Krise zu führen – unter Ausschluss von (vermeintlich!) störenden Mitgesellschaftern.[36] Dieser Gedanke ist auch bei der werbenden Gesellschaft anerkannt. So sehen §§ 327a ff. AktG allgemein die Möglichkeit eines »Squeeze-out«, also eines Zwangsausschlusses der Minderheitsgesellschafter gegen Abfindung bei einer Beteiligung von 95 % oder mehr, vor. Ähnliches gilt nach § 39a WpÜG nach einem Übernahme- oder Pflichtangebot. Für bestimmte Umwandlungssituationen lockert § 62 Abs. 5 UmwG diese Schwelle auf 90 %. Die auch durch das BVerfG[37] anerkannte Begründung lautet, dass das Interesse des rein vermögensmäßig interessierten Minderheitsgesellschafters vor dem Gestaltungsinteresse des Mehrheitsgesellschafters zurückzutreten habe. Diese Begründung lässt sich auf die hier untersuchten Fälle ersichtlich nicht übertragen: Es sind Ausschlüsse von Gesellschaftern denkbar, welche weit mehr als 5–10 % der Anteile halten. Beispielsweise sah der Restrukturierungsplan im Fall Leoni vor, dass ein Gesellschafter, der nur 16,53 % der Gesellschaftsanteile hielt, seine Mitgesellschafter, welche 83,47 % der Anteile hielten, hinausdrängen konnte.[38] Dies stellt keinen »Squeeze-out mit erweiterter Schwelle«[39] sondern eine Unternehmensübernahme dar.[40] Überspitzt formuliert: Es mag zwar sein, dass es dem Minderheitsgesellschafter lästig erscheint, wenn die von ihm ins Auge gefasste Aktiengesellschaft zu 83,47 % von anderen Gesellschaftern gehalten wird, allerdings berechtigt dies nicht zu deren Ausschluss. Vielmehr ist er auf einen Ankauf dieser Anteile zu verweisen, so dass es auf die Werteinschätzung der anderen Gesellschafter ankommt. Gerade dann, wenn die anderen Gesellschafter selbst investitionsbereit sind, kommt in deren Verweigerung zur Veräußerung kein missbräuchliches Verhalten zum Ausdruck, sondern eine subjektive Präferenz zur Fortführung des Unternehmens anstelle einer im Fall des Ausscheidens gegebenen Entschädigung.[41]

36 So z.B. Thole, ZRI 2024, 1006, 1010.

37 Für die »übertragende Auflösung« im Falle einer Minderheitsbeteiligung von 1 % BVerfG, 23.08.2000, 1 BvR 68/95, 1 BvR 147/97; für den »Squeeze-out« nach §§ 327a ff. AktG BVerfG, 30.05.2007, 1 BvR 390/04; für den übernahmerechtlichen Squeeze-out BVerfG, 16.05.2012, 1 BvR 96/09; die Begründung ist jeweils ausdrücklich auf eine nicht unternehmerisch beteiligte Aktionärsminderheit begrenzt.

38 Zusammenfassung der wesentlichen Ergebnisse des Restrukturierungsplans der Leoni AG, AG Nürnberg RES 397/23.

39 So euphemistisch Madaus, NZI 2024, 193; Gehrlein, BB 2022, 1096, 1101.

40 Zutreffend Florstedt, KTS 2023, 51, 93; Mock, ZRI 2025, 1026, 1027 ff.; Oechsler/Bachner in MüKo InsO, § 228, Rn. 7; dies ist nur dann unproblematisch, wenn die »Übernahme« rein deklaratorisch das wirtschaftliche Eigentum der Gläubiger abbildet.

41 Schäfer/Ott, Lehrbuch der ökonomischen Analyse des Zivilrechts, 6. Aufl. 2022, S. 624.

3. *Keine Richtigkeitsgewähr der von den Gläubigern getragenen Auswahl des Sanierers*

Doch selbst wenn man ein schützenswertes Interesse der eigentlich indifferenten Gläubiger an dem von ihnen erwünschten Unternehmenssanierer anerkennt und selbst wenn man dieses Interesse potentiell höher gewichtet als das Verbleibensinteresse des oder der bisherigen (Mehrheits-)Gesellschafter, so stellt sich immer noch die Frage, ob die momentan gegebenen Verfahrensvorschriften diese Interessen angemessen gegeneinander abwägen können.

a) Sicht des übernahmewilligen Gesellschafters

Der übernahmewillige Gesellschafter wird bei der Aufstellung des Restrukturierungsplans immer die Behauptung aufstellen, dass er nur dann zur Investition bereit sei, wenn die aus seiner Sicht unerwünschten Mitgesellschafter die Gesellschaft verlassen. Hiermit sind für ihn keine Kosten verbunden, auch lässt sich seine Behauptung kaum objektiv überprüfen.

b) Sicht der vorrangig Berechtigten

Doch auch die vorrangig Berechtigten Gläubiger werden ihre Entscheidung für die Unterstützung des übernahmewilligen Gesellschafters nicht alleine auf der Basis von dessen (vermuteter) Eignung zur Sanierung des Unternehmens treffen können.[42] Angenommen der übernahmewillige Gesellschafter tritt, unterstützt durch die Geschäftsführung des Unternehmens, an einen Gläubiger heran und wirbt für dessen Unterstützung bei der Abstimmung zum Restrukturierungsplan. Ist der Unternehmenswert »X« höher als die außerinsolvenzliche Position der vorrangig Berechtigten, wofür bereits die Ansprache ein Indiz ist, so hat er bei einer Zustimmung zum Plan nichts zu verlieren; der Gläubiger behält seine außerinsolvenzliche Position. Sollte der Unternehmenswert »X« hingegen niedriger liegen, so werden sie gleichwohl zustimmen, denn sie werden jedenfalls nicht schlechter gestellt als bei einer Versagung der Unterstützung. Hinzu kommt, dass in diesem Stadium kein Forum existiert, um sich mit den anderen Gläubigern abzustimmen. Es besteht die konkrete Gefahr sich gegen den zukünftigen Alleingesellschafter zu stellen, falls dessen Vorhaben auch ohne die Zustimmung des konkreten abweisenden Gläubigers gelingt.

c) Sicht der übrigen Gesellschafter

Aus Perspektive der übrigen Gesellschafter wird eine große Unsicherheit geschaffen: Sie müssen jederzeit befürchten, dass unter Behauptung einer drohenden

42 A.A. Thole, ZRI 2024, 1006, 1010.

Zahlungsunfähigkeit des Unternehmens[43] im Verborgenen Absprachen zum Ausschluss aus dem Unternehmen stattfinden. An Gegenwehr ist gerade bei einer börsennotierten Aktiengesellschaft nicht zu denken: Der rational apathische Streubesitz wird sich nicht koordinieren können, insbesondere, da er in das Verfahren nicht eingebunden ist. Für die Zukunft wird dies negative Auswirkungen auf die Investitionsbereitschaft haben. Alternativ dazu werden Abwehrmaßnahmen durch die Gesellschafter getroffen werden, etwa die Vereinbarung einer auflösenden Bedingung hinsichtlich der Geschäftsführerstellung[44] oder der Vereinbarung von Vertragsstrafen für den Fall der Vornahme unerwünschter Handlungen der Verwaltung.[45] Die Möglichkeit solcher Abwehrmaßnahmen ist selbstverständlich kein Argument für die Rechtfertigung eines schlechten Standards.

V. Grenzen für eine Unternehmensübernahme durch Kapitalschnitt im Restrukturierungsplan: Gesellschaftsrechtliche Wertungen und deren Übertragung auf den Restrukturierungsplan

Die bisherigen Ausführungen haben gezeigt, dass es wertungsmäßig kaum einen Unterschied macht, ob ein Kapitalschnitt in der werbenden Gesellschaft vorgenommen wird oder im Restrukturierungsplan bei einem Unternehmenswert »X«, der zur vorrangigen Befriedigung der vorrangig Berechtigten ausreicht. Damit liegt es nahe, einen Blick auf die Grenzen des Kapitalschnitts in der werbenden Gesellschaft zu werfen, kritisch zu hinterfragen und deren Eignung auch für den Restrukturierungsplan zu untersuchen.

1. *Formelle Grenzen*

a) Werbende Gesellschaft

Bereits in formeller Hinsicht muss ein Bezugsrechtsausschluss von einer Mehrheit von 75 % des bei der Beschlussfassung vertretenen Grundkapitals getragen sein, § 186 Abs. 3 S. 2 AktG. Hiermit geht ein gewisser Minderheitenschutz einher, immerhin kann nicht gegen eine Minderheit von mehr als 25 % gehandelt werden.

b) Implementierung in das Restrukturierungsverfahren

Bei nur drohender Zahlungsunfähigkeit liegt es nahe diesen Anforderungen zumindest für die GmbH zu genügen, indem ein Gesellschafterbeschluss vor Einleitung

43 Eine belastbare Prüfung findet nicht statt, vgl. Kramer in BeckOK StaRUG, § 29, Rn. 28 ff.
44 BGH, 24.10.2005, II ZR 55/04.
45 Vgl. etwa Grigoleit/Tomasic in Grigoleit, AktG, 2. Aufl 2020, § 93, Rn. 86.

eines StaRUG-Verfahrens verlangt wird[46]. Präziser und de lege ferenda wünschenswerter wäre es jedoch, die nötige Mehrheit erst dann abzufragen, wenn der Restrukturierungsplan einen Bezugsrechtsausschluss oder eine ähnliche Maßnahme vorsieht. Ohne eine gesetzliche Regelung wird man am Erfordernis eines Gesellschafterbeschlusses zumindest bei der GmbH jedoch festhalten müssen.[47] Auf diese Weise ist sichergestellt, dass das im Falle drohender Zahlungsunfähigkeit grundsätzlich bei den Gesellschaftern zu verortende Initiativrecht bei diesen verbleibt (zu denkbaren Ausnahmen noch V., 2., b), bb)).

2. *Materielle Grenzen*

a) Werbende Gesellschaft

Bekanntlich fordern BGH und herrschende Meinung zusätzlich zu den formellen geschriebenen Voraussetzungen für einen Bezugsrechtsausschluss auch eine materielle Rechtfertigung, im Wesentlichen angelehnt an die aus dem öffentlichen Recht bekannte Verhältnismäßigkeitsprüfung.[48] Das Refinanzierungsinteresse der Gesellschaft muss gegenüber dem Verwässerungseffekt zulasten der Gesellschafter abgewogen werden. Durch dieses Abwägungserfordernis ist es nicht per se ausgeschlossen, ein berechtigtes Interesse der Gesellschaft an einer prozentual höheren Quote durch den übernahmewilligen Gesellschafter höher zu gewichten als das Interesse der übrigen Gesellschafter vor Verwässerungsschutz.[49] Allerdings ist dies das Ergebnis einer objektiven Abwägung und nicht von einer bloßen Mehrheitsentscheidung.

Falls nicht nur eine Kapitalerhöhung unter Bezugsrechtsausschluss geplant wird, sondern darüber hinaus im Vorfeld eine Kapitalherabsetzung auf »0«, so sind nach überzeugender Ansicht noch strengere Anforderungen zu stellen, da dieses Vorgehen einen Ausschluss der Minderheitsgesellschafter zur Folge hätte.[50] Dieses Vorgehen soll nur zulässig sein, wenn die Gesellschaft existentiell auf das Engagement des (geplant) Bezugsberechtigten angewiesen ist, das Sanierungskonzept Aussicht auf Erfolg verspricht und (schließlich) die untergehenden Anteile infolge der Krise wertlos sind. Letzteres ist gegeben, wenn der Unternehmenswert »X« niedriger ist als die Rechte der vorrangig Berechtigten, insbesondere also bei einer Überschuldung.

46 So insb. AG Hamburg, 17.3.2023, 61c RES 1/23; auf die sich anschließenden Folgeprobleme der Außenwirkung des Fehlens solcher Beschlüsse und rechtsformspezifischen Differenzierungen kann hier nicht eingegangen werden, vgl. ausführlich Weustenfeld, Eigenmächtige Sanierung, 2023, S. 89 ff.

47 Für eine (jedenfalls bei diesen Maßnahmen) durchaus sinnvolle Verlagerung der Abfrage der Investitionsbereitschaft vor das Verfahren de lege ferenda Gravenbrucher Kreis, ZRI 2025, 549, 556.

48 Ausführlich m.w.N. Ekkenga in KK-AktG, § 186, Rn. 87 ff.

49 Für eine notfalls gutachterliche Prüfung Ekkenga in KK-AktG, § 186, Rn. 100 f.

50 Zu diesen Kriterien Ekkenga in KK-AktG, § 228, Rn. 9, 20.

Das Problem besteht bei der werbenden Gesellschaft nun darin, dass die durch diese materiellen Anforderungen zu schützende Investitionsbereitschaft der Altaktionäre erst nachträglich durch die Ausübung des Bezugsrechts kommuniziert wird. Insbesondere bei einer börsennotierten Aktiengesellschaft ist die problematisch, da ein Bezugsrechtshandel von mindestens zwei Wochen eingerichtet werden muss, § 186 Abs. 1 S. 2 AktG.[51] Es wird für die werbende Gesellschaft breit diskutiert, ob eine Abfrage der Investitionsbereitschaft schon im Vorfeld erfolgen kann und ob es den Altgesellschaftern zuzumuten ist diese anzuzeigen und andernfalls als nicht investitionsbereit zu gelten.[52] Hierfür lassen sich gute Gründe finden, jedoch ist zu konstatieren, dass die Diskussion für die werbende Gesellschaft nicht abgeschlossen ist.[53]

b) Implementierung in das Restrukturierungsverfahren

Das Restrukturierungsverfahren erweist sich bei genauerer Sicht als hinreichend flexibel, um einerseits die den gesellschaftsrechtlichen Regelungen zugrundeliegenden Wertungen zu berücksichtigen und andererseits deren prozedurale Unzulänglichkeiten zu vermeiden. Um einen denkbaren Einwand vorwegzunehmen: Es geht hier nicht um einen Anspruch auf einen »besseren« Plan,[54] sondern um das ordnungsgemäße Zustandekommen des Plans.

aa) Abfrage der Investitionsbereitschaft sämtlicher Altgesellschafter

Da hier wie auch dort die maßgebliche Stellschraube für die Zulässigkeit des Kapitalschnitts die Investitionsbereitschaft der Altgesellschafter ist, sollte auch diese in einem ersten Schritt abgefragt werden. Sollten der oder die Planarchitekten hierauf verzichten wollen, so ist ein Ausschluss bestimmter Gesellschaftergruppen nur unter erweiterten Voraussetzungen möglich. Das Restrukturierungsverfahren bietet die Chance, die wichtige Frage nach der Investitionsbereitschaft schon im Vorfeld abzufragen und die Schwierigkeiten bei der werbenden Gesellschaft zu vermeiden.[55]

Bei fehlender Investitionsbereitschaft kommt es nicht darauf an, ob das Initiativrecht für die Sanierung des Unternehmens ursprünglich bei den Altgesellschaftern

51 Zur keineswegs eindeutigen Frage der Prospektpflicht Ekkenga in KK-AktG, § 186, Rn. 21; wer die hierdurch eintretende Verzögerung kritisiert (so Thole, ZRI 2024, 1006, 1010), sollte für eine Ausnahme werben.

52 Dafür insbesondere Ekkenga, ZGR 2009, 581, 611; ders. in Handbuch der AG-Finanzierung, 2. Aufl. 2019, Kap. 15, Rn. 46, insb. für den Sanierungsfall, Rn. 77.

53 Gegen die Möglichkeit einer solchen Abfrage etwa OLG Celle, 29.06.2001, 9 U 89/01, AG 2002, 292, 293; Koch, AktG, 19. Aufl. 2025, § 186, Rn. 33.

54 Einen solchen Anspruch gibt es nicht, vgl. Zündorf, Die Sanierungsentscheidung 2025, S. 232 f.

55 Für eine (durchaus sinnvolle) Verlagerung der Abfrage der Investitionsbereitschaft vor das Verfahren de lege ferenda Gravenbrucher Kreis, ZRI 2025, 549, 556.

lag, denn sie verzichten ja auf die Ausübung. Dies muss auch dann gelten, wenn die eigene Beteiligung einen Restwert hat oder der Wert der eigenen Beteiligung durch die Neuinvestition der investitionswilligen Gesellschafter aufgewertet wird: Bei fehlender eigener Investitionsbereitschaft kann nicht erwartet werden, von den Beiträgen der anderen zu profitieren. Vielmehr ist ein Ausscheiden gegen Abfindung möglich und auch geboten, ein Ergebnis, welches auch für die werbende Gesellschaft als wünschenswert angesehen wird. Dies entspricht der Wertung von »Sanieren oder Ausscheiden« für die Personengesellschaft.[56] Hiermit wird letztlich ein Mechanismus etabliert, der nicht unähnlich zum Optionsmodell von Bebchuk ist. Die von vielen Autoren erhobene Forderung, einen Prozess zur Einbindung (sämtlicher) Altaktionäre zu finden,[57] würde damit aufgegriffen werden.

Ist die Investitionsbereitschaft hingegen gegeben und will man gleichwohl nur Sanierungsbeiträge eines Gesellschafters oder einer Gesellschaftergruppe zulassen, so muss diese Ungleichbehandlung gerechtfertigt werden.

bb) Entscheidende Rolle des Übernahmewilligen und taugliches Sanierungskonzept

Es bietet sich an, hier auf die Grundsätze der werbenden Gesellschaft zurückzugreifen. Schon die erste und zweite Voraussetzung stellen hier eine nicht unerhebliche Hürde dar: Die Unternehmung muss existentiell auf das Engagement des (geplant) Bezugsberechtigten angewiesen sein, es muss also entscheidend sein, dass der Sanierungsbeitrag gerade von ihm (alleine) geleistet wird und das hierzu die bloße Verwaltungstätigkeit nicht ausreicht.[58] Dies ist eine Frage des Einzelfalls, allerdings sind Zweifel angebracht, wenn der allein Bezugsberechtigte kurz nach der Rechtskraft des Restrukturierungsplans nicht nur die Leitungsmacht über das Unternehmen abgibt, sondern darüber hinaus eine Struktur mit mehreren Gesellschaftern wiederherstellt.[59] Hiergegen kann nicht eingewandt werden, dass die Planunterstützer unproblematisch einen gesellschaftsfremden Dritten als Gesellschafter einsetzen könnten, der nach ihrem subjektiven Dafürhalten die Gesellschaft sanieren kann:[60] Ein Erwerb der Alleingesellschafterstellung ist in diesem Fall bei unterstellter Investitionsbereitschaft praktisch ausgeschlossen, da bei Investition aller Altgesellschafter der Insolvenzgrund beseitigt werden würde, bei nur teilweisem Einstieg alle Altgesellschafter gleichmäßig zu beteiligen wären.

56 BGH, 19. 10. 2009, II ZR 240/08.

57 Mock, NZG 2024, 769, 771; Lieder in MüKo GmbHG, § 55, Rn. 89.

58 Vgl. Völker, ZRI 2024, 1098, 1116 für die Rechtfertigung einer Ausnahme zum als Gleichbehandlungsgebot verstandenen § 27 Abs. 2 Nr. 2 StaRUG.

59 Vgl. den Fall »Leoni«, https://www.wiwo.de/unternehmen/industrie/verkauf-an-luxshare-autozulieferer-leoni-mehrheitlich-nach-china-verkauft/29997004.html, zuletzt abgerufen am 20.07.2025.

60 So aber der Sache nach Völker, ZRI 2024, 1098, 1114.

cc) Feststellung der Wertlosigkeit der Anteile, keine Manipulation

Die dritte Voraussetzung, also die Wertlosigkeit der Anteile, wird man nach klassischer Vorstellung durch eine Unternehmensbewertung bejahen können, die zu einem Unternehmenswert »X« führt, der niedriger ist als die Positionen der vorrangig Berechtigten. Nach dem Optionsmodell von Bebchuk wird das gleiche Ergebnis durch die Nichtausübung der »B-Optionen« festgestellt.

Gegenstand der objektiven Feststellung im Rahmen einer Unternehmensbewertung sollte entsprechend den gesellschaftsrechtlichen Wertungen die (ökonomische) Überschuldung sein.

Hiergegen mag man einwenden, dass der Gesetzgeber nicht diese, sondern die nur drohende Zahlungsunfähigkeit als Eingangsvoraussetzung für das StaRUG definiert hat – eine Entscheidung, die man kritisieren kann, die jedoch legislativ vorgegeben ist.[61] Hiergegen ließe sich einwenden, dass die drohende Zahlungsunfähigkeit eben nur als Eingangsvoraussetzung für das Restrukturierungsverfahren definiert wurde, jedoch nicht als ausreichende Voraussetzung für so weitgehende Maßnahmen wie einen Kapitalschnitt mit asymmetrischem Bezugsrechtsausschluss. Der Übergang des wirtschaftlichen Eigentums von den Gesellschaftern auf die Gläubiger ist ein fließender Prozess, der, vergleichend mit dem Übergang von Tag zu Nacht, treffend als »Zwielicht« beschrieben wurde.[62] Das Übergehen der Investitionsbereitschaft der Altaktionäre und damit die Etablierung eines »Dulde und liquidiere«[63] dürfte jedoch voraussetzen, dass die »Nacht«, also die Residualberechtigung der Gläubiger, unzweifelhaft erreicht ist.

Doch selbst wenn man dies anders sehen wollte, so wäre mindestens zu verlangen, dass das Vorliegen der drohenden Zahlungsunfähigkeit objektiv gerichtlich überprüft wird. Andernfalls besteht schon vom Ansatz her keine Legitimation, den investitionswilligen Gesellschaftern ihr Initiativrecht zu nehmen.[64]

Mit dem Erfordernis dieser objektiven Überprüfung können auch Ansätze der instanzgerichtlichen Rechtsprechung aufgegriffen werden, wonach ein Bezugsrechtsausschluss jedenfalls dann gerechtfertigt ist, wenn die einzig realistische Alternative ein Insolvenzverfahren darstellt.[65] In diesen Ansätzen klingt die Notwendigkeit einer

61 Vgl. die kritischen Ausführungen bei Termath, Der »shift of duties« bei wahrscheinlicher Insolvenz 2024, S. 334 f.

62 Jungmann, ZRI 2021, 209, 209, 218; vgl. bereits Eidenmüller, ZIP 2010, 649, 652 f.

63 Also ohne Abfragen der Nutzungspräferenzen der Altaktionäre, vgl. bereits V., 2., b), aa); genau dies wäre auch das Ergebnis einer Anwendung von § 27 Abs. 2 Nr. 2 StaRUG, vgl. Völker, ZRI 2024, 1098, 1114.

64 Auf eine irgendwie geartete gesteigerte Bedrohungslage der Gläubiger wird man nicht verzichten können, vgl. Zündorf, Die Sanierungsentscheidung, 2025, S. 179 f.; 184 f.; 191.; Termath, Der »shift of duties« bei wahrscheinlicher Insolvenz 2024, S. 334; vgl. auch Kuntz, ZIP 2021, 597, 602.

65 In diese Richtung AG Berlin-Charlottenburg, 04.01.2024, 36s RES 6525/23, NZI 2024, 225, Rn. 19, 27; LG Stuttgart, 21.01.2025, 1 T 12/24, insb. unter B., II., 4., f), cc).

objektiven Prüfung der Vermögenslage der Gesellschaft an, die jedoch nach gegenwärtigem Stand keinesfalls gewährleistet ist.[66]

In diesem Rahmen muss auch überprüft werden, ob die drohende Zahlungsunfähigkeit missbräuchlich herbeigeführt wurde.[67] Wird dies verneint, so ist ein weitreichender Eingriff in die Gesellschafterrechte nicht zu rechtfertigen. Dies mag zwar misslich für die konkrete Sanierung sein, jedoch können nur auf diese Weise Fehlanreize verhindert werden.

dd) Alternative: Kauf der Anteile durch den Übernahmewilligen, gegebenenfalls verbunden mit einem anschließenden Squeeze-out

Liegen die soeben genannten Voraussetzungen nicht vor, so kann der Übernahmewillige nur auf einen Ankauf der Anteile der anderen Aktionäre verwiesen werden. Man mag dem entgegenhalten, dass den potentiell ausscheidenden Gesellschaftern hiermit eine individuelle Blockadeposition eingeräumt wird, da sie die Alleingesellschafterposition des Übernahmewilligen verhindern und damit den damit verbundenen behaupteten Sanierungsmehrwert einschränken können.[68] Umschrieben wird damit ein Marktversagen, welches einen Zwangseingriff rechtfertigt. Allerdings ist das Vorliegen eines Marktversagens in den genannten Fällen überaus zweifelhaft: Um die Blockadeposition auszuüben, müsste der auszuscheidende Gesellschafter ja selbst investieren; er würde also damit »drohen«, einen Sanierungsbeitrag zu leisten und der Gesellschaft frisches Geld zur Verfügung zu stellen. Gerade dann, wenn der Sanierungsmehrwert nur bei einer Alleingesellschafterstellung des Übernahmewilligen entsteht, ist dies kein realistisches Szenario. Im Übrigen steht der Übernahmewillige in diesem Fall nicht anders als bei der Übernahme einer werbenden Gesellschaft.[69] Die hierbei auftretenden Probleme sind durch privatautonome Verhandlungen zu lösen und nicht durch einen Zwangsausschluss. Eine weitere Relativierung ergibt sich aus §§ 327a ff. AktG: Wenn bei der werbenden Gesellschaft kein schützenswertes Interesse an einem Verbleib von Aktionären anerkannt ist, die 5 % oder weniger des Grundkapitals halten, so ist diese Wertung auch bei einem Restrukturierungsplan beachtlich.

ee) Konsequenzen für Lock-up-Agreements

Der oben geschilderte Ablauf hat auch Konsequenzen für sogenannte Lock-up-Agreements. Hierbei handelt es sich um Vereinbarungen zwischen Schuldner und Gläubigern, die z.B. ein Hinausschieben der Fälligkeit oder ein nicht ernsthaftes Einfordern zum Gegenstand haben, ohne welches der Schuldner insolvenzreif oder doch drohend

66 Ausführlich Kramer in BeckOK StaRUG, § 29, Rn. 28 ff.; Frind, ZRI 2025, 445, 450.
67 Frind, ZRI 2025, 445, 446.
68 Für einen Fall wohl nicht gegebener Investitionsbereitschaft vgl. die Berichte bei AG Nürnberg, 21.6.2023, RES 397/23, NZI 2023, 881, 883.
69 Zu den weitreichenden Implikationen Mock, ZRI 2024, 1026 ff.

zahlungsunfähig wäre. Oftmals können solche Vereinbarungen von den Gläubigern gelöst werden, sollte der mit Verwaltung und übernahmewilligem Gesellschafter vorbereitete Sanierungsplan nicht angenommen werden. Solche Vereinbarungen sind kritisch zu hinterfragen.[70] In jedem Fall mildert die Beachtung des oben geschilderten Ablaufs das Problem: Die Gläubiger werden die Abfrage des besten Angebotes für die Anteile nicht zum Anlass für eine Kündigung nehmen, da ihre Befriedigungsquote potentiell sogar verbessert wird. Scheitert die Sanierung im Falle einer Kündigung, so würden sich die Gläubiger noch stärker selbst schädigen, da sich die Befriedigungsquote drastisch mindern würde. Da die Abfrage der Investitionsbereitschaft aller Gesellschafter nach dem obigen Ablauf ohnehin fast obligatorisch wäre, dürfte die Bereitschaft zum Aufbau solcher »Drohszenarien« und deren Akzeptanz durch die Rechtsprechung sinken.

VI. Fazit

Ein Spannungsverhältnis zwischen StaRUG und Gesellschaftsrecht lässt sich vermeiden:

1. In Abhängigkeit von einer objektiven oder subjektiven Bestimmung des Unternehmenswertes kann das wirtschaftliche Eigentum am (nur) drohend zahlungsunfähigen Unternehmen weiterhin bei den Gesellschaftern zu verorten sein.

2. Wird in diesem Fall in einem Restrukturierungsplan eine Kapitalherabsetzung auf »0« und ein anschließender Bezugsrechtsausschluss vereinbart und darüber hinaus nur ein Gesellschafter oder nur eine Gruppe von Gesellschaftern zur Zeichnung der neuen Aktien zugelassen, so stellt dies bei wirtschaftlicher Betrachtungsweise eine Option der übernahmewilligen Gesellschafter auf den Erwerb der Aktien der ausscheidenden Gesellschafter gegen deren Willen dar.

3. Dieses Vorgehen ist problematisch, falls die ausscheidenden Gesellschafter eigentlich bereit waren, einen Sanierungsbeitrag durch Übernahme neuer Aktien zu erbringen. Da wertungsmäßig kein Unterschied zur werbenden Gesellschaft besteht, ist dies nur zuzulassen

a) in formeller Hinsicht, wenn das Vorgehen von einer Mehrheit der Gesellschafter getragen wird;

b) in materieller Hinsicht, wenn

aa) die Gesellschaft existentiell auf das Engagement des (geplant) Bezugsberechtigten angewiesen ist,

bb) das Sanierungskonzept allgemein Aussicht auf Erfolg verspricht und

cc) die untergehenden Anteile infolge der Krise wertlos sind.

Nur in diesem Fall wird dem Minderheitenschutz hinreichend Rechnung getragen. Ob die die Voraussetzungen auslösende Investitionsbereitschaft des ausscheidenden Gesellschafters tatsächlich gegeben ist, kann im Restrukturierungsplan wesentlich früher abgefragt werden als bei einer werbenden Gesellschaft.

70 Zutreffend Frind, ZRI 2025, 445, 450.

Keine Anwendung des § 112 HGB auf die Anfechtung von Satzungsänderungsbeschlüssen in der GmbH

Manfred Born[1]

I. Bestandsaufnahme

Das Gesetz betreffend die Gesellschaften mit beschränkter Haftung enthält keine Regeln für die Geltendmachung von Beschlussmängeln. Diese Gesetzeslücke füllt der Bundesgerichtshof durch eine analoge Anwendung der aktienrechtlichen Vorschriften. Dabei werden die §§ 241 ff. AktG nicht im Ganzen übernommen, sondern nur soweit nicht die Besonderheiten der GmbH eine Abweichung erfordern. Jede Norm wird auf ihre Übertragbarkeit geprüft. Das so entwickelte Beschlussmängelsystem gilt auch für Satzungsänderungsbeschlüsse.[2]

Die aktienrechtlichen Nichtigkeitsvorschriften (§§ 241, 242, 249 AktG) werden im Wesentlichen übernommen.[3] Nichtig sind Beschlüsse der Gesellschafterversammlung einer GmbH vorbehaltlich spezieller gesetzlicher Regelungen daher nur in den in § 241 AktG grundsätzlich abschließend aufgeführten Fällen, in denen gravierende Mängel vorliegen.[4] Im Übrigen gilt, dass nicht zur Nichtigkeit führende Verstöße gegen Gesetz oder Satzung nur zur Anfechtbarkeit entsprechend § 243 AktG führen können.[5] Soweit danach Beschlüsse der Gesellschafterversammlung mangelhaft sind, können sie durch die kassatorisch wirkende Anfechtungsklage (§ 246 AktG) beseitigt werden.[6] Die Anfechtungsklage kann mit einer positiven Beschlussfeststellungsklage

1 Der Beitrag gibt ausschließlich die persönliche Auffassung des Autors wieder.

2 BGH, v. 9.6.1954, II ZR 70/53, BGHZ 14, 25, 30; v. 17.10.1988, II ZR 18/88, NJW-RR 1989, 347, 349.

3 BGH, v. 16.12.1953, II ZR 167/52, BGHZ 11, 231, 235; v. 8.12.1954, II ZR 291/53, BGHZ 15, 382, 384; v. 14.12.1961, II ZR 97/59, BGHZ 36, 207, 210 f.; v. 9.12.1968, II ZR 57/67, BGHZ 51, 209, 210 f.; v. 17.2.1997, II ZR 41/96, BGHZ 134, 364, 365 f.; v. 29.4.2014, II ZR 216/13, BGHZ 201, 65 Rn. 8; v. 16.7.2024, II ZR 71/23, NJW 2024, 2985 Rn. 16; vgl. bereits RG, v. 20.1.1941, II 96/40, RGZ 166, 129, 131 f.

4 BGH, v. 16.12.1953, II ZR 167/52, BGHZ 11, 231, 235; v. 8.12.1954, II ZR 291/53, BGHZ 15, 382, 384; v. 9.12.1968, II ZR 57/67, BGHZ 51, 209, 210 f.; v. 17.10.1988, II ZR 18/88, NJW-RR 1989, 347, 349; v. 17.2.1997, II ZR 41/96, BGHZ 134, 364, 365 f.; v. 16.7.2024, II ZR 71/23, NJW 2024, 2985 Rn. 13.

5 BGH, v. 17.10.1988, II ZR 18/88, NJW-RR 1989, 347, 349; v. 16.7.2024, II ZR 71/23, NJW 2024, 2985 Rn. 14.

6 BGH, v. 16.12.1953, II ZR 167/52, BGHZ 11, 231, 235; v. 14.12.1961, II ZR 97/59; v. 9.6.1954, II ZR 70/53, BGHZ 14, 25, 30; v. 14.7.1954, II ZR 342/53, BGHZ 14, 264, 268;

mit dem gesonderten Ziel verbunden werden, den wirklich und rechtmäßig beschlossenen Inhalt des Gesellschafterentscheids feststellen zu lassen.[7] Die Anfechtungsklage ist begründet, wenn der gefasste Beschluss gesetzes- oder satzungswidrig ist; der an seiner Stelle festzustellende Beschluss muss seinerseits gesetzes- und satzungskonform sein.[8]

Nicht uneingeschränkt übertragen werden etwa die aktienrechtlichen Regeln zur Anfechtungsbefugnis (§ 245 AktG). So ist der Geschäftsführer einer GmbH, anders als der Vorstand einer Aktiengesellschaft (§ 245 Nr. 4 AktG), nicht zur Anfechtung von Gesellschafterbeschlüssen befugt.[9] Auch gelten die Einschränkungen des § 245 Nr. 1 und 2 AktG nicht. Anfechtungsbefugt ist jeder Gesellschafter,[10] wobei die Gesellschafterstellung nach § 16 Abs. 1 GmbHG bestimmt wird.[11] Auch die hier einer näheren Betrachtung unterworfene in § 246 Abs. 1 AktG geregelte aktienrechtliche Anfechtungsfrist wird nicht eins zu eins übertragen (dazu unten II. 2. b)).

Die aktienrechtlichen Vorschriften über die Geltendmachung von Beschlussmängeln durch Anfechtungs- oder Nichtigkeitsklage sind nur dann entsprechend heranzuziehen, wenn ein bestimmtes Beschlussergebnis festgestellt wurde.[12] Bei Satzungsänderungsbeschlüssen ist stets von einer Beschlussfeststellung auszugehen, weil diese nach § 53 Abs. 3 Satz 1 GmbHG notariell beurkundet werden müssen. Die notarielle Beurkundung des Beschlusses steht der Feststellung durch den Abstimmungsleiter gleich, weil dadurch das Ziel der Feststellung, Unsicherheit über die Fassung eines Beschlusses zu beseitigen, erreicht wird.[13]

Die dargestellte Rechtslage gilt uneingeschränkt für vor dem 1. Januar 2024 gefasste Gesellschafterbeschlüsse.[14]

v. 14.12.1961, II ZR 97/59, BGHZ 36, 207, 210 f.; v. 9.12.1968, II ZR 57/67, BGHZ 51, 209, 210 f.; v. 21.3.1988, II ZR 308/87, BGHZ 104, 66, 68 f.; v. 11.2.2008, II ZR 187/06, NZG 2008, 317 Rn. 22.

7 BGH, v. 20.1.1986, II ZR 73/85, BGHZ 97, 28; v. 10.5.2001, III ZR 262/00, NJW 2001, 2176, 2177 insoweit in BGHZ 147, 394 nicht abgedruckt.

8 BGH, v. 13.1.2003 – II ZR 173/02, NZG 2003, 284; v. 31.5.2011, II ZR 109/10, BGHZ 190, 45 Rn. 9 m.w.N.

9 BGH, v. 28.1.1980, II ZR 84/79, BGHZ 76, 154, 159; v. 11.2.2008, II ZR 187/06, NZG 2008, 317 Rn. 26; v. 16.7.2024, II ZR 71/23, NJW 2024, 2985 Rn. 54.

10 BGH, v. 13.10.2008, II ZR 112/07, NJW 2009, 230 Rn. 11; v. 11.2.2008, II ZR 187/06, NZG 2008, 317 Rn. 26; v. 17.7.2012 – II ZR 216/10, BeckRS 2012, 22359 Rn. 7; v. 16.7.2024, II ZR 71/23, NJW 2024, 2985 Rn. 54.

11 BGH, v. 13.10.2008, II ZR 112/07, NJW 2009, 230 Rn. 11; v. 2.7.2019, II ZR 406/17, BGHZ 222, 323 Rn. 58; v. 16.7.2024, II ZR 71/23, NJW 2024, 2985 Rn. 54.

12 BGH, v. 28.1.1980, II ZR 84/79, BGHZ 76, 154, 155 f.; v. 1.3.1999, II ZR 205/98, NJW 1999, 2268; v. 11.2.2008, II ZR 187/06, NZG 2008, 317 Rn. 22; v. 24.3.2016, IX ZB 32/15, NZG 2016, 552 Rn. 20, 32.

13 Vgl. BGH, v. 11.2.2008, II ZR 187/06, NZG 2008, 317 Rn. 24; v. 17.1.2023, II ZB 6/22, BGHZ 236, 54 Rn. 52; Wicke, GmbHG, 5. Aufl. 2024, Anh. § 47 Rn. 12.

14 BGH, v. 16.7.2024, II ZR 71/23, NJW 2024, 2985 Rn. 13; RegE eines Gesetzes zur Modernisierung des Personengesellschaftsrechts, BT-Drucks. 19/27635, S. 228.

II. Zäsur

Schon vor Inkrafttreten des Gesetzes zur Modernisierung des Personengesellschaftsrechts vom 10. August 2021 (BGBl. I S. 3436; im Folgenden: MoPeG) am 1. Januar 2024 (Art. 137 Satz 1 MoPeG) und seitdem verstärkt, wird diskutiert, ob das neu geschaffen Beschlussmängelrecht der Personenhandelsgesellschaften die §§ 241 ff. AktG als Grundlage für das Beschlussmängelrecht in der GmbH ablösen soll.[15] Angefacht wurde die Diskussion durch eine Textstelle im Regierungsentwurf, wonach das Anfechtungsmodell der §§ 110 ff. HGB, ungeachtet der Beschränkung des unmittelbaren Anwendungsbereichs auf Personenhandelsgesellschaften, künftig auf das von der Rechtsprechung entwickelte Beschlussmängelrecht der GmbH »ausstrahlen« werde.[16]

Dieser Beitrag plädiert dafür, dass eine, wie auch immer zu verstehende Ausstrahlung,[17] jedenfalls für die in § 112 HGB geregelte Anfechtungsfrist abzulehnen ist, soweit es die Anfechtung von Satzungsänderungsbeschlüssen bei der GmbH betrifft.

III. Keine Anwendung des § 112 HGB auf Satzungsänderungsbeschlüsse der GmbH

1. Ausgangspunkt

Die Prämisse der Befürworter einer entsprechenden Anwendung der Vorschriften der §§ 110 ff. HGB, Personenhandelsgesellschaften und die GmbH seien strukturell ähnlich, weil häufig personalistisch geprägt, ist zutreffend. Der gesetzliche Rahmen der GmbH weist zwar durch seine körperschaftlichen Elemente große Ähnlichkeit mit dem der Aktiengesellschaft auf, was anfänglich sogar zur Wahrnehmung der GmbH als »kleiner Schwester der Aktiengesellschaft« führte.[18] Ihrer Struktur nach ist die GmbH aber in aller Regel auf einen kleineren, überschaubaren Kreis von Gesellschaftern beschränkt, die sich kennen und durch persönliche Beziehungen untereinander verbunden sind. Nicht selten ähnelt daher die Interessenlage sowohl

15 Vgl. Kaulbach, ZHR 186 (2022), 729 ff.; Drescher in Ebenroth/Boujong, HGB, 5. Aufl. 2024, § 110 Rn. 9; für eine differenzierende Lösung: Bayer/Rauch, DB 2021, 2609, 2617; Liebscher/Rickelt, ZPG 2024, 41 Rn. 59 ff.; Liebscher in Schäfer, Das neue Personengesellschaftsrecht, 2022, § 5 Rn. 184; Wörner/Ebel, NZG 2021, 963, 965 (Vorschrift für Vorschrift); ferner die Nachweise bei BGH, v. 16.7.2024, II ZR 71/23, NJW 2024, 2985 Rn. 13.

16 RegE eines Gesetzes zur Modernisierung des Personengesellschaftsrechts, BT-Drucks. 19/27635, S. 228.

17 Zur Zweifelhaftigkeit der Ausstrahlungswirkung als methodologischer Figur: Fleischer, GmbHR 2008, 673, 678 m.w.N.

18 Guntermann, GmbHR 2024, 397 Rn. 4; Fleischer, GmbHR 2008, 673 f.; vgl. auch Liebscher in Schäfer, Das neue Personengesellschaftsrecht, § 5 Rn. 181.

der Gesellschaft als auch der Gesellschafter bei der GmbH mehr derjenigen in einer handelsrechtlichen Personengesellschaft als derjenigen in der typischerweise durch Anonymität gekennzeichneten Aktiengesellschaft.[19]

Die personalistische Prägung sowohl der GmbH als auch der Personenhandelsgesellschaft könnte indes einen Analogiewechsel durch uneingeschränkte Übertragung der §§ 110 ff. HGB auf die GmbH nur dann rechtfertigen, wenn mit diesen Normen ein speziell auf personalistisch geprägte Gesellschaften zugeschnittenes Beschlussmängelsystem implementiert worden wäre. Das ist aber gerade nicht der Fall. »Zur erhöhten Rechtssicherheit beim Umgang mit fehlerhaften Gesellschafterbeschlüssen soll« so die Äußerung im Regierungsentwurf »die Einführung eines am Aktienrecht orientierten Beschlussmängelrechts beitragen.«[20] Das MoPeG greift sowohl in Bezug auf die Grundstruktur als auch hinsichtlich wesentlicher Einzelfragen auf das aktienrechtliche Beschlussanfechtungsmodell als Vorbild zurück, weil es »sich gegenüber dem personengesellschaftsrechtlichen Feststellungsmodell durch die Vorteile der Prozessökonomie und der Rechtssicherheit auszeichnet«[21] und weil »die institutionellen Voraussetzungen, unter denen sich das aktienrechtliche Anfechtungsmodell rechtsformübergreifend auch bei der Gesellschaft mit beschränkter Haftung und der Genossenschaft etablieren konnte, für alle rechtsfähigen Personengesellschaften vorliegen«.[22] Das Argument für eine Übertragung der §§ 110 ff. HGB auf die GmbH, diese sei personalistisch geprägt, verliert bei diesem Befund jede Überzeugungskraft.

Übertragen die § 110 ff. HGB danach im Wesentlichen das aktienrechtliche Beschlussanfechtungssystem auf die Personenhandelsgesellschaft ist kein Grund ersichtlich, bei der GmbH die eingespielte analoge Anwendung der §§ 241 ff. AktG in Bausch und Bogen zu verwerfen.[23] Es bietet sich vielmehr an, zu prüfen, ob wegen der überwiegend personalistischen Realstruktur der GmbH im Einzelfall Abweichungen von dem aktienrechtlichen Anfechtungsmodell erforderlich sind, die in den §§ 110 ff. HGB eine geeignetere Regelung gefunden haben.[24]

2. *Anfechtungsfrist*

Nach der Rechtsprechung des II. Zivilsenats muss der Gesellschafter einer GmbH die Beschlussanfechtungsklage mit aller ihm im Interesse der Schaffung von Rechtssicherheit zumutbaren Beschleunigung erheben. Grundsätzlich ist die Monatsfrist des

19 Vgl. BGH, v. 21.3.1988, II ZR 308/87, BGHZ 104, 66, 70 f.

20 RegE eines Gesetzes zur Modernisierung des Personengesellschaftsrechts, BT-Drucks. 19/27635, S. 2 f.

21 Wertenbruch, GmbHR 2024, 930; RegE eines Gesetzes zur Modernisierung des Personengesellschaftsrechts, BT-Drucks. 19/27635, S. 111, vgl. auch S. 103, 220, 225, 227 f.

22 RegE eines Gesetzes zur Modernisierung des Personengesellschaftsrechts, BT-Drucks. 19/27635, S. 228

23 Anders etwa: Bachmann, NZG 2020, 612, 613; Otte, ZIP 2020, 1743, 1749.

24 Guntermann, GmbHR 2024, 397 Rn. 17, 25; Wörner/Ebel, NZG 2021, 963, 965 (Vorschrift für Vorschrift); Liebscher in Schäfer, Das neue Personengesellschaftsrecht, § 5 Rn. 184.

§ 246 Abs. 1 AktG einzuhalten, sofern die Satzung keine abweichende Regelung enthält. Innerhalb dieser Frist müssen auch die Anfechtungsgründe in ihrem wesentlichen tatsächlichen Kern in den Rechtsstreit eingeführt werden. Wird die Monatsfrist überschritten, kommt es darauf an, ob zwingende Umstände den Gesellschafter an einer früheren klageweisen Geltendmachung des Anfechtungsgrunds gehindert haben.[25] Die Regelfrist von einem Monat gilt auch für die Anfechtung satzungsändernder Beschlüsse.[26] Sie beginnt mit der Beschlussfassung[27] und kann durch die Satzung nicht verkürzt werden.[28]

Nach § 112 Abs. 1 Satz 1 HGB ist die Anfechtungsklage innerhalb von drei Monaten zu erheben. Eine Vereinbarung im Gesellschaftsvertrag, welche eine kürzere Frist als einen Monat vorsieht, ist, wie auch bei der Anwendung des § 246 Abs. 1 AktG, gemäß § 112 Abs. 1 Satz 2 HGB unwirksam. Die Frist beginnt nach § 112 Abs. 2 HGB mit dem Tag, an dem der Beschluss dem anfechtungsbefugten Gesellschafter bekanntgegeben worden ist. Für die Dauer von Vergleichsverhandlungen über den Gegenstand des Beschlusses oder die ihm zugrundeliegenden Umstände zwischen dem anfechtungsbefugten Gesellschafter und der Gesellschaft wird die Klagefrist gemäß § 112 Abs. 3 Satz 1 HGB gehemmt.

3. Analoge Anwendung des § 112 HGB auf die GmbH?

a) Meinungsstand

Von Teilen des Schrifttums wird § 112 HGB als geeignetere Regelung für die GmbH angesehen.[29] Die Frist von drei Monaten in § 112 Abs. 1 Satz 1 HGB zur Erhebung der Anfechtungsklage sei im Regelfall angemessener als die dem Aktienrecht entlehnte Monatsfrist.[30] Dies gelte mit Blick auf die fehlende Außenwirkung vieler Beschlüsse und die besondere Bedeutung des Vertrauensverhältnisses der Gesellschafter untereinander. Durch die verlängerte Anfechtungsfrist steige die Chance auf eine

25 Vgl. BGH, v. 1.6.1987, II ZR 128/86, BGHZ 101, 113, 117; v. 17.10.1988, II ZR 18/88, NJW-RR 1989, 347, 349; v. 12.1.1998, II ZR 82/93, BGHZ 137, 378, 386; v. 1.3.1999, II ZR 205/98, NJW 1999, 2268; v. 14.3.2005, II ZR 153/03, NZG 2005, 479, 480 f.; v. 18.4.2005, II ZR 151/03, NZG 2005, 551, 553; v. 13.7.2009, II ZR 272/08, NZG 2009, 1110; v. 6.12.2022, II ZR 187/21, NJW 2023, 1220 Rn. 29.

26 BGH, v. 17.10.1988, II ZR 18/88, NJW-RR 1989, 347, 349; v. 18.4.2005, II ZR 151/03, NZG 2005, 551, 553; v. 6.12.2022, II ZR 187/21, NJW 2023, 1220 Rn. 29.

27 BGH, v. 18.4.2005, II ZR 151/03, NZG 2005, 551, 553.

28 BGH, v. 21.3.1988, II ZR 308/87, BGHZ 104, 66, 72 f.

29 Bayer/Rauch, DB 2021, 2609, 2617; Liebscher/Günther, ZIP 2022, 713, 721; Liebscher/Rickelt, ZPG 2024, 41 Rn. 63; Kaulbach, ZHR 186 (2022), 729, 758 f.; Wertenbruch, GmbHR 2024, 930, 931; Wörner/Ebel, NZG 2021, 963, 967; Drescher in Ebenroth/Boujong, HGB, § 110 Rn. 9; Karsten Schmidt/Bochmann in Scholz, GmbHG, 13. Aufl. 2024/2025, § 45 Rn. 231; Teichmann in Gehrlein/Born/Simon, GmbHG, 6. Aufl. 2024, Anhang zu § 47 Rn. 65; vgl. Wertenbruch in MüKoGmbHG, 5. Aufl. 2026, Anh. § 47 Rn. 441.

30 Wertenbruch, GmbHR 2024, 930, 931 m.w.N.

gütliche Einigung, die dem Vertrauensverhältnis weniger zu schaden drohe als eine Entscheidung durch Urteil.[31] Zum anderen biete die in § 112 Abs. 3 HGB vorgesehene Hemmung eine sichere Möglichkeit für die Durchführung von Untersuchungen sowie für Vergleichsverhandlungen zwischen Gesellschaftern.[32] Die Zulassung von Ausnahmen, wie sie der Bundesgerichtshof bei Anwendung des § 246 Abs. 1 AktG vorsehe, führe zu einer nicht unerheblichen Rechtsunsicherheit.[33]

Dagegen wird eingewandt, bei der GmbH handele es sich ebenso wie bei der Aktiengesellschaft um eine Kapitalgesellschaft. Die aktienrechtliche Regelung des § 246 AktG sei im Vergleich zu der personengesellschaftsrechtlichen Regelung des § 112 Abs. 1 Satz 1 HGB für die GmbH daher sachnäher.[34] Ein Austausch der Analogiegrundlage sei jedenfalls hinsichtlich der Dauer der Anfechtungsfrist nicht geboten, weil § 112 Abs. 1 Satz 1 HGB nicht generell besser auf die Bewältigung von GmbH-rechtlichen Beschlussmängelstreitigkeiten zugeschnitten sei als § 246 Abs. 1 AktG. Selbst bei einer personalistischen Gesellschafterstruktur passe § 112 Abs. 1 Satz 1 HGB als Analogiegrundlage nicht besser, weil auch in diesem Fall ein großes Bedürfnis nach baldiger Rechtssicherheit und raschem Bestandsschutz für Beschlüsse bestehe.[35]

Teilweise wir differenziert und eine bedarfsweise Heranziehung beider Regelungsregime befürwortet. Bei eintragungsbedürftigen Beschlüssen, d.h. insbesondere bei Satzungsänderungen und Kapitalmaßnahmen, sei eine unveränderte Orientierung an § 246 AktG vorzugswürdig bei Übernahme des § 112 HGB im Übrigen.[36]

b) Jedenfalls keine Übertragung auf die Anfechtung von Satzungsänderungsbeschlüssen

Jedenfalls bei der Anfechtung von Satzungsänderungsbeschlüssen der Gesellschafterversammlung einer GmbH stellt die analoge Anwendung des § 112 HGB keine geeignetere Lösung als die analoge Anwendung des § 246 AktG dar, so dass insoweit ein Analogiewechsel ausscheidet.

Eine Verlängerung der Anfechtungsfrist auf drei Monate entsprechend § 112 Abs. 1 Satz 1 HGB ist abzulehnen, weil dies dem Interesse der Gesellschafter und der Gesellschaft an einer beschleunigten Herstellung von Rechtssicherheit zuwiderläuft.[37] Die Satzung bestimmt als Organisationsverfassung die Grundordnung der Gesellschaft einschließlich ihrer Beziehung zu den Gesellschaftern und ist Existenzgrundlage der GmbH, so dass einer Änderung der Satzung regelmäßig entscheidende Bedeutung

31 Guntermann, GmbHR 2024, 397 Rz. 33 ff.
32 Guntermann, GmbHR 2024, 397 Rz. 31 ff.; Wertenbruch, GmbHR 2024, 930, 931 m.w.N.
33 Wertenbruch, GmbHR 2024, 930, 931.
34 Leinekugel in BeckOK GmbHG, Stand 1.8.2025, Anhang § 47 Rn. 203.
35 Leinekugel in BeckOK GmbHG, Anhang § 47 Rn. 203.
36 Guntermann, GmbHR 2024, 397 Rz. 31; Noack in Noack/Servatius/Haas, GmbHG, 24. Aufl. 2025, Anh. § 47 Rn. 148.
37 Guntermann, GmbHR 2024, 397 Rz. 32.

für die Gesellschaft und ihre Gesellschafter zukommt.[38] Aus diesem Grund haben sowohl die Gesellschaft als auch die Gesellschafter nach einem Satzungsänderungsbeschluss ein erhebliches Interesse an der beschleunigten Herstellung von Rechtssicherheit hinsichtlich des Inhalts der Satzung. Auch die gesetzlichen Anforderungen an die Wirksamkeit eines Satzungsänderungsbeschlusses mit dem Erfordernis der notariellen Beurkundung in § 53 Abs. 3 Satz 1 GmbHG und der in § 54 Abs. 3 GmbHG vorgeschriebenen konstitutiven Eintragung sind auf die Herstellung von Rechtssicherheit gerichtet.[39] Im Satzungsänderungsbeschluss liegt vorbehaltlich anderer Bestimmung eine konkludente Weisung zur unverzüglichen Anmeldung der Abänderung des Gesellschaftsvertrags zum Handelsregister (§ 54 Abs. 1 Satz 1 GmbHG), der die Geschäftsführer »ohne schuldhaftes Zögern« (§ 121 BGB) nachzukommen haben, um die baldige Wirksamkeit der Satzungsänderung herbeizuführen (§ 54 Abs. 3 GmbHG).[40] Die Pflicht zur unverzüglichen Anmeldung entfällt nicht, wenn der Satzungsänderungsbeschluss anfechtbar ist. Dies gilt entgegen der herrschenden Meinung selbst dann, wenn bereits die Anfechtungsklage erhoben wurde oder wenn bei noch offener Anfechtungsfrist mit der Erhebung einer Anfechtungsklage ernsthaft gerechnet werden muss.[41] Denn die bei einem Satzungsänderungsbeschluss durch die notarielle Beurkundung stets vorhandene Beschlussfeststellung,[42] führt zur vorläufigen, auch durch den Geschäftsführer zu beachtenden, Verbindlichkeit des Satzungsänderungsbeschlusses mit dem festgestellten Inhalt.[43]

Entsprechend dem von ihr verfolgt Zweck, möglichst zeitnah (alsbald) Rechtssicherheit für das rechtliche Schicksal anfechtbarer Gesellschafterbeschlüsse zu schaffen,[44] ist die Frist des § 246 Abs. 1 AktG als die geeignetere bei der Anfechtung von Satzungsänderungsbeschlüssen der Gesellschafterversammlung einer GmbH anzusehen. Die Monatsfrist schafft einen angemessenen Ausgleich zwischen den Interessen des anfechtenden und der übrigen Gesellschafter. Sie verhindert in ausreichendem Umfang, dass das Recht eines Gesellschafters, rechtswidrige Beschlüsse der Gesellschafterversammlung gerichtlich angreifen zu können, unzulässig verkürzt wird.[45] Die Monatsfrist trägt aber auch dem Interesse der übrigen Gesellschafter Rechnung,

38 BGH, v. 31.1.2023, II ZB 10/22, BGHZ 236, 123 Rn. 15 m.w.N.

39 Born in BeckOGK GmbHG, 1.10.2025, § 53 Rn. 14, § 54 Rn. 13.

40 Vgl. Born in BeckOGK GmbHG, 1.10.2025, § 54 Rn. 29; Harbarth in MüKoGmbHG, 5. Aufl. 2025, § 54 Rn. 25; Hoffmann/Bartlitz in MHLS, GmbHG, 4. Aufl. 2023, § 54 Rn. 8; Tebben in Scholz, GmbHG, § 54 Rn. 24.

41 Born in BeckOGK GmbHG, § 54 Rn. 34; a.A. etwa Harbarth in MüKoGmbHG, § 54 Rn. 26; Tebben in Scholz, GmbHG, § 54 Rn. 25; Ulmer/Caspar in Habersack/Casper/Löbbe, GmbHG, 3. Aufl. 2021, § 54 Rn. 12.

42 Vgl. BGH, v. 11.2.2008, II ZR 187/06, NZG 2008, 317 Rn. 24; v. 17.1.2023, II ZB 6/22, BGHZ 236, 54 Rn. 52; Wicke, GmbHG, Anh. § 47 Rn. 12.

43 BGH, v. 2.7.2019, II ZR 406/17, BGHZ 222, 323 Rn. 31 m.w.N.

44 BGH, v. 23.4.2007, II ZB 29/05, BGHZ 172, 136 Rn. 14; ferner BGH, v. 10.10.2024, II ZR 37/23, NZG 2025, 402 Rn. 83.

45 Vgl. BGH, v. 13.2.1995, II ZR 15/94, NJW 1995, 1218, 1219; v. 10.10.2024, II ZR 37/23, NZG 2025, 402 Rn. 83.

binnen einer überschaubaren Frist festzustellen, ob eine Satzungsänderung für sie verbindlich und der künftigen Zusammenarbeit zugrunde zu legen ist.[46] Angesichts der Bedeutung von Satzungsänderungsbeschlüssen kann eine zügige Reaktion klagewilliger Gesellschafter erwartet werden.[47] Dass die aktienrechtliche Monatsfrist gerade auch für personalistisch geprägte Gesellschaften von Gesetzes wegen als nicht unangemessen erachtet wird, zeigt die unabhängig von der Gesellschafterstruktur bestehende Verkürzungsmöglichkeit auf einen Monat in § 112 Abs. 1 Satz 2 HGB.[48]

Die analoge Anwendung des § 112 Abs. 1 Satz 1 HGB auf die Anfechtung von Satzungsänderungsbeschlüssen widerspricht dem im Regierungsentwurf geäußerten Motiv für die Einführung der Dreimonatsfrist bei der Personenhandelsgesellschaft. Die Entscheidung gegen die Übernahme der kurzen Frist des § 246 Abs. 1 AktG in das Recht der Personenhandelsgesellschaft war nämlich geprägt von der Erwägung, dass der Gedanke der Rechtssicherheit bei der Personengesellschaft im gesetzlichen Regelfall nicht in gleichem Maße eine enge zeitliche Begrenzung der Anfechtungsmöglichkeit fordere.[49] Dies ist aber gerade, wie aufgezeigt, bei der Änderung der Satzung anders.

Das Interesse an einer schnellen Umsetzung satzungsändernder Beschlüsse wird nicht dadurch gewahrt, dass das Registergericht lediglich anfechtbare Beschlüsse einzutragen hat.[50] Denn es besteht die realistische Gefahr, dass die Registergerichte den Ablauf der Anfechtungsfrist abwarten.[51] Es ist aber weder der Gesellschaft, noch den mehrheitlich für die Satzungsänderung stimmenden Gesellschaftern der GmbH zumutbar, ein Vierteljahr abzuwarten, bis Klarheit über die aktuelle Verfasstheit ihrer Gesellschaft besteht.

Gemäß § 112 Abs. 2 HGB beginnt die Anfechtungsfrist mit dem Tag, an dem der Beschluss dem anfechtungsbefugten Gesellschafter bekanntgegeben worden ist. Auch insoweit verbietet sich eine Übertragung auf die Anfechtung satzungsändernde Beschlüsse in einer GmbH.[52] Die Anknüpfung an den Zugang hat den Nachteil, dass für jeden Gesellschafter die Frist unterschiedlich beginnen kann. Dies führt zu Rechtsunsicherheiten, die gerade bei satzungsändernden Beschlüssen vermieden werden müssen. Deshalb ist für den Fristbeginn weiter der Zeitpunkt der Beschlussfassung entsprechend § 246 Abs. 1 AktG maßgeblich.[53] Grund dafür, die Frist bei der Personenhandelsgesellschaft nicht in gleicher Weise beginnen zu lassen war eine Zweckmäßigkeitserwägung. Bei den verschiedenen Arten, in denen

46 Vgl. BGH, v. 10.10.2024, II ZR 37/23, NZG 2025, 402 Rn. 83.
47 Noack in Noack/Servatius/Haas, GmbHG, Anh. § 47 Rn. 148.
48 Leinekugel in BeckOK GmbHG, Anhang § 47 Rn. 203.
49 RegE eines Gesetzes zur Modernisierung des Personengesellschaftsrechts, BT-Drucks. 19/27635, S. 231.
50 BGH, v. 17.1.2023, II ZB 6/22, BGHZ 236, 54 Rn. 52 m.w.N.
51 Guntermann, GmbHR 2024, 397 Rn. 32; Born in BeckOGK GmbHG, § 54 Rn. 124, 143; Noack in Noack/Servatius/Haas, GmbHG, Anh. § 47 Rn. 148.
52 A.A. Kaulbach, ZHR 186 (2022), 729, 759; Liebscher/Rickelt, ZPG 2024, 41 Rn. 63.
53 Vgl. BGH, v. 18.4.2005, II ZR 151/03, NZG 2005, 551, 553; a.A. Teichmann in Gehrlein/Born/Simon, GmbHG, Anhang zu § 47 Rn. 66 m.w.N. – mit Kenntnis.

eine Beschlussfassung möglich sei, könne ungewiss sein, wann ein Beschluss gefasst sei.[54] Das ist bei Satzungsänderungsbeschlüssen jedoch nicht der Fall, da wegen der zwingenden notarielle Beurkundung (§ 53 Abs. 3 Satz 1 GmbHG) der Tag der Beschlussfassung als Anknüpfungspunkt für den Fristbeginn zweifelsfrei festgestellt werden kann.

Bleibt § 112 Abs. 3 HGB, wonach für die Dauer von Vergleichsverhandlungen über den Gegenstand des Beschlusses oder die ihm zugrundeliegenden Umstände zwischen dem anfechtungsbefugten Gesellschafter und der Gesellschaft die Klagefrist gehemmt wird. Die Befürworter einer Übertragung auf die GmbH argumentieren damit, dass Verhandlungen übermäßig erschwert würden, wenn sie unter dem zeitlichen Druck einer laufenden Anfechtungsfrist geführt werden müssten.[55] Diesen Bedenken trägt der Bundesgerichtshof aber bereits dadurch Rechnung, dass er die Monatsfrist des § 246 Abs. 1 AktG nicht sklavisch anwendet, sondern eine Verlängerung der Frist zulässt, wenn zwingende Umstände den Gesellschafter an einer früheren klageweisen Geltendmachung des Anfechtungsgrundes gehindert haben. Das Führen von Vergleichsverhandlungen kann ein solcher Umstand sein.[56] Auch in der oberlandesgerichtlichen Rechtsprechung und im Schrifttum werden Vergleichsverhandlungen als fristverlängernd anerkannt.[57] Darüber hinaus kann bei Zweifeln über die Verlängerung der Frist, die Klage fristwahrend erhoben werden. Dies steht der Fortsetzung von Vergleichsverhandlungen nicht entgegen.[58]

Die Regelung des § 112 Abs. 3 HGB weist zudem die grundsätzliche, an dieser Stelle nicht zu vertiefende Unwucht auf, dass die Hemmung an Vergleichsverhandlungen zwischen dem anfechtungsbefugten Gesellschafter und der Gesellschaft anknüpft, der eigentliche Interessenkonflikt aber zwischen der in § 53 Abs. 2 Satz 1 GmbHG angesprochenen bzw. der für die Satzungsänderung stimmenden Mehrheit und dem anfechtungswilligen Gesellschafter besteht. Wieso letzterer die Ungewissheit über die satzungsgemäße Grundlage der Gesellschaft einseitig durch die Aufnahme von Verhandlungen mit dem Geschäftsführer zu Lasten der die Satzungsänderung wünschenden Mehrheit ohne deren Beteiligung hinausschieben können soll, leuchtet nicht ein. Die Berücksichtigung der konkreten Umstände des Einzelfalls bei der Verlängerung der an § 246 Abs. 1 AktG orientierten Frist, etwa indem man auf Verhandlungen im Gesellschafterkreis abstellt, kann hier interessengerechtere

54 RegE eines Gesetzes zur Modernisierung des Personengesellschaftsrechts, BT-Drucks. 19/27635, S. 231 f.

55 Vgl. Guntermann, GmbHR 2024, 397 Rz. 37; Kaulbach, ZHR 186 (2022), 729, 760; Liebscher/Rickelt, ZPG 2024, 41 Rn. 63.

56 BGH, v. 17.10.1988, II ZR 18/88, NJW-RR 1989, 347, 349; vgl. auch v. 13.7.2009, II ZR 272/08, NZG 2009, 1110.

57 Altmeppen, GmbHG, 11. Aufl. 2023, Anh. § 47 Rn. 99; Hillmann in Henssler/Strohn, GmbHG, 6. Aufl. 2024, Anh. § 47 Rn. 6; Karsten Schmidt/Bochmann in Scholz, GmbHG, § 45 Rn. 236 m.w.N.; Ganzer in Rowedder/Pentz, GmbHG, 7. Aufl. 2022, Anh. § 47 Rn. 54; Teichmann in Gehrlein/Born/Simon, GmbHG, Anhang zu § 47 Rn. 65; OLG Hamm, GmbHR 1995, 736, 738; OLGR Stuttgart, 2000, 51.

58 Römermann in MHLS, GmbHG, 4. Aufl. 2023, Anh. § 47 Rn. 466.

Ergebnisse hervorbringen. Soweit versucht wird, den angesprochenen Missstand im Rahmen des § 112 HGB zu berücksichtigen, indem etwa die Zustimmung der (anderen) Gesellschafter als erforderlich angesehen wird,[59] würde eine dies berücksichtigende entsprechende Anwendung des § 112 HGB im GmbH-Recht nicht zu interessengerechteren oder rechtssichereren Ergebnissen im Vergleich zur flexiblen Anwendung des § 246 Abs. 1 AktG führen. Bei den hier vorgebrachten Bedenken ist noch gar nicht berücksichtigt, dass die Subsumtion unter das Merkmal der die Hemmung auslösenden schwebenden Verhandlungen in § 203 Satz 1 BGB auch nicht stets zu eindeutigen Ergebnissen führen muss.[60]

59 So Schäfer in Staub Handelsgesetzbuch Großkommentar, 6. Auflage 2024, § 112 Rn. 15; RegE eines Gesetzes zur Modernisierung des Personengesellschaftsrechts, BT-Drucks. 19/27635, S. 231 f.; vgl. Drescher in Ebenroth/Boujong, HGB, § 112 Rn. 15 (»die anderen Gesellschafter informieren«); Otte/Dietlein in BeckOGK HGB, 15.9.2024, § 112 Rn. 46 (»Das ist realitätsfern«).

60 Vgl. BGH, v. 5.12.2018, XII ZR 116/17, MDR 2019, 294 Rn. 35 m.w.N.

Ad-hoc-Publizität und ESG – Auf dem Weg zu einem nachhaltigen Kapitalmarktrecht?

Petra Buck-Heeb

I. Einführung

Jens Ekkenga hat sich in seinen jüngeren Werken auch intensiv mit der europäischen Sustainable Finance Strategie der EU[1] und kritisch mit dem Stichwort des sog. nachhaltigen Kapitalmarktrechts[2] beschäftigt. In den Fokus gerückt werden soll im Folgenden die Frage, wann ESG- bzw. Nachhaltigkeitsinformationen einer Ad-hoc-Mitteilungspflicht i.S.d. Art. 17 MAR oder Art. 88 MiCAR unterliegen. Für bestimmte Sachverhalte ist umstritten, ob solchen Informationen das hierfür erforderliche Kursbeeinflussungspotenzial zukommt. Die damit verbundenen Unsicherheiten sind für die Marktakteure v.a. deshalb misslich, weil eine fehlerhafte oder unterlassene Ad-hoc-Mitteilung nicht nur einen Bußgeldtatbestand verwirklicht, sondern auch – jedenfalls bei einem Verstoß gegen Art. 17 MAR[3] – zu einer Haftung nach §§ 97, 98 WpHG führen kann.[4]

II. Grundlagen

1. *EU-Sustainable Finance Strategie und Anti-ESG-Bewegung*

Die Sustainable Finance Regulierung der EU soll die Nachhaltigkeitsziele dadurch unterstützen, dass sie Investitionen gezielt in bestimmte Bereiche lenkt. In regulatorischer Hinsicht hat der europäische Gesetzgeber hier insbesondere die

1 Ekkenga, NJW 2021, 1509 ff.; Ekkenga, WM 2020, 1664 ff.; Ekkenga/Roth, WM 2021, 1161 ff.; Ekkenga/Winner (Hrsg.), Sustainable Finance in the EU, 2024.

2 Ekkenga, WM 2020, 1664, 1669 f., 1671 f.; Ekkenga/Schirrmacher/Schneider, NJW 2021, 1509, 1510; Klöhn/Jochmann, KlimaRZ 2022, 12, 19; siehe auch Habrich, BKR 2024, 737, 747.

3 Zur analogen Anwendung auf Verstöße gegen Art. 88 MiCAR Buck-Heeb in BeckOK/WpHR, 1.10.2025, Art. 17 VO (EU) 596/2014 Rn. 14.

4 Zu den – hier nicht thematisierten – Problemen auf der Rechtsfolgenseite Hellgardt/Kienbaum, BKR 2025, 108, 111 ff.; Osterloh-Konrad/Stark, ZHR 187 (2023), 309, 323 f.; Bingel/Holtkamp, AG 2024, 483, 488 ff.

5 Zur Taxonomie-Verordnung im System eines nachhaltigen Kapitalmarktrechts Bueren, WM 2020, 1619 ff.

Taxonomie-Verordnung,[5] die Offenlegungs-Verordnung und die Benchmark-Verordnung sowie u.a. Regelungen zur Sustainability in der Anlageberatung und im Bereich European Green Bonds geschaffen.[6] Kritiker sprechen diesbezüglich von einem ESG-Tsunami.[7]

In der Folge hatten sich auch die Finanzaufsichtsbehörden mit dem Thema zu befassen. Die BaFin hat ihre Rolle im Juli 2023 in einer eigenen Sustainable-Finance-Strategie festgelegt.[8] Die ESMA veröffentlichte u.a. eine Sustainable-Finance Roadmap 2022–2024[9] und zusammen mit den anderen beiden Aufsichtsbehörden, EBA und EIOPA, ein Informationsblatt, in welchem Verbrauchern und Verbraucherinnen erläutert wird, »wie diese mit ihren finanziellen Entscheidungen die Umwelt und die Gesellschaft unterstützen können«.[10]

Umstritten sind mittlerweile nicht nur die Details der Nachhaltigkeitsstrategie, sondern vereinzelt wird deren generelle Sinnhaftigkeit in Abrede gestellt. Insbesondere in den USA wird neuerdings ein Sustainability-Ansatz als negativ für die Wirtschaft angesehen,[11] sodass sich aufgrund dessen internationale Vermögensverwalter wie BlackRock von der bislang verfolgten Strategie der Sustainability losgesagt[12] und bereits einzelne EU-Unternehmen, wie etwa SAP und die Telekom (mit T-Mobile), angesichts ihrer Abhängigkeit vom US-amerikanischen Markt ihre bestehenden Diversitätsprogramme gestrichen haben.[13] Damit sind nicht nur Normkonflikte zwischen deutschem bzw. europäischem und ausländischem Recht vorprogrammiert,[14] sondern es stellt sich auch die Frage, inwiefern solche Tendenzen ggf. Einfluss auf die kapitalmarktrechtliche Ad-hoc-Mitteilungspflicht von Emittenten haben können.[15]

6 Zu den gesetzgeberischen Aktivitäten etwa Klöhn/Jochmann, KlimaRZ 2022, 12, 14 ff.; Stern, NZG 2024, 1304, 1305 f.

7 Schön, ZfPW 2022, 207, 217; Habrich, BKR 2024, 737.

8 BaFin, Sustainable-Finance-Strategie der BaFin, abrufbar unter https://www.bafin.de/DE/DieBaFin/Sustainable_Finance_Strategie/SF_Strategie_node.html.

9 ESMA, Sustainable Finance Roadmap 2022–2024, 10.2.2022 – ESMA30/379–1051, abrufbar unter https://www.esma.europa.eu/sites/default/files/library/esma30-379-1051_sustainable_finance_roadmap.pdf.

10 So die BaFin, Informationsblatt zu nachhaltigen Finanzprodukten, 1.12.2023, abrufbar unter https://www.bafin.de/SharedDocs/Downloads/DE/dl_informationsblatt_nachhaltigkeit_ESAs.html.

11 Siehe The White House, Putting America first in international environmental agreements, 20.1.2025, abrufbar unter https://www.whitehouse.gov/presidential-actions/2025/01/putting-america-first-in-international-environmental-agreements/ (zuletzt abgerufen am 25.11.2025).

12 Siehe Schön, ZfPW 2022, 207, 219 m.w.N.

13 Manager Magazin, SAP streicht offenbar Programme für Diversität, 10.5.2025, abrufbar unter: https://www.manager-magazin.de/unternehmen/tech/sap-streicht-offenbar-programme-fuer-diversitaet-a-51b94986-cbb5-4c62-8891-a4839212911b (zuletzt abgerufen am 25.11.2025); bzgl. T-Mobile siehe Ad hoc News, 12.5.2025, abrufbar unter https://www.ad-hoc-news.de/wirtschaft/us-praesident-donald-trump-fuehrt-einen-feldzug-gegen-diversitaet-und/67269413 (zuletzt abgerufen am 25.11.2025); siehe auch Kuntz, ZGR 2024, 745, 780 ff.

14 Hierzu Seibt/Kratzlmeier, ZHR 189 (2025), 330 ff., insbes. 344 f.

15 Siehe bei IV.

2. *Ad-hoc-Mitteilungspflicht nach Art. 17 (1) MAR, Art. 88 (1) 1 MiCAR*

Unabhängig davon, wie man die genannten Entwicklungen beurteilt, haben sich die europäischen Unternehmen unstreitig an die europäische Gesetzgebung zu halten. Das gilt für die ESG-spezifischen ebenso wie für die kapitalmarktrechtlichen Vorgaben. So sind nach Art. 17 (1) UAbs. 1 MAR Insiderinformationen, die den Emittenten von Finanzinstrumenten unmittelbar betreffen, unverzüglich zu veröffentlichen, und zwar unabhängig davon, ob es sich um ESG-Informationen handelt oder nicht. Sinngemäß gilt das auch für die Emittenten, Anbieter und Handelszulassungsantragsteller von Kryptowerten (Art. 88 (1) 1 MiCAR).

Art. 17 MAR ist zwar durch die ESG-Gesetzgebung nicht direkt adressiert, mittelbar aber dadurch, dass Voraussetzung für die Ad-hoc-Mitteilungspflicht u.a. das Vorliegen einer Insiderinformation i.S.d. Art. 7 (1) lit. a MAR ist und hierfür wiederum eine Eignung zur erheblichen Kursbeeinflussung gegeben sein muss. Art. 7 (4) 1 MAR verweist zur Auslegung auf den Begriff des verständigen Anlegers, der die Information »wahrscheinlich als Teil der Grundlage seiner Anlageentscheidung nutzen würde«. Wann konkret eine Eignung zur erheblichen Kursbeeinflussung vorliegt, ist im Schrifttum schon lange heftig umstritten.

Die damit verbundene Auslegungsproblematik stellt sich nicht nur bei Finanzinstrumenten, sondern auch bzgl. der Ad-hoc-Mitteilungspflicht bei Kryptowerten (Art. 88 (1) 1 MAR). Dementsprechend lassen sich die Argumente zu Art. 17 (1) MAR bzw. Art. 7 (1) MAR auf die Sachverhalte mit Kryptowerten i.S.d. MiCAR übertragen.[16] Nach Art. 87 (1) lit. a MiCAR ist hier ebenfalls eine Kurserheblichkeit der Information erforderlich, wobei eine solche gemäß Art. 87 (4) MiCAR dann vorliegt, wenn »ein verständiger Inhaber von Kryptowerten«[17] die Informationen »wahrscheinlich als Teil der Grundlage seiner Anlageentscheidungen nutzen würde«.

Unstreitig ist allein, dass in beiden Fällen eine autonome Auslegung zu erfolgen hat.[18] Das Verständnis der Begrifflichkeiten unterscheidet sich jedoch z.T. erheblich. Der europäische Gesetzgeber hat die Chance einer Klarstellung weder im Rahmen des Listing Acts, der auch eine Erleichterung von Regelungen der MAR zum Ziel hat, genutzt, noch hat er bei der Schaffung der MiCAR eine Konkretisierung vorgenommen.

Zwar wird zu Recht darauf hingewiesen, dass in vielen Fällen trotz divergierender Ausgangspunkte vergleichbare Ergebnisse erzielt werden,[19] das erübrigt aber eine

16 Wutscher in Kalss/Krönke/Völkel, Crypto-Assets, 1. Aufl. 2025, Art. 87 MiCAR Rn. 11 f.

17 Zur Missverständlichkeit dieses Begriffs Misterek/Roth, ZIP 2024, 385, 391; Maume in Maume, MiCAR, 1. Aufl. 2025, Art. 87 MiCAR Rn. 10.

18 Buck-Heeb in BeckOK WpHR, 1.10.2025, Art. 17 VO (EU) 596/2014 Rn. 5 ff.; Habrich, BKR 2024, 737, 739 f.

19 Schäfer in Marsch-Barner/Schäfer, Handbuch börsennotierte AG, 6. Aufl. 2025, § 14 Rn. 23; Buck-Heeb in Assmann/Schütze/Buck-Heeb, Handbuch des Kapitalanlagerechts, 6. Aufl. 2024, § 8 Rn. 117.

Befassung mit der Thematik nicht. Gerade im Hinblick auf ESG-Informationen, die Anleger teilweise aufgrund altruistischer Motive für wesentlich erachten, könnte eine abweichende Beurteilung geboten sein.[20] Zudem könnten die besonderen Gegebenheiten bei Kryptowerten zu anderen Resultaten führen, da gerade am Kryptomarkt »irrationale« Hypes als besonders verbreitet angesehen werden.[21] Letztendlich erscheint es auch problematisch, dass eines der »bedeutendsten« Insiderinformationsmerkmale[22] in den Mitgliedstaaten teilweise schon seit langem unterschiedlich ausgelegt wird.[23] Damit steht die Wettbewerbsgleichheit der Emittenten in Europa in Frage.

III. Unproblematische Fälle der Ad-hoc-Mitteilungspflicht von ESG-Informationen

1. Divergierende Auslegung bzgl. des Kursbeeinflussungspotenzials

Kursrelevanz liegt nach Art. 7 (4) MAR vor, wenn die Information von einem verständigen Anleger wahrscheinlich als Teil der Grundlage seiner Anlageentscheidungen genutzt würde. Sinngemäß gilt dies auch nach Art. 87 (4) MiCAR. Bezüglich der Auslegung der Begriffe »Kursbeeinflussungspotenzial« i.S.d. Art. 7 (1) lit. a MAR und »verständiger Anleger« i.S.d. Art. 7 (4) MAR stehen sich zwei Ansichten gegenüber.[24]

Manche Stimmen im Schrifttum nehmen auf den sog. Fundamentalwert Bezug. Der Begriff »Fundamentalwert« meint dabei den »wahren« bzw. »richtigen« Wert. Der Kurs dagegen beschreibt den Preis, zu welchem das Finanzinstrument am Markt erhältlich ist.[25] Unter dem Begriff der Fundamentalwertrelevanz werden damit Informationen verstanden, die die Gesamtheit der öffentlich bekannten Informationen so ändern, dass der verständige Anleger aus der ex-ante Perspektive zu einer anderen Einschätzung des Risiko/Rendite-Verhältnisses der Finanzinstrumente gelangt.[26] Ausgegangen wird davon, dass ein »verständiger Anleger« i.S.d. Art. 7 Abs. 4 MAR stets ausschließlich »auf der Grundlage fundamentalwertbezogener Informationen« handelt.[27] Dass sich

20 Siehe Bingel/Holtkamp, AG 2024, 483, 485 Rn. 9.

21 Misterek/Roth, ZIP 2024, 385, 392; relativierend Maume in Maume, Art. 87 MiCAR Rn. 11.

22 Habrich, BKR 2024, 737, 740.

23 Siehe schon Poelzig, NZG 2016, 528, 532; Krause/Brellochs, AG 2013, 309, 337.

24 Siehe Buck-Heeb in Assmann/Schütze/Buck-Heeb, § 8 Rn. 111 ff.; Pfüller/Nerz in Fuchs/Zimmermann, Wertpapierhandelsgesetz, 3. Aufl. 2024, Art. 17 VO (EU) 596/2014 Rn. 185 ff.; Klöhn in Klöhn, Marktmissbrauchsverordnung, 2. Aufl. 2023, Art. 7 MAR Rn. 195; Kumpan/Misterek, ZHR 184 (2020), 193 ff.; siehe auch schon Langenbucher, AG 2016, 419 f.

25 Habrich, BKR 2024, 737, 738.

26 Klöhn in Klöhn, Art. 17 MAR Rn. 75.

27 So Veil in Hommelhoff/Hopt/Leyens, Unternehmensführung durch Vorstand und Aufsichtsrat, 1. Aufl. 2024, § 19 Rn. 21; Klöhn in Klöhn, Art. 7 MAR Rn. 160 ff.; Klöhn, ZHR 177 (2013), 349, 366 ff.; Kumpan/Misterek, ZHR 184 (2020), 180, 207 ff.

eine solche Fundamentalwertrelevanz bei Kryptowerten z.T. ungleich schwieriger feststellen lässt als bei Finanzinstrumenten, soll hier nicht vertieft werden.[28]

Andere Stimmen sehen dagegen beim Tatbestandsmerkmal des Kursbeeinflussungspotenzials eine Gesamtbetrachtung aller Umstände im Hinblick auf die Eignung zur Kursbeeinflussung als erforderlich an. Danach können auch irrationale Faktoren Relevanz erlangen.[29] Dabei wirft der juristisch kaum fassbare Begriff der »Irrationalität« schon für sich Probleme auf und ist bereits im Allgemeinen missverständlich. Noch mehr muss das in Bezug auf ESG-Informationen gelten. Insofern besteht hier ggf. neben dem rein finanziellen Nutzen der Rendite auch ein nichtfinanzieller Nutzen (»warm glow« oder »halb-altruistisches Motiv«[30]). Diese Investoren werden daher als »partiell altruistisch« und nicht allein »renditeorientiert« umschrieben.[31]

Gegen die Berücksichtigung auch anderer als lediglich modellhaft-fundamentalwertorientierter Faktoren wird generell vorgebracht, dies würde einen »Verlust an Vorhersehbarkeit und Rechtssicherheit« mit sich bringen,[32] da ein klarer und verlässlicher Prüfungsmaßstab fehle, der Begriff der Insiderinformation vielmehr dann uferlos und nicht mehr justiziabel sei.[33] Um dem zu begegnen, haben Teile des Schrifttums damit begonnen, Leitlinien herauszuarbeiten, wann ein verständiger Anleger bei fundamentalwertorientierter Betrachtungsweise ESG-Informationen wahrscheinlich als (teilweise) Grundlage für seine Anlageentscheidung nutzen würde.[34]

Gegen eine Gesamtschau wird zudem angeführt, damit würden die irrationalen Reaktionen des Marktpublikums noch verstärkt und dem Ziel der Ad-hoc-Publizität, Informationseffizienz herzustellen, geschadet.[35] Ob sich eine weite Auslegung bereits aus dem Wortlaut des Art. 7 (1) lit. a MAR (»den Kurs dieser Finanzinstrumente … erheblich zu beeinflussen«; engl.: »would be likely to have a significant effect on the prices of those financial instruments«) ableiten lässt, ist ebenso umstritten, wie die Beurteilung auf der Basis des Sinns und Zwecks der Regelung. Daran ändert auch der Umstand nichts, dass der EuGH bislang den Begriff der Insiderinformation stets weit ausgelegt hat.[36] Der Verweis darauf, dass hinter der Streitfrage ein Zielkonflikt zwischen dem Insiderhandelsverbot und der Ad-hoc-Publizität steht, mag zutreffend sein,[37] hilft aber angesichts der Notwendigkeit einer einheitlich vorzunehmenden Auslegung nicht weiter.

28 Maume in Maume, Art. 87 MiCAR Rn. 8; Maume, BKR 2025, 913, 915 f.

29 Assmann in Assmann/Schneider/Mülbert, Wertpapierhandelsrecht, 8. Aufl. 2023, Art. 7 VO Nr. 596/2014 Rn. 84; Jakovou in Fuchs/Zimmermann, Art. 7 MAR Rn. 143.

30 Zutreffend Schön, ZfPW 2022, 207, 226 f.

31 Schön, ZfPW 2022, 207, 250.

32 So schon Klöhn, AG 2012, 345, 349 (noch zum alten Recht).

33 Sustmann/Retsch/Gerding, AG 2022, 602, 606 Rn. 27 f.

34 Sustmann/Retsch/Gerding, AG 2022, 602, 606 Rn. 28 ff.

35 Misterek, ZIP 2023, 400, 402.

36 Vgl. EuGH, 11.03.2015, C-628/13, EuZW 2015, 387, 388 Rn. 22 ff. (Lafonta) sowie die Anmerkung von Kumpan, EuZW 2015, 389, 390; EuGH, 15.03.2022, C-302/20 (AMF), NZG 2022, 961, 963 Rn. 43 ff.

37 Misterek, ZIP 2023, 400, 401; Misterek/Roth, ZIP 2024, 385, 392.

Teilweise wird im Schrifttum angenommen, auch die BaFin gehe in ihrem Emittentenleitfaden[38] von einer Gesamtbetrachtung und damit der Berücksichtigung irrationaler Faktoren aus.[39] Andere Stimmen lehnen eine solche Deutung ab.[40] Jedenfalls favorisierte der BGH die genannte – weitreichendere – Sichtweise der Gesamtschau, indem ein verständiger Anleger ein solcher sein soll, »der auch irrationale Reaktionen anderer Marktteilnehmer zu berücksichtigen hat«.[41] Damit ist jedoch noch nicht gesagt, ob diese Auslegung, die zum richtlinienumsetzenden WpHG a.F. erging, auch der autonomen Auslegung der MAR entspricht und vom EuGH bestätigt würde.

2. *Kursbeeinflussungspotenzial und ESG-Information*

Bei der Frage, wann eine ESG-Information der Ad-hoc-Publizitätspflicht des Art. 17 MAR unterliegt, ist wie stets danach zu differenzieren, ob diese eine eigenständige Insiderinformation darstellt oder lediglich ein Teilelement einer Insiderinformation. Nach derzeitiger Rechtslage müssen auch sog. Zwischenschritte ad-hoc-publiziert werden. Zum 05.06.2026 wird sich das mit dem Listing Act ändern. Dann wird diesbezüglich lediglich die Pflicht bestehen, das Endergebnis eines solchen gestreckten Vorgangs »so bald wie möglich nach dessen Eintritt«[42] offenzulegen. Diese gesetzliche Erleichterung führt wiederum zu der schwierigen Frage nach der Abgrenzung gegenüber selbständigen und finalen Ereignissen.[43]

Anknüpfend an die einhellige Auffassung, dass die (kapitalmarktrechtlichen) Bestimmungen stets einzuhalten sind, ist bei Vorliegen der Voraussetzungen des Art. 17 (1) MAR – sofern nicht ein Aufschub i.S.d. Art. 17 (4) MAR erfolgt – eine Ad-hoc-Mitteilung ungeachtet dessen erforderlich, ob eine ESG- oder eine Nicht-ESG-Information besteht. Die mittlerweile zu verzeichnende europäische und internationale Entwicklung von ESG-Investments deutet darauf hin, dass der Einfluss von ESG-Informationen trotz der oben geschilderten »Gegenbewegung« (II.1.) zunehmend auch Fundamentalwertrelevanz haben kann, da sie letztendlich die Rendite beeinflussen.[44]

Eine Ad-hoc-Mitteilungspflicht wird daher im Schrifttum beispielsweise dann bejaht, wenn etwa bei einem Green Bond eine taxonomiekonforme Mittelverwendung

38 Siehe BaFin, Emittentenleitfaden, Modul C, C.I.2.1.4.

39 So Stern, NZG 2024, 1304, 1309; Bingel/Holtkamp, AG 2024, 483, 485; Misterek, ZIP 2023, 400, 402; Krause in Meyer/Veil/Rönnau, Handbuch zum Marktmissbrauchsrecht, 2. Aufl. 2023, § 6 Rn. 122.

40 Nietsch in BeckOK WpHR, 1.7.2025, Art. 7 VO (EU) 596/2014 Rn. 142; Bekritsky, WM 2020, 1959, 1960 f.

41 BGH, 13.12.2011, XI ZR 51/10, NJW 2012, 1800, 1805 Rn. 44.

42 So Erwägungsgrund 67 Satz 5 Listing Act (VO (EU) 2024/2809).

43 Sajnovits, ZBB 2024, 345, 353 ff.; Assmann, ZHR 189 (2025), 14, 34 ff.; Buck-Heeb in BeckOK WpHR, 1.10.2025, Art. 17 VO (EU) 596/2014 Rn. 201.

44 Zur Entwicklung etwa Rothschild & Co, ESG-Einblicke für 2025 und darüber hinaus, 10.6.2025, abrufbar unter https://www.rothschildandco.com/de/newsroom/insights/2025/06/wealth-management-esg-einblicke-fur-2025-und-daruber-hinaus/ (zuletzt abgerufen am 25.11.2025).

nicht möglich ist.[45] Das wird als eine nicht öffentlich bekannte präzise Information angesehen, die geeignet wäre, bei ihrem Bekanntsein den Kurs erheblich zu beeinflussen. Mangels Insiderinformation soll dagegen keine Ad-hoc-Publizitätspflicht bestehen, wenn eine unrichtige Darstellung von Klimatransformationsplänen im Lagebericht vorliegt.[46]

Als Beispiel für (negative) ESG-Informationen werden etwa umweltbelastende Wirkungen der Geschäftstätigkeit des Emittenten angeführt. Diese können »einen Reputationsverlust bis hin zur existenzvernichtenden Rufschädigung nach sich ziehen«.[47] Bejaht wird ein erhebliches Kursbeeinflussungspotenzial bei einem Reputationsverlust allerdings schon generell allein dann, wenn konkrete Vermögensschäden für das Unternehmen, wie etwa Umsatzeinbußen, absehbar sind.[48] Das muss auch dann gelten, wenn der Reputationsverlust auf einer ESG-Information basiert.

Insofern sind die unterschiedlichen Auffassungen zur Auslegung des Begriffs »Kursbeeinflussungspotenzial« unerheblich, wenn die ESG-Information einen (erheblichen) Einfluss auf den Fundamentalwert des Finanzinstruments hat. Das ist immer dann der Fall, wenn diese Informationen »die Höhe der künftig zu erwartenden Zahlungsströme oder den relevanten Abzinsungsfaktor beeinflussen«.[49] Hier ist ein entsprechendes Kursbeeinflussungspotenzial auch nach der Ansicht, die eine Gesamtbetrachtung vornehmen will, gegeben.

IV. ESG-Informationen ohne Fundamentalwertrelevanz

1. Der Meinungsstand

Die zentrale Frage ist jedoch, was gilt, wenn die ESG-Information keine erhebliche Änderung des Fundamentalwerts des betreffenden Finanzinstruments herbeiführt. In diesem Fall verstärken sich die genannten Unklarheiten bzgl. der Auslegung der Begriffe »Kursbeeinflussungspotenzial« und »verständiger Anleger« nochmals. Das hängt auch damit zusammen, dass das, was unter ESG zu fassen sein kann, jenseits des gesetzlich zwingend Verlangten überwiegend unbestimmt ist.

Während es manche Stimmen im Schrifttum allein als »im Einzelfall diskutabel« ansehen, »unternehmensbezogene Klimarisiken unter die Legaldefinition der Insiderinformation« zu fassen,[50] oder dies jedenfalls gegenwärtig

45 Renner, ZBB 2023, 23, 30; siehe auch Buck-Heeb in BeckOK WpHR, 1.10.2025, Art. 17 VO (EU) 596/2014 Rn. 69.1 sowie Rn. 77.4.

46 Weller/Schwemmer, AG 2024, 517, 527.

47 Ekkenga, ZHR 188 (2024), 471, 495.

48 Sustmann/Retsch/Gerding, AG 2022, 602, 607; Klöhn/Schmolke, NZG 2015, 689, 693; siehe auch OLG Braunschweig, 18.11.2021 – 3 Kap 1/16, AG 2022, 164, 165 f.; anders Osterloh-Konrad/Stark, ZHR 187 (2023), 309, 315 (»unproblematisch«).

49 Mülbert/Sajnovits, WM 2020, 1557, 1565.

50 Weller/Tran, ZEuP 2021, 573, 602.

ablehnen,[51] wird das von anderen – zukunftsbezogen – grundsätzlich bejaht.[52] Das Vorliegen einer Insiderinformation wird nach der letzteren Ansicht auch dann angenommen, wenn der Kurs des Finanzinstruments nur rein tatsächlich, nicht aber i.S. einer Fundamentalwertrelevanz erheblich beeinflusst worden ist.[53] Vorgebracht wird diesbezüglich auch, die »gesetzgeberische Aufwertung von Nachhaltigkeitsinformationen (führe) zu einer Ausweitung der Ad-hoc-Pflichten«.[54]

Andere lehnen eine solche Erweiterung der Ad-hoc-Mitteilungspflicht tendenziell ab.[55] Es soll »insbesondere für die ESG-bezogenen Informationen der nichtfinanziellen Erklärung … derzeit noch weitgehend ungeklärt (sein), unter welchen Voraussetzungen ihnen überhaupt Kursrelevanz und damit die Qualität einer Insiderinformation zukommen kann.«[56] Teilweise wird die ESG-Information quasi als dritter Bereich neben fundamentalwertbezogenem und sog. irrationalem Verhalten des typisierten Anlegers gesehen.[57]

Konkrete Beispiele für das skizzierte ESG-bezogene Szenario werden in der Regel nicht genannt.[58] Regelmäßig wird lediglich abstrakt umschrieben, dass es Informationen gibt, »welche die realwirtschaftliche Lage des Unternehmens nicht berühren, deren korrekte Veröffentlichung sich aber wegen der Nachhaltigkeitspräferenzen einer großen Zahl von Anlegern auf den Kurs auswirken würde«.[59]

2. *Kursbeeinflussungspotenzial*

Ekkenga hat in einer seiner Publikationen darauf hingewiesen, dass nicht alle Informationen, »die an den Leistungsmärkten wettbewerbsrelevant sind, das für die Einstufung als ‚Insiderinformation' erforderliche Kursbeeinflussungspotential an den Finanzmärkten« aufweisen.[60] Das kann auch in Bezug auf ESG-Informationen gelten.

Letztendlich führt dies zu der Frage nach dem »Einfluss sich wandelnder Investorenpräferenzen«, d.h. zu der Frage, »ob die Verschiebung von Investorenpräferenzen insiderrechtlich bedeutsam sein kann«,[61] auch wenn sich der Fundamentalwert nicht

51 Veil/Wiesner/Reichert, ECFR 2022, 445, 499 f.; Klöhn in Klöhn, Art. 7 MAR Rn. 192a; Sustmann/Retsch/Gerding, AG 2022, 602, 606.
52 Osterloh-Konrad/Stark, ZHR 187 (2023), 309, 320.
53 Vgl. Osterloh-Konrad/Stark, ZHR 187 (2023), 309, 315 f.
54 Siehe Bingel/Holtkamp, AG 2024, 483.
55 Habrich, BKR 2024, 737 ff.
56 Mülbert/Sajnovits, WM 2023, 1437, 1444; Sustmann/Rentsch/Gerding, AG 2022, 602, 605 ff.; Veil/Wiesner/Reichert, ECFR 2022, 445, 495 ff.
57 Mülbert/Sajnovits, WM 2020, 1557, 1566.
58 Eine Ausnahme findet sich bei Bingel/Holtkamp, AG 2024, 483, 484, wo drei Beispielsfälle gebildet werden.
59 Osterloh-Konrad/Stark, ZHR 187 (2023), 309, 315.
60 Ekkenga, ZHR 188 (2024), 471, 494.
61 Mülbert/Sajnovits, WM 2020, 1557, 1565; Brellochs in Habersack/Mülbert/Schlitt, Handbuch der Kapitalmarktinformation, 4. Aufl. 2025, § 1 Rn. 85a.

ändert. Ekkenga geht davon aus, dass »den entgegenstehenden, selbst noch im aktuellen Schrifttum geäußerten Zweifeln am Kursbeeinflussungspotential ESG-bezüglicher Berichtsinhalte[62] … infolge der radikalen Neuausrichtung der Transparenzvorschriften im Zuge des Europäischen Green Deal der Boden entzogen sein« dürfte.[63] Er fasst das mit den Worten zusammen: »Was ‚grün' ist, hat demnach im Zweifel Kursbeeinflussungspotenzial«, plädiert jedoch dafür, »Ad-hoc-Pflichtmeldungen über unternehmensinterne Planungsvorgänge« zurückhaltend zu beurteilen.[64]

Vorsichtiger formuliert das Mülbert, wenn er den Sachverhalt der hier interessierenden Fallgruppe dahingehend umschreibt, »dass eine kritische Masse der realen Investoren ihr Angebot- und Nachfrageverhalten an anderen Kriterien als der Renditemaximierung ausrichtet«.[65] Manche im Schrifttum betonen dagegen, dass »eben kein direkter Zusammenhang zwischen ESG-Informationen und Aktienkurs« bestehe, bzw. »in manchen Fällen … sogar eine gegenläufige Verknüpfung, so dass etwa erhöhte Ausgaben für ESG-Ziele den zukünftigen Unternehmensgewinn beeinträchtigen können«.[66]

Insofern fragt sich, ob bzw. inwieweit ESG eine »Messgröße« in Bezug auf das Kursbeeinflussungspotenzial sein kann. Rein tatsächlich war im Jahr 2022 zu beobachten, dass Anleger zunehmend ESG-Gesichtspunkte in ihre Anlageentscheidung einbeziehen, auch wenn diese im Einzelfall im Hinblick auf die Vermögens- und Ertragslage der Gesellschaft nicht erheblich sind.[67] Die Frage ist nur, ob das auch für den als verständig typisierten Anleger gilt. Die generelle Debatte um die Auslegung des Begriffs »verständiger Anleger« und damit des Begriffs des Kursbeeinflussungspotenzials verschärft sich, sobald es um ESG-Informationen geht, bei denen die Kursrelevanz fraglich ist.

Nach einer Nachhaltigkeitsumfrage 2024 betrachteten lediglich 28 % der Anleger ESG als zusätzlichen Faktor zu Finanzindikationen.19 % der Befragten wollten einen Teil ihres Portfolios in nachhaltigkeitsbezogene Themen investieren. Nur 13 % der Befragten sagten, sie würden nicht nachhaltige Unternehmen vollständig ausschließen.[68] In einer anderen Studie von 2025 gaben zwar 85 % der Befragten an, dass sie Nachhaltigkeitskriterien in ihre Anlageentscheidung einbeziehen,[69] allerdings

62 Verwiesen wird dabei auf Sustmann/Retsch/Gerding, AG 2022, 602, 605 f.

63 Ekkenga, ZHR 188 (2024), 471, 494 f.

64 Siehe schon Ekkenga, ZGR 1999, 165, 194 ff., 196.

65 Mülbert/Sajnovits, WM 2020, 1557, 1565.

66 Hellgardt/Kienbaum, BKR 2025, 108, 112.

67 Sustmann/Retsch/Gerding, AG 2022, 602, 606.

68 Deutsche Bank, ESG als eine Messgröße der Nachhaltigkeit, abrufbar unter https://www.deutsche-bank.de/pk/sparen-und-anlegen/finanzmarktexpertise/perspektiven-im-fokus/esg-und-nachhaltigkeitsumfrage-2024/esg-als-eine-messgroesse-der-nachhaltigkeit.html (zuletzt abgerufen am 25.11.2025).

69 BNP Paribas, Institutionelle Anleger setzen weiterhin auf nachhaltige Investitionen, belegt ESG-Umfrage von BNP Paribas, ESG Survey 2025, 27.5.2025, abrufbar unter https://securities.cib.bnpparibas/de/pressemitteilung-esg-survey-2025/ (zuletzt abgerufen am 25.11.2025).

bleibt die Bedeutung, die diesem Faktor im Hinblick auf die Entscheidung als solche zugemessen wird, offen. Insofern ist unklar, ob sich die Berücksichtigung von ESG-Kriterien allein auf die kursbeeinflussungsrelevanten Teilaspekte von ESG bezieht. Dass auch »altruistische« Ziele damit verbunden sind, lässt sich nicht feststellen. Im Gegenteil deutet manches darauf hin, dass es letztendlich vor allem langfristige renditeorientierte Überlegungen sind, die ESG zu einem Anlagefaktor machen.[70]

Die Problematik der »Messgröße« wird damit deutlich. Anders als bei sog. irrationalen Reaktionen im Allgemeinen, müsste hier für eine Beurteilung auch darauf abgestellt werden, ob etwa »der Aktionärskreis bekanntermaßen ESG-affin ist«.[71] Das dürfte jedoch z.T. für den Emittenten nur schwer feststellbar sein, da es hierbei nicht nur um den bestehenden, sondern auch den potenziellen Kreis der Aktionäre gehen müsste.

3. *Ansätze einer Bewertung*

a) Generelle Gesichtspunkte

Überlegt wird in der Literatur dennoch, ob bei der Ad-hoc-Mitteilungsrelevanz ein »Umdenken« erforderlich sein könnte.[72] Begründet wird das u.a. damit, dass immer umfassendere ESG-Informationspflichten nahelegen, dass der europäische Gesetzgeber diese Informationen als grundsätzlich und damit »auch jenseits einer direkten Relevanz für den Börsenkurs« wesentlich einstuft.[73]

Dieses Argument vermag jedoch wenig zu überzeugen. Dass der Gesetzgeber bestimmte neue Pflichten statuiert, bedeutet nicht, dass Art. 7 (1) MAR in einer bestimmten Weise ausdehnend auszulegen wäre. Das führt zu der Frage, »ob die Rechtsfigur des verständigen Anlegers aufgrund der neuartigen ESG-Informationen, mit denen der Kapitalmarkt nun konfrontiert wird, angepasst werden sollte«.[74] Damit würde eine Loslösung von der o.g. allgemeinen Diskussion der Auslegung des »Kursbeeinflussungspotenzials« im Sinne einer Gesamtschau oder im Sinne einer bloßen Fundamentalwertrelevanz erfolgen. Insofern ist aber der Vorschlag, das Anlegerleitbild vom finanzielle Interessen verfolgenden Anleger auf einen solchen auszudehnen, der z.T. auch nichtmonetäre Präferenzen verfolgt, kritisch zu sehen.[75]

Hinzu kommt, dass der Gesetzgeber nicht schon ein bloßes Kursbeeinflussungspotenzial genügen lässt, sondern dass die potenzielle Beeinflussung auch erheblich sein muss. Zahlreiche ESG-Informationen ohne Fundamentalwertrelevanz werden

70 So ausdrücklich statista, ESG investing -statistics & facts, 3.6.2025, abrufbar unter https://www.statista.com/topics/7463/esg-and-impact-investing/ (zuletzt abgerufen am 25.11.2025).
71 Bingel/Holtkamp, AG 2024, 483, 487.
72 Hellgardt/Kienbaum, BKR 2025, 108, 114.
73 So Hellgardt/Kienbaum, BKR 2025, 108, 114.

schon aus diesem Grund keine Ad-hoc- Mitteilungspflicht auslösen. Problematisch ist, dass die Marktmissbrauchsverordnung auch im Hinblick auf das Merkmal der Erheblichkeit »wenig detailliert« ist, was auch in diesem Punkt eine Auslegung erforderlich macht.[76]

Zu dieser insgesamt diffusen Diskussionslage gesellt sich die Unsicherheit in Bezug auf den Begriff der ESG-Information. Wann welche Informationen in diesem Bereich überhaupt unproblematisch veröffentlichungsfähig sind, ist noch immer teilweise offen. Zu vermeiden gilt auch hier ein sog. Greenwashing. Zutreffend wird darauf hingewiesen, dass die Beurteilung dessen, was »grün« ist, »erheblichen divergierenden subjektiven Einschätzungen unterliegt«.[77]

All dies zeigt, wie problematisch sich eine Ausdehnung der Begriffe des Kursbeeinflussungspotenzials und damit des verständigen Anlegers gestalten kann. Eine auch nur annähernd sinnvolle Eingrenzung der – ohnehin für die Emittenten teilweise nicht leicht festzustellenden – Ad-hoc-Mitteilungspflicht wäre so nur schwer möglich.

b) Erkenntnisse aus dem Listing Act?

Angesichts der generellen divergierenden Ansichten zur Auslegung des Kursbeeinflussungspotenzials erscheint bemerkenswert, dass der europäische Gesetzgeber diesbezüglich nicht mit den zum 05.06.2026 geltenden Neuerungen durch die VO (EU) 2024/2809 (EU-Listing Act)[78] eine Klarstellung vorgenommen hat. Im Rahmen des Listing Acts konnte sich der Versuch nicht durchsetzen, die MAR dahingehend zu ändern, dass nicht mehr auf den verständigen (»reasonable«), sondern allein auf den rationalen Anleger abgestellt werden sollte, sodass schon von Gesetzes wegen allein fundamentalwertrelevante Informationen zu berücksichtigen sind.[79]

Dass der Gesetzgeber sich nicht in diese – oder die gegenteilige – Richtung geäußert hat, verwundert. Immerhin hatte eine Umfrage von 2019 im Vorfeld der Listing-Act-Bemühungen ergeben, dass 73 % der Befragten eine Präzisierung des Merkmals »Eignung zur erheblichen Kursbeeinflussung« begrüßen würden.[80] Manche im Schrifttum leiten daraus ab, dass die MAR nicht vom perfekten, sich nur an Fundamentalwerten orientierenden Kapitalmarkt ausgeht.[81] Andere wiederum sehen

74 Hellgardt/Kienbaum, BKR 2025, 108, 113 (i. Erg. wohl verneinend); ablehnend auch Brellochs in Habersack/Mülbert/Schlitt, Handbuch der Kapitalmarktinformation, § 1 Rn. 85a; ders. in Leyens/Seibt, Handbuch Lieferkettenrecht, 1. Aufl. 2025, § 33 Rn. 29.
75 Osterloh-Konrad/Stark, ZHR 187 (2023), 309, 338.
76 Vgl. nur etwa Krause in Meyer/Veil/Rönnau, § 6 Rn. 119.
77 Hellgardt/Kienbaum, BKR 2025, 108, 114.
78 VO (EU) 2024/2809 vom 23.10.2024, ABl. EU Nr. L vom 14.11.2024.
79 Siehe dazu Nietsch in BeckOK WpHR, 1.7.2025, Art. 7 VO (EU) 596/2014 Rn. 32.
80 Groß/Roye̒, BKR 2019, 272, 273.
81 Dietrich in Heidel, Aktienrecht und Kapitalmarktrecht, 6. Auflage 2024, Art. 17 MAR Rn. 4.

auch in der Nichtaufnahme der von der EU-Kommission erwogenen Klarstellung eine Bestätigung darin, dass auch weiterhin irrationale Markterwartungen – und damit auch andere nicht-fundamentalwertbezogene Einflussfaktoren – nicht zu berücksichtigen sind.[82] Eindeutige weiterführende Erkenntnisse lassen sich damit hieraus nicht herleiten.

V. Aufschub der Ad-hoc-Mitteilungspflicht

Nur angedeutet werden kann hier, dass die Frage nach der Einordnung von ESG-Informationen auch beim zeitweiligen Aufschub einer Ad-hoc-Mitteilung i.S.d. Art. 17 (4) MAR bzw. Art. 88 (2) MiCAR eine Rolle spielen kann. Ekkenga schlägt eine »tendenziell weiträumige Öffnung des Safe Harbour« in Art. 17 (4) MAR vor und bejaht unter bestimmten Gesichtspunkten die Möglichkeit einer temporären Verschlusshaltung bis zum Wegfall des Aufschiebungsgrundes.[83] Dezidiert stellt Ekkenga fest: »Im Recht der Ad-hoc-Meldungen ist … der individuelle Schutzgedanke noch voll präsent. Zwar wird ein voraussichtlicher Rufverlust dort überwiegend noch nicht für ausreichend erachtet, um dem Emittenten die Zuflucht zur zeitweiligen Selbstbefreiung nach Art. 17 Abs. 4 MAR zu gestatten. Seinen eigenen wirtschaftlichen Untergang soll aber kein Unternehmen herbeiführen müssen.«[84]

Daher wird im Schrifttum diskutiert, ob bzw. inwiefern die nicht-fundamentalwertbezogenen ESG-Faktoren bei der Frage des berechtigten Interesses i.S.d. Art. 17 (4) UAbs. 1 lit. a MAR bzw. Art. 88 (2) lit. a MiCAR relevant werden.[85] Auch hier will eine Ansicht – verkürzt gesagt – bzgl. eines Nachteils, der ein berechtigtes Interesse des Emittenten begründet, darauf abstellen, ob der Aufschub nutzen die Kosten einer unverzüglichen Veröffentlichung überwiegt und damit auf den Fundamentalwert einwirkt.[86]

VI. Fazit

Die Frage nach einer Ad-hoc-Mitteilungspflicht für nicht-fundamentalwertbezogene ESG-Informationen knüpft an das Phänomen des »alten Weins in neuen Schläuchen« an – allerdings verschärft um die uneindeutige Begrifflichkeit von ESG bzw. Nachhaltigkeit. Noch unklarer gestaltet sich derzeit die Lage, wenn es nicht um Finanzinstrumente, sondern um Kryptowerte geht.

82 Nietsch in BeckOK WpHR, 1.7.2025, Art. 7 VO (EU) 596/2014 Rn. 142.
83 Ekkenga, ZHR 188 (2024), 471, 495.
84 Ekkenga, ZHR 188 (2024), 471, 495 f.
85 Mülbert/Sajnovits, WM 2020, 1557, 1566 f.
86 Klöhn in Klöhn, Art. 17 MAR Rn. 151 ff.; siehe schon Klöhn, ZHR 178 (2014), 55, 78 f.; Veil/Brüggemeier in Meyer/Veil/Rönnau, § 10 Rn. 104.

Der europäische Gesetzgeber hat sich bislang einer Klarstellung hinsichtlich der Auslegung des Begriffs Kursbeeinflussungspotenzial bzw. des »verständigen Anlegers« enthalten, obwohl dieser in den Mitgliedstaaten unterschiedlich ausgelegt wird.[87] Daher bleibt nur, auf ein »Machtwort« des EuGH zu warten. Bis dahin ist den Emittenten zu raten, zur Vermeidung eines Bußgelds oder einer zivilrechtlichen Haftung im Zweifelsfall präventiv eine Ad-hoc-Mitteilung zu veröffentlichen[88] oder – bei Vorliegen der Voraussetzungen – einen bewussten (präventiven) Aufschub i.S.d. Art. 17 (4) MAR[89] bzw. Art. 88 (2) MiCAR vorzunehmen.

87 Siehe schon Poelzig, NZG 2016, 528, 532; Krause/Brellochs, AG 2013, 309, 337.

88 Zur Zulässigkeit Buck-Heeb in BeckOK WpHR, 1.10.2025, Art. 17 VO (EU) 596/2014 Rn. 141 ff.

89 Zur Zulässigkeit Buck-Heeb in BeckOK WpHR, 1.10.2025, Art. 17 VO (EU) 596/2014 Rn. 300 f.

Zusammenrechnung von Related Party Transactions

Andreas Cahn

I. Einleitung

»Geschäfte mit nahestehenden Unternehmen und Personen können den Gesellschaften und ihren Aktionären abträglich sein, da sie dem nahestehenden Unternehmen oder der nahestehenden Person die Möglichkeit geben können, sich Werte der Gesellschaft anzueignen.«[1] Um dieser Gefahr entgegenzuwirken, enthält Art. 9c ARRL II zum einen Bestimmungen über die Transparenz von Geschäften börsennotierter Gesellschaften mit Unternehmen und Personen, die ihr i. S. v. Art. 2 lit. h) ARRL II und damit nach IAS 24.9, nahestehen, sog. Related Party Transactions (im Folgenden kurz: RPT). Darüber hinaus verlangt Art. 9c Abs. 4 ARRL II die Zustimmung zu solchen Geschäften durch die Hauptversammlung oder das Verwaltungs- oder Aufsichtsorgan in Verfahren, durch die verhindert wird, dass nahestehende Unternehmen oder Personen ihren Einfluss ausnutzen und die einen angemessenen Schutz der Interessen der Gesellschaft und derjenigen Aktionäre bieten, die der Gesellschaft nicht nahestehen, insbesondere also der Minderheitsaktionäre. Im deutschen Recht sind diese Vorgaben in §§ 107 Abs. 3 Satz 4–6, 111a bis 111c AktG umgesetzt, die terminologisch nicht zwischen nahestehenden Personen und nahestehenden Unternehmen differenzieren, sondern einheitlich von nahestehenden Personen sprechen.[2] Diese Bestimmungen treten hier neben eine ganze Reihe von Regelungen, die ähnliche Ziele verfolgen.[3] Zu nennen sind insbesondere die Publizitätsvorschriften der §§ 285 Nr. 11 und Nr. 21, 313 Abs. 1 Nr. 4, 314 Abs. 1 Nr. 13 HGB, § 315e HGB i. V. m. Art. 4 IAS-VO[4] und IAS 24.18, §§ 57 und 62 AktG über die Vermögensbindung sowie die konzernrechtlichen Regelungen der §§ 291 ff. AktG und §§ 311 ff. AktG. Da es bei Geschäften erheblichen Umfangs mit nahestehenden Personen

1 Erwägungsgrund 42 der Richtlinie (EU) 2017/828 des Europäischen Parlaments und des Rates vom 17. Mai 2017 zur Änderung der Richtlinie 2007/36/EG im Hinblick auf die Förderung der langfristigen Mitwirkung der Aktionäre (ARRL II), ABl. EU 2017 L 132, 1.

2 Vgl. BegrRegE ARUG II, BT-Drucks. 19/9739, S. 79.

3 Vgl. hierzu die Übersicht bei J. Vetter in K. Schmidt/Lutter, AktG, 4. Aufl. 2024, § 111a Rn. 10 ff.

4 Verordnung (EG) Nr. 1606/2002 des Europäischen Parlaments und des Rates vom 19. Juli 2002 betreffend die Anwendung internationaler Rechnungslegungsstandards, ABl. L 243, 1, geändert durch Verordnung (EG) Nr. 297/2008 des Europäischen Parlaments und des Rates vom 11. März 2008, ABl. L 97, 62.

praktisch fast nur um solche zwischen verbundenen Unternehmen geht[5] und § 111a Abs. 3 Nr. 3a AktG auf Grundlage von Art. 9c Abs. 6 lit. b) ARRL II Geschäfte auf Grundlage eines Unternehmensvertrags von der Anwendung der RPT-Vorschriften ausnimmt, liegt die praktische Bedeutung dieser Bestimmungen vor allem im Bereich des sog. faktischen Konzerns. Von den für ihn geltenden Regelungen unterscheiden sich die RPT-Vorschriften zum einen dadurch, dass die kritischen Geschäfte nach § 111c Abs. 1 AktG unverzüglich und nicht erst nachträglich im Rahmen des Jahresabschlusses zu veröffentlichen sind, zum anderen und vor allem aber durch das Erfordernis einer Zustimmung des Aufsichtsrats, an der Mitglieder, bei denen aufgrund ihrer Beziehungen zur nahestehenden Person die Besorgnis eines Interessenkonflikts besteht, nicht mitwirken dürfen. Dagegen sind mit Blick auf das deutsche Recht nicht zuletzt deswegen Bedenken geltend gemacht worden,[6] weil die Abhängigkeitsvermutung des § 17 Abs. 2 AktG bei paritätisch mitbestimmten Gesellschaften auf der Annahme beruht, dass die Anteilseignervertreter im Aufsichtsrat ihr Stimmrecht insbesondere bei Beschlüssen über die Besetzung des Vorstands trotz ihrer Weisungsunabhängigkeit einheitlich im Sinne des Mehrheitsaktionärs ausüben und sich im Konfliktfall mit Hilfe des Zweitstimmrechts des regelmäßig von der Anteilseignerseite gewählten Aufsichtsratsvorsitzenden gegenüber der Arbeitnehmerseite durchsetzen werden. Durch das Erfordernis von Aufsichtsratsmitgliedern, die dem Mehrheitsaktionär nicht verbunden sind, wird dieses Fundament beherrschenden Einflusses zumindest brüchiger, sofern die Entscheidung nicht allein Arbeitnehmervertretern im Aufsichtsrat überlassen bleiben soll.

Ob ein so weitgehender Eingriff in die Freiheit zur Zusammensetzung des Aufsichtsrats durch Verbesserungen des Schutzes der börsennotierten Gesellschaft und ihrer Minderheitsaktionäre vor Ausbeutung durch maßgeblich oder mehrheitlich beteiligte Aktionäre aufgewogen wird, hängt nicht zuletzt davon ab, welche Geschäfte mit nahestehenden Personen der Zustimmung durch Aufsichtsratsmitglieder unterworfen sind, bei denen keine Besorgnis eines Interessenkonflikts aufgrund ihrer Beziehungen zur Gegenseite besteht. Entscheidend dafür sind zum einen die Kennzahlen, die die Mitgliedstaaten gemäß Art. 9c Abs. 1 UAbs. 2 ARRL II bei der Definition der wesentlichen Geschäfte mit nahestehenden Personen festlegen. § 111b Abs. 1 AktG hat die maßgebliche Wertschwelle auf 1,5 Prozent der Summe aus dem Anlage- und Umlaufvermögen der Gesellschaft gemäß § 266 Abs. 2 Buchstabe A und B HGB nach Maßgabe des zuletzt festgestellten Jahresabschlusses festgelegt, für Mutterunternehmen sind nach § 111b Abs. 3 AktG für die Bemessung der Wertschwelle die entsprechenden Vermögenswerte des Konzernabschlusses maßgebend. Zum anderen muss sichergestellt sein, dass das Zustimmungserfordernis nicht unterlaufen wird, indem eine Vielzahl von Geschäften mit einer nahestehenden Person abgeschlossen wird, die zwar jeweils für sich genommen unterhalb der Wertschwelle

5 Näher dazu Engert/Florstedt ZIP 2019, 493, 496 f.; Florstedt, Related Party Transactions, 2021, Rn. 188 ff.
6 Vgl. etwa Tarde, ZGR 2017, 360, 370 f.

liegen, sie insgesamt aber übersteigen.[7] Nach Art. 9c Abs. 8 ARRL II stellen die Mitgliedstaaten daher sicher, dass Geschäfte mit denselben nahestehenden Unternehmen und Personen, die in einem beliebigen Zeitraum von 12 Monaten oder demselben Geschäftsjahr getätigt wurden und nicht den Verpflichtungen nach den Absätzen 2, 3 oder 4 unterliegen, für die Zwecke dieser Absätze zusammengerechnet werden. Diese Vorgabe ist im deutschen Recht in §§ 111b Abs. 1 und 111c Abs. 1 Satz 2 AktG umgesetzt worden.

Die folgenden, Jens Ekkenga gewidmeten, Überlegungen befassen sich mit der Ausgestaltung dieser Bestimmungen über die Zusammenrechnung von Geschäften mit nahestehenden Personen und mit der Frage, ob und in welchem Maße Gestaltungsspielräume, die sie den Betroffenen lassen, die Erreichung des von ihnen verfolgten Ziels in Frage stellen.

II. Sachliche Reichweite der Zusammenrechnung

1. *Geschäfte innerhalb des maßgeblichen Zeitraums*

Nach der Gesetzesbegründung umfasst der Geschäftsbegriff grundsätzlich sowohl das schuldrechtliche als auch das dingliche Rechtsgeschäft. Allerdings ist aufgrund des funktionalen Begriffsverständnisses im Regelfall nur eine einheitliche Zustimmung für das schuldrechtliche Verpflichtungsgeschäft und das jeweils entsprechende dingliche Verfügungsgeschäft erforderlich.[8] Die Zustimmung ist danach vor Abschluss des Verpflichtungsgeschäfts einzuholen, durch das die Gesellschaft sich bindet.[9] Dementsprechend muss auch die Veröffentlichung nach § 111c AktG bereits nach Abschluss des Verpflichtungsgeschäfts erfolgen, weil bereits damit feststeht, dass eine Wertübertragung an die nahestehende Person zu erfolgen hat.[10]

Nähere Betrachtung verdient dabei die Frage, wann genau die Zustimmung des Aufsichtsrats einzuholen ist und die Veröffentlichung des Geschäfts zu erfolgen hat. Im Schrifttum wird die Auffassung vertreten, in der Praxis stünden das Angebot der Gesellschaft und die Annahme durch die nahestehende Person üblicherweise in einem derartigen sachlichen und zeitlichen Zusammenhang, dass dem Aufsichtsrat nicht die die Abgabe der Willenserklärung durch die Gesellschaft, sondern der Vertrag zur Zustimmung vorgelegt werde.[11] Indessen hat das Zustimmungserfordernis nach § 111b

7 Zu diesem Zweck der Zusammenrechnung etwa Lutter/Bayer/Schmidt, Europäisches Unternehmens- und Kapitalmarktrecht, 6. Aufl. 2018, Rn. 29.203.

8 BegrRegE, BT-Drucks. 19/9739, S. 79.

9 J. Vetter in K. Schmidt/Lutter, AktG, § 111b Rn. 92; Seidel in BeckOGK-AktG, Stand 1. 2. 2025, § 111b Rn. 22; Grigoleit in Grigoleit, 3. Aufl. 2025, § 111b Rn. 28; Guntermann in Backhaus/Tielmann, Der Aufsichtsrat, 2. Aufl. 2023, § 111b Rn. 36.

10 Koch, AktG, 19. Aufl. 2025, § 111c Rn. 2; Guntermann in Backhaus/Tielmann, Der Aufsichtsrat, § 111c Rn. 16.

11 J. Vetter in K. Schmidt/Lutter, AktG, § 111a Rn. 133.

Abs. 1 AktG keine Außenwirkung.[12] Ebenso wenig wie bei Zustimmungsvorbehalten nach § 111 Abs. 4 Satz 2 AktG[13] beschränkt daher das Zustimmungserfordernis nach § 111b Abs. 1 AktG die Vertretungsmacht des Vorstands.[14] Sofern dieser sie nicht in evidenter Weise missbraucht, ist die Gesellschaft daher bei deutschem Recht unterliegenden Geschäften gemäß § 145 BGB an ihr Angebot gegenüber der nahestehenden Person auch dann gebunden, wenn der Aufsichtsrat nach der Annahme durch die nahestehende Person seine Zustimmung zu dem Geschäft nicht erteilt. Nimmt die nahestehende Person das Angebot an, ist das Geschäft wirksam zustande gekommen und dementsprechend nach § 111c AktG zu veröffentlichen.[15] Sofern die Gesellschaft ein Angebot an die nahestehende Person nicht unter dem Vorbehalt der Aufsichtsratszustimmung unterbreitet, hat der Vorstand daher die Zustimmung des Aufsichtsrats bereits vor der Abgabe des Angebots einzuholen.

Zweifelhaft ist allerdings, ob auch die Veröffentlichungspflicht nach § 111c Abs. 1 AktG bereits nach Abgabe des Angebots durch die Gesellschaft oder erst mit Zustandekommen des Geschäfts bei Annahme durch die nahestehende Person eingreift. Gegen eine Pflicht zur Veröffentlichung des Angebots spricht, dass ohne Annahme durch die nahestehende Person kein Geschäft zustande gekommen ist und möglicherweise auch nicht zustande kommen wird, das zu einem Wertabfluss führen kann. Eine Veröffentlichung bereits des Angebots könnte daher zur Irreführung der Adressaten statt zu aktueller Information führen. Während das Zustimmungserfordernis bei Angeboten der Gesellschaft seinem präventiven Kontrollzweck entsprechend bereits an den ersten Teilakt des noch unvollendeten Geschäfts anknüpft, greift die Veröffentlichungspflicht bei Verträgen daher grundsätzlich erst dann ein, wenn sowohl Angebot als auch Annahme erfolgt sind und damit eine rechtlich verbindliche Grundlage für eine Leistung der Gesellschaft an die nahestehende Person besteht. Dementsprechend ist bei Verträgen als Datum des Geschäfts bei der Veröffentlichung nach § 111c Abs. 2 Satz 4 AktG grundsätzlich der Zeitpunkt der Annahme anzugeben.

Fragen werfen danach Angebote der Gesellschaft auf, die im Jahr ihrer Abgabe noch nicht angenommen worden sind. Führt das Geschäft für sich genommen oder bei Zusammenrechnung mit den übrigen Geschäften zwischen der Gesellschaft und der nahestehenden Person im Geschäftsjahr der Angebotsabgabe zur Überschreitung der Wertschwelle des § 111b Abs. 1 AktG, bedarf zwar das Angebot der Aufsichtsratszustimmung, mangels Annahme wäre aber noch keine Veröffentlichung geboten. Andererseits könnte nach Annahme des Angebots im folgenden Geschäftsjahr die Pflicht zur Veröffentlichung nach § 111c Abs. 1 Satz 1 oder Satz 2 AktG wegen Überschreitung der Wertschelle dieses Geschäftsjahres deswegen zweifelhaft

12 J. Vetter in K. Schmidt/Lutter, AktG, § 111b Rn. 103.

13 Dazu etwa Mertens/Cahn in KK-AktG, 3. Aufl. 2013, § 111 Rn. 112.

14 BegrRegE, BT-Drucks. 19/9739, S. 84, 86; J. Vetter in K. Schmidt/Lutter, AktG, § 111b Rn. 103; Habersack in MünchKomm-AktG, 6. Auflage 2023, § 111c Rn. 23; Koch, AktG, § 111b Rn. 10; Guntermann in Backhaus/Tielmann, Der Aufsichtsrat, § 111b Rn. 63.

15 Habersack in MünchKomm-AktG, § 111c Rn. 8.

erscheinen, weil der Aufsichtsrat seine Zustimmung zu dem Geschäft bereits im vorangegangenen Geschäftsjahr erteilt hätte und das Geschäft daher im Hinblick auf das Überschreiten der Wertschwelle für das nunmehr laufende Geschäftsjahr nicht zu berücksichtigen wäre (näher dazu unten, 2.).[16] Richtigerweise sind für die Veröffentlichungspflicht die Umstände zum Zeitpunkt der Zustimmungsbedürftigkeit maßgeblich, im Beispielsfall also die bei Angebotsabgabe durch die Gesellschaft, selbst wenn die Veröffentlichung erst im nächsten Geschäftsjahr erfolgt. Da indessen die Veröffentlichung erst nach der Annahme durch die nahestehende Person zu erfolgen hat und dieser Zeitpunkt nach § 111c Abs. 2 Satz 4 AktG als Datum des Geschäfts anzugeben ist, ist in solchen Sonderfällen bei der Veröffentlichung zur Vermeidung von Missverständnissen klarzustellen, dass die Zustimmung zum Angebot der Gesellschaft bereits im vorangegangenen Geschäftsjahr erteilt wurde und dementsprechend der Wert des Geschäfts mit den Werten anderer Geschäfte zusammengerechnet wurde, die die Gesellschaft in jenem Geschäftsjahr mit der nahestehenden Person abgeschlossen hatte.

Bei aufschiebender Befristung des Geschäfts über das laufende Geschäftsjahr hinaus erfolgt der Wertabfluss zwar erst im folgenden Geschäftsjahr. Im Hinblick auf die Publizität ist aber vor allem von Interesse, wann die Gesellschaft eine Bindung gegenüber einer nahestehenden Person eingegangen ist. Insofern verhält es sich bei aufschiebend befristeten Geschäften nicht anders als bei Verpflichtungs- und Verfügungsgeschäften. Der Vertragsschluss ist aber bereits wirksam und die Bindung im Hinblick auf eine Wertübertragung an die nahestehende Person im laufenden Geschäftsjahr eingetreten. Das Geschäft ist daher bereits im laufenden Geschäftsjahr in die Zusammenrechnung einzubeziehen und nach Abschluss des Vertrages zu veröffentlichen.[17] Konsequenterweise ist es dann aber im folgenden Geschäftsjahr nicht ein zweites Mal zu berücksichtigen. Nichts anderes gilt für aufschiebend bedingte Geschäfte, deren Wirkung zwar erst mit Eintritt der Bedingung eintritt, deren Tatbestand aber bereits mit Abschluss der Vereinbarung vollendet ist und daher die Parteien bindet.[18] Selbst wenn der Bedingungseintritt erst nach Ende des laufenden Geschäftsjahres zu erwarten ist, sind sie daher unverzüglich nach ihrem Abschluss zu veröffentlichen und bei der Zusammenrechnung im laufenden, nicht aber noch einmal in einem späteren Geschäftsjahr zu berücksichtigen.[19] Eine Irreführung durch Veröffentlichung eines aufschiebend bedingten Geschäfts nach seinem Abschluss, aber vor Bedingungseintritt, ist jedenfalls dann nicht zu befürchten, wenn die Bedingung als

16 Vgl. BegrRegE, BT-Drucks. 19/9739, S. 84.

17 So auch J. Vetter in K. Schmidt/Lutter, AktG, § 111c Rn. 20; Habersack in MünchKomm-AktG, § 111c Rn. 8.

18 A. A., Veröffentlichungspflicht erst nach Bedingungseintritt, Florstedt, Related Party Transactions, Rn. 607; Guntermann in Backhaus/Tielmann, Der Aufsichtsrat, § 111c Rn. 16.

19 J. Vetter in K. Schmidt/Lutter, AktG, § 111c Rn. 20; a. A. offenbar Habersack in MünchKomm-AktG, § 111c Rn. 8, der unabhängig davon, ob die Gesellschaft darauf Einfluss hat, auf den Zeitpunkt des Bedingungseintritts abstellen will.

wesentliche Information in die Veröffentlichung nach § 111c Abs. 2 Satz 3 AktG einbezogen wird. Etwas anderes gilt nur bei solchen Bedingungen, deren Eintritt die Gesellschaft selbst in der Hand hat, namentlich dann, wenn der Vorstand das Geschäft unter der aufschiebenden Bedingung der Zustimmung durch den Aufsichtsrat nach § 111b AktG abgeschlossen hat. Hier ist das Geschäft für die Zusammenrechnung erst ab Erteilung der Zustimmung zu berücksichtigen und auch erst dann nach § 111c AktG zu veröffentlichen.[20]

2. *Überschreiten der Wertschwelle*

Nach § 111b Abs. 1 AktG erstreckt sich das Erfordernis der Aufsichtsratszustimmung auf Geschäfte der Gesellschaft mit einer nahestehenden Person, deren wirtschaftlicher Wert allein oder zusammen mit den innerhalb des laufenden Geschäftsjahrs vor Abschluss des Geschäfts mit derselben Person abgeschlossenen Geschäften die maßgebliche Wertschwelle übersteigt. Einige der Fragen, die sich in diesem Zusammenhang stellen können, werden im Folgenden am hypothetischen Beispiel einer börsennotierten AG erörtert, bei der die Wertschwelle des § 111b Abs. 1 AktG € 10 Mio. beträgt.

Die ersten 14 Geschäfte mit derselben nahestehenden Person innerhalb des Geschäftsjahrs haben einen wirtschaftlichen Wert von insgesamt € 9,8 Mio., der Wert von Geschäft 15 beträgt € 300.000. Die ersten 14 Geschäfte bedürfen keiner Aufsichtsratszustimmung nach § 111b AktG, wohl aber das Geschäft 15, ebenso das folgende Geschäft 16 mit einem Wert von € 250.000. Die Bemerkung in der Gesetzesbegründung, Geschäfte, für die bereits eine Zustimmung erteilt worden sei, seien nicht im Rahmen der Aggregation zu berücksichtigen, die Aggregation beginne dann von neuem bis zum Ablauf des Geschäftsjahres,[21] darf nicht etwa mit einer verbreiteten Ansicht im Schrifttum so verstanden werden, dass nach Überschreiten der Wertschwelle durch ein zustimmungsbedürftiges Geschäft die Zusammenrechnung wieder bei »null« beginnen würde.[22] Eine solche Gesetzesauslegung, die zur Folge hätte, dass der Vorstand innerhalb eines Geschäftsjahres Geschäfte mit einer nahestehenden Person mit einem Gesamtwert in Höhe eines Vielfachen der Wertschwelle ohne Zustimmung des Aufsichtsrats abschließen dürfte, würde nicht nur der Festsetzung der Wertschwelle, sondern dem Zustimmungserfordernis insgesamt nahezu jegliche Bedeutung nehmen und wäre nicht mit Art. 9c Abs. 8 ARRL II vereinbar.[23]

20 J. Vetter in K. Schmidt/Lutter, AktG, § 111c Rn. 20; Florstedt, Related Party Transactions, Rn. 607; a. A. Heidel/Illner in Heidel, Aktienrecht und Kapitalmarktrecht, 6. Auflage 2024, § 111c Rn. 7.

21 BegrRegE, BT-Drucks. 19/9739, S. 84.

22 So aber das Verständnis der Gesetzesbegründung bei Fischer in Bürgers/Lieder, AktG, 6. Aufl., 2025, § 111b Rn. 15; Florstedt, Related Party Transactions, Rn. 450 Fn. 22, 451 f.; Heidel/Illner in Heidel, Aktienrecht und Kapitalmarktrecht, § 111b Rn. 16; Eisele/Oser, DB 2019, 1517, 1522.

23 A. A., allerdings ohne Begründung, Florstedt, Related Party Transactions, Rn. 451 Fn. 23.

Danach stellen die Mitgliedstaaten sicher, dass Geschäfte mit denselben nahestehenden Unternehmen und Personen, die in einem beliebigen Zeitraum von 12 Monaten oder in demselben Geschäftsjahr getätigt wurden und nicht den Verpflichtungen nach den Absätzen 2, 3 oder 4 unterliegen, für die Zwecke dieser Absätze zusammengerechnet werden. Die Bestimmung geht dabei ersichtlich nicht von mehreren, u. U. sogar zahlreichen Zusammenrechnungen aus, die jeweils bei einem Überschreiten der Wertschwelle durch ein Geschäft von Neuem beginnen, sondern von einer einzigen Zusammenrechnung innerhalb des relevanten Zeitraums, denn nur bei diesem Verständnis als Grenze, bis zu der der Vorstand Geschäfte mit einer nahestehenden Person ohne Zustimmung des Aufsichtsrats abschließen darf, haben die Festsetzung einer Wertschwelle und das Erfordernis der Zusammenrechnung einen nachvollziehbaren Sinn. Bei der Zusammenrechnung sind daher erneut diejenigen Geschäfte zu berücksichtigen, für die keine Aufsichtsratszustimmung erforderlich war, weil ihr Wert insgesamt die Wertschwelle nicht erreicht hat. Im Beispiel bedürfte daher Geschäft 16 der Aufsichtsratszustimmung, weil sein Wert zusammen mit den Werten der ersten 14 Geschäfte mit € 10,05 Mio. die Wertschwelle von € 10 Mio. übersteigt. Im Hinblick auf die Veröffentlichungspflicht nach § 111c Abs. 1 Satz 2 AktG sind die Geschäfte unterhalb der Wertschwelle allerdings nur einmal zu berücksichtigen und beim ersten Überschreiten der Wertschwelle zu publizieren, denn eine mehrfache Veröffentlichung bei jeder weiteren Überschreitung der Wertschwelle hätte keinen zusätzlichen Informationswert, sondern könnte im Gegenteil zu Missverständnissen führen.

Lediglich Geschäft 15 bliebe bei der Zusammenrechnung außer Betracht, weil der Aufsichtsrat ihm nach § 111b Abs. 1 AktG zugestimmt hat.[24] Dass solche Geschäfte nicht in die Zusammenrechnung einbezogen werden, ergibt sich zwar nicht aus dem Wortlaut von § 111b Abs. 1 AktG, entspricht aber dem Sinn der Vorschrift, dem Vorstand das Recht zu geben, Geschäfte mit nahestehenden Personen auch ohne Zustimmung des Aufsichtsrats nach § 111b AktG abzuschließen, solange deren wirtschaftlicher Wert insgesamt die Wertschwelle nicht übersteigt. Diese Möglichkeit würde ihm genommen, wenn Geschäfte, für die wegen ihres Werts eine Zustimmung nach § 111b AktG erforderlich war und erteilt wurde, bei der Zusammenrechnung berücksichtigt würden. Ob und welchen Spielraum der Vorstand hätte, hinge dann beispielsweise davon ab, ob ein wegen ihres Werts unabhängig von einer Zusammenrechnung zustimmungsbedürftiges Geschäft, im Beispiel etwa eine Transaktion mit einem Wert von € 12 Mio., vor oder nach Geschäften abgeschlossen würde, die für sich genommen keine Zustimmung erforderten. Im ersten Fall könnte der Vorstand in dem betreffenden Geschäftsjahr keinerlei Geschäfte mit der nahestehenden Person ohne Zustimmung des Aufsichtsrats abschließen, im zweiten Fall hingegen Geschäfte bis zu einem Gesamtwert von € 10 Mio.

24 J. Vetter in K. Schmidt/Lutter, AktG, § 111b Rn. 76; Habersack in MünchKomm-AktG, § 111b Rn. 12; Koch, AktG, § 111b Rn. 6; a. A. Heidel/Illner in Heidel, Aktienrecht und Kapitalmarktrecht, § 111b Rn. 16 f.

Die Nichtberücksichtigung von Geschäften bei der Zusammenrechnung, denen der Aufsichtsrat nach § 111b AktG zugestimmt hat, ist auch mit den Vorgaben der ARRL II vereinbar, denn nach deren Art. 9c Abs. 8 müssen die Mitgliedstaaten nicht die Zusammenrechnung u. a. solcher Geschäfte mit nahestehenden Personen gewährleisten, die den Verpflichtungen nach Abs. 4 der Vorschrift über das Zustimmungserfordernis unterliegen. Während sich allerdings der Wortlaut von Art. 9c Abs. 8 ARRL II so verstehen ließe, dass es nur darauf ankommt, ob für ein Geschäft das Zustimmungsverfahren hätte durchlaufen müssen, ist die Formulierung der Gesetzesbegründung insoweit klarer. Danach sind nur solche Geschäfte bei der Zusammenrechnung außer Betracht zu lassen, für die der Aufsichtsrat seine Zustimmung erteilt hat. Dagegen sind Geschäfte, für die zwar eine Zustimmung erforderlich gewesen wäre, die der Vorstand aber ohne Vorlage an den Aufsichtsrat oder trotz verweigerter Zustimmung abgeschlossen hat, auf die Wertschwelle anzurechnen. Ist sie durch den Abschluss nicht zustimmungsbedürftiger Geschäfte ausgeschöpft, kennt das Gesetz allerdings keinen Bagatellvorbehalt, nach dem die Zustimmung des Aufsichtsrats bei Geschäften von geringfügigem Wert entbehrlich wäre.[25] Die bei der Fassung von Art. 9c Abs. 8 ARRL II möglicherweise nicht bedachte Folge, dass nach Überschreiten der Wertschwelle der Aufsichtsrat jedem Geschäft von noch so geringem Wert mit der nahestehenden Person vorab zustimmen muss, wird immerhin dadurch zumindest abgemildert, dass Geschäfte, die unter einen der Ausnahmetatbestände des § 111a Abs. 2 oder Abs. 3 AktG fallen, nicht als Geschäft mit der nahestehenden Person gelten.[26] Gerade bei Geschäften von geringem Wert dürfte regelmäßig die Ausnahme des § 111a Abs. 2 Satz 1 AktG für Geschäfte im ordentlichen Geschäftsgang und zu marktüblichen Bedingungen eingreifen.

Geschäfte mit nahestehenden Personen können auch die Kriterien eines vom Aufsichtsrat oder der Satzung nach § 111 Abs. 4 Satz 2 AktG angeordneten Zustimmungsvorbehalts erfüllen. Eine Zustimmung, die nicht nach § 111b AktG, sondern nach § 111 Abs. 4 Satz 2 AktG aufgrund eines anderweitigen Zustimmungsvorbehalts erteilt wurde, ist indessen regelmäßig nicht ausreichend, um das Geschäft von der laufenden Zusammenrechnung auszunehmen, weil auf diese Zustimmungsvorbehalte die Beschränkungen des § 111b Abs. 2 AktG für die Mitwirkung an der Beschlussfassung keine Anwendung finden.[27] Etwas anderes kann nur dann gelten, wenn der Aufsichtsrat in der nach § 111b Abs. 2 maßgeblichen Besetzung oder der Ausschuss nach § 107 Abs. 3 Satz 4 und 5 AktG entschieden hat.[28]

25 Vgl. Florstedt, Related Party Transactions, Rn. 450.
26 Zur Nichtberücksichtigung solcher Geschäfte bei der Zusammenrechnung BegrRegE, BT-Drucks. 19/9739, S. 84.
27 Guntermann in Backhaus/Tielmann, Der Aufsichtsrat, § 111b Rn. 23.
28 Florstedt, Related Party Transactions, Rn. 452; Guntermann in Backhaus/Tielmann, Der Aufsichtsrat, § 111b Rn. 23.

II. Persönliche Reichweite der Zusammenrechnung

1. Keine Vor- und Nachwirkung des Nahestehens

Nach ihrem Wortlaut erfassen §§ 111a ff. AktG nur Transaktionen der Gesellschaft mit Personen, die ihr beim Abschluss des Geschäfts i. S. v. IAS 24.9 nahestehen, denn nur bei ihnen kann Anlass für die Befürchtung bestehen, dass aufgrund des Näheverhältnisses Wertverschiebungen zum Nachteil der Gesellschaft erfolgen. Nach der Gesetzesbegründung sollen die Voraussetzungen des Nahestehens indessen nicht in jedem Fall bei Abschluss des Geschäfts vorliegen müssen. Aufgrund des wirtschaftlichen Begriffsverständnisses komme vielmehr eine Vor- und Nachwirkung des Näheverhältnisses in Betracht, wenn im Zeitpunkt des Geschäftsabschlusses faktisch noch oder schon ein dem Nahestehen entsprechendes Beeinflussungspotential bestehe. Das werde in der Regel der Fall sein, wenn eines der genannten Verhältnisse in einem kurzen Zeitraum, etwa bis zu sechs Monate, vor oder nach Abschluss des Geschäfts bestanden habe oder aufgrund begründeter Erwartungen bestehen werde.[29]

Gegen eine solche Ausweitung des Anwendungsbereichs der RPT-Bestimmungen auf früher nahestehende Personen spricht indessen zunächst, dass es keinerlei Grundlage für eine Vermutung des Inhalts gibt, bei einem mehr oder weniger engen zeitlichen Zusammenhang zwischen Beendigung des Näheverhältnisses und einer Zuwendung an eine früher nahestehende Person sei deren nachwirkender Einfluss ursächlich für die Vermögensverschiebung. Regelmäßig endet die Einflussmöglichkeit vielmehr mit der Beendigung des Näheverhältnisses.[30]

Bei Geschäften im Vorfeld der Begründung des Näheverhältnisses ist die Annahme, es könnten Vermögensverschiebungen im Hinblick auf die zu erwartende Einflussmöglichkeit erfolgen, zwar nicht von vornherein unplausibel. Problematisch ist aber, dass derartige, mehr oder weniger konkrete, Erwartungen keine hinreichende Grundlage dafür bieten, solche Geschäfte von der Zustimmung des Aufsichtsrats abhängig zu machen. Erst recht scheidet ihre unverzügliche Veröffentlichung nach § 111c AktG im Vorfeld eines erwarteten Näheverhältnisses aus, die sich als unzutreffend und irreführend erweisen würde, wenn sich die zugrundeliegende Erwartung nicht erfüllt. Das gilt umso mehr, als Verstöße gegen die Veröffentlichungspflicht gemäß § 405 Abs. 2a Nr. 6 AktG mit Geldbuße in erheblicher Höhe bewehrt sind. In Anbetracht der Unsicherheiten, mit denen die Feststellung eines Näheverhältnisses unter Anwendung der maßgeblichen internationalen Rechnungslegungsstandards ohnehin verbunden sein kann, wäre eine Ausweitung des Anwendungsbereichs der

29 BegrRegE, BT-Drucks. 19/9739, S. 80; zust. Habersack in MünchKomm-AktG, § 111a Rn. 17; Seidel in BeckOGK AktG, § 111a Rn. 24; Heidel/Illner in Heidel, Aktienrecht und Kapitalmarktrecht, § 111a Rn. 24; Barg, AG 2020, 149, 151 Rn. 12; dagegen J. Vetter in K. Schmidt/Lutter, AktG, § 111a Rn. 69.

30 Zutr. J. Vetter in K. Schmidt/Lutter, AktG, § 111a Rn. 69; zur vergleichbaren Fragestellung im Rahmen von § 57 AktG Cahn/v. Spannenberg in BeckOGK-AktG, § 57 Rn. 58.

Vorschrift auf Geschäfte im Vorfeld der Begründung eines Näheverhältnisses mit dem Bestimmtheitsgebot des § 3 OWiG[31] nicht zu vereinbaren.

Nicht zuletzt käme es schließlich zu einer konsistenten Kapitalmarktinformation unzuträglichen Abweichungen von der Offenlegung von Geschäften mit nahestehenden Personen in der Rechnungslegung, in der es für das Nahestehen auf den Zeitpunkt des Geschäftsabschlusses ankommt und Vor- und Nachwirkungen der in der Gesetzesbegründung angesprochenen Art nicht anerkannt sind.[32] Richtigerweise muss das auch im Rahmen der §§ 111a ff. AktG gelten, so dass für ihre Anwendung entscheidend ist, ob eine Person der Gesellschaft zu dem Zeitpunkt nahesteht, in dem das Geschäft abgeschlossen wird (vgl. dazu oben, II. 1.).

2. *Beschränkung auf Geschäfte der Gesellschaft mit derselben nahestehenden Person*

Nach Art. 9 Abs. 8 ARRL II, §§ 111b Abs. 1, 111c Abs. 1 Satz 2 AktG sind für Zwecke der Zustimmungs- und der Veröffentlichungspflicht nur Geschäfte der börsennotierten Gesellschaft mit derselben nahestehenden Person zusammenzurechnen. Im Schrifttum wird zwar unter Hinweis auf die ansonsten bestehenden erheblichen Umgehungsgefahren und den Grundsatz der wirtschaftlichen Betrachtung,[33] der sowohl der Regulierung von Related Party Transactions[34] als auch der Begriffsbestimmung des Nahestehens nach dem dafür maßgeblichen Rechnungslegungsstandard IAS 24.9[35] zugrunde liegt, dafür plädiert, die Zusammenrechnung über den Wortlaut von Art. 9 Abs. 8 ARRL II, § 111b Abs. 1 AktG hinaus sowohl im Hinblick auf die nahestehende Person als auch die börsennotierte Gesellschaft zu erweitern. Danach sollen für Zwecke des Zustimmungsvorbehalts nicht nur Geschäfte der börsennotierten Gesellschaft mit derselben nahestehenden Person zusammenzurechnen sein, sondern auch Geschäfte mit anderen Personen, deren Nähe zur Gesellschaft durch dieselbe nahestehende Person vermittelt wird, insbesondere also mit Tochterunternehmen der nahestehenden Person.[36] Auf Seiten der börsennotierten Gesellschaft sollen auch Geschäfte von deren Tochterunternehmen mit der nahestehenden Person

31 Dazu etwa Rogall in Karlsruher Kommentar zum OWiG, 5. Aufl. 2018, § 3 Rn. 26 ff.

32 IDW RS HFA 33, Tz. 10; Hennrichs/Schubert in MünchKomm-BilanzR, 5. Lfg. 2014, IAS 24 Rn. 105; Grottel in Beck'scher Bilanz-Komm, 14. Aufl. 2024, § 285 HGB Rn. 612; Poelzig in MünchKomm-HGB, § 285 Rn. 325; Kleinert/Mayer, EuZW 2019, 103, 104.

33 Grigoleit in Grigoleit, AktG, § 111b Rn. 21 f.; Grigoleit, ZGR 2019, 412, 425 f.; Heidel/Illner in Heidel, Aktienrecht und Kapitalmarktrecht, § 111b Rn. 19 ff.; Barg, AG 2020, 149, 153 Rn. 20.

34 Siehe etwa BegrRegE ARUG II, BT-Drucks. 19/9739, S. 80.

35 Siehe IAS 24.10 wonach bei der Betrachtung aller möglichen Beziehungen zu nahestehenden Unternehmen und Personen auf den wirtschaftlichen Gehalt und nicht allein auf die rechtliche Gestaltung abgestellt wird.

36 Grigoleit in Grigoleit, AktG, § 111b Rn. 22; Grigoleit, ZGR 2019, 412, 425 f.; Barg, AG 2020, 149, 153 Rn. 20.

in die Zusammenrechnung einzubeziehen sein, so dass Geschäfte der Gesellschaft mit der nahestehenden Person auch dann der Zustimmung nach § 111b Abs. 1 AktG bedürfen sollen, wenn die maßgebliche Wertschwelle nur unter Berücksichtigung von Geschäften der Tochtergesellschaften mit der nahestehenden Person überschritten wird.[37] Nach noch weitergehender Ansicht sollen sogar Geschäfte von Tochterunternehmen der börsennotierten Gesellschaft mit der nahestehenden Person der Zustimmung des Aufsichtsrats der börsennotierten Gesellschaft bedürfen, wenn die Geschäfte dieser Gesellschaft und ihrer Tochterunternehmen mit der nahestehenden Person insgesamt die für die börsennotierte Muttergesellschaft maßgebliche Wertschwelle überschreiten.[38]

Demgegenüber sind nach ganz überwiegender Auffassung die Zusammenrechnungsvorschriften wörtlich zu verstehen. Das gilt zum einen hinsichtlich der nahestehenden Person. Obwohl auch die Vertreter der h. M. zugestehen, dass rechtspolitisch einiges dafür gesprochen hätte, alle Geschäfte zusammenzurechnen, bei denen das Näheverhältnis über dieselbe nahestehende Person vermittelt werde, wie dies insbesondere bei Unternehmen der Fall sei, die demselben Konzern angehörten,[39] seien de lege lata nur die Geschäfte ein und derselben nahestehenden Person mit der börsennotierten Gesellschaft zusammenzurechnen, nicht hingegen auch Geschäfte von Tochterunternehmen der nahestehenden Person.[40] Etwas anderes könne allenfalls für Umgehungen, insbesondere künstliche Aufspaltungen gelten.[41] Für dieses einschränkende Normverständnis spreche zum einen der eindeutige Wortlaut, zum anderen der Wille des Gesetzgebers, bei der Umsetzung der Richtlinie nicht über das europarechtlich unbedingt Erforderliche hinauszugehen.[42]

Soweit es um das Zustimmungserfordernis nach Art. 9c Abs. 8 ARRL II, § 111b Abs. 1 AktG geht, hat der Wortlaut nach h. M. zum anderen begrenzende Wirkung im Hinblick auf die Gesellschaft. Lediglich deren eigene Geschäfte mit derselben nahestehenden Person innerhalb eines Geschäftsjahres sind danach zusammenzurechnen, während Geschäfte von Tochterunternehmen der Gesellschaft mit der nahestehenden Person – und, so muss man hinzufügen, erst recht mit deren

37 Grigoleit in Grigoleit, AktG, § 111b Rn. 23.

38 Heidel/Illner in Heidel, Aktienrecht und Kapitalmarktrecht, § 111b Rn. 20 ff.

39 J. Vetter in K. Schmidt/Lutter, AktG, § 111b Rn. 73.

40 BegrRegE ARUG II, BT-Drucks. 19/9739, S. 84; J. Vetter in K. Schmidt/Lutter, AktG, § 111b Rn. 73; ders., FS Hopt, 2020, S. 1383, 1400; Habersack in MünchKomm-AktG, § 111b Rn. 13; Koch, AktG, § 111b Rn. 6; Guntermann in Backhaus/Tielmann, Der Aufsichtsrat, § 111b Rn. 22; Groß-Bölting/Rabe in Hölters/Weber, AktG, 4. Aufl. 2022, § 111b Rn. 8; Fischer in Bürgers/Lieder, AktG, § 111b Rn. 15; M. Arnold in Goette/Arnold, Handbuch Aufsichtsrat, 2. Aufl. 2024, § 4 Rn. 479; weitergehend Seidel in BeckOGK-AktG, § 111b Rn. 9, der eine Muttergesellschaft und ihre 100 %-Töchter als eine nahestehende Person ansieht.

41 J. Vetter in K. Schmidt/Lutter, AktG, § 111b Rn. 82 f.; Habersack in MünchKomm-AktG, § 111b Rn. 13; Seidel in BeckOGK-AktG, § 111b Rn. 11; Guntermann in Backhaus/Tielmann, Der Aufsichtsrat, § 111b Rn. 25; Florstedt, ZHR 184 (2020), 10, 41 f.

42 J. Vetter in K. Schmidt/Lutter, AktG, § 111b Rn. 73; Koch, AktG, § 111b Rn. 6.

Tochterunternehmen – nicht in die Zusammenrechnung einzubeziehen sind.[43] Neben den vorstehend referierten Argumenten für die Beschränkung des Anwendungsbereichs des § 111b Abs. 1 AktG auf die dort ausdrücklich genannten Beteiligten lassen sich dafür auch Art. 9c Abs. 7 ARRL II und § 111c Abs. 4 AktG anführen. Nach der zuerst genannten Vorschrift stellen die Mitgliedstaaten sicher, dass Gesellschaften wesentliche Geschäfte zwischen der Gesellschaft nahestehenden Unternehmen oder Personen und Tochtergesellschaften der Gesellschaft öffentlich bekannt geben. Nach der Umsetzungsregelung des § 111c Abs. 4 AktG gelten § 111c Abs. 1 Satz 1, Abs. 2 und 3 AktG über die Pflicht zur Veröffentlichung von RPT entsprechend für ein Geschäft eines Tochterunternehmens mit der börsennotierten Muttergesellschaft nahestehenden Personen, sofern dieses Geschäft nach § 111b Abs. 1 und 3 AktG einer Zustimmung bedürfte, wenn es von der Muttergesellschaft vorgenommen worden wäre. Beide Bestimmungen wären entbehrlich, wenn Geschäfte von Tochterunternehmen der börsennotierten Muttergesellschaft mit dieser nahestehenden Personen bereits im Rahmen von Art. 9c Abs. 8 ARRL II, § 111b Abs. 1 AktG mit Geschäften zusammenzurechnen wären, die zwischen der Muttergesellschaft selbst und den betreffenden nahestehenden Personen abgeschlossen worden sind. Schließlich wird darauf hingewiesen, dass ein Zustimmungsvorbehalt des Aufsichtsrats der börsennotierten Muttergesellschaft für Geschäfte ihrer Tochterunternehmen keine unmittelbare Wirkung für diese Unternehmen entfalten würde und sich von der börsennotierten Gesellschaft allenfalls bei Bestehen eines Weisungsrechts durchsetzen ließe.[44] Selbst wenn also Geschäfte der börsennotierten Muttergesellschaft und ihrer Tochterunternehmen mit einer der börsennotierten Muttergesellschaft nahestehenden Person zusammenzurechnen wären, hätte das für sich genommen nur Auswirkungen darauf, ob die Muttergesellschaft die für sie maßgebliche Wertschwelle überschritte. Der Zustimmungsvorbehalt nach § 111b Abs. 1 AktG bezöge sich dann nur auf Geschäfte der Muttergesellschaft, nicht hingegen auf Geschäfte ihrer Tochterunternehmen mit der nahestehenden Person.[45]

Schließt allerdings, wie im untenstehenden Schaubild, die börsennotierte Muttergesellschaft selbst überhaupt keine Geschäfte mit nahestehenden Personen ab, sondern überlässt sie das allein ihren Tochtergesellschaften, läuft eine solche Zusammenrechnung von vornherein ins Leere, denn unabhängig davon, welches Volumen die Geschäfte der Tochtergesellschaften mit nahestehenden Personen erreichen, gibt es kein Geschäft, das der Zustimmung des Aufsichtsrats der Mutter bedürfte.

43 BegrRegE ARUG II, BT-Drucks. 19/9739, S. 84; J. Vetter in K. Schmidt/Lutter, AktG, § 111b Rn. 75; Habersack in MünchKomm-AktG § 111b Rn. 13; Seidel in BeckOGK-AktG, § 111b Rn. 9; Koch, AktG, § 111b Rn. 6; Groß-Bölting/Rabe in Hölters/Weber, AktG, § 111b Rn. 8; Guntermann in Backhaus/Tielmann, Der Aufsichtsrat, § 111b Rn. 25; M. Arnold in Goette/Arnold, Handbuch Aufsichtsrat, § 4 Rn. 479.

44 Grigoleit in Grigoleit, AktG, § 111a Rn. 97.

45 Grigoleit in Grigoleit, AktG, § 111b Rn. 23.

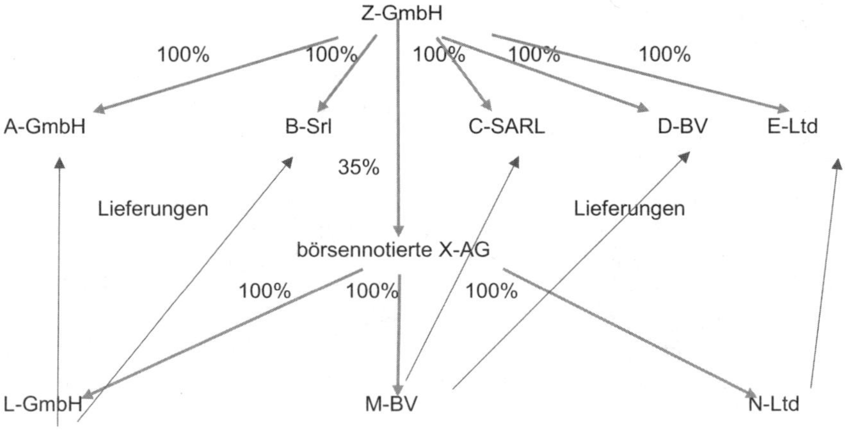

Da nach IAS 24.9 (b) (i) alle Unternehmen einer Unternehmensgruppe einander nahestehen und nach IAS 24.12 als assoziierte Unternehmen auch Tochtergesellschaften des assoziierten Unternehmens gelten, stehen zwar regelmäßig auch die Tochterunternehmen der börsennotierten Gesellschaft einer der börsennotierten Muttergesellschaft nahestehenden Person nahe. Nach IAS 24.9 (b) (ii) gilt das auch für die Tochterunternehmen der börsennotierten Gesellschaft im Verhältnis zum Tochterunternehmen der nahestehenden Person, weil diese Gesellschaften nach IAS 24.12 assoziierte Unternehmen eines Unternehmens (im Schaubild: der Z-GmbH) einer Gruppe sind, der auch die Tochterunternehmen der nahestehenden Person (im Schaubild: A, B, C, D und E) angehören. Sind aber die Tochterunternehmen der börsennotierten Gesellschaft ihrerseits nicht börsennotiert, greift bereits aus diesem Grund auf ihrer Ebene kein Zustimmungsvorbehalt ein. Selbst wenn sie aber nicht im Alleinbesitz der börsennotierten Gesellschaft stehen[46] und börsennotiert sein sollten, würde für sie jeweils ein eigener Zustimmungsvorbehalt mit einer eigenständigen Wertschwelle gelten, so dass es zu einer Vervielfachung der zustimmungsfreien Geschäfte von Gesellschaften der Unternehmensgruppe der börsennotierten Muttergesellschaft mit der nahestehenden Person und deren Tochterunternehmen käme.

Derartige Szenarien dürften keineswegs rein theoretischer Natur sein. Gestaltungen, in der etwa die börsennotierte Muttergesellschaft die Produktion und die Tochtergesellschaften den Vertrieb übernehmen oder andere Formen der Arbeits- und Aufgabenteilung gewählt werden, kommen in der Praxis nicht selten vor[47] und stellen regelmäßig keine Gesetzesumgehung dar, der durch die entsprechende Anwendung der Zurechnungsvorschriften zu begegnen ist. Der in diesem Zusammenhang verschiedentlich anzutreffende Begriff der künstlichen Aufspaltung führt hier nicht weiter, denn jegliche Art der Organisation eines Unternehmens in mehreren rechtlich

46 Zur Häufigkeit solcher Fälle in Deutschland Engert/Florstedt, ZIP 2019, 493, 497.
47 Vgl. J. Vetter, FS Hopt, 2020, S. 1383, 1400.

selbständigen Gesellschaften ist künstlich. Gemeint ist wohl, dass für die Aufspaltung keine anderen Gründe maßgeblich sind als das Streben danach, der Anwendung des RPT-Regimes zu entgehen. Auch eine so verstandene Umgehung dürfte sich indessen kaum jemals nachweisen lassen, denn es werden sich regelmäßig plausible wirtschaftliche Erwägungen für eine solche Art der Unternehmensorganisation ins Feld führen lassen, zumal die RPT-Vorschriften nicht derart beschwerlich sind, dass nur um ihrer Vermeidung willen eine bestimmte Art der Konzernorganisation gewählt wird. Allein der Umstand, dass eine solche Organisation auch den Effekt hat, dass wesentliche Transaktionen nicht der Zustimmung der Hauptversammlung oder des Verwaltungs- oder Aufsichtsorgans der börsennotierten Muttergesellschaft unterliegen oder von ihr zu veröffentlichen sind, begründet aber noch keine Gesetzesumgehung.

Zwar verlangen manche Mitgliedstaaten eine Zustimmung auf Mutterebene für wesentliche Geschäfte von Tochterunternehmen mit der Muttergesellschaft nahestehenden Personen.[48] Eine unionsweit einheitliche Regelung ließe sich aber nur durch Ergänzung der ARRL um ein entsprechendes Zustimmungserfordernis erreichen. Die Wirkung einer solchen Regelung hinge allerdings entscheidend von ihrer Ausgestaltung im Detail ab. Wenn es für das Eingreifen eines Zustimmungsvorbehalts auf Ebene der börsennotierten Muttergesellschaft zu Geschäften ihrer Tochterunternehmen mit einer der Muttergesellschaft nahestehenden Person nur auf den Gesamtwert der Geschäfte der Muttergesellschaft und des jeweiligen Tochterunternehmens mit der nahestehenden Person ankäme, also für M und T_1, M und T_2 etc. jeweils eine eigene Wertschwelle gälte, wäre das Volumen der zustimmungsfrei möglichen Geschäfte zwischen der nahestehenden Person und den Tochterunternehmen deutlich höher, als wenn die Geschäfte der Muttergesellschaft und aller ihrer Tochterunternehmen mit der nahestehenden Person für das Erreichen einer Wertschwelle zusammenzurechnen wären. Noch eher wäre die Wertschwelle erreicht, wenn auch auf Seiten der nahestehenden Person Geschäfte mit anderen ihrer Unternehmensgruppe zugehörigen Unternehmen in die Zusammenrechnung einzubeziehen wären. Jedenfalls wenn das Mutterunternehmen dieser Unternehmensgruppe nach Art. 4 IAS-VO oder aufgrund vergleichbarer Regelungen zur Veröffentlichung eines konsolidierten Abschlusses nach internationalen Rechnungslegungsstandards verpflichtet ist, sind nach IAS 24.13–15 und IFRS 12.10 ff. die Beteiligungsverhältnisse der Gruppe offenzulegen, so dass die börsennotierte Gesellschaft folglich aus öffentlich zugänglichen Unterlagen ersehen kann, wie die Gruppe, zu der die nahestehende Person gehört, zu dem für den betreffenden Abschluss maßgeblichen Zeitpunkt zusammengesetzt war. Zustimmungsvorbehalte und Veröffentlichungspflichten für RPT ließen sich also sowohl im Hinblick auf die börsennotierte Gesellschaft als auch auf die nahestehende Person jeweils unternehmensgruppenweit ausgestalten.

De lege lata bleibt in Deutschland indessen sogar die Veröffentlichungspflicht dahinter weit zurück. Nach h. M. sind nach § 111c Abs. 4 AktG lediglich Geschäfte des Tochterunternehmens mit derselben nahestehenden Person zusammenzurechnen

48 Näher dazu Florstedt, ZGR 2022, 13, 33 f.

und zu veröffentlichen, wenn ihr Wert insgesamt die für die börsennotierte Muttergesellschaft maßgebliche Wertschwelle überschreitet. Dagegen erfolgt nach diesem Gesetzesverständnis weder eine Zusammenrechnung der Geschäfte, die das Tochterunternehmen mit verschiedenen nahestehenden Unternehmen derselben Gruppe abschließt, noch sind die Geschäfte des Tochterunternehmens mit Geschäften zwischen der Muttergesellschaft und der nahestehenden Person oder mit Geschäften anderer Tochterunternehmen und der nahestehenden Person zusammenzurechnen.[49] Eine derart beschränkte Offenlegung stellt keinen Verstoß gegen die Vorgaben der ARRL II dar. Art. 9c Abs. 7 verlangt die öffentliche Bekanntgabe wesentlicher Geschäfte zwischen der Gesellschaft nahestehenden Unternehmen und Personen und Tochtergesellschaften der Gesellschaft, ohne eine Zusammenrechnung auf Seiten der Tochtergesellschaften oder der nahestehenden Unternehmen und Personen ausdrücklich anzuordnen. Auch die englische Sprachfassung, in der von »material transactions concluded between the related party of the company and that company's subsidiary« die Rede ist, spricht gegen ein solches Zusammenrechnungserfordernis. Art 9c Abs. 8 ARRL II spricht zwar allgemein über die Zusammenrechnung von Geschäften mit denselben nahestehenden Unternehmen und Personen, ohne diese Geschäfte ausdrücklich auf solche zu beschränken, an denen die börsennotierte Gesellschaft selbst beteiligt ist. Die Bestimmung verlangt aber lediglich, dass Geschäfte im maßgeblichen Zeitraum, die nicht den Verpflichtungen der Absätze 2, 3 und 4 unterliegen, für die Zwecke dieser Absätze, also der Absätze 2, 3 und 4,[50] zusammengerechnet werden. Eine Zusammenrechnung auch für Zwecke des Abs. 7, der die Offenlegung wesentlicher Geschäfte zwischen Tochtergesellschaften der börsennotierten Gesellschaft und der börsennotierten Gesellschaft nahestehenden Personen verlangt, ordnet Abs. 8 hingegen nicht an. Im Schrifttum wird zwar auch die Ansicht vertreten, entgegen dem Willen des historischen Gesetzgebers seien nach § 111c Abs. 4 AktG Geschäfte des Tochterunternehmens und der Muttergesellschaft mit derselben nahestehenden Person zusammenzurechnen.[51] Eine darüber hinausgehende Pflicht zur Zusammenrechnung der Geschäfte der börsennotierten Muttergesellschaft und der Geschäfte aller ihrer Tochterunternehmen mit der nahestehenden Person wird nur vereinzelt vertreten,[52] eine Pflicht zur Zusammenrechnung aller Geschäfte mit Unternehmen,

49 BegrRegE ARUG II, BT-Drucks. 19/9739, S. 87; ebenso Seidel in BeckOGK-AktG, § 111c Rn. 22; Koch, AktG, § 111c Rn. 5; J. Vetter in K. Schmidt/Lutter, AktG, § 111c Rn. 67 f.; Groß-Bölting/Rabe in Hölters/Weber, AktG, § 111c Rn. 13; Guntermann in Backhaus/Tielmann, Der Aufsichtsrat, § 111c Rn. 11; wohl auch Fischer in Bürgers/Lieder, AktG, § 111c Rn. 11; zur Vereinbarkeit mit Art. 9c Abs. 7 und 8 ARRL II, J. Vetter, FS Hopt, 2020, S. 1383, 1401 f.

50 Auch die englische (»…for the purposes of those paragraphs…«) als auch die französische (»…aux fins de ces paragraphes…«) Sprachfassung sind insoweit eindeutig.

51 Habersack in MünchKommAktG § 111c Rn. 22; Eisele/Oser, DB 2019, 1517, 1522 f.; wohl auch Florstedt, ZGR 2022, 13, 34.

52 Grigoleit in Grigoleit, AktG, § 111c Rn. 21; dagegen etwa J. Vetter in K. Schmidt/Lutter, AktG, § 111c Rn. 67; Habersack in MünchKomm-AktG § 111c Rn. 22; Guntermann in Backhaus/Tielmann, Der Aufsichtsrat, § 111c Rn. 11.

die zur Unternehmensgruppe der nahestehenden Person gehören, soweit ersichtlich, nicht in Erwägung gezogen.

III. Fazit

Die Bestimmungen über Geschäfte mit nahestehenden Personen sollen Wertverschiebungen auf nahestehende Personen zum Nachteil der börsennotierten Gesellschaft und ihrer Minderheitsaktionäre entgegenwirken. Solche Wertverschiebungen werden regelmäßig nicht unbeabsichtigt, sondern planvoll erfolgen. Während das Erfordernis der Veröffentlichung von Geschäften mit nahestehenden Personen für die betroffenen börsennotierten Gesellschaften keinen wesentlichen Zusatzaufwand verursacht, weil sie nach IAS 24.18 ohnehin im Konzernabschluss veröffentlicht und zu diesem Zweck vorab identifiziert und erfasst werden müssen,[53] sind die Vorschriften über das Erfordernis einer Zustimmung zu möglicherweise gefährlichen Transaktionen zwar einerseits mit erheblichen Eingriffen in die Corporate Governance verbunden, andererseits aber so ausgestaltet, dass man ihrer Anwendung unschwer entgehen kann. Die Antwort auf die eingangs gestellt Frage, inwieweit Gestaltungsspielräume, die die Regelungen über die Zusammenrechnung von Geschäften mit nahestehenden Personen den Betroffenen lassen, die Erreichung des von den RPT-Vorschriften verfolgten Ziels in Frage stellen, ist nach alledem einigermaßen ernüchternd: Bei börsennotierten Gesellschaften, deren Leitungsmitglieder bei Geschäften mit der Gesellschaft nahestehenden Personen ihre Sorgfalts- und Treupflichten erfüllen, ist der Eingriff in Gremienzusammensetzung und Entscheidungsverfahren unnötig, während er bei denen, die Wertverschiebungen beabsichtigen, bestenfalls geringe Schutzwirkung entfaltet. Das gilt selbst dann, wenn man der Zusammenrechnung nicht mit einer verbreiteten Ansicht durch die Annahme, die Aggregation beginne nach jeder Überschreitung der Wertschwelle wieder bei null, von vornherein jeglichen Sinn nimmt. Auch die Offenlegung vermittelt kein realistisches Bild, weil es an der dafür erforderlichen gruppenweiten Zusammenrechnung sowohl auf Seiten der börsennotierten Gesellschaft als auch der nahestehenden Person fehlt. In Anbetracht der sehr unterschiedlichen Umsetzungen von Art. 9c ARRL II in den Mitgliedstaaten[54] lässt sich schließlich auch bezweifeln, dass die Bestimmung einen nennenswerten Beitrag zur Rechtsangleichung leistet.

53 Vgl. etwa J. Vetter in K. Schmidt/Lutter, AktG, § 111a Rn. 10.
54 Ausführlich dazu Florstedt, ZGR 2022, 13, 17 ff.

Wie das Spruchverfahren beim Delisting (tatsächlich) einen Beitrag zur Standortförderung leisten könnte

Christian E. Decher*

I. Themenstellung

Mit dem Standortfördergesetz (StoFöG) hat der Gesetzgeber das gerichtliche Spruchverfahren auch auf die Überprüfung der Angemessenheit des Erwerbsangebotes vor einem Delisting erstreckt.[1] Zur Begründung geht der Gesetzgeber davon aus, dass hierdurch die Transaktionssicherheit für das Delisting erhöht werde, wenn er darauf hinweist, das Wirksamwerden des Delisting solle nicht durch Wertstreitigkeiten aufgehalten werde.[2] Damit greift der Gesetzgeber seine Argumentation zur Verweisung der Bewertungsrüge in das Spruchverfahren bei der Sachkapitalerhöhung aus dem Jahr 2023 auf.[3] Wie in anderen Fällen auch, in denen ansonsten die Bewertungsrüge nur im Wege der Beschlussmängelklage geltend gemacht werden könnte, schafft deren Verweisung in das Spruchverfahren größere Transaktionssicherheit für die Sachkapitalerhöhung.

Für das Delisting greift diese Begründung nicht, weil es an einer Beschlussfassung der Hauptversammlung, die mit einer Anfechtungsklage angegriffen werden könnte, ebenso fehlt wie an sonstigen Rechtsbehelfen, die die Wirksamkeit des Delisting aufhalten könnten. Damit ist die gerichtliche Überprüfung der Angemessenheit des vor einem Delisting erforderlichen Erwerbsangebotes, das sich ohnehin in aller Regel nach dem Börsenkurs richtet, kein Beitrag zur Standortförderung. Deshalb hatte sich der seinerzeitige Referatsleiter Seibert noch im Jahr 2015 bei erstmaligen Überlegungen zur Einführung eines Spruchverfahrens für das Delisting kategorisch dagegen ausgesprochen: Das Delisting müsse einfach, die Kosten dafür fair, aber klar berechenbar sein, das Verfahren dürfe nicht zu langwierig sein. Denn die Attraktivität der Börsennotierung müsse auch deren Beendigung mit berücksichtigen. Wenn der Rückzug von der Börse durch Einführung eines Spruchverfahrens erschwert wird, hat dies dementsprechend auch negative Rückwirkungen auf die Attraktivität einer Börsennotierung in Deutschland.[4]

Dieser negative Effekt würde etwas abgemildert, wenn Spruchverfahren beim Delisting in aller Regel von den Gerichten rasch durchgeführt würden. Allerdings sind

* Der Verfasser ist Mitglied des Handelsrechtsausschusses (HRA) des DAV und hat an dessen Stellungnahmen zum behandelten Themenbereich mitgewirkt. Der nachfolgende Beitrag gibt die persönliche Auffassung des Verfassers wieder.

1 RegE StaFöG, BT-Drs. 21/2597, S. 6, 8. Das StoFöG war zum Zeitpunkt des Abschlusses dieses Manuskripts noch nicht verabschiedet und veröffentlicht.

2 Begr. RegE, BT-Drs. 21/2507, S. 174.

3 BGBl I 2023, Nr. 35 v. 14.12.2023; Begr. RegE, Doc 2023/06, 32411, 11.08.2023, S. 67, 135 f.

4 Eindrücklich Seibert in Festschrift für Heidel, 2021, S. 171, 182; kritisch daher DAI, Stellungnahme v. 30.10.2025, S. 19 f.; Fest/Mülbert, NZG 2025, 1401; ebenso zum RefE ZufinG die Stellungnahme des HRA-DAV, Nr. 66/2024, https://beck-link.de/xc5rx, S. 5; positiv dagegen Bayer/Carl, AG 2026, 1, 9 Rn. 43 mwN.

Spruchverfahren in Deutschland typischerweise langwierig und kostenaufwändig (nachfolgend II.). Beim Delisting könnte das Spruchverfahren jedoch eine Vorreiterrolle für eine zeit- und kosteneffiziente Durchführung von Spruchverfahren für alle Grundlagen- und Strukturmaßnahmen einnehmen (nachfolgend III.) Nachfolgend stellt sich die Frage einer Flankierung durch eine gesetzliche Reform des Spruchverfahrensrechts (nachfolgend IV.).

Schließlich wird der Frage nachgegangen, ob zur Standortförderung weitere Maßnahmen zur Erhöhung der Transaktionssicherheit bei Grundlagen- und Strukturmaßnahmen erforderlich sind (nachfolgend V.). Abschließend werden die Ergebnisse der Abhandlung zusammengefasst (nachfolgend VI.).

II. Die Praxis von Spruchverfahren – Status quo

Die Praxis von Spruchverfahren in Deutschland ist unbefriedigend.[5] Spruchverfahren dauern trotz der mittlerweile jahrzehntelangen Erfahrung bei den zuständigen Gerichten in Deutschland nach wie vor viele Jahre. Ihr Ausgang ist schwer vorherzusagen und hängt nicht selten auch davon ab, bei welchem zuständigen Gericht das Spruchverfahren betrieben wird. Die Zahl der Antragsteller erreicht regelmäßig obere zweistellige bis niedrige dreistellige Zahlen. Die Kosten von Spruchverfahren sind für die Unternehmen als Antragsgegnerinnen beträchtlich, selbst wenn das Spruchverfahren letztlich zu ihren Gunsten ausgeht (näher IV. 3.).

Die Langwierigkeit, Komplexität und schwere Vorhersehbarkeit des Ausgangs von Spruchverfahren hat ihren Hauptgrund darin, dass bei der im Spruchverfahren zur Überprüfung stehenden Unternehmensbewertung im Zusammenhang mit Grundlagen- und Strukturmaßnahmen (insbesondere Unternehmensvertrag, Squeeze out, Verschmelzung) jahrzehntelang die Ertragswertmethode im Vordergrund stand. Diese ist, da sie auf notwendigerweise mit Unsicherheiten belasteten, unternehmerischen Planungen der Ertragsströme für die Zukunft verbunden ist und die wesentlichen Parameter für die Diskontierung auf den Bewertungsstichtag nach wie vor vielfach umstritten sind, mit zahlreichen Unsicherheiten verbunden.[6]

Immerhin hat in den letzten Jahren – unter dem Eindruck dieser Unsicherheiten und der erheblichen Bandbreite von möglichen Unternehmenswerten nach der Ertragswertmethode[7] – der Börsenkurs als Schätzgrundlage für eine angemessene Abfindung und Ausgleichszahlung erheblich an Bedeutung gewonnen.[8] In dessen Gefolge

5 Decher, AG 2023, 106, 107, Rn. 4, 10; HRA-DAV, in Hoffmann-Becking (Hrsg.), VII 3, S. 467 = NZG 2014, 1144.
6 Decher, AG 2023, 106, 107, Rn. 10.
7 Exemplarisch OLG München, 14.12.2021, 31 Wx 190/20, Rn. 72 f. (juris).
8 BGH, 21.02.2023 – II ZB 12/21, BGHZ 236, 180 »WCM/TLG«; BGH, 31.01.2024 – II ZB 5/22, AG 2024, 665 »Kabel Deutschland/Vodafone«.

werden nunmehr Spruchverfahren teilweise schneller durchgeführt, wenn und weil die Ermittlung des Börsenkurses auch unter Berücksichtigung der Anforderungen der Rechtsprechung leichter und schneller überprüft wird als die Ertragswertermittlung. Wird der parallel ermittelte Ertragswert nur zu Kontrollzwecken herangezogen und damit einem aufgelockerten Prüfungsmaßstab unterworfen, enden manche Verfahren nunmehr in zwei Instanzen innerhalb weniger Jahre. Exemplarisch ist die Rechtsprechung des OLG Frankfurt/M. zu nennen.[9] Allerdings ist die Akzeptanz der gesteigerten Bedeutung des Börsenkurses durch die Bewertungspraxis und das Institut der Wirtschaftsprüfer (IDW) nicht hoch und es fehlt nicht an Versuchen, die neuere Rechtsprechung des BGH einschränkend auszulegen.[10] Eine einheitliche gesicherte Spruchpraxis in Spruchverfahren hat sich bislang nicht herausgebildet.

Es muss daher schon zu denken geben, wenn die erst kürzlich erfolgte Erstreckung des Spruchverfahrens auf die Überprüfung der Angemessenheit des Austauschverhältnisses bei der Sachkapitalerhöhung trotz der damit eindeutig verbundenen Vorteile für die Transaktionssicherheit auch kritisch gesehen worden ist.[11] Diese Skepsis belegt, dass das Spruchverfahren in Deutschland nach wie vor für viele (nicht zuletzt ausländische) Investoren ein Schreckgespenst ist und von einer zeitlich angemessenen Durchführung mit wenigstens gewisser Möglichkeit der Vorhersage seines Ausgangs weit entfernt ist.

III. Beschleunigung des Spruchverfahrens durch zweistufiges Verfahren

Die Erstreckung des Spruchverfahrens durch das StoFöG auch auf das Delisting ist zunächst ein Rückschlag und kein Fortschritt für den Standort Deutschland. Dennoch bietet sich gerade beim Delisting (nachfolgend 1.), aber auch bei der Sachkapitalerhöhung (nachfolgend 2.) ein Ansatz zur Beschleunigung des Spruchverfahrens. Denn in beiden Fällen ist die Angemessenheit von Erwerbsangebot bzw. Austauschverhältnis gesetzlich am Börsenkurs orientiert und es gibt nur enge Ausnahmen. Mit Blick auf die strukturelle Verwandtschaft der Verschmelzung mit der Sachkapitalerhöhung könnten die Ergebnisse für Delisting und Sachkapitalerhöhung auch auf diese erstreckt werden (nachfolgend 3.). Und schließlich bietet die Börsenkursrechtsprechung des BGH einen ähnlichen Ansatzpunkt für eine wesentliche Beschleunigung (nachfolgend 4.).

9 OLG Frankfurt, 09.02.2024 – 21 W 129/22, NZG 2024, 882: ISRA Vision m. Anm. Decher, NZG 2024, 896; OLG Frankfurt, 27.05.2025, 21 W 59/23 (Spruchverfahren direkt) BorgWarner/AKASOL.

10 Exemplarisch IDW S 17 ; dazu kritisch Decher, AG 2025, 572.

11 DAI, Positionspapier, 28.09.2023, S. 5, 11; Verse, AG 2024, 297, 299; insgesamt ablehnend Heidel, AG 2024, 310; befürwortend dagegen Bungert/Strothotte, DB 2023, 2422; DAV-HRA, NZG 2023, 738, 746; Lieder/Hilser, ZHR 2024, 186, 197, 201, Schwarz, AG 2024, Sbl. 31, 52.

1. Delisting

Gemäß § 39 Abs. 3 BörsG ist für das Erwerbsangebot vor dem Delisting auch in der Fassung des StaFöG in der Regel der durchschnittliche Börsenkurs des Emittenten im Zeitraum von sechs Monaten vor Bekanntgabe des Delisting maßgeblich. Die Ausnahmefälle des Bestehens einer Marktenge oder von Verstößen gegen kapitalmarktrechtliche Pflichten (Ad hoc-Publizität, Marktmanipulation) sind zwar nicht mehr als abschließende Regelung, sondern lediglich als Regelbeispiele konzipiert. Damit ist für die Zukunft Rechtsunsicherheit etwa dahingehend verbunden, ob eine generell schlechte Verfassung der Kapitalmärkte eine Ausnahme von der Maßgeblichkeit des Börsenkurses rechtfertigt.[12] Dennoch sollte eine Überprüfung im gerichtlichen Spruchverfahren bei sachgerechtem Verständnis der Ausnahmeregelung in aller Regel zu dem Ergebnis führen, dass sich das Erwerbsangebot zu Recht am gesetzlichen Regelfall und damit am durchschnittlichen Börsenkurs orientierte.

Zu einem derart eindeutigen Ergebnis der Maßgeblichkeit des Börsenkurses für das Erwerbsangebot vor dem Delisting sollten die Gerichte in der Regel zeitnah gelangen können. Dem könnte durch eine entsprechende Gestaltung des Spruchverfahrens Rechnung getragen werden. Das Spruchverfahren sollte von den Gerichten zweistufig ausgestaltet werden. In der ersten Stufe sollte rasch die alleinige Maßgeblichkeit des Börsenkurses geklärt werden. Die Angemessenheit des Erwerbsangebotes ist bereits Gegenstand einer Überprüfung durch die BaFin im Zusammenhang mit der Genehmigung der Veröffentlichung der Angebotsunterlage gewesen. Einer routinemäßigen Beauftragung eines Sachverständigen zur Untersuchung der Börsenkursentwicklung des Unternehmens oder des allgemeinen Marktumfeldes bedarf es insoweit nicht, sofern nicht substantiiert von Antragstellern irreguläre oder außergewöhnliche Verhältnisse am Kapitalmarkt oder betreffend den konkreten Emittenten dargelegt werden können. Wird die alleinige Maßgeblichkeit des Börsenkurses bejaht, so ist die Sache entscheidungsreif und eine Entscheidung kann wenige Monate nach Eröffnung des Verfahrens ergehen.[13]

Lediglich in den wenigen Ausnahmefällen, in denen die Maßgeblichkeit des Börsenkurses ausscheidet oder jedenfalls zweifeldhaft ist, sollte statt der die Anträge abweisenden Endentscheidung eine Zwischenentscheidung ergehen. In dieser kann – regelmäßig nach Durchführung der mündlichen Verhandlung – festgestellt werden, dass mangels hinreichend sicherer Maßgeblichkeit des Börsenkurses zusätzliche Erhebungen durch das Gericht erforderlich sind. Diese werden Untersuchungen der Börsenkursentwicklung der Emittentin und/oder des Kapitalmarktumfeldes sowie gegebenenfalls (entsprechend dem Ausgang dieser Untersuchung) die Ermittlung des

12 So (schon vor dem StoFöG) etwa Koch, AG 2021, 249, 258; Redenius-Hövermann, ZIP 2021, 485, 491; abweichend zum Squeeze out während der Corona-Pandemie OLG Frankfurt/M., 09.02.2024, 21 W 129/22, NZG 2024, 882, 885, Rn. 43; ebenso zum Delisting DAV-HRA, Nr. 66/2024, https://beck-link.de/xc5rx, S. 7.

13 Ebenso schon de lege ferenda DAV-HRA, Nr. 66/2024, https://beck-link.de/xc5rx, S. 6.

Ertragswerts des Emittenten betreffen. Sofern das Gericht nicht selbst über die erforderliche Sachkenntnis verfügt, können derartige Ermittlungen mit Unterstützung eines vom Gericht bestellten Sachverständigen durchgeführt werden.

Die Durchführung eines zweistufigen Verfahrens mit einem Schnellverfahren in der ersten Stufe bis zur Sachentscheidung oder bis zur Zwischenentscheidung mit im letzteren Fall anschließendem (eingeschränkten) Amtsermittlungsverfahren in der zweiten Stufe lässt sich schon nach geltendem Recht erreichen. Die Gerichte können das Verfahren durch entsprechende verfahrensleitende Verfügung gestalten. So kann es sich anbieten, dass das zuständige Gericht nach Eingang sämtlicher Antragsschriften der Antragsgegnerin eine Frist von (nur) sechs Wochen setzt und bereits – ohne eine weitere Schriftsatzrunde – zur mündlichen Verhandlung lädt. Das Gericht kann den rechtlichen Hinweis geben, dass es beabsichtigt, in der mündlichen Verhandlung vorrangig die Frage der alleinigen Maßgeblichkeit des Börsenkurses zu erörtern und dass sich die Antragsgegnerin auch in der Antragserwiderung auf diesen Komplex konzentrieren möge. Wird nach der Überzeugung des Gerichts als Ergebnis der mündlichen Verhandlung die alleinige Maßgeblichkeit des Börsenkurses nicht ausreichend in Frage gestellt, kann alsbald nach der mündlichen Verhandlung die Endentscheidung ergehen. Anderenfalls erfolgt durch Zwischenentscheidung der Übergang in die zweite Phase des Spruchverfahrens, in der weitere Untersuchungen zur Maßgeblichkeit des Börsenkurses und/oder zu Kontrollüberlegungen unter Ertragswertaspekten untersucht werden können.

Sollte sich keine entsprechende, weitgehend einheitliche Spruchpraxis herausbilden, wäre eine gesetzliche Regelung empfehlenswert.[14] Sie würde sich gedanklich anlehnen an Vorschläge, wie sie schon für die Zusammenführung des Eilverfahrens zur Überwindung der Registersperre bei Grundlagen- und Strukturmaßnahmen (§ 246a AktG, § 16 Abs. 3 UmwG) mit dem Beschlussmängelverfahren als Hauptsacheverfahren (§§ 241 bis 243 AktG) unterbreitet worden sind.[15]

2. *Sachkapitalerhöhung*

Auch für das erst seit 2024 geltende Spruchverfahren zur Überprüfung der Angemessenheit des Austauschverhältnisses zwischen dem Wert der ausgegebenen Aktien einer (börsennotierten) aufnehmenden Gesellschaft und dem Wert der Sacheinlage bietet sich ein entsprechendes zweistufiges Verfahren an. Denn auch für dieses ist gemäß § 255 Abs. 5 AktG regelmäßig allein die Börsenkursrelation maßgeblich, sofern nicht ausnahmsweise Verstöße gegen die Ad hoc-Publizität oder gegen das Verbot der Marktmanipulation oder eine Marktenge bzw. stark voneinander abweichende Börsenkurse vorliegen, § 255 Abs. 5 Satz 3 Nr. 1 bis 3 AktG.

14 Siehe schon DAV-HRA, Nr. 66/2024, https://beck-link.de/xc5rx, S. 5.
15 Koch, Gutachten F zum 72. Deutschen Juristentag Leipzig 2018, F 39.

Für die Sachkapitalerhöhung bei Einbringung einer (börsennotierten) Beteiligung in eine börsennotierte aufnehmende Gesellschaft bestimmt damit die Börsenkursrelation in aller Regel die Angemessenheit des Umtauschverhältnisses.[16] Für diesen praktisch bedeutsamen Anwendungsfall der Überprüfung des Umtauschverhältnisses bei der Sachkapitalerhöhung im Spruchverfahren bestehen daher erhebliche Parallelen zur Überprüfung der Angemessenheit des Erwerbsangebotes bei einem Delisting. Bei den übrigen Fällen der Einbringung einer nicht börsennotierten Beteiligung rücken demgegenüber Aspekte der fundamentalen Bewertung beider Unternehmen nach der Ertragswertmethode in den Vordergrund; insoweit ähneln diese Fallkonstellationen eher vielen Fällen des Unternehmensvertrages und des Squeeze out (jedenfalls bei nicht hoch liquiden Werten, nachfolgend 4.). Bei der Sachkapitalerhöhung geht es allerdings um die Überprüfung eines relativen Umtauschverhältnisses, das sich aus der Bewertung von zwei Unternehmen ergibt; zusätzlich zur Fixierung auf die Börsenkursrelation kommt zudem eine unternehmerische Einschätzungsprärogative des Vorstands der aufnehmenden Gesellschaft zum Tragen, die auch marktübliche oder sonst durch das Unternehmensinteresse gerechtfertigte Prämien (Premium) auf den Börsenkurs rechtfertigen kann.[17]

Für die Sachkapitalerhöhung liegt noch keine Spruchpraxis vor. Auch insoweit können die zuständigen Gerichte die Überprüfung des Umtauschverhältnisses bei Einbringung von börsennotierten Unternehmensbeteiligungen in eine börsennotierte Gesellschaft durch verfahrensleitende Verfügungen zweistufig gestalten, wie für das Delisting skizziert (oben 1.). Hier beruht die Endentscheidung einer Abweisung der Anträge auf der Grundlage, dass die Börsenkursrelation maßgeblich ist und sich das vereinbarte Umtauschverhältnis innerhalb der Bandbreite vertretbarer unternehmerischer Einschätzung bewegt. Ist eine der beiden Grundlagen nicht erfüllt, ergeht – nach Durchführung der mündlichen Verhandlung – eine Zwischenentscheidung, mit der wiederum die zweite Stufe des Spruchverfahrens eröffnet wird und weitere Ermittlungen des Gerichts stattfinden.

3. Verschmelzung

Die Überlegungen zur zweistufigen Gestaltung des Spruchverfahrens bei der Sachkapitalerhöhung sollten auch für die Fälle der Verschmelzung und den Unternehmensvertrag mit Abfindung in Aktien der Obergesellschaft beim Unternehmensvertrag

16 Zur Maßgeblichkeit des § 255 Abs. 4, 5 AktG auch auf den Börsenwert der einzubringenden Aktien Bayer in K. Schmitt/Luther, 5. Aufl. 2024, § 255 AktG, Rn. 55; DAV-HRA, NZG 2023, 738, Rn. 75; Decher in Festschrift für Reichert, 2026, im Erscheinen; Drescher in Henssler/Strohn, Gesellschaftsrecht, 6. Aufl. 2024, § 255 AktG, Rn. 18; Koch, 19. Aufl. 2025, § 255 AktG, Rn. 37; Verse, AG 2024, 297, 304.

17 BT-Drucks. 20/9363, S. 125; DAV-HRA, NZG 2023, 738, Rn. 63; Decher/Drescher in VGR (Hrsg.), Reformbedarf im Aktienrecht, 2024, S. 378, 386; Koch, 19. Aufl. 2025, § 255 AktG, Rn. 26; Lieder/Hilser, ZHR 2024, 186, 202; Schwarz, AG 2024, Sonderbeil. S. 31, 43; Verse, AG 2024, 297, 300.

gelten. Beide Fälle sind wirtschaftlich mit einer Sachkapitalerhöhung vergleichbar. Ebenso wie bei § 255 Abs. 5 AktG geht es um das Wertverhältnis zwischen der übertragenden Gesellschaft und der aufnehmenden Gesellschaft.

Daraus ergibt sich nach zutreffender Auffassung eine Ausstrahlungswirkung des § 255 Abs. 5 AktG auf diese beiden Fälle.[18] Wie bei der Sachkapitalerhöhung erscheint es gerechtfertigt, das Umtauschverhältnis regelmäßig an der Börsenkursrelation (bzw. einem marktüblichen oder durch das Unternehmensinteresse gedeckten Premium hierauf zu Gunsten der übertragenden Gesellschaft) zu orientieren. Selbst wenn man insoweit die Regelung des § 255 Abs. 5 AktG nicht entsprechend heranziehen will, würde sich die Maßgeblichkeit der Börsenkursrelation regelmäßig auch unter Zugrundelegung der neueren Rechtsprechungsgrundsätze zur Eignung des Börsenkurses als Grundlage für die Schätzung des Unternehmenswerts und des Werts der Beteiligung der außenstehenden Aktionäre ergeben (dazu näher 4.). Zusätzlich gilt die für die Sachkapitalerhöhung anerkannte unternehmerische Einschätzungsprärogative auch für die Verschmelzung.[19]

Dementsprechend lässt sich das für die Sachkapitalerhöhung vorgestellte beschleunigte, zweistufige Verfahren in Spruchverfahren (oben 2.) uneingeschränkt auf die Verschmelzung und die Fälle einer Abfindung in Aktien der Obergesellschaft beim Unternehmensvertrag übertragen.

4. Unternehmensvertrag, Squeeze out

Das vorstehend angeregte zweistufige Prüfungsverfahren in Spruchverfahren bei Delisting, Sachkapitalerhöhung und Verschmelzung kann mit geringen Modifikationen auch für das Spruchverfahren zur Überprüfung der Angemessenheit von Abfindung und Ausgleich bei Unternehmensvertrag und Squeeze out nutzbar gemacht werden. Den Ansatzpunkt hierfür bildet die neuere Rechtsprechung des BGH, nach der die Maßgeblichkeit des Börsenkurses wesentlich an Bedeutung gewonnen hat.[20]

Hinsichtlich der Eignung des Börsenkurses als Schätzgrundlage für die Beurteilung der Angemessenheit von Abfindung und Ausgleich stellt die Rechtsprechung zwar höhere Anforderungen als die gesetzlichen, geringen Anforderungen an die Maßgeblichkeit des Börsenkurses bei Delisting und Sachkapitalerhöhung. Erforderlich ist, dass der Börsenkurs einer effektiven Informationsverarbeitung und -bewertung durch den Kapitalmarkt entspricht, und dass die Aktie aufgrund hinreichender Liquidität uneingeschränkt verkehrsfähig ist.[21] Sind diese beiden Voraussetzungen

18 Decher/Drescher in VGR (Hrsg.), Reformbedarf im Aktienrecht, 2024, S. 378, 388; Lieder/Hilser, ZHR, 2024, 186, 197: beide zur Verschmelzung.

19 Decher/Drescher in VGR (Hrsg.), Reformbedarf im Aktienrecht, 2024, S. 378, 389.

20 BGH, 21.02.2023, II ZB 12/21, BGHZ 263, 180; BGH, 31.01.2024, II ZB 5/22, AG 2024, 665.

21 BGH, 31.01.2024, II ZB 5/22, AG 2024, 665, Rn. 25 – 27; BGH, 21.02.2023, II ZB 12/21, BGHZ 236, 180, Rn. 20.

erfüllt, kann der Börsenkurs die alleinige, jedenfalls aber maßgebliche Grundlage für die Schätzung des Unternehmenswerts und die Beurteilung der außenstehenden Aktionäre sein.

In der Praxis werden Abfindung und Ausgleich auch im Gefolge der neueren BGH-Rechtsprechung dennoch regelmäßig nicht allein anhand des Börsenkurses ermittelt, sondern es findet parallel nach wie vor eine Ertragswertermittlung statt.[22] Dementsprechend halten die Gerichte in Spruchverfahren auch dann, wenn sie den Börsenkurs wegen Erfüllung der Voraussetzungen der BGH-Rechtsprechung als geeignete Schätzgrundlage für die Angemessenheit der Unternehmensbewertung ansehen, eine Gesamtbeurteilung unter Berücksichtigung der parallel durchgeführten Ertragswertermittlung für zulässig und sachgerecht.[23] Jedenfalls in Fällen, in denen die Liquidität der Aktien des zu bewertenden Unternehmens nicht so hoch ist wie in den beiden vom BGH entschiedenen Fällen, wird eine derartige Gesamtbeurteilung rechtlich vorzugswürdig sein. Dies dürfte die Mehrzahl der betroffenen Unternehmensverträge und Squeeze outs betreffen. Eine sachgerechte Linie zeigt insoweit die Rechtsprechung des OLG Frankfurt auf. Danach wird bei hinreichender, aber nicht zweifelsfrei hoher Liquidität der Aktie die Ertragswertermittlung zu Kontrollzwecken herangezogen; daraus ergibt sich in der Sache eine aufgelockerte Überprüfung der Ertragswertermittlung.[24]

Die für Delisting, Sachkapitalerhöhung und Verschmelzung dargestellte Zweistufigkeit des Spruchverfahrens lässt sich mit gewissen Modifikationen auch in Fällen des Unternehmensvertrages und des Squeeze out realisieren. In einem ersten Schritt können die Gerichte zügig entscheiden, ob der Börsenkurs hinreichend aussagekräftig ist und eine aufgelockerte Plausibilisierung der hieran orientierten Ausgleichs- bzw. Abfindungszahlung diesen im Wesentlichen bestätigt. Sofern dies nicht der Fall ist, können die Gerichte in einem zweiten Schritt voll umfänglich die Fundamentalbewertung nach der Ertragswertmethode überprüfen.

Die End- oder Zwischenentscheidung wird sich in solchen Fällen zwar nicht immer vergleichbar schnell erreichen lassen wie in den Fällen eines Delisting oder einer Sachkapitalerhöhung, bei der die Maßgeblichkeit des Börsenkurses gesetzlich vorgegeben ist. Dies gilt insbesondere dann, wenn es einer ergänzenden Stellungnahme des gerichtlich bestellten Prüfers zur Aussagekraft des Börsenkurses bedarf. Dennoch sollte auch insoweit eine End- oder Zwischenentscheidung in Jahresfrist möglich und zumutbar sein. Ist allerdings schon rasch klar, dass der Börsenkurs keine maßgebliche Bedeutung für die Beurteilung der Angemessenheit von Ausgleich und Abfindung haben kann, so steht einer zeitlich deutlich früheren Zwischenentscheidung und der

22 Decher, AG 2025, 572, 574, Rn. 20 f.

23 OLG München, 14.12.2021, 31 Wx 190/20, Rn. 84, 113 (juris); OLG Frankfurt, 09.02.2024, 21 W 129/22, NZG 2024, 882, Rn. 24 ff., 59 ff.; OLG Frankfurt, 27.05.2025, 21 W 59/23 (Spruchverfahren direkt).

24 OLG München, 14.12.2021, 31 Wx 190/20, Rn. 84, 113 (juris); OLG Frankfurt, 09.02.2024, 21 W 129/22, NZG 2024, 882, Rn. 24 ff., 59 ff.; OLG Frankfurt, 27.05.2025, 21 W 59/23 (Spruchverfahren direkt).

anschließenden Überführung in die zweite Stufe einer voll umfänglichen Überprüfung der Ertragswertermittlung durch das Gericht nichts im Wege.

IV. Flankierende Regelungen zur Beschleunigung des Spruchverfahrens und zur Kostentragung de lege ferenda

1. OLG als Eingangsinstanz

Eine weitere, wesentliche Beschleunigung des Spruchverfahrens und damit auch eine Verbesserung der Rahmenbedingungen für eine Börsennotierung am Standort Deutschland ließe sich durch die Schaffung des OLG als Eingangsinstanz erreichen. Damit würde der Charakter des Spruchverfahrens (jedenfalls in der ersten Phase) als Schnellverfahren betont. Dementsprechend ist für das Freigabeverfahren zur Überwindung der Registersperre bei Grundlagen- und Strukturmaßnahmen seit 2009 mit großem Erfolg das OLG als Eingangsinstanz vorgesehen worden (§ 246a Abs. 1 Satz 3 AktG, § 16 Abs. 3 Satz 7 UmwG). Im Unterschied zum Freigabeverfahren (§ 246a Abs. 3 Satz 4 AktG, § 16 Abs. 3 Satz 9 UmwG) müsste allerdings in Übereinstimmung mit dem bisherigen Recht bei Spruchverfahren die Revision zum BGH bei Fällen grundsätzlicher Bedeutung eröffnet bleiben. Für das Freigabeverfahren lässt sich der Ausschluss der Revisionsmöglichkeit anders als für das Spruchverfahren dadurch rechtfertigen, dass eine Überprüfung im Hauptsacheverfahren bis zum BGH möglich bleibt.

Die Forderung, beim Spruchverfahren das OLG als Eingangsinstanz zu wählen, ist schon wiederholt vom Handelsrechtsausschuss des DAV vorgebracht worden, bislang ohne Erfolg.[25] Wenn es dem Gesetzgeber aber wirklich ernst ist mit einer Standortförderung, sollte dieser Gedanke erneut auf die Tagesordnung einer Reform des Spruchverfahrensrechtes kommen.

2. Regeldauer im Spruchverfahren

In Anlehnung an die entsprechende Regelung im Freigabeverfahren sollte auch für das Spruchverfahren der Charakter der ersten Stufe als Schnellverfahren durch Vorsehen einer Regeldauer betont werden. Angesichts der regelmäßig großen Anzahl der Antragsteller kann die Regeldauer insoweit allerdings nicht nur drei Monate betragen (§ 246a Abs. 3 Satz 6 AktG, § 16 Abs. 3 Satz 5 UmwG). Vielmehr sollte differenziert werden. In den Fällen des Delisting und der Sachkapitalerhöhung, in denen der Börsenkurs als gesetzlicher Fixpunkt bei nur wenigen Ausnahmefällen vorgesehen ist, erscheint eine Regeldauer von sechs Monaten ausreichend. Dafür bedarf es

25 DAV-HRA in Hoffmann-Becking (Hrsg.), Stellungnahme des Handelsrechtsausschusses des DAV, 2016, VII. Spruchverfahren, S. 447, 448; 457.

einer Abkürzung der Frist für eine begründete Antragstellung im Spruchverfahren auf einen Monat und einer entsprechend kurzen Regelfrist.

Für die übrigen Fälle (insbesondere Unternehmensvertrag und Squeeze out) sollte als Regel das Ergehen einer End- bzw. Zwischenentscheidung binnen zwölf Monaten gesetzlich vorgesehen werden (sofern es für die Zwischenentscheidung ergänzender Erhebungen des Gerichts über die Maßgeblichkeit des Börsenkurses bedarf) (oben III. 4.). Auch hierfür bedarf es einer Abkürzung der Frist zur begründeten Antragstellung und für die Antragserwiderung auf zwei Monate. Den Antragstellern und der Antragsgegnerin bleibt es unbenommen, im Einzelnen zu Ertragswertaspekten vorzutragen, wenn als Ergebnis der Zwischenentscheidung des Gerichts nicht die Maßgeblichkeit des Börsenkurses, sondern eine wesentliche Berücksichtigung von Ertragswert und gegebenenfalls anderen Bewertungsmethoden angeordnet wird.

3. Kosten

Die Attraktivität des Spruchverfahrens aus der Sicht der außenstehenden Aktionäre und die gleichzeitig daraus folgende Belastung von Investoren in Deutschland ergibt sich auch aus der Kostenregelung.[26] Die insoweit in Spruchverfahren übliche Regelung ist für die Unternehmen als Antragsgegnerinnen belastend und für die Antragsteller vorteilhaft. Die Kosten des gemeinsamen Vertreters der außenstehenden Aktionäre, die Gerichtskosten und Kosten für den gerichtlich bestellten Prüfer oder einen neu bestellen Sachverständigen sind ausnahmslos von der Antragsgegnerin zu zahlen. Die Antragsgegnerin muss ihre eigenen gerichtlichen Kosten tragen und wird mit oft hohem administrativen Aufwand interner Mitarbeiter belastet. Die Antragsteller tragen ihre eigenen gerichtlichen Kosten auch bei für sie negativem Ausgang in der ersten Instanz nur selten.

Gerade in den Delisting-Fällen wird deutlich, dass ein nahezu risikoloses Einleiten von Spruchverfahren durch die betroffenen Aktionäre nicht sachgerecht ist.[27] Ergibt sich rasch im Spruchverfahren die Bestätigung, dass der gesetzliche Regelfall der Maßgeblichkeit des Börsenkurses erfüllt ist, so sollten die Antragsteller nicht nur ihre eigenen außergerichtlichen Kosten, sondern auch die Gerichtskosten einer Endentscheidung sowie die Kosten des gemeinsamen Vertreters tragen müssen. Denn die Antragsteller verfügen in diesen Fällen über die bewertungsrelevanten Informationen betreffend die Maßgeblichkeit des Börsenkurses. Davon unterscheidet sich die traditionelle Kostenentscheidung in Spruchverfahren, in denen schwierige Fragen der Ertragswertermittlung, die den Antragstellern nicht notwendig zur Verfügung stehen, zu beurteilen sind. Nur wenn das Spruchverfahren in Delisting-Fällen ausnahmsweise in die zweite Phase mündet und eine Überprüfung unter Ertragswertaspekten

26 Vgl. auch Wittgens in K. Schmitt/Lutter, 6. Aufl. 2024, Anhang Spruchverfahren, Einleitung Rn. 12; Zeitler, AG 2025, 306, 311, Rn. 44 ff.

27 Ebenso schon DAV-HRA Nr. 66/2024, https://beck-link.de/xc5rx, S. 6.

erfolgt, ist die bisherige Kostentragungsregelung zu Lasten der Antragsgegnerin sachgerecht.

Eine entsprechende Verteilung der Kostenlast bietet sich auch für die Sachkapitalerhöhung und die Verschmelzung an. Bei den übrigen Fällen (Unternehmensvertrag, Squeeze out) sollte man es dagegen bei der für die Antragsteller vorteilhaften Kostenregelung belassen. Allerdings sollten die Gerichte häufiger davon Gebrauch machen, dass die Antragsteller ihre eigenen gerichtlichen Kosten tragen, wenn in einem Spruchverfahren in der ersten Stufe die Anträge zurückgewiesen werden.

4. Verzinsung

Kommt es, wie dargelegt, zu einer ausgewogenen Risikoverteilung hinsichtlich der Kostentragung, so erscheint eine gesetzliche Reform der Verzinsungsregelung bei einem erfolgreichen Antrag der Aktionäre nicht gerechtfertigt. Zwar ist der Strafzins von 5 Prozentpunkten über dem Basiszins insbesondere in Zeiten niedriger Zinsen prohibitiv hoch. Durch die Entwicklung der Rechtsprechung und der Gesetzgebung hin zu einer häufigen Maßgeblichkeit des Börsenkurses wird aber gleichzeitig das Risiko der Antragsgegnerin eines Unterliegens reduziert. Liegt ein Ausnahmefall der fehlenden Maßgeblichkeit des Börsenkurses (insbes. bei Delisting und Sachkapitalerhöhung) vor, so ist es gerechtfertigt, es beim Strafzins zu belassen. Für die übrigen Fälle (insbes. Unternehmensvertrag, Squeeze out) erscheint die Verzinsung einer Erhöhung von Ausgleichszahlung und Abfindung dagegen insbesondere in Fällen, in denen ohnehin die Unsicherheit einer Ertragswertermittlung im Vordergrund steht, als nicht gerechtfertigte Bevorzugung der Antragsteller und sollte – etwa auf 3 Prozentpunkte über dem Basiszins – abgesenkt werden.[28]

V. Erhöhung der Transaktionssicherheit bei Grundlagen- und Strukturmassnahmen

1. Verweisung der Bewertungsrüge beim Unternehmensvertrag auf der Ebene der Obergesellschaft in das Spruchverfahren

Bei einer Reform des Spruchverfahrensrechts sollte endlich auch die verbleibende Rechtsunsicherheit beseitigt werden, dass die Angemessenheit von Ausgleichszahlung und Abfindung auf der Ebene der Obergesellschaft nicht hinreichend rechtlich sicher im Spruchverfahren überprüft werden kann, sondern der Aktionär auf die Anfechtungsklage verwiesen wird. Die Fälle, in denen eine börsennotierte Obergesellschaft einen Unternehmensvertrag mit einer börsennotierten abhängigen Gesellschaft

28 So schon DAV-HRA, NZG 2009, 96, 99.

abschließt, sind zwar in der Praxis selten. Häufig wird als Obergesellschaft eine Zwischengesellschaft gewählt, die eine 100 %-Tochter der Konzernspitze ist. Dadurch wird gleichzeitig das Anfechtungsrisiko ausgeschlossen. Jedoch führen im Einzelfall unternehmerische Gründe dazu, dass der Unternehmensvertrag mit einer börsennotierten Obergesellschaft abgeschlossen wird, mit der Folge der Notwendigkeit einer Befassung ihrer Hauptversammlung.

Es lässt sich zwar argumentieren, dass der Gesetzgeber seinerzeit bei der Verweisung der Aktionäre der aufnehmenden Gesellschaft im Fall der Verschmelzung in das Spruchverfahren den entsprechenden Fall beim Unternehmensvertrag schlicht übersehen hat und deshalb auch auf der Ebene der Obergesellschaft beim Unternehmensvertag die Anfechtungsklage zu Gunsten des Spruchverfahrens ausgeschlossen ist. Dennoch wird sich in der Praxis kaum ein Richter finden, der aufgrund einer analogen Anwendung von § 1 Nr. 4 SpruchG auf den Unternehmensvertrag auf der Ebene der Obergesellschaft seine gesetzliche Zuständigkeit in einem Spruchverfahren bejahen wird. Es bedarf daher einer entsprechenden klarstellenden gesetzlichen Regelung.

2. *Verweisung eines Negativtestats des gerichtlich bestellten Prüfers in Spruchverfahren*

Kommt es zu einer gesetzlichen Regelung des Spruchverfahrens, so sollte auch die Rolle des gerichtlich bestellten Prüfers betrachtet werden. Die Unternehmenspraxis tut sich sehr schwer mit der neueren Rechtsprechung des BGH, wonach der Börsenkurs eine geeignete Schätzgrundlage für die Angemessenheit von Ausgleich und Abfindung ist (oben II.).[29] Auch wenn eine zusätzliche Ermittlung des Ertragswertes einschließlich der Notwendigkeit einer entsprechenden Berichterstattung hierüber mit erheblichem Aufwand verbunden ist, ist diese im Regelfall schon aus Gründen rechtlicher Vorsorge empfehlenswert (oben II.).[30] Zu weit gehen aber Forderungen von gerichtlich bestellten Prüfern, das Angemessenheitstestat davon abhängig zu machen, dass der den Börsenkurs übersteigende Ertragswert für Ausgleich und Abfindung maßgeblich sein müssen. Solche Fälle hat es in der Praxis gegeben; die betroffenen Unternehmen sitzen insoweit »am kürzeren Hebel«. Denn es ist nicht rechtlich hinreichend sicher, dass ein negatives Testat des Prüfers keinerlei Anfechtungsgrund darstellt, sondern lediglich eine im Spruchverfahren relevante Bewertungsfrage betrifft.[31]

29 Decher, AG 2025, 572, 575, Rn. 22.
30 Decher, AG 2025, 572, 575, Rn. 21.
31 So etwa Fleischer in Großkomm. AktG, 4. Aufl. 2007, § 327c) AktG, Rn. 41; Koch, 19. Aufl. 2025, § 293e) AktG, Rn. 7; abweichend für Anfechtbarkeit OLG Bremen, 16.08.2012, 2 U 51/12 (AktG), ZIP 2013, 460; Drygala in Lutter, 7. Aufl. 2024, § 12 UmwG, Rn. 14 f.

Der Gesetzgeber sollte deshalb gleichzeitig mit einer Verweisung der Bewertungsrüge beim Unternehmensvertrag auf der Ebene der Obergesellschaft in das Spruchverfahren klarstellend regeln, dass das Negativattest eines gerichtlich bestellten Prüfers kein Anfechtungsgrund ist, sondern lediglich ein im Spruchverfahren zu berücksichtigender Bewertungsaspekt.[32]

VI. Ergebnis

Die generelle Einführung eines Spruchverfahrens zur Überprüfung der Angemessenheit des Erwerbsangebotes beim Delisting hat nicht zur Standortförderung beigetragen, sondern sie schwächt die Attraktivität einer Börsennotierung, die auch vom Ende her gedacht werden muss. Sie ist zudem weit überschießend, weil die Überprüfung in allen Fällen gilt, obwohl nur ein kleiner Teil der Delisting-Fälle unter die Ausnahme fallen wird, in denen der Börsenkurs nicht maßgeblich ist.

Aus der Not würde jedoch eine Tugend gemacht werden können, wenn das Spruchverfahren im Delisting von den Gerichten zeiteffizient dahingehend ausgestaltet wird, dass zunächst das Vorliegen der Maßgeblichkeit des Börsenkurses als Regelfall geprüft wird. Ist das der Fall, kann rasch eine Endentscheidung gefällt werden. Ist dies ausnahmsweise nicht der Fall, so wird die zweite Stufe einer voll umfänglichen Überprüfung eröffnet.

Ein derart gestaltetes Spruchverfahren könnte dann eine Vorreiterrolle auch für die Sachkapitalerhöhung und die Verschmelzung einnehmen. In beiden Fällen ist die alleinige Maßgeblichkeit des Börsenkurses entweder gesetzlich vorgeschrieben (Sachkapitalerhöhung) oder aufgrund Analogie oder hoher Liquidität der Aktie regelmäßig naheliegend. Aufgrund der gestiegenen Bedeutung des Börsenkurses als Schätzgrundlage für Ausgleich und Abfindung kann ein zweistufiges, zeiteffizientes Spruchverfahren auch bei Unternehmensvertrag und Squeeze out schon nach geltendem Recht etabliert werden. Die Rechtsprechung des OLG Frankfurt/M. ist insoweit ein gutes Beispiel.

Sofern die Gerichte nicht kurz- bis mittelfristig einen derartigen Weg zu einer zügigen und auch besser einschätzbaren Gestaltung des Spruchverfahrens einschlagen, wird sich eine gesetzliche Regelung empfehlen.

Weitere Verbesserungen des Spruchverfahrens de lege ferenda ergäben sich durch Schaffung des OLG als Eingangsinstanz und Vorgaben zur Begrenzung der Dauer des Verfahrens. Schließlich sollte die Kostentragungsregelung bei Ausgestaltung als zweistufiges Verfahren jedenfalls bei Delisting, Sachkapitalerhöhung und Verschmelzung bei rascher Endentscheidung ohne Überleitung in die zweite Verfahrensstufe in der Regel bei den Antragstellern liegen, weil der gesetzliche Regelfall vorliegt.

32 Decher, AG 2025, 572, 583, Rn. 92.

Durch eine Einführung eines zweistufigen Spruchverfahrens und die flankierenden gesetzlichen Verbesserungen könnte dann die Notwendigkeit des Spruchverfahrens beim Delisting tatsächlich als Initialzündung für eine Standortförderung dienen.

Schließlich sollte zur Standortförderung eine lückenlose Transaktionssicherheit bei Grundlagen- und Strukturmaßnahmen durch Verweisung der Bewertungsrüge bei Unternehmensverträgen auf der Ebene der Obergesellschaft ins Spruchverfahren sowie die Behandlung von Negativtestaten des gerichtlich bestellten Prüfers im Spruchverfahren geregelt werden.

Inflationäre, zwingende externe Prüfungspflichten durch Wirtschaftsprüfer

Meinrad Dreher

I. Einleitung

Für unternehmensbezogene Feststellungen greifen Gesetz- und Verordnungsgeber sowie Aufsichtsbehörden ebenso schnell wie gerne auf ein bestimmtes Mittel zurück, nämlich die Verpflichtung zu einer externen Prüfung und die Übertragung dieser Aufgabe auf Wirtschaftsprüfer. In der Regel wird schon zwischen den beiden trennbaren Delegationen nicht mehr differenziert. Dabei vollziehen sich diese Entwicklungen vor dem Hintergrund sowohl der langjährig bekannten Erwartungslücke bei Prüfungen im wirtschaftlichen Bereich, d.h. der Kluft zwischen Prüfungsergebnissen und Prüfungserwartungen – jedenfalls der Öffentlichkeit –, als auch der zahlreichen, national, europäisch und international wiederkehrenden Prüfer- und Prüfungsskandale.

Im Folgenden geht es um einen Beitrag zu Ehren des Jubilars, der dem Verfasser nach dessen Weggang an die Universität Mainz im Jahr 1995 auf den Gießener Lehrstuhl gefolgt ist. Dort hat er sich im Zusammenhang mit den von ihm gepflegten Rechtsgebieten des Gesellschafts-, Bilanz-, Bank- und Kapitalmarktrechts auch mit Rechtsfragen des Prüferwesens befasst. Im Einzelnen ist vor dem Hintergrund der eingangs angeführten Entwicklungen – z.T. mit einem Schwerpunkt im Recht der Finanzdienstleistungsunternehmen – zunächst der Aufgabeninflation in Bezug auf zwingende Prüfungen durch externe Prüfer und insbesondere durch Wirtschaftsprüfer nachzugehen (unten II.). Sodann sind die damit oft zusammenhängende Aufgabenmonopolisierung bei und Aufgabenprivilegierung von Wirtschaftsprüfern zu erörtern (unten III.). Schließlich geht es noch um die Erfassung der Folgen, die mit den genannten Entwicklungen als Fehlentwicklungen verbunden sind (unten IV.).

II. Aufgabeninflation

Im Laufe der Zeit und gerade in den letzten Jahren sind Wirtschaftsprüfer ständig mit neuen zwingenden Prüfungen bei Unternehmen betraut worden. »Kerngeschäft«[1] der Wirtschaftsprüfer sind schon seit je die Abschlussprüfungen nach § 316 ff. HGB,[2]

1 So IDW (Hrsg.), WP Handbuch, 18. Aufl. 2023, Tz. A 13.
2 Oder nach anderen, speziellen Regelungen wie nach § 2 Abs. 4 Nr. 1 i.V.m. § 38 KMAG.

d.h. die Prüfung von Jahresabschluss bzw. Konzernabschluss und Lagebericht bzw. Konzernlagebericht. Hinzu kommen seit längerem in immer schnellerer Folge neue zwingende Prüfungspflichten. Exemplarisch, d.h. ohne Vollständigkeitsziel, sind bereichsspezifisch einige dieser Pflichten zu benennen: Im Gesellschaftsrecht gilt dies z.B. für die Sonderprüfung wegen unzulässiger Unterbewertung nach § 258 AktG, für die Prüfung des Abhängigkeitsberichts nach § 313 AktG und für die Vertragsprüfung bei Unternehmensverträgen nach § 293d Abs. 1 AktG i.V.m. § 319 Abs. 1 HGB, für die Eingliederungsprüfung nach § 320 Abs. 3 AktG und für die Prüfung von Barabfindungen bei Squeeze-out nach § 327c Abs. 2 S. 2 AktG, die nach Abs. 4 alle zwingend nur Wirtschaftsprüfer oder Wirtschaftsprüfergesellschaften – beide zusammen im Folgenden regelmäßig als Wirtschaftsprüfer bezeichnet – durchführen dürfen. Gleiches gilt in Bezug auf alle nach dem 21.6.2024 begonnene Geschäftsjahre für die Prüfung nach § 317 Abs. 3b HGB, ob eine Gesellschaft zur Offenlegung eines Ertragsteuerinformationsberichts verpflichtet ist und diese Verpflichtung erfüllt hat.

In dem zunehmend mehr verrechtlichten Bereich von Internet- und Digitalwirtschaft bestehen zwingende Pflichten einer Prüfung durch Wirtschaftsprüfer z.B. nach § 8f Abs. 9 Nr. 2 BSIG, hier sogar ausdrücklich auf Wirtschaftsprüfungsgesellschaften beschränkt, und für den Nachweis, dass ein Unternehmen kein Unternehmen im besonderen öffentlichen Interesse nach § 2 Abs. 14 S. 1 Nr. 2 BSIG ist.

Eng verbunden mit der Internet- und Digitalwirtschaft ist die Finanzdienstleistungswirtschaft. Hier hat zuletzt das FinmadiG, das am 27.12.2024 verkündet wurde,[3] für eine erhebliche Ausweitung prüfungspflichtiger Vorgänge gesorgt. So hat eine Person oder ein Unternehmen, die oder das Unterlagen vorlegen muss, nach § 25 Abs. 1 KMAG[4] »auf Verlangen« der BaFin »die einzureichenden Unterlagen (…) auf seine Kosten durch einen von der Bundesanstalt zu bestimmenden Wirtschaftsprüfer prüfen zu lassen.« Weiter hat der Abschlussprüfer nach § 40 KMAG zahlreiche »besondere Pflichten«. So muss er u.a. »die wirtschaftlichen Verhältnisse des Instituts«, die Erfüllung von Anzeigepflichten und die Einhaltung der Verpflichtungen nach dem Geldwäschegesetz und nach zwei EU-Verordnungen prüfen. Völlig unscheinbar kommt die Regelung in Art. 11 Nr. 2 FinmadiG daher, führt aber zu einer extremen und bürokratieaufbauenden Ausweitung der Prüfungspflichten bei Erst- und Rückversicherungsunternehmen. Art. 11 des Gesetzes ist nach Art. 23 Abs. 3 am 30.12.2024 in Kraft getreten. Und Art. 11 Nr. 2 weitet die Prüfungspflichten des Abschlussprüfers auf die Einhaltung der DORA aus.[5] Dies gilt für Art. 5 bis 14, 16 bis 19, 23 bis 25, 28 bis 30 und 45 Abs. 3 DORA sowie ausdrücklich »auch in Verbindung mit einer Delegierten Verordnung nach Art. 15, 16, 20, 28 oder Art. 30« der DORA. Diese Prüfungspflichten gelten nach Art. 11 Nr. 10 FinmadiG i.V.m. dem neu eingefügten § 360 VAG »für ein nach dem 31.12.2024 beginnendes Geschäftsjahr.« Parallel erfolgt eine ebensolche Ausweitung der Prüfungspflichten auf

3 BGBl. I Nr. 438 v. 27.12.2024.
4 Gesetz zur Aufsicht über Märkte für Kryptowerte (Kryptomärkteaufsichtsgesetz).
5 Verordnung (EU) 2022/2554 v. 14.12.2022 über die digitale operationale Resilienz im Finanzsektor und zur Änderung mehrerer EU-Verordnungen.

die DORA-Befolgung für Kreditinstitute durch Art. 3 Nr. 10 a) dd) FinmadiG aufgrund einer Anfügung von lit. m) zu § 29 Abs. 1 S. 2 Nr. 2 KWG, für Wertpapierinstitute durch Art. 5 Nr. 11 b) cc) FinmadiG aufgrund einer Anfügung von lit. h) zu § 78 Abs. 1 S. 3 WpIG und für externe Kapitalverwaltungsgesellschaften nach Art. 6 Nr. 6 c) FinmadiG aufgrund einer Anfügung von Nr. 9 zu § 38 Abs. 3 S. 2 KAGB. Mit allen diesen und weiteren Änderungen erstreckt das FinmadiG das Mandat der Abschlussprüfer auf die unternehmensbezogenen DORA-Pflichten. Gegenstand der Prüfungen sind aber nicht nur abschlussprüfungsbezogene Sachverhalte. Vielmehr geht es um die Umsetzung und Einhaltung aller DORA-Pflichten, d.h. aller Systeme, Prozesse und Anwendungen im Bereich der Informations- und Kommunikationstechnologie (IKT) in dem jeweils betroffenen Wirtschaftsbereich. Mit den eigentlichen, rechnungslegungsbezogenen Aufgaben von Wirtschaftsprüfern haben solche Pflichtprüfungen von z.B. Schadenbearbeitungstools und Kundenverwaltungssystemen von Versicherungsunternehmen durch Wirtschaftsprüfer nichts zu tun.

Die bereits zuvor angeführte und durch das FinmadiG besonders betroffene Finanzdienstleistungswirtschaft ist ohnehin seit langem von einer intensiven Ausweitung der Prüfungspflichten betroffen. Pars pro toto steht dafür die Versicherungswirtschaft. Zu der Jahresabschlussprüfung sind in den letzten Jahren folgende zwingende Pflichten zu einer Prüfung durch Wirtschaftsprüfer hinzugekommen: Mit Inkrafttreten des VAG von 2016 in Umsetzung des Solvency II-Systems[6] hatten die »Pflichten des Abschlussprüfers« nach § 35 Abs. 1 Nr. 1 bis 4 VAG die Prüfung mehrerer Anzeigepflichten und bestimmter Anforderungen nach zwei EU-Verordnungen umfasst. Hinzu kam nach Abs. 2 die Prüfung der Solvabilitätsübersicht, nach Abs. 3 i.V.m. § 317 Abs. 4 HGB die Prüfung des Risikofrüherkennungssystems nach § 91 Abs. 2 AktG und nach Abs. 5 auch die Prüfung der Pflichten nach §§ 53 bis 56 Geldwäschegesetz. Seither sind allein in § 35 VAG noch sechs zusätzliche, z.T. sehr weitgreifende Prüfungspflichten hinzugekommen – zuletzt die im vorhergehenden Absatz genannten Prüfungspflichten gem. § 35 Abs. 1 S. 1 Nr. 10 VAG betreffend die Einhaltung der DORA. Insgesamt umfassen allein die zwingenden Prüfungspflichten bei Versicherungsunternehmen nach dem VAG jenseits der klassischen Jahresabschlussprüfung 13 gesonderte Bereiche.[7] Hinzu tritt nach § 7 Abs. 5 SichLVFinV bei Lebensversicherungsunternehmen die zwingende Prüfung der sogenannten Protektor-Meldungen durch den Abschlussprüfer, d.h. die Notwendigkeit eines uneingeschränkten Vermerks des Abschlussprüfers zur Bestätigung der Ordnungsmäßigkeit der Ermittlung der dem Sicherungsfonds zur Verfügung gestellten Daten, die Grundlage der Beitragsermittlung sind. Ferner kann die BaFin seit dem 30.12.2023 nach § 35a VAG zusätzliche »Bestimmungen über den Inhalt der Prüfung treffen, die vom Prüfer im Rahmen der Jahresabschlussprüfung zu berücksichtigen sind«, und dabei »insbesondere Schwerpunkte für die Prüfungen festlegen.« Nach § 306 Abs. 1

6 Vgl. dazu ausf. Dreher in Dreher (Hrsg.), VAG, 14. Aufl. 2024, Einl. Rn. 5 ff., 49 ff., 69 ff.
7 Krit. dazu daher auch Baroch Castellvi in Brand (Hrsg.), VAG, 2. Aufl. 2024, § 35 Rn. 1 und Bürkle in Kaulbach/Bähr/Pohlmann (Hrsg.), VAG, 6. Aufl. 2019, § 35 Rn. 3.

S. 1 Nr. 3 VAG kann die BaFin schließlich an eigenen Prüfungen Abschlussprüfer »beteiligen«.

Ab dem 30.12.2027 werden im Übrigen die Regelungen des sogenannten Solvency II-Review gelten. Sie betreffen auch die zwingenden Prüfungspflichten der Solvabilitätsübersicht[8] nach dem bereits genannten § 35 Abs. 2 VAG. Art. 1 Nr. 26 Änderungsrichtlinie zu der Solvency II-Richtlinie[9] bestimmt in einem neuen Art. 51 Solvency II-Richtlinie, dass die bisher nur national vorgesehene Prüfungspflicht europaweit zwingend ist, dass sie sich auf die Solvabilitätsübersicht, die in dem Bericht über Solvabilität und Finanzlage (SFCR) der Versicherungsunternehmen zu veröffentlichen ist,[10] bezieht und dass dazu vom Abschlussprüfer »ein gesonderter Bericht (...) erstellt wird«. Die Mitgliedstaaten können sogar den Umfang der »Prüfungspflicht auf andere Elemente des Berichts über Solvabilität und Finanzlage ausweiten«, d.h. eine weitere zusätzliche Prüfungspflicht für Versicherungsunternehmen und sonstige erfasste Unternehmen[11] begründen.

Für die Aufgabeninflation in Bezug auf Pflichtprüfungen abschließend nur noch zu nennen ist die stark zunehmende, verpflichtende Nachhaltigkeitsprüfung. Dies gilt zunächst und vor allem für die Prüfung der Nachhaltigkeitsberichterstattung durch Wirtschaftsprüfer nach der CSRD. Art. 1 Nr. 13 lit. b) RL (EU) 2022/2464, d.h. die Corporate Sustainability Reporting Directive (CSRD), i.V.m. Art. 34 Abs. 4 RL (EU) 2013/34, d.h. der EU-Bilanzrichtlinie, lässt zwar für die Prüfung von Nachhaltigkeitsberichten noch andere Prüfer als Wirtschaftsprüfer zu, sofern sie gleichwertigen Anforderungen unterliegen. Gleichwohl begrenzt der Regierungsentwurf des CSRD-Umsetzungsgesetzes[12] die »Prüfung des Nachhaltigkeitsberichts« nach §§ 324b HGB-E mit § 324e HGB-E ausschließlich auf Wirtschaftsprüfer, zu denen auch der Abschlussprüfer des Jahresabschlusses gehört. Unabhängig davon, dass dieses Vorgehen, würde es tatsächlich Gesetz, auf die Grenzen der Grundrechtecharta und der Dienstleistungsfreiheit stoßen kann,[13] zeigt sich also auch hier die Monopolisierung von zwingenden Prüfungspflichten bei Wirtschaftsprüfern durch den Gesetzgeber. Der europarechtliche Hintergrund ändert sich infolge der geplanten Omnibus-Gesetzgebung der EU derzeit zwar in den Konturen, aber nicht in seiner

8 Bisher stellt das ein im Rahmen des VAG 2016 geschaffenes nationales Goldplating dar, vgl. Dreher in Dreher (Hrsg.), VAG, Einl. Rn. 104 mit Fn. 254 zur Ablehnung als »unüblich (...) überflüssig« durch den Bundesrat; so auch schon Dreher, Stellungnahme bei der Anhörung des Bundestag-Finanzausschusses am 03.12.2014 zum VAG-Entwurf.

9 RL (EU) 2025/2 v. 27.11.2024, ABl. EU L v. 08.01.2025.

10 Vgl. ausf. zu dem SFCR die Kommentierung von Glöckle in Dreher (Hrsg.), VAG, §§ 40 ff. VAG.

11 Versicherungsgruppen mit Versicherungsholdinggesellschaften und gemischte Finanzholdinggesellschaften, vgl. Art. 256c Solvency II-Richtlinie in der Neufassung.

12 BR-Drucks. 385/24 v. 16.08.2024, wegen vorzeitiger Auflösung des Bundestags der Diskontinuität verfallen.

13 Vgl. z.B. Stellungnahme des TÜV-Verband v. 18.04.2024 zu dem RefE CSRD-Umsetzungsgesetz und Noerr, Rechtliche Stellungnahme zur CSRD im Auftrag des TÜV-Verband v. 14.10.2024 (beides zuletzt aufgerufen am 10.04.2025).

materiellen normativen Ausformung.[14] Hinzu kommen im Bereich der Nachhaltigkeit sodann weitere, z.T. eher versteckt geregelte Prüfungspflichten. Ein Beispiel dafür ist die zwingende externe Prüfung nach Art. 10, 11 Abs. 4 bis 8 Green Bond-VO[15] betreffend die Voremissionsprüfung der Green Bond Factsheets bzw. die Nachemissionsprüfung der Allokationsberichte. Die Verordnung lässt für diese Prüfungen zwar »externe Prüfer« zu, die nicht notwendig Wirtschaftsprüfer sein müssen. Die hohen Standards für die Registrierung als externe Prüfer nach Art. 22 ff. EU-Green Bond-VO begrenzen diese aber rein faktisch im Wesentlichen auf etablierte Wirtschaftsprüfer.[16]

III. Aufgabenmonopolisierung und Aufgabenprivilegierung

Die erhebliche und im vorhergehenden Abschnitt nur beispielhaft angeführte Ausweitung der Pflichtprüfungen durch Wirtschaftsprüfer im Wirtschaftsrecht ist nicht nur als solche und im Hinblick auf ihre noch auszuführenden Folgen[17] bemerkenswert. Sie erstaunt auch deshalb, weil viele andere Prüfer und Prüfungsprüfungsgesellschaften – z.B. TÜV, DEKRA, zertifizierte Umweltgutachter, entsprechende Sachverständige und spezialisierte Unternehmen – jenseits der rechnungslegungsbezogenen Vorgänge ebenfalls oder sogar z.T. mit erwartbar größerer Eignung besser, wie in technischen Bereichen oder der Digitalwirtschaft, Prüfungsleistungen erbringen könnten. In manchen Bereichen sind für gesetzliche Pflichtprüfungen solche Prüfer zwar ebenfalls zugelassen. Dies gilt außer für die bereits erwähnten Prüfungen nach der Green Bond-VO[18] z.B. auch für die Gründungs-, Nachgründungs- und Sonderprüfungen gem. §§ 33 Abs. 4, 52 Abs. 4 und §§ 142, 143 Abs. 1 AktG und für den Nachweis geeigneter Vorkehrungen gegenüber Störungen bei kritischer Infrastruktur nach § 8a Abs. 3 S. 2 BSIG. Eine Öffnung in einzelnen Bereichen verringert das Grundproblem einer zunehmenden Aufgabenmonopolisierung bei Wirtschaftsprüfern für Pflichtprüfungen aller Art aber nicht. Sie zeigt vielmehr nur, dass eine gleichwohl in vielen Bereichen erfolgende, ausdrückliche Monopolisierung sachlich nicht geboten ist.

Zu der Privilegierung der Wirtschaftsprüfer im »Ob« von Prüfungen kommt weiter noch eine Privilegierung im »Wie« solcher Prüfungen hinzu. Dies zeigt beispielhaft

14 Vgl. die Vorschläge zu Omnibus-Richtlinien COM(2025) 80 final und COM(2025) 81 final sowie dazu z.B. Velte/Wulf/Weber/Fischer, DB 2025, 813 ff. und speziell zu der Prüfungspflicht vor dem Hintergrund der Omnibus-Richtlinien z.B. Sack, EuZW 2024, 1637.

15 Verordnung (EU) 2023/2631 v. 22.11.2023 über europäische grüne Anleihen, ABl. EU 2023 L v. 30.11.2023 mit späteren Änderungen und dazu z.B. Hennrichs, WPg 2025, 238 ff. sowie 294 ff.

16 Vgl. den am 14.02.2025 von ESMA veröffentlichten Abschlussbericht mit Entwürfen zu einer delegierten Verordnung und einer Durchführungsverordnung der Kommission zu den Anforderungen nach der Green Bond-VO.

17 Siehe unten IV.

18 Siehe oben II.

wieder das Recht der Finanzdienstleistungsunternehmen und dort ebenso beispielhaft der Einsatz von Wirtschaftsprüfern durch die BaFin bei Versicherungsunternehmen. Nach § 306 Abs. 1 S. 1 Nr. 3 VAG kann die BaFin an von ihr durchgeführten örtlichen Prüfungen nur »Personen beteiligen, die nach § 341k i.V.m. § 319 des Handelsgesetzbuchs zu Abschlussprüfern bestimmt werden können«. Sie kann zudem sogar »diese Personen mit der Durchführung von Prüfungen (...) beauftragen«. Das führt direkt zu zahlreichen Rechtsfragen in Bezug auf die Anforderungen an den Einsatz von Wirtschaftsprüfern und deren rechtliche Stellung sowie Haftung bei solchen Einsätzen; immerhin geht es dabei um grundrechtsrelevante Sachverhalte wie das Betreten und die Besichtigung von Geschäfts- oder sogar Wohnräumen nach § 306 Abs. 5 VAG.[19] Die Zuziehung von Wirtschaftsprüfern als Prüfer durch die BaFin hat seit dem Jahr 2019 vor allem im Zusammenhang mit den aufsichtsbehördlich bei Finanzdienstleistungsunternehmen veranlassten IT-Prüfungen eine große Bedeutung bekommen. Faktisch delegiert die BaFin solche Prüfungen weitgehend an große Wirtschaftsprüfungsgesellschaften. Daraus ergeben sich nicht nur Fragen der eigenen Steuerung solcher Prüfungen durch die BaFin und von Interessenkonflikten aufgrund des engen Oligopols bei den großen Wirtschaftsprüfern, sondern im vorliegenden Zusammenhang vor allem der monopolisierenden Heranziehung von Wirtschaftsprüfern für Prüfungen, die sachlich außerhalb von deren Kernkompetenz liegen und für die auch etliche andere Personen oder Institutionen als Prüfer in Betracht kommen.[20]

Eine weitere, ebenfalls sehr erhebliche und rechtlich unzulässige Privilegierung von Wirtschaftsprüfern[21] normiert für die Bestellung von Sonderbeauftragten bei Versicherungsunternehmen durch die BaFin § 307 Abs. 1 S. 5 VAG mit folgenden Worten: »Bei der Auswahl einer Wirtschaftsprüfungsgesellschaft als Sonderbeauftragter darf die Aufsichtsbehörde ohne Prüfung davon ausgehen, dass die Wirtschaftsprüfungsgesellschaft nur Personal einsetzt, das zuverlässig und zur ordnungsgemäßen Wahrnehmung der übertragenen Aufgaben geeignet ist.« Diese Privilegierung, die der Aufsichtserleichterung der BaFin durch Verzicht auf die erforderliche behördliche Fit & Proper-Prüfung dient, kanalisiert die Anordnung der Bestellung von Sonderbeauftragten durch die BaFin auf Wirtschaftsprüfer. Sie ist aber nicht nur wegen der europarechtlich zwingend gebotenen, individuellen behördlichen Fit & Proper-Prüfung unzulässig, sondern auch mit Blick auf andere Berufsträgergesellschaften grundrechtlich nicht haltbar. Besonders deutlich zeigt sich dies bei der Aufgabe von Sonderbeauftragten nach § 307 Abs. 1a Nr. 6 VAG, »Schadensersatzansprüche gegen Organmitglieder oder ehemalige Organmitglieder zu prüfen, wenn Anhaltspunkte für einen Schaden des Unternehmens durch eine Pflichtverletzung von Organmitgliedern vorliegen.« Denn für diese Aufgabe sind Rechtsanwaltsgesellschaften fachlich wesentlich geeigneter als Wirtschaftsprüfungsgesellschaften und unterliegen

19 Vgl. näher Dreher in Dreher (Hrsg.), VAG, § 306 Rn. 27 ff.
20 Vgl. zum Ganzen Dreher in Dreher (Hrsg.), VAG, § 306 Rn. 30.
21 Vgl. Dreher in Dreher (Hrsg.), VAG, § 307 VAG Rn. 54 ff.

ebenfalls in der Gesetzesbegründung zu § 307 Abs. 1 S. 5 VAG genannten standesrechtlichen Vorgaben zur Unabhängigkeit, ohne dass für sie aber die Fit & Proper-Privilegierung gilt.

Schließlich ist auch die gesetzgeberische Annahme, dass Wirtschaftsprüfungsgesellschaften nur zuverlässiges und geeignetes Personal einsetzen, offensichtlich verfehlt und die Regelung deshalb wegen evidenter Überschreitung des gesetzlichen Gestaltungs- und Einschätzungsspielraum unverhältnismäßig.[22] Die Verfehltheit dieser Annahme zeigen nämlich ohne weiteres die jüngste Wirtschaftsgeschichte mit zahlreichen Skandalen bei Unternehmen mit abschlussgeprüften Bilanzen und die ebenso zahlreichen Beanstandungen der BaFin-Bilanzkontrolle nach §§ 106 ff. WpHG bzw. der APAS oder der Berufsaufsicht nach der EU-Abschlussprüfer-VO und der WPO.

IV. Folgerungen: Fehlentwicklungen

1. Unternehmensbezogene Fehlentwicklungen: Kosten, Bürokratie und Misstrauen gegen Unternehmen sowie Geschäftsleiter

Die inflationäre Neubegründung von Unternehmenspflichten, bestimmte Sachverhalte durch Wirtschaftsprüfer prüfen zu lassen, führt gleichzeitig – bezogen auf die betroffenen Unternehmen – zu bislang nicht offen thematisierten Fehlentwicklungen: Zunächst geht es dabei um die Kosten solcher Prüfungen: Sie sind hoch und liegen, abhängig von dem zu prüfenden Sachverhalt, oft auch schon bei kleinen und mittleren Unternehmen[23] im sechsstelligen, jedenfalls aber im fünfstelligen Bereich; und dies für jede einzelne Prüfungspflicht und noch dazu regelmäßig jährlich wiederkehrend. Die Kosten beeinträchtigen zudem den Wettbewerb gerade für kleine und mittlere Unternehmen, weil sie im Verhältnis zu ihrer wettbewerblichen Stellung regelmäßig disproportional sind. Und für prüfungspflichtige Newcomer bedeuten sie zudem unnötig hohe Marktzutrittsschranken. In vielen Bereichen – z.B. bei Finanzdienstleistungsunternehmen – führen hohe Kosten durch externe Prüfungspflichten üblicherweise zu höheren Produkt- oder Dienstleistungspreisen für die Konsumenten. Am Ende zahlen also die Unternehmenskunden die Kosten für zwingende externe Prüfungen allein oder zumindest zum Teil.

Zu den unmittelbaren Kosten für die externen Prüfungen kommt noch der Aufbau erheblicher unternehmensinterner Bürokratie aufgrund der Prüfungspflichten hinzu. Dadurch entstehen erhebliche weitere interne Kosten. Denn die Unternehmen müssen jeweils zunächst geeignete Kriterien für die Auswahl von Prüfern ermitteln, diese immer aktuell halten, sodann in den Fachabteilungen entsprechende Vorbereitungen

22 So schon Dreher in Dreher (Hrsg.), VAG, § 307 Rn. 58.

23 Vgl. zu der besonderen Betroffenheit durch prüfungspflichtige Nachhaltigkeitsanforderungen an KMU auch nach der geplanten EU-Omnibus-Richtlinie – dazu oben III. – Allgeier/Hennrichs/Hommelhoff, NZG 2025, 387 ff.

für die Prüferbestellung treffen, auf deren Grundlage sich schließlich die zuständigen Unternehmensorgane mit der Auswahl befassen. Dem nachgelagert sind noch die Preis- und Bedingungsverhandlungen mit den ausgewählten Wirtschaftsprüfern, die Kommunikation über und die Offenlegung aller prüfungspflichtigen Einzelsachverhalte, einschlägige Tätigkeiten von Unternehmensmitarbeitern während der Prüfungsdurchführung durch die Wirtschaftsprüfer sowie die spätere Evaluation und Befassung der genannten Stellen im Unternehmen mit den Berichten der Wirtschaftsprüfer.

In den immer zahlreicheren Prüfungspflichten für Unternehmen kommt schließlich, aber mit mindestens gleichem Gewicht, auch Misstrauen gegenüber den Unternehmen selbst sowie ihren Geschäftsleitern zum Ausdruck. Denn jede Prüfungspflicht bezieht sich auf die Einhaltung gesetzlicher Vorgaben. Diese Vorgaben müssen Unternehmen und ihre Geschäftsleiter aber ohnehin einhalten. Grundlage dafür ist die gesellschaftsrechtliche Legalitätspflicht.[24] Ihr folgt nachgeordnet noch die Legalitätskontrollpflicht, die zu der Etablierung von – in manchen Wirtschaftsbereichen sogar im Einzelnen gesetzlich ausgeformten – Compliance-Managementsystemen führt.[25] Verletzen Geschäftsleiter schuldhaft die Legalitätspflicht, haften sie persönlich. Für viele Sachverhalte erscheinen die unternehmens- und gesellschaftsrechtlichen Kautelen daher auch ohne zwingende externe Prüfung ausreichend, um im Regelfall von einer Richtigkeitsgewähr des Unternehmenshandelns auszugehen. Dies gilt z.B. für offenlegungspflichtige Informationen oder IKT-Anforderungen nach im Einzelnen vorgegebenen rechtlichen Kriterien. Anders verhält es sich dagegen z.B. für unmittelbar kapitalmarktrelevante Sachverhalte, in denen der Schutz des besonderen Anlegervertrauens im Raum steht und eine zwingende Prüfung rechtfertigen kann. Aber auch dabei ist nicht zu verkennen, dass die unterstellte größere Richtigkeitsgewähr einer externen Prüfung durch zahlreiche Wirtschaftsprüferskandale und rechnungslegungsbezogene Fehlerfeststellungen der zuständigen Institutionen in den letzten Jahren erheblich gelitten hat.[26]

Nicht zuletzt sind Prüfungen – auch im Zusammenhang mit dem Jahresabschluss – dann entbehrlich, wenn sie ausschließlich formeller Natur sind. Dies gilt für die nicht finanzielle Erklärung als Erweiterung des Lageberichts nach der CSR-RL[27] bzw. dem CSR-Richtlinie-Umsetzungsgesetz gem. § 317 Abs. 2 S. 4 HGB i.V.m. §§ 267, 289b bis 289e, 315b, 315c HGB i.V.m. §§ 340a Abs. 1a, 341a Abs. 1a HGB. Während der Aufsichtsrat einer Gesellschaft dazu eine materielle Prüfungspflicht hat, muss der Abschlussprüfer nur das Vorliegen der Erklärung, nicht aber ihren Inhalt prüfen.

24 Vgl. z.B. für die Versicherungswirtschaft außer der allgemeinen, gesellschaftsrechtlichen Legalitätspflicht zusätzlich § 23 Abs. 1 S. 2 VAG und dazu Dreher in Dreher (Hrsg.), VAG, § 23 VAG Rn. 33 f.

25 Vgl. wiederum am Beispiel der Versicherungswirtschaft § 29 Abs. 1 S. 2, Abs. 2 VAG und dazu Dreher in Dreher (Hrsg.), VAG, § 29 VAG Rn. 60 ff.

26 Vgl. oben III.

27 RL 2014/95/EU, ABl. EU 2014, L 322, S. 15 ff., Richtlinie zur nicht finanziellen Berichterstattung, auch als NFRD für Non-Financial Reporting Directive bezeichnet.

Gleiches gilt nach § 317 Abs. 2 S. 6 HGB dafür, »ob die Angaben« nach § 289f Abs. 2 und 5 sowie § 315d HGB »gemacht wurden« und nach § 317 Abs. 3b HGB, ob die Verpflichtung zur Offenlegung eines Ertragsteuerinformationsberichts erfüllt ist. Und schließlich fordert auch § 162 Abs. 3 S. 2 AktG ausdrücklich eine nur formelle Prüfung.[28] Zu prüfen ist nämlich lediglich, ob die in Abs. 1 und 2 im Vergütungsbericht geforderten Angaben gemacht wurden. Den zahlreichen Forderungen an den deutschen Gesetzgeber aus Kreisen der Wirtschaftsprüfer,[29] über die formelle Prüfungspflicht hinauszugehen und eine materielle Prüfungspflicht zu begründen, ist der Gesetzgeber zu Recht nicht gefolgt. Schon die rein formelle Prüfung ist, auch wenn sie nach Art. 9b Abs. 5 UAbs. 1 S. 2 Aktionärsrechte-RL[30] gefordert ist, überflüssige Bürokratie, Aufwands- und Kostenverursachung.

2. *Aufsichtsbehördenbezogene Fehlentwicklungen: Kompetenzverlust, Aufsichtserleichterung und Überwachungsoutsourcing*

In Bereichen, in denen Unternehmen einer spezifischen behördlichen Aufsicht unterliegen, wie in der netzgebundenen Industrie oder der Finanzdienstleistungsindustrie, führt die inflationäre Neubegründung von zwingenden Prüfungspflichten durch Wirtschaftsprüfer aufsichtsbezogen ebenfalls zu erheblichen Fehlentwicklungen. Dazu gehört zunächst der aufsichtsbehördliche Kompetenzverlust bzw. Verzicht des Aufbaus von internen Kompetenzen durch Delegation zahlreicher Prüfungen auf Wirtschaftsprüfer. Dies gilt schon für manche Prüfpflichten, die mit der Rechnungslegung in Verbindung stehen wie die Prüfpflicht der Solvabilitätsübersicht.[31] Es gilt aber insbesondere für alle Prüfungspflichten jenseits der Kernaufgaben und der Kernkompetenzen von Abschlussprüfern.[32] Ein Beispiel dafür bilden IT-Prüfungen zuerst nach den aufsichtsbehördlichen Verlautbarungen der VAIT, BAIT und ZAIT und jetzt nach der DORA,[33] die die BaFin weitgehend Wirtschaftsprüfern überträgt.[34] Ein anderes Beispiel sind die Nachhaltigkeitsprüfungen, für die selbst in den Fällen, in denen es – wie nach der SFDR bzw. Offenlegung-VO –[35] um spezielle aufsichtsrechtliche Pflichten geht. In solchen Bereichen führt die alleinige oder weitgehende Übertragung von Prüfungsaufgaben auf Wirtschaftsprüfer dazu, dass die Aufsichtsbehörden selbst

28 Vgl. außer dem Wortlaut auch die Gesetzesbegründung BT-Drucks. 19/9739, 113.
29 Vgl. die umfangreichen Nachweise bei Bayer/Scholz, in: BeckOGK/AktG, 01.02.2024, § 162 AktG Rn. 166.
30 RL 2007/36/EG, ABl. 2017, L 184,17 ff. mit späteren Änderungen.
31 Vgl. oben III.
32 Vgl. dazu schon oben III.
33 Vgl. oben II. und am Beispiel der Versicherungswirtschaft zum Ganzen Dreher/Gerigk, IT- und Cloud-Dienste – Versicherungsaufsicht bei Ausgliederung, 2020; Priller, DORA in Versicherungsunternehmen, 2. Aufl. 2024.
34 Vgl. oben III.
35 Sustainable Finance Disclosure Regulation, ABl. EU 2019 L 317, 1 ff. mit späteren Änderungen.

die entsprechende Kompetenz nicht im eigenen Haus aufbauen bzw. sie, sofern Prüfungspflichten in bisher allein von Aufsichtsbehörden zu beurteilenden Sachverhalten neu begründet werden, sie in dem entsprechenden Umfang verlieren.

Die umfangreiche Verlagerung von Prüfungsaufgaben auf Wirtschaftsprüfer ist schließlich vollends unverständlich, wenn es lediglich darum geht, für Aufsichtsbehörden eine Aufsichtserleichterung zu schaffen. Dies gilt etwa für die bereits angeführte Fit & Proper-Privilegierung bei der Beauftragung ausschließlich von Wirtschaftsprüfern für Prüfungen durch die BaFin.[36] Und es gilt ebenso dafür, dass von Unternehmen bei der BaFin einzureichende Unterlagen auf deren Verlangen, aber auf Kosten des Unternehmens zwingend durch einen von der BaFin bestimmten Wirtschaftsprüfer zu prüfen sind, wie es § 25 Abs. 1 KMAG vorsieht.[37] Es gehört zu den Aufgaben einer Verwaltungsbehörde, die vorgelegten Unterlagen selbst zu beurteilen und gegebenenfalls als unzureichend zurückzuweisen oder entsprechende Rechtsfolgen daraus abzuleiten. Weiter bilden auch die zahlreichen, lediglich formellen Prüfungspflichten – z.B. im Bereich der Nachhaltigkeitsprüfungen –,[38] die sich auf die Abgabe oder das Vorliegen bestimmter Unterlagen durch oder bei Unternehmen beziehen, im Falle einer behördlichen Unternehmensaufsicht bloße Aufsichtserleichterungen. Zusätzlich und wenn keine solche Aufsicht besteht, handelt es sich bei dieser zwingenden Prüfungspflicht ohnehin um eine überflüssige, bürokratische und kostenverursachende Rechtspflicht, in der auch noch ein generelles Misstrauen gegenüber Unternehmen und ihren Geschäftsleitern zum Ausdruck kommt.[39]

Schließlich bedeutet die Tatsache, dass Aufsichtsbehörden wie die BaFin zahlreiche zwingende Prüfungspflichten auf Wirtschaftsprüfer delegieren, zugleich ein übermäßiges Überwachungsoutsourcing.[40] Statt selbst Personal und Know-how aufzubauen, werden viele Überwachungsaufgaben meist unter Verweis auf fehlendes eigenes Personal auf Wirtschaftsprüfer delegiert. Auch dafür dienen die örtlichen »IT-Prüfungen der BaFin« und deren sehr begrenzte Rolle nach der Beauftragung eines Wirtschaftsprüfers als Beispiel.[41] Im Ergebnis erfolgt der Kompetenzaufbau bei neuen Prüfungsgebieten daher zumindest teilweise statt bei der Behörde bei den Wirtschaftsprüfern.

3. Prüferbezogene Fehlentwicklungen: Oligopolverstärkung, Marktverzerrungen und Lobbyismuserfolge

Ein dritter Bereich, in dem aufgrund der zunehmenden, zwingenden Prüfungspflichten bei Unternehmen deutliche Fehlentwicklungen zu konstatieren sind, bezieht sich auf die Prüfer selbst. Dabei geht es zunächst um die Verstärkung des Oligopols der

36 Siehe oben III.
37 Siehe oben II.
38 Siehe oben IV. 1.
39 Vgl. oben IV. 1.
40 So auch schon zu der Delegation von Prüfungspflichten nach dem damaligen Einlagensicherungsgesetz Dreher in Festschrift für Peltzer, 2001, S. 69, 72 ff.; vgl. heute § 36 EinSiG.
41 Siehe oben III.

sogenannten Big Four im Wirtschaftsprüfermarkt. Kleine und mittlere Wirtschaftsprüfer können die vielen Prüfungsfelder jenseits der rechnungslegungsbezogenen Prüfungen nicht auch noch alle abdecken. Dies gilt z.B. für die ITK- und Nachhaltigkeitsprüfungen. Da die Unternehmen – z.T. aus verständlichen Gründen – dazu neigen, mit neuen Prüfungsaufgaben die ohnehin bei ihnen tätigen Wirtschaftsprüfer zu beauftragen, trägt die geschilderte Entwicklung auch zu der Absicherung des Oligopols, d.h. zur Aufrechterhaltung eines stark konzentrierten Wirtschaftsprüfermarkts bei. Anderen, insbesondere mittelgroßen Wirtschaftsprüfern wird also der »Weg nach oben«, d.h. in den Bereichen, in denen es um die Prüfung großer und größter Unternehmen geht, durch weitere, prüferbezogene Marktzutrittsschranken beschränkt.

Sodann gehen mit den vermehrten zwingenden Prüfungspflichten und deren oft erfolgender Monopolisierung bei Wirtschaftsprüfern auch andere Marktverzerrungen einher. Zuvor bereits genannte sonstige Prüfer wie technische Prüfungsgesellschaften, zertifizierte Sachverständige und Gutachter sowie spezialisierte Fachprüfer[42] kommen entweder überhaupt nicht oder nur bei Überwindung hoher Marktzutrittsschranken aufgrund schwer zu bewältigender Gleichwertigkeitsregelungen als Prüfer in Betracht. Wirtschaftsprüfer sind jenseits ihrer Kernkompetenzen in der Abschlussprüfung aber z.B. für ITK- oder Nachhaltigkeitsprüfungen nicht von vornherein besser geeignet als z.B. spezialisierte IT-Prüfer oder entsprechende sonstige spezialisierte Prüfer mit einem Fokus auf Nachhaltigkeit. Gleichwohl sind die Wirtschaftsprüfer im Verhältnis zu anderen Prüfern sogar gesetzlich z.B. durch Erlass der behördlichen Fit & Proper-Prüfung bei Beauftragung durch die BaFin für die umfangreichen Prüfungen bei Finanzdienstleistungsunternehmen privilegiert, was mit Europa- und Verfassungsrecht kollidiert.[43] Eine solche Privilegierung von Wirtschaftsprüfern im Verhältnis zu sonstigen Prüfern und die Absicherung des Oligopols der Big Four-Wirtschaftsprüfungsgesellschaften wirkt auch im Verhältnis zu anderen Prüfern, wenn sie als Prüfer überhaupt grundsätzlich zugelassen sind, marktverzerrend.

Ferner ergeben sich Marktverzerrungen daraus, dass die Maßstäbe für Prüfungen z.T. intransparent, allein auf Wirtschaftsprüfer bezogen und für Dritte z.T. nur kostenpflichtig oder überhaupt nicht zugänglich sind. Diese Intransparenz zeigt sich z.B. darin, dass die Kriterien für die Prüfung und Berichterstattung nach der Offenlegungsverordnung, d.h. die Nachhaltigkeitsberichterstattung, zunächst nur auf – wohl nicht öffentlichen – Schreiben der BaFin an das IDW sowie zwei Praxishinweisen des IDW beruhten.[44] Fachliche IDW-Verlautbarungen sind ausschließlich für Mitglieder oder im Fortsetzungsbezug gegen Entgelt zugänglich. Eine öffentliche Debatte und selbst bei Zulassung anderer Prüfer als Wirtschaftsprüfer in einem

42 Siehe oben III.

43 Siehe oben III.

44 Vgl. Kölschbach/Hammers/Engeländer in Dreher (Hrsg.), VAG, § 39 VAG Rn. 60a; vgl. pars pro toto dazu außerdem die entsprechenden, nicht öffentlichen IDW-Verlautbarungen, z.B. IDW RS/VFA 100 mit einer ersten Modulverlautbarung für die Nachhaltigkeitsberichterstattung von Versicherungsunternehmen ESRS E1-M1.1 v. 04.12.2024.

Prüfungsgebiet eine Beteiligung entsprechender Kreise findet dazu nicht statt. Am Ende münden die IDW-Veröffentlichungen aber regelmäßig in Prüfungsstandards, die zwar das tatsächliche Prüfungsgeschehen entscheidend prägen, aber einseitig von Wirtschaftsprüfern erstellt und auf diese ausgerichtet sind.

Im Ergebnis werden Wirtschaftsprüfer aufgrund neuer, hoheitlich veranlasster und von den prüfungspflichtigen Unternehmen finanzierter Prüfungen zu Wettbewerbern solcher anderer Prüfer. Dadurch können sie in ihren faktisch oder sogar rechtlich privilegierten Positionen fachliche Kompetenzen aufbauen und Personal gewinnen, wie es ihnen bei einem vollständig freien Prüfermarkt wohl kaum möglich wäre.

Die Monopolisierung von zwingenden Prüfungen bei Wirtschaftsprüfern und die Privilegierung von Wirtschaftsprüfern im Zusammenhang mit solchen Entwicklungen hat Ursachen. Dies lässt sich exemplarisch und in der Literatur bereits vielfach kritisch referiert[45] am Beispiel der Nachhaltigkeitsprüfungen zeigen. Der maßgebliche Akteur ist dort die European Financial Reporting Advisory Group (EFRAG). Dabei handelt es sich um einen Verein nach belgischem Recht zur Unterstützung der EU-Kommission, ursprünglich allein im Bereich der Rechnungslegung. Art. 1 Nr. 17 lit. b) RL (EU) 2022/2464[46] hat Art. 49 Abs. 3b in die EU-Bilanzrichtlinie 2013/34/EU[47] eingefügt. Danach »berücksichtigt die Kommission die fachliche Stellungnahme der EFRAG« unter Einhaltung bestimmter Voraussetzungen bei dem Erlass delegierter Rechtsakte zu Standards für die Nachhaltigkeitsberichterstattung und Standards für die Nachhaltigkeitsberichterstattung für kleine und mittlere Unternehmen. Tatsächlich übernimmt die Kommission[48] die Stellungnahmen der EFRAG regelmäßig ohne größere Änderungen.[49] Während Art. 49 Abs. 3b lit. a) EU-Bilanzrichtlinie für die EFRAG-Vorlagen z.B. Transparenz, Fachwissen aller einschlägigen Interessenträger und Unabhängigkeit fordert, wird diese von den großen Wirtschaftsprüfern dominiert und sind die prüfungspflichtigen Unternehmen sowie insbesondere kleine und mittlere Unternehmen darin nicht ausreichend vertreten.

Außer bei der Nachhaltigkeitsberichterstattung zeigt sich das Phänomen einer Regelungstendenz, die Wirtschaftsprüfer begünstigt, auch in anderen Rechtsbereichen. Dies gilt zunächst für das Finanzdienstleistungsrecht. So wird durch den Solvency II-Review die ursprünglich in Deutschland als Goldplating im Verhältnis zu der EU-Richtlinie normierte zusätzliche Prüfung der Solvabilitätsübersicht von Versicherungsunternehmen durch Wirtschaftsprüfer künftig in allen Mitgliedstaaten

45 Vgl. z.B. Bremer, EuZW 2022, 489 f.; Schneider/Fabisch, Der Konzern 2021, 419 ff. und zuletzt Allgeier/Hennrichs/Hommelhoff, NZG 2025, 387, 389.

46 ABl. EU 2022 L 322, 15.

47 ABl. EU 2013 L 182,19 ff .

48 Das EP und der Rat haben zwar die Befugnis, innerhalb einer Frist von zwei bis drei Monaten Einwände zu erheben oder einen Widerruf vorzunehmen. Davon hat der Rat z.B. in den Jahren 2023/2024 kein einziges Mal und das EP nur fünfmal bei insgesamt 552 delegierten Verordnungen Gebrauch gemacht, vgl. Dreher, WRP 2025, 1111, 1112 und Dreher, VersR 2025, 713.

49 Vgl. z.B. Erwägungsgrund 3 Delegierte Verordnung (EU) 2023/2772 ABl. EU L v. 22.12.2023 mit den europäischen Standards für die Nachhaltigkeitsberichterstattung (ESRS) im Anhang I.

verbindlich.[50] Schon im deutschen Gesetzgebungsverfahren zum VAG von 2016 war sie aber sogar vom Bundesrat als unüblich und überflüssig bezeichnet worden.[51] Über die »europäische Schiene« und entsprechende Bemühungen der Wirtschaftsprüfer wird diese überflüssige und kostenintensive Prüfung jetzt sogar europaweit zwingend. Allein sinnvoll war und wäre es, dass die jeweilige Aufsichtsbehörde die Solvenzübersichten, die für die Versicherungsaufsicht erhebliche Bedeutung haben, selbst und in eigener Kompetenz beurteilt. Ein letztes und gleichzeitig deutliches sowie vielfach dokumentiertes Beispiel für intensiven Lobbyismus von Wirtschaftsprüfern und Wirtschaftsprüfer-Berufsorganisationen zur Etablierung oder Ausdehnung von zwingenden Prüfungspflichten bildet der Versuch, den Gesetzgeber im Rahmen von § 162 Abs. 3 S. 2 AktG zu einem nationalen Goldplating in Form einer materiellen Prüfungspflicht des Vergütungsberichts anstelle der europarechtlich lediglich geforderten formellen Prüfungspflicht zu veranlassen.[52]

V. Zusammenfassung

1. Der europäische und der deutsche Gesetzgeber normieren immer häufiger für Unternehmen zwingende externe Prüfungspflichten.
2. Mit diesen inflationären, zwingenden externen Prüfungspflichten geht meistens ein Monopol der Wirtschaftsprüfer einher; jenseits dessen sind Wirtschaftsprüfer gegenüber anderen Prüfern teilweise ausdrücklich privilegiert.
3. In dieser Aufgabeninflation und -monopolisierung oder -privilegierung bei Wirtschaftsprüfern liegen erhebliche Fehlentwicklungen.
   a) Unternehmensbezogen geht es um Bürokratieaufbau, Kostenverursachung und Misstrauen gegen die Einhaltung der Legalitätspflicht durch die Unternehmen sowie ihre Geschäftsleiter.
   b) Aufsichtsbehördenbezogen begründen die zunehmenden externen Prüfungspflichten von Unternehmen Kompetenzverluste bei Aufsichtsbehörden, unzulässige Aufsichtserleichterungen und zu weitgehendes Überwachungsoutsourcing.
   c) Prüferbezogen bestehen Fehlentwicklungen in Form einer Verstärkung des Oligopols der großen Wirtschaftsprüfungsgesellschaften, von erheblichen Marktverzerrungen im Prüfermarkt und offensichtlichen Ungleichgewichten bei der Repräsentanz von Interessengruppen im Regelungsgefüge zugunsten von Wirtschaftsprüfern.

50 Siehe oben II.
51 Siehe oben II.
52 Vgl. oben IV. 1.

Selbstbezichtigungspflicht der Organmitglieder zwischen Dworkin und Hart

Elena Dubovitskaya

I. Einleitung

Die Frage, ob und inwieweit Mitglieder von Gesellschaftsorganen verpflichtet sind, eigenes Fehlverhalten gegenüber der Gesellschaft offenzulegen, gehört nach Holger Fleischer zu den »hard cases« im Dworkin'schen Sinne, weil die Antwort auf diese Frage weder durch das Gesetz noch durch höchstrichterliche Präjudizen klar vorgegeben sei.[1] Gesetzlich ist die Frage tatsächlich nicht geregelt; ob sie höchstrichterlich geklärt ist, wird unterschiedlich beurteilt.[2]

Fest steht jedenfalls, dass der BGH keine generelle, eigenständige Pflicht zur Offenlegung eigenen Fehlverhaltens anerkennt.[3] Verschweigt das Organmitglied eine eigene Pflichtverletzung und lässt die resultierenden Ansprüche verjähren, führt dies nicht dazu, dass daraus neue Organhaftungsansprüche entstehen, die eigenständig verjähren würden.[4] Auch verwandte Konstruktionen wie die Zurechnung des Schweigens zur originären Pflichtverletzung lehnt der BGH ab.[5] Andererseits soll aber ein Geschäftsleiter verpflichtet sein, im Rahmen von Abfindungsverhandlungen auf vergangene Pflichtverletzungen hinzuweisen, sonst kann die Gesellschaft die abgeschlossene Abfindungsvereinbarung wegen arglistiger Täuschung anfechten.[6] Zudem kann die Pflicht oder der faktische Zwang zur Offenlegung eigenen Fehlverhaltens die Folge besonderer Berichts- und Handlungspflichten sein, etwa der Verfolgungspflicht des Aufsichtsrats nach ARAG/Garmenbeck-Grundsätzen; das betroffene Organmitglied wird also von diesen organschaftlichen Pflichten nicht dadurch befreit, dass ihm das Risiko der Verfolgung droht.[7]

Die Diskussion über die Pflicht zur Offenlegung eigener Fehler berührt nicht nur Fragen des Gesellschafts- und Haftungsrechts, sondern auch zentrale

1 Fleischer in MünchKomm-GmbHG, 4. Aufl. 2023, § 43 Rn. 217; Fleischer, ZIP 2018, 2341, 2350.
2 Zweifelnd Fleischer, ZIP 2018, 2341, 2346 ff.; a.A. Strothmann, GmbHR 2023, 896 Rn. 7 f.
3 Anders die Rechtsprechung in England, s. Fassihi & Ors v Item Software (UK) Ltd [2004] B.C.C. 994; dazu Schmolke, RIW 2008, 365 ff.
4 BGH, 18.09.2018, II ZR 152/17, NZG 2018, 1301, 1304 Rn. 35; BGH, 29.09.2008, II ZR 234/07, NJW 2009, 68, 70.
5 BGH, 21.02.2005, II ZR 112/03, DStR 2005, 659.
6 BGH, 20.06.2005, II ZR 232/04, NZG 2005, 809, 811.
7 BGH, 18.09.2018, II ZR 152/17, NZG 2018, 1301, 1304 Rn. 37 ff.

Rechtskategorien wie Autonomie, Verantwortlichkeit und die Grenzen legitimer Normadressierung. Vor diesem Hintergrund verdient der eingangs aufgegriffene Hinweis auf Ronald Dworkin besondere Beachtung: Wie würde ein Richter, der seiner Theorie folgt, eine solche Pflicht bewerten? Im Anschluss daran ist es naheliegend, die Perspektive zu wechseln und die Problematik aus der Sicht des Rechtspositivismus zu betrachten, zu dessen bekanntesten Vertretern H.L.A. Hart zählt. Die dabei gewonnenen Erkenntnisse lassen sich für den gesellschaftsrechtlichen Diskurs fruchtbar machen, sei es im Hinblick auf die eigenständige (originäre) Offenbarungspflicht oder auf deren Anwendung in besonderen Konstellationen wie Abfindungsverhandlungen oder Verfolgungspflicht des Aufsichtsrats. Der vorliegende Beitrag, Jens Ekkenga in kollegialer Verbundenheit zugeeignet, geht diesen Fragen an der Schnittstelle zwischen Gesellschaftsrecht und Rechtsphilosophie nach.

II. Originäre Selbstbezichtigungspflicht

1. Beurteilung nach Dworkin

In seinem Aufsatz »Hard Cases«[8] streitet Dworkin mit H.L.A. Hart über die richterliche Entscheidungsfindung. Es geht um Harts These, dass Richter in den Fällen, die von Rechtsregeln nicht erfasst sind, einen Ermessensspielraum haben und faktisch neues Recht schaffen (»perform a rule-producing function«).[9] Dworkin entgegnet, Richter seien keine stellvertretenden Gesetzgeber (deputy legislators);[10] sie sollen sich in schwierigen Fällen nicht von politischen Erwägungen (arguments of policy), sondern von Prinzipien (arguments of principle) leiten lassen,[11] die sie aus dem Rechtssystem als Ganzem entwickeln.[12] Im Ergebnis sollen Richter das Recht konstruktiv interpretieren, nicht schaffen. Dabei umfasst das Recht als interpretierbares normatives Ganzes auch die Moralvorstellungen einer Gemeinschaft.[13]

Vor diesem Hintergrund würde Dworkin eine Offenbarungspflicht nicht als gesetzgeberische Lücke oder bloße Policy-Frage behandeln, sondern als notwendige Konkretisierung bereits bestehender normativer Prinzipien. Eine Pflicht zur Offenlegung wäre aus dieser Perspektive kein Akt rechtlicher Neuerfindung, sondern Bestandteil der besten moralischen Interpretation des geltenden Rechts, der Ausdruck einer kohärenten Prinzipienordnung.

8 Dworkin, 88 Harv. L. Rev. 1057 (1975).
9 Hart, The Concept of Law, 1961, S. 132.
10 Dworkin, 88 Harv. L. Rev. 1057, 1058 (1975).
11 Dworkin, 88 Harv. L. Rev. 1057, 1060 (1975).
12 Dworkin, 88 Harv. L. Rev. 1057, 1093–1094 (1975), der das Rechtssystem (Common Law mit seinen zahlreichen Präzedenzentscheidungen) insofern als »the seamless web« bezeichnet.
13 Vgl. Dworkin, 88 Harv. L. Rev. 1057, 1072 (1975).

So klar das methodische Konzept auch sein mag, führt seine Anwendung auf die konkrete Frage der Offenbarungspflicht nicht zu einem eindeutigen Ergebnis. Dworkins hypothetischer Idealrichter »Hercules« würde sich zunächst wahrscheinlich der Verfassung zuwenden und prüfen, ob die dort verankerten Prinzipien eine bestimmte Antwort nahelegen. Er wird dort Prinzipien vorfinden, die gegen die Offenlegung streiten. Dazu gehören das allgemeine Persönlichkeitsrecht der Organmitglieder (Art. 2 Abs. 1 i.V.m. Art. 1 Abs. 1 GG), der Schutz des Privatlebens (Art. 7 GRCh, Art. 8 EMRK), das Recht auf Datenschutz (Art. 8 GRCh, Art. 16 AEUV) sowie die Berufsfreiheit (Art. 12 GG, Art. 15 GRCh). Hinzu tritt der strafrechtliche Nemo-tenetur-Grundsatz (Art. 6 (1) EMRK, Art. 48 GRCh), dessen Schutzgedanken auch im Zivilrecht nicht vollständig außer Betracht bleiben dürfen, selbst wenn er in das Zivilrecht nicht pauschal übertragbar ist.[14] Demgegenüber steht das verfassungsrechtlich ebenfalls geschützte Interesse der Gesellschaft an funktionaler Selbstkontrolle: bessere Governance, effektive Haftungsdurchsetzung und Prävention von Schäden (Art. 14 GG, Art. 16, 17 GRCh).

Die Abwägung zwischen den kollidierenden Grundrechten gestaltet sich komplex. Orientierung könnte hier das Gesellschaftsrecht mit seinem dichten Geflecht normativer Prinzipien bieten, insbesondere die ungeschriebene Treuepflicht, die in § 93 Abs. 1 AktG und § 43 Abs. 1 GmbHG verankert ist. Sie kann als Grundlage für eine organschaftliche Pflicht zur Offenlegung eigenen Fehlverhaltens dienen, namentlich in ihrer Ausprägung als Loyalitätspflicht.[15] Ein Richter wie Dworkins Hercules müsste folglich klären, was die »Loyalität« von Organmitgliedern in der Situation verlangt, in der sie ihre Pflichten gegenüber der Gesellschaft verletzt haben. Geht man davon aus, dass jedem Organmitglied ein »Hintergrundrecht« auf Selbstschutz bzw. Schweigen zusteht – etwa im Sinne des Nemo-tenetur-Grundsatzes –, so stellt sich die Frage, aus welchen Gründen dieses durch gesellschaftsrechtliche Offenbarungspflichten eingeschränkt werden dürfte. Bei der Suche nach der »richtigen« Antwort genügt es nach Dworkin nicht, festzustellen, dass die Offenbarungspflicht funktional nützlich ist oder sich mit bestehenden Vorschriften »verträgt«. Vielmehr muss der Richter eine Gesamttheorie des Gesellschaftsrechts entwerfen und entscheiden, ob sich die Offenbarungspflicht in dessen von Prinzipien vorgegebene Gesamtgefüge einfügt.

Dworkins Hercules könnte dabei zu unterschiedlichen, aber jeweils methodisch vertretbaren Ergebnissen gelangen. Er könnte plausible Theorien entwickeln, welche die Offenbarungspflicht stützen. Eine Theorie könnte die Pflicht mit stabilitäts- oder ordnungspolitischen Erwägungen begründen – etwa indem Transparenz als Mittel zur Schadensvermeidung verstanden wird. Eine andere Linie könnte sich stärker am Prinzip individueller Verantwortung orientieren: Organmitglieder verwalten fremdes Vermögen und sind daher der Gesellschaft gegenüber in einer treuhänderähnlichen

14 Vgl. BVerfG, 13.01.1981, 1 BvR 116/77, BVerfGE 56, 37, 48 ff. – Selbstbezichtigung des Gemeinschuldners.
15 Schmolke, RIW 2008, 365, 371.

Vertrauensstellung zur Rechenschaft verpflichtet. Dabei profitieren die Organmitglieder von einem geregelten Ordnungsrahmen, in dem ihnen umfassende Leitungsbefugnisse übertragen werden. Dass sie zugleich bestimmte Verpflichtungen und Lasten zu tragen haben, insbesondere solche, die der Rechenschaft dienen, ist die konzeptionelle Kehrseite dieser privilegierten Position.

Da der Richter nach Dworkin zudem die ganze Rechtsordnung in den Blick nehmen muss, könnte er zudem auf die Pflicht des Behandelnden nach § 630c Abs. 2 S. 2 BGB verweisen, den Patienten auf Nachfrage oder zur Abwendung gesundheitlicher Gefahren über die Umstände zu informieren, die die Annahme eines Behandlungsfehlers begründen. Wenn der Arzt zur Offenbarung eigener Fehler verpflichtet sei, dürfen auch die Mitglieder von Gesellschaftsorganen, denen die Gesellschafter ihr Vermögen anvertrauen, ihr Fehlverhalten nicht verschweigen.

Auf der anderen Seite könnte jedoch der Richter die individuellen Rechte der Organmitglieder stärker gewichten und argumentieren, dass das Recht auf Nichtselbstbelastung, auf Achtung der persönlichen Würde und auf Schutz vor existenzieller Selbstschädigung schwerer wiege als das Aufklärungsinteresse der Gesellschaft. Diese individuellen Rechte der Organmitglieder würden auch der Treuepflicht – so zentral sie im Gesellschaftsrecht verankert ist – Grenzen setzen. Der Rechtsordnung sei zwar das Prinzip loyaler Geschäftsführung immanent, doch stehe ihm das ebenso tragfähige Prinzip gegenüber, dass niemand verpflichtet sei, sich selbst einer Sanktion auszusetzen. In normativen Graubereichen ist es daher nach Dworkin Aufgabe des Richters, die Entscheidung im Licht der moralisch besten Interpretation des geltenden Rechts zu treffen – einer Interpretation, die mit Würde, Autonomie und prozeduraler Fairness vereinbar ist.

An dieser Stelle könnte sich Dworkins Richter auf den Standpunkt stellen, die Interpretation des Rechts, die dem Organmitglied ein Schweigerecht zugestehe, sei die moralisch überlegene: Sie sichere individuelle Freiheit, schütze vor struktureller Überforderung und bewahre die normative Integrität des Rechtssystems. Das Recht zu schweigen gehe zwar zum Nachteil der Gesellschaft, aber letztendlich profitieren die Gesellschafter von der arbeitsteiligen Organisation, indem sie die Verwaltung ihres Vermögens den Organmitgliedern übertragen. Als »Preis« für diese Arbeitsteilung müssen sie die damit verbundenen Informationsasymmetrien hinnehmen.

Was schließlich die Offenbarungspflicht Behandelnder gemäß § 630c Abs. 2 S. 2 BGB betrifft, könnte Dworkins Richter argumentieren, dass diese Pflicht mit der Gesamtstruktur der Rechtsordnung unvereinbar und daher ein legislativer Fehler sei, der bei der Bewertung der Offenbarungspflicht der Organmitglieder außer Betracht bleiben müsse.[16]

Im Ergebnis verlangt Dworkins Modell die Entwicklung einer konsistenten Gesamttheorie. Sowohl eine Bejahung als auch eine Ablehnung der Offenlegungspflicht lassen sich mit seiner Methode begründen. Welche Lösung vorzugswürdig ist, hängt

16 Zu dieser »Fehlertheorie« Dworkin, 88 Harv. L. Rev. 1057, 1097–1102 (1975).

davon ab, wie das Gesellschaftsrecht in seiner »besten moralischen Deutung« verstanden wird.

Problematisch erscheint im Rahmen von Dworkins Theorie allerdings der Versuch, eine Pflicht zur Offenlegung eigenen Fehlverhaltens ökonomisch zu rechtfertigen, etwa mit dem Argument, sie diene der Effizienzsteigerung, indem sie der Gesellschaft aufwendige Ermittlungen erspare.[17] Solche Überlegungen fallen nach Dworkins Unterscheidung typischerweise unter »arguments of policy«: Sie zielen auf gesellschaftliche Nutzenmaximierung oder institutionelle Funktionssteigerung, nicht aber auf rechtsimmanente normative Prinzipien.[18] Anders liegt der Fall, wenn ökonomische Argumente nicht auf kollektive Effizienzgewinne, sondern auf die Rechte der beteiligten Personen bezogen sind.[19] In solchen Konstellationen können ökonomische Überlegungen durchaus Ausdruck prinzipiengeleiteter Argumente sein, etwa im Sinne eines Gebots individueller Fairness oder verantwortlicher Rechenschaft. Auch in diesen Fällen jedoch entbinden sie den Richter nicht von seiner zentralen Aufgabe: der Suche nach einer normativen Lösung, die sich kohärent und überzeugend aus den Prinzipien der bestehenden Rechtsordnung herleiten lässt.

2. *Rechtspositivistische Sicht*

Wie bereits erwähnt, entwickelte Ronald Dworkin sein Konzept als Antwort auf die Position des wohl einflussreichsten Rechtspositivisten des 20. Jahrhunderts, H.L.A. Hart. Dieser verstand das Recht als offene Struktur (»the open texture of law«), in der die Gerichte am Rand der Regeln eine rechtsschöpferische Funktion ausüben.[20] Es stellt sich aber die Frage, ob das Selbstbelastungsproblem tatsächlich ein Fall am »Rand der Regeln« ist oder ob es nicht vielmehr einer expliziten oder zumindest impliziten Regel unterliegt. Denn was aus einer dworkinschen Perspektive als »hard case« erscheint, kann im rechtspositivistischen Modell durchaus als regelgeleitetes und damit lösbares Problem gelten. Die Einordnung hängt maßgeblich vom methodischen Ausgangspunkt ab.

Als solcher kommt das im Rechtspositivismus geltende Prinzip rationaler Rechtsetzung in Betracht, wonach jede rationale Rechtspflicht darauf gerichtet ist, menschliches Verhalten zu steuern.[21] Eine rationale Verhaltensregel muss die Menschenwürde ihrer Adressaten respektieren und darf sie nicht manipulieren;[22] sie wird aufgestellt,

17 So die Argumente des englischen Court of Appeal in Fassihi & Ors v Item Software (UK) Ltd [2004] B.C.C. 994, 1009, Rn. 65 f.; s. ferner Armour/Conaglen, 64 C.L.J. 48, 51 (2005); Schmolke, RIW 2008, 365, 368.

18 Dworkin, 88 Harv. L. Rev. 1057, 1059, 1067–1068 (1975).

19 Vgl. Dworkin, 88 Harv. L. Rev. 1057, 1075–1078 (1975).

20 Hart, The Concept of Law, S. 124, 132; darauf bezieht sich Dworkin ausdrücklich, siehe Dworkin, 88 Harv. L. Rev. 1057, 1089 (1975).

21 Celano, in Waluchow/Sciaraffa, Philosophical foundations of the nature of law, 2013, S. 129, 133; Fuller, The morality of law, S. 106.

22 Vgl. Raz, The authority of law, 1979, S. 221; Celano, in Waluchow/Sciaraffa, Philosophical foundations of the nature of law, S. 129, 132.

damit die Adressaten sie befolgen.[23] Aus diesem Grund dürfen Rechtsnormen nicht Unmögliches verlangen.[24] Eine rationale Rechtspflicht muss also erfüllbar sein, und zwar nicht nur logisch oder physisch; vielmehr muss das Normverhalten den Fähigkeiten und Möglichkeiten normaler Menschen entsprechen.[25] Je höhere Standards der Normgeber setzt, desto größer ist die Wahrscheinlichkeit, dass sie nicht erfüllt werden und die Rechtsregel ihren Zweck, das menschliche Verhalten zu steuern, nicht erreichen wird.[26]

Normen, die von vornherein nicht auf die Steuerung menschlichen Verhaltens gerichtet sind, verletzen das Prinzip rationaler Rechtsetzung. Hart nennt solche Normen »unaufrichtige Befehle« (»insincere commands«) und illustriert dies an einigen Beispielen, unter anderem am Beispiel eines sadistischen Feldwebels, dessen Befehle von vornherein nicht dazu gedacht sind, dass der Soldat sie ausführt, sondern dazu, dass er an der Aufgabe scheitert und so dem Feldwebel den gesuchten Grund gibt, ihn zu bestrafen.[27] Ein derartiger Umgang mit Normadressaten ist irrational, manipulativ und verletzt deren Menschenwürde.[28]

Ist die Pflicht zur Selbstbezichtigung für das Organmitglied tatsächlich erfüllbar oder handelt es sich um einen unaufrichtigen Befehl im Hart'schen Sinne? Letzteres scheint nahezuliegen, denn die Rechtsordnung bietet dem Organmitglied keinerlei Anreize, diese Pflicht zu erfüllen.[29] Die klassischen Steuerungsmechanismen – Belohnung normkonformen und Sanktionierung normwidrigen Verhaltens – sind im Kontext der Selbstbezichtigungspflicht faktisch außer Kraft gesetzt.

So zieht die Nichterfüllung der Offenlegungspflicht in der Regel keine eigenständigen Sanktionen nach sich. Dies gilt insbesondere für die Haftung für etwaige Schäden: Die meisten Schäden entstehen durch das originäre Fehlverhalten. Dessen fehlende Offenbarung kann den Schaden zwar vergrößern, jedoch resultiert auch dieser größere Schaden aus dem ursprünglichen Fehlverhalten und wird daher vom Schadensersatzanspruch wegen dieses Verhaltens erfasst.[30] Denkbar ist allenfalls, dass der Gesellschaft wegen verzögerter Geltendmachung der Organhaftungsansprüche ein Schaden entsteht.[31] Ob der Wunsch, die Haftung für einen solchen Verzögerungsschaden zu vermeiden, das Organmitglied zur Selbstbezichtigung motivieren kann, ist allerdings zweifelhaft. Das Gleiche gilt für den Umstand, dass bei Anerkennung

23 Von Wright in Festschrift für Weinberger, 1984, S. 447, 453; s. auch Celano, in Beltrán/Mateos/Papayannis, Neutrality and Theory of Law, 2013, S. 175, 189.

24 Fuller, The morality of law, S. 79.

25 Celano, in Waluchow/Sciaraffa, Philosophical foundations of the nature of law, S. 129, 141.

26 Marmor, Law and Philosophy 23 (2004), 1, 33.

27 Hart, Essays on Bentham, 1982, S. 247.

28 Celano, in Waluchow/Sciaraffa, Philosophical foundations of the nature of law, S. 129, 141 ff.

29 Grunewald, NZG 2013, 841, 844; Dubovitskaya, Offenlegungspflichten der Organmitglieder in Kapitalgesellschaften, 2020, S. 416 ff.

30 Grunewald, NZG 2013, 841, 844.

31 Dazu Dubovitskaya, Offenlegungspflichten der Organmitglieder in Kapitalgesellschaften, S. 412.

einer Offenbarungspflicht die Haftung wegen der ursprünglichen Pflichtverletzung nicht verjährt, solange das Organmitglied schweigt.[32]

Entscheidet sich das Organmitglied dagegen für die Offenlegung, wird es nicht belohnt. Im Gegenteil drohen ihm erhebliche Nachteile: Im Aktienrecht löst die Offenlegung der organschaftlichen Pflichtverletzung die Verfolgungspflicht nach ARAG/Garmenbeck-Grundsätzen[33] aus und führt somit regelmäßig zu einem »nahezu sicheren Schadensersatzprozess gegen den sich selbst Beschuldigenden«.[34] Im Recht der GmbH gilt das Gleiche, wenn die Gesellschaft über einen fakultativen oder obligatorischen Aufsichtsrat verfügt, dem die Satzung die Entscheidung über die Geltendmachung von Ersatzansprüchen gegen die Geschäftsführer übertragen hat.[35] In übrigen Fällen steht die Verfolgung im Ermessen der Gesellschafter, die indes bei ihrer Entscheidung durch die Treuepflicht gebunden sind.[36] Diese kann die Verfolgung von Organhaftungsansprüchen erforderlich machen. In jedem Fall erhöht sich für die GmbH-Geschäftsführer das Risiko der Inanspruchnahme, wenn sie den Gesellschaftern ihr Fehlverhalten »auf dem Silbertablett«[37] präsentieren. Außer Organhaftung nach § 93 AktG bzw. § 43 GmbHG droht dem Organmitglied die Abberufung und die außerordentliche Kündigung seines Anstellungsverhältnisses.

Anders als bei sonstigen Verhaltenspflichten ist bei der Selbstbezichtigungspflicht das Verhältnis von normkonformem Verhalten und persönlicher Konsequenz strukturell verkehrt: Wer sich pflichtgemäß verhält, riskiert Nachteile; wer schweigt, schützt sich selbst. Das normkonforme Verhalten wird faktisch »bestraft«, das normwidrige begünstigt. Vor diesem Hintergrund wird der Anreiz, sich pflichtgemäß zu verhalten, rasch schwinden – insbesondere dann, wenn sich das betroffene Organmitglied die tatsächlichen Folgen einer Offenlegung vor Augen führt.

Die Pflicht zur Selbstbezichtigung überfordert damit ihre Adressaten. Sie setzt ein Maß an Selbstschädigungsbereitschaft voraus, das selbst von einem ordentlichen und gewissenhaften Geschäftsleiter nicht verlangt werden kann. Es handelt sich um eine Pflicht, die jenseits dessen liegt, was normative Steuerung realistischerweise erreichen kann. Im Lichte des rechtspositivistischen Grundsatzes rationaler Rechtsetzung – wonach Normen erfüllbar, zumutbar und auf freiwillige Befolgung angelegt sein müssen – ist eine solche Pflicht nicht anzuerkennen. Sie verfehlt das Ziel legitimer Verhaltenssteuerung und widerspricht dem Anspruch des Rechts, seine Adressaten ernst zu nehmen.

Nicht wesentlich anders stellt sich die Lage bei der Offenbarungspflicht des Behandelnden nach § 630c Abs. 2 S. 2 BGB dar. Auch hier steht der Pflicht zur

32 Vgl. Grunewald, NZG 2013, 841, 844.
33 BGH, 21.04.1997, II ZR 175/95, NJW 1997, 1926.
34 Grunewald, NZG 2013, 841, 844.
35 So Kleindiek in Festschrift für Westphalen, S. 387, 393 f.; s. auch Altmeppen, GmbHG, 11. Aufl. 2023, § 52 Rn. 27; ferner Liebscher in MünchKomm-GmbHG, § 46 Rn. 309.
36 Kleindiek in Festschrift für Westphalen, 2010, S. 387, 393 f.
37 Pendl, Die Verjährung von Schadenersatzansprüchen gegen Organmitglieder und Abschlussprüfer, 2018, S. 238 f.

Selbstoffenbarung ein strukturelles Anreizdefizit gegenüber: Die Erfüllung der Informationspflicht bringt dem Arzt regelmäßig keine Vorteile, wohl aber haftungsrechtliche Risiken. Umgekehrt ist eine Nichterfüllung faktisch folgenlos, da sie weder effektiv sanktioniert noch regelmäßig überprüfbar ist. Entsprechend lautet der praktische Ratschlag in der Literatur, die Pflicht zu ignorieren: »Da die Erfüllung der Informationspflicht kaum Vorteile bringt und ihre Nichterfüllung nicht sanktioniert ist, ist ein auf seine eigenen Interessen bedachter Arzt gut beraten, sich für die Nichterfüllung zu entscheiden.«[38]

III. Selbstbezichtigungspflicht als Aufklärungspflicht bei Vertragsverhandlungen

Die Rechtsprechung des BGH zur Selbstbezichtigungspflicht im Zusammenhang mit Vertragsverhandlungen ist ambivalent. Bei Anstellungsverhandlungen verneint der II. Zivilsenat eine Offenbarungspflicht für solche Umstände, die nicht in unmittelbarem Zusammenhang mit dem künftig übernommenen Pflichtenkreis stehen.[39] Anders bewertet der BGH die Rechtslage beim Ausscheiden eines Organmitglieds. In einem Fall, in dem ein scheidender Geschäftsführer die Gesellschaft nicht über sein früheres Fehlverhalten informiert hatte, zeigte sich das Gericht offen für eine entsprechende Aufklärungspflicht, denn schließlich habe sich der Geschäftsführer »auf eine Abfindungsvereinbarung mit einer beträchtlichen Abfindung eingelassen«[40]. In einer späteren Entscheidung bekannte sich der BGH ausdrücklich zur Pflicht des Geschäftsführers, die Gesellschaft über eigenes pflichtwidriges Verhalten aufzuklären.[41] Bemerkenswert ist dabei, dass dem Gericht ein bloßer zeitlicher Zusammenhang zwischen dem Fehlverhalten und den Vergleichsverhandlungen über das Ausscheiden aus dem Amt ausreichte; ein sachlicher Bezug zum Vertragsinhalt wurde hingegen nicht gefordert.[42]

In der Literatur sind die Meinungen gespalten: Während manche eine Offenlegungspflicht des Vorstandsmitglieds bezüglich begangener Pflichtverletzungen im Rahmen von Abfindungsverhandlungen bejahen,[43] lehnen andere eine solche Pflicht ab.[44] Sie argumentieren, dass das Organmitglied bei Abfindungsverhandlungen

38 Wagner in MünchKomm-BGB, 9. Aufl. 2023, § 630c Rn. 38; vgl. ferner Katzenmeier, NJW 2013, 817, 819; Preis/Schneider, NZS 2013, 281, 283.
39 BGH, 17.03.1954, II ZR 248/53, LM Nr. 1 zu § 276 (Fb) BGB = BB 1954, 360 (stark abgekürzt).
40 BGH, 08.12.1997, II ZR 236/96, NJW 1998, 1315, 1316.
41 BGH, 20.06.2005, II ZR 232/04, NZG 2005, 809.
42 BGH, 20.06.2005, II ZR 232/04, NZG 2005, 809, 810; anders noch OLG Düsseldorf, 25.11.1999, 6 U 146/98, GmbHR 2000, 666, 668; OLG Hamm, 07.10.2004, 27 U 72/03, NZG 2005, 211, 212 f.
43 Spindler in MünchKomm-AktG, 6. Aufl. 2023, § 93 Rn. 137.
44 Grunewald, NZG 2013, 841, 845 f.; Fleischer, ZIP 2018, 2341, 2350.

legitimerweise auch eigene Belange berücksichtigen dürfe, weil seine Pflichten gegenüber der Gesellschaft bereits gelockert seien; die Gesellschaft könne sich dagegen durch Clawback-Klauseln schützen.[45] Auch rechtspolitisch sei die Pflicht zur Offenlegung früherer Pflichtverletzungen problematisch: Sie würde den Abschluss von Abfindungsvereinbarungen erheblich erschweren und zur Unsicherheit führen, weil das schweigende Organmitglied jederzeit mit der Anfechtung des Aufhebungsvertrags und der Rückforderung der bereits gezahlten Abfindung rechnen müsste.[46]

Im Ergebnis überzeugt die ablehnende Auffassung. Auch im Rahmen von Abfindungsverhandlungen bestehen für das Organmitglied keine realistischen Anreize, vergangenes Fehlverhalten offenzulegen. Eine Offenbarung birgt das Risiko einer Organhaftungsklage, es sei denn, die entsprechenden Ansprüche sind bereits verjährt. Doch auch in diesem Fall mindert das Eingeständnis regelmäßig die Aussicht auf eine Abfindung. Positive Effekte für das Organmitglied sind nicht erkennbar.

Die Pflicht zur Offenlegung rechnet somit nicht mit normkonformem Verhalten, sondern setzt de facto auf künftige Pflichtverletzungen. Ihr funktionaler Zweck liegt allein darin, der Gesellschaft eine spätere Anfechtung bereits geschlossener Abfindungsvereinbarungen zu ermöglichen, sollte sich nachträglich ein illoyales Verhalten des Organmitglieds herausstellen. Daher steuert die Selbstbezichtigungspflicht bei Vertragsverhandlungen das Verhalten ihrer Adressaten nicht und widerspricht damit dem Gebot rationaler Normsetzung.

Indem der BGH eine Offenbarungspflicht im Rahmen von Abfindungsverhandlungen anerkennt, weicht er von seiner Linie ab, eine originäre Pflicht zur Selbstbezichtigung abzulehnen. Diese Inkonsistenz wirft erhebliche systematische Fragen auf: Wenn Organmitglieder grundsätzlich nicht verpflichtet sind, eigene Pflichtverletzungen offenzulegen, dann darf von diesem Grundsatz auch im Rahmen von Abfindungsverhandlungen nicht ohne weiteres abgewichen werden. Etwas anderes könnte allenfalls gelten, wenn zwischen dem konkreten Fehlverhalten und dem Vertragsgegenstand ein enger sachlicher Zusammenhang besteht. Bei Abfindungsverhandlungen ist dies regelmäßig nicht der Fall, denn es geht dabei üblicherweise nicht um Anerkennung vergangener Leistungen oder früheren loyalen Verhaltens,[47] sondern um eine ablösende Abfindung, die den Geschäftsführer zum freiwilligen Ausscheiden bewegen soll.[48] Ein inhaltlicher Bezug zwischen dem Fehlverhalten und der Abfindung liegt daher typischerweise nicht vor. Offenkundig aus diesem Grund hat der BGH das Kriterium des sachlichen Zusammenhangs durch den weniger bestimmbaren »zeitlichen Zusammenhang« ersetzt. Doch ein bloßer zeitlicher Gleichlauf kann Aufklärungspflichten bei Vertragsverhandlungen weder sachgerecht begrenzen noch dogmatisch überzeugend rechtfertigen.

45 Fleischer, ZIP 2018, 2341, 2350.
46 Grunewald, NZG 2013, 841, 845 f.
47 Dazu etwa BGH, 21.12.2005, 3 StR 470/04, NJW 2006, 522, 524 – Mannesmann/Vodafone.
48 Vgl. OLG Düsseldorf, 25.11.1999, 6 U 146/98, GmbHR 2000, 666, 668.

IV. Selbstbezichtigung als Nebenfolge der Verfolgungspflicht

Die rechtliche Bewertung einer originären Selbstbezichtigungspflicht lässt sich – jedenfalls aus rechtspositivistischer Perspektive – vergleichsweise klar vornehmen: Eine Pflicht, die faktisch unerfüllbar ist und keine rationalen Anreize zur Befolgung bietet, widerspricht dem Prinzip rationaler Normsetzung. Komplexer wird die Beurteilung, wenn die Selbstbezichtigung nicht als eigenständige Pflicht, sondern lediglich als Reflex einer anderen organschaftlichen Pflicht – etwa der Verfolgungspflicht des Aufsichtsrats – in Erscheinung tritt.

Denkbar ist etwa der Fall, dass ein Aufsichtsratsmitglied an einer vom Vorstand begangenen Pflichtverletzung beteiligt war und im Rahmen der Anspruchsverfolgung gegen das Vorstandsmitglied sein eigenes Fehlverhalten offenbar werden könnte. Oder der Aufsichtsrat hat seine Überwachungspflichten vernachlässigt und befürchtet nun, dass die Durchsetzung von Vorstandshaftung zugleich die Aufdeckung des eigenen Überwachungsversagens zur Folge haben würde. Die zentrale Frage lautet: Sind Aufsichtsratsmitglieder in solchen Konstellationen dennoch verpflichtet, die Durchsetzung von Ersatzansprüchen gegen den Vorstand zu betreiben – auch wenn sie sich dadurch selbst belasten würden?

Im Unterschied zur zuvor erörterten originären Selbstbezichtigungspflicht geht es hier nicht um eine eigenständige Rechtspflicht, sondern um einen faktischen Zwang zur Selbstbelastung, der als Nebenfolge einer anderen organschaftlichen Pflicht – namentlich der Verfolgungspflicht – entsteht. Er entsteht zudem nicht immer, sondern nur dann, wenn das Aufsichtsratsmitglied selbst eine Pflichtverletzung begangen hat und diese bei der Verfolgung des Vorstands bekannt zu werden droht. Da es sich hierbei nicht um eine selbständige Norm, sondern um eine faktische Folge handelt, kann der Selbstbezichtigungszwang als solcher auch nicht Gegenstand eigenständiger rechtlicher Bewertung sein. Maßgeblich ist allein die Verfolgungspflicht des Aufsichtsrats. Dass diese grundsätzlich mit dem Prinzip rationaler Rechtssetzung vereinbar ist, steht außer Frage. Fraglich ist jedoch, wie weit diese Pflicht im Einzelfall reicht und ob sie unter bestimmten Umständen für das betroffene Aufsichtsratsmitglied faktisch unerfüllbar wird. In der juristischen Diskussion ist dann regelmäßig von der »Unzumutbarkeit« des pflichtgemäßen Verhaltens die Rede.

Der BGH lässt den Einwand der Unzumutbarkeit in diesen Konstellationen nicht gelten und macht keine Ausnahme von seiner ARAG/Garmenbeck-Doktrin: Die Tatsache, dass das Aufsichtsratsmitglied durch die Verfolgung des Vorstands eine eigene Pflichtverletzung offenbaren müsste, befreie es nicht von seiner Pflicht, Schadensersatzansprüche gegen ein Vorstandsmitglied zu verfolgen.[49] Die Befreiung des pflichtvergessenen Aufsichtsratsmitglieds von seiner Verfolgungspflicht würde die besondere Überwachungs- und Schutzfunktion des Aufsichtsrats erheblich schwächen und zudem zu praktischen Schwierigkeiten führen: So könnten die Beteiligten im Einzelfall kaum beurteilen, ob eine Anspruchsverfolgungspflicht des Aufsichtsrats

49 BGH, 18.09.2018, II ZR 152/17, NZG 2018, 1301, 1304 Rn. 37 f.

gegeben sei oder nicht.[50] Schließlich, so der BGH, würde die Freistellung von einer Verfolgungspflicht gerade denjenigen ungerechtfertigt entlasten, der zuvor zum Nachteil der Gesellschaft seine Pflichten verletzt habe.[51]

Dieser Position hat sich die Literatur mehrheitlich angeschlossen.[52] Nur vereinzelt wird sie für zu streng gehalten: Bei konkreten Verdachtsmomenten oder unstreitigen Verfehlungen bestehe keine Pflicht zur Anspruchsverfolgung, es sei denn, das Fehlverhalten des Aufsichtsratsmitglieds sei im Hinblick auf das verfolgte Ziel, die eingesetzten Mittel, die zutage tretende Gesinnung oder die eingetretenen Folgen besonders verwerflich gewesen.[53] Die abstrakte Gefahr, dass bei der Inanspruchnahme des Vorstands auch das eigene Überwachungsverschulden ans Licht komme,[54] gehöre dagegen zum »Amtsrisiko« eines jeden Aufsichtsratsmitglieds und müsse hingenommen werden.[55]

Ob die Erfüllung einer Pflicht im Einzelfall unzumutbar ist, ist eine wertende Entscheidung, die naturgemäß in hohem Maße subjektiv bleibt.[56] An dieser Stelle wären die übermenschlichen Fähigkeiten des dworkinschen Richters Hercules willkommen: Er könnte das gesamte Rechtssystem nach tragfähigen Prinzipien durchsuchen, um die einzig richtige Lösung zu finden. Ohne solche Fähigkeiten bleibt nur der Versuch, einige Gesichtspunkte herauszustellen, die für die Aufrechterhaltung der Verfolgungspflicht sprechen.

Die Überwachung des Vorstands und die Verfolgung dessen Pflichtverletzungen ist die Kernaufgabe des Aufsichtsrats.[57] Um sie effektiv wahrzunehmen, muss der Aufsichtsrat in vollem Umfang handlungsfähig sein – was voraussetzt, dass alle Mitglieder zur pflichtgemäßen Amtsführung in der Lage sind. Je mehr Gründe anerkannt werden, die einzelne Mitglieder trotz fortbestehender Amtsinhaberschaft von ihren Pflichten entbinden, desto stärker wird die institutionelle Funktionsfähigkeit des Aufsichtsrats ausgehöhlt. Eine Entbindung von der Verfolgungspflicht im Fall drohender Selbstbelastung schwächt nicht nur die Autorität des Aufsichtsrats, sondern auch seine Stellung als zentrales Kontrollorgan der Unternehmensverfassung.

Dem lässt sich entgegenhalten, dass ein Aufsichtsratsmitglied, das sich durch die Erfüllung der Verfolgungspflicht selbst belasten würde, diese Pflicht ohnehin faktisch

50 BGH, 18.09.2018, II ZR 152/17, NZG 2018, 1301, 1305 Rn. 46.
51 BGH, 18.09.2018, II ZR 152/17, NZG 2018, 1301, 1305 Rn. 46.
52 Altmeppen, ZIP 2019, 1253, 1256, 1259; Bayer/Scholz, NZG 2019, 201, 206 f.; Stöber, BB 2018, 2769; vgl. auch Strothmann, GmbHR 2023, 896 Rn. 8 f.
53 Fleischer, ZIP 2018, 2341, 2348 f.; zustimmend Jenne/Miller, AG 2019, 112, 122.
54 Zu diesem Problem BGH, 18.09.2018, II ZR 152/17, NZG 2018, 1301, 1305 Rn. 46; BGH, 8.7.2014, II ZR 174/13, NZG 2014, 1058, 1060 Rn. 20; Habersack in MünchKomm-AktG, § 111 Rn. 35; Faßbender, NZG 2015, 501, 507; Jenne/Miller, AG 2019, 112, 118; Kocher/Falkenhausen, AG 2016, 848, 850 ff.
55 Fleischer, ZIP 2018, 2341, 2348.
56 Fleischer, ZIP 2018, 2341, 2348.
57 Löbbe/Lüneborg, Der Konzern 2019, 53, 60; Stöber, BB 2018, 2769; Vetter, EWiR 2019, 69, 70: »Das BGH-Urteil ist als Stärkung der Überwachungs- und Schutzfunktion des Aufsichtsrats zu verstehen«.

nicht erfüllen wird – unabhängig davon, ob es formal davon befreit ist. Dieses Argument verkennt jedoch die Konsequenzen einer solchen Freistellung: Sie setzt Fehlanreize und kann dazu führen, dass Mitglieder trotz eingeschränkter Amtsfähigkeit im Gremium verbleiben. Solange nur ein einzelnes Mitglied betroffen ist, mag dies im Einzelfall noch hinnehmbar erscheinen.[58] Problematisch wird die Lage jedoch, wenn das betroffene Mitglied den Vorsitz innehat und damit den Informationsfluss innerhalb des Gremiums maßgeblich kontrolliert. In einem solchen Fall besteht die reale Gefahr, dass die Informationen bewusst zurückgehalten werden, die der Aufsichtsrat zur Erfüllung seiner Überwachungsaufgabe benötigt. Noch gravierender ist die Konstellation, in der mehrere oder gar alle Aufsichtsratsmitglieder durch eigene Pflichtverletzungen belastet sind. In diesem Fall verliert der Aufsichtsrat faktisch seine Kontrollfunktion. Diese strukturelle Funktionsunfähigkeit kann über längere Zeit unentdeckt bleiben, sodass der Gesellschaft die Möglichkeit zur rechtzeitigen Gegensteuerung fehlt. Es droht die Gefahr, dass Ersatzansprüche gegen den Vorstand verjähren, ohne dass die verantwortlichen Aufsichtsratsmitglieder selbst haftungsrechtliche Konsequenzen zu befürchten haben.

Demgegenüber stärkt die konsequente Anwendung der ARAG/Garmenbeck-Haftung die institutionelle Integrität des Aufsichtsrats. Sie schafft – insbesondere nach gravierenden Pflichtverstößen – einen wirksamen Anreiz zur Amtsniederlegung.[59] Diese wiederum dient nicht nur der Wiederherstellung der Funktionsfähigkeit des Gremiums, sondern eröffnet dem betroffenen Aufsichtsratsmitglied auch eine zumutbare Alternative zur Selbstbelastung: Wer sich durch pflichtgemäßes Handeln selbst gefährden würde, kann sich dem Dilemma entziehen, ohne zugleich die Kontrollstruktur des Unternehmens zu unterminieren.[60]

Die Auffassung, die eine Ausnahme von der Verfolgungspflicht nur bei gravierenden Eigenverstößen des Aufsichtsratsmitglieds, nicht aber bei bloßem Überwachungsversagen anerkennen will, ist zudem nicht frei von Wertungswidersprüchen. Es erscheint kaum gerechtfertigt, das Aufsichtsratsmitglied, das durch aktives Fehlverhalten eine besondere Pflicht gegenüber der Gesellschaft verletzt hat, besser zu stellen als jenes, dem lediglich eine unzureichende Kontrolle des Vorstands zur Last fällt. Überzeugender erscheint das Gerechtigkeitsargument des Gemeinschuldner-Beschlusses: Ein Auskunftsverweigerungsrecht würde ausgerechnet jenen bevorzugen, der sich besonders gravierend zum Nachteil der Gläubiger verhalten hat.[61]

58 Vgl. Fleischer, ZIP 2018, 2341, 2348; Pendl, Die Verjährung von Schadenersatzansprüchen gegen Organmitglieder und Abschlussprüfer, S. 280 f.

59 Dubovitskaya, Offenlegungspflichten der Organmitglieder in Kapitalgesellschaften, S. 430 f.

60 Vgl. Schockenhoff, AG 2019, 745, 750; ferner Löbbe/Lüneborg, Der Konzern 2019, 53, 60.

61 BVerfG, 13.01.1981, 1 BvR 116/77, BVerfGE 56, 37, 50; dem folgend BGH, 18.09.2018, II ZR 152/17, NZG 2018, 1301, 1305 Rn. 46.

Nicht überzeugend erscheint schließlich die Rückausnahme, wonach die ARAG/ Garmenbeck- Haftung trotz Selbstbelastungsgefahr bei »besonders verwerflichem« Verhalten gelten soll.[62] Zwar ist es in der Sache plausibel, bei gravierenden Pflichtverstößen die Berufung auf Unzumutbarkeit auszuschließen.[63] Doch bleibt unklar, was genau im Hinblick auf Gesinnung, Ziel oder Folgen als »besonders verwerflich« gelten soll. Diese unbestimmten Wertungen schaffen erhebliche Rechtsunsicherheit, die kaum hinnehmbar ist, wenn das betroffene Aufsichtsratsmitglied im Vorfeld entscheiden muss, ob es der Verfolgungspflicht nachkommt. Die Rechtsordnung darf in einer so sensiblen Frage keine unklaren Maßstäbe setzen.

Zusammenfassend rechtfertigt eine eigene Pflichtverletzung eines Aufsichtsratsmitglieds – selbst bei drohender Selbstbelastung – keine Ausnahme von der Verfolgungspflicht nach den ARAG/Garmenbeck-Grundsätzen.

Handelt es sich jedoch um eine Pflichtverletzung, die auch strafrechtlich relevant ist, muss die Verfolgungspflicht in Einklang mit dem Nemo-tenetur-Grundsatz gebracht werden. In diesem Fall reicht ein bloßes Verwertungsverbot – wie es der BGH unter Bezugnahme auf den Gemeinschuldner-Beschluss annimmt[64] – nicht aus. Zum Schutz der strafprozessualen Rechte ist vielmehr ein umfassendes Verwendungsverbot erforderlich. Denn ein bloßes Verwertungsverbot macht zwar die Auskunft selbst unverwertbar, entfaltet aber keine Fernwirkung, so dass inhaltlich selbständige, lediglich durch die Auskunft vermittelte Beweismittel verwertet werden dürfen.[65]

Das Verwendungsverbot geht weiter, weil es zusätzlich besagt, dass die erteilte Auskunft nicht einmal als Grundlage für weitere Ermittlungen mit dem Ziel der Schaffung selbstständiger Beweismittel eingesetzt werden darf. Ein solches Fernwirkungsverbot findet sich z.B. in § 97 Abs. 1 S. 3 InsO, wonach eine Auskunft, die der Insolvenzschuldner gemäß seiner Auskunftspflicht erteilt, in einem Straf- oder Bußgeldverfahren gegen den Schuldner nur mit dessen Zustimmung verwendet werden darf.[66] Eine ganz ähnliche Formulierung (»darf… nur mit Zustimmung des Behandelnden verwendet werden«) enthält auch § 630c Abs. 2 S. 3 BGB, so dass die Literatur zum Arzthaftungsrecht immer mehr dazu tendiert, dieser Norm ein ähnliches Verwendungsverbot zu entnehmen.[67]

62 Fleischer, ZIP 2018, 2341, 2349.
63 Vgl. Taupitz, Die zivilrechtliche Pflicht zur unaufgeforderten Offenbarung eigenen Fehlverhaltens, 1989, S. 89.
64 BVerfG, 13.01.1981, 1 BvR 116/77, BVerfGE 56, 37, 51; BGH, 18.09.2018, II ZR 152/17, NZG 2018, 1301, 1305 Rn. 48.
65 Vgl. Schuhr in MünchKomm-StPO, 2. Aufl. 2023, Vorb. zu § 133 Rn. 96 ff.
66 Jungmann in K. Schmidt, InsO, 20. Aufl. 2023, § 97 Rn. 22 f.; Uhlenbruck, NZI 2002, 401, 403.
67 Spickhoff, JZ 2015, 15, 17 ff.; s. ferner Wagner in MünchKomm-BGB, § 630c Rn. 58.

V. Fazit

Die rechtliche Bewertung einer Pflicht zur Selbstbezichtigung von Organmitgliedern erfordert eine differenzierte Betrachtung, die sowohl rechtsphilosophische Grundlagen als auch dogmatische Strukturen und praktische Implikationen einbezieht. Dworkins Modell erlaubt sowohl eine prinzipienbasierte Bejahung als auch eine prinzipienbasierte Verneinung der Pflicht, je nach normativer Gewichtung von Offenheit und Autonomie. Der rechtspositivistische Ansatz zeigt dagegen überzeugend die Grenzen einer solchen Pflicht auf: Normen, die strukturell auf Selbstschädigung abzielen, verletzen das Prinzip rationaler Normsetzung und unterminieren die Autorität des Rechts.

Die originäre Pflicht zur Selbstbezichtigung wird daher in der deutschen Rechtsprechung zu Recht abgelehnt. Dort, wo sie punktuell anerkannt wird – etwa bei Abfindungsverhandlungen – wirkt dies inkonsequent. Vielmehr ist die Selbstbezichtigungspflicht auch in diesem Bereich abzulehnen. Sie ist zum Schutz der Gesellschaft nicht erforderlich und rechtspolitisch nicht wünschenswert.

Allerdings geht die Freiheit vom Selbstbezichtigungszwang nicht so weit, dass sie andere organschaftliche Pflichten aufhebt, etwa die Verfolgungspflicht des Aufsichtsrats. Die Funktionsfähigkeit des Aufsichtsrats ist nur gewährleistet, wenn alle seine Mitglieder ihrer Überwachung- und Verfolgungspflicht ordnungsgemäß nachkommen. Ein Aufsichtsratsmitglied, das durch die Erfüllung dieser Pflicht sich selbst bezichtigen müsste, kann dies durch eine rechtzeitige Mandatsniederlegung vermeiden. Im Übrigen muss ein Organmitglied, das bei der Erfüllung seiner Pflichten sich selbst belastet, in strafprozessualer Hinsicht umfassend geschützt werden. Ein bloßes Verwertungsverbot genügt insoweit nicht; erforderlich ist ein Verwendungsverbot, das ein Fernwirkungsverbot beinhaltet.

Im Ergebnis zeigt sich: Eine originäre Pflicht zur Selbstbezichtigung lässt sich weder aus den Prinzipien des Gesellschaftsrechts noch aus der Struktur der Rechtsordnung ableiten. Sie ist mit rechtsstaatlichen Grundsätzen unvereinbar. Für eine kohärente und funktionale Gesellschaftsrechtsordnung bedarf es klarer, erfüllbarer und rationaler Verhaltensnormen, nicht moralischer Heldenerwartungen an individuelle Funktionsträger.

Mittelbare Beteiligungen an einer Gesellschaft als ausreichender Grund für die Annahme einer der Gesellschaft nahestehenden Person?

Ulrich Ehricke/Leonard Hick

I. Persönliche Vorbemerkung

Der Jubilar gehört zu den Großen im Gesellschafts- und Kapitalmarktrecht. Neben vielem bewundere ich seit gut dreißig Jahren seinen Mut, rechtliche Erkenntnisse zu hinterfragen und auf den Prüfstand zu stellen, die von der Rechtsprechung oder von der h.M. im Schrifttum scheinbar konsentiert sind. Es würde mich freuen, wenn er die folgenden Überlegungen auf der Grenze des Gesellschafts- und Insolvenzrechts, in denen ebenfalls eine offenbar allgemein anerkannte rechtliche Erkenntnis hinterfragt werden soll, als Verbeugung vor einem klugen und stellenweise auch unkonventionellen Wissenschaftler, dem ich mich eng verbunden fühle, annimmt.

II. Einleitung und Problemstellung

Ein erhebliches dogmatisches Problem stellt seit jeher die Behandlung sog. nahestehender Personen dar.[1] Bei diesen Personen wird aufgrund der bestehenden sozialen Stellung oder wegen der besonderen (gesellschafts)rechtlichen Verbindung zu

1 Vgl. für den Bereich des Insolvenzrechts die monografischen Abhandlungen zu diesem Thema von Biehl, Insider im Insolvenzverfahren, 2000; Killinger, Insolvenzanfechtung gegen Insider, 1991; Pfündl, Insider im Insolvenzanfechtungsrecht, 2023; Ropohl, Gesellschaftsrechtliche Insider nach § 138 Abs. 2 InsO, 2001; vgl. auch Ehricke, Das abhängige Konzernunternehmen in der Insolvenz, 1998, S. 19 ff.; Thole, Gläubigerschutz durch Insolvenzrecht, 2010, S. 330 ff.; Wolf, Der Dritte in der Pflicht, 2015, S. 141 ff.; App, FamRZ 1996, 1523; Biehl, ZInsO 2003, 543; Ehricke KTS 1996, 209; Fehl, ZGR 1978, 725; Hirte, ZInsO 1999, 429; Kirchhof, ZInsO 2001, 825; Plander, NJW 1976, 739; Ropohl, NZI 2006, 425; Uhlenbruck, GmbHR 1986, 109. Auch in gesellschaftsrechtlichem Zusammenhang bereitet die Behandlung nahestehender Personen erhebliche Probleme, namentlich im Bereich des Kapitalerhaltungsrechts, vgl. Ekkenga in MünchKomm-GmbHG, 5. Aufl. 2025, § 30 Rn. 162 ff.; Wilhelmi, Der Grundsatz der Kapitalerhaltung im System des GmbH-Rechts, 2000, S. 147 ff.; Wolf, Der Dritte in der Pflicht, S. 19 ff.; Altmeppen, in Festschrift für Kropff, 1997, S. 641, 643 ff.; Canaris in Festschrift für R. Fischer, 1979, S. 31, 35 ff.; Fleck in Festschrift 100 Jahre GmbH-Gesetz, 1992, S. 391, 402 ff.; Geßler in Festschrift für R. Fischer, S. 131, 144 ff.

denjenigen, hinsichtlich denen sie als nahestehend klassifiziert werden, unterstellt, dass sie ein besonderes Näheverhältnis zu ihnen hätten. Dieses Näheverhältnis sei insbesondere dadurch geprägt, dass die nahestehenden Personen besondere Informationen über die betreffende Person haben und zudem auch einfacher derartige Informationen erlangen könnten. Dieses besondere Verhältnis wird als Grundlage für die Annahme herangezogen, wonach die nahestehenden Personen eher geneigt seien, bestimmte Maßnahmen vorzunehmen, die ihre eigenen Interessen oder die der betreffenden Person bevorzugen, und damit (zumindest) potentiell die Interessen anderer Personen beeinträchtigen. Diese Annahme stellt sodann die innere Rechtfertigung dafür dar, dass erstens hinsichtlich der nahestehenden Personen zu deren Lasten Abweichungen von den allgemeinen Beweislastregelungen bezüglich des Nachweises, ob bestimmte Kenntnisse von Umständen vorgelegen haben, vorgenommen werden und dass zweitens bestimmte Vermutungen über das Bestehen besonderer Kenntnisse oder Informationen bei ihnen aufgestellt werden. Auch wenn unumstritten ist, dass derartige Beweislastverschiebungen oder Vermutungstatbestände im Einzelfall ein Unrechtspotential beinhalten,[2] ist ebenso unbestritten, dass derartige Regelungen unabwendbar sind, um nicht von vornherein in großem Umfang Gesetzesumgehungsmöglichkeiten zu schaffen.[3] Probleme entstehen jedoch dort, wo die gesetzlichen Vorgaben über die nahestehenden Personen auf Sachverhalte angewendet werden, die vom Anwendungsbereich des Gesetzes nicht erfasst werden. In diesen Fällen rückt der durch die allgemeinen Regelungen über die Beweislast oder die Voraussetzungen, Vermutungen anstellen zu dürfen, verkörperte Gesichtspunkt des Rechtsfriedens zugunsten der nahestehenden Personen in den Vordergrund und verlangt zumindest nach einer besonderen Begründung und Rechtfertigung für eine Erweiterung des Anwendungsbereichs der normativen Bestimmungen.[4]

Ist der Schuldner eine juristische Person oder rechtsfähige Personengesellschaft, so sind nach § 138 Abs. 2 Nr. 1 InsO ihm nahestehende Personen solche, die zu mehr als einem Viertel an seinem Kapital beteiligt sind. Erfasst sind insbesondere Gesellschafter einer GmbH, Aktionäre und Kommanditisten,[5] also jedenfalls solche Personen, die unmittelbar am Schuldner beteiligt sind. Darüber hinaus stellt sich aber die Frage, inwieweit auch mittelbare Beteiligungen des Anfechtungsgegners am Schuldner der Vorschrift des § 138 Abs. 2 Nr. 1 InsO unterfallen. Insoweit sollen im Folgenden zwei Gestaltungen näher untersucht werden. Einerseits soll geklärt werden, ob – und

2 Vgl. etwa Pfündl, Insider im Insolvenzanfechtungsrecht, S. 112.

3 Vgl. zur Bedeutsamkeit der Beweislastumkehr in hiesigem Kontext Häsemeyer, Insolvenzrecht, 2007, Rn. 21.36; Blöse, GmbHR 2024, 522, 523; Ehricke, KTS 1996, 209, 209; Kirchhof, ZInsO 2001, 825, 825; Pfündl, ZRI 2023, 548, 548; Plander, GmbHR 1972, 121, 121.

4 Vgl. grundlegend zur Funktion der Beweislast als Mittel zur Sicherung des rechtlichen Besitzstandes und des Rechtsfriedens Leipold, Beweislastregeln und gesetzliche Vermutungen, 1966, S. 48 ff.; vgl. auch Prütting, Gegenwartsprobleme der Beweislast, 1983, S. 250 ff.; Schwab in Festschrift für H.-J. Bruns, 1978, S. 505, 516 ff.

5 Statt aller Ganter in K. Schmidt, InsO, 20. Aufl. 2023, § 138 Rn. 22.

bejahendenfalls unter welchen Voraussetzungen – eine Beteiligung am Schuldner vorliegt, wenn zwischen Schuldner und Anfechtungsgegner eine oder mehrere Gesellschaften »zwischengeschaltet« sind (nachfolgend III.).[6] Andererseits soll der Frage nachgegangen werden, ob auch im Falle einer Treuhandgestaltung von einer dem § 138 Abs. 2 Nr. 1 InsO unterfallenden Beteiligung des Treugebers ausgegangen werden kann (nachfolgend IV.).

III. Beteiligungsketten

1. Die Entscheidung des BGH vom 22.02.2024

Mit der Beurteilung einer vom Schuldner bis zum Anfechtungsgegner reichenden Beteiligungskette hatte sich der BGH in einer Entscheidung vom 22.02.2024 zu befassen.[7] Der Fall betraf eine insolvente Gesellschaft, deren alleinige Gesellschafterin eine GmbH war. Deren Anteile wiederum lagen vollständig in der Hand des Beklagten – eines eingetragenen Vereins – der infolge seitens der Schuldnerin geleisteter Zahlungen im Wege der Insolvenzanfechtung in Anspruch genommen wurde. Der BGH entschied, dass der Beklagte aufgrund dieser mittelbaren Beteiligung als nahestehende Person i.S.v. § 138 Abs. 2 Nr. 1 InsO anzusehen sei.[8] Er stützte seine Entscheidung maßgeblich auf Entstehungsgeschichte, Regelungszusammenhang und Sinn und Zweck des Gesetzes.

In entstehungsgeschichtlicher Hinsicht zieht der erkennende IX. Zivilsenat die Vorschrift des § 154 Abs. 2 RegE-InsO[9] heran, wonach eine Person auch insoweit am Schuldner beteiligt ist, als ein von der Person abhängiges Unternehmen oder ein Dritter für Rechnung der Person oder des abhängigen Unternehmens am Schuldner beteiligt ist. Für die Berechnung des Anteils am Grundkapital sollten daher auch mittelbare Beteiligungen zu berücksichtigen sein.[10] In der späteren Streichung des § 154 Abs. 2 RegE-InsO in der Beschlussempfehlung des Rechtsausschusses sieht der Senat eine »Neugliederung und redaktionelle Straffung«, in deren Folge der neue § 153 Abs. 2 Nr. 1 BeschlE-InsO[11] – später § 138 Abs. 2 Nr. 1 InsO – die von § 154 RegE-InsO geregelten Beziehungen erfassen sollte, auch wenn mittelbare Beteiligungen nicht mehr ausdrücklich genannt wurden.[12] Der Senat geht somit davon aus, dass der Gesetzgeber den Regelungsgehalt des gestrichenen § 154 Abs. 2 RegE-InsO als

6 Für diese Konstellation wird im Folgenden der Begriff »Beteiligungskette« verwendet.
7 BGH, 22.02.2024, IX ZR 106/21, NZI 2024, 415.
8 BGH, 22.02.2024, IX ZR 106/21, NZI 2024, 415, 416.
9 Vgl. BT-Drs. 12/2443, 33 f.
10 BGH, 22.02.2024, IX ZR 106/21, NZI 2024, 415, 416 unter Verweis auf BT-Drs. 12/2443, 162.
11 Vgl. BT-Drs. 12/7302, 58.
12 BGH, 22.02.2024, IX ZR 106/21, NZI 2024, 415, 416 unter Verweis auf BT-Drs. 12/7302, 174.

von der durch den Rechtsausschuss neu gefassten Vorschrift des § 153 Abs. 2 Nr. 1 BeschlE-InsO mit umfasst ansah.

Ferner stellt der Senat auf den Regelungszusammenhang des § 154 Abs. 2 RegE-InsO ab, der ausweislich der Entwurfsbegründung parallel zu § 16 Abs. 4 AktG formuliert wurde, nach dem für die Berechnung der Kapitalbeteiligung auch mittelbare Beteiligungen am Schuldner einzubeziehen seien.[13]

Schließlich stützt der Senat die Entscheidung auf den Sinn und Zweck des § 138 Abs. 2 Nr. 1 InsO, den er ebenfalls der Begründung des Regierungsentwurfs entnimmt. Danach beruhe die Regelung darauf, dass zu mehr als einem Viertel am Kapital des Schuldners beteiligte Personen über besondere, d.h. über bloße Auskunftsrechte hinausgehende Möglichkeiten verfügten, sich über die wirtschaftlichen Verhältnisse des Schuldners zu unterrichten.[14] Diese Möglichkeit werde in typisierender Weise bei einer Kapitalbeteiligung von mehr als 25 % unwiderleglich vermutet. Dies müsse auch dann gelten, wenn eine Beteiligung von mehr als 25 % durch die Zwischenschaltung einer anderen natürlichen oder juristischen Person erreicht werde.[15]

2. *Standpunkt des Schrifttums und Reaktionen auf die Entscheidung*

Dass § 138 Abs. 2 Nr. 1 InsO auch mittelbare Beteiligungen in Form von Beteiligungsketten erfasst, entsprach auch schon vor der Entscheidung des BGH der allgemeinen Ansicht in der Literatur, die sich zumeist ebenfalls auf die Entstehungsgeschichte der Norm beruft.[16] Daher überrascht es nicht, dass die Entscheidung im Schrifttum – soweit ersichtlich – ausschließlich Zuspruch erfahren hat.[17]

13 BGH, 22.02.2024, IX ZR 106/21, NZI 2024, 415, 416 unter Verweis auf BT-Drs. 12/2443, 162.
14 BGH, 22.02.2024, IX ZR 106/21, NZI 2024, 415, 416 unter Verweis auf BT-Drs. 12/2443, 162.
15 BGH, 22.02.2024, IX ZR 106/21, NZI 2024, 415, 416.
16 Bartels in Kübler/Prütting/Bork, InsO, 105. EL September 2025, § 138 Rn. 74; Ganter in K. Schmidt, InsO, § 138 Rn. 23; Gehrlein in MünchKomm-InsO, 5. Aufl. 2025, § 138 Rn. 24; Hirte in Uhlenbruck, InsO, 16. Aufl. 2025, § 138 Rn. 30; Leithaus in Andres/Leithaus, InsO, 5. Aufl. 2025, § 138 Rn. 4; Mohr in KK-InsO, 2017, § 138 Rn. 46; Nerlich in Römermann, InsO, 49. EL Januar 2024, § 138 Rn. 19; Riggert in Braun, InsO, 10. Aufl. 2024, § 138 Rn. 12; Rogge/Leptien in HamKomm-InsR, 10. Aufl. 2024, § 138 InsO Rn. 18; Schoon in BeckOK-InsR, 41. Ed., Stand: 01.11.2025, § 138 InsO Rn. 21; Thole in HK-InsO, 11. Aufl. 2023, § 138 Rn. 14; Haarmeyer in Haarmeyer/Huber/Schmittmann, Praxishandbuch Insolvenzanfechtung, 6. Aufl. 2026, § 138 InsO Rn. 17; Zeuner, Die Anfechtung in der Insolvenz, 2. Aufl. 2007, Rn. 70; Biehl, Insider im Insolvenzverfahren, S. 80; Wolf, Der Dritte in der Pflicht, S. 237; Hirte, ZInsO 1999, 429, 431f.; Ropohl, NZI 2006, 425, 432.
17 Vgl. Ante, GWR 2024, 168, 168; Bork, NZG 2024, 595, 595; Dahl/Taras, NJW-Spezial 2024, 373, 373; Keil, ZIP 2024, 1060, 1060; Leithaus, NZI 2024, 417, 418; Straubmeier, FD-InsR 2024, 810538; wohl auch Blöse, GmbHR 2024, 522, 524.

3. *Würdigung*

Bei eingehender Betrachtung erscheint allerdings zweifelhaft, ob die Begründung des BGH, die anderenorts als schulmäßig bezeichnet wurde,[18] in jeder Hinsicht überzeugen kann.

a) Wortsinn

Die zur Beantwortung der aufgeworfenen Frage erforderliche Auslegung des § 138 Abs. 2 Nr. 1 InsO hat mit der Ermittlung des Wortsinns der Norm zu beginnen.[19] Die Vorschrift bezieht – soweit hier von Interesse – in den Kreis der nahestehenden Personen solche ein, die »[…] zu mehr als einem Viertel am Kapital des Schuldners beteiligt sind.« Auf den ersten Blick scheint der Wortsinn dieser Formulierung Beteiligungsketten nicht zu erfassen, denn die zwischengeschaltete Gesellschaft, an welcher der Anfechtungsgegner beteiligt ist, ist dieser Konstellation gerade nicht der »Schuldner«.[20] Andererseits könnte der Begriff »beteiligt« auch im Sinne einer indirekten bzw. mittelbaren Beteiligung verstanden werden. Hierfür könnte der Verzicht der Formulierung auf das Adverb »unmittelbar« sprechen. Wäre der Begriff »beteiligt« aber ohnehin von vornherein in diesem extensiven Sinne zu verstehen, so fragte es sich, weshalb der Gesetzgeber in § 154 Abs. 2 RegE-InsO noch eine dahingehende Klarstellung für erforderlich hielt. Der objektive Wortsinn der Norm ist daher in diesem Kontext nicht ganz eindeutig.

b) Entstehungsgeschichte

Wie gesehen, begründet der BGH seine Auslegung des § 138 Abs. 2 Nr. 1 InsO insbesondere mit der Entstehungsgeschichte der Norm. Seine Argumentation geht der Sache nach dahin, dass der Gesetzgeber den mittelbare Beteiligungen betreffenden § 154 Abs. 2 RegE-InsO inhaltlich nicht aufgeben wollte und dass dieser im Wege einer nur redaktionellen Umgestaltung durch den Rechtsausschuss im neuen § 153 Abs. 2 Nr. 1 BeschlE-InsO aufging, der seinerseits unverändert in Gestalt des § 138 Abs. 2 Nr. 1 InsO Gesetz wurde.[21] Die Gesetzesmaterialien erweisen sich bei näherer Betrachtung allerdings als nicht ganz so eindeutig, wie der BGH meint. Zwar wird in der Begründung des Rechtsausschusses ausgeführt, dass § 153 Abs. 2 BeschlE-InsO

18 Bork, NZG 2024, 595, 595.

19 Larenz, Methodenlehre der Rechtswissenschaft, 6. Aufl. 1991, S. 320; Möllers, Juristische Methodenlehre, 6. Aufl. 2025, § 4 Rn. 40; Zippelius/Würtenberger, Juristische Methodenlehre, 12. Aufl. 2021, S. 37; vgl. zum anglo-amerikanischen Rechtskreis MacCormick (1993) 6 Ratio Juris 16, 22.

20 Vermutlich veranlasste dies die Vorinstanz, die Eigenschaft des Beklagten als nahestehende Person mit nur einem beiläufigen Satz abzulehnen, vgl. OLG Nürnberg, 18.05.2021, 14 U 1928/18, BeckRS 2021, 65310, Rn. 37.

21 BGH, 22.02.2024, IX ZR 106/21, NZI 2024, 415, 416.

die von den §§ 154, 155 RegE-InsO geregelten Beziehungen erfassen soll,[22] was zunächst auf eine Einbeziehung auch des § 154 Abs. 2 RegE-InsO hindeutet. Einen Satz später heißt es dann allerdings: »[§ 153 Abs. 2] Nummer 1 entspricht ohne wesentliche inhaltliche Änderung § 154 Abs. 1 Nr. 1 und 2 des Regierungsentwurfs.«[23] Hier fehlt einerseits erkennbar der Verweis auf § 154 Abs. 2 RegE-InsO und zum anderen deutet die Formulierung »ohne *wesentliche* inhaltliche Änderung [Herv. d. Verf.]« darauf hin, dass es immerhin – aus Sicht des Rechtsausschusses – *unwesentliche* inhaltliche Änderungen gegeben haben muss. Es finden sich auch Beispiele für inhaltliche Änderungen: So ist etwa von § 153 Abs. 2 Nr. 1 BeschlE-InsO – anders als in § 154 Abs. 1 Nr. 1 RegE-InsO[24] – der Korrespondentreeder nicht mehr erfasst, sofern er nicht zu den persönlich haftenden Mitreedern gehört.[25] Zudem ist in § 153 Abs. 2 Nr. 1 BeschlE-InsO – anders als in § 154 Abs. 1 Nr. 2 RegE-InsO[26] – nicht mehr die Situation geregelt, in der eine juristische Person persönlich haftende Gesellschafterin ist, weshalb es zur Einbeziehung der Mitglieder ihres Vertretungs- oder Aufsichtsorgans nunmehr eines Rückgriffs auf § 153 Abs. 2 Nr. 3 BeschlE-InsO bzw. § 138 Abs. 2 Nr. 3 InsO bedarf.[27] Die Beispiele zeigen, dass der Rechtsausschuss an § 154 Abs. 1 Nr. 1 und 2 RegE-InsO durchaus inhaltliche Änderungen vorgenommen hat. Ob die Streichung des § 154 Abs. 2 RegE-InsO ebenfalls als *unwesentliche* Änderung in obigem Sinne anzusehen ist, ob der Rechtsausschuss die Streichung der Norm nicht bedacht hat oder ob er die Norm – so der BGH – stillschweigend in § 153 Abs. 2 Nr. 1 BeschlE-InsO überführt hat, ist daher letztlich rein spekulativ. Es überzeugt jedenfalls nicht, die Streichung des § 154 Abs. 2 RegE-InsO pauschal als das Ergebnis einer »[…] Neugliederung und redaktionelle[n] Straffung […]« ohne inhaltliche Änderungsabsicht darzustellen.[28] Entgegen der Ansicht des BGH geben die Gesetzesmaterialien für die hiesige Auslegungsfrage schlicht nichts her.

c) Systematik

Aus diesem Grund erscheint es auch bedenklich, einen systematischen Vergleich zur Regelung in § 16 Abs. 4 AktG zu ziehen.[29] Zwar geht aus der Begründung des

22 BT-Drs. 12/7302, 174.
23 BT-Drs. 12/7302, 174.
24 Vgl. BT-Drs. 12/7302, 58.
25 Vgl. zu § 138 Abs. 2 Nr. 1 InsO Bartels in Kübler/Prütting/Bork, InsO, § 138 Rn. 58.
26 Vgl. BT-Drs. 12/7302, 58 f.
27 Vgl. zu § 138 Abs. 2 Nr. 3 InsO Thole in HK-InsO, § 138 Rn. 13; Bartels in Kübler/Prütting/Bork, InsO, § 138 Rn. 67; a.A. Gehrlein in MünchKomm-InsO, § 138 Rn. 20; Hirte, ZInsO 1999, 425, 429 f., die die Mitglieder des Vertretungsorgans der Komplementärgesellschaft – unter zweifelhaftem Verweis auf die fehlende Regelungsabsicht des Rechtsausschusses – unmittelbar § 138 Abs. 2 Nr. 1 InsO unterwerfen wollen.
28 So aber BGH, 22.02.2024, IX ZR 106/21, NZI 2024, 415, 416; vgl. auch Bork, NZG 2024, 595, 595.
29 So aber BGH, 22.02.2024, IX ZR 106/21, NZI 2024, 415, 416; vgl. auch Bork, NZG 2024, 595, 595; Keil, ZIP 2024, 1060, 1060.

Regierungsentwurfs hervor, dass § 154 Abs. 2 RegE-InsO parallel zu § 16 Abs. 4 AktG formuliert wurde.[30] Diese Vorschrift wurde aber – wie gesehen – nicht Teil des Gesetzes und nach dem Gesagten ist unklar, welche Regelungsabsicht ihrer Streichung zugrunde liegt. Da also nicht gesagt werden kann, ob der dem § 16 Abs. 4 AktG entlehnte und zunächst in § 154 Abs. 2 RegE-InsO niedergelegte Rechtsgedanke der Regelung des § 138 Abs. 2 Nr. 1 InsO weiterhin immanent sein soll, kann für dessen Auslegung nicht ohne weiteres auf § 16 Abs. 4 AktG zurückgegriffen werden. Systematisch überzeugender ist es, stattdessen auf andere Regelungen der InsO zurückzugreifen, bei denen auch mittelbare Beteiligungen zu berücksichtigen sind, etwa § 15b Abs. 5 S. 1 InsO[31] und § 39 Abs. 1 Nr. 5[32] und Abs. 5 InsO[33].[34] Der § 16 Abs. 4 AktG hätte hier allenfalls in der Form herangezogen werden können, als der Vorschrift möglicherweise ein allgemeiner gesellschaftsrechtlicher Grundsatz dahingehend entnommen werden kann, dass hinsichtlich der Beteiligung an einer Gesellschaft auch stets mittelbare Beteiligungen zu berücksichtigen sind, um Umgehungsgefahren zu begegnen.[35] Ob sich der dem § 16 Abs. 4 AktG zugrundeliegende Gedanke im Anwendungsbereich des § 138 Abs. 2 Nr. 1 InsO auch ohne ausdrückliche gesetzliche Anordnung fruchtbar machen lässt, erscheint zweifelhaft, dient § 16 Abs. 4 AktG doch der Feststellung einer Mehrheitsbeteiligung (§ 16 Abs. 1 AktG), während es bei § 138 Abs. 2 Nr. 1 InsO um eine Kapitalbeteiligung von (nur) über einem Viertel geht. Diese Frage kann hier aber nicht näher vertieft werden.

d) Telos

Entscheidend ist letztlich eine am Sinn und Zweck des § 138 Abs. 2 Nr. 1 InsO orientierte Gesetzesauslegung. Die *ratio legis* des § 138 InsO in seiner Gesamtheit ist zwar umstritten. Während manche Stimmen den Normzweck allein im Informationsverschaffungsvorsprung der nahestehenden Personen sehen,[36] stellen andere nur

30 BT-Drs. 12/2443, 162.

31 Vgl. Bork/Kebekus in Kübler/Prütting/Bork, InsO, § 15b Rn. 96; Klöhn in MünchKomm-InsO, § 15b Rn. 216.

32 BGH, 21.02.2013, IX ZR 32/12, NJW 2013, 2282, 2283 f.; BGH, 02.05.2019, IX ZR 67/18, NZG 2019, 917, 917; BGH, 25.06.2020, IX ZR 243/18, NZG 2020, 994, 996; Fleischer in Henssler/Strohn, Gesellschaftsrecht, 6. Aufl. 2024, § 39 InsO Rn. 26.

33 BGH, 15.11.2018, IX ZR 39/18, NZI 2019, 169, 171; Können in Kübler/Prütting/Bork, InsO, § 39 Rn. 71; Prosteder/Dachner in BeckOK-InsR, 41. Ed., Stand: 01.11.2025, § 39 InsO Rn. 78.

34 Vgl. Ante, GWR 2024, 168, 168, der insoweit auch auf den Gesellschafterbegriff der §§ 39 Abs. 1 Nr. 5, 135 InsO zurückgreift.

35 So OLG Düsseldorf, 25.01.2017, VI-3 Kart 94/15 (V), BeckRS 2017, 103010, Rn. 22 im Hinblick auf den Begriff »Mehrheitsanteilseigner« i.S.v. § 10c Abs. 5 EnWG. Der BGH als Nachinstanz griff diesen Gedanken hingegen nicht mehr auf, vgl. BGH, 17.07.2018, EnVR 21/17, ZNER 2018, 410; vgl. auch Straubmeier FD-InsR 2024, 810538: »anerkannter Grundsatz im Kapitalgesellschaftsrecht.«

36 Vgl. Bartels in Kübler/Prütting/Bork, InsO, § 138 Rn. 3 f.; Hirte in Uhlenbruck, InsO, § 138 Rn. 1; Pfündl, Insider im Insolvenzanfechtungsrecht, S. 60ff; ders., ZRI 2023, 548,

auf eine erhöhte Kollusionsgefahr zwischen nahestehender Person und Schuldner ab.[37] Richtigerweise liegen der Norm aber beide Kriterien zugrunde.[38] In hiesigem Zusammenhang kann die Streitfrage allerdings auf sich beruhen, weil die erhöhte Kollusionsgefahr allgemein mit dem Gesichtspunkt einer besonderen familiären Loyalität begründet wird und daher von vornherein nicht im Anwendungsbereich des § 138 Abs. 2 InsO zum Tragen kommen kann.[39] Der § 138 Abs. 2 InsO beruht daher nur auf dem Informationsverschaffungsvorsprung kraft gesellschaftsrechtlicher Verbundenheit.[40] Im Anwendungsbereich des § 138 Abs. 2 Nr. 1 InsO soll sich der Informationsverschaffungsvorsprung des Gesellschafters nach der Vorstellung des historischen Gesetzgebers aus einer mit seiner qualifizierten Kapitalbeteiligung verbundenen Sperrminorität ergeben und über allen Gesellschaftern zustehende Auskunftsrechte hinausgehen.[41] Berücksichtigt man diesen Gedanken in der dem BGH zur Entscheidung vorliegenden Konstellation, so kann es tatsächlich keinen Unterschied machen, ob der Anfechtungsgegner selbst über eine Sperrminorität verfügt oder ob sie einer anderen Gesellschaft zusteht, deren Anteile er vollständig hält. Der mittelbar Beteiligte kann die Sperrminorität nämlich auch in diesem Fall *de facto* selbst ausüben. Dass er nicht unmittelbar am Schuldner beteiligt ist, ist vor diesem Hintergrund nur ein formaler und teleologisch zu vernachlässigender Unterschied.

Somit spricht insbesondere der Sinn und Zweck des § 138 Abs. 2 Nr. 1 InsO für die grundsätzliche Einbeziehung von Beteiligungsketten. Jedenfalls im Ergebnis ist der Entscheidung des BGH daher zuzustimmen, auch wenn die Begründung nicht vollends überzeugen kann.

4. Konkrete Ausgestaltung der Beteiligungskette

Eine andere Frage ist hingehen, wie die Beteiligungskette im Einzelfall konkret ausgestaltet sein muss, um § 138 Abs. 2 Nr. 1 InsO zu unterfallen. Der BGH äußerte sich hierzu in der genannten Entscheidung nur beiläufig, sodass weiterhin Klärungsbedarf besteht. Es sind mehrere Konstellationen zu unterscheiden.

548 f.; Ropohl, Gesellschaftsrechtliche Insider nach § 138 Abs. 2 InsO, S. 32 ff.; vgl. auch die Begründung zu §§ 153–155 RegE-InsO, BT-Drs. 12/2443, 161 f.

37 Biehl, Insider im Insolvenzverfahren, S. 9 ff.; ders., ZInsO 2003, 543, 543; Fehl, ZGR 1978, 725, 727 f.

38 Vgl. bereits Ehricke, KTS 1996, 209, 211 ff.; ders. in Kübler/Prütting/Bork, InsO, 77. EL August 2018, § 138 Rn. 1; ders. in Bork, Handbuch des Insolvenzanfechtungsrechts, 2006, Kap. 2 Rn. 33; Gehrlein in MünchKomm-InsO, § 138 Rn. 2; Thole in HK-InsO, § 138 Rn. 4; vgl. auch Killinger, Insolvenzanfechtung gegen Insider, S. 39 f.; Wolf, Der Dritte in der Pflicht, S. 220 f; Trams, NJW-Spezial 2018, 597, 597.

39 Zutreffend Ropohl, Gesellschaftsrechtliche Insider nach § 138 Abs. 2 InsO, S. 33.

40 Daher insoweit zutreffend BGH, 22.02.2024, IX ZR 106/21, NZI 2024, 415, 416.

41 Vgl. die Begründung zu § 154 Abs. 1 Nr. 1 RegE-InsO, BT-Drs. 12/2443, 162. Freilich führt die starre 25 %-Grenze insbesondere bei der GmbH zu einem Wertungswiderspruch zu § 50 GmbHG und lässt sich auch im Übrigen leicht umgehen, vgl. ausführlich Ehricke, KTS 1996, 209, 225 ff.

a) Zwei unproblematische Konstellationen

Eindeutig ist die Rechtslage, wenn der Anfechtungsgegner Alleingesellschafter einer Gesellschaft ist, die ihrerseits – wie im Fall des BGH – Alleingesellschafterin des Schuldners oder zumindest zu mehr als einem Viertel an ihm beteiligt ist. In diesem Fall trifft die gesetzliche Wertung des § 138 Abs. 2 Nr. 1 InsO – wie gesehen – vollständig auch auf den Anfechtungsgegner zu. Er ist in dieser Konstellation nahestehende Person.

Umgekehrt kann der Anfechtungsgegner schon nach dem Wortlaut und der gesetzlichen Wertung des § 138 Abs. 2 Nr. 1 InsO keine nahestehende Person im Sinne dieser Vorschrift sein, wenn er zu weniger als einem Viertel an einer Gesellschaft beteiligt ist, die ihrerseits zu weniger als einem Viertel am Schuldner beteiligt ist. Denn in diesem Fall erfüllt nicht einmal der unmittelbare Gesellschafter die Voraussetzungen des § 138 Abs. 2 Nr. 1 InsO. Etwaige faktische Informationsmöglichkeiten des mittelbaren Gesellschafters im Hinblick auf die Vermögensverhältnisse des Schuldners können jedenfalls bei § 138 Abs. 2 Nr. 1 InsO[42] keine Berücksichtigung finden, denn der Gesetzgeber hat die dort aufgestellte 25 %-Regel bewusst als starre Grenze konzipiert,[43] die keine Wertung der Umstände des Einzelfalls zulässt.[44] Auch der BGH betont dies in der genannten Entscheidung erneut.[45] Die Gegenauffassung,[46] die den Schwellwert des § 138 Abs. 2 Nr. 1 InsO als flexibel auffasst, ist mit dieser Konzeption und dem eindeutigen Wortlaut unvereinbar.[47]

b) Anfechtungsgegner als Mehrheitsgesellschafter des am Schuldner qualifiziert beteiligten Gesellschafters

Hält der unmittelbare Gesellschafter eine qualifizierte Beteiligung am Schuldner,[48] so muss der Anfechtungsgegner auch dann als nahestehende Person i.S.d. § 138 Abs. 2 Nr. 1 InsO anzusehen sein, wenn er i.S.v. § 16 Abs. 1 AktG mit Mehrheit am unmittelbaren Gesellschafter beteiligt ist. Denn in diesem Fall ist der unmittelbare Gesellschafter grundsätzlich vom Anfechtungsgegner abhängig (§ 17 Abs. 2 AktG) und Letzterer kann sich hierdurch den Informationsverschaffungsvorsprung des unmittelbaren Gesellschafters zunutze machen, der sich aus dessen qualifizierter

42 Insoweit kann allenfalls § 138 Abs. 2 Nr. 2 InsO als Auffangtatbestand herangezogen werden, vgl. bereits Ehricke, KTS 1996, 209, 223 ff.

43 Vgl. die Begründung zu § 154 Nr. 1 RegE-InsO, BT-Drs. 12/2443, 162.

44 BGH, 23.11.1995, IX ZR 18/95, BGHZ 131, 189, 193 f.; Ganter in K. Schmidt, InsO, § 138 Rn. 22; Ehricke, KTS 1996, 209, 222 f.; ähnlich Thole, Gläubigerschutz durch Insolvenzrecht, S. 339 ff., der aber eine Ausnahme für satzungsmäßige Änderungen der Sperrminorität macht.

45 BGH, 22.02.2024, IX ZR 106/21, NZI 2024, 415, 416.

46 Hirte in Uhlenbruck, InsO, § 138 Rn. 23 ff.; ders., ZInsO 1999, 429, 430 ff.

47 Zutreffend Pfündl, Insider im Insolvenzanfechtungsrecht, S. 67.

48 Im Folgenden wird eine Beteiligung als »qualifiziert« bezeichnet, wenn sie mehr als ein Viertel, jedoch nicht die Mehrheit des Kapitals des Schuldners umfasst.

Beteiligung ergibt.[49] Dies meint auch der BGH, wenn er in der genannten Entscheidung ausführt, dass es insoweit »[…] auf den Mehrheitsbesitz der Anteile (§ 16 AktG) […]« ankomme.[50] Gleichwohl ist die Formulierung ein wenig ungenau, weil eine Mehrheitsbeteiligung nach § 16 Abs. 1 AktG auch durch eine alleinige Stimmenmehrheit begründet sein kann.[51]

In diesem Zusammenhang wurde die Frage aufgeworfen, ob eine Widerlegung der Abhängigkeitsvermutung des § 17 Abs. 2 AktG durch den Abschluss eines Stimmbindungs- bzw. Entherrschungsvertrags[52] dazu führen kann, dass der Anfechtungsgegner nicht mehr als nahestehende Person anzusehen ist.[53] Hiergegen wurde die bereits angeführte Rechtsprechung des BGH ins Felde geführt, nach der § 138 Abs. 2 Nr. 1 InsO eine generelle Grenze statuiere und keinen Raum für eine umfassende Gesamtabwägung lasse.[54] Diese Auslegung des § 138 Abs. 2 Nr. 1 InsO trifft zwar zu,[55] allerdings ist zu beachten, dass sich der Fall des BGH in einem wesentlichen Aspekt von der hiesigen Konstellation unterscheidet: Während es dort um die Frage ging, ob eine zu 2,4 % am Schuldner beteiligte Person aufgrund der Umstände des Einzelfalls doch als nahestehende Person anzusehen sein kann, geht es hier umgekehrt um die Frage, ob eine Person, die aufgrund ihrer mittelbaren Beteiligung an sich unter § 138 Abs. 2 Nr. 1 InsO fällt, aufgrund einer Widerlegung der Abhängigkeitsvermutung des § 17 Abs. 2 AktG im Einzelfall *keine* nahestehende Person ist. Die strikt am Wortlaut haftende Auslegung des § 138 Abs. 2 Nr. 1 InsO durch den BGH ist nur deshalb zu rechtfertigen und überzeugend, weil die Fälle, in denen zwar die 25 %-Schwelle unterschritten wird, aber dennoch faktisch ein Informationsverschaffungsvorsprung des Anfechtungsgegners besteht, richtigerweise von § 138 Abs. 2 Nr. 2 InsO als Auffangtatbestand erfasst werden können.[56] In der hier diskutierten Konstellation besteht ein entsprechender »Ausgleich« für das enge Normverständnis des § 138 Abs. 2 Nr. 1 InsO hingegen nicht. Der Anfechtungsgegner wäre vielmehr als nahestehende Person anzusehen, obwohl das Abhängigkeitsverhältnis durch den Stimmbindungs- bzw. Entherrschungsvertrag beseitigt wurde. In dieser Konstellation trifft der oben beschriebene Normzweck des § 138 Abs. 2 Nr. 1 InsO aber nicht mehr zu, weil der Anfechtungsgegner in dieser Situation gerade keinen Informationsverschaffungsvorsprung kraft seiner mittelbaren Beteiligung mehr hat. Richtigerweise kann der

49 Bork, NZG 2024, 595, 596; Straubmeier, FD-InsR 2024, 810538; vgl. auch Leithaus, NZI 2024, 417, 417.

50 BGH, 22.02.2024, IX ZR 106/21, NZI 2024, 415, 416.

51 Statt aller Keßler in Henssler/Strohn, Gesellschaftsrecht, § 16 AktG Rn. 1.

52 Vgl. hierzu grundlegend Möhring in Festschrift für H. Westermann, 1974, S. 427 ff.; Bayer in MünchKomm-AktG, 6. Aufl. 2024, § 17 Rn. 100 ff.; Götz, Der Entherrschungsvertrag im Aktienrecht, 1991, passim; Larisch/Bunz, NZG 2013, 1247.

53 Blöse, GmbHR 2024, 522, 523.

54 Blöse, GmbHR 2024, 522, 523 unter Verweis auf BGH, 23.11.1995, IX ZR 18/95, BGHZ 131, 189, 193 f.

55 Ehricke, KTS 1996, 209, 222 f.

56 Vgl. hierzu bereits ausführlich Ehricke, KTS 1996, 209, 223ff.; Ropohl, Gesellschaftsrechtliche Insider nach § 138 Abs. 2 InsO, S. 65 ff., 102 f.; a.A. Hirte, ZInsO 1999, 429, 434.

Anfechtungsgegner daher insoweit nicht mehr als nahestehende Person angesehen werden. Dieses Ergebnis liegt auf einer Linie mit der genannten Entscheidung des BGH, der die Abhängigkeit des unmittelbaren Gesellschafters ebenfalls als für eine dem § 138 Abs. 2 Nr. 1 InsO unterfallende mittelbare Beteiligung konstitutiv ansieht.[57]

c) Anfechtungsgegner als Minderheitsgesellschafter des am Schuldner qualifiziert beteiligten Gesellschafters

Die vorstehenden Ausführungen könnten zu dem Umkehrschluss verleiten, dass der Anfechtungsgegner keine nahestehende Person i.S.v. § 138 Abs. 2 Nr. 1 InsO sein kann, wenn er Minderheitsgesellschafter einer qualifiziert am Schuldner beteiligten Gesellschaft ist.[58] Im Regelfall wird dies auch zutreffen. Insoweit ist allerdings zu berücksichtigen, dass sich die erforderliche Abhängigkeit nach § 17 Abs. 1 AktG auch aus einem beherrschenden Einfluss des Anfechtungsgegners auf den unmittelbaren Gesellschafter ergeben kann.[59] Denkbar sind insoweit etwa Fälle der sog. faktischen Hauptversammlungsmehrheit.[60] Auch in diesem Fall kann sich der Anfechtungsgegner den Informationsverschaffungsvorsprung des unmittelbaren Gesellschafters im oben beschriebenen Sinne zunutze machen, sodass § 138 Abs. 2 Nr. 1 InsO hier auch zur Anwendung kommen muss.

5. *Zwischenergebnis*

Es bleibt also festzuhalten, dass eine dem § 138 Abs. 2 Nr. 1 InsO unterfallende Beteiligungskette vorliegt, wenn der unmittelbare Gesellschafter zu mehr als einem Viertel am Kapital des Schuldners beteiligt und vom Anfechtungsgegner i.S.v. § 17 AktG abhängig ist.[61] Dies ergibt sich aus dem Sinn und Zweck des § 138 Abs. 2 Nr. 1 InsO. Die Entstehungsgeschichte der Norm ist insoweit – entgegen der Ansicht des BGH und des Schrifttums – unergiebig. Konsequenterweise führt die Widerlegung der Abhängigkeitsvermutung des § 17 Abs. 2 AktG durch den Abschluss eines Stimmbindungs- bzw. Entherrschungsvertrags auch dazu, dass der Anfechtungsgegner seine Eigenschaft als nahestehende Person verliert.

57 Vgl. BGH, 22.02.2024, IX ZR 106/21, NZI 2024, 415, 416: »[…] mittelbare Beteiligung begründende Abhängigkeit […]«
58 So Leithaus, NZI 2024, 417, 417 f.; Straubmeier, FD-InsR 2024, 810538.
59 Hierauf weist Bork, NZG 2024, 595, 596 zutreffend hin.
60 Hierzu BGH, 13.10.1977, II ZR 123/76, BGHZ 69, 334, 347; BGH, 17.03.1997, II ZB 3/96, BGHZ 135, 107, 114; BGH, 18.06.2001, II ZR 212/99, BGHZ 148, 123, 125 f.; Bayer in MünchKomm-AktG, § 17 Rn. 35; Emmerich in Emmerich/Habersack, Aktien- und GmbH-Konzernrecht, 10. Aufl. 2022, § 17 AktG Rn. 19 m.w.N.
61 Zutreffend Bork, NZG 2024, 595, 596.

IV. Treuhandgestaltungen

1. *Allgemeines und Abgrenzungen*

Treuhandverhältnisse zeichnen sich allgemein dadurch aus, dass der Treugeber dem Treuhänder eine im Grundsatz umfassende, jedoch nach Maßgabe einer schuldrechtlichen Vereinbarung begrenzte und im eigenen Namen auszuübende Rechtsmacht am Treugut einräumt.[62] Dem Treuhänder kommt also im Außenverhältnis eine überschießende Rechtsmacht zu.[63] Herkömmlich wird zwischen der fiduziarischen Vollrechtstreuhand, der Ermächtigungstreuhand und der Vollmachtstreuhand unterschieden,[64] wobei die beiden Letztgenannten mangels Vollrechtsübertragung eher als treuhandähnlich anzusehen sind[65] und daher im Folgenden außer Acht gelassen werden. Bei der fiduziarischen Vollrechtstreuhand an Anteilsrechten wird der Treuhänder formal Gesellschafter, ist aber nach Maßgabe der Treuhandabrede – regelmäßig ein Auftrag oder ein entgeltlicher Geschäftsbesorgungsvertrag[66] – im Verhältnis zum Treugeber dazu verpflichtet, die Gesellschafterrechte in der vereinbarten Weise auszuüben.[67] Der Treugeber hingegen ist formal kein Gesellschafter, kann aber über den »Umweg« des Treuhänders Einfluss auf die Geschicke der Gesellschaft nehmen.[68] Der Treugeber ist daher nur bei wirtschaftlicher Betrachtung Gesellschafter.[69]

Im Hinblick auf den Zweck der Treuhandgestaltung wird herkömmlich zwischen der eigennützigen Treuhand – häufig in Form der sog. Sicherungstreuhand – und der fremdnützigen Treuhand – häufig in Form der sog. Verwaltungstreuhand – unterschieden.[70]

62 Vgl. grundlegend Schultze, JherJb 43 (1901), 1, 1 ff.; K. Schmidt in MünchKomm-HGB, 4. Aufl. 2019, Vor § 230 Rn. 35; Armbrüster, Die treuhänderische Beteiligung an Gesellschaften, 2001, S. 12 f.; Coing, Die Treuhand kraft privaten Rechtsgeschäfts, 1973, S. 1, 85 ff.; Eden, Treuhandschaft an Unternehmen und Unternehmensanteilen, 4. Aufl. 2023, Kap. I Rn. 18; Siebert, Das rechtsgeschäftliche Treuhandverhältnis, 1933, S. 1, 10 f.; Roth/Thöni in Festschrift 100 Jahre GmbH-Gesetz, S. 245, 249 f.; Henssler, AcP 196 (1996), 37, 41 f. In einem weiteren Sinne ließe sich etwa auch der Fremdgeschäftsführer einer GmbH als Treuhänder bezeichnen, vgl. Ehricke, ZGR 2000, 351, 351.

63 Henssler, AcP 196 (1996), 37, 41; vgl. auch BGH, 03.12.1998, III ZR 288/96, NJW 1999, 1026, 1027: [...] mehr Rechtsmacht [...], als ihm schuldrechtlich [...] gebührt.«

64 K. Schmidt in MünchKomm-HGB, Vor § 230 Rn. 35; Roth/Thöni in Festschrift 100 Jahre GmbH-Gesetz, S. 245, 250.

65 So zutreffend Henssler, AcP 196 (1996), 37, 42; ähnlich Armbrüster, Die treuhänderische Beteiligung an Gesellschaften, S. 13 f.

66 K. Schmidt in MünchKomm-HGB, Vor § 230 Rn. 51; Coing, Die Treuhand kraft privaten Rechtsgeschäfts, S. 92.

67 K. Schmidt in MünchKomm-HGB, Vor § 230 Rn. 36; Roth/Thöni in Festschrift 100 Jahre GmbH-Gesetz, S. 245, 250.

68 Vgl. Reuter, Privatrechtliche Schranken der Perpetuierung von Unternehmen, 1973, S. 224; Roth/Thöni in Festschrift 100 Jahre GmbH-Gesetz, S. 245, 250.

69 K. Schmidt in MünchKomm-HGB, Vor § 230 Rn. 36; Verse in Henssler/Strohn, Gesellschaftsrecht, § 15 GmbHG Rn. 116; vgl. auch Beuthien, ZGR 1974, 26, 29.

70 K. Schmidt in MünchKomm-HGB, Vor § 230 Rn. 38; Roth/Thöni in Festschrift 100 Jahre GmbH-Gesetz, S. 245, 251; Beuthien, ZGR 1974, 26, 29 f.; Henssler, AcP 196 (1996),

Die fremdnützige Verwaltungstreuhand zeichnet sich dadurch aus, dass der Treuhänder die Gesellschafterrechte nur im Interesse des Treugebers ausübt und dient somit dessen mittelbarer Teilhabe.[71] Aufgrund der höheren praktischen Relevanz dieser Gestaltungsform[72] beschränken sich die nachfolgenden Ausführungen auf sie.

Schließlich ist das Treuhandverhältnis an Beteiligungen abzugrenzen von der Unterbeteiligung. Diese ist letztlich eine »Beteiligung an einer Beteiligung«[73] und charakterisiert sich dadurch, dass der Gesellschafter als Hauptbeteiligter dem Unterbeteiligten eine Mitberechtigung an seiner Beteiligung einräumt, wobei zwischen beiden eine BGB-Innengesellschaft entsteht.[74] Im Unterschied zur Treuhand nimmt der Hauptbeteiligte daher regelmäßig[75] (auch) eigene Interessen wahr, während der Treuhänder verpflichtet ist, ausschließlich Interessen des Treugebers wahrzunehmen.[76] In diesem Fall partizipiert der Unterbeteiligte nur partiell am wirtschaftlichen Wert der Beteiligung und ist daher auch in wirtschaftlicher Hinsicht nicht als Gesellschafter anzusehen.[77] Daher wird die Unterbeteiligung im Folgenden ebenfalls nicht berücksichtigt.

2. *Meinungsstand*

Die Frage, ob ein Treugeber im soeben beschriebenen Sinne als nahestehende Person i.S.v. § 138 Abs. 2 Nr. 1 InsO anzusehen ist, wenn der Treuhänder zu mehr als einem Viertel am Kapital des Schuldners beteiligt ist, wurde in der Literatur bislang kaum wirklich aufgeworfen. Wo dies geschieht, wird sie knapp mit dem Hinweis bejaht,

37, 42; vgl. die ähnliche Differenzierung bei Eden, Treuhandschaft an Unternehmen und Unternehmensanteilen, Kap. I Rn. 32 ff.

71 Vgl. K. Schmidt in MünchKomm-HGB, Vor § 230 Rn. 41; Roth/Thöni in Festschrift 100 Jahre GmbH-Gesetz, S. 245, 251. Die Motive hierfür können ausgesprochen vielfältig sein, vgl. umfassend Armbrüster, Die treuhänderische Beteiligung an Gesellschaften, S. 49 ff. Oft wird es um Geheimhaltung der Beteiligung an der Gesellschaft gehen, vgl. Tebben, ZGR 2020, 430, 435.

72 Vgl. Verse in Henssler/Strohn, Gesellschaftsrecht, § 15 GmbHG Rn. 116; Blaurock, Unterbeteiligung und Treuhand an Gesellschaftsanteilen, 1981, S. 67.

73 Herzfeld, AcP 137 (1933), 270, 270.

74 Vgl. BGH, 11.07.1968, II ZR 179/66, NJW 1968, 2003, 2003; BGH, 13.06.1994, II ZR 259/92, NJW 1994, 2886, 2887; Verse in Henssler/Strohn, Gesellschaftsrecht, § 15 GmbHG Rn. 126; Roth/Thöni in Festschrift 100 Jahre GmbH-Gesetz, S. 245, 252 f.; Esch, NJW 1964, 902, 902 f.

75 Die beiderseitige Teilhabe von Unter- und Hauptbeteiligtem stellt nach heutigem Verständnis allerdings kein zwingendes Kriterium der Unterbeteiligung dar, weshalb zur Treuhand kein »echtes« Exklusivitätsverhältnis besteht, vgl. BGH, 13.06.1994, II ZR 259/92, NJW 1994, 2886, 2887; Armbrüster, Die treuhänderische Beteiligung an Gesellschaften, S. 23; a.A. früher Wiedemann, Die Übertragung und Vererbung von Mitgliedschaftsrechten bei Handelsgesellschaften, 1965, S. 387.

76 Vgl. Weller/Reichert in MünchKomm-GmbHG, § 15 Rn. 249; Blaurock, Unterbeteiligung und Treuhand an Gesellschaftsanteilen, S. 391.

77 Verse in Henssler/Strohn, Gesellschaftsrecht, § 15 GmbHG Rn. 126.

dass § 138 Abs. 2 Nr. 1 InsO mittelbare Beteiligungen erfasse.[78] Gerichtliche Entscheidungen hierzu gibt es – soweit ersichtlich – nicht.

3. Würdigung

a) Wortsinn, Entstehungsgeschichte und Systematik

Auch im Hinblick auf Treuhandgestaltungen erscheint der Wortlaut des § 138 Abs. 2 Nr. 1 InsO wenig ergiebig. Zwar ist in dieser Konstellation formal nur der Treuhänder »am Kapital des Schuldners beteiligt«, allerdings dient die oben beschriebene Treuhandform der mittelbaren Teilhabe des Treugebers. Ob diese Form der mittelbaren Beteiligung innerhalb des möglichen Wortsinns des Begriffs »beteiligt« i.S.v. § 138 Abs. 2 Nr. 1 InsO liegt, erscheint aber – aus den gleichen Gründen wie bei der Beteiligungskette – unklar.

In entstehungsgeschichtlicher Hinsicht könnte man verleitet sein – wie der BGH im Falle der Beteiligungskette – auf § 154 Abs. 2 RegE-InsO hinzuweisen, nach dem eine Person auch insoweit am Schuldner beteiligt ist, als ein Dritter für ihre Rechnung eine Beteiligung am Schuldner hält. Diese Bestimmung hätte auch Treuhandgestaltungen erfasst.[79] Allerdings ist – wie gezeigt – unklar, welche Regelungsabsicht der Streichung des § 154 Abs. 2 RegE-InsO zugrunde liegt, sodass nicht ohne Weiteres angenommen werden kann, der Gesetzgeber habe § 138 Abs. 2 Nr. 1 InsO in gleicher Weise auch auf Treuhandverhältnisse erstrecken wollen.

Auch hier scheidet ein systematischer Vergleich zu § 16 Abs. 4 AktG aus den oben genannten Gründen aus. Jedoch kann auch hier ein Vergleich zu § 39 Abs. 1 Nr. 5 InsO gezogen werden, denn nach allgemeiner Meinung steht hier der Treugeber im Rahmen der oben beschriebenen Treuhandgestaltung einem Gesellschafter gleich.[80]

b) Telos

Letztlich ist auch im Hinblick auf Treuhandgestaltungen entscheidend, inwieweit der Sinn und Zweck des § 138 Abs. 2 Nr. 1 InsO eine Einbeziehung dieser Konstellationen gebietet. Mit Blick auf die oben genannte *ratio legis* lautet die entscheidende Frage: Hat, wenn der Treuhänder zu mehr als einem Viertel am Kapital des Schuldners beteiligt ist, auch der *Treugeber* einen über bloße Auskunftsrechte hinausgehenden

78 Bartels in Kübler/Prütting/Bork, InsO, § 138 Rn. 74; Ganter in K. Schmidt, InsO, § 138 Rn. 23; Gehrlein in MünchKomm-InsO, § 138 Rn. 24; Mohr in KK-InsO, § 138 Rn. 46; Nerlich in Römermann, InsO, § 138 Rn. 19; Rogge/Leptien in HamKomm-InsR, § 138 InsO Rn. 18; Schoon in BeckOK-InsR, § 138 InsO Rn. 21; Haarmeyer in Haarmeyer/Huber/Schmittmann, Praxishandbuch Insolvenzanfechtung, § 138 InsO Rn. 17; Wolf, Der Dritte in der Pflicht, S. 237.

79 Vgl. zu § 16 Abs. 4 AktG statt aller Koch, AktG, 19. Aufl. 2025, § 16 Rn. 12; vgl. auch Vedder, Zum Begriff »für Rechnung« im AktG und im WpHG, 1999, S. 155 f.

80 Vgl. nur BGH, 25.06.2020, IX ZR 243/18, NZG 2020, 994, 998 m.w.N.

Informationsverschaffungsvorsprung hinsichtlich der Vermögensverhältnisse des Schuldners?[81] Hier erscheint eine differenzierte Betrachtung angezeigt; die pauschale Gleichstellung mit den Fällen der Beteiligungskette[82] überzeugt nicht.

Zu beachten ist, dass der Gesetzgeber den dem § 138 Abs. 2 Nr. 1 InsO zugrunde liegenden Informationsverschaffungsvorsprung ausdrücklich mit der Sperrminorität des qualifiziert beteiligten Gesellschafters begründet.[83] Der Treugeber verfügt aber keinesfalls selbst über diese Sperrminorität, denn der Treuhänder bleibt kraft seiner Stellung als Gesellschafter weiterhin originärer Inhaber des Stimmrechts.[84] Unter Berücksichtigung der Wertung des Gesetzgebers kommt es daher entscheidend darauf an, inwieweit der Treugeber auf den Treuhänder einwirken kann, damit dieser die Sperrminorität in seinem Sinne einsetzt. Der Treugeber kann dem Treuhänder im Regelfall über sein aus der Treuhandabrede folgendes Weisungsrecht nach § 665 BGB[85] eine bestimmte Stimmabgabe vorschreiben.[86] Auf diese Weise kann sich der Treugeber die Sperrminorität des Treuhänders mittelbar zunutze machen. Der Fall liegt dann insoweit wertungsmäßig nicht anders als bei der Beteiligungskette.

Im Regelfall verfügt der Treugeber auch über gewisse Informationsrechte, durch die er sich über die Vermögenslage der Schuldnergesellschaft informieren kann. Die mit der Mitgliedschaft verbundenen Informationsrechte gegen die *Gesellschaft*, etwa aus § 51a GmbHG, § 131 AktG, § 717 Abs. 1 BGB, § 166 HGB, stehen dem Treugeber zwar von vornherein nicht zu[87] und einer isolierten Übertragung dieser Rechte steht das Abspaltungsverbot entgegen.[88] Allerdings kann der Treugeber vom *Treuhänder* nach § 666 BGB Auskunft und Rechenschaft über die verwaltete Beteiligung verlangen.[89] Dieses Informationsrecht wird nach verbreiteter Ansicht zwar durch ein

81 Vgl. erneut die Begründung zu § 154 Abs. 1 Nr. 1 RegE-InsO, BT-Drs. 12/2443, 162.

82 So etwa Bartels in Kübler/Prütting/Bork, InsO, § 138 Rn. 74.

83 BT-Drs. 12/2443, 162.

84 Vgl. BGH, 10.11.1951, II ZR 111/50, BGHZ 3, 354, 360; BGH, 25.01.1960, II ZR 22/59, BGHZ 32, 17, 30; BGH, 21.03.1988, II ZR 308/87, BGHZ 104, 66, 74 f.; Coing, Die Treuhand kraft privaten Rechtsgeschäfts, S. 160; Beuthien, ZGR 1974, 26, 52 ff., 82 f.; vgl. auch RG, 03.07.1934, II 116/34, JW 1934, 2906, 2907 für den Fall der Sicherungstreuhand.

85 Entgegen BGH, 22.10.1990, II ZR 238/89, NJW 1991, 1057, 1059 besteht das Weisungsrecht nicht »gem. § 665 BGB kraft Gesetzes«, sondern folgt aus der vertraglichen Treuhandabrede, vgl. zutreffend Armbrüster, Die treuhänderische Beteiligung an Gesellschaften, S. 231 f.

86 K. Schmidt in MünchKomm-HGB, Vor § 230 HGB Rn. 63; Ebermann, Die Verwaltungstreuhand an GmbH-Anteilen, 1970, S. 109.

87 Vgl. umfassend hierzu Armbrüster, Die treuhänderische Beteiligung an Gesellschaften, S. 300 ff.; Blaurock, Unterbeteiligung und Treuhand an Gesellschaftsanteilen, S. 180; Roth/Thöni in Festschrift 100 Jahre GmbH-Gesetz, S. 245, 276; Henssler, AcP 196 (1996), 37, 81. Früher sah Art. 98 Satz 2 Halbsatz 2 ADHGB dies noch ausdrücklich vor, vgl. hierzu ROHG, 18.01.1878, Rep. 1544/77, ROHGE 23, 120.

88 Vgl. BGH, 03.11.1975, II ZR 98/74, GmbHR 1976, 37, 38; Blaurock, Unterbeteiligung und Treuhand an Gesellschaftsanteilen, S. 180.

89 K. Schmidt in MünchKomm-HGB, Vor § 230 Rn. 74; Armbrüster, Die treuhänderische Beteiligung an Gesellschaften, S. 304; Blaurock, Unterbeteiligung und Treuhand an Gesellschaftsanteilen, S. 181; Ebermann, Die Verwaltungstreuhand an GmbH-Anteilen, S. 29.

etwaiges Geheimhaltungsinteresse der Gesellschaft überlagert und eingeschränkt,[90] jedoch ist auch in diesem Fall davon auszugehen, dass dem Treugeber jedenfalls ein erheblicher wirtschaftlicher Verfall der Schuldnergesellschaft nicht verborgen bleiben wird und nur hierauf kommt es im hiesigen Kontext an. Denn jedenfalls eine Vorlage des Jahresabschlusses der Gesellschaft wird der Treuhänder kaum je verweigern können.[91] Aufgrund dieser Einwirkungs- und Informationsmöglichkeiten des Treugebers ist er unter Berücksichtigung des Sinn und Zwecks des § 138 Abs. 2 Nr. 1 InsO jedenfalls im Regelfall als der Schuldnergesellschaft nahestehende Person anzusehen.

Allerdings ist hiermit auch nur der Regelfall beschrieben. Die Treuhandabrede unterliegt als schuldrechtlicher Vertrag nach allgemeinen Grundsätzen der privatautonomen Gestaltung durch die Vertragsparteien. Die Informationsrechte des Treugebers aus § 666 BGB sind vollständig abdingbar.[92] Ob dies auch für das Weisungsrecht nach § 665 BGB gilt, ist umstritten. Gegen die Dispositivität des § 665 BGB wurde eingewandt, dass der Treuhänder die Interessen des Treugebers zu wahren habe. Die Abhängigkeit des Treuhänders sei ebenso wie das Abspaltungsverbot Ausdruck des allgemeinen Rechtsgedankens, dass eine Entscheidungsmacht ohne wirksame Bindung an das Interesse des Trägers des Entscheidungsrisikos entfalle.[93] Diese Ansicht läuft aber letztlich darauf hinaus, gesellschaftsrechtliche Kriterien in sachwidriger Weise für die Unzulässigkeit einer schuldrechtlichen Absprache ins Felde zu führen.[94] Weshalb der Treugeber als freiverantwortlicher »Träger des Entscheidungsrisikos« nicht innerhalb der allgemeinen Grenzen der Privatautonomie (§§ 134, 138 BGB) auf eine Einflussmöglichkeit nach § 665 BGB verzichten können soll, erschließt sich nicht. Im Einzelfall kann damit gerade seinen Interessen gedient sein.[95] Nach zutreffender Ansicht ist das Weisungsrecht des Treugebers daher ebenfalls vollständig abdingbar.[96] Diese Betrachtungsweise steht auch nicht im Widerspruch zur Entscheidung des BGH vom 12.07.1965.[97] In der Entscheidung erklärte der II. Zivilsenat zwar

90 K. Schmidt in MünchKomm-HGB, Vor § 230 Rn. 74; Blaurock, Unterbeteiligung und Treuhand an Gesellschaftsanteilen, S. 134, 181 f.; Ebermann, Die Verwaltungstreuhand an GmbH-Anteilen, S. 100; Roth/Thöni in Festschrift 100 Jahre GmbH-Gesetz, S. 245, 276 f., wobei dies bei der offengelegten Treuhand wieder relativiert wird.

91 Vgl. dies implizit voraussetzend Blaurock, Unterbeteiligung und Treuhand an Gesellschaftsanteilen, S. 181; vgl. auch ROHG, 18.01.1878, Rep. 1544/77, ROHGE 23, 120, 122: »Die Offenlegung dieser Abschlüsse bildet demnach die vornehmliche Pflicht des rechnungslegenden Socius seinem Unterbetheiligten gegenüber.«

92 Statt aller F. Schäfer in MünchKomm-BGB, 9. Aufl. 2023, § 666 Rn. 2; a.A. offenbar – aber ohne jede Begründung – Ebermann, Die Verwaltungstreuhand an GmbH-Anteilen, S. 29.

93 Reuter, Privatrechtliche Schranken der Perpetuierung von Unternehmen, S. 225, 227; ders, ZGR 1978, 633, 642.

94 Vgl. zutreffend Armbrüster, Die treuhänderische Beteiligung an Gesellschaften, S. 231.

95 Vgl. das Beispiel bei Armbrüster, Die treuhänderische Beteiligung an Gesellschaften, S. 231.

96 Armbrüster, Die treuhänderische Beteiligung an Gesellschaften, S. 231; Roth/Thöni in Festschrift 100 Jahre GmbH-Gesetz, S. 245, 250.

97 A.A. offenbar Ebermann, Verwaltungstreuhand an GmbH-Anteilen, S. 29 unter unzutreffendem Verweis auf BGH, 12.07.1965, II ZR 118/63, BGHZ 44, 158, 160 f.

eine Vergleichsbestimmung für sittenwidrig, die eine vollständige Weisungsfreiheit des Treuhänders vorsah. Das Gericht stützte die Entscheidung aber maßgeblich auf den Umstand, dass der Kläger als Treugeber im konkreten Fall keinen Einfluss auf die Auswahl des Treuhänders hatte.[98] Der Senat hat eine vollständige Weisungsfreiheit des Treuhänders gerade nicht grundsätzlich beanstandet.

Sind nun aber die Informationsrechte nach § 666 BGB und das Weisungsrecht nach § 665 BGB in zulässiger Weise vollständig abbedungen, so verfügt der Treugeber einerseits nicht einmal mittelbar über eine Sperrminorität und hat andererseits auch ansonsten keinerlei Möglichkeit, sich über die Vermögensverhältnisse der Schuldnergesellschaft zu informieren. Er ist dann gleichsam blind, taub und handlungsunfähig. In diesem Fall – aber auch nur dann – kann ein Informationsverschaffungsvorsprung des Treugebers im Hinblick auf die Vermögensverhältnisse der Schuldnergesellschaft nicht angenommen werden. Insoweit kommt die *ratio legis* des § 138 Abs. 2 Nr. 1 InsO nicht zum Tragen und die Norm daher nicht zur Anwendung.

4. Zwischenergebnis

Somit bleibt festzuhalten, dass die Einbeziehung des Treugebers in den Kreis der nach § 138 Abs. 2 Nr. 1 InsO nahestehenden Personen nach dem Sinn und Zweck der Norm von der konkreten Ausgestaltung der Treuhandabrede abhängt. Sofern dem Treugeber gegenüber dem Treuhänder das Weisungsrecht nach § 665 BGB und die Informationsrechte des § 666 BGB zustehen, ist von einem Informationsverschaffungsvorsprung des Treugebers auszugehen, sodass der § 138 Abs. 2 Nr. 1 InsO zur Anwendung kommt. Sofern diese Rechte des Treugebers aber vertraglich ausgeschlossen sind, kann er nach dem Sinn und Zweck dieser Norm nicht ihrem Anwendungsbereich unterfallen.

V. Schlussbetrachtung und Zusammenfassung in Thesenform

Wie eingangs erwähnt, kommt der Qualifikation des Anfechtungsgegners als dem Schuldner nahestehende Person eine ganz erhebliche Bedeutung zu. Nicht selten wird der Erfolg des Anfechtungsprozesses entscheidend von diesem Kriterium abhängen.[99] Daher muss sich der Anwendungsbereich des § 138 InsO strikt nach dem Sinn und Zweck dieser Norm richten. Auf den ersten Blick in Betracht kommende Fallgestaltungen sind also stets im Lichte des Normzwecks kritisch zu hinterfragen. Vor einer pauschalisierenden Betrachtungsweise, die den gesetzlichen Bestimmungen innewohnende Wertungen außer Acht lässt, kann in diesem Zusammenhang nur entschieden gewarnt werden. Die vorstehenden Ausführungen sind diesem Anliegen

98 BGH, 12.07.1965, II ZR 118/63, BGHZ 44, 158, 159 f.
99 Vgl. zur Sonderstellung des insolvenzrechtlichen Insiders im Hinblick auf das Prozessverlustrisiko Pfündl, Insider im Insolvenzanfechtungsrecht, S. 108.

verpflichtet und verstehen sich als ein Plädoyer für eine differenzierte Rechtsanwendung. Die hier gewonnenen Erkenntnisse lassen sich wie folgt zusammenfassen:

1. Mittelbare Beteiligungen in Form von Beteiligungsketten unterfallen im Grundsatz dem Anwendungsbereich des § 138 Abs. 2 Nr. 1 InsO. Dies folgt aus dem Sinn und Zweck der Norm. Anders als vom BGH und der herrschenden Literatur angenommen, lässt die Entstehungsgeschichte insoweit aber keine verwertbaren Schlüsse zu.
2. Eine Beteiligungskette wird von § 138 Abs. 2 Nr. 1 InsO erfasst, wenn der unmittelbare Gesellschafter zu mehr als einem Viertel am Kapital des Schuldners beteiligt und i.S.v. § 17 AktG vom Anfechtungsgegner abhängig ist. Hieraus folgt, dass der Abschluss eines Stimmbindungs- bzw. Entherrschungsvertrags durch den Anfechtungsgegner zum Verlust seiner Eigenschaft als nahestehende Person führt.
3. Im Rahmen von Treuhandgestaltungen ist eine differenzierte Betrachtungsweise angezeigt. Ist der Treuhänder mit über einem Viertel am Kapital des Schuldners beteiligt, kann der Treugeber nach dem Sinn und Zweck des § 138 Abs. 2 Nr. 1 InsO nur dann als nahestehende Person angesehen werden, wenn ihm gegenüber dem Treuhänder nach Maßgabe der Treuhandabrede das Weisungsrecht nach § 665 BGB und die Informationsrechte des § 666 BGB zustehen.

»Faktischer Bezugszwang« in der börsengehandelten Aktiengesellschaft: Von lethargischen Aktionären und überschüssigem Kapital

Andreas Engert/Aaron Waible

I. Einführung

Niemand lässt sich gerne zu etwas zwingen. Ein »faktischer Bezugszwang« hat keinen guten Klang. Dabei geht es auf den ersten Blick um ein attraktives Angebot: Aktionäre erhalten die Möglichkeit, zusätzliche Aktien zu einem gemessen am Börsenkurs niedrigen Bezugspreis zu zeichnen. Preisabschläge um ein Viertel und mehr sind die Regel.[1] Begeisterung über dieses günstige Angebot wäre allerdings verfehlt, denn für den Vorzugspreis kommen die Aktionäre selbst auf, indem der Wert ihrer bisherigen Anteile verwässert wird. Diese Einbuße können sie nur abwenden, indem sie ihr Bezugsrecht ausüben oder zumindest verwerten. Daraus erklärt sich die nötigende Wirkung einer Kapitalerhöhung mit Bezugsrecht, aber zu einem niedrigen Bezugspreis: Auf Kosten der Aktionäre setzt die Gesellschaft eine Belohnung für die Zeichnung der neuen Aktien aus. Das Bezugsrecht ermöglicht den Altaktionären, sich diese »Zeichnungsprämie« zu sichern, aber nur, wenn sie dafür zusätzliches Kapital in die Gesellschaft investieren.

Ob der faktische Bezugszwang eine unziemliche Nötigung der Gesellschafter durch ihre eigene Gesellschaft ist, oder aber eine bloße Lästigkeit und jedenfalls eine legitime Zumutung, beschäftigt Jens Ekkenga in seiner Kommentierung des § 182 AktG.[2] Deshalb und weil im Folgenden den wirtschaftlichen Zusammenhängen besondere Aufmerksamkeit geschenkt wird, hoffen wir, ihm mit diesem Beitrag eine Freude zu bereiten.

1 Aktuellste und breiteste Datenbasis bei Massa/Mataigne/Vermaelen/Xu, Choices in Equity Finance a Global Perspective, CEPR Discussion Paper No. DP11987, 2017, S. 17 f. (Abschlag von 27 % im Mittel und 24 % im Median bei 15.751 Kapitalerhöhungen weltweit 1995–2011); für Deutschland Gebhardt/Heiden/Daske, Determinants of Capital Market Reactions to Seasoned Equity Offers by German Corporations, Arbeitspapier, 2001, S. 12 (Abschlag von 35 % im Mittel und 32 % im Median bei 129 Kapitalerhöhungen von Nichtfinanzunternehmen in Deutschland 1981–1990). Weitere Länderstudien: Fong/Lam, J. Bus. Fin. & Acct. 41 (2014), 773 (Median-Abschlag von 41 % in Stichprobe von 226 Kapitalerhöhungen in Hong Kong 2003–2010); Mateus/Farinha/Soares, Eur. Bus. Rev. 29 (2017), 457, 466 (Abschlag von 29 % im Mittel und 16 % im Median bei 232 Kapitalerhöhungen von Nichtfinanzunternehmen in Großbritannien 1994–2012).

2 Ekkenga in KK-AktG, 3. Aufl. 2020, § 182 AktG Rn. 41.

II. Diskussionsstand

Das Bezugsrecht schützt die Aktionäre vor Verwässerung, indem es ihnen einen ihrer bisherigen Beteiligung entsprechenden Anteil neu auszugebender Aktien sichert. Doch auch wenn das gesetzliche Bezugsrecht formal gewahrt bleibt, kann die Entscheidungsfreiheit der Aktionäre beeinträchtigt sein. Diskutiert werden vor allem Fälle eines »faktischen Bezugsrechtsauschlusses«, bei denen die Bezugsbedingungen den Aktionären die Ausübung des Bezugsrechts derart erschweren, dass sie faktisch daran gehindert sind. Denkbar ist das insbesondere, wenn der Bezugspreis den Wert der Aktien übersteigt.[3]

Umgekehrt kann der Bezugspreis aber auch so niedrig festgesetzt werden, dass die Aktionäre gezwungen sind, ihr Bezugsrecht auszuüben. Aufbauend auf Vorarbeiten von Immenga urteilte das OLG Stuttgart im Jahr 1999 zum GmbH-Recht, dass ein solcher »faktischer Bezugszwang« gegen die Treuepflicht verstoße, weil Mitgesellschafter Vermögensnachteile nur um den Preis einer zusätzlichen Investition vermeiden könnten.[4] Maßgeblich für die Angemessenheit des Bezugspreises sei dabei der innere Wert der Anteile, wobei das Gericht der Mehrheit einen Bewertungsspielraum zugestand.

Es versteht sich nicht von selbst, ob diese Argumentation auf eine börsengehandelte[5] Aktiengesellschaft zu übertragen ist. Denn anders als bei einer GmbH oder einer nicht börsengehandelten Aktiengesellschaft können die Aktionäre dort eine Wertverwässerung besser durch Verkauf ihres Bezugsrechts ausgleichen.[6] Dennoch wandte das OLG Hamburg in einem Freigabebeschluss nach § 246a AktG die Figur des faktischen Bezugszwangs auf eine börsengehandelte Aktiengesellschaft an.[7] Ausschlaggebend dafür sei der Eingriff in die Entscheidungsfreiheit derjenigen Aktionäre, die »aus diversen Gründen« nicht an der Kapitalerhöhung teilnehmen wollten.[8] In dem zugrundeliegenden Fall sollte der Bezugspreis um über 70 % unter dem Börsenkurs am Tag der Hauptversammlung liegen.[9]

Damit schloss sich das Gericht dem überwiegenden Schrifttum an, dessen Begründungen allerdings zumeist knapp bleiben.[10] Auf Grundlage dieser vorherrschenden

3 Verse in MünchKomm-AktG, 6. Aufl. 2025, § 186 Rn. 169 m.w.N.

4 OLG Stuttgart, 01.12.1999, 20 U 38/99, NZG 2000, 156, 157.

5 Hierunter sollen Aktiengesellschaften verstanden werden, deren Aktien im organisierten bzw. regulierten Markt oder im Freiverkehr gehandelt werden.

6 Rottnauer, ZGR 2007, 401, 432; vgl. auch Immenga, Die personalistische Kapitalgesellschaft, S. 238 f. Zu weiteren Möglichkeiten unten III.1.b).

7 OLG Hamburg, 12.02.2021, 11 AktG 1/20, AG 2021, 568 (Sparta AG); entgegen Aussagen im Beschluss handelte es sich wohl um keine börsennotierte (§ 3 Abs. 2 AktG), sondern um eine Freiverkehrs-Aktiengesellschaft. Vgl. ferner obiter OLG Düsseldorf, 22.11.2018, 6 AktG 1/18, AG 2019, 467.

8 OLG Hamburg, 12.02.2021, 11 AktG 1/20, AG 2021, 568, 570.

9 OLG Hamburg, 12.02.2021, 11 AktG 1/20, AG 2021, 568, 569 f. (Bezugspreis von 28 Euro bei einem Börsenkurs von ca. 100 Euro).

10 Koch AktG, 19. Aufl. 2025, § 182 AktG Rn. 23a; Ziemons in Schmidt/Lutter, AktG, 5. Aufl. 2024, § 9 AktG Rn. 20; Mock in Großkomm-AktG, 5. Aufl. 2017,

Auffassung stellen sich weitere Fragen. So ist zu bestimmen, an welcher Bewertung der Altaktien sich eine drohende Verwässerung bemisst. Teilweise wird auch für die börsengehandelte Aktiengesellschaft auf den inneren Wert abgestellt.[11] Andere ziehen den Börsenkurs vor der Kapitalerhöhung[12] oder – wie das OLG Hamburg – den »theoretical ex-rights price« (TERP) heran, also den rechnerischen Börsenkurs nach Durchführung der Kapitalerhöhung.[13] Weiter ist strittig, wie groß ein Abschlag auf den maßgeblichen Wert sein darf. Hier werden Sätze bis zu 50 % genannt.[14] Schließlich fragt sich, ob ein funktionierender Bezugsrechtshandel eine Treuepflichtverletzung ausschließt, weil er es den Aktionären ermöglicht, ihre Bezugsrechte zu verwerten und damit eine Werteinbuße auszugleichen.[15] Das OLG Hamburg hielt mit dieser Begründung trotz des hohen Abschlags die Anfechtung der Kapitalerhöhung für offensichtlich unbegründet (§ 246a Abs. 2 Nr. 1 AktG).[16]

Zusätzliche Fragen wirft die Neuregelung des § 255 AktG durch das Zukunftsfinanzierungsgesetz (ZuFinG) auf.[17] § 255 Abs. 2 AktG n.F. schließt nach seinem Wortlaut jede Anfechtung aufgrund einer »unangemessen niedrig[en]« Einlage aus. Dies scheint auch einer Anfechtbarkeit wegen faktischen Bezugszwangs die Grundlage zu entziehen.[18] Andererseits sieht § 255 Abs. 4 AktG n.F. einen im Spruchverfahren zu ermittelnden Barausgleich für eine unangemessen niedrige Einlage vor, wenn

§ 9 AktG Rn. 97; Verse in MünchKomm-AktG, § 182 AktG Rn. 68; zurückhaltend Ekkenga in KK-AktG, § 182 AktG Rn. 41; Servatius in BeckOGK-AktG, Stand: 01.10.2024, § 186 AktG Rn. 103; a.A. Vaupel/Reers, AG 2010, 93, 102; Tielmann in Festschrift Vetter, 2019, S. 819, 828.

11 Seibt/Voigt, AG 2009, 133, 139.

12 Verse in MünchKomm-AktG, § 182 AktG Rn. 68; Koch AktG, § 182 AktG Rn. 23a; Sickinger/Thelen, AG 2021, 705 Rn. 6.

13 OLG Hamburg, 12.02.2021, 11 AktG1/20, AG 2021, 568, 570 f.; Kocher/Feigen, CFL 2013, 116, 122; Ekkenga in KK-AktG, § 182 AktG Rn. 41; Tielmann in Festschrift Vetter, 2019, S. 819, 829.

14 Seibt/Voigt, AG 2009, 133, 139 Fn. 68 (Abschlag zwischen 20 % und 50 % zum inneren Wert i.d.R. unbedenklich); Kuthe/Zipperle/Reiters, WM 2021, 1983 (Abschlag von bis zu 50 % zum Börsenkurs); Sickinger/Kuthe in Münchener Anwaltshandbuch AktR, § 33 Rn. 123 (bis zu 50 % zum inneren Wert); vgl. auch Schlitt/Sailer, WM 2003, 2175, 2177 (Abschlag von 10 % bis 25 % zum Börsenkurs praxistypisch).

15 Dafür Verse in MünchKomm-AktG, § 182 AktG Rn. 68; Seibt/Voigt, AG 2009, 133, 139; Schlitt/Schäfer, CFL 2011, 410, 413; weitergehend Kocher/Feigen, CFL 2013, 116, 123, die die Einschränkung eines »funktionierenden« Bezugsrechtshandels für entbehrlich halten.

16 OLG Hamburg, 12.02.2021, 11 AktG 1/20, AG 2021, 568, 571.

17 Gesetz zur Finanzierung von zukunftssichernden Investitionen (Zukunftsfinanzierungsgesetz – ZuFinG), BGBl. 2023 I Nr. 354 vom 14.12.2023.

18 Drescher in Henssler/Strohn, Gesellschaftsrecht, 6. Aufl. 2024, § 255 AktG Rn. 9. Anders mit Blick auf die Gesetzesmaterialien, die zum faktischen Bezugszwang schweigen, Koch AktG, § 182 AktG Rn. 23a; Verse in MünchKomm-AktG, § 182 AktG Rn. 68; Stilz/Schumann in BeckOGK-AktG, § 255 AktG, Rn. 67; uneindeutig von der Linden, AG 2024, S23, S27; Mock, AG 2024, 797, 806.

das Bezugsrecht ausgeschlossen wurde. Insoweit wird eine analoge Anwendung auf Fälle eines faktischen Bezugszwangs erwogen, wobei die Ausgestaltung offenbleibt.[19]

III. Regelungsbedürfnis bei Bezugsangeboten unter Marktwert

1. *Schutz der Altaktionäre*

Dem Bezugsrecht wird eine wesentliche Schutzwirkung zugunsten außenstehender Aktionäre zugeschrieben.[20] Ein Zahlenbeispiel verdeutlicht die Funktionsweise: Eine Aktiengesellschaft habe 100 Aktien; der Ertragswert und die Marktkapitalisierung[21] betragen 1.000 Euro, der innere Wert und Börsenkurs somit 10 Euro. Gibt die Gesellschaft 100 zusätzliche Aktien aus, können die bisherigen Aktionäre je Altaktie eine neue Aktie zeichnen. Sofern sie ihr Bezugsrecht ausüben, bleibt ihr (Stimmrechts-) Anteil gleich. Beträgt der Bezugspreis 5 Euro, fließen der Aktiengesellschaft aus der Kapitalerhöhung 500 Euro zu. Unterstellt man, dass die Gesellschaft die zusätzlichen Mittel mit gleichem Risiko und gleicher erwarteter Rendite wie das vorhandene Eigenkapital investiert,[22] steigt die Marktkapitalisierung auf 1.500 Euro. Der Wert je Aktie fällt auf 1.500 Euro ÷ 200 Aktien = 7,50 Euro/Aktie. Die Aktionäre verlieren je Altaktie 2,50 Euro; diese Einbuße gleicht das Bezugsrecht aus, indem es die Zeichnung einer neuen Aktie im Wert von 7,50 Euro zu einem Ausgabepreis von 5 Euro ermöglicht und damit eine Zeichnungsprämie[23] von 2,50 Euro den bisherigen Aktionären zuweist.

a) Unterbliebene Ausübung des Bezugsrechts

Die Schutzwirkung des Bezugsrechts setzt seine Ausübung voraus. Ungenutzte Bezugsrechte verfallen nach Ablauf der Bezugsfrist.[24] In dem Zahlenbeispiel bleibt einem Altaktionär nur die auf 7,50 Euro wertverwässerte Aktie, wenn er sein Bezugsrecht weder ausübt noch veräußert. Die Zeichnungsprämie von 2,50 Euro kommt

19 Hoppe/Knop, AG 2024, 807, 813; Joser, BB 2024, 1419, 1423.

20 Veil in Schmidt/Lutter AktG, § 186 AktG Rn. 1; vgl. auch Ekkenga in KK-AktG, § 186 AktG Rn. 3: Beteiligungsquote als integraler Bestandteil des grundrechtlich geschützten Aktieneigentums im Kern unantastbar.

21 Im Folgenden wird eine effiziente Preisbildung unterstellt, so dass die Marktkapitalisierung dem Ertragswert entspricht.

22 Näher zu den finanzierten Realinvestitionen unten III.2.

23 Die »Zeichnungsprämie« besteht also in der Differenz zwischen dem Aktienwert nach durchgeführter Kapitalerhöhung und dem Bezugspreis. Der Aktienwert nach der Kapitalerhöhung entspricht dem TERP (Text zu Fn. 13), wobei Letzterer wohl unter der vereinfachenden Annahme berechnet wird, die der Aktiengesellschaft zufließenden Mittel entsprächen dem Zuwachs an Gesellschaftsvermögen. Diese Annahme wird unter III.2.a) in Frage gestellt.

24 Ekkenga in KK-AktG, § 186 AktG Rn. 45 m.w.N.

einem anderen Aktionär oder außenstehenden Zeichner zugute, sofern nicht für nicht bezogene Aktien ein höherer Ausgabebetrag festgelegt wird.

Wie häufig Bezugsrechte in Deutschland verfallen, ist nicht bekannt. In den USA wurde unlängst ein überraschend hoher Anteil von 36 % nicht ausgeübter Bezugsrechte ermittelt, und zwar nur bei Kapitalerhöhungen mit positiven Zeichnungsprämien.[25] Die Vermögenseinbußen der nicht teilnehmenden Aktionäre beliefen sich insgesamt auf 7,3 % der angestrebten Emissionsvolumina.[26] Eine frühere Untersuchung finnischer Kapitalerhöhungen zeigt, dass vor allem ausländische und kleine Anleger ihre Bezugsrechte verfallen lassen.[27] Dies deutet auf (rationale) Trägheit, Informationsdefizite und mangelnde Professionalität als Ursachen hin. Zugleich sind die festgestellten Vermögensverluste in Finnland weitaus geringer als in den USA.[28] Dafür dürften institutionelle Umstände den Ausschlag geben: In der US-amerikanischen Stichprobe waren 49 % der Bezugsrechte nicht übertragbar, was einen Handel ausschließt; demgegenüber sind finnische Bezugsrechte nicht nur durchweg marktmäßig handelbar, sondern Depotbanken verkaufen sie häufig kurz vor Ablauf der Ausübungsfrist automatisch.[29] Für Deutschland und den Zeitraum 1995–2011 wurde in einer Stichprobe ein Bezugsrechtehandel für 60 % der Kapitalerhöhungen mit Bezugsrecht festgestellt.[30] Wie in Finnland dürften viele Depotbanken unausgeübte Bezugsrechte kurz vor Verfall unaufgefordert verkaufen.[31]

b) Liquiditäts- und Risikokosten bei Ausübung des Bezugsrechts

Die Ausübung seines Bezugsrechts kann einem Aktionär unwillkommen sein, weil sie ihm wertvolle Liquidität abverlangt und seine Risikoposition in dem Unternehmen vergrößert. Anhand des Zahlenbeispiels: Der Aktionär halte vor der Kapitalerhöhung 6 Aktien. Da er Aktien zum Marktkurs hätte zu- oder verkaufen können, ist davon auszugehen, dass diese Anlageposition seinen Liquiditäts- und Risikopräferenzen entspricht, also zum Beispiel der Kauf einer zusätzlichen Aktie die Diversifizierung seines Portfolios verschlechtern würde. Die Kapitalerhöhung zu einem

25 Holderness/Pontiff, J. Fin. Econ. 120 (2016), 252, 255, 257 f., 259 (Medianquote 29 %, Stichprobe von 179 Bezugsrechtsemissionen 1983–2009 mit Zeichnungsprämien zum Fristende von im Mittel 13 % bzw. 8 % im Median).

26 Holderness/Pontiff, J. Fin. Econ. 120 (2016), 252, 261 (Medianwert: 2,7 %).

27 Rantapuska/Knüpfer, Rev. Fin. 12 (2008), 701, 724 (18 Bezugsrechtsemissionen 1995–2002).

28 Rantapuska/Knüpfer, Rev. Fin. 12 (2008), 701, 710 (Anteil verfallender Bezugsrechte im Mittel 15,09 %, im Median 1,03 %).

29 Holderness/Pontiff, J. Fin. Econ. 120 (2016), 252, 255 f.; Rantapuska/Knüpfer, Rev. Fin. 12 (2008), 701, 706 f. (bei einer großen Emission geschätzter Anteil von 74 % Bezugsrechten mit Vereinbarung zum automatischen Verkauf).

30 Massa/Mataigne/Vermaelen/Xu, Choices in Equity Finance a Global Perspective, CEPR Discussion Paper No. DP11987, 2017, Tabelle 1, S. 45; in der fraglichen Stichprobe war das Bezugsrecht in 251 von 845 Kapitalerhöhungen ausgeschlossen, also in knapp 30 %.

31 Vgl. Ziff. 15.1 Satz 2 der Sonderbedingungen für Wertpapiergeschäfte; Schlitt/Seiler, WM 2003, 2175, 2183.

Ausgabepreis von 5 Euro scheint den Aktionär vor die Wahl zwischen zwei schlechten Möglichkeiten zu stellen: Ohne Ausübung seines Bezugsrechts sinkt der Wert seiner Aktienposition von 60 Euro auf 6 × 7,50 Euro = 45 Euro.[32] Beteiligt er sich an der Kapitalerhöhung, muss er 6 × 5 Euro = 30 Euro zusätzlich in die Gesellschaft investieren. Seine Anlageposition in der Gesellschaft erhöhte sich von 60 Euro auf 12 × 7,50 Euro = 90 Euro. In dieser Abweichung von seinen zuvor manifestierten Liquiditäts- und Risikopräferenzen läge eine ökonomische Einbuße.

Diese Liquiditäts- und Risikokosten kann der Aktionär vermeiden, wenn die Bezugsrechte oder zumindest die Aktien handelbar sind. Sobald mit dem Kapitalerhöhungsbeschluss das konkrete Bezugsrecht entsteht, kann es gesondert übertragen werden. Falls ein Bezugsrechtehandel eingerichtet wird, ist dort ein Preis in Höhe der Zeichnungsprämie zu erwarten, also 2,50 Euro. Um seine Anlageposition in der Gesellschaft bei 60 Euro zu halten, benötigt der Aktionär im Ergebnis insgesamt 8 Aktien. Dazu kann er vier Bezugsrechte verkaufen und mit den erlösten 10 Euro gestützt auf seine verbleibenden Bezugsrechte 2 Aktien zeichnen.[33] Alternativ kann er alle 6 Bezugsrechte ausüben und von den 6 gezeichneten Aktien umgehend 4 verkaufen. Damit erzielt er einen Gewinn von 4 × 2,50 Euro = 10 Euro, was genau ausreicht, um den Ausgabebetrag der 2 verbleibenden jungen Aktien zu decken. Zumindest für informierte und ausreichend reaktionsschnelle Aktionäre bedarf es also keines Bezugsrechtehandels, um eine Wertverwässerung zu vermeiden.

Nicht verhindern können diese Neutralisierungsgeschäfte, dass der Stimmrechtsanteil des Aktionärs sinkt. Dies ist allerdings keine Folge des geringen Ausgabebetrags, sondern der Kapitalerhöhung überhaupt und der fehlenden Bereitschaft des Aktionärs, sich an ihr mit einer zusätzlichen Investition zu beteiligen: Bei der bisher betrachteten Kapitalerhöhung sinkt der ursprüngliche Anteil des Aktionärs von 6 ÷ 100 = 6 % auf 8 ÷ 200 = 4 %, sofern er seine Anlageposition in der Gesellschaft über Ausgleichsgeschäfte konstant hält. Nicht anders erginge es ihm, wenn die Aktiengesellschaft dasselbe zusätzliche Eigenkapital von 500 Euro durch Ausgabe von nur 50 Aktien zu einem Ausgabebetrag von 10 Euro – also ohne »faktischen Bezugszwang« – aufnehmen würde. Dann müsste der Aktionär seine Bezugsrechte verfallen lassen, um seine Investition bei 60 Euro zu halten, was ebenfalls einem Anteil von 6 ÷ 150 = 4 % entspräche. Ein drohender Einflussverlust mag deshalb aus Sicht des Aktionärs überhaupt gegen eine Kapitalerhöhung sprechen, nicht aber gegen einen Ausgabebetrag unter Marktwert.

32 Zur Begründung des Aktienwertes von 7,50 Euro nach der Kapitalerhöhung oben Text nach Fn. 22.

33 Näher zu dieser Vorgehensweise Nippel/Schieber/Schweizer, WiSt 2010, 430. Ihre Bezeichnung als »opération blanche« – also »neutrale Operation« – passt freilich ebenso gut auf die im folgenden Text beschriebene.

2. *Agenturkosten überschüssigen Kapitals*

a) Aktienausgabe unter Marktwert als strukturelle Nötigung des Kapitalmarkts

Nach den bisherigen Überlegungen sind die Altaktionäre von einer Aktienausgabe unter Marktwert nur gefährdet, wenn ihre Bezugsrechte ungenutzt verfallen. Allerdings ist zu fragen, ob nicht bereits die Entscheidung der Gesellschaft für eine Kapitalerhöhung von der Aussicht beeinflusst ist, die Aktien so günstig anzubieten, dass der Erfolg der Kapitalerhöhung garantiert ist. So gesehen richtet sich der faktische Bezugszwang nicht so sehr gegen die einzelnen Aktionäre wie gegen die Anlegergesamtheit: Diese erhält ein Angebot, »das sie nicht ablehnen kann« – nicht weil es so attraktiv wäre, sondern weil die neuen Einlagen zulasten der bestehenden Aktien subventioniert werden. Die Aktiengesellschaft entzieht sich auf diese Weise der Prüfung des Kapitalmarkts, ob sie zusätzlich aufgenommene Mittel rentabel einsetzen kann.

Zur Illustration sei unterstellt, dass das Unternehmen in seinem bisherigen Zuschnitt aufgrund seines Risikoprofils den Anlegern eine jährliche Rendite von 5 % bieten muss, um seine Marktkapitalisierung von 1.000 Euro zu halten. Zum Beispiel könnte der Erwartungswert der jährlichen, stets vollständig ausgeschütteten Gewinne 50 Euro betragen. Wenn die Gesellschaft 500 Euro an neuem Eigenkapital aufnimmt und damit – bei unverändertem Risikoprofil – zusätzliche erwartete Gewinne von jährlich 5 % × 500 Euro = 25 Euro erwirtschaftet, beträgt ihre Marktkapitalisierung nach der Kapitalerhöhung wie bisher angenommen 1.500 Euro. Die Gesamtheit der Kapitalgeber erleidet also zumindest keinen Verlust, indem sie mit den investierten neuen Mitteln einen Beteiligungswert in gleicher Höhe erwirbt.

Anders stellt sich die Lage dar, wenn das frische Eigenkapital weniger rentabel eingesetzt wird: Wenn die Gesellschaft die zusätzlichen Mittel auf ein Liebhaberprojekt ihres Vorstandsvorsitzenden verwendet und damit statt 25 Euro nur einen zusätzlichen erwarteten Gewinn von 10 Euro erzielt, dann sinkt ihre Eigenkapitalrendite[34] von 50 Euro ÷ 1.000 Euro = 5 % auf 60 Euro ÷ 1.500 Euro = 4 %. Bleibt dabei das Risikoprofil unverändert, ändert sich nichts an der verlangten und erwarteten Marktrendite von 5 %. Dies geschieht, indem die Marktkapitalisierung nach der Zuführung der 500 Euro von 1.000 Euro auf nur 1.200 Euro ansteigt.[35] Wenn wie im ursprünglichen Fall 100 neue Aktien ausgegeben werden, sinkt der Aktienkurs von 10 Euro auf 1.200 Euro ÷ 200 Aktien = 6 Euro/Aktie, sobald die Kapitalerhöhung feststeht. Der einzelne Zeichner erzielt weiterhin einen sicheren Gewinn, indem er für einen Ausgabebetrag von 5 Euro eine Aktie im Wert von 6 Euro erhält. Als Gesamtheit erleiden die Kapitalgeber aber einen Verlust von 300 Euro: Sie bezahlen 500 Euro für einen zusätzlichen Beteiligungswert von 200 Euro.

34 Return on equity, also die Rendite bezogen auf den Buchwert des Eigenkapitals.

35 Die neue Marktkapitalisierung berechnet sich wie folgt: 5 % × Marktkapitalisierung = 60 Euro, daher Marktkapitalisierung = 60 Euro ÷ 5 % = 1.200 Euro.

Abbildung 1 verallgemeinert das Zahlenbeispiel, indem sie die Zeichnungsprämie (vertikale Achse) in Abhängigkeit von möglichen Ausgabebeträgen (horizontale Achse) zeigt.[36] Die durchgezogene, mittlere Linie stellt den Ausgangsfall dar, in dem das investierte Kapital die Marktrendite erzielt und damit die Marktkapitalisierung auf 1.500 Euro steigt. Demgegenüber zeigt die gestrichelte Linie den Fall, dass die Zuführung von 500 Euro den Marktwert des Unternehmens wegen der sinkenden Eigenkapitalrendite nur um 200 Euro auf 1.200 Euro erhöht. Die Darstellung verdeutlicht, dass eine Aktienausgabe zum Marktwert vor der Kapitalerhöhung – im Beispiel 10 Euro – die geplante Mittelverwendung einem Markttest unterwirft: Nur wenn das aufgenommene Kapital in der Gesellschaft eine Rendite in Höhe der geforderten Marktrendite erwarten lässt, ist die Zeichnungsprämie zumindest nicht negativ, so dass die neuen Aktien Abnehmer finden können. Ist das zu finanzierende Vorhaben nach der Einschätzung des Marktes weniger rentabel, kommt es zu einer negativen Zeichnungsprämie, und die Kapitalerhöhung scheitert. Die Abbildung zeigt weiter, dass die Gesellschaft eine positive Zeichnungsprämie bieten und damit den Kapitalmarkt zur Beteiligung an einer nicht rentablen Kapitalerhöhung nötigen kann, indem sie den Ausgabebetrag niedrig genug ansetzt und entsprechend mehr neue Aktien ausgibt, um das angestrebte Volumen zu erreichen.

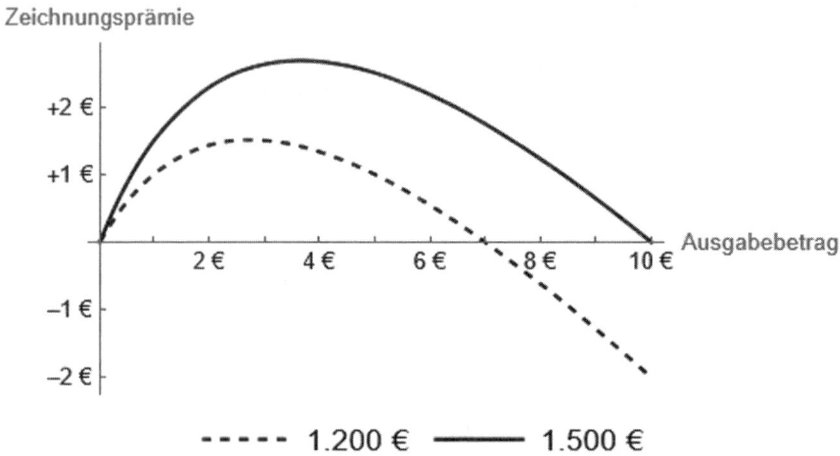

Abbildung 1: Zeichnungsprämie in Abhängigkeit vom Ausgabebetrag für zwei unterschiedliche Marktkapitalisierungen nach einer Kapitalaufnahme von 500 € bei einer ursprünglichen Marktkapitalisierung von 1.000 € und 100 ausstehenden Aktien.

36 Die zugehörige Funktion lautet: $\pi(P) = \frac{(1-P)A+B-I}{A+\frac{I}{P}}$, wobei $\pi(P)$ die Zeichnungsprämie bezeichnet, A die Marktkapitalisierung vor der Kapitalerhöhung, P den Ausgabebetrag

Ökonomisch erscheint dieses Nötigungspotential problematisch. Wenn Aktiengesellschaften ohne Markttest zusätzliche Investitionen erzwingen können, wird die knappe Ressource Kapital möglicherweise nicht für die volkswirtschaftlich lohnendsten Zwecke eingesetzt. In Bezug auf den vorhandenen Ertragswert von Unternehmen ist dieses Problem als Agenturkosten überschüssiger freier Einzahlungen bekannt (excess free cash flows).[37] Dabei wird naheliegenderweise angenommen, dass Geschäftsleiter nicht freiwillig auf Kapital verzichten, das außerhalb ihres Machtbereichs besser nutzbar wäre. Die Möglichkeit, den Kapitalmarkt zu weiteren unrentablen Investitionen zu zwingen, fügt dem eine neue Gefährdungsvariante hinzu.[38] Eine internationale Metaanalyse von Ereignisstudien zu Kapitalerhöhungen untermauert diese agenturtheoretische Deutung; danach fallen Kursreaktionen auf angekündigte Kapitalerhöhungen umso günstiger aus, je mehr Mitentscheidungsrechte das anwendbare Aktien- und Kapitalmarktrecht der Hauptversammlung einräumt.[39]

Für die konzentrierte Aktionärsstruktur in Deutschland und Kontinentaleuropa ist zu ergänzen, dass Agenturkosten überschüssigen Kapitals auch in Konzernlagen auftreten können.[40] Allerdings ist ein Großaktionär selbst von einer geringen Eigenkapitalrendite mitbetroffen. Sein maßgeblicher Einfluss schützt daher im Ausgangspunkt außenstehende Aktionäre und den Kapitalmarkt vor erzwungenen, unrentablen Kapitalerhöhungen. Diese Absicherung gilt aber nur, solange eine geringe Kapitalverzinsung nicht auf Vermögensverschiebungen zu Gunsten des Großaktionärs beruht. Kann er über konzerninterne Transaktionen der Gesellschaft einen erheblichen Teil der Erträge entziehen, wird es für ihn lohnend, seine Mitaktionäre zu einer für sie unrentablen Investition zu nötigen.[41]

b) Unmöglichkeit eines rechtlich erzwungenen Markttests

Ein eigenmächtiges »Einsaugen« zusätzlichen Kapitals erscheint somit als gewichtigstes Bedenken gegen eine Aktienausgabe unter Marktwert. Indes gibt es einen

als prozentualer Anteil des Börsenkurses vor der Kapitalerhöhung, *B* den Zuwachs der Marktkapitalisierung durch die Kapitalerhöhung und *I* die aufgenommenen neuen Mittel.

37 Jensen, Am. Econ. Rev. 76 (1986), 323, 323 (»Free cash flow is cash flow in excess of that required to fund all projects that have positive net present values when discounted at the relevant cost of capital«); dazu jüngst DeAngelo/Kahle/Skinner, Agency Cost of Free Cash Flow, Capital Allocation, and Payouts, Arbeitspapier 2025, https://ssrn.com/abstract=5205641, S. 14 (insbesondere mit dem Hinweis, die Formulierung als »Einzahlungen« lenke zu wenig Aufmerksamkeit auf überschüssige freie Kapitalbestände).

38 Treffend Vos, J. Corp. L. Stud. 23 (2023), 231, 237 f.

39 Holderness, J. Fin. Econ. 129 (2018), 415, 426 (auf Grundlage von 102 Ereignisstudien aus 23 Rechtsordnungen).

40 Einen empirischen Hinweis liefert Vos, J. Corp. L. Stud. 23 (2023), 231, 249 ff. (Zusammenhang zwischen Anteilen von Großaktionären und dem Umfang genehmigter Kapitale in Belgien und Frankreich 2021/2022).

41 Engert, ZGR-Sonderheft 22, 2020, 59, 76. Private Vorteile des Großaktionärs aus der Kapitalerhöhung betrachten auch Fried/Spamann, J. Fin. Econ. 137 (2020), 353, 357 f., 360 ff., allerdings vor allem als Einschränkung des Verwässerungsschutzes von Bezugsrechten.

guten Grund, der Gesellschaft eine Unterbietung des Börsenkurses zu gestatten: In aller Regel kann die Gesellschaft selbst besser als Aktionäre oder Außenstehende den bestehenden Unternehmenswert und die Rentabilität einer geplanten Investition einschätzen. Wie jeder Anbieter mit einem Informationsvorsprung leidet sie deshalb bei der Kapitalaufnahme unter den Folgen einer Negativauslese:[42] Die Zahlungsbereitschaft von Zeichnern spiegelt den Erwartungswert der Aktien aus deren Sicht wider. Dabei stellen die Anleger in Rechnung, dass der von ihnen gebotene Einlagebetrag für besonders rentable Vorhaben zu niedrig, für weniger rentable Projekte hingegen zu hoch ist. Da die Aktiengesellschaft diese Rentabilitätsunterschiede besser kennt, wird sie sie attraktive Investitionsmöglichkeiten tendenziell zurückhalten (und anders finanzieren), eine Kapitalaufnahme hingegen vor allem für weniger rentable Vorhaben anstreben. Die Folge ist ein Sicherheitsabschlag am Markt für Aktienemissionen: Auch wenn eine Investition nach der bestmöglichen Einschätzung der Gesellschaft die geforderte Marktrendite erwarten lässt, sind Anleger nicht bereit, die dafür erforderlichen Mittel aufzubringen. Die Gesellschaft steht dann vor dem Dilemma, entweder vielleicht mangels Finanzierung auf eine lohnende Investition zu verzichten oder sie aus dem vorhandenen Unternehmenswert zu subventionieren, also die bestehenden Anteile zu verwässern.[43] Eine Bezugsrechtskapitalerhöhung erweist sich als möglicher Ausweg: Indem die Gesellschaft neues Kapital gerade bei ihren Altaktionären aufnimmt, vermeidet sie den Interessengegensatz zu außenstehenden neuen Kapitalgebern und die Verwässerung der bestehenden Anteile aufgrund des wegen der Negativauslese erforderlichen Preisabschlags.

Die Fürsorge für die eigenen Aktionäre erklärt allerdings nur, dass die Gesellschaft neue Aktien zuerst ihren bisherigen Aktionären anbieten sollte, wie es § 186 AktG als gesetzlicher Regelfall vorsieht. Noch nicht begründet ist, weshalb sie dabei einen höheren Abschlag auf den Marktpreis anbieten dürfen sollte, als er für eine Platzierung gegenüber Außenstehenden erforderlich wäre.[44] Auch den eigenen Aktionären gegenüber bleibt es wünschenswert, den Vorstand und gegebenenfalls einen Großaktionär der Kontrolle des Kapitalmarkts zu unterwerfen.

Dem steht jedoch ebenfalls die Informationsasymmetrie entgegen: Die vom Markt angenommene Negativauslese erzwingt einen Abschlag gegenüber dem zutreffenden erwarteten Aktienwert nach der Kapitalerhöhung. Dieser Abschlag kann dazu führen, dass die neuen Aktien zum bisherigen Kurs auch dann nicht zu platzieren sind,

42 Klassisch Akerlof, Q. J. Econ. 84 (1970), 488 (»market for lemons«).

43 Grundlegend Myers/Majluf, J. Fin. Econ. 13 (1984), 187, 188, 192 ff.

44 Eine denkbare Rechtfertigung liefern Burkart/Zhong, Rev. Corp. Fin. Stud. 12 (2023), 78, 88 f.: Eine loyale, aber paternalistische Verwaltung würde auch die pessimistischsten Altaktionäre durch einen sehr niedrigen Bezugspreis noch zur Ausübung ihrer Bezugsrechte bewegen wollen, um sie vor einer Vermögensverschiebung auf Außenstehende zu schützen. Unterstellt wird dabei, dass die Investition rentabel ist und sich ihr Wert unmittelbar nach Zeichnung der Aktien realisiert (so dass auch pessimistische Aktionäre ihre Aktien nicht vorher verkaufen können). Vgl. bereits Myers/Majluf, J. Fin. Econ. 13 (1984), 187, 195, Fn. 5 (»Rights issues resolve the conflict of interest only if old stockholders can be compelled to exercise their rights and hold the newly issued shares.«).

wenn die geplante Investition rentabel ist.[45] Nur theoretisch könnte man die Kapitalerhöhung trotzdem einem Markttest unterwerfen, indem man verlangt, dass der Ausgabebetrag den Marktpreis vor Kapitalerhöhung abzüglich des Abschlags für die Negativauslese erreichen muss. Praktisch ist ein solcher Versuch zum Scheitern verurteilt: Zwischen dem Abschlag für eine drohende Negativauslese und der Marktbewertung unter Ausblendung einer Negativauslese lässt sich zwar in einem ökonomischen Modell unterscheiden, nicht aber in der beobachtbaren Wirklichkeit. Schon für Marktteilnehmer gibt es keinen Anlass, einen hypothetischen Erwartungswert ohne Einfluss einer Negativauslese zu ermitteln; für sie zählt nur das tatsächlich, unter Berücksichtigung der Negativauslese zu erwartende finanzielle Ergebnis. Für einen Rechtsanwender lässt sich die Auswirkung der Negativauslese erst recht nicht sinnvoll isolieren. Damit fehlt jede realistische Möglichkeit, den Abschlag zum Börsenkurs so zu begrenzen, dass der Vorstand oder ein Großaktionär einer trennscharfen Marktkontrolle unterworfen sind.

c) Erforderlichkeit sehr hoher Preisabschläge?

Es bleibt die Frage, ob das Aktienrecht wenigstens Ausgabebeträge sehr weit unter Börsenkurs rechtlich unterbinden kann, ohne damit lohnende Kapitalerhöhungen zu verhindern: Bedarf es wirklich Abschlägen von bis zu 50 %,[46] um der Gesellschaft den Kapitalmarktzugang für alle rentablen Vorhaben zu eröffnen? Aus den eben angedeuteten Gründen fällt es schwer, den Einfluss der Negativauslese auf den erzielbaren Ausgabebetrag auch nur der Größenordnung nach abzuschätzen. Immerhin soll anhand einer Sanierungssituation plausibel gemacht werden, dass sehr hohe Abschläge erforderlich sein können. Eine Gesellschaft habe bei Gelingen der Sanierung eine Marktkapitalisierung von 2.000 Euro. Mit einer Kapitalaufnahme von 1.000 Euro betrage die Erfolgswahrscheinlichkeit 100 %, ohne sie komme es zur sicheren Insolvenz. Blendet man zunächst die Informationsasymmetrie aus, so hätten die 100 Aktien der Gesellschaft vor der Kapitalerhöhung einen Marktwert von 10 Euro, weil die Aktiengesellschaft durch Ausgabe von 100 weiteren Aktien zu 10 Euro ihr Überleben sichern kann; nach der Kapitalerhöhung verteilt sich der Unternehmenswert von 2.000 Euro auf 200 Aktie mit einem Marktwert von 10 Euro.

Allerdings müssen die Zeichner der neuen Aktien damit rechnen, dass Verwaltung und Altaktionäre die Sanierungsaussichten zu positiv darstellen. Diese Beteiligten

45 Anders kann es sein, wenn das Vorhaben der Gesellschaft eine höhere Eigenkapitalrendite als die geforderte Marktrendite erwarten lässt. In dem oben behandelten Beispiel: Führen die aufgenommenen 500 Euro zu dauerhaften Gewinnen von 30 Euro, liegt die Eigenkapitalrendite von 30 Euro ÷ 500 Euro = 6 % über der unterstellten Marktrendite von 5 %. Aus Sicht des Kapitalmarkts erhöht die Investition von 500 Euro die Marktkapitalisierung der Gesellschaft um 30 Euro ÷ 0,05 = 600 Euro, also von 1.000 Euro auf 1.600 Euro. Ein moderater Abschlag für eine mögliche Negativauslese könnte dann immer noch eine positive Zeichnungsprämie zulassen, so dass die Kapitalerhöhung erfolgversprechend wäre.

46 Vgl. die in Fn. 14 wiedergegebenen Auffassungen und die Daten in Fn. 1.

haben buchstäblich nichts zu verlieren. Sie würden den Sanierungsversuch und die dazu erforderliche Kapitalerhöhung sogar bei minimaler Erfolgschance betreiben. Die möglichen Zeichner müssen sich deshalb fragen, wie gut sie wenig lohnende Sanierungsvorhaben erkennen und aussondern können. Davon hängt ab, welche Erfolgswahrscheinlichkeit sie für einen Sanierungsversuch zugrunde legen. Bei einer erwarteten Sanierungschance von 90 % (bzw. 80 %) anstelle von 100 % hätte die Gesellschaft nach der Kapitalerhöhung aus ihrer Sicht nur einen erwarteten Wert von 1.800 Euro (bzw. 1.600 Euro). Für die von ihnen aufzubringenden 1.000 Euro müssten sie dann auf eine Beteiligung von 1.000 Euro ÷ 1.800 Euro ≈ 56 % (bzw. 1.000 Euro ÷ 1.600 Euro ≈ 63 %) bestehen. Dazu müsste der Ausgabebetrag auf 8 Euro (bzw. 6 Euro) festgesetzt werden. Gemessen am Marktwert der Aktien vor Kapitalerhöhung wäre dies ein Abschlag von 20 % (bzw. 40 %).[47]

IV. Rechtliche Folgerungen

1. Hauptversammlungsbeschluss als Mindestschutz vor der Aufnahme überschüssigen Kapitals

Ordentliche Kapitalerhöhungen beschließt die Hauptversammlung.[48] Dies schafft einen Mindestschutz gegen die Aufnahme überschüssigen Kapitals, weil die Altaktionäre den vollen Wertverlust tragen, wenn eine dem Kapitalmarkt abgenötigte Investition keine risikogerechte Marktrendite erwarten lässt: Entweder sie zeichnen die neuen Aktien selbst und erhalten dafür weniger an Beteiligungswert, als sie an Einlage leisten, oder sie erlösen bei einem Verkauf ihres Bezugsrechts weniger, als sie durch die Verwässerung ihrer bisherigen Aktien verlieren.[49]

47 Die grobe Rechnung lässt eine zusätzliche Komplikation außer Acht: Wenn der Kurs vor Ankündigung der Kapitalerhöhung den inneren Wert der Aktie richtig widerspiegelt, müsste er berücksichtigen, dass die Gesellschaft nur mit zusätzlichem Kapital zu retten ist und dass bei dessen Beschaffung eine Negativauslese auftritt. Ein effizienter Börsenkurs würde also antizipieren, dass den Altaktionären im Beispiel nur 44 % (bzw. 37 %) des sanierten Unternehmens verbleiben können; folglich betrüge er 8,89 Euro (bzw. 7,50 Euro) statt 10 Euro.

48 Rechtsvergleichend ist das keinesfalls selbstverständlich: In Delaware bestimmt die Satzung von vornherein nur ein genehmigtes Kapital (authorized capital), §§ 161, 102(a)(4), 242(a)(3) Delaware General Corporation Law. Überblick verschiedener Rechtsordnungen bei Holderness, J. Fin. Econ. 129 (2018), 415, 420 f.

49 Im Beispiel des Textes zu Fn. 35 hätten die Aktionäre vor der Kapitalerhöhung eine Wertposition von 10 Euro je Aktie. Wenn sie sich an der unrentablen Kapitalerhöhung beteiligen, halten sie danach zwei Aktien im Gesamtwert von 12 Euro, müssen dafür aber 5 Euro zusätzlich bezahlen, sodass sich ihre Gesamtposition von 10 Euro auf 7 Euro verschlechtert. Wenn sie ihr Bezugsrecht verkaufen, erhalten sie dafür 1 Euro, während der Wert ihrer Aktie auf 6 Euro sinkt, was ebenfalls zu einem Nettoergebnis von 7 Euro führt.

Die im deutschen Recht grundsätzlich geforderte Drei-Viertel-Kapitalmehrheit (§ 182 Abs. 1 S. 1 AktG) bietet sogar gegen die eigenmächtige Kapitalbeschaffung eines Großaktionärs einen gewissen Schutz. Mit zum Beispiel 50 % der Stimmrechte hat ein solcher Großaktionär keine Sicherheit, dass die Hauptversammlung bei einer Präsenz von 75 % die Kapitalerhöhung beschließt.[50] Eine höhere Beteiligung stärkt zwar seine Durchsetzungsfähigkeit, vergrößert zugleich aber die eigene wirtschaftliche Betroffenheit. Abgeschwächt werden kann dieser Verfahrensschutz allerdings durch § 182 Abs. 1 S. 2 AktG, der eine Absenkung des Mehrheitserfordernisses erlaubt. In der Praxis scheinen entsprechende Satzungsregelungen verbreitet.[51]

Entgegen der gesetzlichen Konzeption ist allerdings nicht die ordentliche Kapitalerhöhung, sondern die Nutzung eines genehmigten Kapitals der praktische Regelfall einer Kapitalaufnahme.[52] Das qualifizierte Mehrheitserfordernis zur Schaffung eines genehmigten Kapitals ist dabei sogar satzungsfest (§ 202 Abs. 2 S. 3 AktG). Dennoch ist der Aktionärsschutz schwächer, weil die Hauptversammlung in aller Regel nicht weiß, für welchen konkreten Zweck das genehmigte Kapital genutzt werden wird. Diesen Handlungsspielraum kann die Verwaltung zur Aufnahme überschüssigen Kapitals nutzen, um damit eigene Interessen oder die eines kontrollierenden Aktionärs zu verfolgen.[53] Die Begrenzung des genehmigten Kapitals auf die Hälfte des bestehenden Grundkapitals (§ 202 Abs. 3 S. 1 AktG) beschränkt allerdings den Schaden, den die Verwaltung anrichten kann, bevor sie sich erneut einer Hauptversammlung stellen muss.

2. *Ausgleichsanspruch analog § 255 Abs. 4 AktG*

Der neue § 255 Abs. 2 AktG schließt nach seinem Wortlaut auch bei bestehendem Bezugsrecht ein Anfechtungsrecht wegen eines unangemessen niedrigen Einlagenwerts aus. Dies hat zu dem Vorschlag geführt, anstelle des ausgeschlossenen Anfechtungsrechts den Ausgleichsanspruch nach § 255 Abs. 4 AktG auf Fälle eines faktischen Bezugszwangs analog anzuwenden, ohne allerdings die Einzelheiten auszubuchstabieren.[54]

50 Allerdings würde es genügen, wenn sich ihm ein Viertel der anwesenden Minderheit anschließt. Eine Präsenz von 75 % erscheint nicht zu hoch gegriffen, weil bereits die Anwesenheit des Mehrheitsaktionärs eine Präsenz von 50 % garantiert.

51 Allgemein Ekkenga/Jaspers in Ekkenga, Hdb. AG-Finanzierung, 2. Aufl. 2019, Kap. 4 Rn. 100. So auch im vom OLG Hamburg entschiedenen Fall, OLG Hamburg, 12.02.2021, 11 AktG 1/20, AG 2021, 568, 569.

52 D. Busch in Marsch-Barner/Schäfer, Hdb. Börsennotierte AG, 6. Aufl. 2025, Rz. 46.3. Siehe auch Roth, ZBB 2001, 50, 51 (336 oder 64 % von 526 börsennotierten AGs und KGaA verfügten 1998 über ein genehmigtes Kapital); Vos, J. Corp. Law Stud. 23 (2023), 231, 252 (über 90 % der 120 größten französischen Aktiengesellschaften mit genehmigtem Kapital).

53 Zu derartigen Agenturkosten vgl. die oben in Fn. 39 zitierte Metastudie. Vgl. ferner Vos, J. Corp. Law Stud. 23 (2023), 231, 254 ff. (positiver Zusammenhang zwischen Umfang von genehmigten Kapitalen und Anteil einflussreicher Aktionäre in Frankreich und Belgien).

54 Joser, BB 2024, 1419, 1423; Hoppe/Knop, AG 2024, 807, 813.

Offen ist bereits die Frage der Anspruchsberechtigung. In direkter Anwendung erfasst § 255 Abs. 4 AktG nur Aktionäre, deren Bezugsrecht ausgeschlossen ist. Übertragen auf eine Kapitalerhöhung ohne Bezugsrechtsausschluss könnte man sämtlichen Altaktionären einen Anspruch gewähren. Dafür spräche, dass sie alle von der nötigenden Wirkung eines niedrigen Bezugspreises betroffen sind. Hält man die Aktionäre hingegen durch die Ausübung des Bezugsrechts für hinreichend geschützt, bedarf es nicht zusätzlich eines Ausgleichsanspruchs. Das müsste auch für verkaufte Bezugsrechte gelten.

Der Höhe nach richtet sich der Anspruch wohl auf den Ausgleich des durch die Kapitalerhöhung verursachten Wertverlustes der Altaktien. Insoweit hat kürzlich Verse auf den sogenannten Selbstfinanzierungseffekt hingewiesen: Die Erfüllung des Ausgleichsanspruchs bewirkt einen Mittelabfluss aus dem Gesellschaftsvermögen. Dies senkt den Wert der Aktien nochmals, weil die ausgleichsberechtigten Aktionäre wirtschaftlich die Kosten des Barausgleichs anteilig selbst tragen.[55] Ein voller Ausgleich erfordert deshalb, den Anspruch zusätzlich zu erhöhen, bis auch der Selbstfinanzierungseffekt kompensiert ist. In unmittelbarer wie auch analoger Anwendung des § 255 Abs. 4 AktG stellt sich somit die Frage, ob der Selbstfinanzierungseffekt bei der Berechnung des Barausgleichs berücksichtigt werden muss.

Je nach Ausgestaltung ergeben sich also vier Varianten: Anspruchsberechtigung mit oder nur ohne Bezugsrechtsausübung und Ausgleich mit oder ohne Berücksichtigung des Selbstfinanzierungseffekts. Die untenstehende Tabelle zeigt die Auswirkungen dieser Varianten anhand des ursprünglichen Zahlenbeispiels.[56] Es sei davon ausgegangen, dass das Bezugsrecht nur für 50 Aktien ausgeübt wird und die übrigen 50 Aktien zu einem Ausgabebetrag von 5 Euro platziert werden. Unterstellt sei, dass alle anspruchsberechtigten Aktionäre ihren Ausgleichsanspruch geltend machen.

55 Verse, AG 2024, 297, 305.
56 Oben Text zu Fn. 21–23.

	Ausgleichs-anspruch pro Aktie	Gesellschafts-vermögen nach Kapitalerhöhung und Barausgleich	Aktienwert nach Kapital-erhöhung und Barausgleich	Vermögensveränderung pro Aktie vor/nach Kapitalerhöhung und Barausgleich
Variante 1: nur nicht ausgeübte Bezugsrechte, mit Selbstfinanzierungseffekt	2,50 Euro	1.500 Euro – 50 × 2,50 Euro = **1.375 Euro**	6,88 Euro	Bezugsrecht ausgeübt: **–1,25 Euro** Bezugsrecht nicht ausgeübt: **–0,63 Euro**
Variante 2: nur nicht ausgeübte Bezugsrechte, ohne Selbstfinanzierungseffekt	3,33 Euro	1.500 Euro – 50 × 3,33 Euro = **1333,33 Euro**	6,67 Euro	Bezugsrecht ausgeübt: **–1,67 Euro** Bezugsrecht nicht ausgeübt: **0 Euro**
Variante 3: alle Altaktionäre, mit Selbstfinanzierungseffekt	2,50 Euro	1.500 Euro – 100 × 2,50 Euro = **1250 Euro**	6,25 Euro	Bezugsrecht ausgeübt: **0 Euro** Bezugsrecht nicht ausgeübt: **–1,25 Euro**
Variante 4: alle Aktionäre, ohne Selbstfinanzierungseffekt	5 Euro	1.500 Euro – 100 × 5 Euro = **1000 Euro**	5 Euro	Bezugsrecht ausgeübt: **0 Euro** Bezugsrecht nicht ausgeübt: **0 Euro**

Betrachtet man die Vermögensveränderung nach Durchführung der Kapitalerhöhung und des Barausgleichs in der letzten Spalte der Tabelle, fällt auf, dass die Ausübung des Bezugsrechts nachteilig wird, wenn nur die nicht teilnehmenden Aktionären ausgleichsberechtigt sind. Der Grund liegt darin, dass der Barausgleich das Gesellschaftsvermögen und damit den Aktienwert verringert. Diese Wertminderung übersteigt die Zeichnungsprämie aus der Ausübung des Bezugsrechts. Rational entscheidende Altaktionäre müssten deshalb ihre Bezugsrechte verfallen lassen. Varianten 1 und 2 würden so im praktischen Ergebnis in Varianten 3 und 4 münden, indem kein Aktionär sein Bezugsrecht ausübt und folglich alle Aktionäre ausgleichsberechtigt sind.[57]

57 Die Ausübung des Bezugsrechts kann wieder lohnender werden, wenn nicht bezogene, überzählige Aktien statt für 5 Euro beispielsweise für 6,50 Euro ausgegeben werden und der Selbstfinanzierungseffekt nicht neutralisiert wird. Auch dann wäre es allerdings am vorteilhaftesten, das Bezugsrecht verfallen zu lassen, um in den Genuss des Ausgleichsanspruchs zu gelangen, und zugleich ohne Bezugsrecht Aktien zu zeichnen.

Erwartungsgemäß zeigen Varianten 2 und 4, dass eine volle Kompensation der anspruchsberechtigten Aktionäre nur bei Ausschaltung des Selbstfinanzierungseffekts gelingt. Zugleich erhöht sich der Anteil der aufgebrachten Mittel, die an die Altaktionäre ausgekehrt werden müssen. Im Extremfall der Variante 4 mit einem Ausgleichsanspruch zugunsten aller Altaktionäre würde die Gesellschaft aus der Kapitalerhöhung keinerlei zusätzliche Mittel erhalten. Variante 2 unterscheidet sich davon wie gesagt nur, wenn man Anpassungsreaktionen der Altaktionäre außer Acht lässt. Da ein Barausgleich ohne Selbstfinanzierungseffekt jede Subventionierung zulasten der Altaktionäre unterbindet und zugleich kein potenzieller Zeichner Verluste in Kauf nehmen wird, kann die Aktiengesellschaft im Ergebnis keine positive Zeichnungsprämie mehr bieten.[58]

Diese wenig attraktiven Folgen eines Ausgleichsanspruchs der Altaktionäre gelten ebenso für die Ausnutzung eines genehmigten Kapitals. Damit sollte sich die Frage erübrigen, ob man § 255 Abs. 4 AktG vielleicht sogar in doppelter Analogie auf diesen Fall anwenden kann. Dagegen spräche zusätzlich, dass im Gesetzgebungsprozess zum ZuFinG erwogen, aber letztlich verworfen wurde, den Ausgleichsanspruch auf den Vorstandsbeschluss zur Ausnutzung eines genehmigten Kapitals auszudehnen.[59]

3. Schranken aus der Treuepflicht und ihre gerichtliche Durchsetzung

Scheidet danach ein Ausgleichsanspruch nach § 255 Abs. 4 AktG richtigerweise aus, bleibt die Frage, ob – mit der herrschenden Auffassung – ein Kapitalerhöhungsbeschluss bei einem zu niedrig festgesetzten Bezugspreis die Treuepflicht der Mehrheit oder der Gesellschaft verletzen kann.

Bei der ordentlichen Kapitalerhöhung spricht die neue Fassung des § 255 Abs. 2 AktG gegen eine Anfechtbarkeit wegen eines geringen Einlagewerts. Für eine teleologische Reduktion dieses Anfechtungsausschlusses mag man anführen, dass dem Gesetzgeber das Problem des faktischen Bezugszwangs nicht vor Augen stand und die betroffenen Aktionäre richtigerweise keinen Wertausgleich nach § 255 Abs. 4 AktG erhalten.[60] Indessen hat die Interessenanalyse gezeigt, dass ein objektivierter Normzweck einen Bezugspreis weit unter Marktwert durchaus noch deckt: Der einzige Sinn einer gerichtlichen Preiskontrolle bestünde darin, die Kapitalerhöhung einer Marktprüfung zu unterwerfen – gerade dies kann sie aber, wie festgestellt, nicht leisten. Ein Anfechtungsrecht würde einzelnen Aktionären die Chance eröffnen, die Kapitalerhöhung zu verzögern.[61] Das widerspräche nicht nur allgemein dem Beschleunigungsziel des ZuFinG, sondern käme gerade bei schwerwiegenden Informationsasymmetrien mit besonders hohen Abschlägen zum Tragen, also typischerweise in den dringenden Kapitalerhöhungen zu Sanierungszwecken.

58 Die Beispielrechnung beruht allerdings auf der Annahme, dass die aufzunehmenden neuen Mittel nach Einschätzung des Kapitalmarkts nur die geforderte Marktrendite erbringen.

59 Hierzu Verse, AG 2024, 297, 298 f. m.w.N.

60 Stilz/Schumann in BeckOGK-AktG, § 255 AktG Rn. 67.

61 Vgl. die bekannte Kritik von DAV-Handelsrechtsausschuss, NZG 2007, 497, 498.

Mit dem Telos, aber auch dem Wortlaut des § 255 Abs. 2 AktG vereinbar erscheint hingegen eine anfechtbare Treuepflichtverletzung unter der doppelten Voraussetzung, dass einerseits ein niedriger Bezugspreis eine hohe Zeichnungsprämie hervorruft und andererseits die Aktionäre ihre besonders wertvollen Bezugsrechte nicht in einem börsenmäßigen Bezugsrechtehandel verkaufen können.[62] Für das Erfordernis eines organisierten Bezugsrechtehandels spricht vor allem, dass er Depotbanken die praktikable Möglichkeit eröffnet, ungenutzte Bezugsrechte ihrer Kunden zum letzten möglichen Zeitpunkt zu verkaufen, und auf diese Weise (rational) lethargische Aktionäre vor Verlusten schützt.[63] Im Ergebnis entspricht dies der Linie des OLG Hamburg und verschiedenen Stellungnahmen in der Literatur.[64]

Beim genehmigten Kapital steht § 255 Abs. 2 AktG einer gerichtlichen Kontrolle am Maßstab der Treuepflicht nicht entgegen. Die Möglichkeit einer vorbeugende Unterlassungs- oder Feststellungklage beschwört allerdings eine erhebliche Verzögerungs- und Blockadegefahr herauf, insbesondere weil § 935 ZPO das Beschleunigungsinteresse der Gesellschaft weniger betont als § 246a AktG. Damit ist zwar nicht der Anwendungsbereich, aber doch das Regelungsanliegen des § 255 Abs. 2 AktG berührt. Die zu § 255 Abs. 2 AktG angestellten Erwägungen lassen sich ohne weiteres auf die vom Vorstand zu beachtende Treuepflicht der Gesellschaft gegen ihre Mitglieder übertragen.

V. Zusammenfassung in Thesen

1. Das Bezugsrecht schützt Aktionäre unabhängig vom Ausgabebetrag vor Verwässerung. In der börsengehandelten Aktiengesellschaft ist dieser Schutz noch effektiver, weil die Aktionäre durch Verkauf ihrer Bezugsrechte oder überzähliger Aktien eine Werteinbuße selbst dann vermeiden können, wenn sie zu keiner zusätzlichen Investition bereit sind. Gefahr droht den Aktionären nur durch den Verfall werthaltiger Bezugsrechte bei Untätigkeit. Dabei ermöglicht es ein organisierter Bezugsrechtehandel, dass Depotbanken für (rational) lethargische Aktionäre nicht ausgeübte Bezugsrechte rechtzeitig verkaufen.

2. Das größte Bedenken gegen eine Aktienausgabe unter Marktwert liegt in den Agenturkosten überschüssigen Kapitals: Ein faktischer Bezugszwang erlaubt es der Verwaltung oder einem Großaktionär, unkontrolliert zusätzliches Kapital in die Gesellschaft zu ziehen. Ein rechtliches Mindestpreisregime ist allerdings zum Scheitern verurteilt, weil nicht einmal Marktteilnehmer, geschweige denn Gerichte ermitteln können, welche Preisabschläge auf die Informationsasymmetrie zwischen

62 Vgl. Atta-Schumacher/Heidel in Heidel, Aktienrecht und Kapitalmarktrecht, 6. Aufl. 2024, § 255 AktG Rn. 34: Anfechtungsgrund beim faktischen Bezugszwang nicht der niedrige Ausgabebetrag als solcher, sondern eine Treuepflichtverletzung aufgrund einer umfassenden Würdigung der Gesamtumstände.

63 Siehe oben Fn. 31.

64 Oben Fn. 15 und 16.

Gesellschaft und Kapitalmarkt zurückzuführen sind. Erkennt man diese Beschränkung, sollte man Aktiengesellschaften auch hohe Abschläge auf den Börsenkurs vor der Kapitalerhöhung zubilligen, um bei erheblichen Informationsasymmetrien zusätzliche Mittel aufnehmen zu können. Das Bezugsrecht gewährleistet den Aktionären immerhin die Möglichkeit, den Sicherheitsabschlag nicht aufbringen zu müssen, wenn sie selbst zu einer zusätzlichen Investition bereit sind.

3. Die Zuständigkeit der Hauptversammlung und das qualifizierte Mehrheitserfordernis bieten eine verfahrensrechtliche Mindestkontrolle gegen die Aufnahme überschüssigen, nicht rentabel einsetzbaren Kapitals. Obwohl dieser Schutz beschränkt bleibt, ist bei in der Literatur diskutierten, weitergehenden Vorschlägen Zurückhaltung geboten: Ein Ausgleichsanspruch analog § 255 Abs. 4 AktG würde in jeder denkbaren Ausgestaltung die Kapitalaufnahme für rentable Vorhaben empfindlich beschränken oder unmöglich machen. Eine aus der Treuepflicht abgeleitete gerichtliche Preiskontrolle geriete in Konflikt mit § 255 Abs. 2 AktG und könnte keinen wirksamen Markttest erreichen. Sinnvoll erscheint deshalb nur, aus der Treuepflichtverletzung das Erfordernis abzuleiten, bei einem hohen Abschlag auf den Börsenkurs einen funktionierenden Bezugsrechtehandel einzurichten, um Vermögenseinbußen reaktionsschwacher Aktionäre zu minimieren.

Bernard Cornfeld, der IOS-Skandal und das Auslandsinvestmentgesetz von 1969

Holger Fleischer/Anna Weisenburger

Jens Ekkenga hat sich in seinem weit gespannten Oeuvre immer wieder mit Fragen des Anlegerschutzes beschäftigt.[1] Er ist daher auch mit allen Facetten von Bilanz- und Finanzskandalen vertraut. In kollegialer Verbundenheit soll hier zu Ehren seines 70. Geburtstages ein spektakulärer Skandal in Erinnerung gerufen werden, der heute fast vergessen ist. Er dreht sich um den US-Amerikaner Bernard Cornfeld, der deutschen Anlegern in den späten 1960er Jahren massenhaft Investmentanteile und Aktien verkaufte, die nach dem Zusammenbruch der von ihm gegründeten Muttergesellschaft Investment Overseas Services (IOS) nahezu wertlos wurden.[2] Das kapitalmarktrechtliche Schrifttum bringt diesen Zusammenbruch häufig mit dem Auslandsinvestmentgesetz von 1969[3] in Verbindung[4] und versteht das neue Gesetz als ein Beispiel für skandalgetriebene Regulierung. Wie die folgende Fallstudie als Teil eines größeren Forschungsprogramms zu Unternehmensskandalen und ihrer juristischen Aufarbeitung[5] zeigt, ist diese Zuschreibung allerdings nur halbrichtig und bedarf in mancher Hinsicht einer Nachschärfung.

I. »Do You Sincerely Want to Be Rich?«: Aufstieg und Fall eines schillernden Finanzgurus

»Wollen Sie ernsthaft reich sein?«, mit diesem lockeren Spruch verkauften Cornfeld und seine wortgewandten Vertriebsmitarbeiter höchst erfolgreich Investmentanteile von Grönland bis zum Kap der Guten Hoffnung. »Do you sincerely want to be rich?«, unter ebendiesem Titel veröffentlichten Finanzjournalisten der Sunday Times

1 Grundlegend bereits Ekkenga, Anlegerschutz, Rechnungslegung und Kapitalmarkt, 1998.
2 Für populärwissenschaftliche Darstellungen Luther, Die 30 verhängnisvollsten Skandale der Finanzgeschichte, 2003, S. 157 ff.; Nars, Erschwindelte Milliarden. Eine bunte Geschichte der größten Finanzbetrüger, 2009, S. 152 ff.
3 BGBl. 1969, I, S. 986.
4 So etwa Assmann, Prospekthaftung, 1985, S. 71; Ellenberger, Prospekthaftung im Wertpapierhandel, 2001, S. 4 ff.; Sethe, Anlegerschutz im Recht der Vermögensverwaltung, 2005, S. 387; Zetzsche, Prinzipien der kollektiven Vermögensanlage, 2015, S. 343.
5 Zum Konzept Fleischer, NZG 2025, 339; ders., ZIP 2025, 1699; Einzelstudien bei Fleischer, WM 2024, 1929 (I), 1977 (II); ders. in Gedächtnisschrift für Spindler, 2025, S. 233; Fleischer/Horn, RabelsZ 88 (2024), 648; Fleischer/Rittmeister, BKR 2025, 481; Fleischer/Zeller in Festschrift für Paefgen, 2025, S. 121.

schon früh eine faktengesättigte Studie über den internationalen IOS-Schwindel.[6] Gestützt auf dieses Buch und eine Reihe weiterer Quellen[7] wird hier einer der weltweit größten Investment-Skandale nach dem Zweiten Weltkrieg analysiert.

1. Ausbildung und berufliche Anfänge eines Enfant terrible der Finanzwelt

Bernard (»Bernie«) Cornfeld wurde 1927 in Istanbul in eine jüdische Familie hineingeboren. Sein Vater Leon, ein Schauspieler, stammte aus Rumänien, seine Mutter Sophie aus Russland.[8] Die Familie wanderte 1931 in die Vereinigten Staaten aus und ließ sich in Brooklyn nieder. Nach dem frühen Tod des Vaters musste die Mutter als Krankenschwester allein für den Unterhalt der vielköpfigen Familie sorgen. Der junge Bernard arbeitete nach der Schule als Botenjunge und in einem Obstladen, später auch in einem Vergnügungspark auf Coney Island, wo er sich trotz seines Stotterns bereits als Verkaufstalent erwies.[9] Während des Zweiten Weltkriegs diente er beim US Maritime Service. Danach studierte er am Brooklyn College und erwarb einen Bachelor of Arts in Psychologie, anschließend einen Master an der Columbia University in Sozialpsychologie.

Sein Berufseinstieg führte Cornfeld als Sozialarbeiter (nicht als »Armenpfleger«[10]) nach Philadelphia, bevor er 1953 nach New York zurückkehrte und als Verkäufer für

6 Raw/Page/Hodgson, Do You Sincerely Want to Be Rich? Bernard Cornfeld and IOS: an international swindle, 1971 mit näherer Erläuterung auf S. 67: »This was a brilliant reading by Cornfeld from [Alfred] Adler and the theory of goals. For most people, the answer is no – they would like to be rich, or would not mind being rich, but they sincerely want something else. Cornfeld's question was calculated to sort out the attitudes of his recruits. For those who said, yes, they did sincerely want to be rich, there was a logical follow through. If that was what they wanted, they must do what Bernie wanted them to do.«; zur Verwendung desselben Spruchs im Kundengeschäft Nars, Erschwindelte Milliarden, 2009, S. 152, 155.

7 Vgl. namentlich Birkholz/Saller, IOS. Senkrechtstart und Absturz einer Erfolgsidee. Die Inside-Story einer Investmentgesellschaft, 1970 (die Autoren waren Leiter der Öffentlichkeitsarbeit bzw. Informationsabteilung von IOS in Deutschland); Cantor, The Bernie Cornfeld Story, 1970; materialreich auch die zahlreichen Spiegel-Geschichten, etwa Spiegel Nr. 48/1965 vom 23.11.1965: An der Haustür; Nr. 38/1967 vom 10.9.1967: Mein Boß heißt Cornfeld; Nr. 9/1968 vom 25.2.1968: Das Kornfeld; Nr. 21/1970 vom 17.5.1970: Völlig unrealistisch.

8 Zu letzterer Raw/Page/Hodgson, Do You Sincerely Want to Be Rich?, 1971, S. 28: »Her own family were Russian Jews who had enjoyed a moderate prosperity until disturbed by the Revolution. Bernard Cornfeld thus belonged by birth to the displaced intelligentsia of Central Europe, not to the wave of immigrants who came to America from a background of real poverty.«

9 Vgl. Cantor, The Bernie Cornfeld Story, 1970, S. 46 ff.; zur Behandlung und Überwindung des Stotterns Raw/Page/Hodgson, Do You Sincerely Want to Be Rich?, 1971, S. 33 f.

10 Unrichtig FAZ vom 12.3.2009 unter der Überschrift »Vom Armenpfleger zum Millionär«; Birkholz/Saller, IOS. Senkrechtstart und Absturz einer Erfolgsidee, 1970, S. 35: »Armenfürsorger in den Slums von Philadelphia und New York«; klarstellend Raw/Page/Hodgson, Do You Sincerely Want to Be Rich?, 1971, S. 47: »[…] his work had nothing to

den Investmentfonds »Investors Planning Corporation« (IPC) von Walter Benedick zu arbeiten begann. Benedick führte ihn persönlich in die Welt der Investmentfonds ein und brachte ihm erfolgversprechende Vertriebstechniken bei. Damals setzte in den Vereinigten Staaten ein wahrer Boom für Investmentzertifikate ein, die verbreitet als eine Errungenschaft des Kapitalismus für einfache Leute verstanden wurden.[11]

2. Von Paris und Genf hinaus in die ganze Welt: Die Vision des »Volkskapitalismus«

Nach 18 Monaten bei IPC brach Cornfeld im Herbst 1955 mit einigen Hundert Dollar in der Brieftasche nach Paris auf.[12] Er entdeckte binnen weniger Wochen, dass die dort stationierten US-amerikanischen Soldaten und andere Auslandsamerikaner eine lukrative Zielgruppe für den Erwerb von heimischen Investmentanteilen bildeten. Als Benedick sich von dieser Idee wenig überzeugt zeigte, diente Cornfeld sich Jack Dreyfus als Provisionsvertreter an, der mit dem Dreyfus-Fonds einen rasant wachsenden US Investment Trust betrieb. In einem boomenden Börsenumfeld florierten bald auch Cornfelds Geschäfte. Er schaltete daraufhin in der Pariser Ausgabe der Herald Tribune eine Anzeige, »[offering] American men and women over $10,000 a year for sales ability, a willingness to work hard in a fast-growing industry, and a sense of humour«[13]. Rasch verfügte er über eine Schar von rund 70 Verkäufern, die er anleitete und überwachte. Über Dreyfus hatte Cornfeld auch die Bekanntschaft mit dessen Rechtsberater Edward Cowett gemacht, der nach Abschluss seines Studiums an der Harvard Law School zusammen mit Louis Loss, dem Nestor des US-amerikanischen Kapitalmarktrechts, das Standardlehrbuch in diesem Feld geschrieben hatte.[14]

Mit dem Amtsantritt de Gaulles im Jahre 1958 musste Cornfeld seine Geschäfte in Paris aufgeben, weil Frankreich den Abfluss der Dollardevisen US-amerikanischer Expatriates an Amerikas Börsen verhindern wollte. Daraufhin errichtete er sein neues Geschäftsdomizil in Genf, das mit 76 Banken schon damals eine Drehscheibe

do with the usual impression that the words ‚social worker‘ convey, especially in Europe. [...] ‘Bernie worked with us as a group counsellor among middle class children’. Cornfeld’s job was to lead a programme of religious, social, cultural, athletic and philanthropic activities.«

11 Näher Raw/Page/Hodgson, Do You Sincerely Want to Be Rich?, 1971, S. 39: »Everybody was convinced that the benefits of capitalism were at last being brought to ordinary folk. [...] It was entirely possible in the early Fifties to regard the mutual fund as a promising engine of social justice.«

12 Relativierend Raw/Page/Hodgson, Do You Sincerely Want to Be Rich?, 1971, S. 59: »It sounds like a rags-to-riches beginning, but in fact he began in Europe with most of the things that his new acquaintances were struggling to get: a flat, a girl friend (two, by his own account), a sporty little Simca, a typewriter, and a promising source of income in good, green dollars.«

13 Raw/Page/Hodgson, Do You Sincerely Want to Be Rich?, 1971, S. 60 f.

des internationalen Kapitalverkehrs bildete.[15] Aus der Genfer Zentrale an der Rue de Lausanne 119 schickte Cornfeld sein Vertreterheer in alle Teile der Welt, »von den Eiswüsten Kanadas bis Feuerland, von Australien bis Schweden«[16], um Investmentanteile gegen Provision zu verkaufen. Er stilisierte sein Geschäftsmodell als »weltweiten Volkskapitalismus«[17] und verbrämte den Verkauf von IOS-Papieren als »vorbeugende Sozialarbeit«[18]. Wegen seines predigtartigen Werbens für die kollektive Vermögensanlage bezeichneten ihn seine Mitarbeiter in Anspielung auf den berühmten Baptistenpastor als »Billy Graham des Investment-Gedankens«.[19]

3. *Errichtung und Ausbau eines eigenen Finanzimperiums*

1960 hatte Cornfeld genug Geld beisammen, um sein eigenes Finanzunternehmen zu gründen. Mit Hilfe von Edward Cowett, fortan die Nr. 2 seiner rasch wachsenden Organisation, errichtete er im August 1960 eine Kapitalgesellschaft, die IOS Ltd (SA) nach dem Recht von Panama, um alle Vorteile einer Offshore-Jurisdiktion zu genießen: »The offshore status of IOS was not an accident, an additional refinement grafted onto a viable structure. It was of the essence of Cornfeld's and Cowett's conceptions that their operation should be as far as possible untaxed, unregulated and uncontrolled.«[20] Die IOS Ltd (SA) Gesellschaft sponsorte vier Monate später ihren ersten eigenen Investmentfonds, den International Investment Trust (IIT) mit Sitz im steuergünstigen Luxemburg.

Zwei Jahre später folgte Cornfelds Geniestreich: ein zusammen mit Cowett ausgetüftelter Dachfonds, der den großspurigen Namen »Fund of Funds« trug[21] und sich sensationell verkaufte.[22] Die im Grundsatz einleuchtende Idee, dass ein professioneller Dachfondsmanager die Investments in die vielversprechendsten Einzelfonds

14 Loss/Cowett, Blue Sky Law, 1958; dazu die Rezension von Crotty, 57 Mich. L. Rev. 307 (1958): »If any volume can be the 'bible' of the Uniform Act, this one surely is.«

15 Vgl. Raw/Page/Hodgson, Do You Sincerely Want to Be Rich?, 1971, S. 65.

16 Spiegel Nr. 21/1970; ausführlicher zu den fünf Phasen der IOS-Expansion von den Geschäften mit US-amerikanischen GIs in Frankreich über IOS-Verkaufsoperationen in der Dritten Welt bis hin zum Vertrieb in Deutschland und Italien Raw/Page/Hodgson, Do You Sincerely Want to Be Rich?, 1971, S. 121 ff.

17 Vgl. Raw/Page/Hodgson, Do You Sincerely Want to Be Rich?, 1971, S. 119: »Cornfeld's own claims on behalf of what he was doing had been growing steadily more grandiose. His tone became first Napoleonic, then positively Messianic. He had for some time proclaimed 'World-Wide People's Capitalism' as the IOS goal.«; ferner Luther, Die 30 verhängnisvollsten Skandale der Finanzgeschichte, 2003, S. 157, 162.

18 Dazu Spiegel Nr. 21/1970; eingehend auch Birkholz/Saller, IOS. Senkrechtstart und Absturz einer Erfolgsidee, 1970, S. 28 ff.

19 Vgl. Spiegel Nr. 21/1970.

20 Raw/Page/Hodgson, Do You Sincerely Want to Be Rich?, 1971, S. 82.

21 Vgl. Luther, Die 30 verhängnisvollsten Skandale der Finanzgeschichte, 2003, S. 157, 159; Nars, Erschwindelte Milliarden, 2009, S. 155 f.; Raw/Page/Hodgson, Do You Sincerely Want to Be Rich?, 1971, S. 104 ff.

lenken soll, wurde von Cornfeld freilich pervertiert. Der neue Dachfonds verzichtete im Laufe der Zeit auf Anlagen bei fremden Fonds und lenkte stattdessen alle Mittel in die Einzelfonds von IOS: »In der Praxis fungierte IOS als zentraler Geldsammelfonds, in den die Millionen und schließlich Milliarden Dollar flossen und aus dem sie später in die eigenen Unterfonds geleitet beziehungsweise zu anderen Zwecken genutzt wurden, die von ihm gutgeheißen wurden.«[23]

In den Folgejahren baute Cornfeld sein Finanzimperium entschlossen aus. Zu zahlreichen weiteren Fonds gesellten sich Banken, Versicherungen und Immobilienunternehmen, um den Anlegern jene Rundumbetreuung anzubieten, die der Firmenslogan versprach: »The complete financial service of IOS«.[24]

4. Die Vertriebsorganisation von IOS: Das »raffinierteste Sklavenhaltersystem der Welt«

Das Rückgrat von IOS bildete eine straff geführte Vertriebsorganisation mit einem pyramidenförmigen Aufbau.[25] Neueinsteiger fingen ganz unten an (junior salesman) und erreichten bei Überschreiten bestimmter Umsatzvorgaben die zweite Stufe (senior salesman). Mit Erfüllung weiterer Verkaufsziele erklommen sie die nächsten Sprossen der Hierarchieleiter (branch, regional, divisional, general manager). Aufsteigende Vermittler durften ihrerseits neue Vermittler anwerben, von deren Neugeschäft sie Provisionsanteile erhielten. Kritiker nannten dieses Vertriebssystem, das man heute als Strukturvertrieb bezeichnen würde,[26] »the most perfect system of slavery ever devised«[27]. Für nicht wenige Vermittler hat sich dieses System freilich ausgezahlt; Cornfeld machte rund hundert von ihnen zu Dollarmillionären.[28] Zudem gelang es ihm, durch üppige Bonuszahlungen eine große Mannschaft äußerst loyaler Verkäufer zu formen.[29] Eine weitere Motivationshilfe bildete ein ausgeklügeltes

22 Prägnant Raw/Page/Hodgson, Do You Sincerely Want to Be Rich?, 1971, S. 106: »The Fund of Funds really did take off like a rocket.«
23 Nars, Erschwindelte Milliarden, 2009, S. 156.
24 Dazu Nars, Erschwindelte Milliarden, 2009, S. 152, 155.
25 Vgl. Luther, Die 30 verhängnisvollsten Skandale der Finanzgeschichte, 2003, S. 157, 158; graphische Darstellung bei Birkholz/Saller, IOS. Senkrechtstart und Absturz einer Erfolgsidee, 1970, S. 98.
26 Vgl. etwa – unter ausdrücklicher Bezugnahme auf die Pionierrolle von IOS – Beenken, Vertriebsmanagement, 3. Aufl. 2016, S. 149: »Unter einem Strukturvertrieb (angelsächsisch auch Multi Level Marketing genannt), versteht man ein Vertriebsunternehmen, das eine Vielzahl selbständiger Handelsvertreter umfasst, die in einem stark hierarchischen Verhältnis von meist drei, vier und mehr Hierarchieebenen angeordnet sind.«
27 Raw/Page/Hodgson, Do You Sincerely Want to Be Rich?, 1971, S. 230; gleichsinnig Birkholz/Saller, IOS. Senkrechtstart und Absturz einer Erfolgsidee, 1970, S. 99: »das raffinierteste Sklavenhaltersystem der Welt«.
28 Dazu Raw/Page/Hodgson, Do You Sincerely Want to Be Rich?, 1971, S. 14; ferner Nars, Erschwindelte Milliarden, 2009, S. 155: »Die besten der auf Bonusbasis arbeitenden Verkäufer wurden Millionäre, indem sie über die Kunden dicke Provisionen einstrichen. Sie waren die Crème de la Crème.«

Aktienoptionsprogramm: IOS-Vertreter konnten je nach Rang und Verkaufserfolg Stock Options an der IOS Ltd (SA) erwerben, von denen sie bei einem späteren Börsengang nach zehn Jahren zehn Prozent und in jedem Folgejahr weitere zehn Prozent einlösen durften[30] – ein Programm, das unter den Mitarbeitern großen Anklang fand.[31]

5. *Rückschläge und Reputationsgewinne*

Ungeachtet aller wirtschaftlichen Erfolge musste Cornfeld im Laufe der Zeit auch schwere Rückschläge einstecken. Hierzu gehörten 1966 abrupte Marktschließungen in Venezuela, Kolumbien und Brasilien im Gefolge neuer Gesetze zur Verhinderung von Kapitalflucht und Steuerumgehung.[32] Teilweise wurden IOS-Vertreter sogar festgenommen. Noch schwerer wog die Auseinandersetzung zwischen IOS und der US-amerikanischen Börsenaufsicht (SEC) wegen der Verletzung von Wertpapiergesetzen. Sie begann im Sommer 1965 und zog sich zwei Jahre lang hin. Im Mai 1967 stimmte IOS schließlich einem demütigenden Vergleich zu, nach dem sie ihre US-amerikanischen Aktivitäten einstellen musste und US-Bürgern fürderhin weder im In- noch im Ausland Anlageprodukte anbieten durfte.[33] Außerdem durfte der »Fund of Funds« nicht mehr als drei Prozent an irgendeinem US-amerikanischen Investmentfonds erwerben.

Dass IOS durch diese Rückschläge wirtschaftlich gleichwohl nicht in die Knie gezwungen wurde, beruhte zum einen auf dem beträchtlichem Mittelzufluss aus reichen europäischen Ländern,[34] allen voran aus Deutschland.[35] Zum anderen vermochte Cornfeld das angekratzte Image seines Finanzimperiums durch Gewinnung hochrenommierter Persönlichkeiten als Firmenrepräsentanten aufzupolieren. Ein besonderer Coup gelang ihm inmitten der SEC-Untersuchungen mit der Anwerbung von James Roosevelt, dem ältesten Sohn von Franklin D. Roosevelt, der im Dezember 1966 bei IOS anheuerte: »James Roosevelt was not just Bernie Cornfeld's customer's man, trouble-shooter and ambassador-at-large. He was also useful as recruiting

29 Vgl. Nars, Erschwindelte Milliarden, 2009, S. 154; ferner Raw/Page/Hodgson, Do You Sincerely Want to Be Rich?, 1971, S. 22: »[…] a private army of vassals: his sales force. Many of them were fanatically loyal. And he knew how to keep them that way with a complicated system of lavish gifts, grants of profitable territory and elaborately structured financial rewards.«

30 Eingehend Birkholz/Saller, IOS. Senkrechtstart und Absturz einer Erfolgsidee, 1970, S. 164 ff.

31 Vgl. Birkholz/Saller, IOS. Senkrechtstart und Absturz einer Erfolgsidee, 1970, S. 227: »automatischer Fahrstuhl zum Reichtum«.

32 Näher Raw/Page/Hodgson, Do You Sincerely Want to Be Rich?, 1971, S. 123 ff.

33 Eingehend Raw/Page/Hodgson, Do You Sincerely Want to Be Rich?, 1971, S. 147 ff., 162.

sergeant.«[36] Wohlkalkuliert weckte der Nachname bei vielen Anlegern vertrauenserheischende Assoziationen, die der Sohn gekonnt ausspielte: Vater Roosevelt hatte im Rahmen seines sog. New Deal für die Einführung des Securities Act von 1933 und des Securities Exchange Act von 1934 gesorgt,[37] jenen beiden epochalen Anlegerschutzgesetzen nach dem Börsenkrach von 1929.

6. *Cornfeld auf dem Zenit seiner Macht und seines Ruhms (1969)*

1969 war Cornfeld auf dem Höhepunkt seiner Karriere angelangt. IOS hatte nicht weniger als 750.000 Kunden in 110 Ländern und verwaltete Anlagegelder in Höhe von 2,5 Mrd. Dollar.[38] Zu Cornfelds Firmenimperium gehörten insgesamt 21 Investmentfonds, neun Banken, vier Versicherungsgesellschaften und drei große Immobilienunternehmen.[39] Auch den IPC-Fonds, bei dem er als Anlageberater begonnen hatte, hatte er zwischenzeitlich von Benedick erworben.[40] Über den Globus verstreut waren knapp 15.000 Außendienstmitarbeiter für IOS tätig. Etwa 4.000 Verwaltungsmitarbeiter bearbeiteten monatlich 100.000 Geschäftsvorgänge. Allein im Jahr 1969 schlossen eine Viertelmillion Menschen Anlageprogramme mit IOS für drei Mrd. Dollar ab, IOS-Kunden zahlten 900 Mio. Dollar in bar ein.[41]

Cornfeld selbst galt als »Midas vom Genfer See«[42], dem alles zu Gold wurde, was er anfasste. Das Nachrichtenmagazin Time nannte ihn »part Peter Pan, part Midas«, die Business Week »King of Europe's Cash«.[43] Noch im Februar 1970 sprach er in New York als Hauptredner auf der exklusiven Institutional Investor Conference, was ihm nach seinem Debakel mit der SEC besondere Genugtuung verschaffte.[44] Am 10. Dezember 1969 empfing ihn sogar Papst Paul VI. zu einer 35-minütigen

34 Vgl. Raw/Page/Hodgson, Do You Sincerely Want to Be Rich?, 1971, S. 142: »By 1968, 60% of all the inflow of money into the funds came from relatively rich countries in Western Europe – Germany, Italy, Britain and Holland.«

35 Näher unter II.

36 Raw/Page/Hodgson, Do You Sincerely Want to Be Rich?, 1971, S. 184.

37 Näher zur Genese dieser beiden skandalgetriebenen Reformgesetze Fleischer/Bassier, RabelsZ 90 (2026), Heft 1.

38 Vgl. Nars, Erschwindelte Milliarden, 2009, S. 157.

39 Vgl. Birkholz/Saller, IOS. Senkrechtstart und Absturz einer Erfolgsidee, 1970, innere Umschlagseite; leicht variierende Zahlen bei Luther, Die 30 verhängnisvollsten Skandale der Finanzgeschichte, 2003, S. 157, 160 und in Spiegel Nr. 9/1968.

40 Vgl. Spiegel Nr. 9/1968: »Er kaufte sogar die Firma seines ersten Investment-Arbeitgebers Walter Benedick auf, der 1956 Cornfelds Pariser Startplan nicht begriffen hatte.«

41 So Birkholz/Saller, IOS. Senkrechtstart und Absturz einer Erfolgsidee, 1970, innere Umschlagseite.

42 Spiegel Nr. 9/1968.

43 Zitiert nach Raw/Page/Hodgson, Do You Sincerely Want to Be Rich?, 1971, S. 192.

44 Anschaulich Raw/Page/Hodgson, Do You Sincerely Want to Be Rich?, 1971, S. 16 f.: »It is important to understand the setting, the occasion, and the time. The setting was New York,

Privataudienz[45], wohl auch, weil die IOS-Stiftung das Pacem-In-Terris-Projekt finanzierte.[46]

Privat hatte Cornfeld zeitweilig ein dreistelliges Millionenvermögen angehäuft.[47] Er besaß zwei Schlösser, eine Villa am Genfer See, die Napoleon für seine Frau Josephine errichten ließ, eine Stadthaus im vornehmen Londoner Viertel Belgravia und eine geräumige Suite im New Yorker Carlyle-Hotel; außerdem gehörten ihm mehrere Privatjets und ein Hubschrauber, eine Ansammlung von Luxuskarossen, ein Dutzend Rennpferde, rassige Hunde, ein lebender Ozelot und eine wertvolle Gemäldesammlung.[48] Diesen Reichtum stellte er demonstrativ zur Schau, pflegte den »Lebensstil eines Maharadschas«[49], umgab sich als Playboy gerne mit jungen, schönen Frauen und veranstaltete verschwenderische Partys.

7. Verfehlungen von Cornfeld und IOS

Hinter der auf Hochglanz polierten Fassade von IOS schimmerten im Laufe der Jahre immer wieder einzelne Missstände durch. Das ganze Ausmaß der Übervorteilung zulasten gutgläubiger Anleger wurde aber erst im Rückblick sichtbar.[50] Zu nennen sind zunächst übermäßig hohe Gebührenbelastungen, nicht zuletzt durch die Dachfondskonstruktion: »Cornfeld schröpfte seine Kunden durch unzählige Provisionen und Gebühren. Erstens Provisionen für die ursprüngliche Kapitalanlage bei IOS, zweitens Provisionen für die Geldanlage bei den Unterfonds und schließlich jährliche Depotverwaltungsgebühren.«[51] Weiterhin wurden die Anlageergebnisse der Fonds häufig geschönt. Kundengelder wurden entgegen der Anlagebedingungen für hochriskante Spekulationsgeschäfte verwendet, etwa für den Erwerb obskurer Ölbohrrechte in der kanadischen Arktis oder den Aufkauf nicht börsennotierter Aktien zweifelhafter Unternehmen.[52] Das IOS-Verkäuferheer war vielfach an illegalem Devisenhandel in großem Stil beteiligt. Die Genfer Führungscrew bewilligte sich selbst großzügige Darlehen aus der Gesellschaftskasse.

the true test and only stage for success in Bernard Cornfeld's world. He had first come to the city as a child from Turkey in 1931. [...] But in 1967 he had been banished from New York. [...] Now he was back in New York again, and with the financial community literally at his feet.«

45 Vgl. Raw/Page/Hodgson, Do You Sincerely Want to Be Rich?, 1971, S. 243.

46 Dazu Raw/Page/Hodgson, Do You Sincerely Want to Be Rich?, 1971, S. 182.

47 Vgl. Birkholz/Saller, IOS. Senkrechtstart und Absturz einer Erfolgsidee, 1970, S. 34: »[...] taxierte er [= Cornfeld] sich selbst bereits auf 400 Millionen Mark.«

48 Vgl. Birkholz/Saller, IOS. Senkrechtstart und Absturz einer Erfolgsidee, 1970, S. 34; Cantor, The Bernie Cornfeld Story, 1970, S. 9.

49 Spiegel Nr. 21/1970.

50 Für eine umfassende Auflistung Raw/Page/Hodgson, Do You Sincerely Want to Be Rich?, 1971, S. 15 f.

51 Nars, Erschwindelte Milliarden, 2009, S. 156; ähnlich Luther, Die 30 verhängnisvollsten Skandale der Finanzgeschichte, 2003, S. 157, 159: »Cornfeld verfeinerte das FoF-Konzept jedoch immer weiter mit dem Ziel, die IOS-Kunden mit Provisionen, Erfolgshonoraren, Gebühren und Transaktionskosten bis zur Schmerzgrenze abzuzocken.«

52 Vgl. Luther, Die 30 verhängnisvollsten Skandale der Finanzgeschichte, 2003, S. 157, 160.

8. *Die »Apokalypse« für Cornfeld und IOS (1970)*

Die existenzbedrohende Krise von IOS, die Anfang April 1970 einsetzte,[53] beruhte auf verschiedenen Faktoren: einem aufgeblähten Verwaltungsapparat, der immer kostspieligeren Vertriebsorganisation, unzureichendem Kostenmanagement sowie verlustreichen Investitionen in Ölbohrrechte und anderen dubiosen Transaktionen.[54] Als Auslöser der »Apokalypse«[55] gilt vielen der Börsengang der IOS-Muttergesellschaft im Oktober 1969,[56] der bei einem Ausgabekurs von zehn Dollar anfangs erfolgreich verlaufen war. Als wenige Monate später bekannt wurde, dass IOS im zweiten Halbjahr 1969 Verluste erwirtschaftet hatte und im laufenden Geschäftsjahr weitere Verluste drohten, geriet die IOS-Aktie in einem schwierigen Börsenumfeld[57] aber unter Druck. Stützkäufe in Höhe von 25 Mio. Dollar aus Gesellschaftsmitteln verfehlten ihre erhoffte Wirkung. Viele Neuzeichner, unter ihnen etliche IOS-Mitarbeiter, die ihre Aktien fremdfinanziert erworben hatten, mussten sie bei einem zeitweiligen Kurs von zwei Dollar wieder veräußern, weil deren Wert nicht mehr zur Sicherung der Kredite ausreichte. IOS stürzte in eine schwere Liquiditätskrise. Von den traditionellen Banken, gegen die Cornfeld jahrelang gewettert hatte, war keine Hilfe zu erwarten. Er selbst wurde im Mai 1970 entmachtet und verlor sein Amt im IOS-Verwaltungsrat.[58]

9. *Vom Regen in die Traufe: Plünderung von IOS durch Robert Vesco*

Zur Sanierung der IOS-Muttergesellschaft erboten sich zunächst der Ölmillionär John King aus Denver sowie die Pariser Rothschild-Gruppe.[59] Den Zuschlag erhielt schließlich ein Dritter: Robert Vesco, der durch schuldenfinanzierte Übernahmen in den Vereinigten Staaten einen Mischkonzern geschmiedet hatte. Damit kam IOS vom Regen in die Traufe.[60] Binnen weniger Monate plünderte Vesco IOS mit Hilfe von Scheingeschäften und verdeckten Vermögensverlagerungen regelrecht aus. Nach einer Anklage wegen Wertpapierbetrugs floh er mit etwa 220 Mio. Dollar nach Costa

53 Für ein minutiöses »Tagebuch« der 14 Krisenwochen Birkholz/Saller, IOS. Senkrechtstart und Absturz einer Erfolgsidee, 1970, S. 237 ff.

54 Vgl. mit Nuancierungen im Einzelnen Birkholz/Saller, IOS. Senkrechtstart und Absturz einer Erfolgsidee, 1970, S. 228 ff.; Luther, Die 30 verhängnisvollsten Skandale der Finanzgeschichte, 2003, S. 155, 160; Raw/Page/Hodgson, Do You Sincerely Want to Be Rich?, 1971, S. 333 ff.

55 Raw/Page/Hodgson, Do You Sincerely Want to Be Rich?, 1971, S. 315.

56 Vgl. etwa Birkholz/Saller, IOS. Senkrechtstart und Absturz einer Erfolgsidee, 1970, S. 232.

57 Plastisch Raw/Page/Hodgson, Do You Sincerely Want to Be Rich?, 1971, S. 393: »In April 1970, ghosts which had not been seen since 1929 were climbing out of coffins in Wall Street, in the City of London, and around the Place de la Bourse in Paris.«

58 Näher Raw/Page/Hodgson, Do You Sincerely Want to Be Rich?, 1971, S. 417 ff.

59 Einzelheiten bei Raw/Page/Hodgson, Do You Sincerely Want to Be Rich?, 1971, S. 401 ff.

60 So ausdrücklich Luther, Die 30 verhängnisvollsten Skandale der Finanzgeschichte, 2003, S. 157, 162.

Rica und später nach Kuba. Die Zeitschrift Fortune nannte ihn den »berühmtesten Schurken Amerikas«, das Magazin Slate den »unumstrittenen König der flüchtigen Financiers«.[61] Im Jahr 1973 musste IOS schließlich Insolvenz anmelden.

II. Der Vormarsch von IOS in Deutschland und das Auslandsinvestmentgesetz

1. *»Goldmine« und »Ganovenwunderland« für Verkäufer von Investmentfonds*

Hierzulande hat IOS erst vergleichsweise spät Fuß gefasst[62] – dann aber mit umso größerem Erfolg: »For a time the German operation was a triumph. Within three years from 1966 to 1969, it shot up from being no more than one among a couple of dozen territories around the world, until it was virtually half of IOS: almost half the clients, fully half the salesmen, and almost half of the face volume of sales.«[63]

Dass Deutschland in den späten 1960er Jahren eine wahre Goldmine[64] für Investmentfondsanbieter bildete, hatte verschiedene Gründe. Hier hatte sich während eines langen Wirtschaftsaufschwungs viel Sparkapital angesammelt, die DM war frei konvertibel, es gab nahezu keine Regulierung für ausländische Fondsanbieter[65] und die jüngere Generation war von frischen Ideen aus Amerika geradezu fasziniert.[66] Zudem traf der Marktauftritt von IOS den Nerv der Zeit, indem Cornfeld und seine Anlageberater mehr als nur ein Produkt oder eine Dienstleistung anboten: »They offered a Weltanschauung.«[67]

2. *Prominente Politiker als Türöffner und Galionsfiguren*

Um IOS in Deutschland salonfähig zu machen, setzte Cornfeld auf seine bewährte Strategie, prominente Politiker als Fürsprecher und Unterstützer zu gewinnen. Er kontaktierte zuerst Ludwig Erhard als langjährigen Bundesminister für Wirtschaft (1949–1963), Vater des deutschen Wirtschaftswunders und zweiten Kanzler

61 Nars, Erschwindelte Milliarden, 2009, S. 161, 162, 165.
62 Vgl. Birkholz/Saller, IOS. Senkrechtstart und Absturz einer Erfolgsidee, 1970, S. 93; Raw/Page/Hodgson, Do You Sincerely Want to Be Rich?, 1971, S. 224 f.
63 Raw/Page/Hodgson, Do You Sincerely Want to Be Rich?, 1971, S. 222.
64 Raw/Page/Hodgson, Do You Sincerely Want to Be Rich?, 1971, S. 224: »goldmine«.
65 Vgl. Raw/Page/Hodgson, Do You Sincerely Want to Be Rich?, 1971, S. 223: »It's a Ganovenwunderland! – a hoodlum's paradise.«
66 Vgl. Raw/Page/Hodgson, Do You Sincerely Want to Be Rich?, 1971, S. 224: »Germans turned to America and identified American ways with everything that was modern, democratic, progressive. Mutual funds were new, they were modern, they were American.«
67 Raw/Page/Hodgson, Do You Sincerely Want to Be Rich?, 1971, S. 222 f.; ähnlich Birkholz/Saller, IOS. Senkrechtstart und Absturz einer Erfolgsidee, 1970, S. 226.

der Bundesrepublik Deutschland (1963–1966), der sein Angebot jedoch ausschlug.[68] Auch um den damaligen Bundesminister der Finanzen Franz Josef Strauß, dessen Ehefrau Marianne eine begeisterte IOS-Kundin war,[69] buhlte er vergeblich. Zu gewinnen vermochte er jedoch den langjährigen FDP-Vorsitzenden und Vizekanzler im Kabinett Erhard Erich Mende, der sich nach Bildung der Großen Koalition 1966 auf der harten Oppositionsbank wiederfand und über sein IOS-Engagement auch den Parteivorsitz verlor.[70] Mende wurde zum Geschäftsführer der »IOS in Deutschland GmbH« bestellt und erwies sich als echtes Zugpferd: In seiner Ära von 1967 bis 1970 kamen hierzulande mehr als 200.000 Kunden und über 5.000 Anlageberater zu IOS, flossen über eine Mrd. DM in die IOS-Fondstöpfe, wurden 150 IOS-Agenturen eröffnet.[71] Mende selbst verdiente in dieser Zeit etwa eine Dreiviertelmillion DM.[72]

Neben Mende rekrutierte Cornfeld noch einen weiteren ehemaligen Bundesminister, Victor Emanuel Preusker, damals Mitinhaber einer Bonner Privatbank. Preusker eröffnete am 20. März 1968 eine IOS-eigene Bank, die Orbis Bank in München, und startete am selben Tag mit einen deutschen IOS-Fond, dem sog. Investors Fonds.[73]

3. *Die IOS-Vertriebsorganisation in Deutschland*

Hierzulande wurde die schon vorgestellte Pyramidenstruktur der IOS-Vertriebsorganisation noch weiter verfeinert.[74] Der Direktvertrieb durch selbständige Handelsvertreter – die »perfekt durchdachte Erfolgstretmühle«[75] – umfasste insgesamt acht Stufen und nötigte wegen des Investmentbooms sogar zur Einführung eines Super-Super-Super-General Managers.[76] Zur Fortbildung der IOS-Vertreter wurde eine sog. IOS-Akademie eingerichtet, an der führende Professoren unterrichteten,[77] die auch Mitglieder des Beirats der IOS in Deutschland GmbH wurden. Die ersten deutschen

68 Vgl. Raw/Page/Hodgson, Do You Sincerely Want to Be Rich?, 1971, S. 233.
69 Vgl. Spiegel 9/1968: »Sie [= Marianne Strauß] löste aber ihr IOS-Kundendepot auf, als Strauß-Gegner Mende sein Spitzen-Engagement antrat.«
70 Eingehend dazu Spiegel Nr. 38/1967.
71 So Birkholz/Saller, IOS. Senkrechtstart und Absturz einer Erfolgsidee, 1970, S. 142.
72 Auch dazu Birkholz/Saller, IOS. Senkrechtstart und Absturz einer Erfolgsidee, 1970, S. 142 mit dem Zusatz: »Doch er arbeitet hart dafür. Allein im Jahre 1969 spricht er mehr als hundertmal in der Öffentlichkeit für IOS und von IOS. Zu jeder seiner Veranstaltungen kommen im Schnitt 400 Zuhörer.«
73 Näher Birkholz/Saller, IOS. Senkrechtstart und Absturz einer Erfolgsidee, 1970, S. 54.
74 Vgl. Raw/Page/Hodgson, Do You Sincerely Want to Be Rich?, 1971, S. 229: »most refined form«; ähnlich Spiegel Nr. 21/1970: »Der Aufbau der IOS-Vertriebsorganisation in Deutschland war nach Meinung von Experten eine Meisterleistung.«
75 Birkholz/Saller, IOS. Senkrechtstart und Absturz einer Erfolgsidee, 1970, S. 99.
76 Näher Birkholz/Saller, IOS. Senkrechtstart und Absturz einer Erfolgsidee, 1970, S. 102; Raw/Page/Hodgson, Do You Sincerely Want to Be Rich?, 1971, S. 222 ff.
77 Näher Birkholz/Saller, IOS. Senkrechtstart und Absturz einer Erfolgsidee, 1970, S. 126 f.; für Betriebswirtschaftslehre etwa Louis Perridon, LMU München, für Unternehmensrecht Herbert Wiedemann, Universität zu Köln.

IOS-Kunden stammten aus den vermögenden Bevölkerungsschichten (Ärzte, Zahnärzte, Rechtsanwälte, Apotheker, Künstler der oberen Gagenklasse, Unternehmer).[78] Später kamen kleine und mittlere Anleger hinzu, die zumeist in IOS-Sparprogramme investierten.[79] Rückblickend stellte der US-amerikanische Ökonom John Kenneth Galbraith der IOS-Vertriebspyramide ein vernichtendes Zeugnis aus: »Vor allem aber war IOS ein riesiger Verkaufsapparat, in dem Effektenverkäufer andere Verkäufer anwarben und eine Provision von deren Verkäufen erhielten. [...] In Deutschland war die Pyramide am Ende etwa sechs Etagen hoch, und nur ein Bruchteil der eigentlichen Investitionen floss noch in die Wertpapiere, zu deren Ankauf sie gedacht waren. Alles Übrige floss in jene Provisionen. Es würde schwerfallen, sich ein finanztechnisch ungeeigneteres Unternehmen für Investoren auszudenken.«[80]

4. Wachsender Widerstand des deutschen Banken-Establishments

In der konservativen deutschen Bankenwelt formierte sich allmählich Widerstand gegen die hemdsärmelige ausländische Konkurrenz.[81] Schon 1967 forderte die Arbeitsgemeinschaft deutscher Investmentgesellschaften den Gesetzgeber auf, Vorkehrungen gegen unseriöse Angebote durch ausländische Investmentgesellschaften zu treffen.[82] In das gleiche Horn stieß im Frühjahr 1968 der Bundesverband des privaten Bankgewerbes.[83] Beide Interessenverbände bemängelten insbesondere die ungleichen Wettbewerbsbedingungen zwischen in- und ausländischen Fonds: Während erstere dem Gesetz über Kapitalanlagegesellschaften (KAGG) von 1957 unterlagen, mussten letztere nur die Vorschriften der Gewerbeordnung über das reisende Gewerbe (§§ 55 ff. GewO) und des Gesetzes gegen unlauteren Wettbewerb beachten. Diese Diskrepanz beruhte darauf, dass der Gesetzgeber von 1957 keine Veranlassung für eine Regelung über ausländische Investmentanteile gesehen hatte, weil deren Vertrieb vor Einführung der Konvertibilität der Deutschen Mark Ende 1958 nur eine ganz untergeordnete Rolle spielte und auch danach lediglich ein geringes Volumen

78 Vgl. Birkholz/Saller, IOS. Senkrechtstart und Absturz einer Erfolgsidee, 1970, S. 87.

79 Vgl. Birkholz/Saller, IOS. Senkrechtstart und Absturz einer Erfolgsidee, 1970, S. 88: »In Frankfurt und Hamburg beispielweise hatten jeweils einige hundert Taxifahrer IOS-Programme.«

80 Galbraith, Eine kurze Geschichte der Spekulation, 4. Aufl. 2011, S. 101.

81 Treffend Spiegel Nr. 48/1965: »Deutsche Banken und Investmentgesellschaften sind geniert: In der Bundesrepublik ist eine neue Vertreter-Spezies am Werke, die Anteilsscheine auf Wertpapiere nicht nach altehrwürdiger Sitte über den Bankschalter, sondern an der Haustür verkauft.«

82 Vgl. Fricke, Die rechtliche Behandlung ausländischer Investmentgesellschaften in Deutschland, 1973, S. 31.

83 Vgl. Birkholz/Saller, IOS. Senkrechtstart und Absturz einer Erfolgsidee, 1970, S. 215: »Deutschlands Banken, im offenen Konkurrenzkampf gegen die unkonventionellen, motivierten und auf ‚hard selling' geschulten IOS-Verkäufer im Hintertreffen, sinnen auf einen anderen Ausweg. Sie regen ein Gesetz gegen die ausländischen Investmentgesellschaften an.«

erreichte.[84] Im Bundesministerium für Wirtschaft fanden diese Eingaben ein offenes Ohr. Ein Versuch, die ausländischen Investment- und Vertriebsgesellschaften zu einer freiwilligen Anpassung an die Gepflogenheiten des deutschen Marktes zu bewegen, war jedoch nicht von Erfolg gekrönt.[85] Daraufhin entschloss sich die Politik, den Weg einer förmlichen Gesetzgebung einzuschlagen. Allerdings bremste das sozialdemokratisch geführte Wirtschaftsministerium unter Karl Schiller und dem Mitarbeiterstab von Ministerialdirektor Hankel (»die vermögensbildungsbeflissene Hankel Crew«[86]) allzu weitreichende Reformpläne.

5. Entstehung und Zielsetzung des Auslandsinvestmentgesetzes

a) Gang des Gesetzgebungsverfahrens

Im Juli 1968 legte das Wirtschaftsministerium nach Anhörung der betroffenen Kreise den ersten Entwurf eines Gesetzes über den Vertrieb ausländischer Investmentanteile vor. Er wurde Mitte 1968 als Regierungsentwurf dem Deutschen Bundestag zugeleitet,[87] der hierüber Anfang Dezember 1968 in erster Lesung beriet und ihn dann an den federführenden Ausschuss für Wirtschaft und Mittelstandsfragen überwies. Dieser hörte im Februar 1969 Sachverständige verschiedener Organisationen an, unter anderem der Deutschen Bundesbank, der US-amerikanischen SEC, des Bundesverbands deutscher Banken und der Investment Overseas Services in Deutschland GmbH.[88] Am 26. Juni 1969 wurde der in Einzelpunkten geänderte Entwurf vom Bundestag in zweiter und dritter Lesung einstimmig verabschiedet. In Kraft getreten ist das AuslInvestmG am 1. November 1969.

b) Begründung des rechtspolitischen Regelungsbedarfs

Zur Erläuterung der gesetzgeberischen Initiative verwies die Regierungsbegründung auf den rasant gewachsenen Absatz ausländischer Investmentanteile und eine gravierende Verschiebung der Marktanteile: Während inländische Aktienfonds ihren Netto-Absatz von rund 380 Mio. DM im Jahre 1965 auf rund 890 Mio. DM im Jahre 1968 gut verdoppelten, konnten ausländische Gesellschaften ihren Absatz im gleichen Zeitraum von rund 80 Mio. DM auf rund 950 Mio. DM fast verzehnfachen.[89] Dies sei für sich genommen zwar nicht zu beanstanden; vielmehr sei die Tätigkeit ausländischer Investmentgesellschaften in Deutschland grundsätzlich begrüßenswert,

84 Vgl. Begr. RegE AuslandsInvestmG, BT-Drucks. V/3494, S. 14.
85 Vgl. Fricke, Die rechtliche Behandlung ausländischer Investmentgesellschaften in Deutschland, 1973, S. 31.
86 Birkholz/Saller, IOS. Senkrechtstart und Absturz einer Erfolgsidee, 1970, S. 215.
87 Begr. RegE AuslandsInvestmG, BT-Drucks. V/3494.
88 Vgl. Schriftlicher Ausschussbericht, BT-Drucks. V/4414, S. 1.
89 Vgl. Onderka, BB 1969, 1018, 1019.

weil sie der Investmentidee Auftrieb und neue Impulse gegeben habe.[90] Angesichts der beträchtlichen wirtschaftlichen Bedeutung ausländischer Anbieter lasse sich aber die Gefahr nicht länger von der Hand weisen, dass allfällige Fehlentwicklungen zu Enttäuschungen für den deutschen Sparer und damit zu unerwünschten Wirkungen auf das deutsche Investmentsparen schlechthin führen könnten.[91] Zudem habe sich gezeigt, dass die Vorschriften der Gewerbeordnung und des Gesetzes gegen den unlauteren Wettbewerb nicht ausreichen, um die Entwicklung im Interesse des Investmentsparers zu steuern und erheblichen Missständen, z.B. in der Werbung, wirksam zu begegnen.[92] Außerdem habe das Regelungsgefälle zwischen in- und ausländischen Investment- und Vertriebsgesellschaften zu erheblichen Störungen des Wettbewerbsverhältnisses geführt. Nach alledem erscheine es aus Gründen des Verkehrsschutzes, aber auch aus ordnungspolitischen Gründen, insbesondere zur Herstellung möglichst gleicher Wettbewerbsbedingungen, geboten, den Vertrieb ausländischer Investmentanteile künftig nur noch unter bestimmten Voraussetzungen zuzulassen.[93]

c) Wesentliche Einzelregelungen des AuslInvestmG

Das AuslInvestmG findet Anwendung, wenn ausländische Investmentanteile öffentlich angeboten werden oder öffentlich für sie geworben wird (§ 1 Abs. 1 S. 1). Für die Zulässigkeit des Vertriebs gelten bestimmte Mindestvoraussetzungen:[94] Die ausländische Investmentgesellschaft muss u.a. ein inländisches Kreditinstitut oder eine zuverlässige, fachlich geeignete Person im Inland als Repräsentanten bestellen (§ 2 Nr. 1); sie ist zu umfassender Publizität verpflichtet (§§ 3–5) und muss dem Erwerber einen Verkaufsprospekt mit einem bestimmten Mindestinhalt aushändigen (§ 3 Abs. 1 und 2). Bei unrichtigen oder unvollständigen Angaben von wesentlicher Bedeutung kann der Erwerber Rücknahme der Investmentanteile gegen Erstattung des von ihm gezahlten Kaufpreises verlangen (§ 12 Abs. 1 S. 1). Unabhängig davon hat der Investmentsparer bei Hausverkäufen das Recht, seine Kauferklärung binnen zwei Wochen zu widerrufen, falls der Verkäufer ihn unaufgefordert aufgesucht hat (§ 11 Abs. 1). Für Klagen gegen eine ausländische Investmentgesellschaft aus dem Vertrieb von Investmentanteilen besteht zum Schutz des Sparers ein inländischer Gerichtsstand am Sitz des Repräsentanten (§ 6 Abs. 2). Um Missständen bei der Werbung zu begegnen, kann die zuständige Behörde bestimmte Arten der Werbung untersagen (§ 10 Abs. 1 S. 1).

90 Vgl. Begr. RegE AuslInvestmG, BT-Drucks. V/3494, S. 14; dazu Birkholz/Saller, IOS. Senkrechtstart und Absturz einer Erfolgsidee, 1970, S. 215.
91 So Begr. RegE AuslInvestmG, BT-Drucks. V/3494, S. 15.
92 Vgl. Begr. RegE AuslInvestmG, BT-Drucks. V/3494, S. 15.
93 So Begr. RegE AuslInvestmG, BT-Drucks. V/3494, S. 15.
94 Eingehend Onderka, BB 1969, 1018, 1019 ff.

d) Auswirkungen der IOS-Krise in Deutschland

Die schon geschilderte IOS-Krise im Frühjahr 1970, die sich vor den Augen der deutschen Öffentlichkeit abspielte,[95] hatte auch hierzulande tiefgreifende Folgen. IOS-Aktionäre verloren ihr – häufig kreditfinanziertes – Investment und teilweise ihr ganzes Vermögen.[96] Die IOS-Vertriebsorganisation zerfiel rasch in alle Teile; viele Anlageberater kehrten in ihre alten Berufe zurück oder wechselten zur Konkurrenz. Mende und andere Führungskräfte der IOS in Deutschland GmbH wurden am 7. Juli 1970 abberufen und entlassen.[97] Die »alte« IOS war tot.[98] Fondskunden der IOS reagierten freilich gelassen und kamen so fast ungeschoren durch die schwere Krise.[99]

e) Die Fortentwicklung des AuslIvestmG und seine Nachfolgeregelungen

Das weitere Schicksal des AuslInvestmG ist durch die nachfolgenden Umwälzungen des Investmentrechts und dessen unionsrechtlicher Überformung[100] nicht leicht zu verfolgen. Seine Regelungen sind durch das Investmentmodernisierungsgesetz von 2003[101] im damaligen InvG aufgegangen.[102] Heute finden sich die einschlägigen Vorschriften im Kapitalanlagegesetzbuch (KAGB), das im Fondsbereich zwischen EU-Alternativen Investmentfonds und Drittstaaten-Alternativen Investmentfonds unterscheidet.[103] Das absolute Dachfondsverbot des AuslInvestmG war bereits durch das 3. Finanzmarktförderungsgesetz von 1998[104] gelockert worden.[105] Seither sind Dachfonds mit bestimmten Kautelen hinsichtlich der Transparenz bei Verwaltungs- und Vertriebskosten sowie der Zusammensetzung des Dachfondsvermögens wieder zulässig.

95 Dazu Birkholz/Saller, IOS. Senkrechtstart und Absturz einer Erfolgsidee, 1970, S. 205: »Eine Zeitung ohne tägliche IOS-Meldung war in diesen drei Monaten kaum denkbar […]. Die tägliche IOS-Meldung fehlte weder in der ‚Tagesschau' oder in ‚heute' […]. Der Bekanntheitsgrad der IOS dürfte in Deutschland während der Krise von rund 25 auf 69 bis 70% hochgeschnellt sein.«

96 Vgl. Birkholz/Saller, IOS. Senkrechtstart und Absturz einer Erfolgsidee, 1970, S. 260.

97 Näher Birkholz/Saller, IOS. Senkrechtstart und Absturz einer Erfolgsidee, 1970, S. 259.

98 So Birkholz/Saller, IOS. Senkrechtstart und Absturz einer Erfolgsidee, 1970, Vorwort, S. 7.

99 Vgl. Birkholz/Saller, IOS. Senkrechtstart und Absturz einer Erfolgsidee, 1970, S. 260 f.

100 Eingehend Zetzsche in Assmann/Wallach/Zetzsche, KAGB, 2. Aufl. 2023, Einl. Rn. 34 ff.

101 BGBl. I, 2003, S. 2676.

102 Vgl. Nickel, ZBB 2004, 197.

103 Vgl. Poelzig, Kapitalmarktrecht, 3. Aufl. 2023, Rn. 111.

104 BGBl. 1998, I, S. 529.

105 Vgl. Begr. RegE 3. FMFG, BT-Drucks. 13/8933, S. 61: »Mit der Zulassung von Investmentfondsanteil-Sondervermögen (Dachfonds), die bislang nicht erlaubt waren, steht künftig ein Instrument zur Verfügung, durch das privaten Anlegern eine standardisierte Vermögensverwaltung angeboten werden kann, weil das Fachwissen anderer Fonds genutzt werden kann.«

III. Das Auslandsinvestmentgesetz als skandalgetriebenes Reformgesetz?

Dass es sich bei den Machenschaften von IOS um einen internationalen Finanzskandal[106] ersten Ranges handelte, steht ebenso außer Zweifel wie die tragende Rolle von Bernard Cornfeld als Skandalisiertem:[107] Ein Sammelband zu Helden und Schurken in der Finanzwelt beschreibt ihn treffend als »one of the most flamboyant figures in international finance«[108]. Nicht ganz zutreffend ist allerdings, wenn das AuslInvestmG im kapitalmarktrechtlichen Schrifttum verbreitet als Reaktion auf den Zusammenbruch von IOS[109] und damit als skandalgetriebenes Reformgesetz eingeordnet wird.[110] Dies veranschaulicht ein Blick auf die Zeitachse: Die Vorarbeiten für das AuslInvestmG reichen zurück bis zum Frühling 1968, als IOS vor Kraft nur so strotzte und von Verkaufsrekord zu Verkaufsrekord eilte. Auch bei der Verabschiedung des Gesetzes im Juli 1969 und selbst bei seinem Inkrafttreten vier Monate später war der Niedergang von IOS weder für Insider noch für Außenstehende abzusehen. Vielmehr war IOS im internationalen Finanzgeschäft beinahe schon zum Establishment aufgerückt; sechs führende internationale Banken bildeten im Oktober 1969 das Emissionskonsortium für den Börsengang der IOS-Muttergesellschaft.[111] Cornfeld und andere IOS-Verantwortliche prognostizierten für die kommenden Jahre ein weiteres steiles Wachstum: 1975 sollten 75.000 statt der bisherigen 19.000 Mitarbeiter für das zehnfache Geschäftsvolumen sorgen.[112]

Gegen eine Einordnung des AuslInvestmG als Skandalgesetz spricht außerdem der Duktus der Regierungsbegründung, der den Auslandsfonds und damit auch IOS »fast eine Laudatio«[113] widmete: »Die Bundesregierung begrüßt die Tätigkeit ausländischer Investmentgesellschaften in der Bundesrepublik grundsätzlich, wie sie anläßlich verschiedener parlamentarischer Anfragen wiederholt betont hat.«[114]

Richtig an dem Skandalkontext ist nur, aber immerhin, dass der Reformgesetzgeber mit dem AuslInvestmG auf zweifelhafte Vertriebspraktiken und Missstände in der Werbung reagierte, von denen sich auch IOS in Deutschland nicht freisprechen

106 Allgemein zum Skandalbegriff im hiesigen Zusammenhang Fleischer, ZIP 2025, 1699, 1700.

107 Allgemein zur sog. Skandaltriade, die aus dem Skandalisierten, dem Skandalisierer und den Skandalrezipienten besteht, Fleischer, NZG 2025, 339 Rn. 5 m.w.N.

108 Baldwin, Heroes and Villains of Finance, 2015, Kap. 34.

109 Vgl. die Nachweise in Fn. 4; ferner Assmann, ZBB 1989, 49, 53; Böhlhoff in Festschrift für Heinsius, 1991, S. 49, 55.

110 Richtig Baur in Investmentgesetze, 2. Aufl. 1997, vor § 1 AuslInvestmG Rn. 4: »[...] nicht erst der Zusammenbruch der IOS, sondern bereits das unseriöse Verhalten dieser und anderer ausländischer Investmentgesellschaften war Anlaß des Gesetzes.«

111 Dazu Birkholz/Saller, IOS. Senkrechtstart und Absturz einer Erfolgsidee, 1970, S. 210.

112 Vgl. Birkholz/Saller, IOS. Senkrechtstart und Absturz einer Erfolgsidee, 1970, S. 228.

113 Birkholz/Saller, IOS. Senkrechtstart und Absturz einer Erfolgsidee, 1970, S. 215.

114 Begr. RegE AuslInvestmG, BT-Drucks. V/3494, S. 14.

konnte. Allenfalls insoweit kann man von einer »Lex IOS«[115] sprechen. Zu den einschlägigen Reformmaßnahmen zählte zum einen die Begrenzung der Kostenvorwegbelastung bei mehrjährigen Sparverträgen: Diese durfte höchstens ein Drittel der im ersten Jahr geleisteten Zahlungen betragen (§ 2 Nr. 4 c), sodass der Sparer mindestens in Höhe von zwei Dritteln Investmentanteile erwarb.[116] Zum anderen ist das – auch für deutsche Kapitalanlagegesellschaften geltende – Verbot der Bildung von Dachfonds zu nennen (§ 2 Nr. 4 d). Zur Begründung hieß es in den Regierungsbegründung, (a) dass es anderenfalls zu einer Verschachtelung von Investmentgesellschaften mit der Folge der Undurchsichtigkeit und der Abhängigkeit der Unterfonds kommen könnte, (b) dass die Kostenbelastung für die Sparer unnötig erhöht werde und (c) dass die Einhaltung der Bestimmungen über Risikomischung und Beherrschungsverbot nicht gewährleistet erscheine.[117] Beide Maßnahmen, die auch Mendes Lobbying-Bemühungen im Gesetzgebungsverfahren nicht abzuwenden vermochten,[118] haben das IOS-Geschäft in Deutschland erschwert: Der »Fund of Funds« durfte hierzulande seit November 1969 nicht mehr verkauft werden und die Deckelung der Kostenvorwegbelastung bedeutete für viele IOS-Vertriebsmitarbeiter eine Einkommensminderung von etwa einem Drittel.[119]

IV. Koda: Das weitere Schicksal von Bernard Cornfeld

Mit Bernard Cornfeld hat diese Fallstudie begonnen, mit ihm soll sie auch enden. Als Schlüsselfigur des IOS-Skandals ist er vergleichsweise glimpflich davongekommen. 1973 zeigten ihn ehemalige IOS-Mitarbeiter in der Schweiz wegen gewerbsmäßigen Betrugs und Urkundenfälschung an, weil er ihnen Anteile der insolvenzreifen IOS-Muttergesellschaft verkauft habe.[120] Im Mai 1973 wurde Cornfeld am Genfer Flughafen festgenommen und verbrachte elf Monate in Untersuchungshaft, bevor er gegen eine Kaution von fünf Mio. Franken wieder auf freien Fuß gesetzt wurde. Der Strafprozess gegen ihn fand erst im Jahre 1979 statt und endete mit einem Freispruch.[121] Cornfeld schob die Schuld für den Zusammenbruch von IOS zeitlebens auf Robert Vesco.[122]

115 Birkholz/Saller, IOS. Senkrechtstart und Absturz einer Erfolgsidee, 1970, S. 215.
116 Näher dazu Begr. RegE AuslInvestmG, BT-Drucks. V/3494, S. 19; Onderka, BB 1969, 1018, 1020.
117 So Begr. RegE AuslInvestmG, BT-Drucks. V 3494, S. 127; ferner Onderka, BB 1969, 1018, 1020.
118 Dazu Birkholz/Saller, IOS. Senkrechtstart und Absturz einer Erfolgsidee, 1970, S. 147.
119 Näher Birkholz/Saller, IOS. Senkrechtstart und Absturz einer Erfolgsidee, 1970, S. 147.
120 Vgl. Nars, Erschwindelte Milliarden, 2009, S. 152, 159.
121 Näher NZZ vom 2.3.1995: »Die IOS-Angestellten zogen ihre Strafanträge zurück, nachdem die gesamte Kautionssumme zugunsten der geschädigten IOS-Zivilkläger freigegeben worden war. Die übrigen Anklagepunkte waren zuvor bereits fallengelassen worden. Eine wirkliche Klärung brachte der Prozess nicht. Cornfeld übernahm freiwillig die den Klägern auferlegten Prozesskosten und verzichtete auf eine Haftentschädigung.«
122 Vgl. Nars, Erschwindelte Milliarden, 2009, S. 152, 159.

Schätzungen zufolge blieb Cornfeld nach Verfahrensende noch ein Vermögen von etwa 4,4 Mio. Dollar.[123] Er verbrachte anschließend viel Zeit in Los Angeles im Kreise der Hollywood-Schickeria, bevor er nach Europa zurückkehrte. Weder jenseits noch diesseits des Atlantiks wollte ihm jedoch ein Comeback in der Finanzindustrie gelingen. Cornfeld starb am 27. Februar 1995 in einem Londoner Krankenhaus im Alter von 67 Jahren an einer Lungenentzündung. Nachrufe in den führenden Tageszeitungen charakterisierten ihn mit der genretypischen Nachsicht als »eine der schillerndsten Figuren der internationalen Finanzwelt«[124], »umstrittenen Finanzjongleur«[125], »ersten Popstar der Finanzwelt«[126] und »one of the most flamboyant and controversial figures ever to ride through the American mutual fund industry«[127].

123 So NZZ vom 2.3.1995.
124 FAZ vom 2.3.1995, S. 20.
125 Handelsblatt vom 2.3.1995, S. 15.
126 Taz vom 2.3.1995.
127 New York Times vom 2.3.1995.

Say on environmental sustainability: Konsultationsbeschlüsse zu Umweltfaktoren nach dem Vorbild der §§ 87a, 120a Abs. 1 AktG

Tim Florstedt

I. Das Thema

Wenige Themen haben unter Juristen in den letzten Jahren derart viel Aufmerksamkeit erfahren wie die »Nachhaltigkeit«. Die Bemühungen, v.a. dem Klimawandel insbesondere durch Gesellschaftsrecht zu begegnen, hatten allerdings stets einen schweren Stand. Der Versuch, das Verbandsrecht nicht mehr nur als privates Organisationsrecht, sondern als Einbruchstelle für eine »politicization of the corporation«[1] zugunsten von Geschlechtergleichstellung, Lieferketten- und Menschenrechtskontrolle, Schranken für Managerselbstbedienung zu nutzen,[2] erfuhr zuletzt gerade bei der »Indienstnahme« zum Schutz der Umwelt erhebliche Widerstände.[3] Eine Restbedeutung scheinen Aktionärsvoten zu Umweltbelangen zu behalten, wie ein (so gerade eben) bestätigender Beschluss des DJT anzeigt.[4] Weller hat als Gutachter einen neuen § 120b AktG-E vorgeschlagen, der der Hauptversammlung einer börsennotierten AG das Recht zuspricht, über den nach § 76a AktG-E nF zu erstellenden Klimatransformationsplan und die dort benannte Klimaquote abzustimmen. Die Ausgestaltung dieses Say on Climate hat der Gutachter weitgehend an die Regelung des Say on Pay in § 120a AktG angelehnt.[5] Dazu will der Beitrag drei Bemerkungen in die Diskussion einbringen.

1 Fleischer, DB 2022, 37, 38; Ilmonen, EBLR 2021, 817, 819.

2 So auch die EU-Kommission, Aktionsplan: Finanzierung nachhaltigen Wachstums v. 8.3.2018, COM(2018) 97 final. Zur »Indienstnahme des Gesellschaftsrechts für sozialpolitische Zwecke«, Fleischer, DB 2022, 37, 39.

3 Ekkenga spricht insoweit zu Recht von einem »Abenteuer mit offenem Ausgang«, s. Ekkenga/Schirrmacher/Schneider, NJW 2021, 1509, 1509.

4 Der Vorschlag wurde in zweiter Beschlussfassung mit 48 zu 45 Stimmen (bei 5 Enthaltungen) angenommen, wobei sich auch der juristische Nachwuchs, vgl. Legal Tribute Online: Beschlüsse des 74. Deutschen Juristentages: Vorsichtige Krisenprävention: die Beschlüsse des 74. DJT.

II. Erste Reflexion: zur soliden systematischen Basis für ein Say on Climate – oder: wo ein Hammer ist, findet sich ein Nagel

1. *Zur systematischen Sperrlage: gegen allgemeine Konsultationsbeschlüsse*

Mit dem ironisch gemeinten Wort »Say on Everything« tritt man heute einer drohenden Entwicklung entgegen, die in der Zulassung allgemeiner Konsultationsbeschlüsse (wie im US-amerikanischen Recht)[6] keinen Zugewinn an Aktionärsdemokratie, sondern ein im deutschen dualistisch geprägten Organisationssystem unnötiges und schlicht systematisch-fehlerhaftes Einsprengsel sieht.[7] In der Tat spricht das System gegen allgemeine Konsultationsbeschlüsse.[8]

2. *Der systemrichtige Haltepunkt: Aktionärsentscheid über Vergütungssystem und -bericht, Art. 9a, b ARRL*

Die Say on Pay-Beschlüsse haben eine Grundlage im Unionsrecht, sie sind zudem durch die immanenten ESG-Bezüge der unionsrechtlichen Formalvorgaben für die Organvergütungen börsennotierter Aktiengesellschaften besonders naheliegende Anknüpfungspunkte für einen »Say on Climate«-Beschluss. Nach dem bis zur Hauptversammlungssaison 2020 umzusetzenden Art. 9a Abs. 1 ARRL II hatten die Mitgliedstaaten sicherzustellen, dass Gesellschaften ein grundsatzartiges System erstellen, wie geschäftsleitende oder aufsichtsführende Mitglieder ihrer Organe vergütet werden sollen. Zudem müssen die Aktionäre das Recht haben, über dieses »System« und auch über einen konkreteren Vergütungsbericht in der Hauptversammlung abzustimmen. Eine stärkere Einbindung der Aktionäre auf diese Weise soll nämlich dazu beitragen können, finanzielle und nicht-finanzielle Leistungen von Gesellschaften zu verbessern, einschließlich hinsichtlich ökologischer, sozialer und Governance-Faktoren.[9]

5 Weller, Gutachten F, 74. DJT 2024, F 102.

6 Hell, ZVglRWiss, 119 (2020), 314 ff.; ausführlich Keltsch, Aktionärsrechte und Nachhaltigkeit, 2011, S. 81 ff.

7 Ähnlich Sanders in VGR, Gesellschaftsrecht in der Diskussion, 2023, S. 59, 82; vgl. zum Meinungsstand zu Konsultationsbeschlüssen auch Habersack/Vetter/Bergmann in VGR, Reformbedarf im Aktienrecht, 2024, Rz. 2.27 f.

8 Statt vieler Cahn, NZG 2023, 299, 300 f.; Roth/Ekkenga, AG 2021, 409, 418 (mit Verweis auf die Diskussion über Say on Pay-Beschlüsse). Eine Stärkung der Aktionärsdemokratie fordernd Drinhausen, ZHR 2022, 201, 208; s. auch Harnos/Holle, AG 2021, 853 ff.; Fest, AG 2024, 269, 276.

9 Richtlinie (EU) 2017/828 der Europäischen Parlaments und des Rates vom 17. Mai 2017 zur Änderung der Richtlinie 2007/36/EG im Hinblick auf die Förderung der langfristigen Mitwirkung der Aktionäre, ErwGr. 14.

3. *Bemerkung zur Umsetzung in §§ 87a, 120a AktG*

Die nach Art. 9a Abs. 1 ARRL vorgesehenen Regelungsinhalte wurden in Deutschland durch §§ 87a, 120a AktG umgesetzt, die ein lediglich empfehlendes (»billigendes«) Aktionärsvotum zum »System« vorschreiben, das turnusmäßig alle vier Jahre oder bei wesentlichen Änderungen erforderlich wird. Ebenfalls vorgesehen ist ein ex-post Votum über den Vergütungsbericht, die Abstimmung hat nach § 120a Abs. 4 AktG jährlich zu erfolgen. Die Einzelangaben zum »System« des Art. 9a Abs. 6 ARRL II werden in § 87a Abs. 1 S. 2 AktG denjenigen zum Bericht nach Art. 9b Abs. 1 UAbs. 2 ARRL II in § 162 AktG recht textnah gespiegelt.

4. *Insbesondere: Lehren aus dem (gescheiterten) Materialisierungsversuch in § 87 Abs. 1 S. 2 AktG*

Der Versuch einer materiellrechtlichen Verankerung menschenrechtlicher, sozial- und umweltpolitischer Zielvorgaben ist bereits durch § 87 Abs. 1 S. 2 AktG getan worden, der ab dem 1.1.2020 für börsennotierte Gesellschaften verbindlich ist. Im Wortlaut heißt es seither: »Die Vergütungsstruktur ist bei börsennotierten Gesellschaften auf eine nachhaltige und langfristige Entwicklung der Gesellschaft auszurichten« und in der Begründung ist explizit gemacht, dass mit der Doppelung der Begriffe »nachhaltig« und »langfristig« der Aufsichtsrat bei der Festsetzung der Vergütung, insbesondere der Wahl der Vergütungsanreize, auch soziale und ökologische Gesichtspunkte in den Blick zu nehmen habe.[10] Die Zeitanforderungen der binnen zweier Jahre umzusetzenden ARRL II waren für den Gesetzesapparat damals herausfordernd, die eiligst und überraschenderweise angefügte Ergänzung (die mit der Richtlinienumsetzung nur entfernt zu tun hatte) war ein zäh erstrittener Kompromiss im Verfahren im Rechtsausschuss, der auf klarere Inhaltsvorgaben verzichtet hat.[11] Es handelt sich denn auch nicht um den erhofften Wendepunkt in der Entwicklungsgeschichte der Geschäftsleitervergütung, sondern, im Gegenteil, um einen fast völlig wirkungslosen Regelungsversuch: was die Bestimmung beabsichtigte, ist nicht eingetreten, Auswirkungen auf die Praxis und – kurioserweise – auf die Rezeption im Schrifttum zu § 87 AktG sind überaus gering.[12] Man hat es bisher noch nicht genügend hinterfragt, ob die Aufgabenüberforderung durch das ARUG II ursächlich war, das mit bürokratischem Aufwand ohne klare Rechtfertigung durch die Ordnungsprobleme nicht spart, oder ob Unternehmen allgemein ohne klarstellende Standards

10 Beschlussempfehlung und Bericht RA, BT-Drs. 19/15153, S. 62; dazu auch Velte, NZG 2020, 12 ff.; krit. Koch in AktG, § 87, Rn. 25: »überflüssigerweise«.

11 Dazu Florstedt, ZIP 2020, 1, 2 ff.

12 Spindler, AG 2020, 61, 62, der den Mehrwert der Regelung in Frage stellt. Allgemein zur Rolle der Vergütungssysteme als Treiber der Nachhaltigkeit Velte, DStR 2022, 440, 442 ff.

nur noch zu wortlautorientierten Formalumsetzung bereit sind.[13] Hier nur festzuhalten ist, dass prinzipienartige Formalvorgaben wenig ausrichten werden.

5. *Der zweite Haltepunkt: Nachhaltigkeitsregeln im neuen Bilanzrecht*

In einen vergleichbaren Entwicklungsstrang (Vergütungsbericht als Entscheidungsgrundlage) reihen sich auch die Fortentwicklungen der Nachhaltigkeitsberichterstattung ein, wenn mit der Taxonomie-Verordnung und der reformierten CSRD erhöhte Berichtspflichten dazu beitragen sollen, dem Aktionär seine »Kontrollaufgabe« zu erleichtern. Das Gesamtbild läuft scheinbar auf eine klare Parallele hinaus. Ähnlich wie bei dem neuen Bericht über die Vergütung müssen die Unternehmen, welche die Vorgaben der CSRD umzusetzen haben, nach §§ 289b ff. HGB ihren Lagebericht um eine nicht-finanzielle Erklärung erweitern.[14] Der Vorstand hat hier nach § 289c Abs. 3 HGB eine Analyse des Geschäftsverlaufs und der Lage nichtfinanzieller Leistungsindikatoren einzubeziehen. Diese Erklärung muss sich zumindest auf die in § 289c Abs. 2 HGB i.V.m. § 315c Abs. 1 HGB genannten Aspekte beziehen, nicht zuletzt auf die Umweltbelange (§ 289c Abs. 2 Nr. 1 HGB), für die mitunter ein doppelter Wesentlichkeitsvorbehalt gelten kann.[15] Die nunmehr in Kraft getretene EU-Richtlinie CSDDD[16] ergänzt die bestehenden Offenlegungs- und Berichtspflichten. Ihr Art. 22 Abs. 1 verpflichtet die Unternehmen nicht nur, einen sog. Klimatransformationsplan aufzustellen und diesen auch umzusetzen. Dieser ist ferner zu veröffentlichen und jährlich zu aktualisieren.[17]

6. *Zwischenfazit*

Die Zulassung von »Klimabeschlüssen« liegt systematisch gesehen insofern nahe, als dass sie zwei Entwicklungsstränge zusammenführte: Erstens werden (institutionelle)

13 Eine textnahe Pflichtumsetzung legen jedenfalls die Anwendungsresultate nahe, die der Verf. zu Offenlegungen nach § 111c AktG nachwies, welcher ebenfalls auf das ARUG II zurückgeht, s. dazu Florstedt, NZG 2023, 395, 397 f.

14 In diesem Zusammenhang auf die Gefahr eines Green Washings hinweisend, Ekkenga, WM 2020, 1664, 1668.

15 Fest, AG 2024, 269, 274.

16 Richtlinie (EU) 2024/1760 des Europäischen Parlamentes und des Rates vom 13. Juni 2024 über die Sorgfaltspflichten von Unternehmen im Hinblick auf Nachhaltigkeit und zur Änderung der Richtlinie (EU) 2019/1937 und der Verordnung (EU) 2023/2859.

17 Art. 22 Abs. 3 CSDDD. Diese Vorgaben zur Aufstellung eines jährlich zu aktualisierenden Klimatransformationsplans greift auch das DJT-Gutachten in § 76a AktG-E auf. Die Billigung dieses Plans soll nach § 120b Abs. 1 S. 1 AktG-E auch Gegenstand eines Ergänzungsverlangen in Form eines Say on Climate der Aktionäre sein können, Weller, Gutachten F, 74. DJT 2024, F 100.

Aktionäre seit geraumer Zeit international und auch hierzulande mit fremdnützigen Pflichten betraut: Ursprünglich sollte der Aktionärssteward short termism als angebliche Ursache von Finanzkrisen begrenzen oder Vergütungsexzesse von Managern ausschließen helfen, einen verkappten Vermögensabzug durch nahestehenden Personen zur Not auf dem Klageweg bekämpfen und auch sozialgerechte Gehälter in global tätigen Unternehmen durchsetzen.[18] Diese nach vielen ans Träumerische reichende Regelungsidee (Aktionäre haben für derlei Zusatzaufgaben weder Mittel noch genügende Anreize) ist kaum bestreitbar die des positiven Unionsrechts.[19] Es versteht sich, dass der Ansatz der weiteren Entwicklung fähig, vor allem aber auch bedürftig ist.[20] Aber eine neue Überwachungsaufgabe, diesmal bezogen auf die Umweltverantwortung seines Unternehmens, ist für viele nahe liegend und sinnvoll.[21]

Zum anderen: Unter Zugrundelegung einer Art (mehr rhetorischer) Kausalverantwortung (für Klimafolgen unternehmerischen Handelns der Vergangenheit) werden bereits neue Berichtspflichten verbindlich. Anwendungsbereich und Pflichtangaben nach §§ 289b ff. HGB sind erheblich erweitert.[22] Der neue Nachhaltigkeitsbericht ist gedacht als wichtige Einflussgrundlage für stakeholder (Anteilseigner, Mitarbeiter, Lieferanten, Kunden). Eingeschlossen ist, wenig überraschend, eine weitere Indienstnahme der (institutionellen) Aktionäre als Stewardwächter.[23]

Es wäre konzeptionell gesehen beinahe ungereimt, die nunmehr stark aufgewerteten Garanten öffentlicher Interessen ganz aus dem Spiel zu lassen und nicht auch mit den besonders dringlichen Themen, v.a. dem Kampf gegen den Klimawandel, zu befassen. Anders gesagt: der neue Hirtengesellschafter kann doch nicht überzeugend darauf verwiesen werden, über ESG-Themen nur über den Umweg der Say on Pay Beschlüsse mitzureden, ohne aber zu den neuen Berichtsinhalten Aussagen treffen zu dürfen. Angesichts dieser Spannungslage sind Forderungen nach Einführung von Say on Climate-Beschlüssen verbreitet,[24] werden aber ebenso oft auch zurückgewiesen.[25] Als Zwischenfazit lässt sich festhalten, dass die technische Übertragung der Say on Pay-Regeln aus einer handwerklichen Sicht – aber eben auch nicht mehr! – einfach und beinahe angezeigt ist.

18 Ausführlich zum Phänomen des sog. short termism Bueren, Short termism im Aktien- und Kapitalmarktrecht, 2022, S. 383 ff.

19 Ekkenga, WM 2020,1664, 1666; ders., WM 2022, 1765, 1765; Tröger, ZGR 2019, 126, 137 f.; zur Ansicht des Verf. ZGR 2019, 630, 636.

20 S. für Zweifel an Nachhaltigkeitsbestrebungen der Investoren Ekkenga/Schirrmacher/Schneider, NJW 2021, 1509, 1511 (mit dem Beispiel Danone); Ekkenga, WM 2020, 1664, 1669 f.

21 Tröger in Festschrift für Cahn, 2024, S. 443, 446.

22 Überblick bei Welling, KlimaRZ 2025, 10, 11.

23 Roth/Ekkenga, AG 2021, 409, 412.

24 Befürwortend Drinhausen, ZHR 186 (2022), 201, 208 ff.; Fleischer, DB 2022, 37, 43; Bachmann, ZHR 187 (2023), 166, 203 ff.; Kühle, NZG 2023, 1583 ff., Vetter, AG 2023, 564,

III. Zweite Reflexion: breit gestreute Umsetzungsalternativen und die Suche nach einem Kompromiss

Damit ist ein nur anzudeutender Problemkomplex erreicht: Die Entwicklung von »Say on Pay« zu »Say on Climate« ist eben nicht nur eine statische Frage der potentiellen Adaptierbarkeit. Es stellt sich vielmehr die Frage, auf welcher Entwicklungsstufe man den richtigen Haltepunkt findet: Sollte man wegen der Dringlichkeit des Klimawandels lieber gleich auf einer späten, strengen Regelungsart (die des geltenden Rechts) bestehen oder mit soft law-Pilotregeln beginnen und die praktische Wirkung(-slosigkeit) abwarten? Nimmt man die möglichen Zwischenstufen und die historischen und systematischen Haltepunkte zusammen, entsteht ein großer Möglichkeitsrahmen, wie hier nur kurz anhand der derzeitigen Diskussion anzudeuten ist: Man kann beispielsweise die Konsultationsbeschlüsse gesetzlich für zulässig erklären, auf eine Kodexregel setzen,[26] ein Initiativrecht für Aktionäre oder eine periodische Zwangsbefassung anordnen.[27] Man wird einen unverbindlichen, einen bindenden oder auch (wie bei der Maximalgrenze) halb-bindenden Beschluss erwägen können.[28] Inhaltlich könnte man den Beschluss z.B. nur auf den Klimaplan nach CSDDD beziehen[29] und z.B. nur bei den börsennotierten Gesellschaften zulassen.[30] Eine weitere Zweifelfrage ist sodann, wer die Vorlage einbringen kann: nur der Vorstand? Oder eine qualifizierte Aktionärsminderheit z.B. nach dem Vorbild von § 122 Abs. 2 AktG[31] – wohlwissend, dass die Grenze so hoch ist, dass mehr als

575 f.; vgl. auch den zusammengetragenen Meinungsstand in Redeke in VGR, Reformbedarf im Aktienrecht, 2024, Rz. 9.51 ff.

25 Spindler, NZG 2021, 993, 993 f.; Bomhard/Redeke in Festschrift für Strenger, 2023, S. 76 ff.; Cahn, NZG 2023, 299, 301 f.; Fest, AG 2024, 269, 280; Komo/Mathas/Schimmel, NZG 2025, 152, 156.

26 Das entspräche dem Vorschlag der VGR aus dem Jahr 2022 zur DCGK-Reform, der die freiwillige Vorlage einerseits der eigenen Klimastrategie einschließlich kurz-, mittel- und langfristiger Ziele und Maßnahmen sowie andererseits eines jährlichen Berichts über die erzielten Fortschritte an die Hauptversammlung vorschlägt.

27 Kritisch dazu Drinhausen, ZHR 186 (2022), 201, 212; Vetter, AG 2023, 564, 576.

28 Vgl. dazu etwa Sanders in VGR, Gesellschaftsrecht in der Diskussion 2022, 2023, S. 59, 82 f.; Jaspers, AG 2022, 145, 151; Habersack/Vetter/Bergmann in VGR, Reformbedarf im Aktienrecht, 2024, § 2, Rz. 2.26. Eine vorherrschende Ansicht spricht sich heute für unverbindliche (und unanfechtbare) Beschlüsse aus, vgl. etwa Assmann/Sajnovits, AG 2025, 608, 627; Fest, AG 2024, 269, 280.

29 Nicht von der CSDDD oder CSRD erfasste Unternehmen sind nicht zur Erstellung bzw. Veröffentlichung eines Klimatransformnationsplans verpflichtet, sodass das Ergänzungsverlangen mit erheblichem Vorlauf gestellt werden müsste, damit der Vorstand genug Zeit hat, um einen Klimaplan zu entwickeln, s. Redeke in VGR, Reformbedarf im Aktienrecht, 2024, Rz. 2.30.

30 Vgl. Vetter, AG 2023, 564, 576.

31 Gefordert wird hier ein Verlangen durch Aktionäre, deren Anteile zusammen 5 % des Grundkapitals oder den anteiligen Betrag von 500.000 € erreichen, s. Habersack/Vetter/Bergmann in VGR, Reformbedarf im Aktienrecht, 2024, Rz. 30.

vereinzelte Befassungen der HV nicht zu erwarten sind?[32] Auch möglich wäre es, die Grenze zugunsten einer wirksameren Regelung herunterzusetzen und sich bspw. an dem Bagatellquorum des § 245 Nr. 1 AktG zu orientieren oder eine Regelung mit einer so niedrigen Hürde, wie sie in den USA erprobt ist.[33] Nicht weniger groß ist die Spannbreite der Vorschläge zur Periodizität, angefangen von den freiwilligen Konsultationen bis hin zu einem Pflichtregime, wie man es heute bei den Voten zu Vergütungsplan und -bericht akzeptiert hat.[34]

Die Skizze genügt, um festhalten zu können, dass erstens die Regelungsalternativen erheblich sind. Ohne ein Bekenntnis zur Kernfrage: *Verbandsrecht als Hebel einer grünen Transformation?*[35], ist eine sinnvolle Aussage dazu schwerlich zu haben. Wichtiger und zweitens ist, dass man angesichts dieser offenen Umsetzungsfragen sich wohl am ehesten auf eine etwas halbherzige Lösung einigen könnte: bloße Konsultation, nur über Klimafragen. Das leitet über zu der abschließenden und mahnenden Bemerkung:

IV. Dritte Reflexion: für umwelt-, nicht bloss klimabezogene Konsultationsbeschlüsse!

Weit von der naturwissenschaftlichen Forschung entfernt, muss der Verfasser, der nur als Rezipient mehrheitlich akzeptierter Fremdanalysen auftreten darf, im Folgenden einige Prämissen als zutreffend unterstellen.

Sie besteht aus der Annahme, dass

- ohne umgehendes Einschreiten eine grundlegende, das Leben der Weltbevölkerung verändernde Zäsur bevorsteht; nur wenige Jahrzehnte oder Jahre bleiben, um die politische Ohnmacht, die gemessen an dieser Gefahr noch immer festzustellen berechtigt ist, zu überwinden und um ein wirksameres Umlenken vor allem bei den Emissionen zu bewerkstelligen (Problem des »point of no return«);[36]
- bisherige Klugheitsregeln für gute Gesetzestechnik, die eine Erprobung neuer Regelungswege durch soft law, schwach sanktionierte oder lückenhafte Pflichten oder etwa Ermessenspielräume zugestehen, durch diesen Beschleunigungsprozess außer Kraft gesetzt werden,

32 Harnos, AG 2024, S28, Rz. 141.

33 In den USA reicht ein Anteilsbesitz von 1 % oder Aktien mit Marktwert von 2000 US-Dollar. Allerdings fungiert dort die SEC als Zwischeninstanz, die überprüft, ob die Aufnahme des Verlangens erforderlich ist. Als Gefahr wird hier aber ein sog. »Acting in Concert« in Fällen von Collaborative Sustainability Engagements befürchtet, vgl. Harnos, AG 2024, S28 Rz. 141 Fn. 454. Für ein Quorum, das oberhalb derjenigen der USA liegt, schon Roth/Ekkenga, AG 2021, 409, 420.

34 Roth, NZG 2024, 1103, 1108.

35 Vgl. Tröger in Festschrift für Cahn, 2024, S. 443.

36 Fleischer, DB 2022, 37, 38; Ilmonen, EBLR 2021, 817, 819.

- mit Reformen auch des Gesellschaftsrechts vielleicht kein gleichwertiges Mittel gewählt wird, wie es bei einer Staateneinigung für Emissionsgrenzen der Fall wäre, aber diese Öffnung der Teilrechtsgebiete zugunsten nicht finanzieller Ordnungsziele hinnehmbar sein kann, wo die eigentlichen Mittel der Primärziele nicht genügen.[37]

Diese Punkte sind in der heutigen juristischen Kontroverse, wie gesagt, durchaus nicht konsentiert. Ist man bereit, diese Vorbedingungen zu akzeptieren, ist man zudem zu vom System her gesehen außerordentlichen Maßnahmen bereit, stellt sich die Frage, wie die überkommenen Ordnungsinstrumente – hier die Konsultationsbeschlüsse – wirksam und zugleich systemschonend umgesetzt werden können.

1. *Der Aktionär als Kontrollinstanz umweltpolitischer Ziele*

Welcher Aktionärstypus insofern der richtige Kontrolleur ist, kann hier nicht weiter diskutiert werden. Ob die institutionellen Investoren und Stimmrechtsberater den entsprechenden Prüfaufwand einzugehen bereit sind oder sein werden, ist das eine.[38] Schon vor einiger Zeit haben Studien von Dyck et al. und Azar et al. nachgewiesen, dass Gesellschaften mit Beteiligungen institutioneller Investoren tatsächlich umweltfreundlicher agieren als Gesellschaften ohne Hirtengesellschafter.[39] Selbst ein so weitsichtiger Forscher wie Tobias Tröger hat unlängst gefordert, dass trotz der »modell-inhärenten Grenzen (scl. des Stewardship-Ansatzes) die rechtspolitische Konsequenz der skizzierten positiven Sicht auf die Anreize zur systematischen Stewardship prima facie darin (scl. liege), sämtliche Hindernisse für ein entsprechendes Engagement von Investmentintermediären zu beseitigen und die Institute der Corporate Governance so zu gestalten, dass effektive Interventionen ermöglicht werden, um die gewünschte Nachhaltigkeitsorientierung zu sichern«.[40]

2. *Aber: »Say on Climate« als falscher Kompromiss*

Stellvertretend für die Befürworter von Say on Climate sei hier wiederum Weller herangezogen. Er meint: »Angesichts dieser begrifflichen Unschärfe eignet sich die

37 Zur Rolle der Gesellschaftsrechts als Treiber der Nachhaltigkeit statt vieler Fleischer, DB 2022, 37 ff.

38 Vgl. zu den entsprechenden Kapazitäten Roth/Ekkenga, AG 2021, 409, 414; im Hinblick auf Investmentgesellschaften zweifelnd Ekkenga, WM 2020, 1664, 1669 f.; jüngst Lieberknecht, 14 Am. Univ. Bus. L. Rev., 121, 132 ff. (2024) (mit Zweifeln). S. für eine Gegenüberstellung der verschiedenen Aktionärsinteressen Kuntz in Boyd/De Franceschi, Sustainability and Climate Justice, S. 27 f. (im Erscheinen).

39 Dyck/Lins/Roth/Wagner, 131 J. Fin. Econ. 693, 693 (2019); das umweltfreundlichere Vorgehen resultiere besonders aus der gezielten Einflussnahme der Investoren. Ähnlich positive Effekte stellten auch Azar/Duro/Kadach/Ormazabal, 142 J. Fin. Econ. 674 ff. (2021) fest.

40 Tröger in Festschrift für Cahn, 2024, S. 443, 447.

Nachhaltigkeit nicht als Referenzbegriff für eine gesellschaftsrechtliche Regelung, soweit sie nicht durch eine unionsrechtliche Nachhaltigkeitsvorgabe prädeterminiert ist. Für autonome nationale Maßnahmen sollte der deutsche Gesetzgeber den Fokus daher vielmehr verengen und auf den Klimaschutz legen.« Anderenfalls drohe ein »Zielkonflikt«, wenn bei einer Geschäftsleitungsentscheidung mehrere Parameter inkompatibel seien, wie etwa Windenergieausbau und Erhalt der Biodiversität.[41] Befürchtet wird, dass es zum Gegenteil der intendierten Verhaltenssteuerung kommt, nämlich zur Beliebigkeit: »Führungsinitiativen werden sich in aller Regel mit der Bedienung eines der Umwelt-Interessen rechtfertigen lassen und mit dem Hinweis darauf, dass man nicht allen Stakeholdern zugleich gerecht werden könne«.[42] Auf gleicher Linie liege es, wenn die CSDDD in Art. 22 eben nur einen zukunftsgerichteten Plan in Bezug auf die Klimagefahr vorsehe.[43]

Als weitere Stellvertreter für die wohl h.A. können Fleischer und Hülse angeführt werden: »Je weiter der Beschlussgegenstand gefasst wird, desto eher drohen mehrheitsfähige Einzelanliegen innerhalb der Entscheidung unterzugehen, weil unterschiedliche Nachhaltigkeitsaspekte – etwa Umwelt- und Sozialaspekte – gegeneinander abgewogen werden müssen. Insbesondere der Vorschlag eines Say on ESG birgt aus diesem Grund gegenüber einem (engeren) Say on Climate die ernsthafte Gefahr, trotz grundsätzlicher Mehrheitsfähigkeit einzelner Anliegen kaum jemals ein aussagefähiges Signal in eine bestimmte Richtung begründen zu können.«[44] Auch Tröger hat sich in seinem lesenswerten Festschriftenbeitrag aufgrund einer Amorphität der ESG-Aspekte lieber gleich auf das Klimaproblem begrenzt.[45] Man sei andernfalls, kurz gesagt, auf dem Weg zur Trivialisierung, zu einem unnützen »Say on Everything«.[46] Dem wird hier eine andere Betrachtung gegenübergestellt:

3. *Sondern: Say on environmental sustainability!*

Diese heute vielfach vertretene Verengungsthese kann den Rezipienten der fremden Fachforschungen verwunden.[47] Es gibt Interdependenzen durchaus, allerdings ist die Schlussfolgerung für den Verfasser nicht überzeugend. Im Gegenteil: Erderwärmung

41 Vgl. Bormhard/Redeke in Festschrift für Strenger, 2023, S. 76, 86; allgemein zu Zielkonflikten im Themenbereich ESG auch Koch, AG 2023, 553, Rz. 45; Merkner/Schulenburg/Elixmann, AG 2024, 257, 261.

42 Ekkenga, WM 2020, 1664, 1667 (»konturenloses und (…) zusammengewürfeltes Gemisch«).

43 Der Plan muss lediglich zeitgebundene Zielvorgaben für das Jahr 2030 und in Fünfjahresabschnitten bis 2050 enthalten, vgl. Art. 22 Abs. 1 lit. a CSDDD.

44 Fleischer/Hülse, DB 2023, 44, 53.

45 Tröger in Festschrift für Cahn 2024, S. 443, 444.

46 Merkner/Schulenburg/Elixmann, AG 2024, 257, 261; s. auch Fleischer/Hülse, DB 2023, 44, 53; Jaspers, AG 2022, 145, 151.

47 Ähnlich auch Sjafjell, ECFR 2021, 190, 198 mit der Forderung, etwa auch die Biodiversität im Rahmen der Berichterstattung zu berücksichtigen.

und weitere Umweltkrisen sind miteinander verwoben, die Klimakrise ist Folge und Beschleuniger weiterer Krisen zugleich.[48] Hitzewellen, Dürren, Starkregen, Überflutungen und Tropenstürme nehmen parallel zu den Temperaturen zu, mag auch nicht jedes Einzelereignis allein auf den Klimawandel rückführbar sein. Der Rückgang der Biodiversität ist klarer mit dem Klima zusammenhängend, an das sich zahlreiche Arten und Ökosysteme nicht mehr genügend anpassen können.[49] Wem das zu abstrakt gesagt ist, der kann den Zusammenhang von Bienen- und Hummelsterben infolge des Temperaturwandels, der Schneeschmelze oder den vermehrten Niederschlägen vielleicht leichter nachvollziehen. Die veränderte Blütenphänologie, die reduzierten und weniger diversen Populationen lassen sich bereits heute belegen.[50] Die immer geringere Anzahl der Blütetage ist ein einfaches Zeichen der hier in den Vordergrund gestellten Interpendenz der Einzelfragen.[51] Biologische Vielfalt ist wichtig auch für die Kohlenstoffspeicherung, da durch diese mehr CO_2 aus der Luft aufgenommen und in der Biomasse gespeichert werden kann.[52] Der Rückgang des Artenreichtums verstärkt deswegen eine Rückkopplungsschleife.[53]

Ein zweiter exemplarischer Problemkreis ist die klimabedingte Verschlechterung unserer Meere, welche Teile der anthropogenen CO_2-Emissionen aufnehmen, dadurch versauern und das Wachstum von Korallen, Muscheln und Plankton nicht mehr wie bisher zulassen, mit allen naheliegenden Folgen für die übrigen Meerestiere.[54] Es genügt heute längst nicht mehr – nur darum soll es hier gehen –, dieser Verschlechterung des Ozean- und Küstenökosystems allein durch Karbonreduktionen zu begegnen.[55] Konkreter: Die Algenpopulation von erwärmten und versauerten Meeren ändert sich. Meeresalgen übernehmen die Hälfte der Sauerstoffproduktion, sie nehmen am meisten CO_2 auf der Erde auf.[56] Auch ihr Wachstum geht zurück und damit nachweislich die Kohlenstoffbindung.[57] Ohne eine Betrachtung dieser Interdependenzen erscheint dem Verf. die Diskussion, wie sie hierzulande weithin geführt wird, nicht vollständig zu sein. Mehr noch: die Ausblendung dieser in sich verwobenen Gefahr durch Juristen ist vielleicht doch ein übersehenes Risiko.

48 Cools, Research Handbook on Environment, Social, and Corporate Governance, 2024, S. 132 ff.; vgl. auch Sjafjell, ECFR 2021, 190, 198.
49 Sommer, 39 Leviathan, 55, 59 (2011); s. auch die Auswertung in PWC/WWF, Nature is too big to fail, 2020, S. 10.
50 Vgl. Ogilive et al, 20 Ecology Letters, 1507, 1508 (2017).
51 Vgl. Ogilive et al, 20 Ecology Letters, 1507, 1512 f. (2017).
52 Cardinale et al., 98 Am. J. Bot., 572, 576 (2001).
53 Weiskopf/Isbell/Arce-Plata et al., 15 Nat. Commun., 4354 ff. (2024).
54 Sommer, 39 Leviathan, 55, 59 (2011).
55 Siehe dazu nur das IPACC Fact sheet – Biodiversity, 2022, S. 3.
56 Raven, 52 Eur. J. Phycol., 506–522 (2017).
57 Krause-Jensen/Duarte, 9 Nat. Geosci., 737–742 (2016).

Europarechtliche Grenzen der Beteiligungstransparenz bei der Stimmrechtszurechnung wegen eines *Acting in Concert* nach § 34 Abs. 2 Satz 1 Alt. 2 WpHG

Andreas Fuchs

I. Einführung in die Problemstellung

Die europarechtlich weitgehend harmonisierten Vorschriften zur kapitalmarktrechtlichen Beteiligungstransparenz in den §§ 33 ff. WpHG geben seit vielen Jahren immer wieder Anlass für kontroverse Diskussionen über ihre Auslegung. Das gilt insbesondere, seit die europäische Transparenzrichtlinie (im Folgenden T-RL) mit der Änderungsrichtlinie von 2013 von einer Mindestharmonisierung auf eine weitgehende Vollharmonisierung umgeschwenkt ist.[1] Seither sind nur für wenige Ausnahmefälle strengere mitgliedstaatliche Vorschriften erlaubt – etwa nach Art. 3 Abs. 1a UAbs. 4 Nr. iii T-RL im Kontext von Unternehmensübernahmen. In den Focus gerückt ist dabei vor allem der Zurechnungstatbestand für ein sog. *acting in concert* nach § 34 Abs. 2 Satz 1 Alt. 2 WpHG, dessen Richtlinienkonformität von etlichen Stimmen in der Literatur bestritten wird.[2]

1. *Der Vorlagebeschluss des BGH v. 22.10.2024*

Besondere Aktualität hat das Thema gewonnen, weil der BGH in seinem Beschluss vom 22.10.2024 dem EuGH die Frage vorgelegt hat, ob Art. 3 Abs. 1a UAbs. 4 Nr. iii T-RL dahin auszulegen ist, »dass er § 34 Abs. 2 Satz 1 Alt. 2 WpHG entgegensteht, wonach für eine Stimmrechtszurechnung keine Vereinbarung zwischen dem Meldepflichtigen und dem Dritten hinsichtlich der Stimmrechtsausübung erforderlich ist,

1 Richtlinie 2004/109/EG des Europäischen Parlaments und des Rates vom 15.12.2004 zur Harmonisierung der Transparenzanforderungen in Bezug auf Informationen über Emittenten, deren Wertpapiere zum Handel an einem geregelten Markt zugelassen sind, und zur Änderung der Richtlinie 2001/34/EG, ABl. L 390 S. 380; u.a. geändert durch Richtlinie 2013/50/EU vom 22.10.2013, ABl. L 294 S. 13 (im Folgenden Änderungsrichtlinie 2013).

2 Casper in Festschrift 25 Jahre WpHG, 2019, S. 801, 812; Kraack, AG 2017, 677, 680; Kraack, WM 2025, 601; Kraack in BeckOK WpHG (Stand: 01.07.2025), § 34, Rn. 140; Hitzer/Hauser, NZG 2016, 1365, 1366; Hofmeister, DB 2025, 857, 859 f.; Burgard/Heimann in Festschrift für Dauses, 2014, S. 47, 57 ff; zweifelnd auch Brellochs, AG 2019, 29, 33.

sondern vielmehr ein in sonstiger Weise abgestimmtes Verhalten aufgrund faktischer Gegebenheiten ausreicht«.[3]

Mit der Fokussierung der Vorlagefrage auf die Ausnahmevorschrift geht der BGH unausgesprochen davon aus, dass der Zurechnungstatbestand des *acting in concert* eine überschießende Umsetzung der T-RL darstellt. Ob jedoch tatsächlich ein Fall des sog. *gold plating* vorliegt, ist in der Literatur durchaus umstritten[4] und bedarf daher näherer Untersuchung. Eine der Kernfragen ist dabei insbesondere, ob der Begriff der »Vereinbarung« nur eine förmliche, rechtsverbindliche Abrede erfasst[5] oder auch bloße sog. *gentlemen´s agreements*, d.h. die Erzielung einer Willensübereinstimmung ohne rechtsverbindlichen Charakter.[6] Im Übrigen bleibt zu untersuchen, welche anderen Verhaltensweisen ggf. als eine »Abstimmung in sonstiger Weise« anzusehen sind und möglicherweise über die Vorgaben des Art. 10 lit. a T-RL hinausgehen.

2. *Gang der Untersuchung*

Die Frage einer Anwendung der Ausnahmevorschrift des Art. 3 Abs. 1a UAbs. 4 Nr. iii T-RL, die den Mitgliedstaaten die Auferlegung strengerer Mitteilungspflichten im Kontext von Übernahmesachverhalten erlaubt, stellt sich erst dann, wenn der nationale Gesetzgeber tatsächlich eine über die T-RL hinausgehende Mitteilungspflicht eingeführt hat. Daher ist im Folgenden in einem ersten Schritt zu prüfen, ob § 34 Abs. 2 Satz 1 Alt. 2 WpHG tatsächlich eine überschießende Umsetzung beinhaltet oder ob der Zurechnungstatbestand nicht ohnehin zumindest im Wege einer restriktiven, auf Funktion und Telos der Beteiligungstransparenz bezogenen Auslegung richtlinienkonform anzuwenden ist bzw. angewendet werden kann. Dabei soll hier auch ein Seitenblick auf die Auslegung der Termini »Vereinbarung« und »abgestimmte Verhaltensweise« im Kartellrecht, namentlich im Tatbestand des europäischen Kartellverbots gem. Art. 101 Abs. 1 AEUV, geworfen werden, aus dem sich möglicherweise – ggf. auch *e contrario* wegen unterschiedlicher gesetzlicher Regelungsziele – gewisse Anhaltspunkte für die Auslegung der Begriffe im Rahmen der kapitalmarktrechtlichen Beteiligungstransparenz ableiten lassen.

Erst in einem zweiten Schritt gilt es dann, Anwendungsbereich und Auslegung der Ausnahmevorschrift des Art. 3 Abs. 1a UAbs. 4 Nr. iii T-RL in den Blick zu nehmen.

3 BGH, 22.10.2024, II ZR 193/22, ZIP 2025, 29 = NZG 2025, 703 = WM 2025, 20.

4 Ablehnend insbes. Zimmermann in Fuchs/Zimmermann, WpHR, 3. Aufl. 2024, § 34 WpHG, Rn. 74; Parmentier, AG 2014, 15, 18.

5 So die bislang ganz h.M., s. nur Casper in Festschrift 25 Jahre WpHG, S. 801, 809; Kraack in BeckOK WpHG, § 34, Rn. 137 f.; v. Bülow in KK-WpHG, 2. Aufl. 2014, § 34, Rn. 198 sowie die weiteren Nw. in Fn. 2.

6 So insbes. Parmentier, AG 2014, 15, 18; Zimmermann in Fuchs/Zimmermann WpHR, § 34 WpHG, Rn. 74; Weiß, Der wertpapierhandelsrechtliche und übernahmerechtliche Zurechnungstatbestand des *acting in concert*, 2007, S. 114 f.; wohl auch Schneider/Schneider in Assmann/Mülbert/Schneider, WpHR, 8. Aufl. 2023, § 34 WpHG Rn. 142 (keine Erstreckung der Vollharmonisierung auf den Begriff der »förmlichen Vereinbarung«). Der BGH hätte daher die Vorlagefrage um diesen Punkt ergänzen sollen, so auch Kraack, WM 2025, 601, 603.

Der EuGH tendiert insoweit zu einer engen Auslegung der Norm,[7] woraus ein Teil des Schrifttums die Europarechtswidrigkeit des § 34 Abs. 2 Satz 1 Alt. 2 WpHG ableitet,[8] während die BaFin und die wohl überwiegende Ansicht in der Literatur die Ausnahme auch für »Zurechnungsnormen mit Übernahmetendenz« gelten lassen wollen.[9] Dazu wird insbes. auch der Tatbestand des *acting in concert* im WpHG gerechnet, zumal der deutsche Gesetzgeber nach Einführung der Vollharmonisierung durch die Änderungsrichtlinie 2013 aufgrund einer bewussten Entscheidung bei der Umsetzung an der wortgleichen Ausgestaltung des § 34 Abs. 2 Satz 1 Alt. 2 WpHG mit der übernahmerechtlichen Zurechnungsnorm des § 30 Abs. 2 WpÜG festgehalten hat.[10]

II. Überschiessende Umsetzung der Transparenzrichtlinie (sog. *Gold Plating*)?

1. Der Ansatz der Transparenzrichtlinie zur Absicherung der kapitalmarktrechtlichen Beteiligungstransparenz bei abgestimmten Verhaltensweisen

a) Ausgangspunkt: Ratio legis der kapitalmarktrechtlichen Beteiligungstransparenz

Die mit der Herstellung von Transparenz über die Zusammensetzung des Kreises der Anteilseigner und etwaige Veränderungen wesentlicher Beteiligungen verfolgten Ziele beziehen sich vor allem auf ihre Bedeutung für das Verhalten von (potentiellen) Investoren.[11] Diese benötigen nach der Vorstellung des Gesetzgebers Informationen darüber, welche Anteilseigner in der Gesellschaft einen nicht ganz unerheblichen Einfluss ausüben können, und knüpfen daher an die Stimmrechtsmacht in der Hauptversammlung und nicht lediglich an eine bloße Kapitalbeteiligung an.[12] Zurechnungstatbestände dienen insoweit dazu, Umgehungen zu verhindern, indem aufgedeckt wird,

7 EuGH 09.09.2021, C-605/18, NZG 2022, 122, BeckRS 2021, 25402 Rn. 41 – Adler Real Estate SE.

8 Kraack, EWiR 2022, 69, 70; Kraack in BeckOK WpHG, § 34, Rn. 45; Hitzer/Hauser, NZG 2016, 1365, 1368 f.; Hofmeister, DB 2025, 857, 859 f.

9 Parmentier, AG 2014, 15, 19: Seibt/Wollenschläger, ZIP 2014, 545, 549; Veil, ZHR 177 (2013), 427, 434 f.; Veil, ZGR 2014, 544, 572 f.; Segna, ZGR 2015, 84, 113; Habersack in Emmerich/Habersack, Aktien- und GmbH-Konzernrecht, 10. Aufl. 2022, § 34 WpHG, Rn. 4, 23; Burgard/Heimann, WM 2015, 1445, 1449.

10 Vgl. BaFin, Emittentenleitfaden Modul B (Stand: 30.10.2018) I.2.5.10 Fn. 60; Zimmermann in Fuchs/Zimmermann, WpHR, § 34 WpHG, Rn. 74. In der Literatur wird allerdings vielfach und zu Recht kritisiert, dass § 34 Abs. 2 WpHG und § 30 Abs. 2 WpÜG insbes. wegen des unterschiedlichen Regelungszwecks nicht notwendig einheitlich auszulegen sind, so z.B. Drinkuth, ZIP 2008, 676, 677 ff.; Brellochs, AG 2019, 29, 33; v. Bülow in KK-WpHG, § 22, Rn. 32 ff., 38 m.w.N.

11 Hofmeister, DB 2025, 857.

12 Casper in Festschrift 25 Jahre WpHG, S. 801; v. Bülow in KK-WpHG, § 22, Rn. 209 (Offenlegung eines für den Kapitalmarkt relevanten innergesellschaftlichen Einflusspotentials).

wer letztlich den Einsatz des Stimmrechts, »das formal einer anderen Person zusteht, steuert und somit ggf. in der AG durchregieren kann«.[13] Die Anleger sollen frühzeitig erkennen können, ob sich jemand schrittweise eine maßgebliche Einfluss- oder gar eine Mehrheitsposition aufbaut. Die Beachtung der zahlreichen meldepflichtigen Beteiligungsschwellen[14] erschwert ein heimliches Anschleichen an eine Gesellschaft und entfaltet insoweit einen gewissen Konzerneingangsschutz.[15]

Zugleich können sich Anzeichen für eine mögliche Marktverengung ergeben, die zu höherer Kursvolatilität oder auch Problemen bei der Veräußerung wegen geringer Marktliquidität führen kann.[16] Schließlich reduziert die Transparenz der Beteiligungsstruktur das Risiko der missbräuchlichen Ausnutzung von andernfalls bestehenden Informationsvorsprüngen.[17]

Die Melde- und Publikationspflichten bei Erreichen, Über- oder Unterschreiten wesentlicher Beteiligungsschwellen am Emittenten können allerdings durch diverse Gestaltungen, die geeignet sind, die wahren Machtverhältnisse in der Gesellschaft zu verschleiern, umgangen werden. Um dies zu verhindern, sehen Art. 10 der T-RL und § 34 WpHG verschiedene Zurechnungstatbestände vor, durch die dem Meldepflichtigen Stimmrechte aus weiteren Aktien, die ihm nicht direkt gehören, zugerechnet werden. Eine wichtige Konstellation stellt insoweit das untereinander abgestimmte Verhalten mehrerer Anteilseigner gegenüber dem Emittenten dar, weil hiermit das Einflusspotential der Beteiligten erheblich gesteigert werden kann.

b) Die Vorgaben von Art. 10 lit. a der Transparenzrichtlinie zur Erfassung eines koordinierten Aktionärsverhaltens gegenüber dem Emittenten

Art. 10 lit. a T-RL erstreckt die Mitteilungspflicht auf eine natürliche oder juristische Person, sofern sie zum Erwerb, zur Veräußerung oder zur Ausübung von Stimmrechten berechtigt ist, »die von einem Dritten gehalten werden, mit dem diese natürliche oder juristische Person eine Vereinbarung getroffen hat, die beide verpflichtet, langfristig eine gemeinsame Politik bezüglich der Geschäftsführung des betreffenden Emittenten zu verfolgen, indem sie die von ihnen gehaltenen Stimmrechte einvernehmlich ausüben«.

Die Reichweite der Erfassung koordinierten Aktionärsverhaltens als Grundlage für eine Zurechnung von Stimmrechten hängt in erster Linie von der Auslegung des Begriffs der »Vereinbarung« iSd Art. 10 lit. a T-RL ab. Dabei scheint das Erfordernis

13 Casper in Festschrift 25 Jahre WpHG, S. 801, 802; vgl. auch BGH, 19.07.2011, II ZR 246/09, BGHZ 190, 291, 298 Rn. 32 = NZG 2011,1147, 1149 = AG 2011, 786, 787.

14 Meldepflichtig ist das Erreichen, Über- oder Unterschreiten von 3, 5, 10, 15, 20, 25, 30, 50 und 75 % der Stimmrechte an einem Emittenten, § 33 Abs. 1 Satz 1 WpHG.

15 Casper in Festschrift 25 Jahre WpHG, S. 801, 802.

16 Vgl. Casper in Festschrift 25 Jahre WpHG, S. 801, 802 f., der in diesem Zusammenhang zu Recht kritisiert, dass bei den meisten Zurechnungstatbeständen der fehlende Abzug der Aktien bei demjenigen, dessen Aktien einem anderen zugerechnet werden, zu verwirrenden Doppelmeldungen führt und die wahren Machtverhältnisse in der Gesellschaft eher verschleiert.

17 Hofmeister, DB 2025, 857.

einer *Verpflichtung* beider Parteien, zumindest *prima facie*, eine rechtsverbindliche Vereinbarung zwischen ihnen vorauszusetzen. Allerdings verwendet Art. 2 Abs. 2 lit. q T-RL hierfür den Terminus »förmliche Vereinbarung«, während Art. 10 lit. a T-RL lediglich von »Vereinbarung« spricht. Einige Stimmen in der Literatur sehen darin allerdings nur ein unbeachtliches Redaktionsversehen[18] und leiten daraus ab, dass auch Art. 10 lit. a nur rechtsverbindliche Vereinbarungen betreffe.[19] Das dafür vorgebrachte Argument, dass andernfalls die Definition in Art. 2 Abs. 2 lit. q mit Art. 13 lit. a T-RL nur einen einzigen Anwendungsfall erfasse und damit überflüssig wäre,[20] vermag jedoch nicht zu überzeugen. Vielmehr muss der Wortlaut der Richtlinie ernst genommen werden, zumal nicht unterstellt werden darf, dass der Richtliniengeber die Effektivität der Regelung durch Ermöglichung naheliegender Umgehungen selbst in Frage stellt. Zudem war mit der T-RL das in früheren Richtlinien[21] noch enthaltene Erfordernis der Schriftlichkeit der Vereinbarung bewusst gestrichen worden.[22] Damit sollten offenbar nicht nur explizite, mit Rechtsbindungswillen getroffene mündliche Absprachen erfasst werden, sondern auch informelle Übereinkommen zwischen verschiedenen Anteilseignern über einen koordinierten Einsatz ihrer Stimmrechte. Dafür spricht jedenfalls, dass nach Erwägungsgrund 21 T-RL durch die Beteiligungspublizität abgebildet werden soll, wer »tatsächlich eine bedeutende Beteiligung … hält«.

Eine für Investoren relevante Änderung der Struktur des Kreises der stimmberechtigten Anteilseigner im Hinblick auf die Erfassung von deren Einflusspotential ergibt sich zwar nicht schon aus einem faktisch parallelen Abstimmungsverhalten in der Hauptversammlung oder einer einmaligen Koordinierung der Stimmabgabe. Auch sonstige lockere Kontaktaufnahmen zwischen Aktionären machen eine etwaige dadurch entstehende »Gruppe« noch nicht zu einem relevanten geschäftspolitischen Akteur.[23] Sofern aber auf der Grundlage eines gemeinsamen Willens von zwei oder mehr Anteilseignern eine faktische, auf Dauer angelegte Kooperation zu erwarten ist, spielt es für die Gesellschaft wie für (potentielle) Anleger im Hinblick auf die Einschätzung des Einflusspotentials dieser Anteilseigner keine Rolle, ob deren Zusammenwirken im Hinblick auf die Geschäftstätigkeit des Emittenten auf einer rechtsverbindlichen Absprache beruht.

18 Hitzer/Hauser, NZG 2016, 1365, 1366; Kraack in BeckOK WpHG, § 34, Rn. 140; Kraack, AG 2017, 677, 680; Kraack, WM 2025, 601.

19 Kraack, AG 2017, 677, 680; Kraack, WM 2025, 601; Kraack in BeckOK WpHG, § 34, Rn. 137 f., 140; ebenso Hitzer/Hauser, NZG 2016, 1365, 1366; a.A. Parmentier, AG 2014, 15, 18; Zimmermann in Fuchs/Zimmermann, WpHR, § 34 WpHG, Rn. 74.

20 Hitzer/Hauser, NZG 2016, 1365, 1366.

21 Art. 7 der Beteiligungstransparenz-RL (Richtlinie 88/627/EWG v. 12.12.1988, ABl. L 348 v. 17.12.1988, S. 62 ff.) und Art. 92 Abs. 1c) Wertpapierzulassungs-RL (Richtlinie 2001/34/EG v. 28.5.2001, ABl. L 184 v. 6.7.2001, S. 1 ff.).

22 Vgl. Gaede, Koordiniertes Aktionärsverhalten im Gesellschafts- und Kapitalmarktrecht, 2008, S. 238, die aufgrund des Verzichts der T-RL auf eine schriftliche Vereinbarung auch einer Erfassung von *gentlemen's agreements* zuzuneigen scheint.

23 Vgl. Psaroudakis, Acting in Concert in börsennotierten Gesellschaften, 2009, S. 289 f.

Entscheidend ist letztlich nur, dass sich die Parteien in gewisser Weise zur Einhaltung ihrer Verabredung verpflichtet fühlen, d.h. eine *Basis für eine* nicht nur *ad hoc* erfolgende, sondern *längerfristig angelegte Kooperation* zur Einflussnahme auf den Emittenten mittels Stimmrechtsausübung legen. Dafür bedarf es jedoch nicht unbedingt der Begründung einer *rechtlichen* Verpflichtung zum einheitlichen Vorgehen. Vielmehr können faktisch die gleichen Wirkungen auch durch rechtlich unverbindliche Abreden erzielt werden, an die sich die Parteien aber in gewisser Weise (tatsächlich oder moralisch) gebunden fühlen.

Für diese Konstellation hat sich der Begriff der sog. *gentlemen´s agreements* eingebürgert. Im Kartellrecht werden diese, wie der Name schon sagt, dem Terminus der »Vereinbarung« zugerechnet.[24] Das ist ohne weiteres auch im Rahmen der kapitalmarktrechtlichen Beteiligungspublizität möglich. Für die Einbeziehung von *gentlemen´s agreements* in den Begriff der Vereinbarung iSd Art. 10 lit. a T-RL spricht jedenfalls, dass diese prinzipiell ein *funktionales Äquivalent* zu einer förmlichen, rechtsverbindlichen Abrede über eine Koordinierung des Aktionärsverhaltens darstellen. Denn in der Praxis weisen vertragliche wie moralische Bindungen an eine getroffene Übereinkunft zu einem abgestimmten Verhalten eine nahezu gleichwertige Effektivität auf.[25] Das gemeinsame Interesse an der Gesellschaft, der drohende Verlust an Glaubwürdigkeit bei Nichteinhaltung gegebener Zusagen und Verstoß gegen den kaufmännischen Anstand sowie mögliche negative Konsequenzen für die Fortsetzung der Zusammenarbeit auch in anderen wichtigen Geschäftsbeziehungen entfalten regelmäßig einen hinreichenden Druck zur Einhaltung eines *gentlemen´s agreement*.[26] Im Übrigen bietet ein rechtsverbindlicher Vertrag in der Praxis nicht unbedingt einen Mehrwert, da seine Durchsetzung meist kosten- und zeitintensiv ist und mit negativer Publizität verbunden sein kann. Zudem dürfte es schwerfallen, den Inhalt der Verpflichtungen im Voraus so konkret zu fassen, dass sie auch gegen den Willen der anderen Partei gerichtlich einfach durchsetzbar erscheinen.[27]

Zur Erreichung des Zwecks einer effektiven kapitalmarktrechtlichen Beteiligungstransparenz ist daher bei Verhaltensabstimmungen zwischen Aktionären aus funktionaler Sicht nur erforderlich, dass *mit hinreichender Wahrscheinlichkeit eine begründete Aussicht auf eine dauerhafte Zusammenarbeit* gegeben ist. Das ist bei einem sog. *gentlemen´s agreement* der Fall, bei dem jedenfalls ein moralischer bzw. sozialer Druck besteht, sich an die erzielte Übereinkunft zu halten, auch wenn dies rechtlich nicht erzwingbar ist.[28] Umgekehrt würde die Nichteinbeziehung von *gentlemen´s*

24 Siehe statt aller nur Zimmer in Immenga/Mestmäcker, Wettbewerbsrecht, Bd. 1, 7. Aufl. 2025, Art. 101 AEUV, Rn. 77 ff. m.w.N.; ebenso für das deutsche Kartellrecht Zimmer in Immenga/Mestmäcker, Wettbewerbsrecht, Bd. 2, 7. Aufl. 2024, § 1 GWB, Rn. 36.

25 Psaroudakis, Acting in Concert in börsennotierten Gesellschaften, S. 38 f.

26 Psaroudakis, Acting in Concert in börsennotierten Gesellschaften, S. 39.

27 Psaroudakis, Acting in Concert in börsennotierten Gesellschaften, S. 39.

28 Vgl. Gaede Koordiniertes Aktionärsverhalten im Gesellschafts- und Kapitalmarktrecht, S. 260 (»Bindung durch rechtliche Verpflichtung oder durch sozialen Druck (*gentlemen´s agreements)*«, die allerdings im Rahmen des § 22 Abs. 2 WpHG a.F. »tatsächliche

agreements in den Anwendungsbereich der T-RL zu einer erheblichen Schwächung des Regelungsanliegens führen und ihre Effektivität in Frage stellen, sind sie doch eine so naheliegende und faktisch annähernd gleich wirksame Form der Koordinierung des Verhaltens mehrerer Anteilseigner, dass einer Umgehung der erstrebten Beteiligungstransparenz Tür und Tor geöffnet wären.

c) Zwischenergebnis

Unter den Begriff der »Vereinbarung« iSd Art. 10 lit. a T-RL fallen somit nicht nur rechtsverbindliche Verträge, sondern auch sog. *gentlemen´s agreements*, die als sonstige Willensübereinstimmungen ohne Rechtsbindungswillen für die Parteien eine faktische oder moralische Bindung entfalten.[29] Diese wirkt in der Praxis annähernd gleich stark wie eine rechtliche Verpflichtung, sodass in beiden Fällen ein gleichgerichtetes Verhalten der Aktionäre mit hinreichender Sicherheit zu erwarten ist.

2. *Umsetzung in § 34 Abs. 2 WpHG*

a) Überblick

Die konkreten in der T-RL bestimmten qualitativen Anforderungen an Art, Gegenstand und Ziel der koordinierten Einwirkung auf den Emittenten haben nur unvollkommen Eingang in den Wortlaut des § 34 Abs. 2 Satz 1 und Satz 2 WpHG gefunden. Zwar finden sich wesentliche Elemente in etwas abgewandelter Form letztlich im Normtext wieder, doch sind auch einige nicht unerhebliche Abweichungen festzustellen.

So erstreckt § 34 Abs. 2 Satz 1 WpHG die Art der Verhaltenskoordinierung über eine Vereinbarung hinaus auf eine Abstimmung in sonstiger Weise. Das Verhältnis dieser beiden Formen der Koordinierung des Aktionärsverhaltens bedarf näherer Analyse insbes. dahingehend, ob es sich um separate Tatbestände mit jeweils eigenständigem Anwendungsbereich oder nur um Varianten eines einheitlichen Tatbestands der Verhaltensabstimmung handelt, der letztlich nicht über eine »Vereinbarung« iSd Art. 10 lit. a T-RL hinausgeht, sondern ebenfalls nur rechtsverbindliche Verträge und *gentlemen´s agreements* erfasst.

Im Übrigen werden inhaltliche Merkmale des Zusammenwirkens – jedenfalls nach dem Wortlaut der Norm – nicht konsequent auf beide Alternativen der Abstimmung bezogen, sondern teilweise nur auf Vereinbarungen (so die Ausnahme für Einzelfälle, Abs. 2 Satz 1 Hs. 2) und teilweise nur auf ein *acting in concert* als Abstimmung »in

Umstände, die ein gleichgerichtetes Abstimmungsverhalten garantieren«, der Variante »Abstimmung in sonstiger Weise« zuordnet.

29 Im Ergebnis ebenso Zimmermann in Fuchs/Zimmermann, WpHR, § 34 WpHG, Rn. 74; Psaroudakis, Acting in Concert in börsennotierten Gesellschaften, S. 213, 216, 357; Parmentier, AG 2014, 15, 18. Für die Zuordnung zum Begriff der »Vereinbarung« in den Zurechungstatbeständen des § 34 Abs. 2 WpHG und § 30 Abs. 2 WpÜG auch Weiß, Der wertpapierhandelsrechtliche

sonstiger Weise«. Für diese wird eine Verständigung über die Ausübung der Stimmrechte oder ein Zusammenwirken »mit dem Ziel einer dauerhaften und erheblichen Änderung der unternehmerischen Ausrichtung des Emittenten« verlangt (Abs. 2 Satz 2). Auch hinsichtlich der Anforderungen an den Gegenstand der Abstimmung könnte eine der Vollharmonisierung widersprechende überschießende Umsetzung vorliegen (hierzu näher unter c).

b) Das Verhältnis von Vereinbarung und Verhaltensabstimmung in sonstiger Weise

aa) *Acting in Concert* als eigenständiger Sondertatbestand?

Die Alternativen der Verhaltensabstimmung »aufgrund einer Vereinbarung« und »in sonstiger Weise« gem. § 34 Abs. 2 WpHG werden nach bislang vorherrschender Ansicht wie selbständige Tatbestände mit jeweils eigenständigem Anwendungsbereich behandelt.[30] So versteht man unter einer »Vereinbarung« iSd § 34 Abs. 2 Satz 1 WpHG ganz überwiegend nur rechtsverbindliche Vereinbarungen, wozu insbesondere Stimmrechtsbindungsverträge und Poolverträge gezählt werden.[31] Demgegenüber werden alle übrigen Verhaltensabstimmungen einschließlich *»gentlemen´s agreements«* unter die zweite Alternative subsumiert.[32] Dies dürfte damit zusammenhängen, dass die T-RL in Art. 10 lit. a auf eine Vereinbarung abstellt, die beide Parteien zu einem gemeinsamen Vorgehen in Bezug auf den Emittenten *verpflichtet*.

Nach anderer Ansicht reflektieren die alternativ aufgelisteten Merkmale der Vereinbarung und Abstimmung in sonstiger Weise in § 34 Abs. 2 WpHG nur, dass die als Rechtfertigung für die Zurechnung der Stimmrechte erforderliche Koordinierung auf verschiedene Weise erreicht werden kann.[33] Dafür spricht, dass der Grund für die Zurechnung von Anteilen bei einem koordinierten Auftreten mehrerer Personen gegenüber dem Emittenten jeweils in gleicher Weise in der Aufdeckung der dadurch bewirkten Verstärkung des Einflusspotentials auf den Emittenten liegt.[34]

Wie bereits dargelegt, ist ein Verständnis des Begriffs der Vereinbarung als rechtsverbindlicher Vertrag keineswegs zwingend. Vielmehr sprechen die besseren Gründe dafür, auch rechtlich unverbindliche, aber faktisch wirksame Übereinkommen zwischen Aktionären als »Vereinbarung« iSd Art. 10 lit. a T-RL anzuerkennen. Denn bei funktionaler Betrachtung sind *gentlemen`s agreements* aufgrund ihrer faktischen

und übernahmerechtliche Zurechnungstatbestand des *acting in concert*, S. 114 f.; Wackerbarth in MünchKommAktG, Bd. 6, 6. Aufl. 2024, § 30 WpÜG, Rn. 39.

30 Kraack, AG 2017, 677, 680; Kraack, WM 2025, 601; Kraack in BeckOK WpHG, § 34, Rn. 140.

31 Siehe etwa Casper in Festschrift 25 Jahre WpHG, S. 801, 809; Schneider/Schneider in Assmann/Mülbert/Schneider, WpHR, § 34 WpHG, Rn. 140 (»alle Verträge der Zivilrechtsdogmatik«).

32 Vgl. Schneider/Schneider in Assmann/Mülbert/Schneider, WpHR, § 34 WpHG, Rn. 141 (»bewusst praktiziertes Zusammenwirken ohne Rechtsbindung«).

33 Zimmermann in Fuchs/Zimmermann, WpHR, § 34 WpHG, Rn. 74 (Differenzierung »für die Anwendung des Zurechnungstatbestands nicht entscheidend«).

34 Zimmermann in Fuchs/Zimmermann, WpHR, § 34 WpHG, Rn. 75.

bzw. moralischen Bindungswirkung in gleicher Weise geeignet, die Formierung einer koordiniert handelnden Aktionärsgruppe gemäß dem Normzweck abzubilden. Dies bestätigt im Übrigen ein Seitenblick in das Kartellrecht. So werden unter dem Begriff der Vereinbarung im Rahmen des Art. 101 Abs. 1 AEUV auch »*gentlemen's agreements*«, also die Erzielung einer bloßen faktischen Willensübereinstimmung ohne rechtsverbindlichen Charakter, an die man sich aber tatsächlich oder moralisch gebunden fühlt, subsumiert.[35]

Im Rahmen der Beteiligungstransparenz kommt es letztlich nur darauf an, die mit einer bewussten und längerfristigen Koordination des Verhaltens mehrerer Personen verbundene Erhöhung der Möglichkeiten zur Beeinflussung des Emittenten zu erfassen. Daher sollten sich, jedenfalls *prima facie*, die in § 34 Abs. 2 WpHG genannten Alternativen (Verhaltensabstimmung aufgrund einer Vereinbarung oder in sonstiger Weise) hinsichtlich der materiellen Anforderungen an das koordinierte Zusammenwirken mehrerer Anteilseigner nicht (wesentlich) unterscheiden.

bb) Anforderungen an das kapitalmarktrechtliche *Acting in Concert* in Abgrenzung zum Kartellrecht

Allerdings zeigt insoweit das Beispiel des Kartellrechts, dass sich über das Merkmal der abgestimmten Verhaltensweise im Vergleich zur Vereinbarung durchaus weitere Koordinierungsformen erheblich geringerer Intensität erfassen bzw. leichter nachweisen lassen. So wird für eine abgestimmte Verhaltensweise im Rahmen des Art. 101 Abs. 1 AEUV in einem ersten Schritt lediglich verlangt, dass im Wege einer Kommunikation mit anderen Marktteilnehmern die Unsicherheit über deren wettbewerbliches Verhalten reduziert wird. Dafür genügt bereits eine »Fühlungnahme« zwischen ihnen, insbesondere mittels eines Informationsaustausches, ohne dass es zu einer gemeinsamen Willensbildung im Hinblick auf ein bestimmtes koordiniertes Verhalten gekommen sein muss. Ein kartellrechtswidriges abgestimmtes Verhalten liegt aber erst dann vor, wenn sich die Unternehmen in einem zweiten Schritt im Anschluss an eine kommunikative »Fühlungnahme« tatsächlich gleichförmig auf dem Markt verhalten, wobei es genügt, wenn dies in einem Einzelfall geschieht.[36]

Natürlich lässt sich das kartellrechtliche Verständnis der Begriffe »Vereinbarung« und »abgestimmte Verhaltensweise« nicht ohne weiteres auf andere Rechtsgebiete wie das Kapitalmarktrecht übertragen. Der Hinweis auf abweichende Konzepte im Kartellrecht soll hier aber auch lediglich aufzeigen, dass es keinen einheitlichen, von vornherein feststehenden Bedeutungsgehalt dieser Termini gibt. Das gilt im Übrigen auch für das Kapitalmarktrecht selbst, das international keinen einheitlichen Begriff

35 S. nur Zimmer in Immenga/Mestmäcker, Wettbewerbsrecht, Art. 101 AEUV, Rn. 77; gleiches gilt auch für § 1 GWB, Zimmer in Immenga/Mestmäcker, Wettbewerbsrecht, § 1 GWB, Rn. 36.

36 Vgl. im Einzelnen statt aller Zimmer in Immenga/Mestmäcker, Wettbewerbsrecht, Art. 101 AEUV Rn. 94 ff.; ebenso für das deutsche Kartellrecht Zimmer in Immenga/Mestmäcker Wettbewerbsrecht, § 1 GWB, Rn. 41 jeweils m.w.N.

des *acting in concert* kennt.[37] Erforderlich ist vielmehr jeweils eine *normzweckorientierte Konkretisierung.*

Der Tatbestand des *acting in concert* nach § 34 Abs. 2 Satz 1 Alt. 2 WpHG unterscheidet sich vom kartellrechtlichen Begriff der abgestimmten Verhaltensweise jedenfalls in den folgenden drei Punkten: Zum einen genügt gerade keine Koordinierung des Verhaltens in einem Einzelfall, sondern muss längerfristig angelegt sein.[38] Zum anderen sind entsprechend der *ratio legis* der Beteiligungstransparenz Gegenstand und Ziel der Koordinierung begrenzt.[39] Schließlich setzt die Begründung der Melde- und Publikationspflicht im Rahmen der Transparenzvorschriften nicht voraus, dass es tatsächlich zu einem einheitlichen Verhalten kommt, jedenfalls nicht in dem Sinne einer Realisierung der mit der Verhaltenskoordination verfolgten Ziele. So wird die Bildung eines Stimmrechtspools erfasst, auch wenn letztlich doch nicht alle Poolmitglieder bei bestimmten Fragen einheitlich abstimmen.[40]

Denn § 34 Abs. 2 Satz 1 Alt. 2 WpHG ist kein Erfolgs-, sondern ein Gefährdungstatbestand.[41] Eine bloß allgemeine Verabredung zu einer künftigen Verhaltensabstimmung genügt allerdings nicht, sofern nicht schon zugleich Mechanismen der Koordinierung oder eine entsprechende Einheit (wie etwa ein Stimmrechtspool) geschaffen werden.[42] Erforderlich ist ein »Prozess der gemeinsamen Willensbildung mit dem Ziel eines gleichgerichteten Verhaltens in Bezug auf den Emittenten«.[43] Daran fehlt es bei einem bloß faktischen Parallelverhalten, bei dem sich die Parteien unabhängig voneinander im Ergebnis gleichförmig verhalten, ohne dass eine Koordination mit kommunikativen Mitteln erreicht worden wäre.[44]

37 OLG Frankfurt, 25.06.2004, WpÜG 5/03, 6/03, 8/03, ZIP 2004, 1312; Schneider/Schneider in Assmann/Mülbert/Schneider, WpHR, § 34 WpHG, Rn. 127 m.w.N.

38 Auch wenn der Wortlaut etwas anderes zu suggerieren scheint, muss sich die gesetzliche Ausnahme nach § 34 Abs. 2 Satz 1 Hs. 2 WpHG auch auf die »Einzelfallabstimmung in sonstiger Weise« beziehen, würde doch sonst die »stärkere Form« der Verhaltenskoordination aufgrund einer Vereinbarung in geringerem Umfang erfasst als die bloße »Abstimmung in sonstiger Weise«, Zimmermann in Fuchs/Zimmermann, WpHR, § 34 WpHG, Rn. 74, 86.

39 § 34 Abs. 2 Satz 2 WpHG weicht insoweit zwar vom Wortlaut des Art. 10 lit. a T-RL ab, der auf die einvernehmliche Ausübung des Stimmrechts zur langfristigen Verfolgung einer gemeinsamen Politik hinsichtlich der Geschäftsführung des Emittenten abstellt; ob darin eine materiell weiterreichende Bestimmung des Gegenstands der Kooperation liegt, ist jedoch fraglich; vgl. dazu unten c).

40 Zimmermann in Fuchs/Zimmermann, WpHR, § 34 WpHG, Rn. 76; Schneider/Schneider in Assmann/Schneider/Mülbert, WpHR, § 34 WpHG, Rn. 148, 187.

41 Zimmermann in Fuchs/Zimmermann, WpHR, § 34 WpHG Rn. 76.

42 Vgl. Zimmermann in Fuchs/Zimmermann, WpHR, § 34 WpHG, Rn. 76.

43 Zimmermann in Fuchs/Zimmermann, WpHR, § 34 WpHG, Rn. 77.

44 Zimmermann in Fuchs/Zimmermann, WpHR, § 34 WpHG, Rn. 78. Ein bloßes Parallelverhalten ohne kommunikativen Akt der »Fühlungnahme« stellt auch im Kartellrecht kein abgestimmtes Verhalten dar, s. zur Ablehnung einer »Verhaltensabstimmung über den Markt«, d.h. durch bloßes Marktverhalten, Zimmer in Immenga/Mestmäcker, Wettbewerbsrecht, § 1 GWB, Rn. 42.

Näher zu untersuchen bleibt, welche konkreten Anforderungen an ein kapitalmarktrechtliches *acting in concert* zu stellen sind. Für die Beurteilung, ob möglicherweise eine der Vollharmonisierung widersprechende überschießende Umsetzung des Art. 10 lit. a vorliegt, kommt es darauf an, ob sich die Verhaltensabstimmung »in sonstiger Weise« gem. § 34 Abs. 2 Satz 1 Alt. 2 WpHG auf die Erfassung von *gentlemen´s agreements* beschränkt (diese sind, wie erörtert, vom europarechtlichen Begriff der Vereinbarung gem. Art. 10 lit. a T-RL erfasst) oder ob sie wesentlich darüber hinausgreift.

c) Anforderungen an die Intensität der Koordinierung beim *Acting in Concert* gem. § 34 Abs. 2 Satz 2 WpHG

Der unscharfe Begriff der Verhaltensabstimmung »in sonstiger Weise« wird nach § 34 Abs. 2 Satz 2 WpHG durch zwei Fallgruppen konkretisiert, wobei die erste, die »Verständigung« (über die Ausübung von Stimmrechten), sich unschwer als unverbindliche Vereinbarung iS eines *gentlemen´s agreement* qualifizieren lässt.[45] Somit bleibt vor allem zu prüfen, ob oder inwieweit die zweite Fallgruppe, das »Zusammenwirken in sonstiger Weise«, über die Vorgaben der T-RL hinausgeht.

Im Ausgangspunkt ist insoweit festzuhalten, dass die Formulierungen in § 34 Abs. 2 Satz 2 WpHG, die auf ein »Zusammenwirken« (mit dem »Ziel einer dauerhaften und erheblichen Änderung der unternehmerischen Ausrichtung des Emittenten«) abstellen, immerhin noch eine erhebliche Nähe zu den Anforderungen der Richtlinie an Gegenstand und Qualität einer »Vereinbarung« aufweisen, soweit sie auf eine *langfristige* Verfolgung einer *gemeinsamen Politik* hinsichtlich der *Geschäftsführung des Emittenten* abstellen. Allerdings fragt es sich, wie ein solches »Zusammenwirken« ohne eine zumindest informelle »Verständigung« und damit eine formlose, rechtlich unverbindliche »Vereinbarung« möglich sein soll.[46] In der Literatur wird zwar teilweise feinsinnig zwischen einer Verständigung als einem rein faktischen Konsens und dem Zusammenwirken als praktizierter Kooperation differenziert.[47] Dies ändert jedoch nichts daran, dass als gemeinsamer Kern sowohl der Verständigung als auch des Zusammenwirkens jeweils die Bildung eines übereinstimmenden Willens zur Kooperation erforderlich ist und daraus grundsätzlich auch eine ausreichende faktische Bindungswirkung ausgeht, sodass in beiden Fällen die Voraussetzungen eines *gentlemen´s agreement* erfüllt sind.

45 Im Ergebnis ebenso zum wortgleichen § 30 Abs. 2 Satz 2 WpÜG Beurskens in Beurskens/Ehricke/Ekkenga, WpÜG, 2. Aufl. 2021, § 30 Rn. 113 (Verständigung als nicht rechtsgeschäftlich bindender faktischer Konsens).

46 Vgl. auch den Formulierungsvorschlag von Casper in Festschrift 25 Jahre WpHG, S. 801, 815 f., der zu Recht in jedem Fall eine *Verständigung* zwischen dem Meldepflichtigen und dem Dritten über die Ausübung von Stimmrechten oder eine sonstige Einflussnahme auf den Emittenten verlangt (Hervorhebung hinzugefügt).

47 Beurskens in Beurskens/Ehricke/Ekkenga, WpÜG, § 30, Rn. 113, der aber einräumt, dass der Unterschied nur von gradueller Natur sei.

Anders als im Kartellrecht kann dagegen ein bloßer lockerer Informationsaustausch oder eine »Fühlungnahme« selbst bei einem nachfolgenden gleichgerichteten Verhalten nicht ausreichen, um eine hinreichend gefestigte Aktionärsgruppe zu bilden,[48] deren kumuliertes Einflusspotential nach Sinn und Zweck der Beteiligungstransparenz offenzulegen wäre. Soweit ersichtlich, wird aber auch nur ganz vereinzelt vertreten, dass in derartigen Fällen eine kapitalmarktrechtlich relevante Verhaltensabstimmung vorliegen könne.[49] Zu Recht wird vielmehr für ein *acting in concert* »eine ausreichend sichere Grundlage für koordiniertes Vorgehen« verlangt.[50] Eine entsprechende Intensität und Finalität soll insoweit gegeben sein, wenn »die Partner unter Berufung auf den kaufmännischen Anstand, die gemeinsamen Interessen als institutionelle Anleger, der Familie, die Interessen der Anbieter oder Nachfrager im Markt eine *Übereinstimmung* erzielen, ihr Verhalten in Bezug auf die Gesellschaft abzustimmen«.[51] Damit ist im Ergebnis wiederum nichts anderes als das Vorliegen eines *gentlemen´s agreement* beschrieben. Noch unverbindlichere »Abstimmungen« ohne Erzielung einer zumindest faktisch als verpflichtend empfundenen Willensübereinstimmung genügen nicht.

d) Gegenstand der Abstimmung

Bei rein wörtlicher Auslegung scheint nach Satz 1 des § 34 Abs. 2 WpHG jede Art von Abstimmung aufgrund einer Vereinbarung erfasst zu sein, sofern es sich nicht um Vereinbarungen in Einzelfällen handelt. Nur für ein abgestimmtes Verhalten stellt Satz 2 nach seinem Wortlaut auf die Voraussetzungen ab, dass »der Meldepflichtige oder sein Tochterunternehmen und der Dritte sich über die Ausübung von Stimmrechten verständigen oder mit dem Ziel einer dauerhaften und erheblichen Änderung der unternehmerischen Ausrichtung des Emittenten in sonstiger Weise zusammenwirken«.

Ein solches Auseinanderfallen der Zurechnungsvoraussetzungen für Verhaltensabstimmungen aufgrund einer »Vereinbarung« einerseits und »in sonstiger Weise« andererseits wäre jedoch sehr problematisch. Zum einen müssen nicht nur Vereinbarungen, sondern auch sonstige Verhaltensabstimmungen in Einzelfällen vom Anwendungsbereich der Zurechnungsnorm ausgenommen bleiben.[52] Darüber besteht

48 v. Bülow in KK-WpHG, § 22, Rn. 215. Ebenso zutreffend zur Parallelvorschrift im Übernahmerecht Beurskens in Beurskens/Ehricke/Ekkenga, WpÜG, § 30, Rn. 118 (»§ 30 Abs. 2 Satz 2 Fall 2 begründet … kein allgemeines Kartellverbot zum Schutz der Zielgesellschaft«).

49 So will v. Hein in Schwark/Zimmer, Kapitalmarktmarktrechts-Kommentar, 5. Aufl. 2020, § 34 WpHG, Rn. 31 auch ein »abgestimmtes Verhalten im weiteren Sinne«, dh »noch unterhalb des gentlemen´s agreement« erfassen; für Heranziehung des kartellrechtlichen Konzepts der abgestimmten Verhaltensweise Liebscher, ZIP 2002, 1005, 1007 f.; dagegen zutreffend Weiß, Der wertpapierhandelsrechtliche und übernahmerechtliche Zurechnungstatbestand des *acting in concert*, S. 122 f.

50 Schneider/Schneider in Assmann/Mülbert/Schneider, WpHR, § 34 WpHG, Rn. 141.

51 Schneider/Schneider in Assmann/Mülbert/Schneider, WpHR. § 34 WpHG, Rn. 141 (Hervorhebung hinzugefügt).

52 So zutreffend Zimmermann in Fuchs/Zimmermann, WpHR, § 34 WpHG, Rn. 74, 88; vgl. auch Psaroudakis, Acting in Concert in börsennotierten Gesellschaften, S. 213.

weitgehend Einigkeit.[53] Zum anderen erscheint es aber auch sehr zweifelhaft, ob jegliche Vereinbarung, die *irgendeinen* Bezug zum Verhalten der Beteiligten gegenüber dem Emittenten hat, bereits die Zurechnung auslösen kann. Vielmehr sprechen überzeugende Gründe dafür, dass auch insoweit die längerfristige Verfolgung gemeinsamer Ziele mit Bezug zur strategischen Ausrichtung des Unternehmens oder das Ziel einheitlicher Stimmrechtsausübung in der Hauptversammlung im Vordergrund stehen muss.[54] Nur auf diese Weise kann im Rahmen einer richtlinienkonformen Auslegung den einheitlichen Vorgaben des Art. 10 lit. a T-RL Rechnung getragen werden. Die einengenden Voraussetzungen in § 34 Abs. 2 Satz 1 Hs. 2 und Satz 2 WpHG sind damit jeweils auf beide Varianten der Verhaltenskoordination zu beziehen.[55]

Gleichwohl könnte § 34 Abs. 2 Satz 2 Alt. 2 WpHG aber dadurch eine überschießende Umsetzung der T-RL verwirklichen, dass bei der Alternative des »Zusammenwirkens« anders als bei der »Verständigung« die explizite Bezugnahme auf die einvernehmliche *Ausübung von Stimmrechten* fehlt. In Rechtsprechung und Literatur wird vertreten, dass auch eine Abstimmung zur koordinierten faktischen Einflussnahme auf Vorstand und Aufsichtsrat außerhalb der Hauptversammlung von der Norm erfasst sei.[56] Diskutiert wird ferner, ob auch schon ein abgestimmter Erwerb von Anteilen am Emittenten oder von sonstigen Geschäften in dessen Aktien[57] oder eine über

53 Vgl. nur Casper in Festschrift 25 Jahre WpHG, S. 801, 807; Schneider/Schneider in Assmann/Schneider/Mülbert, WpHR, § 34 WpHG, Rn. 166; v. Bülow in KK-WpHG, § 22, Rn. 219, 225 ff. Anders im Begründungsansatz zwar Psaroudakis, Acting in Concert in börsennotierten Gesellschaften, S. 307, der die Einzelfallausnahme bei Abstimmungen »in sonstiger Weise« von den spezielleren Anforderungen des Satzes 2 hinsichtlich Dauer oder Intensität verdrängt ansieht. Im Ergebnis ergibt sich daraus aber kein relevanter Unterschied.

54 So insbes. v. Bülow in KK-WpHG, § 22, Rn. 209, 217.

55 Im Ergebnis ebenso Casper in Festschrift 25 Jahre WpHG, S. 801, 807, 808, 812 ff., der die richtige Lesart von § 34 Abs. 2 Satz 2 WpHG in Bezug auf ein abgestimmtes Verhalten auf Grund einer Vereinbarung oder in sonstiger Weise wie folgt zusammenfasst (S. 815 f.): »Ein abgestimmtes Verhalten setzt voraus, dass der Meldepflichtige oder sein Tochterunternehmen und der Dritte sich mit dem Ziel einer dauerhaften und erheblichen Änderung der unternehmerischen Ausrichtung des Emittenten über die Ausübung von Stimmrechten oder eine sonstige Einflussnahme auf den Emittenten verständigen. Ausgenommen ist ein abgestimmtes Verhalten im Einzelfall.« Vgl. auch Schneider/Schneider in Assmann/Schneider/Mülbert, WpHR, § 34 WpHG, Rn. 147 (Verständigung über die Ausübung des Stimmrechts und Einflussnahme in sonstiger Weise als »zwei Fallgruppen zur Konkretisierung des Inhalts der Vereinbarung oder Abstimmung des Verhaltens i.S.v. § 34 Abs. 2 Satz 1«. Für die Erfüllung sämtlicher Voraussetzungen nach Abs. 2 auf alle Formen der Abstimmung auch v. Bülow in KK-WpHG, § 22, Rn. 211.

56 Psaroudakis, Acting in Concert in börsennotierten Gesellschaften, S. 302 ff.; Schneider/Schneider in Assmann/Schneider/Mülbert, WpHR, § 34 WpHG, Rn. 151 ff. m.w.N. Anders früher BGH, 18.9.2006, II ZR 137/05, BGHZ 169, 98 = AG 2006, 883 zu § 30 Abs. 2 WpÜG (nur Vereinbarungen mit Bezug auf die Stimmrechtsausübung in der Hauptversammlung erfasst).

57 Vgl. hierzu Schneider/Schneider in Assmann/Schneider/Mülbert, WpHR, § 34 WpHG, Rn. 160 ff.; Psaroudakis, Acting in Concert in börsennotierten Gesellschaften, S. 297 ff., 308 ff. jeweils m.w.N. auch zur Gegenansicht.

den Einzelfall hinausgehende Verständigung über die Besetzung von Aufsichtsratsposten[58] zu einer Zurechnung von Anteilen führen können.[59]

Bei all diesen Konstellationen fehlt ein direkter Bezug zur Ausübung von Stimmrechten in der Hauptversammlung. Nach Sinn und Zweck der Beteiligungstransparenz, das tatsächliche Einflusspotential einer längerfristig koordiniert handelnden Aktionärsgruppe aufzudecken, sollte aber ein lediglich *mittelbarer* Bezug zur Nutzung ihrer Stimmrechtsmacht genügen. Auch nach der T-RL soll geklärt werden, »wer tatsächlich einen Einfluss auf einen Emittenten ausübt« (Erwägungsgrund 20). Bei einer *längerfristig kooperierenden Aktionärsgruppe*, die versucht, ihren Einfluss auf die Geschäftsführung des Emittenten nicht nur im Einzelfall, sondern »mit dem Ziel einer dauerhaften und erheblichen Änderung der unternehmerischen Ausrichtung« (§ 34 Abs. 2 Satz 2 WpHG) der Gesellschaft geltend zu machen, ist jedenfalls damit zu rechnen, dass sie bei passender Gelegenheit auch ihre Stimmrechtsmacht in der Hauptversammlung zur Durchsetzung ihrer Vorstellungen nutzen wird. Keine entscheidende Rolle spielt insoweit die rechtliche Unabhängigkeit von Vorstand und Aufsichtsrat in der Aktiengesellschaft, da die Aktionäre auch ohne Weisungsrecht jedenfalls über nicht unerheblichen faktischen Einfluss verfügen.[60]

Damit die Beteiligungstransparenz ihre Funktion erfüllen kann, das tatsächliche Einflusspotential gemeinsam handelnder Aktionäre aufzudecken, ist es erforderlich, nicht nur die abgestimmte direkte Ausübung von Stimmrechten zu betrachten, sondern auch den durch ein koordiniertes Aktionärsverhalten bereits im Vorfeld vermittelten faktischen Einfluss, der zumindest mittelbar auf ihrer Stimmrechtsmacht beruht. Daher sprechen gute Gründe dafür, dass jedenfalls die Erfassung einer koordinierten faktischen Einflussnahme einer Aktionärsgruppe auf Vorstand und Aufsichtsrat über § 34 Abs. 2 Satz 2 WpHG unter dem Blickwinkel des Effektivitätsprinzips mit Art. 10 lit. a T-RL vereinbar ist und keine überschießende Umsetzung darstellt.[61]

e) Relevanz des § 34 Abs. 2 Satz 2 WpHG

Werden *gentlemen´s agreements*, wie hier vertreten, eigentlich schon vom Begriff der »Vereinbarung« erfasst, stellt sich die Frage, ob der Abstimmung »in sonstiger Weise« überhaupt noch eine relevante Bedeutung zukommt.

Auch wenn man die beiden Alternativen des § 34 Abs. 2 Satz 1 WpHG lediglich als Ausdruck eines einheitlichen, auf einem übereinstimmenden Willen beruhenden Koordinierungstatbestands ansieht, entfalten die in Satz 2 nach ihrem Wortlaut nur für

58 Schneider/Schneider in Assmann/Schneider/Mülbert, WpHR, § 34 WpHG, Rn. 183 ff. m.w.N.

59 Vgl. zu den parallelen Fragestellungen im Übernahmerecht beim gleichlautenden § 30 Abs. 2 WpÜG Beurskens in Beurskens/Ehricke/Ekkenga, WpÜG, § 30, Rn. 153 ff., 165 ff., 172 jeweils m.w.N.

60 Psaroudakis, Acting in Concert in börsennotierten Gesellschaften, S. 305 f.

61 Ob dies auch für die anderen oben bei Fn. 56 und 57 erwähnten Konstellationen gilt, ist dagegen sehr zweifelhaft, kann hier aber aus Platzgründen nicht vertieft werden.

die Abstimmung in sonstiger Weise aufgeführten Kriterien eine wichtige Funktion zur Konturierung des Gegenstands der Koordinierung des Aktionärsverhaltens. Richtigerweise gelten sie gleichermaßen für rechtsverbindliche wie unverbindliche Vereinbarungen. Auch vertragliche Vereinbarungen müssen einen hinreichenden Bezug auf die Koordinierung des Stimmverhaltens oder das Ziel einer »dauerhaften und erheblichen Änderung der unternehmerischen Ausrichtung des Emittenten« aufweisen. Insoweit sichert erst die Berücksichtigung der in § 34 Abs. 2 Satz 2 WpHG genannten Kriterien die Richtlinienkonformität der Stimmrechtszurechnung beim *acting in concert.*

3. *Zwischenergebnis*

Mit dem Begriff der »Vereinbarung« erfasst Art. 10 lit. a T-RL nicht nur rechtsverbindliche Verträge, sondern auch unverbindliche Übereinkommen (*gentlemen`s agreements*), die eine moralische oder soziale Bindungswirkung entfalten und in diesem Sinne auch faktisch zu einer Einhaltung der Abrede »verpflichten«. Die im deutschen Kapitalmarktrecht ganz überwiegende Zuordnung solcher Verhaltensweisen zur Tatbestandsalternative der Abstimmung »in sonstiger Weise« gem. § 34 Abs. 2 Satz 1 Alt. 2 WpHG ist daher durch die vollharmonisierende T-RL gedeckt. Kein *gold plating* stellt auch die Berücksichtigung einer Koordinierung des Aktionärsverhaltens außerhalb der Hauptversammlung nach § 34 Abs. 2 Satz 2 Alt. 2 WpHG dar, soweit ein mittelbarer Bezug zur Stimmrechtsausübung gewahrt wird, wie es bei einer faktischen Einflussnahme auf Vorstand oder Aufsichtsrat der Fall ist. Eine etwaige Erstreckung der Stimmrechtszurechnung nach § 34 Abs. 2 WpHG auf einen lockeren und gänzlich unverbindlichen Informationsaustausch oder bloße »Fühlungnahmen« zwischen Aktionären wäre dagegen selbst bei nachfolgendem einheitlichen Verhalten gegenüber dem Emittenten nicht mehr richtlinienkonform. Eine solche Auslegung wird aber, soweit ersichtlich, auch nicht vertreten.

Die vom BGH in seinem Vorlagebeschluss ohne weiteres zugrunde gelegte überschießende Umsetzung von Art. 10 lit. a T-RL liegt also nach hier vertretener Auffassung gar nicht vor. Gleichwohl soll im Folgenden noch geprüft werden, ob im Falle eines *gold plating* die in der T-RL vorgesehene Ausnahme von der Vollharmonisierung für Konstellationen im Zusammenhang mit Übernahmesachverhalten eingreifen würde.

III. Die Ausnahme von der Vollharmonisierung nach Art. 3 Abs. 1a UAbs. 4 Nr. iii Transparenzrichtlinie

Sowohl die BaFin in ihrem Emittentenleitfaden als auch die wohl überwiegende Meinung in der Literatur halten eine überschießende Umsetzung der T-RL für von der Ausnahmevorschrift des Art. 3 Abs. 1a UAbs. 4 Nr. iii gedeckt.[62]

62 BaFin, Emittentenleitfaden, Modul B S. 26 mit Fn. 60 (Stand: 30.10.2018); Zimmermann in Fuchs/Zimmermann, WpHR, § 34 WpHG, Rn. 74; Seibt/Wollenschläger, ZIP 2014, 545, 549 Parmentier, AG 2014, 15, 19; w.N. in Fn. 9.

1. Voraussetzungen für die Durchbrechung des Vollharmonierungsansatzes

Diese Regelung erlaubt den Mitgliedstaaten, strengere Vorschriften für die Beteiligungstransparenz vorzusehen, wenn sie »im Zusammenhang mit Übernahmeangeboten, Zusammenschlüssen und anderen Transaktionen stehen, die die Eigentumsverhältnisse oder die Kontrolle von Unternehmen betreffen, und von den Behörden, die gem. Art. 4 der Richtlinie 2004/25/EG des Europäischen Parlaments und des Rates vom 21.04.2004 betreffend Übernahmeangebote von den Mitgliedstaaten benannt wurden, beaufsichtigt werden«.

Gefordert wird damit sowohl eine inhaltliche als auch eine formelle, aufsichtsbezogene Verbindung zur Übernahmerichtlinie. Während die zweite Voraussetzung unstrittig gegeben ist, weil die BaFin sowohl für die Überwachung der allgemeinen Beteiligungstransparenz als auch für die Aufsicht über die Einhaltung der Vorschriften des WpÜG zuständig ist,[63] bestehen erhebliche Zweifel, ob die §§ 33 ff. WpHG eine hinreichende Nähe zu übernahmerechtlich geregelten Sachverhalten bzw. Meldepflichten aufweisen.

2. Hinreichender Bezug der §§ 33 ff. WpHG zum Übernahmerecht?

Die vielfach ins Feld geführte bewusste Entscheidung des deutschen Gesetzgebers, die Zurechnungstatbestände der kapitalmarktrechtlichen und der übernahmerechtlichen Beteiligungstransparenz nach § 22 WpHG a.F./§ 34 WpHG bzw. § 30 WpÜG parallel auszugestalten[64] und daran trotz weitgehender Vollharmonisierung der kapitalmarktrechtlichen Mitteilungs- und Veröffentlichungspflichten jedenfalls für das *acting in concert* festzuhalten,[65] stellt allerdings bei Lichte besehen kein Argument dafür dar, dass die tatbestandlichen Voraussetzungen der Ausnahmevorschrift des Art. 3 Abs. 1a UAbs. 4 Nr. iii der T-RL erfüllt sind.[66]

Danach sollen – wie auch erläutert in Erwägungsgrund 12 der Änderungsrichtlinie 2013[67] – die Mitgliedstaaten weiterhin strengere nationale Rechts- und Verwaltungsvorschriften anwenden dürfen, die »im Zusammenhang mit Übernahmeangeboten, Zusammenschlüssen und anderen Transaktionen« erlassen wurden und »die

63 So auch BGH, 22.10.2024, II ZR 193/22, NZG 2025, 703, 704 Rn. 18. Anders war dies in dem vom EuGH entschiedenen österreichischen Fall Conwert Immobilien SE, da die österreichische Finanzmarktaufsichtsbehörde (FMA) nicht auch die für Übernahmefälle benannte Behörde war, EuGH, 09.09.2021, C-605/18, BeckRS 2021, 25402.

64 Vgl. BegrRegE eines Gesetzes zur Regelung von öffentlichen Angeboten zum Erwerb von Wertpapieren und von Unternehmensübernahmen, BT-Drucks. 14/7034, 70.

65 BGH, 22.10.2024, II ZR 193/22, NZG 2025, 703, 704 Rn. 17; BT-Drucks. 14/7034, 70.

66 Hitzer/Hauser, NZG 2016, 1365, 1369; Kraack, AG 2017, 677, 680; i.E. a.A. aber z.B. Zimmermann in Fuchs/Zimmermann, WpHR, § 34 WpHG, Rn. 74; v. Hein, in Schwark/Zimmer, Kapitalmarktrechts-Kommentar, § 34 WpHG, Rn. 29.

67 Richtlinie 2013/50/EU des Europäischen Parlaments und des Rates vom 22.10.2013 zur Änderung der Richtlinie 2004/109/EG, ABl. L 294/13.

Eigentumsverhältnisse oder die Kontrolle« betreffen. Die §§ 33 ff. WpHG lassen sich zwar als Regelungen im Vorfeld von Unternehmensübernahmen, vielleicht auch noch als »Zurechnungsnormen mit Übernahmetendenz«[68] qualifizieren, doch lässt sich weder daraus noch aus der Entstehungsgeschichte der 2013 geänderten T-RL ein klares Bild über die Erstreckung der Ausnahme auf die Zurechnungstatbestände des Art. 10 lit. a gewinnen.[69] Die schon bei 3 % eingreifende Meldepflicht der kapitalmarktrechtlichen Beteiligungspublizität besteht jedenfalls unabhängig von einer etwaigen beabsichtigten Übernahme oder der Erfüllung eines Zusammenschlusstatbestands. Man mag einwenden, dass die »Eigentumsverhältnisse« auch schon bei derart niedrigen Schwellenwerten »betroffen« seien, doch das gilt letztlich für jeden einzelnen Aktienerwerb. Erforderlich für das Eingreifen der Ausnahme von der Vollharmonisierung ist vielmehr ein *spezifischer Sachzusammenhang zu* Unternehmensübernahmen, der dem Zurechnungstatbestand des *acting in concert* aber fehlt.[70] Jedenfalls die zweite Voraussetzung für ein Eingreifen der Ausnahme von der Vollharmonisierung, die Beaufsichtigung der Transaktion durch die nach der Übernahmerichtlinie benannte Behörde, macht deutlich, dass es sich bei der Transaktion um einen Vorgang handeln muss, der unter die Übernahmerichtlinie fällt.

Bedenkenswert erscheinen zwar auf den ersten Blick die Hinweise auf die Entstehungsgeschichte der Änderungsrichtlinie 2013, wonach die Ausnahme auf einem Kompromissvorschlag des Rats der EU beruhe, durch den die von der Kommission zunächst intendierte ausnahmslose Vollharmonisierung auf Intervention mehrerer Mitgliedstaaten, darunter Deutschlands, abgemildert worden sei, um etablierten mitgliedstaatlichen Regelungen zur Erfassung von *acting in concert*-Sachverhalten Rechnung zu tragen.[71] Allerdings haben diese Bestrebungen keinen hinreichenden Ausdruck im Wortlaut der Ausnahmevorschrift gefunden. Art. 3 Abs. 1a UAbs. 4 Nr. iii T-RL stellt vielmehr nur sicher, dass es keine Friktionen mit (zulässigen) überschießenden Regelungen der Mitgliedstaaten im Bereich der lediglich auf eine Mindestharmonisierung gerichteten Übernahmerichtlinie gibt.[72] Im Übrigen hat der

68 Seibt/Wollenschläger, ZIP 2024, 545, 549.

69 Vgl. Habersack in Emmerich/Habersack, Aktien- und GmbH-Konzernrecht, § 34 WpHG, Rn. 4, 23 (im Normtext und Erwägungsgrund 12 nicht leicht nachvollziehbar, daher Klärung durch den EuGH geboten). Gleiches gilt für den Umstand, dass die Reichweite der Vollharmonisierung erst im Rat der EU durchbrochen wurde, wo systematische Erwägungen angeblich weniger Gewicht hätten als im Entwurf der Kommission, so z.B. das Argument von Parmentier, AG 2014, 15, 19; ähnlich Schneider/Schneider in: Assmann/Schneider/Mülbert, WpHR, § 34 WpHG, Rn. 142; andere Stimmen in der Literatur meinen, der Ausnahmetatbestand sei auf die Zurechnungstatbestände des Art. 10 lit. a »zugeschnitten«, so insbes. Seibt/Wollenschläger, ZIP 2014, 545, 549; Veil, ZHR 177 (2013), 427, 434 f.; Veil, ZGR 2014, 544, 572 f.; ders., in: Schmidt/Lutter, AktG, 5. Aufl. 2024, § 34 WpHG, Rn. 6; Segna, ZGR 2015, 84, 113.

70 Vgl. hierzu ausführlich Kraack, WM 2025, 601, 604 ff. m.w.N.

71 Segna, ZGR 2015, 84, 113; Seibt/Wollenschläger, ZIP 2014, 545, 549; Parmentier, AG 2014, 15, 18 f.; vgl. auch Veil, ZGR 2014, 544, 573, der allerdings einräumt, dass diese Auslegung nicht zwingend sei.

72 Vgl. andeutungsweise Casper in Festschrift 25 Jahre WpHG, S. 801, 812; a.A. Parmentier, AG 2014, 15, 19.

EuGH klargestellt, dass die Norm als Ausnahme von der grundsätzlich angestrebten Vollharmonisierung der kapitalmarktrechtlichen Beteiligungstransparenz eng auszulegen ist.[73] Das überzeugt, da andernfalls die intendierte Vereinheitlichung durch überschießende Regelungen der Mitgliedstaaten weitgehend ausgehöhlt werden könnte.

3. *Ergebnis*

Für den geforderten übernahmerechtlichen Bezug reicht es somit nicht aus, dass die Melde- und Publikationspflichten nach der T-RL bereits im Vorfeld des Anwendungsbereichs der Übernahmerichtlinie gewisse Wirkungen entfalten, wie etwa die Erschwerung eines Anschleichens bis zum Erreichen der Kontrollschwellen.

IV. Fazit

1. Der Begriff der »Vereinbarung« in Art. 10 lit. a der T-RL umfasst im Unterschied zur »förmlichen Vereinbarung« i.S.d. Art. 2 Abs. 1 lit. q T-RL nicht nur rechtsverbindliche Verträge, sondern auch rechtlich unverbindliche Vereinbarungen, die ihren Ausdruck in einer durch kommunikative Akte erzielten Willensübereinstimmung gefunden haben und von den Beteiligten als zumindest moralisch oder faktisch verpflichtend angesehen werden (sog. *gentlemen´s agreements*).

2. Die Anwendung der Zurechnungsnorm des § 34 Abs. 2 WpHG auf *gentlemen´s agreements*, also auf Verhaltensabstimmungen, die ihre Grundlage in lediglich *de facto* als verpflichtend empfundenen Abreden haben, ist daher richtlinienkonform. Dabei spielt es letztlich keine Rolle, ob diese Zurechnung im deutschen Recht auf § 34 Abs. 2 Satz 1 Alt. 1 (Vereinbarung) oder (mit der bislang ganz h.M.) auf Alt. 2 (Abstimmung in sonstiger Weise) gestützt wird. Systematisch stimmiger erscheint allerdings auch im deutschen Recht die Subsumtion unter den Begriff der Vereinbarung.

3. Der Sinn und Zweck der wechselseitigen Zurechnung von Aktien im Rahmen der Beteiligungspublizität bei nicht nur *ad hoc*, sondern dauerhaft und absprachegemäß koordiniert handelnden Anteilseignern besteht darin, ihr auf diese Weise gesteigertes Einflusspotential auf den Emittenten offenzulegen. Daraus folgen, abgesehen von der Ausklammerung von Verhaltensabstimmungen in Einzelfällen, gewisse weitere Anforderungen an Art und Inhalt der Verhaltensabstimmung. So muss sich diese nach Art. 10 lit. a T-RL auf die langfristige Verfolgung einer gemeinsamen Politik hinsichtlich der Geschäftsführung des Emittenten richten.

4. Die Anforderungen der T-RL kommen trotz des abweichenden Wortlauts letztlich in ausreichender Weise im Normtext des § 34 Abs. 2 WpHG zum Ausdruck. Dabei sind sowohl die Einzelfallausnahme nach Satz 1 Halbsatz 2 als auch die einschränkenden Voraussetzungen nach Satz 2 auf beide Alternativen der Verhaltensabstimmung (aufgrund einer Vereinbarung wie in sonstiger Weise) anzuwenden.

73 EuGH, 09.09.2021, C-605/18, NZG 2022, 122, BeckRS 2021, 25402, Rn. 41 – Adler Real Estate AG.

Dadurch wird nicht nur die von Art. 10 lit. a T-RL verlangte langfristige Verfolgung einer gemeinsamen Politik hinsichtlich der Geschäftsführung des Emittenten hinreichend reflektiert, sondern auch die Bezugnahme auf die einvernehmliche Ausübung der jeweiligen Stimmrechte der kooperierenden Anteilseigner. Insoweit werden nicht nur unmittelbar durch die Hauptversammlung zu treffende Beschlüsse erfasst. Vielmehr genügt nach dem Telos der erstrebten Beteiligungstransparenz ein mittelbarer Bezug zur Stimmrechtsmacht der Aktionäre, der auch gewahrt ist, soweit eine Aktionärsgruppe sich hinsichtlich einer faktischen Einflussnahme auf Vorstand und/oder Aufsichtsrat koordiniert.

5. Selbst wenn man, wie hier vorgeschlagen, Koordinierungen im Wege von *gentlemen´s agreements* bereits mit der Tatbestandsalternative der (rechtlich unverbindlichen) »Vereinbarung« erfasst, wird die Alternative der Verhaltensabstimmung »in sonstiger Weise« nicht bedeutungslos, da sie wichtige qualifizierende Kriterien aus der T-RL übernimmt und klarstellt, dass auch koordinierte Einwirkungsmöglichkeiten außerhalb der Hauptversammlung erfasst werden.

6. Eine überschießende Umsetzung der T-RL oder sog. *gold plating* läge nur vor, wenn man § 34 Abs. 2 Satz 1 Alt. 2 WpHG darüber hinaus auf ganz lockere, im Wege einer bloßen »Fühlungnahme« oder eines Informationsaustausches vermittelte Abstimmungen ohne faktische Bindungswirkung erstrecken würde oder für Konstellationen ohne Bezug zu einer intendierten längerfristigen Beeinflussung der Unternehmenspolitik heranzöge.

7. Dann erst stellte sich die Frage, ob eine so weitreichende Zurechnungsnorm unter die Ausnahme von der Vollharmonisierung nach Art. 3 Abs. 1a UAbs. 4 Nr. iii T-RL fiele. Das ist jedoch entgegen zahlreichen Stimmen in der Literatur abzulehnen, weil diese Norm eng auszulegen ist, lediglich direkte Friktionen mit dem mindestharmonisierenden Ansatz der Übernahmerichtlinie vermeiden und deren Vorrang sichern soll. Die bloße Entscheidung eines nationalen Gesetzgebers, die allgemeine kapitalmarktrechtliche Beteiligungstransparenz bei einem *acting in concert* generell parallel zur übernahmerechtlichen Regelung auszugestalten, vermag dagegen eine Ausnahme vom Konzept der Vollharmonisierung nicht zu rechtfertigen. Denn dies würde letztlich zu dessen fast vollständiger Überwindung führen.

8. Im Ergebnis bleibt festzuhalten, dass die Erfassung eines *acting in concert* durch § 34 Abs. 2 Satz 1 Alt. 2 WpHG richtlinienkonform ist, sofern die Anwendung der Zurechnungsnorm auf Fälle von *gentlemen´s agreements* beschränkt bleibt, die eine faktische Bindungswirkung aufweisen und die weiteren qualitativen Kriterien hinsichtlich des Gegenstands der Koordinierung einhalten.

Risiken und Chancen einer Vendor Due Diligence zur Vorbereitung eines Unternehmenskaufs

Barbara Grunewald

I. Fragestellung

In einer viel beachteten Entscheidung ist der BGH der Frage nachgegangen, unter welchen Umständen der Verkäufer einer Immobilie seine Aufklärungspflichten dadurch erfüllen kann, dass er Unterlagen in einen Datenraum einstellt, der dem Verkäufer offen steht.[1] Dieser Problematik vorgelagert ist die Entscheidung des Verkäufers, welche Daten er überhaupt erheben will. Für ihn geht es darum, ob sich die Kosten, die bei Ermittlung der entsprechenden Unterlagen anfallen, aus seiner Sicht lohnen. Im Folgenden soll untersucht werden, welche Vor- und Nachteile einer solchen Abklärung von für den Verkauf wesentlicher Daten (eine sogenannte Vendor Due Diligence) für den Verkäufer mit sich bringt.

II. Die Entscheidung des BGH

Die Klägerin hatte von dem Beklagten am 25.03.2019 mehrere Gewerbeeinheiten in einem großen Gebäudekomplex zu einem Kaufpreis von 1,52 Millionen Euro gekauft. Im Zuge der Verhandlungen stand der Klägerin ein virtueller Datenraum offen. Am Freitag, den 22.03.2019, stellten die Verkäufer das Protokoll einer Eigentümerversammlung aus dem Jahr 2016 in den Datenraum ein, aus dem sich das Risiko ergab, dass die Klägerin auf eine Zahlung von bis zu 50 Millionen Euro in Anspruch genommen werden konnte. Dieses Risiko verwirklichte sich teilweise. Die Klägerin verlangte von dem Beklagten Freistellung von den zur Finanzierung des Kaufpreises eingegangenen Darlehensverbindlichkeiten.

Der BGH hält einen Anspruch der Klägerin gestützt auf §§ 280 Abs. 1, 241 Abs. 2, 311 Abs. 2 BGB für möglich. Es bestehe zwar keine Rechtspflicht, den Vertragspartner über alle Einzelheiten und Umstände aufzuklären, die dessen Willensentschließung beeinflussen könnten. Vielmehr sei grundsätzlich jeder Verhandlungspartner für sein rechtsgeschäftliches Handeln selbst verantwortlich und müsse sich die für

1 15.09.2023 V ZR 77/22 = ZIP 2023, 2152 = NZG 2023, 1565; Besprechungen z.B. bei Allmendinger/Cohen NZG 2023, 1571; Glasmacher/Berger NZG 2023, 1594; Heider/Messer/Wüstefeld NZM 2024, 270; Korch ZIP 2024, 657; Littenberg in FS Dauner-Lieb, 2025, S. 641 ff.; Mallmann/Henke NJW 2023, 3398.

die eigene Entscheidung notwendigen Informationen auf eigene Kosten und eigenes Risiko selbst beschaffen. Allerdings bestehe für jeden Vertragspartner die Pflicht, den anderen Teil über Umstände aufzuklären, die den Vertragszweck des anderen vereiteln können und daher für seinen Entschluss von wesentlicher Bedeutung sind, sofern er die Mitteilung nach Treu und Glauben unter Berücksichtigung der Verkehrsanschauung[2] redlicher Weise erwarten darf. Ein solcher Umstand könne auch vorliegen, wenn er geeignet sei, dem Vertragspartner erheblichen wirtschaftlichen Schaden zuzufügen.

Demgemäß hätten die Verkäufer die Klägerin über den Beschluss der Eigentümerversammlung informieren müssen. Dieser Pflicht seien sie durch die Einstellung der Unterlagen in den Datenraum nicht nachgekommen, da die Klägerin ohne gesonderten Hinweis auf das neu eingestellte Dokument keinen Anlass gehabt habe, so kurz vor dem Notartermin noch einmal Einsicht in den Datenraum zu nehmen. Offen gelassen wurde in der Entscheidung, ob eine Anfechtung wegen arglistiger Täuschung durchgreift und ob Schadensersatzansprüche nach § 823 Abs. 2 BGB, § 263 StGB oder nach § 826 BGB gegeben sein könnten.

Diese Entscheidung legt auch dar, wie ein Verkäufer durch die Eröffnung eines virtuellen Datenraums seine Aufklärungspflichten erfüllen kann. Darum soll es im Weiteren nicht gehen. Das Urteil zeigt weiterhin die Risiken auf, die den Verkäufer aufgrund von Aufklärungspflichten treffen. Das führt zu der Frage, ob der Verkäufer nicht besser fährt, wenn er keinerlei Erkundigungen über das Verkaufsobjekt einholt und damit das Entstehen solcher Pflichten von vorneherein vermeidet.

III. Untersuchungspflichten des Verkäufers beim Unternehmenskauf

Die Frage, ob der Verkäufer eines Unternehmens eine Vendor Due Diligence durchführen sollte, stellt sich nicht, wenn eine Pflicht zur Untersuchung besteht. Denn dann hat der Verkäufer keine Wahl. Um zu klären, ob eine solche Pflicht besteht, muss das allgemeine Kaufrecht in den Blick genommen werden.

Im Ausgangspunkt besteht Einigkeit: Im Prinzip gibt es eine solche Untersuchungspflicht, zu der auch die Pflicht zur Beschaffung von Informationen zählt, nicht. Ausnahmen sind dann zu machen, wenn handgreifliche Anhaltspunkte für Mängel bestehen oder der Verkäufer als Fachmann problemlos Mängel feststellen kann.[3] Dabei geht es meist nicht darum, den Verkäufer auf Untersuchung der Kaufsache oder auf Schadensersatz wegen Unterlassung der Untersuchungen in Anspruch

2 In dem Text des Urteils (Rn. 24) heißt es »Vertragsanschauung«, aber die Bezugnahme auf die ältere Judikatur zeigt, dass Verkehrsanschauung gemeint ist.

3 Siehe Erman/Grunewald BGB 17. Aufl. 2023 § 433 Rn. 33; ähnlich Bamberger/Roth/Hau/Poseck/Faust BGB 5. Aufl. 2023 § 437 Rn. 103; MünchKommBGB/Maultzsch 9. Aufl. 2024 § 433 Rn. 59.

zu nehmen. Vielmehr soll dem Verkäufer der Einwand genommen werden, er habe nicht arglistig gehandelt, da er auch seinerseits den Mangel nicht gekannt habe und daher sei seine Erklärung, die nicht auf den Mangel hingewiesen habe, auch nicht einfach so, also ins Blaue hinein, erfolgt.[4]

Übertragen auf den Unternehmenskauf heißt das, dass im Normalfall eine Untersuchungspflicht in der Form der Informationsbeschaffungspflicht nicht besteht.[5] Es sind aber Ausnahmen denkbar. Denn auch im Rahmen eines Unternehmenskaufs kann es vorkommen, dass handgreifliche Anhaltspunkte für Mängel bestehen. Dabei kommt es nicht auf den Mangelbegriff im Sinne von § 434 BGB an. Vielmehr geht es allgemein um aus der Sicht des Käufers negative Umstände, in Bezug auf die für den Verkäufer auf der Hand liegt, dass der Käufer ihnen eine maßgebliche Bedeutung zumisst und der Käufer erwarten kann, dass der Verkäufer sich in Bezug auf diese Umstände Klarheit verschafft. Dagegen wird der zweite Fall, in dem eine Untersuchungspflicht angenommen wird, beim Unternehmenskauf wohl kaum je eine Rolle spielen: Der Verkauf vom ausgewiesenen Fachmann an einen Laien. Denn wohl ausnahmslos sind sowohl Verkäufer wie Käufer Fachleute.

Darüber hinaus wird gefordert, dass nur dann eine Informationsbeschaffungspflicht für den Verkäufer besteht, wenn die Erfüllung dieser Pflicht mit sehr niedrigem Aufwand erfolgen kann.[6] Das wird man so allgemein nicht sagen können. Vielmehr kommt es auch darauf an, wie bedeutsam die Information für den Verkäufer erkennbar für den Käufer ist. Da eine Untersuchungspflicht aber wie gesagt nur besteht, wenn der Käufer erwarten kann, dass der Verkäufer insoweit für Klarheit sorgt, werden bei erheblichen Kosten die Voraussetzungen der Informationsbeschaffungspflicht meist nicht erfüllt sein. Ein ökonomisch unsinniger Aufwand für die Beschaffung der Informationen ist schon deshalb nicht zu befürchten, weil es dem Verkäufer stets offen steht, gegenüber dem Käufer zu erklären, dass er keine weitere Abklärung der Problematik durchführen werde.[7] Denn das Pflichtenprogramm des Kaufvertrages legen die Parteien fest und wenn der Verkäufer erklärt, dass er nicht untersuchen werde, ist dies dem Käufer klar und damit auch nicht geschuldet.

Hierzu ein Beispiel: Sollte der Verkäufer bei einem Share-Deal wissen, dass die Kapitalerhöhung, auf der die verkauften Anteile beruhen, eventuell nichtig ist, muss er sich dieser Problematik stellen. Denn es handelt sich offensichtlich um einen Umstand, der für die Kaufentscheidung von maßgeblicher Bedeutung ist und bezüglich derer der Käufer Klarheit erwarten kann. Entweder der Verkäufer klärt dies durch eine entsprechende Untersuchung ab oder er legt offen, dass er der Problematik nicht

4 Siehe etwa BGH 19.06.2013 VIII ZR 183/12 = NJW 2014, 212 und BGH 15.04.2015 VIII ZR 80/14 = NJW 2015, 1669.

5 Korch ZIP 2024, 657, 661; wohl noch weitergehend Eitelbuß NZG 2014, 7 und Grub/Thiem in Hamann/Sigle/Grub Gesellschaftsrecht, Finanzierung und Unternehmensnachfolge 3. Aufl. 2022 § 21 Rn. 18: Es bestehe nie eine Pflicht zu einer Vendor Due Diligence.

6 Korch ZIP 2024, 657, 661.

7 Korch ZIP 2024, 657, 661.

weiter nachgehen werde. In beiden Fällen handelt der Verkäufer im Einklang mit der Rechtsordnung.

IV. Aufklärungspflichten und Vendor Due Diligence

Aufklärungspflichten bestehen nur in Bezug auf das, was der Verkäufer weiß und auch dann keineswegs in Bezug auf alles. Der eingangs geschilderte Fall des BGH macht das deutlich: Es muss sich um Umstände handeln, die den Vertragszweck aus der Sicht des Käufers vereiteln können und daher für seinen Entschluss, den Vertrag abzuschließen, von wesentlicher Bedeutung sind. Es bleibt also dabei, dass der Käufer im Grundsatz selber klären muss, ob das Vertragsobjekt seinen Erwartungen entspricht. Das gilt auch für den Unternehmenskauf.[8]

Zugleich führt aber das Bestehen von Aufklärungspflichten dazu, dass der Verkäufer sich überlegen muss, ob eine Vendor Due Diligence durchgeführt werden soll oder nicht. Denn die Ergebnisse dieser Untersuchung sind ihm dann bekannt und können daher die Basis für Aufklärungspflichten bilden. Der Verkäufer muss allerdings nicht den Bericht als solchen offenlegen.[9] Denn in einem solchen Bericht werden sich oftmals auch Ausführungen finden, die für den Käufer nicht die für das Entstehen von Aufklärungspflichten konstitutive Relevanz haben. Auch die Tatsache, dass ein solcher Bericht eingeholt wurde, ist als solche nicht offenlegungspflichtig. Natürlich würde der Käufer dies gerne wissen, um dann nach dem Inhalt fragen zu können. Aber allein das Interesse des Käufers an einer bestimmte Information reicht für das Bestehen einer Aufklärungspflicht nicht aus.

Andererseits sind unter Umständen auch bloße Risiken offenlegungspflichtig. Auch das zeigt der eingangs geschilderte Fall des BGH, in dem es ja um das Risiko ging, dass die Klägerin auf eine bestimmte Summe in Anspruch genommen werden könnte. Gerade im Bereich des Unternehmenskaufs sind Risiken oftmals von maßgeblicher Bedeutung. Selbstverständlich muss nicht auf die üblichen Risiken (Verschlechterung der allgemeinen Wirtschaftslage; Möglichkeit, dass Kunden abspringen) hingewiesen werden. Diese müssen sowieso dem Käufer klar sein. Erst wenn es um atypische und erhebliche Risiken geht, die zudem die geschilderte Relevanzschwelle überschreiten (Kunde, von dem über die Hälfte des Umsatzes abhängt, hat mit der Kündigung der Geschäftsbeziehung gedroht), ändert sich die Sachlage.

8 Ausführlich zu den Aufklärungspflichten beim Unternehmenskauf Eitelbuß NZG 2024, 8 ff.; Henssler FS Hopt 2010 S. 113, 131 ff.; Huber AcP 202 (2002) 180, 183 ff., 217 f.; Korch ZIP 2024, 657, 658 ff.; Mock BB 2023, 1347; Beispiel BGH 06.02.2002 VIII ZR 185/00: Aufklärungspflicht bezüglich Verbindlichkeiten, die die Überschuldung des Unternehmens zur Folge haben; ähnlich BGH 02.06.1980 VIII ZR 64/79 = NJW 1980, 2480; aus jüngerer Zeit OLG München 03.12.2020 23 U 5742/19 = GmbHRdsch 2021, 551.

9 Eitelbuß NZG 2024, 7, 10.

V. Das Verhältnis von Untersuchungs- zu Aufklärungspflichten

Die Voraussetzungen, unter denen Untersuchungs- und Aufklärungspflichten eingreifen, scheinen auf dem ersten Blick einander ähnlich zu sein. Stets muss der Umstand für den Verkäufer erkennbar für den Käufer von erheblicher Bedeutung sein und stets muss der Käufer nach der Verkehrsanschauung erwarten können, dass der Verkäufer entsprechend tätig wird. Allerdings belastet eine Informationsbeschaffungspflicht den Verkäufer deutlich stärker als die Aufklärung über Umstände, die er sowieso bereits kennt. Auch weiß der Käufer, dass ein Verkäufer regelmäßig nicht prüft, ob die Kaufsache den Interessen des Käufers Rechnung trägt. Daher kann der Käufer gemäß der Verkehrserwartung nicht unter denselben Voraussetzungen, unter denen eine Aufklärungspflicht besteht, auch eine Informationsbeschaffung erwarten. Vielmehr sind die Voraussetzungen, unter denen eine Pflicht zur Beschaffung von Informationen besteht, noch enger zu fassen. Das führt zu dem allseits akzeptierten und schon geschilderten Ergebnis, dass eine Informationsbeschaffungspflicht nur in Sonderfällen besteht.[10]

VI. Vendor Due Diligence und Arglist

1. *Arglistiges Handeln nach Erhalt eines Vendor Due Diligence Reports*

Das eigentliche Risiko der Vendor Due Diligence liegt für den Verkäufer darin, dass ihm, wenn er ein Ergebnis der Vendor Due Diligence nicht vorlegt, obwohl er dazu verpflichtet wäre,[11] ein arglistiges Verhalten vorgeworfen werden könnte.

Arglistig handelt, so die Definition des Bundesgerichtshofs, wer den aufklärungspflichtigen Umstand kennt oder ihn zumindest für möglich hält und billigend in Kauf nimmt, dass der Käufer den Umstand nicht kennt und den Vertrag nicht geschlossen hätte, wenn er den Umstand gekannt hätte.[12] Damit wird klar, dass, wenn aufklärungspflichtige Umstände, die der Vendor Due Diligence Report zu Tage gefördert hat, vom Verkäufer nicht offengelegt werden, der Verkäufer arglistig handelt.[13] Folglich erhöht sich das Haftungsrisiko.

Allerdings darf nicht vergessen werden, dass ein Risiko, das dem Verkäufer bekannt ist, unter Umständen sowieso offenzulegen ist.[14] Ist in Folge des Vendor Due

10 S.o. IV.; speziell zum Verhältnis Aufklärung zu Untersuchungspflichten Fleischer Informationsasymmetrie im Vertragsrecht 2001 S. 450 ff.

11 S.o. IV.

12 Zusammenfassung der Judikatur z.B. bei Bamberger/Roth/Hau/Poseck/Faust (s.o. Fn. 3) § 438 Rn. 37 ff.; Erman/Grunewald (s.o. Fn. 3) § 438 Rn. 23 ff.; MünchKommBGB/Maultzsch (s.o. Fn. 3) § 438 Rn. 27.

13 Zu der Parallelität von Aufklärungspflichtverletzung und Arglist Fleischer (s.o. Fn. 10) S. 449 ff.; Henssler (s.o. Fn. 8) S. 113, 117; Zepf/Sievers NZG 2023, 455.

14 S.o. IV.

Diligence Reports klar, dass sich das Risiko realisiert hat, muss dieses Faktum mitgeteilt werden. Das mindert vermutlich den zu erzielenden Kaufpreis. Doch wird das oftmals nicht viel anders sein, wenn das bloße Risiko, dass es zu der befürchteten Entwicklung kommen könnte, mitgeteilt wird.

Weiter ist zu bedenken, dass nach Ansicht der Judikatur der Verkäufer auch dann arglistig handelt, wenn er eine Erklärung ohne die zur sachgerechten Beurteilung erforderliche Abklärung abgibt, also, wie die Judikatur sagt, etwa »ins Blaue hinein« erklärt.[15] Wurde also ein Umstand nicht abgeklärt, muss der Verkäufer vermeiden, konkrete Aussagen in Bezug auf diesen Bereich zu machen.

Härter trifft es den Verkäufer, wenn durch die Vendor Due Diligence Umstände zu Tage kommen, die aufklärungspflichtig sind und von denen der Verkäufer bislang nichts wusste. Diese müssen nun offengelegt werden. Allerdings ist unter Umständen davon auszugehen, dass der Käufer diese Fakten im Zuge seiner Überprüfung der Kaufsache sowieso herausgefunden und zur Drückung des Kaufpreises genutzt hätte. In diesen Fällen erweist sich ein Verkäufer, der die Umstände selber benennt, als zuverlässiger Vertragspartner, was sich wiederum zu seinen Gunsten auswirken kann.[16]

2. *Folgen arglistigen Verhaltens*

Handelt der Verkäufer arglistig, kann der Käufer den Kaufvertrag nach § 123 Abs. 1 BGB anfechten. Aber das ist regelmäßig nicht das Ziel eines Unternehmenskäufers. Ihm geht es nahezu stets um Geldersatz, gestützt wie im eingangs geschilderten Fall des BGH auf §§ 280 Abs. 1, 241 Abs. 2, 311 Abs. 2 BGB. In Unternehmenskaufverträgen wird – völlig zu Recht – im Normalfall die Haftung für Fahrlässigkeit ausgeschlossen. Nicht möglich ist es aber, die Vorsatzhaftung abzubedingen (§ 276 Abs. 3 BGB). Da arglistiges Verhalten Vorsatz mit einschließt, liegt hier in der Praxis das eigentliche Haftungsrisiko des Verkäufers.

Sollte der nicht offengelegte Umstand eines? des Unternehmens im Sinne von §§ 434, 435 BGB begründen, ist auch der Haftungsausschluss für diesen Mangel hinfällig (§ 444 BGB). Zudem gilt dann die regelmäßige, und die nicht sonst kürzere Verjährungsfrist für Mängel (§ 438 Abs. 3 BGB).

VII. Vorteile der Vendor Due Diligence für den Verkäufer

Eine Vendor Due Diligence bringt für den Verkäufer allerdings auch nicht unerhebliche Vorteile. In erster Linie wird dem Verkäufer dadurch die Möglichkeit eröffnet, nach Feststellung der Problematik diese zu beseitigen und damit das Unternehmen für

15 BeckOGK/Arnold BGB § 438 Rn. 190 ff.; Bamberger/Roth/Hau/Poseck/Faust (s.o. Fn. 3) § 438 Rn. 41; Erman/Grunewald (s.o. Fn. 3) § 438 Rn. 25; speziell zum Unternehmenskauf Hasselbach/Ebbinghaus DB 2012, 216, 219.

16 Siehe Scherer/Hübner Unternehmensnachfolge 6. Aufl. 2020 § 3 Rn. 173 f.

den Erwerber noch attraktiver zu machen.[17] Auch macht der Verkäufer durch Offenlegung eines Vendor Due Diligence Reports oder einzelner Ergebnisse aus einem solchen Report deutlich, dass er in diesem Bereich nichts zu verbergen hat. Damit bringt er allgemein zum Ausdruck, dass er ein zuverlässiger Verkäufer ist oder jedenfalls als ein solcher auftreten will. Zugleich erspart der Käufer eventuell auch Aufwendungen, die er sonst zur Untersuchung des Kaufobjekts aufbringen müsste,[18] was eventuell dazu führt, dass er einen höheren Kaufpreis zu akzeptieren bereit ist. Auch kann der Verkaufsprozess beschleunigt werden, wenn der Käufer sich mit einer verkürzten Untersuchung des Unternehmens begnügt.[19] Des Weiteren wird der Verkäufer in Beug auf den abgeklärten Umstand »sprechfähig«, da er nicht befürchten muss, durch eine Erklärung ins Blaue hinein mit dem Vorwurf Arglist konfrontiert zu werden.

Sofern der dem Käufer offengelegte Umstand einen Mangel des Unternehmens im Sinne des §§ 434, 435 BGB betrifft, greift zu Gunsten des Verkäufers zudem § 442 BGB ein: Rechte des Käufers sind insoweit ausgeschlossen.

VIII. Abwägung der Vor- und Nachteile einer Vendor Due Diligence/Zusammenfassung

Ob die Durchführung einer Vendor Due Diligence für den Verkäufer von Vorteil ist oder ihm mehr Nachteile bringt, lässt sich nicht allgemein sagen. Positiv fällt insbesondere ins Gewicht, dass die Aufdeckung von nachteiligen Aspekten dem Verkäufer die Möglichkeit bietet, diese bis zum Vertragsschluss zu beseitigen und damit den Wert der Kaufsache zu erhöhen. Zugleich vermeidet er auf diese Weise die Unannehmlichkeiten, die eintreten, wenn der Käufer die entsprechende Problematik selbst ausfindig macht. Sofern der Vendor Due Diligence Report offengelegt wird, beinhaltet dies ein für den Käufer oftmals durchaus wesentliches Indiz dafür, dass der Verkäufer seriös ist. Auch erspart dies dem Käufer unter Umständen Kosten, die er sonst selbst für die Überprüfung der Kaufsache aufgewandt hätte, mit der Folge, dass er eventuell bereit ist, mehr für die Kaufsache zu bezahlen. In manchen Fällen beschleunigt eine Vendor Due Diligence auch den Verkaufsprozess.

Nachteilig für den Verkäufer ist eine Vendor Due Diligence zum einen wegen der anfallenden Kosten, zum anderen aber auch, weil eventuell Umstände zu Tage gefördert werden, die der Verkäufer nicht kannte und die nun offenlegungspflichtig werden. Allerdings muss insoweit bedacht werden, dass, wenn dem Verkäufer ein Risiko in Bezug auf Umstände bekannt ist, die für den Käufer von ganz erheblicher Bedeutung sind, bereits dieses Risiko offenzulegen wäre, so dass die Vendor Due Diligence im Ergebnis nicht zu einer Verschlechterung der Position des Verkäufers führen würde. Zudem besteht eine Aufklärungspflicht nur in seltenen Fällen.

17 Cannive ZIP 2009, 254, 255; Eitelbuß NZG 2024, 7; Grub/Thiem (s.o. Fn. 5) § 21 Rn. 24; Scherer/Hübner (s.o. Fn. 17) § 3 Rn. 174; Weilep/Dill BB 2008, 1946.

18 Kritisch insoweit Hopt ZHR 186 (2002) 7, 26.

19 Cannive ZIP 2009, 254, 255 f.; Grub/Thiem (s.o. Fn. 5) § 21 Rn. 24.

Der Gewinnanspruch des GmbH-Gesellschafters bei Unterbilanz und in der Insolvenz

Mathias Habersack

I. Einführung

Der Gewinnanspruch des GmbH-Gesellschafters wirft nach wie vor einige nicht vollauf geklärte Fragen grundsätzlicher Art auf, und zwar insbesondere dann, wenn die Gesellschaft eine Unterbilanz aufweist oder gar insolvent ist. So besteht zwar im Ausgangspunkt weitgehendes Einvernehmen darüber, dass § 30 Abs. 1 S. 1 GmbHG der Durchsetzung des Gewinnanspruchs entgegensteht, wenn sich die Vermögensverhältnisse der Gesellschaft vor Auszahlung des Gewinns so verschlechtern, dass das Nettoaktivvermögen nicht mehr das Stammkapital deckt, mithin eine Unterbilanz entsteht. Ungeklärt ist allerdings, ob dies auch gilt, wenn Gewinnansprüche stehengelassen werden; zahlreiche Stimmen sprechen sich insoweit für die (analoge) Anwendung des § 30 Abs. 1 S. 3 GmbHG und damit für eine Verdrängung der Ausschüttungssperre des § 30 Abs. 1 S. 1 GmbHG durch die Regeln über Gesellschafterdarlehen aus. Diese Frage hängt allerdings auf das Engste mit der weiteren Frage zusammen, über welchen Rang der noch nicht erfüllte Gewinnanspruch des Gesellschafters in der Insolvenz der Gesellschaft verfügt: Ist er gewöhnliche Insolvenzforderung, unterliegt er dem Nachrang des § 39 Abs. 1 Nr. 5 InsO oder ist er gar auf den Nach-Nachrang des § 199 S. 2 InsO zu verweisen? Kann einer an sich dem Nach-Nach-Rang des § 199 S. 2 InsO unterliegenden Forderung nach § 30 Abs. 1 S. 3 GmbHG durch Stundungsabrede oder gar durch einseitige Zahlungsverzögerung durch die Gesellschaft zum einfachen Nachrang des § 39 Abs. 1 Nr. 5 InsO verholfen werden? Eng mit der Frage des Rangs zusammen hängt schließlich die Frage der Anfechtbarkeit vorinsolvenzlicher Gewinnzahlungen nach § 135 Abs. 1 Nr. 2 InsO: Setzt sie voraus, dass der Gewinnanspruch unter § 39 Abs. 1 Nr. 5 InsO fällt, oder ist sie auch in den Fällen des § 199 S. 2 InsO zu bejahen?

Diesen Fragen in der Jens Ekkenga gewidmeten Festschrift nachzugehen bietet sich schon deshalb an, weil das besondere wissenschaftliche Interesse des Jubilars seit jeher Fragen der Unternehmensfinanzierung gilt.[1] Speziell dem Gewinnanspruch des GmbH-Gesellschafters widmen sich die beeindruckende Kommentierung des § 29 GmbHG im Münchener Kommentar zum GmbHG und ein jüngst erschienener Beitrag, in dem das Urteil des IX. Zivilsenats des BGH zur Anwendbarkeit des Rechts der Gesellschafterdarlehen auf stehengelassene Gewinnvorträge[2] einer

1 Hingewiesen sei namentlich auf Ekkenga (Hrsg.), Handbuch der AG-Finanzierung, 2. Aufl. 2019; Ekkenga in MüKoGmbHG, 5. Aufl. 2025, §§ 29–31 GmbHG.

2 BGH, 22.7.2021, IX ZR 195/20, BGHZ 230, 355.

Fundamentalkritik unterzogen wird.[3] All dies gibt Anlass zu hoffen, dass die nachfolgenden Überlegungen auf das Interesse Jens Ekkengas stoßen.

II. Mitgliedschaftlicher Charakter des Gewinnanspruchs

Für das weitere Vorgehen bedeutsam ist die Erkenntnis, dass der Gesellschafter zunächst nur über das untrennbar in der Mitgliedschaft verkörperte, von dieser also nicht abspaltbare[4] Gewinnstammrecht verfügt und ein gegenüber der Mitgliedschaft verselbständigter und abtretbarer Gewinnanspruch des Gesellschafters erst mit Vornahme des Gewinnverwendungsbeschlusses zur Entstehung gelangt.[5] Dieser Gewinnanspruch gründet allerdings ungeachtet seiner Verselbständigung auf dem mitgliedschaftlichen Rechtsverhältnis. Der II. Zivilsenat des BGH bezeichnet denn auch derlei Ansprüche als »Gläubigerrechte«, die »trotz ihrer Verselbständigung ihren gesellschaftsrechtlichen Sinngehalt behalten haben und daher insoweit weiterhin gesellschaftsrechtlichen Bindungen unterliegen können.«[6] Sie sind damit von Forderungen zu unterscheiden, die dem Gesellschafter unabhängig von seiner Mitgliedschaft – insbesondere aufgrund eines gewöhnlichen Austauschgeschäfts, etwa eines Kaufvertrags, aber auch eines Darlehensvertrags – gegen die Gesellschaft zustehen und vom BGH als »Drittgläubigerrechte« bezeichnet werden.[7]

III. Gewinnanspruch und Kapitalerhaltung

1. *Eintritt der Unterbilanz vor Gewinnverwendungsbeschluss*

Lässt man terminologische Fragen beiseite,[8] kann, wenn die Gesellschaft eine Unterbilanz aufweist, die Durchsetzbarkeit des Gewinnanspruchs entgegen einer

3 Ekkenga in Festschrift für Dauner-Lieb, 2025, S. 979 ff.; zu dieser im Folgenden nicht aufzugreifenden Problematik s. zudem Bitter in Scholz, GmbHG, 13. Aufl. 2025, § 135 InsO Rn. 231 ff. m.w.N.

4 Zu dem auch für die GmbH geltenden, für die Personengesellschaft in § 711a S. 1 BGB geregelten Abspaltungsverbot s. K. Schmidt, Gesellschaftsrecht, 4. Aufl. 2002, S. 560 ff.; näher Habersack, Die Mitgliedschaft – subjektives und »sonstiges« Recht, 1996, S. 78 ff.; zu den von § 711a S. 2 BGB erfassten Forderungen s. Schäfer in MüKoBGB, 9. Aufl. 2024, § 711a Rn. 27 ff.

5 BGH, 17.12.2020, IX ZR 122/19, NZI 2021, 180 Rn. 13; Ekkenga in MüKoGmbHG, § 30 Rn. 76 ff.; näher zur Unterscheidung zwischen mitgliedschaftlichem Stammrecht und konkretem Anspruch Habersack, Die Mitgliedschaft – subjektives und »sonstiges« Recht, 1996, S. 86 ff.

6 So am Beispiel des Abfindungsanspruchs BGH, 28.1.2020, II ZR10/19, BGHZ 224, 235 Rn. 27 f.

7 BGH, 28.1.2020, II ZR10/19, BGHZ 224, 235 Rn. 27.

8 Zur herkömmlichen Unterscheidung zwischen Sozialverbindlichkeiten einerseits und Forderungen aus Drittgeschäften andererseits s. Schäfer in Staub, Großkommentar HGB, 6. Aufl. 2024, § 105 Rn. 250 ff., und Habersack, ebenda, § 126 Rn. 12 f.

beachtlichen Zahl an Literaturstimmen[9] nicht schon unter Hinweis darauf bejaht werden, dass es an einer – in § 30 Abs. 1 S. 1 GmbHG vorausgesetzten[10] – Leistung causa societatis fehle.[11] Auch wenn sich der Gewinnanspruch gegenüber der Mitgliedschaft verselbstständigt hat, behält er doch unzweifelhaft seinen mitgliedschaftlichen Charakter. Die Höhe des Gewinnanspruchs ist zwar – anders als der Umfang eines »Drittgläubigerrechts« – einer Angemessenheitskontrolle grundsätzlich[12] nicht zugänglich; entscheidend ist vielmehr, ob ein bestandskräftiger Gewinnverwendungsbeschluss vorliegt. Doch ändert dies nichts daran, dass nach § 29 GmbHG nur Gesellschafter anspruchsberechtigt sind, was wiederum bedeutet, dass die Gewinnauszahlung durch die Mitgliedschaft veranlasst ist und und damit causa societatis erfolgt.

Dem hat sich auch der IX. Zivilsenat des BGH angeschlossen. Völlig zu Recht und in Übereinstimmung mit der herrschenden Lehre[13] hat er für den Fall, dass die Gesellschaft nach dem Bilanzstichtag, aber vor der Beschlussfassung über die Ergebnisverwendung Verluste erleidet und ein nach dem festgestellten Jahresabschluss ausschüttungsfähiger Gewinn im Zeitpunkt des Verwendungsbeschlusses ganz oder teilweise nicht ohne Verstoß gegen § 30 Abs. 1 S. 1 ausgeschüttet werden könnte, entschieden, dass der auf Ausschüttung des nach dem Jahresabschluss ausschüttungsfähigen Gewinns gerichtete Gewinnverwendungsbeschluss zwar wirksam ist, die Ausschüttung aber nach § 30 Abs. 1 S. 1 GmbHG so lange und so weit gehemmt ist, bis eine Ausschüttung wieder aus freiem Vermögen möglich ist.[14]

2. *Eintritt der Unterbilanz nach Gewinnverwendungsbeschluss*

a) Möglicher Einfluss des § 30 Abs. 1 S. 3 GmbHG

Tritt die Unterbilanz erst nach Vornahme des Gewinnverwendungsbeschlusses und damit nach Entstehung des Gewinnanspruchs ein, liegen die Dinge komplizierter.[15]

9 Altmeppen, GmbHG, 11. Aufl. 2023, § 29 Rn. 15; Pentz in Rowedder/Pentz, GmbHG, 7. Aufl. 2022, § 29 Rn. 37, § 30 Rn. 32; näher Sieker ZGR 1995, 250, 265 ff.; tendenziell auch Leuschner in Habersack/Casper/Löbbe, GmbHG, 4. Aufl. 2025, § 29 Rn. 173.

10 Ekkenga in MüKoGmbHG, § 30 Rn. 151; Habersack in Habersack/Casper/Löbbe, GmbHG, 4. Aufl. 2025, § 30 Rn. 58 f. m.w.N.

11 Wie hier Ekkenga in MüKomGmbHG, § 30 Rn. 112; Habersack in Habersack/Casper/Löbbe, GmbHG, § 30 Rn. 58; Verse in Scholz, GmbHG, 13. Aufl. 2022, § 29 Rn. 91.

12 Zu »ungeschriebenen« Schranken der Gewinnausschüttung s. Verse in Scholz, GmbHG, § 29 Rn. 61.

13 Ekkenga in MüKoGmbHG, § 29 Rn. 112; Habersack in Habersack/Casper/Löbbe, GmbHG, § 30 Rn. 118; Verse in Scholz, GmbHG, § 29 Rn. 50, 91; Kersting in Noack/Servatius/Haas, GmbHG, 24. Aufl. 2025, § 29 Rn. 58.

14 BGH, 22.7.2021, IX ZR 195/20, BGHZ 230, 355 Rn. 23.

15 Für Anwendbarkeit des § 30 Abs. 1 S. 1 GmbHG namentlich Kersting in Noack/Servatius/Haas, GmbHG, § 29 Rn. 58; Schmolke in BeckOK GmbHG, 63. Ed., Stand: 1.2.2025, § 30 Rn. 136; im Ergebnis auch Ekkenga in MüKoGmbHG, § 29 Rn. 112; so auch noch

In diesem Fall rückt nämlich der Ausnahmetatbestand des § 30 Abs. 1 S. 3 GmbHG, dem zufolge die Ausschüttungssperre des § 30 Abs. 1 S. 1 GmbHG keine Anwendung auf die Rückgewähr eines Gesellschafterdarlehens und auf Leistungen auf Forderungen aus Rechtshandlungen findet, die einem solchen Darlehen wirtschaftlich entsprechen, in den Mittelpunkt des Interesses. Vor dem Hintergrund, dass das Stehenlassen einer Forderung als der Darlehensgewährung entsprechende Rechtshandlung angesehen werden kann,[16] ein Gesellschafterdarlehen (und damit auch ein ihm wirtschaftlich entsprechender Kredit) aber nach § 30 Abs. 1 S. 3 GmbHG ungeachtet einer bestehenden Unterbilanz zurückgezahlt werden darf, ist nach herrschender, insbesondere vom IX. Zivilsenat des BGH geteilter Ansicht auch die Erfüllung des stehengelassenen Gewinnanspruchs trotz bestehender Unterbilanz sub specie der GmbH-rechtlichen Kapitalbindung statthaft, wenn das die Umqualifizierung begründende Stehenlassen – typischerweise eine Stundungs- oder Darlehensabrede – vor Eintritt der Unterbilanz erfolgt ist und damit die Auszahlung ohne Verstoß gegen § 30 Abs. 1 S. 1 GmbHG hätte erfolgen können.[17] Auf Grundlage der dem § 30 Abs. 1 S. 3 GmbHG zugrunde liegenden bilanziellen Betrachtungsweise[18] ist es nämlich, so lässt sich die Argumentation fortspinnen, einerlei, ob die Gesellschaft von einer Darlehensverbindlichkeit oder von einer wirtschaftlich entsprechenden Verbindlichkeit befreit wird. Auf Grundlage dieser ganz herrschenden Meinung treten also §§ 39 Abs. 1 S. 1 Nr. 5, 135 Abs. 1 InsO an die Stelle der §§ 30 Abs. 1 S. 1, 31 GmbHG.

Unabhängig von der erst im weiteren Verlauf des Beitrags zu klärenden Frage, ob dieser h.M. zu folgen ist, setzt die Verdrängung der §§ 30 Abs. 1 S. 1, 31 GmbHG durch §§ 39 Abs. 1 S. 1 Nr. 5, 135 Abs. 1 InsO nach dem Wortlaut dieser Vorschriften und des § 30 Abs. 1 S. 3 GmbHG allerdings ein der Darlehensgewährung wirtschaftlich entsprechendes Stehenlassen des Gewinnanspruchs und damit eine dem anspruchsberechtigten Gesellschafter zurechenbare Finanzierungsentscheidung voraus.[19] Daran fehlt es nicht nur, wenn die Stundung durch § 30 Abs. 1 S. 1 GmbHG erzwungen wird (etwa weil die Unterbilanz bereits vor Vornahme des Gewinnverwendungsbeschlusses eingetreten ist),[20] sondern auch in dem Fall, dass der Gesellschafter den Gewinnanspruch geltend macht, die Gesellschaft indes die Auszahlung des Gewinns zu Unrecht verweigert.[21]

Habersack in Habersack/Casper/Löbbe, GmbHG, 3. Aufl. 2020, § 30 Rn. 59 (aufgegeben sodann in 4. Aufl. 2026, § 30 Rn. 59).

16 BGH, 22.7.2021, IX ZR 195/20, BGHZ 230, 355 Rn. 25; BGH, 17.12.2020, IX ZR 122/19, NZI 2021, 180 Rn. 13.

17 BGH, 22.7.2021, IX ZR 195/20, BGHZ 230, 355 Rn. 25; Verse in Scholz, GmbHG, § 29 Rn. 92 m.w.N.

18 Habersack in Habersack/Casper/Löbbe, GmbHG, § 30 Rn. 114.

19 BGH, 22.7.2021, IX ZR 195/20, BGHZ 230, 355 Rn. 25.

20 BGH, 22.7.2021, IX ZR 195/20, BGHZ 230, 355 Rn. 24; Leuschner in Habersack/Casper/Löbbe, GmbHG, § 29 Rn. 172; dazu unter II.2.a).

21 S. am Beispiel des Abfindungsanspruchs BGH, 28.1.2020, II ZR 10/19, BGHZ 224, 235 Rn. 63.

Ein beachtlicher Teil des Schrifttums plädiert allerdings auch in diesen Fällen für eine Verdrängung des § 30 Abs. 1 S. 1 GmbHG durch die Regeln über Gesellschafterdarlehen[22] und damit letztlich für die analoge Anwendung des § 30 Abs. 1 S. 3 GmbHG. Hierfür lässt sich allerdings keinesfalls anführen, dass es »schwer fiele«, gegenüber einem Zessionar des Gewinnanspruchs, der nicht Gesellschafter ist, die Anwendbarkeit des § 30 Abs. 1 S. 1 GmbHG zu begründen;[23] tatsächlich muss sich nämlich der Zessionar nach § 404 BGB auch die gesellschaftsrechtlichen Bindungen des von ihm erworbenen Anspruchs und damit insbesondere die GmbH-rechtliche Ausschüttungssperre entgegenhalten lassen.[24] Gewichtiger ist hingegen der Hinweis auf einen möglichen Wertungswiderspruch, der auftreten könnte, wollte man ausgerechnet dann, wenn die Auszahlung nicht einvernehmlich, sondern gegen den Willen des Gesellschafters verzögert wird, am Kapitalerhaltungsgrundsatz festhalten; der Gesellschafter sei nämlich, so wird angeführt, in diesem Fall schutzwürdiger, während Belange des Gläubigers nicht stärker als bei einvernehmerlicher Stundung berührt seien.[25] Dies gebiete es, § 30 Abs. 1 S. 3 GmbHG auch beim Fehlen einer einvernehmlichen Stundung zur Anwendung zu bringen.

Jens Ekkenga sieht die Dinge anders. Ohne explizit auf § 30 Abs. 1 S. 3 GmbHG einzugehen,[26] verweist er darauf, dass Bestand und Höhe des Gewinnanspruchs durch § 29 Abs. 1 S. 1 GmbHG vorgegeben seien und nachperiodischer Aufwand nach dieser Vorschrift anspruchsmindernd zu berücksichtigen sei, so dass die Ausschüttungssperre des § 30 Abs. 1 S. 1 GmbHG dem Gewinnanspruch »von vornherein inhärent« sei.[27] Danach käme man erst gar nicht in die Verlegenheit, das Verhältnis zwischen Satz 1 und Satz 3 des § 30 Abs. 1 GmbHG zu klären; der Gewinnanspruch würde von vornherein unter dem Vorbehalt des § 30 Abs. 1 S. 1 GmbHG stehen, und dieser Vorbehalt ließe dann wiederum keinen Raum für die Umqualifizierung des mitgliedschaftlichen Anspruchs in eine Kreditforderung i.S.v. § 30 Abs. 1 S. 3 GmbHG. Indes: Auch wenn es im Ausgangspunkt zutrifft, dass dem Gewinnanspruch die Ausschüttungssperre des § 30 Abs. 1 S. 1 GmbHG »von vornherein inhärent« ist, kann doch nicht a priori negiert werden, dass diese Sperre seit Inkrafttreten

22 Leuschner in Habersack/Casper/Löbbe, GmbHG, § 29 Rn. 173; Bitter in Scholz, GmbHG, 13. Aufl. 2025, § 135 InsO Rn. 231, 233, 236b; Verse in Scholz, GmbHG, § 29 Rn. 92; v. Selle in Henssler/Strohn, Gesellschaftsrecht, 6. Aufl. 2024, GmbHG, § 29 Rn. 54; Hommelhoff in Lutter/Hommelhoff, GmbHG, 21. Aufl. 2023, § 29 Rn. 40a; Mock in Michalski/Heidinger/Leible/J. Schmidt, GmbHG, 4. Aufl. 2023, § 29 Rn. 121.

23 So aber Leuschner in Habersack/Casper/Löbbe, GmbHG, § 29 Rn. 173.

24 Vgl. BGH, 21.2.2013, IX ZR 32/12, BGHZ 196, 220 Rn. 24; Verse in Scholz, GmbHG, § 30 Rn. 117b; Habersack in Habersack/Casper/Löbbe, GmbHG, § 31 Rn. 18.

25 So namentlich Verse in Scholz, GmbHG, § 29 Rn. 92; Leuschner in Habersack/Casper/Löbbe, GmbHG, § 29 Rn. 173.

26 Für Anwendung des § 39 Abs. 1 S. 1 Nr. 5 InsO auf die offene Gewinnforderung aber Ekkenga in MüKoGmbHG, § 29 Rn. 113; s. dazu noch unter III.3.

27 Ekkenga in MüKoGmbHG, § 29 Rn. 112 mit Rn. 21.

des MoMiG[28] durchlässiger geworden ist und seitdem ihrerseits unter dem Vorbehalt des § 30 Abs. 1 S. 3 GmbHG steht.

b) Wertungswidersprüchlichkeit einer analogen Anwendung des Gesellschafterdarlehensrechts zugunsten des Gesellschafters

Bedarf es somit zusätzlicher Überlegungen, um das Schicksal des durch Gewinnverwendungsbeschluss zutage geförderten Gewinnanspruchs nach Auftreten einer Unterbilanz zu erfassen, so lenkt dies den Blick auf die Rechtsfolgen, die mit dem Eingreifen des Ausnahmetatbestands des § 30 Abs. 1 S. 3 GmbHG einhergehen. Diese bestehen, wie schon dargelegt, in der Verdrängung der GmbH-rechtlichen Kapitalerhaltungsgrundsätze insbesondere durch § 39 Abs. 1 S. 1 Nr. 5 InsO. Diese Vorschrift trägt bekanntlich der Doppelrolle des Darlehensgebers als Gesellschafter und Gläubiger Rechnung und versagt deshalb der Forderung auf Rückzahlung des Kredits ungeachtet ihres Charakters als »Drittgläubigerrecht« den Rang einer gewöhnlichen Insolvenzforderung, um sie statt dessen mit dem (einfachen) Nachrang zu belegen. Was für gewöhnliche Darlehensforderungen und ihnen entsprechende Forderungen sinnvoll ist, droht indes bei »Gläubigerrechten«, also bei dem mitgliedschaftlichen Rechtsverhältnis entstammenden Forderungen des Gesellschafters der GmbH, ins Gegenteil auszuschlagen, wenn und soweit solche Forderungen an sich nicht gewöhnliche Insolvenzforderungen, sondern mit dem Nach-Nachrang des § 199 S. 2 InsO ausgestattet wären: Der Gesellschafter könnte sich dann durch eine Stundungsvereinbarung eine Hochstufung seines Gewinnanspruchs verschaffen und dadurch seine Befriedigungsaussichten auf Kosten der Gläubiger vertraglich subordinierter, nach § 39 Abs. 2 InsO gegenüber Gesellschafterdarlehen nachrangiger Forderungen verbessern.[29] Nach den referierten Literaturstimmen, die sogar für eine erweiternde Anwendung des § 30 Abs. 1 S. 3 GmbHG plädieren, hätte Entsprechendes zu gelten, wenn die Gesellschaft einseitig die Auszahlung des Gewinns verzögert; die Befriedigungsaussichten der Gläubiger vertraglich subordinierter Forderungen würden hierdurch noch einmal verschlechtert.

Die Ungereimtheiten setzen sich fort, wenn man den Ausnahmetatbestand des § 39 Abs. 5 InsO in den Blick nimmt und ihn – sei es nur bei einvernehmlicher Stundung oder auch bei einseitiger Leistungsverzögerung – auf den Gewinnanspruch zur Anwendung bringt. Die Unanwendbarkeit der Regeln über Gesellschafterdarlehen auf geringfügig beteiligte Gesellschafter müsste nämlich eigentlich zur Folge haben, dass die Gewinnansprüche dieser Gesellschafter nun doch wieder der Durchsetzungssperre des § 30 Abs. 1 S. 1 GmbHG unterliegen. Tatsächlich gehen die Befürworter der (analogen) Anwendung des § 30 Abs. 1 S. 3 GmbHG auf stehengelassenen

28 Gesetz zur Modernisierung des GmbH-Rechts und zur Bekämpfung von Missbräuchen (MoMiG) v. 23.10.2008, BGBl. 2008 I, S. 2026.

29 Zu Recht gegen eine Konkurrenz von »Gläubigerrechten« mit Nachranggläubigern i.S.v. § 39 InsO BGH, 28.1.2020, II ZR 10/19, BGHZ 224, 235 Rn. 66.

Gewinn aber davon aus, dass der Gewinnanspruch des Kleinbeteiligten weder gesellschaftsrechtlichen noch insolvenzrechtlichen Schranken unterliegt.[30] Hierdurch würden sich aber die Befriedigungsaussichten auch der gewöhnlichen Insolvenzgläubiger verschlechtern, was wiederum dem Regelungszweck sowohl des § 30 Abs. 1 S. 1 GmbHG als auch des § 30 Abs. 1 S. 3 GmbHG klar zuwiderliefe.

3. *Nach-Nachrang des Gewinnanspruchs*

Die vorstehenden Überlegungen führen zu der Frage nach dem insolvenzrechtlichen Rang, den der Gewinnanspruch an sich – also vorbehaltlich des § 30 Abs. 1 S. 3 GmbHG – aufweist. Insoweit ist schon andernorts dargelegt worden, dass der Anwendungsbereich des § 199 S. 2 InsO neben dem Anspruch auf ein etwaiges Auseinandersetzungsguthaben auch sonstige Forderungen mitgliedschaftlichen Ursprungs umfasst.[31] Hierzu zählt namentlich die Abfindungsforderung eines vor Insolvenzeröffnung ausgeschiedenen Gesellschafters, soweit die Leistung der Abfindung gegen § 30 Abs. 1 GmbHG verstoßen würde,[32] aber auch der Gewinnanspruch des Gesellschafters. Zwar brauchte sich der BGH bislang – soweit ersichtlich – zur Frage des Rangs des GmbH-rechtlichen Gewinnanspruchs nicht zu äußern.[33] Doch hat der II. Zivilsenat betont, dass die von ihm geklärte Frage des Rangs des Abfindungsanspruchs[34] nichts mit der von ihm gleichfalls entschiedenen Frage der Anfechtbarkeit einer vorinsolvenzlich erfolgten Gewinnauszahlung[35] zu tun hat, und damit zu verstehen gegeben, dass letztere Fragestellung nicht notwendigerweise etwas hinsichtlich des Rangs offener Gewinnforderungen besagt.[36] Der IX. Zivilsenat des BGH hat denn auch entschieden, dass Forderungen von Vorzugsaktionären auf Nachzahlung selbst dann, wenn sie aufgrund einer Satzungsregelung gem. § 140 Abs. 3 AktG schon unter der aufschiebenden Bedingung der späteren Vornahme eines Gewinnverwendungsbeschlusses entstehen und damit selbständig abtretbar sind, nur mit dem Rang des § 199 S. 2 InsO zu berücksichtigen sind.[37] Nichts anderes kann für gewöhnliche Gewinnforderungen des Aktionärs oder GmbH-Gesellschafters gelten: Aufgrund

30 V. Selle in Henssler/Strohn, Gesellschaftsrecht, § 29 GmbHG Rn. 55; Verse in Scholz, GmbHG, § 29 Rn. 96; Leuschner in Habersack/Casper/Löbbe, GmbHG, § 29 Rn. 189.

31 Habersack ZIP 2025, 1307, 1309 ff.

32 BGH, 28.1.2020, II ZR10/19, BGHZ 224, 235 Rn. 26 ff.; offengelassen noch von BGH, 26.4.2017, I ZB 119/15, ZIP 2017, 1181 Rn. 20.

33 BGH, 17.12.2020 – IX ZR 122/19, NZI 2021, 180 Rn. 13 und BGH, 22.7.2021 – IX ZR 195/20, BGHZ 230, 335 Rn. 9 ff. betreffen allein die Anfechtbarkeit von Gewinnauszahlungen auf nach Ansicht des BGH einem Gesellschafterdarlehen wirtschaftlich entsprechende Forderungen (Stundung der Gewinnforderung, Auszahlung des auf neue Rechnung vorgetragenen Gewinns).

34 BGH, 28.1.2020, II ZR10/19, BGHZ 224, 235 Rn. 26 ff.

35 BGH, 22.7.2021 – IX ZR 195/20, BGHZ 230, 355 Rn. 13 ff.; dazu noch unter IV.

36 BGH, 22.7.2021 – IX ZR 195/20, BGHZ 230, 355 Rn. 29.

37 BGH, 15.4.2010, IX ZR 188/09, BGHZ 185, 206 Rn. 20 ff. (28), dort auch zu unselbständigen Nachzahlungsansprüchen; näher dazu und m.w.N. Arnold/Notz in Großkommentar

ihrer Verwurzelung im mitgliedschaftlichen Rechtsverhältnis können sie in der Insolvenz ungeachtet ihrer mit Vornahme des Gewinnverwendungsbeschlusses erfolgten Verselbständigung schwerlich mit gewöhnlichen oder gem. § 39 InsO nachrangigen Forderungen konkurrieren.[38]

Dies lässt sich auch aus § 39 Abs. 1 S. 1 Nr. 1 InsO herleiten: Wenn danach selbst Zinsforderungen der Fremdkapitalgeber dem einfachen Nachrang unterliegen, kann für offene Gewinnforderungen der Risikokapitalgeber nur der Nach-Nachrang des § 199 S. 2 InsO bleiben.[39] Voraussetzung für das Eingreifen des § 199 S. 2 InsO ist zwar die »kapitalerhaltungsrechtliche Bindung« des Anspruchs,[40] die freilich dem Gewinnanspruch des GmbH-Gesellschafters eigen ist.[41]

4. Folgerungen

Unterliegt somit der Gewinnanspruch des GmbH-Gesellschafters dem Nach-Nachrang des § 199 S. 2 InsO, so bestätigt dies die schon unter III.2.b) verlautbarten Vorbehalte gegenüber der h.M., soweit diese auf stehengelassene Gewinnansprüche § 30

AktG, 5. Aufl. 2022, § 58 Rn. 144 ff. (148); Bayer in MüKoAktG, 6. Aufl. 2024, § 58 Rn. 108 ff. (111); a.A. Fleischer in K. Schmidt/Lutter, AktG, 5. Aufl. 2024, § 58 Rn. 44.

38 So auch Bitter in Scholz, GmbHG, § 135 InsO Rn. 233; Mylich ZIP 2017, 1255, 1257; im Ausgangspunkt auch Verse in Scholz, GmbHG, § 29 Rn. 96; für den Dividendenanspruch des Aktionärs Arnold/Notz in Großkommentar AktG, § 58 Rn. 144 ff. (148); Bayer in MüKoAktG, § 58 Rn. 108 ff. (111); Habersack ZIP 2025, 1307, 1309 f.; a.A. – für § 39 Abs. 1 S. 1 Nr. 5 InsO – Ekkenga in MüKoGmbHG, § 29 Rn. 113; v. Selle in Henssler/Strohn, Gesellschaftsrecht, § 29 GmbHG Rn. 55; für Geltendmachung als gewöhnliche Insolvenzforderung Altmeppen, GmbHG, 11. Aufl. 2023, § 29 Rn. 15; Pentz in Rowedder/Pentz, GmbHG, 7. Aufl. 2022, § 29 Rn. 37, § 30 Rn. 32; Fleischer in K. Schmidt/Lutter, AktG, § 58 Rn. 48 m.w.N.

39 Habersack ZIP 2025, 1307, 1310.

40 Näher am Beispiel der Abfindungsforderung des ausgeschiedenen Gesellschafters einer GmbH & Co. KG BGH, 28.1.2020, II ZR 10/19, BGHZ 224, 235 Rn. 31 ff. (Abfindungsanspruch des ausgeschiedenen Kommanditisten ist beim Fehlen von Altgläubigern und damit einer Nachhaftung gewöhnliche Insolvenzforderung); weitergehend Thole in Festschrift für Grunewald, 2021, S. 1121, 1124 ff., der für das Eingreifen von § 199 S. 2 InsO maßgeblich auf den mitgliedschaftlichen Ursprung der Forderung abstellt, dabei aber die gesetzestypische Personengesellschaft außer Betracht lässt, für die § 736d Abs. 4 BGB, § 148 Abs. 5 HGB zwar den Nachrang der Gesellschafter in der Abwicklung vorsehen, indes mit Blick auf die persönliche Haftung der Gesellschafter gegenüber den Gesellschaftsgläubigern selbst insoweit Raum für abweichende Vereinbarungen der Gesellschafter lassen (s. dazu sowie zur analogen Anwendung des § 73 GmbHG auf die GmbH & Co. KG Habersack in Staub, Großkommentar HGB, 6. Aufl. 2024, § 148 Rn. 10, 84 m.w.N.; offengelassen in Begr. RegE, BT-Drs. 19/27635, S. 183; tendenziell aA Schäfer in MüKoBGB, § 736d Rn. 5) und aus demselben Grund auch einen Nachrang der Abfindungsforderung des ausgeschiedenen Gesellschafters in der Insolvenz der Gesellschaft ausschließen.

41 S. unter III.1.

Abs. 1 S. 3 GmbHG anwenden und damit trotz nach Vornahme des Gewinnverwendungsbeschlusses eingetretener Unterbilanz die Erfüllung des Gewinnanspruchs gestatten will. Unerheblich ist insoweit, ob die Verdrängung des § 30 Abs. 1 S. 1 GmbHG nur für das einvernehmliche Stehenlassen oder – so ein Teil des Schrifttums – sogar für die nicht konsentierte Verzögerung der Auszahlung gelten soll. So oder so kann es jedenfalls nicht angehen, dass Gesellschaft und Gesellschafter auf Kosten der Gläubiger vertraglich subordinierter Forderungen über den Rang des Gewinnanspruchs disponieren und diesem Anspruch zum Rang des § 39 Abs. 1 S. 1 Nr. 5 InsO verhelfen. Schon gar nicht kann es angehen, dass Gesellschaft und Gesellschafter einem nicht geschäftsführenden Gesellschafter, der nicht mehr als 10 % des Stammkapitals hält und damit nach § 39 Abs. 5 InsO von den Regeln über Gesellschafterdarlehen ausgenommen ist, die Möglichkeit verschaffen, seinen Gewinnanspruch als gewöhliche Insolvenzforderung anzumelden und in der Folge auf Kosten der nicht nachrangigen wie auch der nachrangigen Insolvenzgläubiger am Insolvenzverfahren teilzunehmen.

Entgegen der herrschenden, auch vom IX. Zivilsenat geteilten Ansicht[42] muss deshalb der offene Gewinnanspruch ganz unabhängig davon, ob er einvernehmlich stehengelassen oder die Auszahlung einseitig von der Gesellschaft verzögert wird, vom Anwendungsbereich des § 30 Abs. 1 S. 3 GmbHG ausgenommen bleiben. Außerhalb der Insolvenz der Gesellschaft bleibt es bei §§ 30 Abs. 1 S. 1, 31 GmbHG; in der Insolvenz nimmt der Gewinnanspruch nach § 199 S. 2 InsO allenfalls an der Schlussverteilung teil.[43] Zwar trifft es zu, dass der Gesellschafter der Gesellschaft den ausgezahlten Gewinn als Darlehen hätte überlassen können;[44] doch wäre dies nur nach einer tatsächlich im Einklang mit § 30 Abs. 1 S. 1 GmbHG erfolgten Auszahlung in Betracht gekommen und kann dem Gesellschafter jedenfalls nach Eintritt der Unterbilanz nicht mehr als Argument dienen.

Die hier vertretene Ansicht deckt sich im Ergebnis mit der des Jubilars[45] und wohl auch mit der des II. Zivilsenats des BGH. Dieser hat zwar im Zusammenhang mit dem Abfindungsanspruch die – richtigerweise zu verneinende – Frage, ob die nachträgliche Stundung des Anspruchs dessen Umwandlung in eine einem

42 BGH, 22.7.2021, IX ZR 195/20, BGHZ 230, 355 Rn. 25; näher zum Meinungsstand unter III.2.a); so auch noch Habersack in MüKoGmbHG, 3. Aufl. 2020, § 30 Rn. 59 (aufgegeben in 4. Aufl. 2025, § 30 Rn. 59).

43 So im Ergebnis auch Thole in Festschrift für Grunewald, 2021, S. 1121, 1131 f.; Ekkenga in MüKoGmbHG, § 29 Rn. 112 f. (allerdings für den Rang des § 39 Abs. 1 S. 1 Nr. 5 InsO); aA Tiling/Poelzig in BeckOGK GmbHG, Stand: 1.2.2025, § 34 Rn. 228 (betr. den Abfindungsanspruch); ferner Hirte in Uhlenbruck, InsO, 15. Aufl. 2019, § 11 Rn. 144 (freilich ausgehend von der Annahme, der Gesellschafter könne mitgliedschaftliche Ansprüche als Insolvenzgläubiger anmelden).

44 So BGH, 22.7.2021, IX ZR 195/20, BGHZ 230, 355 Rn. 25.

45 Ekkenga in MüKoGmbHG, § 29 Rn. 112, allerdings basierend auf der Annahme, der Gewinnanspruch unterliege dem (einfachen) Nachrang des § 39 Abs. 1 Nr. 5 InsO; näher unter III.2.a).

Gesellschafterdarlehen gleichzustellende Forderung bewirken kann, ausdrücklich offengelassen.[46] Zugleich hat er sich aber unter Hinweis auf den kategorialen Unterschied zwischen Fremd- und Eigenkapital gegen die analoge Anwendung der Jahresfrist des § 135 Abs. 1 Nr. 2 InsO auf den Abfindungsanspruch des ausgeschiedenen Gesellschafters ausgesprochen[47] und damit durchaus zu erkennen gegeben, dass er einer »Umwidmung« einer nach § 199 S. 2 InsO nachrangigen Forderung mitgliedschaftlichen Charakters in eine einem Gesellschafterdarlehen gleichstehende Forderung skeptisch gegenübersteht.

IV. Rechtsfolgen unzulässiger Gewinnauszahlungen

Ist somit § 30 Abs. 1 S. 3 GmbHG entgegen der h.M. weder direkt noch analog auf stehengelassene Gewinnansprüche anzuwenden, bleibt es bei der Ausschüttungssperre des § 30 Abs. 1 S. 1 GmbHG und den in § 31 GmbHG geregelten Rechtsfolgen einer unzulässigen Gewinnausschüttung, und zwar auch gegenüber geringfügig beteiligten Gesellschaftern. Der Nach-Nachrang des Gewinnanspruchs steht dem nicht entgegen; der II. Zivilsenat des BGH weist vielmehr in seiner zum Abfindungsanspruch ergangenen Entscheidung zu Recht darauf hin, dass der Kapitalerhaltungsgrundsatz sämtliche und damit auch gemäß § 39 Abs. 1 InsO nachrangige Insolvenzgläubiger schützt.[48]

Nichts spricht allerdings dagegen, zusätzlich § 135 Abs. 1 InsO analog anzuwenden und damit auch unabhängig von einem Verstoß gegen § 30 Abs. 1 S. 1 GmbHG die Anfechtung von Gewinnauszahlungen zuzulassen.[49] Insbesondere steht es der analogen Anwendung des § 135 Abs. 1 InsO nicht entgegen, dass der Gewinnanspruch des GmbH-Gesellschafters nach hier vertretener Ansicht stets § 199 S. 2 InsO unterliegt und diesen Nach-Nachrang selbst durch einvernehmliche Stundung nicht verliert. Denn in Rede steht nun nicht die analoge Anwendung der Regeln über Gesellschafterdarlehen zugunsten, sondern zu Lasten des gewinnberechtigten Gesellschafters. Insoweit aber sollte nicht zweifelhaft sein, dass § 135 Abs. 1 InsO auf vorinsolvenzliche Auszahlungen von Gewinn erst recht Anwendung finden muss.[50]

46 BGH, 28.1.2020, II ZR 10/19, BGHZ 224, 235 Rn. 62.

47 BGH, 28.1.2020, II ZR 10/19, BGHZ 224, 235 Rn. 51 ff. m.w.N.; a.A. namentlich KG, 9.3.2015, 23 U 112/11, ZIP 2015, 937, 938 f.

48 BGH, 28.1.2020, II ZR 10/19, BGHZ 224, 235 Rn. 66.

49 Mylich ZIP 2017, 1255 ff.; Mylich ZGR 2009, 474, 491 f.; Bitter in Scholz, GmbHG, § 135 InsO Rn. 231, 237a; Habersack in Habersack/Casper/Löbbe, GmbHG, § 30 Rn. 59 m.w.N.; im Ausgangspunkt auch Tiling/Poelzig in BeckOGK GmbHG, § 34 Rn. 230; a.A. Ekkenga in Festschrift für Dauner-Lieb, 2025, S. 979, 984 f., freilich die spezifische Problematik des Gewinnvortrags betreffend.

50 Mylich ZIP 2017, 1255, 1257 ff.; Bitter in Scholz, GmbHG, § 135 InsO Rn. 237a (Fn. 1131) m.w.N.

V. Fazit

Jens Ekkenga ist im Ergebnis zu folgen: Unter Verstoß gegen § 30 Abs. 1 S. 1 GmbHG erfolgte Gewinnauszahlungen sind nach Maßgabe von § 31 GmbHG auch dann zu erstatten, wenn die Unterbilanz erst nach Vornahme des Gewinnverwendungsbeschlusses eintritt. Den nach § 30 Abs. 1 S. 3 GmbHG vorrangigen Regeln über Gesellschafterdarlehen lässt sich schon deshalb nichts Gegenteiliges entnehmen, weil sie den Gesellschafter als Darlehensgeber und damit »Drittgläubiger« zurückstufen, nicht aber den Gesellschafter als Gläubiger des dem Nach-Nachrang des § 199 S. 2 InsO unterliegenden Gewinnanspruchs durch Hochstufung seines Anspruchs bevorzugen wollen. Die analoge Anwendung des § 30 Abs. 1 S. 3 GmbHG auf den Gewinnanspruch wäre mit anderen Worten in hohem Maße wertungswidersprüchlich. Dies schließt allerdings die – zu Lasten des Gesellschafters gehende – analoge Anwendung des § 135 Abs. 1 InsO auf vorinsolvenzliche Gewinnausschüttungen nicht aus.

Zur Zuordnung von Gebühren, Auslagen und Ordnungsgeldern an die Börse und an den Börsenträger

Horst Hammen

Fast 25 Jahre lang haben Jens Ekkenga und ich am Fachbereich Rechtswissenschaft der Justus-Liebig-Universität in Gießen im akademischen Unterricht insbesondere das Gesellschafts- und Kapitalmarktrecht betreut, Jens Ekkenga eher vom Kapitalgesellschaftsrecht,[1] ich eher vom Börsenrecht herkommend. Zusammen mit Siegfried Kümpel haben wir die Lose-Blatt-Sammlung »Kapitalmarktrecht« herausgegeben, in der das Börsenrecht prominent vertreten gewesen ist. Deshalb mag die vorliegende Abhandlung über eine Spezialfrage des Börsenorganisationsrechts sein geneigtes Interesse finden.

I. Einführung

Wirtschaftliche Unternehmen verlangen für die von ihnen zu erbringenden Leistungen durchweg finanzielle Gegenleistungen. Das ist auch bei Betreibern von Handelsplätzen für Finanzinstrumente nicht anders. Freilich gibt es bei der rechtlichen Einordnung und der Zuordnung solcher Gegenleistungen im Börsenwesen Besonderheiten, die im börsenrechtlichen Schrifttum noch nicht vollständig geklärt sind. Diese Besonderheiten treten deutlich hervor, wenn man das Vergütungsregime der Börsen denjenigen anderer Handelsplätze für Finanzinstrumente gegenüberstellt.

Finanzinstrumente, insbesondere Wertpapiere, werden in Deutschland vornehmlich an den Börsen, in geringerem Umfang an multilateralen Handelssystemen gehandelt. Ein Beispiel für ein multilaterales Handelssystem ist der Freiverkehr an der Frankfurter Wertpapierbörse (§ 48 Abs. 3 S. 2 BörsG).[2] Zwar bedurfte der von der Deutsche Börse AG, also einer juristischen Person des Privatrechts, betriebene

1 Vgl. nur Ekkenga in KK-AktG, 3. Aufl. 2017, §§ 150, 152, 158, 160, 170 – 176, 182–191, 222–240; ders. Anlegerschutz, Rechnungslegung und Kapitalmarkt, 1998; ders. (zus. mit Maas), Das Recht der Wertpapieremissionen, 2006.

2 Der ungeachtet der Vorschriften in §§ 1 Abs. 1 a S. 2 Nr. 1 b, 32 Abs. 1 KWG, 2 Abs. 2 Nr. 6, 15 Abs. 1 WpIG ohne eine Erlaubnis der Bundesanstalt für Finanzdienstleistungsaufsicht tätig werden darf (vgl. §§ 2 Abs. 6 S. 1 Nr. 16 KWG, 3 Abs. 1 S. 1 Nr. 17 WpIG; Schwark in Schwark/Zimmer, KMRK, 5. Aufl. 2020, § 48 BörsG Rn. 7). Ein von der BaFin lizensiertes MTF für den Handel mit Wertpapieren ist vom 1.11.2007 bis zum 20.5.2009 die Berliner Handelsplattform Tradegate Exchange gewesen, die seither als Börse betrieben wird und deren Betreiber, die Tradegate Exchange GmbH, zu 42,82 % der Deutsche Börse AG gehört.

Freiverkehr einer Zulassung durch die Börse.[3] Und es mussten die Handelsordnung für den Freiverkehr durch den Börsenrat, ein Organ der Börse (§ 3 Abs. 1 S. 2 BörsG), als öffentlich-rechtliche Satzung erlassen (§ 12 Abs. 2 S. 1 Nr. 1 BörsG) und die Geschäftsbedingungen für den Freiverkehr von der Börsengeschäftsführung gebilligt werden (§ 48 Abs. 1 BörsG). Im Übrigen aber ist die Börse mit der Organisation des Freiverkehrs und den Rechtsbeziehungen des Freiverkehrsträgers mit den im Freiverkehr aktiven Handelsteilnehmern nicht befasst. Vielmehr ist das zwischen dem Freiverkehrsträger und den meist privatrechtlich aufgestellten Handelsteilnehmern[4] bestehende Rechtsverhältnis zivilrechtlich verfasst.

Dieses Rechtsverhältnis ist ein entgeltliches. Nach den Geschäftsbedingungen der Deutsche Börse AG für den Freiverkehr an der FWB, die als Allgemeine Geschäftsbedingungen i.S.v. § 305 BGB Bestandteil der jenes Rechtsverhältnis begründenden Verträge gleichfalls privatrechtlicher Natur sind,[5] zahlen u.a. die Handelsteilnehmer, die den Antrag auf Einbeziehung des betreffenden Wertpapiers in den Handel gestellt haben, für die Einbeziehung und den Handel zivilrechtliche Entgelte (§ 43 Gesch.bed. Freiverkehr) und die Antragstellenden Emittenten (vgl. § 16 Abs. 1 Gesch.bed. Freiverkehr) – ebenfalls auf privatrechtlicher Grundlage – gegebenenfalls Vertragsstrafen (§ 339 BGB) bei der Verletzung von Einbeziehungsfolgepflichten (§§ 15, 23, 29 Gesch.bed. Freiverkehr) an die Deutsche Börse AG. Alle Zahlungen, die an den Betreiber des als MTF geltenden Freiverkehrs geleistet werden, gehen ohne irgendwelche Umwege in dessen Geschäftsergebnis ein.

Demgegenüber ist die Zuordnung der finanziellen Gegenleistungen, die die am Börsenhandel an der FWB teilnehmenden Händler und die Emittenten zu erbringen haben, deren Wertpapiere zum Börsenhandel zugelassen sind, sowie anderer Gelder, die der Börse zufließen, komplizierter strukturiert. Dass hier genauer hingeschaut werden muss, zeigt bereits die Überschrift »Gebühren und Entgelte« der Bestimmung in § 17 BörsG. Diese Regelung erlaubt die Erhebung von Gebühren für die Zulassung zur Teilnahme am Börsenhandel, die Zulassung von Finanzinstrumenten zum Börsenhandel und anderes mehr (§ 17 Abs. 1 und Abs. 4 BörsG) sowie die Erstattung von Auslagen, ohne aber ausdrücklich zu sagen, wem die Ansprüche hierauf zustehen sollen. Zudem können gegen die Handelsteilnehmer und Emittenten verhängte Ordnungsgelder (§ 22 BörsG) und anderes im Zusammenhang mit Verfahren vor dem Sanktionsausschuss anfallen. Hierneben gestattet die Vorschrift in § 17 Abs. 3 BörsG (vgl. auch § 17 Abs. 4 BörsG) dem Börsenträger, Entgelte insbesondere für Dienstleistungen zu verlangen, die er im Rahmen des Börsenbetriebs für Handelsteilnehmer erbringt.[6]

3 Sein Betrieb erforderte zudem einer Erlaubnis der Börsenaufsichtsbehörde (§ 48 Abs. 3 S. 1 BörsG).

4 Es gibt an der FWB auch öffentlich-rechtlich verfasste Handelsteilnehmer wie die Deutsche Bundesbank, die Kreditanstalt für Wiederaufbau und die Kreissparkasse Köln.

5 Hammen, Der Konzern 2024, 375, 379.

6 Vgl. schon BT-Drucks. VI/1683, S. 8 zu § 5 BörsG a.F.

Eindeutig sind dabei die Regelungen über die Ansprüche des Börsenträgers auf die in § 17 Abs. 3 BörsG genannten Entgelte. Diese Ansprüche, die dann im Folgenden außer Betracht bleiben können, sind wie diejenigen eines Freiverkehrsträgers ohne Zweifel privatrechtlicher Natur.[7] Unumstritten ist auch, dass die Gebührenansprüche öffentlich-rechtlich strukturiert sind.[8] Bislang wenig erörtert ist indes – und darum soll es im Folgenden gehen – die rechtliche Gestalt von Ansprüchen auf Auslagen und Ordnungsgelder, zudem die Frage, welchem Rechtsträger alle diese Ansprüche, auch die Gebührenansprüche, zustehen. Schließlich ist zu erörtern, sollten diese Ansprüche der Börse zukommen, ob und auf welche Weise sie bzw. hierauf an die Börse gezahlte Beträge dem Börsenträger zu überlassen sind.

II. Die Entwicklung des Börsengebühren- und Ordnungsgeldwesens vom Börsengesetz 1898 bis zur Gegenwart

Im ersten rechtseinheitlichen Börsengesetz vom 22.6.1896[9] und in der Börsengesetznovelle i.d.F. der Bekanntmachung vom 27.3.1908[10] spielten Zahlungen von Börsennutzern an die börsenbetreibenden Stellen lediglich eine untergeordnete Rolle. In § 8 Abs. 2 S. 2 BörsG 1896 und der Börsengesetznovelle 1908 war dem Börsenvorstand die Befugnis erteilt, Personen, die die Ordnung der Börse störten, mit Geldstrafe zu sanktionieren. An welche Kasse die Zahlungen zu leisten waren, sagte das Gesetz indes nicht. Vielmehr sollte diese Stelle nach den Vorstellungen der Gesetzesverfasser in der Börsenordnung bestimmt werden; dort sollte auch geregelt werden, wozu eingehendes Geld verwendet werden sollte.[11] Dementsprechend war in § 19 Abs. 2 S. 3 der BörsO der Börse Berlin, der seinerzeit bedeutendsten deutschen Wertpapierbörse, aus dem Jahre 1896[12] bestimmt, aufgrund von Geldstrafen eingehende Gelder flössen der Unterstützungskasse der Korporation der Kaufmannschaft von Berlin zu. Einen Hinweis auf die Stelle, an die Geldstrafen zu leisten waren, enthielt die Börsenordnung Berlin vom 1.7.1927,[13] deren § 52 Abs. 1 S. 1 die finanzielle Verwaltung der Börse der Industrie- und Handelskammer zuwies und dann anordnete, die von den Börsenbesuchern gezahlten Geldstrafen seien für die Unterstützung bedürftiger Börsenbesucher zu verwenden (§ 52 Abs. 2 BörsO Berlin a.F.). Soweit

7 Schwark in Schwark/Zimmer, KMRK, § 17 BörsG Rn. 18; Groß, Kapitalmarktrecht, 8. Aufl. 2022, § 17 BörsG Rn. 10; Hammen in Festschrift für Schwark, 2009, S. 389, 396.

8 Schwark, Börsengesetz, 2. Aufl. 1994, § 5 Rn. 7; Groß, Kapitalmarktrecht, § 17 BörsG Rn. 9; Hammen in Festschrift für Schwark, S. 389, 390.

9 RGBl. Nr. 15, S. 157.

10 RGBl. Nr. 27, S. 215.

11 Begründung des Entwurfs eines Börsengesetzes, Nr. 14 der Drucksachen des Reichstags, 9. Legislatur-Periode, IV. Session 1895/96, S. 30; Meyer, Börsengesetz, 3. Aufl. 1915, § 9 Anm. 6.

12 Abgedruckt in: Börsengesetz, Textausgabe, unter Mitwirkung von A. Wermuth, bearb. von H. Brendel, 1897, S. 172, 188.

13 Abgedruckt in Nußbaum, Bank- und Börsenrecht, 1927, S. 454.

keine Ausführungsbestimmung entgegenstehe, stünden Zahlungen auf Geldstrafen – so wurde argumentiert[14] – der »Kasse des Börsenhalters« zu. Bemerkenswert ist, dass seinerzeit nicht nur Geldstrafen verhängt, sondern auch »Gebühren«, nämlich für die Erstellung von Ausweisen über die Zulassung zur Teilnahme am Börsenhandel erhoben werden konnten (§ 24 Abs. 1 S. BörsO Berlin a.F.), die dann gleichfalls in die Kasse der Industrie- und Handelskammer Berlin flossen. Bei der geschilderten börsengesetzlichen Rechtslage blieb es auch noch, als das Börsengesetz im Jahre 1961 in seiner bereinigten Fassung bekanntgemacht wurde.[15]

Mit dem Gesetz zur Änderung des Börsengesetzes vom 28.4.1975[16] wurde dann im Börsengesetz erstmals eine umfangreichere Regulierung des Gebührenwesens verankert. § 5 BörsG a.F. gab dem Börsenvorstand auf, eine Gebührenordnung zu erlassen, die die Erhebung von Gebühren, aber auch die Erstattung von Auslagen der Börse regeln sollte. Zudem ordnete das Änderungsgesetz das börsenrechtliche Sanktionsregime neu. Das bis dahin bestehende, verfassungsrechtlich problematische Ehrengericht wurde durch den Ehrenausschuss ersetzt. Dabei ist im vorliegenden Zusammenhang bedeutsam, dass der Ehrenausschuss unter bestimmten, hier nicht näher zu erörternden Voraussetzungen gegen bestimmte Börsennutzer – was es bis dahin noch nicht gegeben hatte[17] – Ordnungsgelder verhängen konnte (§ 9 Abs. 1 S. 3 BörsG a.F.). Die auf der Grundlage von § 9 Abs. 1 S. 1 BörsG a.F. erlassene hessische Rechtsverordnung über die Errichtung, die Zusammensetzung und das Verfahren des Ehrenausschusses an der Frankfurter Wertpapierbörse (Ehrenausschußverordnung) vom 22.11.1982[18] erlaubte dem Ehrenausschuss die Einholung von Sachverständigengutachten (§ 11 Abs. 1 S. 1), also nicht nur privatrechtliches Handeln mit Wirkung gegenüber der Börse,[19] sondern auch die Eingehung von Zahlungspflichten (vgl. §§ 675 Abs. 1, 631 Abs. 1 Hs. 2 BGB), mithin die Produzierung von Kosten. Nach § 15 Abs. 1 S. 2 EhrenausschussVO FWB hatte er bei seiner abschließenden Entscheidung auch über die Kosten des Verfahrens zu befinden. An welche Stelle ein sanktionierter Börsennutzer gegen ihn verhängte Ordnungsgelder und die Verfahrenskosten zu leisten hatte, blieb indes ungeregelt. Auch die Gesetzesmaterialien zu der Vorschrift in § 9 BörsG a.F. sind zu dieser Frage unergiebig.[20]

An der Grundstruktur der Vorschriften in §§ 5, 9 BörsG i.d.F. durch das Gesetz zur Änderung des Börsengesetzes 1975 hat sich bis heute nichts geändert. Zwar ist die seinerzeit in § 5 BörsG (a.F.) getroffene Regelung über das Gebührenregime in

14 Kommentar zum Börsengesetz, bearb. von H. Rehm, H. Trumpler u.a., 1909, § 8 BörsG Anm. 27.

15 BGBl. III 4110–1.

16 BGBl. I, S. 1013.

17 Schwark, BörsG, 2. Aufl. 1994, § 9, S. 172 Fn. 1. – Da dem Börsengesetz Ordnungsgelder bei Verstößen gegen börsenrechtliche Vorschriften bis zum Jahre 1975 fremd gewesen sind, enthielt beispielsweise auch die Verordnung über das Ehrengericht an der Frankfurter Wertpapierbörse vom 10.7.1963 (hess. GVBl. I, S. 105) hierzu nichts.

18 Hess. GVBl. Teil I, S. 280.

19 Vgl. Hammen in Festschrift für Baums, 2017, S. 547, 557; ders., Der Konzern 2018, 286.

20 BT-Drucks. VI/1683, S. 9.

der heute geltenden Vorschrift in § 17 BörsG um einige Absätze erweitert worden. Beispielsweise ist angeordnet, die Börse habe für übermäßige Nutzung der Börsensysteme angemessene Gebühren zu verlangen (§ 17 Abs. 4 S. 1 BörsG). Im Übrigen ist es indes bei der Grundregel geblieben, die Gebührenordnung könne die Erhebung von Gebühren – insbesondere für die Zulassung zur Teilnahme am Börsenhandel und für die Zulassung von Finanzinstrumenten zum Börsenhandel (vgl. § 17 Abs. 1 Nr. 1 Alt. 1, Nr. 3 BörsG)[21] – und die Erstattung von Auslagen vorsehen (§ 17 Abs. 1 Hs. 1 BörsG). Dann aber beantwortet das Börsengesetz wie schon seine Vorläufer aus den Jahren 1896 und 1908 die Frage, wem die Ansprüche auf Gebühren und Auslagen zuzuordnen seien, nicht. Auch die heute geltende Vorschrift in § 22 BörsG über den Sanktionsausschuss nimmt eine Zuordnung der Ordnungsgelder nicht vor.

III. Gebühren, Auslagen und Ordnungsgelder in den untergesetzlichen Regelwerken

1. Kosten und Ordnungsgelder in Sanktionsverfahren nach den Börsenverordnungen der Bundesländer

Hat ein Handelsteilnehmer gegen börsenrechtliche Vorschriften verstoßen, die eine Durchführung des Börsenhandels sicherstellen sollen, oder hat ein Emittent seine Pflichten aus der Zulassung verletzt, kann der Sanktionsausschuss den betreffenden Börsennutzer mit einem Ordnungsgeld belegen (§ 20 Abs. 2 BörsG). Wird gegen einen Nutzer eine Sanktion angeordnet, hat er zudem die Kosten des Verfahrens zu tragen.[22] Dabei werden die Kosten als Gebühren und Auslagen definiert (vgl. statt aller § 32 Abs. 4 S. 1 hess. BörsVO). Die Gebühr, von der in den einschlägigen Landesverordnungen die Rede ist, ist eine solche für die Durchführung des Sanktionsverfahrens (vgl. nur §§ 13 Abs. 4 S. 1 Sankt.aussch.VO Bad.-Württ.:»Gebühr für das Verfahren«; 36 Abs. 5 S. 1 BörsenratswahlVO Berlin:»Verfahrensgebühr«). Der Anspruch gegen den Börsennutzer auf eine in einem Sanktionsverfahren festgesetzte Gebühr ist wie

21 Im Anwendungsbereich von § 17 Abs. 4 BörsG besteht eine Pflicht der Börse zur Gebührenerhebung (Groß, Kapitalmarktrecht, § 17 BörsG Rn. 5).

22 § 13 Abs. 6 S. 1 Verordnung des Wirtschaftsministeriums über den Sanktionsausschuss an der Baden-Württembergischen Wertpapierbörse (Sanktionsausschussverordnung) v. 18.12.2008 (bad.- württ. GBl. 2009, S. 6, 10); § 32 Abs. 5 S. 1 hess. Börsenverordnung v. 16.12.2008 (hess. GVBl. I, S. 1061); § 28 Abs. 6 S. 1 Börsenverordnung (BayBörsV) v. 3.5.2001 (bay. GVBl., S. 245); § 32 Abs. 4 S. 1 Börsenverordnung für das Land Nordrhein-Westfalen (Börsenverordnung NRW – BörsVO NRW) v. 25.5.2010 (GV.NRW., S. 221); § 14 Abs. 3 S. 1 Verordnung über die Errichtung, die Zusammensetzung und das Verfahren des Sanktionsausschussses an der Hanseatischen Wertpapierbörse Hamburg (Sanktionsausschussverordnung) v. 3.9.2004 (HmbGVBl., S. 361); § 36 Abs. 7 S. 1 Verordnung über die Wahl des Börsenrates und die Errichtung eines Sanktionsausschusses der Börsen in Berlin – BörsenratswahlVO – v. 12.10. 2020 (berl. GVBl., S. 476).

der Anspruch auf eine nach einer Börsengebührenordnung erhobene Gebühr öffentlich-rechtlicher Natur. Zu den von dem sanktionierten Nutzer zu erstattenden Auslagen zählen Portogebühren sowie Entgelte für Telekommunikationsleistungen (vgl. §§ 13 Abs. 5 Nr. 2 Sankt.aussch.VO Bad.-Württ., 28 Abs. 5 Nr. 2 BayBörsV), aber auch die Aufwendungen für Gutachten, die der Sanktionsausschuss – mit Wirkung für die Börse handelnd[23] – bei Sachverständigen in Auftrag gegeben hat (§§ 31 Abs. 1 S. 1, 32 Abs. 4 S. 4 hess BörsVO),[24] schließlich die Zahlungen, die auf Ansprüche von Mitgliedern des Sanktionsausschussses auf Ersatz ihrer notwendigen Auslagen (§§ 2 Abs. 6 S. 2, 13 Abs. 5 Nr. 1 Sankt.aussch.VO Bad.-Württ.) und ihres Verdienstausfalls (§§ 22 Abs. 6 S. 2 BörsenratswahlVO Berlin, 17 Abs. 1 S. 3, 28 Abs. 5 Nr. 1 BayBörsV) erbracht werden.

Während die Vorschriften über Kosten und Ordnungsgelder in den Verordnungen der Bundesländer über den Sanktionsausschuss inhaltlich recht einheitlich ausgestaltet sind, fällt die Zuordnung der Ansprüche auf die Gebühren, die Auslagen und die Ordnungsgelder an einen Zahlungsempfänger variantenreich aus. Die BörsenratswahlVO Berlin verpflichtet zwar den sanktionierten Börsennutzer, an die Börse die Verfahrensgebühr zu zahlen und ihr die Auslagen zu erstatten (§ 36 Abs. 7 S. 2 BörsenratswahlVO Berlin), versäumt aber eine Zuordnung des Anspruchs auf die Ordnungsgelder. Demgegenüber lassen die Sankt.aussch.VO Bad.-Württ. (§ 13 Abs. 6 S. 2, 3) und die Sankt.aussch.VO Hamburg (§ 14 Abs. 3 S. 2) zwar die erhobenen Auslagen und die Ordnungsgelder der Börse zustehen, unterlassen es aber, eine ausdrückliche Zuordnung des Anspruchs auf die Gebühren vorzunehmen. Die übrigen Rechtsverordnungen, die das Sanktionsverfahren regeln, behandeln die Gebühren, die Auslagen und die Ordnungsgelder insoweit jeweils inhaltlich einheitlich.

In den einschlägigen Verordnungen unterschiedlich geregelt ist indes, welchem Rechtssubjekt die Ansprüche auf Zahlung von Kosten und Ordnungsgeldern zugeordnet sind. Nach § 28 Abs. 6 S. 2, 3 BayBörsV stehen die erhobenen Gebühren, Auslagen und Ordnungsgelder dem Träger der Börse zu. Demgegenüber weisen die übrigen Rechtsverordnungen diese Ansprüche der Börse selbst zu.[25] Dabei belassen es die Sankt.aussch.VO Bad.-Württ., die BörsenratswahlVO Berlin und die BörsVO NRW bei der Zuordnung dieser Ansprüche an die Börse, ohne auf die weitere Verwendung gezahlter Beträge einzugehen. Im Gegensatz hierzu bestimmt § 32 Abs. 5 S. 3, 4 hess. BörsVO, die Börse habe die Kosten und die Ordnungsgelder unverzüglich an den Träger auszukehren. Etwas hiervon abweichend regelt § 14 Abs. 3 S. 2 Sankt.aussch.VO Hamburg, diese Beiträge stünden zwar der Börse zu, würden aber vom Träger der Börse vereinnahmt.

23 Hammen in Festschrift für Baums, S. 547, 557.

24 Dabei suggeriert die Wendung »Zu den Auslagen gehören …« in § 32 Abs. 4 S. 4 hess. BörsVO, dass auch noch in anderen Bereichen Auslagen entstehen können, die der sanktionierte Börsennutzer zu tragen hat (vgl. auch § 9 hess. VerwaltungskostenG).

25 §§ 13 Abs. 6 S. 2, 3 Sankt.aussch.VO Bad.-Württ., 32 Abs. 5 S. 2, 4 hess. BörsVO, 32 Abs. 4 S. 2, 3 BörsVO NRW, 14 Abs. 3 S. 2 Hs. 1 Sankt.aussch.VO Hamburg, 36 Abs. 7 S. 2 BörsenratswahlVO Berlin.

2. *Gebühren und Auslagen in den Gebührenordnungen der deutschen Wertpapierbörsen*

Ansprüche auf Gebühren und auf die Erstattung von Auslagen fallen nicht nur im börslichen Sanktionswesen an. Vielmehr werden nach Maßgabe der Gebührenordnungen aller deutscher Wertpapierbörsen auch Gebühren, insbesondere für die Zulassung zur Teilnahme am Börsenhandel und für die Zulassung von Wertpapieren zum Börsenhandel erhoben.[26] Außerdem kann die Erstattung von Auslagen verlangt werden (vgl. statt aller § 1 Abs. 2 GebührenO (GebO) FWB);[27] Auslagen werden beispielsweise für die Ausstellung von Börsenkarten erhoben (§ 17 Abs. 1 GebO FWB).[28] Die Gebühren werden durch die Börsengeschäftsführungen nach Maßgabe der jeweiligen Gebührenordnung festgesetzt (vgl. nur § 2 Abs. 2 GebO FWB). Die Geschäftsführung ist auch für den Erlass, die Stundung und die Niederschlagung von Gebühren zuständig (vgl. statt aller § 6 GebO FWB).

In allen Gebührenordnungen werden die Gebühren- und Auslagenschuldner, insbesondere die zum Börsenhandel zugelassenen Unternehmen und die Emittenten,[29] ausdrücklich und einheitlich als solche benannt (vgl. nur §§ 3 GebO Börse Berlin, 4 GebO Tradegate Exchange).[30] Bei der Festlegung des Gebührengläubigers differieren diese Ordnungen indes stärker als die Börsenverordnungen der Bundesländer, bei denen wie gesehen nur die bayerische Börsenverordnung die Gebühren, Auslagen und Ordnungsgelder nicht etwa der Börse, sondern dem Börsenträger zuweist. Demgegenüber lässt die Mehrzahl der Gebührenordnungen der Börsen – und zwar auch solcher Börsen, die nach den Börsenverordnungen der Bundesländer selbst Gläubiger der dort geregelten Kosten und Ordnungsgelder werden – den Börsenträger Gläubiger der Ansprüche auf die Gebühren und die Auslagen sein (§§ 5 S. 1 GebO Börse Hannover, 5 GebO BWWB, 16 S. 1 GebO Börse Düsseldorf, 6 S. 1 GebO Börse Hamburg, 5 Abs. 1 GebO Börse Berlin). Lediglich in den Gebührenordnungen

26 §§ 1 Abs. 1 Nr. 1, 3 GebO FWB, 1 Abs. 1 lit. a) und d) GebO Börse Düsseldorf, 1 Abs. 1 Nr. 1, 2 GebO BWWB, 1 Abs. 1 Nr. 1, 3 GebO Börse Hannover, 1 Abs. 1 lit. a) und d) GebO Börse München, 1 Abs. 1 lit. a) und d) GebO Börse Berlin, 1 Abs. 1 Nr. 1, 2 GebO Tradegate Exchange, 1 Abs. 1 Nr. 1, 2 GebO Börse Hamburg.

27 Nach §§ 1 Abs. 3 GebO Börse Hannover, 1 Abs. 3 GebO Börse Hamburg erhöhen sich die festgesetzten Beträge um die gesetzliche Umsatzsteuer, sofern die Erhebung der Gebühren oder Auslagen der Umsatzsteuer unterliegt.

28 Die GebO Börse Hannover (§ 7 Abs. 1) und die GebO Börse Düsseldorf (§ 6 Abs. 3) sprechen hier von »Gebühren«.

29 Gelegentlich werden auch andere Personen, z.B. Börsenbesucher ohne Recht zur Teilnahme am Handel, als Gebührenschuldner aufgeführt (§ 3 Abs. 1 GebO Börse Berlin).

30 Wobei nach § 4 Abs. 2 GebO FWB der Emittent sowohl Gebühren als auch Auslagen schuldet, während in § 4 Abs. 1 GebO FWB bezüglich der zugelassenen Unternehmen nur von Gebühren die Rede ist, obgleich die Börse bei diesen Unternehmen z.B. Auslagen für die Ausstellung von Börsenkarten erheben kann (§ 17 Abs. 1 GebO FWB); demgegenüber z.B. § 4 Abs. 1 GebO Börse Hannover:«.. Gebühren und Auslagen von den zugelassenen Unternehmen geschuldet«.

der FWB (§ 5 S. 1) und der Tradegate Exchange (§ 5 S. 1) wird die Börse als Gebührengläubiger bestimmt. Etwas vage regelt § 17 GebO Börse München unter der Überschrift »Gebührengläubiger«:»... Gebühren und Auslagen werden von der Bayerische Börse AG«, dem Träger der Börse München, »eingezogen«.

Bei diesen Zuordnungen bewendet es nun aber keineswegs. Vielmehr beschäftigen sich die Gebührenordnungen, je nachdem ob sie die Gebühren und Auslagen der Börse oder dem Börsenträger zugeordnet haben, mit dem weiteren Umgang mit diesen Beträgen. Nach §§ 5 S. 2 GebO FWB, 5 S. 2 GebO Tradegate Exchange hat die Börse als Gebührengläubiger die Gebühren unmittelbar an ihren Träger »auszukehren«.[31] Während es demgegenüber § 5 GebO BWWB ohne eine weiterreichende Regulierung bei der Zuweisung von Gebühren und Auslagen an den Börsenträger belässt, bestimmen die Gebührenordnungen der Börsen Berlin und Düsseldorf zudem, soweit diese Beträge von der Börsengeschäftsführung festgesetzt (§ 5 Abs. 1 S. 2 GebO Börse Berlin) bzw. eingezogen würden (§ 16 S. 2 GebO Börse Düsseldorf[32]), werde sie im unwiderruflichen Auftrag des Trägers tätig. Schließlich beschäftigen sich die Gebührenordnungen der Börsen Berlin, Hamburg und Hannover mit dem weiteren Umgang mit den Gebühren durch den Börsenträger. Nach §§ 5 Abs. 2 GebO Börse Berlin, 6 S. 2 GebO Börse Hamburg, 5 S. 2 GebO Börse Hannover sind nämlich die Gebühren bei dem Träger der Börse gesondert auszuweisen und dürfen ebenso wie etwa anfallende Erträgnisse aus diesen Einkünften nur für die Zwecke der Börse Verwendung finden.

IV. Öffentlich-rechtliche Natur der Ansprüche gegen die Börsennutzer

Greift man nun die eingangs gestellten Fragen auf, welche Rechtsnatur die Ansprüche auf Ordnungsgelder und Auslagen haben, wem diese Ansprüche sowie die öffentlich-rechtlichen Ansprüche auf die Gebühren aus § 17 BörsG und den genannten Vorschriften der Börsen- und Sanktionsverordnungen der Bundesländer zustehen, schließlich – sollten sie, wie es in einigen Börsenverordnungen und Gebührenordnungen vorgesehen ist, der Börse zukommen – ob und wie die Ansprüche oder auf sie gezahlte Beträge auf den Börsenträger zu transferieren sind, ist zunächst festzuhalten, dass die Ansprüche auf Zahlung von Ordnungsgeld öffentlich-rechtlicher Natur sind. Ordnungsgelder werden in einem Verfahren vor dem Sanktionsausschuss verhängt. Dieses Verfahren ist ein Verwaltungsverfahren, also ein öffentlich-rechtliches Verfahren. Deshalb sind die Entscheidungen des Sanktionsausschusses

31 Zum Verbleib gegebenenfalls vereinnahmter Auslagen (vgl. oben III.2.) sagen beide Gebührenordnungen nichts.

32 Nach § 6 Abs. 1 S. 1 GebO Börse Düsseldorf werden die Gebühren für die Zulassung zum Besuch der Börse vom Träger der Börse »angefordert«.

Verwaltungsakte.[33] Das folgt nicht zuletzt aus dem Umstand, dass diese Entscheidungen auf dem Verwaltungsrechtsweg angegriffen werden können (§ 22 Abs. 3 S. 1 BörsG).[34] Nun kommt es zwar, wenngleich sehr selten, vor, dass ein Verwaltungsakt nicht etwa ein öffentlich-rechtliches, sondern ein privatrechtliches Rechtsverhältnis und damit aus diesem entspringende zivilrechtliche Ansprüche begründet. So liegen die Dinge etwa, wenn nach § 10 ArbeitssicherstellungsG durch eine Behörde, die Agentur für Arbeit als Verpflichtungsbehörde (§ 11 Abs. 1 S. 1 ArbsichstG), mittels eines mit Widerspruch und Anfechtungsklage auf dem Verwaltungsrechtsweg angreifbaren (§ 27 Abs. 1, 2 ArbsichstG) Verpflichtungsbescheids (§ 13 ArbsichstG) ein dem Privatrecht unterfallendes »Arbeitsverhältnis« begründet wird,[35] das das Gesetz von den öffentlich-rechtlichen Dienstverhältnissen abgrenzt (vgl. § 37 ArbsichstG). Eine solche zivilrechtliche Wirkung hat die Entscheidung über die Verhängung eines Ordnungsgeldes gemäß § 22 BörsG indes nicht. Die Verhängung von Ordnungsgeld durch den Sanktionsausschuss als Organ der Börse (§ 3 Abs. 1 S. 2 BörsG) wurzelt in dem zwischen der Börse und den Handelsteilnehmern sowie den Emittenten bestehenden öffentlich-rechtlichen Benutzungsverhältnis. Sie kommt in Betracht, wenn ein Handelsteilnehmer öffentlich-rechtlichen, nämlich börsenrechtlichen Vorschriften zuwider handelt oder ein Emittent gegen seine öffentlich-rechtlichen Pflichten aus der Zulassung seiner Finanzinstrumente zum Börsenhandel verstößt (§ 22 Abs. 2 BörsG). Das Ordnungsgeld ist also das öffentlich-rechtliche Pendant der Vertragsstrafe, wie sie z.B. der Veranstalter des Freiverkehrs als eines privatrechtlich betriebenen multilateralen Handelssystems verhängen kann, wenn ein Emittent seine Einbeziehungsfolgepflichten verletzt (vgl. oben unter I.). Da sowohl dem Benutzungsverhältnis zwischen der Börse und ihren Nutzern, als auch den Zulassungsfolgepflichten und dem Sanktionsverfahren nach allen einschlägigen Bestimmungen nichts zivilrechtliches anhaftet, ist der Anspruch der Börse gegen die Börsennutzer auf Zahlung von Ordnungsgeld ein öffentlich-rechtlicher.

Die rechtliche Einordnung der Ansprüche gegen Börsennutzer auf Erstattung von Auslagen der Börse ist etwas komplexer, weil der Grund für die betreffenden Aufwendungen der Börse nicht nur ein öffentlich-rechtlicher, sondern auch ein privatrechtlicher sein kann. Öffentlich-rechtlich veranlasst ist die Erstattung notwendiger Auslagen der Sanktionsausschussmitglieder (§§ 2 Abs. 6 S. 2, 13 Abs. 5 Nr. 1 Sankt. aussch.VO Bad. Württ.) und der Ersatz ihres Verdienstausfalls (vgl. §§ 17 Abs. 1 S. 3, 28 Abs. 5 Nr. 1 BayBörsV). Denn diese Zahlungen fußen auf dem öffentlich-rechtlichen Bestellungsverhältnis,[36] das zwischen der Börse und den Mitgliedern des Sanktionsausschusses besteht. Zu den Auslagen, die der Börse von den Börsennutzern zu erstatten sind, zählen aber auch Kosten, die der Börse aus der Eingehung

33 VG Frankfurt, 19.06.2008, 1 E 2583/07, ZIP 2009, 18; Groß, Kapitalmarktrecht, § 22 BörsG Rn. 4.

34 Kumpan in Schwark/Zimmer, KMRK, § 22 BörsG Rn. 2.

35 Vgl. Hammen, ZNR 1996, 344, 346.

36 Vgl. § 17 Abs. 2 S. 1 BayBörsV:»Das vorsitzende Mitglied und das stellvertretende vorsitzende Mitglied werden … bestellt«.

privatrechtlicher Verträge, etwa der Erteilung eines Gutachtenauftrags durch den Sanktionsausschuss (§ 32 Abs. 4 S. 4 hess. BörsVO) oder durch die Inanspruchnahme von Telekommunikationsdienstleistungen (vgl. nur § 28 Abs. 5 Nr. 2 BayBörsV) entstanden sind. Des ungeachtet sind die Auslagenerstattungsansprüche gegen die Börsennutzer indes stets öffentlich-rechtlicher Natur. Denn sie werden dann zwar durch einen privatrechtlichen Vorgang veranlasst. Der Rechtsgrund solcher Ansprüche liegt freilich wie bei den Ansprüchen gegen die Börsennutzer auf Ersatz des von Seiten der Börse an die Sanktionsausschussmitglieder erstatteten Verdienstausfalls nicht in den Rechtsverhältnissen mit den Dritten (Telekommunikationsdienstleister, Sanktionsausschussmitglieder), sondern in den Börsenbenutzungsverhältnissen mit den Handelsteilnehmern und den Emittenten. Und da diese Benutzungsverhältnisse öffentlich-rechtlich ausgestaltet sind,[37] sind es mangels anders gelagerter Anhaltspunkte auch die Ansprüche, die aus diesen Rechtsverhältnissen entspringen.

V. Die Börse als Gläubiger der Ansprüche auf die Gebühren, die Ordnungsgelder und die Auslagen

Der Überblick über die Börsenverordnungen der Bundesländer und die Gebührenordnungen der Börsen hat gezeigt, dass die Zuordnung der Ansprüche auf die Gebühren, die Auslagen und die Ordnungsgelder unterschiedlich ausfällt. Auch das börsenrechtliche Schrifttum urteilt uneinheitlich. Im Anschluss an § 5 GebO FWB a.F. (»Gebührengläubiger. Die … Gebühren und Auslagen stehen dem Träger der Börse zu.«) ist die Auffassung vertreten worden, die Gebühren und Auslagen vereinnahme der Träger.[38] Aber auch noch nachdem die Gebührenordnung der FWB die Börse als Gebührengläubiger bestimmt hat, wird vorgetragen, der Anspruch auf die öffentlich-rechtlichen Gebühren stehe dem Börsenträger und nicht der Börse als solcher zu.[39] Demgegenüber meinen andere, Gläubiger des Anspruchs auf die Gebühren und die Auslagen sei die Börse, weil die Gebühren die Gegenleistung der Börsennutzer für die ihnen zur Verfügung gestellte Nutzung der öffentlichen Einrichtung Börse seien.[40]

Dieser Ansicht ist zuzustimmen. Die Börse ist originärer Gläubiger der Ansprüche auf die Gebühren, aber auch der Ansprüche auf die Ordnungsgelder und die Auslagen.

37 Hammen in Kümpel/Hammen, Börsenrecht, 2. Aufl. 2003, S. 183 ff., 196 ff.

38 Ledermann in Schäfer/Hamann (Hrsg.), KMG, Bd. 2, 2. Aufl., 1. Lfg. 01/2006, § 14 BörsG Rn 1 (Die Vorauflage hatte für die Annahme, der Träger vereinnahme die Gebühren für die Börse, auf das heute überholte Argument (vgl. Kumpan in Schwark/Zimmer, KMRK, § 2 BörsG Rn. 23) abgestellt, die Börse sei nicht (öffentlich-rechtlich) rechtsfähig (Peterhoff in Schäfer/Hamann (Hrsg.), WpHG, BörsG, VerkProspG, 1999, § 5 BörsG Rn. 9)); Kümpel in Kümpel/Hammen, Börsenrecht, S. 100; Beck, WM 1996, 2313, 2316; Breitkreuz, Die Ordnung der Börse, 2000, S. 131.

39 Groß, Kapitalmarktrecht, § 17 BörsG Rn. 9.

40 Schwark in Schwark/Zimmer, KMRK, § 17 BörsG Rn. 15;.

Alle diese Ansprüche entspringen nämlich dem öffentlich-rechtlichen Benutzungsverhältnis der Börse mit ihren Nutzern, an dem der Börsenträger nicht beteiligt ist[41] und auch gar nicht beteiligt sein kann, weshalb er hieraus weder verpflichtet, noch berechtigt wird. Zudem fehlt es ihm an einer hierfür aber erforderlichen gesetzlichen Ermächtigung, öffentlich-rechtliche Gebühren, nämlich die Börsengebühren zu erheben.[42] Vielmehr liegt das Schicksal dieser Ansprüche vollständig in den Händen der Börse. Ihr Börsenrat entscheidet darüber, ob dieser oder jener in § 17 Abs. 1 BörsG aufgeführte Gebührentatbestand in die Gebührenordnung aufgenommen wird,[43] weil es in dieser Vorschrift in sein Ermessen gestellt ist (»kann«), ob beispielsweise Gebühren nicht nur für die Zulassung zur Teilnahme am Börsenhandel, sondern auch für die Teilnahme selbst erhoben werden oder nicht. Zudem obliegt auch die Festsetzung der von jedem Börsennutzer individuell zu zahlenden Gebühren und Auslagen durch Verwaltungsakt, nicht dem Börsenträger, der keinerlei börsenrechtliche Verwaltungsakte erlassen kann, sondern der Börsengeschäftsführung. Schließlich ist es auch die Börsengeschäftsführung, die darüber entscheidet, ob Gebühren erlassen, gestundet oder niedergeschlagen werden (vgl. nur § 6 GebO FWB).

Nun könnte man versucht sein, eine originäre Gläubigerstellung des Börsenträgers hinsichtlich der genannten Ansprüche mit der Annahme zu retten, der Träger sei zwar der Gläubiger, habe aber der Börse die Befugnis erteilt, über die Ansprüche beispielsweise durch Erlass, Stundung oder Niederschlagung zu verfügen (vgl. § 185 Abs. 1 BGB analog). Diese Vorstellung steht offenbar hinter §§ 5 Abs. 1 S. 2 GebO Börse Berlin, 16 S. 2 GebO Börse Düsseldorf, wonach die Börsengeschäftsführung, soweit sie Gebühren und Auslagen festsetzt oder einzieht, im Auftrag des Börsenträgers tätig wird. Freilich kann von der Einräumung einer solchen Verfügungsbefugnis keine Rede sein. Denn es ist nicht der Träger, der der Börse in den genannten Vorschriften die Festsetzungs- bzw. Einziehungsbefugnis gewährt, sondern die Börse selbst, die freilich hierzu gar nicht befugt sein könnte, wenn der Börsenträger der originäre Gläubiger wäre. Mit den genannten Regelungen über Stundung, Erlass und Niederschlagung von Gebühren, also über Verfügungen über diese Gebührenansprüche lässt es sich deshalb nur vereinbaren, wenn man die Börse als Gläubiger dieser Ansprüche begreift.

VI. Auskehrung an den Börsenträger

Der Umstand, dass die Ansprüche auf die Gebühren, die Ordnungsgelder und die Auslagen der Börse zustehen, wirft die Frage auf, ob diese Ansprüche bzw. auf sie eingehende Beträge ganz oder teilweise auch bei der Börse verbleiben können. In der Tat wird die Auffassung vertreten, die Börse könne eingehende Gebühren für Auslagen

41 Hammen in Festschrift für U.H. Schneider, 2011, S. 455, 467.
42 Schwark in Schwark/Zimmer, KMRK, § 17 BörsG Rn. 15.
43 Hammen in Festschrift für Schwark, S. 456, 466.

und Leistungen verwenden, die sie selbst gegenüber den Börsennutzern erbringe, und habe nur den Rest an den Börsenträger abzuführen.[44] In denjenigen Börsenverordnungen und Gebührenordnungen, die die Börse als Gläubiger benennen, ist dies indes zumeist anders geregelt. In diesen Regelwerken wird ohne jede Einschränkung bestimmt, Gebühren, Auslagen und Ordnungsgelder seien an den Börsenträger abzuführen.

Will man diese unterschiedlichen Positionen rechtlich würdigen, ist es erforderlich, die Stellung der Börse in dem in Deutschland etablierten dualen Börsensystem in den Blick zu nehmen. Es verhält sich nämlich keineswegs so, dass die Börse wie etwa der Betreiber eines multilateralen Handelssystems völlig unabhängig agiert. Vielmehr fußen ihre Existenz und ihr Betätigungsfeld (vgl. § 4 Abs. 2 S. 2 Nr. 3 BörsG)[45] auf einer unternehmerischen Initiative des Börsenträgers, nämlich auf dem von ihm zu stellenden Antrag auf Erteilung der Erlaubnis zum Betrieb der Börse (§§ 4 Abs. 2, 5 Abs. 1 S. 2 BörsG). Die hierauf von der Börsenaufsichtsbehörde erteilte Erlaubnis begründet ein öffentlich-rechtliches Auftragsverhältnis zwischen dem Sitzland der Börse und dem Börsenträger,[46] durch das dem Träger die Aufgabe zugewiesen wird, »die genehmigte Börse als Anstalt des öffentlichen Rechts zu betreiben und zu erhalten.«[47] Diese Aufgabe umfasst es insbesondere, der Börse die erforderlichen finanziellen Mittel zur Verfügung zu stellen (§ 5 Abs. 1 S. 2 BörsG). Hiernach gehört es nicht zu den Aufgaben der Börse, sich solche Mittel selbst, etwa durch die Einbehaltung von auf Gebührenansprüche u.ä. gezahlten Beträgen selbst zu beschaffen. Vielmehr muss gewichtet werden, dass der Börsenträger den Auftrag, die Börse zu betreiben, keineswegs unentgeltlich übernimmt. Zwar erhält er von dem Bundesland für die Übernahme der Betriebspflicht keine Vergütung. Es eröffnet ihm aber die Erteilung der Börsenerlaubnis durch die Börsenaufsichtsbehörde als Landesbehörde eine Einkommensquelle. Einnahmen erzielt er nicht nur aus den Entgelten, die er gemäß § 17 Abs. 3 S. 1 BörsG von den Börsennutzern für seine in dieser Vorschrift benannten Dienstleistungen erhält. Hinzu treten nämlich alle Gebühren, Ordnungsgelder und Auslagen, auf welche die Börse Ansprüche hat. Rechtsgrund hierfür ist ein gesetzlich weitergeleitetes Auftragsverhältnis zwischen dem Träger und seiner Börse, das die Grundlage für sämtliche organisatorischen Maßnahmen der Börse (Zulassung, Sanktionsverfahren, Organisation der Durchführung des Börsenhandels usw.) schafft, die der Träger, obgleich er die Börse zu betreiben hat, nicht selbst vornehmen kann, weil sie gesetzlich der Börse zugeschrieben sind. Dieses Auftragsverhältnis verpflichtet die Börse, alles, was sie aus der Erfüllung des Auftrags erlangt, an den Börsenträger herauszugeben (§ 667 Alt. 2 BGB analog).[48] Anlass, der Börse einen Teil solcher Beträge zu belassen, besteht nicht. Ein solcher Einbehalt würde nämlich die Zuständigkeitsregeln des Börsengesetzes stören, nach denen die Finanzierung der Börse ohne jede Einschränkung in die Hände

44 Schwark in Schwark/Zimmer, KMRK, § 17 BörsG Rn. 15.

45 Kumpan in Schwark/Zimmer, KMRK, § 4 BörsG Rn. 14.

46 Kümpel in Kümpel/Hammen, Börsenrecht, S. 111; Baum/Fleckner/Sumida, RabelsZ Bd. 82 (2018), S. 657, 709; Hammen, WM 2024, 873, 877.

47 BT-Drucks. 14/8017, S. 72.

48 Hammen, WM 2024, 873, 877.

des Börsenträgers gelegt ist. Und es besteht auch kein Bedarf der Börse, Kapital für Leistungen vorzuhalten, die sie selbst gegenüber den Börsennutzern erbringt. Denn ihre Geschäftsführung kann beim Börsenträger jederzeit die finanziellen Mittel anfordern, die die Börse zur Durchführung des Börsenbetriebs benötigt (§ 5 Abs. 1 S. 2 BörsG). Deshalb verpflichten die genannten Börsenverordnungen und Gebührenordnungen die Börse zu Recht, Gebühren, Ordnungsgelder und Auslagen, ohne dass Ausnahmen vorgesehen sind, vollständig an den Träger auszukehren.

In diesem Zusammenhang ist zudem darauf hinzuweisen, dass die Regelungen in §§ 5 Abs. 2 GebO Börse Berlin, 6 S. 2 GebO Börse Hamburg, 5 S. 2 GebO Hannover, die Gebühren seien bei dem Träger der Börse gesondert auszuweisen und dürften ebenso wie anfallende Erträge aus diesen Einkünften nur für die Zwecke der Börse Verwendung finden, rechtlich angreifbar sind. Bemerkenswert ist bereits, dass die Regelung in § 5 Abs. 2 GebO Börse Berlin nur die Gebühren gemäß § 17 BörsG betrifft, nicht aber die dort gleichfalls adressierten Auslagen (anders §§ 6 S. 2 GebO Börse Hamburg, 5 S. 2 GebO Börse Hannover), die ja doch gleichfalls an den Börsenträger abzuführen sind (§ 5 Abs. 1 GebO Börse Berlin). Auffällig ist zudem, dass die SanktionsausschussVO Hamburg die in Sanktionsverfahren anfallenden Ordnungsgelder, Gebühren und Auslagen dem Börsenträger ohne die in § 6 S. 2 GebO Börse Hamburg geregelten Einschränkung bezüglich ihrer Verwendung durch den Träger überlässt. Die in dieser Verordnung wie auch in den übrigen Börsenverordnungen und in den Gebührenordnungen der Börsen Düsseldorf, Frankfurt, Stuttgart, München und der Tradegate Exchange geübte Zurückhaltung bei einer Regulierung der Dokumentation und der Verwendung aller dieser Beträge durch den Börsenträger ist sachgerecht. Denn es können erstens die bundesgesetzlichen Vorschriften über die Rechnungslegung nicht durch Rechtsverordnungen der Bundesländer oder gar durch Satzungen von Landesanstalten wie die Gebührenordnungen der Börsen verändert werden. Und es enthält zweitens das Börsengesetz zwar eine Ermächtigung der Börsen, Gebühren und Auslagen zu erheben und Ordnungsgelder festzusetzen, indes keinerlei Ermächtigung, dem Börsenträger Vorgaben für die Verwendung der Mittel zu machen. Vielmehr kann drittens aus der Vorschrift in § 5 Abs. 1 S. 2 BörsG, die keine Einschränkungen bei der Bereitstellung der Mittel durch den Börsenträger vorsieht, erschlossen werden, dass es alleine Sache des Trägers ist, wie und woher er die Mittel beschafft, die er benötigt, um der Börse die für den Börsenbetrieb erforderlichen Finanzen zur Verfügung stellen zu können.

VII. Formen der Auskehrung an den Börsenträger

1. Auskehrung von Bargeld und Überweisung eingegangener Beträge

Abschließend ist zu klären, welche Gestaltungsformen der Börse zur Verfügung stehen, Gebühren, Auslagen und Ordnungsgelder an den Börsenträger auszukehren. Rechtliche Hinweise hierzu fehlen nicht nur im Börsengesetz, sondern auch in den

Börsenverordnungen der Bundesländer und in den Gebührenordnungen der Börsen – und zwar auch in denjenigen Regelwerken, die die Abführung ausdrücklich anordnen (vgl. §§ 32 Abs. 5 S. 3, 4 hess. BörsVO, 5 S. 2 GebührenO FWB). Da auch das allgemeine Verwaltungsrecht hierfür keine besonderen Regeln bereithält, indes über den öffentlich-rechtlichen Vertrag eine Verbindung zum Bürgerlichen Gesetzbuch hergestellt hat (§ 62 S. 2 VwVfG:»Ergänzend gelten die Vorschriften des Bürgerlichen Gesetzbuchs entsprechend.«), kann für die Erfüllung der Ansprüche auf die Gebühren, die Auslagen und die Ordnungsgelder, für die Weiterleitung vereinnahmter Mittel an den Träger, für eine Geltendmachung der genannten Ansprüche durch den Träger oder für die Abtretung der Ansprüche an ihn auf die Vorschriften des allgemeinen Schuldrechts zurückgegriffen werden.

Da im Börsengesetz eine Vorschrift fehlt, nach welcher die öffentlich-rechtlichen Ansprüche der Börse nur unbar erfüllt werden könnten, solche Bestimmungen zudem europarechtlich auch nur unter gewissen Bedingungen zulässig sind,[49] kann der Börsennutzer seine öffentlich-rechtlichen Schulden mit gesetzlichen Zahlungsmitteln, also durch Übereignung von Euromünzen und Eurobanknoten gemäß § 929 Abs. 1 BGB erfüllen (vgl. § 362 Abs. 1 BGB).[50] Mithin ist die Börse, was gelegentlich in Zweifel gezogen worden ist,[51] insoweit eigentumsfähig. Und da sie verpflichtet ist, eingenommenes Geld an ihren Träger auszukehren, muss sie auch fähig sein, eingenommene Geldmünzen und -scheine an den Träger weiterzuübereignen. Freilich unterliegt die Einnahme barer Zahlungen auf Gebühren, Auslagen und Ordnungsgeldern unionsrechtlichen Beschränkungen. Denn nach Art. 80 (1) der Verordnung (EU) 2024/1624 zur Verhinderung der Nutzung des Finanzsystems für Zwecke der Geldwäsche oder der Terrorfinanzierung v. 31.5.2024 dürfen Dienstleister, zu denen man die Börse zählen kann, zukünftig Barzahlungen nur noch in Höhe von maximal 10.000 Euro annehmen.

Nun erlaubt das Börsengesetz die Verhängung von Ordnungsgeld gegen Börsennutzer bis zu einer Million Euro (§ 22 Abs. 2 BörsG). Da derart hohe Beträge die unionsrechtliche Bargeldgrenze übersteigen, wird der Börse die bare Annahme solcher Summen unmöglich. Deshalb ist eine unbare Erfüllung der Pflichten auf Zahlung von Gebühren, Ordnungsgeldern und Auslagen in den Blick zu nehmen. Während in anderen Lebensbereichen unbare Zahlungen mittels Überweisung, Lastschrift usw. selbstverständlich sind, besteht Klärungsbedarf, wenn solche Zahlungen an die Börse in Rede stehen. Denn die der Börse in § 2 Abs. 1 BörsG zugemessene Teilrechtsfähigkeit beschränkt sich nach einer im Schrifttum verbreitet vertretenen Auffassung auf den Bereich des öffentlichen Rechts.[52] Hiernach wäre ihr die Einrichtung

49 EuGH, 26.1.2021 – C-422/19, C-423/19, NJW 2021, 1081; BVerwG v. 27.4.2022, 6 C 3/21, BVerwGE 175, 241.

50 Hammen, WM 2024, 873, 875.

51 Vgl. nur Picot, Die Rechte der Aktionäre beim Delisting börsennotierter Gesellschaften, 2009, S. 130: keine Eigentumsfähigkeit.

52 Vgl. nur Kumpan in Schwark/Zimmer, KMRK, § 2 Rn. 23.

eines – privatrechtlich ausgestalteten – Bankkontos verwehrt. Dann aber würden ihre Ansprüche auf Zahlung von Ordnungsgeldern oder Gebühren in Größenordnungen von mehr als 10.000 Euro, weil weder bar, noch unbar erfüllbar, ins Leere laufen.

Das wäre freilich nicht nur sinnwidrig, sondern würde in Teilen auch europäischem Recht und dem Börsengesetz zuwiderlaufen. Nach Art. 48 (9) Unterabs. 3 RL 2014/65/EU (MiFiD II) können nämlich die Mitgliedstaaten einem geregelten Markt erlauben, Teilnehmer, bei denen der Anteil stornierter Aufträge hoch ist, höhere Gebühren zu berechnen. Nach § 17 Abs. 4 S. 1 BörsG ist die Börse sogar verpflichtet (»muss«), für die übermäßige Nutzung der Börsensysteme, insbesondere unter anderem durch unverhältnismäßig viele Auftragslöschungen separate Gebühren zu erheben.[53] Sollten solche Gebühren 10.000 Euro übersteigen, wäre es der Börse, sollte ihr der Zugang zu einem Bankkonto verschlossen sein, da ja die Vorschriften der EU-GeldwäscheVO Barzahlungen von mehr als 10.000 Euro entgegenstehen, weitreichend unmöglich, den unionsrechtlichen und den börsengesetzlichen Vorschriften über Gebühren für übermäßige Nutzung der Börsensysteme zu genügen. Den Weg aus dieser Lage weist die bereits zitierte Entscheidung des EuGH, nach welcher, wenn Restriktionen für Zahlungen mit gesetzlichen Zahlungsmitteln existieren, auch bei öffentlich-rechtlichen Geldleistungspflichten Wege unbarer Erfüllung, z.B. durch Überweisung oder Lastschrift also mittels bargeldlosen Zahlungsverkehrs über Bankkonten zur Verfügung stehen müssen.[54] Deshalb muss die Bestimmung in § 2 Abs. 1 BörsG über die Teilrechtsfähigkeit der Börse dahingehend interpretiert werden, dass die Börse rechtlich fähig ist, Bankkonten zu unterhalten,[55] auf die die Börsennutzer Gebühren, Auslagen und Ordnungsgelder zahlen können.[56] Vorschriften wie diejenigen in §§ 32 Abs. 5 S. 3, 4 hess. BörsVO, 5 S. 2 GebO FWB beschränken die Pflicht der Börse, erhaltene Ordnungsgelder, Auslagen und Gebühren an den Börsenträger auszukehren, keineswegs auf bar eingezahlte Beträge. Deshalb muss die Börse auch unbar vereinnahmte Gelder an den Träger weiterleiten. Und da sie rechtlich fähig ist, ein Giroverhältnis mit einer Bank zu unterhalten, kommt ihr auch die rechtliche Fähigkeit zu, diese Beträge auf ein Konto des Trägers zu überweisen.

2. *Abtretung und Einziehungsermächtigung*

Die recht allgemein abgefassten Bestimmungen in §§ 35 Abs. 5 S. 3, 4 hess. BörsVO, 5 S. 2 GebührenO FWB, die Börse habe die Gebühren, Auslagen und Ordnungsgelder an den Börsenträger »auszukehren« und der gleichfalls nicht auf bestimmte

53 Sofern nicht der Börsenträger hierfür bereits separate Entgelte verlangt.

54 Vgl. Hammen, WM 2024, 873, 875.

55 In diesem Zusammenhang ist bemerkenswert dass die Anerkennung der Vollrechtsfähigkeit der Vor-Aktiengesellschaft und der Vor-GmbH von der Bestimmung in § 49 Abs. 3 S. 1 AktG a.F. (§ 54 Abs. 3 AktG) ihren Ausgang nahm, mit der der Gesetzgeber die Möglichkeit eröffnet hat, die Einlage auf ein Konto der Vorgesellschaft einzuzahlen.

56 Hammen, WM 2024, 873, 875.

Handlungsformen festlegende Rechtsgrundsatz, der Beauftragte, hier: die Börse, habe dem Träger alles, »was« sie »aus der Geschäftsführung erlangt, herauszugeben« (vgl. § 667 Alt. 2 BGB), belässt Spielräume für andere Wege als die Weiterleitung von Bargeld oder eine Weitergabe mittels Überweisung, dem Träger Vermögensvorteile zukommen zu lassen, die die Börse aus dem Benutzungsverhältnis mit den Handelsteilnehmern und den Emittenten erlangt. Der zur Herausgabe nach der letztgenannten Vorschrift Verpflichtete ist nämlich nicht alleine darauf verwiesen, eingenommenes Geld weiterzureichen. Vielmehr genügt er seiner Pflicht auch dann, wenn er schon die zugrundeliegende Forderung an den Auftraggeber abtritt.[57] Deshalb ist es der Börse auch erlaubt, ihre Pflicht, Gebühren, Auslagen und Ordnungsgelder an der Träger auszukehren, dadurch zu erfüllen, dass sie ihre auf diese Beträge gerichteten Ansprüche gegen die Börsennutzer an den Träger zediert.

Auf eine solche Abtretung sind mangels einschlägiger öffentlich-rechtlicher, insbesondere hierfür geltender börsenrechtlicher Vorschriften die Bestimmungen in §§ 398 ff. BGB anwendbar – zwar nicht unmittelbar, weil »Forderungen« nur schuldrechtliche, also privatrechtliche Ansprüche sind, wohl aber entsprechend, weil auch öffentlich-rechtliche Ansprüche grundsätzlich abtretbar sind, wenn sie behördlich festgesetzt sind.[58] Durch die Abtretung verlieren jene Ansprüche ihre öffentlich-rechtliche Natur nicht.[59] Die Abtretung geschieht ganz wie bei einer Forderung mittels eines Vertrags (§§ 398 S. 1 BGB, 62 S. 2 VwVfG), der ein privatrechtlicher und kein öffentlich-rechtlicher ist, weil durch ihn, anders als es in § 54 VwVfG bestimmt ist, kein Rechtsverhältnis auf dem Gebiet des öffentlichen Rechts begründet, geändert, nämlich umgestaltet,[60] oder aufgehoben wird.

Eine Abtretung hat zur Folge, dass der Zedent mit dem Übergang der Forderung auf den Zessionar seine Gläubigerstellung und damit auch seine Befugnis verliert, über die Forderung zu verfügen (vgl. § 407 Abs. 1 Alt. 2 BGB). Diese Rechtsfolge passt aber nicht zu der in allen Gebührenordnungen zu findenden Bestimmung, die Geschäftsführung, das Vertretungsorgan der Börse (§ 15 Abs. 3 BörsG), könne die Ansprüche auf Gebühren stunden, erlassen oder niederschlagen (vgl. nur § 6 GebO FWB), also über diese Ansprüche verfügen. Deshalb ist zu fragen, ob es neben der Abtretung noch eine andere Möglichkeit gibt, dem Börsenträger Verfügungsgewalt über die Ansprüche zu verschaffen. Anlass, dieser Frage nachzugehen, bietet beispielsweise die Bestimmung in § 17 GebO Börse München, nach der die »Gebühren und Auslagen ... von der Bayerische Börse AG«, dem Träger der Börse München, »eingezogen« »werden«.[61] Angelehnt an den Wortlaut dieser Bestimmung kommt eine Ermächtigung des Trägers durch die Börse in Betracht, die Ansprüche der Börse

57 Beutihien in Soergel, BGB, 13. Aufl. 2012, § 667 Rn. 18.
58 BGH, 28. 6. 2011 – VI ZR 184/10, NZV 2011, 595 Rn. 16.
59 BGH, 25.07.2013 – III ZB 18/13, WM 2013, 1641, 1642. – Ausgeklammert bleiben hier und im Folgenden Fragen des Verwaltungsvollstreckungsrechts.
60 Bonk/Neumann in Stelkens/Bonk/Sachs, VwVfG, 10. Aufl. 2023, § 54 Rn. 82.
61 Vgl. auch § 6 Abs. 1 GebO Börse Düsseldorf:« werden ... vom Träger ... angefordert«.

gegen die Börsennutzer auf die durch die Börsengeschäftsführung festgesetzten Beträge (vgl. z.B. § 2 Abs. 2 GebO FWB) und auf die vom Sanktionsausschuss verhängten Ordnungsgelder und die Kosten im eigenen Namen auszuüben, also die Schuldner, wenngleich sie ihm nicht verpflichtet werden, zur Leistung auch an ihn anzuhalten, sowie diese Leistungen mit schuldtilgender Wirkung zu empfangen (vgl. § 362 Abs. 2 BGB; Einziehungsermächtigung).[62] Da die Börse dabei Gläubiger der Ansprüche bleibt, kann sie dann, wie es in § 6 GebO FWB vorgesehen ist, die Ansprüche stunden, erlassen oder niederschlagen. Zudem können die Börsennutzer weiterhin an sie mit schuldbefreiender Wirkung mit der Folge leisten, dass die Ermächtigung entfällt. Wenn sie statt dessen an den ermächtigten Träger zahlen, erlischt ihre Pflicht gegenüber der Börse und zugleich die Pflicht der Börse, Erlangtes an den Träger auszukehren.

62 Hierzu und zum Folgenden Ernst Wolf, Lehrbuch des Schuldrechts, Erster Band: Allgemeiner Teil, 1978, § 7 A. III. S. 349 f.; Gernhuber, Die Erfüllung und ihre Surrogate, 2. Aufl. 1994, § 24 I. S. 500 f.

Der Jahresabschluss und die Gewinnverwendung bei Personenhandelsgesellschaften (nach dem MoPeG)

Joachim Hennrichs/Moritz Pöschke

I. Hintergrund und Fragestellung

Der Jahresabschluss der Personenhandelsgesellschaft hat, wie der Jahresabschluss anderer Gesellschaften, zwei wichtige Funktionen: Erstens dient er der Information der Adressaten über die Vermögens-, Finanz- und Ertragslage der Gesellschaft. Adressaten sind bei Personenhandelsgesellschaften vor allem die nicht geschäftsführenden Gesellschafter, aber auch Dritte. Zwar sind Personenhandelsgesellschaften, bei denen mindestens eine natürliche Person Vollhafter ist (und die deshalb nicht unter § 264a HGB fallen), gesetzlich nicht zur Publizität verpflichtet; auch eine Prüfung der Abschlüsse ist für diese Gesellschaften nicht vorgeschrieben. Praktisch lassen sich aber insbesondere Banken auch die Jahresabschlüsse von Personenhandelsgesellschaften vorlegen (sei es gestützt auf § 18 KWG oder wegen der Mindestanforderungen an das Risikomanagement). Vielfach sind diese Abschlüsse zudem freiwillig oder aufgrund entsprechender Klauseln in den Kreditverträgen geprüft, um die Verlässlichkeit der Rechnungslegungsinformationen zu verbessern.

Zweitens und vor allem dient der Jahresabschluss der Personenhandelsgesellschaften aber der Abrechnung unter den Gesellschaftern. Die Gewinnermittlung geschieht durch bilanziellen Vermögensvergleich nach den Regeln der doppelten Buchführung (§§ 120 Abs. 1 i.V.m. 238 ff. HGB), und jeder Gesellschafter hat aufgrund des festgestellten Jahresabschlusses Anspruch auf Auszahlung seines ermittelten Gewinnanteils (§ 122 S. 1 HGB).

Die Vorschriften zum Jahresabschluss der Personenhandelsgesellschaften sind gesellschaftsrechtlich durch das MoPeG neu gefasst und dabei weitgehend an die schon vorher anerkannten dogmatischen Grundsätze angepasst worden. So ist beispielsweise nunmehr in § 120 Abs. 1 HGB gesetzlich klargestellt, dass die geschäftsführungsbefugten Gesellschafter der Gesellschaft gegenüber zur sog. Aufstellung des Jahresabschlusses verpflichtet sind. Und § 121 HGB bestimmt, dass über die sog. Feststellung des Jahresabschlusses die Gesellschafter durch Beschluss entscheiden. Das alles war im Kern auch schon vor Inkrafttreten des MoPeG so, steht nun aber hinreichend deutlich im Gesetz.

Dennoch ist manches nach wie vor offen. Was genau bedeutet »Aufstellung« und »Feststellung« des Jahresabschlusses und wie verhalten sich die beiden Akte zueinander? Wie ist das Eigenkapital der Personengesellschaften auszuweisen, insbesondere wie ist die Gewinnverwendung strukturiert? Eine besondere Beschlussfassung über die Gewinnverwendung ist bei Personenhandelsgesellschaften nach dem gesetzlichen

Modell nach wie vor nicht vorgesehen, das Gesetz geht weiterhin von der Vollverteilung aus (Vollausschüttungshypothese). Aber wie und vor allem wann sind die Gewinnansprüche der Gesellschafter im Abschluss der Gesellschaft auszuweisen?

Genug Fragen also für einen (Festschrift-)Beitrag zu Ehren von *Jens Ekkenga*. Wir kennen und schätzen *Jens* seit Jahrzehnten. Unsere Begegnungen bei Fachtagungen waren reich an anregenden Diskussionen und freundschaftlichen Begegnungen. *Jens Ekkenga* ist dabei einer der (leider zu) wenigen Gesellschaftsrechtler, der auch an Fragen aus dem Schnittbereich von Bilanz- und Gesellschaftsrecht interessiert und in beiden Rechtsgebieten bewandert ist. Wir verbinden unseren Beitrag daher mit der Hoffnung, dass unsere Überlegungen das geschätzte Interesse und vielleicht auch die Zustimmung des Jubilars finden.

II. Aufstellung und Feststellung des Jahresabschlusses – Dogmatik und Zuständigkeiten

Der Jahresabschluss ist im Ausgangspunkt ein Rechenschaftsbericht über die geschäftliche Entwicklung im abgelaufenen Geschäftsjahr. Er besteht aus Zahlen und Worten, nämlich Bilanz und Gewinn- und Verlustrechnung (GuV, § 242 HGB) sowie Erläuterungen zum Zahlenwerk (Anhang, §§ 284 ff. HGB).[1] Ein Anhang ist zwar bei Personenhandelsgesellschaften, die nicht unter § 264a HGB fallen, nicht gesetzlich vorgeschrieben (arg. e. § 264 Abs. 1 S. 1 HGB).[2] Vielfach werden zumindest kurze »Notes« aber auch dem Zahlenwerk bei Personenhandelsgesellschaften beigefügt.

Der Prozess der Erstellung des Jahresabschlusses durchläuft verschiedene Phasen, an denen unterschiedliche Akteure verantwortlich beteiligt sind. Für die laufende Buchführung während des Geschäftsjahres sind die geschäftsführenden Gesellschafter verantwortlich. Daraus wird zum Bilanzstichtag der Jahresabschluss abgeleitet. Das geschieht dadurch, dass die jeweiligen Konten der Buchführung abgeschlossen und in den Abschluss überführt, notwendige Abschlussbuchungen vorgenommen und etwaige bilanzpolitische Spielräume ausgeübt werden. Dazu gehört ferner ggf. die Erstellung von erläuternden Wortberichten (Anhang und Lagebericht, wenn die Gesellschaft dazu entweder gesetzlich verpflichtet ist oder die Gesellschafter das so vereinbart haben).[3] Diese Phase ist das Stadium der sog. Aufstellung des Jahresabschlusses. Sie ist ebenfalls noch Sache der geschäftsführenden Gesellschafter.[4]

Das Resultat der Aufstellung ist noch nicht der verbindliche Jahresabschluss im Rechtssinne, sondern zunächst weiterhin schlicht ein unverbindlicher Zahlen- und

1 Dettke, Gewinnthesaurierung und Minderheitenschutz in der Personenhandelsgesellschaft als Konzernobergesellschaft, 2017, S. 135.

2 Poelzig in MünchKomm-HGB, 5. Aufl. 2024, § 284 Rn. 4.

3 Statt aller Hennrichs in Schäfer, Das neue Personengesellschaftsrecht, 2022, § 11 Rn. 42 m.w.N.

4 BT-Drucks. 19/27635, S. 240; Roth in Hopt, 44. Aufl. 2025, HGB § 164 Rn. 3.

Wortbericht, gewissermaßen der *Entwurf* des Jahresabschlusses.[5] Rechtlich verbindlich wird der Jahresabschluss erst mit seiner sog. Feststellung.[6] Die Rechtsverbindlichkeit betrifft die innergesellschaftliche Verbindlichkeit,[7] darüber hinaus aber auch die öffentlich-rechtliche Existenz des Instituts »Jahresabschluss« im Rechtssinne.[8]

Über die Feststellung entscheiden die Gesellschafter durch *Beschluss* (§ 121 HGB n.F.).[9] Das war schon bisher so, ist nun aber im Gesetz erfreulicherweise ausdrücklich klargestellt.[10] (Erst) mit der Feststellung ist der Jahresabschluss verbindlich und liegt überhaupt im Rechtssinne ein Jahresabschluss vor.[11]

Die dogmatische Einordnung der Feststellung des Jahresabschlusses ist im Gesetz nicht klar ausgedrückt und hat besonders bei Personenhandelsgesellschaften einige Verwirrung ausgelöst.[12] Für die Aktiengesellschaft, bei der die Feststellung des Jahresabschlusses im gesetzlichen und praktischen Regelfall im Zusammenwirken von Vorstand und Aufsichtsrat geschieht (§ 172 AktG), spricht der BGH von einem »korporationsrechtlichen Rechtsgeschäft eigener Art«[13]. Wichtig ist dabei für unseren Zusammenhang, dass der BGH von einem *Rechtsgeschäft* ausgeht. Ein Zahlen- und Wortbericht als solcher ist kein Rechtsgeschäft und kann daher beispielsweise als solcher auch nicht nichtig sein.[14] Sein rechtsgeschäftliches Fundament, das den Abschluss rechtsverbindlich macht, ist (erst) die Feststellung als Rechtsgeschäft. Dadurch wird der Jahresabschluss von der Ebene des bloß tatsächlichen Zahlen- und Wortberichts auf die Ebene des Rechtsaktes gehoben, der verbindlich und nach den einschlägigen Regeln auch dem Rechtsschutz zugänglich ist, über den man also streiten und ggf. auch prozessieren kann.[15] Bei Personengesellschaften ist das

5 AKBR, ZIP 2021, Beil. zu Heft 2, 3, 19; Pöschke in Staub, Großkomm. HGB, 6. Aufl. 2021, § 242 Rn. 18; Hennrichs in Schäfer, Das neue Personengesellschaftsrecht, § 11 Rn. 42; Kleindiek in BeckOGK, 1.12.2024, HGB § 242 Rn. 14; Priester in Festschrift für Hadding, 2004, S. 607; Schäfer in Staub, Großkomm. HGB, 6. Aufl. 2024, § 120 Rn. 17; je m.w.N.

6 Dettke, Gewinnthesaurierung und Minderheitenschutz in der Personenhandelsgesellschaft als Konzernobergesellschaft, S. 137 f.

7 Schäfer in Staub, Großkomm. HGB, § 121 Rn. 3; Schüppen in Festschrift für Wacker, 2025, S. 83, 86 f.

8 Vgl. Pöschke in Staub, Großkomm. HGB, § 242 Rn. 17, 20; Priester in Festschrift für Hadding, 2004, S. 607, 611; Schulze-Osterloh in Festschrift für Hadding, 2004, S. 637, 647.

9 BT-Drucks. 19/27635, S. 240; Roth in Hopt, HGB § 164 Rn. 3; Psaroudakis in NK-HGB, 4. Aufl. 2024, § 121 Rn. 1.

10 Vgl. BT-Drucks. 19/27635, S. 240.

11 Schüppen in Festschrift für Wacker, 2025, S. 83, 86 f.; Kleindiek in BeckOGK, HGB § 242 Rn. 14.

12 Zur Dogmatik und »Rechtsnatur« der Feststellung des Jahresabschlusses weiterführend Priester in Festschrift für Hadding, 2004, S. 607 ff.; s. ferner Klimke in BeckOK HGB, 45. Ed. 1.1.2025, § 121 Rn. 4 ff. m.w.N.

13 S. BGHZ 124, 111, 116; Hennrichs/Pöschke in MünchKomm-AktG, 6. Aufl. 2024, § 172 Rn. 10.

14 Statt aller z.B. Koch in MünchKomm-AktG, 5. Aufl. 2021, § 256 Rn. 6.

15 Namentlich bezieht sich die Nichtigkeit gem. § 256 AktG auf die Feststellung des Jahresabschlusses als Rechtsgeschäft, statt aller Koch in MünchKomm-AktG, § 256 Rn. 6;

rechtsgeschäftliche Fundament der Beschluss der Gesellschafter über die Feststellung des Jahresabschlusses (§ 121 HGB; für die GmbH ebenso, s. § 46 Nr. 1 GmbHG).

Ob diese rechtliche Konstruktion des deutschen Rechts, also die Unterscheidung zwischen Auf- und Feststellung des Jahresabschlusses und das dogmatische Verständnis der Feststellung als Rechtsgeschäft, tatsächlich zwingend notwendig ist, kann man bezweifeln. Namentlich das Instrumentarium der besonderen Nichtigkeit des Jahresabschlusses könnte rechtspolitisch überdacht werden.[16] Aber das führt über den Gegenstand dieses Beitrags hinaus.

Für die Feststellung des Jahresabschlusses bei Personenhandelsgesellschaften im Besonderen sind weitere dogmatische Fragen unklar. In der Entscheidung vom 29.3.1996 sprach der BGH missverständlich von einem »Grundlagengeschäft«.[17] Um ein solches handelt es sich aber nicht, jedenfalls nicht, wenn man darunter Geschäfte versteht, die die gesellschaftsvertraglichen Grundlagen berühren (Änderungen und Durchbrechungen des Gesellschaftsvertrags sowie ähnliche Strukturmaßnahmen wie Unternehmensverträge, Veräußerung des gesamten Unternehmens oder wesentlicher Teile u.Ä.).[18] In der sog. Otto-Entscheidung vom 15.1.2007 ist der BGH von dieser Diktion denn auch zu Recht wieder abgerückt. Freilich ist die neu gefundene Formel von einer »periodisch wiederkehrenden Angelegenheit der laufenden Verwaltung«[19] ebenfalls nicht sonderlich glücklich gewählt. Diese Wendung impliziert nämlich, dass es sich insgesamt um eine Geschäftsführungsangelegenheit handele. Das ist indessen nicht der Fall. Denn zur Geschäftsführung zählt zwar die Aufstellung (§ 120 Abs. 1 HGB), nicht aber die Feststellung des Jahresabschlusses, die gem. § 121 HGB einen Beschluss der Gesellschafter erfordert.[20]

Richtigerweise impliziert der Feststellungsbeschluss auch keine vertragliche Vereinbarung der Gesellschafter untereinander, namentlich kein Schuldanerkenntnis.[21]

Hennrichs, ZHR 168 (2004), 383, 387. Der Jahresabschluss als solcher (d.h. der Zahlen- und Wortbericht) kann nicht nichtig sein (zutr. Koch in MünchKomm-AktG, § 256 Rn. 6).

16 Vgl. Hennrichs in Reformbedarf im Aktienrecht – Vorschläge für eine große Aktienrechtsreform (VGR 30), 2024, § 10 Rn. 5 ff..

17 Vgl. BGHZ 132, 263, 266; ebenso OLG Hamburg, 09.08.2005, 11 U 203/04, BeckRS 2011, 17233 Rn. 55; Kleindiek in BeckOGK, HGB § 242 Rn. 15.

18 Vgl. Priester, DStR 2008, 1386,1390. Der gesetzlich nicht verwendete und auch nicht definierte Begriff des »Grundlagengeschäfts« wird freilich im Schrifttum durchaus unterschiedlich verstanden. Teilweise anderes Begriffsverständnis als hier z.B. bei Schulze-Osterloh in Festschrift für Hadding, 2004, S. 637 ff.

19 BGHZ 170, 283, 288 Rn. 12.

20 Roth in Hopt, HGB § 120 Rn. 3.

21 Zutr. Priester in Festschrift für Hadding, 2004, S. 607, 611 ff., 613 f.; Klimke in BeckOK HGB, § 121 Rn. 6; a.A. Schäfer in Staub, Großkomm. HGB, § 121 Rn. 3, 6; BGH, 15.3.2011, II ZR 301/09, NJW-RR 2011, 832, 833 Rn. 7; BGH, 2.3.2009, II ZR 264/07, NZG 2009, 659, 661; BGH, 11.01.1960, II ZR 69/59, BeckRS 1960, 30927203; missverständlich auch BT-Drucks. 19/27635, S. 240, wonach es rechtliche Wirkung des Feststellungsbeschlusses sein soll, »das Jahresergebnis, sondern auch die dafür maßgeblichen Bilanzansätze sowie deren Bewertung unstreitig zu stellen«.

Die Bilanz dokumentiert zwar die Forderungen und Schulden, verfügt aber nicht darüber.[22] Die Abschlussfeststellung ist eine Organentscheidung, kein Vertrag.[23] Werden z.B. Verbindlichkeiten der Gesellschaft gegenüber Gesellschaftern (Fremdkapital) im Abschluss unzutreffend unter den Kapitalanteilen und damit im Eigenkapital ausgewiesen und der fehlerhafte Abschluss dann festgestellt, qualifiziert das die Forderungen nicht um, sie bleiben vielmehr aus Sicht der Gesellschaft Fremdkapital.[24] Nicht der buchmäßige Ausweis verändert die Rechtslage, sondern umgekehrt – die Verbuchung muss der materiellen Rechtslage entsprechen. Zwar *kann* ein Schuldanerkenntnis von bestimmten, im Abschluss enthaltenen Forderungen mit dem Feststellungsbeschluss verbunden werden. Solche Verträge sind aber rechtlich von dem Feststellungsbeschluss selbst zu unterscheiden.[25]

Am treffendsten ist deshalb u.E. die Einordnung der Feststellung des Jahresabschlusses als sonstige Gesellschafterentscheidung, die nicht zu den Grundlagengeschäften, aber auch nicht zu den Geschäftsführungsmaßnahmen zählt.[26]

Stimmberechtigt bei der Beschlussfassung über die Feststellung des Jahresabschlusses sind sämtliche Gesellschafter, auch Kommanditisten (§ 161 Abs. 2 HGB i.V.m. § 121 HGB).[27] Die weiteren Beschlusserfordernisse (insbesondere das erforderliche Quorum) ergeben sich aus den allgemeinen Vorschriften (§§ 108, 109 ff. HGB n.F.), d.h. primär aus dem Gesellschaftsvertrag.[28] Sieht der Gesellschaftsvertrag eine *allgemeine Mehrheitsklausel* vor, deckt diese regelmäßig auch die Beschlussfassung über die Feststellung des Jahresabschlusses.[29] Die Feststellung des Jahresabschlusses ist

22 Klimke in BeckOK HGB, § 121 Rn. 6.

23 Zutr. Priester in Festschrift für Hadding, 2004, S. 607, 613; Hennrichs in Schäfer, Das neue Personengesellschaftsrecht, § 11 Rn. 50; Dettke, Gewinnthesaurierung und Minderheitenschutz in der Personenhandelsgesellschaft als Konzernobergesellschaft, S. 145 ff., 159; Oswald in Henssler/Strohn, Gesellschaftsrecht, 6. Aufl. 2024, HGB § 121 Rn. 6; Roth in Hopt, HGB § 164 Rn. 3; Pöschke in MünchKomm-HGB, 6. Aufl. 2025, § 121 Rn. 8.

24 OLG Köln, 11.1.2000, 22 U 139/99, ZIP 2000, 1726, 1728; Priester in Festschrift für Hadding, 2004, S. 607, 614.

25 Vgl. Priester in Festschrift für Hadding, 2004, S. 607, 615 f.; Pöschke in MünchKomm-HGB, § 121 Rn. 11.

26 Schäfer in Staub, Großkomm. HGB, § 121 Rn. 4; vgl. Priester in Festschrift für Hadding, 2004, S. 607 ff. (Feststellung als Verbandsentscheidung, Beschluss der Gesellschafter als Organ der Gesellschaft); wohl auch Könen in Koch, Personengesellschaftsrecht, 1. Aufl. 2024, § 121 HGB Rn. 6; K. Schmidt in Festschrift für Röhricht, 2005, S. 511, 524 differenziert zwischen »außergewöhnlichen Geschäften«, »Grundlagengeschäften« und »Organisationsmaßnahmen«.

27 BGHZ 132, 263; BGHZ 170, 283; Roth in Hopt, HGB § 120 Rn. 3; Ulmer in Festschrift für Hefermehl, 1976, S. 207 ff.; Schulze-Osterloh, BB 1995, 2519 ff.

28 BGHZ 132, 263; OLG Hamburg, 09.08.2005, 11 U 203/04, BeckRS 2011, 17233 Rn. 55; Kleindiek in BeckOGK, HGB § 242 Rn. 15.

29 BGHZ 170, 283; Graf von Kanitz in Hachmeister/Kahle/Mock/Schüppen, Bilanzrecht, 2. Aufl. 2020, § 119 HGB Rn 19.

zwar eine wichtige Gesellschafterentscheidung, aber, wie ausgeführt, kein Grundlagengeschäft.[30]

III. Das Eigenkapital der Personenhandelsgesellschaften

1. Eigenkapitalgliederung und Kontenmodelle

Zur Eigenkapitalgliederung in der Bilanz der Personenhandelsgesellschaften enthält das Gesetz nur recht knappe Regelungen in § 247 und in § 264c Abs. 2 HGB. Klar ist, dass auch bei Personenhandelsgesellschaften Eigenkapital und Schulden zu trennen sind (§ 247 Abs. 1 HGB). An die Stelle des »Gezeichneten Kapitals«, das es nur bei Kapitalgesellschaften gibt, treten bei Personenhandelsgesellschaften die Kapitalanteile (§ 264c Abs. 2 [S. 2] HGB).

In der Praxis haben sich hierzu verschiedene, mehr oder weniger differenzierende sog. Kontenmodelle etabliert.[31] Namentlich wird herkömmlich mindestens zwischen einem festen Kapitalkonto I und einem variablen Kapitalkonto II unterschieden, Auszahlungsansprüche der Gesellschafter werden auf »Forderungskonto« (oder »Privatkonto«) verbucht usw. Oft werden noch weitere Unterkonten (etwa zu Rücklagen)[32] gebildet. Zu diesen kautelarisch entwickelten Kontenmodellen hat das MoPeG keine Änderungen gebracht, sie können also weiterhin verwendet werden.[33]

2. Gewinnverwendung bei Personenhandelsgesellschaften

a) Grundlagen

Im gesetzlichen Regelstatut ist für Personenhandelsgesellschaften (anders als bei Kapitalgesellschaften) kein besonderer Beschluss über die Gewinnverwendung vorgesehen. Vielmehr geht das Gesetz von der Vollverteilung (vgl. § 120 Abs. 2 HGB) und Vollausschüttung aus (Vollausschüttungshypothese, arg. § 122 Abs. 1 HGB).[34]

Allerdings ist das Innenrecht der Personengesellschaften, zu denen auch §§ 120 – 122 HGB zählen, nach wie vor dispositiv (§ 108 HGB). Es ist den Gesellschaftern

30 BGHZ 170, 283; Priester, DStR 2008, 1386, 1390; Oswald in Henssler/Strohn, Gesellschaftsrecht, HGB § 121 Rn. 5; Hennrichs in Schäfer, Das neue Personengesellschaftsrecht, § 11 Rn. 49; a.A. Schulze-Osterloh in Festschrift für Hadding, 2004, S. 637, 647 f.

31 Dazu statt aller Hennrichs/Pöschke in Handbuch des Jahresabschlusses, 85. Lieferung, 5/2024, Abt. III/1 Rn. 63 ff. m.w.N.

32 Hennrichs/Pöschke in Handbuch des Jahresabschlusses, Abt. III/1 Rn. 67; Hennrichs in Schäfer, Das neue Personengesellschaftsrecht, § 11 Rn. 39 f.

33 Hennrichs in Schäfer, Das neue Personengesellschaftsrecht, § 11 Rn. 38; Schüppen in Festschrift für Wacker, 2025, S. 83, 86.

34 Hennrichs in Schäfer, Das neue Personengesellschaftsrecht, § 11 Rn. 16; Schüppen in Festschrift für Wacker, 2025, S. 83, 87.

daher unbenommen, entweder schon im Gesellschaftsvertrag einen besonderen Gewinnverwendungsbeschluss vorzusehen (was grundsätzlich empfehlenswert ist)[35] oder über die Gewinnverwendung *ad hoc* zu beschließen.[36] Praktisch relevant ist Letzteres vor allem, wenn abweichend vom Regelfall der Gewinn (ganz oder teilweise) einbehalten werden oder eine von der üblichen Aufteilung abweichende Gewinnverteilung beschlossen werden soll.[37]

b) Insbes. der Gewinnanspruch des Gesellschafters im Jahresabschluss der Gesellschaft

aa) Kautelarische Regeln zu Gesellschafterkonten, Gewinnverteilung und Gewinnverwendung: Sieht der Gesellschaftsvertrag besondere Vorschriften zur Gewinnverteilung und Gewinnverwendung vor, gelten diese vorrangig (§ 108 HGB). Ist etwa im Gesellschaftsvertrag bestimmt, dass für jeden Gesellschafter ein Kapitalkonto I und II geführt wird, das Kapitalkonto I dabei ein Festkonto ist und Kapitalkonto II Gewinnanteile und Entnahmen aufnehmen soll,[38] so ist eben in dieser Weise zu verfahren. Gewinnanteile sind dann also dem Kapitalkonto II gutzuschreiben. Das ist in der Bilanz der Gesellschaft Teil des Eigenkapitals (§ 264c Abs. 2 HGB). Dabei bleibt es selbst dann, wenn Guthaben auf dem Kapitalkonto II nach dem Gesellschaftsvertrag jederzeit entnehmbar sein sollen.[39] Denn das Kapitalkonto II ist nur ein Unterkonto der Kapitalanteile (§ 264c Abs. 2 S. 1 Nr. 1 HGB) und nimmt damit an Verlusten teil. Zur Umbuchung der Beträge auf ein Forderungskonto (Privatkonto) der Gesellschafter, die aus Sicht der Gesellschaft Schulden darstellen, kommt es bei dieser Sachlage erst mit Geltendmachung des Auszahlungsanspruchs durch den jeweiligen Gesellschafter.

Sieht der Gesellschaftsvertrag eine besondere Beschlussfassung über die Gewinnverwendung vor, so ist (wie bei Kapitalgesellschaften) im aufgestellten Jahresabschluss zunächst ein unverteilter Jahresüberschuss (oder Bilanzgewinn, wenn ein Gewinn- oder Verlustvortrag aus dem Vorjahr zu verrechnen war) auszuweisen.[40] Der Gewinnauszahlungsanspruch entsteht dann erst aufgrund des Beschlusses und ist entsprechend erst in laufender Rechnung des Folgejahres (Jahr der Beschlussfassung) auf Auszahlungsverbindlichkeiten zu buchen.[41]

35 Hennrichs in Schäfer, Das neue Personengesellschaftsrecht, § 11 Rn. 20 m.w.N.
36 Hennrichs in Schäfer, Das neue Personengesellschaftsrecht, § 11 Rn. 19 f.; Schüppen in Festschrift für Wacker, 2025, S. 83, 87, 94.
37 Schüppen in Festschrift für Wacker, 2025, S. 83, 85 ff. mit anschaulichem Beispiel. Dort (S. 89 ff.) auch mit dem zutreffenden Plädoyer, eine handelsrechtlich wirksam beschlossene Gewinnverteilung auch steuerlich anzuerkennen.
38 Beispiel in Anlehnung an Schüppen in Festschrift für Wacker, 2025, S. 83, 85.
39 Schüppen in Festschrift für Wacker, 2025, S. 83, 88. Insoweit besteht zwischen Schüppen und der hier vertretenen Ansicht kein Dissens.
40 IDW RS FAB 7 Tz. 48.
41 Hennrichs in Schäfer, Das neue Personengesellschaftsrecht, § 11 Rn. 46, 67.

bb) Gesetzliches Regelmodell: §§ 120 Abs. 2, 122 Abs. 1 HGB: Für Kontroversen sorgt die Verbuchung der Gewinnansprüche der Gesellschafter im Jahresabschluss der Gesellschaft dagegen nach dem gesetzlichen Regelmodell, wenn also der Gesellschaftsvertrag dazu keine vorrangig anwendbaren Kautelen enthält. Die gesetzliche (Neu-)Regelung in §§ 120 Abs. 2, 122 Abs. 1 HGB ist nicht ganz glücklich geraten.

Einerseits bestimmt § 120 Abs. 2 HGB, dass der einem Gesellschafter zukommende Gewinn dem Kapitalanteil des Gesellschafters zugeschrieben wird. Dieser ist, wie sich aus § 264c Abs. 2 HGB ergibt, in der Bilanz der Gesellschaft Teil des Eigenkapitals. Andererseits normiert § 122 Abs. 1 HGB, dass jeder Gesellschafter aufgrund des festgestellten Jahresabschlusses einen *Anspruch* auf Auszahlung seines ermittelten Gewinnanteils hat, und zwar *ex lege*, also ohne, dass es einer besonderen Geltendmachung des »Entnahmerechts« oder des Auszahlungsanspruchs bedürfte.[42] Ansprüche der Gesellschafter sind aus Sicht der Gesellschaft deren *Schulden* und gem. § 247 Abs. 1 HGB vom Eigenkapital gesondert auszuweisen.

Man kann beide auf den ersten Blick widersprüchlichen Anordnungen dadurch zusammenbringen, dass man die zeitliche Reihenfolge der notwendigen Schritte zur Entstehung des Auszahlungsanspruchs streng wortlautgetreu beachtet: § 120 Abs. 1 HGB ist so verstanden zunächst nur auf die (Auf- und) Feststellung des Jahresabschlusses bezogen. Hierbei wären die Gewinnanteile dann noch den Kapitalanteilen der Gesellschafter zuzuschreiben. Der Gewinnanspruch jedes Gesellschafters entsteht demgegenüber erst »aufgrund des festgestellten Jahresabschlusses« (§ 122 Abs. 1 HGB), also erst im nächsten Geschäftsjahr, weil erst dann die Feststellung des Jahresabschlusses durch Beschluss der Gesellschafter (§ 121 HGB) geschieht. So verstanden käme es also zu einer *phasenverschobenen* Umbuchung auf ein Forderungskonto erst im nächsten Geschäftsjahr.[43] Ein solches Verständnis entspricht dem Modell der Kapitalgesellschaften und hat den Wortlaut der §§ 120, 122 HGB für sich.[44]

Man kann allerdings fragen, ob eine solche Vorgehensweise die wirtschaftlichen Verhältnisse der Gesellschaft sachgerecht abbildet.[45] Denn für das gesetzliche Regelmodell, das gilt, wenn die Gesellschafter keine andere Klausel im Gesellschaftsvertrag vorgesehen haben und auch nichts anderes *ad hoc* beschließen, normiert § 122 Abs. 1 HGB, dass die Gesellschafter Auszahlungsansprüche haben. Diese entstehen zwar rechtlich erst »aufgrund der Feststellung« des Jahresabschlusses und damit im Folgejahr. Dennoch schließt das eine phasengleiche Bilanzierung der

42 Bochmann in Ebenroth/Boujong, HGB, 5. Aufl. 2024, § 122 Rn. 1, 8, 12 f.; Hennrichs in Schäfer, Das neue Personengesellschaftsrecht, § 11 Rn. 16, 33 f., 58.

43 So Mock, GmbHR 2023, 1066, 1068; ders. in Röhricht/Graf von Westphalen/Haas/Mock/Wöstmann, HGB, 6. Aufl. 2023, § 122 Rn. 11.

44 Dezidiert dafür deshalb Mock, GmbHR 2023, 1066, 1068. Noch anders (Umbuchung auf Fremdkapital erst mit Geltendmachung der Auszahlung) Schüppen in Festschrift für Wacker, 2025, S. 83, 87 f.

45 Zum Folgenden bereits Hennrichs in Schäfer, Das neue Personengesellschaftsrecht, § 11 Rn. 45, 63 ff.; *Schäfer*, WPg 2021, 981, 984; ausführlich Graf von Kanitz in Hachmeister/Kahle/Mock/Schüppen, Bilanzrecht, 4. Aufl. 2024, § 120 HGB Rn. 32 ff., 38 ff. Für die Praxis s. IDW RS FAB 7 Tz. 47.

Auszahlungsansprüche unter den Auszahlungsverbindlichkeiten der Gesellschaft bereits im (auf- und) festgestellten Jahresabschluss nicht schlechthin aus.[46] Das lässt sich zum einen auf § 268 Abs. 5 S. 3 HGB stützen, der bei Kapitalgesellschaften (und Personenhandelsgesellschaften i.S.d. § 264a HGB) den Ausweis von Verbindlichkeiten vorsieht, die erst nach dem Abschlussstichtag rechtlich entstehen.[47] Warum die Bilanzierung bei Personenhandelsgesellschaften mit natürlichen Personen als Vollhafter insoweit strenger sein soll als die Bilanzierung bei haftungsbeschränkten Rechtsformen, wäre nicht einzusehen.[48] Dafür lässt sich zum anderen der Gesichtspunkt der wirtschaftlichen Betrachtungsweise anführen[49] (Art. 6 Abs. 1 lit. h der Bilanzrichtlinie), der bei der teleologischen Auslegung der Bilanzierungsvorschriften zu berücksichtigen ist.[50] Denn der phasengleiche Ausweis des (rechtlich künftigen) Auszahlungsanspruchs entspricht der wirtschaftlichen Lage der Gesellschaft besser als der wortlautgetreue phasenverschobene Ausweis.[51] Dass dies eine umfassende Koordinierung des geschäftsführenden Gesellschafters mit allen Gesellschaftern bereits bei der Aufstellung nötig machen würde,[52] ist nicht zu befürchten. Zum einen geht es hier nur um die Personengesellschaften, die für §§ 120 – 122 HGB dem gesetzlichen Modell unterliegen, und bei Gesellschaften mit größerer Gesellschafterzahl dürften praktisch durchweg ausführliche Gesellschaftsverträge anzutreffen sein. Zum anderen wären anderslautende Verwendungsentscheidungen der Gesellschafter ohnehin nicht präjudiziert, denn sie können im Zuge der Feststellung oder später Abweichendes beschließen.[53]

Ein phasengleicher Ausweis der rechtlich im Folgejahr entstehenden Gewinnansprüche unter den Schulden bereits im festgestellten Jahresabschluss entspräche

46 IDW RS FAB 7 Tz. 47; Bochmann in Ebenroth/Boujong, HGB, § 120 Rn. 74; Graf von Kanitz in Hachmeister/Kahle/Mock/Schüppen, Bilanzrecht, § 120 HGB Rn. 29 ff., 38 ff., § 122 HGB Rn. 17; Hennrichs in Schäfer, Das neue Personengesellschaftsrecht, § 11 Rn. 45, 63 ff.; Schäfer, WPg 2021, 981, 984. A.A. Mock, GmbHR 2023, 1066, 1068; Mock in Röhricht/Graf von Westphalen/Haas/Mock/Wöstmann, HGB, § 122 Rn. 11.

47 Dazu Schubert in Beck'scher Bilanzkomm., 14. Aufl. 2024, § 268 HGB Rn. 41 f.; Suchan in BeckOGK, 1.9.2024, HGB § 268 Rn. 40. Diskutiert wird das für nicht auf Vertrag beruhende Verlustübernahmeverpflichtungen. Für vertraglich begründete »Aufwendungen vor dem Abschlussstichtag, welche erst nach diesem Tag zu Ausgaben führen«, ist ein passive Rechnungsabgrenzungsposten zu bilden. Sie sind zwar in einer andere Passivposition, aber dennoch außerhalb des Eigenkapitals zu bilden und erfassen regelmäßig rechtlich entstandene Schulden, die nur noch nicht fällig sind (vgl. Schubert in Beck'scher Bilanzkomm., 14. Aufl. 2024, § 268 HGB Rn. 41 f.)

48 Zust. Graf von Kanitz in Hachmeister/Kahle/Mock/Schüppen, Bilanzrecht, § 120 HGB Rn. 42.

49 Schäfer, WPg 2021, 981, 984; Oswald in Henssler/Strohn, Gesellschaftsrecht, § 122 HGB Rn. 13.

50 Vgl. AKBR, BB 2014, 2731, 2732 f.; dies., NZG 2014, 892, 894.

51 Zutr. Schäfer, WPg 2021, 981, 984; Oswald in Henssler/Strohn, Gesellschaftsrecht, § 122 HGB Rn. 13; Bochmann in Ebenroth/Boujong, HGB, § 120 Rn. 74.

52 So ein weiterer Einwand von Mock, GmbHR 2023, 1066, 1068.

53 Hennrichs in Schäfer, Das neue Personengesellschaftsrecht, § 11 Rn. 66; Pöschke in MünchKomm-HGB, § 121 Rn. 28.

außerdem der bisherigen Praxis der Verbuchung von Gewinnanteilen der Kommanditisten, deren Auszahlung verlangt werden kann (weil die bedungene Einlage gedeckt ist, vgl. § 167 Abs. 2 HGB a.F.). Diese werden unmittelbar dem sog. Privatkonto gutgeschrieben, das Fremdkapitalcharakter hat,[54] obwohl die Ansprüche rechtlich erst aufgrund des festgestellten Jahresabschlusses entstehen. Das neue Recht will die persönlich haftenden Gesellschafter und die Kommanditisten hinsichtlich der Gewinnansprüche gleichstellen[55] – für beide Gruppen von Gesellschaftern gilt künftig einheitlich § 122 HGB (für Kommanditisten i.V.m. §§ 161 Abs. 2, 169 HGB). Daher liegt es nahe, in Zukunft auch für die Verbuchung der Gewinnansprüche der persönlich haftenden Gesellschafter an die bislang geübte Praxis für Kommanditisten anzuknüpfen.[56]

Allerdings: Angesichts des Wortlauts des Gesetzes, der für eine phasenverschobene Verbuchung der Auszahlungsansprüche im Folgeabschluss spricht, wird man einen phasengleichen Ausweis der künftigen Auszahlungsansprüche im Fremdkapital des festgestellten Abschlusses nur wahlweise erlauben[57] (arg. § 252 Abs. 2 HGB), aber nicht zwingend vorschreiben können. Denn man wird es einer Gesellschaft nicht als Bilanzfehler entgegenhalten können, wenn sie sich bei der Bilanzierung am Wortlaut des Gesetzes orientiert. Dieses implizite (Ansatz-)Wahlrecht wäre sodann stetig und einheitlich auszuüben (§ 246 Abs. 3 i.V.m. 252 Abs. 1 Nr. 6 HGB), also auch in künftigen Geschäftsjahren als Ansatzmethode beizubehalten,[58] was einem willkürlichen Hin und Her entgegensteht.

Freilich dürfte der Streit praktisch keine sehr große Bedeutung haben. Denn die meisten Personengesellschaften von wirtschaftlicher Bedeutung haben Gesellschaftsverträge, die die Gewinnverteilung und -verwendung regeln. Dann gehen diese Regeln vor (§ 108 HGB, s.o.).

c) Bedeutung der Geltendmachung des Auszahlungsanspruchs

Kontrovers diskutiert wird ferner, welche Bedeutung die Geltendmachung des Auszahlungsanspruchs nach neuem Recht hat. Im alten Recht galt, dass persönlich haftende Gesellschafter die Auszahlung geltend machen mussten, um den Auszahlungsanspruch als von der Mitgliedschaft getrenntes Forderungsrecht zu begründen; vorher war der Gewinnanteil dem Kapitalanteil zuzuschreiben und nahm an Verlusten teil.

54 IDW RS FAB 7 Tz. 47; Graf von Kanitz, WPg 2003, 324, 333; Hennrichs/Pöschke in Handbuch des Jahresabschlusses, Abt. III/1 Rn. 93.

55 Schäfer, WPg 2021, 981, 985.

56 Ebenso IDW RS FAB 7 Tz. 47; Pöschke in MünchKomm-HGB, § 121 Rn. 28.

57 Hennrichs in Schäfer, Das neue Personengesellschaftsrecht, § 11 Rn. 63 (»Denkbar und zulässig erscheint«). Wohl strikter IDW RS FAB 7 Tz. 47 (»Ohne abweichende gesellschaftsvertragliche Vereinbarung ist, da ausweislich der Gesetzesmaterialien zum MoPeG vom Prinzip der Vollausschüttung auszugehen ist, bereits zum Abschlussstichtag der Gewinnanteil eines persönlich haftenden Gesellschafters als Verbindlichkeit zu erfassen«).

58 Hennrichs in BeckOGK, 15.9.2024, HGB § 246 Rn. 254 f. m.w.N.

Erst die Geltendmachung des Auszahlungsanspruchs bewirkte die Umwandlung des betreffenden Kapitalguthabens in eine (selbständige, von der Mitgliedschaft abgespaltene) Forderung des Gesellschafters.[59] Die Geltendmachung der Auszahlung musste dabei spätestens bis zur Feststellung des nächsten Jahresabschlusses erfolgen. Geschah dies nicht, hatte es mit §§ 120 Abs. 2, 122 Abs. 2 HGB a.F. sein Bewenden, d.h. blieb der Betrag auf dem Kapitalkonto und bestand insoweit sogar ein Entnahmeverbot (wenn nicht alle Gesellschafter einwilligten).[60] *Priester* sprach insoweit anschaulich von »eingemauertem Kapital« der persönlich haftenden Gesellschafter, wenn sie nicht rechtzeitig die Auszahlung geltend machten.[61] Für Kommanditisten war das schon früher anders geregelt. Gem. § 167 Abs. 2 HGB a.F. wurde der einem Kommanditisten zukommende Gewinnanteil seinem Kapitalanteil nur so lange zugeschrieben, als dieser den Betrag der bedungenen Einlage nicht erreicht. War die bedungene Einlage gedeckt, wurden weitere Gewinnanteile den Kommanditisten von vornherein auf Forderungskonto gutgeschrieben, und zwar ohne, dass es insoweit einer besonderen Geltendmachung bedurfte.[62]

Nach neuem Recht werden persönlich haftende Gesellschafter und Kommanditisten für die Gewinnansprüche gleichgestellt,[63] für beide gelten einheitlich §§ 120 – 122 HGB (für Kommanditisten i.V.m. §§ 161 Abs. 2, 169 HGB). Danach entsteht für beide Gruppen von Gesellschaftern aufgrund des festgestellten Jahresabschlusses ohne Weiteres ein Anspruch auf Auszahlung des ermittelten Gewinnanteils. Dieser Anspruch ist aus Sicht der Gesellschaft eine Auszahlungsverbindlichkeit (bei der man nur fragen kann, *wann* sie als solche, d.h. unter den Schulden der Gesellschaft, im Jahresabschluss der Gesellschaft auszuweisen ist; der Schuldcharakter selbst sollte aber angesichts des klaren Gesetzeswortlauts außer Zweifel stehen).

Nach einer im Schrifttum vertretenen Meinung,[64] die sich auf die Regierungsbegründung stützt,[65] soll die Geltendmachung des Anspruchs künftig weiterhin wenigstens für die *Fälligkeit* des Anspruchs relevant bleiben; ohne Geltendmachung des Anspruchs also keine Fälligkeit. *Schüppen* will daraus dann sogar die Folgerung ableiten, der Anspruch sei erst mit Geltendmachung im Jahresabschluss der Gesellschaft als Auszahlungsverbindlichkeit auszuweisen, bis dahin bleibe er dem Kapitalanteil zugeschrieben.

59 Statt aller noch zur alten Rechtslage Schäfer in Großkomm. HGB, 5. Aufl. 2009, § 120 Rn. 46, § 121 Rn. 6, § 122 Rn. 5; Priester in MünchKomm-HGB, 5. Aufl. 2022, § 121 Rn. 12; Hennrichs/Pöschke in Handbuch des Jahresabschlusses, Abt. III/1 Rn. 60 f.

60 Hennrichs/Pöschke in Handbuch des Jahresabschlusses, Abt. III/1 Rn. 60 m.w.N.

61 Priester in MünchKomm-HGB, § 120 Rn. 107, § 122 Rn. 32.

62 Statt aller Hennrichs/Pöschke in Handbuch des Jahresabschlusses, Abt. III/1 Rn. 92 ff. m.w.N.

63 Hennrichs in Schäfer, Das neue Personengesellschaftsrecht, § 11 Rn. 45 m.w.N.; Pöschke in MünchKomm-HGB, § 121 Rn. 14.

64 Schüppen in Festschrift für Wacker, 2025, S. 83, 88; Mock in Röhricht/Graf von Westphalen/Haas/Mock/Wöstmann, HGB, § 122 Rn. 5; Schäfer in Staub, Großkomm. HGB, § 122 Rn. 6.

65 BT-Drucks. 19/27635, 240.

U.E. ergibt sich die Fälligkeit des Anspruchs gem. § 122 HGB indessen mangels handelsrechtlicher Sonderregelung aus der allgemeinen Vorschrift des Bürgerlichen Rechts gem. § 271 Abs. 1 BGB.[66] D.h. der Anspruch ist *sofort* fällig, wenn nichts anderes vereinbart ist, was durch Auslegung zu ermitteln ist. Die Auslegung des Gesellschaftsvertrags kann ergeben, dass die Fälligkeit des Gewinnauszahlungsanspruchs bis zur Geltendmachung durch die Gesellschafter aufgeschoben sein soll. Aber wenn sich dafür keine Anhaltspunkte finden lassen, bleibt es bei der gesetzlichen Regelung der sofortigen Fälligkeit. Die Fälligkeit ist hier wie sonst von dem Tatumstand der Geltendmachung der Forderung zu unterscheiden.

Selbst wenn man das anders sehen wollte, wäre die noch fehlende Fälligkeit des Auszahlungsanspruchs aber ohnehin kein Hindernis für die Bilanzierung der Verbindlichkeit der Gesellschaft.[67] Denn wenn gem. § 268 Abs. 5 S. 3 HGB selbst rechtlich erst nach dem Abschlussstichtag entstehende Verbindlichkeiten passiviert werden können, dann muss das erst recht für schon entstandene, nur noch nicht fällige Verbindlichkeiten gelten.[68] Ob solche rechtlich entstandenen Schulden, die nur noch nicht fällig sind, unter den (künftigen) Verbindlichkeiten[69] oder unter einem anderen Passivposten ausgewiesen werden – denkbar sind alternativ der Ausweis als Rückstellung oder als passiver Rechnungsabgrenzungsposten[70] – bleibt sich für den vorliegenden Zusammenhang gleich. Jedenfalls handelt es sich um Posten außerhalb des Eigenkapitals der Gesellschaft.

Überhaupt sollte man bei §§ 120 – 122 HGB u.E. nicht mehr von »Entnahmerecht« sprechen.[71] Das neue Recht hat diese dogmatisch eigentümliche Zwischenstufe, die nach altem Recht dem Gewinnauszahlungsanspruch vorgelagert war, bewusst aufgegeben.[72] Das Gesetz formuliert mit Bedacht »Anspruch auf Auszahlung«, und dabei sollte man es auch belassen.

Kurzum: Man mag darüber streiten, ob die Auszahlungsansprüche der Gesellschafter gem. § 122 HGB schon im festgestellten Jahresabschluss der Gewinnentstehung

66 Hennrichs in Schäfer, Das neue Personengesellschaftsrecht, § 11 Rn. 17; Graf von Kanitz in Hachmeister/Kahle/Mock/Schüppen, Bilanzrecht, § 120 HGB Rn. 48, § 122 HGB Rn. 13; Pöschke in MünchKomm-HGB, § 121 Rn. 18. Ebenso wohl Mock, GmbHR 2023, 1066, 1073: »Mit der Entstehung durch Rechnungslegung liegt auch die Fälligkeit dieses Anspruchs vor«, (dort allerdings bezogen auf die GbR).

67 Statt aller Hennrichs in BeckOGK, § 246 HGB Rn. 106 (für einredebehaftete Verbindlichkeiten) und Rn. 48 (für betagte Forderungen); Schubert in Beck'scher Bilanzkomm., § 247 HGB Rn. 182 ff.

68 Vgl. Schubert in Beck'scher Bilanzkomm., § 268 HGB Rn. 42.

69 Dafür W. Knop in Küting/Weber, Handbuch der Rechnungslegung, § 268 HGB Rn. 217, Stand 36. EL 06/2022.

70 Vgl. Schubert in Beck'scher Bilanzkomm., § 268 HGB Rn. 41 f.

71 Vgl. Pöschke in MünchKomm-HGB, § 121 Rn. 10 ff. Anders nach wie vor Schüppen in Festschrift für Wacker, 2025, S. 83, 87 ff.

72 BT-Drucks. 19/27635, 240; Bochmann in Ebenroth/Boujong, HGB, § 122 Rn. 1, 8, 12; Schäfer, WPg 2021, 981, 984; Hennrichs in Schäfer, Das neue Personengesellschaftsrecht, § 11 Rn. 58.

phasengleich[73] oder erst im Folgejahr phasenverschoben als Verbindlichkeiten der Gesellschaft auszuweisen sind;[74] u.E. sollte insoweit ein bilanzielles Wahlrecht angenommen werden, weil sich für beide Bilanzierungsvarianten gute Gründe anführen lassen.[75] Sie aber selbst noch in dem oder den Folgejahren bei den Kapitalanteilen zuzuordnen, solange die Gesellschafter die Auszahlung nicht geltend gemacht haben,[76] verstößt, wenn die Gesellschafter keine abweichende Vereinbarung getroffen haben, gegen § 122 HGB, damit zugleich gegen den in § 247 Abs. 1 HGB vorgeschriebenen gesonderten Ausweis von Eigenkapital und Schulden und birgt daher sogar das Risiko, dass der Jahresabschluss der Gesellschaft als nichtig zu beurteilen ist.

Abzulehnen ist ferner die vereinzelt vorgetragene Ansicht,[77] auch nach neuem Recht unterlägen nicht rechtzeitig zur Auszahlung geltend gemachte Ansprüche bei persönlich haftenden Gesellschaftern wie bisher einer Entnahmesperre.[78] Der Anspruch gem. § 122 HGB ist, wie ausgeführt, ein Forderungsrecht des Gesellschafters, das von der Mitgliedschaft abgespalten ist.[79] Das Stehenlassen von Ansprüchen bewirkt für sich genommen keine Umwandlung in Eigenkapital.[80] Zwar kann eine Forderung eingelegt und zu einer Eigenkapitalposition umgewandelt werden – aus Sicht der Gesellschaft ist das dann ein sog. »debt-equity-swap«. Denkbar wären z.B. eine Einlage zur Erhöhung des Kapitalanteils (was aber regelmäßig nur mit Zustimmung der anderen Gesellschafter zulässig ist), aber auch sonstige Zuzahlungen in das Eigenkapital (vgl. § 272 Abs. 2 Nr. 4 HGB), die das Beteiligungsverhältnis der Gesellschafter unberührt lassen sollen. Aber jedenfalls erfordert eine Umwandlung des Auszahlungsanspruchs in Eigenkapital der Gesellschaft einen darauf gerichteten (wirksamen) Rechtsakt, der nicht in ein passives Nichtstun (Stehenlassen) hineingelesen werden darf.

73 So IDW RS FAB 7 Tz. 47; Schäfer, WPg 2021, 981, 984; Graf von Kanitz in Hachmeister/Kahle/Mock/Schüppen, Bilanzrecht, § 120 HGB Rn. 29 ff., 38 ff., § 122 HGB Rn. 17; Bochmann in Ebenroth/Boujong, HGB, § 122 Rn. 74.

74 So Mock, GmbHR 2023, 1066, 1068.

75 Hennrichs in Schäfer, Das neue Personengesellschaftsrecht, § 11 Rn. 45, 63 ff.

76 So Schüppen in Festschrift für Wacker, 2025, S. 83, 87 ff.

77 Könen in Koch, Personengesellschaftsrecht, § 122 HGB Rn. 6; Klimke in BeckOK HGB, § 122 Rn. 5.1, 7.

78 Zutr. Schäfer, WPg 2021, 981, 984; ders. in Schäfer, Das neue Personengesellschaftsrecht, § 6 Rn. 73; Hennrichs, ebda., § 11 Rn. 18; AKBR, ZIP-Beil. 2/2021, 3, 18; Graf von Kanitz in Hachmeister/Kahle/Mock/Schüppen, Bilanzrecht, § 122 HGB Rn. 13, 16; Bochmann in Ebenroth/Boujong, HGB, § 122 Rn. 1; Mock in Röhricht/Graf von Westphalen/Haas/Mock/Wöstmann, HGB, § 122 Rn. 12. Wie hier insoweit auch Schüppen in Festschrift für Wacker, 2025, S. 83, 89, Fn. 40.

79 So eigentlich auch Könen in Koch, Personengesellschaftsrecht, § 122 HGB Rn. 5 selbst, der dann aber dennoch in Rn. 6 die damit unvereinbare Schlussfolgerung ziehen möchte.

80 Zutr. Graf von Kanitz in Hachmeister/Kahle/Mock/Schüppen, Bilanzrecht, § 122 HGB Rn. 16 m.w.N. Ferner Oswald in Henssler/Strohn, Gesellschaftsrecht, § 122 HGB Rn. 11.

V. Zusammenfassung

Die Entstehung eines rechtsverbindlichen Jahresabschlusses durchläuft auch bei Personenhandelsgesellschaften verschiedene Phasen: Die Aufstellung des Jahresabschlusses obliegt den geschäftsführenden Gesellschaftern (§ 120 Abs. 1 HGB). Der aufgestellte Abschluss ist ein rechtlich noch unverbindlicher Entwurf. Erst die Feststellung bewirkt die Rechtsverbindlichkeit des Jahresabschlusses. Sie erfolgt durch einen Beschluss aller Gesellschafter, einschließlich der Kommanditisten (§ 121 HGB).

Es handelt sich bei der Feststellung des Jahresabschlusses weder um ein sog. Grundlagengeschäft noch um eine bloße Geschäftsführungsmaßnahme, sondern um eine Willensentscheidung der Gesellschafter (sonstige Organentscheidung).

Die Feststellung bewirkt die Verbindlicherklärung des Jahresabschlusses, entfaltet aus sich heraus aber keine weiteren zivilrechtlichen Wirkungen. Insbesondere liegt im Feststellungsbeschluss nicht zugleich ein Schuldanerkenntnis bezogen auf die im Abschluss bilanzierten Forderungen und Verbindlichkeiten. Die Bilanz dokumentiert die Geschäftsvorfälle, sie schafft sie aber nicht. Zwar kann ein Schuldanerkenntnis mit dem Feststellungsbeschluss verbunden werden; solche Verträge sind aber rechtlich von dem Feststellungsbeschluss selbst zu unterscheiden.

Das HGB geht auch nach dem MoPeG für Personenhandelsgesellschaften weiterhin von einer vollständigen Verteilung und Ausschüttung des Gewinns aus (»Vollausschüttungshypothese«). Ein gesonderter Beschluss über die Gewinnverwendung ist im gesetzlichen Regelfall nicht nötig, kann aber im Gesellschaftsvertrag vorgesehen oder auch ad-hoc neben der Feststellung des Jahresabschlusses gefasst werden.

Die Verbuchung der Gewinnansprüche nach dem gesetzlichen Modell ist umstritten. Nach den §§ 120 Abs. 2, 122 Abs. 1 HGB (i.d.F. durch das MoPeG) sprechen gute Gründe (wirtschaftliche Betrachtungsweise, Analogie zu § 268 Abs. 5 S. 3 HGB, Angleichung an die bisherige Praxis bei Kommanditisten) dafür, Gewinnansprüche der Gesellschafter im Jahresabschluss der Gewinnentstehung phasengleich als Verbindlichkeiten der Gesellschaft zu verbuchen. Angesichts des Wortlauts des Gesetzes ist allerdings auch eine phasenverschobene Verbuchung der Auszahlungsansprüche erst im Folgeabschluss zulässig. Da sich für beide Bilanzierungsalternativen gute Gründe anführen lassen, sollte ein bilanzielles Wahlrecht angenommen werden, das stetig ausgeübt werden muss.

Nach neuem Recht entsteht der Gewinnanspruch (§ 122 HGB) für alle Gesellschafter, auch für persönlich haftende, kraft Gesetzes mit der Feststellung des Jahresabschlusses als Forderungsrecht. Eine Geltendmachung ist für die Entstehung des Anspruchs nicht mehr erforderlich. Das Stehenlassen des Anspruchs führt nicht zu dessen Umwandlung in Eigenkapital oder zu einer »Entnahmesperre«; eine solche Umwandlung bedarf eines gesonderten Rechtsaktes.

Auch für die Fälligkeit der Gewinnauszahlungsansprüche bedarf es nach neuem Recht keiner gesonderten Geltendmachung. Mangels einer Sonderregelung im HGB ist der Gewinnanspruch gemäß § 271 Abs. 1 BGB sofort fällig, sofern der Gesellschaftsvertrag keine abweichende Regelung trifft. Die Geltendmachung ist von der Fälligkeit zu unterscheiden.

Parteienrecht zwischen Vereins-, Gesellschafts- und Kapitalmarktrecht

Heribert Hirte

I. Prolog

Der Verfasser dieser Zeilen hat sein berufliches Leben an zwei doch recht unterschiedlichen Wirkungsstätten verbracht – in der Universität und in der Politik. Zwischen beiden gibt es – auf den ersten Blick – nur wenige Berührungspunkte: In der Universität legt man in der Regel großen Wert darauf, völlig unpolitisch und rein wissenschaftlich zu arbeiten, während umgekehrt in der Politik durchaus die Vorstellung vorherrscht, dass man (rechts-)wissenschaftliche Erkenntnisse nicht wirklich brauche. Letzteres zeigt sich etwa in den sogenannten Sachverständigenanhörungen im Deutschen Bundestag, zu denen der Verfasser deshalb – auch durch öffentliche Diskussionen ausgelöst – an anderer Stelle ausführlich erläutert hat, dass der dortige Diskurs nicht frei von politischen Mehrheiten und Interessen ist, diese vielmehr umgekehrt – und beabsichtigt – deren Verlauf bestimmen.[1] An anderer Stelle hat der Verfasser darauf verwiesen, dass der zentrale Unterschied zwischen (Rechts-)Wissenschaft und Politik darin liege, dass es in der Politik entscheidend auf die Mehrheit ankomme, mag das hinter ihr stehende Sachargument den (Rechts-)Wissenschaftler auch nicht überzeugen.[2]

Tatsächlich ist die Grenzziehung (natürlich) gar nicht so scharf wie sie scheint, auch wenn es – im Übrigen auch für die Justiz – zum guten Ton gehört, so zu tun, als ob das eine mit dem anderen nichts zu tun hätte. Deshalb ist es dem Verfasser insbesondere auch als Wissenschaftler ein Anliegen, diese Querbeziehungen aufzuzeigen und vor allem ins Bewusstsein auch der juristischen Fachöffentlichkeit zu rücken.[3] Jens Ekkenga gehört zu den Kollegen, die immer nachdrücklich Interesse an diesen Querbeziehungen gezeigt haben. Deshalb möchte der Verfasser die Gelegenheit

1 Zur Einordnung der sog. Sachverständigenanhörungen im Deutschen Bundestag etwa Hirte, Was erwartet die Politik von Anhörungen? in Jahrbuch des öffentlichen Rechts der Gegenwart. N.F. Bd. 71 (2023), S. 437–450.

2 Hirte, Das Gesellschaftsrecht und die Politik, in Recht und Gesetz, Festschrift für Seibert, 2019, S. 345, 350 (verkürzt auch in Das Gesellschaftsrecht und die Politik. Große Rechtsreformen wollen vorbereitet sein, wie der Gesetzgeber zu Ergebnissen kommt, AnwBl 9/2020, S. 476, 477; ders. (Interview mit Jochen Brenner), AnwBl 7+8/2022, S. 391, 392.

3 Siehe neben den schon in Fn. 2 genannten Nachweisen vor allem Hirte, Wer »setzt das Recht« im Gesellschaftsrecht? Unabhängigkeitsfragen bei Stakeholdern im Gesetzgebungsprozess, in Festschrift für Heidel, 2021, S. 57 ff.

nutzen, an dieser Stelle einige weitere solcher Querbeziehungen aufzudecken – und damit auch Anregungen für weitere Überlegungen zu liefern. Letztlich geht es um die Frage, welche Gemeinsamkeiten und Unterschiede zwischen Parteien (als – rechtlich gesehen – Vereinen) und Gesellschaften bestehen. Der Bogen ist dabei von deren Stellung im Prozessrecht (II.) über ihre Rechnungslegung (III.) und die Einordnung ihrer (Wahl-)Programme (IV.) bis zu den Grenzen der richterlichen Inhaltskontrolle ihrer Satzungen (V.) gespannt. Dabei wird – ganz bewusst – darauf verzichtet, den theoretischen Unterbau zu allen Gedanken zu liefern; die umfangmäßigen Grenzen für diesen Beitrag ebenso wie die Aufnahmekapazitäten des Geehrten setzen hier (natürliche) Grenzen.

II. Parteien im (Zivil)Prozess

1. Parteien als Vereine

Parteien sind (zumeist nicht in das Vereinsregister eingetragene) Vereine.[4] Das gilt auch für ihre Gebietsverbände oder viele ihrer sonstigen Unterorganisationen.[5] Sie betreffende Rechtsstreitigkeiten ressortieren daher im Grundsatz bei den für das Gesellschaftsrecht zuständigen Spruchkörpern der Gerichte.

4 Knof in MHdB GesR V, 5. Aufl. 2021, § 6 Rn. 3 ff.; Nicolai, BKR 2024, 608, 612; Schöpflin in BeckOK BGB, 73. Ed. 1.2.2025, § 21 BGB Rn. 62, § 54 Rn. 14.

5 Schon lange – insbesondere vor der Reform durch das MoPeG – wurde für Untergliederungen von Parteien auf die allgemeinen zivil- bzw. verbandsrechtlichen Grundsätze (BGH, Urt. v. 19.3.1984 – II ZR 168/83, BGHZ 90, 331, 334 = NJW 1984, 2223 [betreffend eine »Ortsgruppe« der DLRG]) zurückgegriffen, um ihre Rechts- und darauf aufbauend – jedenfalls passive – Parteifähigkeit festzustellen.
So schon für Parteien BGH, Beschl. v. 17.12.2020 – IX ZB 4/18, BGHZ 228, 84 Tz. 12 = NJW-RR 2021, 769 = NZI 2021, 268 = ZInsO 2021, 306 = ZIP 2021, 372 (zur Insolvenzfähigkeit der Untergliederungen von Parteien) (dazu Jens M. Schmittmann, DZWiR 2021, 211); OLG Bamberg, Urt. v. 8.7.1981 – 3 U 53/81, NJW 1982, 895, sub 2; Kainz, Die Parteifähigkeit regionaler Untergliederungen politischer Parteien im Zivilprozeß, NJW 1985, 2616, 2617 (»Diese Beurteilung wird überwiegend auch von der Rechtsprechung und der Literatur geteilt und kann zwischenzeitlich als nicht mehr ernsthaft streitbefangen bezeichnet werden.«; mit Plädoyer [S. 2617 ff.] für die Ausweitung auf die aktive Parteifähigkeit); Ipsen, Parteiengesetz, 2. Aufl. 2018, ParteienG § 3 Rn. 8 (Abs. 2); Lindacher/Hau in MüKoZPO, 6. Aufl. 2020, § 50 ZPO Rn. 38 (unter Betonung, dass § 3 PartG – wenn überhaupt – nur Aussagen zur aktiven Parteifähigkeit trifft); implizit auch LG Köln, (Anerkenntnis-)Urt. v. 11.11.2024 – 37 O 258/24) (abrufbar unter https://openjur.de/u/2498253.html); allgemein (für andere Vereine) auch BGH, Urt. v. 2.7.2007 – II ZR 111/05, WM 2007, 1932, Tz. 50 (für Abteilung eines Ruderclubs); LG Köln, Urt. v. 20.6.2024 – 14 O 275/23, NJW-RR 2025, 22 (Parteifähigkeit einer satzungsmäßigen Untergliederung einer politischen Jugendorganisation).

Allerdings soll der Streitwert für vereinsrechtliche Streitigkeiten nach Auffassung des BGH[6] im Allgemeinen so bemessen sein, dass erstinstanzlich die sachliche Zuständigkeit des Amtsgerichts begründet ist. Ob dieser Grundsatz auch für die (wenigen) parteienrechtlichen Streitigkeiten beachtet wird und, wenn nicht, warum nicht, soll an dieser Stelle nicht weiter vertieft werden.

2. *Parteigerichtsbarkeit als Instrument der Geheimhaltung von Binnenstreitigkeiten*

Dass über ihre rechtlichen Binnenstreitigkeiten, die es ja offensichtlich gibt, nur recht wenig bekannt ist, hat mit einer rechtlichen Lage zu tun, die dem Gesellschafts- und Verbandsrechtler in der Regel kaum bekannt ist, nämlich dem Vorrang der sog. Parteigerichtsbarkeit, die den Rechtsweg zu den ordentlichen Gerichten – jedenfalls zunächst – ausschließt.

Vor diesem Hintergrund ist zunächst ein Blick auf die gesetzliche Bestimmung zu werfen, auf deren Grundlage die Parteigerichte errichtet wurden und tätig sind. § 14 PartG lautet:

»**§ 14 Parteischiedsgerichte**

(1) Zur Schlichtung und Entscheidung von Streitigkeiten der Partei oder eines Gebietsverbandes mit einzelnen Mitgliedern und Streitigkeiten über Auslegung und Anwendung der Satzung sind zumindest bei der Partei und den Gebietsverbänden der jeweils höchsten Stufe Schiedsgerichte zu bilden. Für mehrere Gebietsverbände der Kreisstufe können gemeinsame Schiedsgerichte gebildet werden.

(2) Die Mitglieder der Schiedsgerichte werden für höchstens vier Jahre gewählt. Sie dürfen nicht Mitglied eines Vorstandes der Partei oder eines Gebietsverbandes sein, in einem Dienstverhältnis zu der Partei oder einem Gebietsverband stehen oder von ihnen regelmäßige Einkünfte beziehen. Sie sind unabhängig und an Weisungen nicht gebunden.

(3) Die Satzung kann vorsehen, daß die Schiedsgerichte allgemein oder im Einzelfall mit Beisitzern besetzt werden, die von den Streitteilen paritätisch benannt werden.

(4) Für die Tätigkeit des Schiedsgerichts ist eine Schiedsgerichtsordnung zu erlassen, die den Beteiligten rechtliches Gehör, ein gerechtes Verfahren und die Ablehnung eines Mitglieds des Schiedsgerichts wegen Befangenheit gewährleistet.«

Die unterlegten Passagen des Gesetzestexts zeigen, welche Grundsätze dem Gesetzgeber für die Parteigerichtsbarkeit besonders wichtig sind:

Zentrale Rolle spielt dabei die persönliche und institutionelle *Unabhängigkeit* von den Organen der Partei (Abs. 2), die – schon im Vorfeld und wie in allen Prozessrechten – durch die Ablehnungsmöglichkeit wegen Befangenheit ergänzt wird (Abs. 4).

6 BGH, Beschl. v. 25.5.1992 – II ZR 23/92 (dazu https://www.prinz.law/urteile/bgh/II_ZR__23-92).

Der guten Ordnung halber ist zudem zu erinnern, dass die Parteigerichtsordnung der CDU Deutschlands[7] (auf die der Verfasser dieser Zeilen sich aus naheliegenden Gründen beschränkt) nicht von der Möglichkeit des § 14 Abs. 3 PartG Gebrauch gemacht hat, die Beisitzer der Parteigerichte von den Streitteilen paritätisch zu benennen; Parteigerichte sind daher – wie immer wieder betont wird – auch nicht etwa Schiedsgerichte, sondern Parteiorgane.[8]

Der Zugang zur ordentlichen Gerichtsbarkeit wird vor dem Hintergrund dieser Gesetzesbestimmung (gleichwohl) erst eröffnet, wenn ein Abschluss des parteigerichtlichen Verfahrens unter keinem denkbaren Gesichtspunkt »innerhalb einer angemessenen Zeit« (von üblicherweise zwei Jahren) mehr möglich ist; vorher fehle es am »Rechtsschutzinteresse«.[9] Schon das zeigt, dass eine rechtsförmige Überprüfung parteiinterner Entscheidungen und Wahlen durch staatliche Gerichte praktisch immer zu spät kommt. Besonders bedeutsam ist dies, als damit auch die Überprüfung von wahlvorbereitenden Aufstellungsversammlungen für Parlamentskandidaten (bei denen das Parteienrecht nach § 21 BWahlG durch Wahlrecht überlagert wird) faktisch immer zu spät kommt.[10]

Welche Anforderungen an das Rechtsschutzinteresse vor der ordentlichen Gerichtsbarkeit in diesem Zusammenhang im Einzelnen zu stellen sind, ist durchaus streitig – ebenso wie die insoweit geltenden Darlegungs- und Beweisanforderungen.[11] Das soll hier nicht weiter vertieft werden.

Hinzu kommt, dass die dortigen Verfahren unter Ausschluss der Öffentlichkeit geführt werden, und das auch heute noch, obwohl das Bundesverfassungsgericht dies sogar für »echte« Schiedsgerichte in der Sache Pechstein für verfassungswidrig erklärt hat.[12] Für Parteigerichtsverfahren dürfte die Pflicht zur öffentlichen Verhandlung mit Blick auf den Auftrag der Parteien aus Art. 21 Abs. 1 Satz 3 GG erst recht gelten.

7 Die Parteigerichtsordnung der CDU Deutschlands (im Folgenden: PGO) ist abrufbar unter https://archiv.cdu.de/system/tdf/media/dokumente/statutenbroschuere_cdu_verlinkt.pdf?file=1&type=field_collection_item&id=353.

8 Dazu etwa Streinz in Huber/Voßkuhle, GG, 8. Aufl. 2024, Art. 21 Rn. 160: »Die Parteischiedsgerichte sind aber Organe der Parteien, jedenfalls Teil der Parteiorganisation, und handeln im Namen der Partei, die am Streit beteiligt ist, ungeachtet der relativen Unabhängigkeit.«.

9 Zu dieser Fristvorgabe BGH, Urt. v. 28.11.1988 – II ZR 96/88, BGHZ 106, 67, 69 f.; ebenso BVerfG, Beschl. v. 27.7.2006 – 2 BvR 1416/06, NVwZ 2007, 326, 327.

10 Zu den die (versuchte) eigene Kandidatenaufstellung im Jahr 2021 betreffenden und immer noch laufenden Gerichtsverfahren Hirte, Insolvenzrecht aus der Sicht der Rechtspolitik – oder auch: Zum Verhältnis von Recht und Politik und von Politik und Recht, ZInsO 2023, S. 935 f.

11 Siehe einerseits LG Köln, Urt. v. 14.12.2022 – 19 O 255/22 (abrufbar unter https://nrwe.justiz.nrw.de/lgs/koeln/lg_koeln/j2022/19_O_255_22_Urteil_20221214.html) (nicht rechtskr.); andererseits LG Köln, Urt. v. 5.4.2023 – 16 O 175/22 (»Fall Esser«; abrufbar unter https://www.justiz.nrw/nrwe/lgs/koeln/lg_koeln/j2023/16_O_175_22_Urteil_20230405.html), das – im Ergebnis – genau entgegengesetzt entschieden und das Rechtsschutzinteresse für die Anrufung der ordentlichen Gerichte bejaht hat (siehe Leitsatz 3 des Urteils des LG Köln v. 5.4.2023 – 16 O 175/22 = WKRS 2023, 47782).

12 BVerfG, Beschl. v. 3.6.2022 – 1 BvR 2103/16, NJW 2022, 2677 ff.

Der Fall ist vergleichbar, zumal sich Mitglieder einer Partei nicht »freiwillig« der Parteischiedsgerichtsbarkeit – bzw. wie die Sportlerin Pechstein – dem Schiedsgericht ihres Sportverbandes unterwerfen. Bei der Aufnahme als Mitglied in eine Partei besteht für den Petenten nämlich kein Wahlrecht zwischen Partei- und ordentlicher Gerichtsbarkeit, d. h. keine Freiwilligkeit. »Freiwilligkeit« – so das Bundesverfassungsgericht – der Unterwerfung unter eine private Gerichtsbarkeit liegt nämlich gerade nicht vor, wenn sich eine Partei ihr nur durch Austritt aus dem entsprechenden Verband entziehen kann.[13]

Diese verfassungsrechtlichen Grundsätze stehen auch nicht etwa mit Blick darauf zur Disposition, dass parteigerichtliche Entscheidungen nachträglich überprüfbar sind: Denn auch »echte« Schiedsverfahren unterliegen einer nachträglichen Überprüfung (*arg.* § 1059 ZPO), und vor allem wäre mit diesem Argument die Öffentlichkeit jedweder Gerichtsverhandlung ausschließbar, wenn gegen die zu treffende Entscheidung des Gerichts ein Rechtsmittel zulässig wäre. Das wäre offensichtlich verfassungswidrig.

Dass es für Parteien angenehmer ist, wenn es keine Öffentlichkeit und damit keine Presseberichterstattung gibt, ist nicht verwunderlich. Aber wenn Gegenstände einer öffentlichen Versammlung anschließend vor dem Parteigericht unter Ausschluss sogar der bloßen Parteiöffentlichkeit verhandelt werden sollen, werden damit auch die demokratischen Grundsätze der Art. 21 Abs. 1 Satz 3, Abs. 3 GG i.V.m. dem Demokratieprinzip des Art. 20 Abs. 1 GG missachtet: Wenn auf einer Parteiversammlung über Inhalte gestritten wird, was leider zu selten der Fall ist, und ein Beschluss danach vor dem Parteigericht angefochten wird, oder eine streitige Wahl stattgefunden hat, dann darf es anschließend keinen Geheimprozess gegenüber den eigenen Mitgliedern geben. Selbstverständlich müssen auch andere als die Verfahrensbeteiligten an Sitzungen des Parteigerichts ebenso teilnehmen dürfen wie an der Parteiversammlung, auf der der Beschluss gefasst wurde oder die Wahl stattgefunden hat.

Die – aus »Gründen« – recht kleine Zahl veröffentlichter Quellen und insbesondere von Entscheidungen (Fachzeitschriften und Datenbanken drucken parteigerichtliche Entscheidungen praktisch auch nicht ab) soll aber nicht daran hindern, in der Folge einige für den Gesellschafts- und Kapitalmarktrechtler vielleicht besonders spannende Querbeziehungen aufzuzeigen.

III. Rechnungslegung der Parteien

1. Rechnungslegung

Ein erster Blick hinsichtlich der materiellrechtlichen Regulierung der Parteien soll der Rechnungslegung der Parteien gelten. Schlüsselnorm insoweit ist § 24 PartG. Er lautet (gekürzt):

13 BVerfG, Beschl. v. 3.6.2022 – 1 BvR 2103/16, NJW 2022, 2677 ff, Tz. 35 ff.

Gesetz über die politischen Parteien (Parteiengesetz)

§ 24 Rechenschaftsbericht

(1) Der Rechenschaftsbericht […] gibt unter Beachtung der Grundsätze ordnungsmäßiger Buchführung entsprechend den tatsächlichen Verhältnissen Auskunft über die Herkunft und Verwendung der Mittel sowie über das Vermögen der Partei.

(2) Die für alle Kaufleute geltenden handelsrechtlichen Vorschriften über die Rechnungslegung, insbesondere zu Ansatz und Bewertung von Vermögensgegenständen, sind entsprechend anzuwenden, soweit dieses Gesetz nichts anderes vorschreibt. […]

(3) […]

(4) Die Einnahmerechnung umfasst:

1. Mitgliedsbeiträge,

2. Mandatsträgerbeiträge und ähnliche regelmäßige Beiträge,

3. Spenden […]

7. Einnahmen aus Veranstaltungen, Vertrieb von Druckschriften und Veröffentlichungen und sonstiger mit Einnahmen verbundener Tätigkeit, […].

(5) Die Ausgaberechnung umfasst: […]

(6) Die Vermögensbilanz umfasst: […]

(7) Der Vermögensbilanz ist ein Erläuterungsteil hinzuzufügen, der insbesondere folgende Punkte umfassen muss:

1. […];

2. Benennung der Hauptprodukte von Medienunternehmen, soweit Beteiligungen an diesen bestehen; […].

Aus Sicht des Handelsrechtlers ist hier vor allen Dingen bemerkenswert, dass die Rechnungslegungsvorschriften für die – auf den ersten Blick – »kleinen Vereine« sich nicht etwa am Recht der Personengesellschaften, sondern dem der Kapitalgesellschaften (§§ 264 ff. HGB) orientieren. Besonders hervorzuheben ist insoweit der in Abs. 1 hervorgehobene Zweck, dass der »Rechenschaftsbericht« »entsprechend den tatsächlichen Verhältnissen Auskunft über die Herkunft und Verwendung der Mittel sowie über das Vermögen der Partei« geben soll. Dazu sind, wie es in Abs. 2 Satz 1 weiter heißt, »[d]ie für alle Kaufleute geltenden handelsrechtlichen Vorschriften über die Rechnungslegung, insbesondere zu Ansatz und Bewertung von Vermögensgegenständen, [.] entsprechend anzuwenden, soweit dieses Gesetz nichts anderes vorschreibt«. Die Ähnlichkeit zu § 264 Abs. 2 Satz 1 HGB, nach dem der Jahresabschluss bei Kapitalgesellschaften »ein den tatsächlichen Verhältnissen entsprechendes Bild der Vermögens-, Finanz- und Ertragslage der Kapitalgesellschaft« vermitteln soll, aber auch die Unterschiede zur handelsrechtlichen Norm fallen ins Auge.

Die hierbei spannende Frage ist daher, was insoweit unter einer »entsprechenden Anwendung« der handelsrechtlichen Vorschriften zu verstehen ist. Denn beim »Rechenschaftsbericht« der Parteien geht es ja – anders als beim Jahresabschluss der

Kapitalgesellschaften – nicht um Gläubigerschutz und Schutz von (Minderheits-) Gesellschaftern. Vielmehr geht es um die Offenlegung der Einflüsse von außen auf Parteien – vor dem Hintergrund von Art. 21 Abs. 1 Satz 3, Abs. 3 GG i.V.m. dem Demokratieprinzip des Art. 20 Abs. 1 GG. Nach der zentralen Bestimmung des § 23 Abs. 1 PartG hat »[d]er Vorstand der Partei [.] über die Herkunft und die Verwendung der Mittel sowie über das Vermögen der Partei zum Ende des Kalenderjahres (Rechnungsjahr) in einem Rechenschaftsbericht wahrheitsgemäß und nach bestem Wissen und Gewissen öffentlich Rechenschaft zu geben.«

Ein solcher Konflikt taucht etwa auf beim Ansatz selbst geschaffener immaterieller Vermögensgegenstände des Anlagevermögens, die nach deutschem Handelsrecht als Aktivposten in die Bilanz aufgenommen werden dürfen, allerdings mit der Einschränkung, dass dies für selbst geschaffene Marken, Drucktitel, Verlagsrechte, Kundenlisten oder vergleichbare immaterielle Vermögensgegenstände des Anlagevermögens nicht gilt (§ 248 Abs. 2 HGB). Bei der in § 24 Abs. 2 PartG angeordneten nur *entsprechenden Anwendung* der handelsrechtlichen Vorschriften nach § 24 Abs. 2 PartG wäre insbesondere § 24 Abs. 7 Nr. 2 PartG zu berücksichtigen, nach dem die »Benennung der Hauptprodukte von Medienunternehmen [vorgeschrieben ist], soweit Beteiligungen an diesen bestehen«. Vor diesem Hintergrund dürften auch die allgemeinen handelsrechtlichen Ansatzvorschriften so zu verstehen sein, dass es auf die mit den Vermögensgegenständen verbundene *politische Einflussmöglichkeit* und weniger auf den – unter Gläubigerschutzsicht relevanten – verlässlichen wirtschaftlichen Wert ankommt.

Diskussionen darüber gibt es nicht – und das hat, abgesehen von den schon einleitend angestellten Überlegungen – weitere Gründe:

2. *»Abschlussprüfung«*

Diese liegen im Bereich der Prüfung des Rechenschaftsberichts.[14] Relevant sind hier vor allem:

> **»§ 23 Pflicht zur öffentlichen Rechenschaftslegung**
>
> *(1) […]*
>
> *(2) Der Rechenschaftsbericht muss von einem Wirtschaftsprüfer oder einer Wirtschaftsprüfungsgesellschaft nach den Vorschriften der §§ 29 bis 31 geprüft werden. Bei Parteien, die die Voraussetzungen des § 18 Abs. 4 Satz 1 erster Halbsatz nicht erfüllen, kann der Rechenschaftsbericht auch von einem vereidigten Buchprüfer oder einer Buchprüfungsgesellschaft geprüft werden. Er ist entsprechend der Frist nach § 19a Abs. 3 Satz 1 erster Halbsatz beim Präsidenten des Deutschen Bundestages einzureichen und von diesem als Bundestagsdrucksache zu verteilen. Erfüllt eine Partei die Voraussetzungen des § 18 Abs. 4 Satz 1 erster Halbsatz nicht und verfügt sie im Rechnungsjahr weder über Einnahmen noch*

14 Teile der folgenden Überlegungen wurden im Rahmen eines »Parlamentarischen Frühstücks« der Fraktion Bündnis 90/Die Grünen (»Where's the Money at? Rechtsextreme Spendenfinanzierung über Telegram«) am 1.2.2024 vorgetragen.

über ein Vermögen von mehr als 5.000 Euro, kann sie bei dem Präsidenten des Deutschen Bundestages einen ungeprüften Rechenschaftsbericht einreichen. Der Präsident des Deutschen Bundestages kann untestiert eingereichte Rechenschaftsberichte veröffentlichen. Der Rechenschaftsbericht der Partei ist dem jeweils auf seine Veröffentlichung folgenden Bundesparteitag zur Erörterung vorzulegen. […]

§ 29 Prüfung des Rechenschaftsberichts

(1) Die Prüfung nach § 23 Abs. 2 Satz 1 erstreckt sich auf die Bundespartei, ihre Landesverbände sowie nach Wahl des Prüfers auf mindestens zehn nachgeordnete Gebietsverbände. In die Prüfung ist die Buchführung einzubeziehen. Die Prüfung hat sich darauf zu erstrecken, ob die gesetzlichen Vorschriften beachtet worden sind. Die Prüfung ist so anzulegen, dass Unrichtigkeiten und Verstöße gegen die gesetzlichen Vorschriften bei gewissenhafter Berufsausübung erkannt werden.

(2) Der Prüfer kann von den Vorständen und den von ihnen dazu ermächtigten Personen alle Aufklärungen und Nachweise verlangen, welche die sorgfältige Erfüllung seiner Prüfungspflicht erfordert. Es ist ihm insoweit auch zu gestatten, die Unterlagen für die Zusammenstellung des Rechenschaftsberichts, die Bücher und Schriftstücke sowie die Kassen- und Vermögensbestände zu prüfen.

(3) Der Vorstand des zu prüfenden Gebietsverbandes hat dem Prüfer schriftlich zu versichern, daß in dem Rechenschaftsbericht alle rechenschaftspflichtigen Einnahmen, Ausgaben und Vermögenswerte erfaßt sind. Auf die Versicherung der Vorstände nachgeordneter Gebietsverbände kann Bezug genommen werden. Es genügt die Versicherung des für die Finanzangelegenheiten zuständigen Vorstandsmitgliedes.«

Auch hier fallen zunächst die Ähnlichkeiten, dann aber auch die Unterschiede zu den Prüfungsanforderungen an kapitalmarktorientierte Kapitalgesellschaften auf. Letztere sind umso gewichtiger, als mittels Einflusses von außen auf die Parteien nicht nur politische, sondern auch wirtschaftliche Macht erlangt und erhalten werden kann, die letztlich weitaus gewichtiger ist als die mit Kapitalgesellschaften verbundene Einfluss.

Nicht ausreichend ist vor dem beschriebenen Hintergrund die Überwachung durch Abschlussprüfer, wie sie für jede große »normale« Kapitalgesellschaft selbstverständlich ist.[15] Denn bislang handelt es sich bei Parteien nicht um »Unternehmen von öffentlichem Interesse nach § 316a Satz 2 des Handelsgesetzbuchs« (§ 66a Abs. 4 Satz 1 WPO). Allerdings stellen Parteien aufgrund ihrer Stellung im Verfassungsgefüge (Art. 21 GG) in mindestens gleicher, eher noch stärkerer Weise als die in § 316a Satz 2 HGB genannten Unternehmen Verbände von öffentlichem Interesse dar. Denn

15 Siehe schon die Stellungnahme von Transparency International Deutschland e.V. anlässlich der Anhörung zum Parteiengesetz am 27.11.2023, BT-Drucks. 20/9147, sub 2, S. 2 (abrufbar unter https://www.transparency.de/fileadmin/Redaktion/Aktuelles/Stellungnahmen/2023/Stellungnahme_Transparency_Deutschland_Parteiengesetz.pdf). – Zu der unabhängig davon bestehenden Forderung von Transparency International nach einem weisungsunabhängigen Kontrollgremium siehe das Positionspapier für eine Reform der Parteienfinanzierung (Juni 2022), S. 2 (abrufbar unter https://www.transparency.de/fileadmin/Redaktion/Bilder/Stellungnahmen_PMs_und_Meldungen/2022/Positionspapier_Parteienfinanzierung_Transparency_Deutschland_22-06-24.pdf).

die Parteien bestimmen – auf dem Weg über Kandidatenaufstellung und Koalitionsvertrag[16] – den Inhalt der Regierungs- und Gesetzgebungsarbeit und damit auch die Ausgestaltung der Prüfung nach § 66a Abs. 4 Satz 1 WPO. Insbesondere auf dem »Umweg« über die Parteienfinanzierung können Dritte damit auch die Prüfung nach § 66a Abs. 4 Satz 1 WPO beeinflussen.[17]

Gleiches gilt für die Finanzämter: Denn die Möglichkeit, steuerabzugsfähige Spendenquittungen auszustellen, impliziert, dass der ausstellende Verband die dafür erforderlichen Voraussetzungen erfüllt und diese geprüft werden. In beiden Fällen mag man Zweifel im Hinblick auf die darin liegende Kontrolle der Legislative durch die Judikative haben. Allerdings gilt es zu bedenken, dass auch Abgeordnete Steuern zahlen (müssen) und bei der Erfüllung dieser Pflicht durch die Finanzämter überwacht werden. Im Übrigen ließen sich – ähnlich wie im Bereich der Wahlprüfung – hier auch andere Mechanismen entwickeln.[18]

IV. Parteiprogramm als Börsenprospekt

Ein weiterer Blick im Panorama der materiellrechtlichen Parteienregulierung soll sozusagen dem »Kapitalmarktrecht der Parteien«, dem (Wahl-)Programm gelten.

Ein solches ist nach § 6 Abs. 1 Satz 1 PartG gesetzlich vorgeschrieben. Dort heißt es:

»Die Partei muß eine schriftliche Satzung und ein schriftliches Programm haben.«

Nur Parteien in diesem Sinne können sich nach § 18 Abs. 1 BWahlG an einer Bundestagswahl beteiligen. Für erstmals antretende Parteien wird in § 18 Abs. 2 Satz 5 und 6 BWahlG zudem gefordert: »Die schriftliche Satzung und das schriftliche Programm der Partei sowie ein Nachweis über die satzungsgemäße Bestellung des Vorstandes sind der Anzeige beizufügen. Der Anzeige sollen Nachweise über die Parteieigenschaft nach § 2 Absatz 1 Satz 1 des Parteiengesetzes beigefügt werden.«

An dieser Stelle wäre es spannend, die gesellschafts- und kapitalmarktrechtlichen Inhalte der Parteiprogramme der zur jüngsten Bundestagswahl angetretenen Parteien genauer zu analysieren. Das würde aber den Rahmen dieses Beitrags sprengen.

16 Zur Bedeutung des (von den politischen Parteien geschlossenen) Koalitionsvertrages Hirte in Festschrift für Seibert, 2019, S. 345, 350 ff.

17 Siehe dazu die schriftliche Frage des Abgeordneten Marco Wanderwitz Nr. 361 für den Monat März 2024 und die Antwort des Bundesministeriums der Finanzen vom 2.4.2024 – GZ IV C 4 – S 2223/23/10001:001 – DOK 2024/0294650.

18 Siehe dazu die schriftliche Frage des Abgeordneten Marco Wanderwitz Nr. 364 für den Monat März 2024 und die Antwort des Bundesministeriums der Finanzen vom 2.4.2024 – GZ IV C 4 – S 2223/23/10001:001 – DOK 2024/0294628 (darüber hinaus zur Geldwäscheprävention bei Parteispenden).

Deshalb sei hier nur der Hinweis auf die (wenigen) gesellschaftsrechtlichen Aussagen des CDU Wahlprogramms[19] erlaubt.

> *»Aktienrecht modernisieren und flexibilisieren. Dazu weiten wir die Möglichkeiten von Kapitalerhöhungen aus und setzen den Mindestnennwert von Aktien herab.«*

Durchaus anders lauteten die Vorschläge im Programm des Bundesarbeitskreises Christlich-Demokratischer Juristen (BACDJ) für die vergangene Bundestagswahl,[20] an dem – das soll nicht unerwähnt bleiben – der Verfasser dieser Zeilen mitgewirkt hatte.

Im zwischenzeitlich beschlossenen Koalitionsvertrag[21] heißt es dazu:

> **Beschlussmängelrecht**
>
> *»Wir reformieren das aktienrechtliche Beschlussmängelrecht zur Stärkung der Rechtssicherheit und Wettbewerbsfähigkeit des Wirtschaftsstandortes Deutschland und dämmen dabei Missbrauchsmöglichkeiten ein.«*

Die rechtlich spannende Frage ist, welche Folgen falsche Aussagen im Wahlprogramm haben oder die Nichtumsetzung erfolgter »Versprechungen« haben. Bedenkt man, das »Wählertäuschung« sogar strafbar ist:

> **»§ 108a Wählertäuschung**
>
> *(1) Wer durch Täuschung bewirkt, daß jemand bei der Stimmabgabe über den Inhalt seiner Erklärung irrt oder gegen seinen Willen nicht oder ungültig wählt, wird mit Freiheitsstrafe bis zu zwei Jahren oder mit Geldstrafe bestraft.*
>
> *(2) […].* »

sollte man von scharfen Sanktionen ausgehen. Die durchaus geführte verfassungs- wie wahlrechtliche Diskussion weist – zu Recht – darauf hin, dass zwischen dem Programm einer Partei und dessen (Nicht-)Umsetzung viele Zwischenschritte liegen, die einer exakten Vorhersage kaum zugänglich sind[22] – letztlich, weil in der Regel die Kausalität von Aussagen in (Wahl-)Programmen für späteres (unterlassenes) Regierungshandeln fehlt. Der Wähler weiß dies – und zieht deshalb die Konsequenzen durch die Wahlentscheidung bei der nächsten Wahl.

19 Politikwechsel für Deutschland. Wahlprogramm von CDU und CSU [für die Bundestagswahl 2025], S. 76 (abrufbar unter https://www.cdu.de/app/uploads/2025/01/km_btw_2025_wahlprogramm_langfassung_ansicht.pdf).

20 Rechtspolitisches Programm des BACDJ zur Bundestagswahl 2025. Recht sichert Freiheit – starker Rechtsstaat in unsicheren Zeiten, S. 37 f, 43 ff. (abrufbar unter https://www.bacdj.cdu.de/sites/www.bacdj.de/files/rechtspolitisches_programm_des_bacdj_2025_final.pdf).

21 Verantwortung für Deutschland. Koalitionsvertrag zwischen CDU, CSU und SPD. 21. Legislaturperiode. S. 88 (abrufbar unter https://www.cdu.de/app/uploads/2025/04/KoaV-2025-Gesamt-final-0424.pdf).

22 Zu den vielen (teilweise wenig bekannten) Zwischenschritten zu einem Gesetz Hirte in Festschrift für Seibert, 2019, S. 345, 347 ff.

Für den hier im Mittelpunkt stehenden vergleichenden Blick auf die Regelungen des Kapitalmarktrechts – vor allem des Kapitalanlagebetruges (§ 264a StGB) i.V.m. den Vorgaben des Wertpapierprospektgesetzes – fällt die Ähnlichkeit der Ansätze ins Auge: Denn auch hier sind die (auch strafrechtlichen) Haftungsnormen kein besonders scharfes Schwert. Vielmehr ist die »Wall Street Rule« im Allgemeinen die Lösung der Wahl, auch bei noch so gravierenden »Prospektfehlern«.

Man könnte es auch anders wenden: Der Markt als Sanktionsinstrument wirkt schärfer als die meisten Rechtsregeln. Und dass Haftungsdiskussionen bei politischen Fehlaussagen (noch) deutlich schwächer ausgeprägt sind als bei kapitalmarktrechtlichen, kann dann letztlich als Indikator dafür angesehen werden, dass die für ein Funktionieren von Marktmechanismen notwendige Transparenz bei Parteien stärker ausgeprägt ist als bei Kapitalgesellschaften.

V. Inhaltskontrolle von Parteisatzungen

Ein aus den mehrfach erwähnten Gründen bislang – soweit ersichtlich – ebenfalls nicht diskutierter Problemkreis ist die (gerichtliche) Inhaltskontrolle von Parteisatzungen. Dass Vereinssatzungen grundsätzlich einer Inhaltskontrolle nach §§ 242, 315 BGB zugänglich sind, ist unstreitig.

1. Parteienrechtliche Besonderheiten

Allerdings dürften hierbei parteienrechtliche Besonderheiten zu beachten sein. So heißt es in § 6 Abs. 3 PartG:

> *»(3) Der Vorstand hat dem Bundeswahlleiter*
>
> *1. Satzung und Programm der Partei,*
>
> *[...]*
>
> *mitzuteilen.«*

was der Sache nach eine inhaltliche Überprüfung der Satzung auf eine Übereinstimmung mit den Vorschriften des Grundgesetzes und des Parteiengesetzes darstellt.

Zu erinnern ist insoweit zunächst an Art. 21 Abs. 1 Satz 2 GG, nach dem die »innere Ordnung der Parteien *demokratischen Grundsätzen* entsprechen [muß]« (Hervorh. nur hier). In den §§ 6 ff. PartG wird dies in vielen Punkten konkretisiert. § 10 Abs. 2 Satz 2 PartG und die dies ausfüllenden Satzungsregelungen gehören zu diesen, die demokratischen Grundsätze einer Partei konkretisierenden Bestimmungen. Die Nicht-Beanstandung der Satzungsbestimmung durch den Bundeswahlleiter, verwirklicht dadurch, dass er die Partei zur Bundestagswahl zugelassen hat (§ 18 Abs. 2 BWahlG i.V.m, § 2 PartG sowie § 6 Abs. 3 PartG), könnte zugleich eine Inhaltskontrolle der Satzungsbestimmung auf individueller Basis ausschließen – oder jedenfalls modifizieren, als etwa eine Beteiligung des Bundeswahlleiters erforderlich ist. Insoweit liegt eine – jedenfalls entsprechende – Anwendung der Rechtsgedanken des § 305a BGB (für die Einbeziehung von AGB im Falle öffentlich-rechtlich genehmigter Vertragsbestimmungen) und § 310 Abs. 2 BGB (für die Inhaltskontrolle solcher Bestimmungen) nahe.

2. *Allgemein zivilrechtliche Bedenken*

Eine gerichtliche Inhaltskontrolle von Parteisatzungen kann aber auch noch aus anderen Gründen unzulässig sein.

Das gilt etwa für die AGB-rechtliche Unklarheitenregel des § 305c Abs. 2 BGB. Insoweit ist nämlich schon fraglich, ob sie überhaupt im Vereins- bzw. Parteienrecht gilt. Dagegen spricht insbesondere, dass der ganze Gesetzes-Abschnitt, in dem sie steht (§§ 305–310 BGB), nach § 310 Abs. 4 Satz 1 BGB »keine Anwendung [findet] bei Verträgen auf dem Gebiet des Erb-, Familien- und Gesellschaftsrechts«. Genannt als ausgenommen ist dort zwar nur das Gesellschaftsrecht und nicht das Vereinsrecht. Gleichwohl wird es nach ganz herrschender Meinung ebenso als ausgenommen betrachtet.[23] Das folgt zunächst einmal – formal – daraus, dass das Vereinsrecht gesetzessystematisch die Grundform jedenfalls des Kapitalgesellschaftsrechts bildet.[24]

Vor allem aber folgt es aus Sinn und Zweck der Ausnahmeregelung: Denn die (heute) im BGB niedergelegte (AGB-)Inhaltskontrolle ist auf zweiseitige Verträge ausgerichtet, die durch ein Über- bzw. Unterordnungsverhältnis der beiden Vertragsparteien charakterisiert sind.[25] Gesellschaftsrechtliche Satzungen ebenso wie vereinsrechtliche Satzungen sind demgegenüber mehrseitige Rechtsgeschäfte[26] und vor allem Organisationsregeln, bei denen neben den streitenden Parteien immer auch die anderen Gesellschafter bzw. Vereinsmitglieder betroffen sind.[27] Das ist besonders offensichtlich,

23 Siehe etwa BGH, Urt. v. 18.12.2008 – I ZR 23/06, NJW 2009, 774, 778 Tz. 58 (GEMA); Fornasier in MüKoBGB, 9. Aufl. 2022, § 310 BGB Rn. 121; Looschelders in Erman, 17. Aufl. 2023, § 310 BGB Rn. 27; Piekenbrock in Staudinger, Neub. 2022, § 310 Rn. 151 f.; Stadler in Jauernig, 19. Aufl. 2023, § 310 BGB Rn. 11.

24 Siehe etwa Hirte, Kapitalgesellschaftsrecht, 9. Aufl. 2023, Rn. 1.5: »Grundform der (Personal-)Körperschaften des Privatrechts ist der eingetragene Verein mit nichtwirtschaftlicher Zielsetzung (»Idealverein«). Seine Regelung in §§ 21 ff., 55 ff. BGB – und nicht die der BGB-Gesellschaft in §§ 705 ff. BGB – stellt daher auch so etwas wie den »Allgemeinen Teil« des auf die Kapitalgesellschaften anwendbaren Rechts dar.«

25 Siehe etwa Begr RegE zu § 11 AGBG, BT-Drucks. 7/3919, S. 41; Looschelders in Erman, § 310 BGB Rn. 1 f., mit dem Hinweis, dass die Regelungen aus Abschnitt 2 im Wesentlichen auf Austauschverträge gerichtet sind und unter Bezugnahme auf die Entstehungsgeschichte ausführt, dass Vertragsparteien vor einseitiger Inanspruchnahme geschützt werden sollen.

26 Zur Rechtsnatur der Vereinssatzung als Rechtsgeschäft (Vertragstheorie) Leuschner in MüKoBGB, 10. Aufl. 2025, § 25 BGB Rn. 15. Übersicht über den Meinungsstand diesbezüglich bei Rn. 13 (Normentheorie und mod. Normentheorie).

27 BGH, Urt. v. 28.11.1994 – II ZR 11/94, BGHZ 128, 93 = NJW 1995, 583, 585 (Reitsport-Spitzenverband); Fornasier in MüKoBGB, § 310 BGB Rn. 124.

wenn es um Fragen der Stimmberechtigung von Mitgliedern geht: So greift etwa die Annahme eines Stimmrechts für ihren Beitrag nicht oder nicht vollständig zahlende Parteimitglieder (entgegen § 10 Abs. 2 Satz 2 PartG[28] und entsprechender Satzungsbestimmungen) naturgemäß in die Rechte aller anderen ordnungsgemäß zahlenden Parteimitglieder ein, deren Mitwirkungsrechte und wirtschaftliche Interessen dadurch verkürzt werden.

Das ist anders als in den Fällen, in denen die höchstrichterliche Rechtsprechung bislang eine richterliche Inhaltskontrolle von Vereinssatzungen (nicht solcher von Parteien) auf ihre Vereinbarkeit mit Treu und Glauben (§ 242 BGB) angenommen hat. Denn sie wurde (nur) für interne Normen eines Vereins oder Verbandes bejaht, wenn die Vereinigung im wirtschaftlichen oder sozialen Bereich eine überragende Machtstellung innehat und das Mitglied auf die Mitgliedschaft angewiesen ist. Zudem beschränkte sie sich auf Fälle, in denen das Mitglied sich im Verhältnis zum Verband in einem Über/Unterordnungsverhältnis befindet.[29] Das dürfte bei wahlrechtlichen Vorschriften zu verneinen sein; zudem dürfte es hier jedenfalls an einer ungerechtfertigten Benachteiligung fehlen. Insoweit liegen die Dinge bei einer Inhaltskontrolle auch anders, als wenn es (nur) darum geht, ob auf der Grundlage einer solchen Satzungsbestimmung (Zahlungs-)Forderungen gegen ein Mitglied durchgesetzt werden können.[30]

Gerade was Wahlanfechtungen angeht, ist deshalb zudem zu berücksichtigen, dass vor allem das Gesellschaftsrecht explizite Regelungen zur Beteiligung der zunächst nicht verfahrensbeteiligten Mitgesellschafter vorsieht, die – in einem ersten Schritt – dadurch abgesichert werden, dass die Einleitung eines Beschluss- oder Wahlanfechtungsverfahrens bekannt zu machen ist.

Insoweit heißt es in § 113 HGB n.F.:

»**§ 113 Anfechtungsklage**

[…]

(3) Die Gesellschaft hat die Gesellschafter unverzüglich über die Erhebung der Klage und die Lage des Rechtsstreits zu unterrichten. Ferner hat sie das Gericht über die erfolgte Unterrichtung in Kenntnis zu setzen. Das Gericht hat auf eine unverzügliche Unterrichtung der Gesellschafter hinzuwirken.

28 Darin heißt es:
»**§ 10 Rechte der Mitglieder**
[…]
(2) Die Mitglieder der Partei und die Vertreter in den Parteiorganen haben gleiches Stimmrecht. Die Ausübung des Stimmrechts kann nach näherer Bestimmung der Satzung davon abhängig gemacht werden, daß das Mitglied seine Beitragspflicht erfüllt hat.«

29 BGH, Urt. v. 24.10.1988 – II ZR 311/87, BGHZ 105, 306 = NJW 1989, 1724 (Genossenschaftsverband); BGH, Urt. v. 27.9.1999 – II ZR 305/98, BGHZ 142, 304 = NJW 1999, 3552 (Transferentschädigung im Fußball); BGH, Urt. v. 27.9.1999 – II ZR 377/98, NJW 2000, 1028 (Transferentschädigung im Eishockey).

30 Hierzu jüngst BGH, Urt. v. 31.1.2023 – II ZR 144/21, BeckRS 2023, 2339 = NJW 2023, 992; zu diesem Urteil Adenauer, NJW 2023, 2384; Hirte, LMK 2023, 809009.

(4) Die mündliche Verhandlung soll nicht vor Ablauf der Klagefrist stattfinden. Mehrere Anfechtungsprozesse sind zur gleichzeitigen Verhandlung und Entscheidung zu verbinden.«

Von entscheidender Bedeutung ist dabei im hiesigen Zusammenhang zunächst die Verpflichtung, die (anderen) Gesellschafter über die Klagerhebung »zu unterrichten« (§ 113 Abs. 3 Satz 1 HGB). Denn damit wird sichergestellt, dass – auch schon vor Herstellung allgemeiner Öffentlichkeit – die anderen Gesellschafter von dem Verfahren Kenntnis haben und sich ihm gegebenenfalls mit eigenen Anträgen anschließen können, jedenfalls aber an einer Verhandlung teilnehmen können.

VI. Zusammenfassung

Binnenstreitigkeiten von Parteien dringen nur selten an die Öffentlichkeit. Grund ist, dass für die Inanspruchnahme von Rechtsschutz vor den ordentlichen Gerichten nach der Rechtsprechung von Bundesverfassungsgericht und Bundesgerichtshof sehr oft das Rechtsschutzinteresse mit Blick auf die vorrangig in Anspruch zu nehmende Parteigerichtsbarkeit fehlt.

Allerdings stehen auch Parteien nicht außerhalb des (Zivil-)Rechts. Nicht nur die von ihnen betriebene Politik gießt das Recht in seine Form; auch sie selbst sind Teil des Rechts. Letztlich bestimmt zwar die Politik das Recht, wird zugleich aber auch hierdurch selbst bestimmt. Deshalb bedarf es einer dem Zivilprozessrecht entsprechenden Transparenz auch für die Parteigerichtsbarkeit. Gerade die Parallelen zum Gesellschaft- und Kapitalmarktrecht bezeugen, dass es einer transparenten und damit kritik- und verbesserungsfähigen Rechtsprechung wie im Zivilrecht bedarf. Andernfalls verbleiben die Parteien weiterhin im judikativen toten Winkel.

Dass es dort durchaus für den Gesellschafts- und Kapitalmarktrechtler Ekkenga hoffentlich spannende Fragestellungen gibt, wurde hier an einigen Beispielen herausgearbeitet. Deren Ergebnisse seien hier nochmals zusammengefasst: Im Bereich der Rechnungslegung der Parteien sind die – dem Grunde nach anwendbaren Vorschriften für Kapitalgesellschaften – mit Blick auf das andere Regelungsziel der Rechnungslegungspublizität von Parteien auszulegen, nach dem es mehr auf *politische Einflussmöglichkeit* und weniger auf den – unter Gläubigerschutzsicht relevanten – verlässlichen wirtschaftlichen Wert ankommt (Art. 21 Abs. 1 Satz 3, Abs. 3 GG i.V.m. dem Demokratieprinzip des Art. 20 Abs. 1 GG). Dementsprechend ist bei der Abschlussprüfung eine Gleichbehandlung von Parteien mit den in § 316a Satz 2 HGB genannten Unternehmen von öffentlichem Interesse naheliegend.

Falschaussagen in Parteiprogrammen und in Börsenprospekten weisen Parallelen auf. Die in beiden Fällen – theoretisch sogar denkbare strafrechtliche – Haftung findet im Ergebnis nicht statt. Stattdessen wird an der Börse durch die »Wall Street Rule« und bei Parteien durch Wahlen abgestraft.

Bei der – denkbaren – richterlichen Inhaltskontrolle von Parteisatzungen als Vereinssatzungen ist einerseits zu berücksichtigen, dass diese einer quasi öffentlichrechtlichen Kontrolle durch den Bundeswahlleiter unterliegen, andererseits – wenn überhaupt – wahlrechtliche Regelungen als solche des internen Organisationsrechts schon deshalb der Inhaltskontrolle entzogen sein dürften.

Unabhängig von den Einzelheiten aber gilt: Transparenz und Kontrolle durch den (fach-)öffentlichen Diskurs sowie der Disziplinierungseffekt von Offenlegungspflichten sind zentrale Säulen in der Regulierung privater Verbände. Auch und gerade bei Parteien besteht mit Blick auf Art. 21 GG ein großes öffentliches Interesse an einer solchen Regulierung – ganz ähnlich wie bei (insbesondere kapitalmarktorientierten) Kapitalgesellschaften. Die gesellschaftliche Bedeutung von Parteien löst sogar ein größeres Bedürfnis nach kontrollfähigen verbandsrechtlichen Strukturen aus. Zwar weisen die gesetzlichen vorgesehenen Regulierungsinstrumente durchaus erhebliche Parallelen auf. Die beispielhaft vorgestellten Sachverhalte zeigen aber, dass dem bei der Ausgestaltung der Details bislang nicht immer Rechnung getragen wird. Die vorgeschlagenen Lösungen können parteiinternen Unregelmäßigkeiten entgegenwirken und hierdurch auch das Vertrauen der Bevölkerung in die Politik und den Rechtsstaat stärken.

Die Anwendung des § 93 Abs. 1 Satz 2 AktG bei der Nachteilsfeststellung im Rahmen des § 311 AktG – ein Irrläufer?

Philipp Maximilian Holle

I. Einleitung

Jens Ekkenga ist ein vielfach ausgewiesener Kenner sowohl des Aktien- als auch des GmbH-Rechts. Auch das Konzernrecht gehört zu seinen Forschungsbereichen.[1] Vor diesem Hintergrund hofft der Verfasser, dass es auf das Interesse des Jubilars stößt, wenn im Folgenden eine ganz zentrale Weichenstellung im Recht des faktischen Konzerns unter die Lupe genommen und kritisch hinterfragt wird. Die Mechanik des faktischen Aktienkonzerns ist im Ausgangspunkt recht simpel: Weil der Vorstand die Aktiengesellschaft nach § 76 Abs. 1 AktG unter eigener Verantwortung zu leiten hat, können Aktionäre dem Vorstand keine Weisungen erteilen und er darf sich auch sonstigen nachteiligen Einflussnahmen vonseiten der Aktionäre nicht öffnen. Einer steuernden Einflussnahme durch ein herrschendes Unternehmen ist damit grundsätzlich der Weg verbaut. § 311 AktG schlägt nun allerdings insofern eine Schneise, als der Vorstand sich doch wieder auf nachteilige Einflussnahmen einlassen darf, wenn die erwachsenden Nachteile beziffert werden können und spätestens bis zum Ende des jeweiligen Geschäftsjahrs tatsächlich oder durch Einräumung eines entsprechenden Rechtsanspruchs ausgeglichen werden. Diese Möglichkeit des gestreckten Nachteilsausgleichs schafft für das herrschende Unternehmen einerseits Raum für eine steuernde Konzernleitung, andererseits schützt sie die abhängige Gesellschaft, die außenstehenden Aktionäre sowie die Gläubiger insofern, als der abhängigen Gesellschaft der Ausgleich der Nachteile zumindest zu versprechen ist.

Auf dem Papier ist diese Mechanik eingängig. Wie präzise sie funktioniert, hängt allerdings entscheidend davon ab, wie man eine nachteilige Einflussnahme weiter ausdeutet. Der Ausgangspunkt ist hier weitgehend unumstritten: Weil das Verbot der Nachteilszufügung darauf abzielt, zu Gunsten der außenstehenden Aktionäre und

1 Vgl. etwa Ekkenga, Kapitalaufbringung im konzernweiten Cash-Pool: Ungelöste Probleme und verbleibende Gestaltungsspielräume, ZIP 2010, 2469 ff.; Ekkenga, Neue Pläne der Europäischen Kommission für ein Europäisches Konzernrecht: Erste Eindrücke, AG 2013, 181 ff.; Ekkenga, Stimmrechtsbeschränkungen und positive Stimmpflichten des herrschenden Unternehmens im GmbH-Konzern, Der Konzern 2015, 409 ff.; Ekkenga, Stimmverbote gegen den herrschenden Gesellschafter im GmbH-Konzern, ZGR 2019, 191 ff.

Gläubiger die Verfolgung des Eigeninteresses der abhängigen AG wie bei einer unabhängigen AG sicherzustellen,[2] soll jede Maßnahme als nachteilig gelten, die im Lichte des Gesellschaftszwecks nicht den Anforderungen an eine ordentliche und gewissenhafte Geschäftsleitung einer nicht im Sinne des § 17 AktG abhängigen Gesellschaft entspricht.[3] Für die Frage, ob ein Nachteil vorliegt, soll es also darauf ankommen, ob ein ordentlicher und gewissenhafter Geschäftsleiter einer unabhängigen Gesellschaft das Rechtsgeschäft vorgenommen oder die Maßnahme getroffen oder unterlassen hätte.[4] Nachteilsmaßstab im Sinne des § 311 Abs. 1 AktG und Haftungsmaßstab nach § 317 Abs. 2 AktG entsprechen sich an dieser Stelle.[5]

Zur Gretchenfrage wird dann aber, wie eingehend diese »Kontrollfrage« zu stellen ist. Bei unternehmerischen Entscheidungen steht der Geschäftsleitung einer unabhängigen Gesellschaft grundsätzlich nämlich ein weites kontrollfreies unternehmerisches Ermessen zu, welches mittlerweile durch die in § 93 Abs. 1 Satz 2 AktG kodifizierte Business Judgment Rule gesetzlich abgesichert ist. Je weitergehend man im Rahmen der Nachteilsfeststellung einen kontrollfreien Raum anerkennt, desto durchlässiger wird auch der durch § 311 AktG aufgespannte Schutz der abhängigen Gesellschaft, der außenstehenden Aktionäre sowie der Gläubiger. Theoretisch reicht das Tableau von einer engmaschigen Kontrolle der Entscheidung über die Anerkennung von Ermessensspielräumen, die vertretbare Entscheidungen abdecken, bis hin zur Anwendung der Business Judgment Rule, die durch den Passus »vernünftigerweise annehmen durfte« einen so weitgehenden Freiraum schafft, dass die Entscheidung in ihrem Bestand und die Mitglieder des Leitungsorgans haftungsrechtlich nur angreifbar sind, wenn der Sache nach grob fahrlässig entschieden wurde.[6]

II. Meinungsstand

Blickt man auf den Meinungsstand, zeigt sich, dass das skizzierte Tableau voll ausgeschöpft wird. Im Ergebnis zeichnet sich dabei jedoch ein klarer Trend dahin ab, den nachteiligen Charakter einer Maßnahme erst anzunehmen, wenn der breite Spielraum überschritten ist, den § 93 Abs. 1 Satz 2 AktG gewährt.[7] Zur Begründung wird angeführt, den §§ 100 Abs. 2 Satz 2, 311 ff. AktG lasse sich entnehmen, dass das Aktienrecht dem strukturellen Konzernkonflikt mit spezifisch konzernrechtlichen Schutzinstrumenten begegnen wolle und es im Übrigen bei der Geltung allgemeiner

2 Statt aller Koch, AktG, 19. Aufl. 2025, § 311, Rn. 1.
3 Vgl. Koch, AktG, § 311, Rn. 24, 25.
4 Vgl. Habersack in Emmerich/Habersack, Aktien- und GmbH-Konzernrecht, 10. Aufl. 2022, § 311, Rn. 40; Koch, AktG, § 311, Rn. 25 m.w.N.
5 Siehe etwa Koch, AktG, § 311, Rn. 25.
6 Eingehender etwa Bachmann in Festschrift für Stilz, 2014, S. 25, 28 ff.; Koch, AktG, § 93, Rn. 51.
7 Siehe etwa Fleischer, NZG 2008, 371, 372 f.; Habersack, ZIP 2006, 1327, 1330; Habersack in Festschrift für Hoffmann-Becking, 2013, S. 421, 426 f.; J. Vetter in K. Schmidt/Lutter, AktG, 5. Aufl. 2024, § 311, Rn. 40a; in dieser Festschrift jetzt auch Reichert/Löbbe in Festschrift für Ekkenga, 2026, sub III 2.

Grundsätze bleiben solle.[8] Zudem wird argumentiert, der Ausschluss der Business Judgment Rule liefe der Privilegierungsfunktion des § 311 AktG zuwider.[9] Auch die Rechtsprechung wird gemeinhin dahin interpretiert, dass sie § 93 Abs. 1 Satz 2 AktG zur Anwendung bringen will.[10] Der insoweit maßgeblichen UMTS-Entscheidung lag zwar noch die Rechtslage vor dem UMAG zugrunde, aber der II. Zivilsenat hat das Bestehen eines weiten Handlungsspielraums betont und dabei in einem Klammerzusatz bekräftigend auf die mittlerweile erfolgte Kodifizierung in § 93 Abs. 1 Satz 2 AktG verwiesen.[11]

Die wenigen Kritiker der ganz herrschenden Sichtweise wenden ein, dass für die Anwendung des § 93 Abs. 1 Satz 2 AktG »eher wenig« spreche, wenn man diese am heutigen Erkenntnisstand zur Business Judgment Rule messe.[12] Vorzugswürdig sei vielmehr die Einräumung eines Handlungsspielraums, der graduell etwas engere Grenzen aufweise als der bis zur Grenze grober Fahrlässigkeit ausgeweitete Spielraum, den § 93 Abs. 1 Satz 2 AktG verschaffe.[13] Vereinzelt wird gar ganz auf die andere Seite des Tableaus gewechselt und bei konzern*internen* Maßnahmen eine volle gerichtliche Überprüfbarkeit angenommen.[14]

III. Tatbestandlicher Ausschluss des § 93 Abs. 1 Satz 2 AktG bei Konzern*internen* Massnahmen

1. Tatbestandlicher Ausschluss der Business Judgment Rule beim Vorliegen von Sonderinteressen

Nähert man sich der Problematik zunächst allein aus der Perspektive der Business Judgment Rule, so ist deren Einschlägigkeit im faktischen Konzernverhältnis durchaus fraglich. Denn ihrer Funktion nach soll die Business Judgment Rule unternehmerische Entscheidungen nur dort vor einer nachträglichen inhaltlichen Kontrolle abschirmen, wo gewährleistet ist, dass die Entscheidung unter optimalen Entscheidungsvoraussetzungen getroffen wird.[15] Solche sieht das Gesetz dann als gegeben an, wenn die Entscheidung auf der Grundlage angemessener Informationen und zum Wohle der Gesellschaft getroffen wurde, wobei mit dem Verweis auf das Wohl der

8 So explizit Habersack in Festschrift für Hoffmann-Becking, 2013, S. 421, 426; vgl. auch Reichert/Löbbe in Festschrift für Ekkenga, 2026, sub III 2.
9 So J. Vetter in K. Schmidt/Lutter, AktG, § 311, Rn. 40a.
10 Siehe nur Reichert/Löbbe in Festschrift für Ekkenga, 2026, sub I und II 1.
11 BGH, 03.03.2008, II ZR 124/06, BGHZ 175, 365, Rn. 11 = NJW 2008, 1583 (UMTS).
12 Koch, ZGR 2022, 337, 368; an der Anwendbarkeit des § 93 Abs. 1 Satz 2 AktG zweifelnd auch Verse in Habersack/Drinhausen, Recht der SE, 4. Aufl. 2025, § 39 SEAG, Rn. 9.
13 Koch, ZGR 2022, 337, 369 f.
14 So – freilich mit einem abweichenden Grundansatz – Engert, ZGR-Sonderheft 22 (2020), 59, 67 ff., 73 ff.
15 Anschaulich zur Funktionsweise des § 93 Abs. 1 Satz 2 AktG Koch, AktG, § 93, Rn. 27.

Gesellschaft eben keiner inhaltlichen Kontrolle das Wort geredet wird, sondern die prozedurale Voraussetzung umschrieben wird, dass sich der Vorstand bei der Entscheidungsfindung einzig von den Interessen der von ihm verwalteten Gesellschaft leiten lässt und damit keinen Sonderinteressen unterliegt.[16]

Von einem Interessenkonflikt wird gemeinhin ausgegangen, wenn der Organwalter selbst oder eine ihm nahestehende Person ein erhebliches finanzielles Eigeninteresse hat und man daher vernünftigerweise erwarten kann, dass dieses Interesse die Beurteilung des Organmitglieds zum Nachteil der Gesellschaft berührt.[17] Im Kontext einer faktischen Konzernierung spricht für einen solchen Interessenkonflikt, dass der Vorstand einer abhängigen Aktiengesellschaft in der Regel ein individuelles Interesse hat, sich an dem Interesse des herrschenden Unternehmens zu orientieren, weil er jedenfalls auf lange Sicht fürchten muss, sein Amt zu verlieren, wenn er den Interessen des herrschenden Unternehmens nicht Rechnung trägt. Bei einer Entscheidung, die der Vorstand der abhängigen Gesellschaft auf Veranlassung des herrschenden Unternehmens getroffen hat, könnte man aus dem Blickwinkel des § 93 Abs. 1 Satz 2 AktG betrachtet also durchaus davon ausgehen, dass der Vorstand sich bei der Entscheidungsfindung nicht einzig am Wohle der abhängigen Gesellschaft orientiert hat und die Business Judgment Rule daher keine Anwendung findet.[18]

2. *Normative Ausdeutung im Lichte der Ratio der §§ 311 ff. AktG*

a) Terminologische Vieldeutigkeit des § 317 Abs. 2 AktG

Fraglich ist, inwieweit andere aktienrechtliche Vorgaben und Wertungen dazu anhalten, den skizzierten Befund normativ zu korrigieren. Nicht zwingend in die eine oder in die andere Richtung deuten können wird man den Umstand, dass für die Nachteilsbemessung nach § 317 Abs. 2 AktG gerade darauf abzustellen ist, ob »ein ordentlicher und gewissenhafter Geschäftsleiter einer unabhängigen Gesellschaft das Rechtsgeschäft vorgenommen oder die Maßnahme getroffen oder unterlassen hätte.« Diese Vorgabe lässt sich zwar so lesen, dass dem Rechtsanwender mit dem Abstellen auf den Geschäftsleiter einer unabhängigen Gesellschaft nicht nur der Maßstab für die Nachteilsbemessung als solcher vorgegeben werden soll, sondern zugleich auch der Kontrollmaßstab.[19] Immerhin ist § 93 Abs. 1 Satz 2 AktG normlogisch eng mit der von § 317 Abs. 2 AktG in Bezug genommenen allgemeinen Verhaltensvorgabe des § 93 Abs. 1 Satz 1 AktG verknüpft. Gäbe es § 93 Abs. 1 Satz 2 AktG nicht, wären

16 Vgl. schon RegE eines Gesetzes zur Unternehmensintegrität und Modernisierung des Anfechtungsrechts (UMAG), BT-Drucks. 15/5092, S. 11.

17 Vgl. etwa Fleischer in BeckOGK-AktG, Stand: 01.06.2025, § 93, Rn. 96.

18 In diese Richtung argumentierend auch Engert, ZGR-Sonderheft 22 (2020), 59, 65 f., 67 f.; Koch, ZGR 2022, 337, 369; Verse in Habersack/Drinhausen, Recht der SE, § 39 SEAG, Rn. 9.

19 So dann auch Reichert/Löbbe in Festschrift für Ekkenga, 2026, sub III 2; unergiebig insoweit Begr. RegE AktG 1965, Kropff, S. 419, wonach der Verhaltensmaßstab des § 317 Abs. 2 AktG den Raum dafür belasse, in dem die Konzernleitung ausgeübt werden könne.

dessen Vorgaben – wie vom II. Zivilsenat in der ARAG/Garmenbeck-Entscheidung[20] und später der UMTS-Entscheidung[21] praktiziert – so oder so ähnlich in § 93 Abs. 1 Satz 1 AktG hineinzulesen.[22]

Ebenso lässt sich aber auch sagen, dass das Gesetz speziell auf § 93 Abs. 1 Satz 2 AktG nicht Bezug nimmt und dass es systematisch durchaus angreifbar ist, die zu prüfende Entscheidung des wirklichen Vorstands der abhängigen Gesellschaft nur einer grobmaschigen Inhaltskontrolle zu unterziehen, weil der von § 317 Abs. 2 AktG anvisierte Vergleichsmaßstab hierdurch konterkariert wird. Während § 317 Abs. 2 AktG als Vergleichsmaßstab nämlich gerade die Entscheidung eines unabhängigen Vorstands in ansonsten gleicher Lage vorsieht, bewirkt die Anwendung des § 93 Abs. 1 Satz 2 AktG, dass die tatsächlich getroffene Entscheidung des abhängigen Vorstandsmitglieds am Ende doch wieder bis zur Grenze grober Fahrlässigkeit als Beleg dafür akzeptiert wird, was ein nicht abhängiges Vorstandsmitglied entschieden hätte.[23]

b) Kein tolerierter Interessenkonflikt

Zu argumentieren, den §§ 100 Abs. 2 Satz 2, 311 ff. AktG lasse sich entnehmen, dass das Aktienrecht dem strukturellen Konzernkonflikt durch spezifisch konzernrechtliche Schutzinstrumente begegnen wolle und es im Übrigen bei der Geltung allgemeiner Grundsätze bleiben könne,[24] verhilft im vorliegenden Kontext ebenfalls nicht zu weiteren Erkenntnisgewinnen. Mit der in § 100 Abs. 2 Satz 2 AktG geregelten Vorgabe, wonach auf die Höchstzahl zulässiger Aufsichtsratsmandate bis zu fünf Aufsichtsratssitze nicht anzurechnen sind, die ein gesetzlicher Vertreter des herrschenden Unternehmens eines Konzerns in zum Konzern gehörenden Handelsgesellschaften inne hat, geht zwar in der Tat eine Privilegierung des Konzerns als Organisationsform einher.[25] Konkret lässt sich der Regelung entnehmen, dass das Gesetz Doppelmandate als Mittel der Konzernführung nicht nur toleriert, sondern deren Verbreitung auch fördert. Hieraus lässt sich aber nicht die Wertung ableiten, dass das Gesetz Interessenkonflikte auf der Ebene der abhängigen Gesellschaft gänzlich in Abrede stellt und von optimalen Entscheidungsvoraussetzungen ausgeht. Es liegt schlicht so, dass das Gesetz eine Entscheidungsfindung trotz Konzernkonfliktes zulässt. Wie es die Entscheidung und damit auch die Nachteilsbemessung im Rahmen des § 311 AktG kontrolliert wissen will, sagt das Gesetz mit § 100 Abs. 2 Satz 2 AktG nicht.

Ebenso wenig lässt sich den §§ 311 ff. AktG die Wertung abringen, wonach der Konzernkonflikt im Rahmen der Nachteilsbemessung toleriert werde. Richtig ist

20 Vgl. BGH, 21.04.1997, II ZR 175/95, BGHZ 135, 244, 253 f. = NJW 1997, 1926 (ARAG/Garmenbeck).
21 BGH, 03.03.2008, II ZR 124/06, BGHZ 175, 365, Rn. 11 = NJW 2008, 1583 (UMTS).
22 Vgl. auch Koch, AktG, § 93, Rn. 26.
23 Deutlich Engert, ZGR-Sonderheft 22 (2020), 59, 67: offensichtlicher Fehlschluss.
24 Vgl. Habersack in Festschrift für Hoffmann-Becking, 2013, S. 421, 426; Reichert/Löbbe in Festschrift für Ekkenga, 2026, sub III 2.
25 Vgl. auch Spindler in BeckOGK-AktG, Stand: 01.10.2023, § 100, Rn. 22.

zwar, dass sich die §§ 311 ff. AktG dem Konzernkonflikt annehmen und mit der Möglichkeit eines Nachteilsausgleichs eine ausgleichende Regelung suchen. Wenn es nun aber gerade um die Frage geht, wie diese ausgleichende Regelung zu interpretieren ist, lässt sich diese selbst nicht als Beleg in die eine oder die andere Richtung heranziehen, ohne dass die Argumentation zirkulär gerät. Der Verweis auf die §§ 311 ff. AktG bleibt für sich genommen also inhaltsleer und es bleibt bei dem Befund, wonach § 317 Abs. 2 AktG die Nachteilsbemessung an der Entscheidung eines unbefangenen Vorstandsmitgliedes in ansonsten gleicher Lage als Vergleichsmaßstab ausrichtet, ohne dass hierbei unmittelbar etwas über den anzuwendenden Kontrollmaßstab und damit die Anwendung des § 93 Abs. 1 Satz 2 AktG gesagt wäre.

c) Die Privilegierungsfunktion der §§ 311 ff. AktG und ihre (beschränkte) Reichweite

Denkbar bleibt nach alldem noch, die Anwendung der Business Judgment Rule im Rahmen der Nachteilsbemessung als genuinen Bestandteil des von den §§ 311 ff. AktG bereitgehaltenen Konzernprivilegs zu verstehen. Hierhin geht es, wenn argumentiert wird, dass es der Privilegierungsfunktion des § 311 AktG entgegenlaufe, wenn die Business Judgment Rule im Rahmen der Nachteilsbemessung nicht herangezogen werde.[26]

Diese Argumentation überrascht insofern, als die Privilegierungsfunktion der §§ 311 ff. AktG damit weiter gefasst wird, als sie in den einleitenden Ausführungen zu § 311 AktG in der Kommentarliteratur durchweg ausbuchstabiert wird:

> *»Die Privilegierung des herrschenden Unternehmens ist begrenzt auf die Möglichkeit, Nachteile durch nicht unmittelbar mit dem Rechtsgeschäft oder der Maßnahme zusammenhängende Vorteile zu kompensieren, und wichtiger noch die Möglichkeit, den Nachteilsausgleich zeitlich verzögert zu leisten.«*[27]

> *»Die Privilegierung des herrschenden Unternehmens ist darin zu sehen, dass (1) Nachteile aufgrund von Rechtsgeschäften oder Maßnahmen nicht unmittelbar durch damit im Zusammenhang stehende Vorteile kompensiert werden müssen (sondern dass zB auch mittelbar sich ergebende Vorteile zur Kompensation herangezogen werden können) und (2) der Nachteilsausgleich zeitlich nachgelagert möglich ist.«*[28]

Wer argumentiert, dass der Ausschluss des § 93 Abs. 1 Satz 2 AktG der Funktion des § 311 AktG entgegenlaufe, müsste die Möglichkeit, auf die abhängige Gesellschaft bis zur Grenze grober Fahrlässigkeit Einfluss zu nehmen, im Rahmen der Zwecksetzung der §§ 311 ff. AktG als Bestandteil der privilegierenden Funktion der Vorschriften verbuchen. Dieser Schwur wird bislang aber aus gutem Grund nicht geleistet, weil sich spätestens hier zeigt, dass die Stoßrichtung des Gesetzes im Kern doch eine andere ist. Sie wird durch die »Basisnorm« des § 311 Abs. 1 HS 1 AktG verkörpert und

26 Vgl. J. Vetter in K. Schmidt/Lutter, AktG, § 311, Rn. 40a.

27 J. Vetter in K. Schmidt/Lutter, AktG, § 311, Rn. 7.

28 Leuering/Goertz in Hölters/Weber, AktG, 5. Aufl. 2025, § 311, Rn. 4; vgl. auch Reichert/Löbbe in Festschrift Ekkenga, 2026, sub II 4.

geht dahin, dass das Eigeninteresse und damit zugleich die unbedingte Bindung des Vorstands der abhängigen Gesellschaft an das Interesse der von ihm verwalteten Gesellschaft im faktischen Konzern grundsätzlich intakt bleibt.[29] Das Gesetz relativiert das Schädigungsverbot zwar im zweiten Halbsatz des § 311 Abs. 1 AktG und schafft die Möglichkeit, die Kompensation zeitlich zu verlagern, indem deren Einzelheiten erst am Ende des jeweiligen Geschäftsjahrs bestimmt und rechtlich abgesichert werden müssen.[30] Das ändert aber nichts an der grundlegenden Stoßrichtung der §§ 311 ff. AktG, wonach das Eigeninteresse und damit zugleich die unbedingte Bindung des Vorstands der abhängigen Gesellschaft an das Interesse der von ihm verwalteten Gesellschaft im faktischen Konzern aufrecht erhalten bleiben soll. Dieser Schutzwall wird eingerissen, wenn man den Konzernkonflikt bei der Anwendung des § 93 Abs. 1 Satz 2 AktG ausblendet und die vom abhängigen Vorstand tatsächlich getroffenen Entscheidungen bis zur Grenze grober Fahrlässigkeit ohne Weiteres toleriert.[31]

3. Umfassende Überprüfung konzerninterner Transaktionen

Geht man davon aus, dass die Business Judgment Rule im Rahmen der konzernrechtlichen Nachteilsfeststellung wegen des Interessenkonflikts, in dem sich der Vorstand der abhängigen Gesellschaft befindet, nicht zur Geltung gelangt, muss man im Weiteren die Frage stellen, welcher Maßstab stattdessen bei der Nachteilsbemessung anzulegen ist. Schlussendlich geht es hier um die bislang nur wenig geklärte – nicht konzernrechtsspezifische – Thematik, was aus der Nichtanwendung der Business Judgment Rule im Fall der Befangenheit folgt.[32] Klar sollte sein, dass die Entscheidung dann jedenfalls nicht bis zur Grenze grober Fahrlässigkeit von einer gerichtlichen Inhaltskontrolle befreit sein kann. Denkbar bleiben ein gegenüber § 93 Abs. 1 Satz 2 AktG verringerter Ermessensspielraum[33] und eine volle gerichtliche Kontrolle,[34] wobei auch das keine Erfolgshaftung bedeutet, sondern lediglich zur Folge hat, dass das Gericht eigenständig die Bandbreite (noch) sorgfaltskonformer Entscheidungen festlegt, ohne dass dem Vorstand hierbei eine irgendwie geartete Einschätzungsprärogative einzuräumen ist.[35]

29 Deutlich etwa Grigoleit in Grigoleit, AktG, 3. Aufl. 2025, § 311, Rn. 4.
30 Vgl. auch insoweit Grigoleit in Grigoleit, AktG, § 311, Rn. 6.
31 Entlarvend Reichert/Löbbe in Festschrift für Ekkenga, 2026, sub IV 3: »großzügig auszulegen und daher üblicherweise erfüllt«.
32 Eingehender Harbarth in Festschrift für Hommelhoff, 2012, S. 323 ff.; Harnos, Gerichtliche Kontrolldichte im Gesellschaftsrecht, 2021, S. 356 ff., 362 ff.
33 Harbarth in Festschrift für Hommelhoff, 2012, S. 323, 335 ff.; im Ansatz auch schon Harbarth/Winter, ZIP 2002, 1, 10; zugeneigt auch Verse in Festschrift für Hopt zum 80. Geburtstag, 2020, S. 1335, 1352.
34 Hierfür Holle, ZHR 182 (2018), 569, 579 f.; Lutter in Festschrift für Canaris, Bd. II, 2007, S. 245, 247; Scholderer, NZG 2012, 168, 175; ebenso wohl Ihrig, WM 2004, 2098, 2103 mit Fn. 65.
35 Vgl. auch Harnos, Gerichtliche Kontrolldichte im Gesellschaftsrecht, 2021, S. 360; tendenziell zu streng daher Reichert/Löbbe in Festschrift für Ekkenga, 2026, sub III 2. und III. 3.

Im ersten Zugriff scheint viel für eine umfängliche gerichtliche Kontrolle der Entscheidung zu sprechen. Denn gesellschaftsrechtliche Ermessensspielräume beruhen auf der Erwägung, dass die Gesellschafter die jeweilige Entscheidung der Sachkunde der Verwaltung überantwortet haben und diese Sachkunde auch durch ein Gericht grundsätzlich nicht überspielt werden können soll.[36] Auf eben diese Sachkunde können die Gesellschafter aber nicht mehr vertrauen, wenn die Entscheidung der Verwaltung nicht mehr unbefangen erfolgt. So gesehen verlieren Ermessensspielräume ihre Legitimation und der Richter ist wieder befugt, umfassend zu prüfen, ob die getroffene Abwägungsentscheidung im Gesellschaftswohl liegt.

Dieser Standpunkt könnte allerdings ins Wanken kommen, wenn man noch einmal genauer beleuchtet, warum die Sachkunde der Verwaltung nicht durch ein Gericht überspielt werden können soll. Hier werden im Kern nämlich zumeist zwei Gesichtspunkte angeführt: Zum einen soll die Einräumung eines Ermessens den Interessen der Gesellschafter Rechnung tragen,[37] die von der Verwaltung erwarten, dass sie unternehmerische Risiken eingeht und dadurch Gewinne für die Gesellschaft erwirtschaftet. Das ist bei einer zu strengen Kontrolle nicht gewährleistet, weil die Verwaltung aus Furcht, bei wirtschaftlichen Misserfolgen schon wegen leichtester Fehler zur Verantwortung gezogen zu werden, geneigt sein könnte, unternehmerischen Risiken aus dem Weg zu gehen und damit auch Gewinnchancen ungenutzt verstreichen zu lassen.[38] Zum anderen soll ein Ermessen aber auch dadurch veranlasst sein, dass eine umfassende gerichtliche Kontrolle der konkreten Entscheidungssituation nicht gerecht werde.[39] Immerhin befindet sich ein Vorstand oftmals in einer komplexen Lage, die von einem nicht unternehmerisch erfahrenen Richter nur schwer rekonstruiert werden kann. Das gilt insbesondere auch deshalb, weil die Kenntnis des späteren Geschehensablaufs den Ex-post-Betrachter in der Regel dazu verleitet, die Wahrscheinlichkeit eines tatsächlich eingetretenen Schadens höher einzuschätzen, als sie sich aus der Ex-ante-Perspektive tatsächlich dargestellt hat (Rückschaufehler; sog. *hindsight bias*).[40]

Im Fall der Befangenheit wird sich kaum sagen lassen, dass die Gesellschafter als diejenigen, deren Interessen es mit den unternehmerischen Ermessensspielräumen Rechnung zu tragen gilt, für einen Freiraum zu ungezügelter Risikofreude votieren. Vielmehr ist es hier das Misstrauen daran, dass die Verwaltung sich bei der Entscheidungsfindung von ihren Sonderinteressen leiten lässt und die Belange der

36 Eingehender zu den Hintergründen noch im Folgenden.

37 Fleischer in BeckOGK-AktG, Stand: 1.6.2025, § 93, Rn. 80; Fleischer in Festschrift für Wiedemann, 2002, S. 827, 829 f.; Koch, AktG, § 93, Rn. 27; Paefgen, AG 2004, 245, 247.

38 Vertiefend Schlimm, Das Geschäftsleiterermessen des Vorstands einer Aktiengesellschaft, 2009, S. 47 ff.; Jungmann in Festschrift für K. Schmidt, 2009, S. 831, 839 ff.; Jungmann, NZI 2009, 80, 81 f. jeweils m.w.N.

39 Vgl. etwa Fleischer in BeckOGK-AktG, Stand: 1.6.2025, § 93, Rn. 80; Fleischer in FS Wiedemann, 2002, S. 827, 830 ff.; Koch, AktG, § 93, Rn. 27; Winnen, Die Innenhaftung des Vorstands nach dem UMAG, 2009, S. 93 f.

40 Dezidiert zur Gefahr eines Rückschaufehlers Bachmann, ZHR 177 (2013), 1, 4 ff.; Fleischer in Festschrift für Wiedemann, 2002, S. 827, 832; Ott/Klein, AG 2017, 209 ff.

von ihr verwalteten Gesellschaft in den Hintergrund rücken, was die Gesellschafter vordringlich umtreiben muss. Was den Gesichtspunkt der Gesellschafterinteressen betrifft, verlieren Ermessensspielräume folglich ihre Legitimation und der Richter wäre wieder befugt, umfassend zu prüfen, ob die getroffene Entscheidung im Gesellschaftswohl liegt. Anders liegt es bei dem Umstand, dass eine umfängliche gerichtliche Kontrolle der konkreten Entscheidungssituation nicht gerecht wird. Die auf dem Prognosecharakter der unternehmerischen Entscheidung beruhenden Schwierigkeiten der gerichtlichen Überprüfung und die Gefahr von Rückschaufehlern bestehen ebenso bei konfliktbehafteten Entscheidungen. Das spräche dafür, trotz eines Interessenkonflikts noch einen eingeschränkten Ermessensspielraum anzuerkennen.[41]

Die zuletzt genannte Auffassung würde allerdings nur verfangen, wenn der Umstand, dass eine umfängliche gerichtliche Kontrolle der konkreten Entscheidungssituation nicht gerecht wird, als eigenständiger Begründungsstrang für ein unternehmerisches Ermessen tatsächlich trägt.[42] Das lässt sich mit guten Gründen in Abrede stellen: Auch in anderen Bereichen sind Richter den handelnden Akteuren *in puncto* Erfahrung oftmals unterlegen. Ebenso wenig ist die Schwierigkeit, konkrete Entscheidungssituationen sachgerecht zu würdigen, ohne der Gefahr von Rückschaufehlern zu erliegen, eine Besonderheit der Kontrolle unternehmerischer Entscheidungen, sondern ein Phänomen, das sich letztlich überall dort findet, wo über ein zurückliegendes Handeln in Kenntnis von dessen Folgen zu entscheiden ist.[43] Selbst wenn man davon ausgeht, dass diese Attribute speziell bei unternehmerischen Entscheidungen besonders ausgeprägt sind und insofern doch deren Sonderbehandlung rechtfertigen würden, bleibt ein entscheidender Einwand: Der Umstand, dass es für den Richter schwierig sein kann, das Vorstandshandeln sachgerecht zu beurteilen, kann für sich genommen nicht zu einer Verschiebung des Haftungsmaßstabs zu Lasten der Gesellschaft führen. Überzeugen kann der Verweis auf die Schwierigkeiten, die konkrete Entscheidungssituation des Vorstands im Nachhinein sachgerecht zu beurteilen, daher letztlich nur insoweit, als man ihn verwendet, um den Gedanken der Risikoscheu des Vorstands zu bekräftigen.[44] Die Neigung des Vorstands, Risiken

41 So dann auch Verse in FS Hopt zum 80. Geburtstag, 2020, S. 1335, 1352.

42 Kritisch auch Baur/Holle, AG 2017, 597, 603 f.; Bunz, Der Schutz unternehmerischer Entscheidungen durch das Geschäftsleiterermessen, 2011, S. 32 ff.; von Hein, Die Rezeption US-amerikanischen Gesellschaftsrechts in Deutschland, 2008, S. 915; Holle, AG 2011, 778, 781; Holle, Legalitätskontrolle im Kapitalgesellschafts- und Konzernrecht, 2014, S. 72 f.; Jungmann in Festschrift für K. Schmidt, 2009, S. 831, 836 ff.; Jungmann, NZI 2009, 80, 81; ansatzweise C. Schäfer, ZIP 2005, 1253 f. Vorwiegend auf den Gedanken der Risikoaversion abstellend auch Brömmelmeyer, WM 2005, 2065, 2066; Fleischer, ZGR 2001, 1, 24 (vor allem); Harbarth in Festschrift für Hommelhoff, 2012, S. 323, 324 f. (zentrales Argument); Klöhn, ZHR 178 (2014), 55, 86 f.; Kock/Dinkel, NZG 2004, 441, 442; Langenbucher, DStR 2005, 2083 ff.; Ulmer, DB 2004, 859.

43 Vgl. etwa anhand des § 130 OWiG Beck in BeckOK-OWiG, 47. Edition (Stand: 1.7.2025), § 130, Rn. 42 ff.

44 Präzise etwa Redeke, ZIP 2011, 59, 60; Schlimm, Das Geschäftsleiterermessen des Vorstands einer Aktiengesellschaft, 2009, S. 45 ff., 53.

zu meiden, wird größer, wenn er fürchten muss, dass ein Gericht im Nachhinein nicht imstande ist, der historischen Entscheidungssituation hinreichend Rechnung zu tragen und sich bei seiner Beurteilung des Entscheidungsprozesses von eingetretenen Entscheidungsfolgen leiten lässt. Dann muss man aber wieder zu der Feststellung gelangen, dass der Gedanke, wonach der Vorstand angehalten bleiben soll, Risiken einzugehen, dort nicht durchgreift, wo nicht gewährleistet ist, dass er diese Risiken zuvorderst im Interesse der von ihm geleiteten Gesellschaft eingeht, und auch ein eingeschränktes unternehmerisches Ermessen im Fall der Befangenheit verwerfen. Dem Vorstand ist folglich jegliche Einschätzungsprärogative abzusprechen und das Gericht hat in einem ersten Schritt eigenständig die Bandbreite (noch) sorgfaltskonformer Entscheidungen festzulegen und sodann zu prüfen, ob sich die Entscheidung des Vorstands innerhalb dieses Rahmens bewegt.

IV. Kein berücksichtigungswerter Konzernkonflikt bei Drittgeschäften

Orientiert man sich an den vorstehenden Erwägungen, gelangt man zu dem Befund, dass weder die Business Judgment Rule noch ein sonst wie gearteter Ermessensspielraum im Rahmen der Nachteilsbemessung gemäß § 311 AktG Anwendung finden können, weil die Voraussetzungen dafür, dass der Vorstand der abhängigen Gesellschaft eine sorgfaltskonforme Entscheidung trifft, nicht optimal sind: Ob der faktischen Abhängigkeit steht durchweg die latente Gefahr im Raum, dass der Vorstand der abhängigen Gesellschaft sich an den Interessen des herrschenden Unternehmens orientiert und seine Entscheidungsfindung daher nicht am Wohl der abhängigen Gesellschaft ausgerichtet ist.[45]

Der skizzierte Interessenkonflikt aufseiten des Vorstands der abhängigen Gesellschaft besteht im Ausgangspunkt unabhängig von der Art der in Rede stehenden Maßnahme. Insbesondere macht es für das Vorliegen des Interessenkonflikts keinen Unterschied, ob die Maßnahme ein Geschäft mit dem herrschenden Unternehmen oder einer anderen Konzerngesellschaft zum Gegenstand hat oder ausschließlich einen Drittbezug aufweist. In beiden Konstellationen bleibt es bei der Befürchtung, dass die Entscheidungsfindung nicht allein an den Interessen der abhängigen Gesellschaft ausgerichtet ist, sondern Erwägungen und Interessen der Konzernleitung in diese Eingang finden.[46]

Und dennoch stellt sich die Frage, ob der Konzernleitung für den Fall, dass ein Geschäft mit außenstehenden Dritten in Rede steht, doch wieder mehr Raum zu einer nicht ausgleichspflichtigen Einflussnahme eingeräumt werden kann. Während in Fällen, in denen eine Maßnahme ein Geschäft zwischen dem herrschenden Unternehmen oder einer anderen Konzerngesellschaft und der abhängigen Gesellschaft

45 Vgl. oben unter III 1.
46 Vgl. neuerlich oben unter III 1.

zum Gegenstand hat, nämlich immer die Befürchtung gerechtfertigt ist, dass das herrschende Unternehmen die abhängige Gesellschaft übervorteilt, besteht ein solches Risiko im Fall von Drittgeschäften nicht. Bei solchen nicht konzerninternen Geschäften gehen die Interessen des herrschenden Unternehmens und der abhängigen Gesellschaft vielmehr Hand in Hand, weil das Eigeninteresse des herrschenden Unternehmens ob der kapitalmäßigen Beteiligung insoweit ebenfalls ganz auf für die abhängige Gesellschaft optimale Transaktionen ausgerichtet ist: Als Mehrheitsaktionär ist dem herrschenden Unternehmen »mehr *als jedem anderen Beteiligten daran gelegen, das Vermögen der abhängigen Gesellschaft zu mehren. Die hohe Beteiligung der Mutter bietet der Tochter zunächst einmal den Vorteil eines besonders aufmerksamen Eigentümers, der im Interesse auch seiner Mitgesellschafter handelt.*«[47] Das bedeutet zwar nicht, dass die von der Konzernleitung insoweit anvisierten Entscheidungen und die Entscheidungen des Vorstands der abhängigen Gesellschaft durchweg deckungsgleich ausfallen würden. Die Stoßrichtung bei der Entscheidungsfindung bleibt aber dieselbe, weil die Mutter an jedem Gewinn partizipiert, den die Tochter außerhalb des Konzerns erzielt, sodass bei Drittgeschäften die Ratio der Business Judgment Rule doch wieder zum Tragen kommt: Solange die Entscheidungsfindung alleine am Wohl der abhängigen Gesellschaft ausgerichtet ist, haben auch die außenstehenden Aktionäre ein Interesse daran, dass Risiken nicht aus Furcht einer allzu engmaschigen nachträglichen Kontrolle durch einen unternehmerisch nicht versierten Richter gemieden werden. Was sich ändert, ist der Personenkreis, der zum Eingehen von Risiken angehalten bleiben soll – dieser erweitert beziehungsweise verlagert sich vom Vorstand der abhängigen Gesellschaft hin zur Konzernleitung, wobei die außenstehenden Aktionäre ihre Interessen eben nun auch dort fachkundig vertreten sehen (dürfen).

V. Zusammenfassung

1. Das Verbot der Nachteilszufügung zielt darauf ab, zu Gunsten der außenstehenden Aktionäre und Gläubiger die Verfolgung des Eigeninteresses der abhängigen AG wie bei einer unabhängigen AG sicherzustellen. Es wird vom Gesetz insoweit gelockert, als eine Nachteilszufügung zulässig ist, sofern die erwachsenden Nachteile ausgeglichen werden, wobei ein solcher Ausgleich auch zeitlich nachgelagert möglich ist. Als nachteilig muss im Ausgangspunkt jede Maßnahme gelten, die nicht den Anforderungen an eine ordentliche und gewissenhafte Geschäftsleitung einer autonomen Gesellschaft in ansonsten gleicher Lage entspricht.

2. Wie engmaschig diese Ausgleichsverpflichtung Platz greift, ist davon abhängig, anhand welchen Kontrollmaßstabs die Nachteiligkeit bemessen wird. Die herrschende Meinung geht davon aus, dass bei der Nachteilsbemessung ein breiter unternehmerischer Ermessensspielraum im Sinne des § 93 Abs. 1 Satz 2 AktG anzuerkennen ist.

47 Engert, ZGR-Sonderheft 22 (2020), 59, 73.

3. Der Standpunkt der herrschenden Meinung ist vor dem Hintergrund, dass die Nachteilsbemessung am Verhalten eines Vorstands einer unabhängigen Gesellschaft in ansonsten gleicher Lage auszurichten ist, zunächst naheliegend. Im Weiteren erweist er sich jedoch als problematisch, weil § 93 Abs. 1 Satz 2 AktG den von der Vorschrift gewährten Kontrollfreiraum an die Voraussetzung knüpft, dass optimale Entscheidungsbedingungen in Form einer angemessenen Informationsgrundlage und des Fehlens von Interessenkonflikten gegeben sind. Das ist bei Entscheidungen, die der Tochtervorstand auf Veranlassung des herrschenden Unternehmens getroffen hat, nicht der Fall, weil auch er persönlich insofern vom herrschenden Unternehmen abhängig ist, als er jedenfalls auf lange Sicht fürchten muss, sein Amt zu verlieren, wenn er den Interessen des herrschenden Unternehmens nicht Rechnung trägt. Dieser Interessenkonflikt wird von den Regelungen zum faktischen Aktienkonzern weder toleriert, noch wird der von den §§ 311 ff. AktG gewährten Privilegierung des herrschenden Unternehmens Abbruch getan, wenn man dem herrschenden Unternehmen eine ausgleichsfreie Einflussnahme bis zur Grenze des § 93 Abs. 1 Satz 2 AktG versagt.

4. Die Nichtanwendung des § 93 Abs. 1 Satz 2 AktG aufgrund des konzernspezifischen Interessenkonflikts, in welchem sich der Vorstand der abhängigen Gesellschaft befindet, muss konsequent zu Ende gedacht dazu führen, die tatsächlich vom Vorstand der abhängigen Gesellschaft auf Veranlassung des herrschenden Unternehmens getroffenen Entscheidungen umfassend auf ihre Nachteiligkeit zu prüfen und damit jedweden kontrollfreien Raum zu versagen. Nur so wird den in der abhängigen Gesellschaft beheimateten Interessen und der Intention der §§ 311 ff. AktG, diese nur gegen einen (gestreckten) Ausgleich etwaiger Nachteile beeinträchtigen zu können, Rechnung getragen.

5. Der skizzierte Interessenkonflikt aufseiten des Vorstands der abhängigen Gesellschaft besteht im Ausgangspunkt unabhängig von der Art der in Rede stehenden Maßnahme. Soweit Transaktionen der abhängigen Gesellschaft mit nicht konzernangehörigen Dritten in Rede stehen, kann der Konzernleitung aber doch wieder der Raum des § 93 Abs. 1 Satz 2 AktG zu einer nicht ausgleichspflichtigen Einflussnahme eingeräumt werden. Grund hierfür ist, dass das Eigeninteresse des herrschenden Unternehmens ob seiner kapitalmäßigen Beteiligung an der abhängigen Gesellschaft in diesen Fällen ebenfalls ganz auf für die abhängige Gesellschaft optimale Transaktionen ausgerichtet ist und die Interessen beider Gesellschaften insoweit Hand in Hand gehen. Der Interessenkonflikt neutralisiert sich auf diese Weise und die Stoßrichtung bei der Entscheidungsfindung verläuft parallel, sodass die Ratio der Business Judgment Rule wieder zum Tragen kommt.

Gläubigerschutz in einer 28. Rechtsform

Peter Hommelhoff

Die Präsidentin der EU-Kommission hat den Justizkommissar beauftragt, das Statut für eine 28. Rechtsform zu schaffen, um innovative Gesellschaften in ihrem Unionsweiten Aufwuchs zu unterstützen.[1] Den bereits in ihrem Heimatland erfolgreichen start ups, nun in den Status eines scale up, eines Wachstumsunternehmens, aufgewachsen, soll mit einer supranationalen Rechtsform des Unionsrechts, die neben den Rechtsformen der 27 EU-Mitgliedstaaten anzubieten ist, der Zugang zum Binnenmarkt erleichtert werden. Über in allen Mitgliedstaaten einheitlich geltende Regeln (»harmonised set of rules«) sollen diese scale ups von jenen bloß schwer, kosten- und zeitaufwendig überwindbaren Belastungen befreit werden, die vor allem aus den unterschiedlichen Geschäftsführungsregeln der mitgliedstaatlichen Rechtsformen herrühren.[2] Mit ihrem Auftrag zielt die Kommissionspräsidentin somit darauf ab, den innovativen scale up eine Gruppenstruktur zur Verfügung zu stellen, die es ihnen erlaubt, ihre Aktivitäten EU-weit in sämtlichen Mitgliedstaaten nach einheitlichen Kriterien zu leiten und zu führen.[3] Der Auftrag ist mithin auf eine überall in der EU einheitlich (und gewiss individuell gestaltbare) Gruppentochter gerichtet, auf eine societas privata europaee unificata, SPEU.[4]

I. Zum Gebot eines SPEU-Gläubigerschutzes

Mit einer solchen SPEU wird der Unionsgesetzgeber die in der Niederlassungsfreiheit der Artt. 49/54 AEUV angelegte Organisationsfreiheit[5] nachdrücklich stärken. Seine grenzüberschreitenden Auslandsaktivitäten kann ein scale up aus Agenturen und Zweigniederlassungen mit unbeschränkter Haftung heraus betreiben, aber dann

1 Mission Letter v. 17.09.2024, abrufbar unter t1p.de/8lwlf.

2 Dazu schon Dominke, Einheitliche Gruppenleitung über die Binnengrenzen in Europa, 2017, zugl. Jur. Diss. Heidelberg 2016/17, S. 11 ff.; Ekkenga, AG 2013, 181, 183 f.; Hommelhoff in Hommelhoff/Lutter/Teichmann, Corporate Governance im grenzüberschreitenden Konzern, 2017, 325, 337 f.; Teichmann, AG 2013, 184, 185; Ziegler, Konzernleitung im Binnenmarkt, 2016, zugl. Jur. Diss. Heidelberg 2015/16, S. 1 ff.

3 Harbarth/Hommelhoff/Müller-Graff/Verse, NZG 2024, 1437.

4 So der einnehmende Vorschlag von Goll/Stern, NZG 2025, 1458, 1465.

5 Denga, Zurechnung, 2022, S. 196; Fleischer/Horn, ZIP 2025, 603, 607 f.; Hommelhoff, ZGR 2019, 379, 380; ders. in Geibel/Heinze/Verse, Binnenmarktrecht als Mehrebenensystem, 2023, 105, 108; Möslein, Grenzen unternehmerischer Leitungsmacht im marktoffenen Verband, 2007, zugl. Jur Diss. Hamburg 2006/7, S. 221 ff.; Schön in Festschrift für Priester, 2007, S. 737, 743; ders. in Festschrift für Hommelhoff, 2012, S. 1037, 1041; ders., ZGR 2019, 343, 350; Teichmann, ZGR 2017, 485, 496 f.

auch, sobald dies SPEU-Statut zur Verfügung steht, aus EU-vereinheitlichten[6] Tochtergesellschaften heraus, für die der Unionsgesetzgeber das Trennungsprinzip als Rechtsform-spezifisches Zentralelement[7] der SPEU ausdrücklich vorgeben sollte. Die über dies Prinzip eröffnete Risiko- und Haftungssegmentierung in der Unternehmensgruppe findet ihre Legitimation zum ersten im Anstoß innovativer Mutter-Aktivitäten, zum zweiten in optimierter Steuerung der Chancen und Risiken im Tochterbereich und zum dritten, gesamtwirtschaftlich betrachtet, in der weiteren Dynamisierung des Wettbewerbsgeschehens[8] – dies sämtlich Legitimationsaspekte, die mit dem aktuellen Bestreben der EU-Kommission, der Inhaberin des exklusiven Initiativrechts nach Art. 17 (2) S. 1 EUV[9], in harmonischem Einklang stehen, die innovativen start und scale ups im Interesse weltweiter Wettbewerbsfähigkeit der EU-Wirtschaft zu unterstützen.

Unter der Geltung des Trennungsprinzips wird den Gläubigern der Tochter-SPEU allein das Vermögen dieser Gesellschaft zum Zugriff eröffnet sein, aber nicht das des Mutter-scale ups und auch nicht das Gesellschaftsvermögen anderer Tochtergesellschaften innerhalb der scale up-Gruppe. Das erfordert rechtliche Vorkehrungen zum Schutze der Gesellschaftsgläubiger im SPEU-Statut von Gesetzes wegen.[10] Mit ihnen soll sich dieser Beitrag befassen; er ist *Jens Ekkenga*, dem langjährigen Gesprächspartner, mit allen herzlich guten Wünschen in der Hoffnung auf sein Interesse gewidmet. Hat er sich doch in seinem breiten wissenschaftlichen Werk auch intensiv mit dem GmbH-rechtlichen Kapitalschutz in verbundenen Unternehmen befasst[11], so dass auch seine Standpunkte und Erwägungen Anlass zur Frage bieten, ob und inwieweit die Erkenntnisse zum GmbH-Gläubigerschutz de lege lata den Unionsgesetzgeber für den SPEU-Gläubigerschutz und dessen Ausgestaltung de lege ferenda anregen könnten.

6 Zur von der Vereinheitlichung abweichenden Supranationalität von Rechtsformen, Appadoo, Die betont supranationale Rechtsform, 2021, zugl. Jur. Diss. Heidelberg 2021.

7 Dazu Fleischer in Fleischer/Koch/Schmolke, Gesellschaftsrecht im Spiegel großer Debatten, 2024, 369, 416 ff.; ferner rechtvergleichend ders., AG 2025, 337 passim.

8 Hommelhoff, ZHR 188 (2024), 336, 345 ff.; s. auch Strik, ECFR 2025, 25, 38 f.; Stokkermans, ECFR 2025, 108, 123 ff.

9 Dazu etwa Haratsch in Pechstein/Nowak/Häde, Frankfurter Kommentar, EUV/GRC/AEUV, 2. Aufl. 2023, Art. 17 EUV Rn. 12 ff.; Kugelmann in Streinz, EUV/AEUV, 3. Aufl. 2018, Art. 17 EUV Rn. 52 ff.; Martenczuk in Grabitz/Hilf/Nettesheim, Das Recht der EU, 84. EL. Jan. 2025, Art. 17 EUV Rn. 50 ff.

10 Dazu schon Hommelhoff/Goll/Stern, NZG 2025, 915, 919 f., zur Verkoppelung zwischen Haftungsbeschränkung und Gläubigerschutz grundlegend Bitter in Scholz, GmbHG, 13. Aufl. 2022, § 13 Rn. 55 ff.

11 Ekkenga in MüKo-GmbHG, 5. Aufl. 2025, § 30 Rn. 183 ff.

II. Bestandteile und Elemente eines SPEU-Gläubigerschutzes

1. *Informationeller Schutz*

Herausgestrichen vom Europäischen Gerichtshof in seinem Centros-Urteil[12] steht im europäischen System des Gläubigerschutzes in Kapitalgesellschaften deren zu veröffentlichende Rechnungslegung im Vordergrund. Sie soll die aktuellen und die potentiellen Gesellschaftsgläubiger in die Lage versetzen, sich über die Vermögens-, Finanz- und Ertragslage der Kapitalgesellschaft und deren Entwicklung im Verlauf der Geschäftsjahre ein Bild zu verschaffen (Art. 4 (3) S. 1 BilanzRL). Auf Grundlage dieser Informationen sollen die Gläubiger ihre eigenverantwortlichen Entscheidungen[13] treffen können: darüber, ob sie mit der Gesellschaft überhaupt kontrahieren wollen und ggf. zu welchen Bedingungen; und die aktuellen Gläubiger: ob sie sich veranlasst sehen, ihre Leistungsgewährung aufzukündigen oder doch ihren Gegenanspruch zumindest nachbesichern zu lassen. Für die SPEU bedarf es zu diesem informationellen Gläubigerschutz lediglich der Aufnahme dieser Rechtsform in den Anhang II der BilanzRL.

2. *Institutioneller Schutz*

Im Interesse des Gläubigerschutzes ist das Vermögen der Tochter-SPEU vor dem unberechtigten Zugriff des scale up (und der mit ihm in der Gruppe verbundenen Unternehmen) zu bewahren[14], aber auch und vor allem die Liquidität dieser Gruppentochter.[15] Beiden Aspekten des Gläubigerschutzes kommt innerhalb der Unternehmensgruppe besondere Bedeutung zu: In ihr findet regelmäßig ein intensiver und andauernder Austausch von Lieferungen und Leistungen statt. Auf der Grundlage der Austauschbedingungen in ihrer Ausgestaltung kann Tochtervermögen verdeckt zur Mutter transferiert werden. So mag etwa ein scale up seine Waren oder Dienstleistungen der Tochter-SPEU zu überzogenem Entgelt mit der Folge übertragen, dass im Gewand des Entgelts der Tochter Vermögen entzogen wird (verdeckte Gewinnausschüttung[16]). Daneben bildet ein scale up mit seinen SPEU-Töchtern im

12 Dazu etwa Ebke, JZ 1999, 656 ff.; Steindorff, JZ 1999, 1140 ff.; Teichmann, Binnenmarktkonformes Gesellschaftsrecht, 2006, S. 86 ff.; Ulmer, JZ 1999, 662 ff.

13 Zum Entscheidungsbezug der Rechnungslegung Ballwieser in MüKo-HGB, 5. Aufl. 2024, Vor § 238 Rn. 18; Winnefeld, Bilanz-HdB, 5. Aufl. 2015, Einf. Rn. 10.

14 Zum Schutz des Gesellschaftsvermögens im Interesse der Gesellschaftsgläubiger grundlegend Röhricht in Festschrift 50 Jahre BGH, 2000, 83.

15 Zum Liquiditätsschutz, seinen Wirkungen und seiner Bedeutung Veil in Lutter, Das Kapital der Aktiengesellschaft in Europa, 2006, S. 91, 98 f., 110 ff.

16 Umfassend aus der europäischen Perspektive Fleischer in Kapital der Aktiengesellschaft (Fn. 14), S. 114 ff.; für das deutsche GmbH-Recht vgl. Altmeppen in Altmeppen, GmbHG, 11. Aufl. 2023, § 13 Rn. 53 ff.; Ekkenga in MüKo-GmbHG, § 29 Rn. 253 ff.; Hommelhoff in Lutter/Hommelhoff, GmbHG, 21. Aufl. 2023, § 29 Rn. 48 ff.; Verse in Scholz, GmbHG, § 29 Rn. 115 ff.

Binnenmarkt nicht selten einen cash pool, um die in der Gruppe von den mehreren Töchtern erwirtschaftete Liquidität an zentraler Stelle zusammenzufassen und den Gruppengesellschaften später die von ihnen jeweils benötigte Liquidität im Gegenzug taggenau zuzuteilen.[17] Ein solcher cash pool kann die Existenz einer jeden Tochter-SPEU gefährden.[18] Auch insoweit ist Schutz der SPEU-Gläubiger von Gesetzes wegen geboten.

Abgerundet werden sollte der SPEU-Gläubigerschutz durch die Organhaftung der Tochtergeschäftsführer.[19] Sollten sie ihre Pflichten, die aus dem SPEU-Vermögens- oder Liquiditätsschutz folgen, schuldhaft verletzen, so sollten sie persönlich für die so entstandenen Gesellschaftsschäden der SPEU Ersatz leisten müssen. Reflexiv würde das zugleich deren Gläubiger schützen. Aus deren Perspektive geschaut, wäre dann die Organhaftung ein Mechanismus sekundären Gläubigerschutzes im Gefolge des primären Vermögens- und Liquiditätsschutzes der SPEU. Deren Mechanismen sollten für den Unionsgesetzgeber im Vordergrund stehen.

3. Betont »einfache« Schutzmechanismen

Für die Ausgestaltung dieser Schutzmechanismen zugunsten des SPEU-Vermögens und der Liquidität hat die Kommissionspräsidentin dem Justizkommissar vorgegeben, die auf diesen Schutz abzielenden Bestimmungen sollten einfach sein (»a simpler set of rules«).[20] Zwar ist diese Vorgabe nicht speziell auf das Schutzrecht bezogen; sie ist jedoch in diese allgemeine Vorgabe mit eingeschlossen: Das gesamte SPEU-Statut soll in seiner einfachen und einheitlichen Ausgestaltung den scale up zugutekommen. Damit zielt diese Vorgabe auf Schutzregeln ab, die sowohl die Geschäftsleitung der Tochter-SPEU als auch die des Mutter-scale up ohne weiteres, insbesondere ohne andauernden Rechtsrat auslegen und anwenden können. Trotzdem und überdies müssen sich die Geschäftsleitungen in solchen Unternehmensgruppen auf rechtlich gefestigtem Boden bewegen können.

Diese Forderung nach einfachen, aber dennoch rechtssicher handhabbaren Schutzregeln hat für innovative scale up besonderes Gewicht: Ihre Akteure sollen ihre Leistungskraft vor allem auf die Produkte und Dienstleistungen in dieser besonderen Unternehmensgruppe richten und auf die mit deren Innovationen verbundenen

17 Grundlegend Altmeppen, ZIP 2009, 49; ders., NZG 2010, 401; Cahn, ZHR 166 (2002), 278; Spindler, ZHR 171 (2007), 245.

18 Die Zahlungsunfähigkeit (§ 17 InsO) als Illiquiditäts-Insolvenz ist im Vergleich zur Überschuldung (§ 19 InsO) deutlich bedeutender (Bitter in Scholz, GmbHG, 13. Aufl. 2024, § 19 InsO Rn. 4; Schluck-Amend, ZRI 2023, 586). Weniger als 4 % der Insolvenzverfahren juristischer Personen sollen alleine durch Überschuldung bedingt sein (so. Drukarczyk/Schüler in MüKo-InsO, 4. Aufl. 2019, § 19 Rn. 108).

19 Monographisch Hass, Geschäftsführerhaftung und Gläubigerschutz, 1997; siehe auch Fleischer in MüKo-GmbHG, 4. Aufl. 2023, § 43 Rn. 2; C. Weber, Organpflicht und Rechtsdurchsetzung, 2024, S. 88 ff.

20 Mission Letter v. 17.09.2024, abrufbar unter t1p.de/8lwlf.

Chancen; dagegen bloß nachgeordnet auf die Risiken und Gefährdungen, namentlich die der Tochtergläubiger. Die (gewiss unverzichtbare) Handhabung der Gefahren und Risiken unternehmerischen Tuns[21] dürfen Innovationskraft und -freude der Akteure in der scale up-Gruppe nicht abwürgen. Es gilt, das rechte Maß zu finden; das gilt ohne Abstriche ebenfalls für den Gläubigerschutz in der Tochter-SPEU.

III. Gläubigerschutz im cash pool

In einer Vielzahl von Fällen wird das scale up seine eigenen Produkte und Dienstleistungen über seine Auslandstöchter im jeweils ausländischen Mitgliedstaat vermarkten wollen und Wert darauf legen, die im Ausland erwirtschafteten Erträge möglichst zeitnah zu empfangen. Deshalb wird das scale up in aller Regel ein cash pool-System[22] einrichten, in das sämtliche SPEU-Töchter, in welchem Mitgliedstaat auch immer sie domizilieren, einbezogen sind und ihre ganze Liquidität täglich an das Mutter-scale up (oder an einen von diesem benannten Dritten) abführen müssen. Im Gegenzug verpflichtet sich das scale up, den jeweiligen Tochter-SPEU genau jene Liquidität zeitgerecht zur Verfügung zu stellen, welche die einzelne SPEU zur Begleichung ihrer Verbindlichkeiten benötigt. In einem solchen cash pool-System legt die Tochter-SPEU mit der Abgabe der gesamten Liquidität ihr Überleben und mithin ihre ganze Existenz in die Hände des scale up: Bleibt die ordnungsgemäße Liquiditäts-Versorgung der Tochter-SPEU aus, gefährdet sie deren Stellung bei den Geschäftspartnern, wenn sie nicht sogar weitergehend die Insolvenz der SPEU verursacht.

1. Schutzhandlungen der Tochtergeschäftsleitung

Dieser Existenzgefährdung muss die SPEU-Geschäftsleitung trotz Liquiditätsabfuhr im Interesse der Tochtergesellschaft, aber auch in dem ihrer Gläubiger effektiv entgegenwirken. Nach zum cash pool-System entwickelter allgemeiner Ansicht[23] muss die Tochtergeschäftsleitung sich vor jeder einzelnen Liquiditätsabfuhr vergewissern, dass sie für die absehbare Zukunft sicher sein kann, die dann jeweils anstehenden Verpflichtungen der Tochter tatsächlich und zeitgerecht erfüllen zu können. Für diese

21 Zur Bedeutung eines effektiven Risikomanagemenents für die Unternehmensleitung Holle, Legalitätskontrolle im Kapitalgesellschafts- und Konzernrecht, 2014, zugl. Jur. Diss. Konstanz 2013/14, S. 18 ff.

22 Dazu u.a. Hommelhoff in Lutter/Hommelhoff, GmbHG, § 30 Rn. 37 ff.

23 Habersack in Habersack/Casper/Löbbe, GroßKomm GmbHG, 3. Aufl. 2020, § 30 Rn. 108; Verse in Scholz, GmbHG, § 30 Rn. 88; J. Vetter/Lauterbach in Lutter/Bayer, Holding-HdB, 7. Aufl. 2024, § 12 Rn. 51 ff.; Wirsch, Der Konzern 2009, 443, 450; a.A. Hommelhoff in Lutter/Hommelhoff, GmbHG, § 30 Rn. 38; ders., ZGR 2012, 535, 545; im Anschluss daran Erne, GWR 2010, 314.

Vergewisserung reicht die Bestätigung der Muttergeschäftsleitung allein nicht aus, die Liquiditätsversorgung der Tochter sei auch in absehbarer Zukunft sichergestellt. Vielmehr muss sich die Tochtergeschäftsleitung ein eigenes fundiertes Bild für ihre Vergewisserung verschaffen, dass die Tochter trotz Liquiditätsabfuhr nicht in Illiquiditäts-Gefahr geraten wird. Dafür benötigt die Tochtergeschäftsleitung von der Mutter eine Vielzahl von Informationen, um einschätzen zu können, ob diese exakt zu jenen Zeitpunkten, zu denen die Tochterverbindlichkeiten zur Erfüllung anstehen, die erforderliche Liquidität bereitstellen kann und dies dann auch will. In das Bild von der künftigen Leistungsfähigkeit und –bereitschaft der Mutter müssen dabei auch sämtliche Versorgungsverpflichtungen mit einbezogen werden, welche diese gegenüber anderen Teilnehmern des cash pool-Systems hat.

Ein solcher Schutzmechanismus ist ungeheuer aufwendig – schon bei der Informationsbeschaffung und -aufbereitung in der Mutter sowie bei der Auswertung und Prüfung der Informationen in der Tochter. Ihre Geschäftsleitung, also: die einer im Konzern hierarchisch nachgeordneten Tochter, muss sich bei jeder Liquiditätsabfuhr diese Informationen beschaffen, sie auswerten und zur Einschätzung verdichten, dass trotz Abfuhr die künftige Zahlungsfähigkeit der Tochter unbeeinträchtigt sei. Das überfordert die Tochtergeschäftsleitung bei weitem und muss innerhalb des Konzerns mit mehreren Töchtern von jeder Geschäftsleitung geleistet werden. Ein unvernünftiger Gesamtaufwand, der in der Konzernpraxis allein deshalb nicht zu Buche schlägt, weil eine solche tägliche Kontrolle vor Liquiditätsabfuhr allzumeist schlicht tatsächlich nicht stattfindet.

2. *Pool-adäquater Schutz der Tochtergläubiger*

Für die Tochter-SPEU in einer scale up-Gruppe taugt dieser Schutzmechanismus schon deshalb nicht als Vorbild, weil er (entgegen präsidialer Vorgabe, oben II 3) alles andere denn einfach, unaufwendig und rechtssicher zu handhaben ist. In ein unionsrechtlich normiertes SPEU-Statut aufgenommen, würde ein solcher Mechanismus innovative scale ups nicht in ihrem weiteren Aufwuchs unterstützen, sondern sie im Gegenteil mit einer Vielzahl Aktivitäts-ferner Handlungspflichten auf ihrer Erfolgsbahn hemmen. Daher sollte der Unionsgesetzgeber den Liquiditätsschutz im Interesse der Tochter-SPEU und ihrer Gläubiger anders organisieren lassen.

Er sollte den Liquiditätsschutz in den mehreren Tochter-SPEU, die in ein gruppenweites cash pool-System einbezogen sind, den sämtlichen Geschäftsleitungen in Arbeitsteilung überantworten und dabei vordringlich die Geschäftsleitung des Mutter-scale up in die Pflicht nehmen.[24] Diese sollte fortlaufend kontrollieren müssen, ob sie mit den liquiden Mitteln, die dem Mutter-scale up jetzt und voraussichtlich in absehbarer Zukunft (drei, sechs oder zwölf Monate?) zur Verfügung stehen werden,

24 BGH, 17.09.2001, II ZR 178/99, BGHZ 149, 10, 2. Ls. – Bremer Vulkan; so auch der 5. Strafsenat des BGH, s. BGH, 13.05.2004, 5 StR 73/03, BGHSt 49, 147, 158 f.

in der Lage sein wird, ihre eigenen Liquiditätsbedürfnisse und die ihrer sämtlichen am pool beteiligten Töchter vollauf und zeitgerecht zu befriedigen. In dieser Liquiditätsvorsorge prägt sich die normale Sorgfalt eines ordentlichen Geschäftsleiters[25] aus; hier lediglich mit der Besonderheit, dass in diese Vorsorge die Liquiditätsbedürfnisse der Töchter mit einzubeziehen sind.

Sobald die Geschäftsleitung des Mutter-scale up bei ihrer pflichtgemäß durchgeführten Liquiditätskontrolle zur Einschätzung gelangt, die Liquiditätsversorgung in der Gruppe, und sei es auch nur die *einer* Tochter-SPEU, könnte gefährdet sein, hat die Muttergeschäftsleitung sofort sämtliche Tochtergeschäftsleitungen hierüber zu informieren, damit alle Geschäftsleitungen miteinander beraten können, wie mit dem absehbaren Liquiditäts-Engpass in der Gruppe umgegangen, insbesondere wie er überwunden werden soll. Mit Blick auf die anstehende Beratung und ihre Ergebnisse ist es dann die eigenverantwortliche und weisungsfrei zu erledigende Aufgabe einer jeden SPEU-Tochtergeschäftsleitung, darüber zu befinden, ob und wie lange die tägliche Liquiditätsabfuhr einstweilen ausgesetzt wird oder ob gar die Teilnahme am cash pool mit sofortiger Wirkung beendet werden soll.[26]

3. Zur Legitimität der Mutter-Inpflichtnahme

Diesem Regelungsvorschlag wird man entgegenhalten wollen, er liefere die Existenz der Tochter-SPEU in zu starkem Maße der ordnungsgemäßen Pflichterfüllung der Muttergeschäftsleitung aus. Das ist in der Tat so, aber bei Lichte besehen keine wirkliche Veränderung gegenüber der Rechtslage, wie sie in bereits bestehenden cash pool-Systemen existiert: Schon heute liefert sich die Konzerntochter mit ihrer täglichen Liquiditätsabfuhr existentiell der Mutter aus, ohne sich gewiss sein zu können, die notwendigen Informationen vollständig, korrekt und zeigerecht zu erhalten. Der Vorschlag hier zieht aus diesem Umstand lediglich die notwendige Konsequenz: Er will die Gruppenmutter und ihre Geschäftsleitung ausdrücklich in die Pflicht nehmen, den Liquiditätsschutz zugunsten der Töchter im Schwerpunkt dort zu leisten, wo die erforderliche Information zur Verfügung steht. Damit werden die Gruppentochter und deren Geschäftsleitung ganz wesentlich entlastet. Sie soll wegen der Inpflichtnahme der Mutter(geschäftsleitung) trotz Liquiditätsabfuhr darauf vertrauen können, auch in Zukunft die Tochterverbindlichkeiten korrekt erfüllen zu können. Wegen dieses Vertrauens, vor allem aber wegen der im cash pool der Mutter anvertrauten Tochterexistenz könnte es für die Regulierung der scale up-Gruppe angezeigt

25 Zur Liquiditätsvorsorge als Bestandteil ordnungsgemäßer Geschäftsführung Fleischer in MüKo-GmbHG, § 43 Rn. 74; Hölters/Hölters in Hölters/Weber, AktG, 4. Aufl. 2022, Rn. 50; Kleindiek in Lutter/Hommelhoff, GmbHG, § 43 Rn. 33; Sailer-Coceani in Schmidt/Lutter, AktG, 5. Aufl. 2024, § 93 Rn. 9; Verse in Scholz, GmbHG, § 43 Rn. 64, 66.

26 S. zum geltenden Recht Hommelhoff in Lutter/Hommelhoff, § 30 Rn. 38a; Leinekugel in Oppenländer/Trölitzsch, Praxishandbuch der GmbH-Geschäftsführung, § 18 Rn. 48, 57; Verse in Scholz, GmbHG, § 30 Rn. 89 f.

sein, die Mitglieder der Muttergeschäftsleitung ordnungswidrigkeiten- oder gar strafrechtlich für den Fall zu sanktionieren, dass sie den Pflichten der Gruppenmutter im cash pool schuldhaft zuwiderhandeln. Eines zusätzlichen Vermögensschutzes (»Bilanztest«) mit täglicher Prüfung, ob der Versorgungsanspruch der Tochter vollwertig ist[27], bedarf es neben diesem qualifizierten Schutz der Tochterliquidität nicht.

4. Regulierungselemente im SPEU-Statut

Im SPEU-Statut könnte der Unionsgesetzgeber ein cash pool-System mitsamt seinen Elementen zum Schutz der Tochter und ihrer Gläubiger relativ einfach normieren: Die SPEU darf ihre Liquidität täglich an das Mutter-scale up abführen. Dieses ist im Gegenzug ex lege verpflichtet, für sämtliche Geldverbindlichkeiten der SPEU, die in den nachfolgenden (drei, sechs oder zwölf) Monaten fällig werden, dieser die notwendigen Mittel zeitgerecht zur Verfügung zu stellen. Über diese ihre Verbindlichkeiten hat die SPEU ihre Mutter fortlaufend zu informieren. Diese hat die Verbindlichkeiten in den Liquiditätsplan der Gruppe aufzunehmen und zu kontrollieren, ob sie mit ihren voraussichtlichen Finanzmitteln der nächsten (drei, sechs oder zwölf) Monate in der Lage sein wird, die in sämtlichen am cash pool beteiligten Gruppengesellschaften in diesem Zeitraum fällig werdenden Geldverbindlichkeiten begleichen zu lassen oder selbst zu begleichen. Sollte die Mutter dabei zur Einschätzung gelangen, dass nicht sämtliche Verbindlichkeiten ordnungsgemäß werden erfüllt werden können, so hat sie sofort sämtliche am cash pool beteiligten Gesellschaften zu informieren und mit ihnen zu beraten, wie dem Liquiditätsengpass begegnet werden soll. Die SPEU-Töchter entscheiden weisungsfrei über eine vorläufige Einstellung der Liquiditätsabfuhr und über den Austritt aus dem cash pool.

Eine solche (oder ähnliche) »Segelanweisung« für die Teilnahme einer SPEU am cash pool einer scale up-Gruppe erscheint hinreichend einfach und zugleich rechtssicher handhabbar. Freilich sollte keine SPEU von Gesetzes wegen verpflichtet sein, sich an einem solchen cash pool zu beteiligen. Im Gegenteil: der Unionsgesetzgeber sollte ausdrücklich klarstellen, dass es in der eigenverantwortlich-weisungsfreien Entscheidung der Geschäftsleitung in der Tochter-SPEU liegt, ob sich diese am cash pool der scale up-Gruppe beteiligen will. Die Beteiligung setzt somit Einvernehmen zwischen Mutter und Tochter voraus. Erst auf dieser Grundlage kämen die gesetzlichen Vorgaben im SPEU-Statut zum Zuge.

5. Schutz außenstehender Gesellschafter

Sollten an der Tochter-SPEU neben dem Mutter-scale up noch weitere Gesellschafter wie etwa Mitarbeiter der Tochter oder Investoren beteiligt sein, so werden diese

27 Zu diesem Schutz im cash pool s. Fleischer in Schmidt/Lutter, AktG, § 57 Rn. 58; Kleindiek in Lutter/Hommelhoff, GmbHG, § 43 Rn. 33; Verse in Scholz, GmbHG, § 30 Rn. 88.

außenstehenden Gesellschafter trotz der täglichen Liquiditätsabfuhr in ihren Dividendenaussichten in gleicher Weise durch die vorgeschlagenen Schutzmechanismen geschützt wie die Gläubiger der Tochtergesellschaft. Denn sobald die Ausschüttungsansprüche der Tochtergesellschafter entstanden und in ihrer Fälligkeit festgelegt sind, hat die SPEU-Geschäftsleitung diese Verbindlichkeiten ihrer Gesellschaft der Muttergeschäftsleitung zu melden, damit sie in den Liquiditätsplan für die gesamte Unternehmensgruppe aufgenommen und von der Muttergeschäftsleitung daraufhin kontrolliert werden können, ob voraussichtlich genügend liquide Mittel zur Verfügung stehen werden, damit die Tochter-SPEU an ihre außenstehenden Gesellschafter die geschuldeten Dividenden zum festgelegten Zeitpunkt auszahlen kann. Im cash pool-Schutzsystem sind diese geschuldeten Dividenden nicht anders zu behandeln als die sonstigen Verbindlichkeiten der SPEU.[28]

IV. Schutz des SPEU-Vermögens

Neben diesem Schutzsystem beim gruppenweiten cash pooling kommt im Interesse der Gesellschaftsgläubiger der Schutz des SPEU-Vermögens in Betracht. Dieser Schutz könnte nach dem Vorbild des österreichischen GmbH-Rechts das gesamte Gesellschaftsvermögen der SPEU umfassen[29] oder wie im deutschen GmbH-Recht lediglich deren gezeichnetes Kapital.[30]

1. Zum Mindestnennkapital

Als erstes stellt sich für das normierte Statut der SPEU somit die rechtspolitische Frage, ob ihr ein Mindestnennkapital vorgegeben werden sollte. Dafür sprechen gute Gründe. Zwar hat die deutsche Diskussion um das GmbH-Stammkapital ergeben, dieses liefere den Gesellschaftsgläubigern keine wirkliche Gewähr für die Erfüllung ihrer Forderungen und könne ebensowenig das notwendige Betriebskapital

28 Zusätzlich ist freilich zu prüfen, ob die Dividendenzahlung das gezeichnete Kapital der Gesellschaft verletzen würde, weil sich ihre Vermögensverhältnisse nach Abschluss des Geschäftsjahres oder gar erst nach Feststellungsbeschluss verschlechtert haben; ob die Zahlung dann verboten ist, ist momentan noch in der Diskussion s. Altmeppen in Altmeppen, GmbHG, § 29 Rn. 13 ff.; Ekkenga in MüKo-GmbHG, § 29 Rn. 111 f.; Hommelhoff in Lutter/Hommelhoff, GmbHG, § 29 Rn. 40a.

29 OGH RIS-Justiz RS0105518; Flume, GmbHR 2011, 1258 (1258); Haberer in Haberer/Krejci, Konzernrecht, 2016, Kap. 11.98 ff., S. 399 f.; Heim, Die Europäische Privatgesellschaft in Deutschland und Österreich, 2010, S. 186; Kalss/Schauer, Die Reform des Österreichischen Kapitalgesellschaftsrechts, Gutachten, 16. ÖJT, Band II/1, 2006, S. 347 f.; Krejci, Societas Privata Europaea – SPE, 2008, Rn. 429 ff.; Teichmann, AG 2013, 184 (192).

30 Ekkenga in MüKo-GmbHG, § 30 Rn. 1; Hommelhoff in Lutter/Hommelhoff, GmbHG, § 30 Rn. 4; Verse in Scholz, GmbHG, § 30 Rn. 52 ff.

abbilden.[31] Aber dennoch seien ein Mindestnennkapital und seine Aufbringung als »Eintrittspreis« in die beschränkte Haftung als Seriositätsnachweis gegenüber der Allgemeinheit notwendig, um Hasardeure von der unbedacht schnellen Gründung einer überlebensunfähigen GmbH abzuhalten.[32]

Einen solchen Seriositätsnachweis sollte der Unionsgesetzgeber auch dem scale up für die Gründung seiner ausländischen Tochter-SPEU abfordern. Im anderen Mitgliedstaat sollten die potentiellen Geschäftspartner der SPEU, wenn auch nur schwach begründet, auf den Fortbestand der Gesellschaft vertrauen können. Außerdem sollte die neue Rechtsform vor der Gefahr bewahrt werden, durch allzu häufigen und schnellen Untergang von SPEU-Auslandstöchtern ihren Ruf zu verlieren.[33] Das Gegenteil sollte der Unionsgesetzgeber anstreben: über den Rechtsformzusatz »SPEU« als Gütezeichen signalisieren zu lassen, hier betätige sich ein in seinem Heimatstaat bereits erfolgreiches innovatives Wachstumsunternehmen grenzüberschreitend im ausländischen Binnenmarkt.[34] Auf diesem Wege ließe sich die Aufmerksamkeit der Teilnehmer auf dem Auslandsmarkt auf das scale up als interessanten und vielversprechenden newcomer richten.

Als »Eintrittsgeld« sollte das gesetzliche Mindestkapital in seiner Höhe auf der einen Seite eine, wenn auch nur gewisse, Seriositätsgewähr leisten, auf der anderen Seite wiederum das scale up nicht übermäßig belasten. Zu letzterem wird zu berücksichtigen sein, dass ein scale up, wenn es aus seinem Heimatstaat heraus sich dem Binnenmarkt zuwendet, grenzüberschreitend nicht bloß in *einem* ausländischen Mitgliedstaat über eine Tochter-SPEU aktiv werden will, sondern zumeist wohl in mehreren Staaten. Der Unionsgesetzgeber sollte dabei von bis zu drei Töchtern ausgehen; damit bietet sich für die einzelne SPEU ein Mindestkapital von acht- bis zehntausend Euro an.[35]

31 Engert, GmbHR 2006, 337; Grunewald/Noack, GmbHR 2005, 189 (189 f); Leitzen in Michalski/Heidinger/Leible/J. Schmidt, GmbHG, 4. Aufl. 2023, § 5 Rn. 8; Schärtl, Die Doppelfunktion des Stammkapitals im europäischen Wettbewerb, 2006, S. 81.

32 Zum Mindeststammkapital als »Seriösitätsnachweis« Altmeppen, GmbHG, § 5 Rn. 2; Hennrichs, NZG 2009, 921 (922); Maschke, Gläubigerschutz im Recht der Societas Privata Europaea in seiner gesetzgeberischen Entwicklung, 2011, S. 64; Schmidt, Gesellschaftsrecht, 4. Aufl. 2002, § 18 II 4a; Spies, 2010, Unternehmergesellschaft (haftungsbeschränkt), S. 128 ff.; Teichmann, GmbHR 2018, 713 (717); mit Nachweisen zur auffallenden »Frühsterblichkeit« der Ltd., die der deutschen UG mit nur einem Euro Stammkapital als Vorbild diente, Niemeier, ZIP 2007, 1794 (1798 ff.).

33 So schon für das damalige Projekt einer SPE Freudenberg, NZG 2010, 527 (528); Hennrichs, NZG 2009, 921 (926 f.); Hommelhoff/Teichmann, GmbHR 2009, 36 (36 f.).

34 Zur Wirkung des Rechtsformzusatzes SPEU Goll/Stern, NZG 2025, 1458, 1461 ff.

35 Diese Summe deckt sich in ungefähr mit den Vorschlägen zur SPE, s. Legislative Entschließung des Europäischen Parlaments vom 10. März 2009 zu dem Vorschlag für eine Verordnung des Rates über das Statut der Europäischen Privatgesellschaft (KOM[2008]0396 – C6–0283/2008 – 2008/0130[CNS]), P6_TA(2009)0094, Abänderung 33; Hommelhoff in Hommelhoff/Schubel/Teichmann, Societas Privata Europaea (SPE) – die europäische Kapitalgesellschaft für mittelständische Unternehmen, 2014, S. 23 (29 f.); Hommelhoff/Teichmann, GmbHR 2008, 897 (904); und zur deutsch/französischen SES Société Européenne

2. *Gläubigerschutz im gruppeninternen Lieferungs- und Leistungsverkehr*

Das gezeichnete Kapital ist gegen Rückzahlungen an das Mutter-scale up (und ggf. an SPEU-Mitgesellschafter) zu sperren. Diese Sperre muss auch und insbesondere gegenüber verdeckten Rückzahlungen wirken. Solche verdeckten Zahlungen sind namentlich in der Unternehmensverbindung zwischen dem Mutter-scale up und der Tochter-SPEU mit ihrem dichten und andauernden Lieferungs- und Leistungsverkehr zu befürchten – etwa, wenn eine Vertriebs-SPEU die Produkte des Mutter-scale up zu überhöhten Preisen bezieht. Ob jedoch der Bezugspreis überhöht ist, bemisst sich im »Drittmannsvergleich«[36] (at arm´s length) danach, ob auch ein gruppenfremder Dritter an der Stelle der SPEU diesen Preis vereinbart hätte[37] – dies allerdings bloß im Ausgangspunkt. Denn für das Geschäft zwischen den Gruppengesellschaften sind zusätzlich die Gruppenspezifika[38] zu berücksichtigen: So hat das Mutter-scale up keinen Vermarktungsaufwand, aber auch nur ein verringertes Risiko, mit seinen Zahlungsansprüchen auszufallen, und hat die Tochter-SPEU keinen Beschaffungsaufwand. Dies und andere Umstände mehr werden zu einem geringeren Erwerbspreis als bei einer Beschaffung bei Gruppen-fernen Dritten führen.

Dies muss die SPEU-Geschäftsleitung bei jedem Geschäft ihrer Gesellschaft mit dem Mutter-scale up (oder anderen Gesellschaften der Unternehmensgruppe) sorgfältig prüfen, um dem (mit persönlicher Haftung der Leitungsmitglieder[39] bedrohten) Vorwurf zu entgehen, gegen das gesetzliche Rückzahlungsverbot durch verdeckte Einlagenrückgewähr zu verstoßen. Zu dieser Prüfung, ob in einem gruppeninternen Geschäft eine verdeckte Rückzahlung angelegt ist, kommt für den Fall eines möglichen Verbotsverstoßes noch ein zweiter Prüfungsschritt hinzu: Führt die Rückzahlung zu einer Verletzung des gezeichneten SPEU-Kapitals? Denn es kann eine verdeckte Rückzahlung durchaus das gezeichnete Kapital unverletzt lassen, weil die

Simplifiée (SES): Ein neuer Anlauf zur Etablierung einer vereinfachten Gesellschaft auf Unionsebene, 22.12.2022 (abrufbar unter: https://infopoint-europa.de/de/articles/societe-europeenne-simplifiee-ses); Verse, GPR 2021, 271 (276).

36 So die treffliche Kennzeichnung vom Steuergericht des Kantons Zürich, 1 DB.2011.50, 1 ST.2011.77.

37 Zur Prüfung verdeckter Gewinnausschüttungen nach deutschem GmbH-Recht Ekkenga in MüKo-GmbHG, § 29 Rn. 256 ff.; Hommelhoff in Lutter/Hommelhoff, GmbHG, § 29 Rn. 48 ff.; Verse in Scholz, GmbHG, § 29 Rn. 115 ff.

38 Angesichts der Tatsache, dass schätzungsweise 60 – 70 % des Welthandels auf konzerninterne Transaktionen entfallen (vgl. T. Schmidt, AStG, 2012, § 1 Rn. 1) überrascht die schwache Diskussion dieses Problems. Abstrakt in diese Richtung »passive Konzerneffekte« Vetter in Schmidt/Lutter, AktG, § 311 Rn. 41; im Steuerrecht Sabel/Knebel/T. Schmidt, IStR 2012, 42 (46); für das schweizerische Konzernrecht offengelassen in Böckli, Schweizer Aktienrecht, 5. Aufl. 2022, § 7 Rn. 50; darauf hinweisend, dass ein Drittvergleich mangels Marktpreisen nicht möglich ist: Spengel in Jacobs, Internationale Unternehmensbesteuerung, 9. Aufl. 2023, S. 207.

39 Zur Haftung nach § 43 III GmbHG und § 93 II Nr. 1 AktG Kleindiek in Lutter/Hommelhoff, GmbHG, § 43 Rn. 56 ff.; Sailer-Coceani in Schmidt/Lutter, AktG, § 93 Rn. 58; Spindler in MüKo-AktG, 6. Aufl. 2023, § 93 Rn. 281; Verse in Scholz, GmbHG, § 43 Rn. 373.

verdeckte Vermögensabfuhr sich oberhalb des gezeichneten Kapitals abspielt. Dann verstößt die Rückzahlung nicht gegen das Rückzahlungsverbot. Sollte der Unionsgesetzgeber sich für dies Prüfprogramm am deutschen Recht orientieren, so müsste es bei jedem einzelnen Geschäft zwischen den Gruppengesellschaften abgewickelt werden.

3. *Für einen Vollvermögensschutz*

Das Prüfungsprogramm lässt sich reduzieren, wenn man nicht bloß das gezeichnete Kapital schützt, sondern das gesamte Vermögen der Tochter-SPEU. Dann dürfen die Einlagen des Mutter-scale up (und die der anderen SPEU-Gesellschafter) überhaupt nicht zurückgewährt werden; empfangen dürfen die SPEU-Gesellschafter lediglich den ausgewiesenen und so deklarierten Bilanzgewinn. Verboten sind damit alle verdeckten Gewinnausschüttungen im Rahmen des gruppeninternen Lieferungs- und Leistungsverkehrs. Das Prüfprogramm der SPEU-Geschäftsleitung beschränkt sich konsequent auf die erste Stufe; wird auf ihr ein Geschäft zwischen dem Mutter-scale up und der Tochter-SPEU dahin qualifiziert, es enthalte eine verdeckte Gewinnausschüttung von der Tochter an die Mutter (etwa wegen überhöhten Beschaffungsentgelts), dann folgt bereits aus dieser Feststellung der Verbotsverstoß. Eines zweiten Prüfungsschritts bedarf es nicht.

4. *Der Rahmenvertrag als »einfaches« Schutzinstrument*

Auf diesem Weg des Vermögensschutzes lässt sich zwar das Prüfprogramm reduzieren; unverändert bleibt hingegen der Prüfungsgegenstand: jedes einzelne Geschäft zwischen Mutter und Tochter. Für das Mutter-scale up und seine Tochter-SPEU, welcher der Vertrieb der Mutterprodukte oder –dienstleistungen im Ausland übertragen worden ist, bedeutet dies: Jede einzelne Lieferung und Leistung muss dahin geprüft und gewürdigt werden, ob sie eine verbotene verdeckte Gewinnauskehr enthält. Ein solches Prüfprogramm, in einer großen Vielzahl von Fällen stets aufs Neue zu wiederholen, widerstreitet eklatant der generellen Vorgabe für das SPEU-Statut und seine Ausgestaltung, dies einfach und unaufwendig handhabbar zu halten (oben II 3).

Deshalb sollte der Unionsgesetzgeber es den Gruppenunternehmen gestatten, Geschäfte, die in großer Zahl zwischen ihnen gleichförmig und andauernd abzuwickeln sind, nicht je einzeln zu prüfen und zu würdigen, sondern auf der Grundlage einer Rahmenvereinbarung lediglich dahin, ob sie entsprechend dieser Vereinbarung ablaufen. Oder anders formuliert: Rahmengerechte Geschäfte sind nicht weiter prüfungsbedürftig. Diese Freistellung findet ihre Legitimation zum einen in dem Umstand, dass die Bedingungen für die Einzelgeschäfte in der Rahmenvereinbarung festgelegt und diese Bedingungen zum zweiten dahin überprüft und gewürdigt sind, dass sie keine verdeckten Gewinnausschüttungen zur Folge haben. Im Rahmenmodell findet somit trotz dichten und andauernden Lieferungs- und Leistungsverkehrs bloß *eine* Prüfung und Würdigung statt, nämlich die beim Abschluss des Rahmenvertrags, ohne dass dadurch der Schutz des SPEU-Vermögens beeinträchtigt wäre. Damit ließe sich die Gestaltungsvorgabe der Kommissionspräsidentin »simple set of rules« für den notwendigen Schutz des SPEU-Vermögens im Interesse der Tochtergesellschaft und ihrer Gläubiger ganz weitgehend und überdies unaufwendig und dennoch effektiv erfüllen. Einer Einzelprüfung dagegen müssten dann bloß noch jene Geschäfte unterzogen werden, die entweder nicht den Bedingungen der Rahmenvereinbarung entsprechen oder nicht gleichförmig in steter Wiederholung ablaufen – wie etwa die jahresperiodische Konzern- oder Gruppenumlage, für welche die Gegenleistungen im Einzelnen zu bewerten sind, die das Mutter-scale up der Tochter-SPEU erbringt.

5. Zum zusätzlichen Liquiditätsschutz

Ein in der geschilderten Weise angelegter und durchzuführender Schutz des SPEU-Tochtervermögens benötigt, weil einfach, unaufwendig, effektiv und dennoch rechtssicher handhabbar, (nach momentaner, aber im Verlauf praktischer Erfahrung überprüfungsbedürftiger Einschätzung) keine Ergänzung durch einen Liquiditätsschutz auf der Tochterebene, solange zwischen den Gruppengesellschaften kein cash pool eingerichtet ist. Ein pool-unabhängiger Liquiditätsschutz sollte im Interesse Binnenmarkt-weiter Einheitlichkeit des SPEU-Statuts auch nicht als Staatenwahlrecht eröffnet werden.

V. Die SPEU-Geschäftschancen

Eine weitere Frage sind die Geschäftschancen der Tochter-SPEU und deren Schutz: Soll es die niederländische Tochter-SPEU kompensationslos hinnehmen müssen, wenn die deutsche Mutter-scale up ihr aufgibt, es der belgischen Tochter-SPEU zu überlassen, sich um ein lukratives Geschäft mit einem luxemburgischen Dritten zu bemühen? Für die Gläubiger der niederländischen Tochter hat eine solche Weisung durchaus Bedeutung: Bleiben dieser Tochter-SPEU doch die möglichen Erträge aus dem Drittgeschäft versagt, die diese hätte nutzen können, um ihre Gläubiger zu befriedigen.

1. Zum Grundsatz der Dispositionsfreiheit

In der Gruppe stehen die nachgeordneten Tochter-, Enkel- und Urenkelgesellschaften unter dem beherrschenden Einfluss der Mutter. Sie hat die Rechtsmacht, das Geschehen in der Gruppe und in den Gruppengesellschaften zu bestimmen, wenn auch nur innerhalb bestimmter Grenzen und auf der Grundlage bestimmter Verfahren. Daher steht es der Mutter grundsätzlich frei festzulegen, wo auf der Tochterebene in welcher Gesellschaft (innerhalb deren jeweiligen Unternehmensgegenstands) welche unternehmerischen Aktivitäten entfaltet werden sollen. Konsequent muss ein Mutter-scale up anzubahnende oder auch angebahnte Geschäfte von der einen Tochter-SPEU auf die andere Tochter rechtsverträglich umdirigieren können, solange sich solche Geschäfte noch nicht in einem Vertragsabschluss verfestigt haben. Ob und inwieweit sich der künftig mögliche Vertragsabschluss schon in einer wirtschaftlich werthaltigen Chance niedergeschlagen hat, ist für die Dispositionsmacht des Mutter-scale up und die Legitimation ihrer Ausübung grundsätzlich bedeutungslos.[40]

2. *Die Residualertragsfähigkeit als Dispositionsgrenze*

Allerdings sind der Dispositionsmacht des Mutter-scale up Grenzen zu ziehen. Die vom Entzug der Geschäftschance betroffene Tochter-SPEU wird in ihrer Befähigung beeinträchtigt, Ertrag zu erwirtschaften, um ihren Bestand zu sichern, ihre (Zahlungs-)Gläubiger zu befriedigen und ihren Gesellschaftern Dividenden auszuschütten. Ebenso, wie es dem scale up verwehrt sein sollte, die Existenz der Tochter-SPEU (außerhalb eines geordneten Liquidationsverfahrens) zu vernichten[41], sollte es ihm verboten sein, die aktuelle und künftige Zahlungsfähigkeit der Tochter-SPEU gegenüber deren Gläubigern zu hintertreiben. Deshalb muss das Mutter-scale up der Tochter-SPEU die Befähigung belassen, einen entsprechenden Residualertrag zu erwirtschaften[42]; oder andersherum formuliert: Der Entzug von Geschäftschancen findet dort seine Grenze, wo er unter Berücksichtigung der konkreten Umstände der Tochter-SPEU die Fähigkeit nimmt, ihren eigenen Fortbestand zu sichern und die im kommenden Jahr fälligen Zahlungsverbindlichkeiten zu erfüllen. Diese Grenze sollte der Unionsgesetzgeber dem Mutter-scale up in seiner Dispositionsmacht ausdrücklich ziehen. Auf die drohende Beeinträchtigung der Tochter-Ertragsfähigkeit muss die Geschäftsleitung der Tochter die Mutter hinweisen.

Aufgabe der an Ausschüttungen interessierten SPEU-Gesellschafter ist es (in Ausübung ihrer privatautonomen Eigenverantwortlichkeit)[43], durch geeignete Vorkehrungen im SPEU-Statut dafür zu sorgen, dass bei der rechtlichen Eingrenzung des Geschäftschancen-Entzugs ebenfalls ihre Dividendeninteressen Berücksichtigung finden.

40 A.A. Haberer in Haberer/Krejci, Konzernrecht, 2016, Kap. 11.165, S. 419 f., die nach dem obligatorischen Bilanzansatz der vormaligen Chance differenzieren will.

41 Zum in der Existenzvernichtungshaftung angelegten Verbot Röhricht in Festschrift 50 Jahre BGH, 2000, S. 83 (103 ff.).

42 Dazu Böckli, Schweizer Aktienrecht, § 7 Rn. 86 f.; ders. in Festschrift für von der Crone, 2017, S. 177 (190).

43 Zur eigenverantwortlichen Gestaltung des Außenseiterschutzes im Gesellschaftsvertrag der konzernabhängigen GmbH Hommelhoff, ZGR 2012, 535 (551 ff.); siehe auch Emmerich in Scholz, GmbHG, Anh. zu § 13 Rn. 69 ff.; Hommelhoff in Lutter/Hommelhoff, GmbHG, Anh. zu § 13 Rn. 41 ff.

Ausstrahlungswirkung des Prospektrechts auf das Recht der öffentlichen Erwerbs- und Übernahmeangebote

Philipp Jaspers

I. Einleitung

Jens Ekkenga gebührt unter anderem das Verdienst, schon frühzeitig das Kapitalmarktrecht, das in der Bundesrepublik seine eigentliche Geburtsstunde als ernstzunehmende Größe erst mit den Finanzmarktförderungsgesetzen in den 90er und frühen 2000er Jahren erlebt hat, in das Blickfeld von Wissenschaft und Praxis gerückt und gleichzeitig die Wechselwirkungen mit dem Gesellschaftsrecht frühzeitig herausgearbeitet zu haben. Pars pro toto kann der mittlerweile in zweiter Auflage vorliegende Kommentar zum Wertpapiererwerbs- und Übernahmegesetz (WpÜG) genannt werden, der auch nach über zwei Jahrzehnten WpÜG immer noch als Alleinstellungsmerkmal für sich beanspruchen kann, in der durch die Praxis dominierten Kommentarlandschaft der einzig rein wissenschaftliche Kommentar zu sein. Vor diesem Hintergrund soll vorliegend ein Thema gewählt werden, das dem Recht der öffentlichen Angebote für Wertpapiere entstammt, gleichzeitig aber auch eine Brücke zum allgemeinen Kapitalmarktrecht in Gestalt des Prospektrechts spannt.

Im Rahmen der Konzeptionierung des Wertpapiererwerbs- und Übernahmerechts als level playing field für öffentliche Übernahmen und damit des Kapitalmarkts insgesamt hat der historische Gesetzgeber bewusst und in nicht unerheblichem Umfang auf existierende kapitalmarktrechtliche Institute zurückgegriffen. Dies gilt insbesondere für die Angebotsunterlage als zentrales Dokument jedes öffentlichen (Erwerbs-)Angebots und die Haftung für eventuelle Fehler derselben (§§ 11 f. WpÜG). Besonders augenfällig werden diese Anleihen im Rahmen der Angebotsunterlagenhaftung nach § 12 WpÜG, die erkennbar Maß genommen hat an der Haftung für unrichtige Börsenzulassungs- bzw. Verkaufsprospekte gemäß den §§ 9 ff. WpPG und § 20 VermAnlG (§ 13 Abs. 1 VerkProspG, §§ 44 ff. BörsG a.F.).[1] Dieser bewusste und ausdrückliche Rückgriff auf das Vorbild des Prospekts und der spezialgesetzlichen Prospekthaftung ist im Ausgangspunkt alles andere als fernliegend: Prospekt und Angebotsunterlage sind jeweils als Informationsdokumente für die Bereichsöffentlichkeit der Kapitalmarktteilnehmer konzipiert, die diesen

1 Vgl. Louven in Angerer/Brandi/Süßmann, WpÜG, 4. Aufl. 2023, § 12 Rz. 1; Heidel/Sohbi, 5. Aufl., § 12 WpÜG Rz. 1; Holtkamp/Hitzer in Cascante/Tyrolt/Hitzer/Bingel, 2024, WpÜG, § 12 Rz. 2; ausführlich zum systematischen Verhältnis der Vorschriften auch Möllers in KK-WpÜG, 3. Aufl. 2022, § 12 Rz. 17 ff.

eine (Des-)Investitionsentscheidung auf informierter Grundlage ermöglichen sollen, womit gleichzeitig zumindest mittelbar auch die Informationseffizienz des Kapitalmarktes insgesamt gestärkt werden sollte.

Vor diesem Hintergrund überrascht es, dass der Normenbestand der §§ 11 f. WpÜG wie auch seine Ausleuchtung durch Wissenschaft und Praxis durch die zahlreichen Novellierungen der prospektrechtlichen Parallelregelungen und die durchaus oszillierende Rechtsprechung zu den zahlreichen Formen der spezialgesetzlichen Prospekthaftung weitgehend unberührt geblieben ist. Ursächlich für diesen Befund kann selbstverständlich sein, dass es sich jeweils um bewusste Entscheidungen des Gesetzgebers bzw. von Rechtsprechung und Wissenschaft handelt, die explizit oder implizit auf der Überlegung fußen, dass diese Entwicklungen jeweils (ausschließlich) prospektrechtlichen Besonderheiten geschuldet waren und entsprechend im Recht der öffentlichen Erwerbsangebote nicht nachzuvollziehen waren. Man könnte insoweit von einer notwendigen Emanzipierung des Rechts der öffentlichen Erwerbsangebote vom historischen Vorbild des Prospektrechts sprechen. Zweifel an dieser Begründung nährt allerdings der Umstand, dass eventuelle Konsequenzen prospektrechtlicher Entwicklungen für das Recht der öffentlichen Erwerbsangebote kaum bis gar nicht ausdrücklich reflektiert worden sind und werden – ganz anders als etwa die Wechselwirkungen zwischen WpHG und MAR einerseits und WpÜG andererseits, für die paradigmatisch die Diskussion um eine einheitliche oder gesetzesspezifische Auslegung des abgestimmten Verhaltens in § 34 Abs. 2 WpHG und § 30 Abs. 2 WpÜG steht.[2]

Im Folgenden soll deshalb untersucht werden, ob es sich bei dem zunehmenden Auseinanderlaufen von Prospekt- und Übernahmerecht um eine notwendige und sachgerechte Emanzipation handelt oder aber der Konnex zwischen Angebotsunterlage und Prospekt schlicht in Vergessenheit geraten ist. Hierzu werden im Folgenden in einem ersten Schritt einerseits die Beweggründe kurz rekapituliert, die den historischen Gesetzgeber bewogen haben, die Angebotsunterlage(nhaftung) nach dem Vorbild des Prospekts zu gestalten, andererseits aber auch die bestehenden Unterschiede zwischen beiden Dokumenten beleuchtet. Auf diesem Fundament wird im Nachgang für ausgewählte Aspekte untersucht, ob und inwieweit die zahlreichen Volten, die das Prospektrecht seit dem 1. Januar 2002 geschlagen hat, im Recht der öffentlichen Erwerbsangebote richtigerweise (zumindest teilweise) hätten nachvollzogen werden sollen.

II. Die Angebotsunterlage als »Kaufprospekt«

Sowohl Angebotsunterlage als auch Emissionsprospekt sind an die Kapitalmarktöffentlichkeit gerichtete Informationsdokumente im Zusammenhang mit einer (Des-)

2 In der Rechtsprechung jüngst auch gestreift im Vorlagebeschluss des BGH v. 22.10.2024 – II ZR 193/22, ZIP 2025, 29, 20 (Rn. 15 ff.) zur Auslegung des abgestimmten Verhaltens.

Investitionsofferte. Die Begründung des Regierungsentwurfs des WpÜG formuliert, dass »Ziel der Erstellung und Veröffentlichung der Angebotsunterlage ist [..], die von dem Angebot Betroffenen, die Öffentlichkeit und die Aufsichtsbehörde über den genauen Inhalt des Angebots und über die mit dem Angebot verfolgten Ziele zu informieren. Auch sollen die Wertpapierinhaber der Zielgesellschaft eine hinreichende Grundlage für ihre Entscheidung über die Annahme des Angebots erhalten.«[3] Nichts anderes gilt für den Prospekt, der gleichfalls eine angemessene Informationsgrundlage für die Entscheidung zum Erwerb der angebotenen Wertpapiere oder Vermögensanlagen schaffen soll. Beide Dokumente können dieser ihnen zugewiesenen Funktion nur gerecht werden, wenn sie die notwendigen Informationen vollständig und zutreffend wiedergeben. Sowohl das Recht der öffentlichen Angebote als auch das Prospektrecht versuchen, die Qualität von Prospekt bzw. Angebotsunterlage insbesondere durch Anordnung einer Haftung für den Fall der Unvollständigkeit oder Unrichtigkeit abzusichern. Aufgrund dieser weitgehenden Funktionsäquivalenz von Angebotsunterlage und Prospekt und der bewussten Orientierung der § 11 f. WpÜG an der allgemeinen Börsenzulassungs- und Verkaufsprospekthaftung lassen sich die diesbezüglich anerkannten Grundsätze im Ausgangspunkt auch im Rahmen der Auslegung und Anwendung des § 12 WpÜG fruchtbar machen.[4]

Allerdings richtet sich die Angebotsunterlage mit einer Kaufofferte an die Inhaber von Wertpapieren, während der Prospekt umgekehrt Kapitalmarktteilnehmer dazu veranlassen will, Wertpapiere zu zeichnen bzw. zu erwerben. Zur Illustration dieses Unterschieds wird die Angebotsunterlage im übernahmerechtlichen Schrifttum u.a. als »umgekehrter Wertpapierprospekt«[5] bzw. »Kaufprospekt«[6] gekennzeichnet. Konsequenzen hat diese Differenzierung insbesondere für die notwendige Detailtiefe: während die Angebotsunterlage letztlich allein eine valide Grundlage für die Entscheidung »Angebotsannahme zum offerierten Preis« zu schaffen hat, muss der Prospekt die Emission, die Ausstattungsmerkmale der emittierten Wertpapiere sowie finanzwirtschaftliche Vergangenheit und Ausblick beinhalten; anderes gilt allein für das in der Praxis seltene Tauschangebot, das aufgrund seines Hybridcharakters letztlich ein mixtum compositum aus Angebotsunterlage zzgl. Prospekt darstellt. Insbesondere kann die Angebotsunterlage grundsätzlich darauf verzichten, die Wertpapiere, die Gegenstand des Angebots sind, sowie das Unternehmen der Zielgesellschaft en detail zu beschreiben, da die Adressaten eines öffentlichen Erwerbsangebots diese bereits erworben haben. Jenseits von Aufwand und Umfang wie auch der dadurch

3 Begr. RegE WpÜG, BT-Drucks. 14/7034, S. 41.

4 Holtkamp/Hitzer in Cascante/Tyrolt/Hitzer/Bingel, WpÜG, § 12 Rn. 2; van Aerssen in Habersack/Mülbert/Schlitt, Handbuch der Kapitalmarktinformation, 3. Aufl., § 30 Rn. 2.

5 Renner in Haarmann/Schüppen, WpÜG, 3. Aufl. 2008, § 11 Rn. 10 (umgekehrter Verkaufsprospekt); Steinhardt/Nestler in Steinmeyer, WpÜG, 4. Aufl. 2019, § 11 Rn. 9; Seibt in KK-WpÜG, 3. Aufl. 2022, § 11 Rn. 3.

6 Hamann, ZIP 2001, 2249; Noack/Holzborn in Schwark/Zimmer, KMRK, 5. Aufl. 2020, § 11 WpÜG Rn. 1; Hitzer/Tyrolt in Cascante/Tyrolt/Hitzer/Bingel, WpÜG, § 11 Rn. 23 mit Alternative »Erwerbsprospekt«.

bedingten höheren Fehlerwahrscheinlichkeit bei Prospekten sollten die mit dieser Differenzierung verbundenen Konsequenzen aber auch nicht überbewertet werden. Angebotsunterlage und Prospekt eint ihre Funktion als Grundlage einer informierten (Des-)Investitionsentscheidung.

III. Ausstrahlungswirkung des Prospektrechts

1. *Aktualisierungspflicht*

Zu den klassischen und weitgehend ausdiskutierten Streitfragen im Recht der öffentlichen Erwerbsangebote gehört, ob die Angebotsunterlage zu aktualisieren ist, wenn sich der der veröffentlichten Fassung zugrundeliegenden Sachverhalt während des Ablaufs der (erweiterten) Annahmefrist ändert. Anders als das Prospektrecht (Art. 16 Prospekt-RL bzw. nunmehr Art. 23 ProspektVO) kennt das WpÜG keine ausdrückliche Verpflichtung des Bieters, im Zeitablauf unrichtig werdende Informationen durch eine Überarbeitung oder Ergänzung der Angebotsunterlage zu aktualisieren. Die Berichtigung nach § 12 Abs. 3 Nr. 3 WpÜG, erfasst allein die Korrektur ursprünglicher, d.h. zum Zeitpunkt der Veröffentlichung bestehender Fehler der Angebotsunterlage.[7] Das Bestehen einer Aktualisierungspflicht wird vor diesem Hintergrund durch die Antwort auf die Frage entschieden, ob es sich um eine planwidrige Regelungslücke handelt oder aber einen bewussten Verzicht des historischen Gesetzgebers. Im Schrifttum wird ganz überwiegend von einer Regelungslücke ausgegangen,[8] allein über die Herleitung der Aktualisierungspflicht herrscht Uneinigkeit. Es konkurrieren eine Analogie zur Berichtigungsobliegenheit des § 12 Abs. 3 Nr. 3 WpÜG,[9] eine Analogie zu den spezialprospektrechtlichen Nachtragspflichten gemäß Art. 21 ProspektVO und § 11 VermAnlG[10] sowie ein Rekurs auf § 11 Abs. 1 Satz 2[11] bzw. Satz 3 WpÜG.[12] Die Bundesanstalt steht demgegenüber seit jeher auf dem Standpunkt, dass eine Aktualisierung nicht nur nicht geschuldet, sondern auch

7 Vgl. auch Möllers in KK-WpÜG, § 12 Rn. 135, der allerdings gleichzeitig eine Aktualisierungspflicht aus Ingerenz annimmt.

8 Wackerbarth in MünchKomm-AktG, 6. Aufl 2024, § 12 WpÜG, Rn. 5. A.A. allerdings Louven in Angerer/Brandi/Süßmann, WpÜG, § 12 Rn. 33.

9 Beurskens/Oechsler in Beurskens/Ehricke/Ekkenga, WpÜG, 2. Aufl. 2021, § 12 Rn. 18 ff.; Möllers in KK-WpÜG, 3. Aufl. 2021, § 12 Rn. 55 ff u. 144.

10 Assmann in Assmann/Pötzsch/Schneider, WpÜG, 4. Aufl. 2024, § 12 Rn. 32 f.

11 Wackerbarth in MünchKomm-AktG, § 11 Rn. 18.

12 Hitzer/Tyrolt in Cascante/Tyrolt/Hitzer/Bingel, WpÜG, § 12 Rn. 40; Steinhardt/Nestler in Steinmeyer, § 11 Rn. 10. In diese Richtung auch Noack/Holzborn in Schwark/Zimmer, KMRK, § 12 WpÜG Rn. 15: Angaben müssen bis zur Annahmeentscheidung aktuell gehalten werden.

13 Vgl. etwa Hippeli/Klepsch, WM 2016, 1205, 1211 Fn. 57.

nicht zulässig sei.[13] Dieser ablehnenden Haltung der Bundesanstalt hat sich in einer jüngeren Entscheidung auch der Übernahmesenat des OLG Frankfurt am Main angeschlossen.[14] Die Nichtregelung einer Aktualisierungspflicht sei als beredtes Schweigen des Gesetzgebers und nicht als planwidrige Regelungslücke zu verstehen.[15] Ergänzend weist das Oberlandesgericht darauf hin, dass die Aktualisierungspflicht nach § 16 WpPG im Jahre 2019 entfallen sei.[16] Beide Argumente des Übernahmesenats erscheinen allerdings nicht zwingend. Zuzugeben ist, dass der historische Gesetzgeber des WpÜG 2002 bewusst an prospektrechtlichen Vorbildern Maß genommen hat, ohne auch die prospektrechtliche Nachtragspflicht (§§ 11 VerkPrPG a.F., 52 Abs. 2 BörsZulVO) zu spiegeln. Umgekehrt fehlen allerdings auch jegliche Anhaltspunkte, dass sich der Gesetzgeber mit dieser Frage befasst hätte.[17] Unter keinen Umständen lässt sich aus der Novellierung des Prospektrechts in den Jahren 2018/19 ein Argument gegen eine Aktualisierungspflicht gewinnen. Der Entfall der Nachtragspflicht nach § 16 WpPG a.F. ist allein dem Umstand geschuldet, dass mit dem unmittelbar geltenden Art. 23 ProspektVO die nationale Regelung obsolet geworden ist.[18] Auch wenn sich insoweit zwei der für die Übernahmepraxis maßgeblichen Instanzen in der Auseinandersetzung klar gegen eine Aktualisierungspflicht positioniert haben, sollte bei begründetem Anlass eine Korrekturmitteilung in Erwägung gezogen werden. Zunächst fehlt es an einer verbindlichen Stellungnahme des Bundesgerichtshofs und gute Argumente streiten für die Annahme einer Aktualisierungspflicht, insbesondere ist nicht ersichtlich, weshalb Prospektadressaten, nicht aber die Inhaber der Wertpapiere einer Zielgesellschaft über für die Entscheidung über die Angebotsannahme relevante Umfeldänderungen informiert werden sollten. Zudem sollte die Veröffentlichung einer nicht geschuldeten Aktualisierung in einem allfälligen Haftungsprozess zu Gunsten des Bieters wirken, da sie ceteris paribus die einem Kläger zur Verfügung stehenden Einwendungen reduziert. In der Praxis sehen deshalb Angebotsunterlagen regelmäßig vor, dass eine Aktualisierung der Angebotsunterlage nur (aber auch dann) erfolgt, insoweit diese nach Gesetz vorgeschrieben ist.[19]

14 OLG Frankfurt am Main, Urt. v. 7.7.2020 – 5 U 71/19, ZIP 2021, 1215,1218 f.

15 OLG Frankfurt am Main, Urt. v. 7.7.2020 – 5 U 71/19, ZIP 2021, 1215,1218 f.; so auch Louven in Angerer/Brandi/Süßmann, WpÜG, § 12 Rn. 13.

16 OLG Frankfurt am Main, Urt. v. 7.7.2020 – 5 U 71/19, ZIP 2021, 1215,1218 f.

17 Im Ergebnis ebenso Assmann in Assmann/Pötzsch/Schneider, WpÜG, § 12 Rn. 30.

18 Wackerbarth in MünchKommAktG, 6. Aufl 2024, § 11 Rn. 18 mit Fn 43. Vgl. hierzu etwa Lenz in Just/Voß/Ritz/Zeising, WertpapierprospektR, 2. Aufl. 2023, Art. 23 EU-ProspektVO Rn. 4.

19 Vgl. etwa freiwilliges öffentliches Übernahmeangebot (Kombiniertes Bar- und Tauschangebot)
Der MFE-Mediaforeurope N.V. an die Aktionäre der ProSiebenSat.1 Media SE vom 8. Mai 2025, S. 7; abrufbar unter: https://www.bafin.de/SharedDocs/Downloads/DE/Angebotsunterlage/MFE-MEDIAFOREUROPE.html;jsessionid=3FFF69A8ABC5FFB2E2180068009F59AE.internet941?nn=19659934.

2. Verantwortungsübernahme durch den Bieter

Im Rahmen der Angebotsunterlagenhaftung unterscheidet § 12 WpÜG bezüglich der Passivlegitimation in enger Anlehnung an prospektrechtliche Vorbilder zwischen den »Angebotsunterlagenerlassern« (§ 12 Abs. 1 Nr. 1 WpÜG) und den »Angebotsunterlagenveranlassern« (§ 12 Abs. 1 Nr. 2 WpÜG). Zu ersterer Kategorie gehören nach traditioneller Lesart einerseits der Bieter sowie andererseits die Personen, die nach § 11 Abs. 3 WpÜG freiwillig die Verantwortung für die Angebotsunterlage übernehmen. Bis zum Inkrafttreten des Zukunftsfinanzierungsgesetzes zum 1. Januar 2024 (ZuFinG)[20] wurde die im WpÜG nicht ausdrücklich angeordnete Verantwortung des Bieters von der ganz herrschenden Meinung im Anschluss an die Regierungsbegründung des WpÜG aus dem Erfordernis der Unterzeichnung der Angebotsunterlage durch den Bieter (§ 11 Abs. 1 Satz 5 WpÜG a.F.) abgeleitet.[21] Mit der Unterzeichnung der Angebotsunterlage gebe »[…] der Bieter zu erkennen, dass er die Verantwortung für den Prospekt [sic! Gemeint ist die Angebotsunterlage, A.d.V.] übernimmt und für eine unrichtige Angebotsunterlage haftet.«[22] Im Rahmen der weitgehenden Umstellung der Kommunikation zwischen Bieter und Bundesanstalt auf elektronische Medien bzw. die MVP der Bundesanstalt (§ 45 WpÜG) ist § 11 Abs. 1 Satz 5 WpÜG ersatzlos gestrichen worden. Bei buchstabengetreuer Lesart des WpÜG würde ein Bieter damit nur noch dann Haftungsadressat der Angebotsunterlagenhaftung nach § 12 WpÜG sein, wenn er entweder nach § 11 Abs. 3 WpÜG freiwillig die Verantwortung übernommen oder aber als Angebotsunterlagenveranlasser (§ 12 Abs. 1 Nr. 1 WpÜG) zu gelten hat. Dass dieses Ergebnis vom Gesetzgeber nicht gewollt sein dürfte, liegt auf der Hand, nichtsdestotrotz bedarf die Übernahme der Verantwortung durch den Bieter der Begründung, die nach der Neufassung des WpÜG alles andere als leicht fällt. Der Seitenblick auf die parallelen Regelungen des Prospektrechts hilft hier nicht weiter, sondern erhöht im Gegenteil den Begründungsaufwand für die Herleitung einer ex lege Verantwortlichkeit des Bieters. Zwar ist auch im Prospektrecht das früher bestehende Unterschriftserfordernis des § 5 Abs. 3 WpPG a.F. anlässlich der Umstellung des Prospektbilligungsverfahrens auf elektronische Kommunikation gestrichen worden.[23] In Abweichung vom Zukunftsfinanzierungsgesetz wurde allerdings der damit verbundene Entfall des Anknüpfungspunkts für die Verantwortlichkeit des Emittenten gesehen und deshalb

20 Gesetz zur Finanzierung von zukunftssichernden Investitionen (Zukunftsfinanzierungsgesetz – ZuFinG), BGBl. 2023 I Nr. 354 vom 14.12.2023.

21 OLG Frankfurt am Main, Urt. v. 7.7.2020 – 5 U 71/19, ZIP 2021, 1215, 1218; Renner in Haarmann/Schüppen, § 11 Rn. 27; Paschos/Goslar in Paschos/Fleischer, Handbuch Übernahmerecht, 2017, § 14 Rn. 179.

22 Begr. RegE WpÜG, BT-Drucks. 14/7034, S. 41.

23 Beschlussempfehlung und Bericht des Finanzausschusses zu dem Entwurf eines Gesetzes zur Umsetzung der Zweiten Zahlungsdiensterichtlinie, BT-Drucks. 18/12568, S. 165.

als Substitut in § 8 WpPG (§ 5 Abs. 4 Satz 3 WpPG a.F.)[24] die Pflicht für den Anbieter aufgenommen, für den Prospektinhalt die Verantwortung zu übernehmen.[25] An der Haftung für den Inhalt des Prospekts hat sich damit durch die Streichung des Unterzeichnungserfordernisses nichts geändert.[26]. Bei strenger Anwendung der systematischen Auslegung legt auch der Seitenblick in das Prospektrecht scheinbar nahe, dass der Bieter nach Streichung von § 11 Abs. 1 Satz 5 WpÜG nicht ex lege die Verantwortung für die Angebotsunterlage trägt. Dieses Ergebnis erscheint aber inhaltlich kaum haltbar. Der Bieter ist die Person, die das zivilrechtliche Angebot abgibt und sich dabei die Inhalte der Angebotsunterlage rechtsverbindlich zu eigen macht. Aus diesem fortbestehenden, nur nicht mehr an ein Schriftformerfordernis gebundenen Rechtsbindungswillen wird man eine implizite Übernahme der Verantwortung i.S.d. § 12 WpÜG ableiten können. In der Praxis ist die Frage bisher nicht virulent geworden, da die Bundesanstalt ganz offensichtlich durchgängig die Verantwortung der Übernahme trotz der unglücklichen Neuregelung verlangt.[27] Auch wenn der ersatzlosen Streichung des Unterschriftserfordernisses des § 11 Abs. 1 Satz 5 WpÜG a.F. damit die praktische Brisanz genommen ist, sollte dennoch bei passender Gelegenheit die schiefe Regelung in Anlehnung an § 8 WpPG korrigiert werden, auch, um allfälligen Missverständnissen vorzubeugen.

3. *(Fehlende) Anlagestimmung als Beweiserleichterung*

Ein Schadensersatzanspruch eines Wertpapierinhabers der Zielgesellschaft, der das Angebot angenommen hat, entfällt nach § 12 Abs. 2 Nr. 1 WpÜG, wenn die Annahme des Angebots nicht auf Grund der Angebotsunterlage erfolgt ist. Für die damit zu beantwortende Frage, ob die Angebotsunterlage kausal für die Desinvestitionsentscheidung des Aktionärs geworden ist, will eine verbreitete Ansicht im übernahmerechtlichen Schrifttum auf das im Börsenprospektrecht entwickelte Institut der positiven Anlagestimmung zurückgreifen.[28] Da ein öffentliches Erwerbsangebot anders

24 In § 8 WpPG neuverortet durch das Gesetz zur weiteren Ausführung der EU-Prospektverordnung und zur Änderung von Finanzmarktgesetzen vom 8. Juli 2019, Bundesgesetzblatt Jahrgang 2019 Teil I Nr. 26, ausgegeben zu Bonn am 15. Juli 2019, 1002.

25 Vgl. Groß, Kapitalmarktrecht, 8. Aufl. 2022, § 8 WpPG Rn. 1.

26 Beschlussempfehlung und Bericht des Finanzausschusses zu dem Entwurf eines Gesetzes zur Umsetzung der Zweiten Zahlungsdiensterichtlinie, BT-Drucks. 18/12568, S. 165.

27 Vgl. etwa aus der Zeit nach Inkrafttreten des ZuFinG Übernahmeangebot der Succession German BidCo GmbH an die Aktionäre der SNP Schneider-Neureither & Partner SE v. 31.01.2025, S. 61; Übernahmeangebot der Zalando SE an die Aktionäre der ABOUT YOU Holding SE v. 20.01.2025, S. 78, jeweils abrufbar unter: https://www.bafin.de/SharedDocs/Veroeffentlichungen/DE/Liste/WPUeG/li_angebotsunterlagen_wpueg_14.html

28 Beurskens/Oechsler in Beurskens/Ehricke/Ekkenga, WpÜG, 2. Aufl. 2021, § 12 Rz. 16; Möllers in KK-WpÜG, § 12 Rz. 129; Noack/Holzborn in Schwark/Zimmer, § 12 WpÜG Rz. 28; Santelmann, Angebotsunterlagenhaftung, 2003, S. 169; wohl auch Hamann, ZIP 2001, 2249; 2256 f., allerdings kritisch gegenüber der Figur der Anlagestimmung: »so konstruiert das wirkt«; Paschos/Goslar in Paschos/Fleischer, Handbuch Übernahmerecht, 2017, § 14 Rz. 188; a. A. MünchKomm-Wackerbarth, AktG, 6. Aufl., § 12 WpÜG

als ein Börsenprospekt nicht auf einen Erwerb, sondern auf eine Veräußerung von Wertpapieren durch die Adressaten abzielt, kommt es allerdings darauf an, ob von der veröffentlichten Angebotsunterlage – oder auch von während der Annahmefrist vom Bieter unter Bezugnahme auf die Angebotsunterlage durchgeführten Werbemaßnahmen in Presse, Funk, Fernsehen, sozialen Medien etc. – eine »allgemeine Verkaufsstimmung« ausgeht.[29] Zu beachten ist der Wandel, den die Rechtsfigur der positiven Anlagestimmung im Prospektrecht erfahren hat. In ihrer ursprünglichen Form stellte die positive Anlagestimmung eine Beweiserleichterung zu Gunsten des Anspruchstellers dar, mit der die Rechtsprechung ein Gegengewicht dazu schaffen wollte, dass Darlegungs- und Beweislast für die Kausalität des Prospekts für die Anlageentscheidung zunächst nach allgemeinen Grundsätzen beim Anleger lag. Bereits mit dem Dritten Finanzmarktförderungsgesetz vom 24. März 1998[30] wurde allerdings die Beweislast bezüglich der Kausalität des Prospekts für die Anlageentscheidung zugunsten des Anlegers geändert (§ 46 Abs. 2 Nr. 1 BörsG a.F. (i.V.m. § 13 Abs. 1 VerkProspkG a.F.)). Den Materialien lässt sich in diesem Zusammenhang mit hinreichender Eindeutigkeit entnehmen, dass die Beweislastumkehr eine Reaktion auf die als unzureichend empfundene Beweiserleichterung bei Vorliegen einer Anlagestimmung war und diese im Ergebnis substituieren sollte.[31] Berücksichtigt man, dass bereits die Urform des § 12 Abs. 3 Nr. 1 WpÜG die Beweislastumkehr zugunsten des Anlegers kannte, muss auch die Annahme einer (zusätzlichen) Beweiserleichterung aufgrund positiver Verkaufsstimmung im Rahmen der Angebotsunterlagenhaftung ausscheiden.

Allerdings hat sich das Institut der positiven Anlagestimmung in der prospektrechtlichen Diskussion auch im Nachgang des Inkrafttretens des Dritten Finanzmarktförderungsgesetzes im Schrifttum zu halten vermocht, nunmehr allerdings nicht mehr als Beweiserleichterung zugunsten des Anlegers, sondern als solche zugunsten (potenziell) Prospektverantwortlicher.[32] Nach dieser Auffassung sollte ein Prospektverantwortlicher die vermutete Kausalität durch Darlegung (und Beweis) entkräften können, dass eine positive Anlagestimmung nie bestanden habe bzw. diese zum Zeitpunkt der Anlageentscheidung bereits entfallen sei.[33]

Rz. 29 ff, nach dessen Ansicht der Anspruchsgegner die individuellen Beweggründe des Anlegers nachzuweisen habe.

29 Hamann, ZIP 2001, 2249, 2256; Beurskens/Oechsler in Beurskens/Ehricke/Ekkenga, WpÜG, § 12 Rz. 16 (»Veräußerungsstimmung«); Möllers in KK-WpÜG, § 12 Rz. 129 (»Annahmestimmung«); Renner in Haarmann/Schüppen, WpÜG, § 12 Rz. 56 (»umgekehrte Anlagestimmung«).

30 Gesetz zur weiteren Fortentwicklung des Finanzplatzes Deutschland (Drittes Finanzmarktförderungsgesetz) vom 24. März 1998, Bgbl. 1998 Teil I Nr. 18, ausgegeben zu Bonn am 27. März 1998, 529.man.

31 Begr. RegE Gesetz zur weiteren Fortentwicklung des Finanzplatzes Deutschland (Drittes Finanzmarktförderungsgesetz), BT-Drucks. 13/8933, S. 55 f.

32 Schwark in Schwark, 3. Aufl. 2004, § 45 BörsG Rz. 43.

33 Vgl. etwa Koch, BKR 2022, 271, 274.

Die Rechtsfigur der Anlagestimmung ist auch im übernahmerechtlichen Schrifttum aufgegriffen worden. Teilweise wird in Anlehnung an die frühere Rechtsprechung des BGH davon ausgegangen, dass ein potenziell Anspruchsberechtigter, der die Angebotsunterlage nachweislich nicht gekannt hat, die Kausalität der Angebotsunterlage für seine Desinvestitionsentscheidung durch Darlegung einer positiven Anlagestimmung zu begründen vermag.[34] Nach anderer Ansicht kann der Bieter die Kausalitätsvermutung des § 12 dadurch widerlegen, dass er darlegt, dass der Kläger die Angebotsunterlage nicht gekannt hat und auch keine positive Anlagestimmung bestanden habe.[35] Beide Ansichten greifen auf die Anlagestimmung zur Führung bzw. Widerlegung des Kausalitätsnachweises zurück. Das dargestellte Meinungsbild zum Recht der öffentlichen Erwerbsangebote reflektiert allerdings noch nicht, dass der Bundesgerichtshof in einer Entscheidung aus dem Telekom-III-Komplex der positiven Anlagestimmung für das Prospektrecht insgesamt, d.h. in ihren beiden Varianten die Grundlage entzogen hat.[36] Nach Auffassung des BGH kommt es nach der Reform der börsenrechtlichen Prospekthaftung auf die Rechtsfigur der Anlagestimmung nicht mehr an.[37] Da an die Stelle der verallgemeinerbaren Anlagestimmung das individuelle Erwerbsmotiv des Anlegers getreten ist, können auf § 46 Abs. 1 Nr. 1 BörsG a.F. bezogene Feststellungen nur in den jeweiligen Ausgangsverfahren individuell getroffen werden.[38] Gleichzeitig hat der BGH klargestellt, dass eine positive Anlagestimmung auch nicht zugunsten eines Anspruchsstellers berücksichtigt werden könne, vielmehr komme der Figur der allgemeinen Anlagestimmung nach der Umkehr der Beweislast keinerlei Bedeutung mehr zu.[39] Die in sich geschlossenen und gut begründeten Ausführungen des Bundesgerichtshofes wird man ohne Brüche in das Recht der öffentlichen Erwerbsangebote übertragen können. Gesichtspunkte, weshalb im Übernahmerecht trotz Umkehr der Beweislast kumulativ zusätzliche eine positive Verkaufsstimmung zu berücksichtigen sein sollte, sind nicht ersichtlich. Für das Recht der öffentlichen Erwerbsangebote bedeutet dies zweierlei: einerseits kann ein Verantwortlicher die Kausalitätsvermutung des § 12 Abs. 3 Nr. 1 WpÜG nicht durch Darlegung und Beweis einer fehlenden oder weggefallenen Anlagestimmung entkräften. Andererseits kann ein potenziell Anspruchsberechtigter, der die Angebotsunterlage nicht gekannt hat, sich nicht darauf berufen, dass er durch eine auf die fehlerhafte Angebotsunterlage zurückzuführenden Anlagestimmung zur Annahme des Angebots bewegt worden sei.

34 Steinhardt in Steinmeyer, WpÜG, § 12 Rn. 29.
35 Paschos/Goslar in Paschos/Fleischer, Handbuch Übernahmerecht, 2017, § 14 Rn. 188 (komme grundsätzlich in Betracht), Möllers in KK-WpÜG, § 12 Rn. 129.; ähnlich Beurskens/Oechsler in Beurskens/Ehricke/Ekkenga, WpÜG, wenn eine bestehende positive Anlagestimmung zerstört werde.
36 BGH, Beschl. v. 15.12.2020 – XI ZB 24/16, NZG 2021, 457; so auch Assmann/Kumpan in Assmann/Schütze/Buck-Heeb, 6. Aufl., § 5 Rz. 179; Kumpan in Hopt, HGB, 44. Aufl., § 12 WpPG Rz. 2.
37 So auch Bueck-Heeb, BKR 2021, 317, 319.
38 BGH, Beschl. v. 15.12.2020 – XI ZB 24/16, NZG 2021, 457, 458.
39 Vgl. etwa Koch, BKR 2022, 271, 274.

4. *Verjährung*

Ein Anspruch aus Angebotsunterlagenhaftung verjährt nach § 12 Abs. 4 WpÜG in einem Jahr seit dem Zeitpunkt, zu dem derjenige, der das Angebot angenommen hat oder dessen Aktien dem Bieter nach § 39a WpÜG übertragen worden sind, von der Unrichtigkeit oder Unvollständigkeit der Angaben der Angebotsunterlage Kenntnis erlangt hat, spätestens jedoch in drei Jahren seit der Veröffentlichung der Angebotsunterlage. Das ursprünglich für alle spezialgesetzlichen Kapitalmarktinformationshaftungstatbestände geltende kurze (kenntnisabhängige) Verjährungsregime sollte dem Interesse des Kapitalmarkts an einer kurzfristigen Klärung der Rechtslage dienen und mittelbar ein günstiges ordnungspolitisches Umfeld u.a. für Börsengänge junger Unternehmen schaffen.[40] Speziell für das Recht der öffentlichen Erwerbsangebote lässt sich zudem auf das Beschleunigungsgebot des § 3 Abs. 4 Satz 1 WpÜG hinweisen, wonach Übernahmeangebote – nicht nur, aber insbesondere im Interesse der Zielgesellschaft – »rasch« durchzuführen sind.

Bereits das WpÜG 2002 atmet allerdings erste Skepsis gegenüber dem Sonderverjährungsregime für Prospekthaftungsansprüche. So wurde die kurze Verjährung des WpÜG nicht wie im seinerzeitigen Prospektrecht auf sechs Monate festgesetzt, sondern auf ein Jahr erweitert. Der Regierungsentwurf führt diesbezüglich aus, dass eine sechsmonatige Frist vielfach nicht ausreiche, um die zur Vorbereitung der Geltendmachung eines Haftungsanspruchs erforderlichen Ermittlungen durchzuführen.[41] Mit der Verlängerung auf ein Jahr würden Anspruchsberechtigte entsprechend davor bewahrt, eventuell noch vor einer umfassenden Klärung des Sachverhalts zur Unterbrechung der Verjährung Klage erheben zu müssen. Nach Auffassung des Gesetzgebers ist es den Anspruchsberechtigten hingegen zumutbar, binnen eines Jahres ab Kenntnis von der Unrichtigkeit oder Unvollständigkeit der Angaben in der Angebotsunterlage die erforderlichen Schritte einzuleiten, um ihre Ansprüche durchzusetzen.[42] Die Verlängerung der kurzen kenntnisabhängigen Verjährungsfrist stellte zudem einen bewussten Vorgriff auf das 4. Finanzmarktförderungsgesetz[43] dar, mit dem die Jahresfrist auch für die spezialgesetzliche Prospekthaftung für maßgeblich erklärt wurde,[44] womit der Gleichlauf der Verjährung von Angebotsunterlagen- und Prospekthaftung vorübergehend wiederhergestellt wurde.

Im Recht der öffentlichen Erwerbsangebote nicht nachvollzogen wurde demgegenüber die 2011 erfolgte Unterstellung sämtlicher spezialgesetzlicher

40 Begr. RegE Gesetz zur weiteren Fortentwicklung des Finanzplatzes Deutschland (Drittes Finanzmarktförderungsgesetz), BT-Drucks. 13/8933, S. 55.

41 Möllers in KK-WpÜG, § 12 Rn. 157; Renner in Haarmann/Schüppen, WpÜG, § 12 Rn. 65.

42 Begründung RegE WpÜG, BT-Drucks. 14/7034, S. 43, abgedruckt in: ZIP 2001, 1262, 1271.

43 Gesetz zur weiteren Fortentwicklung des Finanzplatzes Deutschland (Viertes Finanzmarktförderungsgesetz) vom 21. Juni 2002, Bundesgesetzblatt Jahrgang 2002 Teil I Nr. 39, ausgegeben zu Bonn am 26. Juni 2002, 2010.

44 Vgl. etwa Groß, Kapitalmarktrecht, § 9 WpPG Rn. 2.

Prospekthaftungsansprüche unter die allgemeinen Verjährungsregeln §§ 195, 199 BGB.[45] Seit diesem Zeitpunkt stellt die kurze, einjährige Verjährung gemäß § 12 Abs. 4 WpÜG einen Sonderfall ohne Parallele dar.[46] Ob man in der Beibehaltung des § 12 Abs. 4 WpÜG eine bewusste Entscheidung des historischen Gesetzgebers sehen darf, erscheint wiederum einigermaßen zweifelhaft. Zwar ignoriert das Gesetz zur Novellierung des Finanzanlagenvermittler- und Vermögensanlagenrechts das Übernahmerecht nicht gänzlich, gleichzeitig finden sich aber keine Anhaltspunkte dafür, dass der Gesetzgeber im Rahmen der vollständigen Abschaffung der prospektrechtlichen Sonderverjährung eine bewusste Ausnahme für das Übernahmerecht vorsehen wollte.[47] Eine solche Ausnahme ließe sich wohl allenfalls mit der Überlegung rechtfertigen, dass das Übernahmerecht aufgrund des Beschleunigungsgebots des § 3 Abs. 4 WpÜG ein auch im Vergleich zum Emissionsgeschäft besonderes Bedürfnis an schneller Klärung der Rechtslage habe. Zumindest der Bundesgerichtshof hat allerdings in der Postbank II-Entscheidung zu erkennen gegeben, dass nach seiner Auffassung das Beschleunigungsgebot des § 3 Abs. 4 WpÜG nicht impliziert, praeter legem im Übernahmerecht durchgängig kürzere als die allgemeinen Verjährungsregeln zur Anwendung zu bringen.[48] In der Gesamtschau wird man davon ausgehen dürfen, dass die nicht zum Kernprospektrecht gehörende Angebotsunterlagenhaftung nicht im Blickfeld des Gesetzgebers gewesen sein dürfte und bei ausdrücklicher Prüfung wohl auch die Haftung nach § 12 WpÜG der Regelverjährung der §§ 195, 199 BGB unterstellt worden wäre. Dennoch verbietet sich ein Analogieschluss des Inhalts, auch für die Angebotsunterlagenhaftung die allgemeinen bürgerlich-rechtlichen Verjährungsvorschriften zur Anwendung zu bringen. Insoweit fehlt es bereits an der erforderlichen Regelungslücke, da mit § 12 Abs. 4 WpÜG eine ausdrückliche Regelung der lex lata existiert, der man nicht mehr vorwerfen kann, als dass sie mit den prospektrechtlichen Parallelregeln nur schlecht harmonisiert.

5. *Konkurrenzen*

Nicht anders als im Prospektrecht stellt sich auch für die Angebotsunterlagenhaftung die Frage nach dem Verhältnis zu alternativen Haftungstatbeständen, insbesondere zur Kapitalmarktinformationshaftung auf Grundlage der allgemeinen Bestimmungen der §§ 280 Abs. 1, 311 Abs. 2, 241 Abs. 2 BGB. Ausgangspunkt ist insoweit § 12 Abs. 6 WpÜG, wonach weitergehende Ansprüche, die nach den Vorschriften des bürgerlichen Rechts auf Grund von Verträgen oder vorsätzlichen unerlaubten Handlungen erhoben werden können, unberührt bleiben. Die eigentliche Bedeutung

45 Bueck-Heeb, BK 2021, 317, 321.
46 MünchKomm-Wackerbarth, AktG, 6. Aufl. 2024, § 12 WpÜG Rn. 37.
47 RegE eines Gesetzes zur Novellierung des Finanzanlagenvermittler- und Vermögensanlagenrechts, BT-Drucks. 17/6051, S. 30.
48 BGH, Urt. v. 13.12.2022 – II ZR 14/21, AG 2023, 394, 411 (Postbank II), a.A. noch Löhdefink/Jaspers, ZIP 2014, 2261, 2268 f.

von § 12 Abs. 6 WpÜG liegt in seiner Umkehrung, der sich entnehmen lässt, dass nicht-vertragliche bzw. nicht auf vorsätzlichen unerlaubten Handlungen beruhende Ansprüche durch § 12 WpÜG als lex specialis ausgeschlossen sind.[49] In § 12 WpÜG ist damit im Grundsatz eine abschließende Sonderregelung zu sehen, sowohl zur spezialgesetzlichen Prospekthaftung wie auch zur allgemeinen bürgerlich-rechtlichen Prospekthaftung.[50] Absicherung erfährt dieser Ausgangsbefund durch die Materialien zum WpÜG, denen zu Folge »sonstige Ansprüche, insbesondere solche aus allgemeiner zivilrechtlicher Prospekthaftung, [..] demgegenüber im Anwendungsbereich der Haftung für fehlerhafte Angebotsunterlagen im Rahmen eines öffentlichen Angebots ausgeschlossen [sind].«[51] Wie allerdings die spezialgesetzliche Prospekthaftung die mit den §§ 16 Abs. 2 WpPG, 20 Abs. 6 Satz 2 VermAnlG identische Regelungen kennt, lehrt, ist der genaue Verlauf dieser in der Theorie trennscharfen Grenzziehung in der Praxis mehr als unsicher, wobei auch im Recht der öffentlichen Erwerbsangebote zwischen einer allgemeinen bürgerlich-rechtlichen Prospekt- bzw. Kapitalmarktinformationshaftung im engeren und im weiteren Sinne zu unterscheiden ist.[52]

a) Bürgerlich-rechtliche Kapitalmarktinformationshaftung im engeren Sinne

Die Prospekthaftung im engeren Sinn findet ihre Grundlage allgemein in dem Vertrauen, das typischerweise von den Anlegern den Prospektangaben betreffend ihre Richtigkeit und Vollständigkeit entgegengebracht wird.[53] Haftungsbegründend wirkt also die Verwendung eines unrichtigen bzw. unvollständigen Prospekts. Die allgemeine Prospekthaftung im engeren Sinne deckt sich damit auf Tatbestandsweite weitgehend mit der spezialgesetzlichen Prospekthaftung, weshalb sie allgemeiner Ansicht nach durch diese verdrängt wird.[54] Nichts anderes kann für das Verhältnis von allgemeiner bürgerlich-rechtlicher Informationshaftung im engeren Sinne und Angebotsunterlagenhaftung gelten.[55] Beide Institute haben gleichfalls einen identischen Sachverhalt zum Gegenstand; Idealkonkurrenz zwischen Angebotsunterlagenhaftung

49 Steinhardt in Steinmeyer, WpÜG, § 12 Rn. 55. Skeptisch gegenüber dieser Herleitung des Konkurrenzprogramms des Abs. 6 Holtkamp/Hitzer in Cascante/Tyrolt/Hitzer/Bingel, WpÜG, § 12 Rn. 67, die stattdessen primär auf den Normzweck zur Auslegung zurückgreifen wollen.

50 Möllers in KK-WpÜG, § 12 Rn. 163; Renner in Haarmann/Schüppen, WpÜG, § 12 Rn. 1 a. E.; Louven in Angerer/Brandi/Süßmann, WpÜG, § 12 Rn. 1; Assmann in Assmann/Pötzsch/Schneider, WpÜG, § 12 Rn. 9; Noack/Holzborn in Schwark/Zimmer, KMRK, § 12 WpÜG Rn. 2; Rothley/Kurth in Heidel, Aktien- und Kapitalmarktrecht, 6. Aufl. 2024, § 12 WpÜG Rn. 22; van Aerssen in Habersack/Mülbert/Schlitt, Handbuch der Kapitalmarktinformation, § 30 Rn. 2; Steinhardt in Steinmeyer, WpÜG, § 12 Rn. 55.

51 RegE WpÜG, BT-Drucks. 14/7034, S. 44.

52 Holle, ZGR 2025, 1, 5 ff.

53 BGH Beschl. v. 25.10.2022 – II ZR 22/22, NJW-RR 2023, 109, 112.

54 Barwich, GWR 2023, 335.

55 Beurskens/Oechsler in Beurskens/Ehricke/Ekkenga, WpÜG, § 12 Rn. 34; Renner in Haarmann/Schüppen, WpÜG, § 12 Rz. 70; Steinhardt in Steinmeyer, WpÜG, § 12 Rn. 55. Für das Prospektrecht herrschende Meinung, vgl. Herresthal, ZWH 2023, 85, 86.

und Prospekthaftung im engeren Sinn würde entsprechend dazu führen, dass die besonderen Voraussetzungen des § 12 WpÜG leerlaufen würden,[56] was erkennbar nicht gewollt sein kann.

Allerdings ist der genaue Grenzverlauf nicht durchgängig vermessen. Zunächst findet die Sperrwirkung bei Vorsatz auf Seiten des in Anspruch genommenen Prospektverantwortlichen bzw. Bieters keine Anwendung.[57] Mehr praktische Bedeutung hat demgegenüber die Frage, inwieweit die Sperrwirkung auch für Aktionäre gilt, die das Angebot nicht angenommen haben. Diesbezüglich wird im Schrifttum teilweise angenommen, dass die Sperrwirkung des § 12 Abs. 6 WpÜG nicht greife, da solchen Aktionären kein Anspruch wegen Angebotsunterlagenhaftung zustehen könne.[58] Dies erscheint nicht völlig frei von Zweifeln,[59] wie eine einfache Kontrollüberlegung zeigt: Während ein Verantwortlicher Aktionären, die das Angebot angenommen haben, im Rahmen der Angebotsunterlagenhaftung nur für Vorsatz und grobe Fahrlässigkeit haftet, würde er Aktionären, die das Angebot nicht angenommen haben, für jede Form von Fahrlässigkeit (§§ 276 Abs. 1 Satz 1, 280 Abs. 1 BGB) haften. Die Statuierung eines eigenen Haftungstatbestands würde also im Ergebnis auf eine Minderung von Rechten derjenigen hinauslaufen, die das Gesetz mit § 12 WpÜG zu schützen beabsichtigt. Dies kann nach hier vertretener Ansicht nicht richtig sein. Denkbar erscheint in Anlehnung an zum Prospektrecht angestellte Überlegungen, im Wege der Rechtsfortbildung im Rahmen möglicher Ansprüche die Wertungen des § 12 WpÜG (Beweislast, Verschulden, Verjährung) auch im Rahmen einer allgemeinen Prospekthaftung gegenüber Aktionären, die das Angebot nicht angenommen haben, zur Anwendung zu bringen.

b) Bürgerlich-rechtliche Prospekthaftung im weiteren Sinne

Besondere Aufmerksamkeit hat in der jüngeren Vergangenheit das Verhältnis von spezialgesetzlicher und bürgerlich-rechtlicher Prospekthaftung im weiteren Sinne auf sich gezogen. Ursächlich waren divergierende Rechtsauffassungen zwischen II. und XI. Senat des Bundesgerichtshofes. Während der XI. Senat sich auch diesbezüglich für verdrängende Spezialität der spezialgesetzlichen Prospekthaftung ausgesprochen hat, hat der II. Senat die Haltung eingenommen, dass beide Instrumente in Idealkonkurrenz zueinander stehen.[60] Ohne dass es zu einer Divergenzvorlage zum großen Senat gekommen wäre, haben sich die Senate mittlerweile in ihrer Rechtsprechung

56 Beurskens/Oechsler in Beurskens/Ehricke/Ekkenga, WpÜG, § 12 Rn. 34; Möllers, in: KK-WpÜG, § 12 Rn. 163; Steinhardt in Steinmeyer, WpÜG, Rn. 55.

57 Beurskens/Oechsler in Beurskens/Ehricke/Ekkenga, WpÜG, § 12 Rn. 34.

58 Noack/Holzborn in Schwark/Zimmer, KMRK, § 12 WpÜG Rn. 35; Steinhardt in Steinmeyer, WpÜG, Rn. 55; Wackerbarth in MünchKommAktG, 6. Aufl 2024, § 12 Rn. 40.

59 Für Spezialität auch insoweit Holtkamp/Hitzer in Cascante/Tyrolt/Hitzer/Bingel, WpÜG, § 12 Rn. 68.

60 BGH Beschl. v. 25.10.2022 – II ZR 22/22, NJW-RR 2023, 109, 111 (obiter dictum). Vgl. zur Entscheidung des II. Senats etwa Herresthal, ZWH 2023, 85, 86.

implizit darauf verständigt, dass die spezialgesetzliche Prospekthaftung nicht unter allen Umständen den Rückgriff auf die allgemeine zivilrechtliche Prospekthaftung sperrt.[61] Kennzeichnend bzw. Voraussetzung für die Prospekthaftung im weiteren Sinne ist, dass über die Verwendung des Prospekts an sich ein zusätzlicher besonderer Vertrauenstatbestand durch den Prospektverantwortlichen gesetzt wird.[62] Einerseits werden Fallgestaltungen erfasst, in denen eine Person zur Erfüllung vorvertraglicher Aufklärungspflichten auf den (fehlerhaften) Prospekt zurückgreift.[63] Mit der zweiten Fallgruppe erfasst die Prospekthaftung im weiteren Sinne die aus der allgemeinen c.i.c.-Haftung bekannte Figur der Inanspruchnahme besonderen Vertrauens, mit der Personen erfasst werden, die einen besonderen Vertrauenstatbestand gesetzt haben, ohne gleichzeitig Vertragspartner zu sein,[64] bzw. ein eigenes wirtschaftliches Interesse haben.[65]

In Übereinstimmung mit dem prospektrechtlichen Meinungsstand wird verbreitet auch eine Angebotsunterlagenhaftung im weiteren Sinne als Vertrauenshaftung wegen konkretem und nicht bloß typisiertem Vertrauen für möglich gehalten.[66] Voraussetzung sind enge individuelle Kontakte zwischen Bieter bzw. Angebotsunterlagenverantwortlichem und dem betroffenen Wertpapierinhaber.[67] Die praktische Bedeutung ist allerdings als gering einzuschätzen. Die im Prospektrecht bisher praktisch relevanten Fallgruppen – Gründungsgesellschafter bei KG-Strukturen und besondere Vertriebsverantwortung der Prospektverantwortlichen[68] – finden im Übernahmerecht keine Parallele. Typischerweise geht der Entscheidung über Ablehnung oder Annahme eines öffentlichen Erwerbsangebots keine Beratungssituation in einer komplexen Vertriebsstruktur voraus, in der Aufklärungspflichten verletzt werden könnten. Zumindest für denkbare pathologische Ausnahmekonstellationen dürfte aber auch für das Recht der öffentliche Erwerbsangebote gelten, dass eine Angebotsunterlagenhaftung im weiteren Sinne nicht durch Spezialität des § 12 WpÜG verdrängt wird, da Anknüpfungspunkt ein von der Angebotsunterlage als solcher

61 BGH, Urt. v. 12.11.2024 – XI ZB 14/21, NZG 2025, 367, 369, zuvor schon BGH, Beschl. v. 11.7.2023 – XI ZB 20/21, NJW 2023, 3226, 3227.

62 Vgl. aus der Rechtsprechung etwa BGH, Urt. v. 12.11.2024 – XI ZB 14/21, NZG 2025, 367, 369; BGH, Urt. v. 23.4.2012 – II ZR 211/09, NZG 2012, 744, 745.

63 BGH Beschl. v. 25.10.2022 – II ZR 22/22, NJW-RR 2023, 109, 111: Koch, BKR 2022, 271, 283.

64 Koch, BKR 2022, 271, 283. Aus der Rechtsprechung etwa BGH, Urt. v. 23.4.2012 – II ZR 211/09, NZG 2012, 744, 745.

65 BGH, Urt. v. 23.4.2012 – II ZR 211/09, NZG 2012, 744, 745.

66 Noack/Holzborn in Schwark/Zimmer, KMRK, § 12 WpÜG Rn. 35: Renner in Haarmann/Schüppen, WpÜG, § 12 Rz. 69. Im Ergebnis auch Möllers in KK-WpÜG, § 12 Rn. 164, der allerdings die Terminologie der Prospekthaftung für irreführend hält und betont, dass es sich um eine Fallgruppe der allgemeinen c.i.c. Haftung handelt. A.A. zumindest in der Akzentuierung Assmann in Assmann/Pötzsch/Schneider, § 12 Rn. 68.

67 Noack/Holzborn in Schwark/Zimmer, KMRK, § 12 WpÜG Rn. 35; Renner in Haarmann/Schüppen, WpÜG, § 12 Rz. 70.

68 BGH, Urt. v. 12.11.2024 – XI ZB 14/21, NZG 2025, 367, 369.

zu unterscheidender eigenständiger Vertrauenstatbestand ist. Zu denken haben wird man insoweit insbesondere an Fälle des § 311 Abs. 2 Nr. 3 BGB.[69]

III. Ergebnis

Nimmt man die eingangs aufgeworfene Frage wieder auf, wird man festhalten müssen, dass die zurückhaltende und spärliche Rezeption der zugegebenermaßen überaus unübersichtlichen Entwicklungen im Prospektrecht im Recht der öffentlichen Erwerbsangebote nicht etwa Ausfluss einer bewussten und notwendigen Emanzipation des Rechts der öffentlichen Erwerbsangebote darstellt, sondern diese ersichtlich kaum untersucht und diskutiert worden sind. Ein Grund hierfür mag insbesondere auch darin liegen, dass die Angebotsunterlagenhaftung forensisch bisher keinerlei Bedeutung zu erlangen vermocht[70] und in Konsequenz auch nicht im Fokus des Interesses von Wissenschaft und Praxis gestanden hat.

Aufgrund der weitgehenden Funktionsäquivalenz von Prospekt und Angebotsunterlagenhaftung erscheint es überzeugend, wichtige Weichenstellungen des Prospektrechts der letzten gut 20 Jahre auch im Recht der öffentlichen Erwerbsangebote nachzuvollziehen. Für die exemplarisch beleuchteten Fragestellungen bedeutet dies nach hier vertretener Auffassung im Einzelnen:

- Trotz der ablehnenden Haltung von Bundesanstalt und nunmehr auch OLG Frankfurt wird man richtigerweise an einer am Prospektrecht orientierten Pflicht zur Aktualisierung der Angebotsunterlage festzuhalten haben.
- Die ersatzlose Streichung des Unterschrifterfordernisses nach § 11 Abs. 1 Satz 5 WpÜG a.F. ändert nichts an der ex lege-Verantwortlichkeit des Bieters für Vollständigkeit und Richtigkeit der Angebotsunterlage. Diese ist aus der Abgabe des rechtsverbindlichen Angebots mit dem durch die Angebotsunterlage bezeichneten Inhalt abzuleiten.
- Für die Berücksichtigung einer positiven Anlagestimmung bei Beurteilung der Kausalität der Angebotsunterlage besteht weder Raum noch Bedürfnis. Die Umkehr der Beweislast der lex lata macht einen Rückgriff auf diese aus der Not geborene Rechtsfigur überflüssig, was zugleich der überzeugenden Rechtsprechung des BGH zu den prospektrechtlichen Parallelregelungen entspricht. Praktisch bedeutet dies, dass ein Anspruchsteller bei erwiesener Unkenntnis der Angebotsunterlage sich nicht auf eine durch die Angebotsunterlage hervorgerufene positive Anlagestimmung zur Begründung der Kausalität berufen darf und umgekehrt ein Bieter die Vermutung des § 12 Abs. 3 Nr. 1 WpÜG nicht durch Verweis auf eine fehlende oder weggefallene Anlagestimmung entkräften kann.

69 Beurskens/Oechsler in Beurskens/Ehricke/Ekkenga, WpÜG, § 12 Rn. 34.
70 Paschos/Goslar in Paschos/Fleischer, Handbuch Übernahmerecht, 2017, § 14 Rn. 139.

- Die fortbestehende (subjektive) Sonderverjährung gemäß § 12 Abs. 4 WpÜG dürfte einem Versehen geschuldet sein, lässt sich aber de lege lata nicht mit den zur Verfügung stehenden Auslegungsinstrumenten korrigieren.
- Die Angebotsunterlagenhaftung nach § 12 WpÜG verdrängt – parallel zum Prospektrecht – die Prospekthaftung im engeren Sinne, d.h. wenn die Angebotsunterlage als solche zur Erfüllung vorvertraglicher Aufklärungspflichten verwendet wird. Ausnahmen gelten bei Vorsatz sowie hinsichtlich solcher Wertpapierinhaber der Zielgesellschaft, die das Angebot nicht angenommen haben.
- Angebotsunterlagenhaftung nach § 12 WpÜG und allgemeine Kapitalmarktinformationshaftung im weiteren Sinne stehen in Idealkonkurrenz, allerdings ist aufgrund der typischerweise nicht über intermediäre Vertriebsstrukturen erfolgenden Abwicklung eines öffentlichen Erwerbsangebots der praktische Anwendungsbereich denkbar gering.

Berichterstattung über immaterielle Ressourcen nach Umsetzung der CSRD

Detlef Kleindiek

Die mit der Corporate Sustainability Reporting Directive (CSRD)[1] und den sie ergänzenden European Sustainabilty Reporting Standards (ESRS)[2] eingeführte Verpflichtung zur Nachhaltigkeitsberichterstattung in einem gesonderten Abschnitt des Lage- bzw. Konzernlageberichts ist schon vielfach beleuchtet worden. Sehr viel geringeren Widerhall hat die mit der CSRD zugleich geschaffene, freilich im allgemeinen (finanziellen) Teil des (Konzern-)Lageberichts verortete Berichtspflicht über die »wichtigsten immateriellen Ressourcen« (»key intangible resources«) gefunden: Nach dem neuen Art. 19 (1) UAbs. 4 der Bilanzrichtlinie 2013/34/EU i.d.F.d. CSRD haben bestimmte Unternehmen über ihre wichtigsten immateriellen Ressourcen zu informieren und dabei zu erläutern, »inwiefern das Geschäftsmodell des Unternehmens grundlegend von diesen Ressourcen abhängt und inwiefern diese Ressourcen eine Wertschöpfungsquelle für das Unternehmen darstellen.« Der normativen Ausgestaltung und den Hintergründen jener neuen Berichtspflicht, die nach Umsetzung der CSRD auch hierzulande unmittelbare Geltung beanspruchen wird, soll hier näher nachgegangen werden.

I. Die bilanzielle Abbildung immaterieller Werte: Status Quo

Immaterielle Werte werden im *HGB-Abschluss* nur unter einschränkenden Voraussetzungen ausgewiesen.[3] Im Sinne des Vollständigkeitsgebots (§ 246 Abs. 1 HGB) zwingend zu aktivieren sind entgeltlich erworbene immaterielle Vermögensgegenstände des Anlagevermögens. Für selbstgeschaffene immaterielle Vermögensgegenstände des Anlagevermögens gewährt § 248 Abs. 2 Satz 1 HGB – in Ausübung eines entsprechenden Mitgliedstaatenwahlrechts nach Maßgabe der Bilanzrichtlinie 2013/34/EU – ein Aktivierungswahlrecht. Nach § 248 Abs. 2 Satz 2 HGB sind – dem Vorbild internationaler Rechnungslegungsstandards (so auch IAS 38.63) folgend – allerdings

1 Richtlinie (EU) 2022/2464 des Europäischen Parlaments und des Rates vom 14.12.2022 zur Änderung der Verordnung (EU) Nr. 537/2014 und der Richtlinien 2004/109/EG, 2006/43/EG und 2013/34/EU hinsichtlich der Nachhaltigkeitsberichterstattung von Unternehmen, ABl. 2022 L 322, 15.

2 Delegierte Verordnung (EU) 2023/2772 der Kommission vom 31.7.2023 zur Ergänzung der Richtlinie 2013/34/EU des Europäischen Parlaments und des Rates durch Standards für die Nachhaltigkeitsberichterstattung, Anhang I, ABl. 2023 L 2772 v. 22.12.2023 (sprachlich berichtigte Fassung: ABl. 2024 L 90457 v. 9.8.2024).

3 Näher Kleindiek in Staub, Großkomm. HGB, 6. Aufl. 2021, § 248 Rn. 15 ff.

selbst geschaffene Marken, Drucktitel, Verlagsrechte, Kundenlisten und vergleichbare immaterielle Vermögensgegenstände des Anlagevermögens von der Aktivierung ausgeschlossen. Die auf jene Gegenstände entfallenden Kosten sind nicht zuverlässig unterscheidbar von den Kosten für die Entwicklung des Unternehmens als Ganzem; eine zuverlässige Abgrenzung zum selbst geschaffenen Geschäfts- oder Firmenwert, der nach wie vor nicht aktivierungsfähig ist, kann deshalb kaum gelingen.

Im Rahmen der *IFRS-Rechnungslegung* sind die (strengen) Ansatzvoraussetzungen für immaterielle Vermögenswerte in IAS 38 geregelt: Danach müssen die allgemeinen Kriterien des Vermögenswertbegriffs (asset) und die speziellen Kriterien eines immateriellen Wertes erfüllt sein. Es muss sich um eine in der Verfügungsmacht eines Unternehmens stehende Ressource handeln, von der erwartet wird, dass dem Unternehmen durch sie künftig wirtschaftlicher Nutzen zufließt (IAS 38.8 und 13 ff.). Darüber hinaus muss ein immaterieller Wert identifizierbar sein, um ihn vom Geschäfts- oder Firmenwert unterscheiden zu können, was wiederum an näher bezeichnete Voraussetzungen geknüpft wird (IAS 38.11 f.). Neben den Kriterien abstrakter Aktivierungsfähigkeit müssen als weiter konkretisierende Voraussetzungen für den Ansatz immaterieller Vermögenswerte die Wahrscheinlichkeit künftigen Nutzenzuflusses und die Möglichkeit einer verlässlichen Bewertung der Anschaffungs- und Herstellungskosten bejaht werden können (IAS 38.21), wozu IAS 38.51 ff. spezifizierende Vorgaben treffen.

In der Konsequenz werden die tatsächlich bestehenden immateriellen Werte[4] eines Unternehmens im Jahres- und Konzernabschluss nur zum (ggf. geringen) Teil abgebildet, woraus eine beträchtliche Differenz zwischen dem Buchwert des Eigenkapitals und dem Unternehmenswert am Kapitalmarkt (sog. Buchwert – Marktwert – Lücke) resultieren kann. Die damit verbundenen Informationsdefizite der Rechnungslegung, die durch ggf. gebotene einzelne Hinweise zu immateriellen Ressourcen im Rahmen des (Konzern-)Lageberichts[5] nicht ausgeglichen werden können, wirken sich bei organisch (statt durch Zukäufe) stark gewachsenen Unternehmen in besonderem Maße aus. Sie werden aber auch durch die Pflicht zur Aktivierung eines entgeltlich erworbenen Geschäfts- oder Firmenwerts (§ 246 Abs. 1 Satz 4 HGB; IAS 38.10 und 68) nicht signifikant gemindert, solange die in ihm enthaltenen immateriellen Werttreiber unaufgeschlüsselt und damit intransparent bleiben.

Über mögliche Wege, jene Informationslücken durch verbindliche Vorgaben[6] ein Stück weit zu schließen, wird seit vielen Jahren beraten, auch in der Europäischen

4 Zum Ausmaß ihrer Wertschöpfungsrelevanz weiterführend v.Keitz/Schwedtler, Immaterielle Ressourcen als Werttreiber für (nachhaltiges) Wirtschaften, Bertelsmann Stiftung, Gütersloh 2023, S. 23 ff. m.w.N.

5 Vgl. v.Keitz/Schwedtler, Immaterielle Ressourcen, S. 31 f.

6 Zu empirischen Erkenntnissen hinsichtlich einer freiwilligen Berichterstattung über immaterielle Werte weiterführend etwa D. Fischer, PiR 2023, 224; Gawenko/Goldschmidt, KoR 2021, 437; v.Keitz/Schwedtler, Immaterielle Ressourcen, S. 32 ff.; Senger/Wulf/v. Keitz, KoR 2021, 480.

Union,[7] lange Zeit freilich ohne ein konsensfähiges Ergebnis. Wichtige neue Impulse vermittelten Überlegungen, die seitens der EFRAG (European Financial Reporting Advisory Group) im Rahmen ihrer konzeptionellen Vorarbeiten zur Revision der Richtlinie 2014/95/EU[8] (»Non-Financial Reporting Directive«; hierzulande verbreitet als »CSR-Richtlinie«[9] bezeichnet) vorgestellt worden waren: Dem von der Projektgruppe »PTF-NFRS«[10] des (unter dem Dach der EFRAG eingerichteten) »European Reporting Lab@EFRAG« (European Lab) im Februar 2021 vorgelegten Projektendbericht zu Vorschlägen für Europäische Standards für die Nachhaltigkeitsberichterstattung (European Lab Projektendbericht)[11] folgte im August 2021 das EFRAG Diskussionspapier zur Berichterstattung über immaterielle Werte,[12] in dem drei konzeptionell unterschiedliche (wenngleich auch kombinierbare) Lösungsansätze beschrieben und analysiert wurden: (1.) erweiterter Bilanzansatz immaterieller Werte auf Grundlage modifizierter Ansatz- und Bewertungsvorschriften; (2.) ausführliche Informationen über spezifische (weil für das Geschäftsmodell des Unternehmens bedeutsame) immaterielle Werte (»key intangibles«) im Anhang oder Lagebericht; (3.) Informationen im Anhang oder Lagebericht zu den zukunftsbezogenen Aufwendungen sowie den Chancen und Risiken für immaterielle Werte, die nicht im Einzelnen voneinander abgegrenzt werden müssen.[13]

Wenige Monate zuvor – im April 2021 – hatte die Europäische Kommission ihren Legislativvorschlag »Proposal for a Corporate Sustainability Reporting Directive – CSRD«[14] vorgelegt, der eine Verpflichtung zur Information über »intangibles« (in der deutschsprachigen Fassung des Kommissionsvorschlags: »immaterielle Anlagewerte«) als ein Bestandteil der umfassenden Nachhaltigkeitsberichterstattung vorsah.

7 Überblick dazu etwa bei Haller/T.M. Fischer, KoR 2023, 78, 79 ff.; Lanfermann/Baumüller/Scheid, KoR 2021, 426, 427 ff.; S. Müller/Scheid/Reinke, IRZ 2022, 85, 86 f.; zur IFRS-Rechnungslegung zuletzt Hüffner/Raasch, KoR 2025, 45 ff.

8 Richtlinie 2014/95/EU des Europäischen Parlaments und des Rates vom 22.10.2014 zur Änderung der Richtlinie 2013/34/EU im Hinblick auf die Angabe nichtfinanzieller und die Diversität betreffender Informationen durch bestimmte große Unternehmen und Gruppen, ABl. 2014 L 330, 1.

9 CSR = Corporate Social Responsibility.

10 Project Task Force on preparatory work for the elaboration of possible EU Non-Financial Reporting Standards.

11 European Reporting Lab@EFRAG, Final Report: Proposals for a relevant and dynamic EU Sustainability Reporting Standardsetting, February 2021; zum dortigen Kapitel »Acknowledging the Importance of Intangibles in Sustainability Reporting« (S. 56 ff.) zusammenfassend Lanfermann/Baumüller/Scheid, KoR 2021, 426, 430.

12 EFRAG, Discussion Paper: Better Information on Intangibles – Which is the best way to go? August 2021.

13 Weiterführend zu diesem Diskussionspapier insbesondere Eierle/Kasischke, KoR 2023, 69 ff.; s. ferner etwa Busch/Zwirner, IRZ 2021, 525, 527 f.; D. Fischer, PiR 2021, 296 f.; S. Müller/Scheid/Reinke, IRZ 2022, 85, 87 ff.; zuletzt Hüffner/Raasch, KoR 2025, 45, 53 ff.

14 Proposal for a Directive of the European Parliament and of the Council amending Directive 2013/34/EU, Directive 2004/109/EC, Directive 2006/43/EC and Regulation (EU) No 537/2014, as regards corporate sustainability reporting, COM(2021) 189 final v. 21.4.2021.

In der finalen Fassung der CSRD sind insofern nicht unerhebliche Korrekturen vorgenommen worden: Der Gegenstand der gebotenen Berichterstattung über – wie es nunmehr heißt – »intangible resources« (»immaterielle Ressourcen«) wurde abweichend abgegrenzt, der Ort der Berichterstattung aus dem Nachhaltigkeitsbericht gelöst und in den allgemeinen (finanziellen) Teil des Lageberichts (bzw. Konzernlageberichts) verlagert. – Zu diesen Richtlinienvorgaben etwas näher.

II. Die Vorgaben der CSRD

1. Der Gegenstand der Berichterstattung

Die CSRD verpflichtet bestimmte Unternehmen zur Berichterstattung über die »wichtigsten immaterielle Ressourcen« innerhalb des Lageberichts (bzw. Konzernlageberichts), allerdings – anders als im Legislativvorschlag der Europäischen Kommission aus dem Jahr 2021 vorgesehen – nicht innerhalb der dort (in einem separaten Abschnitt) verorteten Nachhaltigkeitsberichterstattung, sondern im allgemeinen (finanziellen) Teil des (Konzern-)Lageberichts. Die Grundlage der Berichtspflicht findet sich im neu geschaffenen Art. 19 (1) UAbs. 4 der Bilanzrichtlinie 2013/34/EU i.d.F.d. CSRD, der lautet:

> *»Große Unternehmen sowie kleine und mittlere Unternehmen – mit Ausnahme von Kleinstunternehmen –, bei denen es sich um Unternehmen von öffentlichem Interesse im Sinne von Artikel 2 Nummer 1 Buchstabe a handelt, erstatten Bericht über Informationen über die wichtigsten immateriellen Ressourcen und erläutern, inwiefern das Geschäftsmodell des Unternehmens grundlegend von diesen Ressourcen abhängt und inwiefern diese Ressourcen eine Wertschöpfungsquelle für das Unternehmen darstellen.«*

Im englischsprachigen Richtlinientext:

> *»Large undertakings, and small and medium-sized undertakings, except micro undertakings, which are public-interest entities as defined in point (a) of point (1) of Article 2 shall report information on the key intangible resources and explain how the business model of the undertaking fundamentally depends on such resources and how such resources are a source of value creation for the undertaking.«*

Was der Richtliniengeber unter den »wichtigsten immateriellen Ressourcen« (»key intangible resources«) verstanden wissen will, liest sich im neu geschaffenen Art. 2 Nr. 19 der Bilanzrichtlinie i.d.F.d. CSRD so:

> *»[der Ausdruck] ‚wichtigste immaterielle Ressourcen'[bezeichnet] Ressourcen ohne physische Substanz, von denen das Geschäftsmodell des Unternehmens grundlegend abhängt und die eine Wertschöpfungsquelle für das Unternehmen darstellen«;*

> *»'key intangible resources' means resources without physical substance on which the business model of the undertaking fundamentally depends and which are a source of value creation for the undertaking«.*

Für die Konzernberichterstattung über immaterielle Ressourcen im Konzernlagebericht gelten entsprechende Richtlinienvorgaben, was sich aus Art. 29 (1) i.V.m. Art. 19 (1) UAbs. 4/Art. 2 Nr. 19 der Bilanzrichtlinie i.d.F.d. CSRD ergibt.

Erwägungsgrund 32 der CSRD (hier auszugsweise wiedergegeben) erläutert jene Vorgaben:

> *»... Es ist weithin anerkannt, dass über Informationen zu immateriellen Anlagewerten und anderen immateriellen Faktoren, einschließlich intern geschaffener immaterieller Ressourcen, in zu geringem Maße Bericht erstattet wird, wodurch eine ordnungsgemäße Bewertung des Geschäftsverlaufs, des Geschäftsergebnisses und der Lage eines Unternehmens sowie die Überwachung von Investitionen erschwert wird. Um Anlegern ein besseres Verständnis der bei zahlreichen Unternehmen und in vielen Wirtschaftszweigen zunehmend beobachteten Diskrepanz zwischen Buchwert und Marktbewertung zu verschaffen, sollte von allen großen Unternehmen und allen Unternehmen – mit Ausnahme von Kleinstunternehmen –, deren Wertpapiere zum Handel auf einem geregelten Markt in der Union zugelassen sind, eine angemessene Berichterstattung über immaterielle Ressourcen verlangt werden. ...«*

2. *Die berichtspflichtigen Unternehmen*

Die Pflicht zur Berichterstattung über die wichtigsten immateriellen Ressourcen umfasst nach den (noch) geltenden Richtlinienvorgaben alle bilanzrechtlich großen Kapitalgesellschaften sowie mittlere und kleine Kapitalgesellschaften (mit Ausnahme der Kleinstgesellschaften), wenn diese kapitalmarktorientiert (hierzulande: i.S.v. § 264d HGB) sind. Den Kapitalgesellschaften gleichgestellt sind im Übrigen die Personenhandelsgesellschaften ohne mindestens eine natürliche Person als Vollhafter (§ 264a HGB).

3. *Erstanwendung: Der gestreckte Zeitplan*

Hinsichtlich der erstmaligen Pflicht zur Lageberichterstattung über immaterielle Ressourcen gab die CSRD nach Maßgabe ihres Art. 5 (2) einen gestreckten Zeitplan vor, der im Grundsatz mit den gestaffelten Erstanwendungsdaten für die Nachhaltigkeitsberichterstattung übereinstimmte: Danach hatten die schon der bisherigen nichtfinanziellen Berichterstattung nach Maßgabe der (CSR-)Richtlinie 2014/95/EU unterliegenden Unternehmen (große Unternehmen von öffentlichem Interesse mit mehr als 500 Beschäftigten; sog. »erste Welle«) ab dem Geschäftsjahr 2024 (genauer: das am oder nach dem 1.1.2024 beginnende Geschäftsjahr) über ihre wichtigsten immateriellen Ressourcen zu informieren, sonstige große Unternehmen ab dem Geschäftsjahr 2025, kapitalmarktorientierte kleine und mittlere Unternehmen ab dem Geschäftsjahr 2026. Die diesen kleinen und mittleren Unternehmen vorübergehend eingeräumte Opt-out-Möglichkeit für die vor dem 1.1.2028 beginnenden Geschäftsjahre betraf nur ihre Verpflichtung zur Nachhaltigkeitsberichterstattung (Art. 19a

(7) der Bilanzrichtlinie i.d.F.d. CSRD), nicht hingegen ihre Berichtspflicht über die wichtigsten immateriellen Ressourcen.

III. Die bevorstehende Revision des CSRD-Berichtsregimes

Seit dem Herbst des Jahres 2024 stehen die Berichtslasten des geltenden EU-Rechts bekanntlich auf dem Prüfstand des europäischen Gesetzgebers.[15] In ihrem am 11.2.2025 veröffentlichten Arbeitsprogramm 2025 hat die Europäische Kommission eine Reihe von »Omnibus-Vorschlägen« zur Überarbeitung verschiedener Rechtsvorschriften angekündigt, die dazu beitragen sollen, den Verwaltungsaufwand für Unternehmen um mindestens 25 % und für kleine und mittlere Unternehmen (KMU) um mindestens 35 % zu verringern.[16]

1. Die »Omnibus«-Vorschläge der Europäischen Kommission

Die Kommission stellte schon am 26.2.2025 ihr erstes Vorschlagspaket vor, das (unter anderem) eine Revision der CSRD-Nachhaltigkeitsberichterstattung sowie Korrekturen der Cortporate Sustainability Due Diligence Directive – CSDDD (Richtlinie (EU) 2024/1760; auch als »EU-Lieferkettenrichtlinie« bezeichnet)[17] vorsieht. Die Vorstellungen der Kommission zur Revision des CSRD-Regimes – hier allein von Interesse – waren (als Teil des Pakets »Omnibus I«) in zwei Vorschlägen für entsprechende Änderungsrichtlinien niedergelegt:[18] Gegenstand der ersten vorgeschlagenen Änderungsrichtlinie (Dokument COM(2025) 80 final vom 26.2.2025) war eine Verschiebung der bestehenden zeitlichen Vorgaben zur Erstanwendung der mit der CSRD eingeführten Berichtspflichten, während die vorgeschlagenen substantiellen Änderungen der CSRD Gegenstand des zweiten Richtlinienentwurfs (Dokument COM(2025) 81 final vom 26.2.2025) waren. Die formelle Aufteilung in zwei Änderungsrichtlinien verfolgte den Zweck, im europäischen Gesetzgebungsverfahren zunächst und kurzfristig über die Verschiebung der aktuell noch geltenden Zeitmargen Beschluss fassen zu können. Die Beratungen der weiteren Änderungen im Trilog zwischen Europäischer Kommission, Parlament und Rat würden, das war klar, mehr Zeit in Anspruch nehmen.

Die von der EU-Kommission in ihrem Dokument COM(2025) 81 unterbreiteten Vorschläge zur Revision der CSRD betrafen die aktuellen Richtlinienvorgaben zur

15 Weiterführend Kleindiek in BeckOGK-HGB, Stand: 1.2.2025, § 289b Rn. 63 ff.

16 COM(2025) 45 final, S. 2.

17 Richtlinie (EU) 2024/1760 des Europäischen Parlaments und des Rates vom 13.6.2024 über die Sorgfaltspflichten von Unternehmen im Hinblick auf Nachhaltigkeit und zur Änderung der Richtlinie (EU) 2019/1937 und der Verordnung (EU) 2023/2859, ABl. 2024 L 1760 v. 5.7.2024.

18 Zu Einzelheiten s. Kleindiek, ESG 2025, 99, 105 ff.

Nachhaltigkeitsberichterstattung, enthielten aber (noch) keinen Vorschlag zur Änderung des mit der CSRD ebenfalls eingeführten Art. 19 (1) UAbs. 4 der Bilanzrichtlinie 2013/34/EU i.d.F.d. CSRD, der die Informationen über immaterielle Ressourcen zum Gegenstand hat. Die Pflicht zur Nachhaltigkeitsberichterstattung sollte nach dem Kommissionsvorschlag auf bilanzrechtlich große Kapitalgesellschaften mit mehr als 1.000 Arbeitnehmern beschränkt werden, also auf solche Unternehmen, die neben dieser Arbeitnehmerzahl eine Bilanzsumme von über 25 Mio. EUR oder Umsatzerlöse von über 50 Mio. EUR aufweisen; eine entsprechende Beschränkung der Berichtspflicht sah der Vorschlag für Mutterunternehmen großer Gruppen vor.

Demgegenüber plädiert der Europäische Rat in seinem Standpunkt zum Kommissionsvorschlag COM(2025) 81 (Einigung vom 23.6.2025) dafür, den Kreis der der CSRD-Berichterstattung unterliegenden Unternehmen erheblich weiter einzuschränken:[19] Der Pflicht zur Nachhaltigkeitsberichterstattung sollen nur solche Unternehmen unterliegen, die mehr als 1.000 Arbeitnehmer *und* Umsatzerlöse von mehr als 450 Mio. EUR aufweisen; dem entsprechend soll die Berichtspflicht von Mutterunternehmen großer Gruppen eingegrenzt werden. Und diese Schwellenwerte für die Nachhaltigkeitsberichterstattung sollen auch für die Verpflichtung zur Berichterstattung über die wichtigsten immateriellen Ressourcen gelten. Deshalb hat der Ministerrat eine (im Kommissionsvorschlag noch fehlende) Anpassung des Art. 19 (1) UAbs. 4 der Bilanzrichtlinie i.d.F.d. CSRD vorgeschlagen. Der geänderte Art. 19 (1) UAbs. 4 soll lauten:

> *»Undertakings which, on their balance sheet dates, exceed a net turnover of EUR 450.000.000 and the average number of 1.000 employees during the financial year, shall report information on the key intangible resources and explain how the business model of the undertaking fundamentally depends on such resources and how such resources are a source of value creation for the undertaking.«*

Die dortige Formulierung zum Gegenstand der Berichterstattung soll mithin unverändert bleiben.

Ob das Ergebnis der weiteren Verhandlungen zwischen Europäischem Parlament, Rat und Kommission diesem Standpunkt des Europäischen Rats entsprechen wird, lässt sich zum gegenwärtigen Zeitpunkt – d.h. bei Abschluss des Manuskripts für diesen Festschriftbeitrag im Juli 2025 – nicht absehen. Ein Votum des Europäischen Parlaments steht gegenwärtig noch aus.

2. *Die Änderungsrichtlinie (EU) 2025/794: Neuer Zeitplan*

Die von der Kommission in ihrem Dokument COM(2025) 80 vorgeschlagene Verschiebung der bestehenden zeitlichen Vorgaben zur Erstanwendung aller CSRD-Berichtspflichten wurde schon im April 2025 umgesetzt: Im Wege der Änderung

19 Ratsdokument 10276/25 vom 21.6.2025 mit den entsprechenden Vorschlägen zur Korrektur des Kommissionsentwurfs.

von Art. 5 (2) der CSRD durch die Richtlinie (EU) 2025/794[20] (»Stop the Clock – Richtlinie«), sodass jene zeitliche Verschiebung neben der CSRD-Nachhaltigkeitsberichterstattung auch die Berichtspflicht über immaterielle Ressourcen nach Art. 19 (1) UAbs. 4 der Bilanzrichtlinie i.d.F.d. CSRD umfasst. Für Unternehmen, die schon bisher der Pflicht zur nichtfinanziellen Berichterstattung nach der (CSR-)Richtlinie 2014/95/EU unterlagen, sind die Vorgaben der CSRD – erstmalige Berichtspflichten ab dem Geschäftsjahr 2024 – unverändert geblieben. Sonstige große Unternehmen trifft die Berichterstattungspflicht über ihre wichtigsten immateriellen Ressourcen (ebenso wie der Pflicht zur Nachhaltigkeitsberichterstattung nach Maßgabe der noch geltenden Bestimmungen der Bilanzrichtlinie i.d.F.d. CSRD) nunmehr aber erst ab dem Geschäftsjahr 2027, kapitalmarktorientierte kleine und mittlere Unternehmen erst ab dem Geschäftsjahr 2028. Diese Änderungsrichtlinie (EU) 2025/794 ist bis zum 31.12.2025 umzusetzen.

IV. Zur Umsetzung der CSRD in das deutsche Recht

Die CSRD (Richtlinie (EU) 2022/2464) war gem. Art. 5 (1) von den EU-Mitgliedstaaten schon bis spätestens 6.7.2024 umzusetzen. Die Bundesregierung hatte im Sommer 2024 den Regierungsentwurf eines CSRD-Umsetzungsgesetzes[21] in das Gesetzgebungsverfahren eingebracht (im Folgenden: RegE 2024), der in der vorzeitig zu Ende gegangenen 20. Legislaturperiode des Deutschen Bundestags aber nicht mehr abschließend beraten wurde. Die Umsetzung der CSRD steht hierzulande nach wie vor aus. Für das abgelaufene Geschäftsjahr 2024 könnte der deutsche Gesetzgeber die CSRD-Berichtspflichten auch nicht verfassungskonform rückwirkend anordnen.[22]

Am 10.7.2025 hat das Bundesministerium für Justiz und für Verbraucherschutz (BMJV) den »Referentenentwurf eines Gesetzes zur Umsetzung der Richtlinie (EU) 2022/2464 hinsichtlich der Nachhaltigkeitsberichterstattung von Unternehmen in der durch die Richtlinie (EU) 2025/794 geänderten Fassung« veröffentlicht (im Folgenden: RefE 2025), mit dem ein neuerliches Gesetzgebungsverfahren zur Umsetzung der CSRD vorbereitet worden ist. Im Sinne einer »1:1-Umsetzung« der Vorgaben aus Art. 19 (1) UAbs. 4 i.V.m. Art. 2 Nr. 19 Bilanzrichtlinie i.d.F.d. CSRD soll der neu zu schaffende § 289 Abs. 3a HGB lauten:

»Eine Kapitalgesellschaft hat im Lagebericht auch die wichtigsten immateriellen Ressourcen anzugeben, wenn die Kapitalgesellschaft

20 Richtlinie (EU) 2025/794 des Europäischen Parlaments und des Rates vom 14.4.2025 zur Änderung der Richtlinie (EU) 2022/2464 und (EU) 2024/1760 bezüglich der Daten, ab denen die Mitgliedstaaten bestimmte Anforderungen an die Nachhaltigkeitsberichterstattung und die Sorgfaltspflichten von Unternehmen erfüllen müssen, ABl. 2025 L 794 v. 16.4.2025.

21 BR-Drs. 385/24 und BT-Drs. 20/12787.

22 Vgl. dazu Kleindiek in BeckOGK-HGB, § 289b Rn. 71.1.

> *1. groß im Sinne des § 267 Absatz 3 Satz 1 und Absatz 4 bis 5 ist oder*
> *2. kapitalmarktorientiert im Sinne des § 264d und keine Kleinstkapitalgesellschaft (§ 267a) ist. Dabei ist zu erläutern, inwiefern das Geschäftsmodell der Gesellschaft grundlegend von diesen Ressourcen abhängt und inwiefern diese Ressourcen eine Wertschöpfungsquelle für die Gesellschaft darstellen. Wichtigste immaterielle Ressourcen sind Ressourcen ohne physische Substanz, von denen das Geschäftsmodell der Gesellschaft grundlegend abhängt und die eine Wertschöpfungsquelle für die Gesellschaft darstellen.«*

Das entspricht den Formulierungen im RegE des CSRD-Umsetzungsgesetzes vom Sommer 2024. Auch die dazu im RefE 2025 gegebene Begründung[23] wiederholt den einschlägigen Text aus dem RegE 2024.[24] Für den Konzernlagebericht sieht der RefE 2025 im Übrigen (wie auch schon der RegE 2024) eine entsprechende Bestimmung in § 315 Abs. 3a HGB-E vor.[25]

Einen geänderten Weg schlägt der RefE 2025 freilich hinsichtlich der erstmaligen Geltung der Berichtspflicht über die wichtigsten immateriellen Ressourcen ein: Bezogenen auf die Geschäftsjahre ab 2027 setzen die in Art. 96 ff. EGHGB-E vorgesehenen Übergangsbestimmungen zwar die aktuell geltenden Richtlinienvorgaben um. Nach dem vorgeschlagenen Art. 96 Abs. 8 EGHGB-E sollen Unternehmen, die schon bislang der nichtfinanziellen Berichterstattung nach der (CSR-)Richtlinie 2014/95/EU unterlagen (große Unternehmen von öffentlichem Interesse mit mehr als 500 Beschäftigten), auch die Bestimmung des § 289 Abs. 3a HGB-E *für die Geschäftsjahre 2025 und 2026* aber nur unter der Voraussetzung anwenden müssen, dass sie im Jahresdurchschnitt mehr als 1.000 Arbeitnehmer beschäftigen. Entsprechendes soll nach Art. 97 Abs. 7 EGHGB-E für die Berichterstattung im Konzernlagebericht gelten. Große Unternehmen mit einer Beschäftigtenzahl zwischen 500 und 1.000 soll die CSRD-Berichtspflichten für die Geschäftsjahre 2025 und 2026 nicht (mehr) treffen. Zur Begründung heißt es im RefE 2025:[26]

> *»Absatz 8 [des Art. 96 EGHGB-E] enthält eine Sonderregelung für die Unternehmen der 1. Welle mit 500 bis 1000 Arbeitnehmern. Abweichend von Absatz 1 gilt für diese Unternehmen für die Geschäftsjahre 2025 und 2026 keine Pflicht zur Nachhaltigkeitsberichterstattung. Anlass für diese Sonderregelung ist das von der Europäischen Kommission vorgeschlagene Substance Proposal, das eine Anhebung des Arbeitnehmer-Schwellenwerts auf die Zahl 1000 vorsieht. Mit Absatz 8 wird verhindert, dass eine Teilmenge der Unternehmen der 1. Welle (= Unternehmen mit 500 bis 1000 Arbeitnehmern; in Deutschland schätzungsweise 50 Unternehmen) ab dem Geschäftsjahr 2025 erstmals nachhaltigkeitsberichtspflichtig werden und anschließend mit Inkrafttreten der Schwellenwertanhebung wieder von der Berichtspflicht befreit werden. …«*

Damit bezieht sich der RefE 2025 des BMJV auf die im Kommissionsvorschlag COM(2025) 81 final vom 26.2.2025 vorgesehene Schwellenwertanhebung, die gewissermaßen antizipiert wird. Der Kommissionsvorschlag adressierte freilich nur die

23 RefE 2025, S. 129.
24 Vgl. BT-Drs. 20/12787, S. 110.
25 Zur Begründung dieser Vorschrift s. RefE 2025, S. 135 f. sowie (für den RegE 2024) BT-Drs. 20/12787, S. 114.
26 RefE 2025, S. 160.

Vorgaben der CSRD zur Nachhaltigkeitsberichterstattung, (noch) nicht hingegen die *daneben* normierte Pflicht zur Berichterstattung über immaterielle Ressourcen nach Maßgabe von Art. 19 (1) UAbs. 4 i.V.m. Art. 2 Nr. 19 der Bilanzrichtlinie i.d.F.d. CSRD.[27]

Das BMJV geht ersichtlich davon aus, dass im Zuge der bevorstehenden Revision des CSRD-Berichtsregimes der Kreis der zur Berichterstattung über immaterielle Ressourcen verpflichteten Unternehmen (weiterhin) in Übereinstimmung mit den Schwellenwerten für die Nachhaltigkeitsberichterstattung abgegrenzt werden wird, sodass die im Kommissionsvorschlag vorgesehene Beschränkung auf große Unternehmen mit mehr als 1.000 Arbeitnehmern auch für die Berichterstattung über die wichtigsten immateriellen Ressourcen gelten wird. Die parallele Abgrenzung dürfte in der Tat zu erwarten sein, zumal sie auch im schon skizzierten Standpunkt des Europäischen Rats (beschlossen am 23.6.2025) vorgeschlagen worden ist.[28] Die vom Rat zusätzlich vorgeschlagene Schwelle von mehr als 450 Mio. EUR Umsatzerlösen berücksichtigt der (am 10.7.2025 veröffentlichte) RefE 2025 allerdings noch nicht. Im Verlauf des Gesetzgebungsverfahrens zur CSRD-Umsetzung wird es hier also ggf. – je nach Verlauf der weiteren Verhandlungen auf europäischer Ebene – noch zu Korrekturen kommen, die zum gegenwärtigen Zeitpunkt (d.h. bei Abschluss des Manuskripts für diesen Beitrag im Juli 2025) nicht abzusehen sind.

V. Zum Vergleich: Die Berichterstattung über immaterielle Ressourcen nach dem CSRD-Vorschlag der Europäischen Kommission vom April 2021

Die Richtlinienvorgaben zur Berichterstattung über immaterielle Ressourcen kommen, was Gegenstand und Inhalt der Informationspflicht betrifft, mit einer Fülle unbestimmter Rechtsbegriffe einher, deren (praxistaugliche) Interpretation mit beträchtlichen Herausforderungen verbunden ist. Dabei hilft es, die Unterschiede des finalen Richtlinientextes gegenüber dem ursprünglichen Legislativvorschlag der Europäischen Kommission im Blick zu behalten.

Der von der Europäischen Kommission im April 2021 zur Diskussion gestellte CSRD-Vorschlag sah eine Pflicht zur Berichterstattung über »immaterielle Anlagewerte« (»intangibles«) vor, wobei dieser Berichtsgegenstand in Art. 2 Nr. 19 der Bilanzrichtlinie 2013/34/EU i.d.F.d. CSRD-Vorschlags so definiert werden sollte:

> *»[der Ausdruck] ‘immaterielle Anlagewerte‘ [bezeichnet] nicht physische Ressourcen, die zur Wertschöpfung des Unternehmens beitragen«*

27 S. oben zu III.1.
28 Zum Standpunkt des Rats schon oben zu III.1.

In der englischsprachigen Fassung des Vorschlags:

> *»'intangibles' means non-physical resources that contribute to the undertaking's value creation«*

Dabei sollte die Berichterstattung über jene immateriellen Anlagewerte Bestandteil der Nachhaltigkeitsberichterstattung nach Art. 19a der Bilanzrichtlinie i.d.F.d. CSRD-Vorschlags (sowie der konsolidierten Nachhaltigkeitsberichterstattung nach dem vorgeschlagenen neuen Art. 29a der Bilanzrichtlinie) sein. In Art. 19a (2) sollte auch die Berichterstattung über immaterielle Anlagewerte verankert werden:

> *»Die Unternehmen legen ferner Informationen über immaterielle Anlagewerte offen, einschließlich Angaben zu intellektuellem Kapital, Humankapital, sozialem Kapital und Beziehungskapital.«*

> *»Undertakings shall also disclose information on intangibles, including information on intellectual, human, and social and relationship capital.«*

Für die konsolidierte Nachhaltigkeitsberichterstattung war eine gleichsinnige Bestimmung in Art. 29a (2) Bilanzrichtlinie vorgesehen.

Das Regulierungsmodell des CSRD-Kommissionsvorschlags sah also die Vermittlung von Informationen über nicht physische Ressourcen, »die zur Wertschöpfung *des Unternehmens* beitragen«, vor. Und zwar im Rahmen der Nachhaltigkeitsberichtserstattung unter dem doppelten Wesentlichkeitsvorbehalt i.S.d. (heutigen) Art. 19a (1) Bilanzrichtlinie 2013/34/EU i.d.F.d. CSRD: Nämlich soweit die Wesentlichkeit (weil Erforderlichkeit) der Information entweder im Blick auf die Auswirkungen von Nachhaltigkeitsaspekten auf Geschäftsverlauf, Geschäftsergebnis und Lage des Unternehmens (Outside-In-Perspektive; »finanzielle Wesentlichkeit«) oder im Blick auf Auswirkungen der Unternehmenstätigkeit auf Mensch und Umwelt (Inside-Out-Perspektive; »Wesentlichkeit der Auswirkungen«, auch als »ökologische und soziale Wesentlichkeit« bezeichnet) gegeben ist. In einem solchen Konzept entsteht die Berichtspflicht auch dann, wenn die Wesentlichkeit der Information *nur* aus der Inside-Out-Perspektive zu bejahen sein sollte.

Die finale Richtlinienvorgabe hat die Berichterstattung über immaterielle Ressourcen aus dem Kontext der Nachhaltigkeitsberichterstattung (mit dem dort geltenden doppelten Wesentlichkeitsvorbehalt) gelöst und in den allgemeinen (finanziellen) Teil des Lageberichts (bzw. Konzernlageberichts) verschoben, womit zugleich eine veränderte Eingrenzung des Berichtsgegenstands einhergeht:[29] Zu informieren ist, wie dargelegt,[30] über »die wichtigsten immateriellen Ressourcen« (»key intangible resources«), verstanden als – wie ergänzend angemerkt werden darf: nichtfinanzielle – Ressourcen ohne physische Substanz, »von denen das Geschäftsmodell

29 S. zum Verlauf der Beratungen über den Kommissionsvorschlag im Europäischen Parlament und Rat – auch unter Auswertung interner Arbeitspapiere der Kommission – instruktiv Liening/v.Keitz/Wulf, KoR 2023, 296, 298 ff.

30 Oben zu II.1.

des Unternehmens grundlegend abhängt und die eine Wertschöpfungsquelle für das Unternehmen darstellen«.

VI. Zum Gegenstand der Berichtspflicht: Die »wichtigsten immateriellen Ressourcen«

Die Diskussion über die »richtige« Interpretation des so umschriebenen Gegenstands der Berichtspflicht steht noch an ihren Anfängen. Zentrale »Eckpunkte« der gebotenen Normauslegung dürften sich aber schon heute formulieren lassen.

1. Geschäftsmodell- und Ressourcenbegriff

Für das Regime der CSRD-Nachhaltigkeitsberichterstattung unter Geltung der ESRS wird der Begriff »Geschäftsmodell« (»Business model«) in Anhang II, Tabelle 2 (»Begriffsbestimmungen in den ESRS«) der Delegierten Verordnung (EU) 2023/2772 der Europäischen Kommission vom 31.7.2023 so umschrieben:

> *»Das System des Unternehmens, durch seine Tätigkeit Inputs in Outputs und Ergebnisse umzuwandeln, mit dem Ziel, kurz-, mittel- und langfristig die strategischen Ziele des Unternehmens zu erreichen und Werte zu schaffen.«*

In der englischen Sprachfassung:

> *»The undertaking's system of transforming inputs through its activities into outputs and outcomes that aims to fulfil the undertaking's strategic purposes and create value over the short-, medium- and long-term.«*

Dieses Begriffsverständnis taugt auch als eine Grundlage für die nähere Interpretation der CSRD-Vorgaben zur Berichterstattung über die wichtigsten immateriellen Ressourcen im allgemeinen (finanziellen) Teil des Lageberichts, wovon auch die aktuellen Überlegungen des DRSC (für die Konzernlageberichterstattung) ersichtlich ausgehen.[31] »Ressourcen« lassen sich als die – im Zuge der Unternehmenstätigkeit eingesetzten – »Inputs« begreifen,[32] wobei die Berichterstattungspflicht über immaterielle Ressourcen freilich nur »die wichtigsten«, d.h. solche umfasst, »von denen das Geschäftsmodell des Unternehmens grundlegend abhängt und die eine Wertschöpfungsquelle für das Unternehmen darstellen«.

31 Vgl DRSC, Briefing Paper: Berichterstattung über immaterielle Ressourcen (Stand 23.12.2024), S. 3: »Geschäftsmodell = Das System des Konzerns, durch seine Tätigkeiten Inputs in Outputs und Ergebnisse umzuwandeln, mit dem Ziel, kurz-, mittel- oder langfristig die strategischen Ziele des Konzerns zu erreichen und Werte zu schaffen.« Übereinstimmend Liening/v.Keitz/Wulf, KoR 2025, 98, 99.

32 Liening/v.Keitz/Wulf, KoR 2025, 98, 100 f.; übereinstimmend DRSC, Briefing Paper: Berichterstattung über immaterielle Ressourcen (Stand 23.12.2024), S. 3: »Unter Inputs sind Ressourcen ... zu verstehen.«

2. *Abgrenzungen*

Für die konkrete Abgrenzung dieser »wichtigsten immateriellen Ressourcen« spielt es keine Rolle, ob die Ressource einen Bezug zu Nachhaltigkeitsaspekten (definiert in Art. 2 Nr. 17 der Bilanzrichtlinie i.d.F.d. CSRD) hat oder nicht.[33] In Erwägungsgrund 32 der CSRD wird auf die insoweit ohnehin bestehenden Abgrenzungsschwierigkeiten hingewiesen, die offenbar auch ein zentrales Motiv für die finale Verortung der Berichterstattung im allgemeinen (finanziellen) Teil des Lageberichts gewesen sind.[34] So heißt es denn auch in der Begründung des RefE 2025 zum vorgeschlagenen § 289 Abs. 3a HGB-E:[35] Die danach gebotenen Informationen zu immateriellen Ressourcen »können (müssen aber nicht) Angaben mit Bezug zu Nachhaltigkeitsaspekten sein«. Das befreit freilich, worauf noch zurückzukommen ist,[36] nicht von der Pflicht zur Berichterstattung (auch) im Nachhaltigkeitsbericht, soweit immaterielle Ressourcen Bezug zu wesentlichen Nachhaltigkeitsaspekten aufweisen. In diesem Sinne dürfte wohl auch diese Formulierung in Erwägungsgrund 32 der CSRD zu verstehen sein: »Nichtsdestotrotz sind bestimmte Informationen über immaterielle Ressourcen untrennbar mit Nachhaltigkeitsaspekten verbunden und sollten daher Teil der Nachhaltigkeitsberichterstattung sein.«

Im Übrigen besteht die Berichterstattungspflicht über immaterielle Ressourcen unabhängig davon, ob es sich bei der Ressource um einen aktivierungspflichtigen oder -fähigen Vermögensgegenstand bzw. Vermögenswert (asset) handelt oder nicht. Der Begriff der »immateriellen Ressource« schließt bilanzierungsfähige Werte zwar ein, ist aber deutlich weiter gefasst. Dass auch über die »wichtigsten immateriellen Ressourcen« zu berichten ist, wenn und soweit sie aktiviert sind, dürfte konsensfähig sein.[37]

3. *Kategorisierungen*

Die Begründung zum RefE 2025 für ein CSRD-Umsetzungsgesetz nennt zur Erläuterung der gebotenen Information über die wichtigsten nichtfinanziellen Ressourcen i.S.d. § 289 Abs. 3a HGB-E beispielhaft: »Angaben über die Fähigkeiten oder Erfahrungen von Arbeitnehmern, ihre Loyalität gegenüber der Gesellschaft und ihre Motivation zur Verbesserung von Prozessen oder aber Angaben über die Qualität der Beziehungen zwischen der Kapitalgesellschaft und ihren Interessenträgern

33 Fink/Glöckner, WPg 2024, 1186, 1188; Liening/v.Keitz/Wulf, KoR 2023, 296, 304 f.

34 Vgl. dazu Liening/v.Keitz/Wulf, KoR 2023, 296, 300 ff.

35 RefE 2025 für ein CSRD-Umsetzungsgesetz, S. 129; ebenso schon die Begründung zum RegE 2024, BT-Drs. 20/12787, S. 110.

36 Unten zu VII.

37 S. stellvertretend Fink/Glöckner, WPg 2024, 1186, 1187; Kajüter, IRZ 2024, 401, 405; Liening/v.Keitz/Wulf, KoR 2023, 296, 304.

einschließlich Kunden, Lieferanten und lokalen Gemeinschaften, die von der Geschäftstätigkeit der Gesellschaft betroffen sind.«[38]

Der CSRD-Vorschlag der Europäischen Kommission aus dem Jahr 2021 hatte die Informationen über »immaterielle Anlagewerte« (»intangibles«) im Normtext selbst exemplarisch so beschreiben wollen:[39]

> *»... einschließlich Angaben zu intellektuellem Kapital, Humankapital, sozialem Kapital und Beziehungskapital.«*
>
> *»... including information on intellectual, human, and social and relationship capital«.*

Der Normvorschlag der Kommission übernahm damit Begriffe aus dem Rahmenwerk des International Integrated Reporting Council (IRRC).[40] Im internationalen Kontext insofern von vergleichbarer Relevanz ist das Rahmenwerk der World Intellectual Capital Initiative (WICI), dessen Begrifflichkeiten sich zwar zum Teil von jenen des IRRC unterscheiden, ohne aber wesentlich abweichende Zuordnungen in der Sache vorzunehmen.[41] So sind etwa zugeordnet dem

> *Intellectual Capital: Patente, Urheberrechte, Marken, Lizenzen, Software, Wissensorganisation;*
>
> *Human Capital: Kompetenzen und Fähigkeiten der Mitarbeiter; Qualitäten des Führungspersonals;*
>
> *Social and Relationship Capital: Qualität der Beziehungen zu Investoren, Geschäftspartnern und Kunden sowie zu Gemeinschaften; (Marken-)Image und Reputation des Unternehmens.*

Der europäische Gesetzgeber hat die Anregung des Kommissionsvorschlags, die immateriellen Ressourcen auf diese Weise exemplarischen zu umschreiben, im finalen Richtlinientext mit gutem Grund nicht aufgegriffen. Denn damit sind keine operablen Rechtsbegriffe, sondern bloße Kategorisierungen von immateriellen Wertschöpfungsquellen verbunden, die lediglich (aber immerhin) dabei helfen können, die zu vermittelnden Informationen im Interesse besserer Vergleichbarkeit zu strukturieren.

4. *Grundlegende Abhängigkeit des Geschäftsmodells*

Dass im Rahmen der unternehmerischen Tätigkeit planmäßig eingesetzte immaterielle Ressourcen Bedeutung für das Geschäftsmodell des Unternehmens haben, erhellt schon der oben skizzierte Begriff »Geschäftsmodell«:[42] Als »Inputs« sind sie Teil

38 RefE 2025, S. 129; ebenso schon die Begründung zum RegE 2024, BT-Drs. 20/12787, S. 110.

39 S. schon oben zu V.

40 Vgl. stellvertretend Gawenko/Goldschmidt, KoR 2021, 437, 439.

41 Zu Einzelheiten s. etwa die Übersichten bei Gawenko/Goldschmidt, KoR 2021, 437, 439 f.; Haller/T.M. Fischer, KoR 2023, 78, 84 ff.; v.Keitz/Schwedtler, Immaterielle Ressourcen, S. 18 ff., 39 ff.; 58 f.; Liening/v.Keitz/Wulf, KoR 2023, 296, 304 f.

42 Oben zu VI.1.

eines der Geschäftsmodellelemente. Um die Berichterstattungspflicht auszulösen, genügt nach den Vorgaben der CSRD aber nicht schon jedwede Bedeutung der immateriellen Ressource für das Geschäftsmodell. Auch eine »wesentliche« Bedeutung reicht noch nicht.[43] Vielmehr muss das Geschäftsmodell des Unternehmens von der nämlichen Ressource »grundlegend (‚fundamentally') abhängen«.

Diese Einschränkung ist beim Wort zu nehmen. Von einer solch' grundlegenden Abhängigkeit wird man nur sprechen können, wenn das konkrete Geschäftsmodell mit der Möglichkeit zur Nutzung der nämlichen Ressource – sei es allein oder in Verbindung mit anderen Ressourcen – steht und fällt. Ein ganz ähnliches Verständnis ist seitens des DRSC vorgetragen worden: Die Formulierung sei sehr restriktiv und schränke die Berichtspflicht stark ein. Von einer grundlegenden Abhängigkeit des Geschäftsmodells von der immateriellen Ressource sei auszugehen, wenn das Geschäftsmodell ohne die immaterielle Ressource nicht betrieben werden könne. Die immaterielle Ressource müsse allein oder in Kombination mit anderen (immateriellen) Ressourcen für das Geschäftsmodell »unverzichtbar« sein.[44]

5. *Wertschöpfungsquelle für das Unternehmen*

Das Geschäftsmodell des Unternehmens muss nicht nur grundlegend von der immateriellen Ressource abhängen; die Ressource muss auch »eine Wertschöpfungsquelle für das Unternehmen (‚a source of value creation for the undertaking') darstellen«. Nach dem Normtext des Art. 19 (1) UAbs. 4 Bilanzrichtlinie i.d.F.d. CSRD müssen beide Voraussetzungen kumulativ gegeben sein. Wobei im Schrifttum freilich mit Recht die Frage aufgeworfen worden ist, ob es überhaupt vorstellbar sei, dass eine immaterielle Ressource, von der das Geschäftsmodell des Unternehmens »grundlegend abhängt«, *keine* »Wertschöpfungsquelle für das Unternehmen« darstellt.[45]

Die Voraussetzung der Wertschöpfungsquelle »für das Unternehmen« klärt jedoch den Wertbegriff und damit die maßgebliche Perspektive, auf die es für die Zuordnung der Ressource zu den »wichtigsten« immateriellen Ressourcen – und damit für den Bestand der Berichtspflicht nach Art. 19 (1) UAbs. 4 Bilanzrichtlinie – ankommt: Die Ressource muss eine Quelle für die Schaffung (sowie Erhaltung und Steigerung) des *Unternehmens*werts sein.[46] Und gerade im Blick auf den *Unternehmens*wert muss das Geschäftsmodell des Unternehmens von der nämlichen Ressource »grundlegend abhängen«.

43 Anders wohl Liening/v.Keitz/Wulf, KoR 2023, 296, 307.
44 DRSC, Briefing Paper: Berichterstattung über immaterielle Ressourcen, Stand 23.12.2024, S. 3.
45 Fink/Glöckner, WPg 2024, 1186, 1188; Kajüter, IRZ 2024, 401, 405; dazu auch Liening/v. Keitz/Wulf, KoR 2025, 98, 101.
46 Gleichsinnig DSRC, Briefing Paper: Berichterstattung über immaterielle Ressourcen (Stand 23.12.2024), S. 3: »Ressource, die ... der Erhaltung oder Erhöhung des Unternehmenswerts dient«.

Die Pflicht zur Berichterstattung über die wichtigsten immateriellen Ressourcen im allgemeinen (finanziellen) Teil des Lageberichts (bzw. Konzernlageberichts) zielt auf die typischen Informationsinteressen der (aktuellen oder potentiellen) Eigenkapitalgeber (»Shareholder - Value - Perspektive«);[47] sie zielt nicht auf das Interesse anderer Stakeholder (oder der Allgemeinheit) an Informationen über die Bedeutung eingesetzter immaterieller Ressourcen für die Schaffung von Werten für Umwelt und Gesellschaft. Die Wertschöpfung aus dieser (zweiten) Perspektive gewinnt für die Berichtspflicht über immaterielle Ressourcen i.S.v. Art. 19 (1) UAbs. 4 Bilanzrichtlinie i.d.F.d. CSRD vielmehr nur (und erst dann) Bedeutung, wenn sie sich auch im Unternehmenswert niederschlägt: weil sie zugleich Auswirkungen auf den finanziellen Erfolg des Unternehmens hat oder jedenfalls absehbar erwarten lässt.[48] Der maßgeblichen Orientierung am *Unternehmens*wert lässt sich nicht etwa die doppelte Wesentlichkeitsperspektive des Art. 19a (1) Bilanzrichtlinie i.d.F.d. CSRD[49] entgegenhalten: Jene doppelte Wesentlichkeit prägt die Nachhaltigkeitsberichterstattung nach Art. 19a Bilanzrichtlinie i.d.F.d. CSRD, von der die nach Art. 19 Bilanzrichtlinie zu vermittelnden Informationen im allgemeinen (finanziellen) Teil des Lageberichts – und damit auch die Angaben zu den wichtigsten immateriellen Ressourcen – zu unterscheiden sind.[50]

VII. Zum Inhalt der Berichterstattung

Zum näheren Inhalt der Berichterstattung verlangt Art. 19 (1) UAbs. 4 der Bilanzrichtlinie i.d.F.d. CSRD Erläuterungen darüber, »inwiefern« das Geschäftsmodell des Unternehmens grundlegend von den nämlichen immateriellen Ressourcen abhängt und »inwiefern« diese Ressourcen eine Wertschöpfungsquelle für das Unternehmen darstellen. Mehr bietet der Text der Richtlinie nicht an.

Für die Ausgestaltung der Berichterstattung wird an eine der oben angesprochenen (oder diesen ähnlichen) Kategorisierungen immaterieller Ressourcen[51] anzuknüpfen und dabei zu erläutern sein, welche Ressourcen (mit welchen Überlegungen) als berichtspflichtig identifiziert wurden, wobei auch auf das zugrundliegende Verfahren der Auswahlentscheidung einzugehen sein dürfte. Die näheren Erläuterungen zum »inwiefern« von Geschäftsmodellabhängigkeit und Wertschöpfungsrelevanz werden auch die Entwicklung der (genutzten) Ressourcen im Zeitablauf würdigen sowie eine Entwicklungsprognose für die überschaubare Zukunft geben müssen, was schon aus den generellen Aufgaben der Lageberichterstattung folgt.[52] Die Berichterstattung

47 In diesem Sinne auch Erwägungsgrund 32 der CSRD.
48 Im Grundsatz ebenso Liening/v.Keitz/Wulf, KoR 2023, 296, 306 f.; Liening/v.Keitz/Wulf, KoR 2025, 98, 99 f.
49 Oben zu V.
50 Das verkennen Haller/T.M. Fischer, KoR 2023, 78, 82 ff.
51 S. oben zu VI.3.
52 Zu ihnen Kleindiek in BeckOGK-HGB, § 289 Rn. 9 ff.

dürfte, da es insoweit an Vorgaben fehlt, auch rein qualitativ (narrativ) ausgestaltet werden; eine quantitative Bewertung wird nicht verlangt.[53]

Im Bauplan des seinerzeitigen CSRD-Vorschlags der Europäischen Kommission war die Formulierung näherer Vorgaben zu Struktur und Inhalt der Berichterstattung über »intangibles« – weil Teil der Nachhaltigkeitsberichte – den zu schaffenden European Sustainability Reporting Standards (ESRS) zugewiesen, worin offenbar auch ein wesentlicher Grund für die vorgeschlagene Zuordnung jener Informationspflichten zur Nachhaltigkeitsberichterstattung lag.[54] Mit der Verschiebung der Angaben in den allgemeinen (finanziellen) Teil der Lageberichterstattung ist diesem Plan der Boden entzogen worden. Denn die Befugnis zum Erlass der ESRS umfasst die nach Art. 19 der Bilanzrichtlinie zu gebenden Informationen nicht.

Freilich kann es einen erheblichen Überschneidungsbereich zwischen der Berichterstattung über die wichtigsten immateriellen Ressourcen einerseits und der gesetzlich gebotenen Information über wesentliche Nachhaltigkeitsaspekte im (Konzern-) Nachhaltigkeitsbericht andererseits geben, was im Übrigen schon vielfach thematisiert worden ist.[55] Sowohl der finanzielle Teil des Lageberichts als auch der Nachhaltigkeitsbericht (als gesonderter Abschnitt des Lageberichts) unterliegen zwar der Pflichtprüfung, aber mit unterschiedlicher Prüfungssicherheit: Die Nachhaltigkeitsberichterstattung unterliegt nach den Vorgaben der CSRD nur einer inhaltlichen Prüfung mit begrenzter Sicherheit,[56] solange es noch an EU-Standards für hinreichende Prüfungssicherheit fehlt.[57] Auch vor diesem Hintergrund wäre es nicht zulässig, die nach Art. 19 (1) UAbs. 4 der Bilanzrichtlinie i.d.F.d. CSRD zu gebenden Informationen im Nachhaltigkeitsbericht zu platzieren. Im Nachhaltigkeitsbericht ist freilich eine Verweisung auf Darlegungen im allgemeinen (finanziellen) Teil des Lagebericht zulässig, soweit die Voraussetzungen nach ESRS 2.119–122 vorliegen.[58]

Für die der Prüfung mit hinreichender Sicherheit unterliegenden Informationen zu den wichtigsten immateriellen Ressourcen im finanziellen Teil des Lageberichts stellt der europäische Gesetzgeber aber nur die grobmaschigen, von unbestimmten Rechtsbegriffen geprägten Vorgaben in Art. 19 (1) UAbs. 4 i.V.m. Art. 2 Nr. 19 der Bilanzrichtlinie i.d.F.d. CSRD bereit, nicht hingegen ergänzende Berichtsstandards. Gewiss: Bei Ausgestaltung der Standards für die Nachhaltigkeitsberichterstattung

53 DRSC, Briefing Paper: Berichterstattung über immaterielle Ressourcen, Stand 23.12.2024, S. 5; Fink/Glöckner, WPg 2024, 1186, 1188; Kajüter, IRZ 2024, 401, 405; Nothelfer/Sander, KoR 2024, 421, 423; Schoen/Schultze/Zöpf, DB 2025, 1161, 1162.

54 Vgl. Liening/v.Keitz/Wulf, KoR 2023, 296, 303 (in Auswertung eines internen Arbeitspapiers der Kommission).

55 S. dazu etwa European Lab Projektendbericht, S. 56 ff.; v.Keitz/Schwedtler, Immaterielle Ressourcen, S. 21 f.; Liening/v.Keitz/Wulf, KoR 2023, 296, 297, 301 ff., 306.

56 Zu diesem Prüfungsmaßstab Erwägungsgrund 60 der CSRD: lediglich Testat in Form einer Negativaussage, »dass keine Sachverhalte bekannt geworden sind, die zu der Annahme veranlassen, dass wesentlich falsche Darstellungen enthalten sind«.

57 Näher dazu Kleindiek in BeckOGK-HGB, § 289b Rn. 121.

58 DRSC, Briefing Paper: Berichterstattung über immaterielle Ressourcen, Stand: 23.12.2024, S. 6; Fink/Glöckner, WPg 2024, 1186, 1188.

(ESRS) sind Maß und Mitte verloren gegangen. Die mit der Befolgung der Berichtspflichten für die unmittelbar verpflichteten Unternehmen, aber auch für die nur mittelbar belasteten KMU verbundenen Kosten stehen in keinem vertretbaren Verhältnis zum Nutzen der Nachhaltigkeitsinformationen.[59] Die bevorstehende Revision (auch) der ESRS muss dem begegnen. Doch für die Berichterstattung zu den »intangibles« ist der europäische Gesetzgeber geradezu den entgegengesetzten Weg gegangen, indem er auf spezifizierende Berichtsvorgaben gänzlich verzichtet hat.

Die daraus resultierenden Regulierungslücken sind beträchtlich, was kein zufriedenstellender Befund sein kann. Zum einen gehen damit erhebliche Ermessensspielräume des Managements einher, die den erhofften Informationsnutzen schmälern dürften. Zum anderen können Informationen über immaterielle Ressourcen in Teilbereichen ggf. wirtschaftlich sehr sensibel sein, was nach einer möglichst rechtssicheren Konkretisierung der Informationspflicht unter Gewährleistung des gebotenen Wettbewerbs- und Geheimnisschutzes verlangt. Bis auf weiteres dürfte es zu den Aufgaben der nationalen Standardsetter zählen, die an dieser Stelle recht grobmaschigen Vorgaben der CSRD – mit Unterstützung der Betriebswirtschaftslehre[60] – verträglich und praxistauglich auszuformen.[61] Möglicherweise wird auch die Europäische Kommission noch Leitlinien erarbeiten, die nach gegenwärtigem Stand des Richtlinienrechts aber nicht verbindlich wären.

Inwieweit die neuen Berichtspflichten nach Art. 19 (1) UAbs. 4 der Bilanzrichtlinie i.d.F.d. CSRD den erhofften Mehrwert an Informationen tatsächlich vermitteln können, muss sich jedenfalls erst noch erweisen.

59 Dazu näher (aus jüngster Zeit) etwa Allgeier in Hennrichs/Hommelhoff/Merkt, Zur Revision der EU-Nachhaltigkeitsregulatorik, ZGR-Sonderheft 28, 2025, S. 193, 197 ff.; Allgeier/Hennrichs/Hommelhoff, NZG 2025, 387 ff.; Hennrichs/Hommelhoff in Hennrichs/Hommelhoff/Merkt, Zur Revision der EU-Nachhaltigkeitsregulatorik, ZGR-Sonderheft 28, 2025, S. 341, 347 ff., 351 f., 367 ff.; Kleindiek, ESG 2025, 99, 102 ff.; M.A. Müller in Hennrichs/Hommelhoff/Merkt, Zur Revision der EU-Nachhaltigkeitsregulatorik, ZGR-Sonderheft 28, 2025, S. 291, 297 ff.; Schott/Nienaber, DK 2025, 158, 159 ff.

60 Zu entsprechenden Überlegungen im Schrifttum hierzulande vgl. exemplarisch und ohne jeden Anspruch auf Vollständigkeit etwa v.Keitz/Schwedtler, Immaterielle Ressourcen, S. 23 f., 54 f., 65 f.; Liening/v.Keitz/Wulf, KoR 2025, 98, 102 ff.; Nothelfer/Sander, KoR 2024, 421, 424 ff.; Schoen/Schultze/Zöpf, DB 2025, 1161, 1164 ff.

61 Zum aktuellen Stand der Überlegungen seitens des DRSC s. dessen Briefing Paper: Berichterstattung über immaterielle Ressourcen,Stand: 23.12.2024.

Das genehmigte Kapital als Anwendungsfall der Holzmüller/Gelatine-Rechtsprechung

Jens Koch

I. Einleitung

Im Recht ist so vieles ungewiss, dass es für den Rechtsanwender stets eine besondere Freude ist, wenn eine Frage auch einmal der Klärung zugeführt wird. Das ist nicht immer der Fall, sondern manche Streitigkeiten werden über Jahrzehnte hinweg fortgeführt, weil sich etwa Literaturauffassungen unversöhnlich gegenüberstehen und es in Ermangelung entsprechenden Fallmaterials nicht zu einer höchstrichterlichen Klärung kommt. Davon kann bei der im Schrifttum lange Zeit so überaus umstrittenen Frage nach ungeschriebenen Kompetenzen der Hauptversammlung indes keine Rede sein: Mit der Holzmüller-Entscheidung aus dem Jahr 1982[1] hat der BGH sie grundsätzlich bejaht und mit der Gelatine-Entscheidung aus dem Jahr 2004[2] verbleibende Zweifelsfragen beseitigt. Aber ist der Bereich der ungeschriebenen Kompetenzen damit tatsächlich trennscharf abgesteckt? Viele literarische Stellungnahmen erwecken diesen Eindruck. Der Jubilar hat diese Auffassung nicht geteilt und im Jahr 2017, als viele sich längst anderen Schlachten zugewandt haben, gemeinsam mit *Björn Schneider* noch einmal die Frage nach den »Geburtsfehlern« der Holzmüller-Rechtsprechung aufgegriffen.[3]

Tatsächlich zeigt schon ein Blick in die Kommentarliteratur, dass die Klärung durch die Holzmüller/Gelatine-Entscheidungen zwar einige Grunderkenntnisse gebracht hat, aus jeder Klarstellung aber zugleich neue Unsicherheiten erwuchsen. Oft ist man geradezu überrascht, auf wie viele ungelöste Fragen man in diesem Bereich auch weiterhin stößt. So ist etwa – wie kürzlich an anderer Stelle dargelegt[4] – die Anwendung dieser Rechtsprechung auf die GmbH bis heute gänzlich ungeklärt. Wertvolle Erkenntnisgewinne hat die Rechtsprechung in erster Linie im Bereich der maßgeblichen Schwellenwerte gebracht, aber es besteht bis heute Ungewissheit, worin eigentlich die genaue Bezugsgröße für diese Schwellenwerte zu sehen ist, was ihre Anwendung offenkundig sehr erschwert (vgl. dazu noch die Ausführungen unter V 2 b).

Und schließlich ist auch weiterhin umstritten, auf welche Maßnahmen die Holzmüller/Gelatine-Rechtsprechung konkret anzuwenden ist. Das gilt in besonderem

1 BGHZ 83, 122 = NJW 1982, 1703.
2 BGHZ 159, 30 = NJW 2004, 1860.
3 Ekkenga/Schneider, ZIP 2017, 1053 ff.
4 Vgl. dazu J. Koch in FS Reichert, 2026 – im Erscheinen.

Maße für den von *Jens Ekkenga* stets mit besonders großem Interesse wissenschaftlich begleiteten Bereich der Unternehmensfinanzierung, konkret: für die Kapitalerhöhung. Die Holzmüller-Entscheidung des BGH betraf die Ausgliederung eines Betriebs auf eine dazu gegründete Tochtergesellschaft. Der BGH beließ es aber nicht bei der Entscheidung über diese konkrete Fallgruppe, sondern äußerte sich im Rahmen des zweiten Hilfsantrags des Klägers am Ende des Urteils auch noch zur Kapitalerhöhung in der Tochtergesellschaft. Unter näher bezeichneten Voraussetzungen bejahte er auch in dieser Konstellation die Pflicht des Vorstands der Obergesellschaft, die Zustimmung der Hauptversammlung einzuholen. Seitdem wird die Kapitalerhöhung in jeder Kommentierung als Holzmüller-Fall angeführt und in großer Ausführlichkeit erläutert. Diesen Ausführungen soll hier nichts hinzugefügt werden. Insbesondere soll die Festlegung des BGH nicht in Zweifel gezogen werden. An einer höchstrichterlichen Entscheidung zu rütteln, ist zwar nicht immer unberechtigt, aber trotzdem nur selten von Erfolg gekrönt. Diese Messe dürfte gesungen sein.

Stattdessen soll der folgende Beitrag allein die Frage untersuchen, ob die Ausdehnung der Holzmüller/Gelatine-Rechtsprechung tatsächlich für jede Kapitalerhöhung gilt. Denn schließlich ist die klassische ordentliche Kapitalerhöhung in der Unternehmenspraxis doch ein klarer Ausnahmefall. Der absolute Regelfall ist die genehmigte Kapitalerhöhung. Hier ist die Obergesellschaft am eigentlichen Erhöhungsakt jedoch naturgemäß nur noch eingeschränkt beteiligt. Wie wirkt sich das auf die Anwendung der Holzmüller/Gelatine-Grundsätze aus? Dieser Frage soll im Folgenden nachgegangen werden.

II. Ausgangspunkt im Holzmüller-Urteil

Die Ausdehnung auf die Kapitalerhöhung durch die Holzmüller-Entscheidung findet sich schon im fünften Leitsatz der Entscheidung. Dort heißt es:

> *»Hat der Vorstand den wertvollsten Teil des Betriebsvermögens auf eine zu diesem Zweck errichtete 100%ige Tochtergesellschaft übertragen, so ist die Obergesellschaft jedem ihrer Aktionäre gegenüber verpflichtet, für Kapitalerhöhungen in der Tochtergesellschaft die Zustimmung ihrer Hauptversammlung mit der Mehrheit einzuholen, die für eine entsprechende Maßnahme in der Obergesellschaft selbst erforderlich wäre. Ob dies auch dann gilt, wenn die Hauptversammlung der Ausgliederung vorher oder nachträglich mit satzungsändernder Mehrheit zugestimmt hat, bleibt offen.«*[5]

Im späteren Urteilsgang heißt es sodann:

> *»Kapitalerhöhungen in einer durch Ausgliederung wesentlicher Betriebsteile entstandenen Tochtergesellschaft bergen für die Aktionäre der herrschenden Gesellschaft immer besondere Gefahren in sich. Sie können, auch wenn die Obergesellschaft über eine von ihr beherrschte persönlich haftende Gesellschafterin die Geschäftsführung in der Hand behält, mittelbar dazu führen, daß die Mitgliedschaft ihrer Aktionäre beeinträchtigt, der Wert*

5 BGHZ 83, 122 f. = NJW 1982, 1703 (5. Leitsatz).

ihrer Beteiligung verwässert und ihre Bezugsrechte ausgehöhlt werden. Aus guten Gründen wird denn auch die Kapitalerhöhung in dem zu III 1 angeführten Schrifttum als ein Hauptfall behandelt, in dem die Gesellschaft, bevor sie eine solche Änderung der Kapitalstruktur in der Tochtergesellschaft herbeiführt oder zuläßt, verpflichtet sein kann, die Zustimmung ihrer Hauptversammlung einzuholen. In der Tat ist eine solche interne Beteiligung des obersten Beschlußorgans zum Schutz der Aktionäre bei dem hier vorliegenden Sachverhalt unentbehrlich. Dabei läßt sich der Fall, daß die Verwaltung das Bezugsrecht der Obergesellschaft als des einzigen Aktionärs der Tochtergesellschaft voll auszunutzen beabsichtigt, nicht grundsätzlich ausnehmen […].«[6]

Besondere Kritik hat zu Recht die zuletzt genannte Ausdehnung der Zustimmungspflicht auf die Kapitalerhöhung mit Bezugsrecht auf sich gezogen. Auf diesen Punkt hat sich deshalb die literarische Auseinandersetzung fokussiert.[7]

III. Mögliche Anknüpfungspunkte

Die Ausdehnung auf das genehmigte Kapital ist dagegen erstaunlich wenig beleuchtet worden. Wo dies doch geschieht, wird die Sichtung des Meinungsstands oft dadurch erschwert, dass nicht immer ganz deutlich wird, auf welche konkrete Konstellation sich eine Stellungnahme bezieht. Zu Recht haben im Jahr 2017 aber schon *Jens Ekkenga* und *Björn Schneider* dazu aufgefordert, »sorgfältig zwischen den Entscheidungsebenen der Ermächtigung und des Ermächtigungsgebrauchs zu trennen.«[8] Die folgende Untersuchung soll diese Aufforderung beim Wort nehmen und Meinungsstand und Rechtslage für alle denkbaren Konstellationen sorgsam ausleuchten. Weil die Anwendung der Holzmüller/Gelatine-Rechtsprechung auf die GmbH weiterhin nicht abschließend geklärt (und nach hier vertretener Auffassung zu verneinen) ist,[9] soll der Untersuchung ausschließlich die Konstellation zugrunde gelegt werden, dass die Obergesellschaft eine Aktiengesellschaft ist. Die Rolle der Tochtergesellschaft kann dagegen auch von einer anderen Gesellschaft eingenommen werden. Aus Gründen der Übersichtlichkeit wird die Untersuchung auf die Varianten beschränkt, dass sie wahlweise als Aktiengesellschaft oder als GmbH organisiert ist.

Grundsätzlich gibt es drei verschiedene Konstellationen, an die eine Vorlagepflicht anknüpfen könnte und die dementsprechend auch allesamt im Schrifttum problematisiert werden. Zunächst könnte man daran denken, ob der zur Kapitalerhöhung ermächtigte Vorstand selbst (sei es in der Mutter- oder in der Tochtergesellschaft) dazu verpflichtet sein kann, die neuerliche Zustimmung der Hauptversammlung einzuholen, wenn er feststellt, dass die Maßnahme Holzmüller-Dimensionen annimmt (im Folgenden: Konstellation 1). Vorlagepflicht und Zustimmungserfordernis bleiben also auf der Ebene ein und derselben Gesellschaft.

6 BGHZ 83, 122, 142 f. = NJW 1982, 1703.
7 Vgl. statt aller Verse in MünchKomm-AktG, 6. Aufl., 2025, § 182 Rn. 101 ff.
8 Ekkenga/Schneider, ZIP 2017, 1053, 1057.
9 Vgl. dazu die Darstellung bei J. Koch in FS Reichert, 2026 – im Erscheinen.

Daneben könnte die Vorlagepflicht aber auch gesellschaftsübergreifend gedacht werden. Schließlich hat auch der BGH in der Holzmüller-Entscheidung nicht über die Kapitalerhöhung in der Obergesellschaft selbst entschieden, sondern über eine Kapitalerhöhung in der Tochtergesellschaft. Auf Tochterebene werden zwei Beschlüsse getroffen, an die eine Vorlagepflicht anknüpfen könnte: ein Hauptversammlungsbeschluss (im Folgenden: Konstellation 2) und ein Ausübungsbeschluss der Geschäftsleitung (im Folgenden: Konstellation 3). Bei beiden Beschlüssen lässt sich die Frage aufwerfen, ob die Hauptversammlung der Muttergesellschaft in die Entscheidung einzubeziehen ist.

IV. Meinungsstand

1. Neuerliche Vorlagepflicht auf Ebene der ursprünglich ermächtigenden Gesellschaft (Konstellation 1)

Für die Konstellation 1 wird eine Anwendung der Holzmüller/Gelatine-Regeln von der herrschenden Auffassung abgelehnt.[10] Allerdings finden sich auch Gegenstimmen, die eine neuerliche Vorlagepflicht zumindest ausnahmsweise befürworten, sofern das genehmigte Kapital zu einer derart tiefgreifenden Transaktion ausgenutzt werden soll, mit der die Aktionäre nicht rechnen mussten. Die Umschreibung dieser Fallgruppen fällt aber sehr unterschiedlich aus. *Andreas Cahn* und *Wilhelm Happ* halten sie bei »fusionsähnlichen Sachverhalten«[11] für gegeben. *Happ* nennt weiterhin auch Maßnahmen zur Abwehr einer feindlichen Übernahme.[12] Für *Hans-Joachim Priester* soll die neuerliche Vorlagepflicht immer schon dann bestehen, sofern mit der Ausübungsentscheidung eine Mediatisierung oder sonstige Strukturveränderung einhergeht und das genehmigte Kapital nicht ausdrücklich zu diesem Zweck geschaffen worden sei.[13] Nach *Heribert Hirte* soll die Vorlagepflicht ausnahmsweise immer dann greifen, wenn der Vorstand die Gesellschaft durch die Ausnutzung des genehmigten Kapitals in eine qualifizierte faktische Abhängigkeit führt, was typischerweise einen Ausschluss des Bezugsrechts voraussetzt.[14] Auch *Michael*

10 Apfelbach/Metzner in Hölters/Weber AktG, 5. Aufl., 2025, § 202 Rn. 36 ff.; Kuntz in KK-AktG, 3. Aufl., 6. Teillieferung, 2020, § 202 Rn. 41; Busch in Marsch-Barner/Schäfer, Handbuch der börsennotierten Aktiengesellschaft, 6. Aufl., 2025, § 48 Rn. 29; Scholz in MünchHdb-GesR IV, 6. Aufl., 2024, § 55 Rn. 46; Kimpler, DB 1994, 767, 772; Köster, Vorbeugender und vorläufiger Rechtsschutz im Rahmen des genehmigten Kapitals bei der Aktiengesellschaft, 2019, S. 385 f.

11 Happ in FS Ulmer, 2003, 175, 184; Cahn, ZHR 163 (1999), 554, 582 spricht konkret von einer »fusionsähnlichen Umstrukturierung«.

12 Happ in FS Ulmer, 2003, 175, 184.

13 Priester, AG 2011, 654, 660.

14 Hirte in Großkomm AktG, 4. Aufl., 18. Lieferung, 2001, § 202 Rn. 162.

Stöber hat diese letztgenannten Einschränkungen (*Priester* und *Hirte)* im Ansatz übernommen.[15]

Nicht ganz eindeutig ist schließlich die Stellungnahme von *Walter Bayer*.[16] In seiner Kommentierung zu § 202 AktG im Münchener Kommentar zum Aktiengesetz äußert er sich allgemein zum genehmigten Kapital und konstatiert, dass mit Erwerbshandlungen aufgrund eines genehmigten Kapitals ein der Holzmüller-Konstellation vergleichbarer Mediatisierungseffekt eintreten könne; trotzdem würden einer Anwendung der Holzmüller-Grundsätze aber die hohen Schwellenwerte der Gelatine-Rechtsprechung und der Charakter des § 202 AktG als lex specialis entgegenstehen. Sodann stellt er fest, dass eine solche quantitative Festlegung aber häufig ohnehin zu kurz greife, so dass die Holzmüller/Gelatine-Rechtsprechung jedenfalls dann zur Anwendung gelangen könne, wenn ein genehmigtes Kapital in einer Tochter-AG beschlossen werde. Nach der hier vorgenommenen Einteilung wäre das ein Fall der Konstellationen 2 und 3. Die »Jedenfalls«-Formulierung könnte aber darauf hindeuten, dass eine neuerliche Vorlagepflicht auch auf Ebene derselben Gesellschaft greifen könnte. Eindeutig ist dieser Befund jedoch nicht.

2. *Vorlagepflicht beim satzungsändernden Beschluss der Tochtergesellschaft (Konstellation 2)*

Weitgehende Einigkeit besteht darüber, dass der Hauptversammlungsbeschluss in der Tochtergesellschaft eine Vorlagepflicht auf Ebene der Obergesellschaft auslösen kann. Schließlich ähnelt diese Situation am stärksten der im Holzmüller-Urteil angesprochenen Variante einer herkömmlichen Kapitalerhöhung der Tochter, nur dass Bezugspunkt der Vorlagepflicht nunmehr nicht die unmittelbare Kapitalerhöhung ist, sondern der vorangehende Ermächtigungsbeschluss. Die Vorlagepflicht soll in diesem Fall den Vorstand der Obergesellschaft treffen, der vor der Ausübung seiner Beteiligungsrechte in der Tochtergesellschaft die Hauptversammlung der Obergesellschaft einbeziehen und deren Zustimmung mit ¾-Mehrheit einholen müsse.[17] Besonderes Augenmerk ist in dieser Situation allerdings der Frage zuzuwenden, ob die erforderlichen quantitativen und qualitativen Schwellen überhaupt überschritten werden (ausführlich dazu noch unter V 2 b).

15 Stöber in Ekkenga, Handbuch der AG-Finanzierung, 2. Aufl., 2019, 5. Kapitel Rn. 103; angedeutet wird eine neuerliche Vorlagepflicht nach Holzmüller-Grundsätzen (noch vor der Gelatine-Klarstellung) auch bei Ekkenga, AG 2001, 567, 578 f.; sowie bei Timm, Die Aktiengesellschaft als Konzernspitze, 1980, S. 80.

16 Vgl. zum Folgenden Bayer in Münchener Kommentar AktG, 6. Aufl., 2025, § 202 Rn. 56 f.

17 Vgl. etwa Bayer in MünchKomm-AktG AktG, § 202 Rn. 56 f.; Habersack in Emmerich/Habersack, Aktien- und GmbH-Konzernrecht, 10. Aufl., 2022, Vor § 311 Rn. 49; Hirte in Großkomm AktG, § 202 Rn. 209; Kubis in MünchKomm-AktG AktG, 6. Aufl., 2024, § 119 Rn. 82; Kuntz in KK-AktG, § 202 Rn. 42; Ekkenga/Schneider, ZIP 2017, 1053, 1057; Kimpler, DB 1994, 767, 772; Semler, BB 1983, 1566, 1573.

3. *Vorlagepflicht vor Ausübung der Ermächtigung auf Ebene der Tochtergesellschaft (Konstellation 3)*

Nur vereinzelt erörtert wird die Frage, ob auch der Geschäftsleiter der Tochtergesellschaft dazu verpflichtet sein kann, eine Zustimmung der Obergesellschaft einzuholen. Am ausführlichsten haben *Jens Ekkenga* und *Björn Schneider* diese Fallgruppe untersucht und erwogen, ob hier eine Art »doppelstöckige« Vorlagepflicht in der Weise konstruiert werden kann, dass zunächst im Sinne der Konstellation 1 die Geschäftsleitung der Tochter vor Ausübung der Ermächtigung die Zustimmung ihrer Haupt-/Gesellschafterversammlung einzuholen habe und dann der Vorstand der Mutter, der in diesem Kontext die Beteiligungsrechte ausübe, den Sachverhalt seinerseits der Hauptversammlung vorzulegen habe. Im Ergebnis lehnen sie eine solche doppelte Vorlagepflicht aber ab, weil eine derartige Häufung von Organkompetenzen geeignet wäre, die Beweglichkeit des genehmigten Kapitals in erheblichem Maße und zweck- und funktionswidrig einzuschränken.[18]

V. Rechtliche Würdigung

1. *Neuerliche Vorlagepflicht auf Ebene der ursprünglich ermächtigenden Gesellschaft (Konstellation 1)*

Wie oben dargestellt, wird die Anwendung der Holzmüller/Gelatine-Rechtsprechung für die Konstellation 1 jedenfalls im Grundsatz ganz überwiegend verneint und es werden nur vereinzelt Ausnahmen zugelassen. Die meisten Stellungnahmen, die Ausnahmen von dieser Regel zulassen, stammen noch aus der Zeit vor der Gelatine-Klarstellung.[19] In dieser Zeit schien die Konstruktion der Villa Holzmüller vornehmlich auf die Baupläne von *Marcus Lutter* zurückzugehen,[20] so dass seine ersten Lesarten auch für die weitere Ausdeutung als wegweisend aufgefasst und dementsprechend im Schrifttum fortgeschrieben wurden.[21]

Spätestens im Lichte der Gelatine-Entscheidung, die sich von dieser literarischen Ursprungskonzeption doch wieder stark abgewendet und den Ausnahmecharakter

18 Ekkenga/Schneider, ZIP 2017, 1053, 1057.

19 Von den in Fn. 6 –11 genannten Stellungnahmen gilt das für die Beiträge von Cahn, Ekkenga, Happ und Hirte.

20 Vgl. dazu insbesondere Lutter in FS Stimpel, 1985, 825 ff.

21 Auch über die Stellungnahme von Hirte (oben IV 1) ist die Zeit weitestgehend hinweggegangen: Das Szenario, der Vorstand bringe die Gesellschaft in eine qualifiziert-faktische Konzernierung, hat seine Konturenschärfe verloren, seit der BGH sich von der Figur des qualifiziert-faktischen Konzerns verabschiedet hat (vgl. zu dieser Entwicklung Koch AktG, 20. Aufl., 2026, § 1 Rn. 22 ff.).

der ungeschriebenen Vorlagepflicht betont hat,[22] ist diese Position nur noch schwer haltbar. Die Einbeziehung der Hauptversammlung ist beim genehmigten Kapital schon über § 202 Abs. 1 AktG hinreichend gewahrt, und zwar auch mit der nötigen ¾-Mehrheit gem. § 202 Abs. 2 Satz 2 AktG. Die Regelungslücke, die in den Holzmüller/Gelatine-Fällen durch Rechtsfortbildung zu schließen war, ist deshalb hier von vornherein nicht erkennbar.[23] Man muss dazu nicht den Gedanken eines lex specialis bemühen,[24] weil der offenen Rechtsfortbildung kein Gesetzesrang zukommt, sondern man sich ihres methodischen Ausnahmecharakters bewusst sein muss. Es bedarf einer planwidrigen Regelungslücke, von der hier nicht die Rede sein kann. Das gilt insbesondere auch vor dem Hintergrund, dass es der Hauptversammlung unbenommen bleibt, bei der Schaffung eines genehmigten Kapitals die Ermächtigung des Vorstands nicht nur in quantitativer, sondern auch in qualitativer Hinsicht einzuschränken, indem sie beispielsweise die Ausnutzung auf bestimmte Zwecke beschränkt (etwa nur zur Übernahme eines bestimmten Unternehmens).[25] Wenn die Gesellschafter aber selbst dazu in der Lage sind, sich vor einem Mediatisierungseffekt zu schützen, muss nicht jenseits des Gesetzes mit Mitteln der offenen Rechtsfortbildung eine weitere Schutzschicht eingezogen werden.

Auch in der Sache würde eine solche neuerliche Vorlagepflicht nicht nur der Systematik, sondern auch dem Geist des Gesetzes diametral zuwiderlaufen. Das genehmigte Kapital soll dem Vorstand die Bewegungsfreiheit geben, die erforderlich ist, um auf dem Kapital- und Beteiligungsmarkt sich bietende Gelegenheiten rasch, flexibel und erfolgreich ausnutzen zu können.[26] Mit dieser Zwecksetzung, die vom BGH gerade in den letzten Jahren immer wieder und trotz vielstimmiger Kritik gestärkt wurde,[27] ließe es sich nicht vereinbaren, wenn der Vorstand zusätzlich zur bereits eingeholten satzungsmäßigen Ermächtigung noch einer weiteren Zustimmung bedürfte, sobald das Geschäft Dimensionen annimmt, die der Hauptversammlung beim ursprünglichen Ermächtigungsbeschluss nicht unbedingt vorgeschwebt haben mögen.[28] Dieses Risiko ist die Hauptversammlung mit der Ermächtigung vielmehr sehenden Auges eingegangen.[29] Die Anwendung der Holzmüller/Gelatine-Grundsätze ist deshalb in diesen beiden Konstellationen pauschal abzulehnen, ohne dass es auf die im Schrifttum weiterhin diskutierte Frage ankommt, ob es überhaupt denkbar

22 Vgl. schon BGHZ 159, 30, 1. Leitsatz = NJW 2004, 1860: »nur ausnahmsweise und in engen Grenzen«.
23 So auch Kuntz in KK-AktG, § 202 Rn. 41; Busch in Marsch-Barner/Schäfer, Handbuch der börsennotierten Aktiengesellschaft, § 48 Rn. 29.
24 So aber Bayer in MünchKomm-AktG, § 202 Rn. 56.
25 So zutreffend Apfelbach/Metzner in Hölters/Weber AktG, § 202 Rn. 38; vgl. zu dieser Möglichkeit auch Hirte in Großkomm AktG, § 202 Rn. 138.
26 BGH NZG 2023, 1068 Rn. 13.
27 Vgl. zuletzt BGH NZG 2023, 1068 Rn. 12 ff.; Überblick über die gesamte Entwicklung bei Koch AktG, § 203 Rn. 37 ff.
28 So im Ergebnis auch Kuntz in KK-AktG, 2020, § 202 Rn. 41.
29 Köster, Vorbeugender und vorläufiger Rechtsschutz im Rahmen des genehmigten Kapitals bei der Aktiengesellschaft, 2019, S. 386.

sei, dass eine genehmigte Kapitalerhöhung die Schwellenwerte der Holzmüller/Gelatine-Rechtsprechung erreichen kann (vgl. zu dieser Frage aber noch im Rahmen der Konstellation 2 die Ausführungen unter V 2 b).[30]

2. Vorlagepflicht gegenüber der Hauptversammlung der Mutter beim satzungsändernden Ermächtigungsbeschluss der Tochter (Konstellation 2)

a) Anknüpfungspunkt im Organisationsakt der Tochter mit Beteiligung des Vertreters der Obergesellschaft

Während sich demnach die Konstellation 1 nicht in das Holzmüller/Gelatine-Gefüge einpassen lässt, scheint dies bei Konstellation 2 schon deutlich eher der Fall zu sein. Wie bei der in der Holzmüller-Entscheidung unmittelbar angesprochenen Kapitalerhöhung der Tochter wäre Ansatzpunkt auch hier der Vorstand der Obergesellschaft, der ihre Beteiligungsrechte durch Stimmabgabe zum satzungsändernden Beschluss der Tochtergesellschaft ausübt. *Jens Ekkenga* und *Schneider* haben bereits das zentrale Argument angeführt, warum dieser Beschluss als Anknüpfungspunkt einer Vorlagepflicht am besten geeignet ist: Nur an diesem Organisationsakt der Tochter ist das Vertretungsorgan der Obergesellschaft tatsächlich noch zu beteiligen, so dass allein hier die Möglichkeit besteht, es zur Vorlage an das Anteilseignerorgan der Obergesellschaft zu verpflichten.[31]

b) Schwellenwerte

aa) Kein genereller Ausschluss durch abweichende Schwellenwerte

Problematisch ist aber offensichtlich, dass die Schwellenwerte des genehmigten Kapitals nach § 202 Abs. 3 AktG auf den ersten Blick doch deutlich hinter den Schwellenwerten zurückbleiben, die nach der Gelatine-Entscheidung als Eingriffsschwelle von Holzmüller-Sachverhalten formuliert werden.[32] Diese Schwellenwerte waren im Vorfeld der Gelatine-Rechtsprechung noch besonders streitig. Die ältere

30 Kategorisch verneinend Busch in Marsch-Barner/Schäfer, Handbuch der börsennotierten Aktiengesellschaft, § 48 Rn. 29; eine Ausnahme erwägend, letztlich aber auch verneinend Scholz in MünchHdb-GesR IV, § 55 Rn. 46 (vgl. dazu noch die Ausführungen unter V 2 b ee); weitestgehend zustimmend Köster, Vorbeugender und vorläufiger Rechtsschutz im Rahmen des genehmigten Kapitals bei der Aktiengesellschaft, 2019, S. 386 f.; nicht gänzlich ausschließend Decher in FS U.H. Schneider, 2011, S. 261, 270; in den hier behandelten Konstellationen 1 und 2 nicht ganz eindeutig Bayer in MünchKomm-AktG, § 202 Rn. 56 f. (s. dazu schon oben die Ausführungen unter IV 1).

31 Ekkenga/Schneider, ZIP 2017, 1053, 1057.

32 So bereits die Beobachtung von Bayer in MünchKomm-AktG, § 202 Rn. 56.

instanzgerichtliche Rechtsprechung und Literatur haben insoweit eine Vorlagepflicht zum Teil schon bei Überschreitung von 10 %, 20 % oder 25 % des Vermögens, des Umsatzes oder anderer Bemessungsgrundlagen angenommen.[33] Spätestens mit der Gelatine-Entscheidung sind diese niedrigschwelligen Werte aber allesamt hinfällig. In dieser Entscheidung ist vielmehr ausdrücklich bestätigt worden, dass angesichts des Ausnahmecharakters einer ungeschriebenen HV-Zuständigkeit eine Vorlagepflicht nur dort in Betracht kommt, wo die Bedeutung für die Gesellschaft der Holzmüller-Konstruktion vergleichbar ist, in der 80 % der Aktiva betroffen waren.[34] In der Rechtsprechung und im Schrifttum wird diese Schwelle verbreitet auf 75 % abgesenkt.[35] Das ist nach der BGH-Vorgabe nicht zwingend, angesichts der nicht trennscharfen Formulierung in der Gelatine-Entscheidung aber zumindest als kautelarjuristischer Sicherheitspuffer sinnvoll.[36]

Mit dieser Rechtsprechung dürften auch ältere Schrifttumsstellungnahmen hinfällig sein, die nicht auf quantitative Schwellenwerte abstellten, sondern es genügen ließen, wenn sich im Zuge der Kapitalerhöhung ein bislang unbeteiligter Dritter an der zuvor vollständig in der Hand der Muttergesellschaft befindlichen Tochtergesellschaft beteiligt.[37] Eine solche Sichtweise würde sich nicht nur signifikant von den Größenordnungen der Gelatine-Rechtsprechung entfernen, sondern es würden überdies auch Fälle erfasst, die die Beteiligungsstruktur überhaupt nicht wesentlich beeinflussen und damit schon nicht zu einer nennenswerten (mittelbaren) Verwässerung der Beteiligung der Obergesellschaft führen können. Gerade das macht aber den Begründungskern für die Annahme einer ungeschriebenen Zuständigkeit der Gesellschafter aus. Es kommt – in den Worten *Jochem Reicherts* – darauf an, dass der gewachsene Kern des Tätigkeitsbereichs der Gesellschaft nachhaltig verändert wird.[38] Für sich betrachtet kann die Beteiligung eines neuen Gesellschafters demnach keine Holzmüller/Gelatine-Vorlagepflicht auslösen.

33 Vgl. dazu LG Frankfurt AG 1993, 287, 288; LG Frankfurt AG 1998, 45, 46; Lutter in Festschrift für Hans-Joachim Fleck, 1988, S. 169, 179 mit Fn. 38; siehe auch OLG Stuttgart AG 2003, 527, 532.

34 BGHZ 159, 30, 44 ff. = NJW 2004, 1860.

35 OLG Hamm NZG 2008, 155, 158; LG München I BeckRS 2006, 10432; Priester, AG 2011, 654, 661; noch weitergehend OLG Köln BeckRS 2009, 04001: 70–80 %; zu Einzelheiten vgl. Zientek, Ungeschriebene Hauptversammlungskompetenzen bei Unternehmensakquisitionen einer Aktiengesellschaft, 2016, S. 192 f.

36 BGHZ 159, 30, 2. Leitsatz = NJW 2004, 1860: »in etwa«.

37 So namentlich noch Lutter in FS Harry Westermann, 1974, S. 347, 365 f.: »Verfolgt etwa die Obergesellschaft ihre gesamte unternehmerische Aktivität über eine Tochtergesellschaft […], so wirkt die Aufnahme fremder Gesellschafter dort im Grundsatz nicht anders als der gleiche Vorgang in der Obergesellschaft selbst.«; zust. insbesondere Timm, Die Aktiengesellschaft als Konzernspitze, 1980, S. 141, 174 f.; weiterhin in diesem Sinne auch Kubis in MünchKomm-AktG, § 119 Rn. 82.

38 Reichert in Habersack/Koch/Winter, Die Spaltung im neuen Umwandlungsrecht und ihre Rechtsfolgen, 1999, 25, 49.

Wenn daher die Schwelle zur Holzmüller/Gelatine-Rechtsprechung mittlerweile zumeist oberhalb von 75 % angesiedelt wird, das genehmigte Kapital aber eine Schwelle von 50 % nicht überschreiten darf, scheint die genehmigte Kapitalerhöhung von vornherein von der Zustimmungspflicht ausgenommen zu sein. Selbst wenn das gesamte Vermögen der Obergesellschaft ausschließlich in der Tochtergesellschaft investiert wäre, könnte das Vermögen der Obergesellschaft lediglich zu 50 % betroffen sein.

Dass man diese einfache Lösung aber nicht wählt, ist darauf zurückzuführen, dass zum einen der Bezugspunkt dieser Schwellenwerte nicht ganz eindeutig ist (dazu sogleich unter V 2 b bb) und zum anderen anerkannt ist, dass die quantitativen Maßstäbe nicht allein entscheidend sind. Stattdessen soll eine qualitative Gesamtbetrachtung hinzutreten, die auch bei geringeren Schwellenwerten eine Vorlagepflicht begründen kann (dazu sogleich unter V 2 b cc).

bb) Bezugsgröße des maßgeblichen Schwellenwerts

Hinsichtlich des konkreten Bezugspunktes des maßgeblichen Schwellenwerts stellen sich im Zusammenhang mit der hier erörterten genehmigten Kapitalerhöhung drei Fragen: (1) Auf welchen Bezugsgröße bzw. welche (betriebswirtschaftliche) Kennzahl ist abzustellen? (2) Bei welcher Gesellschaft ist diese festzustellen? (3) Wie werden die in einer Tochtergesellschaft gebundenen Vermögenswerte durch eine Kapitalerhöhung konkret berührt?

Schon die erste Frage ist bis heute ungeklärt. Der BGH hat sich in der Gelatine-Entscheidung damit begnügt, vier zuvor im Schrifttum erörterte Ansätze aufzuzählen, ohne einen davon letztlich für maßgeblich zu erklären: die Bilanzsumme, das Eigenkapital, den Umsatz und das Ergebnis vor Steuern.[39] In der instanzgerichtlichen Rechtsprechung und im Schrifttum wird daneben aber etwa auch die Berücksichtigung der Arbeitnehmerzahlen für denkbar gehalten.[40] Unter diesen Kennziffern wird heute wohl zumeist dem Beitrag des betroffenen Unternehmensteils zur Ertragskraft des Gesamtunternehmens das größte Gewicht beigemessen,[41] doch hat man auch hier in erster Linie wieder den Ausgliederungssachverhalt vor Augen, während sich dieses Kriterium auf die Kapitalerhöhung offensichtlich nicht gleichermaßen stimmig anwenden lässt.

39 BGHZ 159, 30, 48 = NJW 2004, 1860; vgl. dazu auch Koch AktG, § 119 Rn. 25; Spindler in K. Schmidt/Lutter AktG, 5. Aufl. 2024, § 119 Rn. 32; Tröger in KK-AktG, 4. Aufl. 2024, § 119 Rn. 126 ff.; Krieger in Münchener Handbuch des Gesellschaftsrechts, Band 4, 6. Aufl., 2024, § 66 Rn. 11.

40 LG München I BeckRS 2006, 10432; Krieger in MünchHdb-GesR IV, 6. Aufl. 2024, § 66 Rn. 11; dagegen etwa Hoffmann in BeckOGK, 1.10.2024, § 119 AktG Rn. 52.

41 Vgl. etwa Habersack in Emmerich/Habersack, Aktien- und GmbH-Konzernrecht, Vor § 311 Rn. 47; Hoffmann in BeckOGK, 1.10.2024, § 119 AktG Rn. 52; Simon, DStR 2004, 1482, 1485 und mit ausführlichen weiteren Nachweisen insbesondere Liebscher, ZGR 2005, 1, 15 f.

Wenn anders als im Holzmüller-Hauptantrag nicht ein Ausgliederungssachverhalt in Frage steht, sondern eine Kapitalerhöhung im Mutter-Tochter-Verhältnis, stellt sich weiterhin die Frage, ob diese Kennzahlen auf Ebene der Mutter- oder der Tochtergesellschaft festzustellen sind. Anders als bei der ersten Frage fällt die Beantwortung hier aber leichter: Da nach der Holzmüller-Entscheidung der Mediatisierungseffekt auf Ebene der Obergesellschaft maßgeblich ist und der Beteiligungsbesitz einen Bestandteil des Gesellschaftsvermögens bildet, werden im Rahmen einer konsolidierten Betrachtung die Konzernziffern zugrunde gelegt.[42] Nimmt man die Schwellenwertbetrachtung daher auch in einer schon bestehenden Konzernierungssituation ernst, wäre zu verlangen, dass etwa 80 % des Vermögens der Obergesellschaft auf die Tochtergesellschaft ausgegliedert worden sind.[43]

Speziell, wenn es um eine Kapitalerhöhung geht, schließt sich die dritte Frage an, wie die jeweils maßgeblichen Schwellenwerte durch eine solche Transaktion konkret berührt werden. Genügt es, dass ca. 80 % des Vermögens in der Tochtergesellschaft gebunden sind oder muss auch mit der Transaktion (hier also die Kapitalerhöhung) eine entsprechend signifikante Verschiebung einhergehen? Die Beantwortung dieser Frage wirft große Probleme auf, und zwar namentlich deshalb, weil es schon im Ausgangspunkt kaum möglich ist, den für die Holzmüller/Gelatine-Konstruktion zentralen Mediatisierungsgedanken in der Kapitalerhöhungskonstellation fortzudenken. Schließlich ist die Mediatisierung schon eingetreten und wird durch die Kapitalerhöhung nur graduell vertieft.[44]

Noch am plausibelsten erscheint diese gedankliche Fortsetzung, wenn es um eine Kapitalerhöhung in einer bereits bestehenden, aber bisher unbedeutenden Tochtergesellschaft geht, die ein solches Ausmaß annimmt, dass die Obergesellschaft nunmehr erstmals ca. 80 % ihres Vermögens auf die Tochter überträgt.[45] Das mag bei einer regulären Kapitalerhöhung denkbar sein, scheitert aber beim genehmigten Kapital an der gesetzlichen Volumengrenze des § 202 Abs. 3 Satz 1 AktG. Handelt es sich dagegen nur um eine eher unbedeutende Transaktion (Beispiel: Kapitalerhöhung auf Tochterebene um 5 %), ist kein Grund erkennbar, warum dadurch eine Zustimmungspflicht auf Ebene der Obergesellschaft sollte ausgelöst werden können. In einer signifikanten Mediatisierung kann die Begründung nicht gefunden werden.

Man muss daher in der Kapitalerhöhungskonstellation jenseits des oben genannten Extremszenarios das klassische Begründungsmuster des Mediatisierungseffekts

42 Vgl. auch Habersack in Emmerich/Habersack, Aktien- und GmbH-Konzernrecht, Vor § 311 Rn. 46; Krieger in MünchHdb-GesR IV, 6. Aufl. 2024, § 66 Rn. 11; Liebscher, ZGR 2005, 1, 16; Martens, ZHR 147 (1983), 377, 424; Wollburg/Gehling in FS Lieberknecht, 1997, S. 133, 157.
43 So auch Verse in MünchKomm-AktG, § 182 Rn. 101.
44 Darauf fußt die grundlegende Kritik bei Verse in MünchKomm-AktG, § 182 Rn. 101 ff.
45 So das Beispiel bei Verse in MünchKomm-AktG, § 182 Rn. 102.

austauschen. Der Grund, warum die Hauptversammlung der Obergesellschaft einzubeziehen ist, kann dann nur allenfalls darin gefunden werden, dass namentlich in den Fällen, in denen das Bezugsrecht ausgeschlossen ist oder nicht vollumfänglich ausgeübt wird, die Beteiligungshöhe der Obergesellschaft reduziert wird und Dritte aufgenommen werden.[46] Um dem vom BGH in der Gelatine-Entscheidung nochmals deutlich bekräftigten Ausnahmecharakter ungeschriebener Hauptversammlungskompetenzen (dazu schon oben unter V 1) gerecht zu werden, müssen aber auch diese Verschiebungen eine Erheblichkeitsschwelle überschreiten, die beim genehmigten Kapital aufgrund seiner tatbestandlichen Beschränkungen nicht gegeben sein können: Wenn das Grund- oder Stammkapital einer hundertprozentigen Tochter um 50 % erhöht wird, dann beträgt die Beteiligungshöhe eines hinzukommenden Investors 33,33 %, während die Beteiligung der Obergesellschaft bei 66,67 % verbleibt. Nichts deutet in der Rechtsprechung des BGH darauf hin, dass eine solche Verschiebung eine Bedeutung aufweist, die es rechtfertigen könnte, über den Ausnahmebehelf einer offenen Rechtsfortbildung die Hauptversammlung der Obergesellschaft einzubeziehen.[47] Jedenfalls eine quantitative Betrachtung spricht deshalb eher gegen als für eine solche Einbeziehung.

cc) Qualitative Gesamtbetrachtung

Im Rahmen dieser Untersuchung kann die weiterhin offene Klärung des maßgeblichen Schwellenwertes nicht erfolgen; gerade aufgrund des methodischen Charakters als »offene Rechtsfortbildung« wird es auch schwerfallen, dem Gesetz die notwendigen Trennlinien konturscharf zu entnehmen. Die Folgen der daraus resultierenden Unsicherheit werden aber jedenfalls dadurch abgeschwächt, dass den Schwellenwerten weiterhin lediglich eine Indizwirkung zukommt. In Grenzfällen ist dagegen richtigerweise eine einzelfallbezogene Gesamtbetrachtung geboten, bei der letztlich eine qualitative Bewertung maßgeblich sein muss.[48] Sie fragt danach, ob die Maßnahme den Kernbereich des Unternehmens betrifft und einen tiefen Eingriff in das Mitgliedschaftsrecht darstellt.[49] Dabei kann insbesondere auch einem geringen Grad der Mediatisierung, etwa bei einer schon zuvor bestehenden Konzernstruktur oder einem besonderen Unternehmensgegenstand, namentlich als Holding AG, Rechnung getragen werden.[50]

46 So bereits Kiefner, Konzernumbildung und Börsengang der Tochter, 2005, S. 250.
47 Mit starken Gründen generell skeptisch gegenüber einer Anwendung der Holzmüller/Gelatine-Rechtsprechung auf die Kapitalerhöhung unter Ausschluss des Bezugsrechts Verse in MünchKomm-AktG, § 182 Rn. 103.
48 Habersack in Emmerich/Habersack, Aktien- und GmbH-Konzernrecht, Vor § 311 Rn. 47; Koch AktG, § 119 Rn. 25; Spindler in K. Schmidt/Lutter AktG, § 119 Rn. 32.
49 Koch AktG, 19. Aufl., 2025, § 119 Rn. 25; Reger in Bürgers/Lieder AktG, 6. Aufl., 2024, § 119 Rn. 23.
50 Habersack in Emmerich/Habersack, Aktien- und GmbH-Konzernrecht, Vor § 311 Rn. 47; Koch AktG, § 119 Rn. 25; Zientek, Ungeschriebene Hauptversammlungskompetenzen bei Unternehmensakquisitionen einer Aktiengesellschaft, 2016, S. 209 ff.

dd) Besondere Probleme beim genehmigten Kapital

Speziell beim genehmigten Kapital ergeben sich bei dieser Gesamtbetrachtung aber Schwierigkeiten. Die qualitative Gesamtbetrachtung wird nämlich fast immer voraussetzen, dass absehbar ist, wofür genau der Vorstand das genehmigte Kapital einsetzen wird. So kann es einen Unterschied machen, ob er das genehmigte Kapital unter Ausschluss des Bezugsrechts ausnutzt oder mit Bezugsrecht. Es kann somit einen Unterschied machen, ob er einen unbeteiligten Dritten an Bord nimmt oder nicht. Das genehmigte Kapital soll ihm gerade die Möglichkeit lassen, sich in dieser Hinsicht noch nicht festlegen zu müssen.

Diese Ungewissheit jedoch führt dazu, dass speziell mit dem hier allein in den Blick genommenen Ermächtigungsbeschluss ein qualitativ tiefgreifender Eingriff kaum verbunden sein kann. In der Gesamtschau mit dem vorstehenden Gliederungspunkt kann daher festgestellt werden, dass die grundsätzlich geltende quantitative Eingriffsschwelle bei einer genehmigten Kapitalerhöhung regelmäßig nicht berührt sein wird und dieses Defizit auf der Voraussetzungsseite auch durch eine qualitative Betrachtung nicht aufgewogen wird. Ganz im Gegenteil zeigt sich auch hier – jedenfalls was den reinen Ermächtigungsbeschluss angeht – dass eine Vorlagepflicht in dieser Konstellation noch nicht angezeigt sein kann.

ee) Sonderfall: Gemischte Sacheinlage

Einen Sonderfall erörtert schließlich noch *Kai-Steffen Scholz,* der die Frage aufwirft, ob die Bezugsschwelle nicht möglicherweise in der Weise erreicht werden kann, dass die von der Gesellschaft erbrachte Gegenleistung nicht nur in Aktien (aus dem genehmigten Kapital), sondern zusätzlich in Barmitteln besteht (gemischte Sacheinlage[51]). *Scholz* erwägt diese Ausnahme – soweit ersichtlich – nicht für die hier untersuchte Konstellation 2, sondern für die Konstellation 1, bei der aber schon aus anderen Gründen eine neuerliche Einbeziehung der Hauptversammlung abgelehnt wurde (vgl. dazu die Ausführungen unter V 1). Tatsächlich kann diese Fragestellung aber auch im Rahmen der Konstellation 2 aufgeworfen werden.

Ihre Beantwortung führt in die extrem breitflächig geführte Diskussion hinein, ob ein reiner Beteiligungserwerb mit Barmitteln generell unter die Holzmüller/Gelatine-Rechtsprechung fallen kann.[52] Diese Frage kann hier weder dargestellt noch diskutiert werden.[53] Selbst wenn man sie bejahen wollte, würde eine Einbeziehung doch auch unter diesem Gesichtspunkt fast durchgängig daran scheitern, dass im Zeitpunkt der – hier allein maßgeblichen – Ermächtigungsentscheidung

51 Vgl. dazu Koch AktG, § 27 Rn. 8a.

52 Scholz in MünchHdb-GesR IV, § 55 Rn. 46 selbst lehnt diese Frage ab: reine Maßnahme der Mittelverwendung.

53 Vgl. aber schon Koch AktG, § 119 Rn. 21.

(Konstellation 2) eine solche Ausgestaltung der Transaktion noch nicht absehbar sein wird.

3. Vorlagepflicht gegenüber der Hauptversammlung der Muttergesellschaft vor Ausübung der Ermächtigung auf Ebene der Tochtergesellschaft (Konstellation 3)

a) Konstruktionswege

Wenn man aufgrund der fehlenden Erkennbarkeit der Transaktionsabsichten auf Ebene der Tochtergesellschaft davon ausgeht, dass der Ermächtigungsbeschluss im absoluten Regelfall keine Zustimmungspflicht nach Holzmüller/Gelatine-Grundsätzen auslösen kann, drängt sich die Frage auf, ob es dann nicht doch sinnvoll sein kann, die Zustimmungspflicht auf den Zeitpunkt zu verlagern, in dem diese Absicht erkennbar ist, nämlich den Ausübungszeitpunkt. Damit könnte die Hauptversammlung der Muttergesellschaft in einer ähnlichen Weise wie bei der regulären Kapitalerhöhung in der Tochter in die Entscheidung einbezogen werden. Aufgrund der Zweistufigkeit der genehmigten Kapitalerhöhung drängt sich aber die Frage auf, wie eine entsprechende Vorlagepflicht überhaupt konstruiert werden könnte.[54]

Hierfür bieten sich zwei unterschiedliche Konstruktionswege an. Zum einen könnte man die Geschäftsleitung der Tochter unmittelbar gegenüber der Hauptversammlung der Mutter für vorlagepflichtig halten. Oder man wählt den von *Jens Ekkenga* und *Björn Schneider* erwogenen, letztlich aber doch verworfenen, doppelstöckigen Konstruktionsweg, indem man zunächst die Geschäftsleistung der Tochter gegenüber ihrer Haupt-/Gesellschafterversammlung für vorlagepflichtig hält, was dazu führen würde, dass der Vorstand der Mutter deren Beteiligungsrechte auszuüben hätte. Er könnte dann im Falle einer Holzmüller/Gelatine-Dimension seinerseits verpflichtet sein, die Frage der eigenen Hauptversammlung vorzulegen (vgl. dazu schon die Ausführungen unter V 1).

b) Keine gesellschaftsübergreifende Vorlagepflicht

Von diesen beiden Konstruktionswegen ist der erste von vornherein als methodisch nicht haltbar zu verwerfen, weil schlechterdings keine Pflichtbeziehung zwischen der Geschäftsleitung der Tochtergesellschaft und der Hauptversammlung der Obergesellschaft konstruiert werden kann. Jedenfalls nach der Holzmüller-Entscheidung wäre eine solche Konstruktion offenkundig nicht möglich gewesen, weil der BGH die Vorlagepflicht hier noch auf § 119 Abs. 2 AktG gestützt hat, der ausschließlich den Vorstand der Obergesellschaft binden kann.[55]

54 Die folgenden Überlegungen gehen auf eine Anfrage aus der Praxis zurück.
55 BGHZ 83, 122, 131 = NJW 1982, 1703.

Mit der Gelatine-Entscheidung hat der BGH diese Grundlage verlassen und stattdessen die dogmatische Fundierung einer offenen Rechtsfortbildung zugrunde gelegt.[56] Sicher könnte man argumentieren, dass eine offene Rechtsfortbildung auch noch ein freihändigeres Legal Designing möglich macht und es gegebenenfalls auch gestattet, die Vorlagepflicht gesellschaftsübergreifend zu konstruieren. Damit würden aber die Grenzen dieses ohnehin schon nicht unbedenklichen Instituts endgültig gesprengt werden. Es bedarf bereits eines erheblichen Aufwands, auch nur den Vorstand der Obergesellschaft selbst zu einer Vorlage gegenüber der Hauptversammlung zu verpflichten. Der Gedanke, man könne diese Vorlagepflicht aber auch auf den Vorstand der Tochtergesellschaft erstrecken, entbehrt jeder dogmatischen Grundlage. Es ist zu Recht darauf hingewiesen worden, dass eine offene Rechtsfortbildung schon an sich ein sehr zweifelhaftes Konstrukt ist.[57] In der Gelatine-Entscheidung ist sie genutzt worden, um die bis dahin aus § 119 Abs. 2 AktG abgeleitete Zustimmungspflicht mit den Mehrheitsverhältnissen einer Strukturentscheidung zusammenzuführen, ohne die so abgeleitete Zuständigkeit in das Außenverhältnis durchschlagen zu lassen.[58]

Es bestehen aber keinerlei Hinweise dafür, dass die rechtsfortbildende Extension auch noch so weit gehen soll, außerhalb der Grenzen einer Gesellschaft das Organ der einen Gesellschaft einer Pflichtbindung gegenüber dem Organ einer ganz anderen Gesellschaft zu unterwerfen. Damit würden nicht nur die Grenzen der Rechtsfortbildung überschritten, sondern es würde zugleich das gesellschaftsrechtliche Trennungsprinzip in gefährlicher Weise verwässert und letztlich die juristische Eigenständigkeit der Tochtergesellschaft negiert werden.

c) Keine doppelstöckige Pflichtenkonstruktion

Es bleibt daher nur die doppelstöckige Konstruktion, die aber als erstes Konstruktionselement eine Vorlagepflicht im Fall der Konstellation 1 – hier bezogen auf die Ebene der Tochtergesellschaft – voraussetzt. Dass eine solche Pflicht nicht besteht, wurde schon unter V 1 ausführlich dargelegt. Etwas anderes gilt auch nicht, wenn die Vorlagepflicht bei der Tochter lediglich als Vehikel genutzt werden soll, um damit eine Vorlagepflicht bei der Mutter konstruieren zu können. Es fehlt dafür jeder methodische Ansatzpunkt. Dass überdies die Funktion des genehmigten Kapitals durch eine solche doppelte Rückkoppelungspflicht gegenüber zwei Anteilseignerorganen vollständig konterkariert würde, liegt ebenfalls auf der Hand. Im Ergebnis wird man deshalb eine Vorlagepflicht vor dem Ausführungsakt beim genehmigten Kapital verneinen müssen.

56 BGHZ 159, 30, 42 f. = NJW 2004, 1860.

57 Vgl. dazu bereits Koch AktG, § 119 Rn. 19; vgl. auch Fleischer in Großkommentar AktG, 4. Aufl., 42. Lieferung, 2020, Vor §§ 311 ff. Rn. 86 f.; Fleischer/Heinrich in Fleischer/Thiessen, Gesellschaftsrechtsgeschichten, 2018, S. 345, 346 f.

58 BGHZ 159, 30, 42 f. = NJW 2004, 1860.

VI. Ergebnis

Angesichts der Intensität, mit der sich das Schrifttum der Holzmüller/Gelatine-Fragestellungen angenommen hat, sollte man meinen, dass die damit verbundenen Fragen heute allesamt umfassend ausgeleuchtet sind. Tatsächlich begegnen aber immer wieder zahlreiche Konstellationen, die doch noch Fragen aufwerfen. Dazu gehört auch das so überaus praxisrelevante genehmigte Kapital. Dadurch, dass der BGH in der Holzmüller-Entscheidung allein von einer Kapitalerhöhung gesprochen hat, ohne zwischen ihren verschiedenen Unterarten zu differenzieren, ist diese Sichtweise zunächst auch für das genehmigte Kapital fortgedacht worden. Wer aber der Aufforderung von *Jens Ekkenga* und *Björn Schneider* folgt und die Entscheidungsebenen der Ermächtigung und des Ermächtigungsgebrauchs sorgfältig trennt, gelangt zu dem Ergebnis, dass eine solche Konstruktion von der dogmatischen Grundlage einer offenen Rechtsfortbildung nicht mehr getragen wird. Daraus mögen sich im Einzelfall Schutzlücken ergeben, die speziell beim genehmigten Kapital aber auch in vielfacher anderer Hinsicht zugunsten einer unproblematisch praktikablen Handhabung hingenommen werden.

Grenzen der Anwendung von Arbeitsrecht auf Vorstandsmitglieder einer AG

Michael Kort

I. Einleitung

Aus deutscher Perspektive wird die Frage, ob das Vorstandsmitglied einer AG Arbeitnehmer ist, sowohl von der Rechtsprechung[1] als auch von der ganz herrschenden Auffassung im Schrifttum[2] verneint. Aus europäischer Perspektive fällt die Antwort zwar nicht so eindeutig aus. Auch das Unionsrecht[3] ist indes weit davon entfernt, das Vorstandsmitglied einer deutschen AG generell als Arbeitnehmer einzustufen.[4]

Das Vorstandsmitglied steht im Arbeitgeberlager.[5] Der Anstellungsvertrag ist kein Arbeitsvertrag, sondern freier Dienstvertrag, der eine Geschäftsbesorgung gem. § 675 BGB zum Gegenstand hat.[6] Das Vorstandsmitglied hat einen Anspruch auf Abschluss eines Anstellungsvertrags als freier Dienstvertrag. Daher geht es nicht an, einen Vertrag, der arbeitsrechtliche Charakteristika aufweist, als Vorstands-Anstellungsvertrag zu etikettierten oder einen Anstellungsvertrag inhaltlich so auszugestalten, dass er nach deutschem Arbeitsrecht als Arbeitsvertrag anzusehen wäre.

Die Verneinung der Arbeitnehmereigenschaft des Vorstandsmitglieds schließt es aber nicht grundsätzlich aus, dass arbeitsrechtliche Normen, arbeitsrechtliche Institute und für das Arbeitsrecht typische Erwägungen auf das Vorstandsrecht Anwendung finden. Hierbei ist allerdings große Zurückhaltung geboten.[7]

1 BGH, 24.09.2019, II ZR 192/18, NZG 2020, 64, Rn. 26.

2 Cahn in KK-AktG, 4. Aufl. 2023, § 84 Rn. 34; Spindler in MünchKomm-AktG, 6. Aufl. 2023, § 84 Rn. 65; Seibt in Schmidt/Lutter, AktG, 5. Aufl. 2024, § 84 Rn. 26; Link in Wachter, AktG, 4. Aufl. 2022, § 84 Rn. 17.

3 Aus der Rechtsprechung des EuGH insbes. EuGH, 11. 11. 2010, C-232/09, NJW 2011, 2343 – Danosa – sowie EuGH, 9.7.2015, C-229/14, NJW 2015, 2481 – Balkaya –.

4 Fleischer in BeckOGK-AktG Stilz/Veil, Stand 01.10.2025, § 84 Rn. 27; Cahn in KK-AktG, § 84 Rn. 35; Spindler in MünchKomm-AktG, § 84 Rn. 65; Seyfarth, Vorstandsrecht, 2. Aufl. 2023, § 4 Rn. 7; a.A. Bürgers in Bürgers/Lieder, AktG, 6. Aufl. 2024, § 76 Rn. 4.

5 BGH, 24.09.2019, II ZR 192/18, NZG 2020, 64, Rn. 26; Fleischer in BeckOGK-AktG Stilz/Veil, § 76 Rn. 11; Cahn in KK-AktG, § 84 Rn. 34; Seyfarth, Vorstandsrecht, § 4 Rn. 7.

6 Fleischer in BeckOGK-AktG Stilz/Veil, § 84 Rn. 26; Seibt in Schmidt/Lutter, AktG, § 84 Rn. 26; Bürgers in Bürgers/Lieder, AktG, § 84 Rn. 14; Cahn in KK-AktG, § 84 Rn. 34; Grigoleit in Grigoleit, AktG, 3. Aufl. 2025, § 84 Rn. 18.

7 Seyfarth, Vorstandsrecht, § 4 Rn. 8.

II. Anwendung arbeitsrechtlicher Normen

1. *Keine gesetzliche Erstreckung auf Vorstandsmitglieder*

Arbeitsrechtliche Schutznormen sind großteils nicht auf Vorstandsmitglieder anwendbar. Das ergibt sich etwa aus § 2 Abs 2 ArbZG für das Arbeitszeitrecht und aus § 1 BUrlG weitgehend auch für das Urlaubsrecht.[8] Dennoch ist nicht ausgeschlossen, dass aus den gegenüber dem Vorstandsmitglied bestehenden Schutz- und Fürsorgepflichten der AG ein Schutz vor Überarbeitung und ein Recht auf Urlaub[9] erwachsen können, nur handelt es sich bei diesbezüglichen Pflichten um originär gesellschaftsrechtliche Pflichten und nicht um Pflichten, wie sie gegenüber Arbeitnehmern bestehen würden.[10] Daher geht es auch nicht an, im Zweifel die für leitende Angestellte geltenden Urlaubsregelungen anzuwenden.[11]

Ferner besteht die allerdings in der Praxis sehr selten genutzte Möglichkeit, mit dem Vorstandmitglied eine Teilzeittätigkeit oder ein Jobsharing zu vereinbaren.[12] Hierfür gelten aber nicht die lediglich Arbeitnehmer schützenden Bestimmungen des TzBfG, insbesondere auch nicht dessen § 13 TzBfG, der das Jobsharing regelt.[13] Vielmehr beurteilen sich solche anstellungsvertraglichen Vereinbarungen danach, ob und inwiefern sie je nach konkreter Ausgestaltung gesellschaftsrechtlich mit der Rolle eines Vorstandsmitglieds vereinbar sind.[14] Auch das EFZG gilt nur für Arbeitnehmer, nicht aber für Vorstandsmitglieder.[15]

Außerdem gilt der erste Abschnitt des KSchG ausweislich von § 14 Abs. 1 Nr. 1 KSchG nicht für Vorstandsmitglieder.[16] Damit findet der Kündigungsschutz bei sozial ungerechtfertigten Kündigungen auf Vorstandsmitglieder keine Anwendung.[17]

Kollektivarbeitsrechtliche Normen gelten generell nicht für Vorstandsmitglieder, so gilt nach § 5 Abs. 2 Nr. 1 BetrVG das Betriebsverfassungsgesetz nicht für Vorstandsmitglieder.[18] Auch sind Vorstandsmitglieder unternehmensmitbestimmungsrechtlich

8 Fleischer in BeckOGK-AktG Stilz/Veil, § 84 Rn. 66; Cahn in KK-AktG, § 84 Rn. 43; Kort in GK-AktG, 5. Aufl. 2015, § 84 Rn. 457.

9 Fleischer in BeckOGK-AktG Stilz/Veil, § 84 Rn. 66; Spindler in MünchKomm-AktG, § 84 Rn. 69; Kort in GK-AktG, § 84 Rn. 421 f.; Seibt in Schmidt/Lutter, AktG, § 84 Rn. 36; Weber in Hölters/Weber, AktG, 5. Aufl. 2025, § 84 Rn. 48.

10 Spindler in MünchKomm-AktG, § 84 Rn. 105; Bürgers in Bürgers/Lieder, AktG, § 84 Rn. 18.

11 So aber Fleischer in BeckOGK-AktG Stilz/Veil, § 84 Rn. 67; Weber in Hölters/Weber, AktG, § 84 Rn. 48.

12 Dazu Seibt in Schmidt/Lutter, AktG, § 84 Rn. 14a ff.; Denninger, AG 2022, 593.

13 Seibt in Schmidt/Lutter, AktG, § 84 Rn. 14a.

14 Näher Koch, AktG, 19. Aufl. 2025, § 84 Rn. 11a und 11b sowie Seibt in Schmidt/Lutter, AktG, § 84 Rn. 14a bis 14d.

15 Bürgers in Bürgers/Lieder, § 84 Rn. 18.

16 Spindler in MünchKomm-AktG, § 84 Rn. 67.

17 Kort in GK-AktG, § 84 Rn. 455.

18 Cahn in KK-AktG, § 84 Rn. 43; Spindler in MünchKomm-AktG, § 84 Rn. 71; Kort in GK-AktG, § 84 Rn. 453.

keine Arbeitnehmer, wie u.a. § 3 Abs. 1 Satz 2 MitbestG i.V.m § 5 Abs. 2 Nr. 1 BetrVG zeigt.[19]

2. *Möglichkeit der anstellungsvertraglichen Erstreckung auf Vorstandsmitglieder*

Als freier Dienstvertrag mit Geschäftsbesorgungscharakter eröffnet der Anstellungsvertrag allerdings weitgehend die Möglichkeit, privatautonom die Geltung von gesetzlichen Arbeitnehmerschutzbestimmungen zu vereinbaren, es sei denn, dem stehen ausnahmsweise die Stellung des Vorstands in der AG oder Aufsichtsratskompetenzen entgegen.

Fraglich ist, ob auch die Geltung des gesetzlichen Schutzes vor sozial ungerechtfertigten Kündigungen i.S. des KSchG vereinbart werden kann. Für GmbH-Geschäftsführer hatte der BGH in einer grundlegenden Entscheidung aus dem Jahr 2010[20] diese Frage bejaht, hatte das aber für Vorstandsmitglieder einer AG offengelassen.

Nicht nur angesichts der auch vom BGH in der genannten Entscheidung angesprochen Fünf-Jahres-Frist als Höchstdauer des Anstellungsvertrags gem. § 84 AktG, sondern auch angesichts der Freiheit des Aufsichtsrats, über die personelle Zusammensetzung des Vorstands zu entscheiden, ist die Möglichkeit, in einem Anstellungsvertrag mit einem Vorstandsmitglied einer AG einen dem KSchG entsprechenden Kündigungsschutz zu vereinbaren, jedoch zu verneinen.[21]

III. Anwendung allgemeiner arbeitsrechtlicher Prinzipien (Gleichbehandlungsgrundsatz; Betriebliche Übung)

1. *Arbeitsrechtlicher Gleichbehandlungsgrundsatz*

Der arbeitsrechtliche Gleichbehandlungsgrundsatz gilt nicht für Vorstandsmitglieder.[22] Daraus folgt insbesondere, dass eine Gleichbehandlung zwischen den Vorstandsmitgliedern einerseits und leitenden Angestellten der obersten Führungsebene andererseits, die faktisch eine ähnliche Stellung haben mögen wie Vorstandsmitglieder, nicht geboten ist. Vielmehr sind Arbeitnehmer und Vorstandsmitglieder in ganz unterschiedlicher Weise schutzbedürftig.

Ferner folgt aus der Nicht-Anwendbarkeit des arbeitsrechtlichen Gleichbehandlungsgrundsatzes auf Vorstandsmitglieder, dass Kollektivvereinbarungen, namentlich Tarifverträge und Betriebsvereinbarungen, nicht für Vorstandsmitglieder gelten.[23]

19 Kort in GK-AktG, § 84 Rn. 454.
20 BGH, 10.05.2010, II ZR 70/09, NZG 2010, 827.
21 Spindler in MünchKomm-AktG, § 84 Rn. 68; Koch, AktG, § 84 Rn. 24; nicht ganz so deutlich noch Kort in GK-AktG, § 84 Rn. 469a; a.A. Seyfarth, Vorstandsrecht, § 4 Rn. 9.
22 BGH, 24.09.2019, II ZR 192/18, NZG 2020, 64, Rn. 37; Koch, AktG, § 84 Rn. 24.
23 Cahn in KK-AktG, § 84 Rn. 45.

Dasselbe gilt für andere kollektive Maßnahmen wie etwa Gesamtzusagen des Arbeitgebers.

Erst recht hat der arbeitsrechtliche Gleichbehandlungsgrundsatz als solcher keine Bedeutung für die Frage, ob eine Gleichbehandlung der Vorstandsmitglieder untereinander geboten ist. Hingegen stellt sich für das Verhältnis der Vorstandsmitglieder untereinander sehr wohl die Frage einer Geltung eines gesellschaftsrechtlich verstandenen Gleichheitsgrundsatzes, den man etwa aus den Fürsorge- und Treuepflichten der AG gegenüber den Vorstandsmitgliedern ableiten kann. Hieraus folgt lediglich ein Willkürverbot in Hinblick auf die Gleichbehandlung von Vorstandsmitgliedern.[24]

Somit besteht etwa auch kein strenges Gebot einer Entgeltgleichheit der Vorstandsmitglieder. Sehr wohl aber besteht ein Anspruch auf Gleichbehandlung der Vorstandsmitglieder in Fragen mit kollektivem Einschlag, so etwa bei Ruhegehaltzusagen. So kann ein Vorstandsmitglied auch dann, wenn ihm kein Ruhegehalt zugesagt worden ist, aus dem gesellschaftsrechtlichen Gleichbehandlungsgrundsatz eine Altersversorgung verlangen, wenn allen anderen Vorstandsmitgliedern eine Altersversorgung gewährt worden ist.[25]

2. *Betriebliche Übung*

Die Grundsätze der Betriebsübung, nach der nicht vertraglich vereinbarte Leistungen des Arbeitgebers ohne Freiwilligkeit- und Widerrufsvorbehalt bei mehrfacher faktischer kollektiver Gewährung einen Anspruch gegenwärtiger und zukünftiger Arbeitnehmer auf zukünftige Gewährung bzw. Weitergewährung begründen können, sind für Vorstandsmitglieder nicht relevant.

Würde man die gegenteilige Auffassung vertreten, könnte das zum einen Bedeutung im Verhältnis der Vorstandsmitglieder zu Arbeitnehmern der AG haben: Vorstandsmitglieder könnten bei Entstehen einer betrieblichen Übung bei Arbeitnehmern – ggf. unter zusätzlicher Berufung auf den arbeitsrechtlichen Gleichheitsgrundsatz (dazu kritisch oben III.1.) – dieselben Leistungen verlangen, wie sie den Arbeitnehmern aufgrund betrieblicher Übung zustehen.

Auch könnte eine Erweiterung der Grundsätze der betrieblichen Übung auf Vorstandsmitglieder bedeuten, dass diese Grundsätze gleichsam »vorstandsintern« Relevanz erlangen: Werden den bisherigen Vorstandsmitgliedern Leistungen ohne vertragliche Grundlage und ohne Freiwilligkeit- und Widerrufsvorbehalt gewährt, könnten sich zukünftig alle Vorstandsmitglieder auf die Gewährung bzw. Weitergewährung dieser Leistungen aus betrieblicher Übung berufen.

24 Etwas weitergehend BGH, 24.09.2019, II ZR 192/18, NZG 2020, 64, Rn. 38 und Koch, AktG, § 84 Rn. 24: sachliche Rechtfertigung für Ungleichbehandlung erforderlich; umgekehrt gegen jegliches Gleichbehandlungsgebot Seyfarth, Vorstandsrecht, § 4 Rn. 11.

25 Ähnlich BGH, 20.12.1993, II ZR 217/92, NJW-RR 1994, 357, 358 (für GmbH-Geschäftsführer).

Indessen verbietet sich in beiden Varianten eine Anwendung der Grundsätze der betrieblichen Übung auf Vorstandsmitglieder. Es handelt sich bei der betrieblichen Übung um ein spezifisches Institut des Arbeitsrechts, dem der Aspekt des Arbeitnehmerschutzes zugrunde liegt. Arbeitnehmer wissen oft nicht, aus welchem Rechtsgrund ihnen eine Leistung gewährt wird. Daher kann ihr Vertrauen auf die Gewährung bzw. Weitergewährung bestimmter Leistungen aus Vertrauensschutzgesichtspunkten im Rahmen der betrieblichen Übung schützenswert sein. Entsprechende Überlegungen verbieten sich bei den in der Regel wesentlich besser informierten Vorstandsmitgliedern.

Kryptisch ist die Auffassung des BGH[26] und eines Großteils der Literatur,[27] dass eine Anwendung der arbeitsrechtlichen Grundsätze der betrieblichen Übung auf Vorstandsmitglieder nicht anspruchsbegründend wirken könne, aber für den Anstellungsvertrag auslegungsrelevant sei. Auch im Arbeitsrecht entstehen nämlich nach herrschender Auffassung Ansprüche aus betrieblicher Übung nicht »losgelöst« von der arbeitsvertraglichen Basis, also nicht aus »reinem Vertrauen«.

Gemeint sein dürfte mit dem Verweis auf die Anwendung der betrieblichen Übung auf die Auslegung von Vorstands-Anstellungsverträgen, dass bei Anknüpfung des Anstellungsvertrags an für Arbeitnehmer des Unternehmens relevante Umstände die Ausbildung einer betrieblichen Übung bei diesen Arbeitnehmern dann – qua Anknüpfung – auf den Vorstands-Anstellungsvertrag »durchschlagen« kann.[28] Das hat aber nichts mit einer Anwendung der Grundsätze über die betrieblichen Übung auf Vorstandsmitglieder zu tun, sondern beruht auf der Anknüpfung im Anstellungsvertrag.

IV. Grundsätze der Arbeitnehmerhaftung bei Vorstandsmitgliedern?

Die vom BAG[29] entwickelten Grundsätze der Beschränkung der Arbeitnehmerhaftung bei betriebsbezogener Arbeit[30] sind auf Vorstandsmitglieder nicht anwendbar.[31] Sie beruhen auf der Überlegung, dass es der Arbeitgeber ist, der für die Organisation des Betriebs und die Gestaltung der Arbeitsbedingungen verantwortlich ist. Auch soll mit der Anwendung dieser Grundsätze dem Missverhältnis zwischen dem Haftungsrisiko des Arbeitnehmers und seinem Arbeitsentgelt sowie dem

26 BGH, 19.12.1994, II ZR 244/93, NJW-RR 1995, 796; BGH, 24.09.2019, II ZR 192/18, NZG 2020, 64, Rn. 36.

27 Spindler in MünchKomm-AktG, § 84 Rn. 74; Bürgers in Bürgers/Lieder, AktG, § 84 Rn. 18; Koch, AktG, § 84 Rn. 24; Grigoleit in Grigoleit, AktG, § 84 Rn. 24.

28 Siehe – wenn auch nicht hinreichend deutlich – BGH, 19.12.1994, II ZR 244/93, NJW-RR 1995, 796; noch undeutlicher BGH, 24.09.2019, II ZR 192/18, NZG 2020, 64, Rn. 36.

29 BAG, 27.09.1994, GS 1/89 (A), NZA 1994, 1083.

30 Dazu Greiner in ErfKArbR, 26. Aufl. 2026, § 619a BGB Rn. 9 ff.

31 Fleischer in BeckOGK-AktG Stilz/Veil, § 93 Rn. 248.

Verhandlungsungleichgewicht zwischen Arbeitgeber und Arbeitnehmer Rechnung getragen werden.

Keiner dieser Gesichtspunkte ist aber bei der Vorstandshaftung in ähnlicher Weise relevant.[32] Auch dient die Vorstandshaftung der Wiederauffüllung des Gesellschaftsvermögens im Interesse der Gläubiger, was schon § 93 Abs. 4 Satz 3 AktG zeigt. Ferner sind die Möglichkeiten der Absicherung durch eine D&O-Versicherung von Bedeutung.[33]

Selbst dann, wenn das Vorstandsmitglied wie ein gewöhnlicher Dritter am Rechtsverkehr teilnimmt, kommt eine Haftungsmilderung durch entsprechende Anwendung arbeitsrechtlicher Haftungsmilderungsgrundsätze nicht in Frage. Dahingehende Überlegungen des OLG Zweibrücken in einer Entscheidung aus dem Jahr 2022[34] betrafen die Spezifika eines GmbH-Geschäftsführers, der teilweise eine arbeitnehmerähnliche Stellung hatte und daher nicht mit einem Vorstandsmitglied vergleichbar war.

Auch per Satzungsregelung kommt eine entsprechende Anwendung der Grundsätze über die beschränkte Arbeitnehmerhaftung zumindest de lege lata[35] nicht in Frage, da auch das gegen den nicht satzungsdisponiblen § 93 Abs. 4 Satz 3 AktG verstoßen würde.[36]

V. Betriebsübergang gem. § 613a BGB

§ 613a BGB findet beim Betriebsübergang auf Vorstandsmitglieder des Betriebsveräußerers keine Anwendung, da die Norm nur für Arbeitnehmer gilt,[37] wie das BAG in einer zum GmbH-Geschäftsführer ergangenen Entscheidung vom 20.07.2023 nochmals unmissverständlich generell für Organmitglieder festgestellt hat.[38]

VI. Vorstandsmitglieder im arbeits- und sozialgerichtlichen Verfahren

Ausweislich von § 5 Abs. 1 Satz 3 ArbGG sind Vorstandsmitglieder keine Arbeitnehmer im arbeits- und sozialgerichtlichen Verfahren. Aus § 22 Abs. 2 Nr. 1, § 37

32 Kort in GK-AktG, § 84 Rn. 460; ebenso i.E. Cahn in KK-AktG, § 93 Rn. 14; Spindler in MünchKomm-AktG, § 93 Rn. 31.
33 Cahn in KK-AktG, § 93 Rn. 14.
34 OLG Zweibrücken, 18.8.2022, 4 U 198/21, NZG 2023, 330, Rn. 42 ff.; dazu Koch, AktG, § 93 Rn. 96 i.V.m. Rn. 76.
35 Zur Einräumung dieser Möglichkeit de lege ferenda Fleischer in BeckOGK-AktG Stilz/Veil, § 93 Rn. 248.
36 Spindler in MünchKomm-AktG, § 93 Rn. 27; auch Cahn in KK-AktG, § 93 Rn. 13.
37 Spindler in MünchKomm-AktG, § 84 Rn. 73; Seyfarth, Vorstandsrecht, § 4 Rn. 10.
38 BAG, 20.07.2023, 6 AZR 228/22, NZA 2023, 1457.

Abs. 2 und § 43 Abs. 3 ArbGG sowie aus § 16 Abs. 4 Nr. 2, § 35 Abs. 1 und § 47 Satz 2 SozialGG ergibt sich vielmehr, dass Vorstandsmitglieder im arbeits- und sozialgerichtlichen Verfahren als der Arbeitgeberseite zugehörend angesehen werden und demgemäß im arbeits- und sozialgerichtlichen Verfahren zu ehrenamtlichen Richtern aus dem Kreis der Arbeitgeber bestellt werden können.[39]

§ 5 Abs. 1 Satz 3 ArbGG ist eine gesetzliche Fiktion, nach der unabhängig von ihrer materiellen Rechtsstellung Personen, die aufgrund Gesetz, Satzung oder Gesellschaftsvertrag zur Vertretung einer juristischen Person oder einer Personengesamtheit berufen sind, nicht als Arbeitnehmer i.S. des ArbGG anzusehen sind.[40] Diese Fiktion greift nach der Rechtsprechung des BAG zum GmbH-Recht sogar ein, wenn objektiv feststeht, dass ein Anstellungsverhältnis ein Arbeitsverhältnis ist,[41] eine für das das Aktienrecht nicht relevante Konstellation.

Nicht relevant ist die Rechtsprechung zum GmbH-Geschäftsführer[42] für Vorstandsmitglieder auch insofern, als die Fiktion des § 5 Abs. 1 Satz 3 ArbGG endet, sobald die Geschäftsführerbestellung beendet wird. GmbH-Geschäftsführer als Kläger versuchen häufig, dadurch eine arbeitsrechtliche Zuständigkeit zu begründen, die mit den Vorteilen höherer Schutzstandards, der Erleichterung von Vergleichsmöglichkeiten und dem Fehlen des Erfordernisses eines Gerichtskostenvorschuss verbunden ist.[43] Das setzt allerdings nach dem dann einschlägigen § 5 Abs. 1 Satz 1 und Satz 2 ArbGG voraus, dass ein Arbeitsverhältnis besteht. Zwar können GmbH-Geschäftsführer auf der Basis deutscher und insbesondere unionsrechtlicher Überlegungen unter bestimmten Umständen als Arbeitnehmer anzusehen sein, nicht aber Vorstandsmitglieder einer deutschen AG.

Aber selbst für GmbH-Geschäftsführer ist in Hinblick auf § 5 ArbGG zu beachten, dass für dessen Anwendbarkeit auch nach Auffassung des BAG[44] nicht der unionsrechtliche Arbeitnehmerbegriff gilt, da § 5 ArbGG nicht unionsrechtlich geprägt ist.[45]

VII. Schwerbehindertenschutz

Vorstandsmitglieder unterliegen nicht dem gesetzlichen Schutz schwerbehinderter Arbeitnehmer, weil sie auch sozialversicherungsrechtlich nicht als Arbeitnehmer gelten. Daher finden §§ 71 ff. SGB IX sowie die auf den Kündigungsschutz des schwerbehinderten Arbeitnehmers abstellenden §§ 85 ff. SGB IX keine Anwendung.

39 Cahn in KK-AktG, § 84 Rn. 36; Spindler in MünchKomm-AktG, § 84 Rn. 71.
40 Ahrendt in ErfKArbR, § 5 ArbGG Rn. 6.
41 Siehe etwa BAG, 03.12.2014, 3.12.2014,10 AZB 98/14, NZA 2015, 180.
42 BAG, 23.08.2011, 10 AZB 51/10, AP ArbGG 1979 § 5 Nr. 69; BAG, 26.10.2012,10 AZB 60/12, NZA 2013, 54; BAG, 04.02.2013, 10 AZB 78/12, NZG 2013, 351.
43 Koch, AktG, § 84 Rn. 70.
44 BAG, 21.01.2019, 9 AZB 23/18, NZA 2019, 490.
45 Ahrendt in ErfKArbR, § 5 ArbGG Rn. 6.

Das gilt in Hinblick auf den spezifischen Kündigungsschutz trotz der Rechtsprechung des EuGH zum diskriminierungsrechtlich weiten Arbeitnehmerbegriff, wie er insbesondere in der Rechtssache Danosa[46] zum Ausdruck kam. Schwerbehinderte Vorstandsmitglieder unterliegen vielmehr nur dem allgemeinen, nicht spezifisch arbeitnehmerbezogenen Diskriminierungsschutz, so etwa in Hinblick auf den Zugang zur Erwerbstätigkeit und in Hinblick auf das Recht auf beruflichen Aufstieg gem. § 6 Abs. 3 AGG.

Schon gegenüber einer diskriminierungsrechtlich recht weit reichenden Gleichstellung von Arbeitnehmern mit GmbH-Geschäftsführern auf der Basis der EuGH-Rechtsprechung bestehen Bedenken. Erst recht geht es nach wie vor nicht an, Vorstandsmitglieder einer AG diskriminierungsrechtlich mit Arbeitnehmern gleichzusetzen.

Auch eine Entscheidung des LG München I vom 24.05.2023[47] zeigt, dass Vorstandsmitglieder als Organmitglieder keine Arbeitnehmer sind und damit auch nicht dem Arbeitnehmerbegriff des SGB IX unterfallen. Damit liegt in Hinblick auf ihre Person kein Arbeitsplatz i.S. von § 156 Abs. 1 SGB IX vor und in Hinblick auf ihr Bewerbungsverfahren sind §§ 164, 165 SGB IX nicht anwendbar.

VIII. Mutterschutz und Elternschutz

1. Keine Geltung des MuschG, der §§ 15 ff. BEEG und des § 3 PflegeZG für Vorstandsmitglieder

Auch nach Inkrafttreten von § 84 Abs. 3 AktG n.F. im Jahr 2021 gilt nach wie vor, dass Vorstandsmitglieder in Hinblick auf den Mutterschutz gemäß MuschG[48] und in Hinblick auf die Möglichkeit der Inanspruchnahme von Elternzeit gem. § 15 BEEG sowie in Hinblick auf die Pflege von Familienangehörigen gem. § 3 Abs. 1 Satz 1, Abs. 5 Satz 1 und Abs. 6 Satz 1 PflegeZG[49] nicht als Arbeitnehmer oder Arbeitnehmerinnen bzw. als »Beschäftigte« anzusehen sind,[50] und zwar auch nicht unter Berücksichtigung des weiten unionsrechtlichen Arbeitnehmerbegriffs.[51]

2. Rechte gem. § 84 Abs. 3 AktG

a) Bestellung

§ 84 Abs. 3 AktG sieht allerdings seit 2021 vor, dass das Vorstandsmitglied im Falle des Mutterschutzes, der Elternzeit, der Pflege eines Familienangehörigen oder im Falle der Krankheit ein Recht auf zeitweisen Widerruf der Bestellung, also auf ihre

46 EuGH, 11. 11. 2010, C-232/09, NJW 2011, 2343 – Danosa –.
47 LG München I, 24.05.2023, 11 O 14491/22, NZA 2023, 1197.
48 Dazu Cahn in KK-AktG, § 84 Rn. 43.
49 Dazu Koch, AktG, § 84 Rn. 34.
50 Weber in Hölters/Weber, AktG, § 84 Rn. 62c.
51 Schlachter in ErfKArbR, § 1 MuSchG Rn. 8.

Aussetzung, hat.[52] Hierbei ist zu beachten, dass § 84 Abs. 3 AktG nicht die Rechtsfolgen, die in den einschlägigen arbeitsrechtlichen gesetzlichen Bestimmungen zum Mutterschutz, zur Elternzeit, zur Pflege von Familienangehörigen oder für die Krankheit vorgesehen sind, über deren eigentlichen personellen Anwendungsbereich hinaus auch auf Vorstandsmitglieder erstrecken will.

Mit anderen Worten haben im Rahmen des § 84 Abs. 3 AktG Vorstandsmitglieder keine Rechte aus entsprechenden arbeitsrechtlichen Normen, diese arbeitsrechtlichen Normen tragen in Hinblick auf § 84 Abs. 3 AktG bloßen Referenzcharakter.[53] Zugleich wird durch das Fehlen einer Bezugnahme auf konkrete arbeitsrechtliche Normen im AktG deutlich, dass Vorstandsmitglieder gerade nicht Arbeitnehmem gleichgesetzt werden sollen.[54]

Im Übrigen unterstreicht auch die Gesetzesgeschichte von § 84 Abs. 3 AktG, dass Vorstandsmitglieder keine Arbeitnehmer sind und zeigt darüber hinaus, dass Vorstandsmitglieder auch unter der Regelung des § 84 Abs 3 AktG Arbeitnehmerinnen und Arbeitnehmern nicht gleichzustellen sind.[55]

§ 84 Abs. 3 AktG enthält allerdings nicht nur ein Recht auf Widerruf der Bestellung i.S. ihrer Aussetzung, sondern vor allem auch ein Recht auf Wiederbestellung nach dem jeweils einschlägigen Zeitraum.[56] Eine dahingehende Zusicherung muss schon im Abberufungsbeschluss enthalten sein, andernfalls ist der Abberufungsbeschluss nichtig.[57] Das Recht auf Mandatspause gem. § 84 Abs. 3 AktG ist damit ein Doppelrecht auf Widerruf und Neubestellung, jeweils bezogen auf die korporationsrechtliche Bestellung des Vorstandmitglieds.[58]

b) Anstellung

Angesichts der Trennungstheorie lässt die auf die Bestellung bezogenen Mandatspause gem. § 84 Abs 3 AktG den Anstellungsvertrag im Grundsatz unberührt.[59] Der Bestellungswiderruf ist keine (konkludente) Kündigung des Anstellungsvertrags.[60] Enthält der Anstellungsvertrag jedoch eine zulässige Koppelungsklausel, kann die Mandatspause auch zur vorläufigen Beendigung des Anstellungsvertrages führen.[61]

52 Koch, AktG, § 84 Rn. 34.
53 Weber in Hölters/Weber, AktG, § 84 Rn. 62c; Koch, AktG, § 84 Rn. 34.
54 Koch, AktG, § 84 Rn. 34.
55 Koch, AktG, § 84 Rn. 34.
56 Spindler in MünchKomm-AktG, § 84 Rn. 148; Weber in Hölters/Weber, AktG, § 84 Rn. 62k; Koch, AktG, § 84 Rn. 37.
57 Spindler in MünchKomm-AktG, § 84 Rn. 148; Fleischer in BeckOGK-AktG Stilz/Veil, § 84 Rn. 115; Koch, AktG, § 84 Rn. 37.
58 Koch, AktG, § 84 Rn. 37.
59 Spindler in MünchKomm-AktG, § 84 Rn. 154; Bürgers in Bürgers/Lieder, AktG, § 84 Rn. 25; Koch, AktG, § 84 Rn. 39.
60 Bürgers in Bürgers/Lieder, AktG, § 84 Rn. 25.
61 Fleischer in BeckOGK-AktG Stilz/Veil, § 84 Rn. 120; Spindler in MünchKomm-AktG, § 84 Rn. 153.

Nach der Mandatspause besteht dann ein Kontrahierungszwang der AG in Hinblick auf den (Neu-) Abschuss des Anstellungsvertrages.

Das EFZG gilt in der Mandatspause nicht, es sei denn, es ist anstellungsvertraglich vereinbart. Vielmehr ist § 326 BGB einschlägig.[62] Das Vorstandsmitglied und die AG können im Anstellungsvertrag jedoch auch abweichende Regelungen treffen, was sich in der Regel auch empfiehlt.[63] So kann etwa vereinbart werden, das Anstellungsverhältnis im Falle der Mandatspause gem. § 84 Abs. 3 AktG zu unveränderten Konditionen beizubehalten, also auch während der »Auszeit« der Mandatspause eine unveränderte Vergütungszahlung vorzusehen.[64] Derartige Vereinbarungen zur Weiterzahlung der Vergütung während der Mandatspause sollten allerdings schon im ursprünglichen Anstellungsvertrag getroffen werden, da ihre ad-hoc-Vereinbarung im Falle der Mandatspause die Frage aufwerfen kann, ob diese Leistungen der AG, die dann den Charakter einer freiwilligen Zahlung tragen, nicht gegen das Unternehmensinteresse verstoßen, falls nicht eindeutig ist, dass sie einen zukunftsbezogenen Nutzen für die AG haben.[65]

IX. AGB-Kontrolle von Anstellungsverträgen: »Anleihen« aus dem Arbeitsrecht?

1. AGB-Kontrolle von Arbeitsverträgen

Im Arbeitsrecht ist die teilweise fragwürdige Tendenz insbesondere des BAG zu erkennen, Arbeitsverträge einer engmaschigen AGB-Kontrolle zu unterwerfen. Das hängt damit zusammen, dass das BAG[66] und auch das BVerfG[67] Arbeitnehmer weitgehend als Verbraucher i.S. des § 13 BGB ansehen und damit eine AGB-Kontrolle von Arbeitsverträgen als Verbraucherverträge ermöglichen.

Die Anwendung der ihrerseits zurecht als »dunkel« kritisierten Norm des § 310 Abs. 4 Satz 2 BGB,[68] die anordnet, dass bei der AGB-Kontrolle von Arbeitsverträgen die »Besonderheiten des Arbeitsrechts« zu beachten seien, tritt gegenüber der Einordnung von Arbeitsverträgen als Verbraucherverträgen ganz in den Hintergrund.

Der Verbraucherbegriff des § 13 BGB bestimmt sich nicht subjektiv, sondern objektiv, er ist also handlungs- und nicht personenbezogen. Nach Auffassung des BAG

62 Weber in Hölters/Weber, AktG, § 84 Rn. 62o; Koch, AktG, § 84 Rn. 39.
63 Fleischer in BeckOGK-AktG Stilz/Veil, § 84 Rn. 121; Weber in Hölters/Weber, AktG, § 84 Rn. 62p.
64 Koch, AktG, § 84 Rn. 39.
65 Koch, AktG, § 84 Rn. 39; ähnlich Spindler in MünchKomm-AktG, § 84 Rn. 155.
66 Grundlegend BAG, 25. 05. 2005, 5 AZR 572/04, NJW 2005, 3305.
67 BVerfG, 23. 11. 2006, 1 BvR 1909/06, NJW 2007, 286.
68 Stadler in Jauernig, BGB, 19. Aufl. 2023, § 310 Rn. 16.

und des BVerfG unterfallen Abschluss, Änderung und Aufhebung von Arbeitsverträgen dem Verbraucherbegriff des § 13 BGB.[69] Bereits diese Einordnung von Arbeitsverträgen als Verbraucherverträge mit entsprechender AGB-rechtlichen Konsequenzen ist sehr fragwürdig.[70]

2. *AGB-Kontrolle von Anstellungsverträgen mit Vorstandsmitgliedern*

Da Vorstandsmitglieder nach bereits eingangs beschriebener, ganz herrschender Auffassung weder aus Sicht des deutschen Rechts noch aus Sicht des Unionsrecht als Arbeitnehmer anzusehen sind, könnte man meinen, die engmaschige AGB-Kontrolle von Arbeitsverträgen hätten für Anstellungsverträge mit Vorstandsmitgliedern keine Relevanz, da keine Arbeitsverträge vorliegen.

Jedoch ergibt sich in Hinblick auf die AGB-Kontrolle von Anstellungsverträgen mit Vorstandsmitgliedern folgendes Bild: Nach ganz herrschender und im Grundsatz zutreffender Auffassung können Vorstands-Anstellungsverträge einer AGB-Kontrolle gem. §§ 307 ff. BGB unterliegen.[71] Das gilt etwa für die Regelung von Vergütungsfragen, für Koppelungsklauseln[72] und für Fragen der Altersversorgung. Die grundsätzliche Anwendung von AGB-Recht auf Vorstands-Anstellungsverträge lässt sich nicht mit Hinweis auf die Bereichsausnahme für das Gesellschaftsrecht in § 310 Abs. 4 Satz 1 BGB verneinen, da der Anstellungsvertrag im Kern ein schuldrechtlicher Austauschvertrag ist und damit nicht unter die eng zu verstehende Bereichsausnahme des § 310 Abs. 4 Satz 1 BGB fällt.[73]

Sehr fragwürdig ist es allerdings, dass das OLG Hamm,[74] das OLG Frankfurt/Main[75] und das OLG Köln[76] den Anstellungsvertrag mit einem Vorstandsmitglied als Verbrauchervertrag ansehen. Schon aus der Perspektive des Arbeitsrechts spricht dagegen, dass das inkonsequent ist: Wenn man – wenn auch seinerseits fragewürdig – den Arbeitnehmer als Verbraucher ansieht (dazu oben IX. 1.), dann wäre es nur konsequent, Vorstandsmitglieder, die im Arbeitgeberlager stehen, nicht als Verbraucher gem. § 13 BGB anzusehen.

Aber auch allgemeine Überlegungen führen dazu, dass der Anstellungsvertrag mit einem Vorstandsmitglied nicht als Verbrauchervertrag angesehen werden kann und daher nicht § 310 Abs. 3 BGB unterfällt: Das Vorstandsmitglied handelt weder beim

69 Zurecht kritisch Stadler in Jauernig, BGB, § 310 Rn. 16.

70 Zurecht kritisch etwa Hromadka, NJW 2002, 2523, 2524; K. Schmidt, JuS 2006, 1.

71 Fleischer in BeckOGK-AktG Stilz/Veil, § 84 Rn. 26; Koch, AktG, § 84 Rn. 21; Grigoleit in Grigoleit, AktG, § 84 Rn. 26; Seyfarth, Vorstandsrecht, § 4 Rn. 19.

72 Dazu etwa Fleischer in BeckOGK-AktG Stilz/Veil, § 84 Rn. 46.

73 Cahn in KK-AktG, § 84 Rn. 37; Spindler in MünchKomm-AktG, § 84 Rn. 75; Fleischer in BeckOGK-AktG Stilz/Veil, § 84 Rn. 26; Seyfarth, Vorstandsrecht, § 4 Rn. 20; näher Kort in Festschrift für Karsten Schmidt zum 80. Geburtstag, 2019, S. 715, 721 f.

74 OLG Hamm, 18.07.2007, 8 Sch 2/07, AG 2007, 910.

75 OLG Frankfurt/Main, 18.04.2018, 4 U 120/17, AG 2018, 852.

76 OLG Köln, 26.09.2024, 18 U 35/24, AG 2025, 206, 208.

Abschluss seines Anstellungsvertrages noch bei seiner Geschäftsführung als Verbraucher.[77]

3. *Felder der AGB-Kontrolle von Anstellungsverträgen mit Vorstandsmitgliedern*

a) Vorstandsvergütung

Zwar herrscht in Hinblick auf die Festlegung von Bedingungen und Höhe der Vorstandsvergütung grundsätzlich Vertragsfreiheit, jedoch ist äußere Grenze von deren Festlegung im Anstellungsvertrag §§ 87 und 87a AktG.

Der BGH hat in einer Entscheidung vom 24.09.2019 eine unter Freiwilligkeitsvorbehalt stehende Zusatzvergütung für Vorstandsmitglieder im Anstellungsvertrag einer AGB-Kontrolle nach § 307 Abs. 1 BGB unterzogen.[78] Dem ist im Ergebnis zuzustimmen, da im konkreten Fall der Freiwilligkeitsvorbehalt völlig vage formuliert war. Problematisch war allerdings an der BGH-Entscheidung, dass Erwägungen zur AGB-Kontrolle von Anstellungsverträgen viel zu sehr an entsprechende Überlegungen zur AGB-Kontrolle von Arbeitsverträgen angelehnt wurden[79] und der Unterschied zwischen Arbeitsverträgen und Anstellungsverträgen mit Vorstandsmitgliedern damit in den Hintergrund trat. Die AGB-Kontrolle von Anstellungsverträgen mit Vorstandsmitgliedern im Allgemeinen und die AGB-Kontrolle von dort geregelten Vergütungsfragen im Besonderen hat aber autonom zu erfolgen und nicht in Anlehnung an die AGB-Kontrolle von Arbeitsverträgen.[80]

b) Koppelungsklauseln

Koppelungsklauseln in Anstellungsverträgen mit Vorstandsmitgliedern sehen einen Gleichlauf von Bestellung und Anstellung vor, und haben letztlich zur Konsequenz, dass rechtlich die Beendigung der Organstellung auflösende Bedingung für ein Ende des Anstellungsvertrags ist. Solche Koppelungsklauseln unterliegen § 305c BGB, sie müssen also eindeutig gefasst werden.[81] Teilweise werden Koppelungsklauseln wegen Verstoßes

77 Kritisch zur Verbrauchereigenschaft des Vorstandsmitglieds Cahn in KK-AktG, § 84 Rn. 37; Grigoleit in Grigoleit, AktG, § 84 Rn. 26; Seyfarth, Vorstandsrecht, § 4 Rn. 17 f.; Kort NZG 2020, 121, 122; Kort in Festschrift für Karsten Schmidt zum 80. Geburtstag, 2019, S. 715, 719 f.; für AGB-rechtlich relevante Verbrauchereigenschaft des Vorstandsmitglieds hingegen Fleischer in BeckOGK-AktG Stilz/Veil, § 84 Rn. 26; Seibt in Schmidt/Lutter, AktG, § 76 Rn. 7; Koch, AktG, § 84 Rn. 21; weitgehend auch Spindler in MünchKomm-AktG, § 76 Rn. 12 und § 84 Rn. 75.

78 BGH, 24.09.2019, II ZR 192/18, NZG 2020, 64.

79 Andere Einschätzung der BGH-Rechtsprechung bei Koch, AktG, § 84 Rn. 21 (»abgewogene Prüfung«).

80 Dazu näher Kort NZG 2020, 121, 123 ff.

81 Näher dazu Seyfarth, NZG 2022, 389.

gegen § 307 Abs. 2 Satz 1 BGB in Hinblick auf das Trennungsprinzip oder wegen Verstoßes gegen § 307 Abs. 2 Satz 2 BGB in Hinblick auf das aktienrechtliche Kompetenzgefüge generell für bedenklich gehalten.[82] Dagegen spricht aber, dass schon von Gesetzes wegen zwar das Trennungsprinzip gilt, der Gesetzgeber des § 84 AktG aber ersichtlich von einem weitgehenden Gleichlauf von Bestellung und Anstellung ausgeht.

c) Ruhegehaltzusagen

Ruhegehaltzusagen können als Bestandteil von Anstellungsverträgen mit Vorstandsmitgliedern einer AGB-Kontrolle unterliegen.[83] Die AGB-Kontrolle spielt insbesondere eine Rolle, wenn vertraglich vereinbart wird, dass auf die Ruhegehaltzusage Ansprüche aus anderweitigen Versorgungszusagen angerechnet werden. Hierbei kann es freilich nur um die Anrechnung solcher Bezüge gehen, die keinem gesetzlichen Anrechnungsverbot des BetrAVG unterliegen.

Ist eine Anrechnung zwar nicht generell gesetzlich ausgeschlossen, können Anrechnungsklauseln dennoch gegen § 307 Abs. 2 BGB verstoßen. So kommt etwa eine Angemessenheitskontrolle nach § 307 Abs. 2 Nr. 1 BGB in Betracht. Anrechnungsklauseln können gegen wesentlich Grundgedanken des BetrAVG verstoßen, und zwar insbesondere dann, wenn sie auch eine Anrechnung solcher anderweitigen Versorgungsbezüge betreffen, die auf einer Eigenleistung des Vorstandsmitglieds beruhen. Außerdem können Anrechnungsklauseln gegen § 307 Abs. 2 Nr. 2 BGB, also gegen das Transparenzgebot, verstoßen.[84]

Wie die Entscheidung des OLG Köln vom 26.09.2024[85] zeigt, kann ferner ein vertraglicher Widerrufsvorbehalt einer Versorgungszusage (»Notfallklausel«) gegen das Transparenzgebot des § 307 Abs. Abs. 1 Satz 2 BGB verstoßen. Dem ist trotz der fragwürdigen Einordnung des Vorstandsmitglieds durch das OLG Köln als Verbraucher zuzustimmen, da § 307 BGB auch für die Verwendung von AGB gegenüber Personen gilt, die keine Verbraucher sind.

X. Diskriminierung von Vorstandsmitgliedern

1. Zugang zur Beschäftigung (Bestellung und Anstellung)

Aufgrund einer – wenn auch zum GmbH-Geschäftsführer ergangenen – Entscheidung des BGH[86] aus dem Jahr 2012 steht fest, dass sowohl der Anstellungsvertragsschluss als auch die organschaftliche Bestellung des Vorstandsmitglieds dem

82 Koch, AktG, § 84 Rn 88; Tödtmann/von Erdmann, NZG 2022, 3.
83 OLG Köln, 26.09.2024, 18 U 35/24, AG 2025, 206; Boemke/Wille, NZA 2023, 862, 868 f.
84 OLG Köln, 26.09.2024, 18 U 35/24, AG 2025, 206; Boemke/Wille, NZA 2023, 862, 868 f.
85 OLG Köln, 26.09.2024, 18 U 35/24, AG 2025, 206.
86 BGH, 23.04. 2012, II ZR 163/10, NJW 2012, 2346.

diskriminierungsrechtlichen Schutz von § 6 Abs. 3 AGG unterfallen. Eine Unterscheidung zwischen Bestellung und Anstellung ist trotz der Trennungstheorie dabei nicht geboten.[87] Das ergibt sich daraus, dass das vom Unionsrecht geprägte deutsche Antidiskriminierungsrecht insofern weit auszulegen ist und das deutsche Vorstandsrecht trotz der Trennungstheorie vom grundsätzlichen Gleichlauf von Bestellung und Anstellung geprägt ist.[88]

Auch die Wiederbestellung[89] sowie die Verlängerung des Anstellungsvertrags als »erneuter« Zugang zur Erwerbstätigkeit unterfallen § 6 Abs. 3 AGG.[90] Hingegen sind der Widerruf der Bestellung, also die Abberufung, sowie die Kündigung des Anstellungsvertrags nicht als »Zugang« zur Erwerbstätigkeit im Sinne von § 6 Abs. 3 AGG anzusehen, sondern umgekehrt als deren Beendigung.[91]

Schon der Wortlaut von § 6 Abs. 3 AGG zeigt, dass Organmitglieder beim Zugang zur Erwerbstätigkeit unabhängig von einer – jedenfalls für Vorstandsmitglieder abzulehnenden – Einordnung als Arbeitnehmer dem Diskriminierungsschutz der §§ 6 ff. AGG unterfallen.

2. Altersgrenzen

Außerordentlich kontrovers diskutiert wird nach wie vor die Frage, wie weit der Schutz vor Diskriminierung bei Beendigung des Vorstandsamts und des Anstellungsvertrages des Vorstandsmitglieds reicht. In der Praxis spielt das insbesondere bei Altersgrenzen für Vorstandsmitglieder eine Rolle.[92]

Zu kurz greift es zwar, aus der Empfehlung B 5 des DCGK, die vorsieht, dass für Vorstandsmitglieder eine Altersgrenze festgelegt werden soll, zu folgern, dass eine solche Altersgrenzen-Festsetzung konform mit dem AGG und dem unionsrechtlichen Antidiskriminierungsschutz sei. Vielmehr müssen sich Kodex-Bestimmungen als untergesetzliches Recht (soft law) ihrerseits am deutschen und europäischen Recht messen lassen und taugen daher in keiner Weise dazu, die Rechtmäßigkeit von Altersgrenzen für Vorstandsmitgliedern zu begründen.[93]

Eine Anwendung solcher Normen des AGG auf Altersgrenzen für Vorstandsmitglieder, die – anders als § 6 Abs. 3 AGG – nur für Arbeitnehmer gelten, ließe sich allerdings nicht einfach damit ablehnen, dass Vorstandsmitglieder aus deutscher Perspektive keine Arbeitnehmer sind, denn §§ 6 ff. AGG sind unionsrechtlich auszulegen. Jedoch ist auf dem Gebiet des Antidiskriminierungsrecht dem Unionsrecht

87 Cahn in KK-AktG, § 84 Rn. 38.
88 Koch, AktG, § 76 Rn. 150.
89 Dazu Fleischer in BeckOGK-AktG Stilz/Veil, § 84 Rn. 12.
90 Koch, AktG, § 76 Rn. 150.
91 Cahn in KK-AktG, § 84 Rn. 38; Koch, AktG, § 76 Rn. 150.
92 Dazu Fleischer in BeckOGK-AktG Stilz/Veil, § 76 Rn. 138.
93 Kort in GK-AktG, 76 Rn. 272.

nicht zu entnehmen, dass Vorstandsmitglieder als Arbeitnehmer anzusehen sind.[94] Schon angesichts der Weisungsunabhängigkeit von Vorstandsmitgliedern sind diese auch unionsrechtlich keine Arbeitnehmer im Sinn des Antidiskriminierungsschutzes.

Letztlich jedoch unabhängig von der unionsrechtlichen Einordnung von Vorstandsmitgliedern als Arbeitnehmer oder als Nicht-Arbeitnehmer fragt sich ganz generell, ob Altersgrenzen für Vorstandsmitglieder diskriminierend oder sachlich gerechtfertigt sind.

Für Arbeitnehmer sieht § 10 Satz 3 Nr. 5 AGG als Rechtfertigung für eine unterschiedliche Behandlung wegen des Alters vor, dass eine Vereinbarung über die Beendigung des Beschäftigungsverhältnisses ohne Kündigung zulässig ist, wenn sie auf den Zeitpunkt abstellt, zu dem der Beschäftigte eine Altersrente beantragen kann.

§ 10 Satz 3 Nr. 5 AGG wird in Hinblick auf die diskriminierungsrechtliche Zulässigkeit von Altersgrenzen für Vorstandsmitglieder vielfach so verstanden, dass diese Norm analog anzuwenden sei und eine Altersgrenze für Vorstandsmitglieder zulässig ist, wenn zu dem Beendigungszeitpunkt die Versorgungszusage der AG greift oder überbrückungsweise Übergangsgeld gewährt wird.[95]

Die analoge Anwendung von § 10 Satz 3 Nr. 5 AGG ist letztlich fragwürdig, da bei § 10 Satz 3 Nr. 5 AGG beschäftigungspolitische Zielsetzungen als Rechtfertigung für Altersgrenzen in Betracht kommen, nicht aber die bei Vorstandsmitgliedern ausschließlich relevanten unternehmenspolitischen Zielsetzungen.[96] Altersgrenzen für Vorstandsmitglieder sind daher – obwohl in der Praxis nach wie vor häufig zu finden – diskriminierungsrechtlich fragwürdig.

XI. Der Vorstandsmitgliedschaft vorausgehendes Arbeitsverhältnis

1. *Konstellation: Erst Arbeitsvertrag, dann Anstellungsvertrag*

Geht der Bestellung und Anstellung des Vorstandsmitgliedes ein Arbeitsverhältnis voraus, so fragt sich, welche Auswirkungen der Abschluss des Anstellungsvertrages als Vorstandsmitglied auf das vorausgegangene Arbeitsverhältnis hat. Zwar gilt das Schriftformerfordernis für die Beendigung des vorausgehenden Arbeitsvertrages gem. § 623 BGB, jedoch besteht die Vermutung, dass im Abschluss eines schriftlichen Anstellungsvertrages eine konkludente Aufhebung des vorausgegangenen Arbeitsvertrags zu sehen ist.[97] Der Aufsichtsrat hat dann auch die Befugnis zur konkludenten

94 Anders für GmbH-Fremdgeschäftsführer, dazu BGH, 26.03.2019, II ZR 244/17, NZG 2019, 705.
95 Cahn in KK-AktG, § 84 Rn. 39; Koch, AktG, § 76 Rn. 152.
96 Näher Kort in GK-AktG, § 76 Rn. 270.
97 Cahn in KK-AktG, § 84 Rn. 34; Spindler in MünchKomm-AktG, § 84 Rn. 66; ferner zur insofern vergleichbaren Konstellation beim GmbH-Geschäftsführer bzw. beim Vereins-Vorstand BAG, 07.10.1993, 2 AZR 260/93, NZA 1994, 212; BAG, 28.09.1995, 5 AZB 4/95, NZA 1996, 143; BAG, 08.06.2000, 2 AZR 207/99, NZA 2000, 1013.

Beendigung des Arbeitsvertrags (im Anstellungsvertrag als Vorstandsmitglied), obwohl an sich der Vorstand hierfür zuständig wäre.[98] Das ergibt sich aus § 112 AktG.

Da der Abschluss des Anstellungsvertrages damit regelmäßig eine konkludente Beendigung eines ggf. vorangegangen Arbeitsvertrages bedeutet, führt die spätere Beendigung der Stellung als Vorstandsmitglied nicht zu einem »Wiederaufleben« des Arbeitsverhältnisses,[99] es sei denn, die AG und das Vorstandsmitglied haben im Vorstands-Anstellungsvertrag ausdrücklich ein »Ruhen« des Arbeitsverhältnisses (und nicht dessen Beendigung) vereinbart.

2. *Konstellation: Erst Arbeitsvertrag, dann Bestellung ohne Anstellungsvertrag*

Wie bereits einleitend ausgeführt wurde, ist der Anstellungsvertrag freier Dienstvertrag. Das Vorstandsmitglied hat Anspruch auf Abschluss eines solchen Vertrags.[100] Daher geht es nicht an, einen ggf. schon vor der Bestellung bestehenden Arbeitsvertrag während der Vorstandsmitgliedschaft »weiterlaufen« zu lassen, so dass der Arbeitsvertrag gleichsam an die Stelle des Anstellungsvertrages tritt.

Ebenso wenig ist es möglich, anstelle eines Anstellungsvertrages einen Arbeitsvertrag abzuschließen oder den Anstellungsvertag in einer Weise auszugestalten, dass er trotz Bezeichnung als Anstellungsvertrag als Arbeitsvertrag zu werten ist.[101]

Die Vertragsparteien des Anstellungsvertrags haben trotz der allgemein für Anstellungsverträge in weitem Umfang bestehenden Vertragsfreiheit keine Möglichkeit, das Anstellungsverhältnis als Arbeitsverhältnis auszugestalten, da dem die gesellschaftsrechtliche Weisungsfreiheit des Vorstandsmitglieds, die zwingend im AktG vorgesehen ist, entgegensteht. Wenn das Vorstandsmitglied gesellschaftsrechtlich nicht von den Weisungen anderer Organe abhängig ist, kann es erst recht nicht per Privatautonomie von der AG selbst arbeitsvertraglich abhängig gemacht werden.[102]

Bei Fehlen eines Anstellungsvertrages greifen vielmehr die Grundsätze des fehlerhaften oder faktischen Anstellungsverhältnisses ein. Das Vorstandsmitglied wird damit so betrachtet, als sei ein wirksamer Anstellungsvertrag abgeschlossen. Für die möglicherweise äußerst schwierige Ermittlung des hypothetischen Parteiwillens in Hinblick auf den Inhalt eines solchen faktischen Anstellungsverhältnissen kann dann ggf. auf den Inhalt der als solcher unwirksamen Vereinbarung eines Arbeitsvertrages während der Organmitgliedschaft zurückgegriffen werden, allerdings unter

98 Spindler in MünchKomm-AktG, § 84 Rn. 66.
99 Ähnlich Spindler in MünchKomm-AktG, § 84 Rn. 66 sowie Seyfarth, Vorstandsrecht, § 4 Rn. 14.
100 Seyfarth, Vorstandsrecht, § 3 Rn. 3 und § 4 Rn. 2.
101 A.A. offenbar 11. Senat des BSG, 03.11.2021, B 11 AL 4/20 R, NZG 2022, 522; dazu kritisch Kort, NZG 2022, 494 sowie Cahn in KK-AktG, § 84 Rn. 35.
102 Dazu näher Kort, NZG 2022, 494.

»Hinwegdenken« der typisch arbeitsvertraglichen Elemente und bei einer Prüfung des vereinbarten Entgelts anhand von § 87 AktG und ggf. § 87a AktG.

XII. Fortsetzung des Anstellungsverhältnisses als Arbeitsverhältnis

Ist das Vorstandsmitglied nach dem Ende von Bestellung und Anstellung weiterhin für die AG tätig, etwa als Prokurist oder Berater, so kann je nach den Einzelumständen dieser Tätigkeit ein Arbeitsverhältnis mit der AG begründet werden. Eine solche nachmalige Tätigkeit kann auch schon im Vorstands-Anstellungsvertrag vereinbart werden.[103]

Eine objektive Gesetzesumgehung ist es nach einer Entscheidung des BAG[104] hingegen, wenn im Vorstands-Anstellungsvertrag eine inhaltlich unveränderte Weitergeltung des Vorstands-Anstellungsvertrages über die Fristen des § 84 Abs. 1 AktG hinaus als »Arbeitsvertrag« vereinbart wird. Es besteht dann die Vermutung, dass dem Vorstandsmitglied dessen Bezüge über die in § 84 Abs. 1 AktG genannte Höchstdauer der Anstellung hinaus gesichert werden sollen und damit eine unzulässige Bindung des Aufsichtsrats und der AG erfolgt, die gegen § 134 BGB verstößt. Ein Arbeitsverhältnis über das Ende der eigentlichen Anstellung hinaus kommt in solchen Fällen nicht zu Stande.[105]

XIII. Vorstandsmitglieder im Sozialversicherungsrecht

Vorstandsmitglieder sind keine Beschäftigen im Sinne von § 7 SGB IV und daher auch in keinem Zweig der gesetzlichen Sozialversicherung, also Rentenversicherung, Krankenversichern, Pflegeversicherung, Unfallversicherung und Arbeitslosenversicherung, sozialversicherungspflichtig.[106] Vorstandsmitglieder üben keine abhängige, sondern eine unternehmerische Tätigkeit aus und sind auch nicht sozial schutzbedürftig im Sinne des Sozialversicherungsrechts. Das gilt auch für stellvertretende Vorstandsmitglieder und Vorstandsmitglieder »ausländischer« Aktiengesellschaften.[107]

Die bei GmbH-Geschäftsführern in Hinblick auf deren Sozialversicherungspflichtigkeit vorgenommene Differenzierung nach den Einzelumständen der konkreten Stellung als Geschäftsleiter ist bei Vorstandsmitgliedern wegen deren anderer

103 Spindler in MünchKomm-AktG, § 84 Rn. 94.
104 BAG, 26.08.2009, 5 AZR 522/08, NZG 2009, 1435, Rn. 27 ff.
105 Fleischer in BeckOGK-AktG Stilz/Veil, § 84 Rn. 35; Spindler in MünchKomm-AktG, § 84 Rn. 94.
106 Cahn in KK-AktG, § 84 Rn. 44; Spindler in MünchKomm-AktG, § 84 Rn. 70; Grigoleit in: Grigoleit, AktG, § 84 Rn. 24.
107 Kort in GK-AktG, § 84 Rn. 470.

Stellung nicht angebracht, u.a. deshalb nicht, weil das Vorstandsmitglied anders als der GmbH-Geschäftsführer nicht von Weisungen abhängig ist.[108]

Die sozialversicherungsrechtliche Einordnung des Vorstandsmitgliedes kann entgegen der Rechtsprechung des 11. Senats des BSG in einer Entscheidung vom 3.11.2021[109] auch nicht durch eine Ausgestaltung des schuldrechtlichen Verhältnisses zwischen AG und Vorstandsmitglieder in arbeitsvertraglicher oder arbeitsvertragsähnlicher Weise erfolgen. Dem stehen die bereits beschriebenen gesellschaftsrechtlichen Grenzen der privatautonomen Ausgestaltung des Anstellungsverhältnisses des Vorstandsmitgliedes entgegen.[110]

Die Sozialversicherungsfreiheit von Vorstandsmitgliedern gilt allerdings nur für deren Tätigkeit als Vorstandsmitglieder. Üben sie hingegen zusätzlich noch eine Tätigkeit für die Gesellschaft oder für den Konzern aus, gelten insofern die allgemeinen Bestimmungen über die Sozialversicherungspflichtigkeit.[111]

XIV. Ruhegehaltszusagen an Vorstandsmitglieder: »Anleihen« aus dem Arbeitsrecht?

Wie bereits oben (IX.3.c) ausgeführt, können Ruhegehaltszusagen für Vorstandsmitglieder wie andere anstellungsvertragliche Vereinbarungen einer AGB-Kontrolle unterliegen. Das gilt etwa, wie ebenfalls schon angesprochen, für Anrechnungsbestimmungen in Altersversorgungszusagen. Da das Ruhegehalt Entgeltbestandteil ist, ist gem. § 87 Abs. 1 Satz 4 i.V. mit Satz 1 AktG das Angemessenheitsgebot des § 87 Abs. 1 Satz 1 AktG auch beim Ruhegehalt zu beachten.

Außerdem finden §§ 1 bis 16 BetrAVG, die primär für Arbeitnehmer gelten, auf Vorstandsmitglieder analog Anwendung, wenn sie mit der AG nicht so stark verbunden sind, dass diese als ihr eigenes Unternehmen betrachtet werden kann. Letzteres ist insbesondere bei Vorstandsmitgliedern, die Mehrheitsaktionäre sind, der Fall, ggf. aber auch bei Vorstandsmitgliedern, die eine nicht unerhebliche Beteiligung an der AG halten und allein oder mit anderen Aktionären über eine tatsächlich bestehende, institutionell verfestigte Mehrheitsmacht verfügen.[112]

Ferner fragt sich, ob arbeitsrechtliche Erwägungen bei Ruhegehaltzusagen eine Rolle spielen können. Dagegen spricht schon, dass das BAG in einer Entscheidung vom 21.04.2009 bei Organmitgliedern anders als bei Arbeitnehmern in Hinblick auf die betriebliche Altersvorversorgung nicht von einer Verhandlungsunterlegenheit beim Aushandeln diesbezüglicher Regelungen ausgeht.[113] Vielmehr trägt die Ruhegehaltzusage bei Vorstandsmitgliedern individuelle Züge.

108 Kort in GK-AktG, § 84 Rn. 470.
109 BSG, 03.11.2021, B 11 AL 4/20 R, NZG 2022, 522.
110 Näher Kort NZG 2022, 494; wie hier Cahn in KK-AktG, § 84 Rn. 35.
111 Kort in GK-AktG, § 84 Rn. 472.
112 Fleischer in BeckOGK-AktG Stilz/Veil, § 84 Rn. 55.
113 BAG, 21.04.2009, 3 AZR 285/07, BetrAVG § 1 Beamtenversorgung Nr. 20.

Für den besonderen Fall, dass der Vorstandsmitgliedschaft und dem Anstellungsvertrag ein Arbeitsverhältnis vorausgegangen sein sollte und dem späteren Organmitglied bereits während seiner Arbeitnehmereigenschaft ein Ruhegehalt zugesagt worden sein sollte, kann der spätere Vorstands-Anstellungsvertrag so auszulegen sein, dass er eine konkludente Fortsetzung der Ruhegehaltsverpflichtung der AG enthält.[114]

Im Allgemeinen sind auf das Ruhegehalt von Vorstandsmitgliedern weder die Grundsätze über die arbeitsrechtliche Gleichbehandlung noch die arbeitsrechtlichen Grundsätze über die betriebliche Übung anzuwenden.[115] Hingegen folgt aus dem – beschränkten (dazu oben III.1.) – gesellschaftsrechtlichen Grundsatz der Gleichbehandlung der Vorstandsmitglieder, dass Ruhegehaltansprüche auch ohne anstellungsvertragliche oder sonstige vertragliche Fixierung bestehen können, wenn anderen Vorstandsmitgliedern ein Ruhegehalt zugesagt worden ist.[116]

XV. Fazit

Insgesamt hat sich gezeigt, dass eine Anwendung arbeitsrechtlicher Schutzbestimmungen sowie eine Übertragung allgemeiner arbeitsrechtlicher Überlegungen auf Vorstandsmitglieder allenfalls ganz ausnahmsweise in Betracht kommt.

114 Fleischer in BeckOGK-AktG Stilz/Veil, § 84 Rn. 54.
115 Kort in GK-AktG, § 84 Rn. 356; wohl a.A. Fleischer in BeckOGK-AktG Stilz/Veil, § 84 Rn. 54.
116 Kort in GK-AktG, § 84 Rn. 356.

EU Green Bond Verordnung – visionäre Regelung oder totes Recht?

Christoph Kumpan[1]

Die zunehmende Durchdringung des europäischen und deutschen Wirtschaftsrechts durch Nachhaltigkeitsregelungen im Zuge der immer stärkeren Ausrichtung der Wirtschaft auf einen nachhaltigen und klimafreundlichen Kurs hat Jens Ekkenga kritisch begleitet.[2] Denn auch wenn das Ziel, die Umwelt zu schützen und lebenswert zu erhalten, ein hehres ist, so ist doch das Vorgehen der EU bei dessen Verfolgung nicht immer die sachgerechteste Lösung. Gerade im Hinblick auf die Kapitalmarktregulierung kommt der Eindruck auf, dass der Gesetzgeber das Pferd von hinten aufzäumt,[3] dafür aber umso größeren Aufwand betreibt. Jens Ekkenga hat hier immer wieder die Probleme deutlich gemacht und den Gesetzgeber gemahnt.

Ein noch junger Rechtsakt, der ebenfalls den mahnenden Blick von Jens Ekkenga verdient, ist die seit dem 21.12.2024 geltende EU Green Bond Verordnung.[4] Mit dieser Verordnung ist ein EU-weit geltender freiwilliger Marktstandard für sog. grüne Anleihen (»Green Bonds«) eingeführt worden. An ihr lässt sich gut nachvollziehen, wie die von der EU verfolgte Implementierung von nachhaltigkeitsbezogenen Regelungen im Kapitalmarktrecht an Grenzen stößt und die verwendeten Regelungsinstrumente nicht immer richtig kalibriert sind.

Bei grünen Anleihen (I) ergibt sich der Regelungsbedarf insbesondere aus deren spezieller Ausrichtung auf Nachhaltigkeit (II.1). Auch wenn dieser Regelungsbedarf bereits durch private Standards adressiert worden ist (II.2 und II.3), hielt die EU dennoch einen eigenen, allerdings lediglich freiwillig einzuhaltenden Standard für erforderlich (III.1). Diese Regelungen (III.2) sollen hier kritisch beleuchtet werden (IV).

1 Der Beitrag basiert in Teilen auf Kumpan, Green Bonds and Their new Regulation in the EU, in Binder/Hopt/Kuntz, Corporate Purpose, CSR, and ESG, Oxford, 2024, Chapter 14.

2 Siehe aus der jüngeren Zeit etwa Ekkenga, WM 2020, 1664; Ekkenga, WM 2022, 1765 (Teil 1), 1813 (Teil 2); Ekkenga, ZHR 187 (2023), 228; Ekkenga/Erlemann, ZIP 2022, 49; Ekkenga/Posch, WM 2021, 205; Ekkenga/Schirrmacher/Schneider, NJW 2021, S. 1509; Ekkenga/Roth, AG 2021, 409; Ekkenga/Roth, WM 2021, 1161.

3 Siehe dazu bereits die Ausführungen in Kumpan, ZHR 187 (2023), 281 ff.

4 Verordnung (EU) 2023/2631 des Europäischen Parlaments und des Rates vom 22. November 2023 über europäische grüne Anleihen sowie fakultative Offenlegungen zu als ökologisch nachhaltig vermarkteten Anleihen und zu an Nachhaltigkeitszielen geknüpften Anleihen, ABl.EU L 2023/2631 vom 30.11.2023.

I. Grüne Anleihen und ihre Entwicklung

Bei grünen Anleihen bzw. Green Bonds handelt es sich um Schuldverschreibungen, die der Kapitalbeschaffung für Projekte dienen, die klimabezogen sind oder eine positive Umweltwirkung anstreben.[5] Im Gegensatz zu konventionellen Anleihen, die in erster Linie nach der Bonität ihres Emittenten und der angebotenen Verzinsung bewertet werden, ist das charakteristische Merkmal grüner Anleihen die zweckgebundene Verwendung der Mittel für »grüne« Projekte.[6]

1. *Marktentwicklung grüner Anleihen*

Die erste klimabewusste Anleihe wurde 2007 von der Europäischen Investitionsbank[7] und die erste »grüne Anleihe« 2008 von der Weltbank begeben.[8] Seitdem ist der Markt für grüne Anleihen stetig gewachsen. Bis 2024 ist die Kapitalisierung des Marktes für grüne Anleihen auf 2,9 Bill. US-$ angewachsen und hat sich damit seit 2018 versechsfacht.[9] Legt man die Zahlen der Climate Bonds Initiative zugrundet, so hat der Markt für grüne Anleihen im Jahr 2024 sogar einen Umfang von 3,5 Bill. US-$ erreicht[10] und es wurden grüne Anleihen im Wert von 671 Mrd. US-$ von 948

5 The World Bank, What are Green Bonds?, (2015) S. 23, <https://documents1.worldbank.org/curated/en/400251468187810398/pdf/99662-REVISED-WB-Green-Bond-Box393208B-PUBLIC.pdf> abgerufen am 08.12.2025; OECD, Mobilising Bond Markets for a Low-Carbon Transition, 19.04.2017, S. 23 <https://doi.org/10.1787/9789264272323-en> abgerufen am 08.12.2025; International Capital Market Association, Green Bonds Principles – Voluntary Process Guidelines for Issuing Green Bonds, Juni 2025, S. 2, <https://www.icmagroup.org/assets/documents/Sustainable-finance/2025-updates/Green-Bond-Principles-GBP-June-2025.pdf>, abgerufen am 08.12.2025; Freeburn/Ramsay, Green bonds: legal and policy issues, Capital Markets Law Journal 15 (2020), 418, 419; Gianfrate/Peri, The green advantage: Exploring the convenience of issuing green bonds, 219 (2019) Journal of Cleaner Production 127–128 Gilotta, Green Bonds: A Legal and Economic Analysis, in Kuntz, Research Handbook on environmental, social and corporate governance, 2024, S. 226, 228.

6 OECD, Mobilising Bond Markets for a Low-Carbon Transition, 19.04.2017, S. 13 <https://doi.org/10.1787/9789264272323-en> abgerufen am 08.12.2025; Freeburn/Ramsay, Green bonds: legal and policy issues, Capital Markets Law Journal 15 (2020), 418, 419, 420; Gilotta, Green Bonds: A Legal and Economic Analysis, in Kuntz, Research Handbook on environmental, social and corporate governance, 2024, S. 226, 228.

7 European Investment Bank, Climate and Sustainability Awareness Bonds, <https://www.eib.org/en/investor-relations/sustainable-finance/index> abgerufen am 08.12.2025.

8 The World Bank, World Bank and SEB Partner with Scandinavian Institutional Investors to Finance »Green« Projects, 06.11.2008, <https://www.worldbank.org/en/news/press-release/2008/11/06/world-bank-and-seb-partner-with-scandinavian-institutional-investors-to-finance-green-projects> abgerufen am 08.12.2025.

9 Demski/Dong/McGuire/Mojon, Growth of the green bond market and greenhouse gas emissions, BIS Quarterly Review, March 2025, 53.

10 Climate Bonds Initiative, Sustainable Debt Global State of the Market 2024, Mai 2025, S. 2, <https://www.climatebonds.net/data-insights/publications/global-state-market-2024> abgerufen am 08.12.2025.

Emittenten aus 66 Ländern begeben.[11] Mit 388,4 Mrd. US-$ wurde mehr als die Hälfte des Emissionsvolumen in Europa emittiert, davon 73,3 Mrd. US-$ in Deutschland.[12] Größter Einzelemittent war die EU mit 20,9 Mrd. US-$.[13] Obwohl diese Beträge sehr groß erscheinen, ist der Markt für grüne Anleihen im Vergleich zum weltweiten Anleihemarkt mit einem Emissionswert von 25,2 Bill. US-Dollar im Jahr 2023 und einem ausstehenden Betrag von 140,7 Bill. US-Dollar immer noch recht klein.[14]

2. *Bedeutung grüner Anleihen*

Grüne Anleihen machen ökologische Themen anlagefähig und ermöglichen es Anlegern so, Geld in nachhaltige Projekte zu investieren.[15] Auf diese Weise können sich Anleger über den Kapitalmarkt für Umwelt- und Klimaschutz engagieren. Wie eine Studie ergeben hat, reagieren Anleger positiv auf die Emission grüner Anleihen.[16] Insbesondere institutionelle Anleger investieren vermehrt in ein Unternehmen, nachdem dieses grüne Anleihen emittiert hat.[17] Unternehmen auf der anderen Seite erhalten so die Möglichkeit, die Sichtbarkeit ihrer nachhaltigen Projekte zu erhöhen und Anleger auf sich aufmerksam machen, die an nachhaltigen Anlagen interessiert sind. So können sie ihre Anlegerbasis verbreitern,[18] gezielt Kapital für nachhaltige Investitionen nachfragen und auch über die Finanzierung mit ihrer Umweltfreundlichkeit werben.[19] Nach einer Emission grüner Anleihen verbessern viele Emittenten ihre Umweltleistung (d. h. sie erzielen höhere Umweltratings, geringere CO_2-Emissionen) – was allerdings nur für Fälle nachgewiesen wurde, in denen grüne Anleihen von unabhängigen Dritten zertifiziert wurden.[20] Auf diese Weise können grüne Anleihen

11 Climate Bonds Initiative, Sustainable Debt Global State of the Market 2024, S. 3, 4.
12 Climate Bonds Initiative, Sustainable Debt Global State of the Market 2024, S. 5.
13 Climate Bonds Initiative, Sustainable Debt Global State of the Market 2024, S. 5.
14 Sifma, Capital Markets Fact Book, Juli 2024, S. 7.
15 EU Technical Expert Group on Sustainable Finance, Report on EU Green Bond Standard, Juni 2019, S. 20.
16 Flammer, Green Bonds: Effectiveness and Implication for Public Policy, Environmental and Energy Policy and the Economy 2020, 95 <https://www.journals.uchicago.edu/doi/epdf/10.1086/706794> abgerufen am 08.12.2025.
17 Tang/Zhang, Do shareholders benefit from green bonds? Journal of Corporate Finance 61 (2020), 101427, 3.
18 Freeburn/Ramsay, Capital Markets Law Journal 15 (2020), 418, 426.
19 Freeburn/Ramsay, Capital Markets Law Journal 15 (2020), 418, 426.
20 Demski/Dong/McGuire/Mojon, Growth of the green bond market and greenhouse gas emissions, BIS Quarterly Review, March 2025, S. 63 f.; Flammer, Green Bonds: Effectiveness and Implication for Public Policy, Environmental and Energy Policy and the Economy 2020, 95 <https://www.journals.uchicago.edu/doi/epdf/10.1086/706794> abgerufen am 08.12.2025; Flammer, Corporate green bonds [2021] 142 (2021) Journal of Financial Economics 499; Kuchin/Baranovskii/Dranev/Chulok, Does green bonds placement create value for firms?, National Research University Higher School of Economics, Basic Research Program Working Papers, Series: Science, Technology and Innovation, 2019, WP BRP 101/STI/2019, 17 <https://ssrn.com/abstract=3477918> abgerufen am 08.12.2025; siehe auch Hartzmark/Sussmann, Do Investors Value

zum Wandel der Unternehmen beitragen. Auch in finanzieller Hinsicht kann sich eine Emission grüner Anleihen lohnen, wenn Emittenten grüner Anleihen geringere Zinsen zahlen müssen.[21] Des Weiteren hat eine Studie ergeben, dass Aktienkurse positiv auf die Emission grüner Anleihen reagieren.[22] Da in diesem Zusammenhang kein signifikanter Aufschlag für grüne Anleihen festgestellt wurde, deutet dies darauf hin, dass die positiven Aktienrenditen nicht durch niedrigere Kosten für Fremdkapital bedingt sind.[23]

II. Regulierung grüner Anleihen mittels privater Standards

Neben den positiven Aspekten, die grüne Anleihen auszeichnen, bringen grüne Anleihen aber auch spezifische Herausforderungen mit sich. Diese sind insbesondere mit dem »grünen« Element dieser Anleihen verbunden, insbesondere mit der Frage, ob bzw. wann Anleihen als »grün« oder »nachhaltig« eingeordnet werden können (1.). Um diesem Problem zu begegnen und den Emittenten ein Mittel an die Hand zu geben, das ihnen hilft darzulegen, dass und warum ihre Anleihen »grün« sind, haben sich verschiedene Standards entwickelt. Die beiden wichtigsten internationalen Standards sind die von der International Capital Market Association (ICMA) entwickelten Green Bond Principles (2.) und der von der Climate Bonds Initiative aufgestellte Climate Bonds Standard (3.).

Sustainability? A Natural Experiment Examining Ranking and Fund Flows, 2019, ecgi Finance Working Paper Nr. 565/2018 <http://ssrn.com/abstract_id=3016092> abgerufen a, 08.12.2025; Kapraun/Latino/Scheins/Schlag, (In)-Credibly Green: Which Bonds Trade at a Green Bond Premium?, April 2021, <https://ssrn.com/abstract=3347337> abgerufen am 08.12.2025 (»Investors are more likely to pay a premium for a Green bond, when it is certified as such by a third party«).

21 Z.B. Baker/Bergstresser/Serafeim/Wurgler, Financing the Response to Climate Change: The Pricing and Ownership of U.S. Green Bonds, 12.10.2018) <https://ssrn.com/abstract=3275327> abgerufen am 08.12.2025; Gianfrate/Peri, The green advantage: Exploring the convenience of issuing green bonds« [2019] 219 Journal of Cleaner Production 127, 128 (»on average (…) 0.18% of the bond value«; siehe außerdem den Literaturüberblick auf S. 128); Zerbib, The effect of pro-environmental preferences on bond prices: Evidence from green bonds, Journal of Banking & Finance 98 (2019), 39. Dagegen sieht EU Technical Expert Group on Sustainable Finance, Report on EU Green Bond Standard, Juni 2019, S. 22 die bisherigen diesbezüglichen Studien als noch nicht ausreichend an, um von einem durchgängigen Zinsvorteil ausgehen zu können.

22 Tang/Zhang, Do shareholders benefit from green bonds? Journal of Corporate Finance 61 (2020), 101427, 2. Allgemein zu Aktienrenditen kohlenstoffsparender Unternehmen In/Park/Monk, Is ›Being Green‹ Rewarded in the Market?: An Empirical Investigation of Decarbonization and Stock Returns, 16.04.2019), <https://ssrn.com/abstract=3020304> abgerufen am 08.12.2025.

23 Tang/Zhang, Do shareholders benefit from green bonds? Journal of Corporate Finance 61 (2020), 101427, 2.

1. *Regulierungsbedürfnis*

Unsicherheiten hinsichtlich der Einordnung einer Anleihe als »grün« können aufgrund nicht ausreichender Information (a) aber auch aufgrund absichtlicher Irreführung (b) entstehen. Da nachhaltige Finanzanlagen Vertrauens- und Erfahrungsgüter sind[24] und Privatanleger die investierenden Finanzintermediäre nicht wirksam kontrollieren können, besteht die Gefahr, dass solche Unsicherheiten und eventuelle Irreführungen die Funktionsfähigkeit des Marktes für nachhaltige Finanzprodukte beeinträchtigen.

a) Greenwishing

Ein erstes Hindernis für grüne Anleihen ist das oft begrenzte Wissen der Marktteilnehmer über grüne Anleihen. Für Unternehmen stellt sich insbesondere die Frage, wann eine Investitionen als »grün« einzustufen ist und wie Auswirkungen auf die Umwelt zu bewerten sind. Das kann es Emittenten erschweren, gute Nachhaltigkeitsratings für ihre Anleihen zu erhalten. In diesem Zusammenhang kann das Problem des »Greenwishing« auftreten:[25] Wenn ein Emittent einschätzen muss, ob sein Projekt nachhaltig ist, kann er aufgrund der von ihm unternommenen Anstrengungen von dessen Nachhaltigkeit fest überzeugt sein, auch wenn objektiv mehr dagegen- als dafürspricht.[26]

b) Greenwashing

Während das »Greenwishing« eher unbeabsichtigt oder aufgrund zu geringer Informationen auftritt, beruht das so genannte »Greenwashing« auf einer bewussten Handlung eines Emittenten. Beim Greenwashing stellen sich Unternehmen als umweltfreundlich dar, obwohl sie grundlegende Umweltstandards nicht einhalten.[27] Damit wollen sie ein positives Bild von sich und ihrer Tätigkeit in Bezug auf Umwelt- oder Klimaschutz zeichnen, um das Vertrauen von Verbrauchern und Anlegern zu gewinnen, ohne jedoch die entsprechenden nachhaltigen Maßnahmen zu ergreifen. Ein solches Verhalten untergräbt das Vertrauen von Verbrauchern und Anlegern in die Unternehmen und deren Nachhaltigkeitsbestrebungen und damit auch allgemein in den Markt für nachhaltige Kapitalanlagen.

24 Bueren, ZGR 2019, 813, 858.
25 Austin, Greenwish: The Wishful Thinking Undermining the Ambition of Sustainable Business, (2019), <https://preventablesurprises.com/wp-content/uploads/2019/07/2019-07-19-Greenwish-Essay.pdf> abgerufen am 08.12.2025.
26 Sog. conservatism bias. Dazu etwa Klöhn, Kapitalmarkt, Spekulation und Behavioral Finance, 2006, S. 107.
27 Vgl. Erwägungsgrund 11 S. 3 Taxonomieverordnung.

2. ICMA Green Bonds Principles

Die Green Bond Principles der ICMA[28] sind international anerkannte, freiwillige Leitlinien für die Emission grüner Anleihen, die Anforderungen an Transparenz und Offenlegung festlegen. Nach diesen Grundsätzen gibt es vier Kernanforderungen, damit eine Anleihe als »grün« eingestuft werden kann: (i) der Erlös der Anleihe muss für grüne Projekte verwendet werden (grüne Kategorien sind z. B.: erneuerbare Energien, Energieeffizienz, Gewährleistung der Biodiversität, umweltfreundliche Gebäude), die in der rechtlichen Dokumentation der Anleihe angemessen beschrieben werden müssen,[29] (ii) vom Emittenten einer grünen Anleihe wird erwartet, dass er den Anlegern insbesondere die Nachhaltigkeitsziele des Projektes und den Prozess der Projektbewertung und -auswahl klar kommuniziert,[30] (iii) die Nettoerlöse der grünen Anleihe oder ein Betrag in Höhe dieser Nettoerlöse sind gesondert zu verbuchen und dies sollte vom Emittenten offiziell bestätigt werden; zudem wird empfohlen, die Verwaltung der Erlöse durch einen Wirtschaftsprüfer oder einen anderen Dritten überprüfen zu lassen,[31] (iv) die Emittenten müssen aktuelle Informationen über die Verwendung der Erlöse bereithalten und bis zu deren vollständigen Verwendung jährlich erneuern sowie zeitnah im Falle wesentlicher Entwicklungen.[32] Der Jahresbericht soll eine Liste und eine Beschreibung der Projekte enthalten, die mit den Erlösen finanziert werden, sowie die jeweiligen zugeordneten Beträge und die erwarteten Auswirkungen.[33]

Darüber hinaus sollen Emittenten einen Rahmenplan für grüne Anleihen erstellen, in dem die Ausrichtung der grünen Anleihe an den vier oben genannten Kernanforderungen erläutert wird.[34] Des Weiteren wird in den Grundsätzen empfohlen, dass die Emittenten eine externe Überprüfung veranlassen, um die Ausrichtung ihrer Anleihen an den vier Kernanforderungen bestätigen zu lassen.[35] Mit diesen Vorgaben soll zum einen die Transparenz der erfassten grünen Anleihen erhöht werden. Zum anderen dient die Empfehlung einer Kontrolle durch Dritte dazu, das Vertrauen in die Anleihen und deren Emittenten zu stärken.

28 International Capital Market Association, Green Bonds Principles – Voluntary Process Guidelines for Issuing Green Bonds, Juni 2025, <https://www.icmagroup.org/assets/documents/Sustainable-finance/2025-updates/Green-Bond-Principles-GBP-June-2025.pdf>, abgerufen am 08.12.2025 (im Folgenden ICMA, Green Bonds Principles).
29 ICMA, Green Bonds Principles, S. 3-4.
30 ICMA, Green Bonds Principles, S. 5.
31 ICMA, Green Bonds Principles, S. 5.
32 ICMA, Green Bonds Principles, S. 5.
33 ICAM, Green Bonds Principles, S. 5.
34 ICMA, Green Bonds Principles, S. 6.
35 ICMA, Green Bonds Principles, S. 6.

3. Climate Bonds Standard

Ein weiterer wichtiger Standard ist der Climate Bonds Standard der Climate Bonds Initiative.[36] Er baut auf den Green Bond Principles auf,[37] ist jedoch wesentlich detaillierter und enthält mehr technische Anforderungen sowie eine Begriffstaxonomie für zulässige Projekte und Finanzinstrumente. Mit seiner Taxonomie schafft der Climate Bonds Standard mehr Klarheit darüber, welche Finanzinstrumente und welche Projekte als »grün« zu klassifizieren sind.[38] Des Weiteren endet der Zertifizierungsprozess nicht mit der Emission der Anleihen. Vielmehr muss der Emittent nach der Emission jährliche Aktualisierungsberichte bei der Climate Bonds Initiative einreichen, um die Zertifizierung aufrechtzuerhalten.[39] Dadurch wird so gut wie möglich sichergestellt, dass die eingesammelten Finanzmittel nicht heimlich abgezweigt werden. Die Dokumentations-, Kommunikations- und Berichtspflichten hinsichtlich des Projekts, die Verwendung der Erlöse usw., insbesondere die Veröffentlichung von Allokationsberichten und Wirkungsberichten,[40] führen zu einer Verringerung der Informationsasymmetrie zwischen dem Emittenten und den Investoren. Zudem wirkt die kontinuierliche Kontrolle durch die Climate Bonds Initiative vertrauensfördernd.

III. Die EU Green Bond Verordnung

Trotz der bereits vorhandenen privaten Standards sah die EU ein Bedürfnis für einen eigenen EU-Standard für grüne Anleihen, den sie in der EU Green Bond Verordnung verankert hat.[41] Im Februar 2025 hat die ESMA ihren Final Report für technische Standards zu dieser Verordnung vorgestellt.[42]

1. Bedarf für die Verordnung

Eine der größten Hürden für Anleger und Emittenten und damit für die Entwicklung eines globalen Marktes für grüne Anleihen war – und ist – das Fehlen eines

36 Climate Bonds Initiative, Climate Bonds Standard, Version 4.3, August 2025, <https://www.climatebonds.net/files/documents/CBI_Standard_V4.3_FINAL_2025-08-20-102147_gbqn.pdf> abgerufen am 08.12.2025.

37 Climate Bonds Initiative, Climate Bonds Standard, Version 4.3, August 2025, S. 17.

38 Climate Bonds Initative, Climated Bonds Taxonomy (September 2021) <https://www.climatebonds.net/files/documents/supporting-documents/Climate-Bonds-Initiative-Taxonomy.pdf> abgerufen am 08.12.2025.

39 Climate Bonds Initiative, Climate Bonds Standard, Version 4.3, August 2025, S. 23 (A.3.4.1).

40 Zu all diesen Pflichten siehe Climate Bonds Initiative, Climate Bonds Standard, Version 4.3, August 2025, S. 17 ff. (Part A).

41 S. Fn. 4; zur EuGB-VO z.B. Harnos WM 2025,1113; Seitz RdF 2025, 84; Bueren ZGR 2024, 397; Schlitt/Esmaty BKR 2023, 426; Renner ZBB 2023, 23.

42 ESMA, Final Report – Technical Standards on the European Green Bonds Regulation, 14.02.2025, ESMA84–858037815-195.

einheitlichen Rahmens für diese Finanzinstrumente. Denn dies führte zu Unsicherheit darüber, was als »grün« einzuordnen ist. Neben allgemeinen Rahmenwerken, wie den bereits erwähnten, weit verbreiteten Green Bond Principles und dem Climate Bonds Standard, gibt es verschiedene andere Ansätze zur Regulierung grüner Anleihen, wie z.B. die von S&P Global Ratings Second Party Opinion,[43] DNV (Det Norske Veritas),[44] Institutional Shareholder Services[45] oder Morningstar Sustainalytics.[46] Darüber hinaus haben sich in anderen Länder, wie z.B. China, eigene Standards für nachhaltige Finanzprodukte entwickelt. In Anbetracht dessen kann es für Unternehmen schwierig werden festzustellen, ob ein bestimmtes Projekt als »grün« eingestuft werden kann.[47] Unternehmen könnten daher vor der Emission grüner Anleihen zurückschrecken, um Reputationsrisiken zu vermeiden, wenn ihre Einschätzung der Umweltfreundlichkeit einer Anleihe in Frage gestellt wird.[48]

Angesichts des Fehlens harmonisierter Regelungen für grüne Anleihen und der Gefahr von Unsicherheit über die Einstufung von Anleihen als »grün« und dem damit einhergehenden Risiko eines Versagens des Marktes für grüne Anleihen sah die Europäische Kommission die Notwendigkeit für einen eigenen Standard für grüne Anleihen.[49] Darüber hinaus befürchtete sie eine mögliche Fragmentierung des Binnenmarktes, wenn die Mitgliedstaaten unterschiedliche nationale Anforderungen erlassen sollten.[50] Angesichts der weiten Verbreitung der ICMA Green Bond Principles, die zu einer Art Marktstandard geworden sind, erschien aber weder die Unsicherheit noch die Gefahr einer Fragmentierung so akut, dass ein umfangreicher, regelungsintensiver EU-Standard notwendig gewesen wäre. Zuzugeben ist allerdings, dass die ICMA Green Bond Principles recht allgemein und breit gefasst sind und es daher nicht auszuschließen ist, dass es schwierig sein kann, zwei grüne Anleihen, die beide auf den ICMA-Prinzipien basieren, miteinander zu vergleichen.

2. *Überblick über die Regelungen der Verordnung*

In Anbetracht des von der EU angenommenen Regelungsbedürfnisses mag es verwundern, dass der EU Green Bond Standard als optionales Regelungsinstrument

43 S&P Global Ratings, Second Party Opinions, <https://www.spglobal.com/ratings/en/products/second-party-opinions> abgerufen am 08.12.2025.

44 DNV, Second Party Opinion Service, <https://www.dnv.us/services/second-party-opinion-service> abgerufen am 08.12.2025.

45 ISS ESG, <https://www.issgovernance.com/esg/> abgerufen am 08.12.2025.

46 Morningstar Sustainalytics, <https://www.sustainalytics.com/esg-data> abgerufen am 08.12.2025.

47 Siehe dazu z.B. Gilotta, Green Bonds: A Legal and Economic Analysis, in Kuntz, Research Handbook on environmental, social and corporate governance, 2024, S. 226, 238 f.

48 Vgl. EU Technical Expert Group on Sustainable Finance, Report on EU Green Bond Standard, Juni 2019, S. 21.

49 Erwägungsgründe 6 und 7 EU Green Bond Verordnung.

50 Erwägungsgrund 6 EU Green Bond Verordnung.

ausgestaltet worden ist, dem sich Emittenten unterwerfen können, aber nicht müssen. Die EU Green Bond Verordnung verdrängt nicht die bereits bisher vorhandenen privaten Standards für grüne Anleihen, sondern tritt neben diese und stellt damit lediglich eine weitere Möglichkeit dar, um Anleihen als »grün« zu vermarkten.

Sie legt »einheitliche Anforderungen für Anleiheemittenten fest, die unter der Bezeichnung »europäische grüne Anleihe« oder »EuGB« ökologisch nachhaltige Anleihen an Anleger in der Union vermarkten wollen. Nur wer diese Bezeichnung verwenden möchte, muss sich dem Regime der Verordnung unterwerfen. Wer dies nicht tun möchte, kann aber auch einen der anderen Standards verwenden. Des Weiteren sieht die Verordnung fakultative Offenlegungsanforderungen für Anleihen vor, die als ökologisch nachhaltige und nachhaltigkeitsbezogene Anleihen in der Union vermarktet werden. Und sie führt ein Registrierungssystem und einen Aufsichtsrahmen für externe Prüfer von »europäischen grünen Anleihen« ein (Art. 1 EuGB-VO).

Die Verordnung über grüne Anleihen ist eng mit der Taxonomie-Verordnung[51] verknüpft. Sie sieht vor, dass die Erlöse aus einer europäischen grünen Anleihe im Einklang mit der Taxonomieverordnung vollumfänglich für Anlagegüter, Investitionsausgaben, Betriebsausgaben, finanzielle Vermögenswerte oder Vermögenswerte und Ausgaben von Haushalten verwendet werden müssen (Art. 4 EuGB-VO).

Abweichend davon dürfen Emittenten bis zu 15 % des Erlöses einer europäischen grünen Anleihe in Wirtschaftstätigkeiten investieren, die zwar die Taxonomieanforderungen erfüllen, jedoch nicht die technischen Bewertungskriterien (Art. 5 EuGB-VO).[52] Voraussetzung dafür ist jedoch, dass im Zeitpunkt der Emission der europäischen grünen Anleihen für die Wirtschaftstätigkeit keine technischen Bewertungskriterien gelten (Artikel 5 Abs 1 lit. a EuGB-VO) oder es sich um Tätigkeiten »im Kontext internationaler Unterstützung [handelt], über die im Einklang mit international vereinbarten Leitlinien, Kriterien und Berichtszyklen Bericht erstattet wird« (Artikel 5 Abs 1 lit. b EuGB-VO). Außerdem muss der Emittent in diesem Fall in einem Informationsblatt zu der grünen Anleihe Informationen über die Tätigkeiten und den geschätzten Anteil der Erlöse geben, die zur Finanzierung dieser Tätigkeiten bestimmt sind (Art. 5 Abs. 2 EuGB-VO). Weiterhin können die Erlöse aus einer oder mehreren europäischen grünen Anleihen zur Finanzierung eines Portfolios von mit der Taxonomie abgestimmten Anlagegütern oder finanziellen Vermögenswerten verwendet werden (sog. Portfolio-Ansatz, Art. 4 Abs. 2 UAbs. 1 EuGB-VO); in diesem Fall muss jedoch der Gesamtwert der Vermögenswerte im Portfolio den Gesamtwert der ausstehenden europäischen grünen Anleihen übersteigen (Art. 4 Abs. 2 UAbs. 2 EuGB-VO). Besondere Einschränkungen gelten für die Zuweisung von Erlösen von

51 Verordnung (EU) 2020/852 des Europäischen Parlaments und des Rates vom 18. Juni 2020 über die Einrichtung eines Rahmens zur Erleichterung nachhaltiger Investitionen und zur Änderung der Verordnung (EU) 2019/2088, ABl.EU L 198 vom 22.6.2020, S. 13.

52 Sog. »Flexibility Pocket«, z.B. Harnos WM 2025, 1113, 1116; Schlitt/Esmaty BKR 2023, 426, 429.

finanziellen Vermögenswerten: diese dürfen nur für die in Art. 4 EuGB-VO genannten Zwecke verwendet werden (Art. 6 EuGB-VO).

Sind die Erlöse für Investitions- oder Betriebsausgaben für Wirtschaftstätigkeiten bestimmt, die der Taxonomieverordnung entsprechen werden, muss der Emittent einen sog. CapEx-Plan veröffentlichen. In diesem hat er festzulegen, bis wann alle durch die Anleihe finanzierten Investitions- und Betriebsausgaben taxonomiekonform sein müssen (Art. 7 Abs. 2 EuGB-VO). Die Taxonomiekonformität muss dann innerhalb von 60 Tagen nach Ablauf der Frist von einem Prüfer beurteilt werden (Art. 7 Abs. 3 EuGB-VO).

Da sich die technischen Bewertungskriterien weiterentwickeln und verändert werden können, enthält die Verordnung eine Bestandsschutzregelung: Für die Verwendung der Erlöse gelten die technischen Bewertungskriterien zum Zeitpunkt der Emission; wenn die Erlöse bisher nicht verwendet wurden oder wenn sie durch einen CapEx-Plan abgedeckt sind und die Anforderungen der Taxonomie noch nicht erfüllen, müssen sie innerhalb von sieben Jahren nach der Änderung der Kriterien verwendet werden (Art. 8 Abs. 1 EuGB-VO).

Darüber hinaus sieht die Verordnung verschiedene Dokumentations- und Transparenzvorschriften vor.[53] Vorgeschrieben sind ein Informationsblatt (Art. 10 EuGB-VO), jährliche Berichte über die Verwendung der Erlöse (bis zum Zeitpunkt der vollständigen Zuteilung der Erlöse) und deren Überprüfung durch einen externen Prüfer nach der Emission (Art. 11 EuGB-VO), ein Wirkungsbericht nach der vollständigen Verwendung der Erlöse und dessen (fakultative) Überprüfung durch einen externen Prüfer (Art. 12 EuGB-VO).

Weiterhin erfordert die Emission einer europäischen grünen Anleihe die Veröffentlichung eines Prospekts gemäß der EU-Prospektverordnung[54] (Art. 14 Abs. 1 EuGB-VO). Hinweise zur Aufnahme nachhaltigkeitsbezogener Informationen in Prospekten finden sich in der öffentlichen Erklärung der ESMA vom 11. Juli 2023.[55] Das Informationsblatt, ein Link zum Prospekt, die Allokationsberichte und die Nachemissionsprüfungen dieser Berichte sowie der Wirkungsbericht und ggf. dessen Prüfung sowie ggf. der CapEx-Plan müssen auf der Website des Emittenten veröffentlicht werden (Art. 15 EuGB-VO).

In einem eigenen Kapitel werden die Bedingungen für Verbriefungsanleihen geregelt (Art. 16–19 EuGB-VO). Außerdem enthält die Verordnung eingehende

53 Zur Bedeutung erhöhter Transparenz von Emittenten grüner Anleihen Gilotta, Green Bonds: A Legal and Economic Analysis, in Kuntz, Research Handbook on environmental, social and corporate governance, 2024, S. 226, 235 f.

54 Verordnung (EU) 2017/1129 des Europäischen Parlaments und des Rates vom 14. Juni 2017 über den Prospekt, der beim öffentlichen Angebot von Wertpapieren oder bei deren Zulassung zum Handel an einem geregelten Markt zu veröffentlichen ist und zur Aufhebung der Richtlinie 2003/71/EG, ABl.EU L 168 vom 30.06.2017, S. 12

55 ESMA, Public Statement – Sustainability disclosure in prospectuses, ESMA32–1399193447-441, 11 July 2023 <https://www.esma.europa.eu/sites/default/files/2023-07/ESMA32-1399193447-441_Statement_on_sustainability_disclosure_in_prospectuses.pdf> abgerufen am 08.12.2025.

Regelungen für sog. externe Prüfer (Art. 22–43 EuGB-VO): Sie müssen sich bei der ESMA registrieren lassen und unterliegen besonderen Regelungen in Bezug auf Compliance, Sorgfaltspflicht, Qualitätskontrolle, Auslagerung, Dokumentation, Interessenkonflikte und Vertraulichkeit.

IV. Bewertung der EU Green Bond Verordnung

Mittlerweile gibt es erste Praxiserfahrungen mit der EU Green Bond Verordnung. So hat die Ile de France Mobilités als erste öffentliche Institution einen EU Green Bond im Wert von 1 Mrd. € ausgegeben.[56] Im April hat dann die Europäische Investitionsbank eine Anleihe im Umfang von 3 Mrd. € begeben.[57] Daneben haben einzelne Unternehmen (v.a. im Energiesektor) in Italien, Spanien, den Niederlanden und Finnland Anleihen im Sinne der Verordnung begeben.[58] Insgesamt sind seit Inkrafttreten der EuGB-VO Ende 2024 bis zum dritten Quartal 2025 insgesamt gerade einmal elf EuGB-Anleihen emittiert worden, alles großvolumige Emissionen, die über der 8 Mio. EUR-Schwelle des Art. 3 Abs. 2 UAbs, 1 lit. b EU-Prospektverordnung liegen.[59]

Die weitgehende Zurückhaltung der Emittenten ist verständlich, da die Bewertung der EU Green Bond Verordnung gemischt ausfällt. Einerseits ist es positiv, dass der Standard freiwillig genutzt werden kann. Andererseits bedeutet die Freiwilligkeit aber auch, dass die gesamte Regelung bedeutungslos bleiben kann, wenn die Marktteilnehmer den EU-Standard nicht wählen, sondern auf andere, geeignetere oder überzeugendere Standards ausweichen.

Außerdem ist die EU-Verordnung kein weltweit entwickelter Standard, und wichtige Märkte für grüne Anleihen, wie China oder die USA, haben ihre eigenen – teils restriktiveren, teils lockereren – Standards entwickelt oder greifen auf die vom Markt

56 O.V., Île-de-France Mobilités: World's First Public Sector Issuer of a European Green Bond (EuGB) of one Billion Euros, 29.01.02025, <https://presse.iledefrance-mobilites.fr/ile-de-france-mobilites-worlds-first-public-sector-issuer-of-a-european-green-bond-eugb-of-one-billion-euros/> abgerufen am 08.12.2025.

57 European Investment Bank, EIB's inaugural bond under European Green Bond Standard – EUR 3bn benchmark, 02.04.2025, <https://www.eib.org/en/investor-relations/press/all/fi-2025-09-eib-eugbs-eur-2037?> abgerufen am 08.12.2025.

58 Siehe dazu Leung, European Investment Bank sets example with EU Green Bond issuance, Institute for Energy Economics and Financial Analysis, 14.04.2025, <https://ieefa.org/resources/european-investment-bank-sets-example-eu-green-bond-issuance> abgerufen am 08.12.2025.

59 Debevoise/Pimpton, Greenshots? An Assessment of the First Issuances Under the EU Green Bonds Regulation, 30.9.2025, <https://www.debevoise.com/insights/publications/2025/09/green-shoots-an-assessment-of-the-first-issuances> abgerufen am 08.12.2025; zur Zurückhaltung der Emittenten siehe auch Euromoney, EU green bond: Market's wait-and-see attitude dampens ›gold standard‹ ambitions, 22.01.2025, <https://www.euromoney.com/article/2ebhywcdknc3cs9kgj1ts/sustainability/eu-green-bond-markets-wait-and-see-attitude-dampens-gold-standard-ambitions/> abgerufen am 08.12.2025.

entwickelten Standards zurück. Da zudem die privaten Standards weiterhin genutzt werden können, wird die geplante EU-Verordnung das Problem des Fehlens eines allgemein akzeptierten, einheitlichen Rahmens für grüne Anleihen nicht lösen.

1. Verknüpfung mit der Taxonomieverordnung

Dem Bedürfnis nach klaren Nachhaltigkeitskriterien und damit nach Rechtssicherheit bei der Einordnung von Projekten als nachhaltig wird durch die enge Verknüpfung mit der Taxonomie-Verordnung Rechnung getragen. Damit wird sowohl dem »Greenwishing« als auch dem »Greenwashing« vorgebeugt und die Rechtssicherheit gestärkt. Das ist zu begrüßen. Es darf aber nicht vergessen werden, dass andere Standards, wie der Climate Bonds Standard, ebenfalls eine umfassende Taxonomie enthalten. In diesem Zusammenhang ist der Kommentar der Technischen Expertengruppe interessant, wonach der Markt für grüne Anleihen ein gutes Beispiel für eine »weitgehend marktgesteuerte und erfolgreiche Initiative zur Bewältigung grüner Herausforderungen und zur Eindämmung des Klimawandels« sei.[60] Damit scheint die Technische Expertengruppe zugegeben zu haben, dass es keinen wirklichen Grund für ein regulatorisches Eingreifen der EU gab.

Die Verknüpfung mit der Taxonomieverordnung und ihren delegierten Verordnungen ist andererseits aber auch nicht unproblematisch. Denn dies führt zu einer sehr komplexen Regelungsmaterie, wenn es um europäische grüne Anleihen geht. Die Masse und die akribische Detailgenauigkeit der delegierten Verordnungen, die jeden möglichen Aspekt abdecken sollen, werden auf Emittenten, vor allem auf kleine und mittlere Unternehmen, eher abschreckend wirken.[61] Besonders für kleine und mittlere Unternehmen stellen das »do no significant harm«-Prinzip in Art. 17 Taxonomieverordnung und das Erfordernis der Einhaltung sozialer Mindeststandards gemäß Art. 18 Taxonomieverordnung ernste Herausforderungen dar.[62] Aufgrund des erheblichen Aufwands, der für die Einrichtung eines Due Diligence Prozesses betrieben werden muss, der den Anforderungen von Art. 18 Taxonomieverordnung entspricht, haben diese Unternehmen selten einen solche Due Diligence Prozess für ihre Lieferkette eingerichtet.[63] Die Folge davon ist, dass die Wirtschaftstätigkeit dieser

60 EU Technical Expert Group on Sustainable Finance, Report on EU Green Bond Standard, Juni 2019, S. 20.

61 Siehe nur z.B. die Delegierte Verordnung (EU) 2021/2139 der Kommission vom 4. Juni 2021 (ABl.EU L 442 vom 9.12.2021), die auf fast 350 Seiten zwei Umweltziele der Taxonomieverordnung ausziseliert.

62 Röh/Scherber/Neitzel, Vor dem Omnibus Act – Kommt der Booster für die europäische grüne Anleihe?, 24.02.2025, <https://lindenpartners.eu/blog/vor-dem-omnibus-act-kommt-der-booster-fuer-die-europaeische-gruene-anleihe/> abgerufen am 08.12.2025.

63 Röh/Scherber/Neitzel, Vor dem Omnibus Act – Kommt der Booster für die europäische grüne Anleihe?, 24.02.2025, <https://lindenpartners.eu/blog/vor-dem-omnibus-act-kommt-der-booster-fuer-die-europaeische-gruene-anleihe/> abgerufen am 08.12.2025.

Unternehmen, auch wenn sie klimaneutral oder umweltförderlich ist, nicht als taxonomiekonform eingeordnet werden kann. Damit können solche Unternehmen keine EU-Green Bonds begeben.[64]

2. *Prospektpflicht und Propekthaftung*

Eine besonders hervorzuhebende Regelung der EU Green Bond Verordnung ist die vorgesehene Prospektpflicht für europäische grüne Anleihen. Die Prospektpflicht und die mit ihr einhergehende Prospekthaftung können eine bessere Transparenz gewährleisten und mit Blick auf Greenwashing disziplinierende Wirkung haben.[65] Dies dient dem Anlegerschutz.

Andererseits bedeutet eine Prospektpflicht aber auch, dass insbesondere kleine Unternehmen, für die die Erstellung eines Prospekts mit einem ganz erheblichen Aufwand verbunden ist, die Emission von grünen Anleihen eher scheuen werden. Angesichts des Wortlauts von Art. 14 EuGB-VO (»veröffentlicht der Emittent einen Prospekt«), müssen Unternehmen in Fällen einen Prospekt veröffentlichen, wenn eigentlich eine Ausnahme der EU-Prospektverordnung greift. Das gilt für Emissionen, die nach Art. 1 Abs. 2, 4, 5 EU-Prospektverordnung eigentlich nicht prospektpflichtig sind oder unter der 8 Mio. EUR-Schwelle liegen und aufgrund einer auf Art. 3 Abs. 1 Satz 1 lit. b EU-Prospektverordnung basierenden Regelung eines Mitgliedstaats eigentlich von den Vorgaben der EU-Prospektverordnung ausgenommen wären. Die nun für einen Prospekt aufzuwendenden Kosten wirken abschreckend auf Unternehmen, die eigentlich geeignete Kandidaten für die Begebung einer europäischen grünen Anleihe wären, aber weder personell noch finanziell in der Lage sind, die Taxonomiekonformität ihrer Tätigkeit zu überprüfen.

Diese Erschwernis der Finanzierung von kleinen und mittleren Unternehmen läuft dem immer wieder beschworenen Ziel der von der Europäischen Kommission verfolgten Kapitalmarktunion zuwider. Diese zielt darauf ab, insbesondere kleinen und mittleren Unternehmen bessere Finanzierungsmöglichkeiten zu eröffnen. Und gerade im Nachhaltigkeitsbereich entstehen viele neue Ideen und werden dementsprechend auch neue Unternehmen gegründet. Diese neuen GreenTech-Unternehmen wären dafür prädestiniert, grüne Anleihen zu begeben. Werden sie aber abgeschreckt, dann führt die Prospektpflicht am Ende zu einer Einschränkung des Wettbewerbs in diesem Sektor zugunsten etablierter Unternehmen.

Des Weiteren ist die Regelung in Art. 14 Abs. 2 EuGB-VO problematisch. Sie privilegiert EU-Mitgliedstaaten, die grüne Anleihen begeben oder garantieren. Diese Anleihen fallen wegen Art. 1 Abs. 2 lit. b und d EU-Prospektverordnung nicht unter die

64 Röh, Wie der Omnibus die europäische grüne Anleihe anschieben kann, Börsen-Zeitung, 16.05.2025, <https://www.boersen-zeitung.de/esg-pro/wie-der-omnibus-die-europaeische-gruene-anleihe-anschieben-kann> abgerufen am 08.12.2025.

65 Zur Prospekthaftung bei grünen Anleihen z.B. Harnos WM 2025, 1113, 1121 f.

EU-Prospektverordnung und werden auch nicht über Art. 14 EuGB-VO einer Prospektpflicht unterworfen. Denn anders als im Fall von Kleinemissionen von Unternehmen, bei denen die Schwelle von 8 Mio. EUR nicht überschritten wird, können Anleihen der Mitgliedstaaten nach Art. 14 Abs. 2 EuGB-VO »abweichend von Abs. 1« – also ohne Prospekt – als »europäische grüne Anleihe« begeben werden. Das kann zu nicht unerhebliche Informationslücken führen. Denn wie Erwägungsgrund 54 Satz 4 der EU-Prospektverordnung besagt, »[...] können umwelt- und sozialpolitische Umstände sowie Faktoren in Bezug auf die Unternehmensführung ebenfalls spezifische und wesentliche Risiken für den Emittenten und seine Wertpapiere darstellen und sollten in diesem Fall offengelegt werden.« Das sollte auch für Mitgliedstaaten gelten.

3. *Externe Prüfer und Beaufsichtigung durch staatliche Stellen*

Im Hinblick auf die Regulierung externer Prüfer und die Beaufsichtigung durch staatliche Stellen ist der EU Green Bond Verordnung zugute zu halten, dass sie darauf abzielt zu verhindern, dass unseriöse Gutachter ihr Unwesen treiben können und damit das Vertrauen der Anleger schädigen. Die Aufsicht durch staatliche Behörden und die verfügbaren Sanktionen ermöglichen eine strengere Kontrolle und damit eine Eindämmung des Greenwashings sowohl auf der Ebene der Emittenten als auch auf der Ebene der Prüfer. Dies wird das Vertrauen der Anleger in grüne Anleihen stärken und kann so einem Marktversagen aufgrund eines Vertrauensverlustes der Anleger entgegenwirken. Angesichts der umfangreichen Regulierung externer Prüfer und der eher durchwachsenen Anreizsetzung für die Begebung grüner Anleihen in der EU Green Bond Verordnung bleibt zu hoffen, dass es genügend Interesse an der Tätigkeit des externen Prüfers gibt, um auch einen Wettbewerb der Prüfer entstehen zu lassen, der die Prüfungskosten für grüne Anleihen im Rahmen hält.

V. Zusammenfassung

Die Bewertung der EU Green Bond Verordnung, mit der die EU einen Standard für »grüne« Anleihen schaffen wollte, fällt durchwachsen aus. Dass es sich um ein freiwillig anwendbares Regelwerk handelt, ist aus einer freiheitsbezogenen Perspektive positiv zu bewerten. Andererseits bleibt fraglich, ob sich der EU-Standard für grüne Anleihen durchsetzen kann. Zum einen gibt es private Standards, die weiterhin gewählt werden können. Diese sind anerkannt und etabliert, sodass sie eine beachtenswerte Konkurrenz für den EU-Standard darstellen. Aufgrund dieser Konkurrenz wird zudem ein marktweit einheitliches Verständnis dessen, was eine »grüne« Anleihe ausmacht, kaum erreicht werden. Zum anderen enthält die EU Green Bond Verordnung Bestimmungen, die Unternehmen eher von einer Emission »europäischer grüner Anleihen« abhalten. Dies gilt insbesondere für die enge Verknüpfung mit dem komplexen Regelwerk der Taxonomieverordnung, das vor allem für kleine und mittlere Unternehmen eine erhebliche Herausforderung darstellt. Hinzu kommt die vorgesehene Prospektpflicht, die mit der strengen Sanktion der Prospekthaftung verbunden ist. Zwar wirkt diese Haftung als wirksames Mittel gegen mögliches Greenwashing, sie schreckt jedoch zugleich solche Unternehmen ab, die grundsätzlich geeignete Kandidaten für die Emission einer europäischen grünen Anleihe wären, aber weder personell noch finanziell in der Lage sind, die Taxonomiekonformität ihrer Tätigkeiten umfassend zu prüfen. Der EU-Standard für grüne Anleihen wird so zu einem für viele Unternehmen »unerreichbaren Goldstandard«.[66] Angesichts des Umstands, dass grüne Anleihen eine wichtige Rolle für das Bestreben der EU spielen, privates Kapital für nachhaltigen Investitionen zu gewinnen, ist dies ein unbefriedigender Befund. Immerhin hat die Europäische Kommission dieses Problem erkannt und in ihrem Omnibus-Paket von Anfang 2025 vorgeschlagen, die Taxonomieverordnung insbesondere mit Blick auf kleine und mittlere Unternehmen zu vereinfachen.[67] Die übrigen Problempunkte bleiben allerdings bestehen. Daher bleibt nur zu hoffen, dass diese erste Nachkalibrierung die Akzeptanz des EU Green Bonds Standards und damit auch die Emissionen europäischer grüner Anleihen positiv beeinflusst.

66 Röh, Wie der Omnibus die europäische grüne Anleihe anschieben kann, Börsen-Zeitung, 16.05.2025, <https://www.boersen-zeitung.de/esg-pro/wie-der-omnibus-die-europaeische-gruene-anleihe-anschieben-kann> abgerufen am 08.12.2025. Diese Aussage wird dadurch untermauert, dass bisher (Stand Ende September 2025) nur elf großvolumige Emissionen begeben worden sind (s. dazu bei Fn. 57). Kleinvolumige Emissionen unter 8 Mio. EUR, wie sie insbesondere von kleinen Unternehmen begeben werden und für die nach der EuGB-VO – entgegen einer möglicher Ausnahme nach der EU-Prospektverordnung – eine Prospektpflicht besteht, gab es in den ersten drei Quartalen 2025 noch nicht.

67 European Commission, Commission simplifies rules on sustainability and EU investments, delivering over €6 billion in administrative relief, Press Release, 26.02.2025, <https://ec.europa.eu/commission/presscorner/detail/en/ip_25_614> abgerufen am 08.12.2025.

Bezugsrechtsausschluss beim genehmigten Kapital

– Nachlese zu BGH, Urt. v. 23.05.2023, II ZR 141/21 –

Thilo Kuntz

I. Einleitung

Ein Thema, zu dem der Jubilar grundlegend beigetragen hat, ist das aktienrechtliche genehmigte Kapital. Mit einem viel rezipierten zweiteiligen Beitrag zum »Organisationsrecht des genehmigten Kapitals« in der »AG«[1] sowie einem umfangreichen Handbuchkapitel[2] widmete er sich Grundfragen der §§ 202 ff. AktG. An die erste Lektüre des AG-Beitrages erinnert sich der Verfasser dieser Zeilen gut zurück. Er war Student im damaligen »Wahlpflichtfach« Arbeits-, Handels- und(!) Gesellschaftsrecht, hörte die einschlägigen Vorlesungen seines späteren akademischen Lehrers und dachte sich, an einem Nachmittag ließe sich das Ganze bewältigen. Das erwies sich als Fehleinschätzung. Doch war ein nachhaltiges Interesse am Gegenstand begründet, das seinen Niederschlag etliche Jahre später in einer größeren Kommentierung fand.[3] Angesichts dieser inhaltlichen Brücke zwischen Schüler und Lehrer sowie als Ausdruck der lange währenden persönlichen Verbindung[4] wecken die folgenden Überlegungen hoffentlich das Interesse des Geehrten.

Anlass des Beitrages ist eine neuere Entscheidung des BGH aus dem Jahr 2023, in der er sich erneut mit den formellen Voraussetzungen der Ermächtigung zum Bezugsrechtsausschluss beim genehmigten Kapital auseinandergesetzt hat.[5] Wie die Überlegungen im Folgenden zeigen, bietet das Urteil allen Grund für eine etwas intensivere Nachlese. Während das Gericht in der Begründung mehrfach auf die Siemens/Nold-Rechtsprechung[6] verwies, hat es, so die erste These dieses Beitrages, die Anforderungen der Sache nicht nur einer »Liberalisierung« unterzogen,[7] sondern verdeckt aufgegeben. Das Judikat weicht die Vorgaben aus Siemens/Nold in der

1 Ekkenga, AG 2001, 567 (Teil 1) und AG 2001, 615 (Teil 2).
2 Ekkenga in Fleischer (Hrsg.), Handbuch des Vorstandsrechts, 2006, § 21 (S. 770).
3 Kuntz in KK-AktG, Band 4, 3. Aufl. 2021, §§ 202 ff. AktG.
4 Der Verfasser begann Ende 2001, als studentische Hilfskraft am Lehrstuhl des Jubilars zu arbeiten.
5 BGH, 23.05.2023, II ZR 141/21, AG 2023, 539.
6 BGH, 23.06.1997, II ZR 132/93, BGHZ 136, 133.
7 So z.B. Lieder, NZG 2023, 1068.

Sache recht weitreichend auf, zu Lasten der Minderheit.[8] Das ist Gegenstand des folgenden Abschnitts II. Im Lichte der allgemeinen Entwicklungen im Recht der aktienrechtlichen Beschlusskontrolle ist allerdings eine Rückkehr zu Siemens/Nold in der ursprünglichen Form nicht sinnvoll, so die in Abschnitt III. verfolgte zweite These. Angesichts der Entwicklungen der Rechtsprechung verstärkt sich der schon anderenorts formulierte Wunsch, »ein gewisser Rückbau oder jedenfalls eine Reformulierung der »Siemens/Nold«-Grundsätze« sei »wünschenswert.«[9] Das neue Urteil des BGH führt die Rechtsprechung an den Punkt, der einen kräftigen Einschnitt erforderlich macht, soll die Praxis nicht mit erheblichen Unsicherheiten kämpfen müssen, wo die Grenzen einer »offenen Zweckbeschreibung« liegen. Ziel muss es sein, die Reste der alten Holzmann-Rechtsprechung[10] endgültig abzustreifen und klarer als bislang die Kontrolle des Hauptversammlungsbeschlusses von der Kontrolle des konkreten Bezugsrechtsausschlusses zu trennen. Von diesen Reformperspektiven handelt Abschnitt IV. Am Ende steht unter V. eine kurze Zusammenfassung.

II. Siemens/Nold zwischen Fortbestand und Aufgabe

1. Siemens/Nold als Ausgangspunkt

Die Grundlage der aktuellen Rechtsprechung bildet nach wie vor die Siemens/Nold-Entscheidung aus dem Jahr 1997.[11] Darin unternahm es der BGH, »die Voraussetzungen, unter denen von dem genehmigten Kapital mit Bezugsrechtsausschluß oder der Ermächtigung des Vorstands dazu für die Kapitalerhöhung mit Sacheinlagen Gebrauch gemacht werden darf, im wohlverstandenen Interesse der Gesellschaften und ihrer Aktionäre neu zu bestimmen.«[12] Ausgangspunkt war seine Analyse, »die Grenzziehung zwischen zulässigen Ermächtigungsbeschlüssen mit Bezugsrechtsausschluß und sog. Vorratsermächtigungen,« welche die ältere Holzmann-Rechtsprechung für unzulässig gehalten habe,[13] sei angesichts ihrer Unbestimmtheit »nicht praktikabel.«[14] »Unter [diesen] Umständen«[15] nahm der zweite Senat die Neubestimmung der Rechtmäßigkeitsvoraussetzungen vor. Sowohl für den Direktausschluss des Bezugsrechts durch die Hauptversammlung als auch für die Ermächtigung des Vorstands, über den Ausschluss zu entscheiden, forderte der BGH, die »Maßnahme, zu der der Vorstand ermächtigt werden« solle, müsse »allgemein umschrieben und in dieser Form der

8 Kritisch daher Lieder, NZG 2023, 1068, 1073.
9 Kuntz in KK-AktG, § 203, Rn. 52 a.E.
10 BGH, 19.04.1982, II ZR 55/81, BGHZ 83, 319.
11 BGH, 23.06.1997, II ZR 132/93, BGHZ 136, 133.
12 BGH, 23.06.1997, II ZR 132/93, BGHZ 136, 133, 138 f.
13 BGH, 19.04.1982, II ZR 55/81, BGHZ 83, 319.
14 BGH, 23.06.1997, II ZR 132/93, BGHZ 136, 133, 138.
15 BGH, 23.06.1997, II ZR 132/93, BGHZ 136, 133, 138.

Hauptversammlung bekanntgegeben werden.«[16] Die Hauptversammlung könne dann anhand dieser »abstrakt umschriebenen Vorhaben« eine Entscheidung treffen, gegebenenfalls unter Einbeziehung weiterer ihr bekannter konkreter Umstände.[17] In beiden Fällen, d.h. sowohl im Fall des Direktausschlusses als auch bei Ausschlussermächtigung, sei es dann Pflicht des Vorstands zu prüfen, ob die Durchführung der Maßnahme unter Ausschluss des Bezugsrechts im Gesellschaftsinteresse liege.[18] Ausdrücklich betonte der BGH in Siemens/Nold, die Flexibilität des genehmigten Kapitals ändere nichts daran, dass »der Vorstand [...] an konkrete Vorgaben gebunden« sei.[19] U.a. dürfe er das Vorhaben nur realisieren, »wenn die zugrundeliegenden konkreten Tatsachen der abstrakten Umschreibung des Vorhabens« entsprächen.[20]

2. *Folgerechtsprechung des BGH 2005 und 2007*

Nach einem kurzen Hinweis in der Adidas-Entscheidung, die – recht konkreten – Angaben genügten den Anforderungen der Siemens/Nold-Judikatur,[21] nahm der BGH im Jahr 2005 noch einmal ausführlicher Stellung. Er unterstrich unter Verweis auf Siemens/Nold, eine allgemeine Umschreibung der Zwecke der Ermächtigung reiche aus.[22] Außerdem betonte der Senat, er habe in seiner älteren Inkarnation »[d]ie Unterscheidung zwischen sog. »Vorratsermächtigungen« und zulässigen Ermächtigungsbeschlüssen [...] als nicht praktikabel verworfen.«[23] Es bedürfe »keines bereits konkretisierten Vorhabens der Gesellschaft,« es genüge, »die Zwecke der Ermächtigung allgemein« zu umschreiben.[24] Ähnlich formulierte er 2007, »die Hauptversammlung« habe »lediglich zu prüfen und darüber zu entscheiden, ob die ihr in allgemeiner Form von der Verwaltung vorgeschlagene Maßnahme bei abstrakter Beurteilung im Interesse der Gesellschaft« liege.[25]

3. *Die Sackgasse: BGH 2023*

Im Jahr 2023 lag dem Gericht ein Fall zur Entscheidung vor, in dem die Umschreibung der Zwecke einige Beispiele auflistete, allerdings mit zwei Besonderheiten. Erstens war die Liste nicht abschließend, sondern es galt für die genannten Zwecke

16 BGH, 23.06.1997, II ZR 132/93, BGHZ 136, 133, 139.
17 BGH, 23.06.1997, II ZR 132/93, BGHZ 136, 133, 139.
18 BGH, 23.06.1997, II ZR 132/93, BGHZ 136, 133, 139.
19 BGH, 23.06.1997, II ZR 132/93, BGHZ 136, 133, 140.
20 BGH, 23.06.1997, II ZR 132/93, BGHZ 136, 133, 140.
21 BGH, 15.05.2000, II ZR 359/98, BGHZ 144, 290, 294 f. (Adidas).
22 BGH, 21.11.2005, II ZR 79/04, AG 2006, 246, Rn. 4 (juris).
23 BGH, 21.11.2005, II ZR 79/04, AG 2006, 246, Rn. 5 (juris).
24 BGH, 21.11.2005, II ZR 79/04, AG 2006, 246, Rn. 4 (juris).
25 BGH, 11.06.2007, II ZR 152/06, AG 2007, 863, 864.

eine Öffnungsklausel: »u.a., aber nicht ausschließlich«.[26] Zweitens fand sich die Beschreibung dieser Zwecke nicht im Hauptversammlungsbeschluss, sondern im Vorstandsbericht.

Anders als in den früheren Fällen stellte sich damit nicht das Problem, ob die Darstellung der Zwecke per se zu generisch oder weit geraten war. Vielmehr ging es zum ersten Mal um einen Sachverhalt, in dem sich der Vorstand eine allgemeine Ermächtigung erteilen lassen wollte. Die Begründung, warum dies zulässig sei, stützte der BGH zunächst auf das *ceterum censeo*, die Hauptversammlung habe »lediglich zu prüfen und darüber zu entscheiden, ob die ihr in allgemeiner Form von der Verwaltung vorgeschlagene Maßnahme bei abstrakter Beurteilung im Interesse der Gesellschaft« liege.[27] In einer weiteren Passage, die angesichts der Zitate früherer Entscheidungen wie die nächste Iteration etablierter Grundsätze anmutet, findet sich indes erstmalig etwas, das über die ältere Rechtsprechung in dieser Formulierung deutlich hinausgeht. Die Hauptversammlung, so der BGH in 2023, »kann die Entscheidung [...] auch uneingeschränkt in das pflichtgemäße Ermessen des Vorstands stellen.«[28]

Auch wenn das Gericht der Diktion und den zitierten Fundstellen nach wesentliche Elemente aus Siemens/Nold fortführt, lässt sich die Entscheidung bei genauerer Betrachtung nicht auf die frühere Rechtsprechung stützen (a). Die im Urteil benannten Kategorien »benannte Situationen« und »offener Bereich« führen nicht weiter (b).

a) Fehlende Stütze in früherer Rechtsprechung

Der zweite Senat unterfüttert seine Entscheidung mit Verweisen auf seinen Beschluss aus dem Jahr 2007 und auf »Siemens/Nold«. Dort findet sie jedoch keine Stütze. Zwar moniert das Gericht in Siemens/Nold die fehlende Möglichkeit, Vorratsermächtigungen von zulässigen Ermächtigungsbeschlüssen abzugrenzen.[29] Doch bestimmte es anschließend die Anforderungen in der Weise neu, dass »[d]ie Maßnahme, zu deren Durchführung der Vorstand ermächtigt werden soll, [...] allgemein umschrieben« werden müsse.[30] Der Hintergrund hierfür ist die ältere Judikatur, die noch verlangte, »daß bei Erteilung der Ermächtigung nach der gegenwärtigen Lage der Gesellschaft und dem Stand der Pläne für ihre Zukunft konkrete Anhaltspunkte dafür gegeben sind, es könnte sich innerhalb der dem Vorstand eingeräumten Frist als notwendig und auch im Hinblick auf die Interessen der betroffenen Aktionäre als vertretbar erweisen, bei der Ausgabe neuer Aktien das Bezugsrecht auszuschließen.«[31]

26 S. BGH, 23.05.2023, II ZR 141/21, AG 2023, 539, Rn. 3.
27 BGH, 23.05.2023, II ZR 141/21, AG 2023, 539, 540, Rn. 14.
28 BGH, 23.05.2023, II ZR 141/21, AG 2023, 539, 540, Rn. 15 [Kursivsetzung durch den Autor].
29 BGH, 23.06.1997, II ZR 132/93, BGHZ 136, 133, 138.
30 BGH, 23.06.1997, II ZR 132/93, BGHZ 136, 133, 139.
31 BGH, 19.04.1982, II ZR 55/81, BGHZ 83, 319, 325. Historische Einordnung bei Lieder/Müller in Fleischer/Thiessen (Hrsg.), Gesellschaftsrechts-Geschichten, 2018, S. 285, 309 ff., 314 ff.

Es war damit unzulässig, auch ohne bereits greifbare Entwicklungen lediglich abstrakt Zwecke zu umschreiben.[32] Das hat mit einer Ermächtigung dergestalt, dass der Vorstand allgemein, d.h. unabhängig von bestimmten Szenarien, die Kompetenz erhält, das Bezugsrecht auszuschließen, sofern nur das Gesellschaftsinteresse gegeben ist, nichts zu tun.

Die Idee einer »uneingeschränkte[n] Ermächtigung« tauchte das erste Mal im Beschluss aus dem Jahr 2007 auf, allerdings im Rahmen einer eher knappen Nebenbemerkung und ohne jegliche Auseinandersetzung mit Siemens/Nold.[33] Auf Siemens/Nold verwies das Gericht lediglich per »vgl. dazu«.[34] Dass Siemens/Nold indes keine Basis für eine solche Ermächtigung ohne jede allgemeine Eingrenzung bietet, ergibt sich aus der Darstellung oben unter II.1. Zudem: Wie die Hauptversammlung die Maßnahme »auf ihre allgemeine Vereinbarkeit mit dem wohlverstandenen Gesellschaftsinteresse« prüfen soll, wenn der Vorstand eine uneingeschränkte Ermächtigung erhält,[35] bleibt schleierhaft. Die in der Begründung formulierten Beispiele, welche das Gericht zur Legitimation seines Urteils heranzieht, enthalten doch wieder wenigstens gewisse Anhaltspunkte für eine Zweckbeschreibung.[36]

b) Benannte Situationen und offener Bereich als untaugliche Kategorien

Hinsichtlich der nicht abschließenden Benennung von Beispielsfällen unterscheidet der zweite Senat zwischen den benannten Situationen und dem offenen Bereich. Mit Blick auf die Beispiele hätten die Aktionäre zum Ausdruck gebracht, »in welchen Fällen der Ausschluss des Bezugsrechts auf Grundlage einer abstrakten Beurteilung im Gesellschaftsinteresse liegt.«[37] Für den nicht gebundenen Bereich folge »daraus, dass der Vorstand ein die jeweilige Maßnahme legitimierendes Gesellschaftsinteresse unabhängig von den beispielhaft aufgeführten Ausschlussfällen […] feststellen muss.«[38] Das ist in dreierlei Hinsicht fragwürdig:

Denn *erstens* trifft den Vorstand die eigenständige Pflicht, »sorgfältig zu prüfen, ob der allein ihm bekannte vollständige Sachverhalt die Durchführung des Hauptversammlungsbeschlusses, der den Ausschluß des Bezugsrechts der Aktionäre umfaßt, im Gesellschaftsinteresse rechtfertigt.«[39] Es kommt insoweit nicht darauf an, ob die Aktionäre die Maßnahme per Beispiel abstrakt gebilligt haben oder nicht. Darüber hinaus liegt im Mehrheitsbeschluss bekanntlich keine Richtigkeitsgewähr.[40] Auch wenn nicht jede Entscheidung einer gerichtlichen materiellen Beschlusskontrolle unterfällt

32 BGH, 19.04.1982, II ZR 55/81, BGHZ 83, 319, 325.
33 BGH, 11.06.2007, II ZR 152/06, AG 2007, 863, 864.
34 BGH, 11.06.2007, II ZR 152/06, AG 2007, 863, 864.
35 BGH, 23.05.2023, II ZR 141/21, AG 2023, 539, 540, Rn. 15.
36 BGH, 23.05.2023, II ZR 141/21, AG 2023, 539, 540, Rn. 16.
37 BGH, 23.05.2023, II ZR 141/21, AG 2023, 539, 542, Rn. 31.
38 BGH, 23.05.2023, II ZR 141/21, AG 2023, 539, 542, Rn. 31.
39 BGH, 23.06.1997, II ZR 132/93, BGHZ 136, 133, 139.
40 S. nur Koch, AktG, 19. Aufl. 2025, § 243, Rn. 23; Noack/Zetzsche in KK-AktG, Band 5, 3. Aufl. 2018, § 243, Rn. 330; Schäfer in MüKo-AktG, Band 4, 5. Aufl. 2021, § 243, Rn. 48.

und diese gewisse Lockerungstendenzen aufweist, gilt doch heute als gesichert, dass allein der Umstand, die Abstimmungsquote erfüllt zu haben, die Rechtmäßigkeit des Beschlusses nicht begründet.[41] Daher führt das Argument des BGH, der Wortlaut der §§ 202 ff. sehe keine gegen Vorratsermächtigungen gerichtete Einschränkung vor,[42] nicht weiter. Das gilt nämlich genauso etwa für den Bezugsrechtsausschluss nach § 186 Abs. 3 AktG, der in Satz 2 bekanntlich ebenfalls lediglich ein Quorum vorsieht, aber keine materielle Rechtfertigung. Dennoch verlangt der BGH seit Jahrzehnten eben diese, im Unterschied zur »Hibernia«-Judikatur des RG.[43] Dass der BGH sich dieser längst verworfenen Grundsätze bedienen wollte, ist nicht zu vermuten. Dann aber ist das Wortlautargument ohne Gewicht.

Zweitens: Wie sich Gründe formulieren lassen sollen, die abstrakt-generell den Bezugsrechtsausschluss eingrenzen, wenn der Vorstand gleichzeitig ganz andere Gründe heranziehen können darf, kommt der Quadratur des Kreises gleich. Es gibt eben nicht mehr den Zwang, die Ausübung auf den in dem Hauptversammlungsbeschluss gezeichneten Rahmen zu begrenzen, auch nicht wenigstens im Rahmen einer Art Analogiebildung.[44]

Drittens ist es nicht nur die Funktion der Beispielsfälle bzw. der abstrakten Umschreibung von Szenarien, welche die Ermächtigung des Vorstands beschreiben, das Gesellschaftsinteresse zu prüfen. Mit einer solchen Skizze haben die Aktionäre zugleich den Rahmen abgesteckt, in welchem Umfang sie eine genuin ihnen zustehende Kompetenz an den Vorstand delegieren, unabhängig von der dogmatischen Verankerung der Entscheidungskompetenzen des Vorstands.[45] M.a.W. beschließen die Aktionäre darüber, dem Vorstand eine Macht einzuräumen, die ihm nicht von AktG wegen zusteht. Das ist – oder war – eine wesentliche Funktion der Benennung der Fälle, in denen der Vorstand die Ermächtigung zum Bezugsrechtsausschluss ausüben können soll.

III. Keine Rückkehr zu Siemens/Nold

Eine sanfte Fortentwicklung oder Präzisierung erscheint kaum noch denkbar. Im Ergebnis hat sich der BGH mit seiner Entscheidung in eine Lage manövriert, in der es kein einfaches »Zurück« mehr geben kann. Das spiegelt sich in den auf das Urteil bezogenen Bemerkungen des Vorsitzenden des zweiten Senats anlässlich einer Tagung. Er verwies zunächst auf die Besonderheit des Falles. Diese bestand darin, dass zwar der Hauptversammlungsbeschluss im fraglichen Verfahren selbst keinen

41 Zu jüngeren Entwicklungen noch unten III.2.
42 BGH, 23.05.2023, II ZR 141/21, AG 2023, 539, 540, Rn. 19.
43 RG, 08.04.1908, I 595/07, RGZ 68, 235. Ausführliche Darstellung der Entwicklungen bei Noack/Zetzsche in KK-AktG, § 243, Rn. 258 ff. S. in diesem Beitrag bereits unter II.1. und 2.
44 Anders offenbar Lieder, NZG 2023, 1068, 1073.
45 Dazu näher Kuntz in KK-AktG, § 202, Rn. 27, 134 ff.

Zweck vorsah, aber der Vorstandsbericht.[46] Zugleich zweifelte der Vorsitzende, ob ein »zweckfreier« Hauptversammlungsbeschluss ohne zumindest beispielhafte Konkretisierung im Vorstandsbericht zulässig sein könne.[47] Er rekurrierte auf das Schrifttum, das anführe, die Hauptversammlung benötige eine Beurteilungsgrundlage.[48] Gleichzeitig lehnte er den von einem Tagungsteilnehmer gebildeten hypothetischen Fall einer echten Vorratsermächtigung ohne jegliche abstrakte Ausübungsbeispiele nicht als unzulässig ab, was bei Beibehaltung von Siemens/Nold ohne Weiteres möglich – und wohl zwingend – gewesen wäre. Freilich lässt sich hieraus nur wenig Handfestes für die Zukunft ableiten, zumal unsicher ist, in welcher Besetzung der zweite Senat wann über die nächste Ermächtigung des Vorstands zum Bezugsrechtsausschluss befinden wird. Sicher ist allerdings, dass das Gericht um eine Klärung und Neujustierung der rechtlichen Grundlagen nicht herumkommt. Eine nähere Analyse zeigt, dass sich die gesellschaftsrechtliche Welt seit Siemens/Nold weiterbewegt hat und die alten Grundsätze zum genehmigten Kapital der Anpassung bedürfen.

Zunächst belegt die Rechtsprechung zum Personengesellschaftsrecht, dass die Idee von Beispielkatalogen, wie sie auch Siemens/Nold zugrunde liegt, im Ergebnis nicht trägt (1.). Weiterhin befindet sich die materielle Beschlusskontrolle im Kapitalgesellschaftsrecht auf stetigem Rückzug (2.). In den letzten zwanzig Jahren hat der Gesetzgeber zudem Anfechtungsmöglichkeiten von Aktionären immer weiter eingeschränkt (3.).

1. *Untauglichkeit von Beispielkatalogen*

Die Siemens/Nold-Rechtsprechung warf jedenfalls in der Theorie ein bislang wenig beachtetes Problem auf:[49] Das Urteil erforderte, mögliche Situationen der Ausübung der Ermächtigung im Vorhinein abstrakt zu skizzieren.[50] Wenn die Übertragung der Kompetenz auf den Vorstand einer gesonderten Ermächtigung bedarf, so der Sinn dieser Eingrenzung, müssen die Aktionäre die Grenzen dieser Delegation von Entscheidungsbefugnissen ziehen.

Abgesehen von der (ungeklärten) Frage, wie konkret die Beschreibung sein muss,[51] um den Vorgaben zu genügen,[52] steht allerdings nach wie vor offen, wie viele solcher Beispiele Teil der Ermächtigung sein dürfen. So sah der Beschluss aus der Entscheidung des Jahres 2005 »vielfältige[] mögliche[] Zwecke«[53] vor. Wenn eine

46 So die Wiedergabe bei Sachtleber in VGR, Gesellschaftsrecht in der Diskussion 2023, 1. Aufl. 2024, Bericht über die Diskussion des Referats Born, S. 30, Rn. 8.
47 Sachtleber in VGR, Gesellschaftsrecht in der Diskussion 2023, Bericht über die Diskussion des Referats Born, S. 30, Rn. 8.
48 Sachtleber in VGR, Gesellschaftsrecht in der Diskussion 2023, Bericht über die Diskussion des Referats Born, S. 30, Rn. 8.
49 Hiervon nimmt sich der Verfasser nicht aus.
50 S.o. II.1.
51 Zu einem Negativbeispiel etwa Veil in K. Schmidt/Lutter, AktG, 5. Aufl. 2024, § 203, Rn. 26.
52 Hierzu Kuntz in KK-AktG, § 203, Rn. 49.
53 BGH, 21.11.2005, II ZR 79/04, AG 2006, 246, 247, Rn. 5.

Vorratsermächtigung oder eine Öffnungsklausel der Art, wie sie das Urteil aus 2023 behandelte, unzulässig sein sollen, lässt sich ein ähnlicher Effekt durch eine lange Liste erzeugen.[54] Je mehr Fälle sie enthält, desto freier agiert der Vorstand. Mit dem Problem musste sich der BGH im Zusammenhang mit dem genehmigten Kapital noch nicht befassen, weil die ihm vorliegenden Beispielverzeichnisse solche Längen nicht erreicht haben. Doch heißt dies nicht, die Frage sei an sich neu. Im Gegenteil: Die Unzulänglichkeiten von Beispielkatalogen waren immer wieder Gegenstand der Diskussion im Kontext des Bestimmtheitsgrundsatzes für Mehrheitsklauseln in Verträgen von Personengesellschaften.[55]

Dieses Problem stellt sich umso mehr, wenn man, wie der BGH noch in der Otto-Entscheidung, nicht »minutiös[e]« Genauigkeit verlangt, sondern es genügen lässt, dass »sich aus dem Gesellschaftsvertrag – sei es auch durch dessen Auslegung – eindeutig ergibt, dass der in Frage stehende Beschlussgegenstand einer Mehrheitsentscheidung unterworfen sein soll.«[56] Wer nun einen Hauptversammlungsbeschluss mit einem langen Katalog an abstrakt knapp skizzierten Möglichkeiten zur Ausübung der Ermächtigung noch nach objektiven Grundsätzen auslegt,[57] findet umso schneller eine Handlungsgrundlage für den Vorstand, je umfassender das Inventar ausfällt. Diese Lösung bietet sich also nicht an. Das trifft insbesondere dann zu, wenn die genannten Beispiele kein Indiz dafür bieten, dass eine Öffnungsklausel eng zu interpretieren ist.[58] Zu dieser Skepsis passen Berichte aus der Praxis, wonach die Beschreibungen abstrakter Szenarien zur Ausübung der Ermächtigung zum Bezugsrechtsausschluss »auf standardisierte[n] Textbausteine[n]« beruhen.[59] Das alles bestätigt in der Summe die schon in Siemens/Nold geäußerte Befürchtung des BGH, die Grenze zwischen Vorratsermächtigung und konkret erteilter Befugnis lasse sich kaum sinnvoll ziehen.[60] Wollte das Gericht das Problem ernsthaft vermeiden, müsste es den gegenteiligen Weg gehen und die Zahl der Beispiele begrenzen. Wie dies sinnvoll gelingen kann, ist nicht ersichtlich, zumal dies die Flexibilität des Instruments zu sehr begrenzte.

Kritische Betrachter mögen einwenden, diese Darstellung sei verkürzt. Zwar habe der BGH den Bestimmtheitsgrundsatz verabschiedet, halte aber nicht jeden Eingriff für möglich. Das Bezugsrecht entspreche einem relativ unentziehbaren Recht, welches auch nach der neueren personengesellschaftsrechtlichen Judikatur die Mehrheit gerade nicht durch Beschluss entziehen könne, sondern nur mit Zustimmung des betroffenen Gesellschafters oder wenn dieser aufgrund der Treuepflicht verpflichtet sei, seine Zustimmung im Interesse der Gesellschaft zu erteilen.[61] Eine wirksame antizipierte Zustimmung setze voraus, »dass die im Gesellschaftsvertrag vereinbarte

54 Vgl. Koch, AktG, 19. Aufl. 2025, § 203, Rn. 40.
55 Vgl. nur Hüffer, ZHR 151 (1987), 396, 407.
56 BGH, 15.01.2007, II ZR 245/05, BGHZ 170, 283, 287, Rn. 9.
57 Zur Auslegung BGH, 23.05.2023, II ZR 141/21, AG 2023, 539, 541, Rn. 28.
58 Vgl. BGH, 21.10.2014, II ZR 84/13, BGHZ 203, 77, 85 f., Rn. 14.
59 Heusel, AG 2023, 689, 690.
60 S.o. II.1.
61 BGH, Urt. v. 13.10.2020, II ZR 359/18, ZIP 2020, 2281, 2283, Rn. 21 m.w.N.

Regelung hinreichend das Ausmaß und den Umfang einer möglichen zusätzlichen Belastung für den Gesellschafter deutlich werden lässt.«[62] Übertragen auf den hier relevanten Sachverhalt hieße das, es blieben nur zwei Varianten: Erstens wird der Hauptversammlungsbeschluss doch routinemäßig einer materiellen Beschlusskontrolle unterzogen, weil das Erreichen des Mehrheitsquorums in formaler Hinsicht eben per se nicht rechtfertigt, der Minderheit ihr Recht zu entziehen. Zweitens kann die Hauptversammlung einen abschließenden Katalog abstrakter Szenarien definieren, in denen der Vorstand die Ermächtigung ausüben darf. Doch überzeugt dieser Einwand im Ergebnis nicht. Denn es gibt (mindestens) einen entscheidenden Unterschied zwischen dem Bezugsrechtsausschluss im Rahmen eines genehmigten Kapitals und dem Ausschluss relativ unentziehbarer Rechte, nämlich die Finalität der Entscheidung. Im Personengesellschaftsrecht führt der Beschluss der Gesellschafter den Ausschluss herbei. Dagegen begründet der Beschluss beim genehmigten Kapital nur die Möglichkeit des Ausschlusses, der als Vorstandsmaßnahme dann den Vorgaben genügen muss, die sonst für Hauptversammlungsbeschlüsse gelten.[63] Die damit einhergehende Einschränkung der Anfechtungsrechte der Aktionäre ist kein schlagender Einwand, wie Unterabschnitt III.3. unten noch zeigt.

2. *Kontrolle anderer Beschlüsse: Individuelle Missbrauchskontrolle statt Materieller Beschlusskontrolle*

Die materielle Beschlusskontrolle befindet sich insgesamt auf dem Rückzug. Nach h.M. ist sie Ausdruck der gesellschaftsrechtlichen Treuepflicht.[64] Trotz breitflächiger Behandlung und Diskussion hat die materielle Beschlusskontrolle praktisch vor allem für den Bezugsrechtsausschluss Bedeutung erlangt.[65] Darüber hinaus findet sie in der Rechtsprechung des BGH seit Jahrzehnten kaum Widerhall.[66] Das gilt selbst für wesentliche Entscheidungen, die in ähnlicher Weise wie der Bezugsrechtsausschluss individuelle Positionen von Aktionären betreffen, etwa die Auflösung der Gesellschaft,[67] die Einführung von Höchststimmrechten[68] oder einen Squeeze-Out gemäß den §§ 327a ff. AktG.[69] Das heißt nicht, dass der BGH jegliche Kontrolle ablehnt. Aber statt einer breitflächigen gerichtlichen Prüfung von Beschlüssen unter Verhältnismäßigkeitsvorbehalt[70]

62 BGH, Urt. v. 13.10.2020, II ZR 359/18, ZIP 2020, 2281, 2283, Rn. 22.
63 Zur Substitution des Hauptversammlungsbeschlusses durch die Entscheidung des Vorstands Kuntz in KK-AktG, § 203, Rn. 46.
64 Koch, AktG, § 243, Rn. 22; Noack/Zetzsche in KK-AktG, § 243, Rn. 252, 255, 333.
65 S. Noack/Zetzsche in KK-AktG, § 243, Rn. 334: »Bezugsrechtsausschluss als einzig praktisch bedeutsames Beispiel der materiellen Beschlusskontrolle«. Ausführliche Erläuterung bei Ekkenga in KK-AktG, Band 4, 3. Aufl. 2016, § 186, Rn. 64 ff.
66 Überblick bei Noack/Zetzsche in KK-AktG, § 243 Rn. 356 ff.
67 BGH, 01.02.1988, II ZR 75/87, BGHZ 103, 184, 190 (Linotype).
68 BGH, 19.12.1977, II ZR 136/76, BGHZ 70, 117, 121 (Mannesmann).
69 Z.B. BGH, 16.02.2009, II ZR 302/06, BGHZ 180, 154, 161, Rn. 14 (Wertpapierdarlehen).
70 Zu Recht kritisch Noack/Zetzsche in KK-AktG, § 243, Rn. 336.

konzentriert er sich darauf, anhand der Treuepflicht individuellen Rechtsmissbrauch zu sanktionieren.[71]

Kritiker mögen einwenden, die eben skizzierten Tendenzen zur Liberalisierung der Beschlusskontrolle unterschieden sich in einem wesentlichen Umstand von der Ermächtigung des Vorstands, den Bezugsrechtsausschluss durchzuführen. Anders als diese Maßnahme im Rahmen des genehmigten Kapitals beschließen die Aktionäre in den oben genannten Fällen unmittelbar über einen konkret vorhandenen und eindeutig beschreibbaren Sachverhalt. Damit liegen auch die Konsequenzen der Entscheidung offen zu Tage.

Dieses Argument trägt jedoch nicht, sondern bestätigt das Gegenteil. Denn beim genehmigten Kapital mit Ermächtigung zum Ausschluss des gesetzlichen Bezugsrechts steht die konkrete Beeinträchtigung noch aus. Dass mit dem Beschluss die Gefahr des Rechtsverlusts droht, steht den Aktionären indessen deutlich vor Augen. Sie haben es in der Hand, die Grenzen eng zu ziehen. Hinzu kommt, dass mit dem Vorstandsbeschluss ein Anknüpfungspunkt für die Überprüfung zur Verfügung steht. Insofern genießen die Aktionäre einen besseren Schutz als bei vielen anderen Beschlüssen, die direkt Wirkung entfalten. Darüber hinaus überzeugt es kaum, auch bei Maßnahmen, welche zum Verlust der Aktionärsstellung nicht für alle, sondern nur für Minderheitseigner führen[72] (Squeeze-Out) und damit wesentlich einschneidendere Konsequenzen für die Minorität nach sich ziehen, die materielle Beschlusskontrolle – mit guten Gründen – aufzugeben, sie aber für eine in ihrer Tragweite verhältnismäßig beschränkte Entscheidung durchzuführen.

Auf einen weiteren Aspekt hat der Jubilar bereits im Jahr 2001 hingewiesen: Das Aktiengesetz selbst zieht Grenzen, die auch für eine Vorratsermächtigung gelten, nämlich die zeitlichen und gegenständlichen Limits in § 202 Abs. 1 S. 1 und § 202 Abs. 3 S. 1.[73] Das ist ein weiterer Grund, die Lage anders zu bewerten als diejenige bei Hauptversammlungsbeschlüssen, die unmittelbar eine Änderung der Lage der Mitglieder herbeiführen. Denn nicht nur ist die Gefahr mit Ermächtigung lediglich abstrakt. Sie ist zudem zeitlich und dem Umfang nach begrenzt. In besonders weitreichenden Fällen lässt sich, wie ebenfalls der Geehrte bereits ausgeführt hat, unter

71 Z.B. BGH, 01.02.1988, II ZR 75/87, BGHZ 103, 184, 193 (Linotype). Vgl. zur eingeschränkten materiellen Kontrolle: Göz in Bürgers/Lieder, AktG, 6. Aufl. 2024, § 243, Rn. 16.

72 Insofern lässt sich etwa beim Squeeze-Out nicht argumentieren, alle Aktionäre seien, z.B. bei der Auflösung, gleichmäßig vom Verlust der Mitgliedschaft betroffen, so dass die Mehrheit einen höheren Anreiz zur inhaltlichen Kontrolle habe. Überdies ist zweifelhaft, ob Auflösungsmaßnahmen, welche die Mehrheit beschließt, ein höheres Maß an mittelbarem Minderheitenschutz in dieser Weise mit sich bringen, man denke nur an den Erwerb der Vermögensgegenstände durch den Mehrheitsaktionär. De facto erreicht der Mehrheitseigner dann die Konsequenzen eines Ausschlusses der Minderheit. [BGH-Entscheidung, s. Vorlesungsunterlagen und »großer Fall«]

73 Ekkenga, AG 2001, 615, 628.

Rückgriff auf die Holzmüller-Grundsätze eine Pflicht des Vorstands annehmen, die Sache der Hauptversammlung zur Entscheidung vorzulegen.[74]

3. Gesetzliche Einschränkungen des Anfechtungsrechts der Aktionäre

Zu der restriktiven Haltung des BGH, was die materielle Beschlusskontrolle angeht, tritt die Tendenz des Gesetzgebers, die Kontrolle per Anfechtungsrecht einzuschränken und monetäre Abfindungen an die Stelle von Inhaltskontrolle zu setzen.[75] Insbesondere das Bezugsrecht und der Verwässerungsschutz haben hier jüngst zwei wesentliche Neuerungen erfahren. Seit dem Inkrafttreten der maßgeblichen Vorschriften des ZuFinG 15.12.2023 liegt die Grenze für einen kontrollfreien vereinfachten Bezugsrechtsausschluss gemäß § 186 Abs. 3 Satz 4 AktG nicht mehr nur bei 10 %, sondern bei 20 %.[76] Damit einher geht der Ausschluss der Anfechtung wegen unangemessen niedriger Einlagen für neue Aktien nach § 255 Abs. 2 AktG n.F., in Abkehr von der vorherigen Lösung.[77] Zweck der neuen Normen ist die Flexibilisierung und Vereinfachung der Kapitalaufnahme.[78] § 255 Abs. 2 AktG n.F. soll die Möglichkeit zur zügigen Eintragung in das Handelsregister gewährleisten und sicherstellen, dass die Maßnahme schnell wirksam wird.[79] Dabei hebt die Begründung zum Referentenentwurf des ZuFinG dieses Ziel der »Beschleunigung« gerade für den Bezugsrechtsausschluss als »erstrebenswert« hervor.[80] Das spiegelt insgesamt den Zweck wider, der dem genehmigten Kapital zugrunde liegt.[81]

Dieses Argument ist auf den ersten Blick etwas fragil, steht doch der Rückbau der Aktionärsrechte im Anfechtungsrecht und die zunehmende Reduktion der Möglichkeit, Beschlüsse zu kassieren, nicht erst seit gestern in der Kritik.[82] Wenn dies so ist, stellt sich die Frage, welchen Wert die gesetzlichen Reformen als Vorbild haben können. Doch zielt die jüngere Diskussion nicht darauf ab, das Rad wieder vollständig zurückzudrehen, sondern eine ausgewogene Lösung zu finden.[83] Bezüglich des

74 Ekkenga, AG 2001, 567, 576–578, und AG 2001, 615, 618.
75 Allgemein dazu Noack/Zetsche in KK-AktG, § 243, Rn. 25.
76 Art. 13 Nr. 10, Gesetz zur Finanzierung von zukunftssichernden Investitionen (Zukunftsfinanzierungsgesetz – ZuFinG) vom 11. Dezember 2023, BGBl. I 2023 Nr. 354.
77 Art. 13 Nr. 13 lit. a) ZuFinG.
78 S. den Referentenentwurf eines Gesetzes zur Finanzierung von zukunftssichernden Investitionen, S. 100 f. (zu § 186 Abs. 3 Satz 4 n.F.) und S. 103 (zu § 255 Abs. 2 n.F.), abrufbar unter https://www.bundesfinanzministerium.de/Content/DE/Gesetzestexte/Gesetze_Gesetzesvorhaben/Abteilungen/Abteilung_VII/20_Legislaturperiode/2023-04-12-ZuFinG/0-Gesetz.html (zuletzt abgerufen am 03.12.2025).
79 Referentenentwurf ZuFinG, S. 103.
80 Referentenentwurf ZuFinG, S. 103.
81 BGH, 23.06.1997, II ZR 132/93, BGHZ 136, 133, 140; Kuntz in KK-AktG, § 202 Rn. 2; Bayer in MüKo-AktG, 6. Aufl. 2025, § 202, Rn. 1.
82 S. nur J. Koch, Gutachten F zum 72. DJT, Band I, 2018, 27 ff.
83 S. J. Koch, Gutachten F zum 72. DJT, Band I, 30 ff.

beschlussbezogenen Filters[84] lautete der Vorschlag im diesbezüglich aktuellsten Gutachten für den Deutschen Juristentag, mit Blick auf die Freigabeentscheidung danach zu entscheiden, ob »die dauerhafte Bestandskraft des Beschlusses unter Berücksichtigung der Schwere des mit der Klage geltend gemachten Verstoßes zur Abwendung der vom Antragsteller dargelegten Nachteile für die AG und ihre Aktionäre vorrangig erscheint.«[85] Überträgt man diesen Gedanken auf den Bezugsrechtsausschluss beim genehmigten Kapital, rückt die Frage in den Fokus, ob der Beschluss einer Vorratsermächtigung bleibende Nachteile für die Aktionäre mit sich bringt, die dafür sprechen, die Wertungen der oben angesprochenen Reformen der jüngeren Zeit hintanzustellen. Das überzeugt nicht. Denn anders als bei sonstigen Beschlüssen bleibt die Kontrolle der Ausübungsentscheidung des Vorstands. Allenfalls gefährdet der Ermächtigungsbeschluss das Bezugsrecht. Aber es bleiben weitere Kontroll- und Rechtsschutzmöglichkeiten. Das ist ein erheblicher Unterschied im Vergleich zu den meisten anderen Beschlüssen, hinsichtlich derer auch diejenigen den Aktionärsschutz hintanzustellen bereit sind, welche die gesetzlichen Reformen der letzten 20 Jahre für zu weitreichend erachten.

Diese Einsicht bereitet den Boden für ein weiteres Argument für eine Neuordnung. Ein Problem des genehmigten Kapitals, das in der bisherigen Diskussion eine Rolle gespielt hat, ist die fehlende Möglichkeit, den Vorstandsbeschluss anzufechten.[86] Die Kassation der Entscheidung ließ sich also nur erreichen, wenn ein Teil des Vorganges schon bezogen auf den Beschluss der Hauptversammlung inhaltlich geprüft werden konnte, insbesondere bei Zugrundelegung der h.M. zur fehlenden Außenwirkung von Fehlern.[87] Diese Erwägung verliert nun angesichts der letzten Änderungen des AktG und der weiteren Abschwächung des Anfechtungsrechts insgesamt erheblich an Gewicht. Auch sonst bleiben den Aktionären vielfach lediglich Feststellungs- und Schadensersatzklagen, ebenso wie hinsichtlich einer fehlerhaften Vorstandsentscheidung.[88] Ein gewisser Ausgleich für das Entfallen der Anfechtungsmöglichkeiten und der Verschiebung des Rechtsschutzes auf die Phase nach der Vorstandsentscheidung[89] lässt sich dadurch erzielen, den bisher schwach ausgeprägten einstweiligen Rechtsschutz zugunsten der Aktionäre etwas zu stärken. Dies näher zu ergründen, bedarf freilich einer gesonderten Abhandlung.[90]

84 Zur Trennung von beschluss- und klägerbezogenen Filtern J. Koch, Gutachten F zum 72. DJT, Band I, 23 f.
85 J. Koch, Gutachten F zum 72. DJT, Band I, 30.
86 Kuntz in KK-AktG, § 203, Rn. 193; Bayer in MüKo-AktG, 6. Aufl. 2025, § 203, Rn. 91.
87 Dazu Kuntz, KK-AktG, § 203, Rn. 165.
88 Vgl. Kuntz, KK-AktG, § 203, Rn. 193, 200.
89 Zu den Anforderungen an diesen nachgelagerten Schutz unten IV.4.
90 Monographisch Köster, Vorbeugender und vorläufiger Rechtsschutz im Rahmen des genehmigten Kapitals bei der Aktiengesellschaft, 2019.

IV. Neuordnung durch Trennung der Kontrolle von Hauptversammlungsbeschluss und Bezugsrechtsausschluss

Aus der Rechtsprechungsentwicklung zum genehmigten Kapital weg von Siemens/Nold in seiner ursprünglichen Form in Kombination mit dem eben unter 1. erläuterten Trend, die Beschlusskontrolle deutlich stärker formell zu konzipieren, folgt ein Impuls, die Dogmatik des genehmigten Kapitals mit Blick auf den Bezugsrechtsausschluss neu zu konzipieren. Der BGH sollte sich endgültig von der Holzmann-Rechtsprechung lösen, soweit diese Grundsätze in Siemens/Nold modifiziert fortleben. Materieller Kontrolle sollten die Beschlüsse der Hauptversammlung nur noch unterliegen, soweit konkrete Anhaltspunkte für einen Treuepflichtverstoß existieren. Der Rechtsschutz im Übrigen knüpft dann an den Vorstandsbeschluss an (1.). Einer Erheblichkeitsschwelle bedarf es nicht (2.). Der Neuansatz ermöglicht zugleich, die Besonderheiten nichtbörsennotierter Gesellschaften ausreichend zu erfassen (3.). Wenn der Schutz ex ante zurückgebaut wird, ist allerdings eine Verbesserung des Schutzes ex post notwendig (4.).

1. Ansatz

Ausgangspunkt der Neuordnung ist es, davon abzusehen, die Hauptversammlung zu zwingen, in irgendeiner Form abstrakte Ausübungsszenarien zu beschreiben.[91] Es steht ihr frei, Grenzen vorzusehen. Genauso steht es ihr frei, darauf zu verzichten. Der Sinn eines Beispielskatalogs besteht dann nur noch in einer Kompetenzbeschränkung zulasten des Vorstands. Gleichermaßen können die Aktionäre nur einzelne Fälle benennen, die nicht abschließend sind und daher im Ergebnis ebenfalls keine effektive Einschränkung des Vorstandshandelns bewirken, sondern allenfalls eine erhöhte Rechtfertigungslast des Vorstands bei der Ausübung der Ermächtigung in nicht ausdrücklich im Beschluss niedergelegten Situationen.

Die materielle Kontrolle für den Bezugsrechtsausschluss mit Blick auf seine Rechtfertigung anhand des Gesellschaftsinteresses verlagert sich damit im Regelfall endgültig und vollständig auf den Vorstand.[92] Diese Lösung entspricht den oben unter III. besprochenen Entwicklungen in Rechtsprechung und Gesetzgebung, insbesondere der Entwicklung weg von der Kassation hin zur Bestandserhaltung und einer Verlagerung der Rechtsfolge in den Schadensersatz und gegebenenfalls Unterlassungsklagen. Das schließt nicht aus, Hauptversammlungsbeschlüsse im Einzelfall anhand des Maßstabes der Treuepflicht zu überprüfen.

Doch steht dem Neuansatz der Gedanke Pate, dass grundsätzlich die Mehrheit der Aktionäre darüber entscheidet, was im Gesellschaftsinteresse liegt, und gerichtliche

91 Bayer in MüKo-AktG, § 203, Rn. 77. Zumindest noch »formale Umschreibungen« fordernd Koch, AktG, § 203, Rn. 45 (Ohne Hervorhebung des Originals.).

92 Vgl. Scholz in MHdB GesR IV, 6. Aufl. 2024, § 55, Rn. 33.

Kontrolle die Ausnahme darstellt, für die es eines Anlasses bedarf. Allein die abstrakte Gefährdung von Interessen genügt hierfür nicht. Es liegt damit auch in der Hand der Mitglieder, im Rahmen des Aktienrechts über die Delegation von Entscheidungskompetenzen zu entscheiden. Nur wenn bereits die Entscheidung der Mehrheit deutlich die Grundlage dafür legt, dass die Ausübung der Ermächtigung des Vorstands geradezu auf eine problematische Benachteiligung der Minderheit hinauslaufen muss, gebietet die Treuepflicht gerichtliche Überprüfung im Hinblick auf einen möglichen Missbrauch von Stimmmacht.

2. *Keine Erheblichkeitsschwelle*

Kritiker mögen einwenden, jedenfalls der vorgestellte Neuansatz bedürfe zumindest der Einhegung durch eine Erheblichkeitsschwelle.[93] Da ein wesentliches Argument für den Neuansatz darin liegt, die Einschränkungen des Anfechtungsrechts und insbesondere den Rückbau der materiellen Prüfung des Bezugsrechtsausschlusses durch § 186 Abs. 3 Satz 4 AktG n.F. heranzuziehen,[94] müssten jedenfalls Ermächtigungen über der 20 %-Grenze den Maßstäben genügen, die der BGH in Siemens/Nold gezogen hat.

Eine Erheblichkeitsschwelle anzunehmen, überzeugt im Ergebnis nicht. Denn die übrigen oben unter III.1. beschriebenen Probleme blieben bestehen, etwa das der Beispielkataloge. Eine »Rückkehr« zu Siemens/Nold oder sogar eine strengere Fassung der 1997 statuierten Vorgaben erscheint daher wenig aussichtsreich. Vielmehr liegt die Lösung gerade in dem Verweis auf die Vorgaben der Stimmrechtsberater im vorhergehenden Absatz. Denn selbst nach der Aufgabe von Siemens/Nold bleibt es dabei, dass der Hauptversammlung die Möglichkeit verbleibt, selbständig Grenzen zu ziehen. In ihren Händen liegt die Macht zur Delegation.[95] Die Befugnisse des Vorstands im Bereich des genehmigten Kapitals sind eben keine genuin gesetzlichen, sondern stets von der Hauptversammlung abgeleitete Kompetenzen.[96]

Das bedeutet zugleich, dass die Konditionen, zu denen die Ermächtigung ausgeübt werden kann, der Gestaltung zugänglich sind. Daran ändert auch die Aufgabe der Siemens/Nold-Grundsätze nichts. Es geht allein darum, der Hauptversammlung wieder mehr Freiheit einzuräumen, die Ermächtigung nach eigener Bewertung und Risikoeinschätzung zuzubilligen.

93 Zu der fehlenden Erheblichkeitsschwelle nach derzeitiger Rechtslage BGH, 23.05.2023, II ZR 141/21, AG 2023, 539, 540, Rn. 15.

94 Oben III.3.

95 BGH, 23.05.2023, II ZR 141/21, AG 2023, 539, 540, Rn. 15; Kuntz in KK-AktG, § 202, Rn. 136.

96 Kuntz in KK-AktG, § 202, Rn. 134 f.

3. *Besonderheiten nicht börsennotierter Gesellschaften*

Die Entscheidung des BGH im Jahr 2023, mit der er Siemens/Nold verdeckt weitgehend verabschiedete, bezog sich auf das genehmigte Kapital einer nicht börsennotierten Gesellschaft.[97] Das Gericht sah keinen Grund, diesen Umstand zum Anlass für eine differenzierte Betrachtung zu nehmen, die an die Ermächtigungen in solchen Situationen höhere Anforderungen stellt.[98] Jedenfalls unter Siemens/Nold ist das angesichts fehlender Kontrolle durch den Kapitalmarkt und seiner Akteure sowie mit Blick auf weniger ausgeprägte Berichts- und Informationspflichten bedenklich.[99]

Allerdings impliziert die oben vorgeschlagene Neuorientierung auch insoweit einen anderen Ansatz. Das Kontrollproblem, das sich in nicht börsennotierten Gesellschaften insbesondere dann ergibt, wenn ein Großaktionär existiert, lässt sich kaum effektiv durch einen formellen Ansatz eindämmen. Von den oben unter III.1. skizzierten Aspekten ist hier insbesondere die Schwierigkeit relevant, aussagekräftige und Handlungsmöglichkeiten eindämmende Beispielkataloge vorzusehen. Wer einen wirksamen Schutz erreichen möchte, müsste Siemens/Nold mit Rücksicht auf nicht börsennotierte Gesellschaften rückbauen, wie es oben unter III.1. abgelehnt wurde, nämlich mit einem Zwang zu einer limitierten Zahl an Ausübungsvarianten und dem Gebot enger Beschreibung. Das ist kaum rechtssicher handhabbar und bringt überschießende Beschränkungen der Hauptversammlung mit sich, obwohl es auch in der nicht börsennotierten Gesellschaft gute Gründe geben kann, dem Vorstand ein weites Ermessen einzuräumen. Hinzu kommt, dass die sonstigen Überlegungen weitgehend tragen: So gilt zwar § 186 Abs. 3 Satz 4 AktG n.F. nur für börsennotierte Gesellschaften.[100] Der Ausschluss des Anfechtungsrechts wegen eines unangemessenen niedrigen Ausgabebetrages in § 255 Abs. 2 n.F. mitsamt der Ausgleichslösung in § 255 Abs. 4 n.F. erfasst die nicht börsennotierte Gesellschaft jedoch.

Der richtige Weg liegt daher darin, an der materiellen Kontrolle anzusetzen. Bei einem Mehrheitseigner erscheint die Lösung per Kontrolle im Einzelfall, die sich auf die Treuepflicht und Konzernrecht stützt, als die angemessene. Dort sind die Gefahren zu verhandeln, die aus der Gesellschafterstruktur resultieren. Abzustimmen ist dies freilich mit den oben skizzierten neueren Entwicklungen im Bereich der materiellen Beschlusskontrolle und ihrer schwindenden Bedeutung. Das ist ein Thema, das dieser Beitrag nicht zu behandeln hat.

4. *Anforderungen an nachgelagerten Schutz*

Sollte der BGH den hier erwogenen Weg einer Neuordnung beschreiten, führt dies unweigerlich zu einer (weiteren) Reduktion der Minderheitenrechte bei

97 S. BGH, 23.05.2023, II ZR 141/21, AG 2023, 539, 542 f., Rn. 34.
98 BGH, 23.05.2023, II ZR 141/21, AG 2023, 539, 542 f., Rn. 34.
99 Näher Kuntz in KK-AktG, § 203, Rn. 55.
100 Vgl. Ekkenga in KK-AktG, § 186, Rn. 147 (noch zur a.F.).

Beschlussfassung.[101] Will das Gericht nicht eine übermäßige Schwächung des Rechtsschutzes insgesamt bewirken, bedarf die Aufweichung der Regulierungsintensität *ex ante* eines gewissen Ausgleichs *ex post*, neben der bereits oben unter III.3. erwähnten Überholung der Grundsätze zum einstweiligen Rechtsschutz. Sollen die vom BGH 2023 hervorgehobenen Instrumente wie Feststellungsklage und Schadensersatzansprüche[102] greifen, setzt dies umfassende Information voraus. Spätestens seit der Mangusta/Commerzbank I-Entscheidung[103] steht aus Sicht der Praxis fest, dass der Vorstand keinen Bericht vor Ausübung der Ermächtigung erstatten muss.[104] Es bleibt also nur die Nachberichterstattung als Anknüpfungspunkt.[105]

Der BGH erkennt die – ungeschriebene – Pflicht zur Nachberichterstattung spätestens seit Siemens/Nold an.[106] Grundlage dafür, dass der Vorstand während der auf die Durchführung der Kapitalerhöhung folgenden Hauptversammlung »zu berichten und Rede und Antwort zu stehen« hat,[107] ist richtiger Ansicht nach § 186 Abs. 4 Satz 2 AktG analog.[108] Doch sind die Details nach wie vor ungeklärt, sowohl hinsichtlich der Form (a) als auch mit Blick auf den Inhalt (b).

a) Form der Nachberichterstattung

Wenn der ex ante-Schutz über eine eng gefasste Ermächtigung entfällt, müssen die Aktionäre wenigstens die Chance haben, sich im Vorfeld der Hauptversammlung, die auf die Vorstandsentscheidung folgt, ausreichend zu informieren. Das setzt voraus, die Gründe für die Vorstandsentscheidung genauer nachvollziehen zu können, um dann während der Hauptversammlung gegebenenfalls sinnvoll gezielte Fragen zu stellen. Ohne schriftlichen Bericht ist das schwierig.[109] Auf den ersten Blick widerspricht dies der jüngeren Rechtsprechung zur Vorabberichterstattung. Nach einem Urteil des BGH aus dem Jahr 2022 muss der Bericht des Vorstands über die beabsichtigte Ermächtigung zum Ausschluss des Bezugsrechts der Aktionäre gemäß § 186 Abs. 4 Satz 2 AktG nicht entsprechend § 124 Abs. 2 Satz 3 Fall 2 AktG a.F. (= § 124 Abs. 2 Satz 3 Var. 5 AktG) mit seinem wesentlichen Inhalt bekanntgemacht werden.[110] Damit genügen Auslegung, Übersendung auf gesondertes Verlangen eines Mitglieds oder die Internetveröffentlichung gemäß § 175 Abs. 2 Sätze 1–3 AktG.[111] Das mag genügen,

101 Vgl. Kuntz in KK-AktG, § 203, Rn. 46.
102 BGH, 23.05.2023, II ZR 141/21, AG 2023, 539, 541, Rn. 24 f.
103 BGH, 10.10.2005, II ZR 148/03, BGHZ 164, 241.
104 Näher Kuntz in KK-AktG, § 203, Rn. 149 f.
105 Heusel, AG 2023, 689, 691.
106 BGH, 23.06.1997, II ZR 132/93, BGHZ 136, 133, 140; BGH, 10.10.2005, II ZR 148/03, BGHZ 164, 241, 244. Zur fehlenden ausdrücklichen gesetzlichen Grundlage Kuntz in KK-AktG, § 203, Rn. 151 m.N.
107 BGH, 10.10.2005, II ZR 148/03, BGHZ 164, 241, 244.
108 Näher Kuntz in KK-AktG, § 203, Rn. 152 m.N.
109 Nähere Begründung bei Kuntz in KK-AktG, § 203, Rn. 154 m.N. A.A. etwa Bayer in MüKo-AktG, § 203, Rn. 80.
110 BGH, 19.07.2022, II ZR 103/20, BGHZ 234, 19, 22, Rn. 11.
111 Heusel, AG 2023, 689, 691.

wenn keine Einschränkungen in der Ermächtigung mehr notwendig sind. Insoweit kann der Vorabbericht ohnehin nur wenig dazu beitragen einzuschätzen, ob und wann der Vorstand die ihm erteilte Kompetenz nutzt. Die Lage verändert sich, wenn er es tut.[112] Anders als bei wenigstens abstrakt vorgezeichneten Rahmenbedingungen, die sich mit der tatsächlichen Situation der Kapitalerhöhung abgleichen lassen,[113] fehlt den Mitgliedern im Fall der Ausübung einer Generalermächtigung allerdings ein entsprechender Bezugspunkt für die Beurteilung des Vorstandsverhaltens.[114] Hinzu kommt die mündliche Erläuterung in der Hauptversammlung.[115]

b) Inhalt der Nachberichterstattung

Der Vorstand muss neben den Informationen, die § 160 Abs. 1 Nr. 3 AktG fordert, die Gründe erläutern, die ihn zum Bezugsrechtsausschluss bewogen haben.[116] Bei einer Neuordnung im hier erwogenen Sinn steigen die Anforderungen im Vergleich zur Situation unter der Geltung von Siemens/Nold, v.a. im Fall einer General- bzw. Vorratsermächtigung.[117] Insoweit gelten die Erwägungen zur fehlenden Möglichkeit, an bereits vorab skizzierte Kriterien anknüpfen zu können und deren Vorliegen näher zu begründen. Denn nun ist es nötig, auch die Situation als solche noch näher zu erläutern und als Basis für die Ausübung der Ermächtigung zu legitimieren.

V. Zusammenfassung

1. Der BGH hat in seinem Urteil aus dem Jahr 2023 die Anforderungen aus der Siemens/Nold-Rechtsprechung bezogen auf die Ermächtigung zum Bezugsrechtsausschluss beim genehmigten Kapital weitgehend – verdeckt – aufgegeben. Entscheidender Grund für diese These ist die Ansicht des BGH, auch Beispielkataloge mit einer Öffnungsklausel für andere, nicht näher umrissene Fälle seien zulässig. Auf diese Weise ebnet er den Weg zu einer echten Vorratsermächtigung. Das stimmt mit Siemens/Nold nicht überein.

2. Eine Rückkehr zu Siemens/Nold erscheint dennoch nicht sinnvoll. Das zeigt zunächst eine Analyse der Tauglichkeit von Beispielkatalogen, Ermessensspielräume einzuschränken. Insoweit erlaubt die Rechtsprechung des BGH zur Aufgabe des sog. Bestimmtheitsgrundsatzes zu Mehrheitsklauseln im Personengesellschaftsrecht einen Vergleich. Auch im Übrigen haben sich die Rahmenbedingungen für die

112 A.A. Bayer in MüKo-AktG, § 203, Rn. 80.
113 Und auch insoweit ist ein Nachbericht in Schriftform grundsätzlich nötig, s. nochmals Kuntz in KK-AktG, § 203, Rn. 154.
114 Vgl. zur Beurteilung des Vorstandsverhaltens generell zum Bericht Lieder in Bürgers/Lieder, AktG, 6. Aufl. 2024, § 203, Rn. 39.
115 Kuntz in KK-AktG, § 203, Rn. 155 m.N.
116 Kuntz in KK-AktG, § 203, Rn. 157 m.N.; Bayer in MüKo-AktG, § 203, Rn. 80.
117 In diese Richtung auch Koch, AktG, § 203, Rn. 53.

aktienrechtliche Kontrolle der Beschlusskontrolle zu stark geändert. Das regulatorische Umfeld ist mit demjenigen der Siemens/Nold-Entscheidung nicht mehr vergleichbar.

3. Der BGH hat seine Rechtsprechung zur Kontrolle anderer Beschlüsse immer weiter gelockert. Materielle Beschlusskontrolle existiert im Wesentlichen allein noch für den Bezugsrechtsausschluss. Gerade in dieser Hinsicht hat der Gesetzgeber mit dem ZuFinG und § 186 Abs. 3 Satz 4 n.F. AktG sowie § 255 Abs. 2 AktG n.F. die Möglichkeit zur inhaltlichen Überprüfung deutlich reduziert und damit auch das Schutzniveau für Minderheitsaktionäre zurückgefahren. Daher ist es auch kein Einwand darauf zu verweisen, die Wende der neueren Judikatur hin zu einer stärker formalen Betrachtung von Beschlüssen beziehe sich auf konkrete Maßnahmen, während es beim genehmigten Kapital um abstrakt beschriebene zukünftige Handlungen des Vorstands gehe.

4. Dass der BGH Mehrheitsbeschlüsse im Personengesellschaftsrecht anhand der Treuepflicht auf ihre materielle Angemessenheit überprüft, ist kein Einwand. Denn im Gegensatz zur Ermächtigung zum Bezugsrechtsausschluss beim genehmigten Kapital sind die Maßnahmen, um die es bei Personengesellschaften geht, final in ihrer Wirkung.

5. Die gebotene Neuordnung der Ermächtigung zum Bezugsrechtsausschluss beim genehmigten Kapital sollte im Lichte dieser Überlegungen Abstand von Siemens/Nold nehmen und keine abstrakte Umschreibung möglicher zukünftiger Maßnahmen mehr verlangen, sondern solche Einschränkungen allein in das Ermessen der Hauptversammlung legen. Erst die Vorstandsentscheidung unterfällt dann der vollen Kontrolle.

6. Eine Erheblichkeitsschwelle ist auch nach neuer Rechtslage nicht sinnvoll.

7. Den Besonderheiten nicht börsennotierter Gesellschaften ist durch eine konzernrechtliche und treuepflichtgestützte Kontrolle im Einzelfall Rechnung zu tragen, nicht mit Hilfe formeller Anforderungen auf Ebene des Hauptversammlungsbeschlusses über die Ermächtigung.

8. Die Neuorientierung des Schutzes hin zu einer ex post-Kontrolle bedarf besonderer Anforderungen an die Nachberichterstattung. Sie muss schriftlich stattfinden und inhaltlich die Gründe erläutern, die den Vorstand konkret dazu bewogen haben, das Bezugsrecht auszuschließen.

Grenzen der Gestaltungsfreiheit im Hinblick auf das personengesellschaftsrechtliche Beschlussmängelrecht der §§ 110 ff. HGB

Thomas Liebscher

Jens Ekkenga ist ein Freigeist. Er scheut sich nicht, für seine Überzeugungen einzustehen und sich gegen den Mainstream zu stellen. Er hat keine Scheu, dem europäischen Gesetzgeber vor dem Hintergrund der Stichworte CSRD, CS3D und Taxonomie »*planwirtschaftliche Tendenzen*« zu bescheinigen. Dies zu einer Zeit, als noch selten vor dem hierdurch ausgelösten »*Bürokratie-Tsunami*« gewarnt wurde und das Bekenntnis zum Bürokratieabbau noch nicht *en vogue* war. Seine Kritik ist getragen von der Erkenntnis, dass soziale Marktwirtschaft auf drei Fundamenten ruht: (i) Wettbewerb, (ii) Recht und (iii) Freiheit.

Was liegt vor diesem Hintergrund näher, als *Jens Ekkenga* mit einem Beitrag zu ehren, der sich mit der Privatautonomie und deren Grenzen jenseits eines engen gesetzlichen Korsetts befasst. Entgegen verbreiteter Vorurteile führt Regelungsabstinenz nicht zu hemmungslosem *Laissez Faire.* Es erblühen allgemeine und systemimmanente Schranken.

I. Einleitung

Mit §§ 110 ff. HGB hat der Gesetzgeber im Zuge des MoPeG ein eigenständiges Beschlussmängelrecht für Personenhandelsgesellschaften geschaffen, welches zur Disposition der Gesellschafter steht. Die damit gewährte Möglichkeit, Klagsysteme zu wählen, ist ungewöhnlich und innovativ. Sie stellt ein vom Gesetzgeber explizit aufgestelltes Novum dar.[1]

Aufgrund der in § 108 HGB geregelten Dispositionsfreiheit können OHGs und KGs das nach §§ 110 ff. HGB geltende Anfechtungsmodell ganz oder teilweise abbedingen (Opt-Out); *vice versa* kann das Klagsystem gem. § 708 BGB auch für GbRs und PartGen ganz oder teilweise zur Anwendung gebracht werden (Opt-In). Die Kautelarpraxis ist daher gehalten, eine bewusste Entscheidung für oder gegen das personengesellschaftsrechtliche Beschlussmängelrecht zu treffen. Zudem sind Modifikationen des gewählten Beschlussmängelrechts möglich. Der Bedarf an vertraglicher Gestaltung ist beträchtlich.[2]

1 Begr. RegE, BT-Drs. 19/27635, 228.
2 Vgl. Liebscher in MüKo-HGB, 6. Aufl. 2025, Vorbem. §§ 110 ff. Rn. 68.

Die Dispositionsnorm des § 108 HGB unterlässt es bewusst, der Gestaltungsfreiheit Grenzen zu setzen. Der Halbsatz, »soweit im Gesetz nichts anderes bestimmt ist«, ist vor allem eine dogmatische, inhaltlich jedoch weitgehend leere Anmerkung.[3]

II. Grenzen der Dispositionsbefugnis über das Klagregime

Es gibt indes keine schrankenlose Freiheit. Antworten auf die Frage nach den Grenzen der Gestaltungsfreiheit sind an verschiedenen Stellen der Rechtsordnung zu suchen. Denn auch wenn die Dispositionsnorm selbst keine Schranken enthält, können sich die Einzelvorschriften, von denen abgewichen werden soll, als zwingend erweisen, entweder (i) weil sie das selbst unmittelbar anordnen oder (ii) aus der Natur der Vorschrift folgt, dass sie nicht disponibel ist, oder (iii) aus der Gesetzessystematik resultiert, dass bestimmte Regelungen eine Einheit bilden, die nur in Gänze abbedungen werden können, um nur einige der in Betracht kommenden Gründe für eine Einschränkung der Gestaltungsfreiheit zu nennen. Hinzu kommen (iv) allgemeine Grundsätze des (Personen-)Gesellschaftsrechts, die im Einzelfall einer Abweichung vom gesetzlichen Modell oder bestimmten Gestaltungen entgegenstehen können. Will man die Schranken näher charakterisieren, bietet es sich an, sich vom Allgemeinen zum Besonderen vorzuarbeiten:

1. Allgemeine Schranken der gesellschaftsvertraglichen Gestaltungsfreiheit

§ 108 HGB ist eine gesetzliche Ausprägung des Grundsatzes der gesellschaftsvertraglichen Gestaltungsfreiheit. § 108 HGB wiederholt die bereits in § 708 BGB i.V.m. § 105 Abs. 3 HGB eingeräumte Dispositionsfreiheit. Diese Vertragsfreiheit war bereits in § 109 HGB a.F. verankert; das MoPeG bestätigt diesen althergebrachten Grundsatz.[4]

Die aus der Vertragsfreiheit resultierende Flexibilität bei der Gestaltung der Innenverhältnisse in Personenhandelsgesellschaften entspricht deren personalistischer Struktur. Die Gesellschafter sind frei, die innere Organisation der Gesellschaft zu gestalten. Sie unterliegen nicht den strengen Regeln zur inneren Verfassung von Kapitalgesellschaften.[5] Dritte, die mit der Personengesellschaft im Rechtsverkehr in Kontakt treten, sind durch die unbeschränkte Haftung der Gesellschafter ausreichend geschützt (§§ 721 BGB, 126 HGB).[6] Die Vertragsgestaltungsfreiheit findet im

3 So auch Liebscher in MüKo-HGB, Vorbem. §§ 110 ff. Rn. 70.

4 Vgl. Born in Ebenroth/Boujong, HGB, 5. Aufl. 2024, § 108 Rn. 1; Roth in Hopt, HGB, 44. Aufl. 2025, § 108 Rn. 2; Wende in BeckOGK-HGB, Stand: 1.4.2025, § 108 Rn. 9; eingehend zur Historie der Vorschrift Lieder in Oetker, HGB, 8. Aufl. 2024, § 108 Rn. 4 ff.

5 Vgl. Liebscher in MüKo-HGB, Vorbem. §§ 110 ff. Rn. 50; Wende in BeckOGK-HGB, § 108 Rn. 11.

6 Psaroudakis in NK-HGB, 4. Aufl. 2024, § 108 Rn. 1.

Allgemeinen ihre Grenzen (erst) im Schutz der Allgemeinheit und dem absoluten Schutzminimum zugunsten der (Minderheits)Gesellschafter.[7]

Die Gestaltungsfantasie unterliegt damit zunächst den allgemeinen bürgerlichrechtlichen Schranken der Vertragsfreiheit, wobei Gesellschaftsverträge von der Inhaltskontrolle nach §§ 305 ff. BGB gem. § 310 Abs. 4 S. 1 BGB ausgenommen sind.[8] Somit sind Klauseln des Gesellschaftsvertrages oder der Vertrag insgesamt (nur) nichtig, falls gegen ein gesetzliches Verbot (§ 134 BGB) oder gegen die guten Sitten (§ 138 BGB) verstoßen wird.[9] Solche Fälle sind selten[10] und auch im prozessrechtlichen Kontext Raritäten. Im Zusammenhang mit Beschlussmängelstreitigkeiten ist an Gestaltungen zu denken, (i) die einen Gesellschafter im Ergebnis rechtsschutzlos stellen, (ii) den verfassungsrechtlichen Anspruch auf rechtliches Gehör (Art. 103 Abs. 1 GG) verletzen oder (iii) in sonstiger Weise in Widerspruch zum *ordre public* stehen.[11] Als praktischer Anwendungsfall sind die von der höchstrichterlichen Rechtsprechung vertretenen Schranken kassatorischer Schiedsklauseln zu nennen, die verhindern sollen, dass jemand, der an der Schiedsrichterauswahl nicht mitwirken konnte, an einen Schiedsspruch gebunden wird.[12]

Zu den allgemeinen Schranken der Gestaltungsfreiheit zählen ferner gesellschaftsrechtliche Grundprinzipien wie das Abspaltungsverbot: Rechte der Gesellschafter aus dem Gesellschaftsverhältnis sind gem. § 711a BGB i.V.m. § 105 Abs. 3 HGB nicht übertragbar. Dadurch wird eine Aufspaltung der Mitverwaltungsrechte auf verschiedene Personen verhindert.[13] Zudem wird den Gesellschaftern gem. § 717 Abs. 1 S. 3 BGB i.V.m. § 105 Abs. 3 HGB ein unentziehbarer Mindeststand an Kontroll- und Informationsrechten gewährt.[14] Prozessrechtliche Gestaltungen, die mit diesen allgemeinen Grenzen in Konflikt treten, erweisen sich als problematisch, so dass Klagbefugnisse nicht ohne weiteres von der Mitgliedschaft losgelöst werden können (vgl. dazu III. 2.) und sichergestellt sein muss, dass alle Gesellschafter von anhängigen Klagen erfahren (vgl. § 113 Abs. 3 HGB).[15]

7 Armbrüster, ZGR 2014, 333, 334 f.; Born in Ebenroth/Boujong, HGB, § 108 Rn. 43; Lieder in Oetker, HGB, § 108 Rn. 10; Wende in BeckOGK-HGB, § 108 Rn. 14.
8 Vgl. Haas/Mohamed in Röhricht/Graf von Westphalen/Haas/Mock/Wöstmann, HGB, 6. Aufl. 2023, § 108 Rn. 8.
9 Eingehend Wende in BeckOGK-HGB, § 108 Rn. 15 f.; Lieder in Oetker, HGB, § 108 Rn. 12.
10 Vgl. zu Hinauskündigungsklauseln, die den Ausschluss eines Gesellschafters ohne sachlichen Grund vorsehen, statt vieler Born in Ebenroth/Boujong, HGB, § 108 Rn. 13 m.w.N.
11 So auch Liebscher in MüKo-HGB, Vorbem. §§ 110 ff. Rn. 71.
12 Eingehend dazu Liebscher in Schäfer, Neues PersGesR, § 5 Rn. 159 ff., m.w.N.
13 BT-Drs. 19/27635, 145; Klimke in BeckOK-HGB, 45. Ed, Stand: 1.1.2025, § 108 Rn. 9; Lübke in BeckOGK-BGB, Stand: 1.4.2025, § 711a Rn. 7.
14 Born in Ebenroth/Boujong, HGB, § 108 Rn. 16; Servatius in Servatius, BGB, § 717 Rn. 28 f.
15 So auch Liebscher in MüKo-HGB, Vorbem. §§ 110 ff. Rn. 72.

2. *Systematik und Telos der §§ 110 ff HGB als Zulässigkeitsschranken*

Gestaltungsgrenzen lassen sich weiterhin mittelbar über die Auslegung der Norm, von der abgewichen werden soll, bzw. aus deren Normzweck ermitteln. Dies setzt die Berücksichtigung der ungeschriebenen gesellschaftsrechtlichen Rechtsgrundsätze, wie Treuepflicht, Verbandssouveränität und Selbstorganschaft, voraus.[16] Zudem wird den Interessen der Gesellschafter durch das Verhältnismäßigkeitsprinzip Rechnung getragen. Eine Änderung des Gesellschaftsvertrags ist nur zulässig, wenn die Vorteile für die Gesellschaft mit den für den jeweiligen Gesellschafter zu tragenden Nachteilen in einem angemessenen Verhältnis stehen.[17] Da der Gesetzgeber sich im Hinblick auf die Ausformung der Schranken der §§ 110 bis 115 HGB in Regelungsabstinenz geübt hat, kommt diesen Grundsätzen bei der Ermittlung der Grenzen der Gestaltungsfreiheit im Zuge der Normauslegung umso größere Bedeutung zu.

Sinn und Zweck dieser Grenzen der Gestaltungsfreiheit des personengesellschaftsrechtlichen Beschlussmängelrechts der §§ 110 ff. HGB ist es, ein zwingendes Mindestmaß an Gerechtigkeit im Innenverhältnis und Minderheitenschutz zu gewährleisten und das Leitbild des Personengesellschaftsrechts zu sichern.[18] Die hieraus folgenden denkbaren Schranken sind vielgestaltig. Insbesondere ist zu beachten, dass die Vorschriften der §§ 110 ff. HGB einem in sich logischen und zusammenhängenden Gesamtkonzept folgen, so dass es selten zweckdienlich ist und vor allem auch unzulässig sein kann, dieses in Unordnung zu bringen (vgl. dazu III. 4. c.).

3. *Zwingende Einzelvorschriften der §§ 110 ff. HGB*

Im Beschlussmängelrecht nach §§ 110 ff. HGB selbst finden sich einige wenige zwingende Vorschriften, die der Gestaltungsfreiheit ausdrücklich Grenzen setzen. So sieht § 112 Abs. 1 S. 2 HGB eine einmonatige Frist als Untergrenze zur Befristung der Anfechtungsklage vor (vgl. dazu III. 3.). Ferner regelt § 113 Abs. 1 HGB die ausschließliche Zuständigkeit des Landgerichts im Beschlussmängelrecht, was eine Prorogation gem. § 40 Abs. 2 Nr. 2 ZPO ausschließt. Zudem sind die Klagearten im Beschlussmängelrecht abschließend geregelt. Eine neue in §§ 110 bis 115 HGB nicht vorgesehene Gestaltungsklage können die Gesellschafter nicht vertraglich vorsehen.[19]

Die prozessuale Ausgestaltung des neuen Klageregimes wirft auch jenseits von Fristen, Klagearten und Zuständigkeiten Fragen nach der Zulässigkeit sowie der

16 Klimke in BeckOK-HGB, § 108 Rn. 5; Oswald in Henssler/Strohn, HGB, 6. Aufl. 2024, § 108 Rn. 31 ff.; Wende in BeckOGK-HGB, § 108 Rn. 30 ff.

17 Born in Ebenroth/Boujong, HGB, § 108 Rn. 62; Schäfer, ZGR 2013, 237, 267.

18 Oswald in Henssler/Strohn, HGB, § 108 Rn. 6; Enzinger in MüKo-HGB, 5. Aufl. 2022, § 109 a.F. Rn. 7.

19 BGH, 11.12.1989, II ZR 61/89, NJW-RR 1990, 474, 475; Casper in Staub, HGB, 5. Aufl. 2015, § 161 Rn. 200; Grunewald in Schäfer, Neues PersGesR, § 5 Rn. 41; Liebscher in MüKo-HGB, Vorbem. §§ 110 ff. Rn. 73.

Reichweite zulässiger Vereinbarungen auf. Insbesondere viele Einzelaspekte der §§ 113 bis 115 HGB sind prozessrechtlicher Natur und daher kraft Natur der Sache nicht disponibel. Denn die Privatautonomie umfasst nur solche Regelungen, die ausschließlich Individualinteressen des Disponierenden schützen. Über Güter der Allgemeinheit oder Dritter kann nicht disponiert werden.

III. Einzelfragen

Im Ergebnis gibt praktisch keine Einzelvorschrift der §§ 110 ff. HGB bei der keine kleineren oder größeren Änderungen des dispositiven Gesetzesrechts in Betracht kommen. Es stellt sich daher die Frage, ob solche Modifikationen gemessen an den dargestellten Schranken zulässig sind. Die nachstehenden Ausführungen beschränken sich auf ausgewählte Fälle; sie erheben keinen Anspruch auf Vollständigkeit:[20]

1. Modifikation des § 110 HGB

Das Klagregime der §§ 110 bis 115 HGB unterscheidet zwischen Mängeln, die bereits aus sich heraus zur Beschlussnichtigkeit führen, und mangelhaften Beschlüssen, deren Rechtswirkungen erst durch eine gegen die Gesellschaft gerichtete Anfechtungsklage beseitigt werden können.[21] § 110 Abs. 2 HGB normiert dabei, in welchen Fällen ein Beschluss nichtig ist, andernfalls sind Beschlüsse lediglich anfechtbar. Es stellt sich die Frage, ob diese gesetzlichen Grenzen bis hin zur gänzlichen Abbedingung der gesetzlichen Fehlerkategorien verschoben werden können.

a) Verschiebung der Grenze zwischen Anfechtungs- und Nichtigkeitsgründe

Diese Frage ist sehr praktisch. Denn im personengesellschaftsrechtlichen Beschlussmängelrecht ist die Nichtigkeitsfolge von Gesetzes wegen nur für diejenige Beschlüsse vorgesehen, die »*durch den Inhalt Rechtsvorschriften verletzen, auf deren Einhaltung die Gesellschafter nicht verzichten können.*« Somit umfasst der Wortlaut der Norm nur inhaltliche und keine Verfahrensfehler. Eine weit verbreitete Meinung plädiert indes für eine erweiternde Auslegung des § 110 Abs. 2 S. 1 Nr. 1 HGB, die auch die »unverzichtbare« Verfahrensrechte, insbesondere das Teilnahme- und Rederecht in der Gesellschafterversammlung und das Informationsrecht der Gesellschafter, in seinen Anwendungsbereich einschließt.[22] Der Wortlaut ist indes unbiegsam.

20 Vgl. zu den jeweils in Betracht kommenden Schranken eingehend: Liebscher in MüKo-HGB, Vorbem. § 110 Rn. 68 ff., § 110 Rn. 47 ff., § 111 Rn. 36 ff., 112 Rn. 46 ff., § 113 Rn. 107 ff., § 114 Rn. 33 ff. und § 115 Rn. 54 ff.

21 BT-Drs. 19/27635, 103.

22 Grunewald in Schäfer, Neues PersGesR, § 5 Rn. 44; Mock in Röhricht/Graf von Westphalen/Haas/Mock/Wöstmann, HGB, § 110 Rn. 32; Neumayer/Zeyher, NZG 2022, 1707, 1713; Otte, RFamU 2023, 306, 308.

Er beschränkt sich eindeutig auf inhaltliche Fehler und schließt Verfahrensfehler von der Nichtigkeitsfolge aus.[23] § 110 Abs. 2 S. 1 Nr. 1 HGB unterscheidet sich bewusst von dem aktienrechtlichen Pendant des § 241 AktG, das zwischen Verfahrens- und Inhaltsmängeln differenziert und für Einberufungsmängel ausdrücklich die Nichtigkeitsfolge anordnet.[24]

Es stellt sich allerdings die Frage, ob die Gesellschafter gleichwohl durch den Gesellschaftsvertrag eine Nichtigkeitsfolge bei gravierenden Verstößen gegen Verfahrensregeln vorsehen können. Eine Verschiebung der Grenzen zwischen anfechtbaren und nichtigen Beschlüssen im Gesellschaftsvertrag nach aktienrechtlichem Vorbild ist zulässig.[25] Der Gestaltungsfreiheit ist stets Vorrang zu geben, wenn keine überwiegenden Interessen entgegenstehen. Solche Interessen sind nicht ersichtlich. Dafür spricht die weit verbreitete Meinung, die den § 110 Abs. 2 S. 1 Nr. 1 HGB in Hinblick auf die Nichtigkeitsfolge erweiternd auslegt und dabei keine wesentlichen entgegenstehenden Interessen zu Tage fördert.[26] Die Nichtigkeit von Gesetzes wegen ist außerdem eine schärfere Sanktion für fehlerhafte Beschlüsse als die Anfechtbarkeit. Dadurch werden die oben erwähnten Teilnahme- und Rederechte in der Gesellschafterversammlung sowie das Informationsrecht der Gesellschafter und somit ihre Gesellschafterstellung gestärkt. Diese Verbesserung des Minderheitsschutzes im Hinblick auf gesetzlich eingeräumte Rechte ist nicht normzweckwidrig und daher im Rahmen der Gestaltungsfreiheit gem. § 108 HGB zuzulassen.

Die Gesellschafter können zudem kraft ihrer Gestaltungsfreiheit weitere privatautonome Nichtigkeitsgründe festlegen,[27] weil diese außenstehenden Dritten, z.B. den Gesellschaftsgläubigern, zugutekommen, die ansonsten nicht befugt wären, sich auf solche Mängel zu berufen. Zudem sind alle Gesellschafter von der Rechtswidrigkeit eines Beschlusses im gleichen Umfang betroffen. Das Vorsehen einer Nichtigkeitsfolge von Gesetzes wegen anstelle einer bloßen Anfechtbarkeit gewährleistet mehr Regelkonformität in der Gesellschaft.

b) Abschaffung der Anfechtbarkeit

Akademisch spannend ist ferner die Frage, ob die Grenzen auch so weit verschoben werden können, dass es nach dem Gesellschaftsvertrag nur noch nichtige Beschlüsse gibt.

23 Bayer/Rauch, DB 2021, 2609, 2614; Kaulbach, ZHR 2022, 729, 753; Liebscher/Rickelt ZPG 2023, 441, 447 f.; Schäfer, ZPG 2023, 281, 284 f.; Wörner/Ebel, NZG 2021, 963, 965; vgl. auch BT-Drs. 19/27635, 229.

24 So bereits Liebscher/Rickelt, ZPG 2023, 441, 447.

25 Vgl. Liebscher in MüKo-HGB, § 110 Rn. 49; Holle in Koch, PersGesR, HGB, § 110 Rn. 25; Grigoleit, AG 2018, 645, 655; Arbeitskreis Beschlussmängelrecht, AG 2008, 617, 622.

26 Siehe Grunewald in Schäfer, Neues PersGesR, § 5 Rn. 44; Mock in Röhricht/Graf von Westphalen/Haas/Mock/Wöstmann, HGB, § 110 Rn. 32; Neumayer/Zeyher, NZG 2022, 1707, 1713; Otte, RFamU 2023, 306, 308.

27 Vgl. Liebscher in MüKo-HGB, § 110 Rn. 49; Otte/Dietlein in BeckOGK-HGB, Stand: 1.3.2025, § 110 Rn. 186.

Der Gesellschaftsvertrag würde § 110 Abs. 2 S. 1 Nr. 2 HGB komplett abbedingen und alle Verstöße der Nichtigkeitssanktion unterwerfen. Eine Vertragsklausel, die die Nichtigkeit aller fehlerhaften Beschlüsse anordnet, mag wenig zweckmäßig erscheinen, würde aber nur den aufgrund der allgemeinen Rechtsgeschäftslehre bestehenden »Normalzustand« wiederherstellen, wonach fehlerhafte Rechtsgeschäfte grundsätzlich analog §§ 125, 134, 138 BGB nichtig sind.[28] Dadurch wird den Gesellschaftern der durch die Anfechtungsklage eingeräumte Gestaltungsspielraum entzogen, was für sie indes, mangels eines Eingriffs in den Kernbereich der Mitgliedschaft, hinnehmbar ist. Für die Zulässigkeit einer kompletten Abschaffung der Anfechtbarkeit und den Wechsel zur Nichtigkeit spricht, dass (i) die Gesellschafter frei sind, gem. § 108 HGB wieder zum Feststellungsmodell zu optieren (Opt-Out), in dessen Rahmen jeder Rechtsverstoß zur Beschlussnichtigkeit führen würde, (ii) ein solcher Wechsel nicht zulasten, sondern zugunsten außenstehender Dritten erfolgt, und (iii) kein weiteres schutzwürdiges Interesse besteht, einen rechtswidrigen Beschluss vorübergehend als schwebend unwirksam am Leben zu erhalten bzw. nachträglich seine faktische Heilung durch Fristverstreichung zu ermöglichen.

Dabei ist die Abschaffung der Anfechtbarkeit und die Einstufung von Verstößen als Nichtigkeitsgrund von der Rückkehr zum Feststellungsmodell durch Opt-Out zu unterscheiden.[29] Denn es verbleibt ein sinnvoller Anwendungsbereich der Nichtigkeitsklage gem. § 114 HGB, auf die die §§ 111, 113 HGB entsprechend anwendbar sind, und es handelt sich bei dieser – ebenso wie bei der Anfechtungsklage – um eine echte, gesetzlich angeordnete Gestaltungsklage.

c) Abschaffung der Nichtigkeit

Noch interessanter ist die umgekehrte Frage, ob man auch die bloße Anfechtbarkeit aller fehlerhaften Beschlüsse anordnen, sprich die Kategorie der Nichtigkeit ganz abschaffen könnte. Nach dem Wortlaut des § 110 Abs. 2 S. 1 Nr. 1 HGB sind indes diejenigen Beschlüsse, deren Inhalt Rechtsvorschriften verletzt, *»auf deren Einhaltung die Gesellschafter nicht verzichten können«*, nichtig. Eine Verschiebung der Grenze der Nichtigkeitsgründe zur Anfechtung würde es den Gesellschaftern ermöglichen, bei solchen Verstößen (i) keine Anfechtungsklage zu erheben, (ii) die Anfechtungsfrist verstreichen zu lassen und (iii) dadurch die endgültige Bestandkraft des jeweiligen Beschlusses herbeizuführen. Dies würde praktisch bedeuten, dass die Gesellschafter auf die Einhaltung der durch den jeweiligen Beschluss verletzten Rechtsvorschriften verzichten, was nach dem klaren Wortlaut des § 110 Abs. 2 S. 1 Nr. 1 HGB unzulässig ist, wenngleich dieses Argument nicht so stark ist, wie es auf den ersten Blick scheint, da nach richtiger Ansicht eine Befristung der Nichtigkeitsklage möglich ist (vgl. dazu III. 5.)

28 Liebscher in MüKo-HGB, § 110 Rn. 50.
29 Liebscher in MüKo-HGB, § 110 Rn. 50; vgl. auch Drescher in Ebenroth/Boujong, HGB, § 110 Rn. 47; Klimke in BeckOK-HGB, § 110 Rn. 42; Vossler in NK-HGB, § 110 Rn. 10.

Einer kompletten Abschaffung der Nichtigkeit im Beschlussmängelrecht im Rahmen des Anfechtungsmodells steht aber jedenfalls der Normzweck des § 110 Abs. 2 S. 1 Nr. 1 HGB entgegen. Die Norm dient nicht ausschließlich den Individualinteressen der Gesellschafter, über die diese disponieren können, sondern schützt auch die Interessen der Allgemeinheit und Dritter. Im Hinblick auf solche Gesetzesvorschriften folgt bereits aus allgemeinen Grundsätzen, dass keine Dispositionsbefugnis über die Rechtsfolgen des Verstoßes besteht.[30] Aber auch im Übrigen ist zweifelhaft, ob die Dispositionsbefugnis der Gesellschafter so weit reicht.[31] Denn es ginge dabei insbesondere um Eingriffe in den Kernbereich der Mitgliedschaft. Zwar kann ein Gesellschafter individuell u.U. einem Eingriff in den Kernbereich seiner Mitgliedschaft zustimmen. Anders liegt die erörterte Fallgestaltung. Insoweit würde einer generellen Regelung zugestimmt werden, nach der Kernbereichseingriffe, denen gerade nicht individuell zugestimmt wurde, fehlerunabhängig zunächst wirksam sind und durch bloße Versäumnis der Anfechtungsfrist endgültig wirksam werden können.

2. *Modifikation des § 111 Abs. 1 HGB*

Im Hinblick auf die Anfechtungsbefugnis sind verschiedene Gestaltungen denkbar. Denn § 111 HGB ist grundsätzlich dispositiv. Das Recht zur Anfechtung rechtswidriger Gesellschafterbeschlüsse ermöglicht es indes jedem Gesellschafter, Einfluss auf die Gesellschaft zu nehmen und somit seine Haftung zu steuern. Dieses Recht gehört daher zu den absolut unentziehbaren Mitgliedschaftsrechten und kann dem betroffenen Gesellschafter nicht durch privatautonome Gestaltung gänzlich entzogen werden.[32]

Eine Erweiterung des Kreises der Anfechtungsberechtigen, z.B. um mittelbare Gesellschafter oder den Aufsichtsrat, ist nach meiner Überzeugung hingegen zulässig. Ihr steht der Grundsatz der Selbstorganisation und der Einheit von Verantwortung und Haftung nicht entgegen, da im Verfahren über die Anfechtungsklage nur die Rechtmäßigkeit, nicht aber die sachliche Richtigkeit des betreffenden Beschlusses überprüft wird.[33]

Auch die Anfechtungsbefugnis der Gesellschafter ist nicht zwingend. Sie darf zwar nicht gänzlich abbedungen werden. Zulässig dürfte es aber sein, die Anfechtungsbefugnis nach dem Vorbild des § 245 AktG einzuschränken und vertraglich etwa ein Rüge-, Widerspruchs- und Anwesenheitserfordernis zu etablieren.[34] Die Disposition über die Anfechtungsbefugnis, also die Entscheidung, ob Anfechtungsklage gegen einen rechtswidrigen Beschluss erhoben wird, stellt die prozessuale Kehrseite der

30 Vgl. Drescher in Ebenroth/Boujong, HGB, § 110 Rn. 27, 29; Klimke in BeckOK-HGB, § 110 Rn. 3; Lieder in Oetker, HGB, § 110 Rn. 34.
31 So bereits Liebscher in MüKo-HGB, § 110 Rn. 51.
32 Born in Ebenroth/Boujong, HGB, § 108 Rn. 37; Wende in BeckOGK-HGB, § 108 Rn. 50.
33 Drescher in Ebenroth/Boujong, HGB, § 111 Rn. 11.
34 Liebscher in MüKo-HGB, § 111 Rn. 36.

Dispositionsbefugnis über die verletzte Norm des materiellen Rechts dar.[35] Grundsätzlich sollte es daher keinen Unterschied machen, ob die betroffenen Gesellschafter individuell durch eine abstrakte antizipierte Einschränkung der Anfechtungsbefugnis oder durch das Verstreichenlassen der Anfechtungsfrist über die Einhaltung der verletzten Norm disponieren.

Darüber hinaus zeigt die § 108 HGB einerseits und § 245 AktG andererseits zugrundeliegende Wertung, dass eine völlig uneingeschränkte Anfechtungsbefugnis, wie sie § 111 HGB enthält, nicht zum Kernbereich der Mitgliedschaft zählt. Statthaft dürfte es vor diesem Hintergrund sein, die Klagbefugnis des Rechtsvorgängers auszuschließen und § 111 Abs. 2 abzubedingen.[36] Die Gegenansicht, die jegliche Einschränkungen der Anfechtungsbefugnis für unzulässig hält, weil das Recht zur Überprüfung von Gesellschafterbeschlüssen insgesamt ein absolut unentziehbares Gesellschafterrecht sei,[37] geht zu weit. Die Auferlegung von Rüge-, Widerspruchs- und Anwesenheitserfordernissen ist für den klagenden Gesellschafter nicht unzumutbar. Denn eine intensive Beteiligung der Gesellschafter ist in personalistisch geprägten Gesellschaften zu erwarten, bzw. sogar erwünscht. Somit ist dem klagenden Gesellschafter der Weg zum gesetzlichen Richter gem. Art. 101 Abs. 1 S. 2 GG nicht durch solche Einschränkungen entzogen oder faktisch versperrt. Folglich sind einer Einschränkung der Anfechtungsbefugnis erst dort Grenzen zu setzen, wo ein vollständiger oder auch faktischer Ausschluss des Anfechtungsrechts oder eine unangemessene Erschwerung seiner Ausübung einen unzulässigen Eingriff in den mitgliedschaftlichen Kernbereich darstellen würde.[38]

Gleiches gilt, wenn der Gesellschaftsvertrag zur Zulässigkeit der Anfechtung eines umstrittenen Beschlusses einen vorherigen Versuch zur gütlichen Einigung voraussetzt. Solche Mediations- und Schlichtungsklauseln sind zulässig. Bedenken bestünden jedoch, wenn die Klausel so ausgestaltet wäre, dass sie das zum Kernbereich der Mitgliedschaft zählende Recht, Gesellschafterentscheidungen gerichtlich überprüfen zu lassen, über Gebühr beschränken würde.[39] Die Zulässigkeit solcher Klauseln wäre etwa zweifelhaft, wenn der Beginn der Anfechtungsfrist nicht mit dem endgültigen Scheitern des Einigungsversuchs, sondern mit der Bekanntgabe des anzufechtenden Beschlusses begänne. Häufig würde dann die Anordnung eines gütlichen Einigungsversuchs *de facto* einer Kürzung der Anfechtungsfrist unter die in § 112 Abs. 1 S. 2 HGB festgelegte Grenze gleichkommen. Die jeweilige Mediations- oder Schlichtungsklausel ist dann nichtig, da ansonsten die Einhaltung der Klagefrist unmöglich wäre, und somit dem klagenden Gesellschafter das unentziehbare Klagrecht faktisch

35 BT-Drs. 19/27635, 229; Drescher in Ebenroth/Boujong, HGB, § 110 Rn. 27.
36 Mock in Röhricht/Graf von Westphalen/Haas/Mock/Wöstmann, HGB, § 111 Rn. 19; Liebscher in MüKo-HGB, § 111 Rn. 36.
37 Drescher in Ebenroth/Boujong, HGB, § 111 Rn. 11.
38 Liebscher in MüKo-HGB, § 111 Rn. 38; Otte/Dietlein in BeckOGK-HGB, § 111 Rn. 17; zum GmbH-Recht Römermann in MHLS, GmbHG, 4. Aufl. 2023, Anh. § 47 GmbHG Rn. 388.
39 Liebscher in MüKo-HGB, § 112 Rn. 52.

genommen würde. Auch die Alternative, die Mediations- oder Schlichtungsklausel als wirksam anzusehen und darin eine Abweichung vom gesetzlichen Fristbeginn zugunsten eines Fristbeginns mit dem endgültigen Scheitern des Einigungsversuchs auszulegen, ist abzulehnen. Ein solcher Wille der Gesellschafter muss, auch bei konkludenter Vereinbarung, eindeutig zum Ausdruck gebracht werden. Er darf nicht bloß in eine Mediations- oder Schlichtungsklausel hineingelesen werden.

Zudem ist eine Abtretung des Anfechtungsrechts aufgrund dessen Natur als aus der Mitgliedschaft folgendes Verwaltungsrecht unmöglich. Denn die Anfechtungsbefugnis ist untrennbar mit der gesellschaftsrechtlichen Mitgliedschaft verbunden (Abspaltungsverbot).[40] Fremden Dritten kann daher nicht die Anfechtungsbefugnis an Stelle der Gesellschafter gewährt werden. Ob es Sonderkonstellationen geben kann, in denen es gerechtfertigt erscheint, Dritten, etwa Bankengläubigern Anfechtungsbefugnisse neben den Gesellschaftern einzuräumen, ist offen.[41]

3. Modifikation des § 112 HGB

Im Hinblick auf die Anfechtungsfrist gem. § 112 HGB können die Gesellschafter von der dispositiven dreimonatigen Frist abweichen, bzw. ihre Gestaltungsfreiheit gem. § 108 HGB ausüben, indem sie die Anfechtungsfrist (i) verkürzen, (ii) verlängern oder (iii) einen vom § 112 Abs. 2 HGB abweichenden Fristbeginn festlegen.

Die Untergrenze der Anfechtungsfrist von einem Monat ist dem klaren Wortlaut des § 112 Abs. 1 S. 2 HGB zu entnehmen. Soweit eine kürzere Frist vereinbart ist, ist eine solche Vertragsklausel nichtig. Dann gilt die dispositive dreimonatige Frist gem. § 112 Abs. 1 S. 1 HGB. Eine geltungserhaltende Reduktion, dass stattdessen die gesetzliche Mindestfrist von einem Monat als vereinbart gilt, kommt nicht in Betracht.[42] Dabei ist bereits die Regelung einer Frist von vier Wochen unzulässig. Denn vier Wochen sind regelmäßig kein voller Monat.[43] Eine Verkürzung der Frist ist zudem nur für die Zukunft möglich. Die Verkürzung der Frist zur Anfechtung von Beschlüssen, die vor der entsprechenden Änderung des Gesellschaftsvertrags gefasst wurden, ist unzulässig. Denn nach der Beschlussfassung kann die Frist nur unter Mitwirkung aller Gesellschafter individualvertraglich modifiziert werden.[44]

40 Zum Ganzen Liebscher in MüKo-HGB, § 111 Rn. 40; Lieder in Oetker, HGB, § 111 Rn. 4; Otte/Dietlein in BeckOGK-HGB, § 111 Rn. 17; zum GmbH-Recht Römermann in MHLS, GmbHG, Anh. § 47 Rn. 388; Raiser/Schäfer in HCL, GmbHG, 3. Aufl. 2020, Anh. § 47 Rn. 154.

41 Liebscher in MüKo-HGB, § 111 Rn. 38 a.E.

42 Liebscher/Rickelt, ZPG 2024, 41, 44; Liebscher in MüKo-HGB, § 112 Rn. 47.

43 Holle in Koch, PersGesR, HGB, § 112 Rn. 9; Lieder in Oetker, HGB, § 112 Rn. 7 – unter Verweis auf BGH, 21.3.1988, II ZR 308/87, BGHZ 104, 66, 70 ff.; Liebscher in MüKo-HGB, § 112 Rn. 47; Mock in Röhricht/Graf von Westphalen/Haas/Mock/Wöstmann, HGB, § 112 Rn. 7.

44 Lieder in Oetker, HGB, § 112 Rn. 7; Otte/Dietlein in BeckOGK-HGB, § 112 Rn. 11.

Andererseits lässt sich die Anfechtungsfrist schrankenlos verlängern. Es existiert keine gesetzliche Höchstfrist.[45] Die im Mauracher-Entwurf vorgeschlagene Höchstfrist von zwei Jahren (§ 714c Abs. 4 BGB-E) wurde vom MoPeG nicht übernommen.[46] Als eine faktische Höchstfrist ist allerdings die Verwirkung anzusehen.[47] Auf die Rechtsfolge der Verwirkung (§ 242 BGB) können die Gesellschafter innerhalb der Gestaltungsfreiheit des § 108 HGB nicht verzichten.[48]

§ 112 Abs. 2 S. 1 HGB setzt die Untergrenze im Hinblick auf die Dauer der Anfechtungsfrist, ohne auf den Fristbeginn Bezug zu nehmen. Die Gesellschafter sind daher gem. § 108 HGB frei, den für den Fristbeginn maßgeblichen Zeitpunkt selbst zu bestimmen. Beispielsweise kann der Fristbeginn an den Tag der Gesellschafterversammlung anknüpfen; eine vor der Beschlussfassung liegende Frist ist dagegen unzulässig, da zu diesem Zeitpunkt noch kein Beschluss als anzufechtendes Substrat existiert.[49] Eine abweichende Vereinbarung im Gesellschaftsvertrag hinsichtlich des Fristbeginns darf aber nicht dazu führen, dass im Ergebnis die Minimalfrist des § 112 Abs. 1 S. 2 HGB unterschritten wird, die an die Bekanntgabe des Gesellschafterbeschlusses anknüpft,[50] so dass eine Anknüpfung des Fristbeginn an den Tag der Versammlung jedenfalls dann nicht zu empfehlen ist, wenn sie auch den abwesenden Gesellschafter betreffen soll,[51] es sei denn, die Anfechtungsbefugnis der Gesellschafter wird (zulässigerweise) durch eine Rüge-, Widerspruchs- und Anwesenheitserfordernis bedingt. Im letzten Fall ist es angemessen, den Fristbeginn an den Tag der Versammlung anzuknüpfen.

4. Modifikation des § 113 HGB

Der Gestaltungsspielraum, das Anfechtungsverfahren abweichend von § 113 HGB zu regeln. ist trotz der grundsätzlichen Dispositivität der §§ 110 ff. HGB gering. Hierfür gibt es zwei Gründe: (i) Viele Einzelregelungen sind prozessrechtlicher Art und dienen dem Schutz der Allgemeinheit; sie sind naturgemäß nicht disponibel. (ii)

45 Lieder in Oetker, HGB, § 112 Rn. 7; Otte/Dietlein in BeckOGK, HGB, § 112 Rn. 12.

46 Vgl. Heckschen/Nolting, BB 2020, 2256, 2259, die sich bereits kritisch zu der in § 714c Abs. 4 BGB-E vorgeschlagenen Höchstfrist geäußert haben; a.A. Mock in Röhricht/Graf von Westphalen/Haas/Mock/Wöstmann, HGB, § 112 Rn. 10, der in eine Höchstfrist eine bessere Lösung sieht als in einer konturlosen Verwirkung.

47 Vgl. Lieder in Oetker, HGB, § 112 Rn. 7; Mock in Röhricht/Graf von Westphalen/Haas/Mock/Wöstmann, HGB, § 112 Rn. 9; Otte/Dietlein in BeckOGK-HGB, § 112 Rn. 12.

48 Vgl. Sutschet in BeckOK-BGB, 73. Ed, Stand: 1.2.2025, § 242 Rn. 153; Kähler in BeckOGK-BGB, Stand: 15.10.2024, § 242 Rn. 1724, 1730 f., der nur den gesetzlichen Ausschluss der Verwirkung als möglich erwähnt.

49 So auch Drescher in Ebenroth/Boujong, HGB, § 112 Rn. 19; Liebscher in MüKo-HGB, § 112 Rn. 48.

50 Lieder in Oetker, HGB, § 112 Rn. 11; Otte/Dietlein in BeckOGK-HGB, § 112 Rn. 23 f.; a.A. Drescher in Ebenroth/Boujong, HGB, § 112 Rn. 19, der ausschließlich auf die Dauer der Frist abstellt, und diese unabhängig vom Fristbeginn betrachtet.

51 Liebscher in MüKo-HGB, § 112 Rn. 48.

Im Übrigen beinhaltet § 113 HGB aufeinander abgestimmte Einzelregelungen, die eine untrennbare Sinneinheit bilden. Wollen die Gesellschafter dieses Modell nicht, können sie es insgesamt im Wege eines Opt-Outs zugunsten des Feststellungsmodells abbedingen; eine hybride Mischform zwischen den Klagmodellen kann hingegen nicht geschaffen werden[52]:

a) Zuständigkeitsregelung (§ 113 Abs. 1 HGB)

Das MoPeG weist durch § 113 Abs. 1 HGB die Gerichtszuständigkeit »ausschließlich dem Landgericht, in dessen Bezirk die Gesellschaft ihren Sitz hat« zu. Somit werden die Zuständigkeitsregelungen der §§ 23, 71 GVG verdrängt und den Gesellschaftern wird gemäß § 40 Abs. 2 S. 1 Nr. 2 ZPO die Disposition über die Gerichtszuständigkeit vorenthalten. Konsequenterweise ist auch eine Prorogation durch rügeloses Verhandeln gem. § 40 Abs. 2 S. 2 ZPO unzulässig.[53] Der völlige Ausschluss der staatlichen Gerichtsbarkeit und die Verlegung von Beschlussmängelstreitigkeiten bei Schiedsgerichten bleibt gem. § 1030 ZPO allerdings zulässig, jedoch nur unter Beachtung der Schiedsfähigkeitsrechtsprechung des BGH.[54]

Eine mittelbare Disposition über die Gerichtszuständigkeit ist indes vorstellbar, wenn die Gesellschafter den Vertragssitz[55] (§ 706 BGB i.V.m. § 105 Abs. 3 HGB) ändern, was zur Änderung der örtlichen Zuständigkeit des Landgerichts führen würde.[56] Falls ein Doppelsitz ausnahmsweise zulässig ist, darf dieser Zustand nicht zulasten § 113 Abs. 1 HGB und seiner Konzentrationswirkung gehen. Dann ist auf den Verwaltungssitz der Gesellschaft abzustellen.[57]

Die Möglichkeit einer Sitzänderung während eines laufenden Verfahrens ist umstritten. Die h.M. stellt auf die letzte mündliche Verhandlung als maßgeblichen Zeitpunkt ab und plädiert dafür, den Streit im Rahmen des laufenden Verfahrens an das neu zuständige Landgericht verweisen zu können.[58] Eine vereinzelt vertretene Gegenansicht stützt die Gerichtszuständigkeit auf dem Sitz der Gesellschaft zum Zeitpunkt der Klagezustellung. Eine nachträgliche Sitzverlegung gemäß § 261 Abs. 3 Nr. 2 ZPO sei demnach unbeachtlich. Der Vertragssitz der Gesellschaft sei der für

52 Liebscher/Rickelt, ZPG 2024, 41, 49; Liebscher, ZIP 2023, 2441, 2448; vgl. Wertenbruch, NZG 2024, 419; Drescher in Ebenroth/Boujong, HGB, § 113 Rn. 63; Mock in Röhricht/Graf von Westphalen/Haas/Mock/Wöstmann, HGB, § 113 Rn. 61.

53 Liebscher in Schäfer, Neues PersGesR, § 5 Rn. 100; Otte/Dietlein in BeckOGK-HGB, § 113 Rn. 6, 9.

54 Liebscher/Rickelt, ZPG 2024, 41, 45.

55 Vgl. BT-Drs. 19/27635, 232.

56 Vgl. Holle in Koch, PersGesR, HGB, § 113 Rn. 20; Lieder in Oetker, HGB, § 113 Rn. 11; Otte/Dietlein in BeckOGK-HGB § 113 Rn. 9; Roth in Hopt, HGB, § 113 Rn. 2; Vossler in NK-HGB, § 113 Rn. 2.

57 Otte/Dietlein in BeckOGK-HGB, § 113 Rn. 14; zum Aktienrecht Schäfer in MüKo-AktG, 6. Aufl. 2023, § 246 Rn. 72 m.w.N.

58 Holle in Koch, PersGesR, HGB, § 113 Rn. 20; Lieder in Oetker, HGB, § 113 Rn. 11; Otte/Dietlein in BeckOGK-HGB § 113 Rn. 9.

die örtliche Zuständigkeit des jeweiligen Landgerichts begründende Umstand i.S.v. § 261 Abs. 3 Nr. 2 ZPO.[59]

Für die Gegenansicht spricht die Prozessökonomie, die gem. § 261 Abs. 3 Nr. 2 ZPO die Fortdauer der Zuständigkeit (*perpetuatio fori*) dadurch sicherstellt, dass sie durch Veränderung der sie begründenden Umstände nicht mehr entfallen kann.[60] Eine Sitzverlegung nach Rechtshängigkeit der Klage würde sowohl den klagenden Gesellschafter als auch die Nebenintervenienten dazu zwingen, erneut vor dem nun zuständigen Landgericht vorzutragen. Eine einmalig zulässige Sitzverlegung würde zudem die Tür für weitere Sitzverlegungen im gleichen laufenden Verfahren öffnen, sofern diese nicht missbräuchlich wären (*argumentum ad absurdum*). Im Ergebnis würde die Sitzverlegung im laufenden Verfahren somit zu einer unzumutbaren Einschränkung der Anfechtungsbefugnis der Gesellschafter aus § 111 HGB führen.

Für eine Anknüpfung an den Zeitpunkt der Klagezustellung und die damit verbundene »Versteinerung« der örtlichen Zuständigkeit spricht auch die faktische Undurchführbarkeit des Kopplungsgebots aus § 113 Abs. 4 S. 2 HGB, wenn der Vertragssitz der Gesellschaft in der letzten mündlichen Verhandlung für die örtliche Zuständigkeit maßgeblich wäre. Daher ist für die örtliche Zuständigkeit aus § 113 Abs. 1 HGB auf den Vertragssitz der Gesellschaft im Zeitpunkt der Klagezustellung abzustellen.

b) Passivlegitimation (§ 113 Abs. 2 HGB)

Die Anfechtungsklage ist nach § 113 Abs. 2 S. 1 HGB gegen die Gesellschaft zu richten. Die Passivlegitimation der Gesellschaft wird dogmatisch damit begründet, dass der fehlerhafte Beschluss nicht den Gesellschaftern, sondern der Gesellschaft als eigenem, in der Gesellschafterversammlung gebildetem Willen, zuzurechnen ist.[61] Dabei entsteht die an sich widersprüchliche Pflicht, dass der obsiegende klagende Gesellschafter aufgrund seiner Gesellschafterstellung die Prozesskosten der unterliegenden Gesellschaft als betriebliche Aufwendungen proportional zu seiner Beteiligung an der Gesellschaft tragen muss.[62]

Es ist dabei umstritten, ob und unter welchen Voraussetzungen der Gesellschaft gegen die den erfolgreich angefochtenen Beschluss tragenden Gesellschafter ein materiellrechtlicher Kostenerstattungsanspruch (etwa aus der gesellschaftsrechtlichen

59 Drescher in Ebenroth/Boujong, HGB, § 113 Rn. 8.

60 Anders in Anders/Gehle, ZPO, 83. Aufl. 2025, § 261 Rn. 22; Foerste in Musielak/Voit, ZPO, 22. Aufl. 2025, § 261 Rn. 13; Saenger in Saenger, ZPO, 10. Aufl. 2023, § 261 Rn. 22; Roth in Stein, ZPO, 24. Aufl. 2024, § 261 Rn. 35.

61 BT-Drs. 19/27635, 233; Holle in Koch, PersGesR, HGB, § 113 Rn. 21; krit. Fehlenbach, WM 2020, 2049, 2055 f.

62 BT-Drs. 19/27635, 233; Klimke in BeckOK-HGB, § 113 Rn. 11; Liebscher in Schäfer, Neues PersGesR, § 5 Rn. 91.

Treuepflicht) zusteht, so dass der siegreiche Kläger entlastet wird.[63] Selbst bei einem bestehenden Anspruch ist eine klarstellende Kostentragungsregel im Gesellschaftervertrag zu empfehlen.[64] Eine antizipierte Kostenbefreiung des klagenden Gesellschafters ermöglicht auch die Ansicht, dass die Kostentragungsregel keine Konkretisierung der gesellschaftsrechtlichen Treuepflicht darstellt.[65] Jeder Gesellschafter darf aufgrund seines Klagerechts gegen fehlerhafte Beschlüsse vorgehen (§ 111 HGB).[66] Dies wird erleichtert, wenn der Kläger von dem bei Obsiegen bestehenden abschreckenden Kostenrisiko entlastet wird. Die Regel findet jedoch ihre Grenze, wenn sie zu einer Begünstigung jener mitklagenden Gesellschafter führt, die am Entstehen des Mangels beteiligt waren. Denn einer solchen Kostenbefreiung steht der Grundsatz *venire contra factum proprium* (§ 242 BGB) entgegen.

c) Prozessuale Sinneinheit von § 113 Abs. 2, 3 und 6 HGB

Die Pflicht, gem. § 113 Abs. 3 HGB alle Gesellschafter über die Anfechtungsklage zu unterrichten, ist ein Reflex der *erga omnes* Wirkung des Urteils gem. § 113 Abs. 6 HGB.[67] Sie soll streitgenössische Nebeninterventionen anderer Gesellschafter auf beiden Prozessseiten ermöglichen.[68] Nach § 113 Abs. 6 HGB *»wirkt das Urteil für und gegen alle Gesellschafter, auch wenn sie nicht Partei sind«*. Letzteres knüpft an die Passivlegitimation der Gesellschaft (§ 113 Abs. 2 S. 1 HGB) an. Daher bilden die Passivlegitimation (§ 113 Abs. 2), die Unterrichtungspflicht (§ 113 Abs. 3 HGB) und die Rechtskrafterstreckung (§ 113 Abs. 6 HGB) eine prozessuale Sinneinheit sowie den konstitutiven Rahmen für das Anfechtungsmodell.[69]

Die prozessuale Sinneinheit hat zur Folge, dass es systemfremd und somit unzulässig wäre, wenn die Gesellschafter über jede dieser prozessualen Regeln einzeln disponieren würden. Es ist unzumutbar, den Gesellschaftern eine *erga omnes* Wirkung des Urteils gem. § 113 Abs. 6 HGB aufzuerlegen, ohne ihnen die Möglichkeit zur Nebenintervention zu eröffnen. Der erste logische Schritt dafür ist, diese Gesellschafter über den laufenden Prozess zu unterrichten. Zudem erstreckt sich die Rechtskraft des Urteils aufgrund der Gesellschafterstellung auf alle Gesellschafter. Daher muss die Gesellschaft als Ganzes verklagt werden. Andernfalls ist nicht ersichtlich, warum

63 BT-Drs. 19/27635, 233; dafür Liebscher/Rickelt, ZPG 2024, 41, 46; Liebscher in Schäfer, Neues PersGesR, 2022, § 5 Rn. 91; Schmidt, ZPG 2023, 81, 84; vertief. Noack, ZIP 2023, 1169 ff.; eher abl. Meyer/Schwiete, NZG 2022, 1035, 1037.

64 Zur entsprechenden Bestimmung der Kostentragungsregel Liebscher in Schäfer, Neues PersGesR, § 5 Rn. 146.

65 Ähnl. Mock in Röhricht/Graf von Westphalen/Haas/Mock/Wöstmann, HGB, § 113 Rn. 9.

66 Vgl. BGH, 14.7.1954, II ZR 342/53, NJW 1954, 1563; Oswald in Henssler/Strohn, HGB, § 108 Rn. 4; Schäfer in Schäfer, Neues PersGesR, § 6 Rn. 14.

67 Otte/Dietlein in BeckOGK-HGB, § 113 Rn. 29; Holle in Koch, PersGesR, HGB, § 113 Rn. 25; Klimke in BeckOK-HGB, § 113 Rn. 33.

68 BT-Drs. 19/27635, 234; Drescher in Ebenroth/Boujong, HGB, § 113 Rn. 21; Vossler in NK-HGB, § 113 Rn. 6.

69 Vgl. Liebscher in MüKo-HGB, Vorbem. §§ 110 ff. Rn. 91, § 113 Rn. 109.

ein Gesellschafter die Rechtskraft eines Urteils gegen sich gelten lassen müsste, das in einem Prozess ergeht, in dem ein Gesellschafter nur die anderen Gesellschafter in Anspruch nimmt. Die Gesellschafter dürfen daher nur über die prozessuale Sinneinheit der § 113 Abs. 2, 3 und 6 HGB als Ganzes disponieren.[70] Es gilt das Alles-oder-Nichts-Prinzip. Ein nur teilweises Opt-In hinsichtlich dieser Vorschriften ist ebenfalls unzulässig.[71]

d) Kopplungsgebot (§ 113 Abs. 4) und Streitwert (§ 113 Abs. 5 HGB)

§ 113 Abs. 4 S. 2 HGB ordnet die Verbindung mehrerer Prozesse »*zur gleichzeitigen Verhandlung und Entscheidung*« an. Durch diese klare Anordnung wird § 147 ZPO verdrängt, sodass dem Gericht kein Ermessensspielraum zusteht.[72] § 113 Abs. 4 S. 2 HGB bezweckt die Bündelung aller Prozesse bei einem Spruchkörper und ihre einheitliche Entscheidung (Verfahrenskonzentration).[73] Die Vorschrift ist daher zwingend. Abweichende Vereinbarungen außerhalb eines vollständigen Opt-Outs sind unzulässig und nichtig.[74] Rügelose Einlassungen sind ebenso unzulässig.[75]

Das Gericht legt den Streitwert gem. § 113 Abs. 5 HGB nach billigem Ermessen fest, ohne die Parteien zu beteiligen. Parteivereinbarungen über die Höhe des Streitwerts sind für das Gericht unbeachtlich.[76] Eine Vereinbarung zwischen den Gesellschaftern über die Höhe des Streitwertes ist daher nicht möglich.

5. *Nichtigkeits- (§ 114 HGB), Beschlussfeststellungs- (§ 115 HGB) und allgemeine Feststellungsklage (§ 256 ZPO)*

Im Hinblick auf die Nichtigkeitsklage gem. § 114 HGB stellt sich die Frage, ob diese durch den Gesellschaftsvertrag befristet werden kann. Der Frage kommt eine praktische Bedeutung zu, da im Falle eines Fristversäumnisses Rechtsverlust droht. Teilweise wird eine gesellschaftsvertragliche Befristung der Nichtigkeitsklage generell abgelehnt. Grund hierfür soll sein, dass Nichtigkeitsgründe i.d.R. schwerwiegende Verstöße gegen unverzichtbare Gesellschafterrechte, gewichtige inhaltliche Mängel

70 Vgl. Liebscher in MüKo-HGB, § 113 Rn. 109.

71 Vgl. Liebscher/Rickelt, ZPG 2024, 41, 49.

72 BT-Drs. 19/27635, 234; Holle in Koch, PersGesR, HGB, § 113 Rn. 36; Roth in Hopt, HGB, § 113 Rn. 6.

73 BT-Drs. 19/27635, 234; Liebscher/Rickelt, ZPG 2024, 41, 49; Lieder in Oetker, HGB, § 113 Rn. 27; Otte/Dietlein in BeckOGK-HGB, § 113 Rn. 50; Vossler in NK-HGB, § 113 Rn. 7.

74 Vgl. Liebscher in MüKo-HGB, § 113 Rn. 108.

75 Klimke in BeckOK-HGB, § 113 Rn. 49; zum Aktienrecht Schäfer in MüKo-AktG, § 246 Rn. 75.

76 Vgl. Elzer in Toussaint, KostenR ZPO, 54. Aufl. 2024, § 3 Rn. 15; Heinrich in Musielak/Voit, ZPO § 3 Rn. 6, 10; Herget in Zöller, ZPO, 35. Aufl. 2024, § 3 Rn. 2 a.E.; Loyal in Stein, ZPO § 3 Rn. 14; Liebscher in MüKo-HGB, § 113 Rn. 108.

oder Verletzungen der Rechte Dritter darstellen. Die gerichtliche Geltendmachung der Nichtigkeitsgründe soll daher im öffentlichen Interesse liegen.[77]

Richtigerweise ist die Regelung einer Frist zur Geltendmachung von Nichtigkeitsgründen jedoch ebenso wie bei der Geltendmachung von Anfechtungsgründen primär Sache der Gesellschafter; es gilt der Grundsatz der Privatautonomie. Dem Willen der Gesellschafter wird es regelmäßig entsprechen, auch die Nichtigkeitsklage zu befristen, um nach Fristablauf Rechtssicherheit zu haben. Die sich aus § 108 HGB ergebende umfassende Regelungsautonomie der Gesellschafter spricht dafür, dass auch eine Ausschlussfrist für die Erhebung einer Nichtigkeitsklage vereinbart werden kann. Auch ein Blick auf § 14 Abs. 1 UmwG zeigt, dass sich Nichtigkeit und Klagfrist nicht zwingend ausschließen.[78] Bestätigt wird dies zudem durch die Rechtsprechung zur Rechtslage vor Inkrafttreten des MoPeG. Hierbei wurde auf Grundlage des vorherigen Feststellungsmodells mit einheitlicher Nichtigkeitsfolge eine gesellschaftsvertragliche Fristenbindung als zulässig erachtet.[79] Außerhalb der Gesellschaft stehende Dritte unterliegen einer derartigen Frist ohnehin nicht und können daher nicht als Argument gegen die Zulässigkeit einer vertraglichen Fristenregelung aufgeführt werden.[80] Die Frist zur Erhebung einer Nichtigkeitsklage muss in Anlehnung an § 112 Abs. 1 S. 2 HGB mindestens einen Monat betragen und sollte sich an dem Zeitmoment der Verwirkungsgrundsätze orientieren.[81]

Ähnlich gelagert ist die Frage, ob der Gesellschaftsvertrag auch für die Geltendmachung des Fehlens der Zustimmung des Inhabers eines Vetorechts und die hieraus resultierende (relative) Unwirksamkeit eines Beschlusses – also für die Unwirksamkeitsklage – eine Klagefrist vorsehen kann.[82] Dafür spricht erneut das Bedürfnis nach Rechtssicherheit, dem im Aktienrecht mit dem Heilungstatbestand des § 242 AktG Rechnung getragen wurde.[83] Zudem ist es für den Inhaber des Vetorechts zumutbar, dass mit dem Ablauf der Frist zur Erhebung der Nichtigkeitsklage seine Zustimmung fingiert wird.[84] Die Angemessenheit der Klagefrist gewährleistet dabei, dass der Kernbereich seiner Mitgliedschaft unberührt bleibt.

77 Liebscher in MüKo-HGB, § 114 Rn. 34; Lieder in Oetker, HGB, § 114 Rn. 9; Otte/Dietlein in BeckOGK-HGB, § 114 Rn. 22.

78 Zum Ganzen Liebscher, ZIP 2023, 2441, 2446; Liebscher/Rickelt, ZPG 2024, 41, 47; Schäfer, ZPG 2023, 281, 286; so iE auch Drescher in Ebenroth/Boujong, HGB, § 114 Rn. 5.

79 Vgl. BGH 21.6.2011, II ZR 262/09, NJW 2011, 2648, 2469; 13.2.1995, II ZR 15/94, NJW 1995, 1218 f.; Schäfer, ZPG 2023, 281, 286; Liebscher, ZIP 2023, 2441, 2446; Liebscher in MüKo-HGB, § 114 Rn. 35.

80 Vgl. Schäfer, ZPG 2023, 281, 286.

81 BT-Drs. 19/27635, 236; Liebscher, ZIP 2023, 2441, 2446; Liebscher/Rickelt, ZPG 2024, 41, 48; Liebscher in MüKo-HGB, § 114 Rn. 35; vgl. auch Drescher in Ebenroth/Boujong, HGB, § 114 Rn. 5; Otte/Dietlein in BeckOGK-HGB, § 114 Rn. 23.

82 Liebscher/Rickelt, ZPG 2024, 41, 47; Vossler in NK-HGB, § 115 Rn. 6.

83 OLG Schleswig, 16.3.2000, 5 U 244/97, NZG 2000, 895, 896; Liebscher, ZIP 2023, 2441, 2446; Koch, AktG, 19. Aufl. 2025, § 242 Rn. 1.

84 So auch Drescher in Ebenroth/Boujong, HGB, § 110 Rn. 49; vgl. auch BT-Drs. 19/27635, 230; Klimke in BeckOK-HGB, § 110 Rn. 38.

Diese Argumentationslinie ist auch auf die Beschlussfeststellungsklage und die allgemeine Feststellungsklage gem. § 256 ZPO übertragbar. Solange sich die im Gesellschaftsvertrag vorgesehene Klagefrist an den Maßstäben des § 112 HGB orientiert, haben die betroffenen Gesellschafter ausreichend Zeit, eine Beschlussfeststellungsklage zu erheben. Die Angemessenheit der Frist im konkreten Einzelfall hängt davon ab, wie gravierend die Auswirkungen der Unrichtigkeit des Beschlusses sind bzw. wie schwierig die Sach- und Rechtslage ist.[85]

Für die Zulässigkeit der Befristung der allgemeinen Feststellungsklage gem. § 256 ZPO spricht neben dem Interesse an Rechtssicherheit auch ihre vorherige Anerkennung[86] auf der Basis des Feststellungsmodells. Auch bei ihrer Befristung dient die in § 112 HGB normierte Anfechtungsfrist zur Orientierung.[87] Nicht möglich ist es hingegen, eine Klagfrist für Feststellungsklagen Dritter vorzusehen.[88] Die Gesellschafter dürfen durch die Befristung der Klage nicht zulasten Dritter, die ein Feststellungsinteresse zur Klageerhebung besitzen, disponieren.

Ebenso wenig kann insoweit die Passivlegitimation für eine von einem Dritten zu erhebende allgemeine Feststellungsklage gem. § 256 ZPO im Gesellschaftsvertrag geregelt werden.[89] Denn auch dies würde einen unzulässigen Vertrag zu Lasten Dritter darstellen. Die Festlegung der Passivlegitimation der Gesellschaft bei Feststellungsklagen der Gesellschafter ist hingegen zulässig. Eine solche Regelung hat jedoch nur klarstellende Funktion,[90] da die Gesellschaft im Rahmen des Anfechtungsmodells analog § 113 Abs. 1 HGB passivlegitimiert ist.

IV. Schluss

Die Gestaltungsfreiheit gemäß § 108 HGB erweist sich als ein das Beschlussmängelrecht des HGB prägender Grundsatz. Durch die Analyse des Beschlussmängelrechts (§§ 110 ff. HGB) und unter Berücksichtigung der systemimmanenten Anforderungen lassen sich auch die Grenzen dieser Gestaltungsfreiheit klar ziehen. Diese endet zunächst dort, wo der Kernbereich der Mitgliedschaft beginnt. Somit sind die

85 BT-Drs. 19/27635, 236; Lieder in Oetker, HGB, § 115 Rn. 13; Vossler in NK-HGB, § 115 Rn. 5; vgl. auch Liebscher/Rickelt, ZPG 2024, 41, 47 f.

86 BGH, 24.9.1990, II ZR 167/89, BGHZ 112, 339, 344; 20.1.1977, II ZR 217/75, NJW 1977, 1292; Böttcher in BeckOGK.HGB, Stand: 15.8.2023, § 119a.F. Rn. 186; Liebscher in MüKo-HGB, § 114 Rn. 35.

87 BT-Drs. 19/27635, 236; Liebscher/Rickelt, ZPG 2024, 41, 48; Lieder in Oetker, HGB, § 115 Rn. 13; Vossler in NK-HGB, § 115 Rn. 5.

88 Vgl. Liebscher in MüKo-HGB, § 114 Rn. 35; Schäfer, ZPG 2023, 281, 286.

89 Vgl. Liebscher in MüKo-HGB, § 115 Rn. 58.

90 Vgl. BT-Drs. 19/27635, 236; Schäfer, ZIP 2021, 1527, 1532; Klimke in BeckOK-HGB, § 115 Rn. 18; Vossler in NK-HGB, § 115 Rn. 5; a.A. Holle in Koch, PersGesR, HGB, § 115 Rn. 39; Otte/Dietlein in BeckOGK-HGB, § 115 Rn. 25, die mangels einer *erga omnes* Wirkung der allgemeinen Feststellungsklage gem § 256 ZPO empfehlen, sowohl die Gesellschaft als auch die Mitgesellschafter zu verklagen.

unentziehbaren Rechte eines Einzelgesellschafters gegenüber einer vertragsändernden Gesellschaftermehrheit gesichert. Außerdem schützen sowohl das zwingende Recht als auch der durch Auslegung zu ermittelnde Normzweck die Positionen der Allgemeinheit und schutzwürdiger Dritter. Auch zulasten dieser Gruppen dürfen die Gesellschafter im Gesellschaftsvertrag nicht disponieren. In allen übrigen Bereichen des Beschlussmängelrechts sind die Gesellschafter hingegen frei, das Innenverhältnis nach Belieben (§ 108 HGB) zu gestalten.

Der faktische Bezugszwang nach dem ZuFinG

Jan Lieder

I. Einleitung

Jens Ekkenga wandelt mit traumtänzerischer Sicherheit zwischen der Wissenschaft und Praxis des Gesellschafts-, Bilanz-, Bank- und Kapitalmarktrechts. Da liegt es nahe, zu seinen Ehren ein Thema aus dem praktisch ebenso relevanten wie akademisch anspruchsvollen Recht der Unternehmensfinanzierung aufzugreifen, dem er in Form seiner großen Kommentierung der ordentlichen Kapitalerhöhung der Aktiengesellschaft seinen Stempel aufgedrückt hat.[1]

Im Folgenden soll der faktische Bezugszwang im Mittelpunkt stehen, dessen tatbestandliche Voraussetzungen seit geraumer Zeit ebenso streitig diskutiert werden wie seine Rechtsfolgen.[2] Nach der Reform der Eigenkapitalfinanzierung durch das am 15.12.2023 in Kraft getretene Zukunftsfinanzierungsgesetz[3] streitet man ganz grundsätzlich darüber, wie sich die Rekonfiguration des Rechtsschutzsystems mit ihrem Übergang von der Anfechtungs- zur Ausgleichslösung auf den faktischen Bezugszwang ausgewirkt hat. Zu diesem Zweck wird im Folgenden nach einer kurzen Skizze der bisherigen Rechtslage[4] auf die Änderungen durch das ZuFinG[5] und deren Implikationen für die Anfechtung des Kapitalerhöhungsbeschlusses[6] sowie die Relevanz des Börsenkurses bei börsennotierten Gesellschaften[7] eingegangen.

1 Ekkenga in KK-AktG, 3. Aufl. 2016, §§ 182–191; aus dem Bereich der Unternehmensfinanzierung siehe ferner Ekkenga in KK-AktG, 3. Aufl. 2020, §§ 222–240; Ekkenga in Fleischer, Handbuch des Vorstandsrechts, 2006, § 21; Ekkenga, AG 2001, 567 ff., 615 ff.; Ekkenga, Der Konzern 2007, 413 ff.; Ekkenga, ZGR 2009, 581 ff.; Ekkenga, ZIP 2010, 2469 ff.; Ekkenga, ZIP 2013, 541 ff.; Ekkenga, ZHR 185 (2021), 792 ff.; Ekkenga/Jaspers/Thouet in Ekkenga, Handbuch der AG-Finanzierung, 2. Aufl. 2019, Kap. 4; Ekkenga/Becker in Ekkenga, Handbuch der AG-Finanzierung, Kap. 16.

2 Vgl. exemplarisch Ekkenga in KK-AktG, § 182 Rn. 41, 43; Lieder in Bürgers/Lieder, AktG, 6. Aufl. 2025, § 186 Rn. 74 f.; Lieder in MünchKomm-GmbHG, 5. Aufl. 2025, § 55 Rn. 68.

3 Gesetz zur Finanzierung von zukunftssichernden Investitionen (Zukunftsfinanzierungsgesetz – ZuFinG) vom 14.12.2023, BGBl. I Nr. 354.

4 Dazu unten II.

5 Dazu unten III.

6 Dazu unten IV.

7 Dazu unten V.

II. Faktischer Bezugszwang nach bisheriger Rechtslage

Die Fälle des faktischen Bezugszwangs sind dadurch gekennzeichnet, dass sich Aktionäre aus wirtschaftlichen Gründen zur Beteiligung an einer Bezugsrechtskapitalerhöhung gezwungen sehen, weil der Ausgabekurs der jungen Aktien deutlich unter dem Börsenpreis respektive dem inneren (wahren) Anteilswert liegt, um eine Verwässerung ihrer bisherigen Beteiligungsquote sowie der Werthaltigkeit ihrer bisherigen Aktienbeteiligung zu vermeiden.[8] Der faktische Bezugszwang ist von der umgekehrten Fallgestaltung abzugrenzen, bei welcher der Ausgabebetrag unangemessen hoch angesetzt ist, so dass die Ausübung des Bezugsrechts so erschwert wird, dass es faktisch ausgeschlossen ist. Dann spricht man von einem faktischen Bezugsrechtsausschluss, bei welchem die formellen und materiellen Voraussetzungen des Bezugsrechtsausschlusses nach Maßgabe des § 186 Abs. 3 und Abs. 4 AktG zu beachten sind.[9]

Im Aktien- und GmbH-Recht sind die tatbestandlichen Voraussetzungen und Rechtsfolgen des faktischen Bezugszwangs bisher nicht abschließend geklärt. Die zutreffende h.M. geht davon aus, dass der Erhöhungsbeschluss bei Vorliegen eines faktischen Bezugszwangs wegen Verstoßes gegen die mitgliedschaftliche Treuepflicht nach Maßgabe des § 243 Abs. 1 AktG respektive analog § 110 Abs. 1 HGB[10] anfechtbar ist.[11] Die im GmbH-Recht[12] vielfach, im Aktienrecht[13] nur vereinzelt vertretene Gegenauffassung lehnt eine Treuepflichtverletzung ab und verweist zur Begründung auf Bewertungsprobleme bei der Bestimmung der maßgeblichen Bezugsgrößen und Wertverhältnisse. Allerdings sind solcherlei Schwierigkeiten bei der

8 Zum Begriff ausf. Groos, Der faktische Bezugszwang, 2024, S. 75 ff., S. 104 ff.; vgl. weiter Lieder in Bürgers/Lieder, AktG, § 186 Rn. 74; Hoppe/Knop, AG 2024, 807 Rn. 43; Kiefner/Seibel, AG 2016, 301, 304 f.; Seibt/Voigt, AG 2009, 133, 138 f.; Servatius in Festschrift für Windbichler, 2020, S. 1093 ff.; Sickinger/Thelen, AG 2021, 705.

9 Vgl. OLG Oldenburg, 17.3.1994, 1 U 151/93, WM 1995, 924, 927; Ekkenga in KK-AktG, § 186 Rn. 126; Lieder in Bürgers/Lieder, AktG, § 186 Rn. 71; Lieder in MünchKomm-GmbHG, § 55 Rn. 69 f.; ausf. Kuntz/Stegemann, ZIP 2016, 2341 ff.

10 Zur analogen Anwendung der §§ 110 ff. HGB auf das Beschlussmängelrecht der GmbH nach der Reform des Personengesellschaftsrechts durch das MoPeG vgl. nur Lieder in Oetker, HGB, 8. Aufl. 2024, § 110 Rn. 10.

11 Zur AG OLG Düsseldorf, 22.11.2018, 6 AktG 1/18, AG 2019, 467, 471; OLG Hamburg, 12.2.2021, 11 AktG 1/20, ZIP 2021, 794, 796; Ekkenga in KK-AktG, § 182 Rn. 41; Lieder in Bürgers/Lieder, AktG, § 186 Rn. 74; Kiefner/Seibel, AG 2016, 301, 304 f.; Kocher/Feigen, CFL 2013, 116, 122 ff.; Seibt/Voigt, AG 2009, 133, 138 f.; vgl. noch die ökonomische Analyse von Nippel/Plewa, CF 2019, 263 ff.; zur GmbH OLG Stuttgart, 1.12.1999, 20 U 38/99, NZG 2000, 156, 158; Lieder in MünchKomm-GmbHG, § 55 Rn. 68.

12 Schnorbus in Rowedder/Pentz, GmbHG, 7. Aufl. 2022, § 55 Rn. 41; Arnold/Born in Bork/Schäfer, GmbHG, 5. Aufl. 2022, § 55 Rn. 18; vgl. weiter Servatius in Noack/Servatius/Haas, 24. Aufl. 2025, § 55 Rn. 39; ausf. Servatius in Festschrift für Windbichler, 2020, S. 1093 ff.

13 Tielmann in Festschrift für Eberhard Vetter, 2019, S. 819, 827 f.; vgl. weiter Servatius in BeckOGK AktG, 1.10.2024, § 186 Rn. 103.

Unternehmensbewertung in der Praxis in vielfältigen Fallgestaltungen anzutreffen und daher schwerlich geeignet, einen treuwidrigen Eingriff in Mitgliedschaftsrechte zu legitimieren.[14] Zudem lassen sich die von der Gegenauffassung befürworteten Grundsätze zur Bewältigung eines Missbrauchs der Mehrheitsmacht nur in seltenen Ausnahmefällen überhaupt nachweisen und bieten den betroffenen Minderheitsgesellschaftern daher nur einen ungenügenden Schutz gegen treuwidriges Verhalten der Mehrheit. Das gilt umso mehr, als ein substanzieller – faktischer – Bezugszwang im Ergebnis auf eine Nachschusspflicht hinausliefe, die dem Aktienrecht (vgl. § 54 Abs. 1 AktG) ebenso fremd ist wie dem GmbH-Recht in Ermangelung einer gesellschaftsvertraglichen Regelung (vgl. §§ 26 bis 28 GmbHG).[15] Den Bedenken der Gegenauffassung kann stattdessen durch die Formulierung hoher Anforderungen hinreichend Rechnung getragen werden.[16] Auch wenn sich pauschale Aussagen an dieser Stelle verbieten,[17] kann doch ein Abschlag von 50 % des Börsenkurses[18] respektive des inneren Wertes der jungen Anteile als Anhaltspunkt dienen.[19]

Bei der börsennotierten Aktiengesellschaft führt die bloße Börsennotierung zu keinem generellen Ausschluss eines faktischen Bezugszwangs.[20] Eine Verwässerung kann allerdings – ohne Aufgabe der Beteiligung – vielfach auch anderweitig vermieden werden, wenn den Altaktionären ein funktionsfähiger Bezugsrechtshandel möglich ist.[21] Erweist sich der Erhöhungsbeschluss nach den Grundsätzen der bisher h.M. als anfechtbar, dann entscheidet die Minderheit durch Erhebung einer Anfechtungsklage darüber, ob sie den Treupflichtverstoß geltend machen will. Lässt sie diese Option ungenutzt verstreichen, dann verzichtet sie – zulässigerweise – auf den hierdurch gewährleisteten Minderheitsschutz. Im Rahmen einer Anfechtungsklage ist der klagende Aktionär für die Verletzung der mitgliedschaftlichen Treuepflicht sowie eine etwa mangelnde Funktionsfähigkeit des Bezugsrechtshandels darlegungs- und beweispflichtig.[22]

14 Dazu und zum Folgenden bereits Lieder in MünchKomm-GmbHG, § 55 Rn. 68.

15 Vgl. Ekkenga in KK-AktG, § 182 Rn. 43; Lieder in MünchKomm-GmbHG, § 55 Rn. 68; Schürnbrand/Verse in MünchKomm-AktG, 5. Aufl. 2021, § 182 Rn. 66; Kocher/Feigen, CFL 2013, 116, 119 ff.; Sickinger/Thelen, AG 2021, 705 Rn. 1.

16 So auch Ekkenga in KK-AktG, § 182 Rn. 41.

17 OLG Hamburg, 12.2.2021, 11 AktG 1/20, ZIP 2021, 794, 796.

18 Zu diesem Aspekt nach Einführung des § 255 Abs. 5 AktG näher unten V.

19 Lieder in Bürgers/Lieder, AktG, § 186 Rn. 74; Lieder in MünchKomm-GmbHG, § 55 Rn. 68; Schürnbrand/Verse in MünchKomm-AktG, 5. Aufl. 2021, § 182 Rn. 66; Kocher/Feigen, CFL 2013, 116, 122 ff.; Kuthe/Zipperle/Reuter WM 2021, 1979, 1983; ablehnend OLG Hamburg, 12.2.2021, 11 AktG 1/20, ZIP 2021, 794, 796.

20 OLG Hamburg, 12.2.2021, 11 AktG 1/20, ZIP 2021, 794, 796; Lieder in Bürgers/Lieder, AktG, § 186 Rn. 75; Sickinger/Thelen, AG 2021, 705 Rn. 3.

21 Lieder in Bürgers/Lieder, AktG, § 186 Rn. 75; Schürnbrand/Verse in MünchKomm-AktG, 5. Aufl. 2021, § 182 Rn. 66; Sickinger/Thelen, AG 2021, 705 Rn. 7 f.

22 OLG Hamburg, 12.2.2021, 11 AktG 1/20, ZIP 2021, 794, 796; Lieder in Bürgers/Lieder, AktG, § 186 Rn. 75.

III. Neuordnung des Rechtsschutzsystems durch das ZuFinG

Die Rekonfiguration des Rechtsschutzsystems bei Kapitalerhöhungen mit Bezugsrechtsausschluss bildet das Herzstück der Reform der Eigenkapitalfinanzierung durch das ZuFinG.[23] Nach altem Recht eröffnete § 255 Abs. 2 AktG a.F. den Bestandsaktionären die Möglichkeit, den vom Vorstand festgesetzten Ausgabe- bzw. Mindestbetrag gerichtlich daraufhin überprüfen zu lassen, ob dieser Wert in Bezug auf die neu ausgegebenen Aktien unangemessen niedrig bemessen ist. Hierdurch sollte die Wertverwässerung im Zuge einer Kapitalerhöhung mit ausgeschlossenem Bezugsrecht verhindert werden.[24] Allerdings führte eine hierauf gestützte Anfechtungsklage in aller Regel zu einer faktischen Registersperre[25] und konnte daraufhin die Eintragung des Kapitalerhöhungsbeschlusses erheblich verzögern.[26] Auch das Freigabeverfahren nach § 246a AktG vermochte diese Lähmung der Kapitalerhöhung nicht zu beseitigen.[27] In der Folge verhinderte das tradierte Regelungsmodell die Durchführung bezugsrechtsfreier Kapitalerhöhungen in großem Stil.[28]

Nach dem ZuFinG kann die Anfechtung des Erhöhungsbeschlusses nach dem neuen § 255 Abs. 2 AktG weder auf § 243 Abs. 2 AktG noch darauf gestützt werden, dass der auf eine Aktie entfallende Wert der Einlage unangemessen niedrig ist. Weiterhin zulässig ist allerdings die nicht auf kompensatorische Rügen gestützte Anfechtung des Kapitalerhöhungsbeschlusses nach § 243 Abs. 1 AktG. Der Anfechtungsausschluss für Bewertungsrügen gem. § 255 Abs. 2 AktG entfaltet insoweit nach § 255 Abs. 1 AktG keine Sperrwirkung.

An die Stelle der Beschlussanfechtung bei Bewertungsrügen tritt nach § 255 Abs. 4 AktG ein Ausgleichsanspruch. Der Anspruch des nach § 255 Abs. 2 AktG von der Anfechtung ausgeschlossenen Aktionärs richtet sich gegen die Aktiengesellschaft und inhaltlich auf eine bare Ausgleichszahlung. Er soll den nicht bezugsberechtigten Aktionär so stellen, wie er bei Festsetzung eines angemessenen Ausgabebetrags gestanden hätte. Die Angemessenheit dieses Kompensationsanspruchs kann der betreffende Aktionär im Rahmen des gerichtlichen Spruchverfahrens überprüfen lassen.[29]

23 Dazu und zum Folgenden bereits Lieder/Hilser, ZHR 188 (2024), 186, 192 ff.
24 Zur Bedeutung des Bezugsrechts im Allgemeinen vgl. nur Bayer in MünchKomm-AktG, 5. Aufl. 2021, § 203 Rn. 49; Bayer, ZHR 163 (1999), 505 (508); Ekkenga in KK-AktG, § 186 Rn. 2 ff.; Lieder in Bürgers/Lieder, AktG, § 186 Rn. 2; Lieder/Hilser, ZHR 188 (2024), 186, 188 f.
25 Bayer in K. Schmidt/Lutter, AktG, 5. Aufl. 2024, § 255 Rn. 1; Ehmann in Grigoleit, AktG, 2. Aufl. 2020, § 255 Rn. 1; Hüffer, ZHR 172 (2008), 8, 10; Winter in Festschrift für Ulmer, 2003, S. 699, 701; Bungert/Strothotte, DB 2023, 2422.
26 Vgl. Begr. RegE, BT-Drucks. 20/8292, S. 117.
27 Dazu ausf. Lieder/Hilser, ZHR 188 (2024), 186, 194 f.; vgl. weiter Bayer in K. Schmidt/Lutter, AktG, § 255 Rn. 3; DAV, NZG 2023, 738, 746.
28 Dazu ausf. Lieder/Hilser, ZHR 188 (2024), 186, 195; vgl. weiter Bayer in K. Schmidt/Lutter, AktG, § 255 Rn. 1; Winter in Festschrift für Ulmer, 2003, S. 699, 701; J. Vetter, AG 2008, 177, 182; Bungert/Strothotte, DB 2024, 36.
29 Die Möglichkeit der Ersetzung des baren Ausgleichsanspruchs durch die Gewährung zusätzlicher Aktien gem. § 255a AktG sowie die zu diesem Zwecke eröffnete

IV. Anfechtung des Kapitalerhöhungsbeschlusses

1. Meinungsstand

Vor diesem Hintergrund wird im Schrifttum nun lebhaft über die Implikationen der Neuregelung für die Rechtsfigur des faktischen Bezugszwangs gestritten.

Teilweise wird der Anfechtungsausschluss nach § 255 Abs. 2 AktG auch auf die Rechtsfigur des faktischen Bezugszwangs erstreckt.[30] Auch in diesem Fall werde die Anfechtung des Erhöhungsbeschlusses auf einen unangemessen niedrigen Wert gestützt; der Unangemessenheit komme in Bezug auf die Verletzung der mitgliedschaftlichen Treuepflicht maßgebliche Bedeutung zu. Zudem diene der Anfechtungsausschluss dem Regelungsziel des § 255 Abs. 2 AktG, die Durchführung von Kapitalerhöhungen zu erleichtern und zu beschleunigen.[31] Von dem Anfechtungsausschluss nach § 255 Abs. 2 AktG unberührt blieben allerdings anderweitige Anfechtungsgründe, wie zB ein sittenwidriges Verhalten, Gläubigerbenachteiligung oder eine Umgehung von Kapitalschutzregeln.[32]

Ein Teil des Schrifttums geht noch einen Schritt weiter und sucht die Altaktionäre vor einer Wertverwässerung durch eine analoge Anwendung des § 255 Abs. 4 AktG zu schützen.[33] Den Gesetzesmaterialien sei nicht zu entnehmen, dass den Aktionären in den Fällen des faktischen Bezugszwangs bewusst kein Rechtsschutz zuteilwerden sollte. Entziehe man Streitigkeiten über die Angemessenheit des Ausgabebetrags dem Anfechtungsverfahren, müsse zumindest ein Ausgleichsanspruch bestehen, um die betreffenden Aktionäre nicht vollkommen schutzlos zu stellen.[34] Im Rahmen der Bemessung des Ausgleichsanspruchs sei zugunsten der Gesellschaft allerdings die Möglichkeit der Altaktionäre zu berücksichtigen, ihre Bezugsrechte auszuüben oder zu veräußern.[35]

Die Gegenauffassung plädiert für den Fortbestand der Anfechtungsmöglichkeit und stützt dieses Ergebnis teilweise auf § 255 Abs. 1 i.V.m. § 243 Abs. 1 AktG unter Hinweis auf die Verletzung der mitgliedschaftlichen Treuepflicht und (oder) auf eine

Kapitalerhöhungsoption gem. § 255b AktG runden das modernisierte Rechtsschutzsystem ab, sind für die Zwecke der nachfolgenden Untersuchung indes ohne Belang.

30 Drescher in Henssler/Strohn, Gesellschaftsrecht, 6. Aufl. 2024, § 255 AktG Rn. 9; Göz in Bürgers/Lieder, AktG, § 255 Rn. 3; Joser, BB 2024, 1419, 1423; implizit Mock, AG 2024, 797 Rn. 39; sympathisierend Herfs/Büttner in Habersack/Mülbert/Schlitt, Unternehmensfinanzierung am Kapitalmarkt, 5. Aufl. 2025, Rn. 5.97; tendenziell auch, am Ende aber offen lassend von der Linden, AG 2024, S23, S27.

31 Vgl. Joser, BB 2024, 1419, 1423.

32 Drescher in Henssler/Strohn, Gesellschaftsrecht, 6. Aufl. 2024, § 255 AktG Rn. 9.

33 Joser, BB 2024, 1419, 1423; Mock, AG 2024, 797 Rn. 39; Hoppe/Knop, AG 2024, 807 Rn. 46.

34 Hoppe/Knop, AG 2024, 807 Rn. 46.

35 Joser, BB 2024, 1419, 1423.

teleologische Reduktion des § 255 Abs. 2 AktG.[36] Zuweilen wird die Anfechtung auch nur dann für zulässig erachtet, wenn die Ausgleichszahlung keine angemessene Kompensation für den faktischen Bezugszwang darstelle, etwa weil die herrschaftsrechtliche Komponente der Beteiligung betroffen sei.[37]

2. *Teleologische Reduktion des § 255 Abs. 2 AktG*

a) Gesetzeswortlaut und Tatbestandsalternativen

Nach Maßgabe des § 255 Abs. 2 AktG kann die Anfechtung des Kapitalerhöhungsbeschlusses nicht auf § 243 Abs. 2 AktG oder darauf gestützt werden, dass der auf eine Aktie entfallende Wert der Einlage unangemessen niedrig ist.

Dabei trägt die erste Alternative des Anfechtungsausschlusses dem Umstand Rechnung, dass im Falle eines zu niedrig bemessenen Ausgabebetrags nahezu immer ein Sondervorteil zugunsten der bezugsberechtigten Aktionäre vorliegen wird.[38] Das mag für Kapitalerhöhungen mit ausgeschlossenem Bezugsrecht gelten. Die Bezugsrechtskapitalerhöhung eröffnet hingegen jedem Aktionär im Grundsatz die gleichen Chancen und Risiken, sich an der Eigenkapitalfinanzierung zu beteiligen, so dass es an dem nach § 243 Abs. 2 AktG erstrebten Sondervorteil fehlt.[39]

Der Anfechtungsausschluss kann sich folglich allein aus der zweiten Tatbestandsalternative, dh. einer negative Differenz von Ausgabebetrag und innerem Anteilswert der jungen Aktien, ergeben. Tatsächlich ist die Rechtsfigur des faktischen Bezugszwangs gerade dadurch gekennzeichnet, dass der auf die Aktie entfallende Wert der Einlage unangemessen niedrig bemessen ist, weil die Aktien deutlich unter dem inneren (wahren) Anteilswert ausgegeben werden. Dementsprechend ist der sachliche Anwendungsbereich des § 255 Abs. 2 Alt. 2 AktG nach dem Gesetzwortlaut eröffnet.

b) Verdeckte planwidrige Regelungslücke

Allerdings zeigt sich bei näherem Hinsehen, dass § 255 Abs. 2 AktG für den faktischen Bezugszwang eine verdeckte planwidrige Regelungslücke aufweist, die im Wege einer teleologischen Reduktion zu schließen ist, weil der Gesetzeswortlaut über den mit dem Anfechtungsausschluss verfolgten Regelungszweck hinausgeht.[40] In tatbestandlicher Hinsicht besteht zunächst die für eine teleologische Reduktion

36 Atta-Schumacher/Heidel in Heidel, Aktienrecht, 6. Aufl. 2024, § 255 Rn. 34; Koch, AktG, § 182 Rn. 23a; Stilz/Schumann in BeckOGK AktG, § 255 Rn. 67 f.; Groos, Der faktische Bezugszwang in der aktienrechtlichen Kapitalerhöhung, 2024, S. 293.

37 Vgl. Hoppe/Knop, AG 2024, 807 Rn. 47.

38 Vgl. Lieder/Hilser, ZHR 188 (2024), 186, 196.

39 Dazu ausf. Groos, Der faktische Bezugszwang in der aktienrechtlichen Kapitalerhöhung, 2024, S. 105 f.; für besonders gelagerte Ausnahmefälle siehe ebenda, S. 244 f.

40 Rüthers/Fischer/Birk, Rechtstheorie, 12. Aufl. 2022, Rn 903.

erforderliche Ausnahmelücke im Sinne einer planwidrigen Unvollständigkeit der Norm,[41] weil es für § 255 Abs. 2 AktG an einer Ausnahme für den faktischen Bezugszwang fehlt und ein Blick in die Entstehungsgeschichte belegt, dass der Gesetzgeber des ZuFinG keine Intention hatte, die Rechtsfigur des faktischen Bezugszwangs dem Anfechtungsausschluss nach § 255 Abs. 2 AktG zu unterwerfen.[42]

c) Entstehungsgeschichte und Gesetzgebungsverfahren

Den Ausgangspunkt der historischen Betrachtung bildet der Sonderanfechtungstatbestand des § 255 Abs. 2 AktG in der Fassung des Aktiengesetzes von 1965. Der sachliche Anwendungsbereich war damals auf Kapitalerhöhungen mit vollständigem oder teilweisem Bezugsrechtsausschluss beschränkt[43] und sollte einen über die allgemeinen Anfechtungsgründe des § 243 AktG hinausgehenden Schutz der Minderheitsaktionäre gewährleisten.[44] Der durch § 255 Abs. 2 AktG a.F. intendierte besondere Verwässerungsschutz beim Bezugsrechtsausschluss adressierte die Ungleichbehandlung der von der Kapitalerhöhung ausgeschlossenen Aktionäre im Vergleich zu den Bezugsberechtigten. Umgekehrt ging man hingegen davon aus, dass ein besonderer Schutz nicht erforderlich sei, wenn alle Anteilseigner zum Bezug junger Aktien berechtigt seien.[45] Die innere Rechtfertigung des § 255 Abs. 2 AktG a.F. bestand dementsprechend darin, dass sich nur einzelne Aktionäre an der – bezugsrechtsfreien – Kapitalerhöhung beteiligen durften.[46] Ungeachtet des Ausgabepreises haben bei der Bezugsrechtskapitalerhöhung alle Aktionäre zumindest im Ausgangspunkt gleiche Rechte, Chancen und Risiken.[47] Dementsprechend war man sich nach bisheriger Rechtslage auch darüber einig, dass ein faktischer Bezugszwang nicht mittels Anfechtung nach § 255 Abs. 2 AktG a.F. sanktioniert werden konnte.[48]

41 Vgl. Möllers, Juristische Methodenlehre, 6. Aufl. 2025, § 6 Rn. 123 ff.

42 Ebenso die Einschätzung von Atta-Schumacher/Heidel in Heidel, Aktienrecht, § 255 AktG Rn. 34; Groos, Der faktische Bezugszwang in der aktienrechtlichen Kapitalerhöhung, 2024, S. 289.

43 Bayer in K. Schmidt/Lutter AktG, 5. Aufl. 2024, § 255 Rn. 26; Koch in MünchKomm-AktG, 5. Aufl. 2021, § 255 Rn. 9; Stilz/Schumacher in BeckOGK AktG, § 255 Rn. 23.

44 Stellungnahme des Bundesrats, bei Kropff, Aktiengesetz 1965, 1965, S. 342.

45 Vgl. Bayer in K. Schmit/Lutter AktG, 5. Aufl. 2024, § 255 Rn. 2; Englisch in Hölters/Weber AktG, 4. Aufl. 2022, § 255 Rn. 2; Koch in MünchKomm-AktG, 5. Aufl. 2021, § 255 Rn. 2; Stilz/Schumann in BeckOGK AktG, § 255 Rn. 4.

46 Hermanns, ZIP 2003, 788, 790; Groos, Der faktische Bezugszwang in der aktienrechtlichen Kapitalerhöhung, 2024, S. 106.

47 Vgl. Seibt/Voigt, AG 2009, 133, 140; Groos, Der faktische Bezugszwang in der aktienrechtlichen Kapitalerhöhung, 2024, S. 106; Lüssow, Das Agio im GmbH- und Aktienrecht, 2005, S. 133 ff.; Servatius in Festschrift für Windbichler, 2020, S. 1093, 1104; a.A. Orlowski, Rechte und Pflichten des Minderheitsgesellschafters beim Kapitalschnitt in der GmbH, 2021, S. 127 f.

48 Dazu ausf. Groos, Der faktische Bezugszwang in der aktienrechtlichen Kapitalerhöhung, 2024, S. 104 ff., 244; vgl. weiter Hermanns, ZIP 2003, 788, 790; Kuthe/Zipperle/Reuters, WM 2021, 1979, 1980; Seibt/Voigt, AG 2009, 133, 139; Herchen, Agio und verdecktes

Dass sich an der Beschränkung des sachlichen Anwendungsbereich des § 255 Abs. 2 AktG im Zuge der Reform durch das ZuFinG etwas ändern sollte, lässt sich dem Ablauf des Gesetzgebungsverfahrens nicht entnehmen. Zwar entspricht die erste Textstufe des § 255 Abs. 2 AktG in der Fassung des Referentenentwurfs[49] dem aktuellen Gesetzeswortlaut, der auf eine Bezugnahme auf den Bezugsrechtsausschluss verzichtet. Allerdings ergibt sich aus der zugehörigen Begründung ausdrücklich, dass die Anfechtung nur bei einem – regulären oder erleichterten – Bezugsrechtsausschluss ausscheiden und stattdessen das Spruchverfahren eröffnet sein sollte.[50] Deutlicher kam die Beschränkung des Anfechtungsausschlusses auf bezugsrechtsfreie Kapitalerhöhungen in der Textfassung des Regierungsentwurfs[51] zum Ausdruck, der sachlich lediglich in minimalinvasiver Weise den Sonderanfechtungstatbestand des § 255 Abs. 2 AktG a.F. auf den vereinfachten Bezugsrechtsausschluss beschränken wollte. Die letztlich Gesetz gewordene Fassung des § 255 Abs. 2 AktG verzichtet zwar nach ihrem Wortlaut auf eine ausdrückliche Bezugnahme auf den Bezugsrechtsausschluss. Allerdings finden sich in der zugehörigen Begründung des Finanzausschusses, der für die finale Gesetzesfassung verantwortlich zeichnete, keine Hinweise darauf, dass die sachliche Beschränkung des Anfechtungsausschlusses nach § 255 Abs. 2 AktG auf Kapitalerhöhungen mit ausgeschlossenem Bezugsrecht entfallen sollte. Stattdessen ging es dem Finanzausschuss – in Reaktion auf kritische Stimmen aus dem Schrifttum am Regierungsentwurf[52] – lediglich um eine abweichende rechtliche Behandlung der Kapitalerhöhung mit vereinfachtem Bezugsrechtsausschluss nach § 186 Abs. 3 Satz 4 AktG.[53]

Agio im Recht der Kapitalgesellschaften, 2004, S. 43 f.; Lüssow, Das Agio im GmbH- und Aktienrecht, 2005, S. 137; Servatius in Festschrift für Windbichler, 2020, S. 1093, 1095.

49 ZuFinG-RefE; abrufbar unter https://www.bundesfinanzministerium.de/Content/DE/Gesetzestexte/Gesetze_Gesetzesvorhaben/Abteilungen/Abteilung_VII/20_Legislaturperiode/2023-04-12-ZuFinG/1-Referentenentwurf.pdf?__blob=publicationFile&v=1; 23.4.2025.

50 Begr. RefE, S. 103: »Durch diese Neuregelung werden Streitigkeiten über die Angemessenheit der Höhe des Ausgabebetrages im Rahmen eines Bezugsrechtsausschlusses dem Anfechtungsverfahren entzogen und dem Spruchverfahren zugewiesen.«

51 BT-Drucks. 20/8292, S. 25.

52 Maßgeblich Bungert/Strothotte, DB 2023, 2422, 2423 f.; vgl. weiter knapp le Dandeck/Nies, WM 2023, 1947, 1953; unkritisch hingegen von der Linden/Schäfer, DB 2023, 2292, 2294.

53 Finanzausschuss, BT-Drucks. 20/9363, S. 124: »Im Reg-E wurde die Anfechtung mit der Begründung, dass der Ausgabebetrag oder der Mindestbetrag, unter dem die neuen Aktien nicht ausgegeben werden sollen, unangemessen niedrig ist, für sämtliche Kapitalerhöhungen außer derjenigen nach § 186 Absatz 3 Satz 4 AktG in das Spruchverfahren überführt. Eine Anfechtung aus diesen Gründen kommt allerdings bei der vereinfachten Kapitalerhöhung nach § 186 Absatz 3 Satz 4 AktG ohnehin nicht in Betracht. Andernfalls wäre eine rechtssichere Handhabung des vereinfachten Bezugsrechtsausschluss nicht möglich, wenn dieser stets mit dem Argument angegriffen werden könnte, dass der innere Wert erheblich höher als der Börsenkurs sei. Außerdem haben die Aktionäre in diesem Fall ohne größere Schwierigkeiten die Möglichkeit, eine drohende Verwässerung durch Zukauf an der Börse zu kompensieren.» – Missverständlich ist freilich die Formulierung, wonach

Davon abgesehen finden sich an keiner Stelle der Gesetzesmaterialien auch nur entfernte Hinweise darauf, dass der Regelsetzer die Fälle des faktischen Bezugszwangs dem Anfechtungsausschluss des § 255 Abs. 2 AktG unterstellen wollte.[54] Vielmehr kommt die Regierungsbegründung lediglich im Zusammenhang mit der Frage, wann eine unwesentliche Unterschreitung des Börsenkurses für den Fall des erleichterten Bezugsrechtsausschlusses nach § 186 Abs. 3 Satz 4 AktG anzunehmen sei, im Hinblick auf die Nachkaufoption der unterbewerteten Aktien auf einen »faktischen Bezugsrechtszwang« zu sprechen.[55] Das betrifft aber nun gerade eine Fallgruppe, in der die Aktionäre gerade nicht bezugsberechtigt sind, was sich fundamental vom faktischen Bezugszwang im hier verstandenen Sinne unterscheidet.[56]

Das prägende Regelungsziel des Übergangs von der Anfechtungs- zur Ausgleichslösung ist darauf gerichtet, den Rechtsschutz gegen eine drohende Verwässerung ausschließlich bei bezugsrechtsfreien Kapitalerhöhungen zu reformieren. Zwar sprechen die Materialien im Allgemeinen davon, dass das Reformgesetz im Bereich der Unternehmensfinanzierung das übergeordnete Ziel verfolge, die Eigenkapitalgewinnung durch eine Erleichterung und Beschleunigung von Kapitalerhöhungen zu vereinfachen.[57] Es wird allerdings in den einschlägigen Passagen der Gesetzesmaterialien deutlich, dass der Anfechtungsausschluss und der kompensierende Ausgleichsanspruch darauf abzielen, den Wertverwässerungsschutz bei Kapitalerhöhungen mit ausgeschlossenem Bezugsrecht zu reformieren.[58] In diesem Sinne heißt es in der Regierungsbegründung wörtlich:

> *»Durch die Änderungen im AktG zur erleichterten Kapitalerhöhung können sich die Kosten für die Unternehmen geringfügig reduzieren, da sie in mehr Fällen Kapitalerhöhungen mit Bezugsrechtsausschluss durchführen können, was die Maßnahme zeitlich beschleunigt.«*[59]

> *»Durch diese Neuregelung werden Streitigkeiten über die Angemessenheit der Höhe des Ausgabebetrages im Rahmen einer Kapitalerhöhung mit nicht vereinfachtem Bezugsrechtsausschluss dem Anfechtungsverfahren entzogen und dem Spruchverfahren zugewiesen.*

der Regierungsentwurf »für sämtliche Kapitalerhöhungen« das Spruchverfahren eröffnen wollte. In der Sache kann es sich lediglich um alle Kapitalerhöhungen mit ganz oder teilweise ausgeschlossenem Bezugsrecht handeln. Das ergibt sich wohl aus der konkreten Fassung des § 255 Abs. 2 AktG-RegE als auch aus der Beschränkung des Ausgleichsanspruchs auf den jeweiligen Grad des Bezugsrechtsausschlusses, wie er sich sowohl in § 255 Abs. 4 AktG-RegE fand als auch nun in der finalen Fassung des § 255 Abs. 4 AktG finden; zu Letzteren sogleich näher im Text; kritisch hierzu auch Hoppe/Knop, AG 2024, 807 Rn. 49.

54 Der Begriff »Bezugszwang« wird in Begr. RegE, BT-Drucks. 20/8292 ebenso wenig verwendet wie in Finanzausschuss, BT-Drucks. 20/9363.

55 Begr. RegE, BT-Drucks. 20/8292, S. 118.

56 Siehe nochmals oben II.; vgl. auch die Würdigung bei Groos, Der faktische Bezugszwang in der aktienrechtlichen Kapitalerhöhung, 2024, S. 289 Fn. 1387; a.A. offenbar, wenn auch zweifelnd Koch, AktG, § 255 Rn. 46; vgl. weiter Hoppe/Knop, AG 2024, 807 Rn. 49.

57 Begr. RegE, BT-Drucks. 20/8292, S. 1, 58.

58 Neben den nachfolgenden Zitaten im Text siehe die weiteren Verweise auf den Ausgleichsanspruch bei Ausschluss des Bezugsrechts respektive auf Aktionäre, deren Bezugsrecht ausgeschlossen ist, in der Begr. RegE, BT-Drucks. 20/8292, S. 88, 89.

59 Begr. RegE, BT-Drucks. 20/8292, S. 68.

(…) Hintergrund ist der Wunsch aus der Praxis, Kapitalerhöhungen möglichst zeitnah nach der Beschlussfassung eintragen zu können und wirksam werden zu lassen. Eine solche Beschleunigung erscheint vor allem in den Fällen erstrebenswert, in denen das Bezugsrecht ausgeschlossen wird, soweit es sich nicht um einen vereinfachten Bezugsrechtsausschluss handelt.«[60]

d) Rechtssystematische Betrachtungen

Dass sich § 255 Abs. 2 AktG lediglich auf Kapitalerhöhungen mit ausgeschlossenem Bezugsrecht bezieht, ergibt sich zugleich aus rechtssystematischer Perspektive mit Blick auf den nach § 255 Abs. 4 AktG für diese Fälle bestehenden Ausgleichsanspruch. Der Anspruch wird nach dem – insofern klaren – Wortlaut lediglich Aktionären zugestanden, deren Bezugsrecht ausgeschlossen ist und wenn es sich dabei auch nicht um einen erleichterten Bezugsrechtsausschluss nach § 186 Abs. 3 Satz 4 AktG handelt. Die Absätze 2 und 4 des § 255 AktG erweisen sich in systematischer Hinsicht daher als kommunizierende Röhren. Der Aktionär erhält nach dem Grundsatz »Dulde und liquidiere« einen Ausgleichsanspruch, weil er die Verwässerung seiner Beteiligung infolge des Bezugsrechtsausschlusses nicht im Wege der Anfechtungsklage geltend machen kann. Fehlt es an einem Bezugsrechtsausschluss, steht dem Aktionär nach § 255 Abs. 4 AktG kein Ausgleichsanspruchs zu.[61] In der Konsequenz verbietet sich daher auch ein Anfechtungsausschluss nach § 255 Abs. 2 AktG.

3. Folgeprobleme einer analogen Anwendung des § 255 Abs. 4 AktG

Soweit man mit der Gegenauffassung den Anfechtungsausschluss nach § 255 Abs. 2 AktG auch auf den faktischen Bezugszwang erstrecken wollte, dann führte – als Kompensation für die damit verbundene Einschränkung des Rechtsschutzes für die betroffenen Aktionäre – kein Weg daran vorbei, ihnen auch einen Anspruch auf bare Ausgleichszahlung zu eröffnen.[62] Denn andernfalls blieben die betreffenden Aktionäre dem faktischen Bezugszwang und der hiermit verbundenen Treuepflichtverletzung gleichsam schutzlos ausgeliefert. Zudem haben die rechtssystematischen Betrachtungen[63] gezeigt, dass nach dem reformierten Rechtsschutzsystem ein Anfechtungsausschluss – abgesehen von Sonderkonstellationen wie dem vereinfachten

60 Begr. RegE, BT-Drucks. 20/8292, S. 116.

61 Finanzausschuss, BT-Drucks. 20/9363, S. 124: »Ist das Bezugsrecht nicht ausgeschlossen, hat ein Aktionär auch keinen Ausgleichsanspruch nach dieser Vorschrift. (…) Es wird daher außerdem klargestellt, dass bei teilweisem Bezugsrechtsausschluss ein Ausgleichsanspruch nur insoweit besteht, wie er für den betreffenden Aktionär reicht.«

62 So – konsequent – Hoppe/Knop, AG 2024, 807 Rn. 46; Joser, BB 2024, 1419, 1423; Mock, AG 2024, 797 Rn. 39.

63 Siehe nochmals oben IV. 2. d).

Bezugsrechtsausschluss oder dem genehmigten Kapital – stets einen Ausgleichsanspruch nach sich ziehen muss.

Allerdings birgt eine analoge Anwendung des § 255 Abs. 4 AktG nicht unerhebliche Folgeprobleme, weil die Vorschrift nach ihrem Regelungszweck auf die Fallgestaltung des ausgeschlossenen Bezugsrechts zugeschnitten ist. In der Sache zielt der Ersatzanspruch darauf ab, die (nicht bezugsberechtigten) Aktionäre vermögensmäßig so zu stellen, wie sie bei Festsetzung eines angemessenen Ausgabebetrags stünden. In diesem Zusammenhang ergeben sich nicht unerhebliche Unterschiede zwischen Bezugsrechts- und bezugsfreien Kapitalerhöhungen. Denn anders als bei ausgeschlossenem Bezugsrecht haben die Aktionäre bei der Bezugsrechtskapitalerhöhung die Möglichkeit, ihre Verwässerung zu kompensieren, in dem sie entweder das Bezugsrecht ausüben oder ihr Bezugsrecht veräußern.[64] Es lässt sich nicht leicht beantworten, wie sich diese Handlungsmöglichkeiten, die bei der bezugsrechtsfreien Kapitalerhöhung keine Entsprechung finden, auf die Bestimmung der Kompensationsleistung auswirken. Dass ein Ausgleichsanspruch ausscheidet, soweit vom Bezugsrecht Gebrauch gemacht wird, sollte nicht zweifelhaft sein.[65] Es erscheint indes fraglich, wie sich eine Veräußerung des Bezugsrechts auf den Ersatzanspruch auswirkt; die Kompensationsleistung könnte vollständig in Wegfall geraten; man könnte aber auch lediglich den konkret erzielten Veräußerungserlös in Anrechnung bringen. Zudem stellt sich die Frage, ob dem Aktionär entgegengehalten werden kann, dass er nach dem gewöhnlichen Lauf der Dinge das Bezugsrecht hätte ausüben oder veräußern können; womöglich schadet in diesem Zusammenhang auch nur ein schuldhaftes Verhalten. Die Vielzahl und Komplexität dieser rechtlichen und tatsächlichen Folgefragen macht deutlich, dass der Ausgleichsanspruch nach § 255 Abs. 4 AktG nicht auf die Fälle des faktischen Bezugszwangs zugeschnitten ist, ebenso wenig wie auf alle übrigen Spielarten der Bezugsrechtskapitalerhöhung.

4. Fortgeltung der Anfechtungslösung

Insgesamt geht es beim faktischen Bezugszwang darum, die Minderheitsinteressen bezugsberechtigter Aktionäre durch eine Begrenzung der Mehrheitsmacht zu schützen.[66] Um den mit dieser Rechtsfigur verbundenen Eingriff in die individuelle Rechtsstellung der Minderheitsaktionäre effektiv abzuwehren, erscheint die Anfechtungsklage mit ihrer kassatorischen Wirkung besser geeignet als ein postventiver Ausgleichsanspruch, dessen Höhe zur Kompensation des Verwässerungsschadens zudem nur schwer zu beziffern ist.[67] Die Anfechtungsklage erscheint in der Sache

64 Groos, Der faktische Bezugszwang in der aktienrechtlichen Kapitalerhöhung, 2024, S. 108; Servatius in Festschrift für Windbichler, 2020, S. 1093, 1094 f.

65 Vgl. aber Hoppe/Knop, AG 2024, 807 Rn. 46 a.E.

66 Dazu und zum Folgenden näher Groos, Der faktische Bezugszwang in der aktienrechtlichen Kapitalerhöhung, 2024, S. 249.

67 Vgl. auch (zu § 255 Abs. 2 AktG a.F.) Atta, AG 2021, 306, 309.

auch deshalb das Mittel der Wahl, weil in den Fällen des faktischen Bezugszwangs zunächst eine Benachteiligung der Aktionäre in Form eines Treuepflichtverstoßes positiv zu verifizieren ist, während den Strukturmaßnahmen, für die das Spruchverfahren eröffnet ist, eine Beeinträchtigung von Aktionärsinteressen gleichsam immanent ist. Das gilt auch und gerade für die bezugsrechtsfreie Kapitalerhöhung, weil die vom Bezug junger Aktien ausgeschlossenen Aktionäre gegenüber den Bezugsberechtigten ungleich behandelt werden.[68]

Für das hiesige Verständnis spricht weiter, dass auch nach bisheriger Rechtslage der Sonderanfechtungstatbestand des § 255 Abs. 2 AktG a.F. auf den faktischen Bezugszwang keine – auch keine analoge – Anwendung gefunden hat.[69] Stattdessen hat die zutreffende h.M. primär auf die Verletzung der mitgliedschaftlichen Treuepflicht verwiesen und eine Anfechtung nach Maßgabe des § 255 Abs. 1 a.F. i.V.m. § 243 Abs. 1 AktG befürwortet. Diese rechtssystematische Verordnung der Anfechtung wegen faktischen Bezugszwangs bei § 255 Abs. 1 AktG a.F. gibt auch die Richtung für die rechtliche Behandlung auf Grundlage des ZuFinG vor. Soweit die unterwertige Ausgabe junger Aktien als Treupflichtverstoß zu werten ist, eröffnet der reformierte § 255 Abs. 1 AktG auch weiterhin die Anfechtung nach § 243 Abs. 1 AktG. Bei der Kapitalerhöhung in der GmbH ist die Anfechtung auf eine analoge Anwendung des § 110 Abs. 1 HGB zu stützen. Mit der Treuepflichtverletzung besteht ein eigenständiger Anfechtungsgrund, der neben die von § 255 Abs. 2 und Abs. 4 AktG erfasste Verwässerung wegen eines unangemessen niedrigen Bezugspreises tritt.[70]

V. Relevanz des Börsenkurses

Die Neuregelung durch das ZuFinG bleibt auf die Behandlung des faktischen Bezugszwang allerdings nicht vollends ohne Auswirkungen. Denn das Bekenntnis des Reformgesetzes zu einer marktorientierten Unternehmensbewertung nach Maßgabe des § 255 Abs. 5 AktG bricht sich zumindest insofern Bahn, als der Börsenkurs der kapitalerhöhenden Gesellschaft für die Ermittlung des Unternehmenswertes von Bedeutung ist.[71]

68 Zu den funktionellen Parallelen der Kapitalerhöhung mit Bezugsrechtsausschluss mit anderen Strukturmaßnahmen ausf. Lieder/Hilser, ZHR 188 (2024), 186, 197 f.

69 Dazu ausf. Groos, Der faktische Bezugszwang in der aktienrechtlichen Kapitalerhöhung, 2024, S. 104 ff., 244.

70 Vgl. auch Atta-Schumacher/Heidel in Heidel, Aktienrecht, § 255 AktG Rn. 34; Koch, AktG, § 182 Rn. 23a; Stilz/Schumann in BeckOGK AktG, § 255 Rn. 68.

71 Ebenso Groos, Der faktische Bezugszwang in der aktienrechtlichen Kapitalerhöhung, 2024, S. 291 f.; in der Sache nahestehend Koch, AktG, § 182 Rn. 23a.

1. *Geltung für die Bezugsrechtskapitalerhöhung*

Zwar bewirkt § 255 Abs. 5 Satz 2 AktG eine normative Verknüpfung des Börsenkurses als Wertmaßstab mit dem neuen Rechtsschutzregime in der Weise, dass der Ausgleichsanspruch nach § 255 Abs. 4 AktG entfällt, wenn der Ausgabebetrag den Börsenkurs nicht wesentlich unterschreitet.[72] Ein solcher Ausgleichsanspruch besteht beim faktischen Bezugszwang – in Ermangelung eines Anfechtungsausschlusses nach § 255 Abs. 2 AktG – aber nun gerade nicht. Allerdings ist der Hinwendung zu einer marktorientierten Unternehmensbewertung der verallgemeinerungsfähige Rechtsgedanke zu entnehmen, das zur Bestimmung des Anteilswerts einer börsennotierten Gesellschaft im Falle einer Kapitalerhöhung am Börsenkurs Maß zu nehmen ist. Denn es ist kein sachlicher Grund dafür ersichtlich, den Unternehmenswert bei der Bezugsrechtskapitalerhöhung nach anderen Bewertungsgrundsätzen zu bestimmen als im Falle einer ganz oder teilweise bezugsrechtsfreien Kapitalerhöhung. Bei der gebotenen wirtschaftlichen Betrachtung erweist sich der Börsenkurs – vorbehaltlich einer Störung der Preisbildungsmechanismen[73] – als sachgerechter Wertindikator. Denn der von der Regierungsbegründung[74] ins Feld geführte Gesichtspunkt der Prozessökonomie gilt für sämtliche Kapitalerhöhungen, und zwar ungeachtet des Bestehens oder eines Ausschlusses des Bezugsrechts. Da die Fälle des faktischen Bezugszwangs, namentlich die Wertbestimmung für die jungen Aktien in diesem Kontext, keine gesetzliche Regelung erfahren haben und die Interessenlage in Bezug auf die Bestimmung des Wertmaßstabs in jeder Hinsicht mit der bezugsrechtsfreien Kapitalerhöhung vergleichbar ist, finden die Regelungen des § 255 Abs. 5 AktG analoge Anwendung.

2. *Berechnung des Börsenkurses*

In der Konsequenz entspricht bei börsennotierten AG i.S.d. § 3 Abs. 2 AktG der Wert junger Aktien analog § 255 Abs. 5 Satz 1 AktG dem Börsenkurs.[75] Dieser berechnet sich analog § 255 Abs. 5 Satz 4 AktG i.V.m. § 5 Abs. 1 bis 3 WpÜG-AV auf Grundlage des gewichteten Durchschnittskurses während der letzten drei Monate vor Ablauf des der Entscheidung über die Ausgabe der neuen Aktien vorausgehenden Tages.[76] Nur für den Fall, dass der Kurs an besagtem Entscheidungstag niedriger ist als der Durchschnittskurs, kommt es analog § 255 Abs. 5 Satz 5 AktG maßgeblich auf den Vortageskurs an.

72 Dazu ausf. Lieder/Hilser, ZHR 188 (2024), 186, 215 ff.
73 Dazu sogleich unten V. 3.
74 Begr. RegE, BT-Drucks. 20/8292, S. 118.
75 Dazu und zum Folgenden bereits ausführlich und weiterführend Lieder/Hilser, ZHR 188 (2024), 186, 218 ff.
76 Abweichend Groos, Der faktische Bezugszwang in der aktienrechtlichen Kapitalerhöhung, 2024, S. 291: keine strikte Anwendung.

3. *Ausnahmen von der Börsenkursorientierung*

Eine Ausnahme von der Börsenkursorientierung ist in analoger Anwendung des § 255 Abs. 5 Satz 3 AktG angezeigt,[77] wenn die Preisbildungsmechanismen nicht effizient funktionieren.[78] Dementsprechend ist der Börsenkurs nicht allein maßgeblich, wenn (1.) gegen die Veröffentlichungspflicht bei Insiderinformationen (Art. 17 MAR) verstoßen wird, (2.) bei Marktmanipulation (Art. 15 MAR) sowie (3.) im Falle einer Marktenge (Marktilliquidität). Bei einem Verstoß gegen die Ad-hoc-Pflicht oder bei Marktmanipulation ist analog § 255 Abs. 5 Satz 6 AktG aber gleichwohl der Börsenkurs ausschlaggebend, wenn sich die Rechtsverletzungen im konkreten Einzelfall nicht (wesentlich) auf den Durchschnittskurs ausgewirkt haben. Zwar sind die Ausnahmetatbestände des § 255 Abs. 5 Satz 3 AktG abschließend formuliert.[79] Da die Vorschrift in den Fällen des faktischen Bezugszwangs allerdings nur im Wege der Analogiebildung auf die Unternehmensbewertung übertragen wird, können die flexibleren Rechtsprechungsgrundsätze[80] zumindest ergänzende Anwendung finden.[81]

VI. Zusammenfassung der wesentlichen Ergebnisse

1. In den Fällen des faktischen Bezugszwangs sehen sich Aktionäre und GmbH-Gesellschafter zur Teilnahme an einer Bezugskapitalerhöhung gezwungen, weil der Ausgabekurs der jungen Anteile deutlich unter dem inneren (wahren) Anteilswert liegt, um eine Verwässerung ihrer bisherigen Beteiligungsquote sowie der Werthaltigkeit ihrer bisherigen Anteilsbeteiligung zu vermeiden. Auch wenn sich pauschale Aussagen zur exakten Wertgrenze verbieten, kann doch ein Abschlag von 50 % vom inneren (wahren) Wert der jungen Anteile als Anhaltspunkt dienen. Der Kapitalerhöhungsbeschluss ist in diesem Fall grundsätzlich wegen Verstoßes gegen die mitgliedschaftliche Treuepflicht nach Maßgabe des § 243 Abs. 1 AktG respektive analog § 110 Abs. 1 HGB anfechtbar.

2. Auch nach der Neuordnung des Rechtsschutzsystems durch das ZuFinG hat sich an dieser zutreffenden h.M. nichts geändert. Insbesondere gilt in den Fällen des faktischen Bezugszwangs kein Anfechtungsausschluss nach § 255 Abs. 2 AktG. Mit

77 Für eine Indizwirkung der Regelung Groos, Der faktische Bezugszwang in der aktienrechtlichen Kapitalerhöhung, 2024, S. 291 f.

78 Dazu und zum Folgenden bereits ausführlich und weiterführend Lieder/Hilser, ZHR 188 (2024), 186, 220 ff.

79 Vgl. Bayer in K. Schmidt/Lutter, AktG, § 255 Rn. 50; Florstedt, NZG 2024, 179, 180; Koch, AG 2024, 1, 2; Lieder/Hilser, ZHR 188 (2024), 186, 223; Wasmann, AG 2023, 810, 811.

80 Vgl. BVerfG, 27.4.1999, 1 BvR 1613/94, NJW 1999, 3769, 3772; BGH, 12.3.2001, II ZB 15/00, NJW 2001, 2080, 2082; BGH, 21.2.2023, II ZB 12/21, NJW 2023, 2114 Rn. 20.

81 In diese Richtung allgemein Koch, AktG, § 182 Rn. 23a; vgl. (de lege ferenda zu § 255 Abs. 5 AktG) Harnos, AG 2023, 348, 356; Koch, AG 2024, 1, 2; Lieder/Hilser, ZHR 188 (2024), 186, 223.

Blick auf die Entstehungsgeschichte sowie das Gesetzgebungsverfahren ist die Vorschrift teleologisch zu reduzieren. Nach dem Regelungsziel des ZuFin-Gesetzgebers beschränkt sich der sachliche Anwendungsbereich des § 255 Abs. 2 AktG auf bezugsrechtsfreie Kapitalerhöhungen. Auf Bezugsrechtskapitalerhöhungen findet weder der Anfechtungsausschluss nach § 255 Abs. 2 AktG Anwendung, noch können die betreffenden Altgesellschafter einen Anspruch auf bare Ausgleichszahlung analog § 255 Abs. 4 AktG geltend machen. Stattdessen eröffnet § 255 Abs. 1 AktG auch weiterhin die Möglichkeit zur Anfechtung des Kapitalerhöhungsbeschlusses wegen eines Treuepflichtverstoßes nach § 243 Abs. 1 AktG respektive analog § 110 Abs. 1 HGB.

3. Von Bedeutung ist die Neuregelung durch das ZuFinG allerdings insoweit, als der Börsenwert analog § 255 Abs. 5 AktG für die Wertbestimmung der jungen Aktien bei i.S.v. § 3 Abs. 2 AktG börsennotierten Gesellschaften maßgeblich ist, es sei denn, die Mechanismen der Marktpreisbildung sind analog § 255 Abs. 5 Satz 3 AktG gestört oder es liegt ein von der Rechtsprechung anerkannter – ungeschriebener – Ausnahmefall vor.

»Swarm Trading« im Kontext des Marktmissbrauchsrechts

Hanno Merkt/Brenda Pelz

I. Einführung

Im Jahre 2021 sorgten die Ereignisse rund um das US-amerikanische börsennotierte Unternehmen *GameStop*, dessen Geschäftsmodell im Vertrieb von Computerspielen besteht, für erhebliche Unruhe an den Kapitalmärkten. Auslöser waren der coronabedingte Rückgang im stationären Handel und die daraus resultierenden schlechten Umsatzzahlen und düsteren Zukunftsaussichten von *GameStop*. Auch wegen grundsätzlicher Zweifel an der Profitabilität des *GameStop*-Geschäftsmodells bauten Hedgefonds erhebliche Leerverkaufspositionen auf, die im Umfang teilweise bis zu 140 % des Streubesitzes erreichten.[1] Angesichts dieser Situation erkannten einzelne Trader schnell, dass dies eine sehr gute Ausgangsposition eröffnete, um den Kurs der unter Druck stehenden Aktien durch gezielte Käufe zu steigern. Diese Trader fingen ab der zweiten Hälfte des Jahres 2020 an, Posts auf der Social-Media-Plattform X (damals Twitter) und YouTube-Videos zu veröffentlichen, in denen auf das erhebliche Kurssteigerungspotenzial im Zuge eines »Short Squeeze«[2] hingewiesen wurde. Daraufhin wurden soziale Medien wie Reddit zur Realisierung dieses Vorhabens als Massenverbreitungsmedium genutzt: Zahlreiche Privatanleger taten sich zusammen und animierten sich gegenseitig zum Kauf der Aktie.[3] Dabei erwarben sie – überwiegend über Neobroker – das Wertpapier bzw. entsprechende Derivate. Aufgrund des Umfangs des durch die Privatanleger aufgebrachten Kapitals gelang es tatsächlich, Hedgefonds zur Aufgabe ihrer Leerverkaufspositionen zu zwingen.[4] So kam der Stein ins Rollen und ließ den Kurs von etwa 5 US-Dollar Mitte 2020 bis Ende Januar 2021 auf ein Rekordhoch von 483 US-Dollar ansteigen.[5] Manche Neobroker ließen daraufhin wegen regulatorischer Vorgaben bzw. technischer Probleme keine Kauforders mehr für die betroffenen Aktien zu.[6] Das gleiche Phänomen war bei AMC,

1 Piepenburg/Schwarz, BKR 2021, 760, 763.
2 Als »Short Squeeze« bezeichnet man im Börsenhandel eine Situation, bei der ein unerwarteter und starker Kursanstieg Leerverkäufer dazu zwingt, ihre offenen Verkaufspositionen durch den Rückkauf von Aktien zu schließen, um Verluste zu begrenzen. Dieser erhöhte Kaufdruck treibt den Kurs zusätzlich in die Höhe.
3 Zum Ganzen Piepenburg/Schwarz, BKR 2021, 760, 763.
4 Wegner, BKR 2021, 181, 181 f.
5 Piepenburg/Schwarz, BKR 2021, 760, 763.
6 Klöhn/Franke, NZG 2021, 257.

Blackberry und anderen Titeln zu beobachten, ein bis dahin unbekanntes Phänomen, das schnell den Namen »Swarm Trading» erhielt. Zwar wurden die Kaufbeschränkungen der Neobroker bereits Ende Januar 2021 wieder aufgehoben, dennoch ging der Kurs ab Februar 2021 stark zurück.[7]

»Swarm Trading« unter Beteiligung von Privatanlegern, Initiatoren und auch Brokern wirft unterschiedliche kapitalmarktrechtliche Fragen auf, darunter insbesondere die Frage, ob »Swarm Trading« den Tatbestand der Marktmanipulation erfüllt, ferner, ob es einer spezifischen Regulierung von »Swarm Trading« bedarf. Im Folgenden wird das Phänomen des »Swarm Tradings« zunächst näher beleuchtet, sodann wird gefragt, welchen gesetzlichen Regelungen »Swarm Trading« de lege lata unterliegt und abschließend wird besprochen, ob gesetzgeberischer Handlungsbedarf besteht.

II. »Swarm Trading« im kapitalmarktrechtlichen Kontext

1. *Was ist »Swarm Trading«?*

Der Begriff »Swarm Trading« bezeichnet den Handel von Wertpapieren in einer großen Gruppe von Privatanlegern, die miteinander interagieren und kommunizieren, um bewusst Börsenkurse nach oben zu treiben.[8] Diese Mitglieder des Schwarms agieren in emergenten Verhaltensmustern,[9] die sie von einer bloßen Vielzahl abgrenzen. Kommuniziert wird im Schwarm meist über soziale Medien, was die Verständigung signifikant erleichtert.[10] Abgesprochen wird der gemeinsame Ankauf einer bestimmten Notierung im großen Stil, sodass das damit einhergehende erhöhte Interesse an der Notierung den Kurs nach oben treibt, wovon die Mitglieder des Schwarms finanziell profitieren.[11] Innerhalb des Schwarms gibt es weder eine formal-hierarchische Ordnung[12] noch besteht ein Zwang zur Teilnahme.[13]

Besondere Bedeutung hat »Swarm Trading« als eine neuartige Verteidigungsmöglichkeit gegen aktivistische und passive Leerverkäufer erlangt.[14] Beim Leerverkauf einer Aktie verbleibt unter Berücksichtigung der gegebenenfalls bisherigen Positionen in der Aktie aus dem Leerverkauf eine offene wertvariable Verbindlichkeit (sog. »Short-Position«) in der Aktie. Aus dieser Position erhofft sich der Leerverkäufer, durch einen späteren, günstigeren Erwerb über die Differenz zwischen Verkauf- und Kaufpreis zu profitieren.[15] Innerhalb der EU sind nur gedeckte Leerverkäufe

7 Klöhn/Franke, NZG 2021, 257.
8 Vgl. Sajnovits in Schwärme im Recht, 2022, S. 197 f.
9 Vgl. Kersten in Schwarmdemokratie, 2017, S. 25 ff.
10 Korch/Köhler in Schwärme im Recht, S. 3.
11 Vgl. Piepenburg/Schwarz, BKR 2021, 760, 763.
12 Horn in Schwärme – Kollektive ohne Zentrum, 2009, S. 7.
13 Korch/Köhler in Schwärme im Recht, S. 3.
14 Piepenburg/Schwarz, BKR 2021, 760, 761.
15 Trüg, NJW 2009, 3202, 3202 f.

gestattet,[16] also solche, bei denen der Leerverkäufer die verkauften Aktien für eine fristgemäße Lieferung vor Abschluss des Kaufvertrags tatsächlich leiht (Art. 12 EU-LeerverkaufsVO).[17] Passive Leerverkäufer spekulieren lediglich auf den Wertverlust, ohne selbst aktiv zu werden, während die Leerverkäufer bei Shortseller-Attacken negative Informationen über das Unternehmen verbreiten, um andere Anleger zum Verkauf der Wertpapiere zu bewegen und so das Kursniveau bewusst negativ zu beeinflussen.[18]

Grundsätzlich hat ein redlicher Leerverkäufer, der seine Handelspraktiken durch die Verbreitung negativer Informationen über die betreffenden Unternehmen begleiten lässt und dabei die Vorgaben der Marktmissbrauchsverordnung (Market Abuse Regulation, MAR) beachtet, keine strafrechtlichen Konsequenzen zu befürchten.[19] Allerdings unterliegt das Verbreiten negativer Informationen strengen Regeln der MAR.[20]

Leerverkäufe und Shortseller-Attacken zielen demnach auf einen negativen Kursverlauf. Hingegen führt »Swarm Trading« als Verteidigungsstrategie zu einem Ankauf des betreffenden Wertpapiers mit der Folge, dass die erhöhte Nachfrage zu einem Kursanstieg führt, was wiederum einen sog. »Short Squeeze« auslöst, wodurch die Leerverkäufer in ihrer Geschäftstätigkeit massiv beeinträchtigt werden.[21]

2. *Gefahren des »Swarm Tradings«*

Der »Short Squeeze« des Kurses eines Wertpapiers wird aufgrund der damit verbundenen Gefahren für den Kapitalmarkt aus mehreren Gründen als bedenklich eingestuft. Denn Leerverkäufe, gegen die sich ein »Short Squeeze« richtet, erhöhen grundsätzlich sowohl die Liquidität des Kapitalmarktes als auch die Markttransparenz und damit die effiziente Preisbildung, indem negative Informationen schneller eingepreist werden und der Börsenkurs dem Fundamentalpreis angenähert wird.[22] Damit leisten Leerverkäufe einen wichtigen Beitrag zu einem funktionierenden Kapitalmarkt. Wenn aber diese Leerverkäufe unter Druck geraten und der Börsenkurs durch den vom »Swarm Trading« ausgelösten »Short Squeeze« künstlich beeinflusst wird und vom Fundamentalwert abweicht, führt dies zu einer erheblichen Beeinträchtigung

16 Vgl. Art. 12 VO (EU) 236/2012.
17 Piepenburg/Schwarz, BKR 2021, 760, 761; allerdings hat die Aktie der GameStop Corp. ihren Haupthandelsplatz in den USA, weshalb sie nicht dem Verbot des Art. 12 EU-LeerverkaufsVO unterliegt, vgl. BT-Drs. 19/27219, 2.
18 Poelzig, ZHR 184 (2020), 697, 700.
19 Piepenburg/Schwarz, BKR 2021, 760, 762.
20 Vgl. Art. 20 MAR i..Vm. Art. 3 Abs. 1 Nr. 35 (konstatierte Pflichten bei Anlageempfehlungen), Art. 15 MAR i.V.m. Art. 12 Abs. 2 lit. d MAR (Scalping), Art. 12 Abs. 1 lit. c MAR (informationsgestützte Marktmanipulation), Art. 14 lit. a, c MAR i.V.m. Art. 7 ff. MAR (Insidergeschäfte); Weiterführende Literatur zu den gesetzlichen Grenzen der Shortsell-Attacken: Piepenburg/Schwarz, BKR 2021, 760, 761 f.
21 Vgl. Sajnovits, ZGR 2021, 804, 808.
22 Poelzig, ZHR 184 (2020), 697, 702.

der Markteffizienz: Die Kapitalmärkte können nur dann eine wohlfahrtsfördernde Ressourcenallokation gewährleisten, wenn zumindest eine Annäherung der Preise von Investitionsobjekten an ihren Fundamentalwert stattfindet.[23] Beim »Swarm Trading« kommt es aber regelmäßig zu einer länger andauernden und erheblichen Abweichung von diesem Fundamentalwert, was zu einer suboptimalen Ressourcenverteilung führt.[24]

Ferner werden Leerverkäufe durch die künstliche Beeinflussung des Kursniveaus und das Herausdrängen von Leerverkäufern unkalkulierbar, obgleich ihre Informationen, Markteinschätzungen und Handelsverhalten für die effiziente Preisbildung von erheblicher Bedeutung sind. Durch diesen Vorgang wird das Geschäftsmodell der Leerverkäufer grundsätzlich in Frage gestellt.[25]

III. Art. 12 und 15 MAR als maßgeblicher rechtlicher Rahmen des »Swarm Tradings«

Die marktschädigenden Wirkungen durch das gleichgerichtete Vorgehen einer Vielzahl von Privatanlegern nach einer Kommunikation in sozialen Medien sowie die geschilderte Beeinträchtigung der Geschäftstätigkeit von Leerverkäufern werfen die grundsätzliche Frage auf, ob derartige Praktiken mit dem europäischen Kapitalmarktrecht und insbesondere mit dem Marktmissbrauchsrecht vereinbar sind.[26]

Zentrale Norm beim »Swarm Trading« ist Art. 12 MAR. Danach sind alle Handlungen, die unter den Begriff »Marktmanipulation« fallen gem. Art. 15 MAR verboten. Die Regelungsstruktur des Marktmanipulationsverbots eröffnet weite Spielräume für die Einzelfallprüfung, sodass der Tatbestand auch für neue Entwicklungen, die bei Einführung der MAR noch unbekannt waren, offengehalten wird und in Bezug auf das »Swarm Trading« nicht etwa *a priori* ausgeschlossen wäre.[27]

Die strafrechtliche Sanktionierung findet sich im deutschen Recht in § 119 Abs. 1 WpHG. Mit dieser Vorschrift werden die Vorgaben des Art. 5 CRIM-MAD umgesetzt, der einheitlich in allen Mitgliedsstaaten ein Mindestmaß an strafrechtlichen Sanktionen für schwerwiegende und vorsätzliche Marktmanipulation verlangt. Andere Bestimmungen wie etwa Art. 20 MAR oder das Insiderrecht sind von Vornherein nicht auf das »Swarm Trading« anwendbar, was aus der Anonymität der Privatanleger[28] und ihrem nicht abgestimmten Vorgehen folgt.[29]

23 Sajnovits, ZGR 2021, 804, 809 m.w.N.
24 Vgl. *GameStop* Fall, Vasileiou/Bartzou/Tzanakis, The Journal of Prediction Markets 16 (2022) 67; Sajnovits, ZGR 2021, 804, 809 f.
25 Sajnovits, ZGR 2021, 804, 810.
26 Sajnovits, ZGR 2021, 804, 811.
27 Vgl. Schmolke in Klöhn, Marktmissbrauchsverordnung: MAR, 2. Aufl. 2023, Art. 12 Rn. 5, 73.
28 Vgl. Erfordernis nach Art. 3 Abs. 1 Nr. 34 MAR.
29 Vgl. Sajnovits, ZGR 2021, 804, 823 f.

Die zentrale Frage lautet nun, ob und inwieweit die einzelnen Akteure beim »Swarm Trading« die gesetzlichen Grenzen verletzen und den Tatbestand einer Marktmanipulation i.S.v. Art. 12 MAR erfüllen. Dabei ist zwischen den Privatanlegern (nachfolgend IV.), den Initiatoren des »Swarm Trading« (nachfolgend V.) und den Brokern (nachfolgend VI.) zu unterscheiden.

IV. Ausnutzung der gesetzlichen Grenzen beim »Swarm Trading« durch die Privatanleger

Aufgrund der Gefahr, Leerverkäufer durch »Swarm Trading« langfristig aus dem Markt zu drängen und sie damit nachhaltig zu schädigen,[30] könnte dem Verhalten der beteiligten Privatanleger Marktverwerfungspotenzial zugesprochen werden.[31] Daher stellt sich die Frage, ob und inwiefern »Swarm Trading« manipulatives Marktverhalten der Privatanleger darstellt.

1. Art. 12 Abs. 2 lit. a MAR

Der Gesetzgeber nennt in Art. 12 Abs. 2 MAR fünf beispielhaft aufgelistete Manipulationspraktiken zur Konkretisierung der Grundtatbestände gem. Art. 12 Abs. 1 MAR. Hierbei handelt es sich um nicht abschließende, zwingende Beispiele, sodass bei Vorliegen der Voraussetzungen stets eine Marktmanipulation anzunehmen ist und es keiner weiteren Prüfung der allgemeinen Voraussetzungen gem. Art. 12 Abs. 1 MAR bedarf.[32] Hinsichtlich des Art. 12 Abs. 2 lit. a MAR ist zu untersuchen, ob sich die Privatanleger, die über Foren in sozialen Medien kommunizieren, eine marktbeherrschende Stellung sichern.

Das Ausnutzen oder Herbeiführen einer marktbeherrschenden Stellung wird »Abusive Squeeze« genannt. Der Unrechtsgehalt folgt aus der Ausschaltung von Marktmechanismen aufgrund eines Monopols: Die Verknappung des Angebots führt subjektiv bewusst zu einer Marktenge infolge derer die Leerverkäufer das entsprechende Wertpapier zu einem erhöhten Preis erwerben müssen.[33] Die einzelnen Aktienkäufer innerhalb des Schwarms für sich können unzweifelhaft nicht selbst eine marktbeherrschende Stellung einnehmen.[34] Insofern stellt sich die Frage, ob eine mittäterschaftliche Marktmanipulation i.S.d. § 25 Abs. 2 StGB vorliegt. Der Wortlaut des Art. 12 Abs. 1 lit. a MAR (»mehrere in Absprache handelnde Personen«) könnte den Schluss nahelegen, dass sich ein solcher Rückgriff erübrigt, da die Norm selbst die

30 Sajnovits in Schwärme im Recht, S. 206.
31 Sajnovits, ZGR 2021, 804, 844.
32 Poelzig in Fuchs/Zimmermann, Wertpapierhandelsrecht, 3. Aufl. 2024, Art. 12 MAR Rn. 145.
33 Merwald/Schauer, BKR 2021, 280, 285.
34 Klöhn/Franke, NZG 2021, 257, 258.

Voraussetzungen der Mittäterschaft bzgl. einer Marktmanipulation regelt. Dazu hat das BVerfG aber zutreffend festgestellt, dass das Strafrecht in seinem Kernbestand eben nicht als rechtstechnisches Instrument zur Effektuierung einer internationalen Zusammenarbeit dient, sondern vielmehr, so das BVerfG, »für die besonders sensible demokratische Entscheidung über das rechtsethische Minimum« steht.[35] Daraus folgt, dass die EU jedenfalls grundsätzlich keine Kompetenz zum Erlass allgemeiner strafrechtlicher Normen hat, die nach nationalem Rechtsverständnis zum allgemeinen Strafrecht gehören. Dies wiederum bedeutet, dass die Voraussetzungen der Mittäterschaft nicht eigenständig durch die MAR geregelt werden können.[36] Bezüglich der allgemeinen Grundsätze der Täterschaft und Teilnahme ist die MAR auch nicht vollharmonisierend, sodass sich ein Rückgriff auf die allgemeinen Strafgesetze – und mithin auf die §§ 25 ff. StGB – ergibt.[37] Auch in Bezug auf die »Absprache« i.S.v. Art. 12 Abs. 2 lit. a MAR kann nicht von einer Vollharmonisierung der Zurechnungsvoraussetzungen ausgegangen werden, da diese lediglich ein unrechtsbegründendes Merkmal darstellt, welches neben die allgemeinen Zurechnungsvoraussetzungen tritt.[38]

Notwendig ist mithin mittäterschaftliches Handeln i.S.v. § 25 Abs. 2 StGB. Hierfür ist das Fassen eines gemeinsamen Tatentschlusses notwendig.[39] Ausreichend ist dabei bereits, dass »sich nur jeder bewusst ist, dass neben ihm noch ein anderer oder andere mitwirken und diese von dem gleichen Bewusstsein erfüllt sind«[40], sodass das Merkmal des gemeinsamen Tatentschlusses sehr weit reicht.[41] Fraglich ist jedoch schon, ob auch das rein passive, sich quasi blind an einigen Wortführern orientierende Verhalten der Anleger noch ausreichend für die Bejahung eines solchen Tatentschlusses ist.

Zu beachten ist allerdings auch, dass die einzelnen, einander zurechenbaren Tatbeiträge gemeinsam das Ausnutzen oder Herbeiführen einer marktbeherrschenden Stellung i.S.d. Art. 12 Abs. 2 lit. a MAR darstellen müssen, sodass die Frage der Zurechnung nach § 25 Abs. 2 StGB möglicherweise dahinstehen kann.

Daher ist zu prüfen, ob die Privatanleger beim »Swarm Trading« in Absprache und unter Ausnutzung einer marktbeherrschenden Stellung Geschäfte tätigen, die zu einer starken Verknappung eines relevanten Tatobjekts führen und ihnen in der Folge die Kontrolle über die Preisbildung ermöglichen.[42] Das richtet sich danach, ob sie wirksamen Wettbewerb verhindern und sich von der Marktgegenseite in einem nennenswerten Umfang unabhängig verhalten können.[43] Dies wiederum ist dann der

35 BVerfGE 123, 267, 410, NJW 2009, 2267, 2288.
36 Piepenburg/Schwarz, BKR 2021, 760, 764.
37 Ausführlich hierzu schon Merkt/Degenhart, WM 2023, 2209, 2214; aA Sajnovits/Wagner, WM 2017, 1189, 1193 ff.; Sajnovits, ZGR 2021, 804, 815 f.
38 Piepenburg/Schwarz, BKR 2021, 760, 764; Merkt/Degenhart, WM 2023, 2209, 2214.
39 Klöhn/Franke, NZG 2021, 257, 258.
40 RGSt58, 279; BGHSt 50, 160, 166, NJW 2005, 2629; vgl. auch BGH NStZ 2010, 342, 343; LG Essen, 27.11.2017, 32 KLs 8/17.
41 Scheinfeld in MüKoStGB, 5. Aufl. 2024, § 25 Rn. 241.
42 Merwald/Schauer, BKR 2021, 280, 286.
43 EuGH, 05.04.1976, 27/76 R (United Brands./. Kommission), NJW 1978, 2439.

Fall, wenn sie gerade aufgrund ihrer Stellung am Markt die Preise und Handelsbedingungen beliebig diktieren können.[44] Demnach ist eine marktbeherrschende Stellung i.S.d. Art. 12 Abs. 2 lit. a MAR anzunehmen, wenn sich der Markt an der Schwelle zu einem sog. Preis- oder Bedingungsdiktat befindet.[45]

Eine solche marktbeherrschende Stellung kann sich beim »Swarm Trading« aus dem Austausch der Anleger in sozialen Netzwerken ergeben, die sich gegenseitig motivieren, weniger auf Fundamentaldaten zu achten und sich mehr von Emotionen, Gerüchten und der Gruppendynamik leiten zu lassen (sog. »Noise-Trader«). Man spricht von einem psychologischen Herdentrieb.[46] Allerdings entstehen im Hinblick auf die kartellrechtliche Natur des Art. 12 Abs. 2 lit. a MAR begründete Bedenken, ob eine solche Stellung im Markt bereits bei bloßem »Noise-Trading« anzunehmen ist. Richtigerweise wird man davon auszugehen haben, dass die bloße Möglichkeit, anderes Verhalten von Marktteilnehmern zu antizipieren, für eine marktbeherrschende Stellung nicht ausreichen kann.[47]

Die kartellrechtliche Natur des Art. 12 Abs. 2 lit. a MAR und die Notwendigkeit einer angemessenen Berücksichtigung kapitalmarktrechtlicher Besonderheiten (Art. 102 AEUV) ergeben sich aus den weitreichenden Parallelen der Regelungen. Kapitalmarkt- und Kartellrecht sind dem Marktordnungsrecht zuzuordnen. Es geht um Marktverhaltensregeln.[48] Ferner sind beide Materien stark von Informationsasymmetrien geprägt und in beiden Bereichen wird aufgrund des öffentlichen Interesses großer Wert auf die staatliche Rechtsdurchsetzung gelegt.[49] Dies spricht dafür, auf die im europäischen Kartellrecht etablierten Instrumente der Marktmachtmessung, so namentlich den Marktanteil, zurückzugreifen. Allerdings wird es für organisierte Kleinanleger kaum möglich sein, einen so bedeutenden Marktanteil einer hochkapitalisierten Emittentin zu kontrollieren, sodass diese nicht die Kontrolle über die gesamte Nachfrage am Aktienmarkt erlangen werden.[50] Ein erheblicher Einfluss auf den Aktienkurs durch Kleinanleger wurde zwar im Beispiel *GameStop* nachgewiesen, eine Marktmacht im Sinne eines Preisdiktats lässt sich hieraus aber nicht unmittelbar ableiten.[51]

Aber auch jenseits kartellrechtlicher Kategorien verlangt Art. 12 Abs. 2 lit. a MAR aus kapitalmarktrechtlicher Sicht stets eine verbindliche Absprache.[52] An einer solchen Absprache wird es beim »Swarm Trading« aber gerade fehlen. So ist es zwar nicht erforderlich, dass sich die einzelnen Anleger untereinander kennen.[53] Vielmehr

44 Poelzig in Fuchs/Zimmermann, Wertpapierhandelsrecht, Art. 12 MAR Rn. 151.
45 Zimmer/Bator in Schwark/Zimmer, Kapitalmarktrechts-Kommentar, 5. Aufl., 2020, Art. 12 MAR Rn. 113.
46 Zum Ganzen vgl. Merwald/Schauer, BKR 2021, 280, 286.
47 Wegner, BKR 2021, 181, 185.
48 Maume in BeckOK WpHR, 16. Aufl. Stand 1. Juli 2025, Art. 12 MAR Rn. 108.
49 Maume, ZHR 180 (2016), 359, 389 f.
50 Merwald/Schauer, BKR 2021, 280, 286.
51 Vgl. Van der Beck/Jaunin, Swiss Finance Institute Research Paper No. 21–12, 2021, 2; Klöhn/Franke, NZG 2021, 257.
52 Vgl. Sajnovits, ZGR 2021, 804, 815.
53 Poelzig in Fuchs/Zimmermann, Wertpapierhandelsrecht, Art. 12 MAR Rn. 154.

ist es für das Vorliegen einer Absprache ausreichend, dass jeder Beteiligte sich der Tatsache bewusst ist, dass außer ihm noch andere Anleger mitwirken und diese im gleichen Bewusstsein handeln.[54] Allerdings verhält sich die große Mehrheit der »Swarm Trader« rein passiv und orientieren sich quasi blind an der Richtung, die einige Wortführer vorgeben, sodass sich hierdurch keine Konzertierung ergibt.[55] Innerhalb dieses losen Zusammenschlusses ist es für den einzelnen Anleger unvorhersehbar, wann seine Mitstreiter das angekaufte Wertpapier wieder veräußern und dabei ein Herdentrieb entsteht, woraus sich der gesetzte Trend ebenso schnell wieder umkehren kann.[56] Der tatsächliche Zusammenschluss der Privatanleger ist damit im Ergebnis nicht vorhersehbar und der hieraus resultierende Schwarm nicht steuerbar.[57] Ein Weiteres kommt hinzu: Zwar können einzelne Teilnehmer eine vermeintlich verbindliche Erklärung abgeben, woraus sich eine Konzertierung ergeben mag, die auch für sich genommen Kursbeeinflussungspotenzial aufweisen kann. Doch kann eine solche wechselseitige Zusage von einzelnen anonymen Teilnehmern eines Forums, bestehend aus womöglich sogar Millionen Teilnehmern, keine »faktische wechselseitige Verbindlichkeit« erzeugen, die den Einzelnen tatsächlich verpflichtet, seine »Zusage« einzuhalten.[58] Daher fehlt es beim »Swarm Trading« auch am konzertierten Verhalten der Anleger, sodass der Tatbestand des Art. 12 Abs. 2 lit. a MAR nicht erfüllt ist.

2. Art. 12 Abs. 1 lit. a MAR

Da Art. 12 Abs. 2 lit. a MAR ausscheidet, kommt ein Rückgriff auf den Grundtatbestand der handelsgestützten Marktmanipulation i.S.d. Art. 12 Abs. 1 lit. a MAR in Betracht. Dieser Tatbestand schützt davor, dass ein bestimmtes Verhalten zu falschen bzw. irreführenden Signalen oder zu einem anormalen oder künstlichen Kursniveau führt. Auch diese Form der Marktmanipulation wird man regelmäßig ablehnen müssen. Notwendig für die Bejahung der Marktmanipulation ist nämlich entweder eine Markttäuschungseignung nach Art. 12 Abs. 1 lit. a. Var. i MAR oder eine Kursmanipulationseignung nach Art. 12 Abs. 1 lit a. Var. ii MAR.[59] Zwar ist es grundsätzlich denkbar, dass durch in sozialen Medien abgestimmte Eingaben einer großen Zahl von Kauforders durch eine Vielzahl von Privatanlegern falsche oder irreführende Signale hinsichtlich der Nachfrage sowie zur Erzeugung eines anormalen oder künstlichen

54 Vgl. BGHSt 50, 160, 166, NJW 2005, 2629, 2631.
55 Veil/Templer, ZIP 2021, 981, 986.
56 Merwald/Schauer, BKR 2021, 280, 286.
57 Maume in BeckOK WpHR, Art. 12 MAR Rn. 157.
58 Sajnovits, ZGR 2021, 804, 814.
59 Zimmer/Bator in Schwark/Zimmer, Kapitalmarktrechts-Kommentar, VO (EU) 596/2014 Art. 12 Rn. 24.

Kursniveaus entstehen können.[60] Das Vorliegen der notwendigen gegenseitigen Zurechnung der Handlungen der einzelnen Privatanleger, die sich nach § 25 Abs. 2 StGB richtet,[61] ist dagegen mit Hinblick auf die Charakteristik des Verhaltens der Privatanleger bereits zweifelhaft (siehe hierzu schon IV. 1.).

Auch hier kann die Frage der Zurechnung jedoch dahinstehen. Zu beachten gilt es nämlich, dass in der Causa *GameStop* die erteilten Kauforders der tatsächlichen Nachfrage entsprachen, wenn das Entstehen dieser Nachfrage auch eher auf einer Mischung aus moralischer Verbundenheit gegenüber *GameStop*, einer Abneigung gegenüber Hedgefonds und der Hoffnung auf Profit durch die steigenden Kurse beruhte, als auf dem Vertrauen in die Profitabilität der Handelskette.[62]

Ein falsches oder irreführendes Signal i.S.v. Art. 12 Abs. 1 lit. a Var. i MAR kann aber eben nur dann bejaht werden, wenn eine Divergenz zu den tatsächlichen Verhältnissen des betreffenden Instruments vorliegt bzw. eine Eignung gegeben ist, eine Fehlvorstellung bei einem verständigen Anleger hervorzurufen.[63] Solange eine bestimmte Marktaktivität bzw. Handelsstrategie zulässig ist, fehlt es ihr schon allein deshalb am Täuschungswert, weil verständige Anleger damit zu rechnen haben, dass andere Marktteilnehmer ein entsprechendes Verhalten an den Tag legen. Damit muss auch im Fall *GameStop* gelten, dass keine falschen oder irreführenden Signale ausgesendet wurden, schließlich wurden durch das Erteilen der Kauforders keine falsche Nachfrage signalisiert.[64]

Auch die Voraussetzungen des Art. 12 Abs. 1 lit. a. Var. ii MAR wurden von den Kleinanlegern nicht erfüllt. Als künstlich wird ein Kursniveau bezeichnet, wenn es sich nicht mehr als Ergebnis von Angebot und Nachfrage in einem manipulationsfreien Marktumfeld darstellt.[65] Zwar kam es durch die Spekulationsgeschäfte der Privatanleger in der Tat zu verzerrten Kursen, diese stellten jedoch in erster Linie eine Reaktion auf eine tatsächliche Änderung von Angebot und Nachfrage dar.[66] Damit kann eben gerade nicht von einem anormalen oder künstlichen Kursniveau i.S.v. Art. 12 Abs. 1 lit. a. Var. ii MAR gesprochen werden.

Daher ist im Fall *GameStop* auch das Vorliegen einer Marktmanipulation gem. Art. 12 Abs. 1 lit. a MAR durch die Privatanleger zu verneinen.

60 Vgl. Sajnovits, ZGR 2021, 804, 818 ff., der sowohl das Aussenden falscher bzw. irreführender Signale als auch das Erzeugen eines künstlichen Kursniveaus im Fall *GameStop* bejaht.

61 Siehe hierzu schon Merkt/Degenhart, WM 2023, 2209, 2214; aA Sajnovits, ZGR 2021, 804, 822, der auch für Art. 12 Abs. 1 lit. a MAR eine hinreichend konkrete Absprache i.S.v. Art. 12 Abs. 2 lit. a MAR verlangt.

62 Vgl. Merwald/Schauer, BKR 2021, 280, 286; Wegner, BGK 2021, 181, 183 f.; aA Sajnovits, ZGR 2021, 804, 818 ff.

63 Schmolke in: Klöhn, Marktmissbrauchsverordnung: MAR, Art. 12 Rn. 47.

64 Zum Ganzen Wegner, BGK 2021, 181, 183 f.

65 Poelzig in Fuchs/Zimmermann, Wertpapierhandelsrecht, Art. 12 MAR Rn. 45.

66 Merwald/Schauer, BKR 2021, 280, 286; aA Sajnovits, ZGR 2021, 804, 819 ff.

V. Ausnutzung der gesetzlichen Grenzen beim »Swarm Trading« durch die Initiatoren des »Swarm Trading«

Privatanleger haben als Kollektiv also für eine Beteiligung an »Swarm Trading« keine strafrechtlichen Sanktionen zu befürchten. Jedoch stellt sich die Frage, ob sich etwas anderes für die Initiatoren des »Swarm Trading« ergibt. Sie sind in den sozialen Medien überaus aktiv und versuchen, durch das Motivieren von Privatanlegern einen »Short Squeeze« zu erzeugen und so gezielt die Leerverkäufer aus dem Markt zu drängen. Im Beispiel *GameStop* waren etwa die X-Posts und YouTube-Videos von @TheRoaringKitty einer der Auslöser für den großen »Hype« um *GameStop*. Neben ausführlichen Analysen auf YouTube veröffentlichte dieser Initiator regelmäßige Memes auf X, die vielfach weiterverbreitet wurden und ihm eine exponierte Stellung unter den Kleinanlegern sicherte.[67] In der Folge stellt sich die Frage, ob ein solches Verhalten eine strafbare Marktmanipulation darstellt.

1. Art. 12 Abs. 2 lit. d MAR

Der Gesetzgeber normiert in Art. 12 Abs. 2 lit. d MAR das sog. Scalping als Marktmanipulation. Dabei wird ein gelegentlicher oder regelmäßiger Zugang zu traditionellen oder elektronischen Medien durch Abgabe einer Stellungnahme zu einem Finanzinstrument ausgenutzt, wobei zuvor Positionen in diesem Finanzinstrument eingegangen wurden und anschließend Nutzen aus den Auswirkungen der Stellungnahme auf den Kurs dieses Finanzinstruments gezogen wird, ohne dass der Öffentlichkeit gleichzeitig dieser Interessenkonflikt ordnungsgemäß und wirksam mitgeteilt wird, vgl. Art. 12 Abs. 2 lit. d MAR. Gerade auf Internetplattformen ist es unter Wahrung der Anonymität möglich, einen breiten Personenkreis mit einer solchen Stellungnahme zu erreichen und so den gezogenen Nutzen zu vergrößern.[68]

Entsprechende Stellungnahmen könnten beim »Swarm Trading« über soziale Medien in den YouTube-Videos, X-Posts oder Memes zu sehen sein.[69] Der Begriff der Stellungnahme ist dabei grundsätzlich weit auszulegen und umfasst jede Bewertung, die dazu geeignet ist, den verständigen Anleger in seiner Anlageentscheidung zu beeinflussen.[70] Stellungnahmen zu Art. 12 Abs. 2 lit. d MAR umfassen jede mittelbare und unmittelbare Kauf- und Verkaufsempfehlung und darüberhinausgehend jede Meinungsäußerung, die die Einschätzung des Finanzinstruments durch den Stellungnehmenden erkennen lässt. Hierbei werden sowohl bewusst unwahre oder irreführende als auch zutreffende Stellungnahmen erfasst.[71] Ob dabei aber auch

67 Merwald/Schauer, BKR 2021, 280, 281.
68 Vgl. Maume in BeckOK WpHR, Art. 12 MAR Rn. 156.
69 Vgl. zum Fall *GameStop* Piepenburg/Schwarz, BKR 2021, 760, 763.
70 Schmolke in Klöhn, Marktmissbrauchsverordnung: MAR, Art. 12 Rn. 365.
71 Zimmer/Bator in Schwark/Zimmer, Kapitalmarktrechts-Kommentar, Art. 12 MAR Rn. 129.

reine Tatsachenmitteilungen ohne wertendes Element von der Stellungnahme nach Art. 12 Abs. 2 lit. d MAR erfasst sind, ist streitig. Manche Stimmen meinen, dass kein wertendes Element erforderlich ist und somit auch reine Tatsachenfeststellungen von der Stellungnahme umfasst sind.[72] Andere Stimmen halten eine reine Tatsachenfeststellung als nicht vom Begriff der Stellungnahme umfasst.[73] Für das Erfordernis eines wertenden Elements spricht, dass bei notwendiger autonomer Auslegung dem Begriff der Stellungnahme in unterschiedlichen Vertragssprachen[74] ein solches wertendes Element inhärent ist.[75] Auch aus dem Telos des Art. 12 Abs. 2 lit. d MAR lässt sich kein anderes Ergebnis ableiten: So soll der Marktteilnehmer allen kapitalmarktrechtlichen Stellungnahmen insoweit vertrauen können, als dass diese nicht von dem sachfremden Ziel der Kursbeeinflussung zu eigennützigen Zwecken geleitet sind.[76] Bestätigung findet dies auch in der delegierten VO (EU) Nr. 2016/958. Sie benennt allgemeine Bedingungen für die objektive Darstellung der Empfehlungen i.S.v. Art. 20 MAR und unterscheidet in diesem Zuge ausdrücklich zwischen Stellungnahmen und Tatsachen. Letztere können damit zwar die Grundlage einer Stellungnahme bilden, die reine Tatsachenverbreitung kann aber nicht von Art. 12 Abs. 2 lit. d MAR erfasst werden.[77]

Im Weiteren ist für die Bestimmung des wertenden Elements zwischen den verschiedenen Kommunikationsmitteln zu differenzieren: YouTube-Videos, die ausführlich und argumentativ fundierte Gründe ausführen, warum ein Ankauf des Wertpapiers aus Sicht des Analysten sinnvoll ist, enthalten zweifellos ein solches wertendes Element. Bei X-Posts und Memes mit bloßem Hinweisen auf die Möglichkeit eines Erwerbs fällt die Antwort schwieriger aus. Hier deutet allerdings eine häufige Veröffentlichung, die darauf ausgerichtet ist, dass der »Hype« der Aktie fortdauert und auch »die führenden Köpfe« noch dabei sind, auf das wertende Element hin. Wenn auf Änderungen im Markt mit einem X-Post oder ein Meme durch einen Initiator reagiert wird, woraus sich ein Stimmungsbild ableiten lässt, lässt dies ebenfalls auf ein wertendes Element schließen. Teilweise verweisen X-Posts und Memes sogar auf ausführliche YouTube-Videos und kurbeln damit die ausführlichen Analysen zusätzlich an.[78] Lässt sich also ein Stimmungsbild des Initiators selbst aus dem Meme oder X-Post ableiten oder wird sogar auf eine ausführliche Analyse verwiesen, zu der Privatanleger durch einfachen Klick stoßen können, kann eine Stellungnahme i.S.d. Art. 12 Abs. 2 lit. d MAR vorliegen. In diesem Fall kann der verständige Anleger nämlich davon ausgehen, dass trotz schwacher Quartalszahlen weiter an das betroffene Unternehmen »geglaubt« wird.[79] Grundsätzlich gilt es jedoch weiter zu

72 Maume in BeckOK WpHR, Art. 12 MAR Rn. 143.
73 Bayram/Meier, BKR 2018, 55, 57.
74 »Stellungnahme«, »voicing an opinion«, »en émettant un avis«.
75 Merwald/Schauer, BKR 2021, 280, 282; Schmolke in Klöhn, Marktmissbrauchsverordnung: MAR, Art. 12 Rn. 365.
76 Merwald/Schauer, BKR 2021, 280, 282.
77 Bayram/Meier, BKR 2018, 55, 57.
78 Vgl. zum Fall *GameStop* Piepenburg/Schwarz, BKR 2021, 760, 763.
79 Zum Ganzen Merwald/Schauer, BKR 2021, 280, 283.

beachten, dass ein verständiger Anleger solchen Posts dann kein Gewicht beimessen wird, wenn sie von einer Person getätigt werden, deren Ansicht Marktteilnehmer generell kein Gewicht beimessen,[80] wie dies bei einzelnen, anonym veröffentlichten X-Posts, Memes oder YouTube-Videos wohl häufig der Fall sein wird.[81] In diesem Fall ist das Vorliegen einer Stellungnahme i.S.d. Art. 12 Abs. 2 lit. d MAR mithin zu verneinen. Etwas anderes gilt aber, wenn ein Nutzer sich durch regelmäßige Posts unter einem bestimmten Pseudonym bereits einen Namen in der breiten Öffentlichkeit als zuverlässige oder zumindest einflussreiche Informationsquelle erarbeitet hat.[82]

Liegt eine Stellungnahme vor, verlangt der Tatbestand der Norm zusätzlich, dass aus den eingegangenen Positionen ein Nutzen gezogen werden muss.[83] Dabei ist unklar, ob ein Nutzen im Sinne dieses Tatbestands bereits dann gezogen wird, wenn lediglich der Kurs steigt, die Gewinne aber nicht realisiert werden. Nutzen in diesem Sinne ist kapitalmarktrechtlich rein finanziell zu bewerten, etwaige nicht-finanzielle Nutzen werden nicht berücksichtigt. Nach früherer Rechtslage war ein reiner Kursanstieg ausreichend. Das Schließen der eingegangenen Positionen war hingegen nicht notwendig, vgl. § 20a Abs. 6 WpHG aF. Mit dem Wortlaut des neu eingeführten Art. 12 Abs. 2 lit. d MAR lässt sich dies aber nicht mehr vereinbaren: Wenn der Initiator seine Positionen zum relevanten Zeitpunkt nicht schließen würde, würde der Gewinn nur im zeitweilig höheren Kurs liegen. Ein solches Verhalten zu erfassen, würde dem Wortlaut zuwiderlaufen, der ein anschließendes Nutzenziehen verlangt, woraus sich ein notwendiges (positives) Ausnutzen ableiten lässt.[84] Ein solches Verständnis des vom Wortlaut der Bestimmung geforderten positiven Nutzenziehens bestätigt weiterhin der Vergleich mit der englischen (»profiting subsequently«) und der französischen Textfassung (»profiter par la suite de l´impact«) der MAR.[85] Ebenso spricht das Telos des Marktmanipulationsverbots für die Notwendigkeit eines positiven Ausnutzens: Werden nämlich Gewinne nicht realisiert, nimmt der Stellungnehmende peu à peu weiter an der Entwicklung des Marktes teil. Wenn sich der Kurs sodann nach einer kurzzeitigen Schwankung aufgrund der Stellungnahme dem »wirklichen« Wert annähert, ohne dass die eingegangenen Positionen aufgelöst werden, verhält sich der Stellungnehmende nicht widerrechtlich, sondern es werden schlichtweg weitere Informationen in den Kurs eingepreist.[86] Mithin kann der Initiator eine Marktmanipulation nur dann begehen, wenn er die eingegangenen Positionen während der Reaktionszeit des Kurses auf seine Stellungnahme auch tatsächlich auflöst. Andernfalls kommt lediglich ein Versuch in Betracht.[87] Allerdings muss der Initiator die Position nicht selbst eingehen. Vielmehr genügt es, wenn ihm das Eingehen durch einen Dritten zuzurechnen ist.[88] In Betracht

80 Hohn in Momsen/Grützner, 2. Aufl. 2020, Kap. 6 Rn. 171.
81 Wegner, BKR 2021, 181, 182 f.
82 Vgl. Wegner, BKR 2021, 181, 183.
83 Vgl. Poelzig in Fuchs/Zimmermann, Wertpapierhandelsrecht, Art. 12 MAR Rn. 180.
84 Maume in BeckOK WpHR, Art. 12 MAR Rn. 149.
85 Merwald/Schauer, BKR 2021, 280, 283.
86 Merwald/Schauer, BKR 2021, 280, 283.
87 Poelzig in Fuchs/Zimmermann, Wertpapierhandelsrecht, Art. 12 MAR Rn. 182.
88 Maume in BeckOK WpHR, Art. 12 MAR Rn. 147.

kommen dabei sowohl ein kollusives Handeln im Sinne einer Mittäterschaft als auch ein Erwerb in dessen Auftrag.[89]

Für die Verwirklichung der Marktmanipulation i.S.d. Art. 12 Abs. 2 lit. d MAR muss außerdem der Öffentlichkeit der Interessenkonflikt bzgl. des Eigeninteresses vorenthalten werden. Eine ordnungsgemäße Offenlegung muss in sprachlich eindeutiger Weise so platziert werden, dass von einem verständigen Anleger zu erwarten ist, dass dieser Kenntnis von ihr nehmen wird.[90]

Ob ein subjektives Element, wie etwa die Absicht, den Medienzugang auszunutzen, erforderlich ist, kann beim »Swarm Trading« dahinstehen. Denn die Absicht, soziale Medien für die Erzeugung eines »Hypes« bzgl. eines Wertpapiers auszunutzen, wird praktisch stets gegeben sein.

Unter diesen engen Voraussetzungen wird mithin die Verwirklichung der Marktmanipulation i.S.v. Art. 12 Abs. 2 lit. d MAR durch die Initiatoren des »Swarm Tradings« zu bejahen sein.

2. Art. 12 Abs. 1 lit. c MAR

Neben Art. 12 Abs. 2 lit. d MAR kann das Initiieren von »Swarm Trading« den Tatbestand des Art. 12 Abs. 1 lit. c MAR verwirklichen. Diese Norm setzt die Verbreitung von Informationen über die Medien voraus, die falsche oder irreführende Signale hinsichtlich des Angebots oder Kurses eines Finanzinstruments herbeiführen oder die Herbeiführung wahrscheinlich machen.

Der Begriff der Information ist denkbar weit zu verstehen und erfasst mithin Angaben und Daten jeglicher Art.[91] Teilweise wird mit Verweis auf Erwägungsgrund 47 der MAR gefordert, dass es sich um falsche oder irreführende Informationen handeln muss.[92] Eine solche Eingrenzung des Informationsbegriffs ist aber grundsätzlich nicht notwendig, da die gebotene Begrenzung des Tatbestands bereits über die Voraussetzung des (potenziellen) Effekts der Sendung falscher oder irreführender Signale bzw. der Herbeiführung eines anormalen oder künstlichen Kursniveaus vorgenommen wird.[93] Die verbreitete Information muss weiterhin nicht unbedingt Tatsachen enthalten, sondern es genügt, dass es sich inhaltlich um Gerüchte, Prognosen und Werturteile ohne Tatsachenkern handelt. Es genügt mithin jeder Inhalt, der die Anlageentscheidung beeinflussen kann.[94] X-Posts, Memes, YouTube-Videos und ähnliche Kommunikationsmittel, die beim »Swarm Trading« aktiv für die Verbreitung genutzt werden, sind grundsätzlich darauf gerichtet, den Anleger zu dem Ankauf eines Wertpapiers zu bewegen.[95] Allerdings sind auch hier bloße X-Posts nur dann

89 Vgl. BGHSt 59, 105, 110 Rn. 25, NJW 2014, 1896 Rn. 25.
90 Merwald/Schauer, BKR 2021, 280, 283.
91 Schmolke in Klöhn, Marktmissbrauchsverordnung: MAR, Art. 12 Rn. 242.
92 Merwald/Schauer, BKR 2021, 280, 284.
93 Vgl. Schmolke in Klöhn, Marktmissbrauchsverordnung: MAR, Art. 12 Rn. 243.
94 Zum Ganzen Merwald/Schauer, BKR 2021, 280, 284.
95 Näher Piepenburg/Schwarz, BKR 2021, 760, 763.

als Information anzusehen, wenn der verständige Anleger hieraus eine entsprechende Empfehlung ableitet – insoweit ist auch für Art. 12 Abs. 1 lit. c MAR die Auslegung des Art. 12 Abs. 2 lit. d MAR maßgeblich.[96]

Unklar ist, ob das Verbreiten eine Informationsweitergabe an eine größere Zahl von Anlegern erfordert oder ob eine Offenlegung gegenüber einer einzelnen Person ausreicht. Jedoch spielt diese Frage für das »Swarm Trading« keine Rolle, weil der mit dem »Swarm Trading« beabsichtigte »Short Squeeze« stets davon abhängig ist, dass die Information über die sozialen Medien unter einem größeren Personenkreis gestreut wird, um die entsprechende Kursreaktion am Markt hervorzurufen.[97]

Ferner muss die Information dazu geeignet sein, falsche oder irreführende Signale zu senden oder ein anormales oder künstliches Kursniveau zu erzeugen, vgl. Art. 12 Abs. 1 lit. c MAR. Dies ist der Fall, wenn nicht offengelegt wird, dass die Informationsverbreitung aus dem Motiv der eigenen finanziellen Sondervorteile erfolgt, da der Informationsurheber bei der Entäußerung selbst Inhaber der betreffenden Finanzinstrumente ist. In diesem Fall gilt die Information nämlich sowohl als unvollständig als auch aufgrund der Art und Weise ihrer Darstellung als irreführend. Auch nach Art. 12 Abs. 1 lit. c MAR muss stets bei jeder Information, die über die sozialen Medien geteilt wurde, in der Information selbst der Interessenkonflikt offengelegt werden. Ein Verweis oder ein Link auf die Offenlegung an einer anderen Stelle reicht jedoch nicht aus.[98]

3. Art. 12 Abs. 1 lit. b MAR

Das Scalping als Täuschungshandlung fällt unter Art. 12 Abs. 1 lit. b MAR. Dies konkretisiert der Gesetzgeber nochmals in Anhang I Abschnitt B lit. b. Vom Tatbestand wird insofern jegliche Tätigkeit oder Handlung erfasst, die unter Vorspieglung falscher Tatsachen oder unter Verwendung sonstiger Kunstgriffe oder Formen der Täuschung erfolgt und eine Beeinflussung des Kursniveaus darstellt oder hierzu geeignet ist, vgl. Art. 12 Abs. 1 lit. b MAR. Als Täuschung wird ein Verhalten erfasst, das bei einem verständigen Anleger potenziell eine falsche Vorstellung über die tatsächlichen wirtschaftlichen Verhältnisse des betroffenen Finanzinstruments hervorrufen kann. Ein tatsächlicher Irrtum ist aber nicht notwendig. In Fällen des »Swarm Tradings« kann sich die Täuschung auch schon aus nicht offengelegten Interessenkonflikten bei der Veröffentlichung von Stellungnahmen ergeben, woraus dann ein Nutzen gezogen wird, sofern dieses Verhalten zu einer Kursbeeinflussung geeignet ist.[99]

96 Merwald/Schauer, BKR 2021, 280, 284.
97 Vgl. Poelzig in Fuchs/Zimmermann, Wertpapierhandelsrecht, Art. 12 MAR Rn. 123.
98 Vgl. Zum Ganzen Merwald/Schauer, BKR 2021, 280, 284 f.
99 Zum Ganzen Merwald/Schauer, BKR 2021, 280, 285.

VI. Ausnutzung der gesetzlichen Grenzen beim »Swarm Trading« durch die Broker

»Swarm Trading« wird neben den deutlich erweiterten Kommunikations- und Koordinationsmöglichkeiten durch soziale Medien auch durch direkte bzw. unmittelbare Investitionsmöglichkeiten für Privatanleger über sog. Neo-Broker erheblich vereinfacht. Durch Neo-Broker wurde der kommissionsfreie Handel überhaupt erst eingeführt und über das Smartphone vereinfacht zugänglich gemacht, womit man insbesondere bei jungen und spekulationsfreudigen Anlegern erfolgreich war. Der Fall *GameStop* illustriert, dass Neo-Brokern auf diesem Weg die Möglichkeit eröffnet wurde, Anleger in ihren Anlageentscheidungen zu beeinträchtigen, indem sie zumindest kurzzeitig vom Handel am Markt ausgeschlossen wurden. So führten Neo-Broker wie *Robinhood* (USA) und *Trade Republic* (Deutschland) im Fall *GameStop* genau diese Restriktionen ein, indem sie die Annahme von Kauforders für *GameStop* verweigerten. Inwiefern das allerdings unter Berücksichtigung der rechtlichen Pflichten der Broker überhaupt möglich ist, hängt maßgeblich davon ab, ob ein Pflichtverstoß durch den jeweiligen Neo-Broker festgestellt werden kann. Bei der rechtlichen Bewertung der Rolle der Broker beim »Swarm Trading« sind sowohl zivil- als auch aufsichtsrechtliche Pflichten der Broker zu beachten. Gesondert zu untersuchen wird im Folgenden die Strafbarkeit des »Swarm Tradings« unter dem Gesichtspunkt des Marktmanipulationsverbots sein.[100]

Das Verbot von weitreichenden und insbesondere systematischen Handelsbeschränkungen kann grundsätzlich aus dem Marktmanipulationsverbot gem. Artt. 15, 12 Abs. 1 lit. a Var. ii MAR resultieren, da durch die Kaufrestriktion ein anormales bzw. künstliches Kursniveau entstehen kann.[101] Auch die BaFin geht momentan aufgrund der zahlreichen Beschwerden, die wegen des *GameStop*-Falles eingingen, dem strafrechtlichen Verbot der Marktmanipulation nach, hat diesbezüglich aber noch kein Untersuchungsergebnis veröffentlicht.[102]

1. *Tathandlung*

Als Tathandlung verlangt Art. 12 Abs. 1 lit. a MAR entweder den Abschluss eines Geschäfts, die Erteilung eines Handelsauftrags oder jede »andere Handlung«. Allerdings liegt in der Beschränkung der Handelsmöglichkeiten von Privatanlegern weder der Abschluss eines Geschäfts noch die Erteilung eines Handelsauftrages. Es fragt sich, ob sich dieses Vorgehen unter den Auffangtatbestand der »anderen Handlung« subsumieren lässt. In der Literatur wird dabei häufig aufgrund des Konkurrenzverhältnisses von Art. 12 Abs. 1 lit. a und lit. c MAR eine den Geschäften und

100 Zum Ganzen Sajnovits, ZGR 2021, 804, 826 ff.
101 Vgl. Sajnovits, ZGR 2021, 804, 833.
102 Vgl. BaFin, Information zu Beschwerden über Handelsstörungen bei Brokern, zuletzt abgerufen am 09. September 2025.

Handelsaufträgen vergleichbare Verhaltensweise gefordert.[103] Diese vergleichbare Nähe ist aber hinsichtlich der vom Broker implementierten Handelsbeschränkungen und der damit einhergehenden Nichtausführung einer Order bzw. eines Handelsauftrages unzweifelhaft gegeben. Eine Ausführung ist insofern auch wesentlicher Bestandteil eines Geschäfts i.S.d. Art. 12 Abs. 1 lit. a MAR. Insofern scheint es nur logisch, ein solches Handeln der Broker unter den Auffangtatbestand der »anderen Handlung« zu fassen. Der Schwerpunkt dieser Handlung liegt dabei regelmäßig in der aktiven Entscheidung, die Handelsbeschränkungen durchzuführen und die Kaufaufträge zurückzuweisen, womit es auf die Frage, ob es eine Marktmanipulation durch Unterlassen geben kann, nicht ankommt.[104]

2. *Eignung der Tathandlung zur Erzielung eines anormalen oder künstlichen Kursniveaus*

Durch die Zurückweisung der Kaufaufträge wird ein erheblicher Teil der tatsächlichen Nachfrage nicht für die eigentlich hierdurch mitbeeinflusste Preisbildung berücksichtigt.[105] Auch wenn hierbei grundsätzlich die Möglichkeit besteht, bei einem anderen Broker den Kaufauftrag zu erteilen, ist hinsichtlich jener Privatanleger, die nur ein Online-Depot haben und hierfür erst ein weiteres Depot eröffnen müssten, zu beachten, dass dies mit einer Verzögerung verbunden ist. Der tatsächliche Kurs weicht dann zumindest für diesen Zeitraum der Ausweichausführungen von dem Kurs ab, der sich im Falle der Annahme des Kaufauftrags beim ursprünglichen Broker ergeben hätte[106] und ist für diesen Zeitraum künstlich.[107] Der EuGH hat für die Vorgängerregelung[108] überzeugend festgestellt, dass es nicht erforderlich ist, dass der Kurs über einen gewissen Zeitraum auf einem anormalen bzw. künstlichen Kursniveau bleiben muss.[109] Zu diesem Auslegungsergebnis wird man auch für die MAR gelangen.[110] Dies belegt eine Änderung des Wortlauts: So war in der ursprünglichen deutschen Fassung der MAR noch von einer »Sicherung« des künstlichen Kursniveaus die Rede, während nunmehr ein »Erzielen« erforderlich ist.[111]

103 Schmolke in Klöhn, Marktmissbrauchsverordnung: MAR, Art. 12 Rn. 23.
104 Zu diesem Abschnitt Sajnovits, ZGR 2021, 804, 834. Zur Marktmanipulation durch Unterlassen etwa Piepenburg/Schwarz, BKR 2021, 760, 765; Klöhn/Franke, NZG 2021, 257, 258.
105 Sajnovits, ZGR 2021, 804, 835.
106 Sajnovits, ZGR 2021, 804, 835.
107 Vgl. Poelzig in Fuchs/Zimmermann, Wertpapierhandelsrecht, Art. 12 MAR Rn. 45.
108 Vgl. Art. 1 Nr. 2 lit. a MAD 2003.
109 EuGH, 07.07.2011, C-445/09 (IMC Securities BV/Stichting Autoriteit Financiële Markten), NZG 2011, 951.
110 Zimmer/Bator in Schwark/Zimmer, Kapitalmarktrechts-Kommentar, Art. 12 MAR Rn. 28.
111 Poelzig in Fuchs/Zimmermann, Wertpapierhandelsrecht, Art. 12 MAR Rn. 46.

3. *Manipulative Abweichung*

Beim »Swarm Trading« ist es also grundsätzlich möglich, dass das Kursniveau durch das Zurückweisen von Kaufaufträgen durch den Broker ein künstliches bzw. anormales Kurniveau erreicht. Wenn dies geschieht, stellt sich die weitere Frage, ob die Abweichung auch manipulativ entstand.[112] Broker geben bei Handelsrestriktionen regelmäßig Gründe für deren Erforderlichkeit an. Auch insoweit bedarf es der Beurteilung im Einzelfall.[113] Im Fall *GameStop* kam es u.a. bei *Trade Republic* und *Robinhood* und damit bei zwei großen Neo-Brokern zu Handelsrestriktionen, die sich über einen Tag erstreckten.[114] Diese Einschränkungen wurden mit erhöhten Anforderungen an Sicherheitsleistungen seitens einer Clearingstelle, Systemüberlastungen bei Handelsplätzen oder schlichtweg mit dem Anlegerschutz gerechtfertigt.[115] Im Folgenden sollen diese möglichen Gründe näher betrachtet werden.

Bezüglich den erhöhten Anforderungen an die Sicherheitsleistungen seitens einer Clearingstelle gilt es zu beachten, dass zur Reduktion des Kontrahentenausfallrisikos und weiterer systematischer Risiken sowie zur bestmöglichen Freihaltung des gebundenen Eigenkapitals bei Börsengeschäften regelmäßig zentrale Gegenparteien in den Handel mit Derivaten einbezogen werden.[116] Dieser zentrale Kontrahent wird in § 1 Abs. 31 KWG i.V.m. Art. 2 Nr. 1 VO (EU) 648/2012 legaldefiniert und beschreibt eine juristische Person, die zwischen die Gegenparteien der auf einem oder mehreren Märkten gehandelten Kontrakte tritt und als Käufer für jeden Verkäufer bzw. als Verkäufer für jeden Käufer fungiert. Handelsteilnehmer mit einer Clearing-Lizenz werden dann unmittelbare Vertragspartner des zentralen Kontrahenten.[117] Gegenüber diesen Clearing-Mitgliedern trägt der zentrale Kontrahent das Leistungsstörungsrisiko im jeweils korrespondierenden Vertragsverhältnis.[118] Vor allem beim Ausfall eines Clearingmitglieds drohen dem zentralen Kontrahenten Risiken, weshalb offene Positionen in den jeweiligen Bedingungen der Clearingstellen über sog. Margin-Anforderungen abgesichert werden.[119] Auf diesem Wege können über sog. »Margin Calls« zusätzliche Sicherheiten eingefordert werden, wenn das Risiko der jeweiligen Positionen oder der Marktbedingungen steigt.[120] Ferner kann der Broker bestimmte Handelsaufträge dann nicht ausführen, wenn er für offene Positionen zu hohen »Margin Calls« ausgesetzt ist. Hierzu ist er aber nur berechtigt, wenn die Höhe der Sicherheitsanforderungen einerseits unvorhersehbar war und andererseits

112 Sajnovits, ZGR 2021, 804, 836.
113 Vgl. Sajnovits, ZGR 2021, 804, 841, 843.
114 Piepenburg/Schwarz, BKR 2021, 760, 763.
115 Sajnovits, ZGR 2021, 804, 836.
116 Jobst, ZBB 2010, 384 ff.
117 Habersack/Ehrl, ZfpW 2015, 312, 313.
118 Sajnovits, ZGR 2021, 804, 838.
119 Sajnovits, ZGR 2021, 804, 838.
120 Vgl. Clearing Conditions Eurex 2024: General Provisions, 3.3 (S. 81 f.); Sajnovits, ZGR 2021, 804, 838.

dasjenige übersteigt, was auch in besonders volatilen Märkten erwartet werden muss. Andernfalls wäre diese Handlung durch den Broker sachlich nicht gerechtfertigt, da neben dem Verstoß gegen die Interessenwahrungspflicht gem. § 63 Abs. 1 WpHG insbesondere die Möglichkeit der Verwirklichung einer Marktmanipulation gem. Artt. 15, 12 Abs. 1 lit. a MAR zugelassen würde. Für die strafrechtliche Sanktionierung ist zusätzlich Vorsatz erforderlich.[121] Insgesamt ist die Einschränkung durch Handelsrestriktionen der Broker beim »Swarm Trading« aufgrund erhöhter Sicherheitsanforderungen seitens einer Clearingstelle nur sehr begrenzt möglich. Im Fall *GameStop* stützte *Trade Republic* sein Handeln allerdings auf technische Probleme sowie auf den Anlegerschutz. Anders sah es bei dem US-amerikanischen Neo-Broker *Robinhood* aus, der den Handelsstopp der Aktie mit erhöhten Sicherheitsanforderungen begründete. Infolgedessen kam es zu zahlreichen Klagen in den USA, die sich gegen *Robinhood* und andere Neo-Broker richteten.[122] Die Klagen wurden indes mit der Begründung abgewiesen, dass die Handelsrestriktionen mit den Bedingungen der Kundenvereinbarungen vereinbar seien.[123]

Grundsätzlich kommen bei Handelsrestriktionen auch tatsächliche oder drohende Systemüberlastungen bei den vom Broker jeweils genutzten Handelsplätzen als Rechtfertigung in Betracht, wobei jedoch zu differenzieren ist: Während bei einer tatsächlich eingetretenen Systemüberlastung eine Rechtfertigung stets dann anzunehmen ist, wenn der Broker keine Ausweichmöglichkeit auf einen anderen und nicht von Systemüberlastungen betroffenen Handelsplatz hat, kommt es bei drohenden Systemüberlastungen immer auf die Plausibilität der Prognose im Einzelfall an. Bei einer drohenden Systemüberlastung sind aber strenge Kriterien an die Beurteilung der Prognose anzuwenden.[124]

Gerade in Deutschland wurden von *Trade Republic* die Handelsrestriktionen rund um die *GameStop*-Aktie weiterhin mit dem Anlegerschutz gerechtfertigt. Grundsätzlich steht jedem Broker sein Angebot an Finanzprodukten frei, doch stellt es sich dann nicht mehr als legitimes Marktverhalten dar, wenn der Broker bestimmte Finanzinstrumente zum Erwerb anbietet und dann urplötzlich eine Kaufbeschränkung einführt, um den Anleger vor den mit dem Erwerb verbundenen Risiken zu schützen. Gegen diese Sichtweise spricht auch nicht etwa die erforderliche Angemessenheitsprüfung durch den Broker gem. § 63 Abs. 10, 11 WpHG. Vielmehr leiten sich daraus nur Hinweis- und Informationspflichten ab und gerade keine Zurückweisungspflicht, vgl. § 63 Abs. 10 S. 3, 4, 6 WpHG. Insofern ist eine systematische Zurückweisung von Kauforders grundsätzlich nicht mit dem Telos des Marktmanipulationsverbots in Einklang zu bringen. Eine Ausnahme kommt nur dann in Betracht, wenn Erwägungen des Anlegerschutzes mit drohenden Systemüberlastungen verknüpft werden.[125] Es ist die Pflicht eines Brokers, im bestmöglichen Interesse des

121 Zum Ganzen Sajnovits, ZGR 2021, 804, 839.
122 Redaktion beck-aktuell, becklink 2018950, zuletzt abgerufen am 26. September 2025.
123 Peter Jang, et al v. Apex Clearing Corporation (11th Cir. 2024), No. 22–10669.
124 Zum Ganzen Sajnovits, ZGR 2021, 804, 840 f.
125 Zum Ganzen Sajnovits, ZGR 2021, 804, 842 f.

Kunden zu handeln, vgl. § 63 Abs. 1 WpHG. Somit muss dann eine legitime Rechtfertigung vorliegen, wenn der abzuwendende Schaden für die eigenen Kunden auf einer alsbald drohenden Systemüberlastung beruhen würde.[126] Hierbei sind dann wiederum erhöhte Anforderungen an die Prognose einer tatsächlichen Systemüberlastung zu stellen.[127]

VII. Gesetzgeberischer Handlungsbedarf

Wie der Fall *GameStop* zeigt, kann eine strafbare Marktmanipulation seitens der beteiligten Akteure nur unter engen Voraussetzungen angenommen werden. Da allerdings davon auszugehen ist, dass »Swarm Trading« als neue Form der Informationsverbreitung in sozialen Medien in Zukunft vermehrt stattfinden wird, stellt sich die Frage nach regulatorischem Handlungsbedarf.[128]

Die bloße Diskussion in Internetforen über Handelsabsichten kann dabei einzeln genommen keine strafbare Handlung darstellen, sofern dadurch nicht unwahre oder irreführende Informationen verbreitet werden.[129] Etwas anderes kann sich für die Initiatoren des »Swarm Tradings« ergeben, die durch Organisation und Ausführung abgestimmter Strategien das Kursniveau gezielt beeinflussen.[130] Auf EU-Ebene wurde bereits mit dem Digital Service Act (DSA) ein einheitliches Regelwerk zu Pflichten und Verantwortlichkeiten von Vermittlern geschaffen. Dadurch unterliegt die Moderation von Inhalten in sozialen Netzwerken durch Betreiber digitaler Dienste künftig einem strengen Rechenschafts- und Transparenzrahmen.[131] Indessen dürften auch diese Regelungen kaum geeignet sein, die Bildung eines Schwarms, der regelmäßig durch rechtmäßige und über Foren innerhalb der sozialen Medien geteilte Informationen entsteht und das Ziel eines »Short Squeeze« verfolgt, hinreichend zu regeln bzw. zu verhindern.

Ob eine darüberhinausgehende Regulierung des »Swarm Tradings« erforderlich ist, erscheint indessen zweifelhaft. Hinsichtlich der breiten Anlegerschaft erscheint Zurückhaltung geboten. Es lässt sich nämlich erkennen, dass die sozialen Medien ein wichtiger Faktor der öffentlichen Meinungsbildung sind.[132] So zeigen empirische Studien, dass die Nutzung sozialer im Vergleich zu herkömmlichen Medien rasant zunimmt.[133] Auf der anderen Seite lassen sich die negativen Seiten der Kommunikation

126 Fuchs/Dietenberger in Fuchs/Zimmermann, Wertpapierhandelsrecht, § 63 WpHG Rn. 14 ff.
127 Sajnovits, ZGR 2021, 804, 843.
128 Vgl. Klöhn/Franke, NZG 2021, 257, 258; Wagner, ZUM 2022, 861 ff.
129 BT-Drs 19/27219, S. 3.
130 BT-Drs 19/27219, S. 3.
131 Vgl. VO (EU) 2022/2065; Achleitner in Schwärme im Recht, S. 42.
132 Wagner, ZUM 2022, 861, 862.
133 Vgl. Taddicken/Schmidt in Schmidt/Taddicken, Handbuch Soziale Medien, 2. Aufl., 2023, S. 13; Arnold in Ebner/Schön, Lehrbuch für Lernen und Lehren mit Technologien, 2011, S. 2.

in sozialen Medien nicht leugnen (Desinformationen, Meinungslenkung, Hassreden, etc.).[134] Soziale Medien fungieren als große »Lautsprecheranlage«[135] für Einzelne unter Abwesenheit journalistischer Standards. Gerade auch unter Berücksichtigung personalisierter Algorithmen in den sozialen Medien, die eine Schwarmbildung unterstützen und durch Zusammenführung von Gleichgesinnten verstärken, erscheint es möglich, dass der Regulierungsdruck zukünftig steigt.[136]

Bei den Initiatoren bietet sich eine Differenzierung zwischen einerseits denjenigen an, die durch ihre Meinung Privatanleger dazu ermutigen, in das jeweilige Wertpapier zu investieren, ohne dabei Kontrolle über das Kursniveau des Wertpapiers zu haben, und andererseits denjenigen, von denen das gesamte Marktverhalten bzgl. des Wertpapiers abhängig ist. Hängt wie im Fall *GameStop* das Kursniveau nur noch von einzelnen Initiatoren ab, erscheint dessen Kontrollierbarkeit höchst problematisch. Privatanleger sind insofern nicht mehr vor dem Vorhaben des Initiators geschützt. Unter diesen Gesichtspunkten scheint zumindest eine Regulierung hinsichtlich solcher Initiatoren, die durch ihre Posts in den sozialen Medien die Kontrolle über das Kursniveau eines Wertpapiers erlangen, erforderlich.

Eine Regulierung hinsichtlich der Handelsbeschränkungen der Broker scheint dagegen besonders dringend geboten. Der Fall *GameStop* hat gezeigt, dass einzelne Broker, allein durch die Einführung von Handelsrestriktionen, gezielt das Kursniveau und damit auch das Vermögen der Privatanleger schädigen können.[137] Wäre der Broker von Beginn an auf drohende Systemüberlastungen vorbereitet oder würden erhöhte Anforderungen für diesen an die Zusammenarbeit mit einer Clearing-Stelle bestehen, könnte das Einführen von Handelsrestriktionen auch von Anfang an verhindert werden. Angesichts der Schwierigkeit der Nachweisbarkeit anerkannter Rechtfertigungsgründe, etwa der drohenden Systemüberlastung, besteht auch hier regulatorischer Handlungsbedarf.

VIII. Fazit

Als Fazit lässt sich festhalten, dass eine Beurteilung des »Swarm Tradings« unter dem Gesichtspunkt des Marktmissbrauchsrechts einerseits nach der Rolle der beteiligten Akteure (Anleger, Initiatoren, Broker) zu differenzieren hat und andererseits mit zahlreichen Detailfragen behaftet ist, die bislang nicht hinreichend geklärt sind. Im Kern resultieren die Probleme der rechtlichen Bewertung daraus, dass es sich bei den Beteiligten um Gruppen handelt, die über Foren in den sozialen Medien kommunizieren, von denen der größere Anteil nur passiv reagiert und einem Trend folgt. Gerade bei diesen Gruppen ist eine Marktmanipulation im Sinne des

134 Vgl. Achleitner in Schwärme im Recht, S. 40.
135 Wagner, ZUM 2022, 861, 863.
136 Wagner, ZUM 2022, 861, 863.
137 Vgl. Klöhn/Franke, NZG 2021, 257.

Marktmissbrauchsrechts gem. Art. 12 MAR kaum zu begründen. Denn nach zutreffender Auffassung wird der reine Austausch über das Investieren in ein bestimmtes Wertpapier zwischen Privatanlegern nicht vom Tatbestand des Art. 12 MAR erfasst. Denn durch das reine Austauschen von Investitionsmöglichkeiten werden gerade keine falschen bzw. irreführenden Informationen verbreitet.

Für die Initiatoren des »Swarm Tradings« gilt, dass sie zwar grundsätzlich gegen das Marktmissbrauchsverbot gem. Art. 12 MAR verstoßen können, sofern der verständige Durchschnittsanleger ihre Informationen bei der Investitionsentscheidung berücksichtigen würde. Allerdings ist dies regelmäßig ausgeschlossen, sofern der Initiator den Interessenkonflikt offenlegt, da auch die öffentliche Ankündigung über Geschäfte mit Finanzinstrumenten keine falschen oder irreführenden Informationen verbreitet. Dies gilt jedenfalls solange der entsprechende Initiator keine Macht über den Verlauf des Kurses hat. Allerdings besteht Diskussionsbedarf hinsichtlich eines Regulierungserfordernisses von Initiatoren, die durch ihre Posts in sozialen Medien eine so bedeutende Stellung einnehmen, dass das Kursniveau von ihnen allein abhängig ist.

Soweit Broker Kaufrestriktionen für bestimmte Wertpapier mit unterschiedlichen Begründungen eingeführt haben, bedarf es einer begründungsspezifischen Prüfung, ob es sich um eine Marktmanipulation handelt. Sollte sich dabei herausstellen, dass im konkreten Einzelfall die Begründung nur als Vorwand für eine nicht gerechtfertigte Kaufrestriktion angeführt wurde und der Broker entgegen den Interessen seiner Kunden gezielt die Kurse beeinflussen wollte, handelt es sich um einen Verstoß gegen das Marktmissbrauchsrecht. Durch Handelsrestriktionen, die wie im Fall *GameStop* auch einseitig eingeführt werden können, hat der jeweilige Broker nämlich einen erheblichen Einfluss auf den Kursverlauf des Wertpapiers.

Insgesamt stehen der Gesetzgeber ebenso wie der gesamte Kapitalmarkt beim »Swarm Trading« vor einem neuen Phänomen, das nach der bisherigen Rechtslage nicht eindeutig als Marktmanipulation zu fassen ist. Eine Klarstellung durch den Gesetzgeber wäre insofern wünschenswert.

Grenzüberschreitende kapitalmarktrechtliche Prospekthaftung in der EU – einheitliches Regime oder kollisionsrechtliches Allerlei?

Anne-Christin Mittwoch

I. Einleitung und Problemstellung

Die Prospekthaftung ist zentraler Baustein des Kapitalmarktdeliktsrechts. Mit ihr werden öffentlich-rechtliche Informations- und Verhaltenspflichten von Emittenten auf Kapitalmärkten durchgesetzt. Ihr Zweck ist die Schaffung einer ausreichenden Informationsgrundlage für Anleger, diese ist für die Funktionsfähigkeit von Kapitalmärkten unerlässlich.[1] Wer als Emittent von Finanzinstrumenten einen fehlerhaften oder unvollständigen Emissionsprospekt zu verantworten hat,[2] haftet dadurch geschädigten Anlegern auf Schadensersatz.[3] Die internationale Bedeutung dieser Haftung ist angesichts der Europäischen Kapitalmarktunion sowie einer zunehmend internationalen Vernetzung der Kapitalmärkte evident. Dennoch bereitet die Frage nach dem anwendbaren Recht in Prospekthaftungsfällen mit Auslandsbezug große Schwierigkeiten. Das Internationale Privatrecht (IPR) bietet hier keine einheitliche Lösung, stattdessen bestehen erhebliche Regelungslücken, die Rechtsprechung und Lehre bislang nicht füllen konnten. Dabei sind die Unterschiede der nationalen Haftungsregime erheblich.[4] Die Frage nach dem anwendbaren Recht im Fall zivilrechtlicher Haftung für Finanzmarktdelikte gehört seit Langem zu den drängendsten und schwierigsten Fragen des IPR der außervertraglichen Schuldverhältnisse.[5]

Möglicherweise gehören diese Schwierigkeiten zum Teil bald der Vergangenheit an: Die EU-Kommission prüft aktuell eine Harmonisierung der

1 Grundlegend Fama, Journal of Finance 1970, 383; Rappaport, Creating Shareholder Value: The New Standard for Business Performance (1986); aus deutscher Sicht Mülbert, ZGR 1997, 129, 131 ff.; ders. in Festschrift für Röhricht, 2005, S. 421, 424 ff.

2 Der Kreis potenziell Haftender ist mit den Prospektverantwortlichen und Prospektveranlassern freilich weiter gezogen; der Einfachheit halber wird im Folgenden v. a. von Emittenten als Haftenden die Rede sein.

3 Dies v. a. aufgrund der spezialgesetzlichen Prospekthaftung gem. §§ 8 ff. WpPG sowie § 306 KAGB und §§ 20 ff. VermAnlG; dazu Buck-Heeb/Dieckmann, ZHR 184 (2020), 646, 650 f., 661 ff.

4 Siehe die Länderreporte bei Busch/Ferrarini/Franx (Hrsg.), Prospectus Regulation and Prospectus Liability, 2020.

5 Lehmann, IPrax 2012, 399; zurückhaltender Einsele, ZEuP 2012, 23, 29 f.; Freitag, WM 2015, 1165; mit Blick auf die Kapitalmarktinformationshaftung Steinrötter, RIW 2015, 407.

kapitalmarktrechtlichen Prospekthaftung.[6] Ein einheitliches Sachrecht würde das kollisionsrechtliche »Allerlei« zumindest unionsweit in Luft auflösen. Dennoch zeigt die jüngste Konsultation der ESMA ein differenziertes Stimmungsbild.[7] Der Beitrag plädiert für ein einheitliches europäisches Haftungsregime. Dazu steckt er zunächst das kapitalmarkt- und kollisionsrechtliche Regelungsumfeld ab (II.). Sodann untersucht er die kollisionsrechtliche Behandlung der Prospekthaftung unter Bezugnahme auf die Rechtsprechung des EuGH (III. und IV.). Auf dieser Grundlage diskutiert er Lösungsvorschläge (V.) und verdeutlicht die Überlegenheit einer einheitlichen europäischen Prospekthaftung (VI.).

II. Bedeutung und Kontextualisierung der Problematik

Zentrale Ziele des IPR sind bekanntlich der internationale Entscheidungseinklang mittels effizienter Streitbeilegung, Vorhersehbarkeit und Rechtssicherheit.[8] Grundlegend ist dabei das Prinzip der engsten Verbindung, das durch *Friedrich Karl von Savigny* begründet wurde und das jeweils sachnächste Recht zur Streitentscheidung beruft.[9]

Nun ist aber Kapitalmarktrecht nicht per se Privatrecht und – zumindest in der EU – nicht per se national. Normen des Kapitalmarktrechts im Allgemeinen und des Prospektrechts im Besonderen oszillieren vielmehr zwischen dem privaten und dem öffentlichen Recht. Dies wird schon anhand ihrer Zwecksetzung deutlich:[10] Sowohl der Schutz des Kapitalmarkts und seiner Funktionsfähigkeit sollen gewährleistet werden als auch der Schutz der (einzelnen) Anleger.[11] Die europäische Prägung des Normenbestands ist erheblich; dabei vollzieht der Unionsgesetzgeber die Differenzierung zwischen den Säulen nicht in gleicher Weise wie der deutsche. Prospektpflichten sind dem Aufsichtsrecht und damit dem öffentlichen Recht zuzuordnen,[12]

6 ESMA, Call for evidence on potential further steps towards harmonising rules on civil liability pertaining to securities prospectuses under the Prospectus Regulation vom 28.10.2024.

7 Busch/Lehmann, Uniform Prospectus Liability Rules is Crucial for Capital Markets Union, Oxford Business Law Blog vom 25.5.2025; die Stellungnahmen sind auf der Webseite der ESMA abrufbar.

8 Grundlegend v. Savigny, System des heutigen Römischen Rechts, VIII (1849), S. 27; zum internationalen Entscheidungseinklang Nietner, Internationaler Entscheidungseinklang im europäischen Kollisionsrecht, 2016; zur effizienten Streitbeilegung Rühl, Berkeley J. Int. L. 24 (2006), 801; zur Vorhersehbarkeit und Rechtssicherheit Kegel/Schurig, Internationales Privatrecht, 9. Aufl. 2004, § 2 II c).

9 V. Savigny, System des heutigen Römischen Rechts, VIII (1849), S. 24–28; 108; mit Blick auf das unionale Kollisionsrecht v. Hein in MüKo BGB, 9. Aufl. 2024, Einl. IPR, Rn. 40.

10 Assmann/Buck-Heeb in Assmann/Schütze/Buck-Heeb, KapAnlR-HdB, 6. Aufl. 2024, § 1 Rn. 2 f.; Poelzig, Kapitalmarktrecht, 3. Aufl. 2023, Rn. 64 ff.

11 Hopt, ZHR 141 (1977), 389, 431; Buck-Heeb, Kapitalmarktrecht, 13. Aufl. 2023, Rn. 6 ff.; Poelzig, Kapitalmarktrecht, Rn. 29 ff.

12 Einsele, ZEuP 2012, 23, 24.

während die Prospekthaftung von betroffenen Anlegern geltend zu machen ist und damit dem Privatrecht unterfällt.

Nun könnte man annehmen, dass durch die unionsrechtliche Harmonisierung des Kapitalmarktrechts die kollisionsrechtliche Problematik abgemildert worden sei. Dies v. a. durch die seit Juli 2019 unmittelbar geltende Prospektverordnung,[13] die an die Stelle einer in die Jahre gekommenen Prospektrichtlinie, in Deutschland umgesetzt durch das WpPG, getreten ist. Anders als die jüngsten Aktivitäten der Kommission avisieren, vereinheitlicht die Prospektverordnung aber nur die Prospektpflicht, nicht die Prospekthaftung. Für Letztere verweist sie wie bereits die Prospektrichtlinie auf das nationale Recht. In Deutschland findet sich die Prospekthaftung heute in den §§ 8 ff. WpPG.[14] Die im Europäischen Privatrecht typische »Rechtsfolgenproblematik«,[15] d. h. der Befund, dass der Unionsgesetzgeber zwar Pflichten statuiert, für deren Sanktionierung aber auf das nationale Recht verweist, besteht damit auch im Kapitalmarktrecht. Dies gilt mit weitreichenden Folgen auch für das Marktverhaltensrecht im Anwendungsbereich der MAR.

Die Frage der kollisionsrechtlichen Behandlung der kapitalmarktrechtlichen Prospekthaftung hat sich mit der Verabschiedung der Prospektverordnung also keineswegs erledigt; ihre Beantwortung wird umgekehrt immer drängender, da in der EU sowie im Verhältnis zu Drittstaaten die Vernetzung der Kapitalmärkte voranschreitet.[16] Sie wird befördert von der zunehmenden Digitalisierung, deren Regulierung in Deutschland mit der Verabschiedung des Gesetzes für elektronische Wertpapiere (eWpG) einen wichtigen Schritt genommen hat.[17] Die Digitalisierung erleichtert grenzüberschreitende Transaktionen erheblich; daher ist in Zukunft mit einem Bedeutungszuwachs auch kapitalmarktrechtlicher Gerichtsverfahren zu rechnen. Die Prospekthaftung ist hier in besonderem Maß betroffen, da der Wertpapierprospekt Investoren als zentrale Informationsquelle auf dem Primärmarkt dient.

13 VO (EU) 2017/1129 des Europäischen Parlaments und des Rates vom 14. Juni 2017 über den Prospekt, der beim öffentlichen Angebot von Wertpapieren oder bei deren Zulassung zum Handel an einem geregelten Markt zu veröffentlichen ist und zur Aufhebung der Richtlinie 2003/71/EG, ABl. L 168 vom 30.6.2017, S. 12.

14 Daneben existiert eine Prospekthaftung aufgrund von § 306 KAGB und §§ 20 ff. VermAnlG. Diese wurden der börsengesetzlichen Prospekthaftung als dem Prototyp der Prospekthaftung nachgebildet, vgl. Schmitt, BKR 2010, 366, 367.

15 Schwintowski, Informationspflichten und effet util – Auf der Suche nach einem effektiven und effizienten europäischen Sanktionssystem in Schulze/Ebers/Grigoleit (Hrsg.), Informationspflichten und Vertragsschluss im Acquis communautaire, Tübingen 2003, S. 267, 267 f., 287 f.

16 Buck-Heeb, Kapitalmarktrecht, Rn. 30, vertiefend zum quantitativen Verhältnis nationaler und europäischer Rechtsakte Hoppe, EuZW 2009, 168; zur Europäisierung der Kapitalmärkte: Veil in Veil (Hrsg.), Europäisches und deutsches Kapitalmarktrecht, 3. Aufl. 2022, § 1 Rn. 61 ff.; § 5 Rn. 1; Grunewald/Schlitt, Einführung in das Kapitalmarktrecht, 4. Aufl. 2020, § 1. I. 3. b).

17 Gesetz zur Einführung von elektronischen Wertpapieren vom 3.6.2021, BGBl. I 2021, Nr. 29 vom 9.6.2021, S. 1423.

Umso mehr überrascht es, dass das IPR keine expliziten Regelungen bereithält, um die Frage des anwendbaren Rechts in internationalen Prospekthaftungsfällen zu beantworten. Überraschend ist dies v. a. deswegen, weil die Problematik seit über dreißig Jahren bekannt ist. Hopt hat bereits in den 1980ern eine einschlägige Doktorarbeit angeregt[18] und sich in den frühen 1990er Jahren intensiv mit dem IPR der Prospekthaftung befasst.[19] Damals existierten europäische Rechtsakte nicht in der heutigen Dichte; insbesondere die Prospektrichtlinie mit der Einführung eines europäischen Passes und damit des Herkunftslandprinzips für Finanzinstrumente stammt aus dem Jahr 2003.[20] Seitdem ist ein von der Bundesanstalt für Finanzdienstleistungsaufsicht (BaFin) gebilligter Wertpapierprospekt auch in anderen Mitgliedstaaten für die Zulassung zum Handel gültig.[21] Und auch die europäische Vereinheitlichung des Kollisionsrechts war nicht so weit fortgeschritten, die Verabschiedung der Rom II-VO und der Rom I-VO folgte in den Jahren 2007 und 2008.

Auch diese liefern keine Antwort auf die Problematik der Anknüpfung deliktischer Ansprüche wegen Verletzung kapitalmarktrechtlicher Pflichten. Diese Frage war im Entstehungsprozess der Rom II-VO kein besonderes Thema und fand keinen Eingang in den Verordnungstext. Die Diskussion hat erst nach ihrer Verabschiedung an Fahrt aufgenommen und ist inzwischen äußerst facettenreich.[22]

III. Anwendung der Rom II-VO

Zunächst ließe sich fragen, ob die Prospekthaftung überhaupt dem Bereich der außervertraglichen Schuldverhältnisse zuzuordnen ist, oder ob man stattdessen vertragsrechtlich – unter Anwendung der Rom I-VO – anknüpfen muss.

18 Köstlin, Anlegerschutz und Auslandsbeziehungen, 1985, mit einer Einführung von Hopt, S. 5–7; v. Hein, Die Internationale Prospekthaftung im Lichte der Rom II-Verordnung, in Emeritierungsschriften Hopt, 2008, S. 371.

19 V. Hein, Die Internationale Prospekthaftung im Lichte der Rom II-Verordnung, in Emeritierungsschriften Hopt, 2008, S. 371.

20 RL 2003/71/EG des Europäischen Parlaments und des Rates vom 4.11.2003 betreffend den Prospekt, der beim öffentlichen Angebot von Wertpapieren oder bei deren Zulassung zum Handel zu veröffentlichen ist, und zur Änderung der RL 2001/34/EG, ABl. 2003 L 345/64, geändert durch die RL 2010/73/EU des Europäischen Parlaments und des Rates vom 24.11.2010 zur Änderung der RL 2003/71/EG betreffend den Prospekt, der beim öffentlichen Angebot von Wertpapieren oder bei deren Zulassung zum Handel zu veröffentlichen ist, und der Richtlinie 2004/109/EG zur Harmonisierung der Transparenzanforderungen in Bezug auf Informationen über Emittenten, deren Wertpapiere zum Handel auf einem geregelten Markt zugelassen sind, ABl. 2010 L 327/1.

21 Vgl. Art. 24 (1) Prospektverordnung sowie vormals Art. 17 f. Prospektrichtlinie i.V.m. §§ 17 Abs. 1, 2, 18 WpPG.

22 Junker, RIW 2010, 157; Junker in MüKo BGB, 9. Aufl. 2025, Internationales Privatrecht II, Vor Art. 1 Rom II-VO Rn. 21; R. Wagner in Festschrift für Kropholler, 2008, S. 715, 719 f.

Der EuGH hat sich Anfang 2015 in der Rs. Kolassa ausdrücklich für eine außervertragliche Qualifikation der Prospekthaftung entschieden.[23] Der Gerichtshof nahm dabei einen Umweg über das Internationale Zivilprozessrecht, in dem er die Prospekthaftung als deliktische Verpflichtung gem. Art. 5 Nr. 3 Brüssel I-VO, nunmehr Art. 7 Nr. 2 Brüssel Ia-VO, qualifizierte, statt eine vertragliche Verpflichtung zwischen den Parteien anzunehmen. Das Ergebnis fand Zustimmung in der Literatur, die bereits zuvor überwiegend darauf verwiesen hatte, dass eine vertragliche Beziehung zwischen Prospektverantwortlichem und Anleger in Prospekthaftungsfällen ohnehin die Ausnahme darstellt.[24] Deutlich ist dies mit Blick auf den Sekundärmarkt; doch auch auf dem Primärmarkt erfolgen i. d. R. Fremdemissionen; die als Intermediäre zwischen Emittent und Anleger geschalteten Emissionsbanken sind selbst i. d. R. nicht prospektverantwortlich.[25] Die §§ 8 ff. WpPG setzen dementsprechend auch keinen Kontakt zwischen Anspruchsteller und -gegner voraus, sondern sehen das anspruchsbegründende Verhalten bereits vor Entstehung einer möglichen vertraglichen Sonderverbindung: Maßgeblich ist der Antrag auf Zulassung von Wertpapieren unter Zugrundlegung eines defizitären Prospekts und damit die Verletzung gesetzlicher Informationspflichten.[26] Damit scheidet eine vertragliche Anknüpfung aus.

Diese Überlegungen greifen auch mit Blick auf eine kollisionsrechtliche Einordnung der Prospekthaftung als Fall der c.i.c. gem. Art. 12 Rom II-VO. Denn auch Art. 12 Rom II-VO erfordert mit dem Merkmal der Vertragsverhandlungen einen Transaktionsbezug, der in der Konstellation der kapitalmarktrechtlichen Prospekthaftung typischerweise nicht gegeben ist. In Ermangelung eines hypothetischen Vertragsstatuts wäre wiederum eine deliktische Anknüpfung nach Art. 4 (1) Rom II-VO vorzunehmen.

Doch auch eine deliktische Qualifikation der Prospekthaftung führt nicht zwingend zur Anwendung der Rom II-VO. Diese sieht nämlich in Art. 1 (2) Bereichsausnahmen vor. Allerdings sind die thematisch naheliegenden Ausnahmen in Prospekthaftungsfällen nicht einschlägig: Die wertpapierrechtliche Bereichsausnahme gem. Art. 1 (2) lit. c Rom II-VO ist durch die Handelbarkeit bzw. die Umlauffähigkeit der dort genannten Papiere begründet, die für die anleger- und nicht verkehrsschützende Prospekthaftung keine Rolle spielt.[27] Und die gesellschaftsrechtliche Bereichsausnahme des Art. 1 (2) lit. d Rom II-VO greift ebenfalls nicht ein, da Ansprüche aus kapitalmarktrechtlicher Prospekthaftung unabhängig von der Unternehmensform

23 EuGH, Rs. C- 375/13 – Kolassa, ECLI:EU:C:2015:37, Rn. 44.

24 Unlängst Thomale, NZG 2020, 328, 331; Bischoff, AG 2002, 489, 491; bereits Canaris, Schutzgesetz – Verkehrspflichten – Schutzpflichten in Festschrift für Larenz, 1983, S. 27, 92.

25 Einsele, ZEuP 2012, 23, 27; Poelzig, Kapitalmarktrecht, Rn. 265; Schwark/Zimmer/Heidelbach, Kapitalmarktrecht, 5. Aufl. 2020, WpPG § 8 Rn. 9.

26 Einsele, Bank- und Kapitalmarktrecht, 5. Aufl. 2022, § 7 Rn. 90; Engel, Internationales Kapitalmarktdeliktsrecht, 2019, S. 160; Lehmann, Journal of Private International Law 12 (2016), 318, 325.

27 Schmitt, BKR 2010, 366, 368; Einsele, ZEuP 2012, 23, 28; Engel, Internationales Kapitalmarktdeliktsrecht, 2019, S. 161 f.; Thomale, NZG 2020, 328, 331 f.

des Emittenten sind, d. h., keine Anbindung an das Personalstatut der Gesellschaft besteht, zumal nicht alle Finanzinstrumente ein Mitgliedschaftsrecht an der emittierenden Gesellschaft begründen.[28] Andernfalls könnte eine Prospekthaftung dem Heimatrecht einer Gesellschaft sogar dann unterliegen, wenn ihre Finanzinstrumente dort gar nicht zum Handel zugelassen wurden.[29] Eine spezielle Bereichsausnahme, betreffend die Haftung aus der Zulassung und dem Angebot von Finanzinstrumenten, wurde im Entstehungsprozess der Rom II-VO zwar vorgeschlagen, fand jedoch keinen Eingang in den Verordnungstext.[30] Nicht zuletzt aufgrund der dadurch entstandenen Regelungslücke war umstritten, ob nicht Art. 27 Rom II-VO zu einer Anwendung von anderen Kollisionsnormen außerhalb der Verordnung führen müsse. Diese Frage wurde zur Zeit der Geltung der Prospektrichtlinie negativ beantwortet und muss dies auch vor dem Hintergrund der neuen Prospektverordnung. Beide Rechtsakte lassen eine einschlägige Kollisionsnorm vermissen.[31]

Im Ergebnis ist der Anwendungsbereich der Rom II-VO mit Blick auf die kapitalmarktrechtliche Prospekthaftung eröffnet. Damit stellt sich die Frage, wie auf dieser Grundlage anzuknüpfen ist.

IV. Anknüpfung nach der Rom II-VO

Die Frage der Anknüpfung ist äußerst umstritten. Hier hat sich bislang kein Lösungsweg durchsetzen können. Grob lässt sich konstatieren, dass sich die Anknüpfung mangels spezieller Kollisionsnorm nach Art. 4 Rom II-VO richten muss.

1. Subjektive Anknüpfung: Art 14 Rom II-VO

Die Rom II-VO lässt eine Rechtswahl zwar zu, allerdings sehr eingeschränkt, sodass sie für die kapitalmarktrechtliche Informationshaftung praktisch keine Rolle spielt. Möglich ist die Rechtswahl grds. nach Eintritt des schadensbegründenden Ereignisses; vorher nur dann, wenn alle Parteien einer kommerziellen Tätigkeit nachgehen und die Rechtswahl auf einer frei ausgehandelten Vereinbarung beruht. Insoweit verengt sich der Blickwinkel auf institutionelle Investoren. (Klein-) Anleger, die zu privaten Zwecken handeln, sind von der Rechtswahl ausgeschlossen. Zudem legt das

28 Schmitt, BKR 2010, 366, 368; Einsele, ZEuP 2012, 23, 28; Engel, Internationales Kapitalmarktdeliktsrecht, 2019, S. 162 f.; Thomale, NZG 2020, 328, 331 f.; Denninger, Grenzüberschreitende Prospekthaftung und Internationales Privatrecht, 2015, S. 236.

29 Kronke, Rec. De Cours 286 (2009), 245, 311; Denninger, Grenzüberschreitende Prospekthaftung und Internationales Privatrecht, 2015, S. 236.

30 Eine solche wurde seitens Finnland und dem Vereinigten Königreich erwogen, dazu eingehend Engel, Internationales Kapitalmarktdeliktsrecht, 2019, S. 163.

31 Auch im deutschen Sachrecht, namentlich in den §§ 8 ff. WpPG finden sich keine einschlägigen versteckten Kollisionsnormen, dazu Thomale, NZG 2020, 328, 332 ff.

Merkmal des freien Aushandelns nahe, dass eine Rechtswahlklausel in AGB unzulässig ist.[32]

Praktisch ist wiederum entscheidend, dass es in Prospekthaftungsfällen zumeist an einem rechtsgeschäftlichen Kontakt zwischen den Parteien fehlt.[33] Eine Rechtswahl erfolgt daher i. d. R. nicht.

2. *Objektive Anknüpfung: Spezielle Kollisionsnormen*

Für den Fall, dass die allgemeine Anknüpfung am Ort des Schadenseintritts gem. Art. 4 (1) Rom II-VO nicht zu einem angemessenen Interessensausgleich führt, enthält die Rom II-VO besondere Bestimmungen für außervertragliche Schuldverhältnisse.[34] Da ein spezieller Anknüpfungstatbestand für Kapitalmarktdelikte fehlt, konzentriert sich die Diskussion auf die Bildung von Analogien, die letztlich aber nicht überzeugen.

Mit Blick auf die Produkthaftung nach Art. 5 Rom II-VO fehlt schon die vergleichbare Interessenlage: Die Anknüpfung, die den Geschädigten privilegiert, indem sie auf den Ort seines gewöhnlichen Aufenthalts bzw. des Erwerbs und des Schadenseintritts abstellt, rechtfertigt sich daraus, dass hier Schäden für Leib und Leben drohen. In Prospekthaftungsfällen ist demgegenüber lediglich das Vermögen der Anleger in Gefahr.

Interessanter ist die Frage einer analogen Anwendung des Art. 6 Rom II-VO, der besonderen Kollisionsnorm für den Bereich des Lauterkeits- und Kartellrechts. Diese Rechtsgebiete sind ähnlich wie das Kapitalmarktrecht durch ihre Nähe zum öffentlichen Recht gekennzeichnet; Art. 6 Rom II-VO ist demgemäß auf den Schutz der Allgemeinheit und ihrer Institutionen ausgerichtet.[35] Seine Anwendung würde insbesondere eine Anknüpfung an den Marktort ermöglichen. Einsele schlägt daher vor, Art. 6 Rom II-VO im Lichte des Erwägungsgrundes 21 Rom II-VO nicht als Ausnahme zur allgemeinen Kollisionsnorm des Art. 4 (1) Rom II-VO zu sehen, sondern als dessen Präzisierung mit Blick auf Rechtsgebiete, die eine strukturelle Ähnlichkeit

32 Der EuGH hat sich nur mit der Frage befasst, inwieweit die Vereinbarung von Gerichtsstandsklauseln zwischen Emittenten und Anlegern möglich ist und daraus eine Rechtswahlvereinbarung abgeleitet werden kann. Im Rahmen von Anleihebedingungen findet eine Rechtswahl durchaus statt. Maßgeblich ist hier das Schuldvertragsstatut als Wertpapierstatut, das eine Rechtswahl zulässt; EuGH, Rs. C-222/15 – Hőszig, ECLI:EU:C:2016:525 Rn. 33; 49; Rs. C -366/13 – Profit Investment SIM, ECLI:EU:C:2016:282 Rn. 23, 36; Lehmann/Eichmüller, BKR 2023, 1, 3 ff.; näher Compes, Die Emittentenhaftung in der Brüssel Ia-VO, 2021, S. 211 ff.

33 So die ganz h.M., s.o., a.A. Köndgen, AG 1983, 85, 91.

34 So auch BE 19 der Rom II-VO; vgl. Lehmann in NK-BGB, 4. Aufl. 2024, Art. 5 Rom II-VO, Rn. 1, 5; Junker in MüKo BGB, Art. 5 Rom II-VO, Rn. 1; Stürner in Erman, BGB, 17. Aufl. 2023, Rom II-VO, Art. 5 Rn. 1; Spickhoff in BeckOK BGB, Stand 01.05.2025, Art. 5 Rom II-VO, Rn. 1.

35 Poelzig/Windorfer in BeckOGK, Stand 01.03.2025, Art. 6 Rom II-VO, Rn. 261; Spickhoff in BeckOK BGB, Art. 6 Rom II-VO, Rn. 1.

zum Kartell- und Lauterkeitsrecht aufweisen.[36] Eine solche »methodische Brücke« wird indes richtigerweise überwiegend abgelehnt: Sie dehnt die Bedeutung der speziellen Kollisionsnorm zu weit aus und widerspricht dem gesetzgeberischen Willen, punktuell bestimmte spezielle Kollisionsnormen zu schaffen.[37] Letztlich kann auch die analoge Anwendung nur eine Notlösung darstellen, ist es doch systematisch sehr unbefriedigend, ein ganzes Rechtsgebiet über eine Analogie anzuknüpfen.

3. Sonstige engere Verbindung: Art. 4 (3) Rom II-VO

Ganz ähnliche Gründe sprechen gegen eine Anwendung von Art. 4 (3) Rom II-VO. Es wird vorgeschlagen, diese Ausweichklausel als generelle Regelung für die Anknüpfung von Kapitalmarktdelikten heranzuziehen, um die insoweit bestehende Regelungslücke zu schließen.[38] Es ist aber aus systematischen Gründen abzulehnen, ein gesamtes Rechtsgebiet über eine Ausweichklausel anzuknüpfen, die ausweislich der Gesetzesmaterialien nur in Ausnahmefällen anzuwenden ist.[39]

4. Allgemeine Kollisionsnorm: Konkretisierung durch den EuGH

Die allgemeine Kollisionsnorm des Art. 4 (1) Rom II-VO beruft das Recht des Staates zur Anwendung, in dem der Schaden eintritt, unabhängig vom Handlungsort und dem Ort des Eintritts indirekter Schadensfolgen.

Nun ist es in Prospekthaftungsfällen aber gar nicht so einfach zu bestimmen, wo der Schaden aufgrund eines fehlerhaften Prospektes eintritt. Geschädigt werden nämlich keine konkreten Vermögenswerte, sondern das Vermögen des betroffenen Anlegers schlechthin.[40] Wo aber ist dieses zu lokalisieren? Ohne physisches Bezugsobjekt fehlt dem Vermögen der offensichtliche Belegenheitsort.

Zur Bestimmung des Orts des Schadenseintritts werden in der Literatur zahlreiche Meinungen vertreten.[41] Zum einen ließe sich der Einfachheit halber auf den Wohnsitz des geschädigten Anlegers abstellen, indem man diesen gewissermaßen als »Vermögenszentrale« betrachtet.[42] Will man weniger generalisieren, ließe sich umgekehrt auf den Ort des konkret geschädigten Vermögens abstellen, was eine Anknüpfung an das

36 Einsele, ZEuP 2012, 23, 39 f.
37 Engel, Internationales Kapitalmarktdeliktsrecht, 2019, S. 180 f.; Steinrötter, Internationales Kapitalmarktprivatrecht, 2014, S. 190; Lehmann, IPRax 2012, 399, 402.
38 Engel, Internationales Kapitalmarktdeliktsrecht, 2019, S. 204 m.w.N.
39 Engel, Internationales Kapitalmarktdeliktsrecht, 2019, S. 205 ff. m.w.N.
40 Freitag, WM 2015, 1165; teilweise wird davon ausgegangen, dass schon die Dispositionsfreiheit des Anlegers geschädigt wird und dementsprechend das Recht des gewöhnlichen Aufenthalts des Anlegers anzuwenden ist, so Einsele, ZEuP 2012, 23, 29; dem ist der EuGH bislang nicht gefolgt.
41 Übersicht bei Engel, Internationales Kapitalmarktdeliktsrecht, 2019, S. 184.
42 Freitag, WM 2015, 1165; Schau in PWW, 19. Aufl. 2024, Art. 4 Rom II Rn 7.

Bankkonto des geschädigten Anlegers nahelegt.[43] Setzt man zeitlich früher an und sieht den Eintritt des Vermögensschadens bereits mit dem Eingehen der Verpflichtung zum Erwerb bzw. Verkauf der Finanzinstrumente als eingetreten an, ließe sich der Ort des Vertragsschlusses oder schlicht der »Marktort« heranziehen.[44]

Der EuGH hat sich auf Grundlage des Zuständigkeitsrechts zur Lozierung von Vermögensschäden geäußert. Die Judikatur ist uneinheitlich,[45] aber jedenfalls auf die Auslegung der Rom II-VO übertragbar, da diese und die Brüssel Ia-VO von gleichen Erwägungen getragen werden: Es geht um die Berufung des sachnächsten Rechts.[46] Maßgeblich ist Art. 7 Nr. 2 Brüssel Ia-VO, der einen Wahlgerichtsstand der unerlaubten Handlung an dem Ort vorsieht, an dem das schädigende Ereignis eingetreten ist oder einzutreten droht (Erfolgsort).[47] Laut EuGH ist dies der Ort, an dem die Auswirkungen des haftungsauslösenden Ereignisses zu Lasten des Geschädigten eintreten.[48]

a) Belegenheit des Bankkontos

In den Rs. Kronhofer,[49] Kolassa[50] und Löber[51] hat der EuGH Art. 5 Nr. 3 Brüssel I-VO (nunmehr Art. 7 Nr. 2 Brüssel Ia-VO) angewandt.[52] In allen drei Verfahren hatten Verbraucher mit Wohnsitz in Österreich Finanzinstrumente aus dem Ausland erworben. Die Kläger hatten den Kaufpreis für die Finanzinstrumente jeweils

43 EuGH, Rs. C-304/17 – Löber, ECLI:EU:C:2018:701, Rn. 32 ff = EuZW 2018, 998 Rn. 32 ff.; Engert/Groh, IPRax 2011, 458, 463; Lehmann, IPRax 2012, 399, 400.

44 Lehmann in MüKo BGB, 9. Aufl. 2025, Internationales Wirtschaftsrecht, IntFinMarktR, Rn. 130; Schmitt, BKR 2010, 366, 370; Spindler, NZG 2000, 1058, 1060 f. Daneben vertritt Wendelstein, GPR 2016, 140, dass Handlungs- und Erfolgsort bei der Prospekthaftung stets zusammenfielen, da es sich hierbei um die Verletzung eines Vermögensrechts handle, die mit der Verletzung des Allgemeinen Persönlichkeitsrechts vergleichbar sei. Diese Annahme verkennt, dass im Fall der Prospekthaftung gesetzlich geregelte Pflichten bestehen (bzgl. der Anforderungen an den Prospekt), deren Verletzung allein noch nicht zu einer Schädigung des Vermögens von Anlegern führt.

45 Eingehend Engel, Internationales Kapitalmarktdeliktsrecht, 2019, S. 192 ff.

46 Engel, Internationales Kapitalmarktdeliktsrecht, 2019, S. 286 f. mit zahlreichen Nachweisen aus der Rechtsprechung; Thiede/Lorscheider, EuZW 2019, 274, 277 ff.

47 Der EuGH hat bereits im Jahr 1976 entschieden, dass die Gerichtsstände des Handlungs- und des Erfolgsortes insoweit als gleichwertig anzusehen sind, EuGH, ECLI:EU:C:1976:166 = NJW 1977, 493.

48 EuGH, ECLI:EU:C:1976:166 = NJW 1977, 493, Rn. 24; Rs. C-189/08 – Zuid-Chemie, ECLI:EU:C:2009:475 = EuZW 2009, 608 Rn. 23; Rs C451/18 – Tibor-Trans, ECLI:EU:C:2019:635 = EuZW 2019, 792 Rn. 25; Rs. C-709/19 – Vereniging van Effectenbezitters, ECLI:EU:C:2021:377 = NZG 2021, 842 Rn. 26; vgl. auch Thiede/Lorscheider, EuZW 2019, 274, 277.

49 EuGH, Rs. C-168/02 – Kronhofer, ECLI:EU:C:2004:364.

50 EuGH, Rs. C- 375/13 – Kolassa, ECLI:EU:C:2015:37.

51 EuGH, Rs. C-304/17 – Löber, ECLI:EU:C:2018:701.

52 Die Brüssel I-VO (EuGVVO) wurde zum 1.1.2015 durch die Brüssel Ia-VO ersetzt. Inhaltlich hat sich freilich wenig geändert.

vom Zahlungskonto bei ihrer Hausbank mit Sitz an ihrem Wohnort überwiesen. Der EuGH sah den Schadensort dort, wo dem Anleger durch Abfluss von Geld von seinem Bankkonto ein unmittelbarer Verlust entstanden ist.[53] Der Erwerbs- bzw. Marktort war hingegen unerheblich. Entscheidend ist, dass der EuGH den Ort des Vermögensschadens nicht automatisch am Ort des Wohnsitzes des Klägers lokalisiert wissen will. Dies hatte er zuerst in der Rs. Kronhofer festgestellt[54] und seine Aussagen insoweit in den Rs. Kolassa und Löber konkretisiert. Zur Begründung führt der Gerichtshof an, dass mittelbare Schadensfolgen bei der Erfolgsortbestimmung auszuklammern seien und stattdessen die Gründe der Rechtssicherheit und der Vorhersehbarkeit eine enge Auslegung erforderten.[55] Für den Beklagten sei es nicht vorhersehbar, wo der Mittelpunkt des Vermögens des Geschädigten liege, dies v. a. dann, wenn – wie bei Kronhofer und Kolassa – die Zahlung in Form von mehreren Zwischenschritten erfolgt (konkret war zunächst auf deutsche und dann auf englische Konten überwiesen worden). Zumindest die Entscheidung Kolassa wirft erhebliche Zweifel darüber auf, wie sich der Ort des Bankkontos im Verhältnis zum Wohnsitz des Geschädigten verhält, da der EuGH es zwar explizit ablehnt, für die Bestimmung des Schadensortes auf Letzteren abzustellen, gleichzeitig aber von einem Bankkonto am Wohnsitz des Klägers spricht. Wenn der EuGH auch explizit nicht auf den Wohnsitz des Geschädigten abstellen will, zeigt sich praktisch eine solche Tendenz, vermittelt durch dessen Bankkonto.[56]

Die Entscheidung stieß demgemäß auf Kritik seitens der Literatur.[57] Kritisiert wird, dass der Ort des den Erwerb finanzierenden Bankkontos keine inhaltliche Verbindung zum Haftungstatbestand aufweist und damit willkürlich erscheint sowie insbesondere im Verhältnis zu Drittstaaten nicht zu sachgerechten Ergebnissen führt. So richte sich die Prospekthaftung gegenüber einem chinesischen Anleger, der ein Finanzinstrument an einer europäischen Börse erwirbt und den Kaufpreis von seinem chinesischen Konto bezahlt, wegen der universellen Anwendbarkeit der Verordnung nach chinesischem Recht, bezahlt er ihn aber von seinem schweizer Konto, ist schweizer Recht anwendbar.[58] Weiterhin wird eingewandt, der Schaden liege nicht erst im Kapitalabfluss, sondern bereits in der Verpflichtung zum Erwerb begründet, das Verfügungsgeschäft sei dieser gegenüber ein lediglich nachgelagertes Ereignis.[59] Schließlich ist die Anknüpfung für potenzielle Beklagte, d. h. insbesondere Emittenten, nur

53 EuGH, Rs. C-375/13 – Kolassa, ECLI:EU:C:2015:37, Rn. 55; es muss insoweit auf die kontoführende Niederlassung ankommen, nicht auf den Ort der Hauptniederlassung des Kreditinstituts.

54 EuGH, Rs. C-168/02 – Kronhofer, ECLI:EU:C:2004:364, Rn. 19, 21.

55 EuGH, Rs. C-168/02 – Kronhofer, ECLI:EU:C:2004:364 Rn. 19, 21, v.a. EuGH, Rs. C-364/93 – Marinari/Lloyd's Bank, ECLI:EU:C:1995:289, Rn. 13 f.

56 Engel, Internationales Kapitalmarktdeliktsrecht, 2019, S. 212.

57 Engel, Internationales Kapitalmarktdeliktsrecht, 2019, S. 195, Fn. 318; Rs. C-12/15 – Universal Music International Holding BV, Schlussanträge GA Szpunar, Rn. 44, ECLI:EU:C:2016:161.

58 Beispiel zum Teil nach Freitag, WM 2015, 1165, 1169.

59 Freitag, WM 2015, 1165, 1172 f.

schwer vorhersehbar, da sich Bankkonten von Investoren im Ausland befinden können und sich nicht notwendig mit dem Notifizierungsmarkt decken müssen. Dies gilt erst recht für den Sekundärmarkt.

Dennoch wiederholte der EuGH in der Rs. Löber,[60] dass der Wohnsitz als »Vermögenszentrale« des Klägers für die Bestimmung des Erfolgsorts nicht maßgeblich sei und stellte erneut auf die Belegenheit des Bankkontos ab; allerdings räumte er nun die Möglichkeit ein, in einer Erweiterung dieses Kriteriums weitere Gesichtspunkte zu berücksichtigen. Die Rs. Löber hat damit zwar eine Fortentwicklung, aber längst keine Klärung der Erfolgsortproblematik herbeigeführt. Welche Kriterien neben das Bankkonto treten können, d. h., ob insbesondere der Marktort Relevanz entfalten kann, ist unklar. Entscheidend ist insoweit aber, dass der EuGH sowohl in Kolassa als auch in Löber darauf abstellt, dass die Beklagte den Prospekt in Österreich veröffentlicht hatte und die Zuständigkeit österreichischer Gerichte daher vorhersehbar war.[61] Damit berücksichtigt er neben der Anlegerperspektive explizit auch die der prospektverantwortlichen Emittenten.

Dieser Interessenausgleich ist sachgerecht. Gegen die alleinige Maßgeblichkeit des Belegenheitsorts des Bankkontos spricht zentral, dass insoweit keine innere Verbindung zum Haftungstatbestand besteht und das Kriterium daher willkürlich ist:[62] Der Kläger könnte zuständiges Gericht und anwendbares Recht bestimmen, indem er ein bestimmtes Konto zur Erfüllung seiner Verbindlichkeiten aus dem Kauf bzw. Verkauf von Finanzinstrumenten nutzt. Vorhersehbarkeit und Rechtssicherheit gewährleistet die Maßgeblichkeit des Belegenheitsorts des Bankkontos damit nicht. Emittenten können zwar vorhersehen, auf welchen Märkten die von ihnen angebotenen Finanzinstrumente zugelassen werden, der Belegenheitsort des Bankkontos, von dem aus einzelne Verträge betreffend diese Finanzinstrumente erfüllt werden, muss sich aber nicht notwendig mit dem jeweiligen Notifizierungsmarkt decken.[63]

b) Schadensbegründender Vertrag bzw. Marktort

Zweifel an der Maßgeblichkeit des Belegenheitsortes des Bankkontos begründet auch die Entscheidung des EuGH in der Rs. Universal Music,[64] die sich nicht in die Reihe der vorgenannten Entscheidungen einfügt. Hier stellte der EuGH für die Anknüpfung der internationalen Zuständigkeit nicht auf den Ort des klägerischen Bankkontos, sondern auf den Ort des Vertragsschlusses ab. Entscheidend sei der Ort des Marktes, an dem der Anleger die jeweilige Verpflichtung eingegangen ist.

Zwar war hier kein Fall der Prospekthaftung betroffen; es ging vielmehr um eine anwaltliche Fehlberatung betreffend eine Unternehmensübernahme. Dennoch nahm der EuGH auf seine Aussagen in den Rs. Kronhofer und Löber Bezug und entschied,

60 EuGH, Rs. C-304/17 – Löber, ECLI:EU:C:2018:701.
61 EuGH, Rs. C-304/17 – Löber, ECLI:EU:C:2018:701, Rn. 34.
62 Lehmann, Journal of Private International Law 12 (2016), 318, 333.
63 Steinrötter, RIW 2015, 407, 411.
64 EuGH, Rs. C-12/15 – Universal Music International Holding BV, ECLI:EU:C:2016:449.

dass sich ein reiner Vermögensschaden, der sich unmittelbar auf dem Bankkonto des Klägers verwirklicht, für sich genommen nicht als relevanter Anknüpfungspunkt qualifizieren lässt.[65] Es müssten in einem solchen Fall vielmehr weitere Zurechnungskriterien bestehen, um an den Kontoführungsort anknüpfen zu können.[66] Diese Entscheidung lässt sich nur schwer mit den vorgenannten in Einklang bringen. Die Marktortanknüpfung scheint der Anknüpfung an das Bankkonto des Geschädigten diametral entgegenzustehen. Aus der Sicht des EuGH scheint nun der Interessenausgleich zwischen Emittent und Anleger im Einzelfall maßgeblich zu sein. Eine Marktortanknüpfung hat der EuGH auch in der Rs. Vereniging van Effectenbezitters (VEB) angenommen.[67] Dabei handelte es sich jedoch nicht um einen Fall der Prospekthaftung, sondern um eine unterlassene ad-hoc-Mitteilung auf dem Sekundärmarkt. Eine allgemeine Entscheidung des EuGH für eine Marktortanknüpfung von Prospekthaftungsfällen lässt sich daraus nicht ableiten.

5. Bewertung der Anknüpfungsstrategien und Folgerungen

Die Situation ist unbefriedigend. Es fehlt an einer eindeutigen und rechtssicheren Lösung. Die Erfolgsortanknüpfung der Art. 4 (1) Rom II-VO und Art. 7 Nr. 2 Brüssel Ia-VO wird ohne Modifikation dem doppelten Schutzzweck der Prospekthaftung zugunsten von Anlegerpublikum und Markt nicht gerecht.[68] Hierfür ist eine spezialgesetzliche Regelung der kollisionsrechtlichen Prospekthaftung erforderlich, die die Eigenheiten der komplizierten Thematik der kapitalmarktrechtlichen Prospekthaftung sowie des Kapitalmarktdeliktsrechts allgemein berücksichtigt, zumal ihre praktische Bedeutung enorm ist. Sie wird sich letztlich nur mit einer Änderung der Rom II-VO beantworten lassen. Es wurden bereits Vorschläge geäußert, wie eine solche aussehen könnte.

V. Reformperspektiven

An Reformvorschlägen für eine kollisionsrechtliche Regelung der Prospekthaftung im Allgemeinen und der Finanzmarktdelikte im Besonderen mangelt es nicht. Diese oszillieren zwischen publizitätsakzessorischen Lösungen mit Anknüpfung an das jeweils anwendbare Aufsichtsrecht und marktortakzessorischen Lösungen mit

65 EuGH, Rs. C-12/15 – Universal Music International Holding BV, ECLI:EU:C:2016:449, Rn. 18, 34 ff.; Rs. C-168/02 – Kronhofer, ECLI:EU:C:2004:364, Rn. 19 f.; Rs. C-304/17 – Löber, ECLI:EU:C:2018:701, Rn. 23.
66 EuGH, Rs. C-12/15 – Universal Music International Holding BV, ECLI:EU:C:2016:449, Rn. 36 sowie Schlussantrag des GA Szpunar in der Rs. C-12/15, ECLI:EU:C:2016:161, Rn. 45; dies betonend auch Thiede/Lorscheider, EuZW 2019, 274, 278.
67 EuGH, ECLI:EU:C:2021:377.
68 So auch Einsele, ZEuP 2012, 23, 29 f.; im Erg. auch Schmitt, BKR 2010, 366, 371; Lehmann in MüKo BGB, IntFinMarktR, Rn. 697 ff., 701.

Anknüpfung an den Ort des Erwerbs des Wertpapiers.[69] Der Unionsgesetzgeber hat keinen der Ansätze aufgegriffen. Stattdessen bemüht sich die Kommission nun um eine Vereinheitlichung des Sachrechts der Prospekthaftung. Ist dies tatsächlich der richtige Weg?

1. *Publizitätsakzessorische Anknüpfung*

Publizitätsakzessorische Ansichten möchten einen Gleichlauf zwischen Haftungs- und Aufsichtsrecht erreichen.[70] Prospekthaftung ist danach akzessorisch an die Prospektpflicht anzuknüpfen.[71] Nach Steinrötter soll eine spezielle Kollisionsnorm in die Rom II-VO eingefügt werden, die eine kapitalmarktrechtliche Prospekthaftung an das Recht desjenigen Mitgliedstaats anbindet, in dem der Prospekt geprüft und gebilligt wurde.[72] Dieser Ansicht hat sich mit Blick auf elektronische Wertpapiere nun auch der deutsche Gesetzgeber angeschlossen: Nach § 32 Abs. 1 eWpG unterliegen Rechte an einem elektronischen Wertpapier und Verfügungen über ein elektronisches Wertpapier dem Recht des Staates, unter dessen Aufsicht diejenige registerführende Stelle steht, in deren elektronischem Wertpapierregister das Wertpapier eingetragen ist. Der speziellere § 17a DepotG legt in Umsetzung der Finalitätsrichtlinie von 1998 ohnehin bereits das Aufsichtsstatut zugrunde.[73]

2. *Marktakzessorische Anknüpfung*

Die Marktortanknüpfung findet sich prominent in einem Vorschlag des Deutschen Rats für IPR aus 2012.[74] Dieser will eine entsprechende Sonderanknüpfung für Finanzmarktdelikte insgesamt schaffen. Ein hierfür neu zu schaffender Art. 6a Rom II-VO soll primär an den Marktort anknüpfen, allerdings ist damit nur die Zulassung zu einem geregelten Markt gemeint. Im Falle von Mehrfachnotierungen ist das Recht des Staates anzuwenden, in dem das Finanzinstrument erworben oder veräußert wurde. Letzteres gilt auch im Falle des Handels außerhalb eines geregelten Marktes, es sei denn, dass die Person, deren Haftung geltend gemacht wird, dieses

69 Übersicht bei Compes, Die Emittentenhaftung in der Brüssel Ia-VO, 2021, S. 152 ff.

70 Benicke in Festschrift für Jayme Bd. I, 2004, S. 25, 36 f.; Steinrötter, Internationales Kapitalmarktprivatrecht, 2014; Denniger, Grenzüberschreitende Prospekthaftung, 2015; Uhink, Internationale Prospekthaftung, 2016; Hellgardt/Ringe, ZHR 173 (2009), 802, 832 ff.; Schmitt, BKR 2010, 366, 371.

71 Deutlich Benicke in Festschrift für Jayme Bd. I, 2004, S. 25, 36 f.

72 Steinrötter, Internationales Kapitalmarktdeliktsrecht, 2014, S. 220 ff., mit dem Hinweis, dass eine Anknüpfung an die Prospektpflicht allein zu kurz greife, da der Europäische Pass gem. Art. 24 Prospektverordnung von dieser nicht entbindet, sondern »nur« eine unionsweite Geltung des Prospekts bewirkt.

73 Richtlinie 98/26/EG vom 19.5.1998 über die Wirksamkeit von Abrechnungen in Zahlungs- sowie Wertpapierliefer- und -abrechnungssystemen, ABl. 1998 L 166, 45.

74 Deutscher Rat für IPR, Beschluss vom 31.3.2012, IPRax 2012, 470.

Recht vernünftigerweise nicht voraussehen konnte. Der Vorschlag enthält auch die Möglichkeit einer nachträglichen Rechtswahl sowie einen Ausnahmetatbestand für den Fall einer engeren Verbindung zum Recht eines anderen Staates.

3. Einheitliche europäische Prospekthaftung

Eine einheitliche europäische Prospekthaftung, die von Busch und Lehmann namens einer internationalen Arbeitsgruppe für Prospekthaftung gefordert wird,[75] entzöge der Diskussion über die richtige kollisionsrechtliche Anknüpfung den Boden. Ein einheitliches Sachrecht erübrigt die Frage nach dem anwendbaren Recht. Es müsste dafür ein europäischer Haftungstatbestand formuliert werden, der z. B. in der EU-Prospektverordnung verortet werden und die §§ 8 ff. WpPG ersetzen könnte. Im Verhältnis zu Drittstaaten sowie im Kapitalmarktdeliktsrecht im Übrigen würde sich an der kollisionsrechtlichen Problematik jedoch nichts ändern.

4. Bewertung

Für die Bewertung der Reformperspektiven ist der Ausgleich zwischen Emittenten- und Anlegerinteressen entscheidend, zudem ist die Marktperspektive zu berücksichtigen.

a) Marktperspektive

Verglichen mit den Aussagen des EuGH liefern sowohl die Marktortanknüpfung als auch die publizitätsakzessorische Lösung interessengerechtere Anknüpfungspunkte für die Bestimmung des anwendbaren Sachrechts in internationalen Prospekthaftungsfällen, die zudem nicht willkürlich erscheinen. In vielen Fällen wird der Ort der Marktzulassung mit dem anwendbaren Publizitätsregime zusammenfallen, sodass häufig sogar ein Gleichlauf von markt- und publizitätsakzessorischen Lösungen besteht. Anders ist dies bei Mehrfachnotifizierungen innerhalb der EU. Hier sorgen die publizitätsakzessorischen Lösungen für präzisere Ergebnisse. Denn diese berufen nur das Recht des Staates, indem der Prospekt gebilligt wurde. Die Marktortanknüpfung bringt die Entscheidung des Unionsgesetzgebers zugunsten einer Passlösung im Aufsichtsrecht für das Haftungsrecht nicht zur Geltung. Stattdessen bewirkt sie u. U. eine Zersplitterung des Haftungsrechts.[76]

Schwierigkeiten drohen auch, wenn der Handel nicht am geregelten Markt stattfindet, sondern der Freiverkehr bzw. sonstige außerbörsliche Handel genutzt wird. In diesen Fällen soll es nach dem Vorschlag des Deutschen Rats für IPR auf den Ort des

75 Busch/Lehmann, Journal of European Tort Law, 2023, 113; dies., Oxford Business Law Blog vom 25.4.2025.

76 Engel, Internationales Kapitalmarktdeliktsrecht, 2019, S. 283.

Erwerbs des Finanzinstruments ankommen. Letzterer ist indes beim Onlinehandel nicht leicht feststellbar, gerade dieser wird aufgrund der voranschreitenden Digitalisierung des Finanzsektors aber zukünftig stark wachsen. Die publizitätsakzessorische Lösung bietet auch hier das zuverlässigere Anknüpfungsmoment. Schließlich sprechen für sie systematische Erwägungen: Die Publizitätsakzessorietät bewirkt einen Gleichlauf zwischen Publizitätspflichten und Haftungsstatut, während diese im Fall der Marktortanknüpfung auseinanderfallen können.[77]

b) Emittentenperspektive

Ein weiteres Kriterium für die Bewertung der Anknüpfungslösungen ist die Vorhersehbarkeit aus Sicht des Emittenten bzw. anderer Haftender.[78] Für den geregelten Markt liefern sowohl Marktort- als auch publizitätsakzessorische Lösungen zuverlässige Anknüpfungsmomente: Soweit sich das anwendbare Recht aus der Handelszulassung ergibt, ist dieses für Emittenten vorhersehbar.[79] Anders ist dies beim außerbörslichen Handel, der ohne Zutun des Emittenten weltweit stattfinden kann und den Erwerbsort aus Sicht des Haftenden unvorhersehbar macht.[80] Insoweit unterscheidet sich die Marktanknüpfung kaum von der Anknüpfung an das Bankkonto des geschädigten Anlegers, die der EuGH mehrfach vorgenommen hat. Der außerbörsliche Handel ist aber gerade für institutionelle Investoren von großer Bedeutung. Wenn zusätzlich noch Aufträge in verschiedene Tranchen aufgesplittet werden, die jeweils in unterschiedlichen Ländern gehandelt werden, würden im Extremfall für einen wirtschaftlichen Erwerbsvorgang verschiedene Rechtsordnungen gelten.[81] Auch mit Blick auf den Primärmarkt steigt bei Mehrfachplatzierungen dadurch das Haftungsrisiko und verteuert damit die Emission.[82]

Auch aus dieser Perspektive führt die Anknüpfung an den Marktort also zu »Splittereffekten«. Der Vorhersehbarkeit aus Emittentensicht trägt die publizitätsakzessorische Anknüpfung deutlich besser Rechnung, sie löst das IPR von den Unwägbarkeiten des Handelsgeschehens.[83] Emittenten haben zusätzlich Steuerungsmöglichkeiten, indem sie die Zulassung von Finanzinstrumenten zu einem bestimmten Markt in einem bestimmten Staat wählen.

77 Steinrötter, Internationales Kapitalmarktprivatrecht, 2014, S. 228 ff.; Denninger, Grenzüberschreitende Prospekthaftung, 2015, S. 240.

78 Das Kriterium der Vorhersehbarkeit gilt freilich gem. BE 6 Rom II-VO für alle Beteiligten, d. h. im Fall der Prospekthaftung auch für den Anleger, dazu sogleich.

79 Lehmann, IPRax 2012, 399, 403.

80 Engel, Internationales Kapitalmarktdeliktsrecht, 2019, S. 286 f.

81 Engel, Internationales Kapitalmarktdeliktsrecht, 2019, S. 287; Ringe/Hellgardt, OJLS 31 (2011), 23, 54.

82 Benicke, Prospektpflicht und Prospekthaftung bei grenzüberschreitenden Emissionen in Festschrift für Jayme Bd. I, 2004, 36.

83 Steinrötter, Internationales Kapitalmarktprivatrecht, 2014, S. 229.

c) Anlegerperspektive

Auch seitens der Anleger besteht ein Bedürfnis nach Vorhersehbarkeit des anwendbaren Rechts. Man könnte annehmen, dass die Anknüpfung am Markt- bzw. Erwerbsort dieses am besten befriedigt. Allerdings stehen hier die gesetzlich vorgeschriebenen sog. »best-execution-Regeln« dagegen. Diese besagen, dass Wertpapierfirmen bei der Ausführung von Aufträgen das bestmögliche Ergebnis für den Kunden zu erreichen haben.[84] Hierbei sind Kurs, Kosten und Ausführungsgeschwindigkeit des Auftrags entscheidend, nicht das anwendbare Haftungsregime. Würden Anleger einen bestimmten Erwerbsort und damit ein bestimmtes Haftungsregime vorgeben, würden sie auf ihre Vorteile aus den best-execution-Regeln verzichten, dies ist aus Anlegerschutzgesichtspunkten nicht sinnvoll.

Die Anlegerperspektive bietet aber auch kein zwingendes Argument für eine publizitätsakzessorische Anknüpfung. Denn diese verwirklicht gerade nicht das unionsrechtlich zentrale Prinzip des Verbraucherschutzes, das zunehmend auch Bestandteil des Anlegerschutzes ist.[85] Publizitätsakzessorische Lösungen verwirklichen stattdessen das Herkunftslandprinzip zugunsten des Prospektverantwortlichen, das dem Verbraucherschutz diametral gegenübersteht.[86] Wenn hier eingewandt wird, dass verbraucherschützende Gesichtspunkte mit Inkrafttreten der Prospektverordnung aufgrund des einheitlichen Schutzstandards keine Rolle mehr spielen,[87] so ist nochmals zu betonen, dass der Europäische Pass für die Prospektpflicht gilt, für die Haftung jedoch nicht. Ohnehin ist die publizitätsakzessorische Anknüpfung nicht stets in der Lage, diesen unionsweit einheitlichen Standard zur Anwendung zu bringen. Denn in Fällen mit Drittstaatenbezug gilt die Verordnung eben nur, wenn die Prospektbilligung in der EU stattgefunden hat.[88] Vielleicht hat der EuGH auch aus diesen Gründen bislang keine publizitätsakzessorische Anknüpfung von Prospekthaftungsfällen vorgenommen.

VI. Der Wert eines einheitlichen Haftungsregimes

Schon aufgrund der praktischen Bedeutung internationaler Prospekthaftungsfälle ist die derzeitige Rechtslage untragbar. Der Gesetzgeber beantwortet die Frage nicht, wie Prospekthaftungsfälle mit Auslandsbezug kollisionsrechtlich anzuknüpfen sind. Die einschlägige Rechtsprechung des EuGH bietet ebenfalls keine rechtssichere Lösung. Über den Inhalt einer ausdrücklichen Regelung de lege ferenda herrscht ebenfalls keine Einigkeit. Die vorgeschlagenen Lösungen lassen sich auf markt- und

84 Art. 27 MiFID II, § 82 WpHG.
85 Assmann/Schütze/Buck-Heeb, KapAnlR-HdB, § 1 Rn. 3a ff.
86 Einsele, ZEuP 2012, 23, 33.
87 So bereits auf Grundlage der Prospektrichtlinie Schmitt, BKR 2010, 366, 371.
88 Zur Haftung deutscher Aktienemittenten gegenüber US-amerikanischen Inhabern entsprechender American Depository Receipts Wagner/Köster, WM 2020, 17.

publizitätsakzessorische Anknüpfungen verdichten. Zwar bietet die publizitätsakzessorische Anknüpfung gegenüber der marktakzessorischen Anknüpfung deutliche Vorteile, aus Gründen des Anlegerschutzes kann aber auch diese nicht vollends überzeugen.

Ein unionsweit einheitliches Prospekthaftungsregime wäre der aktuellen Situation deutlich überlegen. Es würde die genannten Probleme beseitigen und eine kollisionsrechtliche Regelung überflüssig machen. Freilich gilt dies nur für Fälle innerhalb der Europäischen Union, hier würde eine einheitliche Haftung aber sowohl den Europäischen Binnenmarkt als auch die Kapitalmarktunion erheblich fördern:[89] Emittenten und Anleger wären nicht länger mit Rechtsunsicherheiten konfrontiert und nationale Gerichte würden erheblich entlastet. Einen Regelungsvorschlag für eine entsprechende Ergänzung der Prospektverordnung hat eine internationale Arbeitsgruppe bereits vorgelegt und darin auch Fragen der Beweislast und Verjährung adressiert.[90] Schließlich übersieht der Vorschlag nicht, dass auch bei einer unionsweit einheitlichen Prospekthaftung die Problematik der kollisionsrechtlichen Anknüpfung im Verhältnis zu Drittstaaten fortbesteht. Zu deren Lösung wird vorgeschlagen, eine spezielle kollisionsrechtliche Norm in die Prospektverordnung aufzunehmen.[91] Diese sieht eine Anknüpfung an den Ort der Zulassung der Wertpapiere vor; für Fälle, in denen keine Zulassung erfolgt, soll hilfsweise der Erwerbsort maßgeblich sein. Diese schlanke Lösung überzeugt in der Sache, zumal sie die Rom II-VO unberührt lässt und so einfach umsetzbar wäre.

Die EU-Kommission hat nun den Auftrag, die Machbarkeit einer Vereinheitlichung der Prospekthaftung zu prüfen und dem Europäischen Parlament und Rat bis zum 31.12.2025 Bericht zu erstatten. Es ist zu hoffen, dass diese Prüfung positiv ausfällt und ein entsprechender Verordnungsvorschlag in Kürze folgen wird.

89 International Working Group on Prospectus Liability, Stellungnahme i. R. d. ESMA-Konsultation zu möglichen weiteren Schritten zur Harmonisierung der Vorschriften über die zivilrechtliche Prospekthaftung vom 28.10. bis zum 31.12.2024, abrufbar unter https://www.esma.europa.eu/press-news/consultations, S. 2 f.

90 International Working Group on Prospectus Liability, Stellungnahme i. R. d. ESMA-Konsultation zu möglichen weiteren Schritten zur Harmonisierung der Vorschriften über die zivilrechtliche Prospekthaftung vom 28.10. bis zum 31.12.2024, abrufbar unter https://www.esma.europa.eu/press-news/consultations, S. 11 ff.

91 International Working Group on Prospectus Liability, Stellungnahme i. R. d. ESMA-Konsultation zu möglichen weiteren Schritten zur Harmonisierung der Vorschriften über die zivilrechtliche Prospekthaftung vom 28.10. bis zum 31.12.2024, abrufbar unter https://www.esma.europa.eu/press-news/consultations, S. 29, 34.

Ausweis von Organhaftungsansprüchen im Jahresabschluss

Sebastian Mock

I. Einleitung

Die Reform der Organhaftung war in den vergangenen Jahren eines der zentralen rechtspolitischen Diskussionsfelder in Deutschland.[1] Das Bilanzrecht oder genauer die Frage der bilanziellen Abbildung der mit der Organhaftung in Zusammenhang stehenden Aspekte tauchte in dieser Debatte interessanterweise nicht auf.[2] Dass dies nicht von ungefähr kommt, zeigt sich an dem Umstand, dass die Auswirkungen des Organhaftungsrechts auf das Bilanzrecht auch schon vor der Diskussion der letzten Jahre kaum untersucht wurden.[3] Hintergrund des scheinbar völligen Nebeneinanders dieser beiden Aspekte dürften jedenfalls aus rechtswissenschaftlicher Sicht die typischerweise bei Gesellschaftsrechtlern bestehenden Berührungsängste im Hinblick auf das Rechnungslegungsrecht sein.[4] Das Oeuvre des Jubilars war von diesen Berührungsängsten nie geprägt; vielmehr hat sich der Jubilar stets dem Bilanzrecht zugewandt und dieses nachhaltig geprägt. Der nachfolgende Beitrag will das Gesellschafts- und das Bilanzrecht verbinden und erörtern, auf welche Weise die Organhaftung im Jahresabschluss ausgewiesen wird.

II. Problemaufriss

Dabei drängt sich zunächst die Frage auf, in welchem Verhältnis die Organhaftung und das Handelsbilanzrecht überhaupt stehen, da das gesamte Handelsbilanzrecht der §§ 238 ff. HGB ohne irgendeine ausdrückliche Bezugnahme zur Organhaftung auskommt. Andere Aspekte des Rechts der Gesellschaftsorgane haben hingegen

1 Grundlegend Bachmann, Gutachten Teil E (Reform der Organhaftung? – Materielles Haftungsrecht und seine Durchsetzung in privaten und öffentlichen Unternehmen), Verhandlungen des 70. Deutschen Juristentages Hannover 2014 – Band I, 2014.; vgl. auch im Überblick Fleischer in BeckOGK, Stand 01.02.2025, § 93 Rn. 12 ff. mit weiteren umfangreichen Nachweisen aus der Debatte.

2 So geht Bachmann (Fn. 1) auf diesen Aspekt in seinem Gutachten interessanterweise nicht ein.

3 Insofern nur im Überblick – ohne auf handelsbilanzielle Einzelfragen einzugehen – Lutter in Festschrift für Schneider, 2011, S. 763, 769 Fn. 29 (Annahme einer Berichtspflicht nach § 171 Abs. 2 AktG); Semler in Festschrift für Goette, 2011, S. 499, 502 ff.

4 Zur Stellung der Rechnungslegung zwischen Betriebswirtschaftslehre und Rechtswissenschaft etwa Wöhe/Mock, Die Handels- und Steuerbilanz, 7. Aufl. 2020, § 1.

einen normativen Niederschlag im Handelsbilanzrecht gefunden. So ist im Anhang nicht nur über deren Vergütung (§ 285 Nr. 9 HGB) oder über deren persönliche Daten (§ 285 Nr. 10 HGB) zu berichten, sondern im Lagebericht im Rahmen der Erklärung zur Unternehmensführung (§ 289f HGB) auch über deren Arbeitsweise und Organisationsstruktur Auskunft zu erteilen. Daraus folgt freilich nicht, dass die Organhaftung für das Handelsbilanzrecht irrelevant wäre.

1. Praktische Bedeutung

Die Berührungspunkte zwischen der Organhaftung und dem Bilanzrecht können eindrucksvoll an dem zwischen *Leo Kirch* und der *Deutschen Bank AG* wegen des Interviews des Vorstandsprechers *Rolf Breuers* (sogenanntes *Bloomberg-Interview*) aus dem ab Jahr 2002 geführten Rechtsstreits aufgezeigt werden, der erst mit einem Vergleich im Jahr 2014 in Höhe von mehr als 800 Millionen beendet wurde.[5] Dieser zog sich somit nicht nur über fast ein Jahrzehnt hin, sondern begründete sozusagen spiegelbildlich die Frage des Bestehens eines Organhaftungsanspruchs der *Deutschen Bank AG* gegen *Rolf Breuer*. Im Zusammenhang mit diesem Organhaftungsanspruch kam es 2016 zu einem Haftungsvergleich, wonach *Rolf Breuer* 3,2 Millionen Euro als persönlichen Eigenbetrag leistete.[6] Daneben wurden Ansprüche gegen mehrere D&O-Versicherungen über knapp hundert Millionen Euro geltend gemacht.[7] Auch wenn die Hauptversammlung diesem umfassenden Vergleich zustimmte und das Kapitel »*Bloomberg-Interview*« somit haftungsrechtlich abgeschlossen war, gab es zwischenzeitlich auch Versuche, die Geltendmachung auf einem anderen Weg in Gang zu setzen. So schaltete *Leo Kirch* etwa schon 2008 eine Anzeige in mehreren deutschen Tageszeitungen und rief in diesen die Aktionäre der *Deutschen Bank AG* auf, sich einem Klagezulassungsverfahren nach § 148 AktG anzuschließen[8], das letztlich aber doch nicht eingeleitet wurde. Betrachtet man diesen Fall aus bilanzrechtlicher Sicht, stellen sich gleich mehrere Fragen: Konnte oder musste die *Deutsche Bank AG* einen Ersatzanspruch gegen *Rolf Breuer* und/oder gegen die D&O-Versicherung in ihrer Bilanz aktivieren? Falls dem so ist, ab wann musste eine solche Aktivierung erfolgen und mit welchem Wert war dieser anzusetzen? Waren hinsichtlich des Ersatzanspruchs irgendwelche Angaben im Anhang oder im Lagebericht zu machen? Hätten der Aufsichtsrat, der Abschlussprüfer oder die Prüfstelle für Rechnungslegung bzw. die BaFin diese Punkte bei einer fehlenden Berücksichtigung im Jahresabschluss rügen müssen?

5 Dazu etwa im Überblick Raeschke-Kessler, NJW 2019, 2678 ff.

6 § 1 Haftungsvergleich (abgedruckt in der Einladung zur ordentlichen Hauptversammlung der *Deutschen Bank AG* am 19.05.2016).

7 § 1 Deckungsvergleich (abgedruckt in der Einladung zur ordentlichen Hauptversammlung der *Deutschen Bank AG* am 19.05.2016).

8 Dazu etwa Süddeutsche Zeitung vom 05.12.2008 »Kirch hetzt Aktionäre gegen Breuer auf«.

2. *Bestimmung konkreter Berührungspunkte*

Versucht man in diesem Fragenkatalog zunächst etwas zu strukturieren, scheint die zuvörderst zu klärende Frage zu sein, ob und wie ein Organhaftungsanspruch – verstanden als ein Anspruch der Gesellschaft gegen ein jetziges oder ehemaliges Organmitglied – als Vermögensgegenstand in der Handelsbilanz auszuweisen ist (§§ 246 Abs. 1, 266 Abs. 2 B.II.4. HGB – siehe III.). In unmittelbarem Zusammenhang damit steht der Einfluss einer bestehenden D&O-Versicherung, da die Gesellschaft durch diese einen weiteren und in der Regel solventen Schuldner neben dem Organmitglied erhält.[9] Neben diesen die Aktivseite der Handelsbilanz berührenden Aspekten stellen sich aber auch auf der Passivseite Fragen; zentral ist dabei die Berücksichtigung von Kosten für die Durchsetzung der Organhaftungsansprüche, wovon primär die Rückstellungen (§ 249 HGB) betroffen sind (siehe IV.). Daneben sind in diesem Zusammenhang aber auch gesetzliche oder vertraglich vereinbarte Haftungsfreistellungen der Organmitglieder durch die Gesellschaft[10] zu berücksichtigen, da damit Verbindlichkeiten der Gesellschaft gegenüber Dritten verbunden sind (§§ 246 Abs. 1, 266 Abs. 3 C.8. HGB). Zusätzlich zu den Aspekten der Gewinnermittlung drängt sich aber auch die Frage auf, ob Organhaftungsansprüche ein darüber hinausgehendes Informationsbedürfnis der Adressaten des Jahresabschlusses begründen.[11] Ein solches kann sich daraus ergeben, dass das Bestehen von Organhaftungsansprüchen und der Streit um deren Durchsetzung durchaus Teil des allgemeinen Geschäftsverlaufs der Gesellschaft sind und somit die Lageberichterstattung (§ 289 Abs. 1 Satz 1 HGB) berühren (siehe V.). Schließlich liegt ein unmittelbarer Zusammenhang mit der Corporate Governance und der Berichterstattung über diese im Rahmen der Erklärung zur Unternehmensführung (§ 289f HGB) auf der Hand (siehe VI.).

III. Organhaftungsansprüche als Vermögensgegenstände

Für den handelsbilanziellen Ausweis von Organhaftungsansprüchen muss zwischen deren Aktivierung (siehe III.1.), der Bewertung (siehe III.2.), dem Ausweis (siehe III.3.) und der Prüfung (siehe III.4.) unterschieden werden.

9 Zur Wirkweise der D&O-Versicherung nur Fleischer in BeckOGK, Stand 01.02.2025, § 93 Rn. 282 ff.

10 Dazu etwa Fleischer in BeckOGK, Stand 01.02.2025, § 93 Rn. 314 ff.; Fleischer, WM 2005, 909 ff.; monographisch etwa Thomas, Haftungsfreistellung von Organmitgliedern, 2010, S. 239 ff.

11 Zu den verschiedenen Funktionen der Rechnungslegung vgl. nur Wöhe/Mock, Die Handels- und Steuerbilanz, 2020, § 4 Rn. 156 ff. (*Gewinnermittlung*) und § 4 Rn. 162 ff. (*Informationsvermittlung*).

1. *Aktivierung*

Eine Aktivierung kommt im deutschen Handelsbilanzrecht nur bei Vermögensgegenständen in Betracht (§ 246 Abs. 1 Satz 1 HGB). Bei diesen handelt es sich um Sachen oder Rechte, die im Geschäftsverkehr einen selbständigen Wert haben und allein verkehrsfähig sind.[12] Diese Tatbestandsvoraussetzungen werden bei einem Organhaftungsanspruch auf den ersten Blick zweifellos erfüllt. Nichtsdestotrotz ergeben sich bei diesen schon im Rahmen der Aktivierbarkeit zahlreiche Problemfelder.

a) Kein Ausschluss der Aktivierbarkeit durch Abtretungsbeschränkungen

Zunächst bestehen Bedenken hinsichtlich der Verkehrsfähigkeit. Zwar finden sich weder im Personen- noch im Kapitalgesellschaftsrecht konkrete Regelungen zur fehlenden Übertragbarkeit von Organhaftungsansprüchen, so dass diese abtretbar (§ 398 BGB)[13] und damit verkehrsfähig sind. Allerdings ergeben sich vor allem im aktienrechtlichen Kontext im Zusammenhang mit § 93 Abs. 2 Satz 1 AktG dahingehend Einschränkungen. So soll eine Abtretung eines Organhaftungsanspruchs unzulässig sein, wenn damit das Vergleichsverbot des § 93 Abs. 4 Satz 3 AktG umgangen werden soll, was vor allem dann der Fall ist, wenn die Abtretung nur zum Zweck eines sofortigen Verzichts des Zessionars erfolgt.[14] Damit wird aber lediglich eine Ausnahme von der generellen Abtretbarkeit der Organhaftungsansprüche statuiert, die für die allgemeine Aktivierbarkeit des Anspruchs keinen Einfluss haben kann. Somit ist von einer generellen Verkehrsfähigkeit auszugehen. Darüber hinaus erscheint es aber auch zweifelhaft, eine solche abzulehnen, wenn die Übertragbarkeit der Organhaftungsansprüche ausgeschlossen ist. Ein Abtretungsverbot kann im Gesellschaftsvertrag grundsätzlich vorgesehen werden. Dies gilt selbst für das Aktienrecht, da einem solchen Abtretungsverbot wohl auch nicht die Satzungsstrenge (§ 23 Abs. 5 AktG) entgegensteht. Besteht ein solches Abtretungsverbot, kann der

12 Mit einer Teildefinition Begr RegE BilMoG, BT-Drucks. 16/10067, S. 50 (*Kriterium der Einzelveräußerbarkeit*); vgl. auch Ballwieser in Münchener Kommentar zum HGB, 5. Aufl. 2024, § 246 Rn. 13 ff.; Merkt in Baumbach/Hopt, 44. Aufl. 2025, § 246 Rn. 3; Kahle/Kopp in Hachmeister/Kahle/Mock/Schüppen, Bilanzrecht, 3. Aufl. 2024, § 246 Rn. 17 ff.; speziell zu Ansprüchen Hennrichs in BeckOGK, Stand 15.09.2023, § 246 Rn. 44 ff.

13 Zur Abtretbarkeit von Organhaftungsansprüchen vgl. für das Aktienrecht Habersack in Festschrift für Hommelhoff, 2012, S. 303, 315 f.; Hopt/Roth in Großkommentar zum AktG, 5. Aufl. 2015, § 93 Rn. 530; Sailer-Coceani in K. Schmidt/Lutter, AktG, 5. Aufl. 2024, § 93 Rn. 64; Spindler in Münchener Kommentar zum AktG, 6. Aufl. 2023, § 93 Rn. 321 f.; allgemein monographisch speziell zur Abtretung von Organhaftungsansprüchen bei den Kapitalgesellschaften Cahn, Vergleichsverbote im Gesellschaftsrecht, 1996, S. 123 ff., 132 ff.

14 Dazu nur Cahn in Kölner Kommentar zum AktG, 4. Aufl. 2023, § 93 Rn. 192; Spindler in Münchener Kommentar zum AktG, 2023, § 93 Rn. 321; im Grundsatz auch Habersack in Festschrift für Hommelhoff, 2012, S. 303, 316.

Organhaftungsanspruch nicht abgetreten werden, was aber an der Aktivierbarkeit nichts ändern kann, da selbst in diesem Fall zweifellos ein Schuldendeckungspotenzial gegeben ist.[15] Daher kann konsequenterweise eine Aktivierbarkeit auch dann nicht verneint werden.

b) Exorbitante Haftungshöhe und fehlende Realisierbarkeit

Ein weiteres Problem der Aktivierung eines Organhaftungsanspruchs stellt sich aufgrund der meist bestehenden exorbitanten Haftungshöhe, der meist eine deutlich geringere Leistungsfähigkeit der betroffenen Organmitglieder gegenübersteht[16], was durch den Streit zwischen *Leo Kirch* und der *Deutschen Bank AG*[17] und dem nachgelagerten Organhaftungsproblem eindrucksvoll aufgezeigt wird. Allerdings kann dieser Umstand im Ergebnis gegen eine Aktivierung nicht eingewandt werden. Selbst bei einer geringen Leistungsfähigkeit der betroffenen Organmitglieder bleibt in der Regel ein realisierbarer Restbetrag. Etwas anderes wäre nur dann anzunehmen, wenn die betroffenen Organmitglieder völlig mittellos sind und in keinem Fall mit einer auch teilweisen Realisierung der Ansprüche zu rechnen ist. Da die Organmitglieder gegenüber der Gesellschaft – bei Vorhandensein mehrere Organmitglieder – gesamtschuldnerisch (§ 93 Abs. 2 Satz 1 AktG, § 43 Abs. 2 GmbHG bzw. § 426 BGB [*bei Personenhandelsgesellschaften*]) haften, wäre dies aber nur dann anzunehmen, wenn dieser Umstand bei allen von der Haftung betroffenen Organmitgliedern besteht, was in der Regel ausgeschlossen ist.

c) Unsicherheiten bei Organhaftungsansprüchen

Schwierigkeiten bereitet ferner, dass Organhaftungsansprüche in der Regel mit verschiedensten Unsicherheiten behaftet sind. Diese bestehen zum einen in der Frage des tatsächlichen Bestehens des Organhaftungsanspruchs, was meist auf die doch recht komplexen Tatbestandsvoraussetzungen der *business judgment rule* (§ 93 Abs. 1 Satz 2 AktG) zurückzuführen ist (siehe III.1.c)ii.). Zum anderen begründet aber auch die Frage der tatsächlichen Durchsetzung erhebliche Unsicherheiten (siehe III.1.c)iii.).

15 Insofern auf eine rein wirtschaftliche Betrachtungsweise abstellend und Veräußerungsbeschränkungen für irrelevant haltend Kahle/Kopp in Hachmeister/Kahle/Mock/Schüppen, Bilanzrecht, 2024, § 246 Rn. 20.

16 Grundlegend zu dieser Diskrepanz Koch, AG 2012, 429 ff.; vgl. auch Koch, AG 2014, 513 ff. mit einer Sammelreplik zu den zwischenzeitlich ergangenen Stellungnahmen. Ausführlich auch Bachmann, Gutachten Teil E (Reform der Organhaftung? – Materielles Haftungsrecht und seine Durchsetzung in privaten und öffentlichen Unternehmen), Verhandlungen des 70. Deutschen Juristentages Hannover 2014 – Band I, 2014

17 Dazu ausführlich II.1.

i. Allgemeine handelsbilanzielle Anforderungen an die Aktivierung umstrittener Forderungen

Der Umstand, dass eine Forderung umstritten ist, führt jedenfalls für das Steuerbilanzrecht nach der höchstrichterlichen Rechtsprechung dazu, dass diese dort erst aktivierbar sind, wenn die Forderung anerkannt oder durch eine rechtskräftige gerichtliche Entscheidung zuerkannt ist.[18] Dem sind Teile des handelsbilanzrechtlichen Schrifttums und mittelbar auch die höchstrichterliche Rechtsprechung gleichwohl mit dem Argument nicht gefolgt, dass die Unsicherheiten hinsichtlich der Forderung lediglich bei der Bewertung[19] zu berücksichtigen sind.[20] Die IAS/IFRS folgen mit der Kategorie der Eventualforderung wiederum einem anderen Ansatz und weisen solche nicht aus; eine Eventualforderung liegt nach IAS 37.31 f. vor, wenn das Unternehmen eine Forderung in einem gerichtlichen Verfahren mit einem unsicheren Ausgang durchsetzt. Betrachtet man die Begründung für den fehlenden Ansatz von Eventualforderungen in IAS 37.33,[21] scheint diese geradezu idealtypisch auf Organhaftungsansprüche zuzutreffen. Allerdings verweist das Rahmenkonzept gerade für Schadenersatzansprüche darauf, dass es nur unangebracht ist, den *vollen* Betrag anzugeben; vielmehr soll über den Betrag und die Umstände des Anspruchs berichtet werden.[22] Insofern besteht bei den IAS/IFRS im Ergebnis in diesem Zusammenhang auch keine völlige Rechtsklarheit.

18 BFH, 10.02.1994, IV R 37/92, BFHE 174, 140 = DStR 1994, 933; BFH, 08.11.2000, I R 10/98, BFHE 193, 406 = DStR 2001, 567; weitergehender sogar BFH, 14.03.2006, VIII R 60/03, BFHE 212, 535 = NJW 2006, 2943 (»*… wenn der Steuerpflichtige nach den Umständen des Falles schon am Bilanzstichtag damit rechnen musste, dass der Verpflichtete oder ein Dritter […] den Anspruch bestreiten werde.*«); vgl. auch aus dem Schrifttum Krumm in Blümich, EStG, Loseblatt Stand Februar 2025, § 5 Rn. 481 f.; *Weber-Grellet* in Schmidt, EStG, 44. Aufl. 2025, § 5 Rn. 270 (*Forderungen*).

19 Dazu III.2.

20 Adler/Düring/Schmaltz, Rechnungslegung und Prüfung der Unternehmen, 6. Aufl. 2016, § 246 Rn. 48, 176; Schulze-Osterloh in Baumbach/Hueck, GmbHG, 18. Aufl. 2006, § 42 Rn. 82 mwN; letztlich offenlassend Hennrichs in BeckOGK, Stand 15.09.2023, § 246 Rn. 46; a.A. Kahle/Kopp in Hachmeister/Kahle/Mock/Schüppen, Bilanzrecht, 2024, § 246 Rn. 93 (*keine Aktivierung lediglich formalrechtlich entstandener Forderungen*); Kleindiek in Staub, HGB, 5. Aufl. 2014, § 246 Rn. 20; unklar BGH, 15.11.1993, II ZR 235/92, BGHZ 124, 111, 119 = NJW 1994, 520 (*für einen Anspruch aus § 317 AktG*) einerseits und BGH, 17.12.2001, II ZR 27/01, NZG 2002, 518 andererseits.

21 IAS 37.33 lautet:
»*Eventualforderungen werden nicht im Abschluss angesetzt, da dadurch Erträge erfasst würden, die möglicherweise nie realisiert werden. Ist die Realisation von Erträgen jedoch so gut wie sicher, ist der betreffende Vermögenswert nicht mehr als Eventualforderung anzusehen und dessen Ansatz ist angemessen.*«

22 So heißt es im Rahmenkonzept Rn. 32:

ii. Unsicherheiten hinsichtlich des tatsächlichen Bestehens des Organhaftungsanspruchs

Diese Gemengelage hinterlässt für die Frage der Aktivierung von Organhaftungsansprüchen ein irritierendes Bild. Zwar kann der Aktivierung durchaus entgegengehalten werden, dass das tatsächliche Bestehen eines Organhaftungsanspruchs vor dessen rechtskräftiger Titulierung unklar bleibt, zumal sich die betroffenen Organmitglieder in der Regel gegen eine Inanspruchnahme zur Wehr setzen werden. Nichtsdestotrotz bleibt es dabei, dass auch der Organhaftungsanspruch mit dem Eintritt des Schadens bei der Gesellschaft bereits entsteht[23] und einen Vermögenswert darstellt; eine Geltendmachung oder irgendwie geartete Feststellung seines Bestehens bedarf es gerade nicht. Hinzu kommt, dass Organhaftungsansprüche relativ selten Gegenstand von Zivilprozessen sind, sondern oftmals im Vergleichswege oder vor Schiedsgerichten geklärt werden. Bei Organhaftungsansprüchen bestehen zudem eine Reihe von Besonderheiten bei der Durchsetzung, die eine bloße Aktivierung nach rechtskräftiger Titulierung zweifelhaft erscheinen lassen. Will man nun mit diesen Unsicherheiten umgehen, bedarf es einer Abschichtung.

(1) Fehlende Relevanz von Hauptversammlungsbeschlüssen

Keine Bedeutung haben zunächst Entscheidungen der Hauptversammlung im Zusammenhang mit Organhaftungsansprüchen. Dies gilt für die Einleitung einer Sonderprüfung aufgrund eines Hauptversammlungsbeschlusses (§ 142 Abs. 1 AktG), die Fassung eines verpflichtenden Hauptversammlungsbeschlusses (§ 147 Abs. 1 AktG) oder die Bestellung eines besonderen Vertreters auf der Hauptversammlung (§ 147 Abs. 2 Satz 1 AktG), da die Hauptversammlung auch nicht sicher oder verlässlicher einschätzen kann, ob Ersatzansprüche bestehen oder nicht. Insofern ist deren Votum in diesem Zusammenhang nicht tatsachenaufhellend. Somit bleibt für die Geschäftsleiter auch nach diesen Beschlüssen die gleiche Unsicherheit, ob die Organhaftungsansprüche tatsächlich bestehen.

(2) Relevanz der Beschlussfassung von Vorstand und Aufsichtsrat?

Anders dürfte dies freilich für einen Beschluss des Aufsichtsrats oder des Vorstands zu beurteilen sein, Organhaftungsansprüche geltend zu machen. Beide Organe

»Sind beispielsweise Rechtsgültigkeit und Betrag eines Schadensersatzanspruches im Rahmen eines Gerichtsverfahrens strittig, kann es für das Unternehmen unangebracht sein, den vollen Betrag des Anspruches in der Bilanz anzusetzen. Gleichwohl kann es angebracht sein, den Betrag sowie die Umstände des Anspruches anzugeben.«

23 BGH, 23.03.1987, II ZR 190/86, BGHZ 100, 228, 231 = NJW 1987, 1887; BGH, 14.07.2008, II ZR 202/07, NJW 2008, 3361 Tz. 12; BGH, 29.09.2008, II ZR 234/07, NJW 2009, 68 Tz. 16; vgl. auch Fleischer in BeckOGK, Stand 01.02.2025, § 93 Rn. 367 f.; Koch, AktG, 19. Aufl. 2025, § 93 Rn. 177.

verfügen im Gegensatz zu den Aktionären auf der Hauptversammlung über umfangreiche Informationen, so dass einer entsprechenden Beschlussfassung durchaus Gewicht zukommt.

(3) Einfluss gerichtlicher Entscheidungen im Zusammenhang mit der Geltendmachung

Ebenso dürfte dies für den Fall einer gerichtlichen Anordnung einer Sonderprüfung (§ 142 Abs. 2 AktG) oder eines erfolgreichen Abschlusses eines Klagezulassungsverfahrens (§ 148 AktG) zu beurteilen sein. In all diesen Fällen prüft ein Gericht, ob ein hinreichender Anfangsverdacht für das Bestehen von Unregelmäßigkeiten bei der Geschäftsführung (so bei der Sonderprüfung [§ 142 AktG[24]]) oder sogar für das Bestehen eines Ersatzanspruchs (so beim Klagezulassungsverfahren [§ 148 Abs. 1 Satz 2 Nr. 3 AktG][25]) gegeben ist. Gibt das Gericht dem Antrag der Aktionäre nach § 142 Abs. 2, 148 Abs. 1 Satz 2 Nr. 3 AktG statt, kann daher nicht mehr die gleiche allgemeine Unsicherheit hinsichtlich des Bestehens des Organhaftungsanspruchs eingewendet werden, auch wenn insofern ein qualitativer Unterschied zwischen der Sonderprüfung und dem Klagezulassungsverfahren zu machen ist und letztere Entscheidung dahingehend sogar höher zu bewerten ist. Für die gerichtliche Bestellung eines besonderen Vertreters (§ 147 Abs. 2 Satz 2 AktG) sind diese Grundsätze gleichwohl nicht zu übertragen, da das Gericht dabei nicht die Erfolgsaussichten der Klage prüft.[26]

(4) Relevanz des Sonderprüfungsberichts?

Schließlich kann auch ein Sonderprüfungsbericht (§ 145 AktG) Unsicherheiten hinsichtlich des Bestehens von Organhaftungsansprüchen durchaus beseitigen oder jedenfalls erheblich einschränken, was insbesondere dann der Fall ist, wenn die Sonderprüfer rechtliche Einschätzungen vornehmen sollen[27] und dabei zu entsprechenden Ergebnissen kommen. Durch den Sonderprüfungsbericht wird gerade eine

24 Für einen dahingehenden Prüfungsmaßstab vgl. OLG München, 08.06.2011, 31 Wx 81/10, AG 2011, 720 = Der Konzern 2011, 350; Koch, AktG, 2025, § 142 Rn. 20; Mock in BeckOGK, Stand 01.02.2025, § 142 Rn. 206; Spindler in K. Schmidt/Lutter, AktG, 5. Aufl. 2024, § 142 Rn. 55.

25 Für einen dahingehenden Prüfungsmaßstab vgl. Arnold in Münchener Kommentar zum AktG, 6. Aufl. 2024, § 148 Rn. 43 ff.; Koch, AktG, 2025, § 148 Rn. 8; Mock in BeckOGK, Stand 01.02.2025, § 148 Rn. 91 ff.

26 Zum Maßstab der Zweckmäßigkeit bei § 147 Abs. 2 Satz 2 AktG vgl. Arnold in Münchener Kommentar zum AktG, 6. Aufl. 2024, § 147 Rn. 123; KG, 18.11.2004, 1 W 185/04, NZG 2005, 319; OLG Frankfurt a. M., 09.10.2003, 20 W 487/92, NJW-RR 2004, 686, 687; Rieckers/Vetter in Kölner Kommentar zum AktG, 3. Aufl. 2014, § 142 Rn. 385; Mock in BeckOGK, Stand 01.02.2025, § 147 Rn. 153.

27 Zur Befugnis zur Abgabe von rechtlichen Stellungnahmen Mock in BeckOGK, Stand 01.02.2025, § 145 Rn. 60 am Ende; Mock, ZHR 181 (2017), 688, 697.

Prüfung durch einen unabhängigen Sonderprüfer (§ 143 AktG) abgeschlossen. Diese Feststellungen sind zwar nicht zwingend und binden auch nicht ein später mit diesen Aspekten befasstes Gericht. Gleichwohl kann den vom Sonderprüfer festgestellten Tatsachen nicht die gleiche (allgemeine) Unsicherheit hinsichtlich des Bestehens von Organhaftungsansprüchen entgegengehalten werden.

(5) Fehlende Relevanz des Bestehens einer D&O-Versicherung

Keinerlei Bedeutung hat der Umstand, dass eine D&O-Versicherung besteht, die in diesem Zusammenhang nicht relevant ist, da diese auf das tatsächliche Bestehen des Anspruchs keinen Einfluss hat.[28]

iii. Unsicherheiten hinsichtlich der tatsächlichen Durchsetzung

Zudem spielen die verschiedenen Möglichkeiten der Geltendmachung bei der Frage der Aktivierbarkeit eine nicht unerhebliche Rolle. Dabei ist zunächst festzustellen, dass eine bisherige Untätigkeit der für die Geltendmachung zuständigen Gesellschaftsorgane nicht darauf schließen lässt, dass eine Geltendmachung generell unterbleiben wird. Für Organhaftungsansprüche besteht eine drei-, fünf- oder sogar zehnjährige Verjährungsfrist (§ 43 Abs. 4 GmbHG, § 93 Abs. 6 AktG und §§ 195, 199 BGB [*für Personenhandelsgesellschaften*]), so dass ein teilweise sehr langer Zeitraum für die Geltendmachung zur Verfügung steht. Umgekehrt ist eine Aktivierung mit Eintritt der Verjährung nicht mehr möglich, da nicht damit zu rechnen ist, dass ein betroffenes Organmitglied eine freiwillige Leistung auf den Organhaftungsanspruch vornimmt, so dass nicht mehr mit einem wirtschaftlichen Zufluss welcher Art auch immer bei der Gesellschaft zu rechnen ist.

(1) Fehlende Relevanz von Hauptversammlungsbeschlüssen

Jenseits der Geltendmachung durch die gesetzlichen Vertreter ist für den Fall, dass die Hauptversammlung einen verpflichtenden Beschluss nach § 147 Abs. 1 AktG gefasst hat, allerdings keine höhere Gewissheit hinsichtlich des Bestehens von Organhaftungsansprüchen anzunehmen. Zwar haben Vorstand bzw. Aufsichtsrat dann kein Ermessen und diese müssen die Ersatzansprüche geltend machen.[29] Allerdings geht diese Pflicht ins Leere, wenn der Anspruch tatsächlich nicht besteht. Ob dies der Fall ist oder nicht, kann von der Hauptversammlung nicht sicher beurteilt werden. So ist es auch denkbar, dass die Hauptversammlung die Geltendmachung beschließt, obwohl die Organhaftungsansprüche nicht bestehen. Ähnlich verhält es sich bei der

28 Zur Bedeutung der D&O-Versicherung im Rahmen der Bewertung siehe III.2.a)ii.
29 KG, 18.11.2004, 1 W 185/04, NZG 2005, 319; Arnold in Münchener Kommentar zum AktG, 2024, § 147 Rn. 63; Mock in BeckOGK, Stand 01.02.2025, § 147 Rn. 86; Rieckers/Vetter in Kölner Kommentar zum AktG, 3. Aufl. 2014, § 147 Rn. 56.

Bestellung eines besonderen Vertreters durch die Hauptversammlung nach § 147 Abs. 2 Satz 1 AktG. Bei diesem handelt es sich um eine Person, die zwar nicht unabhängig sein muss[30], bei der Geltendmachung aber einem besonderen Pflichtenmaßstab unterliegt[31], so dass bei einem Bestehen der Ansprüche auch mit einer Durchsetzung zu rechnen ist. Allerdings gilt auch hier, dass diese Pflicht ins Leere geht, wenn tatsächlich keine Ersatzansprüche bestehen.

(2) Einfluss gerichtlicher Entscheidungen im Zusammenhang mit der Geltendmachung

Anders ist dies aber für einen gerichtlich bestellten besonderen Vertreter (§ 147 Abs. 2 Satz 2 AktG) und ein erfolgreich durchgeführtes Klagezulassungsverfahren (§ 148 AktG) zu beurteilen. In diesen Fällen hat zum einen eine summarische Vorprüfung[32] stattgefunden und zum anderen ist eine tatsächliche Geltendmachung dann sehr wahrscheinlich. Für den besonderen Vertreter ergibt sich dies aufgrund seiner dahingehend bestehenden Pflicht.[33] Für die qualifizierte Aktionärsminderheit beim Klagezulassungsverfahren ist dies aber nicht der Fall, da für diese mit dem Erfolg im Klagezulassungsverfahren keine Pflicht zur Geltendmachung besteht (*arg.* § 148 Abs. 4 Satz 1 AktG [*kann*]). Allerdings ist bei einer Geltendmachung durch die Aktionäre nach einem erfolgreichen Klagezulassungsverfahren zu beachten, dass die Gesellschaft die Durchsetzung der Ersatzansprüche jederzeit an sich ziehen kann (§ 148 Abs. 3 Satz 1 AktG), was ebenfalls die Chancen der tatsächlichen Durchsetzung erhöht.

iv. Gerichtliche Feststellung und Vergleich

Ist es schließlich zu einer rechtskräftigen Entscheidung hinsichtlich eines Organhaftungsanspruchs gekommen oder wurde über diesen ein Vergleich geschlossen, gibt es an der Aktivierungspflicht keine Zweifel, da dann sowohl hinsichtlich des Bestehens als auch der Durchsetzung keine Unsicherheiten mehr existieren.

30 KG, 16.12.2011, 25 W 92/11, AG 2012, 328, 329; Mock in BeckOGK, Stand 01.02.2025, § 147 Rn. 102.

31 Arnold, in Münchener Kommentar zum AktG, 2024, § 147 Rn. 82; Mock in BeckOGK, Stand 01.02.2025, § 147 Rn. 204 ff.; Rieckers/Vetter in Kölner Kommentar zum AktG, 2014, § 147 Rn. 533.

32 Siehe die Nachweise in Fn. 24 und Fn. 25.

33 Zur Pflicht des besonderen Vertreters zur Geltendmachung Mock in BeckOGK, Stand 01.02.2025, § 147 Rn. 204 ff.; Rieckers/Vetter in Kölner Kommentar zum AktG, 2014, § 147 Rn. 533.

d) Einfluss der meist vorliegenden gesamtschuldnerischen Haftung

Nicht ganz einfach zu beantworten ist allerdings die Frage, wie mit der gesamtschuldnerischen Haftung der Organmitglieder (§ 93 Abs. 2 Satz 1 AktG, § 43 Abs. 2 GmbHG) umzugehen ist. Da die Gesellschaft in der Regel alleinige Gläubigerin des Anspruchs ist, darf dieser nur einmal aktiviert werden und zwar unabhängig davon, wie viele (Gesamt-)Schuldner bei diesem bestehen. Die Anzahl der Gesamtschuldner und deren gegebenenfalls unterschiedlichen Vermögenssituationen spielen für die Aktivierbarkeit keine Rolle, da diese Punkte den aus rechtlicher Sicht bestehenden Anspruch gegen alle auf einmalige Leistung an die Gesellschaft unberührt lassen. Allerdings können weitere Angaben im Anhang[34] erforderlich sein.

e) Interessenkonflikte und das Problem der impliziten Selbstbelastung

Schließlich werden sowohl die Geschäftsleiter als auch die Aufsichts- oder Beiratsmitglieder bei einer Annahme einer Aktivierungspflicht von Organhaftungsansprüchen vor das nicht unerhebliche Problem einer impliziten Selbstbelastung gestellt. Werden die Organhaftungsansprüche aktiviert und in der Handelsbilanz ausgewiesen, räumt die Gesellschaft bzw. die für sie handelnden Geschäftsleiter mittelbar ein, dass diese Ansprüche tatsächlich bestehen. Dabei kann dem bilanziellen Ausweis der Organhaftungsansprüche freilich keinerlei Beweisfunktion – etwa in Form eines Zugeständnisses – zuerkannt werden, auch wenn die Organmitglieder den Jahresabschluss nach § 245 HGB unterzeichnen und im Fall einer kapitalmarktorientierten Gesellschaft auf diesen sogar einen sogenannten Bilanzeid ablegen müssen (§§ 264 Abs. 2 Satz 3, 289 Abs. 1 Satz 5 HGB). Das Handelsbilanzrecht kennt für diese Regelungen keine Ausnahme dergestalt, dass diese bei einer eigenen Betroffenheit keine Anwendung finden. Allerdings dürfte die fehlende Aktivierung der Organhaftungsansprüche eine Pflichtverletzung der zur Aufstellung berufenen Geschäftsleiter und der zur Prüfung verpflichteten Aufsichtsratsmitglieder[35] darstellen, so dass auch in diesem Zusammenhang kein Ausnahmetatbestand etwa in Form der Rechtfertigung oder Entschuldigung der Pflichtverletzung anzunehmen ist. Dies ist freilich nicht selbstverständlich, da man von den Geschäftsleitern und den Mitgliedern des Beirats/Aufsichtsrats verlangt, dass sie eine Inanspruchnahme prüfen bzw. sich gegen eine Berücksichtigung einer solchen in der Handelsbilanz nicht verwehren.

f) Zwischenergebnis

Betrachtet man diese Gesamtgemengelage, dürfte grundsätzlich von einer fehlenden Pflicht zur Aktivierung von Organhaftungsansprüchen auszugehen sein. Bei diesen handelt es sich im Ausgangspunkt gerade nicht nur um noch nicht rechtskräftig

34 Siehe III.3.
35 Siehe III.4.

festgestellte Forderungen. Diesen liegt vielmehr ein enormes Streitpotential zugrunde, das gegen eine Aktivierung spricht. Anders ist dies aber zu bewerten, sobald eine gerichtliche Entscheidung im Zusammenhang mit einer Sonderprüfung bzw. der Geltendmachung § 142 Abs. 2, 148 Abs. 1 Satz 2 Nr. 3 AktG) ergangen ist, da dann ein hinreichender Grund für die Annahme des Bestehens der Ansprüche besteht. Gleiches gilt für entsprechende Beschlussfassung von Vorstand und/oder Aufsichtsrat und bei entsprechenden Angaben im Sonderprüfungsbericht. Voten der Hauptversammlung (§ 147 Abs. 1 und Abs. 2 Satz 1 AktG) bleiben hingegen ebenso irrelevant wie die gerichtliche Bestellung eines besonderen Vertreters (§ 147 Abs. 2 Satz 2 AktG).

2. *Bewertung*

Geht man somit jedenfalls bei den genannten Konstellationen von einer Aktivierungspflicht aus, stellt sich als weitere Frage die Bewertung der Organhaftungsansprüche.

a) Eingangsbewertung

Vermögensgegenstände – zu denen auch die Organhaftungsansprüche gehören – sind bei der Eingangsbewertung nach § 253 Abs. 1 Satz 1 HGB höchstens mit den Anschaffungs- oder Herstellungskosten anzusetzen. Bei den Ansprüchen bedeutet dies konkret, dass die Eingangsbewertung im Ausgangspunkt mit dem Nennwert der Forderung zu erfolgen hat.

i. Allgemeine Einschränkung durch das Vorsichtsprinzip (§ 252 Abs. 1 Nr. 4 HGB)

Dies ist im Zusammenhang mit Organhaftungsansprüchen allerdings äußerst zweifelhaft, da diese oftmals – wie in dem genannten Beispiel der Organhaftung bei der Deutschen Bank AG deutlich wird[36] – exorbitant hoch ausfallen und die Leistungsfähigkeit der betroffenen Organmitglieder nur selten damit Schritt halten kann. Daher muss das Vorsichtsprinzip (§ 252 Abs. 1 Nr. 4 HGB) einen entscheidenden Einfluss auf die Eingangsbewertung haben, um eine völlig unrealistische Überbewertung der Organhaftungsansprüche und damit einen unrichtigen Gewinnausweis zu verhindern. So eindeutig die Anwendbarkeit des Vorsichtsprinzips (§ 252 Abs. 1 Nr. 4 HGB) dabei auch ist, so schwierig ist die Ermittlung präziser Anforderungen an die Eingangsbewertung von Organhaftungsansprüchen.

ii. Individuelle und kollektive Leistungsfähigkeit als konkreter Ausgangspunkt

Für die Bestimmung der insofern maßgeblichen Kriterien muss primär auf die Leistungsfähigkeit der von den Organhaftungsansprüchen betroffenen Organmitglieder abgestellt werden, da diese den größten Einfluss auf die Bewertung hat, zumal die

36 Siehe II.2.

meisten betroffenen Organmitglieder die Haftungssummen nicht leisten können werden. Für den Fall des Vorliegens einer gesamtschuldnerischen Haftung müssen diese Kriterien für alle betroffenen Organmitglieder einzeln bestimmt und summiert werden, da die Gesellschaft als Inhaber des Organhaftungsanspruchs jeden der Gesamtschuldner bis zu der jeweiligen Grenze der Leistungsfähigkeit in Anspruch nehmen kann, solange insgesamt der Forderungsbetrag nicht überschritten wird. Eine besondere Bedeutung hat in diesem Zusammenhang eine D&O-Versicherung, da es bei einer solchen – für den Fall der tatsächlichen Deckung – nicht mehr zwingend auf die individuelle Leistungsfähigkeit der Organmitglieder ankommt.

iii. Einfluss der zu erwartenden Art der Durchsetzung

Aus einer tatsächlich bestehenden individuellen Leistungsfähigkeit folgt allerdings nicht zwangsläufig, dass der Organhaftungsanspruch mit diesem Betrag bewertet werden muss. Vielmehr ist die Eingangsbewertung zusätzlich von der Art der Durchsetzung abhängig. Neben der zu erwartenden Leistungsfähigkeit spielt dabei auch eine tatsächliche Durchsetzbarkeit der Organhaftungsansprüche eine große Rolle. So dürfte insbesondere bei existenzbedrohenden Haftungssummen eine ausländische und insbesondere außereuropäische Nationalität der Organmitglieder und die überwiegende Belegenheit des Vermögens im außereuropäischen Ausland einen erheblichen Abschlag rechtfertigen. Unabhängig von diesen allgemeinen Durchsetzungsproblemen hat auch die Frage eine große Bedeutung, wer die Organhaftung für die Gesellschaft durchsetzen wird.

(1) Bewertungsabschlag aufgrund der ARAG-Garmenbeck-Grundsätze

Erfolgt die Durchsetzung durch den Aufsichts- oder Beirat kommen insofern die ARAG-Garmenbeck-Grundsätze[37] zur Anwendung, so dass zusätzlich die entsprechende dreistufige Prüfung vorgenommen werden muss.[38] Damit besteht ein erheblicher Ermessensspielraum bei den zuständigen Gesellschaftsorganen, der sich zwangsläufig auch auf die Bewertung niederschlagen muss. Aufgrund des Umfangs dieses Ermessens, das bis zu einem vollständigen Durchsetzungsverzicht reichen kann, wird häufig nur eine Bewertung mit einem Erinnerungswert möglich sein.

(2) Kein Bewertungsabschlag bei abweichenden Durchsetzungsmöglichkeiten

Diese Einschränkung gilt allerdings nicht bei Vorliegen eines verpflichtenden Hauptversammlungsbeschlusses (§ 147 Abs. 1 AktG), bei einer Geltendmachung durch einen besonderen Vertreter (§ 147 Abs. 2 AktG) oder durch einen Aktionär nach

37 BGH, 21.04.1997, II ZR 175/95, BGHZ 135, 244 = NJW 1997, 1926.
38 Dazu ausführlich Mock in BeckOGK, Stand 01.02.2025, § 147 Rn. 55 ff. mit weiteren umfangreichen Nachweisen.

einem erfolgreichen Klagezulassungsverfahren (§ 148 AktG). Bei diesen Formen der Durchsetzung kommen die ARAG-Garmenbeck-Grundsätze nicht zur Anwendung. Vielmehr können die jeweils handelnden Personen unabhängig davon agieren.

(3) Umgang mit der fehlenden Vorhersehbarkeit der Durchsetzung

Daraus folgt für die Eingangsbewertung allerdings eine nicht unerhebliche Unsicherheit, da der Umfang der Realisierung des Organhaftungsanspruchs davon abhängt, wer diesen konkret geltend macht. Erfolgt die Geltendmachung durch den Aufsichts- oder Beirat ohne das Vorliegen eines verpflichtenden Hauptversammlungsbeschlusses (§ 147 Abs. 1 AktG), kann durchaus mit einer geringeren Haftungsrealisierung gerechnet werden als bei einer Geltendmachung auf andere Weise. Erschwerend kommt hinzu, dass die Art und Weise der Geltendmachung nicht sicher vorhersehbar ist und sich in deren Verlauf auch noch verändern kann. So kann die Hauptversammlung den verpflichtenden Beschluss nach § 147 Abs. 1 AktG noch fassen, wenn der Aufsichtsrat schon mit der Durchsetzung begonnen hat und ihm sein Ermessen nach den ARAG-Garmenbeck-Grundsätzen sozusagen nachträglich einschränken. Ebenso kann ein laufendes Klagezulassungsverfahren eines Aktionärs jederzeit durch eine Geltendmachung des Ersatzanspruchs durch die Gesellschaft unzulässig werden (§ 148 Abs. 3 Satz 1 Halbsatz 2 AktG). Das gleiche gilt, wenn das Klagezulassungsverfahren bereits erfolgreich durchgeführt wurde und der Aktionär Klage im Namen der Gesellschaft erhoben hat (§ 148 Abs. 3 Satz 1 Halbsatz 2 AktG). Selbst die Bestellung eines besonderen Vertreters (§ 147 Abs. 2 AktG) ist nicht unumkehrbar, da dieser bei einer Bestellung durch die Hauptversammlung oder durch das Gericht wieder abberufen werden kann. Diese Unsicherheiten müssen aufgrund der Anwendung des Vorsichtsprinzips (§ 252 Abs. 1 Nr. 4 HGB) einen Niederschlag bei der Erstbewertung erfahren.

(4) Zwischenfazit

Dabei dürfte im Grundsatz davon auszugehen sein, dass die ARAG-Garmenbeck-Grundsätze als Ausgangspunkt zu berücksichtigen sind, da sie sozusagen die größtmögliche Einschränkung des zu realisierenden Umfangs des Organhaftungsanspruchs begründen. Davon ist nur abzuweichen, wenn sich der Aufsichtsrat gegen eine eigene Geltendmachung der Ansprüche ausgesprochen hat. Zwar ist auch diese Entscheidung nicht unumkehrbar. Allerdings bietet ein entsprechender Beschluss des Aufsichtsrats eine ausreichende Basis für die Annahme, dass die Geltendmachung nur auf anderem Weg erfolgen wird. Für diese übrigen Formen der Geltendmachung müssen dann allerdings konkrete Anhaltspunkte vorliegen.

b) Folgebewertung

Für die Folgebewertung ergeben sich ähnliche Herausforderungen. Bei dieser ist mangels der Anwendbarkeit von § 253 Abs. 3 und 4 HGB auf Organhaftungsansprüche wieder auf das Vorsichtsprinzip (§ 252 Abs. 1 Nr. 4 HGB) zurückzugreifen.

Dabei müssen negative Veränderungen in der Vermögenssituation der Schuldner der Organhaftungsansprüche dahingehend berücksichtigt werden, dass die Organhaftungsansprüche in ihrem bilanziellen Ausweis reduziert werden müssen. Gleiches gilt, wenn sich bei der Durchsetzung neue Schwierigkeiten ergeben, so dass mit einem geringeren Realisierungsbetrag zu rechnen ist. Verbessert sich hingegen die finanzielle Situation der Schuldner des Organhaftungsanspruchs, kann eine Zuschreibung nicht erfolgen, da das deutsche Handelsbilanzrecht eine solche nur für den Fall des § 253 Abs. 5 Satz 1 HGB zulässt, dessen Voraussetzungen in diesem Fall aber nicht gegeben sind.

c) Zwischenergebnis

Für die Bewertung ergeben sich ähnliche Unsicherheiten wie bei der grundlegenden Frage der Aktivierung der Ansprüche. Im Grundsatz kann für die Zugangsbewertung nicht vom Nennwert des Organhaftungsanspruchs ausgegangen werden; vielmehr ist insofern die individuelle oder bei einer gesamtschuldnerischen Haftung die kollektive Leistungsfähigkeit der Ausgangspunkt. Solange keine Anhaltspunkte für eine Geltendmachung aufgrund eines verpflichtenden Hauptversammlungsbeschlusses, durch einen besonderen Vertreter oder einen Aktionär aufgrund eines erfolgreichen Klagezulassungsverfahrens bestehen, muss selbst dieser Restbetrag in der Regel aufgrund der *ARAG-Garmenbeck*-Grundsätze reduziert werden.

3. Ausweis

Eine gesonderte Erläuterung der Bilanzierung der Organhaftungsansprüche im Anhang ergibt sich zunächst im Hinblick auf die verwendeten Bilanzierungs- und Bewertungsmethoden (§ 284 Abs. 2 Nr. 1 HGB). Aufgrund der zahlreichen Unwägbarkeiten vor allem im Zusammenhang mit der Eingangs- und Folgebewertung der Organhaftungsansprüche ist eine gesonderte Erläuterung dieser Umstände zwingend erforderlich. Dabei ist insbesondere darauf einzugehen, ob und gegebenenfalls welche Art der Geltendmachung bereits verfolgt oder in Aussicht genommen wird. Einer solchen Angabepflicht kann auch nicht die Schutzklausel des § 286 Abs. 3 Nr. 1 oder Nr. 2 HGB entgegengehalten werden. Zwar mag es bei Organhaftungsansprüchen oftmals eine große Diskrepanz zwischen der tatsächlichen Anspruchshöhe und den Realisierungsaussichten geben. Daraus kann aber nicht *per se* geschlossen werden, dass die Angaben zu den Organhaftungsansprüchen für die Darstellung der Vermögens-, Finanz- oder Ertragslage von untergeordneter Bedeutung sind. Mit den Angaben zu den Organhaftungsansprüchen wird vielmehr deutlich, dass der Gesellschaft ein konkreter Schaden entstanden ist, der im Übrigen aus der Handelsbilanz nicht ohne weiteres erkenn- oder ableitbar ist. Zudem stellt die Erläuterung der Bilanzierungs- und Bewertungsmethoden im Hinblick auf die Organhaftungsansprüche insbesondere im Hinblick auf deren tatsächliche Realisierbarkeit dar, inwiefern dieser eingetretene Schaden kompensiert werden wird. Weitere Angaben zu den einzelnen Schuldnern des Organhaftungsanspruchs sind aus den §§ 284 ff. HGB kaum abzuleiten.

4. Prüfung

Mit der Annahme einer Pflicht zum bilanziellen Ausweis der Organhaftungsansprüche nach den oben genannten Grundsätzen ist die Folgefrage der Prüfung dieser Vorgaben verbunden.

a) Prüfung durch den Aufsichts- oder Beirat

Damit zuvörderst der Aufsichtsrat angesprochen, muss dieser doch nach § 171 Abs. 1 AktG, § 52 Abs. 1 GmbHG den Jahresabschluss und den Lagebericht selbständig prüfen. Damit verbunden ist auch eine Prüfung des richtigen Ausweises der Organhaftungsansprüche.[39] Da der Prüfungsmaßstab – jedenfalls bei einer vorherigen Abschlussprüfung – auf eine intensive Plausibilitätsprüfung beschränkt ist[40], dürfte dieser Aspekt kaum relevant werden. Gleichwohl sind bei einer fehlenden Abschlussprüfung höhere Anforderungen zu stellen. Richten sich die Organhaftungsansprüche gegen aktuelle oder ehemalige Mitglieder der Geschäftsleitung und hat der Aufsichtsrat bereits Schritte zu deren Durchsetzung unternommen, muss der Aufsichts- oder Beirat letztlich prüfen, ob die Geschäftsleiter als die zur Aufstellung des Jahresabschlusses Verpflichteten diese Bemühungen bereits hinreichend bilanziell abgebildet haben. Hat der Aufsichts- oder Beirat hingegen bisher nichts unternommen oder sogar einen Beschluss gefasst, dass von einer Inanspruchnahme der Geschäftsleiter Abstand zu nehmen ist, ergibt sich für ihn ein Widerspruch. Einerseits muss er prüfen, ob die Ansprüche bestehen und richtig bilanziell abgebildet wurden, andererseits hat er aber selbst bisher nichts unternommen oder sogar eine gegenteilige Sichtweise im Hinblick auf das Bestehen der Organhaftungsansprüche angenommen. Somit verlangt man vom Aufsichts- oder Beirat letztlich eine kritische Überprüfung der eigenen (vorherigen) Entscheidung in einem bilanzrechtlichen Kontext. Dass diese Prüfung in der Regel kaum anders ausfallen wird, dürfte nicht überraschen, ändert gleichwohl nichts an dem Umstand, dass eine dahingehende Prüfungspflicht besteht. Noch problematischer ist, wenn sich die Organhaftungsansprüche gegen Aufsichts- oder Beiratsmitglieder selbst richten. In diesem Fall müssten die Aufsichts- oder Beiratsmitglieder sozusagen prüfen, ob die gegen sie bestehenden oder eben nicht

39 Ebenso und jedenfalls eine Berichtspflicht gegenüber der Hauptversammlung nach § 171 Abs. 2 AktG annehmend OLG Stuttgart, 15.03.2006, 20 U 25/05, NZG 2006, 472, 475; Lutter in Festschrift für Schneider, 2011, S. 763, 769 Fn. 29; Lutter, AG 2008, 1, 8; Vetter, ZIP 2006, 257, 260; a.A. Sailer-Coceani in K. Schmidt/Lutter, AktG, 2024, § 93 Rn. 47.

40 Dazu nur Koch, AktG, 19. Aufl. 2025, § 171 Rn. 11; Hennrichs/Pöschke in Münchener Kommentar zum AktG, 6. Aufl. 2024, § 171 Rn. 46 ff.; Mock in Hachmeister/Kahle/Mock/Schüppen, Bilanzrecht, 2. Aufl. 2020, § 171 AktG Rn. 30; Vetter in Großkommentar zum AktG, 5. Aufl. 2018, § 171 Rn. 125.

bestehenden Haftungsansprüche ordnungsgemäß bilanziell ausgewiesen wurden, was zu einem letztlich unüberbrückbaren Interessenkonflikt führt.

b) Abschlussprüfung

Neben dem Aufsichtsrat muss auch der Abschlussprüfer den ordnungsgemäßen bilanziellen Ausweis der Organhaftungsansprüche prüfen. Dabei kann in der Regel auch nicht der Einwand der fehlenden Wesentlichkeit (§ 317 Abs. 1 Satz 3 HGB) durchdringen. Zum einen kann auch eine verhältnismäßig kleine (realisierte) Haftsumme des individuellen Organmitglieds bei einer gesamtschuldnerischen Haftung durchaus die rechnerische Schwelle der Wesentlichkeit überschreiten. Zum anderen beschränkt sich die Wesentlichkeit nicht nur auf einen rechnerischen Betrag, sondern bezieht auch andere Aspekte mit ein[41], die bei den Organhaftungsansprüchen gerade gegeben sind. Diese somit bestehende Prüfpflicht der Mitglieder des Aufsichts- oder Beirats steht allerdings vor dem Problem, dass die Aufsichtsratsmitglieder in diesem Zusammenhang einem Interessenkonflikt unterliegen.

c) Enforcement-Verfahren

Gleiches gilt für das Enforcement-Verfahren in seiner jetzigen Gestalt[42], da sowohl die *Prüfstelle für Rechnungslegung* als auch die Bundesanstalt für Finanzdienstleistungsaufsicht die in den Anwendungsbereich fallenden Jahresabschlüsse nach dem Maßstab der Wesentlichkeit zu untersuchen haben.[43]

d) Sonderprüfungen

Schließlich kommt noch eine (aktienrechtliche) Sonderprüfung in Betracht. Da in diesem Zusammenhang vorrangig bilanzielle Fragen eine Rolle spielen, greift die Vorbehaltsklausel des § 142 Abs. 3 AktG, so dass grundsätzlich nur eine bilanzielle Sonderprüfung nach den §§ 258 ff. AktG möglich ist, was freilich nicht ausschließt, dass die fehlende Bilanzierung als erneute Pflichtverletzung ebenfalls Gegenstand einer allgemeinen aktienrechtlichen Sonderprüfung sein kann.[44] Die fehlende Aktivierung von Organhaftungsansprüchen stellt eine Unterbewertung im Sinne von § 258 Abs. 1 Satz 1 Nr. 1 AktG dar, bei der jedenfalls dann von einer nicht unwesentlichen

41 Dazu etwa Mylich in Hachmeister/Kahle/Mock/Schüppen, Bilanzrecht, 2. Aufl. 2020, § 317 HGB Rn. 67 ff.; Habersack/Schürnbrand in Staub, HGB, 5. Aufl. 2010, § 317 Rn. 8 ff.; Justenhoven/Küster/Bernhardt, in Beck'scher Bilanzrechtskommentar, 14. Aufl. 2024, § 317 Rn. 10 ff.

42 Ebenso Semler in Festschrift für Goette, 2011, S. 499, 504.

43 Zu diesem Prüfungsmaßstab ausführlich Mock in Kölner Kommentar zum WpHG, 2. Aufl. 2014, § 37n Rn. 145 ff. mit weiteren Nachweisen.

44 Zum beschränkten Anwendungsbereich der Vorbehaltsklausel des § 142 Abs. 3 AktG ausführlich Mock in BeckOGK, Stand 01.02.2025, § 142 Rn. 259 ff.

Unterbewertung auszugehen ist, wenn die Bewertung die Bandbreite zulässiger Bewertungen verlassen hat.[45] Darüber hinaus kommt aber auch eine bilanzielle Sonderprüfung wegen unvollständiger Anhangsangaben nach § 258 Abs. 1 Satz 1 Nr. 2 AktG in Betracht, da das Bestehen von Organhaftungsansprüchen auch allgemeine Anhangsangaben[46] auslöst. Auch wenn somit die bilanzielle Sonderprüfung für eine Überprüfung des richtigen bilanziellen Ausweises von Organhaftungsansprüchen prädestiniert zu sein scheint, dürfte diese in der Praxis aufgrund der nahezu vollständig fehlenden Anreizstruktur für die antragsberechtigten Aktionäre[47] kaum relevant werden.

IV. Verbindlichkeiten im Zusammenhang mit der Organhaftung

Neben der Aktivierung von Organhaftungsansprüchen sind auch die insbesondere für die Durchsetzung der Ansprüche anfallenden Kosten bilanziell relevant.

1. *Bildung von Rückstellungen*

Dabei geht es vor allem um die Bildung von Rückstellungen. Insbesondere die Durchsetzung der Organhaftungsansprüche zieht sich oftmals – wie der Fall *Leo Kirch* und *Deutschen Bank AG* eindrucksvoll zeigt – über mehrere Jahre hin und kann enorm hohe Kosten verursachen, die im Fall des Obsiegens der Gesellschaft von den in Anspruch genommenen Organmitgliedern als unterlegene Partei zu tragen sind (§ 91 ZPO). Diese Kosten lassen sich zwar vor allem wegen der unklaren Dauer der Geltendmachung nicht vorab genau bestimmen. Dies ist aber kein gegen die Rückstellungsbildung sprechendes Argument, sondern bei diesen sozusagen Natur der Sache. Letztlich dürfte in diesem Zusammenhang auf allgemeine Erfahrungswerte hinsichtlich der zu erwartenden Kosten abzustellen sein.[48] Die Pflicht zur Rückstellungsbildung entfällt auch nicht, wenn die Organhaftungsansprüche durch einen Gesellschafter im Rahmen der *actio pro socio* bzw. bei der AG nach § 148 AktG geltend gemacht werden. Zwar muss der Gesellschafter in diesem Fall die Kosten für die Anspruchsverfolgung zunächst selbst tragen. Allerdings hat dieser eine

45 Zum Begriff der Unterbewertung ausführlich Mock in Großkommentar zum AktG, 5. Aufl. 2020, § 258 Rn. 65 ff.

46 Siehe III.3.

47 Zur fehlenden praktischen Bedeutung der bilanziellen Sonderprüfung Mock in Großkommentar zum AktG, 2020, § 258 Rn. 34 ff.

48 Zum Maßstab bei der Bildung von Rückstellungen Meyering/Gröne in Hachmeister/Kahle/Mock/Schüppen, Bilanzrecht, 3. Aufl. 2024 § 249 HGB Rn. 39 ff. mit weiteren Nachweisen.

Aufwendungsersatzanspruch gegen die Gesellschaft[49] im Fall des Obsiegens und der fehlenden Leistungsfähigkeit des Beklagten, so dass sich vor allem hinsichtlich der Höhe der Rückstellungen keine Abweichungen ergeben. In jedem Fall unzulässig ist die Verrechnung der möglicherweise entstehenden Kosten für die Anspruchsverfolgung mit den zu erwarteten Zahlungen auf die Organhaftungsansprüche, da dies gegen das Verrechnungsverbot des § 246 Abs. 2 HGB verstößt.

2. *Haftungsfreistellung*

Besondere Herausforderungen ergeben sich bei einer im Rahmen der Organhaftung bestehenden Haftungsfreistellung. Dies wird zwar nur relevant, wenn das Organmitglied direkt gegenüber einem Dritten haftet, so dass die Gesellschaft von dieser Konstellation nicht berührt wird.[50] Allerdings kann bei einer solchen Dritthaftung der Organmitglieder ein Freistellungsanspruch aus § 670 BGB analog, bei einer gesamtschuldnerischen (Dritt-)Haftung von Organmitglied und Gesellschaft nach § 426 Abs. 1 BGB oder ein vertraglicher Anspruch des Organmitglieds aus § 280 BGB bestehen, so dass die Gesellschaft letztlich doch mit diesem Anspruch belastet wird.[51] Diese Konstellationen unterscheiden sich von den oben dargestellten Grundsätzen dadurch, dass die Gesellschaft in diesem Zusammenhang selbst Schuldnerin ist, während sie bei den oben dargestellten Fällen[52] Gläubigerin ist. Dabei ist von einer Passivierungspflicht dieser Verbindlichkeit der Gesellschaft gegenüber den Organmitgliedern auszugehen, wenn sicher mit einer Inanspruchnahme zu rechnen ist. Dies dürfte jedenfalls dann der Fall sein, wenn der Anspruch des Dritten gegen das Organmitglied tatsächlich besteht und das Organmitglied auf diesen geleistet hat. Soweit dies nicht der Fall ist, muss lediglich eine Rückstellung (§ 249 HGB) gebildet werden, da insbesondere die Höhe der Inanspruchnahme der Gesellschaft durch das Organmitglied davon abhängt, in welcher Höhe das Organmitglied durch den Dritten in Anspruch genommen werden wird. Dies ist für die Gesellschaft in der Regel vorab nicht sicher zu ermitteln, was bei der Höhe der Rückstellung berücksichtigt werden muss.

V. Organhaftung und (allgemeine) Lageberichterstattung (§ 289 HGB)

Unabhängig von der Aktivierung der Organhaftungsansprüche oder der Passivierung der damit in Zusammenhang stehenden Kosten stellt sich die Frage, inwieweit

49 Dieser ergibt sich für die Personenhandelsgesellschaften aus §§ 110, 161 Abs. 2 HGB und für die GmbH aus §§ 670, 683 BGB. Bei der AG ist dieser Anspruch ausdrücklich in § 148 Abs. 6 Satz 5 AktG geregelt.

50 Dazu etwa Fleischer in BeckOGK, Stand 01.02.2025, § 93 Rn. 314 ff.

51 Fleischer in BeckOGK, Stand 01.02.2025, § 93 Rn. 316; Fleischer, WM 2005, 909, 917.

52 Siehe III.

über Organhaftungsansprüche im Lagebericht Auskunft erteilt werden muss. Nach § 289 Abs. 1 Satz 1 HGB muss im Lagebericht über den Geschäftsverlauf berichtet werden, wozu auch eine Berichterstattung über besondere Ereignisse gehört, solange diese einen Einfluss auf die Vermögens-, Finanz- und Ertragslage haben.[53] Dazu sind Organhaftungsansprüche als Bestandteil des vergangenheitsbezogenen Geschäftsverlaufs zu zählen, so dass diese Angaben schon nach der Generalklausel des § 289 Abs. 1 HGB gemacht werden müssen. Dies gilt nicht zuletzt vor dem Hintergrund, dass eine umfassende Aktivierung der Organhaftungsansprüche in voller Höhe gerade nicht erfolgt[54], so dass es den Adressaten des Jahresabschlusses ansonsten verborgen bleibt, in welchem Umfang genau eine Schädigung der Gesellschaft durch das Organmitglied erfolgt ist. Teilweise wird im Schrifttum angenommen, dass der Aufsichtsrat im Rahmen seiner Berichterstattung gegenüber der Hauptversammlung nach § 171 Abs. 2 AktG auf die Geltendmachung von Organansprüchen eingehen muss.[55] Geht man mit guten Gründen von einer solchen Berichtspflicht aus, ist es nahezu zwingend, eine solche bereits in der Lageberichterstattung zu verlangen. Dies ist jedenfalls dann der Fall, wenn ein verpflichtender Hauptversammlungsbeschluss nach § 147 Abs. 1 AktG gefasst, ein besonderer Vertreter nach § 147 Abs. 2 AktG bestellt oder ein Klagezulassungsverfahren nach § 148 AktG eingeleitet wurde. Die im Rahmen der Aktivierung[56] und Bewertung[57] zu berücksichtigenden Unsicherheiten können aufgrund des fehlenden quantitativen Ausweises an dieser Stelle nicht durchdringen. Mit einer solchen primären Verortung des Ausweises der Organhaftung im Lagebericht wird aber zugleich ein nicht unerhebliches Vollzugsdefizit begründet, da der Inhalt des Lageberichts vom Abschlussprüfer (*arg.* § 317 Abs. 2 HGB) und im Rahmen des Enforcement-Verfahrens[58] nur eingeschränkt zu prüfen ist. Somit ist vor allem der Aufsichtsrat für die Prüfung berufen, bei dem sich aber nicht unerhebliche Interessenkonflikte[59] ergeben können.

VI. Organhaftung und die Erklärung zur Unternehmensführung (§ 289f HGB)

Keinen unmittelbaren Einfluss haben die Organhaftungsansprüche jedenfalls *de lege lata* auf die Erklärung zur Unternehmensführung (§ 289f HGB). So muss beim Bestehen von Organhaftungsansprüchen unabhängig von der konkreten Art und Weise von

53 Dazu nur Mock in Hachmeister/Kahle/Mock/Schüppen, Bilanzrecht, 2. Aufl. 2020, § 289 Rn. 18 f. mit weiteren Nachweisen.

54 Siehe III.

55 Siehe die Nachweise in Fn. 39.

56 Siehe III.1.

57 Siehe III.2.

58 Zur Prüfung des Lageberichts im Enforcement-Verfahren Mock in Kölner Kommentar zum WpHG, 2014, § 37n Rn. 146.

59 Siehe dazu III.4.a).

deren Geltendmachung keine Angabe in der Entsprechenserklärung zum Deutschen Corporate Governance Kodex nach § 161 AktG gemacht werden (§ 289f Abs. 2 Nr. 1 HGB). Ebenso wenig werden die anderen Bestandteile der Erklärung zur Unternehmensführung nach § 289f Abs. 2 HGB durch Organhaftungsansprüche berührt. Dies erscheint vor dem Regelungszweck des § 289f HGB allerdings mehr als fragwürdig, da ein unmittelbarer Zusammenhang zwischen Organhaftung und Corporate Governance kaum bestritten werden kann. Gerade das Bestehen von Organhaftungsansprüchen und der Umgang mit diesen im Rahmen von deren Durchsetzung ist ein Aspekt, der die Unternehmensführung direkt betrifft. Daher sollte – freilich unter Koordinierung mit den etwaigen Angaben im allgemeinen Teil des Lageberichts[60] – *de lege ferenda* eine gesonderte Berichtspflicht über Organhaftungsansprüche erwogen werden, um auch diesen Aspekt der Unternehmensführung nach außen zu kommunizieren. Da § 289f HGB nur auf börsennotierte und kapitalmarktorientierte Aktiengesellschaft Anwendung findet, würde sich dadurch auch keine Überregulierung für alle anderen Gesellschaften ergeben, bei denen ein dahingehendes Informationsinteresse nicht besteht oder weniger ausgeprägt ist.

VII. Fazit

Die Organhaftung hat im wissenschaftlichen Schrifttum das Handelsbilanzrecht bisher nicht erreicht. Dies mag aufgrund der zahlreichen Unsicherheiten bei der Aktivierung und Bewertung von Organhaftungsansprüchen in vielen Fällen hinnehmbar sein; ein handelsbilanzieller Ausweis ist aber gleichwohl *per se* nicht ausgeschlossen. Gänzlich unverständlich ist hingegen, warum die Organhaftung im Rahmen der Lageberichterstattung bisher keinen Eingang gefunden hat, zumal bei dieser zum einen ein grundlegender Zusammenhang mit der Corporate Governance besteht und zum anderen ein entsprechendes Informationsbedürfnis der Adressaten festzustellen ist. Insofern wäre es *de lege ferenda* durchaus erwägenswert, im Katalog der Anhangsangaben in § 285 HGB eine gesonderte Angabepflicht für Organhaftungsansprüche einzuführen, zumal sich dort mit § 285 Nr. 9 HGB (*Angaben zur Vergütung*) und § 285 Nr. 10 HGB (*Angaben aller aktuellen und diesjährig ausgeschiedenen Organmitglieder*) bereits umfassende Angabepflichten im Hinblick auf Organmitglieder finden, insbesondere eine dahingehende Debatte im Hinblick auf die Kosten der D&O-Versicherung schon einmal geführt wurde.[61]

60 Siehe V.

61 Dazu etwa Fleischer in Fleischer, Handbuch des Vorstandsrechts, 2006, § 12 Rn. 21 f.

Die objektive Darstellung der Anlageempfehlung (Teil 1)*

– Zum Recht auf Konkretisierung der vollharmonisierten MAR – die umstrittenen Pflichten zur Recherche, Unvoreingenommenheit und Anhörung

Thomas M.J. Möllers

I. Auftakt: Fehlerhafte Anlageempfehlungen und ihre Folgen

1. Short-Sell-Attacken, Bilanzskandale und Finfluencer

Seit seiner Habilitationsschrift[1] hat sich der Jubilar mit Fragen des Gesellschafts-, Bilanz- und Kapitalmarktrechts befasst und zu vielen Themen prominent Stellung genommen. Das Handeln einzelner Marktteilnehmer führt immer wieder zu neuen Fragestellungen, die der Klärung bedürfen. Schon vor knapp 20 Jahren hatte ich zu fehlerhaften Finanzanalysen publiziert und die notwendige Konkretisierung inhaltlicher Standards angemahnt.[2] Bilanzskandale wie Comroad oder Wirecard, aber auch unzulässige Short-Sell-Attacken[3] haben oft das Vertrauen in die Börsen beschädigt. Wer glaubt, dass die Rechtslage nun einfacher und klarer geworden ist, wird enttäuscht; das Gegenteil ist der Fall: Zum Teil sind Pflichten (heftig) umstritten, zum Teil werden solche gar nicht thematisiert.

* Der erste Teil dieses Beitrags behandelt kontroverse Fragen im Zusammenhang mit der Pflicht zur objektiven Darstellung von Anlageempfehlungen. Er gibt einen Überblick über den aktuellen Meinungsstand und übt Kritik an der unklaren Rechtslage, die zu Unsicherheiten führt und weitere Fragen aufwirft. Im zweiten Teil werden diese Fragen aufgegriffen, Stellung dazu genommen und Lösungsvorschläge unterbreitet, s. Möllers, Die objektive Darstellung der Anlageempfehlung (Teil 2), in Festschrift für Mülbert, 2027 (im Erscheinen). Alle Internetquellen waren bei Erstellung des Manuskriptes abrufbar. Ich danke Frau stud. Mitarbeiterin Alexandra Jahn für die tatkräftige Unterstützung.

1 Beispielhaft Ekkenga, Anlegerschutz, Rechnungslegung und Kapitalmarkt: Eine vergleichende Studie zum europäischen, deutschen und britischen Bilanz-, Gesellschafts- und Kapitalmarktrecht, 1998.

2 Möllers in KK-WpHG, 2007, § 34b Rn. 123 ff.; Möllers/Lebherz, NZG 2007, 349 ff.; Möllers, AfP 2010, 107 ff.

3 Hierzu etwa Möllers, NZG 2018, 649 ff.; Mülbert, ZHR 182 (2018), 105 ff.; Langenbucher/Hau/Wentz, ZBB 2019, 307 ff.; Poelzig, ZHR 194 (2020), 697 ff.; Schmolke, ZGR 2020, 291 ff.; jüngst leitete die spanische Börsenaufsichtsbehörde CNMV ein Disziplinarverfahren gegen den aktivistischen Leerverkäufer Gotham City Research ein, vgl. CNMV, The CNMV initiates sanctioning proceedings against Gotham and General Industrial Partners for market manipulation regarding Grifols's shares v. 25.9.2024, www.cnmv.es/portal/home.

Der bisher nur bedingt aufgearbeitete Wirecard-Bilanzskandal verdeutlicht dies recht plastisch:[4] Die Journalisten Dan McCrum und Paul Murphy veröffentlichten in der Financial Times (FT) über einen Zeitraum von fünf Jahren mehr als 16 Berichte, in welchen sie minutiös nicht nachvollziehbare Zahlungsströme und Bilanzbuchungen des Wirecard Konzerns bei verschiedenen asiatischen Tochtergesellschaften aufdeckten;[5] auch deutsche Zeitschriften berichteten darüber.[6] Nachdem die FT weitere Ungereimtheiten aufgedeckt hatte, beauftragte die Wirecard AG selbst Mitte Oktober 2019 die Wirtschaftsprüfungsgesellschaft KPMG mit einer »Sonderuntersuchung«. Am 27. April 2020 stellte KPMG dann fest, dass zahlreiche Bilanzbuchungen nicht bestätigt werden können, weil Unterlagen nicht oder nicht im Original vorgelegt wurden.[7] Ernst Young (EY) verweigerte daraufhin am 18. Juni 2020 den Bestätigungsvermerk; nur eine Woche später stellte die Wirecard AG Insolvenzantrag. Weil zu befürchten ist, dass gegen die insolvente Wirecard AG keine Schadensersatzforderungen mehr durchgesetzt werden können, fokussieren sich die geschädigten Anleger auf die Wirtschaftsprüfungsgesellschaft EY als Anspruchsgegner.[8]

Die überschwänglich euphorische Stimmung der nahezu gesamten Finanzbranche zugunsten Wirecard war beeindruckend. An dieser Stelle soll nur das Verhalten der Finanzanalysten interessieren:[9] Bis zur Insolvenz hatten 2/3 aller Finanzanalysten die Wirecard-Aktie zum Kauf empfohlen, bei nur einer einzigen Verkaufsempfehlung.[10] Der Kurs der Wirecard-Aktie, der sich 2020 zwischen 70 und 125 € bewegte, wurde noch im April und Mai 2020 mit Kurszielen von mehr als 100 %, nämlich 230 und 270 EUR empfohlen.[11] Dass Marktteilnehmer Kurse »pushen«, also versuchen, nach

4 S. Beschlussempfehlung und Bericht des 3. Untersuchungsausschusses der 19. Wahlperiode gemäß Artikel 44 des Grundgesetzes v. 22.6.2021, BT-Drs. 19/30900, S. 599 ff.; vorher schon ausführlich Möllers in Festschrift 50 Jahre Juristische Fakultät, 2021, S. 473; englische Fassung: Möllers, 54 The International Lawyer, 325 ff. (2021).

5 Sie konnten sich hierbei auf Informationen von Whistleblowern von Wirecard stützen. S. ausführlich KPMG, Sonderbericht über die unabhängige Sonderuntersuchung der Wirecard AG v. 27.4.2020, S. 11 ff.; Bartz/Hesse, FT Reporter on the Downfall of Wirecard Head, Spiegel International v. 5.11.2020, www.spiegel.de/international.

6 Dohms/Borgwerth/Siegert, Das 250-Millionen-Euro-Rätsel des Börsenwunders Wirecard, manager magazin v. 23.2.2017, manager-magazin.de; Jauernig, Das steckt hinter dem Börsenstar Wirecard, Der Spiegel v. 5.9.2018, Heft 18, S. 65, www.spiegel.de/wirtschaft/unternehmen.

7 KPMG, Sonderbericht über die unabhängige Sonderuntersuchung der Wirecard AG v. 27.4.2020, S. 12 f.

8 Allein beim LG München I wurden mehr als 8.500 Verfahren ausgesetzt. Weitere 19.000 Personen haben Schadensersatzansprüche angemeldet. Zur umstrittenen Frage der Anwendbarkeit des KapMuG s. Möllers, BKR 2025, 97 ff.; zustimmend BayObLG, Musterentscheid v. 28.2.2025 – 101 Kap 1/22, BeckRS 2025, 3193.

9 Zum Versagen der gesamten Finanzbranche s. ausführlich Möllers in Festschrift 50 Jahre Juristische Fakultät, 2021, S. 473 ff.

10 S. die Einlassung von Pauls in Beschlussempfehlung und Bericht des 3. Untersuchungsausschusses der 19. Wahlperiode gemäß Artikel 44 des Grundgesetzes v. 22.6.2021, BT-Drs. 19/30900, S. 743.

11 Etwa von *Simon Bentlage* (Privatbank Hauck & Aufhäuser) am 23. April 2020 in Höhe von 270 €, von der Baader-Bank am 26. April 2020 von 240 € und noch im Mai 2020 (!) von *Heike Pauls* (Commerzbank) mit einem Kursziel von 230 €, vgl. Bergermann/Buschmann/Finkenzeller/Ter Haseborg/Zdrzalek, *»Fake News«*, Wirtschaftswoche v. 26.6.2020, S. 26,

oben zu treiben, ist nicht unüblich, etwa in jüngster Zeit von Influencern in den sozialen Medien, den sog. Finfluencern.[12]

2. *Anlageempfehlung und objektive Darstellung*

Die frühere MiFiD I sprach von Finanzanalysen, die heutige MAR[13] verwendet die Begriffe Anlageempfehlung und Anlagestrategieempfehlung.[14] Der Begriff Anlageempfehlung und der frühere Begriff der Finanzanalyse wird im Folgenden als Synonym verwendet, weil ein Unterschied für die hier einschlägigen Fragen nicht ersichtlich ist.[15] Es geht jeweils um eine Empfehlung eines Experten zu einem Wertpapier gegenüber einem unbestimmten Personenkreis.

Anlageempfehlungen müssen nach Art. 20 (1) MAR objektiv dargestellt und auf Nachfrage der Aufsichtsbehörde vertretbar sein. Weil die Zukunft keiner kennt,[16] erfolgt die Beurteilung ex ante.[17] 90 % aller Anlageempfehlungen sind deshalb ex ante ihrem Inhalt nach ungeachtet einer möglichen Abweichung von der Prognose vertretbar, denn ex post ist man bekanntlich immer schlauer.

Was aber ist mit den restlichen 10 %? Für die ex ante Beurteilung der objektiven Darstellung der Finanzanalyse drängt sich denklogisch die Frage auf, welche Rechtspflichten den Finanzanalysten bei der Erststellung treffen. Durch die Auferlegung eines gewissen Mindeststandards lassen sich einzelne Skandale vermeiden.

3. *Drei potentielle Rechtspflichten*

Konkret kommen drei potentielle Rechtspflichten in Betracht:

- Wie weit reicht die Recherchepflicht der Finanzanalysten? Hätten im Fall der Wirecard AG die Informationen der FT nicht ausgewertet und berücksichtigt werden

27; Börse Online, Wirecard-Aktien nach Bilanz-Prüfbericht und Achterbahnfahrt: Was die Analysten sagen, v. 2.5.2020, www.boerse-online.de/nachrichten/aktien.

12 Buck-Heeb/Tatu, RDi 2024, 461 ff.; Möslein/Jetzen, ZBB 2024, 236 ff.; Merwald/Schauer, BKR 2021, 280 ff.; Tatu, Finfluenceraktivitäten im Kapitalmarkt, 2024. Zur unzureichenden Qualität von Finanzanalysen s. bereits Stanzel, Qualität des Aktienresearchs von Finanzanalysen, 2007. S. unten III.2.

13 Verordnung (EU) Nr. 596/2014 über Marktmissbrauch (Marktmissbrauchsverordnung – Market Abuse Directive) v. 16.4.2014, ABl. EU L 173, S. 1 – MAR.

14 Vgl. Art. 20 (1) sowie Art. 3 (1) Nr. 34, 35 MAR. Zu den Versuchen einer Abgrenzung etwa Sajnovits in Assmann/Schneider/Mülbert, Wertpapierhandelsrecht, 8. Aufl. 2023, Art. 20 MAR Rn. 22 f.

15 Dafür spricht auch, dass Anh. 1 Abschnitt B (5) Richtlinie (EU) 2014/65 für Finanzanalysen v. 15.5.2014, ABl. EU L 173, S. 349–496 – MiFiD II noch von Finanzanalyse spricht. Für den Gleichklang der drei Begriffe s. etwa Rothenhöfer in Meyer/Veil/Rönnau, Handbuch zum Marktmissbrauchsrecht, 2. Aufl. 2023, § 21 Rn. 6; Kumpan/Schmidt in Schwark/Zimmer, Kapitalmarktrechts-Kommentar, 5. Aufl. 2020, Art. 20 Rn. 2; Meyer in Festschrift 25 Jahre WpHG, 2019, S. 939, 949.

16 Prediction is very difficult, especially about the future. Das Bonmot wird gleichermaßen Valentin, Twain, Lichtenberg, Tucholsky, Churchill und dem dänischen Nobelpreisträger Bohr zugeschrieben.

17 Möllers in KK-WpHG, 2007, § 36b Rn. 141; Möllers/Lebherz, NZG 2007, 349, 351.

müssen? Gibt es für Finanzanalysten eine vergleichbare know-your-product-Pflicht wie sie der BGH in der Bond-Rechtsprechung für Wertpapierdienstleistungsunternehmen entwickelt hat?

- Sind die Grundsätze der journalistischen Verdachtsberichterstattung auf Finanzanalysten übertragbar? Muss der Finanzanalyst das betroffene Unternehmen hinsichtlich nicht weiternachprüfbarer Gerüchte anhören und ggf. die Gegenargumente des börsennotierten Unternehmens in den Bericht mit aufnehmen?
- Wenn der Finanzanalyst Gerüchte kennt, muss er darüber in seiner Anlageempfehlung berichten? Oder darf der Finanzanalyst die negative Berichterstattung der FT als fake news abtun? Gehört zu einem Mindestmaß an objektiver Berichterstattung auch die Verpflichtung zur Unvoreingenommenheit, so dass bei einer positiven Anlageempfehlung die Argumentation gegenläufiger, sprich: negativer Informationen und Bewertungen zu berücksichtigen ist und umgekehrt?

Der folgende Beitrag will anhand dieser drei potentiellen Rechtspflichten das geltende Recht darstellen (II.), um im Anschluss aufzuzeigen, dass sich die gesetzgeberischen Vorgaben verschlechtert haben (III.). An dieser Stelle werden in einem ersten Teil die streitigen Fragen aufgeworfen und Erklärungsversuche gegeben.

Lösungsvorschläge finden sich dann in einem zweiten Teil.[18] Grund scheint die europäische (Voll-) Harmonisierung zu sein; allerdings erlaubt auch diese ein rechtsvergleichendes Arbeiten (IV.). Unter Heranziehung der Regelungszwecke des Kapitalmarktrechts lassen sich dann die Recherchepflicht, die Anhörungspflicht bei Verdachtsberichtserstattung und die Pflicht zur Unvoreingenommenheit rechtsdogmatisch begründen (V.). Abschließend ist auf praktische Umsetzungsmöglichkeiten einschließlich der Künstlichen Intelligenz durch Sprachmodelle knapp einzugehen (VI.).

II. Der aktuelle Meinungsstand

1. *Die kapitalmarktrechtlichen Regelungen in der MAR und das frühere deutsche Recht*

a) Gesetzliche Vorgaben nach Artt. 20 f. MAR und Anlageempfehlungs-DelVO 2016/598

Das europäische Kapitalmarktrecht ist inzwischen mehr als 60 Jahre alt, durch das Lamfalussy-Verfahren[19] hat es eine immense Verdichtung, ja Normenflut erlebt. Inzwischen gibt es in vielen Bereichen eine Vollharmonisierung durch unmittelbar

18 S. oben Fn. *.

19 Zum Lamfalussy-Verfahren s. Möllers, Juristische Methodenlehre, 6. Aufl. 2025, § 2 Rn. 75, § 7 Rn. 42 m.w.N.

wirkende europäische Verordnungen wie die MAR. Auf der sog. zweiten Ebene des Lamfalussy-Verfahren existieren sog. Delegierte Richtlinien oder Verordnungen wie die einschlägige Anlageempfehlungs-DelVO 2016/958.[20] Die ESMA selbst hat auf der dritten Stufe einige Q&A veröffentlicht,[21] die für die Rechtsfragen allerdings nicht einschlägig sind. Man könnte glauben, dass alle Fragen abschließend geklärt seien – Das Gegenteil ist der Fall.

Hinsichtlich aller drei potentiellen Rechtspflichten gilt: Auf der ersten Ebene des Lamfalussy-Verfahren verlangt der europäische Gesetzgeber lediglich die objektive Darstellung der Anlageempfehlung gem. Art. 20 MAR.[22] Konkrete Rechtspflichten lassen sich, anders als für Journalisten, denen Art. 21 MAR ein Recht auf die eigenen Berufs- und Standesregeln verschafft, daraus nicht unmittelbar herauslesen. Die DelVO 2017/958 präzisiert die objektive Darstellung insoweit, als alle Informationsquellen »zuverlässig«[23] sein müssen und bei »Zweifeln an der Zuverlässigkeit der Quelle« darauf hingewiesen werden muss.[24] Zudem kann die Aufsichtsbehörde gem. Art. 3 (3) DelVO 2016/598 verlangen, die Anlageempfehlung zu begründen.[25] Ziel der DelVO ist nach den Erwägungsgründen, dass die Marktteilnehmer oder die Öffentlichkeit nicht in die Irre geführt werden.[26] Aus all dem folgt nach dem Wortlaut unmittelbar weder eine Recherche- oder Anhörungspflicht noch eine Pflicht zur unvoreingenommenen Anlageempfehlung.

b) Die präziseren Vorgaben der § 34b WpHG a.F. und FinAnV a.F.

Erstaunt muss man feststellen, dass die früheren deutschen Vorschriften präziser waren als das jetzige vollharmonisierende, europäische Recht. Schon § 34b Abs. 1 S. 1 WpHG a.F. verpflichtete den Finanzanalysten zu der erforderlichen Sachkenntnis, Sorgfalt und Gewissenhaftigkeit,[27] also deutlich genauer als das weniger präzise »objektive Darstellen« des Art. 20 (1) MAR. Darüber hinaus verlangte § 3 Abs. 2 S. 1 FinAnV, »dass die Zuverlässigkeit der Informationsquellen mit vertretbarem

20 Delegierte Verordnung (EU) 2016/958 zur Ergänzung der Verordnung (EU) Nr. 596/2014 des Europäischen Parlaments und des Rates im Hinblick auf die technischen Regulierungsstandards für die technischen Modalitäten für die objektive Darstellung von Anlageempfehlungen v. 9.3.2016, ABl. EU L 160, S. 15.

21 ESMA_QA_1744, ESMA_QA_1745, ESMA_QA_1747, ESMA_QA_1748, www.esma.europa.eu. Zur Rechtsqualität ausführlich Merwald, Questions and Answers im Europäischen Wirtschaftsrecht, 2022.

22 S. oben I.3.

23 Frömel, Maßnahmen von Unternehmen gegen unberechtigte Short-Sell-Attacken, 2020, S. 93 spricht von »Zuverlässigkeitsprüfung«.

24 Möllers/Cyglakow, JZ 2018, 1131, 1135.

25 S. auch ErwG 63 S. 2 MAR.

26 ErwG 1 S. 1, 3 DelVO 2016/958.

27 Die Formulierung wurde durch das AnlegerschutzverbesserungG eingeführt, s. Gesetz zur Stärkung des Anlegerschutzes (AnlSchStG) v. 5.4.2011. BGBl. I 2011, S. 538.

Aufwand sicherzustellen« ist und statuierte damit explizit eine Recherchepflicht.[28] Dagegen spricht die heutige Fassung des Art. 3 (1) lit. c) DelVO 2016/598 nur davon, auf unzuverlässige Quellen hinzuweisen. Dies entspricht der Vorläufernorm, der europäischen Richtlinie 2003/125/EG.

Auch bzgl. der unvoreingenommenen Anlageempfehlung war das bisherige deutsche Recht präziser als der heutige Wortlaut: Nach dem klaren Wortlaut des § 5 Abs. 1 FinAnV musste die Finanzanalyse »unvoreingenommen« erstellt werden. Insoweit galten die Grundsätze der Objektivität und Neutralität.[29] Finanzanalysen waren mit den Bewertungsparametern hinreichend zu erläutern, § 4 Abs. 1 Nr. 3 FinAnV. Die Neufassung der Deutschen Grundsätze für Finanzresearch des DVFA von 2021 betonen die Unabhängigkeit und Objektivität des Finanzanalysten.[30] Konkret verlangt eine Stärken-/Schwächen-Analyse, Chancen und Risiken in komprimierter Form aufzuzeigen.[31] Für entsprechende Sorgfaltspflichten bei der Erstellung der Finanzanalyse sprach sich das Deutsche Aktieninstitut (DAI) bereits 2001 im Rahmen eines Entwurfs eines entsprechenden Verhaltenskodex für Finanzanalysten aus.[32]

2. *Recherchepflicht, Anhörungspflicht und Pflicht zur Unvoreingenommenheit durch die deutsche Rechtsprechung*

Das bisherige deutsche Recht wurde darüber hinaus durch die Rechtsprechung weiter präzisiert.

a) Die Rechtsprechung in Sachen Bond und Stiftung Warentest

Eine Recherchepflicht hatte der BGH etwa für Wertpapierdienstleistungsunternehmen in der berühmten Bond-Entscheidung begründet. Als sog. know-your-product-Pflicht formulierte über er über australische Bonds: »Nimmt [die Bank] ausländische Papiere in ihr Programm auf, hat sie sich – auch anhand ausländischer Quellen – über die Güte dieser Papiere zu informieren und sie einer eigenen Prüfung zu unterziehen. Der Anlageinteressent darf davon ausgehen, daß seine ihn beratende Bank, der er sich aufgrund der von dieser in Anspruch genommenen Sachkunde

28 Verordnung über die Analyse von Finanzinstrumenten (Finanzanalyseverordnung – FinAnV) v. 17.12.2004, BGBl. I, S. 3522; Möllers in KK-WpHG, 2. Aufl. 2014, § 34b Rn. 125 ff.

29 Zum früheren Recht Möllers/Lebherz, BKR 2007, 349, 352; Eisele in Schimansky/Bunte/Lwowski, Bankrecht-Handbuch, 4. Aufl. 2011, § 109 Rn. 88; Fuchs in Fuchs, WpHG, 2. Aufl. 2016, § 34b Rn. 34; Möllers/Cyglakow, JZ 2018, 1131, 1135.

30 DVFA, Deutsche Grundsätze für Finanzresearch, Grundsätze ordnungsmäßigen Finanzresearchs, Januar 2025, Ziff. 1, 2.

31 DVFA, Deutsche Grundsätze für Finanzresearch, Mindeststandards für Finanzresearch, Januar 2021, Ziff. 3.6.

32 Von Rosen/Gerke, Kodex für anlegergerechte Kapitalmarktkommunikation, 2001, S. 68 f.

anvertraut, die von ihr in das Anlageprogramm aufgenommenen Papiere selbst als ›gut‹ befunden hat.«[33]

b) Zulässigkeit der Verdachtsberichterstattung bei vorheriger Anhörung durch die Presse

Die Verdachtsberichterstattung betrifft oft eine natürliche Person, der nicht selten eine Straftat vorgeworfen wird. In diesem Fall liegt oft eine Interessentrias vor, die erstens aus der Informationsfreiheit der Öffentlichkeit und dem insoweit bestehenden Informationsinteresse der Allgemeinheit besteht, zweitens aus der Meinungsäußerungsfreiheit sowie der Freiheit der Berichterstattung der Medien gem. Art. 5 Abs. 1 GG, Art. 10 EMRK sowie drittens den Interessen des Betroffenen, insbesondere dem Allgemeinen Persönlichkeitsrecht (Art. 2 Abs. 1 i.V.m. Art. 1 Abs. 1 GG sowie Art. 8 Abs. 1 EMRK), und den Verfahrensgrundrechten wie Unschuldsvermutung sowie dem Recht auf ein faires Verfahren.[34] Auch Unternehmen können einen guten Ruf verlieren, auch für sie gilt die Unschuldsvermutung. Schließlich stehen hinter Unternehmen auch immer natürliche Personen, regelmäßig der Vorstand und vor allem der CEO und CFO. Die Grundsätze der Verdachtsberichterstattung hat die Rechtsprechung auf Unternehmen übertragen. Sie hat deshalb die Grundsätze auch auf Fälle angewendet, in denen allgemein gegen das Unternehmen und seine Mitarbeiter berichtet wurde.[35] Unternehmen können sich zwar nicht auf das allgemeine Persönlichkeitsrecht berufen. Die Rechtsprechung hat aber ein sog. allgemeines Unternehmenspersönlichkeitsrecht aus Art. 2 Abs. 1 iVm Art. 19 Abs. 3 GG, Art. 8 Abs. 1 EMRK anerkannt.[36]

Um den Eingriff in die Rechte des Betroffenen so gering wie möglich zu halten, muss er vor einer Veröffentlichung gehört werden; die Presse hat dann diese Gegenargumente des Betroffenen zu berücksichtigen. Im Einzelnen sind die Voraussetzungen der Anhörung hoch: »Hat der Betroffene eine substantiierte Stellungnahme zu den berichteten Vorwürfen abgegeben, so muss diese zumindest in ihren wesentlichen Punkten in die Berichterstattung aufgenommen werden, da eine pauschale oder sinnentstellende zusammenfassende Wiedergabe die mögliche Überzeugungskraft

33 BGH, 6.7.1993, XI ZR 12/93, BGHZ 123, 126, 129 – Bond. Hierzu etwa Möllers in KK-WpHG, 2. Aufl. 2014, § 31 Rn. 29 und unten V.2.

34 EGMR, 7.6.2007, 1914/02, ECLI:CE:ECHR:2007:0607JUD000191402, NJW 2008, 3412; BGH, 7.12.1999, VI ZR 51/99, BGHZ 143, 199, 204; BVerfG, 5.6.1973, 1 BvR 536/72, BVerfGE 35, 202, *219 ff*; Hoene in Soehring/Hoene, Presserecht, 7. Aufl. 2024, Rn. 19.74; Rixecker in MünchKomm-BGB, Anh. § 12 Rn 254; Gounalakis, NJW 2012, 1473, 1475 ff; Klass, ZUM 2022, 1, 4.

35 OLG Stuttgart, 1.2.2023, 4 U 144/22, MDR 2023, 636 – Kaninchenzuchtbetrieb; LG Berlin II, 31.3.2025, 27O 78/25ev, GRUR-RS 2025, 4781 – Öffentlich-rechtliche Rundfunkanstalt.

36 BGH, 28.7.2015, VI ZR 340/14, NJW 2016, 56, 59 – Fortdauernde Rufbeeinträchtigung.

der Entgegnung entwerten könnte.«[37] Im Ergebnis wird dem Betroffenen so die Möglichkeit eröffnet, auf die Schwere des Eingriffs zu reagieren.[38]

Nach einer zulässigen Anhörung darf über einen Verdacht berichtet werden: Auch wenn sich dieser im Nachhinein als falsch herausstellt, bleibt die Berichterstattung rechtmäßig.[39] Für den Betroffenen gilt die Unschuldsvermutung.[40] Teleologisch stellt bei der journalistischen Verdachtsberichterstattung die Anhörungspflicht das Korrektiv für das Recht des Journalisten dar, über unbewiesene (vermeintliche) Tatsachen berichten zu dürfen.[41] Insoweit sind die Vorstandsmitglieder, aber auch hohe Manager[42] durch diese Rechtsprechung geschützt. Dieses Recht gilt nach deutschem und europäischen Recht unbestritten gegenüber natürlichen Personen, da das allgemeine Persönlichkeitsrecht massiv beeinträchtigt ist, wenn die Presse dem Betroffenen eine Straftat vorwirft.

c) Die Rechtsprechung in Stiftung Warentest

Auch die Pflicht zur Unvoreingenommenheit wurde von der deutschen Rechtsprechung präzisiert: Die Rechtsprechung zur Stiftung Warentest hat den Eingriff in den eingerichteten und ausgeübten Gewerbebetrieb gem. § 823 Abs. 1 BGB mit der Meinungsfreiheit von Art. 5 Abs. 1 GG abgewogen. Bei Warentests unterliegt die bewertende Organisation dem prozeduralen Sorgfaltsmaßstab, wonach die Stiftung Warentest neutral, objektiv, unabhängig und sachkundig recherchieren und berichten muss.[43]

37 Hierzu etwa OLG Hamburg, 21.2.2007, 7 U 64/05, NJW-RR 2006, 1707, 1708 – Geldentschädigung wegen anprangernder Verdachtsberichtserstattung; LG Köln, 21.6.2017, 28 O 357/16, NJW-RR 2018, 299, 300; Brost/Conrad/Rödder, AfP 2018, 287, 289; zahlreiche Beispiele bei Klass in Erman, BGB, 17. Aufl. 2023, Art. 12 Anh. Rn. 146 ff.; dies., ZUM 2022, 1.

38 Möllers/Cyglakow, JZ 2018, 1131, 1134.

39 EGMR, 2.12.2014, 18748/10, ECLI:CE:ECHR:2014:1202DEC001874810, NJW 2016, 785, 787; BVerfG, 23.2.2000, 1 BvR 456/95, NJW-RR 2000, 1209, 1210; BGH, 25.5.1965, VI ZR 1964, GRUR 1966, 157, 158; BGH, 30.1.1996, VR ZR 386/94, NJW 1996, 1131, 1134; OLG Frankfurt a.M., 8.5.2024, 16 U 33/23, ZUM-RD 2024, 440.

40 Vgl. Art. 20 Abs. 3 GG und Art. 6 Abs. 2 EMRK, Art. 48 Abs. 1 GrCh; BVerfG, 29.5.1990, 2 BvR 254/88 u.a., BVerfGE 82, 106, 114 – Unschuldsvermutung.

41 Möllers/Cyglakow, JZ 2018, 1131, 1134.

42 BGH, 30.10.2012, VI ZR 4/12, MDR 2013, 27, 28 – Gazprom-Manager; OLG Köln, 10.9.2020, 15 U 230/19, AfP 2021, 58 – VW-Manager; BGH, 16.11.2021, VI ZR 1241/20, NJW 2022, 940 – VW-Manager.

43 BGH, 9.12.1975, VI ZR 157/73, BGHZ 65, 325, 334 – Warentest II; Assmann/Kübler, ZHR 142 (1978), 413, 423; BGH, 17.6.1997, VI ZR 114/96, GRUR 1997, 942, 943. S. auch Wagner in MünchKomm-BGB, 9. Aufl. 2024, § 823 Rn. 442; Köhler in Köhler/Feddersen, UWG, 43. Aufl. 2025, § 6 Rn. 198 ff. m.w.N.

3. Der Meinungsstand zu den drei Rechtspflichten für Anlageempfehlungen

a) Der vertretbare Rechercheaufwand

Zum Teil wird einer Recherchepflicht für Anlageempfehlungen in der Literatur zugestimmt;[44] andere beschreiben diese knapp[45] oder thematisieren sie gar nicht.[46] Wegen der Vollharmonisierung der MiFID II zweifeln darüber hinaus etliche Autoren schon im Bereich der Banken, ob die know-your-product-Pflicht der Bond-Rechtsprechung überhaupt noch angewendet werden darf.[47]

b) Die umstrittene Pflicht zur Anhörung bei Verdachtsberichterstattung

Eine Anhörungspflicht des börsennotierten Unternehmens bei Verdachtsmomenten vor Veröffentlichung wird im Gesetz nicht explizit verlangt. 2018 hatte ich eine entsprechende Pflicht bejaht und hierfür eine Konkretisierung des Begriffs der objektiven Darstellung vorgenommen. Begründet hatte ich dies mit den Grundsätzen der Verdachtsberichterstattung, die für die Presse gelten.[48]

In der Kommentarliteratur lehnt die ganz überwiegende Anzahl der Autoren eine solche Pflicht zur Anhörung des börsennotierten Unternehmens bei einer Verdachtsberichterstattung vor der Veröffentlichung der Anlageempfehlung ab. Schon der Wortlaut sehe eine solche Anhörungspflicht nicht vor.[49] Eine Offenlegungspflicht gebe es nach Art. 4 (1) lit. a) DelVO 216/958 nur bei der Änderung der Empfehlung.[50] Während der europäische Gesetzgeber für Ratingagenturen und Abschlussprüfer entsprechende Anhörungspflichten vorgesehen hätte,[51] fänden sich vergleichbare

44 Florstedt, ZIP 2023, 113, 119 ff.

45 Zum Teil unter Hinweis auf FinAnV a.F. Kumpan/Schmidt in Schwark/Zimmer, Kapitalmarktrechts-Kommentar, 5. Aufl. 2020, Art. 20 Rn. 84: »angemessenen Umfang auf ihre Zuverlässigkeit hin zu überprüfen«; Rothenhöfer in Meyer/Veil/Rönnau, Handbuch zum Marktmissbrauchsrecht, 2. Aufl. 2023, § 22 Rn. 23; Poelzig/Strobel in Fuchs/Zimmermann, Wertpapierhandelsrecht, 3. Aufl. 2024, Art. 20 Rn. 55: »Zuverlässigkeit zu überprüfen.«

46 Etwa Schmolke in Klöhn, MAR, 2. Aufl. 2023, Art. 20 Rn. 132 f. Unklar bzgl. einer Recherchepflicht Harnos in Seibt/Buck-Heeb/Harnos, Wertpapierhandelsrecht, 2024, Art. 20 MAR Rn. 63.1.

47 Verneinend etwa Mülbert, WM 2007, 1149, 1156; ders., ZHR 172 (2008), 170, 183; Nikolaus/d'Oleire, WM 2007, 2129, 2134; Herresthal, ZBB 2009, 348, 351 ff.

48 Möllers, NZG 2018, 649, 655; Möllers/Cygklakow, JZ 2018, 1131, 1137. S. gerade II.2.b).

49 Poelzig, ZHR 184 (2020), 697, 719 f.; Poelzig/Strobel in Fuchs/Zimmermann, Wertpapierhandelsrecht, 3. Aufl. 2024, Art. 20 Rn. 56.

50 Poelzig, ZHR 184 (2020), 697, 719 f.; Poelzig/Strobel in Fuchs/Zimmermann, Wertpapierhandelsrecht, 3. Aufl. 2024, Art. 20 Rn. 56; ihr folgend Schmolke in Klöhn, MAR, 2. Aufl. 2023, Art. 20 Rn. 134.

51 Anh. I Abschnitt D.1 (3) Verordnung (EG) Nr. 1060/2009 über Ratingagenturen (Rating-VO) v. 16.9.2009, ABl. EU L 302, S. 1 sowie Art. 7 (1) Verordnung (EU) Nr. 537/2014 über spezifische Anforderungen an die Abschlussprüfung bei Unternehmen (Abschlussprüfer-VO) v. 16.4.2014, ABl. EU L 158/77.

Regeln weder in Art. 20 MAR noch in der DelVO 216/958.[52] Zudem wird noch ein vermeintliches »Totschlägerargument« vorgetragen: Die Vollharmonisierung sei abschließend.[53] Die Anforderungen ergäben sich detailliert und abschließend aus der vollharmonisierten MAR.[54] Der Vorrang des europäischen Rechts schließe damit weitergehende Pflichten auf nationaler Ebene aus. Eine solche Extension des Art. 3 (1) lit. c) DelVO sei abzulehnen.[55] Im Ergebnis wäre eine Anhörung des Unternehmens zwar statthaft, rechtlich aber nicht geboten.[56]

c) Die Pflicht zur Unvoreingenommenheit

Darf eine Anlageempfehlung einseitig sein? Muss sie unvoreingenommen sein? An anderer Stelle hatte ich bereits formuliert, dass man zu den objektiv unrichtigen Anlageempfehlungen auch solche zählen muss, die nur einseitig positiv oder negativ empfehlen und widersprechende Überlegungen unterschlagen, weil damit die Zweifel an den Informationen nicht offengelegt werden.[57] Ggf. wird man sogar fordern, dass die Anlageempfehlung ausgesetzt wird, solange eine seriöse Bewertung nicht möglich ist.[58]

In der Rechtsliteratur wird eine solche Pflicht zur Unvoreingenommenheit in der Regel nicht thematisiert.[59] Teilweise wird zwar eine Sorgfaltspflicht für alle Informationsquellen verlangt[60] – inwieweit dies auch eine Verpflichtung verlangt, gegenläufige Informationen anzugeben, bleibt unklar. Zum Teil wird auch gefordert, unzuverlässige Informationsquellen, die nicht berücksichtigt wurden, anzugeben. Auch diese Forderung wird wenig konkretisiert.[61] Letztlich wird vertreten, eine inhaltliche Auseinandersetzung mit dem Emittenten sei gar nicht erforderlich;[62] dann bedarf es

52 Poelzig, ZHR 184 (2020), 697, 719 f.; Poelzig/Strobel in Fuchs/Zimmermann, Wertpapierhandelsrecht, 3. Aufl. 2024, Art. 20 Rn. 56; ihr folgend Schmolke in Klöhn, MAR, 2. Aufl. 2023, Art. 20 Rn. 134.
53 Schmolke in Klöhn, MAR, 2. Aufl. 2023, Art. 20 Rn. 134.
54 Mülbert/Sajnovits, BKR 2019, 313, 316; Sajnovits in Assmann/Schneider/Mülbert, Wertpapierhandelsrecht, 8. Aufl. 2023, Art. 20 MAR Rn. 85.
55 Schmolke in Klöhn, MAR, 2. Aufl. 2023, Art. 20 Rn. 134.
56 Mülbert/Sajnovits, BKR 2019, 313, 316; Schmolke, ZGR 2020, 291, 303; ders. in Klöhn, MAR, 2. Aufl. 2023, Art. 20 Rn. 134; Poelzig, ZHR 184 (2020), 697, 719 f.; Poelzig/Strobel in Fuchs/Zimmermann, Wertpapierhandelsrecht, 3. Aufl. 2024, Art. 20 Rn. 56; zweifelnd auch Florstedt, ZIP 2023, 113, 119; Harnos in Seibt/Buck-Heeb/Harnos, Wertpapierhandelsrecht, 2024, Art. 20 MAR Rn. 63.1.
57 So bereits Möllers in Festschrift 50 Jahre Juristische Fakultät Augsburg, 2021, S. 473, 495.
58 S. unten V.4.b).
59 Etwa Schmolke in Klöhn, MAR, 2. Aufl. 2023, Art. 20 Rn. 132 f.; Kumpan/Schmidt in Schwark/Zimmer, Kapitalmarktrechts-Kommentar, 5. Aufl. 2020, Art. 20 Rn. 83 ff.
60 Harnos in Seibt/Buck-Heeb/Harnos, Wertpapierhandelsrecht, 2024, Rn. 63.1.
61 Foerster in Habersack/Mülbert/Schlitt, Handbuch der Kapitalmarktinformation, 3. Aufl. 2020, § 23 Rn. 86.
62 Etwa Kumpan/Schmidt in Schwark/Zimmer, Kapitalmarktrechts-Kommentar, 5. Aufl. 2020, Art. 20 Rn. 36; Rothenhöfer in Meyer/Veil/Rönnau, Handbuch zum Marktmissbrauchsrecht, 2. Aufl. 2023, § 21 Rn. 28.

naheliegenderweise auch keiner Auseinandersetzung von pro und contra. Die obige genannte Pflicht der »Unvoreingenommenheit« gem. Art. 5 Abs. 1 FinAnV a.F.[63] wird damit von diesen Stimmen in der Literatur stillschweigend aufgegeben.

III. Kritik am geltenden Recht: Lückenhaftigkeit und Sackgassen

1. *Die Paradoxie – unklareres Recht nach Lamfalussy – und Vollharmonisierung*

Die Schwächen des Lamfalussy-Verfahrens sind schon mehrfach beschrieben worden: Recht ist handwerklich schlecht gemacht, ausschweifend und oft nicht hilfreich.[64] Wenn ErwG. 5 S. 1 MAR betont, dass durch eine einheitliche Auslegung die Regeln klarer definiert werden, ist paradoxerweise genau das Gegenteil zutreffend. Das deutsche Recht war präziser; das eigentliche Ziel, klareres Recht zu schaffen, wird durch das Lamfalussy-Verfahren konterkariert. Die früheren deutschen Vorschriften mit § 34b WpHG und der FinAnV waren deutlich präziser, etwa mit der Verpflichtung zu einer Recherche »mit vertretbarem Aufwand« oder zur »Unvoreingenommenheit« der Finanzanalyse; zusätzliche Präzisierungen gibt die bisherige zivilrechtliche Rechtsprechung.[65] Dagegen sind die jetzigen Begriffe von MAR und DelVO 2016/958 weit weniger scharf; es bleibt im Zweifel nur die Verpflichtung zur »objektiven Anlageempfehlung«. Schlechte Gesetze führen im Zweifel auch zu wenig hilfreichen Kommentierungen. Man vermisst zum einen jegliche Fälle, welche positiv oder negativ Anschauungsmaterial für Anlageempfehlungen bereit stellen würden. Der empirische Befund ist defizitär. Zum anderen mangelt es an einer kritischen Begleitung des europäischen Normtextes.[66]

2. *Die lückenhafte Überwachung*

In früheren Artikeln hatte ich die fehlende Überwachung seitens der BaFin und des Presserates kritisiert.[67] Getan hat sich seitdem wenig: Zwar hat die BaFin vereinzelnd die fehlende Identität einzelner Anlageempfehlungen gerügt.[68] Ansonsten finden sich in den Jahresberichten der BaFin bis heute keinerlei Entscheidungen, in welchen die

63 S. oben II.1.b).
64 Mülbert, ZHR 176 (2012), 369 ff.; Möllers, ZEuP 2008, 480 ff.; ders., ZEuP 2016, 325, 335 ff.; Zetzsche/Eckner in Gebauer/Teichmann, Europäisches Privat- und Unternehmensrecht, 2016, § 7 Rn. 134; kritisch auch Florstedt, ZIP 2023, 113, 124.
65 S. oben II.1. und 2.
66 Oft beschränken sich die Kommentierungen auf eine reine Textexegese der MAR sowie der DelVO 2016/958, S. oben II.3.
67 Etwa Möllers, AfP 2010, 107; ders., NZG 2018, 649, 654.
68 Hierzu unten VI.1.

BaFin frühere Anlageempfehlungen als rechtswidrig eingestuft und entsprechende Sanktionen angeordnet hat. Das überrascht umso mehr als der Gesetzgeber das »Naming und Shaming« ausdrücklich vorsieht[69] und durch die MAR noch verschärft hat, um präventiv vor rechtswidrigem Verhalten abzuschrecken.[70]

Vergleichbares gilt für die Journalisten, die Anlageempfehlungen erstellen. Für sie gilt eine Überwachung durch den Deutschen Presserat.[71] Der Presserat hat erst 1999 einen Leitfaden für Journalistische Berichterstattung herausgegeben.[72] Dort sind hauptsächlich Interessenkonflikte geregelt; auf die gerade genannten Pflichten wird dagegen nicht eingegangen. Es überrascht insoweit nicht, dass sich seit 1988 bis heute kein einziges Verfahren über unzureichende Berichterstattung von Finanzanalysten wiederfindet.[73] Eine effektive Durchsetzung findet nicht statt,[74] zumal es sich auch lediglich um eine freiwillige Selbstkontrolle der Presse handelt.[75]

Das ist umso bedauerlicher, als bis heute die Wild West Manier anhält. So sei an die obigen Bilanzskandale und Short-Sell-Attacken erinnert. Wirecard ist kein Einzelfall. Auch heute finden sich im Internet und sonstigen Medien unschwer Anlageempfehlungen, die den oben genannten Kriterien nicht einseitiger Berichterstattung nicht statthalten. Gerade sog. Finfluencer »pushen« verschiedene Finanzprodukte, oft Kryptowährungen, über ihre verschiedenen Social Media Kanäle gegenüber einer immer weiter wachsenden Community.[76] Statt einer Sanktionierung rechtswidrigen Verhaltens findet man Warnungen von BaFin und ESMA an den (Klein-)Anleger, Anlageempfehlungen und Ausführungen von Influencern genau zu lesen.[77] Das ist fast schon beschämend, so als würde die Polizei nicht die Einbrecher verfolgen, sondern vorrangig die Hauseigentümer bitten, alle Türen und Fenster sorgfältig zu sichern.

Auch die zivilrechtliche Haftung fällt weitgehend aus, weil bei Finanzanalysten im Gegensatz zu den Wertpapierdienstleistungsunternehmen in der Regel keine vertraglichen Ansprüche gegenüber Anlegern bestehen.[78] Die Lage ist insoweit mit der der

69 Zum alten § 40b WpHG s. Möllers, AcP 208 (2008), 1, 16 f.

70 Zur Neufassung des § 40b WpHG s. die jetzigen §§ 123–125 WpHG.

71 Zur damaligen fehlenden Überwachung s. noch Möllers, AfP 2010, 107, 110 ff.

72 Presserat, Journalistische Verhaltensgrundsätze und Empfehlungen des Deutschen Presserats zur Wirtschafts- und Finanzmarktberichterstattung v. 20.3.2019, www.presserat.de.

73 S. hierzu die Webseite www.pressesrat.de und 7.4. Wirtschafts- und Finanzberichterstattung.

74 Kritisch schon Möllers, AfP 2010, 107 ff.; Foerster in Habersack/Mülbert/Schlitt, Handbuch der Kapitalmarktinformation, 3. Aufl. 2020, § 23 Rn. 13; Sajnovits in Assmann/Schneider/Mülbert, Wertpapierhandelsrecht, 8. Aufl. 2023, Art. 20 MAR Rn. 140.

75 Grabenwarter in Dürig/Herzog/Scholz, GG, 106. EL Okt. 2024, Art. 5 Rn. 475.

76 S. oben I.1.

77 BaFin, Anlagetipps in sozialen Medien: Vorsicht ist oberstes Gebot, www.bafin.de; Online-Finanz-Coachings: worauf Sie achten sollten v. 27.7.2023, www.bafin.de; ESMA, Warning For people posting Investment Recommendation on social media v. 6.2.2024, ESMA74–1103241886-912, www.esma.europa.eu. Im Folgenden wird aber auf die einzelnen Rechtsfragen der Finfluencer nicht weiter eingegangen.

78 Soweit ersichtlich, gibt es bisher keine Urteile, die eine Haftung von Finanzanalysten begründen, Möllers in KK-WpHG, 2. Aufl. 2014, § 34b Rn. 289 ff.

Wirtschaftsprüfer vergleichbar.[79] Im Ergebnis kommt das Groß der rechtswidrigen Anlageempfehlungen weiterhin ungeschoren davon, weil das europäische Recht der MAR so wenig klar ist und als Folge davon die entsprechenden Ressourcen nicht bereit gestellt werden.

3. *Vergebliche Appelle an Gesetzgeber*

Florstedt hat jüngst noch einmal auf die gesetzlichen Lücken hingewiesen und gefordert, dass Schwächen des Gesetzes behoben werden müssen.[80] Damit reiht er sich ein in die Schar der Kritiker; allein: seit 2007 ist nichts passiert, obwohl ständig der Optimierungsbedarf angemahnt wurde.[81] Oder noch schlimmer: Das Lamfalussy-Verfahren hat die Normenflut erhöht, letztlich aber unklare Begriffe mit wenig Inhalt eingeführt. Vergleichbares lässt sich auch über die Normen zum Marktmissbrauch sagen.[82] Damit zeigt sich der Versteinerungseffekt auf europäischer Ebene:[83] Gefundene Kompromisse werden beibehalten – zu einer Änderung kann sich der europäische Gesetzgeber nur schwer durchringen.[84]

Zusammenfassung

1. Anlageempfehlungen spielen bei Short-Sell-Attacken, Bilanzskandalen und Finfluencern eine unrühmliche Rolle. Drei Pflichten würden die Qualität einer objektiven Darstellung der Anlageempfehlung verbessern: Die Pflicht zu einer angemessenen

79 Gegenüber EY gibt es jetzt im Wirecard-Skandal allerdings Klagen, die einen Anspruch wegen sittenwidriger Schädigung gem. § 826 BGB geltend machen. Hierzu s. etwa OLG München, 20.12.2021, 8 U 6063/21, WM 2022, 174, 177; OLG München, 19.9.2022, 8 U 8302/21, NZG 2022, 1632, 1638 Rn. 83 ff.; Fischer/Zastrow, GWR 2020, 351, 353; Poelzig, ZBB 2001, 71, 81 ff.

80 Florstedt, ZIP 2023, 113, 124: »Der stark vermehrte Normtext von MAR und MiFID II ist in Wahrheit ein inhaltlich-verarmtes Inflationsgut, dem eine wichtige Anwendungsdimension mangelt: sie bezeichnen die Verhaltensgebote für Finanzanalysten zu wenig. Worauf es ankommt, ist: die unionsrechtlichen Vorgaben klarer zu fassen, konkrete materiellrechtliche Kontrollpflichten für Analysten zu positivieren, die schädlichen Interessenkonflikte schlüssiger zu bestimmen und einen auch für Privatanleger verständlichen Zustand der Mindesttransparenz herzustellen.«

81 S. oben I.1.

82 Kritisch etwa Schröder, HRRS 2013, 253, 258 f.; bzgl. § 20a WpHG a.F. Schwark in Schwark/Zimmer, Kapitalmarktrechts-Kommentar, 4. Aufl. 2010, § 20a WpHG Rn. 34.

83 Schön in Everling/Roth, Mindestharmonisierung im Europäischen Binnenmarkt, 1997, S. 55, 69; allgemein Kieninger, Wettbewerb der Privatrechtsordnungen im Europäischen Binnenmarkt, 2002.

84 Vorschläge für ein europäisches Haftungsrecht etwa bei Hopt/Voigt, Prospekt- und Kapitalmarktinformationshaftung, 2005; Möllers in Festschrift 50 Jahre Juristische Fakultät 2021, S. 493, 501 ff.

Recherche, die Pflicht zur Anhörung im Rahmen einer Verdachtsberichterstattung und die Pflicht zur unvoreingenommenen Anlageempfehlung.

2. Art. 20 MAR verlangt eine objektive Darstellung der Anlageempfehlung. Auch die Anlageempfehlungs-DelVO 2017/508 gibt wenig Hilfestellung bei der Frage, ob Finanzanalysten die gerade genannten Pflichten erfüllen müssen. Deutlich genauer waren dagegen das frühere deutsche Recht, § 34b WpHG a.F. sowie die FinAnV a.F. Zudem hatte die deutsche Rechtsprechung vergleichbare Pflichten weiter konkretisiert, etwa mit dem Bond-Urteil (know your product), einer Anhörungspflicht im Rahmen der Verdachtsberichterstattung und der Pflicht zur Unvoreingenommenheit der Stiftung Warentest. Dagegen bleiben Pflichten zur Recherche, Anhörung und Unvoreingenommenheit in Bezug auf die Anlageempfehlung in der Rechtsliteratur heftig umstritten.

3. Obwohl das Lamfalussy-Verfahren und die Vollharmonisierung durch die Normverdichtung das level playing field und eine höhere Rechtssicherheit erreichen wollten, finden sie in den Normtexten keine klaren Antworten zu den drei Rechtsfragen. Das führt letztlich zu dem Paradox, dass zwar besseres Recht geschaffen werden sollte, tatsächlich aber ein Rückschritt an Rechtsklarheit und Rechtssicherheit gegenüber der früheren Mindestharmonisierung festzustellen ist.

In einem Teil 2 werden die Überlegungen zur europäischen Methodenlehre vertieft. Dabei wird sich zeigen: Die Vollharmonisierung beschränkt mit der Pflicht zur autonomen Auslegung zwar grundsätzlich die Anwendung von nationalem Recht. Die vollharmonisierende Verordnung bindet aber unstrittig schon dann nicht, wenn der konkrete Fall außerhalb des Anwendungsbereichs der Verordnung liegt oder sie auf das nationale Recht zurückverweist. Die autonome Auslegung europäischen Rechts schließt die Rechtsvergleichung mit ein. In diesem Rahmen dürfen, das übersieht die Gegenansicht, die deutschen Vorläufernormen zur Konkretisierung des Begriffs der objektiven Darstellung herangezogen werden. Dazu bedarf es des Nachweises, dass das neue Recht das alte Recht nicht aufheben wollte; zudem müssen die konkretisierenden Pflichten den Regelungszielen des Kapitalmarktrechts entsprechen.[85]

85 Hierzu dann ausführlich Möllers, Die objektive Darstellung der Anlageempfehlung, Teil 2, Festschrift für Mülbert, 2027 (im Erscheinen).

Die Offenlegung von Anlage- und Unternehmensstrategien: Absichtserklärungen im Bank-, Kapitalmarkt- und Gesellschaftsrecht

Florian Möslein

Der Jubilar hat die Schnittstellen von Bank-, Kapitalmarkt- und Gesellschaftsrecht intensiv ausgelotet und dabei stets die Bedeutung von Transparenz und Governance hervorgehoben.[1] Seine zahlreichen Arbeiten zu Corporate Governance, Mitteilungspflichten und Aufsichtsstrukturen zeigen, wie eng rechtliche Rahmenbedingungen und unternehmerische Strategien miteinander verzahnt sind.[2] Uns beide verbindet nicht nur die gemeinsame Leidenschaft für das Gesellschafts- und Kapitalmarktrecht, sondern auch die Faszination für die Strukturen und Prozesse unternehmerischer Organisation.

Der vorliegende Beitrag, dessen zentrale Thesen ich schon vor längerem einmal mit dem Jubilar diskutieren konnte, untersucht die Offenlegung von Anlage- und Unternehmensstrategien in verschiedenen Rechtsgebieten. Während sich die wissenschaftliche Befassung mit unternehmerischen Strategien bislang meist auf ökonomische und betriebswirtschaftliche Fragen beschränkt, soll hier die dogmatische Einordnung im Bank-, Kapitalmarkt- und Gesellschaftsrecht im Vordergrund stehen. Der Beitrag versteht sich als Einladung, Offenlegungspflichten nicht nur als Informationsinstrument für den Markt zu sehen, sondern als integralen Bestandteil moderner Corporate Governance – eine Idee und Entwicklung, die der Jubilar in zahlreichen Arbeiten thematisiert und analysiert, mitunter freilich auch kritisiert hat.

I. Einleitung

1. Ursprünge des Strategiebegriffs

Die Idee der Strategie hat ihre Wurzeln im Altertum. Der altgriechische Begriff *stratēgós* setzt sich aus *stratia* (στρατός, Armee) und *agos* (ἀγός, Führer) zusammen, bezeichnete also ein militärisches Amt.[3] Das Zehnerkollegium der Strategen, das

1 S. vor allem Ekkenga, Anlegerschutz, Rechnungslegung und Kapitalmarkt, 1998.
2 Vgl. etwa Ekkenga, ZGR 1999, 165; ders., NZG 2001, 1; ders. NZG 2013, 1081; ders./Schirrmacher/Schneider, NJW 2021, 1509; ders., ZHR 188 (2024), 471.
3 I.d.S. der Eintrag »Strategus« in der Encyclopædia Britannica, abrufbar unter: https://www.britannica.com/topic/strategus?utm_source=chatgpt.com; vgl. außerdem Nadar, The Etymology of Strategy, Medium v. 2.6.2016, abrufbar unter https://medium.com/@jack_nadar/the-etymology-of-strategy-4e8035c8f497.

aus gewählten Vertretern der einzelnen Stämme (»phylen«) bestand, war im antiken Athen mit der Heeresführung betraut.[4] Athene galt als Göttin nicht nur des Krieges, sondern auch der Weisheit und Strategie.[5] In der Moderne war es zuerst der preußische Generalmajor *Carl von Clausewitz*, der Begriff und Konzept der Strategie wiederentdeckte und weiterentwickelte. Er diskutierte Strategien nicht nur in militärischem Kontext, sondern bereits mit wirtschaftlichen Bezügen.[6] *Clausewitz* hatte sich mit den Theorien von *Adam Smith* befasst und hinterfragte daher das Verhältnis von Zweck und Aufwand bzw. von Kosten und Nutzen.[7] In seinem Hauptwerk »Vom Kriege« schrieb er beispielsweise, »die Strategie beim Verbrauch des Kriegstheaters« sei »wie in allem übrigen eine Ökonomie der Kräfte«.[8]

2. *Kernelement der betriebswirtschaftlichen Managementlehre*

Heute zählen Strategiefragen zu den Kernelementen der betriebswirtschaftlichen Managementlehre.[9] Bereits im Jahr 1962 definierte *Alfred Chandler* Strategie als »determination of the basic long-term goals of an enterprise, and the adoption of courses of action and the allocation of resources necessary for carrying out these goals«.[10] In der Folge entwickelten vor allem *Michael Porter*, *Peter Drucker* und *Henry Mintzberg* die strategische Managementlehre fort.[11] In Deutschland ragt die Habilitationsschrift von *Georg Schreyögg* heraus, die unter dem Titel »Unternehmensstrategie« Grundfragen einer Theorie strategischer Unternehmensführung behandelt.[12]

Diese Proponenten betonen nicht nur die elementare Bedeutung strategischer Gestaltung. Sie thematisieren vor allem das Spannungsfeld von langfristiger Planung und Anpassungsfähigkeit an sich stetig ändernde wirtschaftliche Umstände: Gute Strategie bewährt sich im Umgang mit Ungewissheit. Die erforderliche Balance

4 Näher etwa Kahrstedt, Studien zum öffentlichen Recht Athens: Untersuchungen zur Magistratur in Athen, 1969, S. 24 ff.

5 Roscher/Furtwängler in Roscher (Hrsg.), Ausführliches Lexikon der griechischen und römischen Mythologie, Bd. 1, 1886, Athene Sp. 675–704; Schmälzle in Moog-Grünewald (Hrsg.), Mythenrezeption. Die antike Mythologie in Literatur, Musik und Kunst von den Anfängen bis zur Gegenwart, 2008, Athena, S. 172.

6 Ähnlich Souchon, Carl von Clausewitz: Strategie im 21. Jahrhundert, 2012, S. 199 f.

7 Vgl. von Clausewitz in Daase/Davis (Hrsg.), *Clausewitz on Small War*, 2015, S. 169, 206 f.; zu Verbindungslinien in umgekehrter Richtung: Köllner, Ökonomie und Militär bei Adam Smith, Sicherheit und Frieden 4 (1986), 159.

8 Von Clausewitz, Vom Kriege, Bd. 2, 3. Aufl. 1867, Neudr. 2025, S. 209.

9 Spezifische Einordnung und Überblick etwa bei Burr/Stephan/Werkmeister, Unternehmensführung, 2. Aufl. 2011, S. 91 ff.

10 Chandler, Strategy and Structure: Chapters in the history of industrial enterprise, 1962, S. 13.

11 Porter, Competitive Strategy, Erstaufl. 1980; Drucker, Innovation and Entrepreneurship, Erstaufl. 1985; Mintzberg, The Rise and Fall of Strategic Planning, Erstaufl. 1994.

12 Schreyögg, Unternehmensstrategie: Grundfragen einer Theorie strategischer Unternehmensführung, 1984.

zwischen langfristiger Planung und zugleich notwendiger Anpassungsfähigkeit in einem sich wandelnden, unsicheren Umfeld wird mit dem Begriff »organizational ambidexterity« bezeichnet.[13] Auch in der finanzwirtschaftlichen Diskussion von Anlagestrategien spielt dieses Erfordernis dynamischer Anpassung eine zentrale Rolle. Strategie beschränkt sich nicht auf einen exakt vorformulierten Plan, sondern sie erfordert angesichts unvermeidbarer Ungewissheit ein hohes Maß an Flexibilität und strategischem Lernen.[14] Umgekehrt darf jedoch der rote Faden nicht aus dem Blick geraten, weil Muster in einem Strom von Entscheidungen Strategien überhaupt erst ausmachen. »Strategy formation walks on two feet, one deliberate, the other emergent«, so deshalb das anschauliche Bild von *Henry Mintzberg*.[15]

3. (Ir-)Relevanz in der Unternehmensrechtswissenschaft?

Während strategisches Management in Unternehmen eine Schlüsselrolle spielt, ist »für die Unternehmensrechtswissenschaft […] Strategie (noch) kein zentrales Thema«, wie *Barbara Dauner-Lieb* kürzlich zu Recht monierte.[16] Als eigenes Aufgaben- und Handlungsfeld komme Strategie nicht vor; im Vordergrund stünden stattdessen Compliance, Haftung und die Business Judgment Rule.[17]

Dieser Befund ist ebenso zutreffend wie überraschend. Zwischen jenen Problemfeldern und Strategiefragen bestehen nämlich enge Wechselbezüge: Unternehmens- und Risikostrategien hängen miteinander zusammen; ihre Festlegung gehört zur Leitungsverantwortung und beschreibt den Rahmen des unternehmerischen Ermessens bei einzelnen Vorstandsentscheidungen.[18] Der Gesetzgeber selbst erkennt diese Zusammenhänge ausdrücklich an, wenn auch nur im spezialgesetzlichen Kontext des Kreditwesengesetzes. Dort betont er sogar, die gesamte Unternehmensstruktur müsse sich »an den Strategien des Unternehmens« ausrichten.[19] Gesellschaftsrechtlich kann man ergänzen, dass sich selbst Unternehmensgegenstand und Gesellschaftszweck ohne Strategie nicht umsetzen lassen.[20] Allgemeiner sind Strategien ein wichtiges Governance-Instrument in Langzeitverträgen, um die notwendig unbestimmten

13 Grundlegend: Duncan, The Ambidextrous Organization, 1976, S. 167 ff.

14 Ausführlich Smit/Trigeorgis, Strategic Investment: Real Options and Games, 2004; vgl. außerdem Trigeorgis/Reuter, Real options theory in strategic management, Strategic Management Journal 38 (2017), 42.

15 Mintzberg/Waters, Of strategies, deliberate and emergent, Strategic Management Journal 6 (1985), 257, 271.

16 Dauner-Lieb in Schwenker/dies. (Hrsg.), Gute Strategie, 2017, S. 125, 127.

17 S. nochmals Dauner-Lieb in Schwenker/dies. (Hrsg.), Gute Strategie, S. 127 f.

18 Ähnlich Spindler in MünchKomm-AktG, Bd. 2, 6. Aufl. 2023, § 76 Rn. 18.

19 § 25c Abs. 3 Nr. 4 KWG; dazu näher Braun in Fischer/Schulte-Mattler (Hrsg.), KWG, 6. Aufl. 2023, § 25c Rn. 61; vgl. außerdem Begründung zum CRD IV-UmsG, BT-Drucks. 510/12, S. 142.

20 Vgl. etwa Habersack, NZG 2023, 1103, 1105; Seibt/Fischer, DB 2021, 998; s. auch OLG Düsseldorf, 15.01.2015, 6 U 48/14, BeckRS 2015, 16131, Rn. 84.

Pflichten von Agenten zu konkretisieren: Ihre Offenlegung erlaubt dem Prinzipal, deren künftiges oder geplantes Handeln sachgerecht zu beurteilen.[21]

II. Bestandsaufnahme

In bemerkenswertem Gegensatz zum geringen Interesse der Rechtswissenschaft finden sich, wenn man das geltende Bank-, Kapitalmarkt- und Gesellschaftsrecht durchforstet, erstaunlich viele Vorschriften zur Offenlegung von Anlage- und Unternehmensstrategien. Die Verknüpfung von Strategie und unternehmerischer Leitungsverantwortung ist zugleich ein Thema, das auch *Jens Ekkenga* immer wieder beschäftigt hat: Seine Arbeiten zur Corporate Governance und zum Gesellschaftsrecht betonen seit jeher, dass nachhaltiger Unternehmenserfolg eine Balance zwischen unternehmerischer Eigenverantwortung und rechtlicher Rahmensetzung erfordert.[22] Die hier untersuchten Offenlegungspflichten lassen sich in diese Tradition einordnen.

1. Bankrecht

Das Kapitalanlagegesetzbuch beispielsweise verwendet den Begriff der Anlagestrategie in § 1 Abs. 1 Satz 1 KAGB, um den Zentralbegriff des Investmentvermögens zu definieren.[23] Investmentvermögen setzt die Festlegung einer solchen Strategie voraus, an deren Konkretisierung der Gesetzgeber hohe Anforderungen stellt: Laut Gesetzesbegründung muss die Anlagestrategie die Anlagekriterien genau bestimmen und die Handlungsspielräume des Fondsverwalters in Anlagebedingungen, Satzung oder Gesellschaftsvertrag einschränken.[24] Die Formulierung einer solchen Strategie dient somit der Konkretisierung des Handlungsprogramms: »Während der Unternehmensgegenstand den Tätigkeitsbereich der Gesellschaft beschreibt«, so heißt es in einer Standardkommentierung, »ist mit der Anlagestrategie die Art und Weise, wie die gesellschaftsvertraglich festgelegte Tätigkeit auszuführen ist, angesprochen«.[25]

21 Vgl. Doralt, Langzeitverträge, 2018, S. 236 ff.; Güttler, Vertragsnetze und Netzzweck, 2022, S. 291 ff.

22 S. zuletzt vor allem Ekkenga, ZHR 188 (2024), 471, 474 (Beobachtung einer »Metamorphose vom reinen Ordnungsfaktor zugunsten der Freisetzung endogener Marktkräfte zu einem Instrument der Fremdsteuerung zu umwelt- und sozialpolitischen Umgestaltungszwecken«); außerdem bereits ders., Anlegerschutz, Rechnungslegung und Kapitalmarkt, S. 2 et passim; ferner etwa ders., NZG 2001, 1 (mit Blick auf Investor Relations).

23 Dazu näher: Verfürth/Emde in Emde/Dornseifer/Dreibus (Hrsg.), KAGB, 3. Aufl. 2023, § 1 Rn. 57–69; Volhard/Jang in Weitnauer/Boxberger/Anders (Hrsg.), KAGB, 3. Aufl. 2021, § 1 Rn. 23 f.

24 BT-Drucks. 17/12294, S. 201.

25 Paefgen/Franke in Ebenroth/Boujong (Hrsg.), KAGB, 5. Aufl. 2024, § 1 Rn. 21; ähnlich: Merkt, BB 2013, 1986, 1991; Haisch/Helios, BB 2013, 1687, 1689 f.; Loritz/Uffmann, WM 2013, 2193, 2199 (jedoch kritisch zu dem Kriterium der festgelegten Anlagestrategie, weil Unternehmen auch ansonsten über eine präzise Unternehmensstrategie verfügten).

Deutlich wird diese ermessensbegrenzende Funktion auch im Recht der individuellen Wertpapiervermögensverwaltung. Die Rechtsprechung verlangt hier eine Beratung, die sich »nicht auf jedes mögliche Anlageobjekt, sondern nur auf die allgemeine Anlagestrategie und deren Risiken« bezieht.[26] Gesetzlich verankert ist die Offenlegungspflicht in § 63 Abs. 7 Satz 3 Nr. 1 lit. a) WpHG. Die Vorschrift verpflichtet Wertpapierdienstleistungsunternehmen, Kunden rechtzeitig und in verständlicher Form über Anlagestrategien zu informieren.[27] Solche Strategien sollen einen integralen Bestandteil von Anlagerichtlinien bilden, um den Kunden einen Bewertungs- und Vergleichsmaßstab zur Leistungsmessung an die Hand zu geben. Sie gereichen jedoch auch dem Vermögensverwalter zum Vorteil: In Ermangelung entsprechender Vereinbarungen genießt dieser nämlich keineswegs unbeschränktes Ermessen. Stattdessen unterliegt er den schwer vorhersehbaren und teils sehr strengen Grundsätzen, die die Rechtsprechung fordert.[28] Die Offenlegung der Anlagestrategien dient mithin der privatautonomen, individuellen Konkretisierung ansonsten denkbar unbestimmter Vertragspflichten.

2. *Kapitalmarktrecht*

Pflichten zur Offenlegung von Anlage- bzw. Investmentstrategien sind auch im Kapitalmarktrecht zu verzeichnen.[29] Im Einklang mit den Schutzzielen dieses Rechtsgebiets dienen sie hier aber nicht der Konkretisierung der einzelnen Vertragsbeziehung, sondern der Information des gesamten Marktes. Ausdrücklich findet sich der Begriff der Anlagestrategie in § 85 WpHG bzw. Art. 20 MMVO, die allerdings keine Offenlegung verlangen, sondern Unternehmen, die Anlagestrategien empfehlen, bestimmten Verhaltens- und Organisationsregeln unterwerfen.[30] Daneben finden sich jedoch kapitalmarktrechtliche Regeln, die Investoren selbst zur Offenlegung ihrer Anlage- bzw. Investmentstrategien verpflichten.

So verlangt § 43 WpHG von Inhabern wesentlicher Beteiligungen, die »mit dem Erwerb der Stimmrechte verfolgten Ziele« mitzuteilen. Sie müssen unter anderem angeben, ob ihr Investment der Umsetzung strategischer Ziele oder der Erzielung

26 S. etwa OLG Frankfurt a.M., 14.06.2013, 19 U 60/13, NZG 2014, 505; unter Bezugnahme auf Möslein in Langenbucher/Bliesener/Spindler (Hrsg.), Bankrechts-Komm., Kap. 34, 1. Aufl. 2013, Rn. 26 m.w.N.

27 Näher Fuchs/Dietenberger in Fuchs/Zimmermann (Hrsg.), WpHG, 3. Aufl. 2024, § 63 Rn. 209; Rothenhöfer in Schwark/Zimmer (Hrsg.), Kapitalmarktrechts-Komm., 5. Aufl. 2020, WpHG § 63 Rn. 245–250.

28 Möslein in Langenbucher/Bliesener/Spindler (Hrsg.), Bankrechts-Komm., 3. Aufl. 2020, Kap. 34, Rn. 20; vgl. außerdem BGHZ 46, 268, 271 (Pflicht zu sicherer und gewinnbringender Vermögensanlage); BGH, 29.03.1994, XI ZR 31/93, NJW 1994, 1861, 1862 (Pflicht zur Diversifikation); OLG Düsseldorf, 30.03.2006, I-6 U 15/05, WM 2006, 1576 (Verbot ausschließlich spekulativer Vermögensanlage).

29 Vgl. auch die Bestandsaufnahme kapitalmarktrechtlicher Absichtserklärungen bei Ulmrich, Investorentransparenz, 2013, S. 193–215.

30 Dazu etwa Singhof in MünchKomm-HGB, Bd. 6, 5. Aufl. 2024, Teil 2. L. Rn. 249.

von Handelsgewinnen dient. Die Meldepflicht soll sicherstellen, dass »sowohl die bisherigen Aktionäre als auch neue Investoren darüber informiert werden, wie sich die Absichten des Meldepflichtigen im Hinblick auf eine bestimmte Strategie, künftige Zuerwerbspläne und eine Einflussnahme auf die Gesellschaft gestalten«.[31] Auch zwischen einem potentiellen Mehrheitsaktionär und außenstehenden Minderheitsaktionären besteht nämlich eine Prinzipal-Agenten-Beziehung. Die Offenlegung seiner Anlagestrategien ermöglicht den übrigen Aktionären, das Handeln des Inhabers einer wesentlichen Beteiligung sachgerecht zu beurteilen und ihr eigenes Investitionsverhalten danach auszurichten.

Aufgrund der gleichen Logik finden Strategieoffenlegungspflichten im Übernahmerecht nochmals stärkere Ausprägung. Der Bieter muss nicht nur seine Absicht zur Abgabe eines Angebots gem. § 10 Abs. 1 WpÜG offenlegen – eine einzelne Entscheidung, noch keine Strategie.[32] Vielmehr muss er gem. § 11 Abs. 2 Satz 3 Nr. 2 WpÜG in der Angebotsunterlage auch seine Absichten »im Hinblick auf die künftige Geschäftstätigkeit der Zielgesellschaft« darlegen. Auch wenn die Vorschrift den Begriff nicht ausdrücklich gebraucht, verpflichtet sie den Bieter nach Sinn und Zwecke sowie nach der Gesetzesbegründung sinngemäß zur Offenlegung seiner unternehmerischen Strategie.[33] Um den Adressaten die Entscheidung über die Annahme des Angebots zu erleichtern, geht die Regelung auch in ihrer Detailtiefe über die Vorgaben von § 43 Abs. 1 WpHG hinaus. Nach allgemeinen übernahmerechtlichen Grundsätzen gilt nämlich ein Vollständigkeitsgebot hinsichtlich aller Informationen, die objektiv zur Entscheidung über das Angebot erforderlich sind.[34] Die Angaben zur strategischen Planung des Bieters unterliegen zudem einer Plausibilitätskontrolle, weil Vorstand und Aufsichtsrat der Zielgesellschaft dazu gem. § 27 Abs. 1 Satz 2 Nr. 3 WpÜG begründet Stellung nehmen müssen.[35]

3. *Gesellschafts- und insbesondere Aktienrecht*

Das Aktienrecht schließlich verwendet den Begriff der Geschäftsstrategie neuerdings ausdrücklich, allerdings nur bei den Vergütungsregeln für Vorstandsmitglieder

31 Bayer in MünchKomm-AktG, Bd. 1, 6. Aufl. 2024, WpHG § 43 Rn. 2; vgl. auch U. H. Schneider in Festschrift für Nobbe, 2009, S. 741, 747 f. (zur insoweit gleichlautenden Vorgängervorschrift § 27a WpHG).

32 S. dazu Louven in Angerer/Brandi/Süßmann (Hrsg.), WpÜG, 4. Aufl. 2023, § 10 Rn. 7; Noack/Holzborn in Schwark/Zimmer (Hrsg.), Kapitalmarktrechts-Komm., WpÜG § 10 Rn. 6 f.

33 So jedenfalls implizit BT-Drucks. 14/7034, S. 41; vgl. außerdem Rothley/Kurth in Heidel (Hrsg.), Aktienrecht und Kapitalmarktrecht, 6. Aufl. 2024, WpÜG § 11 Rn. 28 f.; Noack/Holzborn in Schwark/Zimmer (Hrsg.), Kapitalmarktrechts-Komm., WpÜG § 11 Rn. 21.

34 Ähnlich Wackerbarth in MünchKomm-AktG, Bd. 6, 6. Aufl. 2024, WpÜG § 11 Rn. 13.

35 S. dazu OLG Stuttgart, 25.10.2018, 20 W 6/18, AG 2019, 527, 536; Seibt, DB 2002, 529, 534; Wackerbarth in MünchKomm-AktG, Bd. 6, WpÜG § 27 Rn. 31.

börsennotierter Gesellschaften in § 87a Abs. 1 Satz 2 Nr. 2 AktG.[36] Die Organzuständigkeit für Strategiefragen erfährt dadurch zumindest eine gesetzliche Andeutung.[37] Ungleich expliziter als das Gesetz gibt der zweite Grundsatz des DCGK dem Vorstand auf, die »strategische Ausrichtung des Unternehmens« zu entwickeln, sie mit dem Aufsichtsrat abzustimmen und für ihre Umsetzung zu sorgen.[38] Die Unternehmensstrategie liegt demnach in der Hand des Vorstands, der dem Aufsichtsrat diese Strategie jedoch offen zu legen hat.[39] § 90 Abs. 1 Nr. 1 AktG bezeichnet diesen Berichtsgegenstand eher vage als »beabsichtigte Geschäftspolitik und andere grundsätzliche Fragen der Unternehmensplanung (insbesondere die Finanz-, Investitions- und Personalplanung)«.[40] Die Gesetzesbegründung spricht lapidar von »langfristige[n] Weichenstellungen«.[41] Dass laut Gesetzeswortlaut »auf Abweichungen der tatsächlichen Entwicklung von früher berichteten Zielen unter Angabe von Gründen einzugehen ist«, korrespondiert jedoch mit dem Anpassungsbedarf, der den betriebswirtschaftlichen Strategiebegriff auszeichnet. Eine Stütze für dieses Begriffsverständnis findet sich in der aufsichtsrechtlichen, auf Kredit- und Finanzdienstleistungsinstitute zugeschnittenen Regelung des § 25a Abs. 1 Satz 3 Nr. 1 KWG. Sie bezeichnet »die Festlegung von Strategien [...] sowie die Einrichtung von Prozessen zur Planung, Umsetzung, Beurteilung und Anpassung der Strategien« ausdrücklich als Teil der Geschäftsorganisation, die wiederum in der Verantwortung der Geschäftsleiter liegt.[42]

Während der Vorstand die Unternehmensstrategie demnach dem Aufsichtsrat offenlegen muss, kann die Offenlegung gegenüber Anteilseignern und Gläubigern in der bilanziellen Berichterstattung, genauer im Lagebericht erfolgen. Eine Pflicht zur Strategieberichterstattung besteht allerdings weder nach deutschen noch nach internationalen Rechnungslegungsvorschriften.[43] Eine solche Pflicht findet sich zwar in einem Entwurf zum BilReG aus dem Jahr 2004;[44] sie ist aber im Laufe des

36 Angabe zum »Beitrag der Vergütung zur Förderung der Geschäftsstrategie und zur langfristigen Entwicklung der Gesellschaft«; vgl. dazu Fleischer in BeckOGK AktG, 01.06.2025, § 87a Rn. 18; Grigoleit/Kochendörfer in Grigoleit (Hrsg.), AktG, 2. Aufl. 2020, § 87a Rn. 43.

37 Welche inhaltlichen Änderungen die Regelung bringt, gilt angesichts der »äußerst vagen und kaum judizierbaren Begrifflichkeiten« (so Grigoleit/Kochendörfer in Grigoleit (Hrsg.), AktG, § 87a Rn. 43 in Fn. 97) als zweifelhaft, vgl. einerseits Spindler, AG 2020, 61, 62 f.; andererseits Poelzig, NZG 2020, 41, 42 f. (Erwartung »gravierende[r] Auswirkungen«). Zur höheren Bedeutung von CSR-Belangen vgl. außerdem Beschlussempfehlung und Bericht des Ausschusses für Recht und Verbraucherschutz, BT-Drucks. 19/15153, S. 56.

38 Näher v. Werder in Kremer/Bachmann/Favoccia/v. Werder (Hrsg.), DCGK, 9. Aufl. 2023, Grds. 2 Rn. 1; Seibt in K. Schmidt/Lutter (Hrsg.), AktG, 5. Auflage 2024, § 76 Rn. 12.

39 Ausführlich Seibt/Fischer, DB 2021, 998.

40 S. dazu Koch, AktG, 19. Aufl. 2025, § 90 Rn. 4–4d; Sailer-Coceani in K. Schmidt/Lutter (Hrsg.), AktG, § 90 Rn. 7 ff.

41 BT-Drucks. 13/9712, S. 15.

42 Hierzu im Einzelnen Braun in Fischer/Schulte-Mattler (Hrsg.), KWG, § 25a Rn. 152; vgl. außerdem MaRisk AT 4.2 Tz. 4.

43 Vgl. etwa Kolb/Neubeck, WPg 2024, 371.

44 BT-Drucks. 15/3419, S. 6.

Gesetzgebungsverfahrens verworfen worden, so dass weiterhin keine gesetzliche Vorgabe gilt.[45] Empirische Studien – unter anderem aus Gießen – belegen immerhin, dass Strategieberichterstattung zunehmend freiwillig erfolgt und positive Effekte bezüglich der Kapitalkosten zeitigt, dass es mangels gesetzlicher Normierung jedoch an hinreichender Vergleichbarkeit fehlt.[46]

Eine spezifischere Pflicht zur Strategieberichterstattung hat jedoch seit kurzem Eingang in das deutsche HGB gefunden, und zwar infolge der Umsetzung der europäischen CSR-Richtlinie im Rahmen der nichtfinanziellen Erklärung nach §§ 289b ff. HGB: Nach § 289c Abs. 3 Nr. 1 HGB müssen die berichtspflichtigen Kapitalgesellschaften nämlich Angaben zu den Konzepten machen, die sie in Bezug auf Umwelt-, Arbeitnehmer- und Sozialbelange sowie zur Achtung der Menschenrechte und der Korruptionsbekämpfung verfolgen.[47] Auch wenn von Konzepten die Rede ist, begründet die Regelung in der Sache eine Pflicht zur Offenlegung nichtfinanzieller Unternehmensstrategien bzw. -politiken. Dies belegen auch Gesetzesbegründung und die anderen Sprachfassungen der Richtlinie.[48] Ähnlich wie bei § 90 Abs. 1 Nr. 1 AktG setzt außerdem die Unterscheidung von Konzepten (§ 289c Abs. 3 Nr. 1 HGB) und Ergebnissen (§ 289c Abs. 3 Nr. 2 HGB) die Möglichkeit von Abweichungen voraus. Wiederum trägt der Gesetzgeber der Einsicht der betriebswirtschaftlichen Managementlehre Rechnung, dass Strategien im Zeitverlauf anpassungsbedürftig sind: »Strategy formation walks on two feet, one deliberate, the other emergent«.[49]

III. Wesensmerkmale

Angesichts dieser Vielfalt an Regeln zur Offenlegung von Anlage- und Unternehmensstrategien fragt sich, ob sich die geforderten Erklärungen durch charakteristische, gemeinsame Wesensmerkmale auszeichnen. Nur unter dieser Bedingung ist die systematische Bildung einer einheitlichen dogmatischen Kategorie möglich und sinnvoll, aus der sich dann gemeinsame Wertungsgrundsätze und Anwendungsregeln ableiten lassen.

45 S. nochmals Kolb/Neubeck, WPg 2024, 371, 371.

46 Weißenberger/Kraft/Sieber, KoR 2011, 254; vgl. auch Zülch/Winter, KoR 2019, 48.

47 Kajüter in MünchKomm-HGB, Bd. 4, 5. Aufl. 2024, §§ 289b-289e Rn. 48 f.; Kliem/Schäfer/Schönberger in Beck'scher Bilanz-Komm., 14. Aufl. 2024, HGB § 289c Rn. 40–53.

48 BT-Drucks. 18/9982, S. 49; vgl. außerdem Art. 19a (1) lit. a) RL 2013/34/EU i.d.F. der RL 2014/95/EU (»policies pursued by the undertaking« bzw. »politiques appliquées par l'entreprise«).

49 Mintzberg/Waters, Of strategies, deliberate and emergent, Strategic Management Journal 6 (1985), 257, 271.

1. *Abgrenzung*

a) Offenlegung von Prognosen

Zunächst bedarf es der Abgrenzung. Anlage- und Unternehmensstrategien betreffen künftiges wirtschaftliches Verhalten, das maßgeblich von Umständen abhängt, die im Zeitpunkt der Offenlegung noch nicht endgültig feststehen. Diese Zukunftsgerichtetheit verbindet Strategien mit Prognosen, deren Offenlegung im Aktien-, Bilanz- und Kapitalmarktrecht ungleich größere Aufmerksamkeit erfährt.[50] Das rechtswissenschaftliche Interesse gilt Fragen der Prognosepflicht, des Prognosezeitraums, der Prognosebasis, der Prognosekennzeichnung und der Prognoseprüfung, aber auch der Haftung für fehlerhafte Prognosen.[51] Auf jenen Erkenntnissen und den dort entwickelten Maßstäben können Überlegungen zur Offenlegung von Strategien aufbauen, weil und soweit auch Strategieinformationen auf Prognosen basieren.[52] Prognosefehler führen regelmäßig zur Fehlerhaftigkeit darauf basierender Strategien. Daher müssen Strategien ähnlichen Anforderungen an die Informationsbeschaffung genügen; sie müssen zudem vergleichbare inhaltliche Maßstäbe erfüllen und beispielsweise dem Vorsichtsgrundsatz genügen.

Während Strategien ohne prognostische Zukunftsannahmen nicht denkbar sind, greifen sie dennoch erheblich weiter: Strategien verknüpfen Annahmen über objektive Zukunftsentwicklungen nämlich mit subjektiven Absichten des Vermögensverwalters, des Bieters oder des Vorstands. Gleichsinnig ist im DCGK von »strategischen Zielsetzungen« die Rede.[53] Strategien beinhalten neben zukunftsorientierten, mit Prognoseunsicherheit verknüpften Informationen auch Absichtserklärungen, die künftige Entscheidungen nicht vorwegnehmen, künftige Ermessensspielräume aber begrenzen. Zumindest faktisch, potentiell aber auch rechtlich entsteht eine Selbstbindung, deren Intensität jedoch vom Eintritt der prognostizierten Ereignisse abhängt. Gerade aufgrund dieser Bindung gehen Strategien über Prognosen hinaus, weil sie beim Adressaten Vertrauen in bestimmte Entscheidungs- und Verhaltensmuster wecken.

b) Sonstige Absichtserklärungen

Ähnlichkeiten bestehen andererseits mit sonstigen Absichtserklärungen, weil eben auch die Offenlegung von Strategien subjektive Absichten kundtut.[54] Die bekannteste

50 Statt aller: Fleischer, AG 2006, 2; Graumann, ZIP 2021, 61; Rieckhoff, BKR 2011, 221; Siebel/Gebauer, WM 2001, 118 und 173; Veil, AG 2006, 690; Wagner, NZG 2010, 857.

51 Im Überblick: Fleischer, AG 2006, 2.

52 Zur Abgrenzung Rieckhoff, BKR 2011, 221, 226.

53 Empfehlung G.7; dazu Bachmann in Kremer/Bachmann/Favoccia/v. Werder (Hrsg.), DCGK, Empf. G.7 Rn. 7.

54 Vgl. Fleischer, AG 2008, 873, 877 (»Subjektivierung von Mitteilungstatbeständen«); s. außerdem Ulmrich, Investorentransparenz, S. 199.

Form der Absichtserklärung wird im Vertragsrecht diskutiert: Der »Letter of Intent« ist eine Erklärung, in der die Absicht zum Abschluss eines in der Regel komplexen, wirtschaftlich bedeutsamen Vertrags zum Ausdruck kommt.[55] Einer solchen Absichtserklärung kommt bekanntlich noch keine vertragliche Bindungswirkung zu.[56] Im Falle des Abbruchs der Vertragsverhandlungen sind jedoch Schadensersatzansprüche denkbar.[57] Im Gegensatz zu dieser vorvertraglichen Absichtserklärung werden die in Anlage- oder Unternehmensstrategien verkörperten Absichtserklärungen größtenteils im Rahmen bestehender Rechtsbeziehungen abgegeben, nicht nur in deren Vorfeld: Die Offenlegung erfolgt beispielsweise im Rahmen eines Vermögensverwaltungsvertrags oder einer gesellschaftsrechtlichen Organbeziehung. Sie stellt nicht den Abschluss von Verträgen in Aussicht, sondern konkretisiert Inhalte bereits bestehender vertraglicher oder organschaftlicher Pflichten. Bei der kapitalmarktbezogenen Strategieoffenlegung bestehen aufgrund der Beteiligung bzw. des bindenden Angebots zumindest rechtliche Verhältnisse zwischen Erklärendem und Adressaten, die der vorvertraglichen Situation vergleichbar sind.

Absichtserklärungen finden sich indessen nicht nur im Vertragsrecht, sondern auch in den hier untersuchten Rechtsgebieten. Sie bilden den Gegenstand weiterer, nicht strategiebezogener Offenlegungspflichten. So verpflichtet § 10 Abs. 1 WpÜG den Bieter zur Veröffentlichung seiner Entscheidung über die Abgabe eines Angebots; § 161 AktG verpflichtet Führungsorgane börsennotierter Gesellschaften zur Erklärung über die künftige Befolgung der Kodex-Empfehlungen.[58] Diese Absichtserklärungen ähneln der Strategieoffenlegung in Erklärungsgehalt und Zukunftsbezogenheit. Sie beziehen sich jedoch auf spezifische Einzelentscheidungen, umfassen also im Gegensatz zu Anlage- und Unternehmensstrategien keine komplexeren Entscheidungsmuster. Die Entscheidungssituation ist sehr viel konkreter, meist sogar binär: Abgabe eines Angebots – ja oder nein; Befolgung des Kodex – ja oder nein.[59] Während die Offenlegung von Strategien Entscheidungsbäume als Ganzes darstellt, fokussieren Absichtserklärungen sozusagen auf einzelne Astgabeln.

55 Näher etwa Blaurock, ZHR 147 (1983), 334.

56 OLG Köln, 21.01.1994, 19 U 73/93, OLGR Köln 1994, 61; vgl. außerdem Kösters, NZG 1999, 623.

57 Ausführlich Bergjan, ZIP 2004, 395.

58 Zu diesen Erklärungen näher Ulmrich, Investorentransparenz, S. 193–197.

59 So zur übernahmerechtlichen Erklärung: Wackerbarth in MünchKomm-AktG, Bd. 6, WpÜG § 10 Rn. 20 (»Entscheidung über das »Ob« eines Angebots, nicht über die einzelnen Konditionen«). Hinsichtlich der Kodexbefolgung bestehen indessen weitere Entscheidungsvarianten, dazu W. Goette in MünchKomm-AktG, Bd. 3, 6. Aufl. 2025, § 161 Rn. 45–49.

2. *Zwecke*

a) Entscheidungs- und Bewertungsgrundlage für Adressaten

Publizität dient in erster Linie der Information der Adressaten.[60] Die Offenlegung von Anlage- und Unternehmensstrategien verschafft diesen eine Möglichkeit, künftige Entscheidungen der Offenlegungspflichtigen abschätzen zu können. Die Offenlegung liefert somit eine Entscheidungs- und Bewertungsgrundlage. Beispielsweise erleichtert es die Auswahl eines Vermögensverwalters, wenn sich Anlagestrategien unschwer vergleichen lassen. Die Entscheidung zwischen Halten und Verkauf von Aktien fällt leichter, wenn man die Absichten einflussreicher Anteilseigner oder eines Bieters kennt, weil sich die Haltensalternative auf Grundlage dieser Information besser bewerten lässt.[61] Die Kenntnis unternehmerischer Strategien ermöglicht besser informierte Entscheidungen über Aktieninvestment und Stimmrechtsausübung.

Strategieoffenlegung erleichtert indessen nicht nur *ex ante* die Entscheidung, sondern auch *ex post* die Bewertung. Strategien beinhalten eine Art Versprechen, an denen sich der Erklärende später messen lassen muss: Hat der Vermögensverwalter die Grenzen der Anlagestrategie beachtet? Stehen die Maßnahmen, die ein Bieter nach der Übernahme ergreift, im Einklang mit den Angaben der Angebotsunterlage? Hat der Vorstand die erklärten Nachhaltigkeitsziele erreicht oder entpuppen sich diese als leeres Versprechen? Auf Grundlage dieser Bewertung können die Adressaten erwägen, etwaige Abweichungen zu sanktionieren, beispielsweise indem sie dem Vorstand die Entlastung verweigern oder den Vermögensverwalter auf Schadensersatz verklagen.[62] Ob solche Ansprüche Erfolg versprechen, hängt indes von der Bindungsintensität der offengelegten Strategie ab.

b) Verhaltensmaßstab und (faktische) Strategieentwicklungspflicht für Erklärende

Dass die Offenlegungspflicht auch auf Seiten des Erklärenden wichtige Zwecke erfüllt, ist weniger offensichtlich. In der Theorie des sog. Informationsmodells gilt Publizität primär als Instrument, das den Adressaten informierte Entscheidungen ermöglicht – nicht als Instrument zur Verhaltenssteuerung des Erklärenden.[63] Trotzdem

60 Ähnlich Merkt, Unternehmenspublizität, 2001, S. 334 (»Elementarfunktion jeglicher Publizität«); s. auch Hell, Offenlegung nichtfinanzieller Informationen, 2020, S. 93 f.

61 Ausführlich Wackerbarth in MünchKomm-AktG, WpÜG § 10 Rn. 1–3; sinngemäß auch BT-Drucks. 14/7034, S. 39 (Regelung soll »dafür Sorge tragen, dass die Öffentlichkeit frühzeitig über marktrelevante Daten informiert wird«).

62 Exemplarisch BGH, 12.07.1982, II ZR 175/81, NJW 1982, 2823 (zur Haftung einer Emissionsbank wegen zu günstiger Darstellung der wirtschaftlichen Lage und der Zukunftsaussichten des Emittenten in einem Börsenprospekt).

63 Ähnlich Merkt, Unternehmenspublizität, S. 334; Hell, Offenlegung nichtfinanzieller Informationen, S. 93 f.

liegen verhaltenssteuernde Effekte der Publizität keineswegs fern:[64] Wer Strategien offenlegen muss, wird sein Verhalten tendenziell stärker an den Erwartungen der Adressaten orientieren. Wenn Offenlegung Adressaten die Bewertung erleichtert, entstehen Anreize für Offenlegungspflichtige, sich strategiekonform zu verhalten, weil ihnen ansonsten Sanktionen der Adressaten drohen. Drohen etwa Vermögensverwaltern, die Anlagestrategien missachten, Schadensersatzpflichten, so werden diese Strategien zu Verhaltensmaßstäben, die deren Entscheidungsspielraum begrenzen.

Neben diesem *ex post*-Effekt entfaltet die Publizitätspflicht jedoch bereits *ex ante* Wirkung. Die Offenlegung versorgt nämlich nicht nur die Adressaten mit Informationen, sondern stellt zugleich sicher, dass die Erklärenden die publizitätspflichtigen Daten ebenfalls verfügbar haben und somit auf ihrer Grundlage entscheiden können.[65] Bei der Offenlegung von Strategien, die sich nicht auf objektive Informationen beschränkt, kommt ein weiterer Aspekt hinzu: Diese Offenlegung setzt nämlich voraus, dass Strategien überhaupt erarbeitet werden. Die Pflicht zur Offenlegung von Strategien statuiert deshalb implizit auch eine Pflicht zur Entwicklung solcher Strategien: Vermögensverwalter müssen Anlagestrategien entwickeln, über die sie ihre Kunden informieren, Inhaber wesentlicher Beteiligungen und Bieter müssen sich Gedanken über ihre Absichten machen, der Vorstand braucht eine Unternehmensstrategie.

Lediglich die Pflicht zur Offenlegung nichtfinanzieller Unternehmensstrategien steht gem. § 289c Abs. 4 HGB unter dem ausdrücklichen Vorbehalt, dass solche Konzepte nicht verfolgt zu werden brauchen.[66] Allerdings verlangt diese Norm zugleich, die Nichtverfolgung klar und begründet zu erläutern. Sie regt damit zumindest zur »Auseinandersetzung mit den nichtfinanziellen Aspekten an«.[67] Dass auch solche »comply-or-explain«-Vorgaben Anreizeffekte zur Befolgung der scheinbar freiwilligen Regeln entfalten, zeigt die Erfahrung mit Corporate Governance Kodizes: Sie haben gem. § 161 AktG die gleiche, geringe Geltungsintensität, schaffen aber dennoch einen Anreiz, die Kodexregeln zu befolgen.[68] Die vorbildhaften comply-or-explain-Regeln des Sarbanes-Oxley Act gelten denn auch als »interesting example of how soft rules of ethics in effect become very similar to ›hard‹ legal rules«.[69] Auf ganz ähnliche

64 Allgemein i.d.S. Hellgardt, Regulierung und Privatrecht, 2016, S. 483; Hell, Offenlegung nichtfinanzieller Informationen, S. 96 ff.; vgl. auch Malloy, Fl. St. U. L. Rev. 32 (2005), 617, 635 f. (»deterrence mechanism«).

65 I.d.S. etwa Hell, Offenlegung nichtfinanzieller Informationen, S. 95 (»Selbstinformation des publizierenden Unternehmens«); ausführlich Kolter, Nachhaltigkeit durch Transparenz, 2023, S. 324–328.

66 Befürwortend Kajüter in MünchKomm-HGB, Bd. 4, §§ 289b-289e Rn. 53 (»Es mag gute Gründe geben, dass ein Unternehmen im Hinblick auf einen nichtfinanziellen Aspekt kein Konzept verfolgt«); vgl. außerdem BT-Drucks. 18/9982, S. 52.

67 Kajüter in MünchKomm-HGB, Bd. 4, §§ 289b-289e Rn. 53.

68 Auf diese Erfahrung nimmt der Gesetzgeber explizit Bezug, vgl. BT-Drucks. 18/9982, S. 52. Übergreifend zu diesem Regelungsansatz ferner Leyens, ZEuP 2016, 388.

69 Lundblad in Mullerat (Hrsg.), Corporate Social Responsibility: The Corporate Governance of the 21st Century, 2005, S. 392; s. auch Möslein/Sørensen, Columbia Journal of European Law 24 (2018), 429, 452 f.

Weise begründet § 289c HGB eine Strategieentwicklungspflicht. Dieser »raffinierte Wirkungsmechanismus«, den man der Norm zuschreibt,[70] lässt manche sogar eine Revolution des Gesellschaftsrechts »durch die Hintertür« befürchten.[71]

3. *Aufbereitung und Inhalt*

Auch wenn die Pflichten zur Offenlegung von Anlage- und Unternehmensstrategien funktional große Gemeinsamkeiten aufweisen, bestehen hinsichtlich der formalen Aufbereitung und den materiellen Inhalten der Offenlegungsgegenstände gewisse Unterschiede. Was etwa die Form der Offenlegung angeht, fehlt es bei den Anlagestrategien im Rahmen des KAGB an einer konkreten Festlegung; die Anlagestrategie nach § 63 Abs. 7 Satz 3 Nr. 1 lit. a) WpHG ist dagegen gem. Art. 46 (3) DelVO (EU) 2017/565 auf einem dauerhafte Datenträger zur Verfügung zu stellen.[72] Die Strategien des Inhabers wesentlicher Beteiligungen sind Gegenstand eines zweistufigen Melde- und Veröffentlichungsverfahrens;[73] die Strategie des Bieters bildet dagegen einen Teil der Angebotsunterlage, die detaillierten Form- und Verfahrensregeln unterliegt.[74] Der Strategiebericht an den Aufsichtsrat ist grundsätzlich in Textform zu erstatten, während die Offenlegung nichtfinanzieller Unternehmensstrategien – bislang – sowohl im Lagebericht, als eigener Abschnitt oder integriert, als auch in einem gesonderten Bericht erfolgen konnte.[75] § 289b Abs. 1 Satz 2 HGB-E gestaltet den Nachhaltigkeitsbericht dagegen als klar erkennbaren Abschnitt im Lagebericht aus, der künftig in einem einheitlichen elektronischen Berichtsformat erfolgen muss (vgl. § 289g HGB-E).[76]

Wichtiger als diese Formalitäten sind Unterschiede in inhaltlicher Hinsicht. Solche Unterschiede können sich auf Bandbreite und Begründungstiefe der offenzulegenden Informationen beziehen. In der Tat heißt es in der Gesetzesbegründung zu § 1 KAGB, eine Anlagestrategie unterscheide sich »von einer allgemeinen Geschäftsstrategie eines operativ tätigen Unternehmens dadurch, dass die Anlagekriterien genau bestimmt sind und die Handlungsspielräume des [Fondsverwalters] in den Anlagebedingungen, der Satzung oder im Gesellschaftsvertrag eingeschränkt sind«.[77] Laut

70 Schön, ZHR 180 (2016) 279, 283.

71 Harbarth, AG 2022, 633, 634; vgl. auch Ekkenga, ZHR 187 (2023), 228, 248 f. (Übergang von »Nachhaltigkeitstransparenz« zu »Nachhaltigkeitsgovernance«).

72 Vgl. dazu Schäfer in Heidel (Hrsg.), Aktienrecht und Kapitalmarktrecht, WpHG § 63 Rn. 47–54.

73 S. § 43 Abs. 1 S. 1 bzw. Abs. 2 WpHG (Meldung an den Emittenten bzw. Veröffentlichung durch den Emittenten).

74 Vgl. § 10 Abs. 2 ff. WpÜG.

75 Ausführlich Kajüter in MünchKomm-HGB, Bd. 4, §§ 289b-289e Rn. 23–29.

76 Koch, AktG, § 170 Rn. 2h. Diese neuen Formatanforderungen gelten jedoch erst für nach dem 31. Dezember 2025 beginnende Geschäftsjahre, also für Geschäftsjahr 2026 mit Offenlegung in 2027; vgl. Wulf/Velte, DB 2024, 2105, 2106.

77 BT-Drucks. 17/12294, S. 201.

ESMA sollen Anlagestrategien beispielsweise auf verschiedene Kriterien wie Arten und Aufteilung der Investments, geographische Schwerpunkte, Mindesthaltezeiten und Risikostreuung eingehen.[78] Zusätzlich verlangt Art. 47 (3) lit. e) DelVO (EU) 2017/565 Informationen über »Managementziele, bei der Ausübung des Ermessens durch den Verwalter zu beachtendes Risikoniveau und etwaige spezifische Einschränkungen dieses Ermessens«. Trotz dieser Vorgaben hält das Schrifttum offene Strategien für zulässig. Als Anlagestrategie soll beispielsweise die Formulierung ausreichen, »Kapital in Vermögensgegenstände zu investieren, um eine Gemeinschaftsrendite zu generieren«.[79] Bei § 43 Abs. 1 WpHG muss dagegen – abgesehen von einer Reihe spezifischer Einzelangaben (beabsichtigte Stimmrechtserwerbe, Pläne zur Einflussnahme auf Organbesetzung und zur Änderung der Kapitalstruktur) – überhaupt nur das »Ob« der Verfolgung strategischer Ziele dargelegt werden.[80] Bei § 11 Abs. 2 WpÜG sind die aufgezählten Einzelangaben (Sitzverlegung, Verlagerung wesentlicher Unternehmensteile) dagegen nur Regelbeispiele und sollen umgekehrt Pauschalerklärungen nur zum »Ob« von Absichten unzulässig sein.[81] Der Strategiebericht an den Aufsichtsrat muss ebenfalls inhaltlich Stellung beziehen, auch wenn laut Gesetzeswortlaut nur »grundsätzliche« Fragen der strategischen Ausrichtung darzulegen sind.[82] Mit der wiederum nicht abschließenden Aufzählung von Finanz-, Investitions- und Personalplanung liefert das Gesetz immerhin gewisse Anhaltspunkte zur sachlichen Stoßrichtung. Auf ähnliche Weise deutet § 289c HGB einzelne Inhalte an, die bei der Offenlegung nichtfinanzieller Unternehmensstrategien darzulegen sind: Abs. 2 zählt die betreffenden Belange ebenfalls in nicht-abschließender und zunächst abstrakter Weise auf. Die Vorschrift illustriert die einzelnen Belange aber jeweils mit spezifischeren, wiederum nicht-abschließenden Einzelbeispielen.[83] Angaben zu Umweltbelangen können sich »beispielsweise auf Treibhausgasemissionen, den Wasserverbrauch, die Luftverschmutzung, die Nutzung von erneuerbaren und nicht erneuerbaren Energien oder den Schutz der biologischen Vielfalt beziehen« (§ 289c Abs. 2 Nr. 1 HGB).

In der Gesamtschau zeigt sich, dass Anlage- wie auch Unternehmensstrategien zu vielfältig und unterschiedlich sind, als dass der Gesetzgeber ihre Offenlegung in allen inhaltlichen Einzelaspekten detailgenau regeln könnte. Er kann lediglich gewisse Anhaltspunkte liefern. Die inhaltlichen Unterschiede beschränken sich letztlich auf die Erläuterungs- und Begründungserfordernisse von Strategien. Dabei gelten umso

78 ESMA, Leitlinien zu Schlüsselbegriffen der Richtlinie über die Verwalter alternativer Investmentfonds (ESMA 2013/611), Ziff. IX.20; näher Paefgen/Franke in Ebenroth/Boujong (Hrsg.), KAGB, § 1 Rn. 22a; vgl. außerdem Merkt, BB 2013, 1186, 1190.
79 Jakouvou in Langenbucher/Bliesener/Spindler (Hrsg.), Bankrechts-Komm., Kap. 39, Rn. 73.
80 BT-Drucks. 16/7438, S. 2; vgl. außerdem Bayer in MünchKomm-AktG, Bd. 1, WpHG § 43 Rn. 9.
81 Lenz/Linke, AG 2002, 361, 364; Wackerbarth in MünchKomm-AktG, WpÜG § 11 Rn. 45.
82 Spindler in MünchKomm-AktG, Bd. 2, § 90 Rn. 18.
83 Merkt in Hopt (Hrsg.), HGB, 44. Aufl. 2025, § 289c Rn. 3.

strengere Anforderungen, je intensiver die rechtliche Beziehung zwischen Erklärenden und Adressaten. Inhaber wesentlicher Beteiligungen brauchen daher nur denkbar wenig aussagekräftige Angaben zu machen.

IV. Wirkung der Offenlegung

Angesichts des Wesens von Strategien und der Zwecke ihrer Offenlegung lautet die zentrale, übergreifende Rechtsfrage, welche Wirkung die Offenlegung von Strategien entfaltet, insbesondere ob bzw. in welchem Umfang sie die Erklärenden bei künftigen Entscheidungen bindet. Eine Antwort fällt schwer, weil Strategien ihrem Wesen nach anpassungsbedürftig sind – »Strategy formation walks on two feet, one deliberate, the other emergent«.[84] Umgekehrt können Strategien aber nur dann sinnvoll als Entscheidungs-, Bewertungs- bzw. Verhaltensmaßstab dienen, wenn ihre Offenlegung nicht nur Lippenbekenntnis ist, sondern zumindest gewisse Bindungswirkung entfaltet.[85]

1. Bindung

Lässt man die einzelnen Offenlegungspflichten nochmals Revue passieren, fallen just bei dieser zentralen Frage der Bindungswirkung diametrale Unterschiede ins Auge: Auf der einen Seite sollen die Inhaber wesentlicher Beteiligungen nach allgemeiner Meinung an die mitgeteilten Ziele »nicht gebunden« sein und hiervon beliebig abweichen können.[86] Ebenso soll der meldepflichtige Bieter im Übernahmeverfahren jederzeit frei entscheiden können, »ob und wenn ja wie er seine Ziele und Absichten im Hinblick auf seine Beteiligung modifiziert«.[87] Auf der anderen Seite machen sich Vermögensverwalter schadensersatzpflichtig, wenn sie die vereinbarten Anlagestrategien missachten; nach der Rechtsprechung des BGH droht eine Haftung auf den entgangenen Gewinn.[88] Für die gesellschaftsrechtlichen Offenlegungspflichten schließlich wird die Bindungswirkung nicht vertieft diskutiert, obwohl eine ganze Reihe privat-, straf- und verwaltungsrechtlicher Sanktionen zur Auswahl stehen, wenn beispielsweise Angaben in nichtfinanziellen Erklärungen unvollständig oder unrichtig sind.[89] Mit der durch das TransPuG 2002 eingefügten Klarstellung in § 90 Abs. 1 S. 1

84 Mintzberg/Waters, Of strategies, deliberate and emergent, Strategic Management Journal 6 (1985), 257, 271.
85 Zu diesem Spannungsfeld bereits Canaris in Großkomm. z. HGB, Bd. III/3 (2. Bearbeitung) 1981, 3. Aufl., Bankvertragsrecht Rn. 2277 ff.
86 Heinrich in Kölner Komm-WpHG § 27a Rn. 45; Habersack in Emmerich/Habersack KonzernR, 10. Aufl. 2022, § 43 WpHG Rn. 5.
87 Pluskat, NZG 2009, 206, 209; vgl. auch Seibt, DB 2002, 529, 533.
88 BGH NJW 2002, 2556; ähnlich bereits BGH NJW 1998, 449.
89 Überblicksweise etwa Kleindiek in BeckOGK HGB, 1.2.2025, § 289b Rn. 170–178.1.

Nr. 1 AktG, dass »auf Abweichungen der tatsächlichen Entwicklung von früher berichteten Zielen unter Angabe von Gründen einzugehen ist«, hat der Gesetzgeber jedoch implizit klargestellt, dass Abweichungen lediglich offenlegungspflichtig, aber nicht pflichtwidrig sind und der Berichtspunkt somit nicht bindend ist.[90]

Die Diskrepanz zwischen fehlender und strikter Bindungswirkung ist indessen nicht völlig widersprüchlich. Sie lässt sich zumindest teilweise erklären, wenn man wiederum die Intensität der Rechts- bzw. Vertragsbeziehungen zwischen Erklärenden und Adressaten berücksichtigt: Da die Festlegung der Anlagestrategie beim Vermögensverwaltungsvertrag den Vertragsinhalt konkretisiert, lässt sich jede Überschreitung der dort fixierten Grenzen als Verletzung der Primärleistungspflicht qualifizieren. Umgekehrt fehlt es bei der Kapitalmarktpublizität an einer vertraglichen Bindung zwischen Erklärendem und Adressaten, so dass Abstriche bei der Bindungswirkung sachgemäß erscheinen. Nicht überzeugend ist jedoch, der Offenlegung mit der herrschenden Ansicht keinerlei Bindungswirkung zuzuschreiben und beliebige Abweichungen zuzulassen. Der Vergleich zum *Letter of Intent* zeigt nämlich, dass auch außerhalb bestehender Vertragsbeziehungen Schadensersatzansprüche bestehen können, wenn abweichendes Verhalten konkret begründetes Vertrauen enttäuscht.[91] Angaben in der Angebotsunterlage werden ebenfalls in einer Situation der Vertragsanbahnung gemacht. Angesichts der Zwecke, denen Pflichten zur Strategieoffenlegung dienen, besteht vergleichbares Vertrauen selbst bei Mitteilungen von Inhabern wesentlicher Beteiligungen. Bei den gesellschaftsrechtlichen Offenlegungspflichten besteht solches Vertrauen schließlich schon auf Grund der Organstellung.

Andererseits ist zu berücksichtigen, dass Strategien naturgemäß anpassungsbedürftig sind. Hinsichtlich der Bindungswirkung ist daher zu unterscheiden, ob sich Abweichungen auf emergente Anpassungen der Strategie an veränderte Umstände beschränken, oder ob sie eine grundsätzliche Abkehr von der offengelegten Strategie darstellen. Zumindest wenn der Erklärende niemals ernsthaft die Absicht hatte, die bekanntgemachte Strategie zu verfolgen, müssen Schadensersatzansprüche in Anlehnung an die Rechtslage beim *Letter of Intent* möglich sein. Ansonsten könnte die Offenlegung keinerlei Vertrauenstatbestand schaffen; sie wäre tatsächlich nicht mehr als ein Lippenbekenntnis. Wird erst nachträglich von der offengelegten Strategie abgewichen, fällt die Unterscheidung zwischen Anpassung und Aufgabe der Strategie schwer. Hilfestellung bieten immerhin Erläuterungs- bzw. Aktualisierungspflichten.

2. *Aktualisierung*

Einige Offenlegungspflichten werden ausdrücklich von solchen Aktualisierungspflichten flankiert. So sieht § 43 Abs. 1 Satz 2 WpHG eine Aktualisierung innerhalb von 20 Handelstagen vor. Ob für die Angebotsunterlage ebenfalls eine

90 Siehe dazu RegBegr. BT-Drs. 14/8769, S. 13 f.; näher Koch, AktG, § 90 Rn. 4c.

91 OLG Saarbrücken NJW-RR 1998, 341, 342; vgl. ferner Gehrlein, VersR 1997, 928; Bergjan, ZIP 2004, 395.

Aktualisierungspflicht besteht, ist hingegen mangels ausdrücklicher Regelung umstritten.[92] § 90 Abs. 1 Satz 1 AktG sieht zwar keine sofortige Aktualisierung vor, verpflichtet aber zumindest dazu, »auf Abweichungen der tatsächlichen Entwicklung von früher berichteten Zielen unter Angabe von Gründen einzugehen«.[93] Für die Offenlegung nichtfinanzieller Erklärungen dagegen fehlt wiederum eine explizite Regelung. Anlagestrategien schließlich können ohnehin nur einvernehmlich abgeändert werden.[94]

Der systematische Blick auf die Strategieoffenlegung hilft trotz dieses diffusen Regelungsbestands, wertungsgerechte Lösungen zu finden und bestehende Regelungslücken zu füllen. Erstens zeigt dieser Blick nämlich, dass Aktualisierungspflichten im Gegensatz zur überwiegenden Lesart des § 43 Abs. 1 Satz 2 WpHG kein *aliud* zur Bindung an offengelegte Strategien darstellen.[95] Vielmehr sind sie deren sinnvolle und nötige Ergänzung, weil sie Anhaltspunkte dafür liefern, aus welchen Gründen von Strategien abgewichen wird. Erst auf dieser Grundlage lässt sich zwischen zulässiger Anpassung und unzulässiger Aufgabe von Strategien unterscheiden. Um diese Unterscheidung zu ermöglichen, bedarf zweitens jede Aktualisierung auch einer Begründung, selbst wenn die jeweils einschlägige Regelung im Gegensatz zu § 90 Abs. 1 Satz 1 AktG eine Angabe von Gründen nicht explizit einfordert. Drittens schließlich gelten auch die Aktualisierungspflichten selbst nicht nur in den geregelten Fällen, sondern entsprechend auch dort, wo explizite Vorgaben fehlen. Weil Strategien definitionsgemäß der Anpassung bedürfen, können Pflichten zu deren Offenlegung ihre Zwecke ohne Aktualisierung nicht erreichen. Die systematische Durchsicht des Regelungsbestandes lässt überdies das Bestehen einer planwidrigen Regelungslücke vermuten.

V. Fazit

Die Analyse hat gezeigt, dass sich hinter den unterschiedlichen Pflichten zur Offenlegung von Anlage- und Unternehmensstrategien ein funktionales Grundmuster verbirgt. Trotz der Vielfalt einzelner Rechtsgrundlagen und Adressaten lassen sich gemeinsame Wesensmerkmale identifizieren: Strategien verbinden prognostische Elemente mit einer Selbstbindung an bestimmte Entscheidungs- und Verhaltensmuster. Die Offenlegung dient nicht nur als Informationsinstrument für Marktteilnehmer und Organe, sondern wirkt zugleich intern verhaltenssteuernd und begründet

92 Überblicksweise Louven in Angerer/Brandi/Süßmann (Hrsg.), WpÜG, § 12 Rn. 13; Wackerbarth in MünchKomm-AktG, Bd. 6, WpÜG § 11 Rn. 18. Die Vorschrift des § 12 Abs. 3 Nr. 3 WpÜG regelt lediglich den Fall der Berichtigung.

93 S. nochmals RegBegr. BT-Drs. 14/8769, S. 13 f. sowie Koch, AktG, § 90 Rn. 4c.

94 So bspw. Herresthal in MünchKomm-HGB, Bd. 6, Teil 2. O. Rn. 116.

95 I.d.S. etwa Bayer in MünchKomm-AktG, Bd. 1, WpHG § 43, Rn. 19; v. Bülow/Stephanblome ZIP 2008, 1797, 1803; Diekmann/Merkner NZG 2007, 921, 924.

faktisch eine Strategieentwicklungs- und Überprüfungspflicht. In dieser Doppelrolle ist sie ein wichtiges Governance-Instrument im Bank-, Kapitalmarkt- und Gesellschaftsrecht. Für die rechtswissenschaftliche Diskussion eröffnen sich damit mehrere Perspektiven: Dogmatisch liegt eine einheitliche Kategorie der Rechtsregeln zur Strategieoffenlegung nahe, aus der sich allgemeine Maßstäbe für Inhalt, Form und Bindungswirkung ableiten lassen. Rechtspolitisch stellt sich die Frage, ob die bislang verstreuten spezialgesetzlichen Regelungen zweckmäßig erscheinen oder ob umgekehrt eine stärkere Systematisierung angezeigt wäre – nicht zuletzt, um Vergleichbarkeit und Rechtssicherheit zu fördern.

Am Ende zeigt sich damit, dass Offenlegungspflichten mehr sind als bloße Transparenzinstrumente: Sie formen unternehmerisches Verhalten, stärken interne Entscheidungsprozesse und schaffen Vertrauen auf den Kapitalmärkten. Genau diese Verbindung von Recht und Strategie, von Governance und Marktkommunikation hat der Jubilar in seinem Werk immer wieder herausgearbeitet. Die künftige Entwicklung der Offenlegungspflichten – sei es im Gesellschaftsrecht, im Kapitalmarktrecht oder im Aufsichtsrecht – wird weitere dogmatische und rechtspolitische Fragen aufwerfen. Dabei kann und sollte man an die interdisziplinäre Perspektive des Jubilars anknüpfen: Offenlegung als Brücke zwischen Markt und Unternehmen, zwischen Rechtspflicht und Selbstbindung. Möge dieser Beitrag ein kleiner Baustein in jenem Dialog sein, den Jens Ekkenga durch sein wissenschaftliches Wirken so maßgeblich geprägt hat.

Mehrparteien-Emission von Kryptowerten und Stablecoins

Ulrich Noack/Dirk Zetzsche

Wo bleibt der digitale Euro der EZB? Über ihn wird viel geredet – doch gehandelt hat die Privatwirtschaft: Seit August 2025 existiert ein digitaler Euro, genannt EURAU. Dieser Kryptowert ist ein Stablecoin, emittiert von einem Konsortium unter Führung der DWS.[1] »EURAU is a MiCAR-compliant, fully backed euro stablecoin that delivers speed, stability, and security in one.«[2] Selbst die deutschen Sparkassen bewerben »die neue Kryptowährung mit BaFin-Siegel«.[3] In diesem Beitrag soll es um die Einordnung solcher Krypto-Emissionen gehen, insbesondere wenn mehrere Emittenten beteiligt sind.

Jens Ekkenga hat sich sein ganzes Forscherleben mit Fragen der Unternehmensfinanzierung befasst. Neben seiner Habilitationsschrift[4] belegt dies ein ebenso betiteltes Standardwerk[5] und seine Leitkommentierung zur Finanzverfassung der AG im Kölner Kommentar.[6] Auch der Wertpapieremission hat er sich gewidmet.[7] Die Autoren hoffen daher auf sein Interesse an einer Spezialfrage im innovativen Gewand.

Unser Beitrag beschränkt sich auf Kryptowerte gem. Title II bis IV der Verordnung (EU) 2023/1114 über Märkte für Kryptowerte (MiCAR),[8] mithin E-Geld Token (»e-money token« – EMT), Vermögenswert-referenzierte Token (»asset-referenced token« = ART) und »sonstige Kryptowerte«.[9]

I. Kryptowerte und Stablecoins im Aufwind

Der Marktwert digitaler Vermögensgegenstände hat im Herbst 2025 die 4 Billionen $-Grenze überschritten. Ca. 55 % davon entfallen auf Bitcoin, 14 % auf die Kryptowährung Ether und 10 % auf weitere neun Kryptowerte. Die restlichen geschätzt

1 Emittentin ist das E-Geld-Institut AllUnity, ein Joint Venture von DWS, Flow Traders und Galaxy. V-Bank und Metzler fungieren als Verwahrstelle (reserve bank) für die eingezahlten Kapitalreserven.
2 Https://allunity.com/eurau/.
3 Www.sparkasse.de/aktuelles/erster-deutscher-stablecoin.html.
4 Anlegerschutz, Rechnungslegung und Kapitalmarkt – Eine vergleichende Studie zum europäischen, deutschen und britischen Bilanz-, Gesellschafts- und Kapitalmarktrecht, 1998.
5 Ekkenga, Handbuch der AG-Finanzierung, 3. Aufl. 2026.
6 Ekkenga in KK-AktG, 3. Aufl. 2017, 2020, §§ 182–191, 222–240 AktG.
7 Ekkenga/Maas, Das Recht der Wertpapieremissionen, 2006.
8 Amtsblatt EU L 150, 9.6.2023, S. 40–205.
9 Vgl. die Definitionen in Art. 3 Abs. 1 Nr. 5, 6, 7 MiCAR.

über 10.000 Kryptowerte teilen sich ca. 21 % des Marktwertes.[10] Mehr als 300 Milliarden USD sind in Dollar-nominierten sog. Stablecoins gebunden, die als Geldersatz eingesetzt werden.

Kryptowerte sind eng verknüpft mit digitalen Ökosystemen, in denen Finanzdienstleistungen von zahlreichen Akteuren erbracht werden. Durch das Zusammenwirken vieler Computerserver, die den Kryptocode betreiben (sog. Nodes), soll ein »single point of failure« im Finanzsystem vermieden werden.[11] Kooperation liegt in der Natur von decentralized finance (»DeFi«) und Krypto. Die Untersuchung der Frage, wie eine Kooperation bei der Emission von Kryptowerten nützlich, rechtlich zulässig und abbildbar ist, drängt sich auf.

Praktischer Hintergrund sind Kryptoprojekte, die den Finanzmarktaufsichtsbehörden unter der Verordnung über Märkte in Kryptowerten (MiCAR) vorgelegt werden.[12] Sie führen zu einer Überschneidung von europäischer und nationaler Finanzmarktregulierung sowie dem Zivilrecht der EU-Mitgliedstaaten und Drittstatten. Stablecoin-Marktführer sind Tether und Circle mit ihren »Kryptowährungen« USDT und USDC. Circle erlaubt einer ausgewählten Anzahl von Emittenten[13] USDC jeweils auf einer Blockchain-Plattform (insbesondere Algorand, Avalanche, Ethereum, Flow, Hedera, Solana, Stellar und Tron) zu emittieren.[14] Jedem Emittenten ist ein Rahmen zugewiesen, innerhalb dessen er USDC ausgeben und zurücknehmen darf. So kann USDC auf vielen Blockchains gleichzeitig als Zahlungsmittel eingesetzt werden. Ein Organisationsvertrag zwischen den Emittenten und Circle regelt den Umgang mit dem Erlös und die Einzahlung in die Reserven von USDC, aus denen Rücknahmebegehren bedient werden. Ähnlich stellt Tether für die neue mit dem US-GENIUS Act konforme USAT nur die Technologie, während Anchorage Digital, eine nach US-Bundesrecht lizensierte Cryptobank, als Emittentin unter dem GENIUS Act und Cantor Fitzgerald als Reserve-Depotbank auftreten.[15]

Bei USDT, USDC and USAT begeben rechtsfähige Einheiten die Kryptowerte. Auf demgegenüber dezentral organisierten Plattformen wirken Token-Inhaber, Nodes, interessierte Dienstleistungserbringer und Entwickler(firmen) bei der Ausgabe der Kryptowerte zusammen. Die Produktregulierung gem. Titel II bis IV MiCAR

10 Zahlen laut Coinbase vom 31.8.2025.

11 Vgl. Zetzsche et al, Decentralized Finance, 6:2 Journal of Financial Regulation 172 (2020).

12 Vgl. Richard Portes, The stablecoin loophole that could expose the EU, Financial Times, 25.7.2025, abrufbar unter https://www.ft.com/content/3dd627ff-d091-4141-9c48-5d63a15eb879.

13 Dies schließt teils Konzerngesellschaften ein. So verfügt »Circle Internet Financial Europe SAS« über eine Lizenz als E-Geld-Institut und fungiert als Emittentin von USDC und EURC, einer Euro-dominierten Stablecoin. Die Reserven von Circle werden von der Bank of New York Mellon verwahrt und von BlackRock verwaltet.

14 Banque de France, Working Paper on Stablecoins (Feb. 2023), S. 16.

15 Tether Unveils USA₮, its Planned U.S.-Regulated Dollar-Backed Stablecoin, and Will Appoint Bo Hines as CEO of Tether USA₮ (12.9.2025), abrufbar unter https://tether.io/news/tether-unveils-usat-its-planned-u-s-regulated-dollar-backed-stablecoin-and-will-appoint-bo-hines-as-ceo-of-tether-usat/.

beschränkt sich auf zentralisierte Emissionen durch eine Emittentin.[16] Im Folgenden behandelt wird die Frage, ob es auch zwei oder mehr sein dürfen, und welche Rechtspflichten dies auslöst.

II. Kooperationen bei Krypto-Emissionen

Art. 3 (1) No. 10 MiCAR definiert den Emittenten als die Person, die Kryptowerte ausgibt. Die Ausgabe des Tokens umfasst unseres Erachtens die (rechtliche) Kontrolle über den Computerprozess, der das Token erstmalig generiert, in den Verkehr bringt und dafür Kapital (gleich in welcher Form) von den zukünftigen Inhabern erhält.[17] Wer den Kryptowert vertreibt ist für die Emittentenstellung ebenso unerheblich wie die Frage, wer das eingezahlte Kapital letztlich erhält bzw. verwahrt. Das Technologie-Unternehmen Circle Internet Group, dass die Technologie bereitstellt und den Gesamtprozess steuert, ist danach nicht Emittentin, sondern nur Kooperationspartner derselben.

Der Kryptowert (auf Englisch häufig Token = Wertmarke) ist ein technisch standardisiert ausgestaltetes Datenprodukt (zumeist wird der ERC20-Standard verwendet[18]), das in einer speziellen Software- und Serverumgebung entstehen und übertragen werden kann (sog. DeFi Infrastruktur).

Die Großplattformen (u.a. Ethereum, Algorand, Avalanche, Flow, Hedera, Solana, Stellar und Tron) unterstützen die Entwicklung von dezentralen Anwendungen (sog. dApps) durch Entwicklung und Betrieb technischer Infrastruktur für die Entstehung und Übertragung der Token sowie Smart Contracts. Darauf basierende DeFi-Ökosysteme bieten mittels dApps spezielle Funktionalitäten an, meist unter Verwendung eines speziellen Tokens (sog. native oder dApp token). Mit diesem native token sind Einflussrechte (z.B. Stimmrecht), teils auch Vermögensrechte (insbesondere Belohnungen mit pekuniärem Wert für bestimmte Aktivitäten, seltener reine Dividenden) verbunden. Mittels »Brücken-« oder Transfer-Applikationen werden native token in weit verbreitete auf allen Plattformen akzeptierte Kryptowerte, wie Bitcoin und Ether, oder Stablecoins, wie USDC und USDT, getauscht.

Krypto-Emissionen dienen somit einerseits korporations-ähnlichen, mitgliedschaftlichen, andererseits währungsähnlichen Zwecken.[19] Für die Ausübung von Mitgliedschaftsrechten genügt die Akzeptanz, insb. Ausgabe und Entgegennahme durch sowie Rechtsausübung gegenüber der Emittentin und anderen Inhabern desselben Kryptowerts. Für den Währungszweck ist eine Akzeptanz des Kryptowerts auf vielen Plattformen gleichzeitig erforderlich. Dies kann allenfalls ein sehr großer

16 Vgl. 22. Erwägungsgrund MiCAR, wonach vollständig dezentral organisierte Kryptowerte ausgeklammert sind. Dazu Zetzsche/Woxholth, The EU Law on Cryptoassets, 2025, S. 45 f.

17 J. Meier in J. Meier (Hrsg.), MiCAR Hdb., 2025, Kapitel 2, Rn. 82 ff.

18 Näher Zetzsche/Woxholth, The EU Law on Cryptoassets, S. 25.

19 Über »digitales Finanzwesen« s. Langenbucher, AcP 218 (2018), 386 ff.

Emittent (wie Tether für USDT) zentral für viele Plattformen und Märkte rechtskonform organisieren. Häufiger teilen sich verschiedene Unternehmen die technischen Plattformen und regionalen Märkte und treten allenfalls für eine Plattform oder einen Markt als »Emittentin« des Kryptowerts auf. Diese Arbeitsteilung erklärt die herausgehobene Bedeutung von Kooperationsformen im Krypto-Recht.

III. Ablauf einer Krypto-Emission

1. *Kryptowerte als Rechtsgegenstand*

a) Privatrecht

Kryptowerte beziehen sich auf vertragliche, nicht korporativ begründete Rechte (= Mitgliedschaften). Die Ausgabe von Kryptowerten setzt keinen HV-Beschluss voraus. Sie ist grundsätzlich von der Geschäftsführungs- und Vertretungsmacht des Geschäftsführungsorgans (Geschäftsführer, Vorstand) gedeckt. Soweit nicht anders bestimmt, stehen die Inhaber der Token in der Insolvenzpyramide mit anderen Regelgläubigern auf einer Stufe. Sie sind keine Gesellschafter, daher nicht nachrangig zu befriedigen.

Der Kryptowert an sich ist gewiss keine Sache (§ 90 BGB) und auch kein elektronisches Wertpapier (arg. ex § 2 Abs. 1 eWpG). Er ist eine digitale Darstellung eines Wertes, der aus vertragsrechtlichen Beziehungen unter den Nutzern folgt. Alle Nutzer eines digitalen Ökosystems können vereinbaren (durch Annahme der allgemeinen Nutzungsbedingungen, häufig implizit durch Download der Software), dass die Übertragung eines Tokens an einen anderen Nutzer zugleich ein Angebot, und der Erhalt des Tokens (ggf. explizit mittels digitaler Bestätigung) die Annahme der Übertragung in Bezug auf die im Token abgebildeten Rechte (also §§ 398 ff. BGB) und ggf. auch Sachen (§§ 929 ff. BGB) darstellen soll.

Seit Inkrafttreten des eWpG[20] kann das Token auch als Schuldverschreibung auf den Inhaber gem. § 793 BGB ausgestaltet werden; jede Leistung i.S.d. § 241 Abs. 1 BGB kann tauglicher Gegenstand des Versprechens nach § 793 BGB sein, welches die ausgebende juristische Person gegenüber den Inhabern des Tokens zu erfüllen hat.[21] Fehlte bis zum eWpG regelmäßig der Skripturakt (§ 793 Abs. 2 BGB), erlaubt das eWpG die Ausgestaltung von Schuldverschreibungen auf den Inhaber in elektronischer Form (§ 1 Nr. 1 eWpG). Maßgebliche Bedeutung hat dann der Eintrag im Kryptowertregister (§§ 16 ff. eWpG): Anstelle der Ausstellung einer Wertpapierurkunde hat der Emittent eine Eintragung in ein elektronisches Wertpapierregister

20 Gesetz über elektronische Wertpapiere vom 3. Juni 2021 (BGBl. I S. 1423).
21 Stadler in Jauernig, BGB, 19. Aufl. 2023, § 793, Rn. 1; Wilhelmi in Erman, BGB, 17. Aufl. 2023, § 793, Rn. 4.

(§ 4 Abs. 1 eWpG) zu bewirken (§ 2 eWpG). Die Rechte der Inhaber sind »wertpapierrechtlich« ausgestaltet (§§ 28 ff. eWpG).

b) Aufsichtsrecht

Von der zivilrechtlichen ist die aufsichtsrechtliche Qualifikation zu unterscheiden. Kryptowerte im Anwendungsbereich der MiCAR sind gemäß Art. 3 (1) Nr. 5 MiCAR digitale Darstellungen eines Werts oder eines Rechts, der bzw. das unter Verwendung der Distributed-Ledger-Technologie oder einer ähnlichen Technologie elektronisch übertragen und gespeichert werden kann. Kryptowerte im Anwendungsbereich der MiCAR sind keine Wertpapiere und Finanzinstrumente i.S.d. EU-Rechts, vgl. Art. 2 (4 a) MiCAR.

Die Gleichstellung von Kryptowerten mit Wertpapieren im eWpG ist zumindest missverständlich.[22] Sie geht auf die vom deutschen Gesetzgeber in § 1 Abs. 11 KWG eingeführte Definition der Finanzinstrumente zurück, zu denen auch Kryptowerte (§ 1 Abs. 11 Satz 5 KWG) zählen, soweit sie nicht anderen Fällen des § 1 Abs. 11 KWG unterfallen. Dies sollte Krypto-Dienstleistungen bis zum Inkrafttreten der MiCAR der Zulassungspflicht nach § 32 KWG zu Zwecken der Geldwäscheprävention unterstellen. Zulassungsinhaber müssen jetzt einen Antrag nach Art. 62 MiCAR stellen, um die bestehende Zulassung auf MiCAR-Dienstleistungen zu erstrecken, neue Antragsteller haben dies nach Art. 59 (1) (a) i.V.m. Art. 63 MiCAR zu tun.[23]

2. *Krypto-Emission, Weiterübertragung und Leistungsstörungen*

Die Krypto-Emission ist eine technisch abgebildete, parallel stattfindende Abgabe gleicher Schuldangebote oder – versprechen (im Fall der Ausgestaltung gem. § 793 BGB i.V.m. eWpG). Durch die technische Übertragung des Kryptowerts auf Weisung des Emittenten auf einen Inhaber und dessen Umschreibung in der zugrundeliegenden Distributed Ledger Technology[24] erfolgt die Annahme des Angebots respektive die Übertragung des Versprechens.

Wird der Kryptowert weiter übertragen, liegt in der Übertragung das Angebot einer Zession, in der Entgegennahme deren Annahme. Dabei verpflichtet sich der Emittent durch die IT-implementierten Nutzungsbedingungen an den jeweiligen Inhaber des Kryptowerts zu leisten. Bei einem elektronischen Inhaberschuldversprechen entfällt der Zwischenschritt. Hier genügen Übertragung und Eintragung (§§ 3, 25, 27 eWpG). § 25 eWpG formuliert: »Zur Übertragung des Eigentums an einem elektronischen Wertpapier ist es erforderlich, dass das elektronische Wertpapier auf Weisung des Berechtigten auf den Erwerber umgetragen wird und beide sich darüber

22 Schulz/Neumann, eWpG, 2023, S. 7 f.

23 BaFin, Dienstleistungen und Tätigkeiten im Zusammenhang mit Kryptowerten gemäß MiCAR, 27. Mai 2025, unter C. und D.

24 Vgl. Zetzsche, AG 2019, 1 (Rn. 3 ff.).

einig sind, dass das Eigentum übergehen soll. (...) Das Recht aus dem Wertpapier wird mit der Übereignung des elektronischen Wertpapiers nach Absatz 1 übertragen.«

Die Nachteile der vertragsrechtlichen Ausgestaltung zeigen sich bei Leistungsstörungen. Ist das Versprechen der Emittentin nichtig, haben die Token-Inhaber nichts erworben. Ihnen kommt kein Gutglaubensschutz zur Hilfe. Die Nichtigkeit kann auch Folge eines AGB-Verstoßes sein; § 310 Abs. 4 BGB greift nicht, weil die Kryptowert-Emission nicht auf Gesellschaftsrecht beruht.[25] Die Nutzungsbedingungen überwinden kein zwingendes Minderjährigen- und Verbraucherschutzrecht.

Dies bedeutete einen Nachteil gegenüber anderen Rechten, namentlich Luxemburgs Blockchain-Gesetzen, dem liechtensteinischen Gesetz über Token und VT-Dienstleister (TVTG) sowie den Registerwertrechten nach Art. 973 lit. D ff. des Schweizerischen Obligationenrechts.[26] Mit dem eWpG ist die Rechtstellung verbessert worden. Nunmehr schützt § 26 eWpG den gutgläubigen Erwerb, § 27 eWpG etabliert eine positiv wirkende Registerwirkung, § 28 eWpG begrenzt die Einwendungen des Emittenten, sichert diesem aber gleichzeitig zu, sich mittels Leistung an den Token-Inhaber von seiner Leistungspflicht zu befreien; gem. § 29 eWpG erhält dann der Emittent die Buchposition des vorherigen Inhabers.

3. *Mehrere Emittenten?*

Während bei vertragsrechtlicher Ausgestaltung mehrere Personen als Emittenten auftreten können, indem sie dieselbe Schuld übernehmen (§§ 421 ff. BGB), spricht das eWpG von dem Emittenten (Singular); dieser unterliegt der Pflichtregisterangabe (§ 14 Abs. 1 eWpG) und ist Teilnehmer am Registersystem (§ 2 Abs. 1 Nr. 1 eWpRV). Allerdings ist für § 793 BGB anerkannt, dass auch mehrere Personen das Schuldversprechen abgeben. Diese Fälle sind im Wechselrecht explizit angesprochen.[27]

Ebenso ist anerkannt, dass mehrere Personen zusammen einen gemeinsamen Wertpapierprospekt erstellen können.[28] Davon wird z.B. bei der Emission strukturierter

25 Ggf. ist die AGB-Kontrolle im Verhältnis zwischen Unternehmern nach § 310 Abs. 1a BGB beschränkt.

26 Zu allem Lehmann/Morishita, Cryptocurrencies in National Laws, 2025.

27 Art. 47, 83 WG.

28 F.A.Schäfer, ZIP 1991, 1557 (1563); Ritz in Voß et al., Wertpapierprospektrecht (2023), Art. 22 EU-ProspektVO Rn. 192.
Arg. Ex. Commission Delegated Regulation (EU) 2019/979 vom 14. März 2019 (Level 2-Verordnung zur EU Prospektverordnung), Annex VII, Table 1, Feld Nr. 11 betreffend die Verwendung des »Legal Entity Identifier of the issuer« (»When multiple issuers shall be communicated, field [11] shall be reported as many times as necessary«). Die International Primary Market Association, Stellungnahme zu CESR's Level 2 Entwürfen zur ProspektRL (2003), abrufbar unter https://www.esma.europa.eu/sites/default/files/5-IPMA_0.pdf, S. 6 und 18 erwähnt den Fall, dass mehrere Emittenten aus mehreren EU-Mitgliedstaaten einen EU-Basisprospekt gemeinschaftlich veröffentlichen können.

Produkte im Konzern Gebrauch gemacht.[29] Von daher muss auch für Kryptowerte, die dem eWpG unterliegen, eine Gestaltung zulässig sein, wonach mehrere Emittenten gemeinsam Kryptowerte ausgeben.[30]

Den Folgeproblemen, die in der Literatur kaum behandelt wurden,[31] soll hier die Aufmerksamkeit gelten, wobei zwischen der hier sog. Parallel-Emission und der Konsortial-Emission zu differenzieren ist.[32]

IV. Konzertierte Parallel-Emission

1. Beispiele

Bei der Parallel-Emission übernehmen mehrere Personen die Emittentenstellung in Kenntnis und Abstimmung mit den anderen.

Beispiel 1: Mehrere Kreditinstitute (z.B. Deutsche Bank und BNP Paribas) wollen zugleich ein Euro-E-Geld-Token gem. Art. 48 (1) MiCAR als Emittenten anbieten. Motiv der Kooperation ist die größere Verbreitung und damit Fungibilität und Akzeptanz dieser Stablecoin durch Dritte im EU-Binnenmarkt. Jedes der beiden Institute wäre auch einzeln befugt, die Stablecoins zu emittieren (vgl. Art. 48 (1) MiCAR). In Variante a) wollen beide Institute als Emittenten desselben Bestands an Stablecoins auftreten, gleichsam als Gesamtschuldner. In Variante b) ist der Bestand unterteilt, jedes Institut emittiert den ihr zugewiesenen Bestand, etwa auf unterschiedlichen DeFi-Plattformen.

Beispiel 2: Mehrere Entwickler-Firmen eines digitalen Ökosystems wollen parallel als Emittenten eines anderen Kryptowertes nach Titel II MiCAR auftreten, um die von ihnen jeweils einzeln als Gegenleistung für die Entwicklung erhaltenen Kryptowerte am Markt ohne Zwischenschritte zu verkaufen.

29 S.a. International Primary Market Association, Stellungnahme zu CESR's Level 2 Entwürfen zur ProspektRL (2003), abrufbar unter https://www.esma.europa.eu/sites/default/files/5-IPMA_0.pdf, S. 6 und 18. Ein Beispiel bildet das Structured Products Programme der früheren Credit Suisse-Gruppe (abrufbar unter https://www.luxse.com/programme/Programme-CreditSuisseInt/13821).

30 Der hier besprochene Fall ist zu unterscheiden von dem Einsatz mehrerer Verwahrer (sprich Register) für denselben Wertbestand. Nach dem eWpG ist eine Übertragung von Sammelanteilen zwischen verschiedenen Registern ausgeschlossen (s. Begründung des Regierungsentwurfs zu § 9 Abs. 2 eWpG). Nicht ausgeschlossen ist der Fall, dass jeweils einzelne Verwahrer gewisse Quoten der Gesamtemission für Kunden verwahren.

31 Soweit ersichtlich, wird die Frage bislang kursorisch behandelt von J. Meier in: J. Meier (Hrsg.), MiCAR Hdb., 2025, Rn. 112 (indirekt, im Kontext mehrerer Anbieter; danach sollen mehrere Emittenten und Anbieter unter MiCAR möglich sein wie im Wertpapierprospektrecht).

32 Nicht behandelt wird hier der Fall, dass mehrere Personen gleichzeitig, aber unabhängig voneinander, denselben Kryptowert erstmalig öffentlich anbieten und dadurch gleichgerichtete Pflichten entstehen.

Beispiel 3: Ein deutsches Kreditinstitut, weil es gem. Art. 48 (1) MiCAR Emittent von E-Geld-Token sein darf, kooperiert mit einer US-Emittentin, die über die US-Zulassung für die Begebung von Stablecoins nach dem US Genius-Act verfügt. Durch Parallel-Emission in den USA und der EU wird die Akzeptanz des Stablecoins erhöht.

2. *Zulässigkeit und Qualifikation mehrerer Emittenten unter MiCAR*

a) Grundsätzliche Zulässigkeit

In den drei MiCAR-Vorschriften zur Emittentenqualifikation findet sich die Einzahl.[33] Sodann sollen »Kryptowerte ohne identifizierbaren Emittenten« (22. ErwGr MiCAR) nicht in den Anwendungsbereich der Titel II bis IV MiCAR fallen.

Die Mehrzahl (»die Emittenten«) findet sich in Titel III und IV MiCAR zu vermögenswertreferenzierten und E-Geld-Token indes knapp 200 Mal. Mag man dies noch abstrakt verstehen, weisen auf die Zulässigkeit der Parallel-Emission für ART und E-Geld-Token einige Bestimmungen hin, die explizit den Fall »mehrerer Emittenten« desselben Tokens regeln, etwa die Aggregation der Daten aller Emittenten für die Berechnung der Signifikanzschwellenwerte[34] und die Einhaltung der Zusatzpflichten durch alle Emittenten.[35] Mehrere identifizierbare Emittenten schließen die Anwendung von Titel II bis IV MiCAR nicht aus (im Hinblick auf 22. ErwGr).

Die Zulässigkeitsfrage der Parallel-Emission stellt sich für die sonstigen Kryptowerte, für die der Wortlaut von Titel II MICAR nur »den Emittenten« erwähnt. Dies steht einer Parallel-Emission nicht entgegen. Erstens verwendet Titel II MiCAR den Begriff der »Anbieter« unter Einbezug der Emittenten (vgl. Art. Nr. 13 MiCR). Zweitens ist die Parallel-Emission im EU-Prospektrecht anerkannt (s. o.), dem Titel II MiCAR nachgebildet ist. Auch in den Kernvorschriften Art. 2 bis 12 EU-Prospektverordnung findet sich nur die Einzahl. Drittens unterscheiden sich die »Stablecoins« nach Titel III und IV MiCAR von Titel II-Token durch ihre Ausrichtung auf Stabilität des Tokens.[36] Sonstige Kryptowerte nach Titel II MiCAR bilden ein breites Spektrum ab, welches von fungiblen und weithin akzeptierten Kryptowerten wie Bitcoin, Ether und Solana[37] bis zu gutschein-artigen Token reichen kann.[38]

33 S. Art. 4 (1) (a), 16 (1) und und Art. 48 (1) MiCAR (»eine Person«), ebenso die englische Fassung (»a person«); ebenso Art. 6 (1) (b).

34 Vgl. Artt. 23 (3) und 43 (3) i.V.m. 56 (2) MICAR.

35 Art. 45 (5) MiCAR.

36 Vgl. Art. 3 Nr. 6 und 7 MiCAR (Kryptowert »dessen Wertstabilität durch (…) gewahrt werden soll«). Näher Zetzsche/Woxholth, The EU Law on Cryptoassets, S. 77 ff.

37 Bitcoin und Ether unterfallen Titel II MiCAR nur deshalb nicht, weil deren Ausgabe hinreichend dezentralisiert ist. Vgl. ErwGr 22 (»Kryptowerte ohne identifizierbaren Emittenten sollten nicht in den Anwendungsbereich der Titel II, III oder IV dieser Verordnung fallen.«). Zetzsche/Woxholth, The EU Law on Cryptoassets, S. 45, 79 ff.

38 Zetzsche/Woxholth, The EU Law on Cryptoassets, S. 34 f., 40.

Für die Geldwert-Charakteristik von Stablecoins ist die weitreichende, möglichst globale Akzeptanz zwar förderlich, wofür mehrere Emittenten als Ausgabestellen hilfreich sein können (s. o.). Eine große Akzeptanz begünstigt aber auch die Halter von Bitcoin-, Ether- und Solana-Token.

Der Schutz der Token-Inhaber und etwaige Risiken für das Finanzsystem sprechen nicht gegen die Zulässigkeit der Parallel-Emission von sonstigen Kryptowerten. Beiden Anliegen ist in größerem Maße bei Stablecoins Rechnung zu tragen, die in Krypto-Ökosystemen geldgleich angewendet werden.

b) Qualifikation der Emittenten

Während Titel II MiCAR keine weiteren Anforderungen an die Person des Emittenten stellt (»eine Person«), muss der Emittent von vermögenswertreferenzierten Token entweder ein in der EU niedergelassenes und nach Art. 18 MiCAR zugelassenes Unternehmen oder ein nach der CRD-Richtlinie zugelassenes[39] und Art. 17 MiCAR qualifiziertes EU-Kreditinstitut sein. Als Emittenten von E-Geld-Token lässt Art. 48 (1) MiCAR ausschließlich Kreditinstitute und E-Geld-Institute zu. Damit scheiden Institute mit Sitz in Drittstaaten als Emittenten nach Titel III und IV MiCAR aus. Während die Beispiele 1 und 2 nach MiCAR regelkonform sind, muss für das dritte Beispiel auf die Konsortial-Emission zurückgegriffen werden (im Folgenden V.). Des Weiteren ist Art. 48 (2) MiCAR zu beachten: jede Emission von E-Geld-Token, die sich auf Euro oder andere offizielle Währungen von EU-Mitgliedstaaten bezieht, gilt als ein öffentliches Angebot in der EU und muss dann gem. Art. 48 (1) MiCAR auf EU-institute oder mit deren schriftlicher Zustimmung legitimierte Anbieter zurückgehen.

3. Prospektrecht

Für das erstmalige öffentliche Angebot von Token nach Titel II bis IV MiCAR ist ein White Paper (= Prospekt) zu erstellen.[40] Dafür ist die prospektrechtliche Differenzierung zwischen Emittent, Prospekturheber und Anbieter von Bedeutung.[41] Nicht jeder Emittent muss Prospekturheber, kann aber trotzdem Anbieter sein. Unserer Ansicht nach sind drei Gestaltungen zulässig.

a) Aufsichtsrechtliche Lösung

Erstens genügt die Erstellung und Publikation eines Whitepapers durch *einen* Emittenten, weil dies die Vertriebsbedingung unter dem bis dahin geltenden Verbot mit Erlaubnisvorbehalt erfüllt. Dieser sog. »aufsichtsrechtlichen Lösung« bereiten

39 Vgl. ErwGr 44 MiCAR.
40 Artt. 6 bis 12, 19 und 51 MiCAR.
41 Dazu Poelzig in Assmann et. al., Prospektrecht, 4. Aufl. 2022, S. 122.

Art. 4 (7) und 5 (4) MiCAR den Boden: Jedes nachfolgende öffentliche Angebot eines sonstigen Kryptowerts gilt als gesondertes öffentliches Angebot. Dieses kann sich auf das erste ordnungsgemäß publizierte Whitepaper stützen, wenn die für die Erstellung verantwortliche Person seiner Verwendung schriftlich zustimmt.[42] Die für die Erstellung verantwortliche Person ist die für den Prospektinhalt alleinverantwortliche Prospekturheberin; sie muss Aktualisierung und ggf. Schadensersatz leisten, vgl. Artt. 12, 15 MiCAR. Die übrigen Anbieter (=Ko-Emittenten) haben andere als die Whitepaper-bezogenen Pflichten nach Titel II MiCAR weiterhin zu erfüllen (arg. Art. 4 (7) and 5 (4) MiCAR), insbesondere die Marketing- (Artt. 7 ff. MiCAR) und Treupflichten gegenüber den Tokeninhabern (Art. 14 MiCAR).

Die aufsichtsrechtliche Lösung findet sich für die Emission von ART und E-Geld-Token in Art. 16 (1) Satz 2 und Art. 48 (1) Satz 2 MiCAR: mit schriftlicher Zustimmung des Emittenten dürfen andere diese Token öffentlich anbieten. Neben Treupflichten und Marketingregeln unterliegen sie auch dem Zinsverbot für ART und E-Geld-Token.[43]

b) Gemeinsame Whitepaper

Zweitens können zwei (ggf. nach Titel III und IV MiCAR qualifizierte) Emittenten das Whitepaper gemeinsam veröffentlichen, mit der Folge der Gesamtschuldnerschaft für die Whitepaper-Folgepflichten wie Aktualisierung und Haftung.[44] Für die Prospekthaftung[45] kommt es zum gleichen Ergebnis, wenn eine Person die Verantwortung für den Whitepaper-Inhalt des anderen Emittenten übernimmt, z.B. als Anbieter oder Garantiegeber neben dem Prospekturheber.[46]

c) Getrennte Whitepaper

Drittens können die Emittenten konzertiert getrennte Whitepaper für denselben Kryptowert erstellen. So können sich die Emittenten die DeFi-Plattformen aufteilen und z.B. technische Whitepaper-Inhalte spezifisch ausrichten. Ein (etwaiger) Rechtssatz, wonach es in Bezug auf ein Kapitalmarktprodukt zur gleichen Zeit nur eine Informationsquelle geben soll, greift nicht: zwei konkurrierende Bieter können zur gleichen Zeit zwei Übernahmeangebote in Bezug auf die gleiche Aktie publizieren oder zwei Anbieter gleich ausgestaltete Derivate anbieten; der rechtliche Unterschied besteht jedenfalls in der Person der Gegenpartei.

42 Vgl. den Parallelfall der Zulassung zum Handel in Art. 5 (4) MiCAR.
43 Verweis auf Artt. 27, 29 and 40 sowie Artt. 50, 53 MiCA.
44 Vgl. Artt. 12, 15, 25, 26, 52 MiCAR.
45 Die Verfahrensvorschriften richten sich dagegen nur an den Prospekturheber.
46 Zu dieser Praxis im Prospektrecht vgl. Emmerich in MünchKomm-BGB, 9. Aufl. 2022, § 311, Rn. 163, 171, 185; Assmann/Kumpan in Assmann et al., Kapitalanlagerecht, 6. Aufl. 2024, § 5 Rn. 70 f.

Veröffentlichen dagegen zwei Personen unabhängig voneinander zwei verschiedene Whitepaper, besteht kein rechtlicher Zusammenhang, es handelt sich um eine (hier nicht behandelte) faktische Mehrfachemission.

4. Stablecoin-Pflichten

Für Stablecoins ist der Adressat der strengen MiCA-Vorschriften bezüglich Risikomanagement, Kapitalreserven und Signifikanzschwellen für wesentliche Kryptoassets wichtig.[47] Die Person des Prospekturhebers oder Anbieters hat insofern keine Bedeutung; die MiCAR spricht allein die Emittenten an.

a) Geregelte Inhalte

Zur Berechnung der Signifikanzschwellen für wesentliche ART und E-Geld-Token ordnen Artt. 23 (3), 43 (3), 56 (2) MiCAR die Akkumulation des Emissionsvolumens aller Emittenten an. Nach Art. 45 (6) MiCAR hat jeder Emittent je einzeln die zusätzlichen Risikomanagementvorschriften für signifikante ART zu erfüllen. Dies betrifft eine risikobewusste Vergütungspolitik, die Diversifikationsoption bei der Verwahrung der Stablecoins über voneinander unabhängige Krypto-Verwahrer, ein auf Resilienz ausgerichtetes Liquiditätsprofil der Vermögensreserve zur Befriedigung von Rückgaben durch Token-Inhaber sowie regelmäßige Liquiditätsstresstests und die auf 3 % der Vermögensreserve erhöhten Eigenmittel-Anforderungen.

b) Ausgleich der Reserven unter Emittenten

Zu dem wichtigsten Aspekt schweigt MiCAR jedoch: Wie soll der Ausgleich unter den Kapitalreserven verschiedener Emittenten stattfinden? Dieser Ausgleich ist nicht vonnöten, solange die Rückgabe technisch auf den Emittenten begrenzt ist, der das Token ausgegeben hat. Dann decken sich das Ausgabe- und das maximale Rücknahmevolumen. DeFi-Handelsplätze und Transfersysteme (sog. swaps and bridges) ermöglichen jedoch die Übertragung aus einem in ein anderes oder sogar außerhalb jedes Ökosystems (in persönliche Wallets). Derselbe Token kann technisch durch einen Emittenten ausgegeben und bei einem anderen Emittenten (ggf. jenseits der EU) zurückgegeben werden. Daher ist das Rebalancing von Stablecoin-Reserven verschiedener Teil-Emittenten derselben Stablecoins ein wesentlicher Aspekt des Schutzes der Token-Inhaber. Erlangen Stablecoin eine Gesamtbedeutung für das Finanzsystem, können unausgeglichene Kapitalreserven Risiken für die Stabilität des Systems fördern, weil sie bei Token-Inhabern Anreize zur zügigen Rückgabe erzeugen, die einen Ausfall mit ihrem Rückzahlungsanspruch zu vermeiden suchen. Gelingt dann kein zügiger grenzüberschreitender Ausgleich der Reserven, z.B. weil eine

47 Dazu Zetzsche/Woxholth, The EU Law on Cryptoassets, S. 77 ff.

Rechtsordnung die vorhandenen Reserven eigener Institute zugunsten der Inhaber im Inland blockiert (sog. Ringfencing[48]), kommt es zum Zahlungsausfall und Marktreaktionen ähnlich einem Bank Run.[49]

Dieser Gefahr ließe sich durch Kooperation mit anderen Finanzmarktaufsichtsbehörden (insbesondere in den USA) begegnen. EU-intern ist potenziellen Risiken am besten mit einer risikoorientierten Auslegung der Governance-Vorgaben gem. Art. 34 (5) (g) und (h) MiCAR zu begegnen. Diese Vorschriften gelten unmittelbar für ART, man wird ihren Inhalt aber in die allgemeiner gehaltenen Delegationsregeln für Kredit- und E-Geld-Institute hineinlesen können, die auf E-Geld-Token anwendbar sind.[50]

Danach muss eine Emittentin wirksame »Mechanismen zur Gewährleistung der Liquidität« und wirksame interne Richtlinien in Bezug auf »Vereinbarungen mit Drittunternehmen über die Verwaltung der Vermögenswertreserve, die Anlage und Verwahrung des Reservevermögens« festlegen. So könnte eine Maximalschwelle definiert werden, ab dem es zum Ausgleich im Stablecoin-Gesamtsystem kommen, andernfalls die Ausgabe einseitig gestoppt werden muss. Die Schwelle könnten sich an den Eigenmitteln der Emittenten zur Deckung der Differenz orientieren. Eine alternativ zu erwägende strengere Definition der Eigenmittel und Vermögensreserve als solchem minderte dagegen die Attraktivität der EU-Dienstleistungen, würde indes im Krisenfall einen Sogeffekt erzeugen, weil zu erwarten ist, dass die weltweiten Token-Inhaber dann Auszahlungsbegehren zuerst an EU-Institute richten.

5. *Zivilrecht*

Als zivilrechtliche Fragen stellt sich jeweils: (1) Was muss der oder die Emittentin schaffen und übertragen? (2) Wer schuldet Ersatz bei Leistungsstörungen, z.B. wenn die Kryptowerte niemals entstehen, nicht übertragen werden oder an die falsche Person übertragen werden?

Zwischen den Gestaltungen ist dann zu unterscheiden: Im Beispiel 1 ist Gesamtschuldnerschaft (§ 421 BGB) beabsichtigt, weil jeder Inhaber gegenüber den beiden Instituten die bank-emittierten Token geldgleich verwenden kann.

48 So schreibt z.B. Sec. 18(a) (3) des US Genius Act zugunsten von US-Kunden vor, dass ausländische Emittenten Reserven in US-Finanzinstituten halten müssen, die den Liquiditätsbedürfnissen von US-Kunden entsprechen.

49 Vgl. ESRB, Recommendation of the European Systemic Risk Board of 25.09.2025 on third-country multi-issuer stablecoin schemes (ESRB/2025/9), sowie EU Non-bank Financial Intermediation Risk Monitor 2025 (1.9.2025). S. 71. Zu einem Run auf die Kapitalreserven kam es im Frühjahr 2023, vgl. Zetzsche et al., Remaining regulatory challenges in digital finance and crypto-assets after MiCA, Study requested by the ECON Committee (Mai 2023), S. 32.

50 Vgl. Art. 48 (3) MiCAR, der auf Art. 3 (1) E-Geld-Richtlinie verweist, welcher wiederum die Delegationsvorschriften von Artt. 17 (7) und 18 der ersten Zahlungsdienstleistungsrichtlinie in Bezug nimmt. Die Vorschriften sind jetzt in Art. 19 (6) der zweiten ZahlungsdienstleistungsRL (EU) 2015/2366 und künftig in Art. 22 der dritten Zahlungsdienstleistungsrichtlinie enthalten. Zum Ganzen Zetzsche,Third-country multi-issuer stablecoins, ERA Forum 2026 (im Druck).

Im Beispiel 2 begrenzt sich der Zweck auf den gemeinsamen Verkauf. Nur insoweit ist Gesamtschuldnerschaft beabsichtigt, anschließend ist die gemeinsame Verpflichtung durch Erfüllung (§ 362 BGB) erloschen.

Im dritten Beispiel können nur EU-Institute als Emittenten gem. Art. 48 MiCAR auftreten. Andere als Institute oder Institute aus Drittstaaten (USA) können allenfalls Anbieter sein, wenn sie die Anforderungen von Art. 48 (1) Satz 2 MiCAR erfüllen, werden regelmäßig aber nicht nach außen auftreten.

Charakteristisch für die konzertierte Parallel-Emission ist die (zumindest vorübergehende) Gesamtschuldnerschaft. Ist nur eine Emittentin gem. Artt. 16 (1), 48 (1) MiCAR aufsichtsrechtlich qualifiziert, schuldet nur diese die Emissionsleistung. Ein »Anbieter« oder ein am Gesamtsystem interessiertes Unternehmen (z.B. die Technologiefirmen Circle und Tether) kann dieser Leistungspflicht beitreten oder die Garantie für deren Erfüllung übernehmen.

V. Konsortial-Emission

1. Beispiele

Bei der Konsortial-Emission geht es um die Ausnutzung der Platzierungskraft mehrerer Akteure nach innen, während der Auftritt nach außen in einer Person gebündelt ist. Vorbild sind die im Aktienrecht bekannten, von Banken geführten Emissionskonsortien.[51]

Beispiel 1: Ein Unternehmen möchte einen »sonstigen Kryptowert« gem. Kapitel II MiCAR gegen Geld ausgeben, benötigt für das zu finanzierende DeFi-Ökosystem aber ein gewisses Mindestvolumen, welches von Dritten vorab garantiert werden soll. Um dieses sicherzustellen, bedient es sich eines klassischen Platzierungskonsortiums, deren Mitglieder die Kryptowerte im eigenen Namen übernehmen und zum Handel auf eigene Rechnung anbieten.

Beispiel 2: Eine Entwicklergruppe erhält von verschiedenen Venture Capital Fonds Kapital und Unternehmensberatung, im Gegenzug erhalten die Fonds »sonstige Kryptowerte«, die im dezentralen Ökosystem nutzbar sind. Die VC-Fonds gründen eine Zweckgesellschaft, die als Verkäufer der sonstigen Kryptowerte auftritt. Der Anteil am Verkaufserlös soll pro rata nach Kosten verteilt werden.

Beispiel 3 (von oben): Ein deutsches Kreditinstitut, weil es gem. Art. 48 (1) MiCAR Emittent von E-Geld-Token sein darf, kooperiert mit einem US-Emittenten, der über die Zulassung für die Begebung von Stablecoins in den USA nach dem US Genius-Act verfügt, um den Stablecoin zugleich in der EU und den USA anzubieten.

51 Ekkenga in KK-AktG, 3. Aufl. 2017, § 186, Rn. 198.

2. *Aufsichtsrechtliche Lösung*

Bei allen drei Gestaltungen tritt jeweils nur eine juristische Person nach außen auf. Für ART muss diese in der EU niedergelassen oder Kreditinstitut, für E-Geld-Token Kredit- oder E-Geld-Institut sein (s.o.).

Im Übrigen handelt es sich um die oben sog. aufsichtsrechtliche Lösung: eine Emittentin ist Urheberin des Prospekts und zugleich Anbieterin, die die Prospekt- und Emittentenpflichten allein zu erfüllen hat. Die übrigen Beteiligten dürfen mit ihrer Zustimmung als Anbieter auftreten, müssen dann z.B. die Marketing- und Treupflichten beim Vertrieb erfüllen.

Gegenüber dem zur Parallel-Emission Gesagten stellt sich die Frage nach einer eigenen Vertriebsberechtigung der Konsorten. Diese folgt aus Titel V MiCAR. Sämtliche kommerzielle Vertriebstätigkeiten gem. Art. 3 (16) MiCAR sind nach Titel V MiCAR zulassungspflichtige Krypto-Dienstleistungen. (Auch) Dafür muss man in der EU zugelassenes Finanzinstitut (Art. 60 MiCAR) oder in der EU niedergelassenes Unternehmen sein, das jedenfalls einen Teil der Dienstleistungen in einem EU-Staat erbringt und dessen Aufsicht untersteht (Art. 62 MiCAR).

Die Platzierungskonsorten in Beispiel 1 werden regelmäßig Institute und daher für eine erweiterte Zulassung gem. Art. 60 MiCAR qualifiziert sein. Gleiches gilt für die Verwalter der VC-Fonds im Beispiel 2, sofern sie AIFM i.S.v. Art. 60 (5) MiCAR i.V.m. Artt. 4 ff. AIFM-RL[52] (also nach §§ 17 ff. KAGB zugelassene Kapitalverwaltungsgesellschaften) sind, nicht jedoch für sog. Kleine AIFM (oder sub-threshold AIFM) gem. Art. 3 AIFM-RL.[53] Den US-Partnern im Beispiel 3 fehlt der EU-Nexus, so dass sie nicht am Vertrieb an EU-Kunden beteiligt sein dürfen. Ihnen bleibt neben der Tätigkeit als Delegierter, i.e. mit Zustimmung des Emittenten (s.o.) nur der Kundengewinn mittels *reverse solicitation*.

3. *Rebalancing?*

Da sich kein anderes Institut als Emittent qualifiziert, sind die Vorschriften z.B. für die Ermittlung der Signifikanzschwellenwerte und das erweiterte Risikomanagement nicht anwendbar. Insbesondere gilt im Beispiel 3 der US-Partner nicht als Emittent. Die Emissionsvolumina der US-Partner tragen dennoch dazu bei, dass die Stablecoins als signifikante ART oder E-Geld-Token im Sinne von Artt. 43 ff., 56 ff. MiCAR eingestuft werden. Zwar muss allein der EU-Emittent die für die Signifikanzschwellen maßgeblichen Daten etwa zum Ausgabe- und Handelsvolumen an die Aufsichtsbehörden melden. Jedoch muss der EU-Emittent dafür alle Erkenntnisquellen über und aus seinem Ökosystem einbeziehen (Erw. 60 MiCAR). Dafür muss

52 Richtlinie 2011/61/EU (...) über die Verwalter alternativer Investmentfonds (...), Abl. L 174/2011.

53 ESMA, Q&A 2397 (April 2025).

er Daten etwa von Delegierten (wie den Technologiefirmen) und Kryptowertdienstleistern wie Kryptobörsen und -verwahrer abfragen und bündeln.[54]

Weiterhin anwendbar sind indes nach hier vertretener Ansicht Art. 34 (5) (g) und (h) MiCAR (für E-Geld-Token i.V.m. Vorschriften zur Delegation), wonach sämtliche Mechanismen zur Gewährleistung der Liquidität nebst »Vereinbarungen mit Drittunternehmen über die Verwaltung der Vermögenswertreserve, die Anlage und Verwahrung des Reservevermögens« hinreichend effektiv ausgestaltet werden müssen.

Für die Anwendung dieser Vorschrift kommt es auf die Emittentenstellung schlicht nicht an, sondern darauf, ob Dritte im In- oder Ausland in die Verwaltung, Anlage und Verwahrung des Reservevermögens eingebunden sind. Die Unabhängigkeit dieser Regelungen von der Emittentenstellung ist zu begrüßen, weil die Beteiligten – wie gezeigt – über die formale Emittentenstellung in gewissem Rahmen disponieren können.

4. *Zivilrecht*

Für das Platzierungskonsortium im ersten Beispiel drängen sich Parallelen zum Aktienrecht auf. Es handelt es sich um eine Innen-GbR, im Außenverhältnis haftet nur die Konsortialführerin. In den Beispielen 2 und 3 geht es um Krypto-Vertriebsverbünde, mit der Emittentin als Konsortialmitglied. Gegenüber Konsorten haften alle Vertriebsbeteiligte unmittelbar und persönlich pro rata.

Die Art der Einstandspflicht richtet sich nach der Art des Vertriebsvertrags. Danach kann bestes Bemühen bis zur garantierten Kapitalaufbringung geschuldet sein. Marktschädliches Verhalten (z.B.) während der Platzierungsphase begründet dann eine Haftung nach §§ 241 Abs. 2, 282 BGB gegenüber Emittentin und Mitkonsorten. Umgekehrt schuldet die Emittentin Ersatz, wenn sie die geschuldeten Kryptowerte aufgrund technischer Probleme nicht rechtzeitig liefern kann.

Im Verhältnis zur konzertierten Parallel-Emission auffällig ist die Vermeidung einer Gesamtschuld gegenüber den Token-Inhabern (vorbehaltlich Schuldbeitritt und Garantieübernahme). Dies kann aus Sicht der Promotoren und Entwickler-Unternehmen namentlich aus Drittstaaten wünschenswert, wenn nicht sogar Ziel der Gestaltung sein, ruft jedoch im Hinblick auf die Technikabhängigkeit und die Notwendigkeit eines Ausgleichs der Kapitalreserven im Kryptowert-Gesamtsystem Bedenken hervor.

VI. Einsatz für die Unternehmensfinanzierung?

Jens Ekkenga fragt jetzt vermutlich, wie sich Mehrparteien-Kryptowerte für die Unternehmensfinanzierung eignen. Wie zuvor gezeigt, ist es rechtlich mit den »multiple issuern« selten weit her. Zumeist handelt es sich um jeweils eine Emittentin für eine definierte Region oder DeFi-Plattform, die für die Ausgabe der Token zuständig ist und

54 Näher Zetzsche, Third-country multi-issuer stablecoins, ERA Forum 2026 (im Druck).

der die MiCAR die Verantwortung (z.B.) für die Kapitalreserve zuweist. Die Durchführung erfolgt i.d.R. in Kooperation mit primär technisch-orientierten Partnern, die ihrerseits nicht Emittenten sind. Dies tut der Frage an sich aber keinen Abbruch.

1. Stablecoins (EMTs und ARTs)

Die Anlagebedingungen für die Vermögenswertreserve von Stablecoins sind strikt. Sie ist operativ getrennt vom Vermögen der Emittentin und anderer Token-Reserven zu halten (Art. 36 (3) MICAR). Eine Nutzung für die Finanzierung der eigenen Unternehmenstätigkeit (jenseits der Anlage) scheidet aus.

Ein Unternehmen, namentlich ein Kredit- oder E-Geld-Institut, könnte indes mittels Stablecoins ein eigenes Krypto-Zahlungssystem schaffen, welches die Bindung seiner Kunden an das eigene Unternehmen erhöht. Da bei Stablecoins das Zinsverbot gilt, fallen die Erträge aus der Verwaltung der Vermögenswertreserve bei den Systembetreibern und -organisatoren an (die nicht notwendig Emittenten sind!). So konnte Tether im Jahr 2024 mit 150 Mitarbeitern einen Unternehmensgewinn von ca. 14 Mrd. USD erzielen.[55] Finanzinstitute profitieren auch von den für die Vermögensverwaltung zu zahlenden Gebühren, was das Interesse der DWS erklären mag. Weitere Motivation kann die Reduzierung der Abhängigkeit vom USD und damit der Währungsrisiken in DeFi-Ökosystemen sein. Dies alles erklärt die Aktivität der (EU-)Großbanken bei der Ausgabe von Stablecoins.

2. Sonstige Kryptowerte

Bei der Ausgabe sonstiger Kryptowerte können die eingeworbenen Mittel jedem unternehmenseigenen Zweck zugeführt werden, der im Whitepaper beschrieben ist. So lässt sich über die gemeinsame Ausgabe anderer Kryptowerte z.B. eine Lieferplattform für den globalen Warenaustausch per Distributed Ledger Technology finanzieren, ohne das Eigenkapital zu verwässern. Der Nutzen steigt in Proportion mit der Anzahl der Konsorten.

In den hier beschriebenen Anwendungsbereich der MiCAR fällt man freilich nur dann, wenn der Kryptowert kein Finanzinstrument i.S.d. EU-Rechts ist. Dafür muss die Gegenleistung für die Ausgabe des Tokens non-pekuniär und atypisch strukturiert sein und etwa in Zugang zu einer Rechnerkapazität, einem Netzwerk oder einer Dienstleistung bestehen. So könnte ein Community Token etwa den internet-gestützten Fahrzeugverleih ortsunabhängig fördern, indem ein Netzwerk von lokalen Autovermietern gemeinsam Token ausgibt und über den Token – einem Schlüssel gleich – Zugang zum Mietfahrzeug zu verbesserten Konditionen und mit allen notwendigen administrativen Akten (Führerschein, Bankverbindung, Versicherung etc.)

55 McBride, The most profitable business in the world (20.6.2025), abrufbar unter https://www.riskhedge.com/outplacement/the-most-profitable-business-in-the-world.

gewähren. Gelingt die Ausgabe des Tokens gegen finanziellen Wert, würde sich der Aufbau von Infrastruktur und Netzwerk gleichsam von selbst bezahlen.

Das Mehrparteien-Modell und der zugrundeliegende Kooperationsgedanke befördert dann – trotz geringer Kapitalkraft des einzelnen Partners – Wettbewerb mit eigenkapitalstarken Einzel-Wettbewerbern.

VII. Fazit und Thesen

1. Motive des Zusammenwirkens mehrerer Emittenten sind die zügige, großflächige Verbreitung eines Kryptowerts über den Kundenbestand der beteiligten Emittenten (Marktpenetration), die Regeleinhaltung in mehreren Rechtsordnungen mit jeweils unterschiedlichen rechtlichen Anforderungen (Compliance), der Verzicht auf Intermediäre und die Eindämmung von Gegenparteirisiken beim Verkauf eines eigenen Kryptobestands (Kosten- und Risikomanagement) sowie die Sicherstellung der zeitgleichen Verfügbarkeit, Handelbarkeit und Liquidität desselben Kryptowertes auf unterschiedlichen DeFi-Plattformen und in unterschiedlichen Ökosystemen trotz unterschiedlicher technischer Anforderungen (Fungibilität).

2. Kryptowerte im Anwendungsbereich der MiCAR sind Schuldversprechen, keine Mitgliedschaften oder Finanzinstrumente. Verschiedene Teilmengen desselben Kryptowerts sind technisch voneinander trennbar und dauerhaft unterscheidbar, sie können regional emittiert und genutzt werden. Dies erleichtert die Kooperation mehrerer Emittenten und Emissionsgehilfen ohne Einsatz von Zwischenstrukturen (wie sie z.B. bei der Emission von depositary receipts anstelle von Aktien erforderlich sind). Jedoch ermöglichen, namentlich bei Kryptowährungen, Handels- und Transfertechniken die Überwindung dieser Grenzen.

3. Grundtypen der kooperativen Emission durch mehrere Emittenten und Konsorten sind die Parallel-Emission und die Konsortial-Emission. Davon zu unterscheiden ist die faktische Mehrfach-Emission.

4. Drei Regelungsebenen gilt es zu beachten: die EU-Finanzmarktregulierung für Kryptowerte (MiCAR), die deutschen Sonderregeln in Bezug auf Kryptowerte im eWpG und das Zivilrecht.

5. Die MiCAR definiert nicht den Inhalt der Emissionstätigkeit, sie ist jedoch von dem öffentlichen Angebot von Kryptowerten zu unterscheiden (s. Art. 3 MiCAR). Dies überrascht, weil die Begebung von Kryptowerten zentral durch eine Person oder dezentral durch Algorithmen und »Mining« über verschiedene Server hinweg erfolgen kann. Emissionen ohne Emittenten auf »vollständig dezentralisierten« Blockchains sind von den Emittentenregeln der MiCAR nicht erfasst. Emittent ist die Person, die den Prozess im Rechtssinn kontrolliert, der das Token technisch entstehen lässt.

6. Für die konzertierte Parallel-Emission sind drei Gestaltungen zulässig. Die echte Parallel-Emission durch mehrere Emittenten als Gesamtschuldner, die aufsichtsrechtliche Lösung mit einem Emittenten (= Urheber) des Whitepaper und mehreren

Anbietern, die mit Zustimmung des Emittenten in der EU tätig werden, sowie mehrere parallele Emissionen durch Emittenten, die jeweils eigene Whitepaper erstellen.

7. Abweichend von globalverbrieften Aktien schreibt MiCAR nicht vor, dass alle Kryptowerte desselben Typs auf eine zentrale Verwahrung durch einen Zentralverwahrer zurückgehen müssen.

8. Für die hier sog. Konsortial-Emission und faktische Mehrfach-Emission sieht die MiCAR keine Regeln vor. Bei der Konsortial-Emission muss der Konsortialführer selbst Emittent sein oder mit dessen Zustimmung handeln. Bei der faktischen Parallel-Emission muss jeder Emittent die Anforderungen an Emittenten erfüllen. Im Übrigen gelten die allgemeinen Grundsätze.

9. Das eWpG gilt auch für Kryptowerte i.S.d. MiCAR. Es überlagert das Zivilrecht des BGB (insb. § 780 BGB) und ermöglicht die Emission von Kryptowerten mit erhöhter Bestandskraft gegen Einwände der Halter und Emittenten.

10. Das eWpG setzt einen Emittenten und eine zentrale Registerstelle voraus. Das Spannungsverhältnis zum EU-Finanzmarktrecht lässt sich durch Zuweisung von Teilbeständen des Kryptowertes an einen Emittenten teilweise auflösen. Die Registerführung des eWpG ist indes, dem Vorbild des Aktienwesens folgend, hierarchisch konzipiert. Eine Übertragung von Teilmengen von Kryptowerten von einem Registerbestand zu einem anderen ist nicht vorgesehen. Dies widerspricht der dezentralen Governance prominenter Kryptowerte, insbesondere Bitcoin.

11. Diesen Beschränkungen unterliegt nicht eine Ausgestaltung von Kryptowerten nach BGB-Regeln, jedoch entstehen Risiken für die Bestandskraft der Nutzungsbedingungen.

12. Bei der echten Parallel-Emission gilt: Handeln (§ 421 BGB) mehrere Emittenten für denselben Teilbestand an Kryptowerten, liegt Gesamtschuldnerschaft nahe. Handeln sie für verschiedene Bestände, ist Teilschuldnerschaft gegeben, soweit deren Voraussetzungen für Dritte erkennbar sind.

13. Die für das Gelingen »globaler« Emissionen kritischen technischen Partner und Entwicklerfirmen sind keine Emittenten. Sie können es vielfach aus Rechtsgründen nicht sein, vgl. Artt. 16 (1), 48 (1) MICAR. Sie können aufsichtsrechtlich über Art. 34 (5) (h) MiCAR bzw. Vorschriften zur Delegation in die Gesamtorganisation und zivilrechtlich durch Schuldbeitritt oder Garantie in den Pflichtenkreis der Emittenten eingebunden werden.

14. Die Mehrparteien-Emission sonstiger Kryptowerte schafft neue Möglichkeiten für die Finanzierung der eigenen Unternehmenstätigkeit. Die kooperative Emission von ART und E-Geld-Token erschließt vollständig neue Einnahmequellen insbesondere von Finanzinstituten.

Anlegerschutz bei der grenzüberschreitenden Platzierung von deutschen Kommanditbeteiligungen bei französischen Privatanlegern in kollisionsrechtlicher Sicht

Walter G. Paefgen

I. Einführung

Anbieter von Kapitalanlagen in Form von deutschen Kommanditbeteiligungen, die über eine deutsche Treuhand-Gesellschaft gehalten werden, haben in den letzten Jahren ihre Produkte zunehmend auch an Privatanleger im europäischen Ausland vermarktet.

1. Fälle aus der Praxis

Den Hintergrund für diesen Beitrag zu Ehren des Jubilars und Freundes *Jens Ekkenga* liefern dem Verfasser bekannt gewordene Fälle der Platzierung von in der Rechtsform einer deutschen GmbH & Co KG aufgelegten Anteilen an Investmentfonds eines im deutschen In- und europäischen Ausland umtriebigen Initiators bei Privatanlegern in Frankreich. Konkret handelt es sich um Beteiligungen an zwei von dem besagten Initiator aufgelegten Fonds, die im Frühjahr 2017 getätigt wurden. Die Beteiligungen an den Fondsgesellschaften werden für die Anleger treuhänderisch von einer deutschen GmbH (›Treuhand-GmbH‹) gehalten, die mit den Anlegern jeweils Treuhandverträge abschloss. Die von den Parteien unterschriebenen Zeichnungsunterlagen sehen die Anwendung deutschen Rechts vor. Für die Vermarktung der Fonds haben die Fondsgesellschaften jeweils sog. Eigenkapitalvermittlungsverträge mit einer in der Schweiz ansässigen Gesellschaft der Initiatorengruppe abgeschlossen. Diese bediente sich für die Platzierung der Fonds in Frankreich eines Netzwerks von unabhängigen Finanzberatern vor Ort. Die Fonds sollten über Zwischengesellschaften in Beteiligungen an Unternehmen der Energieerzeugung aus alternativen Quellen in Schwellen- und Entwicklungsländern in Asien investieren.

Den mit derartigen Investments meist nicht vertrauten französischen Privatanlegern wurden attraktive Renditen und hohe laufende Ausschüttungen schon ab dem Zeitpunkt ihres Investments in Aussicht gestellt. Diese Ausschüttungen wurden dann auch für eine gewisse Zeit geleistet, was nicht nur die Anleger zufrieden stellte, sondern den Fondsanbietern auch die Aufnahme zusätzlichen Kapitals durch Platzierung weiterer Beteiligungen erleichtert haben dürfte. Nach nicht allzu langer Zeit wurden die laufenden Ausschüttungen jedoch mit unterschiedlichen Begründungen (COVID-Pandemie, Verzögerungen bei der Akquisition bzw. Refinanzierung von Projekten in Schwellenländern etc.) eingestellt. Seitdem haben die Anleger keine Ausschüttungen mehr erhalten und werden hinsichtlich der aufgelaufenen Rückstände und der Wiederaufnahme der ursprünglich in Aussicht gestellten Ausschüttungen nun schon seit über vier Jahren immer wieder vertröstet.

2. *Vertriebsbeschränkungen nach französischem Kapitalmarktrecht*

Die Initiatoren hatten die besagten Fonds vor deren Platzierung in Frankreich bereits unter Verwendung von im November 2012 bzw. März 2013 bei der BaFin registrierten Emissionsprospekten in Deutschland vermarktet, dann jedoch vor Ausdehnung der Vertriebstätigkeit nach Frankreich darauf verzichtet, die Voraussetzungen für den beabsichtigten breiten Vertrieb dieser Anlagen auch an französische Privatanleger durch Registrierung einer auf den neuesten Stand gebrachten französischen Version der deutschen Prospekte bei der französischen Kapitalaufsichtsbehörde AMF (Agence des Marchés Financiers) zu schaffen. Dies veranlasste die AMF dazu, in einem Warnschreiben aus dem Jahr 2018 an die französische Vereinigung von Finanzberatern ANACOFI-CIF (Association Nationale des Conseillers Financiers) darauf hinzuweisen, dass die fraglichen Anlagen von französischen Finanzberatern ihren Kunden nur unter der strikten Einschränkung angeboten werden durften, dass das Angebot auf eine ausdrückliche Anfrage des Anlegers, eine sogenannte *reverse solicitation,* hin erfolgte, die sich speziell auf den jeweils in Frage stehenden Fonds beziehen musste.[1] Darüber hinaus hat die Sanktionskommission der AMF auch gegen eine Reihe von französischen Finanzberatern Sanktionen in Form von Geldbußen und Berufsverboten wegen unzulässigen Vertriebs der mit diesem Beitrag in den Blick genommenen Anlagen verhängt. Beispielhaft sei hier die Entscheidung der AMF im Fall des Beraters Auvergne Investissement Hotels erwähnt, die sich neben anderen Vertriebsaktivitäten auch auf den Vertrieb eines der beiden hier in Frage stehenden Fonds bezieht.[2] In ihrer Entscheidung zu diesem Fall hat die Sanktionskommission ausführlich begründet, dass in keinem der zwölf dort sanktionierten Vermittlungsfälle die Voraussetzungen einer sogenannten *reverse solicitation* erfüllt waren.[3] Nur

1 Schreiben des Generalsekretärs der AMF (Agence des Marchés Financiers) vom 30.10.2018, im Internet abrufbar unter https://www.anacofi.asso.fr/wp-content/uploads/2018/11/Alerte-AMF

2 Agence des Marchés Financiers (AMF), Commission des Sanctions, Procédure no 21–04, Décision, no 4 du 26 avril 2022, https://www.amf-france.org/sites/institutionnel/files/private/2022-04/decision_pub_0_3.pdf, abgerufen am 24.09.2024, 15:15 Uhr.

3 AMF Commission des Sanctions (Fn. 2), S. 7 Punkte 32 ff.

wenn diese Voraussetzungen vorgelegen hätten, wäre die Vermittlung der Fondsanteile nach französischem Kapitalmarktrecht ohne Genehmigung der AMF zulässig gewesen.[4]

Nur am Rande sei erwähnt, dass das auf die hier in Rede stehenden Fälle von Platzierungen in Frankreich nicht anwendbare, aktuell geltende deutsche Investmentrecht in § 293 Abs. 1 S. 3 KAGB im Einklang mit Art. 4 Abs. 1 lit. x und Erwägungsgrund 70 der europäischen AIFM-Richtlinie (2011/61/EU) die sog. *reverse solicitation* nur für die Vermarktung von Fondsanteilen an professionelle und semiprofessionelle Anleger als nicht genehmigungsbedürftigen Vertrieb zulässt und damit die hier in Rede stehende Vermarktung an reine Privatanleger auch bei Vorliegen einer *reverse solicitation* in Deutschland von vornherein nicht in Betracht kommen würde.[5]

In casu hatten die Fondsinitiatoren die skizzierten strengen Vertriebsbeschränkungen des französischen Investmentrechts dadurch einzuhalten oder, besser gesagt, zu umgehen versucht, dass den Anlageinteressenten über die in den Vertrieb vor Ort eingeschalteten französischen Finanzvermittler als Teil der Zeichnungsunterlagen gleichlautende Erklärungen vorgelegt wurden, in denen die Anleger bestätigen sollten, dass sie die Informationen über die fragliche Anlage ausschliesslich auf ihre eigene Initiative hin erhalten hätten. Dass diese Voraussetzungen für den grössten Teil der französischen Privatanleger, die diese Fonds gezeichnet haben, von vornherein nicht zutreffen konnten, ergibt sich schon nach allgemeiner Lebenserfahrung daraus, dass viele der französischen Anleger von den sehr speziellen deutschen Investmentfonds, um die es ging, vor deren Präsentation durch ihren französischen Finanzvermittler noch nie gehört haben dürften. Davon abgesehen hat die AMF in ihrem bereits erwähnten Warnschreiben an die Vereinigung der französischen Finanzvermittler auch ausdrücklich darauf hingewiesen, dass die Unterzeichnung solcher gleichlautender Erklärungen zum Vorliegen der Voraussetzungen einer *reverse solicitation* nach französischem Kapitalmarktrecht ohnehin eine Umgehung (›contournement‹) des bestehenden Vertriebsverbots für die fraglichen Anlagen darstellt und mithin die Voraussetzungen für einen rechtmäßigen Vertrieb dieser Anlagen in Frankreich nicht zu begründen vermochte.[6]

4 AMF Commission des Sanctions (Fn. 2), S. 3 Punkt 2, mit Bezugnahme auf die position-recommandation AFM Doc-2014–04, Section 1. Zur Interpretation des Vertriebsbegriffs nach französischem Recht siehe in englischer Übersetzung das französische Gesetz L.214–24-0, wo die reverse solicitation als Ausnahme für den Vertrieb von Fondsanteilen folgendermaßen definiert wird: »the purchase, sale or subscription of units or shares of a UCITS or AIF [Fondsanteile] in response to a client's unsolicited request to purchase a specifically designated UCITS or AIF, provided that the investor is authorized to do so«.

5 Vgl. Paefgen/Franke in Ebenroth/Boujong, HGB, 6. Aufl. 2024, Vor § 1 KAGB, Rn. 185; diesbezüglich krit. allerdings Wallach, ZBB 2016, 287, 290, 296 f., der die Beschränkung auf (semi-)professionelle Anleger, die ihren unionsrechtlichen Ursprung in Art. 4 Abs. 1 lit. x AIFM-RL (2011/61/EU) hat, als unschönes Ergebnis bezeichnet.

6 Siehe AMF-Warnschreiben vom 30.10.2018, aaO (Fn. 1), Punkt 2, letzter Absatz in deutscher Übersetzung: »Die Übergabe vorausgefüllter Dokumente an Anleger, die den Eindruck erwecken sollen, dass sie sich für die Zeichnung dieser AIF entschieden haben, würde als Umgehung des Verbots des aktiven Vertriebs dieser Anlagen angesehen werden.«

3. *Fragestellung: Anlegerschutz durch Schadensersatzklage in Deutschland?*

Für die betroffenen französischen Anleger stellte sich unter diesen Umständen die Frage nach der Möglichkeit, auf dem deutschen Rechtsweg von den Gründungsgesellschaftern der von ihnen gezeichneten Fonds, d.h. im konkreten Fall von der deutschen Komplementär-GmbH der Fondsgesellschaften und der deutschen Treuhand-GmbH, über die ihre Beteiligungen gehalten wurden, unter dem Gesichtspunkt der culpa in contrahendo (kurz »cic«) Schadensersatz wegen fehlerhafter Aufklärung über die Vertriebsbeschränkungen für die von ihnen erworbenen Anlagen nach französischem Kapitalmarktrecht zu verlangen.[7]

Die örtliche und internationale Zuständigkeit der deutschen Gerichte für solche Schadensersatzklagen folgt angesichts des deutschen Satzungssitzes der beiden als Beklagte in Betracht kommenden GmbHs aus § 17 Abs. 1 ZPO und Art. 4 Abs. 1, Art. 63 Abs. 1 lit. a EuGVVO.[8]

Im Zusammenhang mit solchen Klagen ergeben sich eine Reihe von kollisionsrechtlichen Fragen, die in diesem Beitrag angesprochen werden sollen. Die auch nur annähernd erschöpfende Behandlung dieser Fragen würde den Rahmen eines Festschriftbeitrags sprengen. Insoweit sollen die nachfolgenden Ausführungen nur einen kollisionsrechtlichen Leitfaden für die Handhabung der hier angesprochenen Rechtsfälle für die Praxis liefern.

II. Zur kollisionsrechtlichen Herleitung des anwendbaren Rechts

Nach europäischem Kollisionsrecht wirft die Ermittlung des auf Schadensersatzansprüche ausländischer Privatanleger aus c.i.c. in den hier untersuchten Fallkonstellationen anwendbaren Rechts Fragen im Schnittfeld zweier europäischer Rechtsakte auf. Dies sind die Verordnung (EG) Nr. 593/2008 des Europäischen Parlaments und des Rates vom 17. Juni 2008 über das auf vertragliche Schuldverhältnisse anzuwendende Recht (nachfolgend kurz »Rom I«) und die Verordnung (EG) Nr. 864/2007 des Europäischen Parlaments und des Rates vom 11. Juli 2007 über das auf außervertragliche Schuldverhältnisse anzuwendende Recht (nachfolgend kurz »Rom II«).

7 Zur Passivlegitimation der Gestions-GmbH als nicht rein kapitalistisch beteiligte Altgesellschafterin BGH, 17.04.2018, II ZR 65/16, NJW-RR 2018, 873 f. Rn. 17, m. Anm. Paefgen, EWiR 2018, 711; zur Treuhänderhaftung BGH, 16.3.2017, III ZR 489/16, NZG 2017, 737, 739, Rn. 20.

8 BGH, 14.11.2017, VI ZR 73/17, NZG 2018, 259, 260 f.; Paefgen in Festschrift für Aderhold, 2021, S. 305, 319; Rüdiger, GmbHR 2018, 375 f.; Werner, GmbHR 2018, 372.

1. *Zum Anwendungsbereich der Verordnungen Rom I und Rom II*

Vorab ist zu klären, ob die hier betrachtete Fallkonstellation überhaupt in den jeweiligen Anwendungsbereich der EU-Verordnungen Rom I und Rom II fällt. Insofern stellt sich zunächst die Frage nach der Anwendbarkeit der in beiden Verordnungen enthaltenen Bereichsausnahmen für Fragen des Gesellschaftsrechts und für Rechtsbeziehungen aus Treuhandverhältnissen/»Trusts«.

a) Bereichsausnahme gemäß Art. 1 Abs. 2 lit. f Rom I

Art. 1 Abs. 2 lit. f Rom I nimmt das Gesellschaftsrecht betreffende Fragen vom Anwendungsbereich der Verordnung aus. Der EuGH legt diese Bereichsausnahme im Interesse der Vorhersehbarkeit und rechtssicheren Bestimmung des kollisionsrechtlichen Gesellschaftsstatuts restriktiv dahingehend aus, dass damit nur Fragen des »harten Kerns« des Gesellschaftsrechts, d.h. im wesentlichen Fragen der Gründung, inneren Verfassung und Auflösung von Gesellschaften vom Anwendungsbereich der Verordnung ausgenommen werden. Dagegen darf die Bestimmung dem Gerichtshof zufolge nicht dazu herangezogen werden, Treuhandverwaltungsverträge über eine gesellschaftsrechtliche Beteiligung wegen ihres bloßen Bezugs zu einer solchen Beteiligung der Anwendung des in Rom I unionsweit vereinheitlichten Schuldvertragskollisionsrechts zu entziehen.[9] Die Bereichsausnahme des Art. 1 Abs. 2 lit. f Rom I steht daher in dem hier interessierenden Fall, wo es um Kommanditanteile geht, die von einer zwischengeschalteten deutschen Treuhand-GmbH gehalten werden (vgl. oben I.1.), der Anwendung der Rom I-Verordnung nicht entgegen.

b) Bereichsausnahme gemäß Art. 1 Abs. 2 lit. d Rom II

Für das Kollisionsrecht der außervertraglichen Schuldverhältnisse enthält die Verordnung Rom II in Art. 1 Abs. 2 lit. d eine ähnliche, allerdings detaillierter formulierte und weiterreichende Anwendungsausnahme. Danach sind solche Schuldverhältnisse, soweit sie sich aus dem Gesellschaftsrecht ergeben, insbesondere soweit sie die Errichtung, die Rechts- und Handlungsfähigkeit, die innere Verfassung und die Auflösung von Gesellschaften betreffen, vom Anwendungsbereich der Verordnung ausgenommen. Die vom EuGH in der Entscheidung »VKI/TVP« vertretene restriktive Auslegung der entsprechenden Bereichsausnahme in Rom I muss deshalb jedenfalls in den hier in Rede stehenden Fallgestaltungen auch für die Ausnahme des Art. 1 Abs. 2 lit. d Rom II gelten.[10] Nach allgemeiner Auffassung im Schrifttum greift diese

9 EuGH, 03.10.2019, C-272/18 – »VKI/TVP », IPRax, 2020, 246, 248 f.; sowie dazu Rieländer, IPRax 2020, 224, 226 f.

10 Vgl. Junker in MünchKomm-BGB, 9. Aufl. 2025, Art. 1 Rom II-VO, Rn. 55.

Ausnahme in den hier betrachteten Fallgestaltungen nicht ein, da die Haftung für Pflichtverletzungen im Finanzmarkt weder gesellschaftsrechtlich noch wertpapierrechtlich zu qualifizieren ist.[11] Die Bereichsausnahme des Art. 1 Abs. 2 lit. d Rom II steht somit der Anwendung der Rom II-VO auf die kollisionsrechtliche Beurteilung der hier zu betrachtenden Fallgestaltungen nicht entgegen.[12]

c) Bereichsausnahmen in Rom I und Rom II betreffend Treuhandverhältnisse/»Trusts«

Art. 1 Abs. 2 lit. h Rom I nimmt die Gründung von »Trusts« sowie die dadurch geschaffenen Rechtsbeziehungen zwischen den Verfügenden, den Treuhändern und den Begünstigten vom Anwendungsbereich der Verordnung aus. Eine ähnliche Bereichsausnahme enthält Art. 1 Abs. 2 lit. e Rom II für außervertragliche Schuldverhältnisse aus den Beziehungen zwischen den Verfügenden, den Treuhändern und den Begünstigten eines durch Rechtsgeschäft errichteten »Trusts«.

Der EuGH hat über die Frage, ob Verwaltungstreuhand-Konstruktionen unter die angeführten Bereichsausnahmen fallen, noch nicht abschließend entschieden. Im Schrifttum finden sich jedoch Stimmen, die jedenfalls der Anwendung der Bereichsausnahme des Art. 1 Abs. 2 lit. h Rom I auf Verwaltungstreuhand-Konstruktionen des deutschen Rechts wie die hier in Rede stehende Einschaltung einer Treuhandkommanditistin skeptisch gegenüberstehen. Zur Begründung wird auf die fehlende Funktionsäquivalenz der deutschen Verwaltungstreuhand mit den Trusts des angelsächsischen Rechtskreises verwiesen. Im Rahmen einer Wortlautexegese wird des Weiteren angeführt, dass in den Fassungen des Art. 1 Abs. 2 lit. h Rom I in anderen EU-Sprachen regelmäßig das englische Wort »Trust« beibehalten wird und nicht entsprechende oder jedenfalls ähnliche Begriffe anderer EU-Sprachen wie »Treuhand« oder »fiducie« verwendet werden. Schließlich wird auch auf die Entstehungsgeschichte dieser Bereichsausnahmen verwiesen.[13] Die im Schrifttum angeführten Argumente überzeugen. Somit stehen auch die Bereichsausnahmen für »Trusts« in Art. 1 Abs. 2 lit. h Rom I und Art. 1 Abs. 2 lit. e Rom II der Anwendung der beiden Verordnungen auf die hier in Frage stehende Konstruktion der Zwischenschaltung einer deutschen Treuhand-GmbH bei der Platzierung von Fondsbeteiligungen (vgl. oben I.1.) nicht im Wege.

11 Vgl. Junker in MünchKomm-BGB, Art. 1 Rom II-VO, Rn. 52, 55; Lehmann, IPRax 2012, 399, 400; Einsele, ZEUP 2012, 23, 28.
12 Überzeugend so auch Ch. Schmitt, BKR 2010, 366, 369 f.
13 Näher dazu Rieländer, IPRax 2020, 226, 227 ff.; Wilke, GPR 2020, 116, 117.

2. *Kollisionsrechtliche Anknüpfung von c.i.c-Ansprüchen nach allgemeinen Grundsätzen*

Ist, wie vorstehend ausgeführt wurde, sowohl die Verordnung Rom I wie auch die Verordnung Rom II auf die hier vorliegenden Fallkonstellationen grundsätzlich anwendbar, so könnte man vermuten, dass die Frage der Anwendung der Kollisionsregeln der beiden Verordnungen auf die hier untersuchten Fallgestaltungen im Sinne eines strikten »Entweder oder« zu beantworten ist, sich das anwendbare Sachrecht mithin nur aus einem dieser beiden kollisionsrechtlichen Regelwerke ergibt. Bei näherer Betrachtung ist die Rechtslage jedoch komplexer.

a) Ausgangspunkt Art. 12 Abs. 1 Rom II: Anwendung des Rechts der Anlageverträge auf Ansprüche aus c.i.c.

Ausgangspunkt der kollisionsrechtlichen Betrachtung ist Art. 12 Abs. 1 Rom II, der das auf außervertragliche Schuldverhältnisse aus Verhandlungen vor Abschluss eines Vertrags anwendbare Recht bestimmt. Das findet auch in Erwägungsgrund 10 der Rom I Verordnung Anerkennung, der allerdings mit der pauschalen Aussage zu weit geht, außervertragliche Schuldverhältnisse seien schon allein aufgrund ihrer außervertraglichen Natur vom Anwendungsbereich der Rom I Verordnung schlichtweg ausgeschlossen. Nach dem der Reglung in Art. 12 Abs 1 Rom II zugrundeliegenden Gleichlaufprinzip ist auf außervertragliche Schuldverhältnisse aus Verhandlungen vor Abschluss eines Vertrags das Recht anzuwenden, das auch auf den Hauptvertrag der Parteien anzuwenden ist oder anzuwenden gewesen wäre, wenn dieser geschlossen worden wäre.[14] Zu klären ist dann zunächst, welches Recht in der hier

14 Zur kollisionsrechtlichen Einordnung der c.i.c als außervertragliches Schuldverhältnis sui generis Junker in MünchKomm-BGB, Art. 12 Rom II-VO, Rn. 6: »Nach der Gesamtsystematik der Rom II-VO lässt sich unter der Geltung des Art. 12 nicht von einer »zumindest formal deliktsrechtlichen Qualifikation« der c.i.c. sprechen. Denn die Norm befindet sich nicht im Kapitel über »Unerlaubte Handlungen« (Art. 4–9), sondern in dem Kapitel für – so Erwägungsgrund 29 – »Schäden, die aufgrund einer anderen Handlung als aus unerlaubter Handlung entstanden sind« (Art. 10–13). Wie sich auch aus Art. 2 Abs. 1 Rom II-VO ablesen lässt, befährt das europäische Kollisionsrecht eine »dritte Spur« neben Vertrags- und Deliktskollisionsrecht. Ansprüche zwischen zwei oder mehr Personen aus Verschulden bei Vertragsverhandlungen werden nunmehr einheitlich als außervertragliche Schuldverhältnisse qualifiziert. Sie begründen nach dem Wortlaut und der Systematik der Rom II-VO ein außervertragliches Schuldverhältnis sui generis, auf das nach der Binnensystematik des Art. 12 grundsätzlich das Recht des (intendierten) Vertrags – das (hypothetische) Vertragsstatut – anzuwenden ist (Abs. 1).«

interessierenden Fallkonstellationauf die von den Anlegern gezeichneten Anlageverträge anzuwenden ist.

b) Ermittlung des auf die Anlageverträge nach allgemeinen Kollisionsregeln anwendbaren Rechts

Ausgangspunkt für die Ermittlung des auf die Anlageverträge anwendbaren Rechts ist die von den Parteien getroffene Rechtswahlvereinbarung, die die Anwendung deutschen Rechts vorsieht (vgl. oben I.1.). Diese Rechtswahl ist nach dem in Art. 3 Abs. 1 Rom I statuierten Grundprinzip der Anerkennung der privatautonomen Rechtswahl durch die Parteien als Vertragsstatut grundsätzlich anzuerkennen. Die in Art. 4 Rom I für einzelne Arten von Verträgen festgelegten objektiven Anknüpfungskriterien für die Ermittlung des anwendbaren Rechts gelten dementsprechend lediglich in Fällen, in denen es an einer freien Rechtswahl der Parteien fehlt.[15] Das von den Parteien gewählte Vertragsstatut des deutschen Rechts ist dann gem. Art. 12 Abs. 1 Rom II auch für die hier in Rede stehenden Haftungsansprüche gegen Gründungsgesellschafter aus c.i.c. maßgeblich.[16]

aa) Gleichklang von gewähltem Vertragsstatut und Statut der Rechtswahlvereinbarung (Art. 10 Abs. 1 Rom I)

Voraussetzung der in Art. 12 Abs. 1 Rom II vorgesehenen Erstreckung des durch Rechtswahl der Parteien vereinbarten Vertragsstatuts auf die Anknüpfung einer möglichen c.i.c.-Haftung ist zunächst, dass zwischen den Parteien eine rechtswirksame Rechtswahlvereinbarung zustande gekommen ist. Für die Bestimmung des Rechts, welches für Fragen des Zustandekommens und der Wirksamkeit einer Einigung der Parteien über das auf ihren Vertrag anzuwendende Recht maßgeblich sein soll, erklärt Art. 3 Abs. 5 Rom I die allgemeinen Kollisionsregeln der Art. 10, 11 und 13 Rom I ausdrücklich für anwendbar. Aufgrund des Verweises in Art. 3 Abs. 5 Rom I auf Art. 10 Rom I gilt damit für das Zustandekommen und die Wirksamkeit einer Rechtswahlvereinbarung der Parteien in gleicher Weise wie für die sonstigen von der Rechtswahl erfassten Aspekte des allgemeinen Vertragsstatuts das von den Parteien gewählte Recht. Art. 3 Abs. 5 Rom I ordnet insofern einen *Gleichklang der kollisionsrechtlichen Anknüpfung von Rechtswahlstatut und allgemeinem Vertragsstatut* an.[17] Die Wahl deutschen Rechts als allgemeines Vertragsstatut durch die Parteien in den hier betrachteten Fällen führt dann gemäß Art. 3 Abs. 5, 10 Rom I auch zur Anwendung deutschen Rechts auf Fragen des Zustandekommens und der materiellen Wirksamkeit der getroffenen Rechtswahlvereinbarung.[18] Insoweit bestehen am

15 Vgl. den einleitenden Halbsatz des Art. 4 Abs. 1 Rom I Verordnung.
16 Vgl. Junker in MünchKomm-BGB, Art. 12 Rom II-VO, Rn. 7 und 9.
17 Vgl. Martiny in MünchKomm-BGB, 9. Aufl. 2025, Art. 3 Rom I-VO, Rn. 101; Magnus in Staudinger, Art. 6 Rom I-VO (Neubearbeitung 2021), Rn. 24.
18 Vgl. Kleinschmidt in MünchKomm-BGB, 9. Aufl. 2025, Art. 10 Rom-I VO, Rn. 35.

Zustandekommen und der grundsätzlichen Wirksamkeit der von den Parteien getroffenen Rechtswahlvereinbarung keine Zweifel.

bb) Anwendung des allgemeinen Formstatus auf die Rechtswahlvereinbarung

Auch für die Frage der Formgültigkeit der von den Parteien vereinbarten Rechtswahlklausel verweist Art. 3 Abs. 5 Rom I auf die einschlägigen allgemeinen Kollisionsregeln von Rom I, die sich für das Formstatut in Art. 11 Rom I finden. Bei den hier in Rede stehenden Platzierungen befanden sich die vertragschließenden Personen bzw. deren Vertreter zum Zeitpunkt des Vertragsschlusses in verschiedenen Staaten. Die französischen Anleger hielten sich in Frankreich und die zeichnungsbefugten Vertreter der Initiatoren in Deutschland oder in der Schweiz auf. Dies führt zur Anwendung der allgemeinen Kollisionsregel des Art. 11 Abs. 2, 1. Alt. Rom I. Danach ist ein Vertrag formgültig geschlossen, wenn er die Formerfordernisse des auf ihn nach Rom I anzuwendenden materiellen Rechts erfüllt. Auf die Rechtswahlvereinbarung der Parteien ist hier deutsches materielles Recht anzuwenden. Dann gilt nach der Kollisionsregel des Art. 11 Abs. 2, 1. Alt. Rom I das deutsche allgemeine materielle Vertragsrecht auch für die Formgültigkeit der getroffenen Rechtswahlvereinbarung.[19] Auch insoweit bestehen an der grundsätzlichen Wirksamkeit der getroffenen Rechtswahlvereinbarung keine Zweifel.

c) Zwischenergebnis: Anwendbarkeit deutschen Rechts nach allgemeinen Kollisionsregeln

Als Zwischenergebnis kann an dieser Stelle festgehalten werden, dass nach allgemeinen kollisionsrechtlichen Regeln aufgrund der von den Parteien wirksam getroffenen Wahl des deutschen Rechts für die hier in Rede stehenden Anlageverträge gemäß dem Gleichlaufprinzip des Art. 12 Abs. 1 Rom II grundsätzlich auf c.i.c.-Ansprüche von Anlegern gegen Gründungsgesellschafter aus Verletzung von Aufklärungspflichten vor Vertragsabschluss deutsches Recht anwendbar wäre.

3. Einschränkungen der privatautonomen Rechtswahl durch Verbraucherschutzrecht

Zu klären bleibt dann aber noch die Frage, ob und gegebenenfalls mit welchen konkreten Auswirkungen sich Einschränkungen der von den Parteien in den hier betrachteten Fällen privatautonom vereinbarten Anwendung deutschen Rechts auf ihre Anlageverträge aus Verbraucherschutzrecht ergeben könnten, die dann über die Erstreckungswirkung des Art. 12 Abs. 1 Rom II der Anwendung des gewählten

19 Vgl. Martiny in MünchKomm-BGB, Art. 3 Rom I-VO, Rn. 108; OLG Celle, 26.07.2001, 17 U 28/95, ZIP 2001, 1724; Stoll in Festschrift für Heini, 1995, S. 429, 438.

deutschen Rechts auf Schadensersatzansprüche von Anlegern aus c.i.c. Grenzen setzen könnten. Solche Einschränkungen der kollisionsrechtlichen Parteiautonomie könnten sich aus der Verbraucherschutzregelung des Art. 6 Rom I (hierzu nachfolgend II.3.a. und b.), aus der speziellen Anknüpfungsregel des Art. 11 Abs. 4 S. 2 Rom I für das Formstatut von Verbraucherverträgen (hierzu nachfolgend II.3.c.) und aus der Rechtsprechung des EuGH zur Anwendung der Missbrauchsklausel des Art. 3 der europäischen Klauselrichtlinie (EWG/93/13) auf Rechtswahlvereinbarungen in AGB von Gewerbetreibenden mit Verbrauchern ergeben, wenn keine Unterrichtung des Verbrauchers über die zu seinen Gunsten bestehenden Schutzbestimmungen des Art. 6 Rom I erfolgt ist (hierzu nachfolgend II.3.d.).

a) Verbraucherschutz nach Art. 6 Abs. 1, Abs. 2 Rom I

Nach der kollisionsrechtlichen Regelung des Art. 6 Abs. 1, Abs. 2 Rom I finden auf einen Vertrag, den ein »Verbraucher« mit einem »Unternehmer« abschließt, unter bestimmten in Art. 6 Abs. 1 Rom I näher definierten Voraussetzungen und mit bestimmten in Art. 6 Abs. 4 Rom I definierten Ausnahmen verbraucherschützende Regelungen des Rechts des Aufenthaltsstaats des Verbrauchers, vorliegend mithin des französischen Rechts, zwingend Anwendung. Damit soll laut Erwägungsgrund 23 Rom I VO bei Verträgen, bei denen eine Partei aufgrund ihrer Stellung als Verbraucher als besonders schutzbedürftig anzusehen ist, ein besonderer Schutz durch Kollisionsnormen gewährleistet werden, die für den Verbraucher günstiger sind als die allgemeinen Regeln.[20]

Vor Klärung der Frage, ob und mit welcher konkreten rechtlichen Wirkung solche Einschränkungen der kollisionsrechtlichen Parteiautonomie in den hier untersuchten Fallkonstellationen zu berücksichtigen sind, soll kurz darauf eingegangen werden, ob die in Art. 6 Abs. 1 Rom I statuierten allgemeinen Voraussetzungen für die Anwendung der kollisionsrechtlichen Regelung des Art. 6 Abs. 1, Abs. 2 Rom I in den hier untersuchten Fallkonstellationen vorliegen und ob eine der in Art. 6 Abs. 4 Rom I aufgeführten Anwendungsausnahmen der Anwendung der Regelung des Art. 6 Abs. 1, Abs. 2 Rom I entgegenstehen könnte.

aa) Verbrauchereigenschaft von Anlegern

Nach der Legaldefinition in Art. 6 Abs. 1 Rom I sind Verbraucher natürliche Personen, die Verträge schließen, die nicht ihrer beruflichen oder gewerblichen Tätigkeit zugeordnet werden können. Zum so definierten Privatbereich gehört auch die

20 Zu diesem Normzweck Martiny in MünchKomm-BGB, Art. 6 Rom I-VO, Rn. 1 (Rechtswahlbeschränkung zu Gunsten der schwächeren Partei und Ausnahme zu Art. 3 Rom I).

21 Vgl. BGH, 09.02.2017, IX ZR 67/16, WM 2017, 565, 567, zu Art. 15 LugÜ; Martiny in MünchKomm-BGB, Art. 6 Rom I-VO, Rn. 15; Staudinger in Ferrari/Kieninger/Mankowski u.a. (Hrsg.), Internationales Vertragsrecht, 3. Aufl. 2018, VO (EG) 593/2008 Art. 6 Verbraucherverträge, Rn. 14.

Anlage privaten Vermögens, bei der ein Verbraucher Finanzdienstleistungen in Anspruch nimmt.[21] Dass die Zeichnung von Anteilen an den hier in Rede stehenden Anlagefonds durch einen Privatanleger diese Voraussetzungen in aller Regel erfüllen wird, bedarf keiner weiteren Erörterung.

bb) Präsenz des Fondsanbieters im Aufenthaltsstaat des Verbrauchers

Näherer Erörterung bedarf das Vorliegen der in Art. 6 Abs. 1 lit. a und b Rom I stipulierten besonderen Anforderungen an das geschäftliche Verhalten eines Unternehmers, deren Erfüllung Voraussetzung für das Eingreifen der Kollisionsregeln des Art. 6 Abs. 1 und Abs. 2 Rom I ist. Danach kommt der Anleger nur dann in den Genuss des kollisionsrechtlichen Verbraucherschutzes des Art. 6 Abs. 1, Abs. 2 Rom I, wenn der Anbieter der Fondsbeteiligungen entweder seine gewerbliche Tätigkeit im Aufenthaltsstaat des Verbrauchers ausübt (Art. 6 Abs. 1 lit. a Rom I) oder zumindest seine Tätigkeit in irgendeiner Weise auf diesen Staat ausrichtet (Art. 6 Abs. 1 lit. b Rom I).

Ob die Voraussetzungen des Art. 6 Abs. 1 lit. a Rom I erfüllt sind, wenn sich ein ausländischer Fondsanbieter für den Vertrieb seiner Anlagen ausschließlich auf ein Netzwerk von vor Ort tätigen unabhängigen Finanzberatern stützt, mag bezweifelt werden. Im Schrifttum wird insoweit zwar darauf verwiesen, dass die erforderliche aktive Beteiligung des Fondsanbieters am Wirtschaftsverkehr im Aufenthaltsstaat des Verbrauchers nicht notwendig über eine (Zweig-) Niederlassung erfolgen muss.[22] Das muss im Umkehrschluss jedoch wohl dahingehend verstanden werden, dass in Fällen, in denen es an einer Niederlassung im Aufenthaltsstaat des Verbrauchers fehlt, die Präsenz des Unternehmers vor Ort sich dann eben aus dem Vorliegen anderer Umstände ergeben muss. Ob dafür die maßgeschneiderte Erstellung von Zeichnungsunterlagen in der Sprache des Vertriebslandes und von Mitarbeitern des Fondsanbieters abgehaltene Informationsveranstaltungen für die lokalen Finanzberater und potentielle Anleger vor Ort ausreichen, wäre im Einzelfall aufgrund einer detaillierten Ermittlung der Aktivitäten des Unternehmers vor Ort zu entscheiden. Ob insoweit die Voraussetzungen des Art. 6 Abs. 1 lit. a Rom I in den hier untersuchten Fallkonstellationen vorlagen, soll an dieser Stelle offenbleiben.

Dagegen dürften die Verwendung von Zeichnungsunterlagen in der Landessprache des Aufenthaltsstaats des Verbrauchers und flächendeckende Informationsveranstaltungen vor Ort für die lokalen Finanzberater und potentielle Anleger die insoweit

22 Staudinger in Ferrari/Kieninger/Mankowski u.a. (Hrsg.), Internationales Vertragsrecht, VO (EG) 593/2008 Art. 6 Verbraucherverträge, Rn. 46; Leible/Lehmann, RIW 2008, 528, 538; Martiny in MünchKomm-BGB, Art. 6 Rom I-VO, Rn. 42, der bemerkt, wenngleich es sich um eine Tätigkeit handeln müsse, dürfe sich der Unternehmer dabei doch der Hilfe anderer Personen bedienen.

23 Martiny in MünchKomm-BGB, Art. 6 Rom I-VO, Rn. 44; Staudinger in Ferrari/Kieninger/Mankowski u.a. (Hrsg.), Internationales Vertragsrecht, VO (EG) 593/2008 Art. 6 Verbraucherverträge, Rn. 47.

weniger strengen Voraussetzungen einer speziellen Ausrichtung der Vertriebstätigkeit der Fondsanbieter auf den Aufenthaltsstaat der Anleger i.S.v. Art. 6 Abs. 1 lit. b Rom I erfüllen.[23] Da die Voraussetzungen der lit. a und lit. b lediglich alternativ und nicht kumulativ erfüllt sein müssen, ergeben sich für die Anwendbarkeit der kollisionsrechtlichen Regelung des Art. 6 Abs. 1 und 2 Rom I dann letztlich keine Bedenken unter dem Gesichtspunkt einer nicht ausreichenden geschäftlichen Präsenz der Fondsanbieter im Aufenthaltsstaat der Anleger.

cc) Kein Vorliegen von Ausnahmetatbeständen nach Art. 6 Abs. 4 Rom I

Der kollisionsrechtliche Verbraucherschutz nach Art. 6 Rom I kommt auch dann von vornherein nicht zum Tragen, wenn einer der in Art. 6 Abs. 4 Rom I geregelten Ausnahmetatbestände vorliegt. Von den dort aufgeführten Geltungsausnahmen für bestimmte Vertragsarten könnten in den hier untersuchten Fallkonstellationen die Ausnahmen in lit. a betreffend Verträge über die Erbringung von Dienstleistungen und in lit. d betreffend Finanzinstrumente in Betracht kommen.

Die Ausnahme des Art. 6 Abs. 4 lit. a Rom I für Dienstleistungsverträge setzt voraus, dass die dem Verbraucher geschuldeten Dienstleistungen, im vorliegenden Fall die Vermarktung und spätere Verwaltung der von dem Verbraucher gezeichneten Anlagen, ausschließlich in einem anderen Staat als seinem gewöhnlichen Aufenthaltsstaat zu erbringen sind. Der EuGH legt diese Voraussetzung eng aus. Art. 6 Abs. 4 lit. a Rom I soll nur dann greifen, wenn sich aus der Natur der vereinbarten Dienstleistungen ergibt, dass diese in ihrer Gesamtheit nur außerhalb des Aufenthaltsstaats des Verbrauchers erbracht werden können. Dies soll nur dann gegeben sein, wenn der Verbraucher sich für die Inanspruchnahme der Dienstleistungen ins Ausland begeben muss.[24] Dafür reicht es nicht aus, dass ein Anbieter von Fondsbeteiligungen Ausschüttungen von einem ausländischen Bankkonto auf ein Bankkonto eines Anlegers in dessen Aufenthaltsstaat überweist.

Auch die Geltungsausnahme für Finanzinstrumente gemäß Art. 6 Abs. 4 lit. d Rom I kommt in den hier betrachteten Fallkonstellationen nicht zum Zuge, da die mittelbar über eine Treuhand-GmbH gehaltenen Kommanditbeteiligungen der Anleger mangels Fungibilität keine Finanzinstrumente im Sinne dieser Bestimmung darstellen (s. Erwägungsgründe 28 und 30 Rom I).[25]

dd) Regelungsansatz des Art. 6 Abs. 2 Satz 2 Rom I: Maßgeblichkeit des privatautonom vereinbarten Rechts vorbehaltlich Einschränkung durch Verbraucherschutz des Aufenthaltsstaats

Nimmt man den Wortlaut des Art. 6 Abs. 1 S. 1 Rom I für sich, könnte man zu der Schlussfolgerung kommen, dass Verbraucherverträge ohne weitere Einschränkung dem Recht des Staates des gewöhnlichen Aufenthalts des Verbrauchers zu

24 EuGH, 03.10.2019, C-272/18 – »VKI/TVP », IPRax, 2020, 246, 249 f.
25 Vgl. Rühl in BeckOGK Rom I-VO, Stand 01.02.2023, Art. 6, Rn. 151.

unterstellen sind, soweit nur die in Abs. 1 lit. a oder lit. b der Vorschrift statuierten Anforderungen an die lokale Präsenz des Unternehmers im Aufenthaltsstaat des Verbrauchers erfüllt sind und keiner der Ausnahmetatbestände des Abs. 4 eingreift. Ein solches Verständnis würde für Verbraucherverträge den Spielraum für parteiautonome Rechtswahlvereinbarungen weitestgehend beseitigen.

Für ein korrektes Verständnis des Regelungsansatzes des Art. 6 Rom I ist der erste Absatz der Bestimmung jedoch im Zusammenhang mit dem zweiten Absatz zu lesen. Art. 6 Abs. 2 S. 1 Rom I stellt zunächst klar, dass die Parteien eines Verbrauchervertrags »ungeachtet des Absatzes 1« das auf ihren Vertrag anzuwendende Recht nach Art. 3 Rom I frei wählen können. Art. 6 Abs. 2 S. 2 Rom I schränkt die demnach grundsätzlich bestehende Rechtswahlfreiheit dann lediglich durch die Vorgabe ein, dass die Rechtswahl der Parteien nicht dazu führen darf, dass dem Verbraucher der Schutz entzogen wird, der ihm durch Verbraucherschutzregelungen gewährt wird, von denen nach dem Recht seines Aufenthaltsstaats nicht durch Parteivereinbarung abgewichen werden darf.[26] Art. 6 Abs. 2 S. 2 stellt damit eine das nach Art. 3 Rom I parteiautonom bestimmte Vertragsstatut überlagernde *Sonderanknüpfung* dar, die der allgemein zulässigen Anwendung des von den Parteien vereinbarten Rechts im Einzelfall zwingende kollisionsrechtliche Grenzen setzt. Dadurch soll verhindert werden, dass dem Verbraucher, sei es auch aufgrund einer von ihm selbst konsentierten Wahl eines anderen Rechts der Schutz entzogen wird, auf den er nach dem zwingenden Verbraucherschutzrecht seines Aufenthaltsstaats Anspruch hat. Dieser am Schutzinteresse des Verbrauchers im konkreten Einzelfall orientierte Regelungsansatz des Art. 6 Abs. 2 Rom I ergibt sich aus dem übergreifenden Normzweck der Bestimmung. Dieser liegt nach der Rechtsprechung des EuGH sowie der etwas gestelzt formulierten Begründung zur Rom I-VO in der Gewährleistung eines »Mehr« an kollisionsrechtlichem Schutz für Verbraucher aufgrund ihrer typischerweise im Verhältnis zu den ihnen als Verhandlungs- und Vertragspartner gegenübertretenden Unternehmern als schwächer angesehenen Stellung.[27]

ee) Kollisionsrechtlicher Verbraucherschutz durch Günstigkeitsvergleich

Schreibt das Unionsrecht, wie vorstehend erläutert, keine starre und uneingeschränkte Anknüpfung an das Recht des Aufenthaltsstaats des Verbrauchers vor, wohl aber die zwingende Beachtung nach diesem Recht vorgegebener verbraucherschutzrechtlicher Regelungen, so fragt sich, wie dieser Regelungsansatz konkret umgesetzt werden kann. Dabei muss der Leitgedanke einer normzweckorientierten Umsetzung sein, dass es darum geht, dem Verbraucher bei gleichzeitiger Aufrechterhaltung der von den Parteien getroffenen Rechtswahl das nach dem Recht seines Aufenthaltsstaats

26 Vgl. EuGH, 14.09.2023, C-821/21 – »NM/Club La Costa (UK) plc, sucursal en España ua«, NJW 2024, 569, 573; EuGH, 10.02.2022, C-595/20 – »UE/ShareWood Switzerland AG ua«, NJW 2022, 1157; EuGH, 28.07.2016, C191/15 – »Amazon«, NJW 2016, 2727, 2730, Rn. 71; EuGH, 03.10.2019, C-272/18 – »VKI/TVP«, IPRax, 2020, 246, 250.

27 Vgl. ErwGr 23 ff. Rom I-VO, sowie Nachw. zur EuGH-Rspr. in Fn. 26.

zwingend gebotene Minimum an Verbraucherschutz zukommen zu lassen. Dafür ist ein *Günstigkeitsvergleich* zwischen dem von den Parteien gewählten Recht und den zwingenden Verbraucherschutzbestimmungen des Aufenthaltsstaats des Verbrauchers vorzunehmen. Dies bedeutet, dass aufgrund der Rechtswahl der Parteien kein für den Verbraucher ungünstigeres Ergebnis eintreten darf als bei Anwendung seines Aufenthaltsrechts. Gewährt dagegen das von den Parteien gewählte Recht dem Verbraucher größeren oder zumindest den gleichen Schutz wie das Recht seines Aufenthaltsstaats, so muss das von den Parteien gewählte Recht uneingeschränkt zur Anwendung kommen.[28]

Der Günstigkeitsvergleich der Rechte des Vertragsstatuts und des gewöhnlichen Aufenthaltsorts des Verbrauchers muss sich dabei auf die im konkreten Fall in Frage stehenden Rechtsprobleme konzentrieren. Auszugehen ist von dem jeweiligen *Begehren des Verbrauchers.* Diejenige Rechtsordnung, welche diesem Begehren am ehesten entspricht, ist für ihn die günstigere und kommt damit zum Zuge.[29] Allerdings darf der Verbraucher nicht nach Art einer »Rosinentheorie« einzelne Teile des gewählten Vertragsstatuts und des Aufenthaltsstatuts derart kombinieren, dass Ergebnisse erzielt werden, welche nach keiner der einzelnen Rechtsordnungen allein eintreten könnten.[30] Der Günstigkeitsvergleich ist im Streitfall durch das Gericht von Amts wegen vorzunehmen.[31]

Je nach den Umständen des Einzelfalles kann den Anforderungen des am konkreten Begehren des Verbrauchers zu orientierenden Günstigkeitsvergleichs bereits durch die Anwendung des gemäß Art. 3 Rom I parteiautonom gewählten Vertragsrechts vollumfänglich gedient sein. Dafür ist die Feststellung nicht erforderlich, dass das von den Parteien gewählte Recht dem Verbraucher weitergehende Rechte einräumen würde als das zwingende Verbraucherschutzrecht seines Aufenthaltsstaats. Vielmehr reicht im konkreten Fall schon die Feststellung, dass nach dem von den Parteien gewählten Recht die von dem Verbraucher geltend gemachten Ansprüche voll begründet sind und die Ermittlung möglichen zwingenden Schutzrechts des Aufenthaltsstaats des Verbrauchers nach § 293 ZPO durch das angerufene Gericht lediglich zu einer dem Interesse Verbrauchers abträglichen Prozessverzögerung und

28 Vgl. Martiny in MünchKomm-BGB, Art. 6 Rom I-VO, Rn. 67; Schurig, RabelsZ 54 (1990), 217, 225; monografisch dazu Mäsch, Rechtswahlfreiheit und Verbraucherschutz, 1993, S. 32 ff.

29 Vgl. Martiny in MünchKomm-BGB, Art. 6 Rom I-VO, Rn. 68 m.w.N.; Rühl in BeckOGK Rom I-VO, Stand 01.02.2023, Art. 6, Rn. 264.

30 Martiny in MünchKomm-BGB, Art. 6 Rom I-VO, Rn. 68; Mäsch, Rechtswahlfreiheit und Verbraucherschutz, 1993, S. 37 ff.

31 EuGH, 28.07.2016, C-191/15 – »Amazon«, NJW 2016, 2727, 2730, Rn. 70; im Schrifttum treffend dazu Staudinger in Ferrari/Kieninger/Mankowski u.a. (Hrsg.), Internationales Vertragsrecht, VO (EG) 593/2008 Art. 6 Verbraucherverträge, Rn. 73 (»Im Falle einer Vereinbarung über das anwendbare Recht ist von Amts wegen ein Günstigkeitsvergleich durchzuführen, bei welchem die zu entscheidende Sachfrage den maßgeblichen Bezugspunkt für einen konkreten Ergebnisvergleich bildet«); Magnus in Staudinger, Neubearbeitung 2021, Art. 6 Rom I-VO, Rn. 144; Einsele, WM 2009, 289, 293.

zu unnötigen Mehrkosten führen würde. Dies kann insbesondere dann der Fall sein, wenn unnötige Verzögerungen bei der Erlangung eines Vollstreckungstitels zu erheblichen wirtschaftlichen Schäden für den klagenden Verbraucher führen könnten.

b) Kollisionsrechtlicher Verbraucherschutz nach Art. 6 Rom I in Bezug auf Ansprüche aus c.i.c

aa) Gleichlauf von Vertragsstatut und »hypothetischem Vertragsstatut » der c.i.c gemäß Art. 12 Abs. 1 Rom II

Die Frage der Anwendung des kollisionsrechtlichen Verbraucherschutzes nach Art. 6 Abs. 1 und 2 Rom I auf Fälle der Haftung aus außervertraglichen Schuldverhältnissen, für die die Kollisionsregel des Art. 12 Abs. 1 Rom II gilt (s. oben II.2.a)), beschäftigt das Schrifttum schon seit geraumer Zeit. Die praktische Relevanz dieser Fragestellung zeigt sich deutlich in den hier untersuchten Fällen der Verletzung von Aufklärungspflichten bei der grenzüberschreitenden Platzierung von Kapitalanlagen.

Nach im Schrifttum wohl überwiegend vertretener Auffassung schließt die in Art. 12 Abs. 1 Rom II für Ansprüche aus c.i.c. enthaltene Verweisung auf das für den sich anbahnenden Vertrag vereinbarte Recht (s. oben II.2.a)) auch die dem Verbraucherschutz dienende kollisionsrechtliche Regelung des Art. 6 Rom I mit ein.[32] In der Tat fragt sich, was konkret dagegen sprechen sollte, bei Vorliegen einer wirksamen Rechtswahl der Parteien nach Art. 3 Abs. 1 Rom I für den (abzuschließenden) Vertrag als solchen die nach Art. 12 Abs. 1 Rom I vorgeschriebene Erstreckung der Anwendbarkeit des von den Parteien gewählten Rechts auf c.i.c.-Ansprüche im Zusammenhang mit der Anbahnung des Vertrags auch auf die kollisionsrechtliche Sonderanknüpfungsregel für Verbraucherverträge nach Art. 6 Abs. 1 und Abs. 2 Rom I zu beziehen.[33] Wenn diese kollisionsrechtliche Sonderanknüpfungsregel für die Ermittlung des auf den einmal geschlossenen Vertrag anwendbaren Rechts zwingend anzuwenden ist, so muss dies nach der ratio legis des Art. 12 Abs. 1 Rom II auch für den Umfang der Erstreckungsregelung des Art. 12 Abs. 1 Rom II gelten. Denn diese zielt auf die Geltung des sog. *hypothetischen Vertragsstatuts* in seiner Gesamtheit ab.[34] Aus dem Wortlaut des Art. 12 Abs. 1 Rom II lassen sich keine überzeugenden Argumente für eine ausschließliche Verweisung auf das von den Parteien für den (abzuschließenden) Vertrag als solchen gewählte Recht entnehmen. Eine derart enge Auslegung würde den mit Art. 6 Abs. 1 und Abs. 2 Rom I bezweckten kollisionsrechtlichen Verbraucherschutz unzulässig verkürzen.

Dagegen führt eine im Schrifttum vertretene Meinung an, dass nach Art. 12 Abs. 1 Rom II lediglich das »Recht [...], das auf den Vertrag anzuwenden ist [...],« gelten soll

32 Vgl. Junker in MünchKomm-BGB, Art. 12 Rom II-VO, Rn. 22; ders. in Festschrift für Stürner, 2013, S. 1043, 1049; Kadner Graziano, RabelsZ 73 (2009), 1, 64; Volders, YbPIL 9 (2017), 127, 133

33 Krit. dagegen aber Rühl in BeckOGK Rom I-VO, Art. 6, Rn. 267.

34 Vgl. Junker in MünchKomm-BGB, Art. 12 Rom II-VO, Rn. 5.

und damit das durch die Parteien im Wege der Rechtswahl bestimmte *Wirkungsstatut* des sich anbahnenden Vertrages gemeint sei. Vertragsstatut sei aber im Fall einer privatautonomen Rechtswahl allein das gewählte materielle Vertragsrecht. Damit gerate Art. 6 Rom I »aus dem Blickwinkel des Rechtsanwenders«. Und überhaupt kenne die Rom II-VO bezüglich der dort geregelten *außervertraglichen* Schuldverhältnisse grundsätzlich keinen besonderen kollisionsrechtlichen Verbraucherschutz.[35] Diese Argumente vermögen nicht zu überzeugen. Ausgangspunkt für das Verständnis des Art. 12 Abs. 1 Rom II muss, wie vorstehend bereits angedeutet wurde, die Erkenntnis sein, dass diese Norm einem *Gleichlaufprinzip* folgt, demgemäß die für Ansprüche aus c.i.c. geltende Kollisionsregelung das nach der Rom I-Verordnung auf den sich anbahnenden Vertrag zur Anwendung gelangende vertragskollisionsrechtliche Reglement spiegeln soll.

bb) Keine analoge Anwendung der Art. 6 Abs. 1 und 2 Rom I in c.i.c.-Fällen erforderlich

Um einer aufgrund einer vermeintlich fehlenden Verweisung auf Art. 6 Rom I in Art. 12 Abs. 1 Rom II als sinnwidrig empfundenen Aushöhlung des Verbraucherschutzes entgegenzusteuern, wird von einzelnen Stimmen im Schrifttum eine analoge Anwendung von Art. 6 Abs. 2 Rom I im Hinblick auf die kollisionsrechtliche Behandlung der c.i.c.in Betracht gezogen.[36] Einer solchen Analogie bedarf es jedoch schon deshalb nicht, weil nach der hier vertretenen Auslegung des Art. 12 Abs. 1 Rom II die kollisionsrechtlichen Verbraucherschutzregeln des Art. 6 Rom I auf Ansprüche aus c.i.c. unmittelbar Anwendung finden (vorstehend II.3.b)aa)).

cc) Bereichsausnahme des Art. 1 Abs. 2 lit. i Rom I steht kollisionsrechtlichem Verbraucherschutz in c.i.c.-Fällen nicht entgegen

Zur Begründung der Unanwendbarkeit der kollisionsrechtlichen Verbraucherschutzregelung des Art. 6 Abs. 1 und 2 Rom I wird im Schrifttum auf die Bereichsausnahme des Art. 1 Abs. 2 lit. i Rom I verwiesen, die Schuldverhältnisse aus Verhandlungen vor Abschluss eines Vertrages vom Anwendungsbereich der Verordnung ausnimmt.[37] Dies vermag jedenfalls in Fällen nicht zu überzeugen, in denen eine Rechtswahlvereinbarung für den Hauptvertrag vorliegt. Denn nach der hier vertretenen Auslegung des Art. 12 Abs. 1 Rom II (siehe oben II.3.b.aa) finden die Kollisionsregeln des Art. 6 Rom I auf c.i.c.-Ansprüche aus Schuldverhältnissen aus Vertragsverhandlungen bei Vorliegen einer Rechtswahlvereinbarung für den zugehörigen Vertrag als solchen

35 Vgl. Rühl in BeckOGK Rom I-VO, Art. 6, Rn. 267, die allerdings insoweit die Möglichkeit einer »geschickten Rechtswahl« befürchtet, mittels derer Unternehmer vorvertraglichen Aufklärungs- und Informationspflichten »aus dem Weg gehen könnten«.
36 Hoffmann in Festschrift für Dauses, 2014, S. 153, 163 ff.; Mankowski, RIW 2009, 98, 115 f.
37 Staudinger in Ferrari/Kieninger/Mankowski u.a. (Hrsg.), Internationales Vertragsrecht, VO (EG) 593/2008 Art. 6 Verbraucherverträge, Rn. 79.

Anwendung. Die allgemeine Anwendungsbereichsausnahme des Art. 1 Abs. 2 lit. i Rom I muss gegenüber dieser Spezialregelung im Wege der teleologischen Reduktion zurücktreten.[38]

dd) Art. 12 Abs. 2 lit. a Rom II nicht anwendbar

Nach einer vereinzelt gebliebenen Ansicht sollen Ansprüche wegen Verletzung vorvertraglicher Aufklärungs- und Informationspflichten nicht in den Anwendungsbereich von Art. 12 Abs. 1 Rom II fallen, sondern in den Anwendungsbereich von Art. 12 Abs. 2 lit. a Rom II, womit bei Beteiligung von Verbrauchern das Recht des gewöhnlichen Aufenthalts zur Anwendung gelangen könne.[39] Dem steht jedoch entgegen, dass die in Art. 12 Abs. 2 Rom II aufgelisteten besonderen Anknüpfungsregeln kraft des einleitenden Halbsatzes dieser Vorschrift nur unter dem Vorbehalt zur Anwendung gelangen sollen, dass die Parteien keine abweichende Rechtswahl i.S.v. Art. 12 Abs. 1 Rom II i.V.m. Art. 3 Rom I für den zugehörigen Hauptvertrag getroffen haben.

c) Besonderes Formstatut für Rechtswahlvereinbarungen in Verbraucherverträgen gemäß Art. 11 Abs. 4 Rom I

Der Erörterung bedarf im Rahmen der hier anzustellenden kollisionsrechtlichen Überlegungen noch das in Art. 11 Abs. 4 S. 2 Rom I vorgesehene besondere Formstatut für Verbraucherverträge i.S.v. Art. 6 Rom I.

aa) Sonderanknüpfung des Formstatuts nach Art. 11 Abs. 4 S. 2 Rom I

Die Sonderanknüpfungsregel des Art. 11 Abs. 4 S. 2 Rom I schreibt bezüglich der Form von Verbraucherverträgen, die in den Anwendungsbereich des Art. 6 Rom I fallen, die Anwendung des Rechts des Aufenthaltsstaats des Verbrauchers vor. Aus der Verweisung in Art. 3 Abs. 5 Rom I ergibt sich, dass diese besondere Kollisionsregel auch für das auf etwaige Formvoraussetzungen einer Rechtswahl gem. Art. 3 Abs. 1 Rom I anzuwendende Recht gelten soll.[40] Demgemäß wäre die Formwirksamkeit der von den Parteien getroffenen Vereinbarungen einschließlich der von ihnen

38 Zur teleologischen Reduktion der Bereichsausnahme des Art. 1 Abs. 2 lit. i Rom I siehe Riesenhuber in Festschrift für Martiny, 2014, S. 531, 540; Calliess, AcP 203 (2003), 575, 597; ders., ZEuP 2006, 726, 749; krit. dagegen Doralt/Nietner, AcP 2015 (2015), 855, 879 ff., 885 ff.

39 Roth in Festschrift für Martiny, 2014, S. 544, 562 ff. (im Hinblick auf unionsrechtliche Informationspflichten über das anwendbare Recht); krit. dagegen aber Hoffmann in Festschrift für Dauses, 2014, S. 153, 163 ff.

40 Gebauer in BeckOGK Rom I-VO, Stand 1.11.2025, Art. 11, Rn. 147; Kleinschmidt in MünchKomm-BGB, Art. 11 Rom I-VO, Rn. 66; v. Hein in Rauscher, Europäisches Zivilprozess- und Kollisionsrecht, 5. Lieferung 1/2023, Art. 11 Rom I-VO, Rn. 29.

getroffenen Rechtswahl in den hier betrachteten Fallkonstellationen nach französischem Recht zu beurteilen.

Dabei kommt allerdings ein Günstigkeitsvergleich nach Art. 6 Abs. 2 Rom I zwischen etwaigen Formanforderungen des französischen und des von den Parteien gewählten deutschen Rechts nicht in Betracht.[41] Denn die Bestimmung der auf die von den Parteien getroffene Beteiligungsvereinbarung anwendbaren Form ergibt sich aus der zwingenden Sonderanknüpfungsnorm des Art. 11 Abs. 4 S. 2 Rom I für das Formstatut, die insoweit als Spezialvorschrift dem allgemeinen Vertragsstatut der Rechtswahlfreiheit nach Art. 3 Rom I vorgeht. Die kollisionsrechtliche Verbraucherschutzregelung des Art. 6 Abs. 2 Rom I soll aber schon nach ihrem systematischen Aufbau, der auf der prinzipiellen Anerkennung des Prinzips der freien Rechtswahl beruht (Art. 6 Abs. 2 S. 1 Rom I), nur dazu dienen, einem aufgrund einer solchen freien Rechtswahl der Parteien gem. Art. 3 Abs. 1 Rom I zur Anwendung kommenden Vertragsrecht verbraucherschutzrechtliche Grenzen durch die Anordnung eines Günstigkeitsvergleichs mit dem Verbraucherschutzrecht des Aufenthaltsstaats des Verbrauchers zu ziehen. Da eine freie Rechtswahl des Formstatuts jedoch durch die Spezialanknüpfung des Art. 11 Abs. 4 S. 2 Rom I verdrängt wird, kann es auch für das nach dieser Spezialkollisionsnorm Anwendung findende Recht des Aufenthaltsstaats keinen Günstigkeitsvergleich gem. Art. 6 Abs. 2 Rom I geben. Demgemäß muss es für die Beurteilung formrechtlicher Fragen bei der direkten Anwendung des Sachrechts des Aufenthaltsstaats des Verbrauchers, im vorliegenden Fall mithin bei der Anwendung französischen Rechts bleiben.

bb) Auswirkungen einer etwaigen Formunwirksamkeit der Anlagevereinbarung nach französischem Recht auf das c.i.c-Statut nach Art. 12 Abs. 1 Rom II

Es fragt sich, welche Auswirkungen eine – im hier gegebenen Fall der Anwendbarkeit französischen Formrechts wohl ohnehin rein theoretische – Unwirksamkeit der hier in Rede stehenden Anlagevereinbarungen wegen Formmangels auf die Anwendbarkeit der Kollisionsregel des Art. 12 Abs. 1 Rom II haben könnte. Hierzu ist zu beachten, dass nach dem Wortlaut des Art. 12 Abs. 1 Rom II die dort vorgesehene Erstreckung der Geltung eines von den Parteien für den Vertrag als solchen gewählten Rechts auf Ansprüche aus außervertraglichen Schuldverhältnissen aufgrund von Verhandlungen vor Abschluss des intendierten Vertrages unabhängig davon gelten soll, ob der Vertrag tatsächlich geschlossen wurde oder nicht. Diese Regelung findet Anwendung nicht nur in Fällen, in denen die Parteien zwar verhandelt, aber am Ende keinen Vertrag geschlossen haben, sondern nach dem klaren Wortlaut der Vorschrift (»unabhängig davon«) auch auf Fälle, in denen ein Vertrag zwar geschlossen wurde,

41 Vgl. v. Hein in Rauscher, Europäisches Zivilprozess- und Kollisionsrecht, Art. 11 Rom I-VO, Rn. 30; Kleinschmidt in MünchKomm-BGB, 9. Aufl. 2025, Art. 11 Rom I-VO, Rn. 69; Schulze in Ferrari/Kieninger/Mankowski u.a. (Hrsg.), Internationales Vertragsrecht, VO (EG) 593/2008 Art. 11, Rn. 28; Gebauer in BeckOGK BGB, Stand 01.02.2023, Rom I-VO, Art. 11, Rn. 147.

jedoch aufgrund eines Formmangels keine Rechtswirksamkeit entfalten konnte Daher würde auch bei formeller Unwirksamkeit einer Anlagevereinbarung der Parteien nach dem gem. Art. 11 Abs. 4 S. 2 Rom I Anwendung findenden französischen Formrecht des Aufenthaltsstaats des Anlegers für dessen c.i.c-Ansprüche gegen Gründungsgesellschafter das von den Parteien, wenn auch wegen Formmangels unwirksam, vereinbarte deutsche Recht Anwendung finden. Im Ergebnis steht somit die gemäß Art. 11 Abs. 4 S. 2 Rom I gebotene Spezialanknüpfung des Formstatuts im Falle einer Formunwirksamkeit der Anlagevereinbarung nach französischem Recht der Anwendung des von den Parteien privatautonom vereinbarten deutschen Rechts auf die Frage der Haftung aus c.i.c. gem. Art. 12 Abs. 1 Rom II nicht entgegen.

d) Auswirkung der fehlenden Aufklärung über Rechte nach Art. 6 Abs. 2 Rom I auf die Wirksamkeit der Rechtswahlvereinbarung

Nach der Rechtsprechung des EuGH ist eine Rechtswahlklausel in Verbraucherverträgen i.S.v. Art. 6 Abs. 2 Rom I zwar grundsätzlich zulässig.[42] Soweit eine Rechtswahlklausel in Allgemeinen Geschäftsbedingungen enthalten ist, die ein Gewerbetreibender gegenüber einem Verbraucher verwendet, sieht der EuGH die Rechtswahlklausel jedoch als missbräuchlich i.S.v. Art. 3 Abs. 1 der europäischen Klauselrichtlinie (EWG/93/13) an,[43] wenn die Verwendung der Klausel nicht mit einer Unterrichtung des Verbrauchers darüber verbunden ist, dass dieser nach Art. 6 Abs. 2 Rom I den Schutz der zwingenden Verbraucherschutzbestimmungen Aufenthaltsstaats genießt.[44]

Da Vereinbarungen über die Wahl deutschen Rechts in den hier betrachteten Fällen in vorformulierten, gegenüber sämtlichen Anlegern verwendeten Standarddokumenten enthalten sind (s. oben I.1.), stellen diese Allgemeine Geschäftsbedingungen i.S.v. Art. 3 Abs. 2 der europäischen Klauselrichtlinie (EWG/93/13) dar. Bei Fehlen eines Hinweises an den Verbraucher auf seine Schutzrechte nach Art. 6 Abs. 2 Rom I

42 Vgl. oben II.2.b).

43 Art. 3 Abs. 1 Richtlinie 93/13/EWG des Rates vom 5. April 1993 über mißbräuchliche Klauseln in Verbraucherverträgen, ABl. L 95 vom 21.04.1993, S. 29: »(1) Eine Vertragsklausel, die nicht im einzelnen ausgehandelt wurde, ist als mißbräuchlich anzusehen, wenn sie entgegen dem Gebot von Treu und Glauben zum Nachteil des Verbrauchers ein erhebliches und ungerechtfertigtes Mißverhältnis der vertraglichen Rechte und Pflichten der Vertragspartner verursacht.«

44 EuGH, 28.07.2016, C-191/15 – »Amazon«, NJW 2016, 2727, 2730, Rn. 69 ff., mit Bezugnahme auf EuGH, 26.04.2012, C-472/10 – »Nemzeti Fogyasztóvédelmi Hatóság/Invitel Távközlési Zrt«, EuZW 2012, 786, 787, Rn. 29; EuGH, 03.10.2019, C-272/18 – »VKI/TVP«, IPRax, 2020, 246, 250; EuGH, 14.09.2023, C-821/21 – »NM/Club La Costa (UK) plc, sucursal en España ua«, NJW 2024, 569, Rn. 72 ff. In der Rechtsprechung der deutschen Oberlandesgerichte finden sich eine Reihe von Entscheidungen, die bei Rechtswahlklauseln in Glücksspielverträgen vor dem Hintergrund des Art. 6 Abs. 2 S. 2 Rom I Verstöße gegen das Transparenzgebot erkannt haben; OLG Braunschweig, 23.02.2023, 9 U 3/22, BeckRS 2023, 2622, Rn. 57; OLG Frankfurt, 08.04.2022, 23 U 55/21, NJW-RR 2022, 1280, Rn. 43; OLG Hamm, 21.03.2023, 21 U 116/21, BeckRS 2023, 8297, Rn. 17; OLG Karlsruhe, 06.04.2023, 4 U 256/21, BeckRS 2023, 6752 Rn. 32 ff.

könnten diese Rechtswahlklauseln mithin nach der angeführten Rechtsprechung des EuGH als missbräuchlich i.S. von Art. 3 Abs. 1 der Klauselrichtlinie anzusehen sein. Diese Rechtsprechung wäre bei der gebotenen unionsrechtskonformen Auslegung des § 307 Abs. 1 S. 2 BGB (Transparenzgebot) zu berücksichtigen und die Rechtswahlklausel mithin als unwirksam anzusehen.[45]

Da die Inhaltskontrolle von Formularklauseln ausschließlich dem Schutz des Vertragspartners des Verwenders zu dienen bestimmt ist, verstößt die Berufung auf die Unwirksamkeit einer von ihm verwendeten Formularklausel durch den Verwender nach ständiger Rechtsprechung des BGH gegen Treu und Glauben (§ 242 BGB) und ist mithin unzulässig.[46] Dementsprechend können sich die Fondsinitiatoren in dem hier betrachteten Fall nicht auf die Unwirksamkeit der von ihnen verwendeten Rechtswahlklausel wegen Verstoßes gegen das Transparenzgebot des § 307 Abs. 1 S. 2 BGB wegen Fehlens eines Hinweises auf die Schutzrechte des Verbrauchers aus Art. 6 Abs. 1 und Abs. 2 Rom I berufen.

Im Ergebnis lassen sich somit gegen die Wirksamkeit der Wahl deutschen Rechts durch die Parteien und die sich daraus gem. Art. 12 Abs. 1 Rom II ergebende Anwendung deutschen Rechts auf c.i.c-Ansprüche gegen Gründungsgesellschafter in den hier in Frage stehenden Fallkonstellationen keine Einwände wegen Verletzung der nach der sogenannten »Amazon«-Rechtsprechung des EuGH zur EU-Klauselrichtlinie bestehenden Verpflichtung der Gründungsgesellschafter herleiten, Anleger darüber aufzuklären, dass sie gem. Art. 6 Abs. 2 Rom I zwingend in den Genuss von in ihrem Aufenthaltsstaat geltenden, sie begünstigenden Verbraucherschutzbestimmungen kommen.

45 Vgl. Eckelt in BeckOGK BGB, Stand 01.01.2024, § 307, Rn. 101; Wurmnest in MünchKommBGB, 10. Aufl. 2025, § 307, Rn. 69, 333, allerdings mit Kritik am Ansatz des »Amazon«-Urteils des EuGH; Rott, EuZW 2016, 733, 735; Micklitz/Reich, EWS 2015, 181, 190 f. Krit. gegenüber der Statuierung einer gesetzlich nicht vorgesehenen Informationsobliegenheit des Verwenders von Rechtswahlklauseln allerdings BGH, 19.07.2012, I ZR 40/11 – »Versandapotheke«, IPRax 2013, 557, Rn. 34: »Der Gesetzgeber geht [danach] davon aus, dass es dem Verbraucher grundsätzlich zuzumuten ist, sich bei einem Verbrauchervertrag auf die Wahl des Rechts eines anderen Staates als dem einzulassen, in dem er seinen gewöhnlichen Aufenthalt hat. Dem liegt die Vorstellung zugrunde, dass das Nebeneinander von zwingendem Verbraucherschutzrecht dieses Staates und dem ansonsten geltenden gewählten Recht (noch) nicht zur Folge hat, dass die Rechtslage aufgrund der getroffenen Rechtswahl so wenig klar und verständlich ist, dass sich daraus für den Verbraucher eine gemäß § 307 Abs. 1 Satz 2 BGB unangemessene Benachteiligung ergibt.«. Siehe auch die krit. Stellungnahmen im Schrifttum von Mankowski, NJW 2016, 2705 ff.; Rieländer, RIW 2017, 28, 35 ff.; Rühl, CMLRev 55 (2018), 201, 207 ff.; sowie W. H. Roth, IPRax 2017, 449, 459 ff.

46 BGH, 04.12.1986, VII ZR 354/85, BGHZ 99, 160, 161; BGH, 12.5.2016, VII ZR 171/15, NJW 2016, 2878; BGH, 09.03.2006, VII ZR 268/04, NJW-RR 2006, 740.

e) Zwischenresümee: keine Beschränkungen der Anwendung deutschen Rechts aus Gründen des kollisionsrechtlichen Verbraucherschutzes

Als Zwischenergebnis ist an dieser Stelle festzuhalten, dass sich für die hier betrachteten Fallkonstellationen weder aus der kollisionsrechtlichen Verbraucherschutzregelung des Art. 6 Abs. 2 Rom I, noch aus der besonderen Anknüpfung des Formstatuts für Verbraucherverträge gem. Art. 11 Abs. 4 S. 2 Rom I, noch aus der Rechtsprechung des EuGH zur Anwendung der Missbrauchsregelung der Klauselrichtlinie bei fehlender Aufklärung des Verbrauchers über seine Schutzrechte nach Art. 6 Abs. 2 Rom I letztlich Einschränkungen der Anwendung deutschen Rechts auf c.i.c.-Ansprüche von französischen Anlegern gem. Art. 12 Abs. 1 Rom II herleiten lassen.

4. Rechtsgrundlage der Anwendung von Vertriebsvorschriften des französischen Kapitalmarktrechts

Wie vorstehend ausgeführt wurde, gelten in Frankreich strenge Beschränkungen für den Vertrieb der hier in Rede stehenden Anlagen an Privatanleger, die in einem Schreiben der französischen Kapitalmarktaufsicht AMF aus dem Jahr 2018 zusammengefasst sind (vgl. oben I.2.). Auf den Punkt gebracht schreibt das französische Investmentrecht vor, dass die Beteiligungen Privatanlegern in Frankreich nur unter den engen Voraussetzungen einer *reverse solicitation* angeboten werden durften. Im Ergebnis führten diese Beschränkungen dazu, dass die Vermarktung dieser Anlagen an die von den Fondsinitiatoren ins Auge gefasste Zielgruppe französischer Privatanleger in den allermeisten Fällen legal nicht möglich war, weil die Voraussetzungen für eine *reverse solicitation* von vornherein nicht vorlagen und auch nicht durch von den Anlegern unterzeichnete gleichlautende Erklärungen über deren angebliches Vorliegen herbeigeführt werden konnten.[47] Dies ist ein wichtiger diese Anlagen betreffender Umstand, über den die Gründungsgesellschafter ihre Anleger vollständig und wahrheitsgemäß aufklären mussten (zur Aufklärungspflicht der Gründungsgesellschafter s. oben I.2. mit Nachw. in Fn. 7).

Angesichts der gem. Art. 12 Abs. 1 Rom II gebotenen Anwendung deutschen Rechts auf c.i.c.-Ansprüche der Anleger wegen Verletzung der Aufklärungspflicht der Gründungsgesellschafter über diese Vertriebsbeschränkungen fragt sich, auf welcher rechtlichen Grundlage diese Vertriebsbeschränkungen des französischen Investmentrechts in den hier betrachteten Fallgestaltungen zur Anwendung kommen können. Die Antwort gibt Art. 17 Rom II. Diese Vorschrift sieht vor, dass bei der Beurteilung des Verhaltens einer Person, deren Haftung geltend gemacht wird, faktisch und soweit angemessen, diejenigen Sicherheits- und Verhaltensregeln zu

47 Vgl. oben I.2.

berücksichtigen sind, die an dem Ort und zu dem Zeitpunkt des haftungsbegründenden Ereignisses gelten.

Im hier zu beurteilenden Fall handelt es sich bei den im Schreiben der AMF (s. oben I.2. bei Fn. 2 und 3) artikulierten, die von den Fondsinitiatoren angebotenen Investmentfonds betreffenden Vertriebsbeschränkungen des französischen Kapitalmarktrechts um Sicherheits- und Verhaltensregeln i.S.v Art. 17 Rom II. Die grundsätzliche Anwendbarkeit dieser Vorschrift auf Fälle der Haftung aus c.i.c. ergibt sich schon aus der systematischen Stellung der Bestimmung in dem mit »Gemeinsame Vorschriften« überschriebenen Kapitel V. der Verordnung Rom II, dessen Vorschriften auf alle von der Verordnung erfassten Haftungskonstellationen und damit auch auf die Haftung aus c.i.c. Anwendung finden.[48] Dementsprechend ist es auch einhellige Auffassung im Schrifttum, dass Art. 17 Rom II bezüglich der Ermittlung kapitalmarktrechtlicher Verhaltensanforderungen im Finanzsektor grundsätzlich anwendbar ist.[49]

Gegen die Anwendung der Vertriebsregeln des französischen Kapitalmarktrechts lässt sich nicht anführen, dass die Berücksichtigung dieser Regeln für die Beurteilung einer möglichen Haftung der Gründungsgesellschafter aus c.i.c. mit der nach Art. 12 Abs. 1 Rom II gebotenen Anwendung deutschen Sachrechts (vgl. oben II.2.a)) unvereinbar wäre. Denn bei Art. 17 Rom II handelt es sich nicht um eine kollisionsrechtliche Verweisungsnorm im strikten Sinne, die insoweit in Widerspruch zu der Kollisionsregel des Art. 12 Abs. 1 Rom II treten könnte. Vielmehr bewirkt Art. 17 Rom II eine materiellrechtliche Modifikation des anwendbaren Sachrechts, die die Berücksichtigung von Verhaltensstandards, die am Ort und zum Zeitpunkt des haftungsbegründenden Ereignisses gelten, in Fällen ermöglichen soll, in denen das anzuwendende Recht nicht mit dem Ortsrecht identisch ist. Normzweck ist dabei nicht nur ein angemessener Interessenausgleich zwischen den Beteiligten, sondern auch die Wahrung öffentlicher Interessen des Staates, in dem das haftungsbegründende Ereignis stattfand.[50] In den hier vorliegenden Fallkonstellationen wirkt sich diese Konkretisierung des anwendbaren Sachrechts als Ausrichtung der die Gründungsgesellschafter nach dem deutschen Recht der c.i.c. treffenden Aufklärungspflichten über die rechtlichen Voraussetzungen des Vertriebs der angebotenen Anlagen an den Vertriebsvorschriften des örtlichen französischen Kapitalmarktrechts aus.

48 Vgl. Maultzsch in BeckOGK Rom II-VO, Stand 1.12.2025, Art. 17, Rn. 6, 13 und 37.

49 Vgl. Engel in juris PK, Band 6, 10. Aufl., Stand 1.7.2023, Art. 17 Rom II-VO, Rn. 16; Maultzsch in BeckOGK BGB, Art. 17 Rom II-VO, Rn. 86; Thorn in Grüneberg, BGB, 83. Aufl. 2024, Art. 17 Rom II-VO, Rn. 2.

50 Maultzsch in BeckOGK Rom II-VO, Stand 1.12.2025, Art. 17, Rn. 1 f., 5, 37; Pfeiffer in Soergel, BGB, 13. Aufl. 2019, Art. 17 Rom II-VO, Rn. 20 ff; Junker in MünchKomm-BGB, Rom II-VO Art. 17, Rn. 11; Stürner in Erman, BGB, 17. Aufl. 2023, Art. 17 Rom II-VO, Rn. 4; Lehmann in Nomos Kommentar, BGB, 2. Aufl. 2015, Art. 17 Rom II-VO, Rn. 17; Einsele, RabelsZ 81 (2017), 781, 802 f.; Lehmann, IPRax, 2021, 199, 205; Engel in Internationales Kapitalmarktdeliktsrecht, 2019, S. 223 f.; Kessenich, Berücksichtigung statutsfremder Sicherheits- und Verhaltensregeln, 2020, S. 212 ff.

III. RESÜMEE

Die wesentlichen Ergebnisse des vorstehenden Streifzugs durch das Recht der Schadensersatzansprüche von französischen Zeichnern deutscher Fondsbeteiligungen aus *culpa in contrahendo* lassen sich folgendermaßen kurz zusammenfassen.

1. Auf allfällige Ansprüche der Fondszeichner wegen Verletzung von Aufklärungspflichten bezüglich der in Frankreich geltenden Vertriebsbeschränkungen für die hier in Rede stehenden Anlagen findet gemäß Art. 12 Abs. 1 der EU-Verordnung Rom II i.V.m. Art. 3 der EU-Verordnung Rom I im Gleichlauf mit dem von den Fondsanbietern und Fondszeichnern gewählten Vertragsstatut das deutsche Recht der *culpa in contrahendo* Anwendung.

2. Art. 6 Rom I ist zwar in den hier untersuchten Fällen grundsätzlich anwendbar. Der nach dieser Norm gebotene, am Begehren des Verbrauchers orientierte Günstigkeitsvergleich erfordert aber keine gerichtlichen Nachforschungen zu möglichen zwingenden Regeln des französischen Verbraucherschutzrechts als Aufenthaltsrecht der Fondszeichner, da deren Schadensersatzansprüche aus Aufklärungspflichtverletzung schon nach dem von den Parteien gewählten deutschen Anlegerschutzrecht begründet sind.

3. Einem Fondsanbieter ist die Berufung auf die Unwirksamkeit einer von ihm gegenüber einem Verbraucher/Anleger gestellten Rechtswahlklausel wegen fehlender Aufklärung des Verbrauchers über ihm nach Art. 6 Rom I zustehenden Verbraucherschutzrechte aufgrund der sog. ›Amazon‹-Rechtsprechung des EuGH nach der Rechtsprechung des BGH verwehrt, wonach die Berufung eines Verwenders auf die Unwirksamkeit von ihm selbst gestellter allgemeiner Geschäftsbedingungen gegen Treu und Glauben (§ 242 BGB) verstößt.

4. Die Gründungsgesellschafter einer deutschen Investment-KG haben beim Vertrieb von (treuhänderischen) Beteiligungen an Investmentfonds im Ausland Fondszeichner über die Vertriebsvoraussetzungen der angebotenen Anlagen nach örtlichem Kapitalmarktrecht aufzuklären. Dies gilt insbesondere für örtliche Beschränkungen des Vertriebs an Privatanleger aufgrund des Erfordernisses einer *reverse solicitation* des Anlegers.

5. Im Ausland geltende kapitalmarkrechtliche Vertriebsregelungen sind gem. Art. 17 Rom II zur Konkretisierung der für die Haftung aus c.i.c. maßgeblichen Aufklärungspflichten von Gründungsgesellschaftern im Rahmen des Vertriebs von deutschen Anlagen im Ausland heranzuziehen, auch wenn auf die Haftung der Gründungsgesellschafter aus *culpa in contrahendo* gem. Art. 12 Abs. 1 Rom II aufgrund einer Vereinbarung deutschen Rechts auf den Anlagevertrag das deutsche Recht der *culpa in contrahendo* anzuwenden ist.

Die disquotale/inkongruente Gewinnausschüttung im GmbH- und Aktienrecht – auch steuerrechtlich anzuerkennen

Andreas Pentz

I. Einleitung

Jens Ekkenga kennt der *Verf.* seit der gemeinsamen Mitwirkung im Arbeitskreis »Kapital in Europa« (sog. Lutter-Gruppe), deren Ergebnisse 2006 im ZGR-Sonderband »Das Kapital der Aktiengesellschaft in Europa« veröffentlicht worden sind. Seither sind zahlreiche Treffen auf Fachveranstaltungen, aber auch Veranstaltungen privater Art hinzugekommen. Der *Verf.* freut sich deshalb besonders, dem *Jubilar* einen Beitrag in seiner Festschrift freundschaftlich zueignen zu können, und hofft, mit dem gewählten Thema, das auch einen der Schwerpunkte der wissenschaftlichen Tätigkeit des *Jubilars* betrifft,[1] auf dessen Interesse zu stoßen.

II. Disquotale/inkongruente Gewinnausschüttungen

1. Grundlagen

Nach § 58 Abs. 4 S. 1 AktG haben die Aktionäre Anspruch auf den Bilanzgewinn, soweit er nicht nach Gesetz oder Satzung, durch Hauptversammlungsbeschluss nach § 58 Abs. 3 oder als zusätzlicher Aufwand aufgrund des Gewinnverwendungsbeschlusses von der Verteilung unter die Aktionäre ausgeschlossen ist. Ähnlich sieht § 29 Abs. 1 S. 1 GmbHG vor, dass die Gesellschafter Anspruch auf den Jahresüberschuss zuzüglich eines Gewinnvortrags und abzüglich eines Verlustvortrags haben, soweit der sich ergebende Betrag nicht nach Gesetz oder Gesellschaftsvertrag (Satzung), durch Beschluss nach § 29 Abs. 2 GmbHG oder als zusätzlicher Aufwand aufgrund des Beschlusses über die Verwendung des Ergebnisses von der Verteilung unter die Gesellschafter ausgeschlossen ist.

1 Vgl. nur die Kommentierung von Ekkenga zu § 29 in MünchKomm GmbHG, 5. Aufl. 2025 und auch Ekkenga (Hrsg.), Handbuch der AG-Finanzierung, 3. Aufl., angekündigt für 2026.

Dieses Gewinnbezugsrecht (im GmbH-Recht auch als Gewinnstammrecht bezeichnet)[2] hat jeweils seine Grundlage in der Mitgliedschaft des Aktionärs[3] bzw. des GmbH-Gesellschafters.[4] Das Gewinnbezugsrecht ist zu unterscheiden von dem Gewinn(auszahlungs)anspruch, der mit Wirksamwerden des von der Hauptversammlung bzw. der Gesellschafterversammlung gefassten Gewinnverwendungsbeschlusses nach §§ 174, 58 Abs. 3 AktG bzw. § 29 Abs. 1 und 2 GmbHG als gegen die Gesellschaft gerichteter Zahlungsanspruch in Form eines Gläubigerrechts entsteht.[5] Der aktienrechtliche Gewinnanspruch wird nach § 58 Abs. 4 S. 2 AktG am dritten auf den Hauptversammlungsbeschluss folgenden Geschäftstag fällig. Für das GmbH-Recht fehlt eine entsprechende Regelung. Hier wird der Gewinnanspruch mit Wirksamkeit des Gewinnverwendungsbeschlusses fällig, sofern die Satzung nicht eine abweichende Regelung enthält oder der Gewinnverwendungsbeschluss hierzu – was ebenfalls einer Satzungsgrundlage oder aber der Zustimmung aller Gesellschafter bedarf – nichts anderes bestimmt.[6]

Für die Verteilung des Gewinns regelt § 60 Abs. 1 AktG, dass die Anteile der Aktionäre am Gewinn sich nach ihren Anteilen am Grundkapital bestimmen, wobei im Falle von noch nicht vollständig und im selben Verhältnis geleisteten Einlagen nach § 60 Abs. 2 AktG grundsätzlich eine abweichende Gewinnverteilung gilt. Der Anteil am Grundkapital bestimmt sich über § 8 Abs. 4 AktG bei Nennbetragsaktien nach dem Verhältnis ihres Nennbetrags zum Grundkapital, bei Stückaktien nach der Zahl der Aktien. Entsprechend gilt nach § 29 Abs. 3 S. 1 und 2 GmbHG, wonach – vorbehaltlich einer abweichenden Regelung in der Satzung – die Verteilung des Gewinns nach dem Verhältnis der Geschäftsanteile erfolgt. Maßgeblich ist der Nennwert (Nominalbetrag) der Geschäftsanteile im Sinne von § 3 Abs. 1 Nr. 4 GmbHG;[7] ob der Gesellschafter seine Einlage bereits geleistet hat oder nicht, ist ebenso unerheblich wie ein etwaiges Aufgeld (Agio).[8]

2 BGH, Urteil vom 8.12.1997 – II ZR 203/96, NZG 1998, 225; Ekkenga in MünchKomm GmbHG, 5. Aufl. 2025, § 29 Rn 39; Leuschner in Habersack/Casper/Löbbe GmbHG, 3. Aufl. 2020, § 29 Rn. 5.

3 Statt anderer Koch AktG, 19. Aufl. 2025, § 58 Rn 26; Bayer in MünchKomm AktG, 6. Aufl. 2024, § 58 Rn 98 ff., jew. m.w.N.

4 Ekkenga in MünchKomm GmbHG, 5. Aufl. 2025, § 29 Rn 38; Pentz in Rowedder/Pentz GmbHG, 7. Aufl. 2022, § 29 Rn 20, jew. m.w.N.

5 Koch AktG, 19. Aufl. 2025 § 58 Rn 26, 28; Bayer in MünchKomm AktG, 6. Aufl. 2024, § 58 Rn 104 f.; Ekkenga in MünchKomm GmbHG, 5. Aufl. 2025, § 29 Rn 82 ff.; Pentz in Rowedder/Pentz GmbHG, 7. Aufl. 2022, § 29 Rn 22a, jew. m.w.N.

6 Ekkenga in MünchKomm GmbHG, 5. Aufl. 2025, § 29 Rn 90; Hommelhoff in Lutter/Hommelhoff, 21. Aufl. 2023, § 29 Rn 40; Kersting in Noack/Servatius/Haas GmbHG, 24. Aufl. 2025, § 29 Rn. 49; Leuschner in Habersack/Casper/Löbbe GmbHG, 3. Aufl. 2020, § 29 Rn 163; Pentz in Rowedder/Pentz GmbHG, 7. Aufl. 2022, § 29 Rn 27; Verse in Scholz GmbHG, § 29 Rn 79.

7 Ekkenga in MünchKomm GmbHG, 5. Aufl. 2025, § 29 Rn 182.

8 Ekkenga in MünchKomm GmbHG, 5. Aufl. 2025, § 29 Rn 183; Hommelhoff in Lutter/Hommelhoff, 21. Aufl. 2023, § 29 Rn 37; Kersting in Noack/Servatius/Haas GmbHG, 24. Aufl. 2025, § 29 Rn 53; Pentz in Rowedder/Pentz GmbHG, 7. Aufl. 2022, § 29 Rn 103; Verse in Scholz GmbHG, 13. Aufl. 2022, § 29 Rn 72.

2. *Abweichende Satzungsregelungen*

Sowohl für die Aktiengesellschaft als auch für die GmbH kann in der Satzung eine andere Art der Gewinnverteilung bestimmt werden, § 60 Abs. 3 AktG, § 29 Abs. 3 S. 2 GmbHG. Streitig ist in diesem Zusammenhang für die Aktiengesellschaft mit Blick auf die Formulierung von § 60 Abs. 3 AktG[9] die Zulässigkeit einer schlichten Öffnungsklausel, die eine abweichende Beschlussfassung der Hauptversammlung zur Gewinnverteilung im Einzelfall zulässt. Aufgrund der Formulierung der Bestimmung, die eine andere Art der Gewinnverteilung durch die Satzung zulässt, eine solche aber auch verlangt, ist eine Satzungsbestimmung, wonach letztlich die Hauptversammlung die Bestimmung über die Gewinnverteilung nach ihrem Gutdünken trifft, in Übereinstimmung mit der ganz herrschenden Meinung[10] als unzulässig anzusehen. Auch mit dem Charakter der Aktiengesellschaft als Publikumsgesellschaft dürfte sich eine derartige Öffnungsklausel nicht vertragen.

Für das GmbH-Recht wird die Zulässigkeit einer Öffnungsklausel dagegen allgemein anerkannt.[11] Ist eine solche Satzungsbestimmung vorhanden, kollidiert ein entsprechender Beschluss mithin nicht mit satzungsrechtlichen Vorgaben, sondern bewegt sich im Gegenteil in deren Rahmen.

3. *Abweichende Verteilung aufgrund Beschlusses*

Während in den vorgenannten Fällen der Modus der Gewinnverteilung sich – wenn auch in unterschiedlicher Weise – auf die Satzung zurückführen lässt, sieht dies anders aus, wenn sich die Gewinnverteilung völlig von den gesetzlichen oder satzungsmäßigen Grundlagen löst, einem Anteilsinhaber mithin dem Gewinnverteilungsbeschluss nach ein geringerer und einem anderen Anteilsinhaber ein höherer Gewinn zukommen soll, als dies nach den gesetzlichen bzw. satzungsmäßigen Vorgaben der

9 Vgl. bereits Hefermehl/Bungeroth in Geßler/Hefermehl/Eckardt/Kropff AktG, 1983, § 60 Rn. 17.

10 Abl. Albrecht vom Kolke in Hölters/Weber AktG, 5. Aufl. 2025, § 60 Rn. 4; Bayer in MünchKomm AktG, 6. Aufl. 2024, § 60 Rn 16; Koch AktG, 19. Aufl. 2025, § 60 Rn 6; Paefgen in Henssler/Strohn GesR, 6. Aufl. 2024, § 60 AktG Rn. 7; Tetenberg/Drinhausen in Heidel AktR, 6. Aufl. 2024, § 60 Rn. 9, jew. m.w.N.; abl. wohl auch BGHZ 84, 303, 311 = NJW 1983, 282; aA Grigoleit/Rachlitz in Grigoleit AktG, 2. Aufl. 2020, § 60 Rn. 16; allg. zu Öffnungsklauseln Leuschner ZHR 184 (2020) 608 ff.; Pöschke, Satzungsdurchbrechende Beschlüsse in GmbH und AG, 2020, S. 83 ff., 352 ff.

11 BayObLG, Beschluss vom 23.5.2001 – 3Z BR 31/01, BayObLGZ 2001, 137, 139 f.; eingehend Priester in Festschrift für Welf Müller, 2001, S. 113 ff.; Bayer in Lutter/Hommelhoff GmbHG, 21. Aufl. 2023, § 53 Rn 33; Beckmann in Gehrlein/Born/Simon GmbHG, 5. Aufl. 2021, § 29 Rn 42; Priester/Tebben in Scholz GmbHG, 13. Aufl. 2025, § 53 Rn. 30; Schnorbus in Rowedder/Pentz GmbHG, 7. Aufl. 2022, § 53 Rn 48; Ulmer/Casper in Habersack/Casper/Löbbe GmbHG, 3. Aufl. 2021, § 53 Rn. 40 m.w.N.

Fall wäre.[12] Das Mittel, dies zu bewerkstelligen, ist die sogenannte punktuelle[13] Satzungsdurchbrechung, also ein Beschluss der Anteilsinhaber, mit dem für einen Einzelfall von der Satzung abgewichen werden soll, der die Satzung als solche aber unberührt lässt.[14]

4. *Disquotale/inkongruente Gewinnverteilung bei der GmbH und der AG nach dem BMF-Schreiben vom 17.12.2013*

Dass eine disquotale Gewinnverteilung, zum Teil auch als inkongruente Gewinnausschüttung bezeichnet, im Wege der punktuellen Satzungsdurchbrechung möglich ist, wird von der überwiegenden Auffassung für das GmbH-Recht[15] bejaht.

12 Zur Motivation für derartige Beschlüsse vgl. etwa Grever RNotZ 2019, 1, 2; Najdecki/Schiffers GmbHG 2024, 745 f.; Broemel/Westermann DStR 2025, 17.

13 Eine Satzungsdurchbrechung, die auf einen von der Satzung abweichenden rechtlichen Zustand gerichtet ist, ist nichtig, wenn die für eine Satzungsänderung gelten Formvorschriften nicht eingehalten werden; vgl. nur BGH, Urteil vom 11.7.2023 – II ZR 98/21, NZG 2023, 1219 Rn 17; BGH, Urteil vom 16.7.2024 – II ZR 71/23, NZG 2024, 1222 Rn. 44, jew. mwN.; näher zur Berechtigung dieser Unterscheidung statt anderer Born in BeckOGK GmbHG, Stand 15.4.2025, § 53 Rn. 60 ff. mwN.

14 Zur Umschreibung der Satzungsdurchbrechung vgl. etwa Bergmann in Festschrift für Gerd Krieger, 2020, S. 99, 101: »Abweichung von der Satzung im Einzelfall, ohne die entgegen stehende Satzungsbestimmung für die Zukunft ändern oder aufheben zu wollen«; Altmeppen GmbHG, 11. Aufl., §§ 53aF, 53 Rn 59: »Beschluss, der den Anforderungen der §§ 53, 54 nicht genügt und die Vorgaben der Satzung missachtet«; Born in BeckOGK GmbHG, Stand 15.4.2025, § 53 Rn. 58; Priester, NZG 2016, 774: »Beschlüsse ..., die im Einzelfall von der Satzung abweichen, diese aber jenseits des konkreten Beschlussgegenstands nicht ändern wollen«; ähnlich Bayer in Lutter/Hommelhoff GmbHG, 21. Aufl. 2023, § 53 Rn 27; Casper in Habersack/Casper/Löbbe GmbHG, 4. Aufl. 2025, § 53 Rn 34; Poelzig in MünchKomm AktG, 6. Aufl. 2025, § 179 Rn 43: »Hauptversammlungsbeschluss ..., durch die für einen bestimmten Einzelfall von materiellen bzw. echten Satzungsregelungen abgewichen wird, ohne dass die Satzung entsprechende Änderungen ... erlaubt, und ohne den Satzungstext für die Zukunft zu ändern«; ähnlich Pöschke, Satzungsdurchbrechende Beschlüsse in GmbH und AG, 2020, S. 1 ff.; Harbarth in MünchKomm GmbHG, 5. Aufl. 2025, § 53 Rn 45; Schäfer in MünchKomm AktG, 6. Aufl. 2025, § 243 Rn 21; Schnorbus in Rowedder/Pentz GmbHG, 7. Aufl. 2022, § 53 Rn 44: »Gesellschafterbeschluss, der für einen Einzelfall von einer oder mehreren materiellen Satzungsbestimmungen abweicht. Die Satzung soll aber nicht für die Zukunft generell eine andere Form oder einen anderen Inhalt erhalten«; Stelmaszcyk in Henssler/Strohn GesR, 6. Aufl. 2024, § 179 Rn 5; Tebben in Scholz, GmbHG, 13. Aufl. 2025, § 53 Rn 27: „... dass die Gesellschafter für eine konkrete Einzelsituation durch Beschluss von einer – ... korporativen – Bestimmung ihrer Satzung abweichen, ohne diese Änderung durch – dauernde oder vorübergehende – Änderung des Satzungstext gemäß §§ 53, 54 zu legitimieren«, alle m.w.N.

15 Mit Unterschieden im Einzelnen Born in BeckOGK GmbHG, Stand 15.4.2025, § 53 Rn 73; Ekkenga in MünchKomm GmbHG, 5. Aufl. 2025, § 29 Rn 156; Mock in Michalski/Heidinger/Leible/J. Schmidt GmbHG, 4. Aufl. 2023, § 29 Rn 216; Pentz in Rowedder/Pentz GmbHG, 7. Aufl. 2022, § 29 Rn 103; wohl aA OLG Köln, Beschluss vom 9.11.2011 – 12 W 1002/11, NZG 2012, 507, 508.

Hiervon abweichend verlangte die Finanzverwaltung im BMF-Schreiben vom 17.12.2013[16] für die steuerrechtliche Anerkennung einer disquotalen Gewinnverteilung eine ausdrückliche Satzungsbestimmung im Sinne von § 29 Abs. 3 S. 2 GmbHG als anderen Maßstab der Verteilung oder aber anstelle eines konkreten Verteilungsmaßstabs eine Klausel, nach der alljährlich mit Zustimmung der beeinträchtigten Gesellschafter oder einstimmig über eine von der satzungsmäßigen Regelung abweichende Gewinnverteilung beschlossen werden konnte, sowie einen mit der satzungsmäßig erforderlichen Mehrheit gefassten Gesellschafterbeschluss. Für die Aktiengesellschaft wurde verlangt, dass die Satzung gemäß § 60 Abs. 3 AktG einen vom Verhältnis der Anteile am Grundkapital abweichenden Gewinnverteilungsschlüssel festlegte. Eine Öffnungsklausel für eine von der gesetzlichen Gewinnverteilung abweichende Verteilung wurde ausdrücklich als für die Wirksamkeit einer inkongruenten Gewinnausschüttung nicht hinreichend angesehen. Wurde den genannten Anforderungen nicht entsprochen, wurden die Gewinnausschüttungen entsprechend dem satzungsmäßigen Verteilungsschlüssel zugerechnet und ein entsprechender (tatsächlich fehlender) Zufluss fingiert.[17]

5. *Abweichende finanzgerichtliche Entscheidungen*

a) Entscheidungen

Wie zuvor bereits das FG Köln[18] widersprach auch das FG Münster dieser Auffassung.[19] Der Bundesfinanzhof bestätigte die Entscheidung des FG Münster und entschied, dass abweichend von der im BMF-Schreiben zu findenden Auffassung ein punktuell satzungsdurchbrechender Beschluss über eine inkongruente Vorabausschüttung, der von der Gesellschafterversammlung einstimmig gefasst wurde und von keinem Gesellschafter angefochten werden konnte, als zivilrechtlich wirksamer Ausschüttungsbeschluss der Besteuerung zugrunde zu legen sei und ein Gesellschafter, der nach diesem Beschluss keinen Gewinn erhält, den Tatbestand der Einkünfteerzielung gemäß § 20 Abs. 1 Nr. 1 S. 1 EStG nicht verwirkliche.[20]

Zur Begründung führte der Bundesfinanzhof aus, wirksame Gewinnverwendungs- und Gewinnverteilungsbeschlüsse seien auch Vorabgewinnausschüttungsbeschlüsse,[21]

16 BMF vom 17.12.2013, BStBl. I 2014, 63 = DStR 2014, 36.

17 Vgl. hierzu etwa den bei FG Münster DStRE 2021, 274 f. mitgeteilten Sachverhalt; vgl. zu den Rechtsfolgen auf der Grundlage der Auffassung der Finanzverwaltung auch Ortersbach BB 2023, 855, 856 f.

18 FG Köln, Urteil vom 14.9.2016 – 9 K 1560/14, BeckRS 2016, 95718, in der Revisionsinstanz hatte die Beklagte mit Einwilligung der Kläger ihr Rechtsmittel zurückgenommen, BFH, Beschluss vom 25.3.2021 – VIII R 28/16, BeckRS 2021, 12582.

19 FG Münster, Urteil vom 6.5.2020 – 9 K 3359/18, DStRE 2021, 274.

20 BFH, Urteil vom 28.9.2022 – VIII R 20/20, BStBl II 2024, 697 = DStR 2022, 2606.

21 BFH, Urteil vom 28.9.2022 – VIII R 20/20, BStBl II 2024, 697 = DStR 2022, 2606 Rn 28 mit Hinweis auf Ekkenga in MünchKomm GmbHG, 5. Aufl. 2025, § 29 Rn 95.

die nicht nichtig sind oder auf eine Anfechtung hin für nichtig erklärt wurden oder von keinem Gesellschafter angefochten werden können. Im Folgenden rekurrierte er auf die Rechtsprechung des Bundesgerichtshofs zur Satzungsdurchbrechung und die dort zu findende Unterscheidung.[22] Während satzungsdurchbrechende Gesellschafterbeschlüsse, die einen vom Regelungsinhalt der Satzung abweichenden rechtlichen Zustand mit *Dauerwirkung* (auch für einen nur begrenzten Zeitraum) begründeten, nichtig seien, wenn bei der Beschlussfassung nicht alle materiellen und formellen Bestimmungen einer Satzungsänderung eingehalten würden, gelte dies nicht bei nur *punktuell* satzungsdurchbrechenden Beschlüssen, deren Wirkung sich in der betreffenden Maßnahme als Einzelakt erschöpfe. Letzteres war durch das FG Münster revisionsrechtlich bindend festgestellt worden. Der Schutz des Rechtsverkehrs verlange, so der Bundesfinanzhof weiter, keine Einordnung der Vorabgewinnausschüttungsbeschlüsse als nichtige satzungsdurchbrechende Beschlüsse mit Dauerwirkung, da ein potentieller Anteilserwerber stets damit rechnen müsse, dass es solche Beschlüsse gegeben habe und die Satzung als solche unverändert geblieben sei. Da ein punktuell satzungsdurchbrechender inkongruenter Ausschüttungsbeschluss nur analog § 243 Abs. 1 AktG anfechtbar sei, hier jedoch alle Gesellschafter dem Beschluss zugestimmt hätten, seien die Beschlüsse unanfechtbar und damit zivilrechtlich wirksam und bindend. Die im Verfahren entgegengehaltene Entscheidung des OLG Dresden[23] habe einen anderen Fall betroffen.

b) Stellungnahme

Der Entscheidung des Bundesfinanzhofs ist zuzustimmen. Insbesondere überzeugen die Ausführungen zum lediglich punktuellen Charakter der jeweiligen satzungsdurchbrechenden Beschlüsse zur Gewinnverteilung. Dass in der konkreten Gestaltung keine dauerhafte Änderung der durch die Satzung vorgegebenen Situation beabsichtigt war, hatte das FG Münster festgestellt. Es lässt sich die Unwirksamkeit der satzungsdurchbrechenden Beschlüsse deshalb trotz der wiederholten Beschlüsse auch nicht darüber begründen, es sei der Sache nach eine auf die Zukunft bezogene Änderung des Status beabsichtigt gewesen, durch den der Rechtsverkehr, insbesondere auch später hinzukommende Gesellschafter berührt würden und die deshalb nur über eine förmliche Satzungsänderung und die damit verbundene Publizität rechtlich möglich gewesen wäre.[24]

22 BFH, Urteil vom 28.9.2022 – VIII R 20/20, BStBl II 2024, 697 = DStR 2022, 2606 Rn 22 ff.

23 OLG Dresden, Beschluss vom 9.11.2011 – 12 W 1002/11, NZG 2012, 507 unter Berufung auf Ekkenga in MünchKomm GmbHG, 1. Aufl. 2010, § 29 Rn 156, wonach Gewinnverwendungsbeschlüsse eine Dauerwirkung enthielten und deshalb nicht als lediglich punktuelle Satzungsdurchbrechung qualifiziert werden könnten, weshalb ein Beschluss, mit dem die Gesellschafterversammlung frühere, die vorgeschriebene jährliche Rücklagenbildung missachtende Gewinnverwendungsbeschlusses bestätigte, nicht ins Handelsregister eingetragen werden dürfe.

24 Hierzu BGH, Urteil vom 16.7.2024 – II ZR 71/23, NZG 2024, 1222 Rn 44.

Im Übrigen trifft es zwar sachlich zu, dass satzungswidrige Ausschüttungsbeschlüsse, etwa Ausschüttungen aus satzungsgemäß zu bildenden Gewinnrücklagen, den Vermögensstatus einer Gesellschaft dauerhaft im Sinne von »über die laufende Abrechnungsperiode hinaus« verändern und auch eine Bildung von Gewinnrücklagen in Abweichung vom satzungsmäßigen Ausschüttungsgebot eine Dauerwirkung entfalten können.[25] Insoweit geht es jedoch nicht um den Dauerzustand, den jedenfalls die neuere Rechtsprechung des Bundesgerichtshofs im Zusammenhang mit der Satzungsdurchbrechung meint.[26] Denn die jeweilige Durchbrechung betrifft auch in den genannten Fällen nur eine Abweichung im jeweiligen Einzelfall und die über das Handelsregister einsehbare Satzung dient nicht dazu, Auskunft über die konkrete finanzielle Situation der Gesellschaft zu geben.[27] Der mit der Satzung (auch) verfolgte Schutzzweck zugunsten des Rechtsverkehrs und etwaiger später hinzukommender Gesellschafter ist deshalb insoweit nicht tangiert. Die Notwendigkeit einer Satzungsänderung und deren Publizität ist nach den gesetzlichen Vorgaben wertungsmäßig damit nicht erforderlich. Für die behandelte Satzungsdurchbrechung, die disquotale/inkongruente Gewinnverteilung, die sich (ebenfalls) im Einzelfall erschöpft und Drittinteressen nicht tangiert, spielen die vorstehenden, auf eine satzungswidrige Verwendung der Rücklagen bezogenen Überlegungen zudem ohnehin keine Rolle.[28]

6. *Die Reaktion der Finanzverwaltung im BMF-Schreiben vom 4.9.2024*

Die Finanzverwaltung hat auf die Entscheidung des Bundesfinanzhofs reagiert. Das für alle noch offenen Fälle anzuwendende BMF-Schreiben vom 4.9.2024[29] bezieht sich ausdrücklich auf die Entscheidung des Bundesfinanzhofs vom 28.9.2022[30] und weist darauf hin, dass – abweichend vom BMF-Schreiben vom 17.12.2013 – ein punktuell satzungsdurchbrechender Beschluss über eine inkongruente Vorabausschüttung einer GmbH, der einstimmig gefasst worden ist und von keinem Gesellschafter

25 Ekkenga in MünchKomm GmbHG, 5. Aufl. 2025, § 29 Rn 156; zust. OLG Dresden, Beschluss vom 9.11.2011 – 12 W 1002/11, NZG 2012, 507 mit krit. Anm. von Pöschke DStR 2012, 1089, 1091; Anzinger in BeckOGK GmbHG, Stand 15.4.2025, § 29 Rn 382 ff.

26 Hierzu BGH, Urteil vom 16.7.2024 – II ZR 71/23, NZG 2024, 1222 Rn 46.

27 Auch nicht über die gesellschaftsinterne Willensbildung der Gesellschafter bei früheren Vorabgewinnausschüttungen, vgl. BFH, Urteil vom 28.9.2022 – VIII R 20/20, BStBl II 2024, 697 = DStR 2022, 2606 Rn 29; Lauer/Wuestenfeld DB 2022, 985, 991: Handelsregister verfolgt nicht den Zweck, sämtliche Gesellschafterbeschlüsse offenzulegen; vgl. bereits Pöschke DStR 2012, 1089, 1092: »Angesichts der detaillierten handelsrechtlichen Regelungen zu Rechnungslegung und Publizität (§§ 238 ff., 325 ff. HGB) dürfte es kaum dem Willen des Gesetzgebers entsprechen, ein darüber hinausgehendes berechtigtes Interesse des Rechtsverkehrs an Informationen über die der Rücklagenbildung zugrundeliegende gesellschaftsinterne Willensbildung anzuerkennen«.

28 Ekkenga in MünchKomm GmbHG, 5. Aufl. 2025, § 29 Rn 156; ebenso auch Birkenmaier/Obser GmbHR 2022, 850 851 f.

29 BMF, Schr. v. 4.9.2024 – IV C 2 – S 2742/19/10004, BStBl. 2024 I S. 1246 = DStR 2024, 2125.

30 BFH, Urteil vom 28.9.2022 – VIII R 20/20, BStBl II 2024, 697 = DStR 2022, 2606.

angefochten werden kann, als zivilrechtlich wirksamer Ausschüttungsbeschluss der Besteuerung zugrunde zu legen sei. Inkongruente, also vom Anteil am Grund- oder Stammkapital abweichende Gewinnausschüttungen seien steuerrechtlich grundsätzlich anzuerkennen, wenn sie zivilrechtlich wirksam sein. Im Einzelnen unterscheidet das Schreiben sodann zwischen der GmbH und der AG:

a) Voraussetzungen im GmbH-Recht

Für die *GmbH* bedarf es nach dem BMF-Schreiben vom 4.9.2024[31] einer Regelung gemäß § 29 Abs. 3 S. 2 GmbHG für die Gewinnverteilung abweichend vom Verhältnis der Geschäftsanteile, einer Öffnungsklausel oder eines punktuell satzungsdurchbrechenden Beschlusses, der von der Gesellschafterversammlung mit den Stimmen aller Gesellschafter gefasst worden ist und von keinem Gesellschafter angefochten werden kann. Ein punktuell satzungsdurchbrechender Beschluss liegt hiernach vor, wenn seine Wirkung sich in der betreffenden Maßnahme als Einzelakt erschöpfe, die Satzung zwar verletzt werde, aber nicht mit Wirkung für die Zukunft geändert werden solle. Ein satzungsdurchbrechender Gesellschafterbeschluss, der einen vom Regelungsgehalt der Satzung abweichenden rechtlichen Zustand mit Dauerwirkung herbeiführen solle, sei ohne Einhaltung der materiellen und formellen Voraussetzungen jedoch nichtig.

b) Voraussetzungen im Aktienrecht

Zur *Aktiengesellschaft* wird im BMF-Schreiben vom 4.9.2024[32] eine engere Auffassung vertreten. Inkongruente Gewinnausschüttungen sind hiernach nur anzuerkennen, wenn in der Satzung eine der Regelung des § 60 Abs. 3 AktG entsprechender Gewinnverteilungsschlüssel festgelegt wurde und die Ausschüttung diesem Verhältnis entspreche. Eine inkongruente Gewinnausschüttung aufgrund einer Öffnungsklausel in der Satzung oder eines satzungsdurchbrechenden Beschlusses erfüllten diese Voraussetzungen nicht; insoweit will die Finanzverwaltung augenscheinlich bei ihrer bisherigen Auffassung bleiben.

c) Stellungnahme

Zu den Aussagen im BMF-Schreiben zur *GmbH* sind keine vertiefende Anmerkungen erforderlich. Die Auffassung, eine disquotale/inkongruente Gewinnausschüttung könne auf der Grundlage einer Satzungsbestimmung nach § 29 Abs. 3 S. 2 GmbHG, einer Öffnungsklausel oder eines – wie vom Bundesfinanzhof ausdrücklich anerkannt – satzungsdurchbrechenden Beschlusses erfolgen, entspricht der nahezu einhelligen Auffassung (vgl. oben unter II. 2. und 3.).

31 BMF, Schr. v. 4.9.2024 – IV C 2 – S 2742/19/10004, BStBl. 2024 I S. 1246 = DStR 2024, 2125.
32 BMF, Schr. v. 4.9.2024 – IV C 2 – S 2742/19/10004, BStBl. 2024 I S. 1246 = DStR 2024, 2125.

Abweichendes gilt hinsichtlich der Aussagen im BMF-Schreiben zum *Aktienrecht*. Insoweit ist zwischen einer Satzungsgrundlage nach § 60 Abs. 3 AktG und einer Öffnungsklausel einerseits (nachstehend unter aa) und einem satzungsdurchbrechenden Gewinnverteilungsbeschluss (unter bb) andererseits zu unterscheiden:

aa) Satzungsgrundlage und Öffnungsklausel

Zunächst gilt, dass der Hinweis im BMF-Schreiben auf eine § 60 Abs. 3 AktG entsprechende Satzungsregelung sich von selbst versteht. Wenn die Satzung in Übereinstimmung mit den aktienrechtlichen Vorschriften eine von § 60 Abs. 1, 2 AktG abweichende Gewinnverteilung vorsieht, handelt es sich um eine wirksame zivilrechtliche Grundlage, auf deren Grundlage die dann ebenfalls anzuerkennende Gewinnverteilung erfolgt. Insoweit erübrigen sich hierzu weitere Bemerkungen.

Ob der Hinweis darauf, eine Öffnungsklausel erfülle die Voraussetzungen für eine steuerrechtliche Anerkennung einer inkongruenten Gewinnausschüttung nicht, zutrifft, hängt im Ergebnis davon ab, ob eine Öffnungsklausel im Aktienrecht die Anforderungen des § 60 Abs. 3 AktG erfüllt:

Bejaht man die Vereinbarkeit einer Öffnungsklausel mit § 60 Abs. 3 AktG, bewegt man sich im Anwendungsbereich des § 60 Abs. 3 AktG und der Vorgang müsste auch steuerrechtlich anerkannt werden.

Verneint man dagegen mit der vorstehend vertretenen Auffassung und der ganz herrschenden Meinung (vgl. oben unter II. 2.) mit Blick auf die Formulierung des § 60 Abs. 3 AktG und den Charakter der Aktiengesellschaft als Publikumsgesellschaft die Zulässigkeit einer Öffnungsklausel, kommt eine inkongruente Gewinnverteilung auf der Grundlage einer solchen Satzungsbestimmung von vornherein nicht in Betracht. Denn die Bestimmung der Gewinnverteilung durch einen Hauptversammlungsbeschluss wäre wegen der fehlenden Kompetenz der Hauptversammlung hierzu nach ganz überwiegender Auffassung wirkungslos, weil nichtig bzw. unwirksam.[33] Auf der Grundlage der hier vertretenen Auffassung und der ganz herrschenden Meinung kann deshalb eine Öffnungsklausel keine zivilrechtlich wirksame Grundlage für eine disquotale/inkongruente Gewinnausschüttung im Aktienrecht darstellen. Insoweit ist deshalb der im BMF-Schreiben vertretenen Auffassung zuzustimmen.

bb) Satzungsdurchbrechender Gewinnverteilungsbeschluss

Problematisch ist demgegenüber die Aussage, auch ein satzungsdurchbrechender Beschluss erfülle die Voraussetzung der Anerkennung einer inkongruenten

33 Hierzu Bayer in MünchKomm AktG, 6. Aufl. 2024, § 60 Rn 33; Fleischer in K. Schmidt/Lutter AktG, 5. Aufl. 2024, § 60 Rn. 14; Koch AktG, 19. Aufl. 2025, § 60 Rn 6; Schäfer in MünchKomm AktG, 6. Aufl. 2025, § 241 Rn 66 m.w.N. zum Streitstand; entsprechend den Ausführungen in BGH, Urteil vom 17.9.2024 – II ZR 221/22, BGHZ 241, 196 = NZG 2025, 117 Rn. 28 liegt im Falle der Kompetenzüberschreitung Nichtigkeit des Beschlusses nahe.

Gewinnausschüttung im Aktienrecht nicht.[34] Satzungsdurchbrechende Beschlüsse sind im Aktienrecht zwar seltener als im GmbH-Recht, sie kommen aber vor allem bei Aktiengesellschaften mit kleinerem Aktionärskreis, auch im Zusammenhang mit der Gewinnverteilung, durchaus vor.

Eine nähere Begründung dazu, warum ein satzungsdurchbrechender Beschluss die Voraussetzungen einer Anerkennung einer inkongruenten Gewinnausschüttung im Aktienrecht nicht erfülle, findet sich im BMF-Schreiben vom 4.9.2024[35] nicht. Der Unterschied zum GmbH-Recht mag allerdings damit zu tun haben, dass die herrschende Meinung im Aktienrecht im Zeitpunkt des Erlasses des BMF-Schreibens von der Unzulässigkeit satzungsdurchbrechender Beschlüsse ausging, und zwar unabhängig davon, ob die Satzungsdurchbrechung punktuell oder zustandsbegründend sein sollte.[36]

Einer Überprüfung hält die im BMF-Schreiben zum Aktienrecht vertretene Auffassung jedenfalls nach der neueren Rechtsprechung zur Satzungsdurchbrechung nicht stand:

Ausschlaggebend für die Beantwortung der Frage, ob steuerrechtlich eine disquotale/inkongruente Gewinnausschüttung auf der Basis eines satzungsdurchbrechenden Beschlusses im Aktienrecht anzuerkennen ist, ist die zivilrechtliche Wirksamkeit dieser Maßnahme.[37]

Auf den ersten Blick steht der Wirksamkeit des satzungsdurchbrechenden Beschlusses über eine inkongruente Gewinnausschüttung aktienrechtlich allerdings entgegen, dass es der Hauptversammlung an der Kompetenz für die Gewinnverteilung fehlt, weil die Gewinnverteilung nach den Vorgaben von § 60 Abs. 1, 3 AktG durch das Gesetz bzw. die Satzung geregelt wird, nicht aber durch die Hauptversammlung. Ein hiervon abweichender Hauptversammlungsbeschluss wäre an sich nichtig bzw. wirkungslos, weshalb es auch keiner Anfechtung des Beschlusses bedarf, sondern der Aktionär unmittelbar einen Anspruch auf die ihm nach § 60 AktG und dem hiernach geltenden Gewinnverteilungsschlüssel zustehende Dividende hat.[38]

Einer näheren Überprüfung hält diese Überlegung allerdings nicht stand. Denn es ist im Ergebnis anerkannt, dass ein satzungsdurchbrechender Beschluss über eine von § 60 AktG abweichende Gewinnverteilung wirksam ist, wenn alle nachteilig betroffenen Aktionäre der Gewinnverteilung zustimmen.[39] Ob dies aus einer Analogie

34 Abl. Broemel/Westermann DStR 2025, 17, 18 f.

35 BMF, Schr. v. 4.9.2024 – IV C 2 – S 2742/19/10004, BStBl. 2024 I S. 1246 = DStR 2024, 2125.

36 Vgl. etwa Koch AktG, 17. Aufl. 2023, § 179 Rn 8 ff.; Ehmann in Grigoleit AktG, 2. Aufl. 2020, § 179 Rn. 31; Stein in MünchKomm AktG, 5. Aufl. 2021, § 179 Rn. 39; Strohn in Henssler/Strohn GesR, 5. Aufl. 2021, § 179 Rn. 6; umfangreiche weitere Nachweise bei Selentin NZG 2020, 292 f. mit Fn. 20; s. auch Holzborn in BeckOGK AktG, Stand 1.6.2025, § 179 Rn 51: Mangels Trennschärfe der Begriffe keine Bedeutung der Unterscheidung im Aktienrecht.

37 BFH, Urteil vom 28.9.2022 – VIII R 20/20, BStBl II 2024, 697 = DStR 2022, 2606 Rn 19; BMF, Schr. v. 4.9.2024 – IV C 2 – S 2742/19/10004, BStBl. 2024 I S. 1246 = DStR 2024, 2125.

38 Vgl. nur Bayer in MünchKomm AktG, 6. Aufl. 2024, § 60 Rn 33.

39 Arnold/Notz in GroßKomm AktG, 5. Aufl. 2022, § 60 Rn. 47; Bayer in MünchKomm AktG, 6. Aufl. 2024, § 60 Rn 34; Drygala in KölnKomm AktG, 3. Aufl. 2011, § 60 Rn. 72;

zu § 60 Abs. 3 AktG folgt, ist zwar zweifelhaft und letztlich zu verneinen. Denn, wie vorstehend ausgeführt (oben unter II. 2.), statuiert § 60 Abs. 3 AktG das Gebot, dass sich die Gewinnverteilung unmittelbar aus der Satzung ergeben muss. Abweichendes ergibt sich auch nicht daraus, dass sich aus der Regelung des § 60 Abs. 3 AktG entnehmen lässt, dass die Hauptversammlung als die Satzungsgeberin (mit Zustimmung der vom Beschluss nachteilig betroffenen Aktionäre)[40] eine von § 60 Abs. 1, 2 AktG abweichende Gewinnverteilung bestimmen kann. Denn daraus lässt sich für die hier in Rede stehende Frage nichts gewinnen, weil eine Satzungsänderung gemäß § 181 Abs. 3 AktG erst mit Eintragung in das Handelsregister wirksam wird. Eine Analogiegrundlage im vorstehenden Sinne lässt sich der Bestimmung des § 60 Abs. 3 AktG deshalb nicht entnehmen.

Die Zulässigkeit eines satzungsdurchbrechenden disquotalen/inkongruenten Gewinnverwendungsbeschlusses lässt sich jedoch aus allgemeinen Erwägungen herleiten. Denn spätestens bei Zugrundelegung der neueren Rechtsprechung zur Satzungsdurchbrechung nach der Hannover 96-Entscheidung des Bundesgerichtshofs[41] und der hiermit vollzogenen Präzisierung zur Abgrenzung zwischen der punktuellen und der zustandsbegründenden sowie zu den Zulässigkeitsvoraussetzungen einer Satzungsdurchbrechung sind Einwendungen gegen eine punktuell satzungsdurchbrechende Beschlussfassung zur Gewinnverteilung, die mit Zustimmung aller betroffenen Aktionäre erfolgt, nicht mehr berechtigt:

Eine punktuelle Regelung liegt nach der neueren Rechtsprechung des Bundesgerichtshofs vor, wenn sich die Wirkung des Beschlusses in der betreffenden Maßnahme erschöpft. Dies ist bei einer disquotalen/inkongruenten Gewinnverteilung der Fall, weil sich deren Auswirkungen in der einmaligen Modifizierung des Gewinnverteilungsschlüssels erschöpfen.[42] Die Satzung bleibt als solche durch den beschlossenen Einzelfall in ihrem Regelungsinhalt unberührt. Ein Minderheitenschutz ist nicht erforderlich, wenn alle betroffenen Aktionäre der Maßnahme zustimmen. Ein Bedürfnis dafür, die Öffentlichkeit zu unterrichten, ist ebenfalls nicht ersichtlich, weil sich die Auswirkungen der satzungswidrigen Gewinnverteilung allein auf die Ebene der hiervon betroffenen Aktionäre beschränken. Ein Schutzbedürfnis des Rechtsverkehrs bzw. etwaiger später hinzukommender Aktionäre ist aufgrund des auf den Einzelfall der konkreten Gewinnverteilung beschränkten Maßnahme ebenfalls nicht erkennbar.

Eine satzungsdurchbrechende Gewinnverteilung ist deshalb im Grundsatz auch im Aktienrecht anzuerkennen. Fraglich ist allerdings das Erfordernis einer notariellen Beurkundung des satzungsdurchbrechenden Hauptversammlungsbeschlusses. Für die GmbH hat der Bundesgerichtshof ausgesprochen, dass eine notarielle

Koch AktG, 19. Aufl. 2025, § 179 Rn 8 (nicht ganz eindeutig bei § 60 Rn 11); Paefgen in Henssler/Strohn GesR, 6. Aufl. 2024, § 60 Rn 14.

40 Arnold/Notz in GroßKomm AktG, 5. Aufl. 2022, § 60 Rn. 27 f.; Koch AktG, 19. Aufl. 2025, § 60 Rn 8; Drygala in KölnKomm AktG, 3. Aufl. 2011, § 60 Rn. 28, 30; abw. Cahn in BeckOGK GmbHG, Stand 1.6.2025, § 60 Rn 22.

41 BGH, Urteil vom 16.7.2024 – II ZR 71/23, NZG 2024, 1222 Rn. 42 ff.

42 Zu dieser Frage auch vorstehend unter II. 5. B).

Beurkundung des Beschlusses nicht erforderlich ist.[43] Geht man indessen davon aus, dass der Beschluss die Satzung zur Disposition der Gesellschafter stellt und deshalb einer qualifizierten Mehrheit entsprechend § 179 Abs. 2 AktG bedarf,[44]folgt das Erfordernis der notariellen Beurkundung im Aktienrecht aus § 130 Abs. 1 S. 3 AktG.[45] Unabhängig davon stellt die Satzungsdurchbrechung im Kern zunächst eine schlichte Satzungsverletzung dar,[46] die nach allgemeinen Grundsätzen anfechtbar und anfechtungsbedürftig ist. Auch ein mit einfacher Mehrheit gefasster und festgestellter satzungsdurchbrechender Beschluss wird deshalb ohne die Erhebung einer Anfechtungsklage mit Ablauf der Anfechtungsfrist endgültig bestandskräftig.

Von dem Beschluss selbst ist bei satzungsdurchbrechenden Gewinnverwendungsbeschlüssen das Zustimmungserfordernis zu unterscheiden. Das Erfordernis der Zustimmung jedes der betroffenen Aktionäre stellt neben der (jeweils nur auf die Anwesenden in der Hauptversammlung bezogenen) einfachen Stimmenmehrheit nach § 133 Abs. 1 AktG und der nach § 179 Abs. 2 AktG erforderlichen qualifizierten Kapitalmehrheit ein besonderes Wirksamkeitserfordernis des Beschlusses dar und beruht auf der Betroffenheit der Aktionäre von der disquotalen/inkongruenten Gewinnverteilung und auf den Vorgaben von § 60 Abs. 1, 2 AktG. Der Beschluss über die disquotale/inkongruente Gewinnverteilung bedarf deshalb zu seiner Wirksamkeit eines mit den Mehrheiten nach § 179 Abs. 2 AktG zu fassenden und notariell zu beurkundenden Hauptversammlungsbeschlusses sowie *hierneben* der Zustimmung aller Aktionäre, die nachteilig von den Beschlusswirkungen betroffen sind und die noch nicht im Rahmen der Beschlussfassung in der Hauptversammlung der Maßnahme zugestimmt haben. Fehlt diese Zustimmung, verbleibt es bei der Nichtigkeit bzw. Unwirksamkeit des vom Gesetz bzw. der Satzung abweichenden Gewinnverteilungsbeschlusses entsprechend der ganz überwiegenden Auffassung zu § 60 AktG.[47] Aus anwaltlicher Vorsicht dürfte es sich gleichwohl empfehlen, den Beschluss als gesetzes- bzw. satzungswidrig gemäß § 243 Abs. 1 AktG anzufechten, um sich nicht der Gefahr auszusetzen, dass der Beschluss trotz der an sich insoweit fehlenden Hauptversammlungskompetenz auch ohne die erforderlichen Zustimmungen als lediglich anfechtbar eingeordnet wird.[48]

Die Eintragung des satzungsdurchbrechenden Beschlusses im Handelsregister ist angesichts seiner nur punktuellen Wirkung und seiner fehlenden Auswirkung auf

43 BGH, Urteil vom 16.7.2024 – II ZR 71/23, NZG 2024, 1222 Rn. 45.

44 In diesem Sinne für die GmbH Born in BeckOGK GmbHG, Stand 15.4.2025, § 53 Rn 69 im Anschluss an Lawall DStR 1996, 1169, 1171.

45 Für das Erfordernis einer notariellen Beurkundung auch Koch AktG, 19. Aufl. 2025, § 179 Rn 8c.

46 Hierzu bereits BGH, Urteil vom 11.7.2023 – II ZR 98/21, NZG 2023, 1219 Rn 11 ff.; Poelzig in MünchKomm AktG, 6. Aufl. 2025, § 179 Rn 51.

47 Vgl. hierzu nochmals Bayer in MünchKomm AktG, 6. Aufl. 2024, § 60 Rn 33.

48 Zur Anfechtbarkeit punktueller Satzungsdurchbrechungen BGH, Urteil vom 11.7.2023 – II ZR 98/21, NZG 2023, 1219 Rn 17.

den Rechtsverkehr bzw. später etwa hinzukommende Aktionäre demgegenüber in keinem Falle erforderlich.[49]

cc) Ergebnis

Im Ergebnis ist damit festzuhalten, dass eine disquotale/inkongruente Gewinnausschüttung auch im Aktienrecht im Wege eines mit Zustimmung aller hiervon betroffenen Aktionäre mit qualifizierter Mehrheit zu fassenden Beschlusses möglich ist. Ein Verzichtsvertrag zwischen der Gesellschaft und dem nachteilig betroffenen Aktionär ist zwar wohl ebenfalls rechtlich möglich,[50] zur Herbeiführung des gewünschten Ergebnisses aber gesellschaftsrechtlich nicht erforderlich. Ein nach der vorstehenden Maßgabe gefasster satzungsdurchbrechender Beschluss mit Zustimmung aller betroffenen Aktionäre stellt eine zivilrechtlich wirksame Grundlage für die Gewinnausschüttung dar. Der im BMF-Schreiben vom 4.9.2024[51]zu findenden abweichenden Auffassung, wirksam und damit steuerrechtlich anzuerkennen sei lediglich eine Gewinnausschüttung aufgrund einer Satzungsgrundlage gemäß § 60 Abs. 3 AktG, ist mithin nicht zuzustimmen.[52]

III. Zusammenfassung der Ergebnisse

1. Eine disquotale/inkongruente Gewinnausschüttung ist im GmbH-Recht und im Aktienrecht auch auf der Grundlage eines satzungsdurchbrechenden Gewinnverwendungsbeschlusses möglich. Der satzungsdurchbrechende Beschluss bedarf einer qualifizierten Mehrheit entsprechend § 53 Abs. 2 GmbHG bzw. § 179 Abs. 2 AktG. Zusätzlich bedarf der Beschluss zu seiner Wirksamkeit der Zustimmung aller nachteilig betroffenen Gesellschafter bzw. Aktionäre, die der Maßnahme nicht bereits bei der Beschlussfassung zugestimmt haben. Bei der Aktiengesellschaft ist der Beschluss nach § 130 Abs. 1 S. 1 und 3 AktG notariell zu beurkunden, bei der GmbH nicht.

2. Die Eintragung des Beschlusses im Handelsregister ist weder im GmbH- noch im Aktienrecht erforderlich.

3. Ein nach der vorstehenden Maßgabe gefasster satzungsdurchbrechender Gewinnverteilungsbeschluss stellt auch im Aktienrecht eine zivilrechtlich wirksame Grundlage für die Gewinnausschüttung dar und ist deshalb steuerrechtlich ebenfalls anzuerkennen. Die im BMF-Schreiben vom 4.9.2024[53] zu findende abweichende Auffassung trifft nicht zu.

49 Zur Satzungsdurchbrechung allgemein ebenso Poelzig in MünchKomm AktG, 6. Aufl. 2025, § 179 Rn 52.

50 Hierzu etwa Hoffmann-Becking in Münchner Handbuch des Gesellschaftsrechts Bd. 4, 6. Aufl. 2024, § 47 Rn. 30; vgl. auch Cahn in BeckOGK GmbHG, Stand 1.6.2025, § 60 Rn 30; Koch AktG, 19. Aufl. 2025, § 60 Rn 11 m.w.N.

51 BMF, Schr. v. 4.9.2024 – IV C 2 – S 2742/19/10004, BStBl. 2024 I S. 1246 = DStR 2024, 2125.

52 Abl. auch Broemel/Westermann DStR 2025, 17 ff.

53 BMF, Schr. v. 4.9.2024 – IV C 2 – S 2742/19/10004, BStBl. 2024 I S. 1246 = DStR 2024, 2125.

Deepfakes oder das Ende der kapitalmarktrechtlichen Wahrheit?

Dörte Poelzig

I. Deepfakes und die kapitalmarktrechtliche Wahrheit

Der Jubilar hat sich in den vergangenen Jahren vielfach mit dem Kapitalmarktrecht befasst und dieses Rechtsgebiet mitgeprägt. Im Fokus seiner wissenschaftlichen Aufmerksamkeit stand und steht dabei auch das kapitalmarktrechtliche Informationsmodell.[1] Deren wesentliches Anliegen ist es – so heißt es in seiner Habilitationsschrift[2] – »der ‚kapitalmarktrechtlichen Wahrheit' […] nahezukommen«. Hierfür wird vor allem der Emittent in die Verantwortung genommen, wenn und weil er als »*cheapest cost avoider*«[3]am ehesten zur »Versorgung des Anlegerpublikums mit entscheidungswichtigen Informationen« in der Lage ist.[4] Doch das »kapitalmarktrechtliche Wahrheitspostulat« wird in jüngerer Zeit durch eine ganz neue Gefahr auf den Prüfstand gestellt: Laut dem Global Risk Report des World Economic Forum 2024 stellen sog. Deepfakes die größte Bedrohung der Gegenwart dar und liegen damit noch vor Extremwetterereignissen, gesellschaftlicher Polarisierung und Cyberangriffen.[5] Bei Deepfakes handelt es sich um Bild-, Ton- oder Videoinhalte, die mithilfe von künstlicher Intelligenz (KI) so manipuliert und verändert werden, dass sie täuschend echt wirken (s. Art. 3 (1) Nr. 60 KI-VO). Solche Deepfakes stiften nicht nur im demokratischen Diskurs Unruhe, indem sie zur Manipulation von politischen Meinungen und Wahlen eingesetzt werden,[6] sondern dienen auch zur Manipulation

1 S. bereits die Habilitationsschrift Ekkenga, Anlegerschutz, Rechnungslegung und Kapitalmarkt, 1999, S. 396 ff. Hieran anknüpfend Ekkenga, Ad hoc-Publizität im System der Marktordnungen ZGR 1999, 165; Ekkenga, Externe Nachhaltigkeitsberichterstattung nach der neuen CSRD, ZHR 2023, 228 ff.; Ekkenga, Unternehmenspublizität versus Diskretions- und Wettbewerbsschutz im Handels-, Gesellschafts- und Kapitalmarktrecht, ZHR 2024, 471 ff.

2 Ekkenga, Anlegerschutz, Rechnungslegung und Kapitalmarkt, S. 424.

3 Ekkenga, Anlegerschutz, Rechnungslegung und Kapitalmarkt, S. 428.

4 Ekkenga, ZGR 1999, 165.

5 World Economic Forum, The Global Risks Report 2024, 19th ed., S. 8, 18 (zuletzt abgerufen am 14.03.2025 unter https://www.weforum.org/publications/global-risks-report-2024/).

6 S. etwa zum Schutz der Bundestagswahl 2025 vor hybriden Bedrohungen und Desinformation (abrufbar unter https://www.bmi.bund.de/SharedDocs/schwerpunkte/DE/desinformation-bei-bt-wahl/desinfo-bei-bt-wahl-artikel.html).

von Kapitalmärkten.[7] Auch wenn öffentliche Fehlinformationen über börsennotierte Gesellschaften kein neues Phänomen sind, haben moderne digitale Technologien und der rasante Fortschritt im Bereich der KI der Desinformation einen immensen Vorschub geleistet. Dies wird eindrucksvoll belegt durch ein im Mai 2023 auf Twitter geteiltes Bild von einer Explosion vor dem Pentagon, das kurzzeitig für Panik an der Börse und für dramatische Kursstürze sorgte, sich im Nachhinein aber als Fälschung herausstellte.[8]

Darüber hinaus ist es mit Hilfe von generativer KI auch möglich, gefälschte Videobotschaften eines Organmitglieds durch Nachahmung von Mimik und Gestik zu erstellen und zu verbreiten, indem Gesichter ausgetauscht (sog. *Face Swap*), die Lippenbewegungen mit einer Audiodatei synchronisiert (sog. *Lip Sync*) und Stimmen nachgeahmt werden (sog. *Voice Cloning*).[9] Gegenstand der KI-generierten Desinformation können positive Informationen sein, wie etwa die Verkündung durch den täuschend echt wirkenden Vorstandsvorsitzenden, dass das börsennotierte Pharmaunternehmen ein lebensrettendes Medikament entwickelt habe oder eine Übernahme der Gesellschaft bevorstünde. So wurde etwa Anfang 2025 in den sozialen Medien ein mithilfe von KI generiertes Video verbreitet, in dem der vermeintliche Vorstandsvorsitzende von Bayer, Bill Anderson, im australischen Frühstücksfernsehen Bayers neue und vielversprechende »Abnehmpille« ankündigte.[10] Bayer deckte die Fälschung zwei Tage später auf und ließ das Video entfernen. Gegenstand von Deepfakes am Kapitalmarkt können aber auch negative Informationen sein, wie etwa die Bekanntgabe von bußgeldbewehrten Rechtsverstößen durch Unternehmen auf einer nachgestellten Pressekonferenz der Staatsanwaltschaft. Solche negativen Deepfakes könnten Leerverkäufer für eine Shortseller-Attacke nutzen, um so den Aktienkurs zu manipulieren.[11] Sind die neuen KI-Werkzeuge also tatsächlich der Beginn vom »Ende der Wahrheit«, das teilweise bereits prophezeit wird?[12] In der Hoffnung, damit das Interesse des Jubilars zu wecken, soll dieser Frage im Folgenden nachgegangen werden, indem zunächst die rechtlichen Grenzen von Deepfakes abgesteckt und anschließend die Pflichten des Emittenten und seiner Geschäftsleitung zur Aufdeckung der Wahrheit und Richtigstellung von KI-generierten Unwahrheiten beleuchtet werden.

7 World Economic Forum, The Global Risks Report 2024, 19th ed., S. 18 (zuletzt abgerufen am 4.6.2025 unter https://www.weforum.org/publications/global-risks-report-2024/).

8 Groth, WirtschaftsWoche v. 23.5.2023 (zuletzt abgerufen am 4.6.2025 unter https://www.wiwo.de/finanzen/boerse/us-boerse-wie-ein-ki-bild-den-us-leitindex-abstuerzen-liess/29164922.html).

9 Kumkar/Rapp, Deepfakes, ZfDR 2022, 199, 202; Linnartz/Weber, Börsen-Zeitung v. 29.6.2024, Sonderbeilage, S. 4.

10 Capital v. 21.2.2025, Der falsche Bill: So wurde der Bayer-Chef Opfer eines Deepfakes (zuletzt abgerufen am 4.6.2025 unter https://www.capital.de/wirtschaft-politik/ki-betrug-bayer-chef-bill-anderson-wurde-deepfake-opfer-35486154.html). Hierzu und zu weiteren Anwendungsfällen Seibt, BKR 2025, 241, 243.

11 Zu diesem Beispiel Linnartz/Weber, Börsen-Zeitung v. 29.6.2024, Sonderbeilage, S. 4.

12 So der Titel des Beitrags von Seibt, BKR 2025, 241.

II. Rechtliche Grenzen von Deepfakes am Kapitalmarkt

Dem Einsatz von künstlicher Intelligenz zur Generierung von Fehlinformationen am Kapitalmarkt sind verschiedene rechtliche Grenzen gesteckt.

1. *Marktmanipulationsverbot*

Deepfakes, die über das Internet und insbesondere soziale Medien verbreitet werden, sind als Marktmanipulation gem. Art. 12 (1) lit. c MAR verboten, sofern sie geeignet sind, falsche oder irreführende Signale zu senden bzw. ein anormales oder künstliches Kursniveau herbeizuführen. Davon ist auszugehen, wenn die fehlerhafte Information im konkreten Einzelfall eine entsprechende Kursreaktion hervorrufen kann.[13] Handelt derjenige, der die KI zur Generierung von Deepfakes einsetzt, mit Vorsatz, ist dies strafbar gem. § 119 Abs. 1 WpHG.[14] Bei grober Fahrlässigkeit droht ein Bußgeld gem. § 120 Abs. 15 Nr. 2 WpHG.

Doch mit den zunehmenden Fähigkeiten künstlicher Intelligenz wird es für Aufsichtsbehörden immer schwieriger, marktmanipulative Deepfakes als solche zu identifizieren und die dahinter stehenden Täter zu ermitteln. Um die Aufdeckung von Marktmissbrauch zu erleichtern und eine schlagkräftige Aufsicht zu gewährleisten, wird künftig der Einsatz von KI durch die BaFin selbst unerlässlich sein. Potential verspricht KI bei der Aufdeckung von Anomalien,[15] die auf Marktmissbrauch hindeuten können.[16] Während die Aufsicht mit ihren herkömmlichen Methoden auf die Aufdeckung bereits eingetretener Verstöße beschränkt ist, ermöglicht KI in Verbindung mit Big Data zudem die vorausschauende Prognose von Verstößen.[17] Sowohl die BaFin als auch andere EU-Aufsichtsbehörden entwickeln und testen daher bereits den Einsatz von KI insbesondere zur Aufdeckung von Marktmissbrauch.[18]

2. *Transparenzpflichten nach der KI VO*

Angesichts der Schwierigkeiten bei der ex-post-Durchsetzung hat der europäische Gesetzgeber mit der Verordnung (EU) 2024/1689 über künstliche Intelligenz

13 Poelzig in Ebenroth/Boujong, 4. Aufl. 2020, Marktmissbrauchs-VO Art. 12 Rn. 35.
14 Tilson/Eichinger, BKR 2024, 648, 649.
15 Chandola/Banerjee/Kumar, ACM computing surveys (CSUR) 41 (2009), 1.
16 Annunziata, Artificial Intelligence and Market Abuse Legislation, 2023, S. 170.
17 Letta, Much More than a Market (»Letta-Report«), April 2024, S. 128.
18 S. vor allem zum »Automatisierten Alarm- und Marktüberwachungssystem«(ALMA) der BaFin Hufeld, Rede v. 3.1.2020 (zuletzt abgerufen am 4.6.2025 unter https://www.bafin.de/SharedDocs/Veroeffentlichungen/DE/RedenInterviews/re_191127_3-Public-Sector-Roundtable_P.html. Ähnliches gilt für die italienische Consob, s. Reuters v. 25.06.2024, Italy's Consob tests AI for market supervision, insider trading detection (abrufbar unter https://www.reuters.com/technology/artificial-intelligence/italys-consob-tests-ai-market-supervision-insider-trading-detection-2024-06-25/).

(KI-VO)[19] besondere Anforderungen an das Inverkehrbringen, die Inbetriebnahme und die Verwendung von KI-Systemen formuliert. Die grundsätzlich ab August 2026 geltende KI-VO verfolgt einen risikobasierten Ansatz und unterscheidet zwischen verbotenen, hochriskanten und sonstigen KI-Systemen. Zudem enthält die KI-VO spezielle Transparenzvorgaben für Deepfakes: Gem. Art. 50 (4) KI-VO müssen Betreiber eines KI-Systems, das Bild-, Ton- oder Videoinhalte erzeugt oder manipuliert, die ein Deepfake sind, offenlegen, dass die Inhalte künstlich erzeugt oder manipuliert wurden. Ist der Inhalt Teil eines offensichtlich künstlerischen, kreativen, satirischen, fiktionalen oder analogen Werks oder Programms, so beschränken sich die in diesem Absatz festgelegten Transparenzpflichten darauf, das Vorhandensein solcher erzeugten oder manipulierten Inhalte in geeigneter Weise offenzulegen, die die Darstellung oder den Genuss des Werks nicht beeinträchtigt. Wie genau die Kennzeichnung von Deepfakes auszugestalten ist, wird nicht näher konkretisiert. Verstöße gegen die Kennzeichnungspflicht sind gem. Art. 99 (4) KI-VO mit Geldbußen von bis zu 15 Mio. EUR oder – im Falle von Unternehmen – von bis zu drei Prozent des gesamten weltweiten Jahresumsatzes des vorangegangenen Geschäftsjahres geahndet.

3. Regulierung von Deepfakes durch den Digital Services Act (DSA)

Mit der Verordnung (EU) 2022/2065 vom 19.10.2022 über einen Binnenmarkt für digitale Dienste (Digital Services Act, im Folgenden DSA)[20] wurden EU-weit harmonisierte Pflichten für digitale Vermittlungsdienste eingeführt und die Regelungen der E-Commerce-RL zur Verantwortlichkeit von Online-Diensten modernisiert. Dabei geht es vor allem um die Bekämpfung »rechtswidriger Inhalte«, also von »Informationen, die als solche oder durch ihre Bezugnahme auf eine Tätigkeit, einschließlich des Verkaufs von Produkten oder der Erbringung von Dienstleistungen, nicht im Einklang mit dem Unionsrecht oder dem Recht eines Mitgliedstaats stehen, ungeachtet des genauen Gegenstands oder der Art der betreffenden Rechtsvorschriften« (Art. 2 lit. g DSA). Der DSA erfasst demnach – im Gegensatz zur Vorgängerregelung im NetzDG (§ 3 Abs. 2 i.V.m. § 1 Abs. 3 NetzDG) – nicht nur strafrechtlich relevante Inhalte, sondern auch nicht strafbewehrte Verstöße gegen das Marktmissbrauchs-, Persönlichkeits-, Urheber- oder Datenschutzrecht. Plattformbetreiber müssen nach Art. 16 und 17 DSA Verfahren einrichten, damit rechtswidrige Inhalte gemeldet und Abhilfemaßnahmen ergriffen werden können (*notice-and-take-down*). Besondere

19 Verordnung (EU) 2024/1689 des Europäischen Parlaments und des Rates v. 13.6.2024 zur Festlegung harmonisierter Vorschriften für künstliche Intelligenz und zur Änderung der Verordnungen (EG) Nr. 300/2008, (EU) Nr. 167/2013, (EU) Nr. 168/2013, (EU) 2018/858, (EU) 2018/1139 und (EU) 2019/2144 sowie der Richtlinien (EU) 2014/90, (EU) 2016/797 und (EU) 2020/1828 (Verordnung über künstliche Intelligenz).

20 Verordnung (EU) 2022/2065 des Europäischen Parlaments und des Rates vom 19.10.2022 über einen Binnenmarkt für digitale Dienste und zur Änderung der Richtlinie 2000/31/EG (DSA).

Regelungen gelten für Anbieter von Online-Plattformen, etwa die Pflicht zur vorrangigen Behandlung von Meldungen durch behördlich bestimmte sog. vertrauenswürdige Hinweisgeber (Art. 22 DSA) und eine Sperrpflicht für Nutzer, die häufig und offensichtlich rechtswidrige Inhalte bereitstellen (Art. 23 (1) DSA).

4. Zwischenergebnis

Damit sind Deepfakes als (kapitalmarktübergreifendes) Phänomen erkannt und reguliert. Ob und inwieweit die KI-VO und der DSA die Aufdeckung und Verfolgung KI-generierter Marktmanipulationen künftig verbessern werden, bleibt abzuwarten. Die marktmissbräuchliche Verwendung von Deepfakes an Kapitalmärkten ist damit aber nicht gänzlich ausgeschlossen.[21] Daher stellt sich die Frage, ob und inwieweit betroffene Emittenten und ihre Organe hierauf reagieren und die Fehlinformationen zur Wiederherstellung der kapitalmarktrechtlichen Wahrheit richtigstellen müssen.

III. Ad-hoc-Informationspflicht (Art. 17 MAR)

Zunächst könnten sich Pflichten des Emittenten, auf ihn unmittelbar betreffende Deepfakes zu reagieren und diese richtigzustellen, aus der Pflicht zur Ad-hoc-Mitteilung von Insiderinformationen gem. Art. 17 MAR ergeben.[22]

1. Korrekturpflicht

a) Gefälschte Kapitalmarktinformationen des vermeintlichen Emittenten

Denkbar ist zunächst, dass fehlerhafte Kapitalmarktinformationen des Emittenten durch täuschend echte Bild- und Videosequenzen gefälscht werden. Bei solchen Deepfakes handelt es sich um erwiesen falsche Tatsachen, die grundsätzlich keine veröffentlichungspflichtigen Insiderinformationen gem. Art. 7 (1) MAR darstellen.[23] Die Veröffentlichung fehlerhafter Kapitalmarktinformationen kann aber eine Insiderinformation erstmals schaffen und damit eine Pflicht zur Veröffentlichung nach Art. 17 (1) MAR begründen. Dies haben der IX. Senat in der IKB-Entscheidung 2011[24] und der II. Senat zehn Jahre später in seiner HRE-Entscheidung jeweils für unrichtige Pressemitteilungen durch den Vorstand im Namen des Emittenten entschieden.[25] Demnach müssen Emittenten von ihnen selbst veröffentlichte unwahre Kapitalmarktinformationen, wie

21 Zur Regulierung von Deepfakes und verbleibenden Defiziten Kumkar/Rapp, ZfDR 2022, 199 ff.

22 Seibt, BKR 2025, 241, 243.

23 Klöhn in Klöhn, Marktmissbrauchsverordnung (MAR), 2. Aufl. 2023, Art. 7 MAR Rn. 63.

24 Zur Vorgängerregelung in § 15 WpHG a.F. BGHZ 192, 90 Rn. 16f., 30ff. (IKB).

25 BGH, 17.12.2020, II ZB 31/14, NZG 2021, 377 Rn. 214, 219 (Hypo Real Estate).

Pressemitteilungen, durch Ad-hoc-Mitteilung korrigieren, wenn die veröffentlichte Information in einem kursrelevanten Punkt unzutreffend und die auf der fehlerhaften Information basierende Markterwartung tatsächlich eingetreten ist[26] oder jedenfalls aufrechterhalten wurde.[27] Oder anders formuliert: Ist die Korrektur durch den Emittenten geeignet, den Kurs erheblich zu beeinflussen, würde also der verständige Anleger sie für seine Anlageentscheidung nutzen (Art. 7 (4) MAR), muss der Emittent die Fehlinformation durch Ad-hoc-Mitteilung korrigieren.[28]

Die Rechtsprechung zur Korrekturpflicht von Emittenten durch Ad-hoc-Mitteilung beschränkt sich zwar auf falsche Marktinformationen des Emittenten selbst. Nichts anderes kann aber für falsche Marktinformationen gelten, die dank generativer KI aus Sicht eines verständigen Anlegers den täuschend echten Eindruck vermitteln, vom Emittenten zu stammen, und dementsprechend die Informationslage beeinflussen. Die auf Korrektur gerichtete Informationspflicht beruht gerade nicht auf dem Gedanken der Ingerenz,[29] so dass es nicht darauf ankommt, ob der Emittent für die fehlerhafte Kapitalmarktinformation verantwortlich ist. Demzufolge wird durch Deepfakes eine veröffentlichungspflichtige Insiderinformation geschaffen, wenn die Korrektur durch den Emittenten geeignet ist, den Kurs erheblich zu beeinflussen. Das hängt nicht davon ab, ob die gefälschte Kapitalmarktinformation kursrelevant wäre, wenn sie zuträfe, sondern ob durch die gefälschte Information eine entsprechende Markterwartung hervorgerufen oder aufrechterhalten wird. Hat beispielsweise die fehlerhafte Nachricht des KI-Vorstands über Gewinneinbrüche zu einem Kurssturz geführt, ist davon auszugehen, dass die Richtigstellung durch den Emittenten kursrelevant und damit eine veröffentlichungspflichtige Insiderinformation ist. Der Emittent ist dann zu einer korrigierenden Stellungnahme durch Ad-hoc-Mitteilung gem. Art. 17 (1) MAR verpflichtet, sobald er von den KI-generierten veröffentlichten Fehlinformationen positive Kenntnis erhält. Eine Marktbeobachtungspflicht gibt es insoweit nicht (hierzu III. 2.). Der Emittent muss zudem darauf hinwirken, dass die gegebenenfalls noch im Umlauf befindliche Falschmeldung gelöscht wird, indem er das Melde- und Abhilfeverfahren des DSA in Gang setzt (hierzu II. 3.).[30]

b) Sonstige KI-generierte Fehlinformationen

Von den KI-generierten Nachahmungen der Kapitalmarktpublizität des Emittenten werden sonstige KI-generierte Fehlinformationen, die den Emittenten unmittelbar betreffen, unterschieden.[31] Beispiele hierfür sind etwa gefälschte Finanzanalysen[32]

26 BGH, 17.12.2020, II ZB 31/14, NZG 2021, 377 Rn. 224 (Hypo Real Estate).
27 Klöhn in Klöhn MAR, Art. 17 MAR Rn. 566.
28 Buck-Heeb, LMK 2021, 804862; Klöhn in Klöhn MAR, Art. 17 MAR Rn. 566.
29 Ausdrücklich BGH, 17.12.2020, II ZB 31/14, NZG 2021, 377 Rn. 225 (Hypo Real Estate). a.A. noch die Vorinstanz OLG München, 15.12.2014 – Kap. 3/10, BeckRS 2015, 04649 Rn. 301.
30 So auch Seibt, BKR 2025, 241, 243.
31 S. Seibt, BKR 2025, 241, 245 (»Fallgruppe 5«).
32 Zu diesem Beispiel Seibt, BKR 2025, 241, 245.

oder – parallel zu dem eingangs geschilderten Pentagon-Beispiel – ein KI-generiertes Bild von einer folgenschweren Explosion auf dem Werksgelände eines börsennotierten Unternehmens. Sonstige KI-generierte Fehlinformationen, die den Emittenten unmittelbar betreffen, werden im Schrifttum als Unterfall der »Gerüchte« behandelt. Während sich Gerüchte jedoch »durch eine gewisse Unsicherheit aus[zeichnen]«,[33] handelt es sich bei Deepfakes um Informationen, die aus Sicht eines verständigen Anlegers auf einer sicheren Tatsachenbasis beruhen, aber aus Sicht des Emittenten falsch sind. Falsche Informationen sind grundsätzlich selbst keine Insiderinformationen, können aber durch Veröffentlichung korrekturbedürftige Insiderinformationen schaffen. Daher kommt es auch hier – nicht anders als bei KI-generierten Kapitalmarktinformationen des vermeintlichen Emittenten – für die auf Korrektur gerichtete Informationspflicht des Emittenten darauf an, ob eine solche Korrektur geeignet wäre, den Kurs erheblich zu beeinflussen, d.h. der verständige Anleger sie wahrscheinlich als Teil der Grundlage seiner Anlageentscheidung nutzen würde (Art. 7 (4) MAR). Davon ist auszugehen, wenn die KI-generierten Fehlinformationen eine entsprechende Markterwartung geschaffen oder erhalten haben. Damit ist der Emittent nicht verpflichtet, jede ihn unmittelbar betreffende Falschinformation zu korrigieren, sondern nur solche, die eine fehlerhafte Markterwartung geschaffen oder aufrechterhalten haben. Erhält der Emittent positive Kenntnis von solchen kursrelevanten Deepfakes, trifft ihn eine auf Korrektur gerichtete Informationspflicht gem. Art. 17 (1) MAR.

2. *Marktbeobachtungspflicht?*

Fraglich ist, ob den Emittenten unabhängig von positiver Kenntnis auch eine vorgelagerte Markbeobachtungspflicht trifft, also eine Pflicht, ihn unmittelbar betreffende kursrelevante Deepfakes aufzuspüren und aufzudecken, insbesondere indem er seinerseits KI-Systeme zur Identifizierung KI-generierter Fehlinformationen einsetzt.[34]

a) Kenntnisabhängige vs. kenntnisunabhängige Veröffentlichungspflicht

Dies hängt zunächst davon ab, wie man sich in der umstrittenen Frage positioniert, ob die Ad-hoc-Informationspflicht gem. Art. 17 (1) MAR erst mit Kenntnis des

33 EuGH, 15.03.2022, C-302/20, NZG 2022, 961 Rn. 48; Klöhn in Klöhn MAR, Art. 7 MAR Rn. 57; Kumpan/Misterek in Schwark/Zimmer, Kapitalmarktrechts-Kommentar, 5. Aufl. 2020, Art. 7 MAR Rn. 75; Nietsch in BeckOK WpHR, Stand 01.06.2023, Art. 7 MAR Rn. 48; Hopt/Kumpan in BankR-HdB, 6. Aufl. 2022, § 86 Rn. 50; ähnlich Ekkenga, ZGR 1999, 165, 192: »Mitteilungen auf nicht gesicherter Grundlage«; Fleischer/Schmolke, AG 2007, 841, 842: »Zu den konstitutiven Merkmalen eines Gerüchts gehört (…) nur die Ungewissheit über seinen Wahrheitsgehalt«; Poelzig in Ebenroth/Boujong, 5. Aufl. 2024, Art. 7 MAR Rn. 52.

34 So etwa Seibt, BKR 2025, 241, 243.

Emittenten[35] oder unabhängig davon mit dem objektiven Vorliegen einer den Emittenten unmittelbar betreffenden Insiderinformation eintritt.[36] Geht man davon aus, dass die Ad-hoc-Informationspflicht erst mit der Kenntnis der Insiderinformation ausgelöst wird,[37] scheidet hiernach eine Marktbeobachtungspflicht des Emittenten auf Grundlage von Art. 17 (1) MAR aus. Gegen ein solches Kenntniserfordernis spricht jedoch der Wortlaut von Art. 17 (1) MAR: Während die Insidertatbestände, wie insbesondere Art. 8 (1) MAR, ausdrücklich verlangen, dass eine Person über Insiderinformationen verfügt, fehlt eine entsprechende Formulierung in Art. 17 (1) MAR. Zwar wird ein ungeschriebenes Kenntniserfordernis vor allem damit begründet, dass von dem Emittenten nichts Unmögliches verlangt werden kann (*ultra posse nemo obligatur*).[38] Unmögliches verlangt Art. 17 (1) MAR aber auch ohne ein ungeschriebenes Kenntniserfordernis nicht, denn der Emittent muss die Insiderinformation nicht sofort mit deren Entstehen, sondern unverzüglich und damit so schnell wie möglich (*as soon as possible*) veröffentlichen. Die Veröffentlichung erfolgt demnach nicht unverzüglich, wenn sie nicht bis zu dem Zeitpunkt erfolgt, in dem die Insiderinformation bei ordnungsgemäßer Organisation objektiv hätte bekanntgegeben werden können.[39] Um die Ad-hoc-Informationspflicht unverzüglich erfüllen zu können, muss der Emittent sich so organisieren, dass ihn unmittelbar betreffende Insiderinformationen identifiziert, analysiert, weitergegeben und veröffentlicht werden können.[40] An dieser Rechtslage wird sich nach hier vertretener Auffassung auch

35 So insbesondere Assmann in Assmann/Schneider/Mülbert, Wertpapierhandelsrecht, 8. Aufl. 2023, Art. 17 MAR Rn. 50 ff.; Buck-Heeb in BeckOK WpHR, Art. 17 MAR Rn. 123; Koch, AG 2019, 273, 276; Koch, AG 2024, 97, 102 ff.; Buck-Heeb/Nietsch, ZIP 2018, 1421, 1424 ff.; in diese Richtung auch: Ihrig, ZHR 181 (2017), 381, 382 ff. Zu § 15 WpHG a.F. OLG Stuttgart, 29.3.2023 – 20 Kap 3/17, AG 2023, 655, 661.

36 Bekritsky, Wissen und Ad-hoc-Publizität, 2022, S. 276 ff.; Breuer, Wissen, Zurechnung und Ad-hoc-Publizität, 2020, S. 38 f.; Denga, Zurechnung, 2022, S. 253 f.; Hellgardt in Assmann/Schneider/Mülbert, §§ 97, 98 WpHG Rn. 89; Hopt/Kumpan, ZGR 2017, 765, 782; Klöhn in Klöhn MAR, Art. 17 MAR Rn. 112 ff.; Klöhn, NZG 2017, 1285, 1289; Kumpan/Grütze in Schwark/Zimmer, Art. 17 MAR Rn. 85 ff.; Kumpan/Misterek, AG 2023, 633, 637; Neumann, Wissenszurechnung bei juristischen Personen nach der Reform der Ad-hoc-Publizität und des Insiderhandels durch die MAR, 2020, S. 108 ff.; Poelzig in Ebenroth/Boujong, Art. 17 MAR Rn. 31; Thomale, NZG 2018, 1007, 1008 f.

37 Hierzu insbesondere Koch, AG 2024, 97, 106 ff.

38 Ihrig, ZHR 181 (2017), 381, 385; Assmann in Assmann/Schneider/Mülbert, Art. 17 MAR Rn. 50 Fn. 1; Buck-Heeb in BeckOK WpHR, Art. 17 MAR Rn. 122; Koch, AG 2024, 97, 104; Zu § 15 WpHG a.F. OLG Stuttgart, 29.3.2023 – 20 Kap 3/17, AG 2023, 655, 661.

39 Klöhn in Klöhn MAR, Art. 17 MAR Rn. 116; Poelzig in Ebenroth/Boujong, Art. 17 MAR Rn. 32; BaFin Emittentenleitfaden – Modul C, S. 42; Blassl, Ad-hoc-Compliance: Informationsorganisationspflichten von Emittenten, 2022, S. 111; Klöhn, AG 2016, 423, 430; Poelzig, NZG 2016, 761, 766; Kumpan, DB 2016, 2039, 2042 f.

40 S. auch BaFin Emittentenleitfaden – Modul C, S. 42; ESMA, MAR Review report, 23 September 2020, ESMA70–156-2391, Rn. 234: »ESMA believes that issuers that do not have in place effective arrangements, systems, procedures or other types of controls for the identification, handling and disclosure of inside information are highly likely to breach their obligation to disclose inside information as soon as possible«. S. die detaillierten Vorgaben der italienischen Consob v. 10.2017, Linee Guida – Gestione delle informazioni

mit dem Wirksamwerden des Listing Act (Verordnung (EU) 2024/2809)[41] im Jahr 2026 nichts ändern.[42]

b) Pflicht zur Aufdeckung von Deepfakes

Für die Frage, ob und inwieweit zur ordnungsgemäßen Organisation auch die Detektion von Deepfakes gehört, ist danach zu differenzieren, ob diese innerhalb oder außerhalb des Tätigkeitsbereichs des Emittenten generiert werden.[43] Insiderinformationen, die im Tätigkeitsbereich des Emittenten entstehen, muss dieser grundsätzlich kennen und unverzüglich veröffentlichen.[44] Kursrelevante Deepfakes, die durch Einsatz von KI im Organisationsbereich des Emittenten und in seinem Namen – etwa durch Mitarbeiter der Presseabteilung – erzeugt werden, müssen daher unverzüglich durch Ad-hoc-Mitteilung korrigiert werden. Unternehmensexterne Deepfakes, also durch Dritte außerhalb des Tätigkeitsbereichs des Emittenten generierte Fehlinformationen, muss der Emittent hingegen grundsätzlich nicht aufspüren und aufdecken.[45] Denn insoweit verfügt er gerade nicht über einen Kostenvorteil gegenüber anderen Marktteilnehmern bei der Ermittlung und Veröffentlichung von Insiderinformationen. Ist der Emittent aber nicht *least cost information provider*, fehlt es an der ökonomischen Rechtfertigung, ihn im Rahmen der Ad-hoc-Informationspflicht in die Verantwortung zu nehmen.[46] Eine allgemeine Marktbeobachtungspflicht des Emittenten, Deepfakes außerhalb seines Organisationsbereichs aufzuspüren und zu identifizieren, gibt es demnach nicht.[47]

IV. Marktmanipulationsverbot

Fraglich ist, ob sich eine Korrekturpflicht aus dem Marktmanipulationsverbot gem. Art. 15 MAR ergeben kann. Das wäre dann der Fall, wenn das Ausbleiben einer

privilegiate, S. 13 (zuletzt abgerufen am 17.03.2025 unter https://www.consob.it/documents/1912911/1987745/LG_Gest_Inf_Priv_20171013.pdf); Näher hierzu Poelzig, ZHR 189 (2025), 185, 207 ff.

41 Verordnung (EU) 2024/2809 des Europäischen Parlaments und des Rates vom 23. Oktober 2024 zur Änderung der Verordnungen (EU) 2017/1129, (EU) Nr. 596/2014 und (EU) Nr. 600/2014 zur Steigerung der Attraktivität der öffentlichen Kapitalmärkte in der Union für Unternehmen und zur Erleichterung des Kapitalzugangs für kleine und mittlere Unternehmen.

42 Ausführlich hierzu Poelzig, ZHR 189 (2025), 185, 209 f.

43 Klöhn in Klöhn MAR, Art. 17 MAR Rn. 119.

44 Blassl, Ad-hoc-Compliance, 2022, S. 133; Habersack, DB 2016, 1551, 1555.

45 Blassl, Ad-hoc-Compliance, 2022, S. 134; Neumann, Wissenszurechnung bei juristischen Personen nach der Reform der Ad-hoc-Publizität und des Insiderhandels durch die MAR, 2020, S. 163 f.

46 Hierzu Poelzig in Ebenroth/Boujong, Art. 17 Rn. 14 ff.; Klöhn in Klöhn MAR, Art 17 Rn. 69.

47 A.A. Seibt, BKR 2025, 241, 243.

Korrektur durch den Emittenten den straf- und bußgeldbewehrten Tatbestand der Marktmanipulation gem. Art. 12 (1) lit. a) MAR erfüllt.[48] Dies steht und fällt mit der umstrittenen Frage, ob und inwieweit eine Marktmanipulation auch durch Unterlassen erfolgen kann. Nach teilweise vertretener Auffassung ist der Begriff der »Handlung« in Art. 12 (1) lit. a) MAR weit zu verstehen und erfasst auch das Unterlassen pflichtgemäßer Informationen.[49] Zur Begründung wird vor allem auf die Regelung des räumlichen Anwendungsbereichs in Art. 2 (4) MAR verwiesen, wonach die Verordnung »für Handlungen und Unterlassungen« gelten soll.[50] Mit dieser Regelung lässt sich aber auch die gegenteilige und hier vertretene Auffassung begründen:[51] Denn während Art. 2 (4) MAR ausdrücklich zwischen Handlungen und Unterlassungen differenziert, ist in Art. 12 (1) lit. a) und lit. b) MAR nur noch von Handlungen die Rede.[52] Die Gleichsetzung des Unterlassens mit dem Handeln in Art. 2 (4) MAR gilt daher nur für den räumlichen Anwendungsbereich der Verordnung und schließt nicht aus, dass die Reichweite des Manipulationsverbots enger gefasst wird.[53] So verlangt die englische Sprachfassung des Art. 12 (1) MAR für alle Manipulationstatbestände ein aktives Tun (*activity*).[54] Und schließlich finden sich weder unter den Indikatoren gem. Art. 12 (3) MAR i.V.m. Anhang I noch den zwingenden Beispielen gem. Art. 12 (2) MAR, die jeweils den Grundtatbestand des Art. 12 (1) lit. a) MAR präzisieren, Fälle wieder, in denen der Tatbestand allein an ein Unterlassen geknüpft wird.[55] Eine Pflicht des Emittenten zur Korrektur von Deepfakes lässt sich aus dem Tatbestand der Marktmanipulation also nicht herleiten.

48 So etwa Seibt, BKR 2025, 241, 243.

49 Schmolke in Klöhn MAR, Art. 12 Rn. 40; dem folgend Bayram/Meier, BKR 2018, 55, 60; im Ergebnis offen noch Schmolke, AG 2016, 434, 439; daran anknüpfend: Brand/Hotz, NZG 2017, 976, 983.

50 Brand/Hotz, NZG 2017, 976, 982 f.; Buck-Heeb, KapMarktR, 13. Aufl. 2023, Rn. 575; de Schmidt, RdF 2016, 4, 5 f.; Diversy/Köpferl in Graf/Jäger/Wittig WpHG, 3. Aufl. 2024, § 38 Rn. 115; Grundmann in Staub HGB, Bd. 11/1, 5.Aufl. 2016, 6. Teil, Rn. 449, 455 a.E.; Kudlich, AG 2016, 459, 462; Schockenhoff/Culmann, AG 2016, 517, 520; Schmolke in Klöhn MAR, Art. 12 MAR Rn. 40; Teigelack/Dolff, BB 2016, 387, 392; Vaupel/Oppenauer, AG 2019, 502, 512; s. ferner BaFin, Entwurf Emittentenleitfaden, Modul C (Stand: 25.3.2020), III.7.2.; siehe auch Begr. RegE z. 1. FiMaNoG BT Drs. 18/7482, S. 64: »Im Einklang mit Artikel 2 Absatz 4 der Verordnung (EU) Nr. 596/2014 und entsprechend § 13 des Strafgesetzbuches kann – wie schon bisher – ein Unterlassen den Tatbestand der Marktmanipulation erfüllen.«.

51 Mülbert in Assmann/Schneider/Mülbert, Art. 12 MAR Rn. 58; Sajnovits/Wagner, WM 2017, 1189; Grundmann in Staub HGB, Bd. 11/1, 6. Teil, Rn. 445; Saliger in HK-KapMarktStrafR, 6. Aufl. 2024, §§ 119 Abs. 1, Abs. 4, 120 Abs. 2 Nr. 3, Abs. 15 Nr. 2 WpHG i.V.m Art. 15, 12 MAR Rn. 277.

52 So insbsd. Bator, BKR 2016, 1, 3; Sajnovits/Wagner, WM 2017, 1189, 1195 f.

53 Zimmer/Bator in Schwark/Zimmer, Art. 12 MAR Rn. 98.

54 Zimmer/Bator in Schwark/Zimmer, Art. 12 MAR Rn. 98; Sajnovits/Wagner, WM 2017, 1189, 1192; a.A. Schmolke in Klöhn MAR, Art. 12 MAR Rn. 40.

55 Näher hierzu Poelzig in Fuchs/Zimmermann, Wertpapierhandelsrecht, 3.Aufl., Art. 12 Rn. 38; Zimmer/Bator in Schwark/Zimmer, Art. 12 Rn. 98.

V. Folgen für die Geschäftsleitung

Damit ist der Emittent nur dann zur Korrektur von Deepfakes durch Ad-hoc-Mitteilung gem. Art. 17 (1) MAR verpflichtet, wenn er positive Kenntnis von den KI-generierten Fehlinformationen erhält und eine Korrektur geeignet wäre, den Kurs zu beeinflussen. In diesen Fällen ist auch der Vorstand einer börsennotierten Aktiengesellschaft kraft seiner Legalitätspflicht gegenüber der Gesellschaft gem. § 93 Abs. 1 AktG zur korrigierenden Ad-hoc-Information verpflichtet.

Darüber hinaus kann der Vorstand aber auch unabhängig von der Kursrelevanz aufgrund seiner allgemeinen Sorgfaltspflicht gem. § 93 Abs. 1 AktG zu weitergehenden Maßnahmen verpflichtet sein, wenn und soweit dies zur Abwendung von Schaden der Gesellschaft geboten ist.[56] So können vor allem negative Deepfakes, wie die falsche Information über Rechtsverstöße des Unternehmens, zu Reputationsschäden auf Seiten der Gesellschaft führen. Mit welchen Maßnahmen der Vorstand dann reagiert, liegt in seinem unternehmerischen Ermessen gem. § 93 Abs. 1 S. 2 AktG.

VI. Zusammenfassung

Künstliche Intelligenz bedeutet nicht das Ende der kapitalmarktrechtlichen Wahrheit. Zwar sind Deepfakes geeignet, durch täuschend echte Fehlinformationen die »wahre« Preisbildung am Kapitalmarkt empfindlich zu stören. Doch durch das Marktmissbrauchsrecht, die KI-VO und den Digital Services Act sind Deepfakes bereits enge Grenzen gesteckt. Sie sind bei entsprechender Eignung zur Kursbeeinflussung als informationsgestützte Marktmanipulation gem. Art. 15, 12 (1) lit. c MAR verboten und haben bei Vorsatz und grober Fahrlässigkeit straf- und bußgeldrechtliche Folgen. Nach der KI-VO sind Deepfakes als solche zu kennzeichnen. Außerdem verpflichtet der DSA Plattformbetreiber zur Einrichtung von Melde- und Abhilfeverfahren, die bei rechtswidrigen Inhalten – wie marktmanipulativen Deepfakes – eingreifen.

Darüber hinaus müssen die betroffenen Emittenten reagieren, sobald sie Kenntnis von kursrelevanten und sie unmittelbar betreffenden fehlerhaften Deepfakes erhalten. Sie sind dann verpflichtet, die Fehlinformationen durch Ad-hoc-Mitteilung zu korrigieren. Eine allgemeine Marktbeobachtungspflicht des Emittenten zur Aufdeckung externer Deepfakes folgt aus Art. 17 (1) MAR allerdings nicht. Soweit aber Maßnahmen erforderlich sind, um (weiteren) Schaden von der Gesellschaft abzuwenden, trifft bei börsennotierten Aktiengesellschaften den Vorstand die interne Pflicht, die erforderlichen Maßnahmen zu ergreifen und im Rahmen seines unternehmerischen Ermessens uU auch eine berichtigende Stellungnahme zu veröffentlichen.

56 Poelzig, ZHR 184 (2020), 697, 755.

Der Prüfungsmaßstab für die Nachteiligkeit von Rechtsgeschäften im faktischen Konzern (§ 311 Abs. 1 AktG)

Jochem Reichert/Marc Löbbe

I. Einführung

Konzerne sind bekanntlich das Rückgrat der deutschen Wirtschaft, genauer gesagt »die wichtigste Organisationsform für große und mittlere Unternehmen«[1]. Zwar gelten 99 % aller Unternehmen als konzernunabhängig, doch vermittelt diese Zahl aufgrund der Masse an Klein- und Kleinstunternehmen (Ein-Personen-GmbH) ohne Konzernbezug ein falsches Bild von der tatsächlichen ökonomischen Relevanz und Potenz verbundener Unternehmen, denn – je nach Schätzung – 50 bis 75 % der Unternehmen, die in der volkswirtschaftlich bedeutsamen Rechtsform der AG organisiert sind, sind zugleich in Konzerne eingebunden. Ferner liegt der Anteil der Konzerne an der Bilanzsumme bei über 80 % und der Anteil an den Beschäftigten bei über 60 %.[2] Bei weit über 90 % handelt es sich um nicht durch einen Beherrschungsvertrag kontrollierte, faktische Konzerne.[3]

Angesichts dieser herausragenden Bedeutung faktischer Konzerne spielen die §§ 311 ff. AktG in der unternehmerischen Praxis eine wichtige Rolle, da Interaktionen zwischen Konzernunternehmen an der Tagesordnung sind. Fortwährend steht die Gefahr im Raum, dass ein herrschendes Unternehmen für abhängige Gesellschaften nachteilige Rechtsgeschäfte vornimmt oder Maßnahmen zu ihrem Nachteil trifft oder unterlässt (§ 311 Abs. 1 AktG), etwa wenn die Unternehmen untereinander Waren oder Dienstleistungen austauschen, Darlehen vergeben und zurückfordern, Joint Ventures gründen usw. Will man in solchen Fällen einen Nachteilsausgleich und einen Schadensersatz gemäß § 317 Abs. 1 AktG vermeiden, lautet die Gretchenfrage demnach, ob ein nachteiliges Rechtsgeschäft bzw. eine nachteilige Maßnahme vorliegt. Ein Anhaltspunkt bietet § 317 Abs. 2 AktG, dessen Voraussetzungen zur Bestimmung der Nachteilhaftigkeit bereits in § 311 Abs. 1 AktG hineingelesen werden

1 Bayer, Der Konzern 2023, 1, 1.

2 Bayer, Der Konzern 2023, 1, 1; vgl. auch Bayer/Hoffmann, AG 2018, R 116 ff.; Altmeppen in MünchKommAktG, 6. Aufl. 2023, Vor § 291 Rn. 19: »Man geht heute davon aus, dass ca. drei Viertel der Aktiengesellschaften mit über 90 % des Kapitals in Konzerne eingebunden sind, bei den Gesellschaften mbH soll es rund die Hälfte sein.«

3 Bayer, Der Konzern 2023, 1, 1; vgl. auch Engert/Florstedt, ZIP 2019, 493, 496.

(und der daher ohne eigenständige Relevanz ist[4]): Nachteilig ist ein Rechtsgeschäft dann nicht, wenn es auch ein ordentlicher und gewissenhafter Geschäftsleiter einer unabhängigen Gesellschaft hätte vornehmen oder die Maßnahme treffen oder unterlassen können, ohne gegen seine Sorgfaltspflichten als Geschäftsleiter zu verstoßen.

Es liegt auf der Hand, dass es für Gerichte wie für Unternehmen eine Frage von erheblicher Tragweite ist, in welchem Umfang und in welcher Intensität Gerichte unternehmerische Entscheidungen in Konzernverhältnissen auf ihre Vorteil- bzw. Nachteilhaftigkeit überprüfen. Das UMTS-Urteil des BGH vom 3. März 2008[5] hatte einen Lösungsweg aufgezeigt, der in der Literatur bislang auf große Zustimmung gestoßen ist[6] und die Gerichte vor einer Überforderung und die Unternehmensleitung vor allzu risikoaversen Verhalten bewahrt hat. Geklagt hatte ein Aktionär der Deutschen Telekom-AG (gegen die Bundesrepublik Deutschland als damals herrschendes Unternehmen) wegen des Erwerbs von UMTS-Lizenzen bei der in Deutschland im Jahr 2000 durchgeführten Versteigerung mit einer Teilklage auf Zahlung von Schadensersatz. Der BGH verwies in diesem Zusammenhang auf § 317 Abs. 2 AktG und betonte, dass ein faktisch herrschendes Unternehmen selbst bei Vorliegen der Voraussetzungen des § 317 Abs. 1 AktG dann nicht hafte, wenn ein ordentlicher und gewissenhafter Geschäftsleiter einer – i.S. des § 17 Abs. 1 AktG – nicht abhängigen Gesellschaft unter sonst gleichen Bedingungen das Rechtsgeschäft »ebenso vorgenommen hätte«,[7] wie tatsächlich bei Abhängigkeit geschehen. Bei der – auf den Zeitpunkt der tatsächlichen Vornahme des Rechtsgeschäfts im Jahr 2000 bezogenen – Beurteilung der Frage der Einhaltung der Sorgfaltspflicht gemäß § 93 Abs. 1 AktG sei »dem Leitungsorgan im Rahmen der Führung der Geschäfte grundsätzlich ein weiter Handlungsspielraum zuzubilligen, ohne den eine unternehmerische Tätigkeit schlichtweg nicht denkbar ist«. Dieser Handlungsspielraum sei erst dann verlassen, wenn die Grenzen, in denen sich ein von Verantwortungsbewusstsein getragenes, ausschließlich am Unternehmenswohl orientiertes, auf sorgfältiger Ermittlung der Entscheidungsgrundlagen beruhendes unternehmerisches Handeln bewegen muss, »deutlich überschritten« seien, die Bereitschaft, unternehmerische Risiken einzugehen, »in unverantwortlicher Weise überspannt« worden oder das Verhalten des Vorstands aus anderen Gründen pflichtwidrig sei.[8] Damit entspricht der vom BGH angelegte Maßstab den Anforderungen der im Rahmen des UMAG[9] von 2005 kodifizierten Business Judgement Rule (BJR).

4 Koch, 18. Aufl. 2024, § 317 AktG Rn. 11.
5 BGH, 03.03. 2008, II ZR 124/06, NJW 2008, 1583 – UMTS.
6 Altmeppen in MünchKommAktG, § 311 Rn. 192; Müller in BeckOGK, 01.10.2024, § 311 AktG Rn. 92.
7 Diese Formulierung des BGH ist an dieser Stelle missverständlich, da darauf abzustellen ist, ob ein ordentlicher und gewissenhafter Geschäftsleiter das Rechtsgeschäft ohne Verstoß gegen die ihm obliegenden Sorgfaltspflichten hätte vornehmen dürfen.
8 BGH, 03.03. 2008, II ZR 124/06, NJW 2008, 1583, Rn. 11 – UMTS.
9 BGBl. 2005 I 2802.

Dieses bislang recht stabile Fundament, das der Praxis Halt gab, hat in jüngster Zeit Risse bekommen. Explizit hat *Jens Koch* die UMTS-Entscheidung als nicht mehr zeitgemäß kritisiert und unter Hinweis auf den strengeren Maßstab im Rahmen des Einlagerückgewährsverbot gemäß § 57 Abs. 1 AktG die Anwendung des § 93 Abs. 1 Satz 2 AktG auf § 311 AktG verworfen. Für die Maßgeblichkeit der BJR spreche nach heutigem Erkenntnisstand »eher wenig«.[10] Er plädiert dafür, die Vollwertigkeitsprüfung in den Anwendungsbereich der »Pflichtaufgaben mit Entscheidungsspielraum« einzuordnen, »bei denen Beurteilungsspielräume anerkannt werden, die aber doch einer engeren gesetzlichen Anleitung unterliegen.«[11]

Auch *Dirk Verse* kritisiert, es leuchte konzeptionell nicht ein, (abgesehen vom gestreckten Nachteilsausgleich) die Ausgewogenheit von Geschäften mit dem herrschenden Unternehmen (§ 311 AktG) und mit sonstigen Aktionären nach unterschiedlichen Prüfungsmaßstäben zu kontrollieren. Wenn man »davon ausgeht, dass der Gläubigerschutz eine engmaschigere Kontrolle der Ausgewogenheit als nach der Business Judgement Rule erfordert, müsste dies konsequenterweise auch im Rahmen des § 311 AktG gelten, da diese Vorschrift nicht anders als § 57 AktG (zumindest auch) dem Gläubigerschutz dient.«[12] Im Unterschied zu *Jens Koch* hat *Dirk Verse* davon abgesehen, sich in dieser »Grundsatzfrage«[13] festzulegen. Er hält es immerhin also auch für möglich, genau gegenteilig zu entscheiden und umgekehrt den großzügigeren BJR-Maßstab auf § 57 AktG anzuwenden.

Nicht nur wegen der Prominenz der genannten Autoren bedarf die »Grundsatzfrage« einer Klärung, lässt sich doch kaum bestreiten, dass, wie *Jens Koch* hervorhebt,[14] das UMTS-Urteil ein wenig in die Jahre gekommen ist und noch aus einer Zeit stammt, als die wissenschaftliche Durchdringung der BJR in Deutschland am Anfang stand. Dass Rechtsprechung und Literatur in der Angelegenheit mittelfristig zu einer Neubewertung gelangen, liegt daher im Bereich des Möglichen. Wir hoffen, dass der vorliegende Beitrag das Interesse des Jubilars findet, der in den letzten Jahrzehnten an zahlreichen Grundsatzdebatten des Gesellschaftsrechts teilgenommen und wichtige Akzente gesetzt hat.

Unter II. werden die normativen Kontexte der konkurrierenden Prüfungsmaßstäbe – d.h. die Voraussetzungen der Bezugsnormen § 311 Abs. 1, § 57 Abs. 1 AktG und § 111a Abs. 2 AktG –beleuchtet und der in der Einleitung nur angedeutete Meinungsstand referiert. Unter III. steht dann die Kernfrage im Mittelpunkt, ob eine Differenzierung des Prüfungsmaßstabs in den §§ 311 Abs. 1, 57 Abs. 1, 111a Abs. 2, 111b Abs. 1 AktG geboten ist und gegebenenfalls welcher einheitliche Maßstab den Vorzug verdient. Überlegungen zu typischen Problemen des unternehmerischen

10 Koch, ZGR 2022, 337, 368.

11 Koch, ZGR 2022, 337, 369 f.

12 Verse in Festschrift für Hopt, 2020, S. 1335, 1350 f.

13 Verse in Festschrift für Hopt, 2020, S. 1335, 1350.

14 Koch, ZGR 2022, 337, 368.

Ermessens bei konzerninternen Bewertungsfragen und eine Zusammenfassung in Thesen beschließen den Beitrag (IV. und V.).

II. Konkurrenz der Prüfungsmassstäbe: Kontext und Meinungsstand

Die Frage nach der Angemessenheit bzw. Vollwertigkeit, Marktüblichkeit oder Nachteiligkeit von Rechtsgeschäften spielt sowohl im Rahmen des faktischen Konzerns (§ 311 Abs. 1 AktG) als auch des Vollwertigkeitsgebots im Kapitalerhaltungsrecht (§ 57 Abs. 1 AktG) und der Related Party Transaction (§§ 111a Abs. 2, 111b Abs. 1 AktG) eine wichtige Rolle. Die drei Regelungszusammenhänge seien im Folgenden kurz skizziert und die Streitstände in der Literatur zum jeweils »richtigen« Prüfungsmaßstab dargestellt.

1. § 311 Abs. 1 AktG

In einem faktischen Konzernverhältnis darf das herrschende Unternehmen seinen Einfluss nicht dazu benutzen, die abhängige Gesellschaft zu veranlassen, ein für sie nachteiliges Rechtsgeschäft vorzunehmen oder Maßnahmen zu ihrem Nachteil zu treffen oder zu unterlassen, es sei denn, dass die Nachteile ausgeglichen werden. Unter einem Nachteil« in diesem Sinne ist nach der herrschenden Meinung in Rechtsprechung und Literatur jede Minderung oder konkrete Gefährdung der Vermögens- oder Ertragslage der Gesellschaft zu verstehen, soweit sie auf die Abhängigkeit zurückzuführen ist.[15]

Ein Nachteil im konzernrechtlichen Sinne liegt daher nicht vor, wenn ein ordentlicher und gewissenhafter Geschäftsleiter einer unabhängigen Gesellschaft ebenso hätte entscheiden dürfen; mit anderen Worten, wenn die Einbindung in die faktische Konzernstruktur nicht dazu geführt hat, dass eine wirtschaftlich nachteilige Entscheidung getroffen wurde, die nicht hätte getroffen worden dürfen, wenn das betreffende Unternehmen als eigenständiges Unternehmen agiert hätte.[16]

15 BGH, 01.03.1999, II ZR 312/97, NJW 1999, 1707, 1707; BGH, 01.12.2008, II ZR 102/07, NJW 2009, 850, Rn. 8 – MPS; BGH, 31.05.2011, II ZR 141/09, NJW 2011, 2719, Rn. 37; aus der Literatur statt vieler Koch, § 311 AktG Rn. 24; Habersack in Emmerich/Habersack, Aktien- und GmbH-Konzernrecht, 10. Aufl. 2022, § 311 AktG Rn. 39 – jeweils m.w.N.

16 BGH, 03.03. 2008, II ZR 124/06, NJW 2008, 1583, Rn. 9 u. 11 – UMTS; BGH, 01.12.2008, II ZR 102/07, NJW 2009, 850, Rn. 9 f. – MPS; LG Bonn, 27.04.2005, 16 O 13/04, NZG 2005, 856, 857; Koch, § 311 AktG Rn. 25; J. Vetter in K. Schmidt/Lutter, 5. Auflage 2024, § 311 AktG Rn. 40; Müller in BeckOGK, § 311 AktG Rn. 89; Krieger in MünchHdB GesR IV, 6. Auflage 2024, § 66 Rn. 86 f.; Habersack in Emmerich/Habersack, § 311 AktG Rn. 40; a.A. Altmeppen in MünchKommAktG, § 311 AktG Rn. 158 ff.

Der anzuwendende Sorgfaltsmaßstab ist nach ganz h.M. in der Rechtsprechung[17] (im Anschluss an die bereits erwähnte UMTS-Entscheidung des BGH) und der Aufsatz[18]- und Kommentarliteratur[19] derjenige des § 93 Abs. 1 Satz 2 AktG. Demnach steht dem Vorstand auch hier ein unternehmerisches Ermessen zu. Zwar darf der Vorstand bei seinen nach diesen Maßstäben zu treffenden Entscheidungen auch auf Konzerninteressen Rücksicht nehmen; allerdings gilt dies nur insoweit, als dabei die Voraussetzungen des § 311 AktG eingehalten bleiben, die Rücksichtnahme auf die Konzerninteressen also keinen Nachteil bei der beherrschten Gesellschaft zur Folge hat.[20] Maßgeblich ist somit, wie ein ordentlicher und gewissenhafter Geschäftsleiter einer unabhängigen Gesellschaft entscheiden dürfte, ohne seine Sorgfaltspflichten gegenüber der Gesellschaft zu verletzen. Nur in der Bandbreite demnach zulässiger Entscheidungen dürften auch Konzerninteressen Berücksichtigung finden.

Im Hinblick auf die Methodik der Bewertung eines Rechtsgeschäfts greift die herrschende Meinung auf die kapitalerhaltungsrechtlichen Grundsätze sowie auf steuerrechtliche Grundsätze zu verdeckten Gewinnausschüttungen zurück. Auch in diesen Fällen erfolgt ein Vergleich zu hypothetischen Drittgeschäften eines Geschäftsleiters einer unabhängigen Gesellschaft.[21] Im Grundsatz ist von einem nachteiligen Rechtsgeschäft auszugehen, wenn zwischen Leistung und Gegenleistung ein objektives Missverhältnis besteht.[22] Bei der Beurteilung des konkreten Rechtsgeschäfts sind dabei sämtliche in diesem Zusammenhang stehenden Vor- und Nachteile (sowie etwaige vertragliche Nebenbedingungen[23]) einzubeziehen. Dies gilt auch, soweit sie nicht exakt quantifizierbar sind.

17 BGH, 03. 03. 2008, II ZR 124/06, NZG 2008, 389; sodann OLG Köln, 15.01.2009, 18 U 205107, AG 2009, 416, 420; OLG Köln, 28.05.2009, 18 U 108/07, AG 2009, 584, 585; zuvor bereits OLG Stuttgart, 30.05.2007, 20 U 12106, AG 2007, 633, 637.

18 Vgl. nur Fleischer, NZG 2008, 371, 372 f.; Habersack, ZIP 2006, 1327, 1330.

19 Vetter in K.Schmidt/Lutter, 5. Aufl. 2024 § 311 AktG Rn. 40a; Müller in BeckOGK, 1.1.2024, § 311 AktG Rn. 92; Grigoleit in Grigoleit, 2. Aufl. 2020, § 311 AktG Rn. 32; Bödeker in Henssler/Strohn, 6. Aufl. 2024, § 311 AktG Rn. 16; Fleischer in GroßKommAktG, 4. Aufl. 2020, § 311 Rn. 177; Habersack in Emmerich/Habersack, 10. Aufl. 2022, § 311 AktG Rn. 53.

20 Spindler in MünchKommAktG/Spindler, 6. Aufl. 2023, § 87 Rn. 80; Habersack in MünchKommAktG, 6. Aufl. 2023, § 111 Rn. 65; Habersack in Emmerich/Habersack, § 311 Rn. 10; Krieger in MünchHdB GesR IV, § 66 Rn. 35.

21 Habersack in Emmerich/Habersack, § 311 Rn. 54; Altmeppen in MünchKommAktG, § 311 Rn. 204; Müller in BeckOGK, § 311 AktG Rn. 94; Koppensteiner in KölnKommAktG, 3. Aufl. 2012, § 311 Rn. 61; J. Vetter in K. Schmidt/Lutter, § 311 AktG Rn. 49; Grigoleit in Grigoleit, 2. Aufl. 2020, § 311 AktG Rn. 37; Krieger in MünchHdB GesR IV, § 66 Rn. 89.

22 Koch, § 311 AktG Rn. 28; Habersack in Emmerich/Habersack, Aktien- und GmbH-Konzernrecht, § 311 AktG Rn. 54; Grigoleit in Grigoleit, § 311 Rn. 37; Leuering/Goertz in Hölters/Weber, 4. Aufl. 2022, § 311 AktG Rn. 55.

23 Vgl. J. Vetter in K. Schmidt/Lutter, § 311 AktG Rn. 50. Ferner etwa Habersack in Emmerich/Habersack, § 311 AktG Rn. 55; Müller in BeckOGK, § 311 AktG Rn. 96; Koch, § 311 AktG Rn. 31; Grigoleit in Grigoleit, § 311 AktG Rn. 38.

Wenn Marktpreise bestehen, ergibt sich aus diesen ein wesentlicher Maßstab. Erforderlich ist dann ein Vergleich der tatsächlichen Konditionen mit einem hypothetischen Marktgeschäft. In diesem Zusammenhang sind auch die vertraglichen Nebenbedingungen wie etwa Zahlungsziele, Nebenkosten oder Gewährleistungsrisiken mit zu berücksichtigen.[24] Lassen sich keine Marktpreise ermitteln und kann auch nicht auf für vergleichbare Leistungen Dritter gezahlte Preise zurückgegriffen werden, sind für den Liefer- und Leistungsverkehr nach der herrschenden Auffassung in der Literatur im Wesentlichen zwei Verfahren in Erwägung zu ziehen: Nach dem Kostenaufschlagsverfahren ergibt sich die angemessene Gegenleistung aus den Selbstkosten der Gesellschaft zuzüglich einer branchenüblichen Gewinnmarge. Beim konkurrierenden Absatzpreisverfahren kommt es auf den Endverkaufspreis des Produkts an, von dem die auf die zwischengeschalteten Unternehmen entfallenden Anteile abzuziehen sind.[25]

2. § 57 Abs. 1 AktG

Nach § 57 Abs. 1 Satz 3 AktG findet das der Kapitalerhaltung dienende Rückgewährverbot des Abs. 1 Satz 1 keine Anwendung auf Leistungen, die bei Bestehen eines Beherrschungs- oder Gewinnabführungsvertrags (§ 291 AktG) erfolgen oder durch einen »vollwertigen« Gegenleistungs- oder Rückgewähranspruch gegen den Aktionär gedeckt sind.[26] Nach der herrschenden Auffassung ist dabei ein objektiver Maßstab zugrunde zu legen. Ein Verstoß gegen § 57 AktG liegt bei Austauschverträgen daher nicht vor, wenn eine objektiv äquivalente Gegenleistung erbracht wird. Dies erfordert im Grundsatz, dass die Gegenleistung einem Marktvergleich standhält und ein gewissenhafter und nach kaufmännischen Grundsätzen handelnder Geschäftsleiter sie auch mit einem Dritten abgeschlossen hätte (»at arm's length«).[27]

Kann kein marktangemessener Preis ermittelt werden (z.B. wenn es an einem Marktpreis fehlt), muss eine Preisermittlung anhand einer der – auch im Rahmen des

24 Zu den Einzelheiten Koch, § 311 AktG Rn. 31; Habersack in Emmerich/Habersack, § 311 AktG Rn. 55; Altmeppen in MünchKommAktG, § 311 Rn. 208 ff.; Müller in BeckOGK/AktG, § 311 Rn. 96; J. Vetter in K. Schmidt/Lutter, § 311 AktG Rn. 50 u. 52; Koppensteiner in KölnKommAktG, § 311 Rn. 62 ff.

25 Zu den Einzelheiten Koch, § 311 AktG Rn. 33; Habersack in Emmerich/Habersack, § 311 AktG Rn. 56; Altmeppen in MünchKommAktG, § 311 Rn. 214 ff.; Müller in BeckOGK, § 311 Rn. 98 f.; J. Vetter in K.Schmidt/Lutter, § 311 AktG Rn. 53; Koppensteiner in KölnKommAktG, § 311 Rn. 65 ff.

26 Die Aufbringung und Erhaltung des Grundkapitals zählt zu den Wesensmerkmalen der Aktiengesellschaft und gehört daher zu den besonders intensiv erörterten Materien, vgl. Bayer in MünchKommAktG, § 57 AktG Rn. 1 ff. Der Versuch einer dogmatischen Neujustierung Koch, ZGR 2022, 337 ff. Die nachfolgenden Ausführungen bilden angesichts der begrenzten Fragestellung diese Komplexität nicht ab.

27 Bayer in MünchKomm AktG, 6. Aufl. 2024, § 57 Rn. 47, 51 ff.; Koch, § 57 Rn. 15; Cahn/v. Spannenberg in BeckOGK, § 57 Rn. 22; Fleischer, WM 2007, 909, 912; Schnorberger/Billau, Der Konzern 2011, 511 ff.; Koch, ZGR 2022,337,358 ff.

§ 311 AktG (dazu oben II.1.) – anerkannten Methode erfolgen. Diese führt regelmäßig nicht zu einem konkreten Preis, sondern zu einer Preisspanne. Wird eine Preisspanne ermittelt, muss sich die Gegenleistung innerhalb dieser Spanne bewegen, um ein Missverhältnis im Sinne von § 57 AktG auszuschließen.[28]

In der Literatur sowie in der Rechtsprechung des BGH zur Parallelvorschrift des § 30 Abs. 1 Satz 1 GmbHG wird darüber hinaus auch die Möglichkeit einer betrieblichen Rechtfertigung anerkannt. Danach bestimmt sich die Angemessenheit eines Leistungsaustauschs nicht allein durch den objektiven Wert der Leistung, sondern es ist auch gestattet, von Marktpreisen abzuweichen, sofern es das Unternehmensinteresse der betreffenden Gesellschaft nahelegt. Vor diesem Hintergrund sollte die Wertermittlung sämtliche Nebenbedingungen des Vertrages und die betrieblichen Erfordernisse der betreffenden Gesellschaft mitberücksichtigen.[29]

Schwierigkeiten bei der angemessenen Bepreisung wird nach bislang h.M. durch die Anerkennung von Beurteilungsspielräumen Rechnung getragen. In der Rechtsprechung des BGH zur Parallelvorschrift des § 30 Abs. 1 GmbHG ist insoweit von einem, gewissen unternehmerischen Handlungsspielraums« die Rede,[30] was gegen die Anwendung des § 93 Abs. 1 S. 2 AktG zu sprechen scheint, wenngleich zu berücksichtigen ist, dass die Entscheidungen aus einer Zeit vor Einführung der BJR stammen. In der Literatur ist der Meinungsstand nicht ganz so eindeutig wie im Fall des § 311 AktG. Ein Teil der Literatur lehnt die Anwendung der BJR auf § 57 AktG ausdrücklich[31] oder jedenfalls der Sache nach[32] ab bzw. schließt sich der Formulierung des BGH an.[33] Zum Teil findet die BJR jedoch Anerkennung.[34] Andere wollen danach differenzieren, ob es sich um gängige Marktpreise handelt (dann kein Ermessen) oder um Austauschverträge mit Bewertungsunsicherheit[35] bzw. ohne Marktpreise[36], dann unternehmerisches Ermessen.

28 Koch, § 57 AktG Rn. 21; Fleischer in K. Schmidt/Lutter, § 57 AktG Rn. 13; Cahn/v. Spannenberg in BeckOGK, § 57 AktG Rn. 25.

29 Vgl. in diesem Zusammenhang Koch, § 57 AktG Rn. 23; ders., ZGR 2022, 337, 364 f.; Arnold/Notz in GroßkommAktG, 5. Aufl. 2022, § 57 Rn. 76; ferner der Sache nach auch Fleischer in K. Schmidt/Lutter, § 57 AktG Rn. 12 u. 15. Zur GmbH etwa BGH, 01.12.1986, II ZR 306/85, GmbHR 1987, 187, Rn. 6 f. (juris); BGH, 13.11.1995, II ZR 113/94, GmbHR 1996, 111, Rn. 6 (juris); aus der Literatur etwa Winter, ZHR 148 (1984), 579, 586 (»betriebliche Umstände«); Ekkenga in MünchKommGmbHG, 4. Aufl. 2022, § 30 Rn. 2 (»marktlich veranlass«) u. 240 (»Zweckrnäßigkeitskriterium«).

30 Vgl. BGH, 1. 12. 1986, II ZR 306/85, NJW 1987, 1194, 1195; BGH, 13. 11 1995, II ZR 113/94, GmbHR 1996, 111, 112.

31 Drygala in KölnerKommAktG, § 57 Rn. 56 f.; Kiefner/Bochum, NZG 2017, 1292, 1299; Kiefner/Theusinger, NZG 2008, 801, 805; Wand/Tilmann/Heckenthaler, AG 2009, 148, 153.

32 Arnold/Notz in GroßKommAktG, § 57 Rn. 73 (»ein gewisser Beurteilungsspielraum …, der aber nicht frei, sondern pflichtgemäß auszufüllen ist«).

33 Fleischer in K. Schmidt/Lutter, § 57 AktG Rn. 12.

34 v. Falkenhausen/Kocher, BB 2009, 121, 122.

35 Rachlitz in Grigoleit, § 57 Rn. 14.

36 Bayer in MünchKommAktG, 6. Aufl. 2024, § 57 Rn. 60; Cahn/v. Spannenberg in BeckOGK, § 57 AktG Rn. 23.

3. §§ 111a Abs. 2, 111b Abs. 1 AktG

Nach § 111a Abs. 2 S. 1 AktG gelten Geschäfte, die – kumulativ – im ordentlichen Geschäftsgang und »zu marktüblichen Bedingungen« mit nahestehenden Personen getätigt werden, nicht als Geschäfte mit nahestehenden Personen im Sinne der §§ 107 und 111a bis 111c AktG. Das Erfordernis marktüblicher Bedingungen verweist auf die inhaltliche Angemessenheit des Geschäfts. Diese beurteilt sich wiederum danach, ob das Geschäft zu den gleichen Bedingungen auch mit einer nicht nahestehenden Person und damit einem unabhängigen Dritten getätigt worden wäre, mithin einem Drittvergleich standzuhalten vermag.[37]

Insoweit wird teilweise vertreten, dass die Ausnahme des § 111a Abs. 2 Satz 1 AktG von vornherein nur einschlägig sein könne, wenn für ein konkretes Geschäft Marktpreise verfügbar seien. Sie wendet sich dabei explizit von den Ausführungen in der Gesetzesbegründung ab.[38] Nach überwiegender – zutreffender – Literaturauffassung können hingegen die Grundsätze über die Feststellung von Nachteilen i.S.d. § 311 Abs. 1 AktG herangezogen werden. Dies gilt namentlich für die Feststellung der Marktüblichkeit im konzernrechtlichen Kontext. Wo ein Marktpreis nicht zu ermitteln ist, kann demnach auf Schätzwerte zurückgegriffen werden. Zu diesem Zweck könne etwa der Selbstkostenpreis mit einem Gewinnaufschlag angesetzt werden. Diese Auffassung wird durch die Gesetzesbegründung des ARUG II gestützt.[39] Für die Vornahme solcher Schätzungen sollen insoweit die Preisvergleichsmethode, die Wiederverkaufspreismethode und die Kostenaufschlagsmethode in Betracht kommen.[40]

Für die Zustimmungsentscheidung des Aufsichtsrats gemäß § 111b Abs. 1 AktG gibt das Gesetz unmittelbar keinen inhaltlichen Maßstab vor, doch legt man überwiegend den Maßstab der Angemessenheit nach § 111c Abs. 2 Satz 3 AktG zu Grunde, der ähnlich wie die soeben erörterte Marktüblichkeit nach § 111a Abs. 2 AktG zu bemessen ist.[41] Nach ganz herrschender Auffassung handelt es sich um eine

37 Begr. RegE ARUG II, BT-Drucks. 19/9739, 81; Koch, § 111a AktG Rn. 12; Habersack in MünchKommAktG, § 111a Rn, 30; J. Vetter in K. Schmidt/Lutter, § 111a AktG Rn. 51.

38 So wohl zu verstehen Habersack in MünchKommAktG, § 111a Rn. 30: »Anders als § 311 setzt § 111a Abs. 2 S. 1 allerdings die Existenz von Marktpreisen voraus; über deren Fehlen vermag entgegen einer Verlautbarung in den Materialien auch ein Rückgriff auf »Schätzwerte« nicht hinwegzuhelfen.«

39 Begr. RegE ARUG II, BT-Drucks 19/9739, 81. Aus der Literatur Koch, § 111a AktG Rn. 12; Seidel in BeckOGK, § 111a AktG Rn. 29 a.E.; Paschos in Henssler/Strohn, Gesellschaftsrecht, 6. Aufl. 2024, § 111a AktG Rn. 14; Arnold in Goette/Amold, Handbuch Aufsichtsrat, 2. Aufl. 2023, § 4 Rn. 448; zur entsprechenden Fassung des § 111a Abs. 2 AktG im Referentenentwurf bereits Müller, ZGR 2019, 97, 121 f.; Lieder/Wernert, ZIP 2018, 2441, 2445; Backhaus, NZG 2020, 695, 699.

40 Zur Praxisüblichkeit dieser Methoden etwa Florstedt, Related Party Transaction, 2021, § 111a AktG Rn. 335; mit ausdrücklichem Hinweis auf die Kostenaufschlagsmethode überdies Koch, § 111a AktG Rn. 12; Backhaus, NZG 2020, 695, 699.

41 Koch, § 111b AktG Rn. 7; Lieder/Wernert, DB 2020, 882, 888.

unternehmerische Entscheidung im Sinne der BJR gemäß §§ 116 Satz 1, 93 Abs. 2 AktG.[42] *Jens Koch* geht hingegen von einer Pflichtaufgabe mit Entscheidungsspielraum aus.[43]

4. Verhältnis von § 311 Abs. 1 AktG zu § 57 Abs. 1 AktG und §§ 111a ff. AktG

Im Anwendungsbereich des § 311 AktG wird die Kapitalerhaltungsvorschrift des § 57 AktG nach der vorzugswürdigen herrschenden Auffassung überlagert, d.h. trotz Fehlens einer ausdrücklichen Regelung im Wege der Spezialität der §§ 311, 317 AktG zeitweilig verdrängt. Das Konzernprivileg des § 311 AktG ist dabei primär darin zu sehen, dass das herrschende Unternehmen eine etwaige Vermögenszuwendung nicht sofort zurückzugewähren hat.[44] Die Spezialität hat so lange Bestand, bis das herrschende Unternehmen den Nachteil, den es der abhängigen Gesellschaft zugefügt hat, entweder ausgeglichen hat oder den Ausgleich verweigert, was dazu führt, dass neben der Verpflichtung zum Schadensersatz gem. § 317 AktG auch der Rückgewähranspruch gem. § 62 Abs. 1 AktG wieder auflebt.[45] Die vereinzelt vertretene Gegenauffassung verneint die Spezialität der §§ 311, 317 AktG u.a. mit dem Argument, dass es für den faktischen Konzern an einer § 291 Abs. 3 AktG vergleichbaren Ausnahmeregelung fehle.[46]

Gesetzlich ausdrücklich geregelt ist das Verhältnis der §§ 311 ff. AktG zu den §§ 111a bis 111c AktG: Letztere bleiben gemäß § 311 Abs. 3 AktG unberührt, also anwendbar, unabhängig davon, ob eine Zustimmung des Aufsichtsrats gemäß § 111a Abs. 2, 3 AktG ausnahmsweise entbehrlich oder wie im Regelfall erforderlich ist. Bedarf es ihrer nicht, hat es mit den §§ 311 ff. AktG sein Bewenden, andernfalls läuft es im praktischen Ergebnis vor allem darauf hinaus, dass die Möglichkeit des gestreckten Nachteilsausgleichs verwehrt ist.[47] Im Übrigen gilt es zu berücksichtigen, dass sich die §§ 311 ff. AktG zu den §§ 111a bis 111c AktG in ihren Voraussetzungen deutlich unterscheiden. So kommt es beispielsweise bei den §§ 111a ff. AktG weder auf die Unternehmenseigenschaft des Aktionärs noch auf dessen Eigenschaft als

42 Bungert/Berger, DB 2018, 2860, 2864; Bungert/Wansleben, BB 2019, 1026, 1029; Markworth, AG 2020, 166, 175; Lieder/Wernert, DB 2020, 882, 888; Fiebelkorn, ZIP 2020, 953, 956; H.F. Müller in FS Vetter, 2020, 479, 485 f.; Rieder, ZfPW 2020, 129, 144.

43 Koch § 111b AktG Rn. 5. Nach J. Vetter in K. Schmidt/Lutter, § 111b AktG Rn. 87 ist zu differenzieren: In der Frage der Beurteilung einer Vermögensminderung stehe der Verwaltung insoweit kein unternehmerisches Ermessen zu. Anderes gelte für die Frage, wie sich ein ordentlicher und gewissenhafter Geschäftsleiter verhalten hätte. Insoweit finde die BJR Anwendung (unter Verweis auf § 311 AktG).

44 Bayer in MünchKommAktG, § 57 Rn. 146 f.

45 Bayer in MünchKommAktG, § 57 Rn. 146.

46 Cahn/v. Spannenberg in BeckOGK, § 57 AktG Rn. 146.

47 Koch, § 311 AktG Rn. 52a; Habersack in MünchKommAktG, § 111a Rn. 3; Müller in BeckOGK, § 311 AktG Rn. 134.

herrschendes Unternehmen an; umgekehrt betreffen die §§ 111a ff. AktG nur börsennotierte Gesellschaften.[48]

III. Bestimmung der massgeblichen richterlichen Kontrolldichte

Nach dem Überblick über Kontext und Meinungsstand ist nun die Frage zu beantworten, ob die zu Tage getretenen Unterschiede hinsichtlich des Prüfungsmaßstabs gerechtfertigt sind und gegebenenfalls welcher einheitliche Maßstab den Vorzug verdient.

1. Keine sachliche Rechtfertigung der Ungleichbehandlung

Wie gesehen stellen sich im faktischen Konzern, im Rahmen der Kapitalerhaltung und bei Related Party Transactions ganz ähnliche Fragen nach Angemessenheit, Vor- und Nachteiligkeit und Marktüblichkeit von Geschäften. Ergänzen könnte man die Liste noch um das steuerrechtliche Institut der verdeckten Gewinnausschüttung, zu dem eine differenzierte Kasuistik vorliegt, auf die man auch im Gesellschaftsrecht Bezug nimmt.[49]

Allerdings besteht zwischen den genannten Normen der eine oder andere Unterschied in den Anforderungen. Beispielsweise setzt § 57 AktG – im Unterschied zu § 311 Abs. 1 AktG – nicht voraus, dass die Vornahme eines nachteiligen Rechtsgeschäfts »veranlasst« wird.[50] Und bei der verdeckten Gewinnausschüttung im steuerrechtlichen Sinn sowie bei dem Verbot der Rückgewähr von Einlagen nach § 57 AktG geht es um Leistungen, Zuwendungen, Ausschüttungen zu Gunsten des Aktionärs, während § 311 AktG den Nachteil der Gesellschaft im Blick hat.[51] Doch die Literatur ist sich weitgehend darin einig, dass die Unterschiede nicht von einem solchen Gewicht sind, das es rechtfertigen würde, unterschiedliche Parameter für jede einzelne Norm zu entwickeln. In der Tat entspricht dem Vorteil des Aktionärs regelmäßig spiegelbildlich ein Nachteil des Unternehmens; man hat es insoweit lediglich mit einem Perspektivwechsel ohne inhaltliche Bedeutung zu tun. In der Sache ist in allen Fällen ein Vergleich mit dem hypothetischen Drittgeschäft eines ordentlichen und gewissenhaften Geschäftsleiters vorzunehmen.[52]

48 Habersack in MünchKommAktG, § 111a Rn. 4.

49 Habersack in Emmerich/Habersack, § 311 AktG Rn. 54; Altmeppen in MünchKommAktG, § 311 Rn. 204; Müller in BeckOGK, § 311 AktG Rn. 94 f.; zu den Anfängen der Entwicklung und kritisch zur Begriffsbildung Uwe H. Schneider, ZGR 1985, 279, 280 f.

50 Altmeppen in MünchKommAktG, § 311 Rn. 207.

51 Habersack in Emmerich/Habersack, § 311 AktG Rn. 54; Verse in Festschrift für Hopt, 2020, S. 1335, 1350.

52 Habersack in Emmerich/Habersack, § 311 AktG Rn. 54; Müller in BeckOGK, § 311 AktG Rn. 95; Altmeppen in MünchKommAktG, § 311 Rn. 204, 207; Vetter in K.Schmidt/Lutter, § 311 AktG Rn. 49; Verse in Festschrift für Hopt, 2020, S. 1335, 1350.

Umso mehr überrascht, dass in Bezug auf den anzuwendenden Prüfungsmaßstab, mithin das Maß der richterlichen Kontrolldichte, die h.M. insbesondere zu § 311 AktG und zu § 57 AktG abweichende Positionen vertritt. Begründet wird die Ungleichbehandlung nicht, und es sind auch keine Gründe ersichtlich, warum ausgerechnet die Frage der richterlichen Kontrolldichte eine Differenzierung notwendig machen sollte, während einheitlich bei allen Normen das Erfordernis des Drittvergleichs, auf das sich der Prüfungsmaßstab bezieht, zu Grunde gelegt wird.[53] Allenfalls könnte die Nichtanwendung der BJR im Rahmen des – und *nur* im Rahmen des – § 311 AktG sich damit begründen lassen, dass das Vorhandensein eines faktischen Konzerns einen Interessenkonflikt bedeute, der die Anwendung von § 93 Abs. 1 S. 2 AktG ausschließen würde (dazu sogleich unter III.2.).

Die Unwucht lässt sich wohl nur historisch in der Weise erklären, dass man vor Einführung der BJR nicht oder nur oberflächlich zwischen unternehmerischem Ermessen und Beurteilungsspielraum unterschied.[54] Noch heute dürfte die Auffassung nicht ganz selten sein, beide Maßstäbe führten letztlich mehr oder weniger zu den gleichen Ergebnissen. Bei einfach gelagerten, eindeutigen Konstellationen stimmt das auch, nicht aber für Grenzfälle z.B. bei komplexen Transaktionen innerhalb eines faktischen Konzerns. Dann ist es sehr wohl für die beratende Praxis von Belang, ob man sich an den in erster Linie »nur« prozeduralen Voraussetzungen der BJR orientieren darf oder ob eine inhaltlich-substanzielle Prüfung der Nachteiligkeit von Rechtsgeschäften durch die Gerichte im Raum steht und man auf deren Selbstbeschränkung und Verständnis für die Entscheidungssituation vertrauen muss. Die Frage nach dem vorzugswürdigen Prüfungsmaßstab erfordert folglich eine einheitliche Antwort und kann nicht »dahinstehen«.

2. *Unternehmerisches Ermessen (§ 93 Abs. 1 S. 2 AktG)*

Bei der Bestimmung des einheitlichen Prüfungsmaßstabes konkurrieren einerseits das unternehmerische Beurteilungsermessen gemäß § 93 Abs. 1 S. 2 AktG, andererseits die Kategorie Pflichtaufgaben mit (auf der Rechtsfolgenseite) Ermessens- bzw. (auf der Tatbestandsseite) Beurteilungsspielraum. Der Unterschied zwischen den beiden Kategorien besteht darin, dass die »Spielräume« anders als das BJR-Ermessen nicht allein durch am Unternehmensinteresse orientierte Erwägungen auszufüllen, sondern maßgeblich durch »gesetzliche Zielvorgaben«[55], »konkrete tatbestandliche Vorgaben oder durch anderweitige teleologische Interessenprägungen«[56], die Vorgabe »konkreter inhaltlicher Parameter zur Ermittlung und Abwägung«[57] vorgeprägt sind.

53 Verse in Festschrift für Hopt, 2020, S. 1335, 1350; Koch, ZGR 2022, 337, 368.
54 Vgl. Koch, ZGR 2022, 337, 368, der aus der damals noch ungenügenden wissenschaftlichen Durchdingung allerdings den Schluss zieht, die BJR sei der falsche Maßstab (dazu sogleich).
55 Holle, AG 2011, 778, 784; Bayer/Scholz, NZG 2019, 201, 204.
56 Koch, § 93 AktG Rn. 29.
57 Pfertner, Unternehmerische Entscheidungen des Vorstands, 2017, S. 128.

Die Einhaltung bestimmter prozeduraler Kriterien, wie sie die BJR formuliert, reicht nicht aus, um die Umsetzung der inhaltlich-teleologischen Vorgaben durch den Gesetzgeber zu kontrollieren. Auch ist die Unternehmensleitung nicht in höherem Maße als ein Gericht dafür qualifiziert, das Erreichen oder Nicht-Erreichen gesetzlicher Ziele zu bewerten.[58] Überdies besteht – wie es in der vom Jubilar betreuten Dissertation von Bernd Pfertner heißt – »regelmäßig nicht die Notwendigkeit, risikoaversem Verhalten des Vorstands entgegenzuwirken; vielmehr soll sich der Vorstand bei seiner Bewertung im Sinne des jeweiligen, an ihn gerichteten Erkenntnisauftrags möglichst risikoavers verhalten.«[59]

Als Beispiele für eine gebundene Entscheidung mit Ermessens- und Beurteilungsspielraum führt die Literatur an »die Durchsetzung der von § 66 AktG erfassten Ansprüche bei tatsächlicher oder rechtlicher Ungewissheit über deren Durchsetzungsfähigkeit«[60] oder das Aufschieben der Offenlegung von Insiderinformationen für die Öffentlichkeit unter den in Art. 17 Abs. 4 MAR genannten Bedingungen.[61] Wenn ferner der Vorstand das Urteil über die Nichtigkeitserklärung eines Beschlusses gemäß § 248 Abs. 1 S. 2 AktG »unverzüglich« zum Handelsregister einzureichen hat, dann liegt die Konkretisierung dieses – obgleich ausfüllungsbedürftigen – Begriffes nicht im Bereich des § 93 Abs. 1 S. 2 AktG.[62] Und für die »Grundsätzen einer gewissenhaften und getreuen Rechenschaft«, denen die Berichte an den Aufsichtsrat nach § 90 Abs. 4 S. 1 AktG entsprechen müssen, ist zwar die Praxis von Geschäftsleitern maßgeblich, diese unterliegt jedoch der richterlichen Prüfung.[63]

Um ein derart teleologisch vorgeprägtes Merkmal handelt es sich indes bei der wirtschaftlichen Nachteiligkeit von Rechtsgeschäften und Maßnahmen i.S. von § 311 Abs. 1 AktG gerade nicht. Die Evaluation geschäftlicher Vor- und Nachteile gehört zur unternehmerischen Kernaufgabe, nämlich der »Kontrolle der wirtschaftlichen Zweckmäßigkeit«[64]. Für diese Kontrolle sind Richter schlechter und nicht besser qualifiziert als der Vorstand.[65] Anders gewendet: Es geht hier nicht um Vorgänge oder Tatbestände wie etwa die Geeignetheit zur Irreführung der Öffentlichkeit (Art. 17 Abs. 4 MAR), die Einhaltung der Grundsätze ordnungsmäßiger Berichterstattung (§ 90 Abs. 4 AktG) oder ähnlicher Fälle anerkannter Ermessens- und Beurteilungsspielräume, die allesamt nicht zwingend unternehmerische Expertise voraussetzen.

Vor dem Hintergrund, dass annähernd Zweidrittel der Aktiengesellschaften in Konzerne eingebunden sind (siehe oben I.) und es folglich in der Praxis sehr häufig zu Interaktionen zwischen Konzernunternehmen kommt, auf die § 311 AktG Anwendung findet, müsste man – bei Aufgabe der UMTS-Doktrin – einen nicht

58 Pfertner, Unternehmerische Entscheidungen des Vorstands, 2017, S. 129.
59 Pfertner, Unternehmerische Entscheidungen des Vorstands, 2017, S. 129.
60 Bayer/Scholz, NZG 2019, 201, 204.
61 Koch, FS Grunewald, 2021, 547, 558 f.
62 Pfertner, Unternehmerische Entscheidungen des Vorstands, 2017, S. 130.
63 Koch, § 90 AktG Rn. 13.
64 Verse in Festschrift für Hopt, 2020, S. 1335, 1350.
65 Vgl. Pfertner, Unternehmerische Entscheidungen des Vorstands, 2017, S. 122.

unerheblich Teil unternehmerischer Aktivitäten in Deutschland einer weitgehenden inhaltlichen (nicht nur – wie bei der BJR – ganz überwiegend prozeduralen) Kontrolle durch die Gerichte unterwerfen, obwohl diese damit offenkundig überfordert wären und nach der Wertung des BJR-Gesetzgebers Richter nicht als die besseren oder auch nur als gleichberechtigt kompetente Unternehmer anzusehen sind.

Gegen die Anwendung der BJR zumindest auf § 311 AktG könnte aber, wie schon angedeutet, immerhin sprechen, dass § 93 Abs. 1 Satz 2 AktG die Freiheit von Interessenkonflikt voraussetzt und die Konzernsituation möglicherweise einen strukturellen oder »institutionalisierten Interessenkonflikt«[66] darstellt. Doch diese Lesart überzeugt nicht.[67] Nach § 317 Abs. 2 AktG tritt die Ersatzpflicht nicht ein, wenn auch ein ordentlicher und gewissenhafter Geschäftsleiter einer unabhängigen Gesellschaft das Rechtsgeschäft vorgenommen oder die Maßnahme getroffen oder unterlassen hätte. Dieser hypothetische Ansatz, der in § 311 Abs. 1 AktG zur Bestimmung der Nachteilhaftigkeit hineingelesen wird, erfasst auch das Maß der richterlichen Kontrolldichte. Handelte es sich um eine unabhängige Gesellschaft, wäre die BJR zweifellos anwendbar, daher muss die BJR auch im Konzernverhältnis anwendbar sein, da nach der gesetzlichen Wertung das Abhängigkeitsverhältnis in diesem speziellen Punkt ja gerade keine Rolle spielen soll, sondern Unabhängigkeit der (fiktiven Vergleichs-) Gesellschaft unterstellt wird. Man mag das Konzernverhältnis als einen »institutionalisierten Interessenkonflikt« ansehen, aber im Rahmen des Drittvergleichs ist dieser – ohnehin recht abstrakte – Interessenkonflikt in vollem Umfang auszublenden, um einen praktisch handhabbaren, praktikablen Vergleich zu ermöglichen. Hinzu kommt, dass »die §§ 312 ff. AktG besondere Mechanismen zur Kontrolle der getroffenen Entscheidungen vorsehen«[68] und auch deshalb kein evidente Schutzlücke bei Anwendung der BJR besteht.

3. *Beurteilungsspielraum bei Vorhandensein eines Marktpreises?*

Die Kategorie Pflichtaufgabe mit Entscheidungs- bzw. Beurteilungsspielraum passt in jedem Fall nicht zu den in der Realität faktischer Konzerne häufigen Fällen, dass es an einem Marktpreis fehlt. Um hier einen Anhaltspunkt zu erhalten, wendet man – wie gesehen – das Kostenaufschlagsverfahren oder alternativ das Absatzpreisverfahren an.[69] Doch herrscht Einigkeit, dass sich mittels dieser gedanklichen Operationen bestenfalls eine grobe Bandbreite in Bezug auf die Nachteiligkeit bzw. Angemessenheit der Gegenleistung ermitteln lässt.[70] Den Gericht unter diesen Bedingungen eine

66 Koch, ZGR 2022, 337, 369.

67 Im Ergebnis ebenso Vetter in K. Schmidt/Lutter, § 311 AktG Rn. 40a; Fleischer in GroßKommAktG, § 311 Rn. 177; Habersack in Festschrift für FS Hoffmann-Becking, 2013, S. 421, 426 f.

68 Vetter in K. Schmidt/Lutter, § 311 AktG Rn. 40a.

69 Koch, § 311 AktG Rn. 33; Habersack in Emmerich/Habersack, § 311 AktG Rn. 56.

70 Habersack in Emmerich/Habersack, § 311 AktG Rn. 56.

über die BJR hinausgehende Kontrollmöglichkeit und Einflussnahme zuzubilligen, erscheint nicht zielführend und würde ein erhebliches Maß an Rechtsunsicherheit schaffen.

Besteht hingegen ein etablierter Marktpreis für die in Rede stehende Lieferung oder Leistung, könnte man in diesem besonderen Fall die Anwendung der BJR als zu großzügig ansehen und eine höhere gerichtliche Kontrolldichte im Sinne eines bloßen Entscheidungs- oder Beurteilungsspielraums für vorzugswürdig halten. Diese Auffassung wird, wie gesehen, in der Tat im Schrifttum (zu § 57 AktG) vertreten. Abgesehen davon, dass eine solche Spreizung des Prüfungsmaßstabes auf der Ebene des gleichen Tatbestandes per se für Unsicherheit bei der Anwendung sorgt, ist er inhaltlich nur vordergründig zu rechtfertigen. Denn auch bei Vorhandensein eines Marktpreises ist anerkannt, dass ein Rückgriff darauf »allenfalls eine erste Annäherung« erlaubt.[71]

Für die Gesamtbeurteilung müssen zum einen Nebenbedingungen wie Zahlungsziele, Transportkosten und Serviceleistungen in den Blick genommen werden. Zum anderen sind Preisnachlässe etwa in Gestalt von Mengen- und Treuerabatten sowie die Berücksichtigung besonderer Umstände wie Liquiditätsschwierigkeiten und Überkapazitäten[72] »Bestandteil des herkömmlichen Marktmechanismus«[73], d.h. auch die Geschäftsführung einer unabhängigen Gesellschaft kann sich aus derartigen Gründen – aufgrund »betrieblicher Rechtfertigung«[74] – veranlasst sehen, Produkte unter dem gängigen Marktpreis anzubieten. Im Regelfall lassen Gründe und Umstände der genannten Art sich nicht mit letzter Sicherheit quantifizieren. Für die richtige Bemessung dieser Variablen, die neben den fixen Marktpreis tritt, ist in erster Linie die Unternehmensleitung qualifiziert, die das betriebliche Umfeld naturgemäß besser kennt als ein Gericht. Es handelt sich mithin um eine typische unternehmerische Entscheidung i.S. des § 93 Abs. 1 Satz 2 AktG.

Sollte ausnahmsweise ein Marktpreis offenkundig unterschritten sein und ebenso offenkundig keine wie auch immer geartete betriebliche Rechtfertigung in Betracht kommen, so bietet im Übrigen auch § 93 Abs. 1 S. 2 AktG einen Schutz vor Missbrauch, da die BJR nur zur Anwendung kommt, wenn der Vorstand vernünftigerweise annehmen durfte, »zum Wohle der Gesellschaft« zu handeln, was jedenfalls bei evident nachteiligen Rechtsgeschäften zu verneinen ist (siehe unten IV.3.). Vorsicht ist in dem Zusammenhang geboten bei Rechtfertigungsgründen wie der Pflege guter

71 Habersack in Emmerich/Habersack, § 311 AktG Rn. 55.
72 Müller in BeckOGK, § 311 AktG Rn. 96.
73 Koch, ZGR 2022, 337, 365.
74 Vgl. BGH, 01.12.1986, II ZR 306/85, NJW 1987, 1194, 1195 (»aus betrieblichen Gründen gerechtfertigt« – zu §§ 30, 31 GmbHG). Zwar sind an der Möglichkeit der »betrieblichen Rechtfertigung« Zweifel aufgekommen, weil der Gesetzgeber mit dem MoMiG eindeutig zum bilanziellen Denken zurückgekehrt sei (so Drygala in KölnKommAktG, § 57 Rn. 48 ff.; wohl auch Rachlitz in Grigoleit, § 57 AktG Rn. 14 [»arg. e § 57 I 3 Hs. 2«]). Dagegen wurde zu Recht eingewandt, dass sich diese Folge weder aus dem Gesetz noch aus den Materialien ergibt (so Koch, ZGR 2022, 337, 365).

Geschäftsbeziehungen und anderer Kulanzgeschäfte, die innerhalb eines von einer Konzernpolitik geprägt Konzerns häufig keinen Sinn ergeben und ersichtlich in die Irre führen.[75]

IV. Typische Probleme bei der Bewertung konzerninterner Rechtsgeschäfte

Abschließend soll auf einige Fragen eingegangen werden, die sich in der Praxis typischerweise stellen, wenn die Voraussetzungen § 93 Abs. 1 S. 2 AktG mit Blick auf die Bewertung der Angemessenheit von Rechtsgeschäften (§ 311 Abs. 1, § 57 Abs. 1 AktG und § 111a Abs. 2 AktG) zu prüfen sind.

1. Handeln auf der Grundlage angemessener Information

§ 93 Abs. 1 S. 2 AktG stellt klar, dass es ohne eine angemessene Informationsgrundlage kein schutzwürdiges unternehmerisches Ermessen gibt. Dieses Merkmal ist im Grundsatz rechtspolitisch unumstritten, bereitet aber bei der Auslegung und Anwendung teilweise Schwierigkeiten, die indes im vorliegenden Rahmen nicht diskutiert werden können. Bei komplexen konzerninternen Geschäften wie etwa Joint Ventures besteht nicht selten das Bedürfnis nach externer wie interner Beratung, um zu beurteilen, ob die in Aussicht genommenen Leistungen und Gegenleistungen adäquat sind. Insbesondere bei neuartigen Produkten und Geschäftsmodellen, für die es bislang in dem betreffenden Unternehmen keine Erfahrungswerte gibt, wird der Vorstand auf Unterstützung angewiesen sein.

Davon darf er Gebrauch machen. Der Vorstand muss die Prüfung der beabsichtigten Preisgestaltung also nicht selbst vornehmen, sondern es ist ihm gestattet, bei fehlender eigener Sachkunde sachverständigen Rat einzuholen. Er sollte sich dabei an den in der ISlON-Entscheidung des BGH aufgestellten Kriterien orientieren. Demnach muss ein hinzugezogener Berater über hinreichende Fachkompetenz verfügen, sich umfassend informieren und unabhängig sein. Der Vorstand wiederum hat den erhaltenen Rat einer Plausibilitätskontrolle zu unterziehen.[76]

Mit der erforderlichen Unabhängigkeit des Beraters ist dabei nicht die persönliche Unabhängigkeit gemeint, sondern es ist entscheidend, dass die Auskunft sachlich unabhängig – d. h. unbeeinflusst von Vorgaben hinsichtlich des Ergebnisses – erteilt wird. Die notwendige Unabhängigkeit zeichnet sich durch das Fehlen eines Interessenkonflikts aus.[77] Dabei ist jedoch anerkannt, dass der Vorstand Beratung auch

75 Altmeppen in MünchKommAktG, § 311 Rn. 203.
76 BGH, 20.09.2011, II ZR 234/09 – ISION. Vgl. etwa die Verweise auf ISION bei Koch, § 93 AktG Rn. 43; Spindler in MünchKomm, § 93 Rn. 61; Hopt/Roth in GroßkommAktG, § 93 Rn. 109 f.; BGH, 14. 05.2007, II ZR 48/06, NZG 2007, 545 ff.
77 BGH, 28.04.2014, II ZR 63/14, NZG 2015, 792,795.

hausintern einholen darf. Dies gilt insbesondere in großen Unternehmen, die über spezialisierte Fachabteilungen verfügen. Der Vorstand hat dabei sicherzustellen, dass er im konkreten Einzelfall mit einer objektiven Beratung durch seine hausinterne Abteilung rechnen kann.[78]

Die vorzunehmende Plausibilitätskontrolle beinhaltet die Prüfung, ob dem Berater alle erforderlichen Informationen zur Verfügung gestellt, die Informationen verarbeitet und alle sich aufdrängenden Fragen widerspruchsfrei beantwortet wurden, oder aber ob sich aufgrund der Auskunft weitere Fragen aufdrängen. Es muss auf offensichtliche Widersprüche und Begründungslücken geachtet werden. Die gutachterlichen Schlussfolgerungen sind mit den aus dem Geschäfts- und Wirtschaftsleben gewonnen Erfahrungssätzen abzugleichen.[79] Zugleich dürfen an die Plausibilitätsprüfung aber auch keine zu hohe und übertriebene Maßstäbe angelegt werden, da ansonsten eine Spirale von Prüfungen eingeleitet würde. Die Pflicht zur Plausibilitätskontrolle ist dementsprechend nicht als Pflicht zur Prüfung auf (vollständige) Richtigkeit der erhaltenen Auskunft zu verstehen.[80]

Beachtet der Vorstand diese Grundsätze, steht das Einbeziehen von Beratern der Anwendung der BJT auf die Bewertung, ob die Bedingungen eines Rechtsgeschäfts als nachteilig oder angemessen zu qualifizieren sind, nicht entgegen.

2. *Handeln ohne Interessenskonflikte*

Das Haftungsprivileg der Business Judgment Rule setzt schließlich voraus, dass die Vorstandsmitglieder in der Entscheidungssituation frei von Interessenkonflikten handeln. Vorstandsmitglieder müssen ihre Entscheidungen prinzipiell unbeeinflusst von Fremdeinflüssen und ohne unmittelbaren Eigennutz zum Wohl der von ihnen geleiteten Gesellschaft treffen.[81] Wie bereits erörtert, begründet bei der Angemessenheitsprüfung nach § 311 Abs. 1 AktG das Konzernverhältnis als solches keinen (»strukturellen« oder »institutionalisierten«) Interessenkonflikt. Das bedeutet aber nicht, dass das Merkmal des fehlenden Interessenkonflikts unbesehen bejaht werden kann, denn nicht selten bestehen in Konzernen Vorstandsdoppelmandate, deren Folgen für die Anwendung der BJR eine eigenständige Prüfung erfordern.

Nach Auffassung des BGH muss ein Doppelmandatsträger trotz der damit verbundenen Einflussmöglichkeiten der Konzernobergesellschaft stets die Interessen

Vgl. ferner etwa Meyer-Sparenberg in BeckHdB M&A, Kap. 5, § 23 Rn. 77; Spindler in MünchKommAktG, § 93 Rn. 97.

78 In diesem Zusammenhang siehe W. Goette, ZHR 176 (2012), 588, 602; W. Goette in Goette/Arnold, Handbuch Aufsichtsrat, § 4 Rn. 2401; Krieger, ZGR 2012, 496, 500; Spindler in MünchKommAktG, § 93 Rn. 96 m.w.N.

79 BGH, 28. 04.2014, II ZR 63/14, NZG 2015, 792,795; Fleischer in BeckOGK, § 93 AktG Rn. 92, 94; Spindler in MünchKommAktG, § 93 Rn. 101.

80 Spindler in MünchKommAktG, § 93 Rn. 101.

81 Vgl. zu den Einzelheiten Koch, § 93 AktG Rn. 55 ff.; Spindler in MünchKommAktG, § 93 Rn. 69 ff.; Fleischer in BeckOGK, § 93 AktG Rn. 96 ff.

des Pflichtenkreises wahrnehmen, in dem er jeweils tätig ist.[82] In Anbetracht dessen, dass jedes Organträgeramt eine eigene Pflichtenlage begründet, kann gerade der Doppelmandatar Interessenkonflikten unterliegen. Zwar begründet die Doppelmandatschaft für sich genommen nach der heute herrschenden und zutreffenden Meinung kein Stimmverbot des Doppelmandatsträgers analog § 34 BGB.[83] Besteht allerdings im Hinblick auf eine unternehmerische Entscheidung ein rechtlich relevanter Interessenkonflikt, kommt dem Inhaber eines Doppelmandats im Besonderen – wie auch einem konfliktbefangenen Vorstandsmitglied im Allgemeinen – nach herrschender Meinung in der Literatur die BJR nicht zugute.[84]

Im Fall der Annahme eines potenziell relevanten Interessenkonflikts sind in gestufter Reihenfolge die nachstehenden Schritte für den Umgang mit Doppelmandatschaften bzw. mit Doppelfunktionen in Betracht zu ziehen: Damit das Gesamtorgan einen etwaigen Interessenkonflikt einzelner oder mehrere Vorstandsmitglieder erkennen und darauf angemessen reagieren kann, sind Konfliktlagen aufgrund der organschaftlichen Treuepflicht des einzelnen Vorstandsmitglieds zunächst offenzulegen (siehe auch E. 2 DCGK i. d. F. v. 28. April 2022).[85]

Wie über die Pflicht zur Offenlegung hinaus mit einem Interessenkonflikt umzugehen ist, wird in der Literatur in seinen Einzelheiten kontrovers diskutiert: Unterhalb der eng begrenzten Fälle eines Stimmverbots wurde früher namentlich von *Mathias*

82 BGH, 09.03.2009, II ZR 170/07, NZG 2009, 744, Rn. 16; aus dem Schrifttum etwa Koch, § 76 AktG Rn. 137; Hopt/Roth in GroßkommAktG, § 93 Rn. 233; Fleischer in BeckOGK, § 76 Rn. 119; Spindler in MünchKommAktG, § 76 Rn. 66.

83 So etwa Koch, § 77 AktG Rn. 8; ferner Spindler in MünchKommAktG, § 76 Rn. 67; Fleischer in BeckOGK, § 76 AktG Rn. 120; Kort in GroßKommAktG, § 76 Rn. 225. In Betracht kommt allenfalls eine analoge Anwendung des engeren, kapitalgesellschaftsrechtlichen Stimmverbots des § 136 Abs. 1 AktG namentlich für den Fall der Beschlussfassung im Vorstand der Muttergesellschaft über die Stimmabgabe zur Entlastung der Vorstandsmitglieder in der Hauptversammlung der abhängigen Gesellschaft (hierzu statt vieler etwa Spindler in MünchKommAktG, § 93 AktG Rn. 68; Fleischer in BeckOGK, § 76 AktG Rn. 121; Kort in GroßkommAktG, § 76 AktG Rn. 228; Fischbach, Die Haftung des Vorstands im Aktienkonzern, 2013, S. 347).

84 Für das Vorstands-Doppelmandat im Besonderen Cahn in KölnKommAktG, § 93 Rn. 46; Fleischer in BeckOGK, § 93 AktG Rn. 96; Lutter, ZIP 2007, 841, 844; Schlimm, Das Geschäftsleiterermessen.
des Vorstands einer Aktiengesellschaft, 2009, S. 297; ferner (zur Doppelmandatschaft als Vorstandsmitglied der Mutter und als Aufsichtsratsmitglied der Tochter) Grunewald, NZG 2023, 767, 769. – Für das konfliktbefangene Vorstandsmitglied im Allgemeinen auch Koch, § 93 AktG Rn. 59; krit. Sailer-Coceani in K. Schmidt/Lutter, § 93 Rn. 19, wonach ein Organmitglied auch zum Wohl des Unternehmens handeln könne, wenn es einen Interessenkonflikt ausblendet, sowie Verse, FS Hopt, S. 1335,1360 f., sofern der Interessenkonflikt offengelegt wurde und die Mehrheit der unbefangenen Mitglieder auf angemessener Informationsgrundlage zu der Auffassung gelangt ist, dass sich der konfliktbefangene Organwalter vom Gesellschaftsinteresse hat leiten lassen.

85 Statt vieler Koch, § 93 AktG Rn. 58; Spindler in MünchKommAktG, § 93 Rn. 71 u. 73; Fleischer in BeckOGK, § 93 AktG Rn. 97; ferner Habersack in Karlsruher Forum 2009, S. 5, 22 f.

Habersack – in Bezug auf Aufsichtsratsmitglieder – vertreten, dass das Organmitglied seine organschaftlichen Befugnisse trotz Interessenkonflikts ausüben müsse, und zwar im Interesse der Gesellschaft und unter Hintanstellung etwaiger Sonderinteressen.[86] Allerdings hat auch *Mathias Habersack* diese Aussage mittlerweile relativiert und sich für die zutreffende Auffassung ausgesprochen, dass das von einem Interessenkonflikt betroffene Organmitglied zur Stimmenthaltung sowie ggf. zur Nichtteilnahme an der Beratung berechtigt und verpflichtet ist, wenn hierdurch eine Infizierung« der übrigen Organmitglieder vermieden werden kann.[87]

Darüber hinaus stell sich die Frage, welche Auswirkungen sich in Bezug auf die übrigen Vorstandsmitglieder ergeben können, wenn eines der Vorstandsmitglieder einem möglichen Interessenkonflikt unterliegt: Unter dem Stichwort »Infizierungstheorie« wird diskutiert, ob im Fall der Teilnahme des einem Konflikt unterliegenden Vorstandsmitglieds an den Beratungen und Diskussionen sowie an der Beschlussfassung auch die übrigen Vorstandsmitglieder den Schutz der BJR verlieren können. Bisweilen wird danach unterschieden, ob das befangene Vorstandsmitglied seinen Interessenkonflikt offengelegt hat. Manche Autoren in der Literatur sprechen sich hingegen dafür aus, dass es zu einer Infizierung der übrigen Vorstandsmitglieder kommt, wenn das konfliktbefangene Vorstandsmitglied an den Beratungen und Diskussionen sowie an der Beschlussfassung teilgenommen hat.[88]

Die heute wohl herrschende und überzeugende (und an anderer Stelle ausführlich begründete[89]) Auffassung lehnt die Infizierungstheorie ab. Dafür spricht insbesondere, dass die für den Vorstand geltende Haftungsnorm (§ 93 AktG) auf das einzelne Vorstandsmitglied und nicht auf das Gesamtvorstand abstellt. Auch die Konzeption des mit Wirkung vom 1. Januar 2020 in Kraft getretenen ARUG II mit Regelungen zu Related-Party-Transaktionen – dort indes mit Blick auf den Aufsichtsrat – sprechen gegen die Infizierungstheorie.[90]

Eine höchstrichterliche Klärung des vorstehend dargelegten Meinungsstands steht allerdings noch aus, was die Beratungspraxis im Blick haben muss. Daher sollten auf etwaig bestehende Doppelmandatschaften und -funktionen eingangs einer Sitzung,

86 So jedenfalls zur gleichgelagerten Frage bei Interessenkonflikten von Aufsichtsratsmitgliedern noch Habersack in MünchKommAktG, 5. Aufl. 2019, § 100 Rn. 102; so auch Holtkamp, Interessenkonflikte im Vorstand der Aktiengesellschaft, 2016, S. 110 ff.

87 So nun zum Aufsichtsrat Habersack MünchKommAktG, 6. Aufl. 2023, § 100 Rn. 106 im Anschluss an Koch, § 108 AktG Rn. 13 f.; ders., ZGR 2014, 697, 710 ff.; Reichert in Festschrift für FS E. Vetter, 2019, S. 597, 600 ff.; ders. in Festschrift für Krieger, 2020, S. 723, 748 f.

88 So etwa Lutter in Festschrift für Canaris, 2007, S. 245, 248 ff.; Koch, § 93 AktG Rn. 58.

89 Reichert in Festschrift für E. Vetter, 2019, S. 597, 600 ff. (zum Aufsichtsrat).

90 Gegen die Infizierungstheorie etwa Spindler in MünchKommAktG, § 93 Rn. 72; Fleischer in BeckOGK, § 93 AktG Rn. 97; Cahn in KölnKommAktG, § 93 Rn. 47; Sailer-Coceani in K. Schmidt/Lutter, § 93 Rn. 19; Blasche, AG 2010, 692, 698; Löbbe/Fischbach, AG 2014, 717,127 f.; ferner (zur gleichgelagerten Frage bei Interessenkonflikten im Aufsichtsrat) Reichert in Festschrift für E. Vetter, 2019, S. 597, 613 ff.; ders. in Festschrift für Hopt, 2020, S. 723, 749; Grunewald, NZG 2023, 767, 769.

die über ein Rechtsgeschäft oder eine Maßnahme i.S. des § 311 Abs. 1 AktG entscheidet, hingewiesen werden, sowie darauf, dass angesichts der nicht höchstrichterlich geklärten Rechtslage nicht vollends ausgeschlossen werden kann, dass einem Doppelmandatsträger bzw. einem Doppelfunktionsträger ein Interessengegensatz unterstellt werden könnte. Damit ist nicht die Wertung verbunden, dass tatsächlich ein Interessenkonflikt vorliege oder ein Doppelmandatsträger bzw. Doppelfunktionsträger nicht in der Lage wäre, die Interessenlage der abhängigen Gesellschaft tatsächlich zu verfolgen. Vielmehr geht es darum, dass bei einer abstrakt-generalisierenden Betrachtungsweise bereits der Anschein eines Konfliktes zu vermeiden ist.

3. *Handeln zum Wohl der Gesellschaft*

Die BJR greift ferner nur, wenn der Vorstand vernünftigerweise annehmen durfte, zum Wohle der Gesellschaft zu handeln. Diese Voraussetzung ist in der Regel von untergeordneter Bedeutung, da das Merkmal »vernünftigerweise« nach ganz h.M.[91] großzügig auszulegen und daher üblicherweise erfüllt ist (bloße »Evidenzkontrolle«). Die Gesetzesbegründung verweist insoweit auf das ARAG/Garmenbeck-Urteil.[92] Eine Schadensersatzpflicht, heißt es darin, komme erst in Betracht, »wenn die Grenzen, in denen sich ein von Verantwortungsbewusstsein getragenes, ausschließlich am Unternehmenswohl orientiertes, auf sorgfältiger Ermittlung der Entscheidungsgrundlagen beruhendes unternehmerisches Handeln bewegen muss, deutlich überschritten sind, die Bereitschaft, unternehmerische Risiken einzugehen, in unverantwortlicher Weise überspannt worden ist.«[93]

V. Zusammenfassung

1. Die Frage nach der Angemessenheit bzw. Vollwertigkeit, Marktüblichkeit oder Nachteiligkeit von Rechtsgeschäften spielt sowohl im Rahmen des faktischen Konzerns (§ 311 Abs. 1 AktG) als auch des Vollwertigkeitsgebots im Kapitalerhaltungsrecht (§ 57 Abs. 1 AktG) und der Related Party Transaction (§§ 111a Abs. 2, 111b Abs. 1 AktG) eine wichtige Rolle.

2. Trotzdem vertritt in Bezug auf den anzuwendenden Prüfungsmaßstab, mithin das Maß der richterlichen Kontrolldichte, die h.M. zu § 311 AktG und §§ 111a Abs. 2, 111b Abs. 1 AktG einerseits und zu § 57 AktG andererseits abweichende Positionen. In dem einen Fall soll § 93 Abs. 1 S. 2 AktG anwendbar sein, in dem anderen Fall soll es sich um einen bloßen Beurteilungsspielraum handeln, der den Gerichten eine stärkere inhaltliche Überprüfung der Bewertungsentscheidung erlaubt.

91 Vgl. Fleischer in BeckOGK, § 93 AktG Rn. 102; Koch, § 93 AktG Rn. 11.
92 RegBegr. BT-Drs. 15/5092, S. 11; Tomasic in Grigoleit, § 93 AktG Rn. 51.
93 BGH, 21.04.1997, II ZR 175/95, NJW 1997, 1926, 1928 – ARAG/Garmenbeck.

3. Überzeugende Gründe sind nicht ersichtlich, warum ausgerechnet die Frage der richterlichen Kontrolldichte eine Differenzierung notwendig machen sollte, während einheitlich bei allen Normen das Erfordernis des Drittvergleichs, auf das sich der Prüfungsmaßstab bezieht, zu Grunde gelegt wird. Daher bedarf es eines einheitlichen Maßstabes.

4. Überlegener einheitlicher Maßstab für alle drei Normen ist die Business Judgement Rule. Insbesondere besteht kein Anlass die bewährte UMTS-Rechtsprechung des BGH zu § 311 AktG in Frage zu stellen. Bei der wirtschaftlichen Nachteiligkeit von Rechtsgeschäften und Maßnahmen handelt es sich nicht um ein teleologisch durch den Gesetzgeber vorgeprägtes Merkmal. Die Evaluation geschäftlicher Vor- und Nachteile gehört zur unternehmerischen Kernaufgabe. Für diese Kontrolle sind Richter schlechter und nicht besser qualifiziert als der Vorstand.

5. Bei der Angemessenheitsprüfung nach § 311 Abs. 1 AktG stellt das Konzernverhältnis als solches keinen (»strukturellen« oder »institutionalisierten«) Interessenkonflikt im Sinne der Business Judgement Rule dar. Das bedeutet aber nicht, dass das Merkmal des fehlenden Interessenkonflikts stets unbesehen bejaht werden kann, denn nicht selten bestehen in Konzernen Vorstandsdoppelmandate, deren Folgen für die Anwendung des § 93 Abs. 1 S. 2 AktG eine eigenständige Prüfung erfordern.

6. Die Business Judgement Rule findet Anwendung unabhängig davon, ob für das in Rede stehende Rechtsgeschäft ein Marktpreis vorliegt oder nicht, da auch bei Vorhandensein eines Marktpreises – nicht anders als bei unabhängigen, konzernfreien Gesellschaften – ein abweichender Preis betrieblich gerechtfertigt sein kann. Wie derartige Gründe zu gewichten sind, ist eine unternehmerische Entscheidung. Bei einer nicht mehr aus dem Unternehmensinteresse heraus zu rechtfertigenden Preisbildung ist freilich davon auszugehen, dass der Vorstand vernünftigerweise nicht annehmen durfte, »zum Wohle der Gesellschaft« zu handeln, wie es § 93 Abs. 1 S. 2 AktG voraussetzt.

7. Der Vorstand muss die Prüfung der beabsichtigten Preisgestaltung nicht selbst vornehmen, sondern es ist ihm gestattet, bei fehlender eigener Sachkunde in Spezialfragen sachverständigen Rat einzuholen. Er sollte sich dabei an den in der ISION-Entscheidung des BGH aufgestellten Kriterien orientieren.

European Green Bonds

Markus Roth

I. Einleitung

Zur Sustainable Finance gehören auch grüne Anleihen, nach dem internationalen Sprachgebrauch meist als Green Bonds bezeichnet. Seit Inkrafttreten der Verordnung über grüne Anleihen[1] (Green Bond-Verordnung, GB-VO) im Dezember 2024[2] besteht die Möglichkeit, grüne Anleihen auch als europäische grüne Anleihen bzw. Green Bonds als European Green Bonds zu emittieren. Hiervon wurde zunächst in Italien von einem Energieversorgungsunternehmen[3] sowie in Frankreich von einer öffentlichen Nahverkehrsgesellschaft Gebrauch gemacht.[4] Bereits im Januar 2025 hatten die Finanzaufsichtsbehörden in Italien (Consob) und in Frankreich (AMF) die entsprechenden Prospekte der ersten European Green Bonds genehmigt. Dies ist insofern bemerkenswert, als der European Green Bond Standard als freiwilliger Standard neben die bereits etablierten Marktstandards tritt, die Green Bond Principles (GBP der International Capital Markets Assosociation (ICMA)[5] sowie der Standards der Climate Bonds Initiative.[6] Die Standards der Climate Bonds Initiative bauen zwar auch auf den Green Bond Principles der ICMA auf, werden von der Climate Bonds Initiative aber weiterhin als Climate Bonds Standard bezeichnet.

Aktuell ist Europa der größte Markt für Green Bonds,[7] so dass eine gesetzliche Regelung in der Europäischen Union auch wegen der mit der Kapitalanlage in grüne Anleihen verbundenen Gefahren durchaus nahe liegt.[8] Bei Erlass der Green Bond-Verordnung hat der europäische Gesetzgeber der Versuchung widerstanden, alle in Europa emittierten oder gehandelten grünen Anleihen einem verpflichtenden Standard zu unterwerfen. Die Green Bond-Verordnung bezeichnet sich selbst als

1 Verordnung 2023/2631 vom 22. November 2023 über europäische grüne Anleihen sowie fakultative Offenlegungen zu als ökologisch nachhaltig vermarkteten Anleihen und zu an Nachhaltigkeitsziele geknüpften Anleihen (zitiert als Green Bond-Verordnung bzw. GB-VO).

2 Art. 72 Abs. 2 GB-VO: Diese Verordnung gilt ab dem 21. Dezember 2024.

3 Green Bond von A2a, https://www.gruppoa2a.it/en/media/press-releases/a2a-first-european-green-bond-market.

4 Green Bond von Ile de France Mobilité, https://www.euronext.com/en/about/media/euronext-press-releases/listing-euronext-first-eu-green-bond-public-sector-issuer.

5 ICMA, Green Bond Principles, Voluntary Process Guidelines for Issuing Green Bonds, June 2021 (with June 2022 Appendix 1).

6 Dazu noch unten II.

7 Climate Bonds Initiative, Sustainable Debt Global State of the Market 2023, p. 5.

8 Zu Prokon und BayWa unten III.3.

Standard für europäische grüne Anleihen[9] und sieht eine Evaluation seiner Aufnahme vor. Jens Ekkenga hat sich als kritischer Begleiter der europäischen Nachhaltigkeitsgesetzgebung auch dem Thema »grüne Anleihen« gewidmet,[10] dies aber noch vor Erlass der hier behandelten EU-Verordnung zu grünen Anleihen, der Green Bond Verordnung, die bisweilen auch als Goldstandard[11] bezeichnet wird. Der Beitrag geht der Frage nach, ob es eines solchen Standards bedarf und welche Auswirkungen vom neuen Standard für europäische grüne Anleihen zu erwarten sind. Über den Erfolg der Green Bond-Verordnung wird neben ihrem Renommee am Markt insbesondere entscheiden, wie viele insbesondere der in Europa emittierten grünen Anleihen diesem Standard unterliegen werden.

II. Entwicklung des Marktes für grüne Anleihen (Green Bonds)

1. *Begebung der ersten Green Bonds*

Als erster Green Bond wird häufig eine im Jahre 2007 von der Europäischen Investmentbank emittierte Anleihe bezeichnet.[12] Allerdings hatte San Francisco bereits 2001 sogenannte »Solar Bonds« ausgegeben, um damit Solaranlagen auf öffentlichen Grundstücken und Gebäuden zu finanzieren,[13] was in zeitgenössischen Kommentaren mit Verweis auf den insbesondere an der Golden Gate Bridge häufigen Nebel auch durchaus humorvoll aufgenommen wurde. Verfolgt man den Ursprung des Begriffs der Nachhaltigkeit in der deutschen Forstwirtschaft[14] und vergegenwärtigt man sich daran anknüpfend aktuelle Emissionen der in der Land- und Forstwirtschaft tätigen deutschen Rentenbank,[15] so dürften sich auch bereits früher der Nachhaltigkeit dienende Emissionen finden lassen, die damals freilich wohl noch nicht als Green Bonds bezeichnet wurden.[16]

Grüne Anleihen waren in Norwegen und Schweden bereits seit Mitte der 2010er Jahre weit verbreitet, in Schweden häufig mit Bezug auf klimafreundliche Gebäude.[17]

9 Art. 71 Abs. 1 lit a) GB-VO, Erwägungsgrund 2 GB-VO.

10 Stewardship und Corporate Governance bei Emission von Green Bonds, Roth/Ekkenga, AG 2021, 409.

11 So Heuer/Mallad, LRZ 2023 Rn. 851, European Green Bond Standard – A new Gold Standard for saving the planet?, 1. Dezember 2023, https://lrz.legal/2023.

12 So die European Investment Bank, https://www.eib.org/en/stories/15-years-green-bond.

13 Bericht etwa bei SPUR, https://www.spur.org/publications/voter-guide/2001-11-01/proposition-b-renewable-energy-bonds.

14 Von Carlowitz, Sylvicultura oeconomica oder Hauswirthliche Nachricht und Naturgemäße Anweisung zur Wilden Baumzucht, S. 105 kontinuierliche beständige und nachhaltige Nutzung (von Holz).

15 Rentenbank, Green Bond Framework, May 2023.

16 Der Anleihemarkt war Nukleus des deutschen Kapitalmarktes, zum preußischen Schuldverschreibungsgesetz Baums in FS Möschel 2011, S. 1097.

17 Torvanger/Maltais/Margianean, Journal of Cleaner Production 324 (2021) 129177.

Aktuell zählen Dänemark und Schweden in der Europäischen Union zu den Ländern mit dem höchsten Anteil von grünen Anleihen am gesamten Emissionsvolumen.[18] Ein internationaler Marktüberblick nennt für das Jahr 2023 Emissionen von grünen Anleihen in Höhe von etwa 600 Mrd. US-Dollar,[19] davon über die Hälfte in Europa,[20] mit China,[21] USA und Deutschland als den Ländern mit dem größten Emissionsvolumen.[22] Zur Green Finance gezählt werden auch die Anlage nach sozialen Gesichtspunkten (social bonds), sowie nachhaltige Anlagen in Form des sustainability bonds sowie der sustainabilty-linked bonds, die bei Nichtverwendung der Anleiheerlöse für nicht nachhaltige Zwecke eine höhere Verzinsung bzw. auch die Möglichkeit einer vorzeitigen Rückzahlung oder Kündigung vorsehen.[23]

2. *Entwicklung von Marktstandards und Professionalisierung*

Internationale Marktstandards für grüne Anleihen wurden durch die International Capital Markets Assosociation (ICMA) sowie bereits durch die Climate Bonds Initiative entwickelt.[24] Das Climate Bonds Standard & Certification Scheme versteht sich als robuste und effektive Zertifizierung, nunmehr aufbauend auf der letzten Fassung der Green Bond Principles.[25] Die deshalb zunächst dargestellt werden sollen. ICMA hat erstmals im Jahre 2014 Green Bond Principles entwickelt,[26] die zunächst jährlich[27] weiterentwickelt wurde, die aktuelle Fassung der Green Bond Principles stammt aus dem Jahre 2021 mit einem Anhang aus dem Jahre 2022. Damit gelten für Green Bonds weiter die Standards von vor Erlass der Green Bond-Verordnung, die Sustainability-Linked Bond Principles hat die ICMA im Juni 2024 aktualisiert.[28]

18 European Environment Agency, Green bonds in Europe, 04 November 2024.
19 Climate Bonds Initiative, Sustainable Debt Global State of the Market 2023, p. 3.
20 Climate Bonds Initiative, Sustainable Debt Global State of the Market 2023, p. 5: 309,4 Mrd. US-Dollar, 53 % des weltweiten Volumens von 587,6 Mrd. Dollar.
21 Zu den China Green Bond Rules Zhang/Zhang/Li/Liu *in* Arimoro/Igbokwe/Egbe, Law and Sustainable Development after Covid 19, page 170, Cambridge 2025.
22 Climate Bonds Initiative, Sustainable Debt Global State of the Market 2023, p. 6.
23 ICMA, The Sustainability-linked Bond Principles, 2024, 3: Merkmale der Anleihe: Auslösemechanismus muss enthalten sein, das ist meist ein höherer Zinssatz.
24 Nationale Standards etwa in China und Indien, dazu unten IV.1.
25 So die Darstellung bei den Climate Bonds Standards Version 2.1, p. 3: full alignment with the latest version of the Green Bond Principles.
26 The Green Bond Principles, 2014, Text unter https://www.climatebonds.net/files/uploads/2014/01/Green-Bond-Principles-FINAL.pdf, Broschüre 2014 unter https://www.icmagroup.org/assets/documents/Regulatory/Green-Bonds/Green-Bond-Principles---Brochure-2014.pdf.
27 The Green Bond Principles, 2016 update, abrufbar unter https://www.icmagroup.org/assets/documents/Regulatory/Green-Bonds/Green-Bonds-brochure-150616.pdf.
28 ICMA, Sustainabilty-Linked Bond Principles, Voluntary Process Guidelines, June 2024, abrufbar unter https://www.icmagroup.org/assets/documents/Sustainable-finance/2024-updates/Sustainability-Linked-Bond-Principles-June-2024.pdf.

Die Climate Bonds Initiative wurde 2010 von Marktteilnehmern gegründet[29] und hat sodann bereits im nächsten Jahr einen zunächst vorläufigen Climate Bonds Standard vorgelegt.[30] Die Climate Bonds Initiative will großvolumige Anlagen in eine kohlenstoffarme Wirtschaft fördern und aktualisiert regelmäßig die von ihr edierten Climate Bonds Standards. Bereits die Version 3.0 des Climate Bonds Standard aus dem Jahre 2019 berücksichtigte Vorarbeiten zum European Green Bond Standard,[31] der aktuelle Standard 4.2 stammt vom Juni 2024.[32] Nach den Climate Bonds Standards zertifizierte Bonds können in einer Datenbank abgefragt werden.[33]

Marktstandard für nach den Green Bond Principles[34] und ggf. den Climate Bonds Principles emittierte grüne Anleihen sind sogenannte Second Party Opinions, die empfohlen (Green Bond Principles) bzw. verlangt werden (Climate Bonds Standards). Diese wurden zunächst von spezialisierten Anbietern erbracht, die nunmehr aber von professionellen Marktteilnehmern übernommen wurden, auch hieran zeigt sich die Professionalisierung des Marktes für grüne Anleihen. Die erste Second Party Opinion wurde von Cicero (Norwegen) im Jahre 2008 erstellt, Cicero sodann 2022 an S&P Global verkauft. Der deutsche Provider von Second Party Opinions, die Oekom Research AG wurde 2018 von ISS erworben,[35] zunächst weitergeführt als ISS oekom.

3. Bedeutung von Green Bonds für emittierende Unternehmen

Eine Emission von Green Bonds dient als Signal, dass ein Unternehmen die grüne Transformation ernst nimmt.[36] Es erfolgt eine Berichterstattung mit Prüfung als Nachweis des Engagements, die Ernsthaftigkeit des Engagements kann so nicht nur signalisiert, sondern auch dokumentiert werden. Diese Funktion von Green Bond als Signaling-Instrument ist bei einer Rechnungslegung nach CSRD sowie Inkrafttreten der Corporate Sustainability Due Diligence Directive neu zu bewerten. Nach Art. 22 CSDDD in der Fassung des Omnibus-Vorschlags der Kommission[37] sollen konkrete Maßnahmen zur Umsetzung der Klimastrategie genannt werden.[38]

Für eine fortbestehende oder gar gesteigerte Relevanz von Green Bonds könnte angeführt werden, dass auch die Emission von Green Bonds und die Dokumentation

29 Siehe auch Freeborn/Ramsay, Green Bonds: Legal and Policy issues, Capital Markets Law Journal 15 (2020) 418, 431.
30 Pressemitteilung vom 24. November 2011, abrufbar unter https://www.climatebonds.net/files/uploads/2012/06/Media_Statement_24Nov11-1.pdf.
31 Zur Technical Expert Group der Climate Bonds Standard Version 3.0, p. 32.
32 Auch zu Vermögenswerten und Unternehmen der Climate Bonds Standard 4.2, Global recognised, Paris-aligned Certification of debt instruments, entities and assets using robust, science-based methodolities, updated June 2024, Version 4.2.
33 Datenbank unter https://www.climatebonds.net/certification/certified-bonds.
34 *Bueren*, ZGR 2024, 397, 419: 90 Prozent sollen diesen Standard befolgen.
35 https://www.oekom.de/person/oekom-research-ag-293.
36 Flammer, Corporate green bonds, Journal of Financial Economics 142 (2021) 499.
37 Richtlinie 2025/794 zur Änderung der Richtlinie 2022/26464 und 2024/1760.
38 Art. 22 Richtlinie 2024/1760.

der Mittelverwendung als konkrete Maßnahmen genannt werden können. Umgekehrt müssen nach der CSDDD nun alle größeren Unternehmen ein Konzept für ein klimaneutrales Geschäftsmodell vorlegen und auch prüfen lassen, so dass ein gesondertes Signal sich als entbehrlich erweisen könnte, sollte nicht der Kapitalmarkt weiterhin die Emission auch von Green Bonds erwarten, also zumindest einen gewissen Anteil grüner Anleihen an den Schuldscheinemissionen eines Unternehmens.

Ökonomische Studien zeigen bislang positive Effekte der Emission grüner Anleihen auf börsennotierte Aktien[39] sowie andere Anleihen[40] des Emittenten. Der Markt für grüne Anleihen hat bislang wenig Ausfälle von Green Bonds verzeichnet und reagiert eventuell auch deshalb auf Ereignisse vergleichsweise entspannt.[41] So hat in Deutschland die BayWa den von ihr für Solar- und Windkraftaktivitäten emittierten Green Bond zurückbezahlt, bevor das StaRuG-Verfahren begonnen wurde. Als Vorteil der Emission wird weiter angeführt, dass so der Kreis der Investoren um nachhaltigkeitsbewusste Anleger erweitert werden kann.

4. Bedeutung von Green Bonds für die grüne Transformation

Auch wenn nach dem Hamburg Outlook 2004 das 1,5 Grad-Ziel nicht mehr erreichbar ist,[42] verbleiben enorme für die grüne Transformation erforderliche Finanzbedarfe, mehrere hundert Milliarden Euro im Jahr alleine in der Europäischen Union, um den weiter für erfolgversprechend gehaltenen Weg zu einer net-zero-Ökonomie sowie einer 2-Grad-Welt zu gehen.[43] Das legt die Nutzung des Kapitalmarktes nahe, zur Finanzierung der grünen Transformation ist jedenfalls auch privates Kapital notwendig. Das kumulierte Volumen von Green Bonds wird für Ende 2023 auf mehr als zwei Billionen Dollar geschätzt,[44] so dass Hilfe möglich erscheint. Allerdings stagnierte die Emission von Green Bonds zu Beginn der 2020er-Jahre auf einem Niveau von etwa 500 bis 600 Milliarden Dollar im Jahr,[45] für 2024 wird eine Gesamtsumme von knapp 670 Milliarden US-Dollar berichtet.[46] In den USA ist der Markt für grüne Anleihen im Jahr 2023 insgesamt geschrumpft,[47] in Europa ist zumindest der Anteil

39 Flammer, Corporate green bonds, Journal of Financial Economics 142 (2021) 499.
40 Amel-Zadeh/Lustermans/Pieterse-Bloem/Dekker/Christopoulos, Are Green Bonds Special? 15th November 2024, SSRN.
41 Amel-Zadeh/Lustermans/Pieterse-Bloem/Dekker/Christopoulos, Are Green Bonds Special? 15th November 2024, SSRN.
42 Bericht des Hamburger Exzellenzclusters Climate, Climate Change, and Society (CLICCS), Hamburg Climate Futures Outlook 2024, p. 20.
43 Inevitable Policy Response (IPR), 2025 Transition Forecast, abrufbar unter https://ipr.transitionmonitor.com/cms/wp-content/uploads/2025/02/IPR-2025-Transition-Forecast-Final.pdf.
44 Climate Bonds Initiative, Sustainable Debt Global State of the Market 2023, p. 3.
45 Climate Bonds Initiative, Sustainable Debt Global State of the Market 2023, p. 3.
46 Climate Bonds Initiative, Bericht unter https://www.climatebonds.net/files/reports/cbi_5_for_25_01b.pdf.
47 Climate Bonds Initiative, Sustainable Debt Global State of the Market 2023, p. 5.

der Green Bonds an allen emittierten Anleihen gesunken, von 9,2 Prozent der Anleihen in Europa im Jahre 2022 auf nur noch 6,8 Prozent der Anleihen im Jahre 2023.[48]

Das Ziel einer Begrenzung des Temperaturanstiegs und der Anpassung an den Klimawandel erfordert Finanzmittel nicht nur für klimaneutrale Wirtschaftstätigkeiten, sondern auch und gegebenenfalls noch dringender für die Gestaltung der Transformation, während der weiter Treibhausgase ausgestoßen werden, allerdings weniger als zuvor. Vom ehemaligen Provider von Second Party Opinions Cicero übernommen hat S&P Global die die Begrifflichkeit der »shades of green«, die den Grad des Beitrags einzelner Anleihen zur grünen Transformation sichtbar machen sollen. Die Kreditanstalt für Wiederaufbau (KfW) als Förderbank hat sich das Ziel gesetzt, 38 Prozent des Geschäftsvolumens mit einer umweltbezogenen Komponente zu erzielen.[49] Allerdings beträgt der Anteil von Green Bonds am Emissionsvolumen der KfW bislang nur etwa 15 Prozent und sollte der Gesamtbetrag der Emission von Green Bonds im Jahr 2025 nicht steigen.

III. Regelungsbedarfe bei grünen Anleihen

1. Notwendigkeit einer eigenständigen europäischen Regelung?

In den Wirtschaftswissenschaften wird die Frage der Notwendigkeit einer gesetzlichen Regelung von Green Bonds neben bestehenden Standards gestellt,[50] die Erwägungsgründe der Green Bond-Verordnung verweisen insbesondere auf die Finanzierung der grünen Transformation sowie auf einheitliche Standards im europäischen Kapitalmarkt.[51] Geschaffen wird mit der Green Bond-Verordnung ein einheitlicher Kosmos europäischer Regulierung, dies geht mit damit verbundenen Vorteilen und Gefahren einher, insbesondere einer Überregulierung oder Fehlregulierung. So soll das 1,5 Grad-Ziel entgegen eindeutigen wissenschaftlichen Empfehlungen und dem Aufruf, die Realität offen zu kommunizieren,[52] weiterverfolgt werden und könnte eine strenge Regulierung der Mittelverwendung sowie von Transparenz, externer Kontrolle und Aufsicht einem Beitrag von European Green Bonds zur Wiederbelebung des vormals beeindruckenden Wachstums von Green Bonds eher entgegenstehen.

48 European Environment Agency, Green bonds in Europe, 04 November 2024. Auf wohl anderer Datenbasis für 2019 einen Anteil von 6 % in Europa angebend Freeborn/Ramsay, Green Bonds: Legal and Policy Issues, Capital Markets Law Journal 15 (2020) 418, 423.

49 Green Bonds – Made by KfW, Framework 2024, effective as of 01 January 2024, 1. Overarching Objective and Strategy.

50 Brückbauer/Cézanne/Kirschenmann/Schröder, ZEW policybrief No. 10, October 2023, Does the European Union need another Green Bond Standard.

51 Erwägungsgrund 3 GB-VO.

52 Hamburg Climate Futures Outlook 2024, p. 21.

2. *Mittelverwendung*

Im Einzelfall oder auch ganz grundsätzlich mag sich die Frage stellen oder gestellt werden, ob die Erlöse aus einer Anleiheemission für »grüne« Zwecke verwendet werden. Im Schrifttum ist bislang umstritten, ob die vom Emittenten angegebenen Mittelverwendung auch durchgesetzt werden kann.[53] Auch international wird grundsätzlich davon ausgegangen, dass die Angaben von Emittenten zur Verwendung der Erlöse von grünen Anleihen für die vom Emittenten angegebenen Zwecke nicht durchgesetzt werden können.[54] Soweit ersichtlich, sollen auch ohne einen durchsetzbaren Rechtsanspruch der Anleger auf vermarktungskonforme Erlösverwendung die Mittel regelmäßig für »grüne« Zwecke eingesetzt werden.

Wenn die Finanzierung der grünen Transformation durch den Kapitalmarkt erfolgen soll, dann bietet sich in der Europäischen Union an sich der Verweis auf die Taxonomie an.[55] Die Regeln der Taxonomie gelten nicht nur für Eigenkapital, sondern auch für Fremdkapital. Für Unternehmen hat ein solcher Bezug den Vorteil, dass sie eine taxonomiekonforme Mittelverwendung spezifisch ausweisen können. Green Bonds sind Teil des Kosmos der Green Finance und könnten das eigentliche Anwendungsfeld für die Taxonomie darstellen. Von Seiten der Wirtschaftsprüfer wird insbesondere das Greenwashing als Problem sowie dessen Verhinderung als Regelungsziel der Green Bond-Verordnung genannt.[56]

Allerdings erklären Emittenten, dass sie auf die Emission grüner Anleihen verzichten, wenn die Standards zu strikt sind. Zwischen der Größe des Green Bond-Marktes sowie der Schärfe der einschlägigen gesetzlichen Regelungen dürfte so ein Zusammenhang bestehen. Auch für Green Bonds greift weiter der Grundsatz von exit, voice and loyalty.[57] Exit bedeutet hier den Verkauf der Anleihe, aber auch den Verzicht auf die Zeichnung einer nochmaligen Emission bei nicht hinreichender Begründung der Abweichung von einer bestimmungsgemäßen Verwendung. Dieser Mechanismus könnte bei Green Bonds ausreichen, so dass es einer voice der Inhaber der Anleihen bzw. einer durchsetzbaren loyalty bei der Mittelverwendung nicht bedarf. Das ist insbesondere zu beachten, wenn eine Steigerung des Anlagevolumens in grüne Anleihen angestrebt wird.

53 So Veil, WM 2020, 1093, 1100, anders jedenfalls im Grundsatz Ekkenga/Roth, WM 2021, 1161; Renner, ZBB 2023, 23, 28 f.

54 Curtis/Weidemeier/Gulati, Green Bonds, Empty Promises, SSRN, February 2023, p. 24; Freeborn/Ramsay, Green Bonds: Legal and Policy Issues, Capital Markets Law Journal 15 (2020) 418, 440.

55 Zur Notwendigketi der Taxonomievergleichung Bueren, ZGR 2024, 397, 423 f.

56 Bloos, Wpg 2024, 484, 485: Wichtigstes Ziel der Anwendung eines einheitlichen europäischen Standards.

57 Hirschman, Exit, voice and loyalty, Harvard University Press 1970, siehe auch Kalss, Anlegerinteressen, 2001.

3. *Anlegerschutz*

Die deutschen Beispiele BayWa und Prokon zeigen die Gefahren »grüner« Kapitalanlage. Der Windparkbetreiber Prokon hatte bis in 2010er Jahre hinein Genussrechte mit einer garantierten Mindestverzinsung ausgegeben,[58] die Anleger erlitten einen Verlust von geschätzt 42 Prozent[59] als die Genussrechte nach Umwandlung in eine Genossenschaft in Genossenschaftsanteile getauscht werden konnten.[60] Behandelt wurde Prokon als Frage des grauen Kapitalmarktes.[61] Die BayWa geriet auch wegen Investition in Solar- und Windparks während der Niedrigzinsphase in Schieflage, der emittierte Green Bond konnte aber zurückgezahlt werden.[62]

Aufgrund der Erfahrungen mit grünen Anlagen im grauen Kapitalmarkt fordert der Verbraucherzentrale Bundesverband ein Prospekterfordernis und insbesondere eine inhaltliche Prüfung des Prospektes.[63] Ein solcher Prospekt wird nach den Marktstandards für grüne Anleihen der ICMA sowie der Climate Bonds Initiative bislang nicht verlangt.[64] Neben den Risiken der Anlage in erneuerbare Energien wird im Schrifttum auf die für Endanleger hohen Kosten verwiesen und ein »Greenium« (green bond premium) angenommen, für Anleger eine geringere Rendite und für Emittenten geringere Finanzierungskosten.[65]

4. *Transparenz, externe Kontrolle und Aufsicht*

Transparenz ist die klassische Antwort auf Gefahren missbräuchlicher Verwendung von Geldern.[66] Entsprechende Regelungen finden sich auch in den internationalen Marktstandards der ICMA sowie der Climate Bonds Initiative, die beide Erklärungen über die beabsichtigte Verwendung von Erlösen aus einer Anleiheemission sowie

58 https://www.lto.de/recht/hintergruende/h/prokon-genussrechte-liquiditaet-insolvenz-kapitalmarkt.
59 https://www.handelsblatt.com/finanzen/steuern-recht/recht/prokon-wird-genossenschaft-insolvente-windkraftfirma-steht-vor-der-umwandlung/12091466.html.
60 https://www.bondguide.de/anleihen-im-fokus/prokon-bond-rauer-wind-zum-boersendebuet/.
61 https://www.vzbv.de/pressemitteilungen/regulierung-des-grauen-kapitalmarkts-ist-ueberfaellig.
62 https://www.baywa.com/presseinformationen/02424_baywa_rueckzahlung_greenbond.
63 Vzbv, Aktiven Vertrieb verbieten, Haftungsprinzip durchsetzen, Forderungen des Verbraucherzentrale Bundesverbands zur Regulierung des Grauen Kapitalmarkts, 7. Dezember 2022.
64 Oben II.2.
65 Bueren, ZGR 2024, 397, 413 mit Verweis auf die geringere Ausfallwahrscheinlichkeit, so bei BayWa.
66 Brandeis, What Publicity Can Do, Harper's Weekly, December 20, 1913, abrufbar unter https://www.sechistorical.org/collection/papers/1910/1913_12_20_What_Publicity_Ca.pdf.

über die Mittelverwendung vorsehen. In der Literatur wird eine bessere Transparenz und Zertifizierung als ausreichende Kompensation für fehlende Rechtsbehelfe zur Einklagbarkeit der angegebenen Mittelverwendung angesehen.[67] Eine externe Kontrolle wird in den internationalen Marktstandards empfohlen bzw. vorgesehen, nach den Climate Bonds Standards der Climate Bonds Initiative ist auch eine Zertifizierung möglich. Green Bonds unterliegen weiter der allgemeinen Kapitalmarktaufsicht und könnten einem besonderen Regime unterstellt werden.

IV. Rechtsvergleich und Genese der Green Bond-Verordnung

1. Nationale Standards in Asien, insbesondere in China und Indien

Die wohl erste nationale kapitalmarktliche Regelung für Green Bonds wurde von der indischen Securities and Exchange Board (Securities and Exchange Board of India, SEBI) bereits im Jahre 2017 erlassen.[68] Diese erste Regulierung enthielt eine Definition für Green Debt Securities, Anforderungen an die Angebotsunterlage sowie dauernde Veröffentlichungspflichten, eine externe Prüfung war optional, sollte aber offengelegt werden. Die Definition der Green Debt Securities wurde 2021 in die Issue and Listings of Non-Convertible Securities Regulation 2021 überführt,[69] die inhaltlichen Regeln in den Operational Circular for issue and listing of Non-convertible Securities[70] und dort in Chapter IX geregelt. Letztere Regelung wurde 2023 überarbeitet und erweitert,[71] unterschieden wird nun zwischen der Offenlegung bei Veröffentlichung der Angebotsunterlage sowie der Börsennotierung, dauerhaften Offenlegungspflichten bei börsennotierten grünen Anleihen, der Bestellung eines externen Prüfers sowie den Verantwortlichkeiten des Emittenten einer grünen Anleihe.[72]

67 Curtis/Weidemeier/Gulati, Green Bonds, Empty Promises, SSRN, February 2023, p. 56.

68 SEBI, Disclosure Requirements for Issuance and Listing of Green Debt Securities, Circular CIR/IMD/DF/51/2017, May 30, 2017.https://nsearchives.nseindia.com/content/debt/SEBI_Circular_30052017.pdf.

69 The Gazette of India, Mumbai the 9th August, 2021, Securities and Exchange Board of India (Issue and Listing of non-convertible securities) Regulations, 2021.

70 SEBI/HO/DDHS/P/CIR/2021/613, August 10, 2021.

71 Securities and Exchange Board of India, Review of Chapter IX – Green Debt Securities of Operational the Circular for issue, https://nsearchives.nseindia.com/web/sites/default/files/inline-files/SEBI_Circular_06022023_4.pdf.

72 Zu indischen Green Bonds Kumar/Kundalia, Green Bonds – Role and scope in India's financial and fiscal landscape, The Journal of the Indian Institute for Banking and Finance, Juli-September 2023, 43; Verma/Agarwal, A Study of Green Bond Market in India: A Critical Review, abrufbar unter https://iopscience.iop.org/article/10.1088/1757-899X/804/1/012052/pdf; Manaktala, Green Bonds in Sustainable Finance: Exploring the case of India, SSRN.

Nationale Standards in Asien werden hierzulande bislang wenig diskutiert,[73] neben Indien haben etwa auch Japan,[74] Südkorea[75] und China solche Standards geschaffen. Mit China hat im Jahre 2022 der größte nationale Markt für grüne Anleihen[76] eigene Green Bond Principles geschaffen, die China Green Bond Principles.[77] Die China Green Bond Principles gelten für in China emittierte Green Bonds,[78] sie verstehen sich als ein Best Practice-Ansatz und Selbstregulierung.[79] Für in China emittierte Green Bonds wird eine externe Prüfung nur empfohlen[80] und ein Prospekt nicht verlangt. Der Rechtscharakter der China Green Bond Principles erscheint unklar, es handelt sich zwar nicht um formelle Börsenzulassungsbedingungen, aber doch um Marktstandards von denen die chinesischen Börsen nicht ohne weiteres abweichen werden.[81]

2. *Diskussion und Verabschiedung der Green Bond-Verordnung*

Für Europa als größtem Markt für Green Bonds[82] liegt der Gedanke nahe, einen eigenen Standard für den eigenen Kapitalmarkt zu entwickeln, jedenfalls stellen sich die Fragen des Greenwashing hier mit Blick auf das Gesamtvolumen sowie auf den European Green Deal, nach dem Europa der erste klimaneutrale Kontinent werden soll, am dringlichsten.[83] Hinsichtlich des Greenwashing wurden allerdings separate Regulierungen angestrebt,[84] die Verhinderung eines Greenwashing ist nicht der zentrale Aspekt der nunmehr verabschiedeten Green Bond-Verordnung. Anders als in China oder Indien werden nicht alle im Geltungsbereich der Regelung emittierten Green Bonds in den Anwendungsbereich einbezogen, sondern es wird ein neuer Standard für europäische grüne Anleihen geschaffen. Dieser Standard tritt neben die internationalen Regelwerke, die so entsprechend etablierter Praxis weiter genutzt werden können.

73 Siehe aber Bueren, ZGR 2024, 397, 422.
74 Japan Ministry of the Environment, Green Bond and Sustainability Linked Bond Guidelines, 2024.
75 Korea Development Bank, KDB Green Bond Framework, 2017.
76 Climate Bonds Initiative, Sustainable Debt Global State of the Market 2023, p. 6.
77 China Green Bond Principles, https://www.hkex.com.hk/-/media/68EF4542686540C49814910E4C570A5B.ashx, dazu *Zhang/Zhang/Li/Liu*, in Arimoro/Igbokwe/Egbe, Law and Sustainable Development after Covid 19, page 170, Cambridge 2025.
78 China Green Bond Principles, 3.1.
79 China Green Bond Principles, Introduction.
80 China Green Bond Principles, 2.2.3, 2.4.3.
81 Zu Mischformen auch Bueren, ZGR 2024, 397, 422.
82 Climate Bonds Initiative, Sustainable Debt Global State of the Market 2023, p. 5.
83 European Green Deal, Communication from the European Commission Brussles 11.12.2019, COM(2019) 640 final.
84 Vorschlag für eine Richtlinie über die Begründung ausdrücklicher Umweltaussagen und die diesbezügliche Kommunikation (Richtlinie über Umweltaussagen, Green Claims Directive), Brüssel 22.3.2023, COM(2023) 166 final, 2023/0085((COD).

Vorarbeiten für die Green Bond-Verordnung hat eine technische Arbeitsgruppe geleistet. Die Technical Expert Group (TEG) hat 2019 in ihrem Bericht zehn Empfehlungen formuliert und insbesondere die Freiwilligkeit eines European Green Bond Standard vorgeschlagen.[85] Sodann hat die EU-Kommission 2021 einen ersten Entwurf für die Green Bond-Verordnung vorgelegt.[86] Später hinzugefügt wurde die Prospektpflicht für alle grünen Anleihen, die unter die Green Bond-Verordnung fallen. Entsprechend den Vorarbeiten der Technical Expert Group spricht die Literatur von einem European Green Bond Standard,[87] so teilweise auch die Green Bond Verordnung.[88] RWE als bedeutender Emittent beobachtet nach dem letzten Green Bond Framework die Entwicklung der Standards für europäische Anleihen und will diese auch berücksichtigen.[89] Ein begrenztes Angebot könnte jedenfalls zunächst zu einem Nachfrageüberhang bei European Green Bonds führen.[90]

V. Allgemeine Prinzipien der Green Bond-Verordnung

1. *Freiwilligkeit*

a) European Green Bond als freiwilliges Label

Art. 1 der Verordnung nennt als Gegenstand der Richtlinie diejenigen grünen Anleihen, die unter der Bezeichnung »europäische grüne Anleihe« oder »EuGB« vermarktet werden sollen, also als European Green Bond. Dies erinnert an die Angabe einer Rechtsform, wie etwa bei der Europäischen Gesellschaft die Verwendung der Bezeichnung als Europäische Gesellschaft oder die Verwendung des Kürzels SE für die lateinische Bezeichnung Societas Europaea.[91] Näher hätte es gelegen, die Green Bond-Verordnung explizit als Standard für grüne Anleihen zu formulieren und darauf zu verweisen, dass eine Einhaltung dieses Standards nur behauptet werden darf, wenn dessen Regelungen praktisch auch eingehalten werden. Letztlich wird dies freilich auch ohne explizite gesetzliche Regelung gelten.

85 EU Technical Expert Group on Sustainable Finance, Report on EU Green Bond Standard, June 2019.
86 Vorschlag für eine Verordnung über grüne Anleihen, Brüssel den 6.7.2021, COM(2021) 391 final.
87 Biedermann/Pichler, DB 2023, 2676; Schlitt, BKR 2023, 426.
88 Zur Überprüfung Art. 71 Abs. 1 lit a GB-VO.
89 RWE Green Financing Framework June 2023, p. 12.
90 Bloos, Wpg 2024, 484, 492.
91 Fast gleichlautend Art. 1 Abs. 1 SE-VO (Verordnung 2157/2001 über das Statut der Europäischen Gesellschaft (SE)).

b) Fakultative Offenlegung nach Artt. 20, 21 Green Bond-VO

Für nicht als European Green Bond vermarktete Anleihen, die Nachhaltigkeitsziele verfolgen, sieht Art. 20 Green Bond-VO die Möglichkeit freiwilliger Angaben vor. Die Kommission sollte hierzu bis zum 21.12.2024 Leitlinien vorlegen,[92] nach denen auch angegeben werden soll, ob der Emittent beabsichtigt, auf einen externen Prüfer zurückzugreifen.[93] Weiter sieht Art. 21 Green Bond-VO die Möglichkeit der regelmäßigen Offenlegung von Informationen vor, es findet dann nach Art. 21 Abs. 1 Unterabs. 1 Green Bond-VO auch bei freiwilliger Offenlegung eine Aufsicht nach Art. 44 Green Bond-VO statt.

2. *Taxonomiekonforme Mittelverwendung*

Die Mittelverwendung ist Gegenstand von Art. 4 Abs. 1 Green Bond-Verordnung. Danach werden die Erlöse europäischer grüner Anleihen vor deren Fälligkeit im Einklang mit den Taxonomieanforderungen der EU verwandt.[94] Hierunter sind nach der Begriffsdefinition in Art. 2 Nr. 3 Green Bond-Verordnung die in Art. 3 der Verordnung 2020/852 (Taxonomie-Verordnung) festgelegten Kriterien für nachhaltige Wirtschaftstätigkeiten gemeint. Verwiesen wird so auf eine Zentralnorm der Taxonomie-Verordnung. Es muss ein wesentlicher Beitrag zu einem in Art. 9 Taxonomie-Verordnung genannten Ziel geleistet werden,[95] also zum Klimaschutz, zur Anpassung an den Klimawandel, zur nachhaltigen Nutzung und zum Schutz von Wasser- und Meereswasserressourcen, den Übergang zur Kreislaufwirtschaft, die Vermeidung oder Verminderung der Umweltverschmutzung oder dem Schutz und der Wiederherstellung der Biodiversität und der Ökosysteme. Weiter darf die Wirtschaftstätigkeit nicht zu einer erheblichen Beeinträchtigung eines oder mehrerer dieser Umweltziele führen,[96] der in Art. 18 Taxonomie-VO festgelegte Mindestschutz muss eingehalten werden.[97]

Der Verweis auf die Taxonomie schränkt den Einsatzbereich von europäischen grünen Anleihen nicht unerheblich ein. Geschätzt wurde, dass 70 Prozent der traditionellen Verwendungszwecke grüner Anleihen nicht taxonomiekonform sind.[98] Die Beschränkung auf klimaneutrale und sonst taxonomiekonforme Verwendung

92 Art. 20 Abs. 1 GB-VO, siehe auch die Vorgaben in Art. 20 Abs. 3, 4 GB-VO.
93 Art. 20 Abs. 2 GB-VO.
94 Vergleich Taxonomien in der EU und in China siehe International Platform Sustainable Finance, Common Ground Taxonomy Instruction Report, updated November 2024.
95 Art. 3 lit a) Taxonomie-VO.
96 Art. 3 lit b) Taxonomie-VO, hierzu näher Art. 17 Taxonomie-VO.
97 Art. 3 lit c) Taxonomie-VO, verwiesen wird dort auf Leitsätze der OECD für multinationale Unternehmen, die Leitprinzipien der UNO für Wirtschaft und Menschenrechte, Kernübereinkommen der ILO sowie die Charta der Menschenrechte.
98 Freeborn/Ramsay, Green Bonds: Legal and Policy Issues, Capital Markets Law Journal 15 (2020) 418, 434.

ist problematisch, ein Beitrag zum Klimaschutz wird nicht nur durch eine klimaneutrale Verwendung geleistet, sondern bereits, wenn weniger klimaschädliche Gase ausgestoßen werden. Eine gewisse Erleichterung in diesem Sinne bietet der Verweis auf Investitionsausgaben gemäß Anhang I Abschnitt 1.1.2.2 der Delegierten Verordnung (EU) 2021/2178 lässt Art. 4 Abs. 1 lit b) Green Bond-Verordnung allerdings vorübergehend eine von den eigentlichen Taxonomieanforderungen abweichende Mittelverwendung zu.[99] Sofern nicht sogleich eine endgültige, taxonomiekonforme Mittelverwendung möglich ist, hat der Emittent einen sogenannten CapEx-Plan aufzustellen, dieser Plan muss vor Fälligkeit des Bond abgeschlossen sein.[100]

Grundsätzlich besteht keine durchsetzbare Verpflichtung zur prospektgemäßen Mittelverwendung. In der Green Bond-VO findet sich keine Regelung über Aufnahme der Mittelverwendung in die Anleihebedingungen. Erwartet wird so, dass sich die Marktpraxis nicht ändert und auch künftig keine Kündigungsmöglichkeit bei nicht »grüner« Erlösverwendung besteht.[101] Auch nach der Green Bond-Verordnung zulässig ist ein Abweichen bis 15 Prozent der Mittelerlöse, anders noch in früheren Entwürfen.[102] Eine Verbindung besteht bei Sustainability-Linked Bonds bzw. dem Vorschlag eines Skin-in-the-Game Bond,[103] eingreifen kann eine Prospekthaftung.

3. *Notwendigkeit eines Prospektes*

Art. 14 Green Bond-VO sieht anders als die Green Bond Principles der ICMA sowie die Climate Bonds Standards eine Prospektpflicht für europäische grüne Anleihen vor. Kritisch hingewiesen wird auf die Kosten eines Prospektes[104] und den EU Listing Act, der das Prospekterfordernis einschränken will.[105] Die Voraussetzung der Veröffentlichung eines Prospektes für europäische grüne Anleihen war nicht in den Empfehlungen der technischen Arbeitsgruppe enthalten,[106] auch nicht im Entwurf aus dem Jahre 2021.[107] Der erste Entwurf der Kommission sah nur einen Verweis auf die Prospektverordnung, vor, an sich kann eine Emission ohne Prospekt erfolgen, wenn eine Mindeststückelung von 100.000 Euro vorgesehen wird oder sich das Angebot nur an qualifizierte Anleger richtet.

99 Explizit Bloos, WPg 2024, 484, 486 mit der Unterscheidung von taxonomiefähiger und taxonomiekonformer Wirtschaftstätigkeit.
100 Art. 7 Abs. 2 GB-VO.
101 Biedermann/Pichler, DB 2023, 2676, 2680; Schlitt/Esmaty, BKR 2023, 426, 434.
102 Schlitt/Esmaty, BKR 2023, 426, 429.
103 Dazu Antonio/Schoutens/Verschueren, The Skin-in-the-Game Bond in Alexander/Gargantini/Siri, The Cambridge Handbook of EU Sustainable Finance, Regulation, Supervision and Governance, Cambridge 2025, p. 686.
104 Biedermann/Pichler, DB 2023, 2676, 2682.
105 Schlitt/Esmaty, BKR 2023, 426, 429.
106 EU Technical Expert Group on Sustainable Finance, Report on EU Green Bond Standard, June 2019.
107 Erster Legislativvorschlag der Kommission, Vorschlag für eine Verordnung über grüne Anleihen, Brüssel den 6.7.2021, COM(2021) 391 final.

VI. Regelung von Transparenz, externer Kontrolle und Aufsicht

1. *Transparenz von European Green Bonds*

Gestärkt wird mit den Transparenzvorschriften für European Green Bonds die Offenlegung nicht-finanzieller Informationen.[108] Vorgegeben werden vor der Ausgabe von europäischen grünen Anleihen Angaben im Prospekt[109] und im Informationsblatt. Im Prospekt ist auch ein Plan für die Allokation der Mittel anzugeben, wenn erst später eine taxonomiekonforme Mittelverwendung vorgesehen wird.[110] Vorgesehen wird weiter ein Informationsblatt,[111] das im Anhang I der Green Bond-Verordnung näher beschrieben wird. Entsprechende Muster gibt es auch für die Angaben über die Mittelverwendung, also den jährlich zu erstellenden Allokationsbericht[112] mit dem Anhang II zur Green Bond-VO sowie für den Wirkungsbericht[113] mit Anhang III der Green Bond-VO. Für den Allokationsbericht ist eine externe Prüfung verpflichtend,[114] für den Wirkungsbericht ist die externe Prüfung nach der Green Bond-VO freiwillig.[115]

2. *Externe Kontrolle und Aufsicht*

Die Green Bond-Verordnung legt mit dem Titel IV und den Artt. 22 bis 43[116] sowie den korrespondierenden Normen für die Aufsicht durch die ESMA[117] einen Regelungsschwerpunkt auf die externe Prüfung grüner Anleihen. Erstmals werden nur registrierte externe Stellen zugelassen.[118] Bislang waren Second Party Opinions, zunächst durch Cicero in Norwegen und Oekom in Deutschland,[119] nicht kapitalmarktrechtlich reguliert. Nach der Green Bond-Verordnung müssen das Informationsblatt und der Allokationsbericht geprüft werden, die Prüfung des Wirkungsberichts bleibt freiwillig.[120] Externe Prüfer müssen die Ergebnisse der Prüfung auf ihrer Webseite veröffentlichen.[121]

108 Hell, Offenlegung nicht finanzieller Informationen, 2020.
109 Art. 14 GB-VO.
110 Art. 14 Abs. 4 Green Bond-VO, sogenannter CapEX-Plan.
111 Art. 10 GB-VO.
112 Art. 11 GB-VO.
113 Art. 12 GB-VO.
114 Art. 11 Abs. 4, 6 GB-VO.
115 Art. 12 Abs. 3 GB-VO mit Mindestangaben für den Fall einer freiwilligen Prüfung.
116 Titel IV der EU Green Bond-VO: Externe Prüfer europäischer grüner Anleihen.
117 Art. 54 bis 67 GB-VO, siehe auch die Übergangsbestimmungen in Art. 69, 70 GB-VO.
118 Schlitt/Esmaty, BKR 2023, 426, 432. Zur Zertifizierung nach den Climate Bonds Standards freilich oben II.2.
119 Zur Entwicklung oben I.2.
120 Bloos, WPg 2024, 484, 489.
121 Art. 38 GB-VO.

Angenommen wird ein neuer Markt für Wirtschaftsprüfer, da diesen nun auch die Tätigkeit als externer Prüfer eröffnet wird.[122] Voraussetzungen für die externe Prüfung europäischer grüner Anleihen ist eine Registrierung bei der ESMA.[123] Hierfür müssen die Geschäftsleitung und die Mitglieder des Leitungsorgans ausreichend gut beleumundet und ausreichend qualifiziert sein, also über ausreichende berufliche Qualifikationen und einschlägige Erfahrungen verfügen. Weiter muss die Anzahl der Analysten, Mitarbeiter etc. ausreichend sowie interne Vorkehrungen angemessen und wirksam sein.[124]

Die European Green Bond-Verordnung weist der ESMA eine zentrale Rolle für die erstmals vorgesehene Aufsicht[125] über die externe Prüfung von Green Bonds zu,[126] verschiedene externe Prüfer haben sich bereits bei der ESMA registrieren lassen. Neben die Aufsicht der ESMA über externe Prüfer tritt die nationale Finanzmarktaufsicht. Nach der Green Bond-Verordnung kann die Finanzmarktaufsicht die Veröffentlichungs- und Prüfungspflichten durchsetzen,[127] das Angebot oder die Zulassung zum Handel an einem geregelten Markt aussetzen oder untersagen[128] sowie Werbung unterbinden,[129] weiter vom Emittenten verlangen bekanntzumachen, dass er seine Verpflichtungen aus der Green Bond-Verordnung nicht erfüllt.[130]

VII. Ergebnis und Ausblick

Die European Green Bond Regulation tritt als freiwilliger Standard neben die Green Bond Principles und die Climate Bonds Principles, dies nach den China Green Bond Principles und den indischen Offenlegungsvorschriften als regionaler Green Bond Standard. Die Green Bond-Verordnung sieht für europäische grüne Anleihen erstmals eine Prospektpflicht vor und benennt eine Aufsichtsbehörde für die externe Prüfung grüner Anleihen. Beim European Green Bond Standard handelt es sich um den bislang hochwertigsten Green Bond Standard, der besonderen Wert auf die Glaubwürdigkeit umweltbezogener Angaben legt, es kann von einem Goldstandard gesprochen werden.

Bislang offen erscheint der Erfolg des European Green Bond Standard, also die Aufnahme des Standards für europäische grüne Anleihen sowie deren Marktanteil.[131] In den ersten Monaten wurde nur eine geringe Zahl von European Green Bonds

122 Bloos, WPg 2024, 484, 492.
123 Art. 22 GB-VO.
124 Art. 23 Abs. 2 GB-VO.
125 Biedermann/Pichler, DB 2023, 2676: erstmals Aufsicht.
126 Art. 54 bis 67 GB-VO.
127 Art. 45 Abs. 1 lit a)-g)GB-VO.
128 Art. 45 Abs. 1 lit h), i) GB-VO.
129 Art. 45 Abs. 1 lit j), k) GB-VO.
130 Art. 45 Abs. 1 lit l), n) GB-VO.
131 Zur Überprüfung auch Art. 71 Abs. 1 lit a) GB-VO.

emittiert, im ersten Quartal 2025 hatten noch nicht alle nationalen Aufsichtsbehörden entsprechende Prospekte zugelassen. Offen sind so bislang auch die Auswirkungen der European Green Bond Standards auf den Übergang zu einer nachhaltigen Wirtschaft, keineswegs ausgemacht ist, dass eine Umlenkung privater Kapitalströme hin zu nachhaltigen Investitionen durch die Green Bond Verordnung gefördert wird.[132]

Derzeit ist ungewiss, ob der Markt für grüne Anleihen durch die European Green Bond-Verordnung wieder bzw. weiter belebt wird. Allein die Befugnis zur Bezeichnung eines Green Bond als »europäische grüne Anleihe« bzw. EuGB wird als Anreiz für die Wahl des European Green Bond Standard nicht ausreichen. Hierzu bedürfte es flankierender Maßnahmen bzw. eines die Emission grüner Anleihen stärker fördernden Regelwerkes. Entscheidend für die Investitionen in nachhaltige Anlagen ist die Wettbewerbsfähigkeit nachhaltiger Produkte und Dienstleistungen. Im Wettbewerb der Standardsetzer für Green Finance dürften flexible Standards weiterhin Vorteile haben. Hieran könnte sich auch eine Revision der Green Bond-Verordnung orientieren und so letztlich doch mehr dringend erforderliches Kapital für die grüne Transformation verfügbar machen. Dies wäre für eine effektive Bekämpfung des Klimawandels dringend geboten.

132 Zur Überprüfung auch Art. 71 Abs. 1 lit b) GB-VO.

Abfindungsbeschränkungen bei Familiengesellschaften – taugliches Instrument zur Steuerung der Unternehmensnachfolge?

Carsten Schäfer

I. Einführung und Regelungsbeispiel

Familienunternehmen pflegen durch ein ganzes Arsenal gesellschaftsvertraglicher Regelungen die Nachfolge innerhalb der Familie bzw. des jeweiligen Stamms zu sichern. Dazu gehören Verfügungsbeschränkungen, unter Lebenden und von Todes wegen, die eine Nachfolge nur auf familien- bzw. stammeszugehörige Personen gestatten, Verpflichtungen zum Abschluss von Ehe- bzw. Erbverträgen, die Einschränkung des ordentlichen Kündigungsrechts, aber auch Abfindungsbeschränkungen beim Ausscheiden eines Gesellschafters. Häufig wird die Abfindung von vornherein deutlich unterhalb des gesetzlich geschuldeten Betrags festgesetzt, gelegentlich sogar vollständig ausgeschlossen. Auf diese Weise soll erreicht werden, dass die Gesellschafter, die den Gründern nachfolgen, zwar zu Lebzeiten von Gewinnausschüttungen profitieren, beim Ausscheiden aber vom anteiligen Unternehmenswert – zumindest partiell – ausgeschlossen bleiben, um das Unternehmen möglichst ohne Substanzverlust auf die nächste Generation übertragen zu können. Solche Regelungen kollidieren auf den ersten Blick mit der ständigen höchstrichterlichen Rechtsprechung des BGH, die Abfindungsklauseln mit dem Sittenwidrigkeitsverdikt begegnet, wenn die festgelegte Abfindung von vornherein erheblich unterhalb des Verkehrswerts des Anteils bleibt. Andererseits hat die Rechtsprechung aber in jüngerer Zeit zunehmend die Bereitschaft gezeigt, von der Norm abweichende Besonderheiten einer Gesellschaft bzw. Beteiligung (auch) bei der Beurteilung von Abfindungsklauseln zu berücksichtigen. Der Frage, ob bzw. in welchem Umfang solche Besonderheiten, wie die erwähnten Verfügungsbeschränkungen oder eine hohe Thesaurierungsquote, für die rechtliche Bewertung von Abfindungsklauseln relevant sind, vielleicht sogar schon bei der Ermittlung des gesetzlich geschuldeten Abfindungsbetrags, soll im Folgenden nachgegangen werden.

Zur besseren Verdeutlichung wird hierfür ein in der Praxis verbreiteter Klauseltyp beispielhaft herangezogen, der die Verallgemeinerungsfähigkeit der gefundenen Ergebnisse in hohem Maße ermöglicht, weil die rechtliche Beurteilung der Klausel nicht von der *tatsächlichen* Entwicklung des Unternehmenswerts abhängt und sie es somit gestattet, die besondere Problematik eines erst *nachträglichen* Auseinanderfallens zwischen vertraglichem Abfindungsbetrag und anteiligem Unternehmenswert auszublenden. Dies ist möglich, wenn die Klausel vom anteiligen Unternehmenswert als Basis ausgeht, hiervon aber Abschläge in einer Größenordnung vornimmt, die den Abfindungsbetrag in potentiell kritischem Ausmaß unter den allgemein noch als tolerabel angesehenen Wert herabsetzt. Solche Abschläge können auch nach dem Grund für das Ausscheiden differenzieren, also im Falle eines *Ausschlusses* aus wichtigem Grund etwa 25 % des Basiswerts gewähren, im Falle eines *Austritts* aus wichtigem Grund 35 %, bei ordentlicher Austrittskündigung 30 %. Ersichtlich kann sich bei einem solchen Klauseltyp ein kritisches Verhältnis zwischen anteiligem Verkehrswert und Abfindungsbetrag nicht erst im Laufe der Entwicklung des Unternehmens(werts) ergeben. Vielmehr bleibt diese Relation konstant, und zwar vom Geltungsbeginn an, so dass es ausschließlich um die Frage geht, ob der *Abschlag* unter Berücksichtigung besonderer, die konkrete Gesellschaft kennzeichnender Aspekte rechtlich zu tolerieren ist. Das soll vorrangig am Beispiel der *GmbH* erörtert werden; doch unterscheiden sich die rechtlichen Grundlagen insofern nicht von denen bei der *Personengesellschaft*, wie im Folgenden immer wieder durch Seitenblicke verdeutlicht wird.

Den Jubilar mit einem Thema zur Abfindung bei »geschlossenen« Gesellschaften zu beschenken, mag auf den ersten Blick etwas riskant erscheinen, ist er doch vor allem als Aktien- und Kapitalmarktrechtler bekannt und geschätzt, dessen besondere Aufmerksamkeit Fragen der Finanzierung und der Corporate Governance gilt. Der Verfasser wagt dennoch zu hoffen, ihm mit einem sehr praxisrelevanten Thema eine Freude zu bereiten, zumal ihm diese Perspektive sehr vertraut sein dürfte, ist er doch beinahe seine gesamte akademische Karriere hindurch zugleich beratend als Rechtsanwalt tätig gewesen.

II. Rechtliche Grundlagen für die Beurteilung von Abfindungsklauseln

1. Berücksichtigung anteilsspezifischer Besonderheiten durch Zu- und Abschläge auf Bewertungsebene?

Sowohl bei der Ausschließung als auch beim Austritt hat der ausscheidende Gesellschafter grundsätzlich Anspruch auf eine Abfindung zum vollen Verkehrswert seines Geschäftsanteils gegen die Gesellschaft, der allgemein als ein der Beteiligungsquote entsprechender Anteil am Unternehmenswert zu ermitteln ist, wenngleich dies im GmbHG, anders als im Personengesellschaftsrecht (§ 728 Abs. 1 Satz 1 BGB; § 135 Abs. 1 Satz 1 HGB), nicht ausdrücklich geregelt wird.[1] Auch die durch das MoPeG wegen seiner Abkehr vom Gesamthandsprinzip umformulierten Abfindungstatbestände haben die grundsätzlich *indirekte* Ermittlung des geschuldeten

1 Im Ausgangspunkt unstr., vgl. nur BGH, 16.12.1991, II ZR 58/91, BGHZ 116, 359, 370, NJW 1992, 892, 895 (betr. Zwangseinziehung); BGH, 30.04.2001, II ZR 328/00, NJW 2001, 2638, 2639; Ulmer/Habersack in Großkomm-GmbHG, 3. Aufl. 2020, § 34 Rn. 72, 77; Strohn/Fleischer in MünchKomm-GmbHG, 5. Aufl. 2025, § 34 Rn. 245.

Abfindungsbetrages als anteiligen Ertragswert des Unternehmens im Abfindungszeitpunkt inhaltlich nicht verändert.[2]

Fraglich bleibt allerdings, ob eventuelle anteilsbezogene Besonderheiten in Form von Zu- oder Abschlägen vom anteiligen Unternehmenswert schon bei der Ermittlung der gesetzlich geschuldeten Abfindung zu berücksichtigen sind. Dann käme es gar nicht darauf an, ob die Parteien überhaupt eine abfindungsbeschränkende Regelung getroffen haben. So wird etwa darauf hingewiesen, dass insbesondere Einschränkungen der Fungibilität, namentlich aufgrund von Vinkulierungsklauseln, aber auch Abfindungsbeschränkungen, grundsätzlich einen *Abschlag* bei der Anteilsbewertung rechtfertigten.[3] Demgegenüber lehnt der BFH für die Bewertung des Anteils *für steuerliche Zwecke* seit geraumer Zeit Wertabschläge wegen gesellschaftsvertraglicher Verfügungsbeschränkungen explizit ab.[4] Zudem stehen §§ 9, 11 BewG der Berücksichtigung von Abschlägen schon bei der Wertermittlung tendenziell entgegen, zumal nach § 11 BewG der Substanzwert des Unternehmens eine Untergrenze bildet. Andererseits sieht § 203 Abs. 1 BewG für das vereinfachte Ertragswertverfahren einen Kapitalisierungszinssatz vor, der einen pauschalen Risikozuschlag auch wegen mangelnder Fungibilität der Anteile enthält.[5]

Auch im *Gesellschaftsrecht* steht die h.M. einer Berücksichtigung anteilsspezifischer Faktoren insgesamt zurückhaltend bis ablehnend gegenüber, soweit es um die Bestimmung der gesetzlich geschuldeten Abfindung geht;[6] denn solche Abschläge

2 Dazu näher Schäfer in MünchKomm-BGB, 9. Aufl. 2024, § 728 Rn. 2, 21, 29 ff. und Schäfer in Staub, HGB, 6. Aufl. 2024, § 135 Rn. 1, 20 ff.

3 Weller/Reichert in MünchKomm-GmbHG, § 14 Rn. 24 unter Bezugnahme auf BGH, 10.10.1979, IV ZR 79/78, BGHZ 75, 195, NJW 1980, 229 betr. Zugewinnausgleich: »*Bei einer Unternehmensbeteiligung, die keinen Marktpreis hat, bilden im Regelfall der den* good will *einschließende Verkehrswert des Unternehmens und der Umfang der Beteiligung die wesentlichen Grundlagen für die Bemessung ihres Wertes. Wenn die Beteiligung — wie in aller Regel bei einer Personengesellschaft — unveräußerlich ist und der Gesellschaftsvertrag im Falle der Kündigung eines Gesellschafters nur einen Abfindungsanspruch vorsieht, der sich nach einem geringeren als dem wirklichen Wert des Unternehmens richtet, kann sich dies wertmindernd auswirken. Auf den Betrag des Abfindungsanspruchs ist der Wert der Beteiligung in einem solchen Fall allerdings dann beschränkt, wenn die Kündigung am Bewertungsstichtag bereits erfolgt war.*«; explizit abl. etwa Strohn/Fleischer in MünchKomm-GmbHG, § 34 Rn. 283 (zurückhaltend noch Strohn in MünchKomm-GmbHG, 4. Aufl. 2022, § 34 Rn. 221); Hüttemann/Meyer, ZIP 2022, 935, 941 f., jew. mit Hinweis auf BGH, 01.12.1986, II ZR 287/85, NJW 1987, 1019, 1020, wo ein Bewertungsabschlag selbst bei vinkulierten Namensaktien abgelehnt wird; weitere Hinweise sogleich.

4 BFH, 30.03.1994, II R 101/90, BStBl. II 1994, 503; BFH, 19.12.2007, II R 22/06, BFH/NV 2008, 962; BFH, 12.07.2005, II R 8/04, BStBl. II 2005, 845, 848; anders RFH, 09.02.1926, I A 142/25, RFHE 18, 338, 341, der sich für die Berücksichtigung des Fungibilitätsrisikos ausgesprochen hatte.

5 Dazu noch Fleischer in Fleischer/Hüttemann, Rechtshandbuch Unternehmensbewertung, 2. Aufl. 2019, Rn. 20.23.

6 OLG Köln, 26.03.1999, 19 U 108/96, NZG 1999, 1222, 1227 gegen Fungibilitätsabschlag und Minderheitsabschlag beim Austritt aus wichtigem Grund; Fleischer in Fleischer/

widersprechen dem Grundprinzip der indirekten Anteilsbewertung auf Basis des Unternehmenswerts. Den maßgeblichen Ansatz des Gesetzes in § 728 BGB bzw. § 135 HGB (im GmbHG existiert keine Vorschrift, doch gilt hier das Gleiche) haben unlängst *Hüttemann* und *Meyer* aus Anlass der Reform durch das MoPeG noch einmal wie folgt zusammengefasst:[7] Die (gesetzlich gewährte) Abfindung solle dem ausscheidenden Gesellschafter ein »vollwertiges Äquivalent« für den Verlust seiner Mitgliedschaft gewähren. Zwar sei es im Ansatz denkbar, dieses Äquivalent aus der Perspektive eines gedachten Anteilserwerbers zu bemessen, so dass Bewertungszuschläge und -abschläge selbstverständlich wären. Und eine solche Betrachtung sei im Zugewinnausgleichs- und Pflichtteilsrecht auch geboten, weil es dort um die Teilhabe am individuell eingetretenen Vermögenszuwachs des ausgleichspflichtigen Gatten oder Erben gehe. Demgegenüber verfolge die Abfindung ausscheidender Gesellschafter einen anderen Zweck; denn sie gewähre einen Ausgleich dafür, dass der Gesellschafter nicht mehr an den Chancen und Risiken des Unternehmens und insbesondere nicht mehr an den zukünftigen Geschäftsergebnissen partizipiere. Deshalb sei sie, wie im Prinzip auch allgemein anerkannt, grundsätzlich als Teilhabe am Ertragswert des lebenden Unternehmens im Zeitpunkt des Ausscheidens zu bemessen.

Neuerdings öffnet sich der Gesetzgeber zwar in gewissem Umfang der Berücksichtigung anteilsspezifischer Faktoren bei der Ermittlung einer »angemessenen« Abfindung. So ist nach dem (neuen) § 728 Abs. 2 BGB Gegenstand der Schätzung der Wert *des Gesellschaftsanteils* und nicht mehr, wie noch nach § 738 Abs. 2 BGB a.F., der Wert »*des Gesellschaftsvermögens*«. Die Motive geben insofern zwar gleichwohl – und im Ansatz, wie gesehen, ganz zu Recht – ein Bekenntnis zur hergekommenen indirekten Wertermittlung ab, weisen zugleich aber darauf hin, dass die Umformulierung des Abs. 2 besser als bisher verdeutliche, dass ausnahmsweise auch eine unmittelbare Anteilsbewertung in Betracht kommen könne, ohne insofern aber Vorgaben zu machen.[8] In der Regel scheitert eine unmittelbare Anteilsbewertung bei GmbH und Personengesellschaft zwar (auch) an einem fehlenden Markt. Hiervon unabhängig komme aber in Betracht, so die MoPeG-Begründung, »*anteilsbezogene Faktoren*«, wie Entnahme-, Ausschüttungs- und Kündigungsbeschränkungen, zu berücksichtigen.

Hüttemann, Rechtshandbuch Unternehmensbewertung, 2. Aufl. 2019, Rn. 20.11 ff., 20.22 ff., 20.39 sowie Rn. 24.33 ff.; Strohn/Fleischer in MünchKomm-GmbHG, § 34 Rn. 283; eingehend noch Großfeld/Egger/Tönnes, Recht der Unternehmensbewertung, 6. Aufl. 2011, Rn. 955 ff.; Fleischer in Festschrift für Hommelhoff, 2012, S. 223, 234 ff.; Hüttemann/Meyer, ZIP 2022, 935, 941 f.; etwas offener allerdings BGH, 11.12.2002, XII ZR 27/00, NJW 2003, 1396 (eingeschränkte Verfügbarkeit »allenfalls« wertmindernd zu berücksichtigen); offenlassend auch BGH, 16.12.1991, II ZR 58/91, BGHZ 116, 359, 370, NJW 1992, 892, 895.

7 Hüttemann/Meyer, ZIP 2022, 935, 941 f.

8 BegrRegE, BT-Drucks. 19/27635, S. 176; dazu auch Schäfer in MünchKomm-BGB, § 728 Rn. 30; Fleischer in Fleischer/Hüttemann, Rechtshandbuch Unternehmensbewertung, 3. Aufl. 2024, Rn. 25.5 ff.

Offen bleibt danach aber, ob solche Beschränkungen wirklich schon auf der Ebene der *Ermittlung* des für die gesetzliche Abfindung maßgeblichen Anteilswerts Berücksichtigung finden können, ohne das für die Abfindung beim Ausscheiden maßgebliche Bewertungsziel preiszugeben.[9] Immerhin hatte auch die Leitentscheidung des BGH zum GmbH-Recht eine solche Berücksichtigung erwogen:

> *»Dabei wird es [das Berufungsgericht, an das zurückverwiesen wurde] prüfen müssen, ob in Hinblick darauf, daß die Verkehrsfähigkeit der Geschäftsanteile wegen der Voraussetzungen, an welche die Mitgliedschaft in der Beklagten geknüpft ist und von denen die Abtretbarkeit der Anteile nach der Satzung abhängt, in hohem Maße eingeschränkt ist, als Verkehrswert der Betrag zu gelten hat, den ein Dritter als Erwerber zahlen würde.«*[10]

Gleichwohl beließ es der Senat für den entschiedenen Fall und »im Zweifel« bei der (indirekten) Ermittlung des Beteiligungswerts auf Basis des Unternehmenswerts und betonte, dass dieser sich im Allgemeinen aus dem Preis ergebe, der bei einer Veräußerung des Unternehmens als Einheit erzielt würde – und nur dies entspricht, wie gesehen, auch dem mit der Abfindung im Ausscheidensfall verfolgten Zweck.

Um das hierdurch vorgegebene Bewertungsziel nicht unnötig zu verschleiern und auch der leichteren Abgrenzbarkeit wegen sprechen in der Tat die besseren Gründe unvermindert dafür, den (gesetzlichen) Abfindungsbetrag grundsätzlich vom Unternehmens(ertrags)wert abzuleiten und Besonderheiten der Beteiligung somit nicht schon auf der Ebene der Wertermittlung in Form von Bewertungsabschlägen zu berücksichtigen. Dieser Ansatz lässt zugleich aber Raum, anteilsspezifische Besonderheiten bei der (rechtlichen) Bewertung gesellschaftsvertraglicher *Abfindungsklauseln* zu berücksichtigen, indem sie, sofern es um *wertmindernde* Faktoren geht, den Regelungsspielraum für Abfindungsbeschränkungen über das Übliche hinaus erweitern. *Für* eine solche Berücksichtigung lassen sich bei näherem Hinsehen vielfältige Anknüpfungspunkte durchaus auch in Rechtsprechung und ebenso in der Literatur finden (näher unter II. 2.). Für diesen Ansatz spricht auch die Aussage in den MoPeG-Motiven, wonach den Gesellschaftern mehr »*Freiraum*« belassen werden solle, wenngleich diese Aussage formal – und missverständlich – auf die Wertermittlung bezogen wird.[11] Demgemäß konzentrieren sich die nachfolgenden Ausführungen auf die rechtliche Bewertung von Abfindungsklauseln.

9 Dagegen dezidiert namentlich Hüttemann/Meyer, ZIP 2022, 935, 940 f.; offener hingegen Walter, ZIP 2022, 2587, 2591: Für Minderheits- und Fungibilitätsabschläge sei fraglich, ob die bisherige Argumentation noch trage, so dass der bisherige Grundsatz mit Blick auf die »Angemessenheit« durchbrochen werden könne.

10 BGH, 16.12.1991, II ZR 58/91, BGHZ 116, 359, 370, NJW 1992, 892, 895.

11 BegrRegE, BT-Drucks. 19/27635, S. 175.

2. *Zur Beurteilung gesellschaftsvertraglicher Abfindungsbeschränkungen bei Familiengesellschaften*

Allgemein beurteilt der *BGH* die Wirksamkeit von Abfindungsklauseln vor allem anhand von § 138 BGB; gelegentlich betont er auch, dass das (im Personengesellschaftsrecht durch § 725 Abs. 6 BGB bzw. § 132 Abs. 6 HGB, im GmbH-Recht *praeter legem* anerkannte) unverzichtbare Recht des Gesellschafters auf einen Austritt aus wichtigem Grund nicht durch eine unangemessen niedrige Abfindung entwertet werden darf.[12] Letztlich führen aber beide Aspekte zum selben Prüfungsmaßstab; zumindest sind in der Rechtsprechung insofern keine Unterschiede erkennbar.[13] Und diesen Maßstab formuliert der II. Zivilsenat üblicherweise dahin, dass eine Abfindungsklausel wegen Sittenwidrigkeit bzw. unzulässiger Beschränkung des Austrittsrechts nichtig ist, wenn der aus dem Unternehmenswert abgeleitete volle wirtschaftliche Wert des Geschäftsanteils die vertraglich geschuldete Abfindung *erheblich übersteigt* und das Interesse der Gesellschaft an einem Fortbestand ihres Unternehmens eine derart weitgehende Beschneidung des Abfindungsrechts *nicht erforderlich* erscheinen lässt.[14] Insbesondere hat der BGH danach Abfindungsklauseln für grundsätzlich sittenwidrig gehalten, die eine Abfindung noch unterhalb des Buchwerts vorsahen oder ganz ausschlossen.[15] Im Übrigen weigert sich der II. Zivilsenat aber beständig, eine Quote des Verkehrswerts als (noch) zu tolerierende Untergrenze für die geschuldete Abfindung anzugeben; das Sittenwidrigkeitsurteil könne sich nur aus einer Abwägung aller Umstände im Einzelfall, also unter Berücksichtigung aller Besonderheiten der Gesellschaft, ergeben.[16] Gleichwohl wird man für den Normalfall mitunternehmerisch

12 Etwa BGH, 24.09.1984, II ZR 256/85, NJW 1985, 192 (betr. § 723 Abs. 3 BGB a.F. = § 725 Abs. 6 BGB); BGH, 16.12.1991, II ZR 58/91, BGHZ 116, 359, 369, NJW 1992, 892, 895.

13 Der Verfasser hat demgegenüber für differenzierte Maßstäbe in Bezug auf Sittenwidrigkeit bzw. Kündigungsbeschränkung plädiert (Schäfer in MünchKomm-BGB, § 728 Rn. 50 m.w.N., grundlegend Ulmer/Schäfer, ZGR 1995, 134, 153), damit aber bislang in der Rechtsprechung keinen Widerhall gefunden. Für das Folgende ist die Frage nicht relevant und bleibt daher hier ausgeklammert.

14 BGH, 16.12.1991, II ZR 58/91, BGHZ 116, 359, 375 f., NJW 1992, 892, 896; BGH, 09.01.1989, II ZR 83/88, NJW 1989, 2685, 2686 (betr. KG); BGH, 13.06.1994, II ZR 38/93, BGHZ 126, 226, 240, NJW 1994, 2536, 2539 (betr. GbR); OLG Hamm, 04.12.2002, 8 U 40/02, NZG 2003, 440; OLG Naumburg, 26.08.1999, 2 U (Hs) 315/97, NZG 2000, 698, 700; entsprechend auch z.B. Strohn/Fleischer in MünchKomm-GmbHG, § 34 Rn. 318; Ulmer/Habersack in GroßKomm-GmbHG, § 34 Rn. 91 ff.; Kersting in Noack/Servatius/Haas, GmbHG, 24. Aufl. 2025, § 34 Rn. 30; Westermann/Seibt in Scholz, GmbHG, 13. Aufl. 2022, § 34 Rn. 75; Hülsmann, NJW 2002, 1673; Lange, NZG 2001, 635, 640.

15 Vgl. BGH, 09.01.1989, II ZR 83/88, NJW 1989, 2685, 2686.

16 Vgl. etwa BGH, 24.05.1993, II ZR 36/92, NJW 1993, 2101; BGH, 13.06.1994, II ZR 38/93, BGHZ 126, 226, 240, NJW 1994, 2536, 2539.

beteiligter Gesellschafter Abfindungen, die unterhalb von 50 % des Verkehrswerts liegen, grundsätzlich kritisch zu bewerten haben.[17]

Andererseits hat aber der II. Zivilsenat sogar den völligen Ausschluss der Abfindung gebilligt, wenn die Gesellschafter sich von vornherein nur für ihre Zeit als Manager bzw. Mitarbeiter und ohne nennenswerten eigenen Kapitaleinsatz als Gesellschafter beteiligt haben (näher dazu unter III. 2.).[18] Freilich rechtfertigt der Umstand, dass ein Gesellschafter seinen Geschäftsanteil im Wege der Erbfolge oder der Schenkung erworben hat, nach Ansicht des BGH nicht schon per se einen Abfindungsausschluss.[19]

Bemerkenswert ist in diesem Zusammenhang auch eine Entscheidung des *OLG Karlsruhe*, in der das Gericht die Regelung im Gesellschaftsvertrag einer der »*Verwaltung von Familienvermögen*« dienenden Gesellschaft gebilligt hat, wonach der angeheiratete Gesellschafter bei Scheidung seinen von der ehemaligen Ehegattin ohne Gegenleistung zugewandten Gesellschaftsanteil nach dessen Wahl unentgeltlich an sie selbst oder ihre Kinder zu übertragen hatte.[20] Das Gericht behandelte diese Regelung in seinem Hauptbegründungsstrang zwar gar nicht als Abfindungsbeschränkung, sondern als »*Verpflichtung eines Gesellschafters, seinen Gesellschaftsanteil an einen Rechtsnachfolger zu übertragen aus Gründen, die in dem Rechtsverhältnis zu seinem ehemaligen Ehegatten lägen*« und somit wie eine Schenkung unter Widerrufsvorbehalt. Hilfsweise stellte das OLG aber auch Erwägungen darüber an, was zu gelten hätte, falls die entschädigungslose Übertragungspflicht »*unter gesellschaftsrechtlichen Gesichtspunkten*« beurteilt würde. Auch dann bestünden gegen sie keine Bedenken, weil der Kläger den Gesellschaftsanteil »*in einem weiteren Sinne als Treuhänder*« für den durch seine ehemalige Gattin repräsentierten Familienstamm erworben und gehalten habe. Für diesen Fall habe der BGH in seiner Rechtsprechung zum Mitarbeiter-Beteiligungsmodell[21] nämlich anerkannt, dass dem Angestellten einer GmbH seine Beteiligung nach Ausscheiden aus dem Unternehmen wieder entzogen und er nur in Höhe des von ihm selbst aufgewandten Betrags abgefunden werden könne. Und in der Tat hat der BGH die Wirksamkeit einer weitgehenden

17 Vgl. immerhin BGH, 09.01.1989, II ZR 83/88, NJW 1989, 2685, 2686: Abfindung i.H.v. 50 % des Buchwerts auch in den ersten zehn Jahren nach Gründung sittenwidrig; ferner Schäfer in MünchKomm-BGB, § 728 Rn. 50 m.w.N.; s.a. Kleindiek in Lutter/Hommelhoff, GmbHG, 21. Aufl. 2023, § 34 Rn. 175 (mit Hinweis auf Ulmer/Schäfer, ZGR 1995, 134, 153).

18 BGH, 19.09.2005, II ZR 342/03, BGHZ 164, 107, 115 f., NJW 2005, 3644, 3646; BGH, 19.09.2005, II ZR 173/04, BGHZ 164, 98, 104, NJW 2005, 3641, 3643; BGH, 15.03.2010, II ZR 4/09, NZG 2010, 988 Rn. 11; BGH, 29.04.2014, II ZR 216/13, BGHZ 201, 65 Rn. 13, NZG 2014, 820 Rn. 13; s.a. Ulmer/Habersack in GroßKomm-GmbHG, § 34 Rn. 90a, 103.

19 BGH, 29.05.1978, II ZR 52/77, NJW 1979, 104; BGH, 09.01.1989, II ZR 83/88, NJW 1989, 2685, 2686; BGH, 19.09.2005, II ZR 342/03, BGHZ 164, 107, NJW 2005, 3644; s.a. Strohn/Fleischer in MünchKomm-GmbHG, § 34 Rn. 339; s.a. Schäfer in MünchKomm-BGB, § 728 Rn. 57.

20 OLG Karlsruhe, 12.10.2006, 9 U 34/06, NZG 2007, 423.

21 Das nimmt Bezug auf BGH, 19.09.2005, II ZR 342/03, BGHZ 164, 107, NJW 2005, 3644.

statutarischen Abfindungsbeschränkung u.a. darauf gestützt, dass der ausscheidende Mitarbeiter in Hinblick auf den von ihm von vornherein nur zeitweilig übernommenen Anteil »*eine treuhänderähnliche Stellung*« eingenommen habe, deren wirtschaftlicher Wert – »*bei denkbar geringem eigenen Risiko*« – in dem erheblichen Gewinnausschüttungspotential während der von vornherein begrenzten Dauer der dienstvertraglichen Bindung an die Gesellschaft gelegen habe.

Im *Schrifttum* werden teilweise noch erheblichere Beschränkungen insbesondere bei *Familiengesellschaften* für zulässig gehalten, und zwar gerade für den Fall, dass ein Vater seine Kinder an dem Familienunternehmen beteiligt und dabei sicherstellen will, dass die Kinder nicht durch gesellschaftswidriges Verhalten eine Einziehung ihres Anteils provozieren und den Anteilswert dann liquidieren können.[22] Und auch allgemein wird zunehmend befürwortet, Besonderheiten bei Familiengesellschaften zu berücksichtigen und insbesondere weitergehende Abfindungsbeschränkungen als üblich zu tolerieren.[23] Stehe fest, dass dauerhaft nur ein beschränkter Teil des Jahresüberschusses als Gewinn ausgeschüttet werde, so führe eine dem anteiligen Ertragswert nahekommende Abfindung zu einem unangemessenen Vermögenszuwachs beim ausscheidenden Familienmitglied. Es dürfe deshalb für die Berechnung der Abfindung anstelle des Ertragswerts diejenige Gewinnquote zugrunde gelegt werden, die nach der Praxis der Gesellschaft im Regelfall zur Ausschüttung bestimmt sei. Vergleichsmaßstab für die Beurteilung der Unwirksamkeit von Abfindungsklauseln (Sittenwidrigkeit, Kündigungsbeschränkung) sei dann der so ermittelte besondere Ertragswert *des einzelnen Anteils*.[24] Darauf ist unter III. 2. noch einmal zurückzukommen.

Allgemein anerkannt sind schließlich Differenzierungen nach dem *Grund des Ausscheidens*. Insbesondere kann bei einer Ausschließung aus einem in der Person des betroffenen Gesellschafters liegenden wichtigen Grund eine weitergehende Abfindungsbeschränkung vorgesehen werden als bei einem Austritt des Gesellschafters wegen treuwidrigen Verhaltens der Mitgesellschafter.[25]

22 Sigle, ZGR 1999, 659, 672 f.; grds. zust. noch Strohn in MünchKomm-GmbHG, 4. Aufl. 2022, § 34 Rn. 241, aber ergänzt durch den Hinweis, dass mit Zeitablauf der Erwerbsanlass in den Hintergrund treten könne.

23 Ulmer, ZIP 2010, 805, 813 ff.; eingehend auch Krämer, Das Sonderrecht der Familiengesellschaften, 2019, S. 300 ff., 322 ff.; grds. zust. Schäfer in MünchKomm-BGB, § 728 Rn. 58; R. Koch in BeckOGK-BGB, Stand: 1.10.2023, § 738 Rn. 69; zurückhaltender Wolf, MittBayNot 2013, 9, 14 f. m.w.N., der die »*Familieninteressen*« in der Rspr. des BGH grds. schon ausreichend berücksichtigt sieht und Ausnahmen nur bei Gesellschaften in funktionaler Nähe zur Familienstiftung anerkennen will; vgl. ferner Skusa/Thürauf, NJW 2015, 3478.

24 Ulmer, ZIP 2010, 805, 815; Krämer, Das Sonderrecht der Familiengesellschaften, 2019, S. 275 ff., 310 ff.

25 Siehe nur Strohn/Fleischer in MünchKomm-GmbHG, § 34 Rn. 347; Kleindiek in Lutter/Hommelhoff, GmbHG, § 34 Rn. 177; Volmer, DB 1998, 2507, 2511.

III. Bewertung der exemplarischen Abfindungsklausel

1. *Kennzeichen des Klauselinhalts*

Es sei noch einmal hervorgehoben, dass die Besonderheit der hier – unter I. – beispielhaft zugrunde gelegten Klausel darin besteht, dass sie zwar eine Unternehmensbewertung zum Ausscheidenszeitpunkt vorsieht und somit den aktuellen anteiligen Verkehrswert als Basis für die Abfindungsbemessung festlegt. Von dieser Basis nimmt die Klausel aber erhebliche Abschläge vor, deren Höhe, je nach Ausscheidensgrund, zwischen 65 % und 75 % des anteiligen Unternehmenswerts beträgt. Die Abschläge liegen damit auf den ersten Blick jenseits dessen, was die Rechtsprechung für den Normalfall mutmaßlich noch tolerieren würde (oben II. 2.).

2. *Für die Abwägung relevante Aspekte*

Wie unter II. 1. dargestellt, steht die h.M. im Gesellschaftsrecht der Berücksichtigung anteilsspezifischer Faktoren in Bezug auf die *Ermittlung* der gesetzlich geschuldeten Abfindung traditionell und zu Recht zurückhaltend bis ablehnend gegenüber, weshalb auch für das Folgende vom Grundsatz der Ableitung der gesetzlichen Abfindung aus dem anteiligen Unternehmenswert auszugehen ist. Dem entspricht letztlich auch die hier beispielhaft zugrunde gelegte Klausel, weil sie eben vom anteiligen *Unternehmenswert* als Basisbetrag für die Abfindung ausgeht und damit auf der Ebene der Wertermittlung keine anteilsspezifischen Besonderheiten und darauf bezogene Wertabschläge vorsieht.

Diese Weichenstellung schließt aber, wie unter II. 2. gesehen, keineswegs aus, dass solche Besonderheiten für die rechtliche Beurteilung einer abfindungsbeschränkenden Klausel berücksichtigt werden, zumal dem auch der Gesetzgeber des MoPeG aufgeschlossen gegenübersteht (s. schon II. 1.).[26] Selbst wenn man also für den Normalfall – pauschalierend – davon ausgeht, dass Abfindungen unterhalb von 50 % des anteiligen Unternehmenswerts unzulässig sind (s. II. 2.), kommen bei Familiengesellschaften doch eine Reihe von Gründen bzw. Aspekten in Betracht, die höhere Abschläge rechtfertigen. Und bei näherem Hinsehen werden sie nicht nur im Schrifttum befürwortet, sondern haben auch in der Rechtsprechung schon ihren Niederschlag gefunden. Dies gilt namentlich für die folgenden Aspekte, die, wie gesehen, auch in der MoPeG-Begründung angeführt werden (s. II. 1.):

(1) *Einschränkungen der Fungibilität* der Anteile, namentlich ihre Vinkulierung unter Freistellung (nur) von Übertragungen innerhalb der Familie bzw. des jeweiligen Stammes.[27] Schon in seiner Grundsatzentscheidung von 1991 hat der II. Zivilsenat

26 Vgl. nochmals BegrRegE, BT-Drucks. 19/27635, S. 175 und dazu bereits oben II. 1.

27 Nach ganz h.M. kann die Satzung die Abtretung von Geschäftsanteilen sogar insgesamt *ausschließen*, zumal dem Gesellschafter (*praeter legem*) jedenfalls ein Austrittsrecht aus wichtigem Grund verbleibt, RG, 8.10.1912, II 133/12, RGZ 80, 175, 179; BayObLG,

erkennen lassen, dass sich eine nur beschränkte Übertragbarkeit abfindungsmindernd auswirkt;[28] er hat nämlich dem Vorderrichter zu prüfen aufgegeben, »*ob im Hinblick darauf, daß die Verkehrsfähigkeit der Gesellschaftsanteile wegen der Voraussetzungen, an welche die Mitgliedschaft in der Beklagten geknüpft ist und von denen die Abtretbarkeit der Anteile nach der Satzung abhängt, in hohem Maße eingeschränkt ist, als Verkehrswert der Betrag zu gelten hat, den ein Dritter als Erwerber zahlen würde*«. Zwar scheint der Senat in dieser Entscheidung noch davon auszugehen, dass sich eine beschränkte Fungibilität bereits auf die Anteilsbewertung auswirkt. Wie aber unter II. 1. gesehen, wäre dieser Ansatz nicht überzeugend. Der Aspekt der Übertragbarkeitsbeschränkung lässt sich aber für die Beurteilung einer gesellschaftsvertraglichen Abfindungsregelung nutzen: Je stärker die Übertragbarkeit des Anteils durch den Gesellschaftsvertrag beschränkt wird, desto gravierender kann die Abfindungsbeschränkung ausfallen.

(2) Erwerb des Anteils *nur auf Zeit* und *ohne (wesentlichen) eigenen Kapitaleinsatz*.[29] Der BGH hat dies bislang zwar explizit nur für die Beteiligung von Managern oder Angestellten an der Gesellschaft entschieden, dort aber sogar einen völligen Ausschluss der Abfindung mit der – verallgemeinerungsfähigen – Begründung gebilligt, dass die Beteiligung im weitesten Sinne »treuhandähnlich« und von vornherein auf begrenzte Zeit konzipiert war. Die Anteile müssen also nicht etwa zum Gegenstand eines Treuhandverhältnisses (im Rechtssinne) gemacht werden; vielmehr ist zu prüfen, ob die Gesellschaftsbeteiligung von vornherein als nur vorübergehende geplant und ohne (wesentlichen) eigenen Kapitaleinsatz erworben wird. Die zeitliche Begrenzung kann sich auch auf die eigene Lebenszeit beziehen (s. unter (4)).

(3) Erwerb des Anteils unter der *Voraussetzung der Familienzugehörigkeit*.[30] Das eben erwähnte Urteil des OLG Karlsruhe hat den vom BGH in Sachen Managerbeteiligung (s. unter (2)) verfolgten Ansatz explizit auf den Fall einer Familiengesellschaft übertragen und für rechtens befunden, »*dass einem Gesellschafter,*

24.11.1984, BReg 3 Z 111/88, WM 1989, 139, 142; Reichert, Das Zustimmungserfordernis zur Abtretung von Geschäftsanteilen in der GmbH, 1984, S. 93 ff.; Wiedemann, Die Übertragung und Vererbung von Mitgliedschaftsrechten bei Handelsgesellschaften, 1965, S. 76 ff.; Reichert/Winter in Festschrift für 100 Jahre GmbHG, 1992, S. 209, 211; Reichert/Weller in MünchKomm-GmbHG, § 15 Rn. 396; Löbbe in GroßKomm-GmbHG, 4. Aufl. 2025, § 15 Rn. 4; Bayer in Lutter/Hommelhoff, GmbHG, § 15 Rn. 68; Seibt in Scholz, GmbHG, § 15 Rn. 135, alle m.w.N.

28 Zur Relevanz dieses Kriteriums für die Beurteilung von Abfindungsklauseln BGH, 16.12.1991, II ZR 58/91, BGHZ 116, 359, 369, NJW 1992, 892, 895.

29 So insbes. BGH, 19.09.2005, II ZR 342/03, BGHZ 164, 107, 115 f., NJW 2005, 3644, 3646; BGH, 19.09.2005, II ZR 173/04, BGHZ 164, 98, 104, NJW 2005, 3641, 3643; BGH, 15.03.2010, II ZR 4/09, NZG 2010, 988 Rn. 11; BGH, 29.04.2014, II ZR 216/13, BGHZ 201, 65 Rn. 13, NZG 2014, 820 Rn. 13 – Beurteilung von Abfindungsbeschränkungen im Rahmen sog. Manager- oder Mitarbeiterbeteiligungsmodelle.

30 OLG Karlsruhe, 12.10.2006, 9 U 34/06, NZG 2007, 423: unentgeltliche Zwangsabtretung nach Scheidung zulässig – dazu bereits oben unter II. 2. bei Fn. 20 ff. sowie eingehend unter II. 3.

der seine Beteiligung nur mit Rücksicht auf seine Stellung als Ehepartner erhalten hatte«, diese im Wege der Zwangsabtretung *entschädigungslos* wieder entzogen werden konnte, nachdem die Ehe geschieden worden war. Der (ehemalige) Ehemann habe den Gesellschaftsanteil »*in einem weiteren Sinne als Treuhänder für den durch seine ehemalige Gattin repräsentierten Familienstamm erhalten und gehalten*«, so die Begründung des Gerichts, das zudem explizit feststellte, dass für die Gesellschaft »*eine gute Verwaltung und der Zusammenhalt des Vermögens*« prägend waren und die vor allem steuerlich motivierte treuhandähnliche Stellung des betreffenden Gesellschafters durch Vorerwerbsrechte der übrigen abgesichert war.[31]

(4) Erwerb des Anteils *nur für die eigene Lebenszeit*. Schon 1976 hatte auch der BGH entschieden, dass die Einziehung, sofern der Anteil von Todes wegen auf eine nach dem Gesellschaftsvertrag nicht nachfolgeberechtigte Person übergeht, *entschädigungslos* erfolgen könne.[32] Zur Begründung hielt der II. Zivilsenat fest: »*Der Sinn einer solchen Regelung ist der, die Erhaltung der Gesellschaft als Familienunternehmen nicht an der erheblichen Belastung scheitern zu lassen, die eine Abfindungsverpflichtung gegenüber den ausscheidenden Anteilsinhabern für die Gesellschaft bedeuten kann. Das ist ein vernünftiger und sachgerechter Grund auch für den völligen Ausschluß des Einziehungsentgelts. Mit Recht werden daher für alle Gesellschafter geltende Satzungsbestimmungen, wonach beim Tod eines Gesellschafters dessen Geschäftsanteil entschädigungslos eingezogen werden kann, allgemein als zulässig angesehen.*«[33] Die Beurteilung des BGH überzeugt, zumal der gleiche Effekt (Übergang des Anteils nur auf nachfolgeberechtigte Personen unter vollständigem Ausschluss der übrigen Erben) im Personengesellschaftsrecht unmittelbar durch eine qualifizierte Nachfolgeklausel erreicht werden kann.[34]

In der *Literatur* werden außerdem – und insbesondere mit Blick auf Familiengesellschaften – die fehlende *eigene Aufbauleistung* und eine beständig *hohe*

31 OLG Karlsruhe, 12.10.2006, 9 U 34/06, NZG 2007, 423, 425 – der II. Zivilsenat des BGH hat die Beschwerde des unterlegenen Klägers, der zur Finanzierung des Revisionsverfahrens Prozesskostenhilfe beantragt hatte, am 17.08.2017 unter Az. II ZR 255/06 zurückgewiesen.

32 BGH, 20.12.1976, II ZR 115/75, GmbHR 1977, 81.

33 Ebenso etwa auch Heckschen/Stelmaszczyk in Heckschen/Heidinger, Die GmbH in der Beratungspraxis, 5. Aufl. 2023, Rn. 728; Ivo, ZEV 2006, 252, 253; Lenz, GmbHR 2000, 927, 928; Langner/Heydel, GmbHR 2005, 377, 379; und aus der Kommentarliteratur Servatius in Noack/Servatius/Haas, GmbHG, § 15 Rn. 15; Bayer in Lutter/Hommelhoff, GmbHG, § 15 Rn. 16 ff., 20 (mit zusätzlichem Hinweis auf OLG Koblenz GmbHR 1995, 586, 587); ferner Reichert/Weller in MünchKomm-GmbHG, § 15 Rn. 461; zur Zulässigkeit des Abfindungsausschlusses im Todesfall ferner Ulmer/Habersack in GroßKomm-GmbHG, § 34 Rn. 101; Kersting in Noack/Servatius/Haas, GmbHG, § 34 Rn. 39.

34 Hierzu näher Schäfer in Staub, HGB, § 131 Rn. 26 ff., 47.

Thesaurierungsquote in der Gesellschaft als Aspekte angeführt, die eine striktere Beschränkung der Abfindung rechtfertigen, als sie üblicherweise toleriert wird.[35]

Wenngleich es im Ausgangspunkt unverändert richtig erscheint, Abfindungsklauseln grundsätzlich der Nichtigkeit gem. § 138 BGB zu unterwerfen, sofern sie schon *von Anfang an* (und nicht erst aufgrund der späteren Entwicklung des Unternehmenswerts) zu Abfindungsbeträgen führen, die weniger als 50 % des anteiligen Unternehmenswerts betragen,[36] überzeugen doch auch die oben aufgeführten Gründe, die in Rechtsprechung und Literatur *für* die Berücksichtigung anteilsspezifischer Faktoren zusammengetragen worden sind und im Einzelfall eine deutlich großzügigere Beurteilung abfindungsbeschränkender Klauseln gebieten. Insgesamt ist der Regelungsspielraum für Abfindungsklauseln daher wesentlich größer, als es in manchen rechtspolitisch motivierten Stellungnahmen den Anschein hat.[37] Hinzu kommt, dass die Fälle, in denen der BGH die Abfindungshöhe beanstandet hat, meist dadurch gekennzeichnet waren, dass die Klausel *nicht* von vornherein (d.h. bei Gründung bzw. Aufnahme in den Vertrag), sondern erst aufgrund der späteren Wertentwicklung als problematisch zu bewerten waren. Eine solche Entwicklung hat indessen nicht die Nichtigkeit der Klausel zur Folge, sondern lediglich ihre Undurchsetzbarkeit und mündet demgemäß auch nicht in die *gesetzliche* Abfindung, sondern in einen Abfindungswert, der sich aus einer umfassenden Interessenabwägung unter Berücksichtigung der mit der Abfindungsbeschränkung erstrebten Ziele ergibt.[38]

Zur Ermittlung anteilsspezifischer Besonderheiten, die auf einen oder mehrere der oben unter (1) bis (4) aufgeführten Aspekte zurückgehen, bedarf es somit einer eingehenden Analyse der in der Gesellschaft geltenden Regeln und damit insbesondere einer sorgfältigen Gesamtschau des Gesellschaftsvertrages und der den Gesellschaftern darin eingeräumten Rechtsstellung.

3. Folgerungen für die exemplarische Klausel

Wie bereits unter III. 1. hervorgehoben, würde die hier beispielhaft zugrunde gelegte Klausel auf den ersten Blick und bei isolierter Betrachtung dem Sittenwidrigkeitsverdikt anheimfallen, weil sie den Abfindungsbetrag auf 25 % bis 35 % des Wertes

35 Ulmer, ZIP 2010, 805, 815; Krämer, Das Sonderrecht der Familiengesellschaften, 2019, S. 314 f., 345 ff.; Schäfer in MünchKomm-BGB, § 728 Rn. 58; vgl. auch Sigle, ZGR 1999, 659, 672 f.

36 Vgl. auch Schäfer, Gutachten E für den 71. DJT, 2016, S. E 49.

37 Paradigmatisch Wicke, Referat für die wirtschaftsrechtliche Abteilung des 71. DJT 2016, in: Verhandlungen des 71. DJT, Bd. II/1, 2016, S. O 41 f., der daraus die Forderung abgeleitet hatte, der Gesetzgeber möge den Vorrang der Ausübungs- vor der Wirksamkeitskontrolle im Gesetz festschreiben. Vgl. dazu auch Schäfer in MünchKomm-BGB, § 728 Rn. 41.

38 Zu diesen Fällen näher Schäfer in MünchKomm-BGB, § 728 Rn. 43, 47 f.; aus der Rechtsprechung paradigmatisch BGH, 20.09.1993, II ZR 104/92, BGHZ 123, 281, NJW 1993, 3193 und dazu Ulmer/Schäfer, ZGR 1995, 134.

beschränkt, der sich auf Basis des (dispositiven) Rechts ergäbe. Unter III. 2. hat sich indessen gezeigt, dass eine abschließende Beurteilung der Klausel erst dann möglich ist, wenn die Rechtsstellung des jeweiligen Gesellschafters nach dem konkreten Gesellschaftsvertrag insgesamt in den Blick genommen wird, um anteilsspezifische Besonderheiten zu identifizieren, die eine im Vergleich zum Normalfall großzügigere Beurteilung bis hin zum Abfindungsausschluss rechtfertigen.

Zunächst ist daher zu untersuchen, ob und welche Beschränkungen der Gesellschaftsvertrag für die Übertragung der Gesellschaftsanteile vorsieht: Sind sie frei übertragbar oder nur auf familien- bzw. stammesangehörige Personen oder gar nur auf Mitgesellschafter? Ist die – entschädigungslose – Einziehung vorgesehen, falls der Anteil, etwa durch Vererbung, auf nicht nachfolgeberechtigte Erwerber übergeht?[39] Wird das ordentliche Kündigungsrecht – abgesehen von der reduzierten Abfindung – eingeschränkt oder ganz ausgeschlossen?[40]

Weitere wichtige Aspekte sind der eigene Kapitaleinsatz des ausgeschiedenen Gesellschafters, seine Mitarbeit im oder seine Aufbauleistung für das Unternehmen sowie die durch den Vertrag vorgegebene bzw. ermöglichte Ausschüttungspraxis, insbesondere eine hohe Thesaurierungsquote. Gerade eine hohe Rücklagenbildung kann dazu dienen, das Gesellschaftsvermögen möglichst ungeschmälert auf die nachfolgende Generation in dem Rahmen zu übertragen, den der Gesellschaftsvertrag hierfür setzt.

Für die Beurteilung kommt dem aus den genannten Kriterien gespeisten übergreifenden Aspekt einer »treuhandähnlichen« Beteiligung auf Zeit, auch auf die eigene Lebenszeit bzw. für die Zeit der Familienzugehörigkeit, nach der Rechtsprechung eine herausragende Bedeutung zu; eine »Treuhandähnlichkeit« vermag sogar den vollständigen Ausschluss der Abfindung zu rechtfertigen, sofern der ausscheidende Gesellschafter keinen wesentlichen eigenen Kapitaleinsatz und keine wesentliche Aufbauleistung für das Unternehmen erbracht hat.

Endlich sei noch einmal darauf hingewiesen, dass sich die Höhe der Abfindung nach dem konkreten Ausscheidensgrund richten darf, wie dies bei dem hier zugrunde gelegten Klauseltyp der Fall ist. Solche Differenzierungen sind grundsätzlich unproblematisch (oben II. 2. [bei Fn. 25]) und es liegt auf der Hand, dass einem Gesellschafter, der einen wichtigen Grund für seinen Ausschluss gesetzt hat, eine geringere

39 Zur Zulässigkeit einer entschädigungslosen Einziehung beim Übergang des Anteils auf nicht nachfolgeberechtigte Gesellschafter oben, s. III. 2. unter Ziff. (1) und insbes. BGH, 20.12.1976, II ZR 115/75, GmbHR 1977, 81.

40 Dazu, dass das GmbH-Recht nach ganz h.M. kein ordentliches Austrittsrecht kennt, s. BGH, 16.12.1991, II ZR 58/91, BGHZ 116, 359, 369, NJW 1992, 892, 895; BGH, 18.02.2014, II ZR 174/11, NZG 2014, 541 Rn. 14; OLG Hamm, 28.09.1992, 8 U 9/92, GmbHR 1993, 656, 657; Schindler, Das Austrittsrecht in Kapitalgesellschaften, 1999, S. 38ff.; Röhricht in Festschrift für Kellermann, 1991, S. 361, 374 ff.; Ulmer/Habersack in GroßKomm-GmbHG, Anh. § 34 Rn. 48; Strohn/Fleischer in MünchKomm-GmbHG, § 34 Rn. 211; Kleindiek in Lutter/Hommelhoff, GmbHG, § 34 Rn. 144; alle m.w.N., auch zu teilweise vertretenen Gegenansichten; zur Rechtslage in der Personengesellschaft nach MoPeG: Schäfer in MünchKomm-BGB, § 725 Rn. 63 ff. m.w.N.

Abfindung gezahlt werden kann als einem Gesellschafter, der seinerseits einen wichtigen Grund für seinen Austritt geltend machen kann.

IV. Zusammenfassung

1. Die gesetzlich geschuldete Abfindung soll dem ausscheidenden Gesellschafter ein vollwertiges Äquivalent für den Verlust seiner Mitgliedschaft gewähren, weshalb – auch auf Basis des MoPeG – anteilsspezifische Besonderheiten bei GmbH und Personengesellschaft nicht schon auf der Ebene der Bewertung, also der Ermittlung der gesetzlich geschuldeten Abfindung, zu berücksichtigen sind; vielmehr hat der ausgeschiedene Gesellschafter Anspruch auf den anteiligen Unternehmenswert zum Stichtag seines Ausscheidens.

2. Wenngleich es im Ausgangspunkt unverändert richtig erscheint, Abfindungsklauseln grundsätzlich der Nichtigkeit gem. § 138 BGB zu unterwerfen, wenn sie schon *von Anfang an* zu Abfindungsbeträgen führen, die weniger als 50 % des anteiligen Unternehmenswerts betragen, sind bestimmte anteilsbezogene Besonderheiten, auch in der Rechtsprechung, zu Recht anerkannt, die im Einzelfall eine deutlich großzügigere Beurteilung abfindungsbeschränkender Klauseln gebieten.

3. Solche Aspekte sind insbesondere: Einschränkungen der Fungibilität der Anteile; Erwerb des Anteils nur auf Zeit, auch auf die eigene Lebenszeit oder für die Dauer der Familienzugehörigkeit; Erwerb ohne (wesentlichen) eigenen Kapitaleinsatz; fehlender Beitrag für den Aufbau des Unternehmens; eine hohe Thesaurierungsquote; bzw. die aus einer Zusammenschau dieser Aspekte gespeiste »Treuhandähnlichkeit« der Beteiligung.

4. Je stärker diese Aspekte beim ausscheidenden Gesellschafter durch den Gesellschaftsvertrag ausgeprägt sind, desto stärker kann auch seine Abfindung beschränkt werden – bis hin zum vollständigen Ausschluss der Abfindung.

Organhaftung für pflichtwidrig vergebene Organkredite und sonstige Geschäfte nach §§ 17, 15 KWG

Frank Schäfer

I. Einleitung

Zentrale Haftungsnormen für Pflichtwidrigkeiten von Organmitgliedern (Vorstand wie Aufsichtsrat) einer Aktiengesellschaft sind allgemein die §§ 93, 116 AktG sowie für besondere Pflichtwidrigkeiten bei Kreditvergaben der Aktiengesellschaft an den Vorstand oder den Aufsichtsrat die §§ 89, 115 AktG. Rechtsprechung und Literatur zur Organhaftung sind seit der Einfügung der Business Judgement Rule in § 93 Abs. 1 AktG vor weniger als 30 Jahren kaum mehr zu überschauen.[1] Demgegenüber finden die speziellen Normen der §§ 17, 15 KWG zur Haftung wegen pflichtwidriger Vergabe von Organkrediten durch Kredit- und Finanzdienstleistungsinstitute in der Literatur nur wenig Beachtung und haben in den letzten 60 Jahren nur zu zwei (!) Entscheidungen des BGH (zudem in parallel gelagerten Fällen) und zu fünf Entscheidungen von Oberlandesgerichten geführt. Dies rechtfertigt eine eingehendere Betrachtung dieser Organhaftungsnormen.

II. Voraussetzung der Organhaftung nach § 17 KWG

1. *Anwendungsbereich: Institute i.S.d. KWG*

Ursprünglich galten die Bestimmungen des KWG über Organkredite nur für Kreditinstitute.[2] Seit der zum 1. Januar 1998 in Kraft getretenen 6. KWG-Novelle[3] erstrecken sie sich auf sämtliche Institute, also nicht nur auf Kreditinstitute nach § 1 Abs. 1 KWG sondern auch auf Finanzdienstleistungsinstitute nach § 1 Abs. 1a KWG[4] (vgl. zur Definition des Instituts § 1 Abs. 1b KWG). Seit der Einführung des Wertpapierinstituts durch das WpIG zum Juni 2021 unterfallen ein Teil der

1 Allein die Dissertation von Fobe, Die Business Judgement Rule in der Entscheidungspraxis, 2022, behandelt 26 BGH- und 25 OLG-Entscheidungen.

2 Vgl. §§ 14, 15 KWG i.d.F. v. 10.07.1961.

3 Gesetz zur Umsetzung von EG-Richtlinien zur Harmonisierung bank- und wertpapieraufsichtsrechtlicher Vorschriften vom 22.10.1997, BGBl. I 1997, S. 2518.

4 Was EG-rechtlich nicht erforderlich war, ausdrückliches »Gold Plating« des deutschen Gesetzgebers, vgl. BT-Drs. 13/7142, S. 84.

Finanzdienstleistungen des KWG als Wertpapierdienstleistungen dem WpIG und haben damit die Erweiterung der 6. KWG-Novelle wieder geschmälert. Von Bedeutung sind Finanzdienstleistungen nach dem KWG insb. noch für Factoring- und (Finanzierungs-)Leasinginstitute nach § 1 Abs. 1a S. 2 Nr. 9 und 10 KWG. Für diese sieht § 2 Abs. 7a KWG jedoch ausdrücklich vor, dass auf sie die §§ 15 bis 18 KWG keine Anwendung finden. Von Bedeutung für Finanzdienstleistungsinstitute sind die Organkreditvorgaben zudem für die dem KWG und nicht dem WpIG unterfallenden »großen« Finanzdienstleistungsinstitute (vgl. § 4 WpIG) und dies sowohl mit Blick auf eine Kreditvergabe als auch hinsichtlich der sonstigen Geschäfte.

Fraglich ist, ob sämtliche Kredit- oder Finanzdienstleistungsinstitute, also Unternehmen, die materiell Bank- oder Finanzdienstleistungen erbringen, den §§ 15, 17 KWG unterfallen einschließlich solcher Institute, die nicht die vom Gesetz vorgeschriebene Erlaubnis nach § 32 KWG besitzen. Erstrecken sich die §§ 15, 17 KWG also nur auf Institute im formellen Sinn (= lizensierte Institute) oder auch auf Institute im materiellen Sinne (also solche, die Bank- oder Finanzdienstleistungen ohne eine erforderliche Erlaubnis nach § 32 KWG erbringen)?

Das LG Hildesheim[5] verweist darauf, dass die §§ 15, 17 KWG einen »möglichst weitgehenden Schutz desjenigen Bankkunden [beabsichtigen], der durch eine Kreditvergabe an dem Kreditinstitut nahestehende Personen, Organe oder Gesellschaften Nachteile erleidet, wenn sich diese Kredite als nicht werthaltig erweisen und das Kreditinstitut damit in wirtschaftliche Schwierigkeiten gerät. Ein Anleger, der an ein verbotswidrig nicht konzessioniertes Kreditinstitut gerät, erscheint dabei jedoch nicht minder schutzwürdig. Ein am Markt verbotswidrig ohne Erlaubnis agierendes Institut würde damit bessergestellt, als das redlich betriebene.«[6] – Die ersten beiden Sätze sind zutreffend, der letzte Satz nicht. Das LG Hildesheim dürfte gemeint haben, dass nicht das Institut bessergestellt ist, sondern dessen Organe, die rechtswidrig die Einholung einer Erlaubnis für das Institut unterlassen haben und bei Nichtanwendung der §§ 15, 17 KWG insoweit diesen Haftungsnormen nicht unterlägen. – Die §§ 15, 17 KWG sollten deshalb auch auf Institute im materiellen Sinne ohne formelle Erlaubnis Anwendung finden.

Zuständig für Klagen von Instituten gegen Organmitglieder sind die Zivilgerichte.[7]

2. *Organkreditgewährung und sonstige Geschäfte entgegen § 15 KWG*

a) Ziele und Regelungsinhalte

Die Haftungsfolgen von pflichtwidrig, d.h. unter Verstoß gegen § 15 KWG gewährten Organkrediten für die involvierten bzw. zu Unrecht nicht involvierten Organe

5 BeckRS 2007, 9888; ihm folgend OLG Celle, BKR 2004, 484 und BeckRS 2004, 10369.
6 I.E. zustimmend von den Steinen in Beck/Samm/Kokemoor, KWG mit CRR, (Stand: 6/2019), § 17 KWG Rn. 41.
7 Unstr., vgl. nur OLG Rostock Beschl. vom 15.03.2010 – 1 W 3/10, WM 2010, 1193 ff.

regelt § 17 KWG. Durch die §§ 15, 17 KWG sollen seit Erlass des KWG 1934 und seiner grundlegenden Novellierung 1961 Interessenkonflikte zwischen einzelnen Mitgliedern von Organen[8] und dem Kreditinstitut zu Lasten des kreditgewährenden Kreditinstituts verhindert werden.[9] Dies unterstrich 45 Jahre nach der grundlegenden Novellierung 1961 nochmals der Bericht des Finanzausschusses im Rahmen des Gesetzes zur Umsetzung der neu gefassten Bankenrichtlinie und der neu gefassten Kapitaladäquanzrichtlinie,[10] wenn er ausführt: »Sie sollen hier potentiell vorhandenen Interessenkonflikten entgegenwirken und bereits den Anschein einer ›Selbstbedienung‹ verhindern«. – Aus § 15 Abs. 2 KWG, der die BaFin dazu ermächtigt, im Einzelfall für einen Organkredit Obergrenzen anzuordnen, ist zudem zu entnehmen, dass auch das Institut vor einer »Ausplünderung« durch seine Organe geschützt werden soll und insoweit – zumindest indirekt – auch die Gläubiger des Instituts.[11]

Über die klassischen Kredite hinaus erweitert § 15 Abs. 6 KWG den Pflichtenkanon der Organe des Instituts auf sämtliche Geschäfte mit Organmitgliedern sowie auf Ausbuchung von Forderungen gegen diese Personen. Diese Erweiterung wurde eingeführt durch das Risikoreduzierungsgesetz[12] und sollte die Beanstandung des Internationalen Währungsfonds beheben, dass der »Grundsatz 20 der Baseler Grundsätze für eine wirksame Bankenaufsicht, zentrale Kriterien 2 und 3 i.V.m. Fn. 74 vollständig eingehalten« wird[13] (dazu näher unten sub II.2.d)bb)).

Adressat der Pflichten sind nach § 15 Abs. 1 Satz 1 KWG die Geschäftsleiter und die Mitglieder des Aufsichtsorgans des Instituts. Dies gab Anlass zu der Frage, ob eine Haftung nach § 17 KWG überhaupt in Betracht kommt, wenn ein Institut *keinen Aufsichtsrat* (oder nur ein entsprechendes Aufsichtsorgan wie den Verwaltungsrat bei den Sparkassen) besitzt. Dies ist etwa der Fall, wenn das Institut in der Rechtsform der GmbH geführt wird und die Gesellschafter es bei den vom Gesetz vorgesehenen Organen, also Geschäftsführern und Gesellschafterversammlung, belassen haben. Der BGH[14] hat in zwei Urteilen (zu demselben Lebenssachverhalt) ausgeführt, dass

8 Im Folgenden wird grundsätzlich von dem Modell der Aktiengesellschaft ausgegangen mit Vorstand, Aufsichtsrat und Hauptversammlung, soweit nicht ausdrücklich anders dargestellt.

9 Vgl. RegBegr. zum Entwurf eines Gesetzes über das Kreditwesen vom Mai 1959, § 14a.F. KWG, BT-Drs. 3/1114, S. 35 f.; zur historischen Entwicklung vgl. Demmelmair in Beck/Samm/Kokemoor, KWG mit CRR, (Stand: 10/2023), § 15 KWG Rn. 8; Sprengard/Waßmann in Fischer/Schäfer/Schulte-Mattler, KWG CRR, 7. Aufl. 2025 (im Erscheinen), KWG § 15 Rn. 2 f.

10 Finanzausschuss, BT-Drs. 16/2056, S. 10; vorher bereits ebenso im Mai 1984 die RegBegr. zur Dritten KWG-Novelle, BT-Drs. 10/1441, S. 43.

11 Durch die Möglichkeit der Setzung von Obergrenzen für Organkredite werden Vorgaben des Baseler Ausschusses, Grundsatz 20 Nr. 5 der Grundsätze in der Fassung von September 2012 umgesetzt.

12 RiG, BGBl. I 2020, S. 2773.

13 Vgl. RegBegr. zum RiG, BT-Drs. 19/22786, S. 158 sub »36 zu Buchstabe c«.

14 BGH Urt. v. 11.07.2006 – VI ZR 339/04, WM 2006, 1898 = ZIP 2006, 1761.

§ 15 KWG keine Anwendung finden kann, wenn nach dem jeweiligen Gesellschaftsrecht die Bestellung eines Aufsichtsorgans nicht zwingend vorgeschrieben ist (wie z.B. in § 52 GmbHG). Es könne dann kein zustimmender Beschluss des Aufsichtsorgans eingeholt werden, weshalb die §§ 17, 15 KWG keine Schadensersatzpflicht bei der Gewährung von Organkrediten begründen könnten – und zwar auch dann, wenn auch das Geschäftsleitungsorgan nicht einstimmig beschlossen hat.[15] – Das Urteil hat in der Literatur überwiegend Zustimmung gefunden,[16] obwohl die Argumentation nicht selbstverständlich ist. Gleichermaßen plausibel ist, dass § 15 KWG eine Lücke hinsichtlich der Gesellschaftsformen ohne Aufsichtsorgan enthält. Interpretiert man § 15 KWG als den Grundsatz enthaltend, dass bei Organkrediten alle »verfügbaren« Organe involviert werden sollen, so entfällt die Notwendigkeit einer Zustimmung eines Aufsichtsorgans, wenn die jeweilige Gesellschaftsform kein solches vorsieht. Die einstimmige Zustimmung eines Geschäftsführungsorgans bleibt dann als Mindestanforderung bestehen.

b) Organkreditnehmer

Organkreditnehmer werden in zwei Gruppen unterteilt. Zum einen in die mit dem Institut organschaftlich verbundenen – einschließlich der diesen nahestehenden – weiteren natürlichen Personen (gem. § 15 Abs. 1 S. 1 Nr. 1 bis 6 und 12 KWG) und zum anderen in die Unternehmen mit personeller, haftungsmäßiger oder kapitalmäßiger Verflechtung mit dem Institut (gem. § 15 Abs. 1 S. 1 Nr. 7 bis 11 KWG).

aa) Organschaftlich verbundene sowie nahestehende natürliche Personen (§ 15 Abs. 1 S. 1 Nr. 1 bis 6 und 12 KWG)

Zu der ersten Gruppe der natürlichen Personen als Kreditnehmer zählen insbesondere die Organmitglieder höchst persönlich, also Geschäftsleiter (§ 1 Abs. 2 KWG) wie die Mitglieder des Vorstandes oder deren Stellvertreter, Gesellschafter, wenn das Institut die Rechtsform einer Personengesellschaft, KGaA oder GmbH hat, Mitglieder eines gesetzlich geregelten Aufsichtsorgans, und über die reine Organmitgliedschaft hinaus Prokuristen und zum gesamten Geschäftsbetrieb ermächtigte Handlungsbevollmächtigte, sowie von allen Vorgenannten die Ehegatten, (eingetragenen)[17] Lebenspartner, Kinder und Eltern aller vorgenannten Personen sowie stille Gesellschafter (vgl. Nr. 1 bis 6). Nr. 12 erweitert den Kreis der erfassten natürlichen Personen um

15 Der BGH kam trotzdem zu einer Haftung der Geschäftsführer, stützte diese jedoch auf § 823 Abs. 2 BGB i.V.m. § 32 KWG, da die Geschäftsführer eine Erlaubnis zum Betreiben des Bankgeschäfts hätten einholen müssen, was sie unterlassen hatten.

16 S. H. Schneider WuB I L 1. § 1 KWG 1.07; Schaber/Ulrich in Luz/Neus/Schaber/Schneider/Wagner/Weber, KWG und CRR, 4. Aufl. 2023, § 15 Rn. 10.

17 Bitterwolf in Reischauer/Kleinhans, KWG, § 15 Rn. 13; Sprengard/Waßmann in Fischer/Schäfer/Schulte-Mattler, KWG CRR, 7. Aufl. 2025 (im Erscheinen), KWG § 15 Rn. 16.

persönlich haftende Gesellschafter, Geschäftsführer, Mitglieder des Vorstands sowie des Aufsichtsorgans, Prokuristen und zum gesamten Geschäftsbetrieb ermächtigte Handlungsbevollmächtigte sowohl eines von dem Institut abhängigen Unternehmens als auch eines das Institut beherrschenden Unternehmens[18] sowie wiederum deren Ehegatten, (eingetragene) Lebenspartner, Kinder und Eltern.[19]

bb) Personell, haftungsmäßig oder kapitalmäßig mit dem kreditgewährenden Institut verflochtene Unternehmen (§ 15 Abs. 1 S. 1 Nr. 7 bis 11 KWG)

Neben der Gruppe der natürlichen Personen als Kreditnehmer stehen Unternehmen als Kreditnehmer, wenn sie bestimmte Arten von Verbindungen zu dem kreditgewährenden Institut aufweisen. Erfasst werden Unternehmen in der Rechtsform einer juristischen Person oder Personenhandelsgesellschaft, wenn ein Geschäftsleiter, Prokurist oder zum gesamten Geschäftsbetrieb ermächtigter Handlungsbevollmächtigter des Instituts (oder dessen Ehegatte, eingetragener Lebenspartner, Kind oder Elternteil) ein gesetzlicher Vertreter oder Mitglied des Aufsichtsorgans der kreditnehmenden juristischen Person oder Gesellschafter der kreditnehmenden Personenhandelsgesellschaft ist. Gleiches gilt für Unternehmen in der Rechtsform einer juristischen Person oder Personenhandelsgesellschaft, wenn von diesen ein gesetzlicher Vertreter der juristischen Person oder Gesellschafter der Personenhandelsgesellschaft, ein Prokurist oder ein zum gesamten Geschäftsbetrieb ermächtigter Handlungsbevollmächtigter dem Aufsichtsorgan des Instituts angehört. Weiter werden erfasst Unternehmen, an denen das Institut direkt oder indirekt[20] eine bedeutende Beteiligung i.S.v. § 1 Abs. 9 KWG i.V.m. Art. 4 Abs. 1 Nr. 36 CRR[21] hält oder eine der vorstehend genannten Personen diese Beteiligung hält. Insoweit stellt das Gesetz auf das Halten von mindestens 10 % des Kapitals oder der Stimmrechte ab.

Zudem gilt nach Abs. 1 Satz 1 Nr. 10 und 11 jedes Unternehmen als *Organ*kreditnehmer, das seinerseits an dem kreditgewährenden Institut beteiligt ist. Hierzu sieht § 15 Abs. 1 Satz 4 KWG eine »Beteiligung« an dem Institut immer als vorliegend an,

18 Hinsichtlich der Abhängigkeit bzw. der Beherrschung soll der aktienrechtliche Konzernbegriff Anwendung finden – vgl. Demmelmair in Beck/Samm/Kokemoor, KWG mit CRR, (Stand: 10/2023), § 15 Rn. 72 und (Stand: 2/2018) § 19 Rn. 160 ff.

19 Vgl. ausführlich zu den erfassten natürlichen Personen Bitterwolf, in Reischauer/Kleinhans, KWG, (Stand: 2/2022), § 15 Rn. 9 ff. sowie BaFin, Q&A zu den geänderten Organkreditbestimmungen vom 14.09.2021, Fragen 1 und 10.

20 Die indirekte Beteiligung wird von der Nr. 9 (nicht jedoch von der Nr. 10 und 11) erst seit dem RiG erfaßt – vgl. Bitterwolf in Reischauer/Kleinhans, KWG, (Stand: 2/2022), § 15 Rn. 20a.

21 Vgl. BaFin, Q&A zu den geänderten Organkreditbestimmungen vom 14.09.2021, Frage 9, S. 4; Demmelmair in Beck/Samm/Kokemoor, KWG mit CRR, (Stand: 10/2023), § 15 Rn. 63; Bitterwolf, in Reischauer/Kleinhans, KWG, (Stand: 2/2022), § 15 Rn. 19a; Sprengard/Waßmann in Fischer/Schäfer/Schulte-Mattler, KWG CRR, 7. Aufl. 2025 (im Erscheinen), KWG § 15 Rn. 24.

wenn sie mindestens 25 % des Kapitals erreicht. Es genügt jedoch auch, dass sie *mehr* als 10 % des Kapitals beträgt, wenn gleichzeitig eine Beteiligungsabsicht i.S.d. Herstellung einer dauerhaften Verbindung[22] vorliegt[23]. Schließlich zählen zu den Organkreditnehmern juristische Personen und Personenhandelsgesellschaften, wenn nicht das Unternehmen eine Beteiligung an dem Institut hält, sondern ein gesetzlicher Vertreter (bei juristischen Personen) bzw. ein Gesellschafter (bei Personenhandelsgesellschaften) des Unternehmens die Beteiligung von mehr als 10 % des Kapitals an dem Institut hält. Aktivische Treuhandbeteiligungen unterfallen nicht dem Beteiligungsbegriff[24].

cc) Gemischte Organverhältnisse

Gar nicht so selten ist, dass bei einer Gruppe verbundener Kunden (GvK) Organkreditnehmer gleichzeitig nach Nr. 1 bis 6 und 12 sowie nach Nr. 7 bis 11 vorliegen (sog. »Mischkredite«). In diesen Fällen sollen die Personenbeziehungen grundsätzlich die sonstigen Organbeziehungen überlagern[25].

c) Beschlusserfordernisse, Zeitpunkt der Beschlussfassungen und Ausnahmen

Kredite an oder Geschäfte mit Organmitgliedern bedürfen nach § 15 Abs. 1 Satz 1 Hs. 2, Abs. 6 KWG grds.
- eines einstimmigen Beschlusses sämtlicher Geschäftsleiter des Instituts und
- dürfen nur zu marktmäßigen Bedingungen[26] und
- mit ausdrücklicher, grds. nach dem Geschäftsleiterbeschluss aber vor der Kreditgewährung (Abs. 4 S. 1) zu fassender Zustimmung des Aufsichtsorgans erfolgen (ausreichend ist insoweit ein mehrheitlicher Beschluss).[27]

22 Vgl. Sprengard/Waßmann in Fischer/Schäfer/Schulte-Mattler, KWG CRR, 7. Aufl. 2025 (im Erscheinen), KWG § 15 Rn. 27; Demmelmair in Beck/Samm/Kokemoor, KWG mit CRR, (Stand: 10/2023), § 15 Rn. 65 mit Rn 54; Bitterwolf in Reischauer/Kleinhans, KWG, (Stand: 2/2022), § 15 Rn. 20 a.E.

23 Nicht erklärlich ist, warum Nr. 9 bei Downstream-Beteiligungen des Instituts auf eine *Stimm- oder Kapitalbeteiligung* von *10 % oder mehr* abstellt, während Nr. 10 für die Beteiligungen an dem Institut nur auf *kapitalmäßig* beteiligte Gesellschafter des Instituts (Upstream) abstellt, deren Beteiligung zudem *größer als 10 %* ist.

24 Vgl. BaFin, Q&A zu den geänderten Organkreditbestimmungen vom 14.09.2021, Frage 5a, S. 6.

25 Vgl. Bitterwolf in Reischauer/Kleinhans, KWG, (Stand: 2/2022), § 15 Rn. 21 m.w. Ausführungen zu den sich dann bei Vorratsbeschlüssen, Bagatellgrenzen und eilbedürftigen Krediten ergebenden Fragen in Rn. 21a, 21b und 21c.

26 Vgl. dazu Fischer, WM 2018, 1122; Groß in Fischer/Schäfer/Schulte-Mattler, KWG CRR, 7. Aufl. 2025 (im Erscheinen), KWG § 15 Rn. 30 m.w.N.; Schaber/Ulrich in Luz/Neus/Schaber/Schneider/Wagner/Weber, KWGund CRR, 4. Aufl. 2023, § 15 Rn. 7; Sanierungskredite sind grundsätzlich nicht marktmäßig, vgl. OLG Brandenburg, ZIP 2019, 1208.

27 Bitterwolf in Reischauer/Keinhans, KWG, (Stand: 2/2022), § 15 Rn. 27; im Falle einer Beherrschung in Satz 1 Nr. 12 bedarf es der Zustimmung des Aufsichtsorgans des

Interessenkonflikte bei Mitgliedern eines Organs haben nach Abs. 1 Satz 2 zur Folge, dass diese Mitglieder einem Mitwirkungsverbot unterliegen, das sich schon auf die bloße Vorbereitung der Beschlussfassung bezieht. Dies gilt sowohl für Vorstand wie Aufsichtsrat und hat bei Vorständen immer zur Folge, dass nicht sämtliche Vorstände an der Beschlussfassung teilnehmen können und deshalb die Voraussetzungen von § 15 Abs. 1 nicht erfüllbar sind, und bei Aufsichtsräten, die nach § 95 Abs. 1 Satz 1 AktG nur drei Mitglieder haben, hat es nach § 108 Abs. 2 Satz 3 AktG die Beschluss*un*fähigkeit zur Folge.[28] Nach § 101 Abs. 3 Satz 1 AktG können *Stellvertreter* von Aufsichtsratsmitgliedern generell nicht bestellt werden und eine vorübergehende Verhinderung des Aufsichtsratsmitglieds gilt nicht als ein »Wegfall« (was zum Einrücken eines *Ersatzmitglieds* führen könnte).[29]

Die Vermeidung einer Beschlussunfähigkeit der Organe auf Grund von Mitwirkungsverboten kann nur durch einen *Vorratsbeschluss* nach § 15 Abs. 4 Satz 6 KWG erreicht werden. Über bestimmte Kredite oder Arten von Kreditgeschäften können nach § 15 Abs. 1 Satz 1 Nr. 1 bis 5 und 12 KWG (*Personenorgankreditverhältnisse*) die Geschäftsleiter und das Aufsichtsorgan in ihrer Gesamtheit ohne Interessenkonflikt – sozusagen abstrakt-theoretisch und bevor ein konkreter Kreditwunsch vorliegt – beschließen und es bedarf im Falle einer »Ziehung« des Kredites keines weiteren Beschlusses[30]. Die BaFin hat hierzu ein Muster (allerdings nur für Personenorgangeschäfte) veröffentlicht[31]. Der Vorratsbeschluss kann nach § 15 Abs. 4 Satz 6 KWG höchstens für die Dauer eines Jahres gefasst werden. Der Beginn der Jahresfrist sollte sich aus dem Vorratsbeschluss ergeben.

Die vom Vorstand und Aufsichtsrat zu fassenden – regulären – Beschlüsse sind nach § 15 Abs. 4 Sätze 1 bis 3 KWG *vor* der Kreditgewährung zu fassen, müssen Bestimmungen über die Verzinsung und Rückzahlung enthalten und sind aktenkundig zu machen. Ist die Vergabe eines *Unternehmensorgankredits* nach Abs. 1 Satz 1 Nr. 6 bis 11[32] eilbedürftig, kann die Zustimmung sämtlicher Geschäftsleiter und des Aufsichtsorgans nachgeholt werden. Erfolgt die nachträgliche Zustimmung (Genehmigung) seitens der Geschäftsleiter nicht binnen zwei Monaten und seitens des Aufsichtsorgans binnen vier Monaten ab dem Zeitpunkt der Kreditgewährung, ist dies der BaFin unverzüglich anzuzeigen (Abs. 4 Satz 5).

herrschenden Unternehmens, vgl. Demmelmair in Beck/Samm/Kokemoor, KWG mit CRR, (Stand: 19/2023), § 15 Rn. 94 m.w.N.

28 Vgl. Koch, AktG, 19. Aufl. 2025, § 108 Rn. 16 m.w.N.

29 Vgl. Koch, AktG, 19. Aufl. 2025, § 101 Rn. 13.

30 Vgl. Schaber/Ulrich in Luz/Neus/Schaber/Schneider/Wagner/Weber, KWG und CRR, 4. Aufl. 2023, § 15 Rn. 13; Bitterwolf in Reischauer/Kleinhans, KWG, (Stand: 2/2022), § 15 Rn. 31 ff.; Demmelmair in Beck/Samm/Kokemoor, KWG mit CRR, (Stand: 10/2023), § 15 Rn. 97.

31 Vgl. Anlage 3 zum Schreiben der BaFin zu den geänderten Organkreditbestimmungen vom 14.09.2021.

32 Nicht jedoch ein Personenorgankredit!

Von den grundsätzlichen Zustimmungserfordernissen von Geschäftsleitern und Aufsichtsorgan enthält § 15 Abs. 3 KWG drei de-minimis Ausnahmen, die keiner Zustimmung bedürfen:

- Kredite an Prokuristen oder Handlungsbevollmächtigte sowie an diesen nahestehende Personen bis zu einem Jahresgehalt des Prokuristen oder Handlungsbevollmächtigten;
- Personenorgankredite wie auch Kredite an verflochtene Unternehmen, wenn sie EUR 50.000 nicht überschreiten oder unter 1 % der anrechenbaren Eigenmittel nach Art. 4 Abs. 1 Nr. 71 der CRR liegen;
- Erhöhungen von bereits (nach Genehmigung) ausgereichten Organkrediten um nicht mehr als 10 %.

d) (Organ-)Kreditgewährung und sonstige Geschäfte nach § 15 Abs. 6 KWG

aa) Kreditgewährung

Der Begriff des Kredits i.S.d. § 15 KWG wird durch § 21 Abs. 1 KWG definiert mit den in § 21 Abs. 2 KWG enthaltenen generellen und den in § 21 Abs. 3 KWG für Personenorgankredite enthaltenen Ausnahmen. Es gilt insoweit also ein Kreditbegriff, der deutlich über den Begriff des Darlehens i.S.d. § 488 BGB hinausgeht und z.B. auch Akzeptkredite, Geldforderungen aus Handelsgeschäften des Instituts, Bürgschaften, Garantien, Beteiligungen über 25 % sowie bestimmte Leasinggegenstände erfasst.[33]

Den Krediten stellt § 15 Abs. 1 Satz 5 KWG Entnahmen (einschließlich von Vorschüssen auf Vergütung) gleich, die über die Vergütung des Geschäftsleiters oder des Mitglieds des Aufsichtsorgans für ein Jahr[34] hinausgehen. In gewissem Sinne stellt der Jahresbetrag auch eine de-minimis-Grenze dar.

Nach § 15 Abs. 2 KWG kann die BaFin – auch für bereits ausgereichte Kredite – eine Obergrenze für einzelne wie auch alle Organkredite in toto festlegen. Dies erscheint hinsichtlich der nachträglichen Festlegung für ausgereichte Kredite problematisch, denn mit einem Überschreiten der von der BaFin festgelegten Kreditobergrenze entsteht eine Pflicht des Instituts, die Kredite wieder in die Obergrenze zurückzuführen, ohne dass dafür i.d.R. eine zivilrechtliche Möglichkeit besteht.[35]

33 Vgl. im Einzelnen *Bock* in Fischer/Schäfer/Schulte-Mattler, KWG CRR, 7. Aufl. 2025, (im Erscheinen), § 15 Rn. 6 ff., 16 ff.; Samm/Kleinert in Beck/Samm/Kokemoor, KWG mit CRR, (Stand: 2/2015), § 15 Rn. 7 ff., 16 ff.; Bitterwolf in Reischauer/Kleinhans, KWG, (Stand: 2/2022), § 15 Rn. 3 ff.

34 Die vom Gesetz nicht ausdrücklich festgelegte Dauer ist unstr. vgl. nur Demmelmair in Beck/Samm/Kokemoor, KWG mit CRR, (Stand: 10/2023), § 15 Rn. 27, 39 m.w.N.

35 Zu Recht kritisch daher Bitterwolf in Reischauer/Kleinhans, KWG, (Stand: 2/2022), § 15 Rn. 46; Sprengard/Waßmann in Fischer/Schäfer/Schulte-Mattler, KWG CRR, 7. Aufl. 2025 (im Erscheinen), KWG § 15 Rn. 31; ohne Problematisierung Demmelmair in Beck/Samm/Kokemoor, KWG mit CRR, (Stand: 10/2023), § 15 Rn. 108.

bb) Sonstige Geschäfte gem. § 15 Abs. 6 KWG

Der Begriff des Kredits wird durch den durch das RisikobegrenzungsG[36] in das KWG eingefügten § 15 Abs. 6 KWG mittelbar erweitert, indem der Regelung des § 15 durch dessen Abs. 6 auch Geschäfte unterworfen werden, die – ohne Kredit i.S.d. § 21 Abs. 1 KWG zu sein – mit den Organpersonen nach Abs. 1 Satz 1 Nr. 1 bis 12 getätigt werden, sowie Ausbuchungen von Forderungen des Instituts gegenüber diesen Personen.[37] Abs. 6 erklärt auf sonstige Geschäfte für entsprechend anwendbar die Regelungen in Abs. 1 Satz 1 bis 4 (Beschlussfassungspflichten bei Organkrediten), Abs. 3 (Bagatellgrenzen) und Abs. 4 (nachträgliche Beschlussfassung sowie Vorratsbeschlüsse) sowie § 19 Abs. 3 (verbundene Kredite) und § 21 Abs. 2 Nr. 1 (Ausnahme für öffentliche Haushalte) KWG.[38]

Was unter »Geschäft« zu verstehen ist, definiert das Gesetz nicht. Die Gesetzesbegründung führt lapidar aus, dass zu den Geschäften »unter anderem Dienstleistungsgeschäfte, Käufe und Verkäufe von Vermögensgegenständen, Bauverträge und Ausbuchungen« zählen sollen. Ersichtlich ist damit beabsichtigt, den Grundsatz 20 der Baseler Grundsätze für eine wirksame Bankenaufsicht in deutsches Recht zu implementieren. Letztlich erfasst werden sollen alle Geschäfte, die ein Institut mit seinen Organen im Rahmen seiner herkömmlichen Geschäftstätigkeit eingehen kann, weil es durch diese zu einem Vermögensabfluss von dem Institut zugunsten des Organmitglieds kommen kann. Dementsprechend fasst auch die BaFin den Begriff des Geschäfts sehr weit[39]. – Erfasst sind damit praktisch alle Geschäfte, die ein Institut tätigen kann (und die in dem Mustervorratsbeschluss der BaFin nur deswegen etwas eingeschränkter erscheinen, weil ein Vorratsbeschluss nicht völlig unkonkret gefasst werden darf). Da § 15 KWG jedoch ausdrücklich weiterhin den engen Kreditbegriff des § 21 Abs. 1 KWG zugrunde legt und dieser keine Derivate und Wertpapiere umfasst (anders als der weite Kreditbegriff des § 19 Abs. 1 KWG, der alle Bilanzaktiva und Derivate umfasst), soll sich aus der Wahl des Kreditbegriffs durch den Gesetzgeber ergeben, dass der Begriff des Geschäfts keine Derivate und Wertpapiere erfasst.[40]

36 RiG, BGBl. I 2020, S. 2773.

37 Die einer Ausbuchung typischerweise vorangehende Einzelwertberichtigung fällt dagegen nicht unter den Begriff des »Geschäfts« – vgl. Bitterwolf in Reischauer/Kleinhans, KWG, (Stand: 2/2022), § 15 Rn. 7c.; dies erscheint inkonsequent, denn sowohl Ausbuchung wie Wertberichtigung haben rein bilanziellen Charakter und verändern nicht die zivilrechtliche Lage zwischen Kreditnehmer und Kreditgeber.

38 Zur Entstehungsgeschichte vgl. insoweit bereits oben II.2.a).

39 Vgl. das Muster eines Vorratsbeschlusses der Bafin vom 14.09.2021, Anlage 2 zum Schreiben der Bafin von demselben Datum, das zwischen »institutstypischen Geschäften (Kundengeschäft), anderen institutstypischen Geschäften auf Provisions- oder Gebührenbasis mit Kunden und weiteren Geschäften mit Kunden oder Dienstleistern unterscheidet.

40 So Demmelmair in Beck/Samm/Kokemoor, KWG mit CRR, (Stand: 19/2023), § 15 Rn. 117; Bitterwolf in Reischauer/Kleinhans, KWG, (Stand: 2/2022), § 15 Rn. 7d.

Die grundsätzlich weite Auslegung korrespondiert mit den Vorgaben von §§ 111a, 111b AktG für Kreditinstitute in der Rechtsform der Aktiengesellschaft, zufolge dessen Geschäfte mit nahestehenden Personen alle »Rechtsgeschäfte oder Maßnahmen [sind], durch die ein Gegenstand oder ein anderer Vermögenswert entgeltlich oder unentgeltlich übertragen oder zur Nutzung überlassen wird«. Diese Regelung der 2019 – durch das ARUG II in das AktG eingeführten – »related party transactions« verfolgt das dem § 15 KWG vergleichbare Ziel der Unterbindung der unlauteren Einflussnahme von nahestehenden Personen auf das Unternehmen und der Unterbindung unausgewogener Vermögensverlagerungen.[41] Anders als § 15 KWG ist sie jedoch nicht auf Institute i.S.d. KWG beschränkt, sondern gilt für sämtliche Aktiengesellschaften, wenn sie börsennotiert sind.[42]

e) Von § 15 KWG angeordnete Rechtsfolgen

§ 15 KWG enthält eine Reihe von Sanktionen für Verstöße gegen seine Vorgaben. Nach § 15 Abs. 1 Satz 6 KWG kann die BaFin bei nicht zu marktmäßigen Bedingungen gewährten Krediten anordnen, dass sie mit hartem Kernkapital gem. Art. 26 CRR zu unterlegen sind. Zudem kann die BaFin nach § 15 Abs. 2 Satz 2 KWG gegenüber dem Institut anordnen, dass Organkredite, die eine von der BaFin gesetzte Obergrenze überschreiten, in die angeordneten Grenzen zurückzuführen und bis dahin mit hartem Kernkapital nach Art. 26 CRR zu unterlegen sind.

Personenorgankredite, die unter Verstoß gegen Abs. 1 oder Abs. 4 an die in Abs. 1 Nr. 1 bis 5 und 12 genannten Personen gewährt wurden, sind nach § 15 Abs. 5 KWG »ohne Rücksicht auf entgegenstehende Vereinbarungen sofort zurückzuzahlen«, soweit nicht eine unverzügliche[43] nachträgliche Zustimmung durch sämtliche Geschäftsleiter sowie das Aufsichtsorgan erfolgt. Hierdurch wird der Kreditvertrag nicht für nichtig erklärt, sondern die im Kreditvertrag vorgesehene Laufzeit wird gesetzlich in der Weise abgeändert, dass der Kredit sofort fällig ist, sobald seine Rückzahlung von dem Institut geltend gemacht wird.[44]

Für Geschäfte, die nicht Kredite i.S.d. § 21 Abs. 1 KWG sind, sieht § 15 Abs. 6 KWG für Verstöße weder einen Verweis auf Abs. 1 Satz 6 noch auf Abs. 2 Satz 2 noch auf Abs. 5 vor. Dadurch werden sonstige Geschäfte nach Abs. 6 zwar dem Pflichtenregime des § 15 KWG unterstellt, doch erfolgt keine Sanktionierung von

41 Zu den Zielen des § 111a AktG vgl. Koch, AktG, 19. Aufl. 2025, § 111a Rn. 1 m.w.N.

42 Zu den Konkurrenzen vgl. unten bei II.7.

43 **A.A.** Demmelmair in Beck/Samm/Kokemoor, KWG mit CRR, (Stand: 10/2023), § 15 Rn. 113 (nächste turnusmäßige Sitzung); wie hier Sprengard/Waßmann in Fischer/Schäfer/Schulte-Mattler, KWG CRR, 7. Aufl. 2025 (im Erscheinen), § 15 Rn. 42.

44 Bitterwolf in Reischauer/Kleinhans, KWG, (Stand: 2/2022), § 15 Rn. 47; Demmelmair in Beck/Samm/Kokemoor, KWG mit CRR, (Stand: 10/2023), § 15 Rn. 113; Schaber/Ulrich in Luz/Neus/Schaber/Schneider/Wagner/Weber, KWG und CRR, 4. Aufl. 2023, § 15 Rn. 16; insoweit handelt es sich bei der Anordnung der BaFin um einen privatrechtsgestaltenden (nämlich den Darlehensvertrag ändernden) Verwaltungsakt – es bedarf jedoch weiterhin eines Rückzahlungsverlangens des Instituts gegenüber dem (Organ-)Kreditnehmer.

Verstößen (auch nicht als Ordnungswidrigkeit durch §§ 56, 57 KWG)[45]. Da auch die – sogleich zu behandelnde – Haftungsbestimmung des § 17 KWG insoweit keine Anwendung findet, sind Verstöße gegen § 15 Abs. 6 KWG bei sonstigen Geschäften praktisch sanktionslos.

3. Pflichtverletzung durch Geschäftsleiter oder Aufsichtsorgan

Voraussetzung für eine Haftung nach § 17 KWG ist eine Kreditgewährung unter Verstoß gegen die Vorgaben des § 15 KWG. Grds. genügt jeder Verstoß[46]. Soweit einige Stimmen in der Literatur »unwesentliche Verstöße« als »nicht tatbestandsmäßig« ausnehmen wollen,[47] findet dies in dem Gesetz keine Basis. Allerdings muss der Verstoß gegen § 15 KWG durch die Mitglieder desjenigen Organs begangen werden, dem § 15 KWG die Pflicht auferlegt. Wirken z.B. nur drei von vier Mitgliedern des Vorstands an einem Organkredit mit, so kommt i.d.R. eine Haftung der drei Mitglieder in Betracht, nicht jedoch des vierten, an der Beschlussfassung nicht beteiligten Vorstands. Entscheidend ist, dass gerade das in Anspruch genommene Organmitglied (zumindest auch) eine Pflichtverletzung begangen hat.

§ 17 KWG enthält – anders als § 93 Abs. 1 Satz 2 AktG – keine Business Judgement Rule. Diese wäre angesichts der Art der Vorgaben von § 15 KWG auch kaum anwendbar, weil § 15 KWG – obwohl eine Kreditvergabe eine »unternehmerische Entscheidung« darstellt – keinen Ermessensspielraum, sondern – vielfach formale – Modalitäten für die Kreditvergabe vorgibt, deren Befolgung bereits die Legalitätspflicht erfordert.[48]

Entsprechendes gilt für die Haftung der Mitglieder des Aufsichtsorgans. Da dieses jedoch nicht einstimmig, sondern mit Mehrheit entscheidet, ob einem einstimmigen Beschluss der Geschäftsleiter zuzustimmen ist, begründet eine Ablehnung einer Kreditvergabe durch eine Minderheit von Mitgliedern des Aufsichtsorgans kein Problem. – Für eine Haftung ist im Übrigen erforderlich, dass das Mitglied eines Aufsichtsorgans trotz Kenntnis einer beabsichtigten unzulässigen Kreditgewährung dagegen pflichtwidrig nicht einschreitet. Voraussetzung ist somit, dass das Mitglied des Aufsichtsorgans positive Kenntnis von der beabsichtigten Kreditgewährung und positive Kenntnis von dem Verstoß gegen § 15 KWG hat und pflichtwidrig hiergegen

45 Lediglich ein Verstoß gegen die Pflicht zur unverzüglichen Nachholung eines Eilkredites nach § 15 Abs. 4 Satz 5 KWG wird von § 56 Abs. 2 Nr. 1 lit. e) KWG als Ordnungswidrigkeit geahndet.

46 Vgl. die – nicht abschließende – Aufzählung bei von den Steinen in Beck/Samm/Kokemoor, KWG und CRR, (Stand: 6/2019), § 17 Rn. 16.

47 Bsp. bei von den Steinen in Beck/Samm/Kokemoor, KWG mit CRR, (Stand: 6/2019), § 17 Rn. 17: Beschluss der GL ist auf Grund eines unwesentlichen Ladungsmangels unwirksam.

48 Dazu ausführlich Blasche, WM 2011, 343, 346 ff.

nicht einschreitet. – Fraglich ist, was ein »pflichtgemäßes Einschreiten« darstellt. Sicherlich zählt hierzu die Diskussion im Gremium, der nachdrückliche und insistierende Hinweis auf die möglichen Verstöße und ein entsprechendes Stimmverhalten bei der Abstimmung im Aufsichtsorgan. Führt dies nicht zum Erfolg, erwartet die BaFin mangels weiterer gesellschaftsrechtlicher Möglichkeiten in der Praxis, dass sie von dem »Abweichler« über den Vorgang informiert wird.[49] Unterbleibt eine Information, kann dies zu Bedenken der BaFin an der Zuverlässigkeit des Organs führen.

4. *Kausalität, Verschulden und Beweislast*

Die Pflichtverletzung der Geschäftsleiter und/oder der Mitglieder des Aufsichtsorgans muss kausal sein für »den dem Institut entstehenden Schaden«. Wird von den Geschäftsleitern z.B. ein – später ausgefallener – Kredit nicht zu marktmäßigen Bedingungen gewährt, so liegt der Schaden des Instituts nicht primär darin, dass der Zinssatz für den Kredit zu niedrig ist, sondern darin, dass der Kredit überhaupt – und zudem zu marktabweichenden Bedingungen – gewährt wurde. Fraglich kann allenfalls sein, ob es zu der Kreditgewährung auch gekommen wäre, wenn das Institut dem Organmitglied den Kredit zu marktmäßigen Bedingungen angeboten hätte (die Einhaltung der übrigen Voraussetzungen unterstellt). Wäre dies zu bejahen, würde dies einen Einwand rechtmäßigen Alternativverhaltens seitens der Organmitglieder darstellen.

Ob ein Einwand rechtmäßigen Alternativverhaltens zu berücksichtigen ist, ist besonders im Rahmen der Organhaftung nach § 93 AktG bei Verletzung von Kompetenz-, Organisations- oder Verfahrensregeln streitig. Die dort wohl noch h.L. verneint die Zulässigkeit einer Berücksichtigung, weil dadurch der Schutzzweck der Regelung unterlaufen werde[50]. Demgegenüber will eine erstarkende Meinung den Einwand rechtmäßigen Alternativverhaltens zulassen, weil „§ 93 Abs. 2 Satz 2 AktG kein Sanktionsinstrument für die Verletzung innergesellschaftlicher Kompetenzvorschriften« darstellen soll.[51] Allerdings soll der Vorstand die uneingeschränkte Beweislast dafür tragen, dass derselbe Schaden auch bei einem rechtmäßigen Alternativverhalten eingetreten wäre.[52] Diese Überlegungen lassen sich vollständig auf § 17 KWG übertragen, soweit § 15 KWG Kompetenz-, Organisations- und Verfahrensregelungen enthält.

49 Dies zu Recht ablehnend von den Steinen in Beck/Samm/Kokemoor, KWG mit CRR, (Stand: 6/2019), § 17 Rn. 27.

50 *So* etwa GroßKommAktG/Hopt/Roth, § 93 Rn. 416; K. Schmidt/Lutter/Sailer-Coceani, § 93 Rn. 30; Spindler in MüKoAktG, § 93 Rn. 174.

51 So Fleischer in BeckOGK § 93 Rn. 269; ders., Hdb. VorstandsR, 2006, § 11 Rn. 63; ders., DB 2018, 2619, 2613; Koch, AktG, 19. Aufl. 2025, § 93 Rn. 92; Habersack, Festschr. Vetter, 2019, S. 183; Kleindiek, Festschr. Krieger, 2020, S. 489, 496 ff.; Goette, ZGR 2019, 324, 330 ff.

52 Vgl. BGHZ 219, 193 Rn. 39, 45; Goette, ZGR 2019, 324; Koch, AktG, 19. Aufl. 2025, § 93 Rn. 93 m.w.N.

§ 17 Abs. 1 Hs. 2 KWG vermutet das *Verschulden* der pflichtwidrig handelnden Geschäftsleiter bzw. Mitglieder des Aufsichtsorgans, indem er ihnen die Pflicht auferlegt nachzuweisen, dass sie trotz objektiver Pflichtverletzung nicht schuldhaft gehandelt haben (Beweislastumkehr).[53]

Dagegen obliegt dem Institut die Beweislast für das pflichtwidrige Verhalten des Vorstands bzw. Aufsichtsrats, für den Eintritt und die Höhe des Schadens und für die Kausalität zwischen der Handlung des Vorstands/Aufsichtsrats und dem Schaden (zu dem Einwand des rechtmäßigen Alternativverhaltens durch die Organmitglieder vgl. bereits vorstehend).

5. *Verjährung*

Der Schadensersatzanspruch nach § 17 Abs. 1 KWG verjährt nach dessen Abs. 3 innerhalb von fünf Jahren.[54] Die Verjährung beginnt nach § 200 Satz 1 BGB mit der Entstehung des Anspruchs[55]. Damit beginnt sie anders als die regelmäßige Verjährungsfrist, die nach § 195 BGB drei Jahre beträgt und für deren Beginn nach § 199 Abs. 1 BGB zusätzlich zu der »Entstehung des Anspruchs« die »Kenntnis des Gläubigers (bzw. seine grob fahrlässige Unkenntnis) von den den Anspruch begründenden Umständen und der Person des Schuldners« erforderlich ist.

§ 194 Abs. 1 BGB definiert »Anspruch« als »das Recht, von einem Anderen ein Tun oder Unterlassen zu verlangen«. Mit der Entstehung des Anspruchs beginnt seine Verjährung. Für die Entstehung eines Schadensersatzanspruchs bedarf es eines Schadens, dessen Ersatz verlangt werden kann. Damit wird der Zeitpunkt des Schadenseintritts von Bedeutung für den Beginn der Verjährung. Unabhängig von der Diskussion um den Schadensbegriff, um die Differenzhypothese und um die normative Feststellung des Schadens[56] entsteht dem Institut (spätestens) in dem Zeitpunkt ein Schaden, in dem der Kredit in einer den Erfordernissen des § 15 KWG widersprechenden Weise gewährt wird. Denn Konsequenz einer rechtswidrigen Gewährung des Kredits ist nach § 15 Abs. 5 KWG, dass der Kredit (durch den Kreditnehmer)

53 Vgl. dazu von den Steinen in Beck/Samm/Kokemoor, KWG mit CRR, (Stand: 6/2019), § 17 Rn. 37; Meyer-Ramloch in Fischer/Schäfer/Schulte-Mattler, KWG CRR, 7. Aufl. 2025 (im Erscheinen), § 17 Rn. 2.

54 Zu dem Verhältnis der Verjährungsfrist gem. § 17 Abs. 3 KWG zu der von § 52a KWG vgl. unten sub II.7.c)

55 Wohl **a.A.** von den Steinen in Beck/Samm/Kokemoor, KWG mit CRR, (Stand: 6/2019), § 17 Rn. 57: „… nach allgemeinen Grundsätzen (vgl. § 199 BGB) mit der Entstehung des Anspruchs, d.h. mit der vollständigen Verwirklichung des Tatbestandes des § 17 Abs. 1 und Kenntnis«; wie hier Blasche, WM 2011, 343, 348; Schaber/Ulrich in Luz/Neus/Schaber/Schneider/Wagner/Weber, KWG und CRR, 4. Aufl. 2023, § 17 Rn. 8; Meyer-Ramloch in Fischer/Schäfer/Schulte-Mattler, KWG CRR, 7. Aufl. 2025 (im Erscheinen), § 17 Rn. 5a.

56 Vgl. dazu umfassend Ekkenga/Kuntz in Soergel, BGB, 14. Aufl. 2022, Vor § 249 Rn. 42 ff.

sofort zurückzuzahlen ist. Die Anordnung dieser Rechtsfolge durch das Gesetz kann nicht anders verstanden werden, als dass die rechtswidrige Kreditgewährung eine Gefährdung des Kreditinstituts und der Rechtsordnung darstellt, also zumindest einen normativen Schaden begründet und daher sofort rückgängig zu machen ist. Eine Schadensbegleichung kann bzw. muß gleichermaßen durch die zum Schadensersatz verpflichteten Organe erfolgen (Zug um Zug gegen die Abtretung des Rückforderungsanspruchs des Instituts gegen den Kreditnehmer). Die Verjährungsfrist von fünf Jahren beginnt daher (spätestens) mit der Ausreichung des Kredits.

6. *Anspruchsberechtigte, Verzicht und Vergleich*

Nach § 17 Abs. 1 Hs. 1 KWG ist anspruchsberechtigt das Institut. Dies ist selbstredend, denn schließlich ist es das Institut, das durch die Handlungen seiner Organe geschädigt wird.

§ 17 Abs. 2 KWG erweitert den Kreis der Anspruchsberechtigten um die Gläubiger des Instituts, soweit diese von dem Institut keine Befriedigung erlangen können. Er entspricht insoweit § 93 Abs. 5 Satz 1 AktG. Es kommt in den letzten Jahrzehnten allerdings nur noch selten vor, dass Gläubiger des Instituts von diesem keine nennenswerte Befriedigung zu erlangen vermögen, weil die erhöhten Eigenmittelanforderungen an die Institute, die Überwachung der Einhaltung der aufsichtsrechtlichen Vorgaben durch die Aufsichtsbehörden und die Einlagensicherung[57] bei vorinsolvenzlich oder mittels einer Insolvenz abzuwickelnden Instituten für erhöhte Quoten sorgen.[58]

Als Voraussetzung für die Geltendmachung eines Anspruchs gegen Organe eines Instituts durch dessen Gläubiger statuiert das Gesetz lapidar, dass der Gläubiger eine eigene, fällige Forderung gegen das Institut haben muss und er von dem Institut hierfür keine vollständige Befriedigung erlangen kann. In der aufsichtsrechtlichen Literatur wird – anders als bei § 93 AktG[59] – bisher im Wesentlichen nicht erörtert,[60] ob

- eine bereits anhängige Klage des Instituts gegen ein Organmitglied für das Organmitglied gegenüber den dasselbe Organ verklagenden Gläubigern des Instituts die Einrede der Rechtshängigkeit begründet,
- der klagende Gläubiger Leistung an sich oder an das Institut verlangen muss oder ihm insoweit ein Wahlrecht zusteht,
- das Organmitglied mit befreiender Wirkung an das Institut leisten kann und ggfls. bis wann,

57 Allerdings gehen die von der Einlagensicherung befriedigten Forderungen der Gläubiger auf die Einlagensicherung über und werden von dieser in der Insolvenz geltend gemacht.

58 Sogar in der Insolvenz der Lehman Brothers Deutschland AG wurde ein Überschuss (!) erzielt und alle Gläubiger vollständig befriedigt; Gleiches scheint für die noch in Abwicklung befindliche Wirecard Bank (nicht die Wirecard AG) zu gelten.

59 Vgl. zu dem dortigen Diskussionsstand Koch in Koch AktG, 19. Aufl. 2025, § 93 Rn. 170 ff. mit umfangreichen w.N.

60 Diesen Fragen kann hier auf Grund der Beschränkung des Umfangs des Beitrags nicht nachgegangen werden.

- in der Insolvenz des Instituts nur der Insolvenzverwalter noch berechtigt ist, die Forderung geltend zu machen,
- es sich bei der Geltendmachung der Forderung des Institutes durch den Gläubiger des Instituts um eine gesetzliche Prozessstandschaft[61] oder um die Geltendmachung einer eigenen Forderung des Gläubigers handelt sowie
- die Verjährung der Verbindlichkeit des Organs gegenüber dem Institut und gegenüber Gläubigern des Institutes parallel läuft oder abweichend beginnen und enden kann.[62]

§ 17 Abs. 2 Satz 2 KWG statuiert weiter, dass die Ersatzpflicht *den Gläubigern gegenüber* weder durch einen Verzicht noch durch einen Vergleich des Instituts aufgehoben wird und zudem bei juristischen Personen eine Aufhebung der Ersatzpflicht auch nicht dadurch eintritt, dass die Kreditgewährung auf einem Beschluss des obersten Organs des Instituts (Hauptversammlung, Generalversammlung oder Gesellschafterversammlung) beruht. Diese Regelung entspricht § 93 Abs. 5 Satz 3 AktG. Wie im AktG ist das Verfolgungsrecht der Institutsgläubiger unabhängig von dem Anspruch des Instituts gegen seine Organe. In der aktienrechtlichen Literatur wird daraus für § 93 AktG u.a. hergeleitet, dass es sich bei dem Anspruch der Gläubiger nicht um denselben Anspruch wie den des Instituts handele.[63]

7. Konkurrenzen

a) Organhaftung nach §§ 89, 115 AktG bzw. 93, 116 AktG

Die §§ 89, 115 AktG verweisen jeweils in ihrem Absatz 5 für die Organkreditgewährung von Kredit- oder Finanzdienstleistungsinstituten auf die Vorschriften des KWG. Insoweit regelt das Gesetz die Konkurrenz im Sinne eines Vorrangs der Vorschriften des KWG.

Gegenüber den §§ 93, 116 AktG sind die §§ 17, 15 KWG ebenfalls lex specialis und gehen diesen vor. Auf Grund der weitgehenden inhaltlichen Angleichung der Haftungsvoraussetzungen werden jedoch viele zu §§ 93, 116 AktG diskutierte Aspekte auch für die §§ 17, 15 KWG Geltung entfalten.

b) Geschäfte mit nahestehenden Personen nach §§ 111a, 111b und 111c AktG

Die Vorschriften des AktG über die Geschäfte mit nahestehenden Personen sind mit denen des KWG in § 15 Abs. 6 KWG im weitesten Sinne vergleichbar. Im Einzelnen

61 So Schaber/Ulrich in Luz/Neus/Schaber/Schneider/Wagner/Weber, KWG und CRR, 4. Aufl. 2013, § 17 Rn. 5 und 8.

62 Dies hängt u.a. davon ab, ob die Gläubiger des Instituts dessen Forderung gegen die Organmitglieder geltend machen oder eine eigene Forderung verfolgen.

63 Vgl. Koch in Koch AktG, 19. Aufl. 2025, § 93 Rn. 172 m.w.N.

ergeben sich jedoch deutliche Abweichungen, wie etwa die Beschränkung auf die Rechtsform der Aktiengesellschaft oder die Veröffentlichungspflichten des § 111c AktG bei börsennotierten Gesellschaften zeigen. Gegenüber den nur für Aktiengesellschaften geltenden §§ 111a bis 111c AktG ist § 15 Abs. 6 KWG als spezifisch auf Kreditinstitute jedweder Rechtsform zugeschnittene Verbotsnorm lex specialis, die insoweit die §§ 111a, 111b AktG verdrängt. Außerhalb des Anwendungsbereichs von § 15 Abs. 6 KWG verbleibt es jedoch für börsennotierte Kreditinstitute bei der Anwendbarkeit der §§ 111a bis 111c AktG als »Auffangnorm«, da sie spezifisch auf die Aspekte der börsennotierten Gesellschaften ausgerichtet sind und für den Kapitalmarkt gleiche Normen für alle börsennotierten Gesellschaften begründen wollen. Dies ist von Bedeutung insb. hinsichtlich der fehlenden Sanktionierung der Vorgaben von § 15 Abs. 6 KWG.[64]

c) Verjährung nach § 52a KWG

Nach § 52a Abs. 1 KWG verjähren Ansprüche von *Kreditinstituten* (also nicht die von Finanzdienstleistungsinstituten) gegen Geschäftsleiter und Mitglieder des Aufsichts- und Verwaltungsorgans aus dem Organ- und Anstellungsverhältnis wegen der Verletzung von Sorgfaltspflichten in zehn Jahren. § 52a KWG wurde im Laufe des Gesetzgebungsprozesses für das RestrukturierungsG[65] vom Finanzausschuss[66] vorgeschlagen, um »die Aufarbeitung der Verantwortlichkeiten [scil.: für die Finanzkrise] .... ohne den Druck von Verjährungsfristen« erfolgen zu lassen und »zudem [seien] ausreichend bemessene Verjährungsfristen ein geeignetes Mittel, um die Verantwortlichkeit der Organmitglieder von Kreditinstituten generell zu stärken«. Parallel hierzu wurde durch das RestrukturierungsG § 93 Abs. 6 AktG[67] eingeführt, der sich jedoch nur auf börsennotierte Gesellschaften sowie auf Kreditinstitute i.S.d. § 1 KWG in der Rechtsform einer Aktiengesellschaft bezieht[68] (dieses Versehen wurde durch den Vorschlag des Finanzausschusses zur Einführung von § 52a KWG wie dargestellt korrigiert).

Durch das RestrukturierungsG wurde die Verjährungsregelung von § 17 Abs. 3 KWG unangetastet gelassen, die – anders als § 52a KWG – nicht nur für Kreditinstitute sondern auch für Finanzdienstleistungsinstitute Geltung entfaltet. Hieraus leitet die ganz h.L. ab, dass § 17 Abs. 3 KWG eine Sondernorm ist, die die – überwiegend aber nicht nur – formalen Verstöße gegen § 15 KWG privilegiert und es bei

64 Vgl. dazu oben sub II.2.e).
65 BGBl. I 2010, S. 1900.
66 BT-Drs. 17/3547, S. 9.
67 Der bereits im Gesetzentwurf enthalten war!
68 Zur Kritik hieran vgl. die Darstellung bei Fischer in Fischer/Schäfer/Schulte-Mattler, KWG CRR, 7. Aufl. 2025 (im Erscheinen), § 52a Rn. 3 m.w.N.

der 5jährigen Verjährungsfrist belässt.[69] *Fischer* weist jedoch zu Recht darauf hin, dass § 17 Abs. 3 KWG als eine »den Haftungstatbestand [scil.: §§ 17, 15 KWG] privilegierende Spezialvorschrift zu § 52a KWG ausschließlich auf Schadensersatzansprüche aus der Verletzung der im KWG verankerten spezifischen Beschlussanforderungen bei Organkrediten, nicht hingegen auf jedwede Pflichtverletzung bei Gewährung eines Organkredits« anzuwenden ist.[70]

69 Fischer in Fischer/Schäfer/Schulte-Mattler, KWG CRR, 7. Aufl. 2025 (im Erscheinen), § 52a Rn. 20; Meyer-Ramloch in Fischer/Schäfer/Schulte-Mattler, KWG CRR, 7. Aufl. 2025 (im Erscheinen), § 17 Rn. 5; von den Steinen in Beck/Samm/Kokemoor, KWG mit CRR, (Stand: 6/2019), § 17 Rn. 55 f; Schaber/Ulrich in Luz/Neus/Schaber/Schneider/Wagner/Weber, KWG und CRR, 4. Aufl. 2023, § 17 Rn. 8 (allerdings ohne Auseinandersetzung mit § 52a).

70 Fischer in Fischer/Schäfer/Schulte-Mattler, KWG CRR, 7. Aufl. 2025 (im Erscheinen), § 52a Rn. 20.

»Wirtschaftsrechtsberatung und Wirtschaftskanzleien »Made in Germany« und ihre internationale Rolle«

Christoph Schalast

I. Ausgangspunkt: Die Rechtsanwaltschaft in Deutschland im Jahre 2025

Der Rechtsmarkt ist über fast alle Jurisdiktionen weltweit, allerdings mit den wichtigen Ausnahmen UK und USA, auch heute noch überraschend stark zersplittert. In Deutschland hat dies vor allem historische Gründe, da die Rechtsberatung seit 1871 weitgehend von Einzelkanzleien beziehungsweise Zwei-/Dreipersonensozietäten geprägt war.[1] Hinzu kommt, dass es durch die beiden Weltkriege, die nationalsozialistische Diktatur sowie die folgende Teilung Deutschlands im Unterschied zu wichtigen europäischen Nachbarn, wie etwa Frankreich und dem UK, zu folgenschweren Epochenbrüchen kam. Weiter darf man nicht vergessen, dass diese Entwicklung getragen war von einer »sozialromantisch« geprägten Idealisierung des Einzelanwalts beziehungsweise der freundschaftlich verbundenen Kleinsozietät, oftmals dazu mit einer familiären »Vater/Sohn«-Tradition. Hinzu kamen – was für den vorliegenden Zusammenhang sehr viel wichtiger ist – starke regulatorische Einschränkungen, die größere Kanzleien oder gar Fusionen von Kanzleien mit unterschiedlichen Standorten verhindert haben. Erst parallel zur Wiedervereinigung 1990 fand die bis heute wichtigste Veränderung statt: die Entscheidung des BGH[2] zur Zulässigkeit überörtlicher Sozietäten. Dadurch konnten Kanzleien erstmals Standorte an anderen Wirtschaftszentren eröffnen beziehungsweise mit örtlichen Wettbewerbern fusionieren. Eine Liberalisierung, die in der traditionell dezentralen Bundesrepublik erhebliche Bedeutung hatte und sofort genutzt wurde. Aber noch heute – 35 Jahre später – ist der deutsche Anwaltsmarkt weiterhin von Einzelanwälten und Mini-Kanzleien geprägt. Exemplarisch zeigt sich dies bei der Umfrage des Bundesministeriums der Justiz zur Lockerung des Fremdbesitzverbots aus dem Jahr 2023.[3] Dort hatten von den 7.184 teilnehmenden Anwälten über 75 % angegeben, entweder in einer Einzelkanzlei oder

1 Siehe zur Geschichte, Ostler, Die deutschen Rechtsanwälte 1871 bis 1971, 1971, und Busse, Deutsche Anwälte – Geschichte der deutschen Anwaltschaft 1945 bis 2009, 2010.

2 BGH, 18.09.1989, AnwZ (B 30/89) https://beck-online.beck.de/Dokument?vpath=bibdata%2Fzeits%2Fnjw%2F1989%2Fcont%2Fnjw.1989.2890.1.htm&pos=1&hlwords=on.

3 BMJ, Umfrage vom 28.11.2023 (https://www.bmjv.de/SharedDocs/Downloads/DE/Fachinformationen/Umfrage_BMJ_Nov_2023.html?nn=110490.

aber in einer Sozietät mit maximal bis zu fünf Anwälten tätig zu sein. Dies verdeutlicht eindringlich, dass es wohl kaum einen vergleichbar zersplitterten Markt im Bereich der sogenannten Professional Service Firms gibt wie den der Rechtsberatung.

Das Zeitfenster für eine Konsolidierung war dann nur kurz geöffnet, gerade einmal für 10 Jahre zwischen 1990 und 2000. In diesem Jahrzehnt kam es tatsächlich zu einigen wichtigen Fusionen und für den deutschen Markt heute prägende Sozietäten, wie etwa Hengeler Müller, entstanden aus einem Zusammenschluss von Düsseldorfer und Frankfurter Traditionskanzleien. Doch nachdem diese »glorreichen« 10 Jahre eine Reihe von nationalen Zusammenschlüssen und zahlreiche Büroneueröffnungen in regionalen beziehungsweise nationalen Wirtschaftszentren sowie den neuen Bundesländern gesehen haben, kam diese Zeit abrupt durch den Markteintritt der angloamerikanischen Kanzleien Ende der 1990iger Jahre wieder zum Stillstand.[4] Dies führte dazu, dass wieder die gerade erst entstandenen deutschen Kanzleien, die, im Gegensatz zu ihren angloamerikanischen Wettbewerbern, wenig Erfahrungen mit Zusammenschlüssen hatten und nicht an modernes Kanzleimanagement und internationale – meist hierarchisch/zentrale – Kanzleiführungsstrukturen gewöhnt waren, schnell wieder verschwanden. Hinzu kam, dass Sozietäten in Deutschland kaum Erfahrung mit der Post Merger Integration nach Fusionen hatten. Dies führte zu der Gefahr, dass schnell zusammengeführte Einheiten – ein Beispiel ist etwa Gaedertz – genauso schnell wieder zerbrechen konnten.

Der Markteintritt der kapitalstarken und schon seit Jahrzehnten internationalisierten angloamerikanischen Sozietäten hat in der Folge dazu geführt, dass der deutsche Markt für die Wirtschaftsrechtsberatung seit nunmehr 25 Jahren von Law Firms dominiert wird. So werden im JUVE Handbuch Wirtschaftskanzleien 2004/2005[5] als größte Kanzleien (nach Anzahl der Anwälte) in Deutschland die folgenden genannt: 1. Freshfields Bruckhaus Deringer (546), 2. Clifford Chance (389), 3. CMS Hasche Sigle (342), 4. Linklaters Oppenhoff & Rädler (335), 5: Lovells (272), 6. EY Law Luther Menold (238), 7. Taylor Wessing (220), 8. White & Case (200), 9. Hengeler Müller (192) und 10. Beiten Burckhardt (185). Bei dieser heute historischen Auflistung deuten einige Kanzleinamen zumindest noch ihre »Fusionsstammbäume« an. Eindeutig ist die Situation dann im Jahr 2024, wo das JUVE Handbuch Wirtschaftskanzleien 2024/2025 unter dem nationalen Überblick der Top 50 Kanzleien gerade noch 19 »deutsche« auflistet, davon nur noch drei unter den Top 10[6]. Dabei ist darauf hinzuweisen, dass mit CMS Hasche Sigle und Advant Beiten zwei »Netzwerkkanzleien« und mit Rödl & Partner eine multidisziplinäre Partnerschaft mitgezählt wurden, alle drei keine »typischen« Großkanzleien. Bei internationalen Rankings, die sich an Umsatzzahlen orientieren, spielen Deutschland, aber auch die anderen kontinentaleuropäischen Jurisdiktionen, keine Rolle.[7]

4 Vgl. auch Tausch, Marketing anwaltlicher Dienstleistungen, 2004, S. 30 ff.
5 JUVE Handbuch Wirtschaftskanzleien 2004/2005, S. 21.
6 JUVE Handbuch Wirtschaftskanzleien 2024/2025, S. 68 ff.
7 JUVE Rechtsmarkt Oktober 2024.

Der folgende Beitrag untersucht, wie es zu dieser Entwicklung kommen konnte und abschließend, ob sie unumkehrbar ist. Die Thesen dahinter sind, dass das »deutsche« Konzept des Organs der Rechtspflege auf der sozialromantischen Verklärung von Einzelkanzlei beziehungsweise Kleinstsozietäten beruht, was begünstigt sowie abgeschirmt wird durch das eng damit verflochtene Fremdbesitzverbot. Hinzu kommt das protektionistische Selbstverständnis mancher Anwaltskammern, überholte regulatorische Rahmenbedingungen sowie ein im internationalen Vergleich nicht wettbewerbs- beziehungsweise anschlussfähiges Ausbildungssystem. Wenn man dies ändern möchte, bedarf es zunächst einer Reform des deutschen Regulierungsrahmens. Diese muss bei der Ausbildung beginnen, setzt sich bei der Konzeption der anwaltlichen Unabhängigkeit durch die Institution Organ der Rechtspflege fort und führt schließlich zum »weißen Elefanten im Raum«, dem Fremdbesitzverbot.

Dabei werfen die aktuellen Entwicklungen in den USA die Frage auf, ob es nicht gerade zur Sicherung der Unabhängigkeit, der ethischen Standards der Rechtsberatung durch Anwälte und zur Sicherung des Rechtsstaats geboten ist, ein international kompatibles deutsches beziehungsweise europäischen Konzept der Corporate Law Firm anzubieten. Interessant ist dabei, dass etwa in England und Australien, wo das Fremdbesitzverbot bereits seit vielen Jahren abgeschafft wurde, niemals eine Diskussion – wie jetzt in den USA – zur Unabhängigkeit von Anwaltskanzleien geführt werden musste. Dies ist umso überraschender, weil die US-Sozietäten, die hier in den Fokus geraten sind, das Fremdbesitzverbot durchwegs beachten.[8] Dies zeigt: Unabhängigkeit und die allgemein anerkannten hohen ethischen Standards der anwaltlichen Berufsausübung haben mit der Eigentümerstruktur wenig zu tun. Ziel des nachfolgenden Beitrags ist es daher, ein Alternativszenario zu entwickeln und zur Diskussion zu stellen.

II. Wirtschaftskanzleien

Der Begriff des »Wirtschaftsanwalts« und der »Wirtschaftskanzlei« ist in Deutschland nicht definiert, er wird allerdings sowohl in wissenschaftlichen wie auch eher journalistischen Publikationen durchgehend benutzt. Parallel dazu gibt es den Begriff »Large Law Firms« = Großkanzleien, oder auch »Corporate Law Firm«/»Big Law«. Offen bleibt dabei, was etwa Großkanzleien von mittelständischen Kanzleien oder Boutiquen genau abgrenzt. Ist es die Aufnahme in die JUVE, American Lawyer oder The Lawyer Top 100 Liste, ist es die Anzahl der Anwälte, die Anzahl der Standorte, der Umsatz, die Mandanten oder ähnliches?

8 Obwohl zwischenzeitlich in den USA eine Aufweichung stattfindet; siehe: Arizona Supreme Court, 27.08.2020, Court R-20–0034, https://gravierhouse.com/2020/10/26/arizona-eliminates-rule-5-4-allowing-non-lawyers-to-acquire-ownership-interest-in-law-firms/#:~:text=By%20Order%20dated%20August%2027%2C%202020%2C%20the%20Arizona,non-lawyers%20to%20acquire%20ownership%20interests%20in%20law%20firms.

Etwas konkreter wird es dann bei dem Begriff des Wirtschaftsanwalts. In der von der Reinhard Pöllath und Ingo Saenger, herausgegebenen Publikation »200 Jahre Wirtschaftsanwälte in Deutschland« wird eingangs definiert, was einen »Wirtschaftsanwalt« – Blickwinkel 2009 – ausmacht. Reinhard Pöllath – selbst Gründer einer der heutigen JUVE Top 50 Wirtschaftskanzleien in Deutschland – führt dabei die folgenden drei Punkte als entscheidend auf[9]:

- *»Die Spezialisierung auf das Rechtliche, was im Unternehmen nicht zum normalen Geschäftsprozess gehört, vor allem Transaktionen oder allgemein: große Veränderungen, zum Bespiel Restrukturierung oder Nachfolge,*
- *die Erfahrung in solchen Vorgängen aus der Tätigkeit für andere, sogar Wettbewerber, was Unabhängigkeit erfordert,*
- *Unabhängigkeit vom einzelnen Aufraggeber, …«*

Aus heutigem Blickwinkel ist das Interessante an dieser Definition vor allem die klare Fokussierung auf Transaktionen beziehungsweise Veränderungen = Change, denn nicht zuletzt waren es das Kapitalmarktrecht und damit eng verbunden große Transaktionen, die dazu geführt haben, dass angloamerikanische Kanzleien den internationalen und deutschen beziehungsweise europäischen Rechtsmarkt bestimmen. Doch erscheint diese Fokussierung auf die Transaktionsbegleitung andererseits etwas eng. Wenn man sich das aktuelle JUVE Handbuch Wirtschaftskanzleien 2024/2025 anschaut, so reicht die Liste der Rechtsgebiete, in denen Rankings und Analysen dort veröffentlicht werden, von Arbeitsrecht, Außenwirtschaftsrecht, Bank- und Finanzrecht, Immobilien- und Baurecht, Konfliktlösung-/Dispute Resolution bis zum öffentlichen Sektor mit Regulierung und weiter zu Steuer-, Wirtschafts- und Steuerstrafrecht sowie nicht zuletzt Technologie und Medien.[10] Dies geht weit über die Definition von Pöllath hinaus und führt letztendlich dazu, dass es um die Beratung bei der ökonomischen Tätigkeit von Unternehmen und Unternehmern geht. Nichtsdestotrotz werden weiterhin Capital Markets/Banking & Finance und Transaktionen/M&A als die »Königsdisziplinen« angesehen. Insoweit ist bezeichnend, dass der rechtliche Rahmen für diesen Bereich heute angloamerikanisch und nicht kontinentaleuropäisch geprägt ist. Bei diesem Wettlauf war Common Law gegenüber dem Continental Law der klare Sieger.

III. Wirtschaftskanzleien in der Forschung

Die Forschung zu Wirtschaftskanzleien ist relativ überschaubar. In Deutschland gibt es einige Dissertationen, wie etwa die Untersuchung von Martin Jansen zum Funktionswandel der Rechtsanwaltskammern[11] oder von Wolfdietrich Peiker zur

9 Pöllath/Saenger (Hrsg.), 200 Jahre Wirtschaftsanwälte in Deutschland, 2009, S. 7.
10 JUVE Handbuch 2024/2025.
11 Jansen, Funktionswandel der Rechtsanwaltskammern, 2011.

Internationalisierung europäischer Wirtschaftskanzleien[12], die – unter sehr spezifischen Gesichtspunkten – den Rechtsmarkt beziehungsweise Wirtschaftsrechtsmarkt analysiert haben. Einen gewissen Schwerpunkt bildet die Entstehung beziehungsweise Entwicklung von Large Law Firms beziehungsweise Großkanzleien und ihre Internationalisierung.[13] Exemplarisch ist dafür die Untersuchung von Galanter und Palay[14], die die Entstehung der Großkanzlei = Big Law Firm in den USA zum Inhalt hat. Allerdings ist diese Studie bereits 35 Jahre alt. Im Vordergrund der Literatur steht weiter die Untersuchung von Kanzleientwicklungen und insbesondere das Wachstum zu Global Playern. Ein wichtiger Bestandteil all dieser Studien ist die Herausarbeitung der Unterschiede bei den wirtschaftlichen Rahmenbedingungen sowie der Regulierung in den USA seit Beginn des 20. Jahrhundert und im UK seit den 1960er Jahren, die dynamisches Wachstum unterstützt beziehungsweise nicht behindert haben. Dies steht im Gegensatz zur deutschen Konstellation, wo bis 1990 durch das Verbot der überörtlichen Sozietät und die Singularzulassung ganz erhebliche Wachstumsbeschränkungen bestanden. Eine gewisse Sonderstellung nimmt die Dissertation von Jansen ein, welche die Deregulierung beziehungsweise Neuregulierung des Berufsrechts und die Abschaffung des Fremdbesitzverbots in England/Wales 2007 rechtsvergleichend kritisch hinterfragt.[15]

Daneben gibt es eine Reihe von historisch angelegten – ansatzweise hagiographischen – Werken, so insbesondere die Untersuchung von Fritz Ostler, »Die deutschen Rechtsanwälte 1871 bis 1971«[16] und von Felix Busse, »Deutsche Anwälte, Geschichte der deutschen Anwaltschaft 1945 bis 2009«.[17] Diese Darstellungen orientieren sich an der traditionellen Vorstellung einer deutschen Anwaltschaft bestehend aus Einzelanwälten beziehungsweise Kleinkanzleien, die Wirtschaftsrechtsberatung spielt dabei keine hervorgehobene Rolle.[18]

Hinzu treten im deutschen und angloamerikanischen Schrifttum praxisorientierte Schriften, so etwa die Werke von Benno Heussen. »Anwaltsunternehmen führen« oder »Erfolgreiche Strategien im umkämpften Anwaltsmarkt«[19], »Marketing anwaltlicher Dienstleistungen« von Volker Tausch[20] oder von Jack Newton, »The Client

12 Peiker, Internationalisierung europäischer Wirtschaftskanzleien, 2017.
13 Müller, Die Entwicklung von Großkanzleien im 20. Jahrhundert, 2013; Quack, Internationale Wirtschaftskanzleien im Spannungsfeld von Wandel und Kontinuität des Rechts, 2003; Morgan/Quack, Institutional Legacies and Firm Dynamics, 2005; Luschin, Large Law Firms in Germany, 2010.
14 Galanter/Palay, Tournament of Lawyers, 1991.
15 Jansen, Funktionswandel der Rechtsanwaltskammern, 2011, S. 219 ff.
16 Ostler, Die deutschen Rechtsanwälte 1871 bis 1971, 1971.
17 Busse, Deutsche Anwälte – Geschichte der deutschen Anwaltschaft 1945 bis 2009, 2010.
18 Tausch, Marketing anwaltlicher Dienstleistungen, 2004, S. 54 ff., unterscheidet zwischen Einzelkämpfern, Kleinkanzleien (bis zu 10 Anwälte) mittelgroße Regionalkanzleien (bis 50 Anwälte) und Großkanzleien.
19 Heussen in Anwaltsunternehmen führen, 3. Aufl. 2016; Heussen, Akquisition und Mandatsentwicklung: Erfolgreiche Strategien umkämpften Anwaltsmarkt, 2001.
20 Tausch, Marketing anwaltlicher Dienstleistungen, 2004.

Centered Law Firm«[21], die unterschiedliche Management- und Führungskonzepte herausarbeiten. Schließlich hat kürzlich das »Halmer Urteil« des Europäischen Gerichtshofs vom 19.12.2024[22] dazu geführt, dass die Literatur zum Thema Fremdbesitzverbot stark zugenommen hat, wobei das bereits früher in der Schriftenreihe des Instituts für Anwaltsrecht erschienene Studie von Peter Wende, »Das Fremdbesitzverbot in den freien Berufen«[23], bis heute grundlegende Bedeutung hat.

Schließlich gibt es einige – meist historisch angelegte – Darstellungen zu einzelnen Kanzleien, so etwa das Werk von Lincoln Caplan über Skadden[24], die Untersuchung von Virgina Veenswijk zu Coudert Brothers[25] oder David Enrichs kritisches Werk »Servants of the Damned«[26], die sich auf Jones Day und insbesondere deren Arbeit für Donald Trump fokussieren.

Insgesamt kann man aber an diesem Punkt feststellen, dass die Literatur zu Wirtschaftsanwälten und Anwälten angesichts der laufend zunehmenden wirtschaftlichen und gesellschaftlichen Bedeutung von Rechtsberatung beziehungsweise Wirtschaftsrechtsberatung überraschend überschaubar ist. Insoweit besteht erkennbar weiterer Forschungsbedarf im Hinblick auf die ökonomische Analyse und die ökonomische Bedeutung der Rechtsberatung, die Veränderung des Marktes durch nationale und internationale Großkanzleien sowie den Zusammenhang von Law und Society.

Interessant ist in diesem Zusammenhang, dass seit dem sich fachjournalistische Publikationen, wie The Lawyer im UK, American Lawyer in den USA oder JUVE in Deutschland, etabliert haben, sehr viel mehr Informationen über den Markt verfügbar sind und damit eine gewisse Transparenz hergestellt wurde. So sind über JUVE Intelligence[27] heute zahlreiche zentrale Kenndaten über deutsche Kanzleien zugänglich. Des Weiteren dokumentiert das JUVE Handbuch jetzt seit über 25 Jahren die teilweise dramatische Veränderung des Marktes in dieser Zeit. Da die heute so wichtigen Kanzlei- und Anwaltsrankings nur auf Grundlage von Informationen der Kanzleien erstellt werden können, sind diese gerade gezwungen, (eine gewisse) Transparenz sowohl intern wie nach außen herzustellen. Insgesamt hat insoweit die juristische Fachpresse Kanzleien zu vermutlich sehr viel mehr Kommunikation und Offenheit gezwungen, als sie ursprüngliche wollten, beziehungsweise für zweckmäßig halten. Beispielhaft dafür ist, dass heute in nahezu jedem professionellen Beratungsvertrag/Engagement Letter die Berechtigung zur Kommunikation über eine Transaktion oder ähnliches enthalten ist. Und die Kanzleien, die bei diesem Spiel nicht mitmachen wollen, spielen eben dann dabei auch keine Rolle.

21 Newton, The Client Centered Law Firm, 2020.
22 EuGH, 19.12.2024 – C-295/23 [ECLI:EU:C:2024:1037], Halmer, https://eur-lex.europa.eu/legal-content/EN/TXT/?uri=celex:62023CJ0295.
23 Wende, Das Fremdbesitzverbot in den freien Berufen, 2012.
24 Caplan, Skadden, 1993.
25 Veenswijk, Coudert Brothers, 1994.
26 Enrichs, Servants of the Damned, 2023.
27 JUVE Market Intelligence, https://mi.juve.de/.

IV. Wie Big Law entstand

Die eingangs geschilderte Dominanz der angloamerikanischen Kanzleien hat vielfältige Ursachen und es stellt sich die spannende Frage, warum es keine einzige relevante internationale deutsche oder auch französische Kanzlei auf Augenhöhe mit Jones Day, Freshfields & Co. gibt. Die Entwicklungen, die zu dieser Situation geführt haben, werden in dem folgenden Abschnitt nur kurz zusammengefasst, da es dazu bereits eine Reihe von guten Übersichten gibt.[28] Dabei muss man insbesondere die zentralen regulatorischen und gesellschaftlich/ökonomischen Wegmarken im Auge behalten, die das Wachstum von Kanzleien in ihren Heimatjurisdiktionen sowie darüber hinaus begünstigt oder behindert haben. Nicht vergessen sollte man weiter, dass Wachstum erfolgreichen Unternehmen, auch erfolgreichen Beratungsunternehmen, innewohnt und wenn Wachstum endet, dann endet meistens ebenfalls die Dynamik und Innovationskraft.[29]

Der erste große Wachstumsschub für Law Firms begann in den USA parallel zu der dynamischen Entwicklung des Kapitalmarktes und eng verbunden damit des Transaktionsgeschäfts. Plastisch kann man dies anhand der von Müller-Stewens herausgearbeiteten sogenannten M&A-Wellen in den USA nachvollziehen.[30] Müller-Stewens hat die starke Zunahme von Transaktionen seit dem Jahr 1900 analysiert und diese mit wirtschaftlichen, aber auch juristischen Entwicklungen in Zusammenhang gebracht. Die erste signifikante Transaktionswelle entstand demnach Anfang des 20. Jahrhunderts vor allem durch den massiven Industrialisierungsschub und die damit verbundene Bildung großer Monopole. Hinzu kam eine erste Liberalisierung der Kapitalmärkte, was insgesamt zu einer sehr viel stärkeren Nachfrage für Unternehmensübernahmen und damit verbundenen interessanten Business Opportunitäten für Kanzleien führte. So wurde die Bildung von größeren Einheiten mit spezialisierten Rechtsanwälten durch das dynamische Wachstum sowie die steigende Nachfrage massiv gefördert. Mergers und Acquisitions erfordern immer eine Zusammenarbeit von verschieden qualifizierten Beratern und entsprechend große Teams, um unter dem oft starken Zeitdruck einen erfolgreichen Abschluss = Signing/Closing zu gewährleisten. Dies führte zunächst zu einer Zunahme größerer Law Firms am Standort New York bis 1914.[31] Diesen Vorsprung haben die USA danach nicht mehr abgegeben. Allerdings war dieses anfängliche Wachstum weniger durch Fusionen zwischen Kanzleien geprägt. Dies änderte sich erst in den 1960er Jahren und setzte eine Entwicklung, ja eine Lawine, in Gang, die bis heute anhält: Zusammenschlüsse über alle Bundesstaatengrenzen hinweg zu immer größeren Einheiten.[32] So sicherte

28 Siehe etwa Quack, Internationale Wirtschaftskanzleien im Spannungsfeld von Wandel und Kontinuität des Rechts, 2003; Morgan/Quack, Institutional Legacies and Firm Dynamics, 2005; Luschin, Large Law Firms in Germany, 2010.

29 Pöllath/Saenger (Hrsg.), 200 Jahre Wirtschaftsanwälte in Deutschland, 2009 S. 10 f.

30 Müller-Stewens in Handbuch Mergers & Acquisitions, 3. Aufl. 2024, S. 27.

31 Galanter/Palay, Tournament of Lawyers, 1991, S. 4 ff.

32 Galanter/Palay, Tournament of Lawyers, 1991, S. 20 ff.

sich DLA Piper Ende 2024 mit 4,561 Angestellten Platz 1. Und Baker McKenzie folgte auf Platz 2. mit 4,558 Berufsträgern.[33] Eine nicht unwichtige Rolle spielte bei diesem Wachstum, dass informelle Absprachen zwischen Law Firms, etwa zu Einstiegsgehältern oder dem Abwerben von Kollegen, die bis in die 1950er Jahre »unausgesprochen« galten, nicht mehr beachtet wurden. Die Entwicklung von Big Law Firms führte dann folgerichtig dazu, dass diese sich nunmehr in einem Wettbewerb um die Absolventen der besten Law Schools beziehungsweise Laterals oder Teams of Laterals sahen.[34] Der nächste Schritt war, dass große national führende Law Firms wie Jones Day, Coudert Brothers oder Skadden begannen, sich international aufzustellen.[35] Begünstigt wurde dies wiederrum dadurch, dass das angloamerikanische Kapitalmarkt- und Transaktionsrecht ebenfalls einen weltweiten Siegeszug[36] antrat. Die meisten Investmentbanken – auch in Europa und Asien – waren und sind von dem amerikanischen Vorbild geprägt und die prägen die Transaktionspraxis bis heute. Doch an einer gewissen Ironie fehlt es nicht, dass Coudert Brothers, die sich selbst als »First international Law Firm« gefeiert haben, genau an dieser Entwicklung untergegangen ist.[37]

Im Gegensatz zu den USA war im UK das Wachstum von Kanzleien gesetzlich lange eingeschränkt. Es gab eine Begrenzung auf 20 Partner, die erst 1967 aufgehoben wurde. Doch dann setzte sofort ein starker Schub ein, der auf der einen Seite sich auf die City of London konzentrierte, wo sich das Transaktions- und Capital-Markets-Geschäft bündelte, auf der anderen Seite gab es den eher gegenläufigen Trend eines Zusammenschlusses von regionalen Kanzleien, die aber dann schnell ein (kleines) City Office eröffnet haben.[38] Seit den 1970er Jahren ist der britische Kanzleimarkt – neben den USA – einer der dynamischsten, was die Anzahl der Merger betrifft. So waren dies etwa in den Jahren 2011 und 2012 jeweils über 250[39] und zuletzt immer noch ca. 120 (!) im Jahr.[40] Dies zeigt, dass sich der britische Rechtsberatungsmarkt ständig weiter konsolidiert und er liegt damit, was die Anzahl der Merger betrifft, heute sogar signifikant über dem amerikanischen (ca. 50 Fusionen/Übernahmen pro Jahr[41]) und insbesondere dem deutschen Markt, wo es eine Statistik nicht wirklich gibt, aber nach JUVE Fusionen wohl aktuell eher die Ausnahme sind. Ähnlich wie

33 Zaretsky, Above The Law, https://abovethelaw.com/2024/06/the-500-largest-law-firms-in-america-2024/.

34 Dies ist eine Entwicklung, die auch in Deutschland in den letzten Jahren stärker zu beobachten ist.

35 Siehe hierzu Enrichs, Servants of the Damned, 2023; Veenswijk, Coudert Brothers, 1994; und Caplan, Skadden, 1993.

36 Müller-Stewens in Handbuch Mergers & Acquisitions, 2024, S. 32 ff.

37 Veenswijk, Coudert Brothers, 1994.

38 Morgan/Quack, Institutional Legacies and Firm Dynamics, 2005, S. 5 ff.

39 Morgan/Quack, Institutional Legacies and Firm Dynamics, 2005, S. 5 ff.

40 Kinahan/Harris/Johnson, Hazelwoods, https://www.hazlewoods.co.uk/insights/legal/legal-update-little-slowdown-in-uk-law-firm-mergers-121-in-past-year/.

41 Smith/Stark, Fairfax, https://fairfaxassociates.com/merger-reports/cross-border-and-large-firm-mergers-continue-on-pace-in-2024/.

das amerikanische Wachstum von Wirtschaftskanzleien war auch das britische später von der Liberalisierungswelle der Thatcher-Administration geprägt. Folgerichtig wurde in England und Wales schließlich 2007 das Fremdbesitzverbot abgeschafft, was einen weiteren Innovationsschub ausgelöst hat.

Die Entwicklung von Wirtschaftsanwälten in Deutschland war im Gegensatz zu den USA und zu dem UK nach 1945/1949 sehr stark durch »gesetzliche und quasi gesetzliche Einschränkungen«[42] geprägt. Eine besondere Rolle spielen dabei das Verständnis des Anwalts als Organ der Rechtspflege, das System der Rechtsanwaltskammern und das deutsche Berufsrecht. Eine gewisse Liberalisierung setzte erst sehr spät, ab 1987, mit den Bastille-Beschlüssen des Bundesverfassungsgerichts ein, das die Standesrichtlinien der BRAK wegen Verstoßes gegen Artikel 12 GG für verfassungswidrig erklärte, da ihnen eine gesetzliche Grundlage fehlte. Dies führte dann zur heutigen gesetzlichen Regelung des anwaltlichen Berufsrechts, doch auch hierauf haben die Kammern weiterhin maßgeblichen Einfluss.[43]

Ebenfalls erst durch den Beschluss des BGH vom 18.09.1989[44] fiel dann das Verbot der überörtlichen Sozietät und 1997 folgte schließlich die Abschaffung der Singularzulassung beziehungsweise des Lokalisierungsgebots. Nicht gerührt wurde allerdings bisher an der wohl stärksten Einschränkung, dem absoluten und selbst im europäischen Vergleich außergewöhnlich rigiden deutschen Fremdbesitzverbot.[45] Nichtsdestotrotz wird das Jahr 1989 als verspäteter »Urknall«[46] für die Entwicklung von Wirtschaftskanzleien in Deutschland bezeichnet. Denn hier kamen zwei Ereignisse zusammen: Die Wiedervereinigung mit den besonderen Herausforderungen der Transformation sowie Privatisierung in den Neuen Bundesländern und die Aufhebung des Verbots der überörtlichen Sozietät. In der Folge entstanden durch Fusionen zahlreiche Großkanzleien und es ist interessant, sich die verzweigten Fusionsstammbäume, die sich in den frühen JUVE Handbüchern Wirtschaftskanzleien[47] finden, einmal anzuschauen. Auf der anderen Seite ist aber auffällig, dass von diesen Fusionen außer Hengeler Müller und CMS Hasche kaum noch eine Einheit mehr oder weniger unverändert fortbesteht. So wurde Bruckhaus Westrick Heller Löber 2000 von Freshfields übernommen, Oppenhoff & Rädler von Linklaters, Feddersen Laule Ewerwahn Scherzberg Finkelnburg Clemm von White & Case und Gaedertz – nach einer Aufspaltung – teilweise von Mayer Brown und teilweise von Latham &

42 Müller, Die Entwicklung von Großkanzleien im 20. Jahrhundert, 2013, S. 225.

43 BVerfG, 14.07.1987, 1 BvR 537/81 u.a., NJW 1988, 191, https://beck-online.beck.de/Dokument?vpath=bibdata%2Fzeits%2Fnjw%2F1988%2Fcont%2Fnjw.1988.191.1.htm&anchor=Y-300-Z-NJW-B-1988-S-191&jumpType=Jump&jumpWords=NJW%2B1988%252c%2B191&readable=Suche%2Bnach%2BFundstelle%253a%2BNJW%2B1988%2B%2B191.

44 BGH, 18.09.1989, AnwZ (B) 37/89.

45 Wende, Das Fremdbesitzverbot in den freien Berufen, 2012.

46 Pöllath/Saenger (Hrsg.), 200 Jahre Wirtschaftsanwälte in Deutschland, 2009, S. 7.

47 Beispielhaft JUVE Handbuch Wirtschaftskanzleien, Band 2004/2005, S. 604 ff. Leider wurde diese Recherche nicht weitergeführt.

Watkins. Pünder, Volhard, Weber & Axster wurde schließlich zu Clifford Chance.[48] Insoweit muss man feststellen, dass die kurze Phase zwischen 1990 und 2000, in der es vielleicht eine Chance gegeben hätte, dass internationale Kanzleien mit deutschen Wurzeln entstehen, von den angloamerikanischen Wettbewerbern, die auf den deutschen Markt drängten, sehr schnell beendet wurde. Die einzige Kanzlei, die in beziehungsweise aus Deutschland heraus entstand und sich zu Recht als internationale Kanzlei verstand, war Haarmann Hemmelrath. Insoweit wäre es sicherlich spannend gewesen, zu sehen, ob Haarmann Hemmelrath sich im Konzert der angloamerikanischen Wettbewerber zumindest in Europa hätte behaupten können. Doch wieder einmal zeigt sich, dass schnelles Wachstum auch Gefahren produzieren kann, denn ansonsten wäre es im Zuge der Werhahn-Prozesse nicht so schnell zum Zusammenbruch und späteren Liquidation der Sozietät gekommen. Eindringlich zeigt diese Fallstudie: Anwälte sind – wie man so schön sagt – »Walking Assets« und Sozietäten müssen dies bei ihrer Strategie beachten.

Interessant ist in diesem Zusammenhang weiter, dass von einigen deutschen Kanzleien[49] die besondere, ja einmalige, Chance eines Wachstums in Osteuropa nach 1990 zwar anfänglich gesehen, ein gutes Beispiel dafür ist etwa Beiten Burkhardt, aber letztendlich nicht konsequent umgesetzt wurde. Gelungen ist dies aus heutiger Sicht nur der multidisziplinären Partnerschaft Rödl & Partner, die aber letztendlich eine eigene Kategorie bildet. Ähnliches gilt für Kanzleien, die sich grenzüberschreitend in Europa als Netzwerke aufgestellt haben, wie etwa die CMS Gruppe oder jüngst wieder Advant Beiten. Doch sind diese mit den integrierten und zentral gemanagten angloamerikanischen Großkanzleien nicht vergleichbar.

V. Rechtssysteme und Law Firms

Wie bereits angesprochen, hängt die Entstehung der heute international und in Deutschland führenden Large Law Firms sehr eng mit dem Siegeszug des angloamerikanischen Rechts in den für die Wirtschaftsrechtsberatung zentralen und auch lukrativsten Beratungsfeldern zusammen: Transaktionen und Capital Markets. Transaktionen prägen den US-amerikanischen Markt seit 1900 und sind auch im UK spätestens seit den 1960er Jahren der zentrale Wachstumstreiber. Hinzu kam die Deregulierung der Kapitalmärkte und das damit verbundene starke Wachstum des Beratungsbedarfs für alle Themen im Zusammenhang mit Banking & Finance. Diese Deregulierung wurde in den USA vor allem von der Reagan-Administration in den 1980er Jahren und – zeitlich weitgehend parallel in Großbritannien von der Thatcher-Regierung vorangetrieben. Insoweit gibt es hier einen engen Zusammenhang zwischen dem Business der großen Law Firms, ihrer Spezialisierung und ihres Wachstums. Begünstigt wurde dies darüber hinaus durch die Gründung nicht

48 JUVE, Handbuch Wirtschaftskanzleien, Band 2004/2005, S. 604 ff.
49 Anders die Situation in Österreich, wo sich entsprechende Sozietäten bis heute behaupten.

profitorientierter Standardisierungsplattformen für den Kreditmarkt in London (Loan Market Association = LMA) und in New York (Loan Syndications and Trading Association = LSTA), deren Musterdokumentationen (fast vollständig) auf den Prinzipien angloamerikanischen Rechts beruhen.[50] Soweit eine Transaktion, Finanzierung/Kredit oder ähnliches heute grenzüberschreitend beziehungsweise international platziert werden soll, muss sie sich an die entsprechenden Muster halten und diese sind eben vom Englischen beziehungsweise US-amerikanischen Recht geprägt. Im Zusammenhang mit dieser Standardisierung spielen die zentralen Kontexte des Continental Law, zu dem ja allein 26 der 27 Mitgliedsstaaten der Europäischen Union zählen, wenn überhaupt, nur eine eine Randrolle.[51]

Auch ohne vergleichbare Plattformen zeigt sich eine ähnliche Entwicklung bei M&A-Transaktionen, deren zentraler Bestandteil, der Unternehmenskaufvertrag = SPA, sich von den nationalen Rechtsordnungen weitgehend verselbstständig hat und weltweit Vertragsstandards, etwa für die Abgabe von Garantien = Guarantees and Warranties, durchgesetzt haben.[52] Diese faktische Standardisierung durch die Beratungspraxis wird inzwischen noch durch die Zunahme von W&I-Versicherungen weiter vorangetrieben.

Insoweit kann man feststellen, dass sich die frühe Adaption amerikanischer Law Firms bei ihrem Beratungsangebot an die Nachfrage durch die Finanzmärkte heute in ihrer globalen Stellung widerspiegelt. Spannend wird die Frage sein, inwieweit es hier noch einmal zu Veränderungen kommen könnte, insbesondere im Hinblick auf chinesische oder indische sowie iberoamerikanische Entwicklungen. So sind zwischen Spanien und Südamerika derzeit spannende Kanzleifusionen zu beobachten und dabei sollte man nicht vergessen, dass die südamerikanischen Staaten im Grundsatz auf die Prinzipien des Continental Law setzen.

VI. Ausgebremst durch Regulierung?

1. Keine Internationalen Firms

Was angesichts der gerade beschriebenen Entwicklung auffällt, ist – trotz aller Internationalisierung der Rechtsberatung – die weitgehend fehlende Konsolidierung von europäischen Law Firms, was angesichts des gemeinsamen Verständnisses von Continental Law und der laufenden Angleichung der sowieso verwandten Rechtssysteme durch die Mitgliedschaft in der EU doch überrascht. Kontinentaleuropa ist bisher nicht gelungen, dieser, wie Pöllath es nennt, »Anglosachsierung« eine attraktive kontinentaleuropäische Alternative entgegenzustellen. Zwar sind viele Beschränkungen

50 Schalast in Deutsche Kreditmarkt-Standards, 2024, S. 2 ff.

51 Kischel, Rechtsvergleichung, 2019, S. 243 ff.

52 Schalast/Gloria in Handbuch Mergers & Acquisitions, 2024, S. 539 ff.; Wolf/Ehrsam in Handbuch Mergers & Acquisitions, 2024, S. 557 ff.

des grenzüberschreitenden Dienstleistungsverkehrs und damit der anwaltlichen Beratung und der anwaltlichen Dienstleistung durch Juristen gefallen, aber all dies wiegt bis jetzt nicht den großen Vorsprung auf, den Big Law Made in USA und UK hat.

Insoweit ist an dieser Stelle festzustellen, dass es trotz des Platzvorteils, etwa in Osteuropa sowie dem gemeinsamen Verständnis und der Anwendung von Continental Law deutschen, französischen, polnischen oder italienischen Law Firms nicht gelungen ist, einen internationalen Footprint zu entwickeln. Was bleibt sind Netzwerke, wie etwa Advant Beiten oder CMS Hasche, die zumindest eine eigene Marke entwickelt haben, doch alle übrigen Netzwerkstrukturen sind üblicherweise nicht auf Kontinentaleuropa fokussiert, sondern haben regelmäßig ein starkes Standbein im UK und den USA, wie etwa Multilaw, Lex Mundi etc.

2. *Organ der Rechtspflege vs. Client Orientation*

Der vielleicht wichtigste Unterschied in der Rechtsstellung des Rechtsanwalts im Vergleich zum Attorney at Law, Solicitor oder Barrister ist die Herleitung. Im angelsächsischen Rechtskreis und darüber hinaus, etwa in Skandinavien, wird zentral auf den Vertrag mit dem Mandanten abgestellt. In diesem werden die zentralen Pflichten geregelt, hier können sie gegebenenfalls eingeschränkt werden und hier gibt es Dispositionsmöglichkeiten.[53] Im Gegensatz dazu wird im kontinentaleuropäischen Rechtskreis und insbesondere in Deutschland und Österreich die Stellung des Rechtsanwalts gesetzlich definiert. So heißt es in § 1 BRAO: »*Der Rechtsanwalt ist ein unabhängiges Organ der Rechtspflege.*« Dies wird dann noch einmal in § 3 Absatz 1 konkretisiert mit: »*Der Rechtsanwalt ist der berufene unabhängige Berater und Vertreter in allen Rechtsangelegenheiten.*«

Interessant ist in diesem Zusammenhang, wie der ehemalige Präsident des Deutschen Anwaltsvereins Prof. Hans-Jürgen Rabe im Handbuch Kanzleien in Deutschland – eine Auswahl deutscher Wirtschaftsanwälte – die gemeinsamen Grundsätze des Anwaltsberufs definiert.[54]

> –»*Die Unabhängigkeit, vor allem gegenüber Staat, Wirtschaft, Ideologien, Mandanten;*« … »*die Mitverantwortung für das Funktionieren der Rechtspflege.*«

In dem Zusammenhang ist aber zu hinterfragen, ob die Stellung als Organ der Rechtspflege nicht vorrangig durch die Erfüllung der vertraglichen Pflichten aus dem Mandatsverhältnis umgesetzt werden sollte. Denn diese können nur auf der Grundlage der anwaltlichen Unabhängigkeit sowie Integrität erfüllt werden. Und geht es nicht eher um den Rechtsstaat und weniger die Rechtspflege? Rabe spricht weiter von Unabhängigkeit gegenüber Wirtschaft, Mandanten, Staat? Sind Kanzleien unabhängig vom Staat, wenn sie mit einer Administration Deals schließen? Wie unabhängig sind

53 Hellwig in BRAK-Mitteilungen, 2/2002, S. 52 ff., https://www.brak-mitteilungen.de/media/brakmitt_2002_02.pdf.

54 Rabe in Kanzleien in Deutschland, 15. Aufl. 2014.

Kanzleien, die einen »Großmandanten« haben? Wie konnten im Land des Organs der Rechtspflege so etwas wie CumEx-Gefälligkeitsgutachten durch Top Kanzleien und anerkannte Berater erstellt werden? Und bedarf es tatsächlich der Einschränkungen, die ganz tief in die Freiheits- und Eigentumsrechte von Rechtsanwältinnen und Rechtsanwälten eingreifen, ihre Berufsfreiheit (Artikel 12) und ihre Eigentumsrechte (Artikel 14) einschränken, um dies zu garantieren? Oder ist dies nicht auch in einem liberaleren, etwas deregulierteren Umfeld möglich, wo sich der Staat auf seine Aufsichtsrolle zurückzieht, wie er es etwa – erfolgreich – in der Finanzwirtschaft getan hat?

3. *Ausbildungswege*

Es ist schon interessant, wenn etwa der Hamburger Emeritus Heribert Hirte[55] die Resilienz des deutschen Juristenausbildungssystems gegen den Bologna-Prozess mit der dadurch gesicherten Führungsrolle der deutschen Rechtswissenschaft begründet. Doch gibt es diese Führungsrolle überhaupt (noch)? Kann man eine solche Führungsrolle annehmen, wenn Rechtsberatung »Made in Germany« international keine signifikante Rolle spielt? Aus meiner Sicht ist dies jedenfalls ein guter Anlass, dieses Selbstverständnis zu hinterfragen. Denn Fakt ist, dass aktuell eher ein ständiger Bedeutungsverlust der deutschen Rechtswissenschaft festzustellen ist – und diese hängt nicht nur – aber auch – mit der fehlenden Bedeutung der Sprache Deutsch im internationalen Wissenschaftskontext zusammen. So gibt es – soweit ersichtlich – keine einzige deutsche Fachzeitschrift, die über den deutschsprachigen Raum hinaus rezipiert wird, ganz im Gegensatz zu den angloamerikanischen Law Journals. Auch zentrale Themen, die heute in Harvard oder Yale diskutiert werden, wie Law and Economics = »Ökonomische Methoden des Rechts«, gehen an der deutschen Tradition der Kommentarliteratur weitgehend spurlos vorbei. Dies wirft doch zwangsläufig die Frage auf, ob angesichts der weitgehend selbstbezogenen Rechtswissenschaft in Deutschland eine Öffnung des Diskurses und eine darauf abgestimmte international anschlussfähige Ausbildungsreform notwendig ist.

Ist es wirklich immer noch sinnvoll, die Ausbildung deutscher Juristen über ein erstes Staatsexamen (mit universitärer Zusatzprüfung, die aber von den einstellenden Kanzleien nicht wirklich beachtet wird) und folgendem zweiten Staatsexamen mit dem Ziel der Ausbildung von Richtern zu organisieren? Deutsche Universitäten müssen sich deshalb nicht dem grenzüberschreitenden Wettbewerb stellen, wie es bei angelsächsischen Law Schools der Fall ist. Es gibt keine überprüfbaren transparenten Rankings und es gibt auch keine Incentives, solche herauszubilden. Letztendlich

55 Hirte, ZGR 2007, 511, 518, https://beck-online.beck.de/Dokument?vpath=bibdata%2Fents%2Flsk%2F2007%2Flsk.2007.350656.htm&anchor=Y-300-Z-ZGR-B-2007-S-511&readableType=1&jumpType=Jump&jumpWords=ZGR%2B2007%252c%2B511&readable=Suche%2Bnach%2BFundstelle%253a%2BZGR%2B2007%2B%2B511.

bleibt dann nur noch die Durchschnittsnote im ersten Staatsexamen, womit etwa die wenigen deutschen Law Schools werben.

Aber würde man nicht einen Wettbewerbsnachteil für deutsche Juristinnen und Juristen beenden, wenn die Ausbildungswege durch Einführung von echten Bachelors (nicht »Gnaden«-Bachelors für diejenigen, die das erste Staatsexamen nicht bestehen) harmonisiert würden? Dies würde – ähnlich wie in den Wirtschaftswissenschaften und weit darüber hinaus – durchlässigere Ausbildungswege ermöglichen. Der Bachelor müsste kein reiner »Jura«-Bachelor sein, dem sich dann der deutsche J.D. anschließen könnte und gegebenenfalls ein LL.M. mit Spezialisierungsangeboten. Der Zugang zu den klassischen Berufen könnte durch ein Bar- beziehungsweise Richter-Exam geregelt werden. Das Problem des Syndikus Anwalts würde verschwinden, es gibt sie ja so in der angelsächsischen Welt kaum. Ein solcher Ansatz würde en passant und sofort auch das aktuelle Nachwuchsproblem lösen. Mir ist bewusst, dass dieser Vorschlag vielen als radikal erscheint, doch welches Argument sticht, um das deutsche System zu verteidigen? Die weltweite Bedeutung und Anerkennung des deutschen Volljuristen? Die weltweite Bedeutung des deutschen Rechts und deutscher Rechtsberatung? Vermutlich lässt sich diese Position nur erringen, wenn man sich auf Augenhöhe dem Wettbewerb stellt sowie aber auch wettbewerbsfähige Angebote in Deutschland – natürlich auch in englischer Sprache – macht.

VII. Fremdbesitz

Doch die wichtigste Reform, die derzeit notwendig ist, ist eine Reform des Fremdbesitzverbots. Vorstehend wurde argumentiert, dass angesichts des Zeitverlusts durch Überregulierung in Deutschland und Europa Large Law Firms einen ganz entscheidenden Wettbewerbsvorteil erringen konnten. Dies zeigt sich auch darin, dass die großen Sozietäten Umsatzzahlen von über EUR 1 Mrd. p.a. haben. Damit sind sie vergleichbar mit internationalen Wirtschaftsprüfungs- und Beratungsgesellschaften und haben natürlich kein Problem, sich durch Bankkredite oder aus dem Cash Flow zu refinanzieren. Um daran anschlussfähig zu werden, muss in Deutschland das Fremdbesitzverbot reformiert werden, was aber nicht bedeutet, dass irgendwelche zentralen ethischen oder standesrechtlichen Rahmenbedingungen der Ausübung des Anwaltsberufs deshalb wegfallen müssen.

Das Fremdbesitzverbot bedeutet in den meisten Rechtsordnungen, dass Nichtanwälte beziehungsweise in Deutschland nichtssozietätsfähige Berufsträger[56] nicht Eigentümer einer Anwaltskanzlei sein können. In der sozialromantischen Betrachtung des deutschen Rechtsanwalts und der ihn seit 150 Jahren prägenden Einzelkanzlei beziehungsweise der Mini-Partnerschaft erscheint eine Aufhebung des

56 Und sozietätsfähig sind in Deutschland überraschenderweise sehr viele Berufe. Das hat auch der Generalanwalt beim EuGH im Halmer-Urteil irritiert festgestellt (Schlussanträge des Generalanwalts Léger vom 30. Januar 2003, Rechtssache C-476/01, Halmer).

Fremdbesitzverbotes wie der weiße Elefant im Raum. Beispielhaft dafür mein Austausch in JUVE on the record mit Ute Lienenlüke, Partnerin bei Brandi. Ute Lienenlüke argumentiert dabei, dass die Unabhängigkeit für Mandanten einen wesentlichen Wert darstellt.[57] Aber hat denn Unabhängigkeit etwas damit zu tun, dass es einen Eigentümer in der Kanzlei gibt? Ist eine Kanzlei unabhängig, die – wie die meisten angelsächsischen Kanzleien – gemanagt ist und durch Datenanalyse gesteuert wird? Sind Kanzleien wie Rödl oder Winheller, die ja eher an Familienunternehmen erinnern, unabhängig? Wie unabhängig ist eine Kanzlei, die ihren Sitz in den USA hat und einen Milliardenumsatz erwirtschaftet, davon nicht wenig mit der amerikanischen Regierung? Ist nicht Unabhängigkeit etwas, das aus dem einzelnen Mandatsverhältnis fließen muss? Und dieses Mandatsverhältnis auch schützen muss? Ist dies nicht die zentrale Unabhängigkeit und damit der Grundgedanke, wie er im angelsächsischen Rechtsraum vertragsrechtlich geregelt ist? Nachdem der EuGH nicht bereit war, in seiner Halmer-Entscheidung das deutsche Fremdbesitzverbot aufzuheben, bleibt dieses Thema weiter virulent.[58]

Dies gilt umso mehr, als der EuGH, welcher noch über die europarechtliche Vereinbarkeit des deutschen Fremdbesitzverbots nach alter Rechtslage vor dem 01.08.2022 (§§ 59a–f BRAO aF) zu entscheiden hatte, den gesetzgeberischen Freiraum zur Öffnung der Beteiligungsstrukturen auch nicht eingeschränkt hat. Dem deutschen Gesetzgeber ist es insoweit europarechtlich gestattet, das Fremdbesitzverbot zu lockern oder ganz abzuschaffen.

Seit der BRAO-Reform gilt ab dem 01.08.2022 nunmehr Folgendes: Nach § 59b Abs. 1 Satz 1 BRAO *»dürfen sich [Rechtsanwälte] zur gemeinschaftlichen Ausübung ihres Berufs zu Berufsausübungsgesellschaften verbinden«*. Das Merkmal der »Ausübung« des Berufs führt zu dem Erfordernis, dass die Gesellschafter irgendwie aktiv für die Berufsausübungsgesellschaft tätig sein müssen, wobei genaue Vorgaben dazu, wann jemand aktiv tätig ist oder nicht (mehr), nicht existieren. Ausweislich der amtlichen Begründung soll trotzdem das nach alter Rechtslage geltende Verbot der reinen Kapitalbeteiligung weiter bestehen, um so die Unabhängigkeit der Berufsausübungsgesellschaft und ihrer Gesellschafter zu sichern.[59] § 59c Abs. 1 BRAO erweitert den Kreis der Gesellschafter einer Berufsausübungsgesellschaft um eine Liste von Berufen. Dabei entsprechen die in § 59c Abs. 1 Satz 1 Nr. 1–3 BRAO genannten den nach alter Rechtslage sozietätsfähigen Berufen. Zusätzlich ist nunmehr darüber hinaus nach § 59c Abs. 1 Satz 1 Nr. 4 BRAO auch ein Zusammenschluss mit Freiberuflern nach § 1 Abs. 2 PartGG zulässig. Ausdrücklich erlaubt sind nach § 59i Abs. 1 Satz 1 BRAO Konzernstrukturen, sofern die Gesellschafter der jeweiligen

57 Schalast in JUVE Heft 4/2025, S. 7.

58 Der folgende Abschnitt beruht auf meinem Beitrag: »Innovation und Expansion ermöglichen, Das Fremdbesitzverbot für Rechtsanwaltskanzleien in Deutschland: Wem nützt es?«, Fourward, Das Magazin des Bundesverbands der Wirtschaftskanzleien in Deutschland, Ausgabe 1, 07.07.2022, S. 22–24. Er wurde aktualisiert und Fußnoten wurden hinzugefügt.

59 BT-Drs. 19/27670, 175.

Berufsausübungsgesellschaft selbst Berufsausübungsgesellschaften sind. Beteiligungen von sonstigen Dritten, die keine Berufsausübungsgesellschaften sind, bleiben dagegen ausgeschlossen. Nach § 59i Abs. 2 Satz 1 BRAO muss die Übertragung von Geschäftsanteilen an die Zustimmung der Gesellschafterversammlung gebunden sein. Das bereits aus der Beschränkung des Gesellschafterkreises auf aktive Berufsträger resultierende Fremdbesitzverbot wird dann deklaratorisch in § 59i Abs. 3 BRAO wiederholt, welcher nochmals klarstellt, dass Anteile an der Berufsausübungsgesellschaft nicht auf Rechnung Dritter gehalten und Dritte nicht am Gewinn der Gesellschaft beteiligt werden dürfen.

Konsequenz dieser Regelung ist, dass es Rechtsanwälten weiterhin verboten ist, auf Beteiligungskapital, Private Equity oder Wagniskapital zurückzugreifen. Doch darüber hinaus sind auch andere Strukturen, wie etwa Stille Gesellschaften oder partiarische Darlehen sowie virtuelle Beteiligungen (Phantom Stocks), untersagt.[60] Faktisch führt das dazu, dass innovative Neugründungen von Kanzleien, die stark auf Digitalisierung, KI etc. und damit verbundenen Kostenaufwand setzen, weitgehend durch Eigenkapital finanziert werden müssen. Allein schon die Finanzierungsregeln der Banken setzen dabei dem Fremdkapitaleinsatz – wenn nicht private Sicherheiten zur Verfügung stehen – erhebliche Grenzen. Weiterhin sind auch Buy & Build Strategien, wie wir sie gerade sehr erfolgreich im Bereich der Steuerberatung und Wirtschaftsprüfung sehen, für Rechtsanwälte untersagt

Interessant ist dabei, dass die Diskussion von den Verteidigern des Status Quo vor allem unter ethischen Gesichtspunkten geführt wird.[61] Das Fremdbesitzverbot wird so zu dem Bewahrer der Gemeinwohlorientierung des Anwaltsberufs – als notwendiger Bestandteil seiner Stellung als Organ der Rechtspflege – verklärt. Heißt das dann im Gegenschluss, dass etwa Geschäftsführer von Private Equity- oder Venture Capital-finanzierten Unternehmen per se nicht am Gemeinwohl orientiert agieren und nur an Profit denken?

Wenn man heute für einen Verzicht des Fremdbesitzverbotes plädiert, wird einem immer wieder entgegengehalten, dass dieses Prinzip weltweit, mit Ausnahme von Australien (der Vorreiter), England und Wales, gilt. Und ja, dies ist richtig, doch warum dies zum einen eine negative Abschreckungswirkung haben soll und zum anderen dokumentiert, dass sich das Prinzip nicht durchgesetzt hat, ist nicht nachzuvollziehen.[62] Die Liberalisierung in den genannten angloamerikanischen Jurisdiktionen wird »erkauft« mit einer hohen Regulierungsdichte fremdfinanzierter Sozietäten, die letztendlich an die Inhaberkontrollen bei Banken erinnert. Selbstverständlich sind damit Kosten und Aufwand verbunden, auf der anderen Seite ermöglicht dieser

60 Christoph, AnwBl online, 2022, 94,95, https://www.anwaltsblatt-datenbank.de/bsab/document/jzs-AnwBlOnline202203_004.

61 Siehe etwa Härting, AnwBl 2019, 655, https://www.anwaltsblatt-datenbank.de/bsab/document/jzs-AnwBl2019120004-000_655.

62 Siehe etwa Kilian/Lemke, AnwBl 2011, 800, https://www.anwaltsblatt-datenbank.de/bsab/document/jzs-AnwBl2011110012-000_800; Hartung, AnwBl 2012, 727, https://www.anwaltsblatt-datenbank.de/bsab/document/jzs-AnwBl2012080029-000_727.

Ansatz erst das Modell und – soweit man es überblicken kann – sind keine gravierenden Missstände feststellbar.

Neben Australien, England und Wales gibt es darüber hinaus in vielen EU-Mitgliedsstaaten und der Schweiz die Möglichkeit von Minderheitsbeteiligungen. Im Kern dienen diese vor allem der Vererbbarkeit von Sozietätsanteilen oder der Beteiligung von ausgeschiedenen Sozien, Themen, die in Deutschland etwa über entsprechende »Rentenansprüche« in Sozietätsverträgen geregelt werden können. Dabei bleibt die Bedeutung von § 59e Abs. 1 Satz 2 BRAO offen, nämlich die Frage der aktiven beruflichen Tätigkeit eines Gesellschafters in der Sozietät. Wir sollten davon ausgehen, dass in hunderten Sozietäten beruflich nicht mehr tätige Rechtsanwälte an den Gewinnen beteiligt sind.

Das Fremdbesitzverbot für Rechtsanwaltskanzleien ist mit vielen Mythen verbunden und die Diskussion ist weiter stark emotional aufgeladen. Doch im Kern geht es um eine sehr grundsätzliche Frage: Wenn man Innovation bei der Rechtsberatung will, auch und gerade in streng regulierten Anwaltskanzleien und nicht in Parallelgesellschaften, dann sollte man diesen nicht die Möglichkeit nehmen, dies mit Hilfe von Wachstums- oder Wagniskapital umzusetzen. Und vielleicht noch ein Gedanke zum Abschluss: Wenn Deutschland sich beim Fremdbesitz nicht bewegt, dann werden das vermutlich Luxemburg oder Irland tun. Dies wird dazu führen, dass dynamisch wachsende, von Private Equity finanzierte, moderne Kanzleien dort ihren Sitz in der EU wählen. In Schweden – mit seinem ganz speziellen Regulierungsrahmen für die Rechtsberatung – hat diese Entwicklung gerade begonnen.

VIII. Client Orientation und/oder Organ der Rechtspflege

Der Anwaltsberuf in Europa, Deutschland und weit darüber hinaus, vor allem in den Vereinigten Staaten, unterliegt seit 30 Jahren einem fundamentalen Strukturwandel. Die Zulassung überörtlicher Sozietäten und der Markteintritt großer internationaler Law Firms, zunächst aus den USA und UK, zunehmend aber aus anderen Jurisdiktionen wie China oder Australien, hat dazu maßgeblich beigetragen. Heute gliedert sich der Markt in internationale Kanzleien, die Top 100 der nationalen mittelständischen Kanzleien, Anwaltsgesellschaften der Big Four und dann kleinere Sozietäten, Bürogemeinschaften und Einzelanwälte. In den Rankings, die etwa JUVE veröffentlicht, sind die entscheidenden Parameter heute der Umsatz pro Berufsträger (UBT), der Gewinn pro Partner sowie der Gesamtumsatz. Die führenden Anwaltskanzleien, die sich einem intensiven Wettbewerb stellen müssen, sind Wirtschaftsunternehmen und werden wie Wirtschaftsunternehmen geführt.[63]

Angesichts dieser aktuellen Situation ist es geboten, den Anwaltsberuf stärker auf das zu fokussieren, was sein zentrales Anliegen ist: Der Mandant und die Mandants-/Anwaltsbeziehung. Dies bedeutet nicht die Aufgabe der berufsrechtlichen

63 Siehe etwa Vaagt, Law Firm Strategies for the 21st Century, 2020.

Grundsätze, die hinter dem Organ der Rechtspflege stehen. Auch im angelsächsischen Rechtsraum ist man sich darüber einig, dass Anwälte Organe der Rechtspflege sind, weil sie dafür sorgen, dass ihre Mandanten zu ihrem Recht kommen, sie ihnen zu ihrem Recht verhelfen und sie der – dies ist nebenbei bei uns in Deutschland im Anwaltseid verankert – der demokratischen Grundordnung verpflichtet sind. Doch dies wird auch funktionieren, wenn eine Wirtschaftsrechtskanzlei zuerst einmal als das verstanden wird, was sie schon längst ist: ein Wirtschaftsunternehmen mit zig Millionen- und Milliardenumsätzen, das entsprechend gemanagt wird. Diese Diskussion wird ganz sicher noch einmal eine besondere Wendung dadurch bekommen, dass derzeit reihenweise Private Equity Fonds in das deutsche beziehungsweise europäische Steuerberatungs- und Wirtschaftsprüfungsgeschäft einsteigen, wo die regulatorischen Rahmenbedingungen offener sind. Letztendlich geht es darum, wie professionelle Rechtsberatung im zweiten Quartal des 21. Jahrhunderts angeboten wird.

IX. Auswege und Chancen

Das Fazit dieses Beitrags ist klar: Wenn Deutschland jetzt nicht etwas ändert, dann wird es die Entwicklung in der internationalen Wirtschaftsrechtsberatung, die 1900 begonnen hat und vor 25 Jahren bei uns ankam, nicht mehr aufholen können. Dann wird deutsche Wirtschaftsrechtsberatung, ja europäische Wirtschaftsrechtsberatung, auf absehbare Zeit bei den großen Transaktionen sowie im gesamten Bereich Capital Markets/Finance und darüber hinaus keine relevante Rolle spielen. Und dies wird abfärben auf die Bedeutung von deutschem Recht und deutscher Rechtswissenschaft sowie europäischem Recht und europäischer Rechtswissenschaft. Dabei wäre es so einfach, dem entgegenzuwirken. Zum einen bei dem Thema Fremdbesitz mit dem Mut zu einer Öffnung, ohne die dadurch (vermeintlich) geschützten Grundprinzipien aufzugeben und zumindest so einigen deutschen Akteuren eine internationale Perspektive zu eröffnen. Unterstützt werden könnte dies durch eine international anschlussfähige Reform der Juristenausbildung.

Dass zumindest die Justiz verstanden hat, was im Augenblick geschieht, das zeigt sich bei der Einrichtung der englischsprachigen Commercial Courts. Hier ist es nur noch eine Frage der Zeit, bis sie auch nicht nur in fremder Sprache, sondern auch über fremdes Recht entscheiden. Aber letztendlich geht es um eine andere Frage. Es geht um die Frage, ob Innovation und ein entrepreneurial Ansatz durch das regulatorische Umfeld gefördert oder durch Staats- beziehungsweise Kammereinfluss eingehegt wird zugunsten einer sozialromantischen biedermeierlichen Idylle. Wenn es das ist, was wir wollen, dann werden wir es auch bekommen.

Anfechtungsklage und Treuepflicht der Gesellschafter – ein Eckpfeiler des deutschen Minderheitenschutzes im europäischen Vergleich

Alexander Schall

I. Einleitung

Das deutsche Recht ist wie alle Zivilrechtsordnungen gekennzeichnet durch eine prinzipielle Trennung von materiellem Recht und prozessualer Durchsetzung. Dabei stimmt zwar schon, was uns die Rechtsweggarantie verspricht: »no right without a remedy«. Aber das heißt nicht, dass die subjektiven Rechte und Ansprüche mit ihren Durchsetzungsmechanismen untrennbar verwoben wären. Sie sind vielmehr abstrakt.

Das ist im Common Law grundsätzlich anders. Ein markantes Beispiel hierfür ist das »remedy« gegen »unfair prejudice« (früher: »shareholder oppression«) in ss.994 ff Companies Act 2006. Die Vorschriften enthalten neben den materiellen Voraussetzungen zugleich das weite Rechtsfolgenermessen des Richters, der über diesen Rechtsbehelf entscheidet, einschließlich beispielhafter Regelanordnungen: eben das gesamte »remedy for unfair prejudice«.

Der fortgeschrittene Grad der formalen Auftrennung von Sachrecht und Prozessrecht darf freilich nicht darüber hinwegtäuschen, dass es auch in unserem Recht wichtige Zusammenhänge zwischen der Zuweisung einer Rechtsposition und ihrer Durchsetzung gibt. Das Gesellschaftsrecht liefert dafür ein gutes Beispiel.

Die Anfechtungsklage erlaubt die Beseitigung von rechtswidrigen Gesellschaftsbeschlüssen mit Wirkung *inter omnes*. Sie führt umgekehrt aber auch deren Bestandskraft nach Ablauf der Anfechtungsfrist herbei.

Die Treuepflicht verpflichtet Gesellschafter grob vereinfacht gesagt, bei ihrem (Abstimmungs)Verhalten auf berechtigte Interessen von Gesellschaft/Mitgesellschaftern Rücksicht zu nehmen.

Die Treuepflicht des Kapitalgesellschaftsrechts liefe vielfach leer, wenn sie nicht im Streit um Gesellschaftsbeschlüsse geltend gemacht werden könnte. Umgekehrt wäre die Anfechtungsklage, die das deutsche Recht gegen diese Beschlüsse zulässt, ohne

Anerkennung der Treubindungen von Gesellschaft und Gesellschaftern ein zahnloser Tiger.

Grund genug also, beide Instrumente für die Zwecke der folgenden Darstellung gemeinsam zu betrachten. Dabei zeigt die historische Genese einen erstaunlichen Kontrast. Während die Anfechtungsklage dem Recht der Aktiengesellschaften entstammt und sich nur ganz allmählich auf die anderen Unternehmensträger ausbreitete (eine Entwicklung, die erst kürzlich mit den neuen §§ 110–113 HGB im MoPeG 2024 ihren Abschluss fand), lag es bei der mit ihr heute so eng verknüpften Treuepflicht genau umgekehrt. Diese entstammt originär dem Personengesellschaftsrecht und hatte sich nur mühsam in der »anonymen« Aktiengesellschaft durchgesetzt.[1] Heute gehen beide in Deutschland Hand in Hand. Dieser Stand ist noch nicht überall erreicht.

II. Rechtsvergleichender Seitenblick zum (Englischen) Common Law

1. Überblick

Im englischen Recht finden echte Anfechtungsklagen mit dem Ziel, einen rechtswidrigen Gesellschafterbeschluss aus der Welt zu schaffen, kaum statt. Gänzlich ausgeschlossen sind sie indes nicht. Zum einen gibt es Ausnahmevorschriften, welche unmittelbar die Beseitigung des Beschlusses (»cancellation«) zum Ziel haben. Eine solche echte Anfechtungsklage findet sich in s.98 CA 2006 gegen den Beschluss einer Aktiengesellschaft (public company) zum Formwechsel (re-registration) in eine Privatgesellschaft mit beschränkter Haftung (private company) sowie in s.721 CA 2006 gegen den Beschluss mit qualifizierter Mehrheit (»special resolution«[2]) zum Rückkauf eigener Aktien aus dem Gesellschaftskapital. Im letzteren Fall sind auch Gesellschaftsgläubiger zur Anfechtung befugt. Interessanterweise bestehen für die beiden Anfechtungsklagen unterschiedliche Anfechtungsfristen (28 Tage; 5 Wochen).

Neben diesen »echten« Anfechtungsklagen, die nur in speziell gelagerten Fällen gesetzlich zugelassen werden, enthält das englische Recht auch die Möglichkeit einer allgemeinen »Beschlussmängelklage« gegen jede Art von Gesellschaftsbeschlüssen. Diese ist aber nicht auf Beseitigung des Beschlusses gerichtet, sondern lediglich auf Feststellung seiner Nichtigkeit und damit rechtlichen Unerheblichkeit (»declaration

1 Die Anonymität der großen Aktiengesellschaft ist ein treffendes Bild, wiewohl die Anlehnung des Begriffs an die französische société anonyme natürlich historisch ungenau ist. Dieser hob nicht auf den breiten Streubesitz »anonymer Aktionäre« ab, sondern auf das jeder Kapitalgesellschaft mbH eigene Charakteristikum, nicht die Namen ihrer Gesellschafter in der Firma nennen zu müssen, da diese nicht persönlich haften. Unter *diesem* Aspekt wäre selbst unsere OHG seit 1998 eine société anonyme!

2 S.283 CA 2006.

that resolution is void and of no legal effect«). Eine solche Klage wurde im Jahr 2023 vor der Chancery Division des High Court of Justice entscheiden.[3] Allgemein sind sie in der englischen Praxis aber kaum gebräuchlich. Englische Juristen messen Gesellschafterbeschlüssen generell nur interne Wirkung bei. Die Klage auf Feststellung ihrer Unwirksamkeit erscheint umweghaft gegenüber dem zielführenden Rechtsbehelf des »unfair prejudice« nach s.994 CA 2006. Dabei handelt es sich um das gängigste Mittel des Minderheitenschutzes. Absatz 1 bestimmt:

(1) A member of a company may apply to the court by petition for an order under this Part on the ground—
(2) that the company's affairs are being or have been conducted in a manner that is unfairly prejudicial to the interests of members generally or of some part of its members (including at least himself), or
(3) that an actual or proposed act or omission of the company (including an act or omission on its behalf) is or would be so prejudicial.

Erachtet das Gericht den Antrag für begründet, kommt ihm nach s.996 CA 2006 ein weites Rechtsfolgenermessen zu.

(1) If the court is satisfied that a petition under this Part is well founded, it may make such order as it thinks fit for giving relief in respect of the matters complained of.
(2) Without prejudice to the generality of subsection (1), the court's order may—
    (a) regulate the conduct of the company's affairs in the future;
    (b) require the company—
        (i) to refrain from doing or continuing an act complained of, or
        (ii) to do an act that the petitioner has complained it has omitted to do;
    (c) authorise civil proceedings to be brought in the name and on behalf of the company by such person or persons and on such terms as the court may direct;
    (d) require the company not to make any, or any specified, alterations in its articles without the leave of the court;
    (e) provide for the purchase of the shares of any members of the company by other members or by the company itself and, in the case of a purchase by the company itself, the reduction of the company's capital accordingly.

Das Privy Council fasste dieses weite Rechtsfolgenermessen in einem Revisionsverfahren, in dem eine erstinstanzliche buy-out order angegriffen wurde, prägnant zusammen:[4]

> *»In short, nothing is off-limits ... in relation to the choices to be made in the exercise of the discretion.«*

3 Kamenetskiy v Zolotarev [2023] EWHC 2619 (Ch).
4 Ming Siu Hung v JF Ming Inc [2021] UKPC 1, Rn. 14.

2. *Das Grundprinzip vom freien Stimmrecht und seine Schranken*

Unfair prejudice nach s.994 CA 2006 ist das funktionale Äquivalent des englischen Rechts zu Anfechtungsklage und Treuepflicht. Heutzutage ist es *das* Instrument des Minderheitenschutzes. Es handelt sich um ein »equitable remedy«, welches die eben jene Balance zum »strict law/black letter law« herstellt, die deutsche Juristen über § 242 BGB und seine speziellen Ausprägungen (wie eben die Treuepflicht) zu erreichen suchen. Als »strict law« gilt das »common law« im engeren Sinn. Sein Antagonist ist die »equity«.[5]

Nach dem Common Law gilt als ehernes Prinzip, dass die Gesellschafter ihr Wahlrecht frei von jeglicher Bindung ausüben können. Es handelt sich nach englischer Sicht um ihr persönliches Eigentum, mit dem sie nach freiem Belieben verfahren können.[6] Daher hatte das Mehrheitsprinzip traditionell eine große Bedeutung als formaler Rechtfertigungsgrund von Gesellschaftsbeschlüssen, denen sich die Minderheit zu beugen hat. Nur ganz allmählich und vereinzelt bildeten sich Ausnahmen heraus. So gelten heutzutage besondere Erfordernisse für die Verzeihung von Pflichtverletzungen der Direktoren (Mehrheit der unabhängigen Stimmen, s.239(4) CA 2006). Auch die die Geltendmachung im Wege der »derivative action« kann am Willen der (ggf. korrumpierten) Mehrheit vorbei durchgesetzt werden. Die ss.260–264 CA 2006 stehen dabei am Ende einer langen Entwicklung des Fallrechts, die bis zu den Anfängen des modernen Gesellschaftsrechts in der Mitte des neunzehnten Jahrhunderts zurück reicht.[7] Doch die wesentliche Beschränkung brachte die Kodifikation des »unfair prejudice« (seinerzeit »shareholder oppression« genannt) in s.210 des Companies Act von 1948.

Auch wenn dieses Instrument ähnliche Ergebnisse wie die deutsche Treupflicht zeitigt, lässt es sich nicht als solche begreifen. Eine Treuepflicht/»duty of loyalty« erkennt das Common Law nur vertikal, im treuhänderischen Verhältnis von »principal« und »agent«, das dem Vorbild des Trust entnommen und auf das Verhältnis von Direktoren und Aktionären übertragen wurde. Daher rührt die Bezeichnung der »directors duties« als »fiduciary duties«.

Eine intrinsische horizontale Treuepflicht, die sich allein schon aus der partnerschaftlichen Natur des Gesellschaftsvertrags herleiten ließe und im deutschen Recht in der Förderpflicht des § 705 Abs. 1 BGB versinnbildlicht ist, existiert im Common Law nicht. Das zeigt der Blick auf die »partnership«. Ihr entscheidendes Merkmal ist nicht der Vertragsschluss zum gemeinsamen Zweck. Insoweit lässt das Gesetz vielmehr den Realakt des gemeinsamen Wirtschaftens ausreichen. Section 1 Partnership Act 1890: »Partnership is the relation which subsists between persons carrying on a business in common with a view of profit.«

5 Ausf. Schall, ZZP 122 (2009) 293, 302 ff.

6 North-West Transportation Co Ltd v Beatty (1887) 12 App Cas 589 PC; Burland v Earle [1902] A.C. 83.

7 Foss v Harbottle (1843) 2 Hare 461, 67 ER 189.

Das entscheidende rechtliche Element der partnership ist vielmehr die wechselseitige Bevollmächtigung. Section 5 Partnership Act 1890 bestimmt: »Every partner is an agent of the firm and his other partners for the purpose of the business of the partnership;...« Aus dieser Treuhänderstellung über das Vermögen der anderen leiten sich die Treupflichten der Partner ab. Auch »unfair prejudice« setzt letztlich eine Machtposition über die Rechte und Interessen anderen voraus, deren missbräuchlicher Ausübung Grenzen gesetzt werden.

Dennoch hatte das Common Law bereits vor dem Erwachen der Equity begonnen, inhaltliche Begrenzungen der Mehrheitsmacht zu entwickeln. Eine erste Schranke brachte der berühmte und viel diskutierte Fall *Cook v Deeks*:[8] Drei der vier Gesellschafter gründeten eine neue Gesellschaft, um den lukrativen Anschlussvertrag mit dem Hauptgeschäftspartner ihrer *company* unter Ausschluss des vierten durchzuführen. Ihre Dreiviertel-Mehrheit in der alten Gesellschaft reichte dem House of Lords nicht, dieses Vorgehen als rechtmäßig anzuerkennen. Der Fall ist bis heute schwer zu deuten. Er steht in einem Spannungsverhältnis zu *Regal Hastings*,[9] wo die Dispositionsbefugnis der Mehrheit über »corporate opportunities« anerkannt wurde. Angesichts dessen lässt sich das Ergebnis eigentlich nur dadurch erklären, dass man die Exspektanz »Anschlussvertrag« bereits dem absolut geschützten Gesellschaftskapital zurechnete. Der Fall lässt einem zwar auch an dem existenzvernichtenden Eingriff des deutschen Rechts denken. Aber Gläubiger waren nicht geschädigt, und die »kalte Liquidation« kann schwerlich rechtswidrig sein, wenn die Mehrheitsgesellschafter ohne weiteres formgemäß hätten liquidieren können (»rechtmäßiges Alternativverhalten«). Wie hätte man in einem solchen Fall die bloße Geschäftschance als Gesellschaftsvermögen ausschütten können? Wer hätte ihnen in einer freien Marktwirtschaft verbieten wollen, die Anschlussverträge mit einer neu gegründeten Gesellschaft unter Ausschluss des vierten Mannes abzuschließen? Aber das ist hier nicht zu klären.

Eine andere, (seinerzeit) wichtige Beschränkung der Mehrheitsmacht hatte die englische Rechtsprechung gleich zu Beginn des zwanzigsten Jahrhunderts entwickelt, um dem Bedürfnis nach Minderheitenschutz bei (zumal enteignenden) Satzungsänderungen nachzukommen. Die Rede ist von *Allen v Gold Reefs of West Africa Ltd* [1900] 1 Ch. 656. In den ursprünglichen articles of association war ein Pfandrecht (lien) der Gesellschaft für offenen Forderungen gegen ihre Aktionäre an deren nicht voll eingezahlten Aktien (»not fully paid shares«) enthalten. Dieses wurde per Satzungsänderung auf alle Anteile erstreckt. Dadurch wurden auch die bereits voll bezahlten Anteile eines verstorbenen Aktionärs (Mr. Emilio Zuccani) für seine ausstehenden Einlagen verhaftet. Sein Executor, Mr Allen, wandte sich hiergegen. Er unterlag, weil die Satzungsänderung in den Augen des Court of Appeal »bona fide in the best interest of the company« erfolgt war. Damit blieb zwar die konkrete Klage

8 Cook v Deeks [1916] 1 AC 554.
9 Regal (Hastings) Ltd v Gulliver [1967] 1 All ER 37.

erfolglos, jedoch wurde das eherne Grundprinzip vom freien Stimmrecht im Kontext von Satzungsänderungen durchbrochen.

Dieser Ansatz ist aus zwei Gründen interessant. Zum einen hat die Klage auf Einhaltung der Satzungsbestimmungen Aufnahme in den Companies Act gefunden (s.33 CA 2006), wo sie aber aufgrund des Siegeszugs von »shareholder oppression«/»unfair prejudice« heute praktisch totes Recht darstellt. Zum anderen stellt die inhaltliche Schranke ein funktionales Äquivalent zur Kali + Salz Rechtsprechung des BGH dar, die bei uns in ganz ähnlicher Weise zeitlich dem Durchbruch der Treuepflicht in der Aktiengesellschaft voran ging und funktional Enteignungsschutz bezweckte.

Trotz wie gesagt fehlender praktischer Relevanz ist diese Beschränkung bis heute gültiges Fallrecht und könnte über eine Klage gemäß s.33 CA 2006 durchgesetzt werden. Dabei handelt es sich um eine Leistungsklage gegen die Gesellschaft auf Nicht-/Umsetzung des fehlerhaften Beschlusses, nicht um eine Anfechtungsklage.[10] Die Rechtswidrigkeit ist bloße Vorfrage. Daher gilt entgegen BGHZ 190, 242 auch nicht der ausschließlich Gerichtsstand nach Art. 22 Nr. 2 EuGVO.[11] Diese Klage wäre im Fall die richtige gewesen, und für sie hätte die Zuständigkeit bestanden.[12] Doch das ist »water under the bridge«. Von bleibendem Interesse ist, dass sowohl in England als auch in Deutschland schon vor der Entwicklung eines umfassenden Minderheitenschutzes auf Billigkeitsbasis (»unfair prejudice«; Treuepflicht) der Versuch einer rechtsfortbildenden Begrenzung der Mehrheitsmacht unternommen und auf ganz ähnliche Gedanken gestützt wurde: »best interest of the company« und sachliche Rechtfertigung dürften praktisch kongruieren.

III. Die Entwicklung der Anfechtungsklage in Deutschland

1. Die erste Kodifikation im ADHGB nach der Reform von 1884

Das Konzept einer spezifischen Klage gegen fehlerhafte Gesellschafterbeschlüsse entstammt dem Aktienrecht. Es wurde erstmal in der Aktienrechtsreform von 1884 kodifiziert: Zur Aktiengesellschaft in Art. 222 ABHGB, der auf Artt. 190a, 190b ADHGB zur KGaA verweist.[13]

10 Schall in Born/Ghassemi-Tabar/Gehle, Corporate Litigation, MünchHdbGesR, Band 7, 6. Aufl. 2020, § 103 Rn. 18 ff., 32 und 41 ff.

11 EuGH C-372/07 – Hasset und Doherty, Rn. 34 ff; EuGH C-144/10 – BVG/JP Morgan, Rn. 23 ff., insbesondere Rn. 33 ff; Schall in Born/Ghassemi-Tabar/Gehle, Corporate Litigation, MünchHdbGesR, Band 7, 6. Aufl. 2020, § 103 Rn. 48; ders. in Schall, Companies Act, 2014, sec. 33 Rn. 21 und 24.

12 Aus Sicht des Europarechts ist es zumindest bedauerlich, wenn nicht problematisch, dass Kläger nur auf der nationalen Ebene durch bindende Verweisung vor Verirrung im Zuständigkeitsdschungel geschützt werden.

13 Raiser in Bayer/Habersack, Aktienrecht im Wandel, Band 2, 2007, Kap. 14 Rn. 37 (S. 638 f.); Eberspächer, Nichtigkeit von Hauptversammlungsbeschlüssen nach § 241 Nr. 3 AktG, 2009, passim.

Freilich war der Gesetzgeber der Auffassung, hiermit lediglich das geltende Recht abzufassen. So liest man gleich zu Beginn des betreffenden Kapitals der Gesetzesbegründung:[14]

> *»Eine Befugnis des einzelnen Aktionärs, gesetzes- oder statutenwidrige Beschlüsse der Generalversammlung als ungültig anzufechten, muss schon jetzt als bestehendes Recht angesehen werden.«*

In der ersten von der Gesetzesbegründung genannten Fundstelle von Wilhelm Endemann, Das deutsche Handelsrecht, 2. Aufl. 1868, § 63[15] wird zunächst erläutert, dass dem Aktionär wegen der Befugnisse der Gesamtheit keine Klage erheben könne, bevor es heißt (S. 332):

> *»Zweifellos hat aber der Aktionär wegen der aus seiner Aktien für ihn begründeten Einzelrechte, also besonders wegen des Rechts auf Rückzahlung nach dem Statut, Teilnahme am Gewinn und Vermögen … sowie auf Annullierung widerrechtlich gefasster Beschlüsse ein Klagerecht gegen den Verein, vertreten durch seinen Vorstand.«*

Dementsprechend hatte das Reichsoberhandelsgericht 1878 judiziert:[16]

> *»Das Recht, in Verfolgung dessen die Kläger auftreten, ist vielmehr das Recht des Actionärs, um der Gesellschaft und seiner Mitgliedschaft willen zu verlangen, dass der Gesellschaftswille sich entsprechende den Gesetzen und den statutarischen Bestimmungen bethätige. Dieses Recht des Einzelactionärs, gemeinhein gegenüber geschehenen gesetz- oder statutenwidrigen Beschlüssen Anfechtungsrecht genannt, kann im Prinzip als bestehend anerkannt werden.«*

Überraschend ist das nicht. Die modernen Zivilrechte hatten sich längst vom altrömischen Aktionensystem gelöst und ermöglichen Klagen, wo es Rechte durchzusetzen gibt anstatt nur Rechte anzuerkennen, für die es ein einschlägiger Rechtsbehelf existiert (»no right without a remedy«). Materiell-rechtliche Vorgaben zur Abstimmung während sinnlos, gäbe es keine Möglichkeit der Sanktion. Genau genommen könnte man die Bedeutung der gesetzgeberischen Intervention auf die Einführung der strikten Klagefrist von einem Monat reduzieren (Art. 190a Abs. 1 Satz 2 ADHGB 1884),[17] die als Kehrseite zur »Bestandskraft« fehlerhafter Beschlüsse führt. Doch das wäre verzerrend. Für die Rechtspraxis war die Kodifikation der Beschlussmängelklage im Jahr 1884 ein Meilenstein. Sie fügte sich nahtlos in das Gesamtkonzept der

14 Begründung des Entwurfs eines Gesetzes betreffend die Kommanditgesellschaften auf Aktien und die Aktiengesellschaften in Stenographische Berichte über die Verhandlungen des Reichstags, 5. Legislaturperiode, 1884, Band 3, Anlage Nr. 21, S. 296; verfügbar unter https://www.reichstagsprotokolle.de/Blatt3_k5_bsb00018447_00289.html.

15 Nicht § 62, wie die Gesetzesbegründung fälschlich zitiert.

16 ROHGE 23, 273, 275.

17 Das war das Hauptanliegen des Gesetzgebers, vgl. Begründung des Entwurfs eines Gesetzes betreffend die Kommanditgesellschaften auf Aktien und die Aktiengesellschaften in Stenographische Berichte über die Verhandlungen des Reichstags, 5. Legislaturperiode, 1884, Band 3, Anlage Nr. 21, S. 296: »In solcher Unbeschränktheit erscheint das Anfechtungsrecht höchst bedenklich.«

Stärkung der korporatistischen *Selbstkontrolle* ein.[18] Ab nun konnte die dogmatische Feinarbeit beginnen.

Wie notwendig das war, lässt schon die Nachlese von ROHGE 23, 273 erahnen. Die Aktionäre dieser genossenschaftsähnlichen Agrargesellschaft waren zur Lieferung von Rüben zu bestimmten Preisen an die Gesellschaft verpflichtet. Nachdem ein Aktionär seine Landwirtschaft aufgegeben und diese Pflicht nicht mehr erfüllen konnte, beschlossen Vorstand und Aufsichtsrat, vorbehaltlich der Zustimmung der Generalversammlung seine Aktien zurückzukaufen.

Hiergegen klagten Aktionäre. Sie verlangten, *sämtliche* Rechtsakte um den gesetzwidrigen Erwerb der eigenen Anteile (damals Art. 215 Abs. 3 ADHGB) für »nichtig«, »nicht existent« und »nicht verbindlich« zu erklären. Das betraf die Beschlüsse des Vorstands, des Aufsichtsrates, der Generalversammlung sowie den geschlossenen Kaufvertrag. Das Klageziel ging also weit über das einer Anfechtungslage hinaus. Namentlich die komplette Annullierung der Transaktion wollte das ROHG nicht aussprechen, umso mehr, als die Aktien vom Vorstand längst wieder weiterverkauft worden waren. Das ist im Ergebnis durchaus nachvollziehbar und ist wohl als frühes Zeugnis der Lehre vom fehlerhaften Gesellschafterbeitritt zu sehen. Aus heutiger Sicht ist das Urteil indes fehlerhaft begründet. Das ROHG hatte ja im Ausgangspunkt die Existenz der Anfechtungsklage erkannt. Es erkannte überdies, dass der Anteils(rück)kauf vom aufgabewilligen Landwirt unter der Bedingung der Zustimmung der Generalversammlung stand.[19] Daher verweigerte es der Anfechtungslage die Anerkennung. Die Beschlussanfechtung hätte nicht mehr intern gewirkt, sondern auf die Wirksamkeit des Erwerbsgeschäfts im Außenverhältnis durchgeschlagen.[20]

Aus heutiger Sicht wäre das verfehlt. Zu einer Verknüpfung der Wirksamkeit von internen Gesellschafterbeschlüssen mit der Außenwirksamkeit anderer Rechtsakte kann es z.B. auch bei § 15 Abs. 5 GmbHG kommen, wenn die Vinkulierung anstatt der Genehmigung der Gesellschaft direkt an die Zustimmung durch die Gesellschafterversammlung geknüpft ist. Das hätte per se aber nicht bedeutet, dass der Generalversammlungsbeschluss nicht mehr anzufechten war. Vielmehr wäre umgekehrt nach erfolgreicher Anfechtung der Anteilskaufvertrag unwirksam geworden. Der Rest wäre eine Frage des Bereicherungsrechts gewesen. Genau das wollte das ROHG nicht akzeptieren. Und die »Ursuppe« des Anfechtungsrechts war trüb genug, um ihm dieses Judikat zu erlauben.

Die Entwicklung in anderen großen Zivilrechtssystemen Europas steht in markantem Gegensatz zum rudimentären Entwicklungsstand des Common Law. Sie zeigt im Wesentlichen das gleiche Bild wie unser Aktienrecht. Die Leitbildkodifikation

18 Zur Aktienrechtsreform 1884 ausf. Hommelhoff, Eigenkontrolle statt Staatskontrolle – rechtsdogmatischer Überblick zur Aktienrechtsreform 1884 in Schubert/Hommelhoff, Hundert Jahre modernes Aktienrecht, ZGR-Sonderheft 5, 1985, S. 102 ff; Hofer in Bayer/Habersack, Aktienrecht im Wandel, Band 1, 2007, Kap. 11 (S. 388 ff.), insbes. Rn. 33 ff.

19 ROHGE 23, 273, 279.

20 ROHGE 23, 273, 279.

der zivilistischen Gesellschaftsrechte, der Code de Commerce von 1807, hatte noch keinerlei Regelungen enthalten. Doch war klar, dass die Rechtmäßigkeit von Gesellschafterbeschlüssen kontrolliert werden *musste*. Daher haben sich mittlerweile allenthalben Beschlussanfechtungsklagen herausgebildet, etwa in Frankreich,[21] Italien,[22] Polen,[23] Rumänien[24], Spanien[25] und den Niederlanden.[26] Es ist also richtig, die Kodifikation von 1884 als Geburtsjahr der deutschen Anfechtungsklage zu feiern.

2. *Die Unterscheidung von Nichtigkeit und Anfechtbarkeit*

In der weiteren Folge kam es zu einer wesentlichen Differenzierung der Beschlussmängelklagen. Unterscheiden wurde zwischen (schweren) Mängeln, die von vornherein zur Nichtigkeit der Beschlüsse führten (heute §§ 241, 249 AktG), und anderen Mängeln, welche nur die Anfechtbarkeit vor Gericht begründeten, das bei Begründetheit der Klage den Beschluss durch Gestaltungsurteil für nichtig erklärte (heute § 243, 246 AktG). Diese Unterscheidung war im Gesetz zunächst nicht angelegt und wurde erst allmählich durch die Lehre herausgearbeitet. Eine grundlegende Klärung brachte erst Alfred Hueck mit seinem Werk »Anfechtbarkeit und Nichtigkeit von Generalversammlungsbeschlüssen«, 1924. Die nächste große Aktienreform im Jahr 1937 führte diese Differenzierung ins geschrieben Recht ein. Eine ganz ähnliche Grenzziehung kennt das öffentliche Recht bei Mängeln von Verwaltungsakten (§§ 43, 44 VwVfG). Hier wie dort geht es darum, die (vorläufige) Bestandkraft des mangelhaften Rechtsaktes nicht auf schwerste Fehler zu erstrecken.

21 Art. L. 235–1 ff C.com; Grossi/Poracchia/Raynouard in Vicari/Schall, Company Laws of the EU, 2020, Part 1 (France), Rn. 432 ff. (zur AG); François in Vicari/Schall, Part 1 (France), Rn. 660, 687 ff, 718 ff. (zur Privatgesellschaft) Siehe zB Cass. comm., 18 Mai 2010, 09–14.855

22 Art. 2377 und Art. 2379 ff. CC; Tina in Vicari/Schall, Company Laws of the EU, 2020, Part 3 (Italy), Rn. 382 ff. (zur AG); Colombo in Vicari/Schall, Company Laws of the EU, 2020, Part 3 (Italy), Rn. 745 ff. (zur Privatgesellschaft)

23 Art. 422 § 1 Kodeks spółek handlowych (zur AG); Oplustil in Vicari/Schall, Company Laws of the EU, 2020, Part 4 (Poland), Rn. 152 ff.; zu Privatgesellschaften Art. 249 § 1 und Art. 252 § 1 Kodeks spółek handlowych; Moskała in Vicari/Schall, Part 4 (Poland), Rn. 457 ff.

24 Art. 132 (2) und (3) LEGE Nr. 31 din 16 noiembrie 1990; Stârc-Meclejan/Bojin in Vicari/Schall, Company Laws of the EU, 2020, Part 5 (Romania), Rn. 274 ff.; auf Privatgesellschaften anzuwenden gemäß Art. 196 LEGE Nr. 31 din 16 noiembrie 1990; Stârc-Meclejan/Tec in Vicari/Schall, Company Laws of the EU, 2020, Part 5 (Romania), Rn. 535.

25 Art. 204 ff LSC (mit Modifikationen für gelistete Gesellschaften in Art. 495,2, b und c LSC); Marín de la Bárcena in Vicari/Schall, Company Laws of the EU, 2020, Part 6 (Spain), Rn. 280 ff.; Pérez Millán in Vicari/Schall, Part 6 (Spain), Rn. 564 ff.

26 Steins Bisschop/Roelink/Kemp in Vicari/Schall, Company Laws of the EU, 2020, Part 7 (The Netherlands), Rn. 193 ff.; Roos in Vicari/Schall, Company Laws of the EU, 2020, Part 7 (The Netherlands), Rn. 421 ff.

Auch in den anderen Zivilrechtssystemen hat sich die die Differenzierung von Anfechtbarkeit und Nichtigkeit mittlerweile etabliert, etwa in Italien (Art. 2377 CC vgl. mit Art. 2379 CC) oder den Niederlanden (Art. 2.14 vgl. mit 2.15 BW). Ähnlich ist auch die Unterscheidung von »nullité absolue/relative« in Frankreich[27] und Rumänien.[28]

3. *Der Siegeszug der Anfechtungsklage*

Beschlussmängel sind kein Spezifikum der Aktiengesellschaft. Dementsprechend setzten sich auch besondere Beschlussmängelklagen allmählich auf breiter Front durch. Zwar hatten das Genossenschaftsgesetz von 1889 und das GmbH-Gesetz von 1892 trotz der Einführung in der AG noch keine Beschlussmängelklage vorgesehen. Doch das Bedürfnis nach Rechtssicherheit, das die Artt. 190a, 190b, 222 ADHGB motiviert hatte, setzte sich auch dort durch. So enthält seit 1994 § 51 GenG die Anfechtungsklage und die allgM akzeptiert daneben die Nichtigkeitsklage. In der GmbH sind beide Klagearten rechtsfortbildend anerkannt. Trotz vereinzelter Kritik[29] hat sich diese Sicht in der Praxis des GmbH-Rechts allgemein durchgesetzt. Bereits Ende 1953 hatte der BGH festgestellt:[30]

> *»Die Frage, welche Rechtsfolgen die Mangelhaftigkeit eines GesellschafterBeschl. hervorruft, ist im GmbHG nicht geregelt. Diese Lücke hat die Rspr. in Übereinstimmung mit dem Schrifttum seit langem dadurch ausgefüllt, daß es die für das Aktienrecht herausgebildeten und dann im AktG (§§ 195 ff.) gesetzlich festgelegten Rechtsregeln, über die Nichtigkeit und Anfechtbarkeit von Beschlüssen der Hauptversammlung der AktG und insbes. auch über die Abgrenzung zwischen beiden auf die GmbH angesichts der sehr weitgehenden Ähnlichkeit der Sach- und Rechtslage grundsätzlich sinngemäß angewandt hat, soweit nicht die Besonderheiten der GmbH eine Abweichung notwendig machen (so insbes. RGZ 166, 129, 131; RGZ 172, 72; OLG Hamburg, 1953, 405 = BB 53, 157; Baumbach-Hueck, GmbHG, 7. Aufl., Anh. nach § 47 Anm. 1; Schilling, JZ 53, 406 mit weiteren Nachw.).«*

Mit dem MoPeG haben sich Anfechtungs- und Nichtigkeitsklage zur Geltendmachung von Beschlussmängeln seit 1.1.2024 auch bei den Personenhandelsgesellschaften als (dort allerdings dispositive) Grundregel etabliert: §§ 110 – 113; 114 HGB. Diese gesetzgeberische Entscheidung liegt in der Konsequenz der eigenen Rechtspersönlichkeit. Sie dängt die ursprünglichen Beschlussfeststellungsklagen auch in der Personengesellschaft zurück. Das gilt insbesondere für die traditionellen

27 Grossi/Poracchia/Raynouard in Vicari/Schall, Company Laws of the EU, 2020, Part 1 (France), Rn. 436.

28 Stârc-Meclejan/Bojin in Vicari/Schall, Company Laws of the EU, 2020, Part 5 (Romania), Rn. 275.

29 Noack in Noack/Servatius/Haas, GmbHG, 24. Aufl. 2025, Anh § 47 Rn. 3 ff. m.w.N.; grdlg. Noack, Fehlerhafte Beschlüsse in Gesellschaften und Vereinen, 1999, S. 79 ff.; Fehrenbach, Der fehlerhafte Gesellschafterbeschluss in der GmbH, 2011, S. 179 ff.; teilw. auch Casper ZHR 163 (1999), 54, 58 ff.

30 BGHZ 11, 231 = NJW 1954, 385.

Feststellungklagen aller gegen alle, deren Zulässigkeit mit den MoPeG entfallen sein dürfte.[31] Denn die Regelung des § 113 Abs. 2 HGB ist ein direkter Ausfluss der eigenen Rechtspersönlichkeit und kann daher ebenso wenig wie jene zur Disposition der Gesellschafter nach § 108 HGB stehen. Für Anfechtungsklagen wie für Feststellungklagen in der GbR muss daher ungeachtet des § 708 BGB die prozessuale Norm des § 113 Abs. 2 HGB analog gelten.

Damit herrscht jetzt in allen wirtschaftlich tätigen Personenverbänden die Anfechtungsklage mit ihrer Zwillingsschwester Nichtigkeitsklage. Die letzte Bastion der ursprünglichen »Anfechtung« durch Feststellungklage ist der Idealverein.[32] Angesichts des erreichten Standes der Kodifikation von Anfechtungs- und Nichtigkeitsklage sollte sich die Diskussion im GmbH-Recht künftig nicht mehr mit der Alternative einer Feststellungsklage, sondern mit der Frage befassen, ob nicht die Regelungen des HGB eine bessere Analogiegrundlage hergeben.[33]

IV. Die Entwicklung der Treuepflicht von Gesellschaftern in Deutschland

Die Treuepflicht von Gesellschaftern entwickelte sich diametral entgegengesetzt zur Anfechtungsklage. Ihr Ausgangspunkt waren die Personengesellschaften. Ihr akademischer Entdecker war allerdings derselbe: Alfred Hueck. Schon im Jahr 1935 hatte er die Treuepflicht in der OHG untersucht.[34] Im Jahr 1947 fasste er in seiner Schrift »Der Treuegedanke im modernen Privatrecht« seine Erkenntnisse konzis zusammen. Er befreite die Treuepflicht von nationalsozialistischem Geschwurbel[35] und stellte sie auf eine dogmatisch überzeugende Grundlage: Im Jedermannsverhältnis seien lediglich sittenwidrige Schädigungen verboten. In herkömmlichen Rechtsbeziehungen gelte das Gebot von Treu und Glauben. Nur wenn »enge persönliche Beziehungen« zwischen den Beteiligten begründet würden, entstehe über Treu und Glauben hinaus

31 Vgl. Otte/Dietlein in BeckOGK HGB, 1.3.2025, § 110, Rn. 189; tendenziell ebenso Heidel in Heidel, GbR, 2024, § 714, Rn. 58; aA wohl h.M., Schäfer/Liebscher Neues PersGesR, 2022, § 5 Rn. 151 f.; Otte/Weiler, NZG 2025, 969, 970, Rn. 9.

32 BGH NJW 2008, 69; OLG Brandenburg, NZG 2022, 865; OLG Hamm, BeckRS 2021, 7325; LG Potsdam, BeckRS 2020, 54950.

33 Die fehlende Vergleichbarkeit zur AG ist eine Hauptstoßrichtung der Grundsatzkritik, siehe Noack in Noack/Servatius/Haas, GmbHG, Anh § 47, Rn. 3; ferner die Nachw. oben, Fn. 29.

34 A. Hueck, Der Treuegedanke im Recht der offenen Handelsgesellschaft in Festschrift für R. Hübner, 1935, S. 72 ff. Auch in seinem anderen Forschungsgebiet, dem Arbeitsrecht, war Alfred Hueck zeitlebens den Treuebindungen auf der Spur, A. Hueck, Der Treuegedanke im modernen Privatrecht, 1947, S. 13; Hueck-Nipperdey, Lehrbuch des Arbeitsrechts, I, 1931, § 35 und § 46.

35 A. Hueck, Der Treuegedanke im modernen Privatrecht, 1947, S. 3 ff, 6.

eine besondere Treuepflicht:[36] „Sie verpflichtet jeden Beteiligten, jede Schädigung der Interessen der Gemeinschaft und der durch den Gemeinschaftszweck umfaßten Interessen der Mitbeteiligten zu unterlassen und darüber hinaus diese Interessen im Rahmen der durch die Gemeinschaft bedingten Tätigkeit zu fördern."[37] Leitbild war erkennbar die personengesellschaftsrechtliche Zweckförderpflicht (vgl. § 705 Abs. 1 BGB). In der Aktiengesellschaft lehnte er konsequent jegliche Treuepflicht der Aktionäre ab und hielt § 242 BGB für ausreichend, um Machtmissbrauch zu begegnen. Demgegenüber hatte das Reichsgericht eine Treuepflicht der Aktionäre *gegenüber der Gesellschaft* bejaht,[38] und nur eine Treuepflicht der Aktionäre untereinander abgelehnt.[39]

Die Herleitung der Treuepflicht aus dem Zweckfördergedanken des Personengesellschaftsrechts ist bis heute ein überzeugender Erklärungsansatz geblieben. Er hat nur an dem Nachteil, nicht ohne Weiteres auf Kapitalgesellschaften übertragbar zu sein. Der Aktionär schuldet nach § 54 AktG nichts als seine Einlage.[40] Auch §§ 1, 2 GmbHG enthalten zwar den Gesellschaftszweck, aber statuieren keine Zweckförderpflicht. Dennoch bestand auch dort ein Bedürfnis zu einer materiellen Beschlusskontrolle über die speziellen Stimmrechtsschranken hinaus. Das hatte schon das Reichsgericht erkannt, und zwar sowohl zu zur AG[41] als auch zur GmbH.[42]

In der GmbH knüpfte der BGH nahtlos hieran an. Schon 1953 urteilte er im Zuge der rechtsfortbildenden Anerkennung des Gesellschafterausschlusses:

> *»Wenn auch anders als bei der OHG kein Gemeinschaftsverhältnis besteht und darum nicht schon hieraus die Pflicht zu gegenseitiger Treue abgeleitet werden kann, so obliegt den Gesellschaftern einer GmbH doch eine echte, nicht bloß den Grundsatz von Treu und Glauben (§ 242 BGB) beinhaltende Treupflicht, weil die Beziehungen des Gesellschafters zur GmbH und seinen Mitgesellschaftern nicht rein kapitalistisch, sondern auch persönlicher Art sind (RG DR 40, 2177; Hueck-Baumbach, GmbHG Anm. 2 B vor § 13). Je nachdem, wie das innere Verhältnis vom GesVertrag ausgestaltet ist, trifft die Gesellschafter der GmbH die Pflicht, sich persönlich für die Belange der GmbH einzusetzen oder alles zu unterlassen, was deren Interesse schädigen könnte.«*

Damit war der erste Schritt zu einer umfassenden Treuepflicht der GmbH-Gesellschafter (auch untereinander) getan. Ihre Grundlage war der persönliche Einschlag

36 A. Hueck, Der Treuegedanke im modernen Privatrecht, 1947, S. 11 f. und 18 f.
37 A. Hueck, Der Treuegedanke im modernen Privatrecht, 1947, S. 19.
38 RGZ 146, 385; abl. A. Hueck, S. 26 f.; s.a. RGZ 146, 71 ff., insoweit zust. A. Hueck mit der Maßgabe, dass es sich in Wahrheit um die zu bejahende Treuepflicht des Leitungsorgans handele, nicht um eine des Aktionärs.
39 RGZ 158, 248; zust. A. Hueck, Der Treuegedanke im modernen Privatrecht, 1947, S. 27
40 Die Ausnahme für die Rübenzuckerindustrie in § 55 ist eine quantité négligeable und bestätigt zudem im Umkehrschluss das Verbot von Nebenpflichten jenseits von Gesetz und Satzung.
41 Siehe Fn. 38.
42 RGZ 164, 262; 169, 334; RG DR 1940, 2177.

(*intuitus personae*), den sie mit den Personengesellschaften teilte, auch wenn sich die GmbH durch eigene Rechtspersönlichkeit, Haftungsbeschränkung und Fehlen einer Zweckförderungspflicht erheblich unterscheidet. In BGHZ 14, 25 wurde die Treuepflicht – neben dem analog zum Aktienrecht gültigen Verbot der Verschaffung gesellschaftsfremder Vorteile – als Grenze des Stimmrechts der Gesellschafter erkannt, zugleich aber auch ausgesprochen, dass dies nicht bedeutet, der Gesellschafter müsse seine eigenen Interessen hinter diejenigen der Gesellschaft stellen (LS 6). In BGHZ 65, 15 – ITT bestätigte der BGH nochmals ausdrücklich, dass die Treuepflicht nicht nur zwischen GmbH und Gesellschaftern, sondern auch zwischen den Gesellschaftern untereinander gelte und wies ältere Kritik, die sich auf die eigene Rechtspersönlichkeit der GmbH stützte, unter Hinweis auf die neuere Lehre zurück.[43] Zudem akzeptierte der BGH jetzt auch Schadensersatz als (ausnahmsweise) Rechtsfolge einer Verletzung der Treuepflicht. War die Treuepflicht damit auch umfassend anerkannt, so bestand doch keine Einigkeit über ihre Grundlage. § 705 BGB (analog) passte nicht wirklich. Stattdessen hat sich die h.L. seit der grundlegenden Arbeit von Martin Winter[44] für die Annahme einer Sonderverbindung entscheiden.

Die letzte Bastion gegen die Treuepflicht blieb die Aktiengesellschaft. Ganz im Sinne von Alfred Hueck urteilte der BGH noch 1976 im Audi/NSU Fall:[45]

> *»Die Verletzung einer gesellschaftsrechtlichen Treuepflicht scheidet als Anspruchsgrundlage ebenfalls aus, weil eine solche Treuepflicht im Sinne einer über die allgemeinen Rechtsgrundsätze der §§ 226, 242, 826 hinausgehenden Bindung zwischen Aktionären im allgemeinen nicht besteht oder jedenfalls keine Haftung für Vermögensnachteile jenseits des innergesellschaftlichen Bereichs auslösen kann, wie sie hier mit der Klage geltend gemacht werden. Die gemeinsame Zugehörigkeit zu einer Aktiengesellschaft begründet für sich allein keine gegenseitigen Rechtsbeziehungen, aus denen sich eine solche Haftung herleiten ließe (BGHZ 18, 350, 365; Baumbach/Hueck, AktG 13. Aufl. Üb vor § 54 Rn. 11; Meyer-Landrut in Großkomm. AktG 3. Aufl. § 1 Anm. 34 m.w.N.).«*

Aber das Bedürfnis nach einer materiellen Beschlusskontrolle war nicht aus der Welt zu schaffen. Gefangen in der *path dependence* seiner Präjudizien, ersann der BGH zunächst einen anderen Ausweg. Er begab sich – wie Jahrzehnte vor ihm die englischen Gerichte – auf den Weg zu einer sachlichen Inhaltskontrolle bei Satzungsänderungen, welche in Gesellschafterrechte eingriffen. Ein erster Fall betraf die nachträgliche Einführung eines Höchststimmrechts.[46] Der berühmteste Fall war kurz darauf

43 BGHZ 65, 15 = NJW 1976, 191 verweist namentlich auf Ballerstedt, Kapital, Gewinn und Ausschüttung bei Kapitalgesellschaften, S. 181 ff.; Immenga, Die personalistische Kapitalgesellschaft, S. 270 ff. und Wiedemann in Festschr. Barz, S. 568 f.

44 Winter, Mitgliedschaftliche Treubindungen im GmbH-Recht, 1988.

45 BGH, Urteil vom 16.02.1976 – II ZR 61/74, BeckRS 1976, 31115257 = JZ 1976, 561.

46 BGHZ 70, 117 = NJW 1978, 540, 541 mit gewundener Formulierung: »… daß ein Aktionär …Eingriffe in sein Mitgliedschaftsrecht… hinnehmen muß, wenn eine genügend hohe Mehrheit es im Gesamtinteresse des Unternehmens für notwendig hält, der Gesetzgeber das damit verfolgte Ziel als schutzwürdig anerkennt und Willkür ausgeschlossen ist.«

Kali & Salz, der die sachliche Rechtfertigung des Bezugsrechtsausschlusses bei Kapitalerhöhungsbeschlüssen einführte.[47]

Dieser Weg war in der Sache nicht unähnlich der englischen Idee, Satzungsänderungen unter den Vorbehalt des »best interest of the company« zu stellen. Doch half das nur in speziellen Konstellationen, die wegen ihrer enteignenden Wirkung besonders nach Minderheitenschutz riefen. Dann allerdings wurde die Stimmacht abstrakt-generell beschränkt, d.h. *jeder* Beschluss musste die Prüfung der sachlichen Rechtfertigung bestehen. Daher schlug diese Rechtsprechung auch auf die GmbH durch,[48] obwohl dort die Treuepflicht längst anerkannt war. In der Aktiengesellschaft blieb sie indes die einzige inhaltliche Grenze der Mehrheitsmacht jenseits der kodifizierten Tatbestände (namentlich das Verbot von Sondervorteilen).

Zum Durchbruch kam die Treuepflicht in der Aktiengesellschaft dann durch BGHZ 103, 184 – Linotype. Dort ging es um eine Art existenzvernichtenden Eingriff, nämlich eine missbräuchliche Liquidation, die mit dem Ziel vorgenommen wurde, den Geschäftsbetrieb dem Hauptgesellschafter zuzuschanzen. Insofern hatte die Konstellation Anklänge an den englischen Klassiker *Cook v Deeks*,[49] nur dass sich die Mehrheit dort nicht die Mühe einer vorherigen Liquidation gemacht hatte.

Der BGH hatte in einem früheren Fall das Erfordernis einer generellen sachlichen Rechtfertigung des Liquidationsbeschlusses (zu Recht) abgelehnt, da es die De-Investitionsfreiheit der Gesellschafter übermäßig beschränke.[50] Da es um eine GmbH ging, hatte er keine Schwierigkeiten, dass missbräuchliche Vorgehen der Mehrheitsgesellschafterin an der Treuepflicht zu messen und zu Fall zu bringen. Die Notwendigkeit einer derartigen Einzelfallkontrolle sah er nun auch in der Aktiengesellschaft – und erkannte die Treuepflicht der Aktionäre an. Begleitet wurde er dabei in guter deutscher Tradition von der Wissenschaft. Erwähnt werden muss insbesondere das Fundamentalwerk von Wolfgang Zöllner, »Die Schranken mitgliedschaftlicher Stimmrechtsmacht bei den privatrechtlichen Personenverbänden«, 1963, welches in jedem einschlägigen Urteil jener Zeit zitiert wurde und die Entwicklung maßgeblich beeinflusst hat.

> *»Die gesellschaftsrechtliche Treupflicht besteht auch zwischen den Aktionären.…[1582]… Auch bei der AG hat ein Mehrheitsgesellschafter die Möglichkeit, durch Einflußnahme auf die Geschäftsführung die gesellschaftsbezogenen Interessen der Mitgesellschafter zu beeinträchtigen, so daß auch hier als Gegengewicht die gesellschaftsrechtliche Pflicht zu fordern ist, auf diese Interessen Rücksicht zu nehmen.«*[51]

47 BGHZ 71, 40 = NJW 1978, 1316, fortgeführt in BGHZ 83, 319 = NJW 1982, 2444; schließlich über BGHZ 136, 133 = NJW 1997, 2815 – Siemens/Nold zu BGHZ 164, 241 und 249 = NJW 2006, 371 und 374 – Commerzbank/Mangusta I und II.
48 BGHZ 80, 69 = NJW 1981, 1512 (Befreiung vom Wettbewerbsverbot mit einfacher Mehrheit).
49 Cook v Deeks [1916] 1 A.C. 554; siehe schon oben, Fn. 8.
50 BGHZ 76, 352 = NJW 1980, 1278; bestätigt in BGHZ 103, 184 = NJW 1988, 1579, 1581.
51 BGHZ 103, 184 = NJW 1988, 1579, 1581 f.

Damit war die gesellschaftsrechtliche Treuepflicht in allen Gesellschaftsformen anerkannt. Umgekehrt zur Anfechtungsklage hatte sie ihren Ausgangspunkt bei den Personengesellschaften genommen und sich von dort ausgebreitet. Das mag zu einem Teil daran liegen, dass das die Verfolgung von Sondervorteilen bereits seit § 197 Abs. 2 S. 1 AktG 1937 als besonderer Anfechtungsgrund gesetzlich ausgewiesen war.[52] Dieser Tatbestand erfasst einen der klarsten Treupflichtverstöße.[53] Vor allem aber lag es an der unterschiedlichen dogmatischen Struktur als juristische Person mit eigener Rechtspersönlichkeit, die von der früheren Lehre insoweit überbewertet wurde.[54]

Über die exakte dogmatische Grundlage (Zweckförderpflicht; ggf. als Nebenpflicht aus § 241 Abs. 2 BGB; § 242 BGB; gesellschaftsrechtliches Sonderverhältnis; richterliche Rechtsfortbildung)[55] besteht bis heute keine Einigkeit, angefangen bei der Frage, ob die Grundlage einheitlich für alle Gesellschaftsformen gilt oder doch so unterschiedlich wie deren Strukturmerkmale ist. Aber dem ist hier nicht nachzugehen. Lediglich sei bemerkt: wenn die Treuepflicht mit Adolf Hueck tatsächlich »jeden Beteiligten [verpflichtet], jede Schädigung der Interessen der Gemeinschaft und der durch den Gemeinschaftszweck umfaßten Interessen der Mitbeteiligten zu unterlassen«, müsste auf dieser Basis ein Wettbewerbsverbot für *jeden* GmbH-Gesellschafter und *jeden* Aktionär ungeachtet des Umfangs seiner Beteiligung gelten. Das hält aber niemand für richtig. Dann kann die personengesellschaftsrechtliche Zweckförderpflicht nicht die Grundlage für die Treuepflicht von Kapitalgesellschaftern sein. Eher wäre zu fragen, ob nicht auch in der Personengesellschaft die Macht über andere der wahre Grund für die Schranke der Treuepflicht ist – die am Ende doch nur vertikal verläuft. Man denke an Kommanditisten.

V. Die zentrale Rolle von Anfechtungsklage und Treuepflicht im deutschen Minderheitenschutz

Anfechtungsklage und Treuepflicht sind zentrale Pfeiler deutschen Minderheitenschutz. Ihre Auswirkungen sind aber je nach Corporate Governance Struktur der Gesellschaft unterschiedlich. Gemeinsamer Ausgangspunkt in allen Gesellschaftsformen

52 Bereits zuvor war der Tatbestand als Beschlussmangel anerkannt, der freilich zur Nichtigkeit führen sollte, Bayer/Engelke in Bayer/Habersack, Aktienrecht im Wandel, I., 2007, Kap. 15 Rn. 92 mit Verweis auf die Amtl. Begründung zu §§ 197–199 AktG 1937.

53 Zur Personengesellschaft Schäfer in MünchKommBGB, 9. Aufl. 2024, § 705, Rn. 281 a.E. In Frankreich stellt die Verfolgung von Sondervorteilen zwar den Hauptfall des »abus de majorité« dar, muss aber zusätzlich gegen das Gesellschaftsinteresse verstoßen, Cass. comm., 18.4.1961, Bull. III, n° 175; Cass. comm., 6.6.1990; François in Vicari/Schall, Part 1 (France), Rn. 718.

54 Vgl. BGHZ 65, 15 – ITT = NJW 1976, 191 zur GmbH; BGHZ 103, 184 – Linotype = NJW 1988, 1579, 1581 f. zur AG.

55 Vgl. Schäfer in MünchKommBGB, 9. Aufl. 2024, § 705, Rn. 273 f.; Geibel in BeckOGK BGB, 1.8.2025, § 705, Rn. 296 f. zum Personengesellschaftsrecht; Lieder in Michalski, GmbHG, 4. Aufl. 2023, § 13 Rn. 135 f.; Beurskens in Noack/Servatius/Haas, GmbHG,

ist, dass Anfechtungslage und Treuepflicht ein Kontrollinstrument gegen Vertrags-/Satzungsänderungen mit möglicherweise enteignender Wirkung darstellen. Denn solche Entscheidungen erfordern immer einen Beschluss der Gesellschaftergesamtheit (§ 179 AktG; § 53 GmbHG; »Grundlagengeschäfte« in Personengesellschaften[56]). Die Tatsache, dass sie die Spielregeln in der Gesellschaft ändern, begründet ihre Bedeutung und gebietet Kontrolle. Das gilt selbst bei Einstimmigkeit, wo plötzlich dem einzelnen Gesellschafter die Rechtsmacht zukommt, die Mehrheit mit seinem Veto zu schädigen.

Wesentliche Unterschiede zwischen den Rechtsformen bestehen hingegen bei der Frage, inwieweit sich die Minderheit gegen unliebsame, für schädlich gehaltene Geschäftsführungsmaßnahmen zur Wehr setzen kann. Dazu muss vorausgeschickt werden, dass die Treuepflicht grundsätzlich nicht als Instrument zum »second-guessing« von Geschäftsführungsmaßnahmen konzipiert ist. Gleichwohl: es ist allgemein bekannt, dass man Minderheitsgesellschafter durch bloße Geschäftsführungsmaßnahmen unterdrücken kann (»Aushungern« bei der Gewinnverteilung). Das vage Konzept der Treuepflicht lässt daher prinzipiell genug Raum, missliebige Mehrheitsentscheidungen unterhalb der Schwelle der Satzungsänderung zu attackieren – nur eben je nach Rechtsform in unterschiedlichem Maß.

Überraschend liegt der stärkste Hebel in der Hand des GmbH-Gesellschafters. Denn die Gesellschafterversammlung ist oberstes Organ der GmbH und hat daher eine Allzuständigkeit, kraft derer sie jede Gesellschaftsentscheidung jederzeit an sich ziehen kann. Damit kann über sämtliche Geschäftsführungsangelegenheiten nach §§ 47, 48 GmbHG Beschluss gefasst werden. Diesen Beschluss kann wiederum jeder Gesellschafter oder Gesellschaftergruppe, die (zusammen) über 10 % des Stammkapitals verfügt, erzwingen (§ 50 Abs. 1 und 3 GmbHG).

Demgegenüber haben in Personengesellschaften zwar grundsätzlich alle vollhaftenden Gesellschafter Teil an der Geschäftsführung (§ 715 Abs. 1 BGB; § 116 Abs. 1 HGB), über welche durch Beschluss entscheiden wird (§§ 714, 715 Abs. 2 BGB; §§ 109, 116 Abs. 2 HGB). Jedoch sind diese Normen weitgehend dispositiv (§ 708 BGB; § 108 HGB). Daher können die Gesellschafter in weiterem Umfang von der Geschäftsführung und den dabei erforderlichen Beschlüssen ausgeschlossen werden. Das gilt selbst bei außergewöhnlichen Geschäftsführungsnahmen, wo zwar das Beschlusserfordernis zwingend ist, aber ausreichen soll, dass die Mehrheit der geschäftsführenden Gesellschafter entscheidet (§ 715 Abs. 2 S. 2 BGB; § 116 Abs. 2 S. 1 2. TS HGB).[57]

24. Aufl. 2025, § 13, Rn. 59 ff. zur GmbH; Cahn/v. Spannenberg in BeckOGK AktG, 1.6.2025, § 53a, Rn. 43 ff.; grundlegend neben bereits Genannten (Zöllner, Winter) auch Lutter, AcP 180 (1980), 84, 91 ff.

56 Schäfer in MünchKommBGB, 9. Aufl. 2024, § 715, Rn. 8 f. (wobei der Begriff über Vertragsänderungen hinausreicht).

57 Scholl in BeckOGK HGB, 15.5.2025, § 116, Rn. 280 f.

In der Aktiengesellschaft sind die Gesellschafter von der Geschäftsführung jedoch grundsätzlich ausgeschlossen (§ 76 AktG).[58] Traditionelles Minderheitenschutzinstrument der Aktionäre gegen Geschäftsführungsmaßnahmen war die Anfechtungsklage gegen den Entlastungsbeschluss, der bei gravierenden Fehlern des Vorstandes stattgegeben wurde – mit der lässlichen Konsequenz eines Imageschadens. Mittlerweile erfreuen sich Sonderprüfung (§§ 142 – 146 AktG), besonderer Vertreter (§ 147 AktG) und Klagezulassungsverfahren (§ 148 AktG) wachsender Bedeutung. Dazu kommen Aktionariatsertüchtigungsmaßnahmen wie Say on Pay, Say on Climate, Say on Sustainability, … Say you will, say you won't![59]

Zur Einführung einer US-style »derivate suit« ist es bislang freilich noch nicht gekommen. Sie könnte Vorständen trotz BJR (§ 93 Abs. 1 S. 2 AktG) das Leben schwer machen, vor allem da das »striking out« des US-amerikanischen Prozessrechts in Deutschland nicht reproduzierbar ist.

VI. Die (Neben)Rolle von Anfechtungsklage und Treuepflicht in anderen Ländern

Bereits eingangs wurde festgestellt, dass die Anfechtungsklage im englischen Recht praktisch keine Rolle spielt und dass dem Common Law die Vorstellung einer »duty of loyalty« zwischen Kapitalgesellschaftern fremd ist. Hingegen enthalten Zivilrechtsordnungen heutzutage typischerweise zwar Anfechtungsklagen. Doch haben wir gesehen, dass diese Klage erst durch die Ergänzung um die materielle Stimmrechtsschranke der Treuepflicht zu einem scharfen Schwert des Minderheitenschutzes werden kann. Was bliebe sonst als die Rüge von Verfahrensfehlern oder seltenen offenen Gesetzes- oder Satzungsbrüchen?

Die Entwicklung der Treuepflicht ist in den benachbarten Zivilrechtstraditionen aber noch nicht so weit fortgeschritten. Am ehesten wird man auf Italien verweisen können, wo erste Untersuchungen der Treuepflicht bereits aus den 1930ern stammten.[60] Über den Gedanken der Gesetzesverletzung aufgrund Verstoßes gegen das Gleichbehandlungsprinzip[61] haben Rechtsprechung und Lehre schließlich zum Grundsatz von Treu und Glauben als Basis gefunden[62] und daran insbesondere den Missbrauch der Mehrheitsmacht (»abuso di maggioranza«) festgemacht. Allerdings ist bis heute

58 Natürlich vorbehaltlich von Holzmüllerfällen (BGHZ 83, 122) und Vorstandsvorlagen nach § 119 Abs. 2 AktG.
59 Hit von Foreigner. Gut geeignet für professorale Coverbands.
60 Ferri, »Eccesso di potere e tutela delle minoranze«, Riv. dir. comm., 1934, 723.
61 Cass. n° 511, 4.3.1963, in Foro It., 1963, I, 684.
62 Siehe z.B. Cass. n° 1361, 20.1.2011; Tina in Vicari/Schall, Part 3 (Italy), Rn. 369 ff.; Simonetti, »Abuso del diritto di voto e regola di buona fede nelle società di capitali«, in Nuova

nicht geklärt, ob ein solcher Missbrauch zur Anfechtbarkeit des Beschlusses oder nur zu einer Schadensersatzpflicht führt.[63] In Frankreich zeitigt das Konzept vom »abus de majorité« ähnliche Rechtsfolgen.[64] In beiden Ländern haben diese Missbrauchskonzepte zwar einen gewissen Platz gefunden. Aber es gibt weder eine ausgefeilte Dogmatik noch einen reichhaltigen Schatz an Urteilen. Ähnlich ist die Situation in anderen großen Jurisdiktionen der EU. Rumänien folgt wie Frankreich und Italien dem Missbrauchskonzept.[65] Das gleiche gilt mittlerweile auch für Spanien. Nach der großen Gesellschaftsrechtsreform von 2014 wurde der Missbrauch durch die Mehrheit als Anfechtungsgrund ausdrücklich kodifiziert. Zudem wurde klargestellt, dass dies auch gilt, wenn die Gesellschaft selbst keinen Schaden erlitten hat, sondern nur die Minderheit, z.B. durch Aushungern oder Verwässerung (Art. 204.1 Satz 2 LSC). Das erweitert in diesem speziellen Fall die Anfechtungsmöglichkeiten der Minderheit gegenüber dem alten Recht, ganz entgegen der allgemeinen Tendenz der Reform, diese zurückzudrängen.[66]

In Polen wird die Verletzung der Treuepflicht als ein Verstoß gegen die guten Sitten subsumiert, der zur Anfechtung nach Art. 249 § 1 bzw. Art. 422 § 1 Kodeks spółek handlowych subsumiert wird.[67] In den Niederlanden formuliert Art. 2.8 BW das Prinzip der Redlichkeit und Billigkeit für alle an einer Gesellschaft Beteiligten. Die Verletzung des Prinzips ist ein Anfechtungsgrund nach Art 2.15(1)(c) BW. Diese Generalklauseln sind der gesetzliche Rahmen zur Ausgestaltung der Treuepflichten in den Niederlanden.[68]

giur. Comm., 2000, II, 479; Preite, »L' »abuso« della regola di maggioranza nelle deliberazioni assembleari delle società per azioni,« 1992.

63 Tina in Vicari/Schall, Part 3 (Italy), Rn. 371 mwN.

64 François in Vicari/Schall, Part 1 (France), Rn. 718 f.: Nichtigkeit (wohl relative, vgl. Rn. 699) und ggf. Schadensersatz; siehe ferner Rn. 720 f zu den Rechtsfolgen bei abus de minorité (Schadensersatz und gerichtliche Bestellung eines mandataire de justice, der bei der nächsten Gesellschafterversammlung die Stimmen »richtig« abgeben soll). Siehe auch die Rechtsprechungsnachweise oben, Fn. 52.

65 ICCJ, 2. Zivilkammer, 24.11.2009, n° 3070/2009, PR (2010), 161; Stârc-Meclejan/Bojin in Vicari/Schall, Company Laws of the EU, 2020, Part 5 (Romania), Rn. 277

66 Zum Ganzen Pérez Millán in Vicari/Schall, Part 6 (Spain), Rn. 564 ff (insbes. 565). In Frankreich bedarf es hingegen noch der Verletzung des Gesellschaftsinteresses, siehe Fn. 52.

67 SĄD NAJWYŻSZY, 16.10.2008, III CSK 100/08, https://www.saos.org.pl/judgments/88927, S. 5 zu Treuepflicht der Aktionäre gegenüber der Gesellschaft); Sąd Najwyzsży, 27.3.2013, I CSK 407/12, https://www.sn.pl/sites/orzecznictwo/Orzeczenia2/I%20CSK%20407-12-1.pdf, S. 4 f.: Treupflicht der Aktionäre gegenüber der Gesellschaft und untereinander; Moskała in Vicari/Schall, Part 4 (Poland), Rn. 458.

68 Roos in Vicari/Schall, Part 7 (Netherlands), Rn. 429.

VII. Schluss

Anfechtungslage und Treuepflicht spielen eine wichtige Rolle für den deutschen Minderheitenschutz. Am Ende einer langen Entwicklung, die von entgegengesetzten Richtungen einsetze (Anfechtungsklage von der AG; Treuepflicht von der Personengesellschaft) haben sich beide Institute in allen Gesellschaftsformen vereint. Sie bewirken eine materielle Beschlusskontrolle in rechtssicherem Rahmen, gesichert durch die Bestandskraft nach Fristablauf. Im Vergleich zu England fällt die praktische Bedeutungslosigkeit der Anfechtungsklage auf. Hingegen wird das Bestehen von Treuepflichten der Gesellschafter im Common Law lediglich theoretisch vehement bestritten. Praktisch jedoch führt das funktionale Äquivalent des »unfair prejudice« (s.994 CA 2006) zu Abhilfe in den gleichen Fällen.

In anderen Zivilrechten Europas weisen eine ähnliche Entwicklung wie das deutsche Recht auf. Beschlussmängelklagen, typischerweise differenziert nach Anfechtung und Nichtigkeit, sind bereits weithin kodifiziert. Generalklauseln wie die guten Sitten oder Treu und Glaube haben die Grundlage für die Entwicklung von Treuepflichten sowie alternative Konzepte wie den Missbrauch der Mehrheitsmacht geboten. Heute scheinen minderheitenschützende Doktrinen allgegenwärtig. Sie sind aber in der Regel jüngeren Datums und nur selten von einer reichhaltigen Spruchpraxis begleitet. Das indiziert eine geringere praktische Bedeutung in vielen Ländern, was sich mit Rückmeldungen ausländischer KollegInnen deckt. Über die Gründe lässt sich trefflich spekulieren. In Deutschland ist die Treuepflicht *die* wesentliche Schranke des Stimmrechts. Ihre argumentative Bedeutung bei Streitlösungen dürfte sogar noch weit über ihrem Einschlag in der Gerichtspraxis liegen. Demgegenüber scheint es so, dass andere Länder nicht in gleicher Weise wie das deutsche Recht auf Minderheitenschutz durch Beschlusskontrolle[69] fokussieren, sondern eher die directors duties direkt im Blick haben.

69 Siehe statt aller Ekkenga, Stimmverbote gegen den herrschenden Gesellschafter im GmbH-Konzern, ZGR 2019, 191.

Die Haftung für die Abfindung ausgeschiedener Gesellschafter – ein rechtsformübergreifendes Problem

Carsten Schirrmacher

I. Einleitung und Problemstellung

1. *Seminare, Dialektik und kritische Rezeption*

Seminarveranstaltungen bei *Jens Ekkenga* waren immer eine besondere Freude. Wenn sich ausreichend Studierende angemeldet hatten – und das war fast immer der Fall, weil den Veranstaltungen nicht zu Unrecht ein besonderer Ruf vorauseilte –, wurden die Teilnehmer auf das Tagungsschloss der Universität in Rauischholzhausen eingeladen. Bevor am Abend geistige Getränke genossen wurden, verteidigten die Teilnehmer tagsüber die Thesen, die sie zuvor in schriftlichen Ausarbeitungen entwickelt hatten, gegen *Ekkengas* Kritik. Wer sich nicht sofort von *Ekkenga* überzeugen ließ, hatte das Bestehen sicher; wer mit juristisch fundierten Argumenten auf seinem Standpunkt beharrte, verdiente sich damit schnell eine überdurchschnittliche Note. Eine Seminarveranstaltung aber verlief anders: Als auch der vierte Referent auf leichten Widerspruch *Ekkengas* sofort seine Auffassung änderte, beschwerte er sich: »Nun widersprechen Sie mir doch mal! Wenn alle derselben Auffassung sind, ist das nicht nur langweilig, sondern geradezu verdächtig.« Es folgten längere Ausführungen zu These und Antithese, zu Dialektik und kritischer Rezeption. Sie dürften den einen oder anderen Studierenden überfordert haben, doch so mancher anwesende Mitarbeiter zehrt bis zum heutigen Tage davon. Als einer derer, die in den Genuss seiner Ausführungen kommen durften, wage ich an dieser Stelle, den Auffassungen *Ekkengas* zumindest in Teilen eine Antithese entgegenzustellen – in der Hoffnung, ihm damit eine größere Freude zu bereiten als mit stumpfer Zustimmung.

2. *Ausscheiden, Abfindung und persönliche Haftung*

Deswegen soll es an dieser Stelle um einen der »härtesten Verteilungskämpfe, die das Gesellschaftsrecht zu bieten hat«[1], gehen. Er entsteht nach dem Ausscheiden eines Gesellschafters: Die Gesellschafter sahen offenbar ein gewichtiges Bedürfnis, sich zu

1 Ekkenga in Festschrift für Grunewald, 2021, S. 189.

trennen, der Ausgeschiedene hat ein Interesse daran, eine angemessene Abfindung nicht nur versprochen zu bekommen, sondern sie auch tatsächlich zu erhalten, und Drittgläubiger der Gesellschaft befürchten, dass die Gesellschaft sie nach der Auszahlung der Abfindung nicht mehr befriedigen kann.

Im Recht der GmbH ist dieser Verteilungskonflikt immer wieder eingehend diskutiert worden. Nach Jahrzehnten verabschiedete sich der BGH von der tradierten Bedingungslösung, wonach das Ausscheiden des Gesellschafters durch die vollständige Auszahlung des Abfindungsentgelts aufschiebend bedingt sein sollte.[2] Um dem Interesse der verbleibenden Gesellschafter an einer schnellen Trennung stärker Rechnung zu tragen, sollte nach zwei grundlegenden Entscheidungen aus den Jahren 2012[3] und 2016[4] die Trennung vom Gesellschafter sofort – also schon vor Auszahlung der Abfindung – wirksam sein; die verbleibenden Gesellschafter sollen seither für das Abfindungsentgelt anteilig persönlich haften, wenn sie dessen Auszahlung vereiteln, indem sie sich – nach Diktion des BGH – »treuwidrig verhalten«, indem sie die Gesellschaft »unter Verzicht auf Maßnahmen zur Befriedigung des Abfindungsanspruchs« fortsetzen.[5]

Dass diese Haftungslösung ebenfalls unter Nachteilen leidet, ist hinlänglich bekannt und von *Ekkenga* prononciert aufgegriffen worden.[6] So fehlt es an einer gesetzlichen Grundlage einer solchen Haftung[7], und der BGH musste sich dem nicht von der Hand zu weisenden Vorwurf stellen, das Recht gesetzesübersteigend fortgebildet zu haben.[8] In der Tat fällt eine dogmatisch fundierte Begründung abseits von schillernden Begriffen wie »Billigkeit« und »Treuwidrigkeit« nicht leicht,[9] und gerade die fehlende rechtsnormative Anbindung erschwert es auch der beratenden Praxis erheblich, Inhalt und Grenzen der Ausfallhaftung zu benennen.[10] *Ekkenga* hat zudem mit

2 So grundlegend BGH, 1.4.1953, II ZR 235/52, BGHZ 9, 157.

3 BGH, 24.1.2012, II ZR 109/11, BGHZ 192, 236.

4 BGH, 10.5.2016, II ZR 342/14, BGHZ 210, 186.

5 BGH, 10.5.2016, II ZR 342/14, BGHZ 210, 186, Rn. 23. Für den Ausschluss aus wichtigem Grund bestätigt in BGH, 11.7.2023, II ZR 116/21, BGHZ 237, 331, Rn. 22.

6 Ekkenga in Festschrift für Grunewald, S. 189 ff.

7 An Erklärungsansätzen mangelt es nicht, vgl. nur den Überblick bei H. P. Westermann/Seibt in Scholz, GmbHG, 13. Aufl. 2022, § 34, Rn. 54 ff.

8 Ekkenga in Festschrift für Grunewald, S. 189, 201 f. Dass die vom BGH entwickelte Haftungslösung das Ergebnis einer offenen Rechtsfortbildung sei, merken auch J. Schmidt, GmbHR 2013, 953, 962 sowie St. Schneider, ZIP 2016, 2141, 2147 an. Eingehend Quante, Einziehung, Abfindung und Haftung im Rahmen von § 34 GmbHG, 2020, S. 192 ff.

9 Statt aller Kersting in Noack/Servatius/Haas, GmbHG, 24. Aufl. 2025, § 34, Rn. 45 ff.; Westermann/Seibt in Scholz, GmbHG, § 34, Rn. 57 ff.; Bayer in Festschrift für Bergmann, 2018, S: 43, 58 ff.; Paefgen in Festschrift für Reuter, 2021, S. 283, 290 ff.; Zinger, ZGR 2017, 196, 202; Altmeppen, ZIP 2016, 1557, 1560; Kort, DB 2016, 2098, 2102; Wachter, NZG 2016, 961, 968; Otte/Schwarzer, GmbHR 2021, 864, 865.

10 Vgl. nur H. P. Westermann/Seibt in Scholz, GmbHG, § 34, Rn. 57; Thiessen in Bork/Schäfer, GmbHG, 5. Aufl. 2022, § 34, Rn. 38; Zinger, ZGR 2017, 196, 207; Otte/Schwarzer, GmbHR 2021, 862, 865; Kort, DB 2016, 2098, 2102; Wachter, NZG 2016, 961, 968; H.-F. Müller, WuB 2016, 543, 547.

Recht darauf hingewiesen, dass eine Haftungslösung – sollte man sie im Recht der GmbH begründen und handhabbar machen können – mit dem Recht der Personengesellschaften in Einklang gebracht werden müsse. Anderenfalls stellen sich bereits in der GmbH & Co. KG erhebliche Probleme: Wenn der ausgeschiedene Gesellschafter von der Komplementär-GmbH die Abfindung fordert, diese aber wegen § 30 Abs. 1 GmbHG oder § 15b Abs. 1 InsO die Auszahlung verweigern muss, könne jener die übrigen Kommanditisten in Anspruch nehmen – aber nur soweit deren Haftsumme nicht gedeckt ist.[11] *Ekkenga* stellt eine Anschlussfrage in den Raum: »Oder wird sich der Senat bei nächster Gelegenheit anschicken, auch das Haftungsregime der KG in seinem Sinne umzuformen, um für einen bedingungslosen Quotenausgleich unter den Kommanditisten zu sorgen?«[12]

Es lohnt sich, dieser rhetorisch gestellten Anschlussfrage auf den Grund zu gehen. Wenn man gar noch einen Schritt weitergeht und auch idealtypische Personengesellschaften mit unbeschränkt haftenden Gesellschaftern in den Blick nimmt, scheint eine rechtsformübergreifende Lösung, angelehnt an die von *Ekkenga* als »frei erfundene Fehlkonstruktion«[13] bezeichnete Konzeption des BGH, in greifbarer Nähe.

II. (Keine) Persönliche Haftung für die Abfindung in der idealtypischen Personengesellschaft

Zunächst also der Blick auf die idealtypischen Personengesellschaften. Die Frage ist an sich von bestechender Einfachheit: Ein Gesellschafter scheidet aus und fordert aus § 728 Abs. 1 BGB bzw. aus § 137 Abs. 1 HGB (ggf. in Verbindung mit § 161 Abs. 2 HGB) die Abfindung von der Gesellschaft – haften dafür auch die verbleibenden Gesellschafter? Der Meinungsstand ist insoweit uneinheitlich. Die Rechtsprechung des BGH ordnet den Abfindungsanspruch bislang als Drittgläubigerforderung ein und beantwortet die Frage mit schlichtem Verweis auf § 721 BGB bzw. § 126 HGB.[14] Diese Auffassung findet in der Literatur nicht nur Zustimmung.[15] Sie ist systematisch

11 Ekkenga in Festschrift für Grunewald, S. 189, 202 mit Verweis (Fn. 61) auf BGH, 11.10.1971, II ZR 68/68, WM 1971, 1451, 1452.

12 Ekkenga in Festschrift für Grunewald, S. 189, 202.

13 So aber die pointierte Kritik von Ekkenga in Festschrift für Grunewald, S. 189, 202, an der »Haftungslösung«.

14 BGH, 11.10.1971, II ZR 68/68, WM 1971, 1451, 1452 (zur OHG); BGH, 2.7.2001, II ZR 304/00, WM 2001, 1464, 1466 (zur KG); BGH, 17.5.2011, II ZR 285/09, NJW 2011, 2355; BGH, 12.7.2016, II ZR 74/14, NJW 2016, 3597 (jeweils zur GbR).

15 Zust. Schäfer in MüKo BGB, 9. Aufl. 2024, § 728, Rn. 13; K. Schmidt/Fleischer in MüKo HGB, 5. Aufl. 2022, § 131, Rn. 130; Heidel in Dauner-Lieb/Langen, BGB Schuldrecht, 4. Aufl. 2021, § 705, Rn. 188b; M. Noack in Ebenroth/Boujong, HGB, 5. Aufl. 2024, § 126, Rn. 17; Wertenbruch in Westermann/Wertenbruch, Handbuch Personengesellschaften, Stand 7/2020, Rn. I 900; Ceesay in Koch, Personengesellschaftsrecht, 2024, § 721 BGB, Rn. 13; Graf Wolffskeel v. Reichenberg, NZG 2017, 45, 47; vgl. auch BT-Drs. 19/27635 (RegE MoPeG), S. 175, wo die herrschende Auffassung wiedergegeben wird; kritisch aber Hadding/Kießling in Soergel, BGB, 13. Aufl. 2011, § 738, Rn. 40; Habermeier in

kaum haltbar und bereitet das eigentliche Hindernis auf dem Weg zu einem konsistenten Gesamtbild.

1. Drittgläubigerforderungen, Sozialverbindlichkeiten und der Abfindungsanspruch

Das MoPeG hat wie an so vielen Stellen auch bei der Abfindung ausgeschiedener Gesellschafter für Klarheit gesorgt: Anstelle des überkommenen § 738 BGB a. F. stellt § 728 Abs. 1 BGB nunmehr klar, dass die Gesellschaft – und nicht die übrigen Gesellschafter – die Abfindung schuldet. Der Abfindungsanspruch rührt aus dem Gesellschaftsverhältnis her. Er ist daher Sozialanspruch.[16] Das zwischenzeitliche Ausscheiden des Anspruchstellers macht seinen Abfindungsanspruch mitnichten zu einer gewöhnlichen Drittgläubigerforderung.[17] Vielmehr bleibt der Ausgeschiedene mit der Gesellschaft verbunden in dem Sinne, dass er selbst für Altverbindlichkeiten der Gesellschaft nachhaftet (§ 728b BGB, § 137 HGB) und deswegen seinen Abfindungsanspruch in der Insolvenz der Gesellschaft erst geltend machen kann, nachdem alle Altgläubiger befriedigt sind.[18] Schicksal und Durchsetzbarkeit des Abfindungsanspruchs bleiben also auch nach dem Ausscheiden des Anspruchsberechtigten von gesellschaftsinternen Vorgängen beeinflusst.

2. Tradierte Argumente und ihre Beliebigkeit

Ungeachtet der Einstufung der Abfindungsforderung als Sozialverbindlichkeit lautet die eigentlich entscheidende Frage, ob die verbleibenden Gesellschafter hierfür nach § 721 BGB persönlich haften. Bekanntlich haften die Gesellschafter für Sozialverbindlichkeiten grundsätzlich nicht akzessorisch, weil das einer außerhalb der Liquidation (§ 737 BGB) ausgeschlossenen Mehrbelastung gleichkäme (§ 710 BGB).[19] Es kommt das systematische Argument hinzu, dass § 721 BGB und § 126 HGB ausweislich der

Staudinger, BGB, 2003, § 738, Rn. 12; R. Koch in BeckOGK BGB, Stand 01/2025, § 728, Rn. 15; Schirrmacher in Westermann/Wertenbruch, Handbuch Personengesellschaften, Stand 10/2023, Rn. I 2830; Kopp, ZIP 2022, 875, 877.

16 So auch die Mehrzahl derjenigen Autoren, die dennoch § 721 BGB (bzw. § 126 HGB) anwenden wollen, vgl. etwa K. Schmidt/Fleischer in MüKo HGB, § 131, Rn. 130; M. Noack in Ebenroth/Boujong, HGB, § 126, Rn. 17.

17 So aber Wertenbruch in Westermann/Wertenbruch, Handbuch Personengesellschaften, Stand 7/2020, Rn. I 900; Markworth in BeckOGK HGB, Stand 02/2025, § 126, Rn. 152.

18 BGH, 20.3.1958, II ZR 2/57, NJW 1958, 787, 788; BGH, 28.1.2020 – II ZR 10/19, BGHZ 224, 235 Rn. 34; Sander in Ebenroth/Boujong, HGB, § 172, Rn. 40.

19 Statt aller BGH, 2.7.1962, II ZR 204/60, BGHZ 37, 299, 301 f.; OLG Brandenburg, 24.8.2022, 7 U 213/21, ZIP 2022, 2490, 2492; Hueck, Das Recht der OHG, 4. Aufl. 1971, S. 267; Wertenbruch in Westermann/Wertenbruch, Handbuch Personengesellschaften, Stand 7/2020, Rn. I 899; Klimke in BeckOK HGB, Stand 01/2025, § 126, Rn. 7.

Kapitelüberschrift vor § 719 BGB bzw. vor § 123 HGB das »Rechtsverhältnis der Gesellschaft zu Dritten« – und gerade nicht zu Gesellschaftern – regeln.[20]

Keines dieser traditionellen Argumente vermag das Pendel für oder gegen die akzessorische Haftung für einen Abfindungsanspruch ausschlagen zu lassen. Das gilt zunächst für den Verweis auf die Kapitelüberschrift vor § 719 BGB bzw. § 123 HGB. Ist der Ausgeschiedene »Dritter«? Ja und nein – einerseits gehört er der Gesellschaft nicht mehr an, und häufig wird behauptet, dass der Ausgeschiedene deswegen gesellschaftsinternen Bindungen nicht mehr unterliege,[21] andererseits kann sein Abfindungsanspruch nicht losgelöst von der gemeinsamen Historie der Gesellschafter beurteilt werden.[22]

Und auch aus dem klassischen Argument der außerhalb der Liquidation unzulässigen Mehrbelastung durch die akzessorische Haftung lässt sich nicht eindeutig folgern, ob die verbleibenden Gesellschafter für den Abfindungsanspruch persönlich haften sollen oder nicht.[23] Einerseits soll § 710 BGB einzelne Gesellschafter vor ausufernden und nie konsentierten Beitragspflichten schützen,[24] und wenn für die Abfindungsverbindlichkeit nicht nur das zweckgebundene gemeinsame Vermögen, sondern auch die Privatvermögen der verbleibenden Gesellschafter haften müssten, käme das einer unvorhergesehenen Erhöhung der aus dem Gesellschaftsverhältnis erwachsenden Pflichten recht nahe.[25] Diese ist weder durch eine gesellschaftsvertragliche Regelung legitimiert, noch können sich die verbleibenden Gesellschafter ihr entziehen, weil sie die Anwachsung nicht »ablehnen« können. Andererseits bedeutet das Ausscheiden eines Gesellschafters gegen Abfindung eine Teilliquidation der Gesellschaft[26] – und wenn § 710 BGB ausweislich seines zweiten Satzes in der

20 Pechtl, Anwachsungsprinzip 2.0, 2022, S. 399; Großmann, NZG 2019, 456, 457.

21 Diesen Aspekt betonen eine Reihe von Autoren, etwa Pechtl, Anwachsungsprinzip 2.0, 2022, S. 400; Wertenbruch in Westermann/Wertenbruch, Handbuch Personengesellschaften, Stand 7/2020, Rn. I 900; Markworth in BeckOGK HGB, Stand 02/2025, § 126, Rn. 152.

22 S. o. II., 1. Deswegen wird etwa in BGH, 28.1.2020, II ZR 10/19, BGHZ 224, 235, Rn. 26 betont, dass der Abfindungsanspruch eine »Zwischenstellung zwischen mitgliedschaftlichen Rechten und Drittgläubigerrechten« einnehme.

23 Das zeigt auch ein Blick in die Literatur, wo zuweilen eine Mehrbelastung der verbliebenen Gesellschafter besorgt und ihre persönliche Haftung für die Abfindung daher abgelehnt wird (so etwa Hadding/Kießling in Soergel, BGB, § 738, Rn. 40; Habermeier in Staudinger, BGB, 2003, § 738, Rn. 12; ähnlich OLG Frankfurt a.M., 6.4.2005, 23 U 151/00, Rn. 21 bei juris, Leitsatz in NZG 2005, 712), während es an anderer Stelle heißt, es drohe keine Mehrbelastung, weil der Abfindungsanspruch »gemäß den den Gesellschaftern verbliebenen Aktiven am Ausscheidensstichtag berechnet wurde« (K. Schmidt/Fleischer in MüKo HGB, § 131, Rn. 130; im Ergebnis auch Schäfer in MüKo BGB, § 728, Rn. 13).

24 BT-Drs. 19/27635 (RegE MoPeG), S. 143; aus der Literatur statt aller Lieder in Erman, BGB, 17. Aufl. 2023, § 710, Rn. 1; Schäfer in MüKo BGB, § 710, Rn. 1.

25 Hadding/Kießling in Soergel, BGB, § 738, Rn. 40.

26 K. Schmidt, Gesellschaftsrecht, 4. Aufl. 2002, § 50 IV 1 (S. 1474); Hadding/Kießling in Soergel, BGB, § 738, Rn. 13; Kopp, ZIP 2022, 875, 877; Fleischer, GmbHR 2023, 1005, 1006 f.

Vollliquidation der Gesellschaft nicht gilt, liegt die Schlussfolgerung nahe, Beitragserhöhungen und ähnliche Vorgänge auch bei Teilliquidation der Gesellschaft zuzulassen. Schließlich muss der scheidende Gesellschafter einen eventuellen Fehlbetrag über den ursprünglich vereinbarten Beitrag hinaus aus seinem Privatvermögen ausgleichen (§ 728a BGB) – dann ließe sich argumentieren, dass er das im Gegenzug auch von seinen in der Gesellschaft verbleibenden Kompagnons erwarten könne.

Eine persönliche Haftung der verbleibenden Gesellschafter für die Abfindung wird darüber hinaus zuweilen als »unnötig« bezeichnet.[27] Zur Begründung heißt es, dass das Gesellschaftsvermögen zum Zeitpunkt des Ausscheidens den als Abfindung auszuzahlenden Betrag übersteige, denn die Abfindung repräsentiere nur einen Teil des Gesellschaftsvermögens.[28] Dieses Argument vermag bei näherem Hinsehen kaum zu überzeugen. Schon die Frage ist merkwürdig gestellt: Ob eine persönliche Haftung »nötig« ist, weil die Gesellschaft selbst über ausreichendes Vermögen verfüge, entscheidet nicht über ihre Existenz. So würde auch niemand auf die Idee kommen, die persönliche Haftung von Gesellschaftern reicher Personengesellschaften gegenüber Drittgläubigern in Frage zu stellen, weil diese ja »nicht nötig« sei.

Und selbst, wenn man in der »Nötigkeit« einen geeigneten normativen Maßstab erkennt, kann die Abfindung im Einzelfall auch das Gesellschaftsvermögen übersteigen, weil das Abfindungsentgelt auf Grundlage einer Bewertung des Gesellschaftsanteils nach Fortführungswerten ermittelt wird.[29] Mit der Abfindung werden mithin voraussichtliche zukünftige Gewinne abgegolten, die die Gesellschaft noch gar nicht realisiert hat und die folglich in ihrem Vermögen noch nicht enthalten sind.[30] Abgesehen davon verfügt eine unternehmerisch tätige Gesellschaft in den seltensten Fällen über liquide Mittel, die ausreichen, um daraus die Abfindung zu bestreiten.[31] So sehr diese Diagnose zutrifft, folgt aus ihr doch nicht zwingend, dass deswegen dem Ausgeschiedenen der Zugriff auf die Privatvermögen der verbleibenden Gesellschafter eröffnet bleiben müsse.[32] Man könnte genauso fragen, warum die verbleibenden Gesellschafter aus ihrem Privatvermögen Gewinne abgelten sollen, die bislang nicht in ihr Privatvermögen überführt werden konnten, weil sie noch gar nicht realisiert sind.

3. *Die Haftungsverfassung der Personengesellschaft*

Entscheidend gegen die Anwendung von § 721 BGB beim Abfindungsanspruch sprechen die merkwürdigen Auswirkungen auf die Haftungsverfassung der

27 Hadding/Kießling in Soergel, BGB, § 738, Rn. 40; R. Koch in BeckOGK BGB, Stand 01/2025, § 728, Rn. 15.

28 Hadding/Kießling in Soergel, BGB, § 738, Rn. 40; R. Koch in BeckOGK BGB, Stand 01/2025, § 728, Rn. 15.

29 Allgemein R. Koch in BeckOGK BGB, Stand 04/2025, § 728, Rn. 30; Lorz in Ebenroth/Boujong, HGB, § 135, Rn. 27 ff.

30 Mit Recht Ekkenga in Festschrift für Grunewald, S. 189, 198.

31 Schöne in BeckOK BGB, 68. Ed. 11/2023, § 738, Rn. 18.

32 So aber Schöne in BeckOK BGB, 68. Ed. 11/2023, § 738, Rn. 18.

Personengesellschaft, die eine persönliche Haftung der verbleibenden Gesellschafter für die Abfindung nach sich ziehen würde. Das lässt sich am deutlichsten illustrieren am Beispiel der Kommanditgesellschaft: Wenn ein Gesellschafter ausscheidet, wächst sein Anteil den übrigen Gesellschaftern vorbehaltlich einer anders lautenden Regelung im Gesellschaftsvertrag gleichmäßig zu (§§ 161 Abs. 2, 105 Abs. 3 HGB, § 712 Abs. 1 BGB). Das wird kompensiert durch die Abfindung. Der ihr zugedachten kompensatorischen Wirkung wird die Abfindung aber nur gerecht, wenn sie von den verbleibenden Gesellschaftern (zumindest bei wirtschaftlicher Betrachtung) auch gleichmäßig aufgebracht werden muss. Dieses Ergebnis tritt ohne Weiteres ein, wenn die Abfindung aus dem Gesellschaftsvermögen bestritten wird, nicht aber, wenn der Ausgeschiedene auch andere Gesellschafter nach §§ 161 Abs. 2, 126 HGB in Anspruch nehmen kann. Denn dann könnte der Ausgeschiedene die Komplementäre unbegrenzt, die Kommanditisten aber nur insoweit in Anspruch nehmen, als ihre Haftsummen nicht gedeckt sind (also im Zweifel überhaupt nicht). Der Ausgeschiedene wird deswegen im Zweifel den Komplementär in Anspruch nehmen, der nur bei der Gesellschaft, aber nicht bei den Kommanditisten Regress nehmen könnte. Sofern deren Haftsummen gedeckt sind, haften Letztere nämlich überhaupt nicht für die Abfindung – es besteht also auch keine Gesamtschuld zwischen ihnen und dem in Anspruch genommenen Komplementär, die nach § 426 BGB auszugleichen wäre. Der in Anspruch genommene Komplementär trüge also exklusiv das Risiko, dass die Gesellschaft nie wieder zu ausreichenden liquiden Mitteln kommt, um den Regressanspruch zu erfüllen. Dieses Risiko ist kein rein theoretisches, wenn man bedenkt, dass die Treuepflicht den in Anspruch genommenen Komplementär daran hindert, Regress bei der Gesellschaft zu nehmen, wenn diese gezwungen würde, Mittel liquide zu machen und dadurch einen Schaden erlitte.[33]

Spiegelbildlich erschiene es befremdlich, wenn ein Kommanditist seine persönliche Außenhaftung dadurch zum Erlöschen bringen könnte, dass er einem ausgeschiedenen Gesellschafter die Abfindung auszahlt.[34] Man vergleiche nur einmal zwei Situationen: In der ersten nimmt der Ausgeschiedene die Gesellschaft auf Auszahlung der Abfindung in Anspruch – das führt dazu, dass die Anteile der verbliebenen Gesellschafter im Wert sinken, sie werden also »anteilig ärmer«. Die Haftungssituation ändert sich nicht. In der zweiten nimmt der Ausgeschiedene die verbleibenden Gesellschafter anteilig auf Zahlung der Abfindung aus §§ 161 Abs. 2, 135 Abs. 1, 126 HGB in Anspruch. Auch hier werden die verbleibenden Gesellschafter »anteilig ärmer« – mit einem Unterschied: Die in Anspruch genommenen Kommanditisten hätten en passant ihre Außenhaftung um den auf die Abfindungsforderung gezahlten Betrag gemindert. Ein solches Geschenk darf ihnen die Rechtsordnung nicht machen.

33 Allgemein zur treuepflichtinduzierten Sperre der Durchsetzung von Regressansprüchen gegen die Gesellschaft Martens in Schlegelberger, HGB, 5. Aufl. 1992, § 110, Rn. 32; Lieder in Erman, BGB, § 716, Rn. 21.

34 Schirrmacher in Westermann/Wertenbruch, Handbuch Personengesellschaften, Stand 10/2023, Rn. I 2830.

Es zeigt sich an diesen Beispielen (und es lassen sich zwanglos weitere konstruieren) im Kleinen, was im Großen ohne Weiteres einsichtig erscheint: Mit der Verschiebung im Gefüge der Mitgliedschaften, die durch die Abfindung kompensiert werden soll, hat die Deckung der Haftsummen vom Kommanditisten nichts zu tun.[35] Deswegen verbietet es sich, über §§ 161 Abs. 2, 126 HGB eine Verbindung zwischen der Deckung der Haftsummen und der Abfindung herzustellen.

Weitere Komplikationen könnten in der Insolvenz der Personengesellschaft auftreten, wenn man die verbleibenden Gesellschafter für den Abfindungsanspruch nach § 126 HGB persönlich haften ließe. In der Insolvenz der Gesellschaft wird die persönliche Haftung des Ausgeschiedenen durch den Insolvenzverwalter geltend gemacht (§ 93 InsO bzw. § 171 Abs. 2 HGB). Da der Ausgeschiedene nur den Altgläubigern nachhaftet (§ 728b BGB, § 137 HGB), bildet der Insolvenzverwalter mit dem vom Ausgeschiedenen eingezogenen Betrag eine Sondermasse, die ausschließlich an die Altgläubiger verteilt wird.[36] Würde man einen Anspruch des Ausgeschiedenen gegen einen verbleibenden Kommanditisten aus §§ 728 Abs. 1 BGB, § 126 HGB anerkennen, so könnte dieser kraft eigener Vollkommenheit darüber disponieren, ob er an den Ausgeschiedenen zahlt (und die gezahlten Mittel der Sondermasse und damit letztlich ausschließlich Altgläubigern zugutekämen) oder in gleicher Höhe eine Einlage in die Gesellschaft leistet (und die eingelegten Mittel auch an die Neugläubiger verteilt werden). Manipulationen zum Nachteil der einen oder anderen Gläubigergruppe wären Tür und Tor geöffnet. Eine persönliche Haftung der verbleibenden Gesellschafter für einen Abfindungsanspruch nach § 126 HGB bzw. § 721 BGB lässt sich folglich in das personengesellschaftsrechtliche Haftungssystem nicht einfügen. Es muss daher beim Grundsatz »Keine akzessorische Haftung für Sozialverbindlichkeiten« bleiben.[37]

III. Das resultierende Problem

Hat man erst einmal anerkannt, dass die verbleibenden Gesellschafter für den Abfindungsanspruch nicht mit ihrem Privatvermögen haften, stellt sich die nächste Frage, die schon *Hadding/Kießling*[38] am Rande aufwerfen mussten: Wenn dem Ausgeschiedenen nur das Gesellschaftsvermögen für die Abfindungsforderung haftet,

35 Schirrmacher in Westermann/Wertenbruch, Handbuch Personengesellschaften, Stand 10/2023, Rn. I 2830.

36 BGH, 20.3.1958, II ZR 2/57, BGHZ 27, 51, 57; BGH 9.5.1963, II ZR 124/61, BGHZ 39, 319, 321; Roth in Hopt, HGB, 42. Aufl. 2023, § 171 HGB, Rn. 14; Borges in Heymann, HGB, 3. Aufl. 2019, § 171, Rn. 157; Häsemeyer, Insolvenzrecht, 4. Aufl. 2007, Rn. 31.48.

37 Aus den soeben dargestellten Gründen wäre im Übrigen die persönliche Haftung auch für andere Sozialverbindlichkeiten mit dem personengesellschaftsrechtlichen Haftungssystem inkompatibel. Die Vermeidung der dargestellten Inkonsistenzen kann man daher als dritten und möglicherweise gewichtigsten Grund für den Ausschluss der persönlichen Haftung für Sozialverbindlichkeiten ansehen.

38 Hadding/Kießling in Soergel, BGB, § 738, Rn. 40.

die Zusammensetzung des Gesellschaftsvermögens aber allein von den verbliebenen Gesellschaftern determiniert wird, muss der Ausgeschiedene dann vor einer unsachgemäßen oder gar manipulativen Verwaltung des Gesellschaftsvermögens, die eine Auszahlung der Abfindung unmöglich macht, geschützt werden? Und wenn ja, wie? Diese beiden Fragen sind exakt dieselben, die sich auch im Recht der GmbH stellen[39] und dort seit Längerem eingehend diskutiert werden – und das schreit nach einer rechtsformübergreifenden Antwort.

1. *Schutzbedürfnis des Ausgeschiedenen*

Über die Rechtsformen hinweg gilt es zunächst, das Schutzbedürfnis des Ausgeschiedenen zu identifizieren und seine Intensität zu bestimmen. Dieses resultiert aus seinem fehlenden Einfluss auf die Verwaltung des Gesellschaftsvermögens nach seinem Ausscheiden. Völlig negieren kann man es kaum. Es mag sein, dass der Ausgeschiedene regelmäßig einen Anteil an seiner Situation hat, entweder, weil er seinen Ausschluss aus der Gesellschaft durch qualifiziertes Fehlverhalten provoziert hat oder weil er sich freiwillig mit einer gestreckten Auszahlung der Abfindung einverstanden erklärt hat bzw. sich freiwillig einem Gesellschaftsvertrag unterworfen hat, der einen solchen modus operandi vorsieht.[40] Das bildet aber nicht alle Fälle ab, schließlich kann ein wichtiger Ausschlussgrund auch in der Person des Gesellschafters liegen[41] und etwa auf eine unverschuldete Erkrankung oder den Verlust der Geschäftsfähigkeit zurückgehen.[42]

Doch auf solche eher theoretische Fälle muss man es gar nicht ankommen lassen. Selbst wenn man typisierend unterstellt, dass der Ausgeschiedene seine missliche Situation zumindest teilweise mitverursacht hat, rechtfertigt das nicht, ihm ein Schutzinteresse zu versagen. Vielmehr befindet er sich aus einem Blickwinkel in einer gläubigertypischen Situation: Der Ausgeschiedene wie der Gläubiger können von der Gesellschaft etwas verlangen, ohne die Verwaltung der Gesellschaftsmittel beeinflussen zu können[43], und beide haben ihre Situation in aller Regel[44] mitverursacht.

Das gläubigertypische Dilemma des Ausgeschiedenen wird aber noch weiter dadurch verschärft, dass die typischen gläubigerschützenden Instrumente ihm gerade nicht zugutekommen: Weder wird das Stammkapital der GmbH erhalten, damit er darauf zugreifen kann, noch haften ihm die Gesellschafter einer Personengesellschaft mit ihrem Privatvermögen.[45] Vielmehr existieren diese Instrumente zum Nachteil des

39 Zur Problembeschreibung im gmbh-rechtlichen Kontext etwa BGH, 28.1.2020, II ZR 10/19, BGHZ 224, 235, Rn. 50; Heckschen, EWiR 2020, 229, 230.

40 Ekkenga in Festschrift für Grunewald, S. 189, 205. In eine ähnliche Richtung auch BGH, 28.1.2020, II ZR 10/19, BGHZ 224, 235, Rn. 62.

41 Das schreibt für die GbR § 727 S. 1 BGB mittlerweile auch ausdrücklich fest.

42 Vgl. etwa Guntermann in Koch, Personengesellschaftsrecht, § 727 BGB, Rn. 7; Hadding/Kießling in Soergel, BGB, § 737, Rn. 8; Henssler/Bräutigam, ZPG 2024, 408, 412.

43 Ähnlich Altmeppen, ZIP 2016, 1557, 1562.

44 Etwas Anderes gilt freilich für gesetzliche Gläubiger.

45 S. o. II.

Ausgeschiedenen, denn Drittgläubiger der Gesellschaft werden vor Abflüssen aus dem Gesellschaftsvermögen an den Ausgeschiedenen geschützt. Deswegen haftet der ausgeschiedene Personengesellschafter nach § 728b BGB bzw. § 137 HGB Alt-Drittgläubigern persönlich und die §§ 34 Abs. 3, 30 Abs. 1 GmbHG verbieten dem ehemaligen GmbH-Gesellschafter den Zugriff auf den zu erhaltenden Kapitalstock.

Das macht die Position des Ausgeschiedenen noch schwächer als die eines (typischen) stillen Beteiligten.[46] Dieser kann zwar grundsätzlich auch keinen Einfluss auf unternehmerische Verwendung der im Handelsgewerbe gebundenen Ressourcen nehmen, doch kann und wird er zumindest vertraglich Vorsorge gegen die unsachgemäße Verwendung der zur Verfügung gestellten Mittel treffen. In der Insolvenz des Inhabers kann der stille Gesellschafter seine Forderung wegen der Einlage als Insolvenzgläubiger geltend machen (§ 236 HGB) – anders als der Ausgeschiedene, den der BGH wegen der Zweckbindung seiner Einlage im GmbH-Recht auf die Schlussverteilung verweist[47] und der sich im Personengesellschaftsrecht erst in die Schlange der (Neu-)Gläubiger einreihen darf, nachdem Altgläubiger, denen er noch nachhaftet, voll befriedigt sind.[48]

Die Position des Ausgeschiedenen lässt sich also plakativ beschreiben als die eines »Gläubigers ohne Gläubigerschutz«. Das scheint bei typisierender Betrachtung ein gefährlicher Zustand, weil es den verbliebenen Gesellschaftern besonders leicht fällt, durch nachträgliches opportunistisches oder gar manipulatives Verhalten ungeschützte Gläubiger um die Realisierung ihrer Ansprüche zu bringen. Dennoch ist es nicht der Zustand – einflusslos und bar gesetzlichen Gläubigerschutzes auf die Erfüllung der Abfindungsforderung durch die Gesellschaft hoffen zu müssen – an sich, vor dem der Ausgeschiedene geschützt werden müsste. Insoweit hat das erwähnte »Freiwilligkeitsargument« seine Berechtigung: Der Ausgeschiedene hat an der Entstehung des Zustands durch seine Unterwerfung unter gesellschaftsvertragliche Klauseln, die diesen Zustand nach sich ziehen können, selbst gebilligt oder es handelt sich bei diesem Zustand um die gesetzlich angeordnete Lösung unüberbrückbarer Differenzen im Kreise der Gesellschafter, die in einem Austritt bzw. Ausschluss aus der Gesellschaft aus wichtigem Grund kulminieren (etwa § 727 BGB, § 134 HGB).

Besonders zu schützen ist der Ausgeschiedene indes vor Verhaltensweisen der verbliebenen Gesellschafter, denen er mangels gesellschaftsinterner Einflussmöglichkeiten nicht mehr entgegentreten kann. Vor anderen Entwicklungen, die außerhalb des Einflussbereichs der verbliebenen Gesellschafter liegen, muss der Ausgeschiedene

46 Den Vergleich zum stillen Beteiligten zieht Ekkenga in Festschrift für Grunewald, S. 189, 206.

47 BGH, 28.1.2020, II ZR 10/19, BGHZ 224, 235. Diese Einordnung soll an dieser Stelle trotz erheblicher nachvollziehbarer Kritik – immerhin erhält der Ausgeschiedene seine Abfindung erst, nachdem aus der Masse etwa nach seinem Ausscheiden gegen die GmbH verhängte Geldbußen bezahlt und nach seinem Ausscheiden begebene Gesellschafterdarlehen zurückgezahlt wurden, vgl. Quante, KTS 2020, 367, 374 – als gegeben hingenommen werden.

48 S. o. II, 1.

dagegen nicht gezielt geschützt werden. Insoweit verhält es sich bei ihm nicht anders als bei Drittgläubigern mit betagten Forderungen – auch sie sind vor Zahlungsausfällen ihres Schuldners, die aus konjunktureller Schwäche oder der Materialisierung unternehmerischer Risiken resultieren, nicht gefeit.[49]

Oder kürzer: Der Ausgeschiedene hat einen Anspruch gegen die Gesellschaft, ohne dass ihm die gesetzlichen Gläubigerschutzinstrumentarien zugutekommen. Diesen Zustand muss er hinnehmen, aber nicht dessen Ausnutzung durch die verbleibenden Gesellschafter.[50]

2. *Rechtsfolgenorientierung*

Der Ausgeschiedene muss also geschützt werden vor Verhaltensweisen der verbliebenen Gesellschafter, die die Durchsetzung seines Abfindungsanspruchs vereiteln oder zumindest erschweren. Da sich das Problem rechtsformübergreifend stellt, spricht einiges dafür, auch nach einer rechtsformübergreifend anwendbaren Lösung zu suchen.

Im Recht der GmbH wird bei treuwidriger Vereitelung der Durchsetzbarkeit des Abfindungsanspruchs eine anteilige subsidiäre Haftung der verbliebenen Gesellschafter propagiert. Davon abgesehen, dass es schwerfällt, eine dogmatische Grundlage dieser Haftung zu benennen,[51] passt die Rechtsfolge nicht zum identifizierten rechtsformübergreifenden Schutzbedürfnis. Das liegt daran, dass die – ohnehin außerhalb des GmbH-Rechts (dort §§ 24, 31 Abs. 3 GmbHG) kaum[52] bekannte – anteilige Haftung eine Zustandshaftung beschreibt, während den verbleibenden Gesellschaftern, deren Haftung begründet werden soll, individuelles Fehlverhalten vorgeworfen wird. Dass Fehlverhalten sonst auch nicht mit einer anteiligen Haftung

49 Ähnlich Kleindiek in Festschrift für Bergmann, 2018, S. 371, 384; Strohn in MüKo GmbHG, § 34, Rn. 79 (»allgemeines Risiko des von der Einziehung betroffenen Gesellschafters«).

50 Insoweit ist Ekkenga in Festschrift für Grunewald, S. 189, 191 zuzustimmen: Die vom BGH postulierte Haftung muss eine Verhaltenshaftung (und keine Zustands- bzw. Bereicherungshaftung) sein. Diese grundlegende Distinktion wird oft nicht hinreichend gewürdigt, insoweit unklar bereits BGH, 10.5.2016, II ZR 342/14, BGHZ 210, 183, Rn. 23–26, wo einerseits darauf abgehoben wird, dass die verbleibenden Gesellschafter »zum Ausgleich des Mehrwerts [für ihre Anteile] persönlich haften« müssten (Rn. 23, ebenso bereits BGH, 24.1.2012, II ZR 109/11, BGHZ 192, 236, Rn. 22), dann aber Verhaltensweisen aufgezählt werden, mit denen die verbleibenden Gesellschafter ihre persönliche Haftung vermeiden könnten. Ähnlich widersprüchlich wird das Urteil denn auch rezipiert, vgl. etwa Tiling/Poelzig in BeckOGK GmbHG, Stand 02/2025, § 34, Rn. 132 einerseits und Rn. 135 andererseits sowie Strohn in MüKo GmbHG, Rn. 78 einerseits sowie Rn. 82 andererseits. Auf die Notwendigkeit einer genaueren Bestimmung des Haftungsgrunds wurde freilich schon früh eindringlich hingewiesen, vor allem von J. Schmidt, GmbHR 2013, 953, 954 ff.

51 S. o. I., 2.

52 Im Personengesellschaftsrecht ist die anteilige Haftung der Gesellschafter nur in hier nicht interessierenden Sondersituationen (etwa die »Bauherrengemeinschaft«) bekannt, vgl. etwa Schäfer in MüKo BGB, § 721, Rn. 43. Vgl. auch § 9a Abs. 4 WEG.

geahndet wird, dürfte auch das Störgefühl zahlreicher Autoren ausgelöst haben, die die Frage aufgeworfen haben, ob nach dem Modell des BGH auch ein verbleibender Gesellschafter, der gegen die Trennung vom Ausgeschiedenen gestimmt hat, anteilig für dessen Abfindung haften soll:[53] Wer das bejaht, verweist auf den nach der Trennung vom Ausgeschiedenen eingetretenen Zustand, nämlich auf die Wertsteigerung der verbleibenden Anteile,[54] wer es nicht tut, betont, dass dissentierenden Gesellschaftern ein Treuepflichtverstoß – also Fehlverhalten – kaum vorgeworfen werden könne, weil sie sich ja gerade gegen die Entstehung des gefährlichen Zustands ausgesprochen und eingesetzt hätten.[55] Wenn man indes erkennt, dass nur eine Verhaltenshaftung der verbleibenden Gesellschafter dem Schutzbedürfnis des Ausgeschiedenen gerecht werden kann, dann müssen auch die Rechtsfolgen denen einer Verhaltenshaftung entsprechen. Das bedeutet: die volle gesamtschuldnerische Haftung all jener, denen individuelles Fehlverhalten vorgeworfen werden kann.

Aus gesellschaftsrechtlichem Blickwinkel muss die zu begründende Verhaltenshaftung der verbleibenden Gesellschafter direkt gegenüber dem Ausgeschiedenen bestehen.[56] Eine Abwicklung qua Innenhaftung über die Gesellschaft würde dem Ausgeschiedenen demgegenüber nicht helfen: Hafteten die verbleibenden Gesellschafter nur der Gesellschaft für ihr Fehlverhalten, wären zuerst die Drittgläubiger und erst danach der Ausgeschiedene zum Zugriff auf das haftungsbedingt erhöhte Gesellschaftsvermögen berechtigt.

Dem identifizierten Schutzbedürfnis des Ausgeschiedenen wird also eine Außenhaftung derjenigen verbleibenden Gesellschafter gerecht, die durch ihr dem Ausscheiden nachgelagertes Verhalten die Auszahlung der Abfindung vereiteln. Eines besonderen Schutzes der haftenden Gesellschafter, der durch eine nur anteilige (und nicht gesamtschuldnerische) Haftung realisiert werden müsste, bedarf es demgegenüber nicht. Denn jeder verbliebene Gesellschafter kann sich vor der gesamtschuldnerischen Haftung dadurch schützen, dass er an Verhaltensweisen, mit denen die

53 Thiessen in Bork/Schäfer, GmbHG, § 34, Rn. 38; S. H. Schneider/Hoger, NJW 2013, 502, 506; Wagner, RNotZ 2022, 181, 189; Grunewald, GmbHR 2012, 769, 770 f.

54 So wohl die herrschende Auffassung, Sosnitza in Michalski/Heidinger/Leible/J. Schmidt, GmbHG, 4. Aufl. 2023, § 34, Rn. 85; Strohn in MüKo GmbHG, § 34, Rn. 82; Tiling/Poelzig in BeckOGK GmbHG, Stand 02/2025, § 34, Rn. 135; Kleindiek in Lutter/Hommelhoff, GmbHG, 21. Aufl. 2023, § 34, Rn. 84; Bayer in Festschrift für Bergmann, 2018, S. 43, 59; J. Schmidt, GmbHR 2013, 953, 957 f.; Jenne/Schuler, BB 2024, 67, 71; mit anderer Begründung auch Tröger, VGR 19 (2014), 23, 57 ff.: Es bestehe ein Risiko opportunistischen Ex-post-Verhaltens der verbleibenden Gesellschafter; bereits dieser Zustand rechtfertige deren Ausfallhaftung, in die wegen Praktikabilitäts- und Effizienzerwägungen auch einflusslose Minderheitsgesellschafter einbezogen seien.

55 Schockenhoff, NZG 2012, 449, 451; Gubitz/Nikoleyczik, NZG 2013, 727, 731; Schaefer, DStR 2016, 2116, 2117; Stumpf/D. Müller, GWR 2012, 144. Vgl. auch Markowsky, Die Einziehung von GmbH-Geschäftsanteilen, 2013, S. 184: Eine gesamtschuldnerische Haftung sei für einflusslose Minderheitsgesellschafter »kaum zumutbar«.

56 Im Ergebnis auch Altmeppen, NJW 2013, 1025, 1030.

Auszahlung der Abfindung vereitelt wird, nicht teilnimmt – dann kann ihm kein haftungsbegründendes individuelles Fehlverhalten vorgeworfen werden.

Die Annahme einer gesamtschuldnerischen Haftung derjenigen verbliebenen Gesellschafter, die an Vereitelungshandlungen teilnehmen, hat gegenüber einer nur anteiligen Haftung den weiteren Vorteil, dass diese vereitelnden Gesellschafter anschließend einen Gesamtschuldnerausgleich (§ 426 BGB) durchführen, bei dem die Intensität der individuellen Vereitelungsbeiträge analog § 254 BGB gewichtet werden kann,[57] sodass die bei der Vereitelung treibenden Kräfte schlussendlich in höherem Maße zur Finanzierung der Abfindung herangezogen werden als bloße »Mitläufer«.[58]

3. *Dogmatische Fundierung*

Eine solche Haftung gilt es nun, dogmatisch zu fundieren. Unter den in der gmbhrechtlichen Diskussion geäußerten Vorschlägen können dabei schon einmal diejenigen exkludiert werden, die nicht an Fehlverhalten der Anspruchsgegner anknüpfen. Das betrifft namentlich die Grundsätze der Anwachsung[59] sowie bereicherungsrechtliche Ansätze[60] und die einziehungsbedingte Wertsteigerung der verbleibenden Anteile in Verbindung mit dem Rechtsgedanken der §§ 24, 31 Abs. 3 GmbHG.[61] Unter den in der Diskussion geäußerten Erklärungsversuchen, die ausdrücklich an ein Fehlverhalten der verbliebenen Gesellschafter anknüpfen, verbleiben Verletzungen der Treuepflicht[62] sowie die allgemeine gesellschaftsrechtliche Durchgriffshaftung.[63]

57 Zur Berücksichtigung individueller Verursachungsbeiträge beim Gesamtschuldnerausgleich nur RG v. 22.12.1910, VI 610/09, RGZ 75, 251, 256; BGH, 29.6.1972, VII ZR 190/71, BGHZ 59, 97, 103; Heinemeyer in MüKo BGB, 9. Aufl. 2022, § 426, Rn. 22 f.

58 Vgl. auch Böhm, Die Sicherung der Abfindung beim Ausscheiden aus der GmbH, 2016, S. 147 ff., der (auf anderer dogmatischer Grundlage) für einen Innenausgleich der verbliebenen Gesellschafter plädiert, um den Schutz derjenigen zu bewerkstelligen, die der Einziehung nicht zugestimmt haben; gegen einen Innenausgleich unter den verbleibenden Gesellschaftern aber Ulmer in Festschrift für Hofmann-Becking, 2013, S. 1261, 1269.

59 Altmeppen, ZIP 2016, 1557, 1560 ff.; vgl. bereits Altmeppen, NJW 2013, 1025, 1027 ff; zugeneigt auch Bayer in Festschrift für Bergmann, 2018, S. 43, 58. Eingehend hierzu Pechtl, Anwachsungsprinzip 2.0, 2022, S. 389 ff.

60 So angedeutet von Trölitzsch, KSzW 2013, 53, 58; Priester, ZIP 2012, 658, 660; anders aber Priester, EWiR 2016, 393, 394.

61 So aber etwa Fritz, Die Zwangseinziehung von GmbH-Geschäftsanteilen, 2015, S. 175 f.; Ulmer/Habersack in Habersack/Casper/Löbbe, GmbHG, 3. Aufl. 2020, § 34, Rn. 64a; Sosnitza in Michalski/Heidinger/Leible/J. Schmidt, GmbHG, § 34, Rn. 85; J. Schmidt GmbHR 2013, 953 (958); Grunewald, GmbHR 2012, 769, 770; S. H. Schneider/Hoger, NJW 2013, 502, 506.

62 So auch der BGH (BGH, 10.5.2016, II ZR 342/14, BGHZ 210, 186, Rn. 23; BGH, 24.1.2012, II ZR 109/11, BGHZ 192, 236, Rn. 21) und mit ihm ein großer Teil der Kommentatoren, etwa Strohn in MüKo GmbHG, § 34, Rn. 65 ff.; Kleindiek in Festschrift für Bergmann, 2018, S. 371, 377 ff.; Schäfer, DStR 2016, 2116, 2117; Schockenhoff, NZG 2012, 449, 451; Stumpf/D. Müller, GWR 2012, 144.

63 Schirrmacher, GmbHR 2016, 1077, 1081.

Die allgemeine Durchgriffshaftung knüpft an einen Missbrauch der gewählten Rechtsform[64] an: Die Gesellschafter dürfen sich nicht hinter gesellschaftsrechtlichen Regelungen, die ihre persönliche Haftung ausschließen, zurückziehen, wenn sie deren Voraussetzungen missbräuchlich herbeiführen. Sie wurde vor allem im GmbH-Recht im Hinblick auf § 13 Abs. 2 GmbHG diskutiert,[65] soll aber auch auf Personengesellschaften übertragbar sein.[66] Letztere Frage blieb angesichts der im Regelfall ohnehin bestehenden persönlichen Haftung der Mitglieder einer Personengesellschaft (§ 721 BGB; § 126 HGB) bislang stets eine theoretische.

Die Durchgriffshaftung besteht gegenüber Drittgläubigern. Verteilungskonflikte im Kreise der Gesellschafter lassen sich durch gesellschaftsinterne Ansprüche befrieden, die mangels besserer Anspruchsgrundlagen auf der Treuepflicht beruhen. Welches dieser jeweils rechtsformübergreifenden, aber auch konkretisierungsbedürftigen Institute man heranziehen will, scheint eine Frage des Blickwinkels: Stellt man die Position des Ausgeschiedenen als Gläubiger der Gesellschaft in den Vordergrund, so müsste er die verbleibenden Gesellschafter auf Grundlage der Durchgriffshaftung in Anspruch nehmen; legt man den Schwerpunkt dagegen auf die Begründung seines Abfindungsanspruchs aus der (mittlerweile beendeten) Mitgliedschaft, wären auch Streitigkeiten über die Auszahlung der Abfindung dem Innenverhältnis zuzuordnen und auf Grundlage der Treuepflicht aufzulösen.

Ersteres war bis BGHZ 224, 235 gut vertretbar[67]; nachdem aber in dieser Entscheidung für die GmbH geklärt wurde, dass der ausgeschiedene Gesellschafter aus der Verantwortung für die Finanzierung der Gesellschaft nicht entlassen ist, und stattdessen in der Insolvenz der GmbH auf die Schlussverteilung verwiesen wurde, wird man den Abfindungsanspruch haftungsrechtlich dem Innenverhältnis zuordnen müssen.[68] Der Ausgeschiedene tritt der Gesellschaft also nicht als Drittgläubiger, sondern als nach wie vor Finanzierungsverantwortlicher gegenüber und der Nutzen seiner Beiträge zur Gesellschaft, der durch die Abfindung an ihn zurückfließen soll, bleibt finanzierungsrechtlich nach wie vor in der Gesellschaft verstrickt. Das belegt auch die Nachhaftung des ausgeschiedenen Personengesellschafters.

64 Grundlegend Serick, Rechtsform und Realität juristischer Personen, 1955, S. 203 ff. Alternativ wird erwogen, nicht den institutionellen Missbrauch der Rechtsform in den Mittelpunkt zu stellen, sondern einzelne Normen des Gesellschaftsrechts (etwa § 13 Abs. 2 GmbHG) teleologisch zu reduzieren in Fällen, in denen ihr Zweck verfehlt wird, so grundlegend Müller-Freienfels, AcP 156 (1957), 522 ff. Die Theorien unterscheiden sich im Blickwinkel und dürften zu identischen Ergebnissen führen, so Wiedemann, Die Unternehmensgruppe im Privatrecht, 1988, S. 20.

65 Für einen Überblick statt aller Bitter in Scholz, GmbHG, § 13, Rn. 110 ff.

66 Vgl. etwa Borges in Heymann, HGB, 3. Aufl. 2019, § 171, Rn. 50 ff.

67 Ähnlich Ekkenga in Festschrift für Grunewald, S. 189, 201 (»respektabler Rettungsversuch«).

68 Auf die Zuordnung zum Innenverhältnis weisen auch Quante, Einziehung, Abfindung und Haftung im Rahmen von § 34 GmbHG, 2020, S. 184 sowie Bitter in Scholz, GmbHG, § 13, Rn. 130 hin.

Die dogmatische Fundierung der Haftung der verbleibenden Gesellschafter für die Abfindung des Ausgeschiedenen ist also viel einfacher, als es nach der Lektüre der maßgeblichen Entscheidung des BGH erscheint: Die treuwidrig vorgehenden verbleibenden Gesellschafter haften dem Ausgeschiedenen schlicht aus §§ 280 Abs. 1, 241 Abs. 2, 242 BGB.

IV. Konkretisierung der Treuepflicht

Dem schließt sich die für die Praxis vielleicht entscheidende Frage an: Welche Verhaltensweisen der verbleibenden Gesellschafter müssen danach als treuwidrig gelten und lösen eine Haftung gegenüber dem Ausgeschiedenen aus? Bekanntlich ist die Treuepflicht für sich genommen kaum handhabbar; sie kann aber anhand des gemeinsamen Zwecks und gesetzlicher Wertungen konkretisiert werden.[69]

Da es um die Verteilung des Gesellschaftsvermögens an die Gläubiger, die verbleibenden Gesellschafter und den Ausgeschiedenen geht, bietet sich ein Blick in das Insolvenzrecht an, das diese Verteilungsfrage adressiert, sobald sie besonders konfliktträchtig wird. Hier ist mittlerweile anerkannt, dass der Ausgeschiedene erst dann mit der Auszahlung der Abfindung rechnen kann, wenn diejenigen Drittgläubiger befriedigt sind, zu deren Schutz der Beitrag des Ausgeschiedenen verstrickt blieb. Allerdings ist der Ausgeschiedene vor den verbliebenen Gesellschaftern zu befriedigen. Das ist in der Personengesellschaft selbstverständlich, weil sich der Ausgeschiedene hier in die Schlange der Neugläubiger einreiht. In der GmbH wird der Ausgeschiedene auf die Schlussverteilung (§ 199 S. 2 InsO) verwiesen, die nach den Vorschriften über die Liquidation der Gesellschaft vollzogen wird.[70] Er darf sich Teile des Gesellschaftsvermögens also erst nach der Befriedigung sämtlicher Gläubiger aneignen. Allerdings wird im Rahmen der Schlussverteilung der Ausgeschiedene vor den verbliebenen Gesellschaftern befriedigt, schließlich ist er anders als die verbliebenen Gesellschafter noch immer Gläubiger der Gesellschaft.

Insolvenz- und liquidationsrechtlich ist also die folgende Reihenfolge vorgezeichnet: Zuerst die Drittgläubiger, dann der Ausgeschiedene und zuletzt die verbliebenen Gesellschafter. Dann müssen Verhaltensweisen der verbliebenen Gesellschafter, die geeignet sind, diese Reihenfolge zu konterkarieren, dem Ausgeschiedenen gegenüber treuwidrig sein. Deswegen sind es vor allem (offene oder verdeckte) Verschiebungen aus dem Gesellschaftsvermögen in die Sphäre der verbliebenen Gesellschafter, die den insolvenz- und liquidationsrechtlich vorgesehenen Verteilungsplan negieren und deswegen den Vorwurf treuwidrigen Verhaltens rechtfertigen.[71] Solche Verschiebungen

69 Statt aller nur Heidel in Heidel, Gesellschaft bürgerlichen Rechts, 1. Aufl. 2024, § 705 BGB Rn. 270.

70 Wegener in Uhlenbruck, InsO, 15. Aufl. 2019, § 199, Rn. 5; Jungmann in K. Schmidt, InsO, 20. Aufl. 2023, § 199, Rn. 2.

71 Anders, aber widersprüchlich BGH, 10.5.2016, II ZR 342/14, BGHZ 210, 186, Rn. 23: Es komme nicht auf der Einziehung nachgelagerte Zuwendungen an die

sind zwar in der Personengesellschaft stets und in der GmbH in den Grenzen des § 30 Abs. 1 GmbHG zulässig. Das indiziert, dass sie die Interessen der Drittgläubiger nicht beeinträchtigen; dennoch sind sie gegenüber dem Ausgeschiedenen, der ja gerade am gesellschaftsrechtlichen (Dritt-)Gläubigerschutz nicht partizipiert,[72] treuwidrig und führen zu einer Haftung derjenigen verbliebenen Gesellschafter, die ebenjene Verschiebungen initiieren, aus §§ 280 Abs. 1, 241 Abs. 2, 242 BGB. Machtlose verbliebene Gesellschafter – etwa Kleinbeteiligte einer GmbH oder Kommanditisten – können ihre persönliche Haftung dann schon dadurch vermeiden, dass sie entsprechenden Ausschüttungen nicht zustimmen.

Dabei sollte man es bewenden lassen. Die Ausführungen des BGH kann man dahingehend verstehen, dass er von den verbliebenen Gesellschaftern fordere, »anderweitig dafür [zu] sorgen, dass die Abfindung aus dem ungebundenen Vermögen der Gesellschaft geleistet werden kann«[73] und ein Unterlassen für haftungsbegründend erachte.[74] Abgesehen davon, dass völlig unklar ist, wie eine entsprechende »Bemühenspflicht« begründet werden kann und welcher Qualität die geforderten Bemühungen sein sollen,[75] erscheint sie auch nicht erforderlich. Wenn die verbliebenen Gesellschafter die unternehmerische Entscheidung treffen, sämtliche liquiden Mittel zu reinvestieren und auf Ausschüttungen zu verzichten, und dadurch alle ausschüttungsfähigen Mittel vernichtet werden, kann man ihnen kaum einen Vorwurf machen – es realisiert sich schlicht das unternehmerische Risiko, das der Ausgeschiedene wegen der Unterwerfung unter den Gesellschaftsvertrag bzw. der gesetzlichen Anordnungen[76] weiterhin zu tragen hat.[77] Wenn der Ausgeschiedene seinen Abfindungsanspruch gegen die Gesellschaft nicht durchsetzen kann, sorgt sein Anspruch gegen

verbleibenden Gesellschafter an, weil der Wert ihrer Anteile bereits bei der Einziehung steige, doch sind die Einziehung selbst und der damit verbundene, bei den verbleibenden Gesellschaftern eintretende Wertzuwachs gerade nicht der Anknüpfungspunkt der Haftung. Dem BGH insoweit folgend Sosnitza in Michalski/Heidinger/Leible/J. Schmidt, GmbHG, § 34, Rn. 85.

72 S. o. III., 1.

73 BGH, 10.5.2016, II ZR 342/14, BGHZ 210, 186, Rn. 23.

74 Ebenso Strohn in MüKo GmbHG, § 34, Rn. 78.

75 Mit Recht Ekkenga in Festschrift für Grunewald, S. 189, 203 (mit Fn. 72).

76 S. o. III., 1.

77 Dieses Ergebnis kann man auch auf Grundlage der Annahme, dass die einziehungsbedingte Erhöhung des Werts der von den verbliebenen Gesellschaftern gehaltenen Anteile den Haftungsgrund bilde, gut rechtfertigen: Wenn die Gesellschaft nach der Reinvestition von Gewinnen in Insolvenz fällt, ohne dass zuvor eine Ausschüttung an die verbliebenen Gesellschafter stattgefunden hat, dann haben sich die Gewinnchancen, die dem Ausgeschiedenen durch eine anhand von Fortführungswerten ermittelte Abfindung abgegolten werden sollten, nicht realisiert. Dann erscheint es auch unter Billigkeitsgesichtspunkten nicht zwingend, dem Ausgeschiedenen durch Zugriff auf das Privatvermögen verbliebener Gesellschafter die ersatzweise Abgeltung dieser Gewinnchancen zu ermöglichen, vgl. Ekkenga in Festschrift für Grunewald, S. 189, 198. Schon gar nicht kann den verbliebenen Gesellschaftern der Vorwurf gemacht werden, sie würden sich den »Wert des eingezogenen Geschäftsanteils einverleiben« (so die Formulierung in BGH, 10.5.2016, II ZR 342/14, BGHZ 210, 186, Rn. 24).

die Initiatoren von Ausschüttungen aus §§ 280 Abs. 1, 241 Abs. 2, 242 BGB dafür, dass die gesetzlich vorgesehene Verteilung schlussendlich Realität wird – das Risiko der Insolvenz einzelner Haftungsgegner trägt dann nicht der Ausgeschiedene, sondern die sich treuwidrig verhaltenden Gesellschafter.

Ausschüttungen bleiben zwar auch vor der Auszahlung der Abfindung möglich, doch auf sie hinzuwirken, ist für jeden verbleibenden Gesellschafter angesichts der drohenden persönlichen Haftung unattraktiv. Wollen sie die Gesellschaft ohne das Haftungsrisiko fortführen, ist die Auszahlung eines fälligen Abfindungsentgelts an den Ausgeschiedenen conditio sine qua non für weitere Zuwendungen aus dem Gesellschaftsvermögen – also die weitere Zweckverfolgung. Und nicht nur das: Auch weitere manipulative Gestaltungen werden aus Sicht der verbliebenden Gesellschafter unattraktiv. Es hilft ihnen in der GmbH nicht, das freie Vermögen durch Bilanzpolitik künstlich kleinzuhalten, um dem Ausgeschiedenen §§ 34 Abs. 3, 30 Abs. 1 GmbHG entgegenzuhalten,[78] sofern sie sich selbst Teile des Gesellschaftsvermögens zuwenden wollen. Ähnlich liegen die Dinge in der Personengesellschaft. Dort können die verbliebenen Gesellschafter zwar Vermögenswerte zwischen der Sphäre der Gesellschaft und ihrer privaten Sphäre verschieben und so das Vermögen der Gesellschaft so weit reduzieren, dass diese zur Auszahlung der Abfindung nicht in der Lage ist, doch entsteht als Spiegelbild ihre persönliche Haftung.

Weitere vorsätzliche missbräuchliche Verhaltensweisen, die zwingend zur Insolvenz der Gesellschaft und damit zum Ausfall des Ausgeschiedenen führen und in der GmbH bereits unter dem Stichwort des existenzvernichtenden Eingriffs diskutiert werden, etwa der Entzug von Arbeitskräften durch die verbleibenden Gesellschafter, lassen sich nach allgemeinen Regeln über § 826 BGB zufriedenstellend lösen, ohne dass es weiterer Mechanismen speziell zum Schutz des Ausgeschiedenen bedürfte.

V. Und die GmbH & Co. KG?

Auf Grundlage der gefundenen Konstruktion drohen nach dem Ausscheiden aus einer GmbH & Co. KG – ebenso wie bei anderen Typenkombinationen – keine Wertungswidersprüche: Der ausgeschiedene Kommanditist hat einen Abfindungsanspruch (nur[79]) gegen die KG (§§ 161 Abs. 2, 135 Abs. 1 HGB), den diese wegen § 30 Abs. 1 GmbHG[80] nicht erfüllen darf, wenn eine Unterbilanz bei der Komplementär-GmbH die Folge wäre. Auszahlungen an andere Kommanditisten wären indes

78 Zu dieser Gefahr Schirrmacher, GmbHR 2016, 1077, 1081.

79 S. o. II.

80 Das gilt auch, wenn der ausgeschiedene Kommanditist nicht auch Gesellschafter der GmbH war, vgl. Ekkenga in MüKo GmbHG, § 30, Rn. 197; umfassend zur Kapitalerhaltung in der GmbH & Co. KG zuletzt Schmolke, GmbHR 2023, 1019 ff.

treuwidrig und würden einen Anspruch gegen die Initiatoren der Auszahlung aus §§ 280 Abs. 1, 241 Abs. 2, 242 BGB auslösen.

VI. Zusammenfassung

Danach ergibt sich das folgende Gesamtbild: Die Abfindungsforderung eines aus einer Personengesellschaft Ausgeschiedenen ist ein Sozialanspruch, für den die verbleibenden Gesellschafter nicht nach § 126 HGB bzw. § 721 BGB persönlich haften. Eine solche Haftung wäre mit dem personengesellschaftlichen Haftungssystem unvereinbar. Deswegen stellt sich die Frage nach der Absicherung der Abfindung nicht nur in der GmbH, sondern rechtsformübergreifend.

Dass seine Beiträge nach wie vor zum Schutz von Drittgläubigern in der Gesellschaft verstrickt bleiben (§§ 34 Abs. 3, 30 GmbHG bzw. § 137 HGB/§ 728b BGB), hat der Ausgeschiedene hinzunehmen, nicht aber die Ausnutzung dieser Situation durch die verbleibenden Gesellschafter. Deswegen ist deren persönliche Außenhaftung für das Abfindungsentgelt eine Verhaltenshaftung, die an »treuwidriges« – genauer: den Wertungen des insolvenz- wie liquidationsrechtlich vorgegebenen Verteilungsplans widersprechendes – Verhalten anknüpft und simpel auf §§ 280 Abs. 1, 241 Abs. 2, 242 BGB beruht. Haftungsauslösend sind Zuwendungen an die verbliebenen Gesellschafter aus dem Gesellschaftsvermögen, während eigentlich der fällige Abfindungsanspruch (bzw. eine fällige Rate) vorrangig hätte befriedigt werden müssen. Daraus folgt eine gesamtschuldnerische Haftung derjenigen verbliebenen Gesellschafter, die solche inkriminierten Ausschüttungen initiieren. Sie wird dem Schutzbedürfnis des Ausgeschiedenen am ehesten gerecht, ohne die Position von Drittgläubigern zu schwächen.

Die Deutung der Haftung der verbliebenen Gesellschafter als verhaltensbasiert hat *Ekkenga* bereits vorweggenommen und auf Wertungswidersprüche zwischen GmbH- und Personengesellschaftsrecht hingewiesen. Deren Ursache ist allerdings nicht primär die von *Ekkenga* als »frei erfundene Fehlkonstruktion«[81] bezeichnete treuepflichtbasierte Außenhaftung der verbliebenen Gesellschafter – hier sind nur verhältnismäßig kleine Korrekturen notwendig –, sondern die unzutreffende verbreitete Annahme, dass die verbliebenen Gesellschafter einer Personengesellschaft für die Abfindung des Ausgeschiedenen nach § 126 HGB bzw. § 721 BGB persönlich haften. Um ein konsistentes Gesamtbild zu erzeugen, gilt es, Letztere über Bord zu werfen.

81 Ekkenga in Festschrift für Grunewald, S. 189, 202.

SPACs in der deutschen Transaktionspraxis

Michael Schlitt

I. Einleitung*

Special Purpose Acquisition Companies (SPACs) sind ein ursprünglich aus den USA stammendes Phänomen. Im Einklang mit dem internationalen Trend unterliegt die Bedeutung von SPACs in Deutschland aufgrund volatiler Marktverhältnisse und Zinsen einer wellenförmigen Entwicklung. Der erste SPAC mit deutschem Bezug war die Germany1 Acquisition Limited, die im Sommer 2008 an dem regulierten Markt der Euronext Amsterdam gelistet wurde.[1] Anfang 2010 wurde mit der Helikos SE erstmals ein SPAC an der Frankfurter Wertpapierbörse notiert.[2] Jedoch ist die Anzahl der SPACs mit Deutschlandbezug danach wieder deutlich zurückgegangen, um in den Jahren 2021 und 2022 eine neue Hochphase zu erreichen, die mittlerweile auch wieder zum Erliegen gekommen ist.[3] Es ist damit zu rechnen, dass es in Zukunft weitere SPAC-Wellen geben wird. Der Jubilar hat sich stets intensiv mit gesellschafts- und auch kapitalmarktrechtlichen Fragestellungen befasst. Der Verfasser hofft daher, dass dieser Beitrag sein Interesse findet.

Bei SPAC-Transaktionen wird zunächst eine leere Unternehmenshülle – der SPAC – an die Börse gebracht, um bei Investoren Kapital für die Durchführung der anschließenden De-SPAC-Transaktion einzusammeln. Im Rahmen der De-SPAC-Transaktion erwirbt der börsennotierte SPAC eine Zielgesellschaft, die so mittelbar an die Börse gebracht wird. In der deutschen Transaktionspraxis waren SPACs bis jetzt als »ausländische« Gesellschaftsformen ausgestaltet, beispielsweise als niederländische N.V. oder luxemburgische SE.[4] Die deutsche Aktiengesellschaft wurde aufgrund rechtlicher Hindernisse zu Recht nicht als geeignete Rechtsform angesehen.[5]

Die Struktur eines SPAC ist durch besondere Merkmale geprägt. Beim Börsengang werden sog. Units ausgegeben, die aus einer Stammaktie (*public share*) und einem

* Ich danke meiner Wissenschaftlichen Mitarbeiterin und Doktorandin Katharina Margert für die Unterstützung bei der Erstellung dieses Beitrags.

1 Der deutsche Bezug ergab sich daraus, dass die Gründer deutsche Staatsbürger waren und zudem ein Zielunternehmen im deutschsprachigen Raum gesucht wurden, Strohmeier, Special Purpose Acquisition Companies, 2012, S. 31.

2 Thiergart/Olbertz, BB 2010. 1547, 1547.

3 Harrer in Habersack/Mülbert/Schlitt, Unternehmensfinanzierung am Kapitalmarkt, 5. Aufl. 2025, Rn. 4.155.

4 In jüngerer Zeit etwa die Lakestar SPAC I SE, 468 SPAC I SE und 468 SPAC II SE, GFJ ESG Acquisition I SE, sowie die aktuell noch nach einer Zielgesellschaft suchenden SMG European Recovery SPAC SE und SMG Technology Acceleration SPAC SE.

5 Eingehend Strohmeier, Special Purpose Acquisition Companies, S. 113 ff.; Fuhrmann, ZBB 2021, 390, 391.

Optionsrecht (*public warrant*) bestehen, die nach der Notierung in der Regel separat gehandelt werden.[6] Die Warrants ermöglichen dabei den Erwerb weiterer Aktien zu einem festen Preis, nachdem die De-SPAC-Transaktion vollzogen wurde.[7] Die Gründer des SPACs, die typischerweise das Management stellen, sind über sog. Sponsor Shares und Sponsor Warrants beteiligt, die sie zu einem Vorzugspreis erhalten.[8] Da das Management den Börsengang und vorbereitende Maßnahmen aus eigenen Mitteln finanziert, dient diese Beteiligung als eine Art »Vergütung« für eine erfolgreiche De-SPAC-Transaktion.[9] Sie sind nach der Durchführung des Börsengangs in der Regel zu etwa 20 % am Grundkapital der Gesellschaft beteiligt.[10] Eine weitere Besonderheit des SPACs ist die Errichtung eines Treuhandkontos (*escrow account*), auf dem der Großteil des Emissionserlöses verwahrt wird. Damit soll sichergestellt werden, dass diese Mittel ausschließlich für die Akquisition einer Zielgesellschaft zur Verfügung stehen, um das Anlegerkapital vor anderweitiger Verwendung durch das Management zu schützen.[11] Die Anleger dürfen zudem in der Hauptversammlung über die Durchführung einer De-SPAC-Transaktion entscheiden.[12] Darüber hinaus steht ihnen auch bei einer De-SPAC-Transaktion regelmäßig ein Rückgaberecht (*redemption right*) zu, aufgrund dessen sie eine Rückzahlung des ursprünglichen Investments zuzüglich Zinsen beanspruchen können.[13] Ein weiteres wesentliches Merkmal von SPACs ist ihre befristete Laufzeit, die in der Regel 18 bis 24 Monate beträgt.[14] Sollte innerhalb dieses Zeitraums keine De-SPAC-Transaktion erfolgen, muss der SPAC aufgelöst und das Kapital an die Anleger zurückgeführt werden.[15]

Die De-SPAC-Transaktion kann in verschiedener Weise strukturiert werden. In der Regel werden die Anteile an der Zielgesellschaft im Rahmen einer Sachkapitalerhöhung in den SPAC gegen Ausgabe neuer Aktien an die Gesellschafter der Zielgesellschaft eingebracht.[16] Es sind jedoch auch im Hinblick auf den Kaufpreis Barkomponenten möglich. Die Transaktion kann unter Umständen auch als eine

6 Harrer in Habersack/Mülbert/Schlitt, Unternehmensfinanzierung am Kapitalmarkt, Rn. 4.158; Selzner, ZHR 174 (2010), 318, 322.
7 Harrer in Habersack/Mülbert/Schlitt, Unternehmensfinanzierung am Kapitalmarkt, Rn. 4.158.
8 Selzner, ZHR 174 (2010), 318, 321; Eichhorn/Schanz, RdF 2021, 186, 187.
9 Ellrott in Eilers/Koffka/Mackensen/Paul/Josenhans, Private Equity, 4. Aufl. 2022, VIII. 1. Rn. 54; Seiler/Widder, BKR 2021, 676, 677.
10 Harrer in Habersack/Mülbert/Schlitt, Unternehmensfinanzierung am Kapitalmarkt, Rn. 4.158; Eichhorn/Schanz, RdF 2021, 186, 186.
11 Vgl. Harrer in Habersack/Mülbert/Schlitt, Unternehmensfinanzierung am Kapitalmarkt, Rn. 4.158; Eichhorn/Schanz, RdF 2021, 186, 186; Hell, BKR 2021, 26, 28.
12 Harrer in Habersack/Mülbert/Schlitt, Unternehmensfinanzierung am Kapitalmarkt, Rn. 4.158; Hell in Marsch-Barner/Schäfer, Handbuch börsennotierte AG, 6. Aufl. 2025, § 10 Rn. 10.16; Selzner, ZHR 174 (2010), 318, 333.
13 Eichhorn/Schanz, RdF 2021, 186, 187; Swalve, NZG 2021, 909, 910.
14 Eichhorn/Schanz, RdF 2021, 186, 186.
15 Seiler/Widder, BKR 2021, 676, 677.
16 Ellrott in Eilers/Koffka/Mackensen/Paul/Josenhans, Private Equity, VIII. 1. Rn. 62; Florstedt, NZG 2024, 139, Fn. 43.

Verschmelzung der Zielgesellschaft auf den SPAC strukturiert werden.[17] Für Zielgesellschaften wird so die Chance eröffnet, ohne aufwändigen Börsengang eine Börsennotierung zu erlangen.[18]

Im Zuge des ZuFinG hat der deutsche Gesetzgeber 2023 wesentliche Änderungen im Börsen- und Aktiengesetz vorgenommen, um SPAC- und De-SPAC-Transaktionen auch in der Rechtsform einer deutschen Aktiengesellschaft zu ermöglichen. In diesem Zug wurde eine neue Rechtsform, die Börsenmantelaktiengesellschaft (BMAG) als Spezialfall der Aktiengesellschaft, geschaffen und in §§ 44 ff. BörsG verankert. Die Reform adressiert zentrale Herausforderungen, die in der Vergangenheit einer Nutzung der Aktiengesellschaft als SPAC entgegenstanden, und will neue Perspektiven für den deutschen Kapitalmarkt eröffnen.[19] Mit den neuen Bestimmungen in §§ 44 ff. BörsG sollen einschlägige aktienrechtliche Regelungen für den Fall der BMAG gelockert werden, damit die international geltenden Anforderungen an einen SPAC besser erfüllt werden können.

Der vorliegende Beitrag untersucht, ob und in welchem Umfang SPAC- und De-SPAC-Transaktionen nunmehr in der Form einer BMAG durchführbar sind. Dabei wird zunächst analysiert, wie die bisherigen aktienrechtlichen Hindernisse durch das ZuFinG behandelt wurden und ob nun eine hinreichend sichere Rechtsgrundlage für die Schaffung eines SPACs deutscher Rechtsform besteht (dazu sogleich II.). In einem zweiten Schritt werden verbleibende rechtliche und praktische Herausforderungen aufgezeigt, die trotz der gesetzlichen Änderungen weiterhin bestehen und die es zu lösen gilt (dazu unten, III.).

II. Bisherige aktienrechtliche Hindernisse und die Adressierung durch das ZuFinG

Grund dafür, dass vor Inkrafttreten des ZuFinG die deutsche Aktiengesellschaft als ungeeignete Rechtsform für SPACs angesehen wurde, ist vor allem der in § 23 Abs. 5 AktG verankerte Grundsatz der Satzungsstrenge und die damit einhergehende geringe Flexibilität der aktienrechtlichen Vorgaben.[20] Es ist daher zu prüfen, ob die vorher bestehenden rechtlichen Probleme tatsächlich im Zuge des ZuFinG gelöst wurden oder ob sich die BMAG aufgrund von verbleibenden Unsicherheiten und Hindernissen als ungeeignetes Finanzierungsvehikel erweist.

17 Ellrott in Eilers/Koffka/Mackensen/Paul/Josenhans, Private Equity, VIII. 1. Rn. 62.

18 Fahrholz/Röver in: Fahrholz/Röver, Investment Banking, 2. Aufl. 2024, TEIL 2 Rn. 128; Hell, BKR 2021, 26, 28; bezüglich einer fehlenden Kostenerleichterung vgl. Kengelbach, CF 2023, M1.

19 Vgl. Begr. RegE ZuFinG, BT-Drs. 20/8292, S. 1 f.; so auch etwa Herzog/Gebhard, NZG 2023, 1055, 1059.

20 Hell in Marsch-Barner/Schäfer, Handbuch börsennotierte AG, § 10 Rn. 10.1; Fuhrmann, ZBB 2021, 390, 391; Swalve, NZG 2021, 909, 910.

1. *Naked Warrants und »Huckepack-Emissionen«*

Im deutschen Recht werden nackte Optionsrechte (*naked warrants*) herangezogen, um die Struktur der für SPACs typischen Units sowohl für das breite Anlegerpublikum als auch für die Sponsoren abzubilden. Naked Warrants sind selbstständige Optionsrechte, die nicht an ein anderes Finanzierungsinstrument gekoppelt sind.[21] In Fällen von SPACs werden diese dann im Rahmen von sog. Huckepack-Emissionen an Aktien gebunden, damit die typische Struktur von Units erreicht werden kann.[22] Nach einer kurzen Frist werden die Naked Warrants dann isoliert an der Börse gehandelt.[23]

a) Klarstellung der Zulässigkeit in § 47a BörsG

Die Zulässigkeit von Naked Warrants und Huckepack-Emissionen war im deutschen Recht lange umstritten. Während einige Stimmen aus der Literatur sie über eine Analogie zu § 221 AktG, kombiniert mit einer Absicherung aus bedingtem Kapital § 192 Abs. 2 Nr. 3 AktG analog, als zulässig ansahen,[24] argumentierten andere mit dem Schutz des Bezugsrechts nach § 187 AktG, verwiesen auf den abschließenden Charakter des § 192 Abs. 2 Nr. 3 AktG und lehnten Naked Warrants außerhalb von Mitarbeiterbeteiligungsprogrammen im Ergebnis ab.[25] Die insoweit bestehende Rechtsunsicherheit führte dazu, dass Naked Warrants praktisch nicht verwendet wurden.[26] Ihre Emission war zudem durch die Volumengrenzen für bedingtes und genehmigtes Kapital (§§ 192 Abs. 3 Nr. 1, 202 Abs. 3 AktG) – mit dem die Warrants abgesichert werden sollten – eingeschränkt.[27] Teilweise reichte sogar die Kombination dieser beiden Instrumente nicht zur Absicherung der Optionsrechte aus.[28]

Im Zuge des ZuFinG wurde klargestellt, dass die Ausgabe von Naked Warrants durch BMAGs zulässig ist, sofern im Ausübungsfall die Aktien aus einer bedingten Kapitalerhöhung nach § 192 AktG stammen (§ 47a BörsG). Die Zulässigkeit gilt

21 Harrer in Habersack/Mülbert/Schlitt, Unternehmensfinanzierung am Kapitalmarkt, Rn. 4.185; Koch, AktG, 18. Aufl. 2024, § 221 Rn. 75.

22 Strohmeier, Special Purpose Acquisition Companies, S. 114; DAV-Handelsrechtsausschuss, NZG 2023, 738, Rn. 17.

23 Hell, BKR 2021, 26, 27; Joser, NZG 2022, 991, 993; Selzner ZHR 174 (2010), 318, 323.

24 Etwa Strohmeier, Special Purpose Acquisition Companies, S. 121 f.; Eichhorn/Schanz, RdF 2021, 186, 192; Joser, NZG 2022, 991, 993 ff.; bereits Schlitt/Löschner, BKR 2002, 150, 153 f.

25 Etwa LG Braunschweig, 11. 03. 1998, 22 O 234/97, NZG 1998, 387, 388; LG Stuttgart, 30. 10. 1997, 5 KfH O 96/97, NZG 1998, 233, 234; Zimmer, DB 1999, 999, 1001; Lutter, ZIP 1997, 1, 7; vgl. auch Hüffer, ZHR 161 (1997), 214, 223; Martens, AG 1989, 69, 71 ff.

26 Harrer in Habersack/Mülbert/Schlitt, Unternehmensfinanzierung am Kapitalmarkt, Rn. 4.187; Koch, AktG, § 221 Rn. 75.

27 Schalast/Geurts/Türkmen, BB 2021, 1283, 1287; Selzner, ZHR 2010, 318, 344.

28 Eichhorn/Schanz, RdF 2021, 186, 192; Schalast/Geurts/Türkmen, BB 2021, 1283, 1287; Selzner, ZHR 174 (2010), 318, 344; vgl. auch Simmat/Siebert, CFL 2010, 13, 21.

entsprechend für Huckepack-Emissionen.[29] Auch wenn kritisiert wird, dass eine weitergehende Zulassung durch Anpassung des § 221 AktG im allgemeinen Aktienrecht sinnvoll gewesen wäre,[30] wurde die bisherige Diskussion über die Zulässigkeit der Naked Warrants zumindest für den Fall der BMAG beendet.[31] Die Möglichkeit einer Gewährung von Naked Warrants ist für die Akzeptanz der BMAG auf dem Kapitalmarkt unerlässlich, da bei der Strukturierung von SPACs ohne die typische Ausgestaltung der Units keine ausreichenden Anreize für Initiatoren und Anleger gesetzt werden.[32]

Fraglich ist, ob das zur Verfügung stehende Volumen an bedingtem Kapital ausreicht, um alle Warrants abzusichern. Denn das bedingte Kapital ist auf 50 % des Grundkapitals beschränkt (§ 192 Abs. 3 AktG) und das Gesetz scheint eine abschließende Bindung der Bedienung von Naked Warrants an bedingtes Kapital, ohne Möglichkeit zur Kombination mit genehmigtem Kapital, zu statuieren.[33] Bei SPAC-Transaktionen älterer Generationen hätte dies nicht ausgereicht, um jede ausgegebene Aktie im Rahmen der Unit mit einer Option zu versehen.[34] Allerdings wurden die auf der Frankfurter Wertpapierbörse gelisteten SPACs der jüngeren Generation nur noch mit einem halben oder einem drittel Warrant pro Aktie emittiert.[35] Soweit die Units auch in der Zukunft in diesem Verhältnis emittiert werden sollen, würde die Volumenbegrenzung für die Absicherung aller Naked Warrants ausreichen. Dennoch würde das so aufgebrachte Emissionsvolumen das zur Verfügung stehende Volumen an bedingtem Kapital nahezu ausschöpfen.[36] Durch eine BMAG könnten nicht mehr alle Warrants abgesichert werden, sollten sich zukünftig Markttrends etablieren, die eine höhere Anzahl an Warrants pro Aktie erfordern. Unter diesem Aspekt erscheint die BMAG weniger flexibel als SPACS ausländischer Rechtsordnungen, die einen

29 Vgl. Rieckers in BeckOGK AktG, Stand: 01.06.2024, § 192 Rn. 40.

30 Vgl. DAV-Handelsrechtsausschuss, NZG 2023, 738, Rn. 34; Harnos, AG 2024, S53, Rn. 27; Stellungnahme der Deutsche Börse Group zum Entwurf des ZuFinG, Ziffer 2.2.4, abrufbar unter https://www.bundesfinanzministerium.de/Content/DE/Gesetzestexte/Gesetze_Gesetzesvorhaben/Abteilungen/Abteilung_VII/20_Legislaturperiode/2023-04-12-ZuFinG/Stellungnahme-gruppe-deutsche-boerse.pdf?__blob=publicationFile&v=2 (zuletzt abgerufen am 10.02.2025).

31 Vgl. Harrer in Habersack/Mülbert/Schlitt, Unternehmensfinanzierung am Kapitalmarkt, Rn. 4.187.

32 Strohmeier, Special Purpose Acquisition Companies, S. 41; Swalve, NZG 2021, 909, 911; Joser, NZG 2022, 991, 993.

33 Vgl. hierzu den Wortlaut des § 47a Abs. 1 BörsG: »die auf einen Bezug von Aktien der Gesellschaft gerichtet sind und aus einer bedingten Kapitalerhöhung nach § 192 des Aktiengesetzes bedient *werden.*« (Hervorhebung durch Bearbeiter).

34 Herzog/Kiehl in Heidel, Aktienrecht und Kapitalmarktrecht, 6. Aufl. 2024, § 47a BörsG Rn. 4; vgl. auch Strohmeier, Special Purpose Acquisition Companies, S. 140; Eichhorn/Schanz, RdF 2021, 186, 192; Selzner, ZHR 174 (2010), 318, 344; Simmat/Siebert, CFL 2010, 13, 21.

35 Wertpapierprospekt der Lakestar SPAC I SE vom 19.02.2021, S. 1; Wertpapierprospekt der SMG European Recovery SPAC SE vom 30.05.2022, S. 1.

36 Joser, ZIP 2023, 1006, 1010.

größeren Spielraum bei der Ausgabe von Optionsrechten bieten.[37] So sieht etwa die niederländische N.V. keine derart starren Volumenbegrenzungen für Kapitalerhöhungen vor.[38] Auch für die luxemburgische SE besteht keine Volumenbegrenzung für Kapitalerhöhungen (Art. 5 der SE-Verordnung[39] in Verbindung mit Art. 420–22 ff. LSC[40]).

b) Sponsor Warrants

Im Gegensatz zu den Naked Warrants, die als Public Warrants ausgegeben werden, waren Naked Warrants für Sponsoren schon vor dem ZuFinG in Form von Stock Options für Geschäftsführungsmitglieder nach § 192 Abs. 2 Nr. 3 AktG grundsätzlich zulässig.[41] Als problematisch hat sich jedoch die gesetzliche Mindestfrist (*vesting period*) von vier Jahren zur erstmaligen Ausübung der Optionsrechte (§ 193 Abs. 2 Nr. 4 AktG) erwiesen, da diese nicht mit der zeitlichen Limitierung von SPACs vereinbar war.[42] Zudem war das Volumen des bedingten Kapitals zur Absicherung dieser Warrants auf 10 % des Grundkapitals begrenzt (§ 192 Abs. 2 Nr. 3 AktG a.F.). Dies führte im Ergebnis dazu, dass die angestrebte Beteiligung des Managements in Höhe von 20 % nicht umgesetzt werden konnte.[43] Bei SPACs in der Ausgestaltung einer luxemburgische SE hingegen kann eine Beteiligung von 20 % stets erreicht werden,[44] da vergleichbare Begrenzungen nicht existieren.

Nach neuem Recht besteht keine Wartezeit von vier Jahren für die Ausübung von Management-Optionsrechten bei BMAGs (§ 47a Abs. 2 BörsG). Dies ermöglicht eine schnelle Durchführung der Zieltransaktion und trägt zu der Gestaltung der BMAG als flexible Rechtsform bei.[45] Außerdem wurde die Grenze des bedingten Kapitals zur Absicherung solcher Optionen von 10 % auf 20 % des Grundkapitals angehoben (§ 192 Abs. 3 Satz 1 Nr. 2 AktG).

Die Adressierung dieses Problems durch den Gesetzgeber ist mithin gelungen. Die Verkürzung der Wartezeit ist notwendig, um die Interessen der Investoren und die gängigen Ausübungsfristen zu wahren. Auch die Erhöhung der Volumengrenze ist ein notwendiger Schritt, da die Warrants einen integralen Bestandteil bei der Vergütung der Initiatoren darstellen.

37 Harrer in Habersack/Mülbert/Schlitt, Unternehmensfinanzierung am Kapitalmarkt, Rn. 4.189.
38 Grobe/Müller/Rau, BB 2024, 259, 261 f.
39 Verordnung (EG) Nr. 2157/2001 des Rates vom 8. Oktober 2001 über das Statut der Europäischen Gesellschaft (SE) (ABl. L 294/1 v. 10.11.2001).
40 Law of 10 August 1915 on Commercial Companies, Luxembourg.
41 Hell, BKR 2021, 26, 30; Selzner, ZHR 174 (2010), 318, 343; Swalve, NZG 2021, 909, 911.
42 Florstedt, NZG 2024, 139, Rn. 5; Hell, BKR 2021, 26, 30; a.A. Strohmeier, Special Purpose Acquisition Companies, S. 142.
43 Vgl. Strohmeier, Special Purpose Acquisition Companies, S. 142 f.
44 Vgl. etwa Wertpapierprospekt der Lakestar SPAC I SE vom 19.02.2021, S. 12; Wertpapierprospekt der GFJ ESG Acquisition I SE vom 18.10.2021, S. 12.
45 Vgl. Begr. RegE ZuFinG, BT-Drs. 20/8292, S. 104.

2. *Einlage auf Treuhandkonto – Freie Verfügbarkeit der Einlagenleistung*

Vor dem ZuFinG war zudem die freie Verfügbarkeit der Einlagenleistung ein wesentliches Hindernis für SPACs in Form einer Aktiengesellschaft. Das deutsche Aktienrecht verlangt, dass Einlagen uneingeschränkt und zur freien Verfügung des Vorstands geleistet werden (§ 188 Abs. 2 AktG). Das treuhänderische Halten von SPAC-Kapital zur Sicherung der Rückzahlung an Anleger im Falle eines Scheiterns der De-SPAC-Transaktion widersprach diesem Grundsatz.[46] Trotz diverser Ansätze im Schrifttum, typische SPAC-Treuhandkonten zu implementieren, konnten diese nach deutschem Aktienrecht nicht effektiv in der Praxis umgesetzt werden.[47]

Im Rahmen des ZuFinG wurde dies dahingehend geändert, dass die Einzahlung auf ein Treuhandkonto bei einer BMAG nicht gegen die Vorschriften zur freien Verfügbarkeit der Einlagen gemäß § 188 Abs. 2 AktG verstößt (§ 45 Abs. 3 BörsG). Die SPAC-Mittel müssen bis zur Durchführung der Zieltransaktion auf einem Treuhandkonto gehalten werden (§ 45 Abs. 1 BörsG). Nur für bestimmte Geldmittel, die für laufende Verwaltungskosten, die Erfüllung der gesetzlichen Anforderungen und die Vorbereitung der Zieltransaktion erforderlich sind, dürfen bis zu 5 % dieser Mittel vorab verwendet werden (§ 45 Abs. 2 Satz 3 BörsG). Die Regelung ermöglicht sowohl die direkte Einzahlung auf das Treuhandkonto als auch die Übertragung vom Gesellschaftskonto auf das Treuhandkonto.[48]

Die Einführung von § 45 Abs. 3 BörsG stellt eine notwendige Regelung dar, um die Rückzahlung der Einlagen an die Aktionäre im Falle des Nichtzustandekommens der De-SPAC-Transaktion sicherzustellen und das Vertrauen der Anleger zu gewinnen. Kritik, dass dies den Gläubigerschutz beeinträchtigen könnte, ist unbegründet, da SPACs kein operatives Geschäft betreiben und dementsprechend nur eine sehr geringe Anzahl an Gläubigern betroffen ist und es damit nur zu einem geringfügigen Mittelabfluss kommt.[49]

Allerdings besteht Unsicherheit, wann die Mittel durch den Treuhänder freigegeben werden können.[50] Der Gesetzeswortlaut in § 45 Abs. 1 BörsG (»bis die Zieltransaktion durchgeführt wird«) deutet darauf hin, dass die Freigabe erst nach Abschluss der Zieltransaktion erfolgen darf, was jedoch unpraktisch sei und zu spät kommen könnte. In der Praxis wäre es sinnvoll, einen Nachweis der Mittelverwendung für die Zieltransaktion als ausreichend anzusehen,[51] um die Verhandlungsposition des SPACs zu stärken. Soweit man dieser Ansicht folgt, bleibt jedoch unklar, welche Anforderungen an einen solchen Nachweis zu stellen sind. Denkbar wäre die Vorlage

46 Vgl. Hell, BKR 2021, 26, 30; Schanz, NZG 2011, 1407, 1411; Selzner, ZHR 174 (2010), 318, 331 ff.; Zanner/Siebert, CFL 2010, 224, 228.

47 Näher dazu etwa Eichhorn/Schanz, RdF 2021, 186, 191; Hell, BKR 2021, 26, 30; Selzner, ZHR 174 (2010), 318, 332; Zanner/Siebert, CFL 2010, 224, 228.

48 Begr. RegE ZuFinG, BT-Drs. 20/8292, S. 102.

49 Begr. RegE ZuFinG, BT-Drs. 20/8292, S. 105.

50 Vgl. DAV-Handelsrechtsausschuss, NZG 2023, 738, Rn. 23.

51 So Harnos, AG 2024, S53, Rn. 31.

des Unternehmenszusammenschlussvertrags (*business combination agreement*) oder zumindest eine unterzeichnete verbindliche Vereinbarung, aus der hervorgeht, dass Mittel für die Zieltransaktion schon im Vorhinein benötigt werden. Um Unsicherheiten zu vermeiden, ist BMAGs zu raten, die Freigabemodalitäten in dem Treuhandvertrag im Vorhinein konkret festzulegen.[52] Eine gesetzliche Regelung zum Freigabezeitpunkt wäre jedoch vorzugswürdig, da sie zu einer erhöhten Rechtssicherheit führen würde. Bis dahin kann indessen die bestehende Unsicherheit durch eine sorgfältige Dokumentationspraxis verhindert werden.

3. *Zustimmungsvorbehalt der Hauptversammlung für die De-SPAC-Transaktion*

Die Möglichkeit der Etablierung eines Zustimmungsvorbehaltes zugunsten der Hauptversammlung im Hinblick auf die De-SPAC-Transaktion war lange umstritten, da Akquisitionen von Unternehmen grundsätzlich in den Zuständigkeitsbereich des Vorstands fallen (§§ 76 ff. AktG).[53] Nur in Ausnahmefällen, wie beispielsweise bei Übertragungen des ganzen Gesellschaftsvermögens nach § 179a AktG oder bei Verschmelzungen nach § 13 UmwG, ist die Hauptversammlung zuständig. Auch wird ausnahmsweise eine ungeschriebene Hauptversammlungskompetenz nach der *Holzmüller/Gelatine*-Rechtsprechung[54] bei Maßnahmen der Geschäftsführung angenommen, die wesentlich in Mitglieds- und Vermögensrechte der Aktionäre eingreifen, insbesondere wenn sich die Machtverhältnisse innerhalb der Gesellschaft derart verschieben, dass die Aktionäre ihren Einfluss bei Satzungsänderungen, Kapitalerhöhungen o.Ä. verlieren (sog. Mediatisierungseffekt).[55] In der Literatur wurde auch diskutiert, ob eine Hauptversammlungskompetenz im Sinne der *Holzmüller*-Rechtsprechung bei Akquisitionen von Unternehmen angenommen werden kann. Im Ergebnis wurde dies jedoch überwiegend abgelehnt, da kein Mediatisierungseffekt besteht.[56]

Vor Einführung des ZuFinG wurden verschiedene Ansätze diskutiert, um den SPAC-typischen Zustimmungsvorbehalt mit dem deutschen Aktienrecht zu harmonisieren.[57] Keiner dieser Ansätze führte jedoch zu dem angestrebten Erfolg, da sie entweder nicht mit dem Aktiengesetz in Einklang gebracht werden konnten oder die

52 Koch, AktG, § 23 Rn. 58; Harnos, AG 2024, S53, Rn. 31.
53 Vgl. Schanz, NZG 2011, 1407, 1412.
54 BGH, 25.02.1982, II ZR 174/80 (Holzmüller), NJW 1982, 1703; BGH, 26.04.2004, II ZR 155/02 (Gelatine), NJW 2004, 1860.
55 Krieger in Münchener Handbuch des Gesellschaftsrechts Bd. 4, 6. Aufl. 2024, § 66 Rn. 9; Koch, AktG, § 119 Rn. 16.
56 So etwa OLG Frankfurt, 07.12.2010, 5 U 29/10, ZIP 2011, 75 ff.; Krieger in Münchener Handbuch des Gesellschaftsrechts Bd. 4, § 66 Rn. 10; Hofmeister, NZG 2008, 47, 51; a.A. etwa LG Frankfurt, 15.12.2009, 3–5 O 208/09, ZIP 2010, 429 ff.; Lutter, ZIP 2012, 351.
57 Siehe dazu im Detail Strohmeier, Special Purpose Acquisition Companies, S. 148 ff.; Selzner, ZHR 174 (2010), 318, 333 ff.

Vorgehensweisen umständlich waren und das Risiko für Anfechtungsklagen erhöhten.[58] Mit dem ZuFinG wurde in § 46 BörsG eine klare Regelung geschaffen, die die Zustimmung der Hauptversammlung für De-SPAC-Transaktionen mit einer Dreiviertelmehrheit des vertretenen Grundkapitals verbindlich vorschreibt. Zudem wurden ähnlich wie bei einer Sachkapitalerhöhung oder Verschmelzung umfangreiche Transparenz- und Berichtspflichten in § 46 BörsG eingeführt. So ist der Vorstand verpflichtet, einen ausführlichen Zieltransaktionsbericht vorzulegen, der den zugrunde liegenden Vertrag, die Angemessenheit der Gegenleistung und die wirtschaftliche Bewertung der Zielgesellschaft erläutert (§ 46 Abs. 1 Satz 3 BörsG).

Insgesamt wird diese gesetzliche Regelung zu Recht als sinnvoll und begrüßenswert angesehen, da die Zustimmung der Hauptversammlung zur Zieltransaktion einen integralen Aspekt in der internationalen SPAC-Praxis darstellt.[59] Kritisch gesehen wird allerdings die geforderte Mehrheit von drei Vierteln des vertretenen Kapitals, die im internationalen Vergleich außergewöhnlich hoch erscheint, was die Zustimmung der Hauptversammlung zur Zieltransaktion insgesamt erschweren könnte.[60] Daher erheben sich Stimmen, die die Einführung einer satzungsmäßigen Zulassung einer abweichenden einfachen Mehrheit fordern.[61] Jedoch dürfte die geforderte Dreiviertelmehrheit des vertretenen Grundkapitals nach den aktuellen Markstandards kein Problem darstellen. Dies verdeutlichen Beispiele aus der jüngeren Transaktionspraxis. In zwei Fällen hat die Hauptversammlung mit sogar jeweils 100 % der abgegebenen Stimmen der vorgeschlagenen De-SPAC-Transaktion zugestimmt.[62] Investoren brauchen daher nur selten zu fürchten, keine hinreichende Mehrheit für die Zieltransaktion zu erreichen.

4. Ausschluss der Sponsoren vom Stimmrecht

Der international übliche Ausschluss der Sponsoren vom Stimmrecht bei der Abstimmung über die Zustimmung zu der De-SPAC-Transaktion dient der Vermeidung von Interessenkonflikten. Denn Sponsoren haben typischerweise ein starkes

58 Dazu etwa Eichhorn/Schanz, RdF 2021, 186, 192; Just, ZIP 2009, 1698, 1702.
59 DAV-Handelsrechtsausschuss, NZG 2023, 738, Rn. 24.
60 DAV-Handelsrechtsausschuss, NZG 2023, 738, Rn. 27; Florstedt, NZG 2024, 139, Rn. 9.
61 DAV-Handelsrechtsausschuss, NZG 2023, 738, Rn. 27; vgl. Harnos, AG 2024, S53, Rn. 39, 87.
62 Pressemitteilung der Lakestar SPAC I SE vom 21.11.2021, abrufbar unter https://ir.hometogo.de/websites/hometogo/German/14000/news-detail.html?news_lang=de&newsID=0a2b88a2-bdd3-4923-86e1-2c3ddbaff70a (zuletzt abgerufen am 10.02.2025); Pressemitteilung der 468 SPAC I SE vom 15.11.2021, abrufbar unter https://www.eqs-news.com/news/media/468-spac-i-se-468-spac-i-obtains-100-shareholder-approval-and-0-02-redemption-rate-paving-the-way-for-its-business-combination-with-boxine-gmbh-and-listing-as-tonies-se/9274f32d-828b-42bc-af7c-297c375594e9 (zuletzt abgerufen am 10.02.2025).

wirtschaftliches Eigeninteresse an einer Akquisition.[63] Vor Einführung des ZuFinG war dieser Ausschluss nach deutschem Recht nicht unproblematisch umsetzbar. Man hat sich damit beholfen, dass die Zustimmung der Anleger durch einen Sonderbeschluss gemäß § 138 AktG in der Satzung verankert wurde.[64] Das ZuFinG hat mit § 46 Abs. 3 Satz 2 BörsG eine Regelung eingeführt, nach der Sponsoren kein Stimmrecht bei der Abstimmung über die Zieltransaktionen zukommt. Dies macht eine Satzungsregelung überflüssig und vereinfacht die rechtliche und praktische Handhabung. Fraglich ist, ob sich die Regelung in der Praxis jedoch als zu unflexibel erweisen könnte. So hatte etwa die SMG European Recovery SPAC SE keinen Stimmrechtsausschluss für Sponsoren vorgesehen.[65] Die Sponsoren könnten von dieser starren Vorgabe abgeschreckt sein. In Anbetracht dessen hängt es von zukünftigen Markttrends ab, ob der automatische Ausschluss der Stimmrechte der Sponsoren in § 46 Abs. 2 Satz 2 BörsG die Akzeptanz der BMAG beeinträchtigen wird.

Zudem geht aus dem Gesetzestext nicht eindeutig hervor, ob der Stimmrechtsausschluss auch für Verschmelzungsbeschlüsse gilt, da nur Asset- und Share Deals ausdrücklich erfasst werden.[66] Denn § 46 Abs. 3 Satz 1 BörsG bezieht sich dem Wortlaut nach auf »Entscheidungen nach Absatz 1«. Der Vorstand muss die Zieltransaktion der Hauptversammlung jedoch nur zur Zustimmung vorlegen, wenn die Zieltransaktion »nicht im Wege einer Umwandlung« stattfindet (§ 46 Abs. 1 Satz 2 BörsG). Umwandlungsmaßnahmen scheinen daher generell von Absatz 1 ausgeschlossen zu sein.[67] In § 46 Abs. 1 Satz 1 BörsG wird jedoch statuiert, dass die Entscheidung über die Zieltransaktion der Zustimmung der Hauptversammlung bedarf. Daraus wird abgeleitet, dass eine Zuständigkeit der Hauptversammlung für alle Transaktionsformen besteht, sodass das Stimmverbot nach § 46 Abs. 3 Satz 2 BörsG im Ergebnis auch bei Verschmelzungsbeschlüssen gilt.[68] Dafür spricht auch, dass potenzielle Interessenkonflikte der Initiatoren unabhängig von der Transaktionsart bestehen.[69] Eine gesetzliche Klarstellung wäre dennoch wünschenswert, um verbleibende Unsicherheiten zu beseitigen. Bis dahin erscheint jedenfalls eine analoge Anwendung erforderlich,[70] um Lücken zu vermeiden und die Verwendung der BMAG auf deutschen Börsen zu fördern.

63 Dazu etwa Fuhrmann, ZBB 2021, 390, 401 f.; Seiler/Widder, BKR 2021, 676, 681.
64 Selzner, ZHR 174 (2010), 318, 341.
65 Wertpapierprospekt der SMG European Recovery SPAC SE vom 30.05.2022, S. 10.
66 Harnos, AG 2024, S53, Rn. 42.
67 Harnos, AG 2024, S53, Rn. 42.
68 Harnos, AG 2024, S53, Rn. 42; zustimmend Schlitt/Ries/Lepke, AG 2024, 466, 475.
69 Harnos, AG 2024, S53, Rn. 42; zustimmend Schlitt/Ries/Lepke, AG 2024, 466, 475.
70 Harnos, AG 2024, S53, Rn. 42.

5. *Rückgaberechte und Verbot der Einlagenrückgewähr*

In der internationalen SPAC-Praxis können Aktionäre, die einer Zieltransaktion nicht zustimmen, ihre Einlage durch die Ausübung von sog. Redemption Rights zurückfordern und so aus der Gesellschaft ausscheiden.[71] Vor dem ZuFinG war eine solche Konstruktion der Einlagen mit dem deutschen Aktienrecht nicht vereinbar, da § 57 Abs. 1 Satz 1 AktG die damit einhergehenden Rückzahlungen von Einlagen strikt untersagte. Auch die Ermächtigung zum Erwerb eigener Aktien nach § 71 Abs. 1 Nr. 8 AktG bot keine praktikable Lösung, da dieser Erwerb der erheblichen Einschränkung der Volumenbegrenzungen in Höhe von 10 % unterlag, und in der Vergangenheit oft ein größerer Anteil der Aktionäre die Redemption Rights – etwa 20–35 % der nicht dem Management angehörenden Aktionäre – ausgeübt hat.[72]

In § 47 BörsG wird es nun Aktionären, die gegen die Zieltransaktion stimmen und ihren Widerspruch protokollieren, ermöglicht, ihre Aktien anzudienen und ihre Einlage einschließlich Aufgeld und Zinsen zurückzuerhalten.[73] Zudem wurde eine Obergrenze von 30 % des Grundkapitals für den zulässigen Erwerb eigener Aktien eingeführt (§ 47 Abs. 2 BörsG) und die Rückzahlung an die Anleger von dem Verbot der Einlagenrückgewähr ausgenommen (§ 47 Abs. 3 BörsG).

Angesichts der in § 46 Abs. 3 Satz 1 BörsG geforderten Dreiviertelmehrheit des bei der Zustimmung der Hauptversammlung zur Zieltransaktion vertretenen Grundkapitals kann die Bedienung der Andienungsrechte durch einen Erwerb eigener Aktien von den Investoren in Höhe von 30 % des Grundkapitals auch ausreichend abgesichert werden.[74] Denn wenn nur den Aktionären, die gegen die Zieltransaktion stimmen, ein Andienungsrecht zu gewähren ist, kann dies höchstens einen Anlegerkreis von 25 % des vertretenen Grundkapitals betreffen. Denn bei einer höheren Quote von nicht zustimmenden Aktionären würde schon kein Zustimmungsbeschluss zur Akquisition zustande kommen. Die Gewährung des Erwerbs eigener Aktien in Höhe von 30 % des Grundkapitals deckt daher die potenzielle Inanspruchnahme der Andienungsrechte vollständig ab und bietet dem Management einen zusätzlichen Spielraum.

Gleichwohl stößt die in § 47 BörsG vorgesehene Beschränkung des Andienungsrechts auf dissentierende Aktionäre auf Bedenken.[75] Auch wenn diese Beschränkung ursprünglich gängig war,[76] wird mittlerweile überwiegend allen Aktionären,

71 Eichhorn/Schanz, RdF 2021, 186, 187; Swalve, NZG 2021, 909, 910.

72 Eichhorn/Schanz, RdF 2021, 186, 187; Zanner/Siebert, CFL 2010, 224, 225. In den jüngeren SPAC-Generationen ist jedoch eine niedrigere Rückgabequote zu beobachten, was darauf zurückzuführen ist, dass die Anzahl an kurzfristig orientierten Hedgefonds zunehmend sinkt, Schlitt/Ries/Lepke, AG 2024, 466, 474.

73 Koch, AktG, § 23 Rn. 6; Florstedt, NZG 2024, 139 Rn. 6; Harnos, AG 2024, S53, Rn. 34; a.A. Herzog/Gebhard, NZG 2023, 1055, 1058.

74 Schlitt/Ries/Lepke, AG 2024, 466, 476; Harnos, AG 2024, S53, Fn. 108.

75 DAV-Handelsrechtsausschuss, NZG 2023, 738, Rn. 32; vgl. auch schon Seiler/Widder BKR 2021, 676, 677.

76 Etwa Selzner, ZHR 174 (2010), 318, 327.

unabhängig von ihrer Zustimmung zur Zieltransaktion, ein Redemption Right eingeräumt.[77] Dies war bis zur Einführung des ZuFinG auch in der SPAC-Praxis auf dem deutschen Kapitalmarkt zu beobachten: SPACs der letzten Hochphase haben ein vom Abstimmungsverhalten unabhängiges Redemption Right gewährt.[78] Die jetzt Gesetz gewordene sog. »Widerspruchslösung«[79] im Rahmen des § 47 BörsG wird daher als »praxisfern«[80] empfunden, da sie Aktionären, die sich später umentscheiden, keine Möglichkeit zum Ausstieg bietet. Andere argumentieren hingegen, dass diese Beschränkung notwendig sei, um missbräuchliche Ausnutzung durch kurzfristig orientierte, institutionelle Anleger zu verhindern, die Aktien des SPACs erwerben, für die Zieltransaktion stimmen und dennoch das Andienungsrecht ausüben, ihre Warrants behalten und im Anschluss gewinnbringend ausüben könnten.[81] Dies würde im Ergebnis dazu führen, dass die Kosten zulasten der verbleibenden Aktionäre umverteilt werden. Auch könnte so in Verbindung mit der geforderten Dreiviertelmehrheit ein Abfluss von Mitteln aus dem Gesellschaftsvermögen verhindert werden.[82] Zudem könnte der Anlegerschutz unterlaufen werden, wenn man ein vom Stimmverhalten unabhängiges Andienungsrecht zulassen würde, da die Zustimmung dann auch mit den Stimmen von später aussteigenden Aktionären erreicht werden könnte und die Abstimmung in der Hauptversammlung dann nicht mehr die Interessen der langfristig orientierten Aktionäre widerspiegeln würde.[83] Diese vermeintliche Anlegerschutzlücke wurde in der Vergangenheit durch die Etablierung einer zusätzlichen Bedingung geschlossen, dass bei Durchführung der De-SPAC-Transaktion nicht mehr als ein zuvor festgelegter Anteil der Aktionären (z.B. 20 % oder 30 %) das Redemption Right ausübt.[84] Aus praktischer Sicht könnte die jetzt Gesetz gewordene Widerspruchslösung dazu führen, dass die Zustimmungsquote weitaus geringer ausfallen wird als in den vergangenen De-SPAC-Transaktionen auf deutschen Börsen, da Aktionäre sich vorsorglich das Rücktrittsrecht offenhalten wollen könnten, und so die Durchführung der De-SPAC-Transaktion gefährdet wird.[85] Dies könnte Initiatoren vor der Verwendung einer BMAG zurückschrecken lassen, insbesondere im Hinblick darauf, dass die Zeiträume für die Suche einer Zielgesellschaft immer kürzer werden.[86] Wenn jedoch Vorschläge des Managements aufgrund von

77 DAV-Handelsrechtsausschuss, NZG 2023, 738, Rn. 32; Seiler/Widder BKR 2021, 676, 677; vgl. auch etwa Wertpapierprospekt der Lakestar SPAC I SE vom 19.02.2021 S. 51 f.; Wertpapierprospekt der SMG Technology Acceleration SE vom 27.10.2023, S. 63 f.

78 Vgl. etwa Wertpapierprospekt der Lakestar SPAC I SE vom 19.02.2021 S. 51 f.; Wertpapierprospekt der SMG Technology Acceleration SE vom 27.10.2023, S. 63 f.

79 DAV-Handelsrechtsausschuss, NZG 2023, 738, Rn. 32.

80 Florstedt, NZG 2024, 139, Rn. 12.

81 Florstedt, NZG 2024, 139 Rn. 10; vgl. zu entsprechenden negativen Erfahrungen auf dem US-Markt Rodrigues/Stegemoller, University of Georgia Research Paper Series Paper No. 2021–09, S. 4 f.

82 Begr. RegE ZuFinG, BT-Drs. 20/8292, S. 103.

83 Vgl. Seiler/Widder, BKR 2021, 676, 677.

84 Vgl. Seiler/Widder, BKR 2021, 676, 677.

85 Vgl. Seiler/Widder, BKR 2021, 676, 677.

86 Vgl. Schlitt/Ries/Lepke, AG 2024, 466, 475 Fn. 119.

vorsorglichen Rechtsvorbehalten trotz grundsätzlicher Zustimmung abgelehnt werden, ist eine zügige Vollziehung der Zieltransaktionen nicht realistisch.

In dieser Hinsicht bleibt abzuwarten, wie der Markt auf diese Regelung reagiert. Mit Gewissheit kann nicht gesagt werden, dass die Widerspruchslösung von der Wahl einer BMAG entmutigt.

6. *Liquidierung bei Scheitern der De-SPAC-Transaktion und die Ein-Jahres-Frist*

Soweit eine De-SPAC-Transaktion innerhalb des vorgegebenen Zeitraumes nicht zustande kommt, muss der SPAC aufgelöst werden.[87] Vor Einführung des ZuFinG war die Auflösung eines SPACs aufgrund der bestehenden Regelungen des deutschen Aktienrechts kaum praktisch umsetzbar. Eine automatische Auflösung durch eine Befristung in der Satzung gemäß § 262 Abs. 1 Nr. 1 AktG war nicht zielführend, da SPACs im Falle einer erfolgreichen Zieltransaktion fortbestehen sollten.[88] Die Auflösung hätte daher lediglich durch einen Hauptversammlungsbeschluss erreicht werden können, der über Stimmbindungsabsprachen abzusichern war.[89]

Die Auflösung erfolgt nun automatisch, wenn die in der Satzung festgelegte Frist zwischen 24 und 36 Monaten für die Zieltransaktion (§ 44 Abs. 3 BörsG) abläuft und diese nicht erfolgreich durchgeführt wurde (§ 47b Abs. 1 Satz 1 BörsG). Erfolgreich ist eine Zieltransaktion, wenn der Wert der erworbenen Vermögenswerte nicht mehr als 20 % unter dem Wert der Einlagen einschließlich Aufgeld liegt (§ 47b Abs. 1 Satz 2 BörsG). Kommt es nicht zu einer erfolgreichen Zieltransaktion, wird die Gesellschaft als reguläre Aktiengesellschaft fortgeführt, ohne weiterhin als BMAG zu firmieren (§ 47b Abs. 1 Satz 3, 4 BörsG). Alternativ können die Aktionäre vor Fristablauf durch einen Hauptversammlungsbeschluss gemäß § 179 Abs. 1 AktG die Umwandlung in eine reguläre Aktiengesellschaft beschließen, wenn eine Einzahlungsbestätigung vorliegt und die Börsenzulassung widerrufen wird (§ 47b Abs. 2 Satz 1 BörsG). Mit § 47b BörsG wurde nun eine klare Regelung geschaffen, die die Auflösung eines SPACs vereinfacht und rechtssicher gestaltet.

Ein weiteres Problem vor dem ZuFinG war, dass die Vermögensverteilung aufgrund der einjährigen Sperrfrist gemäß §§ 267, 272 Abs. 1 AktG nur verzögert erfolgen konnte. Diese Regelung hat sich im Zusammenhang mit SPACs als unpraktisch erwiesen, da sie nicht den Interessen der Anleger gerecht wurde, die ihre Investitionen bei Scheitern der De-SPAC-Transaktion schnellstmöglich zurückerhalten wollen.[90] Zudem bedarf es in dieser Konstellation keines starken Gläubigerschutzes, da der SPAC keine aktiven Geschäfte betreibt und infolgedessen nur wenige Gläubiger

87 Schalast/Geurts/Türkmen, BB 2021, 1283, 1287.
88 Selzner, ZHR 174 (2010), 318, 345.
89 Vgl. Schalast/Geurts/Türkmen, BB 2021, 1283, 1288; Selzner, ZHR 174 (2010), 318, 345.
90 Strohmeier, Special Purpose Acquisition Companies, 2012, S. 186f.; Hell, BKR 2021, 26, 31.

hat.[91] Daher wird nun zu Recht eine schnellere Vermögensverteilung erlaubt, die bereits nach zwei Monaten ab dem Tag erfolgen kann, an dem der Aufruf an die Gläubiger nach § 267 AktG bekanntgemacht worden ist (§ 47b Abs. 3 BörsG).

Diese Änderungen schaffen klare und vorhersehbare Regelungen für die Abwicklung und Fortführung von SPACs und ermöglichen eine zügige Vermögensverteilung, die den Interessen der Beteiligten besser entspricht.

III. Noch offene Probleme

Die weitere Analyse wird zeigen, dass nicht alle Probleme durch das ZuFinG adressiert wurden. Im Folgenden wird untersucht, wie gravierend diese Lücken sind und ob sie sich auf die Akzeptanz der BMAG auf dem Kapitalmarkt auswirken werden und daher geschlossen werden müssen.

1. *Kapitalmarktrechtliche Perspektive: das Pflichtangebot nach dem WpÜG*

Ein zentrales Problem im Zusammenhang mit SPACs deutscher Rechtsform entsteht, wenn Altgesellschafter der Zielgesellschaft im Rahmen der Zieltransaktion Stimmrechte an der BMAG in Höhe von 30 % oder mehr erwerben.[92] Dies hat zur Folge, dass sie die Kontrolle an der Zielgesellschaft erwerben und dadurch eine Pflicht zur Abgabe eines Übernahmeangebots ausgelöst wird (§ 35 WpÜG). In der Regel wird dies relevant, wenn die Aktien der Zielgesellschaft im Rahmen einer Sachkapitalerhöhung in die BMAG eingebracht werden, sodass es zu einer Rückbeteiligung der Gesellschafter der Zielgesellschaft kommt.[93] Doch auch im Rahmen anderer Formen der De-SPAC-Transaktion kann eine Pflicht zur Abgabe eines Übernahmeangebots ausgelöst werden. Das Überschreiten der 30 %-Schwelle kann in zwei Szenarien eintreten: Zum einen ist denkbar, dass ein einzelner Mehrheits-Altgesellschafter des Zielunternehmens zu mindestens 30 % am SPAC beteiligt sein wird.[94] Die Schwelle kann zum anderen auch dadurch erreicht werden, dass die Beteiligungen mehrerer Altgesellschafter zusammen 30 % erreicht oder überschreitet und die Stimmrechte einander zugerechnet werden, wenn diese ihr Verhalten abstimmen (*acting in concert*, § 30 Abs. 2 WpÜG).[95] Dafür reicht der bloße parallele Aktienerwerb an der BMAG allein nicht aus.[96] Vielmehr muss es sich um eine Abstimmung des Verhaltens durch

91 Begr. RegE ZuFinG, BT-Drs. 20/8292, S. 105.

92 Harrer in Habersack/Mülbert/Schlitt, Unternehmensfinanzierung am Kapitalmarkt, Rn. 4.177; Strohmeier, Special Purpose Acquisition Companies, S. 189.

93 Schlitt/Biller in MünchKomm AktG, 6. Aufl. 2024, § 37 WpÜG Rn. 28.

94 Seiler/Widder, BKR 2021, 676, 683.

95 Strohmeier, Special Purpose Acquisition Companies, S. 190; Seiler/Widder, BKR 2021, 676, 683.

96 Seiler/Widder, BKR 2021, 676, 683.

Vereinbarung oder in sonstiger Weise in Bezug auf die Zielgesellschaft handeln, wobei Einzelfälle nicht erfasst sind (§ 30 Abs. 2 Satz 1, 2 WpÜG).

Auch wenn ein Pflichtangebot nach § 35 WpÜG nicht in allen Fällen ausgelöst wird, hat dies weitreichende Folgen für die Transaktionssicherheit, da ein potenzielles Pflichtangebot in der Praxis zeit- und kostenintensiv ist. Daher werden diverse Lösungen diskutiert, um eine Pflicht zur Abgabe eines Übernahmeangebots zu vermeiden. Zum einen wird eine Befreiung von der Abgabe eines Pflichtangebots nach § 37 Abs. 1 WpÜG für zulässig gehalten, da die Aktionäre des SPACs aufgrund des bestehenden Rückgaberechts nicht schutzbedürftig sind.[97] Die Entscheidung über den Antrag liegt dabei im Ermessen der BaFin.[98] Zwar dürfte ein konkretisierender Befreiungstatbestand des § 9 WpÜG-AngV regelmäßig nicht einschlägig sein, jedoch ist dieser Katalog lediglich beispielhaft und nicht abschließend.[99] Um nicht auf eine positive Entscheidung der BaFin angewiesen zu sein, wurde alternativ die Notierung des SPACs im Freiverkehr vorgeschlagen, da das Übernahmerecht in diesem Fall nicht anwendbar ist (§ 2 Abs. 7 WpÜG).[100] Bei der BMAG würde dies jedoch keine geeignete Lösung darstellen, da sie nur eine im regulierten Markt notierte Aktiengesellschaft sein kann (§ 44 Abs. 4 Nr. 2 BörsG).[101] Der Gesetzgeber hat im Rahmen des ZuFinG leider keine spezifische Regelung zu diesem Thema geschaffen.[102] Somit bleibt es weiterhin der Ermessensentscheidung der BaFin nach § 37 Abs. 1 WpÜG überlassen, ob eine Befreiung gewährt wird.[103] Die luxemburgische Aufsichtsbehörde (CSSF) befreit häufig vom Pflichtangebot mit der Begründung, dass die ursprünglichen SPAC-Investoren durch ihr Stimmrecht und das Rückgaberecht ausreichend geschützt seien.[104] Angesichts der fehlenden Schutzbedürftigkeit der Investoren bleibt zu hoffen, dass die BaFin sich dieser Ansicht anschließt.[105]

Trotzdem trägt eine Befreiungsmöglichkeit nur bedingt zur Reduzierung des Pflichtangebotsrisikos bei, da die Beteiligten auf die Entscheidung der BaFin angewiesen sind. Im internationalen Vergleich stellt dies einen Nachteil dar, solange der Gesetzgeber die BMAG nicht ausdrücklich aus dem Anwendungsbereich des § 35 WpÜG herausnimmt.[106] Die Möglichkeit einer verlässlichen Vorabstimmung würde den Transaktionsbeteiligten helfen.

97 Strohmeier, Special Purpose Acquisition Companies, S. 191; Hell, BKR 2021, 26, 30.
98 Meyer in Angerer/Brandi/Süßmann, WpÜG, 4. Aufl. 2023, § 37 Rn. 27.
99 Schlitt/Biller in MünchKomm AktG, § 37 WpÜG Rn. 28; vgl. auch Meyer in Angerer/Brandi/Süßmann, WpÜG, § 37 Rn. 29.
100 Hell, BKR 2021, 26, 30.
101 Schlitt/Biller in MünchKomm AktG, § 37 WpÜG Rn. 28.
102 Schlitt/Biller in MünchKomm AktG, § 37 WpÜG Rn. 28.
103 Schlitt/Biller in MünchKomm AktG, § 37 WpÜG Rn. 28; Florstedt, NZG 2024, 139, Rn. 13.
104 Schlitt/Ries/Lepke, AG 2024, 466, Rn. 52; so auch Seiler/Widder, BKR 2021, 676, 683.
105 Schlitt/Ries/Lepke, AG 2024, 466, Rn. 52.
106 Vgl. Schlitt/Ries/Lepke, AG 2024, 466, Rn. 52.

2. *Klagen gegen den Zustimmungsbeschluss der Hauptversammlung*

Fragen wirft zudem die Anfechtbarkeit des Zustimmungsbeschlusses der Hauptversammlung auf, da dadurch die De-SPAC-Transaktion gefährdet wird. Dabei ist zwischen der Verschmelzung durch Aufnahme (§§ 4 ff. UmwG) und allen anderen Transaktionsformen (Sacheinlage, Barakquisition etc.) zu unterschieden. Denn die Handhabung des Zustimmungsbeschlusses richtet sich bei umwandlungsrechtlichen Zieltransaktionen nach dem UmwG und bei sämtlichen anderen Transaktionsformen nach § 46 Abs. 1 BörsG.[107]

Bei Verschmelzungsbeschlüssen können Aktionäre Anfechtungsklage erheben (§ 14 Abs. 1 UmwG, § 243 Abs. 1 AktG), was eine Registersperre auslöst (§ 16 Abs. 2 UmwG). Aufgrund der Freigabefähigkeit des Beschlusses gemäß § 16 Abs. 3 Satz 3 Nr. 3 UmwG können aber erhebliche Verzögerungen verhindert und der Bestand des Verschmelzungsbeschlusses gesichert werden, sodass die Transaktionssicherheit in diesen Fällen nicht erheblich gefährdet wird.

Bei den bislang häufiger vorzufindenden Strukturen von Zieltransaktionen (Einbringung im Rahmen einer Sachkapitalerhöhung, Barakquisition etc.) ist ein Zustimmungsbeschluss der Hauptversammlung nach Maßgabe von § 46 Abs. 1 BörsG zu fassen. In diesem Fall bringt die Anfechtung dieses Zustimmungsbeschlusses zwar keine Registersperre mit sich, da insoweit keine Handelsregistereintragung vorgesehen ist.[108] Trotzdem kann die Anfechtung erhebliche Folgen für die Transaktionssicherheit haben. Denn anders als in Fällen der Verschmelzungsbeschlüsse hat es der Gesetzgeber versäumt, eine Art Freigabeverfahren vorzusehen, das Rechtssicherheit über die Möglichkeit des Vollzugs der Transaktion vor einer Entscheidung über die Anfechtungsklage ermöglicht. Damit besteht das Risiko, dass die Anfechtungsklage letztlich Erfolg hat, der Zustimmungsbeschluss für nichtig erklärt (§ 248 AktG) und die Rückabwicklung verlangt werden. Ähnlich wie bei *Holzmüller/Gelatine*-Beschlüssen könnte sich der Vorstand erheblichen Haftungsrisiken aussetzen, wenn er die Zieltransaktion trotz einer anhängigen Anfechtungsklage umsetzt.[109] Die Initiatoren werden ein solches Risiko stets vermeiden wollen und die Zieltransaktion als Verschmelzung durchführen[110] oder – wenn als Zielgesellschaft Unternehmen außerhalb der EU in Frage kommen – von vorherein für den SPAC eine Rechtsform mit günstigerem Anfechtungsregime wählen, wie etwa die niederländische N.V. oder die luxemburgische SE.

107 Herzog/Kiel in Heidel, Aktienrecht und Kapitalmarktrecht, § 46 BörsG Rn. 6 f.
108 Harnos, AG 2024, S53, Rn. 65; a.A. scheinbar Florstedt, NZG 2024, 139 Rn. 13.
109 Schäfer in MünchKomm AktG, § 243 Rn. 132; Hölters/Hölters in Hölters/Weber AktG, 4. Aufl. 2022, § 93 Rn. 286; Freiherr von Falkenhausen, NZG 2016, 601, 602 f. In solchen Fällen wird dem Vorstand daher empfohlen, entsprechende Gutachten über die Erfolgsaussichten der Anfechtungsklage einzuholen, Lappe/Gattringer in Lappe/Gattringer Carve-out-Transaktionen, 2. Aufl. 2021, Kapitel II Rn. 139.
110 Florstedt, NZG 2024, 139, Fn. 44.

Insgesamt ist eine rechtssichere und zügige Umsetzung von im Zusammenhang mit der Zieltransaktionen gefasster Beschlüsse essenziell für die Funktionsfähigkeit von SPACs, da diese auf eine begrenzte Lebensdauer und spezifische Ziele ausgerichtet sind. Verzögerungen und Transaktionsrisiken gefährden die Attraktivität des Modells und können die Zielsetzungen des ZuFinG untergraben. Der Gesetzgeber sollte daher ein Freigabeverfahren für Anfechtungsklagen gegen den Zustimmungsbeschluss statuieren oder alternative Mechanismen schaffen, um die Transaktionssicherheit bei De-SPAC-Transaktionen, die nicht im Wege einer Umwandlung durchgeführt werden, nachhaltig zu gewährleisten.

IV. Ergebnis

Die zuvor bestehenden Hindernisse bei der Verwendung eines deutschen SPACs wurden überwiegend beseitigt. Der deutsche Gesetzgeber hat durch das ZuFinG eine wichtige Grundlage dafür geschaffen, dass der SPAC auch in einer deutschen Rechtsform aufgesetzt werden könnte.[111] Auch wenn an einigen Stellen Korrekturen im Wege einer Rechtsfortbildung oder einer Auslegung geboten sind, bietet das Gesetz einen soliden Grundstein.[112] Ob die Rechtsform der BMAG tatsächlich angenommen wird, wird jedoch der Markt entscheiden.[113] Insbesondere hinsichtlich der Beschränkung der Absicherung von Naked Warrants, des möglichen Erfordernisses eines Pflichtangebots und des Transaktionsrisikos durch das Anfechtungsregime bringt die BMAG im Vergleich zu ausländischen SPACs, wie der luxemburgischen SE, noch gewisse Nachteile mit sich. Zudem ist die luxemburgische SE eine lang erprobte Rechtsform für SPACs, sodass sich Investoren verleitet sehen könnten, altbewährte Systeme zu wählen. Es bleibt daher abzuwarten, ob sich Investoren an die BMAG herantrauen, oder der Gesetzgeber dazu zunächst Anreize setzen muss.

111 Vgl. etwa Kuthe, BB 2023, 1603, 1609; Schmittmann/Brunngräber, StB 2024,16, 24.
112 Vgl. Harnos, AG 2024, 53, Rn. 80.
113 Hell in Marsch-Barner/Schäfer, Handbuch börsennotierte AG, § 10 Rn. 10.1; Herzog/Gebhard, NZG 2023, 1055, 1059; so auch von der Linden/Schäfer, DB 2023, 2292, 2296.

Verschmelzung von Investmentfonds im Koordinatensystem des europäischen Gesellschafts- und Kapitalmarktrechts

Jessica Schmidt

Im europäischen Kapitalmarktrecht existieren nur spezielle Regelungen für (nationale und grenzüberschreitende) Verschmelzungen von Organismen für gemeinsame Anlagen in Wertpapieren (OGAW), nicht dagegen von Alternativen Investmentfonds (AIF). Das europäische Gesellschaftsrecht schließt bestimmte Investmentfonds hingegen explizit vom Anwendungsbereich der Vorschriften über grenzüberschreitende Verschmelzungen aus. Der Beitrag analysiert, welche Varianten der (nationalen und grenzüberschreitenden) Verschmelzung von Investmentfonds nach EU-Recht zulässig sind und wie weit der Spielraum für die nationalen Gesetzgeber reicht.

I. Eine kurze Geschichte und Kartierung des Europäischen Rechtsrahmens für Verschmelzungen und Investmentfonds

Zum besseren Verständnis lohnt es sich, zunächst einen Blick zurück auf die historische Entwicklung und den heutigen Stand des europäischen Rechtsrahmens für Verschmelzungen und Investmentfonds zu werfen.

Nationale Verschmelzungen wurden auf europäischer Ebene erstmals mit der am 9.10.1978 verabschiedeten FusRL[1] geregelt: Sie verpflichtete alle Mitgliedstaaten, in ihrem nationalen Recht für Aktiengesellschaften das Rechtsinstitut der Verschmelzung zu verankern und harmonisierte zudem im Interesse des Schutzes der Aktionäre und Gläubiger die Regelungen über das Verschmelzungsverfahren. Zugleich wurde mit ihr das wesentliche Fundament für das gesamte europäische Recht der Umstrukturierungen gelegt: Das damals konzipierte Verfahrensinstrumentarium hat sich inzwischen zum »Europäischen Modell für Strukturmaßnahmen« entwickelt.[2] Seit 2017 sind die (zwischenzeitlich mehrfach punktuell novellierten) Vorschriften über nationale Verschmelzungen von Aktiengesellschaften in Titel II Kapitel I GesRRL[3] kodifiziert.

1 Dritte RL 78/855/EWG des Rates v. 9.10.1978 gemäß Art. 54 Absatz 3 Buchstabe g) des Vertrages betreffend die Verschmelzung von Aktiengesellschaften, ABlEG v. 20.10.1978, L 295/36.

2 Lutter/Bayer/J. Schmidt, Europäisches Unternehmens- und Kapitalmarktrecht, 7. Aufl. 2026, 22.43.

3 RL (EU) 2017/1132 des EP und des Rates v. 14.6.2017 über bestimmte Aspekte des Gesellschaftsrechts (Kodifizierter Text), ABlEU v. 30.6.2017, L 169/46; zuletzt geändert durch RL (EU) 2025/25 des EP und des Rates v. 19.12.2024 zur Änderung der RL 2009/102/EG

1985 wurde dann mit der OGAW-RL (OGAW I)[4] der Grundstein des europäischen Investmentfondsrechts gelegt. Sie verankerte erstmals Mindestregelungen bezüglich Zulassung, Aufsicht, Struktur, Geschäftstätigkeit sowie Informationspflichten von OGAW. Regelungen zur Verschmelzung von OGAW enthielt sie jedoch (zunächst) nicht.

2005 gelang es mit der Cross-Border Mergers Directive (CBMD)[5] nach jahrzehntelangen Bemühungen endlich, auch einen Rechtsrahmen für grenzüberschreitende Verschmelzungen von Kapitalgesellschaften zu schaffen. Seit 2017 sind die (inzwischen ebenfalls mehrfach novellierten) Regelungen über grenzüberschreitende Verschmelzungen von Kapitalgesellschaften in Titel II Kapitel II GesRRL verankert. Bestimmte Investmentfonds sind jedoch ausdrücklich von ihrem Anwendungsbereich ausgenommen (ursprünglich: Art. 3 (3) CBMD/heute: Art. 120 (3) GesRRL).

2009 wurde im Zuge der grundlegenden Neufassung der OGAW-RL (OGAW IV)[6] in deren Kapitel VI (Art. 37–48 OGAW-RL) ein spezieller Rechtsrahmen für die nationale und grenzüberschreitende Verschmelzung von OGAW geschaffen. Ziel war es, Verschmelzungen von OGAW zu erleichtern und zugleich harmonisierte Standards zu schaffen.[7]

Nachdem die Finanzkrise deutlich gemacht hatte, dass auch Fonds, die nicht unter die OGAW-RL fallen, einem breiten Spektrum von Risiken unterliegen[8], wurde 2011 mit der AIFMD[9] ein spezieller europäischer Rechtsrahmen für alternative

und (EU) 2017/1132 zur Ausweitung und Optimierung des Einsatzes digitaler Werkzeuge und Verfahren im Gesellschaftsrecht, ABlEU L, 2025/25, 10.1.2025.

4 RL 85/611/EWG des Rates v. 20.12.1985 zur Koordinierung der Rechts- und Verwaltungsvorschriften betreffend bestimmte Organismen für gemeinsame Anlagen in Wertpapieren (OGAW), ABlEG v. 31.12.1985, L 375/3.

5 RL 2005/56/EG des EP und des Rates v. 26.10.2005 über die Verschmelzung von Kapitalgesellschaften aus verschiedenen Mitgliedstaaten, ABlEU v. 25.11.2005, L 310/1.

6 RL 2009/65/EG des EP und des Rates vom 13.7.2009 zur Koordinierung der Rechts- und Verwaltungsvorschriften betreffend bestimmte Organismen für gemeinsame Anlagen in Wertpapieren (OGAW), ABlEU v. 17.11.2009, L 302/32; zuletzt geändert durch RL (EU) 2024/2994 des EP und des Rates v. 27.11.2024 zur Änderung der RL 2009/65/EG, 2013/36/EU und (EU) 2019/2034 hinsichtlich der Behandlung des Konzentrationsrisikos, das aus Risikopositionen gegenüber zentralen Gegenparteien erwächst, und des Ausfallrisikos bei zentral geclearten Derivategeschäften, ABlEU L, 2024/2994, 4.12.2024.

7 Vgl. ErwG 27 OGAW-RL; KOM(2008) 458, S. 5, 7 f.

8 Vgl. KOM(2009) 207, S. 2 f.

9 RL 2011/61/EU des EP und des Rates v. 8.6.2011 über die Verwalter alternativer Investmentfonds und zur Änderung der RL 2003/41/EG und 2009/65/EG und der VO (EG) Nr. 1060/2009 und (EU) Nr. 1095/2010, ABlEU v. 1.7.2011, L 174/1; zuletzt geändert durch RL (EU) 2024/927 des EP und des Rates v. 13.3.2024 zur Änderung der RL 2011/61/EU und 2009/65/EG im Hinblick auf Übertragungsvereinbarungen, Liquiditätsrisikomanagement, die aufsichtliche Berichterstattung, die Erbringung von Verwahr- und Hinterlegungsdienstleistungen und die Kreditvergabe durch alternative Investmentfonds, ABlEU L, 2024/927, 26.3.2024.

Investmentfonds (AIF) geschaffen. Dessen Regelungsadressat sind allerdings nicht unmittelbar die AIF selbst, sondern deren Verwalter (alternative investment fund managers – AIFM). Zudem enthält die AIFMD bis heute keine speziellen Regelungen zur Verschmelzung von AIF.[10]

II. Nationale und grenzüberschreitende Verschmelzungen von OGAW nach Kapitel VI OGAW-RL

1. *Anwendungsbereich*

Kapitel VI OGAW-RL (Art. 37–48 OGAW-RL) regelt ausschließlich die Verschmelzung von OGAW. Erfasst sind alle Arten von OGAW i.S.d. Art. 1 (3) OGAW-RL, d.h. OGAW in Vertragsform, in Satzungsform (Investmentgesellschaften) und in Form des Trusts (vgl. Art. 38 (1) OGAW-RL). Zudem ist die Verschmelzung von Teilfonds erfasst (Art. 37 OGAW-RL).

Der europäische Gesetzgeber hat bewusst nicht nur grenzüberschreitende, sondern auch nationale Verschmelzungen von OGAW geregelt, weil letztere ebenfalls Auswirkungen auf Anleger in mehreren Mitgliedstaaten haben können, wenn einer oder mehrere der beteiligten OGAW einen »Europäischen Pass« für andere Mitgliedstaaten haben.[11] Entscheidend für den grenzüberschreitenden Charakter ist nach Art. 2 (1) lit. qr OGAW-RL die Zulassung in verschiedenen Mitgliedstaaten: Eine Verschmelzung ist grenzüberschreitend, wenn entweder die beteiligten OGAW in verschiedenen Mitgliedstaaten zugelassen sind oder der aus einer Verschmelzung durch Neugründung hervorgehende OGAW in einem anderen Mitgliedstaat zugelassen ist als die übertragenden OGAW.

Die OGAW-RL ermöglicht überdies sowohl nationale als auch grenzüberschreitende Verschmelzungen von OGAW grundsätzlich in drei Varianten: (i) Verschmelzung durch Aufnahme, (ii) Verschmelzung durch Neugründung und (iii) Scheme of Arrangement (vgl. Art. 2 (1) lit. p OGAW-RL). Es ist den Mitgliedstaaten jedoch freigestellt, ob sie in ihrem nationalen Recht nur eine oder mehrere dieser Varianten zulassen (Art. 38 (1) OGAW-RL).[12] Im Falle von grenzüberschreitenden Verschmelzungen ist maßgeblich, ob die betreffende Variante nach den Rechtsvorschriften des Herkunftsmitgliedstaats des übertragenden OGAW (d.h. des Mitgliedstaats, in dem dieser zugelassen ist[13]) zulässig ist (Art. 38 (2) UAbs. 1 OGAW-RL).

10 Vgl. dazu auch Annunziata, Cross-border mergers between investment funds in Europe: a complicated enigma, Bocconi Studies Research Paper Series, 2019, S. 19.

11 Vgl. SEC(2008) 2263, 4.2.

12 Vgl. auch ErwG 28 Satz 2 OGAW-RL.

13 Vgl. Art. 2 (1) lit. e OGAW-RL.

2. *Verschmelzungsverfahren*

Der Rechtsrahmen für die Verschmelzung von OGAW in Art. 37–48 OGAW-RL baut konzeptionell auf dem »Europäischen Modell für Strukturmaßnahmen« auf, modifiziert dieses aber mit Blick auf die Spezifika von OGAW.[14]

Wesentliche Verfahrensschritte sind:

(1) Verschmelzungsplan (Art. 40 OGAW-RL);
(2) Verschmelzungsprüfung (Art. 41, 42 OGAW-RL);
(3) Aufsichtsbehördliche Genehmigung (Art. 39 OGAW-RL);
(4) Information der Anteilsinhaber (Art. 43 OGAW-RL);
(5) ggf. Zustimmung der Anteilsinhaber mit qualifizierter Mehrheit (sofern im nationalen Recht vorgesehen) (Art. 44 OGAW-RL);

a) Verschmelzungsplan

Der übertragende und der übernehmende OGAW müssen gem. Art. 40 (1) UAbs. 1 OGAW-RL einen gemeinsamen Verschmelzungsplan mit den in Art. 40 (1) UAbs. 2 OGAW-RL aufgelisteten Angaben erstellen. Diese korrespondieren im Wesentlichen mit den Angaben, die die GesRRL für den Verschmelzungsplan für eine nationale (Art. 91 (2) GesRRL) oder grenzüberschreitende (Art. 122 Satz 2 GesRRL) Verschmelzung verlangt; sie sind aber spezifisch auf die Verschmelzung von OGAW zugeschnitten. Die zuständigen Behörden dürfen keine weiteren Inhalte verlangen, die OGAW dürfen solche aber freiwillig aufnehmen (Art. 40 (1) UAbs. 3, (2) OGAW-RL).

b) Verschmelzungsprüfung

Anders als bei Verschmelzungen nach der GesRRL (vgl. Art. 96, 125 GesRRL) verlangt die OGAW-RL nicht zwingend eine Verschmelzungsprüfung durch einen unabhängigen Sachverständigen. Stattdessen haben die Mitgliedstaaten ein Wahlrecht, ob die Verschmelzungsprüfung durch einen nach der APRL[15] zugelassenen unabhängigen Wirtschaftsprüfer[16] oder durch eine Verwahrstelle erfolgt (Art. 42

14 Lutter/Bayer/J. Schmidt, Europäisches Unternehmens- und Kapitalmarktrecht, 7. Aufl. 2026, 37.74. S. ferner auch Annunziata, Cross-border mergers between investment funds in Europe: a complicated enigma, Bocconi Studies Research Paper Series, 2019, S. 6 f.

15 RL 2006/43/EG des EP und des Rates v. 17.5.2006 über Abschlussprüfungen von Jahresabschlüssen und konsolidierten Abschlüssen, zur Änderung der RL 78/660/EWG und 83/349/EWG des Rates und zur Aufhebung der RL 84/253/EWG des Rates, ABlEU v. 9.6.2006, L 157/87; zuletzt geändert durch RL (EU) 2023/2864 des EP und des Rates vom 13.12.2023 zur Änderung bestimmter RL in Bezug auf die Einrichtung und die Funktionsweise des zentralen europäischen Zugangsportals, ABlEU L, 2023/2864, 20.12.2023.

16 Nach Art. 42 (2) OGAW-RL gelten die gesetzlichen Abschlussprüfer der beteiligten OGAW für diese Zwecke als unabhängig Wirtschafsprüfer.

(1) OGAW-RL). Gegenstand der Prüfung sind: (a) die beschlossenen Kriterien für die Bewertung des Vermögens und ggf. der Verbindlichkeiten, (b) ggf. die Barzahlung je Anteil, und (c) die Methode zur Berechnung des Umtauschverhältnisses und das tatsächliche Umtauschverhältnis (Art. 42 (1) OGAW-RL).

Die Verwahrstellen der beteiligten OGAW müssen zudem prüfen, ob die Angaben im Verschmelzungsplan betreffend die Art der Verschmelzung und der beteiligten OGAW, den geplanten effektiven Verschmelzungstermin sowie die für die Übertragung von Vermögenswerten und den Umtausch von Anteilen geltenden Bestimmungen mit den Anforderungen der OGAW-RL und den Vertragsbedingungen oder der Satzung des jeweiligen OGAW übereinstimmen (Art. 41 OGAW-RL).

c) Aufsichtsbehördliche Genehmigung

Anders als Verschmelzungen nach der GesRRL bedarf die Verschmelzung von OGAW gem. Art. 39 (1) OGAW-RL der vorherigen Genehmigung der zuständigen Behörden des Herkunftsmitgliedstaats des übertragenden OGAW. Voraussetzung für die Genehmigung ist, dass (i) sämtliche Anforderungen der Art. 39–42 OGAW-RL erfüllt sind, (ii) der übernehmende bzw. neue OGAW gem. Art. 93 OGAW-RL für die Vermarktung seiner Anteile in sämtlichen relevanten Mitgliedstaaten ordnungsgemäß gemeldet ist und (iii) Informationen, die den Anteilsinhabern übermittelt werden sollen (→ II.2.d), ausreichend sind. In Bezug auf Letzteres müssen sich die zuständigen Behörden des Herkunftsmitgliedstaats des bzw. der übertragenden OGAW entsprechend Art. 39 (3) OGAW-RL mit den zuständigen Behörden des Herkunftsmitgliedstaats des übernehmenden bzw. neuen OGAW abstimmen.

d) Information der Anteilsinhaber

Damit sich die Anteilsinhaber ein fundiertes Urteil über die Auswirkungen der Verschmelzung auf ihre Anlage bilden können, müssen die beteiligten OGAW ihren jeweiligen Anteilsinhabern gem. Art. 43 (1) OGAW-RL geeignete und präzise Informationen über die geplante Verschmelzung übermitteln – allerdings erst, nachdem die aufsichtsbehördliche Genehmigung (im Rahmen derer geprüft wird, ob die Informationen ausreichend sind, → II.2.c), erteilt wurde (Art. 43 (2) OGAW-RL).

Die erforderlichen Pflichtinformationen sind in Art. 43 (3) OGAW-RL aufgeführt und werden durch Art. 3–5 RL 2010/44/EU[17] weiter konkretisiert. In der Sache entsprechen sie im Kern den Informationen, die die Anteilsinhaber im Falle einer Verschmelzung nach der GesRRL durch den Verschmelzungsbericht erhalten; sie sind aber auf die Spezifika von OGAW zugeschnitten. Erforderlich sind Informationen über (a) Hintergrund und Beweggründe der geplanten Verschmelzung, (b) potenzielle

17 RL 2010/44/EU der Kommission v. 1.7.2010 zur Durchführung der RL 2009/65/EG des EP und des Rates in Bezug auf Bestimmungen über Fondsverschmelzungen, Master-Feeder-Strukturen und das Anzeigeverfahren, ABlEU v. 10.7.2010, L 176/28.

Auswirkungen auf die Anteilsinhaber, (c) spezifische Rechte der Anteilsinhaber in Bezug auf die geplante Verschmelzung, (d) maßgebliche Verfahrensaspekte und geplanter effektiver Verschmelzungstermin und (e) Kopie der wesentlichen Informationen für Anleger (*key investor information document*) gem. Art. 78 OGAW-RL.

Zudem haben die Anteilsinhaber der beteiligten OGAW einen Anspruch auf eine kostenlose Kopie des Prüfungsberichts der Verwahrstelle bzw. des unabhängigen Wirtschaftsprüfers (Art. 42 (3) OGAW-RL).

e) Ggf. Zustimmung der Anteilsinhaber

Im Gegensatz zur GesRRL (vgl. Art. 93, 126 GesRRL) verlangt die OGAW-RL aufgrund der Besonderheiten von OGAW und den unterschiedlichen nationalen Traditionen[18] nicht zwingend die Zustimmung der Anteilsinhaber, sondern überlässt diese Frage den Mitgliedstaaten. Sofern ein Mitgliedstaat die Zustimmung der Anteilsinhaber verlangt, darf er dafür aber maximal ein Mehrheitserfordernis von 75 % der abgegebenen Stimmen verlangen (Art. 44 UAbs. 1 OGAW-RL). Etwaige nationale Beschlussquoren bleiben zwar ausdrücklich unberührt; sie dürfen aber weder zwischen nationalen und grenzüberschreitenden Verschmelzungen diskriminieren noch strenger sein als die für die Verschmelzung von Kapitalgesellschaften vorgesehenen Bedingungen (Art. 44 UAbs. 2 OGAW-RL).[19]

3. Rücknahme- bzw. Umtauschrecht

Als besonderes Schutzinstrument für die Anteilsinhaber sieht Art. 45 (1) Satz 1 OGAWRL zudem ein Rücknahme- bzw. Umtauschrecht sowohl für die Anteilsinhaber des übertragenden als auch des übernehmenden OGAW vor: Diese haben das Recht, von »ihrem« jeweiligen OGAW den Wiederverkauf oder die Rücknahme ihrer Anteile zu verlangen oder – falls möglich – den Umtausch ihrer Anteile in Anteile eines anderen OGAW mit ähnlicher Anlagepolitik, der von derselben oder einer konzernverbundenen Verwaltungsgesellschaft verwaltet wird. Dafür dürfen – außer den vom OGAW zur Deckung der Auflösungskosten einbehaltenen – keine weiteren Kosten anfallen (Art. 45 (1) Satz 1 OGAW-RL). Die Frist für die Ausübung des Rücknahme- bzw. Umtauschrecht beginnt mit der Information der Anteilsinhaber nach Art. 43 OGAW-RL und erlischt 5 Werktage vor dem Zeitpunkt für die Berechnung des Umtauschverhältnisses gem. Art. 47 (1) OGAW-RL (Art. 45 (1) Satz 2 OGAW-RL).

Nach Art. 45 (2) OGAW-RL können die Mitgliedstaaten jedoch die zeitweilige Aussetzung der Zeichnung, Rücknahme oder Auszahlung von Anteilen verlangen

18 Vgl. auch Brülin, Verschmelzung von Investmentfonds in Luxemburg, Deutschland und im europäischen Binnenmarkt, 2012, S. 209 f.

19 Vgl. auch ErwG 28 Satz 5 OGAW-RL.

oder gestatten, wenn dies aus Gründen des Anteilsinhaberschutzes gerechtfertigt ist (z.B. im Falle eines ungeordneten Rückgabeverfahrens[20]).

4. *Wirksamwerden der Verschmelzung*

Bei nationalen Verschmelzung von OGAW bestimmt der jeweilige Mitgliedstaat den Zeitpunkt des Wirksamwerdens; bei grenzüberschreitenden Verschmelzungen von OGAW wird dieser durch den Herkunftsmitgliedstaat des übernehmenden bzw. neuen OGAW bestimmt (Art. 47 (1) OGAW-RL). Die Verschmelzung wird nach den maßgeblichen Rechtsvorschriften des Herkunftsmitgliedstaats des übernehmenden OGAW öffentlich bekannt gegeben und den zuständigen Behörden mitgeteilt (Art. 47 (2) OGAW-RL). Art. 47 (3) OGAW-RL sieht – ebenso wie Art. 134 UAbs. 1 GesRRL für grenzüberschreitende Verschmelzungen von Kapitalgesellschaften – einen absoluten Bestandsschutz vor: Eine einmal nach Art. 47 (1) OGAW-RL wirksam gewordenen Verschmelzung von OGAW kann nicht mehr für nichtig erklärt werden.

III. Nationale Verschmelzung von Investmentfonds auf der Basis von Titel II Kapitel I GesRRL

Der europäische Rechtsrahmen für die nationale Verschmelzung in Titel II Kapitel I GesRRL (Art. 87–117 GesRRL) erfasst nur die in Art. 87 (1) i.V.m. Anhang I GesRRL sowie Anhang XXII Nr. 1 zum EWR-Abkommen aufgelisteten mitgliedstaatlichen Formen der Aktiengesellschaft. Über Art. 9 (1) lit. c Ziff. ii SE-VO gelten die nationalen Umsetzungsvorschriften darüber hinaus für die SE.[21]

Investmentfonds können daher überhaupt nur dann vom Anwendungsbereich von Titel II Kapitel I GesRRL erfasst sein, wenn sie in einer der genannten Rechtsformen organisiert sind. Dies ist grundsätzlich sowohl bei OGAW als auch bei AIF möglich: Sowohl OGAW als auch AIF können in Satzungsform, d.h. als Investmentgesellschaft, organisiert sein (vgl. Art. 1 (3) OGAW-RL, Art. 2 (2), 4 (1) lit. b AIFMD) und eine solche Investmentgesellschaft kann die Rechtsform einer mitgliedstaatlichen Aktiengesellschaft oder SE haben.

Damit stellt sich die Frage des Verhältnisses von Titel II Kapitel I GesRRL zu Kapitel VI OGAW-RL. Als der europäische Gesetzgeber 2009 mit der OGAW IV in Kapitel VI OGAW-RL Regelungen über nationale (und grenzüberschreitende) Verschmelzungen etablierte, wollte er damit einen speziellen Rechtsrahmen für die

20 Vgl. zur deutschen Umsetzung in § 187 Abs. 2 KAGB: Zeller/Uhl/Evenkamp in Emde/Dornseifer/Dreibus, KAGB, 3. Aufl. 2023, § 187 Rn. 7.

21 Art. 2, 17 ff. SE-VO sind allerdings abschließende *leges speciales* hinsichtlich der Verschmelzung zur Neugründung einer SE sowie für die Verschmelzung zur Aufnahme im Zuge derer der übernehmende Rechtsträger seine Rechtsform in eine SE ändert, vgl. nur Lutter/Bayer/J. Schmidt, Europäisches Unternehmens- und Kapitalmarktrecht, 7. Aufl. 2026, 29.276.

Verschmelzung von OGAW schaffen, der einerseits Verschmelzungen von OGAW erleichtern und harmonisierte Standards schaffen sollte[22], andererseits aber insbesondere auch den spezifischen Besonderheiten von OGAW Rechnung tragen sollte. Diese speziellen Regelungen für Verschmelzungen von OGAW könnten unterlaufen werden, wenn OGAW-Investmentgesellschaften in Form einer mitgliedstaatlichen Aktiengesellschaft oder einer SE auch auf der Basis von Titel II Kapitel I GesRRL verschmelzen könnten. Die Verschmelzung einer OGAW-Investmentgesellschaft als übertragender Rechtsträger auf einen Nicht-OGAW als Zielrechtsträger würde überdies auch gegen das Verbot des Art. 1 (5) OGAW-RL verstoßen. Die Vorschriften über nationale Verschmelzungen von OGAW in Kapitel VI OGAW-RL (Art. 37–48 OGAW-RL) sind daher *leges speciales* gegenüber Titel II Kapitel I GesRRL.[23]

Allerdings handelt es sich bei Kapitel VI OGAW-RL lediglich um eine Mindestregelung.[24] Die Mitgliedstaaten dürfen diese Vorschriften daher grundsätzlich auch überschießend umsetzen und insoweit insbesondere auch die Verschmelzung von OGAW mit AIF oder ggf. auch Kapitalgesellschaften zulassen. Wegen des Umbildungsverbots in Art. 1 (5) OGAW-RL muss Zielrechtsträger einer Verschmelzung unter Beteiligung eines OGAW aber immer ein OGAW sein.

Für AIF-Investmentgesellschaften in Form einer mitgliedstaatlichen Aktiengesellschaft gem. Anhang I GesRRL bzw. Anhang XXII Nr. 3 zum EWR-Abkommen oder einer SE existieren hingegen auf europäischer Ebene keine investmentrechtlichen Sonderverschmelzungsvorschriften. Sie sind daher verschmelzungsfähige Rechtsträger i.S.v. Titel II Kapitel I GesRRL.

IV. Grenzüberschreitende Verschmelzung von Investmentfonds auf der Basis von Titel II Kapitel II GesRRL

Der Rechtsrahmen für grenzüberschreitende Verschmelzungen in Titel II Kapitel II GesRRL (Art. 118–134 GesRRL) gilt ausschließlich für EU-Kapitalgesellschaften (vgl. Art. 118, 119 Nr. 1 GesRRL) sowie gem. Anhang XXII Nr. 1 zum EWR-Abkommen auch für die dort genannten EWR-Kapitalgesellschaften. Über Art. 9 (1) lit. c Ziff. ii SE-VO finden die nationalen Umsetzungsvorschriften zu Titel II Kapitel II GesRRL zudem auf die SE Anwendung; allerdings nur soweit die SE übertragende oder aufnehmende Gesellschaft ist.[25]

22 Vgl. ErwG 27 OGAW-RL; KOM(2008) 458, S. 5, 7 f.

23 Abw. offenbar Zetzsche/Stabenow in Assmann/Wallach/Zetzsche, KAGB, 2. Aufl. 2022, Vor §§ 181 ff. Rn. 13 ff.

24 Vgl. ErwG 28 OGAW-RL; Riassetto in Conac (ed.), Fusions transfrontalières de sociétés, 2011, S. 144, 147.

25 Lutter/Bayer/J. Schmidt, Europäisches Unternehmens- und Kapitalmarktrecht, 7. Aufl. 2026, 23.36.

Investmentfonds können daher vom Anwendungsbereich von Titel II Kapitel II GesRRL überhaupt nur dann erfasst sein, wenn sie in einer der genannten Rechtsformen organisiert sind. Dies ist grundsätzlich sowohl bei OGAW als auch bei AIF möglich: Sowohl OGAW als auch AIF können in Satzungsform, d.h. als Investmentgesellschaft, organisiert sein (vgl. Art. 1 (3) OGAW-RL, Art. 2 (2), 4 (1) lit. b AIFMD) und eine solche Investmentgesellschaft kann eine der von Titel II Kapitel II GesRRL erfassten Rechtsformen haben.

Art. 120 (3) GesRRL nimmt allerdings bestimmte Investmentfonds ausdrücklich vom Anwendungsbereich der Vorschriften über grenzüberschreitende Verschmelzungen aus.

Diese Ausnahme fand sich bereits in Art. 3 (3) CBMD. Der Kommissionsentwurf für die CBMD[26] hatte allerdings noch keine entsprechende Ausnahme vorgesehen. Sie wurde vielmehr erst im Zuge des Legislativverfahrens im Rat ergänzt. Nachdem der genaue Anwendungsbereich der Richtlinie heftig umstritten war, sah der Kompromissvorschlag der niederländischen Ratspräsidentschaft vom 8.10.2004 in Art. 1 (3) CBMD-E vor, dass die Richtlinie nicht für grenzüberschreitende Verschmelzungen gelten sollte, an denen eine Gesellschaft beteiligt ist, die ein OGAW i.S.v. Art. 1 OGAW-RL ist.[27] Hintergrund war, dass schon damals über eine spezielle europäische Regelung für grenzüberschreitende Verschmelzungen von OGAW nachgedacht wurde. Die deutsche Delegation bat jedoch darum, die Ausnahme auf alle Organismen für gemeinsame Anlagen zu erstrecken und nicht nur auf die von der OGAW-RL erfassten.[28] Daraufhin wurde die Ausnahmeregelung allgemeiner formuliert.[29] In dieser Form wurde sie dann zu Art. 3 (3) CMBD und 2017 zu Art. 120 (3) GesRRL.

Vergleicht man den Wortlaut der Ausnahmeregelung in Art. 120 (3) GesRRL mit der Definition des OGAW in Art. 1 (2) OGAW-RL, so wird deutlich, dass die Ausnahme zwar weitgehend deckungsgleich mit der OGAW-Definition ist. Sie verlangt jedoch gerade nicht, dass der Zweck des Organismus die gemeinsame Anlage »in Wertpapieren und/oder anderen in Art. 50 Absatz 1 [OGAW-RL] genannten liquiden Finanzanlagen« (sog. *eligible assets*) ist.

26 KOM(2003) 703.

27 »This Directive shall not apply to cross-border mergers involving, as one of the parties to the cross-border merger, a company which is an undertaking for collective investment in transferable securities within the meaning of Article 1 of Directive 85/611/EEC.«.

28 ST 14060/04, Rn. 13.

29 ST 14752/04, Art. 1 (5) CBMD-E.

	Definition OGAW (Art. 1 (2) OGAW-RL)	Ausnahmetatbestand in Art. 120 (3) GesRRL
DE	[…] Organismen, a) deren ausschließlicher Zweck es ist, beim Publikum beschaffte Gelder für gemeinsame Rechnung nach dem Grundsatz der Risikostreuung in Wertpapieren und/oder anderen in Artikel 50 Absatz 1 genannten liquiden Finanzanlagen zu investieren, und b) deren Anteile auf Verlangen der Anteilinhaber unmittelbar oder mittelbar zu Lasten des Vermögens dieser Organismen zurückgenommen oder ausgezahlt werden. Diesen Rücknahmen oder Auszahlungen gleichgestellt sind Handlungen, mit denen ein OGAW sicherstellen will, dass der Kurs seiner Anteile nicht erheblich von deren Nettoinventarwert abweicht.	[…] Gesellschaft […] ist, deren Zweck es ist, die vom Publikum bei ihr eingelegten Gelder nach dem Grundsatz der Risikostreuung gemeinsam anzulegen, und deren Anteile auf Verlangen der Anteilsinhaber unmittelbar oder mittelbar zulasten des Vermögens dieser Gesellschaft zurückgenommen oder ausgezahlt werden. Diesen Rücknahmen oder Auszahlungen gleichgestellt sind Handlungen, mit denen eine solche Gesellschaft sicherstellen will, dass der Börsenwert ihrer Anteile nicht erheblich von deren Nettoinventarwert abweicht.
EN	an undertaking: (a) with the sole object of collective investment in transferable securities or in other liquid financial assets referred to in Article 50(1) of capital raised from the public and which operate on the principle of risk-spreading; and (b) with units which are, at the request of holders, repurchased or redeemed, directly or indirectly, out of those undertakings' assets. Action taken by a UCITS to ensure that the stock exchange value of its units does not significantly vary from their net asset value shall be regarded as equivalent to such repurchase or redemption.	[…] company the object of which is the collective investment of capital provided by the public, which operates on the principle of risk-spreading and the units of which are, at the holders' request, repurchased or redeemed, directly or indirectly, out of the assets of that company. Action taken by such a company to ensure that the stock exchange value of its units does not vary significantly from its net asset value shall be regarded as equivalent to such repurchase or redemption.

Art. 120 (3) GesRRL nimmt somit nicht nur OGAW i.S.d. OGAW-RL vom Anwendungsbereich der Vorschriften über grenzüberschreitende Verschmelzungen in Titel II Kapitel II GesRRL aus, sondern auch offene Publikums-AIF-Investmentgesellschaften. Diese erfüllen ebenfalls alle Kriterien des Art. 120 (3) GesRRL: Bei ihnen handelt es sich auch um Gesellschaften, deren Zweck es ist, das vom Publikum bei ihr eingelegte Kapital[30] nach dem Grundsatz der Risikostreuung gemeinsamen anzulegen (Publikumsinvestmentvermögen) und die Anleger haben auch bei ihnen ein Rückgaberecht (offenes Investmentvermögen).

Wie die dargestellte Gesetzgebungshistorie zeigt, hat der europäische Gesetzgeber den Ausnahmetatbestand in Art. 120 (3) GesRRL bewusst weiter formuliert als die Definition des OGAW in Art. 1 (2) OGAW-RL. Entgegen einer im Schrifttum vertretenen Auffassung[31] verbietet sich daher auch eine telelogische Reduktion des Anwendungsbereichs der Ausnahme in Art. 120 (3) GesRRL ausschließlich auf OGAW.

Nicht unter den Ausnahmetatbestand des Art. 120 (3) GesRRL fallen hingegen alle Gesellschaften i.S.d. Anhang II GesRRL, des Anhang XXII Nr. 1 zum EWR-Abkommen sowie SE, die entweder geschlossene Publikums-AIF, geschlossene Spezial-AIF oder offene Spezial-AIF sind. Sie fallen somit allesamt in den Anwendungsbereich von Titel II Kapitel II GesRRL.

IV. Zusammenfassung in Thesen

1. Das europäische Kapitalmarktrecht sieht mit Kapitel VI OGAW-RL (Art. 37–48 OGAWRL) nur für nationale und grenzüberschreitende Verschmelzungen von OGAW einen speziellen Rechtsrahmen vor. Für Verschmelzungen von AIF existiert hingegen kein spezieller europäischer Rechtsrahmen.

2. Die Vorschriften über Verschmelzungen von OGAW in Kapitel VI OGAW-RL sind *leges speciales* gegenüber den Vorschriften über nationale und grenzüberschreitende Verschmelzungen in Titel II Kapitel I-II GesRRL.

3. Der Ausnahmetatbestand des Art. 120 (3) GesRRL erfasst nicht nur OGAW i.S.d. OGAW-RL, sondern auch offene Publikums-AIF. Nicht unter den Ausnahmetatbestand des Art. 120 (3) GesRRL fallen hingegen alle Gesellschaften i.S.d. Anhang II GesRRL, des Anhang XXII Nr. 1 zum EWR-Abkommen sowie SE, die entweder geschlossene Publikums-AIF, geschlossene Spezial-AIF oder offene Spezial- AIF sind.

30 Die deutsche Übersetzung »Gelder« des englischen »capital« ist zu eng.

31 So in Bezug auf die deutsche Umsetzung des Art. 120 (3) GesRRL in § 306 Abs. 2 Satz 1 Nr. 2 UmwG: Seidel, NZG 2024, 926, 931.

Zur Weisungsfreiheit von Beauftragten im Unternehmen – Vorüberlegungen zu einem »Allgemeinen Recht des Beauftragten«

Uwe H. Schneider/Tobias Brouwer/Sabine Scholz-Fröhling

I. Einführung

Zu den Pflichten der Unternehmen gehört die Bestellung von Betriebsbeauftragten, Unternehmensbeauftragten, Fachkundigen Personen, gesetzlich zu bestellenden Fachkräften, kurzum von Beauftragten, denen näher bestimmte Aufgaben vor allem durch Gesetz, durch die Rechtsprechung, durch Verfahrensanweisungen, durch Branchenstandards usw. zugewiesen sind. Exemplarisch sind der Compliance-Beauftragte, der Geldwäschebeauftragte, der Datenschutzbeauftragte, der Sicherheitsbeauftragte usw. Die Zahl dieser Beauftragten wächst und wächst. Der Erfindungsreichtum des deutschen und europäischen Gesetzgebers ist beeindruckend und kaum zu bändigen.[1] Neu hinzu gekommen sind in jüngster Zeit etwa der Menschenrechtsbeauftragte nach § 4 Abs. 3 Satz 1 LkSG[2] und der Meldestellenbeauftragte als interne Meldestelle nach §§ 12 Abs. 1, 14 Abs. 1 Satz 1 HinSchG.[3] Manche zählen bis zu 70 solcher Beauftragten. Angesichts dieser großen Zahl veröffentlichen die Industrie- und Handelskammern in regelmäßigen Abständen Listen mit den wichtigsten zu bestellenden Beauftragten, um der Praxis durch diese Hilfestellung einen Mindestüberblick zu verschaffen.[4]

Für die Unternehmen bedeutet die Pflicht zur Bestellung von Beauftragten einen Eingriff in die Organisationshoheit und sie führt auch zu erheblichen Kosten. So hat das auf Hightech-Klebstoffe spezialisierte mittelständische Unternehmen DELO in einer internen Bestandsaufnahme die Bestellung von 42 verschiedenen Beauftragten

1 Mediale Aufmerksamkeit hat zuletzt der »Leiterbeauftragte« erfahren, da er als Sinnbild für eine überbordende Beauftragtenbürokratie hergehalten wird. Dabei handelt es sich allerdings nicht um einen gesetzlichen Beauftragten im engeren Sinn, sondern um eine »zur Prüfung [von Leitern und Tritten] befähigte Person« nach §§ 3, 14 BetrSichV, deren Aufgaben durch Technische Regeln für Betriebssicherheit (TBRS 2121 Teil 2) und Handreichungen der Deutschen Gesetzlichen Unfallversicherung (DGUV Information 208-016) konkretisiert werden. D.h., der Beschäftigungsgeber kann die Arbeitssicherheit auch abweichend von den TBRS sicherstellen. Da bei Einhaltung der TBRS jedoch davon ausgegangen wird, dass die Anforderungen der BetrSichV erfüllt sind, entfalten sie quasi-gesetzliche Wirkung.

2 Dazu Hagel/Wiedmann, Menschenrechtsbeauftragte, 2024, S. 53 ff.

3 Dazu Fehr/Refenius, CB 2023, 289; Süße, CB 2024, 385; s. näher unter IV. 2.

4 Vgl. etwa den Leitfaden zu Beauftragte nach Arbeits- und Umweltschutzrecht der IHK Hochrhein-Bodensee, abrufbar unter www.ihk.de/lippe-detmold/hauptnavigation/beraten-und-informieren/recht/aktuelles-recht/betriebsbeauftragten-broschuere-4335094

festgehalten. Von den knapp 1.000 Mitarbeitenden am deutschen Standort haben laut DELO insgesamt 445 Personen mindestens eine Beauftragtenfunktion. Darin enthalten sind allerdings auch die zahlreichen »zur Prüfung von [...] befähigten Personen« nach der BetrSichV i.V.m. TBRS sowie Delegatare zur Erfüllung der allgemeinen Organisations- und Aufsichtspflicht nach § 130 Abs. 1 Satz 2 OWiG. Die Gesamtkosten für Verwaltung und Schulung aller »Beauftragten« sowie die Erledigung der gesetzlichen Aufgaben belaufen sich nach DELO auf über 600 T€ im Jahr.[5] Das klingt wie ein modernes »Hexenbad«.

Das Praxisbeispiel belegt das Ausmaß des Beauftragtenwesens, das schon in den späten Neunzigern als überbordend kritisiert wurde. Denn der gesetzliche Bestellungszwang ist nicht mehr nur auf herausgehobene Gefährdungslagen beschränkt, sondern wird vom Staat vielmehr breitflächig als kostenfreies Instrument zur Erledigung hoheitlicher Aufsichtsaufgaben eingesetzt.[6]

Diese Auswüchse sind mittlerweile bei der Politik angekommen und haben Einzug in den Koalitionsvertrag für die 21. Legislaturperiode gefunden. So haben CDU, CSU und SPD insbesondere mit Blick auf kleine und mittlere Unternehmen beschlossen, im Rahmen eines nationalen »Sofortprogramms für den Bürokratierückbau« bereits bis Ende des Jahres 2025 Verpflichtungen zur Bestellung von Betriebsbeauftragten abzuschaffen und den Schulungs-, Weiterbildungs- und Dokumentationsaufwand signifikant zu reduzieren.[7] Der Nationale Normenkontrollrat (NKR) hat dieses Ziel in seinem Maßnahmenpaket zum Bürokratieabbau vom 28. November 2025 mit dem Appell aufgegriffen, die Umsetzung gesetzlicher Ziele den Normadressaten zu überlassen, statt bürokratische Vorgaben zu machen.[8] Das für den Arbeitsschutz zuständige Bundesarbeitsministerium (BMAS) hat Mitte Oktober 2025 ein Konzeptpapier zum Bürokratieabbau vorgelegt, nach dem u. a. die Pflicht zur Bestellung eines Sicherheitsbeauftragten für KMU mit weniger als 50 Beschäftigten abgeschafft und mit weniger als 250 Beschäftigten auf einen begrenzt werden soll.[9]

(abgerufen am 04.12.2025); eine weitere (nicht abschließende) Übersicht von Beauftragten bietet das »Beauftragten Portal« (abrufbar unter www.beauftragte.net, abgerufen am 04.12.2025), auf das bspw. die IHK Frankfurt/Main verweist.

5 Für Einzelheiten s. VCI-Homepage: Themen, Recht, Unternehmensrecht & Compliance

6 So bereits Dreher in Festschrift für Claussen, 1997, S. 69, 87.

7 Verantwortung für Deutschland, Koalitionsvertrag zwischen CDU, CSU und SPD, 21. Legislaturperiode, Tz. 1904 ff.

8 Vgl. Ziel 12 der NKR-Liste zum Bürokratieabbau vom 28.11.2025, abrufbar unter: https://www.normenkontrollrat.bund.de/Webs/NKR/SharedDocs/Downloads/DE/Positionspapiere/12-ziele-77-beispiele.html?nn=145294 (abgerufen am 05.12.2025); s. dazu auch das Positionspapier der Bundesvereinigung der Deutschen Arbeitgeberverbände (BDA) »Reduzierung Betrieblicher Beauftragter« v. 17.05.2025.

9 Durch diese Maßnahme sollen rund 120.000 Sicherheitsbeauftragte wegfallen, was der Wirtschaft Einsparungen von ca. 125 Mio. € bringen soll; abrufbar unter: https://www.bmas.de/SharedDocs/Downloads/DE/Meldungen/2025/konzept-fuer-einen-effizienten-und-buerokratiearmen-arbeitsschutz.html (zuletzt abgerufen am 05.12.2025).

II. Die Fragestellung

Die folgenden Überlegungen greifen ein zentrales Problem der Stellung von Beauftragen auf, nämlich ihre Weisungsfreiheit bzw. ihre Weisungsgebundenheit. Die Fragestellung hat sowohl für den Beauftragten als auch für das verpflichtete Unternehmen und dessen Leitungs- und Aufsichtsorgane große Bedeutung. Denn zum einen stellt sich die Frage, ob und inwieweit das Organisations- bzw. Entscheidungsermessen und die daraus folgenden Weisungsrechte der Unternehmensleitung im Tätigkeitsbereich des Beauftragten eingeschränkt sind. Das betrifft sowohl allgemeine Organisationsmaßnahmen etwa zur Regelung des Arbeitsverhältnisses (Urlaubs- und Vertretungsregelungen, Büro- und IT-Ausstattung, eigenes Budgetrecht, Zutritts- und Auskunftsrechte, Anspruch auf bezahlte Fortbildungen usw.) als auch konkrete fachliche Anweisungen gegenüber dem Beauftragten, bestimmte Maßnahmen vor- bzw. nicht vorzunehmen. Umgekehrt stellt sich für den Beauftragten die Frage, ob er kraft seiner Stellung befugt ist, Maßnahmen mit Wirkung auf die Aufbau- und Ablauforganisation des Unternehmens oder einzelne Geschäftsentscheidungen auch am Vorstand vorbei oder ggf. sogar gegen die explizite Weisung des Vorstands vorzunehmen oder sich ohne vorherige Absprache an die zuständige Aufsichtsbehörde zu wenden oder sonst Maßnahmen mit Außenwirkung zu ergreifen. Die Antworten auf diese Fragen dürften auch von der Grundsatzfrage getrieben sein, an welches Interesse der Beauftragte gebunden ist – an das Unternehmensinteresse, das Allgemeinwohlinteresse oder ein Mix aus beidem?[10]

Der Grad der Weisungsabhängigkeit des Beauftragten hat zudem nach bisher herrschender Meinung Auswirkungen auf die Legalitäts- und Überwachungspflichten und damit auf die Haftung der Unternehmensleitung bzw. spiegelbildlich auf die des Beauftragten. Denn sind Beauftragte vom Direktionsrecht des Arbeitgebers (teilweise) befreit, lässt sich eine Haftung der Unternehmensleitung für schadensbringende Pflichtverstöße des Beauftragten schwer begründen. Andererseits stellt sich bei Weisungsfreiheit immer noch die Frage, was die Unternehmensleitung zu unternehmen hat, wenn sie feststellt, dass der Beauftragte seinen Pflichten nicht hinreichend nachkommt.

Die bisher etablierte Sichtweise zur Haftung in Abhängigkeit zum Grad der Weisungsgebundenheit lässt sich wie folgt zusammenfassen: Handelt der Beauftragte entweder aufgrund gesetzlicher Regelungen oder weil die Unternehmensleitung ihre eigene Beurteilungs- und Entscheidungsverantwortung auf ihn delegiert hat, weisungsfrei, so reduziert sich die Gesamtverantwortung der Geschäftsleitung auf das

10 Diese Konfliktlage ist bereits von Dreher in Festschrift für Claussen, 1997, S. 69, 71, wie folgt beschrieben worden: Beauftragte stehen zum Unternehmen in einer privatrechtlichen Beziehung, haben jedoch die Wahrung besonders schutzwürdiger öffentlicher Interessen durch Einflussnahme auf die Geschäftsleitung sicherzustellen.

Auswahlermessen bezogen auf die Person des Beauftragten und ggf. eine angemessene Kontroll- und Überwachungsverantwortung.[11]

Die Weisungsabhängigkeit des Beauftragten und die daran anknüpfende Frage der Haftung spielen eine bedeutende Rolle in der Praxis und insbesondere in Krisensituationen, in denen Risiken aus dem Zuständigkeitsbereich eines Beauftragten drohen, sich zu realisieren. Dennoch sind die gesetzlich hierzu zu findenden Regelungen erstaunlich unklar und in der Gesamtschau aller Beauftragtenregelungen nicht einheitlich. Gerade in Krisensituationen müssen die Beteiligten aber sicher sein können, wie in ihrem Verhältnis das Spannungsfeld »Unternehmensinteresse vs. Allgemeininteresse« haftungsfrei für alle Beteiligten aufgelöst werden kann. Die Regelungsinkonsistenzen und das bisher etablierte Verständnis zur Haftungsverteilung (s.o.) sind dabei nicht zielführend, wie nachfolgend gezeigt wird.

Wirklich problematisch ist es daher, dass es kein »Allgemeines Recht des Beauftragten« gibt. Das ist schon an anderer Stelle von den Autoren dieses Beitrags bedauert und die Arbeit hieran gefordert worden.[12] Besteht das für den Datenschutzbeauftragten in Art. 38 (3) DSGVO vorgesehene Abberufungsverbot auch für den Hydraulik-Schlauchleitungen-Beauftragten? Unklar. Besteht das in Art. 38 (5) DSGVO vorgesehene Gebot zur Geheimhaltung und Vertraulichkeit auch für den Abfallbeauftragten? Nicht ausdrücklich geregelt. Ohne einen solchen allgemeingültigen Rahmen »hängen« Beauftragte und Unternehmensleitung in gesetzlichen Vorgaben fest, die in jedem Einzelfall eine genaue Untersuchung der einschlägigen Rechtsfragen nach den jeweiligen Fachgesetzen, Behördenverlautbarungen und der Rechtsprechung verlangen. Es liegt auf der Hand, dass die Situation einer optimalen gesetzlichen Zielerreichung nicht dient und sich in Krisensituationen noch verschärft.

Gewidmet sind diese Überlegungen Jens Ekkenga, dem Wissenschaftler und Hochschullehrer, dem Anwalt, dem Berater und dem akademischen Freund, der durch vielfältige Veröffentlichungen im Bürgerlichen Recht, im Handels- und Wirtschaftsrecht, vor allem auch im Bilanzrecht die Entwicklung des Rechts vorangebracht hat.

III. Weisungsgebundenheit versus Weisungsfreiheit

1. Die Ausgangslage

Das Konzept der Weisungsfreiheit einerseits und der Weisungsgebundenheit andererseits findet sich an vielen Stellen im Gesetz freilich mit unterschiedlicher Begründung und in unterschiedlichem Umfang. Exemplarisch für die Weisungsfreiheit ist die richterliche Unabhängigkeit. Sie ist in Art. 97 GG verfassungsrechtlich garantiert und damit ein Kernbereich des Rechtsstaats. Sie dient als Ausdruck der Gewaltenteilung,

11 Vgl. zum Haftungsregime, insbesondere die Reduzierung auf eine Haftung für ein Auswahlverschulden, bereits Dreher in Festschrift für Claussen, S. 69, 86 f.

12 Uwe H. Schneider/Brouwer/Scholz-Fröhling, CCZ 2023, 133.

der Sicherung der Neutralität des Richters im Interesse des Rechtssuchenden. Die sachliche Unabhängigkeit, nämlich die Freiheit von Weisungen, ergibt sich zudem aus § 25 DRiG.

Auf der anderen Seite steht die Weisungsgebundenheit. Sie findet sich an vielen Stellen im Gesetz, im Arbeitsrecht, im Gesellschaftsrecht und an anderer Stelle. Zu denken ist dabei an folgende Formen der Weisungsabhängigkeit, nämlich

- an die rechtliche Pflicht zur Befolgung von Weisungen,
- an die persönliche Abhängigkeit des Bestellten, die ihn zur Befolgung der Weisung veranlasst, mag er auch nicht zur Befolgung der Weisung rechtlich verpflichtet sein.

Arbeitnehmer sind weisungsabhängig. Sie unterliegen auf der Grundlage des Arbeitsvertrags dem Direktionsrecht des Arbeitgebers im Blick auf die Zeit, den Ort, die zu erbringende Arbeitsleistung und das Verhalten des Arbeitnehmers. Die Weisungen sind bindend. Der Arbeitnehmer muss der Weisung nicht zustimmen. Diese »arbeitsrechtliche Dimension« der Weisungsabhängigkeit trifft auch jeden Beauftragten, jedenfalls dann, wenn er als unternehmensinterner Beauftragter bestellt ist.

In einem »normalen« Arbeitsverhältnis unterliegen Arbeitnehmer darüber hinaus auch in fachlicher Hinsicht der Weisung ihres Vorgesetzten, der wiederum in letzter Instanz an die Strategien, Beschlüsse und sonstigen Vorgaben der Unternehmensleitung gebunden ist. Diese nachfolgend als »fachliche Dimension« bezeichnete Ausprägung der Weisungsabhängigkeit lässt sich nicht ohne Weiteres auf die Beauftragten übertragen. Hier gelten vielmehr die nachfolgend dargestellten Besonderheiten, die teilweise von Beauftragtem zu Beauftragten noch variieren.

2. *Die Rechtslage bei Beauftragten*

Die rechtliche Stellung der Beauftragten, ihre Aufgaben und Pflichten, vor allem aber auch – was hier interessiert – ihre Weisungsfreiheit ist ganz unterschiedlich geregelt. Der Rechtsgrund für die Verpflichtung zur Bestellung eines Beauftragten kann sich aus dem allgemeinen Organisationsrecht des Unternehmens oder aus einer eigenständigen öffentlich-rechtlichen Vorschrift ergeben.

So folgt die Pflicht zur Bestellung eines Compliance-Beauftragten jedenfalls bei Großunternehmen aus der Pflicht der Unternehmen, sich rechtmäßig zu verhalten. Der Vorstand bzw. die Geschäftsführer haben ihrerseits die Pflicht, für rechtmäßiges Verhalten des Unternehmens zu sorgen. Und dazu gehört die Pflicht zur Bestellung eines Compliance-Beauftragten.[13] Die Pflicht zur Bestellung bspw. eines

13 Zur Rechtspflicht zur Einrichtung einer Compliance-Organisation vgl. LG München I, 10.12.2013, 5 HK O 1387/10, NZG 2014, 345, 347 ff.; Lösler in Moosmayer/Lösler, Corporate Compliance, 4. Aufl. 2024, § 1 Rn. 29 f.; OLG Nürnberg, 30.03.2022, 12 U 1520/19, Tz. 79, NZG 2022, 1058 (mit Anmerkungen u.a. von Unmuth, AG 2022, 893 Rn. 2 ff.; Bartz/Bittner, CCZ 2022, 319; Gäde, GWR 2022, 208; Leuering/Rubner, NJW-Spezial 2022, 367); zur Pflicht zur Bestellung eines Compliance-Beauftragten als Element

Geldwäschebeauftragten folgt aus § 7 GwG, künftig ersetzt bzw. ergänzt insbesondere um Art. 11 (2) EU-GeldwäscheVO 2024/1624,[14] einer besonderen öffentlich-rechtlichen Norm.

Je nach Fachgesetz haben Beauftragte vielfältige Mitwirkungs-, Hinwirkungs-, Aufklärungs-, Beratungs-, Kontroll- und Überwachungsaufgaben und verfügen je nach fachgesetzlichem Zuschnitt über die zur Aufgabenerfüllung notwendigen Zugangs-, Akteneinsichts- und Anhörungsrechte. Daraus lassen sich Schlüsse zum Umfang der für die Funktionsausübung notwendigen Weisungsfreiheit gegenüber der Unternehmensleitung ziehen.

Vereinzelt finden sich in den Fachgesetzen auch ausdrückliche Regelungen zur Weisungsfreiheit. So heißt es bspw. in § 14 Abs. 6 Satz 1 der Betriebssicherheitsverordnung (BetrSichV): »Zur Prüfung befähigte Personen nach § 2 Absatz 6 unterliegen bei der Durchführung der nach dieser Verordnung vorgeschriebenen Prüfungen keinen fachlichen Weisungen durch den Arbeitgeber.«

Noch häufiger schreiben Fachgesetze vor, dass Beauftragte bei Ausübung ihrer Tätigkeit unabhängig und frei von Interessenkonflikten sein müssen, was vom Arbeitgeber sicherzustellen ist.[15]

a) Frei von Interessenkonflikten

Die Vermeidung von Interessenkonflikten zielt darauf ab, die Objektivität der Aufgabenerfüllung durch den Beauftragten zu gewährleisten. Dieser soll unbeeinflusst von inneren und äußeren Umständen und Einwirkungen die ihm nach dem Fachgesetz anvertraute Funktion bestmöglich ausüben können.

Zu Interessenkonflikten in Form von Zielkonflikten kann es auch im Fall von Mehrfachbeauftragungen kommen. Ein solcher wird bspw. angenommen, wenn der IT-Sicherheitsbeauftragte zugleich die Funktion des Datenschutzbeauftragten ausüben soll.[16]

eines Beauftragten-Systems s. Bürkle/Kinzl in Moosmayer/Lösler, Corporate Compliance, § 12 Rn. 6 ff.

14 Die Verordnung tritt für die ganz überwiegende Anzahl der Verpflichteten am 10.07.2027 in Kraft (Art. 90 der VO). Als Verordnung gilt sie in den Mitgliedsstaaten unmittelbar, so dass sie ggf. entgegenstehende Regelungen aus dem GwG verdrängt. Ein Überblick zu Hintergrund und Regelungsinhalten findet sich bei Zentes/Salathé, BB 2024, 2050 ff.

15 Vgl. bspw. für den Meldestellenbeauftragten § 15 Abs. 1 HinSchG: »Die mit den Aufgaben einer internen Meldestelle beauftragten Personen sind bei der Ausübung ihrer Tätigkeit unabhängig. Sie dürfen neben ihrer Tätigkeit für die interne Meldestelle andere Aufgaben und Pflichten wahrnehmen. Es ist dabei sicherzustellen, dass derartige Aufgaben und Pflichten nicht zu Interessenkonflikten führen.«; s. ähnlich für den Datenschutzbeauftragten Art. 38 (6) Satz 2 DSGVO.

16 Vgl. Thüringer Landesbeauftragte für den Datenschutz und die Informationsfreiheit (TLfDI), 6. Tätigkeitsbericht zum Datenschutz nach der DS-GVO: Berichtsjahr 2023, S. 60; Gola/Klug, NJW 2021, 680, 682. Weitere Beispiele bei Uwe H. Schneider/Brouwer/Scholz-Fröhling, CCZ 2023, 133, 143.

Die Pflicht zur Vermeidung von Interessenkonflikten führt insoweit zu einer Einschränkung des Organisationsermessens des Pflichtenadressaten.[17]

b) Unabhängigkeit bei der Aufgabenerfüllung

Eine Einschränkung auch der Weisungsbefugnis des Arbeitgebers folgt aus der fachgesetzlich häufig angeordneten Unabhängigkeit der Aufgabenwahrnehmung des Beauftragten. Auch ohne ausdrückliche Regelung ist weitgehend anerkannt, dass Beauftragte bei Ausübung ihrer Beauftragtentätigkeit weisungsfrei sind. Begründet wird dies mit einer – allerdings vermeintlichen (s. unten zu c) – die Gewinnaussichten des Unternehmens potenziell beeinträchtigenden Stellung des Beauftragten, »so dass die Geschäftsleitung versucht sein könnte, durch gezielte Weisungen der Tätigkeit des Beauftragten die Effektivität zu nehmen.«[18] Häufig wird die Unabhängigkeit des Beauftragten durch gesetzlich verankerte Benachteiligungsverbote und/oder einem gesonderten Abberufungs- und Kündigungsschutz gewährleistet.[19] Die Weisungsfreiheit soll sich auch auf die Mitarbeitenden des Beauftragten erstrecken, soweit sie für den Beauftragten tätig sind. Die Weisungsfreiheit bezieht sich allerdings immer nur auf die Ausübung des Beauftragtenamts und ist somit funktions- und nicht personenbezogen.[20]

c) Zusammenlegung von Geschäftsleitungs- und Beauftragtenamt?

Um die Weisungshoheit über das Beauftragtenamt aufrechtzuerhalten bzw. zurückzugewinnen, stellt sich für das verpflichtete Unternehmen die Frage, ob auch ein Mitglied der Geschäftsleitung zum Beauftragten bestellt werden kann. Denn so ließen sich mögliche Konflikte zwischen Geschäftsleitung und Beauftragten bei Ausübung der Beauftragtentätigkeit von vornherein vermeiden. Doch ist es gerade der oben unter b) erwähnte (vermeintliche) Zielkonflikt, der nach bislang herrschender Ansicht einer Personalunion von Geschäftsleitungs- und Beauftagtenamt zum Schutz vor Effektivitätsverlusten entgegenstehen könnte.

Allerdings: Beauftragte sind nicht der verlängerte Arm der Aufsichtsbehörde und nehmen ihre Aufgaben daher auch nicht als Beliehene wahr. Vielmehr leiten sie ihre Rechte und Pflichten nicht nur aus dem Gesetz, soweit vorhanden, sondern auch aus ihrem privatrechtlichen Verhältnis zum Arbeitgeber ab. Sie sind insoweit auch zur Wahrung des regelmäßig auf Gewinnmaximierung ausgerichteten

17 Vgl. Süße, CB 2024, 385, 386.

18 Haouache, Unternehmensbeauftragte und Gesellschaftsrecht der AG und GmbH, 2003, S. 40 m.w.N.; siehe auch die Nachweise bei Dreher in Festschrift für Claussen, 1997, S. 69, 76 (dort Fn. 27); nach Fischer, Der Betriebsbeauftragte im Umweltschutzrecht, 1996, S. 188, folgt die Einschränkung des Direktionsrechts bereits aus der im Arbeitsvertrag geregelten Beauftragtenstellung.

19 Vgl. Haouache, Unternehmensbeauftragte und Gesellschaftsrecht der AG und GmbH, 2003, S. 41 f.

20 Haouache, Unternehmensbeauftragte und Gesellschaftsrecht der AG und GmbH, 2003, S. 41.

Unternehmensinteresses verpflichtet. Umgekehrt ist die Geschäftsleitung zur Legalität verpflichtet und liegt die Erfüllung gesetzlicher Pflichten wie auch die Berücksichtigung von Umwelt- und Allgemeinwohlbelangen im Interesse des Unternehmens. Daraus wird zu Recht geschlossen, dass es schon denklogisch zu keinen (harten) Zielkonflikten zwischen den Geschäftsleiter- und Beauftragtenpflichten kommen kann und daher eine Ämterkoppelung zulässig ist.[21]

Gleichwohl finden sich in vielen Fachgesetzen Bestimmungen, die eine Bestellung eines Geschäftsleitungsmitglieds zum Beauftragten ausschließen oder dies zumindest nahelegen.[22] Begründet wird dies zum einen mit der Funktion des Beauftragten, die Geschäftsleitung zu beraten und zu unterstützen und gegebenenfalls auch zu überwachen. Nach bisher überwiegend vertretener Ansicht würde diese Funktion im Fall der Ämterzusammenlegung größtenteils verlorengehen (Gefahr der Selbstkontrolle). Zum anderen wird eine Doppelbelastung befürchtet mit der Folge, dass die Beauftragtenfunktion selbst beim Einsatz von Hilfspersonen durch das Geschäftsleitungsmitglied nicht in der erforderlichen Intensität wahrgenommen wird.[23]

IV. Zum Umfang der Weisungsfreiheit am Beispiel ausgewählter Beauftragter

Wie weit die Weisungsabhängigkeit des Beauftragten reicht, hängt von der konkreten Rechtsgrundlage sowie der jeweiligen Beauftragtenrolle ab und wird nicht selten für

21 So überzeugend Dreher in Festschrift für Claussen, 1997, S. 69, 76 ff.

22 S. bspw. § 7 Abs. 1 Satz 3 GwG, wonach der Geldwäschebeauftragte der Geschäftsleitung unmittelbar nachgeordnet ist. Daraus folgt, dass als Geldwäschebeauftragter grds. kein Mitglied der Geschäftsleitung bestellt werden kann (nach Ziffer 3.2 der BaFin Auslegungs- und Anwendungshinweise gem. § 51 Abs. 8 Satz 1 GwG (AuA), November 2024, soll allerdings die Bestellung von Mitgliedern der Leitungsebene zu Geldwäschebeauftragten bei Verpflichteten in Betracht kommen, »die weniger als 15 Vollzeitäquivalente haben, für diese Tätigkeit keinen geeigneten Beschäftigten unterhalb der Leitungsebene besitzen und deren Risikosituation dies zulässt«). § 8 Abs. 2 ASiG regelt, dass Betriebsärzte und Fachkräfte für Arbeitssicherheit unmittelbar dem Leiter des Betriebs unterstehen. Aus der in Art. 38 (3) Satz 3 DSGVO geregelten Pflicht und Befugnis des Datenschutzbeauftragten, unmittelbar der höchsten Managementebene des Verantwortlichen zu berichten, ist ebenfalls zu entnehmen, dass der Datenschutzbeauftragte nicht zugleich Geschäftsleiter sein kann (vgl. Artikel-29-Datenschutzgruppe, Leitlinien in Bezug auf Datenschutzbeauftragte, WP 243 rev.01 v. 05.04.2017, 3.5., S. 19). Gleiches kann grundsätzlich auch aus der Informationseinholungspflicht der Geschäftsleitung nach § 4 Abs. 3 Satz 2 LkSG für den Menschenrechtsbeauftragten geschlossen werden (vgl. Begr.RegE. LkSG, Drs. 19/28649, S. 43: »Die Einrichtung der Stelle eines Menschenrechtsbeauftragten, die unmittelbar der Geschäftsleitung unterstellt ist, ist zu empfehlen«); s. auch Hagel/Wiedmann, Menschenrechtsbeauftragte, 2024, S. 56 f. (Ansiedlung auf Geschäftsleitungsebene theoretisch möglich, aber nicht zu empfehlen).

23 Vgl. für den Meldestellenbeauftragten Kraack/Theusinger in BeckOGK HinSchG, Stand: 01.10.2025, § 15 Rn. 54.

ein und denselben Beauftragten unterschiedlich weit ausgelegt. Dies soll im Folgenden exemplarisch anhand ausgewählter Beauftragter verdeutlicht werden.

1. Der Geldwäschebeauftragte

Verpflichtete im Sinne des Geldwäschegesetzes müssen gemäß § 7 GwG einen Geldwäschebeauftragten (nachfolgend: GWB) bestellen, der unabhängig agieren kann und der dem für die Geldwäscheprävention zuständigen Mitglied der Geschäftsleitung (§ 4 GwG) direkt nachgeordnet ist. Das GwG legt in § 7 Abs. 5 zudem Regeln für die Weisungsgebundenheit des GWB fest, die von der BaFin in ihren Auslegungs- und Anwendungshinweisen zum GwG aufgegriffen und weiter konkretisiert werden.[24]

Danach ist der GWB im Rahmen seiner Aufgabenerfüllung gegenüber den Beschäftigten des Unternehmens weisungsbefugt. Gegenüber dem zuständigen Mitglied der Leitungsebene ist er dagegen grundsätzlich weisungsgebunden.[25] Dies gilt allerdings nicht für die in § 7 Abs. 5 Satz 6 GwG genannten Fälle: Danach unterliegt der GWB in Bezug auf beabsichtigte Meldungen nach § 43 GwG oder der Beantwortung eines Auskunftsersuchens der FIU nicht dem Direktionsrecht der Geschäftsleitung.

Die Vorgaben werfen eine Reihe von Fragen auf. Zuvorderst die, ob der GWB vor einer Weisung an Beschäftigte des Unternehmens Einvernehmen mit der für ihn zuständigen Leitungsperson herstellen muss, der gegenüber er ja weisungsgebunden ist. Oder ob er umgekehrt grundsätzlich frei ist, Weisungen an andere Beschäftigte zu erteilen, jedenfalls solange, bis das für ihn zuständige Leitungsmitglied interveniert. Welcher dieser Ansätze gilt, dürfte wiederum im Ergebnis von der Frage abhängen, ob ihm mit seiner Aufgabe auch ein Teil des unternehmerischen Entscheidungsermessens der Geschäftsleitung übertragen worden ist oder nicht.

In den AuA stellt die BaFin zu diesem Punkt klar, dass der GWB jedenfalls ein Instrument der Geschäftsleitung ist und als solches dem zuständigen Mitglied der Leitungsebene (§ 4 Abs. 3 GwG) unmittelbar organisatorisch und fachlich nachgeordnet sein muss.[26] Daraus könnte man ableiten, dass auf ihn auch das unternehmerische Ermessen übertragen ist, soweit bei seiner Aufgabenerfüllung ein Ermessensspielraum gegeben ist.

Andererseits spricht die grundsätzliche Weisungsgebundenheit gegenüber dem Leitungsorgan dafür, dass das Leitungsorgan dieses Ermessen mindestens wieder an sich ziehen kann – mit Ausnahme der genannten Fälle, in denen völlige Weisungsfreiheit des GWB besteht: Bei der Entscheidung, eine Verdachtsmeldung abzugeben, oder bei der Beantwortung eines Auskunftsersuchens der FIU (§ 7 Abs. 5 Satz 6 GwG).

Es ist zunächst positiv zu bewerten, dass sich der Gesetzgeber an dieser Stelle mit der Regelung in § 7 Abs. 5 GwG eindeutig positioniert und die genannten

24 Auslegungs- und Anwendungshinweise der BaFin zum Geldwäschegesetz, November 2024 (nachfolgend: BaFin AuA GwG), Ziff. 3.2.4.
25 So ausdrücklich BaFin AuA GwG Ziff. 3.2.4.
26 BaFin AuA GwG Ziff. 3.2.

Tätigkeiten ohne Einschränkung dem Direktionsrecht des zuständigen Leitungsmitglieds entzogen hat. Hier ist die Situation eindeutig: Der GWB entscheidet anstelle der Geschäftsleitung selbständig und abschließend. Soweit bei seiner Entscheidung ein Ermessensspielraum bestehen sollte, füllt er ihn nach seinem eigenen Maßstab aus, unabhängig von der Frage, ob er mit seiner Entscheidung im Gleichklang mit dem Maßstab der Geschäftsleitung handelt. Hier ist also klar: Das unternehmerische Entscheidungsermessen ist der Geschäftsleitung in diesen Fällen per Gesetz entzogen und auf den GWB übertragen worden.

In allen anderen Situationen sind die Regelungen zur Weisungsabhängigkeit des GWB, obwohl sie bereits detaillierter ausfallen, als bei vielen anderen Beauftragten, in der Zuordnung des Entscheidungsermessens ähnlich unklar, wie im übrigen Beauftragtenwesen.

Zunächst ist es praxisimmanent, dass bei der Bewertung geldwäscherelevanter Vorgänge, etwa der Angemessenheit der Internen Sicherungsmaßnahmen, ein gewisser Beurteilungsspielraum und damit ein Entscheidungsermessen gegeben ist.

Die BaFin scheint davon auszugehen, dass die grundsätzliche Zuständigkeit zur Ausübung des Entscheidungsermessens beim GWB liegt und dieser seine Ermessensausübung allein an seinem Auftrag, also der Geldwächeprävention, ausrichten wird – es ihm jedenfalls nicht vorgeworfen werden kann, wenn er so verfährt und etwa Geschäftsinteressen außer Betracht lässt.[27] Das lässt sich aus einer Formulierung in den AuA herauslesen, in der die BaFin, aufsetzend auf der entsprechenden gesetzlichen Regelung in § 7 Abs. 7 GwG herausstellt, dass Interessensgegensätze zwischen den Aufgaben des GWB einerseits und dem Geschäftsinteresse andererseits bestehen können,[28] und der dann folgenden Maßgabe der BaFin bzw. des GwG, dass es hieraus nicht zu einer Beeinträchtigung der Arbeitnehmerrechte des GWB kommen darf.

Gleichzeitig verfügt die BaFin in den AuA, dass »Das Geschäftsinteresse des Unternehmens (…) der ordnungsgemäßen Ausführung der Aufgaben des/der GWB nicht entgegenstehen (darf).«[29] Diese Vorgabe ist Ausdruck des Legalitätsprinzips, dem die Unternehmensleitung uneingeschränkt Folge zu leisten hat.

Das bedeutet jedoch nicht, dass die Unternehmensleitung denselben Maßstab wie der GWB anlegen muss. Am Beispiel von Geschäften mit Kunden in Hochrisikostaaten etwa ist es möglich, dass ein Unternehmen derartige Geschäfte unter Einhaltung der von der BaFin vorgegebenen verstärkten Sorgfaltspflichten unterhält.[30] Eine entsprechende Entscheidung der Unternehmensleitung wäre zulässig. Natürlich wäre es auch möglich, dass das Unternehmen derartige Geschäfte unterlässt – möglicherweise die Haltung des GWB.

27 Vgl. Dreher in Festschrift für Claussen, 1997, S. 69, 76 mit Verweis auf Ehrich, Handbuch des Betriebsbeauftragten, 1995, Rn. 1.
28 BaFin AuA GwG Ziff. 3.2 a.E.
29 BaFin AuA GwG Ziff. 3.2 a.E.
30 Vgl. BaFin-Rundschreiben 10/2024.

Es ist also naheliegend und ist durch die o.a. Regelung zum Schutz des GWB auch bereits vom Gesetzgeber als relevant aufgenommen, dass es bei einer solchen Ermessensausübung zu Situationen kommen mag, in denen der GWB nach seinem fachlich geprägten Maßstab zu anderen Entscheidungen kommt, als die Leitungsperson, die auch Geschäftsinteressen einfließen lässt – was ebenfalls zulässig und sogar notwendig wäre,[31] solange immer noch die ordnungsgemäße Erfüllung der Aufgaben aus dem GwG gewährleistet wäre.

Es liegt auf der Hand, dass diese Situation die handelnden Personen – Geschäftsleitung und GWB – in einen Dauerkonflikt bringt,[32] den sie nur dadurch lösen könnten, dass sie im engen Austausch den für beide Seiten zulässigen und für das Unternehmen optimalen Entscheidungspunkt finden. Das ist jedoch bisher in der Praxis nicht immer zu beobachten. Vielmehr lässt sich häufiger beobachten, dass die Leitung den GWB bis zum Eintritt einer Krisensituation oder dem Vorwurf der Geschäftsverhinderung sehr frei gewähren lässt. Alternativ dazu gibt es Unternehmen, in denen der GWB den Konflikt von sich aus aufzulösen versucht, indem er sich von seinem eigenen fachlichen Maßstab entfernt und von vornherein dem Maßstab der Leitung auch ohne explizite Weisung annähert. Auch diese Situation geht nur bis zur ersten Krise gut, in der der Vorwurf der unzureichenden Geldwäscheprävention im Raum steht. In beiden Varianten wird der in der Erwartungshaltung der Aufsicht und ggf. im Gesetz angelegte Konflikt, der nach einer Auflösung der unterschiedlichen Entscheidungsmaßstäbe verlangt,[33] bis zum Eintritt einer Krise nicht gelöst. Dabei wirkt die Haftungsverteilung zwischen den Parteien noch verstärkend in dem Sinne, dass die Leitung i.d.R. ein Interesse daran hat, für sich den Maßstab der eigenen Haftung auf das Auswahlermessen zu reduzieren. Das gelingt nur, wenn sie sich eben nicht inhaltlich in die Ausübung des Entscheidungsermessens des GWB in seinen Angelegenheiten mit den eigenen, von ihr auch zu beachtenden Geschäftsinteressen einmischt.[34]

Im Ergebnis wird also durch diese Regelungen die Ausübung des unternehmerischen Entscheidungsermessens nicht optimal unterstützt.

Die verschiedentlich diskutierten Ansätze zur Lösung des Konflikts, wie etwa eine Amtsniederlegung seitens des GWB,[35] wenn er mit dem Maßstab der Leitung nicht einverstanden ist, sind nicht praxistauglich. Mit ihnen wird die optimale Ausübung des unternehmerischen Entscheidungsermessens nicht erreicht, sondern nur

31 Vgl. statt vieler Dreher in Festschrift für Claussen, 1997, S. 69, 76 (Fn. 29).

32 Vgl. auch Dreher in Festschrift für Claussen, 1997, S. 69, 73, der die Beauftragten insoweit als »Fremdkörper« in der gesellschaftsrechtlichen Informations-, Zuständigkeits- und Haftungsordnung bezeichnet.

33 Wohl ähnlich Dreher in Festschrift für Claussen, 1997, S. 69, 77 f., der jedoch zu Recht konstatiert, dass es keinen Konflikt zwischen den Interessen des Unternehmensbeauftragten und denen der Unternehmensleitung geben kann, da beide Parteien sowohl die berechtigten Unternehmensinteressen zu berücksichtigen als auch den Legalitätsgrundsatz zu befolgen haben (s. oben unter III. 2. c).

34 Siehe zu den erweiterten Pflichten der Unternehmensleitung, wenn sie von Empfehlungen des Beauftragten abweicht, bereits Dreher in Festschrift für Claussen, 1997, S. 69, 87.

35 So etwa Dreher in Festschrift für Claussen, 1997, S. 69, 85.

eine mögliche Lösung in der Krise vorgeschlagen. Dasselbe gilt für den gesetzlichen Kündigungsschutz des GWB. Es braucht aber gerade nicht nur die Lösung der Krise, sondern ihre Vermeidung. Dazu ist es erforderlich, dass die gesetzlichen Regelungen darauf hinwirken, dass das unternehmerische Entscheidungsermessen optimal ausgeübt wird.[36] Dabei gilt es zu berücksichtigen, dass die Legalitätspflicht der Unternehmensleitung den Geschäftsinteressen vorgeht.

Um dieses Ziel bestmöglich zu erreichen, sind folgende grundlegende Änderungen zum bisherigen Ansatz erforderlich: (1) Eine klare gesetzliche Zuordnung der Verantwortung für die Ausübung des Entscheidungsermessens entweder an die Unternehmensleitung oder an den GWB. (2) Ein Gleichlauf der Entscheidungsmaßstäbe der Unternehmensleitung und des GWB, wenn die Ermessensausübung im Rahmen der allgemeinen Grundsätze von der an sich verantwortlichen Unternehmensleitung auf den GWB delegiert wird.[37]

Der hier vorgeschlagene Ansatz bedeutet ein Abweichen von den bisher vom Gesetzgeber und der Aufsicht angelegten Grundsätzen, wonach der GWB, obwohl nicht Beliehener, doch als eine Art Gegenspieler zur Unternehmensleitung in einem Unternehmen etabliert werden sollte.

Es ist klar, dass es in der Praxis unmöglich sein dürfte, dass die Unternehmensleitung sich die fachliche Expertise aneignet, die für die Betreuung der aktuell bestehenden Vielzahl von Beauftragten in ihrem jeweiligen Fachgebiet notwendig wäre. Hinzu kommt, dass die optimale Aufgabenerfüllung einzelner Beauftragter wechselseitig im Konflikt stehen mag.[38] Aus vorliegender Sicht kann dieser Herausforderung jedoch mit zwei parallel zu etablierenden Ansätzen begegnet werden:

Zum einen durch eine drastische Reduzierung der Beauftragtenrollen. Die Bestellung eines Betriebsbeauftragten sollte auf die Fälle beschränkt bleiben, in denen es um den Schutz der hochrangigsten Rechtsgüter geht, wie Leib und Leben.[39] In jedem Fall ist ein deutlicher Rückbau der bisherigen Auswüchse erforderlich.

Zum anderen sollte in den Unternehmen eine Klammerfunktion für alle Beauftragtenrollen etabliert werden, um bei Konflikten zwischen einzelnen Beauftragtenrollen den für beide Positionen zulässigen Entscheidungspunkt zu ermitteln. Auf

36 Wohl ähnlich Dreher in Festschrift Claussen, 1997, S. 69, 79, der für das »interne standing« und die Durchsetzungskraft des Unternehmensbeauftragten eine Ansiedlung der Beauftragtenrolle auf Unternehmensleitungsebene befürwortet.

37 Dabei kann sich die Unternehmensleitung von der Leitungsverantwortung als solcher nicht befreien, sondern lediglich die Ausführung delegieren, was auch Erwägungsgrund 38 der künftig geltenden EU-GeldwäscheVO 2024/1624 noch einmal festhält: Die Verantwortung verbleibt beim Leitungsorgan in seiner Gesamtheit, unbeschadet der Ernennung eines Compliance-Verantwortlichen auf Leitungsebene. In Art. 11 der künftig geltenden Verordnung heißt es weiter, dass das (Mitglied des) Leitungsorgans »verantwortlich« zeichnet, während der GWB nur »zuständig« ist. »Verantwortlich« ist nach allgemeinem, wohl auch hier anzuwendenden Verständnis ein Synonym für »Haftung«, während »zuständig« die Zuständigkeit für die inhaltlich zu erledigenden Aufgaben umschreibt.

38 S. dazu oben III. 2. a).

39 Vgl. bereits Dreher in Festschrift für Claussen, S. 69, 73.

dieser Ebene sollte bereits das Entscheidungsermessen der Leitungsebene mit einfließen, während die einzelnen Beauftragten aufgrund ihrer jeweiligen Fachlichkeit von der Abwägung mit Geschäftsinteressen grundsätzlich befreit sein sollten. Diese Klammerfunktion kann in der allgemeinen Compliance-Rolle abgebildet werden. Eine Abbildung auf Geschäftsleitungsebene wäre nach dem oben Gesagten ggf. sogar vorzugswürdig. Je nach Größe des Unternehmens und Zahl der verbleibenden Beauftragtenrollen ist die nötige fachliche Tiefe auf Geschäftsleitungsebene jedoch nicht immer zu erreichen. In diesen Fällen empfiehlt sich die Etablierung einer allgemeinen Compliance-Funktion auf der Ebene unterhalb der Geschäftsleitung.

2. Der Meldestellenbeauftragte nach dem HinSchG

Für die mit den Aufgaben einer internen Meldestelle beauftragten Personen ordnet § 15 Abs. 1 Satz 1 HinSchG an, dass diese »bei der Ausübung ihrer Tätigkeit unabhängig« sind. Ausdrücklich zugelassen ist es, dass die Meldestellenbeauftragten andere Aufgaben und Pflichten wahrnehmen, sofern sichergestellt ist, »dass derartige Aufgaben und Pflichten nicht zu Interessenkonflikten führen« (§ 15 Abs. 1 Sätze 2 und 3 HinSchG).

Danach muss der Beschäftigungsgeber etwa sicherstellen, dass an bestimmte Entscheidungen oder Handlungen im Aufgabenbereich der Meldestelle keine persönlichen Vor- oder Nachteile für die mit der Meldestellenfunktion Beauftragten geknüpft sind.[40] Genannt wird bspw. der unzulässige Abschluss einer Zielvereinbarung, die für jeden ohne interne Untersuchung abgeschlossenen Hinweisgeberfall eine besondere Vergütung vorsieht.[41]

Was die gesetzlich vorgeschriebene Unabhängigkeit betrifft, so wird deren Bedeutung unterschiedlich gesehen und bisweilen inkonsistent ausgelegt:

- So soll der Arbeitgeber einerseits keinen Einfluss auf die fachlichen Entscheidungen der Meldestelle nehmen dürfen, weder durch direkte Weisungen noch durch die Äußerung von Wünschen oder Erwartungen an den Ausgang eines Verfahrens.[42]
- Ebenso soll es unzulässig sein, die weitere Bearbeitung einer Meldung von der Zustimmung der Unternehmensleitung abhängig zu machen.[43]
- Dem Meldestellenbeauftragten wird sogar aufgetragen, Weisungen seines Arbeitgebers, die sich auf seine Amtsführung beziehen, nicht Folge zu leisten.[44]
- Andererseits soll es nach überwiegender Ansicht gerade in Bezug auf die vom Meldestellenbeauftragten vorzunehmenden Folgemaßnahmen nach § 18 HinSchG

40 Vgl. Fischbach in Thüsing, HinSchG, 1. Aug. 2024, § 15 Rn. 5.
41 Vgl. Süße, CB 2024, 385, 386.
42 Kraack/Theusinger in BeckOGK HinSchG, Stand: 01.10.2025, § 15 Rn. 8.
43 Szesny/Hoppe, WiJ 02/2023, 56, 57; Bruns in BeckOK Arbeitsrecht, Stand: 01.09.2025, HinSchG, § 15 Rn. 3.
44 Bayreuther, NZA-Beilage 2022, 20, 23.

doch wieder erlaubt sein, jedenfalls gravierende Maßnahmen wie die Durchführung finanziell nicht stemmbarer interner Untersuchungen (§ 18 Nr. 1 HinSchG) oder die Abgabe des Verfahrens an eine Behörde (§ 18 Nr. 4 b) HinSchG) an die Zustimmung der Unternehmensleitung zu binden.[45]

Diese Ungereimtheiten lassen sich indes mit einem Blick auf § 12 Abs. 4 HinSchG auflösen. Danach erteilen die verpflichteten Beschäftigungsgeber der internen Meldestelle die notwendigen Befugnisse, »um ihre Aufgaben wahrzunehmen, insbesondere, um Meldungen zu prüfen und Folgemaßnahmen zu ergreifen.« Die Meldestelle leitet also ihre Befugnisse nicht etwa aus dem Gesetz ab, sondern erhält diese von der Unternehmensleitung im Wege der Delegation.[46] Die Organisationshoheit verbleibt somit beim Arbeitgeber, was auch bedeutet, dass ihn bzw. die Unternehmensleitung weiterhin die Legalitäts(kontroll)pflicht trifft, dass Hinweise über mögliche Rechtsverstöße aus dem Unternehmen heraus nach den Vorgaben des HinSchG gemeldet, bearbeitet und abgestellt werden können.[47]

Diese Organisationshoheit des Beschäftigungsgebers beschränkt sich im Fall der zu ergreifenden Folgemaßnahmen nach § 18 HinSchG allerdings nicht bloß auf gravierende Maßnahmen (s. aber oben vierter Spiegelstrich), sondern berechtigt und verpflichtet diesen vielmehr dazu, auch weniger einschneidende Folgemaßnahmen zu prüfen und anzuordnen, wenn dies im Interesse des Unternehmens liegt – vorausgesetzt freilich, die jeweilige Maßnahme bewegt sich im Rahmen des rechtlich Zulässigen.[48] So könnte die Unternehmensleitung bspw. interne Ermittlungen (mit externer Unterstützung) auch dann untersagen, wenn dadurch »lediglich« der Betriebsfrieden (merklich) gestört werden könnte.

Anknüpfend an die obigen Ausführungen zum Geldwäschebeauftragten lässt sich damit für den Meldestellenbeauftragten nach dem HinSchG Folgendes festhalten:

(1) Die Legalitäts(kontroll)pflicht, zur Aufdeckung und Abstellung von Rechtsverstößen ein Hinweisgebersystem nach den Vorgaben des HinSchG einzuführen und zu betreiben, verbleibt stets bei der Unternehmensleitung, die aufgrund ihrer Organisationshoheit der internen Meldestelle bspw. vorgeben kann, unter welchen

45 Vgl. Kraack/Theusinger in BeckOGK HinSchG, § 15 Rn. 9 ff., wonach organisatorische, prozedurale Vorgaben des Beschäftigungsgebers zulässig bleiben, was sich auch aus einem Vergleich mit der Beauftragung eines externen Dritten als Meldestelle ergibt (Rn. 13). Denn für diesen Fall habe der Gesetzgeber klargestellt, dass die Verantwortung zur Abstellung von Rechtsverstößen beim jeweiligen Beschäftigungsgeber verbleibt mit der Folge, dass es insbesondere für die zu treffenden Folgemaßnahmen einer Kooperation zwischen dem Beschäftigungsgeber und der externen Meldestelle bedarf (s. dazu Begr. RegE. HinSchG, BT-Drs. 20/3442, S. 79); a.A. (insoweit konsequent) Bruns in BeckOK Arbeitsrecht, HinSchG, § 15 Rn. 3; zum Meinungsstand s. Süße, CB 2024, 385, 386 f.

46 Kraack/Theusinger in BeckOGK HinSchG, § 18 Rn. 15 f. (»derivate Zuständigkeit«) sowie Rn. 7 (nach der gesetzlichen Konzeption kommt der Meldestelle keine Exekutiv- oder Entscheidungsbefugnis zu).

47 Vgl. Kraack/Theusinger in BeckOGK HinSchG, § 18 Rn. 7.

48 Allgemein zu Optimierungsgeboten im Vorstandsrecht s. jüngst Redeke, AG 2025, 257.

Voraussetzungen welche Folgemaßnahmen zu ergreifen sind.[49] Sie trägt damit in zweifacherweise Verantwortung: zum einen für sämtliche Entscheidungen im Aufgabenbereich des Meldestellenbeauftragten, die sie (generell-abstrakt oder ad hoc) an sich zieht; zum anderen dafür, dass die Meldestelle so ausgestattet ist, dass sie frei auch von Einflüssen der Geschäftsleitung ihren Verfahrens-, Aufbereitungs- und Beratungsaufgaben nachkommen kann.[50]

(2) Die interne Meldestelle leitet ihre Befugnisse vom Beschäftigungsgeber ab. Sie ist damit Teil des Unternehmens und hat bei Ausübung ihrer Meldestellenfunktion auch die Interessen des Unternehmens zu berücksichtigen. Umgekehrt verpflichtet die Legalitätspflicht die Unternehmensleitung, eine interne Meldestelle nach den Vorgaben des HinSchG zu betreiben. In der Folge kann es zwischen Unternehmensleitung und Meldestellenbeauftragten denklogisch keinen Interessenkonflikt geben.[51] Demnach ist es auch zulässig, ein Leitungsmitglied zum Meldestellenbeauftragten zu bestellen.[52]

(3) Die Organisationsfreiheit des Beschäftigungsgebers lässt es ohne Weiteres zu, wesentliche Entscheidungen des Meldestellenbeauftragten der Zustimmung einer übergeordneten Compliance-Funktion zu unterwerfen,[53] die einerseits die unterschiedlichen Beauftragtenrollen in einem Unternehmen koordiniert und harmonisiert und andererseits die zulässigen Unternehmensinteressen in die Abwägung zu treffender Compliance-Entscheidungen mit einbringt.

3. Der Datenschutzbeauftragte

Der Datenschutzbeauftragte gehört zu den Lieblingskindern der Beauftragten und zwar in seiner gesetzlichen Ausgestaltung, in seinem gesellschaftlichen und gesetzgeberischen »Marketing« – und in seinen Herausforderungen an die Unternehmen.

Die europarechtliche Ausgestaltung seiner Rechtsstellung, seiner Aufgaben usw. erfolgt durch die DSGVO. Sie wird durch die mitgliedstaatlichen Regelungen, in

49 Vgl. Kraack/Theusinger in BeckOGK HinSchG, § 18 Rn. 9.

50 Siehe dazu auch den Hinweis von Süß, CB 2024, 385, 386 (Fn. 28), wonach das nicht hinreichende Zurverfügungstellen von Ressourcen oder ein extensives Unterbinden von Folgemaßnahmen seitens der Unternehmensleitung »im Extremfall« den Bußgeldtatbestand des § 40 Abs. 2 Nr. 2 HinSchG erfüllen kann.

51 Ebenso Kraack/Theusinger in BeckOGK HinSchG, § 18 Rn. 15 f.; ähnlich auch Süß, CB 2024, 385, 387: »Die interne Meldestelle wird mithin gerade nicht als ein starrer oder völlig eigenständiger Fremdkörper den Unternehmen eingepflanzt.«

52 Erwägungsgrund 56 der Whistleblower-Richtlinie 2019/1937 nennt als Mitarbeiter in Doppelfunktion ausdrücklich auch ein Vorstandsmitglied. Für eine rechtliche Zulässigkeit auch Bicker in Lieder/Ceesay, HinSchG, 1. Aufl. 2025, § 15 Rn. 12, der allerdings die Bestellung eines operativ tätigen Geschäftsleitungsmitglied zum internen Meldestellenbeauftragten für problematisch hält, anders zu bewerten sei dies bei nicht operativ verantwortlichen Geschäftsleitern, z.B. CFO, Legal & Compliance, HR.

53 Vgl. Kraack/Theusinger in BeckOGK HinSchG, § 15 Rn. 10; Fischbach in Thüsing, HinSchG, § 15 Rn. 3.

Deutschland durch das Bundesdatenschutzgesetz und durch Datenschutzgesetze der Bundesländer ergänzt.[54] Seine sachliche und seine persönliche Unabhängigkeit ist in vielfacher Weise ausgestaltet und abgesichert. Wörtlich heißt es dazu in Erwägungsgrund 97 der DSGVO: »Derartige Datenschutzbeauftragte sollten unabhängig davon, ob es sich bei ihnen um Beschäftigte des Verantwortlichen handelt oder nicht, ihre Pflichten und Aufgaben in vollständiger Unabhängigkeit ausüben können.« In Art. 38 DSGVO wird ausdrücklich festgehalten, dass das Unternehmen dafür zu sorgen hat, dass der Datenschutzbeauftragte keine Anweisungen bezüglich der Erfüllung seiner Aufgaben erhält.

Diese Form der Unabhängigkeit ist kein Grundrecht des Datenschutzbeauftragten, sondern sie dient allein der Sicherung seiner ihm übertragenen Aufgaben. Daher soll der Datenschutzbeauftragte seine Aufgaben und Pflichten ohne Beeinflussung durch seinen Vorgesetzten ausüben können, also unter Achtung seiner Entscheidungsfreiheit. Das gilt auch für seine ihm unterstellten Mitarbeiter. Sie dürfen in ihrem Aufgabenbereich nur Weisungen des zuständigen Datenschutzbeauftragten folgen. Sie sind aber gegenüber dem Management keinen Weisungen unterworfen.

Die persönliche Unabhängigkeit ist organisatorisch abgesichert
- durch die unmittelbare Unterstellung unter die Unternehmensleitung, Art. 38 (3) Satz 1 DSGVO;
- durch das Benachteiligungsverbot, Art. 38 (3) Satz 3 DSGVO;
- durch den besonderen Kündigungsschutz, Art. 38 (3) Satz 2 DSGVO und
- durch sein besonderes Zeugnisverweigerungsrecht, Art. 38 (5) DSGVO.

Aber: Die sachliche Weisungsfreiheit ist funktionsbezogen und demgemäß begrenzt. Sie bezieht sich nur auf die »Ausübung seiner Aufgaben«. Das bedeutet, dass das Direktionsrecht des Arbeitgebers in dem Bereich fortbesteht, der nicht zu den Aufgaben des Datenschutzbeauftragten gehört.[55] So kann die Unternehmensleitung Bestimmungen treffen, etwa über die Arbeitszeit, an welcher Stelle der Datenschutzbeauftragte sein Büro erhält, welche Mitarbeiter ihm zugewiesen werden, wie Reisekosten abgerechnet werden, ob er einen unternehmenseigenen Parkplatz erhält usw. Entscheidend ist, dass solche Vorgaben ihn nicht bei der Wahrnehmung seiner Aufgaben beeinträchtigen. Nicht ganz zweifelsfrei ist, ob der Datenschutzbeauftragte disziplinarisch der Unternehmensleitung unterstellt ist.[56]

Im Vergleich zum Geldwäschebeauftragten ist für den Datenschutzbeauftragten damit insgesamt festgelegt, dass in allen Belangen, die seine Aufgabenerfüllung betreffen, vornehmlich sind das die Kontrolle und Beratung, per verbindlicher Regelung in

54 EuGH, 09.02.2023, C 453/21, ECL:EU:C:2023:79.

55 Einzelheiten bei Jaspers/Reif in Schwartmann/Jaspers/Thüsing, DS-GVO/BDSG, Stand: 2024, Art. 38 Rn. 18.

56 So Schaffland/Holthaus in Schaffland/Wiltfang, Datenschutz-Grundverordnung, Stand: 2025, Art. 38 Rn. 36.

der DSGVO Weisungsfreiheit besteht. Die Konfliktsituationen, die beim GWB entstehen können, sind hier also von vornherein ausgeschlossen.

V. Zusammenfassung und bewertung

1. Es gibt eine überbordende Zahl an Unternehmensbeauftragten, Betriebsbeauftragten, Fachkundigen Personen, zu bestellenden Fachkräften usw.

2. Das verursacht für die Unternehmen erheblichen Organisationsaufwand und Kosten. Sie stehen in keinem überzeugenden Verhältnis zum Nutzen ihrer Bestellung. Geboten ist, die Zahl der Beauftragten deutlich zurückzuführen.

3. Deren Bestellung, ihre rechtliche Stellung, das Verhältnis zur Unternehmensleitung, das Konzept der persönlichen und sachlichen Unabhängigkeit ist teils überhaupt nicht, teils lückenhaft und ggf. jeweils unterschiedlich geregelt.

4. Beauftragte haben ganz unterschiedliche Verantwortung und unterschiedlich stark ausgeprägte Entscheidungsbefugnisse. Zum Teil haben sie nur Überwachungs- und Beratungsaufgaben, teilweise verfügen sie aber auch über Entscheidungsbefugnisse in eigener Verantwortung wie bspw. der GWB, der Verdachtsmeldungen ohne Rücksprache mit der Unternehmensleitung an eine Behörde abgeben muss.

5. Dabei lässt sich beobachten, dass teilweise die Ausübung des unternehmerischen Ermessens im Rahmen von Entscheidungen im Tätigkeitsbereich des Beauftragten auf diese übertragen ist.

6. Entgegen einer vielfach vertretenen Ansicht besteht zwischen Unternehmensleitung und Beauftragtenfunktion kein Zielkonflikt. Denn zum einen verpflichtet die Legalitätspflicht die Unternehmensleitung, alle gesetzlichen Vorgaben einzuhalten. In der Regel verbleibt die Wahrnehmung des Unternehmensinteresses bei der Unternehmensleitung. Das gilt allerdings nicht ohne Ausnahme. Zum anderen ist der Beauftragte Teil des Unternehmens und er hat daher gleichfalls im Rahmen seiner Tätigkeit auch die Unternehmensinteressen zu berücksichtigen. Anderweitige Erwartungen überzeugen nicht. Vorrang hat im Verhältnis zum Unternehmensinteresse stets das Legalitätsinteresse.

7. Vorgeschlagen wird, ein »Allgemeines Recht der Beauftragten« zu entwickeln, um die aufgezeigte Gemengelage des Beauftragtenwesen insgesamt aufzulösen und klaren, einheitlichen Regelungen zuzuführen.

Schuldnerersetzungsklauseln als Restrukturierungsinstrument

Christoph Thole

I. Einführung

In jüngerer Zeit haben prominente Fälle gezeigt, dass Schuldnerersetzungsklauseln in Anleihebedingungen ungeahntes Potential haben, um Restrukturierungen eines Emittenten zu fördern oder jedenfalls Gestaltungsoptionen offenzuhalten.[1] Schuldnerersetzungsklauseln sehen beispielsweise vor, dass der Emittent das Recht hat, jederzeit (*at any time*) den Emittenten zu ersetzen, unbeschadet einer dann eingreifenden Garantiehaftung des bisherigen Emittenten. Die Einfügung entsprechender Möglichkeiten zur Schuldnerersetzung mag mitunter auf steuerlichen Hintergründen beruhen. Zugleich lassen sich solche Klauseln aber auch im Kontext einer angestrebten Restrukturierung nutzbar machen. Wird nämlich auf der Grundlage einer solchen Klausel der Schuldner ersetzt, kann dies mitunter auch grenzüberschreitend erfolgen; entsprechend kann etwa der deutsche Schuldner durch einen englischen Schuldner ersetzt werden u.a.m. Nicht selten ist dies der Fall bei über ausländische Finanzierungstöchter emittierten Anleihen, bei denen die Muttergesellschaft für die jeweiligen Verbindlichkeiten aus der Anleihe eine Garantie übernimmt.[2] Damit ergeben sich auch Folgewirkungen, wenn es darum geht, das passende Forum für eine Restrukturierung der Schuldverschreibungen (einschließlich der Garantiehaftung) zu finden. Wenn etwa der neue Schuldner eine englische Gesellschaft mit *centre of main interests* in England ist, kann auf diese Weise für ein Restrukturierungsverfahren, etwa einen *Restructuring Plan* nach *Part 26A* des *Companies Act*, der Gerichtsstand in England begründet werden, weil eine englische Gesellschaft die relevante »plan company« wird und jedenfalls auf dieser Grundlage eine Zuständigkeit englischer Gerichte nach Maßgabe einer »sufficient connection« zu bejahen ist.

Die Frage ist, unter welchen Maßstäben eine solche Schuldnerersetzung mit dem deutschen SchVG vereinbar ist. Dieser Frage geht der Beitrag nach, in der Hoffnung auf das Interesse des Jubilars, der sich mit so vielen Facetten des Kapitalmarktrechts befasst hat.

1 So im Fall AGPS BondCo Plc, Re [2023] EWHC 916 (Ch).
2 Birke in Reinhard/Schall, SchVG, 2020, § 5 Rn. 86.

II. Rechtliche Maßstäbe des SchVG

Eine Schuldnerersetzung ist in § 5 Abs. 3 Nr. 9 SchVG als möglicher Inhalt eines Beschlusses der Anleihegläubiger über die Änderung der Anleihebedingungen vorgesehen, kann aber darüber hinaus auch außerhalb eines Mehrheitsbeschlusses erfolgen, wenn eine Vorab-Zustimmung der Anleihegläubiger vorliegt. Bei einer Schuldnerersetzung handelt es sich im Sinne des deutschen Zivilrechts um eine befreiende Schuldübernahme gemäß § 415 BGB durch die neue Emittentin.[3] Sie bedarf der Zustimmung der Anleihegläubiger. Die relevanten Klauseln sehen mitunter vor, dass auch ohne Beschlussfassung der Anleihegläubiger »at any time« eine Schuldnerersetzung durchgeführt werden kann. Hier stellt sich bereits die Frage, ob eine entsprechende Klausel mit dem AGB-Recht vereinbar ist.

1. *Anwendungsbereich des AGB-Rechts*

Das setzt zunächst voraus, dass der Anwendungsbereich der §§ 305 ff. BGB überhaupt eröffnet ist. Die ständige höchstrichterliche Rechtsprechung geht ebenso wie die herrschende Meinung davon aus, dass Anleihebedingungen am AGB-Recht zu messen sind und folglich der Inhaltskontrolle unterliegen.[4] Im Schrifttum wird teils eine Gegenmeinung vertreten, nach der die Vorschriften des SchVG, insbesondere das Transparenzgebot des § 3 SchVG, Vorrang haben sollen,[5] doch der BGH hat im Urteil vom 16.1.2020 die Anwendbarkeit des AGB-Rechts bestätigt.[6] Die Bereichsausnahme des Gesellschaftsrechts gemäß § 310 Abs. 4 BGB gilt für Schuldverschreibungen nicht, wie der BGH ebenfalls im Urteil vom 16.1.2020[7] deutlich gemacht hat.

2. *Maßstäbe der Inhaltskontrolle*

Nicht abschließend geklärt ist, ob Schuldnerersetzungsklauseln einer Inhaltskontrolle nach § 307 BGB standhalten oder ob es sich dabei um eine unangemessene Benachteiligung i.S.d. § 307 Abs. 1 S. 1 BGB handelt.

3 Röh in BeckOGKSchVG, Stand: 01.04.2024, § 5 Rn. 75; Thole in Hopt/Seibt, Schuldverschreibungsrecht, 2. Aufl. 2023, § 5 Rn. 82.

4 BGHZ 119, 305, 312; OLG Düsseldorf WM 1991, 1375, 1379; Hopt in Festschrift für Steindorff, 1990, S. 341, 364; Köndgen, NJW 1996, 558, 563; vgl. auch Begründung RegE AGBG, BT-Drucks. 7/3919, S. 18; Habersack, WM 2023, 1254, 1255.

5 Assmann, WM 2005, 1053 ff.; Artzinger-Bolten/Wöckener in Hopt/Seibt, Schuldverschreibungsrecht, 2. Aufl 2023, § 3 Rn. 108 ff.; Bliesener/Schneider in Langenbucher/Bliesener/Spindler, Bankrechts-Kommentar, 3. Aufl. 2020, § 3 Rn. 21 ff.; Schmidt/Schrader, BKR 2009, 397, 400; Seibt/Schwarz, ZIP 2015, 401, 406; Veranneman in Veranneman, SchVG, 2. Aufl. 2016, Vor § 5 I Rn. 10 f.

6 BGH, 16.01.2020, IX ZR 351/18, NJW 2020, 986 Rn. 24.

7 BGH, 16.01.2020, IX ZR 351/18, NJW 2020, 986 Rn. 23.

Insoweit kann in einem ersten Schritt festgehalten werden, dass die Möglichkeit der Schuldnerersetzung für sich genommen unproblematisch ist. Das ergibt sich bereits aus § 5 Abs. 3 Nr. 9 SchVG, der eine Schuldnerersetzung als eine mögliche, der Beschlussfassung der Anleihegläubiger offenstehende Änderung der Anleihebedingungen ansieht. Problematisch kann die Schuldnerersetzungsklausel nur insoweit sein, als die Anleihegläubiger vorab in den Anleihebedingungen die Zustimmung zur Schuldnerersetzung erklären bzw. auf die Beschlussfassung verzichtet wird.

a) Grundsätzliche Zulässigkeit von Schuldnerersetzungsklauseln

Eine solche Vorab-Zustimmung wird grundsätzlich für zulässig erachtet.[8] Schuldnerersetzungsklauseln gelten als Marktstandard.[9] Für deren Zulässigkeit spricht, dass einseitige Leistungsbestimmungsrechte trotz des mit § 5 SchVG erweiterten Anwendungsbereichs von Mehrheitsbeschlüssen bei einer Emission von Schuldverschreibungen nach dem SchVG nicht ausgeschlossen sind.[10] Mehrheitsbeschlüsse nach § 5 SchVG betreffen bereits entstandene vertragliche Rechte bzw. die entstandene Anleiheforderung, hindern aber den Emittenten nicht daran, den Gläubigern *ex ante* nur bestimmte Rechte anzubieten bzw. sich selbst Rechte vorzubehalten.[11] Daher kann sich der Emittent grundsätzlich das Recht zur Schuldnerersetzung vorbehalten.

Fraglich ist allein, ob eine solche Schuldnerersetzung dann einschränkender Voraussetzungen bedarf. Der in der Reformdiskussion zum neuen SchVG 2009 vorgelegte § 795a BGB-DiskE (Diskussionsentwurf) sah vor, dass eine Schuldnerersetzungsklausel (nur) unter bestimmten Voraussetzungen wirksam ist.[12] Erforderlich war danach, dass der Emittent auf seine Kosten eine andere Gesellschaft, deren Anteile er direkt oder indirekt zu mehr als 90 % hält, als Schuldner für alle Verpflichtungen aus der Schuldverschreibung einsetzt, der neue Schuldner alle Verpflichtungen aus oder im Zusammenhang mit der Schuldverschreibung übernimmt und der Emittent die von dem neuen Schuldner zu übernehmenden Verpflichtungen unbedingt und unwiderruflich garantiert.

Dabei wurde nicht vorausgesetzt, dass der neue Schuldner seinerseits eine nach deutschem Recht gegründete Gesellschaft ist. Das ist deshalb konsequent, weil das SchVG 2009 generell nicht danach unterscheiden will, in welchem Staat der Emittent ansässig ist. Entscheidend ist für das Schuldverschreibungsrecht ausweislich des heutigen § 1 SchVG allein, ob die Anleihe dem deutschen Recht unterstehen soll. Auf

8 Leber, Der Schutz und die Organisation der Obligationäre nach dem Schuldverschreibungsgesetz, 2012, S. 274; Bliesener/Schneider in Langenbucher/Bliesener/Spindler, Bankrechts-Kommentar, 3. Aufl. 2020, § 5 Rn. 28.
9 Kiem in Hopt/Seibt, Schuldverschreibungsrecht, 3. Aufl. 2025 (im Erscheinen), § 20 Rn. 131.
10 Thole in Hopt/Seibt, Schuldverschreibungsrecht, § 5 Rn. 84, § 4 Rn. 16.
11 Schmidt/Schrader, BKR 2009, 397, 402.
12 Dazu Hartwig-Jacob in Frankfurter Kommentar SchVG, 2013, § 3 Rn. 100; Horn, ZHR 173 (2009), 12, 54.

den Sitz oder COMI des Emittenten kommt es nicht an. Dementsprechend ist es für das SchVG unerheblich, ob der neue Emittent seinen Sitz in Deutschland, in einem anderen Mitgliedstaat der EU oder in einem Drittstaat hat.

Die Regelung des § 795a SchVG-DiskE ist allerdings nicht in das Gesetz übernommen worden, so dass man im Umkehrschluss daraus folgern kann, dass die dort genannten anspruchsvollen Voraussetzungen gerade nicht erforderlich sind, um die Wirksamkeit der Schuldnerersetzungsklausel sicherzustellen.

In der Tat wird vor diesem Hintergrund im Schrifttum vertreten, dass Schuldnerersetzungsklauseln in den Anleihebedingungen uneingeschränkt zulässig sind.[13] Geht man von dieser Auffassung aus, bestehen keine Bedenken gegen die vorliegende Schuldnerersetzung. Vielmehr sind sogar die Anforderungen des § 795a BGB-DiskE erfüllt.

b) Übernahme aller Pflichten

Zum Teil wird auch weiterhin angenommen, dass eine vollständige Übernahme aller Pflichten durch den neuen Schuldner erforderlich sei.[14] *Seiler* meint, »Anleger werden hierdurch jedenfalls dann nicht entgegen den Geboten von Treu und Glauben unangemessen benachteiligt, wenn der Emittent – wie regelmäßig der Fall – verpflichtet ist, eine Übernahme aller Pflichten durch den neuen Schuldner sicherzustellen.«[15]

c) Keine Abweichung von wesentlichen Grundgedanken des Vertragsrechts

Auch aus einem diesbezüglich in der Literatur bisweilen zitierten Beschluss des OLG Frankfurt folgt nicht, dass eine Schuldnerersetzung unzulässig wäre.[16] Das OLG hat Folgendes ausgeführt:[17]

> *»Der von der Antragstellerin erhobene Einwand, ein Vertrauen in den Vertragsgrundsatz habe nicht entstehen können, weil nach § 12 der Anleihebedingungen die niederländische Schuldnerin sich durch eine deutsche Schuldnerin habe ersetzen lassen können mit der Folge einer nachträglichen Anwendung des SchVG 1899, greift nicht durch: Dies ergibt sich schon daraus, dass § 1 des SchVG 1899 das Mehrheitsprinzip nur dann ermöglicht, wenn der Schuldner bei Begebung seinen Sitz in Deutschland hatte (»Sind von jemand, der im Inland seinen Wohnsitz oder seine gewerblich Niederlassung hat, Schuldverschreibungen… ausgestellt, …«), weshalb es auch belanglos ist, dass die Schuldnerin ihren Sitz später nach Deutschland hätte verlegen können. Dessen ungeachtet stellten die Anleihebedingungen AGB dar (ständige Rechtsprechung, vgl. BGH vom 28.06.2005, XI ZR 363/04, BGHZ 163, 311, Rz. 13 bei juris mit zahlreichen Nachweisen). Die Schuldnerersetzung dürfte von*

13 Bliesener/Schneider in Langenbucher/Bliesener/Spindler, Bankrechts-Kommentar, 3. Aufl. 2020, § 5 Rn. 30; Wilken/Schaumann/Zenker, Anleihen in Restrukturierung und Insolvenz, 2. Aufl. 2017, Rn. 176; a. A. Birke in Reinhard/Schall, SchVG, 2020, § 5 Rn. 86.

14 Birke in Reinhard/Schall, SchVG, 2020, § 5 Rn. 86.

15 Seiler in BeckOGK AktG, Stand: 01.02.2025, § 221 AktG Rn. 186.

16 OLG Frankfurt, 27.03.2012, 5 AktG 3/11, NZG 2012, 593.

17 OLG Frankfurt, 27.03.2012, 5 AktG 3/11, NZG 2012, 593.

wesentlichen Grundgedanken des Vertragsrechts aber abweichen (§ 307 Abs. 2 Nr. 1 BGB), was durch den Fortbestand der Garantie nicht ausreichend abgemildert wird.«

Diese Aussage zur Schuldnerersetzung ist im Lichte der Besonderheiten des konkreten Falls zu verstehen; sie ist zudem auch nur vorsichtig formuliert (»dürfte abweichen«). Im konkreten Fall des OLG Frankfurt fand eine Schuldnerersetzung gar nicht statt. Es ging nur um die Frage, ob die Emittentin von den Möglichkeiten eines Mehrheitsbeschlusses nach dem SchVG 2009 Gebrauch machten durfte, obwohl die Anleihe vor dem Inkrafttreten des SchVG 2009 emittiert worden war. Der Hinweis in dem Beschluss erfolgte lediglich, um das Argument des Beschwerdeführers zu entkräften, ein Vertrauen in den vertraglichen Grundsatz von *pacta sunt servanda* habe nicht entstehen können. Denn das OLG geht in diesem Beschluss davon aus, dass wegen dieses Grundsatzes eine Einführung des Mehrheitsprinzips nur bei Anleihen in Betracht komme, die schon vor der Einführung des SchVG 2009 dem Mehrheitsprinzip unterfielen. Das war bei der in Rede stehenden niederländischen Anleihe gerade nicht der Fall, weil die Voraussetzung des § 1 SchVG 1899 nicht erfüllt war. Es galt also für diese Anleihe von Anfang an das strikte Prinzip von *pacta sunt servanda*, die Anleihebedingungen waren nicht veränderlich. Wenn daher die Prämisse des OLG Frankfurt lautet, dass die Anleihe zu jeder Zeit bereits dem Mehrheitsprinzip als dem vertraglichen Grundsatz unterlegen haben muss, ist es verständlich, wenn das Gericht meint, eine nachträgliche Schuldnerersetzung von der niederländischen, nicht von § 1 SchVG 1899 erfassten Emittentin zu einer deutschen Emittentin könne nicht nachträglich das Mehrheitsprinzip des SchVG 2009 und damit eine nicht gewollte Veränderlichkeit der Anleihebedingungen herbeiführen. Nur diese Stoßrichtung hat die Aussage zu der Schuldnerersetzungsklausel. Über die generelle Zulässigkeit von Schuldnerersetzungen sagt der Beschluss daher nichts aus. Unterstand die Anleihe, bei der es um eine Schuldnerersetzung geht, zu jeder Zeit dem SchVG 2009, ist das umso plausibler, denn auf den Sitz der Emittentin kommt es anders als nach dem SchVG 1899 nicht mehr an. Damit untersteht eine solche Anleihe zu jeder Zeit dem Mehrheitsprinzip des § 5 SchVG und generell dem SchVG 2009. Mehrheitsbeschlüsse einschließlich der Herbeiführung einer Schuldnerersetzung nach § 5 Abs. 3 Nr. 9 SchVG und einseitige Leistungsbestimmungsrechte sind nach dem SchVG 2009 grundsätzlich zulässig Der Beschluss des OLG Frankfurt ist insoweit eher eine Bestätigung der herrschenden Auffassung zur Zulässigkeit der Schuldnerersetzungsklausel, wenn und soweit die Anleihebedingungen von Beginn an dem Mehrheitsprinzip unterworfen und damit gerade veränderlich gestellt sind. Damit ist das Petitum des OLG Frankfurt erfüllt.

Zudem lässt es das OLG Frankfurt zu, dass die Garantie eine etwaige Abweichung von Grundgedanken des Vertragsrechts hinreichend abmildert. Nur im konkreten Fall erschien das deshalb dem OLG nicht möglich, weil unter den Prämissen des OLG auch die Garantie nicht für sich genommen eine Aufweichung des Vertragsgrundsatzes bei der Anleiheforderung rechtfertigen könnte und weil zudem auch die Garantieforderung durch Mehrheitsbeschluss geändert werden sollte. Dann aber kann die Garantie nicht darüber hinweghelfen, dass das vom OLG angenommene

»Vertrauen in den Vertragsgrundsatz« enttäuscht wird. Das OLG Frankfurt stellt nicht in Frage, dass eine unwiderrufliche Garantie grundsätzlich einer unangemessenen Benachteiligung der Anleihegläubiger bei der Schuldnerersetzung entgegensteht; es hält Schuldnerersetzungsklauseln nicht generell für unzulässig, denn dann hätten sich Ausführungen zur Garantie erübrigt.

Es überzeugte im Übrigen auch nicht, wenn man in der Schuldnerersetzung eine generelle Abweichung von wesentlichen Grundgedanken des Vertragsrechts erkennen wollte. Denn es ist zwar richtig, dass ein einseitiger Austausch des Schuldners im Vertragsrecht nicht vorgesehen ist; wohl aber kann eine Vertragsübernahme nach §§ 414, 415 BGB erfolgen. Nichts anderes liegt hier vor, wenn die Gläubiger quasi vorab zu der Vertragsübernahme ihre Zustimmung erteilen. Im Übrigen ist zu berücksichtigen, dass der maßgebliche Vertrag in dem Anleiheschuldverhältnis liegt, dessen rechtliche Rahmenbedingungen des SchVG zu berücksichtigen sind. Gesetzlich ist aber die Schuldnerersetzung bereits als eine Maßnahme zur Änderung der Anleihebedingungen vorgesehen und ausdrücklich in § 5 Abs. 3 Nr. 9 SchVG benannt. Daher ist eine Abweichung von wesentlichen Grundgedanken des Vertragsrechts gerade nicht zu erkennen.

d) Keine Risikoerhöhung

Zum Teil wird trotz Annahme der grundsätzlichen Zulässigkeit von Vorab-Genehmigungen von Schuldnerersetzungen angenommen, es dürften sich die wirtschaftlichen Grundlagen des Investments hierdurch nicht ändern, weil andernfalls eine unangemessene Benachteiligung vorliege. Der Schuldnerwechsel dürfe nicht zu einer signifikanten Änderung des mit den Schuldverschreibungen verbundenen Risikos führten.[18] Als Beispiel wird hierfür der Fall der Konzernteilung genannt, bei dem nicht nur das Vermögen und die Ertragsquellen geteilt werden sollen, sondern entsprechend auch die Schulden. In derartigen Fällen bedürfe es einer Einschätzung der Gläubiger, ob diese bereit seien, der Veränderung der Risikostruktur zuzustimmen, so dass in diesem Fall eine Gläubigerversammlung abzuhalten sei.[19]

Äußerungen von *Schall/Simon* gehen in die gleiche Richtung:[20] »Eine praktische wichtige Form des Änderungsvorbehalts ist die einseitige Ersetzung des Anleiheschuldners durch den Emittenten. Sie kann nach den vorbeschriebenen Grundsätzen zulässig durch AGB erfolgen, wenn sie erforderlich und für die Gläubiger zumutbar ist, was insbesondere erfordert, dass sich das Risiko nicht verändert«.

Dabei beziehen sie sich auf *Hartwig-Jacob*, der bei den gebräuchlichen Standardklauseln keine Bedenken gegen die Schuldnerersetzung ohne erneute Zustimmung der Gläubigerversammlung hat, sofern eine unwiderrufliche und unbedingte

18 Vogel in Preuße/Vogel, SchVG, 2. Aufl. 2023, § 5 Rn. 69; Hartwig-Jacob in Frankfurter Kommentar SchVG, 2013, § 3 Rn. 97 ff., 100 f.; Habersack WM 2023, 1254, 1259.

19 Vogel in Preuße/Vogel, SchVG, 2. Aufl. 2023, § 5 Rn. 69.

20 Schall/Simon in Reinhard/Schall, SchVG, 2020, § 3 Rn. 71.

Garantie der bisherigen Emittentin abgegeben wird. So führt *Hartwig-Jacob* aus, dass eine gesetzliche Regelung der Ersetzungsbefugnis ohne Gläubigerversammlung dem Gesetzgeber nicht erforderlich erschien, weil er nicht in die »bisher reibungslose laufende Praxis der Schuldnerersetzung ohne Zustimmung der Anleihegläubiger« eingreifen wollte.[21] Die seit Jahren gebräuchlichen Formulierungen entsprächen den Erwartungen der Anleger. Lediglich mit Blick auf das Transparenzgebot meint *Hartwig-Jacob*, es sei erforderlich, dass von Seiten des Emittenten oder der Anleihegläubiger ein berechtigtes Interesse bestehe und die Klausel hinreichend konkretisiert und auf das zumutbare Maß begrenzt werde. Zumutbar sei die Ersetzung, wenn sie nicht zu einer Änderung des Risikos führe.[22]

Diese Auffassung, die auf die Risikoerhöhung abstellt, kann nur bedingt überzeugen. Gegen sie wird geltend gemacht, dass die Frage, ob sich das Risiko für die Gläubiger ändere, keine trennscharfe Abgrenzung ermögliche und letztlich jeder Schuldnerwechsel eine Risikoveränderung darstelle.[23]

Geht man dennoch von dieser Auffassung aus, ist eine signifikante Änderung des Risikos dann nicht ersichtlich, wenn die bisherige Emittentin weiterhin die Schuldverschreibungen garantiert und damit zugunsten der Gläubiger sogar eine Schuldnermehrheit entsteht. Das wirtschaftliche Risiko bleibt insoweit gleich und wird sogar verringert, weil die neue Emittentin ihrerseits mit (Mindest-) Eigenkapital ausgestattet ist. Wenn zudem die neue Emittentin mit einem Befreiungsanspruch gegen die bisherige Emittentin ausgestattet wird, ändert sich das wirtschaftliche Risiko wenig, weil die neue Emittentin dann zumindest im Innenverhältnis weiter auf die bisherige Emittentin zugreifen kann. Ist die neue Emittentin in den Konzernverbund der bisherigen Emittentin eingebunden, wie dies häufig der Fall ist, so handelt es sich gerade nicht um völlig fremde dritte Personen. Schon deshalb ändert sich das Risiko nicht signifikant, denn auch bis zur Ersetzung war das Ausfallrisiko der Anleihegläubiger zwar rechtlich nur auf die Emittentin bezogen, faktisch aber von dem wirtschaftlichen Zustand der gesamten Gruppe abhängig.

Es ist, wie bereits angedeutet, auch nicht erforderlich, dass die neue Emittentin eine deutsche Gesellschaft ist, um einen Gleichlauf zwischen dem Gesellschaftsstatut und dem auf die Schuldverschreibungen anwendbaren Recht herzustellen. Entscheidend ist nach § 1 SchVG allein, ob die Anleihe dem deutschen Recht untersteht. Auf den Sitz oder COMI des Emittenten kommt es nicht an. Der deutsche Gesetzgeber wollte es im Interesse der Attraktivität des deutschen Rechts bewusst ermöglichen, dass auch ausländische Emittenten Anleihen nach deutschem Recht begeben, um den Anwendungsbereich des SchVG zu verbreitern.[24] Deshalb ist das unter dem früheren SchVG von 1899 bestehende Erfordernis, nach dem der Emittent seinen Sitz in Deutschland haben musste, weggefallen. Wenn es nicht darauf ankommt, ob der

21 Hartwig-Jacob in Frankfurter Kommentar SchVG, 2013, § 3 Rn. 99.
22 Hartwig-Jacob in Frankfurter Kommentar SchVG, 2013, § 3 Rn. 104.
23 Thole in Hopt/Seibt, Schuldverschreibungsrecht, § 5 Rn. 84.
24 Begründung RegE, BT-Drucks. 16/12814, S. 13.

bisherige Emittent in Luxemburg oder den USA oder andernorts seinen Sitz hat und das Insolvenz- und Restrukturierungsstatut und das Gesellschaftsstatut das Recht dieses Sitzstaats ist, kann es aus Sicht des SchVG auch nicht darauf ankommen, wo die neue Emittentin ihren Sitz hat. Der Gesetzgeber des SchVG wollte die Emission von Schuldverschreibungen nach deutschem Recht nicht nur für europäische Emittenten, sondern auch für sonstige drittstaatliche Emittenten ermöglichen. Einschränkungen sieht das Gesetz nicht vor.

Dass die Schuldnerersetzung dazu führen kann, dass für die neue Emittentin beispielsweise ein Restrukturierungsplan nach dem englischen Recht in Betracht kommt, was für die bisherige Emittentin möglicherweise nicht ohne weiteres in Betracht käme, erscheint demgegenüber als eine bloße faktische Reflexwirkung. Sie ist in jeder Schuldnerersetzung angelegt, weil es dem Wechsel des Schuldners wesenseigen ist, dass es dann künftig auf den neuen Schuldner und dessen Verhältnisse ankommt. Für sich genommen bedeutet dies noch keine Änderung des wirtschaftlichen Risikos, gerade weil die Garantie der bisherigen Emittentin fortbesteht. Dementsprechend ist auch für die Wirksamkeit der Schuldnerersetzung unerheblich, ob und welche Schwierigkeiten sich bei der Anerkennung eines etwaigen späteren Restrukturierungsverfahrens ergeben. Das sind allein Folgefragen, die aber von der Schuldnerersetzung unabhängig sind. Dass wiederum die Garantie ihrerseits auch in dem englischen Restrukturierungsplanverfahren der neuen Emittentin restrukturierbar sein kann, erscheint ebenfalls als eine bloß mittelbare Folge, denn die Gestaltung der Garantie tritt ebenso wie eine Änderung der Anleiheforderung selbst erst durch die Beschlussfassung der dann dort beteiligten Gläubigerschaft ein.

Zu beachten ist insoweit auch, dass die dem SchVG unterliegende Schuldverschreibungen wegen der in den Anleihebedingungen regelmäßig erfolgten Ermächtigung zu Mehrheitsbeschlüssen nach § 5 SchVG (*Opt-In*) generell nicht unveränderlich sind. Es ist daher die grundsätzliche Statthaftigkeit von Restrukturierungsmaßnahmen von vornherein für die Anleihegläubiger ersichtlich, und zwar sogar zu den ggf. geringen Mehrheitserfordernissen des SchVG, denn für einen Mehrheitsbeschluss außerhalb von Insolvenzverfahren und Restrukturierungsplan bedürfte es in einer etwaigen zweiten Gläubigerversammlung bei qualifizierter Mehrheit rechnerisch gerade einmal 18,75 % der Stimmrechte (3/4 der Abstimmenden bei 25 %-Mindestquorum, § 5 Abs. 4 S. 2 SchVG, § 15 Abs. 3 SchVG).

Daher erscheint auch unter dieser Auffassung die Vorab-Zustimmung zur Schuldnerersetzung bzw. die Schuldnerersetzung ohne Beschlussfassung statthaft und wirksam.

e) Keine Verletzung des Transparenzgebots

Eine weitere Auffassung will die Zulässigkeit von Schuldnerersetzungsklauseln allein am Maßstab der Transparenz gemäß § 3 SchVG messen.[25] Teils wird innerhalb dieser Auffassung auch verlangt, dass die Gründe für die Schuldnerersetzung beschrieben

25 Röh in BeckOGKSchVG, Stand: 01.04.2025, § 5 Rn. 81; a. A. Habersack WM 2023, 1254, 1254.

werden.[26] Eine Vorabfestlegung der konkreten Gründe, die eine Schuldnerersetzung motivieren, bereits in den Anleihebedingungen erscheint aber als eine zu weitgehende Anforderung. Sie ist auch unter dem Gesichtspunkt der Transparenz nicht erforderlich, sondern könnte bei den Anleihegläubigern sogar zu Missverständnissen und Verwirrungen führen, wenn beispielsweise komplexe steuerrechtliche Rechtslagen, die eine Schuldnerersetzung sinnvoll erscheinen lassen, in den Anleihebedingungen konkretisiert werden müssten. Umgekehrt wäre mit allgemeinen Floskeln auch unter Transparenzgesichtspunkten wenig gewonnen.

Vielmehr gilt: Wird eine »jederzeitige« Schuldnerersetzung angesprochen, besteht hinreichende Transparenz darüber, wann eine solche Ersetzung zu erwarten ist. Unklarheit kann es insoweit nicht geben. Insofern erinnert die Klausel an die beim Raumsicherungsverträgen vom BGH angewandte »All-Formel«[27]: Wenn »alle« Sicherungsgegenstände von einer Sicherungsübereignung umfasst sind, ist die Klausel bestimmt.[28] Entsprechend gilt hier, dass unter Transparenzgesichtspunkten keine Unsicherheiten verbleiben, wenn die Schuldner »jederzeit« eine solche Schuldnerersetzung anstreben kann und die Klausel auch keine Einschränkungen über die Person des neuen Schuldners enthält. Über das »Risiko« sind die Gläubiger dann im Bilde. Entscheidend ist für die Gläubiger ohnehin vielmehr, dass die Garantie das etwaige wirtschaftliche Risiko der Ersetzung absichert und sich damit an der Schuldnerschaft der bisherigen Emittentin (aus der Garantie) nichts ändert. Die Gläubiger haben nunmehr sogar zwei Schuldner.

III. Fazit

Die angestellten skizzenhaften Erwägungen zeigen deutlich: Eine Ausübung der mit der Schuldnerersetzungsklausel geschaffenen Möglichkeit ist mit dem Schuldverschreibungsrecht und dem AGB-Recht grundsätzlich vereinbar. Damit ergibt sich insbesondere ein Potential, um grenzüberschreitende Restrukturierungen zu fördern oder über den Austausch des Schuldners einen bestimmten Gerichtsstand für eine Restrukturierung des gesamten Konzernverbunds zu steuern. Dies ist weder missbräuchlich noch sonst bedenklich, weil »jederzeitige« Schuldnerersetzungsklauseln den Anlegern das damit verbundene »Risiko« hinreichend transparent vor Augen führen.

26 Hartwig-Jacob in Frankfurter Kommentar SchVG, 2013, § 3 Rn. 103; a. A. Habersack WM 2023, 1254, 1258.
27 BGH, 04.10.1994, II ZR 156/92, NJW 1994, 133, 134.
28 BGH, 04.10.1994, II ZR 156/92, NJW 1994, 133, 134.

Zur Kündbarkeit von Stimmrechtskonsortien nach altem und neuem Personengesellschaftsrecht

Dirk A. Verse*

I. Einführung

Konsortial- oder Poolverträge sind in der gesellschaftsrechtlichen Kautelarpraxis ein häufig genutztes Instrument, um den Einfluss einer Gesellschaftergruppe zu bündeln. Typischerweise verpflichten sich die Parteien in einer solchen Vereinbarung u.a. dazu, das Stimmrecht aus den von ihnen gehaltenen Gesellschaftsanteilen in einer jeweils vorab festzulegenden Weise einheitlich auszuüben. Da die koordinierte Stimmrechtsausübung einen gemeinsamen Zweck i.S. des § 705 Abs. 1 BGB darstellt, handelt es sich bei diesen Stimmrechtskonsortien, soweit sie deutschem Recht unterstehen,[1] anerkanntermaßen um Gesellschaften bürgerlichen Rechts – und zwar regelmäßig in der Variante einer rein schuldrechtlichen Innengesellschaft,[2] die das Gesetz seit der Reform durch das MoPeG[3] als »nicht rechtsfähige Gesellschaft« bezeichnet (§ 705 Abs. 2 Var. 2 BGB).

Aufgrund dieser Einordnung ist seit jeher auch die Kündbarkeit von Stimmrechtskonsortien an den für die GbR geltenden Vorschriften zu messen. Diese haben sich indes durch das MoPeG wesentlich verändert. Wie die folgenden, *Jens Ekkenga* in kollegialer Verbundenheit herzlich zugeeigneten Überlegungen zeigen sollen, besteht nach neuem Recht (§ 740a Abs. 3 i.V.m. § 725 BGB) ein viel größerer Spielraum für die Parteien, die ordentliche Kündigung von Konsortialverträgen auszuschließen, als dies unter Geltung von § 723 BGB a.F. der Fall war (dazu unter II.-III.).

* Dem Beitrag liegen in Teilen Überlegungen zugrunde, die Verf. ursprünglich zu einer Anfrage aus der Praxis entwickelt hat.

1 Zu der umstrittenen Frage, ob sich das auf Stimmbindungsvereinbarungen anwendbare Recht nach der Rom I-Verordnung und damit vorrangig nach der Rechtswahl der Parteien (Art. 3 Rom I-VO) bestimmt oder sie aufgrund des engen Bezugs zur Corporate Governance der Hauptgesellschaft zwingend deren Gesellschaftsstatut unterstehen, s. einerseits (für Ersteres) Reuter RIW 2019, 21, 26 ff.; Wedemann NZG 2021, 1443, 1444 ff.; andererseits (für Letzteres) von Hein in Rauscher, Europäisches Zivilprozess- und Kollisionsrecht, 2023, Art. 1 Rom I-VO Rn. 43; Kindler in MünchKomm. BGB, 9. Aufl. 2025, Internationales Handels- und Gesellschaftsrecht, Rn. 566 f.; jeweils m.w.N.

2 Ständige Rechtsprechung, etwa BGH, 13.6.1994, II ZR 38/93, BGHZ 126, 226, 234 – Schutzgemeinschaftsvertrag I; BGH, 24.11.2008, II ZR 116/08, BGHZ 179, 13 Rn. 14 – Schutzgemeinschaftsvertrag II; aus dem Schrifttum statt vieler Hüffer/Schäfer in Habersack/Casper/Löbbe, GmbHG, 3. Aufl. 2020, § 47 Rn. 75; Tröger in KK-AktG, 3. Aufl. 2021, § 136 Rn. 117; St. Schneider, Der Stimmbindungsvertrag, 2017, S. 25 ff.

3 Gesetz zur Modernisierung des Personengesellschaftsrechts (MoPeG) vom 24.6.2021, BGBl. I 2021, Nr. 53.

Diese Rechtsänderung ist bemerkenswerterweise nicht nur für Vereinbarungen von Bedeutung, die seit dem Inkrafttreten der Reform am 1.1.2024 neu abgeschlossen werden. Vielmehr können auch Kündigungsbeschränkungen aus Altverträgen, die nach bisherigem Recht unzulässig und daher unwirksam waren, nunmehr als wirksam zu behandeln sein (dazu unter IV.).

Zur Veranschaulichung der Fragestellung mag folgender *Beispielsfall* dienen: A und B sind Gesellschafter einer GmbH. In einem Konsortialvertrag haben sie vereinbart, dass sie sich jeweils im Vorfeld der Gesellschafterversammlungen der GmbH nach bestimmten Regeln auf eine einheitliche Linie verständigen und anschließend in der GmbH-Gesellschafterversammlung entsprechend abstimmen werden. Ferner ist vereinbart, dass der Konsortialvertrag so lange Bestand haben soll, wie A und B Gesellschafter der GmbH sind, und der Vertrag daher in diesem Zeitraum nicht ordentlich gekündigt werden kann. Ist dieser Ausschluss des ordentlichen Kündigungsrechts wirksam? Und macht es für die Beurteilung einen Unterschied, ob der Konsortialvertrag vor oder nach Inkrafttreten des MoPeG zum 1.1.2024 abgeschlossen wurde?

II. Die Rechtslage vor dem MoPeG

Nach dem bis zum 31.12.2023 geltenden Recht richtete sich die Kündigung von GbR-Gesellschaftsverträgen und damit auch von Stimmrechtskonsortien nach § 723 BGB a.F. Schon unter Geltung dieser Vorschrift stand außer Frage, dass der Vertrag jedenfalls *außerordentlich*, also aus wichtigem Grund, gekündigt werden kann (§ 723 Abs. 1 Satz 2 BGB a.F.) und dieses außerordentliche Kündigungsrecht auch nicht abdingbar ist (§ 723 Abs. 3 BGB a.F.; insoweit übereinstimmend § 725 Abs. 6 BGB n.F.). Sehr kündigungsfreundlich war das alte Recht aber auch in Bezug auf die *ordentliche* Kündigung. Sofern die Gesellschaft (hier: die Konsortialvereinbarung) auf unbestimmte Zeit eingegangen wurde, war sie nach der gesetzlichen Regelung jederzeit kündbar (§ 723 Abs. 1 BGB a.F.). Zulässig war zwar die Vereinbarung einer Kündigungsfrist (§ 723 Abs. 1 Satz 6 BGB a.F.); ein unbefristeter Ausschluss des ordentlichen Kündigungsrechts konnte aber – anders als im neuen Recht (s.u. III.) – nicht vereinbart werden (§ 723 Abs. 3 BGB a.F.).[4]

Der Ausschluss des ordentlichen Kündigungsrechts war vielmehr nur zulässig, wenn entweder die Dauer der Gesellschaft insgesamt auf eine bestimmte Zeit begrenzt wurde (§ 723 Abs. 1 Satz 2 BGB a.F.) oder wenigstens der Ausschluss des ordentlichen Kündigungsrechts entsprechend befristet wurde.[5] Für eine Befristung

4 S. zum alten Recht etwa C. Schäfer in MünchKomm. BGB, 8. Aufl. 2020, § 723 Rn. 70; Lübke in BeckOGK BGB, Stand: 1.9.2023, § 723 Rn. 94, 96.

5 Zur Vereinbarkeit eines befristeten Ausschlusses der ordentlichen Kündigung mit § 723 Abs. 3 BGB a.F. auch in unbefristeten Gesellschaften statt vieler Lübke (Fn. 4), § 723 Rn. 105; Wälzholz GmbHR 2009, 1020, 1025 f.; s. auch schon RG, 14.3.1919, Rep. II 393/18, RGZ 95, 147, 151 mit dem Hinweis, dass ein befristeter Kündigungsausschluss u.U. auch ohne ausdrückliche Abrede angenommen werden kann (dazu auch noch Fn. 9).

in diesem Sinne war es nun zwar nicht unbedingt notwendig, dass diese an exakte Kalenderdaten geknüpft wurde. Verlangt wurde aber doch, dass die Gesellschafter die Dauer ihrer Bindung einigermaßen übersehen und sich darauf in ähnlicher Weise wie bei einer kalendarischen Festlegung einstellen können.[6] Die in dem Beispielsfall getroffene Abrede, dass der Konsortialvertrag so lange Bestand haben soll, wie die Konsorten Anteile an der Hauptgesellschaft (der GmbH) halten, stellt nach diesem Maßstab *keine* hinreichende Zeitbestimmung i.S. des § 723 Abs. 1 Satz 2 BGB a.F. dar; denn sie lässt offen, wie lange die Beteiligung an der Hauptgesellschaft fortbestehen wird, und gewährleistet daher keine Überschaubarkeit der zeitlichen Bindung der Konsorten.[7] Anderes würde zwar gelten, wenn die Dauer der Hauptgesellschaft ihrerseits durch eine entsprechende Satzungsbestimmung (§ 3 Abs. 2 Var. 1 GmbHG) zeitlich bestimmt wäre, doch wird dies in aller Regel nicht der Fall sein.

Die Prüfung nach der alten Rechtslage führt daher geradewegs zu dem Ergebnis, dass ein Ausschluss der ordentlichen Kündigung wie der im Beispielsfall verabredete nach § 723 Abs. 3 BGB a.F. nicht wirksam vereinbart werden konnte. Den Konsorten wurden daher unter Geltung des alten Rechts diverse Ausweichstrategien empfohlen, um die ordentliche Kündbarkeit der Konsortialvereinbarung immerhin einzuschränken oder ihre Folgen abzumildern. Dazu zählte namentlich die Möglichkeit, eine großzügig bemessene Kündigungsfrist nach § 723 Abs. 1 Satz 6 BGB a.F. zu vereinbaren[8] und/oder das ordentliche Kündigungsrecht für eine großzügig bemessene Frist auszuschließen.[9] Dabei war aber stets zu beachten, dass die Fristen nicht unangemessen lang sein durften, da eine zwar bestimmte, aber überlange Bindung als unzulässige Umgehung des § 723 Abs. 3 BGB a.F. eingestuft wurde.[10] Teilweise wurde neben § 723 Abs. 3 BGB auch § 138 BGB zur Kontrolle von überlangen Bindungen

6 BGH, 11.7.1968, II ZR 179/66, BGHZ 50, 316, 321 f.; BGH, 29.6.1992, II ZR 284/91, ZIP 1992, 1552, 1554; OLG Karlsruhe, 26.10.1999, 8 U 65/99, NZG 2000, 304, 305.

7 Ebenso für Konsortialverträge, die für die (ihrerseits unbefristete) Dauer der Hauptgesellschaft abgeschlossen werden, Hüffer/C. Schäfer (Fn. 1), § 47 Rn. 75; Noack, Gesellschaftervereinbarungen in Kapitalgesellschaften, 1994, S. 231; Rodemann, Stimmbindungsvereinbarungen in den Aktien- und GmbH-Rechten Deutschlands, Englands, Frankreichs und Belgiens, 1998, S. 15 f. Auch der BGH hat Unterbeteiligungen und stille Gesellschaften, die auf die (unbegrenzte) Dauer der Hauptgesellschaft abgeschlossen werden, als auf unbestimmte Zeit eingegangen und daher als ordentlich kündbar angesehen; BGH, 11.7.1968, II ZR 179/66, BGHZ 50, 316, 321 f.; BGH, 29.6.1992, II ZR 284/91, ZIP 1992, 1552, 1554.

8 Lübke (Fn. 4), § 723 Rn. 104.

9 S. nochmals die Nachw. in Fn. 5. Die ältere Rechtsprechung nahm bei Stimmbindungsvereinbarungen teilweise recht großzügig einen konkludenten Ausschluss des ordentlichen Kündigungsrechts an; sehr weitgehend insbes. RG 17.6.1939, II 19/39, DR 1940, 244, 246; dazu auch Lübbert, Abstimmungsvereinbarungen in den Aktien- und GmbH-Rechten der EWG-Staaten, der Schweiz und Großbritanniens, 1971, S. 104 f., 143 f. m.w.N.; mit Recht kritisch Rodemann (Fn. 7), S. 14 ff.

10 Exemplarisch BGH, 18.9.2006, II ZR 137/04, NJW 2007, 295 Rn. 8 ff. (Ausschluss des Rechts zur ordentlichen Kündigung in einer Anwaltssozietät für einen Zeitraum von 30 Jahren); BGH, 22.5.2012, II ZR 205/10, NZG 2012, 984 Rn. 12 ff. (Ausschluss des ordentlichen Kündigungsrechts in einer als Außen-GbR verfassten Kapitalanlagegesellschaft für einen Zeitraum von 31 Jahren); C. Schäfer (Fn. 4), § 723 Rn. 64 ff.

herangezogen, ohne die Kontrollmaßstäbe klar voneinander abzugrenzen.[11] Die genaue Grenzziehung zulässiger Zeitbestimmungen blieb bis zuletzt mit erheblichen Unsicherheiten behaftet, da sie von einer Interessenabwägung im Einzelfall abhing. Als Obergrenze wurden häufig 30 Jahre genannt, meist jedoch mit dem Zusatz, dass nach Lage des Einzelfalls auch kürzere Fristen gegen § 723 Abs. 3 BGB a.F. verstoßen können.[12] Neben oder anstelle einer langen Befristung wurde als weiteres Schutzinstrument empfohlen, im Konsortialvertrag für den Fall der Kündigung vorzusehen, dass die übrigen Konsorten gegen angemessenen finanziellen Ausgleich zur Übernahme des von dem Kündigenden gehaltenen Anteils an der Hauptgesellschaft berechtigt sind.[13] Dass darin keine unzulässige Kündigungserschwerung i.S. des § 723 Abs. 3 BGB a.F. liegt, hatte der BGH ausdrücklich bestätigt.[14]

III. Die neue Rechtslage

1. Abdingbarkeit des ordentlichen Kündigungsrechts, aber vorbehaltlich der Sittenwidrigkeitsschranke

Durch das MoPeG hat sich diese Rechtslage wesentlich verändert. Die entscheidende Änderung findet sich im neuen § 725 BGB, der in seinem unmittelbaren Anwendungsbereich die Kündigung der Mitgliedschaft in einer rechtsfähigen (Außen-) GbR regelt, über die Verweisung in § 740a Abs. 3 BGB aber auch für die Beendigung einer nicht rechtsfähigen (Innen-) GbR gilt und im Übrigen auch in den Personenhandelsgesellschaften eine Entsprechung findet (§ 132 HGB). Nach § 725 Abs. 6 BGB sind nunmehr auch in unbefristeten Gesellschaften nur noch der Ausschluss sowie Beschränkungen der *außerordentlichen* Kündigungsrechte nach Abs. 2 (wichtiger Grund) und Abs. 4 (Kündigung nach Eintritt der Volljährigkeit eines Gesellschafters) unwirksam. Die ordentliche Kündigung (§ 725 Abs. 1 BGB) wird dagegen nicht mehr von dem Abbedingungsverbot erfasst. Der Gesetzgeber hat damit einen Vorschlag aufgegriffen, den *Karsten Schmidt* schon 1983 in seinem Gutachten zur Schuldrechtsreform unterbreitet hatte.[15] Wörtlich heißt es dazu in der Begründung des Regierungsentwurfs zum MoPeG:[16]

11 Aus der Rechtsprechung etwa BGH, 21.3.2005, II ZR 310/03, NJW 2005, 1784, 1786; klar differenzierend zwischen § 723 Abs. 3 BGB a.F. und § 138 BGB aber BGH, 22.5.2012, II ZR 205/10, NZG 2012, 984 Rn. 21 (s. dazu noch unten zu III. 3. a) im Text zu Fn. 35).

12 Näher dazu (mit Überblick über die Kasuistik und weiteren Nachw.) etwa C. Schäfer (Fn. 4), § 723 Rn. 66; K. Schmidt/Fleischer in MünchKomm. HGB, 5. Aufl. 2022, § 132 Rn. 33; speziell für Stimmbindungsverträge St. Schneider (Fn. 2), S. 191 ff.

13 Rodemann (Fn. 7), S. 16 f.

14 BGH, 13.6.1994, II ZR 38/93, BGHZ 126, 226, 230 ff.

15 K. Schmidt in Bundesminister der Justiz (Hrsg.), Gutachten und Vorschläge zur Überarbeitung des Schuldrechts, Bd. III, 1983, S. 150; ablehnend dagegen noch C. Schäfer, Gutachten E zum 71. Deutschen Juristentag, 2016, S. E 91 f.

16 BT-Drs. 19/27635, S. 173 f.

»Absatz 6 übernimmt im Wesentlichen den geltenden § 723 Abs. 3 BGB, führt ihn aber auf seinen eigentlichen Schutzzweck zurück. Der geltende § 723 Abs. 3 BGB enthält das allgemeine Verbot, das Kündigungsrecht auszuschließen oder entgegen dieser Vorschrift zu beschränken. Gerechtfertigt ist das nur für das Recht zur außerordentlichen Kündigung nach Abs. 2 und 4. Denn das Eingehen einer Bindung ohne zeitliche Begrenzung und ohne Kündigungsmöglichkeit ist mit der persönlichen Freiheit der Gesellschafter unvereinbar und kann von ihnen nicht wirksam vereinbart werden. (...) Soweit der geltende § 723 Abs. 3 BGB das Verbot überschießend auch auf das Recht zur ordentlichen Kündigung erstreckt, stellt dies die Kautelarpraxis vor nicht unerhebliche Schwierigkeiten. § 725 Abs. 6 BGB-E ist daher im folgenden Sinne geändert: Das außerordentliche Kündigungsrecht ist unabdingbar, das ordentliche Kündigungsrecht ist es nicht (vgl. K. Schmidt, in: Gutachten und Vorschläge zur Überarbeitung des Schuldrechts Band 3, 1983, S. 540). Das hat zur Folge, dass Vereinbarungen, die das Recht zur ordentlichen Kündigung nach Abs. 1 ausschließen oder beschränken, sich nicht an der starren Schranke des § 725 Abs. 6 BGB-E messen lassen müssen, sondern an der beweglichen Schranke des § 138 BGB, wobei die Wertung des § 725 Abs. 6 BGB-E Eingang in die Sittenwidrigkeitsprüfung findet.«

2. *Echte Neuorientierung oder grundsätzliche Kontinuität zum bisherigen Recht?*

Müssen sich nach neuem Recht Vertragsbestimmungen, welche die ordentliche Kündigung ausschließen oder erheblich erschweren, somit nur noch an der Schranke der Sittenwidrigkeit (§ 138 Abs. 1 BGB) messen lassen, bleibt freilich die Frage, wie streng dieser allgemeine Prüfungsmaßstab ist. Je strenger die Prüfung am Maßstab des § 138 Abs. 1 BGB ausfällt, desto geringer ist letztlich die Abweichung vom bisherigen Recht. Ein Blick ins Schrifttum zeigt, dass die ersten Stellungnahmen zu dieser Frage ganz unterschiedlich ausfallen.

Auf der einen Seite des Meinungsspektrums steht die vor allem von *Carsten Schäfer* prominent vertretene Position, dass der Gesetzgeber keine grundsätzlichen Änderungen gegenüber der bisherigen Rechtslage beabsichtigt habe und die freiheitssichernde Funktion des ordentlichen Kündigungsrechts nunmehr im Rahmen des § 138 Abs. 1 BGB zur Geltung zu bringen sei. Ein gänzlicher Ausschluss des ordentlichen Kündigungsrechts sei daher nach wie vor ebenso grundsätzlich unwirksam wie Vereinbarungen, welche die Wirksamkeit der Kündigung vom Vorliegen bestimmter Gründe abhängig machen.[17] Die zitierte Bemerkung aus den Gesetzesmaterialien, dass im

17 C. Schäfer in MünchKomm. BGB, 9. Aufl. 2024, § 725 Rn. 72; ebenso zu § 132 HGB ders. in Staub, HGB, 6. Aufl. 2024, § 132 Rn. 47; ihm folgend M. Roth in Hopt, HGB, 44. Aufl. 2025, § 132 Rn. 15 (die bisherigen Grundsätze »bleiben weiter anwendbar«); wohl auch Lieder in Erman, BGB, 17. Aufl. 2023, § 725 Rn. 25 f.; ohne weiteres die zu § 723 Abs. 3 BGB a.F. anerkannten Grundsätze fortschreibend auch Hanke/Ammermann in Heidel, Gesellschaft bürgerlichen Rechts, 2024, § 725 Rn. 28 f.; zu § 132 HGB dezidiert Heidel in Heidel/Schall, HGB, 4. Aufl. 2024, § 132 Rn. 52 ff.

Rahmen der Sittenwidrigkeitsprüfung die Wertung des § 725 *Abs. 6* BGB (also die prinzipielle Abdingbarkeit des ordentlichen Kündigungsrechts) zu berücksichtigen sei, hält *Schäfer* für »nicht ganz leicht erklärbar«; richtigerweise sei die Wertung des § 725 *Abs. 1* BGB zu berücksichtigen mit der Folge, dass eine vertragliche Regelung im Rahmen des § 138 Abs. 1 BGB umso begründungsbedürftiger sei, je weiter sie von dem in dieser Vorschrift vorgesehenen ordentlichen Kündigungsrecht und der gesetzlichen Kündigungsfrist (nunmehr drei Monate zum Jahresende) abweiche.[18] Im Ergebnis könne daher auch hinsichtlich der Frage überlanger Befristungen (s.o. II.) an die bisherigen Grundsätze angeknüpft werden.[19]

Auch wenn diese Einschätzung teilweise Zuspruch gefunden hat,[20] wird sie doch von der Mehrzahl der Stimmen, die sich bisher zum neuen Recht geäußert haben, nicht geteilt. Die überwiegende Ansicht geht vielmehr dahin, dass auch der unbefristete Ausschluss der ordentlichen Kündigung nach neuem Recht grundsätzlich zulässig ist und aus § 138 Abs. 1 BGB nur in besonders begründungsbedürftigen Ausnahmefällen anderes folgen kann.[21] Einschränkend wird teilweise hinzugefügt, dass dies jedenfalls dann gelten müsse, wenn die Gesellschafter – wie im Fall der bloßen Innengesellschaft – kein persönliches Haftungsrisiko trifft und durch den Kündigungsausschluss auch keine unzumutbare Einschränkung der Berufsfreiheit zu befürchten ist.[22]

In der Tat kann angesichts der angeführten Begründung des Regierungsentwurfs (s.o. III. 1.) bei Licht besehen kein Zweifel bestehen, dass es entschieden zu kurz greift, die zu § 723 Abs. 3 BGB a.F. anerkannten Grundsätze unter dem neuen Prüfungsmaßstab des § 138 Abs. 1 BGB mehr oder weniger unverändert fortzuschreiben. Wenn die Entwurfsbegründung moniert, dass § 723 Abs. 3 BGB a.F. »überschießend« war und die Kautelarpraxis – wie unter II. dargelegt – »vor nicht unerhebliche Schwierigkeiten« stellte, kommt darin doch ganz offensichtlich der Wille des Gesetzgebers zum Ausdruck, dass der neue Kontrollmaßstab weniger streng ausfallen soll und der

18 C. Schäfer (Fn. 17), § 725 Rn. 66; ders. (Fn. 17), § 132 Rn. 50.

19 C. Schäfer (Fn. 17), § 725 Rn. 65 f.

20 S. nochmals die Nachw. in Fn. 17; daran zweifelnd, ob sich die Gesetzesänderung praktisch nennenswert auswirken wird, ferner Hoffmann in Festschrift Heidel, 2021, S. 79, 90; offenlassend Schöne in BeckOK BGB, Stand: 1.5.2025, § 725 Rn. 20.

21 Ausführlich Löcherbach/König/Großmann DStR 2024, 244, 246 f.; ferner Guntermann in Koch, Personengesellschaftsrecht, 2024, § 725 BGB Rn. 28 (»nur in krassen Ausnahmefällen«); Lorz in Ebenroth/Boujong, HGB, 5. Aufl. 2024, § 132 Rn. 46 f.; Lübke in BeckOKG BGB, Stand: 1.4.2025, § 725 Rn. 138, 141 ff.; Noack in Heidel/Hirte, Das neue Personengesellschaftsrecht, 2024, § 10 Rn. 50 (»nur noch in absoluten Ausnahmefällen«); Servatius, Gesellschaft bürgerlichen Rechts, 2023, § 725 BGB Rn. 42 f.; die erweiterte Gestaltungsfreiheit gerade auch mit Blick auf Pool- und Stimmbindungsvereinbarungen begrüßend Handelsrechtsausschuss des Deutschen Anwaltvereins, NZG 2020, 1133 Rn. 71.

22 Bochmann in Modernisierung des Personengesellschaftsrechts, ZGR Sonderheft 23, 2021, S. 221, 238 f.; auf das Haftungsrisiko abstellend auch Klöhn in Henssler/Strohn, 6. Aufl. 2024, § 132 HGB Rn. 21 f.

Kautelarpraxis ungleich größere Spielräume eröffnet werden sollen als bisher. Wenn es in der Begründung weiter heißt »das außerordentliche Kündigungsrecht ist unabdingbar, das ordentliche Kündigungsrecht ist es nicht«, wird damit der neue Grundsatz der Abdingbarkeit so unmissverständlich formuliert, dass es auf nichts weniger als eine Verkehrung des gesetzgeberischen Willens hinausläuft, wenn gleichwohl behauptet wird, der Gesetzgeber habe keine grundsätzlichen Änderungen vornehmen wollen und der dauerhafte Ausschluss des ordentlichen Kündigungsrechts sei auch nach neuem Recht weiterhin grundsätzlich unzulässig. Sieht man in der Dispositivität des ordentlichen Kündigungsrechts den neuen Grundsatz, erweist sich auch die weitere Bemerkung in der Entwurfsbegründung, dass im Rahmen der beweglichen Schranke des § 138 BGB die Wertung des § 725 *Abs. 6* BGB (also die prinzipielle Abdingbarkeit des ordentlichen Kündigungsrechts) zu berücksichtigen ist, keineswegs als schwer erklärbar, sondern als unmittelbar einsichtig und stimmig. Sie soll ersichtlich besagen, dass der neue Grundsatz der Abdingbarkeit des ordentlichen Kündigungsrechts nicht durch eine allzu strenge Sittenwidrigkeitsprüfung so unterlaufen werden darf, dass die neue Regel letztlich doch wieder zur Ausnahme mutiert. Mit all' diesen Aussagen der Entwurfsbegründung ist – in Übereinstimmung mit der überwiegenden Ansicht – nur die Feststellung vereinbar, dass selbst der dauerhafte Ausschluss des ordentlichen Kündigungsrechts keineswegs regelmäßig dem Verdikt der Sittenwidrigkeit verfällt, sondern diese nur unter besonderen Umständen ausnahmsweise in Betracht kommt.

Im Schrifttum wird dieser Feststellung zwar vereinzelt entgegengehalten, dass sich in der zitierten Passage der Entwurfsbegründung auch der Satz findet: »Das Eingehen einer Bindung ohne zeitliche Begrenzung und ohne Kündigungsmöglichkeit ist mit der persönlichen Freiheit der Gesellschafter unvereinbar und kann von ihnen nicht wirksam vereinbart werden.«[23] Dieser Satz bezieht sich aber, wie sich aus dem oben (III. 1.) wiedergegebenen vollständigen Zitat unmissverständlich ergibt, allein auf den Ausschluss des *außerordentlichen* Kündigungsrechts. Daher geht es offensichtlich fehl, ihn auch für die ordentliche Kündigung als eine Bestätigung der angeblichen Kontinuität der Rechtslage zu interpretieren.[24]

3. *Kriterien im Rahmen der Sittenwidrigkeitsprüfung*

a) Allgemeine Leitlinien der Interessenabwägung

Ein Rechtsgeschäft ist nach § 138 Abs. 1 BGB nichtig, wenn es nach seinem aus der Zusammenfassung von Inhalt, Beweggrund und Zweck zu entnehmenden Gesamtcharakter mit den guten Sitten nicht zu vereinbaren ist.[25] Die Feststellung der

23 Auf diesen Satz verweisend Heidel (Fn. 17), § 132 Rn. 56.
24 So aber Heidel (Fn. 17), § 132 Rn. 56.
25 Ständige Rechtsprechung, s. nur BGHZ 235, 117 Rn. 31 m.w.N.

Sittenwidrigkeit erfordert mithin eine Gesamtabwägung der Umstände des Einzelfalls und der auf allen Seiten betroffenen schutzwürdigen Interessen.[26]

Was zunächst den Kreis der in die Abwägung einzustellenden Belange betrifft, so lässt sich im Ausgangspunkt sicher an die Rechtsprechung zur Frage der überlangen Befristung unter Geltung des § 723 Abs. 3 BGB a.F. anknüpfen. Nach dieser sind einerseits die schutzwürdigen Interessen des einzelnen Gesellschafters an einer absehbaren, einseitigen Lösungsmöglichkeit, andererseits die Struktur der Gesellschaft, die Art und das Ausmaß der für die Beteiligten aus dem Gesellschaftsvertrag folgenden Pflichten sowie das durch den Gesellschaftsvertrag begründete Interesse an einem möglichst langfristigen Bestand in den Blick zu nehmen.[27]

Im Rahmen der Abwägung dieser Kriterien ist nun aber, anders als noch unter Geltung des § 723 Abs. 3 BGB a.F., die neue Wertung des § 725 Abs. 6 BGB ebenso zu berücksichtigen wie der Umstand, dass die Sittenwidrigkeitsschranke nur eine äußerste, weit gezogene Grenze der Privatautonomie markiert, die erst tangiert wird, wenn die Abrede das »ethische Minimum« nicht mehr wahrt.[28] Im Ergebnis werden daher nach neuem Recht nur noch Fälle zu beanstanden sein, in denen nach den Umständen des Einzelfalls die persönliche und wirtschaftliche Handlungsfreiheit des einzelnen Gesellschafters trotz des fortbestehenden (weiterhin indisponiblen) außerordentlichen Kündigungsrechts so gravierend beeinträchtigt wird, dass diese Beeinträchtigung zu dem Interesse an einem stabilen Bestand der Gesellschaft gänzlich außer Verhältnis steht.

Umstände, denen der BGH in der Vergangenheit im Rahmen der Interessenabwägung besondere Bedeutung beigemessen hat, waren aufseiten des kündigungswilligen Gesellschafters insbesondere das bei einer rechtsfähigen (Außen-) GbR bestehende unbegrenzte und für einen nur kapitalistisch beteiligten Anleger unüberschaubare Haftungsrisiko[29] sowie bei Berufsausübungsgesellschaften die Berufsfreiheit der durch den Kündigungsausschluss betroffenen Berufsträger.[30] Es mag sein, dass diese Umstände nach Lage des Einzelfalls auch künftig von so großem Gewicht sind, dass sie auch nach dem weniger strengen Prüfungsmaßstab der Sittenwidrigkeit zu einer Unwirksamkeit des Ausschlusses der ordentlichen Kündigung führen können.

26 Speziell im vorliegenden Kontext Lübke (Fn. 21), § 725 Rn. 144; Löcherbach/König/Großmann, DStR 2024, 244, 247.

27 BGH, 18.9.2006, II ZR 137/04, NJW 2007, 295 Rn. 13; BGH, 22.5.2012 – II ZR 205/10, NZG 2012, 984 Rn. 19.

28 Statt vieler Neuner, Allgemeiner Teil des Bürgerlichen Rechts, 13. Aufl. 2024, § 46 Rn. 1; Mansel in Jauernig, BGB, 19. Aufl. 2023, § 138 Rn. 6; aus der Rechtsprechung etwa BAG, 21.2.2001, 2 AZR 15/00, NZA 2001, 833, 835 (»nur in besonders krassen Fällen«); BAG, 16.9.2004, 2 AZR 511/03, juris Rn. 33.

29 BGH, 22.5.2012 – II ZR 205/10, NZG 2012, 984 Rn. 12 ff.: Ausschluss des ordentlichen Kündigungsrechts eines nur kapitalistisch beteiligten, aber voll haftenden Anlegers für einen Zeitraum von 31 Jahren verstößt gegen § 723 Abs. 3 BGB a.F.

30 BGH, 18.9.2006, II ZR 137/04, NJW 2007, 295 Rn. 12 ff.: Ausschluss des ordentlichen Kündigungsrechts in einem Anwalts-Sozietätsvertrag für einen Zeitraum von 30 Jahren verstößt gegen § 723 Abs. 3 BGB a.F.

So wird im Schrifttum vertreten, dass der vom BGH nach § 723 Abs. 3 BGB a.F. beanstandete Ausschluss der ordentlichen Kündigung in einem Rechtsanwalts-Sozietätsvertrag für einen Zeitraum von 30 Jahren[31] die Berufsfreiheit so stark beschneidet, dass er auch nach § 138 Abs. 1 BGB als unwirksam anzusehen ist.[32] Auch wird vertreten, dass sich eine Sittenwidrigkeit mit dem Gedanken der »Selbstentmündigung« begründen lasse, wenn ein Gesellschafter der unbeschränkten Haftung für Gesellschaftsverbindlichkeiten (§ 721 BGB) unterliegt, ohne als Minderheitsgesellschafter auf deren Entstehung entscheidenden Einfluss nehmen und ohne sich aus der Gesellschaft nach freiem Ermessen lösen zu können.[33] Schon Letzteres ist indes nicht unwidersprochen geblieben und zumindest in dieser Allgemeinheit in der Tat fragwürdig, da der neue Grundsatz der Abdingbarkeit dadurch weit eingeschränkt würde und der kündigungswillige Gesellschafter immerhin durch das außerordentliche Kündigungsrecht geschützt ist, sollten die Haftungsrisiken im konkreten Fall tatsächlich ein unzumutbares Niveau erreichen.[34] Bezeichnenderweise hat der BGH in einem Fall zum alten Recht, der eine 31-jährige Vertragsbindung eines Anlegers einer (rechtsfähigen) Kapitalanlage-GbR betraf, in dem Zusammenspiel von geringer wirtschaftlicher Beteiligung und unbegrenztem, für den nur kapitalistischen Anleger unüberschaubarem Haftungsrisiko zwar eine erhebliche Beeinträchtigung der Handlungsfreiheit des kündigungswilligen Gesellschafters gesehen, die eine unzulässige Umgehung des § 723 Abs. 3 BGB a.F. begründet. Im selben Atemzug hat es der Senat aber für möglich gehalten, dass selbst in einem so weitreichenden Fall das Ausmaß der Bindung »noch nicht die Grenze der Sittenwidrigkeit nach § 138 BGB überschritten haben mag.«[35]

b) Anwendung auf Stimmrechtskonsortien

Die genaue Abgrenzung nach neuem Recht wird Rechtsprechung und Schrifttum sicher noch intensiv beschäftigen. Wendet man sich den hier interessierenden Stimmrechtskonsortien zu, lässt sich aber schon jetzt feststellen, dass auch ein dauerhafter Ausschluss des ordentlichen Kündigungsrechts wie der im Beispielsfall vereinbarte in aller Regel keinen Bedenken mehr unterliegen wird. Es erscheint nämlich kaum vorstellbar, dass die persönliche und wirtschaftliche Handlungsfreiheit eines Konsorten durch den Ausschluss des ordentlichen Kündigungsrechts in einem Stimmrechtskonsortium so stark beeinträchtigt wird, dass dies zu dem Kontinuitätsinteresse der übrigen Konsorten gänzlich außer Verhältnis stünde.[36]

31 BGH, 18.9.2006, II ZR 137/04, NJW 2007, 295 Rn. 12 ff.

32 Andr. Bergmann in jurisPK-BGB, Stand: 28.3.2025, § 725 Rn. 10.

33 Lübke (Fn. 21), § 725 Rn. 141.

34 Kritisch daher auch Guntermann (Fn. 21), § 725 Rn. 29; Servatius (Fn. 21), § 725 Rn. 43.

35 BGH, 22.5.2012 – II ZR 205/10, NZG 2012, 984 Rn. 21.

36 Vgl. zum Folgenden auch schon die zum alten Recht angestellte Interessenabwägung bei St. Schneider (Fn. 2), S. 191 f., der für eine großzügige Behandlung von Stimmrechtspools plädiert und unter Geltung des § 723 Abs. 3 BGB a.F. eine Ausschöpfung der Obergrenze von 30 Jahren für eine Befristung als zulässig ansieht.

Da es sich bei dem Konsortium um eine nicht rechtsfähige (Innen-) GbR handelt, droht den Konsorten mangels Verbindlichkeiten des Konsortiums von vornherein kein Risiko, für diese nach § 721 BGB haften zu müssen. Jedenfalls dann, wenn es sich bei der Hauptgesellschaft wie in unserem Beispielfall um eine haftungsbeschränkte Gesellschaft handelt, droht durch die Stimmbindung auch nicht mittelbar eine Erhöhung des Haftungsrisikos der Konsorten in der Hauptgesellschaft. Der Konsortialvertrag begründet in aller Regel auch sonst keine unüberschaubaren finanziellen Belastungen. Auch bleiben die mitgliedschaftlichen Vermögensrechte der Konsorten in der Hauptgesellschaft unberührt. Die Berufsfreiheit der Konsorten wird in der Regel ebenfalls nicht oder nicht erheblich tangiert sein. Auf der anderen Seite besteht aufseiten der nicht kündigungswilligen Konsorten in aller Regel ein legitimes Interesse an der Stabilität des Konsortiums. Besonders augenfällig ist das Interesse an dauerhafter Bindung bei Stimmrechtspools in Familiengesellschaften, die den Familieneinfluss sichern sollen, um das Familienunternehmen als Lebensgrundlage auch für künftige Generationen zu erhalten. Aber auch sonst wird es häufig legitime Gründe für Vertragsgestaltungen geben, die das ordentliche Kündigungsrecht in Stimmrechtskonsortien auf unbestimmte Zeit ausschließen. Man denke etwa an Fälle, in denen sich die Konsorten nur deshalb zur Übernahme von Beteiligungen an der Hauptgesellschaft und ggf. zu erheblichen Investitionen in diese bereitfinden, weil sie aufgrund des Konsortialvertrags davon ausgehen können, über das Konsortium dauerhaft einen (mit-)bestimmenden Einfluss auf die Hauptgesellschaft ausüben zu können.

Insbesondere dem zuerst genannten Umstand, dass die Konsorten in einer nicht rechtsfähigen GbR mangels Gesellschaftsverbindlichkeiten keinem Haftungsrisiko nach § 721 BGB ausgesetzt sind, kommt ganz wesentliche Bedeutung zu. Dies tritt besonders deutlich zutage, wenn man zum Vergleich den Fall heranzieht, dass die Konsorten ihre Stimmrechte nicht in einer nicht rechtsfähigen Gesellschaft bündeln, sondern dadurch, dass sie ihre Anteile an der Hauptgesellschaft in eine (Holding-) GmbH einbringen. In der GmbH ist es unstreitig zulässig, die Gesellschafter dauerhaft in der Weise an die Gesellschaft zu binden, dass ihre Geschäftsanteile nach § 15 Abs. 5 GmbHG vinkuliert werden und ein Austritt aus der Gesellschaft allein aus wichtigem Grund möglich ist. Dass man nur aus wichtigem Grund aus der GmbH austreten kann, entspricht hier sogar der (quasi-) gesetzlichen Ausgangslage.[37] Niemand käme auf den Gedanken, im Recht der GmbH die Kombination aus Vinkulierung und Beschränkung des Austrittsrechts auf Fälle des wichtigen Grunds als sittenwidrig einzustufen. Vielmehr mutet es die Rechtsordnung den Gesellschaftern einer GmbH angesichts der ausgeschlossenen Gesellschafterhaftung zu, vorbehaltlich

37 Das Austrittsrecht ist in der GmbH bekanntlich nicht gesetzlich geregelt, der BGH hat ein Recht zum Austritt aus wichtigem Grund aber seit langem anerkannt; BGH, 16.12.1991 – II ZR 58/91, BGHZ 116, 359, 369; obiter auch schon BGH, 1.4.1953, II ZR 235/52, BGHZ 9, 157, 162 f.; aus dem Schrifttum statt vieler Seibt in Scholz, GmbHG, 13. Aufl. 2022, Anh. § 34 Rn. 6 ff.

eines wichtigen Austrittsgrunds auf Dauer in der Gesellschaft zu verbleiben. Angesichts dessen wäre es ungereimt, wollte man im Fall der Stimmrechtsbündelung in einer nicht rechtsfähigen GbR anders entscheiden und hier den dauerhaften Ausschluss der ordentlichen Kündbarkeit des Konsortiums als sittenwidrig verwerfen.

Vor diesem Hintergrund erweisen sich Stimmrechtskonsortien im Ergebnis geradezu als ein Paradebeispiel dafür, dass sich die Rechtslage durch das MoPeG wesentlich verändert hat. Während der unbefristete Ausschluss des ordentlichen Kündigungsrechts in unserem eingangs erwähnten Beispielsfall nach § 723 Abs. 3 BGB a.F. unzulässig war, ist er unter Geltung des neuen Rechts zulässig und wirksam.

IV. Anwendbarkeit des neuen Rechts auf Altfälle

Es bleibt die Frage, wie mit Fällen umzugehen ist, in denen der Konsortialvertrag noch unter Geltung des alten Rechts abgeschlossen, aber nicht vor dem 1.1.2024 gekündigt wurde. Bleibt in dieser Konstellation § 723 Abs. 3 BGB a.F. maßgeblich mit der Folge, dass der unbefristete Ausschluss des ordentlichen Kündigungsrechts weiterhin unwirksam ist? Oder wird diese Vertragsbestimmung ab 1.1.2024 (ex nunc) wirksam, weil gegen sie unter Geltung des neuen § 725 Abs. 6 BGB nichts mehr einzuwenden ist?

1. *Die Übergangsvorschrift des Art. 229 § 61 EGBGB*

In Art. 229 § 61 EGBGB findet sich eine Übergangsvorschrift, die eigens für die §§ 723–728 BGB a.F. die Überleitung zu den durch das MoPeG neu eingeführten Bestimmungen regelt. Danach sind die §§ 723–728 BGB a.F. mangels anderweitiger vertraglicher Vereinbarung nur dann weiter anzuwenden, wenn ein Gesellschafter bis zum 31.12.2024 die Anwendung dieser Vorschriften gegenüber der Gesellschaft schriftlich verlangt, bevor innerhalb dieser Frist ein zur Auflösung der Gesellschaft oder zum Ausscheiden eines Gesellschafters führender Grund eintritt, und dieses Verlangen nicht durch einen Gesellschafterbeschluss zurückgewiesen wird.

a) Grundkonzeption

Die Übergangsvorschrift reagiert darauf, dass das MoPeG die bisherigen (dispositiven) Auflösungstatbestände der §§ 723–725, 727 f. BGB a.F. – Kündigung der Mitgliedschaft durch Gesellschafter oder Pfändungspfandgläubiger, Tod oder Insolvenz eines Gesellschafters – nun auch in der rechtsfähigen GbR in (dispositive) Ausscheidenstatbestände umgewandelt hat (§ 723 BGB).[38] Einen entsprechenden Schritt hatte

38 In der nicht rechtsfähigen GbR bleibt es hingegen dabei, dass die genannten Tatbestände wie nach altem Recht zur Beendigung der Gesellschaft führen (§ 740a BGB); von Proff NZG 2023, 147, 149; Heidel ZPG 2024, 401, 402; Tassius in: Koch, Personengesellschaftsrecht, 2024, § 740a Rn. 1.

der Gesetzgeber mit dem Handelsrechtsreformgesetz 1998 schon für OHG und KG vollzogen.[39] Schon damals hatte der Gesetzgeber in Art. 41 EGHGB a.F. eine Übergangsregelung getroffen, der nunmehr Art. 229 § 61 EGBGB nachgebildet ist.[40]

Die Vorschrift beruht auf dem Grundgedanken, dass Gesellschafter einer vor dem 1.1.2024 gegründeten Gesellschaft u.U. bewusst im Vertrauen auf die Auflösungstatbestände nach §§ 723 ff. BGB a.F. und die damit verbundenen Rechtsfolgen von abweichenden gesellschaftsvertraglichen Regelungen abgesehen haben und eine Umwandlung der Auflösungs- in Ausscheidenstatbestände an sich nur durch eine Änderung des Gesellschaftsvertrags herbeigeführt werden könnte, im gesetzlichen Regelfall (§ 714 BGB) also nur mit Zustimmung aller Gesellschafter.[41] Daher gewährt Art. 229 § 61 EGBGB jedem Gesellschafter das Recht, bis zum 31.12.2024 die Weiteranwendung der §§ 723–728 BGB a.F. zu verlangen. Dass dieses Verlangen nach Art. 229 § 61 Satz 2 EGBGB durch einen Gesellschafterbeschluss zurückgewiesen werden kann, soll Fällen Rechnung tragen, in denen vertragsändernde Beschlüsse nach dem Gesellschaftsvertrag nicht der Zustimmung aller Gesellschafter bedürfen und der verlangende Gesellschafter auch keine Sperrminorität hält. (Nur) in diesem Fall kann sein Fortgeltungsverlangen zurückgewiesen werden, weil er unter diesen Umständen auch eine entsprechende Vertragsänderung hätte hinnehmen müssen.[42]

b) Anwendung auf die hier interessierende Rechtsänderung (Lockerung des Verbots von Kündigungsbeschränkungen)

Im hier interessierenden Kontext geht es freilich nicht um die (ohnehin auf die rechtsfähige GbR beschränkte) Umwandlung der Auflösungs- in Ausscheidenstatbestände, sondern darum, dass das MoPeG mit § 725 Abs. 6 BGB den Spielraum für das ordentliche Kündigungsrecht abbedingende Vertragsbestimmungen gegenüber § 723 Abs. 3 BGB a.F. wesentlich erweitert hat. Die Frage, wie für diese Rechtsänderung das Übergangsrecht zu gestalten ist, stellte sich im Kontext des Handelsrechtsreformgesetzes 1998 noch nicht, weshalb Art. 41 EGHGB a.F. sie nicht in den Blick nehmen musste. Die Anlehnung des Art. 229 § 61 EGBGB an das Regelungsvorbild des Art. 41 EGHGB a.F. hat nun offensichtlich dazu geführt, dass der MoPeG-Gesetzgeber bei Schaffung des Art. 229 § 61 EGBGB ebenfalls auf den Übergang von den Auflösungs- zu den Ausscheidenstatbeständen konzentriert war; jedenfalls wird in

39 §§ 131 ff. HGB i.d.F. durch das Handelsrechtsreformgesetz v. 22.6.1998, BGBl. I, S. 1474.

40 Ausdrücklich auf Art. 41 EGHGB a.F. Bezug nehmend Begr. RegE MoPeG, BT-Drs. 19/27635, S. 219 f.

41 Begr. RegE MoPeG, BT-Drs. 19/27635, S. 219.

42 Begr. RegE MoPeG, BT-Drs. 19/27635, S. 219. Bedarf es für eine Vertragsänderung hingegen der Zustimmung des Gesellschafters, der das Fortgeltungsverlangen gestellt hat, kann auch der Zurückweisungsbeschluss nicht gegen seine Stimme gefasst werden. Näher zu den Modalitäten des Fortgeltungsverlangens und den Anforderungen an einen zurückweisenden Gesellschafterbeschluss von Proff in BeckOGK EGBGB, Stand: 1.5.2025, Art. 229 § 61 Rn. 31 ff.; ders. NZG 2023, 147, 151 ff.; Heidel, ZPG 2023, 401, 402 ff.

der Entwurfsbegründung immer nur diese Rechtsänderung erwähnt, nicht auch die hier interessierende Änderung, dass das ordentliche Kündigungsrecht jetzt in deutlich weitergehendem Umfang abbedungen werden kann als früher.

Nach ihrem Wortlaut erfasst die Übergangsvorschrift gleichwohl auch die hier interessierende Änderung. Wendet man daher Art. 229 § 61 EGBGB wortlautgetreu auch im vorliegenden Kontext an, gelangt man zu einem differenzierenden Ergebnis: Hat bis zum 31.12.2024 kein Gesellschafter die Fortgeltung der §§ 723–728 BGB a.F. verlangt, ist uneingeschränkt das neue Recht anzuwenden mit der Folge, dass ein nach altem Recht unwirksamer, nach neuem Recht aber zulässiger Ausschluss der ordentlichen Kündigung ab 1.1.2024 (ex nunc) wirksam geworden ist und eine ordentliche Kündigung daher seit diesem Zeitpunkt nicht mehr wirksam erklärt werden kann. Hat jedoch ein Gesellschafter die Fortgeltung der §§ 723–728 BGB a.F. rechtzeitig verlangt und ist dieses Verlangen auch nicht nach Art. 229 § 61 Satz 2 EGBGB zurückgewiesen worden, führt die Anwendung der Übergangsvorschrift zu dem Ergebnis, dass der Ausschluss des ordentlichen Kündigungsrechts auch über den 1.1.2024 hinaus unwirksam geblieben ist.

Allerdings stellt sich in letzterem Fall noch die wichtige Folgefrage, wie lange die Fortgeltung wirkt. Ausweislich der Begründung des Regierungsentwurfs ist der letzte Halbsatz von Art. 229 § 61 EGHGB (»bevor innerhalb dieser Frist ein … Grund eintritt«) so gemeint, dass die Fortgeltung nur eingreift, wenn nicht nur das Fortgeltungsverlangen, sondern auch der Auflösungs- bzw. Ausscheidensgrund innerhalb der gesetzlichen Frist (also bis zum 31.12.2024) eingetreten ist.[43] Das bedeutet, dass selbst bei erfolgreichem Fortgeltungsverlangen die Fortgeltung des alten Rechts auf den Zeitraum bis 31.12.2024 limitiert ist (!), während für ab dem 1.1.2025 eintretende Auflösungs- oder Ausscheidensgründe uneingeschränkt das neue Recht gilt. Dies wird zwar im Schrifttum mitunter bestritten;[44] der Wille des Gesetzgebers ist aber angesichts der Begründung klar und, da er in der genannten Formulierung des Gesetzes immerhin ansatzweise zum Ausdruck gekommen ist, für den Rechtsanwender verbindlich.[45]

Damit lässt sich festhalten: Wendet man Art. 229 § 61 EGBGB auch auf die hier interessierende Rechtsänderung (Lockerung des Verbots von Kündigungsbeschränkungen)

43 Begr. RegE MoPeG, BT-Drs. 19/27635, S. 220: »Dass sowohl das schriftliche Verlangen als auch der Auflösungs- bzw. Ausscheidensgrund innerhalb der gesetzlichen Frist eingetreten sein müssen, verschafft Rechtssicherheit…« Ebenso schon zu Art. 41 EGHGB a.F. Begr. RegE HRefG, BT-Drs. 13/8444, S. 72; Hopt in Baumbach/Hopt, 31. Aufl. 2003, Art. 41 EGHGB Rn. 1; K. Schmidt BB 2001, 1, 6.

44 Heidel ZPG 2023, 401, 406 f.; von Proff (Fn. 42), Art. 229 EGBGB § 61 Rn. 50 (offenlassend noch ders. NZG 2023, 147, 152 f.); C. Schäfer in MünchHdb. GesR, Bd. 1, 6. Aufl. 2024, § 1 Rn. 11 (wie hier dagegen noch ders. in MünchKomm. BGB, 9. Aufl. 2025, Art. 229 EGBGB § 61 Rn. 2, 7).

45 Wie hier Noack (Fn. 21), § 10 Rn. 23. Die Gegenansicht würde im Übrigen auch zu dem problematischen Ergebnis führen, dass noch nach vielen Jahren altes Recht anwendbar wäre, ohne dass dies für neu beitretende Gesellschafter aus dem Gesellschaftsvertrag ablesbar wäre.

an, so gilt ab 1.1.2024 und bei erfolgreichem Fortgeltungsverlangen ab 1.1.2025 das neue Recht mit der Folge, dass ein nach altem Recht unwirksamer, nach neuem Recht aber zulässiger Ausschluss der ordentlichen Kündigung ab diesem Zeitpunkt (ex nunc) wirksam geworden ist.

2. *Teleologische Reduktion der Übergangsvorschrift?*

Man kann sich allerdings fragen, ob Art. 229 § 61 EGBGB trotz seines weit gefassten Wortlauts wirklich auch auf die hier interessierende Rechtsänderung anwendbar ist oder nicht doch eine teleologische Reduktion angezeigt ist. Wie dargelegt deutet alles darauf hin, dass der Gesetzgeber bei Einführung der Vorschrift nach dem Vorbild des Art. 41 EGHGB a.F. allein die Umwandlung der Auflösungs- in Ausscheidensgründe vor Augen hatte, nicht auch die Erweiterung der Abdingbarkeit des Kündigungsrechts. Es ist mit anderen Worten von einer Anschauungslücke des Gesetzgebers auszugehen. Zudem trifft der Normzweck, an der Fortgeltung des alten Rechts interessierten Gesellschaftern immerhin für eine Übergangszeit (bis 31.12.2024) Vertrauensschutz zu gewähren, weil sie u.U. im Vertrauen auf das alte Recht von abweichenden gesellschaftsvertraglichen Bestimmungen abgesehen haben, auf die hier interessierende Rechtsänderung nicht zu. Denn diese besteht ja nur darin, dass der Gestaltungsspielraum für vertragliche Kündigungsbeschränkungen erweitert wird und das neue Recht dem Ausschluss der ordentlichen Kündigung, den die Gesellschafter selbst vereinbart haben (!), nunmehr zur Wirksamkeit verhilft. Die Anwendung des neuen Rechts führt hier also anders als bei der Umwandlung der Auflösungs- in Ausscheidenstatbestände nicht dazu, dass den Gesellschaftern eine von ihnen u.U. nicht gewollte Regelung aufgezwungen wird, sondern ganz im Gegenteil dazu, dass ihrem bei Abfassung des Gesellschaftsvertrags geäußerten Parteiwillen entsprochen wird.

Angesichts dessen sprechen gute Gründe dafür, Art. 229 § 61 EGBGB teleologisch so zu reduzieren, dass der Übergang von dem Verbot der Kündigungsbeschränkungen nach § 723 Abs. 3 BGB a.F. zu dem weniger weitreichenden Verbot des § 725 Abs. 6 BGB schon gar nicht in den Anwendungsbereich der Übergangsvorschrift fällt. Die Frage hat aber letztlich nur (sehr) begrenzte praktische Bedeutung. Wenn man nämlich nicht Art. 229 § 61 EGBGB anwendet, bleibt es stattdessen bei der allgemeinen Regel, dass die durch das MoPeG neu eingeführten Vorschriften ab dem 1.1.2024 auch auf Altgesellschaften Anwendung finden,[46] soweit sie nicht an eine Handlung knüpfen, für die noch das vor dem 1.1.2024 maßgebliche Recht maßgeblich ist.[47] Für ab dem 1.1.2024 ausgesprochene Kündigungen gilt nach dieser Lösung

46 Dies entspricht allgemeiner Ansicht, s. nur Geibel in BeckOGK BGB, Stand: 15.12.2024, § 705 Rn. 42; Grunewald NZG 2025, 13 Rn. 9; C. Schäfer (Fn. 44), § 1 Rn. 10.

47 Zu dieser Einschränkung BGH, 20.3.2025, V ZB 32/24, ZIP 2025, 1304 Rn. 14 (Anwendung der §§ 730 ff. BGB a.F., wenn Auflösungsgrund vor dem 1.1.2024 eingetreten ist) im Anschluss an Servatius (Fn. 21), § 705 Rn. 4 und Heidel ZPG 2023, 401, 402 (der BGH zitiert 404, aber gemeint ist offenbar 402); ferner BGH, 16.7.2024, II ZR 71/23, NJW 2024, 2985 Rn. 13 (keine Anwendung des neuen Beschlussmängelrechts nach §§ 110 ff. HGB auf

also uneingeschränkt § 725 Abs. 6 BGB mit der Folge, dass ein nach altem Recht unwirksamer, nach neuem Recht aber zulässiger Ausschluss der ordentlichen Kündigung diese wirksam ausschließt.

Auf die Frage einer teleologischen Reduktion der Übergangsvorschrift kommt es somit nur an, wenn ein erfolgreiches Fortgeltungsverlangen nach Art. 229 § 61 EGBGB gestellt wurde. In diesem Fall ist der vereinbarte Ausschluss der ordentlichen Kündigung bei Anwendung der Übergangsvorschrift erst ab 1.1.2025 ex nunc wirksam geworden, bei einer teleologischen Reduktion hingegen schon ab 1.1.2024. Ist dagegen – wie häufig – kein Fortgeltungsverlangen gestellt worden, gelangt man auf beiden Wegen dazu, dass ab 1.1.2024 ex nunc das neue Recht gilt.

V. Ergebnisse

Nach alledem lassen sich die Ergebnisse der Untersuchung in folgenden Leitsätzen zusammenfassen:

1. Das MoPeG hat das Verbot von Kündigungsbeschränkungen nach § 723 Abs. 3 BGB a.F. wesentlich eingeschränkt. Der neue § 725 Abs. 6 BGB, der über die Verweisung in § 740a BGB auch für nicht rechtsfähige Gesellschaften und damit auch für als solche verfasste Stimmrechtskonsortien gilt, schließt nur noch Beschränkungen des außerordentlichen Kündigungsrechts aus. Der Ausschluss des ordentlichen Kündigungsrechts ist dagegen jetzt auch auf unbefristete Dauer grundsätzlich zulässig; eine Grenze bildet nur noch die Sittenwidrigkeit nach § 138 Abs. 1 BGB.

2. Mit dieser Rechtsänderung geht nach dem klaren Willen des Gesetzgebers eine wesentliche Lockerung des Prüfungsmaßstabs einher, weshalb es entgegen abweichenden Stimmen im Schrifttum fehl geht, die bisher zu § 723 Abs. 3 BGB a.F. entwickelten Grundsätze weitgehend unverändert auf die Kontrolle am Maßstab des § 138 Abs. 1 BGB zu übertragen. Im Gegenteil ist auch ein dauerhafter, unbefristeter Ausschluss des ordentlichen Kündigungsrechts nach neuem Recht nur noch in Ausnahmefällen zu beanstanden.

3. Stimmrechtskonsortien bilden ein anschauliches Beispiel dafür, wie wesentlich sich die Rechtslage verändert hat. Der unbefristete Ausschluss des ordentlichen Kündigungsrechts ist hier nunmehr in aller Regel unbedenklich. Da in einer nicht rechtsfähigen Gesellschaft kein Haftungsrisiko für Gesellschaftsverbindlichkeiten besteht und die bloße Beteiligung an einem Stimmrechtskonsortium regelmäßig auch nicht die Berufsfreiheit der Konsorten einschränkt, ist es in aller Regel kaum vorstellbar, dass ein (sei es auch unbefristeter) Ausschluss des ordentlichen Kündigungsrechts die

Gesellschafterbeschlüsse, die vor dem 1.1.2024 gefasst wurden); BGH, 3.12.2024, II ZR 143/23, ZIP 2025, 957 Rn. 9 (Reichweite der Kommanditistenhaftung bestimmt sich nach altem Recht, wenn sämtliche Handlungen, die eine Haftung begründen könnten, vor dem 1.1.2024 vorgenommen wurden). Eine vor dem 1.1.2024 zugegangene Kündigung ist demzufolge noch am alten Recht zu messen; Heidel ZPG 2023, 401, 402; Servatius in Heidel/Hirte, Das neue Personengesellschaftsrecht, 2024, § 19 Rn. 54.

persönliche und wirtschaftliche Handlungsfreiheit eines Konsorten so unvertretbar einengt, dass die weit gezogene Grenze der Sittenwidrigkeit erreicht wäre.

4. Die hier beschriebene Änderung der Rechtslage ist nicht nur für gesellschaftsvertragliche Vereinbarungen von Bedeutung, die ab dem 1.1.2024 neu getroffen werden. Vielmehr wird auch ein nach altem Recht unwirksamer, nach neuem Recht aber zulässiger Ausschluss des ordentlichen Kündigungsrechts in einem Altvertrag ab dem Zeitpunkt ex nunc wirksam, ab dem das neue Recht Anwendung findet. Der hierfür maßgebliche Stichtag ist jedenfalls dann, wenn kein Fortgeltungsverlangen nach Art. 229 § 61 EGBGB gestellt wurde, der 1.1.2024, andernfalls – je nachdem, wie man zu der aufgeworfenen Frage der teleologischen Reduktion der Übergangsvorschrift steht – spätestens der 1.1.2025.

Die Prüfungsaufgabe des Aufsichtsrats gemäß § 171 Abs. 1 AktG auf dem Prüfstand

Eberhard Vetter

Die in § 171 AktG nur rudimentär geregelte Prüfungsaufgabe des Aufsichtsrats, die sich vor allem – aber nicht ausschließlich – auf die Prüfung des Jahresabschlusses und Lageberichts bzw. bei Mutterunternehmen des Konzernabschlusses und des Konzernlageberichts[1] bezieht, ist in letzter Zeit in den Fokus der rechtspolitischen Diskussion geraten[2]. *Jens Ekkenga*, dem die nachfolgenden Überlegungen zum 70. Geburtstag mit allen guten Wünschen gewidmet sind, ist mit dieser Problematik bestens vertraut. Er ist unter anderem im Recht der Rechnungslegung zu Hause und hat zudem die Vorschrift des § 171 AktG, die Ausgangspunkt der nachfolgenden Überlegungen ist, im Kölner Kommentar eingehend kommentiert.

Der Autor hofft mit seinem rechtspolitischen Beitrag zur Prüfungsaufgabe des Aufsichtsrats auf das Interesse des Jubilars, der sein Unbehagen mit der aktuellen weitverbreiteten Unternehmenspraxis der Abschlussprüfung durch den Aufsichtsrat deutlich zum Ausdruck gebracht hat.[3]

I. Einleitung

Die Prüfung des Jahresabschlusses sowie des Vorschlags zur Gewinnverwendung ist dem Aufsichtsrat in § 171 AktG als zwingende Aufgabe zugewiesen, der sich dabei, soweit es die Abschlüsse und Lageberichte anbetrifft, auf den Prüfungsbericht des Abschlussprüfers stützen kann.[4] Diese Aufgabenstellung des Aufsichtsrats ist mindestens seit dem Jahre 1931 im Grunde unverändert. Lediglich die Anzahl der Prüfungsgegenstände, die unter dem allgemeinen Begriff der Abschlussprüfung durch den Aufsichtsrat zu verstehen sind oder die mit ihm zusammenhängen, ist laufend – nicht zuletzt auf Grund von gemeinschaftsrechtlichen Vorgaben – erhöht worden. Durch das KonTraG wurde im Jahre 1998 die Prüfungspflicht des Aufsichtsrats ungeachtet des Umstands, dass dies ohne konkrete Rechtsgrundlage bereits seit langem der verbreiteten Praxis entsprach, ausdrücklich auch auf den Konzernabschluss und

1 Die nachfolgen Ausführungen beziehen sich auf den Konzernabschluss und die Lageberichte gleichermaßen.

2 Hennrichs in FS Paefgen, 2025, S. 201 ff.; Hennrichs/Pöschke in MüKo-AktG, 6. Aufl. 2024, § 171 Rn. 44; Nonnenmacher, NZG 2024, 1343 ff.; E. Vetter, ZHR 188 (2024), 230 ff.; siehe auch Koch, AktG, 19. Aufl. 2025, § 171 Rn. 5.

3 Ekkenga in KK-AktG, 3. Aufl. 2012, § 171 Rn. 4.

4 Die nicht prüfungspflichtige AG bleibt bei den nachfolgenden Überlegungen außer Betracht.

den Konzernlagebericht erstreckt.[5] Im Jahre 2017 wurde die nichtfinanzielle Berichterstattung gemäß §§ 289b und 315b HGB eingeführt und unabhängig davon, ob sie im (Konzern-)Lagebericht oder separat erfolgte, der Prüfung durch den Aufsichtsrat unterworfen.[6] Die nichtfinanzielle Berichterstattung gemäß §§ 289b und 315b HGB soll auf Grund der Corporate Sustainability Reporting Richtlinie (CSRD) vom 14. Dezember 2022, deren Umsetzung in nationales Recht noch offen ist, durch die Nachhaltigkeitsberichterstattung abgelöst werden. Die Prüfungspflicht des Aufsichtsrats bleibt allerdings bestehen, wird sich dabei jedoch auf die Aussage eines unabhängigen Prüfers stützen können.[7] Um ein vollständiges Bild der kontinuierlich gestiegenen Verantwortung des Aufsichtsrats zu zeichnen, ist schließlich daran zu erinnern, dass der Jahresabschluss und der Lagebericht – und damit die Prüfungsaufgabe des Aufsichtsrats – in den letzten Jahrzehnten mehrfach um zusätzliche Elemente erweitert worden ist. So unterliegt der Prüfungspflicht des Aufsichtsrats der nach §§ 285 ff. und 314 ff. HGB vom Vorstand zu erstellende Anhang bzw. Konzernanhang mit umfangreichen Angaben. Nach § 264 Abs. 1 Satz 2 HGB erstreckt sich die Prüfungspflicht bei kapitalmarktorientierten Gesellschaften auf die Kapitalflussrechnung und den Eigenkapitalspiegel, auch wenn sie keinen Konzernabschluss im Sinne von § 297 HGB aufzustellen haben.

Während das gesetzliche Aufgabenspektrum des Aufsichtsrats über die Jahre hinweg stetig erweitert und vertieft wurde, hat der Gesetzgeber nicht mit vergleichbarer Häufigkeit in die Funktion und Zusammensetzung des Aufsichtsrats eingegriffen und Veränderungen angeordnet. Allerdings muss in der börsennotierten AG seit dem BilMoG im Jahre 2009 ein Aufsichtsratsmitglied sog. Finanzexperte im Sinne von § 100 Abs. 5 AktG sein, der über Sachverstand auf dem Gebiet der Abschlussprüfung oder Rechnungslegung verfügt.[8] Darüber hinaus müssen die Aufsichtsratsmitglieder in ihrer Gesamtheit seit dem AReG im Jahre 2016 mit dem Sektor vertraut sein, in dem das Unternehmen tätig ist.[9] Die Anforderungen an die Zusammensetzung des Aufsichtsrats wurden im Jahre 2021 durch das FiSG weiter verschärft. Seitdem müssen dem Aufsichtsrat von Unternehmen von öffentlichem Interesse gemäß § 316a Satz 2 HGB zwei Finanzexperten angehören, nämlich ein Mitglied mit Sachverstand auf dem Gebiet der Abschlussprüfung und ein zweites mit Sachverstand auf dem Gebiet der Rechnungslegung.[10]

Ungeachtet der Tragweite dieser Gesetzesänderungen ist die Rolle des Aufsichtsratsmitglieds unverändert ein Nebenamt. Zwar finden sich in der Praxis insbesondere

5 Begründung RegE § 171, BR-Drucks. 872/97, S. 57; siehe auch Hoffmann-Becking, ZHR 159 (1995), 325, 337.
6 Siehe z.B. Hennrichs, NZG 2017, 841, 845; Mock, ZIP 2017, 1195, 1201; E. Vetter in FS Marsch-Barner, 2018, S. 559, 566 ff.
7 Art. 26a Richtlinie 2006/43/EG.
8 OLG München v. 28.4.2010 – 23 U 5517/09, AG 2010, 639; Gesell, ZGR 2011, 361, 383; E. Vetter, ZGR 2010, 751, 787.
9 Siehe dazu z.B. Simons/Kalbfleisch, AG 2020, 526.
10 Hennrichs, DB 2021, 268, 276 ff.; Hopt/Kumpan, AG 2021, 129, 134 ff.

in großen börsennotierten Gesellschaften immer häufiger quasi hauptberufliche Aufsichtsratsmitglieder. Der Gesetzgeber hält jedoch unverändert an der nebenberuflichen Rolle des Aufsichtsratsmitglieds fest.[11]

Bei der Aufgabe des Aufsichtsrats zur Prüfung des Jahresabschlusses zeigt sich bei näherer Betrachtung, dass in der Lebenswirklichkeit der typischen AG unweigerlich Wunschbild und Wirklichkeit hart aufeinandertreffen. Dies ist keine Beobachtung, die auf die aktuelle rechtstatsächliche Situation beschränkt ist. Berücksichtigt man die historische Entwicklung zeigt sich, dass dieses Spannungsfeld vielmehr bereits bei Einführung der gesetzlichen Abschlussprüfung unmissverständlich aufgezeigt worden ist.

II. Gesetzliche Prüfungsaufgabe des Aufsichtsrats zur Abschlussprüfung

1. Prüfungsaufgabe des Aufsichtsrats vor Einführung der zwingenden Abschlussprüfung

Bereits Art. 225 Abs. 2 ADHGB[12] wies dem fakultativen Aufsichtsrat der AG die Pflicht zu, »die Jahresrechnungen, die Bilanzen und die Vorschläge zur Gewinnvertheilung zu prüfen und darüber alljährlich der Generalversammlung der Aktionaire Bericht zu erstatten«. Dieselbe Regelung galt ab dem Jahre 1870 für den obligatorischen Aufsichtsrat[13] und wurde später in § 246 Abs. 1 Satz 3 HGB (a.F.)[14] übernommen.

2. Prüfungsaufgabe des Aufsichtsrats nach der Verordnung vom 19.9.1931

Nach mehreren spektakulären Unternehmenszusammenbrüchen[15] während der Weimarer Republik wurde durch die Verordnung über Aktienrecht vom 19. September 1931 gemäß § 262a HGB (a.F.) zusätzlich zur Prüfung des Jahresabschlusses der AG durch den Aufsichtsrat die gesetzliche Pflichtprüfung durch einen oder mehrere sachverständige Prüfer (Bilanzprüfer) eingeführt, wobei umstritten war, wie ihre

11 Begr. RegE TransPuG, BT-Drucks. 14/8769, S. 18.
12 Handelsgesetzbuch vom 24.6.1861.
13 ADHGB vom 11.6.1870; siehe dazu z.B. Lieder in Bayer/Habersack (Hrsg.), Aktienrecht im Wandel, 2007, Band 1, S. 318 Rn. 69 ff.
14 Handelsgesetzbuch vom 10.5.1897.
15 Siehe dazu z.B. Lieder, Der Aufsichtsrat im Wandel der Zeit, 2008, S. 322; J. Schmidt, in Bayer (Hrsg.), Gesellschafts- und Kapitalmarktrecht in den Beratungen des Deutschen Juristentages, 2010, S. 259, 283 m.w.N.; siehe auch den Beitrag von Fleischer/Zeller in FS Paefgen, 2025, S. 121 ff.

Stellung rechtlich zu qualifizieren war.[16] Dieser Schritt des Gesetzgebers wurde von Zeitzeugen »als wichtigste Reform auf dem Gebiet des Aktienrechts überhaupt«[17] bezeichnet. Ergebnis dieser Neuerung war, dass sich der Aufsichtsrat bei seiner Prüfung des Jahresabschlusses auf den Prüfungsbericht des Bilanzprüfers stützen konnte. Die Änderung fügte sich damit ein in die generelle Zielsetzung der Verordnung zur Stärkung des Aufsichtsrats beizutragen.[18]

3. Prüfungsaufgabe des Aufsichtsrats nach § 96 AktG 1937

Das AktG 1937 hat die Pflicht des Aufsichtsrats zur Prüfung des vom Vorstand aufgestellten Jahresabschlusses und des Geschäftsberichts, abgesehen von redaktionellen Änderungen, inhaltlich unverändert in § 96 Abs. 1 AktG 1937 übernommen.[19] Änderungen wegen der zwingend vorangehenden Prüfung durch einen oder mehrere sachverständige Prüfer (Abschlussprüfer) gemäß §§ 135, 139 AktG 1937 erfolgten nicht.[20]

4. Prüfungsaufgabe des Aufsichtsrats gemäß § 171 Abs. 1 AktG

Im AktG 1965 wurden die Regelungen ohne wesentliche Änderung in einer Norm zusammengefasst.[21] Nach § 171 Abs. 1 AktG ist der Aufsichtsrat zur Prüfung des Jahresabschlusses sowie des Vorschlags zur Gewinnverwendung verpflichtet. Prüfungsmaßstab ist dabei nach einhelliger Ansicht die Rechtmäßigkeit und Zweckmäßigkeit.[22] Das Gesetz enthält keine weiteren Vorgaben oder Hinweise, wie die Prüfung durch den Aufsichtsrat zu erfolgen hat. Allerdings folgt aus §§ 107 Abs. 3 Satz 7, 171 Abs. 2 AktG, dass die Prüfung des Jahresabschlusses dem Aufsichtsrat zwingend als eigene Aufgabe zugewiesen ist und nicht vollständig an einen Aufsichtsratsausschuss

16 Zur damaligen Frage der Einordnung als Organ der Gesellschaft oder als Hilfsperson des Aufsichtsrats siehe z.B. Hachenburg, DJZ 1930, 1477, 1482; Schmölder, JW 1931, 2925, 2926; zur Qualifikation aus neuerer Sicht siehe z.B. Schürnbrand, Organschaft im Recht der privaten Verbände, 2007, S. 214 ff.

17 Goldschmid, Das neue Aktienrecht, 1932, § 262a Anm. 1; Schmölder, JW 1930, 2623, 2625; Pinner in Staub, HGB, 14. Aufl. 1933, Einführung zu § 262a – g.

18 Zur generellen Zielsetzung siehe auch Verse in Fleischer/Koch/Schmolke (Hrsg.), Gesellschaftsrecht im Spiegel großer Debatten, 2024, S. 147, 163.

19 Siehe Klausing, Gesetz über Aktiengesellschaften und Kommanditgesellschaften auf Aktien (Aktien-Gesetz), 1937, S. 82.

20 Siehe Klausing, Gesetz über Aktiengesellschaften und Kommanditgesellschaften auf Aktien (Aktien-Gesetz), 1937, S. 127.

21 Kropff, AktG, 1965, S. 277.

22 M. Arnold in Goette/Arnold, Handbuch Aufsichtsrat, 2. Aufl. 2024, § 4 Rn. 114; Drygala in K. Schmidt/Lutter, AktG, 5. Aufl. 2024, § 171 Rn. 4; Ekkenga in KK-AktG, § 171 Rn. 22; Grigoleit/Zellner in Grigoleit AktG, 2. Aufl. 2020, § 171 Rn. 3, 4; Koch, AktG, 19. Aufl. 2025, § 171 Rn. 3; Lutter, AG 2008, 1, 2; E. Vetter, ZGR 2010, 751, 763.

delegiert werden darf, sondern diesem insoweit nur die Vorbereitung der endgültigen Entscheidung des Plenums übertragen werden kann.[23]

Vor allem aber kann sich der Aufsichtsrat, sofern die Gesellschaft keine kleine Kapitalgesellschaft ist, die gemäß § 316 Abs. 1 Satz 1 HGB von der gesetzlichen Prüfungspflicht befreit ist, bei seiner Prüfung des Jahresabschlusses auf den Prüfungsbericht des Abschlussprüfers stützen. Dieser Bericht, der selbst nicht Gegenstand der Prüfung durch den Aufsichtsrat ist, bildet für den Aufsichtsrat die bei weitem wichtigste Informationsunterlage über die Rechnungslegung der Gesellschaft über das abgelaufene Geschäftsjahr.[24] Allerdings ist der Prüfungsmaßstab des Abschlussprüfers enger als der des Aufsichtsrats. Die Prüfung des Abschlussprüfers beschränkt sich auf die Rechtmäßigkeit der Rechnungslegung, das heißt auf die Einhaltung von Gesetz und Satzung,[25] während die Prüfung durch den Aufsichtsrat darüber hinaus auch die Zweckmäßigkeit der vom Vorstand aufgestellten Abschlüsse und die darin manifestierten Bilanzierungsentscheidungen umfasst.

III. Gesetzliche Prüfungsaufgabe des Aufsichtsrats zeitgemäss?

Die Prüfung des Jahresabschlusses ist dem Aufsichtsrat nach § 171 Abs. 1 AktG zwingend als eigene Aufgabe zugewiesen. Sie ist gesetzlich normierter Teil seiner allgemeinen Überwachungsaufgabe bezogen auf die Rechnungslegung.[26] Angesichts seiner beschränkten Leistungsfähigkeit und des enormen Zuwachses an Einzelaufgaben, die der Aufsichtsrat im inhaltlichen oder zeitlichen Zusammenhang mit der Prüfung des Jahresabschlusses zu beachten hat, wird im Schrifttum seit einigen Jahren verstärkt nach alternativen Lösungen gesucht, um der Verantwortung des Aufsichtsrats hinsichtlich der Abschlussprüfung einerseits und seiner tatsächlichen Leistungsmöglichkeiten andererseits angemessen gerecht zu werden.

1. *Aufhebung der Pflicht des Aufsichtsrats zur eigenen Abschlussprüfung*

Vor zwei Jahren ist vorgeschlagen worden, den Aufsichtsrat von der Verpflichtung zur Prüfung des Jahresabschlusses vollkommen zu entlasten und die Prüfungspflicht in § 171 Abs. 1 Satz 1 AktG wegen der zwingend vorangehenden Prüfung

23 Ekkenga in KK-AktG, § 171 Rn. 8; Hennrichs/Pöschke in MüKo-AktG, § 171 Rn. 106; Koch, AktG, § 171 Rn. 12; E. Vetter in Großkomm. AktG, 5. Aufl. 2018, § 171 Rn. 24.

24 OLG Frankfurt v. 7.1.1982 – 16 U 92/81, AG 1982, 194 (Hertie); Hoffmann-Becking in MünchHandb. AG, 6. Aufl. 2024, § 45 Rn. 14; Hommelhoff, ZGR 1983, 551, 552; E. Vetter in Großkomm. AktG, § 171 Rn. 28.

25 Ebke in MüKo-HGB, 5. Aufl. 2024, § 317 Rn. 13; Ekkenga in KK-AktG, § 171 Rn. 22; Mylich in Hachmeister/Kahle/Mock/Schüppen, Bilanzrechtskommentar, 3. Aufl. 2022, § 317 Rn. 31 ff.

26 Ekkenga in KK-AktG, § 171 Rn. 3; Koch, AktG, § 171 Rn. 1; E. Vetter in Großkomm. AktG, § 171 Rn. 17; Winkeljohann/Wirth in FS Böcking, 2021, S. 247, 250.

durch den Abschlussprüfer zu streichen, zumal der Aufsichtsrat ohnehin eine eigene Prüfung des Jahresabschlusses nicht leisten könne.[27] Im Rahmen dieser Substitutionslösung würde die Entscheidung des Aufsichtsrats über die Billigung des Jahresabschlusses allein auf den Prüfungsbericht des Abschlussprüfers und den Bestätigungsvermerk sowie gegebenenfalls die mündliche Berichterstattung in der Bilanzsitzung des Aufsichtsrats gestützt.[28] Eigene Verantwortung des Aufsichtsrats für die Richtigkeit der Abschlüsse wäre nach diesem Regelungsmodell nicht mehr gegeben. Die Pflicht zur Berichterstattung des Aufsichtsrats an die Hauptversammlung gemäß § 171 Abs. 2 Satz 1 AktG bliebe zwar weiterhin bestehen. Aussagen zu eigenen Prüfungshandlungen des Aufsichtsrats hinsichtlich des Jahresabschlusses würden jedoch entfallen.[29]

2. *Modifikation der Verantwortung des Aufsichtsrats für die Abschlussprüfung*

Weniger radikal aber in der Sache ähnlich ist der von *Joachim Hennrichs* jüngst vorgelegte Vorschlag, die in § 171 Abs. 1 Satz 1 AktG geregelte Pflicht des Aufsichtsrats zur Prüfung des Jahresabschlusses mit Blick auf die zwingende Prüfung durch den Abschlussprüfer zu modifizieren.[30] Nach diesem Modell, das bereits grundsätzliche Unterstützung durch den *Arbeitskreis Bilanzrecht Hochschullehrer Rechtswissenschaft* gefunden hat,[31] soll die Verantwortung des Aufsichtsrats gemäß § 171 Abs. 1 Satz 1 AktG in der Weise modifiziert werden, dass er die jährliche Rechnungslegung des Vorstands nicht mehr zu prüfen, sondern sich mit dem Jahresabschluss nach Vorlage des Prüfungsberichts des Abschlussprüfers nur noch »zu befassen« habe.[32]

3. *Aufhebung des Plenarvorbehalts zur Abschlussprüfung durch den Aufsichtsrat*

Ein dritter Vorschlag will die in § 171 Abs. 1 Satz 1 AktG angeordnete Prüfungsverantwortung des Aufsichtsrats im Grundsatz aufrechterhalten. Er fokussiert sich auf die börsennotierte AG und stellt mit Blick auf die Komplexität des Jahresabschlusses auf die hohe Fachkompetenz der Mitglieder des zwingend einzurichtenden

27 Nonnenmacher, NZG 2024, 1343, 1344.
28 Nonnenmacher, NZG 2024, 1343, 1344 ff.; siehe bereits Nonnenmacher in FS Ballwieser, 2014, S. 547, 555 ff. gewisse Sympathien bei Hennrichs, NZG 2017, 841, 846.
29 Nonnenmacher in FS Ballwieser, 2014, 547, 557.
30 Hennrichs in FS Paefgen, 2025, S. 201, 205 ff.; Hennrichs, Der Aufsichtsrat 2023, 153; siehe bereits Hennrichs, NZG 2017, 841, 846; ferner Hennrichs/Pöschke in MüKo-AktG, § 171 Rn. 44.
31 Arbeitskreis Bilanzrecht Hochschullehrer Rechtswissenschaft, NZG 2023, 699, 701.
32 Hennrichs in FS Paefgen, 2025, S. 201, 206.

Prüfungsausschusses ab. Ziel ist eine Veränderung der inneren Ordnung des Aufsichtsrats und eine Neuordnung des gesetzlichen Aufgabenspektrums zwischen Aufsichtsratsplenum und Prüfungsausschuss. Der durch § 100 Abs. 5 AktG zum Teil vorgeschriebenen hohen Professionalisierung im Prüfungsausschuss soll mehr Gewicht beigemessen werden, indem die vom Aufsichtsrat geschuldete Prüfung des Jahresabschlusses einschließlich der Feststellungskompetenz unter Aufhebung des Delegationsverbots von § 107 Abs. 3 Satz 7 AktG abschließend vom Prüfungsausschuss erledigt wird. Das Aufsichtsratsplenum würde dann nur noch über die Entscheidung des Prüfungsausschusses unterrichtet werden.[33]

4. *Gemeinsamkeiten der Lösungsvorschläge*

Allen dargestellten Lösungsansätzen gemeinsam ist die Erkenntnis, dass der Aufsichtsrat in seiner jetzigen Rollenzuweisung, seiner gesetzlichen Zusammensetzung und den tatsächlichen Leistungsmöglichkeiten nicht oder nur sehr eingeschränkt in der Lage ist, eine umfassende Abschlussprüfung durchzuführen, um darauf ein Urteil über die Rechtmäßigkeit und Zweckmäßigkeit des Jahresabschlusses zu stützen. Dem Aufsichtsrat fehlen dazu in der Breite seiner Mitglieder sowohl ausreichende fachliche Kompetenz als auch die personellen und organisatorischen Ressourcen. Zudem ist das Aufsichtsratsplenum typischerweise auf Grund der zumeist großen Zahl seiner Mitglieder wie auch wegen des relativ engen Zeitfensters nicht in der Lage, um ernsthaft eine mit der Tätigkeit des Abschlussprüfers vergleichbare Prüfungsleistung zu erbringen.[34]

Die geschilderte Problematik geht nicht auf grundlegend neue Erkenntnisse zurück, im Gegenteil sie ist bereits zu Anfang des letzten Jahrhunderts und später im Zusammenhang mit der Einführung der gesetzlichen Pflichtprüfung im Jahre 1931 adressiert worden.[35]

Letztlich zielen alle Modelle darauf ab, die knappe Ressource Aufsichtsrat bei der Prüfung des Jahresabschlusses effizienter zu nutzen. Ziel von Reformüberlegungen zu einer Neubestimmung der Aufgaben des Aufsichtsrats bei der Prüfung des Jahresabschlusses muss deshalb sein, einer Überforderung des Aufsichtsrats als Organ wie auch der einzelnen Aufsichtsratsmitglieder entgegenzuwirken und die Beteiligung des Aufsichtsrats an der Abschlussprüfung im Sinne guter Corporate Governance in effizienter Weise am von diesem und seinen Mitgliedern tatsächlich Leistbaren auszurichten.

33 E. Vetter, ZHR 188 (2024), 230, 246 ff.

34 Suchan/Gerdes in Backhaus/Tielmann, Der Aufsichtsrat, 2. Aufl. 2023, § 171 Rn. 13; E. Vetter, ZHR 188 (2024), 230, 244 ff.; siehe auch Buhleier/Krowas, DB 2010, 1165, 1167.

35 Rießer in FS Koch, 1903, S. 293, 309; dazu sogleich unten unter V.1.

IV. Prüfungsaufgabe des Aufsichtsrats im verbreiteten Verständnis des Schrifttums

Die Aufgabe des Abschlussprüfers zur Prüfung des Jahresabschlusses ist in § 317 Abs. 1 Satz 2 HGB beschrieben. Sie ist ausgerichtet auf die Prüfung der Rechtmäßigkeit des Jahresabschlusses unter ausdrücklicher Einbeziehung der Buchhaltung mit dem klaren Ziel, die geforderten Prüfungsaussagen mit der erforderlichen Sicherheit treffen zu können.[36] In umfangreichen Verlautbarungen des IDW als der berufsständischen Vertretung der Wirtschaftsprüfer finden sich dazu weitergehende Regelungen zur Ordnungsmäßigkeit der Abschlussprüfung.[37]

Für den Aufsichtsrat und seine in § 171 Abs. 1 Satz 1 AktG bestimmte Aufgabe zur Prüfung des Jahresabschlusses, die Teil der ihm zugewiesenen allgemeinen Überwachungsaufgabe gemäß § 111 Abs. 1 AktG ist,[38] fehlen demgegenüber vergleichbare konkrete Vorgaben. Die berufsständischen Verlautbarungen für die Wirtschaftsprüfer gelten für den Aufsichtsrat nicht und lassen sich auch nicht auf seine Funktion übertragen. Dies ist auch nicht notwendig, denn die jeweiligen Prüfungsaufträge des Abschlussprüfers nach § 317 Abs. 1 Satz 1 HGB und des Aufsichtsrats nach § 171 Abs. 1 Satz 1 AktG sind keineswegs identisch.[39] Andernfalls würde man dem Gesetzgeber unterstellen, dass er für die Aktiengesellschaft bewusst identische Kontrollfunktionen und damit systematische Redundanzen bei der Prüfung der Abschlussunterlagen schaffen wollte. Hierfür lässt sich dem AktG nichts entnehmen und es entspricht auch der allgemeinen Ansicht, dass der Aufsichtsrat keine zweite Abschlussprüfung durchzuführen hat.[40] Wenn der Gesetzgeber in der Gesetzesbegründung des KonTraG – missverständlich – von der »Hilfsfunktion des Prüfers für den Aufsichtsrat bei der Bewältigung seiner Kontrolltätigkeit«[41] spricht, liegt dem eher die Annahme nahe, dass Abschlussprüfer und Aufsichtsrat im Hinblick auf das gemeinsame Ziel der Prüfung der Abschlussunterlagen zusammenarbeiten müssen, dabei aber zum Teil unterschiedliche und sich ergänzende Rollen einnehmen. Dies lässt sich bereits daran erkennen, dass der Abschlussprüfer bei seiner Tätigkeit gemäß § 317 Abs. 1

36 Böcking/Gros/Rabenhorst in Wiedmann/Böcking/Gros, Bilanzrecht, 4. Aufl. 2019, § 323 HGB Rn. 5; Justenhoven/Küster/Bernhardt in Beck'scher Bilanz-Kommentar, 14. Aufl. 2024, § 317 HGB Rn. 10.

37 OLG Stuttgart v. 22.2.2022 – 12 U 171/21, NZG 2022, 953, 955; Böcking/Gros/Rabenhorst in Wiedmann/Böcking/Gros, Bilanzrecht, § 317 HGB Rn. 17; Ebke in MüKo-HGB, § 317 Rn. 56; siehe z.B. IDW PS 200, IDW PS 250.

38 M. Arnold in Goette/Arnold, Handbuch Aufsichtsrat, 2. Aufl. 2024, § 4 Rn. 103; Ekkenga in KK-AktG, § 171 Rn. 3; Schmalenbach/Kiefner, DB 2007, 1068, 1069; Suchan/Gerdes in Backhaus/Tielmann, Der Aufsichtsrat, § 171 Rn. 9; E. Vetter in Großkomm. AktG, § 171 Rn. 19; Waclawik in Hölters/Weber AktG, 4. Aufl. 2022, § 171 Rn. 1.

39 Ebenso Hennrichs in FS Paefgen, 2025, S. 201, 205.

40 Ekkenga in KK-AktG, § 171 Rn. 5; Hennrichs/Pöschke in MüKo-AktG, § 171 Rn. 40, 51; Hoffmann-Becking in MünchHandb. AG, § 45 Rn. 16; E. Vetter in Großkomm. AktG, § 171 Rn. 49; Waclawik in Hölters/Weber AktG, § 171 Rn. 10.

41 BT-Drucks. 13/9712, S. 16.

Satz 1 HGB im Unterschied zum Aufsichtsrat ausdrücklich die Buchhaltung einzubeziehen hat.[42] Die vom Gesetzgeber angestrebte enge Zusammenarbeit zeigt sich im Übrigen nicht nur daran, dass der Aufsichtsrat seit dem KonTraG gemäß § 111 Abs. 2 Satz 3 AktG den Prüfungsauftrag an den Abschlussprüfer erteilt,[43] sondern auch, dass der Aufsichtsrat mit dem Abschlussprüfer über das gesetzlich geforderte Prüfprogramm hinaus weitere – aus seiner speziellen Sicht – zusätzliche Prüfungsschwerpunkte vereinbaren kann[44] und dies in der Praxis auch vielfach tut.[45]

Der Aufsichtsrat arbeitet bei der von ihm nach § 171 Abs. 1 Satz 1 AktG geschuldeten Prüfung des Jahresabschlusses nicht in einem völligen rechtlichen Vakuum[46]. Zur näheren Bestimmung des Prüfungsumfangs ist zwingend die Regelung in § 321 Abs. 5 Satz 2 HGB in den Blick zu nehmen, aus der sich unmittelbar ergibt, dass der Aufsichtsrat bei seiner Prüfung des Jahresabschlusses die Prüfungsergebnisse des Abschlussprüfers zugrunde zu legen hat. Dies ist auch für die Ausfüllung des objektivierten Sorgfaltsmaßstabs des Aufsichtsrats bei seiner Prüfung zu berücksichtigen.[47] Der Maßstab seiner Prüfung hat sich dabei nach der einschlägigen Literatur am realistischerweise leistbaren Arbeitsumfang des Aufsichtsrats bzw. der Aufsichtsratsmitglieder zu orientieren.[48]

Angesichts dieser normativen Ausgangslage ist es folgerichtig, wenn sich der Aufsichtsrat darauf beschränkt, den Jahresabschluss sowie den Prüfungsbericht des Abschlussprüfers, sofern keine besonderen Vorkommnisse vorliegen, sorgfältig und kritisch zu lesen und sich ein eigenständiges Urteil zu bilden.[49] Dies entspricht einer amtsadäquaten Prüfungstätigkeit.[50] Der Aufsichtsrat darf sich zwar auf die Ergebnisse der Abschlussprüfung und den positiven Bestätigungsvermerk des Abschlussprüfers verlassen,[51] vom Studium das heißt dem Durcharbeiten des Jahresabschlusses – unter Einbeziehung des Abschlusses des Vorjahres und der vom Vorstand erhaltenen

42 Ebke in MüKo-HGB, § 317 Rn. 14; Habersack in Staub, HGB, 6. Aufl. 2023, § 317 Rn. 6.
43 Siehe dazu z.B. Hommelhoff, BB 1998, 2567, 2569; Ziemons, DB 2000, 77, 78.
44 Buhleier/Krowas, DB 2010, 1165, 1168; Hennrichs in FS Hommelhoff, 2012, S. 383, 392; Ziemons, DB 2000, 77, 78.
45 Ekkenga in KK-AktG, § 171 Rn. 24; Hennrichs/Pöschke in MüKo-AktG, § 171 Rn. 110; Suchan/Gerdes in Backhaus/Tielmann, Der Aufsichtsrat, § 171 Rn. 21.
46 Gesell, ZGR 2011, 361, 577.
47 Hennrichs/Pöschke in MüKo-AktG, § 171 Rn. 120; Koch, AktG, § 171 Rn. 9 und 10.
48 Hennrichs in FS Paefgen, 2025, S. 201, 204; Hennrichs/Pöschke in MüKo-AktG, § 171 Rn. 43; Koch, AktG, § 171 Rn. 5; E. Vetter, NZG 2023, 347, 349; siehe auch Nonnenmacher in FS Ballwieser, 2014, 547, 556 ff.
49 Hennrichs/Pöschke in MüKo-AktG, § 171 Rn. 43; E. Vetter in Großkomm. AktG, § 171 Rn. 47.
50 Hennrichs/Pöschke in MüKo-AktG, § 171 Rn. 43; E. Vetter, NZG 2023, 347, 349.
51 Ekkenga in KK-AktG, § 171 Rn. 5; Schmalenbach/Kiefner, DB 2007, 1068, 1069; Suchan/Gerdes in Backhaus/Tielmann, Der Aufsichtsrat, § 171 Rn. 20; E. Vetter in Großkomm. AktG, § 171 Rn. 48; a.A. Velte, NZG 2010, 930, 932, der für die Pflicht zur stichprobenhaften Prüfung der Buchhaltung eintritt.

unterjährigen Berichte gemäß § 90 AktG – ist er aber nicht befreit; das Lesen des Prüfungsberichts des Abschlussprüfers alleine ist keinesfalls ausreichend.[52]

Verschärfte Anforderungen an den Aufsichtsrat bestehen allerdings bei Vorliegen von besonderen Vorkommnissen, der Feststellung von Auffälligkeiten und Widersprüchen[53] sowie bei besonderen Hinweisen des Abschlussprüfers oder bei Erteilung eines eingeschränkten Bestätigungsvermerks.[54] In diesem Fall ist der Aufsichtsrat verpflichtet, beim Abschlussprüfer wie auch beim Vorstand Rücksprache zu nehmen und gegebenenfalls weitere Untersuchungen zu veranlassen oder selbst anzustellen. Die Kompetenz sowie die Handlungsmöglichkeiten dazu ergeben sich aus § 111 Abs. 2 Satz 1 AktG.[55]

V. Entbindung des Aufsichtsrats von der Prüfungsaufgabe nach § 171 Abs. 1 AktG?

1. *Prüfungsaufgabe des Aufsichtsrats aus historischer Perspektive*

Soweit dem historischen Gesetzgeber[56] vorgehalten wird, bereits bei Einführung der unabhängigen Abschlussprüfung im Jahre 1931 versäumt zu haben, den Aufsichtsrat von der eigenen Abschlussprüfung zu entlasten,[57] ist darauf hinzuweisen, dass die Beibehaltung der eigenen Prüfungsverantwortung des Aufsichtsrats für die Rechtmäßigkeit des Jahresabschlusses angesichts der damaligen Diskussion offensichtlich eine bewusste politische Entscheidung war.

Der Gesetzgeber hatte offenbar keine Veranlassung gesehen, grundlegende Änderungen am Überwachungsauftrag des Aufsichtsrats, der nach § 246 Abs. 1 Satz 3 HGB (a.F.) die Prüfung der Jahresrechnungen einschloss, vorzunehmen, obwohl bereits damals die Überzeugung weit verbreitet war, dass der Aufsichtsrat bei seiner gesetzlichen Aufgabe überfordert sei und der Verantwortung zur Prüfung der Abschlüsse kaum gerecht werden könne.[58] Durchaus schlüssig hatte deshalb die vom

52 Siehe auch Ekkenga in KK-AktG, § 171 Rn. 25; Escher-Weingart, NZG 1999, 909, 910; Hennrichs in FS Hommelhoff, 2012, S. 383, 398; ebenso bereits Hüffer, ZGR 1980, 320, 334.

53 Buhleier/Krowas, DB 2010, 1165, 1168; Ekkenga in KK-AktG, § 171 Rn. 25; Hennrichs/Pöschke in MüKo-AktG, § 171 Rn. 62; Schulz in Bürgers/Lieder AktG, 6. Aufl. 2025, § 171 Rn. 3; E. Vetter, in Großkomm. AktG, § 171 Rn. 49.

54 Ekkenga in KK-AktG, § 171 Rn. 25; E. Vetter in Großkomm. AktG, § 171 Rn. 49; siehe auch Selter, Die Beratung des Aufsichtsrats und seiner Mitglieder, 2014, Rn. 619.

55 Ekkenga in KK-AktG, § 171 Rn. 25; E. Vetter in Hachmeister/Kahle/Mock, Rechtsfragen der Kommunikation fehlerhafter Unternehmensabschlüsse, 2023, S. 53 Rn. 35.

56 Zur geschichtlichen Entwicklung der Einführung der Pflichtprüfung bei Versicherungsunternehmen durch das VAG instruktiv der Beitrag von Fleischer/Zeller in FS Paefgen, 2025, S. 121, 135 ff.

57 Nonnenmacher, NZG 2024, 1343.

58 Hachenburg, DJZ 1930, 1477, 1482; Homburger, JW 1931, 2935; Pinner in Verhandlungen 34. Deutscher Juristentag II, 1927, S. 615, 649; Pinner, JW 1930, 3673; 3679; a.A. Ludewig,

34. Deutschen Juristentag in Köln 1926 – also genau vor 100 Jahren – eingesetzte und von *Max Hachenburg* geleitete Enquete-Kommission zur Prüfung einer Reform des Aktienrechts im Jahre 1928 zur Befreiung des Aufsichtsrats »von der Haftung für die Rechnungsprüfung« vorgeschlagen, die Prüfung an externe Rechnungsprüfer zu übertragen.[59] Der Vorschlag der Enquete-Kommission stieß allerdings im Schrifttum bis auf wenige Ausnahmen[60] auf keine Akzeptanz.[61]

Nach den Vorstellungen des Gesetzgebers sollte der Bilanzprüfer – ungeachtet der bereits damals diskutierten Frage nach seiner rechtlichen Einordnung im Organisationsgefüge der AG – den Aufsichtsrat bei der Prüfung des Abschlusses nicht ablösen, sondern vielmehr nur bei der Erfüllung seiner Aufgaben unterstützen.[62] Keinesfalls sollte sich der Aufsichtsrat lediglich auf die Lektüre des Berichts des Bilanzprüfers beschränken.[63] Die von unterschiedlicher Seite unterbreiteten Vorschläge, den Aufsichtsrat zu entlasten und die Prüfung des Jahresabschlusses allein dem externen Bilanzprüfer zu übertragen, sind demnach vom Gesetzgeber bewusst nicht aufgegriffen worden.[64]

Die Abschlussprüfung blieb demgemäß weiterhin Bestandteil der gesetzlichen Aufgaben des Aufsichtsrats. Dabei ist zu berücksichtigen, dass die Rolle des Aufsichtsrats dadurch gestärkt wurde, dass in dem ebenfalls 1931 neu eingefügten § 239a HGB (a.F.) die Pflicht des Vorstands festgelegt wurde, den Aufsichtsrat in regelmäßigen Abständen, mindestens vierteljährlich über den Gang der Geschäfte und die Lage des Unternehmens sowie darüber hinaus aus wichtigem Anlass zu unterrichten.[65] Die Regelung, die sich heute im Kern in § 90 Abs. 1 und 2 AktG findet, trägt wesentlich dazu bei, dass der Aufsichtsrat neben der Berichterstattung des Vorstands in den Aufsichtsratssitzungen regelmäßig unterjährig schriftliche und mündliche Informationen

Hauptprobleme der Reform des Aktienrechts, 1929, S. 68; siehe auch Rieser in FS Koch, 1903, S. 293, 309.

59 Ständige Deputation des Deutschen Juristentags (Hrsg.), Bericht der durch den 34. Juristentag zur Prüfung einer Reform des Aktienrechts eingesetzten Kommission, 1928, S. 21.

60 Bondi, DJZ 1929, 1093; Passow, Der Strukturwandel der Aktiengesellschaft, 1930, S. 48; Pinner, JW 1930, 3673, 3679.

61 Nachweise bei Lieder, Der Aufsichtsrat im Wandel der Zeit, 2008, S. 291; Spindler in Bayer/Habersack (Hrsg.), Aktienrecht im Wandel, 2007, Band 1, S. 440 Rn. 128.

62 Hachenburg, DJZ 1930, 1477, 1482; Schlegelberger/Quassowski/Schmölder, Verordnung über Aktienrecht, 1932, Vorb. § 262a HGB Anm. 2; Schmölder, JW 1931, 2925, 2927; Schmölder, JW 1930, 2623, 2626.

63 Homburger, JW 1931, 2935; Neufeld, Die aktienrechtlichen Vorschriften der Verordnung vom 19. September 1931, Vorbemerkung § 262a Anm. 2; Schmölder, JW 1930, 2623, 2626; Schmölder, JW 1931, 2925; Pinner in Staub, HGB, § 262a Anm. 1; a.A. Hachenburg, DJZ 1930, 1477, 1482.

64 Siehe z.B. auch Ludewig, Hauptprobleme der Reform des Aktienrechts, 1929, S. 66, 69; Schmölder, JW 1930, 2623, 2626; Schlegelberger/Quassowski/Schmölder, Verordnung über Aktienrecht, 1932, Vorb. § 262a HGB Anm. 2.

65 Neufeld, Die aktienrechtlichen Vorschriften der Verordnung vom 19. September 1931, 1932, Vorbemerkung § 239a; Schlegelberger/Quassowski/Schmölder, Verordnung über Aktienrecht, 1932, § 239a Anm.1.

über die Lage der Gesellschaft und die weitere Entwicklung erhält, die er bei seiner Prüfung des Jahresabschlusses zu berücksichtigen hat.[66]

Die Abschlussprüfung durch den Aufsichtsrat ist eine Kardinalaufgabe;[67] ihre Bedeutung im Verhältnis zur Prüfung durch den Abschlussprüfer und für die eigene Urteilsbildung des Aufsichtsrats hat der Gesetzgeber bis heute anerkannt.[68]

2. *Prüfungsaufgabe des Aufsichtsrats im systematischen Zusammenhang*

§ 171 Abs. 1 Satz 1 AktG wie auch § 317 Abs. 1 HGB verwenden den gleichen Begriff der Prüfung des Jahresabschlusses. Gleichwohl steht außer Frage, dass an die Aufgabe des Abschlussprüfers und die des Aufsichtsrats nicht die gleichen Anforderungen gestellt werden dürfen, auch wenn, was die Prüfung der Rechtmäßigkeit des Jahresabschlusses anbetrifft, Überschneidungen bestehen. Auch wenn das Vorgehen des Aufsichtsrats bei der Prüfung der Rechnungslegung nicht reguliert und weniger strukturiert stattfindet, besteht kein Grund diese Aufgabe als Prüfungstätigkeit zu disqualifizieren.[69]

Abschlussprüfer und Aufsichtsrat bringen in ihre jeweilige Prüfung unterschiedliche Fähigkeiten und Kompetenzen sowie unterschiedliches Wissen ein und ergänzen sich. Während die Prüfung der Abschlüsse durch den Abschlussprüfer unter Einbeziehung der Buchhaltung unter Anwendung der berufsständigen Prüfungsgrundsätze erfolgt, werden vom Aufsichtsrat keine vergleichbaren Prüfungshandlungen erwartet, wie sie der Abschlussprüfer oder zum Teil auch die interne Revision zu erbringen hat. Beim Aufsichtsrat kommt es bei der Prüfung nicht nur auf das sorgfältige Durcharbeiten der Abschlüsse unter Berücksichtigung der Aussagen des Abschlussprüfers im Prüfungsbericht an. Es geht auch um die kritische Würdigung der Abschlüsse und des Berichts des Abschlussprüfers gerade unter Einbeziehung der Kenntnisse, die die Aufsichtsratsmitglieder im Verlauf des Geschäftsjahrs durch die laufende Berichterstattung des Vorstands nach § 90 AktG sowie im Rahmen der Erörterungen in den Sitzungen des Aufsichtsrats und der Ausschüsse gewonnen haben.[70] Diesen Informationen, die sich nicht zwangsläufig vollständig in den Sitzungsunterlagen oder dem Sitzungsprotokoll niederschlagen und damit auch nicht automatisch für den Abschlussprüfer zugänglich sind, kommt bei der Prüfung des Jahresabschlusses wie auch beim Abgleich mit den Aussagen des Abschlussprüfers im Prüfungsbericht

66 Siehe dazu bereits ausdrücklich die Gesetzesbegründung, abgedruckt bei Kropff, AktG, 1965, S. 116.

67 Grigoleit/Zellner in Grigoleit AktG, § 171 Rn. 5; Koch, AktG, § 171 AktG Rn. 1; E. Vetter in Großkomm. AktG, § 171 Rn. 17; Winkeljohann/Wirth in FS Böcking, 2021, S. 247, 249.

68 Winkeljohann/Wirth in FS Böcking, 2021, S. 247, 252.

69 Ähnlich Hennrichs in FS Paefgen, 2025, S. 201, 205; a.A. wohl Nonnenmacher, NZG 2024, 1344.

70 Buhleier/Krowas, DB 2010, 1165, 1168; Hennrichs/Pöschke in MüKo-AktG, § 171 Rn. 120; Schulz in Bürgers/Lieder, AktG, § 171 Rn. 3.

besonderes Gewicht zu.[71] Auch die Halbjahresberichte gemäß § 115 WpHG können als besondere Erkenntnisquelle dienen.[72]

Der Aufsichtsrat ist typischerweise aus Mitgliedern unterschiedlicher beruflichen Qualifikationen zusammengesetzt, was bei der börsennotierten Gesellschaft in Grundsatz 11 und Empfehlung C.1 Deutscher Corporate Governance Kodex deutlich zum Ausdruck kommt. Die daraus resultierenden Vorteile dürfen bei der Betrachtung der Prüfung des Jahresabschlusses durch den Aufsichtsrat nicht außer Betracht bleiben. Dabei ist darauf hinzuweisen, dass hinsichtlich der Prüfung des Jahresabschlusses durch den Aufsichtsrat das einzelne Aufsichtsratsmitglied zur Prüfung und Durchsicht des Jahresabschlusses verpflichtet ist.[73] Ebenso wie z.B. der Finanzexperte, der Rechtsanwalt, der Physiker oder der Mathematiker im Aufsichtsrat bei den Beratungen unterschiedliche Kompetenzen und unterschiedliche Sichtweise einbringen werden, werden sich die Aufsichtsratsmitglieder in ähnlicher Weise auch bei ihrer jeweiligen Prüfung des Jahresabschlusses auf Grund der Berichterstattung des Vorstands und der Beratungen im Aufsichtsrat neben der kritischen Durchsicht unterschiedlichen Teilen des Jahresabschlusses mit besonderem Interesse und besonderer Sachkunde widmen. Hierin liegt eine besondere Stärke der Prüfung des Jahresabschlusses durch den Aufsichtsrat. Entsprechendes gilt für die Mitglieder des Prüfungsausschusses, dem typischerweise die Vorprüfung des Jahresabschlusses obliegt.

Insgesamt wird sich der Aufsichtsrat bei seiner Prüfung der Rechnungslegung neben dem Prüfungsbericht des Abschlussprüfers an den im Verlauf des Geschäftsjahres vom Vorstand berichteten Entwicklungen, identifizierten Risiken und problematischen Vorgängen orientieren, Bereichen ohne erkennbare Risiken weniger Aufmerksamkeit schenken und sich stärker mit erkannten Risiken befassen. Dies schließt gegebenenfalls auch die Durchführung weiterer Untersuchungen ein. Insoweit ist die in § 111 Abs. 2 Satz 1 und 2 AktG eingeräumte Kompetenz zur Vornahme oder Veranlassung weiterer Untersuchungen als Pflichtrecht zu qualifizieren, das der Aufsichtsrat bei objektivem Bedarf auch wahrnehmen muss.[74] Trotz dieser Unterschiede in der Aufgabenstellung und Arbeitsweise von Abschlussprüfer und Aufsichtsrat lässt sich der Tätigkeit des Aufsichtsrats gemäß § 171 Abs. 1 AktG, auch wenn sie nicht systematisch auf Basis einer Richtlinie durchgeführt wird, nicht der Charakter der Prüfungstätigkeit absprechen.[75] Dabei ist darauf hinzuweisen, dass auch der Abschlussprüfer bei einer gewissenhaften Prüfung mit hinreichender Sicherheit in

71 Siehe nur Hennrichs in FS Hommelhoff, 2012, S. 383, 387; Selter, Die Beratung des Aufsichtsrats und seiner Mitglieder, 2014, Rn. 619, der insoweit zutreffend von einem Informationsvorsprung des Aufsichtsrats spricht.

72 E. Vetter in Hachmeister/Kahle/Mock, Rechtsfragen der Kommunikation fehlerhafter Unternehmensabschlüsse, 2023, S. 53, 72 ff.

73 OLG Düsseldorf v. 6.11.2014 – I-6 U 16/14, AG 2015, 434, 436; Ekkenga in KK-AktG, § 171 Rn. 8; Hennrichs/Pöschke in MüKo-AktG, § 171 Rn. 112; E. Vetter in Großkomm. AktG, § 171 Rn. 22.

74 Koch, AktG, § 111 AktG Rn. 35; Kropff in FS Raiser, 2005, S. 225, 238.

75 Ebenso wohl Hennrichs/Pöschke in MüKo-AktG, § 171 Rn. 37, 38; a.A. Nonnenmacher, NZG 2024, 1343.

Verfolgung eines prüfungsrisikoorientierten Ansatzes[76] Prüfungsschwerpunkte setzen kann und sich auf Stichproben beschränken darf.[77]

3. Prüfungsaufgabe des Aufsichtsrats aus haftungsrechtlicher Sicht

Es lassen sich noch weitere Gesichtspunkte für die Entscheidung des historischen Gesetzgebers ins Feld führen, die Prüfung des Jahresabschlusses nicht allein dem Bilanzprüfer zu überlassen. Diese Gesichtspunkte haben auch heute noch Relevanz.

Bereits bei Einführung der gesetzlichen Pflichtprüfung verwies der Gesetzgeber auf die Bedeutung der Haftung der Aufsichtsratsmitglieder; er wollte sich mit der bloßen Befassung des Aufsichtsrats mit dem Bericht des Bilanzprüfers offensichtlich nicht begnügen. Dies ist nachvollziehbar, denn es stellt einen erheblichen Unterschied dar, ob sich der Aufsichtsrat mit dem Jahresabschluss als Primärquelle befasst oder sich auf die Lektüre des Berichts des Prüfers als Sekundärquelle zum Jahresabschluss begnügt. Vor diesem Hintergrund ist nachvollziehbar, dass der Aufsichtsrat in seinem Bericht an die Hauptversammlung nach § 171 Abs. 2 AktG auch mitzuteilen hat, in welcher Art und in welchem Umfang er die Geschäftsführung geprüft hat.[78]

Die Haftung der Mitglieder des Aufsichtsrats ist – auch bei Einführung der Pflichtprüfung im Jahre 1931 – unverändert und ungeachtet einer seit langem andauernden rechtspolitischen Diskussion unbeschränkt. Demgegenüber ist die Haftung des Abschlussprüfers – seit Einführung der Pflichtprüfung im Jahre 1931[79] – beschränkt.[80] Der erste Gesetzentwurf über die gesetzliche Abschlussprüfung im Jahre 1931 sah noch eine unbeschränkte Haftung des Bilanzprüfers vor.[81] Im Rahmen der weiteren politischen Diskussion über die Novelle zum Versicherungsaufsichtsgesetz fand der Vorschlag Unterstützung die Haftung des externen Prüfers in § 262g Abs. 2 HGB (a.F.) auf damals 100.000 Reichsmark zu begrenzen.[82]

76 ADS, Rechnungslegung und Prüfung der Unternehmen, 6. Aufl. 2000, § 317 HGB Rn. 150; Habersack in Staub, HGB, § 317 Rn. 11; Justenhoven/Küster/Koch in Beck'scher Bilanzkomm., § 317 Rn. 135 ff.

77 OLG München v. 21. 4.2022 – 8 U 4257/21, BeckRS 2022, 8261 Rn. 86; OLG Stuttgart v. 22.2.2022 – 12 U 171/21, NZG 2022, 953, 955 Rn. 34; OLG Düsseldorf v. 27.6.1996 – 5 U 11/96, BB 1996, 2614, 2615; LG München I v. 14.3.2008 – 14 HK O 8038/06, ZIP 2008, 1123, 1125; Ebke in MüKo-HGB, § 317 Rn. 83; Habersack in Staub, HGB, § 317 Rn. 13.

78 Bezeichnend Schmölder, JW 1930, 2623 zu § 262e Abs. 3 HGB als ersten Vorgängernorm von § 171 Abs. 2 AktG: »Die Vorschrift soll nebenher auch dem Umsichgreifen einer gewissen Vertrauensseligkeit entgegenwirken. Denn die Befürchtung, dass nach Einführung einer Pflichtrevision die Vorstellung an Boden gewinnt, als sei der AR von der eigenen Prüfungspflicht und Verantwortung überhaupt frei, ist nicht ganz von der Hand zu weisen.«

79 Spindler in Bayer/Habersack (Hrsg.), Aktienrecht im Wandel, 2007, Band I, S. 440 Rn. 130.

80 § 262g Abs. 2 HGB (1931): 100.000 Reichsmark.

81 Schmölder, JW 1930, 3687.

82 Im Reformentwurf belief sich die Haftung noch auf 250.000 Reichsmark; Neufeld, Die aktienrechtlichen Vorschriften der Verordnung vom 19. September 1931, Vorbemerkung § 262g Anm. 7; Schmölder, JW 1930, 3687.

Während der Aufsichtsrat bei der Erledigung seiner Prüfungsaufgabe durch das persönliche Haftungsrisiko gemäß §§ 116 Satz 1, 93 AktG einem hohen Sanktionsdruck für eigenes Fehlverhalten ausgesetzt ist, unterliegt der Abschlussprüfer, soweit ihm nur Fahrlässigkeit zur Last gelegt werden kann, gegenüber der börsennotierten AG nach § 323 Abs. 2 HGB ausdrücklich nur einer beschränkten Haftung.[83] Der Steuerungsfunktion der persönlichen Haftung kann demnach mit Blick auf den Abschlussprüfer nur sehr eingeschränkt Gewicht beigemessen werden.[84]

Angesichts der beschränkten Haftung des Abschlussprüfers im Fall einer fehlerhaften Prüfung[85] erscheint eine faktische Reduktion der Verantwortung des Aufsichtsrats im Zusammenhang mit der jährlichen Rechnungslegung darauf, dass er sich nur noch mit dem Bericht des Abschlussprüfers über die Prüfung des Jahresabschlusses »zu befassen« habe, nicht angemessen. Dies dürfte auch nicht mit der in der Bilanzrichtlinie zum Ausdruck kommenden Wertung der Verantwortung für die Erstellung und Veröffentlichung des Jahresabschlusses und der konsolidierten Abschlüsse vereinbar sein. Erwägungsgrund 41 Bilanzrichtlinie betont ausdrücklich die Notwendigkeit einer angemessenen Haftung der Mitglieder der Verwaltungs-, Leitungs- oder Aufsichtsorgane.[86]

4. *Prüfungsaufgabe des Aufsichtsrats aus praktischer Sicht*

In der Unternehmenspraxis findet die vom Aufsichtsrat nach § 171 Abs. 1 Satz 1 AktG geschuldete Abschlussprüfung im Wesentlichen nicht im Aufsichtsratsplenum, sondern im Prüfungsausschuss statt.[87] Dem Prüfungsausschuss kommt deshalb bei der Bilanzkontrolle eine Schlüsselrolle zu.[88] Neben den in § 107 Abs. 3 Satz 2 AktG ausdrücklich zugewiesenen Aufgaben,[89] ist als seine wichtigste Aufgabe die (Vor-) Prüfung des Jahresabschlusses sowie der nichtfinanziellen Berichterstattung nach §§ 289b, 315b HGB zu nennen.[90] Dies entspricht Grundsatz 18 Deutscher Corporate

83 § 323 Abs. 2 Satz 2 HGB: 4 Millionen Euro.

84 Siehe jüngst Kuhmann, Die Summenbegrenzung der Haftung von Abschlussprüfern, 2025, passim; siehe auch die Regierungsbegründung zum Finanzmarktintegritätsstärkungsgesetz (FISG), BT-Drs. 19/26966, S. 103.

85 Siehe auch W. Doralt, Haftung des Abschlussprüfers, 2002, S. 27.

86 ABl. v. 29.6.2013, L 182, 19.

87 Richardt in Semler/v. Schenck/Wilsing (Hrsg.), Arbeitshandbuch für Aufsichtsratsmitglieder, 5. Aufl. 2021, § 10 Rn. 38; E. Vetter in Marsch-Barner/Schäfer, Hdb. börsennotierte AG, 6. Aufl. 2025, Rn. 30.35.

88 Siehe z.B. Dolzer, Die Emanzipation des Prüfungsausschusses im Aufsichtsrat, 2019, S. 239; Hennrichs in FS Röhricht, 2005, S. 881, 889; Richardt in Semler/v. Schenck/Wilsing (Hrsg.), Arbeitshandbuch für Aufsichtsratsmitglieder, § 10 Rn. 30; E. Vetter in Großkomm. AktG, § 171 Rn. 26.

89 Koch, AktG, § 107 Rn. 35; Merkt, ZHR 179 (2015) 601, 636; Simons, NZG 2021, 1429, 1433.

90 Buhleier/Krowas, DB 2010, 1165, 1167; Drygala in K. Schmidt/Lutter, AktG, § 171 Rn. 3; Ekkenga in KK-AktG, § 171 Rn. 35; Habersack in MüKo-AktG, 6. Aufl. 2023, § 107 Rn. 167; Hennrichs/Pöschke in MüKo-AktG, § 171 Rn. 106; Luther in Schoppen (Hrsg.),

Governance Kodex und lässt sich auch durch Rechtstatsachen bestätigen. Vielfach wird die Aufgabe der Vorprüfung der Rechnungslegung ausdrücklich in die Geschäftsordnung des Aufsichtsrats[91] oder des Prüfungsausschusses[92] der börsennotierten Gesellschaft aufgenommen. Durch diese organinterne Arbeitsverlagerung wird die Arbeitsbelastung und Verantwortung des Aufsichtsratsplenums deutlich reduziert.

Die Prüfung hat allerdings wegen des in § 107 Abs. 3 Satz 7 AktG enthaltenen Delegationsverbots nur vorbereitenden Charakter. Die endgültigen Entscheidung über die Prüfung des Jahresabschlusses durch Erteilung oder Versagung der Billigung trifft das Aufsichtsratsplenum.[93] Angesichts des typischerweise engen Zeitkorsetts zwischen der Vorlage der Abschlussunterlagen, des Prüfungsberichts des Abschlussprüfers und der Bilanzsitzung des Aufsichtsrats kann von einer angemessen Information des Aufsichtsratsplenums über die Beratung und Ergebnisse des Prüfungsausschusses kann von einer darauf aufbauenden eigenen Prüfung durch das Aufsichtsratsplenum kaum ausgegangen werden. Daran vermag die in § 171 Abs. 1 Satz 2 AktG angeordnete mündliche Berichterstattungspflicht des Abschlussprüfers in der Bilanzsitzung des Aufsichtsrats kaum etwas ändern.

Realistisch betrachtet, ist eine ordentliche Vorbereitung der dem Prüfungsausschuss nicht angehörenden Aufsichtsratsmitglieder auf die vom Aufsichtsratsplenum in der Bilanzsitzung zu treffende Entscheidungen über die Billigung des Jahresabschlusses, die der komplexen und komplizierten Materie angemessen wäre, kaum leistbar.[94] Diese Einschätzung wird von Stimmen im Schrifttum bestätigt, die auf »Befähigungsdefizite« des Aufsichtsrats hinsichtlich der Rechtmäßigkeitsprüfung der Jahresabschlüsse verweisen.[95]

Corporate Governance, 2015, S. 157, 159; Maushake, Audit Committees, 2009, S. 438; Meyer/Mattheus, DB 2016, 695, 696; E. Vetter, ZGR 2010, 751, 762; Nonnenmacher/Wemmer/v. Werder, DB 2016, 2826, 2829.

91 Siehe z.B. Bayer AG, Beiersdorf AG, Deutsche Börse AG, Deutsche Post AG, Continental AG, Lufthansa AG, RWE AG.

92 Siehe z.B. Commerzbank AG, Deutsche Telekom AG, Mercedes-Benz Group AG, Münchener Rückversicherungs-Gesellschaft AG, Siemens AG, Thyssen/Krupp AG, Volkswagen AG.

93 Habersack in MüKo-AktG, § 107 Rn. 145; Koch, AktG, § 107 Rn. 58; E. Vetter in Marsch-Barner/Schäfer, Hdb. börsennotierte AG, Rn. 30.8.

94 Gleicher Ausgangsbefund z.B. Arbeitskreis Bilanzrecht Hochschullehrer Rechtswissenschaft, NZG 2023, 699, 700; siehe auch Börsig/Löbbe in FS Hoffmann-Becking 2013, S. 125, 148; Dolzer, Die Emanzipation des Prüfungsausschusses im Aufsichtsrat, 2019, S. 239; Ekkenga in KK-AktG, § 171 Rn. 4.

95 Koch AktG, 19. Aufl. 2025, § 171 Rn. 5; Hennrichs, NZG 2017, 841, 445; E. Vetter, ZHR 188 (2024), 230, 249.

VI. Befassen statt Prüfen gemäss § 171 Abs. 1 AktG?

1. *Veränderung der Pflichtaufgabe des Aufsichtsrats*

Gestützt auf die vielfach geäußerten Bedenken gegen die tatsächliche Erfüllbarkeit der Prüfungspflicht des Aufsichtsrats hinsichtlich des Jahresabschlusses wird stattdessen vorgeschlagen, die Aufgabe des Aufsichtsrats darauf zu beschränken, dass es sich nur mit dem Jahresabschluss zu befassen hat.[96] Die dem Vorschlag zugrundeliegenden Bedenken sind – wie vorstehend ausgeführt – im Grundsatz zutreffend. Dem Alternativvorschlag kann gleichwohl nicht gefolgt werden.

Ungeachtet der Schwierigkeiten, die sich aus dem unklaren Begriff der Prüfung des vom Vorstand aufgestellten Jahresabschlusses für die Ausmessung der Aufgabe des Aufsichtsrats ergeben, lässt § 171 Abs. 1 Satz 1 AktG keine Zweifel an Zweck und Zielrichtung der vom Aufsichtsrat geschuldeten Tätigkeit. Sie ist – wie auch die Aufgabe des Abschlussprüfers – gerichtet auf die Erarbeitung einer Aussage zur Rechtmäßigkeit des Jahresabschlusses sowie darüber hinaus auch zur Zweckmäßigkeit. Hierüber hat der Aufsichtsrat gemäß § 172 Abs. 2 Satz 1 AktG gegenüber der Hauptversammlung zu berichten. Die Zielgerichtetheit der Pflichtaufgabe des Aufsichtsrats wäre entwertet, wenn er sich mit dem Prüfungsbericht des Abschlussprüfers lediglich zu befassen hätte. Es wäre ein bloßes Nachvollziehen einer fremden Prüfung.

2. *Abbau des haftungsrechtlichen Sanktionspotentials*

Die vorgeschlagene Regelung würde auch der grundsätzlichen Aufgabe des Aufsichtsrats in der aktienrechtlichen Kompetenzordnung nicht gerecht. Der in § 171 Abs. 1 Satz 1 AktG formulierte Prüfungsauftrag folgt aus der generellen Aufgabe die Geschäftsführung zu überwachen. Eine Pflicht sich mit dem Jahresabschluss lediglich indirekt durch das Lesen des Abschlussprüferberichts zu befassen, würde dem gesetzlichen Überwachungsauftrag des Aufsichtsrats schwerlich gerecht und würde auch das in §§ 116 Satz 1, 93 AktG vorgesehene Sanktionspotential der persönlichen Haftung der Aufsichtsratsmitglieder faktisch weitgehend leerlaufen lassen. Der historische Gesetzgeber hat sich seit der Verordnung von 1931 stets bewusst möglichen Erleichterungen versagt.

Dabei ist darüber hinaus auch zu berücksichtigen, dass die Haftung des Abschlussprüfers gegenüber der geprüften Gesellschaft kraft Gesetzes beschränkt ist. Nach jüngsten Erhöhung der Haftungshöchstgrenzen in der Folge des WireCard-Falls,[97]

96 Hennrichs in FS Paefgen, 2025, S. 201, 205; siehe bereits Hennrichs, NZG 2017, 841, 846; ähnlich Arbeitskreis Bilanzrecht Hochschullehrer Rechtswissenschaft, NZG 2023, 699, 701; Hennrichs/Pöschke in MüKo-AktG, § 171 Rn. 44.

97 Ebke in MüKo-HGB, § 323 Rn. 9; Hommelhoff in FS Ebke, 2021, S. 403, 409; siehe auch Hennrichs, DB 2021, 268, 271 ff.

haftet der Abschlussprüfer nach § 323 Abs. 2 Satz 1 HGB bei fahrlässiger Verletzung seiner Pflichten auf maximal Euro 1,5 Mio. bzw., wenn die Gesellschaft ein kapitalmarktorientiertes Unternehmen gemäß § 316a Satz 2 Nr. 1 HGB ist, auf maximal Euro 16 Mio. Die Haftungsbegrenzung entfällt, wenn der Abschlussprüfer grob fahrlässig gehandelt hat. Eine vertragliche weitere Haftungseinschränkung ist unzulässig und nichtig.[98] Auch die Haftungserweiterung ist de facto ausgeschlossen.[99]

Bemerkenswert ist im Übrigen, dass das deutsche Regelungsmodell der beschränkten Haftung des Abschlussprüfers international nicht sehr weit verbreitet ist.[100] In vielen Mitgliedstaaten der Europäischen Union besteht keine gesetzliche Haftungsbeschränkung des Abschlussprüfers.[101]

VII. Eigener Lösungsvorschlag: Das Beste aus zwei Welten

Die generelle Überlastung des Aufsichtsrats ist unbestritten. Ungeachtet dessen besteht die Notwendigkeit, ihn bei der Wahrnehmung seiner Beratungsaufgabe zu stärken aber dabei den gesetzlichen Überwachungsauftrag nicht zu vernachlässigen. Dazu soll durch Neuordnung der inneren Ordnung des Aufsichtsrats – speziell durch verstärkte Arbeitsteilung zwischen Plenum und Ausschuss – für den Aufsichtsrat Freiraum geschaffen werden, um der Beratungsaufgabe und der generellen Überwachungsaufgabe besser gerecht werden zu können. Sie stünde auch im Einklang mit dem generellen gemeinschaftsrechtlich vergebenen Trend, den Prüfungsausschuss stärker mit Entscheidungskompetenz auszustatten.[102]

Diese Überlegungen sollen hier nicht erneut in den Einzelheiten ausgebreitet werden.[103] Wesentlich ist aber festzuhalten, dass der generelle Auftrag des Aufsichtsrats nach § 171 Abs. 1 Satz 1 AktG weder beseitigt noch inhaltlich modifiziert werden soll. Allerdings soll die Prüfungsaufgabe exklusiv dem in der börsennotierten AG zwingend einzurichtenden Prüfungsausschuss zur Erledigung übertragen werden. Die Prüfungsaufgabe bliebe damit eine Aufgabe und Verantwortung des Aufsichtsrats, sie würde jedoch zwingend und abschließend durch den Prüfungsausschuss erledigt, der in der Verantwortung des Aufsichtsrats errichtet wird und ausschließlich aus Aufsichtsratsmitgliedern besteht. Dieser Ausschuss ist auf Grund seiner personellen und besonderen fachlichen Zusammensetzung, die zum Teil in § 100 Abs. 5 AktG zwingend vorgegeben ist, wie auch seiner regelmäßig höheren Sitzungsfrequenz

98 § 323 Abs. 4 HGB.

99 Ebke in MüKo-HGB, § 323 Rn. 110; C. A. Weber in Staub, HGB, 6. Aufl. 2023, § 323 Rn. 51; instruktiv auch Ebke in FS Westermann, 2009, S. 873, 874 ff.

100 C. A. Weber in Staub, HGB, § 323 Rn. 4; Kuhmann, Die Summenbegrenzung der Haftung von Abschlussprüfern, 2025, S. 80 ff.

101 Ebke, ZVglRW 100 (2001), 62, 72; Koziol in Koziol/Doralt (Hrsg.), Abschlussprüfer Haftung und Versicherung, 2004, S. 141.

102 Dazu generell Merkt, ZHR 179 (2015), 601, 635.

103 E. Vetter, ZHR 188 (2024), 230, 246 ff.

deutlich besser als das Aufsichtsratsplenum geeignet, den in § 171 Abs. 1 Satz 1 AktG formulierten gesetzlichen Prüfungsauftrag zu erfüllen.[104] Dem Aufsichtsratsplenum bliebe dann hinsichtlich der Abschlussprüfung nur die generelle Überwachung der Ausschusstätigkeit, die auch bei einer gesetzlich zwingenden Delegation einer Aufgabe an einen Ausschuss nicht entfiele.[105]

Die Zuweisung der Aufgabe an den Prüfungsausschuss schafft auch die Möglichkeit, das besondere Potential, das der Gesetzgeber dem Prüfungsausschuss zugeordnet und durch das FISK nochmals weiter gestärkt hat, in optimaler Weise zu nutzen. Dem Prüfungsausschuss der börsennotierten AG müssen nach § 100 Abs. 5 AktG sowohl ein Experte für Rechnungslegung als auch ein Experte für Abschlussprüfung angehören. Mit dieser gezielten Zuweisung an Sachkompetenz verbindet sich die Zielsetzung, diese Expertise bei der Abschlussprüfung auch effizient und effektiv zum Einsatz zu bringen. Zugleich ist auch gewährleistet, dass bei der Prüfung der Abschlüsse durch den Prüfungsausschuss unter Zugrundelegung des Berichts des Abschlussprüfers die eigenen Kenntnisse der Ausschussmitglieder aus der laufenden Berichterstattung des Vorstands in den Sitzungen des Aufsichtsratsplenums wie auch des Ausschusses einbezogen werden können.

Nimmt der Prüfungsausschuss die Prüfungsaufgabe kompetent und mit Letztverantwortung wahr, würde das Aufsichtsratsplenum gemäß § 107 Abs. 3 Satz 8 AktG nur noch anschließend über die vom Prüfungsausschuss getroffene Entscheidung über die Billigung des Jahresabschlusses unterrichtet werden.[106]

Der vorgeschlagenen Gesetzesänderung kann in ihrer Wirkung weder der Vorwurf der radikalen oder grundstürzenden Änderung vorgeworfen werden. Sie stellt eher einen minimal invasiven Eingriff in die bestehenden Corporate Governance der börsennotierten AG dar. De facto nimmt der Prüfungsausschuss die ihm zugewiesene entscheidende Rolle in den meisten Gesellschaften längst ein, denn dem Aufsichtsratsplenum ist eine Prüfung des Jahresabschlusses im von § 171 Abs. 1 Satz 1 AktG vorgesehen Sinn kaum möglich.[107] Zudem könnte es zur Effektivität und Qualität der Prüfung durch den Prüfungsausschuss beitragen, wenn er diese Aufgabe nicht als Vorprüfung für den Aufsichtsrat, sondern im Bewusstsein seiner Letztentscheidungskompetenz wahrnehmen würde.

VII. Fazit

Auf Grund der Vielzahl der Aufgaben des Aufsichtsrats einschließlich seiner Pflicht zur Prüfung der Jahresabschlüsse sowie seiner begrenzten praktischen

104 E. Vetter, ZHR 188 (2024), 230, 248.

105 Koch, AktG, § 107 Rn. 64; E. Vetter in Marsch-Barner/Schäfer, Hdb. börsennotierte AG, Rn. 30.25; E. Vetter in FS Grunewald, 2021, S. 1175, 1188 ff.

106 E. Vetter, ZHR 188 (2024), 230, 250.

107 Dolzer, Die Emanzipation des Prüfungsausschusses im Aufsichtsrat, 2019, S. 239: »faktische Emanzipation«; siehe auch E. Vetter, ZHR 188 (2024), 230, 245.

Leistungsfähigkeit ist speziell bei der börsennotierten AG politischer Handlungsbedarf angezeigt,[108] um den Aufsichtsrat zu befähigen, seine Kernaufgaben besser und effektiver als bisher wahrzunehmen.

Abhilfe sollte nicht dadurch gewonnen werden, dass die Prüfung des Jahresabschlusses durch den Aufsichtsrat durch ein bloßes Befassen mit dem Bericht des Abschlussprüfers ersetzt wird, sondern durch eine Stärkung des Prüfungsausschusses, indem dieser mit der abschließenden Prüfungs- und Entscheidungskompetenz ausgestattet wird. Dem rechtspolitischen Handlungsbedarf sollte durch Änderung von §§ 107 Abs. 3 Satz 7 und 171 Abs. 1 AktG Rechnung getragen werden. Dank seiner Zusammensetzung aus zumindest zum Großteil fachlich kompetenten Mitgliedern kann er die Aufgabe effizienter und zuverlässiger ausführen, als dies dem Aufsichtsratsplenum möglich wäre.

108 Ebenso Arbeitskreis Bilanzrecht Hochschullehrer Rechtswissenschaft, NZG 2023, 699, 700; Hennrichs, Der Aufsichtsrat 2023, 153; Hennrichs/Pöschke in MüKo-AktG, § 171 Rn. 38.

Einige Bemerkungen zur Information des Aufsichtsrats durch den Vorstand

Jochen Vetter

I. Einleitung

Die Hauptaufgabe des Aufsichtsrats besteht – neben der Personalkompetenz im Hinblick auf den Vorstand – nach § 111 Abs. 1 AktG in der Überwachung der Geschäftsführung durch den Vorstand. Überwachung ist dabei nicht nur die nachträgliche, vergangenheitsbezogene Kontrolle des Vorstandshandelns, sondern auch die vorausschauende präventive Beratung im Hinblick auf die zukünftige Geschäftspolitik und wichtige Einzelmaßnahmen.[1] Wesentliche Voraussetzung für eine effiziente Wahrnehmung beider Überwachungsaufgaben ist eine ausreichende Informationsversorgung des Aufsichtsrats.[2] Eine ausdrückliche gesetzliche Regelung der Informationsversorgung ist in einem dualistischen System unumgänglich, da die mit der Überwachung des Managements betrauten Personen gerade nicht Mitglied des Leitungs- und Geschäftsführungsorgans sind.[3] Skandale und Überwachungsdefizite gehen regelmäßig mit Informationsdefiziten auf Seiten des Aufsichtsrats einher. Die Information des Aufsichtsrats erfolgt in Deutschland traditionell ausschließlich durch den Vorstand (zu einer jüngeren Aufweichung dieses Grundsatzes nachfolgend unter II.1.). Für den Aufsichtsrat stellt sich die Herausforderung, dass er bei der Überwachung des Vorstands auf diejenigen Informationen angewiesen ist, die ihm der Vorstand zur Verfügung stellt. Damit hat der Vorstand Umfang und Intensität seiner eigenen Überwachung durch den Aufsichtsrat in weitem Umfang faktisch selbst in der Hand. Für die Etablierung einer effizienten Corporate Governance ist das Design des Informationsflusses essentiell. Die Juristen geben den Unternehmen dabei bisher nur begrenzte Hilfestellungen. Auch dieser Beitrag gibt dazu keine umfassende Anleitung. Er beschränkt sich vielmehr auf eine Skizzierung der rechtlichen Grundlagen und ergänzende Hinweise aus Sicht der Praxis sowie den Versuch, Bewusstsein für die in der Praxis bestehenden Probleme zu wecken. Die Überlegungen zu diesem für

1 S. nur Drygala in K. Schmidt/Lutter, AktG, 5. Aufl. 2024, § 111 Rn. 14 ff.; Koch, AktG, 19. Aufl. 2025, § 111 Rn. 5 ff., 28.

2 Der enge Zusammenhang zwischen Überwachungsaufgabe und Informationsversorgung wird auch daran erkennbar, dass zur Bestimmung des Überwachungsgegenstands auf die Ausgestaltung der Informationsversorgung durch den nachfolgend näher beschriebenen § 90 AktG zurückgegriffen wird, s. etwa Koch, AktG, § 111 Rn. 3.

3 S. a. Fleischer in BeckOGK-AktG, Stand: 1.6.2025, § 90 Rn. 6.

die Praxis ungemein wichtigen Thema sollen Jens Ekkenga als einem der wenigen Hochschullehrer gewidmet werden, der nicht nur zum Gesellschafts- und Kapitalmarktrecht (und vielem anderen) geforscht und publiziert hat, sondern der das Aktienrecht als Rechtsanwalt und Berater insbesondere auch praktisch angewandt hat.

II. Gesetzliche Grundlagen der Informationsversorgung

1. *Informationsfluss Vorstand – Aufsichtsrat*

Im Hinblick auf die Informationsversorgung des Aufsichtsrats durch den Vorstand stellt sich die Frage, ob dies primäre Aufgabe des Vorstands ist (»Push-Prinzip« oder »Bringschuld« des Vorstands) oder ob der Aufsichtsrat sich selbst darum kümmern muss, die ihn interessierenden Informationen zu erhalten (»Pull-Prinzip« oder »Holschuld« des Aufsichtsrats).[4] Das Aktienrecht sieht eine Kombination beider Vorgehensweisen vor. Systematisch lässt sich weiter zwischen turnusmäßig wiederkehrenden Regelberichten (§ 90 Abs. 1 S. 1 Nr. 1–3 AktG) und anlassbezogenen Sonderberichten unterscheiden. Grundnorm des Informationsflusses zwischen Vorstand und Aufsichtsrat ist § 90 AktG, der regelt, wer was an wen wie zu berichten hat und dabei die vorstehenden Unterscheidungen aufgreift.

- Abs. 1 normiert die »Bringschuld« des Vorstands. Der Vorstand hat über die Planung einschließlich Abweichungen zu früher berichteten Zielen (Nr. 1), die derzeitige Geschäftslage einschließlich der Rentabilität (Nr. 2 und Nr. 3) turnusmäßig sowie wichtige Einzelgeschäfte (Nr. 4) der Gesellschaft und ihrer Töchter (S. 2) anlassbezogen proaktiv zu berichten.
- Abs. 1 S. 3 bestimmt ergänzend zu den Regelberichten an den Aufsichtsrat, dass dem Aufsichtsratsvorsitzenden aus sonstigen wichtigen Anlässen zu berichten ist.
- Abs. 2 regelt, wie häufig die jeweiligen Berichte zu erstatten sind.
- Abs. 3 regelt die »Holschuld« des Aufsichtsrats: Dieser hat die Möglichkeit, vom Vorstand jederzeit einen Bericht über die Angelegenheiten der Gesellschaft und ihre rechtlichen und geschäftlichen Beziehungen zu verbundenen Unternehmen zu verlangen. Auch ein einzelnes Mitglied des Aufsichtsrats kann einen Bericht an den Aufsichtsrat (nicht an sich selbst) verlangen.
- Abs. 4 regelt, wie die Berichte zu erfolgen haben: Maßstab sind die Grundsätze einer gewissenhaften und getreuen Rechenschaft. Grundsätzlich sind sie in Textform zu erstatten.
- Abs. 5 regelt schließlich den in diesem Beitrag nicht näher thematisierten aufsichtsratsinternen Umgang mit den Vorstandsberichten.

4 S. hierzu etwa Fleischer in BeckOGK-AktG, § 90 Rn. 2; Koch, AktG, § 90 Rn. 1; Kruchen in Backhaus/Tielmann, Aufsichtsrat, 2. Aufl. 2023, AktG § 111 Rn. 392.

Berichtsschuldner ist grundsätzlich der Gesamtvorstand[5] und Berichtsgläubiger ist nach § 90 Abs. 1 S. 1 grundsätzlich der Aufsichtsrat; die Unterrichtung allein des Aufsichtsratsvorsitzenden genügt nur bei den Sonderberichten nach § 90 Abs. 1 S. 3 AktG.[6] § 90 AktG hat in der Praxis nach meiner Erfahrung keine übermäßige Bedeutung in dem Sinne, dass er zur Entscheidung unterschiedlicher Vorstellungen von Vorstand und Aufsichtsrat über die Informationsversorgung des Aufsichtsrats herangezogen wird. Über die Berichtserfordernisse wird in der Praxis jedenfalls nicht gerichtlich gestritten, sondern Vorstand und Aufsichtsrat finden jeweils einen *modus vivendi*. Bei unterschiedlichen Auffassungen über die Intensität oder Art und Weise der Berichterstattung sollte der Aufsichtsrat als Überwachungsgremium das letzte Wort haben. Mit einem Vorstand, der sich deutlich geäußerten Informationsanliegen des Aufsichtsrats verweigert, wird eine vertrauensvolle Zusammenarbeit im Unternehmensinteresse kaum möglich sein.

§ 107 Abs. 4 S. 4 und 5 AktG regeln erstmals – allerdings in sehr zurückhaltendem Umfang und nur für Unternehmen von öffentlichem Interesse nach § 316a S. 2 HGB – Auskunftsrechte des Aufsichtsrats gegenüber dem Vorstand nachgeordneten Stellen. Diese wurden in der Literatur lange Zeit kontrovers diskutiert[7] und durch das im Nachgang zum »Wirecard-Skandal« erlassene Gesetz zur Stärkung der Finanzmarktintegrität (FISG)[8] in das AktG eingefügt.[9] Danach kann jedes Mitglied des Prüfungsausschusses über den Ausschussvorsitzenden unmittelbar bei den Leitern derjenigen Zentralbereiche der Gesellschaft, die in der Gesellschaft für die Aufgaben zuständig sind, die den Prüfungsausschuss betreffen, Auskünfte einholen. Der Ausschussvorsitzende hat die eingeholte Auskunft allen Mitgliedern des Prüfungsausschusses mitzuteilen. Werden derartige Auskünfte eingeholt, ist der Vorstand hierüber unverzüglich zu unterrichten. Diese ausdrückliche Kodifizierung durch das FISG hat weder die Frage, ob und unter welchen Voraussetzungen de lege lata auch außerhalb des Anwendungsbereichs des § 107 Abs. 4 S. 4 und 5 AktG, insbesondere auch bei Unternehmen, die nicht von öffentlichem Interesse sind, Informationsrechte des Aufsichtsrats gegenüber dem Vorstand nachgelagerten Stellen bestehen und ob diese de lege ferenda erweitert werden sollten (hierzu VII.). Aus dem vom FISG verfolgten Zweck, die Kontrollrechte des Aufsichtsrats zu stärken, folgt, dass § 107 Abs. 4 S. 4 und 5 AktG neben dem von der h.M. zumindest für Ausnahmesituationen anerkannten Auskunftsrecht des Aufsichtsrats gegenüber Mitarbeitern des Unternehmens steht.[10] Unstreitig sollte sein, dass ein Direktkontakt

5 Ausführlicher und m.w.N. etwa Fleischer in BeckOGK-AktG, § 90 Rn. 8 ff.

6 Unstr., s. nur Fleischer in BeckOGK-AktG, § 90 Rn. 11; Koch, AktG, § 90 Rn. 8.

7 S. etwa Dreher in Festschrift für Ulmer, 2003, S. 87; Kort in Festschrift für Seibert, 2019, S. 341; Marsch-Barner in Festschrift für Schwark, 2009, S. 219; speziell zu Compliance-Untersuchungen M. Arnold/Rudzio in Festschrift für Wegen, 2015, S. 93; Manger, NZG 2010, 1256.

8 Gesetz zur Stärkung der Finanzmarktintegrität (Finanzmarktintegritätsstärkungsgesetz – FISG) v. 3.6.2021, BGBl. 2021, Teil I, Nr. 30.

9 Hierzu etwa Simons, NZG 2021, 1429 ff.; Roth, NZG 2022, 53 ff.

10 Simons, NZG 2021, 1429, 1435.

jedenfalls dann zulässig ist, wenn konkrete Verdachtsmomente gegen Vorstandsmitglieder vorliegen und andernfalls die Ermittlung des Sachverhalts gefährdet wäre. Der Vorstand darf nicht interne Untersuchungen seines eigenen Verhaltens durch den Aufsichtsrat kontrollieren können. Von diesem Ausnahmefall abgesehen darf der Aufsichtsrat nach h.M. Angestellte der Gesellschaft als Auskunftspersonen nur durch Vermittlung des Vorstands zur Sitzung laden.[11] Teilweise wird weitergehend vertreten, der Aufsichtsrat könne Angestellte der Gesellschaft als Auskunftspersonen nach § 109 Abs. 1 S. 2 AktG auch unmittelbar und unabhängig von konkreten Verdachtsmomenten einer Befragung unterziehen, sofern dies für die Erfüllung seiner Überwachungsaufgabe, speziell im Hinblick auf die in § 107 Abs. 3 S. 2 AktG genannten Themen, erforderlich ist.[12] Ein regelmäßiger unmittelbarer Informationsfluss insbesondere zwischen dem Chief Compliance Officer, dem Chief Legal Officer und dem Leiter der internen Revision einerseits und dem Prüfungsausschuss des Aufsichtsrats andererseits ist bei vielen Unternehmen in Abstimmung mit dem Vorstand unabhängig von einer gesetzlichen Verpflichtung schon lange üblich. Bei vielen Unternehmen berichten die Leiter dieser zentralen Kontrollfunktionen dem Prüfungsausschuss und teilweise sogar dem Gesamtplenum unmittelbar und regelmäßig, teilweise auch ohne Anwesenheit des Vorstands.

Ergänzt werden die Informationsrechte durch die Einsichts- und Prüfungsrechte des Aufsichtsrats und seiner Mitglieder nach §§ 111 Abs. 2 und 170 Abs. 3 AktG. Die gesetzlichen Bestimmungen zur Informationsversorgung des Aufsichtsrats sind nicht abschließend. Zusätzliche Berichts- und Erläuterungspflichten treffen den Vorstand beispielsweise im Zusammenhang mit der Vorlage des Jahresabschlusses an den Aufsichtsrat (§§ 170 f. AktG) oder im faktischen Konzern bei der Vorlage des Abhängigkeitsberichts (§§ 312, 314 AktG). Der Vorstand ist insbesondere berichtspflichtig, wenn er einen Aufsichtsratsbeschluss herbeiführen will (sogenannte Vorlageberichte).[13] Die gesetzlichen Berichtspflichten sind insoweit zwingend, als Beschränkungen durch Satzung, Geschäftsordnung oder Beschlüsse der Hauptversammlung, des Aufsichtsrats oder des Vorstands nicht möglich sind.[14] Allerdings können die Satzung oder die Geschäftsordnung die Berichtspflichten für den Vorstand verschärfen.[15]

11 So Backhaus in Backhaus/Tielmann, Der Aufsichtsrat, § 109 Rn. 41; Henssler in Henssler/Strohn, GesR, 6. Aufl. 2024, § 109 AktG Rn. 6; Koch, AktG, § 109 Rn. 5; Mertens/Cahn in KK-AktG, 3. Aufl. 2012, § 109 Rn. 24; Walla in BeckOGK-AktG, § 109 Rn. 28; strenger: Lutter, AG 2006, 517, 521.

12 Drygala in K. Schmidt/Lutter, AktG, 6. Aufl. 2024, § 109 Rn. 11 f.; Grigoleit/Tomasic in Grigoleit, AktG, 2. Aufl. 2020, § 111 Rn. 52; Habersack in MünchKomm-AktG, 6. Aufl. 2023, § 109 Rn. 20; Hopt/Roth in Großkomm-AktG, 5. Aufl. 2018, § 109 Rn. 61.

13 S. dazu etwa Koch, AktG, § 90 Rn. 2; Sailer-Coceani in K. Schmidt/Lutter, AktG, 5. Aufl. 2024, § 90 Rn. 3.

14 Unstr., s. etwa Fleischer in BeckOGK-AktG, § 90 Rn. 12; Sailer-Coceani in K. Schmidt/Lutter, AktG, § 90 Rn. 5; Spindler in MünchKomm-AktG, § 90 Rn. 8.

15 Unstr., s. nur Fleischer in BeckOGK-AktG, § 90 Rn. 12; Sailer-Coceani in K. Schmidt/Lutter, AktG, § 90 Rn. 5; Spindler in MünchKomm-AktG, § 90 Rn. 8.

2. *Gesellschaftsautonome Konkretisierungen*

Entsprechend wird die Informationsversorgung des Aufsichtsrats durch den Vorstand häufig in der Geschäftsordnung für den Vorstand konkretisiert. Teilweise werden darüber hinaus ausführlichere unternehmensinterne Informationsordnungen erlassen und mitunter auch empfohlen.[16] Diese beruhen entweder auf einem Beschluss des Aufsichtsrats oder – insbesondere, wenn Berichtspflichten für die dem Vorstand nachgeordneten Stellen statuiert werden – einer Vereinbarung zwischen Vorstand und Aufsichtsrat.[17] Gegenstände solcher Informationsordnungen können insbesondere sein[18]:

- Die Präzisierung der Regelberichte im Hinblick auf Inhalt, Format, Umfang und Häufigkeit.[19] Ob auch der Turnus für den Rentabilitätsbericht nach § 90 Abs. 1 S. 1 Nr. 2 AktG verkürzt werden kann, ist umstritten[20], aber zu bejahen. Der Vorstand muss ohnehin einen Überblick über die Rentabilität des Unternehmens haben und wird die Informationen nicht nur aus Gründen der Berichterstattung an den Aufsichtsrat zusammentragen.
- Die Einführung zusätzlicher Regelberichte, beispielsweise eine regelmäßige Cashflow-/Kapitalflussrechnung, gesonderte Berichte zu einzelnen Segmenten oder eine interne Spartenrechnung.[21]
- Regelmäßige Berichte der Leiter der zentralen Kontroll- und Risikoabteilungen, insbesondere des Chief Compliance Officer und des Head of Group Audit.
- Die Präzisierung der Ad-hoc-Berichte aus besonderem Anlass.
- Die Art und Weise der Unterrichtung außerhalb von Sitzungen, z.B. regelmäßige Finanzberichte, monatliche Berichte von Investor Relations, Protokolle

16 So empfahl Ziff. 3.4 Abs. 1 S. 3 DCGK a.F. noch bis zur Fassung vom 7.2.2017, dass der Aufsichtsrat zur Sicherstellung seiner angemessenen Information die Informations- und Berichtspflichten des Vorstands näher festlegen soll; die Gesetzesbegründung zum Gesetz zur Kontrolle und Transparenz im Unternehmensbereich (KonTraG) v. 1998, BT-Drucks. 13/9712, S. 15, hielt den Erlass einer Informationsordnung für sinnvoll und geboten, ohne dass es dazu einer gesetzlichen Regelung bedürfe; s.a. etwa M. Arnold in Goette/Arnold, Hdb. Aufsichtsrat, 2. Aufl. 2024, § 4 Rn. 196; Fleischer in BeckOGK-AktG, § 90 Rn. 13; Lutter/Krieger/Verse, Rechte und Pflichten des Aufsichtsrats, 7. Aufl. 2020, § 6 Rn. 317.

17 S. etwa Fleischer in BeckOGK-AktG, § 90 Rn. 13; ausführlich: Theisen, Information und Berichterstattung des Aufsichtsrats, 4. Aufl. 2007, S. 82 f.

18 S. dazu auch M. Arnold in Goette/Arnold, Hdb. Aufsichtsrat, § 4 Rn. 198 ff.; Hopt/Roth in Großkomm-AktG, § 111 Rn. 139 ff.; Lutter/Krieger/Verse, Rechte und Pflichten des Aufsichtsrats, § 6 Rn. 318 f.; Sailer-Coceani in K. Schmidt/Lutter, AktG, § 90 Rn. 73; Rodewald, GmbHR 2014, 639, 641 ff.

19 S.a. Diekmann/Wurst, NZG, 2014, 121, 122 f.

20 Abl. Cahn in KK-AktG, 4. Aufl. 2023, § 90 Rn. 53; a.A. Lutter, Information und Vertraulichkeit, Rn. 207; Fleischer in BeckOGK-AktG, § 90 Rn. 12; Spindler in MünchKomm-AktG, § 90 Rn. 8.

21 Fleischer in BeckOGK-AktG, § 90 Rn. 12; Spindler in MünchKomm-AktG, § 90 Rn. 8.

bestimmter Sitzungen, wichtige Einzelereignisse einschließlich Ad-hoc-Mitteilungen oder Interviews von Vorstandsmitgliedern mit der Presse.
- Die Berichterstattung an die Ausschüsse des Aufsichtsrats.

3. Zusammenhang mit dem Katalog zustimmungspflichtiger Geschäfte

Nach § 111 Abs. 4 S. 2 AktG hat die Satzung oder der Aufsichtsrat zu bestimmen, dass bestimmte Arten von Geschäften vom Vorstand nur mit seiner Zustimmung vorgenommen werden dürfen. Der Aufsichtsrat kann in der Geschäftsordnung für den Vorstand oder durch Beschluss über die Satzung hinaus weitere Geschäfte und Maßnahmen seiner Zustimmung unterstellen.[22] Will der Vorstand die Zustimmung des Aufsichtsrats zu einer Maßnahme einholen und den Aufsichtsrat in die Mitverantwortung nehmen, muss er dem Aufsichtsrat unaufgefordert die Informationen zur Verfügung stellen, die der Aufsichtsrat für seine unternehmerische Entscheidung benötigt. Mit der Etablierung eines Zustimmungserfordernisses etabliert der Aufsichtsrat damit zugleich eine weitergehende Informationspflicht des Vorstands zu der betreffenden Maßnahme.

4. Rolle des Aufsichtsratsvorsitzenden

Auf § 90 Abs. 1 S. 3 AktG, wonach der Vorstand dem Aufsichtsratsvorsitzenden aus sonstigen wichtigen Anlässen zu berichten hat, wurde bereits hingewiesen. Grundsatz 17 des Deutschen Corporate Governance Kodex (DCGK) präzisiert insoweit, dass der Aufsichtsratsvorsitzende über wichtige Ereignisse, die für die Beurteilung der Lage und Entwicklung sowie für die Leitung des Unternehmens von wesentlicher Bedeutung sind, unverzüglich durch den Vorsitzenden bzw. Sprecher des Vorstands informiert wird. Der Aufsichtsratsvorsitzende hat sodann den Aufsichtsrat zu unterrichten und, falls erforderlich, eine außerordentliche Aufsichtsratssitzung einzuberufen.

Nach Empfehlung D.5 DCGK soll der Aufsichtsratsvorsitzende zwischen den Sitzungen mit dem Vorstand, insbesondere mit dem Vorsitzenden bzw. Sprecher des Vorstands, regelmäßig Kontakt halten und mit ihm zu Fragen der Strategie, der Geschäftsentwicklung, der Risikolage, des Risikomanagements und der Compliance des Unternehmens beraten. Diese Empfehlung ist für die börsennotierten Gesellschaften zwar nicht bindend, in der Praxis wird hiervon jedoch nicht abgewichen. Das Engagement des Aufsichtsratsvorsitzenden und sein Arbeitsverhältnis insbesondere zum Vorstandsvorsitzenden ist für den Informationsaustausch zwischen Vorstand

22 Unstr., s. nur Koch, AktG, § 111 Rn. 61 f.; Veil in BeckOGK-AktG, § 111 Rn. 90 f.

und Aufsichtsrat und die ausreichende und insbesondere zeitnahe Unterrichtung des Aufsichtsrats von elementarer Bedeutung.[23]

III. Bedeutung der Haftung und der Business Judgment Rule für die Informationsversorgung des Aufsichtsrats

1. Grundsätze der Haftung von Organmitgliedern

Das deutsche Aktienrecht normiert in §§ 93 Abs. 2, 116 AktG eine zwingende, unbeschränkte und unbeschränkbare persönliche Haftung der Organmitglieder gegenüber der Gesellschaft. Für das deutsche Zivilrecht ungewöhnlich trägt die Beweislast für die Einhaltung der Sorgfaltspflichten nicht die Gesellschaft als Anspruchsteller, sondern das Organmitglied als Anspruchsgegner. Hinzukommt eine lange Verjährungsfrist nach § 93 Abs. 6 AktG von fünf und bei börsennotierten Gesellschaften zehn Jahren.

Für unternehmerische Entscheidungen, die gesetzlich nicht vorgegeben sind, sieht die in § 93 Abs. 1 S. 2 AktG geregelte Business Judgment Rule einen Safe Harbor für die Haftung vor: Eine Pflichtverletzung liegt danach nicht vor, »wenn das Vorstandsmitglied bei einer unternehmerischen Entscheidung vernünftigerweise annehmen durfte, auf der Grundlage angemessener Information zum Wohle der Gesellschaft zu handeln«. Die in der Praxis bei weitem wichtigste Voraussetzung der Business Judgment Rule ist die angemessene Informationsgrundlage. Bei der Konkretisierung ist ein subjektiver Maßstab (»annehmen durfte«) mit einem objektiven Maßstab (»vernünftigerweise« und Angemessenheit der Information) zu kombinieren.[24] Die Business Judgment Rule normiert nicht nur einen sicheren Hafen für die Haftung, sondern ist auf einer vorhergehenden Ebene Ausdruck guter, sorgfältiger Entscheidungsfindung.[25] Ohne an dieser Stelle ausführlicher auf die Business Judgment Rule und die Voraussetzungen an die angemessene Informationsgrundlage einzugehen, kann jedenfalls festgehalten werden, dass die Entscheidungsvorlagen für wichtige Entscheidungen (i) alle unterschiedlichen Handlungsoptionen darstellen (im Wirtschaftsleben ist nichts alternativlos), (ii) alle Vorteile/Chancen und Nachteile/Risiken jeder Handlungsoption aufführen und (iii) die entscheidenden Abwägungskriterien, die für die gewählte Option sprechen, offenlegen müssen. Die Business Judgment

23 Weiterführende Überlegungen zur Rolle des Aufsichtsratsvorsitzenden de lege lata und de lege ferenda Decher in Hommelhoff/Kley/Verse, Reform des Aufsichtsratsrechts, 2021, S. 151 ff.

24 Ausführlicher hierzu etwa Fleischer in BeckOGK-AktG, § 93 Rn. 92 ff.; Koch, AktG, § 93 Rn. 44.

25 Deutlich P. Scholz, AG 2018, 173 ff., der zeigt, dass § 93 Abs. 1 S. 2 AktG letztlich lediglich eine Konkretisierung der allgemeinen Sorgfaltspflicht des § 93 Abs. 1 S. 1 AktG für unternehmerische Entscheidungen ist; s. auch Habersack/J. Vetter/Bergmann in VGR, Reformbedarf im Aktienrecht, 2024, Rn. 2.17.

Rule und insbesondere die hohen Anforderungen an die Informationsgrundlage haben die Informationsversorgung in der Praxis deutscher Unternehmen in den letzten Jahren erheblich verändert und verbessert.

2. *Doppelte Relevanz der Organhaftung für die Informationsversorgung des Aufsichtsrats*

Das strenge aktienrechtliche Haftungsregime führt in doppelter Weise zu einer (freiwilligen) Verbesserung der Informationsversorgung des Aufsichtsrats. Zum einen werden die Aufsichtsratsmitglieder im eigenen Interesse großen Wert darauf legen, dass die ihnen vom Vorstand für eine Entscheidung zur Verfügung gestellte Informationsgrundlage den Anforderungen des § 93 Abs. 1 S. 2 AktG genügt. Als Normzweck des § 90 AktG wird zu Recht darauf hingewiesen, dass dieser auch eine Berufung von Aufsichtsratsmitgliedern im Schadensersatzfall auf die eigene Unkenntnis verhindern soll.[26] Soweit sie den Vorstand lediglich überwachen, ohne selbst formal in die Entscheidung eingebunden zu sein, werden sie eigene Haftungsrisiken dadurch vermeiden wollen, dass sie die Entscheidungsgrundlage des Vorstands auf Rechtmäßigkeit, Wirtschaftlichkeit, Zweckmäßigkeit und Angemessenheit überprüfen.

Zum anderen kann auch die strenge Haftung der Vorstandsmitglieder zu einer Verbesserung der Informationsversorgung des Aufsichtsrats führen. Haftungsansprüche gegen Vorstandsmitglieder werden vom Aufsichtsrat geltend gemacht, der die Gesellschaft nach § 112 AktG den Vorstandsmitgliedern gegenüber vertritt. Nach der ARAG/Garmenbeck-Rechtsprechung des BGH[27] ist der Aufsichtsrat verpflichtet, voraussichtlich bestehende und durchsetzbare Ersatzansprüche gegen Vorstandsmitglieder zu verfolgen, es sei denn, dem stünden gewichtige Gründe des Gesellschaftswohls entgegen. Für Vorstandsmitglieder setzt dies einen Anreiz, den Aufsichtsrat bei schwierigen und riskanten Entscheidungen mit in die Verantwortung zu nehmen, indem der Aufsichtsrat um seine Zustimmung oder jedenfalls seine Meinung zu dem Geschäft gebeten wird. Der Vorstand kann zwar von sich aus außerhalb des von Satzung und Aufsichtsrat bestimmten Zustimmungskatalogs keine zwingenden Zustimmungserfordernisse des Aufsichtsrats begründen[28], er kann sich aber freiwillig vom Aufsichtsrat beraten lassen, um dessen Zustimmung oder jedenfalls Sounding bitten und kann bei fehlender Unterstützung durch den Aufsichtsrat von der Maßnahme absehen. Wenn der Aufsichtsrat die Entscheidung des Vorstands ausdrücklich mitträgt, ist es unwahrscheinlich, dass er in dem Fall, dass sich die Entscheidung ex post als falsch oder zweifelhaft herausstellt, dem Vorstand eine Ex-ante-Pflichtwidrigkeit

26 S. Begr. des RegE, abgedr. bei Kropff, AktG, 1965, S. 116; Fleischer in BeckOGK-AktG, § 90 Rn. 1; Kort in Großkomm-AktG, § 90 Rn. 1; Cahn in KK-AktG, § 90 Rn. 6; Spindler in MünchKomm-AktG § 90 Rn. 1.

27 BGH, 21.4.1997, II ZR 175/95, BGHZ 135, 244; dazu ausführlicher etwa Habersack in MünchKomm-AktG, § 111 Rn. 36 ff.; Koch, AktG, § 111 Rn. 7 ff.

28 S. näher Höhn, GmbHR 1994, 604, 606; Schnorbus/Ganzer, BB 2020, 386, 394.

vorwirft. Diese faktische Absicherungsstrategie für den Vorstand funktioniert allerdings nur insoweit, als er mit dem Aufsichtsrat auch die ihm vorliegende vollständige Informationslage teilt und keine relevanten Details weglässt.

Nach dem Eindruck des Verfassers haben die Organhaftung und die Anforderungen an die Business Judgment Rule nach § 93 Abs. 1 S. 2 AktG für die Informationsgrundlage des Aufsichtsrats in der Praxis eine größere Bedeutung als § 90 AktG.

IV. Aufsichtsratsarbeit und Informationsverarbeitung als Knappheitsproblem

Insbesondere die letzten vier Jahrzehnte haben eine intensive Ausweitung der Aufgaben des Aufsichtsrats mit sich gebracht mit einer entsprechenden Ausweitung der vom Aufsichtsrat zu verarbeitenden Informationen. Grund dafür ist zum einen, dass der Gegenstand der Überwachung durch den Aufsichtsrat, die Geschäftstätigkeit des Vorstands, immer komplexer geworden ist, was eine entsprechende Erhöhung des Überwachungsaufwands zur Folge hat, und zum anderen die zusätzlichen gesetzlichen Aufgaben, die dem Aufsichtsrat aufgebürdet worden sind.[29] Zur Verdeutlichung der zunehmenden Komplexität der Überwachung soll auf das Beispiel eines deutschen Automobilherstellers verwiesen werden, der vor 50 Jahren meist lediglich zwei bis drei unterschiedliche PKW-Typen in Deutschland zum Verkauf in Europa und Nordamerika produziert hat. Heute produziert derselbe Automobilhersteller vermutlich mehr als 50 verschiedene Modelle in Fabriken weltweit und verkauft seine Produkte in praktisch allen Regionen der Welt einschließlich solcher Länder, die auf Korruptionsindizes typischerweise sehr weit oben stehen. Nicht nur der Vertrieb, auch die Lieferketten sind globalisiert. Insbesondere China hat eine ganz erhebliche wirtschaftliche Bedeutung als Absatzmarkt, Produktionsstandort und Heimat vieler Zulieferer erlangt. Produktzyklen sind deutlich kürzer geworden. Die Digitalisierung hat die Geschäftsmodelle von der Entwicklung über die Produktion bis zum Vertrieb und den Zentralfunktionen grundlegend verändert. Die Bedeutung der Software im Vergleich zur Hardware hat erheblich zugenommen. Aktuell geht es um die Nutzung künstlicher Intelligenz. Der menschengemachte Klimawandel verlangt eine Dekarbonisierung des Geschäftsmodells. Hinzukommen externe Krisen wie jüngst die Corona-Pandemie, der russische Angriffskrieg auf die Ukraine und eine mitunter irrationale und jedenfalls nicht planbare Zoll- und Wirtschaftspolitik wichtiger Staaten. Zugleich sind die rechtlichen Anforderungen und gesellschaftlichen Erwartungen an die Geschäftsführung deutlich gestiegen. Als Stichworte sollen an dieser Stelle Compliance, Umweltauflagen, die Einhaltung von Menschenrechten

29 S. hierzu auch Arbeitskreis Recht des Aufsichtsrats, in Hommelhoff/Kley/Verse, Reform des Aufsichtsratsrechts, 2021, S. 3, 4; Habersack in Hommelhoff/Kley/Verse, Reform des Aufsichtsratsrechts, 2021, S. 23, 24 ff.; s. dazu auch den Diskussionsbericht S. 39 ff.; J. Vetter in Festschrift für Henssler, 2023, S. 1305, 1314 f.

und Umweltstandards in der Lieferkette, Corporate Social Responsibility und ESG genügen.

Zusätzlich sind die Aufgaben des Aufsichtsrats auch vom Gesetzgeber ausgedehnt worden. Dem Aufsichtsrat obliegt zusammen mit dem Vorstand die Abgabe der Entsprechenserklärung (§ 161 AktG) und nach teilweise vertretener Auffassung auch die Erklärung zur Unternehmensführung (§§ 289f, 315d HGB).[30] Die Vorstandsvergütung ist deutlich regulierter als früher und wird in einem Vergütungssystem für den Vorstand (§ 87a AktG) verschriftlicht; über die Vergütung ist jährlich von Vorstand und Aufsichtsrat gemeinsam zu berichten (§ 162 AktG). Aufgaben im Hinblick auf die Auswahl und Steuerung des Abschlussprüfers wurden dem Aufsichtsrat übertragen. Related Party Transactions sind zwingend vom Aufsichtsrat zu überwachen (s. §§ 111a Abs. 2 S. 2, 111b AktG). Die Förderung gesellschaftspolitischer Ziele beispielsweise der Geschlechtergerechtigkeit durch das Aktienrecht, führte zu zusätzlichen Aufgaben für den Aufsichtsrat (s. § 76 Abs. 3a AktG). Auch die ganz überwiegende Mehrzahl der Empfehlungen und Anregungen des DCGK richten sich an den Aufsichtsrat. Dieser Trend ist ungebrochen. Auf den Aufsichtsrat kommen zusätzliche Aufgaben im Zusammenhang mit der Nachhaltigkeitsberichterstattung zu. Ein wenig überzeugender Höhepunkt ist die jüngst eingeführte Prüfungspflicht bezüglich des Country-by-Country-Tax-Reporting nach § 171 Abs. 1 S. 4 AktG.[31]

Der Vorstand konnte auf die Veränderungen und zusätzlichen Herausforderungen für das Geschäftsmodell und die zunehmende Regulierung vergleichsweise leicht reagieren: In vielen Unternehmen wurden jedenfalls als Stabsabteilung unterhalb des Vorstands, teilweise auch eigene Vorstandsressorts für das Geschäft in China, Digitalisierung und KI, Integrität und Compliance, Corporate Social Responsibility, Nachhaltigkeit usw. geschaffen. Der Aufsichtsrat nimmt seine Überwachungsaufgabe wie vor 50 Jahren mit der gleichen Mannschaftsstärke wahr.[32] Da er seine Ressourcen – anders als der Vorstand – nicht beliebig erweitern kann[33], ist eine seiner wichtigsten Aufgaben das Management seiner knappen zeitlichen und sachlichen Ressourcen. Aufgaben müssen priorisiert werden und die Erledigung der Aufgaben muss möglichst effizient erfolgen. Ein wichtiges Mittel dafür ist eine möglichst effiziente Informationsversorgung und -verarbeitung.

Eine effiziente Priorisierung der Aufgaben erfordert eine übersichtliche und an der Bedeutung der Aufgabe orientierte Bereitstellung der Informationen durch den

30 So etwa Kleindiek in BeckOGK-HGB, Stand: 1.11.2023, § 289f Rn. 32; s. hierzu auch Empfehlung F.4 des DCGK; a.A. Merkt in Hopt, HGB, 43. Aufl. 2024, § 289f Rn. 2; Grottel in Beck Bil. Komm, 13. Aufl. 2022, § 289f Rn. 70; Kajüter in MünchKomm-HGB, 5. Aufl. 2024, § 289f Rn. 15.

31 Kritisch hierzu etwa E. Vetter, NZG 2023, 347 ff.; Arbeitskreis Bilanzrecht Hochschullehrer Rechtswissenschaft, NZG 2023, 699.

32 Zur Möglichkeit der Einrichtung eines Aufsichtsratsbüros für administrative Aufgaben: Diekmann/Wurst, NZG 2014, 121, 125 ff.

33 Betr. die Ressourcen des Aufsichtsrats: Roßkopf in Hommelhoff/Kley/Verse, Reform des Aufsichtsrats, ZGR-Sonderband 25, 2021, S. 177 ff.

Vorstand. Dies ist keine leichte Aufgabe, die nach Eindruck des Verfassers in der Praxis bei weitem nicht allen Unternehmen gelingt. Teilweise berichten Aufsichtsratsmitglieder, dass ihnen je Sitzung Materialien im Umfang von 600 bis 1.000 Seiten zur Verfügung gestellt werden. Das ist mit dem bei der Festsetzung der Vergütung typisiert angenommenen zeitlichen Engagement der einzelnen Aufsichtsratsmitglieder und ohne professionelle Unterstützung kaum zu bewältigen.

Teilweise kann der Eindruck entstehen, dass ein Information Overflow bewusst genutzt wird, Aufsichtsratsmitgliedern zwar alle wichtigen und auch kritischen Informationen irgendwie zukommen zu lassen, aber in einer Art und Weise, die deren Identifizierung eher erschwert. Die Aufsichtsräte müssen daher Format und Informationsdichte der ihnen vom Vorstand überlassenen Informationen aktiv mitgestalten, um ihren Aufgaben gerecht werden zu können.

V. Art und Weise des Informationsflusses

Das Aktiengesetz selbst beschränkt sich auf die Gegenstände, zu denen der Vorstand den Aufsichtsrat informieren muss, präzisiert aber bis auf die Frage der Schriftlichkeit und den Hinweis darauf, dass die Berichte den Grundsätzen einer gewissenhaften und getreuen Rechenschaft zu entsprechen haben (§ 90 Abs. 4 AktG)[34], nicht, wie dies zu erfolgen hat. Die vorstehenden Überlegungen zum Knappheitsproblem des Aufsichtsrats zeigen, dass dem nur konzertiert zu begegnen ist. Der Aufsichtsrat muss sich effizient organisieren und auch die Informationsverarbeitung auf Ausschüsse delegieren. Eine noch wichtigere Aufgabe kommt allerdings dem Vorstand zu. Er muss dem Aufsichtsrat die von diesem benötigten Informationen möglichst nutzerfreundlich aufbereiten. Der dem deutschen Journalisten und Sprachkritiker Wolf Schneider zugeschriebene Spruch »Einer muss sich quälen, entweder der Schreiber oder der Leser« gilt auch hier. Der Vorstand mit seinen Stabsabteilungen hat die (dem Aufsichtsrat fehlenden) Ressourcen, um vollständige, aber konzise Berichte und Entscheidungsvorlagen zu erstellen. Dazu einige Schlaglichter, die insbesondere für die Entscheidungsvorlagen zur Billigung zustimmungspflichtiger Maßnahmen von Bedeutung sind:

- Der Vorstand muss den Aufsichtsrat so über die Maßnahme unterrichten, dass dieser eine informierte Entscheidung treffen kann. Dazu müssen die dem Aufsichtsrat vorgelegten Unterlagen vollständig, verständlich und zutreffend sein. Dafür trifft den Vorstand die Beweislast.[35] Maßstab für die Verständlichkeit ist das durchschnittliche Niveau des Aufsichtsratsplenums.[36]

34 Zu Konkretisierungen dieses abstrakten Maßstabs etwa Fleischer in BeckOGK-AktG, § 90 Rn. 51; Koch, AktG, § 90 Rn. 13; Kort in Großkomm-AktG, § 90 Rn. 121 ff.; Link in Wachter, AktG, 4. Aufl. 2022, § 90 Rn. 28 f.; Sailer-Coceani in K. Schmidt/Lutter, AktG § 90 Rn. 52 f.; Spindler in MünchKomm-AktG, § 90 Rn. 49 f.

35 OLG Koblenz, 24.9.2007, 12 U 1437/04, BeckRS 2008, 2728 (zur GmbH); Schnorbus/Ganzer, BB 2020, 386, 393.

36 Reuter, NZG 2015, 249, 253 f.

- Vollständigkeit bedeutet nicht, dass alle irrelevanten, irgendwie mit dem Thema zusammenhängenden Details übermittelt werden, sondern dass alle entscheidungserheblichen Umstände, die Vor- und die Nachteile, die Chancen und die Risiken enthalten sind. Gerade bei zustimmungspflichtigen Geschäften muss der Aufsichtsrat in die Lage versetzt werden, eine eigene Beurteilung vorzunehmen. Dabei bedeutet Vollständigkeit auch nicht, dass dem Aufsichtsrat alle Informationen, die dem Vorstand vorliegen, zur Verfügung gestellt werden. Deren Verarbeitung würde den Aufsichtsrat häufig überfordern. Beispiel: Bei der Entscheidung über einen Unternehmenskauf können vom Aufsichtsrat schlechterdings nicht die typischerweise mehrere hundert Seiten umfassenden Due Diligence Berichte durchgearbeitet werden. Der Aufsichtsrat ist auf eine Auswertung durch den Vorstand und dessen Stabsabteilungen angewiesen.[37]
- Gleichzeitig steht dem Aufsichtsrat bis zur Grenze des Missbrauchs auf Verlangen jede Information zu, die er zur Erfüllung seiner Aufgaben benötigt.[38] Auch vertragliche Verschwiegenheitspflichten können ihm nicht entgegengehalten werden, da sich der Vorstand seiner Überwachung nicht entziehen kann.[39]
- Trotz des Vollständigkeitsgebots (im vorbezeichneten Sinne) müssen die Berichte und Vorlagen umfangmäßig begrenzt sein. Eine feste Seitenbegrenzung lässt sich nicht vornehmen. Der Vorstand muss allerdings gewichten. Nicht jede Vorlage kann 50 Seiten umfassen. Der Aufsichtsrat mit seinen begrenzten zeitlichen Ressourcen muss in der Lage sein, die Unterlagen durchzuarbeiten.[40]
- Die Vorlagen müssen sich auf das konkrete Thema konzentrieren. Informationen, die mit dem konkreten Thema oder der konkreten Entscheidung nichts zu tun haben, sollten in dieser Vorlage nicht enthalten sein (möglicherweise aber in anderen).
- Die dem Aufsichtsrat vorgelegten Unterlagen müssen gut strukturiert sein. Das erfordert insbesondere eine stringente Gliederung und den Verzicht auf Wiederholungen. Zwischen Tatsachen und Wertungen ist deutlich zu unterscheiden.[41]

37 S.a. Schnorbus/Ganzer, BB 2020, 386, 393.

38 S. etwa Lutter/Krieger/Verse, Rechte und Pflichten des Aufsichtsrats, Rn. 213 f.; Kort in Großkomm-AktG, § 90 Rn. 122a; zum Anspruch des Aufsichtsrats auf ein integriertes Daten- und Informationsmanagement: Theisen, Information und Berichterstattung des Aufsichtsrats, S. 90 f.

39 Eine Beschränkung auf einzelne Aufsichtsratsmitglieder als Geheimnisträger für zulässig erachtend: Lutter, Information und Vertraulichkeit, Rn. 142 f.; a.A. Manger, NZG 2010, 1257.

40 Dies betonen etwa auch Kort in Großkomm-AktG, § 90 Rn. 122 und Spindler in Münch-Komm-AktG, § 90 Rn. 50.

41 So ausdrücklich auch Kort in Großkomm-AktG, § 90 Rn. 122; Link in Wachter, AktG, § 90 Rn. 29; Sailer-Coceani in K. Schmidt/Lutter, AktG, § 90 Rn. 52; Spindler in Münch-Komm-AktG, § 90 Rn. 50; im Erg. ebenso Fleischer in BeckOGK-AktG, § 90 Rn. 51; Koch, AktG, § 90 Rn. 13, die dies als Ausprägung der sachlichen Richtigkeit des Berichts ansehen.

- Argumente, Chancen und Risiken müssen gewichtet werden. Der Aufsichtsrat sollte erkennen können, welche der zehn Risiken, die der Vorstand aufführt, vom Vorstand als besonders wichtig oder unwichtig eingeschätzt werden. Dazu gehört auch, dass dem Aufsichtsrat offengelegt wird, bei welchen Aspekten innerhalb des Vorstands noch Zweifel oder sogar Meinungsunterschiede bestehen.[42]
- Informationen müssen rechtzeitig bereitgestellt werden. Die Aufsichtsratsmitglieder müssen die Möglichkeit haben, diese vor der Sitzung durchzuarbeiten. Dabei kann nicht erwartet werden, dass Aufsichtsratsmitglieder alles stehen und lassen, sobald Unterlagen für die nächste Aufsichtsratssitzung verfügbar sind. Eine konsequente Planung mit Vorankündigung der Termine, wann welche Unterlagen zugänglich sein werden, ist dafür eine große Hilfe.
- Bei längerfristigen Projekten sollte der Aufsichtsrat – sofern das Insiderrecht und sonstige Vertraulichkeitsbelange dies erlauben – frühzeitig und fortlaufend und nicht erst unmittelbar vor der finalen Entscheidung informiert werden. Der exakte Zeitpunkt der Unterrichtung steht dabei im pflichtgemäßen Ermessen des Vorstands.[43] Sofern ausnahmsweise eine wichtige Entscheidung mit kurzer Übermittlungsfrist der Entscheidungsvorlage getroffen werden muss[44], sollten die Aufsichtsratsmitglieder jedenfalls vorgewarnt werden, dass sie sich darauf einstellen können, an einem bestimmten Tag eine umfangreichere Unterlage durcharbeiten zu müssen.

Die vorstehenden Grundsätze lassen sich kaum durch abstrakte Regeln des Gesetzgebers kodifizieren. Es ist primär Sache des Aufsichtsrats, den Vorstand zu einer effizienten fokussierten Informationsversorgung anzuhalten. Neben der Kritik an suboptimalen Produkten und dem Verlangen nach zusätzlichen Informationen bei einer (gefühlt) unvollständigen Vorlage kann ihm dazu ein mündliches Nachfassen in der Aufsichtsratssitzung dienen, beispielsweise die Bitte, die wesentlichen Argumente noch einmal mündlich zusammenzufassen oder die drei wichtigsten Vor- und Nachteile oder Risiken zu beschreiben. In einzelnen Fällen ist es im Interesse der Aktualität der Informationen unvermeidbar, dass sie kurzfristig zur Verfügung gestellt werden. Das sollte aber die Ausnahme sein.

42 So auch Sailer-Coceani in K. Schmidt/Lutter, AktG, § 90 Rn. 53; Kort in Großkomm-AktG, § 90 Rn. 122; Link in Wachter, AktG, § 90 Rn. 29; Spindler in MünchKomm-AktG, § 90 Rn. 50; zu wesentlichen Meinungsunterschieden auch Fleischer in BeckOGK-AktG, § 90 Rn. 51; Koch, AktG, § 90 Rn. 13.

43 Schnorbus/Ganzer, BB 2020, 386, 393; ähnlich Mertens/Cahn in KK-AktG, 3. Aufl. 2013, § 111 Rn. 108.

44 Ausführlicher Sailer-Coceani in K. Schmidt/Lutter, AktG, § 90 Rn. 56, 58; Link in Wachter, AktG, § 90 Rn. 31 f., speziell auch zu Zusammenschlussvorhaben.

VI. Einsatz von KI

Gerade das geschilderte Knappheitsproblem sollte dem Aufsichtsrat Anlass geben zu überlegen, welche technischen Hilfsmittel ihm die Verarbeitung der verfügbaren Informationen erleichtern können. Internet-/Cloud-gestützte Datenräume, in denen die ihm zur Verfügung gestellten Unterlagen geordnet, jederzeit zugänglich und durchsuchbar sind, sind bereits seit langem verfügbar. Deutlich weitergehende Möglichkeiten bieten bereits heute schon KI-Anwendungen. Gerade die Informationsverarbeitung durch den Aufsichtsrat ist prädestiniert für den Einsatz künstlicher Intelligenz, deren grundlegende Stärke die Auswertung, Durchforstung und Darstellung großer Datenmengen ist.[45] Für die Arbeitsabläufe des Aufsichtsrats kann sich hierdurch ein erhebliches Optimierungspotential bieten. So können Dokumente zusammengefasst oder für bestimmte Zielgruppen umformuliert werden, KI-gestützte Dashboards können in Echtzeit Unternehmensdaten in Aufsichtsratssitzungen darstellen und auch bei der Protokollierung gem. § 107 Abs. 2 AktG kann KI schon jetzt wertvolle Hilfe leisten.[46] Hervorzuheben ist auch die Rolle von KI-Chatbots als Hinweisgeber, die als erste Anlaufstelle Probleme, offene Fragen oder auch Ideen liefern können, die dann konventionell angegangen werden können.[47]

Der Aufsichtsrat wird KI nicht autonom am Vorstand vorbei einführen können. Ob und in welchem Maße KI in einem Unternehmen zur Anwendung kommt und wie den damit verbundenen Gefahren zu begegnen ist, ist grundsätzlich eine dem Vorstand obliegende Geschäftsführungs-, wenn nicht sogar Leitungsentscheidung. Beim Vorstand, der im Vergleich zum Aufsichtsrat noch deutlich größere und komplexere Datenmengen zu verarbeiten und zu verwalten hat, ist heute (noch) anerkannt, dass ihn weder die Legalitätspflicht noch die Pflicht, unternehmerische Entscheidungen auf angemessener Informationsgrundlage zu treffen, zur Nutzung von KI verpflichtet.[48] Auch eine niedrigschwelligere Pflicht zur Prüfung von KI-Anwendungsgebieten wird bisher allenfalls bei spezialisierten Unternehmen der Finanz- oder Technologiebranche angenommen, auch wenn mit einer Ausweitung dieser Pflicht in der näheren Zukunft gerechnet werden muss.[49] Für den Aufsichtsrat kann erst recht keine Nutzungspflicht angenommen werden. Allerdings ist er gut beraten, die technische Entwicklung sehr genau zu verfolgen, um den Vorstand bei diesen Fragen überwachen zu können und selbst im Bilde zu sein, wie er die zur Erfüllung

45 Favoccia/Zickert, BOARD 2024, 124 f.

46 Adolff, KI-Governance für unternehmerische Entscheidungen, AG Beilage 17/2025, S. S1, Rn. 10 ff.; Favoccia/Zickert, BOARD 2024, 125.

47 Adolff, KI-Governance für unternehmerische Entscheidungen, AG Beilage 17/2025, S. S1, Rn. 186 ff.; Favoccia/Zickert, BOARD 2024, 125.

48 S. Adolff, KI-Governance für unternehmerische Entscheidungen, AG Beilage 17/2025, S. S1, Rn. 296 ff.; Anzinger, ZHR 189 (2025), 124, 155 f.

49 S. nur Adolff, KI-Governance für unternehmerische Entscheidungen, AG Beilage 17/2025, S. S1, Rn. 303 f., 321 ff.

seiner Überwachungsaufgabe notwendige Informationsaufnahme und -verarbeitung optimieren kann.[50]

VII. Reformvorschläge

Die veränderten Anforderungen an die Aufsichtsratsarbeit und das oben unter IV. beschriebene Knappheitsproblem, vor dem der Gesetzgeber bisher konsequent die Augen verschlossen hat, haben Anlass zu Reformvorschlägen gegeben. Im Jahr 2020 hat sich eine aus aktiven Aufsichtsratsmitgliedern, Hochschullehrern und Rechtsanwälten bestehende Arbeitsgruppe zur Reform des Aufsichtsratsrechts zusammengefunden, die Reformvorschläge für die unterschiedlichen Aspekte der Aufsichtsratsarbeit erarbeitet hat.[51] Im Jahr 2022 hat die Wissenschaftliche Vereinigung für Unternehmens- und Gesellschaftsrecht (VGR) e.V. (»VGR«) einen Arbeitskreis zur Reform des Aktienrechts eingesetzt, der inhaltlich ganz ähnliche Reformvorschläge zur Diskussion gestellt hat.[52] Die Vorschläge umfassen insbesondere die Folgenden, die zumindest mittelbar auch Relevanz für die Informationsversorgung des Aufsichtsrats haben:

- Die Überwachungsaufgabe des Aufsichtsrats sollte präzisiert werden und auf Geschäftsführungsfragen von besonderer Bedeutung und grundlegende Fragen der Unternehmensorganisation beschränkt werden.[53]
- Der Zugriff des Aufsichtsrats auf Wissensträger unterhalb der Vorstandsebene sollte über § 107 Abs. 4 S. 4–6 AktG hinaus erweitert werden.[54]
- Die Aufgabenerfüllung einschließlich der Informationsverarbeitung durch den Aufsichtsrat und seine Mitglieder sollte dadurch erleichtert werden, dass dem Aufsichtsrat ein eigenes Büro mit eigenen Mitarbeitern zusteht und er für die

50 S. etwa Adolff, KI-Governance für unternehmerische Entscheidungen, AG Beilage 17/2025, S. S1, Rn. 303 f., 309 ff.] m.w.N.; außerdem etwa Anzinger, ZHR 189 (2025), 124, 155 f.; Favoccia/Zickert, Board 2024, 122, 125 f.

51 Hommelhoff/Kley/Verse, Reform des Aufsichtsratsrechts, ZGR-Sonderband 25, 2021; s. dazu Kurzfassung von Hommelhoff/Kley/Verse, Reformiert das Recht des Aufsichtsrats!, Audit Committee Quarterly, I/2021, S. 54 ff.

52 Verse/Teichmann in VGR, Reformbedarf im Aktienrecht, VGR-Sonderband 30, 2024, § 8; s. dazu Kurzfassung Habersack/Vetter, AG 2024, 377, Rn. 51 ff.

53 Arbeitskreis Recht des Aufsichtsrats in Hommelhoff/Kley/Verse, Reform des Aufsichtsratsrechts, 2021, S. 3, 7, Rn. 12 f.; Habersack in Hommelhoff/Kley/Verse, Reform des Aufsichtsratsrechts, 2021, S. 23, 28 ff.; Löbbe in Hommelhoff/Kley/Verse, Reform des Aufsichtsratsrechts, 2021, S. 199, 219 ff.; Verse/Teichmann in VGR Reformbedarf im Aktienrecht, VGR-Sonderband 30, 2024, Rn. 8.56.

54 Arbeitskreis Recht des Aufsichtsrats in Hommelhoff/Kley/Verse, Reform des Aufsichtsratsrechts, 2021, S. 3, 7 f., Rn. 15; Habersack in Hommelhoff/Kley/Verse, Reform des Aufsichtsratsrechts, 2021, S. 23, 32 ff.; Roßkopf in Hommelhoff/Kley/Verse, Reform des Aufsichtsratsrechts, 2021, S. 177 ff.; s. zum aktuellen Stand Veil in BeckOGK-AktG, § 111 Rn. 45; Verse/Teichmann in VGR Reformbedarf im Aktienrecht, VGR-Sonderband 30, 2024, Rn. 8.21 ff.

Durchführung nützlicher Hilfsgeschäfte erforderliche Vertretungsmacht und Budgethoheit hat.[55]

- Weiter diskutiert wird, ob die Höchstzahl der Mandate und die Anforderungen an die Qualität und Expertise der einzelnen Aufsichtsratsmitglieder weiter verschärft werden sollte.[56] Diesem Vorschlag würde ich mich jedenfalls in ihrem zweiten Teil nicht anschließen wollen aus Sorge, dass der erwünschte Nutzen durch eine abstrakte gesetzliche Regelung nicht zu erreichen ist.
- Daneben ist die Frage, ob deutschen Aktiengesellschaften nicht – wie derzeit bei der SE vorgesehen – alternativ zum dualistischen System ein monistisches System offenstehen sollte.[57] Ein Hauptgrund für diesen Vorschlag ist, dass auch die nicht geschäftsführenden Direktoren Mitglieder des obersten Leitungs- und Entscheidungsorgans sind und als solche gleichberechtigt zu den geschäftsführenden Direktoren Zugriff auf alle im Unternehmen verfügbaren Informationen haben.[58] Die Hoffnung ist, dass sich so die Informationsasymmetrie zwischen den in Vollzeit tätigen Managern und den in Teilzeit überwachenden Organmitgliedern mindern lässt. In Betracht kommt ein monistisches System praktisch nur für Gesellschaften, die nicht der Arbeitnehmermitbestimmung unterliegen, da eine Mitbestimmung von Arbeitnehmern im obersten Leitungsgremium (statt des obersten Überwachungsgremiums) Aktionären kaum vermittelbar sein wird und die mitbestimmungsrechtlichen Mechanismen nicht ohne Weiteres passen.[59] Ob sich durch ein monistisches System die Informationsasymmetrien wirklich signifikant mindern lassen, ist unklar und nach Kenntnis des Verfassers empirisch noch nicht erwiesen. Auch im monistischen System gibt es zwei Klassen von Direktoren, von denen die eine sich in Vollzeit um das Unternehmen kümmert, während die andere in Teilzeit tätig ist. Dies wird zu einer eher leitenden und einer eher überwachenden Aufgabenverteilung führen. Im Zweifel werden die nicht geschäftsführenden Direktoren maßgeblich auf die Informationen

55 Arbeitskreis Recht des Aufsichtsrats in Hommelhoff/Kley/Verse, Reform des Aufsichtsratsrechts, 2021, S. 3, 16, Rn. 39 f.; Verse/Teichmann in VGR Reformbedarf im Aktienrecht, VGR-Sonderband 30, 2024, Rn. 8.25 ff.

56 Arbeitskreis Recht des Aufsichtsrats in Hommelhoff/Kley/Verse, Reform des Aufsichtsratsrechts, 2021, S. 3, 9 ff., Rn. 19 ff.; Verse in Hommelhoff/Kley/Verse, Reform des Aufsichtsratsrechts, 2021, S. 69 ff.; Verse/Teichmann in VGR Reformbedarf im Aktienrecht, VGR-Sonderband 30, 2024, Rn. 8.9 ff.

57 Dafür etwa Habersack/Vetter/Bergmann in VGR-Sonderband 30, 2024, Rn. 2.46 ff.; Arbeitsgruppe Europäisches Gesellschaftsrecht, ZIP 2003, 863, 869; Bayer, Gutachten zum DJT 2008, S. E 112 f.; Drinhausen/Keinath/Waldvogel in Festschrift für Marsch-Barner, 2018, S. 159; Fleischer, AcP 204 (2004), 502, 523 ff.; Habersack, AG 2009, 1, 7 ff.; Habersack, Gutachten zum DJT 2012, S. E 71; Henssler in Festschrift für Ulmer, 2003, S. 193, 202; Reichert, AG 2016, 677, 680 f.

58 Der verbesserte Informationsfluss zu den Aufsichtsverantwortlichen wird etwa als zentraler Vorteil des monistischen Modells betont von Davies, ZGR 2001, 268, 284 f.; Fischer, Monistische Unternehmensverfassung, 2010, S. 44 f.; Jungmann, ECFR 2006, 426, 459.

59 S. etwa Habersack, ZHR 171 (2007), 613, 626; Schiessl, ZHR 167 (2003), 235, 251; Reichert, AG 2016, 677, 681; J. Vetter in Festschrift für Henssler, 2023, S. 1305, 1315 f.

angewiesen sein, die die geschäftsführenden Direktoren mit ihnen teilen. Im Übrigen wäre es auch im dualistischen System ohne Weiteres möglich, den Zugang der Aufsichtsratsmitglieder zu Informationen unterhalb der Vorstandsebene zu verbessern.[60]

VIII. Fazit

Der Aufsichtsrat steht heute bei vielen Unternehmen aufgrund der wesentlich umfangreicher und komplexer gewordenen Geschäftstätigkeit, die er mit unveränderten Ressourcen zu überwachen hat, und einem die Augen vor diesem Knappheitsproblem verschließenden Gesetzgeber, der dem Aufsichtsrat immer noch zusätzliche Aufgaben aufbürdet, in der Gefahr der permanenten Überforderung. Eine effiziente Informationsversorgung ist neben der qualifizierten Besetzung des Aufsichtsrats und der effizienten Binnenorganisation der Aufsichtsratsarbeit mit einer funktionalen Ausschussarchitektur ein wichtiges Mittel, die Aufgaben des Aufsichtsrats trotz dieser Schwierigkeiten angemessen zu erfüllen. Maßstab für die Angemessenheit der Informationsversorgung ist die Frage, wie der Aufsichtsrat seine Aufgaben am besten erfüllen kann. Dabei ist ein »Mehr« an Informationen nicht in jedem Fall hilfreich. Es geht vielmehr darum, dem Aufsichtsrat die Informationen, die für die Erfüllung seiner Aufgaben und seine Entscheidungen erforderlich sind, effizient zur Verfügung zu stellen. Um die Gestaltung eines solchen effizienten Informationsflusses müssen sich Vorstand und Aufsichtsrat gemeinsam kümmern. Bei Uneinigkeit über die für die Aufgabenerfüllung erforderlichen Informationen muss der Aufsichtsrat eine Entscheidungsprärogative haben. Alle Informationen, die er selbst für erforderlich und zweckmäßig hält, muss er beanspruchen können. Dabei sollte er auch das Format der Aufbereitung, Timing und Art und Weise der Übermittlung jedenfalls für die regelmäßige Berichterstattung bestimmen. Auch wenn eine Pflicht zum Einsatz von Künstlicher Intelligenz noch nicht anerkannt ist, müssen Vorstand und Aufsichtsrat die technische Entwicklung verfolgen und gemeinsam überlegen, ob, wann und in welchem Umfang KI-basierte Lösungen dem Aufsichtsrat die Arbeit erleichtern können. Wünschenswert wäre ein Umdenken auf Seiten des Gesetzgebers. Vor neuen Aufgabenzuweisungen an den Aufsichtsrat sollte er sehr genau überlegen, wie wichtig die Aufgabe ist, ob der Aufsichtsrat in der Lage und am besten geeignet ist, diese zu erfüllen, und ob der Aufsichtsrat zur Kompensation von anderen Aufgaben entbunden werden kann.

60 Kritisch insoweit zum praktischen Nutzen des monistischen Systems im Hinblick auf die Vermeidung von Informationsasymmetrien J. Vetter in Festschrift für Henssler, 2023, S. 1305, 1314 f.; auch Fleischer in BeckOGK-AktG, § 90 Rn. 6.

Restrukturierungs- und insolvenzrechtliche Prioritätssysteme im US-amerikanischen, deutschen und österreichischen Recht

Donatus Wang

Prioritätssysteme bestimmen, in welcher Reihenfolge Gläubigern und Gesellschaftern in der Restrukturierung oder Insolvenz der Zugriff auf den verbliebenen Unternehmenswert eröffnet ist. Im Fall der Fortführung des Unternehmens betrifft dies den Gesamtunternehmenswert (Enterprise Value), im Fall der Liquidation den Nettoverkaufserlös aus der Verwertung des Vermögens.[1] Ausgehend davon bestimmt die Priorität die Wertverteilung in restrukturierungs- und insolvenzrechtlichen Planverfahren und entfaltet verhaltenssteuernde Anreizwirkungen gegenüber Marktteilnehmern, in der finanziellen Krise sowie bis in den vorgelagerten Bereich der Unternehmensfremdfinanzierung und Unternehmensführung hinein. Während die Debatte um die sachgerechte Gestaltung von Prioritätssystemen in der US-amerikanischen Rechtswissenschaft und Rechtsökonomie bereits seit dem frühen 20. Jahrhundert intensiv geführt wird,[2] hat der Themenbereich in der deutschen Literatur lange Zeit nur geringe Aufmerksamkeit erfahren. Neue Impulse brachte die deutsche und europäische Diskussion um die Vorgaben der europäischen Restrukturierungsrichtlinie (RestRL)[3] zur Vorrangregel. Vor diesem Hintergrund werden Eigenheiten der Prioritätssysteme des US-amerikanischen, deutschen und österreichischen Restrukturierungs- und Insolvenzrechts untersucht.[4]

I. Prioritätssysteme

1. *Priorität in Liquidation und Fortführung*

Die Prioritätsstellung einer Kapitalposition wird im Zusammenwirken von Gesetzesrecht und vertraglicher Vereinbarung bestimmt und kann in verschiedene Dimensionen unterteilt werden, nachfolgend erörtert am Beispiel des deutschen Rechts. Den

1 Moyer, Distressed Debt Analysis, 2004, S. 87; Schüler/Dirschedl, DBW 2016, 353, 355.
2 S. etwa Bonbright/Bergerman, 28 Colum. L. Rev. 127 (1928), passim.
3 Richtlinie über Restrukturierung und Insolvenz v. 20.06.2019, RL (EU) 2019/1023.
4 Der Verf. hat der rechtsökonomischen Untersuchung restrukturierungs- und insolvenzrechtlicher Prioritätssysteme eine eingehende Auseinandersetzung gewidmet, s. Wang, Priorität von Kapitalpositionen (Diss., 2024), passim. Der Verf. dankt Dominik Juster und Dominic Hamann herzlich für den wertvollen Austausch zum österreichischen Restrukturierungs- und Insolvenzrecht.

Ausgangspunkt bilden die insolvenzrechtlichen Liquidationsprioritäten, die für den Fall einer Gesamtliquidation durch Verkauf oder einer Einzelliquidation durch Zerschlagung des Unternehmens die Reihenfolge der Verteilung des Verwertungserlöses festlegen und damit eine Berechtigung am Gesamtvermögen des Schuldners begründen (vermögensbezogene Priorität). Dem folgend sind einfache Insolvenzgläubiger (§ 38 InsO) sowie qua gesetzlicher Anordnung (§ 39 Abs. 1 InsO) oder vertraglicher Vereinbarung (§ 39 Abs. 2 InsO) nachrangige Gläubiger im Sinne einer wasserfallartigen Verteilungsfolge zunächst vollständig zu befriedigen, bevor nachrangigen Gläubigerklassen Erlöse zuteilwerden dürfen. Ein etwaiger, in der Praxis in aller Regel nicht zu erwartender Übererlös nach vollständiger Befriedigung aller Forderungen ist an die Gesellschafter auszukehren (§ 199 S. 2 InsO). Darüber hinaus können sich Gläubiger Sicherungsrechte an spezifischen Vermögensgegenständen des Schuldners einräumen lassen, die ihnen im Wege der abgesonderten Befriedigung eine vorrangige Befriedigung aus dem Vermögensgegenstand ermöglichen (gegenstandsbezogene Priorität). Schließlich begrenzen gesellschafts-, konzern- und insolvenzrechtliche Prinzipien der Haftungstrennung verschiedener Rechtsträger und der Kapitalerhaltung (§§ 30 ff. GmbHG, §§ 57 ff., 71 ff. AktG) den Zugriff von Gläubigern und Gesellschaftern auf die Haftungsmasse der jeweiligen schuldnerischen Gesellschaft und beschränken die Ausschüttung von Vermögenswerten an Gesellschafter (strukturelle Priorität).[5] Eine Konsolidierung der Vermögensmassen verschiedener Gesellschaften ist unter deutschem Restrukturierungs- und Insolvenzrecht nicht möglich.[6]

Wird das schuldnerische Vermögen nicht im Wege einer Liquidation in liquide Mittel gewandelt, sondern der Schuldner mittels eines Restrukturierungs- oder Insolvenzplans saniert und fortgeführt, kommt eine Ausschüttung liquider Mittel jedoch weithin nicht in Betracht. Die Verteilung des Unternehmenswerts erfolgt durch Wiedereinsetzung oder Ausgabe neuer Kapitalpositionen in der restrukturierten Kapitalstruktur des Schuldners. In restrukturierungs- und insolvenzrechtlichen Planverfahren wird die Art und Weise der Masseverwertung in die Hände der Kapitalgeber gelegt, die mit den erforderlichen Abstimmungsmehrheiten über die Verteilung des Unternehmenswerts disponieren können. Stimmt eine Klasse nicht für den Plan, kann ihr ablehnendes Votum unter dem Recht vieler Staaten im Wege eines klassenübergreifenden Cram Down überwunden werden, sofern bestimmte wirtschaftliche Schutzkriterien gewahrt sind. Neben dem Schlechterstellungsverbot (no-creditor-worse-off bzw. best-interests-of-creditors test) und dem Verbot der Überbefriedigung über den vollen Betrag der Forderung hinaus umfasst dies maßgeblich die jeweilige Vorrang- bzw. Prioritätsregel. Nur wenn der über den im Alternativszenario realisierbaren Wert hinausgehende, durch die Fortführung unter dem Plan generierte sog.

5 S. etwa Baums, Recht der Unternehmensfinanzierung, 1. Aufl. 2017, § 31 Rn. 45 ff.; Diem/Jahn, Akquisitionsfinanzierungen, 4. Aufl. 2019, § 40 Rn. 7 ff.

6 BegrRegE Gesetz zur Erleichterung der Bewältigung von Konzerninsolvenzen, BT-Drucks. 18/407, S. 2, 17; anders hingegen das richterrechtliche Instrument der sog. substantive consolidation im US-amerikanischen Recht, s. Wang, Priorität von Kapitalpositionen (Diss., 2024), S. 142 ff., 357 ff.

Planmehrwert entsprechend der Priorität verteilt wird, kann der Plan gegen das ablehnende Votum einer Klasse durchgesetzt werden.

2. *Absolute und relative Priorität*

Das US-amerikanische Recht (11 U.S.C. § 1129) sowie das deutsche Recht (§ 245 InsO, §§ 26–28 StaRUG) folgen dem Konzept absoluter Priorität. Eine Überwindung einer ablehnenden Klasse kommt nur in Betracht, wenn vorrangige ablehnende Klassen vollständig befriedigt werden. Damit sollen ein Gleichlauf der Verwertung des Unternehmensvermögens in der Liquidation und der Fortführung gewährleistet sowie Arbitrage- und Umverteilungseffekte durch die Wahl der Verfahrensvariante verhindert werden.[7] Strukturell schwächere Gruppen von Kapitalgebern sollen vor einer Übervorteilung durch die Mehrheit der Kapitalgeber geschützt werden, indem auch für den Fall einer Fortführung gegen den Willen einer Klasse die strikte absolute Priorität zu wahren ist.[8] Seit jeher wird das Konzept absoluter Priorität jedoch von Kritik begleitet, besonders in der US-amerikanischen Literatur. Die strikte wasserfallartige Verteilungsfolge stelle niederrangigen Kapitalbeteiligten für den Fall einer tiefgreifenden finanziellen Restrukturierung oder Insolvenz einen Totalverlust in Aussicht, was sanierungsfeindliche Anreize begründe.[9] Schließlich erfordere die absolute Priorität von den Gerichten die Bestimmung eines »value break« in der Kapitalstruktur und damit eine gerichtliche Prüfung der dem Plan zugrunde gelegten Unternehmensbewertung. Besonders Chapter-11-Verfahren würden häufig zum Austragungsort zeit- und kostenintensiver Bewertungskonflikte.[10]

Ausgehend davon haben es sich verschiedene Autoren und schließlich der europäische Gesetzgeber zur Aufgabe gemacht, alternative Konzepte relativer Priorität zu entwickeln. Das Spektrum relativer Priorität umfasst einerseits relative Prioritätsregeln, die als Voraussetzung eines klassenübergreifenden Cram Down eine Überwindung ablehnender Klassen auch dann erlauben, wenn nachrangigen Klassen unter dem Plan Werte zugewiesen werden. Eine (soweit ersichtlich) erste Kodifikation einer solchen relativen Prioritätsregel brachte die RestRL im Jahr 2019, die mit der sog. Regel des relativen Vorrangs bzw. European Relative Priority Rule eine »Besserstellung« einer ablehnenden vorrangigen Klasse gegenüber allen nachrangigen Klassen ausreichen lässt (Art. 11 (1) UAbs. 1 lit. c) RestRL). Daneben blieb den Mitgliedstaaten ein Umsetzungsspielraum zur Einführung einer absoluten Vorrangregel,

7 BegrRegE InsO, BT-Drucks. 12/2443, S. 83, 91 (Insolvenzplanverfahren); Baird, 165 U. Pa. L. Rev. 785 (2017), 786 (Chapter-11-Verfahren).

8 Northern Pacific Ry. Co. v. Boyd, 228 U.S. 482, 507 (1913).

9 Näher im nachf. Abschnitt II.1.

10 S. etwa die empirischen Untersuchungen zu Unternehmensbewertungen und Bewertungskonflikten im Chapter-11-Verfahren von Ayotte/Morrison, 166 U. Pa. L. Rev. 1819 (2018), passim; Trujillo, 53 UCLA L. Rev. 357 (2005), passim; Gilson/Hotchkiss/Ruback, 13 Rev. Fin. Stud. 43 (2000), passim.

die um punktuelle Durchbrechungen ergänzt werden kann (Art. 11 (2) RestRL). Das neuartige Konzept einer relativen Vorrangregel hat kein internationales Vorbild und hat in den Erwägungsgründen der RestRL keine konzeptionelle Fundierung erfahren. In den viel beachteten Empfehlungen der Arbeitsgruppe CODIRE wird ausgeführt, dass durch die Möglichkeit für Wertzuweisungen an niedrigere Rangklassen Holdoutanreize minimiert sowie kooperative Sanierungslösungen begünstigt werden sollen.[11] Hinzu treten in der US-amerikanischen Wissenschaft entwickelte Konzepte, unter denen vorrangige Rangklassen weiterhin einen vollen Befriedigungsvorrang genießen, darüber hinausgehend jedoch nachrangigen Rangklassen die Chancen einer künftigen Wertsteigerung des Schuldners gesichert werden sollen.[12]

II. Rechtsökonomische Einordnung

Indem die Priorität die Verteilung des Unternehmenswerts in der finanziellen Restrukturierung oder Insolvenz bestimmt, entfaltet sie weitreichende Anreizwirkungen gegenüber Marktteilnehmern. Vor diesem Hintergrund kann eine sachgerechte Untersuchung von Prioritätssystemen nur unter Rückanbindung an die ökonomische Theorie des Rechts erfolgen. Wesentlicher Gegenstand der rechtsökonomischen Betrachtung restrukturierungs- und insolvenzrechtlicher Prioritätssysteme ist die Aufdeckung und Abwägung effizienter und ineffizienter Verhaltensanreize im Vorfeld der finanziellen Krise des Schuldners (ex ante) sowie innerhalb der finanziellen Krise (ex post). Anliegen ist es, durch eine marktwirtschaftliche Gestaltung der Verfahrensregelungen im Einklang mit den Gesetzen des Marktes ökonomisch effiziente Ergebnisse zu zeitigen und zur Steigerung gesellschaftlicher Wohlfahrt beizutragen.[13]

1. *Anreizwirkungen gegenüber dem Eigenkapital*

Ein wesentliches Feld der rechtsökonomischen Analyse von Prioritätssystemen liegt in ihren Anreizwirkungen gegenüber dem Eigenkapital. Aufgrund ihrer letztrangigen Stellung in der Kapitalstruktur gehen Minderungen des Unternehmenswerts zuvorderst zulasten der Eigenkapitalgeber, welche dadurch im Vorfeld einer finanziellen Krise (ex ante) in Richtung eines risikoadäquaten Kapitaleinsatzes diszipliniert werden.[14] Stehen Gesellschaftern im Fall einer absehbaren Restrukturierung oder

11 Stanghellini/Mokal/Paulus/Tirado, Best Practices in European Restructuring – CODIRE, Final Report (2018), S. 46; Veder in Paulus/Dammann, European Preventive Restructuring, 1. Aufl. 2021, Art. 11 Rn. 34.

12 S. etwa Baird, 165 U. Pa. L. Rev. 785 (2017), 795–815; ferner Morrison/Casey, Col. L. & Econ. WP 551 (2016), passim.; eingehend Wang, Priorität von Kapitalpositionen (Diss., 2024), S. 114 ff.

13 S. auch BegrRegE InsO, BT-Drucks. 12/2443 S. 75–78.

14 Bebchuk, 57 J. Fin. 445 (2002), 447; Schwartz, 91 Va. L. Rev. 1199 (2005), 1219.

Insolvenz (ex post) keine Wertzuweisungen in Aussicht, schwinden im Krisenverlauf jedoch zugleich Anreize in Richtung einer Maximierung des Gesamtunternehmenswerts. Gesellschafter können incentiviert sein, besonders riskante Investitionen zu tätigen und Geschäftsentscheidungen zu treffen, die einen negativen oder jedenfalls geringeren Barwert haben als alternative Investitionen, im Erfolgsfall jedoch besonders hohe Erträge versprechen und zumindest geringe Aussichten bieten, ihren Beteiligungsverlust zu verhindern (gambling for resurrection).[15] Dieselbe Dynamik beeinflusst Entscheidungen der Gesellschafter und der mittelbar eigenkapitalgesteuerten Unternehmensführung hinsichtlich der rechtzeitigen Einleitung von Sanierungsbemühungen.[16] Wenngleich die absolute Priorität maßgeblich dem wirtschaftlichen Schutz vorrangiger Gläubiger dient, kann ihre Wirkung daher zuweilen ins Gegenteil verkehrt werden. Gesetzgebern kommt damit die Aufgabe zu, bei der Gestaltung von Prioritätssystemen ineffiziente Verhaltensanreize gegenüber dem Eigenkapital und damit verbundene Moral-Hazard-Risiken und Agency-Kosten zu minimieren und einen ausgewogenen Rechtsrahmen zu schaffen.

2. *Priorität und Unternehmensfremdfinanzierung*

Ein weiteres wesentliches Feld der rechtsökonomischen Analyse restrukturierungs- und insolvenzrechtlicher Prioritätssysteme bilden Wechselwirkungen mit dem Feld der Unternehmensfremdfinanzierung. So bestimmt die erwartete Befriedigungsquote im Fall eines Restrukturierungs- oder Insolvenzverfahrens maßgeblich die risikoorientiert erfolgende Bepreisung und Strukturierung der Fremdfinanzierung (etwa Fälligkeit, Sicherheiten, Nebenbestimmungen, Kündigungsrechte). Mitunter wird das geltende Prioritätssystem daher als implizite finanzierungsvertragliche Vereinbarung verstanden.[17] Zwar können sich Kreditgeber im Rahmen ihrer Finanzierungsentscheidungen und auf dem Weg der Vertragsgestaltung grundsätzlich jedem Prioritätssystem anpassen. In effizienten Kapitalmärkten versprechen im Equilibrium Forderungen höherer sowie niederer Priorität grundsätzlich dieselbe risikoadjustierte Rendite und Verschiebungen innerhalb des Prioritätsgefüges sollten keine langfristigen Werttransfers erwarten lassen.[18] Wird die Prioritätsfolge jedoch zugunsten des Eigenkapitals verschoben, steigen Ausfallrisiken für das Kollektiv der Gläubiger und diese sehen sich veranlasst, höhere Risikozinssätze zu verlangen, das Finanzierungsvolumen zu senken oder ganz von der Ausreichung von Fremdfinanzierungen abzusehen, sofern das Ausfallrisiko nicht durch einen erhöhten Risikozins oder andere Sicherungen des Kreditgebers ausgeglichen werden kann (Kreditrationierung).[19]

15 Eberhart/Senbet, 22 Fin. Man. 101 (1993), 102–103, 108; Gertner/Scharfstein, 46 J. Fin. 1189 (1991), 1191; Eidenmüller/Engert, ZIP 2009, 541, 544 f.
16 Povel, 15 J. L. Econ. & Org. 659 (1999), 660; Eidenmüller/Engert, ZIP 2009, 541, 544.
17 Adler/Triantis, 91 Am. Bankr. L. J. 563 (2017), 563; Schwartz, 72 Wash. U. L. Q. 1213 (1994), 1224.
18 Baird, 165 U. Pa. L. Rev. 785 (2017), 798.
19 Longhofer, 6. J. Fin. Intermed. 249 (1997), passim.

Darüber hinaus dient die Priorität Schuldnern als wesentlicher Gestaltungsfaktor in der Unternehmensfremdfinanzierung. Indem Schuldner einzelnen Kreditgebern vertraglich höhere Rangstellungen einräumen oder diese für künftige Emissionen reservieren, können sie ihre gegenwärtigen Kapitalkosten senken oder die Aussichten auf einen künftigen Zugang zu weiterem Fremdkapital verbessern. Schließlich bestimmt das geltende Prioritätssystem die Möglichkeit von Marktteilnehmern zur Differenzierung von Finanzierungsinstrumenten anhand von Risikocharakteristika, von (nahezu) ausfallsicheren Instrumenten bis hin zu Hochrisikofinanzierungen. Weicht ein Prioritätssystem vom strikten Befriedigungsvorrang ab, werden die erwarteten mittleren Befriedigungsquoten verschiedener Rangklassen einander angenähert und mit der Spezialisierung von Kreditgebern verbundene Effizienzvorteile wie Zeit- und Kostenvorteile in der Transaktionsabwicklung und dem Monitoring der Investition gehen verloren.[20]

III. US Chapter-11-Verfahren

1. Absolute Priority Rule und Ausnahmen

Die Geschichte der Absolute Priority Rule im US-amerikanischen Chapter-11-Verfahren nimmt ihren Ursprung in der Northern Pacific Railway Co. v. Boyd-Entscheidung des US Supreme Court aus dem Jahr 1913.[21] Um Risiken eines missbräuchlichen Zusammenwirkens höherrangiger Gläubiger und der Gesellschafter zulasten niederrangiger Gläubiger zu begegnen, statuierte der US Supreme Court einen absoluten Vorrang der Gläubiger vor den Gesellschaftern im Zugriff auf den Reorganisationswert. Dem heutigen Fair-and-Equitable-Kriterium (11 U.S.C. § 1129(b)(2)) folgend ist ein nicht von sämtlichen Klassen mehrheitlich befürworteter Reorganisationsplan nur dann als billig und gerecht anzusehen, wenn nachrangigen Gläubigern und den Gesellschaftern unter dem Plan keine Werte zugewiesen werden, mithin der volle Befriedigungsvorrang höherrangiger ablehnender Gläubigerklassen gewahrt ist.[22]

Im Laufe der Zeit haben sich verschiedene Ausnahmen von der Absolute Priority Rule in Gesetz und Rechtsprechung etabliert. Dies betrifft zunächst die sog. New Value Exception, gemäß der Altgesellschafter unter dem Plan Beteiligungen behalten dürfen, wenn sie eine vollwertige Gegenleistung in die Masse erbringen. In diesem Fall gilt die Beteiligung nicht als aufgrund (on account of) der bestehenden Beteiligung zugewiesen, womit keine Wertzuweisung zulasten vorrangiger Gläubiger vorliegt und die Absolute Priority Rule gewahrt ist.[23] Gesellschaftern wird die

20 Bonbright/Bergerman, 28 Colum. L. Rev. 127 (1928), 159–160.
21 Northern Pacific Railway Company v. Boyd, 228 U.S. 482, 507–508 (1913); Case II/Newton, IILR 2011, 511, 512 f.
22 Grohsgal, 8 Wm. & Mary Bus. L. Rev. 439 (2017), 488–491.
23 Bank of Am. Nat'l Trust & Sav. Ass'n v. 203 N. LaSalle St. P'ship, 526 U.S. 442 (1999).

Möglichkeit eröffnet, sich gegen vollen Wertausgleich in die restrukturierte Kapitalstruktur wieder einzukaufen – sofern dies zugleich von den zustimmenden Voten der Gläubigermehrheit getragen ist. Die zugeführten neuen Werte müssten in Form von Geld oder geldwertem Vermögen erbracht werden, den vollen Wert der Beteiligung erreichen und hinsichtlich der Gleichwertigkeit einem Marktvergleich standhalten.[24]

Ferner kennt das US-amerikanische Recht seit 2019 eine Ausnahme von der Absolute Priority Rule für sog. small business debtors, um Gesellschaftern von Schuldnern mit Verbindlichkeiten von maximal USD 2,0 Mio. (11 U.S.C. § 101(51D)) nach einem Best-Effort-Standard den Erhalt ihrer Gesellschaftsanteile zu ermöglichen. Gemäß 11 U.S.C. §§ 1129, 1191(b), (c)(2) ist ein Plan obgleich der Abweichung von der Absolute Priority Rule als billig und gerecht anzusehen, wenn (1) sämtliche prognostizierten verfügbaren Erträge (projected disposable income) des Schuldners in einem gerichtlich bestimmten Zeitraum von drei bis fünf Jahren als Zahlungen unter dem Plan zu leisten sind oder (2) der Wert gegenständlicher Planleistungen (nicht in Form von Zahlungen) über diesen Zeitraum nicht geringer ist als die prognostizierten verfügbaren Erträge des Schuldners.[25]

Schließlich haben sich in Chapter-11-Verfahren Gestaltungen sog. gift plans etabliert, unter denen höherrangige Gläubigerklassen entweder gleichrangigen Gläubigerklassen (horizontal gifting) oder niederrangigen Gläubigerklassen oder Gesellschaftern (vertical gifting) Werte unter einem Plan zuwenden (gifting doctrine).[26] Da die unter formaler Missachtung des absoluten Vorrangs an niederrangige Kapitalgeber zugewiesenen Werte sich nicht aus dem Vermögen der ablehnenden Gläubigerklasse schöpfen, sondern aus dem Vermögen der »schenkenden« Klasse, kann der Plan weiterhin unter Rückgriff auf den klassenübergreifenden Cram Down bestätigt werden.[27] Auf diesem Weg können im Interesse aller Kapitalgeber Anreize zur Kooperation geschaffen und damit das effiziente Zustandekommen von Plänen begünstigt werden,[28] während ein voller wertmäßiger Schutz ablehnender Klassen aufrechterhalten bleibt. Die Anerkennung und Handhabung der gifting doctrine variiert zwischen den verschiedenen Gerichtsbezirken.[29]

24 Case v. Los Angeles Lumber Products Co., 308 U. S. 106, 118, 122 (1939); Bank of Am. Nat'l Trust & Sav. Ass'n v. 203 N. LaSalle St. P'ship, 526 U.S. 434–436, 457–458 (1999); zu Unsicherheiten hinsichtlich des teils in der Rechtsprechung und Literatur geforderten Markttests etwa ABI Commission Chapter 11, Final Report (2014), S. 225.

25 Seymour/Schwarcz, 1 U. Ill. L. Rev. 1 (2021), 32; Hotchkiss/Iverson/Zheng, Can Small Businesses Survive Chapter 11? (2024), SSRN: 4726391, S. 11 f.

26 In re Nuverra Environmental Solutions Inc., 590 B.R. 75, 94 (D. Del. 2018); ABI Commission Chapter 11, Final Report (2014), S. 238–240.

27 Case II/Newton, IILR 2011, 511, 516 f.

28 ABI Commission Chapter 11, Final Report (2014), S. 239 m.w.N.

29 Skeel/Triantis, 166 U. Pa. L. Rev. 1777 (2018), 1803; Case II/Newton, IILR 2011, 511, 516 ff.

2. *Konzepte relativer Priorität*

Ausgehend von der Unvollkommenheit absoluter Priorität und ihrer zentralen Bedeutung für die Wertverteilung in Planverfahren haben Autoren in der US-amerikanischen Wissenschaft bereits im frühen 20. Jahrhundert mit der Entwicklung alternativer Konzepte relativer Priorität begonnen.[30] Den Ausgangspunkt vieler Konzepte bildet das in der US-amerikanischen Rechtsökonomie verbreitete Verständnis niederrangiger Kapitalpositionen als Call-Optionen auf das restrukturierte Eigenkapital. Niederrangige out-of-the-money Gläubiger können sich in der Theorie Zugriff auf das künftige Wertsteigerungspotenzial des schuldnerischen Vermögens verschaffen, indem sie die Forderungen der vorrangigen Gläubigerklasse, in welcher der ermittelte Unternehmenswert bricht (sog. Fulcrum-Klasse), zum Nennwert ablösen. Ihre Kapitalpositionen begründen daher Optionswert.[31]

Anknüpfend daran hat etwa die ABI Kommission zur Reformierung des Chapter-11-Verfahrens in ihrem Abschlussbericht von 2014 ein Konzept relativer Priorität vorgestellt.[32] Dem folgend wäre ein (etwaiger) für den Bewertungsstichtag nach etablierten Bewertungsmethoden ermittelter Wert einer hypothetischen Call-Option zum Kauf des gesamten Eigenkapitals (Redemption Option Value)[33] durch Zahlung oder andere Wertzuweisungen auszugleichen. Ausgleichspflichtig ist die Klasse der Fulcrum-Gläubiger, welche den Fortführungswert vereinnahmt, durch Erwerb des restrukturierten Eigenkapitals mittels sanierenden Chapter-11-Plans oder Erhalt des Verkaufserlöses bei einer Gesamtveräußerung mittels Chapter-11-Plan oder 363 sale. Ausgleichsberechtigt ist die nächste nachrangige Klasse (Immediately Junior Class), welche unter absoluter Priorität keine Werte erhalten würde. Ein klassenübergreifender Cram Down einer Immediately Junior Class im Chapter-11-Verfahren sowie die Bestätigung eines 363 sale würden nach entsprechender Neufassung der Normen nur in Betracht kommen, sofern ein etwaiger Redemption Option Value ausgeglichen wird. Abseits dessen würde die Absolute Priority Rule grundsätzlich fortgelten. Der Anwendungsbereich des Modells soll auf große Unternehmen beschränkt sein, kleinere und mittlere Unternehmen wären ausgenommen. Wendet sich die Immediately Junior Class hingegen gerichtlich gegen den Chapter-11-Plan und die ihm zugrunde liegende Unternehmensbewertung oder den 363 sale, kann die Berechtigung zum Erhalt des Redemption Option Value entfallen.

Grundanliegen des Modells sind es, durch die Anerkennung des Optionswerts niederrangiger Kapitalpositionen Anreize für kooperative Sanierungslösungen zu steigern und zeit- und kostenintensive gerichtliche Bewertungskonflikte zu mindern. Wenngleich das Modell umsetzungsfähig erscheint, verhält sich die ABI Kommission

30 Bonbright/Bergerman, 28 Colum. L. Rev. 127 (1928), passim.
31 S. etwa Baird, 165 U. Pa. L. Rev. 785 (2017), 793; Casey, 78 U. Chi. L. Rev. 759 (2011), 804.
32 Eingehend zum Nachfolgenden ABI Commission Chapter 11, Final Report (2014), S. 207 ff. Näher auch Roe/Simkovic, 173 U.Pa. L. Rev. 389 (2025), 445–447.
33 S. die Berechnungsbeispiele bei ABI Commission Chapter 11, Final Report (2014), S. 222.

nicht zur inneren Rechtfertigung damit verbundener Umverteilungseffekte zulasten höherrangiger Gläubiger und damit möglicherweise verbundener nachteiliger Auswirkungen auf den Markt für Unternehmensfremdfinanzierungen. Ferner nicht zu der Frage, weshalb temporäre Tiefs in der Unternehmensbewertung eine Ausgleichspflicht rechtfertigen, während Korrekturen temporärer Bewertungshochs hingegen voll zulasten der ausgleichspflichtigen Klasse höherrangiger Gläubiger wirken. Schließlich thematisiert die ABI Kommission nicht das Risiko, dass neben dem fortbestehenden Bedürfnis einer Unternehmensbewertung mit dem auszugleichenden Optionswert ein weiteres Forum für gerichtliche Bewertungskonflikte eröffnet würde. Vor dem Hintergrund der Inkonsistenzen entwickelter Konzepte relativer Priorität ist nachvollziehbar, dass der Redemption Option Value und sonstige Konzepte relativer Priorität bislang keinen Eingang in das US-amerikanische Insolvenzrecht gefunden haben.

IV. Insolvenzplanverfahren und StaRUG

Das Insolvenzplanverfahren sowie das auf der RestRL beruhende StaRUG-Vefahren sind strukturell dem US-amerikanischen Chapter-11-Verfahren nachempfunden, einschließlich der Regelungen zum klassenübergreifenden Cram Down.[34] Ein wesentlicher struktureller Unterschied der Verfahrensrahmen folgt aus der teilkollektiven Nutzbarkeit des StaRUG (§ 8 StaRUG), indem eine finanzielle Restrukturierung etwa auf die Finanzgläubiger begrenzt wird, während Forderungen operativer Gläubiger zum Schutz des Geschäftsbetriebs unberührt bleiben. Das StaRUG hat sich mit ca. 170 angezeigten Restrukturierungsvorhaben von Unternehmensschuldnern in den Jahren 2021–2024[35] zwischenzeitlich fest als Instrument zur vorinsolvenzlichen finanziellen Restrukturierung teils auch börsennotierter Unternehmen etabliert (u.a. EVAN Group, LEONI, Gerry Weber, Spark Networks, Softline, Branicks, Varta, EMAG, Endor, X-Trade, ESPG, BayWa, Grover).[36]

1. *Absoluter Vorrang und New Value Exception*

Die Entscheidung für die absolute Vorrangregel mit der Einführung der InsO im Jahr 1999 folgte wie im US-amerikanischen Chapter-11-Verfahren dem Bestreben,

34 BegrRegE InsO, BT-Drucks. 12/2443, S. 94; Herweg in MünchKomm-StaRUG, 1. Aufl. 2023, § 26 Rn. 13.

35 Die INDat Reporte StaRUG 2021–2024 erfassen auf Grundlage von Befragungen der 24 Restrukturierungsgerichte insgesamt 189 Anzeigen von Restrukturierungsvorhaben für die Jahre 2021 (22), 2022 (27), 2023 (56) und 2024 (84). Davon betrafen die Anzeigen in den Jahren 2022–2024 in 19 Fällen natürliche Personen; der Report für das Jahr 2021 enthält insoweit keine Angaben.

36 S. den Überblick über öffentliche Restrukturierungssachen bei INDat Report StaRUG 2024, S. 9.

eine Symmetrie in der Durchsetzung der zivilrechtlichen Haftungslage zu gewährleisten, unabhängig von der Verwertungsform einer Liquidation oder Fortführung.[37] Dem folgend hat sich der deutsche Gesetzgeber bei der Umsetzung der Vorgaben der RestRL durch die Einführung des StaRUG wiederum für ein System absoluter Priorität entschieden, das um punktuelle, über die Regelungen der InsO hinausgehende Durchbrechungen dieser erweitert wurde. Bei der Bestimmung der maßgebenden Rangverhältnisse knüpft das StaRUG ebenfalls an die insolvenzrechtlichen Liquidationsprioritäten an (§ 27 Abs. 1 Nr. 2, 3 StaRUG). Dem US-amerikanischen Vorbild folgend erlaubt die New Value Exception (§ 245 Abs. 2 S. 1 InsO, § 27 Abs. 1 Nr. 2 StaRUG) Wertzuteilungen an gegenüber der ablehnenden Klasse nachrangige Klassen, sofern diese vollständig durch Leistungen in das Schuldnervermögen ausgeglichen werden.[38]

2. *Durchbrechungen der absoluten Priorität*

Mit dem SanInsFoG hat der deutsche Gesetzgeber im Jahr 2021 eng umgrenzte Durchbrechungen der absoluten Priorität normiert, unter Nutzung derer niederrangigen Klassen in Sondersituationen unter dem Plan Werte ohne vollen Wertausgleich zugewiesen werden können. Die Tatbestände sollen einen Beitrag leisten, im Interesse der Gläubiger die Erfolgswahrscheinlichkeiten der Sanierung und den verwirklichten Planwert zu maximieren.[39] Dies betrifft für die InsO sowie das StaRUG zunächst für die Sanierung erfolgskritische Gesellschafter, deren Mitwirkung an der Fortführung des Unternehmens infolge besonderer, in ihrer Person liegender Umstände unerlässlich ist, um den Planmehrwert zu verwirklichen (§ 245 Abs. 2 S. 2, 3 InsO, § 28 Abs. 2 Nr. 1 StaRUG). Wenngleich in den Gesetzgebungsmaterialien das Leitbild eines »an der Geschäftsführung beteiligten Anteilsinhabers« hervorgehoben wird,[40] hat der Tatbestand des § 28 Abs. 2 Nr. 1 StaRUG – anders als die Parallelvorschrift des § 245 Abs. 2 S. 3 InsO – keine dahingehende tatbestandliche Beschränkung erfahren.[41] Die Mitwirkung des Gesellschafters muss zur Realisierung des Planwerts unerlässlich sein und darf ferner nicht durch die Mitwirkung eines leistungsbereiten Dritten substituierbar sein.[42] Gesellschaftern wird der Beteiligungserhalt ferner nur ermöglicht, sofern sie sich zugleich im Plan zur erforderlichen Mitwirkung sowie zur Übertragung der wirtschaftlichen Werte verpflichten für den Fall, dass ihre Mitwirkung aus von ihnen zu vertretenden Gründen vor dem Ablauf von fünf Jahren oder

37 BegrRegE InsO, BT-Drucks. 12/2443, S. 83.
38 Zur New Value Exception allg. etwa Drukarczyk/Schüler in MünchKomm-InsO, 4. Aufl. 2020, § 245 Rn. 82; Herweg in MünchKomm-StaRUG, § 27 Rn. 46 ff.
39 BegrRegE SanInsFoG, BT-Drucks. 19/24181, S. 129 f.
40 BegrRegE SanInsFoG, BT-Drucks. 19/24181, S. 113, 130.
41 Gegen eine insoweit restriktive Auslegung etwa Spahlinger in BeckOK-StaRUG, Stand 01.04.2025, § 28 Rn. 18; Kowalewski/Praß in Morgen-StaRUG, 2. Aufl. 2022, § 28 Rn. 24.
42 Zu letzterem Aspekt ausdr. BegrRegE SanInsFoG, BT-Drucks. 19/24181, S. 113, 130; krit. ggü. dem restriktiven Verständnis etwa Spahlinger in BeckOK-StaRUG, § 28 Rn. 17.

einer kürzeren, für den Planvollzug vorgesehenen Frist endet.[43] Adressiert sind damit zuvorderst Restrukturierungen kleiner Unternehmen, für welche die Person des Gesellschafters aufgrund von Erfahrung, Expertise oder persönlichen Beziehungen zu Geschäftspartnern eine besondere Bedeutung hat.[44] Beteiligungen ausschließlich zu Investitionszwecken dürften den hohen Anforderungen des Tatbestands in aller Regel nicht gerecht werden. Indem der Beteiligungserhalt von einer Mitwirkung des Gesellschafters abhängig gemacht wird, kann man den Tatbestand dogmatisch in die Nähe der New Value Exception gerückt sehen.[45] Die wenigen öffentlichen Gerichtsentscheidungen im Zusammenhang mit § 28 Abs. 2 Nr. 1 StaRUG legen nahe, dass der Ausnahmetatbestand von sehr geringer praktischer Bedeutung ist.[46]

Darüber hinaus erlaubt § 28 Abs. 1 StaRUG unter Durchbrechung der absoluten Priorität sachgerechte Besserstellungen einer mit der ablehnenden Klasse gleichrangigen Gläubigerklasse, welche nicht mehr als die Hälfte der Stimmrechte der Rangklasse repräsentiert. Ausgangspunkt ist der teilkollektive Verfahrenscharakter des StaRUG, der Schuldnern bei der Auswahl der Planbetroffenen sachgerechte Differenzierungen ermöglicht, etwa die Nichteinbeziehung für den Geschäftsbetrieb bedeutsamer operativer Gläubiger.[47] Der Durchbrechungstatbestand des § 28 Abs. 1 StaRUG erlaubt sodann eine weitere Flexibilisierung von Planlösungen, indem Gläubiger zwar in den Plan einbezogen, jedoch gegenüber gleichrangigen Klassen im Einzelfall sachgerecht bessergestellt werden können.[48] Schließlich ermöglicht § 28 Abs. 2 Nr. 2 StaRUG eine fortgesetzte Beteiligung der Altgesellschafter ohne vollen Wertausgleich, sofern die Eingriffe in die Rechte der ablehnenden Gläubigerklasse nur geringfügig sind und ein zwingender Verlust der Gesellschafterrechte daher unverhältnismäßig wäre. Als Beispiel geringfügiger Eingriffe in Gläubigerrechte nennt das Gesetz Pläne, unter denen die Forderungen der ablehnenden Klasse nicht gekürzt werden und ihre Fälligkeit um maximal 18 Monate verschoben wird.

43 In den Gesetzgebungsmaterialien wird nicht erörtert, an wen die erhaltenen Werte zurück zu übertragen sind und welche Folgen eine Verletzung der Mitwirkungsverpflichtung haben kann. Zu Ansätzen etwa Spahlinger in BeckOK-StaRUG, § 28 Rn. 21–23. S. auch AG Karlsruhe, 25.03.2022, 102 RES 2/21, ZIP 2023, 651, 658 (Treuhandstruktur).

44 AG Karlsruhe, 25.03.2022, 102 RES 2/21, ZIP 2023, 651, 658; Knapp in Flöther-StaRUG, 1. Aufl. 2021, § 28 Rn. 10.

45 Bork, ZRI 2021, 345, 358.

46 AG Karlsruhe, 25.03.2022, 102 RES 2/21, ZIP 2023, 651 ff.; erwähnungsweise und im Ergebnis offen gelassen bei AG Hannover, 20.10.2023, 951 RES 1/23, DB 2023, 2872 ff.

47 S. § 8 S. 2 Nr. 2 StaRUG; s. ferner AG Karlsruhe 25.03.2022, 102 RES 2/21, ZIP 2023, 651, 658: Besserstellung eines nicht zu einem Forderungsverzicht bereiten, für die Aufrechterhaltung des operativen Geschäftsbetriebs kritischen Finanzierungsgläubigers.

48 BegrRegE SanInsFoG, BT-Drucks. 19/24181, S. 129 f., wiederum unter Verweis auf die Besserstellung operativer Gläubiger als denkbarer Anwendungsfall.

V. Österreichischer Sanierungsplan und ReO

Wertvolle Einblicke in der rechtsvergleichenden Analyse von Prioritätssystemen bietet ferner die Auseinandersetzung mit dem österreichischen Recht. In den vergangenen Jahren ist besonders der Sanierungsplan in Insolvenzen großer österreichischer Unternehmen (unter anderem diverse Gesellschaften der SIGNA-Gruppe, KTM AG) international in den Blickpunkt gerückt. Mehr als drei Jahre nach Einführung der ReO[49] im Jahr 2021 ist mit dem Fall Pierer Industrie AG kürzlich auch das erste ReO-Verfahren öffentlich geworden.

1. *Beteiligungserhalt und Mindestquote beim Sanierungsplan*

Während der deutsche Gesetzgeber in der Gestaltung des Insolvenzplanverfahrens dem Vorbild flexibler und privatautonomer Krisenbewältigung des Chapter-11-Verfahrens folgte, ist das österreichische Sanierungsverfahren stärker gerichts- und verwalterzentriert und bietet deutlich geringeren Gestaltungsspielraum für gläubigerautonome Sanierungen. Im Sanierungsplan sind keine Gläubigerklassen zu bilden, gesicherte Gläubiger und Gesellschafter sind nicht in den Sanierungsplan einbezogen.[50] Nachrangige Forderungen sind nur anzumelden, sofern ihnen eine (teilweise) Befriedigung in Aussicht steht und das Gericht daher zur Anmeldung aufruft (§ 57a Abs. 2 IO[51]). In der Insolvenzrechtsreform von 2010 hat sich der österreichische Gesetzgeber erneut gegen die Einführung eines Obstruktionsverbots und die Möglichkeit der insolvenzverfahrensrechtlichen Einbeziehung der Gesellschafter in den Plan entschieden.[52] Restrukturierungen des Eigenkapitals sind daher nur in den Grenzen des Gesellschaftsrechts möglich. Zum Schutz der überstimmten Minderheit[53] sind Sanierungspläne überdies nur zulässig, wenn sie für die (ungesicherten) Insolvenzgläubiger eine Mindestbefriedigungsquote von 20 % vorsehen. Wird dem Schuldner die Verfahrensführung in Eigenverwaltung zugestanden, gilt eine erhöhte Mindestquote von 30 %.[54] Die gesamte Quote ist in beiden Fällen zwingend innerhalb von maximal zwei Jahren nach Annahme des Sanierungsplans durch die Gläubiger mit den notwendigen Mehrheiten (50 %-Kopf- und Summenmehrheit, § 147 Abs. 1 IO)

49 Bundesgesetz über die Restrukturierung von Unternehmen (Restrukturierungsordnung – ReO), BGBl. I Nr. 147/2021.

50 Wörle, KTS 2023, 365, 372. Gesicherte Gläubiger sind nur mit dem unterbesicherten Teil ihrer Forderungen als einfache Insolvenzgläubiger in den Plan einbezogen (§ 149 IO).

51 Bundesgesetz über das Insolvenzverfahren (Insolvenzordnung – IO), RGBl. Nr. 337/1914.

52 Erläuterungen zur Regierungsvorlage 612 (IRÄG), Blg. Nr. 24 GP, S. 3 ff. (nachf. zitiert: ErläutRV IRÄG).

53 ErläutRV IRÄG, Blg. Nr. 24 GP, S. 5: »zur Verhinderung von Nachteilen für die Gläubiger«; Nunner-Krautgasser/Anzenberger in Koller/Lovrek/Spitzer, IO, 2. Aufl. 2022, § 141 Rn. 2.

54 Riel in Konecny, Insolvenzgesetze, § 169 IO Rn. 43: »Der Schuldner muss sich damit die Eigenverwaltung ›erkaufen‹«.

an diese auszuzahlen (§§ 141 Abs. 1, 169 Abs. 1 Ziff. 1 lit. a) IO).[55] Die Mindestquote soll einen Anreiz für frühzeitige Sanierungen in Phasen bieten, in denen die Mindestquote noch aufgebracht werden kann.[56]

Im Ergebnis steht damit ein Prioritätssystem, in dem ungesicherten Gläubigern abweichend vom Konzept absoluter Priorität Forderungsverzichte von bis zu 70 % bzw. 80 % abverlangt werden können, während Gesellschafter grundsätzlich ihre Beteiligungen ohne Zuführung neuer Werte behalten können.[57] Die vom österreichischen Gesetzgeber im Rahmen der Insolvenzrechtsreform von 2010 vorgetragenen Argumente gegen die Möglichkeit zur zwangsweisen Einbeziehung der Gesellschafter in den Plan[58] überzeugen nicht. Etwa, dass Gläubiger an einer Übernahme von Gesellschaftsanteilen regelmäßig nicht interessiert seien. Dies trifft zum einen nicht pauschal auf sämtliche Gläubigerklassen zu[59] und erklärt zum anderen nicht, weshalb Gläubigern die Möglichkeit genommen wird, durch eine Restrukturierung des Eigenkapitals den Zugang für neue Investoren zu öffnen, welche in Ablösung der Altgesellschafter einen operativen Turnaround unternehmen und die Gesellschaft zugleich mit frischem Eigenkapital ausstatten können.[60] Ebenso wenig überzeugt der Verweis auf die Alternative einer Gesamtveräußerung der schuldnerischen Aktiva an eine Auffanggesellschaft (übertragende Sanierung), welche verglichen mit der sanierenden Fortführung aufgrund des Verlusts rechtsträgerspezifischer Berechtigungen, möglicher Auslösung von Change-of-Control-Klauseln sowie der erheblich gesteigerten Transaktionskomplexität und Rechtsunsicherheit im Vergleich zu einem Planverfahren in signifikanten Wertverlusten resultieren kann.[61] Auch dürfte der Hinweis, dass Gesellschafter regelmäßig in der persönlichen Mithaftung stehen und daher bereits Sanierungsbeiträge zu leisten hätten, jedenfalls für Sanierungen mittlerer und insbesondere großer Unternehmen regelmäßig nicht tragen.

Zwar bedarf jeder Sanierungsplan der mehrheitlichen Zustimmung der Gläubiger. Als konsensförderndes Druckmittel dient jedoch der Verweis auf das Alternativszenario einer Zerschlagung. Gläubigern fehlt rechtlich die Möglichkeit zur Vorlage eines konkurrierenden Plans[62] und praktisch der Zugang zu bewertungsrelevanten Informationen, um die Rechtfertigung einer höheren Planquote zum Schutz ihrer Rechte effektiv darlegen zu können. Ihnen verbleibt damit regelmäßig nur die Möglichkeit, Sanierungsbeiträge außerhalb des Plans zu verlangen und sofern dies nicht

55 Nunner-Krautgasser/Anzenberger in Koller/Lovrek/Spitzer, IO, § 141 Rn. 8; ErläutRV IRÄG, Blg. Nr. 24 GP, S. 21.
56 Nunner-Krautgasser/Anzenberger in Koller/Lovrek/Spitzer, IO, § 141 Rn. 2.
57 Wörle, ZfRV 2022, 32, 42.
58 Jeweils ErläutRV IRÄG, Blg. Nr. 24 GP, S. 3 f.
59 Etwa Private-Credit-Fonds, die hinsichtlich der Inhaberschaft von Eigenkapital an restrukturierten Unternehmen meist flexibler sind als Banken und andere traditionelle Fremdfinanzierer.
60 S. auch Wörle, ZfRV 2022, 32, 43 f.
61 S. auch Wörle, ZfRV 2022, 32, 44; im Zusammenhang mit dem ESUG s. BegrRegE ESUG, BT-Drucks. 17/5712, S. 30.
62 Gemäß § 140 Abs. 1 IO ist nur der Schuldner planvorlageberechtigt.

erfolgreich ist, den Plan mehrheitlich abzulehnen und damit eine im Regelfall nochmals deutlich geringere Befriedigungsquote im Zerschlagungsfall zu wählen.[63] Zugleich kann die zu zahlende fixe Mindestquote den Schuldner mit einem signifikanten zusätzlichen Kapitalbedarf belasten. Schließlich ist zu beobachten, dass die Abweichung vom internationalen Standard absoluter Priorität und die damit verbundene Zurücksetzung von Gläubigerrechten zu einer Skepsis internationaler Kapitalgeber gegenüber dem österreichischen Insolvenzverfahren führt und damit die Attraktivität des österreichischen Kapitalmarkts im internationalen Wettbewerb herabsetzt.[64]

Der Sanierungsplan hat in verschiedenen Großverfahren der vergangenen Jahre international Aufmerksamkeit erfahren, unter anderem in der Insolvenz des österreichischen Motorradherstellers KTM AG. Die Sanierungspläne dreier insolventer KTM-Konzerngesellschaften sahen eine innerhalb von 14 Tagen nach rechtskräftiger Planbestätigung zu zahlende Quote in Höhe von 30 % der ungesicherten Forderungen vor.[65] Die Quotenzahlungen in Höhe von insgesamt ca. EUR 525 Mio. wurden nach intensiven Verhandlungen mit potenziellen Kapitalgebern durch den indischen Fahrzeughersteller und bestehenden indirekten Mitgesellschafter Bajaj Auto fremdfinanziert. Bajaj Auto erwarb im Gegenzug Call-Optionen, die es erlauben, über die bestehende Beteiligung an einer Holdinggesellschaft der KTM-Gruppe von 49,9 % hinaus die weiteren 51,1 % der Anteile an der Gesellschaft vom Mitgesellschafter Pierer Industrie AG gegen Zahlung von ca. EUR 51 Mio. zu erwerben.[66] Die Bestätigungsbeschlüsse hinsichtlich der Sanierungspläne der KTM-Gesellschaften sind im Juni 2025 rechtskräftig geworden.

2. *Obstruktionsverbot und relative Prioritätsregel der ReO*

Das in Umsetzung der RestRL geschaffene österreichische ReO-Verfahren ist den Richtlinienvorgaben folgend strukturell enger an das deutsche Insolvenzplanverfahren und das US-amerikanische Chapter-11-Verfahren angelehnt. Abweichend vom Sanierungsplan stimmen Gläubiger mit unterschiedlichen wirtschaftlichen Interessen – soweit sie in das teilkollektive Verfahren einbezogen sind – in Klassen ab (§§ 31–33 ReO). Im Einklang mit den Wertungen der österreichischen Insolvenzordnung und

63 Höller, RWZ 2011, 69, 69; s. auch Fidler in Fidler/Konecny/Riel/Trenker, ReO, Stand 01.03.2022, § 37 Rn. 6 ff. m.w.N.

64 S. etwa Höller, RWZ 2011, 69, 69; s. auch Wörle, KTS 2023, 365, 373: geringerer Ansporn Österreichs, sich erfolgreichen internationalen Vorbildern im Sanierungsrecht anzuschließen; ders., ZfRV 2022, 32, 42.

65 Details zum Verfahren in der Insolvenzdatei der österreichischen Ediktsdatei unter Az. 17 S 56/24b (KTM AG), Az. 17 S 59/24v (KTM Components GmbH) und Az. 17 S 62/24k (KTM Forschungs & Entwicklungs GmbH).

66 Pressemitteilung PIERER Mobility AG v. 22.05.2025, Bajaj provides funds to PIERER Mobility AG and KTM AG to serve the quotas in the KTM restructuring proceedings (online abrufbar); Debtwire, Meldung v. 23.05.2025, Bajaj Auto subsidiary inks call option deal to buy PIAG 50 % stake in PBAG (online abrufbar).

unter Nutzung von Umsetzungsspielräumen der RestRL hat sich der österreichische Gesetzgeber gegen zwangsweise Eingriffe in die Rechte der Gesellschafter entschieden. Die Gesellschafter können zwar in den Restrukturierungsplan einbezogen werden, unterliegen jedoch nicht dem für das österreichische Recht neuen Instrument des klassenübergreifenden Cram Down (§ 36 ReO). Sie unterliegen nur einem weit gefassten Verbot der »grundlosen« Verhinderung oder Erschwerung[67] der Annahme, Bestätigung und Umsetzung des Plans (§ 37 Abs. 1 S. 1 ReO). Die Bedeutung des Merkmals der Grundlosigkeit wurde im Gesetzgebungsprozess offen gelassen und bleibt mangels Rechtsprechung zur ReO bis heute unklar.[68] Vor dem Hintergrund des weiten Wortlauts und der gesellschafterfreundlichen Ausrichtung der ReO und der IO dürfte das Merkmal allenfalls sehr weite äußere Grenzen setzen.[69] Umfasst der Plan gesellschaftsrechtliche Maßnahmen, die der Zustimmung der Gesellschafter bedürfen (etwa Kapitalmaßnahmen zur Umsetzung eines Debt-Equity-Swap), sind die Bestimmungen des Gesellschaftsrechts zu beachten (§ 37 Abs. 1 S. 2 ReO). Auch normiert § 37 Abs. 1 S. 1 ReO keine Rechtsfolge für Verstöße gegen das Obstruktionsverbot.[70] Eine gerichtliche Ersetzung einer gesellschaftsrechtlich erforderlichen Zustimmung der Gesellschafter kommt nach der Sonderregelung des § 37 Abs. 1 S. 3 ReO nur in Betracht, wenn der Plan nicht in die rechtliche oder wirtschaftliche Stellung der Gesellschafter eingreift.[71] Ferner entschied sich der österreichische Gesetzgeber für die Einführung einer neuartigen Regel relativen Vorrangs, gemäß der die Ersetzung der fehlenden Zustimmung einer ablehnenden Gläubigerklasse nur in Betracht kommt, wenn diese unter dem Plan »bessergestellt« wird als insolvenzrechtlich nachrangige[72] Klassen (§ 36 Abs. 1 S. 1 Nr. 2, S. 2 ReO).[73] Das Merkmal der Besserstellung wurde weder in der RestRL noch in den Materialien zum österreichischen Gesetzgebungsprozess konkretisiert. So bleibt unklar, ob jegliche absolute Bestellung der ablehnenden Klasse (Anteil am Planmehrwert + EUR 1) gegenüber nachrangigen Klassen (obgleich niedrigerer quotaler Befriedigung) genügt oder es

67 Engl. Fassung Art. 12 (1) RestRL: »unreasonably prevent or create obstacles«.

68 Die in Art. 12 (3) RestRL vorgesehenen möglichen Kriterien zur Ausfüllung des Begriffs hat der österreichische Gesetzgeber ohne nähere Auseinandersetzung wortgleich in die Erläuterung der Regierungsvorlage übernommen, s. ErläutRV 950, Blg. Nr. 27 GP, S. 21; Fidler in Fidler/Konecny/Riel/Trenker, ReO, § 37 Rn. 35: »nicht aufschlussreich und keine Hilfe bei der Auslegung«.

69 S. auch Trenker, ÖBA 2022, 628, 639: »[…] dürfte die Handlungsfreiheit von Gesellschaftern nicht wesentlich verengen«; Kluge/Wilke, NZI 2022, 10, 12.

70 Ansätze entwickelt Fidler in Fidler/Konecny/Riel/Trenker, ReO, § 37 Rn. 45–47.

71 Etwa mit Blick auf gesellschaftsvertragliche Zustimmungsvorbehalte hinsichtlich der Verfahrenseinleitung, s. ErläutRV 950, Blg. Nr. 27 GP, S. 21.

72 Dies erfasst Forderungen, die einem vertraglichen Nachrang unterliegen (insb. § 67 Abs. 3 ReO) sowie Forderungen aus eigenkapitalersetzenden Darlehen (§ 57a IO), Trenker, ÖBA 2022, 628, 641.

73 Maßgeblich sind wiederum die Liquidationsprioritäten der §§ 50, 57a IO; Stegner/Simsa in Koller/Lovrek/Spitzer, IO, § 36 ReO Rn. 8.

einer erhöhten relativen Befriedigungsquote bedarf.[74] Es bleibt abzuwarten, wie die österreichischen Gerichte die Regel des relativen Vorrangs handhaben werden.

Den Wertungen des Sanierungsplans folgend zeigt sich damit auch das ReO-Verfahren als besonders gesellschafterfreundlich.[75] Diese Richtungsentscheidung steht im Einklang mit den Wertungen der österreichischen Insolvenzordnung und eine Öffnung der ReO in Richtung zwangsweiser Eingriffe in Gesellschafterrechte hätte potenziell weitreichender Anpassungen der IO bedurft[76], um eine wertungsmäßige Konsistenz beider Verfahrensrahmen sicherzustellen. Bemerkenswert ist hingegen die technische Umsetzung dessen. Bei der unangepassten und zum Teil fast wortgleichen Überführung der Art. 11 (1) UAbs. 1 lit. c), 12 RestRL in die §§ 36, 37 ReO hat der österreichische Gesetzgeber zugleich deren tatbestandliche Unklarheiten in das nationale Recht importiert und davon abgesehen, den Richtlinienvorgaben zumindest im nationalen Recht eine klare konzeptionelle Grundlage zu geben. Dadurch wird die Durchsetzung von Planlösungen auf Gesellschafter- sowie auf Gläubigerseite erschwert und Effizienzpotenziale werden vergeben.[77] Abseits des früheren Zugangs zum Restrukturierungsverfahren der ReO bei nur wahrscheinlicher Insolvenz (§ 6 Abs. 1 ReO) stellt sich die Frage nach dem Mehrwert des neuen Verfahrens gegenüber dem Sanierungsplan.[78] Zugleich werden die Gläubiger nun bereits vorinsolvenzlich einem klassenübergreifenden Cram Down unterworfen, ohne zugleich entsprechend der IO dem Schutz einer Mindestquote unterstellt zu werden. Obgleich des nicht unzweifelhaften Mehrwerts einer Mindestquote erscheint dies jedenfalls wertungsmäßig nicht konsistent.

Vor dem Hintergrund bleibt abzuwarten, inwieweit sich das ReO-Verfahren praktisch etablieren kann. Naheliegender Anwendungsfall ist die Durchsetzung weitgehend vorvereinbarter Planlösungen gegen eine Minderheit ablehnender oder passiver Gläubiger, im Rahmen derer Gesellschafter freiwillig Sanierungsbeiträge erbringen oder nur vergleichsweise geringfügige Eingriffe in Gläubigerrechte wie Laufzeitverlängerungen ohne Forderungskürzungen umgesetzt werden. Ein Beispiel bildet das auch vier Jahre nach Einführung der ReO einzige bislang bekannte ReO-Verfahren der Pierer Industrie AG in den Jahren 2024/2025.[79] Das Verfahren betraf

74 Für eine Auslegung im Sinne einer quotenmäßigen Besserstellung Fidler in Fidler/Konecny/Riel/Trenker, ReO, § 36 Rn. 19.

75 Kern, ÖJA 2024/3, 8; krit. ggü. der fehlenden Einbeziehung der Gesellschafter etwa Trenker, ÖBA 2022, 628, 639; s. auch Fidler in Fidler/Konecny/Riel/Trenker, ReO, § 37 Rn. 9, 74; Wabl/Gassner in Konecny, RIRUG, Neuerungen im Restrukturierungsrecht, 1. Aufl. 2021, Geschäftsleitung und Anteilsinhaber, Ziff. 3.3; Wörle, ZfRV 2022, 32, 42.

76 Fidler in Fidler/Konecny/Riel/Trenker, ReO, § 37 Rn. 35; Wörle, ZfRV 2022, 32, 45.

77 S. auch Wörle, ZfRV 2022, 32, 45: »Weitgehend wurde schlicht der Richtlinientext übernommen, sobald sich die ReO jedoch von ihrem Vorbild entfernt, erscheint manche österreichische Eigenkreation nicht bis ins Letzte durchdacht […].«.

78 Wörle, ZfRV 2022, 32, 45: »stark an der IO orientiertes Sanierungsverfahren light«.

79 Das Verfahren stand im Zusammenhang mit dem im vorausgegangenen Abschnitt besprochenen Sanierungsverfahren der KTM-Gruppe, deren indirekter Mitgesellschafter die Pierer Industrie AG ist.

eine börsennotierte Anleihe mit Gesamtnennbetrag von EUR 100 Mio. (Laufzeit 2028), eine privat platzierte Anleihe mit Gesamtnennbetrag von EUR 15 Mio. (2033) und zwei Schuldscheindarlehen in ausstehender Höhe von EUR 132,5 Mio. (2025, 2026), die in einer Abstimmungsgruppe zusammengefasst wurden. Der Restrukturierungsplan sah vor, dass sämtliche Instrumente in zwei Raten vollständig bedient werden sollten, in Höhe von 68,69 % zahlbar bis Jahresende 2026 und in Höhe von 31,31 % bis Jahresende 2027. Die Nichtzahlung der Raten bei Fälligkeit sollte gegenüber betroffenen Gläubigern unter Bezugnahme auf § 156a IO zum Entfall der dem Schuldner im Plan gewährten Ratenzahlungsvereinbarung führen.[80] Das Konzept einer einheitlichen ratenweisen (wenn hier auch vollständigen) Tilgung verschiedener ungesicherter Finanzierungsinstrumente zu einheitlichen Zeitpunkten ist dem Sanierungsplan nachempfunden und unterstreicht die strukturellen Parallelen. Der Restrukturierungsplan wurde drei Monate nach Einleitung des Verfahrens im Februar 2025 bestätigt und das Restrukturierungsverfahren im Folgemonat aufgehoben.[81]

80 LG Wels (519), Az. 20 RST 2/24m, Bekanntmachung v. 21.02.2025; Details zum Verfahren sind in der Insolvenzdatei der österreichischen Ediktsdatei unter betreffendem Aktenzeichen einsehbar; s. zudem Pressemitteilung Pierer Industrie AG v. 20.02.2025, Pierer Industrie AG schließt Restrukturierungsverfahren nach der Restrukturierungsordnung (ReO) erfolgreich ab (online abrufbar).

81 Pressemitteilung Pierer Industrie AG v. 20.02.2025, Pierer Industrie AG schließt Restrukturierungsverfahren nach der Restrukturierungsordnung (ReO) erfolgreich ab (online abrufbar).

Die SE als Vorratsgesellschaft

Hartmut Wicke

I. Einführung

1. *20 Jahre SE*

Die Societas Europaea (SE) hat gerade ihren 20. Geburtstag gefeiert und pünktlich zum Jubiläum die Marke von 1.000 hierzulande registrierten Gesellschaften übersprungen.[1] Sie ist damit beileibe kein Massenphänomen, hat sich aber dennoch seit Inkrafttreten der SE-Verordnung am 8. Oktober 2004 und des Gesetzes zur Einführung der Europäischen Gesellschaft (SEEG) am 29. Dezember 2004 in der deutschen Wirtschaft als eine exklusive supranationale Rechtsformvariante fest etabliert. Zahlreiche prominente im DAX und M-DAX gelistete Gesellschaften sind als SE oder SE & Co. KGaA organisiert, gleichzeitig erfreut die Societas Europaea sich unter international tätigen mittelständischen Unternehmen zunehmender Beliebtheit. Wichtige Gründe für den Erfolg der Europäischen Aktiengesellschaft sind neben dem »Image« eines gehobenen modernen und europäischen Unternehmens die Wahlmöglichkeit zwischen dem klassischen dualistischen und dem monistischen Leitungssystem und nicht zuletzt die größere Freiheit in der Ausgestaltung der unternehmerischen Mitbestimmung bis hin zum Einfrieren des Status Quo vor Erreichen der maßgeblichen Schwellenwerte.

2. *Die Gründung der SE als Umstrukturierung mit Mehrstaatenbezug*

Der Europäische Gesetzgeber hat den Weg in die Europäische Aktiengesellschaft bewusst mit einigen Hürden versehen. Das Regelwerk der SE sieht eine einfache Bar- oder Sachgründung entsprechend dem Modell der §§ 23 ff. AktG, die auch durch natürliche Personen vorgenommen werden könnte, nicht vor. Vielmehr unterliegt der Zugang zur Rechtsform der SE in mehrfacher Hinsicht Beschränkungen, die gleich aus Art. 2 SE-VO ersichtlich sind[2]: Als Gründer einer SE kommen nur bestimmte Gesellschaftsformen in Betracht, die je nach Art der Errichtung variieren. Die beteiligten Gesellschaften müssen zudem im Regelfall einen Mehrstaatenbezug aufweisen.

1 Lieder/Hoffmann, AG 2024, R 307. S. zur Entwicklung und zum zahlenmäßigen Aufkommen der SE auch Bungert/Reidt, DB 2022, 311.

2 Habersack/Verse, Europäisches Gesellschaftsrecht, 5. Aufl. 2019, S. 528 ff.; Bayer in Lutter/Hommelhoff, Die Europäische Gesellschaft, 2005, S. 25, 26.

Zu beachten ist darüber hinaus der numerus clausus der Gründungsformen: Eine SE kann demnach errichtet werden durch Verschmelzung, Gründung einer SE als Holdinggesellschaft oder gemeinsame Tochtergesellschaft sowie durch formwechselnde Umwandlung. In diesen Konstellationen einer Primärgründung ist ein internationaler Sachverhalt, d. h. ein Bezug zu mehreren Mitgliedstaaten zwingende Voraussetzung. Als Sonderform einer Sekundärgründung kann nach Art. 3 (2) SE-VO ferner eine bestehende SE ihrerseits eine Tochter-SE errichten und zwar ohne, dass ein zusätzlicher Mehrstaatenbezug erforderlich wäre. In der Praxis haben vor allem die Variante der Errichtung einer Tochter-SE, daneben der Formwechsel einer bestehenden AG und schließlich die Gründung durch Verschmelzung Bedeutung erlangt.[3]

Die Gründung einer SE stellt sich nach dem Konzept der SE-VO daher im Grundsatz als Umstrukturierung mit Mehrstaatenbezug dar. Die Gründe für die Beschränkung des Zugangs werden in dem Subsidiaritätsprinzip (Art. 5 (1) und (3) AEUV) sowie darin gesehen, die SE mit ihrem grenzüberschreitenden Element hinreichend von einer AG rein nationaler Prägung abzugrenzen.[4] Daneben wird die Sorge einiger Mitgliedstaaten vor einer Flucht aus der Mitbestimmung genannt, die durch die erhöhte Schwelle erschwert werden sollte. Kritiker der Beschränkungen verweisen allerdings darauf, dass gerade das letztgenannte Argument mit Einführung der Auffanglösung in Art. 7 Beteiligungs-RL sowie deren Anhang mit seinem Vorher-Nachher-Prinzip durch den Kompromiss von Nizza seine Berechtigung verloren habe, weshalb Art. 2 SE-VO nunmehr eine Norm ohne jeglichen Gerechtigkeitsgehalt darstelle.[5] Für die Etablierung eines Umgehungsschutzes im Wege erweiternder Auslegung oder gar analoger Anwendung des Art. 2 SE-VO wird vor diesem Hintergrund im Schrifttum jedenfalls kein Anlass gesehen.[6]

II. Gründungserleichterung durch Vorratsgesellschaften

1. Die Vorrats-SE in der Praxis

Nach ganz h.M. kann eine SE auch als Vorratsgesellschaft gegründet werden.[7] Es gibt auf dem hiesigen Markt mehrere Unternehmen, die Vorrats-SEs anbieten. Für

3 S. zu Zahlen Bungert/Reidt, DB 2022, 311.

4 Vgl. Casper in BeckOGK-AktG, Stand: 01.02.2025, Art. 2 SE-VO Rn. 2 ff.

5 Oechsler in MüKo AktG, 5. Aufl. 2021, Art. 2 SE-VO Rn. 2 ff.; Habersack in Habersack/Drinhausen, SE-Recht, 4. Auflage 2025, Art. 2 SE-VO Rn. 4; Veil in KK-AktG, 4. Aufl. 2021, Art. 2 SE-VO Rn. 3, 5; Bachmann, ZEuP 2008, 32, 53; s. aber auch Hörtig, Gründungs- und Umstrukturierungsmöglichkeiten bei der Europäischen Aktiengesellschaft (SE), 2011, 84.

6 Habersack in Habersack/Drinhausen, SE-Recht, Art. 2 SE-VO Rn. 4; s. auch Veil in KK-AktG, Art. 2 SE-VO Rn. 3, 5.

7 OLG Düsseldorf, 30.03.2009, I-3 Wx 248/08, ZIP 2009, 918; implizit EuGH, 16.05.2024, C-806/22, NZG 2024, 902 Rn. 48; Henssler/Diepentahl, ZIP 2024, 1524, Bochmann/Schirrmacher, GmbHR 2024, 729, 731; Müller-Bonanni/Kalb, AG 2024, 581, 584;

die Aktivierung der Vorrats-SE gelten über Art. 15 SE-VO die allgemeinen Grundsätze über die wirtschaftliche Neugründung.[8] Auf diese Weise ist es möglich, dass die SE (entgegen ihrer Grundkonzeption) auch als relativ leicht zugängliche Rechtsformalternative z. B. bei reinen Inlandsachverhalten einsetzbar wird, sofern die Gründer bereit sind, neben der Gebühr für den Dienstleister das Mindestkapital von 120.000 EUR aufzubringen (Art. 4 (2) SE-VO). Da sich die Übertragung der Anteile nach dem Aktienrecht am Sitzstaat beurteilt, kann die auf Vorrat gegründete Tochter-SE sodann auch von natürlichen Personen erworben werden. Im Anschluss kann die SE so dann sämtliche Aktiva und Passiva einer anderen Gesellschaft erwerben.[9]

Zudem ist es möglich, ein bestehendes Unternehmen auf die (Vorrats-) SE zu verschmelzen.[10] Die SE kann sich im Grundsatz wie eine Aktiengesellschaft an Umwandlungsmaßnahmen nach nationalem Umwandlungsrecht beteiligen (Art. 10 SE-VO). In Betracht kommen neben einem Formwechsel in andere Rechtsformen als Aktiengesellschaften auch (grenzüberschreitende) Verschmelzungen oder Spaltungen.[11] Die Einzelheiten sind freilich umstritten. So werden insbesondere die Verschmelzung oder Spaltung zur Neugründung einer SE für unzulässig erachtet, da die Gründungsvarianten für eine SE in Art. 2 SE-VO abschließend geregelt sind.[12] Die Zwei-Jahresfrist des Art. 66 SE-VO gilt nach zutreffender Auffassung für Umwandlungsmaßnahmen nach nationalem Recht nicht, da die Vorschrift nur einen speziellen Umstrukturierungsfall normiert und als Ausnahmetatbestand eng auszulegen ist.[13]

Uffmann, EuZA 2024, 66, 72; Bayer in Lutter/Hommelhoff/Teichmann, SE-Kommentar, 3. Aufl. 2025, Art. 2 SE-VO Rn. 31; Wicke, RNotZ 2020, 25, 29; Bungert/Gotsche, ZIP 2013, 649, 650; Schmaus/Bangen, ZIP 2019, 1360; Habersack in Habersack/Drinhausen, SE-Recht, Art. 2 SE-VO Rn. 29; Heckschen in Deutsche Notarrechtliche Vereinigung e. V. (Hg.), Aktuelle Tendenzen und Entwicklungen im Gesellschaftsrecht – Symposion des Instituts für Notarrecht an der Universität Würzburg 2004, S. 168, S. 219; Seibt, ZIP 2005, 2248, 2250.

8 Habersack/Drinhausen/Habersack, SE-Recht, Art. 2 Rn. 32; Casper in BeckOGK-AktG, Art. 2 SE-VO Rn. 30; s. zur wirtschaftlichen Neugründung Limmer in BeckOGK-AktG, Stand: 01.10.2024, § 23 Rn. 68 f.; Pentz in MüKo AktG, 6. Aufl. 2024, § 23 Rn. 87 ff.

9 Kulenkamp in Habersack/Drinhausen, SE-Recht, Art. 37 SE-VO Rn. 8.

10 Vgl. Wicke, RNotZ 2020, 25, 29.

11 Schäfer in MüKo AktG, Art. 66 Rn. 14; Schwarz, SE-VO, Art. 3 Rn. 34; Heckschen in Widmann/Mayer, Umwandlungsrecht, Anhang 14, Europäische Gesellschaft, Rn. 520, 524 ff.; Oplustil/Schneider, NZG 2003, 13, 15 ff.; Vossius in Widmann/Mayer, Stand: April 2018, § 20 UmwG Rn. 423 ff.; einschränkend im Hinblick auf den Formwechsel aber Vossius, ZIP 2005, 741, 749.

12 Bungert/Reidt, DB 2022, 311, 313; Drinhausen in Habersack/Drinhausen, SE-Recht, Art. 66 Rn. 35; Schwarz, SE-VO, Art. 3 Rn. 35 f.; Heckschen in Widmann/Mayer, Umwandlungsrecht, Anhang 14, Europäische Gesellschaft, Rn. 525, 529; anders für die Neugründung einer SE durch Spaltung einer bereits bestehenden SE Oplustil/Schneider, NZG 2003, 13, 17.

13 Vgl. Heckschen in Widmann/Mayer, Umwandlungsrecht, Anhang 14, Europäische Gesellschaft, Rn. 526; Kiem in KK-AktG, Art. 66 SE-VO Rn. 12; Vossius, ZIP 2005, 741, 748; a. A. aber Schäfer in MüKo AktG, Art. 66 Rn. 14; Oplustil/Schneider, NZG 2003, 13, 15 ff.; für den Formwechsel auch Schwarz, SE-VO, Rn. 31; Drinhausen in Habersack/

2. *Vorrats-SE und Arbeitnehmermitbestimmung*

Streitpunkt und zentrale Problematik von Vorratsgründung und wirtschaftlicher Neugründung der SE ist traditionell die Mitbestimmung der Arbeitnehmer. Kernelemente der SE-Richtlinie, die durch das SEBG umgesetzt wurde, sind die Durchführung eines Verhandlungsverfahrens zur einvernehmlichen Festlegung der Arbeitnehmerbeteiligung (»Vorrang der Verhandlungslösung«)[14], eine dazu subsidiäre Auffanglösung und das sogenannte »Vorher-Nachher-Prinzip«, das die Aufrechterhaltung des bisherigen Beteiligungsstandards sicherstellen soll.[15] Für die Gründung sieht Art. 12 (2) SE-VO vor, dass die SE im Handelsregister erst eingetragen werden kann, wenn zwischen der Unternehmensleitung und Arbeitnehmerseite eine Vereinbarung über die Beteiligung der Arbeitnehmer nach § 21 SEBG geschlossen wurde, die Verhandlungsfrist von sechs Monaten ergebnislos abgelaufen ist (§ 20 SEBG) oder ein Beschluss der Arbeitnehmerseite über die Nichtaufnahme bzw. den Abbruch von Verhandlungen (§ 16 SEBG) gefasst wurde.

Die Durchführung des Verfahrens zur Arbeitnehmerbeteiligung muss nach zutreffender Auffassung dabei aus rein praktischen Erwägungen ausscheiden, wenn die Gründungsgesellschaft über keine Arbeitnehmer verfügt und dieser Tatbestand gegenüber dem Registergericht im Rahmen der Anmeldung versichert wird; auch das Zuwarten der sonst erforderlichen sechsmonatigen Verhandlungsfrist kann in diesem Fall nicht verlangt werden. Dem steht weder Art. 2 noch Art. 12 (2) SE-VO entgegen, da bei einer arbeitnehmerlosen SE kein besonderes Verhandlungsgremium im Sinne der §§ 5, 7 SEBG gebildet werden kam, das mit der Unternehmensleitung die Beteiligungsvereinbarung schließen könnte; daher bedarf es einer teleologischen Reduktion des Art. 12 (2) SE-VO, wenn die Durchführung eines Verhandlungsverfahrens in Ermangelung einer hinreichenden Zahl von Arbeitnehmern der Gründungsgesellschaften bzw. der zu gründenden SE ausgeschlossen ist.[16] Es muss daher in einer solchen Konstellation genügen, wenn im Rahmen der Handelsregisteranmeldung versichert wird, dass die SE keine Arbeitnehmer beschäftigt.

Wird die Vorratsgesellschaft aber später aktiviert, indem sie unternehmerisch tätig wird, und beschäftigt sie dann eine hinreichende Anzahl an Arbeitnehmern, ist das Verhandlungsverfahren nach bislang herrschender Ansicht nachzuholen. Umstritten war, ob dies anhand einer analogen Anwendung der §§ 4 ff. SEBG[17] bzw. mit der

Drinhausen, SE-Recht, Art. 66 Rn. 42 für die SE als übertragender Rechtsträger einer Verschmelzung oder Spaltung. S. aber auch § 141 UmwG.

14 S. BT-Drs. 15/3405, S. 41; Watzlavic, DB 2004, 1191, 1197.

15 S. BT-Drs. 15/3405, S. 41; ferner Kalss/Klampfl in Dauses/Ludwigs, Handbuch des EU-Wirtschaftsrechts, Stand September 2024, E.III. Rn. 583.

16 Habersack in Habersack/Drinhausen, SE-Recht, Art. 2 Rn. 29.

17 In diesem Sinne Oetker in Lutter/Hommelhoff/Teichmann, SE-Kommentar, § 1 SEBG Rn. 20, aber bereits vorbehaltlich des EuGH-Urteils v. 16.5.2024 – C-706/22, ZIP 2024, 1257.

h. M. des § 18 Abs. 3 SEBG[18] oder nur auf der Grundlage des Missbrauchsverbots des § 43 SEBG zu begründen war.[19] Die Eintragung der mit der wirtschaftlichen Neugründung einhergehenden Satzungsänderungen kann nach zutreffender Auffassung aber nicht von der Durchführung des Verhandlungsverfahrens abhängig gemacht werden.[20]

III. Arbeitnehmerlose SE und Nachholung eines Verhandlungsverfahrens

1. *Rechtssache Olympus: EuGH-Vorlage des BAG*

Die Diskussion über die Nachholung des Verhandlungsverfahrens hat kürzlich eine maßgebliche Wendung mit weitreichenden Auswirkungen auf die Unternehmenspraxis erfahren, die noch zu einem politischen Nachspiel führen könnte. Anlass war ein Vorlageverfahren des BAG nach Art. 267 AEUV[21], zu dem im Jahr 2024 sowohl das Urteil des EuGH[22] als auch die abschließende Entscheidung des BAG ergangen sind.[23] Gegenstand des Rechtsstreits war eine Umstrukturierung innerhalb des japanischen Olympus-Konzerns, in dem eine »arbeitnehmerlose« Holding-SE ohne vorherige Durchführung eines Verhandlungsverfahrens zur Beteiligung der Arbeitnehmer gegründet und im Anschluss herrschendes Unternehmen von Arbeitnehmer beschäftigenden Tochtergesellschaften in mehreren EU-Mitgliedstaaten wurde. Nach Ansicht des 1. Senats des BAG wäre es bei einer solchen Fallgestaltung nach dem nationalen Recht möglich, die Regelungen der §§ 4 ff. SEBG über das Verhandlungsverfahren auf die Holding-SE entsprechend anzuwenden, wenn das Unionsrecht die Nachholung der Verhandlungen gebieten würde. Der Sachverhalt stellt sich im Einzelnen wie folgt dar:

Die betreffende Holding-SE (»Olympus Europa Holding-SE«) wurde Anfang 2013 nach Art. 2 (2) SE-VO durch die O Ltd. und die O GmbH mit Sitz in England gegründet, die beide keine Arbeitnehmer beschäftigten und auch nicht über Tochtergesellschaften verfügten, bei denen Arbeitnehmer beschäftigt waren. Verhandlungen über die Beteiligung von Arbeitnehmern fanden vor der Eintragung der Holding-SE in das Register für England und Wales nicht statt. Ab März 2013 war die Holding-SE

18 OLG Düsseldorf, 30.03.2009, I-3 Wx 248/08, ZIP 2009, 918, 920; Bayer in Lutter/Hommelhoff/Teichmann, SE-Kommentar, Art. 2 SE-VO Rn. 31; Wicke, RNotZ 2020, 25, 29; Schäfer in MüKo AktG, Art. 16 SE-VO Rn. 13.

19 Für letzteres s. bereits Henssler, RdA 2005, 330, 335.

20 Habersack in Habersack/Drinhausen, SE-Recht, Art. 2 Rn. 31; Oechsler in MüKo AktG, Art. 2 SE-VO Rn. 49a; a.A. Forst, NZG 2009, 687, 692.

21 BAG, 17.05.2022, 1 ABR 37/20 (A), ZIP 2022, 2437.

22 EuGH, 16.05.2024, C-706/22, NZG 2024, 902; s. zudem Schlussantrag des Generalanwalts ZIP 2023, 2692.

23 BAG, 26.11.2024, 1 ABR 37/20, NJW 2025, 1283.

alleinige Gesellschafterin der O Holding GmbH (Holding GmbH) mit Sitz in Hamburg, deren Aufsichtsrat zu einem Drittel aus Arbeitnehmervertretern bestand. Die O Holding GmbH wurde sodann im Juni 2013 im Weg eines Formwechsels in die O KG umgewandelt wurde. Infolge des Formwechsels entfiel die Mitbestimmung der Arbeitnehmer im Aufsichtsrat. Die O KG beschäftigt ca. 800 Mitarbeiter und hat Tochtergesellschaften in mehreren EU-Mitgliedstaaten mit insgesamt ca. 2.200 Arbeitnehmern. Persönlich haftende Gesellschafterin der O KG ist die im Jahr 2013 errichtete O Management SE. Deren alleinige Anteilseignerin und zugleich alleinige Kommanditistin ist die Holding-SE. Im Oktober 2017 wurde der Sitz der Holding-SE nach Hamburg verlegt. Der antragstellende Konzernbetriebsrat der O KG vertrat in dem von ihm eingeleiteten Beschlussverfahren die Auffassung, die Holding-SE sei verpflichtet, ein Verfahren zur Bildung eines besonderen Verhandlungsgremiums über die Arbeitnehmerbeteiligung nachzuholen.

Voraussetzung einer analogen Anwendung der §§ 4 ff. SEBG wäre nach Ansicht des BAG eine planwidrige Regelungslücke. Da der deutsche Gesetzgeber mit dem SEBG lediglich die Vorgaben der SE-RL umsetzen wollte, könne das nationale Recht aber nur dann im Einklang mit dem Unionsrecht fortgebildet werden, wenn sich aus diesem eine Pflicht zur Nachholung der Verhandlungen in einem Fall wie dem Ausgangssachverhalt ergeben würde. Der 1. Senat des BAG legte dem EuGH daher die Frage vor, ob Art. 12 (2) SE-VO i.V.m. Art. 3 bis 7 der SE-RL dahin auszulegen ist, dass nach Gründung und Eintragung einer Holding-SE durch arbeitnehmerlose Gründergesellschaften ohne vorherige Durchführung eines Verhandlungsverfahrens zur Beteiligung der Arbeitnehmer dieses Verhandlungsverfahren nachzuholen ist, wenn die SE herrschendes Unternehmen von Arbeitnehmer beschäftigenden Tochtergesellschaften in mehreren Mitgliedstaaten der Europäischen Union wird.

2. *Entscheidung des EuGH*

In seinem Urteil vom 16.5.2024 hat der EuGH die Frage verneint und entschieden, dass das Unionsrecht die nachträgliche Durchführung eines Verhandlungsverfahrens nach Gründung der arbeitnehmerlosen Holding-SE nicht vorsehe.[24] Die Begründung stützt sich zunächst auf den Wortlaut sowie auf verschiedene Erwägungsgründe der SE-VO und der SE-RL. Eine der drei Fallgestaltungen, in denen das Verfahren nach der SE-RL zu einem späteren Zeitpunkt eingeleitet werden könne (s. Art. 3 (6) UAbs. 4, Art. 4 (2) lit. h) und Art. 7 SE-RL), liege nicht vor, da sie jeweils voraussetzten, dass ein besonderes Verhandlungsgremium bei der Gründung eingesetzt wurde. Die Entstehungsgeschichte der SE-RL zeige, dass die fehlende Regelung der nachträglichen Aufnahme von Verhandlungen nicht auf einem Versehen beruhe, sondern auf einer echten Entscheidung des Unionsgesetzgebers, die sich aus einem Kompromiss über das Vorher-Nachher-Prinzip ergebe.

24 EuGH, 16.05.2024, C 706/22, NZG 2024, 902.

Der EuGH erkennt abschließend an, dass die Mitgliedstaaten im Einklang mit Art. 11 SE-RL, der mit § 43 SEBG in innerstaatliches Recht umgesetzt wurde, Maßnahmen treffen können, »um zu verhindern, dass eine SE dazu missbraucht wird, Arbeitnehmern Beteiligungsrechte zu entziehen oder vorzuenthalten.« Die Vorschrift belasse den Mitgliedstaaten im Rahmen des Unionsrechts aber einen Wertungsspielraum in Bezug auf die Auswahl der geeigneten Maßnahmen und schreibe in der konkreten Fallgestaltung keine Verpflichtung zur späteren Einleitung des Verhandlungsverfahrens vor.

3. *Beschluss des BAG vom 26.11.2024*

Als »Schlussakkord«[25] hat das BAG in seinem Beschluss vom 26.11.2024 die Rechtsbeschwerde des Konzernbetriebsrats erwartungsgemäß zurückgewiesen. Eine Pflicht zur Nachholung des Verhandlungsverfahrens könne mangels Regelungslücke weder auf eine analoge Anwendung des § 4 oder § 18 SEBG gestützt werden, noch im Wege der richterlichen Rechtsfortbildung dem Missbrauchstatbestand des § 43 SEBG entnommen werden.[26] Im Unterschied zur jüngeren Vorschrift des § 36 S. 3 MgFSG habe der Gesetzgeber als Folge einer Verletzung des Missbrauchsverbots keine Verpflichtung zur Aufnahme von Verhandlungen über die Mitbestimmungsrechte der Arbeitnehmer, sondern in § 45 SEBG eine Strafsanktion vorgesehen.[27]

IV. Konsequenzen der Rechtsprechung für die Aktivierung der Vorrats-SE

1. *Anwendung der Rechtsprechung auf die Vorrats-SE*

Die Entscheidungen des BAG und des EuGH lassen sich allgemein auf die Aktivierung einer Vorrats-SE übertragen und schaffen damit für die Praxis zunächst einmal Rechtssicherheit.[28] Entgegen der ganz überwiegenden Meinung in Rechtsprechung und Literatur ist nach geltendem Recht eine Aufnahme von Verhandlungen über die Mitbestimmungsrechte nicht vorgeschrieben, wenn eine Vorrats-SE erstmals

25 Thönnißen/Uffmann, NZA 2025, 543.
26 BAG, 26.11.2024, 1 ABR 37/20, NJW 2025, 1283.
27 Kritisch dazu Bialluch, ZIP 2025, 1074; Liesner/Pauly, NZA-RR 2025, 352; für eine Verpflichtung zur Nachholung s. etwa Sagan in NK-ArbR, 2. Aufl. SEBG, § 43 Rn. 10 und § 45 Rn. 5 f.
28 Henssler/Diepentahl, ZIP 2024, 1524, 1525; Rudolph/Wickler, NZA 2024, 889; Voßberg, NJW 2024, 2388; Schmid/Mäurer, IWRZ 2024, 298, 299; Liesner/Pauly, NZA-RR 2024, 448; Rasche, ZIP 2025, 1384, 1385; Tamcke/Bier, GWR 2024, 287; Uffmann EuZA, 2024, 66, 75; Thönnißen/Uffmann, NZA 2025, 543, 545; Grau/Rasche, FD-ArbR 2024, 811399; Nebel/Schmid, WuB 2024, 350, 351 jedenfalls für den entschiedenen Fall der mittelbaren Aktivierung; zu Vorsicht ratend Baron/Roters, BB 2024, 1663, 1664.

unternehmerisch tätig wird und eine kritische Zahl von Arbeitnehmern beschäftigt. Das BAG hat den bislang befürworteten Herleitungen einer Nachholpflicht aus §§ 4, 18 und 43 SEBG im Anschluss an das EuGH-Urteil eine klare Absage erteilt. Das höchstrichterliche Votum schafft damit Raum für eine – auch dauerhaft – beteiligungsfreie SE und eröffnet zusätzliche Gestaltungsoptionen zur Vermeidung der Mitbestimmung – über das Einfrieren des Status Quo vor Erreichen der maßgeblichen Schwellenwerte hinaus.[29]

2. *BAG BeckRS 2024, 43454, 43455*

Das zeigen zunächst zwei (teilweise) Parallelverfahren des BAG zu folgendem Sachverhalt:[30] Bei einer GmbH & Co. KG beantragte der Betriebsrat die gerichtliche Feststellung, dass ein Aufsichtsrat zu bilden sei. Daraufhin kam es zu Umstrukturierungen bei der KG: Da die GmbH & Co. KG mehr als 2.000 Mitarbeiter beschäftigte, stand die Bildung eines paritätisch mitbestimmten Aufsichtsrats nach der Vorschrift des § 4 Abs. 1 MitbestG im Raum, die im Fall einer SE & Co. KG nach h. M. keine Anwendung findet (§ 1 Abs. 1 Nr. 1 MitbestG, § 47 Nr. 1 SEBG).[31] Die KG erwarb die Aktien an einer SE, die zuvor gemäß Art. 3 (2) SE-VO von einer arbeitnehmerlosen Gründungs-SE ohne Durchführung eines Verhandlungsverfahrens zur Beteiligung der Arbeitnehmer gegründet worden war. Die neu erworbene SE wurde persönlich haftende Gesellschafterin der KG, deren frühere Komplementär-GmbH schied gleichzeitig aus. Der Betriebsrat beantragte die Durchführung eines Beteiligungsverfahrens nach dem SEBG. Im Einklang mit der Olympus-Sache geht das BAG davon aus, dass das SE-Beteiligungsgesetz keine nachträgliche Durchführung eines Verhandlungsverfahrens vorsieht.

3. *Verschmelzung einer mitbestimmten Gesellschaft auf eine Vorrats-SE?*

Noch nicht abschließend geklärt ist derzeit, ob im Einzelfall eine Verpflichtung zur Aufnahme von Verhandlungen in Betracht kommen kann, wenn eine Vorrats-SE einer Strukturmaßnahme unterzogen werden soll. Praktische Bedeutung könnte der Frage insbesondere im Hinblick auf die Verschmelzung einer mitbestimmten deutschen Gesellschaft auf eine Vorrats-SE zukommen. Im Schrifttum wird in diesem Fall für eine Anwendung der Vorschrift des § 18 Abs. 3 SEBG plädiert[32], die bei geplanten

29 S. auch Grau/Rasche, FD-ArbR 2024, 811399.

30 BAG, 26.11.2024, 1 ABR 3/23, BeckRS 2024, 43454, 43455; s. auch die Vorinstanz LAG Nürnberg, 01.09.2022, 1 TaBV 27/21, NZG 2023, 288; dazu Klein-Wiele/Wurmthaler, NZG 2023, 261.

31 So ausdrücklich LAG Nürnberg, 01.09.2022, 1 TaBV 27/21, NZG 2023, 288 Rn. 44; Klein-Wiele/Wurmthaler, NZG 2023, 261; Wicke, RNotZ 2020, 25, 37.

32 Rudolph/Wickler, NZA 2024, 889, 891; Hauser, BB 2024, 1425 f.; ferner, Thönnißen/Uffmann, NZA 2025, 543, 546, 547; für eng begrenzte Anwendung Bochmann/Schirrmacher, GmbHR 2024, 729, 734.

strukturellen Änderungen mit potentiell negativen Folgen für die Beteiligungsrechte der Arbeitnehmer eine Pflicht zur Aufnahme von Verhandlungen begründet.[33] Voraussetzung wäre, dass das Unionsrecht dem nationalen Gesetzgeber nicht die Möglichkeit versperrt hat, eine Neuverhandlungspflicht für den Fall von Umstrukturierungen vorzusehen.[34] Nach der aktuellen Rechtsprechung des BAG setzt die Norm wie dargelegt voraus, dass bereits bei Gründung der SE Verhandlungen über eine Arbeitnehmerbeteiligung stattgefunden haben[35], was bei einer Vorratsgesellschaft gerade nicht der Fall war.[36] Verneint man eine Anwendung von § 18 Abs. 3 SEBG, könnte eine Vorrats-SE in einer vergleichbaren Konstellation ähnlich dem Olympus-Verfahren in weitem Umfang dazu genutzt werden, bestehende Mitbestimmungsrechte zu beseitigen.

V. Handlungsoptionen des Gesetzgebers

Damit ist festzuhalten, dass die Nachholung des bei Gründung einer (Vorrats-)SE unterbliebenen Beteiligungsverfahrens nach dem SEBG ausscheidet. Selbst in Missbrauchsfällen bleibt es nach dem geltenden Recht bei der einmal erreichten Mitbestimmungsfreiheit. Schutz vor Missbrauch könnte derzeit allenfalls durch die Strafvorschrift des § 45 SEBG gewährt werden.[37] Dieser Befund erscheint brisant vor dem Hintergrund, dass die Mitbestimmung parteiübergreifend nach wie vor als »ein wesentliches Element der Sozialen Marktwirtschaft« erachtet wird, und »einen nicht unerheblichen Beitrag dazu geleistet [hat], dass Deutschland wirtschaftliche Krisen meistern konnte.«[38]

Sollte eine Verhandlungspflicht weiterhin politisch erwünscht sein, wäre jetzt der Gesetzgeber am Zug. Der vom EuGH eröffnete Korridor über den Missbrauchstatbestand des Art. 11 SE-RL ist allerdings denkbar schmal. Der Nachweis einer missbräuchlichen Praxis setzt, wie in der Olympia-Entscheidung erneut betont wird, »zum einen eine Gesamtheit objektiver Umstände« voraus, »aus denen sich ergibt, dass trotz formaler Einhaltung der in der Unionsregelung vorgesehenen Bedingungen das Ziel dieser Regelung nicht erreicht wurde, und zum anderen ein subjektives

33 Eine Anwendung von § 18 Abs. 3 SEBG für möglich haltend auch Heusel, AG 2025, 433, 435.

34 Zweifelnd Hohenstatt/Müller-Bonanni in Habersack/Drinhausen, SE-Recht, § 18 SEBG Rn. 15a.

35 BAG, 26.11.2024, 1 ABR 37/20, NJW 2025, 1283 Rn. 25.

36 S. in diesem Sinne bereits Schreiner, NZG 2024, 905, 906; Schmid/Mäurer, IWRZ 2024, 298, 299; Bochmann/Schirrmacher, GmbHR 2025, 617, 618 f.; generell gegen eine Nachholpflicht bei Aktivierung einer SE durch unmittelbare Ausstattung mit einem Unternehmen Nebel/Schmid, WuB 2024, 350, 351.

37 Bialluch, ZIP 2025, 1074; s. dagegen aber überzeugend Hohenstatt/Kreis/Reinbach, NZG 2025, 1451; ferner Ott/Urhahn, ZHR 2025, 564, 575, 576 f., die Nichtigkeit missbräuchlicher SE-Gestaltungen gemäß § 43 SEBG iVm § 134 BGB mit entsprechenden Konsequenzen im Registerverfahren erwägen.

38 S. BT-Drs. 18/8354; BT-Drs. 18, 8182; dazu Bayer, NJW 2016, 1930, 1931; Wicke, RNotZ 2020, 25, 38; kritisch zur EuGH-Rechtsprechung daher Langbein/Gieseke, AuR 2024, 389.

Element, nämlich die Absicht, sich einen aus der Unionsregelung resultierenden Vorteil zu verschaffen, indem die Voraussetzungen für seine Erlangung künstlich geschaffen werden.«[39] Im Schrifttum wird darauf hingewiesen, dass sich ein Missbrauchsvorwurf nur schwer begründen lässt, wenn Beteiligungsrechte durch Ausnutzung der gesetzesgemäß verbleibenden Gestaltungsspielräume verloren gehen.[40] Die generelle Normierung einer Verhandlungspflicht bei Aktivierung einer Vorrats-SE würde jedenfalls europarechtlichen Bedenken begegnen.[41] Denn es können verschiedene gute Gründe für den Einsatz einer solchen Mantelgesellschaft sprechen, nicht zuletzt die problemlose Überwindung der hohen gesetzlichen Hürden bei der Gründung.[42]

Unter Beachtung der europarechtlichen Vorgaben bleibt es dem Gesetzgeber grundsätzlich aber unbenommen, eine Nachholung des Verhandlungsverfahrens in Anlehnung an § 36 S. 3 MgFSG anzuordnen.[43] Auf dieser Grundlage könnten sich Fallgruppen herausbilden, in denen sich eine Nachverhandlungspflicht unionsrechtskonform begründen lässt.[44] Kein Missbrauch wäre anzunehmen, wenn die mitbestimmungsfreie (Vorrats-)SE infolge organischen Wachstums die Mitbestimmungsschwellen überschreitet und auch nicht, wenn die SE dazu genutzt wird, den mitbestimmungsrechtlichen Status Quo einer Gesellschaft einzufrieren.[45] Anders kann sich die Situation darstellen, wenn die mitbestimmungsfreie SE gezielt dazu eingesetzt wird, ein vorhandenes Mitbestimmungsniveau zu beseitigen. Dies kommt insbesondere in dem oben angesprochenen Fall in Betracht, dass eine mitbestimmte Gesellschaft im Wege der Aufnahme auf eine mitbestimmungsfreie Vorrats-SE verschmolzen wird.[46] Für den Olympia-Fall wird Missbrauch überwiegend abgelehnt mit der Begründung, dass die Mitbestimmung nicht durch die SE-Gründung

39 EuGH, 16.05.2024, C-706/22, NZG 2024, 902, 906 Rn. 57.

40 Bochmann/Schirrmacher, GmbHR 2024, 729, 735.

41 Rudolph/Wickler, NZA 2024, 889, 893.

42 Voßberg, NJW 2024, 2388; für den Olympus-Fall auch Müller-Bonanni/Kalb, AG 2024, 581, 584.

43 Bochmann/Schirrmacher, GmbHR 2024, 729, 736 zu einem Formulierungsvorschlag; dieselben GmbHR 2025, 617, 625. Zur Vereinbarkeit von § 36 MgFSG mit europäischem Recht s. Thüsing/Forst in Habersack/Drinhausen, SE-Recht, § 37 MgFSG Rn. 2; Sagan in Lutter, UmwG, 7. Aufl. 2024, § 36 Rn. 1; kritisch Müller-Bonanni/Kalb, AG 2024, 581, 584. S. ferner § 44 Abs. 8 BörsG.

44 S. im Ansatz bereits Casper in BeckOGK-AktG, Art. 2 SE-VO Rn. 35; im Hinblick auf § 45 SEBG nunmehr Bochmann/Schirrmacher, GmbHR 2025, 617, 620 ff.

45 Thüsing/Forst in Habersack/Drinhausen, SE-Recht, § 37 MgFSG Rn. 14; Müller-Bonanni in Kallmeyer, UmwG, 8. Aufl. 2024, § 36 MgFSG Rn. 4; Bochmann/Schirrmacher, GmbHR 2025, 617, 620, wenn der mitbestimmungsrechtliche Statuts auch dem Ist-Zustand entspricht.

46 Casper in BeckOGK-AktG, Art. 2 SE-VO Rn. 35.

47 Henssler/Diepentahl, ZIP 2024, 1524; Werner, jM 2024, 373, 378; Thönnißen/Uffmann, NZA 2025, 543, 547; Müller-Bonanni/Kalb, AG 2024, 581, 583 f.; Hauser, BB 2024, 1425 f.; a.A. aber Casper in BeckOGK-AktG, Art. 2 SE-VO Rn. 35; Langbein/Gieseke, AuR 2024, 389 mit Hinweis auf die Notwendigkeit einer Gesamtbetrachtung bei mehraktigen Vorgehensweisen von Unternehmen.

weggefallen sei, sondern durch den Formwechsel in die KG, der sich als eine von der SE-Gründung unabhängige, nach deutschem Recht zulässige Gestaltungsmöglichkeit darstelle.[47]

Ob die neue Bundesregierung das Thema aufgreift, erscheint derzeit zweifelhaft. Anders als noch im Koalitionsvertrag der »Ampel« heißt es im aktuellen Koalitionsvertrag lediglich »Wir werden die Mitbestimmung weiterentwickeln.«[48]

VI. Schluss

Es ist anerkannt, dass eine SE als Vorratsgesellschaft errichtet werden kann. Die Eintragung kann abweichend von Art. 12 (2) SE-VO ohne Durchführung eines Verhandlungsverfahrens erfolgen, wenn ein solches in Ermangelung einer hinreichenden Zahl von Arbeitnehmern der Gründungsgesellschaften bzw. der zu gründenden SE ausgeschlossen ist. Für die Aktivierung der Vorrats-SE gelten über Art. 15 SE-VO die allgemeinen Grundsätze über die wirtschaftliche Neugründung. Eine Nachholung des bei Gründung der Vorrats-SE unterbliebenen Beteiligungsverfahrens gemäß SEBG ist nach der Rechtsprechung in Sachen Olympus ausgeschlossen. Der Gesetzgeber ist am Zug, wenn eine Verhandlungspflicht für Missbrauchsfälle begründet werden soll. Die – inzwischen fast überbordende – Verwendung der Vorrats-SE wirft die Frage auf, ob der numerus clausus der Gründungsformen und das Mehrstaatenerfordernis noch zeitgemäß sind. Die Erleichterung des Gründungsverfahrens der Europäischen Aktiengesellschaft in Anlehnung an die §§ 23 ff. AktG würde nicht nur in zahlreichen Fällen für Einsparungen sorgen, sondern die Umstrukturierungsmöglichkeiten der SE nach dem UmwG um sinnvolle Gestaltungsvarianten erweitern. Jeder Änderungsvorstoß würde unweigerlich aber die Frage einer Neujustierung der Beteiligungsrechte der Arbeitnehmer auf europäischer Ebene aufwerfen und müsste daher manche politische Hürde überwinden.

48 Vgl. Thönnißen/Uffmann, NZA 2025, 543, 547; Rasche, ZIP 2025, 1384, 1385.

Festschrift für Jens Ekkenga Autorenverzeichnis

Stand 15.12.2025

Holger Altmeppen Prof. Dr. iur., Rechtsanwalt in Frankfurt am Main, em. Universitätsprofessor in Passau

Michael Arnold Prof. Dr. iur., Partner der Sozietät Gleiss Lutz Rechtsanwälte, Stuttgart, und Honorarprofessor an der Universität Tübingen

Gregor Bachmann Prof. Dr. iur., LL.M. (Michigan), Inhaber des Lehrstuhls für Bürgerliches Recht und Unternehmensrecht sowie geschäftsführender Direktor des Forschungsinstituts für Notarrecht an der Humboldt-Universität zu Berlin

Theodor Baums Prof. Dr. iur., Dr. iur. h. c., Dr. rer. pol. h. c., em. Universitätsprofessor, J. W. Goethe-Universität, Frankfurt am Main

Walter Bayer Prof. Dr. iur., Richter am Thüringer OLG a.D., em. Universitätsprofessor an der Friedrich-Schiller-Universität Jena

Udo Becker Prof. Dr. iur., Professor an der Ostfalia Hochschule für angewandte Wissenschaften, Hochschule Braunschweig/Wolfenbüttel

Manfred Born Vorsitzender des II. Zivilsenats des BGH, Karlsruhe

Tobias Brouwer Dr. iur., Rechtsanwalt und Abteilungsleiter Recht und Steuern beim Verband der Chemischen Industrie (VCI) e. V.

Petra Buck-Heeb Prof. Dr. iur., Inhaberin des Lehrstuhls für Zivilrecht, Europäisches und Internationales Wirtschaftsrecht an der Leibniz Universität Hannover

Andreas Cahn Prof. Dr. iur., LL.M. (Berkeley), Direktor des Institute for Law and Finance, Goethe Universität Frankfurt

Christian E. Decher Prof. Dr. iur., Rechtsanwalt, Consulting Partner bei Freshfields, Frankfurt a. M. und Honorarprofessor an der Johann Wolfgang Goethe-Universität, Frankfurt a. M.

Meinrad Dreher Prof. Dr. iur., LL.M. (UPenn), em. Universitätsprofessor an der Johannes-Gutenberg-Universität Mainz, ehem. Richter des Verfassungsgerichtshofs Rheinland-Pfalz

Elena Dubovitskaya Prof., Inhaberin der Professur für Bürgerliches Recht, Handels- und Gesellschaftsrecht und Recht der Digitalisierung an der Justus-Liebig-Universität Gießen

Ulrich Ehricke Prof. Dr. iur., LL.M. (London), M.A., Direktor des Instituts für Europäisches Wirtschaftsrecht der Universität zu Köln, Richter am OLG a.D.

Andreas Engert Prof. Dr. iur., LL.M. (University of Chicago), Inhaber des Lehrstuhls für Bürgerliches Recht, Handels- und Gesellschaftsrecht, Kapitalmarktrecht und Rechtsökonomik an der Freien Universität Berlin

Holger Fleischer Prof. Dr. iur., Dr. h.c. Dr. h.c., LL.M. (Michigan), Dipl.-Kfm., Direktor am Max-Planck-Institut für ausländisches und internationales Privatrecht in Hamburg

Tim Florstedt Prof. Dr. iur., Inhaber des Lehrstuhls für Bürgerliches Recht, Handels- und Wirtschaftsrecht sowie Bankrecht an der EBS Universität für Wirtschaft und Recht

Andreas Fuchs Prof. Dr. iur., LL.M. (Michigan), RiOLG a.D., Institut für Unternehmens- und Wirtschaftsrecht der Universität Osnabrück

Barbara Grunewald Prof. Dr. iur., em. Universitätsprofessorin und Direktorin des Instituts für Gesellschaftsrecht an der Universität zu Köln

Mathias Habersack Prof. Dr. iur., Inhaber des Lehrstuhls für Bürgerliches Recht und Unternehmensrecht der Ludwig-Maximilians-Universität München

Horst Hammen Prof. (a.D.) Dr. iur. an der Justus-Liebig -Universität Gießen, Research Fellow am Institute for Law and Finance, Goethe-Universität Frankfurt am Main

Joachim Hennrichs Prof. Dr. iur., Inhaber des Lehrstuhls für Bürgerliches Recht, Bilanz- und Steuerrecht sowie Mitdirektor des Instituts für Gesellschaftsrecht und des Instituts für Nachhaltigkeit, Unternehmensrecht und Reporting (INUR) der Universität zu Köln

Leonard Hick wissenschaftlicher Mitarbeiter und Doktorand am Institut für Europäisches Wirtschaftsrecht der Universität zu Köln

Heribert Hirte Prof. Dr. iur., em. Universitätsprofessor an der Universität Hamburg

Philipp Maximilian Holle Prof. Dr. iur., Inhaber des Lehrstuhls für Bürgerliches Recht und Wirtschaftsrecht an der Justus-Liebig-Universität Gießen

Peter Hommelhoff Prof. Dr. iur., em. Ordinarius für Bürgerliches Recht, Handels- und Wirtschaftsrecht, Rechtsvergleichung an der Ruprecht-Karls-Universität, Heidelberg sowie Richter am OLG Hamm a.D.

*Philipp Jaspers*Dr. iur., Dipl-Volkswirt, M. A., Rechtsanwalt in der Sozietät Gleiss Lutz, Frankfurt a. M.

Detlef Kleindiek Prof. Dr. iur., em. Universitätsprofessor an der Universität Bielefeld

Jens Koch Prof. Dr. iur., Universitätsprofessor an der Universität zu Köln, Geschäftsführender Direktor der Institute für Arbeits- und Wirtschaftsrecht, für Gesellschaftsrecht sowie für Nachhaltigkeit, Unternehmensrecht und Reporting

Michael Kort Prof. Dr. iur., em. Universitätsprofessor an der Universität Augsburg

Christoph Kumpan Prof. Dr. iur., LL.M. (University of Chicago), Attorney at law (New York), Inhaber des Lehrstuhls für Bürgerliches Recht, Unternehmensrecht und Kapitalmarktrecht an der Bucerius Law School, Hamburg

Thilo Kuntz Prof. Dr. iur., LL.M. (University of Chicago), Inhaber des Lehrstuhls für Bürgerliches Recht, Handels- und Gesellschaftsrecht sowie geschäftsführender Direktor des Instituts für Unternehmensrecht an der Heinrich-Heine-Universität Düsseldorf

Thomas Liebscher Prof. Dr. iur., Rechtsanwalt, Partner der Kanzlei SZA Schilling, Zutt & Anschütz und Honorarprofessor an der Ruprecht-Karls-Universität in Heidelberg

Jan Lieder Prof. Dr. iur., LL.M. (Harvard), Direktor der Abteilung Wirtschaftsrecht des Instituts für Wirtschaftsrecht, Arbeits- und Sozialrecht an der Albert-Ludwigs-Universität in Freiburg sowie Richter im zweiten Hauptamt am OLG Schleswig

Marc Löbbe Dr. iur., Rechtsanwalt, Partner der Kanzlei SZA Schilling Zutt & Anschütz in Frankfurt a. M. und München

Hanno Merkt Prof. Dr. iur., LL.M. (University of Chicago), ordentlicher Professor an der Albrecht-Ludwigs-Universität Freiburg und Direktor des dortigen Instituts für Ausländisches und Internationales Privatrecht, Abteilung II

Anne-Christin Mittwoch Prof. Dr. iur., Inhaberin des Lehrstuhls für Bürgerliches Recht, Europäisches und Internationales Wirtschaftsrecht sowie geschäftsführende Direktorin des Instituts für Wirtschaftsrecht an der Martin-Luther-Universität Halle-Wittenberg und Of Counsel bei der Wirtschaftskanzlei GvW Graf von Westphalen

Sebastian Mock Prof. Dr. iur., LL.M. (NYU), Attorney-at-Law (New York), Universitätsprofessor am Institut für Zivil- und Zivilverfahrensrecht (Abteilung Unternehmens- und Insolvenzrecht) am Department für Privatrecht an der Wirtschaftsuniversität Wien

Thomas M. J. Möllers Prof. Dr. iur., Prof. h. c., Inhaber eines Ad Personam Jean-Monnet-Lehrstuhls und Inhaber des Lehrstuhls für Bürgerliches Recht, Wirtschaftsrecht, Europarecht, Internationales Privatrecht sowie Rechtsvergleichung an der Universität Augsburg sowie Professor h. c. der Central South University in Changsha

Florian Möslein Prof. Dr. iur., LL.M. (London), Professor für Bürgerliches Recht, Deutsches und Europäisches Wirtschaftsrecht sowie Direktor des Instituts für Handels- und Wirtschaftsrecht und Gründungsdirektor des Instituts für das Recht der Digitalisierung (IRDi) an der Philipps-Universität Marburg

Ulrich Noack Prof. Dr. iur., em. Universitätsprofessor an der Heinrich-Heine-Universität Düsseldorf

*Walter G. Paefgen*P rof. Dr. iur., Außerplanmäßiger Professor an der Eberhard-Karls-Universität, Tübingen

Brenda Pelz akademische Angestellte im wissenschaftlichen Dienst am Institut für Ausländisches und Internationales Privatrecht, Abteilung II, Albrecht-Ludwigs-Universität Freiburg

Andreas Pentz Prof. Dr. iur., Rechtsanwalt und Fachanwalt für Handels- und Gesellschaftsrecht, Honorarprofessor an der Universität Mannheim, Partner der Rechtsanwaltskanzlei Rowedder Zimmermann Hass Rechtsanwälte PartmbB, Mannheim

Dörte Poelzig Prof. Dr. iur., Inhaberin des Lehrstuhls für Bürgerliches Recht, Handels- und Gesellschaftsrecht an der Universität Hamburg

Moritz Pöschke Prof. Dr. iur., LL.M. (Harvard), Dipl.-Kfm., Direktor des Instituts für Nachhaltigkeit, Unternehmensrecht und Reporting (INUR) der Universität zu Köln sowie Rechtsanwalt in Mülheim an der Ruhr

Jochem Reichert Prof. Dr. iur., Rechtsanwalt, Partner der Kanzlei SZA Schilling Zutt & Anschütz in Mannheim und Frankfurt a. M. und Honorarprofessor an der Friedrich-Schiller-Universität Jena

Markus Roth Prof. Dr. iur., Professor für Bürgerliches Recht, Arbeitsrecht, Deutsches und Europäisches Handels- und Wirtschaftsrecht sowie Direktor des Instituts für Handels- und Wirtschaftsrecht an der Philipps-Universität Marburg

Carsten Schäfer Prof. Dr. iur., Inhaber des Lehrstuhls für Bürgerliches Recht, Handels- und Gesellschaftsrecht und Direktor des Instituts für Unternehmensrecht (IURUM) an der Universität Mannheim

Frank Schäfer Prof. Dr. iur., Rechtsanwalt, Partner bei Sernetz Schäfer Rechtsanwälte Partnerschaftsgesellschaft mbB, Düsseldorf und Honorarprofessor an der Ruhr-Universität Bochum

Christoph Schalast Prof. Dr. iur., Rechtsanwalt und Notar, Managing Partner Schalast LAW | TAX, Professor für M&A und akademischer Direktor des M&A Studiengangs der Frankfurt School of Finance & Management

Alexander Schall Prof. Dr. iur., M.Jur. (Oxford), Professor für Deutsches, Europäisches und Internationales Privat- und Unternehmensrecht, Rechtsvergleichung an der Leuphana Universität Lüneburg

*Carsten Schirrmacher*Dr. iur., Akademischer Rat auf Zeit an der Justus-Liebig-Universität Gießen

Michael Schlitt Prof. Dr. iur., Rechtsanwalt, Partner der Sozietät Hogan Lovells International LLP, Frankfurt a. M. und Honorarprofessor an der Universität zu Köln

Jessica Schmidt Prof. Dr. iur., LL.M. (Nottingham), Inhaberin des Lehrstuhls für Bürgerliches Recht, deutsches, europäisches und internationales Unternehmens- und Kapitalmarktrecht (Zivilrecht I) an der Universität Bayreuth

Uwe H. Schneider Prof. Dr. iur., Dr. h.c., Direktor des Instituts für deutsches und internationales Recht des Spar, Giro und Kreditwesens an der Johannes-Gutenberg-Universität Mainz

Sabine Scholz-Fröhling Dr. iur., General Counsel, Head of Legal and Group Compliance, Chief Regulatory Officer bei der Finanzen.net-Gruppe

Christoph Thole Prof. Dr. iur., Dipl-Kfm., Direktor des Instituts für Verfahrensrecht und Insolvenzrecht und des Instituts für Europäisches und Internationales Insolvenzrecht der Universität zu Köln

Dirk A. Verse Prof. Dr. iur., M.Jur. (Oxford), Direktor des Instituts für deutsches und europäisches Gesellschafts- und Wirtschaftsrecht, Ruprecht-Karls-Universität Heidelberg

Eberhard Vetter Dr. iur., Rechtsanwalt und Partner, Luther Rechtsanwaltsgesellschaft mbH, Köln

Jochen Vetter Prof. Dr. iur., Dipl.-Ökonom, Rechtsanwalt, Partner bei Hengeler Mueller Partnerschaft von Rechtsanwälten mbB, München, Honorarprofessor an der Universität zu Köln

Aaron Waible wissenschaftlicher Mitarbeiter am Lehrstuhl für Bürgerliches Recht, Handels- und Gesellschaftsrecht, Kapitalmarktrecht und Rechtsökonomik an der Freien Universität Berlin

Donatus Wang Donatus Wang, Dr. iur., Dr. rer. pol., Rechtsanwalt bei Kirkland & Ellis International LLP, München

Anna Weisenburger studentische Hilfskraft am Max-Planck-Institut für ausländisches und internationales Privatrecht in Hamburg

Hartmut Wicke Prof. Dr. iur., LL.M. (Stellenbosch), Notar in München, Partner der Sozietät Wicke Herrler Notare, München und Honorarprofessor an der Ludwig-Maximilians-Universität München

Dirk Zetzsche Prof. Dr. iur., LL.M. (Toronto), Inhaber des Lehrstuhls für Finanzmarktrecht (inclusive finance), Fakultät für Recht, Ökonomie und Finanzwissenschaften, Universität Luxembourg

Verzeichnis der Schriften von Prof. Dr. Jens Ekkenga

1. Monographien

Die Inhaltskontrolle von Franchise-Verträgen. Eine Studie zu den zivilrechtlichen Grenzen der Vertragsgestaltung im Bereich des Franchising unter Einschluss des Vertragshändlerrechts. Abhandlungen zum Arbeits- und Wirtschaftsrecht, Band 60, Verlag Recht und Wirtschaft GmbH, 243 S., Heidelberg 1990.

Rezension: Martinek, WM 1991, 1357 – 1360

Anlegerschutz, Rechnungslegung und Kapitalmarkt. Eine vergleichende Studie zum europäischen, deutschen und britischen Bilanz-, Gesellschafts- und Kapitalmarktrecht. Jus Privatum, Band 30, Verlag J.C.B. Mohr (Paul Siebeck), 520 S., Tübingen 1998

Rezensionen: Moxter, ZHR 163 (1999), 486 – 487
Assmann, AG 2000, Heft 3, R 112
D. Schulz, InVO 2000, 111 – 112
Kalss, Österreichische Zeitschrift für Wirtschaftsrecht, 2000, Heft 1
Emmerich, AG 1999, 383

Das Recht der Wertpapieremissionen, Erich Schmidt Verlag, Berlin, März 2006, 388 S. (mit Heyo Maas).

2. Kommentare und Sammelwerke

Noack/Spindler, Unternehmensrecht und Internet, daraus Bearbeitung Kapitalmarktrechtliche Aspekte der »Investor Relations«, S. 101 ff., Verlag Beck 2001.

Ehricke/Ekkenga/Oechsler, Kommentar zum WpÜG (Einleitung, §§ 27, 28, 32 bis 39), Verlag Beck, 2003.

Kümpel/Hammen/Ekkenga, Kapitalmarktrecht, Loseblattsammlung, Verlag Erich Schmidt (Hrsg., Nachfolge Kümpel/Ott, seit 1.1.2000), daraus Bearbeitung des Abschnitts »Wertpapieremissionen« (mit Heyo Maas) Dezember 2005.

Fleischer, Handbuch des Vorstandsrechts, Verlag Beck 2006, 927 S., daraus Bearbeitung des Abschnitts »§ 21 Vorstandspflichten beim genehmigten Kapital«, März 2006.

Lutter (Hrsg.), ZGR Sonderheft 17 – Das Kapital der Aktiengesellschaft in Europa, daraus Beitrag Festes Kapital im Aktienrecht und seine Bedeutung für den Minderheiten- und Anlegerschutz (mit Walter Bayer), Verlag Walter de Gruyter, Juni 2006.

Lutter (Hrsg.), European Company and Financial Law Review (ECFR) Special Volume 1, daraus Fixed capital under German Stock Corporation Law and its Significance for the Protection of Investors and Minority Shareholders (mit Walter Bayer), Verlag Walter de Gruyter, Juli 2006.

Derleder/Knops/Bamberger (Hrsg.), Handbuch zum deutschen und europäischen Bankrecht (§ 57 Effektengeschäft) (mit Timo Bernau), Springer Verlag, 2. Aufl. 2009.

Kölner Kommentar zum Rechnungslegungsrecht, §§ 238–342e HGB, daraus Bearbeitung der §§ 253 und 255, Carl Heymanns Verlag 2011.

Kölner Kommentar zum Aktiengesetz, Band 3, §§ 150–178 AktG, daraus Bearbeitung der §§ 150, 152, 158, 160, 170–176, Carl Heymanns Verlag, 3. Aufl. 2012.

Gehrlein/Ekkenga/Simon (Hrsg.) GmbHG Gesetz betreffend die Gesellschaften mit beschränkter Haftung – Kommentar, Carl Heymanns Verlag Köln, 2012.

Claussen, Bank- und Börsenrecht für Studium und Praxis, daraus § 7 Wertpapierrecht, 5. Auflage, Verlag C. H. Beck 2014.

Münchener Kommentar zum HGB, Band 6, »Bankvertragsrecht«, Verlag Beck/ Franz Vahlen, daraus Bearbeitung des Abschnitts »Effektengeschäft«, S. 1389–1714, 3. Aufl. 2014.

Handbuch der AG-Finanzierung (Ekkenga/Schröer, Hrsg.), daraus Bearbeitung der Abschnitte Sanierungsfinanzierung, Reguläre Kapitalerhöhung (zusammen mit P. Jaspers), Genehmigtes Kapital (zusammen mit T. Bernau), Kapitalerhöhung in der Insolvenz (zusammen mit Udo Becker), Januar 2014, Verlag Wolters Kluwer.

Soergel – Kommentar zum Bürgerlichen Gesetzbuch, Band 3/2: Schuldrecht 1/2, Kohlhammer Verlag 13. Auflage 2014, daraus: Vorbemerkungen zu § 249, §§ 249–254 (Allgemeines Schadensrecht), § 275 (Unmöglichkeit) (gemeinsam mit PD Dr. Thilo Kuntz).

Münchener Kommentar zum GmbHG, Band 1, daraus Bearbeitung der §§ 29–31, 305 Seiten, Verlag C.H. Beck, 2. Aufl. 2014.

Gehrlein/Ekkenga/Simon (Hrsg.) GmbHG Gesetz betreffend die Gesellschaften mit beschränkter Haftung – Kommentar, Carl Heymanns Verlag, Köln, 2. Auflage 2015.

Kölner Kommentar zur Aktiengesetz, Band 4, daraus Kommentierung der §§ 182–191, Carl Heymanns Verlag, Köln, 3. Auflage 2017.

Münchener Kommentar zum GmbHG, Band 1, daraus Bearbeitung der §§ 29–31, S. 2244–2559, Verlag C.H. Beck, 3. Aufl. 2018.

Handbuch der AG-Finanzierung (Ekkenga, Hrsg.) daraus Bearbeitung der Abschnitte Reguläre Kapitalerhöhung (zusammen mit Philipp Jaspers und Philipp Thouet), Kapitalmaßnahmen in der Insolvenz (zusammen mit U. Becker), Finanzierung und außergerichtliche Sanierung, 2. Auflage 2019, Verlag Wolters Kluwer.

Münchener Kommentar zum HGB, Band 6, »Bankvertragsrecht«, Verlag Beck/Franz Vahlen, daraus Bearbeitung des Abschnitts »Effektengeschäft«, S. 1896–2246, 4. Aufl. 2019.

Kölner Kommentar zum Aktiengesetz, Band 4, daraus Kommentierung der §§ 222–228 sowie mit C. Schirrmacher der §§ 229–240 (zur Herabsetzung des Grundkapitals), Carl Heymanns Verlag, Köln, 3. Auflage 2020.

Beurskens/Ehricke/Ekkenga, Kommentar zum WpÜG, daraus Einleitung, §§ 27, 28, 32 bis 39, (zusammen mit Dr. Carsten Schirrmacher), Verlag C. H. Beck, München, 2. Auflage 2021.

Münchener Kommentar zum GmbHG, Band 1, daraus Bearbeitung der §§ 29–31, S. 2280–2595, Verlag C.H. Beck, 4. Aufl. 2022.

Claussen/Erne, Bank- und Kapitalmarktrecht, daraus § 7 Wertpapierhandel, 6. Auflage, Verlag C. H. Beck 2023.

Münchener Kommentar zum HGB, Band 6, »Bankvertragsrecht«, Verlag C. H. Beck, daraus Bearbeitung des Abschnitts »Effektengeschäft«, S. 2031–2391, 5. Aufl. 2024.

Ekkenga/Winner, Sustainable Finance in the EU, JusIntEu 206, Verlag Mohr Siebeck, 2024, daraus Bearbeitung der Abschnitte An Introduction, S. 1 ff.; Country Report Germany, S. 37 ff.; A Legal Comparison, S. 337 ff. (mit Karl Bjorn Erlemann).

Münchener Kommentar zum GmbHG, Band 1, daraus Bearbeitung der §§ 29–31, S. 2336–2651, Verlag C.H. Beck, 5. Aufl. 2025.

3. Herausgeberschaften

Ekkenga/Winner, Sustainable Finance in the EU, JusIntEu 206, Verlag Mohr Siebeck 2024, ISBN: 978–3-16–163722-3

Journal of Entrepreneurship and Corporate Law, Russland, Hrsg. Vitaliy Proshin et. al. (redaktioneller Beirat) (bis März 2022)

Gehrlein/Ekkenga/Simon, GmbHG-Kommentar, Carl Heymanns Verlag, Köln, 2. Auflage 2015, ISBN: 978–3-452–28141-8

Kümpel/Hammen/Ekkenga, Kapitalmarktrecht, Loseblattsammlung, Erich Schmidt Verlag (Nachfolge Kümpel/Ott, seit 1.1.2000), Berlin, ISBN: 978–3-503–11057-5

Soergel – Kommentar zum Bürgerlichen Gesetzbuch, Band 3/1: Schuldrecht 1/1, §§ 241, 241a, 242 (Bandredakteur), Kohlhammer Verlag, Stuttgart, 13. Auflage 2014, ISBN: 978–3-17–037364-8

Soergel – Kommentar zum Bürgerlichen Gesetzbuch, Band 3/2: Schuldrecht 1/2, §§ 243–304 (Bandredakteur), Kohlhammer Verlag, Stuttgart, 13. Auflage 2014, ISBN: 978–3-17–015794-1

Ekkenga, Handbuch der AG-Finanzierung, Wolters Kluwer Verlag, Köln, 2. Auflage 2019, ISBN: 978–3-452–28630-7

Ekkenga/Hadding/Hammen, Bankrecht und Kapitalmarktrecht in der Entwicklung, Festschrift für Siegfried Kümpel, Erich Schmidt Verlag, Berlin, 2003, ISBN: 978–3-503–07081-7

4. Aufsätze

Insichgeschäfte geschäftsführender Organe im Aktien- und GmbH-Recht unter besonderer Berücksichtigung der Einmann-Gesellschaft, in: AG 1985, S. 40 – 48

»Vertikale Gruppenkooperation« und Deutsches Kartellrecht: Anlass für eine Renaissance der Kartellformenlehre? in: AG 1987, S. 373 – 376

Grundfragen der AGB-Kontrolle von Franchise-Verträgen, in: AG 1989, S. 301 – 316

Zur kartellrechtlichen Erzwingbarkeit von Kooperationen im Fluglinienverkehr, in: BB 1991, S. 1134 – 1139 (mit Hopf)

Ausgleichsanspruch analog § 89b HGB und Ertragswertmethode – Versuch einer Neuorientierung, in: AG 1992, S. 345 – 357

Die Verpackungsverordnung zwischen Administration und privatwirtschaftlicher Kooperation, in: BB 1993, S. 945 – 949

Kapitalmarktrechtliche Aspekte des Bezugsrechts und Bezugsrechtsausschlusses, in: AG 1994, S. 59 – 66

Die Überleitung von Arbeitsverhältnissen kraft rechtsgeschäftlicher Funktionsnachfolge, in: ZIP 1995, S. 1225 – 1236

Wertpapier-Bedingungen als Gegenstand richterlicher AGB-Kontrolle? in: ZHR 160 (1996), S. 59 – 74

Die Fahrlässigkeitshaftung des Jahresabschlussprüfers für Insolvenzschäden Dritter, in: WM 1996, Sonderbeilage 3, S. 1 – 16

Gibt es »wirtschaftliches Eigentum« im Handelsbilanzrecht? in: ZGR 1997, S. 261–270

Zur Aktivierungs- und Einlagefähigkeit von Nutzungsrechten nach Handelsbilanz- und Gesellschaftsrecht, in: ZHR 161 (1997), S. 599 – 627

Vorzüge und Nachteile der nennwertlosen Aktie, in: WM 1997, S. 1645 – 1650

Die Ad-hoc-Publizität im System der Marktordnungen, in: ZGR 1999, S. 165 – 201

Kapitalmarktrechtliche Aspekte der »Investor Relations«, in: NZG 2001, S. 1 – 8

Börsengang und Bezugsrechtsausschluss, in: VGR Band 3 (2001), S. 77–101

Das Organisationsrecht des Genehmigten Kapitals, in: AG 2001, S. 567–579 (Teil 1) und S. 615–629 (Teil 2)

Neuordnung des Europäischen Bilanzrechts für börsennotierte Unternehmen: Bedenken gegen die Strategie der EG-Kommission, in: BB 2001, S. 2362–2369

Kurspflege und Kursmanipulation nach geltendem und künftigem Recht, in: WM 2002, S. 317–325

Das Wertpapiererwerbs- und Übernahmegesetz, mit Hofschroer, DStR 2002, S. 724 – 734 und S. 768 – 777.

§ 33 WpÜG: Neutralitätsgebot und Grundsatz der Abwehrbereitschaft? in: Festschrift für Siegfried Kümpel, 2003, S. 95 – 110.

Die Insolvenzhaftung gegenüber dem »Neugesellschafter« nach GmbH- und Aktienrecht, in: Festschrift für Walter Hadding (2004), S. 343–364

Bilanzierung von Stock Option Plans nach US-GAAP, IFRS und HGB in: DB 2004, S. 1897–1903

Fragen der deliktischen Haftungsbegründung bei Kursmanipulationen und Insidergeschäften, in: ZIP 2004, S. 781–793

Grundzüge eines Kollisionsrechts für grenzüberschreitende Übernahmeangebote, mit Kuntz, WM 2004, S. 2427–2436

Änderungs- und Ergänzungsvorschläge zum Regierungsentwurf eines neuen Wertpapierprospektgesetzes, in: BB 2005, S. 561–564

Einflusswege und Einflussfolgen im faktischen Unternehmensverbund – Ergebnisse einer empirischen Untersuchung –, in: Der Konzern 2005, S. 261–274, mit Weinbrenner und Schütz

Einzelabschlüsse nach IFRS – Ende der aktien- und GmbH-rechtlichen Kapitalerhaltung?, in: AG 2006, S. 389–397

Eigenkapitalersatz und Risikofinanzierungen nach künftigem GmbH-Recht, in: WM 2006, S. 1986–1995

Die Kapitalherabsetzung nach der neuen EG-Kapitalrichtlinie: Änderungen, Ergänzungen und Umsetzungsbedarf, in: Der Konzern 2007, S. 413–418

Das neue WpHG: Beflissene Umsetzung des Gemeinschaftsrechts oder Niedergang der nationalen Gesetzgebungskultur oder beides?, in: BB 37/2007, »Die erste Seite«.

Offene Fragen zur Rechnungslegung einer in Deutschland ansässigen Private Company Limited by Shares, in: Rechtswissenschaft im Wandel – Festschrift des Fachbereichs Rechtswissenschaft zum 400jährigen Gründungsjubiläum der Justus-Liebig-Universität Gießen, Verlag Mohr Siebeck, 2007.

Sachkapitalerhöhung gegen Schuldbefreiung, in: ZGR 2009, S. 581–622.

Zur Ertragsbesteuerung von Sanierungsgewinnen bei Kapitalumschichtungen, in: Ubg 2009, S. 761–773.

Sachdividenden für Aktionäre – sinnvolles Gestaltungsinstrument oder nutzloses Phantasieprodukt einer hypertrophen Finanzwirtschaft?, in: Unternehmen, Markt und Verantwortung, Band 2, Festschrift für Klaus J. Hopt zum 70. Geburtstag, S. 1733–1751, Verlag de Gruyter 2010.

Angewandte Rechtsmethodik am Beispiel der insolvenzrechtlichen Rangrückstufung von »Gesellschafter«-Darlehen, in: Festschrift für Jan Schapp zum siebzigsten Geburtstag, S. 125–142, Verlag Mohr Siebeck 2010.

Kapitalaufbringung im konzernweiten Cash-Pool: Ungelöste Probleme und verbleibende Gestaltungsspielräume, in: ZIP 2010, S. 2469–2478.

Zum Gläubiger- und Gesellschafterschutz bei Sachfinanzierungen einer AG: Welche Gestaltungsspielräume gewährt das AktG?, in: Festschrift für Günter H. Roth zum 70. Geburtstag, S. 91–101, Verlag C. H. Beck 2011.

Sachverhaltsgestaltung durch Window-dressing: Der Fall »Lehman Bros« aus europäischer Sicht, in: Der Konzern 2011, S. 321–330.

Genussrechte im Vertragskonzern – Überlegungen zur Gewinn- und Verlustverteilung zwischen Muttergesellschaft und Genussberechtigten im Anschluss an LG Frankfurt a.M., Urt. v. 14.12.2010 – 3–5 O 65/10 –, zusammen mit Udo Becker, in: Der Konzern 2011, S. 593–600.

Neuerliche Vorschläge zur Nennwertanrechnung beim Debt-Equity-Swap – Erkenntnisfortschritt oder Wiederbelebungsversuche am untauglichen Objekt?, in: Der Betrieb 2012, S. 331–337.

Vorwort zum Buch von Oskar Bülow, Die Lehre von den Prozesseinreden und die Prozessvoraussetzungen, in: Der Bote des Zivilprozessrechts, Nr. 1 2012, S. 175–177.

Вступительное слово к книге Оскара Бюлова »Учение о процессуальных возражениях и процессуалных предпосылках«, in: Der Bote des Zivilprozessrechts, Nr. 1 2012, S. 175–177.

Neue Pläne der Europäischen Kommission für ein Europäisches Konzernrecht: Erste Eindrücke, in: Die Aktiengesellschaft 2013, S. 181–184.

Vom Umgang mit überwertigen Sacheinlagen im Allgemeinen und mit gemischten (verdeckten) Sacheinlagen im Besonderen, in: ZIP 2013, S. 541–550.

Individuelle Entscheidungsprozesse im Recht der Ad-hoc-Publizität, in: NZG 2013, S. 1081–1087.

Neuere Entwicklungen zur Preisverantwortung des Bieters im Übernahmerecht – das Postbank-Urteil des BGH, in: ZGR 2015, S. 485–506.

Stimmrechtsbeschränkungen und positive Stimmpflichten des herrschenden Unternehmens im GmbH-Konzern, in: Der Konzern 2015, S. 409–416.

Rückbelastungen der aufnehmenden Gesellschaft bei der Zusammenführung von Unternehmen per Sachkapitalerhöhung, in: Recht im Wandel europäischer und deutscher Rechtspolitik, Festschrift 200 Jahre Carl Heymanns Verlag, Köln 2015, S. 163–176.

Mitbestimmung der Aktionäre über Erfolgsvergütungen für Arbeitnehmer, in: Die Aktiengesellschaft 2017, S. 89–99, ISSN: 0002–3752.

The Minimum Capital under Russian and German Stock Corporation and Limited Liability Company Law, in: Festschrift für Theodor Baums zum 70. Geburtstag, Verlag Mohr Siebeck 2017 (zusammen mit Evgeny Alexeevitsch Sukhanov, Universität Moskau).

»Holzmüller« und seine Geburtsfehler – hier: Die angebliche Schrankenlosigkeit der Vertretungsmacht des Mutter-Vorstands im Konzern, in: ZIP 2017, S. 1053–1060 (zusammen mit Björn Schneider).

Insolvenzvorbeugung durch Rangrücktritt, in: ZIP 2017, S. 1493–1505.

Bonuszusagen für Arbeitnehmer: Eine Gratwanderung zwischen Arbeits- und Gesellschaftsrecht, in: BB 2017, S. 2549–2555 (zusammen mit Carsten Schirrmacher).

Bitcoin und andere Digitalwährungen – Spielzeug für Spekulanten oder Systemänderung durch Privatisierung der Zahlungssysteme?, in: Computer und Recht 2017, S. 762–768.

Bedroht die EU-Beihilfenaufsicht die Steuerautonomie der EU-Mitgliedsstaaten?, in: DStR 2018, S. 1993–2002 (zusammen mit Javid Safaei).

Stimmverbote gegen den herrschenden Gesellschafter im GmbH-Konzern, in: ZGR 2019, S. 191–237.

Über die erweiterten Kontrollpflichten des Aufsichtsrats nach der CSR-Reform, in: Festschrift für Eberhard Vetter zum 70. Geburtstag, S. 115–135, Verlag Otto Schmidt 2019.

Product Governance nach MiFiD II: Zentrale Marktsteuerung statt Schutz des manipulationsfreien Wettbewerbs im Wertpapierhandel? – Ein Weckruf, in: Festschrift 25 Jahre WpHG, S. 975–999, Verlag de Gruyter 2019.

Auswirkungen der COVID-19-Katastrophe auf die Zahlungspflichten gewerblicher Mieter und Pächter, in: NZM 2020, S. 410–415 (gemeinsam mit Carsten Schirrmacher).

Investmentfonds als neue Kontrollagenten einer »nachhaltigen« Realwirtschaft: Sinnvolle Instrumentalisierung oder schrittweise Demontage der Kapitalmärkte in Europa?, in: WM 2020, S. 1664–1674.

Sicherung von Teilforderungen aus Dauerschuldverhältnissen bei Beendigung eines Vertragskonzerns gem. § 303 AktG? Vorschlag für eine Neuorientierung, in: Festschrift für Gerd Krieger zum 70. Geburtstag, S. 237–252, Verlag C.H. Beck 2020.

Überschießende Regelungstendenzen bei Zwangsbesicherungen nach dem Realkautionsprinzip im Gesellschaftsrecht, in: Festschrift für Christine Windbichler zum 70. Geburtstag am 8. Dezember 2020, S. 563–578, Verlag de Gruyter 2020.

Die Klassifizierung umweltnützlicher »Wirtschaftstätigkeiten« und ihrer Finanzierung nach neuem Unionsrecht und das Problem des Greenwashing, in: WM 2021, S. 205–214 (gemeinsam mit Prof. Dr. Peter Posch, Dortmund).

Offene Fragen zur rechtlichen Steuerung nachhaltigen Unternehmertums, in: NJW 2021, S. 1509–1513 (gemeinsam mit akad. Rat a. Z. Dr. Carsten Schirrmacher und wiss. Mitarbeiter Dr. Björn Schneider).

Stewardship und Corporate Governance bei Emission von Green Bonds, in: AG 2021, S. 409–420 (gemeinsam mit Prof. Dr. Markus Roth, Marburg).

Zur zweckgebundenen Mittelverwendung des Anleihekapitals aus Green-Bond-Emissionen, in: WM 2021, S. 1161–1171 (gemeinsam mit Prof. Dr. Markus Roth, Marburg).

Barbara Grunewald wiedergelesen: Keine persönliche Ausfallhaftung der GmbH-Gesellschafter nach Ausscheiden eines Mitgesellschafters gegen Abfindung!, in: Festschrift für Barbara Grunewald zum 70. Geburtstag, S. 189–207, Verlag Otto Schmidt 2021.

ESG Ratings and Stock Performance during the COVID-19 Crisis, in: Sustainability 2021, 13, 7133 (gemeinsam mit Nils Engelhardt und Prof. Dr. Peter Posch).

»Nachhaltige« Firmen an »nachhaltigen« Märkten? in: Börsen-Zeitung 2021 (gemeinsam mit Dr. Carsten Schirrmacher und Dr. Björn Schneider).

Mezzanine-Kapital im aktien- und GmbH-rechtlichen System der gläubigerschützenden Kapitalerhaltung, in: ZHR 2021, S. 792–839.

Lieferkettengesetz, Europäisches Kartellrecht und die Folgen: Effiziente Missbrauchsbekämpfung oder nutzlose Gängelung gesetzestreuer Unternehmen?, in: ZIP 2022, S. 49–61 (gemeinsam mit Karl Björn Erlemann).

Zur privatrechtlichen Bindung völkerrechtlicher Abkommen zum Menschenrechts- und Umweltschutz, in: KlimaRZ 2022, S. 37–39.

Zur (Um-)Lenkung der Kapitalströme durch Investmentfonds zwecks Förderung »nachhaltiger« Investitionen – ein Systemüberblick unter Berücksichtigung ausgewählter Problemschwerpunkte – in: WM 2022, Teil I S. 1765–1771, Teil II S. 1813–1817.

Banken und Investmentfonds als nachrangige Anleihegläubiger im Insolvenzrecht der Gesellschafterdarlehen, in: NZG 2022, S. 1659–1668 (gemeinsam mit Eduard Bekker).

Externe Nachhaltigkeitsberichterstattung nach der neuen CSRD, in: ZHR 2023, S. 228–267.

Unternehmenspublizität versus Diskretions- und Wettbewerbsschutz im Handels-, Gesellschafts- und Kapitalmarktrecht, in: ZHR 188 (2024), S. 471–515.

Privilegien für Finanzintermediäre als Betreiber eines umwelt- und sozialpolitisch erwünschten »Shareholder Activism«? in: Nationales und internationales Kapitalmarkt- und Gesellschaftsrecht, Festschrift für Andreas Cahn zum 65. Geburtstag, Verlag C.H.Beck 2024, S. 71–84.

Fehldeutungen des Begriffs der »unternehmensbezogenen Sanierung« nach § 3a Abs. 1, 2 EStG und ihre steuerlichen Folgen für Schuldbefreiungen von AG und GmbH, in: DStR 2025, S. 929–935.

Stehenlassen von Gewinnvorträgen und offenen Rücklagen als darlehensgleiche Gesellschafterfinanzierung im Sinne von § 39 Abs. 1 Nr. 5 InsO? oder: Fehlgeburt einer Chimäre: Stehengelassenes Eigenkapital, in: Rechtsprechung in Wissenschaft, Praxis und Lehre, Festschrift für Barbara Dauner-Lieb, Nomos Verlag, 2025.

Gesellschafts- und handelsrechtliche Rahmenbedingungen einer steuerneutralen Schuldbefreiung sanierungsbedürftiger AG und GmbH, in: NZG 2025, S. 771–780.

5. Urteilsanmerkungen und Rezensionen

Besprechung von Beckmann/Scholtz, Investment, und Schäfer, Anlegerschutz und die Sorgfalt eines ordentlichen Kaufmannes bei der Anlage mit Sondervermögen durch Kapitalanlagegesellschaften, in: AG 1988, 178 – 180 (mit Mertens)

Anfechtungsklage gegen die Ermächtigung des Vorstandes zum Bezugsrechtsausschluss: Festsetzung des Regelstreitwertes, Anmerkung zu OLG München AG 1989, 212 – 214

Das Recht des Terminhandels (Franken), Rezension, ZHR 162 (1998), 344 – 347

Phasengleiche Vereinnahmung von Dividendenerträgen, Anmerkung zu BFH, Vorlagebeschluss v. 16. 12. 1998 (I R50/95), BB 1999, 1206

Die Ad-hoc-Publizität (von Klitzing), Rezension, DStR 1999, Heft 51/52, S. XIII

Sonderbilanzen, 2. Aufl. 1999 (Budde/Förschle), Rezension, BB 2000, 2211.

Obligatorische Nutzungsrechte als Sacheinlagen, Anmerkung zu BGH WM 2000, 1340 in: WuB II A. § 27 AktG 1.00 (mit J. Schneider).

Kaufvertragswandelung und Rückstellung, Anmerkung zu BFH BB 2000, 1616 in: BB 2000, 2568.

Besprechung von Schlüter, Wertpapierhandelsrecht, in: ZHR 165 (2001), 510–512 (mit Hofschroer)

Unternehmensübernahmen, BFuP – Diskussionsforum, BFuP 5/2002, 489 ff.

Anmerkung zu BGH LM § 249 (Fb) BGB Nr. 23.

»Macroton« und das Grundrecht auf Aktieneigentum – der BGH als der bessere Gesetzgeber? – Besprechung der Entscheidung BGH WM 2003, 533 – in: ZGR 2003, S. 878–910.

Verbundensein des Abschlussprüfers mit der zu prüfenden Kapitalgesellschaft beurteilt sich nach § 271 Abs. 2 HGB statt nach § 17 Abs. 1 AktG, Kommentar zum BGH-Urteil vom 03.06.2004, BB 2004, 2013

Eigenkapitalersetzende Nutzungsüberlassung; Kriseneintritt nach Vorausabtretung, Kommentar zum BGH-Urteil vom 05.12.2007, WuB 2008, 349 (mit P. Mohren).

Besprechung von Alexander Schall, Kapitalgesellschaftlicher Gläubigerschutz. Grund und Grenzen der Haftungsbeschränkung nach Kapitaldebatte, MoMiG und Trihotel. C. H. Beck, München 2009 in: ZHR 175 (2011), 145,149.

Würdigung von Verursachungsbeiträgen eines betrogenen Darlehensgebers und seiner Angestellten im Rahmen des Mitverschuldens, Kommentar zum Urteil des BGH vom 10. November 2016 – III ZR 235/15, in: WuB 2017, S. 299–302 (zusammen mit wiss. Mitarbeiter Carsten Schirrmacher).

Besprechung von Hanno Merkt, Arno Probst und Christian Fink, Rechnungslegung nach HGB und IFRS, Verlag Schäffer-Poeschel, Stuttgart 2017, in: AG 2017, S. 594.

Besprechung von Wilhelm, Alexander, Dritterstreckung im Gesellschaftsrecht, Verlag Mohr Siebeck, Tübingen 2017, in: ZHR 2018, S. 728–732